中央高校建设世界一流大学（学科）和特色发展引导专项资金2016年度资助项目

ཀྲུང་གོའི་དེང་རབས་བོད་རིག་པའི་དཔྱད་རྩོམ་རིགས་དབྱེ་བདམས་བསྒྲིགས་ལས་དམངས་སྲོལ་སྐོར་གྱི་བམ་པོ།

ཁ། [illegible]

མཐའ་བ་བཀྲ་ཤིས་དོན་འགྲུབ་ཀྱིས་གཙོ་སྒྲིག་བྱས།

ཀྲུང་གོའི་བོད་རིག་པ་དཔེ་སྐྲུན་ཁང་།

དཔེ་ཚོགས་འདིའི་རྩོམ་སྒྲིག་ཨུ་ལྷན།

གཙོ་སྒྲིག་པ། མཐའ་བ་བཀྲ་ཤིས་དོན་འགྲུབ།
གཙོ་སྒྲིག་གཞོན་པ། ཁ་སྐྱང་དབང་ཕྱུག འབྲུག་མཁར། ཁ་སྐྱང་གཙོད་པ་ཚེ་རིང་།
རྡོ་རྗེ་དབང་ཆེན། གདུགས་དཀར་ཚེ་རིང་། ལ་ཁ་གནམ་ལྷ་ཚེ་རིང་།

丛书编委会

主　　编　　扎西当知
副 主 编　　项　秀　周格尔　角巴才让　多杰项青　斗格才让　南拉才让

འགོ་བརྗོད།

༄། །ཡང་དར་ཤེས་རིག་ཉི་ཟེར་ཁྲི་མ་འབུམ། །
ཚོལ་གསུམ་རིག་པའི་ཞིང་སར་འཕྲོས་པ་ལས། །
ཆོས་སྲིད་དཔག་བསམ་ལྗོན་པའི་རྩེ་མོ་ལ། །
སྣ་མང་དཔྱད་པའི་འབྲས་བུ་ཐོགས་འདི་སྨྲོ། །

དེ་ཡང་། ནུབ་བྱང་མི་རིགས་སློབ་གྲྭ་ཆེན་མོས་མ་དངུལ་གྱི་མཐུན་རྐྱེན་སྦྱར་བ་ལ་བརྟེན་ནས། ངེད་ཅག་གིས《ཀྲུང་གོའི་དེང་རབས་བོད་རིག་པའི་དཔྱད་རྩོམ་རིགས་དབྱེ་བདམས་བསྒྲིགས》ཞེས་པའི་དེབ་བཅུའི་བདག་ཉིད་ཅན་གྱི་དེབ་ཕྲེང་འདི་བསྒྲིགས་པ་ཡིན། བྱ་བའི་ལས་རིམ་དུ་ང་ཚོས་ཆེད་ལས་མཁས་པ་ལ་བཀའ་འདྲི་ཞུས་པ་དང་། གྲོས་བསྡུར་ཐེངས་མང་བྱས་པ་བརྒྱུད་རྒྱལ་ཁབ་ཕྱི་ནང་ཀུན་ལ་འགྲེམ་སྤེལ་ཚོག་མཆན་ཐོབ་ཡོད་པའི་བོད་རིག་པའི་དུས་དེབ་སོ་གཅིག་ལས། དེང་རབས་བོད་རིག་པའི་གནས་བབ་དང་འཕེལ་ཕྱོགས་མཚོན་ཐུབ་པའི་རིག་གཞུང་དཔྱད་རྩོམ༦༥༠བདམས་ཤིང་རིགས་བགར་ཏེ་ཀུན་གྱི་གཟིགས་མོར་ཕུལ་བ་ལགས། འདིར་ནི་དམིགས་བསལ་གྱི་བྱ་རིམ་འགའ་ཙམ་སྙིང་བསྡུས་ན།

དང་པོ། དེབ་ཕྲེང་འདི་བསྒྲིག་དགོས་པའི་དམིགས་ཡུལ།

༡. ཐོབ་སླ་འཚོལ་བདེའི་མྱུར་ལམ་བསྐྲུན་པ། དུས་རབས་གོང་མའི་ལོ་རབས་བདུན་ཅུ་པའི་དུས་མཇུག་ཏུ། ཀྲུང་གོ་ཡང་དག་པའི་སྲིད་ཇུས་ཀྱི་ཉིན་བྱེད་ཤར་ནས་ཤར་ལ། བཅོས་བསྒྱུར་སྒོ་འབྱེད་ཀྱི་སྒོ་མོ་ཡངས་སུ་ཕྱེ་བ་དང་བསྟུན་ནས། བོད་རིག་པ་ལའང་སྤུ་ན་མེད་པའི་གསོན་ཤུགས་གསར་པ་རྒྱས་པར་མ་ཟད། ཕྱོགས་བཞི་མཚམས་བརྒྱད་ནས་ཤེས་རིག་གསར་པའི་འོ་རྒྱུན་ཀུན་ནས་དྲངས་བྱུང་བས་དེང་རབས་བོད་རིག་པའི་དབུ་བརྙེས། རིག་གཞུང་དཔྱད་རྩོམ་གྱི་ཆ་ནས་བཤད་ན། ཏན་གྲུ་ཊ་རྒྱལ་ལགས་ཀྱིས་བརྩམས་ལ། མཚོ་སྔོན་མི་རིགས་སློབ་གྲྭ་ཆེན་མོའི་རིག་གཞུང་དུས་དེབ༡༩༧༨ལོའི་དེབ་གསུམ་པར་བཀོད་ཡོད་པའི《གནའ་དུས་ཀྱི་རྒྱ་བོད་གཉེན་མཐུན་བྱུང་བ་ནས་བཟུང་བོད་ཀྱི་རིག་གནས་གོང་འཕེལ་བྱུང་ཚུལ་དང་ད་ལྟའི་དངོས་ཡོད་ཀྱི་དོན་སྙིང་སྐོར་མདོར་ཙམ་བཤད་པ》ཞེས་པ་ནི་རིག་གཞུང་དུས་དེབ་ཏུ་སྤེལ་བའི་དེང་རབས་བོད་རིག་པའི་བོད་ཡིག་དཔྱད་རྩོམ་ཐོག་མར་གྱུར། སྐབས་དེར་རྒྱ་ཡིག་དུས་དེབ་ཁྲོད་བོད་ཡིག་གི་དཔྱད་རྩོམ་རེ་གཉིས་བཀོད་ཡོད་པ་ལས་བོད་ཡིག་གི་དུས་དེབ་དངོས་སུ་འགྲེམ་སྤེལ་བྱས་མེད། དེ་ནས༡༩༨༡ལོར་བོད་ལྗོངས་སྤྱི་ཚོགས་ཚན་རིག་ཁང་གིས《བོད་ལྗོངས་

ཞིབ་འཇུག》གསར་དུ་བཏོན་པ་དང་། མཚོ་སྔོན་ཞིང་ཆེན་ནས《སྤྲང་ཆར》དང་ཀན་སུའུ་ཀན་ལྷོ་ནས《ཟླ་ཟེར》གསར་དུ་བཏོན་པ་ནས་བཟུང་། བོད་ཡིག་དུས་དེབ་རིམ་གྱིས་སྣ་ཟེ་འཛོམས་དང་སྤུས་ཟེ་བཟང་དུ་གྱུར། དེ་བས་སྤྱི་ལོ༡༩༧༨ནས༢༠༡༥ལོའི་བར་དུ་ཤེས་རིག་གི་སྣ་སོ་སོ་ནས་སྤེལ་བའི་དཔྱད་རྩོམ་གྱི་ཁ་གྲངས་ཁྲི་ཕྲག་བརྒལ་བ་དང་། དུས་དེབ་སྟོ་མ་མང་དག་ཅིག་འཚོལ་དཀའ་བའི་གནས་སུ་གྱུར་ཡོད། རྒྱུ་མཚན་དེའི་དབང་གིས། བོད་ཀྱི་ཤེས་རིག་དཔྱད་རྩོམ་རྒྱ་མཚོ་ལྟ་བུ་ལས་རིན་ཐང་ཆེས་ཆེར་ལྡན་པ་ཁག་ཅིག་བདམས་ནས་ཟུར་དུ་སྤེལ་ན། བོད་རིག་པ་ཞིབ་འཇུག་ལ་སྦྱོ་བ་ཡོད་པའི་གསར་སྐྱེས་གཞོན་ནུ་རྣམས་དང་། སློབ་ཆེན་སློབ་མ། དགེ་རྒན་དང་ཞིབ་འཇུག་པའི་ལས་དོན་གཉེར་མཁན་རྣམས་ལ་ཐོབ་སླ་འཚོལ་བདེའི་མྱུར་ལམ་བསྐྲུན་པར་མཐོང་ནས་བསྒྲིགས་པ་ཡིན།

༢. དུས་རབས་གསར་པའི་བོད་རིག་པའི་འཕེལ་རིམ་མཚོན་པ། དཔྱད་རྩོམ་ནི་ལུང་རིགས་ཀྱི་རྒྱབ་རྟེན་ལ་བརྟེན་པའི་ཤེས་རིག་གི་ཉིང་བཅུད་དང་རིགས་ལམ་གསར་པ་ལས་བྱུང་བའི་དཔྱད་འབྲས་ཀྱི་ཡང་བཅུད་ཡིན་པས། རིག་གཞུང་དཔྱད་རྩོམ་གྱིས་དེང་རབས་བོད་རིག་པའི་འཕེལ་འགྱུར་དང་ཁ་ཕྱོགས་མངོན་པར་མཚོན་པ་ཡིན་ཏེ། དཔེར་ན། དེང་རབས་བོད་རིག་པ་དར་བ་ནས་བཟུང་རིག་ཚན་དབྱེ་ཚུལ་ལའང་དེང་རབས་རིག་གཞུང་གི་ཤུགས་རྐྱེན་ཐེབས་ཡོད་པས། 《བོད་ལྗོངས་ཞིབ་འཇུག》དང《ཀྲུང་གོའི་བོད་རིག་པ》《ནུབ་བྱང་མི་རིགས་སློབ་གྲྭ་ཆེན་མོའི་རིག་གཞུང་དུས་དེབ》སོགས་རིག་གཞུང་སྣ་འཛོམས་ཀྱི་དུས་དེབ་ཁག་ཅིག་བྱུང་བར་མ་ཟད། 《བོད་ཀྱི་སློབ་གསོ》དང《བོད་ལྗོངས་སྨན་རྩིས་ཞིབ་འཇུག》《བོད་ལྗོངས་ནང་བསྟན》《གངས་རྒྱན་མེ་ཏོག》སོགས་སློབ་གསོ་དང་། ཆོས་ལུགས། སྨན་རྩིས། རྩོམ་རིག་སོགས་རིག་ཚན་ཁྱད་ཆོས་ལྡན་པའི་དུས་དེབ་གསར་འདོན་བྱས་ཡོད། ཡང་། གནའ་རབས་ཡིག་ཚགས་ཞིབ་འཇུག་ལ་དཔེ་བླངས་ན། ༡༩༨༡ལོ་ནས་ཁ་ཆེ་ཕ་ལུ་དང་རྗེ་རིང་ཡི་གེ་ལ་ཞིབ་འཇུག་བྱས་པའི་དཔྱད་འབྲས་རེ་གཉིས་ཐོན་ཡོད་སོང་། འོན་ཀྱང༢༠༠༠ལོའི་རྗེས་ནས་གནའ་རབས་ཡིག་ཚགས་ཞིབ་འཇུག་གི་དཔྱད་འབྲས་ཆར་ཤུལ་གྱི་ཤ་མོ་བཞིན་བཪྫོལ་བྱུང་བས་འཕེལ་རྒྱས་ཆེན་པོ་ལྡན་པ་མིག་མཐོང་ལག་ཟིན་རེད། དེབ་ཕྲེང་འདིར་གནའ་རབས་ཡིག་ཚགས་ཞིབ་འཇུག་གི་དཔྱད་རྩོམ༥༠བསྡུས་ཡོད་པ་ལས་དཔྱད་རྩོམ༤༥ནི་དུས་རབས་ཉེར་གཅིག་པའི་ནང་གི་དཔྱད་རྩོམ་ཡིན། གཞན་ཡང་། དཔྱད་རྩོམ་སྤྱིའི་ཆ་ནས་གླེང་ན། དུས་རབས་ཉི་ཤུ་པའི་ལོ་རབས་བརྒྱད་ཅུ་པ་ནི་དེང་རབས་བོད་རིག་པའི་ཞིང་སར་མྱུ་གུ་འབུས་པའི་དུས་སྐབས་ཡིན་པས་དཔྱད་རྩོམ་ཚད་ལྡན་མིན་པ་དང་། ལུང་ཁུངས་ཁ་མི་གསལ་བ། ཐ་ན་དཔྱད་རྩོམ་གྱི་མིང་བཏགས་པ་ལ་དོན་གྱིས་ངོ་སྤྲོད་ཙམ་ལས་དཔྱད་འཇོག་དང་སྡོམ་ཚིག་མེད་པའི་རྩོམ་དང་། ཟིན་བྲིས་ལྟ་བུར་སྣང་བ་སོགས་དུས་དེབ་སྟེང་བཀོད་ཡོད་པ་རེད། དཔྱད་འབྲས་ཁོ་ནའི་ཆ་ནས་བལྟས་ན་དུས་རབས་ཉེར་གཅིག་པའི་ནང་དུ་འཕེལ་རྒྱས་ཆེན་པོ་བྱུང་

པ་དང་། རིགས་ལམ་ཇེ་གསལ་དང་ཞིབ་འཇུག་གཏིང་ཟབ་ཏུ་འགྲོ་བཞིན་པའི་ཚུལ་མཐོང་སོང་། འོན་ཀྱང་། དེང་ཙམ་གྱིས་དཔྱད་རྩོམ་བརྩམ་སྒྲིག་བྱེད་དུས་བོད་རིག་པའི་འཕེལ་རིམ་གྱི་སྐྱ་ཐིག་གསལ་པོར་བྱ་ཆེད་སྐབས་དེའི་བོད་རིག་པའི་སྣང་ཚུལ་ལ་ཆ་བཞག་ནས་དུས་སྐབས་སོ་སོའི་དཔྱད་རྩོམ་བསྡུས་ཡོད། ད་དུང་། རིག་གཞུང་དུས་དེབ་ཀྱི་ཆ་ནས་གླེང་ན་དུས་རབས་ཉེར་གཅིག་པའི་ནང་ནས་ས་གནས་རིམ་པ་སོ་སོ་དང་སྡེ་ཚན་སོ་སོ་ནས་བོད་ཀྱི་དུས་དེབ་སྣ་མང་ལས《ཀྲུང་གོའི་བོད་རིག་པ》དང《བོད་ལྗོངས་ཞིབ་འཇུག》གཉིས་རིག་གཞུང་དུས་དེབ་ཀྱི་ཚད་གཞི་མཐོ་ཤོས་སུ་འདེམ་གྱིན་ཡོད་གཤིས། དེ་གཉིས་ཀྱི་ཐོག་ཏུ་བཀོད་པའི་དཔྱད་རྩོམ་དག་ཀྱང་སྤུས་ཚད་མཐོ་ཤོས་ཡིན་པའི་ཚོད་དུ་འདུག་སོང་། འོན་ཀྱང་། དཔྱད་རྩོམ་བསྡུ་སྒྲིག་བྱེད་སྐབས་དུས་དེབ་མང་པོ་ལས་བཏུས་ལ་དུས་སྐབས་གཅིག་གི་ནང་དུ་དུས་དེབ་སོ་སོའི་ཁྱད་ཆོས་མཚོན་པར་བྱས་ཡོད།

གཉིས་པ། དེབ་ཕྲེང་སྒྲིག་པའི་བྱ་རིམ་ཐད་ཀྱི་གསལ་བཤད།

༡. དཔྱད་རྩོམ་འཚོལ་བསྡུའི་ཐད་དུ། དེབ་ཕྲེང་འདི་ནི་སྤྱི་ལོ༡༩༧༨ནས༢༠༡༥ལོའི་བར་གྱི་དུས་དེབ་ཉེར་ལྔ་རུ་བཀོད་པའི་བོད་ཡིག་དཔྱད་རྩོམ་ཁྲི་ཕྲག་ལས་ཉིང་བཅུད་བསྡུ་སྒྲིག་བྱས་པ་ཡིན་པས་རྩོམ་གྱི་མ་ཕྱི་འཚོལ་བར་དཀའ་ངལ་ཆེན་པོ་ལྡན། ཁྱད་པར་དུ《བདག་པོ》དང《མི་རིགས་སྐད་ཡིག་བྱ་བ》《ཤེས་བྱའི་ཟེགས་མ》སོགས་སྔ་མའི་དུས་དེབ་མང་དག་ཅིག་དཔེ་མཛོད་ཁང་སོ་སོར་ཁ་ཐོར་ཙམ་ལས་ཆ་ཚང་ཉར་བ་མ་མཐོང་། དེ་བས་ཕྱོགས་སོ་སོའི་མི་སྣ་གང་མང་ལ་རེ་བ་བཙལ་བ་དང་སྐུ་ཚོགས་བཀོལ་དགོས་པར་བྱུང་། ཁྱད་པར་དུ་རེབ་གོང་རོང་བོའི་རྒྱན་ལྕང་སྐྱ་དགེ་འདུན་བཀྲ་ཤིས་ལགས་ཀྱིས་གཙོ་གཉེར་གནང་བའི་ཤེས་རིག་གླིང་དཔེ་མཛོད་ཁང་དུ་བོད་ཡིག་དུས་དེབ་མང་པོ་བདག་ཉར་བྱས་ཡོད་པས་གང་དགོས་མཁོ་སྤྲོད་གནང་བར་བཀའ་དྲིན་ཆེ་ཞུས་པ་ཡིན།

༢. དཔྱད་རྩོམ་ཞུ་དག་གི་ཐད་དུ། དཔྱད་རྩོམ་གྱི་ཕྱི་མོར་རྩོམ་པ་པོའམ་རྩོམ་སྒྲིག་པས་ཐུགས་ཉམས་མ་བཞག་པར་མཆན་དང་ཁུངས་ལུང་སོགས་ཟུར་མཆན་ལ་ཆད་ལྷག་བྱུང་བ་ཁ་ཤས་ཡོད་པས། ལ་ལ་རྩོམ་པ་པོར་འབྲེལ་གཏུགས་བྱས་ནས་བཅོས་པ་དང་། ལ་ལ་དཔེ་དེབ་གཞན་ལ་ཟུར་བལྟས་ཀྱིས་ཐག་བཅད་པ་ཡིན་ལ། ཐག་མ་ཆོད་པ་རེ་འགའ་ཙམ་དུས་དེབ་ཇི་བཞིན་དུ་སོར་བཞག་བྱས་ཡོད། ཁྱད་པར་དུ། པར་རིས་ལྡན་པའི་དཔྱད་རྩོམ་རེ་འགར་པར་རིས་ཀྱི་ཨང་རིམ་བཀོད་ཡོད་མོད་པར་དངོས་རྩོམ་ཡིག་ཏུ་བཀོད་མེད་པའི་གནས་ཚུལ་སོགས་ཞུ་དག་སྐབས་སུ་སྣང་ཚུལ་འདྲ་མིན་ལ་འཕྲད་པར། སྒྲིག་པ་པོ་རང་ངོས་ནས་ཟུར་མཆན་འདེབས་པའམ་པར་རིས་བཅལ་བ་སོགས་ཀྱིས་རྩོམ་པ་པོའི་དགོངས་པ་དང་མི་འགལ་བར་འབད་བརྩོན་བྱས་ཡོད།

༣. མཆན་འདེབས་སྟངས་གཅིག་གྱུར་བྱས་པ། དཔྱད་རྩོམ་ལ་ཟུར་མཆན་འདེབས་པའི་ཐབས་ཤེས་འདི་ནི་དེང་རབས་བོད་རིག་པའི་ཞིབ་འཇུག་འཛམ་གླིང་དང་མཐུན་པོར་ཡོང་ཆེད་ནང་འདྲེན་བྱས་པའི་ཐབས་ལམ་ཞིག་ཡིན་པས། རང་རེའི་དུས་དེབ་སོ་སོར་ཞབས་མཆན་དང་མཇུག་མཆན། ཨང་རྟགས་འགོད་ཐབས་སོགས་མཆན་འགོད་ཐབས་རིགས་མི་འདྲ་བ་རེ་ཡོད་པར་མ་ཟད། ཐ་ན་མཇུག་མཆན་གྱི་མིང་དེའང་གཅིག་མཚུངས་མིན་ཏེ། “མཆན་འགྲེལ”དང“ཟུར་བལྟའི་དཔྱད་གཞི”“མཆན”“མཆན་དང་དཔྱད་གཞིའི་ཡིག་རིགས”“མཆན་དང་ལུང་འདྲེན་དཔྱད་ཡིག”“དཔྱད་གཞིའི་ཡིག་ཆ་དང་མཆན་འགྲེལ”སོགས་སྣ་མང་པོར་འདུག་པ་ལས། ད་ེད་ཅག་གིས་གཅིག་གྱུར་གྱིས“མཆན”ཞེས་པ་དང་ལེན་བྱས་པ་དང་། ཞབས་མཆན་བཀོད་ཡོད་པ་རྣམས་ཀྱང་མཇུག་མཆན་དུ་བཅོས་ནས་གཅིག་མཐུན་དང་སྟབས་བདེར་བཅོས་ཡོད་པ་སོགས་ནི་གླེང་སློང་བའི་ཚུལ་གྱིས་ཀུན་གྱི་སྙན་ལམ་དུ་ཕུལ་བའོ། །

རིག་བཅུའི་གློང་ལ་རིག་གསུམ་རིག་བཞི་སོགས། །
དེང་རབས་ཤེས་རིག་ཆུ་ཀླུང་འདྲེས་པ་ཡིས། །
མདོ་དབུས་མཐོ་སྨད་ཞེས་བྱའི་གངས་དཀྱིལ་དུ། །
ཤེས་བྱ་རིག་པའི་མཚོ་མོ་གཡང་དུ་འཁྱིལ། །

ཞེས་དེབ་ཕྲེང་གཙོ་སྒྲིག་པ་མཐའ་བ་བཀྲ་ཤིས་དོན་འགྲུབ་ཀྱིས༢༠༡༨ལོའི་ཧོར་ཟླ་དགུ་པའི་ཚེས་དྲུག་ལ་བྲིས།

དཀར་ཆག

གཉེན་སྲོལ་གྱི་སྐོར།

འདུས་མཆོད་ཀྱི་སྐོར།

ལྷ་གསོལ་བསང་གཏོང་གི་སྐོར།

མི་ལམ་དང་མི་ལུས་ཀྱི་སྐོར།

ཕྱུགས་ཐོག་གི་སྐོར།

དམངས་སྲོལ་ཆོས་ལུགས་ཀྱི་སྐོར།

རྒྱུན་གོམས་ཡུལ་སྲོལ་གྱི་སྐོར།

དམངས་ཁྲོད་རྩེད་མོའི་སྐོར།

གཞན་དག་གི་སྐོར།

གཞེན་སྲོལ་གྱི་སྐོར།

༄༅། །བོད་ཀྱི་གཉེན་སྒྲིག་གི་གནད་དོན་འགར་ཙུང་ཟད་དཔྱད་པ།

རྒྱང་འཕྲོར་ཚེ་ཕུན།

སྤྱི་ཚོགས་ཀྱི་གྲུབ་ཆ་ལས་རྩ་བའི་སྡེ་ཚན་ནི་ཁྱིམ་རྒྱུད་ཡིན་པ་དང་། ཁྱིམ་རྒྱུད་དེ་ཉིད་ཀྱི་གྲུབ་ཆ་དང་། འཕྲིན་བ་ལྟར་བརྒྱུད་བཞིན་དུ་འཕེལ་རྒྱས་ཡོང་བཞིན་སྤྱི་ཚོགས་ཐོག་གཉེན་ཉེ་སྤུན་མཆེད་ཀྱི་འབྲེལ་བ་མེད་པ་ནས་ཡོད་པ་དང་། ཉུང་བ་ནས་མང་བའི་བར་འཕེལ་རྒྱས་བྱུང་བ་ཚང་མ་ནི་ཕོ་མོ་དབར་གཉེན་བསྡེབས་པ་ལས་བྱུང་བས། གཉེན་སྡེབ་ནི་ཁྱིམ་རྒྱུད་ཀྱི་རྩ་བའི་གྲུབ་ཆ་ཡིན་པ་དང་། གཉེན་ཉེ་སྤུན་མཆེད་འཕེལ་རྒྱས་ཡོང་བའི་རྩ་བའི་རྒྱུ་རྐྱེན་ཡང་ཡིན། དེར་བརྟེན་གཉེན་སྒྲིག་གི་ལམ་སྲོལ་ནི་སྤྱི་ཚོགས་ལུགས་སྲོལ་གྱི་གལ་ཆེའི་གྲུབ་ཆ་ཞིག་ཡིན། འོ་ན། གངས་ཅན་བོད་ཀྱི་ཡུལ་འདིར་གཉེན་སྒྲིག་གི་ལུགས་སྲོལ་ཅི་དང་ཅི་འདྲ་ཞིག་ཡོད་པའི་ཐད་ལ་ཡུལ་སྲོལ་གོམས་གཤིས་སྨྲ་བའི་མཁས་པ་མང་པོས་བཀའ་རྩོམ་གནང་སྩོལ་ཡོད་མོད་ཀྱང་། དེ་ཚོ་སྙིང་བུ་རྩ་སྙིང་དུ་མ་ཁེལ་བར་གཡས་ཡོ་གཡོན་ཁྱོག་བྱས་པ་ཁོ་ན་ལས་མི་སྣང་བས་དངོས་ཐོག་བདེན་འཚོལ་གྱི་གཏམ་ཞིག་འདྲེན་པའི་ཕོ་ཉར་བློ་ཆུང་ཁོ་བོས་རྩོམ་ཐུང་འདི་ཉིད་མངགས་པ་ལགས་སོ། །

དང་པོ། བོད་ཀྱི་གཉེན་སྒྲིག་ལས་མནའ་མ་རྫོང་ལེན་བྱེད་ཚུལ་གཉིས།

སྔར་བོད་ཀྱི་གཉེན་སྒྲིག་ནང་ཕོ་མོ་དབར་ཕན་ཚུན་བརྩེ་བས་བཅིངས་ཏེ་རང་འདོད་ལྟར་དགའ་འདུ་བྱས་པ་ཡོད་ལ། ཕ་མས་བཙན་པོ་དབང་ཡོད་ཀྱིས་བུ་ཕྲུག་གི་འཇིག་རྟེན་འགྲོ་སྟངས་བྱས་པའང་ཡོད། དེ་མིན་ཁྲོ་བོ་སོ་སོས་དྲག་རྩལ་བསྟུར་ནས་མནའ་མ་རྫོང་ལེན་བྱས་པ་ཡོད་ལ། རིག་རྩལ་འགྲན་ནས་མནའ་མ་རྫོང་ལེན་བྱས་པའང་ཡོད། རང་འདོད་ཀྱིས་དགའ་འདུ་བྱས་པ་དང་། ཕ་མས་འགྲོ་སྟངས་བྱས་པའི་ལུགས་སྲོལ་དེ་རིགས་ཀུན་གྱིས་དེང་དུས་ཀྱི་སྤྱི་ཚོགས་ཐོག་ཏུ་མངོན་སུམ་གསོན་རྗེན་དུ་འདྲེན་བྱེད་དབང་པོར་སྣང་རྒྱུ་ཡོད་པས་འདིར་ཡིག་ཚོགས་ཆེ་བར་དོགས་ནས་རེ་ཞིག་བཏང་སྙོམས་སུ་བཞག་སྟེ། གཤམ་དུ་དྲག་རྩལ་བསྟུར་ནས་མནའ་མ་རྫོང་ལེན་བྱེད་པ་དང་། རིག་རྩལ་འགྲན་ནས་མནའ་མ་རྫོང་ལེན་བྱེད་པའི་སྐོར་ཙུང་ཞིག་གླེང་རྒྱུ་ལ།

༡. དྲག་རྩལ་བསྡུར་ནས་མནའ་མ་རྟོད་ལེན་བྱེད་པ།

འཛམ་གླིང་ཐོག་གི་མི་རིགས་མང་པོ་ཞིག་གི་གཉེན་སྒྲིག་ལམ་སྲོལ་ལ་དྲག་རྩལ་བསྡུར་ནས་མནའ་མ་རྟོད་ལེན་བྱེད་པའི་སྲོལ་ཡོད་པ་དེ་ནི་མི་རིགས་དེའམ་ས་ཁུལ་དེའི་མི་དམངས་རྣམས་དམག་ལ་དགའ་བའམ་དེ་པའི་ལོ་རྒྱུས་འཕེལ་རིམ་ཐོག་ཟང་ཟིང་འཁྲུག་ཆ་ཆེ་བའི་དམག་འཁྲུག་ཏུ་མ་ལངས་ནས་སྐྱེ་བོ་རྣམས་ཀྱིས་བློ་ངོར་དྲག་རྩལ་མེད་ན་འཚོ་བ་སྐྱེལ་དཀའ་བ་མ་ཟད། རང་གི་ལུས་སྲོག་ཀྱང་སྲུང་དཀའ་བའི་སྣང་བ་འཆར་བ་དང་ཆབས་ཅིག བུ་མོའི་ཚེ་གང་གི་གཏན་གྲོགས་བཙལ་སྐབས་ཀྱང་ཕོ་གསར་ལ་དྲག་རྩལ་ཡོད་དགོས་པའི་རེ་བ་ཞིག་ཐོན་པ་དང་། བུ་མོ་གཅིག་སློང་མཁན་ཕོ་གསར་མང་པོ་འཛོམས་སྐབས་ཡང་སྙིང་སྟུ་ཡི་རྩལ་ཆེ་མིན་བརྟག་པའི་ཆེད་དུ་དྲག་རྩལ་བསྡུར་བ་གཏོང་བའི་ལུགས་སྲོལ་དེ་དར་བ་རེད་སྙམ། དེ་ལྟ་བུའི་གཉེན་སྒྲིག་གི་ལུགས་སྲོལ་རང་རེ་གངས་ཅན་གྱི་ལྗོངས་འདིར་བྱུང་མྱོང་ངམ་ཞེ་ན། དར་ཁྱབ་ཆེ་མིན་ལ་མ་བལྟས་པ་བོད་ཀྱི་ལོ་རྒྱུས་ཆུ་རྒྱུན་རིང་པོའི་ནང་བྱུང་མྱོང་ཡོད། གང་ལ་ཟེར་ན། བོད་འདི་ཡང་འཛམ་གླིང་ཐོག་གི་མི་རིགས་ཀུན་དང་འདྲ་བར་བསྐལ་པ་ཡ་ཐོག་གི་དུས་སུ་ས་ཁུལ་གཅིག་གི་ནང་སྤྱི་ཡིས་བླ་ཊ་བཀུར་བའི་ཁྲིམས་ཀྱི་བདག་པོ་མེད་པ་དང་། དེ་ཡོད་ནའང་སྤྱི་ཀུན་གནོན་ཐུབ་པའི་མཐུ་ནུས་མེད་པར་བརྟེན་མི་དང་མི་དབར། ཁྱིམ་རྒྱུད་དང་ཁྱིམ་རྒྱུད་དབར། གྲོང་སྡེ་དང་གྲོང་སྡེ་དབར། ཡུལ་ལུང་དང་ཡུལ་ལུང་དབར་གནད་དོན་ཅི་ཐད་ནས་རྩོད་གཞི་བྱུང་བ་རྣམས་ཞི་བདེའི་སྒོ་ནས་ཐག་གཅོད་ཐུབ་དཀའ་བས་ཕྱོགས་གཉིས་པོའི་དྲག་རྩལ་ལ་བརྟེན་ནས་ཐག་གཅོད་དགོས་ཀྱི་ཡོད་རྐྱེན་ཕོ་གསར་ལ་དྲག་རྩལ་ཡོད་དགོས་པའི་རེ་བ་བཅངས་པ་ནི་གོ་བ་ལོན་ཐུབ་པ་ཞིག་ཡིན། 《ནེ་ཙོའི་གཏམ་རྒྱུད་གོ་བདེ་ཀུན་ཕན》ཞེས་པའི་སྙིང་པའི་ལོ་རྒྱུས་བཅུའི་ནང་"ཁྲིམས་ཡང་མེད་པའི་ལུང་པ་ན། ཕ་མེད་རྐུ་མག་ཧག་པ་སྐྱིད་"ཅེས་ཟེར་བ་ལྟར་ཁྲིམས་མེད་པའི་ས་ཁུལ་དུ་མ་རབས་རྣམས་ནི"ཨ་ཕོ་སུ་བཟང་"གིས་ཚུལ་མིན་བྱ་བར་འཇུག་བགྱིས་པོ་ཡོད། དེར་བརྟེན་མི་ཐམས་ཅད་བག་ཕབ་བདེ་སྡོད་ཀྱི་སྐབས་མེད་པར་གསོད་རྡུང་འཕྲོག་བཅོམ་ལ་དོགས་ཟོན་ཁོ་ན་བྱེད་དགོས་རྐྱེན་སྐྱེས་པ་ཕོ་རྣམས་ལ་དཔའ་རྩལ་ཡོད་དགོས་པ་དང་། ཚོམ་རྐུན་ལ་ཕར་རྒོལ་བྱེད་རྒྱུ་ནི་ཕོ་གསར་རྣམས་ཀྱི་འོས་འགན་རེད་སྙམ་མོ། །

བཙན་པོ་སྲོང་བཙན་སྒམ་པོ་སྲིད་ཁྲིར་འཁོད་ནས་བོད་ཡོངས་ཀྱི་སྲིད་ཀྱི་ཁ་ལོ་བསྒྱུར་པའི་སྐབས་ཀྱང་དཔའ་རྩལ་ཆེ་བའི་སྐྱེ་བོ་རྣམས་ལ་གཞན་ལས་ལྷག་པའི་བརྩི་བཀུར་བྱེད་ཀྱི་ཡོད། དེ་ཡང་ཏུན་ཧོང་ཡིག་རྙིང་ལས་བྱུང་བའི་བཙན་པོ་སྲོང་བཙན་སྒམ་པོའི་མཛད་རྗེས་མདོར་བསྡུས་ཏུ་བཀོད་པའི་ནང་"……འཛིགས་པ་ནི་མནན། བདེན་པ་ནི་བསྙེན། འཛངས་པ་ནི་བསྟོད། དཔའ་བོ་ནི་བཀུར། སྙན་པར་ནི་བཀོལ།……"ཞེས་པར་གཞིགས་ན། བཙན་པོ་སྐུ་ངོ་མས་གཙོ་བྱས་དཔའ་བོ་ལ་བརྩི་བཀུར་ཞུ

བར་དོན་སྙིང་ཆེན་པོ་ལྡན་པ་སྟེ། མི་རིགས་དང་རྒྱལ་ཁབ་གང་འདྲ་ཞིག་ཡིན་རུང་དེ་དར་རྒྱས་ཕུན་སུམ་ཚོགས་སུ་གཏོང་རྒྱུ་དང་། དབང་བསྒྱུར་བའི་དབང་ཆ་སྲ་བརྟན་གཏོང་རྒྱུར་དཔའ་རྩལ་ལྡན་པའི་དམག་མི་སྲུང་སྐྱོབ་མཁན་མེད་ཐབས་མེད། དེ་ཡི་གལ་ཆེན་རང་བཞིན་དེ་དཔའ་མཛངས་ལྡན་པའི་བཙན་པོ་སྲོང་བཙན་སྒམ་པོས་མཁྱེན་ཏེ་ཁྲིམས་དྲུག་དྲུག་སོ་དྲུག་གི་བསྟོད་པ་གསུམ་གྱི་ནང"དཔའ་བོ་ལ་སྟག་གིས་མ་བསྟོད་ན། དཔའ་བོ་བྱས་པའི་དོན་མེད"ཅེས་པ་དང་། ཡང་སྨད་པ་གསུམ་གྱི་ནང"སྡར་མ་ལ་ཝ་ཞུས་མ་ཆད་ན། དཔའ་བོ་དང་སྡར་མའི་ཤན་མི་ཕྱེད"ཅེས་པའི་ནང་དོན་གསལ་བར་བཀོད་ཡོད།

ཡང་། ཕྱིས་ཀྱི་ལོ་རྒྱུས་ཐོག་བཙན་པོའི་རྒྱལ་རབས་ཁ་འཐོར་ཏེ་སིལ་བུར་གྱུར་པའི་ཟང་ཟིང་གི་དུས་སྐབས་དེའི་ནང་ཏ་ལམ་ལུང་ཚུང་རེ་ལ་དཔོན་ཚུང་རེ་ཆགས་ནས་གཅིག་འོག་གཅིག་ལ་མ་འདུས་པར་ཕན་ཚུན་གཡུལ་འགྱེད་ཀྱི་བྱ་བའི་བརྟུལ་བཞུགས་འབབ་ཞིག་འཛིན་གྱི་ཡོད་པ་དུས་དེ་འདྲའི་ནང་དཔའ་བོ་རྩལ་དང་ལྡན་པ་ལ་བརྩི་བཀུར་དང་མཐོང་ཆེན་བྱེད་ཀྱི་ཡོད་པ་དེ་ནི་ང་ཚོས་སྐབས་དེའི་སྒྲིོ་ཚོགས་ཀྱི་འཚོ་བ་མཚོན་ཐུབ་པའི《གེ་སར་རྒྱལ་པོའི་སྒྲུང》ནང་ནས་ཀྱང་མངོན་ཐུབ་ཀྱི་ཡོད་པ་མ་ཟད། དྲག་རྩལ་བསྟུར་ནས་མནའ་མ་རྗོད་ལེན་བྱེད་པའི་གཉེན་སྒྲིལ་དེའང་ང་ཚོས་མང་ཚོགས་ཀྱི་འཚོ་བ་དངོས་དང་དེ་བས་འབྲེལ་ཆེ་བའི་རྩོམ་རིག(དམངས་ཁྲོད་རྩོམ་རིག) 《གེ་སར་རྒྱལ་པོའི་སྒྲུང》ནང་ནས་ཤེས་ཐུབ་ཀྱི་ཡོད། དེ་ཡང་། 《གེ་སར་རྒྱལ་པོའི་སྒྲུང》དུ། གླིང་གི་དཔའ་བོ་རྣམས་དཔོན་མོ་སེང་ལྕམ་འབྲུག་མོ་མནའ་མར་རྗོད་ལེན་བྱེད་སྐབས་དྲག་རྩལ་བསྟུར་ཡོད་པ་ནི་རི་ལ་རྟ་རྒྱུགས་འགྲན་པ་དང་། བྱ་ཁྱུང་རྐོད་ཉི་མའི་རོག་ཞང་སུས་འདུལ་ཐུབ་མིན་དྲག་རྩལ་འགྲན་རྗེས་གེ་སར་རྒྱལ་པོས་གཞན་ལས་ཁྱད་དུ་འཕགས་པའི་དཔའ་རྩལ་གྱིས་དཔོན་མོ་སེང་ལྕམ་འབྲུག་མོ་རྗོད་ལེན་བྱེད་ཐུབ་པ་བྱུང་ཡོད།

དེ་ལྟ་བུའི་གཉེན་སྒྲིལ་དེང་དུས་བོད་ཀྱི་སྤྱི་ཚོགས་ཐོག་ཆེར་མངོན་རྒྱུ་མེད་ཀྱང་། ཨ་མདོ་ས་ཁུལ་གྱི་གཉེན་སྟོན་སྐབས་ད་ལྟའང་རྟ་རྒྱུགས་འགྲན་སྲོལ་ཡོད་པ་ནི་སྔར་ལུགས་དེའི་ཤུལ་བཞག་ཅིག་ཡིན་ནམ་སྙམ། དེ་ཡང་། ཆུ་ལ་མགོ་དང་ཤིང་ལ་རྩ་བའི་དཔེ་ལྟར་ལུགས་སྲོལ་གང་དང་ཅི་ཡིན་རུང་དེ་ལའང་ཐོག་མའི་འབྱུང་རྩ་རེ་ཡོང་ངེས་པས། ཨ་མདོའི་གཉེན་སྟོན་རྒྱུན་སྲོལ་དུ་རྟ་རྒྱུགས་འགྲན་པ་དེའང་རྐྱེན་གང་ཡང་མེད་པར་སྤྲོ་བ་འཕེལ་ཆེད་ཀྱི་རྒྱུགས་མོ་ཁོ་ནའི་དབང་གིས་ལུགས་སུ་དར་བ་ཞིག་མིན་སྙམ།

༢. རིག་རྩལ་འགྲན་ནས་མནའ་མ་རྗོད་ལེན་བྱེད་པ།

གངས་ཅན་བོད་ཀྱི་ལོ་རྒྱུས་ཐོག་བྱུང་མྱོང་བའི་གཉེན་སྒྲིལ་གཞན་ཞིག་ནི་རིག་རྩལ་འགྲན་ནས་མནའ་མ་རྗོད་ལེན་བྱེད་པ་དེ་ཡིན། དེ་ནི་འཛམ་གླིང་ཐོག་མཐོང་དཀའ་བའི་གཉེན་སྒྲིལ་ཞིག་ཡིན་ལ། རིག་གནས་འཕེལ་རྒྱས་ཆེ་བའི་མི་རིགས་སམ་ས་གནས་ལ་དར་བ་ལས། རྗེས་ལུས་ཅན་གྱི་མི་རིགས་སམ་

ས་གནས་ལ་དར་ཐབས་མེད་པའི་གཉེན་སྲོལ་ཞིག་ཡིན། མི་རིགས་ཤིག་གམ་ས་ཁུལ་ཞིག་ལ་མི་དམངས་རྣམས་ཀྱིས་རིག་གནས་འཚོ་བར་དོ་སྣང་དང་། རིག་གནས་དར་ཁྱབ་ཆེན་པོ་ཡོད་ཚེ་མི་དམངས་ཀྱི་བྱ་སྤྱོད་གང་ཅིའི་ཐད་རིག་གནས་ཀྱི་ཤུགས་རྐྱེན་ཆེན་པོ་ཐེབས་ངེས་ཡིན་པ་ནི་ཀུན་གྱིས་མཁྱེན་གསལ་ལགས། བོད་མི་རིགས་ཀྱི་ལོ་རྒྱུས་ཐོག་རིག་རྩལ་འགྲན་ནས་མནའ་མ་རྗོད་ལེན་བྱེད་པའི་སྲོལ་དེ་བྱུང་ཡོད་པའི་རྒྱུ་མཚན་ཡང་། བོད་མིས་ཁྱབ་པའི་ཡུལ་གྲུ་ཀུན་ཏུ་རིག་གནས་དར་ཁྱབ་ཆེ་ལ་ལོ་རྒྱུས་རིང་བའི་རིག་གནས་ཕུན་སུམ་ཚོགས་པོ་ལྡན་པ་ནི་ཚང་མས་མིག་མཐོང་ལག་ཟིན་ཐུབ་པ་ཞིག་ཡིན་ཞིང་། ཕུན་སུམ་ཚོགས་པའི་རིག་གནས་དེས་མི་དམངས་ཀྱི་འཚོ་བར་ངོ་མཚར་བའི་ཕན་ཡོན་བསྐྲུན་པས་མི་དམངས་ཀྱི་སྤྱི་ཚོགས་འཚོ་བར་རིག་གནས་ཀྱི་ཤུགས་རྐྱེན་ཐེབས་པ་ནི་སུས་ཀྱང་རྟོགས་ནུས། དེར་བརྟེན་རིག་གནས་ཤེས་བྱར་དོ་སྣང་བྱེད་པ་དང་། རིག་གནས་ཤེས་བྱ་དང་ལྡན་པའི་སྐྱེ་བོ་རྣམས་ལ་མཐོང་ཆེན་གུས་བཀུར་བྱེད་པའི་སྤྱི་ཚོགས་ཀྱི་ལྟ་ཚུལ་ཞིག་ཆགས་ལ་བུ་མོར་མག་པ་བསུ་བའམ་བུ་མོ་མནའ་མར་སྟེར་སྐབས་ཁྱོ་བོ་དེར་ཤེས་བྱ་ཡོན་ཏན་ཡོད་དགོས་པའི་རེ་བ་ཞིག་ཐོན་པ་མ་ཟད། བུ་མོ་སློང་མཁན་གྱི་སྐྱེས་པ་རྣམས་རིག་པའི་རྩལ་འགྲན་ནས་ཡོན་ཏན་ཆེ་བར་བུ་མོ་མནའ་མར་ སྦྱིན་པའི་སྲོལ་དེ་དར་བ་ཡིན། ང་ཚོས་བོད་ཀྱི་དམངས་ཁྲོད་སྒྲུང་གཏམ་རྣམས་ལ་དབྱེ་ཞིབ་ནན་པོ་ཞིག་བྱས་ན་གོམས་སྲོལ་དེ་ཉིད་བྱུང་ཡོད་ངེས་ཡིན་པ་ཤེས་ཐུབ། གང་ལ་ཟེར་ན། རྩོམ་རིག་ནི་སྤྱི་ཚོགས་འཚོ་བའི་མཚོན་བྱེད་ཡིན་པ་དང་། མི་དམངས་ཀྱི་འཚོ་བ་ནི་རྩོམ་རིག་ཐམས་ཅད་ཀྱི་ཟད་མཐའ་མེད་པའི་གསར་རྩོམ་གྱི་འབྱུང་ཁུངས་ཏེ། དམངས་ཁྲོད་རྩོམ་རིག་ནི་འཚོ་བའི་ནང་གི་རང་བཞིན་རྣམ་པ་དང་དེ་བས་འབྲེལ་ཆེ་བ་ཞིག་ཡིན། དེ་ཡང་མཁས་པའི་དབང་པོ་གོར་ཀི་ཨར་ཅེས་གསུངས་དོན"དག་རྒྱུན་དུ་དར་ཁྱབ་སོང་བའི་དམངས་ཁྲོད་རྩོམ་རིག་མ་ཤེས་ན་ངལ་རྩོལ་མི་དམངས་ཀྱི་ལོ་རྒྱུས་དངོས་དེ་ཤེས་མི་ཐུབ"ཅེས་པ་ལྟར་ཡིན། དེ་ཡང་གཙང་ཁུལ་དུ་དར་ཁྱབ་ཡོད་པའི་དམངས་སྒྲུང《སྐྱས་ཤིང་བེ》ཞེས་པ་དང་། 《ཆུ་རའི་འོག་གི་ཅི་ཅོ》ཞེས་པ་དེ་རིགས་ནི་བུ་མོ་མནའ་མར་སློང་སྐབས་ཀྱི་རིག་པའི་རྩལ་འགྲན་ཚུལ་བཀོད་པ་ཤ་སྟག་ཡིན། དེ་ཚོ་ལས་ང་ཚོས་ཤེས་ཐུབ་པར་ནོར་དངོས་ཕྱུག་མིན་དང་ཕྱིའི་རྣམ་པ་མཚར་མིན་ལ་མ་བལྟས་པར་བུ་མོའི་ཚེ་གང་གི་གཏན་གྲོགས་དེ་བློ་རིག་པ་སྤྱང་ཞིང་ཤེས་བྱ་ཡོན་ཏན་གྱིས་ཕྱུག་པར་དགའ་བ་བྱེད་ཀྱི་ཡོད་པ་ཤེས་ཐུབ་ལ། བློ་རིག་བགྲ་མིན་དང་། ཤེས་ཡོན་ཆེ་མིན་བརྟག་པའི་ཆེད་དུ་རིག་རྩལ་འགྲན་ནས་སུ་བཟང་བ་དེར་བུ་མ་སྟེར་གྱི་ཡོད་པ་ཤེས་ཐུབ་བོ། །

དེ་ཡང་། བོད་ཀྱི་སྤྱི་ཚོགས་ཐོག་རིག་པའི་རྩལ་འགྲན་ནས་མནའ་མ་རྗོད་ལེན་བྱེད་པའི་གཉེན་སྲོལ་དེ་ཡོད་པས་དམངས་སྒྲུང་དུའང་རྒྱལ་ཁབ་ཁག་གི་བློན་པོ་རྣམས་རིག་པ་འགྲན་པའི་རྣམ་པ་དེ་མངོན་པ་ལས། གཟུགས་མེད་གྲིབ་དང་མེ་མེད་དུ་བ་ཡོང་དོན་མེད་པའི་དཔེ་ལྟར་དངོས་ཡོད་འཚོ་བའི་

ནང་དུ་མེད་པའི་གཉེན་སྒྲིག་གི་བྱ་ཚུལ་ནི་དམངས་ཁྲོད་རྩོམ་རིག་ཏུ་ཐོན་དཀའ་ལ། ལར་རྩོམ་པ་པོས་གསར་རྩོམ་བྱས་པའི་རྩོམ་རིག་ཏུ་ཐོན་ནའང་དེ་ནི་མི་རིགས་ཀྱི་ཁྱད་ཆོས་འཚོར་ཞིང་མི་དམངས་ཀྱི་རང་བཞིན་མི་ལྡན་པའི་རྩོམ་ཡིག་ཅིག་ཏུ་བརྩིའོ། །

རིག་པ་འགྲན་ནས་མནའ་མ་རྩོད་ལེན་བྱེད་པའི་སྲོལ་དེ་ལ་འགྱུར་བ་བྱུང་ཡོད་མེད་ཀྱང་། དེ་ལ་ཆུ་ཡི་འོལ་ག་འགྱུར་བ་ལྟར་གྱི་འགྱུར་བ་ནི་ཡོང་ཐབས་མེད་པ་ཞིག་རེད། དེ་ཡང་། གོམས་སྲོལ་གང་དང་ཅི་ཡིན་ཙང་དུས་གང་མཚམས་ལ་ཆུ་ཡི་འོལ་ག་འགྱུར་བ་ལྟ་བུའི་འགྱུར་བ་འགྲོ་མི་ཐུབ་པར། མི་དམངས་ཀྱི་དཔལ་འབྱོར་འཚོ་བ་དང་། མི་དམངས་ཀྱི་བསམ་པ། དེ་བཞིན་འཕོར་ཡུག་གི་ཆ་རྐྱེན་བཅས་ལ་འགྱུར་བ་བྱུང་བ་དང་བསྟུན་ནས་རིམ་བཞིན་འགྱུར་བ་འགྲོ་བ་ཞིག་ཡིན། འགྱུར་བ་དེའི་རྣམ་པ་ནི་མང་བར་མཆིས་མོད་ཀྱང་། གཙོ་བོ་ནི་ལུགས་སྲོལ་གཞན་གྱིས་ལུགས་སྲོལ་རྙིང་པའི་ཚབ་བྱས་ནས་རིམ་བཞིན་ལུགས་སྲོལ་རྙིང་པ་མིང་གི་ལྷག་མར་འགྲོ་བ་དང་། ཡང་ན་ལུགས་སྲོལ་རྙིང་པའི་གྲུབ་ཆ་ཁ་ཤས་ལ་འགྱུར་བ་བྱུང་ནས་གཞན་གྱིས་ཚབ་བྱེད་པའམ་གྲུབ་ཆ་ཁ་ཤས་མེད་པར་གྱུར་པ། ལུགས་སྲོལ་དེ་ལ་རིམ་པས་འགྱུར་བ་འགྲོ་བ་བཅས་ཡོད་པར་སྙམ། འོ་ན། རིག་རྩལ་འགྲན་ནས་མནའ་མ་རྩོད་ལེན་བྱེད་པའི་བོད་ཀྱི་གཉེན་སྲོལ་དེར་འགྱུར་བ་གང་འདྲ་ཞིག་བྱུང་ཡོད་དམ་ཞེ་ན། ཁོ་བོའི་ལྟ་ཚུལ་ནི་རིམ་པས་འགྱུར་བ་བྱུང་བ་དེ་འདྲ་ཞིག་ཡིན། དེ་ཡང་། ཐོག་མར་རིག་པ་འགྲན་ནས་མནའ་མ་རྩོད་ལེན་བྱེད་སྐབས། རིག་པ་འགྲན་པ་པོ་ནི་བུ་མོ་མནའ་མར་འདོད་པའི་ཕོ་གསར་དེ་ཡིན་དགོས་པ་དང་། དེ་ལ་རིམ་བཞིན་འགྱུར་བ་བྱུང་ནས་བུ་མོ་སློང་མཁན་ཏེ་བུ་ཡི་སྐུ་ཚབ་རྣམས་ཡིན་དགོས་པ་དང་། དེ་ལའང་འགྱུར་བ་བྱུང་ནས། ད་ལྟ་དབུས་གཙང་ཁུལ་གྱི་ཞིང་འབྲོག་ས་ཁུལ་དུ་དར་ཁྱབ་ཡོད་པའི་གཉེན་སྟོན་དེ་ཡིན། གཉེན་སྟོན་གྱི་མཛད་སྒོའི་ནང་བུ་མོའི་དབུ་ལ་གཙུག་གཡུ་བཙུགས་སྐབས་དང་། མནའ་མ་བཞུགས་གྲལ་ནས་གདན་འདྲེན་སྐབས། བུ་མོ་ཁྱིམ་ནས་ཐོན་དུས་སྒོ་བཀག་བཏང་སྐབས། དེ་མིན་བུ་མོའི་བཞོན་རྟ་བཅས་ཀྱི་བཤད་པ་ཚང་མ་མནའ་མ་བསུ་མཁན་ངོ་ཐོན་གྱིས་བཏང་དགོས་པ་དང་། མནའ་མ་བུའི་ཁྱིམ་གྱི་སྒོ་འགྲམ་དུ་སླེབས་སྐབས་འབབ་སྟེགས་དང་དཀར་རྫོ། ནག་རྫོ། སྒོ་སྐས། ཀ་གཞུ་གདུང་སོགས་ཁང་པའི་གྲུབ་ཆ་དང་། འཛུགས་ཁོག་གྲོ་སོ་ཕྱེ་མར། ཁྲུང་སྟོད་ལ་སོགས་པ་ཁང་པའི་སྒྲིག་ཆས་དང་། བུ་དང་མནའ་མ། བུ་ཡི་ཕ་མ། གཉེན་སློང་བ་པོའམ་བར་མི་ལ་སོགས་མཛད་སྒོའི་མི་སྣ་གཙོ་གྲས་རྣམས་ལ་བཤད་པ་ཕུལ་མཁན་ནི་མནའ་མ་སྐྱེལ་མཁན་གྱི་སྐུ་ཚབ་པ་ཞིག་ཡིན་དགོས་པ་བཅས་དང་། གཉེན་སྟོན་ནང་ཁྲུང་འདྲེན་མ་དང་། ཁྲུང་མཆོད་མཁན་གཉིས་ཁྲུང་བཀག་ནས་གླུ་ལ་རྩོད་སྲོལ་ཡོད་པ་དང་། ད་དུང་བུ་མོའི་སྐུ་ཚབ་དང་། བུ་ཡི་སྐུ་ཚབ་རྣམས་མཆོད་ཆང་མ་མཆོད་པར་སྐམ་ཐོག་ཕན་ཚུན་གཤགས་རྒྱབ་ནས་རིག་པའི་རྩལ་འགྲན་སྲོལ་ཡོད་པ་དེ་ཡིན་ནོ། །

ཡང་དཔེར་ན། མཚོ་སྔོན་ཡུལ་གྲུ་འགར་དམངས་ཀྱི་ངག་རྒྱུན་དུ་རིང་ནས་དར་ཞིང་ཁྱབ་པའི་གླུ་གཞས《གཡང་དཀར་ལུག་གླུ》ཞེས་པའི་སྨན་ཞིང་འཇེབས་པ་ནྲ་བའི་བདུད་རྩི་ལྟ་བུ་ཞིག་ཡོད་པ་དེ་ནི་གཙོ་བོ་བག་སྟོན་གྱི་སྐབས"མགྲོན་པོས་ལུག་སྐོག་པ(སློང་བ)དང་གཞི་པས་ལུག་ཉེད་དཀའ་བའི་ཚུལ་བྱས་ནས་དྲི་བ་དྲིས་ལན་གྱི་ཚུལ་དུ་སྨན་པའི་དབྱངས་དྲངས་ནས་ཀོ་རེ་བྱེད་པའི་གླུ"ཞིག་ཡིན། དེ་ལྟར་ཕན་ཚུན་ཤགས་འགྱེད་ཀྱི་དྲི་བ་དྲིས་ལན་བྱས་ནས་རིག་པ་འགྲན་པ་འདི་ཡང་སྔར་ལུགས་སུ་མཆིས་པའི་རིག་པའི་རྩལ་འགྲན་ནས་མནའ་མ་རྫོང་ལེན་བྱེད་པའི་སྒྲོལ་དེ་ལས་འགྱུར་བ་བྱུང་བའམ་དེའི་ཤུལ་བཞག་ཡིན་པར་ངོས་འཛིན་བྱ་མི་ཉུང་བ་གང་ཡང་མི་འདུག་སྙམ།

གོང་དུ་བོད་ཀྱི་གཉེན་སྒྲོལ་ལས་བུ་མོ་མནའ་མར་སྟེར་བའི་ཚུལ་ཁོ་ན་བཀོད་ཡོད་པས་བོད་ཀྱི་སྤྱི་ཚོགས་ཀྱི་གནད་དོན་དངོས་ལ་ཤེས་རྟོགས་མེད་པའི་སྐྱེ་བོ་འགའ་ཤས་འཁྲུལ་སྣང་སྐྱེས་ཏེ་བོད་ཀྱི་གཉེན་སྒྲོལ་ལ་སྐྱེས་པ་བུ་ཁྱིམ་ཚང་གཞན་ལ་སྟེར་བའི་སྒྲོལ་མེད་པར་དགོངས་པ་དང་། དེ་ལས་ཆོད་རྩིས་ཀྱིས་བོད་རིགས་ཀྱི་སྒྲོལ་རྒྱུན་འདུ་ཤེས་ནང་ཕོ་མཆོག་མོ་དམན་གྱི་ལྟ་ཚུལ་ཡོད་པར་དགོངས་དོགས་ནས། གཤམ་དུ་གསལ་བཤད་ཕྲན་ཙམ་ཞུ་རྒྱུ་ལ་གངས་ཅན་བོད་ཀྱི་གཉེན་སྒྲོལ་ལ་བུ་མོ་མནའ་མར་སྟེར་བའི་ལུགས་སྒྲོལ་ཡོད་ལ། སྐྱེས་པ་མག་པར་སྟེར་བའི་གོམས་གཤིས་ཀྱང་མཆིས། ཁྱིམ་ཚང་ཞིག་གིས་བུ་ལ་མནའ་མ་བླངས་རྗེས་བུ་དེར་ཁྱིམ་ཚང་དེ་དང་གྲོང་པ་ཁྱིམ་མཚེས་ཚང་མས"མག་པ"ཞེས་འབོད་སྒྲོལ་མེད་པ་དེ་བཞིན། བུ་མོར་མག་པ་ཞིག་བླངས་རྗེས་བུ་མོ་དེར"མནའ་མ"ཞེས་འབོད་སྒྲོལ་མེད་པར་མནའ་མ་དང་མག་པ་ཞེས་པའི་མིང་གི་ཐ་སྙད་འདི་གཉིས་ནི་བུ་མོ་དང་བུ་དག་ཁྱིམ་གཞན་ལ་སྟེར་བའི་ཆེད་དམིགས་གསལ་གྱི་མིང་གི་ཐ་སྙད་ཡིན་ནོ། །

གཉིས་པ། བུ་སྤུན་མནའ་མ་ཐུན་མོང་དུ་ལེན་པའི་གཉེན་སྒྲིག་ལམ་སྒྲོལ་དེ་དར་ཁྱབ་ཆེ་མིན་ལ་མ་བལྟོས་པར་བོད་ཀྱི་ལུགས་སུ་ཡོད།

སྤྱིར་བོད་མི་རིགས་ཀྱི་གཉེན་སྒྲིག་ལམ་སྒྲོལ་གྱི་གྲུབ་ཆ་གཙོ་བོ་དེ་ཁྱོ་གཅིག་ཤུག་གཅིག་གི་ལམ་སྒྲོལ་འདི་ཉིད་ཡིན་མོད་ཀྱང་། འགྲིམ་འགྲུལ་སྟབས་བདེ་མེད་ལ་དཔལ་འབྱོར་གྱི་ཆ་རྐྱེན་ཞན་པའི་ཡུལ་ལུང་འགར་ད་ལྟའི་བར་དུའང་ཕ་མ་གཅིག་ལས་སྐྱེས་པའི་སྤུན་མཆེད་ལ་མནའ་མའམ་མག་པ་ཐུན་མོང་དུ་ལེན་པའི་ལུགས་སྒྲོལ་ཡོད་པ་ཉན་བྱེད་ནྲ་བའི་ཡུལ་དུ་མངོན་སུམ་འཆར་རྒྱུ་མཆིས་ནའང་། བློ་མཐུན་ཉུང་ཤས་ཀྱིས་མི་རིགས་ཀྱི་ལ་རྒྱ་འཚོར་དོགས་ནས་གཉེན་སྒྲོལ་དེ་ཉིད་བོད་ཀྱི་སྤྱི་ཚོགས་སུ་མེད་ཅེས་ཞུ་ཚུགས་མཐར་སྐྱེལ་བྱེད་ཀྱི་ཡོད་པ་དེ་ནི་ཕན་ཡོན་མེད་པའི་བརྗོད་ཚུལ་ཞིག་ཡིན་པར་བསམས། ང་ཚོས་བལྟས་ན་སྔར་ནས་ད་བར་ཡོད་བཞིན་པའི་གནད་དོན་འགའ་ཞིག་བྱུང་མེད་པར་སྨྲས་ནས་རང་ངོས་ཀྱི་

ང་ཚ་འགྲིབ་པར་བྱེད་པ་དེས་མི་རིགས་ཀྱི་ལ་རྒྱ་སྲུང་སྐྱོབ་བྱ་རྒྱུ་ལྟ་ཅི། ལ་རྒྱ་ཤོར་བའི་ཉེན་ཁ་ཡོད་པར་སྙམ། གལ་སྲིད་མི་རིགས་ཀྱི་ལ་རྒྱ་ལ་བསམས་ནས་ཕྱུག་ལས་གནང་མཁན་ཞིག་ཡིན་ཆེ་དེས་ངེས་པར་དུ་མི་རིགས་དེའི་མ་འོངས་མདུན་ལམ་དང་། རིག་གནས། དཔལ་འབྱོར་གྱི་འཕེལ་རྒྱས་སམ་སྤྱི་ཚོགས་འདི་པའི་འཕེལ་རྒྱས་ལ་དོ་སྣང་དང་ལྟ་རྟོག་བྱེད་རྒྱུ་དེ་ཡིན།

བོད་མི་རིགས་ཀྱི་ལོ་རྒྱུས་ཆུ་རྒྱུན་རིང་པོའི་ནང་སྤུན་མཆེད་འགས་མནའ་མའམ་མག་པ་ཐུན་མོང་དུ་ལེན་པའི་ལོ་རྒྱུས་དངོས་བྱུང་ཡོད་པ་མ་ཟད། དེང་དུས་གཙང་ཁུལ་དང་སྟོད་ཁུལ་དུ་དར་ཁྱབ་ཆེ་བའི་གཉེན་སྒྲིལ་གྱི་ཡ་གྱལ་ཞིག་ཡིན། གཉེན་སྒྲིལ་ནི་དམངས་ཀྱི་ཀུན་སྤྱོད་ཅིག་ཡིན་པ་དང་ཀུན་སྤྱོད་ནི་སྤྱི་ཚོགས་ངེས་ཅན་ཞིག་གི་རྨང་གཞིའི་དཔལ་འབྱོར་གྱིས་ཐག་གཅོད་བྱེད་ཀྱི་ཡོད་པ་མ་ཟད། དེས་སྤྱི་ཚོགས་ཀྱི་རྨང་གཞིའི་དཔལ་འབྱོར་ངེས་ཅན་ཞིག་ལ་ཞབས་འདེགས་ཞུ་བ་རེད། འོ་ན། གཉེན་སྒྲིལ་འདི་ཉིད་བོད་དུ་དར་ཁྱབ་ཡོང་བའི་རྒྱུ་མཚན་ཡང་། ཁྱིམ་ཚང་གི་ཐོན་སྐྱེད་ནུས་ཤུགས་དང་། དཔལ་འབྱོར་འཚོ་བའི་ཐོག་ནས་སྤྱི་ཚོགས་ཀྱི་རྩ་བ་སྡེ་ཚན་གཅིག་གི་ནང་དུ"ཡོང་བས་ཡོང་བ་དང་། ཟོར་བས་རྩས་མ"ཞེས་པའི་དཔེ་ལྟར་རང་ནུས་རྩལ་དུ་བཏོན་ནས་ཁྱིམ་གྱི་བདེ་སྐྱིད་ལ་སྲུང་སྐྱོང་བྱེད་ཀྱི་ཡོད་པ་དེ་ཡང་། ཀ་བ་དུ་མས་གདུང་མ་གཅིག་མཉམ་བཏེགས་བྱས་ཏེ་ཁང་པའི་བརྟན་བརླིང་སྲུང་སྐྱོབ་བྱེད་པ་དེ་བཞིན་ཡིན། དེར་རྒྱུ་མཚན་མང་པོ་ཞུ་མི་དགོས་པར་བོད་ཀྱི་ངག་རྒྱུན་དུ་དར་ཞིང་ཁྱབ་པའི་གཏམ"གྲོང་པ་ཁ་གྱེད་ན། སློང་མཁན་གཉིས"ཞེས་པ་དེ་མཁྱེན་ཆེ་ལུགས་སྲོལ་དེ་དར་བའི་རྒྱུ་མཚན་ཡང་རྟོགས་ངེས་ཡིན། དེས་ན་བུ་སྤུན་མནའ་མ་ཐུན་མོང་དུ་བསུ་མཁན་མང་ཆེ་བ་རྒྱུ་ནོར་གཞན་ལས་ཕྱུག་པ་ཡོད་ལ། རྒྱུ་ནོར་ཕྱུག་པའི་ཁྱིམ་ཚང་མང་ཆེ་བའི་བུ་སྤུན་རྣམས་མནའ་མ་ཐུན་མོང་དུ་བསུ་མཁན་ཤ་སྟག་ཡིན་པ་ནི་ང་ཚོས་ལུགས་སྲོལ་འདི་ཉིད་དར་ཁྱབ་ཡོད་པའི་སྤྱི་ཚོགས་ནས་མངོན་ཐུབ་པོ། །

གཤམ་དུ་བུ་སྤུན་མནའ་མ་ཐུན་མོང་དུ་བསུ་བའི་གཉེན་སྒྲིལ་དེ་ལ་མི་དམངས་ཀྱིས་ལྟ་ཚུལ་གང་འདྲ་འཛིན་གྱི་ཡོད་པའི་སྐོར་བརྗོད་རྒྱུ་ལ། གཉེན་སྒྲིལ་འདི་ཉིད་དར་བའི་ཡུལ་ལུང་ཚང་མར་མི་དམངས་ཀྱིས་ལྟ་ཚུལ་ལ་ཕ་མར་གུས་ཞབས་ཆེ་བ། སྤུན་ཟླ་ཕན་ཚུན་སྤུན་དུང་ཆེ་བ་ཁྱིམ་ཚང་ལ་དུང་ཞེན་ཆེ་བའི་བུ་སྤུན་ཡོད་ཚེ་མནའ་མ་ཐུན་མོང་དུ་བསླངས་པའི་འབྲས་བུ་བཀྲ་ཤིས་ཕུན་སུམ་ཚོགས་པའི་ཁྱིམ་ཞིག་ཡོང་བ་དང་དེ་ལས་ལྡོག་པའི་བུ་སྤུན་རྣམས་ལ་མནའ་མ་ཐུན་མོང་དུ་བསུས་ན་ཁྱིམ་ཚང་ཁ་ཐོར་དང་། བཀྲ་ཤིས་ཀྱི་འཚོ་བར་གེགས་བར་ཡོང་བའི་ཐེ་ལྟས་ལྟ་བུར་བརྩི་ཡི་ཡོད། དེ་རིགས་ཀྱི་བུ་དེ་ལ་ཕ་མས་ཀྱང་ཐེ་ས་ནས་རང་གི་མདུན་དུ་ཉར་རྒྱུའི་རེ་བ་བཅོལ་གྱི་མེད། དཔེར་ན་ཁྱིམ་ཚང་གཅིག་ལ་བུ་སྤུན་གསུམ་ཡོད་པ་ལས་ཁྱིམ་དུ་བུ་བར་པ་དེ་ཉར་རྒྱུའི་རེ་བ་བྱེད་ཀྱི་མེད་ཚེ། བུ་ཆེན་པ་དང་གཞོན་པ་དེར་མནའ་མ་སློང་སྐབས་བུའི་ཁྱིམ་གྱིས་མནའ་མའི་ཕ་མར་སླད་བུ་བར་པ་ཁྱིམ་དུ་ཉར་རྒྱུའི་རེ་བ་བྱེད་

ཀྱི་མེད། ཕོ་རང་གི་འགྲོ་སྟངས་ཕོ་རང་གིས་བྱས་ན་ཡག་ཤོས་དང་། དེ་མིན་ན་ང་ཚོ་ཕ་མས་འགྲོ་སྟངས་བྱེད་ཀྱི་ཡིན་ཞེས་གསལ་བཤད་བྱེད་ཀྱི་ཡོད་པ་མ་ཟད། གཉེན་སྟོན་སྐབས་བཞུགས་གྲལ་ནང་དུའང་བུ་བར་པ་དེ་སྒྲིག་སྲོལ་མེད་པར་གུ་གཡོག་བཏང་འཕྲུང་ཕོ་ནའི་ལས་ལ་འཛུག་དགོས་ཀྱི་ཡོད་ལ། གཉེན་སྟོན་རིང་གི་བག་ཞལ་ལའང་བུ་ཆུན་པ་དང་གཞོན་པ་ན་རིམ་གྱིས་མནའ་མ་དང་མཉམ་དུ་ཞལ་བ་ལས་བུ་བར་པ་དེ་བག་ཞལ་ལ་འཛུག་སྲོལ་མེད། ཡང་མི་དམངས་ཀྱི་ལྟ་ཚུལ་ལ་བུ་སྤུན་འགའ་ལ་མནའ་མ་གཅིག་བསླངས་པ་ལས་བུ་གཅིག་གིས་གཅེས་གཅུང་དང་མཉམ་དུ་མནའ་མ་དེ་ཐུན་མོང་དུ་མ་སྤྱད་པར་སེར་སྒྲུད་བྱས་པའམ་ཡང་ན་མནའ་མ་དང་མཉམ་སྡོད་མ་བྱས་པར་རང་འདོད་ཀྱིས་བུད་མེད་གཞན་དང་དགའ་འདུ་བྱས་ཚེ། དེ་ནི་ཡབ་ཡུམ་ལ་གུས་ཞབས་མེད་པ་དང་། "སྐྱེས་པ"མེད་པ་ཞིག་ལ་བརྩི་ཡི་ཡོད། དེ་ལྟར་མི་དམངས་ཀྱི་ལྟ་ཚུལ་དེ་རྣམས་ལས་ཕ་མ་གཅིག་ལས་སྐྱེས་པའི་བུ་སྤུན་རྣམས་ལ་མནའ་མ་ཐུན་མོང་དུ་བསུ་བ་ནི་ཁྲབ་ཆེ་མིན་ལ་མ་བལྟས་པར་བོད་ཀྱི་སྤྱི་ཚོགས་ཐོག་ཡོད་བཞིན་མཆིས་པའི་གཉེན་སྲོལ་ཞིག་ཡིན་པ་གོ་ཤེས་ཐུབ་བོ། །

དེ་མིན་བོད་རིགས་ཀྱི་དམངས་སྒྲུང་མང་པོའི་ནང་བུ་སྤུན་གྱིས་ཐུན་མོང་དུ་མནའ་མ་མཉམ་ལེན་བྱེད་པའི་སྒྲུང་ཡོད་ལ། དམངས་གཞས་ནང་དུའང་བུའམ་བུ་མོ་སྤུན་མཆེད་ཀྱིས་ཚེ་གྲོགས་མཉམ་བསུ་བྱས་ནས་ཁྱིམ་གཞིས་བསྐྱང་དགོས་པའི་ཁ་བརྡ་བསླབ་བྱ་བྱས་ཡོད་པ་ང་ཚོའི་འདྲིན་བྱེད་ཀྱི་བཅུད་དུ་སླེབ་ཐུབ་པ་ཞིག་ཡིན། དཔེར་ན། དམངས་གཞས་ནང"ང་ཚོ་གཅིག་ལ་སྒྲིལ་ཤོག ང་ཚོ་གཉིས་ལ་སྒྲིལ་ཤོག ང་ཚོ་ཕ་མའི་བུ་ཕྲུག(ཡང་འགའ་ཤས་ཀྱིས། "ང་ཚོ་ཁ་བཏགས་དཀར་པོ"ཞེས་ཟེར) རྒྱུ་དང་སྤུན་ལ་སྒྲིལ་ཤོག"ཅེས་པ་ལ་སོགས་ལས་ང་ཚོས་གོ་ཐུབ་པར་ཕ་མ་གཅིག་ལས་སྐྱེས་པའི་བུ་སྤུན་ནམ་བུ་མོ་སྤུན་རྣམས་ཇོག་རྩ་གཅིག་ལ་སྒྲིལ་ནས་ཁྱིམ་ཚང་ཡག་པོ་བསྐྱང་དགོས་པའི་བསླབ་བྱ་མཚོན་འདུག་གོ །

བུ་སྤུན་མནའ་མ་སྤྱི་མའི་བུ་ཕྲུག་རྣམས་ཚང་མས་རང་གི་ཕ་རྣམས་ལས་ཆུན་པར་པ་ཕ་དང་། བར་པར་ཨ་ཁུ། ཆུང་ཤོས་ལ་ཨ་ཆུང་ཞེས་འབོད་པའི་མིང་གི་ཐ་སྙད་མི་མཚུངས་པ་ཙམ་ལས་ཚང་མ་རང་གི་ཕ་རུ་བཀུར་བ་དང་། བུ་སྤུན་ཚང་མས་ཀྱང་བུ་ཕྲུག་རྣམས་ཚང་མ་རང་གི་ཤ་རུས་ལས་ཆད་པར་བཟུང་ནས་དབྱེ་བ་མེད་པའི་བྱམས་བརྩེས་སྐྱོང་གི་ཡོད། གཞན་ཡང་བུ་སྤུན་ཚང་མར་བུ་ཕྲུག་གསོ་སྐྱོང་བྱེད་པའི་འོས་འགན་ཡོད་ལ་བུ་ཕྲུག་གི་འཚོ་བ་དང་ལས་ཀའི་ཐད་ལ་ཐེ་ཇུས་བྱེད་པའི་དབང་ཆའང་ཡོད་པ་ནི་ལུགས་སྲོལ་འདི་ཉིད་དར་བའི་ཡུལ་ལུང་ཚང་མས་ཁས་ལེན་བརྩི་སྲུང་བྱེད་པ་ཞིག་ཡིན་ནོ། །

ཡང་ང་ཚོས་གཉེན་སྟོན་གྱི་ཐད་ནས་བུ་སྤུན་མནའ་མ་ཐུན་མོང་དུ་བསུ་བ་དེ་ལུགས་དང་ལུགས་མིན་གང་ཡིན་བརྟག་ན། ཁ་གསལ་གཏིང་གསལ་གྱི་བདེན་པའི་སྒོམ་ཚིག་ཅིག་ཐོབ་ངེས་རེད།

དེ་ཡང་། ཐོག་མར་གཉེན་སྒྲིག་སྟོན་མོའི་མཛད་སྒོ་སྤེལ་དགོས་པའི་དམིགས་ཡུལ་དང་དགོས

པ་གང་ཡིན་ཟེར་ན། གཉེན་སྟོན་སྤེལ་ནས་གཞོན་ནུ་གཉེན་དུ་སྒྲིག་པ་པོ་རྣམས་གཞོན་སོ་དཀར་ནས་རྒན་སྐྲ་དཀར་བར་ཕན་ཚུན་གཅིག་ཕན་གཅིག་གྲོགས་དང་། མཛའ་མཐུན་དར་གྱི་མདུད་པ་ནམ་ཡང་མི་ལྡོད་པའི་འདུན་པ་མཚོན་པ་ཞིག་ཡིན་པ་དང་། དགོས་སུ་གཉེན་སྒྲིག་མཛད་སྒོ་སྤེལ་བར་བརྟེན་པོ་མོ་གཉེན་སྒྲིག་མཁན་ཚོས་དྲྭ་སྐྱིད་ལྡན་པའི་ཁྱིམ་གསར་པ་ཞིག་བཟུང་བའམ་གཉེན་སྒྲིག་མཁན་ཕོ་མོ་གང་རུང་གི་ཕ་མས་བསྐྱངས་པའི་ཁྱིམ་དེའི་ཤུལ་འཛིན་མཁན་བཟའ་ཚོ་གསར་པ་ཐོན་པར་སྤྱི་ཚོགས་ཀྱིས་ཁས་ལེན་བྱེད་ཀྱི་ཡོད། དེས་ན་གཉེན་སྒྲིག་མཛད་སྒོ་ནི་སྤྱི་ཚོགས་ཐོག་བཟའ་ཚོ་གསར་པ་ཐོན་པའི་མཚོན་རྟགས་ཤིག་ཡིན། གཉེན་དུ་བསྒྲིགས་ནས་བཟའ་ཚོ་ཆགས་པ་ནི་མིའི་རིགས་ཀྱི་སྤྱི་ཚོགས་དང་། འཚོ་བའི་རྩ་བའི་རྣམ་པ་ཞིག་ཡིན་ལ། འགྲོ་བ་མིའི་རིགས་ཀྱི་རིགས་རུས་འཚོལ་བར་མི་སྐྱོད་པའི་བྱེད་ཐབས་ཁྱད་དུ་འཕགས་པ་སྤྱི་ཚོགས་ཀུན་གྱིས་ཁས་ལེན་པ་དང་། བརྩི་སྲུང་བྱེད་པ་ཞིག་ཡིན་པས་དོན་ཆེན་དེ་ལྟ་བུ་སྤྱི་ཚོགས་ལ་ཁྱབ་བསྒྲགས་དང་གསལ་བཊ་ཡོང་ཆེད་དུ་གཉེན་སྟོན་དེ་སྤེལ་བ་ཡིན། དེ་ལྟར་གཉེན་སྟོན་སྤེལ་བས་སྤྱི་ཚོགས་ཀྱིས་ཀྱང་ཕོ་མོ་གཉེན་བསྒྲིགས་ནས་བཟའ་ཚོ་ཆགས་པ་དེ་ལུགས་མཐུན་ཡིན་པར་ཁས་ལེན་དང་། གདེང་འཛོག་བཟང་པོ་ཞིག་བྱེད་ཀྱི་ཡོད།

དེ་ལྟར་གཉེན་སྟོན་སྤེལ་བའི་དགོས་པ་དང་དམིགས་ཡུལ་ཤེས་རྟོགས་བྱུང་རྗེས། བུ་སྤུན་ལ་མནའ་མ་ཐུན་མོང་དུ་བསུ་བའི་སྐབས་ཀྱི་གཉེན་སྟོན་ལ་ལྟ་ཞིབ་རགས་ཙམ་བྱས་ན། ཐོག་མར་བུ་མོ་བཙལ་སྐབས་བུ་རྒན་པ་དེ་ལས་མནའ་མ་ལོ་ཆུང་བ་བཙལ་གྱི་ཡོད་པ་དང་། བུ་རྒན་པའམ་བུ་ལས་བུ་མོ་ལོ་རྒན་པ་བྱུང་ན་དེ་ནི་མི་ཤེས་པའམ་དམན་པར་བརྩི་ཡི་ཡོད་པའི་རྒྱུ་མཚན་ཡང་། བུ་ཆུང་བ་དེ་ཚོའི་ལོ་ལ་བལྟ་རྟོགས་བྱས་པ་ཡིན་པར་སྣམ་གྱི་ཡོད། གང་ལྟར་ནའང་བུ་སྤུན་མནའ་མ་སྤྱི་བསུ་བྱེད་སྐབས་བུ་མོའི་ལོ་དེ་བུ་རྒན་གཞོན་ཚང་མའི་ན་ཚོད་དང་བསྟུན་གང་ཐུབ་བྱེད་ཀྱི་ཡོད་པ་ལས་བུ་རྒན་པ་དེ་ཁོ་ནའི་ལོ་ཁམས་ལ་བསྟུན་ནས་མནའ་མ་བསུ་ཡི་མེད། ཡང་གཉེན་སྟོན་སྐབས་ཀྱི་བཞུགས་གྲལ་སྒོར་མོའི་ནང་གྲལ་མགོར་བུ་རྒན་པ་དེ་སྡོད་པ་དང་། དེའི་འོག་བུ་སྤུན་ཇི་ཙམ་མཆིས་པ་དེ་ཙམ་ན་རིམ་གྱིས་གྲལ་དུ་སྒྲིག་པ། བུ་ཆུང་ཤོས་དེའི་གཤམ་དུ་མནའ་མ་སྡོད་པ། དེའི་གཤམ་དུ་བུའི་ཕ་མ། བུ་མོ་སྐྱེལ་མཁན་ལ་སོགས་རིམ་པས་གྲལ་ལྟར་རུ་སྒྲིག་གི་ཡོད།(འོན་ཏེ་ཕ་མས་ཁྱིམ་དུ་ཉར་རྩིས་མེད་པའི་བུ་དེ་རིགས་ཁྱིམ་ཚང་དེའི་ནང་མི་གཞན་དང་འདྲ་བ་ལས། བཞུགས་གྲལ་དུ་མི་འཁོད་ལ། བུ་སྤུན་གཞན་རྣམས་ལྟར་གྱི་གོ་གནས་ཐོབ་ཐང་མེད་དོ། །) སྟོས་སུ་བཞུགས་གྲལ་ལ་བཤད་པ་ཕུལ་མཁན་གྱིས་གྲལ་འགོ་ནས་རིམ་པས་བཤད་པ་ཕུལ་སྐབས་བུ་སྤུན་རྣམས་དང་མནའ་མ་ལ་བཤད་པ་ཕུལ་བ་སླད་དུ་ཁྱིམ་གྱི་ནང་བཀྲ་ཤིས་ཕུན་སུམ་ཚོགས་པོ་ཡོང་བའི་སྨོན་འདུན་ཞུ་ཡི་ཡོད་ལ། དེ་དུས་བཀྲ་ཤིས་བཟང་བ་བརྗོད་པའི་ཐུགས་བརྗོད་ཕུལ་བ་ཡང་མང་པོ་ཡོད། ཡང་དགོས་གཉེན་སྟོན་རིང་གི་བག་ཞལ་གྱི་གོ་རིམ་ནི་བཞུགས་གྲལ་དུ་འཁོད་པའི་བུ་སྤུན་རྣམས

ན་རིམ་གྱིས་མནའ་མ་དང་མཉམ་དུ་ཉལ་སྲོལ་ཡོད་པ་དེ་ཡིན། མདོར་ན། བུ་སྤུན་ལ་མནའ་མ་བསུ་བའི་གཉེན་སྟོན་གྱི་འགྲོ་ལུགས་དེ་ཚོ་ནས་ང་ཚོས་ཤེས་ཐུབ་པར། བུ་སྤུན་ལ་མནའ་མ་ཐུན་མོང་དུ་བསུ་མཁན་ཁྱིམ་དེས། སྤྱི་ཚོགས་དང་གྲོང་པ་ཁྱིམ་མཚེས་ཚོར་བུ་སྤུན་ལ་མནའ་མ་གཅིག་ཐུན་མོང་དུ་བསུས་ནས་བཟའ་ཚོ་ཆགས་པ་ཡིན་ཞེས་ཁྱབ་བསྒྲགས་དང་གསལ་བརྗོད་བྱས་པ་མཚོན་ཐུབ་པས་བུ་སྤུན་ལ་མནའ་མ་ཐུན་མོང་དུ་བསུ་བ་དེ་དར་ཁྱབ་ཆེ་མིན་ལ་མ་བལྟོས་པར་བོད་ཀྱི་གཉེན་སྒྲིག་ལུགས་སྲོལ་ལ་ཡོད་པ་གསལ་བཤད་ཐུབ་བོ། །

ཞར་དུ། ཀློ་མཐུན་འགའ་ཤས་ཀྱིས་གཉེན་སྲོལ་འདི་དང་འབྲེལ་ཡོད་ཀྱི་གནད་དོན་གཅིག་ལ་ཡང་མི་དག་པའི་བརྗོད་ཚུལ་འདུག་པ་དཔེར་ན། ཕྱི་རྒྱལ་བ་འགའ་ཤས་དང་རྒྱ་རིགས་ཀློ་མཐུན་འགའ་ཤས་ཀྱིས་བོད་ཀྱི་གཉེན་སྲོལ་ལ་བུ་སྤུན་ལ་མནའ་མ་ཐུན་མོང་དུ་ལེན་སྐབས་བུ་མོ་དེ་ཁྱིམ་ཚང་ཆེ་བའམ“རིགས་རྒྱུད་མཐོ་བ”ལས་སློང་ཐབས་བྱེད་ཀྱི་ཡོད་ཅེས་བརྗོད་ནས། ཏ་ཙང་སྟབས་བདེ་པོས་དེའི་རྒྱུ་མཚན་ནི་བུ་མོའི་གནས་བབས་མཐོ་བས་བུ་སྤུན་ཚང་མར་མཐོ་གནོན་བྱེད་ཆེད་དུ་ཡིན་ཟེར་བ་དང་། ཡང་འགའ་ཤས་ཀྱིས་བུ་མོའི་ཁྱིམ་གྱི་རྒྱུ་དངོས་ལ་ཧམ་ནས་སློང་བ་རེད་ཅེས་ཟེར་བ་དེ་རིགས་ལ་ཕོ་བོ་འདོད་པ་མ་ཡིན་ཏེ། མི་རིགས་གཞན་གྱི་སྐྱེ་བོའི་ལྟ་ཚུལ་ལྟར་ན་ཏ་ཙང་འདྲ་ཆགས་པོ་འདྲ་ཡོང་ངེས་ཀྱང་། ང་ཚོས་བྱ་དངོས་དེ་ཉིད་དར་ཁྱབ་ཡོད་པའི་ཡུལ་ལུང་འདི་པའི་མི་དམངས་ཀྱི་ལྟ་ཚུལ་དངོས་དང་དེ་དང་འབྲེལ་ཡོད་ཀྱི་ལུགས་སྲོལ་རྣམས་ལ་དཔྱད་པ་ཞིག་བྱེད་དུས་གོང་གསལ་བརྗོད་ཚུལ་དེ་དག་ཕོ་རང་ཚོའི་རྒྱལ་ཁབ་བམ་མི་རིགས་ནང་གནས་ཚུལ་དེ་རིགས་ལྷག་ཡོད་པས་དེའི་ལྟ་ཚུལ་ཀློ་ལ་རྩ་ཟབ་སྟོང་བཏན་ཞིག་བྱུང་ཡོད་པས“རང་སྒྲོང་མི་ཏུས་གཏིང་བར་མཁས”ཞེས་པའི་དཔེ་ལྟར་ཞྭ་དཔེ་ལྷམ་འགེབས་ཀྱིས་སྣུན་རྟགས་བབ་ཅོལ་འདི་རིགས་བརྗོད་པ་ཙམ་ལས། གནས་ཚུལ་དངོས་མ་རྟོགས་ཤིང་བོད་ཀྱི་བུ་སྤུན་ལ་མནའ་མ་སྤྱི་བསུ་བྱེད་པའི་ཡུལ་གྱི་སྤྱི་ཚོགས་ལ་ཡང་དག་པའི་བལྟ་ཞིབ་བྱས་ནས་བྱུང་བའི་འབྲས་བུ་ཞིག་ཡེ་ནས་མིན། བོད་རིགས་ཀྱི་རྒྱུན་སྲོལ་ལྟ་ཚུལ་ལ་ཁྱིམ་ཚང་ཆེ་བའམ“རིགས་རྒྱུད་མཐོ་བའི”སྐྱེ་བོ་ཚང་མ་བྱ་བ་གང་ཐད་སྤྱོད་ལུགས་བཟང་བར་དགོངས་ཀྱི་ཡོད། དཔེར་ན“སྐྱེས་སས་ཡར་འཐེན། སྤྱོད་པས་མར་འཐེན”ཞེས་པ་ལས་ཀྱང“སྐྱེས་ས་མཐོ་བ”ཡིན་པ་ན་སྤྱོད་པའང་བཟང་པོ་ཡོད་དགོས་པའི་ངོས་འཛིན་བྱེད་ཀྱི་ཡོད་པ་གོ་ཐུབ། དེར་བརྟེན་བུ་སྤུན་མང་པོར་མནའ་མ་ཐུན་མོང་དུ་བསུ་སྐབས“སྐྱེས་ས་མཐོ་བ”ཡི་བུ་མོ་དེ་རིགས་བཙལ་ཐབས་བྱེད་ཀྱི་ཡོད་པའི་རྒྱུ་མཚན་ཡང་། མནའ་མ་ཐུན་མོང་དུ་བླངས་ནས་བུ་སྤུན་ཚང་མར་བསྟུན་ཐབས་བྱེད་དགོས་པར་བརྟེན་བུད་མེད་སྤྱོད་ལུགས་མཁས་པ་དེ་རིགས་མནའ་མར་བསུས་ཏེ་ཁྱོ་བོ་ཚང་མར་ཡོ་ཁྱོག་དབྱེ་བ་མེད་པའི“བརྩེ་དུང”བཟུང་ནས་ཁྱིམ་དུ་འཚོ་བ་མཉམ་སྐྱེལ་ཡོང་ཐུབ་པའི་རེ་བ་བྱེད་ཀྱི་ཡོད་པ་མཚོན་པ

ལས་བུ་མོས་བུ་སྤུན་ཚང་མ་མཐོ་གནོན་བྱེད་ཆེད་དུ་ག་ལ་ཡིན། མི་དམངས་ཀྱི་ལྟ་ཚུལ་འདིར་རྒྱུ་མཚན་མེད་པ་མ་ཡིན་ཏེ། གཉེན་སྒྲིག་ལུགས་སྲོལ་འདི་ཉིད་དར་བའི་ཡུལ་ལུང་ཚང་མར་ཁྱིམ་ཚང་ཆེ་བའི་བུ་སྤུན་རྣམས་ལ་མནའ་མ་ཐུན་མོང་དུ་བསུ་མཁན་མང་ལ། བུ་སྤུན་ལ་མནའ་མ་ཐུན་མོང་དུ་བསུ་མཁན་གྱི་ཁྱིམ་ཚང་མང་ཆེ་བ་རྒྱུ་ནོར་གྱིས་ཕྱུག་པའི་ཁྱིམ་ཚང་ཞ་སྟག་ཡིན། དེས་ན་ཁྱིམ་ཚང་དེ་རིགས་ཀྱི་བུ་མོས་ཀྱང་སོ་སོའི་ཕ་མ་སྤུན་མཆེད་ཀྱི་གཉེན་སྒྲིག་བྱ་ལུགས་དང་ཁྱིམ་གཞིས་འཛིན་ཚུལ་རྣམས་དངོས་སུ་མཐོང་ཐོས་བྱུང་ཡོད་པས། དེ་དག་ལས་ཀྱང་སྤྱོད་ཚོར་བསླབ་བྱ་འདྲ་ཡོན་ངེས་ཡིན་པ་ནི་ཀུན་གྱིས་མཁྱེན་གསལ་ལགས། དེར་བརྟེན་བོད་མི་མང་པོའི་ལྟ་ཚུལ་ལ་ཁྱིམ་ཚང་ཆེ་བའི་བུ་མོ་དེ་བུ་སྤུན་གྱི་ཐུན་མོང་གི་མནའ་མར་བྱུང་ན་ཕྱུ་པོ་ཚང་མར་བསྟུན་མཁས་པས། དེ་ལ་བརྟེན་ལེན་དང་རེ་བ་བྱེད་པའི་བྱ་སྤྱོད་དེ་བྱུང་བ་ཡིན།

སྤྱིར་བོད་རིགས་ཀྱི་ལུགས་ལ་བུའི་ཁྱིམ་ནས་བུ་མོའི་ཡབ་ཡུམ་ལ་ནུ་རིན་ཐྲབ་ཙམ་དང་། བུ་མོའི་ཡུམ་ལ་སྤྲང་གདན་གཅིག་སྤྲོད་སྲོལ་ཡོད་པ་མ་གཏོགས། རྒྱ་མི་རིགས་ལྟར་གྱི་གཉེན་རྟེན་འདི་དང་འདི་དགོས་ཡོད་ཅེས་ཏ་ལམ་ཤ་ཏུས་ལས་འཆད་པའི་བུ་མོ་ངེས་རིན་ཆེན་རྒྱུ་ནོར་ཉོ་བའི་ངང་ཚུལ་དེ་བོད་རིགས་ཀྱི་ལུགས་ལ་མེད་པ་དང་། བུ་མོ་མནའ་མར་སྟེར་སྐབས་བུ་མོའི་སྐལ་རྫོང་རྣམས་བུ་མོའི་ཕ་མས་གང་གནང་བ་དེ་ལས་བུའི་ཁྱིམ་གྱིས་སྟེར་སྒོ་འདི་དང་འདི་དགོས་ཡོད་ཅེས་རེ་བ་སྟོན་སྲོལ་མེད་པ་དེ་ནས་ཀྱང་ཁྱིམ་ཚང་ཆེ་བའི་བུ་མོ་བཙལ་འདོད་པའི་ལྟ་ཚུལ་ནི་རྒྱུ་དངོས་ལ་ཛམས་པ་མིན་པ་ཤེས་ཐུབ་ཀྱི་ཡོད། དེ་ཡང“རྒྱུ་ཕྱུག་ན་སེར་སྣ་ཆེ”ཞེས་པའི་ངག་རྒྱུན་ལྟར་རྒྱུ་ཕྱུག་པའི་ཁྱིམ་ཚང་གི་བུ་མོ་དེའི་སྐལ་རྫོང་ཆེ་བའི་ངེས་པ་མེད་དོ། །བོད་མི་རིགས་ཀྱི་ཁྲོད་དུ་མནའ་མའམ་དགའ་རོགས་བཙལ་སྐབས་བུ་མོའི་ངང་རྒྱུད་རིང་མིན་དང་། ལས་འཛོན་ཐང་ཆེ་མིན་ལ་བལྟས་པ་ལས་བུ་མོའི་ཕྱི་རྣམ་པ་དང་། རྒྱུ་ཕྱུག་མིན་ལ་གཙོར་འཛིན་བྱེད་ཀྱི་མེད། ལྷག་པར་དུ་བུ་སྤུན་ལ་མནའ་མ་ཐུན་མོང་དུ་བསུ་སྐབས་དེ་བས་བུ་མོའི་ནང་གི་བསམ་པ་བཟང་མིན་གཙོ་དོན་དུ་བཟུང་གི་ཡོད་པ་ནི་གཉེན་སྲོལ་འདི་ཉིད་དར་ཁྱབ་ཡོད་པའི་སྤྱི་ཚོགས་འཚོ་བའི་ཐོག་ནས་མངོན་ཐུབ་བོ། །

ང་ཚོས་ཤེས་རྟོགས་དགོས་པར། མི་རིགས་གང་འདྲ་ཞིག་ཡིན་རུང་དེར་རང་རང་གི་འཇིག་རྟེན་ལྟ་ཚུལ་དང་། ཕུགས་བསམ། ཀུན་སྤྱོད་ཀྱི་དཔེ་ཚད་འཛིན་ས་བཅས་ཡོད་ངེས་ཡིན་པས། རང་མི་རིགས་ཀྱི་དཔེ་ཚད་དེ་ཁྱེར་ནས་གཞན་མི་རིགས་ཀྱི་རིག་གནས་ལ་ཚོད་འཇལ་བྱེད་པ་དེ། ཀུན་གྱིས་དོར་བྱར་འོས་པའི་རིགས་པའི་དཔྱད་ཐབས་ཤིག་ཡིན། ང་ཚོས་ངེས་པར་དུ་བློ་ཙར་གཟུང་དགོས་པ་ནི་མི་རིགས་གང་གི་རིག་གནས་ག་གེ་མོ་བརྗོད་པར་འདོད་ཚེ། ངེས་པར་མི་རིགས་དེ་པའི་སྤྱི་ཚོགས་ཀྱི་རིག་གནས་གཞན་ལ་ཤེས་རྟོགས་དགོས་པ་མ་ཟད། དེའི་རྒྱང་གཞིའི་སྟེང་བློ་དྲང་ཟོལ་མེད་ཀྱི་བསམ་པ་ཁྱེར་ཏེ་རིགས་པས་

བརྟག་དཔྱད་བྱས་ན་དོན་དངོས་དང་མཐུན་པའི་དྲང་བདེན་གྱི་སྙོམ་ཚིག་ཅིག་ཐོབ་ཐུབ། དེ་ལས་ལྡོག་སྟེ་བོད་ཀྱི་སྤྱི་ཚོགས་ཀྱི་ཟུར་ཆ་ཙམ་ལའང་རང་ཉིད་ངོ་མས་ཉམས་ཞིབ་མེད་པར་གོ་ཐོས་ཁོ་ནའི་རྗེས་སུ་འབྲངས་ཏེ་རང་མི་རིགས་ཀྱི་ལུགས་སུ་ཡོད་པའི་གནད་དོན་དག་ཁྱེར་ཏེ་བྱ་དངོས་ཀྱི་གནས་བབ་ལ་བསམ་གཞིག་མ་བྱས་པར་ར་མགོ་ལུག་སྦྱར་གྱིས་གཞན་གྱི་ཀུན་སྤྱོད་ལ་ཚོད་འཛལ་བྱས་ན། དེས་རྒྱུ་མཚན་དངོས་དེ་བཤད་མི་ཐུབ་བོ། །

གསུམ་པ། འཁྲིག་སྤྱོད་དང་གཉེན་སྒྲིལ་དབར་གྱི་དབྱེ་བ་གསལ་པོ་ཕྱེ་དགོས།

དེ་ཡང་། ད་ཕན་བོད་ཀྱི་གཉེན་སྒྲིལ་བརྗོད་སྐབས་ཡོངས་གྲགས་སུ་བོད་རིགས་ཀྱི་གཉེན་སྒྲིལ་ལ་ཕ་སྤུན་མནའ་མ་ཐུན་མོང་དུ་སྤྱོད་པའམ་མ་དང་བུ་མོས་མག་པ་ཐུན་མོང་དུ་སྤྱོད་པ་དང་། གྲོགས་པོས(གྲོགས་མོས)མནའ་མ(མག་པ)ཐུན་མོང་དུ་སྤྱོད་པ། འབྲེལ་མེད་རྒྱུད་མེད་ཀྱི་ཁྱོ་བོ་གཉིས་ཀྱིས་མནའ་མ་ཐུན་མོང་དུ་སྤྱོད་པ་ལ་སོགས་ལུགས་སྲོལ་ཡོད་ཅེས་ལྷུགས་པའི་ཨུ་ཚུགས་དང་འོལ་ཚོད་ཟུར་དུ་བྱས་ནས་ལྟུན་གཏམ་བབ་ཅོལ་སྤྱི་ཚོགས་ཐོག་འུར་གྱིས་བསྒྲགས་པ་ནི་མི་འཐད་པར་སྙམ།

ཁྱིམ་གཅིག་གི་ནང་དུ་བུད་མེད་གཅིག་ལ་ཕ་བུ་གཉིས་ཀས་སྦྱད་པའམ་སྐྱེ་བོ་གཅིག་མ་དང་བུ་མོས་མཉམ་འཛིན་བྱས་པ་རྒྱུ་མཚན་དུ་བྱས་ནས་བོད་རིགས་ཀྱི་གཉེན་སྒྲིལ་ལ་ཕ་སྤུན་མནའ་མ་མཉམ་སྤྱོད་བྱེད་པའམ། མ་དང་བུ་མོས་ཁྱོ་བོ་མཉམ་སྤྱོད་བྱེད་པའི་ལུགས་སྲོལ་ཡོད་ཅེས་བརྗོད་ན། དེ་ནི་ལུགས་སྲོལ་གྱི་མཚན་ཉིད་ལས་ཡོངས་སུ་འགལ་བ་ཞིག་ཡིན་ཏེ། བྱེ་བྲག་དམིགས་བསལ་ཅན་འགའ་རེ་ཡོད་ངེས་པ་དེ་དག་མི་རིགས་གཅིག་གམ་ས་ཁུལ་གཅིག་གི་ལུགས་སྲོལ་ཡིན་ཞེས་བརྗོད་པ་ནི་ཤིན་ཏུ་མི་འཐད་དེ། དཔེར་ན། འདོད་ཟམས་ཅན་གྱི་སྐྱེ་བོ་ཞིག་གིས་གཞན་ལ་གསེར་སོགས་རིན་ཆེན་ཡོད་པ་རིག་ནས་འདོད་པའི་དབང་གིས་མི་ཚེ་སྲོག་ལ་གནོད་འཚེ་བཏང་ནས་གསེར་དངུལ་རྣམས་རྐུ་བཅོམ་བྱས་པ་དེ་རྒྱུ་མཚན་དུ་བྱས་ནས་ཡུལ་དེར་མི་ཡིས་མི་གསོད་པའི་ལུགས་སྲོལ་ཡོད་ཅེས་བརྗོད་ན་མཚན་ཉིད་དང་འགལ་བ་དེ་བཞིན་པ་ཕའི་ལོག་གཡེམ་གྱིས་བུ་ཡི་མནའ་མ་བདག་གིར་སྤྱད་པའི་མ་རུང་བྱ་སྤྱོད་དེ་བོད་རིགས་ཀྱི་གཉེན་སྒྲིལ་ཡིན་ཞེས་བརྗོད་ན། དེ་ནི་ཡིན་མིན་གྱི་དབྱེ་འབྱེད་མ་བཏང་བར་དགོས་པའི་དབང་དུ་བརྗོད་པ་ཞིག་ཡིན་པར་སྙམ། ཕ་སྤུན་མནའ་མ་ཐུན་མོང་དུ་སྤྱོད་པ་དེ་བོད་རིགས་ཀྱི་ལུགས་སྲོལ་མིན་ཞེས་བརྗོད་པའི་རྒྱུ་མཚན་འདི་ལྟ་སྟེ། དང་པོ་མནའ་མ་བསུ་སྐབས་ཀྱི་གཉེན་སྟོན་མཛད་སྒོ་དེའི་ཐོག་ནས་བཤད་ན། གཉེན་སྟོན་སྐབས་བུ་ཡི་ཕ་ལ་བུ་འདི་པའི་ཕ་ཡི་གོ་གནས་ཐོབ་ཐང་ལས། གཉེན་སྒྲིག་མཁན་བཟའ་ཚོ་གསར་པའི་གོ་གནས་ཐོབ་ཐང་མེད་པ་མ་ཟད། སྟོན་མོའི་ནང་ཕ་དེའི་བྱ་སྤྱོད་དམིགས་བསལ་ཆེ་བ་མེད་པར་བུ་དང་མནའ་མ་གཙོ་བོར་འཛིན་པའི་བྱེད་སྒོ་ཞིག་ཡིན། དེ་

ཡང་། དབུས་གཙང་ཁུལ་གྱི་གནའ་བོའི་གཉེན་སྟོན་གྱི་སྲོལ་ལ། བུ་ཞིག་ལ་མནའ་མ་བསུ་སྐབས་ཐོག་མར་བུ་དང་། བུ་མོའི་ལོ་རྟགས་མཐུན་མིན་བརྟག་དགོས་པ་ལས་བུའི་ཕ་དང་བུ་མོའི་ལོ་རྟགས་མཐུན་མིན་བརྟག་སྲོལ་མེད་པ་དང་གཅིག ཡང་། གཉེན་སྟོན་སྐབས་བཞུགས་གྲལ་ཐོག་གྲལ་མགོར་བུ། དེ་རྗེས་མནའ་མ། དེའི་འོག་བུ་ཡི་ཕ་མ། དེའི་འོག་བུ་མོ་སྐྱེལ་མ་སྟོད་པ་སོགས་རིམ་པ་བཞིན་གྲལ་སྟར་ཏུ་སྒྲིག་སྲོལ་ཡོད་པའི་ནང་། བུ་ཡི་ཕ་དེ་བུ་འདི་པའི་ཕ་ཡིན་པས་བཞུགས་གྲལ་མནའ་མའི་གཤམ་འོག་ཏུ་འཁོད་པ་ལས། མནའ་མའི་ཁྱོ་བོའི་ཡ་གྱལ་ཞིག་ཡིན་པའི་རྒྱུ་མཚན་གྱིས་བཞུགས་གྲལ་དུ་འཁོད་པ་རྩ་བ་ནས་མིན་པ་དང་། བཞུགས་གྲལ་ལ་བཤད་པ་འབུལ་མཁན་གྱིས་བཤད་པ་འབུལ་སྐབས་བུ་ཡི་ཕ་དེར་བུ་ཡི་ཕ་ཡིན་པའི་བཤད་པ་འབུལ་བ་དང་། སྐུ་ཚེ་རིང་པོ་ཡོང་བའི་སྨོན་ཚིག་ཞུ་བ་ལས། ཁྱོ་བོ་ཡིན་པ་དང་མནའ་མ་དང་གཉེན་སྲིབ་པ་ལས་བུ་ནོར་ལོངས་སྤྱོད་འཕེལ་བའི་བཀྲ་ཤིས་བཤད་པ་འབུལ་སྲོལ་མེད་པ་དང་གསུམ། ལྷག་དོན་བུ་མོ་མནའ་མར་བསུ་བའི་གཉེན་སྟོན་སྐབས་བག་ཉལ་ལ་བུ་དེ་ཉལ་བ་ལས། མནའ་མ་དེ་ཕ་བུ་སྤྱི་པའི་ཡིན་ཞེས་ཕ་དེའང་མནའ་མ་དང་མཉམ་དུ་བག་ཉལ་ལ་འཇུག་སྲོལ་མེད་པ་དང་བཞི་བཅས་རྒྱུ་མཚན་དེ་རྣམས་ལས་ང་ཚོའི་བློ་ཡུལ་དུ་ཕ་བུས་མནའ་མ་མཉམ་སྤྱོད་བྱེད་པ་དེ་བོད་རིགས་ཀྱི་གཉེན་སྲོལ་མིན་པ་ཤེས་ཐུབ་ལ་ཕ་བུས་མནའ་མ་མཉམ་སྤྱོད་བྱས་ནས་ས་བོན་བཏབ་པའི་འབྲས་བུ་བུ་ཕྲུག་སྨིན་པ་དེས། བུའི་ཕ་དེ་ལ་སྤྱི་བོ་ཞེས་འབོད་པ་ལས་པ་ཕ་ཞེས་འབོད་སྲོལ་མེད་པ་དེ་ནས་ཀྱང་ཕ་བུས་མནའ་མ་མཉམ་སྤྱོད་བྱས་པ་དེ་བོད་རིགས་ཀྱི་ལུགས་སྲོལ་མིན་པ་ཤེས་ཐུབ།

ཕ་བུས་མནའ་མ་མཉམ་སྤྱོད་བྱེད་པའི་རྣམ་པ་གཞན་ཞིག་ལ་ཕ་ཡིས་བཟའ་ཟླ་འཇིག་རྟེན་འདི་རུ་བུ་ཞིག་བོར་བཞག་ནས་འཇིག་རྟེན་ཕྱི་མར་ཕྱིན་པའི་ཁྱིམ་ཚང་ཆེས་ཉུང་ཤས་ནང་། ཕ་དེས་བཟའ་ཟླ་གོང་མ་དེའི་ཤུལ་འཛིན་མནའ་མ་གསར་དུ་བསུས་ནས་ཁྱོ་ཤུག་ཏུ་སྡེབ་པའི་སྐབས། བཟའ་ཟླ་གོང་མས་བཞག་པའི་བུ་དེའང་རིམ་བཞིན་ཆེར་བསྐྱེད་ནས་འཇིག་རྟེན་གྱི་བྱ་བར་འཇུག་མཚམས་ཁྱིམ་གྱི་དཔལ་འབྱོར་དང་། བདེ་སྐྱིད་ཀྱི་འཚོ་བར་ཉམས་གུད་དང་བར་ཆད་མི་ཡོང་བའི་ཆེད་དུ་བུ་དེས་ཀྱང་ཕ་ཡི་མནའ་མ་མཉམ་སྤྱོད་བྱས་པ་ཡིན། དེ་ནི་བོད་རིགས་ཀྱི་ལུགས་དང་མཐུན་པའི་གཉེན་སྲོལ་ཡེ་ནས་མིན་པར་ཁྱིམ་ཚང་ཆེས་ཉུང་ཤས་ཀྱི་ཐབས་མེད་ཚུ་ཐུག་གི་བྱ་སྤྱོད་ཅིག་ཡིན། གལ་སྲིད་བུ་དེས་རང་འདོད་ཀྱིས་བུ་མོ་གཞན་དང་གཉེན་བསྡེབས་ནས་འཚོ་བ་ཁེར་སྐྱེལ་བྱས་ཚེ་ཁྱིམ་ཚང་དེའི་ཁང་སྡེང་གི་ཀླུང་དར་ནས་སྒོ་ཡི་ཐེམ་པ་ཡན་ཆད་ཀྱི་ནོར་དངོས་པོ་ཡོད་ཚད་དུམ་བུ་གཉིས་སུ་བགོ་དགོས་ཀྱི་ཡོད་པས་དཔལ་འབྱོར་ལ་ཉམས་གུད་ཡོང་བ་དང་། ལྷག་པར་དུ་བུ་དེ་རང་ལ་མནའ་མ་གཞན་ཞིག་བསུས་ན་གཅིག་ཏུ་ཁྱིམ་ཚང་གཅིག་གི་ནང་ཤ་རུས་ཀྱི་འབྲེལ་བ་མེད་པའི་ཕྱོགས་ཁ་གསུམ(༡.ཕ་དང་བུ། ༢.ཕ་ཡི་བཟའ་ཟླ། ༣.བུ་ལ་བསུས་པའི་མནའ་མ།) ཆགས་ཀྱི་ཡོད་པ་དང་གཉིས་སུ་ཕ་དང་བཟའ་ཟླ་གཉིས་ལ་རྗེས་སྐྱེས་བུ་ཚ་བྱུང་བ་དེ་

ཚོ་ལའང་སླད་མར་མནའ་མ་བསུ་རན་མཚམས་མནའ་མ་དེའང་ཁྱིམ་ཚང་དེའི་ནང་གི་མི་དང་ཤ་རུས་ཀྱི་འབྲེལ་བ་མེད་པ་ཞིག་བསུ་དགོས་པས་དེ་ལྟར་ཤ་རུས་ཀྱི་འབྲེལ་བ་མེད་པའི་མི་མང་པོ་ཐབ་གཅིག་ལ་འཁོར་ནས་ཟླ་ནས་ཟླ་དང་ལོ་ནས་ལོ་བར་འཚོ་བ་མཉམ་སྐྱེལ་བྱས་ཚེ་ཁྱིམ་གྱི་བདེ་སྐྱིད་འཚོ་བ་ལ་བར་ཆད་ཡོང་ངེས་ཡིན་པ་ནི་སུས་ཀྱང་རྟོགས་ནུས། རྒྱུ་མཚན་དེ་རྣམས་ལ་བརྟེན་ནས་ཕ་བུས་མནའ་མ་མཉམ་སྤྱོད་བྱས་པ་དེ་ནི་ལུགས་མཐུན་མིན་པར་སྐྱེ་བོ་ཉུང་ཤས་ཨུ་ཐུག་ནས་བྱ་སྤྱོད་དེ་ཉིད་ལ་འཛུག་པ་ཡིན་པའང"སྡུག་ན་མ་རུང་སྤྱོད་ལ་འཛུག"ཅེས་པ་ལྟར་ཡིན། སྔོས་སུ་ཕ་བུ་དེ་གཉིས་ཀྱིས་མནའ་མ་མཉམ་སྤྱོད་བྱས་པའི་བྱ་སྤྱོད་དེ་སྤྱི་ཚོགས་ལ་ཁྱབ་བསྒྲགས་དང་གསལ་བཤད་བྱས་མེད(ཕ་བུས་ཐུན་མོང་དུ་གཉེན་སྟོན་སྒྲིལ་མེད)པས་དེ་ལ་སྤྱི་ཚོགས་ཀྱིས་ལུགས་མཐུན་ཡིན་པའི་གདེང་འཛོག་དང་ཁས་ལེན་ཡོང་གི་མེད་ལ་མནའ་མར་སྐྱེས་པའི་བུ་ཕྲུག་གིས་མནའ་མ་མཉམ་སྤྱོད་མཁན་གྱི་ཕ་བུ་གཉིས་ལས་བུ་དེ་ལ་གཅེན་པོ་ཞེས་འབོད་པ་ལས་པ་ཕའམ་ཨ་ཁུ་ཞེས་བརྗོད་སྲོལ་མེད། དེར་བརྟེན་བོད་རིགས་ཀྱི་གཉེན་སྒྲིལ་ལ་ཕ་བུས་མནའ་མ་ཐུན་མོང་དུ་སྤྱོད་པའི་ལུགས་སྲོལ་ཡོད་ཅེས་བརྗོད་པ་ནི་བདེན་རྫུན་གྱི་དབྱེ་འབྱེད་མེད་པར་གང་བྱུང་དུ་འཆལ་གཏམ་འབའ་ཞིག་བརྗོད་པ་ལགས་སོ། །

བོད་ཀྱི་གཉེན་སྒྲིལ་ལ་གྲོགས་པོས་མནའ་མ་མཉམ་དུ་བསུ་བའི་ལུགས་སྲོལ་ཡོད་ཅེས་བརྗོད་པ་དེའང་ལུགས་སྲོལ་གྱི་མཚན་ཉིད་ལས་འགལ་བའི་བབ་ཅོལ་ཞིག་ཡིན་པར་སྣམ། སྤྱིར་ན་བོད་ཀྱི་སྤྱི་ཚོགས་ནང་གྲོགས་པོས་མནའ་མ་ཐུན་མོང་དུ་སྤྱོད་མཁན་མཐོང་རྒྱུ་ཤིན་ཏུ་དབེན་པ་ཏ་ལམ་ཉིན་མོའི་སྐར་མའི་མཐུན་གྲོགས་སུ་ངེས་པ་མ་ཟད་བོད་ཀྱི་སྤྱི་ཚོགས་ཡོངས་ལ་གྲོགས་པོས་མནའ་མ་མཉམ་སྤྱོད་བྱེད་མཁན་རེ་གཉིས་ཡོད་པའི་དབང་དུ་བྱས་ནའང་། དེ་ཚོའང་དཔལ་འབྱོར་དང་གང་ཅིའི་ཐད་ཐབས་ཟད་ཨུ་ཐུག་གིས་མནའ་མ་མཉམ་སྤྱོད་བྱས་པ་ལས་བོད་ལུགས་ལ་གཉེན་སྲོལ་དེ་འདྲ་མཆིས་པས་ཕ་མེས་ཀྱི་ལུགས་ལྟར་མནའ་མ་ཐུན་མོང་དུ་སྤྱད་པ་མིན། ཕོ་ཚོའི་དམིགས་ཡུལ་ནི་དཔལ་འབྱོར་དང་། ངལ་རྩོལ་ནུས་ཤུགས་ལ་སོགས་འཚོ་བ་ཕོ་ནའི་དོན་དུ་ཡིན་པ་དེ་ལ་སྤྱི་ཚོགས་ཀྱིས་ལུགས་མཐུན་ཡིན་པའི་འདེང་འཛོག་བཟང་པོ་ཞིག་ཐོབ་རྒྱུ་ལྟ་ཅི། དེ་ལས་ལྡོག་སྟེ་ཕོ་ཚོའི་བྱ་སྤྱོད་དེ་ནི་ལས་ཀྱི་ཐ་མ་ཡིན་པར་འཛིན་གྱི་ཡོད། གོ་གོ་བའི་རྣ་རྩ་དང་། རིག་རིག་གི་མིག་རྩའི་བཙུད་དུ་སྨིན་ཆེད་ལུགས་སུ་བཞག་སོང་ཚེ་འཇིག་རྟེན་འདི་ན་ལུགས་དང་ལུགས་མིན་གྱི་དབྱེ་བ་མ་མཆིས་པར་བྱ་བ་ལས་ཚད་དང་། བསམ་པའི་ཁྱེར་བཟོ་མཐའ་དག་ཀུན་གྱིས་ཁས་ལེན་བརྩི་སྲུང་བྱེད་པའི་ལུགས་སྲོལ་ཡིན་པར་ངེས་ལ། བྱ་སྤྱོད་མཐའ་དག་རུང་དང་མ་རུང་གི་དབྱེ་འབྱེད་མེད་པར་བཟང་ངན་གང་ཡང་སྤེལ་དུ་རུང་བ་དང་། བྱ་སྤྱོད་མ་རུང་བ་ངན་པ་སྤེལ་ན་ཡང་དེ་ནི་ཀུན་གྱིས་ཁས་ལེན་བརྩི་སྲུང་བྱེད་པའི་ལུགས་སྲོལ་ཡིན་པས་རུང་བར་ངེས། དེ་ལྟར་འདྲེན་བྱེད་རྣ་བས་མཐོང་ཐོས་བྱུང་ཚད་ལུགས་སུ་བཞག་ན། འདས་

ལོའི་ཚགས་པར་ཞིག་གི་ཐོག་ཏུ་རྒྱལ་ཁབ་ཅིག་གི་སླང་རྗེས་བ་མོ་གཅིག་དང་གཉེན་བསྡེབ་བྱ་རྒྱུའི“ཆང་སའི་ལག་ཁྲེར”བླངས་ཡོད་ཅེས་འཁོད་པ་དེ་ལས། རྒྱལ་ཁབ་དེའམ་མི་རིགས་དེའི་ལུགས་སྲོལ་ལ་སྐྱེ་བོ་དང་བ་སླང་གཉེན་བསྡེབ་བྱེད་པའི་སྲོལ་ཡོད་ཅེས་བརྗོད་ཀྱང་མི་འགྲིག་པ་གང་ཡང་མིན་འདུག འོན་ཏེ་ལུགས་སྲོལ་གྱི་ཁོངས་སུ་མིག་གིས་མཐོང་ཚད་དང་། རྣ་བས་ཐོས་ཚད། ལག་ཏུ་ལོན་ཚད་ཚང་མ་མི་གཏོགས་པར། ངེས་པར་དུ་སྤྱི་ཚོགས་དང་མི་དམངས་ཀྱི་དབུས་སུ་དར་ཁྱབ་ཡོད་པ་ཞིག་དགོས་ལ་མི་དམངས་ཀྱིས་ཁས་ལེན་བརྩི་སྲུང་བྱེད་པ་ཞིག་དགོས་པ་ནི་ཚང་མས་རྟོགས་སླ། དེར་བརྟེན་གོང་དུ་བརྗོད་པའི་སྐྱེ་བོ་ཆེས་ཉུང་ཤས་ཀྱི་ལུས་ལ་ལྷག་པའི་སྡུག་བསྔལ་གྱི་རང་བཞིན་ལྡན་པའི་ཡ་ངའི་སྤྱོད་ཚུལ་གྲོགས་པོས་མནའ་མ་མཉམ་སྤྱོད་བྱས་པ་དེ་བོད་རིགས་མི་དམངས་ཀྱིས་ཁས་ལེན་བརྩི་སྲུང་བྱེད་པའི་ལུགས་སྲོལ་ཡིན་ཞེས་བརྗོད་པ་ནི་བཤད་གད་ཁོ་ནའི་རྒྱུ་ལས་ཕན་འབྲས་ཀྱི་དྲི་མ་སྤུ་ཙམ་ཡང་མ་མཆིས་པའི་སྨུན་གཏམ་ཞིག་ཡིན་པ་ཤེས་རྟོགས་ཐུབ་བོ། །

སློ་མཐུན་འགའ་ཤས་ཀྱིས་བོད་ཀྱི་གཉེན་སྲོལ་ལ་ཤ་རུས་ཀྱི་གཉེན་ཉེའི་འབྲེལ་བ་མེད་ལ་གྲོགས་པོའང་མིན་པའི་སྐྱེས་པ་ཁ་ཤས་ཀྱིས་མནའ་མ་མཉམ་སྤྱོད་བྱེད་པའི་གོམས་གཤིས་ཡོད་ཅེས་བརྗོད་པ་མ་ཟད། ཁོ་ཚོས་ཡུལ་ལུང་འདི་ན་ཁྱིམ་ཚང་འདི་འདྲ་ཞིག་ཡོད་ཅེས་ཁུངས་སུ་དྲངས་པའི་ཁུལ་བྱེད་ཀྱི་ཡོད། ཁོ་པ་ཚོས་ཁུངས་སུ་དྲངས་པའི་དཔྱད་ཚང་ཚང་མ་ནི་དམིགས་བསལ་གྱི་གནས་ཚུལ་ལྷག་པ་ཤ་སྟག་ཡིན། དཔེར་ན། ཁོང་ཚོས་ཁུངས་དྲངས་པ་ལ། ཡུལ××ན་བུད་མེད××ཟེར་བ་ཞིག་ཡོད་པ་དེས་རང་གི་ཁྱོ་བོ་ཁྱིམ་དུ་མ་བསྡད་པའི་སྐབས། ཁྱོ་བོ་གཞན་ལ་བསུ་བ་ཞུས། ཁྱོ་བོ་དེ་ལས་ཀྱང་སྔ་ལེན་གྱི་གོང་ལེན་གྱི་ཡོད་ཅེས་བརྗོད་པ་དང་། ཡང་ན་ཡུལ××ན་བུད་མེད××ཟེར་བ་ཞིག་ཡོད་པ་དེས། རང་གི་ཁྱོ་བོ་ཁྱིམ་དུ་བསྡད་མེད་པའི་སྐབས་ཀློག་ཏུ་ཁྱོ་བོ་གཞན་དང་ལུས་འབྲེལ་བྱེད་ཀྱི་ཡོད་ཅེས་བརྗོད་པ་དེ་ཚོ་ཁུངས་སུ་བྱས་ནས་བོད་རིགས་ཀྱི་ཁྲོད་དུ་འབྲེལ་མེད་རྒྱུད་མེད་ཀྱི་སྐྱེས་པས་མནའ་མ་མཉམ་སྤྱོད་བྱེད་པའི་སྲོལ་ཡོད་ཅེས་བརྗོད་ཀྱི་ཡོད། དེ་ནི་ཁོ་པ་ཚོས་བཙམས་པའི་རྩོམ་ཡིག་དེ་ཁྱད་མཚར་པོ། ཡ་མ་གཟུགས་འདྲ་བྱུང་ན་བོད་རིགས་ཀྱི་སྤྱི་ཚོགས་དངོས་ལ་ཤེས་རྟོགས་མེད་པའི་སྐྱེ་བོ་འགས་ཡིད་ཆེས་བྱེད་པ་དང་དགའ་པོ་བྱེད་ཀྱི་ཡོད་པས། དེའི་ཆེད་དུ་མིན་པ་ཡིན་པར་བཀོད་ནས་དོན་དངོས་ལ་སྒྲོ་བཏགས་བྱས་ཏེ་རང་སྙེར་ལྟོ་གོས་གཏམ་གསུམ་ལ་དམིགས་པ་ཡིན་པར་སྙམ། འོ་ན། དེ་འདྲ་བའི་བྱ་སྤྱོད་དེ་བོད་ཀྱི་གཉེན་སྲོལ་མིན་ཞེས་པའི་རྒྱུ་མཚན་ཡང་། ཐོག་མར་དེ་འདྲའི་བྱ་སྤྱོད་ལ་འཇུག་མཁན་དེ་ཚོ་ཡ་ང་བའི་འཚོ་བ་ལ་སྤྱོད་དགོས་ཀྱི་ཡོད་པས་ཐབས་མེད་པར་ཚུལ་མིན་བྱ་བ་དེ་ལ་འཇུག་པ་ཡིན། དེ་ཡང་སྐྱེ་བོ་ཀུན་གྱིས་མཁྱེན་གསལ་ལྟར་རྒྱལ་ཁབ་བམ་མི་རིགས་གང་འདྲ་ཞིག་ཡིན་རུང་། དེ་ཡི་སྤྱི་ཚོགས་ནང་མི་དམངས་ཀྱི་འཚོ་བ་ལ་དབུལ་ཕྱུག་གི་དབྱེ་བ་གནམ་ས་ཚོད་པ་ལྟ་བུ་ཡོད་པ་དང་། དབུལ་པོ་ལ་ལ་ནི་

རང་རང་གི་ལག་ཏུ་ཡོད་པའི་རྒྱུ་དངོས་ཀྱིས་འཚོ་བ་སྐྱེལ་ཐབས་མེད་པར་ངོ་ཚའི་རྣམ་པ་སྟངས་ཏེ་ཁྲིམ་གཞུང་དང་ཟ་ཁང་སོགས་ལ་སློང་མོར་འགྲོ་ཡི་ཡོད་པ་དང་། འགའ་ཤས་ཀྱིས་རང་གི་སྒྲ་དང་ཞབས་བྲོ། གཏམ་བརྗོད་ལ་སོགས་ལ་བརྟེན་ནས་འཚོ་བ་སྐྱེལ་བ་དང་། ཡང་འགའ་ཤས་ཐབས་མེད་ཨུ་ཐུག་ནས་ཁྲེལ་མེད་ཀྱི་མ་བྱིན་ལེན་གྱི་བྱ་བར་འཇུག་གི་ཡོད། ཡང་བུད་མེད་འགའ་ཤས་ནི་རང་གི་ལུས་ཀྱི་མཛེས་ཚོས་སོགས་ལ་བརྟེན་ཏེ་གཞན་ལ་སྨད་བཙོངས་ཏེ་འཚོ་བ་སྐྱེལ་ཐབས་བྱེད་ཀྱི་ཡོད་པ་ལ་སོགས་ཐབས་དབུལ་བའི་རྣམ་པ་སྣ་ཚོགས་ཀྱི་འཚོ་བ་སྐྱེལ་སྟངས་དེ་ཚོ་ས་ཕྱོགས་གང་སར་མངོན་རྒྱུ་ཡོད་པ་ནི་སྨོས་ཅི་དགོས། མདོར་ན་ཡུལ་སྲོལ་གོམས་གཤིས་སྣ་འདོད་ཚེ་གང་ལ་ལུགས་སྲོལ་བྱ་བ་ཤེས་དགོས་པ་ནི་ལྷག་པར་གལ་ཆེ་ལ་ལུགས་སྲོལ་དང་བྱ་སྤྱོད་གཉིས་ཀྱི་འབྲེལ་བ་ཡང་རྟོགས་དགོས་པ་ནི་ལུགས་སྲོལ་སྣ་བ་པོའི་རྩ་བའི་ཆ་རྐྱེན་ཡིན། སྤྱིར་མང་ཚོགས་ཀྱི་ཁྲིད་དུ་དར་ཁྱབ་ཡོད་པ་དང་། མང་ཚོགས་ཀྱིས་ཁས་ལེན་བརྩི་སྲུང་བྱེད་པའི་བྱ་སྤྱོད་དང་བསམ་པའི་འཁྱེར་བཟོ་མཐའ་དག་ལུགས་སྲོལ་ཡིན་པ་དང་། བྱ་སྤྱོད་ལ་རུང་དང་མ་རུང་གཉིས་སུ་མཆིས་པ་ལས་མི་དམངས་ཀྱི་ལྟ་ཚུལ་ལ་བྱ་རུང་བའི་བྱ་སྤྱོད་རྣམས་ཏ་ལམ་ལུགས་སྲོལ་དུ་གཏོགས་ལ་དམངས་ཀྱི་ལྟ་ཚུལ་ལ་བྱ་མི་རུང་བའི་བྱ་སྤྱོད་དེ་ལུགས་སྲོལ་དུ་མི་གཏོགས་པ་ཞིག་ཡིན། དེས་ན་བུད་མེད་ཅིག་གིས་བྱ་མི་རུང་བའི་བྱ་སྤྱོད་ལ་ཕྲོག་སྤྱོད་བྱས་པ་དེ་ལུགས་སྲོལ་མིན་པ་ནི་རྟོགས་སླ། །

《གུང་གོའི་བོད་ཀྱི་ཤེས་རིག》༡༩༨༨ལོའི་དེབ་གསུམ་པ་ལས་བཏུས།

༄། །རིབ་གོང་རྒྱལ་པོ་ས་ཁུལ་གྱི་གཉེན་སྒྲིལ་སྐོར་གླེང་བ།

རིན་ཆེན་སྒྲོལ་མ།

དང་པོ། གཉེན་རྟགས་འགོད་པའི་ཚོག

དེ་ཡང་ཕོ་མོ་གཉིས་གཉེན་སྒྲིག་བྱེད་སྐབས་ཐོག་མར་ཕོ་གསར་ཚང་གིས་རང་གི་བུ་དང་བུ་ལ་མོས་མཐུན་བྱུང་བའི་བུ་མོ་དེའི་ལོ་ཉུས་བར་སྐལ་འདེད་པ་དང་། སྔང་ལུག་གཉིས་ཀྱིས་རི་རྩོད། ཁྱི་འབྲུག་གཉིས་ཀྱིས་ཐོག་རྒྱག་ཅེས་པ་སོགས་ལོ་ཉུས་བར་སྐལ་མི་མཐུན་པར་གཉེན་མི་སློང་ཞིང་། ཡང་ལ་ལས་གཉེན་འདུན་དྲག་པོ་ཡོད་ན། ཆོས་དང་རིམ་གྲོའི་ཚོ་ག་སྣ་ཚོགས་བསྒྲུབས་ཏེ་ལོ་ཉུས་བར་སྐལ་མི་མཐུན་པའི་དགག་དང་བར་ཆད་བཟློག་རྗེས། ད་གཟོད་གཉེན་སློང་འགོ་རྩོམ།

གཉེན་སློང་བའི་ཐོག་མ་ཕོ་གསར་ཚང་གིས་རང་གི་ཁྱིམ་རྒྱུད་ནས། གཉེན་འབྲེལ་གཏོང་མཁས་པའི་རྒན་པོ་བསམ་ཤེས་སྨྲ་བརྗོད་ལ་ཟླ་མེད་པ་ཞིག་བར་བ་ལ་གདན་དྲངས་ནས་སྔར་ལོ་རྩིས་དེད་པའི་མོ་གསར་ཚང་ལ་གཉེན་སློང་དུ་གཏོང་ཞིང་། གཉེན་སློང་བའི་རྟེན་དུ་སློང་ཆང་ཞེས་ཐྱིར་བཏང་དུ་ཆང་སྐལ་འཛིན་སྒྲོལ་ཤུགས་ཆེ་ལ་ད་དུང་ཁ་བཏགས་དང་ཛ་ནག གོས་བཟོ་མགོ་གཅིག་བཅས་སྟེར་མཁན་ཡང་ཡོད། སློང་རྟེན་གྱི་གྲངས་དང་རིགས་ལ་གཏན་འཁེལ་མེད་པར་གཙོ་བོ་ཕོ་གསར་ཚང་གི་རྒྱུ་འབྱོར་པའི་ཆ་རྐྱེན་བཟང་ངན་དང་བསྟུན་ནས་སྟེར། དེ་ཡང་བུ་མོའི་ཕ་མ་གཉིས་གཙོ་བྱས་པའི་གཉེན་ཉེ་འབྲེལ་ཀུན་གཅིག་ཏུ་འཛོམས་ནས་བུ་མོའི་ཚེ་གཅིག་ལས་ཀྱི་བགྲོ་གླེང་མཛད་མོད། དོན་དུ་ཕ་མ་གཉིས་ཀྱིས་ཐག་གཅོད་པ་ཤུགས་ཆེ། གལ་ཏེ་གཉེན་རྟགས་བརྒྱབ་ཟིན་པའི་བུ་མོ་དེ་རང་གི་མ་འོངས་པའི་ཁྱོ་བོར་ཡིད་དགའ་པོ་གཏན་ནས་མེད་ཚེ། ཡུན་རིང་གི་ངོ་རྒོལ་དང་འཐབ་རྩོད་བརྒྱུད་ནས་གཉེན་རྟགས་ཕྱིར་སློག་མཁན་ཡང་ཡོད་ལ། ལ་ལས་ཕ་མའི་ངོ་ཟློག་མ་ནུས་པར་གཉེན་སྒྲིག་བྱས་ནས་ཟླ་འགར་སོང་ཡང་། སྔར་ནས་འགྲོ་འདོད་མེད་པའི་མོ་གསར་དེ་ཕོ་གསར་དང་མཉམ་དུ་ཁང་གསར་དུ་ལུས་འདྲིས་པ་ཕར་ཞོག རེག་ཐུག་ཙམ་ཡང་གཏོང་བར་མི་བྱེད། དེ་ཡང་གཉེན་རྟགས་ཕྱིར་སློག་པ་དང་གཉེན་སྒྲིག་རྗེས་བཟའ་ཚང་ཁ་གྱེས་པ་གང་ཡིན་ཡང་། གཉེན་ཚང་དང་ཨ་ཞང་ཚང་བར་འགལ་བ་འབྱུང་སྲིད་པ་ཙམ་དུ་མ་ཟད། སྐྱོད་གཞི་ཆེན་པོར་གྱུར་ཏེ་ལོ་དུས་མང་བར་དགྲར་གྱུར་པའང་ཡོད། ཡིན་ནའང་གཞའི་གཉེན་སྒྲིལ་དེ་རང་དབང་དང་ལྡན་པ་ཞིག་མིན་ཏེ། གཉེན་རྟགས་བརྒྱབ་པའི་བུ་མོ་དེ་ཉིད་འདོད་མཐུན་དང་མོས་པ་བྱུང་མིན་ལ་མི་ལྟ་བར་བཙན་ཐབས་ཀྱིས་མནའ་མར་སྟེར་ཞིང་། བུ་མོ་དེས་ཀྱང་

བཙན་དང་དབང་གི་འོག་ནས་མི་ཚེ་མི་གཏོང་ཀ་མེད་ཡིན། རང་དབང་ལ་བརྩོན་ལེན་བྱེད་པའི་བུ་མོ་ལ་ལས་རང་གིས་མི་འདོད་པའི་གཉེན་རྒྱགས་ལ་ངོ་རྒོལ་བྱེད་ཐུབ་པ་བྱུང་ནའང་། རྗེས་ཕྱོགས་སུ་རང་ཉིད་མོས་མཐུན་བྱུང་བའི་མཛའ་པོ་ཞིག་བཙལ་སྐབས་གཟབ་གཟབ་མ་བྱས་ཚེ། སྔར་རང་ཉིད་འཐད་པ་མ་བྱུང་བའི་ཕོ་གསར་དེས་ཕོ་མོ་གཉིས་མཚན་འཕྲད་ནངས་གྱིས་བྱེད་པའི་གོ་སྐབས་ཤིག་ལ་སྒུག་ནས་རང་སྔེའི་ཕོ་སྐྱེས་ཚོ་བསྡུས་ཏེ་དཀའ་རོགས་ཀྱི་གོན་པ་བཤུ་རུ་ཡོང་། སྐབས་དེར་ཁོ་ཚོའི་བྱ་སྤྱོད་ལ་ངོ་ཡ་བྱེད་མི་ཆོག་པར་རེ་འདོད་ལྟར་དངུལ་སྣོར་སྤྲོད་དགོས། ཡང་གཉེན་ཚང་ཕྱིག་ཅན་ཞིག་དང་འཕྲད་ན། བུ་མོའི་ཁ་སྣ་འབྲིག་པའི་གནས་ཚུལ་ཡང་འབྱུང་སྲིད། གཞན་ཡང་ལ་ལ་ཕོ་གསར་ལ་དགའ་ཞིང་གཉེན་སྒྲིག་རྗེས་ཕན་ཚུན་འཆམ་མཐུན་བྱུང་ཡང་ལག་ལས་ཀ་དང་བཟང་ཤེས་རྒྱ་མེད་པས་ཁྱོ་གའི་མའི་ལག་འོག་ནས་མ་འཁྱོལ་བར་ཕྱིར་ལོག་མཁན་ཡང་མང་པོ་ཡོད། རྒྱེན་གང་རུང་གིས་ཕྱིར་རང་ཡུལ་དུ་ལོག་སྟེ་ཡང་བསྐྱར་གཉེན་སྒྲིག་བྱེད་མཁན་གྱི་བུ་མོ་རྣམས་ཙུང་དམན་པར་བརྩི་ཞིང་། གཉེན་སྒྲིག་ཐེངས་གཉིས་དང་གསུམ་བཞིའི་ཡན་བྱེད་མཁན་ཡང་ཡོད། དེ་རིགས་ལ་མི་རྣམས་ཀྱིས་ཕྱོག་ཏུ་ཐབ་ཀ་དཀྲུ་ཞུལ་མ་ཞེས་ངན་སྨྲས་སྒྲོག་སྲོལ་ཡོད། ཕྱིར་བུ་དང་བུ་མོ་རྣམས་ལོ་བཅོ་བརྒྱད་ཀྱི་ཡས་མས་སུ་གཉེན་སྒྲིག་བྱེད་ཅིང་། གལ་ཏེ་བུ་མོ་ཞིག་ལ་མཆོན་ན། ལོ་ཉི་ཤུ་ཡོལ་རྗེས། ད་དུང་དགའ་རོགས་དང་གཉེན་ཚང་མ་རྙེད་ཚེ། རང་ཉིད་གསོས་པའི་ཕ་མ་གཉེན་ཉེ་རྣམས་སེམས་ཁྲེལ་བ་ཙམ་མ་ཟད་སྐྱེ་བ་དང་ཚེ་པའི་མི་རྣམས་ཀྱིས་ཀྱང་འཕྱ་དམོད་དང་ཟུར་ཟ་བྱེད། ཡིན་ནའང་བུ་ཕོ་རྣམས་ཀྱིས་བུ་མོ་ཚོ་ནང་བཞིན་དེའི་ཕྱོགས་སུ་དོ་སྣང་ཆེན་པོ་མི་བྱེད། ལོ་བཅོ་བརྒྱད་ཀྱི་བུ་མོ་གནམ་གྱིས་མི་ཁེབས། སས་མི་ཐེག་ཅེས་ལོ་བཅོ་བརྒྱད་སྙིང་དུ་གནས་ལ་འགྲོ་སྲོལ་མེད་ལ། ཕྱིར་བཏང་བོད་ཟླ་བཅུ་གཉིས་པའི་ཚེས་བཅོ་ལྔ་དང་བོད་ཟླ་དང་པོའི་ཚེས་གསུམ། དགུ། བཅུ་གསུམ་སོགས་ཀྱི་སྐར་ཚེས་བཟང་པོར་གཏད་ནས་འགྲོ་བ་རེད།

གཉིས་པ། གཉེན་སྒྲིག་གི་ཚོ་ག

དེ་ཡང་སྔོན་ཁྱིམ་ཚང་གཉིས་ཀས་རྒྱགས་རྟེན་འབྲེལ་ཕུན་སུམ་ཚོགས་པའི་དུས་ཚོད་ཅིག་ལ་གཉེན་སྒྲིག་གི་མཛད་སྒོ་སྲེལ་རྒྱུའི་ཉི་བཅད་འཛིན་པའི་སྐར་ཚེས་བཟང་པོ་དེའི་སྔ་ཉིན་ཨ་ཞང་ཚང་གིས་མོ་གསར་གྱི་སྐྲ་སླས་ནས་མགོའི་འདོགས་ཆ་སྐེ་རྐོ་ཙ(དངུལ་གྱིས་རྟུང་ཞིང་བྱུ་རུའི་ཕྲ་ལྡ་ཅན་གྱི་འདོགས་ཆ་གྲུ་བཞི་མ་ཞིག་སྟེ། ཕྱིར་བཏང་བག་གསར་གྱིས་འདོགས)བཏགས་ནས་གྲ་སྒྲིག་བྱེད་ཅིང་། ཚར་ལ་དང་ལྷམ། ལ་ཞ་སོགས་ཀྱི་རྒྱན་གོས་ནི་ཕྱི་ཉིན་སྔ་མོར་གཉེན་ཚང་ལ་འགྲོ་ཁར་བསྐུབས། གོང་སྨོས་ཀྱི་རྒྱན་གོས་ཡོད་ཚད་མ་ཟད། ནང་གོན་སོགས་ཀྱང་གཉེན་ཚང་གིས་འཁྱེར་ཡོང་དགོས། ཨ་ཞང་གིས་ཉིན་མོ་དེར་རྟགས་རྟེན་འབྲེལ་གྱི་སྟོན་མོ་ཆུང་ཆུང་ཞིག་བྱས་ནས་བུ་མོའི་རྫོངས་པ་སྟེ་རྒྱན་གོས་དང་བཟང་ས་རྒྱན་སས་བྱིན་པའི་རྫོངས་

པ་སོགས་གདང་ལ་བཤམས་ནས་ལམ་འཇུག་གི་གྲ་སྒྲིག་བྱེད་པ་ཡིན། དགོང་དྲོ་ཉི་མ་ནུབ་རྗེས། མག་པ་དང་མག་རོགས(བར་བའང་ཟེར)གཉིས་སླེབས་ཤིང་། ཉིན་དེར་མོ་གསར་གྱི་གཉེན་ཉེ་ཡོད་ཚད་འཛོམས་ནས་མོ་གསར་ལ་རྫོངས་པ་ཕུལ་བ་དང་མཉམ་དུ་བར་བའི་རྣ་བ་འཛིན་པའི་མཛད་སྒོར་ཞུགས། ས་ཁུལ་དེའི་སྲོལ་དུ། བུ་མོ་གནས་ལ་འགྲོ་སའི་ཡུལ་ཐག་རིང་ཐུང་ཅི་འདྲ་ཞིག་ཡིན་ཡང་། མག་གསར་དང་བར་བ་གཉིས་ཉི་མ་ནུབ་རིར་བཞུད་ནས་ས་སྲོད་ཀྱི་དུས་སུ་ངེས་པར་དུ་བུ་མོའི་ཁྱིམ་ལ་སླེབ་དགོས་ལ། ཐུམ་དུ་ལམ་ཆང་ཞེས་ཆང་ཤེལ་དམ་གཅིག་གི་སྙིད་ལ་བལ་དར་འཛིན་པ་ཞིག་བཟུང་ཡོད་སྟེ་ཨ་ཞང་ཚང་གི་སྟོན་བསུ་བ་ཚོར་ཕུལ་བ་དང་སྟོན་བསུ་བ་རྒན་པ་ཞིག་གིས་མཆོད་ཁ་ཐེངས་གསུམ་ཕུལ་རྗེས་ལོ་ན་རྒན་གཞོན་ལྟར་རིམ་བཞིན་ཆང་དེར་རུབ་རེ་བྱེད། མག་གསར་གྱིས་ལྷ་དམར་གྱི་ཞྭ་མོ་དང་སྲམ་ཁྲ་ཆེན་པོ་འཛིན་ནས་ཤོམ་ཆེན་བྱས་ནའང་། བར་བས་མཚན་དེའི་ཟང་ཟིང་གིས་གོས་རྫོབ་པར་དོགས་ནས་རྩ་ཆེན་གྱི་ལྭ་བ་བསྣུབས་ཏེ་ཤོམ་ཆེན་མི་བྱེད། མཚན་མོ་དེར་མག་པ་དང་མག་རོགས་གཉིས་ཀྱིས་ཨ་ཞང་ཚང་གི་སྟོན་ཐོག་གི་ནང་འཁོར་འདུས་པའི་ཚོ་པ་དང་སྡེ་བའི་རྒན་རབས་དང་སྟག་ཤར། མ་སྲུ་རྣམས་དང་བུ་མོ་གཞོན་ནུ་མ་ཚོར་གུས་གུས་ཞུམ་ཞུམ་བྱེད་པ་ལས་ཁ་ལན་ཚིག་ལོག་གཏོང་མི་ཚོག་པ་མ་ཟད། སྡེ་བ་དེ་གའི་མི་གང་འདྲ་ཞིག་གིས་མཚང་འབྲུ་དང་ཀུ་རེ་རྩེས་ནའང་། མགོ་ནས་མཇུག་བར་དུ་བཟོད་བསྲན་བྱེད་དགོས།

དགོང་ཟས་བཟས་རྗེས། སྡེ་བའི་སྐྱེས་ཕོ་མོ་རྒན་གཞོན་ཚང་མ་སྟོན་ཚང་དུ་འདུས་ནས་རྣ་བ་འཛིན་པའི་མཛད་སྒོར་བལྟ་གྲབས་བྱེད་ལ། སྐབས་དེར་བུ་མོ་གཞོན་ནུ་མ་ཚོ་སྐོར་དང་སྐོར་བྱས་ནས་བག་གསར་སྡོད་སར་རབ་ཐུབ་ཀྱིས་རྣ་བ་འཛིན་རྒྱུའི་སྐོར་ལབ་གླེང་དང་། དེ་དང་མཐུད་ནས་བར་སྐོར་འདུས་ནས་ཧབ་ཆ་བརྒྱབ་སྟེ་ཁོ་མོ་ཚོའི་གཟི་རྗམ་སྟོན་པ་དང་ནང་ཁྱིམ་དུ་རྒྱུག་གྲབས་བྱེད་པར། མག་པ་དང་མག་རོགས་གཉིས་སེམས་འཚབ་པ་མ་ཟད། སྟོན་ཐོག་གི་ནང་འཁོར་བ་རྣམས་ཀྱང་འཚུབ་ཆ་ལངས་ནས་སྟེར་སྐལ་དང་ཅ་ལག་སོགས་གནས་སྤྱོར་སྟེ། ཨེ་ཏེ་ཡ། སྟེར་སྐལ་སྐྱོལ། སྟེར་སྐལ་སྐྱོལ་ཞེས་ཕ་རོལ་པོར་འཕྲུ་དམོད་དང་ཟུར་ཟ་བྱེད་པ་སྟེ་ཁྱེད་ཁྱིམ་བདག་དང་ཉེ་འཁོར་བ་ཚོས་སྟེར་སྐལ་དང་དཀར་ཡོལ་སོགས་ཅ་ལག་གནས་སྤྱོར་དང་། མག་པ་དང་བར་བས་གྲ་སྒྲིག་བྱས། ཁྱེད་གཉིས་ལྟར་ཤོམ་ཆེའང་ངེད་གཞོན་ནུ་མ་ཚོའི་ཤེད་ཤུགས་ལ་འགྲན་མི་ཐོད་ཅེས་འཕྲུ་དམོད་ཀྱིས་མག་པ་དང་བར་བ་གཉིས་ལ་འཛིགས་སྐུལ་ཏེ། དེ་ལྟར་ཐེངས་གཉིས་གསུམ་ཙམ་ལ་ཧབ་ཆ་བརྒྱབ་རྗེས། ད་གཟོད་ཁོ་མོ་ཚོ་ནང་ལ་རྒྱུག་ནས་མག་རོགས་ཀྱི་རྣ་བ་འཛིན་རྩིས་བྱེད། རྣ་བ་འཛིན་པའི་མཛད་སྒོ་འདི་ནི་ད་ལྟ་དམངས་ཁྲོད་ཀྱི་རྩེད་རིགས་ཤིག་ཏུ་གྱུར་ཡོད་ཀྱང་། དོན་དངོས་སུ་གཞོན་ནུ་མ་ཚོས་རང་གི་ཁ་ཡ་ན་བླ་ཞུང་དུ་སོང་བར་འཕང་རའི་ཚུལ་གྱིས་བར་བ་ལ་ཆད་པ་གཅོད་པ་ཡིན་སྐད། ཡིན་ནའང་དངོས་སུ་རྣ་བར་འཇུས་ནས་

ཤེད་ཀྱིས་འཐེན་སྒྲིལ་མེད། ཐེངས་གསུམ་བཞི་ཙམ་རྒྱུག་རྗེས་རྐན་རྐོན་དང་ནང་འཁོར་ཚོས་མག་རོགས་དང་གཞོན་ནུ་མ་ཚོའི་བར་ཕྱི་ནས། བུ་མོ་ལོ་ལོ་ཚོ། ཉ་བ་འཐེན་མཚམས་ཕྱོས་དང་། ཁྱོད་ཚོར་དངུལ་སྐོར་སྟེར་རིས་རེད་ཅེས་བཤད་པ་ན། གཞོན་ནུ་མ་ཚོས་མི་འདོད་པའི་རྣམ་འགྱུར་གྱིས་སླར་ཡང་ཏབ་ཆ་སིང་སིང་ཞིག་རྒྱབ་སྟེ། ཨེ་ཏེ་ཡ། སྐོར་མོ་མི་དགོས་ཉ་བ་དགོས་ཞེས་མག་རོགས་ཀྱི་ཕྱོགས་སུ་རྒྱུག་སྟེ་འཚང་ཁ་བྱེད། སྐབས་དེར་ཕོ་གསར་དང་ཕོ་སྐྱེས་དར་མ་ཚོས་ཀྱང་ཕྱི་ཚུལ་དུ་གཞོན་ནུ་མ་ཚོར་ཞུ་བ་བྱེད་ཀྱང་། དོན་དུ་འཚང་ཁ་ཤིག་ཤིག་གིས་བར་བའི་ཕྱོགས་སུ་རྒྱུག་པར་སྐུལ། ཉ་བ་འཐེན་སྐབས། ཕོ་སྐྱེས་སུ་ཞིག་གིས་ཁོ་མོ་ཚོར་ཁ་ལོག་ཚིག་ལོག་རྒྱག་པ་དང་ཡང་ན་ སྟོན་བཀག་ནས་རྒྱུག་ཏུ་མི་འཇུག་ཚེ། ཁོ་མོ་ཚོ་ཁོང་ཁྲོ་ལངས་ནས་ཕྱིར་ཕྱོགས་ཏེ་སྟོན་ཆང་ནས་འགྲོ་གྲབས་བྱེད་ལ། སྐབས་འདིར་བག་གསར་གྱི་ཡབ་ཡུམ་གཉིས་དང་ནང་འཁོར་རྣམས་ཀྱིས་དེ་ནི་བཀྲ་མི་ཤིས་པར་བག་གསར་གཉེན་ཚང་ནས་འགྲིག་མཐུན་མི་ཡོང་བའི་སྔ་ལྟས་ཡིན་པར་དོགས་ནས་ཁོ་མོ་ཚོ་ཕྱིར་འཁྲིད་ཡོང་སྟེ་ཡང་བསྐྱར་ཉ་བ་འཐེན་དུ་འཇུག་ཅིང་། སྐབས་འདིར་བུ་མོ་གཞོན་ནུ་མ་ཚོའི་ཁོང་ཁྲོའི་ངར་ཤུགས་དེ་སུས་ཀྱང་གནོན་ཐབས་བྲལ་ལ། མི་སུ་ཞིག་གིས་ཁོ་ཚོར་བར་འདུམ་དང་ཚིག་ལོག་རྒྱབ་ན། མི་དེའི་ཉ་བ་འཐེན་པ་ཡིན། དེ་ལྟར་ཐེངས་འགར་འཐེན་རྗེས། ད་གཟོད་སྐོར་མོ་བླངས་ནས་མཇུག་བསྡུ་ཞིང་། དེ་ལ་ཉ་བ་འཐེན་པའི་སྐོར་མོ་ཟེར། སྐོར་དེའི་ཁྲིད་བག་གསར་ལ་སྐོར་འགའ་ཚོངས་པར་སྟེར་ལ། དེ་ཡང་རང་སྡེའི་ནང་དུ་སྐོར་མོ་མི་ལེན་མོད། འོན་ཀྱང་ཉ་བ་འཐེན་རྗེས་མཛད་སྒོ་ཧ་ཅང་འབྲུག་ཆ་དོད་ཅིང་དགོད་བྲོ་བ་ཞིག་སྟེ་ཕོ་སྐྱེས་རྐན་གཞོན་དར་མ་སུས་ཀྱང་བར་མི་ཕྱི་བར་ཉ་བ་འཐེན་དུ་འཇུག་ལ། ད་དུང་ངག་བདེ་མིན་དང་སྐད་ཡོད་མེད་ལ་མི་ལྟ་བར་བར་བ་ལ་གླུ་ལེན་དུ་འཇུག གཞན་ཕོ་གསར་མག་པར་འགྲོ་བ་ཡིན་ན། མོ་གསར་དང་བར་བ་གཉིས་མག་པ་ལེན་དུ་འགྲོ་ཞིང་། བར་བའི་ཉ་འཐེན་པ་སོགས་གོང་དང་མཚུངས། དེ་ཡང་སྔོན་ཆད་ཡིན་ན། བག་གསར་གྱི་བཟང་ས་རྒྱན་ས་དང་ཁ་ཡ་ན་བླ། སྤུན་བླ་ཚོས་བག་གསར་ལ་གསེར་དངུལ་གང་ཉུང་གི་མཛུབ་དཀྲིས་ཇོངས་པར་སྟེར་བ་དང་ད་ལྟའི་མཚོ་སྔོན་ས་ཁུལ་ཁ་ཤས་ཀྱི་སྲོལ་དང་འདྲ་བར་མག་གསར་ལ་མག་ལྕུག(ཨ་ཞང་ཚང་གིས་མག་པར་བཅིངས་པའི་སྐྲ་རགས་ལ་ཟེར)བཅིངས་སྲོལ་སོགས་ཡོད་ཀྱང་ད་ལྟ་ཉམས་སོང་། ཡིན་ནའང་དེང་སྐབས་ད་དུང་རང་གི་ན་བླ་དང་བཟང་ས་རྒྱན་སས་བག་གསར་ལ་སྐོར་མོ་དང་སིལ་ཧྲོག་ག་ར་སྟེར་སྲོལ་ཡོད་པས་ཕལ་ཆེར་དེ་དག་གི་ཤུལ་བཞག་ཡིན་སྙམ།

ཉ་བ་འཐེན་པའི་མཛད་སྒོ་མཇུག་རྫོགས་རྗེས། སྟོན་ཆང་ནས་གླུ་ལེན་གར་རྩེད་བྱས་ཏེ་ཚད་ངེས་ཅན་ཞིག་ལ་ཐོན་པ་ན། རྐན་པ་རྣམས་སྐྱེལ་མ་བྱེད་ཞོར་དུ་སྐྱེས་ཕོ་མོ་རྐན་གཞོན་ཀུན་གྱིས་མགྲིན་གཅིག་ཏུ་སྟོན་མོ་མཇུག་ཛོགས་པའི་གླུ་གར་སྟེ། (དང་པོ།)བཀྲ་ཤིས་འཛོམ་ན་བཀྲ་ཤིས་འཛོམ །བཀྲ་ཤིས་དགུང་

སྟོན་གནམ་ལ་འཛོག །དགུང་ཉི་ཟླ་འཛོམས་པའི་བཀྲ་ཤིས་འཛོག །(གཉིས་པ།)བཀྲ་ཤིས་འཛོག་ན་བཀྲ་ཤིས་འཛོག །བཀྲ་ཤིས་དོག་མོ་ས་ལ་འཛོག །རྩ་རྩི་ཤིང་རྒྱས་པའི་བཀྲ་ཤིས་འཛོག །(གསུམ་པ།)བཀྲ་ཤིས་འཛོག་ན་བཀྲ་ཤིས་འཛོག །བཀྲ་ཤིས་ཁྱིམ་ཚང་ཁྱིར་ཀར་འཛོག །བཟའ་མགོ་ཏུ་འཛོམས་པའི་བཀྲ་ཤིས་འཛོག་ཅེས་དབྱངས་སྙན་མོར་བཀུག་ནས་བཀྲ་ཤིས་པའི་གླུ་ལེན་ཞིང་། ད་དུང་ཕོ་གསར་དང་མོ་གསར་རྣམས་སུ་མཐུད་དེ་གནས་གཞན་ཞིག་ཏུ་འཚོགས་ནས་ཕན་ཚུན་འདོད་གཞས་དང་སྙིང་གཏམ་ལབ་རེས་བྱས་ཏེ་རྩེད་སྤྲོལ་ཡོད། གོ་སྐབས་འདིས་ཁོ་ཚོར་དགའ་རོགས་སྒྲིག་པ་སྐྱེ་ཚོག་གོང་བའི་ནང་ནས་བཤད་དེ་རྟགས་ཕུ་ཐུང་ནང་ནས་བཟེ་བའི་གོ་སྐབས་ལེགས་པོ་ཞིག་བསྐྲུན་ཞིང་། ད་ལྟ་རིམ་བཞིན་ཕོ་མོ་རང་དབང་རང་འཐད་ཀྱི་གཉེན་སྒྲིག་བྱེད་པའང་ཕལ་ཆེར་གོ་སྐབས་འདི་དག་གིས་ཁོ་ཚོར་ཆ་རྐྱེན་བསྐྲུན་པར་སེམས།

སང་ནངས་མོ་སྐྱ་རེངས་མ་ཤར་གོང་དུ་བག་གསར་སྐྱེལ་གྲབས་བྱེད་ལ། སྡེ་བའི་ཕྱི་ནང་ཐག་རིང་ཐུང་གང་ཞིག་ལ་སྐྱེལ་ནའང་སྐྱ་རེངས་མ་ཤར་གོང་དུ་སྐྱེལ་དགོས། འདི་ནི་རྟེན་འབྲེལ་བཟང་པོ་ཞིག་ཡོད་ཆེད་དེ། བག་གསར་རང་ཁྱིམ་ནས་སྐོར་ཕྱུད་དེ་གཉེན་ཚང་གི་ཁྱིམ་ལ་མ་ཐོན་པའི་ལམ་ཁར་སྟོང་དང་སྟོད་སྟོང་འཁྱེར་མཁན་དང་འཕྲད་ན། བཀྲ་མི་ཤིས་པར་མཐོང་བས། ཕལ་ཆེར་ཐན་ལྟས་འདི་དག་གཡོལ་ཆེད་ཡིན་ནམ་སྙམ། ད་དུང་ཁ་དཔེར་བག་མ་འགྲོ་བར་ཐུག་པ་ལས་རོ་འཁྱུར་བར་ཐུག་ན་བཟང་ཞེས་ཐུག་མཁན་ཕ་རོལ་པོས་ཀྱང་ལྟས་ངན་པར་མཐོང་ལ། གཞན་ཡང་ནངས་མོ་དེར་ཨ་ཞང་ཚང་གིས་ཆོས་པ་ཞིག་གདན་དྲངས་ཏེ་གཡང་འབོད་བྱེད་ཅིང་། འདི་ནི་ཡུལ་མི་ཚོའི་བཤད་ཚུལ་ཞིག་སྟེ། བུ་མོ་གནས་ལ་འགྲོ་ཉིན་གཡང་འབོད་མ་བྱས་ན་ཕ་ཁྱིམ་གྱི་གཡང་ཐམས་ཅད་བུ་མོའི་རྫོངས་པ་སོགས་ལ་འགྲོགས་ནས་གཉེན་ཚང་ལ་ཆས་འགྲོ་ཞེས་བཤད་སྤྲོལ་ཡོད་ལ། ད་དུང་བག་མས་བག་ཏུ་བྱེད་སྐབས། དཀྱིལ་གར་བསྐྱོད་པ་སྟེ་བཟའ་ཟླ་བུ་ཕྲུག་འཛོམས་པའི་མ་སྤུ་སྐད་ངག་ལྡན་པ་གཉིས་ཀྱིས་བག་མའི་གཡས་གཡོན་གཉིས་སུ་གྲོ་སོ་ཕྱེ་མར་དང་ཇ་ཕུད་བཀུགས་ཏེ་ནང་ཁྱིམ་གྱི་དཀྱིལ་གར་སྐོར་བ་ཐེངས་གསུམ་རྒྱག་ཞོར་དུ། ཨོ། དཀྱིལ་ཀ་ལྷ་མོ། ཨོ། མ་དངངས་མ་འཛྲོགས། ཨོ། བུ་མོ་འགྲོ་ཡ། ཨོ། དར་ནི་ཡིན་མོ། ཡིས་ཡིས།(ཏུ་ཁྲལ་བྱེད་པ) ཨོ། ཕྱུགས་ལྷ་ཀེ་ཐུང་། ཨོ། མ་དངངས་མ་འཛྲོགས། ཨོ། བུ་མོ་འགྲོ་ཡ། ཨོ། དར་ནི་ཡིན་མོ། ཡིས་ཡིས། ཨོ། ཐབ་ལྷ་གཡང་མོ། ཨོ། མ་དངངས་མ་འཛྲོགས། ཨོ། བུ་མོ་འགྲོ་ཡ། ཨོ། དར་ནི་ཡིན་མོ། ཡིས་ཡིས། ཨོ། སྒོ་ལྷ་སྟག་གཡག ཨོ། མ་དངངས་མ་འཛྲོགས། ཨོ། བུ་མོ་འགྲོ་ཡ། ཨོ། དར་ནི་ཡིན་མོ། ཡིས་ཡིས། ཞེས་དབྱངས་ལ་གྱེར་ནས་ལེན་ཞིང་། བག་གསར་གྱིས་རྒྱན་གོས་བསྒྱུབས་ནས་བག་ཏུ་བྱེད་ལ། སྐོར་འབུད་སྐབས་བག་གསར་གྱི་ཨ་མས་སྐད་ཅུང་མཐོན་པོས་བུ་མོའི་གཅེས་མིང་ལན་གསུམ་འབོད་ལ། དེ་དང་མཐུད་ནས། བཟང་ཡོད་ན་གནས་ལ་འཁྱེར། ཁྲོ་ཡོད་

ན་ཡུལ་ནས་འོག་ཅེས་ཟེར། དེ་ཡང་བག་ཏུ་བྱེད་པ་དེ་ཕལ་ཆེར་གོམས་སྲོལ་ཞིག་ཏུ་གྱུར་མོད་ལ། བག་མས་བག་ཏུ་མ་བྱུས་ཚེ། སྐྱེ་བ་དང་ཚོ་པའི་མིས་འཕྱུ་དམོད་དང་ཀློག་ལབ་སྣ་ཚོགས་བྱེད། བུ་མོའི་ཡབ་གཙོ་ཞང་དང་ཡུམ་གྱི་མིང་པོ་མ་ཞང་ཡིན་ཞེས་ཕོ་སྐྱེས་རེ་གཉིས་ཙམ་ཨ་ཞང་ལ་འགྲོ་ཞིང་། དེ་ཡང་གཉེན་ཚང་ལ་རྒྱུ་སྟོབས་ཡོད་མེད་དེ་ཨ་ཞང་ཚང་གི་ཐོབ་ཆའི་སྟེང་ནས་བལྟ་ལ། ཕྱིར་བཏང་ཨ་ཞང་གཙོ་བོར་ཐོབ་སྐལ་མང་ཞིང་། མ་ཞང་ལ་ཐོབ་སྐལ་འབྲིང་ཙམ། དེ་ལས་གཞན་ཨ་ཞང་ལ་སོང་དང་མ་སོང་བའི་གཉེན་ཉེ་ཕོ་སྐྱེས་ཚོར་སྐལ་ཙམ་ལས་མང་པོ་མེད། ད་དུང་གནའ་སྔོན་མར་ཨ་ཞང་ལ་བགོས་མགོ་ཞེས་ལུག་ཤ་རྡིལ་པོ་ཞིག་ཕུལ་སྲོལ་ཡོད་ཟེར། ཨ་ཞང་ཚང་གིས་ད་དུང་བག་སྐལ་ལ་བག་ཐུད(བག་རྫོངས་སུ་བྱིན་པའི་ཐུད་ཆེན་པོ་ཞིག་ཡིན)ཆེན་པོ་གཅིག་དང་ཁ་ཐུད(སྐྱེ་བ་དང་ཚོ་པས་བག་རྫོངས་སུ་བྱིན་པའི་ཐུད་ཆུང་ཆུང་ལ་གོ། དེ་སྟར་ལམ་རྒྱུགས་ཏེ་བག་གསར་གྱི་ལམ་བར་གྱི་ཁ་ཟས་བྱས་པས་ཁ་ཐུད་བཏགས་པར་འདོད)སླེ་བོ་བཞི་བཅས་སྟེར་སྲོལ་ཡོད་ལ། དེ་དག་འཁྱུར་མཁན་གྱིས་ཀྱང་བག་མ་ནང་བཞིན་གཉེན་ཚང་ལ་སླེབ་རག་བར་ཁ་ཕྱིར་འཁོར་མི་ཆོག་ཅིང་། གལ་ཏེ་ཕ་ཁྲིམ་སར་ཁ་ཕྱིར་འཁོར་ཚེ་གཉེན་ཚང་ནས་འགྲིག་མཐུན་མི་ཡོང་ཞེས་ཟེར་སྲོལ་ཡོད་པས། འདིའི་རིགས་ལ་ཧ་ཅང་གཟབ་གཟབ་བྱེད། ཡིན་ནའང་གཉེན་ཚང་ལམ་ཐག་རིང་ཙམ་ཉེ་ནའང་སྒོར་བུད་ནས་ཐད་ཀར་སྐྱེལ་ནས་འགྲོ་སྲོལ་མེད་པར་གྲོང་སྡེར་སྐོར་ཞིག་བརྒྱབ་ནས་ལྷ་ཁང་དང་ལབ་ཙེར་ཕྱུག་གསུམ་རེ་འཚལ་ཏེ་འགྲོ་དགོས། གཉེན་ཚང་གི་ཚོ་པའི་བག་བསུ་ཚོས་ཀྱང་ལམ་ཤ་བཅད་ཚལ་གཅིག(ལུག་ཤའི་བཞི་ཆའི་གཅིག)དང་ལམ་ཆང་ཏུ་ལུ(རྫ་དམ་རྒྱ་ཕྱེད་ཙམ་ཤོང་བའི་སྣོད་ཅིག སྟར་ཡིན་ན་ཏུ་ལུ་དགུ་ཞེས་གྲངས་དགུ་དགོས་ཀྱང་། ད་ལྟ་སྟར་གྱི་ལད་ཟློས་ཙམ་བྱས་ཏེ་ཆང་ཤེལ་དམ་གསུམ་ལས་མེད)དགུ་འཁྱེར་ནས་བག་མ་བསུ་བར་ཡོང་ཞིང་། ཨ་ཞང་ཚང་གི་སྐྱེལ་མ་བྱེད་མཁན་བུད་མེད་དང་གཞོན་ནུ་མ་ཚོས་སྟོན་བསུ་བ་རྣམས་མཐོང་མ་ཐག་རང་ལ་དབང་ཤུགས་ཡོད་པའི་གོ་སྐབས་དེར་བསྟུན་ནས་ཨེ་ཏེ་ཡ། ག་ཚང་ལ་ནམ་མ་ལངས་གཟིགས(སམ)ཞེས་སྐད་མཐོན་པོས་ཕ་རོལ་པོར་གཟི་རྡམས་སྟོན་པར་བསུ་མ་བྱེད་མཁན་ཚོས་ཙི་ཙིས་བྱི་ལ་མཐོང་བ་ལྟར་ཞུམ་ཞུམ་དང་། ཨ་ཁུ་ལོ་ལོ(ཞུ་བ་བྱེད་པའི་ཚིག་སྟེ་ས་དེའི་ཡུལ་སྐད་ཡིན)ཚོ། དེ་ལྟར་མ་བྱེད་ཅེས་ཞུ་བ་བྱེད་ཁོར་དུ་ལོ་ཏུས་བར་སྐལ་མཐུན་པའི་བུ་མོ་གཞོན་ནུ་མ་ཞིག་འཁྲིད་ཡོང་ནས་བག་མའི་ལག་པར་འཇུ་གྲབས་བྱེད་སྐབས། སྐྱེལ་མ་བྱེད་མཁན་ཚོས་ཏབ་ཆ་སིང་སིང་ཞིག་བརྒྱབ་སྟེ་བག་མ་གཉེན་ཚང་གི་སྒོ་ཁར་སྐྱེལ་རྒྱུ་ཡིན་ཞེས་སྟོན་ཕྱོགས་སུ་འགྲོ་གྲབས་བྱེད། སྐབས་འདིར་གཉེན་བསུ་ཚོ་འཚབ་ཤ་ལངས་ནས་ལམ་ཤ་དང་ལམ་ཆང་ཕུལ་འོར་དུ་ཞུ་བ་བྱེད། ཨ་ཞང་གཙོ་གཞོན་རྣམས་ཀྱིས་ཀྱང་བག་གསར་གྱི་ཁ་ཡ་ན་ཟླ་དང་སྐྱེལ་མ་བྱེད་མཁན་ཚོར་ཞུ་བ་བྱས་ཏེ་ལག་མགོ་སྟེར་དུ་འཇུག བག་གསར་གྱི་ལག་མགོ་སྟེར་སྐབས། ཕྱོགས་གཉིས་ཀའི་སྐྱེལ་མ་དང་བསུ་མཁན་ཚོས་གླུ་ལེན་གར་རྩེད་བྱེད་པ་སྟེ་གཉེན་ཚང་གིས་བཀྲ་ཤིས་འཇོག་པ་དང་ཨ་ཞང་ཚང་གི་བུ་མོ་སྐད་དག་འཛོམས་

པ་འགས་ཀྱང་སླུ་བླངས་ནས་བག་གསར་བཙོལ་གདམས་བྱེད་པ་སྟེ། ཡོང་བའི་བུ་མོ་ལོ་ཆུང་ཡིན། ལག་ལས་ཀའི་ཕྱོགས་ལ་མཉམ་རེ་ཞོག་ཅེས་ལེན། དེ་ལྟར་བག་གསར་གྱི་ལག་མགོ་བྱིན་ནས་ལམ་ཤ་དང་ལམ་ཆང་ཚུར་བླངས་རྗེས། སྐྱེལ་མཁན་གཞོན་ནུ་མ་ཚོས་ཀུ་རེའི་ཚུལ་གྱིས་དབྱུག་པ་ཆུང་ཆུང་ཞིག་གིས་ལམ་ཤའི་སྟེང་རྡུང་སྟེ། ཨེ་ཧེ་ཡ། ལམ་ཤ་མ་རེད་ཁྱི་ཤ་རེད། ཁྱི་ཤ་སྐམ་པོ་ཁྲིག་སྒྲ་གྲག་ཅེས་དང་ཡང་། ཨེ་ཧེ་ཡ། ལུག་འདིས་དབྱར་ཟླ་གསུམ་ལ་རྩྭ་མ་ཟོས། སྟོན་ཟླ་གསུམ་ལ་ཆུ་མ་འཐུང་བ་འདྲ་ཞེས་སྐད་མཐོན་པོར་བསྒྲགས་ཏེ་ཟུར་ཟ་དང་འཕྲིས་པའི་ཀུ་རེ་བྱེད།

དེ་ཡང་གཉེན་བསུ་ཚོས་བག་གསར་བསུས་ནས་གཉེན་ཚང་གི་སྒོ་ཁར་སླེབས་སྐབས་བག་གསར་གྱི་མགོའི་ཕྱ་ཞྭ་བླངས་ཏེ་ཕྱི་ནང་བར་གསུམ་གྱི་སྒོ་ལ་ཕྱག་གསུམ་རེ་བཙལ་རྗེས། ནང་ཁྱིམ་གྱི་དཀྱིལ་ཀའི་མདུན་ནས་སྟོད་དུ་བཞུགས་སྟེ་མ་སྲུ་བཟའ་ཟླ་དང་བུ་ཕྲུག་འཛོམས་པ་ཞིག་གིས་བལ་དར་འཐེན་པའི་དཀར་ཡོལ་འབྲུག་རྒྱན་ནང་དུ་ཕྱེ་མར་སེར་པོས་ཁ་བརྒྱན་པའི་འོ་ཟ་བག་གསར་གྱི་ལག་ལ་འཛོག་པར་བག་གསར་གྱིས་མཆོད་ཁ་ལན་གསུམ་ཕུལ་བ་ལས་འཐུང་སྲོལ་མེད། གཞན་ཡང་རྒྱལ་པོ་སླན་ཚོང་དང་ཆུ་སྐྱེས་སོགས་སེ་བ་ཁ་ཤས་ཀྱིས་ཨ་ཞང་ཚོ་གཉེན་ཚང་གི་སྒོ་ཁར་ཐོན་པ་ན་ཆུང་དར་འཕེན་ཞེས་ཆུ་འཁྱུག་ཁོ་ཚོའི་སྟེང་ལ་གཏོར་ཅིང་། དོན་དུ་ཨ་ཞང་ཚང་གི་སྐོར་མོ་སློང་ཕྱིར་ཡིན། ཉིན་དེར་གཉེན་ཚང་གི་ཤ་ཉེ་དང་ཚོ་པ། བཟང་ས་རྒྱན་ས་ཡོད་དོ་ཅོག་གིས་བག་གསར་དང་ཨ་ཞང་ཚོ་མགྲོན་དུ་འབོད་ཅིང་། སྔར་ཡིན་ན་ཨ་ཞང་ཚོས་བུ་མོ་བཙོལ་གདམས་བྱེད་པའི་ཚོ་ག་སྟེ་གཉེན་བཤད་བཤད་སྲོལ་ཡང་ཡོད། ཡིན་ནའང་ད་ལྟ་ཨ་ཞང་ཁ་བདེ་ཞིག་ཡིན་ཚེ་ཚིག་བསྡུས་ཤིང་དོན་འདྲིལ་བའི་སྒོ་ནས་བཙོལ་གདམས་ཙམ་བྱེད་པ་ལས་ཆེད་དམིགས་ཀྱིས་ཇ་བཤད་ཀྱི་ཚོ་ག་སྒྲུབ་པ་དེ་ཧ་ལམ་ཉམས་སོང་། མཚན་མོར་གཉེན་སྟོན་མཇུག་རྫོགས་ནས་ཐག་ཉེ་རིང་གི་མགྲོན་པོ་ཚོ་ཕེབས་རྗེས། བག་གསར་དང་དེའི་ཁྱོ་བོ་གཉིས་ཁང་གསར་དུ་ཞུགས་པ་ཡིན་ལ། དེ་ཡང་རྒྱའི་ས་ཁུལ་ལྟར་བག་མ་མོ་གསར(སྐྱེས་པ་དང་ལུས་མ་འདྲིས་པའི་བུ་མོ)ཡིན་མིན་ལ་དེ་འདྲའི་གཙིགས་ཆེན་མི་བྱེད་པ་མ་ཟད། ལ་ལས་ད་དུང་གཉེན་རྟགས་བཀོད་རྗེས། བུ་མོ་དང་མ་འོངས་པའི་ཁྱོ་བོ་ལ་ཁང་ཆུང་ཞིག་སྤྲད་དེ་ལུས་འདྲིས་སུ་བཅུག་ནས་ཕན་ཚུན་སྣ་མོ་ནས་འགྲིག་མཐུན་ཡོང་གྲབས་བྱེད།

དེ་ཡང་མཐའ་མཇུག་གི་མཛད་སྒོ་སྟེ་སྐར་ཡག་ཚོས་བཟང་ཞིག་ལ་བསྟུན་ནས་བག་མ་དང་མག་གསར་གཉིས་ཨ་ཞང་ཚང་དུ་ཡོང་ཞིང་། ལག་རྟགས་སུ་བག་ཕྱུད་དང་གོ་རེ་ཆྭངས་བཙོས་མ་སློ་མ་གང་ལས་མེད། སྐབས་འདིར་བག་གསར་གྱིས་འགོ་གཙོ་བྱས་ཏེ་གཞོན་ནུ་མ་ཚོར་དབང་བའི་ལམ་ཤ་དང་ལམ་ཆང་། ཇ་ཅོག་འཐེན་པའི་སྐོར་མོ་བཅས་བེད་སྤྱད་ནས་ཐུག་པ་བསྐོལ་བ་ན། བུ་མོ་ལོ་ཆུང་ལག་ཏུ་ཕོར་བ་ཐོགས་ཚད་ཡོངས་རྫོགས་འཚོགས་ནས་མཉམ་དུ་རྩེད་ཅིང་། ཕོ་གསར་ཚོའང་འཛོམས་ནས་

ལམ་ཆང་འཐུང་སྟེ་རྩེད་མོ་སྣ་ཚོགས་རྩེ་ལ། མཚན་མོ་འདི་ཡང་ན་གཞོན་ཚོའི་དགའ་རོགས་སྒྲིག་པའི་གོ་སྐབས་བཟང་པོ་ཞིག་ཡིན། བག་གསར་གྱིས་ཡུལ་ནས་ཉིན་འགའ་ངལ་གསོས་རྗེས། ཡང་སྐར་ཚེས་བཟང་པོ་ཞིག་ལ་གཏད་ནས་ཕྱིར་གཉེན་ཚང་ལ་འགྲོ་ཞིང་། བུ་མོའི་མ་ཡུམ་ཡང་ཨ་ནེ་ལ་འགྲོ་ཞེས་གཉེན་ཚང་གི་མགྲོན་དུ་བོས་ཏེ་ཨ་ནེའི་སྐལ་སྟེར་ཞིང་། འདི་ནི་ཕལ་ཆེར་བུ་མོའི་ནུ་རིན་ཡིན་ཤས་ཆེ། ཉིན་འདི་ནས་བཟུང་བག་གསར་ཡང་གཉེན་ཚང་གི་ཁྱིམ་མི་གཞན་དག་དང་འདྲ་བར་ལས་ཀར་ཞུགས་དགོས།

དེ་ཡང་སྤྱི་ཚོགས་རྙིང་པར་བཟའ་ཚང་ཁ་གྱེས་པའི་གནས་ཚུལ་ནི་ཏ་ཙང་ཉུང་ཉུང་རེད། ས་འདིའི་སྐྱེས་ཕོ་མོ་ཚོར་ལས་དབང་ཟེར་བ་དེས་ཆུམ་ཞིང་། ལས་དབང་གིས་ཁོ་ཚོའི་མི་ཚེའི་ཡོད་ཚད་ཁ་ལོ་བསྒྱུར་བཞིན་ཡོད་པས། རྟ་བོང་ལྟ་བུའི་བུད་མེད་ཚོས་ཐོད་པའི་ཁ་ཡིག་ཀློག་པ་ལས་ལས་དབང་ལ་འཁང་ར་དང་རྒོལ་ལན་སློག་སྒྲོལ་མེད་ལ། ལྷག་པར་ད་ལྟའང་རེབ་གོང་རྒྱལ་པོ་ས་ཁུལ་ནི་ཛ་རི་མཐོན་པོར་གནས་ཤིང་འགྲིམ་འགྲུལ་སྟབས་བདེ་མིན་པས། སྐྱེས་ཕོ་མོ་རྣམས་ཕྱི་ལ་འགྲོ་བའི་གོ་སྐབས་ཉུང་ཞིང་། ས་གནས་གཞན་གྱི་མི་དང་འབྲེལ་གཏུག་མང་པོ་མེད་ཕྱིར། བཟའ་ཟླ་ཐོར་བ་ཉུང་། ཡིན་ནའང་རྐྱེན་ག་གེ་མོ་ཞིག་གིས་བཟའ་ཟླ་ཐོར་དགོས་པ་བྱུང་ཚེ། ཁྱིམ་དུད་ཕྱོགས་གཉིས་ཀ་འདོད་མཐུན་བྱུང་ཡོད་པ་ཡིན་ན། ད་གཟོད་གཟི་བོ་ཞིག་གདན་དྲངས་ཏེ་ཕྱོགས་གཉིས་ཀའི་ཁྱིམ་རྒྱུད་ཀྱི་མི་བསམ་ཤེས་འགའ་འདུས་ནས་ས་བྱེད(བཟའ་ཟླ་ཁ་གྱེས་པའི་ཚ་གར་གོ)ཅིང་། ཕོ་མོ་ཕྱོགས་གཉི་གའི་བདེན་ལུགས་ལྟར་བུད་མེད་ལ་སྐལ་སྟེར་བ་ཡིན།

གསུམ་པ། གཉེན་སྒྲོལ་སྐོར་གྱི་ཚིག་འགར་དཔྱད་པ།

དེ་ཡང་ཁྱིམ་ཚང་ནི་སྤྱི་ཚོགས་ཀྱི་གྲུབ་ཆ་གཙོ་བོ་ཞིག་ཡིན་པ་དེ་བཞིན་དུ་གཉེན་སྒྲིག་བྱེད་པ་དེའང་ཁྱིམ་ཚང་གི་རྩ་བ་ཡིན་ཞིང་། མི་རང་ཉིད་ལ་མཚོན་ནའང་གཉེན་སྒྲིག་བྱེད་པ་དེ་ནི་མི་ཚེ་གཅིག་གི་དོན་ཆེན་ཞིག་ཡིན་པར་བརྟེན། དེ་ལ་གནའ་ནས་དེང་བར་ཕྱི་ནང་རྒྱལ་ཁབ་གང་གིས་ཀྱང་གཙིགས་ཆེན་དང་མཛད་སྒོ་གཟབ་རྒྱས་བྱེད་སྲོལ་ཡོད་ལ། ལྷག་པར་ཕྱི་ནང་རྒྱལ་ཁབ་ཀྱི་གྲངས་ཉུང་མི་རིགས་ཚོའི་གཉེན་སྒྲིག་མཛད་ཚུལ་ལ་གཞན་དང་ཐུན་མོང་མ་ཡིན་པའི་ཁྱད་ཆོས་དང་ལུགས་སྲོལ་རེ་ཡོད་པས། ངས་ཀྱང་འདིར་རེབ་གོང་རྒྱལ་པོ་ས་ཁུལ་གྱི་སྤྱི་ཚོགས་གསར་རྙིང་གཉིས་ཀྱི་སྐབས་གཉེན་སྒྲིག་བྱེད་ཚུལ་སྐོར་མདོར་ཙམ་གླེང་བ་ཡིན་ལ། གཤམ་དུ་གཉེན་སྒྲོལ་ཁྲོད་ཀྱི་ཚིག་འགར་དཔྱད་ན། གཉེན་སྒྲིག་བྱེད་པ་དེ་གཙོ་བོ་ཕོ་མོ་ཕྱོགས་གཉིས་ཀས་མཉམ་དུ་འཚོ་བ་རོལ་འདོད་ཀྱི་ཐུགས་བསམ་བཅངས་ནས་ཚེ་གང་པོའི་གྲོགས་སུ་འགྱུར་འདོད་ཡིན་ཞིང་། དེ་བཞིན་དུ་གཉེན་སྟོན་བྱེད་པ་དེའང་ཕོ་མོ་གཉིས་

ཀྱིས་འཛིག་རྟེན་མཐུན་འཇུག་གི་ཚོ་ག་བསྒྲུབས་ཏེ་རང་གི་རིགས་རྒྱུད་དང་སྐྱེ་ཚོགས་ལ་ཁས་ལེན་དང་ལྷ་རྟོག་བྱེད་པར་ཁྱབ་བསྒྲགས་བྱས་པའི་མཛད་སྒོ་ཞིག་ཡིན་ལ། འབྲེལ་བ་འདིའི་རྩ་བ་ནི་བརྩེ་དུང་ཡིན་པར་བརྟེན། ཕྱི་རོལ་ཡུལ་དུ་གནས་པའི་དཔལ་འབྱོར་གྱི་རྒྱུ་རྐྱེན་སོགས་ཀྱིས་ཚོད་འཛིན་དང་ཤུགས་རྐྱེན་བཟོ་མི་རུང་ལ། གཉེན་སྒྲིག་གི་རྣམ་པའི་སྟེང་ནས་བལྟས་ན་ཕོ་མོའི་མཚན་མ་གཉིས་འདྲེས་སྦྱོར་ཙམ་དུ་སྣང་མོད། འོན་ཀྱང་ངོ་བོའི་སྟེང་ནས་བཤད་ན་དེ་ནི་ཕོ་མོ་རིགས་གཉིས་ཀྱི་སྤྱི་ཚོགས་མཉམ་འབྲེལ་ཞིག་ཡིན་པས། གཉེན་སྒྲོལ་རབ་དང་རིམ་པ་རྣམས་ལ་ལོ་རྒྱུས་ཀྱི་དུས་སྐབས་ངེས་ཅན་རེའི་སྤྱི་ཚོགས་འཚོ་བའི་ཆ་རྐྱེན་གྱིས་ཤུགས་རྐྱེན་ཆེན་པོ་ཐེབས་ངེས་ལ། བོད་ཁུལ་ལ་ཆ་མཚོན་ནའང་དེ་ལས་མ་འདས་སོ། །

བོད་ཀྱི་གཉེན་སྒྲོལ་གྱི་རྣམ་པའང་མི་རིགས་གཞན་དང་འདྲ་བར་ཕོ་གསར་མག་པར་འགྲོ་བ་དང་མོ་གསར་གནས་ལ་སྟེར་བ་གཉིས་སུ་འདུ་ཞིང་། དེ་བཞིན་དུ་གཉེན་སྒྲིག་གི་ཁྱད་ཆོས་ཀྱང་ཕོ་མོ་རང་དབང་རང་འཐད་དང་ཕ་མའི་བཙན་ཤུགས་ཀྱིས་གཉེན་སྒྲིག་ཏུ་འཇུག་པ་གཉིས་ཡོད་པ་བཞིན། རིབ་གོང་རྒྱལ་པོ་ས་ཁུལ་གྱི་གཉེན་སྒྲོལ་ཡང་དེ་ལས་མ་འདས་ཏེ། ཕོ་མོ་ཕྱོགས་གཉིས་ཀར་མོས་མཐུན་འབྱུང་མིན་དྲིས་ནས་གཉེན་རྟགས་བཀོད་པ་དང་། ཡང་ན་ཕོ་གསར་དང་མོ་གསར་གཉིས་ཕན་ཚུན་འདོད་མཐུན་འབྱུང་མིན་ལ་མི་ལྟ་བ། ཐ་ན་གཉེན་སྟོན་ཐོན་རག་བར་གསང་ནས་ཕ་མས་གང་འདོད་ཀྱིས་གཉེན་རྟགས་རྒྱག་པ་དང་ཕན་ཚུན་ངོ་ཡང་མཐོང་མ་མྱོང་བ་སོགས་འདྲ་མིན་སྣ་ཚོགས་ཡོད་པ་མ་ཟད། རྒྱུ་ནོར་ཤུལ་འཛིན་སོགས་ཀྱི་དགོས་དབང་གིས་གཉེན་ཉེ་བར་ལ་གཉེན་རྟགས་བཀོད་པའི་གནས་ཚུལ་ཡང་གདའ། ཡིན་ནའང་དབུས་གཙང་གི་ས་ཁུལ་ལ་ལ་དང་ཁམས་ཕྱོགས་ཀྱི་ས་ཁུལ་ལ་ལ་རུ་མཐོང་ཐུབ་པའི་ཁྱོ་གཅིག་ཤུག་མང་ཅན་དང་ཁྱོ་མང་ཤུག་གཅིག་སོགས་ཀྱི་གཉེན་སྒྲོལ་དེ་ལྟ་བུ་མེད་ལ། སྤྱི་ཚོགས་འཕེལ་རྒྱས་སོང་བ་དང་བསྟུན་ནས་སྡེ་བའི་བར་དང་ས་གནས་བར་གྱི་འགྲོ་འོང་སྔར་ལས་ཛེ་མང་དང་། མི་རྣམས་ཀྱིས་རང་ཉིད་གོང་འཕེལ་དང་སྤྱི་ཚོགས་ཉམས་མྱོང་ཁྲིད་རིམ་བཞིན་གཉེན་ཉེ་བར་ལ་གཉེན་སྒྲིག་བྱེད་པ་དེས་མི་རབས་རྗེས་མའི་གཟུགས་གཞི་དང་རིགས་པའི་རྒྱུན་ལྡན་གྱི་འཚར་ལོངས་ལ་གནོད་པ་ཐེབས་ཏེ་ཞྭ་གུ་དབང་པོ་སྐྱོན་ཅན་དང་བློ་རིག་མི་གསལ་བ་སོགས་སྐྱེ་ཞིང་ཁྲག་རྒྱུད་ཕྱི་རོལ་དུ་གཉེན་སྒྲིག་བཞིན་ཡོད། ཡིན་ནའང་གསལ་འདོན་བྱེད་དགོས་པའི་རྐྱེན་ཞེན་གྱི་བསམ་བློ་ཞིག་ལ་གྲོང་མི་ཚོས་ད་ལྟའང་རང་གི་བུ་བུ་མོ་རྣམས་གྲོང་སྡེ་ནང་ཁུལ་དུ་གནས་དང་མག་པར་སྟེར་བར་རེ་ཞིང་། གལ་ཏེ་རང་སྡེའི་ནང་ཡིད་འཐད་པའི་གནས་ཡུལ་ཞིག་མ་རྙེད་ཚེ། རང་སྡེ་ཉེ་སའི་གྲོང་སྡེ་ཞིག་ལ་མནའ་མར་སྟེར་འདོད་པ་ལས་ས་ཐག་རིང་པོར་གནས་ལ་འགྲོ་བ་ནི་རིགས་རུས་མི་གཙང་བ་དང་སྐྱེས་ལུས་མི་མཛེས་པ། ལག་ལས་ཀ་དང་བཟང་ཤེས་རྒྱ་མེད་པའི་བུ་མོ་དང་ཡང་ན་གཉེན་སྒྲིག་སྐྱར་མ་བྱེད་མཁན་དང་ཁྱིམ་ཚང་འབྱོར་མེད་ཚོའི་བུ་མོ་རྣམས་ཀྱི་གནས་ཡུལ་ཡིན་པར་འདོད་བཞིན་ཡོད་པ་འདི་ནི་ཕལ་

ཆེར་གནའི་སྒྲོལ་རྙིང་གི་ལྷག་རོ་ཡིན་ནམ་སྙམ།

སྐྱིར་ཕོ་གསར་མག་པར་འགྲོ་བ་དེ་ནི་ཁྱིམ་ཚང་དེའི་བུ་ལྷག་མ་སྐྱེ་བུ་འབྲིང་མཐའ་གཉིས་གང་རུང་ཡིན་པ་ལས་བུ་ཆེ་མགོ་འགྲོ་སྲོལ་མེད། ཁ་དཔེར། བུ་ཁིར་མོ(གྲངས་ཀྱི་གཅིག་གི་དོན)གྱུ་པ་མ་བྱེད། རྟ་ཁིར་མོ་ཆེ་ཐར་མ་གཏོང་ཞེས་བཤད་པ་ལྟ་བུ་གཅིག་པུ་ཡིན་ན། མག་པ་དང་གྱུ་པ་བྱེད་སྲོལ་མེད། ཡིན་ནའང་ཁྱིམ་ཚང་རྒྱུ་སྟོབས་ཅན་ཞིག་ཡིན་ཚེ། བུ་ལྷག་མ་ཚོར་ཡང་མནའ་མ་བླངས་ནས་ཟུར་དུ་ཁྱིམ་གཞི་འཛུགས་ལ། གལ་ཏེ་ཁྱིམ་ཚང་མཁོས་ཞན་ཞིག་ཡིན་ན། གྱུ་པ་བྱེད་པ་དང་མག་པར་འགྲོ་རྒྱུའི་ལས་དབང་ལས་མེད། དེ་དག་ནི་ཕལ་ཆེར་རྒྱལ་པོ་ས་ཁྲུལ་གྱི་སྲོལ་དུ་ཆགས་ཡོད་པས། རྒྱུའི་གོམས་སྲོལ་ལྟར་མག་པར་འགྲོ་བར་མཐོང་ཆུང་མི་བྱེད་པ་མ་ཟད། ད་དུང་མག་པར་སོང་བའི་ཕོ་སྐྱེས་ལ་ཁྱིམ་ཚང་དེ་གའི་ཁྱིམ་མི་གཞན་དག་དང་མཚུངས་པར་དབང་ཆ་ཡོད་ལ། མ་འོངས་པའི་ཁྱིམ་བདག་ཀྱང་ཡིན། ཡང་བག་མས་བག་དུ་བྱེད་པ་དེ་རང་གི་ཡབ་ཡུམ་གཉིས་དང་སྤུན་ཟླ་གཉེན་ཉེ་རྣམས་ལ་ཁ་འབྲལ་མ་ཕོད་པའི་རྣམ་པ་མཚོན་བྱེད་དུ་གྱུར་ཡོད་མོད། འོན་ཀྱང་དོན་དམ་དུ་དེ་ལ་གོ་བ་ལེན་རྒྱུ་ཟབ་མོ་འདུག་སྟེ། དེའི་འབྱུང་ཁུངས་ནི་མ་རྒྱུད་ཟུས་རྒྱུད་དེ་ཕ་རྒྱུད་ཟུས་རྒྱུད་དུ་བརྒལ་བའི་དུས་སུ་གཏུགས་དགོས་ལ། ཕོ་རྒྱུས་སྔེང་ནས་བུད་མེད་རྣམས་ཀྱིས་ཕམ་ཁ་མྱངས་པ་ནས་བཟུང་བུད་མེད་ཀྱི་གོ་གནས་དེ་སྔར་གྱི་བཀོད་འདོམས་བྱེད་པོ་ནས་བཀོད་སྤྱོད་མྱང་མཁན་དུ་གྱུར་པ་དང་རིམ་བཞིན་བཟའ་ཟླ་བཙན་འཕྲོག་དང་གཉེན་སྒྲིག་ཉོ་ཚོང་སོགས་ཀྱི་ཁྲིད་དུ་བུད་མེད་ཀྱིས་ཡ་ང་བའི་མནར་གཅོད་ཀྱི་སྐྱོ་གདུང་དང་སྡིང་ངག་འདོན་པ་བརྒྱུད་ད་ལྟའི་རང་དབང་གཉེན་སྒྲིག་སོགས་སུ་འཕེལ་སྐབས། བག་དུ་བྱེད་པ་དེ་ངོ་བོ་འགྱུར་ནས་ཡུལ་སྲོལ་གོམས་གཤིས་ཤིག་ཏུ་གྱུར་ཡོད་དོ། །

དེ་ཡང་གཉེན་སྒྲིག་བྱེད་སྐབས། མའི་ཕྱོགས་ཀྱི་གཉེན་ཉེ་སྐྱེ་མ་ཞང་གཙོ་བོ་བྱེད་པ་འདི་ནི་གནའ་དེང་གྲངས་ཉུང་མི་རིགས་ས་ཁུལ་དུ་དར་སྤྱོད་བའི་མིང་སྲིང་གི་བུ་བུ་མོའི་གཉེན་སྒྲིག(姑舅表婚)སྟེ་སྲིང་མོ་གནས་ལ་སོང་ནས་བུ་མོ་སྐྱེས་ན། ཕྱིར་མིང་པོའི་བུར་མནའ་མར་སྟེར་དགོས་ལ། གལ་ཏེ་སྲིང་མོའི་བུ་མོས་གཉེན་ཚང་གཞན་ཞིག་བཙལ་ན། ཕྱིར་མིང་པོར་སྐྱིན་ཚབ་དུ་རྒྱ་ནོར་སྟེར་དགོས་པ་མ་ཟད། མིང་པོར་བུ་མེད་པའི་གནས་ཚུལ་འོག་ཏུ་གཞན་ལ་བྱིན་ནའང་བུ་མོའི་སྐྱོང་རྟེན་སོགས་ཨ་ཞང་ཚང་ལ་སྟེར་དགོས་པའི་ལུགས་སྲོལ་དེ་བོད་ཁུལ་དུའང་དར་སྤྱོད་ཤས་ཆེ་ལ། འདི་ནི་ཕལ་ཆེར་སྲོལ་རྙིང་དེའི་ལྷག་རོ་ཡིན་སྙམ། ད་དུང་བག་རྫོངས་ལ་བག་ཐུད་ཆེན་པོ་གཅིག་དང་ཁ་ཐུད་སླེ་བོ་བཞི་བཅས་སྟེར་སྲོལ་ཡོད་ལ། འདི་ནི་དེ་སྔ་བོད་ཁྲུལ་ཆེས་མང་པོ་ཞིག་གིས་འབྲོག་ལས་གཙོ་བོ་གཉེར་ཞིང་རྭ་བ་སྒོ་བའི་མི་རིགས་ཞེས་གནས་ངེས་མེད་དུ་འཁྱམས་པས། རྭ་བའི་བར་ལམ་ཐག་རིང་ལ་ཕན་ཚུན་འགྲོ་འོང་ཡང་དཀའ། དེ་བཞིན་དུ་བག་མ་དང་མག་པ་འགྲོ་ཡུལ་གྱི་ས་ཐག་རིང་བའང་སློས་མ་དགོས་ལ། སྣེ་བ་དང་ཚོ་པའི་མིས་

བྱིན་པའི་ཁ་ཐུད་སོགས་གོང་གི་འདི་དག་ཀྱང་བག་གསར་དང་སྐྱེལ་མ་བྱེད་མཁན་ཚོའི་ལམ་རྒྱུགས་ཡིན་པ་ལས་ད་ལྟ་ནང་བཞིན་བག་རྫོངས་ཀྱི་གྲས་མིན་སྙམ། གཞན་ཡང་གཉེན་ཚང་དང་ཨ་ཞང་ཚང་གིས་ཕན་ཚུན་ལ་གོ་རེ་རླངས་བཙོས་མ(ལྷ་སའི་སྐད་དུ་མོག་མོག་ཟེར)སློ་མ་གང་འཁྱེར་བ་འདིའང་ཕལ་ཆེར་ལམ་རྒྱུགས་ཡིན་པ་འདྲ། ཡིན་ནའང་བག་ཐུད་ནི་བག་རྫོངས་ཏེ་བག་སྐལ་ཡིན་པ་ཤ་སྟག་རེད། དེ་ནི་ཨ་ཞང་ཚང་གིས་བུ་མོ་ལ་ཆེད་དུ་མར་ཕྱུར་གྲོ་གསུམ་ནས་བཟོས་པའི་ཐུད(ད་ལྟའང་བོད་ཁུལ་གྱི་འབྲོག་ཕྱོགས་མང་ཤས་སུ་བག་མའི་ཐུད་ཅེས་ཐུད་སྟེར་སྲོལ་ཡོད)ཡིན་མོད། འོན་ཀྱང་ད་ལྟ་རོང་ཁུལ་དུ་རྒྱུ་ཆ་དཀོན་པས། རོང་ཁུལ་གྱི་ཁྱད་ཆོས་ལྡན་པའི་བག་ཕྱེ་ཡིས་བཟོས་ཡོད། གལ་ཏེ་གཉེན་ཚང་ཡང་ཞིང་ལས་གཉེར་མཁན་ཡིན་ཚེ། བག་ཐུད་སོགས་ཀྱང་བག་ཕྱེས་བཟོ་བ་ཡིན།

དེ་ཡང་རེབ་གོང་རྒྱལ་པོ་ས་ཁུལ་གྱི་གཉེན་སྲོལ་ཁྲིད་ཡུལ་ལྷ་གཞི་བདག་སོགས་འཇིག་རྟེན་གྱི་ལྷར་མཆོད་པ་དང་ལོ་རྟུས་བར་སྐལ་འདེད་པ་སོགས་ཆོས་ལུགས་ཀྱི་ཆ་སྣ་ཚོགས་ནི་གཉེན་སྒྲིག་གི་ཐོག་མཐའ་བར་གསུམ་དུ་ཁྱབ་ཡོད་པ་སྟེ། དཔེར་ན། གཉེན་སློང་བ་དང་གཉེན་སྒྲིག་སོགས་ཀྱི་གཟའ་སྐར་འཕྲོད་སྦྱོར་ལ་ལྟ་བ་དང་ཕོ་མོ་གཉིས་ཀྱི་ལོ་རྟུས་བར་སྐལ་འདེད་པ། བག་མར་འགྲོ་ཁའི་དཀྱིལ་གར་བསྐོད་པ་དང་གཡང་འབོད་བྱེད་པ། བག་མ་འགྲོ་ཁར་ལམ་ཁའི་ལྷ་ཁང་དང་གཉེན་ཚང་གི་སྒོ་ཕྱི་ནང་བར་གསུམ་གྱི་ལྷར་ཕྱག་འཚལ་བ་སོགས་ཆོས་ལུགས་ཀྱི་ཆ་མ་འདུས་པའི་བྱེད་སྒོ་ཞིག་ཕལ་ཆེར་མེད་ལ། འདི་དག་ནི་གནའ་བོའི་མི་ཚོས་རང་བྱུང་འགྱུར་ལྡོག་གི་གནས་ལུགས་ཀློག་ཐུར་ཅན་དེ་འགྲེལ་རྒྱུག་མ་ནུས་པར་རྩ་ཉོར་ལུག་གསུམ་གྱི་འཕེལ་ཁ་མི་བཟང་ཞིང་མི་ལ་ནད་ཡམས་མང་བ། ལོ་ཏོག་ལ་ཐན་པ་ཆེ་བ་སོགས་རང་བྱུང་གནོད་འཚེ་སྣ་ཚོགས་ནི་འཇིག་རྟེན་གྱི་མི་ལས་བརྒལ་བའི་སྟོབས་ཤུགས་ཤིག་གིས་ཁ་ལོ་བྱེད་བཞིན་ཡོད་པར་སྙམ་པས། གཉེན་སྒྲིག་སྐབས་ཆོས་ལུགས་ཀྱི་ཆ་སྒྲུབ་པའི་དགེ་བའང་དེ་ལས་མ་འདས་ཏེ། བུ་མོས་བག་ཏུ་བྱེད་སྐབས་འཐབ་ལྷ་དང་ཕུགས་ལྷ། སྒོ་ལྷ་སོགས་འདྲོགས་པ་དང་ཐུགས་ཁྲེལ་པར་དོགས་ནས་དཀྱིལ་ག་བསྐོད་ཅིང་། རྒྱུ་ནོར་ལོངས་སྤྱོད་ཀྱི་གཡང་ཁ་དང་ནོར་ལྷ་སོགས་བུ་མོ་དང་འགྲོགས་ནས་གཉེན་ཚང་དུ་འགྲོ་བར་དོགས་ཏེ་གཡང་འབོད་བྱེད་པ། བག་གསར་གྱིས་གཉེན་ཚང་གི་ཡུལ་ལྷ་དང་གཞི་བདག་ལ་ཕྱག་འཚལ་ནས་བགེགས་བར་ཆད་བཟློག་ཅིང་། དེང་ཕྱིན་རྒྱབ་རྟེན་བཙལ་བའི་ རྣམ་འགྱུར་སོགས་བོད་མི་རིགས་ཀྱི་འཚོ་བའི་ཁྲོད་དུ་བསུབ་ཐབས་མེད་པའི་གདོད་མའི་ཆོས་ལུགས་ཀྱི་ཆ་གའི་སྲོལ་རྒྱུན་མི་ཉུང་བ་ཞིག་གནས་ཤིང་། དེས་ད་ལྟའང་ཕྱོགས་དང་ཕྱོགས་མཚམས་ཀུན་དུ་མི་རྣམས་ཀྱི་བསམ་བློའི་འཚོ་བ་དང་དམངས་ཁྲོད་སྲོལ་རྒྱུན་གྱི་མཛད་སྒོ་སོགས་ལ་ཤན་ཤུགས་ཟབ་མོ་ཞིག་ཐེབས་ཡོད།

བོད་གངས་ཅན་ལ་སྒྲུ་གར་གྱི་རྒྱ་མཚོ་ཞེས་པའི་མཚན་སྙན་སྲིད་པའི་རྩེ་མོ་ན་འཕུར་བ་བཞིན་

དེའི་ཡན་ལག་ཏུ་གྱུར་པའི་རེབ་གོང་རྒྱལ་པོ་ས་ཁུལ་གྱི་སྐྱེས་ཕོ་མོ་རྒན་གཞོན་རྣམས་ཀྱིས་ཀྱང་དབྱངས་རྟ་དྲུག་འགྱུར་རིང་སོར་དྲངས་ཏེ་གླུ་ལེན་མི་ཤེས་མཁན་གཅིག་ཀྱང་མེད་ལ། གླུ་གར་དང་འདོད་གཞས་དབེན་པའི་གཉེན་སྒྲོལ་ནི་སྲོག་མེད་ཀྱི་བེམ་པོ་ལྟར་མཐོང་བས། དེ་ནི་གཉེན་སྒྲིག་གི་ཆོ་གའི་ཐོག་མཐའ་བར་གསུམ་དུ་མེད་མི་རུང་བའི་གྲུབ་ཆ་ཞིག་ལ་བརྩི། ཁོ་ཚོས་གླུ་ལེན་ཤེས་ན་མི་ལ་ནད་ཡམས་མི་ཡོང་ཞིང་ཚེ་ཡང་བསྲིང་ནུས་ཞེས་པའི་ལེགས་བཤད་དེའི་དོན་སྤྱི་མོ་ནས་རྟོགས་པ་ནང་བཞིན་གླུ་གར་ནི་འཚོ་བའི་ཁྲིད་མེད་དུ་མི་རུང་བའི་འཚོ་བཅུད་དུ་གྱུར་པ་དཔེར་ན། རང་དབང་གི་གཉེན་སྒྲིག་དང་ཕོ་མོའི་བརྩེ་དུང་སོགས་མཚོན་པའི་འདོད་གཞས་དང་མཐུན་གླུ་མང་པོ། མནའ་མ་ཚུར་བསུ་དང་མག་པ་ཕར་སྐྱེལ་སྐབས་ཀྱི་གཉེན་བཤད། གཉེན་སྟོན་ཐོག་གི་དམག་ལྕུག་བཅིངས་པའི་གླུ། དཀྱིལ་ཀ་བསྟོད་པའི་གླུ། བག་གསར་ལག་མགོ་སྟེར་བའི་གླུ། བུ་མོ་བཙོལ་གདམས་ཀྱི་གླུ་སོགས་འཚོ་བའི་ཁྲིད་ཀྱི་སྤྱིར་བཏང་གི་གླུ་གར་ནི་བགྲང་གིས་མི་ལང་བ་ཞིག་ཡོད་པ་འདིའི་སྟེང་ནས་ཀྱང་རྟོགས་ཤིང་། གླུ་གར་འདི་དག་གིས་རྒྱལ་པོ་མི་དམངས་ཀྱི་གཉེན་སྒྲོལ་གྱི་གནས་གལ་ཆེན་བཟུང་ཡོད་པ་མ་ཟད། བསམ་པའི་འཚོ་བ་དེ་ཕུན་སུམ་ཚོགས་སུ་བཏང་སྟེ་ཚེ་སྲོག་ལ་སྟོབས་ཤུགས་གསར་པ་སྦྱིན་བཞིན་ཡོད།

《ཀྲུང་གོའི་བོད་ཀྱི་ཤེས་རིག》 ༡༩༩༢ལོའི་དེབ་གསུམ་པ་ལས་བཏུས།

༄། །བོད་པའི་གཉེན་སྟོན་ཁྲོད་དུ་མདའ་མོ་སྤྱོད་སྟངས་དང་དེའི་མཚོན་དོན་སྐོར་གླེང་བ།

འབའ་སྟོད་ཚེ་དབང་རྡོ་རྗེ།

དེ་ཡང་གདོད་མའི་དུས་ནས་མདོ་དབུས་མཐོ་སྒང་འདིར་འཚོ་བའི་བོད་མི་རིགས་འདིར་དུས་ཡུན་རིང་པོའི་ལོ་རྒྱུས་ཀྱི་འཕེལ་རིམ་ཁྲོད་དུ་རང་གི་གཉེན་སྲོལ་ཐུན་མོང་མ་ཡིན་པ་ཞིག་གྲུབ་ལ། གཉེན་འབྲེལ་འཛིན་པའི་ཕྱོགས་གཉིས་ཀས་ཕན་ཚུན་ལ་འབུལ་བའི་ལེགས་སྐྱེས་སུ་གསེར་དངུལ་གཡུ་བྱུར་སོགས་རིན་པོ་ཆེའི་རིགས་དང་རྟ་ནོར་ལུག་གསུམ་ལ་སོགས་ཕྱུགས་རིགས་ཀྱང་ཡོད་པ་ནི་སྤྱིར་བཏང་གི་སྣང་ཚུལ་ཞིག་ཡིན་མོད། དེ་དང་མཉམ་དུ་མདའ་ཞིག་ཀྱང་ཕན་ཚུན་ལ་བརྗེ་རེས་བྱེད་པ་འདི་ནི་དངོས་གནས་ཐུན་མོང་མ་ཡིན་པའི་གཉེན་སྲོལ་ཁྱད་པར་བ་ཞིག་རེད། འདི་ལ་མང་པོ་ཞིག་གིས་དེ་ནི་བོད་མི་རིགས་ལ་རྒྱ་ཆེར་དར་བའི་གཡང་མདའ་ཡིན་པས་ངོ་མཚར་རྒྱུ་ཅི་ཡོད་ཅེས་བརྗོད་ཀྱང་སྲིད་ལ། ལྷག་ཏུ་བོད་མི་རིགས་ཀྱི་དམངས་སྲོལ་ལ་བྱུང་ཚ་ཡོད་སྙམ་པ་འགའ་རེས་མདའ་མོ་ཁྲིར་ནས་བུ་དང་བུ་མོ་གཉིས་གཉེན་སྒྲིག་ན་བཀྲ་ཤིས་ཚེ་རིང་དང་། བདེ་སྐྱིད་ཕུན་སུམ་ཚོགས་པའི་རྟེན་འབྲེལ་ཡོང་བའི་སླད་ཡིན་ཞེས་ཀུན་གྱི་བློ་ངོར་འགྱུར་བདེ་བའི་འགྲེལ་སླ་མོ་ཞིག་གིས་འཐུས་པར་བྱས་ཡོད། ཡིན་ཡང་བོད་མི་རིགས་ཀྱི་གནའ་དེང་གི་གཉེན་སྲོལ་དང་ལྷག་ཏུ་གནའ་རབས་དད་མོས་ཀྱི་འདུ་ཤེས་ཆ་ནས་ཞིབ་ཏུ་དཔྱད་ན་གཉེན་སྟོན་ཁྲོད་སྤྱོད་པའི་མདའ་ནི་མཐའ་གཅིག་ཏུ་གཡང་མདའ་རུ་ངོས་འཛིན་པ་དེར་ཕྱོགས་གཅིག་རྟོགས་ཀྱང་ཅིག་ཤོས་མ་རྟོགས་པའི་སྐྱོན་འབབ་སྲི། དོན་དུ་ར་སུག་ལུག་ལ་སྦྱར་ཏེ་མ་དག་རྒྱུན་འབྱམས་སུ་སོང་བ་འདྲ། ང་ཚོས་རིག་གནས་ཀྱི་སྣང་ཚུལ་གང་ཞིག་འགྲེལ་ནའང་དེ་ལྟ་བུའི་རིག་གནས་སྲོལ་རྒྱུན་ཞིག་དང་ཐོག་ཅིའི་ཕྱིར་གྲུབ་པ་དང་། ཚུལ་ཇི་ལྟར་གྲུབ་པ། དེ་ཉིད་འཕེལ་རྒྱས་སུ་ཕྱིན་ནས་ད་ལྟའི་དུས་འདིར་འགྱུར་བ་གང་ཞིག་བྱུང་ཡོད་པ། འགྱུར་བ་དེ་འདྲ་བྱུང་བའི་རྒྱུ་རྐྱེན་གང་ཡིན་པ་ལ་སོགས་ཕྱོགས་ཡོངས་ལ་བསམ་གཞིག་དང་རིགས་འདེད་མཐའ་འཁྱོལ་བ་ཞིག་བྱས་ན་ད་གཟོད་དེ་ལ་དོན་དངོས་དང་ཡོངས་སུ་མཐུན་པའི་འགྲེལ་ལེགས་པོ་ཞིག་བྱེད་ནུས་པ་མ་གཏོགས། དམངས་ཁྲོད་ཀྱི་བཤད་རྒྱུན་ཙམ་ལ་གཞི་བཅོལ་ནས་དཔྱད་པ་གང་ཡང་མེད་པར་ཇི་བཞིན་ཡིག་ཐོག་ཏུ་བཀོད་ན་སྐབས་ལ་ལར་འཁྱོག་བཤད་དང་ཐ་ན་ལོག་བཤད་དུ་མི་འགྲོ་བའི་ངེས་པའང་མེད་པས། འདི་ནི་རིག་གཞུང་

ཞིབ་འཇུག་དོན་དུ་གཉེར་མཁན་ཞིག་ལ་མཚོན་ན་ཤིན་ཏུ་གཟབ་དགོས་པའི་གནད་ཅིག་ཡིན་ལ། གནའ་དེང་གི་གཉེན་སྟོན་ཁྲིད་མདའ་མོ་ཞིག་ཕན་ཚུན་ལ་འབྲེལ་བ་འདི་ནི་བོད་རང་གི་གནའ་དུས་ཀྱི་དང་མོས་ཁྱད་པར་བ་ཞིག་ལས་གྲུབ་པའི་གཉེན་སྒྲོལ་ཁྱད་པར་བ་ཞིག་ཡིན་པས། དེང་དུས་ཀྱི་མི་རྣམས་ལ་མཚོན་ན་སེམས་ལའང་དྭན་དགའ་བའི་མཚོན་དོན་ཁྱད་པར་བ་ཞིག་འདུས་ཡོད། འདིར་དེའི་ཕྱོགས་སུ་རང་གི་འདོད་ཚུལ་ཙམ་མདོར་བསྡུས་སུ་འགོད་རྒྱུ་ཡིན་ལ་ནོར་འཁྲུལ་བྱུང་ན་སྐྱོན་བརྗོད་ལྷུག་པར་གནང་བའི་རེ་བ་ཞུས་པ་ཡིན།

དང་པོ། གནའ་རབས་བོད་ཀྱི་གཉེན་སྒྲོལ་ཁྲིད་དུ་མདའ་མོ་སྤྱོད་སྟངས་བཤད་པ།

གདོད་མའི་དུས་ཀྱི་བོད་པའི་གཉེན་སྒྲོལ་དེ་ཡང་སྙིང་གང་འདྲ་ཞིག་ཡིན་པ་དང་། ཕན་ཚུན་ལ་སློང་རྟེན་དང་བག་སྐལ་ཅི་ཞིག་འཁྱེར་བ་ལ་སོགས་གསལ་ཐག་ཆོད་པ་ཞིག་བརྗོད་དཀའ་ནའང་། ད་ལྟ་མཐོང་སྣང་དུ་ཡོད་པའི་གནའ་རབས་བོན་གྱི་གཏམ་རྒྱུད་དང་ཏུན་ཧོང་ནས་ཐོན་པའི་ཡིག་ཆ་དག་གིས་ང་ཚོར་དེའི་ཐད་ལ་རྟོག་གཞིག་བྱ་བར་རྒྱུ་ཆ་གལ་ཆེན་མང་པོ་ཞིག་མཁོ་སྤྲོད་བྱས་འདུག དེ་ཡང་གནའ་རབས་བོད་ཀྱི་གཉེན་སྒྲོལ་བརྗོད་པའི་བོན་གྱི་གཏམ་རྒྱུད་འགའ་ཞིག་མིག་སྔར་ལག་སོན་བྱུང་ནའང་ཙུང་ཆ་ཚང་ཞིང་ཡིད་རྟོན་རུང་བ་ཞིག་ནི《མིང་སྲིང་དཔལ་བགོས་དང་ལྷ་འདོགས》ཞེས་པ་དེ་རེད། འདིར་འགྲོ་བ་མིའི་རིགས་ཀྱི་གཉེན་སྒྲོལ་ཐོག་མར་ཇི་ལྟར་བྱུང་ཚུལ་བཀོད་ཡོད་པར་མ་ཟད། དེའི་བྱེ་བྲག་གི་བརྒྱུད་རིམ་མམ་ཚེ་གནའ་ཙུང་ཆ་ཚང་ཞིག་གསལ་བཤད་བྱས་འདུག་པ་འདིར་གཞུང་དེ་ཆ་ཚང་དྲངས་ན་ཡིག་ཚོགས་མང་དྲགས་པས་མདོར་བསྡུས་ཏེ་རགས་ཙམ་འགོད་པར་བྱ།

དེའང་རིམ་པ་གཉིས་སུ་བགོས་ཡོད་པ་ལས་དང་པོ་ནི་གཉེན་གྱི་བྱུང་བ་བརྗོད་པའི་གཏམ་རྒྱུད་དེ། གནའ་དང་པོར་ཡབ“ལྷ་རྗེ་ཐོམ་འབྲང”དང་ཡུམ“ལྷ་ཟ་གུང་བཙུན་མ”གཉིས་བཤོས་པ་ལས་མིང་སྲིང་གཉིས་བྱུང་བ་མིང་པོའི་མཚན་ལ“ལྷ་སྲས་ལྡོན་པ”དང་སྲིང་མོའི་མཚན་ལ“སྲིད་ལྕམ་འཕྲུལ་མོ་ཆེ”ཟེར། ལྷ་མོ་དེ་ནི་མཛེས་ཤིང་ཡིད་དུ་འོང་བ་ཞིག་ཡིན་པས་ལྷ་མི་ཀུན་གྱིས་གཉེན་དུ་སློང་འདོད་ཡོད། དེ་ཙམ་ན་མི་ཡུལ་གྱི“རྒྱ་རྗེ་ལིང་དཀར”ཞེས་པ་དེས་གཉེན་བསླངས་པ་ལ་ཐོག་མར་སྙེར་མི་འདོད་པའི་སྐད་ཆ་མང་དུ་བརྗོད་མོད་མཇུག་མཐར་ཁས་བླངས་པ་དང་། སློང་རྟེན་དུ་ཅི་དགོས་ལ་ཡིག་ཆ་ལས། ང་ཡི་བུ་མོ་འདོད་པ་ན། །རིན་དུ་གསེར་གཡུ་རིན་ཆེན་དང་། །ལྷ་གཡུ་དེ་ནི་འོད་འབར་དང་། །བསེ་ཡི་དེ་ནི་གོས་བདུན་དང་། །ལྷ་རྟ་དེ་ནི་ངང་དཀར་དང་། །ལྷ་གཡག་དེ་ནི་ཞོལ་ཆེན་དང་། །ལྷ་ལུག་དེ་ནི་ཁྲུ་བདུན་དང་། །ལྷ་ར་དེ་ནི་ཞལ་དཀར་དང་། །ལྷ་མདའ་དར་གྱིས་བརྒྱན་པ་དགོས། །ཞེས་བྱུང་བ་དང་། སློང་རྟེན་དེ་དག་ཀྱང་གཉེའུ་མི་བདུན་ཏེ་ཕྱོ་གའི་ཕྱོགས་ཀྱི་གཉེན་མི་བདུན་

གྱིས་འཁྱེར་ནས་ལྷ་ཡུལ་དུ་ཐོན། དེ་ནས་བུ་མོ་མི་ཡུལ་དུ་འགྲོ་ཁར་ལྷ་བོན་ཐོད་དཀར་གྱིས་ཤོ་བསྒྱུར་ནས་དཔལ་རྒྱ་ནོར་བསྐོས་པ་ལ་མིང་པོར་སུམ་ཆའི་གཉིས་ཐོབ་པ་དང་། སྲིང་མོར་སུམ་ཆའི་གཅིག་ཙམ་ལས་མ་ཐོབ། དེར་ཡབ་ཀྱིས་ཁོ་མོར་མདའ་ཞིག་དྲན་རྟེན་དུ་བྱིན་པ་དང་ཡུམ་གྱིས་འཕང་ཞིག་སྤྲད། ཁོ་མོས་ཀྱང་ཡབ་ཡུམ་མིང་གསུམ་དང་ལྷ་བོན་བཅས་ལ་བཀའ་དྲིན་ཞུ་ཚིག་ཕུལ་རྗེས་མི་ཡུལ་དུ་གནས་ལ་ཕྱིན། དུས་དེར་ཐོད་མོ་ལྷ་དཀར་གྱིས་གཡང་འགུག་གི་ཚིག་སྨྲེལ་བཞིན་ཡོད་དོ། །

རིམ་པ་གཉིས་པ་ལྷ་འདོགས་ནི་གཉེན་སྒྲིག་གི་ཚིག་རྫིལ་པོ་སྟེ། དེ་ལ་ཐོག་མར་ཁྱོ་གའི་སྤྱི་གཙུག་ཏུ"དམུ་ཐག"ཅེས་པའི་བལ་སྐུད་ཅིག་འདོགས་པ་དང་། "གཡང་ཐག"ཅེས་པའི་བལ་སྐུད་སྔོན་པོ་ཞིག་མནའ་མའི་སྤྱི་གཙུག་ཏུ་འདོགས་པ་ཡིན། ཁྱོ་གས་ལག་ཏུ་མདའ་ཞིག་བཟུང་ཞིང་འགོ་བའི་ལྷ་ལྔར་ཆང་དང་གཏོར་མ་སོགས་ཀྱི་མཆོད་པ་འབུལ་བ་དང་། མནའ་མས་ལག་ཏུ་འཕང་ཞིག་དང་སྐྱོགས་ཤིག་བཟུང་ནས་འོ་མ་དང་ཕྱེ་མར་གྱི་མཆོད་པ་འབུལ་བ་ཡིན། དེ་ནས་ཁྱོ་ཤུག་ཟུང་འབྲུས་བྱས་པའི་གཡུང་དྲུང་གི་རི་མོ་ཅན་གྱི་གདན་ཐོག་ཏུ་སྡོད་དུ་བཅུག་རྗེས། ལྷ་བོན་དང་ཁྱོ་ཤུག་གསུམ་གྱིས་མཉམ་དུ་ཞལ་འདོན་དག་ལ་སྐྱོར་བར་བྱེད། དེ་ཡང་འཛིག་རྟེན་ཆགས་ཚུལ་གྱི་སྐོར་མང་པོ་ཞིག་བརྗོད་མཐར། མདའ་དང་འཕང་དང་། དམུ་ཐག གཡང་ཐག་བཅས་ཀྱི་འབྱུང་ཁུངས་སྐོར་བརྗོད་པ་སྟེ། ཕ་སྲིད་པའི་ཕྱྭ་གདངས་རྒྱང་གྲགས་དང་། །མ་ནི་སྲིད་པའི་སྟོང་བཟང་མ། །བཤོས་པས་གནམ་གྱི་སྲས། །སྤོ་ང་རྣམ་པ་གསུམ་དུ་སྲིད། །གསེར་སྒོང་སེར་པོ་རྫོལ་བ་ལས། །གསེར་མདའ་གཡུ་སྒྲོ་ཅན་ཞིག་བྱུང་། །སྙིང་གི་སྦྲོག་མདའ་ཉ་མིག་ལགས། །གཡུ་སྒོང་སྔོན་པོ་རྫོལ་བ་ལས། །གཡུ་མདའ་གསེར་སྒྲོ་ཅན་ཞིག་བྱུང་། །དབྱལ་གྱི་དེ་ནི་དཔལ་མདའ་ལགས། །དུང་སྒོང་དཀར་པོ་རྫོལ་བ་ལས། །གསེར་གྱི་མོ་འཕང་དེ་ནི་སྲིད། །ཅེས་བྱུང་ངོ་། །

གོང་གི་འདི་ནི་ཡིག་ཆ་ལས་བྱུང་བ་བཞིན་གནའ་རབས་བོན་གྱི་གཉེན་སྒྲིག་གི་ཚིག་རགས་ཙམ་བཀོད་པ་ཡིན་ལ། དེའི་ཁྲོད་དུ་སྔ་ཕྱིར་མདའ་རིགས་མི་གཅིག་པ་གསུམ་ཙམ་བྱུང་ཡོད། དང་པོ་ནི་ལྷ་མདའ་སྒྲོ་དཀར་ཏེ་དེ་ནི་འགོ་བའི་ལྷ་ལྔའི་རྟེན་དུ་གཉེའུ་མི་བདུན་གྱིས་འཁྱེར་འོང་བའི་སྣོང་རྟེན་གྱི་གྲུས་ཡིན། གཉིས་པ་ནི་ཚེ་མདའ་ཉ་མིག་སྟེ་ཁྱོ་ག་ཕོ་ཡི་མཚོན་དོན་ཡིན་པར་བཤད། གསུམ་པ་ནི་དཔལ་མདའ་སྟེ་མནའ་མའི་ཡབ་ཀྱིས་རང་གི་བུ་མོར"བག་སྐལ"དུ་བྱིན་པ་ཡིན་ནོ། །དེ་ཡང་མིའི་རིགས་རིག་པའི་གཞུང་ལུགས་ཀྱི་ཐད་ནས་བཀྲལ་ན། གཉེན་སྒྲིག་པ་ནི་འགྲོ་བ་མིའི་རིགས་ཀྱིས་རང་གི་རིགས་རྒྱུད་མངའ་ཐང་སྤེལ་བའི་ཐབས་སུ་ཕོ་མོ་མཉམ་དུ་བསྡེབས་ནས་ཁྱིམ་གཞིས་གསར་པ་འཛུགས་པའི་སྤྱི་ཚོགས་ཀྱི་བྱེད་སྒོ་ཞིག་ཡིན་ལ། དོན་དངོས་སྟེང་དེ་ནི་ཁྱིམ་ཚང་ངམ་ཁྱིམ་རྒྱུད་གཉིས་དབར་དུ་བྱུང་བའི་དཔལ་འབྱོར་ཁེ་ཕན་ཐད་ཀྱི་བརྗེ་རེས་ཤིག་ཡིན་ཏེ། དེ་ཡང་དཔལ་འབྱོར་གྱི་ཀྲོང་གུད་རིག་པའི་ཕྱོགས་

དེར་ཕ་རོལ་པོས་ངེས་པར་དུ་སྐྱིན་ཆབ་སྤྲོད་དགོས་ལ། སྐྱིན་ཆབ་དེ་ཡང་ཕྱིར་བཏང་དུ་སློང་རྟེན་དང་བག་སྐལ་གྱི་ཚུལ་དུ་ཕན་ཚུན་ལ་འབུལ་བ་ཡིན། གོང་གི་གཉེན་སྒྲོལ་གཏམ་རྒྱུད་ལས་ཡབ་ལྷ་རྗེ་ཐེམ་འཕྲང་གིས་སློང་རྟེན་དུ་རེ་བ་བརྟོན་པའི་གསེར་གཡུ་རིན་ཆེན་དང་ལྷ་རྟ། ལྷ་གཡག ལྷ་ལུག་བཅས་ནི་ཁྱོ་གའི་ཕྱོགས་ཀྱིས་ཕ་རོལ་ལ་དཔལ་འབྱོར་སྐྱོང་གུད་གསབ་ཐབས་སུ་འབུལ་བའི་སློང་རྟེན་གྱི་གྲས་སུ་གཏོགས་པ་མངོན་པར་གསལ་མོད། ཡིན་ཡང་དེའི་གྲས་སུ་ལྷ་མདའ་དར་གྱིས་བརྒྱན་པ་ཞིག་ཀྱང་དགོས་ཚུལ་བརྗོད་ཡོད་ལ། དེ་ནི་དཔལ་འབྱོར་སྐྱིན་ཆབ་ཏུ་འབུལ་བ་མ་ཡིན་པ་ང་ཚོས་བསམས་ན་ཤེས་ནུས་པ་ཞིག་རེད། གཞན་ཡང་བུ་མོ་སྲིད་ལྕམ་མི་ཡུལ་དུ་འགྲིམ་ཁར་ཡབ་ཡུམ་ཟུང་གིས་སོ་སོར་མདའ་ཞིག་དང་འཕང་ཞིག་བག་སྐལ་དུ་བྱིན་པ་དང་། དང་པོ་བུ་གཅིག་སྐྱེས་ཙ་ན། །ཐོས་སུ་མདའ་ཞིག་ཐུར་གྱིས་བཙུགས། །སྤྲོག་མདའ་ཉ་མིག་བྱ་བ་ལགས། །ཕོ་སྤྲོག་མདའ་ལ་བརྟེན་པ་ཡིན། །བཀྲ་ཤིས་དཔལ་མདའ་སྒྲོ་དཀར་གྱི། །མདའ་ལྡིང་གནམ་དུ་བསྟན་པ་འདི། །མངའ་ཐང་དཔུང་དང་མཉམ་པ་ཡིན། །སྒྲོ་ཡི་ཡུད་གསུམ་སྐྱོན་པ་འདི། །མི་ནོར་ཟས་གསུམ་འཕེལ་བའི་དོན། །ལྕུག་མ་ཚིགས་གསུམ་ཡོད་པ་འདི། །ལུས་ངག་ཡིད་དང་གསུམ་པོ་ཡིན། །མཚལ་དམར་མདངས་དང་ལྡན་པ་འདི། །ཁ་དོག་མདངས་དང་ལྡན་པ་ཡིན། །མདེའུ་ལྕགས་ལས་བྱས་པ་འདི། །ཕོ་སྤྲོག་ལྕགས་ལས་བྱས་པ་ཡིན། །དར་ཚོན་སྣ་ལྔས་བརྒྱན་པ་འདི། །དབང་པོ་སྒོ་ལྔ་ལྡན་པ་ཡིན། །སྲིད་པའི་དཔལ་མདའ་སྒྲོ་དཀར་འདི། །རྗེ་བོའི་ཕྱག་ཏུ་འབུལ་གྱིས་བཞེས། །མ་ལ་བུ་མོ་སྐྱེས་ཙ་ན། །ཐོས་སུ་འཕང་ཞིག་ཐུར་གྱིས་བཙུགས། །ཞེས་དེའི་མཚོན་དོན་དང་དགོས་པ་ལ་སོགས་གསལ་པོར་བརྗོད་ཡོད། འདི་ལ་བརྟགས་ན་སློང་རྟེན་དང་བག་སྐལ་དུ་ཕན་ཚུན་ལ་འབུལ་བའི་མདའ་དེར་དཔལ་འབྱོར་གྱི་རིན་ཐང་ལྡན་པར་དམིགས་པ་ཞིག་གཏན་ནས་མ་ཡིན་པ་རྟོགས་སླ་ལ། དེས་ནི་གནའ་བོའི་བོད་མི་རིགས་ཀྱིས་མདའ་ཉིད་ལ་གོང་བཀུར་དང་དད་གུས་བླ་མེད་བྱ་བའི་ཀུན་སློང་ཞིག་མཚོན་བཞིན་ཡོད་ལ། དེའི་ཤུགས་སུ་དད་མོས་ཀྱི་འདུ་ཤེས་སམ་རིག་གནས་ཀྱི་བསྟན་དོན་གཏིང་ཟབ་པ་ཞིག་གནས་ཡོད་དོ། །

གདོད་མའི་བོད་ཀྱི་གཉེན་སྟོན་ཁྲིད་མདའ་མོ་ཞིག་ཕན་ཚུན་ལ་ལེགས་སྐྱེས་སུ་འབུལ་བའི་ལུགས་སྲོལ་འདི་ནི་ལྷ་སྒྲུང་དང་གཏམ་རྒྱུད་ཁོ་ནར་བྱུང་བ་ཙམ་མ་ཡིན་པར། གནའ་དུས་ཀྱི་བོད་པའི་གཉེན་སྒྲོལ་ཁྲིད་དངོས་སུ་བྱུང་སྲོང་བ་ཤ་སྟག་ཡིན་ཏེ། དཔེར་ན། ཏུན་ཧོང་ཡིག་རྙིངP.T.126.2[1] ཁྲོད་དུ་གནའ་དུས་སུ"ཕྱྭ"དང"དམུ"གཉིས་བར་ལ་གཉེན་གྱི་འབྲེལ་བ་བྱུང་ཚུལ་བཀོད་ཡོད་ལ། དེ་ཡང"ཕྱྭ"དང"དམུ"གཉིས་ནི་གདོད་མའི་དུས་སུ་ཕན་ཚུན་ལ་གཉེན་གྱི་འབྲེལ་བ་བཙུགས་སྲོང་བའི་རུས་རྒྱུད་ཚོ་པ་ཆེན་པོ་གཉིས་ཡིན།[2] དེ་ཡང་ཡིག་རྙིང་དེའི་ཚིག་དང་པོ་རུ"གནའ་དང་པོ། གཞི་ཐོག་མ། དམུ་དང་ཕྱྭ་གཉེན་པའི་འཚོ། ཕྱྭ་འི་ཕོ་ཉ་དམུ་འི་ཐད་དུ་མཆིས་པའ།"ཞེས་བཀོད་ཡོད་པ

དང་། ཕན་ཚུན་ལ་ལེགས་སྐྱེས་འབུལ་བའི་ཚུལ་ཡང་གསལ་པོར་བཀོད་ཡོད་དེ། དེ་ཡང་ཕྱུའི་ཕོ་ཉས་དམུའི་རྗེ་བོར་གཉེན་གྱི་འདུན་པ་ཞུས་དུས། དམུའི་རྗེ་བོས་སློང་རྟེན་ལ་འབུལ་བར་ཅི་ཞིག་འཁྱེར་འོང་བར་འདྲི་དུས་ཕོག་མར"འོ་ན་ཕྱ་ཕོ་ཉ་ངེད་ཀྱི་སྐུ་བླ་མཆོད་གསོལ་དུ་འོངས་ན། མཆོད་པའི་རྐྱེན་ཅི་ཡོད། འཇང་སྨུག་མཆོད་ལ། ཐང་ཀར་ཡུག་གྱིས་བསྒྲོན་པ་ལྷ་མདའ་ཡོད་དམ་མེད། ལྷ་མདའ་འི་རྐྱེན་རྒྱུ་དར་རིས་ཕྲན་ཡུག་ཀྱིས། བཏགས་པ་ཡོད་དམ་མེད"ཅེས་གཉེན་སློང་བ་ལ་ལྷ་མདའ་ངེས་པར་དགོས་ཚུལ་གསལ་པོར་བཀོད་འདུག འདི་ལས་ང་ཚོས་བོད་གནའ་རབས་ཀྱི་གཉེན་སྒྲོལ་ཁྲོད་དུ་མདའ་མོ་ནི་མེད་དུ་མི་རུང་བའི་སློང་རྟེན་ཞིག་ཡིན་པ་དང་། དེར་རིག་གནས་ཀྱི་མཚོན་དོན་ཡང་ངེས་ཅན་ཞིག་ལྡན་པ་གསལ་པོར་རྟོགས་ནུས་སོ། །

གཉིས་པ། དེང་དུས་བོད་ཀྱི་གཉེན་སྒྲོལ་ཁྲོད་མདའི་སྤྱོད་སྟངས་བཤད་པ།

གོང་དུ་ཞུས་པ་བཞིན་མདའ་ནི་གཉེན་སྒྲིག་གི་བྱེད་སྒོ་སྤེལ་སྐབས་མེད་དུ་མི་རུང་བའི་ལེགས་སྐྱེས་གཙོ་བོའི་རིགས་ཤིག་ཡིན་པ་དང་། བོད་མི་རིགས་ཀྱི་སྲོལ་རྒྱུན་ལྟར་ན་དེ་ལ"གཉེན་ལམ་མདའ་ཡིས་བྱེ་བ"ཞེས་ཁྲིམ་གཉིས་དབར་གཉེན་འབྲེལ་འཛུགས་རྒྱུའི་ཐད་ལ་ཉག་ཕྲན་མདའ་ཡིས་དམིགས་བསལ་གྱི་ནུས་པ་འདོན་བཞིན་ཡོད་ལ། མདའ་དེའི་རིགས་ལ་སྤྱིར་བཏང་དུ"གཉེན་མདའ"ཞེས་འབོད་ཅིང་། སྲིད་པ་རྒན་པོའི་ཁ་དཔེ་ལའང"གི་ལི་གསལ་མོའི་མདའ། བུ་མོ་འབོད་པའི་བརྗ"ཞེས་གྲགས་པ་དོན་ལ་གནས་སོ། །བོད་གནའ་རབས་ཀྱི་ཐུན་མོང་མ་ཡིན་པའི་གཉེན་སྒྲོལ་འདིར་ལོ་རྒྱུས་ཀྱི་འགྲོས་དང་བསྟུན་ནས་འགྱུར་བ་ཉུང་ཙམ་བྱུང་ཡོད་ནའང་དུས་ད་ལྟའི་བར་དུ་རྒྱུན་བསྐྱངས་ཡོད། དེ་ཡང་བཤད་རྒྱུན་དུ། དུས་རབས་བདུན་པར་བོད་རྒྱལ་སྲོང་བཙན་སྒམ་པོའི་བློན་པོ་མགར་སྟོང་བཙན་ཡུལ་བཟུང་ཉིད་ཐང་རྒྱལ་ཁབ་ཏུ་མནའ་མ་སློང་བར་འགྲོ་ཁར་མདའ་ཞིག་འཁྱེར་བ་དང་། ཁོང་གིས་ན་ཚུང་མ་སུམ་བརྒྱའི་གྲས་ནས་ཀོང་ཇོ་ངོ་ཤེས་ནས་ཁོ་མོའི་རྒྱབ་ཏུ་མདའ་དར་ཞིག་བཙུགས་པས་བོད་བཙན་པོའི་བཙུན་མོར་ཐོབ་པ་དང་། གཞན་ཡང་དུས་རབས་བཅུ་བདུན་པའི་སྡེ་རྗེས་སུ་བརྩམས་པའི《སྣང་ས་འོད་འབུམ་གྱི་རྣམ་ཐར》ལས་ཀྱང་མདའ་མོ་རྒྱབ་ཏུ་བཙུགས་ནས་གཉེན་རྟགས་བརྒྱབ་པའི་གནས་ཚུལ་བཀོད་ཡོད་དེ། དེ་ཡང་ཉང་སྟོད་རི་ནང་ས་ཆར་བུ་མོ་མཛེས་ཤིང་ཡིད་དུ་འོང་བ་ཞིག་སྐྱེས་པར་མིང་ལ་སྣང་ས་འོད་འབུམ་ཟེར་ལ། ས་དེ་གའི་དཔོན་ངན་སྒྲ་ཆེན་པས་མི་ཚོགས་ཀྱི་ཁྲོད་ནས་བཙན་དབང་གིས་ཁོ་མོའི་རྒྱབ་ལ་མདའ་དར་བཙུགས་ཚུལ་རྣམ་ཐར་ལས"བུ་མོ་སྣང་སའི་སྤྱི་གཙུག་ལ་གཙུག་གཡུ་དང་། མདའ་དར་གྱིས་བརྒྱན་ཏེ་བཏང་ངོ"[3]ཞེས་འབྱུང་བ་ལྟར་དང་། ཡང་གླིང་སྒྲུང《རྟ་རྒྱུགས་དཔྱིད་ཀྱི་ཉི་མ》ལས་ཀྱང་། "(མདའ)ཡར་ཇེ་མཐོར་སོང་ནས་ལྷ་མདའ་དར་གྱིས་བརྒྱན་པ་དེ་ཇོ་ནའི་སྙིང་དུ་ཁྲ་ཐུངས་སེ་བབས་

བྱུང་།”[4]ཞེས་སེང་ལྕམ་འབྲུག་མོས་གླིང་གི་དཔའ་རྟུལ་མང་པོའི་གྲས་སུ་མདའ་འཕངས་ནས་གཉེན་ཡ་བདམས་པའི་བརྒྱུད་རིམ་བཀོད་ཡོད་པ་སོགས་ལ་བརྟགས་ན། མདའ་མོས་གཉེན་འབྲེལ་འཛིན་པའི་གོམས་སྲོལ་དེ་བོད་ཀྱི་ལོ་རྒྱུས་སྟེང་རྒྱུན་མ་ཉམས་པར་གནས་ཡོད་པ་ར་སྤྲོད་བྱེད་ནུས་སོ། །

སྤྱིར་བཏང་དུ་ཕོ་མོ་ཟུང་གཉེན་དུ་བསྡེབས་པ་ལ་ཁྱིམ་རྒྱུད་དམ་རིགས་རྒྱུད་མི་འདྲ་བའི་དབར་དུ་འབྲེལ་ལམ་འཛུགས་པ་དང་། གཞན་རང་གི་རིགས་རྒྱུད་སྤེལ་བ་ལ་ངེས་པར་མཁོ་བའི་སྤྱི་ཚོགས་དང་དཔལ་འབྱོར་ཐད་ཀྱི་ཆ་རྐྱེན་བསྐྲུན་པ་ལ་སོགས་པའི་དགེ་མཚན་མང་དུ་ལྡན་པས། འཇིག་རྟེན་པ་རྣམས་ལ་མཚོན་ན་དེ་ནི་མི་ཚེ་གཅིག་གི་དཀྱུགས་མཚམས་གལ་ཆེན་ཞིག་ཡིན་ལ་དེའི་ཐད་ལ་མཐོང་ཆེན་བྱེད་ཚོག་ཚོག་ཡིན་མོད། ཡིན་ནའང་ནང་བསྟན་པའི་མཁས་པའི་ཁྲོད་དུ་དེའི་ཕྱོགས་ཀྱི་ཚོ་གའི་ཡིག་ཆ་ཆེད་དུ་མཛད་ཡོད་པ་མ་མཐོང་ལ། དེ་སྔོན་མཐོང་དུ་ཡོད་པ་ནི་ཀོང་སྤྲུལ་ཡོན་ཏན་རྒྱ་མཚོས་མཛད་པའི《བག་མ་ལ་དགེ་བའི་ལས་ཕྲན་བདུན་གྱི་ཚོ་ག་བཀྲ་ཤིས་དཔལ་བསྐྱེད》ཅེས་པ་དེ་ཡིན། དེ་ནི་སྔེ་དགེ་རྒྱལ་སྲས་དང་བོད་དབུས་ཀྱི་སྐུ་དྲག་མདོ་མཁར་བའི་བུ་མོ་གཉིས་གཉེན་སྒྲིག་སྐབས་བཅམས་པ་ཞིག་རེད། ཀོང་སྤྲུལ་ལགས་ནི་དང་ཐོག་བོན་ལ་དད་པའི་མི་སྣ་ཞིག་ཡིན་པས་གཉེན་སྟོན་གྱི་ཚོ་ག་དེའང་གནའ་བོའི་བོན་གྱི་ལུགས་ལྟར་སྡེ་ཚན་བདུན་དང་དེའི་ཁར་སྨོན་པ་བརྗོད་པའི་ལེའུ་གཅིག་བསྣན་པས་ཁྲིན་བསྡོམས་རིམ་པ་བརྒྱད་དུ་ཕྱེས་ནས་བཀོད་ཡོད་ལ། དེའི་ཁྲོད་ཀྱི་དྲུག་པ་ལྷ་ལ་འདོགས་པ་དང་བདུན་པ་གཡང་འགུགས་པའི་བརྒྱུད་རིམ་གཉིས་ཁྲོད་དུ་མདའ་ཡིས་གོ་གནས་གལ་ཆེན་ཞིག་ཟིན་ཡོད་པ་དང་། གཞན་གཉེན་སྟོན་ཁྲོད་མདའ་ཡི་སྤྱོད་སྟངས་དང་མཚོན་དོན་སོགས་ནི་ཁོང་གི་བརྩམས་ཆོས་གཞན་ཞིག་སྟེ། 《མདོ་ཁམས་སྡེ་དགེའི་རྒྱལ་ཁབ་ཏུ་བོད་ བློན་མདོ་མཁར་བའི་བཙན་མོ་བྱོན་སྐབས་མདའ་དར་འཛུགས་པའི་འབེལ་གཏམ》ཞེས་པར་རྩང་ཞིབ་རྒྱས་སུ་བཀོད་འདུག་གོ །

གཞན་དེང་དུས་བོད་པའི་གཉེན་སྒྲོལ་གྱི་ཆ་ནས་བརྗོད་ན། ལོ་རྒྱུས་ཀྱི་འགྲོས་དང་བསྟུན་ནས་བོད་པའི་ཆོས་ལུགས་རིག་གནས་ཀྱི་འདུ་ཤེས་ལ་འཕོ་འགྱུར་གང་མང་བྱུང་བ་དང་ལྷག་ཏུ་བོད་བརྒྱུད་ནང་བསྟན་རྒྱ་ཆེར་དར་བའི་དབང་གིས་གདོད་མའི་བོན་ལས་བྱུང་བའི་གཉེན་སྒྲོལ་མང་པོ་ཞིག་ལ་འགྱུར་བ་སྣ་ཚོགས་བྱུང་ཡོད། རྒྱུ་རྐྱེན་སྣ་མང་ཞིག་གིས་གཉེན་འབྲེལ་འཛིན་པར་མདའ་མོ་སྤྱོད་པའི་ལུགས་སྲོལ་དེ་ཡང་བོད་ཁུལ་མང་པོ་ཞིག་ཏུ་རྒྱུན་ཉམས་ནའང་། བོད་ཀྱི་མཐའ་ཁུལ་དག་ན་ད་དུང་སྲོལ་དེ་མ་ཉམས་པར་གནས་འདུག དཔེར་ན། སྟོད་མངའ་རིས་རུ་ཐོག་གི་གཉེན་སྟོན་ཁྲོད་དུ་ད་ལྟའང“གཉེན་ལམ་མདའ་ཡིས་ཕྱེ་བའི”ལུགས་སྲོལ་དེ་ཇི་བཞིན་རྒྱུན་འཛིན་བྱས་ཡོད་དེ། གོང་གི་གཉེན་སྒྲོལ་གཏམ་རྒྱུད་དང་མི་འདྲ་ས་ཞིག་ཡོད་པ་ནི་མདའ་མོ་རིགས་གསུམ་མི་སྤྱོད་པར་གཅིག་གིས་འཐུས་པར་བྱེད་ཀྱིན་ཡོད། དེ་ཡང་གཉེན་སྟོན་མ་བྱས་ཡར་སྔོན་གྱི་ཉིན་མོར་ཁྱོ་ག་ཚང་གི་གཉེན་མི་འགའ་བག་རོགས་དང་

བཅས་མནའ་མ་ཚང་ལ་འགྲོ་དགོས། ལེགས་སྐྱེས་ཁྲོད་དུ་དར་ཚོན་སྣ་ལྡན་དཀྲིས་པའི་མདའ་དར་ཞིག་དང་འཕང་ཞིག་ངེས་པར་དགོས་ལ་དེ་རྣམས་མོ་ཚང་གི་གཉེན་མགོ་འཛིན་པའི་བོན་གཤེན་གྱི་ཕྱག་ཏུ་འབུལ་དགོས། ཕྱི་ཉིན་གཡང་འབོད་ཆོ་ག་ལ་སོགས་གྲུབ་རྗེས་མདའ་དར་ལ་བསྟོད་པའི་གླུ་མང་དུ་ལེན་ཞོར་མདའ་མོ་ཉིད་བོན་གཤེན་ལག་ནས་ཕྱིར་བླངས་རྗེས་རང་གི་ཡུལ་དུ་ཁྱེར་འོང་། སྲོལ་འདི་ལྟ་བུ་ད་ལྟའི་ཨ་མདོའི་ཙོ་ནེ་དང་གློ་ཚང་བོད་ཁུལ་དུའང་གནས་ཡོད་དེ། གཉེན་སྟོན་སྟོན་གྱི་ཉིན་མོར་ཕྱོགས་གཉིས་ཀའི་བར་བས་མནའ་མའི་ཞོན་པ་དང་མདའ་ཞིག་བུ་མོ་ཚང་ལ་སྐྱེལ་དགོས་ཏེ། གལ་སྲིད་མདའ་མོ་མ་འཁྱེར་བའམ་ཡང་ན་བརྗེད་ངེས་འདྲ་བྱུང་ཚེ་བུ་མོ་གནས་ལ་སྟེར་མི་སྲིད་ལ། མདའ་མོ་ལ་ཆག་གས་སོགས་ཀྱི་སྐྱོན་བྱུང་ཚེ་དེ་ནི་བཀྲ་མི་ཤིས་པའི་ལྟས་ངན་པ་ཞིག་ཏུ་མཐོང་བས། བར་བས་སེམས་ཆུང་དང་བདག་གཉེར་གང་ལེགས་ཀྱིས་བདེ་འཇགས་ངང་བུ་མོ་ཚང་ལ་སླེབས་པར་བྱེད་དགོས། གཞན་ཡང་ས་ཆ་འགའ་ཞིག་ཏུ་མནའ་མ་རྫོངས་པའི་སྐབས་སུ་མདའ་ཞིག་མནའ་མའི་གོང་ཁ་ལ་འདོགས་སྲོལ་ཡོད་ལ། བོན་ཁྱིམ་མང་པོ་ཞིག་ལ་མཆོན་ན། ཁྱིམ་དུ་བུ་ཞིག་སྐྱེས་ཚེ་དེའི་མ་ཞང་གིས་ཚ་བོ་དེར་མདའ་ཞིག་རྟེན་འབྲེལ་དུ་སྟེར་བ་དང་། སྲོལ་རྒྱུན་ལྟར་ན་བུ་མོ་ཞིག་བཙས་ན་དེའི་སྐྲས་མགོར་འཕང་ཞིག་འཛོག་དགོས་སོ། ད་ལྟ་སྲོལ་དེ་འདྲ་ཤ་ལམ་བོད་ཁུལ་ཡོངས་སུ་ཉམས་འདུག ཡང་ཡུན་ནན་བདེ་ཆེན་གྱི་བོད་རིགས་ལ་མཆོན་ན། ཁྱིམ་ཚང་གང་ཞིག་ལ་བུ་ཞིག་སྐྱེས་ཚེ་ཉེ་མི་རྣམས་རྟེན་འབྲེལ་ཞུ་རུ་འགྲོ་བ་དང་ལེགས་སྐྱེས་སུ་རྒྱུན་དུ་མདའ་གཞུ་ཞིག་འཁྱེར་བ་ཡིན། གནའ་དུས་ནས་སི་ཁྲོན་དང་ཀན་སུའུ་ས་ཁུལ་དག་ཏུ་འཚོ་སྡོད་བྱེད་པའི་པེ་མ་བོད་རིགས(白玛藏族)ལའང་བུ་མོ་གནས་ལ་འགྲོ་ཁར་མདའ་ཞིག་སྟེར་བའི་སྲོལ་ཡོད་དེ། དེ་ཡང་གཉེན་སྟོན་གྱི་ཉིན་མོར་ཕུ་བོས་ཁ་དོག་དམར་ལྗང་ནག་གསུམ་ཅན་གྱི་རས་དར་དཀྲིས་པའི་མདའ་ཞིག་ནུ་མོའི་ལག་ཏུ་འཛོག་པ་དང་། དེ་ནི་སྐྱེས་པ་ཕོ་ཡི་མཚོན་དོན་ཡིན་ལ་རིགས་རྒྱུད་མངའ་ཐང་དར་བའི་རྟེན་འབྲེལ་དུ་གསར་དུ་བསྒྲིགས་པའི་ཁྱོ་ཤུག་ཟུང་ལ་ཕུལ་བ་ཡིན། འོན་ཀྱང་དེང་དུས་དེ་ལྟ་བུའི་གཉེན་སྲོལ་པེ་མ་བོད་ཁུལ་ཡོངས་སུ་ཤ་ལམ་ཉམས་ཟིན་ཏོ། །

གསུམ་པ། གཉེན་སྟོན་ཁྲོད་ཀྱི་མདའི་མཚོན་དོན་བཤད་པ།

དེས་ན་བོད་པའི་གཉེན་སྲོལ་ཁྲོད་ཀྱི་མདའ་དེའི་མཚོན་དོན་ཡང་སྙིང་ཅི་ཡིན་ཞེ་ན། མང་པོ་ཞིག་གིས་དེ་མ་ཐག་གཡང་མདའ་ཡིད་ལ་འཁོར་འོང་ཡང་སྲིད་མོད། དེ་ནི་དེང་དུས་ཀྱི་མི་རྣམས་ལ་མཚོན་ན་བོད་ཀྱི་རིག་གནས་ལོ་རྒྱུས་སྟེང་བྱུང་མྱོང་བའི་མདའ་རིགས་མང་པོ་ཞིག་ལ་ཆ་རྒྱུས་ཆེར་མེད་པར་རྒྱུན་ལྡན་འཚོ་བའི་ཁྲོད་ཆེས་རྒྱུགས་ཆེ་བ་ནི་གཡང་མདའ་ཡིན་པ་དང་། གཞན་དུ་ན་ད་ལྟའི་གཉེན་སྟོན་ཁྲོད་དུ་དངོས་གནས་གཡང་མདའ་རྒྱུན་དུ་བཀོལ་སྤྱོད་བྱེད་བཞིན་ཡོད་པས་ན། དེ་ལྟ་བུའི་

ཚོར་སྣང་བྱུང་ཚོག་ཚོག་ཡིན་པས་ཡ་མཚན་རྒྱ་ཆེར་མེད་མོད། འོན་ཀྱང་ཕན་ཚུན་ལ་གཉེན་འབྲེལ་འཛིན་བྱེད་དུ་སྦྱོད་པའི་མདའ་དེ་ནི་ཏག་ཏག"གཡང་མདའ"མ་ཡིན་པར་མདའ་རིགས་གཞན་ཞིག་སྟེ"གཉེན་མདའ"ཡིན་ནོ། །འདིར་ལོ་རྒྱུས་རིག་གནས་ཀྱི་ཁུངས་དེད་ནས"གཉེན་མདའ"དེའི་གདོད་མའི་མཚོན་དོན་ཇི་ལྟར་ཡིན་པ་རགས་ཙམ་དཔྱད་པར་བྱ་བ་ལ། གཉེན་སྟོན་ཁྲོད་ཀྱི་མདའ་དང་འཕང་གི་མཚོན་དོན་ལ་སྐུ་ཞབས་མཁར་རྨེའུ་བསམ་གཏན་ལགས་ཀྱིས"མདའ་ནི་སྐྱེས་པ་ཕོ་ཡི་མཚོན་བྱེད་ཡིན་ལ། འཕང་ནི་བུད་མེད་ཀྱི་མཚོན་བྱེད་ཅིག་ཡིན། ཉེ་སྔོན་གྱི་བོད་ཀྱི་རིག་གནས་ཁྲོད་དུ་མདའ་འཕང་གཉིས་ཕོ་མོ་གཉིས་ཀྱི་མཚོན་བྱེད་ཡིན་ཚུལ་བརྗོད་པ་ཕལ་ཆེར་རྙེད་དཀའ།"[5]ཞེས་ཁ་ཤིན་ཏུ་གསལ་པོར་བརྗོད་ཡོད་ལ། དོན་དངོས་སུའང་དེ་ལྟར་ཡིན་པར་བསྙོན་དུ་མེད་མོད། འོན་ཀྱང་ཁོང་གིས་རིག་གནས་སྣང་ཚུལ་དེ་ལྟ་བུ་ཞིག་ཅིའི་ཕྱིར་གྲུབ་པ་དང་ཚུལ་ཇི་ལྟར་གྲུབ་པ་སོགས་གསལ་པོར་དབྱེ་ཞིབ་མཛད་མེད་པ་དང་། གཞན"མདའ་ནི་སྐྱེས་པ་ཕོ་ཡི་མཚོན་བྱེད་ཡིན"ཞེས་སྨྲས་པ་ཙམ་གྱིས་ད་དུང་དེའི་གཏིང་རིམ་པའི་རིག་གནས་ཀྱི་བསྟན་དོན་ཅི་ཡིན་པ་ཡོངས་སུ་མཚོན་མི་ནུས་པ་ཤིན་ཏུ་གསལ། དེ་བས་ང་ཚོས་མདའ་ཉིད"ཕོའི་མཚོན་བྱེད"དུ་ཇི་ལྟར་གྱུར་པའི་བརྒྱུད་རིམ་སོགས་དང་འབྲེལ་ནས་དེའི་ཤུགས་སུ་རིག་གནས་ཀྱི་ཟབ་དོན་ག་འདྲ་ཞིག་གནས་ཡོད་པར་ཞིབ་ཏུ་མི་དཔྱད་ཐབས་མེད་ཡིན། གོང་དུ་བརྗོད་ཟིན་པ་ལྟར་བོད་ཀྱི་དད་མོས་རིག་གནས་མ་ལག་ཁྲོད་དུ་ཉག་ཕྲན་མདའ་ཡིས་གོ་གནས་ཁྱད་པར་བ་ཞིག་ཟིན་ཡོད་ལ། མདའ་དེའི་ཐོག་མའི་བྱུང་ཚུལ་ཡང་རྒྱུན་དུ་བོན་གྱི་སྲིད་པ་ཆགས་ཚུལ་དང་འགྲོ་བ་མིའི་རིགས་གྲོལ་ཚུལ་ཐད་ཀྱི་ལྷ་སྒྲུང་གཏམ་རྒྱུད་སོགས་དང་འབྲེལ་ནས་བརྗོད་ཡོད། དེ་བས་གདོད་མའི་དུས་ཀྱི་མདའི་མཚོན་དོན་དེ་ཡང་འབྲེལ་ཡོད་གཏམ་རྒྱུད་དག་གི་ཁྲོད་དུ་མི་འཚོལ་འོས་མེད་ཡིན་ཏེ། སྐུ་ཞབས་མཁར་རྨེའུ་བསམ་གཏན་ལགས་ཀྱིས"གཏམ་རྒྱུད་ནི་བོད་ཀྱི་ཚོ་གའི་ནང་དུ་འབྱུང་བའི་ཚིག་དཔེ་སྒྲོལ་ཞེས་པ་དེའི་དོན་དུ་གནས། ཚོ་ག་ནི་དེ་དང་བྲལ་ན་སྤྱིལ་ཐབས་བྲལ་བའི་བྱེད་སྒོ་ཞིག་ཡིན་པས། དེ་ངེས་པར་དུ་གཏམ་རྒྱུད་ཀྱི་ཐོག་ནས་འཇུག་དགོས་པ་ཞིག་ཡིན། བོད་ཀྱི་དམངས་ཁྲོད་དུ་ཁྱབ་པའི་ཚོ་ག་ཁག་དང་། ལྷག་པར་དུ་བོན་ལུགས་དང་འབྲེལ་བའི་ཚོ་ག་སྤྱིལ་སྐབས། གཏམ་རྒྱུད་ཀྱི་ཆ་རྣམས་ལ'རབས'ཞེས་ཟེར་བ་ཡིན། 'རབས'ཞེས་པ་དེ་བརྗོད་སྐབས། ཚོ་ག་སྤྱིལ་མཁན་དེས་གཏམ་རྒྱུད་ནང་གི་ལྷ་གཙོ་བོ་དེའམ་ཡང་ན་གཏམ་རྒྱུད་ནང་གི་ལྷ་རིགས་ག་གེ་མོ་ཞིག་རང་ཉིད་ཀྱི་བློར་སྒོམ་པ་ཡིན། གལ་ཏེ་ང་ཚོས་ཚོ་ག་དེའི་སྐོར་ཤེས་འདོད་ན། ཐོག་མར་ཚོ་གའི་དཔེ་ཆའི་ནང་འཁོད་པའི་གཏམ་རྒྱུད་སྐོར་ཡང་དག་པར་ཤེས་དགོས།"[6]ཞེས་གསུངས་པ་ལྟར་བོན་གྱི་ཚོ་ག་མང་པོ་ཞིག་གཏམ་རྒྱུད་ཀྱི་རྨང་གཞིའི་སྟེང་བྱེད་པ་དང་། ལྷག་པར་དུ་ཚོ་གའི་ཁྲོད་སྦྱོད་པའི"ཕྱག་ཆས"མང་པོ་ཞིག་ནི་དང་ཐོག་གཏམ་རྒྱུད་ཁྲོད་བྱུང་ལ་དེའི་མཚོན་དོན་སོགས་ཀྱང་གཏམ་རྒྱུད་དེ་དག་དང་འབྲེལ་བ་དམ་

པོ་འདུག དེ་ལྟར་ན“ལྷ་མདའི”ཐོག་མའི་བྱུང་བའང་གོང་གི《མིང་སྲིད་དཔལ་བགོས་དང་ལྷ་འདོགས》ལས་བྱུང་བ་ལྟར་ཕ་ཕྱྭ་གང་རྒྱུད་གྲགས་དང་མ་སྲིད་པའི་སྟོང་བཟང་མ་གཉིས་བཤོས་པ་ལས་བྱུང་བ་ལས་གཞན་ད་དུང་ལྷ་སྲུང་མང་པོ་ཞིག་ལས་རྒྱུན་དུ་ཕོ་ལྷ་ག་གེ་མོ་ཞིག་དང་མཉམ་དུ་བྱུང་། དཔེར་ན《བོན་དཔེ་མུ་ཡེ་ཕྲ་ཕུད་ཕྱྭའི་མཐར་ཐུག》ཅེས་པ་ལས། སྣམ་པོ་ལྷ་འོ་ལྷ་སྲས་ལ། །དེ་ལ་ཁབ་དང་དབྱལ་བཙལ་པ། །ཕྱྭ་ཡུལ་སྣང་ལྡན་གཡུ་རྩེ་ན། །ཡེ་སྲིད་ཕྱྭའི་རྒྱལ་མོ་ཁབ་ཏུ་བཞེས། །དེ་གཉིས་སྲིད་ཅིང་སྤྲུལ་བ་ལས། །ཡ་མཚན་སྒོ་ང་དགུ་རུ་སྲིད། །གསེར་སྒོང་རྫོལ་བ་ལས། །གཡུང་དྲུང་གསེར་གྱི་མི་ཕོ་ཅིག །ཕྱག་ན་གསེར་མདའ་གཡུ་སྒྲ་བསྣམས། །དེ་ལ་མིང་དང་མཚན་གསོལ་བ། །གཡུང་དྲུང་ཕྱྭ་ཡི་རྒྱལ་པོ་བྱ། །མི་ཕྱྭ་ཐམས་ཅད་དེ་ཡིས་འགུགས། །མི་ཕྱྭ་ཁྱུགས་སོ་ཤ་ར་ར། །ཕྱྭ་ཞེས་ཟེར་ན་དེ་ལ་བྱ། །གཡུ་སྒོང་སྔོན་པོ་རྫོལ་བ་ལས། །གཡུའི་བུད་མེད་སྔོན་མོ་ཅིག །ཕྱག་ན་གསེར་འཕང་གཡུ་ལོ་བསྣམས། །དེ་ལ་མིང་དང་མཚན་གསོལ་བ། །གཡུང་དྲུང་ཕྱྭ་ཡི་རྒྱལ་མོ་བྱ། །གང་མོ་འཁྲིང་མོ་བྱ་བ་ལགས། །ཕྱུགས་གཡང་ཐམས་ཅད་དེ་ཡིས་འགུགས། །ཕྱུགས་གཡང་ཁྱུགས་སོ་མེར་རེ་རེ། །གཡང་ཞེས་ཟེར་ན་དེ་ལ་བྱ། །སྒོང་གཅིག་རྫོལ་བའི་ནང་ཤེད་ན། །མཐིང་གི་མི་ཕོ་སྔོན་པོ་ཅིག །ཕྱག་ན་རིན་ཆེན་བུམ་པ་བསྣམས། །ནོར་གཡང་ཟས་བཅུད་དེ་ཡིས་འགུགས། །ནོར་གཡང་ཁྱུགས་སོ་ལྷུད་དུ་དུ། །སྒོང་གཅིག་རྫོལ་བའི་ནང་ཤེད་ན། །མཆོང་གི་བུ་མེད་སྨུག་མོ་ཞིག །ཕྱག་ན་གཡང་གི་ཕྱྭ་ཚང་བསྣམས། །ཟས་བཅུད་ཐམས་ཅད་དེ་ཡིས་འགུགས། །མཚན་ནི་ཐབ་ལྷ་ཡུ་མོ་བྱ། །ཞེས་གོང་གི་ལྷ་སྲུང་འདི་ལས་མདའ་ནི་དང་ཐོག“གཡུང་དྲུང་ཕྱྭ་ཡི་རྒྱལ་པོ”ཞེས་པའི་ཕོ་ལྷ་ཞིག་གི་ཕྱག་ཏུ་བསྣམས་ནས་བྱུང་ཡོད། ཡ་མཚན་ཅན་གྱི་སྒོ་ང་དགུ་ལས་སོ་སོར་བྱུང་བའི་ལྷ་རྣམས་ལ་མཚན་གྱི་བརྗོད་སྟངས་མི་འདྲ་བ་རེ་ཡོད་པར་མ་ཟད་སོ་སོའི་འགན་འཁྲིའང་ཐ་དད་ཡིན། འགན་འཁྲི་མི་འདྲ་བའི་ལྷ་འདིའི་རིགས་ལ་ཆོས་ལུགས་རིག་པའི(宗教学)ཁྲོད་དུ་སྤྱིར་བཏང་དུ“ལས་རིགས་ཀྱི་ལྷ”(职能神)ཞེས་ཟེར་ཞིང་། དེ་དག་ནི་སྤྱི་ཚོགས་ལས་རིགས་གང་ཞིག་གི་གསར་གཏོད་པའམ་ཡང་ན་བདག་གཉེར་པ་ཡིན་པ་ལས་རུས་རྒྱུད་ཚོ་པ་སོགས་ཀྱི་མེས་པོའམ་དཔའ་བོ་རུ་ངོས་མི་འཛིན། གོང་གི་ལག་ཏུ་མདའ་མོ་བསྣམས་ཡོད་པའི་ཕྱྭ་ཡི་རྒྱལ་པོའི་འགན་འཁྲི་ནི་མི་ཕྱྭ་འགུག་རྒྱུ་དེ་ཡིན་ལ། དེ་ཡང་གསལ་པོར་བརྗོད་ན་མིའི་རིགས་ཀྱི་རིགས་རྒྱུད་མངའ་ཐང་སྤེལ་རྒྱུ་དེ་རེད། “ཕྱྭ་ཡི་རྒྱལ་པོ”ཟེར་བའི་ལྷ་འདི《བོན་གཞུང་སྲིད་པ་མཛོད་ཕུག》ལས་ཀྱང་བྱུང་ཡོད་ལ། ཁོང་ནི་ལྷ་རིགས་ཀུན་གྱི་ཡབ་སྲིད་པ་སངས་པོ་འབུམ་ཁྲིའི་བུ་ཡིན་པ་དང་དེའི་མཚན་དངོས་ལ“ཕྱྭ་རྗེ་རིང་དཀར”ཟེར་ཞིང་། དེའི་འགན་འཁྲི་ལ《བོན་གཞུང་སྒྲ་འགྲེལ》ལས“སྐྱེ་འགྲོ་དབུགས་ཀྱིས་བརྔུབས་པ་ཐམས་ཅད་ཀྱི། །ཚེ་རྗེ་དང་སྲོག་སྐྱབས་བྱེད་པས་ཕྱྭ་རྗེའོ། །”[7]ཞེས་བྱུང་བ་ལྟར་ཕྱྭ་རྗེ་ནི་གཙོ་བོ་དབུགས་ལྡན་ཐམས་ཅད་ཀྱི་ཚེ་སྲོག་གི་རྗེ་བོ་སྟེ་སེམས་ཅན་དག་གི་སྐྱེ་འཕེལ་ལས་རིགས་ལ་བདག་སྐྱོང་བྱེད་པ་ཡིན་པས“སྐྱེ་འཕེལ་

ལྷ”(生殖神)ཡི་རིགས་སུ་བསྡུས་ཆོག འདིར་ང་ཚོས་མདའ་ནི་དང་ཐོག་བྱུང་དུས་ནས“ཕྱྭ”དང་འབྲེལ་བ་དམ་པོ་ལྡན་པ་རྟོགས་ཐུབ་ལ། དེས་ན“ཕྱྭ”ཡི་དོན་ཅི་ཡིན་ཞེ་ན། ཏུན་ཧོང་ཡིག་རྙིང་དང་ཕྱིས་ཀྱི་བོན་གཞུང་མང་པོ་ལྟར་ན། “ཕྱྭ”ཞེས་པ་རྒྱུན་ལྡན་དུ“གནམ”དང“གནམ་ལྷ”ཞེས་པའི་དོན་དུ་འཇུག་ལ། བཙན་པོའི་རྒྱལ་རབས་སྐབས་སུ་སླེབས་དུས་མ་ལག་ཚང་བའི་ལྷ་རབས་ཤིག་ཆགས་ཤིང་། བོན་གྱི་དད་མོས་ལྟར་ན“ཕྱྭ”ནི་རང་གི་རིགས་རྒྱུད་འབྱུང་སའི་མེས་པོའི་ལྷ་ཞིག་ཏུ་ངོས་འཛིན་པར་བྱེད། དེ་ལ་ཏུན་ཧོང་གནའ་ཡིགP.T2118ལས“གནའ་གདོད་མ་བོད་ཡུལ་གཙང་མ་ཕྱྭའི་ས་བསྐོས་གནམ་ས་སྐབས”[8]ཞེས་དང་། ཡང་གནའ་ཡིགP.T1640ལས“གནའ་ཆ་དང་པོ་ལ་གཞི་ཆ་ཐོག་མ་ལ། ཕྱྭས་ནི་གཙུག་བཙུག་པ་མདའ་ལ་ཅག་སྒྲོ་བཏགས་པ་སྒྲོ་བཏག”[9]ཅེས་བྱུང་བ་སོགས་ལ་བརྟགས་ན། “ཕྱྭ”ཞེས་པ་ནི་མེས་པོའི་ལྷ(祖先神)ཁོ་ན་ཙམ་མ་ཡིན་པར་སྲིད་པ་སྐྲུན་མཁན་གྱི་ལྷའི(创世神)རང་བཞིན་ལྡན་པའང་ཞོར་དུ་རྟོགས་ཐུབ། ཕྱིས་སུ“ཕྱྭ”ཡི་བསྟན་དོན་ཇེ་རྒྱས་སུ་ཕྱིན་ནས་གཡང་སོགས་དང་འབྲེལ་བ་བྱུང་། གཞན་ལེགས་ཉེས་ཅི་འབྱུང་གི་ལྟས་སོགས་ཀྱི་ནང་དོན་ཡང་ལྡན། 《བོན་གཞུང་སྒྲ་འགྲེལ》ལས“ཕྱྭ་ཟེར་ན་གཡུང་དྲུང་གི་ཚེ”[10]ཞེས་གསུངས་པ་བཞིན“ཕྱྭ”ནི་འགྲོ་བ་མིའི་ཚེ་སྲོག་དང་འབྲེལ་བ་དམ་པོ་ལྡན་ཞིང་། “ཕྱྭའི”རིགས་སུ་གཏོགས་པའི་ལྷ་འདི་དག་ཀྱང་མ་གཞི་སེམས་ལྡན་ཐམས་ཅད་ཀྱི་ཚེ་སྲོག་གི་བདག་པོ་ཡིན་པ་རྟོགས་ཐུབ་སོ། །

མདོར་ན། གོང་དུ་བརྗོད་པའི“ཕྱྭ་རྗེ་རིང་དཀར”ཞེས་པའི་ལྷ་དེ་ནི་བོན་གྱི་ལྷ་རིགས་མང་པོ་ལས“སྐྱེ་འཕེལ་གྱི་ལྷ”(སྤྱིར་བཏང་དུ་བརྗོད་ན། སྐྱེ་འཕེལ་གྱི་ལྷ་ཡིས་ཕོ་མོའི་འཁྲིག་སྦྱོར་དང་གཉེན་སྒྲིག རིགས་རྒྱུད་སྤེལ་བ་སོགས་ལ་འགན་ལེན་པ་ཡིན)ཡི་རིགས་སུ་གཏོགས་ཤིང་ཁོའི་འགན་འཁྲི་ནི་ས་སྟེང་གི་སྲོག་ལྡན་ཐམས་ཅད་ཀྱི་རིགས་རྒྱུད་དང་ཚེ་སྲོག་ལ་བདག་གཉེར་བྱེད་རྒྱུ་དེ་རེད། འདིར་གསལ་བཤད་བྱེད་རྒྱུ་ཞིག་ལ“ཕྱྭ་རྗེ་རིང་དཀར”ཞེས་པའི་ལྷ་དེ་ནི་བོན་པོའི་རིགས་རྒྱུད་སྤེལ་བའི་ལྷ་ཁོ་ན་ཡིན་པའི་ངེས་པ་མེད་ལ། ཁོའི་འགན་འཁྲི་ལའང་སྲོག་ལྡན་ཐམས་ཅད་ཀྱི་རིགས་རྒྱུད་སྤེལ་བ་ལས་ད་དུང་གཞན་པའང་ཡོད་སྲིད་མོད། འོན་ཀྱང་འདིར་ཚིག་ཐག་གཅོད་ཐུབ་པ་ཞིག་ལ། ལྷ་དེ་སྐྱེ་འཕེལ་ལྷ་ཞིག་ལ་སྤྱིར་བཏང་དུ་འཛོམས་དགོས་པའི་འགན་འཁྲི་དང་ཁྱད་ཆོས་སོགས་ལྡན་འདུག་པར་མ་ཟད། མདའ་ནི་སྐྱེས་པ་ཕོ་ཡི་མཚོན་བྱེད་ཡིན་ཞེས་པའི“སྐྱེས་པ་ཕོ”འདིའི་ཁུངས་ལྟ་བུའང་རེད།

དེས་ན་མདའ་ནི་དང་ཐོག་ལྷ་འདིའི་ཕྱག་ཆས་སུ་བསྣམས་ནས་བྱུང་བས་ན། དེའི་མཚོན་དོན་ཡང་གདོད་མའི་དུས་ཀྱི་མི་རྣམས་ལ་སྤྱི་ཁྱབ་ཏུ་མངའ་བའི་རིག་གནས་འདུ་ཤེས་ཤིག་སྟེ། ཕོ་མོའི་སྐྱེ་འཕེལ་ནུས་པ་ལ་དད་མོས་བྱེད་པའི་འདུ་ཤེས(生殖崇拜理念)དེ་དང་འབྲེལ་བ་ལྡན་པ་ཞོར་དུ་རྟོགས་ཐུབ་སོ། །

སྤྱིར་ཕོ་མོའི་སྐྱེ་འཕེལ་ནུས་པ་ལ་དད་མོས་བྱེད་པའི་འདུ་ཤེས་སམ་རིག་གནས་ཀྱི་སྣང་ཚུལ་འདི་

ནི་འཛམ་གླིང་གི་མི་རིགས་མང་པོར་སྤྱི་ཁྱབ་ཏུ་བྱུང་སྔོང་བའི་གདོད་མའི་དད་མོས་གལ་ཆེན་ཞིག་ཡིན་ལ། དེ་ནི་གནའ་འི་མི་རྣམས་ཀྱིས་ཕོ་མོའི་སྐྱེ་འཕེལ་ནུས་པ་ལ་ཚན་རིག་དང་མཐུན་པའི་འགྲེལ་བཤད་མ་ནུས་པར་བློའི་རྟོག་བརྟགས་ཀྱི་སྣང་ངོར་འཇིག་རྟེན་ལས་འདས་པའི་ནུས་པ་ཡ་མཚན་ཞིག་ཏུ་ངོས་བཟུང་ནས་དད་མོས་བྱས་པ་དང་། ཡ་ང་བའི་གདོད་མའི་འཚོ་བའི་ཁོར་ཡུག་ཁྲོད་དུ་འགྲོ་བ་མིའི་རིགས་ཀྱིས་རང་ལ་ཁྱད་འཕགས་ཅན་གྱི་སྐྱེ་འཕེལ་ནུས་པ་ཞིག་ཐོབ་ན་སྙམ་པའི་ཀུན་སློང་གིས་གཡོས་ཤིང་། རང་གི་རིགས་རྒྱུད་ལ་ཉམས་པ་མེད་པར་ཡུན་ནས་ཡུན་དུ་བརྟན་པའི་རེ་འདུན་དང་བཅས་ཕོ་མོའི་སྐྱེ་འཕེལ་ལ་དད་འདུན་དང་རེ་ལྟོས་བཅོལ་བའི་རིག་གནས་ཀྱི་སྣང་ཚུལ་ཞིག་ཡིན། ཕོ་མོའི་སྐྱེ་འཕེལ་ནུས་པ་དེ་ཡང་དོན་དམ་པར་སོ་སོའི་མཚན་མ་ལས་ཕྱིར་མངོན་པས་ན་ཕོ་མོའི་རྟགས་མཚན(男女生殖器崇拜)ལ་དད་མོས་བྱེད་པ་ནི་རྒྱུན་ལྡན་གྱི་སྣང་ཚུལ་ཞིག་ཡིན་མོད། འོན་ཀྱང་སྐྱེ་འཕེལ་དད་མོས་བྱེད་པ་དེ་ཕོ་མོའི་མཚན་མ་ལ་དད་མོས་བྱེད་པ་ཙམ་མ་ཡིན་ལ། ཕོ་མོའི་འཁྲིག་སྦྱོར་ཙམ་ལ་དད་མོས་བྱེད་པ(性崇拜)ནི་དེ་བས་ཀྱང་མ་ཡིན། དེ་ནི་ཕོ་མོའི་སྐྱེ་འཕེལ་ལ་དད་མོས་བྱེད་པ་ལས་ཕྱིར་མངོན་པའི་རྒྱ་ཆེ་ཞིང་གཏིང་ཟབ་པའི་རིག་གནས་ཀྱི་བསྟན་དོན་ཞིག་སྟེ་མདོར་དྲིལ་ན་འགྲོ་བ་མིའི་རིགས་ཀྱི་འཚོ་སྡོད་ཀྱི་འདུན་པ(求生)གསོན་དུ་མེད་པ་དེ་མཚོན་པ་ཡིན། འདི་ལྟ་བུའི་རིག་གནས་སྣང་ཚུལ་ནི་འཛམ་གླིང་གི་མི་རིགས་ཕལ་མོ་ཆེ་ལ་བྱུང་ཡོད་ཀྱང་བྱེ་བྲག་གི་ཕྱིར་མངོན་ཚུལ་ལ་ཁྱད་པར་ཅུང་ཆེ། རང་རེའི་བོད་མི་རིགས་འདིར་མཚོན་ནའང་དེའི་ཕྱོགས་ཀྱི་རིག་གནས་བྱུང་ཡོད་དེ། དཔེར་ན་བོད་ཀྱི་སྲོལ་རྒྱུན་འདུ་ཤེས་ཁྲོད་དུ་ཉི་མ་དང་ཟླ་བ་ལ་དད་པ་དང་། རི་བོ་དང་མཚོ་ལ་དད་པ། གནམ་དང་ས་ལ་དད་པ། མདའ་དང་འཕང་ལ་དད་པ་ཡོད་ཚད་ཟུར་གཞན་ཞིག་ནས་བལྟས་ན་སྐྱེ་འཕེལ་དད་མོས་ཀྱི་རིགས་སུ་མི་འདུས་པ་གཅིག་ཀྱང་མེད། དེ་བཞིན་དུ་མདའ་དང་འཕང་གཉིས་ཀྱང་སྐྱེས་པ་ཕོ་དང་སྐྱེས་མ་མོ་གཉིས་ཀྱི་མཚོན་བྱེད་ཙམ་མ་ཡིན་པར་གཙོ་བོ་ཕོ་མོ་ཟུང་གི་སྐྱེ་འཕེལ་གྱི་ནུས་པའང(生殖力)མཚོན་བཞིན་ཡོད། བོད་ཀྱི་གནའ་རབས་ལྷ་སྲུང་དང་ཆོས་ལུགས་ཆོ་ག་མང་པོ་ཞིག་ལས། རྒྱུན་དུ་མདའ་འཕང་ལྷན་འཛོམས་བྱུང་བའི་དཔེ་ལས་གསར་དུ་གཉེན་བསྒྲིགས་པའི་ཕོ་མོ་གཉིས་ཤུགས་སུ་སྟོན་པར་བྱེད་དེ། དཔེར་ན《བོད་གཞུང་སྲུང་མོ་མདའ་ཁྲིར་གྱི་རྒྱུད》ཅེས་པ་ལས། ཕྱུག་ཏུ་ཡར་བལྟས་ན། ཁ་སང་གི་མདའ་དེ་དང་། གཡུ་འཕང་སྔོན་མོ་ཅིག གསེར་ཐག་སེར་པོས་བཅིངས་ནས། ཀ་བ་ཡར་ཚུགས་ལ་བཅིངས་ནས་བདའ། མདའ་ཡ་གི་བདག་གི་ལགས་སོ་བགྱིས་པས། མོ་བཙུན་ནས་མདའ་འཕང་གཅིག་ཏུ་འཚོགས་པ་དེ། ཡབ་ཡུམ་གདན་ལ་འཚོགས་པ་ལགས། གསེར་ཐག་སེར་པོས་དཀྲིས་པ་དེ། དབུ་སྐྲ་གཅིག་ཏུ་འཁྲིལ་བ་ལགས། ཀ་བ་དྲང་ལ་བཅིངས་པ་དེ། ཁ་སྨུག་གཅིག་ཏུ་འདྲེས་པ་ལགས་གསུངས་སོ། །བར་དེར་ཏུར་བ་བཙན་གྱིས་སྤྲུལ་པ་ཞུགས་སོ། །དེར་སྟངས་དང་དབྱལ་དུ་འཚོགས། ཟླ་དགུ་ངོ་

བཅུ་ན། བུ་དང་སྲིང་གཅིག་འབྲུངས། ཞེས་དང་། གཞན《མདོ་གཟེར་མིག》ལས་སྟོན་པ་གཤེན་རབ་འཁྲུངས་ཚུལ་བརྗོད་དུས་ཀྱང་།

"དེ་ནས་འོད་དཀར་པོ་མདའ་གང་བ་ཞིག་ཏུ་སྤྲུལ་ནས། འཛིག་རྟེན་གྱི་ཁམས་ནུབ་ཕྱོགས་ཀྱི་གླིང་། ཆུ་བོ་བཞི་འདུས་ཀྱི་འགོ། ལྗོའི་འཛམ་བུ་གླིང་གི་དམིག འོལ་མོ་ལུང་རིང་། མཁར་བར་པོ་སོ་བརྒྱད་ཀྱི་ནང་ན། ཡབ་རྒྱལ་བོན་ཐོད་དཀར་གཟིམས་པའི་སྤྱི་བོའི་གཙུག་ཏུ་བབས། བབས་པའི་དུས་དེར་ཡབ་ཀྱི་རྨི་ལམ་ལ། ཡི་གེ་ཨ་དཀར་པོ་འོད་དང་ལྡན་པ་གཅིག སྤྱི་བོར་བབས་ནས་སྐུ་ལ་ཐིམ་པ་རྨིས། སྐུ་ལས་འོད་འཕྲོས་སྟོང་གསུམ་གསལ་བ་རྨིས། སད་ནས་ཤིན་ཏུ་སྐུ་བདེ་ཡིད་ཀྱང་རབ་ཏུ་སྤྲོ། དངོས་གྲུབ་མཆོག་ཏུ་དགོངས་ནས་ཤིན་ཏུ་ཡོ་ལ་གསངས། འོད་ལས་ཟེར་འཕྲོས་པའི། ཟེར་དམར་པོ་འཕང་ཙམ་གཅིག ཡུམ་ཡོ་ཕྱི་རྒྱལ་བཞད་ཀྱི་སྤྱི་བོར་བབས་སོ། །བབས་པའི་དུས་དེར་ཡུམ་གྱི་རྨི་ལམ་ན། ཡི་གེ་ཧྲ་དམར་པོ་འོད་དང་ལྡན་པ་གཅིག སྤྱི་བོར་བབས་ནས་སྐུ་ལ་ཐིམ་པ་རྨིས། སྐུ་ལུས་སྒྲོན་ཤར་སྟོང་གསུམ་གསལ་བ་རྨིས། དེ་ནས་འོད་དཀར་པོ་མདའ་ཙམ་དེ། ཡབ་ཀྱི་སྤྱི་བོའི་གཙུག་ཊུམ་ནས། ཀླད་པ་དུང་གི་རྒྱ་མཚོར་གཤེགས་སོ། །དེ་ནས་ཚིགས་པ་གཡུང་དྲུང་གི་ཐེམ་སྐས་ལ་བབས། རྒྱུངས་པ་འདྲེན་པའི་ཆུ་བོ་ལ་ཞོན་ནས། ཡབ་ཀྱི་སྡ་ལ་གཤེགས་སོ། །དེ་ནས་འོད་དམར་པོ་འཕང་ཙམ་དེ། ཡུམ་གྱི་སྤྱི་བོའི་གཙུག་རིམ་ནས། ཀླད་པ་དུང་གི་རྒྱ་མཚོའི་ནང་དུ་གཤེགས་སོ། །དེ་ནས་སྙིང་མཚོར་རི་སྨུག་པོའི་རྩ་བ་དང་། གློ་བ་པད་མ་འདབ་བརྒྱད་པའི་ཚང་ཚིང་དང་། སྲོག་རྩ་བའི་ལམ་གྱི་མདོར་བབས་སོ། །དེ་ནས་ཡབ་ཀྱི་སྡ་ལ་སེམས་ཀྱི་རྒྱུ། ཤེལ་སྡོང་ག་རི་དཀར་པོ་བཅག་པ་དང་འདྲ་བ་དང་། ཡུམ་གྱི་མངལ་ན་ཡིད་ཀྱི་རྒྱུ་མཚལ་དམར་པོ་ཙ་ཧིལ་སྤུངས་པ་འདྲ་བ། དེ་གཉིས་འདྲེས་པ་ཙམ་ན། སེམས་ཉིད་ནི་འོད་རྩེ་མོ་དཀར་བ། རྩ་བ་དམར་བ། དཀྱིལ་ལྷང་བ། མོ་ཁབ་བསྒྲིངས་པ་ཙམ་ཞིག སྟོན་གྱི་ལས་ཀྱི་ཤུགས་མཐུན་པས། དཀར་དམར་འདྲེས་པའི་ནང་དུ། ལས་སྦྱོར་བའི་རླུང་གིས་དེད་ནས། རྒྱ་མཚོའི་ཉ་ངོལ་ལ་འཁྲིས་པ་བཞིན་དུ་རིལ་གྱིས་སོང་ངོ་། །སེམས་དང་ལུས་གཉིས་དང་པོ་ལས་ཀྱིས་དེ་ལྟར་འཕྲད་དོ། །"ཞེས་བྱུང་བ་ལྟར་འོད་དཀར་པོ་དང་ཟེར་དམར་པོ་གཉིས་འདུས་པ་ལས་མངལ་དུ་སྐྱེམ་ཚུལ་གྱི་བརྗོད་སྟངས་འདི་ལྟ་བུ་ནི་ད་དུང་བོད་ཀྱི་ལོ་རྒྱུས་དེབ་ཐེར་དང་གླིང་སྒྲུང་སོགས་ན་མང་དུ་མཐོང་ཞིང་། བོད་པའི་སྲོལ་རྒྱུན་གྱི་ཁ་དོག་འདུ་ཤེས་ལྟར་ན། དཀར་པོས་གནམ་མཚོན་པ་དང་དམར་པོས་ས་གཞི་མཚོན་ལ། དེ་གཉིས་མཉམ་དུ་འཛོམས་པ་ལས་གནམ་ས་ལྷན་འདྲེས་བྱུང་བ་དེ་ཤུགས་སུ་སྟོན་པ་ཡིན། འདིར་ཡང་འོད་ཟེར་ཞེས་པའི་ཐ་སྙད་དེ་ལས་འོད་ནི་ཕོའི་མཚོན་བྱེད་དང་ཟེར་ནི་མོའི་མཚོན་བྱེད་དུ་བརྩིས་ནས་དེ་གཉིས་པོ་གཅིག་གིས་གཅིག་ལ་ཕྱོག་ཅིང་རྐྱོལ་བར་བྱེད་པའི་ལྟ་ཚུལ་བསྟན་ཡོད་ལ། འདུ་ཤེས་དེ་ཡང་འཕེལ་ནས་འོད་དཀར་པོ་མདའ་དང་འབྲེལ་ཞིང་ཟེར་དམར་པོ་འཕང་དང་འབྲེལ་

ནས་བརྗོད་པའི་ལྟ་བ་འདི་ལྟ་བུ་བྱུང་བ་ཡིན་ནོ། །

གཞན་བོད་ཀྱི་གདོད་མའི་རིག་གནས་སྣང་ཚུལ་མང་ཞིག་སྟེ། དཔེར་ན་བན་བོན་གཉིས་ཀའི་ཆོས་ལུགས་ཚོ་གའི་རིམ་པ་དང་། དམངས་སྲོལ་བྱ་འགུལ་མང་པོ་ཞིག་ལས་ཀྱང་མདའ་དང་འཕང་གཉིས་ནི་སོ་སོར་སྤྱོད་པའི་སྐབས་ཤིན་ཏུ་ཉུང་ལ། རྒྱུན་པར་དུས་མཉམ་དུ་འབྱུང་བར་མ་ཟད་ཕོ་མོ་ཟུང་གི་མཚོན་བྱེད་ཡིན་ལ། དེ་བཞིན་དུ་གདོད་མའི་དུས་ཀྱི་གཉེན་སྟོན་ཁྲོད་དུའང་མདའ་འཕང་གཉིས་ཀ་དུས་མཉམ་དུ་བྱུང་བ་ཡིན། ཡང་དཔེར་ན་བོད་ཀྱི་ལབ་ཙེ་མཆོད་དུས་མདའ་བསྟོད་པ་ལ་མང་པོ་ཞིག་གིས"མཚོན་མཆོད"ཅེས་མདའ་ནི་མཐའ་གཅིག་ཏུ"མཚོན་ཆ"རུ་བརྩིས་ནས་བརྗོད་པ་ལ་འགལ་བ་ཆེར་མེད་མོད། ཡིན་ནའང་ལབ་ཙེའི་གཞི་གསར་དུ་འདིང་དུས་མདའ་དང་འཕང་ཞིག་བལ་ཐག་གིས་དཀྲིས་ནས་དེའི་གཏེར་རྫས་སུ་སྦས་པ་འདི་ནི་མཚོན་ཆའི་དོན་དུ་འབུལ་བ་མ་ཡིན་ལ། གཞན་ས་ཆ་འགའ་ཤས་ཀྱི་ལབ་ཙེའི་ནང་དུ་ཐད་ཀར་འཕང་བཞག་ཡོད་པའང་མང་དུ་མཐོང་བས་དེ་ཡང་མཚོན་ཆའི་དོན་དུ་མ་ཡིན་པ་ཤིན་ཏུ་གསལ། ལབ་ཙེའི་ནང་དུ་མདའ་འཕང་མཉམ་དུ་བཞག་པ་འདིའང་བོད་གནའ་རབས་ཀྱི་ཕོ་མོའི་སྐྱེ་འཕེལ་ལ་དད་གུས་བྱེད་པའི་འདུ་ཤེས་དང་འབྲེལ་བ་ངེས་ཅན་ལྡན་ཏེ། གཙོ་བོ་རང་གི་རིགས་རྒྱུད་མངའ་ཐང་དར་བའི་རྟེན་འབྲེལ་དུ་ཡིན་པ་བོད་ཀྱི་མཁས་པ་རྣམས་ཀྱིས་མཛད་པའི་ལབ་ཙེ་བསྟོད་ཚིག་དག་ལ་མཇལ་ནའང་ངང་གིས་ཤེས་འོང་ངོ་། །

ང་ཚོས་མདའི་བྱུང་བ་བརྗོད་པའི་བོད་གནའ་རབས་ཀྱི་ལྷ་སྒྲུང་ཁག་དང་། ཕྱིས་ཀྱི་བོན་གཞུང་མང་པོ་ལས་བྱུང་བའི་མདའི་སྐོར་གྱི་སྤྱོད་སྟངས་ལ་སོགས་ཀྱང་བསྒྲིགས་ཏེ་དཔྱད་ན། མདའ་ནི་དང་ཐོག་བྱུང་དུས་ནས་སྐྱེས་པ་ཕོ་ཡི་མཚོན་བྱེད་ཡིན་ལ་རྒྱུན་དུ་མོ་ཡི་མཚོན་བྱེད་འཕང་དང་མཉམ་དུ་བེད་སྤྱོད་བྱེད་པ་ཡིན། གདོད་མའི་ཐོན་སྐྱེད་ལག་ཆ་དེ་གཉིས་སོ་སོ་ཕོ་མོའི་མཚོན་བྱེད་དུ་གྱུར་པ་ལ་གཅིག་ན་སྤྱི་ཚོགས་ལས་བགོས་ཀྱི་དབང་དུ་བྱས་ན་དེ་གཉིས་ནི་ཕོ་མོ་ཟུང་གི་རྒྱུན་སྤྱོད་ཀྱི་ལག་ཆ་ཡིན་པ་དང་། གཉིས་ན་གདོད་མའི་རྔོན་ལས་ཀྱི་འཚོ་བ་དང་རུས་རྒྱུད་འཐབ་འཁྲུག་གི་ཁྲོད་དུ་མདའ་ནི་གཞན་གང་གིས་ཀྱང་བསྒྱུར་དུ་མེད་པའི་མཚོན་ཆ་ཆེས་ལེགས་ཤོས་ཡིན་ལ། དེའི་ནུས་པ་འདོན་པ་ལའང་སྐྱེས་པ་ཕོ་ཡི་ལྡན་སྐྱེས་ཀྱི་ལུས་རྩལ་དང་འབྲལ་ཐབས་མེད་པས། ཉག་ཕྲན་མདའ་མོའི་ཟིལ་ཤུགས་དང་སྐྱེས་པ་ཕོ་ཡི་དཔའ་ཉམས་གཉིས་མཉམ་སྦྱོར་བྱེད་པ་ནི་བསམས་ན་ཤེས་ནུས་པ་ཞིག་རེད། གཞན་མདའ་ནི་སྐྱེས་པ་ཕོ་རབ་གང་ཞིག་དཔའ་བོ་ཡིན་པའི་མཚོན་རྟགས་སུ་གླེང་དགོས་དོན་མེད། འོན་ཀྱང་འདིར་ངེས་པར་རྟོགས་དགོས་པ་ཞིག་ལ་བན་བོན་ཟུང་གི་ཆོས་ལུགས་ཚོ་ག་མང་པོ་ཞིག་ན་མདའ་འཕང་གཉིས་རྒྱུན་པར་ལྡན་དུ་བྱུང་བ་དེ་ནི་ཕོ་མོའི་མཚོན་བྱེད་ཙམ་དུ་མ་ཡིན་པར། དེ་ལས་ཀྱང་གཏིང་ཟབ་པའི་ཤུགས་བསྟན་ཞིག་ཡོད་པ་ནི་ཕོ་མོ་ཟུང་གི་ཚེ་སྲོག་གི་སྐྱེས་སྟོབས་སམ་སྐྱེ་འཕེལ་གྱི་ནུས་པ་དེ་

མཚོན་པ་ཡིན། ང་ཚོས་ཤེས་གསལ་ལྟར་ཕོ་མོ་གཉེན་དུ་བསྡེབས་པའི་ཆེས་མཇུག་མཐའི་དམིགས་ཡུལ་ནི་རིགས་རྒྱུད་སྤེལ་རྒྱུ་དེ་ཡིན་པས། ཕོ་མོའི་མཚོན་བྱེད་མདའ་འཕང་གཉིས་ནི་གཉེན་སྟོན་ཁྲིད་ཕན་ཚུན་ལ་འབུལ་བའི་ལེགས་སྐྱེས་སུ་འགྱུར་ངེས་པ་དང་། དེའི་དམིགས་ཡུལ་ཡང་བུ་རབས་ཚ་རྒྱུད་མང་དུ་སྤེལ་བའི་རྟེན་འབྲེལ་ཡིན་ཏེ། གོང་གི་གཉེན་སྟོལ་བརྗོད་པའི་ལྷ་སྒྲུང་དུ། “མདའ་ལ་ཡོན་ཏན་བསམ་མི་ཁྱབ། །མདའ་མོ་དར་གྱིས་བརྒྱན་པ་འདི། །མོ་སྲིད་ཕོ་རུ་འཕེལ་བ་ཡིན། །”ཞེས་དང་། “སྟང་གི་སྟོག་མདའ་ཉ་མིག་དང་། །དབྱལ་གྱི་གསེར་འཕང་གཡུ་ལོ་གཉིས། །དང་པོ་སྐྱེས་པ་སོ་སོར་སྐྱེས། །བར་དུ་སྨིན་པ་སོ་སོར་སྨིན། །ཐ་མར་བསྡུས་པ་གཅིག་ཏུ་བསྡུས། །བཙོལ་ལོ་ལྷ་ལ་བཙོལ། །བཏགས་སོ་ལྷ་ལ་བཏགས། །ཕོ་སྟོག་དེ་ནི་མདའ་ལ་བརྟེན། །མོ་སྟོག་དེ་ནི་འཕང་ལ་བརྟེན། །མདའ་འཕང་གཉིས་ནི་ལྷ་ལ་བཙོལ། །མདའ་འཕང་དེ་ནི་མ་འབྲལ་ཅིག །”ཅེས་སོགས་ལ་བརྟགས་ན། གཉེན་སྟོན་ཁྲིད་ཕན་ཚུན་ལ་ལེགས་སྐྱེས་སུ་འབུལ་བཞིན་པའི་མདའ་དེ་ནི་སྐྱེས་པ་ཕོ་ཡི་མཚོན་བྱེད་ཡིན་པར་མ་ཟད། ཕོའི་སྐྱེས་སྟོབས་ཀྱི་དཔལ་འབར་བའི་ཚེ་སྟོག་གམ་སྐྱེ་འཕེལ་ནུས་པ་དེ་མཚོན་པ་ཡིན་ལ། འདི་ནི་བོད་གནའ་རབས་ཀྱི་ཕོ་མོའི་སྐྱེ་འཕེལ་ལ་དད་མོས་བྱེད་པའི་འདུ་ཤེས་དེ་གཉེན་སྟོན་ཁྲིད་ཕྱིར་མངོན་ཚུལ་ཞིག་ཡིན་ལ། བུ་རབས་ཚ་རྒྱུད་མང་དུ་འབྱུང་བའི་རྟེན་འབྲེལ་དུ་ཕན་ཚུན་ལ་ལེགས་སྐྱེས་སུ་འབུལ་བ་ཡིན་ནོ། །

བཞི་པ། གཉེན་སྟོན་ཁྲིད་ཀྱི་མདའི་མཚོན་དོན་ལ་འགྱུར་བ་བྱུང་ཚུལ།

བོད་འདིར་གནའ་སྔ་མོ་ནས་མདའ་དང་འབྲེལ་བའི་རིག་གནས་ཧ་ཅང་ཕྱུན་སུམ་ཚོགས་པ་ཞིག་བྱུང་ཡོད་ལ། ཆོས་ལུགས་ཚོ་ག་དང་དམངས་སྲོལ་མང་པོ་ཞིག་ཏུ་མདའ་ཡིས་གོ་གནས་ཁྱད་པར་བ་ཞིག་ཟིན་ཡོད། མདའ་དེ་དག་གི་སྤྱོད་རྒྱུ་དང་མཚོན་དོན་སོགས་མི་འདྲ་བའི་དབང་གིས་རྟེན་མདའ་དང་གཉེན་མདའ། གཡང་མདའ། བླ་མདའ། ཚེ་མདའ། ནོར་མདའ། བུ་མདའ། བཙན་མདའ། བདུད་མདའ་ལ་སོགས་རིགས་མང་དུ་འབྱེད་རྒྱུ་ཡོད་ལ། མདའ་རིགས་མི་འདྲ་བ་དེ་དག་གི་བཟོ་སྟངས་དང་རིག་གནས་ཀྱི་བསྟན་དོན་སོགས་ཀྱང་འདྲ་མིན་ཐ་དད་ཡིན། ཕྱིས་སུ་བོད་ཀྱི་ཆོས་ལུགས་རིག་གནས་དང་མི་རྣམས་ཀྱི་འདུ་ཤེས་འཛིན་སྟངས་ལ་འཕོ་འགྱུར་སྣ་ཚོགས་བྱུང་བ་དང་། ལྷག་ཏུ་ནང་བསྟན་རྒྱ་ཆེར་དར་བ་དང་བསྟུན་ནས། མདའ་རིགས་མང་པོ་ཞིག་རིག་གནས་ཀྱི་གར་སྟེགས་སྟེང་རིམ་གྱིས་བག་ལ་ཞ་བར་གྱུར་པ་དང་། ལ་ལ་ཞིག་དེང་དུས་བར་དུ་ལུས་ཡོད་ནའང་དེའི་མཚོན་དོན་སོགས་ལ་འགྱུར་བ་འདྲ་མིན་སྣ་ཚོགས་བྱུང་ཡོད། མདའ་ཡིས་མཚོན་བཞིན་པའི་གདོད་མའི་དུས་ཀྱི་ཆོས་ལུགས་འདུ་ཤེས་འགའ་ཤས་ནི་རིག་གནས་ལོ་རྒྱུས་ཀྱི་འགྲོས་དང་བསྟུན་ནས་རིམ་གྱིས་ཉམས་དམས་སུ་ཕྱིན་ཡོད་ནའང་

དེ་དག་ལས“གཡང”གི་འདུ་ཤེས་འདི་ད་དུང་མ་ཉམས་པར་མུ་མཐུད་དུ་གནས་ཡོད་པར་མ་ཟད། དེའི་ཤུགས་རྐྱེན་རིམ་གྱིས་འཕེལ་བས“གཡང་མདའ”ཡི་གོ་གནས་དང་སྤྱོད་རྒྱ་སོགས་ཀྱང་ཇེ་མཐོ་དང་ཇེ་ཆེ་རུ་ཕྱིན། ཕྱིས་སུ་བཅའ་བ་རིམ་གྲོ་གང་ཞིག་སྒྲིལ་ནའང་གཡང་འབོད་བྱེད་པ་ནི་རྒྱུན་ལྡན་གྱི་སྣང་ཚུལ་ཞིག་ཏུ་གྱུར་ལ། སྐབས་ལ་ལར་ཆེད་དུ་གཡང་འབོད་ཀྱི་ཆོ་ག་སྒྲིལ་བའང་མང་དུ་ཡོད་པ་ང་ཚོས་ཤེས་གསལ་ལྟར་རེད། དེས་ན་བོད་པའི་གཉེན་སྟོན་ཁྲོད་དུ་གཡང་མདའ་གཏན་ནས་མི་སྤྱོད་པ་ཨེ་ཡིན་ཞེ་ན། འདིར་ཐོག་མར་ཁྱད་པར་འདི་ལྟ་བུ་ཞིག་བགར་རྒྱུ་ཡོད་དེ། གཡང་འབོད་ཀྱི་ཆོ་ག་སྒྲིལ་བ་ལ་ངེས་པར་དུ་གཡང་མདའ་སྤྱོད་པའི་ངེས་པའང་མེད་དེ། གོང་གི་གཉེན་སྒྲོལ་བརྗོད་པའི་གཏམ་རྒྱུད་ཁྲོད་དུ་གཡང་འགུག་གི་ཆོ་ག་སྒྲིལ་ཚུལ་དངོས་སུ་བྱུང་ཡོད་ནའང་དེར་གཡང་མདའ་སྤྱད་ཚུལ་བརྗོད་མེད་ལ། མདའ་མོ་རིགས་གསུམ་བྱུང་བའང་ཕན་ཚུན་ལ་འབུལ་རེས་ཀྱི་ལེགས་སྐྱེས་ཡིན་པ་ལས་གཡང་འགུག་བྱེད་ཡིན་ཚུལ་ཟུར་ཙམ་ཡང་བསྟན་མེད། ཕྱིས་སུ་བོད་ལ་ཆེད་དུ་གཡང་འབོད་བྱ་བའི་ཆོ་ག་ཞིག་གྲུབ་པ་དང་ལྷག་ཏུ་དེ་འགུག་བྱེད་ཀྱི་གཡང་རྟེན་གཙོ་བོ་ནི་མདའ་ཡིན་པའི་རིག་གནས་སྣང་ཚུལ་ཞིག་གྲུབ་པས་ན། གཉེན་སྟོན་ཁྲོད་གཡང་འགུག་དུས་ཀྱང་གཡང་མདའ་སྤྱོད་ངེས་པ་ནི་སྤྱིར་བཏང་གི་རིག་གནས་འཕེལ་ཚུལ་ཞིག་ཡིན་ནོ། །

གཉེན་སྟོན་ཁྲོད་གཡང་འགུག་པ་ནི་བོད་པའི་ཆོས་ལུགས་འདུ་ཤེས་ལས་གྲུབ་པའི་ཐུན་མོང་མ་ཡིན་པའི་གོམས་སྲོལ་ཞིག་ཡིན་ཏེ། རང་གི་བུའམ་བུ་མོ་གང་རུང་ཞིག་དུས་གཏན་དུ་རང་ཁྱིམ་ནས་ཕྱིར་བུད་འགྲོ་བས་ན། ཁྱིམ་ཚང་དེའི་གཡང་ཡང་དེ་དང་མཉམ་དུ་ཕྱིར་ཤོར་འགྲོ་བར་དོགས་འཛིན་བྱེད། དེ་ནི་ཁྱིམ་ཚང་ཞིག་ལ་མཚོན་ན་བཀྲ་མི་ཤིས་པའི་དོན་ཞིག་ཡིན་པས་གཡང་དེ་རང་ཁྱིམ་ནས་ཕྱིར་མི་འཚོར་བའི་ཆེད་དུ་ཆོ་ག་དེའི་རིགས་སྒྲིལ་བ་ཡིན་ལ། དུས་མཚུངས་སུ་མག་གསར་དང་བག་གསར་བསུ་བའི་ཁྱིམ་ཚང་དེས་ཀྱང་གཡང་འགུག་གི་ཆོ་ག་སྒྲིལ་བར་བྱེད་ཅིང་། དེའི་དམིགས་ཡུལ་ནི་རང་ཁྱིམ་ལ་གསར་དུ་འོང་བཞིན་པའི་མག་གསར་རམ་བག་གསར་དེས་ཁྱེར་འོང་བའི་གཡང་རྣམས་ཚུར་བཀུག་ནས་རང་ཁྱིམ་འཕེལ་རྒྱས་སུ་གཏོང་རྒྱུ་དེ་རེད། དེས་ན་གཉེན་འབྲེལ་འཛིན་པའི་ཕྱོགས་གཉིས་ཀས་སོ་སོར་གཡང་འབོད་ཆོ་ག་སྒྲིལ་བའི་དམིགས་ཡུལ་མི་འདྲ་སྟེ། གཅིག་གིས་གཡང་འགོག་པ་དང་ཅིག་ཤོས་དེས་གཡང་འགུག་པ་ཡིན་ནོ། །འདིར་ཡིད་ལ་ངེས་རྒྱུ་ཞིག་ནི་ཕྱོགས་གཉིས་ཀའི་གཡང་འབོད་ཆོ་ག་གང་ཡིན་ཡང་། ངེས་པར་དུ་རང་ཁྱིམ་གྱི་སྒོ་འགྲམ་མམ་ཡང་ན་ཁང་སྟེང་དུ་སྒྲིལ་བར་བྱེད་ལ། དེའི་ཁྲོད་དུ་གཡང་མདའ་དངོས་སུ་སྤྱད་ཡོད་ནའང་གཡང་མདའ་དེ་ཐོག་མཐའ་བར་གསུམ་དུ་རང་ཁྱིམ་དང་ཁ་བྲལ་མེད་པ་ངེས་པར་དུ་ཤེས་དགོས། ང་ཚོ་བོད་པ་ཞིག་ཡིན་ཕྱིན་གཡང་མདའ་ཞེས་པ་འདིར་ཆ་རྒྱུས་གསལ་ཐག་ཆོད་པ་ཞིག་མེད་ནའང་དེ་ནི་ཁྱིམ་ཚང་རང་གི་གཡང་རྟེན་གཙོ་བོ་ཡིན་པ་དང་། དུས་རྒྱུན་

ད་དེ་ལ་བདག་གཉེར་དང་གོང་བཀུར་གང་ལེགས་བྱེད་པ་སུས་ཀྱང་མཁྱེན་ངེས་ཡིན། ལྷག་ཏུ་གཡང་མདའ་ནི་ནམ་རྒྱུན་གཙང་ས་མཐོ་སར་བཞག་ནས་མནོལ་མི་རུང་བ་དང་འགོམ་གཡུག་མི་རུང་ལ། རང་ཁྱིམ་དང་འབྲེལ་བ་མེད་པའི་མི་གཞན་ལ་གང་འདོད་དུ་རེག་ཏུ་མི་འཇུག་ལ་སྐོའི་ཕྱི་རོལ་ཏུ་དེ་བས་ཀྱང་ཁྱེར་མི་སྲིད། ང་རང2009ལོར་མདོ་སྨད་རེབ་གོང་ཡུལ་དུ་དེའི་ཕྱོགས་ཀྱི་ཡུལ་དངོས་རྟོག་དཔྱོད་དུ་ཕྱིན་དུས། ཁྱིམ་ཚང་མང་པོ་ཞིག་ལ་གཡང་མདའ་དཔར་ལེན་པའི་རེ་བ་ཞུས་ཀྱང་ཚང་མས་དོགས་ཟོན་ནན་མོ་དང་བཅས་བཀག་བྱུང་ལ། རྒྱུ་མཚན་གཞན་གང་ཡང་མ་ཡིན་པར་དེ་ནི་ཁྱིམ་ཚང་གི་གཡང་ཤོར་འགྲོ་བར་དོགས་པས་སོ། །རིག་གནས་འདུ་ཤེས་ཀྱི་ཁོར་ཡུག་དེ་ལྟ་བུ་ཞིག་ཏུ་གཉེན་འབྲེལ་འཛིན་དུས་ཀྱང་རང་ཁྱིམ་གྱི་གཡང་རྟེན་དེ་ཕྱི་ལ་ཁྱེར་བ་དཔེ་མི་སྲིད་ལ། ལྷག་ཏུ་གཡང་མདའ་དེ་ཉིད་ཁྱིམ་ཚང་གཞན་ལ་སྟེར་བ་དེ་བས་ཀྱང་དཔེ་མི་སྲིད། དེས་ན་དེང་དུས་ས་ཆ་འགའ་ཤས་སུ་མདའ་མོ་བཟུང་ནས་གཉེན་འབྲེལ་ཞུ་བ་དང་མི་རྣམས་ཀྱིས་ཀྱང་དེ་ལ་གཡང་མདའ་ཞེས་འབོད་པའི་རྒྱུ་མཚན་གང་ཞེ་ན། གོང་དུ་ཞུས་པ་བཞིན་བོད་གནའ་དེང་གི་གཉེན་སྲོལ་གྱུང་བསྒྲིགས་ནས་བལྟས་ན། མ་མཐའ་ཡང་མདའ་རིགས་མི་འདྲ་བ་གཉིས་ཙམ་བཀོལ་སྤྱོད་བྱས་ཡོད་དེ། གཅིག་ནི་སྐྱེས་པ་ཕོ་ཡི་ཚེ་སྲོག་དང་སྐྱེ་འཕེལ་ནུས་པ་མཚོན་པའི"གཉེན་མདའ"སྟེ་ཕན་ཚུན་ལ་ལེགས་སྐྱེས་སུ་ཕུལ་ནས་རིགས་རྒྱུད་མངའ་ཐང་དར་བའི་རྟེན་འབྲེལ་བསྒྲིགས་པ་དང་། ཅིག་ཤོས་ནི་ཕྱུ་གཡང་འགུག་བྱེད་ཀྱི"གཡང་མདའ"སྟེ་རང་ཁྱིམ་ནས་སྤེལ་བའི་གཡང་འབོད་ཆོ་གའི་ནང་སྤྱོད་པ་ལས་སྐོའི་ཕྱི་རོལ་དུ་ཁྱེར་བ་མིན། ཡིན་ཡང་རིག་གནས་འདུ་ཤེས་ལ་འཕོ་འགྱུར་གང་མང་བྱུང་བ་དང་བསྟུན་ནས་མདའ་རིགས་མི་འདྲ་བ་དེ་གཉིས་གཅིག་གིས་འཐུས་པར་བྱས་པ་སྟེ། དང་ཐོག་མནའ་མ་སློང་བའི་རྟེན་དང་བག་སྐལ་དུ་འབུལ་བའི"གཉེན་མདའ"དེའི་ངོ་བོ་རིམ་གྱིས་འགྱུར་ནས་ད་ལྟའི་ཀུན་གྱི་བློ་ངོར་འཁྱོར་བདེ་བའི"གཡང་མདའ"ཏུ་གྱུར་པ་ཡིན་ལ། དེ་དང་བསྟུན་ནས་དེའི་རིག་གནས་ཀྱི་མཚོན་དོན་ལ་འང་འགྱུར་བ་བྱུང་བ་ཡིན་ནོ།། །།

མཆན།

[1][8][9] འདིར་སྐུ་ཞབས་ཁྲུའུ་ཅུང་ཅེ(褚俊杰)ལགས་ཀྱི་དཔྱད་རྩོམ(《吐蕃原古氏族恰•穆研究—敦煌古藏文文献P.T.126.2解读》)ལས་བརྒྱུད་དེ་དྲངས་པ་ཡིན་ལ། ཞིབ་ཏུ(《藏学研究论丛》第二辑，西藏人民出版社，1990年)ལ་གཟིགས།

[2] "ཕྱུ"དང"དམུ"གཉིས་ལོ་རྒྱུས་སྟེང་གཉེན་བསྡེབས་ཚུལ་ད་དུང་བོན་གཞུང《མདོ་གཟེར་མིག》དང《ཀུན་གསལ་ཉི་ཟེར་སྒྲོན་མེ》《གཡུང་དྲུང་བོན་གྱི་བསྟན་འབྱུང་ཕྱོགས་བསྡུས》སོགས་ནང་མང་པོ་ཡོད་ཀྱང་འདིར་ཡིག་ཚོགས་ལ་འཇིགས་ནས་རེ་རེ་བཞིན་མ་བཀོད།

མི་ཕམ་དགྱེས་པའི་བཞད་སྒྲ།

[3]《སྣང་ས་འོད་འབུམ་གྱི་རྣམ་ཐར།》 བོད་ལྗོངས་མི་དམངས་དཔེ་སྐྲུན་ཁང་། 2006ལོ། ཤོག་ངོས11པར་གསལ།

[4]《ཧ་རྒྱགས་དཔྱིད་ཀྱི་ཉི་མ།》 མཚོ་སྔོན་མི་རིགས་དཔེ་སྐྲུན་ཁང་། 1981ལོ། ཤོག་ངོས16པར་གསལ།

[5][6] མཁར་རྩེའུ་བསམ་གཏན་གྱིས་བརྩམས། བདེ་ཁང་བསོད་ནམས་ཆོས་རྒྱལ་གྱིས་དབྱིན་ཡིག་ནས་བསྒྱུར། 《མདའ་དང་འཕང་།》 སྟོད་ཆ ཀྲུང་གོའི་བོད་རིག་པ་དཔེ་སྐྲུན་ཁང་། 2007ལོ། ཤོག་ངོས336、12པར་གསལ།

[7][10] འབྲུག་མོ་སྐྱིད་ཀྱིས་བསྒྲིགས། 《སྲིད་པའི་མཛོད་ཕུག》 ཀན་སུའུ་མི་རིགས་དཔེ་སྐྲུན་ཁང་། 2008ལོ། ཤོག་ངོས134、137པར་གསལ།

《མཚོ་སྔོན་མི་རིགས་སློབ་གྲྭ་ཆེན་མོའི་རིག་དེབ།》 ༢༠༡༡ལོའི་དེབ་དང་པོ་ལས་བཏུས།

༄༅། །བོན་གྱི་ལྷ་སྲུང་ལ་གཞིགས་ནས་བོད་ཀྱི་གདོད་མའི་གཉེན་སྲོལ་ལ་དཔྱད་པ།

བཀྲ་རྡོ།

བོད་པ་རྣམས་ནི་སྤྲའམ་ཅི་ཞིག་སྐབས་ནས་སྲིད་པའི་མཐུན་འཇུག་གི་ལམ་ལ་རོལ་ཏེ་རིགས་རྒྱུད་སྤེལ་བ་དང་། མིང་དོན་གྱི་མི་བྱུང་རྗེས། སྲིད་པའི་མཐུན་འཇུག་གི་ལམ་ལ་རོལ་ལུགས་འགྱུར་ལྡོག་རབ་དང་རིམ་པ་བྱུང་སྟེ། དེང་གི་ཁྱོ་གཅིག་ཤུག་གཅིག་གིས་ཁྱིམ་གཞི་འཛིན་པའི་གོམས་སྲོལ་འདི་ཉིད་བྱུང་བ་ཡིན་ལ། སྐྱེས་པ་དང་སྐྱེས་མའི་སྤྱི་ཚོགས་གོ་གནས་དམིགས་སུ་བཟུང་ནས་དཔྱེ་ན། གོང་གི་འགྱུར་ལྡོག་གོ་རིམ་དེ་མ་རྒྱུད་སྤྱི་ཚོགས་དང་ཕ་རྒྱུད་སྤྱི་ཚོགས་གཉིས་སུ་བགོས་ཆོག་པ་འདྲ་ཞིང་། བོན་གྱི་ལྷ་སྲུང་ལ་ཞིབ་ཏུ་དཔྱད་ན་གོང་གི་དུས་སྐབས་དེ་གཉིས་ཀའི་སྐབས་སུ་བོད་ལ་གཉེན་སྲོལ་ག་འདྲ་དར་བ་བྱུང་ཙམ་རྟོགས་ཐུབ།

དང་པོ། མ་རྒྱུད་སྤྱི་ཚོགས་དང་བོད་ཀྱི་གཉེན་དོན་གོམས་སྲོལ།

༡.མ་རྒྱུད་སྤྱི་ཚོགས"སྐྱེས་མ"འཇིག་རྟེན་མཐུན་འཇུག་གི་སྲོག་ཤིང་།

འབྲེལ་ཡོད་ཡིག་ཆ་ལྟར་ན། མ་རྒྱུད་སྤྱི་ཚོགས་ཀྱི་སྐབས་སུ། རིགས་རྒྱུད་ཚོགས་པ་ཀུན་གྱི་སྲོག་ཤིང་ནི་སྐྱེས་མ་ཡིན་པ་མ་ཟད། སྐྱེས་མ་གང་ཞིག་འཇིག་རྟེན་མཐུན་འཇུག་གི་ལམ་ལ་རོལ་ན། སྐྱེས་པ་དེ་ནི་རིགས་རྒྱུད་གཞན་གྱི་མི་ཡིན་དགོས་པ་དང་། འགྲོགས་ཡུན་ཡང་རིང་པོ་ཡོད་མི་སྲིད་པས། བྱིས་པ་རྣམས་ནི་ཨ་མར་འགྲོགས་ནས་འཚོ་བ་རོལ་དགོས་པ་ན། ཕོ་ཚོས་རང་གི་ཨ་མ་ལས་ཨ་ཕ་ནི་སུ་ཡིན་མི་ཤེས། མ་རྒྱུད་སྤྱི་ཚོགས་ཀྱི་དུས་སུ། རིགས་རྒྱུད་ཚོགས་པ་འདུས་ནས་སྡོད་པ་ནི་སྤྱི་ཚོགས་ཀྱི་ཁྱད་ཆོས་ཤིག་ཡིན་པར་བཤད་ལ། དེ་དག་གི་སྡོད་གནས་དང་སྡོད་གནས་ཀྱི་ཁྱད་ཆོས་དང་སྒྲུས་ཀ་སོགས་ནི་འཚོ་བའི་གོམས་སྲོལ། ཆོས་ལུགས་དད་མོས་སོགས་དང་འབྲེལ་བ་ཡོད་པས། རྣམ་པ་མི་གཅིག་ཁ་ཁ་ཡིན་མོད། རིགས་རྒྱུད་ཚོགས་པའི་མི་རྣམས་འདུས་པར་སྡོད་པའི་དགོས་མཁོ་དང་མཐུན་དགོས་པས། སྐྱེས་པ་དང་སྐྱེས་མ་གཉིས་ལ་སྡོད་གནས་སོ་སོ་ཡིན་དགོས་པ་མ་ཟད། འཇིག་རྟེན་མཐུན་འཇུག་གི་ལམ་ལ་རོལ་བའི་དུས་ལ་བབས་པའི་སྐྱེས་མ་རྣམས་ལ་རིགས་རྒྱུད་ཚོ་ཁག་གཞན་གྱི་སྐྱེས་པ་སྣེ

ཞེན་བྱེད་སའི་ཁང་པ་སོགས་ནི་ཡོད་དགོས་པར་བཤད། བོན་གྱི་ལྷ་སྲུང་རྣམས་ཀྱི་མི་རྣ་གཙོ་བོ་ནི་ལྷ་དང་། ཀླུ་དང་། གཉན་དང་། བཙན་སོགས་ཡིན་ཙང་། དེ་དག་གི་འགྲོ་ལུགས་འདུག་སྟངས་ལ་མིའི་ཁྱད་ཆོས་གསལ་བ་མ་ཟད། སྐབས་མང་པོ་ཞིག་ན་མ་རྒྱུད་སྤྱི་ཚོགས་ཀྱི་སྐབས་སུ་མི་རྣམས་འཛིག་རྟེན་མཐུན་འཇུག་གི་ལས་ལ་རོལ་ལུགས་ཀྱི་རྣམ་པ་དེ་གཏམ་རྒྱུད་མང་པོའི་ཤུགས་དང་ཟུར་ལ་གབ་ནས་བསྟན་ཡོད་པ་དང་། དུས་སྐབས་དེར་སྐྱེས་པར་རང་གི་སྡོད་གནས་ཡོད་ཀྱང་ཙང་ལ་མེད་ཀྱང་ཆོག སྟོབས་འབྱོར་ལྡན་ན་ཆོག་ལ་མི་ལྡན་ཡང་ཙང་། རང་གི་རིགས་རྒྱུད་ཚོ་ཁག་ཏུ་མི་སྡོད་པར་ཡུལ་གྲུ་གཞན་ལ་འབྲུམས་ཏེ་རང་ཉིད་ལ་ཁབ་དང་དབྱལ་འཚོལ་དགོས་པ་མ་ཟད། སྐྱེས་མ་གཅིག་ལ་འགྲོགས་ཏེ་གཏན་སྡོད་ཀྱང་མི་བྱེད་པ་འདྲ་སྟེ། དཔེར་ན《ཡོ་ག་ལྷ་གྱེས་ཅན》[1]དུ་འོད་དེ་གུང་རྒྱལ་མི་ཡུལ་དུ་ཕེབས་ཏེ་མི་རྒྱུད་སྤེལ་ལུགས་གླེང་སྐབས“ཁྱུ་ཟ་ཁྱུ་མ་དང་བཤོས་པའི་སྲས། ཡར་ལྷ་ཤམ་པོ་དང་གཅིག འཆིམས་ཡུལ་ནག་པོ་དགུ་སུལ་དུ་བྱོན་ནས། ཁབ་ཁ་ཟ་ཧོར་སྨན་དང་བཤོས་པའི་སྲས་འཆིམས་ལྷ་ཐན་ཚོ་དང་གཉིས”ཞེས་པ་དང་། “སྲིན་ཡུལ་གཤེགས་ནས་སྲིན་བཟའ་སྤྲུར་ལྕམ་མ་དང་བཤོས་པའི་སྲས་ཐང་ལྷ་ཡར་བཞུར། ཀོང་ཡུལ་དུ་གཤེགས་ནས་ཐང་ང་ཀོང་མོ་ཐང་དང་བཤོས་པའི་སྲས་ཀོང་ལྷ་དེ་ཡག དེ་ནས་ཆབ་མ་སྨོན་མོ་ཐང་དང་བཤོས་པའི་སྲས་སྐམ་ལྷའི་ལྷ་སྲས་སོ”ཞེས་བརྗོད་འདུག་ལ། སྐབས་འདིའི“འཆིམས་ཡུལ་ནག་པོ་དགུ་སུལ་དུ་བྱོན་ནས”ཞེས་པ་དང་། “སྲིན་ཡུལ་གཤེགས་ནས”ཞེས་པ། “ཀོང་ཡུལ་དུ་གཤེགས་ནས”ཞེས་པ་རྣམས་ལ་བརྟགས་ན་འོད་དེ་གུང་རྒྱལ་གྱི་མི་རྒྱུད་སྤེལ་བའི་གཏམ་རྒྱུད་ཀྱིས་མ་རྒྱུད་སྤྱི་ཚོགས་ཀྱི་སྐབས་སུ་བོད་ཀྱི་སྐྱེས་པས་ཁབ་དང་དབྱལ་འཚོལ་ལུགས་དེ་བསྟན་འདུག་པ་མ་ཟད། ཁོང་གིས་མི་རྒྱུད་སྤེལ་སྐབས་གནས་གཅིག་ཏུ་མ་བསྡད་པར་ཡུལ་གྲུ་མང་པོར་ཕེབས་ཏེ་དབྱལ་མང་པོ་ཞིག་དང་བཤོས་པ་རྫོགས་ཐུབ་པ་དང་། ངོས་ཟིན་འདི་འདྲ་འོད་དེ་གུང་རྒྱལ་གྱིས་མི་རྒྱུད་སྤེལ་སྐབས་ད་དུང་ཁབ་ཕྱི་མོ་གཡག་སྔོ་མ་དང་བཤོས་པའི་སྲས། གཅེན་དབྱེ་ལྷ་སྤྱི་དཀར་གཙུང་གྲོལ་གུང་བུ། ཁབ་བྱ་བཟའ་མཐོང་སྨན་དང་བཤོས་པའི་སྲས་གཅེན་རྩང་ལྷ་བུ་དར། གཙུང་རྩ་ལྷ་བྱེའུ། ཁབ་ཐང་ང་ཐང་དང་བཤོས་པའི་སྲས། དྭགས་ལྷ་སྐམ་པོ་ཞེས་བརྗོད་འདུག་པ་འདི་ཉིད་བསླུགས་ནའང་འབྱུང་བ་མ་ཡིན་ནམ། གཞན་ཡང་ལྷ་སྲུང་སྐོར་ཞིག་ལ་བརྟགས་ན། མ་རྒྱུད་སྤྱི་ཚོགས་ཀྱི་དུས་སུ་བུད་མེད་ནི་རིགས་རྒྱུད་སྤྱི་ཚོགས་ཀྱི་སྲོག་ཤིང་ཡིན་པས། སྐྱེས་པ་རྣམས་ཀྱིས་ཁབ་དང་དབྱལ་འཚོལ་བའི་ལས་དེ་སྐབས་རེར་འཇུག་སླ་བ། རང་དབང་ན་ཡོད་པ་ཞིག་གཏན་ནས་མིན་པ་འདྲ་སྟེ། དཔེར་ན《མགོ་ནག་མིའུ་འདྲ་ཆགས》[2]སུ་ཡབ་ལྷ་བདལ་དྲུག་གི་སྲས་སྲིད་པ་སྣེ་ཕྲོམ་ལ་ཁྲ་མི་ཡུལ་ལ་མི་རྒྱུད་སྤེལ་བར་བཏང་བའི་ལྷ་སྲུང་ཞིག་བཀོད་ཡོད་ལ། ལྷ་སྲུང་དེར་སྣེ་ཕྲོམ་ལ་ཁྲ་མི་ཡུལ་ལ་སླེབས་རྗེས་སྐྱེས་མ་འཐག་མཁན་ཞིག་ལ་འཕྲད་ལུགས་གླེང་སྐབས“རྐོང་རིམ་པ་བཅུ་གསུམ་གྱི་མར་

འདས་ནས་འོང་། ས་ག་དོག་དྲུག་ཏུ་ཕྱིན་ནས། དམུ(16a)སྐས་ཐེམ་དགུ་ཐེམ་པར། རི་རྫོག་པོར་ཙམ་གྱི་འགོ་ལ་བབ། དེར་བུད་མེད་མདོང་དང་ལྡན་པ་གཅིག ཐག་འཐག་ཅིང་སྡོང་བའི་ཐག་འགོར་བསྡད་པ་ལ། བུད་མེད་དེའི་ཞལ་ན་རེ། འདིར་མི་མེད་ཡུལ་ན་མི་གཅིག་ཕྱིན། ད་ནང་གང་གི་ཡུལ་ནས་འོང་། དོ་ནུབ་སུའི་ཙན་དུ་འགྲོ། དེ་ལ་སྲིད་པ་སྔེ་ཁྲོམ་ལ་ཁྲའི་ཞལ་ནས། ཕྱ་རྗེ་ཡབ་ལྷ་བདལ་དྲུག་ལ། སྲས་བུ་སུམ་ཅུ་སོ་བདུན་ཡོད་པ་ལ། ང་ཆུང་བ་སྔེ་ཁྲོམ་ལ་ཁྲ་ཡིན། ཡབ་ཀྱི་ཀུང་ནས་མི་རྒྱུད་སྤེལ་བ་ལ་བཏང་བ་ཡིན་གྱས་ཚ། སྲིན་པོའི་མཐོང་ནས་རྐུས་ནས་བྱུང་། བུད་མེད་དེས་ཐག་དེའི་སྐས་ཟན་དེ་ལ། སྤྲེལ་གཅིག་བྱས་ནས་ཁོ་བསྐུང་ནས་བཞག སྲིན་པོ་དེས་ཁྱོད་ཀྱི་ཐག་འགོའི་མི་དེ་གར་ཐལ་ཟེར་བ་ལ། བུད་མེད་དེས་ངས་སྤྲེལ་རྗེ་བས་མ་མཐོང་ཟེར། སྲིན་པོས་སྤྲེལ་དེ་ཁྱེར་ནས་ཐུར་ལ་ཐལ། སྲིན་ཁྱི་རྒྱའོ་འགྲོ་མ་ཉན། བུད་མེད་དེས་ཐག་ཟང་དྲང་ནས། སྲིན་ཁྱིའི་ཁ་ལ་བརྒྱབ་ནས་སོ་བཙག མིག(16b)ལ་རྒྱབ་ནས་མིག་བཙར"ཞེས་བརྗོད་འདུག་ལ། ལྷ་སྒྲུང་ཚན་པ་འདིའི་ཚིག་རྐང་ཀུན་ལ་ཞིབ་ཏུ་དཔྱད་ན་ངོས་ཟིན་འདི་འདྲ་འབྱུང་སྟེ། མ་རྒྱུད་སྤྱི་ཚོགས་ཀྱི་སྐབས་སུ་སྐྱེས་པ་ཞིག་དབྱལ་འཚོལ་བར་ཕྱིན་ཏེ་སྐྱེས་མ་ཞིག་གི་གམ་ལ་སླེབས་པ་གཞན་གྱིས་མཐོང་སྐབས། "སྲིན་པོའི་མཐོང་ནས་རྐུས་ནས་བྱུང་"ཞེས་པ་ལྟར་སྐྱེས་པ་འཁྲོག་མཁན་ཡོད་པ་དང་། སྐབས་རེར"སྲིན་ཁྱི་རྒྱའོ་འགྲོ་མ་ཉན། བུད་མེད་དེས་ཐག་ཟང་དྲང་ནས། སྲིན་ཁྱིའི་ཁ་ལ་བརྒྱབ་ནས་སོ་བཙག མིག(16b)ལ་རྒྱབ་ནས་མིག་བཙར"ཞེས་པ་ལྟར་སྐྱེས་མས་སྐྱེས་པ་བརྩད་དེ་དགྲ་ལའང་འཐབ་དགོས། དེ་མིན་སྐྱེས་མ་འཐག་མཁན་དེས་སྔེ་ཁྲོམ་ལ་ཁྲ་ལ"ང་མོ་དྲིན་པོ་ལ་ཆེ་བ་ཡིན། ཁྱོད་པོ་དྲིན་མོ་ལ་ད་ཆེ་རྒོས། ཡུལ་གཉིས་སྤྲུལ་པ་སྟེབ་དགོས"ཞེས་བཤད་པ་མ་ཟད། དེ་གཉིས"སྤྲུལ་པ་བསྟེབ་པ་ལ། འཐིང་པོ་འཐིང་མིག་འཐིང་གེ་གསུམ་དུ་སྲིད"ཅེས་བརྗོད་པར་གཞིགས་ན། མ་རྒྱུད་སྤྱི་ཚོགས་སུ་སྐྱེས་མས་སྐྱེས་པ་སྟངས་སུ་འདོད་སྐབས། སྐྱེས་པར་འཐད་དང་མི་འཐད་གཉིས་ཀའི་ཐད་དུ་རང་དབང་ཆེན་པོ་མེད་པའི་ཚོར་བ་སྟེར་བ་མ་ཡིན་ནམ།

གོང་གི་ཚེ་གའི་ཡིག་ཆའི་ཁྲོད་ཀྱི་ལྷ་རབས་རྣམས་ལ་གཞིགས་ན། མ་རྒྱུད་སྤྱི་ཚོགས་ཀྱི་དུས་སུ། སྐྱེས་མ་ནི་རིགས་རྒྱུད་དུ་གཏན་སྡོད་བྱེད་པ་དང་། སྐྱེས་པ་རྣམས་ཀྱིས་རང་ཡུལ་བསྒྱུར་ཏེ་ཡུལ་གྲུ་གཞན་ལ་འཁྱམས་ཏེ་ཁབ་དང་དབྱལ་འཚོལ་བཞིན་ཡོད་པ་རྟོགས་ཐུབ་མེད། འོ་ན་སྐྱེས་མས་སྐྱེས་པ་ཞིག་དང་བཤོས་ཏེ་བུ་དང་བུ་མོ་བྱུང་རྗེས་སྐྱེས་པ་དེ་སླར་ཡང་འཁྱམས་པ་ན། སྐྱེས་མ་དེས་སྐྱེས་པ་དེ་སླར་ལོག་པར་བསྒུགས་ཏེ་སྟངས་གཅིག་ཀྱང་མི་འཚོལ་བ་ཡིན་ནམ་ཞེ་ན་མ་ཡིན་ཏེ། དཔེར་ན《སྒྲུང་མོ་མདའ་ཁྱེར་གྱི་རྒྱུད》[3]ན་སྲིད་པའི་རྒྱལ་མོ་ལས་སྲིད་པའི་རྒྱལ་པོ་སྲིད་པའི་ལྷ་སྒྲུང་ཐུང་ངུ་ཞིག་ཡོད་ལ། གཏམ་རྒྱུད་འདི་ནི་ཨུད་ཆེན་པོ་དང་རྣམ་པ་གཞན་གྱི་སྒོ་ནས་བརྗོད་འདུག་ཀྱང་། "སྲིད་པའི་རྒྱལ་མོའི"ཐུགས་ཀི་སྤྲུལ་པ་ལས་རིན་པོ་ཆེའི་ཁྲུ་འཕང་བཞིའ་ཉ་བྱུང་། ཉ་བཞིའ་ལྷའི་ཐུགས་ཀ་ནས་འོད་ཀི་

ཡི་གེ་ཏ་བཞིའ་བྱུང་། དེ་ཁུ་འཕང་བཞིའ་ལ(576)ཐིམ་པས་རིན་པོ་ཆེའི་སྒྲོ་ང་བཞི་ཏུ་གྱུར་པར་གཞིགས་ན། ལྷ་མོ་དེ་སྐྱེས་པ་བཞི་ལ་བཤོས་པ་རྟོགས་ཐུབ་པ་མ་ཟད། ཆོས་རྐང་རྣམས་ཀྱི་རྒྱབ་རོལ་ན་མ་རྒྱུད་སྤྱི་ཚོགས་ཀྱི་དུས་སུ་སྐྱེས་མ་རྣམས་སྐྱེས་པ་མང་པོར་འགྲོགས་ཏེ་སྲིད་པའི་མཐུན་འཇུག་གི་ལས་རོལ་བའི་སྲོལ་ཡོད་པ་དེ་གབ་ནས་བསྟན་འདུག་ལ། ལྷག་པར“སྒྲོ་ང་དེ་བཞི་རྗོལ་པ་ལས། ཅིག་ནས་དམུ་སྲིད་པའི་རྒྱལ་པོ་ཡེ་འགྲོག་བྱུང་། སྒྲོང་ཅིག་རྗོལ་པ་ལས་སྟག་བདུད་གེ་ཁ་བྱུང་། ཅིག་ནས་རིན་པོ་ཆེའི་ཤ་བ་གྱེར་སྲིད་པའི་རྒྱལ་པོ་བྱུང་། ཅིག་ནས་བཙན་སྲིད་ཀི་རྒྱལ་པོ་ཧུར་པ་གསོད་སྐྱེན་བྱུང”ཞེས་པའི་ཆོས་རྐང་འདི་དག་གློག་སྐབས“དམུ”དང“བདུད” “བཙན”ཟེར་བའི་གདོད་མའི་དུས་ཀྱི་ཏུས་དང་རིགས་རྒྱུད་ཚོ་ཁག་གི་མིང་ཡིན་པར་སྣམ་པ་འདི་དག་དང་འཕྲད་པ་ན། མ་རྒྱུད་སྤྱི་ཚོགས་ཀྱི་དུས་སུ་སྐྱེས་མ་རྣམས་དང་བཤོས་པའི་སྐྱེས་པ་ཚོ་ནི་རིགས་རྒྱུད་ཚོ་ཁག་གཞན་གྱི་ཡིན་པ་རྟོགས་པ་ཡིན།

༢.《སྐྱུང་མོ་མདའ་ཁྱེར་གྱི་རྒྱུད》མ་རྒྱུད་སྤྱི་ཚོགས་གཉེན་སྲོལ།

《སྐྱུང་མོ་མདའ་ཁྱེར་གྱི་རྒྱུད》ཅེས་པ་ནི་སྲིད་པའི་རྒྱལ་པོ་བཞེས་ཁབ་དང་དབྱལ་བཙལ་ལུགས་གཙོ་བོར་སྟོན་པའི་ལྷ་སྒྲུང་ཞིག་ཡིན་ལ། ལྷ་རབས་འདི་ཉིད་དུ་རྒྱལ་པོ་དེ་དག་ལས་ལི་སྲིད་པའི་རྒྱལ་པོའི་མདའ་ཐང་། ཁབ་དང་དབྱལ་འཚོལ་དུ་འགྲོ་དགོས་པའི་རྒྱུ་མཚན་གླེང་སྐབས་འདི་ལྟར་བརྗོད་ཡོད་དེ། “དུས་དེ་ཙམ་ན་ལི་རྗེ་རྒྱལ་པོ་དེས། རྟན་གི་ཡུལ་བཙལ་བ། གསེར་གཤོང་ཁྲི་མོ་ལྡོང་། བསྙེངས་གི་ཟླ་རི་ནི། ནམ་མཁའ་མཐོན་དྲུག་རྩེ། བཞེན་གི་ཟླ་མཚོ་ནི། གཡུ་མཚོའི་གླིང་དགུའ་མ། བཞུགས་གི་སྐུ་མཁར་ནི། རིན་ཆེན་འདུས་པའི་མཁར། སྐུ་ལ་གཡུའི་རལ་ཁ་གསོལ། གསེར་སྐྲ་ཐམ་པ་རྐྱེད་ལ་བཅིངས། གསེར་ཁྲི་སེར་པོ་ལ། ཟ་འོག་བདན་ཐབས་བཏིང་། གཟིམས་སྟེ་བཞུགས་ཙམ་ན། ཁབ་དང་གཡལ(580)མི་མངའ། ཁབ་ཅིག་བཙལ་སྙམ་པས་དགོངས།” ལྷ་སྒྲུང་ཚན་པ་འདི་ཉིད་ཞིབ་ཏུ་བསྒྲགས་ན་དོན་ཟིན་འདི་འདྲ་འབྱུང་སྟེ། མ་རྒྱུད་སྤྱི་ཚོགས་ཀྱི་དུས་སུ། སྐྱེས་པས་ཁབ་དང་དབྱལ་འཚོལ་དོན་ནི་རང་ལ་གནས་ས་ཞིག་མེད་པ་ནི་གཏན་ནས་མ་ཡིན་ལ། འཚོལ་དགོས་པ་ནི་སྐྱེས་མ་ཞིག་ལ་དབང་བའི་གཏན་འཇགས་རང་བཞིན་ལྡན་པའི་སྡོད་གནས་ཤིག་དང་། དེ་ན་སྡོད་པའི་སྐྱེས་མ་ཞིག་ཡིན་པ་འདྲ་སྟེ། ཅི་ཡིན་ཞེ་ན་གོང་གི་ལི་སྲིད་པའི་རྒྱལ་པོར་ཆ་མཚོན་ན། ནར་སོན་རྗེས་རང་ལ“བརྟན་གྱི་ཡུལ་བཙལ”བ་ན། གཏན་སྡོད་བྱེད་སའི་གནས་ནི“གསེར་གཤོང་ཁྲི་མོ་ལྡོངས”ཙམ་ཡོད་པ་མ་ཟད། ད་དུང་སྐྱབས་བཅོལ་སའི་ཟླ་རི་ལ“ནམ་མཁའ་མཐོན་དྲུག་རྩེ”ཡོད་པ་དང་། ཟླ་མཚོ་ལ“གཡུ་མཚོ་གླིང་དགུ་མ”ཡོད་པ་དང་། བཞུགས་སའི་མཁར་ལ“རིན་ཆེན་འདུས་པའི་མཁར”ཡོད་པ་དང་། སྟོབས་དང་འབྱོར་པའི་ཆ་རྐྱེན་ཏ་ཙང་ལེགས་པ་ན། “སྐུ་ལ་གཡུའི་རལ་ཁ་གསོལ། གསེར་སྐྲ་ཐམ་པ་རྐེད་ལ་བཅིངས། གསེར་ཁྲི་སེར་པོ་ལ། ཟ་འོག་གདན་ཐབས་བཏིང་། གཟིམས་ཏེ་བཞུགས”ཡོད་མོད། སྐབས་

སུ་བབ་པའི་སྤྱི་ཚོགས་གོམས་སྲོལ་ལྟར་ཁབ་དང་དབྱལ་འཚོལ་དུ་མི་འགྲོ་ཐབས་མེད་བྱུང་། ལི་སྲིད་པའི་རྒྱལ་པོ་ལམ་ལ་ཆས་ལུགས་གླིང་སྐབས། ལྷ་སྒྲུང་གི་ཡིག་ཆ་འདི་ཉིད་དུ"དེར་ནམ་ནངས་རྒྱང་སངས་ནས། གཞའ་ཧ་ཁྲུག་པ་བཅིབས། སྟེམ་རལ་མདའ་གཞུ་ཐོགས། རྒྱགས་སེ་ཁལ་དུ་བཀལ་ཏེ། ཁབ་དང་དབྱལ་ཚོལ་དུ་གཤེགས་ན"ཞེས་བརྗོད་ཡོད་ལ། ཚིག་ཀང་ཙུང་དུ་འདི་ལ་ཞིབ་ཏུ་བརྟགས་ན་ངོས་ཟིན་འདི་འདྲ་ཞིག་འབྱུང་སྟེ། མ་རྒྱུད་སྤྱི་ཚོགས་ཀྱི་དུས་སུ། ཁབ་དང་དབྱལ་འཚོལ་བ་ནི་དཔའ་རྩལ་དཔྱང་བ་འགྲན་དགོས་པའི་ལས་ཀ་ཛ་དྲག་ཅན་ཞིག་ཡིན་པ་ན། ལི་སྲིད་པའི་རྒྱལ་པོ་ཁབ་དང་དབྱལ་འཚོལ་དུ་འགྲོ་སྐབས། "གཞའ་ཧ་ཁྲུག་པ་བཅིབས། སྟེམ་རལ་མདའ་གཞུ་ཐོགས"ནས་སོང་བ་ཡིན་ངེས་ལ། ཁབ་དང་དབྱལ་འཚོལ་ན་དུས་ཚོད་རིངས་ཅན་དགོས་པ་ན། "རྒྱགས་ཕྱེ་ཁལ་དུ་བཀལ་ཏེ"སོང་བ་མ་ཡིན་ནམ། ལྷ་སྒྲུང་འདི་ཉིད་ལས་ལི་སྲིད་པའི་རྒྱལ་པོ་སྐྱེས་མ་དང་ཐོག་མར་འཕྲད་ལུགས་གླིང་སྐབས"དེ་ཕྱུག་རྣན་ཀླུང་གི་བུ་མོས་མཐོང་སྟེ། ཇོ་མོའི་སྔན་དུ་གསོལ་ན། ཇོ་མོས་བདུད་བྱ་ལྡུང་མོ་ཅིག་ཏུ་ཇུས་སྟེ་སྣངས་ཚོལ་དུ་ཕྱིན་ཙམ་ན། ཕོ་མོ་དེ་གཉིས་གནམ་ས་གཉིས་ཀྱི་བར་དུ་འཇལ"ཞེས་བརྗོད་འདུག་པར་གཞིགས་ན། སྐྱེས་པ་རྣམས་ཀྱིས་ཁབ་དང་དབྱལ་འཚོལ་སྐབས། སྐྱེས་མ་རྣམས་ཀྱིས་ཀྱང་རང་ལ་འོས་ཤིང་འཚམ་པའི་སྐྱེས་པ་རྣམས་ལ་ཡིད་འཛོག་བྱེད་བཞིན་ཡོད་པ་འདྲ་སྟེ། ཅི་ཡིན་ཞེ་ན། ལི་སྲིད་པའི་རྒྱལ་པོས་ཁབ་དང་དབྱལ་འཚོལ་བཞིན་ཡོད་པའི་གཏམ་དེ"ཕྱུག་རྣན་ཀླུང་གི་བུ་མོས་མཐོང་སྟེ། ཇོ་མོའི་སྔན་དུ་གསོལ་ན།" ཇོ་མོས་རང་ཉིད"བདུད་བྱ་ལྡུང་མོ་ཅིག་ཏུ་ཇུས་སྟེ་སྣངས་ཚོལ་དུ་ཕྱིན"པ་ན། སྐྱེས་མ་མཁོ་བའི་སྐྱེས་པ་དེ་དང་སྐྱེས་པ་མཁོ་བའི་སྐྱེས་མ་དེ་གཉིས"གནམ་ས་གཉིས་ཀྱི་བར་དུ་འཇལ"བའི་དོན་དག་ཐུན་བུ་འདིས་སྐྱེས་མས་སྐྱེས་པ་སྐྱེག་ལུགས་དེ་དཔེ་མཚོན་རང་བཞིན་ལྡན་པའི་ངང་ནས་གསལ་བཤད་བྱས་འདུག་པ་མ་ཡིན་ནམ།

ལི་སྲིད་པའི་རྒྱལ་པོ་དང་ཇོ་མོ་གཉིས་ཀ་སྣངས་དང་དབྱལ་དུ་གྱུར་པའི་གོ་རིམ་གླིང་སྐབས། 《སྒྲུང་མོ་མདའ་ཁྱེར་གྱི་རྒྱུད》དུ"ལི་རྗེས་གཟིགས་ཙམ་ན། ཤུལ་གི་སྔོན་རོལ་ན། བདུད་བྱ་ལྡུང་མོ་ཅིག སྒྲུམ་ཐུན་ཞུང་དེ་ཞུང་། གཡོག་རྗེབས་ལྡུགས་སེ་ལྡུགས། ལི་རྗེས་མདའ་ཅིག་འཕངས་པ། བྱའི་འཇུག་སྒྲོ་ལ། མདའ་དང་དྲུམ་ཀྱང་ཟུག བྱ་འཕུར་གནམ་ལ་འཕུར། མདའ་ལྟོང་ས་ལ་དྲུད་དེ་ཐལ། ལི་རྗེས་བསམས་པ་ལ། བྱ་ཡང་འཆི་འམ་དགོངས། མདའ་ཡང་དྲུལ་ལམ་དགོངས། ཧ་རྒྱུགས་བྱ་བདས་ན། དེ་ཟིན་དེ་བུ་མ་ཟིན། གོང་བུ་མདའ་ལྟོང་རྐལ་ཏེ་ཐལ"ཞེས་བརྗོད་འདུག་ལ། མ་རྒྱུད་སྤྱི་ཚོགས་ཀྱི་དུས་སུ། སྐྱེས་མ་རྣམས་ལ་སྐྱེས་པ་འདེམ་པའི་རང་དབང་ཆེན་པོ་ཡོད་པ་མ་ཟད། སྐྱེས་པ་མཆོག་ཡིན་མིན་ལ་བརྟག་ཐབས་ཀྱང་འདྲ་མིན་སྣ་ཚོགས་ཤིག་ཡོད་པ་འདྲ་སྟེ། ལི་སྲིད་པའི་རྒྱལ་པོ་ཁབ་དང་དབྱལ་འཚོལ་དུ་བྱོན་པའི་གཏམ་དེ་ཇོ་མོ་ཟེར་བ་དེས་ཐོས་པ་ན། ཇོ་མོ་ནི"བདུད་བྱ་སྒྲུང་མོ་གཅིག་ཏུ་ཇུས་ཏེ་སྣངས

འཚོལ་དུ་ཕྱོན”པ་དང་། དེ་གཉིས་ཀ་གནམ་ས་གཉིས་ཀའི་བར་མཚམས་སུ་འཕྲད་སྐབས། ཇོ་མོས་རྫུས་པའི་བདུད་བྱ་སྐྱུང་མོ་དེ“སྒྲུམ་ཐུབ་ཞུང་ངེ་ཞུང་། གཤོག་སྒེབས་ལྷགས་སེ་ལྷགས”བྱས་ཏེ་འདུག་དོན་ནི་ལི་སྲིད་པའི་རྒྱལ་པོའི་མདའ་རྩལ་ལ་བརྟག་ཆེད་ཡིན་པ་ཚིག་གི་ཤུགས་ནས་རྟོགས་ཐུབ་པ་དང་། ལི་སྲིད་པའི་རྒྱལ་པོས“མདའ་གཅིག་འཕངས། བྱའི་མཇུག་སྒྲོ་ལ། མདའ་སྟོང་གྲུམ་ཀྱང་ཟུག བྱ་འཕུར་གནམ་ལ་འཕུར། མདའ་ལྟོང་ས་ལ་ཐུད་དེ”སོང་བ་ན། མདའ་རྩལ་ནི་ཇོ་མོས་སྟངས་འཚོལ་བའི་ཚད་གཞི་དང་མཐུན་པར་གྱུར་ཏེ། དེའི་རྗེས་སུ“སྟེངས་དང་དབྱལ་དུ་འཚོགས”པ་མ་ཡིན་ནམ། ལི་སྲིད་པའི་རྒྱལ་པོ་དང་ཇོ་མོ་གཉིས་ཀ་དངོས་སུ་འཕྲད་ལུགས་གླིང་སྐབས“མི་ཆད་རྟ་རྫུལ་ནས། རྟ་ཆད་རན(581)ལ་བསྟོད། མི་ཆད་གཟིམས་སྟེ་རྣལ། སང་ནམ་ནང་དགུང་སངས་ན། གཞའ་རྟ་རྐུན་མོས་ཁྲིར་ནས་མེད། རྟ་རྗེས་མདའ་རྗེས་གཉིས། གོང་བུ་རྐལ་ཏེ་གདའ། ལའི་ཕ་རྒྱབ་ན། གཡུ་གྲུར་སྔོན་མོ་ལྷིར་རི་རི། རྟ་རྗེས་མདའ་རྗེས་དེ་ཙ་ཐུལ། ཀླུང་གི་བུ་མོས་རྟ་རྐུས་པས། རྟ་ས་ལུང་བུར་སྦས་ཏེ་བཞག ལི་རྗེས་སྤྲར་སྔོར་ཕྱོན། ངའི་རྟ་དང་མདའི་རྗེས། ཁབ་སྒོ་འདི་ཙ་སོང་། རྐུས་ན་ཆལ་གྱང་གཙོལ། མཐོང་ན་ཧན་ཡང་སྲིན། དེ་སྐད་གསུངས་པ་དང་། གཡུ་སྦྲའི་ནང་ཤེད་ན། མི་བཙུན་བཟང་མོ་བྱུང་། རྟ་རྐུས་ཀླུང་གིས་རྐུས། མདའ་ཁྲིར་བྱ་ཡིས་ཁྲིར་ཏེ་ཐལ། རྗེ་སྲིབས་ལ་སྐྱིལ་ཆེ་བས། བཤོས་གསོལ་བསྐྱིལ་ལོ་སྐད། ཁབ་གི་ནང་དུ་ཁྲིད”ཅེས་བརྗོད་འདུག་ལ། སློག་པའི་འགྲོས་དང་བསྟུན་ནས་ཚིག་རྐང་རེ་རེའི་དོན་ལ་དཔྱད་ན། མ་རྒྱུད་སྤྱི་ཚོགས་ཀྱི་དུས་སུ། སྐྱེས་མ་ཞིག་གིས་རང་གི་འདོད་བློ་དང་མཐུན་པའི་སྐྱེས་པ་གང་ཞིག་སྟངས་སུ་འགུགས་སྐབས། འཕྱོན་མས་མགྲོན་པོ་བསུ་བ་ནང་བཞིན་རང་གི་ཁབ་ལ་ཁྲིད་པ་མ་ཡིན་པར། རྩེད་མཚར་རང་བཞིན་ལྡན་པའི་ཁྲིད་ལུགས་སྣ་ཚོགས་ཤིག་ཡོད་པ་འདྲ་སྟེ། ཇོ་མོས་ལི་སྲིད་པའི་རྒྱལ་པོ་རང་གི་ཁྱིམ་ལ་འདི་ལས་སྐྱེས་མ་རིག་བཟང་ཞིག་གིས་ཀུ་རེ་ཡག་པོ་ཞིག་དང་ཐབས་ལམ་ནུས་ལྡན་ཞིག་ལ་བརྟེན་ནས། རང་གི་འདོད་བློ་དང་མཐུན་པའི་སྐྱེས་པ་ཞིག་ཁབ་ཏུ་འགུགས་ལུགས་བསྟན་འདུག་པ་མ་ཡིན་ནམ། ལྷག་པར་ལི་སྲིད་པའི་རྒྱལ་པོ་ཁྱིམ་ལ་བསུ་སྐབས་ཇོ་མོས་དེས་ཐད་ཀར“བཤོས་གསོལ་ཉལ་ལོ”ཞེས་བརྗོད་དེ་རྒྱལ་པོ་ཁབ་ཀྱི་ནང་དུ་ཁྲིད་པར་གཞིགས་ན། མ་རྒྱུད་སྤྱི་ཚོགས་ཀྱི་དུས་སུ། སྐྱེས་པས་དབྱལ་དང་སྐྱེས་མས་སྟངས་འཚོལ་སྐབས། འདམ་གསེས་ཐད་ཀྱི་དབང་ཆ་གཙོ་བོ་དེ་སྐྱེས་མའི་ཕྱོགས་ན་ཡོད་པ་འདྲ། གཞན་ཡང་། མ་རྒྱུད་སྤྱི་ཚོགས་ཀྱི་སྐབས་སུ། སྐྱེས་མ་གང་ཞིག་གིས་སྐྱེས་པ་གང་ཞིག་སྟངས་སུ་བཀུགས་ན། བཟའ་བཏུང་ཕུན་སུམ་ཚོགས་པས་སྣེ་ལེན་བྱེད་པའི་སྲོལ་ཡོད་པས། 《སྐྱུང་མོ་མདའ་ཁྲིར་གྱི་རྒྱུད》དུ་ཇོ་མོས་ལི་སྲིད་པའི་རྒྱལ་པོ་ཁབ་ཏུ་ཁྲིད་རྗེས། “ཟ་ཟོག་གདན་ལ་གཞག གསེར་གྱི་གཞོང་བ་ཙ། དན་གྱི་སོག་པ་དང་། སྐྱིན་གྱི་རྗེ་ངར་དང་། འབྲས་ཀྱི་བཤོས་བསང་དང་། བུ་རམ་ལེགས་པ་དང་། རྒུན་ཆང་མངར་མོ་དྲངས”ཞེས་བརྗོད་པ་དང་། མ་རྒྱུད་སྤྱི་ཚོགས་

ཀྱི་དུས་སུ། སྟངས་དབྱལ་འཚོལ་སྐབས་དོན་དག་ཐམས་ཅད་ཚིག་གི་སྒོ་ནས་བརྗོད་པ་མ་ཡིན་ལ། དོན་དག་གལ་ཆེན་འབབ་ཞིག་བརྡ་ལ་བརྟེན་ནས་སྟོན་པའི་སྲོལ་ཡང་ཡོད་པ་འདྲ་སྟེ། ཅི་ཡིན་ཞེ་ན། ལི་སྲིད་པའི་རྒྱལ་པོ་ཇོ་མོའི་ཁབ་ཏུ་སླེབས་སྐབས། "ཕྱུགས་སུ་ཡར་ལྷུས་ནས།(582) ཁར་ཚང་གི་མདའ་དེ་དང་། གཡུ་འཕང་སྔོན་མོ་ཅིག གསེར་ཐག་སེར་པོས་བཅིངས་ནས། ཀ་བ་ཡ་ཚུགས་ལ་བཅིངས་ནས་བདའ"ལ། མདའ་འཕང་ཀ་བར་བཅིངས་པའི་བསྟན་དོན་གླེང་སྐབས། ཇོ་མོས"མདའ་འཕང་ཅིག་ཏུ་འཚོགས་པ་དེ། ཡབ་ཡུམ་བདག་ལ་འཚོགས་པ་ལགས། གསེར་ཐག་སེར་པོས་དཀྲིས་པ་དེ། དབུ་སྐྲ་ཅིག་ཏུ་འཁྲིལ་བ་ལགས། ཀ་བ་དྲང་ལ་བཅིངས་པ་དེ། ཁ་སྟུགས་ཅིག་ཏུ་འདྲིས་པ་ལགས"ཞེས་བརྗོད་པར་གཞིགས་ན། དངོས་པོ་བརྡ་ལ་བཀོད་པའི་མཚོན་དོན་དེ་ཡོངས་སུ་རྟོགས་ཐུབ།

གཉིས་པ། ཕ་རྒྱུད་སྤྱི་ཚོགས་དང་བོད་ཀྱི་གཉེན་དོན་གོམས་སྲོལ།

༡. ཕ་རྒྱུད་སྤྱི་ཚོགས"སྐྱེས་པ"འཛིག་རྟེན་མཐུན་འཇུག་གི་སྲོག་ཤིང་།

མ་རྒྱུད་སྤྱི་ཚོགས་དང་ཕ་རྒྱུད་སྤྱི་ཚོགས་གཉིས་ཀ་ནི་གདོད་མའི་སྤྱི་ཚོགས་ཀྱི་དུས་མཇུག་ལ་བསྟུད་མར་བྱུང་བ་དང་ཁྱད་ཆོས་མི་འདྲ་བའི་སྤྱི་ཚོགས་ལམ་ལུགས་རིགས་གཉིས་ཡིན་ལ། ཕ་རྒྱུད་སྤྱི་ཚོགས་ཀྱི་དུས་སུ་ལམ་ལུགས་གསར་པ་ཞིག་དར་བ་ནི། རིགས་རྒྱུད་མགོ་ཁྲུངས་ནི་ཕ་ལ་གཏུགས་པའི་སྲོལ་བྱུང་བ་མ་ཟད། སྐྱེས་པ་ནི་སྤྱི་ཚོགས་དང་ཁྱིམ་གྱི་སྲོག་ཤིང་དུ་གྱུར་ཏེ། ཁྱིམ་གྱི་རྒྱུ་ནོར་བཀོལ་སྤྱོད་བྱེད་ལུགས་གཏན་འཁེལ་བྱེད་པ་དང་ཁྱིམ་མི་རྣམས་ལ་བཀོད་འདོམས་བྱས་པ་ཡིན་པར་བཤད། ཁྱིམ་གཞི་འཛིན་ལུགས་ཐད་ནས་བཤད་ན། ཕ་རྒྱུད་སྤྱི་ཚོགས་ཀྱི་དུས་སུ། སྐྱེས་པ་རྣམས་འཁྱམས་ནས་ཁབ་དང་དབྱལ་འཚོལ་བ་མཇུག་རྫོགས་ཏེ། སྐྱེས་མ་ངེས་གཏན་ཅན་ཁྱིམ་ལ་བསུས་ཏེ་ཕྱོ་ཤུག་གི་འབྲེལ་བ་དང་། གཏན་འཇགས་རང་བཞིན་ལྡན་པའི་སྒོ་ནས་འཚོ་བ་རོལ་བ་ན། ཁྱིམ་གྱི་བྱིས་པ་རྣམས་ལ་སྤྱི་མཐུན་གྱི་ཕ་མ་རེ་ཡོད་པ་མ་ཟད། བྱིས་པ་རྣམས་ལ་བུ་ནི་ནར་སོན་ན་ཕ་རྒྱུད་འཛིན་པ་དང་། བུ་མོ་ནི་གཞན་ཡུལ་འགྲིམས་ཏེ་གཞན་གྱི་ཆུང་མ་བྱེད་པའི་སྲོལ་དར་བ་ཡིན། འོ་ན། ཕ་རྒྱུད་སྤྱི་ཚོགས་ཀྱི་སྐབས་སུ། བོད་པའི་སྟངས་ཀྱིས་དབྱལ་འཚོལ་ལུགས་ནི་ག་འདྲ་ཞིག་ཡིན་པ་དང་། དེ་ལ་ཐུན་མོང་མ་ཡིན་པའི་ཁྱད་ཆོས་ཅི་ཞིག་ཡོད་ཅེ་ན། བོན་གྱི་ལྷ་སྒྲུང་གང་ཞིག་ཏུ་སྐྱེས་པ་རྣམས་ཀྱིས"ཁབ་དང་དབྱལ"འཚོལ་ལུགས་གླེང་བཞིན་ཡོད་ན། ལྷ་སྒྲུང་དེ་ལས་མ་རྒྱུད་སྤྱི་ཚོགས་ཀྱི་གཉེན་སྒྲོལ་སྐོར་གྱི་གཏམ་རྒྱུད་ཅིག་བརྗོད་བཞིན་ཡོད་པ་དང་། ལྷ་སྒྲུང་གང་ཞིག་ཏུ་སྐྱེས་པ་གང་ཞིག་གིས་སྐྱེས་མ་གང་ཞིག"ཁབ་ཏུ་བཞེས"ཞེས་བརྗོད་སྐབས། ལྷ་སྒྲུང་དེ་ལས་ཕ་རྒྱུད་སྤྱི་ཚོགས་ཀྱི་གཉེན་སྒྲོལ་ཐད་ཀྱི་གཏམ་རྒྱུད་ཅིག་སྟོན་བཞིན་ཡོད་ངེས་ཏེ། དཔེར་ན《དབུ་ནག་མིའུ་འདྲ་ཆགས》[4]སུ"འགྲོ་རྗེ་ལྷ་དབང་ཐོད་དཀར་ལ། བུ་དགུ་ཡོད་པ་ཅི་འདྲ་ཤེས། མནའ་

མ་སྨུ་ཟ་ཁབ་ཏུ་བཞེས་པ་ལ། གནམ་ཐེལ་དཀར་པོ་དང་། ས་ཐེལ་ཁྲ་བོ་གཉིས་སྲིད”ཅེས་བརྗོད་པ་ལྟ་བུ་དང་། “སྨུ་བུ་སྤྲི་གཙུག་རྒྱལ་བ་དེས། ཏུང་ཟ་དཏུལ་མོ་ཁབ་ཏུ་བཞེས་པ་ལས། སྨུ་རབས་སྟག་ཆ་འལ་འོལ་སྲིད། སྨུ་རབས་སྟག་ཆ་འམ་འོལ་དེས། མཚམས་ཟ་བྱ་ཁྱུང་མ་ཁབ་ཏུ་བཞེས་པ་ལས། སྨུ་རབས(15a)མཆེད་བཞི་སྲིད”ཅེས་པ་ལྟ་བུ་ཡིན། སྐྱེས་མ་སྐྱེས་པའི་ཁྲིམ་ལ་བསུས་ཏེ་ཁྲིམ་གཞི་འཛིན་ལུགས་ནི་སྐྱེས་པ་རིགས་རྒྱུད་ཚོ་ཁག་དང་དུད་ཁྲིམ་གྱི་སྒྲོག་ཤིང་དུ་གྱུར་པའི་མཚོན་རྟགས་གལ་ཆེན་ཞིག་ཡིན་ལ། སྐབས་འདིར་སྐྱེས་པའི་གོ་གནས་རིམ་གྱིས་འཕར་བ་དང་བསྟུན་ནས། སྐྱེས་པ་གཅིག་གིས་སྐྱེས་མ་མང་པོ་ཁྲིམ་ལ་བཀུགས་ཏེ་བདག་གིར་བཟུང་ཡོད་དེ། དཔེར་ན《དབུ་ནག་མིའུ་འདྲ་ཆགས》སུ་བོད་འཇོམ་ལ་སྒྲོམ་ལས་མིའུ་གདུང་དྲུག་སྲིད་ལུགས་གླེང་སྐབས“བོད་འཇོམ་ལ་སྒྲོམ་ལ་སྲས་ཁྲི་ཐོག་ཆེན་པོ་ཡོད། སྲས་ཁྲི་ཐོག་ཆེན་པོ་དེ། གཉན་ལྷམ་དཀར་མོ་ཁབ་ཏུ་བཞེས་པ་ལ། སྲས་གསུམ་ཡོད་པ་ལ། ཆེ་བ་ལྡོང་། འབྲིང་བ་དབྲ། ཆུང་བ་འགྲུ། དེ་ནས་དམུ་ཟ་ཁབ་ཏུ་བཞེས་པ་ལ། དམུ་ཚ་སྒ་སྲིད། སྲིན་མོ་གོ་ཟུ་ཅན་ཁབ་ཏུ་བཞེས་པ་ལ། སྲས་གཉིས་ཡོད་དེ། ཆེ་བ་དབལ། ཆུང་བ་ལྷ། བོད་མ་གསུམ་བུ་དྲུག་བྱ་བ་ཡིན”ཞེས་བསྟན་འདུག་ལ། གློག་པའི་འགྲོས་དང་བསྟུན་ནས་ཚིག་རྐང་རྣམས་ལ་བརྟགས་ན། བོད་འཇོམ་ལ་སྒྲོམ་གྱིས་སྐྱེས་མ་གསུམ་ཁབ་ཏུ་བཞེས་པ་མངོན་པ་མངོན་གསལ་ཡིན་པ་དང་། སྐྱེས་མ་གསུམ་ལ་བུ་དྲུག་སྲིད་པ་དང་ཕ་ནི་བོད་འཇོམ་ལ་སྒྲོམ་ཡིན་པས། ཁོ་ཚོར“བོད་མ་གསུམ་བུ་དྲུག”ཅེས་སུ་བཏགས་ཏེ་ཨ་ཕའི་མིང་གི་དེ་ཚིག་གི་རྒྱབ་རོལ་ལ་བསྐྱངས་པ་ཡིན་ནོ། །འདིར་གསལ་འདེབས་བྱ་དགོས་པ་ཞིག་ནི། གོང་གི་ལུང་ཚིག་ཁྲོད་དུ་བྱུང་བའི“ཁབ་ཏུ་བཞེས”ཞེས་པ་ལས་ཕ་རྒྱུད་སྤྱི་ཚོགས་སྐབས་ཀྱི་ལོ་རྒྱུས་རྣམ་པ་ཅི་བྲག་པ་ཞིག་སྟོན་བཞིན་ཡོད་པ་འདྲ་སྟེ། དང་པོ་ལྟར་ན་སྐྱེས་མ་ཁྲིམ་ལ་བཀུགས་ཏེ་ཁྲོ་ཤུག་གི་འབྲེལ་བ་བཙུགས་པ་དེ་ལ་ཞེ་ས“བཞེས”སྦྱར་བ་ནི་སྐྱེས་པའི་གོ་གནས་ཆེ་ཆེར་འཕར་བའི་རྟགས་མཚན་ཞིག་ཡིན་པ་དང་། གཉིས་པ་ནི“ཁབ”ནི་བྱ་བའི་ཡུལ་ལ་གོ་བ་དང“བཞེས”ནི་བྱ་བར་གོ་བ་མ་ཟད། ཚིག་གི་རྒྱབ་རོལ་ལ་གབ་འདུག་པའི་གཏན་ཚིགས་གནད་དུ་བཟུང་སྟེ་དཔྱད་ན། “ཁབ་ཏུ་བཞེས་པ”ནི་སྐྱེས་པས་སྐྱེས་མ་ཁྲིམ་ལ་བཀུགས་ཏེ་འཁྲིག་ཡ་ངེས་གཏན་ཡོད་པའི་སྒོ་ནས་ཉིས་སྦྱོར་གྱི་བདེ་བ་ལོངས་སུ་སྤྱོད་པ་ལ་གོ་བ་དང་། ཚིག་གི་ཤུགས་ན་ཁབ་ཏུ་མི་བཞེས་པ་སྟེ་ཁྲིམ་ལ་མ་བཀུགས་པའི་འཁྲིག་ཡའང་ཡོད་པ་བསྟན་འདུག་པ་འདྲ། གལ་སྲིད་གནས་ལུགས་ནི་གོང་ནས་བརྗོད་པ་ལྟར་ཡིན་ན། ཕ་རྒྱུད་སྤྱི་ཚོགས་ཀྱི་དུས་སུ་བོད་ཀྱི་སྐྱེས་པར་ཁྲིམ་ལ་བཀུགས་པའི་ངེས་གཏན་ཅན་གྱི་སྐྱེས་མ་དང་ཁྲིམ་ལ་མ་བཀུགས་པའི་ངེས་གཏན་མེད་པའི་སྐྱེས་མ་སྟེ་འཁྲིག་རིགས་གཉིས་ཡོད་དགོས་འདུག

༢.《མིང་སྲིད་དཔལ་བཀོས་དང་ལྷ་འདོག》“ཕ་རྒྱུད་སྤྱི་ཚོགས”གཉེན་སྒྲོལ།

《མིང་སྲིད་དཔལ་བཀོས་དང་ལྷ་འདོག》ནི་སྲིད་ལྷམ་འཕྲུལ་མོ་ཆེ་ཟེར་བ་ཞིག་གི་གཉེན་དོན་གཙོ་

པོར་སྟོན་པའི་ལྷ་སྲུང་ཞིག་ཡིན་ལ། ཞིབ་ཏུ་དཔྱད་ན་ལྷ་སྲུང་འདི་ལས་རིགས་རྒྱུད་སྐྱི་ཚོགས་སྐབས་ཀྱི་ཚོ་དཔོན་གཉིས་ཀའི་བར་ལ་གཉེན་སྒྲུང་ལུགས་དེ་བརྗོད་ཡོད་པ་འདྲ། གང་ལྟར་གཏམ་རྒྱུད་དུ་ཕ་རྒྱུད་སྤྱི་ཚོགས་ཀྱི་དུས་སུ་སྣང་ས་ཀྱིས་དབྱལ་འཚོལ་ལུགས། གཉེན་འཛིན་ལུགས། གཉེན་གྱི་གོམས་སྲོལ། སྐྱེས་པ་དང་སྐྱེས་མའི་གོ་གནས་ཀྱི་ཁྱད་པར་སོགས་ནི་ཅུང་ཞིབ་ཆ་ཡོད་པའི་སྒོ་ནས་བསྟན་འདུག དཔེར་ན《མིང་སྲིད་དཔལ་བགོས་དང་ལྷ་འདོག》ཏུ་གཏམ་རྒྱུད་ཁྲིད་ཀྱི་མི་སྣ་གཙོ་བོ་སྟེ"རྒྱ་རྗེ་ལིང་དཀར"དང"ལྷ་རྗེ་ཐོམ་འབྲང"གཉིས་ཀའི་བར་ལ་གཉེན་སྒྲུང་བའི་རྒྱབ་ལྗོངས་གླིང་སྐབས"ཀྱི་སྣང་ཚམ་དུས་ཀྱི་དང་པོ་ལ། ཡུལ་ཅིག་རྒྱལ་ཡུལ་བརྟན་བཟང་ན། མཁར་ནི་རྒྱ་མཁར་ལྡེམ་པ་ན། ཡབ་ཅིག་རྒྱ་རྗེ་ལིང་དཀར་དང་། ཡུམ་ཅིག་དམུ་ལྕམ་དྲ་བ་ནི། དེ་གཉིས་སྲིད་ཅིག་བཞེས་པའི་སྲས། མིང་སྲིང་གཉིས་སུ་བྱུང་བ་ལ། མིང་པོ་རྒྱ་ལུ་ཐིང་གེ་དང་། སྲིང་མོ་རྒྱ་ལྕམ་ཡིག་གེ་མ། དུས་དང་སྐལ་པ་དེ་ཙམ་ན། ཡུལ་ཅིག་ལྷ་ཡུལ་གུང་ཐང་ན།(419) ཡབ་ཅིག་ལྷ་རྗེ་ཐོམ་འབྲེང་དང་། ཡུམ་ཅིག་ལྷ་ཟ་གུང་བཙུན་མ། དེ་གཉིས་བཞེས་ཅིང་སྤྲུལ་པའི་སྲས། མིང་པོ་ལྷ་སྲས་ལྡོན་པ་དང་། སྲིང་མོ་སྲིད་ལྕམ་འཕྲུལ་མོ་ཆེ། མཛེས་ཤིང་ཡིད་དུ་འོང་བ་ལ། ལྷ་མི་ཀུན་གྱི་ཡིད་ཀྱང་ཤོར། ལྷ་མི་ཀུན་གྱི་དགོས་སོ་ཟེར། དུས་དང་བསྐལ་པ་དེ་ཙམ་ན། རྒྱ་རྗེ་ལིང་དཀར་ཞལ་ན་རེ། བུ་མོ་ང་ལ་དགོས་སོ་ཟེར"ཞེས་པ་ལྟར་བརྗོད་འདུག་ལ། ཚིག་གི་དོན་ཀུན་ལ་རིམ་གྱིས་དཔྱད་ན་ངོས་ཟིན་འདི་འདྲ་འབྱུང་སྟེ། གཅིག་ན་ཕ་རྒྱུད་སྤྱི་ཚོགས་ཀྱི་དུས་སུ་སྐྱེས་མ་རྣམས་ལ་གོ་གནས་ཆེན་པོ་མེད་པས། ཕོ་ཚོའི་འཛིན་ཐང་ནི་རང་ཉིད་ཀྱི་ཡོན་ཏན་དུ་འགྱུར་བའི་གོ་སྐབས་མེད་པ་དང་། བཞིན་རས་ལེགས་པ་ནི་སྐྱེས་མའི་ཡོན་ཏན་མཆོག་ཡིན་པས། "སྲིང་མོ་སྲིད་ལྕམ་འཕྲུལ་མོ་ཆེ། མཛེས་ཤིང་ཡིད་དུ་འོང་བ་ལ། ལྷ་མི་ཀུན་གྱི་ཡིད་ཀྱང་ཤོར། ལྷ་མི་ཀུན་གྱི་དགོས་སོ"ཞེས་བརྗོད་པ་དང་། སྐྱེས་མར་རང་གི་ཁྱོ་ག་འདེམ་པའི་དབང་ཆ་མེད་པ་ན་རྒྱལ་རྗེ་ལིང་དཀར་གྱིས"བུ་མོ་ང་ལ་དགོས་སོ"ཞེས་བརྗོད་པ་ཡིན་ལ། ཚིག་གི་ཤུགས་ལས་བུ་དང་བུ་མོའི་གཉེན་དོན་དེ་ཕ་མས་ཐག་གཅོད་བཞིན་ཡོད་པའང་བསྟན་འདུག

ཕ་རྒྱུད་སྤྱི་ཚོགས་ཀྱི་དུས་སུ་སྐྱེས་མ་རྣམས་ལ་ སྔར་གྱི་གོ་གནས་མེད་པ་དང་། ལྷག་པར་སྤྱི་ཚོགས་སུ་དངོས་པོ་དངོས་པོར་བརྗེ་བ་དང་སེམས་ཅན་དངོས་པོར་བརྗེ་བའི་སྲོལ་དར་བ་ན། སྐྱེས་མ་སྤྱི་དང་སྒོས་སུ་སྐྱེས་མ་མཛེས་མ་རྣམས་ཀྱི་ལས་དབང་ནི་སྤྱི་ཚོགས་ཀྱི་གོམས་སྲོལ་ཚད་ལྡན་ལས་འགོངས་པར་དཀའ་བ་ཡིན། གནས་ཚུལ་འདི་འདྲའི་འོག་ཏུ། སྐྱེས་མ་ནི་སྤྱི་ཚོགས་ཀྱི་ཚོང་ཟས་སུ་གྱུར་ཏེ་བརྗེ་རེས་ཀྱི་སྲོལ་དར་ཡོད་སྐབས། བུ་མོ་སྟེར་བར་འཐད་པ་བྱུང་རྗེས་ལྷ་རྗེ་ཐོམ་དཀར་གྱིས་རྒྱ་ལྷ་ལིང་དཀར་ལ"ངའི་བུ་མོ་འདོད་པ་ན། རིན་དུ་གསེར་གཡུ་རིན་ཆེན་དང་། ལྷ་གཡུ་དེ་ནི་འོད་འབར་དང་། སེའི་དེ་ནི་གོས་བདུན་དང་། ལྷ་རྟ་དེ་ནི་ངང་དཀར་དང་། ལྷ་གཡག་དེ་ནི་ཞོལ་ཆེན་དང་། ལྷ་ལུག་དེ་ནི་

ཁྲུ་བདུན་དང་། ལྷ་ར(422)དེ་ནི་ཞལ་དཀར་དང་། ལྷ་མདའ་དར་གྱི་བརྒྱན་པ་དགོས། རང་དབང་ཆེ་བ་བུ་མོའི་ཕ། ཕ་ལ་ལྷ་རྟ་སྤབ་སྤྲེལ་དགོས། མ་ལ་ལྷ་འབྲི་ཟལ་དཀར་དགོས། མིང་ཅིག་སྲིང་ཅིག་མིག་དང་འདྲ། མིང་ལ་སྤྱན་རྟེན་གསེར་གཡུ་དགོས། ཉེ་བ་འཁོར་གཡོག་ལུས་དང་འདྲ། ལུས་རྟེན་དར་དཀར་ཡུག་ཅིག་དགོས། མགོ་བའི་ལྷ་ལྡེ་མཆོད་པ་ལ། ལྷ་ཕྱེ་དང་ནི་ལྷ་མར་དང་། ལྷ་ཤ་ཕུད་དུ་མ་ཉམ་པ། གླང་ཆེན་ཁལ་དུ་ཡོང་བ་དགོས། བུ་སྲིང་དཔལ་བགོས་བྱེད་པ་ལ། ལྷ་བོན་ཐོད་དཀར་ཞལ་ན་རེ། ལྷ་ཐོད་རྒྱ་མོའི་དར་ཐོད་དགོས། ལྷ་རྟེན་དར་ཡུག་གོས་ཡུག་དགོས། དཔལ་གྱི་དོག་ཤ་བྱེད་པ་ལ། དཔལ་བཞི་དར་གྱི་ལྷ་བདན་དགོས།(423) ལྷ་ཕོ་གྱེན་དུ་སྤྲིལ་བ་ལ། ཕོ་བདན་དར་དཀར་ཡུག་ཅིག་དགོས། འདྲེ་ཕོ་ཐུར་དུ་སྤྲིལ་བ་ལ། ཕོ་བདན་དར་ནག་ཡུག་ཅིག་དགོས"ཞེས་བརྗོད་པ་མ་ཟད། སྐབས་དེར་ལྷ་རྗེ་ཐོམ་དཀར་གྱིས་ཀྱང་བུ་མོ་དངོས་པོར་བརྗེ་བའི་གོམས་སྲོལ་དང་ལེན་བྱས་ཏེ་གཉེན་དོན་གཉེར་ལུགས་རྒྱ་རྗེ་ཝིང་དཀར་གྱི་འདོད་བློ་དང་བསྟུན་པ་རེད། ཕ་རྒྱུད་སྤྱི་ཚོགས་ཀྱི་དུས་སུ། སྐྱེས་མ་ཚོང་ཟོང་སུ་གྱུར་པ་ནི་སྐྱེས་མ་ལ་སྤྱི་ཚོགས་ན་གོ་གནས་མེད་པའི་རྟགས་མཚན་ཞིག་ཡིན་པ་མ་ཟད། དེ་ནི་སྐྱེས་མ་ལ་ཁྱིམ་ཚང་ན་གོ་གནས་མེད་པའི་རྟགས་མཚན་ཞིག་ཀྱང་ཡིན་ཏེ། སྣང་ཚུལ་དེ《མིང་སྲིང་དཔལ་བགོས་དང་ལྷ་འདོག》ལས་ཀྱང་གསལ་པོར་མཐོང་ཐུབ། དཔེར་ན་སྲིད་ལྷམ་འཕྲུལ་མོ་ཆེས་ཡབ་ལྷ་རྗེ་ཐོང་དཀར་ལ་དཔལ་སློང་སྐབས། ཡབ་ཀྱིས"ཏ་ལའི་ཤིང་ཡང་དུག་གི་རྒྱུ། ཤིང་ཕ་ཚན་ཆེ་བ་མེའི་རྒྱུ། ཙཱ་རི་མཆོག་ལྡན་པ་ཟས་ཀྱི་བཅུད། བུ་མོ་སྐྱེས་པ་མིའི་དཔལ། ཁ་བ་བབ་པ་རིའི་སྒོས། བུ་མོ་བྲུང་ཡང་མིའི་གཡོག དཔལ་གྱི་སྐལ་བ་མི་སྟེར"ཞེས་བཤད་པ་དང་། ཡུམ་གྱིས་སྲིད་ལྷམ་འཕྲུལ་མོ་ཆེ་ལ་ཁ་ཏ་བྱེད་སྐབས"བུད་མེད་བྱ་བ་སྲིན་གྱི་རིག མོ་རིག་བྱ་བ་བསམ་པ་ངན། བུ་སྲིང་བྱ་བ་མི་མ་ཡིན། བུད་མེད་བྱ་བ་མི་ཡིན་ན། མིའི་ཡུལ་དུ་ག་ལ་བཙུག"ཅེས་བརྗོད་པ་འདིས་སྐྱེས་མའི་གོ་གནས་ཆོག་ཐུང་ཞིང་དོན་གསལ་བ། འཛིན་བདེ་བའི་སྒོ་ནས་བསྟན་པ་མ་ཡིན་ནམ།

ཕ་རྒྱུད་སྤྱི་ཚོགས་ཀྱི་དུས་ལ་སླེབས་པ་དང་བསྟུན་ནས། སྐྱེས་མའི་སྤྱི་ཚོགས་དང་ཁྱིམ་གྱི་གོ་གནས་རིམ་གྱིས་ཇེ་དམར་སོང་བ་དེ་ནི་སྐྱོ་གར་ཞིག་ཡིན་མོད། གཉེན་སྒྲོལ་དར་བ་དང་བསྟུན་ནས་གཉེན་གྱི་ཚོ་ག་དང་གཉེན་སྒྲོལ་རིག་གནས་ཀྱང་རིམ་བཞིན་ཕུན་ཚོགས་སུ་སོང་། དཔེར་ན《མིང་སྲིང་དཔལ་བགོས་དང་ལྷ་འདོག》ཏུ་སྲིད་ལྷམ་འཕྲུལ་མོ་ཆེའི་རིན་ལ"ཡབ་ལ་ལྷ་རྟ་སྤབ་སྤྲེལ་ཕུལ། མ་ལ་ལྷ་འབྲི་ཟལ་མོ་ཕུལ། མིང་ལ་སྤྱན་རྟེན་གསེར་གཡུ་ཕུལ། འཁོར་གཡོག་རྣམས་ལ་གོས་དར་ཕུལ"ཞེས་བསྟན་འདུག་པ་ན། གཞན་གྱི་བུ་མོ་ཆུང་མར་བསུ་སྐབས་བུ་མོའི་ཕ་མ་ཉེ་དུ་རྣམས་ལ་ལེགས་སྐྱེས་འབུལ་བའི་སྲོལ་དེ་བོད་ལ་སྔ་མོ་ནས་ཡོད་པ་མ་ཟད། ཡབ་ལ་རྟ་དང་མ་ལ་འབྲི། མིང་པོར་གསེར་གཡུ། འཁོར་གཡོག་ལ་གོས་དར་ཕུལ་བ་ལས་ལེགས་སྐྱེས་ནི་མིའི་གོ་གནས་དང་དགོས་མཁོར་བསྟུན་ནས་འབུལ་

བཞིན་ཡོད་པ་རྟོགས་ཐུབ་པ་དང་། 《མིང་སྲིད་དཔལ་བགོས་དང་ལྷ་འདོག》ཏུ"ལྷ་བོན་ཐོད་དཀར་ཞལ་ན་རེ། ལྷ་ཐོད་རྒྱ་མོའི་དར་ཐོད་དགོས། ལྷ་རྟེན་དར་ཡུག་གོས་ཡུག་དགོས། དཔལ་གྱི་དོག་ཤ་བྱེད་པ་ལ། དཔལ་བཞི་དར་གྱི་ལྷ་བདན་དགོས།(423) ལྷ་ཤོ་གྱེན་དུ་སྒྲིལ་བ་ལ། ཤོ་བདན་དར་དཀར་ཡུག་ཅིག་དགོས། འདྲེ་ཤོ་ཐུར་དུ་སྒྲིལ་བ་ལ། ཤོ་བདན་དར་ནག་ཡུག་ཅིག་དགོས"ཞེས་པ་དང་། "ལྷ་བོན་ཐོད་དཀར་སྤྱན་དྲངས་ནས། ལྷ་བོན་དབུ་ལ་ཐོད་ཅིག་བཅིང་། འོག་ཏུ་ཟླ་འོག་བདན་ཡང་བཏིང་། ལྷ་ལ་ལྷ་རྟེན་གསེར་གཡུ་དང་། དར་ཡུག་གོས་ཡུག་ལ་སོགས་པ། དགོས་པ་ཚང་མར་ཕུལ་ནས་ནི། ལྷ་བོན་ཐོད་དཀར་ཞལ་ན་རེ། མིང་སྲིད་དཔལ་བགོས་བྱེད་པ་ལ། མི་འཚལ་བྱ་བ་དགུ་ཅིག་འཚལ"ཞེས་པར་ཞིབ་ཏུ་བརྟགས་ན། རྒྱལ་པོའི་སྲས་མོ་བཙུན་མོར་བསུ་སྐབས། སྐུ་གཤེན་གྱིས་ཆོ་ག་སྤེལ་དགོས་པ་མ་ཟད། ཆོ་གར་མཁོ་བའི་རྫས་རྣམས་ནི་གཉེན་ཡས་འབུལ་དགོས་པ་དང་། བོན་ལ་དགོས་པའི་རྫས་རྣམས་འཛོམས་པ་ན་རང་ཡུལ་འཛིན་དགོས་པའི་མིང་དང་གཞན་ཡུལ་འགྲིམ་དགོས་པའི་སྲིད་ལ་དཔལ་རྒྱུ་ནོར་བགོ་སྲིད་པ་རྟོགས་ཐུབ་པ་དང་། དཔལ་རྣམས་བགོས་པ་ན་མིང་སྲིད་གཉིས་ལ་སྐལ་བ་འདི་ལྟར་ཐོབ་སྟེ། "ཕོ་དཔལ་གསུམ་གཉིས་མིང་གི་ཐོབ། མོ་དཔལ་གསུམ་ཆ་སྲིད་གི་ཐོབ། དེ་ནས་དབུའི་རྒྱན་དགོས་པས། རྒྱལ་རྫོག་གླིང་གཞི་མིང་གི་ཐོབ། གོ་དཀར་འཛིན་ཞུ་སྲིད་གི་ཐོབ། དེ་ནས་འགུལ་གྱི་རྒྱན་དགོས་པས། གསེར་གཡུ་འོད་ལྡན་མིང་གི་ཐོབ། གཟི་མཆོད་དུང་གསུམ་སྲིད་གི་ཐོབ། དེ་ནས་དཔལ་དང་གཡང་དགོས་པས། འབྲང་རྒྱས་ཞལ་དཀར་མིང་གི་ཐོབ། སྨན་བཤོས་ཀླུམ་པོ་སྲིད་གི་ཐོབ། དེ་ནས་ཞལ་ལྷའི(441)ཟས་དགོས་པ། དྲ་བཤོས་ཟོར་གསུམ་མིང་གི་ཐོབ། གསུམ་མང་ཞལ་མང་སྲིད་གི་ཐོབ། དེ་ནས་ཕྱུག་གི་ཆས་དགོས་པ། ལྷ་མདའ་སྒྲོ་དཀར་མིང་གི་ཐོབ། གསེར་འཕང་གཡུ་ལོ་སྲིད་གི་ཐོབ། དམུ་འབྲང་མཐིང་རིས་མིང་གི་ཐོབ། མན་ཤེལ་སྣ་དགུ་སྲིད་གི་ཐོབ། ལྷ་རྟ་དང་དཀར་མིང་གི་ཐོབ། ནག་ཆུང་རྟིང་དཀར་སྲིད་གི་ཐོབ། ལྷ་གཡག་ཞོལ་ཆེན་མིང་གིས་ཐོབ། རོག་ཆུང་སྣེ་དཀར་སྲིད་གི་ཐོབ། དཔལ་དོན་ངོ་དམར་མིང་གི་ཐོབ། དཀར་མོ་འཚལ་མིག་སྲིད་གི་ཐོབ། ཁྲུང་དཀར་མཛོ་ཕོ་མིང་གི་ཐོབ། རྟོལ་པ་ར་གཡོན་སྲིད་གི་ཐོབ། ཕྱུ་ར་ཞལ་དཀར་མིང་གི་ཐོབ། འཛི་མོ་ཁ་སྐྱ་སྲིད་གི་ཐོབ། དེ་ནས་མགོ་ཡི་ལྷ་དགོས་པ། ཕོ་ལྷ་རྒྱང་དགུ་མིང་གི་ཐོབ། མོ་ལྷ་སྲིད་བཙུ་སྲིད་གི་ཐོབ། ཁྲབ་རྫོག་གི་གསུམ་མིང་གི་ཐོབ། བལ་འཕང་སྐུད་གསུམ་སྲིད་གི་ཐོབ། ཕོ་ཆས་ཁྲལ་ཁྲོལ་མིང་གི་ཐོབ།(442) མོ་ཆས་སལ་སིལ་སྲིད་གི་ཐོབ། བརྟན་གྱི་ཕ་ཡུལ་མིང་གི་ཐོབ། མི་ཡུལ་སྐྱ་མོ་སྲིད་གི་ཐོབ།"

གཞན་ཡང་། དེང་སྐབས་བུ་མོས་གནས་ཡུལ་འགྲིམ་སྐབས་ཕ་མ་ཉེ་དུས་རྫོང་སྐལ་སྟེར་བའི་སྲོལ་ཡོད་པ་དང་། རྫོང་སྐལ་ལ་ལར་མཚོན་དོན་ཐུན་མོང་མ་ཡིན་པ་ཞིག་ཀྱང་ཡོད་པ་ཡིན། འོ་ན་ཕ་རྒྱུད་ཀྱི་ཚོགས་ཀྱི་སྐབས་སུ་བུ་མོ་གནས་ལ་འགྲོ་སྐབས་རྫོང་སྐལ་སྟེར་ལུགས་ག་འདྲ་ཡོད་ཅེ་ན། 《མིང་སྲིད་

དཔལ་བགོས་དང་ལྷ་འདོག》ཏུ་སྲིད་ལྟམ་འཕྲུལ་མོ་ཆེ་གནས་ལ་འགྲོ་སྐབས། ཡབ་ཀྱི་ཇོང་སྐལ་ནི་མདའ་ལ། དེའི་མཚོན་དོན་ནི“མདའ་མོ་དར་གྱི་རྒྱན་པ་འདི། མོ་སྲིང་ཕོ་རུ་འཕེལ་བ་ཡིན། མདའ་སྟོང་གནམ་ལ་སྣུན་པ་འདི། མཁའ་རྗེ་དགུང་དང་སྙམས་པ་ཡིན། སྟུག་མ་ཚོགས་གསུམ་ཡོད་པ་འདི། ལུས་ངག་ཡིད་དང་གསུམ་པོ་ཡིན། མདེའུ་ལྕགས་ལ་བྱས་པ་འདི། འདྲེ་གདོན(428)སྙིང་ལ་རྒྱབ་པ་ཡིན། སྦྲུམ་པའི་རེས་མོ་རྟག་པ་འདི། མི་ཁ་མགོང་པོ་ཐུབ་པ་ཡིན། ཁབ་དང་སྐུད་པས་རྒྱན་པ་འདི། ཕར་བཏང་ཚུར་མི་ལྡོག་པའི་དོན”ཞེས་པ་ལྟར་ཡིན་པ་དང་། ཡུམ་གྱིས་གསེར་གྱི་འཕང་ཞིག་ཇོང་དུ་བྱིན་ལ། དེའི་མཚོན་དོན་ནི“འཕང་རྩེ་གནམ་ལ་སྣུན་པ་འདི། མཐོ་བའི་གྲལ་མགོ་སློག་པ་ཡིན། འཕང་ལོ་སྐྱིད་དུ་བསལ་བ་འདི། འདུ་བྱེད་གླིང་དུ་འགྲོགས་པའི་དོན། འཕང་སྨད་ཟླུམ་ལ་འདྲིལ་བ་འདི། དཔལ་དང་ནོར་གྱི་ཁེངས་པའི་དོན། འཕང་སྙེད་འཛོང་ལ་འདྲིལ་བ་འདི། གཡོ་རྒྱུ་ཟོལ་ཟོག་ཆུང་བ་ཡིན། རྩེ་ལ་བལ་འདབ་དཀྲིས་པ་འདི། ལས་དང་འབྲེལ་བ་རྒྱུན་ཆད་མེད། ཕྱི་ནང་གང་དུ་འཁྱིལ་ཀྱང་འཁྱིལ། འདུ་བྱེད་སྒྱུར་དུ་འགྲུབ་པ་ཡིན”ཞེས་པ་ལྟར་ཡིན་པ་དང་། མིང་པོ་རྒྱལ་བུ་འཛིང་གེའི་ཇོང་སྐལ་ནི་གཡུ་ཆུང་དྲུག་དམར་ཞིག་ཡིན་ལ། དེའི་མཚོན་དོན་ནི“གཡུ་སློག་དོད་ལ་སྤྲ་བ་འདི། ཤེས་རིག་ཁོང་ནས་རྒྱས་པ་ཡིན། གཡུ་ལ་གངས་རི་ཡོད་པ་འདི། ཕོ་ལྷ་སྲ་ལྷ་ཆགས་པའི་དོན། གཡུ་ལ་མཚོ་མོ་ཡོད་པ་དེ། མ་ལྷ་མོ་སྨན་ཆགས་པའི་དོན། གཡུ་མདོག་མདངས་དང་ལྡན་པ་འདི། གཞན་རྣམས་ཟིལ་གྱི་གནོན་པའི་དོན”ཞེས་པ་ལྟར་ཡིན་པར་བཤད།

མཆན།

[1][2][3][4] མཁར་རྨེའུ་བསམ་གཏན་དང་ཡ་སུ་ཧི་ཀོ · ན་ག་ནོ་གཉིས་ཀྱིས་བསྒྲིགས། 《ཁྲོ་བྲུག་སྟོན་མོའི་གསུང་སྣན》ཤོག་ངོས༡༥༡དང༢༠༩、༡༥༡པར་གསལ།

《མང་ཚོགས་སྒྱུ་རྩལ།》༢༠༡༣ལོའི་དེབ་དང་པོ་ལས་བཏུས།

འདས་མཆོད་ཀྱི་སྐོར།

༄༅། །བོད་མིའི་འདུས་མཆོད་བྱ་ཚུལ་ཀུན་ཕན་བཞིན་སྣོད།

གྲགས་པ་ཚེ་དབང་ནོར་བུ།

འདིར་བརྗོད་པར་བྱ་བ་ནི་རང་རིགས་ཀྱི་འདུས་མཆོད་བྱ་རིམ་ཡིན། དེ་ཡང་ཆོས་ལུགས་དང་ཡུལ་གོམས་གང་ནས་རྩ་བའི་བོད་ཀྱི་འདུས་མཆོད་གོ་བ་གཅིག་གྱུར་ཡིན་ལ། ལུང་པ་སོ་སོར་ལག་ལེན་མི་འདྲ་བ་འགའ་ཡང་ཡོད་པས། དེང་སྐབས་རྣམ་པར་འགྱུར་ལྡོག་ཆེ་བ་འཚོ་གོས་ཞིགས་ཙམ་དང་། ལྷག་པར་གྲོང་ཁྱེར་ལ་མཚོན་ན་ཕྱོགས་ཁག་ནས་སྤོ་བཞུགས་ཁྱིམ་ཚང་མང་བ་བཅས་ཀྱིས་རང་སོ་སོའི་ལུང་པའི་སྲོལ་དང་། ས་གནས་ཀྱི་ལུགས་སྲོལ་སོགས་བསྲེས་ནས་འདུས་མཆོད་ཙམ་མ་ཡིན་པ་ཡུལ་གོམས་ཁང་གསོལ། གཉེན་སྟོན་སྐྱིད་པ་སོགས་གྲ་རྒྱས་ལྷ་བུ་འདི་ལྟར་སྣང་བ་ཡག་པོ་རེད། འོན་ཀྱང་བསམ་གཞིགས་སྐྱིའི་དེ་རྩར་བསམ་ན་མཐར་འདུས་མཆོད་འདི་ཡང་གང་ལ་དམིགས་པའི་ཁྱུངས་བོར་ཞིང་འགྲེལ་བཤད་དང་དཔལ་འབྱོར་འཕོས་ཞན་གྱིས་སྒྲུབ་དཀའ་ལ། མིའི་མཛའ་བརྩེ་གུས་ཞབས་བོར་ཏེ་རྟེན་འབྲེལ་དང་ཐུགས་སྨོའི་རྣམ་པར་འགྱུར་བའི་ཉེན་ཁ་ཆེ་ཞིང་། ཆོས་ལུགས་དང་ཡུལ་གོམས་ལ་འགའ་རེས་གོ་བ་ཇི་བཞིན་ལེན་རྒྱུར་དབེན་པ་དང་། སྐྱིའི་སྒྲུབ་བདེར་མ་བསམས་པ་གང་དྲན་བག་མེད་སྤྱོད་པ་དང་རྒྱ་ཆེར་མཆོད་པ་འདི་འདྲ་དང་། དེ་འདྲ་མཐོང་བས་མ་བཟོད་པའི་ཀུན་ནས་བླངས་ཏེ་ཙུང་ཟད་བརྗོད་པར་ཡང་། སྤྱིར་འཛམ་བུ་གླིང་འདིར་ཆོས་ལུགས་ཀྱི་གྲུབ་མཐའ། ཡུལ་གོམས་ཀྱི་རྒྱུན་སྲོལ་དང་། ཐེ་བྲག་མི་རིགས་མང་བའི་རྒྱལ་ཁབ་ཅིག་ལ་མཚོན་ཀྱང་མི་རིགས་སོ་སོའི་ཆོས་དད་དང་། ཡུལ་གོམས་གང་ནས་འདུས་མཆོད་ཀྱི་རྣམ་པ་མི་འདྲ་བ་རེ་ཡོད་ལ་གང་ལྟར་མདོར་བསྡུས་ན་སྨྲ་ཤེས་དོན་གོ་བ་ཅན་གྱི་འགྲོ་བ་ཞིག་ཡིན་སྟབས། འདུས་མཆོད་ནི་འདས་པོ་ཆེ་གེ་མོའི་དྲིན་དང་ཕྲུག་རྗེས་དྲན་ནས་མྱ་ངན་གྱི་རྣམ་པ་མཚོན་པ་ཡ་རབས་གུས་པའི་རྣམ་པ་ཞིག་ཡིན་ལ་ཆོས་ལུགས་ནས་འདས་པོས་ཚེ་སྔ་ཕྱིར་བསགས་པའི་སྡིག་སྒྲིབ་སྦྱོང་བའི་ཆེད་ཤུལ་མིས་སྒྲུབ་འོས་ཀྱི་བྱ་བ་ཞིག་ཡིན་པ་ལས་འདས་པོ་ག་གེ་མོ་ཞིག་བཀྲ་ཤིས་པའི་གནས་སུ་རྩེན་པར་མ་ཡིན་སྟབས་འདུས་མཆོད་ཀྱི་རིམ་པ་དངོས་གཞི་ནས་ལོ་མཆོད་བར་ཐུགས་སྨོ་དང་རྟེན་འབྲེལ་གྱི་རྣམ་པ་ནམ་ཡང་ཐོན་མི་ཏུང་། གལ་སྲིད་རྣམ་པ་དེ་འདྲར་གྱུར་ན་ང་ཚོའི་འདུས་མཆོད་འདི་རྒྱུ་མཚན་དང་ལྡན་པར་འགྲེལ་མི་ཐུབ་པ་མ་ཟད་མཐར་འཆལ་འཚོལ་དུ་གྱུར་ནས་དཔལ་འབྱོར་འཕོས་ཞན་གྱིས་སྒྲུབ་པར་དཀའ་བ་ཞིག་ཏུའང་འགྱུར་ཉེན་ཆེ། དེར་

བརྟེན་གནས་འདི་ས་བཅད་གཉིས་སུ་བརྗོད་པར་བྱ་བ་ལ། ས་བཅད་དང་པོ་སུ་ཡིན་ཀྱང་རང་གི་ཟག་བཅས་ཕུང་པོ་དང་མི་འབྲལ་བའི་རྟག་སྡོད་མེད་ཅིང་དེ་ན་མི་རྟག་འཆི་བ་དེ་ནམ་ཡོང་ལ་མཁས་དགོས་ཏེ། མདོ་རྒྱུད་ལས། སེམས་ཅན་རྣམས་འཆི་བའི་རྐྱེན་གཉིས་ཏེ་དུས་མིན་པའམ་མ་སླེབས་པར་འཆི་བ་དང་། ཚེའི་འཕེན་པ་རྫོགས་ཏེ་འཆི་བའོ། །དུས་མིན་འཆི་བར་སྨན་དཔྱད་རིམ་གྲོས་བཟློག །ཚེ་ཟད་བསླུ་བས་བཟློག་པའི་ཐབས་ཤེས་ནི། །སུ་ལའང་མེད་པས་འགྲོ་བའི་གྲབས་བྱ་དགོས། །ཞེས་པ་དེ་ལ་ལུས་ངག་ཡིད་དང་། རྨི་ལམ་ལ་བརྟེན་ནས་འཆི་བའི་མཚན་མ་བརྟག་པ་སྟེ། ལུས་ཀྱི་འཆི་རྟགས་གཅིན་དང་རྟུག་པ་དུས་གཅིག་ཏུ་བྱུང་བ། བུད་མེད་ཟླ་མཚན་ཁུ་བ་དང་། སྐྱེས་པར་ཁྲག་ཏུ་གྱུར་པ། དབང་པོ་ལྔའི་བྱེད་ལས་ཉམས་པ། ཤ་མདོག་ངེས་མེད་འགྱུར་བ། སེན་མོའི་བཀྲག་མེད་པ། མིག་སྤྱུ་ཡལ་བ། ལྟག་སྐྲ་གྱེན་ལྡོག མིག་གི་འོད་སྐོར་ཡལ་བ། རྣ་བ་བཀག་ཚེ་ཤུར་སྒྲ་མེད་པ། ཁང་ལག་གི་དྲོད་བསྡོགས། སྣ་རྩེའི་ཤ་ཁུམ། ཉེ་ཤར་ལ་བརྟག་ལུས་ཀྱི་ཀླངས་མེད་པ་སོགས་མདོ་རྒྱུད་ཕལ་མོ་ཆེ་ལས་བསྟན་ཡོད་ལ་དེ་ལྟར་སོ་སོར་ཡང་དངོས་སུ་ཡོང་བ་ཞིག་ཡིན། ངག་གི་འཆི་ལྟས་ཀླུང་ལ་བརྟག་དགོས་པ་དང་ཅུང་ཟད་ཞིབ་པས་གཞུང་གཞན་ལས་སླང་བར་བྱ་བ་དང་འཕྲིད་རྒྱུན་གཅེས་སོ། །ཡིད་ཀྱི་འཆི་ལྟས་སུ། མི་གཤིས་བཟང་ངན་དང་། ཆགས་སྡང་སྤྲོ་ཐུང་ཁོག་ཡངས། ཞིབ་རྩིང་སོགས་རྒྱུན་གཏན་གོ་ལྡོག་པ། སྐྱོ་བ་དང་། ཚིག་ཟ། འཇིགས་སྐྲག་ས་ཕྱོགས་གཞན་ལ་འགྲོ་འདོད་པ་སོགས་རྣམ་འགྱུར་ལ་བརྟག་པ་དང་། འཆི་ལྟས་རེ་རེ་ལའང་འཆི་བའི་དུས་བཅས་ཡོད། ཞར་བྱུང་རྨི་ལམ་དུ། གཅེར་བུར་བོང་ཞོན་མེ་ཏོག་དམར་པོ་ལག་ཏུ་འཁྱེར་བ། གཤིན་པོ་དང་མཉམ་དུ་དགའ་སྟོན་བྱེད་པ། ཡན་ལག་གཟུགས་གཞི་གཞན་གྱིས་འཕྲལ་བ་སོགས་སོ། །

གཉིས་པ། འཆི་བ་དངོས་དང་། འདས་མཆོད་གཉིས་ལས་དང་པོ་འཆི་བ་དངོས་ཀྱི་རིམ་པར། དཔེར་ན་ནད་པ་དང་། ཁྱིམ་མི་གཉིས་ཀས་བརྟག་པ་ལ་གཅེས་དགོས་པ་ཡིན། འདུས་བྱས་ཤ་ཁྲག་གི་ཕུང་པོ་འདི་དང་པོར་འབྱུང་བ་བཞི་ལས་གྲུབ་ཅིང་། མཐར་འབྱུང་བ་བཞི་རིམ་པར་གཅིག་ལ་གཅིག་ཐིམ་ནས་འཇིག་པར་ཡང་། དཔེར་ན་ག་གེ་མོ་ཞིག་ནད་ཀྱིས་ཟིན་ནས་སྨན་དཔྱད་རིམ་གྲོས་མ་ཕན་པ་དང་མཐར་འཆི་བར་ངེས་པའི་རྟགས་འདི་ལྟར་འབྱུང་བ་སྟེ། གཞན་གྱི་སྐད་ཆ་སོགས་བཤད་ཀྱང་ཙུར་ཙུར་ཟེར་བ་ལས་ཚིག་འབྲུ་ཇི་བཞིན་མི་ཐོས་པའམ་རྒྱང་རིང་གི་སྒྲ་བ་དང་འདྲ་བ་ཐོས་པས་རྣ་ཤེས་ཉམས། དེ་བཞིན་མིག་གིས་གཟུགས་ལ་བལྟས་ཀྱང་ལང་ངེ་ལོང་ངེ་ཙམ་ལས་མ་མཐོང་བས་མིག་ཤེས་ཉམས། དེས་མཚོན་སྣ་ཡིས་དྲི། ལུས་ཀྱིས་རེག་བྱ་མི་མྱོང་བ་སོགས་ཐིམ་རིམ་ཕྱི་མ་ཡིན་པས་ལམ་སྣང་པ་ཅན་འཕོ་བ་འདེབས་པ་ངོ་སྤྲོད་པ་བྱིན་རྟེན་བླུད་པ་སོགས་ཀྱི་དུས་མ་ནོར་བ་དེ་ཡིན། དེ་ནས་ཤ་ཁམས་ས་ལ་ཐིམ་པས་ལུས་དོང་དུ་ལྡུང་བ་དང་། རི་བོས་ནོན་པ་ལྟ་བུའི་ལྕི་བའི་སྣང་བ་འཆར་ཞིང་། ང་ཡར་ལ་འཐེན་

ཟེར་བ་དང་། ངའི་སྟེས་འདི་མཐོར་འདེགས་ཟེར་བ་སོགས་ཡོད། དེ་ནས་ཁྲག་ཁམས་ཆུ་ལ་ཐིམ་དུས་ཁ་ཆུ་དང་སྣ་ཆུ་འཛག དྲོད་ཁམས་མེ་ལ་ཐིམ་དུས་ཁ་སྣ་སྐམ། ལུས་དྲོད་སྡུད་དེ་ཁ་ཅིག་ལ་སྤྱི་བོ་ནས་ཐྲངས་པ་ཡོད། དབུགས་ཁམས་རླུང་ལ་ཐིམ་པའི་དབུགས་ནང་དུ་སྡུད་དཀའ་ཞིང་ཕྱི་ལ་བརྒྱགས་པ་དེ་ཡིན། དེ་ནས་ལུས་ཀྱི་ཁྲག་ཐམས་ཅད་སྙིག་རྩར་འདུས་ཏེ་སྙིང་དབུས་སུ་ཁྲག་ཐིགས་རིམ་པ་གསུམ་རྒྱབ་པས་དབུགས་རིང་གསུམ་ཕྱི་ལ་འཕེན་ཞིང་དབུགས་ཀྱི་རྒྱུ་བ་ཆད་དུས་དེར། སྤྱི་བོ་ནས་ཕ་ལས་ཐོབ་པའི་དྭངས་མ་དཀར་ཆ་ཐུར་ལ་རྒྱུག་པས་སྣང་བ་སྐྱ་ལམ་ལམ་འཆར། ལྟེ་བ་ནས་མ་ལས་ཐོབ་པའི་རཀྟ་དམར་ཆ་གྱེན་ལ་རྒྱུག་པས་མཆེད་པ་དམར་ལམ་ལམ་འཆར། དེ་ནས་དཀར་དམར་དེ་གཉིས་སྙིང་དབུས་སུ་ཕྲད་པའི་བར་དེར་རྣམ་ཤེས་ཚུད་ནས་ནག་ཐུམ་གྱིས་བརྒྱལ་འགྲོ། དེ་ལ་ཉེར་ཐོབ་ནག་ལམ་ཞེས་ཟེར། དེ་དུས་རྣམ་ཤེས་ཐྲིའུ་མུན་ཁང་དུ་བཅུག་པ་ལྟ་བུ་ཡོད་པས་ཕུང་པོར་ཐུག་རེག་བྱུང་ས་ནས་རྣམ་ཤེས་ཐོན་འགྲོ་བས་ངེས་པར་འཕོ་བའི་རིམ་པའང་འཛོམས་ན་དང་དེ་མིན་བསམ་པ་བཟང་པོས་སྨོན་ལམ་དང་བཅས་སྤྱི་བོའི་སྣ་ནས་འཐེན་ཙམ་བྱེད་དགོས་པ་དེ་ཡང་གནད་དུ་ཆེ།(འཕོ་བ་རྒྱག་མཁན་ཡོད་ཚེ་ངེས་པར་དུ་འཕོ་རྗེན་འདས་པོའི་གོས་སྟེ་དང་ཁ་བཏགས་དངུལ་ཕྲན་བུ་དགོས།) སྐབས་དེར་འགྱངས་འཕོ་ཞུ་བ་སོགས་དཀར་ཉེ་སྤུན་མཆེད་ཀྱིས་སྡུག་ཆང་འདྲེན་དགོས་པ་ཡིན་ཏེ། ས་བཅད་གཉིས་པ། ག་གེ་མོ་ཞིག་འདས་པའི་དུས་ལ་སླེབས་པ་ནས་ལོ་མཆོད་བར་གྱི་རིམ་པ། དེ་ཡང་འདས་མཆོད་དངོས་ལ་དངོས་གཞི། བདུན་ཚིགས། ལོ་མཆོད་གསུམ་གྱི་རིམ་པ་ཡོད་དེ།

༡. དངོས་གཞི་སྐབས་འདིར་སྡུག་ཆང་འདྲེན་པ་ནི་ནང་མིར་སེམས་གསོ་དང་ཆང་འདྲེན་པ་ཡང་རླུང་ལ་སྨན་པའི་སླད་དུ་ཡིན་པ་ལས་ཚང་མ་ཧུབ་སྟོད་ཀྱིས་ཆང་བཏུང་བ་མི་རུང་བ་དང་། ཆོས་བཅུ་མཆེད་གྲོགས། མགོ་རྫུང་བའི་གྲོགས་མཆེད་ཡོད་ན་དང་དེ་མིན་དཀར་ཉེ་སྤུན་མཆེད་ཀྱིས་མགྱོགས་བསྔོ་ཞུ་བ། རྒྱུན་པ་ཞེས་ཆོས་འདོན་པ། གདན་འདྲེན་གཤིན་རྟིས་རྒྱག་རྒྱུ་གསུམ་གཙོ་བོ་ཡིན།

མགྱོགས་བསྔོ་དེ་ག་གེ་མོ་ཚེ་ལས་འདས་འཕྲལ་མཆོད་མེ་འབུལ་བ་དང་། འཕོ་བའི་རིམ་པ་ཚར་རྗེས་དགོན་པའི་ནང་དང་། གྲོང་ཁྱིམ་དུ་ཡོད་པའི་ཚད་ལྡན་བླ་མར་བསྔོ་བའི་ཞུ་རྟེན་འབོས་བསྐུལ་རྒྱུ་ཆེ་དང་། འདས་པོའི་ཆོས་དད་དང་བསྟུན་རྒྱུ་གལ་ཆེ། དེ་ལ་ཡང་བསྔོ་བའི་ཡི་གེའི་ནང་སྐྱབས་ཞུ་དང་ཞུ་རྟེན་ངེས་པར་ཚུད་དགོས་ལ་བསྔོ་ཞུའི་ཡིག་སྙིང་ལ་དཔེ་བཀོད་ན་བྲིས་ཀྱང་ཆོག ཚུང་ཟད་འདས་པོའི་དད་མོས་དང་མཐུན་པའི་རྒྱུན་པ་དགེ་འདུན་དང་གོས་དཀར་སྡེ་བ་གདན་དྲངས་འབོས་བསྐུལ་བསྟུན་གསོལ་བ་ཞབས་འདེགས་ལ་སྣང་ཆུང་བྱེད་རྒྱུ་མེད། ཆོས་འདོན་པས་ཀྱང་མདོ་རྒྱུད་ཀྱི་གཞུང་བཞིན་ཐུགས་བསམ་རྒྱ་ཆེ་བ་བྱང་ཆུབ་སེམས་ཀྱི་ཀུན་སློང་ཐབས་ཟབ་མོ་མྱུར་ལམ་ལ་བརྟེན་པའི་ཚོ་གར་དམ་པ་གསུམ་གྱིས་རྫོགས་ཟིན་པར་མཛད། སྐབས་འདིར་བསུར་སྟོད་རྫ་གད་ཆག་མེད་པ་གསར་པ་དང་བསུར་

ཆས་མཆོད་པའི་ཡོ་ཆས་སོགས་གྲ་སྒྲིག་དང་། དེ་ནས་གཉེན་རྩིས་ཞུ་རྒྱུ་ཡང་རྩིས་ཡོན་དང་ཁ་བཏགས་བཅས་དགོས། རྩིས་པས་ཀྱང་གཞུང་ལྟར་སྐྱེ་བྱེ་བྲག་འབྱེད་པ་གཉེན་པོའི་ཁྱིམ་ཚང་གི་འཕོས་བསྟན་རྒྱུས་བརྟུས་འཚམས་པའི་གཏོ་རིམ་ཐོན་ཆོས་སོགས་གནང་དགོས་པ་ལས་སྐྱབ་ཐབས་བྲལ་བ་སོགས་ལ་ཐུགས་བསམ་གཏང་དགོས། དཀར་ཉེ་སྤུན་མཆེད་གོ་ཚོད་རེ་ཟུང་གིས་དངོས་གཞི་ཞག་གསུམ་ནང་གཉེན་པོར་སྨན་པའི་མཆོད་འབུལ་ཡུལ་སྐྱི་དང་ཁྱིམ་ཚང་ལ་མི་གནོད་པའི་གཏོ་རིམ་དང་། ཐོན་ཆས་རྣམས་ནང་མི་དང་ཞིབ་བསྡུར་དཔལ་འབྱོར་གྱི་འཕོས་བཞིན་མ་མཐར་ཡང་བདུན་ཚིགས་བདུན་གྱི་འགྲོ་སོང་སོགས་ཀྱང་ཁོག་རྩིས་སུ་བཞག་པ་ལས། རང་གི་གོ་ཐོས་སོགས་རྒྱུ་མཚན་དུ་བྱས་ནས་ཐལ་དྲགས་པའི་བྱུས་འདོན་ཆང་བག་མེད་དུ་བཏུང་བ་དག་ཀྱལ་གྱི་བྱ་བ་སོགས་སྤངས་ཏེ་ཁ་ཁྲུ་སིམ་པོའི་ངང་འདས་མཆོད་ལ་འཛུག་དགོས།

དངོས་གཞིའི་ནང་ཆོས་བཅུ་མཆེད་གྲོགས་སམ་མགོ་བོ་བཙུད་བའི་གྲོགས་མཆེད་སོགས་ཀྱིས་ཁྱིམ་ཚང་གི་བབས་བསྟན་ཕུང་པོའི་འཛོག་ལུགས་དང་། སྤྱིར་བཏང་ཕུང་པོའི་ལས་བྱེད་མཁན་གྱིས་རྩ་ཐག་གིས་སྐྱིལ་ཀྱང་ལ་བསྡམས་ནས་ཁང་པའི་ཟུར་དུ་ས་སྟེག་གསུམ་གྱི་སྟེང་དུ་བཞག་ཅིང་། བྱེ་མ་ཕྲན་བུ་འདིང་དགོས་དེ་ནི་ཚྭ་ཁྲག་སོགས་ལེན་ཆེད་ཡིན། ཁ་སྒོགས་སོགས་རྩིས་གཞུང་དང་བསྟུན་དགོས། འོན་ཀྱང་ཆ་རྐྱེན་འཛོམས་ཚེ་ཉལ་སྟངས་ལྟར་བཞག་ཀྱང་འགལ་བ་མེད། སྣ་གཡུ་སོགས་རྒྱན་ཡོད་ཚེ་ངེས་པར་བཀྲོལ་ཏེ་དཀར་ཉེ་སྤུན་མཆེད་རྒྱུད་བདག་པོར་སྤྲད་ཏེ། ཙུང་ཟད་དཔལ་འབྱོར་ཡོད་མཁན་ཡིན་ན་རྩིས་ལྟར་ཕུང་པོར་འཇུ་ཙུང་གི་ཕུང་ལས་པ་གྲ་སྒྲིག་དགོས། སྤུར་དབང་ཞུས་པ་སོགས་བྱས་ཚེ་ཕུང་པོ་འབྲུ་བ་སོགས་ཀྱང་གཞུང་དང་བསྟུན། སྤྱིར་བཏང་དུ་ཁྱིམ་ཚང་ནས་ཉལ་ཟན་དཀར་རྐྱང་ཞིག་གྲ་སྒྲིག་དགོས་པ་དང་། དཀར་ཉེ་ནས་རྩ་ཐག་དང་། གྲི་ཕུང་ལས་པ་དུར་ཁྲོད་ལ་འགྲོ་མི་གང་དགོས་བཅས་གྲ་སྒྲིག་དགོས། དངོས་གཞིའི་སྐབས་དཀར་ཉེ་དང་ཐ་ཐད་སྤུན་མཆེད་ཀྱིས་མཆོད་པའི་ཡོ་ཆས་དང་། སྐུ་ཞབས་ཚོར་གསོལ་ཇ་ཐེངས་རེ་ཉིན་རེར་རེས་མོས་ཀྱིས་འཁྱེར་ནས་འདེགས་དགོས། ཕུང་པོ་སང་ཉིན་ཐོན་རྒྱུའི་དང་ཉིན་རྩིས་ལྟར་དཀར་མེ་དངོས་གཞི་བྱ་དགོས། དེ་ལ་ཁྱིམ་ཚང་ནས་ཚོགས་བཞེངས་ཏེ། ཚོགས་ཤ་ལུག་སྨད། དཀར་ཉེ་ནས་ཚོགས་ཤ་ཆང་། སྤོས། མཆོད་དོད། སྤུར་དར་བཅས་དགོས་ལ། ལམ་འདྲེན་གྱི་དར་ཙུང་ཟད་ལེགས་རིང་ཞིག་དགོས། སྐབས་འདིར་ཡུལ་མིས་དཀར་འབུལ་དཏུལ་དང་། སྤོས། སྤུར་དར་བཅས་དགོས་ལ་ནག་ཐོ་ཁ་གསལ་རྒྱག་དགོས། དེའི་རྒྱུ་མཚན་ཡང་ཁྱིམ་མཚེས་ཀྱི་ཕ་ཤི་ཡང་མྱ་ངན་ཞག་གསུམ་ཟེར་བ་ལྟར་མི་ཤི་བྱུང་བ་ན་བུ་ལ་དཀའ་བ་ཕ་མའི་རོ་འདོན་ཟེར་བ་བཞིན་དཔལ་འབྱོར་གྱི་འགྲོ་སོང་ཡང་མི་ཉུང་བ་ཞིག་གཏོང་དགོས་དུས་ཡུལ་མི་ཁྱིམ་མཚེས་མང་པོའི་རོགས་རམ་ཕྲན་བུས་ཀྱང་གཅིག་བསྡུས་སུ་སྟོབས་ཤིན་ཏུ་ཆེ་བས་གནའ་བཟང་དེང་སྤྱོད་དེ་ལ་སྔ་

ས་ནས་དམ་འཛིན་དང་རང་ལའང་དོན་དེ་ཡོང་རྒྱུར་ཐེ་ཚོམ་མི་དགོས་པའང་གལ་ཆེ། འོན་ཀྱང་དཀར་འབུལ་སྐབས་ཆང་འཁྱེར་རྒྱུ་འདི་ལམ་གསར་པ་ཞིག་དར་པ་ཡིན་སྟབས་འདི་སྔང་ནས་དེའི་རིན་འབབ་དེ་དཀར་འབུལ་གྱི་དངུལ་སྟེང་བརྩིགས་ན་དེ་བས་ཕན་པ་ཆེ། དེའི་དགོང་མོ་དགེ་འདུན་སོགས་ལ་བསྔོ་རྟེན་གོས་སྣེ་དང་། སྐུ་ཡོན་འབུལ་དགོས་པ་དང་། ནང་མི་རེ་རེས་ཕྱག་འགྱེད་འབུལ་དགོས། དེ་བཞིན་དཀར་ཉེ་རྣམས་ཀྱིས་ཕྱག་འགྱེད་འབུལ་དགོས། འོན་ཀྱང་དགེ་འདུན་པ་རྣམས་སྤུར་མ་ཐོན་ཙམ་ལ་ཕེབས་དགོས་ལ། དེ་ཉིན་འཕོས་བསྟུན་སྤུར་འཁྱེར་ཆས་སྒོ་ཁྲི་འམ་རྒྱབ་འདྲེན་གྱི་དངོས་པོ་གྲ་སྒྲིག་གིས་སྤུར་ལས་པ་ལའང་སྒྲ་ཆ་ཕྱག་འགྱེད་སོགས་དགེ་འདུན་པ་ལས་ལྷག་ཙམ་སྤྲོད་དགོས། འོན་ཀྱང་སྤུར་ལས་པ་གྲོགས་མཆེད་སོགས་ཡིན་ན་ཕྱག་འགྱེད་ངེས་པར་སྤྲོད་དགོས་ལ་སྒྲ་ཆ་ལེན་མི་སྲིད་པ་བཅས་དང་ལུང་པ་མང་ཆེ་བར་མཆེད་གྲོགས་ཀྱིས་སྤུར་ལས་བྱས་པའི་སྲོལ་བཟང་ད་ལྟ་ཡང་ཡོད། ཐོན་ཆས་སུ་དགོན་པ་སོགས་ཡོད་ན་ལམ་སྟོན་ཞུ་བའི་རྟེན་དུ་གོས་སྣེ་དང་། དངུལ་མཇལ་དར་འགྲོ་མི་ཞིག་དགོས་ལ་དེ་ཕུང་པོའི་སྟོན་དུ་འགྲོ་བ་དང་ཕྱི་བལྟས་བྱ་རྒྱུ་མེད། སྤུར་ཐོན་སྐབས་གོས་དཀར་པས་བཞེངས་བསྐྱལ་དང་བཅས་ཕུང་ལས་པས་ཉལ་ཟན་ལ་དམ་པར་སྒྲིལ་རྩ་ཐག་གིས་བསྡམས། བུ་ཕྲུག་སྤུན་མཆེད་གང་འགབ་ཀྱིས་ཁུར་པས་རྒྱབ་ཏུ་འཁྱེར། སྒོ་རར་སྦྲག་ཅག་སྟེང་དུ་བཞག་ནས་གཡང་འགུགས་དང་། ནང་མིས་ཕྱག་འཚལ་དང་འབྲེལ་སྤུར་དར་འབུལ་དགོས། དཔེར་ན་ཕ་མ་དང་། ཡང་ན་རང་དང་ཤིན་ཏུ་བརྩེ་གུས་ཅན་ཡིན་ན་ནང་མིས་དུར་ཁྲིད་དམ་གང་འཚམས་གདན་འདྲེན་ཞུ་བའི་སྲོལ་ཡོད།

སྐབས་འདིར་དུར་ཤུལ་འཕྱུག་པ་སོགས་རྩིས་ལྟར་མི་སྣ་གྲ་སྒྲིག་བྱ་དགོས། དུར་ཁྲིད་ལ་ཇ་ཆང་དང་། གཤིན་པོ་དང་བཅས་པར་ཤ་རྡོག་རེ། དཀར་གསུར་དང་། ལག་འབྲུ་ནག་གསུར་བཅས་དགོས་ལ། གློང་རྟ་གཏོང་བའི་སྲོལ་ཡང་ཡོད།

དུར་ཁྲིད་དུ་འཕྱོར་བ་དང་། ཕྱི་གཙོད་ཀྱིས་བསུ་བ་དང་། དཀྱིལ་འཁོར་ལ་སྐོར་བ་གསུམ་རྒྱབ་ཕུང་པོ་ཕྱོགས་གཙང་ལ་ཁ་བལྟས་པའམ་ཡང་ན་ཕོ་ཁ་སྦུབ་དང་མོ་གན་རྐྱལ་ལ་བཞག་པའི་སྲོལ་ཡོད། དེ་ནས་ལས་པ་རྣམས་ཟ་བཏུང་བྱེད། རྟོགས་ལྡན་གྱིས་ཕུང་པོ་ཚོགས་བསྔོ་དང་འབྲེལ་བསྔོ་སྨོན་གྱི་རིམ་པ་གཞུང་ལྟར་དང་གསུར་བསྔོ་བྱེད། ཕུང་པོ་གཏུབ་པའི་སྐབས་མགོ་བོ་རྡོ་ཕུར་ལ་བཏགས་ཤིང་པགས་པ་བཤུས་ཏེ་ཡན་ལག་བཀྲལ། ཤ་ཞུར་ནས་ཉལ་ཟན་ལ་སྒྲིལ་སྟོན་དུ་ནང་ཁྲོལ་བྱ་གཏོར་དང་། དེ་ནས་རུས་པ། དེ་ནས་ཤ་རྣམས་བྱ་གཏོར་དང་། མཐར་ཀླད་པ་དང་རུས་པ་བསྲེས་ཏེ་སྟེར་དགོས། ཀ་ལི་ལག་མཐིལ་ཙམ་བླངས་ནས་མེར་བསྲེགས་སླར་ས་ཚྭ་བཟློས་ཏེ་ཆུ་ཚོག་གམ་གནས་གཙང་མར་བཞེངས། ཕུང་པོ་བྱ་སྟེར་སྐབས་ཕོ་མོའི་ཕུང་པོ་བྱས་ཟ་ལོས་ཀྱི་སྔ་རྗེང་བཏང་བའི་སྲོལ་ཡོད། འོན་ཀྱང་སྔ་རྗེང་དང་མཐུན་ལམ་གང་ཟབ་དགོས་པ་ལས། དཀྱིལ་འཁོར་གསར་པ་བཟོ་བ་སོགས་བྱེད་རྒྱུ་མེད།

དེ་ནས་ཕུང་ལས་པ་རྣམས་བསུ་ཆང་སར་འབྲུས་དང་ཟ་མ་ཟོས་རྗེས་སོ་སོའི་ཁྱིམ་ལ་ལོག་པ་ལས་དེང་སང་གཞན་ཞིག་ཏུ་ཟ་མ་དང་ཆང་བསྐྱལ་ནས་སྤྲོད་པ་འདི་ལམ་གསར་པ་ཡིན། ཁྱིམ་ཚང་ནས་དུར་གྱི་ཆས་སམ་བཟའ་བཏུང་རྩ་བ་ནས་དེར་མི་གཏོང་བ་ནི་འཕྲུལ་མྱུར་བྱ་བ་དེ་འདྲ་བྱེད་མི་དགོས་པའི་རྟགས་རྟེན་ཡིན་པས་སོ། །དཔེར་ན། ཕུང་པོ་མ་ཐོན་གོང་སྐུ་ཞབས་རྣམས་ཕེབས་དགོས་པ། གདན་འཛོམ་བསྡུས་པ་སོགས་ཀྱིས་ཀུང་གོ་སླ་དེའི་སང་ཉིན་དཀར་ཉེ་ནས་བེམ་ཆང་འདྲེན་པའི་སྲོལ་ཡོད། མདོར་བསྡུས་ཚེ་འཆི་བ་བྱུང་སྐབས་ཁ་ཁྲུ་སིམ་པོ་དང་ཕུང་པོ་འགྲུལ་སྐྱོད་བྱེད་མི་ཉུང་བ། འཕོ་བ་དང་། མགྱོགས་བསྔོ་རྒྱུན་པ་གདན་ཞུས་དེ་བཞིན་ཕྱུར་འདོན་བཅས་སོ། །ཕུང་པོ་བྱ་ལ་སྟེར་རྒྱུ་འདི་བོད་རིགས་ཁྱིའི་ལུགས་ཡིན་མོད། འོན་ཀྱང་དུར་ཁྲིད་ལ་བཀྲམ་མི་ཆོག་པའི་ཕུང་པོ་དཔེར་ན། འགོས་ནད་ཅན་ལྟ་བུ་དེ་ལྟར་བཀྲམ་པ་དང་། བྱ་སོགས་ཀྱིས་ཟོས་ན་ལུང་པར་ནད་ཁྱབ་པའི་གནད་དོན་ཡོང་རྒྱུར་བརྟེན་དེ་ལྟར་མི་ཡོང་བ་སའི་འོག་ཏུ་འཇུག་དགོས་པ་སོགས་རྩིས་གཞུང་ལྟར་བྱ་དགོས་ཏེ། དཔེར་ན་མི་ཤི་བྱུང་ན་སེམས་བཟང་པོས་མཆོད་འབུལ་དང་། ངན་སློང་ལ་སྦྱིན་གཏོང་། གཞན་ལ་ཕན་པའི་བྱ་བ་གང་ཡོད་བྱེད་པ་ལྟར་ཕུང་པོ་སྦས་དགོས་ངེས་ཡིན་ཚེ་རྩིས་ལྟར་སྦ་དགོས་ལ་དོན་དུ་ལུང་པ་ལ་མི་གནོད་པ་བྱ་རྒྱུ་དེ་ནི་དགེ་སེམས་མཆོག་ཏུ་གྱུར་པ་ཡིན་པས་འདི་ལ་སུས་ཀྱང་སྣང་ཆུང་མཛད་མི་ཉུང་། གཞན་ཡང་གང་བྱུང་མེར་བསྲེགས་དང་ཆུར་སྐྱུར་བ་སོགས་ལའང་བསམ་གཞིགས་བྱ་རྒྱུ་ཡོད་པས་གཞན་ལས་ཤེས་པར་མཛོད།

༢.བདུན་ཚིགས་ཀྱི་གོ་དོན་དང་། བྱ་རིམ། བདུན་ཚིགས་ནི་ལུས་རྟེན་འདི་དང་བྲལ་ཞིང་ལུས་རྟེན་གསར་པ་མ་རྙེད་ཀྱི་བར་དེ་ལ་སྦྱིར་བཏང་ཞག་ཞེ་དགུར་ངེས་པ་དང་། དེ་ཡང་ཞག་བདུན་རེ་བར་དོའི་ཚེ་ཚད་ཡིན་པས་རྒྱུ་མཚན་གྱིས་དེའི་རིང་ཁྱིམ་མིས་དགེ་སྟོབས་ཡང་དག་པོས་ཀྱིས་འཆི་པོའི་སྡིག་སྒྲིབ་བྱས་ནས་སྐྱེ་གནས་ལ་འཕོ་འགྱུར་ཡོང་གི་ཡོད་པས་ཆ་རྐྱེན་ཡོད་མཁན་གྱིས་གཤིན་པོའི་དོན་དེ་དང་འབྲེལ་ཞིང་བསམ་པ་རྒྱ་ཆེན་པོས་ཞེ་དགུ་བར་མཆོད་འབུལ་དགོས་པ་ཡིན། དེ་ལྟར་མ་སྐྱབ་ཚེ་རྒྱས་བསྡུས་ལ་མ་བལྟོས་པ་བདུན་ཚིགས་དེ་ངེས་པར་ཟིན་དགོས་པ་ནི་བོད་རིགས་ཙམ་མ་ཡིན་པ་མི་རིགས་གཞན་ལའང་ཡོད་པ་ལྟར་དཔེར་ན། འདས་ཚེས་གཟའ་ཟླ་བ་ལྟ་བུར་ཆ་བཞག་ནས་བརྫོད་ན་གཟའ་དེའི་ཉིན་ཕྱེད་ཡན་ལ་འདས་ཚེ་བདུན་ཚིགས་གཟའ་ཉི་མར་འཁེལ་བ་དང་ཉིན་ཕྱེད་ཡོལ་ན་གཟའ་ཟླ་བ་ལ་བརྩི་དགོས་པའོ། །འོན་ཀྱང་གཤིན་པོའི་དགེ་རྩར་སྔ་བསྒྱུར་བྱེད་པ་དེ་སྐྱོན་མེད་དགེ་ལྡན་ཡིན་པས་དེ་བཞིན་བྱེད་དགོས།

བདུན་ཚིགས་དང་པོ་དང་། གཉིས་པ། གསུམ་པ་སོ་སོར་འཁོས་བསྟུན་མཆོད་འབུལ་དང་དགེ་འདུན་སོགས་གདན་དྲངས་ཏེ་སྨོན་ལམ་དང་། བདུན་སོ་སོ་དང་བསྟུན་པའི་ཐོས་གྲོལ་སོགས་དགོས་པ་

དང་། དཀར་ཉེ་སྲུན་མཆེད་ཀྱིས་མཆོད་སྤྲིན་སྣ་ལྔ་དང་གསོལ་ཇ་ཁྲིམ་མིར་སེམས་གསོས་སྤྱོད་པའི་ལམ་ལྟར་ཡིན།

བདུན་ཚིགས་བཞི་པ་འདི་ཅུང་ཟད་མཆོད་འབུལ་རྒྱ་ཆེ་ཙམ་དགོས་པ་ནི། གཤིན་པོ་མངལ་སྒོ་ཉེ་ལོག་གི་བར་བར་དོ་ཡིན་པའི་རྒྱུ་མཚན་གྱིས་སོ། །དེ་ལ་ཚོགས་འབུལ་ཞུ་བ་དང་། སྦྱིན་སྲེག་ཞུ་བ། བྱང་ཆོག་ཞུ་བ་སོགས་དོན་དུ་གནད་སྨིན་ལྷག་བསམ་དག་པའི་མཆོད་འབུལ་དགོས་པ་ཡིན། དེ་ཉིན་རྩིས་ལྟར་འབྲུངས་རྟགས་ལ་མཆོད་འབུལ་གྱིས་ནང་མི་དང་དཀར་ཉེ་ནས་སྨན་དར་དང་དཀར་ཉེ་ནས་མཆོད་དེ་དགེ་འདུན་པ་སོགས་ལ་ཕྱག་འགྱེད་འབུལ་སྲོལ་ཡོད། འོན་ཀྱང་ཁྲིམ་ནས་བུམ་དར། དཀྱིལ་འཁོར་ལ་མཇལ་དར། སྐུ་ཡོན་སྐབས་མཇལ་དར་མཚམས་སྐབས་ཀྱིས་འབུལ་བ་ལས། དཀར་ཉེ་རྣམས་ནས་གང་བྱུང་དུ་མཇལ་དར་ཡོད་ཚད་ལ་འབུལ་བ་འདི་ལམ་གསར་པ་ཡིན་པ་དང་གཅིག དཀར་ཉེར་མཆོད་ཚང་མང་པོ་འདྲེན་པ། ལྷགས་བཞུར་གཏོང་བ། སླུ་བྱུང་རྒྱལ་དུ་གཏོང་བ་སོགས་ཡེ་ནས་བྱ་རྒྱུ་མེད་དོ། །བདུན་ཚིགས་ལྔ་པ་དང་དྲུག་པའང་མཆོད་འབུལ་སྤྱི་ཙམ་དང་། བདུན་ཚིགས་བདུན་པར་ཞག་ཞེ་དགུ་རྫོགས་པས་མཆོད་འབུལ་ཅུང་རྒྱས་པའམ་ཡང་ན་རྒྱས་ཙམ་བྱེད་མཁན་ཡང་ཡོད་ལ། གཙོ་བོ་ཅུང་ཟད་མྱ་ངན་སངས་པའི་རྣམ་པས་ཁྲིམ་མི་སྐྲ་འབྲེ་བ་དང་གོས་སྡེ་རེ་གཉིས་བརྗེ་ལེན་དང་ཕྱོག་བརྗེ་ལེན་བྱ་དགོས། འབྲུས་རྫས་དང་། སྐྲ་ཞུག དང་ཕྱོག་བཅས་དཀར་ཉེ་ནས་གྲ་སྒྲིག་དགོས་པ་དང་། དེ་ཉིན་གསུང་སྙོད་དེ་ཡང་ཚུ་ཆོག་ལ་གཏོང་རྒྱུ་བཅས་སོ། །གོས་སྡེ་བརྗེ་ལེན་དེ་ནི་ཞིག་སྲོལ་ཡིན་པ་ལས་གཟབ་འཚོར་མ་ཡིན་ལ་ཤིན་ཏུ་བརྩེ་བ་རྣམས་ནི་ལོ་མཆོད་བར་འབྲུས་ཡེ་མི་དྲན་པའང་ཡོད།

༣.ལོ་མཆོད། དེ་ཡང་ཞིང་དམ་པ་གཤེགས་པའི་དུས་མཆོད་ནི་སླར་སེམས་ཅན་གྱི་དོན་དུ་གསོལ་འདེབས་སྨོན་ལམ་ཞུ་བ་ཞིག་རེད། དེ་མིན་ཆོས་དད་མེད་པ་རྣམས་ཀྱང་འདས་པོ་གང་གི་ཕྱག་རྗེས་སམ་ཡང་ན་དེའི་བཀའ་དྲིན་དྲན་པའི་སྒོ་ནས་མྱ་ངན་གྱི་དྲན་གསོ་ཞུ་བ་ཡིན། ཕྱོགས་མཚུངས་ང་ཚོ་བོད་རིགས་ཀྱི་ལོ་མཆོད་དེ་ཡང་ཆོས་དད་དང་འབྲེལ་ཏེ་གང་ཞིག་ཚེ་ལས་འདས་ནས་ལོ་གཅིག་འཁོར་བ་ཡིན་པས་སྐྱེ་གནས་བཟང་པོ་ཐོབ་ཡོད་མེད་ཆ་མ་མཆིས་པས། གང་ལྟར་ཕ་མ་ཡིན་ན་བཀའ་དྲིན་དྲན་པ། བུ་ཕྲུག་བཟའ་ཟླ་སོགས་ཡིན་ན་འཆི་པོར་རང་དབང་མེད་པས་མི་ཡུལ་དུ་སྡོད་པ་རྣམས་ཀྱིས་དེའི་ཆེད་དུ་དགེ་རྩ་སྒྲུབ་རྒྱུ་དང་། གཞུང་ཕྱི་ཐག་ཡ་རབས་བབ་ཆགས་ཀྱི་སྒོ་ནས་དེའི་སྡིག་སྒྲིབ་སྦྱོང་བ་སོགས་ཡིན་པས་འབོས་བསྟུན་དགེ་རྩ་སྨིན་པོ་ཞིག་དགོས་པ་ཡིན། མདོར་ན་ལོ་མཆོད་ཙམ་དུ་མ་ཟད། དངོས་གཞི་དང་། བདུན་ཚིགས་གང་གི་སྐབས་སུ་ཡང་ཡུལ་གོམས་དང་བསྟུན་མཆོད་འབུལ་དགོས་པ་སྟེ། དཔེར་ན་ཆ་རྐྱེན་འཛོམས་མཁན་ལྟ་བུས་ཚེ་འདས་ཀྱི་དོན་དུ་ཞག་ཞེ་དགུ་བར་མ་ཆད་པ་མཆོད་པ་འབུལ། དེ་བཞིན་དགོན་པ་གང་སར་མཆོད་འབྲེལ་ངན་སྐྱོང་ལ་སྦྱིན་གཏོང་སོགས་བྱེད་སྲོལ་

ཡོད། ཡིན་ནའི་སྤྱིར་བཏང་བདུན་ཚིགས་དེ་གལ་ཆེ་བས་མཆོད་འབུལ་དགོས་ལ་དགེ་འདུན་སོགས་ཀྱང་ངེས་པར་གདན་འདྲེན་པ་སོགས་ཡིན། ངེས་མེད་དགེ་འདུན་པ་གདན་མ་དྲངས་པ་དང་དཔལ་འབྱོར་སོགས་ཀྱི་ཆ་རྐྱེན་དེ་ཙམ་མ་འཛོམས་ཀྱང་ལྷག་བསམ་དག་པོའི་སྒོ་ནས་ཁྱིམ་མིས་མཆོད་མེ་དང་། མཆོད་ཡོན་འབུལ་དགོས། དེ་མིན་སྡོམ་པ་སོགས་བླང་ན་དེ་བས་ཁྱད་པར་ཆེ་སྟེ། མདོ་ལས་ཆོས་རྣམས་ཐམས་ཅད་རྐྱེན་ཡིན་ཏེ། འདུན་པའི་རྩེ་ལ་རབ་ཏུ་གནས་ཞེས་གསུངས་པས་དཔལ་འབྱོར་ཆེ་ཆུང་མིན་པ་གཙོ་བོ་སེམས་སྐྱེད་ཆེ་ཆུང་ལ་གོ་བ་ལེན་དགོས་པ་དང་། ལོ་མཆོད་སོགས་སུ་རང་སོ་སོའི་འཁོས་བསྟུན་མཆོད་འབུལ་དཔེར་ན། སྦྱིན་བསྲེག་འབུམ་སྒྲོག་དང་ཚོགས་འབུལ། རྣམ་རྒྱལ་སྟོང་མཆོད་སོགས་གང་ཞུས་ཀྱང་ཚིག་པ་ལས་ཚོགས་འབུལ་ཁོ་ན་དགོས་པའི་ཁྱབ་པ་མེད། ཡིན་ནའང་ཚོགས་འབུལ་ལྟ་བུར་ཆ་བཞག་ནས་བརྗོད་ན། ཁྱིམ་ཚང་གིས་དང་ཐོག་དཀྱིལ་འཁོར་རམ་ཚོགས་ཞིང་བུམ་པ་འཁྲུངས་རྟགས་བཅས་པར་མཇལ་དར་རེ་ཕུལ། དགོང་དྲོ་སྐུ་ཡོན་དང་མཇལ་དར་མཚམས་སྐབས་ཀྱིས་འབུལ་བ་དང་། དཀར་ཉེ་ནས་ཚོགས་ཤིང་ངམ་དཀྱིལ་འཁོར་འཁྲུངས་རྟགས་གཉིས་ལ་སྙན་ཤལ་འབུལ། སྐུ་ཞབས་ཚོར་ཕྱག་འཕྲེད་དང་ཁྱིམ་ཚང་ལ་མཆོད་དོད་བཅས་འབུལ་དགོས། འོན་ཀྱང་མཆོད་དོད་ཀྱི་འོག་ཏུ་ཁ་བཏགས་མཚམས་བཏབ་ཀྱིས་འཛོག་རྒྱུན་ཡོད།

ཁྱིམ་ཚང་ནས་ཀྱང་དཀར་ཉེར་ཇ་ཆང་གང་མཉེས་དང་། ཚོགས་འབུལ། ཞལ་ལག་སྟེགས་པ་ལས་རྟེན་འབྲེལ་ལྟ་བུའི་ལྡུགས་བཞུར་དང་གླུ་གཞས་སོགས་རྩ་བ་ནས་བྱ་རྒྱུ་མེད། དཀར་ཉེ་རྣམས་ནས་ཀྱང་སྡུག་བསྔལ་གྱི་རྣམ་པས་སེམས་གསོ་དང་བབ་ཆགས་ཀྱི་རྣམ་འགྱུར་གཟུང་དགོས་ལ། སྐུ་ཞབས་རྣམས་དང་ཁྱིམ་མི་དེ་བཞིན་ཇ་སོགས་སུའང་མཇལ་དར་འབུལ་བ་ནི་སྔ་དར་གྱི་རྣམ་པ་འཚོལ་བ་ཡིན། དཔེར་ན་ཁྱིམ་ཚང་གི་ཕ་གྲོངས་ནས་ལོ་གཅིག་སོང་བ་ལ་ཨ་མ་དང་བུ་ཕྲུག་ལ་ཁ་བཏགས་བཏགས་པ་དེ་ལ་འགྲེལ་བཤད་ཇི་ལྟར་རྒྱབ་པ་དེ་བཞིན་བྱམ་པ་དང་། ཇ་ལ་མཇལ་དར་འབུལ་ན་དྲིལ་བུ་དང་རྡོ་རྗེ་ཇ་བཏུང་བྱེད་སོགས་ཆོས་ཆས་ཡོངས་རྫོགས་སུ་འབུལ་དགོས། དེ་མིན་ཇ་གཅིག་ཕུར་དར་འབུལ་བ་ལའང་རྒྱུ་མཚན་བརྗོད་རྒྱུ་མེད་པས་སོ། །དོན་ཆུང་ཆུང་དེ་ལྟ་བུ་ལ་བརྟེན་ནས་འདས་མཆོད་དེ་དགའ་སྐྱིད་རྟེན་འབྲེལ་གྱི་རྣམ་པར་གྱུར་ནས་མིའི་བརྩེ་སེམས་དོར་བའི་མིག་ལྟོས་སུ་འགྱུར་ཉེན་ཆེ། དེར་བརྟེན་བློ་གཟུ་བོར་གནས་ཤིང་སྤྱི་སེམས་ཀྱི་མཁྱེན་པ་ལྡན་པ། མཐོང་བ་བརྒྱུད་པའི་ལག་ལེན་ཡོད་མཁན་གྱི་བགྲེས་གྲས་ལ་བཀའ་དྲིན་ཞུ་བ་དང་། དེ་དག་གིས་ཀྱང་ཁུངས་ལུང་འབྲེལ་བའི་བཀའ་སློབ་དང་ལག་ལེན་བརྒྱུད་སྤྲོད་མཛད་རྒྱུ་དང་། ཆོས་བྱེད་སྐུ་ཞབས་རྣམས་པས་ཀྱང་ཐུགས་བརྩེ་བ་ཆེན་པོས་འདས་ཆོས་མ་འཚོལ་བའི་སློབ་སྟོན་མཛད་དེ་དཔལ་འབྱོར་ཡོད་མེད་ལ་མ་བལྟོས་པས་དོན་དེར་འཇུག་བདེ་དང་ཁུངས་འབྲེལ་ཡོང་རྒྱུ་ཡིན།

འགའ་རེས་གོང་གི་དགེ་རྒན་འཕྲེ་སྦྱར་ནས་འདས་པོ་སྐྱེ་བ་བཟང་པོ་ཐོབ་ཡོད་པའི་དབང་གིས་ལོ་མཆོད་ནི་དཀའ་སྡོན་གྱི་མཆོད་འབུལ་ཡིན་ཞེས་པ་སོགས་ནི་རྒྱུ་མཚན་ཁུངས་དང་མི་འབྲེལ། དེ་ཡང་དགེ་རྒན་རྒྱ་ཆེ་བསླབས་པའི་གཤིན་པོ་དང་རྒྱ་ཆེ་མ་བྱུང་བའི་གཤིན་པོ་གཉིས་སུ་ཕྱེ་དགོས། སྐྱེ་གནས་བཟང་པོ་ཐོབ་པའི་དབང་དུ་དཀའ་སྡོན་དང་། བཟང་པོ་མ་ཐོབ་པའི་དབང་དུ་མྱ་ངན་བཅས་དབྱེ་དགོས་པ་ནི་འགལ་བ་དངོས་གསལ་ཡིན་ལ་དེ་འདྲ་དབྱེ་རྒྱུ་ཤིན་ཏུ་དཀའ། དཀའ་སྡོན་གྱི་མཆོད་འབུལ་ཞེས་པའི་རྗེས་སུ་ལྷུན་པོ་ཆང་ལ་དགའ་བས་ཞོགས་རྒྱུགས་ཀྱིས་ལག་ལེན་རྒྱ་ཆེར་མཆེད་པ་ལས་ཡང་དག་པའི་རྒྱུ་མཚན་བཤད་རྒྱུ་ག་ལ་ཡོད།

དེ་ལས་འདས་པོ་གང་ཞིག་འདས་ནས་ལོ་གཅིག་སོང་བའི་སྐབས་སུ་སླར་ཡང་ཁྱིམ་མིས་དེའི་བཀའ་དྲིན་དང་བརྩེ་བ་དྲན་པ་དང་བྱས་བསགས་དག་པའི་མཆོད་འབུལ་ཡིན་སྟབས་བབ་ཆགས་ཀྱིས་བསྐུབ་ན་ཡ་རབས་ལུགས་ཡིན་པའི་འགྲེལ་བཤད་ཀྱང་རྒྱག་རྒྱུ་ཡོད་པས་གནའ་བཟང་དེང་སྤྱོད་དུ་མི་རིགས་གཞན་པས་ཀྱང་བརྩི་འཇོག་ཐོབ་རྒྱུ་ཡིན་པ་བཅས་སོ། །

《ཀྲུང་གོའི་བོད་ཀྱི་ཤེས་རིག》༡༩༩༡ལོའི་དེབ་གཉིས་པ་ལས་བཏུས།

༄། །གསར་དུ་རྙེད་པའི་ཁྲོམ་ཆེན་བང་སོའི་ཚོགས་ལ་དཔྱད་པ།

པ་སངས་དབང་འདུས།

སྤུར་རྒྱལ་བཙན་པོའི་གདུང་རྒྱུད་ཀྱིས་བོད་སྤྱི་ལ་དབང་བསྒྱུར་བའི་རྒྱལ་སྲིད་མ་ཉམས་གོང་རྒྱལ་པོའམ། བཙུན་མོ། བློན་པོ། མི་དཀྱུས་གང་ཞིག་ཡིན་ཡང་ཚེ་འདས་པ་ན་སྤུར་ས་འོག་ཏུ་སྦས་ཏེ་བང་སོ་བརྩིགས་པའི་སྲོལ་ཡོད། བོད་ཀྱི་ཡོངས་གྲགས་རྒྱལ་རབས་སུ་བོད་རྗེ་གྲི་གུམ་བཙན་པོ་གྲོངས་རྗེས་དེའི་སྤུར་ཟངས་ཀྱི་གཡུར་བཙུག་སྟེ་ལྟགས་གཟེར་བཏབ་པ་དེ་ཕྱིས་བློན་པོ་ནྲ་ལས་སྐྱེས་ཀྱིས་སྤྱན་དྲངས་ཏེ་འཕྱིངས་ཡུལ་དར་ཐང་དུ་བང་སོ་བརྩིགས་པས་དེ་ནི་བང་སོའི་ཐོག་མ་ཡིན་པར་གྲགས། དེ་རྗེས་བོད་རྗེ་རིམ་བྱོན་གྱི་བང་སོ་གཡའ་དང་སྤང་གི་མཚམས་སུ་བཏབ་པའམ། ཡང་ན་ཆུ་བོའི་གཞུང་ལ་བཏབ་པ། ཡང་ན་གངས་དཀར་རྩེ་ལ་བཏབ་པ་ཞེས་གདབ་སྲོལ་མི་འདྲ་བ་འགའ་བྱུང་ཡོད་པ་དང་། བོད་རྗེ་གདུང་རབས་ཉེར་དགུ་པ་ཁྲི་གཉན་གཟུང་བཙན་གཤེགས་རྗེས་བང་སོ་དོན་མཁར་མདའ་རུ(དེང་སང་དུང་དཀར་ཡང་འབོད)བཏབ། དེ་རྗེས་བོད་རྗེ་རིམ་བྱོན་གྱི་བང་སོ་དོན་མཁར་མདའམ། འཕྱོངས་རྒྱས(འཕྱིང་ཡུལ)མུ་ར་རི་ལྡེབས་སུ་བཏབ་པ་སོགས་བོད་ཀྱི་ཡིག་རྙིང་དག་ཏུ་གསལ། མཁས་པ་ལྡེའུས་མཛད་པའི་རྒྱ་བོད་ཆོས་འབྱུང་རྒྱས་པ(ལྡེའུ་ཆོས་འབྱུང)ལས་བཙུན་མོ་རྣམས་འདས་ཚེ་སྐུ་སྤུར་ལ་བང་སོ་བཏབ་པ་དང་། དུར་དུ་མི་སྦ་བ་དང་། བང་སོའི་ཚབ་ལ་མཆོད་རྟེན་བརྩིགས་པ་སོགས་འདས་མཇུག་མི་འདྲ་བ་གསུམ་ཙམ་ཡོད་པ་གསུངས། དཔེར་ན་བཙུན་མོ་ཚེ་སྤོང་བཟའ་འབྲི་མ་ཐོད་དཀར།(གནམ་རི་སྲོང་བཙན་གྱི་བཙུན་མོ།) འབྲོ་བཟའ་ཁྲི་མ་ལོད(མང་སྲོང་མང་བཙན་གྱི་བཙུན་མོ)སོགས་པ་ལ་བང་སོ་བཏབ་ཡོད་པ་དང་། བལ་མོ་བཟའ་ཁྲི་བཙུན། ཕོ་ཡོང་བཟའ་རྒྱལ་མོ་བཙུན(ཁྲི་སྲོང་ལྡེ་བཙན་གྱི་བཙུན་མོ)སོགས་པ་དུར་དུ་སྦས་མེད་པ། འབྲོ་བཟའ་བྱང་ཆུབ་རྗེ(ཁྲི་སྲོང་ལྡེ་མཙན་བཙུན་མོ)དང་། ཅོག་རོ་ངང་བཙུན་མ(ཁྲི་རལ་པ་ཅན་གྱི་བཙུན་མོ)སོགས་པ་བང་སོའི་ཚབ་ཏུ་མཆོད་རྟེན་བརྩིགས་པ་ལ་སོགས་ལྟ་བུའོ། །བཙུན་མོ་ཁག་གཅིག་ལ་བཏབ་པའི་བང་སོ་དེ་རྣམས་ཕལ་ཆེ་བ་ནི་འཕྱོངས་རྒྱས་ཤར་ངོས་ཀྱི་དོན་མཁར་མདའ་རུ་བརྩིགས། དེང་སྐབས་ཡུལ་དེར་བཙུན་མོ་འདི་དང་འདི་ཡི་བང་སོ་ཞེས་ངོས་འཛིན་མི་ཐུབ་ཀྱང་བང་སོ་ས་ཕུང་ལྟ་བུ་མང་པོ་ཞིག་མཇལ་རྒྱུ་ཡོད་པར་སྣང་།

སྤུར་རྒྱལ་བཙན་པོའི་རྒྱལ་རབས་ཀྱི་སྔོན་ཆེན་དང་། ཡུལ་དཔོན། ཊ་དཔོན།(དབུས་གཙང་ཏ་བཞིའི་ཊ་དཔོན་ལྟ་བུ།) སྟོང་དཔོན་ལ་སོགས་པ་དཔོན་རིགས་ཆེ་རིགས་རྣམས་འདས་ནའང་བཙན་པོ་བཙུན་མོ་དང་འདྲ་བར་གཞི་ཁྲོན་ཆེ་ཆུང་ལ་མ་བལྟོས་པར་བང་སོ་རྩིག་སྲོལ་ཡོད། དེའང་རྒྱལ་རབས་གསལ་བའི་མེ་ལོང་ལས་ཁྲི་སྲོང་ལྡེ་བཙན་གྱི་སྐུ་དུས་ཆོས་ལ་མི་དགའ་བའི་སྔོན་པོ་མ་ཞང་ཁྲོན་པ་སྐྱེས་སྟོད་ལུང་ཐང་ཁ་ཕུ་ཊ་གསོན་པོར་བང་སོར་བཙུག་ཅེས་དང་། རྒྱ་ཡི་ཐང་ཡིག་གསར་མ་ལས་གཙང་པོའི་ལྟོ་ནུབ་ངོས་སུ་བང་སོ་མང་ཞིང་། དེ་གར་སྤྲས་པ་རྣམས་ནི་མི་ཆེན་དང་། གཡུལ་དུ་དཔའ་བ་རྣམས་ཀྱི་སྤུར་རེད་ཅེས་འཁོད་པ་ལྟ་བུའོ། །འོན་ཀྱང་སྔོན་པོའམ་དཔོན་རིགས་ཀྱི་བང་སོའི་སྐོར་ལ་ས་གང་ཞིག་གི་བང་སོ་སྔོན་པོ་འདི་དང་འདི་ཡི་ཡིན་ཞེས་ངོས་འཛིན་ཐུབ་པ་ཞིག་བོད་ཀྱི་ལོ་རྒྱུས་དེབ་ཐེར་གང་ལའང་འཁོད་མེད་ལ་སྔོན་བྱོན་ལོ་རྒྱུས་སྨྲ་བ་པོ་དང་དེང་གི་མཁས་དབང་ཚོས་ཀྱང་དཔྱད་པ་མཛད་པ་ཅང་མ་མཆིས།

ཉེ་ལམ་ལོ་བཅུའི་ནང་ཚུན་ལ་བོད་ཀྱི་མལ་གྲོ། དྭགས་པོ། སྣེ་གདོང་། ཆུ་གསུམ། ལྷོ་བྲག ལྷ་རྩེ་སོགས་ས་ཁུལ་ནས་གནའ་རབས་ཀྱི་བང་སོ་ཚོགས་མི་ཉུང་བ་ཞིག་གསར་རྙེད་བྱུང་བ་དེས་བང་སོ་བཏབ་པའི་ཡུལ་ལུང་གི་ཆགས་འཛིག་དང་། གནའ་མིའི་དམག་སྲིད་ཀྱི་ལམ་ལུགས། ཐོན་སྐྱེད་ལག་རྩལ་གྱི་ནུས་པ། དཔོན་རིགས་གྲགས་ཅན་གྱི་ལོ་རྒྱུས་སོགས་པ་ལ་ཞིབ་འཇུག་བྱེད་རྒྱུའི་གལ་ཆེའི་དཔྱད་གཞི་མཁོ་འདོན་བྱས་ཡོད། འདིར་སྐབས་སུ་བབས་པ་ཕྱི་ལོ1991ལོར་ལྷ་རྩེ་རྫོང་ཁུལ་དུ་གསར་དུ་རྙེད་པའི་ཁྲིམ་ཆེན་བང་སོའི་ཚོགས་དེར་སྔོན་བྱོན་མཁས་དབང་གི་རྒྱལ་རབས་སྨྲ་བའི་གཞུང་རྒྱབ་རྟེན་དུ་བཙུགས་ཏེ་དཔྱད་པ་ཞུ་རྒྱུ་ཡིན།

དང་པོ། ཁྲིམ་ཆེན་གྱི་བང་སོ་དང་བཏབ་པའི་ལོ་དུས་སྐོར།

བང་སོའི་ཚོགས་དེ་ལྷ་རྩེ་རྫོང་ཁུལ་ཁྲིམ་ཆེན་ཞེས་པའི་གྲོང་དུ་བཏབ་ཡོད་ཅིང་། གྲོང་དེ་ནི་དུད་ཚང་བཅོ་ལྔ་དང་། མི་གྲངས་བརྒྱ་ཙམ་ལོན་པའི་གྲོང་ཆུང་ཞིག་ཡིན། དེའི་ཕུ་ལ་ཁྲིམ་ཕུ་དང་། མདའ་ལ་ཁྲིམ་མདའ་ཞེས་པའི་གྲོང་གཉིས་ཡོད། ཁྲིམ་ཆེན་གྲོང་ནི་རྒྱ་མཚོའི་ངོས་ལས་རྨི་བཞི་སྟོང་ལོན་པའི་ས་མཐོར་གནས་པ་དང་། གཙང་ཆུ་དེ་གྲོང་གི་ལྷོ་ངོས་ཐང་གཞུང་བརྒྱུད་བྱང་ཤར་ལ་ཕྱོགས་ཏེ་དགེ་ལྡན་ཕུན་ཚོགས་གླིང་བརྒྱུད་གཞིས་རྩེའི་ཕྱོགས་སུ་འབབ། ཁྲིམ་ཆེན་བང་སོའི་ཚོགས་དེ་ཡང་ཁག་གཉིས་སུ་ཆགས་ཡོད་དེ་གྲོང་གི་ཤར་ངོས་རི་ལྡེབས་སུ་བང་སོ་ཆུང་གྲས་བརྒྱ་ལྷག་ཙམ་དང་། རྒྱབ་ངོས་རི་མ་ཐང་དུ་བང་སོ་ཆེ་ཆུང་འདྲེས་མ་བརྒྱ་ཙམ་ཡོད་པའི་ནང་ཆེ་བ་བཅུ་གྲངས་དང་དེ་བྱིངས་ཆུང་འབྲིང་རྣ་ཚོགས་འདུག བང་སོའི་ཕྱིའི་དབྱིབས་མི་འདྲ་བ་འགའ་ཡོད་ཀྱང་རྩ་བའི་ཆ་ནས་གྲུ་བཞི་དང་ཟླུམ་པོ་གཉིས་སུ་དབྱེ་ཆོག འདིར་གཙོ་བོ་དཔྱད་པ་བྱ་ཡུལ་ནི་ཁྲིམ་ཆེན་གྲོང་གི་རྒྱབ་ངོས་སུ་ཆགས་པའི་བང་

སོ་ཆེ་རིགས(གཞམ་དུ་ཁྲིམ་ཆེན་བང་སོ་ཞེས་འབོད)དེ་རྣམས་ཡིན། ས་རྗེ་ཤིང་གསུམ་ལས་བསྐྲུན་པའི་བང་སོ་ཆེ་རིགས་དེ་ཚོ་ཕྱིའི་བཀོད་དབྱིབས་ཡིགས་ལ་བརྗིད་ཆགས་ལྡན་པས་དེ་སྔོན་ལོ་ཤས་རིང་མལ་གྲོ་དང་། སྣེ་གདོང་། ཆུ་གསུམ། དྭགས་པོ། ལྷོ་བྲག་སོགས་ནས་གསར་རྙེད་བྱུང་བའི་བང་སོ་ལས་གཞི་ཁྱོན་ཆེ། ལྷག་དོན་བང་སོ་གྲུ་བཞི་ཆེ་ཤོས་དེའི་རྒྱ་ཁྱོན་སྨི་གྲུ་བཞི་མ་ཆིག་སྟོང་དང་མཐོ་ཚད་སྨི་བཅུ་ཙམ་ཟིན་པས་འཕྱོངས་རྒྱས་བཙན་པོའི་བང་སོ་འགའ་ཞིག་དང་གཞི་ཁྱོན་ཁྱད་པར་ཆེ་བ་མ་མངོན་ཞིང་། ལྷག་པར་བང་སོ་དེའི་མདུན་ངོས་ཀྱི་ཤར་ནུབ་ཟུར་གཉིས་སུ་རྡོ་བཀོས་སེང་གེ་གཉིས་བསླངས་འདུག་པ་ནི་དེ་བས་ངོ་མཚར་ཆེ་བ་ཞིག་ཡིན་སྙམ་སྟེ། ཅིའི་ཕྱིར་ཞེ་ན། ད་ཕན་མཐོང་ཐོས་སུ་བྱུང་བའི་བང་སོར་རྡོའི་སེང་གེ་བསླངས་ཡོད་པ་ནི་འཕྱོངས་རྒྱས་མུ་ར་རི་ལ་བཏབ་པའི་བཙན་པོ་ཁྲི་སྲོང་ལྡེ་བཙན་གྱི་བང་སོ་མ་གཏོགས་མེད་པས་སོ། །

ཁྲིམ་ཆེན་བང་སོའི་ཚོགས་བཏབ་པའི་ལོ་དུས་གང་ཡིན་ལ་ཅུང་ཟད་དཔྱད་ན། བོད་ཀྱི་རྒྱལ་རབས་ཆོས་འབྱུང་དུ་དེ་སྐོར་དཔྱད་ཡིག་གིས་དབེན་པས་བང་སོ་བཏབ་པའི་ལོ་དུས་ཏན་ཏན་ཞིག་གཏན་ལ་དབབ་ནུས་དཀའ་ཡང་བོད་རྗེ་གྲི་གུམ་བཙན་པོ་གྲོངས་རྗེས་བང་སོ་བརྩིགས་པའི་སྲོལ་དར་ཞེས་རྒྱལ་རབས་ཁག་ལ་གྲགས་ཤིང་།(དོན་དུ་རང་ཅག་བོད་མིའི་སེམས་པོ་འདས་རྗེས་ཕུར་ས་འོག་ཏུ་སྦས་སྲོལ་ཡོད་པ་དེ་ཆེས་སྔ་མོ་ཞིག་ནས་དར་ཡོད་པ་ཉེ་ལམ་བོད་ཀྱི་ས་གནས་ཁག་ནས་གསར་རྙེད་བྱུང་བའི་རྗེ་ཆས་གསར་པའི་གནའ་ཤུལ་ནས་ཐོན་པའི་གནའ་མིའི་ཕུར་སྐམ་ལས་རང་ཤུགས་སུ་ཤེས་པར་ནུས།) སྤྲོང་བཙན་སྒམ་པོའི་གོང་དུ་བོད་རྗེ་རྣམས་ཀྱི་བང་སོ་ནི་སའི་ཕུང་པོ་སྤུངས་ནས་སྦྲ་ཕུབ་པ་ལྟ་བུའམ་ས་ཕུང་བརྡལ་བར་བཀྲམ་པ་ལྟ་བུའི་ལུགས་སུ་རྩིག་སྲོལ་ཡོད་པ་དང་། སྲོང་བཙན་སྒམ་པོ་འདས་རྗེས་བང་སོ་ནང་རྒྱན་ཅན་དུ་གྲགས་ཏེ་བང་སོ་གྲུ་བཞི་བརྩིགས་པ་ཐོག་མ་ཡིན་ཚུལ་ལྡེའུ་ཆོས་འབྱུང་དང་། ཡར་ལུང་ཇོ་བོའི་ཆོས་འབྱུང་སོགས་རྒྱལ་རབས་ལ་གསལ་བ་དེ་ལྟར་ན་ཁྲིམ་ཆེན་བང་སོའི་ནང་དབྱིབས་ཟླུམ་པོ་རྣམས་སྲོང་བཙན་སྒམ་པོའི་གོང་དུ་བརྩིགས་པ་དང་། དབྱིབས་གྲུ་བཞི་རྣམས་སྲོང་བཙན་སྒམ་པོ་འདས་རྗེས་བརྩིགས་པ་ཞིག་ཡིན་པ་ཟུར་བལྟས་ཡིབ་མཐོང་ཡིན། གཞན་ཡང་དུས་རབས་དགུ་པའི་དཀྱིལ་དུ་སླད་དར་མ་གྲོངས་རྗེས་སྲས་ཡུམ་བརྟན་དང་འོད་སྲུངས་གཉིས་དབར་རྒྱལ་སྲིད་ལ་རྩོད་པའི་དམག་འཁྲུག་བྱུང་། ཕུར་རྒྱལ་བཙན་པོའི་གདུང་རྒྱུད་ཀྱིས་བོད་སྤྱི་ལ་དབང་བསྒྱུར་བའི་སྟོབས་ཤུགས་རིམ་བཞིན་ཉམས། སྤྱི་ལོ869ས་སླང་ལོར་བོད་ཡོངས་ལ་གཞི་རྒྱ་ཆེ་བའི་འབངས་གྱེན་ལོག་བྱུང་སྟེ་ཕུར་རྒྱལ་བཙན་པོའི་རྒྱལ་སྲིད་རྩ་ཐོར་དུ་སོང་བ་མ་ཟད་སྤྱི་ལོ877མེ་བྱ་ལོར་ཀློན་པོ་ཤུད་ཕུ་དང་། གཉགས་སོགས་ཀྱིས་བཙན་པོའི་བང་སོ་རྣམས་བགོ་བཤའ་བརྒྱབ་སྟེ་ཕལ་ཆེར་སྔོག་འབྲུ་བྱས་ཏེ་བཤིགས། འོད་སྲུངས་གྲོང་རྗེས་བང་སོ་འཕྱོངས་རྒྱས་སུ་བརྩིགས། དེ་ནས་བང་སོ་བཏབ་པའི་སྲོལ་ནུབ་སྐད་ཅེས་ཡར་ལུང་ཇོ་བོའི་ཆོས་འབྱུང་སོགས་སུ་གསུངས་པས་ཁྲིམ་ཆེན་བང་སོའི་

ཚོགས་བཏབ་པའི་ལོ་དུས་ཕྱི་ཤོས་དེ་འབངས་གྱིན་ཞིན་སྐབས་བང་སོ་སྔོག་འབྲུ་མ་བྱས་གོང་ངམ་འོད་སྲུངས་མ་གཞིགས་གོང་དུ་ཡིན་པ་གོར་མ་ཆག་གོ །

གཉིས་པ། ཁྲོམ་ཆེན་གྲོང་གི་སྲིད་འཛིན་གཏོགས་ཁོངས་དང་དེར་ མངའ་དབང་བསྒྱུར་བའི་དཔོན་སློན་གང་ཡིན་ལ་དཔྱད་པ།

དེའང་གོང་དུ་སྨོས་པ་བཞིན་ཕྱིར་ཁྲོམ་ཆེན་བང་སོའི་ཚོགས་ནང་བང་སོ་ཆེ་གྲས་བཅུ་ཕྲག་འགའ་ཡོད། དེ་ཡི་ནང་ནས་བང་སོ་བཞི་ལྷ་ཙམ་གཞི་ཁྱོན་ཆེ་ལ་བརྗིད་ཆགས་པ། བཙན་པོའི་བང་སོ་འགའ་དང་ཁྱད་པར་ཆེར་མེད་པ་བརྩིགས་ཡོད། སྔོས་སུ་བང་སོ་གྲུ་བཞི་མ་ཆེ་ཤོས་དེའི་མདུན་གྱི་ཤར་ནུབ་ཟུར་གཉིས་སུ་རྡོ་བཀོས་སེང་གེ་གཉིས་བསླངས་ཡོད་པས་བང་སོ་དེ་འདྲ་བའི་ནང་དུ་བཞུགས་པའི་གཤིན་པོ་ནི་ཕུར་རྒྱལ་བཙན་པོའི་རྒྱལ་སྲིད་ལ་རྗེ་ཐོགས་པའི་བྱས་པ་ཆེན་པོ་ཡོད་པའི་སློན་པོ་ཆེན་པོའམ་དཔོན་ཆེན་ཆེ་གེ་མོ་ཞིག་གི་གདུང་རྒྱུད་ཡིན་པ་ཐེ་ཚོམ་མེད་སྙམ། ཁོ་བོས་བསམ་པར། བང་སོ་དེ་ཚོའི་བདག་པོ་སློན་པོའམ་དཔོན་རིགས་གང་དང་སུ་ཞིག་ཡིན་པར་བརྟག་དགོས་ན་དང་ཐོག་ཁྲོམ་ཆེན་ཞེས་པའི་གྲོང་ཚོ་དེ་དང་དེའི་རྒྱུད་ཀྱི་ས་ཆ་དེ་རྣམས་སློན་པོ་གང་ཞིག་གི་གདུང་རྒྱུད་ཀྱིས་བདག་བཟུང་བྱས་པའི་མངའ་སྡེ་ཡིན་པ་རྩད་གཅོད་བྱེད་དགོས་རྒྱུ་ནི་ཤིན་ཏུ་གལ་ཆེ་བར་སེམས། དེ་ཡང་ཕུར་རྒྱལ་བཙན་པོའི་སྲིད་དབང་ཆགས་པའི་སྐབས་བོད་འདི་དབུ་རུ། གཡོ་རུ། རུ་ལག གཡས་རུ། སུམ་པའི་རུ། ཞང་ཞུང་ཁྲི་སྡེ་སྟོད་སྨད་བཅས་རུ་སྡེ་དྲུག་ཏུ་ཕྱེ། རུ་སྡེ་དྲུག་ལ་ཀོད་ཀྱི་སྟོང་སྡེ་ཞེས་པའི་དམག་གི་སྡེ་ཚན་དྲུག་ཅུ་རྩ་གཅིག་ཏུ་ཕྱེ་སྟེ་དབུ་རུ་དང་། གཡོ་རུ། རུ་ལག གཡས་རུ། ཞང་ཞུང་གི་རུ་བཅས་ལ་རུ་རེར་སྟོང་སྡེ་བཅུ་དང་། སུམ་པའི་རུ་ལ་སྟོང་སྡེ་བཅུ་གཅིག་བཅས་ཡོད་དེ་རུ་ཡི་དཔོན་ལ་རུ་དཔོན་དང་། སྟོང་སྡེའི་དཔོན་ལ་སྟོང་དཔོན་ཞེས་དཔོན་རིགས་རིམ་པ་མི་འདྲ་བ་བསྐོ་གཞག་བྱས་ཡོད། ལྡེའུ་ཆོས་འབྱུང་དང་མཁས་པའི་དགའ་སྟོན་ནང་ཡུལ་གྱི་ཁོད་བཤམས་པ་དང་དབང་རིས་བཅོ་བརྒྱད་བཅད་པའི་སྐོར་གསུང་སྐབས་རུ་དང་རུ་ཁོངས་ཀྱི་སྟོང་སྡེ་གནས་པའི་ཡུལ་གྲོང་ནི་སློན་པོ་ཆེ་རིགས་ཀྱིས་བདག་བཟུང་བྱས་པའི་ཡུལ་ཡིན་པར་བཤེད་ན་སློན་པོ་དེ་ཚོར་བཙན་པོར་སློ་བ་རིང་བའི་བྱས་ཉེས་མ་བྱུང་ན་ཡུལ་གྲོང་དེ་རྣམས་ཁོ་ཚོར་ཕ་ཚ་བུ་རྒྱུད་དུ་འཛིགས་ཆོག་པ་ཡིན། ཁྲོམ་ཆེན་གྲོང་ནི་ལྷ་རྩེའི་བྱང་ཤར་ངོས་སྤྱི་ལེ་ལྔ་བཅུ་ཙམ་གྱི་སར་ཆགས་ཤིང་། ལྷ་རྩེ་ནི་རུ་ལག་གི་ཁོངས་སུ་གཏོགས་ལ། གནའ་བོ་གཙང་སྟོད་ལྷ་རྩེ་ཞེས་གྲགས། ལོ་རྒྱུས་ཡིག་ལམ་དུ་དབུས་གཙང་རུ་བཞི་ཕྱེ་སྐབས་རུ་ལག་སྟོད་སྨད་གཉིས་སུ་རྩིས་པས་རུ་ལག་སྟོད་ལ་མང་དཀར་དང་། ཁྲི་བོམས། གྲོམ་པ། ལྷ་རྩེ་ཞེས་སྟོང་སྡེ་བཞི་དང་། རུ་ལག་སྨད་ལ་མྱང་རོ། ཁྲི་འཐང་། ཁང་གསར། གད་ཕྲམ་ཞེས་སྟོང་སྡེ་བཞི། དེའི་ཐོག་ཏུ་མཚོ་ངམ་སྟོང་བུ་ཆུང་

གཅིག་དང་སྐུ་སྲུང་སྟོང་སྡེ་གཅིག་བསྣན་པས་ཏུ་ལག་སྟོང་སྡེ་བཅུར་གྲགས་པས། ཏུ་ལག་དང་སྟོང་སྡེ་དེ་རྣམས་ནི་བློན་པོ་སུ་ཞིག་ལ་མངའ་བའི་སྡེ་ཡིན་ཞེ་ན། ལྡེའུ་ཆོས་འབྱུང་དང་བཀའ་ཐང་སྡེ་ལྔ་གཉིས་ལས་མང་དཀར་ཁྲི་བོམས་འབྲོ་ཡི་སྟོང་སྡེ་ལགས། གྲོམ་པ་ལྷ་རྩེ་འབྲོ་ཡི་སྟོང་སྡེ་ལགས། དེ་བཞིའི་ཏུ་པའི་དཔོན་པོ་ནི། འབྲོ་རྒྱལ་མཚན་སེང་གེ་ལགས་ཞེས་དང་། ཆོས་འབྱུང་མཁས་པའི་དགའ་སྟོན་ལས་གཙང་སྟོད་འབྲོ་ཡི་ཡུལ་ཞེས་གསུངས་པར་གཞིགས་ན། ཏུ་ལག་སྟོད་དང་དེའི་ཁོངས་སུ་གཏོགས་པའི་ལྷ་རྩེ་སོགས་སྟོང་སྡེ་བཞི་ནི་འབྲོའི་གདུང་རྒྱུད་ཀྱིས་བདག་བཟུང་བྱས་པའི་ཡུལ་ཡིན་པ་མངོན་གསལ་དུ་རྟོགས་པར་ནུས་སོ། །འདིར་སྨོས་པའི་ལྷ་རྩེ་སོགས་ཏུ་ལག་སྟོད་ཀྱི་སྟོང་སྡེའི་ས་མིང་ཕལ་ཆེ་བ་དེང་གི་དུས་སུ་ཡང་དངོས་འཛིན་རྒྱུ་ཡོད་པ་ལས་མང་དཀར་ནི་དེང་གི་ལྷ་རྩེ་རྫོང་ཁོངས་ཀྱི་མང་དཀར་གྲོང་དང་། གྲོམ་པ་ནི་ལྷ་རྩེ་དང་ཉེ་བར་གནས་པའི་གྲགས་སྙན་ཆེ་བའི་མཐའ་འདུལ་གཙུག་ལག་ཁང་གྲོམ་པ་རྒྱང་ཆགས་པའི་ས་དེ་ཡིན། ལྷ་རྩེ་ནི་དེང་གི་ལྷ་རྩེ་རྫོང་ཁོངས་ལྷ་རྩེ་གྲོང་བརྡལ་ཞེས་པའི་ཡུལ་དེ་ཡིན།

གསུམ་པ། གནའ་ཤུལ་བང་སོ་དེ་དག་དང་འབྲོའི་གདུང་རྒྱུད་ཀྱི་འབྲེལ་བའི་སྐོར།

ད་ནི་ཁྲོམ་ཆེན་བང་སོའི་ཚོགས་དེ་དག་རྒྱལ་བློན་གང་ཞིག་གི་བང་སོ་ཡིན་མིན་སྐོར་ཆེ་ལོང་ཙམ་དཔྱད་པར་བྱ་སྟེ། དེ་ཡང་གོང་གསལ་རྒྱལ་རབས་ཆོས་འབྱུང་ལས་ཏུ་ལག་སྟོད་དང་དེའི་ཁོངས་ཀྱི་མང་དཀར། གྲོམ་པ། ཁྲི་བོམས། ལྷ་རྩེ་སོགས་འབྲོ་ཡི་ཡུལ་ཡིན་ཞེས་དང་། ཏུ་ལག་སྟོད་ཀྱི་ཏུ་དཔོན་འབྲོ་རྒྱལ་མཚན་སེང་གེ་ཡིན་ཞེས་དྲངས་པ་ལྟར་བོད་བཙན་པོའི་རྒྱལ་རབས་ཀྱི་དུས་རབས་སུ་ཁྲོམ་ཆེན་བང་སོ་བཏབ་ཡུལ་ནི་འབྲོའི་གདུང་རྒྱུད་ཀྱི་མངའ་སྡེ་ཡིན་པ་དང་ཡུལ་དེ་ཁུལ་གྱི་དཔོན་རིགས་ཆེ་ཤོས་འབྲོའི་མི་རྒྱུད་ཡིན་པ་མངོན་གསལ་དུ་མཚོན་པས་འབྲོ་ཡི་གདུང་རྒྱུད་ཀྱི་བང་སོ་ཡང་རང་ཁོངས་ཀྱི་མངའ་སྡེའམ་རང་ཡུལ་དུ་བཏབ་པར་ངེས་དགོས་པ་དེས་ན་ཁྲོམ་ཆེན་བང་སོའི་ཚོགས་ཀྱི་བདག་པོ་གཙོ་བོ་ནི་འབྲོ་ཞེས་པའི་གདུང་རྒྱུད་ཡིན་པ་ལ་ཐེ་ཚོམ་མེད་སྙམ། སྤྱིར་འབྲོ་ནི་བོད་ཀྱི་ཆེས་སྔ་བའི་རུས་རྒྱུད་ཅིག་ཡིན་པ་དེ་རྒྱལ་ཕྲན་བཅུ་གཉིས་སྐབས་སྟུབས་ཡུལ་གླིང་དགུའི་རྒྱལ་པོ་སྟུབས་རྗེ་དམིགས་པའི་བློན་པོ་ཡིན་པ་དང་། སྔོས་སུ་སྤུར་རྒྱལ་བཙན་པོའི་སྲིད་དབང་བཙུགས་རྗེས་འབྲོའི་གདུང་རྒྱུད་དང་བཙན་པོ་རིམ་བྱོན་དབར་གཉེན་སྒྲིག་དང་རྗེ་བློན་གྱི་འབྲེལ་བ་ཤིན་ཏུ་ཟབ་མོ་བྱུང་བ་ལོ་རྒྱུས་ཡིག་རིགས་ཁག་ལས་མངོན་གྱི་ཡོད། བོད་རྒྱལ་ཉེར་དགུ་པ་ཁྲི་གཉན་གཟུང་བཙན་སྐབས་འབྲོའི་བུ་མོ་བཙན་པོའི་བཙུན་མོར་བསུ་བའི་འགོ་ཚུགས་ཏེ་བཙན་པོ་དེས་འབྲོ་བཟའ་དུར་ཡང་བཞེད་ཁབ་ཏུ་བཞེས་པས་སྲས་འབྲོ་གཉན་ལྡེ་རུ་འཁྲུངས། འབྲོ་གཉན་ལྡེ་རུས་རྒྱལ་སྲིད་བཞེས་རྗེས་བཙུན་མོ་མཆིམས་བཟའ་ཀླུ་རྒྱལ་ངན་བུ་མཚོས་སྤྲུལ་པའི་རོ་མར་ཁུར་བཙོས་པའི་ཟ་རིགས་མཛོད་དུ་བཞག་པ་གཟིགས་པས་རྣམ་རྟོག་གི་དབང་

དུ་མཛོ་ནད་བྱུང་སྟེ་ཕྱིས་གདུང་རྒྱུད་ལ་བསྟུན་མི་འབྱུང་བའི་ཕྱིར་བློན་དང་མཉམ་དུ་གསོན་པོར་བང་སོར་བཞུགས། བང་སོའི་མིང་ལ་གསོན་ཆད་རླུམ་པོར་གྲགས་ཞེས་རྒྱལ་རབས་ཡོངས་སུ་གྲགས། འབྲོ་གཉན་ལྡེ་རུའི་སྲས་སྟག་རི་གཉན་གཟིགས་ཀྱིས་ཀྱང་འབྲོ་བཟའ་སྨན་བཙན་ཞེས་པ་ཞིག་བཙུན་མོར་བསུས་པ་ཡར་ལུང་ཇོ་བོའི་ཆོས་འབྱུང་དུ་གསུངས། དུས་རབས་བདུན་པའི་དུས་དཀྱིལ་དུ་མང་སྲོང་མང་བཙན་ཕྲུར་རྒྱལ་བཙན་པོའི་སྲིད་ལ་མངའ་གསོལ་བའི་རྗེས་འབྲོ་བཟའ་ཁྲི་མ་ལོད་ཅེས་པ་ཞིག་བཙུན་མོར་ཕྱིན། བཙུན་མོ་དེ་འཛོན་ཐང་ཆེ་ཞིང་ལོ་མང་སྲིད་ཀྱི་ཕྱུག་བཞེས་ཐོག་སྐུ་དབང་བཙན་པས་བོད་ཀྱི་ལོ་རྒྱུས་ཐོག་བཙུན་མོའི་ཕུལ་དུ་འོས་པ་ཞིག་བྱུང་བར་སྣང་། ཏུན་ཧོང་ནས་ཐོན་པའི་བོད་ཀྱི་རྒྱལ་རབས་ཀྱི་ལོ་ཚིགས་ལ་བཞིགས་ན། དུས་རབས་བརྒྱད་པའི་འགོར(སྤྱི་ལོ700–704)བོད་རྒྱལ་འདུས་སྲོང་མང་པོ་རྗེ(འབྲོ་བཟའ་ཁྲི་མ་ལོད་ཀྱི་སྲས)མདོ་ཁམས་དང་འཇང་ཡུལ་དུ་དམག་ལ་ཕྱིན་སྐབས་བོད་དུ་ཡུམ་འབྲོ་བཟའ་རང་གིས་སྲིད་ཀྱི་ཐུགས་འགན་བཞེས་པར་མངོན། སྤྱི་ལོ704ཤིང་འབྲུག་ལོར་འདུས་སྲོང་མང་པོ་རྗེ་འཇང་ཡུལ་དུ་དམག་སར་གཤེགས་རྗེས་རྒྱལ་སྲས་ཁྲི་ལྡེ་གཙུག་བཙན་སྐུ་ན་ཕྲ་བས་ལོ་བརྒྱད་ཙམ་རིང(སྤྱི་ལོ704–712)འབྲོ་བཟའ་རང་གིས་རྒྱལ་སྲིད་འཛིན་སྐྱོང་གནང་སྟེ་རྒྱ་བཟའ་གཉིས་པ་གིམ་ཤིང་ཀོང་ཇོ་ཡང་ཁོང་གིས་བློན་ཆེ་ཞང་བཙན་ཧོ་རེ་ལྷས་བྱིན་ཕོ་ཉར་མངགས་ནས་གདན་དྲངས་པ་རྒྱའི་ཐང་ཡིག་ཏུ་གསལ། ཁྲི་སྲོང་ལྡེ་བཙན་གྱི་བཙུན་མོ་འབྲོ་བཟའ་ཁྲི་རྒྱལ་མོ་བཙན་ཞེས་པ་དེ་ཡང་འབྲོའི་ཁྲིམ་རྒྱུད་ཀྱི་བུ་མོ་ཡིན་གཤིས་རྒྱལ་རབས་ལོ་རྒྱུས་ཐོག་སྣང་གྲགས་ཆེ་ཞིང་། སངས་རྒྱས་ཀྱི་བསྟན་པར་དད་ཞེན་ཆེ་བས་བསམ་ཡས་གཙུག་ལག་ཁང་བཞེངས་སྐབས་དགོན་པའི་ལྕགས་རིའི་མཐའ་སྐོར་དུ་དགེ་རྒྱས་གླིང་ཞེས་པའི་གཙུག་ལག་ཁང་བསྐྲུན། གཙུག་ལག་ཁང་དུ་འབྲོ་བཟས་ཡོན་བདག་གནང་སྟེ་བསྐྲུན་པའི་ཅོང་དམ་དྲིལ་བུ་བླུགས་མ་ཞིག་ཡོད་པ་དེའི་ཐོག"ཇོ་མོ་རྒྱལ་མོ་བཙན་ཡུམ་སྲས་ཀྱིས་ཕྱོགས་བཅུའི་དཀོན་མཆོག་གསུམ་ལ་མཆོད་པའི་སླད་དུ་ཅོང་འདི་བགྱིས་ཏེ་དེའི་བསོད་ནམས་ཀྱི་སྟོབས་ཀྱིས་ལྷ་བཙན་པོ་ཁྲི་སྲོང་ལྡེ་བཙན་ཡབ་སྲས་སྟངས་དཔྱལ་གསུང་དབྱངས་དྲུག་ཅུ་སྒྲ་དབྱངས་དང་ལྡན་ཏེ་བླ་ན་མེད་པའི་བྱང་ཆུབ་ཏུ་གྲུབ་པར་སྨོནད་ཏོ"ཞེས་ཡི་གེ་ཡིག་ཕྲེང་གཉིས་བཀོད་ཡོད། ཕྱིས་འབྲོ་བཟའ་རྒྱལ་མོ་བཙན་རབ་ཏུ་བྱུང་ནས་མཚན་ཡང་ཇོ་མོ་བྱང་ཆུབ་རྗེ་ཞེས་གསོལ། ཁྲི་ལྡེ་སྲོང་བཙན་གྱིས་རྒྱལ་སྲིད་བཞེས་པའི་སྐུ་དུས་སུ་ཇོ་མོ་བྱང་ཆུབ་རྗེས་སྣར་ཡོན་བདག་གནང་སྟེ་བསྐྲུན་པའི་དྲིལ་བུ་གཞན་ཞིག་ཁྲ་འབྲུག་དགོན་དུ་བཞུགས།(སྤྱི་ལོ1966ལོའི་གོང་དུ་འཇལ་རྒྱུ་ཡོད།) ཁྲི་ལྡེ་སྲོང་བཙན་གྱི་བཙུན་མོ་བགྲེས་པ་ཡང་འབྲོ་ཡི་བུ་མོ་ཡིན་ཞིང་མཚན་ལ་འབྲོ་བཟའ་ལྷ་རྒྱལ་མང་པོ་རྗེ་ཞེས་ཞུ་ཞིང་། མཚན་གཞན་ལ་འབྲོ་བཟའ་ཁྲི་མོ་ལེགས་ཀྱང་ཟེར། བོད་ཀྱི་རྒྱལ་རབས་སུ་ཆོས་རྒྱལ་མེས་དབོན་རྣམ་གསུམ་དུ་གྲགས་པའི་ཡ་རྒྱལ་ཁྲི་རལ་པ་ཅན་དང་ཆོས་སྡུབ་བཙན་པོ་གླང་དར་མ་གཉིས་ཀྱི་ཡུམ་ཡང་འབྲོ་བཟའ་དེ་ཡིན། ཁྲི་ལྡེ་སྲོང་བཙན་གྱིས་དཀར་

ཚུང་རྡོ་རྗེ་དབྱིངས་ཀྱི་གཙུག་ལག་ཁང་བཞེངས་རྗེས་བློན་འབངས་ཐམས་ཅད་ལ་དམ་པའི་ཆོས་མི་གཞིག་དཀོན་མཆོག་གསུམ་དབང་བཙན་པར་བྱ་བའི་བཀའ་ཁྲིམས་བསྒྲགས་ཤིང་མནའ་བོར་དུ་བཙུག་པའི་བཀའ་བརྩིགས་ཀྱི་རྡོ་རིང་ཐོག་འབྲོ་བཟའ་ཁྲི་མོ་ལེགས་ཀྱི་མཚན་དེ་བཙུན་མོ་དང་བློན་འབངས་ཀུན་གྱི་འགོར་བཀོད་ཡོད།

འབྲོའི་བུ་མོ་བཙན་པོའི་བཙུན་མོར་མངའ་གསོལ་བ་ལ་ལྟོས་ནས་འབྲོའི་བུ་རྒྱུད་ལ་ཞང་གི་མིང་ཐོགས་ཤིང་མགོ་འཕང་མཐོ་ལ་དབང་གྲགས་ཆེ་བའི་ཞང་བློན་ཆེན་པོའི་གྲས་སུ་བརྩི་སྲོལ་བྱུང་། ཞང་ཟེར་བ་དེ་ཡང་ལྷ་ཐོ་ཐོ་རི་གཉན་བཙན་གྱིས་རྗེ་བཟའ་མང་དཀར་བཙུན་མོར་བཞེས་པས་སྲས་ཁྲི་གཉན་གཟུངས་བཙན་འཁྲུངས། སྲས་ཀྱིས་རྗེ་ལ་ཞང་དུ་བོས་པ་ཡིས་ཞང་དུ་སྤྱ་བ་རྗེ་དང་ཉུས་ལ་དེ་ལྟར་མིང་ཆགས་ཞེས་ཆོས་འབྱུང་མཁས་པའི་དགའ་སྟོན་དུ་འཁོད། སྲོང་བཙན་སྒམ་པོའི་སྐུ་དུས་སུ་བཀའ་ཡི་ཁྲིམས་ཡིག་ཆེན་པོ་དྲུག་བསྒྲགས་པའི་ནང་བློན་ཆེ་དང་། ནང་བློན། ཡུལ་དཔོན། དམག་དཔོན། ཉ་དཔོན། སྟེ་དཔོན། སྟོང་དཔོན། མངན་དཔོན་ལ་སོགས་དཔོན་རིགས་རིམ་པ་མི་འདྲ་བ་བཅུ་གྲངས་ཀྱི་གོ་མིང་དང་ལས་ཐབས་གཏན་འབེབས་མཛད་ཡོད། དེ་རྗེས་ཀྱི་ལོ་གཉིས་བརྒྱ་ཙམ་གྱི་རིང་འབྲོའི་བུ་རྒྱུད་ལ་བློན་ཆེའི་གོ་མིང་ཅན་འགའ་ཞིག་བྱུང་ཡོད་པ་དེ་དག་གིས་པུར་རྒྱལ་བཙན་པོའི་ཆབ་སྲིད་ལ་བྱས་པ་ཆེན་པོ་བཞག་ཡོད། འབྲོ་ཚུང་བཟང་འོར་མང་ནི་འབྲོའི་གདོང་རྒྱུད་ཀྱི་ནང་ནས་བློན་ཆེའི་གོ་མིང་ཐོགས་པ་ཐོག་མ་དེ་ཡིན། དེའང་སྤྱི་ལོ728(ས་འབྲུག)ལོར་ཁྲི་ལྡེ་གཙུག་བཙན་གྱིས་འབྲོ་ཚུང་བཟང་འོར་མང་ལ་བློན་ཆེའི་གོ་མིང་བསྩལ། བློན་ཆེ་ལོ་ཉི་ཤུ་ལྷག་ཙམ་བྱས། བློན་ཆེ་འདི་རིང་ལ་སྦྲུ་དཀར་ནག་གི་རྒྱལ་ཁབ་རྒྱ་སྐད་དུ་ནན་ཀྲའོ་ཞེས་པ་དེ་བོད་ཀྱི་ཆབ་འབངས་སུ་བཙུག ཏྲུ་གུ། བྲུ་ཞ། འ་ཞའི་ཡུལ་དུའང་བོད་དམག་ཐེངས་མང་དྲངས། པུར་རྒྱལ་བཙན་པོའི་སྲིད་ལ་བྱས་པ་ཆེ། དེ་ཡང་དེའི་གོང་གི་རྒྱལ་རབས་སོ་སོར་བློན་ཆེ་དབའས་ཁྲི་གསུམ་རྗེ་སྟང་བཞེར། ངེགས་མང་ཞམ་སྣང་ཚབ། དབའས་སྟག་སྒྲ་ཁོང་ལོད་སོགས་བྱས་རྗེས་ཆེ་ཡང་ཀུམ་པའམ་ཡང་ན་བཙན་པོས་བཀྲོན་ཕབ་སྟེ་བློན་ཆེ་བྱེད་ཡུན་རིང་ན་ལོ་བཞི་ལྔ་ཙམ། ཐུང་ན་ལོ་གཅིག་གཉིས་ཙམ་ལས་མ་བྱུང་བ་དེ་རྣམས་དང་བསྡུར་ན་འབྲོ་ཚུང་བཟང་འོར་མང་རྒྱལ་བློན་ཆེན་པོའི་གོ་མིང་ལོ་ཉི་ཤུ་ལྷག་ཙམ་འཛིན་སྐྱོང་ཐུབ་པ་ཁོ་ནའི་ཐོག་མ་མཆོན་ཐུབ། འབྲོ་ཁྲི་གཟུ་རམ་ཤགས་ནི་བློན་ཆེའི་གོ་མིང་ཡོད་པའི་འབྲོའི་གདུང་རྒྱུད་ཀྱི་སྙན་གྲགས་ཆེ་བའི་མི་གཞན་ཞིག་ཡིན། ཁྲི་ལྡེ་སྲོང་བཙན་སྲིད་ཁྲིར་བཞུགས་སྐབས་བློན་ཆེ་ལོ་བརྒྱད་བྱས། དམག་སྲིད་ཀྱི་གཙོ་འགན་བྱས་ཏེ་བྱས་རྗེས་ཤིན་ཏུ་ཆེ། བཙན་པོས་དཔའ་མཚན་དུ་སེང་གེ་དཀར་མོའི་གོང་སློག་གནང་ཞེས་ཆོས་འབྱུང་མཁས་པའི་དགའ་སྟོན་དུ་གསལ། ཁྲི་ལྡེ་སྲོང་བཙན་གྱིས་དཀར་ཚུང་རྡོ་རྗེ་དབྱིངས་ཀྱི་གཙུག་ལག་ཁང་བཞེངས་རྗེས་རྒྱལ་པོ་དང་། བཙུན་མོ། རྒྱལ་ཕྲན། བློན་པོ་བཅས་སངས་རྒྱས་ཀྱི་བསྟན་

པ་མི་དོར་བའི་བྲོ་བོར་གྱི་བཀའ་གཙིགས་སུ་ཆབ་སྲིད་ཀྱི་བློན་ཆེན་པོ་བཀའ་ལ་གཏོགས་པ། འབྲོ་ཁྲི་གཟུ་རམ་ཤགས་ཞེས་བློན་ཆེ་དེའི་མཚན་སྐུ་བློན་ཀུན་གྱི་འགོར་འཁོད་ཡོད། དེ་མིན་འབྲོའི་ཁྲིམ་རྒྱུད་ལ་འབྲོ་ཁྲི་གསུམ་རྗེ་སྤུག་སྣང་། འབྲོ་ཁྲོམ་མདའ་ཚུང་པ། གཙུག་སྲ་ལྷ་སྣང་། བཙན་པ་སྤུག་ཚབ། འབྲོ་སྤུག་བཞེར། ཞང་འབྲོ་སྤུག འབྲོ་གུང་སྤུག་སོགས་བློན་པོའམ་དམག་དཔོན་བྱས་པ་ཅན་མང་དུ་བྱུང་བའི་ནང་འབྲོ་ཁྲོམ་མདའ་ཚུང་པ་ཡང་བྱས་པ་ཆེ་བས་སེང་གེ་དཀར་མོའི་གོང་སློག་ཡོད་པས་ཆེ་ཞེས་ཆེ་བདུན་གྱི་ཡ་གྱལ་དུ་གྲགས། འབྲོ་ཁྲི་གསུམ་རྗེ་སྤུག་སྣང་གིས་ཤར་དར་ཟབ་ལ་སྒོ་ཕྱི་སྟེ་མངའ་མཛད་པ་ཞེས་དང་། ཕྱིས་ཞང་པོ་རྒྱ་ལ་དམག་དྲངས་པའི་ཐིག་སྒྲོང་དུ་བྲག་དམར་དཀར་ཆུའི་ལྷ་ཁང་བཞེངས་ཞེས་ལྡེའུ་ཆོས་འབྱུང་དུ་གསལ། བོད་ཀྱི་རྒྱལ་རབས་ཆོས་འབྱུང་ལ་རུ་ལག་དང་འབྲོའི་སྟོང་སྡེའི་རུ་དཔོན་དང་སྟོང་དཔོན་གྱི་མིང་ཡང་རུ་དཔོན་འབྲོ་རྒྱལ་མཚན་སེང་གེ་ཞེས་ཙམ་ལས་འཁོད་མེད་ཀྱང་འབྲོའི་གདུང་རྒྱུད་ཀྱིས་རུ་དཔོན་དང་སྟོང་དཔོན་རིམ་བྱུང་གི་གོ་མིང་འཛིན་གྱི་ཡོད་པ་ཅུང་ཟད་དཔྱད་པ་ཙམ་གྱིས་རྟོགས་པར་ནུས་སོ། །ལོ་ཙཱ་བ་ཆེན་པོ་སྐ་ཅོག་ཞང་གསུམ་གྱི་ཡ་གྱལ་བཀའ་འགྱུར་ལ་ཞུ་དག་མཛད་ནས་དཀར་ཆག་མཆིམས་ཕུ་མ་དང་འཕང་ཐང་མ་གསར་སྒྲིག་གནང་མཁན་སྐ་བ་དཔལ་བརྩེགས་ཀྱང་འབྲོ་ཡི་གདུང་རྒྱུད་ཡིན་པ་ཉང་རལ་ཆོས་འབྱུང་དུ་གསུངས་སོ། །

དེ་ལྟར་མིང་གྲགས་ཆེ་ཞིང་དབུ་འཕང་མཐོ་བའི་ཞང་བློན་གྱི་གདུང་རྒྱུད་ལ་བང་སོ་ཡང་བརྗིད་ཅིང་རྒྱས་སྤྲོས་དང་ལྡན་པ་ཞིག་དགོས་པ་ནི་སྨོས་ཅི་དགོས། ད་ལྟ་ཁྲོམ་ཆེན་དུ་ཡོད་པའི་བང་སོའི་ཚོགས་དེའི་ནང་གི་བརྗིད་ཆགས་ལྡན་པའི་བང་སོ་གྲུ་བཞི་ཆེན་པོ་དེ་རྣམས་ཞང་བློན་ཆེན་པོ་འབྲོ་ཁྲི་གཟུ་རམ་ཤགས་དང་། འབྲོ་ཚུང་བཟང་འོར་མང་། དམག་དཔོན་ཆེན་པོ་འབྲོ་ཁྲི་གསུམ་རྗེ་སྤུག་སྣང་། འབྲོ་ཁྲོམ་མདའ་ཚུང་པ་ལ་སོགས་ཀྱི་སྤུར་བཞུགས་པའི་བང་སོ་ཡིན་པར་སེམས་ལ། ཁྱད་རྟགས་མངོན་གསལ་ཅན་ཞིག་ལ་བང་སོ་ཆེ་ཤོས་དེའི་མདུན་གྱི་ཤར་ནུབ་ཟུར་གཉིས་སུ་རྡོའི་སེང་གེ་གཉིས་བསླངས་ཡོད་པ་དེ་ནི་འབྲོ་ཁྲི་གཟུ་རམ་ཤགས་ཀྱི་སྐུ་སྤུར་བཞུགས་པའི་བང་སོ་ཡིན་སྙམ་སྟེ། ཅི་ཕྱིར་ཞེ་ན། གོང་དུ་བཀོད་པ་ལྟར་འབྲོ་ཁྲི་གཟུ་རམ་ཤགས་ཀྱིས་ཡུན་རིང་ཞང་བློན་ཆེན་པོའི་གོ་མིང་བཟུང་བ་མ་ཟད་བཙན་པོ་ཁྲི་ལྡེ་སྲོང་བཙན་ལ་སྲི་ཞུ་དཔྱིས་ཕྱིན་ཅིང་དམག་སྲིད་གང་ཅིར་མངོན་པར་འཕགས་པའི་བྱས་རྗེས་བཞག་ཡོད་པས་འབྲོའི་གདུང་རྒྱུད་ནང་བློན་ཆེ་དེ་ལས་གྲགས་སྙན་ཆེ་བ་མ་བྱུང་ཞིང་། འབྲོ་ཁྲི་གཟུ་རམ་ཤགས་དང་འབྲོ་ཁྲོམ་མདའ་ཚུང་པ་གཉིས་ལ་དཔའ་མཚན་དུ་སེང་གེ་དཀར་མོའི་གོང་སློག་གནང་ཞེས་རྒྱལ་རབས་སུ་གྲགས་པ་དང་གཅིག རུ་ལག་སྟོད་ཀྱི་རུ་དཔོན་འབྲོ་རྒྱུད་ཡིན་པའི་རུ་དར་ནི་སེང་གེ་དཀར་པོ་གནམ་དུ་འཕྱིངས་པ་འདྲ་བ་ཡོད་པ་ལགས་ཞེས་སོགས་ལྡེའུ་ཆོས་འབྱུང་དུ་གསུངས་པ་དང་གཉིས། འབྲོ་ཡི་རུ་དཔོན་བྱེད་པའི་རུ་ལག་སྟོད་ཀྱི་དམག་ནི་གདངས་ལ་སེང་གེ་འགྲིམས་པ་བཞིན་འགྲོ་

སྐད་ཅེས་མཁས་པའི་དགའ་སྟོན་དུ་གསུངས་པ་དང་གསུམ་གྱི་ཐོག་ནས་སེང་གེ་ནི་འབྲོའི་གདུང་རྒྱུད་དང་། འབྲོ་རྒྱུད་ཀྱིས་ဒ་དཔོན་བྱེད་པའི་ဒ་ལག་སྟོད་ཀྱི་ཐུབ་མོང་མ་ཡིན་པའི་རྟགས་སུ་བྱེད་པར་སྣང་བས་བང་སོའི་མདུན་དུ་རྡོའི་སེང་གེ་བསྲུངས་པའང་རྒྱུ་མཚན་དེ་འདྲ་ཞིག་རང་ཡིན་པར་བསྟན་ལ། དེ་བཞིན་འབྲོའི་གདུང་རྒྱུད་ནང་བློན་པོ་འབྲོ་ཁྲིམ་མདའ་ཆུང་པ་སོགས་ཀྱི་མིང་དུ་ཁྲིམ་མམ་ཁྲིམ་མདའ་གྲོང་ཞེས་པའི་ཚིག་ཡོད་པ་ཡང་བང་སོའི་ཚོགས་གནས་པའི་གྲོང་ཚོ་ཁྲིམ་ཆེན་དང་དེའི་ཉེ་བར་གནས་པའི་ཁྲིམ་མདའ་གྲོང་ཞེས་པའི་ཚིག་འགྲོས་དང་འབྲེལ་བ་ཡོད་ངེས་སྙམ་པས་སོ། །

འོན་ཀྱང་ཏུན་ཧོང་གི་ཡིག་རྙིང་སོགས་ལ་ཀ་ཚུ་ཁྲིམ་ཆེན་པོ་དང་། དབྱར་མ་ཐང་ཁྲིམ་ཆེན་པོ། ཁྲི་བཟོས་ཁྲིམ་ལ་སོགས་པ་ས་མིང་མང་དུ་བྱུང་བ་དེ་དག་ནི་སྤུར་རྒྱལ་བཙན་པོའི་དམག་ཤུགས་བོད་མཐའ་སྐོར་ཡུལ་གྲུ་ཁག་ལ་རྒྱ་བསྐྱེད་བྱེད་སྐབས་གསར་དུ་དབང་བའི་ས་སོ་སོར་དམག་སྲིད་ཀྱི་སྒྲིག་གཞི་གསར་པ་བཙུགས་པར་ཁྲིམ་ཞེས་འབོད་པ་ཡིན་གྱི་ཁྲིམ་ཆེན་ཞེས་པའི་མིང་དང་འབྲེལ་བ་ཡོད་པ་ལ་འཁྲུལ་བར་མི་བྱའོ། །

བོད་ཀྱི་ཡོངས་གྲགས་ལོ་རྒྱུས་ལྟར་ན། སྤྱི་ལོ869(ས་གླང)ལོར་བོད་ཡོངས་སུ་གཞི་རྒྱ་ཆེ་བའི་འབངས་གྱེན་ལོག་བྱུང་བར་ཡིག་རྙིང་དུ་ཁེང་ལོག་བྱུང་བར་གྲགས་པ་དེ་དང་ཐོག་མདོ་ཁམས་ནས་བྱུང་བ་དང་། དེ་རྗེས་བོད་ཁམས་ཕལ་མོ་ཆེར་ཁྱབ། དབུ་རུར་བློན་འབྲོ་སྦས་གཉིས་འཁྲུག(འབྲོ་ཡིས་འོད་སྲུངས་ཕྱོགས་གཏོགས་དང་སྦས་ཡུམ་བརྟན་གྱི་ཕྱོགས་གཏོགས།) ཁེང་ལོག་དེས་བོད་སིལ་བུར་ཐོར་ཏེ་དེ་ནས་ལོ་བཞི་བརྒྱར་ཉེ་བའི་རིང་བོད་སྤྱི་ལ་དབང་བསྒྱུར་བའི་སྲིད་དབང་མ་བྱུང་ངོ་། །ཁེང་ལོག་བྱུང་ནས་ལོ་དགུ་པ་སྤྱི་ལོ877(མེ་བྱ)ལོར་བློན་ཤུད་པུ་དང་གཉགས་སོགས་མཉམ་དུ་གྲོས་ནས་རྒྱལ་རྒྱུད་ཀྱི་བང་སོ་རྣམས་བགོས་ནས་བྲུས། ཤུད་པུས་སེང་གེ་ཅན་ཏེ་ཁྲི་ལྡེ་གཙུག་བཙན་གྱི་བང་སོ་བྲུས་པ་དང་། གཉགས་ཀྱིས་དོན་མཁར་མདའ་ཡི་གནམ་རི་སྟོང་བཙན་སོགས་ཀྱི་བང་སོ་བྲུས། སྟོང་བཙན་སྨམ་པོའི་བང་སོ་འབྲོ་དང་ཅོག་རོ་གཉིས་ལ་ཐོབ་ཀྱང་འཕྲོར་ལུས་པར་གྲགས་པ་ལྟར་འཕྱོངས་རྒྱས་དང་དོན་མཁར་མདའི་བཙན་པོ་རིམ་བྱོན་གྱི་བང་སོ་དང་། དེ་མིན་ས་གནས་ཁག་ནས་གསར་དུ་རྙེད་པའི་བང་སོ་རྣམས་ལ་བལྟས་ན་སྔོག་ཤུལ་གསལ་པོ་མཐོང་རྒྱུ་འདུག ཁྲིམ་ཆེན་བང་སོའི་ཚོགས་དེ་དག་ཀྱང་སྔེང་ངམ་རྒྱབ་ཟུར་ནས་སྔོག་འབྲུ་བྱས་ཏེ་གཏོར་ཤུལ་མངོན་གསལ་དུ་མཐོང་རྒྱུ་འདུག་པས་བང་སོའི་ནང་གི་ནོར་རྫས་སམ་དུར་རྫས་རྣམས་བོར་བརླག་སོང་ཡོད་པ་ནི་གོར་མ་ཆག་གོ །

མདོར་ན་ཁྲིམ་ཆེན་བང་སོ་ནི་བོད་མི་རིགས་ཀྱི་གནའ་བོའི་རིག་དངོས་ཀྱི་ཤུལ་བཞག་ཅིག་ཡིན་ལ་དེར་ཞིབ་འཇུག་བྱ་རྒྱུར་དོན་སྙིང་གལ་ཆེ་ལྡན་སྟེ། གཅིག་ནས་རྒྱ་ཆེའི་གཙང་ཁུལ་དུ་གཞི་རྒྱ་ཆེ་བའི་གནའ་མིའི་བང་སོའི་ཚོགས་རྙེད་པ་དང་པོ་ཡིན་པས་གཙང་སྟོད་ལྷ་རྩེ་སོགས་ས་ཁུལ་གྱི་ལོ་རྒྱུས་ལ་

དཔྱད་པ་བྱ་རྒྱུར་གལ་ཆེའི་དཔྱད་གཞི་འདོན་སྤྲོད་བྱེད་ཐུབ་པ་དང་། གཉིས་ནས་འགྲོའི་གདུང་རྒྱུད་ནི་མིང་གྲགས་ཆེ་བའི་ཞང་བློན་གྱི་གྲས་ཡིན་པས་བང་སོ་དང་དེ་དང་འབྲེལ་བར་འགྲོའི་གདུང་རྒྱུད་ཀྱི་ལོ་རྒྱུས་ལ་དཔྱད་པ་བྱས་པ་བརྒྱུད་སྤུར་རྒྱལ་བཙན་པོའི་རྒྱལ་བློན་དབར་གྱི་འབྲེལ་བར་དཔྱད་ཞིབ་བྱ་རྒྱུར་སྔར་ལས་ལྷག་པའི་ཆ་རྐྱེན་འདོན་སྤྲོད་ཐུབ་པ། གསུམ་དུ་བོད་ཀྱི་རྒྱལ་རབས་ལོ་རྒྱུས་སུ་བཙན་པོ་རིམ་བྱོན་དང་བཙུན་མོ་ཁ་ཤས་ཙམ་གྱི་བང་སོ་ལས་བློན་ཆེ་དང་། ཐ་དཔོན། སྟོང་དཔོན་སོགས་ཀྱི་བང་སོའི་སྐོར་ཡིག་ལམ་དུ་མི་གསལ་བའི་སྟོང་ཆ་ཁ་སྐོང་བྱུང་བའི་ཐོག་སྤུར་རྒྱལ་བཙན་པོའི་བློན་པོ་རབ་འབྱིང་གི་ལོ་རྒྱུས་ལ་ཞིབ་འཇུག་གཏོང་ཐབ་བྱ་རྒྱུར་གལ་ཆེའི་དངོས་པོའི་དཔྱད་གཞི་འདོན་ཐུབ་ངེས་ཡིན་པ་བཅས་སོ། །

《བོད་ལྗོངས་ཞིབ་འཇུག》 ༡༩༩༩ལོའི་དེབ་དང་པོ་ལས་བཏུས།

༄། །བོད་མིའི་འདས་མཆོད་ལས་གཤིན་རྗེས་ཀྱི་བརྗེ་སློའི་སྐོར་མདོ་ཙམ་གླེང་བ།

རྨེའུ་ཚ་བསྟན་འཛིན་རྣམ་རྒྱལ།

གངས་རི་ར་བས་འཁོར་མོ་ཡུག་ཏུ་འཁྱིགས་པའི་གངས་ལྗོངས་བསིལ་ལྡན་གྱི་ཡུལ་གྲུ་འདིར། རང་མི་རིགས་ཀྱི་ཐུན་མོང་མ་ཡིན་པའི་ཁྱད་ཆོས་དང་ལྡན་པའི་འདས་མཆོད་ཀྱི་ཚོ་ག་མང་དུ་སྲོལ་གྱི་ཡོད། དཔེར་ན། འདས་པོ་སྐྱེ་ལམ་དུ་སོང་སྐབས། གསོན་གནས་བུ་ཕྲུག་སྤུན་མཆེད་ཀྱིས་འདས་པོའི་རྣམ་ཤེས་ངན་སོང་དུ་མ་ལྷུང་བར་བདེ་བ་ཅན་གྱི་བསོད་ནམས་ཞིང་ལ་ཐར་པའི་གོ་འཕང་ཆེན་པོ་ཐོབ་ཆེད་ཅེས་བླ་མ་རྗེ་ཆེན་ཁག་ལ་མགྱོགས་བསྔོ་འབུལ་བ། འཕོ་བ་ཞུ་བ། སྨོན་ལམ་གསུངས་པའི་དགེ་འདུན་གདན་དྲངས་པ། འབྲུངས་རྟགས་བཞེངས་པ། གཞན་ཡང་བདུན་ཚིགས་དང་། ཞི་དགུ། ལོ་མཆོད་སོགས་ངེས་ཅན་གྱི་དུས་ཚིགས་སུ་ཡར་དཀོན་མཆོག་ལ་མཆོད་པ་བར་དགེ་འདུན་ལ་བསྙེན་བཀུར། མར་ངན་སློང་ལ་སྦྱིན་པ་སོགས་གཏང་སྲོལ་ཡོད། ད་ཐེངས་ཁོ་བོས་བོན་གྱི་ཁུངས་བཙུན་རྗེས་དཔེར་དབྱེ་ཞིབ་དང་དཔྱད་བསྡུར་གང་ཟབ་བྱས་ཏེ་བོད་མིའི་འདས་མཆོད་ཀྱི་རྣམ་གྲངས་ལས་གཤིན་རྗེས་ཀྱི་བརྗེ་སློའི་སྐོར་དབྱེ་ཞིབ་མདོ་ཙམ་བྱས་ཡོད། དེ་ཡང་གཤིན་རྗེས་ཀྱི་བརྗེ་སློའི་ཐད་རྗེས་དཔེ་ཁག་ཅིག་ནང་རྗེའུ་གྲངས་བརྒྱ་དང་དགུ་བཅུ་གོ་དགུའི་བརྗེ་སློའི་ཐོག་ནས་ཁ་དམར་བཟང་ངན་གྱི་འགྲེལ་བཤད་བྱེ་བ་དང་། ཡང་རྗེས་དཔེ་ཁག་ཅིག་ཏུ་རྗེའུ་གྲངས་སུམ་ཅུ་ཐམ་པའི་ཐོག་ནས་ཁ་དམར་བཟང་ངན་གྱི་འགྲེལ་བཤད་བྱེ་བ་སོགས་བརྗེ་ལུགས་མི་འདྲ་བའི་བཞེད་པ་འགའ་འདུག ད་ཐེངས་ཁོ་བོས་བརྗེ་སློ་ཁུང་ལ་དོན་གྱི་འབྲས་བུ་གསལ་བར་སྟོན་ཐུབ་པའི་བོན་གཞུང་རྗེས་དཔེ། 《ནག་རྗེས་ཀྱི་འབྲས་བཤད་མེས་པོའི་རྟོགས་བརྗོད》ཀྱི་གཞུང་ལྟར་གཤིན་རྗེས་ཀྱི་བརྗེ་སློའི་སྐོར་དབྱེ་ཞིབ་མདོ་ཙམ་བྱས་ན་ཐོག་མར་བརྗེ་བྱ་གཤིན་པོའི་ལོ་རྟགས་ཀྱི་སྲོག་ལུས་དབང་ཀླུང་བླ་དང་། བརྗེ་བྱ་གཤིན་པོ་འདས་སྐབས་ཀྱི་གནམ་ལོ་རྒྱལ་པོའི་སྲོག་ལུས་དབང་ཀླུང་དང་། ཟླ་བ་ཀློན་པོའི་སྲོག་ལུས་དབང་ཀླུང་། ནག་པོ་དམག་གི་སྲོག་ལུས་དབང་ཀླུང་། དུས་ཚོད་མཚོན་ཆའི་སྲོག་ལུས་དབང་ཀླུང་སོགས་ཞིབ་པར་བཙལ་འཚོལ་བྱས་རྗེས། བརྗེ་བྱ་གཤིན་པོའི་སྲོག་ཁམས་ཀྱིས་གནམ་ལོ་རྒྱལ་པོའི་སྲོག་ཁམས་ལ་འཐབ་ནས་རྗེའུ་དཀར་ནག་འབེལ་བ་དང་། བརྗེ་བྱ་གཤིན་པོའི་ལུས་ཁམས་ཀྱིས་ཟླ་བ་ཀློན་པོའི་ལུས་ཁམས་ལ་འཐབ་ནས་རྗེའུ་

དཀར་ནག་འབེལ་བ། བརྩི་བྱ་གཤིན་པོའི་དབང་ཁམས་ཀྱིས་ནག་པོ་དམག་གི་དབང་ཁམས་ལ་འཐབ་ནས་རྗེའུ་དཀར་ནག་འབེལ་བ། བརྩི་བྱ་གཤིན་པོའི་གླུད་ཁམས་ཀྱིས་དུས་ཚོད་མཚོན་ཆའི་གླུད་ཁམས་ལ་འཐབ་ནས་རྗེའུ་དཀར་ནག་འབེལ་བ། བརྩི་བྱ་གཤིན་པོའི་བླ་ཁམས་ཀྱིས་གནམ་ལོའི་སྲོག་ཁམས་ཀྱི་བུ་ལ་འཐབ་ནས་རྗེའུ་དཀར་ནག་འབེལ་བ། བརྩི་བྱའི་གླུད་ཁམས་ཀྱི་བུ་ཡིས་གནམ་ལོའི་གླུད་ཁམས་ཀྱི་བུ་ལ་འཐབ་ནས་རྗེའུ་དཀར་ནག་འབེལ་བ་བཅས་ཀྱི་བརྩི་སྒོ་ཞིག་རྩིས་སྲོལ་ཡོད། བརྩི་སྒོ་འདི་ལ་ལྷང་གཙོད་ཀྱི་གཅེས་རྗེའུ་དྲུག་གྲགས་ཤིང་། ལྷང་གཙོད་ཀྱི་གཅེས་རྗེའུ་དེ་དག་གི་འགྲེལ་བཤད་ལ་བརྟེན་ནས་སྐུ་རིམ་ཞབས་བརྟན་དང་གཏོ་བཅོས་ཀྱི་ཆོ་ག་སོགས་ཆོས་ལུགས་ཀྱི་བྱེད་སྒོ་སྲོལ་གྱི་ཡོད། དེ་ནས་བརྩི་བྱ་གཤིན་པོ་གཟའ་ཉི་མ། གཟའ་ཟླ་བ། གཟའ་མིག་དམར། གཟའ་ལྷག་པ། གཟའ་ཕུར་བུ། གཟའ་པ་སངས། གཟའ་སྤེན་པ་བཅས་གཟའ་གང་གི་སྟེང་དུ་འདས་མིན་ལ་བརྟག་ནས་གཏོ་བཅོས་ཀྱི་སྐུ་རིམ་བྱེད་ཀྱིན་ཡོད་པ། དཔེར་ན་གཟའ་ཆེན་ཉི་མར་འདས་ན། ཉི་བ་དགུ་ཁྲིད་ཅེས་གྲོང་ཚོ་སྤྱི་ལ་གནོད་པ་ཆགས་སྒོ་མི་ཡོང་བའི་ཆེད་དུ་སོག་མ་ཚིགས་མ་དགུ་དང་། ཆུ་ཕོར་དགུ། གཟན་ཆགས་ཀྱིས་བཟོས་པའི་ངར་མི་དགུ་བཅས་དགུ་གསུམ་བཟོས་ནས་ཚིགས་མ་དགུ་དང་། ཆུ་ཕོར་དགུ་ས་འོག་ཏུ་སྦས་པ་དང་། གཟན་སྤྱགས་ཀྱིས་བཟོས་པའི་ངར་མི་དགུ་འདས་པོའི་ཕུང་པོ་དང་མཉམ་དུ་དུར་ཁྲིད་ལ་བཙངས་པ། གཟའ་ཆེན་ཉི་མ་སྦྲིབ་པའི་ཚུལ་དུ་ཆུ་གཙང་མ་ཕྲོད་པ་གང་གི་སྟེང་དུ་ཉི་མའི་གཟུགས་དཔྱིབས་བཀོད་དེ་ཁང་པའི་ཐོག་རྩེར་བཞག་པ། བརྩི་བྱ་གཟའ་ཟླ་བར་འདས་ན་དུར་ཁ་གཙོད་པའི་གཏོར་བཅོས་སུ་ནས་དང་སྨན་མའི་ཚིགས་མ་དང་། ཉ་གཟུགས་ཀྱི་ཚ་ཚ་ཕུང་པོའི་སྟེང་དུ་འཛོག་པ། བརྩི་བྱ་གཟའ་ཆེན་སྤེན་པར་འདས་ན། གཡང་ཁ་མི་ཉམས་པའི་གཏོར་བཅོས་སུ་བྲ་བོའི་གཟན་སྤྱགས་ལས་བཟོས་པའི་ངར་མི་དགུ་ས་འོག་ཏུ་སྦས་པའམ་ཡང་ན་ཕུང་པོ་དང་མཉམ་དུ་དུར་ཁྲིད་ལ་བསྐྱལ་བར་འགྲོ་སྲོལ་ཡོད། རྒྱ་སྐར་ཉེར་བདུན་གང་གི་ཐོག་ལ་བརྩི་བྱ་འདས་མིན་ལ་གཞིགས་ནས་གཡང་ཉམས་མིན་དང་། ནོར་ཕྱུགས་ལ་སྐྱོན་ཆགས་ཡོད་མིན། དེ་བཞིན་གསོན་གནས་སྐྱེ་བོ་རྣམ་དང་གཞན་སུ་ལ་གནོད་པ་ཡོད་ཚུལ་སོགས་བརྩི་བ་དང་། སྤར་ཁའི་བརྩི་སྒོའི་ཐད་གཤིན་རྩིས་སྐབས་སུ་བརྩི་བྱ་གཤིན་པོ་འདས་སྐབས་ཀྱི་བབས་སྤར་ལ་ངོས་འཛིན་བྱེད་ཀྱིན་ཡོད། བོན་གྱི་རྩིས་དཔེ《ནག་རྩིས་འབྲས་བཤད་མེས་པོའི་རྟོགས་བརྗོད》ན“གཤིན་པོའི་རོ་དགྲིས་ཁ་མདོག་ནི། །ལི(☲)ལ་ཤི་ན་རོ་དགྲིས་སྨྲིག །ཁོན(☷)ལ་ལྗང་སྐྱ་དྭ(☱)ལ་དམར། །ཁེན(☰)ལ་དམར་ཞིང་ཁམ(☵)ལ་སེར། །གིན(☶)ལ་སྔོ་དགྲིས་ཟིན(☳)ལ་དཀར། །ཟོན(☴)ལའང་རོ་དགྲིས་དཀར་པའོ། །”ཞེས་སྤར་ཁའི་ཁམས་ལ་གཞིགས་ནས་ཕུང་པོ་སྦྲིལ་ཆེད་ཀྱི་རས་གཟན་ཁ་མདོག་གཏན་འཁེལ་བ། དཔེར་ན། བརྩི་བྱ་འདས་པོ་སྤར་ཁ་ལི་སྨྲིག་ལ་སྐྱེ་ལམ་དུ་སོང་ན་རས་གཟན་ཁ་མདོག་དམར་པོ་དང་། བརྩི་བྱ་འདས་པོ་སྤར་ཁ་ཁོན་ལྗང་ལ་སྐྱེ་ལམ་དུ་སོང་ན་རས་གཟན་ཁ་མདོག

ལྗང་གུ། བརྩི་བྱ་འདས་པོ་སྤུར་ཁ་དྷ་དམར་ཐོག་ལ་སྐྱེ་ལམ་དུ་སོང་ན་རས་གཟན་ཁ་མདོག་དམར་པོ། བརྩི་བྱ་འདས་པོ་སྤུར་ཁ་ཁེན་དམར་ཐོག་ལ་སྐྱེ་ལམ་དུ་སོང་ན་རས་གཟན་ཁ་མདོག་དམར་པོ། བརྩི་བྱ་འདས་པོ་སྤུར་ཁ་ཁམ་སེན་ཐོག་ལ་སྐྱེ་ལམ་དུ་སོང་ན། རས་གཟན་ཁ་མདོན་ལྗང་གུ། བརྩི་བྱ་འདས་པོ་སྤུར་ཁ་གིན་སྔོའི་ཐོག་ལ་སྐྱེ་ལམ་དུ་སོང་ན་རས་གཟན་ཁ་མདོག་སྔོན་པོ། བརྩི་བྱ་འདས་པོ་སྤུར་ཁ་ཟེན་དཀར་ཐོག་ལ་སྐྱེ་ལམ་དུ་སོང་ན་རས་གཟན་ཁ་མདོག་དཀར་པོ་བཅས་སྤུར་ཁའི་ཁ་མདོག་ལ་གཞིགས་ནས་རས་གཟན་གྱི་ཁ་མདོག་གཏན་འཁེལ་བྱ་ཀྱི་ཡོད། དེ་ལྟ་བུའི་ལུགས་འདས་པའི་ལོ་རྒྱུས་ནང་དུ་ཡོད་ཀྱང་དེང་སྐབས་མཐོང་བའི་ཡུལ་དུ་མ་མཆིས་ཤིང་། ད་ལྟ་དངོས་སུ་མཐོང་རྒྱུ་ཡོད་པ་ནི་བརྩི་བྱ་འདས་པོ་བབས་སྤུར་གང་གི་སྟེང་དུ་སྐྱེ་ལམ་དུ་སོང་ཡང་སྤུར་ཁ་དེ་གཞི་ཕྱུག་རྒྱུའི་རི་མོ་གཉིན་པོའི་ངོ་འཛམ་ཕུང་པོ་སྤྲིལ་ཆེད་ཀྱི་རས་གཟན་སྟེང་དུ་སྦྱར་གྱི་ཡོད། གཤིན་རྩིས་སྐབས་སློ་བའི་བརྩི་སྐོར་ཐད་གླིང་ན། གཅིག་དཀར་སྨན་གྱི་མེ་ལོང་ལྷུགས་ཀྱི་ཁམས། གཉིས་ནག་བདུད་ཀྱི་མེ་ལོང་ཆུ་ཡི་ཁམས། གསུམ་ཐིང་མཚོ་སྨན་མེ་ལོང་ཆུ་ཡི་ཁམས། བཞི་ལྗང་ཀླུ་ཡི་མེ་ལོང་ཤིང་གི་ཁམས། ལྗང་སེར་དགྲ་ལྷའི་མེ་ལོང་ས་ཡི་ཁམས། དྲུག་དཀར་རྒྱལ་པོའི་མེ་ལོང་ལྷུགས་ཀྱི་ཁམས། བདུན་དམར་བཙན་གྱི་མེ་ལོང་མེ་ཡི་ཁམས། བརྒྱད་དཀར་ཡུལ་ལྷའི་མེ་ལོང་ལྷུགས་ཀྱི་ཁམས། དགུ་དམར་གཡང་གི་མེ་ལོང་མེ་ཡི་ཁམས་བཅས་དགུ་དེ་དག་བརྩི་བྱ་གཤིན་པོ་སྐྱེ་ལམ་དུ་སོང་སྐབས་ཀྱི་ལོ་རེའི་བབས་སྒྲིར་ངོས་འཛིན་དགོས་ཀྱི་ཡོད། གཤིན་རྩིས་ཀྱི་སྐབས་བརྩི་བྱ་འདས་པོའི་བབས་སློ་འཁྲུལ་མེད་བཙལ་འཚོལ་བྱ་རྒྱུ་དེ་ཡང་དོན་གྱི་གནད་ཅིག་ཏུ་བརྩི་གི་ཡོད། གང་ལགས་ཞེ་ན་བརྩི་བྱ་འདས་པོའི་འཁྲུངས་རྟགས་གང་བཞེངས་སྐབས་བབས་སློའི་བརྩི་སྐོར་གཞིགས་ནས་གཏན་འཁེལ་ངོས་འཛིན་བྱེད་ཀྱིན་ཡོད། ཕུང་པོ་དུར་སར་བསྐྱལ་བའི་ནང་སྤྱངས་བླངས་ཀྱི་སྔོན་འགྲོ་བཤད་སྐབས་སུ་བཤེས་གཉེན་སྐྱེས་རྫོགས་ལྡན་པ་ཡིས་སྔོན་འགྲོ་རྣམས་སྣང་བརྒྱད་དང་། གཟུང་སྒྲུབ་བཀྲ་ཤིས་བརྩེགས་པ། ལམ་སེལ་སྦྲེ་བརྒྱད་དང་གསེར་སྐྱེམ་བཏང་ནས་རོ་ལམ་ཕྱེ་བའི་ཆོ་གར་འབད་ཀྱི་ཡོད། དེ་ཡང་ལོ་བརྒྱད་མན་ཆད་ཀྱི་ལོ་ཆུང་བྱིས་པར་བར་ཆད་དབང་དུ་སོང་ན་ཕ་མ་གཉིས་ཀྱིས་ཕྱིས་འབྱུང་ཕྲུ་གུར་སྐར་ཉེས་མི་ཡོང་བའི་སླད་དུ་ཟླ་བ་མ་ཚང་བར་སྐྱེ་ཤོར་ཐེབས་ཆེ་ཁང་པའི་མཛོད་ཕུག་ཏུ་སྦས་པ། དུས་ཚོད་ནམ་ལངས་ཡོས་ཀྱི་ཐོག་ཏུ་བཅས་ནས་ཉེན་ཕྱིད་སྤྱིལ་ཚམ་དུ་སྐྱེ་ལམ་དུ་སོང་ཚེ་རྒྱ་ལམ་གསུམ་མདོ་འོག་ཏུ་སྦས་པ། ཟླ་བ་མ་གང་བར་སྐྱེ་ལམ་དུ་སོང་ཚེ་ཕྲུ་གུ་བུ་ཡིན་ན་རང་ཁྱིམ་འོག་གཤོང་ཀྱི་གཡས་ཕྱོགས་སུ་སྦས་པ་དང་། ཕྲུ་གུ་བུ་མོ་ཡིན་ན་རང་ཁྱིམ་འོག་གཤོང་ཀྱི་གཡོན་ཕྱོགས་སུ་སྦས་པ། ཟླ་བ་གཅིག་ནས་སྐྱེ་ལམ་དུ་སོང་ཚེ་ཆུ་ལ་སྐྱུར་བ། ཟླ་བ་གཉིས་ནས་སྐྱེ་ལམ་དུ་སོང་ཚེ་རང་ཁྱིམ་གྱི་ཐེམ་སྐོར་སྦས་པ། ཟླ་བ་གསུམ་ནས་སྐྱེ་ལམ་དུ་སོང་ཚེ་རང་ཁྱིམ་གྱི་གཡས་སུ་སྦས་པ། ཟླ་བ་བཞི་ནས་སྐྱེ་ལམ་དུ་སོང་ཚེ་ལམ་གྱི་ཟུར་དུ་སྦས་པ། དེ་ནས་ཟླ་བ་དྲུག

ཏུ་སྐྱེ་ལམ་དུ་སོང་ཚེ་སྒོ་གཡོན་དུ་སྨས་པ། དེ་བཞིན་ཟླ་བ་ལྔ་དང་ཟླ་བ་བརྒྱད་སྐྱེ་ལམ་དུ་སོང་ན་དེ་དག་ཆུ་ལ་སྐྱུར་བ། གཞན་ཡང་ལོ་གཅིག་ལ་སྐྱེ་ལམ་དུ་སོང་ཚེ་རང་ཁྱིམ་གྱི་ཁང་བརྒྱབ་ཏུ་སྨས་པ། ལོ་གཉིས་ལ་སྐྱེ་ལམ་དུ་སོང་ན་གཙང་པོའམ་རྒྱུག་ཆུའི་གཡས་གཡོན་དུ་སྨས་པ། ལོ་གསུམ་ལ་སྐྱེ་ལམ་དུ་སོང་ཚེ་རང་ཁྱིམ་གྱི་གཡས་ཕྱོགས་སུ་སྨས་པ། ལོ་བཞི་ལ་སྐྱེ་ལམ་དུ་སོང་ན་གནམ་གྱི་མི་མཐོང་སར་སྨས་པ། ལོ་དྲུག་ལ་སྐྱེ་ལམ་དུ་སོང་ན་རང་ཁྱིམ་གྱི་ཐེམ་འོག་ཏུ་སྨས་པ། ལོ་བདུན་ལ་སྐྱེ་ལམ་དུ་སོང་ན་ཕྱི་ཡི་ཞིང་སར་སྦ་སྲོལ་ཡོད་ཅེས་རྩིས་དཔེར་འཁོད་འདུག དེ་ལྟར་ཕུང་པོ་གཏོང་རིམ་གྱི་གཟའ་སྐར་ཚེས་གྲངས་ལ་ཆ་མཚོན་ན། གཟའ་ཟླ་བ། གཟའ་ལྷག་པ། གཟའ་པ་སངས་བཅས་གསུམ་ལ་བརྩི་བྱ་འདས་པོའི་ཕུང་པོ་དུར་སར་བསྐྱལ་ན་བཟང་བར་བཤད་པ་དང་། གཟའ་ཉི་མ། གཟའ་མིག་དམར། གཟའ་ཕུར་བུ། གཟའ་སྤེན་པ་བཅས་བཞིར་བརྩི་བྱ་འདས་པོའི་ཕུང་པོ་དུར་སར་བསྐྱལ་ན་ངན་པར་ངོས་འཛིན་པ། དེ་བཞིན་ཚེས་གྲངས་བརྒྱད། ཚེས་གྲངས་བཅོ་བརྒྱད། ཚེ་གྲངས་ཉེར་བརྒྱད་དང་། ཚེ་གྲངས་དགུ། ཚེ་གྲངས་བཅུ་དགུ། ཚེ་གྲངས་ཉེར་དགུ་བཅས་ཚེས་གྲངས་བརྒྱད་གསུམ་དང་། དགུ་གསུམ་ནི་གཤེད་དང་དུར་གྱི་གནམ་སྒོ་ཡིན་པས་ཕུང་པོ་དུར་སར་མི་སྐྱེལ་བ། དུས་ཚོད་མཚོན་ཆར་ཆ་མཚོན་ན་བརྩི་བྱ་འདས་པོ་དུར་སར་བསྐྱལ་སྐབས། ཉི་ཤར་འབྲུག་ཉི་ཟེར་སྤྲུལ། ཉིན་ཕྱེད་རྟ། ཕྱེད་ཡོལ་ལུག དགོངས་མྱུར་སྤྲེལ། ཉི་ནུབ་བྱ། སྲོད་དུས་ཁྱི། སྲོད་འཁོར་ཕག ནམ་ཕྱེད་བྱི་བ། ཕྱེ་ཡོལ་གླང་། ཐོ་རེངས་སྟག ནམ་ལངས་ཡོས་སོགས་གང་རུང་གི་སྟེང་དུ་བརྩི་འདས་པོའི་ལོ་རྟགས་དང་། གསོན་གནས་ནང་མིའི་ལོ་རྟགས་མི་འཁེལ་བ་བྱས་པ། བརྩི་བྱ་འདས་པོའི་ཕུང་པོར་བལྟ་རེག་མི་ཆོག་པར་ཆ་མཚོན་ན། རྩིས་དཔེ《ནག་རྩིས་འགྲེལ་བཤད་མེས་པོའི་རྗེས་གཏམ་བརྗོད》བྱ་བའི་ནང་དུ"རོ་འཁྱུར་ལ་སོགས་རོ་ལས་པ། གཤེན་པོའི་ལོ་དང་གཅིག་ན་ངན། བདུན་ཟུར་མཐུན་གསུམ་རྣམས་ཀྱིས་སྤངས།"ཞེས་ཕུང་པོ་བྱ་གཏོར་བྱ་མཁན་དང་། དེ་བཞིན་ཕུང་པོ་སྒྲིལ་སྦྱངས་བྱ་མཁན་སོགས་གཤེན་པོའི་ལོ་རྟགས་དང་གཅིག་མཚུངས་ཡིན་པ། ཡང་ན་བརྩི་བྱ་གཤེན་པོའི་ལོ་རྟགས་ཀྱི་བདུན་ཟུར་དང་། མཐུན་གསུམ་དུ་འཁེལ་བ་རྣམས་སྤངས་བྱའི་ཡུལ་ཡིན་པ། དཔེར་ན་བརྩི་བྱ་འདས་པོ་ཡོས་ལོ་བ་ཞིག་ལ་ཆ་མཚོན་ན། ལོ་རྟགས་ཡོས་ཀྱི་བདུན་ཟུར་གྱི་ལོ་རྟགས་བྱ་དང་། དེ་ཡི་མཐུན་གསུམ་གྱི་ལོ་རྟགས་ཕག་དང་ལོ་རྟགས་ལུག་ཡིན་པས། ལོ་རྟགས་ཤིང་ཡོས། མེ་ཡོས། ས་ཡོས། ལྕགས་ཡོས། ཆུ་ཡོས་དང་། ལོ་རྟགས་ཤིང་བྱ། མེ་བྱ། ས་བྱ། ལྕགས་བྱ། ཆུ་བྱ། ལོ་རྟགས་ཤིང་ཕག ཤིང་ལུག མེ་ཕག མེ་ལུག ས་ཕག ས་ལུག ལྕགས་ཕག ལྕགས་ལུག ཆུ་ཕག ཆུ་ལུག་བཅས་ཀྱི་གསོན་གནས་སྐྱེ་བོས་ཕུང་པོར་བལྟ་རེག་མི་ཆོག་པ། བརྩི་བྱ་འདས་པོ་འབྲུག་ལོ་བ་ཞིག་ལ་ཆ་མཚོན་ན། ལོ་རྟགས་འབྲུག་གི་བདུན་ཟུར་ནི་ལོ་རྟགས་ཁྱི་དང་། དེ་ཡི་མཐུན་གསུམ་ནི་ལོ་རྟགས་བྱི་བ་དང་། ལོ་རྟགས་སྤྲེལ་ཡིན་པས། ལོ་རྟགས་ཤིང་འབྲུག ཤིང་བྱི། མེ་འབྲུག མེ་བྱི། ས་འབྲུག ས་བྱི།

ལྕགས་འབྲུག ལྕགས་བྱི། ཆུ་འབྲུག ཆུ་བྱི་དང་ལོ་རྟགས་ཤིང་ཁྱི། ཤིང་སྤྲེལ། མེ་ཁྱི། མེ་སྤྲེལ། ས་ཁྱི། ས་སྤྲེལ། ལྕགས་སྤྲེལ། ལྕགས་ཁྱི། ཆུ་སྤྲེལ། ཆུ་ཁྱི་བཅས་ཀྱི་གསོན་གནས་སྐྱེ་བོས་བརྩི་བྱ་འདས་པོའི་ཕུང་པོར་བལྟ་རིག་མི་ཆོག་པ། བརྩི་བྱ་འདས་པོ་སྦྲུལ་ལོ་བ་ཞིག་ལ་ཆ་མཚོན་ན། ལོ་རྟགས་སྦྲུལ་གྱི་བདུན་ཟུར་གྱི་ལོ་རྟགས་ཕག་དང་། དེ་ཡི་མཐུན་གསུམ་ནི་ལོ་རྟགས་བྱ་དང་། ལོ་རྟགས་གླང་ཡིན་པས། ལོ་རྟགས་ཤིང་སྦྲུལ། ཤིང་ཕག མེ་སྦྲུལ། མེ་ཕག ས་སྦྲུལ། ས་ཕག ལྕགས་སྦྲུལ། ལྕགས་ཕག ཆུ་སྦྲུལ། ཆུ་ཕག་དང་། ཤིང་བྱ། ཤིང་གླང་། མེ་བྱ། མེ་གླང་། ས་བྱ། ས་གླང་། ལྕགས་བྱ། ལྕགས་གླང་། ཆུ་བྱ། ཆུ་གླང་བཅས་ཀྱི་གསོན་གནས་སྐྱེ་བོས་བརྩི་བྱ་འདས་པོའི་ཕུང་པོར་བལྟ་རིག་མི་ཆོག་པ། བརྩི་བྱ་འདས་པོ་ལོ་རྟགས་རྟ་ལོ་བ་ཞིག་ལ་ཆ་མཚོན་ན། ལོ་རྟགས་རྟ་ཡི་བདུན་ཟུར་ནི་ལོ་རྟགས་ཀྱི་བྱི་བ་དང་། དེ་ཡི་མཐུན་གསུམ་ནི་ལོ་རྟགས་སྟག་དང་། ལོ་རྟགས་ཁྱི་ཡིན་པས། ལོ་རྟགས་ཤིང་རྟ། ཤིང་བྱི། མེ་རྟ། ས་རྟ། ས་བྱི། ལྕགས་རྟ། ལྕགས་བྱི། ཆུ་རྟ། ཆུ་བྱི་དང་། ལོ་རྟགས་ཤིང་སྟག ཤིང་ཁྱི། མེ་སྟག མེ་ཁྱི། ས་སྟག ས་ཁྱི། ལྕགས་སྟག ལྕགས་ཁྱི། ཆུ་སྟག ཆུ་ཁྱི་བཅས་ལ་གསོན་པའི་གསོན་གནས་ཀྱི་སྐྱེ་བོས་བརྩི་བྱ་འདས་པོའི་ཕུང་པོར་བལྟ་རིག་མི་ཆོག་པ། བརྩི་བྱ་འདས་པོ་ལོ་རྟགས་ལུག་ལོ་བ་ཞིག་ལ་ཆ་མཚོན་ན། ལོ་རྟགས་ལུག་གི་ཟུར་ནི་ལོ་རྟགས་གླང་དང་། དེ་ཡི་མཐུན་གསུམ་ནི་ལོ་རྟགས་ཕག་དང་། ལོ་རྟགས་ཡོས་ཡིན་པས། ལོ་རྟགས་ཤིང་ལུག ཤིང་གླང་། མེ་ལུག མེ་གླང་། ས་ལུག ས་གླང་། ལྕགས་ལུག ལྕགས་གླང་། ཆུ་ལུག ཆུ་གླང་དང་། ལོ་རྟགས་ཤིང་ཕག ཤིང་ཡོས། མེ་ཕག མེ་གླང་། ས་ཡོས། ས་ཕག ལྕགས་ཡོས། ལྕགས་ཕག ཆུ་ཡོས། ཆུ་ཕག་བཅས་ཀྱི་གསོན་གནས་སྐྱེ་བོས་བརྩི་བྱ་འདས་པོའི་ཕུང་པོར་བལྟ་རིག་མི་ཆོག་པ། བརྩི་བྱ་འདས་པོ་ལོ་རྟགས་སྤྲེལ་ལོ་བ་ཞིག་ལ་ཆ་མཚོན་ན། ལོ་རྟགས་སྤྲེལ་གྱི་བདུན་ཟུར་ནི་ལོ་རྟགས་སྟག་ཡིན་པ་དང་། དེ་ཡི་མཐུན་གསུམ་ནི་ལོ་རྟགས་བྱི་བ་དང་། ལོ་རྟགས་འབྲུག་ཡིན་པས་ལོ་རྟགས་ཤིང་སྤྲེལ། ཤིང་སྟག མེ་སྤྲེལ། མེ་སྟག ས་སྤྲེལ། ས་སྟག ལྕགས་སྤྲེལ། ལྕགས་སྟག ཆུ་སྤྲེལ། ཆུ་སྟག་དང་ལོ་རྟགས་ཤིང་འབྲུག ཤིང་བྱི། མེ་བྱི། མེ་འབྲུག ས་བྱི། ས་འབྲུག ལྕགས་བྱི། ལྕགས་འབྲུག ཆུ་བྱི། ཆུ་འབྲུག་བཅས་ཀྱི་གསོན་གནས་སྐྱེ་བོས་ཕུང་པོར་བལྟ་རིག་མི་ཆོག་པ། བརྩི་བྱ་འདས་པོ་ལོ་རྟགས་བྱ་ལོ་བ་ཞིག་ལ་ཆ་མཚོན་ན་ལོ་རྟགས་བྱ་ཡི་བདུན་ཟུར་ནི་ལོ་རྟགས་ཡོས་ཡིན་པ་དང་། དེ་ཡི་མཐུན་གསུམ་ནི་ལོ་རྟགས་གླང་དང་། ལོ་རྟགས་སྦྲུལ་ཡིན་པས། ལོ་རྟགས་ཤིང་བྱ། ཤིང་ཡོས། མེ་བྱ། མེ་ཡོས། ས་བྱ། ས་ཡོས། ལྕགས་བྱ། ལྕགས་ཡོས། ཆུ་བྱ། ཆུ་ཡོས་དང་། ལོ་རྟགས་ཤིང་གླང་། ཤིང་སྦྲུལ། མེ་གླང་། མེ་སྦྲུལ། ས་གླང་། ས་སྦྲུལ། ལྕགས་གླང་། ལྕགས་སྦྲུལ། ཆུ་གླང་། ཆུ་སྦྲུལ་བཅས་ཀྱི་གསོན་གནས་སྐྱེ་བོས་བརྩི་བྱ་འདས་པོའི་ཕུང་པོར་བལྟ་རིག་མི་ཆོག་པ། བརྩི་བྱ་འདས་པོ་ལོ་རྟགས་ཁྱི་ལོ་བ་ཞིག་ལ་ཆ་མཚོན་ན། ལོ་རྟགས་ཁྱི་ཡི་བདུན་ཟུར་ནི་ལོ་རྟགས་འབྲུག་ཡིན་པ་དང་། དེ་ཡི་མཐུན་གསུམ་ནི་ལོ་རྟགས་སྟག་དང་ལོ་

རྟགས་རྟ་ཡིན་པས། ལོ་རྟགས་ཤིང་ཁྱི། ཤིང་འབྲུག མེ་ཁྱི། མེ་འབྲུག ས་ཁྱི། ས་འབྲུག ལྕགས་ཁྱི། ལྕགས་འབྲུག ཆུ་ཁྱི། ཆུ་འབྲུག་དང་ལོ་རྟགས་ཤིང་སྟག ཤིང་རྟ། མེ་སྟག མེ་རྟ། ས་སྟག ས་རྟ། ལྕགས་རྟ། ལྕགས་སྟག ཆུ་སྟག ཆུ་རྟ་བཅས་ཀྱི་གསོན་གནས་སྐྱེ་བོས་བརྩི་བྱ་འདས་པོའི་ཕུང་པོར་བལྟ་རེག་མི་ཆོག་པ། བརྩི་བྱ་འདས་པོ་ལོ་རྟགས་ཕག་ལོ་བ་ཞིག་ལ་ཆ་མཚོན་ན། ལོ་རྟགས་ཕག་གི་བདུན་ཟུར་ནི་ལོ་རྟགས་སྦྲུལ་དང་། དེ་ཡི་མཐུན་གསུམ་ནི་ལོ་རྟགས་ལུག་དང་། ལོ་རྟགས་ཡོས་ཡིན་པས། ལོ་རྟགས་ཤིང་ཕག ཤིང་སྦྲུལ། མེ་ཕག མེ་སྦྲུལ། ས་ཕག ས་སྦྲུལ། ལྕགས་ཕག ལྕགས་སྦྲུལ། ཆུ་ཕག ཆུ་སྦྲུལ། ལོ་རྟགས་ཤིང་ལུག ཤིང་ཡོས། མེ་ལུག མེ་ཡོས། ས་ལུག ས་ཡོས། ལྕགས་ལུག ལྕགས་ཡོས། ཆུ་ལུག ཆུ་ཡོས་བཅས་ཀྱི་གསོན་གནས་སྐྱེ་བོས་བརྩི་བྱ་འདས་པོའི་ཕུང་པོར་བལྟ་རེག་མི་ཆོག་པ། བརྩི་བྱ་འདས་པོ་ལོ་རྟགས་བྱི་བ་ལོ་ཞིག་ལ་ཆ་མཚོན་ན། ལོ་རྟགས་བྱི་བའི་བདུན་ཟུར་ནི་ལོ་རྟགས་རྟ་ཡིན་པ་དང་། དེ་ཡི་མཐུན་གསུམ་ནི་ལོ་རྟགས་སྤྲེལ་དང་། ལོ་རྟགས་འབྲུག་ཡིན་པས། ལོ་རྟགས་ཤིང་བྱི། ཤིང་རྟ། མེ་བྱི། མེ་རྟ། ས་བྱི། ས་རྟ། ལྕགས་བྱི། ལྕགས་རྟ། ཆུ་བྱི། ཆུ་རྟ། ལོ་རྟགས་ཤིང་སྤྲེལ། ཤིང་འབྲུག མེ་སྤྲེལ། མེ་འབྲུག ས་སྤྲེལ། ས་འབྲུག ལྕགས་སྤྲེལ། ལྕགས་འབྲུག ཆུ་སྤྲེལ། ཆུ་འབྲུག་བཅས་ཀྱི་གསོན་གནས་སྐྱེ་བོས་བརྩི་བྱ་འདས་པོའི་ཕུང་པོར་བལྟ་རེག་མི་ཆོག་པ། བརྩི་བྱ་འདས་པོ་གླང་ལོ་བ་ཞིག་ལ་ཆ་མཚོན་ན། ལོ་རྟགས་གླང་གི་བདུན་ཟུར་ནི་ལོ་རྟགས་ལུག་ཡིན་པ་དང་། དེ་ཡི་མཐུན་གསུམ་ནི་ལོ་རྟགས་བྱ་དང་ལོ་རྟགས་སྦྲུལ་ཡིན་པས། ལོ་རྟགས་ཤིང་གླང་། ཤིང་ལུག ཆུ་གླང་། ཆུ་ལུག མེ་གླང་། མེ་ལུག ས་གླང་། ས་ལུག ལྕགས་གླང་། ལྕགས་ལུག་དང་ལོ་རྟགས་ཤིང་བྱ། ཤིང་སྦྲུལ། མེ་བྱ། མེ་སྦྲུལ། ས་བྱ། ས་སྦྲུལ། ལྕགས་བྱ། ལྕགས་སྦྲུལ། ཆུ་བྱ། ཆུ་སྦྲུལ་བཅས་ཀྱི་སྐྱེ་བོས་བརྩི་བྱ་འདས་པོའི་ཕུང་པོར་བལྟ་རེག་མི་ཆོག་པ། བརྩི་བྱ་འདས་པོ་སྟག་ལོ་བ་ཞིག་ལ་ཆ་མཚོན་ན། ལོ་རྟགས་སྟག་གི་བདུན་ཟུར་ནི་ལོ་རྟགས་སྤྲེལ་ཡིན་པ་དང་། དེ་ཡི་མཐུན་གསུམ་ནི་ལོ་རྟགས་རྟ་དང་ལོ་རྟགས་ཁྱི་ཡིན་པས། ལོ་རྟགས་ཤིང་སྟག་ཤིང་སྤྲེལ། མེ་སྟག མེ་སྤྲེལ། ས་སྟག ས་སྤྲེལ། ལྕགས་སྟག ལྕགས་སྤྲེལ། ཆུ་སྟག ཆུ་སྤྲེལ། ལོ་རྟགས་ཤིང་རྟ། ཤིང་ཁྱི། མེ་རྟ། མེ་ཁྱི། ས་རྟ། ས་ཁྱི། ལྕགས་རྟ། ལྕགས་ཁྱི། ཆུ་རྟ། ཆུ་ཁྱི་བཅས་ཀྱི་གསོན་གནས་སྐྱེ་བོས་བརྩི་བྱ་འདས་པོའི་ཕུང་པོར་བལྟ་རེག་མི་ཆོག་པ་སོགས་ལྟ་བུའོ། །

དེ་བཞིན་བརྩི་བྱ་འདས་པོ་སྐྱེ་ལམ་དུ་འགྲོ་སྐབས་ཀྱི་ཟླ་བའི་ལོ་རྟགས་ལ་གཞིགས་ནས་གསོན་གནས་སྐྱེ་བོར་ཆག་སྒོ་རྒྱབ་མིན་ཡོད་ཚུལ་སྐོར་གྱི་བརྩི་སྒོ་ཞིག་སྤེལ་སྤྲོལ་ཡོད་པ་དཔེར་ན། བརྩི་བྱ་འདས་པོ་སྟག་གི་ཟླ་བ་སྟེ་ཟླ་བ་དང་པོར་སྐྱེ་ལམ་དུ་སོང་ན་གསོན་གནས་ཀྱི་སྐྱེ་བོ་ལོ་རྟགས་ཤིང་ཕག་མེ་ཕག ལྕགས་ཕག ས་ཕག ཆུ་ཕག་བཅས་ལ་རྒྱབ་པར་མངོན་པ་དང་། བརྩི་བྱ་འདས་པོ་ཡོས་ཀྱི་ཟླ་བ་སྟེ་ཟླ་བ་གཉིས་པར་སྐྱེ་ལམ་དུ་སོང་ན་གསོན་གནས་ཀྱི་སྐྱེ་བོ་ལོ་རྟགས་ཤིང་རྟ། མེ་རྟ། ས་རྟ། ལྕགས་རྟ། ཆུ་

རྟ་བཅས་ལ་རྗུབ་པར་མངོན་པ། བརྩི་བྱ་འདས་པོ་འབྲུག་གི་ཟླ་བ་སྟེ་ཟླ་བ་གསུམ་པར་སྐྱེ་ལམ་དུ་སོང་ན་གསོན་གནས་ཀྱི་སྐྱེ་བོ་ལོ་རྟགས་ཤིང་གླང་། མེ་གླང་། ས་གླང་། ལྕགས་གླང་། ཆུ་གླང་བཅས་ལ་རྗུབ་པར་མངོན་པ། བརྩི་བྱ་འདས་པོ་སྦྲུལ་གྱི་ཟླ་བ་སྟེ་བཞི་པར་སྐྱེ་ལམ་དུ་སོང་ན་གསོན་གནས་ཀྱི་སྐྱེ་བོ་ལོ་རྟགས་ཤིང་སྤྲེལ། མེ་སྤྲེལ། ས་སྤྲེལ། ལྕགས་སྤྲེལ། ཆུ་སྤྲེལ་བཅས་རྗུབ་པར་མངོན་པ། བརྩི་བྱ་འདས་པོ་རྟ་ཡི་ཟླ་བ་ལྔ་པར་སྐྱེ་ལམ་དུ་སོང་ན་གསོན་གནས་ཀྱི་སྐྱེ་བོ་ལོ་རྟགས་ཤིང་ཡོས། མེ་ཡོས། ས་ཡོས། ལྕགས་ཡོས། ཆུ་ཡོས་བཅས་ཀྱི་སྐྱེ་བོར་རྗུབ་པར་མངོན་པ། བརྩི་བྱ་འདས་པོ་ལུག་གི་ཟླ་བ་སྟེ་ཟླ་བ་དྲུག་པར་སྐྱེ་ལམ་དུ་སོང་ན་གསོན་གནས་ཀྱི་སྐྱེ་བོ་ལོ་རྟགས་ཤིང་ཁྱི། མེ་ཁྱི། ས་ཁྱི། ལྕགས་ཁྱི། ཆུ་ཁྱི་བཅས་ལ་རྗུབ་པར་མངོན་པ། བརྩི་བྱ་འདས་པོ་སྤྲེའུ་ཡི་ཟླ་བ་སྟེ་ཟླ་བ་བདུན་པར་སྐྱེ་ལམ་དུ་སོང་ན་གསོན་གནས་ཀྱི་སྐྱེ་བོ་ལོ་རྟགས་ཤིང་སྦྲུལ། མེ་སྦྲུལ། ས་སྦྲུལ། ལྕགས་སྦྲུལ། ཆུ་སྦྲུལ་བཅས་ལ་རྗུབ་པར་མངོན་པ། བརྩི་བྱ་འདས་པོ་བྱ་ཡི་ཟླ་བ་སྟེ་ཟླ་བ་བརྒྱད་པར་སྐྱེ་ལམ་དུ་སོང་ཚེ་གསོན་གནས་ཀྱི་སྐྱེ་བོ་ལོ་རྟགས་ཤིང་རྟ། མེ་རྟ། ས་རྟ། ལྕགས་རྟ། ཆུ་རྟ་བཅས་ལ་རྗུབ་པར་མངོན་པ། བརྩི་བྱ་འདས་པོ་ཁྱི་ཡི་ཟླ་བ་སྟེ་ཟླ་བ་དགུ་པར་སྐྱེ་ལམ་དུ་སོང་ཚེ་གསོན་གནས་ཀྱི་སྐྱེ་བོ་ལོ་རྟགས་ཤིང་ལུག མེ་ལུག ས་ལུག ལྕགས་ལུག ཆུ་ལུག་བཅས་ལ་རྗུབ་པར་མངོན་པ། བརྩི་བྱ་འདས་པོ་ཕག་གི་ཟླ་བ་སྟེ་ཟླ་བ་བཅུ་པར་སྐྱེ་ལམ་དུ་སོང་ཚེ་གསོན་གནས་ཀྱི་སྐྱེ་བོ་ལོ་རྟགས་ཤིང་སྤྲེལ། མེ་སྤྲེལ། ས་སྤྲེལ། ལྕགས་སྤྲེལ། ཆུ་སྤྲེལ་བཅས་ལ་རྗུབ་པར་མངོན་པ། བརྩི་བྱ་འདས་པོ་ཟླ་བ་བཅུ་གཅིག་སྟེ་བྱི་ཟླར་སྐྱེ་ལམ་དུ་སོང་ཚེ་གསོན་གནས་སྐྱེ་བོ་ལོ་རྟགས་ཤིང་བྱ། མེ་བྱ། ས་བྱ། ལྕགས་བྱ། ཆུ་བྱ་བཅས་ལ་རྗུབ་པར་མངོན་པ། བརྩི་བྱ་འདས་པོ་ཟླ་བ་བཅུ་གཉིས་ཏེ་གླང་གི་ཟླ་བར་སྐྱེ་ལམ་དུ་སོང་ཚེ་གསོན་གནས་སྐྱེ་བོ་ལོ་རྟགས་ཤིང་འབྲུག མེ་འབྲུག ས་འབྲུག ལྕགས་འབྲུག ཆུ་འབྲུག་བཅས་སོགས་ལ་རྗུབ་པར་མངོན་པ་ལྟ་བུའོ། །གཞན་ཡང་བརྩི་བྱ་འདས་པོའི་ཕུང་པོ་དུར་སར་བསྐྱལ་སྐབས་སུ་ཟླ་རེའི་བུམ་སྟོང་། ཧལ་ཁྱི། གནམ་ཁྱི། ཕུང་ཟོར་སོགས་ཀྱི་ཁ་ཕྱོགས་སུ་འཛོམས་ཤིང་ལོ་རེའི་ཕྱོགས་གཙང་གི་ཕྱོགས་སུ་ཁ་གཏད་ནས་ཁྱིམ་སྒོ་ནས་བརྩི་བྱ་འདས་པོའི་ཕུང་པོ་གདན་འདྲེན་ཞུས་ན་བཟང་བར་མངོན་གྱི་ཡོད།

གལ་ཏེ་ཁྱིམ་སྒོ་འདི་བུམ་སྟོང་སོགས་འཛོམ་བྱའི་ཁ་ཕྱོགས་སུ་གནས་ཡོད་ཚེ་ཕུང་པོ་གདན་འདྲེན་ཞུ་མིའི་སྔོན་དུ་སྐྱེ་བོ་གཉིས་ཀྱིས་རས་ཡོལ་ཞིག་འཁྱེར་ཏེ་བུམ་སྟོང་སོགས་འཛོམས་བྱའི་ཁ་ཕྱོགས་ལས་གཡོལ་ཐབས་བྱ་བ་དང་། ཡང་བརྩི་བྱ་འདས་པོ་གདན་འདྲེན་ཞུ་སའི་དུར་ཁྲོད་ཀྱི་དཀྱིལ་འཁོར་འདི་བུམ་སྟོང་སོགས་འཛོམས་བྱའི་ཁ་ཕྱོགས་སུ་གནས་ཡོད་ཚེ་ཕུང་པོ་གདན་འདྲེན་ཞུ་མི་ཚོས་ལོ་རེའི་ཕྱོགས་གཙང་གི་ཁ་ཕྱོགས་སུ་གོམ་པ་བཞི་བཅུ་ཞེ་ལྔ་སྤོས་རྗེས་གཞི་ནས་དུར་སའི་ཕྱོགས་སུ་བསྐྱོད་སྲོལ་ཡོད། མཇུག་ཏུ་བརྩི་བྱ་འདས་པོའི་ཕུང་པོ་དུར་སར་གདན་འདྲེན་ཞུ་བའི་ཕུང་པོ་ཤུལ་ཆག་གི་བརྩི་སྐོའི་

སྐར་གླིང་ན། དེ་ཡང་བརྩི་བྱ་འདས་པོའི་ལོ་རྟགས་ཀྱི་བདུན་ཟུར་ལ་བབས་པའི་སྐྱེ་བོ་ཕོ་མོ་གང་རུང་གིས་ཕུང་པོའི་ཤུལ་ཆག་སྲོལ་ཡོད་པ། དཔེར་ན། བརྩི་བྱ་འདས་པ་ལོ་རྟགས་ཀྱི་བྱི་བ་ཞིག་ལ་མཚོན་ན། ལོ་རྟགས་ཤིང་རྟ། མེ་རྟ། ས་རྟ། ལྕགས་རྟ། ཆུ་རྟ་ལ་གསོན་པའི་སྐྱེ་བོ་ཕོ་མོ་གང་རུང་གིས་ཕུང་ཤུལ་ཆག་པ། བརྩི་བྱ་འདས་པ་ལོ་རྟགས་གླང་ལོ་བ་ཞིག་ལ་ཆ་མཚོན་ན། ལོ་རྟགས་ཤིང་ལུག མེ་ལུག ས་ལུག ལྕགས་ལུག ཆུ་ལུག་ལ་གསོན་པའི་སྐྱེ་བོ་ཕོ་མོ་གང་རུང་གིས་ཕུང་ཤུལ་ཆག་པ། བརྩི་བྱ་འདས་པ་ལོ་རྟགས་སྟག་ལོ་བ་ཞིག་ལ་ཆ་མཚོན་ན། ལོ་རྟགས་ཤིང་སྤྲེལ། མེ་སྤྲེལ། ས་སྤྲེལ། ལྕགས་སྤྲེལ། ཆུ་སྤྲེལ་བཅས་ལ་གསོན་པའི་སྐྱེ་བོ་ཕོ་མོ་ཚང་མས་ཕུང་ཤུལ་ཆག་པ། བརྩི་བྱ་འདས་པོའི་ལོ་རྟགས་ཡོས་ལོ་བ་ཞིག་ལ་ཆ་མཚོན་ན། ལོ་རྟགས་ཤིང་བྱ། མེ་བྱ། ས་བྱ། ལྕགས་བྱ། ཆུ་བྱ་བཅས་ལ་གསོན་པའི་སྐྱེ་བོ་ཕོ་མོ་ཚང་མས་ཕུང་ཤུལ་ཆག་པ། བརྩི་བྱ་འདས་པོའི་ལོ་རྟགས་འབྲུག་ལོ་བ་ཞིག་ལ་ཆ་མཚོན་ན། ལོ་རྟགས་ཤིང་ཁྱི། མེ་ཁྱི། ལྕགས་ཁྱི། ཆུ་ཁྱི་བཅས་ལ་གསོན་པའི་སྐྱེ་བོ་ཕོ་མོ་ཚང་མས་ཕུང་ཤུལ་ཆག་པ། བརྩི་བྱ་འདས་པོའི་ལོ་རྟགས་སྦྲུལ་ལོ་བ་ཞིག་ལ་ཆ་མཚོན་ན། ལོ་རྟགས་ཤིང་ཕག མེ་ཕག ས་ཕག ལྕགས་ཕག ཆུ་ཕག་བཅས་ལ་གསོན་པའི་སྐྱེ་བོ་ཕོ་མོ་ཚང་མས་ཕུང་ཤུལ་ཆག་པ། བརྩི་བྱ་འདས་པོའི་ལོ་རྟགས་རྟ་ལོ་བ་ཞིག་ལ་ཆ་མཚོན་ན་ལོ་རྟགས་ཤིང་བྱི། མེ་བྱི། ས་བྱི། ལྕགས་བྱི། ཆུ་བྱི་བཅས་ལ་གསོན་པའི་སྐྱེ་བོ་ཕོ་མོ་གང་རུང་གིས་ཕུང་ཤུལ་ཆག་པ། བརྩི་བྱ་འདས་པོའི་ལོ་རྟགས་ལུག་ལོ་བ་ཞིག་ལ་ཆ་མཚོན་ན། ལོ་རྟགས་ཤིང་གླང་། མེ་གླང་། ས་གླང་། ལྕགས་གླང་། ཆུ་གླང་བཅས་ལ་གསོན་པའི་སྐྱེ་བོ་ཕོ་མོ་གང་རུང་གིས་ཕུང་ཤུལ་ཆག་པ། བརྩི་བྱ་འདས་པོའི་ལོ་རྟགས་སྤྲེལ་ལོ་བ་ཞིག་ལ་ཆ་མཚོན་ན། ལོ་རྟགས་ཤིང་སྟག མེ་སྟག ས་སྟག ལྕགས་སྟག ཆུ་སྟག་བཅས་ལ་གསོན་པའི་སྐྱེ་བོ་ཕོ་མོ་གང་རུང་ཞིག་གི་ཕུང་ཤུལ་ཆག་པ། བརྩི་བྱ་འདས་པོའི་ལོ་རྟགས་བྱ་ལོ་བ་ཞིག་ལ་ཆ་མཚོན་ན། ལོ་རྟགས། ཤིང་ཡོས། མེ་ཡོས། ས་ཡོས། ལྕགས་ཡོས། ཆུ་ཡོས་བཅས་ལ་གསོན་པའི་སྐྱེ་བོ་ཕོ་མོ་གང་རུང་ཞིག་ཕུང་ཤུལ་ཆག་པ། བརྩི་བྱ་འདས་པོའི་ལོ་རྟགས་ཁྱི་ལོ་བ་ཞིག་ལ་ཆ་མཚོན་ན། ལོ་རྟགས་ཤིང་འབྲུག མེ་འབྲུག ས་འབྲུག ལྕགས་འབྲུག ཆུ་འབྲུག་བཅས་ལ་གསོན་པའི་སྐྱེ་བོ་ཕོ་མོ་གང་རུང་ཞིག་གི་ཕུང་ཤུལ་ཆག་པ། བརྩི་བྱ་འདས་པོའི་ལོ་རྟགས་ཕག་ལོ་བ་ཞིག་ལ་ཆ་མཚོན་ན། ལོ་རྟགས་ཤིང་སྦྲུལ། མེ་སྦྲུལ། ལྕགས་སྦྲུལ། ཆུ་སྦྲུལ་བཅས་ལ་གསོན་པའི་སྐྱེ་བོ་ཕོ་མོ་གང་རུང་གིས་ཕུང་ཤུལ་ཆག་པ་སོགས་ལྟ་བུའོ། །

དེ་ལྟར་གོང་དུ་ཁོ་བོས་གླེང་བའི་གཤིན་རྩིས་ཀྱི་རྩིས་སྒོའི་སྐོར་འདི་བོད་མིའི་རྣམ་ཀུན་གྱི་འཚོ་བའི་ནང་མེད་དུ་མི་རུང་བའི་ཡུལ་སྲོལ་གོམས་གཤིས་འབའ་ཞིག་ཡིན། འོན་ཏེ་སྤྱི་ཚོགས་འཕེལ་རྒྱས་སུ་ཕྱིན་པ་དང་། ཚན་རིག་ཆུ་ཚད་ཀྱང་ཡར་ངོའི་ཟླ་ལྟར་འཕེལ་རྒྱས་སུ་ཕྱིན་པའི་དེང་གི་དུས། བོད་མི་རིགས་ཀྱི་བསམ་བློའི་འདུ་ཤེས་ལ་འགྱུར་ལྡོག་བཅིངས་སྒྲོལ་ཆེན་པོ་བྱུང་ནས་ཡུལ་ལུགས་གཤིས་ཀྱི་ཐད་ལའང་

ཞིགས་སྡེལ་ཉེས་འགོག་གི་ཕྱོགས་སུ་བསྐྱོད་དང་སྐྱོད་མུས་ལགས་པས། ད་ལམ་ཕོ་བོས་བོད་མིའི་འདས་མཆོད་ཀྱི་རྣམ་གྲངས་ལས་གཤིན་རྩིས་ཀྱི་བརྩི་སྟོའི་སྐོར་གླེང་བ་འདི་རང་དང་འདྲ་བའི་གཞོན་སྐྱེས་ཕོ་མོས་རང་མི་རིགས་ཀྱི་ཡུལ་ལུགས་གོམ་གཤིས་ལ་ངོས་འཛིན་ཁ་གསལ་ཞིག་ཡོང་རེ་ཡིན་ཀྱང་འདིའི་ནང་འགལ་འཁྲུལ་མི་ཉུང་བ་ཞིག་ཡོང་སྲིད་ན་གཟུར་གནས་མཁས་དབང་རྣམས་ཀྱིས་དགོངས་འཆར་རྣ་བའི་བདུད་རྩི་ལྷུག་རྩོལ་ཡོད་པ་ཞུ།

《སྤྲང་རྒྱན་མེ་ཏོག》 ༢༠༠༡ལོའི་དེབ་བཞི་པ་ལས་བཏུས།

༄། །བོད་ཀྱི་གཉིན་པོའི་འདས་མཆོད་ཀྱི་ཚ་གའི་རིག་གནས་སྐོར་རོབ་ཙམ་གླེང་བ།

གཅན་ཉི་གཞོན།

"འདས་མཆོད"ཅེས་པ་ནི་མི་ཚེ་གཅིག་གི་ལམ་ཧྲིལ་པོ་ཡོངས་སུ་རྫོགས་པ་དང་། ཡང་ན་རྐྱེན་ངན་བར་ཆད་གང་ཟུང་གིས་འདས་པོ་དག་འཇིག་རྟེན་མི་ཡུལ་དང་གཏན་དུ་ཁ་ཀྱེས་པར། གཉེན་ཉེ་རྣམས་ཀྱིས་འདས་པོར་ཆེས་མཐའ་མཇུག་གི་མི་ཚེའི་ཚ་ག་སྒྲུབ་པ་དེ་ལ་ཟེར། དེ་ནི་མིའི་རིགས་ལ་ཆེས་གདོད་མ་ནས་ཐོལ་གྱིས་བྱུང་བ་ཞིག་དང་། དུས་རབས་ཅན་ཞིག་ལ་བཙན་པོ་ག་གེ་མོ་ཞིག་གིས་བཀས་བཅད་པ་ཞིག་གཏན་ནས་མིན་པར་མིའི་རིགས་ཀྱི་སྤྱི་ཚོགས་འཕེལ་རྒྱས་དང་། ཕན་ཚུན་བར་གྱི་འབྲེལ་འདྲིས་ཇི་དམ། རང་བྱུང་ཁམས་ལ་འཐབ་རྩོད་བྱེད་པའི་ནུས་པ་ཇི་རྒྱས། རང་ཉིད་རང་གིས་ངོས་ཟིན་པ་དང་དཀའ་སྒྲོ་ཆགས་སྣང་གི་བསམ་བློའི་འདུ་ཤེས་བཅས་ལ་བརྟེན་ནས་གདོད་མའི་སྐབས་བདེའི་འཚོ་བ་ལ་བོན་གྱི་ཆོས་ལུགས་བསྟན་ཅིང་། དེའི་སྟེང་ལ་སངས་རྒྱས་ཆོས་ལུགས་བསྲེས་པ་སྟེ། གོམས་སྲོལ་ལ་གོམས་སྲོལ་དང་ཆོས་ལུགས་ལ་ཆོས་ལུགས་བསྟན་ཏེ་རིམ་གྱིས་ཚུགས་ཐུབ་ཀྱི་གོམས་སྲོལ་ཞིག་ཏུ་གྲུབ་པ་རེད། རྒྱལ་ཁབ་ཕྱི་ནང་གི་མིའི་རིགས་རིག་པའི་ཞིབ་འཇུག་པ་དག་གིས་ཀྱང་། "འདས་མཆོད་ནི་རྣམ་ཤེས་ཀྱི་འདུ་ཤེས་དང་བསྟུན་ནས་བྱུང"བར་བཞེད་པ་ལྟར་ན། གདོད་མའི་མི་རྣམས་ཀྱིས་རང་ཉིད་ཀྱི་སྐྱེ་ཁམས་དང་། ཤ་རུས་གདོས་བཅས་ཀྱི་ལུས་གཟུགས་ཀྱི་ཆགས་ཚུལ་ཤེས་རྟོགས་བྱུང་བར་མ་ཟད། བསམ་བློའི་གཙོ་འཁོར་དུ་གྱུར་པའི་རྣམ་ཤེས་ལ་ཡིད་ཆེས་ཤིང་། རྣམ་ཤེས་ཉིད་འགྲོ་སའི་གནས་ཤིག་ཡོད་པར་འདོད་པ་རེད། དེ་ལྟར་ན་འདས་མཆོད་ཀྱི་ཆེས་ཐོག་མའི་ནང་དོན་ནི། འདས་པོའི་རྣམ་ཤེས་ལ་སེམས་གསོ་བྱས་ཏེ་རྣམ་ཤེས་དེ་ཉིད་བདེ་སྐྱག་ངང་འགྲོ་འོས་པའི་སར་སྐྱེལ་མ་བྱེད་པ་དང་། གསོན་པོའི་མི་རྣམས་ལ་གནོད་འཚེ་རེ་མ་གཏོང་ཞེས་པའི་ཞུ་སྐུལ་ཀྱི་དོན་ཡོད། དེང་གི་དུས་འདིར། འདས་མཆོད་ཀྱི་ཚ་ག་བརྒྱུད་ནས་འདས་པོའི་བཀའ་དྲིན་རྗེས་སུ་དྲན་ཞིང་། བརྩེ་དུངས་མཚོན་པའི་དགེ་བའི་ཆོས་དག་ཤི་བོའི་སྐྱེ་སྒོའི་ཕྱིར་དུ་སྒྲུབ་པར་མ་ཟད། བེམ་པོ་དོ་དམ་ལེགས་པོ་ཞིག་བྱེད་པའི་ཐབས་ཀྱི་ཚ་ག་ཞིག་ཀྱང་རེད་སྙམ།

དེ་ཡང་ཡོངས་གྲགས་སུ་བོད་ཀྱི་གཉིན་པོ་དུར་འཇུག་བྱེད་སྲོལ་ལ་ས་དུར་དང་། ཆུར་བསྐུར། སྦྱིན་

སྲེག བྱ་ར་གཡེང་བཅས་སྦྱིའི་རིགས་བཞི་དང་། གཞན་བླ་སྦྱུལ་སོགས་དམར་གཏུང་བྱེད་སྲོལ་བསྟན་ན་བསྔོམས་པས་ལྤ་ཡོད་པ་དེ་དག་ལའང་ཐུན་མོང་དང་ཐུན་མོང་མ་ཡིན་པའི་བྱེ་བྲག་གི་ཚོ་ག་དང་བྱ་བྱེད་ཀྱི་རིམ་པ་ངེས་ཅན་ལྡན་སྲིད་པས། འདིར་ཐོག་མར་ཐུན་མོང་དུ་གྲུབ་ཟིན་པའི་ཆོ་གའི་རིམ་པ་ཙུང་ཙམ་སྤྲོ་བར་བྱ།

མི་ཤན་དར་གཞོན་གསུམ་སུ་ཞིག་ཚེ་ལས་འདས་ཀྱང་ཉིན་ཞག་ཞི་དགུ་ལ་ནང་མི་རྣམས་ནས་མྱ་ངན་མཚོན་བྱེད་དུ་མགོ་སྐྲ་གསར་དུ་མི་སློ་ཞིང་། གདོང་པ་མི་འཁྲུ་ལ།(མདོ་སྨད་ཀྱི་ཡུལ་གྲུ་མང་ཤོས་སུ་བུད་མེད་རྣམས་ཀྱིས་སྐྲ་སྣེར་བལ་ཐིག་དཀར་པོ་མདུད་ལ། སྐྱེས་པ་རྣམས་ཀྱིས་ཞྭ་མི་གོན་པའམ་ཞྭ་ཕྱིར་སློག་སྟེ་གོན་པ་དང་། ན་རྒྱན་སོགས་རིན་པོ་ཆེའི་རྒྱན་མི་འདོགས་པར་མ་ཟད། མདོག་ཅན་གྱི་གོན་པའང་མི་གྱོན་ནོ། །) དེ་ནས་ཤ་ཐུས་གཉེན་ཉེ་དང་ཉ་སྐོར་ཚོ་པ་ལ་བརྡ་གཏོང་། ཉ་སྐོར་ཚོ་པ་རྣམས་ཀྱིས་སྟོན་མོ་དང་རྩེད་འཇོའི་དགའ་སྟོན་གྱི་ཡོ་ལང་ཅི་ཞིག་བགྱིད་རྒྱུ་ཡོད་ཀྱང་གནས་སྐབས་དེ་མ་ཐག་ཏུ་མཚམས་འཇོག་པར་བྱེད་ལ། རང་རང་ས་ནས་རང་འགྲུལ་གྱིས"སྡུག་ལ་མ་འཕྱི། སྐྱིད་ལ་མ་སྡུ"ཞེས་པ་ལྟར། འདས་པོའི་གཉེན་ཉེའི་སེམས་གསོ་ལ་དངོས་པོ་གང་ཉུང་ཁྱེར་ནས་ཁྱིམ་དེར་ཡོང་ཞིང་། དེ་ནས་ཚོ་དཔོན་དང་སྡེ་དཔོན་གྱིས་བཀོད་སྒྲིག་ལྟར་དུར་འཇུག་དང་འདས་མཆོད་ཀྱི་བྱ་བྱེད་རྫོགས་རག་བར་ལས་རོགས་བྱེད།

རིམ་པ་གཉིས་པ་ནི། འཕོ་བ་ཞུ་བ་སྟེ། སྤྱིར་གཤིན་པོའི་ཕུང་པོར་བླ་མས་འཕོ་བ་མ་གྲུབ་པར་སུས་ཀྱང་ལག་པ་སོགས་ཀྱིས་རེག་མི་ཉུང་ཞིང་། མ་སྐྱུལ་བར་འཇོག་དགོས་ལ། འཇོམ་བྱའམ་བཅི་བྱ་འདི་ནི་གློ་བུར་གྱི་ཆག་སྒོ་དང་མཚོན་སོགས་ཀྱིས་འཆི་བ་ཞིག་མིན་ན། ཅི་ཐུབ་གང་ཤུས་ཀྱིས་བཅི་ཞིང་བསྐྱུབ་དགོས་པ་ཞིག་ཏུ་སེམས་རྒྱུ་ཡོད་ལ། ཐོག་མར་སུས་ལག་པ་འཆང་ས་ནས་འདས་པོའི་རྣམ་ཤེས་དར་སྐྱུད་འདྲ་པོ་ཕྱིར་ཐོན་པར་བཤད། དེ་ཡང་སྐྱེད་པ་ནས་ཐོན་ན་ངན་སོང་དང་སྐྱེད་པ་ཡན་ནས་ཐོན་ན་བདེ་འགྲོར་སྐྱེ་ཞེས་པའི་ཟེར་སྲོལ་ཡོད་ལ། ལྟེ་བ་ནས་འཐོས་ན་འདོད་ཁམས་ཀྱི་ལྷར་སྐྱེ་བ་སོགས་རྣམ་ཤེས་འཕོ་བའི་སྒོ་དགུ་སོ་སོ་ནས་འཐོས་པས་ངན་འགྲོ་དང་བདེ་འགྲོ་སོ་སོ་ནས་སྐྱེ་ཚུལ་གྱི་བཤད་པ་ཡོད། དེ་བས་འཕོ་བའི་གདམས་པ་བྱང་ཆུབ་པའི་བླ་མ་ཞིག་གདན་དྲངས་ཏེ་འཕོ་བ་ཞུ་དགོས་ཤིང་། ཁྱད་པར་དུ་ངན་སོང་གསུམ་ལས་སྐྱོབ་ཆེད་རྣམ་ཤེས་བཙན་ཐབས་ཀྱིས་དག་ཞིང་དུ་སྐྱེལ་བའི་གསང་སྔགས་ཀྱི་ཐབས་ལམ་ཁྱད་པར་ཅན་ཞིག་ཀྱང་རེད། བླ་མ་གདམས་པ་ཅན་དག་སྐུ་དངོས་སུ་ཕེབས་མ་ཐུབ་པ་འདྲ་བྱུང་ན་རྒྱང་འཕོ་གནང་ཡང་ཆོག་པར་བཤད་ལ། ཡང་བླ་མ་འགའ་ཤས་ཀྱིས་འཕོ་ཐས་རིལ་བུ་གནང་སྲོལ་ཡང་ཡོད། རིལ་བུ་དེ་གནང་ན་འདས་པོའི་ཕུང་པོར་གཞན་གྱིས་མ་རེག་གོང་སྐྱེས་པ་ལོ་ལོན་བསམ་ཤེས་སམ་གཙང་མ་ཞིག་གིས། ལག་པ་བཀྲུས་ཏེ་འབྲི་མར་རམ་བ་མར་གང་ཉུང་རིལ་བུ་དང་ལྷན་དུ་སྦྱར་ཏེ་འདས་པོའི་སྤྱི་གཙུག་ལ་མནན་ནས་འཇོག་དགོས། གལ་ཏེ་འཕོ་ཐས་རིལ་བུའང་མེད་ན། གཤིན་

པོར་ལག་པ་ཐོག་མར་རེག་པ་པོ་གང་དེས་སྤྱི་གཙུག་གི་སྐྲ་ནས་འཐེན་ཙམ་བྱས་རྗེས་ལག་པས་འཆང་ན་ཆོག དེ་ནི་འདས་པོའི་རྣམ་ཤེས་སྒོ་གཞན་ནས་མི་འཕོ་བར་སྤྱི་གཙུག་ནས་ཐོན་ཏེ་ངན་སོང་གི་སྐྱེ་སྒོ་གཅོད་པའི་ཕྱིར་དུའོ། །དེ་དང་དུས་མཚུངས་སུ་ཐག་ཉེའི་དགོན་སྡེ་ཁག་དང་སྟགས་ཁང་གང་རུང་ལ་གཤིན་པོའི་འགྲོ་སྐད་དང་། སྐུ་རིམ། གཤིན་འཇུག་གི་དུས་སོགས་ལ་བརྟགས་ཞིང་གཏན་འབེབས་བྱེད་དུ་འགྲོ་ལ། དེའི་ཞོར་དུ་བདུན་པའང་གདན་འདྲེན་ཞུ།

རིམ་པ་གསུམ་པ་ནི། གཤིན་སྐད་བཏག་པ་པོའི་ངག་ལྟར་བདུན་པ་བ་སྟེ་གྲྭ་བཙུན་བདུན་གྱིས། ངན་སོང་འཇོམས་པའི་རྒྱལ་པོ་ཀུན་རིག་བདག་འཇུག་གི་ཁྲུས་ཆོག་གམ་གསང་འདུས་བདག་འཇུག་གི་ཁྲུས་ཆོག བདེ་མཆོག་བདག་འཇུག་གི་ཁྲུས་ཆོག མདོ་ཕྱོགས་ཀྱི་ཐར་མདོ་སོགས་བཏོན་ནས་གཤིན་པོར་བདུན་ཚོས་སྒྲུབ་ལ། རྗེས་འཇུག་སྐྱེ་བོར་འཚུབ་བྱའི་སྐད་ཉེས་ཟློག་ལུགས་ཀྱི་གཏོ་བཅོས་ཚོ་ག་སྟེ། གཟའ་ཆེན་ཉི་མར་འདས་པ་ཡིན་ན“ཉི་མ་དགུ་ཁྲིད”ཅེས་ཙུང་འཚུབ་པར་མངོན་པས། ཀྲོང་ཚོ་སྤྱི་ཡིས་སྐུ་རིམ་ཞབས་བརྟན་མང་དུ་སྒྲུབ་པ་དང་། ཀྲོང་ཚོ་སྤྱིའི་གསོན་གནས་སྐྱེ་བོར་འཚུབ་བྱའི་ཆག་སྒོ་མི་ཡོང་བའི་སླད་དུ་སོག་མའི་ཚིགས་མ་དགུ་དང་། ཆུ་བོ་དགུ་ཡི་ཆུ་སྣ་བཅས་ས་འོག་ཏུ་སྦེད་ཅིང་། གཤིན་པོ་དུར་ཁྲིད་དུ་སྐྱེལ་བར་འགྲོ་སྐབས་དེ་དང་མཉམ་དུ་ཟན་སྤགས་ཀྱིས་བཟོས་པའི་ངར་མི་དགུ་ཡང་བསྐྱལ་དགོས་ལ། དེ་བཞིན་གཟའ་ཆེན་ཉི་མ་སྤྲིབ་པའི་ཚུལ་དུ་ཆུ་གཙང་མ་ཕོར་པ་གང་གི་སྟེང་དུ་གཟའ་ཆེན་ཉི་མའི་གཟུགས་དཔེབས་བྲིས་ཏེ་ཁང་ཐོག་ཏུ་འཛོག་པའོ། །གལ་ཏེ་གཟའ་ཆེན་ཟླ་བར་འདས་པ་ཡིན་ན་དུར་ཁ་གཅོད་པའི་ཚུལ་དུ་ནས་དང་སྲན་མའི་ཚིགས་མ་དང་། ཉ་གཟུགས་ཀྱི་རྩྭ་ཕུང་པོའི་སྟེང་དུ་འཛོག་ཅིང་། འདས་པོ་གཟའ་ཆེན་སྤེན་པར་ལྷ་ལམ་དུ་སོང་ན་གཡང་ཁ་མི་ཉམས་པའི་ཚུལ་དུ་བྲ་བོའི་ཟན་སྤགས་ཀྱིས་བཟོས་པའི་ངར་མི་ལྔ་ས་འོག་ཏུ་སྦ་བའམ། ཡང་ན་འདས་པོའི་ཕུང་པོ་དང་མཉམ་དུ་དུར་སར་བསྐྱལ་རྒྱུ་སོགས་ཀྱི་གྲ་སྒྲིག་ཚགས་སུ་ཚུད་པར་བྱེད། སྐབས་དེ་དག་ལ་དོ་སྣང་བྱེད་དགོས་པ་ནི། གཤིན་པོ་ཡོད་སར་ཁྱི་དང་བྱི་ལ་འགྲོ་འདུག་གཏན་འགོག་བྱེད་དགོས། ལྷག་པར་དུ་བྱི་ལ་འགྲོ་བར་གཟབ་ནན་བྱ་སྲོལ་འདུག རྒྱུ་མཚན་གང་ལགས་ཤེ་ན། སེམས་ཅན་དེ་དག་གི་སྤུ་ལ་གྲྭ་ཡོད་པས་གཤིན་པོའི་སྟེང་ལྷུང་བའམ་འགོས་པ་འདྲ་བྱུང་ན་རོ་ལངས་རྒྱུག་ངེས་ཞེས་བཤད་རྒྱུན་ཡོད་ལ། ཐྲན་གྱིས་བསམས་ན་དོན་དངོས་ནི་གཤིན་པོ་ལ་བདག་ཉར་དང་ཡང་ན་དུར་དུ་མ་བསྐྱལ་ཡར་སྔོན་དུ་གཞན་ལ་ཟར་མི་འཇུག་པའི་ཐབས་ལམ་ཞིག་ལོས་ཡིན་སྙམ།

རིམ་པ་བཞི་པ་ནི། འདས་པོའི་ཤ་ཉེ་རྣམས་ཀྱིས་གཤིན་པོ་རོ་བཅོས་བྱེད། རོ་ལས་བྱེད་སྟངས་ནི་ཅོག་པུར་འདུག་པའི་སྟངས་ཀ་སྟེ། མའི་མངལ་གྱི་འདུག་སྟངས་དང་སྐྱིལ་མོ་ཀྲུང་གི་འདུག་སྟངས་ལྟར་བྱེད་ལ། དེར“དུག་ཆིངས”ཞེས“དར་དམར་པོ་འདོམ་གསུམ་གྱིས་དུག་ཆིངས་ཀྱི་མདུད་པ་ཕུལ། ཐོག་

མར་རྡོ་རྗེ་སྐྱིལ་ཀྲུང་མཛད་པའི་ཞབས་གཉིས་ཀྱི་བསྐོལ་མཚམས་སུ་མདུད་པ་གཅིག དེ་ནས་ཕྱག་གཉིས་མཉམ་གཞག་མཛད་པའི་ཕྱག་ངར་ལ་དཀྲིས་བརྒྱབ་ནས་རྒྱབ་ཏུ་མདུད་པ་གཅིག དེ་ནས་སྙིང་ཁའི་ཐད་དུ་མདུད་པ་གཅིག དེ་ནས་ལུས་དཔུང་ལ་དཀྲིས་བརྒྱབ་ནས་གཉའ་ལྟག་ཏུ་མདུད་པ་གཅིག དེ་ནས་དར་གྱི་སྣེ་མོ་གཉིས་དཔྲལ་བ་གཡས་གཡོན་ནས་ཁྲུགས་ལོ་བྱས་ཏེ་མར་ལ་དཔྱངས་པར་བྱེད།” དེར་དགོས་པ་དང་རྒྱུ་མཚན་མང་དུ་བཤད་རྒྱུ་ཡོད་སྙམ་མོད། ཐུན་གྱིས་བསམས་ན་དུར་སར་ཁྱེར་བདེ་བ་དང་དུར་འཇུག་བྱེད་བདེ་བའི་ཆེད་དུ་ཡིན་སྙམ་སྟེ། འཇར་པན་གྱི་དམངས་སྲོལ་མཁས་དབང་ཀྲུང་ཧྲན་སི་ལེ(中山司类)ཡིས་ཀྱང་གཤིན་པོའི་རྐང་ལག་མའི་མངལ་གྱི་འདུག་སྟངས་ལྟར་སྡོམ་པར་རྒྱུ་མཚན་བཞི་ཡོད་པར་གསུངས་ལ། དེ་ནི“གཅིག་གཤིན་པོ་འཇུག་སའི་ཕུར་ཁུང་སྐྱོག་སྐབས་སུ་འཐས་ཀྱི་ས་གཞི་དང་། སྲ་མཁྲེགས་ཀྱི་བྲག་རི་སོགས་རྐོ་གཏོར་བྱེད་དཀའ་བས། གཤིན་པོའི་ལྷུ་ཚིགས་ཆེ་བ་དག་སྤྲར་ཏེ་ཆུང་དུར་བསྡམས་ན་ས་རྐོ་རྡོ་སྐྱོག་གི་ངལ་རྩོལ་ནུས་པར་གྲོན་ཆུང་བྱེད་ཐུབ་པ་དང་། གཉིས་མི་སུ་ཞིག་ཡིན་རུང་ཐོག་མ་འཇིག་རྟེན་དུ་མ་སྐྱེས་གོང་དུ་སྐྱིད་ཡུམ་ཨ་མའི་མངལ་ནས་བདེ་བར་གནས་ལ། མཐའ་མར་འཇིག་རྟེན་ལས་འདས་དུས་ཀྱང་སྔར་ཚའི་བདེ་བའི་འདུག་སྟངས་ལྟར་དར་གོས་ཀྱིས་བསྡམས་ཏེ་ས་གཞི་ཨ་མའི་པང་དུ་ལོག་པའི་ཚུལ་བསྟན། གསུམ་འདས་པོ་བདེ་འཇགས་ངང་གཉིད་ལ་རོལ་བའི་སྣོན་དུ་ཅོག་ཕུར་གཉིད་ནས་འདུག་པའི་ཚུལ་གྱིས་གཤིན་བཅོས་བྱས། བཞི་རོ་ལངས་རྒྱག་པ་སོགས་འཇིགས་རུང་གི་སྣང་ཚུལ་འགོག་སླད་ལྷུ་ཚིགས་གཙོ་བོའི་རིགས་སྤྲར་ཏེ་འཕག་འགྱུལ་མི་ནུས་པའི་ཚུལ་གྱིས་བསྡམས་ཤིང་བཀྱིགས་པ”སོགས་ཀྱང་ཐུན་གྱི་བསམ་ཚུལ་ལས་མ་འདས་སྙམ།

རིམ་པ་ལྔ་པ་ནི། གཤིན་པོ་འཁྲིལ་བྱེད་ཀྱི་རས་ཐུམ་མམ་གཏེར་ཁྲུག་བཟོ་ཞིང་འཁྲིལ་བར་བྱེད་པ་དང་། དེར་ཡང་འཇོམས་སྤྱང་དང་གཏན་འཁེལ་མང་དུ་ཡོད་དེ། འདས་པོའི་སྤྱར་ཁ་ལྟར་རས་ཀྱི་ཁ་དོག་གིས་གཤིན་པོ་འཁྲིལ་རྒྱུ་ཡོད། འདས་པོའི་སྤྱར་ཁ་ལི་ཡིན་ན་ཕུང་པོ་འཁྲིལ་བྱེད་ཀྱི་རས་ཀྱི་ཁ་དོག་ནག་པོ་དང་། སྤྱར་ཁ་ཁེན་ཡིན་ན་རས་ཀྱི་ཁ་དོག་དམར་པོ། སྤྱར་ཁ་ཁོན་ཡིན་ན་རས་ཀྱི་ཁ་དོག་ལྗང་ཁུ། སྤྱར་ཁ་དྭ་ཡིན་ན་རས་ཀྱི་ཁ་དོག་དམར་པོ། སྤྱར་ཁ་ཁམ་ཡིན་ན་རས་ཀྱི་ཁ་དོག་སེར་པོ། སྤྱར་ཁ་གིན་ཡིན་ན་རས་ཀྱི་ཁ་དོག་སྔོན་པོ། སྤྱར་ཁ་ཟིན་ཡིན་ན་རས་ཀྱི་ཁ་དོག་དཀར་པོ། ཟོན་ཡིན་ན་འང་དཀར་པོའོ། །སྐབས་འདིར་གསལ་བཤད་ཅིག་བྱེད་རྒྱུ་ནི་སྤྱར་ཁའི་ཕྱག་རྒྱ་དེ་དག་འདས་པོའི་ངོ་གདོང་ངམ་ཕུང་པོ་འཁྲིལ་བྱེད་ཀྱི་རས་ཐུམ་སྟེང་དུ་སྦྱོར་སྲོལ་ཡང་མཆིས། གཞན་ད་དུང་འདས་པོར་ལམ་སྟོན་གྱི་མཆོད་མེ་དང་། ལམ་བྲོའི་ཚ་གསུར་ནི་བར་དོའི་འཇིག་རྟེན་གྱི་དུས་ཡུན་ཏེ། ཉིན་ཞག་ཞེ་དགུའི་དུས་ཡུན་ནང་ཆག་མེད་དུ་བྱེད། དུར་མཆོད་བྱེད་པ་ལའང་འདས་པོའི་ལོ་ཡི་ཆེ་ཆུང་གི་ཁྱད་ཤིན་ཏུ་ཆེ་བས། ལོ་བརྒྱད་མན་ཆད་ཀྱི་ལོ་ཆུང་བྱིས་པ་བར་ཆད་དབང་དུ་སོང་ན་དུར་མཆོད་མི་བྱེད་ལ། ཕ་མ་

གཉིས་ཀྱི་ཕྱིས་འབྱུང་ཕྲུ་གུར་སྐར་ཉེས་མི་ཡོང་བའི་སླད་དུ། ཟླ་བ་མ་ཚང་བར་མངལ་ཕོར་ཐེབས་ཚེ་ཁང་པའི་མཛོད་ཕུག་ཏུ་སྦ་བ་དང་། དུས་ཚོད་ནམ་ལངས་ཡོལ་ཀྱི་ཐོག་ཏུ་བཙས་ནས་ཉིན་ཕྱེད་སྦྱལ་ཙམ་དུ་འཆི་ལམ་དུ་སོང་ཚེ་རྒྱ་ལམ་གྱི་སུམ་མདོར་སྦ་བ་དང་། བཙས་ནས་ཟླ་བ་མ་གང་བར་འཆི་ལམ་དུ་སོང་ཚེ་ཕྲུ་གུ་བུ་ཡིན་ན་རང་ཁྱིམ་གྱི་ཆུ་ལམ་གྱི་གཡས་ཀྱི་ཕྱོགས་སུ་སྦ་བ་དང་། ཕྲུ་གུ་བུ་མོ་ཡིན་ན་ཆུ་ལམ་གྱི་གཡོན་ཕྱོགས་སུ་སྦ་བ་དང་། ཟླ་བ་གཅིག་ནས་འཆི་ལམ་དུ་སོང་ཚེ་ཆུ་ལ་བསྐྱུར་བ། ཟླ་བ་གཉིས་ནས་འཆི་ལམ་དུ་སོང་ཚེ་རང་ཁྱིམ་གྱི་སྒོ་ཐེམ་འོག་ཏུ་སྦ་བ་དང་། ཟླ་བ་གསུམ་ནས་འཆི་ལམ་དུ་སོང་ཚེ་རང་ཁྱིམ་གྱི་སྒོའི་གཡས་སུ་སྦ་བ་དང་། ཟླ་བ་བཞི་ནས་འཆི་ལམ་དུ་སོང་ཚེ་ལམ་གྱི་ཟུར་དུ་སྦ་བ་དང་། ཟླ་བ་ལྔ་དང་བརྒྱད་ནས་བཅུ་གཅིག་བར་འཆི་ལམ་དུ་སོང་ན་དེ་དག་ཆུ་ལ་བསྐྱུར་བ་དང་། ཟླ་བ་དྲུག་ཏུ་འཆི་ལམ་དུ་སོང་ཚེ་སྒོའི་གཡོན་དུ་སྦ་བའོ། །གཞན་ཡང་ལོ་གཅིག་ནས་འཆི་ལམ་དུ་སོང་ཚེ་རང་ཁྱིམ་གྱི་ཁང་རྒྱབ་ཏུ་སྦ་བ་དང་། ལོ་གཉིས་ནས་འཆི་ལམ་དུ་སོང་ཚེ་གཙང་པོའམ་རྒྱུག་ཆུའི་གཡོན་འགྲམ་དུ་སྦ་བ་དང་། ལོ་གསུམ་ནས་འཆི་ལམ་དུ་སོང་ཚེ་རང་ཁྱིམ་གྱི་གཡས་ཕྱོགས་སུ་སྦ་བ་དང་། ལོ་བཞི་ནས་འཆི་ལམ་དུ་སོང་ཚེ་གནམ་གྱིས་མི་མཐོང་སར་སྦ་བ་དང་། ལོ་ལྔ་ནས་འཆི་ལམ་དུ་སོང་ཚེ་ནོར་ལྷས་སུ་སྦ་བ་དང་། ལོ་དྲུག་ནས་འཆི་ལམ་དུ་སོང་ཚེ་རང་ཁྱིམ་གྱི་ཐེམ་འོག(སྐས་ཐེམ)ཏུ་སྦ་བ་དང་། ལོ་བདུན་ནས་འཆི་ལམ་དུ་སོང་ཚེ་ཕྱིའི་ཞིང་སར་སྦ་བ་བཅས་ཀྱི་བྱ་བྱེད་སྟབས་བདེ་དག་སྤེལ་བ་ལས་དུར་མཆོད་ཀྱི་ཆོ་ག་གཞན་མི་སྤེལ་བ་སོགས་ནི་ཟུར་བཙུག་གིས་བཤད་པ་ཡིན་ལ། མཇུག་མཐའི་རིམ་པ་ནི། གཤིན་པོ་དུར་འཇུག་བྱེད་པའི་སྐབས་སུ་སྤང་བླངས་ཀྱི་ཆ་ལྟར་བཤེས་གཉེན་བསྐྱེད་ཇོགས་ལྡན་པ་ཡིས་སྔོན་འགྲོ་གནམ་ས་སྣང་བརྒྱད་དང་། གཟུངས་སྒྲུབ་བཀྲ་ཤིས་བརྩེགས་པ། ལམ་སེལ་སྡེ་བརྒྱད་དང་གསེར་སྐྱེམས་སོགས་བཏང་ནས་རོ་ལམ་དབྱེ་བའི་ཆོ་གར་འབད་ཅིང་། གཟའ་ཟླ་བ་དང་ལྷག་པ། པ་སངས་གསུམ་ལ་ཕུང་པོ་མི་སྐྱེལ་ལོ། །

༧. བུར་གཡིང་འདས་མཆོད།(རླུང་ལ་འཕེན་པའང་ཟེར།)

སྲོལ་འདི་ནི་གནའ་བོའི་རྒྱ་གར་དང་བོད་མི་རིགས་གཉིས་ལ་ཡོད་པའི་འདས་མཆོད་བྱེད་སྲོལ་རང་རྒྱ་འཕེར་བ་ཞིག་རེད། དེ་ལྟར་བཤད་པའི་རྒྱུ་མཚན་ནི། སློབ་དཔོན་ཀླུ་སྒྲུབ་ཀྱི《ཤེར་ཕྱིན་རྣམ་བཤད》པོད་གསུམ་པར"དུར་ཁྲོད་དུ་བྱ་རྒོད་འཕུར་ཡོང་ནས་མི་རོ་ཟ"ཞེས་དང་། 《སློབ་དཔོན་པདྨ་འབྱུང་གནས་ཀྱི་རྣམ་ཐར》ལས"རྒྱ་གར་གྱིས་གཙན་གཟན་དང་བྱ་རྒོད་ཀྱིས་མི་རོ་ཟ་རུ་འཇུག་པའི་དུར་མཆོད་ཀྱི་སྲོལ་དེ་ནི་བོད་ཀྱི་བྱར་གཡིང་གི་དུར་མཆོད་བྱེད་སྲོལ་དང་ཆ་འདྲ"ཞེས་དང་། གཞན་ཡང《ཐང་སིན་བླ་མའི་རྟོགས་བརྗོད》དུ། "རྒྱ་གར་དུ་དུར་མཆོད་བྱེད་སྲོལ་གསུམ་སྟེ། བྱར་གཡིང་། སྦྱིན་སྲེག སྣིང་རྗེའི་སྦྱིན་གཏོང"ཞེས་པ་སོགས་ལས་ཀྱང་ས་ཆ་གང་ཞིག་དང་མི་རིགས་གང་ཞིག་གི་ཡུལ་

སྒྲོལ་གོམས་གཉིས་སུ་གྲུབ་པ་ཤེས་སླ་ལ། དེ་ནི་སེམས་ཅན་གཞན་སྨིན་པ་གཏོང་བའི་བྱ་བྱེད་དང་སྙིང་དོན་ལས་དུས་དང་རྣམ་པ་ཀུན་ཏུ་འདའ་མི་སྲིད་པས་ན། སངས་རྒྱས་ཆོས་ལུགས་ཀྱི་དགོངས་དོན་དང་འབྲེལ་ཡོད་པའང་གཞི་ནས་ཤེས་ཐུབ་ལ། གསང་སྔགས་ཀྱི་ལུགས་ལྟར་ན། དུར་ཁྲོད་ནི་སྒྲུབ་སྦྱོང་གི་གནས་ཆེས་མཆོག་ཏུ་གྱུར་པར་བརྗོད་ལ། དེ་ནི་མཁའ་སྤྱོད་དང(གང་ཟག་གི་ལུས་མ་སྤངས་པར་སངས་རྒྱས་ཀྱི་ཞིང་དུ་སྐྱེ་ཐུབ་པ)མཁའ་འགྲོ་མ་འདུས་པའི་གནས་ཡིན་པས་བྱིན་རླབས་འཇུག་སྐྱེན་པ་ཡིན་ཟེར། དེར་མ་ཟད་འཇིགས་ཇམ་དང་དབེན་འཇགས་ཀྱི་རྣམ་པས་ཁེངས་པའི་ཁོར་ཡུག་ཁྲོད་བསྲུན་སྦྱོང་གི་ནུས་པ་དང་། སྙིང་རུས། བརྩོན་འགྲུས་བཅས་ལ་ཉམས་སད་དམ་ཚོད་བགམ་བྱེད་ཐུབ་པ་རེད། ལྷག་པར་དུ་ལྟད་ཅན་འཕྲུལ་སྣང་ཐམས་ཅད་རྨིག་འཛོམས་ཐུབ་པའི་ཁོར་ཡུག་ཆེས་བཟང་བའི་བཤད་ཚུལ་དང་། སློབ་དཔོན་པདྨ་འབྱུང་གནས་ཀྱིས་རྒྱ་གར་གྱི་དུར་ཁྲོད་ཆེན་པོ་བརྒྱད་ཀྱི་ཡ་གྱལ་ཤར་དུར་ཁྲོད་བསིལ་བ་ཚལ(གཏུམ་དྲག་ཏུའང་འབོད)དུ་སྒྲུབ་སྦྱོང་བྱེད་སྐབས་བྱིན་རླབས་ཁྱད་པར་ཅན་ཞུགས་ཚུལ་བཅས་ལ་དཔགས་ན་གསང་སྔགས་དང་འབྲལ་ཐབས་མེད་པ་ཞིག་གོ །གོམས་སྲོལ་འདི་དུས་ནམ་ཞིག་ལ་བོད་དུ་དར་ཞེ་ན། སྔ་མའི་ལོ་རྒྱུས་དང་ད་ལྟའི་སྣང་ཚུལ་ཟུང་ལ་ཞིབ་འཇུག་དང་དབྱེ་ཞིབ་མེད་པར་ཟེར་སྒྲོས་ཙམ་པོས་སྨོམ་ཚིག་འདྲ་བགོད་པ་དོན་སྙིང་མེད་སྙམ་སྟེ་དཔྱད་ཁུལ་ཙམ་བགྱིས་ན། ཞིབ་འཇུག་པ་ལ་ལས"བོད་དུ་བྱར་གཡེང་འདས་མཆོད་ཀྱི་གོམས་སྲོལ་ཆེས་ཐོག་མ་ནི་འབྲི་གུང་བཀའ་བརྒྱུད་པ་རིན་ཆེན་དཔལ(1143–1217)ལགས་ཀྱིས་གསར་དུ་བཏོད་པའི་འབྲི་གུང་དགོན་པའི་བྱར་གཡེང་དུར་ཁྲོད་ནས་དབུ་བརྩམས་ཤིང་དར"ཞེས་པ་དེ་དང་མཚུངས་པར་བཤད་རྒྱུན་དུའང་འབྲི་གུང་རིན་ཆེན་དཔལ་ཉིད་ཀྱིས་དུས་རབས་བཅུ་གཅིག་པའི་ནང་འབྲི་གུང་རི་ཞེས་པའི་གནས་རི་དེ་ནས་ཏིང་ངེ་འཛིན་སྒོམ་པའི་སྐབས་སུ། ཁོང་གིས་སྒོམ་མཛད་པའི་རི་དེ་ནི་སྲིན་མོ་ཞིག་གི་ལུས་སྤྲུལ་ཡིན་པར་མཁྱེན་ཞིང་། དེའི་ཤར་ཕྱོགས་ཀྱི་རི་ནི་སྤྱན་རས་གཟིགས་དང་། ལྷོ་རི་ནི་བཻ་རོ་ཙ་ན། ནུབ་རི་ནི་གསང་བདག་ཕྱག་ན་རྡོ་རྗེ། བྱང་རི་ནི་ལྷ་མོ་དབྱངས་ཅན་མ་དང་འདྲ་བར་མཐོང་ལ། ཕྱོགས་བཞིའི་རི་བོའི་རྩེ་མོ་དང་ཁོར་ཡུག་དག་ན་ནགས་ཚལ་ཆེ་ཆུང་བརྒྱད་ཡོད་པ་དེ་དག་ཀྱང་རྒྱ་གར་ཡུལ་གྱི་དུར་ཁྲོད་ཆེན་མོ་བརྒྱད་དང་འདྲ་བར་མཐོང་། གནས་རི་དང་ནགས་ཚལ་དེ་དག་ཏུ་ལྷ་དང་འདྲེ་སྲིན་གདུག་པ་ཅན་མང་དུ་གནས་པའི་ཚོགས་དག་རིམ་གྱིས་ཞི་བའི་ལྷ་འདྲེ་རུ་གྱུར་ཏེ། ཉིན་ཞིག་ནགས་ཚལ་ཆེ་ཆུང་བརྒྱད་པོ་ནས་ཡ་མཚན་ཆེ་བའི་འོད་ཀྱི་ཟེར་ཕྲེང་མི་འདྲ་བ་བརྒྱད་རང་ས་ནས་འཕྲོས་ཏེ། གཅིག་ལ་གཅིག་འཐིམས་ཀྱིས་མཐའ་མར་གཞི་ཅིག་ཏུ་འདྲེས་ཤིང་། མུ་མཐུད་ནས་ཁ་དོག་སྣ་ལྔ་བཀྲ་བའི་འཇའ་གུར་ཆེན་པོ་ཞིག་ཤར་བ་དང་དེའི་དབུས་ནས་རྗེ་ཆེན་པོ་ཞིག་བྱུང་སྟེ་འབྲི་གུང་ས་ཆའི་དེང་གི་དུར་ཁྲོད་ཀྱི་གནས་དེར་ལྷུང་ལ། སྟེང་དུ་ཚོན་མདོག་ལྡན་པའི་མ་ཎི་ཡི་གེ་དྲུག་མའང་རང་བྱོན་དུ་བབས་ནས་ཡོད་པའི་ལྟས་ཁྱད་པར་བ་དག

བྱུང་བར་ཁོང་གི་ཐུགས་སུ། གལ་ཏེ་གནས་འདིར་དུར་ཁྲོད་ཅིག་གི་གཞི་བཙེས་ན་དུར་ཁྲོད་དེར་བསྐྱལ་བའི་འདས་པོ་ཡོད་དོ་ཅོག་སྤྱན་རས་གཟིགས་སོགས་ལ་དངོས་མཇལ་དང་། དེའི་ནུས་པས་དམྱལ་བར་ལྟུང་མི་སྲིད་དོ་སྙམ་ནས། ཁོང་གིས་རང་ཉིད་ཀྱི་སློབ་མ་དང་དད་ལྡན་སྐྱེས་བུའི་ཚོགས་ལ་རང་ཉིད་ཀྱི་ཚོར་རྟོགས་དང་ཐུགས་བསམ་ཐམས་ཅད་སྟོན་པས། འབྲི་གུང་ནས་བྱར་གཡེང་གི་དུར་ཁྲོད་དེ་གསར་དུ་ཕྱེ་སྐད། འོན་ཀྱང་ཕྲན་གྱིས་བསམས་ན། བྱ་དངོས་དང་གོམས་སྲོལ་གང་ཞིག་ཡིན་རུང་ཐོག་མའི་འགོ་འཛུགས་དང་། བར་གྱི་དར་རྒྱལ། མཐའ་མའི་འཕེལ་རྒྱས་ཀྱི་སྤྱི་འགྲོས་ལས་འདའ་མི་སྲིད་པས། བྱར་གཡེང་འདས་མཆོད་ཀྱི་གོམས་སྲོལ་འདི་བོད་དུ་དར་བར་ཡང་ཐོག་མཐའ་བར་གསུམ་གྱི་རིམ་པ་ཞིག་ལོས་ཡོད་སྙམ། གོམས་སྲོལ་དེ་ནི་གནའ་མིའི་ངག་རྒྱུན་དང་ལོ་རྒྱུས་ཡིག་ཚང་སོགས་སུ་གནའ་སྔ་མོ་ནས་བོད་དུ་དར་ཡོད་ཚུལ་གྱི་དཔེ་གཞི་དང་ལུང་རིགས་རིམ་པ་ཅན་ཞིག་མཐོང་ཚོར་དུ་མ་ཟིན་ཡང་། ཞིབ་ཏུ་བསམ་གཞིགས་བྱས་ན། ས་མཐོའི་རི་སྣང་དང་ནགས་ཚལ་སྟུག་པོས་གྲུབ་པའི་ཡུལ་འདིའི་རང་བྱུང་ཁོར་ཡུག་གི་བབ་དང་ཆ་རྐྱེན་ལྟར་ན་གསང་སྔགས་ཆོས་ལུགས་ཀྱི་དགོངས་དོན་ཟབ་མོ་དང་འབྲེལ་བའི་ཚོ་ག་སྲོལ་ལུགས་རིམ་པ་ཅན་ཞིག་གནའ་བོའི་དུས་སུ་མེད་སྲིད་ཀྱང་། གཤིན་པོ་རང་གཞིས་ཀྱི་ཁོ་ར་ཁོར་ཡུག་སྟེ། རི་སྣང་ནགས་ཚལ་སོགས་སུ་བསྐྱུར་ནས་བྱ་དང་གཅན་གཟན་ལ་ཟ་རུ་བཅུག་སྟེ་གཤིན་པོ་དོ་དམ་བྱེད་ལུགས་ཤིག་ཡོད་སྲིད། རྒྱུ་མཚན་ནི་མི་རིགས་གང་ཞིག་གི་གོམས་སྲོལ་བཟང་ངན་ཅི་ཞིག་ཡིན་རུང་ཡོད་ཚད་འཚོ་བའི་དགོས་མཁོ་དང་རང་བྱུང་ཁོར་ཡུག་གི་ཆ་རྐྱེན་ལྟར་བྱུང་ཞིང་གྲུབ་པའོ། །གཞན་ད་དུང་གོང་ནས་བཤད་ཟིན་པའི་བྱར་གཡེང་གོམས་སྲོལ་དེ་རྒྱ་གར་ན་གནའ་ནས་ཡོད་ཚུལ་གྱི་སྐྱབ་བྱེད་དུ་དྲངས་པའི་ལུང་ལྟར། སློབ་དཔོན་རིན་པོ་ཆེ་བྱོན་པའི་དུས་རབས་བརྒྱད་པ་ལ་བོད་དུའང་གཤིན་པོ་བྱར་གཡེང་གི་གོམས་སྲོལ་ཡོད་པར་གསལ་བས། གོམས་སྲོལ་དེ་ནི་བོད་དུ་འཚོ་གཞིས་ཁོར་ཡུག་གི་ཆ་རྐྱེན་ལྟར་གནའ་ནས་འགོ་འཛུགས་ཤིང་། རིམ་གྱིས་དར་བར་མདོན་ལ། དུས་རབས་བཅུ་གཅིག་པའི་ཡས་མས་སུ་ད་གཟོད་གསང་སྔགས་ཀྱི་དགོངས་དོན་དང་འབྲེལ་ཞིང་ཚོ་གའི་རིམ་པ་ལྡན་ལ་འཐུས་ཚང་བའི་ཆ་ཛོགས་སྒོར་གྲུབ་ཀྱི་རྣམ་པ་ཅན་ཞིག་ཏུ་གྱུར་པ་རེད། དེ་ལྟར་བཤད་ན་འཇིག་རྟེན་སྤྱི་ལུགས་དང་ཡང་མཐུན་ནོ། །

གཤིན་པོ་དོ་དམ་བྱེད་སྟངས་ལ་ཆེད་བསྒོས་ཀྱི་དུར་ཁྲོད་བདག་གཉེར་བྱེད་མཁན་ཡོད་མེད་ཀྱི་ཐད་ནས་མདོ་དབུས་གཉིས་ཙུང་མི་འདྲ་ཡང་སྤྱིར་བཏང་དུ་མདོ་དབུས་ཁམས་གསུམ་གྱི་ཡུལ་གྲུ་ཧྲིལ་པོ་གཅིག་མཚུངས་སུ་སྣང་སྟེ། གཤིན་པོ་དུར་ཁྲོད་དུ་བསྐྱལ་བ་ན་ཐོག་མར་གནས་དེ་ནས་ས་སློང་བ་དང་། བྱ་འབོད་པའི་ཚོ་ག་བསང་དང་ཚ་གསུར་ཕུད་པ་དང་། དེ་ནས་ཕུར་སྐྱེལ་མཁན་གྱི་ཏྲ་ཚོའི་མི་ཚོགས་ཕྱིར་འགྲོ་ལ། དབུས་གཙང་ས་ཁུལ་ལ་མཚོན་ན་དུར་ཁྲོད་ཀྱི་ཆེད་བསྒོས་དོ་དམ་མི་སྣས་གཤིན་

པོ་དུམ་བུར་གསིལ་ཞིང་རྩམ་བསྲེས་བརྒྱབ་པ་ན། བསང་དང་ཚ་གསུར་གྱི་དྲི་མས་རིང་ནས་བཀུག་པའི་བྱ་རྒོད་ཀྱི་ཁྱུ་ཚོགས་ལ་ཟ་རུ་འཇུག་ཅིང་། རུས་ལྷུ་ཆེ་བ་རྣམས་ཆེད་དུ་བསླངས་པའི་ཕུར་བུ་སོགས་ལ་འདོགས་པ་དང་། ཤུལ་དུ་ལུས་པའི་རུས་པ་ཆེ་བ་རྣམས་ཡང་བརྔར་ཆུང་རུར་བཅགས་ཏེ། ཤ་རུས་ཐམས་ཅད་བྱ་རྒྱའི་ཚོགས་ལ་གཙང་མ་གཙང་དག་ཅིག་ཟ་རུ་འཇུག མདོ་སྨད་དུ་ཆེད་བསྐོས་ཀྱི་མི་སྣ་མེད་ཀྱང་བེམ་པོ་གསིལ་མཁན་དང་དོ་དམ་བྱེད་མཁན་གྱི་མི་སྣ་ནི་རང་གི་གྲོང་ཚོའི་ཤ་རུས་གང་ཡང་མི་ཉེ་བ་གཉིས་སམ་གསུམ་བདམས་ཏེ་གོང་མཚུངས་ཀྱི་བྱ་བྱེད་དེ་དག་ཆ་ཚང་བར་བྱེད།

བྱར་གཡེང་གི་བསམ་བྱའམ་དགེ་ཕན་ནི། རང་ཉིད་གསོན་པའི་དུས་སུ་ཡར་དཀོན་མཆོག་ལ་མཆོད་པ་འབུལ་བ་དང་མར་དབུལ་ཕོངས་ལ་སྦྱིན་པ་གཏོང་རྒྱུ་དེ་ནི་གནའ་བོའི་བོད་མིའི་མཐར་ཐུག་གི་མི་ཚེའི་ལྟ་ཚུལ་དུ་གྲུབ་ལ། འཆི་བའི་དུས་སུ་ཡང་ཤ་ཁྲག་གི་བེམ་པོས་བྱ་རྒྱའི་ཚོགས་ལ་སྦྱིན་པ་བཏང་ན་དགེ་བའི་ཚོགས་ཆེན་པོ་ཞིག་བསགས་པའི་སྨོན་འདུན་བཅངས་ཡོད། དེ་ཡང་ཨ་མདོ་བ་རྣམས་ལ་བསམ་ཚུལ་གཞན་ཞིག་ཡོད་པ་ནི་བྱ་རྒོད་ཀྱིས་གཤིན་པོའི་ཤ་རུས་ཟོས་ཏེ་དགུང་བསྐྱོད་ན་ལྷ་སའི་ཇོ་ཁང་མཐོང་ཐུབ་པས། ཇོ་མཇལ་ཐེངས་གཅིག་གི་ཕན་ཡོན་ཡོད་པར་ཡང་བཤད། དོན་དངོས་སུ་བྱར་གཡེང་འདས་མཆོད་ཀྱི་གོམས་སྲོལ་དེ་ནི་སྐྱེ་ཁམས་དང་ཁོར་ཡུག་སྲུང་སྐྱོབ་ཀྱི་དགོངས་གཞི་དང་ཡང་ཆེས་ཆེར་མཐུན་པར་སེམས། འོ་ན་ད་ལྟ་བྱར་གཡེང་འདས་མཆོད་ཇེ་ཉུང་དུ་སོང་བའི་རྒྱུ་མཚན་ཅི་རེད་ཟེར་ན། ཐུན་གྱིས་བསམས་པར། གཅིག་ནས་མིའི་རིགས་ཀྱིས་སྐྱེ་ཁམས་ལ་གནོད་པ་ཐེབས་པའི་ཚབས་ཤིན་ཏུ་ཆེ་བས་བྱ་རྒྱའི་ཁྱུ་ཚོགས་ཇེ་ཉུང་ནས་ཇེ་ཉུང་ཡིན་པས་བྱར་གཡེང་བྱས་ན་བེམ་པོ་དོ་དམ་ལེགས་པོ་ཞིག་བྱེད་དཀའ་བ་དང་། གཉིས་ནས་ས་གནས་ཡུལ་གྲུ་ཁག་སོ་སོར་སྦྱིན་སྲེག་ཁང་ལས་སྐྲུན་བྱས་ཡོད་པ་དང་། མི་རྣམས་ཀྱིས་རུང་མི་རུང་དང་འཛེམས་སྲུང་གི་གོམས་སྲོལ་ལ་གཙིགས་ཆེན་མི་བྱེད་པ་དང་ཞིབ་ཆ་མི་བཏོད་པ་དེ་རེད།

༢.སྦྱིན་སྲེག་འདས་མཆོད།

གོམས་སྲོལ་འདིའི་ཆེས་ཐོག་མའི་རྣམ་པ་ནི་བོན་ལུགས་ཀྱི་ཚོ་ག་བྱེད་སྟངས་ཤིག་སྟེ། "གཉའ་ཁྲི་ནས་སྲིབ་ཁྲི་བར་གྱི་བཙན་པོ་བདུན་ལ་གནམ་གྱི་ཁྲི་བདུན་ཟེར། བཙན་པོ་དེ་རྣམས་འདས་རྗེས་ནམ་མཁའ་ལ་ཡལ་ནས་བང་སོ་མེད་ཅེས་གྲགས་ཀྱང་། དོན་དུ་སྐབས་དེར་སྐུ་ཕུང་མེར་བསྲེགས་ནས་དུ་བ་ནམ་མཁར་གཏོང་བའི་སྲོལ་ཞིག་དར་བ་མིན་ནམ་སྙམ"ཞེས་གནམ་གྱི་ཁྲི་བདུན་གྱི་མིང་གི་ཐོགས་སྲོལ་གྱི་དཔྱད་གཏམ་འདི་ཙམ་གྱིས་ཀྱང་། བོད་ཀྱི་ཡུལ་དུ་གནའ་རབ་མོའི་དུས་དེ་ནས་བཟུང་སྦྱིན་སྲེག་གི་སྲོལ་ཡོད་པ་གཞི་ནས་རྟོགས་ཐུབ་ལ། དེ་ཡང་གནམ་གྱི་ཁྲི་བདུན་གྱི་སྐབས་དེར་ལུགས་སྲོལ་དེའི་ཚོ་ག་སྤྱེལ་སྟངས་དང་། རིམ་པའི་བྱ་བྱེད། དམིགས་པའི་འདུན་པ་བཅས་དེང་གི་དུས་བཞིན་ཆ་ཚང་ཞིག་ཡིན་མི་

སྲིད་སྐམ། ད་ལྟའི་གཤིན་པོ་སྦྱིན་སྲེག་གི་རིམ་པ་དང་ཚོ་ག་སྟེ། ཁྱད་པར་དུ་མདོ་སྨད་ཀྱི་ཡུལ་གྲུ་མང་ཆེ་ཤོས་ཀྱི་བྱེད་སྟངས་ནི་བན་བོན་འདྲེས་མའི་ལུགས་གཙོ་བོ་ཡིན་ཏེ། རིམ་པ་དང་པོ་ནི། ས་ཚོག་འདི་ལ་ས་སྐྱོང་བ་དང་ཡང་ན་ས་བཏུལ་བ་ཞེས་ཀྱང་འབོད་ལ། བྱ་བྱེད་དེའི་བྱེད་སྟངས་ནི། གང་དུ་སྦྱིན་སྲེག་བྱ་བའི་གཞི་སྟེགས་ཀྱི་ཁར་གཡས་སུ་དཀར་གཏོར་བཤོས་ཟླུམ་དཀར་པོའི་རྩེ་མོར་མར་གྱི་གོར་རྒྱན་ཅན། གཡོན་དུ་དམར་གཏོར་བཤོས་ཟླུམ་དཀར་པོའི་རྩེ་མོར་མར་གྱི་གོར་རྒྱན་གྱི་དབུས་སུ་ཤ་ཚིལ་རིལ་བུ་བྱས་པས་བརྒྱན་པ་བཤམས་ལ། ཆབ་ཐྲན་གཏོར་མ་གཉིས་ཀ་ལ་ཐེབ་ཀྱུ་མེད། རྡོ་དྲིལ་ཡང་སྟ་གོན་བྱ། ཁ་ཤར་དུ་ཕྱོགས་པའི་སྟན་ལ་རང་ཉིད་འཁོད་དེ། བདག་དང་མཁའ་མཉམ་ཞེས་སོགས་སྐྱབས་སེམས་མངོན་རྟོགས། རྩ་སྔགས་ཀྱི་བཟླས་པ་བདུན་ནམ་ཉེར་གཅིག་ཙམ་བཏང་། དེ་ནས་ལྷའི་ང་རྒྱལ་གྱིས། རཾ་ཡཾ་ཁཾ་གིས་གཏོར་མའི་དངོས་འཛིན་སྲེག་གཏོར་བཀྲུས། ཨོཾ་ཨཱཿཧཱུྃ་གསུམ་གྱིས་འདོད་ཡོན་ལྷ་ལྡན་གྱི་བདུད་རྩིར་བྱིན་གྱིས་བརླབས། ཡིག་འབྲུ་རྣམས་ཐུགས་ཀ་ནས་སྤྲོ། དེ་ནས་ལག་པ་གཡས་པའི་ཐལ་མོ་བསྒྲུངས་ལ་རྡོ་རྗེ་དང་བཅས་པ་ས་ལ་ཁ་སྦུབ་ཏུ་བཞག་སྟེ། རང་ཉིད་བསྐྱེད་བྱའི་ལྷ་དེ་གསལ་བའི་ལག་པས་ས་ལ་བརྡབ་པའི་རྐྱེན་གྱིས་ས་གཞིའི་དབུས་ནས་སའི་ལྷ་མོ་འཁོར་དང་བཅས་ཏེ་ཐོན་པར་གྱུར། དེ་ནས་ས་སྐྱོང་ཚོ་ག་སློབ་མཁན་གྱིས། "……ཀོ་ལོང་སྡོམ་པའི་ལྷ་དགུ་སོགས། །འབྱུང་པོའི་ཚོགས་རྣམས་མ་ལུས་ཀུན། །ས་སྐྱུད་མཆོད་གཏོར་འདི་བཞེས་ལ། །ས་ཕྱོགས་འདི་དག་བདག་ལ་ཞུ། །འབྱུང་པོ་ས་ཡི་བདག་པོ་རྣམས། །གཞན་རྟེན་གཞན་དུ་ཁྱོད་སོང་ལ། །ས་འདི་བཀྲ་ཤིས་མཛད་དུ་གསོལ། །"ཞེས་ས་འདིར་བདག་དབང་མཛད་བཞིན་པའི་ལྷ་ཀླུ་གནོད་སྦྱིན་སོགས་ལ་འདོད་ཡོན་གཏོར་མ་ཕུལ་ཞོར་དུ་ས་སྐྱོང་བར་བྱེད་ལ། འདི་ནི་ཕྲན་གྱིས་བལྟས་ན་བོན་གྱི་ལྷ་མང་སྨྲ་བའི་ལྟ་བ་དང་གཞི་གཅིག་ཏུ་འབྲེལ་འདུག་སྐམ།

རིམ་པ་གཉིས་པ་ཐབ་བརྩིགས་པ་ཞེས་པ་ནི། གཤིན་པོ་སྦྱིན་སྲེག་བྱེད་སའི་གཞིའམ་མེར་སྲེག་སའི་ཐབ་ཁུང་ལས་པ་ལ་ཟེར། ཐོག་མར་ལྷ་ཀླུ་གཉན་གསུམ་ལ་འདོད་ཡོན་གཏོར་མ་ཕུལ་ནས་བསླངས་ཟིན་པའི་གནས་དེའི་ས་འོས་ཤིང་འཚམ་པོ་ཡོད་ས་ཞིག་ནས་ས་གཞི་ཁོད་སྙོམས་ཚུལ་མཐུན་བྱས་རྗེས། རྡོ་བཙག་དམར་པོའམ་གྲོ་ཕྱེ་དཀར་པོ་གང་རུང་གིས་རྡུལ་གཏོར་ནས་ཁོད་སྙོམས་སྟེགས་བུ་དམའ་མོའི་སྟེང་རིས་དབྱིབས་འབབ་པའི་ཚད་དུ་ཐོན་ཙ་ན། ཚངས་ཐུར་གྱི་ཁྲ་ཚིས་ཐིག་སྐྱི་ལྟར་གདབ། ཐིག་སྐུད་ཁྲ་ཕྱེད་པ་ཞིག་གིས་ཟླུམ་པོར་བསྐོར་བའི་དབུས་སུ་སོར་བཞིས་བསྐོར་བའི་ལྟེ་བར་གེ་སར་སོར་ཕྱེད། སོར་དྲུག་གིས་བསྐོར་བར་པད་འདབ། སོར་གཅིག་དང་ཕྱེད་ཀྱིས་བསྐོར་བར་མུ་ཁྱུད། ལྟེ་བར་པདྨ་ཕྱུགས་ཀྱིས་མཚན་མ། འདབ་མ་བརྒྱད་ལ་ཤར་དུ་འཁོར་ལོ། ལྷོར་རིན་པོ་ཆེ། ནུབ་ཏུ་རྡོ་རྗེ་སྔོན་པོ། བྱང་དུ་རལ་གྲིའམ་རྡོ་རྗེ་སྣ་ཚོགས།(ཁ་དོག་གི་ཆ་ནས་སྣ་ཚོགས་ཞེས་བརྗོད།) མུ་ཁྱུད་ལ་རྡོ་རྗེ་ཕྲེང་བ། དེའི་

ཕྱི་རོལ་ཏུ་སོར་བཞི་བསྣན་པའི་བསྐོར་བར་མུ་རན། དེའི་ཕྱིར་སོར་བཞི་བསྣན་པའི་བསྐོར་བར་ཁ་ཁྱེར། དེའི་ཕྱིར་སོར་དོས་བརྩིགས་པ་སོགས་ཀྱི་སྟེགས་བུ་གྲུ་བཞི་པའི་ཐིག་རྩ་དེ་གཞི་བྱས་ཏེ་ཕྱི་མོག་དང་སོ་ཕག་གང་ཏུང་གིས་རྒྱ་བྱས་ཏེ་དབྱིབས་གཟུགས་རྫིལ་པོ་མཆོད་རྟེན་དང་འདྲ་བའི་ཐབ་ཀྱི་རྩ་བའི་ཕྱོགས་བཞིར་ཐབ་སྒོའམ་མེ་འཇོག་སའི་ཁུང་བུ་བཅས་བཀོད་དེ་བརྩིགས་ཚར་བ་ན། ཐབ་བརྩིགས་ལས་རོགས་སུ་ཡོང་ཡོད་པའི་ལོ་ལོན་བསམ་ཤེས་ཤིག་གིས། ཐབ་བརྩིགས་སུ་ཡོང་ཡོད་པའི་སྐྱེས་པ་རྣམས་ལ་སྐར་མའི་དུས་ཚོད་ཁྲིམ་བསྒྲགས་བྱེད། དེ་ནས་གཉེན་ཉེ་རྣམས་མ་གཏོགས་སྐྱེ་མི་མང་ཤོས་རང་ཡུལ་དུ་ལོག་འགྲོ། སྐབས་འདིར་གསལ་བཤད་བྱེད་རྒྱུ་ཞིག་ཡོད་པ་ནི་ཐབ་ལ་ཐོག་མའི་ཐིག་གདབ་མཁན་དང་། དངོས་ཀྱི་སྦྱིན་སྲེག་གི་ཚོ་ག་སྒྲུབ་མཁན་ནི་གྲྭ་བཙུན་ཡིན། ཕྱི་ཉིན་ནངས་མོ་ཕལ་ཆེར་དུས་ཚོད་གསུམ་ནས་ལྔའི་བར་སྐབས་གང་ཏུང་ལ་གཤིན་པོའི་ཁྱིམ་གྱི་སྨོན་ལམ་སོགས་ཆོ་གའི་རིམ་པ་ཡོངས་སུ་རྫོགས་ཤིང་། དུར་བསྐྱལ་སྣ་གོན་དང་རྫས་དངོས་ཡོ་བྱད་སོགས་ཚགས་སུ་ཚུད་ཡོད་པའི་བེམ་པོ་དེ་གཉེན་ཉེའི་ནང་མིས་གཙོས་སྐྱེ་མི་ཡོངས་ཀྱིས་འཁྱུར་སོང་སྟེ་བརྩིགས་ཟིན་པའི་ཐབ་དེར་བཞག་རྗེས་ཡང་བསྐྱར་ཞིབ་ལས་དང་འདམ་བྱུགས་གཏོང་ཞིང་། དེའི་སྟེང་དཀར་རག་ཀྱང་བྱུགས་རྗེས་སྐར་ཐོག་ཏུ་ཡོང་ཡོད་པའི་མི་ཐམས་ཅད་འདས་པོའི་ཁྱིམ་དུ་འགྲོ་ལ། ནང་མི་སྤུན་ཟླ་ཞིག་གིས་ས་དེ་ནས་ཚ་གསུར་ཕུད་ཅིང་མ་ཎི་ཟློ་བཞིན་སྡུང་འདུག སྐར་ཐོག་ཏུ་ཡོང་མཁན་རྣམས་འདས་པོའི་ཁྱིམ་སྐོར་ཐོན་པ་ན་རེ་རེ་ནས་ཆུ་དཀར་ཆུ་ནག་གཉིས་ཀྱི་ཁ་ལག་འབྲུད་ཅིང་ཤུག་བདུག་བྱས་ཏེ། མེ་ཐོ་ལ་འགོམ་བཞིན་ནང་དུ་སོང་ནས་ཆེད་དུ་གྲ་སྒྲིག་བྱས་ཡོད་པའི་ཟས་ལ་རོལ་རྗེས"སྐར་འགྲེད་གཏོང་བ"ཞེས་འདས་པོའི་ཁྱིམ་གྱི་ཆ་རྐྱེན་ལྟར་ཇ་ནག་དང་སྐོར་མོ་གང་ཏུང་བྱིན་པ་ན་མང་ཏུང་ཉུང་ཏུང་མི་དགོས་མི་ཟེར་བར་སྐལ་དེ་བླངས་རྗེས་རང་རང་སར་ལོག་འགྲོ། རིམ་པ་འདི་ནི་ཆོས་ལུགས་ཀྱི་ནང་དོན་དག་གིས་མི་རྣམས་ལ་བསམ་བློའི་སྣེ་ཁྲིད་དེ། དུར་ཐབ་སྲ་ཞིང་བརྟན་པོ་ཞིག་དང་། ཚད་གཞི་འོས་ཤིང་འཚམ་པོ་ཞིག་བརྩིགས་སུ་བཅུག་པ་དང་། ཁ་ལག་འབྲུད་ཅིང་ཤུག་བདུག་བྱེད་པ་ཐམས་ཅད་ཀྱང་མིའི་རྣམ་རྟོག་དང་འབྲེལ་བའི་རང་མི་རིགས་ཀྱི་ཁྱད་ཆོས་ལྟར་ཆུ་དཀར་དང་ཆུ་ནག་གཉིས་ཀས་འབྲུད་པ། མི་རིགས་གཞན་ལའང་དེ་འདྲའི་གོམས་སྲོལ་ཡོད་སྲིད་མོད། འོན་ཀྱང་ཆུ་དཀར་ནག་གཉིས་ཀྱིས་ཁ་ལག་འབྲུད་པ་ནི་རང་རིགས་ཀྱི་ཁྱད་ཆོས་ཤིག་གོ །

དེ་ནས་ཉིན་བྱེད་དབང་པོ་འདས་པོའི་ཏུ་གྲོང་གི་གཡས་གཡོན་དང་མདུན་རྒྱབ་ཀྱི་རི་མཐོན་པོའི་དབུ་རྩེ་དག་ཏུ་ཐོག་མ་ཐག་པའི་དུས་ཙ་ན"སྦྱིན་སྲེག་པ"ཞེས་དཔལ་འཇིགས་བྱེད་ཀྱི་ཆ་ལུགས་སྤྱིལ་ཡོད་པའི་གྲྭ་བཙུན་བཞི་དང་། དེ་མིན་ཤ་ཏུས་མི་ཉེ་བའི་དུར་ཐབ་ལ་མེ་འཇོག་མཁན་གཅིག་གམ་གཉིས། ད་དུང་རྫས་དང་བུད་ཤིང་ཁྱེར་མཁན་དག་སླེབས་ཡོང་། སྐབས་དེར་དུར་མཆོད་བྱེད་སའི་གནས་དེ་འདས

པོའི་ཏུ་གྲོང་དང་ཐག་ཉེ་སར་ཡོད་ན། འདས་པོའི་བུ་བུ་མོའམ་མིང་སྲིང་སྤུན་ཟླ་ཡང་འོངས་ནས་ཕྱུག་དང་སྐོར་བ་གསུམ་རེ་བྱས་ཏེ་ཕྱིར་འགྲོ་ལ། དེ་མིན་སྐར་ཐོག་དང་སྲིན་སྲེག་གི་བྱ་བྱེད་སྒྲུབ་སར་བུད་མེད་དག་འགྲོ་བའི་སྲོལ་མེད། དེ་ཡང་ཕྲན་གྱིས་བསམས་ན་ཕོ་མོ་གཉིས་ཀྱི་སེམས་ཁམས་དང་སྐྱེ་ཁམས་ལས་འཕྲོས་པའི་མིའི་རིགས་ཀྱི་འདུ་ཤེས་འཛིན་སྟངས་ཤིག་ཡིན་པར་མ་ཟད། བོད་མིའི་གོམས་སྲོལ་དུ་ཕོ་མཆོག་མོ་དམན་གྱི་བསམ་བློའི་འཕྲེར་སོ་དང་ཡང་འབྲེལ་བ་ཡོད།

རིམ་པ་གསུམ་པ་ནི། ཆེད་དུ་གདན་དྲངས་ནས་ཡོད་པའི་གྲྭ་བཙུན་དག་ལས་དཔལ་འཇིགས་བྱེད་ཀྱི་བསྙེན་པ་གྲུབ་པ་ཞིག་ལ"ཨ་ལགས"ཞེས་བཏགས་ཏེ། དུར་ཐབ་ཀྱི་དྲུང་ཐད་ནས་ཁྲི་མཐོན་པོ་ཞིག་བརྒྱབ་སྟེ་བཞུགས་ལ། གཞན་རྣམས་ཀྱིས་རྗེས་ཁྲི་མདུན་དུ་ གླངས་ཏེ་བསྐོར་མར་བཞུགས། དེ་ནས་ཐབ་ལ་མེ་བཞག་ཅིང་མར་ཁུ་འདྲེན་པ་དང་དུས་མཉམ་དུ་ཊ་དྲིལ་སྤྲུགས་མར་དཀྲོལ་བས་རེ་ཞིག་གཡས་གཡོན་གྱི་ཡུལ་ལུང་ཐམས་ཅད་སྒྲ་སྙན་གྱིས་ཁྱབ་པར་བྱེད་ལ། བོང་རྣམ་པས་དམིགས་པ་ཆེན་པོས་འབུད་ཤིང་རྣམས་བྱང་ཆུབ་ཤིང་གི་རང་བཞིན་དུ་བསྒྱུར་ཏེ། ཐོག་མར་བདག་ཅག་དཔོན་སློབ་འཁོར་དང་བཅས་པའི་བཀྲ་མི་ཤིས་པ་ཐམས་ཅད་དང་། སྟགས་མ་དག་པ། ཚོ་ག་ཆད་ལྷག་གི་ཉེས་པ་ཐམས་ཅད་དང་། ཁྱད་པར་དུ་ཡང་གཟི་བརྗིད་ཕུན་སུམ་ཚོགས་པ་ལ་བར་དུ་གཅོད་པ་ཐམས་ཅད་ཞི་བར་གྱུར་ཅིག་གི་ཞེས་སྨོན་པའི་འདོན་པ་བཏོན་རྗེས། རྗེས་རེ་རེ་བཞིན་འདོན་པ་དང་བཅས་ཏེ་ཐབ་ལ་ཕུལ་བ་སྟེ། མ༷ར་ཁུ་ལ་བདག་ཅག་འཁོར་དང་བཅས་པའི་འབྱོར་པ་ཕུན་སུམ་ཚོགས་པ་ལ་བར་དུ་གཅོད་པ་ཐམས་ཅད་ཞི་བར་གྱུར་ཅིག་ཅེས་དང་། ཉི༷ལ་ལ་བདག་ཅག་འཁོར་དང་བཅས་པའི་སྡིག་པ་ཐམས་ཅད་འདག་པར་བྱེད་པ་ལ་བར་དུ་གཅོད་པ་ཐམས་ཅད་ཞི་བར་གྱུར་ཅིག དུ༷ར་བ་གཉིས་སྦྱར་བ་ལ་བདག་ཅག་འཁོར་དང་བཅས་པའི་ཚེ་ཐར་ཕྱིན་པ་ལ་བར་དུ་གཅོད་པ་ཐམས་ཅད་ཞི་བར་གྱུར་ཅིག ཞོ༷་ཟན་ལ་བདག་ཅག་འཁོར་དང་བཅས་པར་བདེ་བ་མཆོག་ཐོབ་པར་བར་དུ་གཅོད་པ་ཐམས་ཅད་ཞི་བར་གྱུར་ཅིག ཀུ་ཤ་གཉིས་རེ་སྦྱར་བ་ལ་བདག་ཅག་འཁོར་དང་བཅས་པའི་སྲུང་བ་མཆོག་ལ་བར་དུ་གཅོད་པ་དང་གྲིབ་དང་མི་གཙང་བ་ཐམས་ཅད་ཞི་བར་གྱུར་ཅིག ཡུ༷ངས་ཀར་ལ་བདག་ཅག་འཁོར་དང་བཅས་པའི་བགེགས་ཐམས་ཅད་ཞི་བར་གྱུར་ཅིག སོ༷་བ་ལ་བདག་ཅག་འཁོར་དང་བཅས་པའི་ནོར་རྒྱས་པ་ལ་བར་དུ་གཅོད་པ་ཐམས་ཅད་ཞི་བར་གྱུར་ཅིག ནུ༷ས་ལ་བདག་ཅག་འཁོར་དང་བཅས་པའི་མྱུར་བའི་ཤུགས་ཕུན་སུམ་ཚོགས་པ་ཐོབ་པར་བར་དུ་གཅོད་པ་ཐམས་ཅད་ཞི་བར་གྱུར་ཅིག སྒྲོ༷་ལ་བདག་ཅག་འཁོར་དང་བཅས་པའི་ནད་ཐམས་ཅད་སེལ་བ་ལ་བར་དུ་གཅོད་པ་ཐམས་ཅད་ཞི་བར་གྱུར་ཅིག་ཅེས་འདོན་པའི་ནང་དོན་ལྟར། རྗེས་སྣ་རེ་རེ་བཞིན་ སྤྱི་གཞུག་མ་འཁྲུལ་བར་ཕུལ་བའོ། །དེ་ཡང་འདིར་བཀོད་པ་ནི་འདོན་པའི་ནང་དོན་དང་ཚོ་གའི་རིམ་པ་གནད་བསྡུས་ཁུལ་ཙམ་ཡིན་པས་རྒྱས་པ་གཞན་

ལས་ཤེས་པར་གྱིས།

དེ་ལྟར་ཕལ་ཆེར་བེམ་པོའི་ཆ་གཙོ་བོ་དག་བསྲེགས་ཚར་རྗེས་སྦྱིན་སྲེག་གི་ཚོ་ག་སྒྲུབ་མཁན་གྱི་གྲྭ་བཙུན་རྣམས་ཕྱིར་འདས་པོའི་ཁྱིམ་དུ་ལོག་འགྲོ་ལ། དུར་ཐབ་ཏུ་མི་འབུད་མཁན་གྱིས་བེམ་པོའི་ཆ་ཐམས་ཅད་ནས་བསྲེགས་ཏེ་ཐལ་བར་གྱུར་རག་བར་དུ་ཐབ་ལ་བུད་ཤིང་སྣོན་པར་བྱེད་དགོས། དེ་ནས་ཐབ་འཁྱགས་རྗེས་འདས་པོའི་ནང་མི་སྤུན་ཟླ་འགའ་སོང་ནས་ཐབ་བཤིག་ཅིང་རུས་པ་འཐུ་ལ། བཏུས་ཟིན་པའི་རུས་པ་དེ་ནི་རས་དཀར་པོའི་ཁུག་མ(གཏེར་ཁུག་ཀྱང་ཟེར)ཞིག་ཏུ་བཙུག་སྟེ། འདས་པོའི་ཁྱིམ་གྱི་ཨ་མཆོད་ཡོད་སར་བསྐྱལ་ནས་བདུན་ཚིགས་བདུན་གྱི་དུས་ཡུན་ལ་ཉིན་རེ་བཞིན་རུས་ཚོག་བྱེད། རིམ་པ་དེའི་འཕྲོར་རུས་ཐལ་རི་མཐོན་པོ་དང་ཆུ་དྭངས་མོར་གཏོར་བ་དང་། ལ་ལས་ས་དང་མཉམ་བསྲེས་ཀྱིས་སཱཙྪ་དཔར་ཏེ་གནས་འགངས་ཆེན་དང་ཡུལ་ཁྱད་པར་བ་ལ་ཁྱེར་བའི་སྲོལ་ཡོད་པར་མ་ཟད། ཨ་མདོ་བ་རྣམས་ཀྱིས་དབུས(ལྷ་ས)སུ་འཁྱེར་རྒྱུ་ནི་དོན་ཆེན་ཞིག་ཏུ་བརྩི།

༣.ས་དུར་འདས་མཆོད།(གསེར་འདྲིས་གཏོང་བའང་ཟེར།)

གོམས་སྲོལ་འདི་ནི་འཛམ་གླིང་གི་རྒྱལ་ཁབ་དང་མི་རིགས་མང་ཆེ་ཤོས་ཤིག་ལ་ཡོད་པས་དར་ཆེ་ལ། གཞན་གནའ་ཤུལ་དང་གནའ་རྫས་ཐོན་པའི་གྲངས་དང་ཚད་ལ་བརྟགས་ན་དཔལ་འབྱོར་གྱི་འགྲོ་གྲོན་ཡང་ཧ་ཅང་ཆེ་སྙམ་སྟེ། ཀྲུང་གོའི་ཆིན་རྒྱལ་རབས(秦朝)ཀྱི་བང་སོ་ལྟ་བུའོ། །ཐོག་མའི་འབྱུང་ཁུངས་ཀྱི་ཐད་ནས་བཤད་ན། གདོད་མའི་སྐྱེ་ཚོགས་སུ་མི་ཞིག་འཆི་ལམ་དུ་སོང་ན་ཤི་བོའི་བེམ་པོ་དེ་མི་ཚོགས་དང་རང་གཞིས་ལས་ཅུང་རིང་བའི་གནས་གཞན་ཞིག་ཏུ་བསྐྱུར་ཏེ་ཆེས་སྟབས་བདེའི་དོ་དམ་ཞིག་བྱེད་ངེས་ལ། དེ་ནི་མི་དང་སྲོག་ཆགས་གཞན་པར་གྱི་ཁྱད་པར་དང་། ཡང་ན་གདོད་མའི་མིས་གཉེན་ཉེ་དང་རང་གཞན་གྱི་ལ་རྒྱ་སྲོད་པའི་འགོ་འབུས་ཀྱང་རེད། སྐབས་དེ་དག་ཏུ་རང་བྱུང་གི་ཆར་ཞོད་ཆེན་མོ་དང་། ས་གཡོས་རི་ཉིལ་གྱི་སྣང་ཚུལ་སྣ་ཚོགས་ལ་བརྟེན། མི་ཚོགས་དང་ཐག་རིང་བའི་གནས་དག་ཏུ་བསྐྱུར་ནས་བཞག་ཡོད་པའི་བེམ་པོ་ཆུས་འཁྱེར་བ་དང་། ས་རུ་སྦ་བ་སོགས་སྟེས་དབང་གིས་དོ་དམ་ལེགས་པོ་བྱེད་པའང་འབྱུང་སྲིད། ཕྱིས་སུ་མི་རྣམས་ཀྱི་ཤེས་རིག་ཇེ་རྒྱས་དང་ཤེས་རབ་ཇེ་མྱུར་དུ་སོང་བ་དང་བསྟུན་སྟེས་དབང་གི་སྣང་ཚུལ་དེ་དག་ལེགས་སོ་སྙམ་སྟེ་ཆེད་སྒྲུབ་ཀྱི་གོམས་སྲོལ་ཞིག་ཏུ་གྱུར་ལ། དེའི་མུར་ཚོ་ག་སྣ་ཚོགས་ཀྱང་རང་བྱུང་གི་གནོད་པ་ལ་འཇིགས་དངངས་དང་། ལྷ་མང་གསར་སྐྲུན། རྣམ་ཤེས་ལ་དད་པ་བྱེད་པའི་བསམ་བློ་དང་འབྲེལ་ནས་མེད་པ་ནས་ཡོད་པ་དང་། ཡོད་པ་ནས་ཇེ་མང་ཇེ་རྒྱས་སུ་སོང་། དེ་ཡང་བོད་ཀྱི་ལོ་རྒྱུས་དེབ་ཐེར་དུ་བཀོད་པ་ལྟར་ན། སྤྱི་ལོ་སྔོན་གྱི་དུས་རབས་དང་པོའི་སྐབས་ཏེ། བློན་པོ་རུ་ལས་སྐྱེས་ཀྱིས་གྲི་གུམ་བཙན་པོར་འདས་མཆོད་བྱེད་པའི་དུས་སུ་བང་སོ་བརྩིགས་ཤིང་ཚོ་གའི་རིམ་པ་རྒྱ་ཆེར་སྤེལ་བར་བཤད་ལ། "ས་ཡི་ལེགས་དྲུག"ཅེས་པའི་བཙན་པོ་གོང་

མ་ཏྲུག་ལ་སྤྱི་སྤྱོད་ཀྱི་མཚན་སྦྱོར་སྲོལ་དེ་འདྲ་ཆགས་པ་ལས་ཀྱང་བོད་ལ་གནའ་བོའི་དུས་ནས་བཟུང་ས་དུར་གྱི་གོམས་སྲོལ་སྤྱོད་རྒྱ་ཆེ་བ་ཞིག་ཡོད་པ་གཞི་ནས་ཤེས་ཐུབ། དེ་མིན་ཀན་སུའུ་དང་། མཚོ་སྔོན་ས་ཁུལ་གྱི་རྫོ་ཆས་གསར་པའི་དུས་རབས་ཀྱི་རིག་གནས་ཤུལ་རྗེས་རྙེད་པ་དག་ལས་བྱུང་བའི་དུར་དང་། བཙན་པོའི་རྒྱལ་རབས་ཀྱི་ཤུལ་དུར། མཚོ་སྔོན་མཚོ་ནུབ་ཀྱི་དུར་རྫོང་སོགས་ལ་བརྟགས་ན་བོད་དུའང་ས་དུར་དར་སྲོལ་ལ་འགྲོ་གྲོན་གཏོང་ཆེ་བའི་གནས་ཚུལ་སོགས་ཀྱང་ར་སྤྲོད་གསལ་པོར་བྱེད་ཐུབ། དེ་བཞིན་འབངས་མི་ཕལ་པ་རྣམས་ལའང་ས་དུར་གྱི་གོམས་སྲོལ་ཡོད་པ་དང་། དུར་མཆོད་བྱེད་སྲོལ་ལ་འགྲོ་གྲོན་ཆེ་བའང་དེང་སྐབས་ས་དུར་ཆེ་ཆུང་གང་རུང་ནས་གསེར་དངུལ་རིན་ཆེན་མང་པོ་ཐོན་དང་ཐོན་བཞིན་པ་ལས་རྟོགས་སོ། ད་དུང་དེང་གི་གནའ་རྗེས་རྟོག་ཞིབ་པའི་དཔྱད་འབྲས་ལྟར་ན། ས་དུར་སྐབས་སུ་བེམ་པོ་ཤིང་དང་། ཟངས། དངུལ། ལྕགས། ཀོ་བའི་རྒྱུ་སོགས་ཀྱི་སྒམ་ལ་བཙུག་སྟེ་ས་འོག་ཏུ་སྦ་བ་དང་། རྫ་སྣོད་དུ་བཙུག་པ། ཡང་ན་ཐད་ཀར་རས་ཀྱིས་སྒྲིལ་ཏེ་ས་འོག་ཏུ་སྦ་བར་བཤད།

རང་རིགས་ཀྱི་ཁྱད་ཆོས་ལྟར་ན་གོམས་སྲོལ་འདིའི་ཚོ་གའི་རིམ་པ་ཐོག་མ་ནི་ས་ལ་བརྟག་པ་སྟེ། སྤྱིར་ས་ལ་ཁང་པའི་ས་དང་། གསས་མཁར་ལྷ་ཐོ་བརྩིགས་པའི་ས། ལྷ་ཁང་དང་འདུ་ཁང་བཞེངས་པའི་ས། རི་ཁྲོད་སྒྲུབ་ཁང་གནས་པའི་ས། ལྷ་འདྲེ་གདོན་གསུམ་གནས་པའི་ས། དུར་གྱི་ས་སོགས་ས་དཔྱད་གཞུང་དག་ན་མང་དུ་གསུངས་ཡོད་ལ། དེ་མིན་ད་དུང་ས་ལ་མ་བུ་དགྲ་གྲོགས་བརྩི་ཚུལ་སོགས་ཤིན་ཏུ་རྒྱས་པར་གསུངས་སོ། །དེ་ཡང་བྱེ་བྲག་དུར་གྱི་ས་ལ《ས་བཤད་ཕྱོགས་བསྒྲིགས》ལས། "ལྷ་ཁང་ཚྭ(མཚམས)ཁང་སྐུ་འབུམ་རྫོ་འབུམ་དང་། །གཏེར་ས་སྤྲ་མཁར་ལབ་ཙེ་དུར་ཁྲོད་སོགས། །ས་ཡི་དགེ་བཅུ་ཚང་བ་མི་དགོས་ལ། །གཞན་རྣམས་ཕལ་ཆེར་ཀུན་ལ་ཐུན་མོང་ངོ་། །"ཞེས་བཀོད་པ་ལྟར། དགོན་སྡེ་རི་ཁྲོད་དང་རྒྱལ་ཁབ་ཀློན་གྲོང་སོགས་བརྩིགས་པའི་ས་བཞིན་ས་ཡི་དགེ་བཅུའི་ཡོན་ཏན་མ་ཚང་རུང་སྐྱོན་དུ་མི་འགྲོ་མོད། འོན་ཀྱང་བརྩི་བྱ་དང་སྤང་བྱ་མང་བར་མ་ཟད། ཆེས་གཙིགས་ཆེན་དང་དོ་སྣང་བྱེད་དགོས་པ་ནི། "རུས་རྒྱུད་ཡོན་ཏན་ཆེ་བ་དང་། །ཕ་ཁུ་ཆེ་རྐན་དུར་ས་དེ། །གདན་ཁྲི་བང་རིམ་མང་བ་དང་། །མཐོ་བའི་ས་ལ་བཞག་ན་བཟང་། །ཕོ་གྲངས་མང་ཉུང་རུས་ཆེ་ཆུང་། །དེ་དང་མཐུན་པའི་མཐོ་དམན་བྱ། །རྒས་དུར་གཞོན་དུར་གོ་ལོག་དང་། །བུད་མེད་དུར་ས་མཐོ་བ་ན། །ཤི་རེས་གཞོན་ལ་འབབ་པས་ངན། །ཆུང་དུར་གཉའ་གནོན་ཆེ་ཆུང་ནི། །ཤི་གྲངས་མང་ཉུང་དེ་དང་བསྟུན། །རི་ཡི་སྣ་དང་བྲག་གི་ཟུར། །མི་ཉུང་ཅུང་ཟད་གཟུར་བར་བྱ། །གྲི་དུར་ལུང་པའི་ཡངས་དོག་ནི། །མདའ་འཕེན་ཙམ་ལས་ཡངས་མི་ཉུང་། །ཕ་རི་ཚུར་རི་བྲག་ཟུར་གཉིས། །ཐད་ཐད་འདྲ་ལ་འཛོམ་པར་བྱ། །གདོང་གི་སྣ་དང་བྲག་གི་ཟུར། །ལམ་དང་ཕ་བོང་སོགས་ཀྱི་འོག །ཆུང་དུར་གནོན་དགོས་གཉའ་གནོན་ནི། །ཏ་ཙང་ཆེ་ན་ཕ་འཆི་སྟེ། །ཆུང་ན་འཆི་ཁ་ཆོད་པར་དཀའ། །མཐུན་གྱི་ཐང་ཆུང་མ་པང་ཡིན། །མེད་ན་བྱིས་པ་མི་

སོས་ཏེ། །ཏ་ཙང་ཆེ་ན་མ་འཆིའོ། །གཞོང་གི་དཀྱིལ་དུ་འབུར་ཡོད་ན། །གསེར་གཞུང་མར་ཁུས་གང་བ་ཡིན། །"ཞེས་པ་ལྟར་གཤིན་པོ་སྲ་སའི་གཞི་དང་རིམ་པ། གཡས་གཡོན་མདུན་རྒྱབ་ཀྱི་རི་ཆུ་ནགས་གསུམ་དང་ས་བབ་བཅས་ལ་བརྟག་པ་ཞིབ་མོའི་སྒོ་ནས་ས་དུར་འདེབས་པར་བྱེད་པའོ། །

རིམ་པ་གཉིས་པ་ས་སྙོང་བ་དང་དུར་ཁུང་རྐོ་བ། དེ་མིན་གྱི་རིམ་པ་གཞན་དག་སྐབས་ཀྱི་བྱ་བྱེད་ཐམས་ཅད་ཀྱི་དགོས་པ་དང་དམིགས་པ་ཕལ་ཆེར་གོང་དང་མཚུངས་པས་འདིར་རེ་རེ་བཞིན་མ་བཀོད་ལ། གཞན་གནམ་ལོ་གསར་ཚེས་སོགས་དུས་ཆེན་ཁྱད་པར་ཅན་དག་ལ་གོམས་སྲོལ་དུ་ཡུལ་མི་བུ་སྤུན་དག་གིས"ས་ཐོག་ཏུ་འགྲོ་བ"ཞེས་རང་གི་མེས་པོ་གོང་མའི་དུར་ཁྲོད་དུ་སོང་ནས་ཚ་གསུར་དང་དཀར་བསང་སོགས་ཕུད་པའི་སྲོལ་ཡང་ཡོད་དོ། །

༤.ཆུར་བསྐྱུར་འདས་མཆོད།

གོམས་སྲོལ་བཟང་ངན་གང་ཞིག་ཡིན་རུང་གཙོ་བོ་རང་བྱུང་ཁོར་ཡུག་གི་བབ་དང་། དེར་གནས་མི་རིགས་གང་རུང་གི་མི་ཚེའི་ལྟ་ཚུལ་དང་རིན་ཐང་ལྟ་ཚུལ་སོགས་དང་འབྲེལ་བ་དམ་པོ་ཡོད་པས། བོད་ཁུལ་དུ་དེ་དང་མཐུན་པར་གོམས་སྲོལ་འདི་སྤྱོད་རྒྱ་ཆུང་ལ། གཞན་ཡང་བོད་རིགས་ནི་རང་བྱུང་ཁོར་ཡུག་དང་། མཚོ་ཆེ་གཙང་པོ། སྐྱེ་ཁམས་མཁའ་ཀླུང་སོགས་བཙོག་བསྐྱུར་ལ་ཤིན་ཏུ་འཛེམ་ཆེ་བའི་མི་རིགས་ཤིག་ཡིན་པ། ཁོ་བོས2002ལོའི《ཀྲུང་གོའི་བོད་རིག་པ》དེབ་གཉིས་པའི་ཤོག་ངོས88ན་གསལ་བའི《བོད་ཀྱི་དམངས་སྲོལ་ཆོས་ལུགས་ཀྱི་སྣོད་བཅུད་བཏང་སྙོམས་ཐད་ཀྱི་བསམ་བློའི་སྐོར་རགས་ཙམ་གླེང་བ》ཞེས་པར་ཞིབ་ཏུ་བརྗོད་པ་ལྟར་ཡིན་མོད། འོན་ཀྱང་གནས་ཚུལ་འདྲ་མིན་སྣ་ཚོགས་ལ་བརྟེན། ཡེ་ནས་མེད་པའང་མི་སྲིད། བོད་ཀྱི་ལོ་རྒྱུས་དེབ་ཐེར་དུ་ལོ་ངམ་གྱིས"གྲི་གུམ་བཙན་པོའི་སྤུར་ཟངས་ཀྱི་གཟེར་བཅུག་སྡེ་ལྕགས་གཟེར་བརྒྱབ་ནས་ཉང་ཆུར་བསྐྱུར"ཞེས་པའི་ལོ་རྒྱུས་ཀྱི་ལུང་ཚིག་ཡོད་ལ། "ཆུ་ལ་ལྡེ་བརྒྱད"ཞེས་བོད་གནའ་རབས་ཀྱི་བཙན་པོ་བརྒྱད་ཀྱི་བང་སོ་ཆུ་ལ་བཏབ་པ་སོགས་ལས་གོམས་སྲོལ་འདི་སྤྱོད་རྒྱ་ཆེ་མིན་ཐད་གསལ་ཆ་ཐོན་དཀའ་ཡང་། གནའ་ནས་བཟུང་བོད་ལ་གོམས་སྲོལ་འདི་འདྲ་ཞིག་ཡོད་པ་ཐག་གཅོད་བྱས་པ་མ་ཟད། ཁ་དཔེ་ལའང"ཕུང་པོ་རི་རྩེ་རྒོད་ལ་སྟེར། །ཡང་ན་ཆུ་ནང་ཉ་ལ་སྦྱིན། །"ཞེས་པ་ལས་ཀྱང་ཆུར་བསྐྱུར་གོམས་སྲོལ་དང་དེའི་རིན་ཐང་ལྟ་ཚུལ་སོགས་གཞི་ནས་རྟོགས་ཐུབ། དེང་གི་དུས་སུ་དམངས་ཁྲོད་དུ་བཤད་རྒྱུན་དང་གདམ་ག་འདི་འདྲ་ཞིག་ཀྱང་ཆགས་ཡོད་དེ། འབྲུམ་ནད་དང་མཛེ་ནད་སོགས་འགོས་ནད་ཚབས་ཆེས་ཤི་བའི་བེམ་པོའི་རིགས་བྱུར་གཡེང་དང་ཆུར་བསྐྱུར་གཉིས་ཀ་བྱེད་མི་ཆོག་པས་ས་དུར་བྱེད་པ་དང་། དེ་བཞིན་མཆོན་འོག་ནས་ཤི་བའི་རིགས་ཀྱང་བྱུར་གཡེང་བྱེད་མི་རུང་སྐབས་ཆུར་བསྐྱུར་དགོས་པ་སོགས་ལས་ཀྱང་འདས་མཆོད་བྱེད་སྟངས་ལ་འཛེམ་ཟོན་དང་སྤང་བླང་ཀྱི་ཆ་ཞིབ་མོ་ཞིག་ཡོད་པ་གཞི་ནས་རྟོགས་པར་མ་ཟད། ཆུར་བསྐྱུར་

འདས་མཆོད་དེ་བོད་ཁུལ་དུའང་གནའ་ནས་དར་ཞིང་དེང་ད་དུང་མ་ཉམས་པར་གནས་ཡོད་པ་ཤེས་ཐུབ། གོམས་སྲོལ་འདི་ལའང་ཆུ་ཁའི་ས་སྐྱོང་བ་དང་། ཆུའི་འགྲམ་ངོགས་དང་། གཡས་གཡོན་མདུན་རྒྱབ་ཀྱི་ས་བབ་སོགས་ལ་བརྟག་པའི་རིམ་པ་མང་པོ་ཞིག་ཡོད་པར་མ་ཟད། འདས་མཆོད་ཀྱི་བྱ་བྱེད་དང་ཆོ་ག་ཕལ་ཆེར་རིགས་གཞན་དག་དང་མཚུངས་པས་འདིར་མ་སྤྲོས།

༥. དམར་གདུང་འདས་མཆོད།

གོམས་སྲོལ་འདི་ནི་སངས་རྒྱས་ཆོས་ལུགས་ཀྱི་དགོངས་དོན་ལས་བྱུང་བ་ཞིག་ཡིན། དེ་ལ་སྦྱིན་སྲེག་བྱས་རྗེས་ཀྱི་རུས་པ་མཆོད་རྟེན་དུ་འཇོག་པ་དང་། སྐུ་གདུང་ལ་སྨན་འབྲུད་སོགས་དོ་དམ་ལེགས་པོ་བྱས་རྗེས་མཆོད་རྟེན་དུ་འཇོག་པའི་རིགས་གཉིས་ཡོད། དེའི་ཐོག་མའི་འབྱུང་ཁུངས་ནི་སྟོན་པ་སངས་རྒྱས་བཅོམ་ལྡན་འདས་སྐུ་མྱ་ངན་ལས་འདས་པའི་ཚུལ་མཛད་པ་ན། ཁོང་གི་སྲས་ཀྱི་ཐུ་བོ་དག་གིས་སྐུ་གདུང་སྦྱིན་སྲེག་ཞུས་ཤིང་། ཆོས་ཀྱི་རིང་བསྲེལ་བབས་པ་རྟེན་དུ་གསོལ་ཏེ་ཕྱག་གི་རྟེན་དང་གདུང་ལ་མཆོད་པ་བྱེད་པའི་གཞི་རྟེན་བཞེངས་པའི་སྲོལ་ཕྱེ། དེ་ནས་རྒྱ་གར་གྱི་ཆོས་རྒྱལ་མྱ་ངན་མེད་ཀྱིས་ཀྱང་སངས་རྒྱས་ཀྱི་རིང་བསྲེལ་བཞུགས་པའི་མཆོད་རྟེན་བྱེ་བ་གཅིག་བཞེངས་པ་དང་། ཕྱིས་སུ་གདུལ་བྱའི་ཁམས་དང་མོས་པའི་ཁྱད་ཆོས་ལྟར་འཛམ་གླིང་གི་ས་གནས་ཁག་མང་པོར་འཕུར་སོང་བའི་བཤད་རྒྱུན་བོད་ཁུལ་དུའང་གྲགས་ཆེ་སྟེ། མདོ་སྨད་ཁྲི་ཀ་རྫོང་ཤར་ལུང་ཞང་རྨེ་རྒྱལ་གྲོང་ཚོའི་འདབས་རོལ་དུ“མཆོད་རྟེན་དྲིལ་སིལ་མ”ཞེས་པ་ཞིག་ཡོད་པ་ད་ལྟ་ས་འབུར་ཙམ་ལས་མེད། དེའང་གོང་དུ་བཤད་པའི་ཆོས་རྒྱལ་མྱ་ངན་མེད་ཀྱི་མཆོད་རྟེན་བྱེ་གྲངས་གྲས་ཀྱི་གཅིག་ཡིན་པའི་བཤད་སྲོལ་ཡོད། བཤད་རྒྱུན་དེས་དོན་དངོས་ར་སྤྲོད་དང་བདེན་སྐང་སྐྱེར་དཀའ་ཡང་། ལུགས་སྲོལ་དེ་འདྲ་ཡོད་པ་གཞི་ནས་བསྟན་འདུག་གོ །འདས་མཆོད་འདིའི་རིགས་ལ་ཕྲན་གྱིས་བལྟས་ན་རིམ་པ་གཉིས་ཅན་གྱི་དུར་འཇུག་ཅེས་ཀྱང་བརྗོད་ཆོག་སྙམ། དེ་བཞིན་སངས་རྒྱས་ཆོས་ལུགས་བོད་དུ་དར་བ་དང་ཆབས་ཅིག་གོམས་སྲོལ་དེའང་རིམ་གྱིས་བོད་ལ་དར་བ་རེད། དམར་གདུང་དུར་འཇུག་ལ་བྱ་བྱེད་དང་ཆོ་གའི་རིམ་པ་ཧ་ཅང་མང་ཡང་འདིར་རགས་ཙམ་བརྗོད་ན། ཐོག་མར་སྐུ་གདུང་གི་མནབས་བཟའ་ཐམས་ཅད་ཕུད་དེ་གདུང་རྗེལ་པོ་ཆབ་ཁྲུས་ཐེངས་གཅིག་བྱེད། དེ་ནས་ལུས་ཁོག་གི་དོན་ལྔ་སྣོད་དྲུག་ཕྱིར་བཏོན་ཏེ་སྣོད་ཁྱད་པར་བ་ཞིག་ཏུ་བཞག་སྟེ་དོ་དམ་བྱེད་ལ། ཚྭ་དང་སྨན་རྫས་རིན་པོ་ཆེ་དག་གིས་ལུས་ཁོག་འབྲུད་ཅིང་བསྐམས་པའི་བྱ་བྱེད་བགྱིད། ཚྭ་སྨན་སོགས་ཀྱི་ནུས་པས་སྐུ་གདུང་གཤེར་འབྲལ་གྱི་རིམ་པ་དེ་མཇུག་རྫོགས་རྗེས། རྒྱུ་རིན་པོ་ཆེ་སོགས་ལས་གྲུབ་པའི་བཀྲག་རྩི་ལུས་ཁོག་ཏུ་ལེགས་པར་བྱུགས་ཤིང་། སྔར་ནས་ཕྱིར་བླངས་ཏེ་བསྐམས་ཟིན་པའི་དོན་ལྔ་སྣོད་དྲུག་དང་། དེ་མིན་རིན་པོ་ཆེའི་སྨན་རྫས་སྣ་ཚོགས་ཕྱིར་ལུས་ཁོག་ཏུ་དྲངས་ཤིང་། སྤྲ་འགྱུར་གྱི་སྐབས་དང་བསྟུན་ནས་སྐུ་གདུང་སྔར་གྱི་རྣམ་པ་ནང་བཞིན་

ཞིགས་པར་བཅོས་ལ། དེའི་སྐུར་སྐུ་གདུང་གི་སྙིང་དུའང་བཀྲག་རྫི་བྱུགས་ཏེ་བསྐམས་ཚར་བ་ན་མཆོད་རྟེན་གྱི་བུམ་པའི་ལྟོ་བར་འཛོག་པར་བྱེད་དོ། །

དེ་ཡང་དུས་དེབ་དང་གསར་འགྱུར་དུ་བཀོད་པ་ལྟར་ན། པཎ་ཆེན་སྐུ་ཕྲེང་བཅུ་པ་སྐུ་མྱ་ངན་ལས་འདས་རྗེས་བོད་རང་སྐྱོང་ལྗོངས་སྲིད་གཞུང་ནས་གུར་གུམ་དང་། ག་བུར་སོགས་སྨན་རྫས་སྤྱི་ཀྲུ་ལྔ་བརྒྱ་ཙམ་མགྱོ་འདོན་བྱས་ཏེ། ཟླ་བ་བཞིའི་དུས་ཡུན་ལ་སྐུ་གདུང་ཐེངས་མང་འབྲུད་ཅིང་ཚུ་བསྐམས་པར་བྱས་པ་ལས་ཀྱང་སྐུ་གདུང་དོ་དམ་བྱེད་སྟངས་ཙུང་ཙམ་ཤེས་ཐུབ། དམར་གདུང་མཆོད་རྟེན་ཆེ་ཚུང་གང་ཞིག་ཡིན་ཀྱང་བཞེངས་སྐྲུན་གྱི་ལས་ཞིབ་ཅིང་ཆ་རྫོགས་ལ་མཛེས་སྡུག་ལྡན་པ་ཞིག་ཡིན་པར་མ་ཟད། ལས་བྱེད་ཀྱི་རྒྱུ་ཆའང་གསེར་དངུལ་དང་རིན་པོ་ཆེ་སྣ་ཚོགས་ལས་གྲུབ་པ་སངས་རྒྱས་ཆོས་ལུགས་ཀྱི་དགོན་པ་དག་ན་ད་ལྟ་དངོས་སུ་མཐོང་རྒྱུ་མང་ལ། ཁྱད་པར་དུ་ཕོ་བྲང་པོ་ཏ་ལར་བཞུགས་པའི་ཏཱ་ལའི་སྐུ་ཕྲེང་ལྔ་པའི་གསེར་གདུང་འཛམ་གླིང་རྒྱན་གཅིག་ལ་གསེར་སྲང་ཁྲི་བཅུ་གཅིག་དང་། ཏཱ་ལའི་སྐུ་ཕྲེང་བཅུ་གསུམ་པའི་མཆོད་གདུང་ལ་གསེར་སྲང་ཁྲི་བཅུ་བཞི་ཡི་འགྲོ་སྒྲོན་བཏང་ཡོད་པ་ལས་ཀྱང་དམར་གདུང་མཆོད་རྟེན་ནི་རིན་ཆེན་གྱི་ཕུང་པོ་ཆེན་པོ་ཞིག་ཏུ་གྲུབ་ཡོད་པ་ནི་དངང་གིས་རྟོགས་སླའོ། །

གཞན་ཡང་གསང་སྔགས་རྙིང་མའི་ལུགས་སུ་བླ་སྤྲུལ་ཁྱད་པར་ཅན་གང་མྱ་ངན་ལས་འདས་པ་ན། ཕལ་ཆེར་ལོ་ངོ་གསུམ་ཙམ་གྱི་དུས་ཡུན་དུ་སྐུ་གདུང་དེ་ས་དཔྱད་ཀྱི་གཞུང་ལུགས་ལྟར། རི་མཐོ་ས་གཙང་གི་ས་ཁུང་རང་གྲུབ་ཅིག་ཏུ་འཇོག་ཅིང་། དེ་ནས་སྐུ་གདུང་གི་གཡས་གཡོན་མདུན་རྒྱབ་ཐམས་ཅད་དུ་བྱེ་སྐམ་བརྗེ་སོར་གྱིས་སྤུངས་ཏེ། སྐུ་གདུང་གི་བརྟན་གཤེར་ཐམས་ཅད་ཕྱིར་དྲངས་རྗེས་མཆོད་རྟེན་གྱི་ལྟོ་བར་བཞུགས་སུ་གསོལ་བའི་གོམས་སྲོལ་ཡང་ཡོད་པར་བཤད། གང་ལྟར་བྱས་ཀྱང་གོམས་སྲོལ་འདི་ནི་མཆོད་པའི་རྟེན་དང་། བྱིན་རླབས་ཀྱི་འདུག་སྒོ་ཁྱད་པར་ཅན་ཞིག་ཏུ་མཛུབ་མོ་ནང་བཀུགས་བྱེད་བཞིན་ཡོད་པས། དམར་གདུང་བྱེད་ཡུལ་ཡང་དོན་དང་མཐུན་པའི་བླ་སྤྲུལ་དང་ཁྲི་པ། དགེ་བའི་བཤེས་གཉེན་ཆེན་མོ་དག་ལས་སྤྱིར་བཏང་གི་སྐྱ་སེར་ཕོ་མོ་ལ་བྱེད་པའི་དཔེ་སྲོལ་ནི་ཡེ་ནས་མེད་དོ། །(དཔྱད་རྩོམ་འདིའི་དཀྱིལ་དུ་མཆན་རྟགས་ཁ་ཤས་བཀོད་ཡོད་མོད། མཇུག་ཏུ་མཆན་བཏབ་མེད་པས་འདིར་སོར་བཞག་བྱས་ཡོད། སྒྲིག་པ་པོས་མཆན་བཏབ།)

《གྲུང་གོའི་བོད་རིག་པ།》 ༢༠༠༥ལོའི་དེབ་གཉིས་པ་ལས་བཏུས།

༄༅། །བོད་ཀྱི་བྱ་གཏོར་དུར་སྲོལ་གྱི་བྱུང་བ་དང་ཁྱད་ཆོས་སྐོར་དཔྱད་པ།

ཕུར་བུ་ཕན་ཐོགས། ཨ་ཕུར་བཀྲ།

གླེང་གཞི།

འདུས་བྱས་ཀྱི་ཁམས་སྣ་ཚོགས་པས་སྲིད་པ་འཇིག་རྟེན་ཉིད་གྲུབ་ཅིང་། སྲིད་པ་འཇིག་རྟེན་གྱི་སེམས་ཅན་སྣ་ཚོགས་པ་ཡང་སྐྱེ་རྒ་ན་འཆིའི་སྡུག་བསྔལ་གྱི་དབང་དུ་མ་སོང་བ་མེད། འཛམ་གླིང་སྟེང་གི་སྐྱེ་འགྲོ་རྣམས་ཀྱིས་སྐྱེ་རྒ་ན་འཆིར་འཛིན་པའི་འདུ་ཤེས་མི་འདྲ་བའི་དབང་གིས་རང་རང་གི་མི་ཚེའི་ལངས་ཕྱོགས་རེ་ཡོད་ལ། འཚོ་བའི་ལྟ་ཚུལ་རེ་ཡང་ཡོད་ཅིང་། སྤྱིར་བཏང་དུ་ཐ་དད་དུ་གྱུར་པའི་མི་རིགས་ཁག་ལ་རང་རང་གི་ཐུན་མིན་རིག་གནས་རེ་གྲུབ་ཡོད། འཇིག་རྟེན་ཁམས་སུ་འགྲོ་བ་མིའི་རིགས་ཐོག་མར་བྱུང་བའི་དུས་སམ་དེ་དག་གི་ཕ་མེས་ཡང་མེས་ཏེ་གདོད་མའི་དུས་སྐབས་ནས་ཚེ་སྲོག་འཆི་འདས་ཀྱི་ཆོས་ཉིད་དེས་སེམས་ཁམས་ལ་འཇིགས་སྣང་དང་ཀླད་ཟེར་དོགས་དྲི་མི་ཉུང་བ་ཞིག་བྱུང་ཡོད་པ་གོར་མ་ཆག ཇི་སྐད་དུ"འཆི་འདས་ནི་མིའི་རིགས་ཀྱི་རིག་གནས་ཀྱི་འགྱུར་མེད་གླེང་གཞི་ཡིན"[1]ཞེས་པ་བཞིན་ཚེ་སྲོག་འཆི་འདས་ཀྱིས་ཁམས་དང་སོས་པ་མི་གཅིག་པའི་སེམས་ཅན་རྣམས་ལ་སྔ་མོ་ནས་ཚོར་འདུ་དྲག་པོ་ཞིག་སྦྱིན་ཡོད་ལ་རིག་གནས་སྣ་ཚོགས་གྲུབ་པར་རྨང་གཞི་ཡང་བཏིང་ཡོད། འགྲོ་བ་མིའི་རིགས་ཀྱི་བསམ་གཞིགས་ཀྱི་ནུས་པ་ཇི་མཐོར་སོང་བ་དང་ལྡོག་ཐབས་མེད་པའི་འཆི་འདས་ཀྱི་ཆོས་ཉིད་ཀྱིས་ཀྱང་གདོད་མའི་ཆོས་ལུགས་སྣ་ཚོགས་གྲུབ་པར་གཞོགས་འདེགས་བྱས་ཤིང་། རིམ་པས་འཛམ་གླིང་མི་རིགས་ཁག་ལ་དུར་མཆོད་ཀྱི་བྱེད་སྒོ་སྣ་ཚོགས་པ་བྱུང་བ་དང་། དེ་བཞིན་རང་རེ་བོད་དུའང་པོ་ངོ་སྟོང་ཕྲག་མང་པོའི་སྔོན་ནས་བོན་ཆོས་ཀྱིས་ཟུངས་བྱས་པའི་དུར་མཆོད་ཀྱི་སྲོལ་གྲ་རྒྱས་ཙམ་ཞིག་ཡོད་ཅིང་། ཕྱིས་སུ་དེ་དག་ནང་ཆོས་ཀྱི་རིག་གནས་དང་གཅིག་ཏུ་འདྲེས་ཏེ་འཕྲུས་སྐོ་ཇེ་ཚང་དུ་གྱུར་ལ། དེས་ད་ལྟའི་བར་རང་རེའི་བསམ་བློ་དང་བྱ་སྤྱོད་ལ་ཤན་ཤུགས་ཐེབས་བཞིན་ཡོད། དེ་བས་ཀྱང་། རང་རེ་བོད་ཀྱི་ཕུང་པོ་བྱ་གཏོར་དུར་སྲོལ་ནི་མི་རིགས་གཞན་གྱི་དུར་སྲོལ་དང་མི་འདྲ་བའི་ཐུན་མིན་གྱི་དུར་སྲོལ་ཞིག་ཡིན་པས་བོད་མིའི་སེམས་ཁམས་དང་འདུ་ཤེས་མཚོན་ཡོད། བོད་ཀྱི་ཕུང་པོ་བྱ་གཏོར་གྱི་དུར་

སྲོལ་ལ་ལོ་རྒྱུས་ཀྱི་གཞི་རྟེན་ཡོད་ལ་སྲོལ་ལུགས་ཀྱི་ལམ་སྟོན་འཁྱུས་ཚང་ཡོད་པར་མ་ཟད་ནང་ཆོས་ཀྱི་རང་བཞིན་དང་ཚན་རིག་གི་རང་བཞིན། མི་རིགས་ཀྱི་རང་བཞིན། ས་ཁོངས་ཀྱི་རང་བཞིན། མང་ཚོགས་ཀྱི་རང་བཞིན་བཅས་ཀྱི་ཁྱད་ཆོས་ཆེན་པོ་ལྡ་ལྡན་པས་ཞིབ་འཇུག་གི་རིན་ཐང་ཡོད་ལ་རྒྱུན་འཛིན་དང་དར་སྤེལ་གྱི་རིན་ཐང་ནི་ལྟ་ཅི་སྨོས།

དང་པོ། བྱ་གཏོར་དུར་སྲོལ་གྱི་བྱུང་བ།

༡. ལོ་རྒྱུས་ཀྱི་རྒྱབ་ལྗོངས། རིག་གནས་ཅི་འདྲ་ཞིག་འཕོ་འགྱུར་བྱུང་ནས་གསར་དུ་དར་བའམ་རང་ངོས་སུ་གསར་དུ་དར་བ་གང་ཡིན་ཡང་དེར་མིའི་རིགས་ཀྱི་སྤྱི་ཚོགས་དང་ཤེས་རིག་འཕེལ་རྒྱས་ཀྱིས་ཤུགས་རྐྱེན་ཐེབས་པའི་རྒྱབ་ལྗོངས་ངེས་ཅན་རེ་ཡོད། གནའ་རྫས་རྟོག་ཞིབ་པས་ལོ་ངོ་ལྔ་ཁྲི་ལྷག་གི་གོང་རོལ་ནས་མཚོ་བོད་ས་མཐོར་མིའི་རིགས་འཚོ་གནས་བྱེད་པ་ར་འཕྲོད་ཅིང་ལོ་ངོ་ཆིག་ཁྲིའི་སྔ་རོལ་ནི་བོད་ཀྱི་རྡོ་ཆས་རྙིང་མའི་དུས་རབས་དང་། དེ་ནས་ལོ་ངོ་སྟོང་ཕྲག་གསུམ་གྱི་སྔ་རོལ་ནི་རྡོ་ཆས་གསར་མའི་དུས་རབས་སུ་བཞག་ཡོད་ལ། ཆབ་མདོའི་ཁ་རོབ་ནས་རྙེད་པའི་རྡོའི་ཕུར་སྐམ་ནང་གི་རུས་སྒྲོམ་དང་རྫ་ཆས་སོགས་གནའ་རྫས་དང་དེ་མིན་གྱི་གནའ་རྫས་མང་པོས་འདས་པའི་ལོ་ངོ་བཞི་སྟོང་ངམ་ལྔ་སྟོང་གི་སྐབས་སུ་བོད་དུ་གདོད་མའི་ཆོས་ལུགས་ཤིག་ཡོད་པར་ར་འཕྲོད་ཡོད། ཕྱིས་རིམ་གྱིས་གདོད་མའི་ཆོས་ལུགས་ལ་འཕེལ་རྒྱས་བྱུང་སྟེ་བཙོལ་བོན་ནམ་རྒྱུའི་བོན་ཟེར་བ་དར་ཞིང་། གདོད་མའི་ཆོས་ལུགས་ཀྱི་ཚོ་གའི་རིགས་སྐྱབ་མཁན་ལ་གཤེན་དང་གྱེར། བོན། ལྡེའུ། ལྷ་བདག་སོགས་འབོད་སྲོལ་མི་འདྲ་བ་དུ་མ་ཡོད། ལྷག་པར་སྤྱི་ལོ༡༩༧༨དང༡༩༧༥ལོའི་དཔྱིད་ཀའི་བར་སྔ་རྗེས་སུ་ཉིང་ཁྲི་ས་ཁུལ་ནས་རྡོ་ཆས་གསར་མའི་དུས་རབས་ཀྱི་མིའི་རུས་པ་ལྷག་མ་དང་དུར་ས་སོགས་མཚར་དུ་དངར་བའི་གནའ་རྫས་རྙེད་ཡོད་ཅིང་། “ཉིང་ཁྲིའི་གདོད་མའི་རིག་གནས་ཀྱི་ཤུལ་དེ་དག་ནི་བོད་ཤར་ལྷོའི་རྒྱུད་ཀྱི་རྡོ་ཆས་གསར་མའི་དཔེ་མཚོན”[2]ཡིན་ཁར་བོད་ཀྱི་གདོད་མའི་དུར་སྲོལ་ཤེས་རྟོགས་བྱ་བའི་རྒྱུ་ཆ་གལ་ཆེན་ཞིག་ཀྱང་ཡིན། མ་གཞི། དབྱིན་ཇིའི་མིའི་རིགས་ཚན་དཔྱོད་རིམ་པ་བ་ཟླ་རུས་ཛོར(j · g · Frazer)གྱིས“མིའི་རིགས་ཡར་རྒྱས་གོང་འཕེལ་དུ་འགྲོ་བའི་བརྒྱུད་རིམ་ཁྲོད་དུ། ཚོ་ག་བྱེད་སྲོལ་བྱུང་བ་ནི་ཆོས་ལུགས་བྱུང་བ་ལས་ཀྱང་སྔ་ཤས་ཆེ”[3]ཞེས་གསུངས་པ་ལྟར་དུར་མཆོད་ཀྱི་ཚོ་གའི་སྲོལ་རྡོ་ཆས་གསར་རྙིང་གི་དུས་སྐབས་ཙམ་ལ་དར་བར་སྣང་ལ། སྐབས་དེའི་བོད་ཀྱི་དུར་སྲོལ་ནི་མིའི་རིགས་ཀྱི་དུར་སྲོལ་རིག་གནས་འཕེལ་རྒྱས་འགྲོ་བའི་ཆོས་ཉིད་དང་མཐུན་པར་ཐོག་མའི་དུས་རིམ་དུ་གནས་ཡོད་ཅིང་བོན་གཤེན་གྱི་དུར་མཆོད་དང་། ས་དུར་སྦ་བའི་གོམས་སྲོལ་ཡང་ཁྱབ་རྒྱ་དེ་ཙམ་ཆེན་པོ་མེད་པ་འདྲ། རྒྱུ་མཚན་ནི་གདོད་མའི་ཤེས་རིག་དམན་པའི་དུས་ཀྱི་བོད་མིས། མིས་མི་ཤ་ཟ་བ་དང་། ཕུང་པོ་གཅན་གཟན་སོགས་

ལ་སྙེར་ཟེར་བའི་སླེང་ཕྱོགས་ཤིག་ཡོད་པ་མ་ཟད།[4] ཉིང་ཁྲིའི་གནའ་བོའི་དུར་སར་ཕུར་སྐམ་ངེས་མེད་ཀྱི་ཉུས་པ་མང་པོ་ཞིག་ཡོད་པ་དང་བོད་ཀྱི་གདོད་མའི་དུས་སྐབས་དེར་དུར་སྲོལ་གྱི་རིག་གནས་སྣ་ཚོགས་ཀྱི་མྱུ་གུ་འབུས་བཞིན་ཡོད་ཀྱང་ཆེས་གདོད་མའི་ཕུང་པོ་རང་གར་བསྐྱུར་བའི་གོམས་སྲོལ་ཉམས་མེད། དེ་ཡང་། མིའི་རིགས་ཀྱི་སྤྱི་ཚོགས་འཕེལ་རྒྱས་འགྲོ་བའི་འཕེལ་རིམ་ནང་དུ་མི་དང་མིའི་དབང་ཤུགས་དང་ཁེ་གྲགས་སོགས་དོ་མཉམ་མིན་པས་མ་རྒྱུད་ཉུས་རྒྱུད་ཚོ་པའི་སྐབས་སུ་མི་རེ་འགའ་འཚེ་རྗེས་རང་གི་དུར་སྲོལ་མཆོན་པའི་དུར་མཆོད་གྲ་རྒྱས་ཙམ་དང་འགའ་ཞིག་གི་ཕུང་པོ་སྣང་མེད་དུའམ་རང་གར་ལུས་འགྲོ་བ་རེད་ལ། དེར་མཐུད་ནས་ཕུང་པོ་གཙན་གཟན་དང་འདབ་ཆགས་སོགས་ལ་དུམ་བུར་བགོས་ནས་སྙེར་བའི་གོམས་སྲོལ་ཡང་ཤུགས་ཆེར་དར་ཡོད་པའི་དབང་གིས་ཡིན། བྱ་གཏོར་དུར་སྲོལ་དང་རིགས་འདྲ་བའི་གདོད་མའི་ཕུང་པོ་རང་གར་བསྐྱུར་བའི་སྲོལ་ནི་ཆེས་ཡ་ཐོག་མི་རྣམས་ཀྱི་འཚོ་བའི་ཆ་རྐྱེན་ཞན་པ་དང་བྱ་དངོས་ལ་ཤེས་ཚོར་གྱི་ནུས་པ་དམན་པ། དེ་བཞིན་སྤྱི་ཚོགས་ཐུན་མོང་གི་ཤེས་རིག་དེ་ཙམ་དར་མེད་པའི་འོག་བྱུང་སྲིད་པ་དང་དེ་དུས་མི་རྣམས་ཀྱིས་སྣང་ཚུལ་དེ་འདྲ་རྒྱུན་གཏན་ཅན་ཞིག་ཏུ་བརྩི་བ་ཡིན་ཞིང་། གཤིས་ལུགས་དེ་ཕྱིས་འབྱུང་བྱ་གཏོར་དུར་སྲོལ་དར་བའི་བསམ་བློའི་རྨང་གཞིར་གྱུར་ཡོད།

བོད་ཀྱི་དུར་སྲོལ་གཞན་པའི་བྱུང་ཚུལ་སྐོར་ལ་ལོ་རྒྱུས་ཀྱི་དཔྱད་གཞི་ངེས་ཅན་ཡོད་ལ་བོད་དུ་ནང་པ་སངས་རྒྱས་པའི་ཆོས་ལུགས་མ་དར་བ་དང་། དར་བཞིན་པའི་ཡར་སྔོན་དུ་ཕུང་པོ་བྱ་གཏོར་གྱི་དུར་སྲོལ་སྐོར་ལ་དཔྱད་གཞི་རྣམ་དག་ཅིག་མཐོང་རྒྱུ་དཀོན། ཇི་སྐད་དུ་གནམ་གྱི་ཁྲི་བདུན་གྱི་སྐབས(ཕྱི་ལོའི་སྔོན་གྱི་དུས་རབས༣-༩)“ཁྲི་བདུན་བང་སོ་ནམ་མཁའི་དབྱིངས་ལ་བཏབ། ལྷ་ཡི་ལུས་ལ་རོ་མེད་འཇའ་ལྟར་ཡལ”ཞེས་དང་། “དུར་དང་བང་སོ་མེད་པར་རྨུ་ཐག་ལ་འཇུས་ནས་ནམ་མཁར་གཤེགས། ལྷ་ལ་རོ་མེད་འཇའ་ཚོན་ལྟར་ཡལ་བས། གྲོངས་ཀྱི་བང་སོ་གནམ་ལ་གཏབ”ཅེས་པར་ཕལ་ཆེ་བས་ཤིང་གི་བསྙིག་ཁྲི་མཐོན་པོར་བརྩིགས་པས་བང་སོ་ནམ་མཁའི་དབྱིངས་ལ་བཏབ་ཅེས་དང་དུ་བ་ནམ་མཁར་ཁྱུར་རེར་ཕྱུར་བས་འཇའ་ལྟར་ཡལ་ཞེས་པ། གཞན་རྨུ་ཐག་སྟེ་དུ་བའམ་སྨུག་པ་ལ་གོ་བས་དེ་དོན་ཚིག་ཟིན་ལས་གསལ་བར་རྟོགས་ནུས་ཞེས་ཕུང་པོ་མེར་སྲེག་པའི་སྲོལ་དར་བར་འདོད། ཡང་འགའ་ཞིག་གིས་བསང་གསོལ་ནི་བོན་ཆོས་སུ་དེའི་ཡར་སྔོན་ནས་དར་ཡོད་ན་ད་ལྟའི་བྱ་གཏོར་གྱི་ལུགས་བཞིན་བསང་གཏོང་བ་ལ་གཡུང་དྲུང་ལྷ་ཡི་རྨུ་ཐག་ནམ་མཁར་ཁྱུར་རེར་འཐེན་པར་སྨྲ་བ་དང་བྱ་རྒོད་ཀྱིས་ཕུང་པོ་ཟོས་རྗེས་ནམ་མཁར་འཕུར་བས་ནམ་མཁར་ཡལ་བར་སྨྲས་ཞེས་བྱ་གཏོར་གྱི་སྲོལ་དར་བར་འདོད་པའི་ལུགས་གཉིས་ཀར་རང་རང་གི་བདེན་ལུགས་རེ་ཡོད་ལ་མི་དུར་དང་བྱ་གཏོར་གྱི་འབྱུང་བའི་སྐོར་ལ་བོད་ཀྱི་ལོ་རྒྱུས་ཡིག་ཚང་ཁག་ཏུ་གསལ་པོ་ཞིག་འཁོད་མེད་ཅིང་དེ་གཉིས་དར་སྟངས་སྐོར་ལ་བོད་དུ་ནང་

ཆོས་དར་རྗེས་སུ་བྱུང་བའི་འདོད་ཚུལ་མི་གཅིག་པ་ཡང་མང་བས་ངེད་གཉིས་ལ་ནི་འདི་ཡིན་དེ་མིན་གྱི་ཁ་ཚོན་གཅོད་པའི་བདེན་ཁ་བཙན་པོ་ཞིག་ག་ལ་ཡོད། ཡིན་ཡང་། སྤྱི་ལོ༡༩༥༥ལོར་ཀན་སུའུ་ལིན་ཐའོ་དགོན་པའི་གནའ་ཤུལ་ལས་ཕྱུར་ཐལ་རྙེད་པ་དེས་རང་རྒྱལ་དུ་མི་དུར་གྱི་སྲོལ་ཆེས་གནའ་བོ་ནས་དར་ཡོད་པར་ར་སྤྲོད་ཡོད། གལ་སྲིད"ཁྲི་བདུན་བང་སོ་ནམ་མཁར་བཏབ"ཅེས་པ་དེ་འདྲའི་མི་དུར་ལ་འདོད་ན་མི་དུར་ནི་ཇི་ལྟར་ཡང་ཕྱུར་ཐལ་སོགས་ཀྱི་ཤུལ་ཡོད་དགོས་ཤིང་རབ་ལ་ཕྱུར་ཐལ་དུར་འཇུག་སོགས་རང་ས་མིན་པའི་ཆུ་གཙང་དང་ས་གཙང་སོགས་ལ་གཏོར་སྣས་བྱ་དགོས་ན་དུར་མེད་པའི་སྐད་ཆ་དང་མི་འཚམས་ཁར་མི་དུར་ལ་མི་ཅི་འདྲ་ཆེ་རུང་རུས་པ་མ་འཚོག་པ་འདྲ་ཡོད་སྲིད། གདོད་མའི་ཕུང་པོ་གཅན་གཟན་འདབ་ཆགས་སོགས་ལ་སྦྱིར་བ་ནི་ཆེས་སྐབས་བདེ་དང་ཕུང་པོ་ལྷག་ལུས་མེད་པར་གཙང་མར་འགྲོ་བ་ཞིག་མིན་ནམ་སྙམ།

ནང་ཆོས་མ་དར་བའི་སྔོན་གྱི་དུས་ཡུན་རིང་པོའི་ནང་བོད་འདི་གཅིག་ཏུ་གྱུར་མེད་པ་དང་རྒྱལ་ཕྲན་བར་གྱི་འཐབ་རྩོད་དང་འགལ་བ་མང་བ། སྤྱི་ཚོགས་ཀྱི་དཔལ་འབྱོར་རྨང་གཞི་ཏ་ཅང་ཞན་པོ་ཡིན་པ། བོན་ཆོས་ལ་དར་ཀྲུད་མང་བ་དང་བོན་ཆོས་ཀྱི་རྐྱེན་པས་སྤྱི་ཚོགས་ཀྱི་འགལ་བ་སོགས་དང་རི་མཐོ་འགག་བཙན་པའི་རང་བྱུང་ཁོར་ཡུག་གི་དམིགས་བསལ་ཁྱད་ཆོས་ཀྱིས་གཏན་འཛུགས་ཀྱི་དུར་སྲོལ་རིག་གནས་ཤིག་འབྱུང་དཀའ་བས་བོད་ཀྱི་གནའ་རབས་དུས་ཡུན་རིང་པོའི་ནང་གདོད་མའི་དུས་ཀྱི་ཕུང་པོ་གཅན་གཟན་དང་འདབ་ཆགས་སོགས་ལ་སྦྱིར་བའི་སྲོལ་དེ་སྤྱི་ཚོགས་ཁོར་ཡུག་གི་ཆ་ཤས་སམ་ཆ་ཤས་ཀྱི་ཆ་ཤས་སུ་གནས་སྲིད་པ་དང་དུས་སྐབས་དེའི་བོད་མིའི་བསམ་བློའི་གཏིང་རུམ་ན་བྱ་གཏོར་དུར་སྲོལ་དང་ལེན་བྱེད་པའི་རྨང་གཞི་ངེས་ཅན་ཡོད་པར་ང་ཚོས་རིགས་འདེད་བྱ་ཐུབ།

༢. "ཐོད"ཀྱི་རང་གཤིས་ལ་དཔྱད་པ། ས་མཐོའི་བྱ་ཐོད་ཀྱི་སྤུ་མདོག་དཀར་ནག་འདྲེས་མས་གཙོ་བོ་བྱས་ཤིང་གཟུགས་པོའི་རིང་ཚད་ལ་ལི་སྨི༡༢༩ནས༡༥༠ཙམ་བར་ཡིན་པ་དང་གཟུགས་པོའི་ལྗིད་ཚད་ལ་ཁེ༨༠༠༠ནས༡༢༠༠༠གི་གཡས་གཡོན་ཡོད་པས་རང་རྒྱལ་གྱི་གཟུགས་བོངས་ཆེ་ཤོས་ཀྱི་གདོད་བྱའི་གྲས་ཤིག་ཡིན། དུས་རྒྱུན་རྒྱ་མཚོའི་ངོས་ལས་མཐོ་ཚད་སྨི༢༠༠༠ནས༦༠༠༠ཙམ་གྱི་རི་མཐོའི་བྲག་དང་ནགས་གསེབ་ཀྱི་ཏ་ཅང་བཙན་སར་ཤིང་ཐུར་སོགས་བརྩིགས་པའི་ཚང་ཆེན་པོ་བཙོས་ནས་རྒྱུད་སྤེལ་བྱེད་པ་དང་དགུན་ཁ་རི་གཤམ་དུ་སྤོ་སྡོད་བྱེད་ཅིང་ཇི་སྐད་དུ"ཐོད་པོ་བྲག་སྟོད་བཞག་ནས། ནམ་འཕང་གཅོད་དགོས་བསམ་ཡང་། ས་རུབ་མུན་པས་བསྙུང་དུས། འཁོར་ས་བྲག་ལས་མི་འདུག"ཅེས་པ་ལྟར་རོ། །བྱ་ཐོད་ནི་གཤོག་རྩལ་ཏ་ཅང་སྙིན་པས་ཕལ་ཆེར་རི་རྩེ་དང་དགུང་སྔོན་མཐོན་པོར་འཕུར་ལྡིང་དང་འཚོ་ལ་ཚེ་ཚད་རིང་བ་དང་ན་ཚོད་དར་བའི་བྱ་ཐོད་ཀྱི་གཤོག་སྒྲོ་རྒྱས་དྲགས་ནས་རང་གི་འཕུར་ལྡིང་ལ་འགོག་རྐྱེན་བཟོ་བས་རང་གི་སྤུ་རྙིང་རྣམས་ཐོགས་དགོས་ཤིང་། དེ་ནི"གཉན་དར་མའི་ལོ་ལ་ན་ཙོ་རྒྱས"ཞེས

པ་དང་། འདིར་གླིང་བའི་བྱ་རྒོད་ཀྱི་འཚོ་ཡུལ་གཙོ་བོ་མཚོ་བོད་ས་མཐོ་དང་། ཉེ་འཁོར་གྱི་ས་མཐོའི་རྒྱུད་དུ་ཡིན་ཞིང་། བྱིར་"ས་མཐོའི་བྱ་རྒོད"ཅེས་གྲགས་ལ་རྒྱལ་ཁབ་རིམ་པ་གཉིས་པའི་རྩ་ཆེའི་བྱ་རིགས་ཤིག་ཡིན་ཞིང་བཟའ་བཅའ་གཙོ་བོ་ཤི་པོའི་ཕུང་པོ་དང་རུལ་ཟས་ལ་དགའ་བ་ནི་བྱ་རྒོད་ཀྱི་རིགས་སྤྱི་དང་འདྲ་བ་ཡིན།

མཁས་པ་ལྡེའུས་མཛད་པའི《རྒྱ་བོད་ཆོས་འབྱུང་རྒྱས་པ》རུ"ངར་ལ་སྐྱེས་ཀྱི་སྨུང་རོ་ཤམ་པོ་མཁར་གྱི་ཕ་རོལ་ན་རྒོད་ཚང་ཡོད་པ་ལ་སྐད་བཏགས་ནས་བྱ་རྒོད་ཀྱི་གསོབ་ཏུ་བཞུགས་ཏེ། སྨུང་རོ་ཤམ་པོ་མཁར་རྩེ་ནས་ཕབ"[5]ཅེས་དང་། 《ཏུན་ཧོང་ནས་ཐོན་པའི་བོད་ཀྱི་ལོ་རྒྱུས་ཡིག་ཆ》ལས"གཟུགས་ནི་ལྷ་བོན་ཏོ། སྣོན་མཚན་སྣོན་ཀོལ་གཟུགས་ནི་ལྷ་བོན་ཏོ། སྲིན་བྱ་རྒོད་ཀྱིས་བཏགས་སྟེ། ཆོས་པོང་ནགས་སེང་གེས་བཏགས་སོ། རྩང་བྲང་ནི་ཡ་སྟོད་ཀྱི། ཐང་སྤྲོམ་ནི་རྒོད་ལྡིང་འབབ། རྒོད་བཀུམ་ནི་ཟུ་ཅེས་བཀུམ། རྒོད་གཞོག་ནི་ཕྲག་ཏུ་ཕུལ།……ལྟགས་ཀྱིས་ནི་མ་དྲལ་ན། སྨུག་གིས་ནི་རི་མྱི་ཕུགས། རྒོད་ཀྱི་ནི་མ་བསྒྲོན་ན། འཕྲོང་ལ་ནི་རེ་མྱེའི་འཛིན……"[6]ཞེས་པ། སུམ་པའི་གཏམ་དཔེར"མྱི་མ་འདྲིས་ན་ནི་རྒོད་ཀྱང་དགྲའི་ཚུལ་ལོ། ཡུལ་མ་འདྲིས་ན་ནི་ཉིན་ཡང་མཚན་དང་མཚུངས་སོ"ཞེས་དང་། 《ཆོས་འབྱུང་མཁས་པའི་དགའ་སྟོན》ལས"ཐོག་མར་བོད་ཡུལ་རུ་ཆེན་ལྔ་རུ་ཕྱེ། ཡུལ་གྱི་དབང་རིས་རྣམ་པ་བཅོ་བརྒྱད་བཅད། རྒོད་ཀྱི་སྟོང་སྡེ་དྲུག་ཅུ་རྩ་གཅིག་ཕྱེ"ཞེས་པ་སོགས་གནའ་རབས་ཀྱི་ཡིག་ཆ་ཁག་ཏུ"རྒོད"ཀྱི་ཐ་སྙད་བེད་སྤྱད་པ་ཅུང་ཅུང་མིན་ལ་མིང་དུ་བཀོལ་བ་ཡང《རླངས་ཀྱི་པོ་ཏའི་བསེ་རུ》ནང་རླངས་སྲས་རྒོད་ལྡིང་ཞེས་པ་དང་། "རྒོད་ཀོང་དུ་ཞིང་ལ་མཆིད་མ་འཇལ་ནས"[7]ཞེས་པ་སོགས་མི་ཉུང་བ་ཞིག་མཐོང་རྒྱུ་ཡོད། "རྒོད"ཅེས་པའི་ཐ་སྙད་ཀྱི་གོ་དོན་ནི་རྒོད་པོའི་དོན་ཡིན་ཞིང་། གོང་སྨྲས་ཀྱི"བྱ་རྒོད་ཀྱི་གསོབ་ཏུ་བཞུགས"ཞེས་པ་དང"སྲིན་བྱ་རྒོད"དང"མི་མ་འདྲིས་ན་རྒོད་ཀྱང"ཞེས་པ་སོགས་ལས"རྒོད"ཀྱི་ཐ་སྙད་དང་འབྲེལ་བའི་བྱ་རྒོད་ནི་བྱ་རྒོད་པོའི་རིགས་ཤིག་དང་གནའ་དུས་བོད་མིས་དེ་ཉིད་ཐམ་འཛིགས་ཀྱི་བྱ་ཞིག་ཏུ་བརྩི་བ་རྟོགས་ཐུབ་ལ་གདོང་མའི་བྱ་རིགས་ཀྱི་གྲས་ཤིག་ཡིན་ངེས་ཀྱང་། བོད་མིའི་ངག་རྒྱུན་ན་གྲགས་པའི་བྱ་ཁྲུང་ལྟ་བུ་མིན་ཞིང་གནའ་དུས་བྱ་ཁྲུང་རིགས་ཀྱི་གཅན་གཟན་གཏུམ་པོ་ཞིག་དང་འདྲ་བར་གདངས་རིའི་ཡུལ་ན་འཚོ་གནས་བྱེད་པའི་འཆི་གསོན་གྱི་སེམས་ཅན་མང་པོའི་ལུས་འཐྲོག་ཡོད་པའི་བཤད་སྲོལ་ཞིག་ད་ལྟའི་ཆར་དམངས་ཁྲོད་དུ་ས་ཁྱབ་རྗེ་ཁྱབ་ཡིན། གོང་སྨྲས་ཀྱི"བྱ་རྒོད"ཅེས་པར་བསམས་ན་ཁ་རྒྱུན་དུ"སྲིན་བྱ་མཐོང་ན་ལྟས་ངན"དུ་གྲགས་པས། སྐབས་དེ་དུས་བྱ་རྒོད་ལ་ད་ལྟའི"ལྷ་བྱ"འདྲ་བའི་རང་གཤིས་མེད་པ་ལ་མི་རྣམས་ཀྱིས་སྲིན་བྱར་འབོད་པ་ཡང་མེད་དམ་སྙམ། གཞན་ཡང"བསྒྲགས་བྱ་ལས་དགོན་པ་བྱ་རྒོད་ཚང"[8]ཞེས་སོགས་བོན་དགོན་གྱི་གནས་ཡུལ་བསྟན་པ་དང་གནམ་གྱི་ཁྲི་བདུན་གྱི་སྐབས་སུ"སྐུ་གཤེན་མཐུ་རྩལ་ཅན་སོགས་རིག་འཛིན་རྣམས་ཀྱི་གྲུབ

རྟགས་ལ་རྒྱལ་པོའང་དགྱེས་ཏེ། རྒྱལ་པོའི་གོང་ན་གཤིན་བཙུན་པའི་རྟགས་སུ་གཙིགས་གསུམ་ཕུལ་ཏེ། སྐུ་ལ་གཙིགས་སུ་དབུ་སྐྲ་སིལ་མ་རྩེ་རྒྱུས་མ་འཁྲིག་ཏུ་མེད་པ་དར་ལ་སེར་དཀར་འཁྱིལ་ཐོད་བྱ་རྒོད་ཀྱི་ལྗེམ་ཐོད་བཙུགས་པ། དབྱི་དཀར་གྱི་སླག་པ་སྟག་གཙིག་སླང་གསུམ་གྱི་གོང་ལས་བྱས་པར"[9]ཞེས་དང་། "བྱ་རྒོད་དུ་སྤྲུལ་ནས་ནམ་མཁའ་ལ་ལྡིང་བ"[10]ཞེས་པ་སོགས་དང་། དེ་བཞིན་དུ་བོད་བཙན་པོའི་དཔའ་བཙན་དང་དེང་གི་ཡུལ་ལྷ་གཞི་བདག་གི་ཐོད་ལ་རྒོད་སྒྲོ་འདོགས་ལ་གེ་སར་སྒྲུང་ནང་གི་ཞྭ་མོའི་བཤད་པར་ཞྭ་ལ་རྒོད་སྒྲོ་བཏགས་པར་གསུངས་པས་བོན་གྱི་རིག་གནས་ཀྱིས་བོད་ཀྱི་རིག་གནས་བསམ་བློའི་གནས་བབ་གཙོ་བོ་ཟིན་པའི་དུས་དང་དེའི་རྗེས་ཀྱི་མི་རིང་བའི་ནང་བོད་མིས"བྱ་རྒོད"ལ་དམིགས་བསལ་གྱི་འདུ་ཤེས་ཤིག་དང་བྱ་རྒོད་དེ་ཉིད་ཛམ་འཛིགས་ཀྱི་བྱ་ཞིག་དང་དཔའ་བའི་རྟགས་སུ་བརྩི་བ་རེད།

གང་ལྟར་གོང་སྨྲས་བཞིན་ཡིག་རྙིང་ཁག་ཏུ"བྱ་རྒོད"ཀྱི་སྐོར་མང་དུ་བྱུང་བ་ལས་འཚེ་བ་སྤྱངས་མཁན་སངས་རྒྱས་ལྷ་བུའི་བྱ་དེར་སྔ་མོ་ནས་བོད་མིས་དོ་སྣང་བྱེད་ལ་དམིགས་བསལ་གྱི་ལྟ་སྟངས་བཟུང་ཡོད་པས"བྱ་རྒོད"དང་རང་རེའི་བར་གྱི་འབྲེལ་ཟམ་དེ་སྔ་མོ་ནས་བཙུགས་ཡོད་པ་ཤེས་ཐུབ། མ་གཞི་བྱ་རྒོད་དང་རྟ་རྒོད། མི་རྒོད་སོགས་རྒོད་ཀྱི་དོན་དང་འབྲེལ་བའི་མིང་ཐོགས་ཚད་སྤྱོད་པ་རྩིང་ཞིང་གདུག་རྩུབ་ཆེ་བར་གྲགས་ཀྱང་ང་ཚོས་བྱ་རྒོད་དུ་སྨྲ་བའི"རྒོད"ནི་ཤི་པོའི་རོ་ཙམ་ལ་ལྡིང་བ་ལས་གདུག་རྩུབ་ཀྱི་ལས་མི་སྒྲུབ་ཅིང་དེ་ལས་ལྡོག་སྟེ་བྱ་རྒོད་ཀྱི་མིང་མ་ཐོགས་པའི་བྱ་སླག་གིས་སྲོག་ཆགས་ཆུང་ཆུང་ལ་གནོད་པ་ཆེ་ཞིང་ཁ་རྒྱུན་དུ་དེ་ནི་བྱ་ཁྲུང་གི་རྒྱུད་པ་ཡིན་པར་གྲགས། "རྒོད"ཅེས་པའི་མིང་གི་ཐོགས་ལུགས་ལ་བལྟས་ན་གདོད་མའི་གཤིས་ཀ་སྐྱོང་བའི"བྱ་རྒོད"རྣམས་མཚོ་བོད་ས་མཐོའི་དམིགས་བསལ་གྱི་རང་བྱུང་ཁོར་ཡུག་གིས་འཚོ་ཐབས་ལ་གདམ་ག་སྤྲད་ཅིང་རྒྱུད་པ་རིང་པོར་བསྲིངས་ཐུབ་པའི་ཆ་རྐྱེན་འོག་དང་། བོད་ཀྱི་ཕུང་པོ་བྱ་གཏོར་གྱི་དུར་སྲོལ་གཏན་འཇགས་ཀྱི་གོམས་སྲོལ་ཞིག་ཏུ་འགྱུར་བའི་བརྒྱུད་རིམ་ཁྲིད་འཚོ་གནས་ཀྱི་རང་གཤིས་ལ་འགྱུར་བ་ངེས་ཅན་བྱུང་བར་སེམས།

བྱ་རྒོད་ལ་ཕུང་པོ་ཟ་རུ་འཇུག་རྒྱུ་ནི་ཆོས་ལུགས་ཀྱི་བསམ་བློ་དང་བྱ་རྒོད་ཀྱི་རང་གཤིས་གཞི་གཅིག་ཏུ་འབྲེལ་ནས་བྱུང་བ་རེད། ཐོག་མར་བྱ་རྒོད་ལ་དམིགས་བསལ་ལྟ་སྟངས་བཟུང་ནས་ཕུང་པོ་འདབ་ཆགས་གཞན་དང་གཅན་གཟན་སོགས་ཀྱིས་ཟ་རྒྱུར་བཀག་འགོག་བྱས་པ་དང་། རིམ་པས་བྱ་རྒོད་འཕུར་ཡོང་བ་དང་ཆོས་ལུགས་ཀྱི་སྲོལ་བཞིན་བསང་གཏོང་བ་མཉམ་གཅིག་ཏུ་ཁེལ་བས་ཕྱིས་སུ་བསང་གཏོང་བ་དེ་བྱ་རྒོད་ལ་བརྡ་གཏོང་བ་ལྟ་བུར་གྱུར། མང་ཆེ་བས་བྱ་རྒོད་ལ་ཤ་མིག་ཡོད་པས་བར་སྣང་མཐོངས་ཡངས་ནས་ཕུང་པོ་གར་ཡོད་རྟོགས་ཐུབ་ཟེར་ཞིང་། འགའ་ཞིག་གིས་བྱ་གཞན་གྱིས་བྱ་རྒོད་ལ་བརྡ་བཏང་ནས་བྱ་རྒོད་འཕུར་ཡོང་ཟེར་ཡང་ངེད་ཀྱིས་ནི་འདི་ཡིན་དེ་མིན་ག་ལ་རྟོགས། བྱ་རྒོད་ཀྱིས

ཤེ་པོའི་རོ་ཙམ་ལས་སྲོག་ཆགས་གཞན་པ་བསད་ནས་མི་ཟ་བ་དང་ནམ་ཞིག་རང་ཉིད་ལོ་ན་བགྲེས་པའི་སྐབས་སུ་བར་སྣང་མཐོངས་ཡངས་སུ་ཇེ་མཐོར་འཕུར་ཏེ་ཉི་མའི་འོད་ཀྱིས་རང་གི་ལུས་ཕུང་ཐལ་བར་འགྲོ་བ་དང་དེ་ལ་རང་རེས་ཤེ་པོའི་ཕུང་པོ་འོད་དུ་ཐིམ་པར་བརྗོད་ཅིང་གོང་སླས་གནམ་གྱི་ཁྲི་བདུན་གྱི་སྐབས་ཀྱང་འདི་འདྲ་སླས་སམ་སྙམ།

གངས་རིའི་ལྗོངས་སུ་ལྷ་བྱར་གྲགས་པའི"བྱ་རྒོད"ནི་བོད་ཀྱི་བྱ་གཏོར་དུར་སྲོལ་གྱི་གྲུབ་གཞི་གཙོ་བོ་ཡིན་པ་གང་ཞིག་དེའི་དམིགས་གསལ་གྱི་འཚོ་ཐབས་དང་རང་གཤིས་ལ་གནའ་དེང་གི་སྐྱེ་བོ་དུ་མས་ངོ་སྣང་ཆེར་བྱེད་ཀྱི་ཡོད་ལ་བྱེད་ཙུང་ཞིག་ཏུ་སྣང་སྟེ། བླ་མེད་ཀྱི་རང་གཤིས་མངའ་བའི"བྱ་རྒོད"མེད་ན་ཁྱད་འཕགས་ཀྱི་བྱ་གཏོར་དུར་སྲོལ་འབྱུང་མི་ཐུབ་ཅིང་གནའ་བོའི་དུས་ནས་གངས་ཅན་ཡུལ་དུ་འཚོ་བའི"བྱ་རྒོད"ཀྱིས་རང་གི་ཐུན་མོང་མ་ཡིན་པའི་འཚོ་ཐབས་ལ་བརྟེན་ནས་རྒྱུད་པ་སྤེལ་མེད་ན་བྱ་གཏོར་རིག་གནས་ད་ལྟའི་བར་གནས་མི་ཐུབ་པས་སོ། །དེས་ན། བྱ་གཏོར་དུར་སྲོལ་གྱི་སྲོག་རྩར་གྱུར་པའི་བྱ་རྒོད་ཀྱི་འཚོ་གནས་དང་འཕེལ་འགྱུར་ལ་མཉམ་འཇོག་བྱ་དགོས་ལ་བྱ་རྒོད་ལ་སྲུང་སྐྱོབ་བྱ་རྒྱུ་དེ་བྱ་གཏོར་རིག་གནས་ཀྱི་ཆགས་འཇིག་དང་འབྲེལ་བ་ཤིན་ཏུ་དམ་པོ་ཡོད་པ་ལེགས་པར་ཤེས་དགོས། བྱ་རྒོད་ལ་བོད་མི་རིགས་སྤྱི་དང་འདྲ་བར་འཚོ་བ་སྐྱངས་པའི་རང་གཤིས་བླ་མེད་ཅིག་ཡོད་པས་བྱ་རྒོད་ནི་རང་ཅག་ཁ་བ་རི་པ་རྣམས་དང་མཛའ་ཞིང་མཐུན་པའི་གྲོགས་པོ་ཡག་པོ་ཞིག་རེད།

༣. དངོས་སུ་དར་ཚུལ། གངས་ཅན་བོད་ཀྱི་ཡུལ་དུ་ཕུང་པོ་བྱ་གཏོར་གྱི་རིག་གནས་ནམ་ཙམ་ལ་དར་བ་དང་ཚུལ་ཇི་ལྟ་བུའི་སྒོ་ནས་དར་བའི་སྐོར་ལ་བཞེད་པ་མི་འདྲ་བ་རེ་ཟུང་མཆིས་ཀྱང་གཅིག་མཐུན་དུ་ནང་ཆོས་བོད་དུ་དར་བའི་འཕེལ་རིམ་བཞིན་དར་བར་གྲགས། དུར་སྲོལ་སྤྱིའི་འཕེལ་རིམ་ལ་གཞིགས་ན་བོད་དུ་འགྲོ་བ་མིའི་རིགས་བྱུང་བ་ནས་མི་རིང་བར་ད་ལྟའི་བྱ་གཏོར་དང་འདྲ་བའི་གདོད་མའི་ཕུང་པོ་རང་དགར་བསྐྱུར་བའི་དུར་སྲོལ་ཞིག་དར་ཞིང་སྐབས་དེ་དུས་ཀྱི་དུར་མཚོད་ཀྱང་མྱ་ངན་ཙམ་པོ་བ་ཞིག་ལས་ཡོད་མི་སྲིད། དུས་ཕྱིས་དར་བའི་ས་དུར་དང་ཆུ་དུར། མེ་དུར་སོགས་ཀྱི་དུར་སྲོལ་ནི་འཛམ་གླིང་སྤྱིའི་དུར་སྲོལ་དང་འདྲ་ལ་ལྷག་པར་དུ་ས་དུར་གྱི་རིག་གནས་དེ་གནའ་རབས་རྟོག་ཞིབ་པས་གདོད་མའི་རྗ་ཆུ་བཞུར་ཁུལ་གྱི་རིག་གནས་འབྲེལ་འདྲིས་ཅན་ཞིག་ཏུ་གསུངས་ཡོད་པ་ཚང་མའི་འཕེལ་རིམ་ནི་རིག་གནས་གཞན་དང་ཆོས་ལུགས་ཀྱི་འཕེལ་འགྱུར་དང་འབྲེལ་བ་དམ་ཟབ་ཡོད་པ་ཞིག་ཡིན། ཇི་སྐད་དུ། གནམ་རི་སྲོང་བཙན་གྱི་ཡར་སྟོན་དུ་ཆབ་སྲིད་སྨྲུང་ལྡེའུ་བོན་གསུམ་གྱིས་བསྐྱངས་ཞེས་པ་བཞིན་གནམ་རི་སྲོང་བཙན་གྱི་ཡར་སྟོན་དུ་བོན་ཆོས་དེ་བོད་ཀྱི་རིག་གནས་དང་ཆོས་ལུགས་ཀྱི་རྩ་བར་གནས་ཡོད་ཅིང་བོད་མིའི་སེམས་ཁམས་ཀྱི་གཏིང་ཙམ་ན་ཡོད་པས་རིག་གནས་དེའི་འདུ་ཤེས་ད་ལྟའི་བར་བོད་མིའི་སྤྱི་ཚོགས་འཚོ་བའི་གོམས་སྲོལ་དང་མཉམ་གཅིག་ཏུ་གནས་ཡོད། ཡིན་ཡང་། གནམ

རི་སྟོང་བཙན་གྱི་དུས་མཇུག་ནས་བོད་དེ་རིག་གནས་དང་ཆབ་སྲིད་ཀྱི་འགག་ལ་བ་དང་འཕོ་འགྱུར་མང་བའི་དུས་སྐབས་ཤིག་ཏུ་གྱུར་པས་སྤྱི་ཚོགས་ཁྲོན་དུ་རིག་གནས་སྣ་ཚོགས་པ་ཚུར་ལེན་བྱེད་པའི་ཚ་རླབས་འཕྱུར་བའི་འོག་བོན་ཆོས་ཀྱིས་དཔོན་འབངས་ཀྱི་དད་ཞེན་འདུ་ཤེས་ལ་ཁག་ཐེག་མི་ཐུབ་པས་རིམ་བཞིན་ཉམས་དམས་སུ་གྱུར་ཅིང་། སྤྱི་ལོའི་དུས་རབས་བདུན་པའི་རྗེས་ནས་ནང་ཆོས་ཀྱིས་བོད་མིའི་རིག་གནས་དང་འདུ་ཤེས་ལ་འཛིན་པའི་གནས་བབས་གོང་མཐོར་སོང་བ་དང་དུས་མཚུངས་སུ་ནང་ཆོས་ཀྱི་ཁྱད་ཆོས་ལྡན་པའི་བྱ་གཏོར་རིག་གནས་འདི་ཉིད་བོད་དུ་དར་འགོ་ཚུགས་ཡོད། རྒྱ་གར་དུ་བྱ་གཏོར་རིག་གནས་དར་སྲོལ་ཡིན་པ་ནི་ཇི་སྐད་དུ་སྟོན་པས"རྒྱ་གར་གྱི་གནས་རི་བྱ་རྒོད་ཕུང་པོའི་རི་ལ་ཆོས་ཀྱི་འཁོར་ལོ་བསྐོར"ཞེས་པས་རྟོགས་ཐུབ་ལ་ནང་ཆོས་མ་དར་སྔོན་ནས་ཀྱང་བྱ་གཏོར་རམ་བྱ་གཏོར་རིགས་འདྲའི་དུར་སྲོལ་དར་ཡོད་ན། བསམ་བཞིགས་བྱ་དགོས་པ་ཞིག་ལ་རྒྱ་གར་དུ་ནང་ཆོས་མ་དར་བའི་སྔོན་གྱི་རིག་བྱེད་བཞི་དང་བྲམ་ཟེའི་ཆོས་ལུགས་ལ་སོགས་པའི་རིག་གནས་ནི་རང་རེའི་བོན་ཆོས་དང་ཐག་ཉེ་བ་འདྲ་མཆིས་ཏེ"མེས་པོའི་མཆོད་སྦྱིན་དང་གཤིན་པོའི་མཆོད་སྦྱིན་སོགས"[11]པའི་མཆོད་སྦྱིན་གྱི་ནུས་པ་ཆོས་ལུགས་ཀྱི་ཚོ་གའི་གཙོ་བོར་འཛིན་པ་གཅིག་མཚུངས་སུ་སྣང་བས་སྐབས་དེར་རྒྱལ་ཁབ་གཉིས་བར་ཆོས་ལུགས་དང་རིག་གནས་ཀྱི་འབྲེལ་བ་ཡོད་མིན་ཆ་མི་འཚལ་ཡང་རིག་གནས་སྤྱིའི་འཕེལ་རིམ་ཏ་ལམ་འདྲ་པོ་ཡིན་འདུག བོད་དང་རྒྱ་གར་གཉིས་ཀྱི་དུས་སྐབས་དེའི་སྤྱི་ཚོགས་དང་རིག་གནས་སོགས་ཀྱི་འཕེལ་རིམ་འདྲ་ཡང་ནང་ཆོས་དར་སྔ་ཕྱིའི་དབང་གིས་བྱ་གཏོར་རིག་གནས་དར་སྔ་ཕྱིའི་ཧེ་བག་ཤོར་རམ། ཡང་ན་སྣང་ཚུལ་དེ་ཚོ་འཛམ་བུའི་རིག་གནས་དར་བའི་སྤྱི་འགྲོས་ཤིག་ལགས་སམ། 《རོ་སྒྲུང》དུ"དེའི་ཚེ་དེའི་དུས་ན་རྒྱ་གར་ལྷོ་ཕྱོགས་དཔལ་གྱི་རིར་དུར་ཁྲོད་ཆེན་པོ་ཞིག་ཡོད་པའི་མཐའ་ལ་རོ་བྲན་མང་པོ་སྐོར་ཞིང་འདིའི་དཀྱིལ་ན་རོ་རྒྱན་དངོས་གྲུབ་རྒྱ་མཚོ་ཞེས་བྱ་བ……དེ་ནས་རྒྱལ་བུས་ཤིང་སྡོང་དེའི་རྩར་ཕྱིན་ནས་བལྟས་པས། ཤིང་སྡོང་དེའི་རྩེ་ན་རོ་ཆེན་པོ་གཅིག་འདུག་པ་དེས……"[12]ཞེས་འཁོད་པའི་ཤིང་སྡོང་གི་རྩེ་ན་རོ་ཡོད་པར་བསྟན་པའི་ཚིག་དུམ་དེ་ལས་བྱ་གཏོར་རིག་གནས་འདི་ཉིད་ཐོག་མར་ཇི་ལྟར་དར་ཚུལ་རྟོགས་ཐུབ་སྟེ། བྱ་གཏོར་རིག་གནས་ནི་གདོད་མའི་ཕུང་པོ་རི་དྭགས་གཅན་གཟན་སོགས་ལ་སྦྱིར་བའམ་རང་གར་བསྐྱུར་བའི་དུར་སྲོལ་དེ་རྒྱུ་རྐྱེན་དུ་མའི་འོག་མང་ཚོགས་ཀྱི་ཁྲོད་དུ་མུ་མཐུད་རྒྱུད་འཛིན་བྱས་པ་དང་ཕྱིས་སུ་གཏན་འཇགས་ཀྱི་གོམས་སྲོལ་ལ་འཕེལ་འགྱུར་བྱུང་བ་ཞིག་རེད་ལ་རང་རེའི་རྒན་པོ་ཚོས་བློ་པ་རིགས་ཁ་གཅིག་གིས་ཉེ་བའི་དུས་སུ་ཕུང་པོ་ཤིང་རྩེར་བསྐྱོན་ནས་བསང་བཏང་སྟེ་གཅན་གཟན་འདབ་ཆགས་སོགས་ལ་སྦྱིར་བར་གསུངས་པ་དང་། དེ་མིན། མལ་གྲོ་གུང་དཀར་གཏེར་ཁྲོམ་ཆུ་ཚན་ཁུལ་གྱི་དུར་ཁྲོད་དུ་མཚན་མོ་ཕུང་པོ་དུར་ཁྲོད་དུ་བཞག་སྟེ་ལོག་འགྲོ་བ་དང་ཕྱི་ཉིན་ཞོགས་པ་ཕུང་པོའི་ཤུལ་ཙམ་ལས་མི་སྣང་བ་ལ་རྒྱ་གར་བསིལ་བ་ཚལ་གྱི་

ཁྲི་སྲོང་གིས་ཐོས་པ་རེད་ཟེར་བས་སྣང་ཚུལ་དེ་དག་ལས་བྱ་གཏོར་གྱི་ཐོག་མའི་བྱུང་རིམ་དང་འཕེལ་འགྱུར་ལ་ཚོད་དཔག་ཁ་གསལ་ཙམ་ཞིག་བྱ་ཐུབ། «ཆོས་འབྱུང་མཁས་པའི་དགའ་སྟོན»ལ་སོགས་པའི་དེབ་ཐེར་འགའ་ཞིག་ཏུ་བོད་རྒྱལ་སྲུ་དེ་གུང་རྒྱལ་སྐབས«རོ་སྲུང»དང«མཆིལ་བའི་སྲུང»སོགས་དར་བར་གསུངས་སོད། དོན་དུ་ཁུངས་དག་པའི་དཔྱད་གཞི་ཞིག་མཐོང་ཆོས་སུ་མ་གྱུར། ཁྲི་སྲོང་ལྡེ་བཙན་སྐབས་ཀྱི་འགངས་ཆེའི་དཔྱད་གཞི«སྦ་བཞེད»[13]དུ«རོ་སྲུང»གི་སྐོར་ཞིག་འཁོད་ཡོད་པ་ལས«རོ་སྲུང»ནི་རོ་སྲུབ་བྱེད་པའི་སྲུང་ཡིན་པ་དང་རོ་སྲུབ་བྱེད་པ་ནི་རོ་ལས་དངོས་གྲུབ་ཐོབ་ཐབས་བྱེད་པ་ཞིག་ཡིན་པར་རིགས་འདེད་ཐུབ་ཅིང་། ཡང་སྲུང་དུམ་དེ་ལས་བོད་དུ་དེའི་ཡར་སྔོན་དུ«རོ་སྲུང»གི་གྲགས་རྒྱུན་དགོན་པོ་ཡིན་པ་རྟོགས་ནུས་པས་བོད་དུ«རོ་སྲུང»གི་ཤོད་རྒྱུན་ནི་ད་ལམ་དུས་སྐབས་དེ་ག་ཙམ་ནས་འཕེལ་རྒྱས་བྱུང་བ་དང་བྱ་གཏོར་དུར་སྲོལ་གྱི་ཐོག་མའི་འཕེལ་འགྱུར་གྱི་དུས་ཀྱང་སྐབས་དེ་ག་ཙམ་ལ་མིན་ནམ་སྙམ།

“བོད་དུ་ནློན་པོ་ཤི་ཚད་ལ་ཟན་སྐལ་མེད་པས། ངེད་རྒྱ་ནག་ན་ཆོས་དར་བས་མི་ཤི་ཚད་ལ་བདུན་ཚིགས་ཡོད། བོད་ལ་ཆོས་མ་དར་བས་བོན་པོ་སྙིང་རེ་རྗེ་ཟེར་ནས་མི་ཤི་མ་ཐག་ཏུ་ལྷ་མི་སྟོང་ལ་འཚོལ་མ་རེ་འཚལ། དེ་ལ་བོད་ཀྱིས་ཆེ་ཞེས་བྱའོ”[14]ཞེས་པ་དང་། “ཕྱིན་ཆད་བོན་ལ་མི་ཤི་ན་ཆེ་ཞེས་པ་དགེ་བ་བགྱིད་དུ་མི་སྟེར”[15]ཞེས“འབངས་གུམ་པ་ལ་ཆེ་ཞེས་པ་དགེ་བ་བགྱིད་དུ་མི་གཏེར་སྟེར་བར། ཁྲིམས་བུ་ཚུང་བཅས་པའི་འོག”[16]དང་གཞན་ཡང“ཕྱིན་ཆད་བོན་བགྱིད་དུ་མི་གནང་བར་ཆད་དོ། །གཤིན་གྱི་ཕྱིར་གནག་རྟ་དང་སྲོག་ཆགས་གསོད་པ་ལ་སོགས་པ་སྲོག་གཅོད་ཅིང་ཤ་འབེབས་སུ་མི་གནང་བར་ཆད་དོ། །རྗེའི་སྐུའི་རིམ་གྲོ་དང་། བར་ཆད་སེལ་བ་ལ་འདྲེ་སྲིན་ལ་དུས་བོན་རེ་བྱེད་ན་ཆེ་མི་དང་ཞང་ཞུང་མ་གཏོགས་པ་གཞན་བགྱིད་དུ་མི་གནང་བར་བཅད”[17]ཅེས་པ་སོགས་ལས་དུས་སྐབས་དེའི་རིང་ལ་ཆོས་ལུགས་ཀྱིས་གདོང་གཏུགས་འཐབ་རྩོད་རྙོ་དར་ཆེ་བའི་འོག་ཏུ་དུར་སྲོལ་རིག་གནས་ལ་འགྱུར་བ་འགྲོ་འགོ་ཚུགས་པ་མཐོང་ཐུབ། ཁྲི་སྲོང་ལྡེ་བཙན་གྱི་སྐབས་སུ་སློབ་དཔོན་པདྨ་འབྱུང་གནས་དང་ཅོག་རོ་ཀླུའི་རྒྱལ་མཚན་གྱིས་བསྒྱུར་ལ“བགྲེས་པ་སྲིན་བསྲེགས་བྱ་བའི་ཕྱིར་ཟ་བྱེད་རོལ་བའི་རྒྱུད……དུར་ཁྲོད་ཁྲ་བྱུག་རོལ་བའི་མདོ།”[18] གཞན་གཤིན་རྗེ་རོལ་བའི་རྒྱུད་སོགས་དང་སློབ་དཔོན་པདྨ་འབྱུང་གནས་ཀྱི«པདྨ་བཀའ་ཐང»དུ“སྲིག་སྦྱོང་རོའི་ལས། ཚེ་འདས་གཤིན་གྱི་ལས། འདུལ་བ་གྲིའི་ལས། སྒྲོལ་བ་རྒྱུའི་ལས”[19]ཞེས་གསལ་བ་སོགས་ལས་དེའི་སྐབས་སུ་བོད་དུ་ནང་པའི་ཆོས་ལུགས་དང་འབྲེལ་བའི་དུར་སྲོལ་གྱི་རིག་གནས་དར་བཞིན་ཡོད་འདུག་ཕྱིར། དེ་ཙམ་ན་བོད་དུ་ནང་ཆོས་དང་འབྲེལ་བའི་བྱ་གཏོར་དུར་སྲོལ་འཕེལ་འགྱུར་བྱུང་འགོ་ཚུགས་ཤིང་ཕྱིས་ནང་ཆོས་ཀྱི་ཀྱག་ཀྱོག་འཕེལ་རིམ་དང་བསྟུན་ནས་དུས་རབས་བཅུ་པའི་རྗེས་ནས་རིམ་བཞིན་གཏན་འཇགས་ཀྱི་དུར་སྲོལ་ཞིག་ཏུ་འགྱུར་འགོ་ཚུགས་ཡོད།

བོད་ཀྱི་བྱ་གཏོར་དུར་སྲོལ་འཕེལ་འགྱུར་གྱི་འབྱུང་གཞི་རྒྱ་གར་ཡིན་པ་དང་བྱ་གཏོར་དུར་ཁྲོད་ཀྱི་ཐོག་མ་འདབ་ཆགས་དང་གཅན་གཟན་མང་སའི་ནགས་ཁྲོད་དུ་ཡིན་པ་ནི་དམངས་ཁྲོད་དུ་དུར་ཁྲོད་ཕལ་ཆེ་བའི་དུར་རྡོ་དང་དུར་ཤིང་སྟེ་ཤིང་ཚེར་མ་ལ་སོགས་པ་རྒྱ་གར་བསིལ་བ་ཚལ་གྱི་དུར་ཁྲོད་ནས་བྱུང་བའི་སྐོར་ཤོད་སྲོལ་ས་ཁྱབ་རྡོ་ཁྱབ་ཡིན་པ་དང་། གོང་སྨྲས《རོ་སྲུང》གི་དུར་ཁྲོད་ལས་ཀྱང་རགས་ཙམ་རྟོགས་ནུས། བྱ་གཏོར་དུར་སྲོལ་ནམ་ཙམ་ལ་འཕོ་འགྱུར་བྱུང་བའི་སྐོར་ལ་སྤྱིར་ན་དུས་རབས་བཅུ་གཅིག་པའི་ནང་ཞི་བྱེད་པའི་གྲུབ་མཐའི་སྲོལ་གཏོད་པ་པོ་ཕ་དམ་པས་ཁྱབ་གདལ་བཏང་བ་སྟེ་མ་གཅིག་ལབ་སྒྲོན་གྱིས་ཕུང་པོ་གཟན་བསྐྱུར་གྱི་ལྟ་བ“ལུས་ཀྱི་སྦྱིན་པ་སྦྱིན་བྱས་པས། ཕྱི་ནས་སྤྱོད་པ་ཡང་དག་སྤྱོད”[20]ཅེས་པ་སོགས་ལས་བྱུང་བ་ཡིན་ཟེར་བ་བཞིན། དོན་དུ་ཡང་། རྗེ་མི་ལས་ཚེ་རིང་མར་གསུངས་པའི་སྙན་བརྒྱུད་མ་བསྒྲགས་སྐོར་གསུམ་ལས་ཕུང་པོ་གཟན་བསྐྱུར་གྱི་སྐོར་ཏེ“ལུས་ལ་ཤ་ཁྲག་མཆོད་སྦྱིན་འདི་བསྔོས་པས”ཞེས་དང་། “རྣལ་འབྱོར་པ་ཁྱོད་ལུས་ལ་ཕངས་སེམས་ཞེན་ཆགས་མེད་པར་ཤ་ཁྲག་མཆོད་སྦྱིན་དུ་གཏོང་བ་ངོ་མཚར”[21]ཞེས་སོགས་གསལ་པོར་གསུངས་ཡོད་ལ་ཞི་བྱེད་པའི་གཅོད་ཀྱི་རྣམ་གཞག་ལས“ཤིང་གཅིག་དང་ནི་དུར་ཁྲོད་དང་། མ་མོ་ཁྱིམ་དང་མཚན་མོ་དང་། ཡང་ན་དབེན་པའི་བས་མཐའ་རུ། སྒོམ་པ་བཟང་བར་བརྗོད་པར་བྱ”[22]ཞེས་གཅོད་པ་ཆོས་ཉམས་ལེན་རྣམས་གཉན་ས་དང་རི་ཁྲོད་དུ་བྱ་དགོས་ཚུལ་གསུངས་ཡོད། ཡང་རྗེ་མི་ལའི་རྣམ་ཐར་དུ“ང་ཤི་དུར་ཁྲུང་ནས་བལྟའོ”ཞེས་པའི་ཚིག་ལ་བརྟག་ན་སྐབས་དེར་སྔར་བཞིན་ས་དུར་ཡོད་བཟོ་འདུག་པ་ནི་གོང་སྨྲས་བཞིན་ཡབ་མི་ལ་ཤེས་རབ་རྒྱལ་མཚན་གྱི་འཁོས་གཞིས་ཀྱང་གྲ་རྒྱས་སུ་ཡོད་པས་དུར་སྤྲས་སྐོས་དུར་མཆོད་གྲ་རྒྱས་ཙམ་བྱེད་པ་ནི་གོར་མ་ཆག བོད་དུ་ཕུང་པོ་བྱ་གཏོར་གྱི་དུར་སྲོལ་ནི་དུས་རབས་བཅུ་པའི་རྗེས་ལ་བོད་དུ་སངས་རྒྱས་བསྟན་པ་སླར་གསོ་བྱུང་བ་དང་རི་ཁྲོད་དུ་ནང་ཆོས་ཉམས་ལེན་གྱི་གནས་དགོན་བསྐྲུན་ཞིང་དགེ་འདུན་པས་སྔར་ཡོད་ཀྱི་རང་བྱུང་ཆ་རྐྱེན་དང་གོམས་སྲོལ་གྱི་ཆ་རྐྱེན་ལ་བརྟེན་པ་དང་། ནང་ཆོས་ཀྱི་ལྟ་བར་བསྟུན་ཏེ་བྱ་གཏོར་དུར་སྲོལ་རྒྱ་ཁྱབ་ཏུ་སྤེལ་བ་ན་རིམ་བཞིན་གཏན་འཇགས་ཀྱི་གོམས་སྲོལ་ཞིག་ཏུ་གྱུར། དེ་ཡང་བྱ་གཏོར་དར་ལུགས་ལ་དེ་འདྲ་ཞིག་འགྲེལ་ཚོག་སྟེ། བྱ་རྒོད་ནི་ལྷན་སྐྱེས་འཚོ་བ་སྤྱངས་མཁན་བསེ་རུ་ལྟ་བུའི་བྱ་ཞིག་ཡིན་ཞིང་ཤི་པོའི་ཤ་ཙམ་ལ་སྐྱུག་དགོས་སྐབས་འཚོ་གསོན་ལ་དཀའ་ངལ་ཆེ་བ་དང་གནའ་དུས་བོད་དུ་བྱ་གཏོར་བྱེད་སྲོལ་ཡོད་སྲིད་ཀྱང་གཏན་འཇགས་ཀྱི་དུར་སྲོལ་ཞིག་ཏུ་གྲུབ་མེད། དེས་ན་ང་ཚོས་བྱ་གཏོར་དུར་སྲོལ་དར་བའི་གནས་གཙོ་བོ་བྱ་རྒོད་ཡིན་པར་རིགས་འདེད་བྱས་ཚོག རྒྱུ་མཚན་ནི་བྱ་རྒོད་དེ་ཉིད་ལྷན་སྐྱེས་འཚོ་བ་སྤྱངས་མཁན་ཞིག་ཡིན་ཞིང་བྱ་ཆེན་གཞན་ལྟར་ཐུབ་ཚད་བསད་ནས་མ་ཟོས་སྐབས་ཟས་ཀྱི་དཀའ་ཁག་ཤིན་ཏུ་ཆེ་བ་དང་བོད་དུ་ནང་པའི་རི་ཁྲོད་གཉན་ས་རྣམས་སུ་ཕུང་པོ་བྱ་གཏོར་བྱས་པ་དེས་དགུང་སྟོན་མཐོན་པོར་ལྡིང་སྟེ་ཤི་

རོ་གར་ཡོད་འཚོལ་མི་དགོས་པར་རྒྱུན་གཏན་ཅན་གྱི་ཕུང་པོའི་ཟས་ཐུན་ལ་རོལ་རྒྱུ་བྱུང་བས་བྱ་རྒོད་རྣམས་དུར་ཁྲོད་དུ་མ་གྲོས་གཅིག་མཐུན་དུ་འཕུར་འོངས་པ་དང་བྱ་གཏོར་དུར་སྲོལ་གཏན་འཇགས་སུ་དར་རོ། །

སྤྱིར་ན་ཇེ་སྔོན་པས་འབྲི་གུང་དུར་ཁྲོད་ཀྱི་གནས་རྟེན་ཕྱག་བཏབ་པ་ནས་བོད་སྟོད་སྨད་གང་སར་རིམ་བཞིན་བྱ་གཏོར་བྱ་ཡུལ་གཏན་འཁེལ་གྱི་ས་ཆ་ཡོད་པར་གྱུར་ཅིང་རྒྱ་ཁྱབ་ཏུ་སྤྱོད་པའི་དམངས་སྲོལ་རིག་གནས་ཤིག་ཏུ་གྲུབ་པར་གྲགས། འོན་ཏེ་གནའ་དུས་བོད་ཀྱི་དུར་སྲོལ་ཡང་མིའི་དབང་གྲགས་སོགས་ལ་བསྟུན་ཏེ་ལུགས་མང་མཉམ་དུ་གནས་པ་ཞིག་དང་བྱ་གཏོར་འདི་ཉིད་སྤྱིར་ན་ཕལ་པས་སྤྱོད་པའི་དུར་སྲོལ་ཞིག་ལགས་པས། ད་ལྟའི་ཆར་བོད་ཀྱི་རྒྱ་ཆེའི་ཞིང་འབྲོག་མང་ཚོགས་ཁུལ(བོད་བྱང་ཁུལ་ལྟ་བུ)དུ་དུར་ས་གཏན་འཁེལ་མེད་པ་ཡོད་ལ་དུར་ལུགས་འདྲ་མིན་སྤྱོད་པའང་ཡོད་པས་བྱ་གཏོར་དུར་སྲོལ་འཕེལ་འགྱུར་བྱུང་སྟངས་དང་མ་འོངས་པར་འཕེལ་རྒྱུས་གཏོང་ཕྱོགས་ལ་ཞིབ་འཇུག་གི་རིན་ཐང་ཏ་ཅང་ཆེན་པོ་ལྡན།

གཉིས་པ། བྱ་གཏོར་དུར་སྲོལ་གྱི་ཁྱད་ཆོས།

༡. ནང་ཆོས་ཀྱི་རང་བཞིན། "མ་གི་དམྱལ་བའི་ཡུལ་ལ། སྡུག་པོ་རང་དང་ཨ་ཡོད། མི་ཆེན་དཔོན་པོ་རྣམས་ཀྱང་། འཚང་ཁ་རྒྱབ་ནས་འགྲོ་གྱི"ཞེས་པ་བཞིན་རང་རེའི་མཐོང་ཆོས་སུ་གྱུར་པའི་མི་དང་སྲོག་ཆགས་གཞན་པ་དུད་འགྲོ་ལ་སོགས་པའི་སེམས་ཅན་ཐམས་ཅད་སྐྱེས་པའི་མཐའ་མ་ནད་ཀྱིས་མནར་ནས་ཤི་བའམ་རྐྱེན་གང་ཅུང་འཕྲད་དེ་གློ་བུར་དུ་ཤི་འགྲོ་བ་སྐྱེ་མཐོ་སྐྱེས་ཆེན་དམ་པ་དང་དཔོན་པོ་ནས་དམའ་སྒྲང་པོ་ཡན་ཆད་མ་འཆི་གསོན་པོར་གནས་པའི་སྐལ་བ་ཞིག་མེད་ཅིང་། ཐ་ན་ནང་པའི་ཆོས་ཀྱི་སྟོན་པ་ཤཱཀྱའི་རྒྱལ་པོ་ཉིད་ཀྱང་མཐར་སྐུའི་བཀོད་པ་བསྡུས་ཏེ་མྱ་ངན་ལས་འདས་པའི་ཚུལ་བསྟན་ཡོད། ཡིན་ཡང་འཛམ་བུའི་རྒྱལ་ཁབ་དང་མི་རིགས་ཁག་ལ་རང་རང་གི་ཆོས་ལུགས་དང་རིག་གནས་སོགས་ཀྱི་བར་ཁྱད་ཤོར་བའི་དབང་གིས་འཆི་འདས་ཀྱི་སྣང་ཚུལ་ལ་ངོས་འཛིན་བྱེད་སྟངས་མི་གཅིག་པ་དུ་མ་ཡོད། རང་ཅག་གངས་རིའི་ལྗོངས་སུ་བསོད་ནམས་ཀྱིས་འཕོས་པའི་སྐྱེ་འགྲོ་ཕལ་ཆེར་ནང་པའི་ཆོས་ལ་དད་ཅིང་། དད་པ་དེའི་སྟོབས་ཤུགས་སམ་ཆོས་ལུགས་དེའི་བླ་ན་མེད་པའི་དགོངས་པ་ཆེན་པོས་གངས་རིའི་ཁྱོན་ཀུན་ལ་ཁྱབ་ཡོད་པས། རང་ཅག་ཁ་བ་རི་པ་བ་ཚོར་ཐུན་མོང་མ་ཡིན་པའི་མི་ཚེའི་ལྟ་བ་དང་རིན་ཐང་ལྟ་བ་སོགས་ཀྱི་འདུ་ཤེས་དང་སེམས་ཁམས་ཤིག་ཆགས་ཡོད།

བྱ་གཏོར་བྱེད་པ་ནི"གཤིན་པོའི་ཕུང་པོ་དེ་ཡང་བེད་མེད་དུ་མ་དོར་བར་གཞན་ཕན་གྱི་དམིགས་ཡུལ་རླབས་པོ་ཆེ་ཞིག་ལ་བཙོལ་བའི་རླབས་ཆེན་གྱི་བསམ་བློ་ཞིག་དང་གསོན་པོའི་དུས་སུ་ལུས་ངག

ཡིད་གསུམ་སེམས་ཅན་ཀུན་གྱི་དོན་དུ་བགོལ་བ་མ་ཟད། ཤི་བའི་བེམ་པོ་ཡང་སེམས་ཅན་གྱི་བཀྲེས་སྐོམ་སེལ་ཕྱིར་ཤ་ཁྲག་སྦྱིན་པར་གཏོང་བའི་ནང་ཆོས་ཐེག་ཆེན་གྱི་སྙིང་སྟོབས་དེ་བོད་མི་རིགས་ཀྱིས་ཉམས་ལེན་བྱས་པའི་མཚོན་རྟགས་ཤིག་ཀྱང་རེད་"[23]ཅེས་གསུངས་པ་བཞིན་ཕུང་པོ་བྱ་གཏོར་གྱིས་ནང་ཆོས་ཀྱི་བསམ་བློ་མཚོན་ཡོད་ལ་དེང་འདིར་ནང་བསྟན་གྱི་ཞིང་ས་ཆེ་ཤོས་གངས་ལྗོངས་ཀྱི་སྐྱེ་འགྲོས་ཚེ་སྲོག་ལ་འཛིན་པའི་འདུ་ཤེས་མཚོན་ཡོད། བྱ་གཏོར་དུར་སྲོལ་གྱི་སྙིང་པོའི་ཁུངས་གཏུགས་ས་ནང་ཆོས་ཡིན་ཞིང་། ནང་ཆོས་ཀྱི་ཕར་ཕྱིན་དྲུག་ལས་གཙོ་བོ་སྦྱིན་པའི་ཕ་རོལ་ཏུ་ཕྱིན་པ་མཚོན་པ་ཡིན་ཏེ་སྟག་མོར་ལུས་སྦྱིན་སོགས་སྟོན་སངས་རྒྱས་ཀྱིས་སློབ་པ་ལམ་གྱི་གནས་སྐབས་སུ་སེམས་ཅན་གྱི་དོན་དུ་མགོ་དང་ཡན་ལག ཉིང་ལག་སོགས་གང་འདོད་དུ་སྦྱིན་པའི་རྣམ་ཐར་སོགས་ཐེག་ཆེན་གྱི་དགོངས་པ་ཡིན། སློབ་དཔོན་ཞི་བ་ལྷས"ལུས་ནི་འདི་དང་གཞན་དུ་ཡང་། དོན་ཆེན་སྒྲུབ་པའི་རྒྱུར་བཏང་ངོ་"ཞེས་དང་མགོན་པོ་ཀླུ་སྒྲུབ་ཀྱིས"ལུས་འདི་ས་སོགས་འབྱུང་བ་ཆེན་པོ་རྣམས་ལྟར་སེམས་ཅན་ཉེ་བར་འཚོ་བའི་རྒྱུར་འགྱུར་བར་ཤོག"ཅེས་སྨོན་ལམ་བཏབ་པའི་དོན་དང་རྗེ་བཙུན་མི་ལ་དང་། མ་གཅིག་ལབ་ཀྱི་སྒྲོན་མ། འབྲི་གུང་སྐྱོབ་པ་སོགས་ཀྱིས་ལུས་སྦྱིན་གྱི་ཚོགས་གསོག་ཕུང་པོ་གཟན་དུ་བསྒྱུར་བའི་དགོངས་དོན་དངོས་ཡིན་པར་གྲགས།

སློབ་དཔོན་དབྱིག་གཉེན་གྱིས"སྲོག་ནི་ཚེ་ཡིན་དྲོད་དང་ནི། །རྣམ་ཤེས་རྟེན་གང་ཡིན་པའོ། །"ཞེས་དང"རྣམ་ཤེས་ཀྱི་རྟེན་དུ་གྱུར་པ་གང་ཡིན་ཞེ་ན། དྲོད་དང་ཚེ་དེ་དག་ཉིད་དོ"[24]ཞེས་གསུངས་པ་ལྟར་ནང་ཆོས་ཀྱི་བསམ་བློར་ཚེ་སྲོག་ནི་རྣམ་ཤེས་ཀྱི་རྟེན་གཞི་ཡིན་ཞིང་བླ་བ་གྲགས་པའི་ཕ་བཞིན་ནམ་འཆི་ཆ་མ་ངེས་པའི་ལུས་ཕུང་འདི་ལ་དགའ་གཅེས་ཆེ་དྲག་རྒྱུ་མེད་པར་གཙོ་བོ་སེམས་རྒྱུད་བཏུལ་ཏེ་གཞན་ཕན་གྱི་བྱ་བ་སྒྲུབ་དགོས་ལ་དགེ་བའི་ལས་དེ་རྒྱུད་ཆད་མེད་པར་སེམས་ཀྱི་འཁོར་ལོའི་རྗེས་སུ་དྲངས་ན་བསྐལ་པའི་མཐར་ཡང་རང་ཉིད་ལ་ཕན་པར་འདོད་པའི་ལྟ་བ་དང་། "བདེ་བ་གཞན་ལ་སྦྱིན་པ་དང་མི་བདེ་བ་རང་གིས་ལྷུར་ལེན་པའི་སངས་རྒྱས་ཆོས་ལུགས་ཀྱི་མི་ཚེའི་ལྟ་བ"[25]ངེས་བོད་མིས་ཚེ་སྲོག་ལ་འཛིན་པའི་ལྟ་བ་གྲུབ་ནས་གཏན་དུ་ཉིན་དེའི་བྱ་གཞག་ཆུང་ངུ་ནས་གཞན་ཕན་གྱི་བསམ་པ་ལྷུར་བླངས་ཏེ་དགེ་བ་སྒྲུབ་ཐབས་ལ་བརྩོན་གྱི་ཡོད། བྱ་གཏོར་དུར་སྲོལ་ནི་ནང་པ་སངས་རྒྱས་པའི་རང་དོན་གཞན་གཅེས་ཀྱི་བསམ་བློའི་དཔེ་མཚོན་ཡིན་ཞིང་། དེས་རང་རེར་གསོན་དུས་ནས་གཞན་ཕན་དགེ་སྒྲུབ་ཀྱི་བྱ་བར་འབད་དགོས་ལ། ཐ་ན་འཆི་སེམས་ལུས་བྲལ་རྗེས་ཀྱི་ཕུང་པོའི་གནས་སྐབས་སུ་ཡང་གཞན་ལ་ཕན་རེ་འདོགས་ཐབས་བྱ་དགོས་པ་དྲན་སྐུལ་བྱེད་ཀྱི་ཡོད། ལྷག་པར་དུ་བྱ་གཏོར་བྱེད་པ་ནི་དུར་སྲོལ་གཞན་དང་མི་འདྲ་བར་ལུས་ཕུང་ཆ་ཤས་དང་བཅས་པ་དུམ་བུར་བགོ་དགོས་སྟབས་འཇིགས་སྣང་ཆེ་བའི་བྱ་གཏོར་དུར་ཁྲོད་ལས་ཐར་ནས་ད་བར་བོད་མི་རྣམས་ལ་མི་རྟག་འཆི་བ་དྲན་དུ་བཅུག་པ་དང་

འཆི་འདས་ཀྱི་རྒྱུ་རྐྱེན་མང་པོ་བསྟན་ཡོད་ཅིང་། གསོན་པོའི་དུས་སུ་གཞན་ཕན་དགེ་བའི་ལས་མང་ཙམ་སྒྲུབ་སྡེ་སྡིག་པའི་ལས་ཕྲ་མོ་ཙམ་ཡང་སྤངས་དགོས་པར་རང་ཤུགས་སུ་བསྟན་ཡོད། གང་ལྟར་ལོ་ངོ་བརྒྱ་ཕྲག་གི་སྔོན་ནས་གསོ་རིག་མཁན་པོ་ཚོས་དུར་ཁྲོད་དུ་ཕུང་པོར་བརྟག་ནས་ནུ་ཚར་ཞིབ་འཇུག་དང་ལུས་པོའི་ནང་ཁྲོལ་ལ་ཞིབ་འཇུག་གིས་གསོ་བ་རིག་པ་འཕྲུས་ཚང་ཡོང་རྒྱུར་ལེགས་སྐྱེས་ཕུལ་ཡོད་ལ་རྟོགས་ལྡན་སོགས་དུར་ཁྲོད་དུ་བསྐྱོད་སྦྱོང་མཁན་དང་ཕུང་པོར་དངོས་སུ་བལྟ་སྦྱོང་མཁན་ཕལ་ཆེ་བར། གཞན་དང་མི་འདྲ་བའི་གསོན་དུས་ཉི་མ་གང་འགྲོལ་དང་མི་ཚེ་སྟོང་ཟད་དུ་གཏོང་མི་རུང་བའི་བག་ཆགས་བཟང་པོ་ཞིག་སྐྱེ་སྲིད་པ་ནི་ཕྲན་གྱིས་འབྲེལ་འདྲིས་བྱས་སྦྱོང་བའི་སྟོབས་ལྡན་ཚོའི་ཉིན་རེའི་བྱ་གཞག་སེམས་འགྱུར་ཆེ་ཡོས་དང་སྐད་ཆའི་སྒྲ་ཕྱོགས་ལས་རྟོགས་བྱུང་། ནང་ཆོས་ཀྱི་ལྟ་ཚུལ་དུ་ཡང་གསོན་དུས་དུར་ཁྲོད་དུ་ཐེངས་ཤིག་བསྐྱོད་ནས་དུར་རྡོའི་སྟེང་ཉལ་ཏེ་རང་ཉིད་འཆི་ཁྲུལ་དང་ཕུང་པོ་རྡུང་ཁྲུལ་གྱིས་སེམས་ལྟོད་ཤིག་གིའི་ངང་མི་རྟག་འཆི་བ་ཡིད་ལ་དྲན་པ་བྱས་ན་དེའི་དགེ་རྩ་དཔག་ཏུ་མེད་དེ་མ་ཎི་བརྒྱ་ཚར་བཏོན་པ་བས་བཟང་ཞེས་གྲགས།

བྱ་གཏོར་དུར་སྲོལ་གྱིས་བོད་མིའི་སེམས་ཁམས་མཚོན་ཡོད་ལ་བྱ་གཏོར་དུར་སྲོལ་ཡོད་པས་བོད་མི་ཚོར་གསོན་དུས་དགེ་བའི་ལས་ལ་འཇུག་དགོས་པ་མ་ཟད་འཆི་དུས་ཀྱང་བེམ་ལུས་ཕན་མེད་དུ་བསྒྱུར་མི་རུང་བའི་བླ་མེད་ཀྱི་སྲོལ་བཟང་ཞིག་ཡོད། ནང་པའི་ཆོས་ལ་དད་ཞེན་ཆེ་བའི་བོད་མི་ཚོས་རང་བཞིན་དུ་ཤི་བའི་ཤ་འབབ་ཞིག་ལ་རོལ་ཞིང་འཚོ་བ་ཡོངས་སུ་སྤངས་པའི་སངས་རྒྱས་ལྷ་བུའི་བྱ་རྒྱལ་རྒོད་པོའམ"འདབ་ཆགས་དྲང་སྲོང"དུ་འབོད་པས་ནམ་ཞིག་རང་ཉིད་ཀྱི་ཕུང་པོའི་ཆ་ཤས་དང་བཅས་པ་གཙང་མར་བཟོས་ནས་བར་སྣང་དབྱིངས་སུ་འཕུར་ཏེ་དྲི་མ་ཙམ་མེད་པ་བྱེད་པས་བྱ་གཏོར་ནི་རྣམ་པར་དག་པ་དང་ལྷད་མེད་པའི་དུར་སྲོལ་ཞིག་ཏུ་ངོས་འཛིན་བྱེད་པའོ། །

༢. ཚན་རིག་གི་རང་བཞིན། སྤྱིར་ཚན་རིག་ཅེས་སྨྲས་ན་ཁྱབ་ཁྱ་ཆེ་དྲགས་པས་ཁ་ཅིག་གིས་ནང་ཆོས་ལ་ཚན་རིག་གི་རང་བཞིན་མི་ལྡན་ནམ་ཞེ་ན་ངེད་གཉིས་ལ་ཅི་ཡང་སྨྲ་རྒྱུ་མེད་མོད། འདིར་ནི་ནང་ཆོས་དང་ཚན་རིག་ཅེས་ལེ་ཚན་གཉིས་བརྒྱུད་ནས་བརྗོད་བྱ་གསལ་ཁ་ཐོན་ཕྱིར་ཏེ་གཅིག་ནི་ནང་སེམས་ཀྱི་ཐད་དང་གཅིག་ཤོས་ནི་ཕྱི་དངོས་པོའི་ཐད་དོ། །

བོད་དུ་གནའ་བོའི་དུས་སུ་ཕལ་ཆེར་ས་དུར་དུ་སྦ་བ་དང་གྲི་གུམ་བཙན་པོའི་དུས་ནས་བང་སོ་བརྩིགས་འགོ་ཚུགས་པར་གྲགས་ཤིང་ལུགས་སྲོལ་དེར"སྔོ་ཕྱུགས་གཡག་དང་རྟ་སོགས་བསད་དེ་དུར་གྲོགས་སུ་སྦ། སྲོག་ཆགས་དེ་དག་གི་མགོ་བཅད་དེ་བང་སོའི་ཐོག་ཏུ་སྤུངས། བང་སོ་ནི་རྗེ་བ་བརྩིགས་ཏེ་གྲུབ་ལ། དབྱིབས་གྲུ་བཞི་ཡིན་པས་ཀླད་ལེབ་མོའི་ཁང་པ་ཞིག་དང་མཚུངས་སོ"[26]ཞེས་དང་། 《རྒྱལ་རབས་གསལ་བའི་མེ་ལོང》དུ"མངའ་བདག་ཁྲི་རལ་པ་ཅན་གྱི་བང་སོ་ནི། དོན་མཁར་མདའ་ཡི་གཡོན་

ཟུར་དེ་ཏུ་བརྩིགས། བང་སོ་དེའང་རིན་ཆེན་ནོར་གྱིས་བཀང་། མིང་ནི་ཁྲི་སྟེང་རྒྱང་རི་ཟེར་རོ་སྐད”ཅེས་པ་ལས་སྔ་དུས་བང་སོ་བརྩིགས་པ་ནི་ས་ཆ་བཟུང་ཆེ་ལ་ནོར་རྫས་སོགས་མང་པོ་ཤི་པོའི་རྗེས་སུ་གཏོང་དགོས་ཤིང་དོན་མེད་དུ་སེམས་ཅན་གསོན་པོ་དུར་དུ་སྦ་བ་དང་ཐ་ན་མི་གསོན་པོ་ཡང་དུར་དུ་སྦ་སྲོལ་ཡོད། མ་གཞི་དུར་སྲོལ་དེ་རིགས་རྒྱལ་པོ་སོགས་མཐོ་རིམ་མི་སྣར་བཀོལ་བ་ཡིན་འདུག་ཀྱང་། དེ་ནི་རྩོག་འཛིང་ཆེ་བ་དང་འགྲོ་སོང་ཆེ་བས་ལེགས་ཆ་དེ་ཙམ་མི་ལྡན་པར་སེམས།

ཕུང་པོ་དུར་དུ་སྦ་བར་ཡང་སྔར་སྲོལ་དུ་དུར་རྫས་དགོས་ཀྱི་ཡོད་པ་གནའ་རྫས་རྟོག་ཞིབ་པས་གསུངས་ཡོད་ལ་ལྷག་པར་དུ་ཕུང་པོ་དུར་དུ་སྦ་བ་དེས་སའི་བཅུད་ཕུན་སུམ་ཚོགས་ཤིང་སྟེང་དུ་སྐྱེ་དངོས་ཆེ་ཆུང་གིས་ཁེངས་པའི་སྤང་རི་དང་ལུང་གཤོང་སོགས་པའི་ས་ཆ་བཟུང་སྟེ་སྐྱེ་ཁམས་ཁོར་ཡུག་ལ་ཚད་ངེས་ཅན་གྱི་གནོད་འཚེ་གཏོང་བ་དང་། ནང་སའི་ཁུལ་དང་འཛམ་གླིང་མི་རིགས་ཆ་ཤས་སུ་མི་ཚོགས་མཐུག་ལ་དུར་ས་ཡང་གཞི་ཁྱོན་ཆེ་བས་གྲོང་འདབས་ཀྱི་ཞིང་ས་སོགས་ས་ཆ་མང་པོ་བཟུང་སྟེ་གྲོང་མིའི་སྡོད་གནས་ལ་ཁག་ཐེག་དཀའ་བ། དེ་བས་གཞི་ཁྱོན་ཆེ་བའི་དུར་སའི་ཁུལ་དུ་ལོ་ངོ་བརྒྱ་གྲངས་འདས་དུས་སམ་ཡང་ན་དེ་ལས་ཐུང་བའི་ལོ་ཟླའི་ནང་ས་འོག་གི་ཕུང་པོར་རྐྱེན་སྣ་ཚོགས་པའི་རྐྱེན་པས་ས་སྟེང་དུ་འགོས་ནད་སོགས་ནད་དུག་འདྲ་མིན་བྱུང་སྟེ་མིའི་བདེ་ཐང་ལ་གནོད་འཚེ་བཟོ་གྱིན་ཡོད།

ཕུང་པོ་ཆུར་བཤའ་བ་ནི་མ་གཞི་བྱ་གཏོར་དང་འདྲ་བར་ནང་ཆོས་ཀྱི་ཕུང་པོ་གཟན་བསྐྱུར་གྱི་ལྟ་བའི་ཤན་ཞུགས་པར་གྲགས་ཀྱང་དེ་ནི་རྣམ་དག་གི་དུར་སྲོལ་ཞིག་རྩ་བ་ནས་མིན། རང་རེའི་སྲོལ་དུ་ཕུང་པོ་ཆུར་བཤའ་དུས་བྱ་གཏོར་དང་འདྲ་བར་ཕུང་པོ་དུམ་བུར་བྱེད་པ་ཡོད་ལ་སྐབས་འགར་ཕུང་པོ་ཧྲིལ་པོ་བསྐྱུར་ང་ཡང་ཡོད། གང་ལྟར་ཕུང་པོ་ཆུར་བཤའ་སའི་བཞུར་ཆུའམ་གཙང་པོའི་ནང་གི་ཕུང་པོ་ཉ་རིགས་སོགས་ཀྱིས་གཙང་མར་མ་བཟོས་པའང་ཡང་ན་ཕུང་པོར་ཡོད་པའི་ནད་དུག་གི་ཕྲ་ཕུང་སོགས་ཆུར་དེད་ནས་རྒྱུ་བ་དང་། དེ་མིན། ཕུང་པོ་དང་མཉམ་དུ་ཤི་གོས་སོགས་བསྐྱུར་བས་མི་གཙང་བའི་རིགས་སྣ་ཚོགས་ཀྱིས་ཆུ་བོའི་ཉེ་འགྲམ་གྱི་སྲོག་ཆགས་ཀྱི་བདེ་ཐང་ལ་གནོད་འཚེ་གཏོང་བ་དང་ཆུ་བོའི་འབྱུང་ཁམས་ཡང་མི་གཙང་བར་འགྱུར་གྱིན་ཡོད་ཅིང་། ཆུ་བོ་ནི་འཇིག་རྟེན་ཚེ་སྲོག་གི་མ་གཞི་ཞིག་ཡིན་ན་དེ་བས་ཉེས་པ་ཆེར་མཆིས། ཡུལ་ལུང་ཁ་ཤས་སུ་ཕུང་པོ་ཧྲིལ་པོ་ཆུར་བསྐྱུར་བས་ཆུ་བོའི་བཞུར་ཤུགས་ཀྱིས་ཕུང་པོ་ཆུ་འགྲམ་དུ་དེད་ཡོང་ནས་མི་རིང་བར་ཧ་ཅང་དྲི་ངན་ཅན་ཞིག་ཏུ་གྱུར་ཏེ་སྐྱེ་ཁམས་ཁོར་ཡུག་ལ་གནོད་འཚེ་ཚབས་ཆེན་བཟོ་བཞིན་ཡོད། དེ་བཞིན་དུ་ཕུང་པོ་མེ་དུར་བྱེད་པར་ཡང་འབར་རྒྱུ་ངེས་ཅན་དགོས་པས་རྩི་ཤིང་གཏོར་སྐྱོན་གཏོང་ལ་གཏན་འཁེལ་གྱི་ས་ཆ་མེད་ན་ས་ཆ་མང་པོ་འཕྲོ་བརླག་འགྲོ་བ་དང་འབར་ཤུལ་གྱི་སྨུག་བསྟོག་དང་དུ་བས་མཁའ་རླུང་བཙོག་པ་བཟོ་བ་སོགས་ཀྱི་སྐྱོན་མི་ཉུང་བ་ཞིག་ཡོད། ཕུང་པོ་བྱ་གཏོར་གྱི་དུར་སྲོལ་རྣམ་དག་དང་ལྷད་མེད་ཅིག་ཡིན་པ་དོན་ལ་གནས་

ཡོད་དེ། དེས་སྐྱེ་ཁམས་ཁོར་ཡུག་ཐད་ལ་ཐོན་པའི་ནུས་པ་གཙོ་བོ་ནི། བྱ་གཏོར་བྱས་པས་ཕུང་པོ་བྱ་རྒོད་ཀྱི་གཟན་དུ་གྱུར་ཏེ་བྱ་རྒོད་ཀྱི་འཚོ་གནས་ལ་ཕན་པ་མ་ཟད། དུར་ཁྲོད་ཀྱི་ཁུལ་ནི་ལྗིད་ཞིང་འཇགས་ལ་རི་ཁུལ་དེའི་སྲོག་ཆགས་དང་རྩི་ཤིང་ལ་གནོད་འཚེ་བྱེད་མི་དགོན་པས་སྐྱེ་ཁམས་སྡོམ་སྒྲིག་ལ་ཕན་པ་དང་གཅིག རི་མཐོ་ས་གཙང་བའི་བྱ་གཏོར་དུར་ཁྲོད་ཀྱི་གནས་སུ་ཕུང་པོའི་ཤུལ་ཙམ་མེད་པ་བྱེད་པས་ཕུང་པོའི་ཤུལ་ལུས་པའི་ཉེས་པ་འགོག་པ་དང་གཉིས། ས་དུར་དང་བང་སོ་ལྷ་བུའི་ས་ཆ་མ་བཟུང་བས་རང་བྱུང་ཁམས་ཀྱི་བརྟན་བརླིང་ལ་གནོད་འཚེ་མེད་པ་དང་གསུམ་སྟེ། ཁོར་ཡུག་སྲུང་སྐྱོབ་ལ་ཕན་པ་དང་བཞི་བཅས་ཀྱི་ཁྱད་ཆོས་ཆེས་ཆེར་ལྡན་ཡོད།

༣. མི་རིགས་ཀྱི་རང་བཞིན། བྱ་གཏོར་དུར་སྲོལ་གྱིས་རང་མི་རིགས་ཀྱི་ཐུན་མིན་རང་གཤིས་མཚོན་པ་དང་བྱ་གཏོར་དུར་སྲོལ་རྒྱ་ཁྱབ་ཏུ་སྤྱོད་མཁན་ཡང་རང་མི་རིགས་གཙོ་བོ་ཡིན་པས། མི་རིགས་ཀྱི་རྩ་ཆེའི་ཐུན་མིན་རིག་གནས་འདིས་ནང་སེམས་རྒྱུད་གངས་རིའི་རང་མདངས་ཅན་གྱི་གངས་ཅན་བོད་མི་རིགས་ནམ་ཡང་འཛམ་གླིང་ན་གནས་ཡོད་མེད་དཔང་པོ་བྱེད་ཐུབ་སྟེ། བྱ་གཏོར་དུར་སྲོལ་གྱིས་རང་མི་རིགས་ཀྱི་རང་མདངས་མཚོན་ཐུབ་ལ་སྟོན་ཐོན་ཅན་གྱི་རིག་གནས་ཤིག་ཡིན་པས་སོ། །

བསམ་གཞིགས་ནན་ཏན་བྱ་དགོས་པ་ཞིག་ལ་དམངས་སྲོལ་གྱིས་སྤྱི་ཚོགས་འཚོ་བའི་བརྒྱུད་རིམ་ཁྲོད་ནུས་པ་གལ་ཆེན་ཐོན་ཡོད། རིགས་དང་ཡུལ་ལུང་ཆ་ཤས་སོ་སོར་གཅིག་མཐུན་མིན་པའི་དམངས་སྲོལ་གྱི་རིག་གནས་ཡོད་ལ་དམངས་སྲོལ་གྱི་སྤྱི་ཚོགས་ནུས་པར་ཡང་དགེ་སྐྱོན་ཅི་རིགས་མཆིས་པ་མ་ཟད་སྤྱི་ཚོགས་འཕེལ་བའི་འགྲོས་རིམ་ལྟར་དམངས་སྲོལ་ལ་འགྱུར་བ་སྣ་ཚོགས་འབྱུང་བཞིན་ཡོད་དེ། དེང་སྐབས། སྤྱི་ཚོགས་འཕེལ་རྒྱས་དང་རིག་གནས་ལ་འཕོ་འགྱུར་ངེས་ཅན་འབྱུང་བཞིན་པའི་དུས་འདིར་རང་རེའི་ཕུང་པོ་བྱ་གཏོར་གྱི་དུར་སྲོལ་ལའང་ཕོག་ཐུག་དང་ཉམས་ཉེས་འབྱུང་སྲིད་པ་སྨྲས་མེད་རེད། བྱ་གཏོར་དུར་སྲོལ་ནི་བོད་མིའི་སྟོན་ཐོན་གྱི་དན་རྟགས་རྗེན་མ་ཞིག་ཡིན་ལ། རྣམ་པར་དག་ཅིང་ངོ་མཚར་ཆེ་བའི་དུར་སྲོལ་ཞིག་ཀྱང་ཡིན་པས་འཛམ་བུའི་སྐྱེ་འགྲོ་མང་པོས་ཡི་རང་ཞུ་བཞིན་ཡོད་ལ་དེས་སྔར་ནས་ད་བར་བོད་ཀྱི་སྤྱི་ཚོགས་འཕེལ་རྒྱས་དང་རིག་གནས་ཕུན་སུམ་ཇེ་ཚོགས་སུ་འགྲོ་བར་དགེ་བའི་ཆ་དུ་མ་བསྐྲུན་ཡོད། ཡིན་ཡང་། དུས་རབས་གོང་མའི་གཡོན་ལྷུང་གི་བསམ་བློའི་ཤུགས་རྐྱེན་དྲག་པོའི་འོག་བོད་རིགས་འདུས་སྡོད་ཀྱི་ས་ཁུལ་ཁ་ཤས་སུ་བྱ་གཏོར་དུར་སྲོལ་ཐ་ཤལ་དུ་ངེས་བཟུང་བའི་བསམ་བློ་ད་དུང་གནས་ཡོད་ལ་མི་མང་པོས་ནང་ཆོས་དང་འབྲེལ་བའི་བྱ་གཏོར་གྱི་ནུས་པ་རླབས་པོ་ཆེ་དག་མ་རྟོགས་ཕྱིར། བསྒོ་སྒྲོན་ཌི་སླེད་དང་འགྲོ་སོང་མང་པོ་ཞིག་བཏང་རྗེས་ཕུང་པོ་བྱ་གཏོར་མི་བྱེད་པའང་ཡོད། ལྷག་པར་དུ་སྐྱེས་བུ་ཆེན་པོ་དང་དཔོན་པོ་ལ་སོགས་པས་བྱ་གཏོར་དུར་སྲོལ་གྱི་དགེ་མཚན་ལ་སྣང་འཇོག་དེ་ཙམ་མི་བྱེད། དེང་སྐབས། སྤྱི་ཚོགས་འཕེལ་རྒྱས་དང་དུས་མཚུངས་སུ་སྐྱེ་ཁམས

ཁོར་ཡུག་ལ་གནོད་འཚེ་མི་ཉུང་བ་ཞིག་བྱུང་བཞིན་ཡོད་པ་མ་ཟད་རང་མིའི་བསམ་བློའི་གོ་རྟོགས་ཀྱི་རྐྱེན་པས་དབུས་གཙང་ཁུལ་གྱི་དུར་ཁྲོད་ཆུང་ཆུང་འགའ་ཤས་སུ་སྔར་བཞིན་གྱི་གནས་དགོན་ཉམས་གསོ་ཐུབ་མེད་ལ་ཉམས་གསོ་རྩུང་ཐུབ་པར་ཡང་དགེ་འདུན་པ་མེད་པས་དུར་ཁྲོད་དེ་ཚོར་དོ་སྣང་བྱེད་མཁན་ཇེ་ཉུང་དུ་འགྲོ་ཞིང་། དེར་འཚོ་བའི་བྱ་རྒོད་ཀྱང་གྲངས་ཀ་ཉུང་ཉུང་ཞིག་ལས་མི་གནས། དྲན་ཚུལ་ལ་བྱིས་པའི་དུས་སུ་ཕ་ཡུལ་དུ་བོང་བུ་ཤི་བའི་རོར་ཡང་བྱ་རྒོད་ཅུབ་ཅུབ་ཏུ་འཁོར་ཡོང་ནའང་ད་ཆ་ཕ་ཡུལ་གྱི་རྒྱ་གར་བསིལ་བ་ཚལ་གྱི་དུར་ཁྲོད་ལས་བྱུང་བར་གྲགས་པའི་ཨེ་སྒྲི་དགོན་དུར་ཁྲོད་དུ་ཤི་པོའི་ཕུང་པོར་ཡང་བྱ་རྒོད་འབབ་དཀའ་ཟེར། དེ་བཞིན་དུ་ལྷོ་ཁ་རྩེད་ཐང་གི་སྔར་ནགས་མ་བྱ་ཚོགས་སུ་གྲགས་པའི་རི་བོ་ཤེལ་བྲག་གི་དུར་ཁྲོད་ལ་ཡང་དོ་སྣང་བྱེད་མཁན་མེད་པས་དེར་འཚོ་བའི་བྱ་རྒོད་ཀྱང་མེད། བོད་ཀྱི་ས་ཁུལ་ཁག་ལ་སྣང་ཚུལ་དེ་ལྟ་བུ་མི་ཉུང་བ་ཞིག་ཡོད་ཁར་ས་ཆ་ཁ་ཤས་སུ་ས་དུར་དང་མེ་དུར་ལྟ་བུའི་དུར་སྲོལ་གཞན་པ་རྒྱུན་པར་ཉམས་སུ་ལེན་མཁན་ཡང་ཇེ་མང་དུ་འགྲོ་བཞིན་ཡོད་པས་སྤྱི་ཚོགས་འཕེལ་རྒྱས་འགྲོ་བ་དང་མིའི་བསམ་བློའི་གོ་རྟོགས་གོང་མཐོར་འགྲོ་བར་བསྟུན་ནས་བྱ་གཏོར་དུར་སྲོལ་གྱི་སྤྱི་ཚོགས་གནས་བབ་མཐོར་འདེགས་འབྱུང་རྒྱུ་མིན་པར། དེ་ལས་ལྡོག་སྟེ་འཇིག་ཉེན་གྱི་གནས་སུ་མི་ལྷུང་བའི་ངེས་པ་ཡང་དཀའ་ཕྱིར། རང་མི་རིགས་ཀྱི་རང་གཤིས་རྗེན་མ་ལྡན་པའི་རིག་གནས་འདི་ཉིད་ལ་དོ་སྣང་དང་སྲུང་སྐྱོབ་བྱ་རྒྱུ་ནི་ཤིན་ཏུ་འགངས་ཆེ་བ་ཡིན།

༤.ས་ཁོངས་ཀྱི་རང་གཤིས། བྱ་གཏོར་དུར་སྲོལ་ནི་འཛམ་བུའི་དུར་སྲོལ་གཞན་པ་བཞིན་སྤྱི་ལ་ཁྱབ་པའི་རང་བཞིན་ཅན་ཞིག་མིན་པར་བོད་རིགས་འདུས་སྡོད་གཙོ་བོ་བྱེད་པའི་ས་མཐོའི་ཁུལ་དུ་བཀོལ་བའི་དུར་སྲོལ་གྱི་རིགས་ཤིག་ཡིན། དེ་ཡང་བྱ་གཏོར་དུར་སྲོལ་གྱི་གྲུབ་གཞི་གཙོ་བོའི་བྱ་རྒོད་ལ"ས་མཐོའི་བྱ་རྒོད"ཅེས་སུ་འབོད་པས་ཨ་མེ་རི་ཁ་གླིང་དང་རྒྱ་གར་ཚ་བའི་ཁུལ་གྱི་བྱ་རྒོད་དང་མི་འདྲ་བར་དམིགས་བསལ་གྱི་རང་བྱུང་ཁོར་ཡུག་ཅིག་དང་འཚོ་བའི་སྐྱིལ་ལུགས་ཤིག་ཡོད་པས། བྱ་རྒོད་རིགས་ཀྱིས་སྤྱིར་ན་ཤི་པོའི་པེམ་པོ་དང་རྣ་སོགས་རུལ་ཟས་འབབ་ཞིག་ལ་རོལ་བའི་རང་གཤིས་གཅིག་འདྲ་ཡིན་ཡང་རང་བྱུང་ཁོར་ཡུག་ལ་བསྟུན་པའི་འཚོ་བའི་གོམས་གཤིས་མི་གཅིག་ལ་བྱ་གཏོར་དུར་སྲོལ་དེ་བྱ་རྒོད་འཚོ་ཡུལ་གྱི་རྐྱེན་ཅམ་མ་ཚད་ནང་ཆོས་དར་ཆེ་བའི་ས་ཆར་ཕྱི་ནང་གི་རྒྱུ་རྐྱེན་འཛོམས་ཏེ་གཏན་འཇགས་སུ་གནས་ཐུབ། ད་ལྟ་རང་རེ་བོད་མི་རིགས་འདུས་སྡོད་ཀྱི་ས་མཐོར་དེ་ལྟའི་ཆ་རྐྱེན་འཛོམས་ཕྱིར་བྱ་གཏོར་དུར་སྲོལ་དར་བའི་དམིགས་གསལ་གྱི་ས་ཁོངས་ཤིག་ལགས།

༥.མང་ཚོགས་ཀྱི་རང་བཞིན། བོད་ཀྱི་དུར་སྲོལ་གླེང་བའི་དཔྱད་གཞི་ཚང་མར་བོད་ཀྱི་དུར་སྲོལ་ལས་སྤྱོད་སྒོ་ཆེ་བ་དང་མང་ཚོགས་ཀྱི་རང་བཞིན་ཆེན་པོ་ལྡན་པ་ནི་བྱ་གཏོར་དུར་སྲོལ་ཡིན་ནོ་ཞེས་མགྲིན་གཅིག་ཏུ་གསུངས་ཡོད། བྱ་གཏོར་དུར་སྲོལ་ནི་སྤྱིར་ན་སྐྱེས་ཆེན་དམ་པར་བཀོལ་བ་ཉུང་ལ་མི་

ཆེན་དཔོན་པོར་བཀོལ་བ་ཡང་ཙུང་ཞིང་གཙོ་བོ་མི་དཀྱུས་མ་དང་རྒྱ་ཆེའི་ཞིང་འབྲོག་མང་ཚོགས་ཀྱིས་བཀོལ་བ་ཞིག་ཡིན། བྱ་གཏོར་དུར་སྲོལ་ནི་རྒྱ་ཆེའི་ཞིང་འབྲོག་མང་ཚོགས་ཚོའི་སྤྱོད་ཡུལ་གཙོ་བོར་གྱུར་པ་ནི་དུར་སྲོལ་གཞན་ལས་སྐབས་བདེ་བས་རང་རང་གི་འཚོ་བའི་འཕོས་བབས་དང་འཚམ་པ་དང་བྱ་གཏོར་དུར་སྲོལ་གོང་དུ་བཀུར་བའི་འདུ་ཤེས་དག་ཐག་རིང་རི་གྲོང་གི་དབེན་སའི་ཁུལ་དུ་དེ་བས་མང་ཚོགས་ཚོའི་བསམ་བློའི་གཏིང་རྡུམ་ལ་སིམ་འཛུལ་བྱས་ནས་ཡོད་པས་རེད། མང་ཚོགས་ཀྱི་རང་བཞིན་ཅན་གྱི་རིག་གནས་ཤིག་ཡིན་ན་གཞི་ནས་གཏན་གནས་ཐུབ་རྒྱུར་ཁག་ཐེག་ཐུབ་པ་དང་འཛམ་གླིང་ཤེས་རིག་གི་དོ་རར་རྩམ་དྲི་ཐུལ་ཐུལ་དུ་བཤམས་ཆོག་པས་ཐུན་མིན་གྱི་ཐོ་བ་དག་ལ་མི་ཚོས་ཡིད་སྨོན་བྱ་ངེས།

མཇུག་གཏམ།

གང་མཐོའི་ཤེས་ནོར་གྱིས་ཀུན་ནས་བཀང་བའི་སློབ་གླིང་ཚུ་གཏེར་ཆེན་པོའི་ཀློང་ཡངས་ནས་ཤེས་བྱའི་བདུད་རྩི་ཐུབ་གང་འཐུང་བའི་སྐལ་བཟང་སྨིན་པའི་དགའ་བ་དང་། ནང་སྒོས་སུ་རང་མི་རིགས་ཀྱི་རིག་གནས་སྤྱི་དང་བྱེ་བྲག་ལ་དད་ཞེན་གྱི་བློ་དྭངས་མ་ཞིག་རིང་མོ་ཉིད་ནས་བོར་ཟིན་པའི་ཀུན་སློང་གིས། ད་ལམ་ངལ་བ་ཅུང་ཟད་བགྱིས་ཁུལ་དང་བཅས་ཆེད་རྩོམ་འདི་བཞིན་ལེགས་གྲུབ་བྱས་པ་ལགས་སོད། རང་ངོས་ལ་ལུང་རིགས་འདྲེན་པའི་བློ་གྲོས་ཀྱི་ལྟུགས་ཀྱུ་རབ་ཅིག་མི་མངའ་ཕྱིར། ཇི་སྐད་དུ་ཀུན་མཁྱེན་འཇིགས་མེད་དབང་པོ་མཆོག་གིས"ཡི་གེ་མི་དག་བཟ་སྦྱོད་མཁན་པོར་ངོམས། །ཚིག་སྦྱོར་མི་ཐོན་སྙན་ངག་པ་ལ་སྙོམས། །རྩོད་རིགས་མི་ཤེས་གཞུང་སོགས་འགྲེལ་འདོད་པ། །གཟུགས་བརྙན་འདི་དག་ཀུན་གྱི་འཕྱ་བའི་ཡུལ། །"ཞེས་གསུངས་པ་བཞིན་དཔྱོད་ལྡན་རྣམ་པའི་སྤྱན་སྔར་བཞད་གད་ཀྱི་རྒྱུ་ཙམ་ལ་འགྱུར་ན། གང་ཉིད་ཀྱི་ལྷག་བསམ་གཙང་མའི་གྲོགས་སུ་ཕེབས་ཏེ་གངས་རིའི་རང་མདངས་རྣམ་པར་འཆེར་བའི་བྱ་གཏོར་དུར་སྲོལ་གྱི་སྔ་ཕྱི་བར་གསུམ་ལ་རྒྱུད་བལྟ་རྣལ་མ་ཞིག་གནང་རོགས་མཛད།

མཆན།

[1][4]冯智:《灵塔与金身》，海南出版社，1997年，第13页。

[2]《བོད་ལྗོངས་ཞིབ་འཇུག》1983ལོའི་དེབ་དང་པོ། ཤོག་ངོས110པར་གསལ།

[3]（英）詹・乔・弗雷兹著，育新等译:《金枝》，中国民间文艺出版社，1978年，第21页。

[5]《རྒྱ་བོད་ཀྱི་ཆོས་འབྱུང་རྒྱས་པ།》མཁས་པ་ལྡེའུ། བོད་ལྗོངས་མི་དམངས་དཔེ་སྐྲུན་ཁང་། 1987ལོ། ཤོག་ངོས248པར་གསལ།

[6]《ཏུན་ཧོང་ནས་ཐོན་པའི་བོད་ཀྱི་ལོ་རྒྱུས་ཡིག་ཆ།》 ཐན་ལྷག་པ་ཆོས་འཕེལ་གྱིས་བརྩམས་པའི《བོད་ཀྱི་རྩོམ་རིག་ལོ་རྒྱུས》སྟོད་ཆའི་ནང་གསལ། ཤོག་ངོས55、57、58、59པ་བཅས་སུ་གསལ།

[7]《ཏུན་ཧོང་ནས་ཐོན་པའི་གནའ་བོའི་བོད་ཀྱི་ཤོག་དྲིལ།》 མི་རིགས་དཔེ་སྐྲུན་ཁང་། 1983ལོ།

[8][9][10] ཤར་ཛ་བཀྲ་ཤིས་རྒྱལ་མཚན། 《ལེགས་བཤད་རིན་པོ་ཆེའི་གཏེར་མཛོད།》 མི་རིགས་དཔེ་སྐྲུན་ཁང་། 1985ལོ། ཤོག་ངོས168、171、174པ་བཅས་སུ་གསལ།

[11] སྣན་བཟང་པ་དགེ་འདུན། 《ནང་དོན་རིག་པའི་སྤྱི་བཤད།》 ཀྲུང་གོའི་བོད་ཀྱི་ཤེས་རིག་དཔེ་སྐྲུན་ཁང་། 1997ལོ། ཤོག་ངོས13པར་གསལ།

[12]《རོ་སྒྲུང་།》 བོད་ལྗོངས་མི་དམངས་དཔེ་སྐྲུན་ཁང་། 2003ལོ། ཤོག་ངོས4、6པར་གསལ།

[13][14][15][16][17]《སྦ་བཞེད།》 མི་རིགས་དཔེ་སྐྲུན་ཁང་། 1980ལོ། ཤོག་ངོས4、10、9、34པ་བཅས་སུ་གསལ།

[18]《ཆོས་འབྱུང་མེ་ཏོག་སྙིང་པོ་སྦྲང་རྩིའི་བཅུད།》 བོད་ལྗོངས་མི་དམངས་དཔེ་སྐྲུན་ཁང་། 1988ལོ། ཤོག་ངོས307–308བར་གསལ།

[19]《པདྨ་བཀའ་ཐང་།》 མི་རིགས་དཔེ་སྐྲུན་ཁང་། 1997ལོ། ཤོག་ངོས174པར་གསལ།

[20][22]《ཐུའུ་བཀྭན་གྲུབ་མཐའ།》 ཀན་སུའུ་མི་རིགས་དཔེ་སྐྲུན་ཁང་། 1985ལོ། ཤོག་ངོས174པར་གསལ།

[21]《མི་ལ་རས་པའི་རྣམ་མགུར།》 མཚོ་སྔོན་མི་དམངས་དཔེ་སྐྲུན་ཁང་། 1981ལོ། ཤོག་ངོས459、461པར་གསལ།

[23]《འབྲི་གུང་དུར་ཁྲོད་རྟེན་ཕྱག་གི་ལོ་རྒྱུས།》 འབྲི་གུང་དཀོན་མཆོག་རྒྱ་མཚོ། བོད་ལྗོངས་མི་དམངས་དཔེ་སྐྲུན་ཁང་། 2004ལོ། ཤོག་ངོས21པར་གསལ།

[24][25]《སངས་རྒྱས་ཆོས་ལུགས་ཀྱི་སྤྱི་དོན་གསར་དཔྱད།》 ཁྲུ་བྱུག མི་རིགས་དཔེ་སྐྲུན་ཁང་། 2005ལོ། ཤོག་ངོས186、16པར་གསལ།

[26]《བོད་ལྗོངས་ཞིབ་འཇུག》 2006ལོའི་དེབ་དང་པོ། ཤོག་ངོས113པར་གསལ།

《མང་ཚོགས་སྒྱུ་རྩལ།》 ༢༠༠༧ལོའི་དེབ་བཞི་པ་ལས་བཏུས།

༄། །བོད་མིའི་འདས་མཆོད་དང་འདད་བྱེད་སྟངས་སྐོར་རོབ་ཙམ་གླེང་བ།

རྟ་ལོ་ཐར།

ཕྱི་སྣོད་ཀྱི་འཇིག་རྟེན་ཆགས་པ་ནས་བཟུང་ནང་བཅུད་ཀྱི་སེམས་ཅན་དར་བ་དང་། མིའི་འགྲོ་བ་བྱུང་སྟེ་ཐོན་སྐྱེད་དང་ངལ་རྩོལ་བྱས་པའི་བརྒྱུད་རིམ་ལས་གོམས་སྲོལ་ཆགས་པ་ཡིན། “མི་རིགས་གང་ཞིག་ཡིན་རུང་དམངས་སྲོལ་རིག་གནས་གྲུབ་པའི་རྒྱུ་རྐྱེན་རྣམ་པ་མང་ཞིང་། ཆབ་སྲིད་དང་། དཔལ་འབྱོར། སྤྱི་ཚོགས། རིག་གནས། ཆོས་ལུགས། སེམས་ཁམས། ས་གཤིས། སྐད་ཆ་སོགས་ཕྱོགས་མང་པོ་ལས་ཐག་བཅད་པ་དང་ཤན་ཤུགས་ཐེབས་པར་དམངས་སྲོལ་གྱི་རིག་གནས་ཐོན་སྤེལ་དང་འཕེལ་རྒྱས་བྱུང་བ་རེད། དེ་ནི་ལོ་རྒྱུས་ཀྱི་འཕེལ་རིམ་རིང་པོ་ལས་གྲུབ་པ་ཞིག་ཡིན”[1]ཞེས་པ་བཞིན་མི་རིགས་སོ་སོའི་གོམས་སྲོལ་ལ་ཐ་དད་པ་མང་པོ་མཆིས་ཏེ་རིག་གནས་མི་འདྲ་བ་དང་སྡོད་གནས་མི་འདྲ་བ། ཆོས་ལུགས་ཀྱི་རྒྱབ་ལྗོངས་མི་འདྲ་བ་མང་པོ་ལས་གོམས་སྲོལ་སྣ་ཚོགས་ཚུར་སྣང་དང་རྒྱུན་ཆགས་སུ་གྱུར་པ་གདོན་མི་ཟ། བོད་ཀྱི་གོམས་སྲོལ་མང་པོའང་ཆོས་ཉིད་དེ་ལས་མ་འདས། བོད་ཀྱི་འདས་མཆོད་ལ་ས་བབ་ཀྱི་དབང་དང་སྡོད་གནས་ཐ་དད་དང་མཐུན་རྐྱེན་མི་འདྲ་བ་སོགས་ལས་བྱ་དུར་དང་། ས་དུར། ཆུ་དུར། མེ་དུར། གདུང་རྟེན། སྡོང་དུར་དང་བྲག་དུར་བཅས་རྣམ་པ་མི་འདྲ་བ་བྱུང་། ང་ཚོའི་འདས་མཆོད་ཀྱི་ཆོ་ག་མང་པོ་ཞིག་ཉམས་དམས་སུ་གྱུར་ནས་ངག་སྒྲོས་ཐར་ཐོར་ཙམ་ལས་མེད་པ་དེ་ནི་ང་ཚོར་མཚོན་ན་མྱུར་སྐྱོབ་བྱེད་དགོས་པའི་དོན་དག་གལ་ཆེན་ཞིག་རེད། དེ་བཞིན་གསར་དང་གཞོན་གསུམ་དག་གིས་འདས་མཆོད་ཀྱི་ཆོ་ག་བྱེད་སྟངས་མི་ཤེས་པ་མ་ཟད། ཉམས་སྨྱོང་ཡོད་པའི་རྒན་པོ་མང་པོ་ཞིག་འདས་ནས་ད་ཅང་ཉག་ཕྲ་བའི་དུས་ལ་ཐོན་ཡོད། དེའི་རྐྱེན་གྱིས་བོད་མིའི་དུར་སྲོལ་ཕྱོགས་ལ་ཞིབ་འཇུག་ཙམ་བྱེད་ཁུལ་བགྱིས་པ་འདི་ལ་དཔྱོད་ལྡན་མཁས་པ་དག་གིས་ནོར་བ་ཡོ་བསྲང་དང་། དགོངས་འཆར་གནང་བར་བཀའ་དྲིན་སྐྱོང་ཐག་པ་ནས་ཞུ།

དང་པོ། འཆི་ཁའི་སྔོན་ལ་ཇི་ལྟར་བྱེད་ཚུལ།

མི་སུ་ཞིག་ཡིན་རུང་སྐྱེ་ཀ་ན་འཆི་ནི་འཇིག་རྟེན་གྱི་ལྡོག་ཐབས་མེད་པའི་ཆོས་ཉིད་ཅིག་ཡིན་པ་རེད།

འཆི་བ་ལ་ཚེ་ཟད་ནས་འཆི་བ། ཀ་བས་འཆི་བ། ན་བས་འཆི་བ། བགེགས་བར་ཆད་ཀྱིས་འཆི་བ་བཅས་འཆི་ཚུལ་མི་འདྲ་བ་བཞི་ཡོད་པ་ལས་ན་བ་དང་བགེགས་བར་ཆད་ཀྱིས་འཆི་བ་ལ་བཅོས་ཐབས་དང་བཟློག་ཐབས་ཡོད་ཀྱང་། ཚེ་ཟད་དང་ཀ་བས་འཆི་བ་ལ་བཟློག་ཐབས་མེད། སྐྱེ་འདས་གང་ཞིག་ཡིན་རུང་འཆི་ཁའི་སྔོན་ལ་སྐད་ཆ་ལྷབ་ལྷིབ་བཤད་ཐུབ་པ་ཙམ་གྱི་དུས་སུ་ཁ་ཆེམས་འཇོག་རྒྱུ་ཡོད་མེད་ལ་སྨུག་པ་ཡིན། ཁ་ཆེམས་འཇོག་པ་ནི་ཤུལ་བཞག་རྒྱུ་ནོར་སོགས་བགོ་བཤའ་རྒྱག་རྒྱུ་དང་ཕུ་ནུ་ཉེ་དུ་བར་རྩོད་གཞི་མི་འབྱུང་བའི་ཆེད་དུ་བཅོལ་གདམས་བྱེད་པ་ཡིན། ཤི་པོའི་ཁ་ཆེམས་ནི་ཉེ་མི་ཀུན་གྱིས་བརྩི་གནང་བྱེད་བཞིན་ཡོད་ལ་མ་བརྩིས་ན་ཤིན་ཏུ་ངོ་ཚ་ཆེ། འོན་ཀྱང་“ཉལ་ཁར་ཆུ་མ་མང་། འཆི་ཁར་གཏམ་མ་མང་”ཞེས་པའི་བཤད་ཚུལ་ཡོད་པས་འཆི་ཁར་ཉོག་གཏམ་བཤད་རྒྱུ་མང་དྲགས་ན་རྗེས་འཇུག་པའི་མདོ་སྒྲིལ་དཀའ་བའི་གནས་སུ་འགྱུར་བས་སྡོམ་ཚིག་དེ་བྱུང་བ་རེད། ཡིན་ཀྱང་གཏམ་གྱི་ཐ་མ་ཁ་ཆེམས་དང་ཟས་ཀྱི་ཐ་མ་འཕེལ་གདུང་། བཏུང་བའི་ཐ་མ་བྱིན་རྟེན་ཟེར་བས་ཁ་ཆེམས་ནི་ཉེ་དུ་ཚང་མས་རེ་སྨུག་བྱེད་པའི་དོན་དག་ཅིག་ཡིན། འདས་པོས་ཁ་ཆེམས་འཇོག་ཐུབ་མིན་གཉིས་ཀ་ཡོད་ལ། དེ་ནས་གཅན་གཟན་པགས་པའི་ཉལ་གདན་དང་ལུས་ལ་གྱོན་པའི་དུད་འགྲོའི་པགས་རིགས་ཡོད་ན་ཕུད་དགོས། གཅན་གཟན་པགས་རིགས་ཡོད་ན་འཕོ་བ་ཐེབས་དཀའ་བའི་བཤད་ཚུལ་ཡོད་པ་མ་ཟད། འཆི་ཁར་པགས་རིགས་ལུས་ལ་གྱོན་ནས་ཤི་ན་སྐྱེ་བ་ཕྱི་མར་རི་དྭགས་དང་གཅན་གཟན་གྱི་ལུས་ཐོབ་པའི་བཤད་ཚུལ་ཡོད། གཏམ་སྨྲ་མི་ཐུབ་ཅིང་ཕྱི་དབུགས་ཆད་ལ་ཁད་པའི་ཚེ་ནང་མི་སེར་སྐྱ་གང་རུང་བས་སྐད་ཤུགས་ཆེན་པོས་རྣ་ལམ་ལ་ཁོ་རང་གི་དད་པ་བྱེད་སའི་བླ་མ་གང་རུང་ཞིག་གི་མཚན་ནས་བོས་ཏེ་སྨོམས་ཤིག གསོལ་བ་ཐོབས་ཞེས་གདམས་དགོས། བཟའ་ཟླ་དང་བུ་ཕྲུག་ཤི་པོའི་གམ་དུ་ཡོང་དུ་མི་འཇུག རྒྱུ་མཚན་ནི་ཤི་པོའི་སེམས་མི་འཁྲུགས་པ་དང་ཞེན་ཆགས་མི་ཡོང་བའི་ཆེད་ཡིན་ནོ། །མིག་ཆུ་ཕུང་པོའི་སྟེང་ལ་གཏན་ནས་ཐིགས་སུ་མི་འཇུག་པ་ནི་རྣམ་ཤེས་འགྲོ་བདེ་བའམ་ཞེན་ཆགས་སྐྱུངས་པའི་ཕྱིར་རོ། །འཆི་བ་དང་མཉམ་དུ་བུ་སྤུན་གང་རུང་ཞིག་གིས་ཁའི་ནང་དུ་གསེར་དངུལ་ལྕགས་གསུམ་གྱིས་སོ་ཤན་ཡོད་ན་བཀྱོལ་བ་དང་མིག་སྐྱིབས་མར་འགེབས་པ། ཁ་ངོ་བཙའ་བ་བཅས་བྱེད། གསེར་ནི་དང་པོ་དུག་སེལ་དུ་ཅ་ནི་ཞབས་དང་ཐུར་མགོར་ཤན་ལ་རྗེས་སུ་ཁའི་ནང་དུ་ཤན་པའི་སྲོལ་ཆགས། “གསེར་ནི་ཚེ་རིང་ཀུས་སྲ་དབྱིག་དུག་སེལ། །ཞེས་དང་། མན་ངག་བེའུ་བུམ་ལས། གསེར་ནི་རོ་བསྐ་ཞུ་རྗེས་ཁ། །ནུས་བསིལ་དུག་སེལ་ཚེ་འཕེལ་ཡང་། །དུག་དང་ལྡན་པའི་སྐྱེས་ལྡན་གཅོད། །”[2] ཅེས་སོ། །གཞན་ས་སྟོང་ལུང་སྟོང་ནས་འབྲུགས་ཤིར་ཐེབས་ཏེ་ཕུང་པོ་མཉེན་འགྱུགས་བྱེད་མི་ཐུབ་པ་ཡིན་ན་ཚ་བསུར་དང་ཤུག་པ་དབུས་སྤོས་སོགས་ཀྱི་དུ་བ་བདུག་ན་རུས་ཚིགས་ལྷོད་ནས་གདུང་བཅོས་བྱེད་སླ། ནང་མི་ཐམས་ཅད་གྲོས་བྱས་ཏེ་འཕོ་བ་གནང་མཁན་བླ་མ་དང་དགེ་འདུན་པ་གདན་ཞུ་བྱ་རྒྱུ་

དང་བསྔོ་རྟེན་ཇི་ལྟར་འབུལ་རྒྱུའི་ཐག་བཅད་རྗེས་དགོན་སྡེ་ཁག་དང་བླ་མ་རྣམས་ལ་བསྔོ་རྟེན་འབུལ་དུ་འགྲོ། གཤིན་པོའི་ཕུང་པོ་དེར་བླ་མས་འཕོ་བ་མ་གསུངས་པར་སུས་ཀྱང་རིག་མི་ཐུབ། སུས་རིག་ན་རྣམ་ཤེས་ཕྱིར་འཕོ་ངེས་པའི་ཕྱིར་རོ། །རྣམ་ཤེས་ལུས་སྨད་ནས་ཐོན་ན་ངན་སོང་དང་ལུས་སྟོད་ནས་ཐོན་ན་བདེ་འགྲོ། ཞབས་སྒོ་ནས་འཕོས་ན་ཡི་དྭགས། ལྟེ་བ་ནས་འཕོས་ན་དམྱལ་བའི་ཁམས་ནས་སྐྱེ་བ་དང་། སྤྱི་གཙུག་ནས་འཕོས་ན་མཐོ་རིས་ནས་སྐྱེ་ཞེས་ཤོད་སྲོལ་ཡོད་པས་སྤྱི་གཙུག་ནས་སྐྲ་ཉག་མ་འགའ་འབལ་བའང་སྤྱི་གཙུག་ཚངས་པའི་བུ་ག་ནས་རྣམ་ཤེས་འཕོས་ཚུལ་སྟོན་པ་ཡིན། འཕོ་བ་ལ་འདས་པོ་རྗེས་འཛིན་གྱི་འཕོ་བ་སོགས་ལྔ་ཡོད་པ་ལས་སྐབས་འདིར་གསུང་བ་ནི་འདུ་ཤེས་གསུམ་ལྡན་གྱི་འཕོ་བའམ་བླ་མའི་འཕོ་བ་ཟེར་བ་དེ་ཡིན། འཕོ་བ་ནི་སྐྱེ་བ་ཕྱི་མར་སྦྱིར་འཁོར་བ་དང་། ཁྱད་པར་ངན་སོང་གསུམ་ལས་སྐྱོབ་ཆེད་རྣམ་ཤེས་བཙན་ཐབས་ཀྱིས་དག་ཞིང་དུ་སྐྱེལ་བའི་གསང་སྔགས་ཀྱི་ཐབས་ལམ་ཁྱད་འཕགས་པ་ཞིག་ཡིན། ཡང་བླ་མ་གལ་ཆེན་འགའ་ཞིག་ངོ་ཕེབས་མ་ཐུབ་པའི་རིགས་ལ་རྒྱང་འཕོ་གནང་སྐྱོང་ཞུ་དགོས། ཡང་བླ་མ་འགའ་ཞིག་ནས་འཕོ་རྫས་རིལ་བུ་གནང་སྲོལ་ཡོད། རིལ་བུ་དེ་གནང་ན་འདས་པོའི་ཕུང་པོར་གཞན་གྱི་ལག་པ་མ་རེག་གོང་སྐྱེས་པ་རིགས་བཟང་ཞིག་གིས་ལག་པ་ཆུས་བཀྲུས་ཏེ་འབྲི་མར་རམ། བ་མར་གང་རུང་གིས་འདས་པོའི་སྤྱི་གཙུག་ལ་རིལ་བུ་སྦྱོར་ཞིང་། རིལ་བུ་སྦྱོར་བྱེད་ཀྱི་མར་དེ་མཛོ་མོའི་མར་མི་རུང་སྟེ་མཛོ་མོ་ནི་རིགས་བཙོག་པོ་ཡིན་པར་བཤད་འདུག བླ་མ་ལ་བསྔོ་རྟེན་འབུལ་བ་དང་མཉམ་དུ་འགྲོ་སྐར་དང་གཤིན་སྐར་སོགས་ལ་བལྟས་རྗེས་གཟའ་སྐར་འཕྲོད་སྦྱོར་གྱི་ཉིན་ཕུང་པོ་ཕྱིར་གཏོང་བྱེད་དགོས། དགུན་ཁར་ནམ་ཟླ་འཁྱགས་དུས་བེམ་པོ་ཉིན་གཉིས་གསུམ་ཙམ་ལ་ཁྱིམ་ནས་འཛོག་སྲོལ་ཡོད། དེ་ནི་ཕུང་པོའི་ཕྱི་སྲོག་ཆད་ཀྱང་ནང་སྲོག་མི་ཆད་པར་འདས་ལོག་འབྱུང་སྲིད་པ་རེད། ཕུང་པོ་འཛོག་སར་རས་དཀར་པོའི་ཡོལ་བ་འཐེན་ནས་ཕྱི་ལ་ཕུང་ཐོག་ནས་བསྒྲོད་པའམ་ཉི་འོད་མཐོང་སར་བཞག་ན་རོ་ལངས་རྒྱག་པའི་བཤད་ཚུལ་ཡོད། དབྱར་ཁ་ཚ་བ་ཆེ་དུས་ཉིན་གཅིག་གཉིས་ཙམ་ལས་མི་འཇོག གལ་ཏེ་གཤིན་སྐར་མེད་ན་སྐར་བཙོས་བསྒྱུབས་ཏེ་ཕུང་པོ་སྐྱེལ་ཐབས་བྱེད་དགོས། འགྲོ་སྐར་སྐར་མ་སྨིན་དྲུག་དང་འཕྲད་ན་ཆེས་མི་ལེགས་པར་བརྩི་ཞིང་ཉེ་འཁོར་ལས་མི་དྲུག་འཆི་བའི་ངན་ལྟས་ཡིན་ཟེར། གཤིན་སྐར་དང་འཕྲོད་ན་ནང་མི་བསམ་ཤེས་ཤིག་གིས་གཤིན་བཙོས་བྱེད་པ་ཡིན་ཏེ་ཙོག་པུའམ་བསྐྱལ་བ་ལ་ཆུ་ལམ་རྩ་ལམ་ཁ་བཏགས་དང་ཐ་གུ་དཀར་པོས་བསྡམས་ཏེ་དབུགས་ཆུ་སོགས་ཕྱིར་མི་ཐོན་པར་བྱེད་པ་ཡིན། ཁ་སྒོ་སོགས་ནས་གཤེར་མི་འཛག་པའི་ཆེད་དུ་སྐྱེས་པ་ཡིན་ན་ཕོ་རྟགས་ཀྱི་རྩེ་མོ་བལ་ལམ། རས་སྐུད་ཀྱིས་བསྡམས། ཁ་སྣ་དང་། འོག་སྒོ་མར་གྱིས་བཀག བུད་མེད་ཡིན་ན་ཆུ་སྒོའང་མར་གྱིས་འགོག "བླ་སྤྲུལ་དང་དགེ་བའི་བཤེས་གཉེན་སྨྱུ་ངན་འདའ་ཁར་སྐྱེ་བོ་ཐ་མལ་བཞིན་དུ་གཉེན་ཉེ་དུ་སོགས་ངུ་སྐད་འཚེར་བ་ཅན་རྣམས་དྲུང་ནས་འདུག

མི་ཉན། ཆོས་གནད་ཤེས་པའི་ཆོས་གྲོགས་སམ་སློབ་མ་ནང་གཙང་རེ་གཉིས་ཀྱིས་གསོལ་འདེབས་དང་བཅས། བསྟན་འགྲོར་ཕན་ཐོགས་པའི་སྤྲུལ་སྐུ་འཁྲུལ་མེད་རེ་འབྱོན་པའི་དགོས་པ་གལ་ཆེན་ཡོད་ན་དེ་ལུགས་སྔོན་སྐུལ་གནད་འདྲིལ་རེ་ཚིག་གམ་ཕལ་སྐད་ཀྱིས་ཞུ། སྐྱིས་བུ་དམ་པ་ཉམས་རྟོགས་དང་ལྡན་པ་ཞིག་ཡིན་ན་ཐུགས་དམ་ལ་ཅིས་ཀྱང་བཞུགས་དགོས་པའི་ངེས་པ་མེད། ཕལ་ཆེ་བ་སྟོན་པ་ཐུགས་རྗེ་ཅན་སྐུ་འདའ་ཁའི་རྣམ་ཐར་བཞིན་དུ་གནས་ཁང་གི་ཁ་འཕོར་ཕྱོགས་འཁྲིག་ན་དབུ་བྱང་བསྟན། གདོང་ནུབ་བསྟན། ཞབས་ལྷོ་བསྟན། རྒྱབ་ཤར་བསྟན་བྱས་ནས་གློ་གཡས་པ་ས་ལ་ཕབ་སྟེ་སེང་གེའི་ཉལ་སྟངས་དང་། ཕྱག་གཡས་པ་འགྲམ་པ་གཡས་ལ་བརྟེན་པ། གཡོན་པ་དཔྱི་མགོ་གཡོན་པ་ལ་བརྟེན་པ། ཞབས་ཕྱུས་གཉིས་ཅུང་ཟད་བསྐུམས་པ། སྣ་བུག་གཡས་པ་ནས་ཞི་སྟང་གི་རླུང་རྒྱུ་བ་དེ་འགོག་ཆེད་མ་མོག་གིས་བཅད་དེ་ཆོས་གོས་རྣམ་གསུམ་ལྷེད་མི་ཆེ་ཐབས་ཀྱིས་ཐོག་ལ་འགེབས། སྟེས་མགོར་ལམ་སྟེགས་ཀྱི་ཞལ་ཕྱི། རྩ་བའི་བླ་མའི་སྐུ་བརྙན་དང་སྟོན་པ་རྗེ་སྐུ་སོགས་ཀྱང་བཤམས། གནས་ཁང་གི་ཁ་འཕོར་ཕྱོགས་གོང་སློས་ལྟར་མ་འཁྲིག་ན་གང་བདེ་བྱས་ཆོག དམ་པ་འགའ་རེ་འདའ་ཁར་སྐྱིལ་ཀྲུང་དམ་ཙོག་པུའི་འདུག་སྟངས་ཀྱིས་འདའ་བའི་ཉམས་བརྟོད་ན་དེ་ལ་རང་འདོད་ཀྱིས་བཙན་སྒྱུར་མི་བྱེད། དེར་མ་ཟད་ས་པཎ་གྱི་སྐུ་སྲིད་བཟོད་པ་རིང་མོ་དང་རྒྱ་ནག་གི་ཧྭ་ཤང་འགའ་རེ་བཞེངས་བཞིན་དུ་འདས་པའང་ཡོད། ཐུགས་རིག་མི་གསལ་བའི་མགོ་རྗོམ་དུས་སངས་རྒྱས་ཀྱི་འཕེལ་གདུང་ངམ། རྟེན་འདུས་རིལ་བུ། སྐྱེ་བདུན་རིལ་བུ་སོགས་བྱིན་རྟེན་རྩ་ཆེ་འོ་མར་སྦྱངས་པ་ཞལ་དུ་ངེས་པར་དུ་འདྲེན། ཧླུན་པོ་མི་ཤེས་པ་ཆོས་སྐུ་གྲོངས་དུས་ཐུགས་དམ་ལ་མ་བཞུགས་ན་མཚང་དུ་བརྩིས་ནས་བཙན་ཚུགས་ཀྱིས་ཙོག་སྒོང་བྱེད་དུ་བཅུག་ན་ཡུལ་དེ་ལ་གནོད་པའི་རྐྱེན་དུ་འགྲོ་བར་དམ་པ་གོང་མས་གསུངས་པ་ལྟར་ཡིན་ལ། གོ་ཐོས་སུ་རྒྱ་ནག་གི་ཧྭ་ཤང་རྣམས་གྲོངས་ཁར་ཕྱི་དབུགས་ཆད་ཙམ་ནས་ཐ་གུ་སྡོམ་ཟེར་བ་བདེན་མིན་ཅི་ཆ་ཡང་། གལ་ཏེ་བདེན་ན་དེ་ནི་གཏན་ནས་མི་རུང་སྟེ། ནད་པ་ན་ཡུན་རིང་ནས་ལུས་ཁམས་ཟུངས་ཟད་ཅན་ཡིན་ན་མ་གཏོགས་རྣམ་ཤེས་འཕོས་པའི་ལྟས་སུ་སྣ་བུག་ནས་ཁམས་དམར་པོ་དང་། གསང་གནས་ནས་ཁམས་དཀར་པོ་མ་བབས་པའི་གོང་ལ་གཏན་ནས་སྐུལ་སྐྱོད་བྱེད་མི་རུང་། དེ་ལ་དུས་ངེས་པ་མེད་དེ། ཐུང་ན་ཞག་གཅིག རིང་ན་ཞག་གསུམ་ཙམ་ལ་ངེས་པར་རྟགས་ཐོན། འོན་ཀྱང་ལུས་ལ་གཏར་ཁ་དང་ཟུངས་ཟད་ཀྱི་དབང་གིས་མཐའ་གཅིག་ཏུ་བྱང་སེམས་དཀར་དམར་འབབ་དགོས་པའི་ངེས་པ་ཡང་མི་འདུག དེའི་སྐབས་སུ་ཕྱིར་བཏང་ལ་གསང་རྒྱ་རེ་བྱས་ན་བཟང་། ཉེ་འཁོར་དུ་ཁྲིག་སྒྲ་ཀུ་ཅོ་དུད་མོ་སྐད་མཐོན་པོས་ཆོ་ག་འདོན་པ་དང་དུང་དང་རོལ་མོ་སོགས་མི་བྱེད། མཆོད་པ་དང་མཆོད་མེ་སོགས་གང་འབྱོར་འབུལ། སྟོན་ཆད་ཡིན་ན་དབུས་སྤྱིས་བཟང་པོ་མི་སྦྲོན། རྒྱུ་མཚན་ནི་སྤྱིས་དུད་སྐུ་ལ་ཐོག་ན་རུས་ཚིགས་རྣམས་ལྷོད་པར་འགྲོ་ཉེན་ཆེ། ཐུགས་དམ་གྲོལ་བའི་རྟགས་ཐོན་པ་

ན། དཔལ་ལྡན་བླ་མ་དམ་པའི་ཐུགས་བདེ་གསལ་མི་རྟོག་པའི་ཡེ་ཤེས་དབུ་གཙུག་ནས་ཡེ་ཤེས་སེམས་དཔའ་ཚུལ་གྱིས་ཐོན་ཏེ་མདུན་གྱི་ནམ་མཁར་བཞུགས་པར་གྱུར། ཅེས་བརྗོད་ཅིང་བསམ་ན་མོས་ངོ་དང་མཐུན་ཚབས་ཆེའོ"[3]ཞེས་གསུངས་པ་ལྟར་རོ། །

ཉེ་མི་རྣམས་ཀྱིས་མྱུ་ངན་མཚོན་བྱེད་དུ་མགོ་བོའི་སྐྲ་བཤིགས། སྐྲ་ཞུག་འགྲོལ། གདོང་མི་བཀྲུ། སྐུ་གཞས་མི་གཏོང་། རྣ་རྒྱན་དང་མཆོན་རྒྱན་ལ་སོགས་མི་འདོགས། གྱོན་པ་རྙིང་ཧྲུལ་གྱོན། ཉིན་ཞག་ཞེ་དགུ་རིང་ལ་སྨྱ་ར་དང་ཁ་སྤུ་མི་བཞར། མགོ་སྐྲ་མི་བཀྲུ་བ། ཞྭ་མི་གོན་པའམ་ཞྭ་ཕྱིར་སློག་ནས་གྱོན་པ་དང་བུད་མེད་རྣམས་ཀྱིས་སྐྲ་སྙེར་བལ་ཐིག་དཀར་པོ་འདོགས་པ་དང་སྐྲ་ལུང་ཕྱིར་བསློགས། སློ་ཐིག་བཅིངས། སྐ་རགས་སྣེ་གཉིས་ཐུར་དཔྱངས་སུ་མི་འཛོག་པ་ནི་འདུན་བྱེད་པའི་མཚོན་རྟགས་ཡིན།(གཞན་སྐ་རགས་སྣེ་གཉིས་སྤུན་ནས་སྤུར་བའང་འདས་རྟགས་མཚོན།) "ཕ་མ་ཤི་ཚེ་སྐྲ་འབྲིག གདོང་ལ་ཚོས་ནག་པོ་འབྱུག གྱོན་པ་ནག་པོར་བྱེད། དུར་དུ་ཐུས་ཟིན་ན་འདུན་ཡང་གྲོལ"[4]ཅེས་བཤད་པ་ལྟར་སྔོན་དུས་དེ་འདྲའི་སྲོལ་ཀྱང་ཡོད་པར་ངེས། དེར་མི་འདུན་དང་ཁང་འདུན་གཉིས་ཡོད་ཅིང་མི་འདུན་ནི་གོང་དུ་བཤད་པ་དེ་ཡིན། ཁྱིམ་ཚང་གི་མི་གཙོ་བོ་འདས་ན་མ་གཏོགས་ཁང་འདུན་མི་བྱེད། ལོ་གཅིག་ལ་ཁང་པའམ་སྦྲ་ནང་གི་དུད་པ་ལ་སོགས་གཙང་སྦྲ་མི་བྱེད་པར་མ་ཟད། འཚེམ་བཟོ་བཟོ་སྐྲུན་དང་སག་རྩེ་ཚོས་སོགས་མི་བྱུགས། 《ཡིག་ཚང་རུས་སྟལ་མ》རུ"གཡུལ་འགྱེད་ཀྱི་ཁྲིད་ཤི་ཚེ་བང་སོར་ཚོས་དཀར་པོ་འབྱུག་སྟེ། ལོགས་ཀྱི་བང་སོ་རྣམས་དང་མི་འདྲེས་པར་བྱེད། གཡུལ་དུ་ཤི་བ་རྣམས་ས་དེ་གར་ཐུས། སྟོང་པོ་བཙུགས་ནས་མཆོད་འབུལ་སོགས་བྱེད། ལྷ་ནག་པོ་གྱོན་ཞིང་ལོ་གཅིག་ལ་འདུན་བྱེད"[5]ཅེས་དང་། ཚོ་ཁག་གཅིག་པའི་མི་ཤི་སོང་ན་ལོ་ཕྱིལ་པོར་ཚང་མས་འདུན་བྱེད་པ་ཡིན། གལ་ཏེ་སྐྱེས་ཆེན་དམ་པ་ཞིག་གཤེགས་པ་ཡིན་ན་དགོན་པའི་དར་ལྕོག་གཞོལ་བ་དང་། གསེར་ཏོག་དང་རྒྱལ་མཚན་རྣམས་རས་ཀྱིས་བཏུམས་ནས་མྱུ་ངན་བྱེད་དོ། །

གཉིས་པ། ཕུང་པོ་སྐྱེལ་སྟངས་སྐོར།

ཕུང་པོ་སྐྱེལ་བའི་དུས་ལ་མ་ཐོན་གོང་སྔེ་མི་ཡོངས་འདས་ཁྱིམ་ལ་ཡོང་ནས་སྐད་ངག་སྙན་པའི་དབུ་ཁྲིད་ཅིག་གིས་སྐྱོ་བའི་ཚུལ་གྱི་དབྱངས་རྟ་སྙན་མོར་དྲངས་ནས་མ་ཎི་བསྒོ་བའི་སྲོལ་འདུག ཕུང་པོ་སྐྱེལ་བའི་དུས་འཇལ་ཤིང་གཉིས་ཀྱིས་མགྱོགས་ཁྲི་བཟོས་ཡོད་པ་དེའི་སྟེང་གདན་དཀར་ཉིས་ལྟེབས་ཤིག་བཏིངས་པའི་ཐོག་བཞག་རྗེས་ཤ་ཉེ་སྐྱེ་བོ་བཞིས་འཁུར་ནས་འགྲོ་ལ་ནང་ནས་ཕྱིར་ཐོན་དུས་ཕུང་པོའི་ཁ་ནང་ལ་སྐོར་བ་དང་། ཕྱི་ནས་འགྱོགས་ཁྲི་གོ་བརྗེས་ནས་ལྷག་རྒྱབ་ཡུལ་ཕྱོགས་ལ་བསྟོད་པ་ནི་ཁྱིམ་ཚང་གི་ཡོད་ཚད་བློས་བཏང་བའི་མཚོན་རྟགས་དང་ཞེན་ཆགས་མེད་པ་སྟོན་པའི་ཆེད་ཡིན། ཕུང་པོ་ཅིག་

སྤུར་བཅོས་པ་ལ་བུ་དང་སྤུན་མཆེད་གང་རུང་ཞིག་གིས་ཁ་ལྟག་སྤྲོད་དུ་འཁྱུར་ཏེ་གཡས་གཡོན་ནས་བསྐྱོར་ཏེ་འགྲོ། ཕུང་པོའི་ཁ་ཡུལ་ཕྱོགས་ལ་འཁོར་ནས་འཁྱུར་མཁན་དང་ལྟག་སྤྲོད་དུ་འཁྱུར་དོན་ཡང་རྣམ་ཤེས་ཕྱིར་རང་ཁྱིམ་ནས་སྐྱེ་བའི་སྨོན་ལམ་བཏབ་པ་ཡིན། ཁྱིམ་ནས་ཕུང་པོ་སྐྱེལ་མཁན་ཁ་ཕྱིར་མི་འཁོར་བ་དང་ངལ་གསོ་བའི་སྲོལ་མེད། དབུས་གཙང་ས་ཁུལ་དུ་ཕུང་པོ་སྐྱེལ་སའི་དུར་ཁྲོད་དང་སྦྱིན་སྲེག་བྱེད་ས་ཐག་རིང་ན་རླངས་འཁོར་གྱིས་སྐྱེལ་བ་ཡིན། ཕུང་པོ་སྐྱེལ་རྗེས་དེ་ནས་ཇ་སྤགས་ཐུག་གསུམ་ཟློས་མཐར་རང་གནས་སུ་ལོག་པ་མ་གཏོགས་དེ་ཉིན་ཞག་གཅིག་ལ་སྐྱེལ་མཁན་སོགས་འདས་པོའི་ཁྱིམ་ལ་འགྲོ་མི་ཆོག་སྐབས་དེ་ཁོངས་ནང་མི་ཡོད་ནའང་དཀའ་ཉེ་གཞན་ནམ། ཡང་ན་གཞན་སར་གནས་ཚང་གཡར་སྡོད་བྱེད་པ་ལས། རང་གི་འདས་ཁྱིམ་དུ་ཡོང་ན་མི་འགྲིག་ཁར། ཚ་ཆས་ཀྱི་ལྷག་མ་ཕྱིར་འཁྱེར་མི་ཡོང་བར་སྡོད་སྡོང་བཟོ་དགོས། ཕུང་པོའི་འཁྱོགས་ཁྲི་ཡི་འཛལ་ཤིང་ས་ཆ་ལ་ལས་དུམ་བུར་གསིལ་ནས་ཕྱིར་ཁྱེར་མི་ཡོང་། ཡང་ས་ཆ་ལ་ལར་ཁྱིས་པ་ཚོས་ཕྱིར་ཁྱེར་ཡོང་ནས་མིས་མི་མཐོང་སར་སྦས་ནས་འཇོག་པ་རེད། ཕུང་པོ་ཕྱིར་བཏང་ཟིན་ཤུལ་གྱི་ས་ཕག་དང་། འདས་ཁང་ལ་ལམ་སང་གད་བདར་རྒྱག གད་སྙིགས་བཅས་རྒྱུགས་ཆུའམ། རིང་སར་བསྐྱུར་ཏེ་མདོ་སྣེ་བརྒྱད་སྟོང་པ་ཚར་གཅིག་དག་ཐོན་འདོན་པར་སྐུ་ཡོན་ཕུལ་ནས་ཕེབས་འགྲོ་བྱས་པ་རེད། ཨ་མདོ་ཡུལ་དུ་ཕར་སྐྱེལ་དུས་གཉེན་ཉེ་རྩ་ལག་ཀུན་གྱིས་ཆ་ཆ་བྱས་ནས་སྐྱེལ་འགྲོ་བ་དང་ཚུར་ལོག་དུས་ཡ་བྱས་ནས་ལོག་ཡོང་ན་ལྟས་བཟང་པོ་ཞིག་ལ་བརྩི་བཞིན་ཡོད། ཕྱིར་ཐོན་དུས་ཐད་ཀར་ནང་དུ་མི་འཛུལ་བར་ཆུ་དཀར་ནག་གིས་རྗེ་དཀར་ནག་མེ་བསྲེས་ཡོད་པ་དེའི་སྟེང་དུ་ལག་པ་བཀྲུས་རྗེས་མེ་ཕུང་ཐོག་བགོམས་ནས་ནང་ལ་ལོག་པ་རེད། གསོལ་ཚིགས་བཞེས་ཏེ་ཇ་དང་ཐུམ་བཙོས་གོ་རེ་སྒོར་མོ་བཅས་ཁྱིམ་ཚང་གི་འཁོར་པ་ནང་ལྷར་སྐར་འགྱེད་གཏོང་བ་དང་དེ་ནས་རང་རང་མལ་དུ་ལོག་པ་རེད། འདས་པོ་ཚང་གིས་དེ་ནས་བཟུང་བདུན་གཅིག་ལ་ཐར་མདོ་མ་ཎི་གང་མང་ཞིག་རྒྱུན་ཆད་མེད་པར་མཆན་སྐོར་བྱེད་པ་ཡིན།

གསུམ་པ། ཕུང་པོ་འདད་བྱེད་ཚུལ་སྐོར།

༡.བྱ་དུར།(བྱ་གཡེང་། བྱ་འཐྱེད། རླུང་འཐྱེད། བྱ་གཏོར། གཟན་བསྐྱུར།)

གདོད་མའི་མི་མིན་དང་སྤྲ་མིན་དུས་གོས་སུ་ཤིང་ལོ་གྱོན་པ་དང་རྐོམ་དུ་ཁྲག་དྲོན་མོ་འཐུང་བ། ལྟོགས་སུ་ཤ་དམར་ཟ་བ། ལུས་གཅེར་བུར་འགྲོ་བ་དང་། དེ་ནས་རུང་མ་འགྱངས་པར་ངོ་ཚ་སྒྲིབ་བྱེད་གསང་ཁེབས་གྱོན་པ་ནས་བཟུང་གདོད་མིའི་སྤྲ་རྣམས་མི་རུ་གྱུར་པའི་མངོན་རྟགས་གཙོ་བོ་གྲུབ་ནའང་། ཤི་བའི་ཕུང་པོ་གང་འདོད་སར་འཕེན་པའམ་བདག་མེད་དུ་དོར་བའི་གནས་ཚུལ་མཐོང་།

ནགས་ཚལ་དང་རི་མགོ། གཞོང་པ། ཀྱག་ཀྱོག་རི་ཁྲུལ་སོགས་སུ་བདག་དམ་མེད་པར་འཕངས་པ་དེ་གཅན་གཟན་དང་སྤྱིར་ཆགས་ལ་སོགས་པའི་ཁ་ཟས་སུ་གྱུར་པ་རེད། རྗེས་སུ་མིའི་འདུ་ཤེས་འཕེལ་རྒྱས་དང་ཀླད་ཤུགས་ཇེ་རྒྱས་སུ་སོང་སྟེ་གང་སར་ཁྲག་དང་ལུས་ཀྱི་ཆ་ཤས་འཐོར་བ་མིག་གིས་མི་བཟོད་པས་རི་མཐོ་སར་སྐྱེལ་ནས་བྱ་རྒོད་དང་སྤྱིར་ཆགས་མང་པོ་ལ་གཟན་བསྐྱུར་པའི་གོ་རྫོགས་སྐྱེས། དེ་ནི་རང་བྱུང་ཁམས་ཀྱི་བབ་དང་བསྟུན་ནས་བྱ་རྒོད་ལ་འཕེན་པའི་འདུ་ཤེས་ཐོག་མ་ཆགས་པ་རེད་སྙམ། ལོ་རྒྱུས་འཕེལ་རྒྱུན་རིང་མོ་ལས་ས་དུར་སྤྲས་པའི་སྲོལ་ཡང་རིམ་བཞིན་ཆགས་པ་སྟེ། "བོད་རྗེ་གཉའ་ཁྲི་བཙན་པོ་ནས་གྲི་གུམ་བཙན་པོ་ལོ་ངམ་གྱིས་བཀྲོངས་ཏེ་ཕུར་ཆུར་བསྐྱུར་བ་ཀོང་བྱེ་ལག་ནས་ཐོན་ཏེ་དེར་བང་སོ་བྱས་པའི་ཐོག་མ་བྱུང་། ཕུ་དེ་གུང་རྒྱལ་ནས་སླད་དར་མའི་བར་རྒྱལ་ཐོག་རིམ་བྱུང་ཕུར་ལ་གསེར་བྱུགས་ཏེ་དདུལ་ལམ། རྫོ། རྫའི་ཕུར། སྨམ་མམ། གཡུར་བཙུག་བང་སོའི་རེའུ་མིག་དགུ་པའི་དབུས་ཀྱི་ཁྲི་ལ་བཞག་སྟེ་མཐའ་སྐོར་ན་རྒྱལ་པོའི་དགོར་ནོར་བཀང་ནས་བང་སོར་བཞུགས་ཤིང་། དེར་ལོ་དུས་ཀྱི་མཆོད་པ་སོགས་བྱེད་པའི་སྲོལ་ཡོད། འབངས་རྣམས་ཀྱི་ཕུང་པོ་ནི། ལ་ལ་མེར་བསྲེགས་པ་དང་། ལ་ལ་ཆུར་སྐྱུར་། ཕལ་ཆེ་བ་སར་སྦ་བ་སོགས་བྱེད། སར་སྦ་བ་རྣམས་ལ་རྡོ་སྨམ་སོགས་ཡོད་པའི་ཡིག་ཆ་མཐོང་། རྗེས་སུ་བླ་མ་ཆེ་ཁག་གི་སྐུ་པར་དམར་གདུང་མཆོད་རྟེན་གྱི་ནང་བཞུགས་སུ་གསོལ་བ་དང་། ཡང་ན་ཞུགས་སུ་ཕུལ་བའི་གདུང་རུས་སམ། གདུང་ཐལ་རྣམས་མཆོད་རྟེན་དུ་བཞུགས་པ་དང་། ལ་ལ་ལྷ་སྐུ་བཞེངས་པ་དང་། སཙྪ་རྒྱག་པ། གདུང་ཐལ་སྨག་ཚར་བསྲེས་ཏེ་འབུམ་དང་། བཀའ་འགྱུར་སོགས་སྐྱ་ཆོས་བྲི་བ་སོགས་བྱེད། མི་མང་སྐྱེ་བོའི་ནང་རུས་ཆེན་དམིགས་བསལ་ཅན་འགའ་ཤས་དམར་གདུང་ངམ། གདུང་རྟེན་འཛོག་སྲོལ་ལས་དེ་བྱིངས་མེར་བསྲེགས་ལ། ཕལ་ཆེ་བ་ཤ་དུམ་གཏུབས་ཤིང་རུས་པ་རྣམས་རྫོགས་ཏེ་བྱ་རྒོད་ལ་སྟེར་བའི་སྲོལ་ཡོད། དེ་ནི་ཆོས་ཕྱོགས་ནས་བྱ་རྒོད་ལྟོགས་པར་ལུས་སྦྱིན་པར་བཏང་བའི་ཡིད་སྨོན་བྱེད་པ་དང་། བྱ་རྒོད་ལ་སྟེར་ས་དེར་དུར་ཁྲོད་ཟེར་བ་རེད། ཡང་འགོས་ནད་ཀྱིས་ཤི་བ་དང་ཁྲིམས་ཐོག་ནས་བསད་པ་ཡིན་ན་སར་སྦ་བ་ལས་བྱ་གཏོར་སོགས་བྱས་མི་ཆོག"[6] བོད་ཀྱི་བཙན་པོ་ཐོག་མ་གཉའ་ཁྲི་བཙན་པོ་ནས་གྲི་གུམ་བཙན་པོ་བར་ལ་ཐེམ་པོ་གནམ་ལ་འཇའ་ལྟར་ཡལ་ཞེས་པ་ལྟར་རྨུ་ཐག་ལས་གནམ་ལ་གཤེགས་པས"བང་སོ་གནམ་ལ་བཏབ"ཅེས་པ་ནི་དོན་དངོས་དང་མཐུན་ཐབས་མེད་པའི་ལྟ་བ་ཞིག་ཡིན་ཀྱང་དཔྱད་རྒྱུ་ཆེན་པོ་ཡོད་སྙམ། དེང་རབས་མཁས་པ་མང་པོས་སྨྲིན་བསྲེགས་ལ་དོས་འཛིན་གྱིན་ཡོད་ལ། རྨུ་ཐག་ནི་དུ་བ་གནམ་ལ་འཕྱུར་བ་དེར་ངོས་འཛིན་པའི་ལྟ་ཚུལ་མངོན་པ་རེད། ཁོ་བོས་དེ་ལྟར་འདོད་པ་མ་ཡིན་པར་བྱ་གཡེང་དེ་ཡིན་པར་འདོད། བྱ་གཡེང་ནི་བོད་ལ་གནའ་སྔ་མོ་ནས་ཡོད། ཨ་མདོའི་སྐད་དུ་གཡེ་ཟེར། གཡེ་ནི་བྱ་གཡེང་གི་བརྡ་རྙིང་རེད། ཨ་མདོར་ཞི་བྱེད་པའི་ཤན་ཞུགས་མེད་པའི་ས་ཆར་ཡང་སྲོལ་འདི་ཡོངས་སུ་དར་ཡོད། "རྨུ་ཐག་ནི་ལབ་ཅེ་

བསྟོད་སྐབས་ད་ལྟའང་བཀོལ་བཞིན་པའི་བལ་ཐག་མཚམས་རེར་མདུད་པ་དང་བལ་གྱི་ཙོར་ཡོས་སྦྲས་པ་ཞིག་ཡིན་ལ། འདི་གནའ་དུས་མི་རྣམས་ཁང་པའི་ཡང་ཐོག་སོགས་མཐོ་སར་འགྲོ་བྱེད་ཀྱི་སྐས་ལྟ་བུ་ཞིག་ཡིན་པར་གོར་མ་ཆག་སྟེ། ལབ་ཙེ་ནི་གཞི་བདག་ལ་ཕོ་བྲང་བཞེངས་པ་ཞིག་དང་དེ་ལ་རྨུ་ཐག་འཐེན་པ་ནི་མཐོ་སར་ཐེབས་ལམ་གྱི་སྐས་བཟོས་པ་ཡིན་ནམ་སྙམ། ས་ཆ་འགར་དུར་འདེབས་སྐབས་ཀྱང་དུར་སའི་གོང་དུ་རྨུ་ཐག་འཐེན་པའི་སྲོལ་མཆིས་པའང་འདས་པོ་དེ་ཉིད་ལྷ་ཡུལ་དུ་བགྲོད་བྱེད་ཀྱི་ཐེམ་སྐས་བཟོས་པ་ཡིན་པར་སེམས། འདི་ལྟར་དཔྱད་ན་རྒྱལ་པོ་འདས་རྗེས་རྨུ་ཐག་ལ་འཇུས་ནས་གནམ་དུ་གཤེགས་པར་བཤད་པ་ཡང་དོན་གྱིས་བཙན་པོའི་གདུང་བྱ་ལ་གཡེང་རྗེས་གདུང་སོགས་ཤུལ་ལུས་ཅི་ཡང་མེད་པར་རྨུ་ཐག་ལ་འཇུས་ནས་གནམ་ལ་གཤེགས་པའི་ཐ་སྙད་བྱུང་ཞིང་། ཕྱིས་དེ་ལ་སྒྲོ་བཏགས་ནས་སྨྱུང་གཏམ་ཇེ་མང་དུ་འཕེལ་བར་གདོན་མི་ཟའོ་སྙམ་ལ། དེས་ན་དེང་དུས་བོད་ཀྱི་འདས་པོའི་ལུས་ཕུང་བྱ་ལ་སྦྱིན་པའི་སྲོལ་འདི་གནའ་དུས་དར་བར་ངེས་སོ། །འགའ་ཞིག་གིས་བྱ་གཡེང་སྲོལ་འདི་སངས་རྒྱས་ཆོས་ལུགས་བོད་ལ་དར་རྗེས་དང་ཁྱད་པར་ཞི་བྱེད་ཀྱི་གདམས་པ་དར་རྗེས་དར་བར་བཤད་ཀྱང་། སྔ་མ་མི་འཐད་པ་ནི་མདོ་དབུས་གཙང་གསུམ་གང་དུའང་རྒྱ་རིགས་བཞིན་གནའ་དུས་ཀྱི་དུར་ཕོན་ཆེན་པོ་མེད་པས་རྟོགས་ནུས་ལ། ཕྱི་མ་མི་འཐད་པ་ནི་རྗེ་བཙུན་མི་ལའི་མགུར་འབུམ་ལས་བྱུང་བའི་རྗེ་བཙུན་དང་དམ་པ་མཇལ་སྐབས་རྗེ་བཙུན་གྱིས་དུར་འདེབས་ཚུལ་གསུངས་པའི་མགུར་ལས་གསལ་བར་རྟོགས་ནུས་སོ། །"[7] སྐབས་དེར་བོད་ལ་དར་བའི་ཆོས་ལུགས་ནི་བོན་པོའི་ཆོས་ལུགས་ཡིན་ཏེ་བཙན་པོའི་མདུན་དུ་ཆབ་སྲིད་ལ་ཐེ་གཏོགས་དང་བཀོད་འདོམས་བྱེད་པའི་སྐུ་གཤེན་ཞིག་བཞུགས་པ་དང་ཆབ་སྲིད་དབང་ཆ་ཡོངས་རྫོགས་སྐུ་བོན་དེས་བདག་དབང་བྱེད་ཅིང་བོན་པོའི་ཆོས་འབའ་ཞིག་དར་བས་བོན་པོ་གནམ་ལ་དགའ་བའི་འདོད་ཚུལ་ལས་བྱ་དུར་ལ་གནམ་དུར་རམ་བང་སོ་གནམ་ལ་བཏབ་ཅེས་པའི་ཐ་ཚིག་བྱུང་བ་ཡིན་སྙམ། ཡང་གཅིག་བཤད་ན་གནམ་དུར་ཞེས་པའི་བང་སོ་གནམ་ལ་འདེབས་པའི་དཔེ་ཞིག་གཏན་ནས་འབྱུང་མི་སྲིད་པའི་དོན་ཞིག་ཡིན། དེ་བས་གནམ་གྱི་ཁྲི་བདུན་གྱི་བང་སོ་གནམ་ལ་བཏབ་ཅེས་པའང་བྱ་དུར་ཡིན། རྒྱུ་མཚན་ནི་བྱ་གཡེང་བའི་ལམ་ལུགས་གདོད་མ་ནས་དར་ཏེ་ལོ་རྒྱུས་འཕོར་བསྐྱོད་ཀྱི་འགྲོས་དང་བསྟུན་ནས་གོམས་སྲོལ་མི་འདྲ་བ་སྣ་ཚོགས་ཆགས་པ་རེད། མིའི་ཕུང་པོ་མཐོ་སའི་རི་མགོར་བསྐྱལ་ནས་བྱ་རྒོད་ཀྱི་ཟས་སུ་ཕྱུར་པ་དེ་བྱ་རྒོད་ཀྱིས་ཤི་བའི་རོ་མ་གཏོགས་བསད་པའི་ཤ་མི་ཟ། སླག་གིས་བསད་པའི་ཤ་མ་གཏོགས་ཤི་བའི་རོ་མི་ཟ་བས་རྒོད་ནི་མཁའ་འགྲོ་མའི་སྤྲུལ་པ། ལྷའི་བྱ། ལྷའི་སྤྲུལ་པ། ཞི་བ་དྲང་སྲོང་ཞེས་འབོད་པ་དང་བྱང་སྐྱོང་གི་འཁོར་ཡིན་པའི་སྣང་ཚུལ་ལ་བལྟས་ན་མཁའ་ལ་འཛའ་ལྟར་ཡལ་ཞེས་པ་ལྷའི་སྤྲུལ་པ་རྒོད་ཀྱིས་ལྷག་ལུས་མེད་པར་ཟོས་མཐར་བྱ་བྲུན་ཡང་མཐོ་སའམ་གཙང་སར་གཏོང་བ་དེ་ལྷ་ཡུལ་ལ་སྤྱན་དྲངས་པའི་སྣང་ཚུལ་མངོན་

བཞིན་ཡོད། དེ་ནི་ནང་བསྟན་གྱི་དགེ་བཅུའི་ནང་གི་དང་པོ་ནི་སྲོག་མི་གཅོད་པ་ཡིན་ལ་མི་ཚེ་ལས་འདས་རྗེས་བེམ་པོ་བྱ་རྒོད་ལ་སྦྱིན་པ་ཆོས་ཁྲིམས་དང་མཐུན་པ་རེད། ཕུང་པོ་རྒོད་ཀྱིས་ཟོས་རྗེས་ཉིན་ཞག་བདུན་ལ་དགུང་བསྐོར་ཟེར་བས་འདས་པོའི་རྣམ་ཤེས་མཐོ་རིས་སུ་སྐྱེས་པ་དང་གནས་ངེས་མེད་རྒྱུ་ནས་འཕུར་བས་གནས་མཇལ་གྱི་ཕན་ཡོན་ལྡན། བྱ་བྲུན་ཡང་རི་མཐོ་ས་དང་གཙང་སར་མ་གཏོགས་མི་གཏོང་བ་ནི་མཐོ་རིས་སུ་དྲངས་པའི་ལྟ་ཚུལ་འཛིན་བཞིན་ཡོད། མཐར་རྒས་ནས་འཆི་དུས་བྱའི་རོ་རླུང་གི་སྲུ་གྲིར་སྲུར་བ་ལས་ས་ལ་མི་ལྷུང་བས་རླུང་འགྲེད་ཀྱང་ཟེར་སྲོལ་འདུག དེ་སྔོན་ཕུང་པོ་དུར་ཁྲོད་ལ་སྐྱེལ་ན་རྡོ་རྗེ་མཇུག་མ་ཅན་ལ་སྦྱིན་པ་རེད། ད་ལྟའང་བསམ་ཡས་མཆིམས་ཕུ་དང་དིང་རི་རྒྱང་འཕོར་གྱི་དུར་ཁྲོད་དང་གཞན་དུར་ཁྲོད་ཀྱི་ལམ་ཁར་ཁྱི་མང་པོ་ཡོད་པ་ལ་བལྟས་ན་དེ་སྔོན་ཕུང་པོ་ཁྱི་ལ་སྦྱིན་པའི་སྲོལ་ཡོད་ཚོད་འདུག “ཕུང་པོ་དུར་ཁྲོད་ལ་འཁྱེར་ནས་བྱ་གཏོར་མ་བྱས་པའི་གོང་ཉེ་འདབས་ཀྱི་དགོན་པའམ། རི་ཁྲོད་གང་ཉེ་ནས་སློབ་ལམ་གསུང་མཁན་གྱི་དགེ་འདུན་ཡང་གདན་དྲངས་ཏེ་ཆུ་ཚོད་ཕྱེད་ཙམ་རིང་ལ་སློབ་ལམ་གསུངས་པར་སྐུ་ཡོན་ཕུལ་རྗེས་དུར་བདག་སྟོབས་ཀྱིས་བསང་དུད་ཆེན་པོ་ཞིག་བཏང་སྟེ་ཕུང་པོའི་སྒྲིལ་རྫས་བཤུས་ནས་ཕུང་པོ་ཁ་སྦུབས་སུ་བཞག་ནས་ལྟག་རྒྱབ་ལ་ཆུ་གྲི་རྣོན་པོའམ་སྟ་རེས་གསིལ་བ་དང་། དེ་ནས་གན་རྐྱལ་དུ་བཞག་སྟེ་ཁྲམ་བརྒྱབ་ནས་འཛོག་པ་དང་། དུར་ཁྲོད་ཕལ་ཆེ་བར་རྡོ་ལེབ་ཆེན་པོ་ཞིག་ཡོད་པ་རེད། དེ་ལ་དཀྱིལ་འཁོར་འབོད་སྲོལ་ཡོད། དཀྱིལ་འཁོར་མགོར་རྡོ་ཚུགས་བསླང་བ་ཡོད། ཕུང་པོ་རྒྱབ་མདུན་ཁྲམ་རྒྱབ་ཟིན་མཚམས་སྐེ་ལ་རྩྭ་ཐག་གིས་བཏགས་ནས་བཞག་སྟེ། བྱ་རྒོད་མང་པོས་ཡར་འཐེན་མར་འཐེན་དང་ཡར་འདྲུད་མར་འདྲུད་བྱས་ཀྱང་ཕུང་པོ་དཀྱིལ་འཁོར་ལས་ཕྱིར་མི་འདྲུད་པའི་ཆེད་དུ་བཏགས་པ་རེད། དེའི་ཚེ་བྱ་རྒོད་མང་པོ་རིམ་འཛོམས་ཐོག་ཕུང་པོའི་ཉེ་འཁོར་དུ་བསྐོར་ཏེ་སྡོད་པས་འཕྲོག་ཇོད་ཀྱིས་ཤ་རྣམས་བཟའ་ཞིང་། དུར་ཁྲོད་འགའ་ཞིག་ལ་བྱ་རྒོད་ཚོའི་ནང་གཙོ་འཛིན་ལྟ་བུ་གཅིག་ཡོད་པ་དེ་མ་སླེབས་བར་ཚང་མས་མི་བཟའ་བ་དང་། གཙོ་འཛིན་ལྟ་བུ་དེ་སླེབས་མཚམས་དེས་སྔོན་ལ་ཤ་རྡོག་གཉིས་གསུམ་ཙམ་ཟོས་རྗེས་ཕར་ཕྱིན་འཕྲལ་བྱ་རྒོད་ཚང་མས་འཚང་ག་ཤིག་ཤིག་གིས་ཟ་བ་རེད། བྱ་རྒོད་ཚང་མ་མི་ལ་ཞེད་སྣང་ཙམ་ཡང་མེད་པ་རེད། ཕུང་ཤ་རྣམས་བྱ་རྒོད་ཀྱིས་ཟོས་ཚར་བའི་དུས་རུས་པ་དཀར་སེང་ངེ་ཤུར་པ་དེའི་ཐོད་པའི་ཀླད་པ་རང་འཁྲིག་བཀོག་སྟེ། ཟུར་དུ་རྡོ་ལེབ་ལྷེད་མོ་ཙམ་ཞིག་གིས་ཁེབས་རྒྱབ་ནས་བཞག རུས་པ་རྣམས་རྡོ་ཡིས་བཅག་སྟེ་ཞིབ་མོར་བཏང་རྗེས་ཐོད་པའི་ཀླད་པ་རུས་པ་དང་མཉམ་དུ་བསྲེས་ཏེ་འཛོག གལ་སྲིད་ཐོད་པ་རྗེས་མཇུག་གམ། བླ་མ་སོགས་ལ་དགོས་མཁོ་ཆེ་ན་ཕུང་རྗེས་ཉར་བར་བྱེད། དེ་མིན་རུས་པ་དང་མཉམ་དུ་རྫོགས་པར་བྱེད་པ་ལས། ཐོད་པ་བདག་མེད་ཀྱིས་སུ་བྱུང་ལ་གཏན་ནས་སྤྲོད་སྟེར་མི་རུང་། རུས་པ་ཀླད་བསྲེས་དེ་དག་དང་། དུར་སྟེང་ཤ་ཁྲག་ཀླད་གསུམ་ཞིབ་ཞིབ་འཐོར་ལུས་

རྣམས་ཀྱི་སྙིང་ལ་རྩམ་པ་སྤུགས་འཕྱིད་གཙང་མར་བྱས་པའི་སྤུགས་ཞིབ་བཙས་སྤྱངས་ཏེ་བཞག་ནས་རྟོགས་ལྡན་ཚུར་ཙམ་ཡོང་འཕྲལ་བྱ་རྒོད་རྣམས་ཀྱིས་སྟར་བཞིན་ཏབ་ཐོབ་ཀྱིས་ཟོས་པ་རེད། གང་ཡིན་ཞེ་ན། སྐད་པ་ཡོད་པའི་རྐྱེན་གྱིས་ཡིན་པ་དང་། བྱ་རྒོད་ཚོས་པ་རྣམ་དག་དང་འདྲ་བར་གཞན་གྱི་སྲོག་མི་གཅོད་པར་ཤི་ཤ་འབབ་ཞིག་ཟ་ཞིང་། སྐད་པ་ནི་ཕྱི་དྲོའི་ཁ་ཟས་སྤྱངས་པའི་ཕྱི་ཚབ་བླངས་པ་དང་འདྲ་གཤིས་སྐད་པ་སྔོན་ལ་སྤྲོད་ཐལ་ཤོར་ན་ཏུས་པ་ལྟར་བཞག ཤ་ཡང་ཟོས་མི་ཡོང་ཟེར་སྲོལ་ཙམ་འདུག་ཀྱང་བདེན་མིན་མི་ཤེས། དེ་ནས་ཕུང་པོའི་མགོ་སྐྲ་ཡང་ལོགས་ཤིག་ནས་མེར་བསྲེགས། མཐུན་རྐྱེན་འགྲིག་པ་འགའ་ཞིག་གིས་དགེ་འདུན་གཉིས་གསུམ་གྱིས་སྐྲ་ཚོག་མཛད། དེ་དག་ཟིན་རྗེས་རྟོགས་ལྡན་ཅན་ཉེ་འཁྲིས་ཡུལ་གྱི་རྒྱུགས་ཆུ་ཞིག་གི་རྩར་སོང་སྟེ་གདོང་ལག་བཀྲུས་པ་རེད།”[8] དུར་ཁྲོད་མེད་པའི་སར་རི་མཐོན་པོའི་རྩེ་ལ་བྱ་རྒོད་འབབ་པའི་གནས་ལ་བསྐྱལ་ནས་ཕུར་བ་ཞིག་ས་ལ་བརྫབས་ཏེ་རྨ་ཐག་ཟེར་བའི་ཐ་གུ་ཞིག་སྐེ་ལ་བསྐོན་ནས་མི་འཕྲུད་པར་བྱས་ཡོད་པ་ལ་བལྟས་ན་གནམ་གྱི་ཁྲི་བདུན་ནི་བྱ་གཡིང་བྱས་པར་མངོན་ལ་དེར་བང་སོ་གནམ་ལ་བཏབ་པ་ཡིན་ཟེར། རྒྱ་མི་དག་གིས་ཀྱང་བྱ་དུར་ལ“天葬”ཞེས་འབོད་པར་གོ་རྒྱུ་ཆེན་པོ་ཡོད་སྙམ། “གནམ་དུར་འགོ་ཁུངས་ནི་གནམ་གྱི་ཁྲི་བདུན་སྐབས་སུ་བྱུང་བ་ཡིན། གནམ་གྱི་ཁྲི་བདུན་དུས་སྐབས་སུ་ནམ་མཁར་དད་མོས་བྱེད་པའི་འདུ་ཤེས་སྲོག་ཤིང་ཡིན་པའི་ལྷ་བས་ཕོ་ཚོའི་ཚེ་སྲོག་ལ་ལྷ་དང་འདྲ་བའི་རང་དབང་ཡོད་པར་ཡིད་ཆེས་བྱས་པས་མི་ཚོའི་རང་དབང་ལ་བཀག་སྡོམ་བྱས་པ་མ་ཟད། ད་དུང་གསོན་ཤུགས་ཀྱི་ཚེ་སྲོག་འདས་བསྐྱལ་བྱས་པ་རེད། དེ་ལས་བོད་ཀྱི་གནམ་དུར་འགོ་ཚུགས་པ་ཡིན། ཡང་ཅིག་བཤད་ན། གནམ་གྱི་ཁྲི་བདུན་གྱི་ཚེ་སྲོག་གིས་རིམ་བཞིན་བོད་ཀྱི་གནམ་དུར་གྱི་འགོ་ཁུངས་བཟོས་པ་ཡིན”[9]ཞེས་པ་ལས་གནམ་གྱི་ཁྲི་བདུན་གྱི་སྐབས་སུ་ཕུང་པོ་བྱ་གཡིང་བའི་ལས་བྱེད་བཞིན་ཡོད་པ་ཤེས་ཐུབ་པ་མ་ཟད། ད་དུང་བོད་ཀྱི་དགྲ་བླ་ལ་བྱ་རིགས་ཡིན་ན་ལྷ་དང་། གཙན་གཟན་ཡིན་ན་གཉན། ཆུ་སྐྱེས་སྲོག་ཆགས་ཀྱི་རིགས་ཡིན་ན་ཀླུ་ཞེས་རིགས་གསུམ་བཀར་ཏེ་ལྷ་ཀླུ་གཉན་གསུམ་དུ་འབོད་པའི་སྲོལ་ཡོད་པ་ལས་ཀྱང་གནམ་གྱི་ཁྲི་བདུན་བང་སོ་གནམ་ལ་བཏབ་ཅེས་པ་དེ་བྱ་དུར་ཡིན་པ་གསལ་པོར་རྟོགས་ནུས་སོ། །དེ་བས་མི་ལུས་རིན་པོ་ཆེ་དང་ཐོག་ཨ་མའི་ཁོག་ནས་མངལ་སྦྲུམ་སྐབས་སའི་རང་བཞིན་གྱི་ནུས་པ་ལ་བརྟེན་ནས་སྲ་བའི་རྒྱུ་གྲུབ། ཆུའི་རང་བཞིན་གྱི་ནུས་པ་ལ་བརྟེན་ནས་ཁམས་དཀར་དམར་གོང་བུ་བསྡུས། མེའི་རང་བཞིན་ལ་བརྟེན་ནས་ལུས་སྨིན་པར་བྱས། རླུང་གི་རང་བཞིན་གྱི་ནུས་པ་ལ་བརྟེན་ནས་འཕེལ་རྒྱས་བྱུང་། ཤི་བའི་ཚེ་ཡང་འབྱུང་བ་བཞི་ལ་ཐིམ་དགོས་པས་བྱ་དུར་འདི་འབྱུང་བ་རླུང་ལ་ཐིམ་ཁར་རླུང་དུར་ཡང་ཟེར་བ་ཡིན། སྤྱི་ལོ་དུས་རབས་བཅུ་གཉིས་པའི་མགོར། ཕ་དམ་པ་སངས་རྒྱས་ཀྱིས“ཞི་བྱེད”ཀྱི་གྲུབ་མཐའ་སྲོལ་བཏོད་པ་ནས་བཟུང་མ་ཅིག་ལབ་སྒྲོན་གྱིས་ཕུང་པོ་གཟན་བསྐུར་བའི་ཕྱག་ལེན་མཛད་པ་དང་གཅོད་གཏོང་བའི་

སྲོལ་དར་ཁྱབ་བྱུང་། དེའི་ཤུགས་རྐྱེན་གྱིས་ཚེ་གང་པོར་རང་ལུས་སྦྱིན་གཏོང་གི་བསོད་ནམས་ཀྱི་ལས་བསགས་ཏེ་མཐོ་རིས་སུ་སྐྱེ་བའི་རེ་སྨོན་བྱེད་པའི་བཤད་ཚུལ་ཡོད་པ་ནི་ཐོག་མར་དར་བ་ཞིག་མིན་པར་ཕྱུག་སྲོལ་ཆེན་པོར་གྱུར་པའམ་སྤྱོད་རྒྱུགས་ཆེ་བའི་དུས་སྐབས་ཡིན་པ་ཤེས་ཐུབ། བྱ་འགྱེད་ནི་དུར་མཆོད་ལས་མཆོག་ཏུ་བརྩི་བཞིན་ཡོད་དེ་རྟ་དང་གླང་པོ་བརྒྱ་འགྱུར། བུ་དང་ཆུང་མ་སྟོང་འགྱུར། ལུས་ཀྱི་མཆོད་སྦྱིན་འབུམ་འགྱུར་ཞེས་བརྗོད་དོ། །

༢. ས་དུར།(ས་འགྲེད། ས་བཙོལ། ས་གཤིགས། ས་སྦས།)

ས་དུར་ནི་གདོད་མའི་དུས་ནས་བྱུང་བའི་དུར་སྲོལ་ཞིག་ཡིན་ལ། མི་མིན་སྤྲ་མིན་གྱི་དུས་ནས་བཟུང་རིམ་བཞིན་ཤེས་རྟོགས་བྱུང་སྟེ་ཕུང་པོ་འདད་བྱེད་པའི་སྲོལ་བྱུང་བ་ཡིན། དཔལ་འཁོར་གྱི་འཕོས་ཀ་དང་སྟབས་དབང་གིས་སའི་འོག་ཏུ་སྦས་པ་ཡིན། དུར་ནང་དུ་ཟ་ཆས། ཟངས་ཆས། ཐུས་ཆས། རྡོ་ཆས་སོགས་དུར་ཟས་སུ་སྲིད་བཞིན་ཡོད་པ་འཕེལ་རྒྱས་སུ་སོང་ནས་བང་སོ་བརྩིགས་པའི་སྲོལ་དར་བར་སླེབ། དེའི་ནང་དུ་ཤི་བོ་དགའ་བའི་དངོས་པོ་དང་གྱོན་ཆས་སོགས་དུར་སྐམ་ལ་འཇུག་པ་རེད། "རྒྱ་ནག་གི་སྒྲོས་ལས་མཆེད་པའི་བོད་ཀྱི་ལོ་རྒྱུས་སྐད་རིགས་གཞན་དུ་བྲིས་པ་ཞིག་སྣང་བར། བོད་ཀྱི་རྒྱལ་མོ་མཚན་མི་གསལ་བ་ཞིག་གྲོངས་པའི་ཚེ་ཤ་ཐུས་རྣམས་གསེར་ཕྱེ་དང་མཉམ་དུ་བསྲེས་ནས། ལྷུགས་སྣོད་དུ་བཅུག་སྟེ་ས་ལ་སྦ"[10]ཞེས་པ་ལ་དུར་ནང་དུ་གསེར་དང་རིན་པོ་ཆེ་སྦས་པའི་སྲོལ་ཡོད་པར་སྣང་། བྲིས་པ་ཆུང་ཆུང་དག་གི་སྐུ་ཕུང་ནི་ཛ་སྣོད་དམར་པོའི་ནང་བླུགས་ནས་བྲག་སྦུབས་དང་ཛ་རི་ལ་སྦས་སྲོལ་ཡང་ཡོད། ལོ་རྒྱུས་ཡིག་ཚང་གཞན་ལས"མི་ཤི་རྗེས་སྒོ་ཕྱུགས་གཡག་དང་རྟ་སོགས་བསད་དེ་དུར་གྲོགས་སུ་སྦ། སྲོག་ཆགས་དེ་དག་གི་མགོ་བོ་བཅད་དེ་བང་སོའི་ཐོག་ཏུ་སྤུངས། བང་སོ་ནི་རྡོ་བརྩིགས་ཏེ་གྲུབ་ལ། དབྱིབས་གྲུ་བཞི་ཡིན་པས་ཀླད་ལེབ་མོའི་ཁང་པ་ཞིག་དང་མཚུངས"ཞེས་པ་གནའ་རབས་རྗེས་ཤུལ་མང་པོའི་དུར་ཁུང་ལས་ཀྱང་སྲོག་ཆགས་ཀྱི་ཐུས་པ་དང་ཛ་ཆས་མང་པོ་དུར་ཟས་སུ་སྦས་པ་མཐོང་བཞིན་ཡོད་པ་དང"རྒྱལ་པོ་དང་དབང་སྒྱུར་མཁན་ཤི་ཚེ་དུར་གྲོགས་སུ་མི་སྟོང་ཕྲག་མང་པོ་དམར་གསོད་བྱས་ཏེ་སྲིད་བཞིན་ཡོད་པ་དེར་མཆོད་མིའི་དུར་མཆོད་དམ་དུར་ཟས"ཟེར།

བོད་ཀྱི་བང་སོ་བརྩིགས་པའི་སྲོལ་འདི་ཡིག་ཚང་རྣམས་སུ་གྲི་གུམ་བཙན་པོའི་སྐུ་གདུང་ཆུ་ལ་སྐྱུར་བ་བྱ་ཁྲི་བཙན་པོས་ཕྱིར་སླུག་ནས་བང་སོ་བཏབ་ཅེས་པ་ལས་སྤྱུ་དེ་གུང་རྒྱལ་རིང་ནས་བང་སོ་བརྩིགས་པའི་སྲོལ་བྱུང་བའི་ཚུལ་བརྗོད་ཡོད། "དེ་ཡིས་བོད་རྣམས་ཅུང་ཟད་བློ་ཁ་ཕྱེ། རྒྱལ་པོ་ཡབ་སྲས་འདི་གཉིས་སྟོད་ཀྱི་སྟེང་། སྟེང་གཉིས་བང་སོ་ཛ་དང་གཡའ་ལ་བཏབ། ལེགས་དྲུག་བང་སོ་གཡའ་སྤང་མཚམས་སུ་བཏབ། སྤང་ལ་འཇའ་ཚོན་རྒྱས་པ་འདྲ་འོ་སྐད། །"[11]ཅེས་པ་དང་བྱ་དངོས་དང་གོམས་

སྲོལ་གང་ཞིག་ཡིན་ཙང་ཐོག་མར་འགོ་རྩོམ་པ་དང་། བར་དུ་དར་སྤེལ་བྱུང་བ། མཐའ་མར་འཕེལ་རྒྱས་ཀྱི་རིམ་པ་ལས་སྐབས་འདིར་ས་དུར་དར་རྒྱས་ཆེ་བའི་དུས་རབས་ཡིན་པ་གསལ་པོར་རྟོགས་ནུས་སོ། །གནའ་རབས་ཀྱི་རྗེས་ཤུལ་བང་སོ་མང་པོར་བརྟག་དཔྱད་དང་ཞིབ་འཇུག་བྱས་པ་ལ་གཞིགས་ན་ཧ་ལམ་ལོ་ངོ་བཞི་སྟོང་ཙམ་གྱི་ཡར་སྔོན་ལ་དུར་འདེབས་པའི་ལས་བྱེད་བཞིན་ཡོད་པ་ཤེས་ཐུབ། ས་དུར་སྦས་པ་ནི་བྱ་གཡེང་ནས་མ་ཐོས་པའི་ཕུང་པོ་དང་། དུག་གིས་བསད་པའམ་མཚོན་གྱིས་བཀུམ་པ། མཛེ་ནད་དང་ནད་ཡམས་ཀྱིས་འཆི་བ་སོགས་སྦས་པ་ཡིན། མང་ཤོས་ཤིག་སྡོད་གནས་དང་འགྲིམ་འགྲུལ། འཁོས་ཀ་ལ་འབྲེལ་བ་དམ་པོ་ཡོད། ས་དུར་ལ་སྦེད་དུས་ས་དཔྱད་པས་ས་མིག་ལ་བརྟག་དཔྱད་ནན་མོ་གཏོང་དགོས་ཀྱིན་ཡོད། ས་བཟང་ན་ཕྱི་རབས་པ་རྣམས་ལ་ནོར་དང་ཚེ་བསོད་ནམས་འཕེལ་བའི་གནས་ཚུལ་འབྱུང་བཞིན་ཡོད་པ་དང་། ས་དེ་མ་འཕྲོད་ན་གོད་ཆག་དང་ན་ཚ་འབྱུང་སྲིད་ཟེར། དུར་འདེབས་དུས་ས་དཔྱད་ཀྱི་གཞུང་རྣམས་སུ། "སྲོག་དང་བླ་དང་རྣམ་ཤེས་གསུམ། སྲོག་ནི་གཤེད་མ་འདྲེ་ཡིས་བཅད། རྣམ་ཤེས་ལས་ཀྱི་རྗེས་སུ་འབྲངས། བླ་དེ་ཚེ་འདས་གཟུགས་བཟུང་ནས། དུར་ས་དེ་ལ་གནས་པ་ཡིན། དུར་ས་ལེགས་ན་བླ་དེ་དར། གསོན་པོ་རྣམས་ལ་མགོན་སྐྱབས་གནས། ཕ་མེས་བླ་ཡིས་སྲུང་ཞེས་བྱ། དུར་ས་ངན་ན་ས་དེ་གུད། གསོན་པོ་རྣམས་ལ་བསྐྱལ་འཚོལ་བས། མི་ཕྱུགས་ན་ཚ་གོད་ཁ་འབྱུང་། དེ་ཕྱིར་དུར་ས་གལ་ཆེ་སྟེ། ས་དཔྱད་ངན་པ་དེར་བསྐྱལ་ན། དུད་འགྲོ་ཡིན་ཡང་རྡུལ་དུ་བརླག"[12] དེ་ཕྱིར"དུར་ས་མི་ཙང་བའི་ས་མིག་བདུན་བསྟན་ཡོད། རི་སྣ། ལུང་མདོ། ཐག་སྣ། ཕ་བོང་འོག བཤུལ་ལམ། གད་ཤུད་དང་སྐང་སྣ་དོང་དུ་ལྷུང་ལ་ཁད་དང་ཞབས་སུ་ཆད་པ་ཁད། ལམ་སོགས་ཤིན་ཏུ་མང་བ་ངན་པར་བརྗོད། ཉིན་རྒྱུན་གྱི་འཚོ་བའི་ཁྲོད་ས་དུར་ལག་ལེན་བྱེད་མཁན་མང་ཤོས་ནི་འབྲོག་ཁུལ་ཡིན་ལ། དེ་བས་ཀྱང་རྒྱལ་རོང་དང་འབའ་ཐང་། ལྗོ་པ་དང་མོན་པ་སོགས་ཤས་ཆེའོ། །"[13] གང་ལྟར་ཀྱང་ས་དུར་སྦེད་དུས་ས་དཔྱད་མཁན་པོ་དང་བླ་མ་ལ་ལུང་བསྟན་ཞུས་ནས་དུར་འདེབས་སྲོལ་ཡོད། ཕུང་པོ་སྐྱིལ་སྟངས་སྐོར་གོང་དང་མཚུངས་ལ་དུར་འཇུག་བྱེད་དུས་ཅོག་པུར་འདུག་པ་དང་ཉལ་ནས་འཇོག་སྲོལ་གཉིས་ཡོད། ཁྲིམ་ཚང་གི་འཁོར་ཕྱུག་ཆེ་ཆུང་དབང་གིས་པུར་སྒམ་ལ་ཚོན་སྣ་མང་པོ་འབྲུག་པ་དང་པ་ཏྲ་དང་རི་མོ་སྣ་ཚོགས་ཀྱིས་བརྒྱན་པ་ཡོད། དེ་ལས་གཞན་རིན་པོ་ཆེའི་དུར་རྫས་སྣ་ཚོགས་སྦས་པ་ནི་དབང་སྒྱུར་མཁན་རྣམས་ཀྱི་འཁོར་ཕྱུག་གི་ཁྱད་པར་ཡིན་པ་གསལ་པོར་ཤེས་ཐུབ། "མང་སྲོང་བང་སོ་དེ་ཡི་གཡོན་ན་ཡོད། བང་སོ་དེ་ཡང་རིན་ཆེན་ནོར་གྱིས་བཀང་། མིང་ནི་སྟོ་གཞི་རྟལ་པོ་ཟེར་བ་ལགས"[14]ཞེས་པ་དང་། "མངའ་བདག་ཁྲི་རལ་པ་ཅན་གྱི་བང་སོ་ནི། དོན་མཁར་མདའ་ཡི་གཡོན་ཟུར་དེ་ཙ་བརྩིགས། བོང་སོ་དེའང་རིན་ཆེན་ནོར་གྱིས་བཀང་། མིང་ནི་ཁྲི་སྟོང་རྒྱང་རི་ཟེར་རོ་སྐད"[15]ཅེས་པ་དང་བོད་ཀྱི་བཙན་པོ་སྟོད་ཀྱི་སྟེང་གཉིས་ནས་མངའ་བདག་ཁྲི་རལ་པ་ཅན་གྱི་

བང་སོ་བཏབ་ཡོད་པ་གསུང་ཡོད་པ་ལས་མི་རིགས་ཀྱི་རིག་གནས་དང་གོམས་སྲོལ་གྱི་ལོ་རྒྱུས་བག་ལ་ཞ་བ་མང་པོ་ཉར་ཚགས་བྱས་ཡོད། མི་རིགས་གཞན་གྱི་ས་ཐོག་ནས་འདེབས་པ་ནི་རྒྱུ་མཚན་ངེས་ཅན་ཞིག་ཡོད་དེ་མིག་རྒྱང་རིང་བའི་འདུ་ཤེས་ཤིག་ཀྱང་ཡིན། དུར་ནི་ལོ་རྒྱུས་ཀྱི་བསྟོན་དུ་མེད་པའི་དཔང་རྟགས་གལ་ཆེན་ཞིག་ཡིན་ཏེ་མི་རིགས་གང་འདྲ་ཞིག་གི་ཡུལ་སྲོལ་གོམས་འདྲིས་ཀྱི་རིག་གནས་མཚོན་ཐུབ་པ་མ་ཟད། ལོ་རྒྱུས་རྒྱབ་ལྗོངས་དང་མི་རིགས་དེའི་འདུ་ཤེས་མཚོན་ཐུབ་པོ། །

༢. ཆུ་དུར།(ཆུ་འགྲེད། ཆུ་གཤེགས། ཆུ་བསྐུར། ཆུ་བཙོལ།)

ཆུ་དུར་ནི་ཆུ་ཁར་གནས་པའི་གྲོང་སྡེ་མང་པོས་ཆུ་ལ་བསྐུར་བའི་སྲོལ་ཆགས་པ་ལས་བྱུང་། ཆུའི་ནང་གི་སྲོག་ཆགས་ལ་སྦྱིན་པ་གཏོང་བའི་དུར་འཇུག་བྱེད་སྟངས་ཤིག་གདོད་མ་ནས་ཆུ་ཁར་གནས་པའི་མི་ལ་ཡོད་པར་འདོད་དེ་ལོ་རྒྱུས་ཀྱི་འཕེལ་རིམ་རིང་མོ་ལས་འབྱུས་ཚང་དང་སྲོལ་ལུགས་ཆགས་པར་འདུག "རྒྱལ་ཕྲན་ལོ་ངམ་རྟ་ཐྱི་བྱ་བ་ལ། འཐབ་ཟླ་བཅོལ་ཏེ་འཐབས་པས་ཁྲི་ཏྭ་བཀྲོངས། ཟངས་ཀྱི་གཞུར་སྒྲུར་བཙུག་ལྕགས་གཟེར་བཏབ། ཉང་ཆུ་སྐྱ་མོའི་ནང་དུ་བོར་བར་གྱུར། རྒྱང་མཁར་པ་ཚབ་ཡུལ་དུ་དགུང་བདུན་ཆགས། ཁྲི་འཐང་དགུར་མོར་དགུ་ཞག་བཅུ་གསུམ་ཆགས། གོང་པོར་ཁྱེར་ཏེ་གླུ་སྲིན་ཧོ་ཏེ་རེའི། བྲན་མོ་བྱེ་མ་ལག་རིང་ཞེས་པས་ཟིན། མཛོད་ནང་དཀོར་གྱི་དམ་པ་བྱས་ཅེས་གྲག"[16] བོད་ཀྱི་བཙན་པོ་གནམ་གྱི་ཁྲི་བདུན་གྱི་ཐ་མ་གྲི་གུམ་བཙན་པོ་དེའི་སྐུ་ཐག་ཆད་པས་ཟངས་ཐུམ་བརྒྱབ་ནས་ཆུ་ལ་བསྐུར་བ་ནས་བཟུང་། བོད་ཡིངས་ལ་ཕུང་པོ་ཆུ་ལ་བསྐུར་བའི་གོམས་སྲོལ་ཆགས་པ་རེད། གོམས་སྲོལ་དེ་ཐོག་མ་ནས་སྐབས་བདེ་ཆེད་ལག་བསྟར་བྱས་པ་རེད་འདོད།

"ལྟེ་བརྒྱད་བང་སོ་ཆུ་བོའི་གཞུང་ལ་བཏབ། །མཚོ་ལ་ཁ་བ་བབ་པ་འདྲ་འོ་སྐད"[17]ཅེས་པ་ལྟར། འབྲུམ་ནད་དང་མཛེ་ནད་ཀྱིས་ཤི་བའི་ཕུང་པོའང་བྱ་གཏོར་དང་ཆུ་བསྐུར་གཉིས་ཀ་མི་བྱེད། དེ་ནི་འདབ་ཆགས་བྱ་རྒོད་དང་ཆུ་ནང་གི་སྲོག་ཆགས་ལ་གནོད་པ་ཆེན་པོ་ཐེབས་པར་བཤད་པས་སོ། །བོད་མིས་བྱ་ཤ་དང་ཉ་ཤ་མི་ཟ་བ་དེའི་དོན་རེད། ཕུང་པོ་མེར་བསྲེགས་ཏེ་ཐུས་ཚོག་བྱས་ཏེ་ཆུར་བསྐུར་བ། ཆུ་ནང་དུ་གཏོར་ནས་ཆུ་ཁར་གཡེང་བའི་ཐལ་སྙིང་ལ་ཆུ་ཚ་དཔར་བ། གདུང་ཐལ་ཞིབ་མོར་བཏུལ་ནས་འཛིམ་པ་ལ་བསྲེས་ནས་འབུམ་ཁང་དང་མཆོད་རྟེན་བསྐྲུན་པ། རི་བོ་འགངས་ཆེན་རྩེར་སོང་ནས་རླུང་ལ་བསྐྱོན་པ་བཅས་བྱེད། ཆུ་ནང་དུ་བསྐུར་སྟངས་ནི་ཕུང་པོ་རས་དཀར་པོས་གཏེར་ཁུག་ཆེན་པོ་ཞིག་གི་ནང་དུ་བཙུག་སྟེ། གཏེར་ཁུག་ཆུང་ཆུང་མང་པོའི་ནང་དུ་གྲོ་ནས་སྲན་གསུམ་བླུགས་པ་དང་མཉམ་དུ་ཆུ་གཞུང་ལ་རྒྱལ་གཟིངས་ཀྱིས་བསྐྱལ་ནས་ཆུ་ནང་དུ་གཤེགས་དུས་ཉེ་མི་ཞིག་གིས་སྐད་གསེང་མཐོན་པོས་འདས་པོའི་མཚན་ནས་བོས་ཏེ་ཁོ་རང་ལ་དད་པ་ཡོད་པའི་བླ་མ་གང་འདྲ་ལ་གསོལ་བ་ཐོབས་ཞེས་གདམས་དགོས། གཏེར་ཁུག་མང་པོ་བསྒྲུབས་ཡོད་ན་ཆུ་ནང་དུ་ཕྱིངས་ནས་ཉ་སྲམ་སོགས་

གྱིས་ཐོས་ཚར་རག་བར་དུ་ཕུང་པོ་ཚུ་ཁར་འདོན་མི་ཐུབ། དེ་ལྟར་མིན་ན་རྒྱུགས་ཚུ་འགྲམ་རྒྱུད་ལ་ཉིན་གཉིས་གསུམ་གྱི་ལམ་ཐག་ལ་ཕུང་པོ་ཡོད་མེད་ལྟ་རུ་ཆེད་མངགས་སྐྱེས་པ་དར་མ་གཉིས་གསུམ་འགྲོ་དགོས། "སི་ཁྲོན་དཀར་མཛེས་ཁུལ་གྱི་ས་ཆ་ཁ་ཤས་དང་ཛ་བ་ཀྲའོ་རྫུས་རྒྱུད་དུ་གྲྭ་པ་དཀྲུས་མ་དང་བྱིས་པ་འདས་ཚེ་ངེས་པར་བེམ་རོ་ཆུ་ལ་བསྐྱུར་བའི་སྲོལ་ཡོད།"[18] མི་ཞིག་གསོན་དུས་སེམས་ཅན་ལ་ཕན་འདོགས་པའམ་འགྲོ་དོན་མཛད་པའི་ལས་འབའ་ཞིག་སྒྲུབ་པ་དང་ཤི་བའི་རྗེས་སུ་ཕུང་པོ་བྱ་རྒོད་དང་ཉ་སྲམ་ལ་སྦྱིན་པ་གཏོང་བའི་ལས་བསགས་པ་ཡིན་ནོ། །

༩. མེ་དུར།(མེ་འགྲེད། སྦྱིན་བསྲེགས། སྤུར་བཞུས། གདུང་བཞུས། ཞུགས་འབུལ། སྤུར་མཆོད། སྤུར་སྦྱོང་།)

ས་ཆ་མང་ཤོས་ཤིག་གི་ཕུང་པོ་སྦྱིན་སྲེག་བྱེད་པའི་སྲོལ་ཤིན་ཏུ་སྤྱོད་རྒྱུགས་ཆེ་ལ། རིམས་ནད་འགོས་པར་སྔོན་འགོག་བྱེད་པ་དང་གཙང་མར་བྱེད་པ། དུར་མི་བཟོ་བ། ཞིང་ས་བེད་སྤྱོད་མི་བྱེད་པ། དཔལ་འབྱོར་ཆུད་ཟོས་སུ་མི་གཏོང་བ་བཅས་ལ་དམིགས་ནས་སྤུར་སྦྱོང་བྱེད་པ་རེད། དེ་ནི་གང་འདོད་ལྟར་བྱེད་མི་ཆོག་སྟེ། ངེས་པར་དུ་སྦྱིན་སྲེག་ཁང་ལ་བསྐྱལ་ནས་སྤུར་སྦྱོང་བྱེད་པའམ་སྲེག་ཐབ་བཟོ་ལ། དབྱིབས་མཆོད་རྟེན་གྱི་དབྱིབས་ལྟར་གྲུ་བཞི་དང་ཟླུམ་པོ། རྒྱ་ཆ་ཨར་འདམ་དང་འཛིམ་པ། སོ་ཕག་སོགས་བེད་སྤྱོད་ཅིང་རླུང་གི་རྒྱུ་ཕྱོགས་དང་བསྟུན་ནས་ཁ་བཏོད་དགོས། སྲེག་ཐབ་ལ་གླིང་བཞི་ཡོད་ལ་མཆོད་རྟེན་གྱི་ནང་རིམ་བཞིན་ཡར་འཕགས་པ་དང་རྩེ་མོར་དུ་ཁུང་ཡོད། གླིང་བཞི་ལས་འཕྲིན་ལས་རྣམ་བཞི་མཚོན་ལ་ཞི་བའི་ལས་དཀར་པོ། རྒྱས་པའི་ལས་སེར་པོ། དབང་གི་ལས་སྔོན་པོ། དྲག་པོའི་ལས་དམར་པོས་མཚོན་པར་བྱེད། སྲེག་ཐབ་བཟོ་དུས་ལེགས་པར་བརྟག་ནས་ས་བདམས་ཏེ་གཏན་འཁེལ་བྱས་རྗེས་བཞེངས་སྐྲུན་བྱས་པ་ཡིན། སྲེག་ཐབ་ཏུ་ཙོག་ཤིང་དང་སྟག་པ། ཤུག་པ་སོགས་ཁྲི་གང་ཅན་གྱི་ཤིང་དུམ་གཅིག་ཕུང་པོའི་ཞབས་རྟེན་ལ་འཛུག་པ་དང་མཐའ་རུ་གསོམ་ཤིང་དང་ཤུག་པ། ཙོག་ཤིང་ཕྲ་མོ་མང་པོ་སྒྲིག་ཅིང་མེ་སྒྲོན་སླ་བ་བྱས་ཏེ་ཕུང་པོ་དེའི་སྟེང་དུ་ཙོག་སྤུར་འཛུག་པ་དང་མར་ཁུ་དང་ཡུངས་དཀར་གཡིས་སོགས་འབར་རྫས་བྱེད། སྦྱིན་སྲེག་ལ་མཆོད་རྫས་སྣ་ཚོགས་ཕུལ་ནས་འབྱུང་བ་ས་ལ་སྐྱེས་ཤིང་འབྱུང་བ་མེ་ལ་ཐིམ་ཚུལ་བརྗོད་ཡོད། སྦྱིན་སྲེག་བྱེད་དུས་ཆེད་དུ་སྦྱིན་སྲེག་བླ་མ་དང་དགེ་འདུན་མང་པོ་གདན་དྲངས་ཏེ་སྨོན་ལམ་གསུང་བཞིན་ཡོད། སྤུར་བཞུས་ཚར་ནས་ཉིན་ཞག་གཅིག་གི་རྗེས་སྲེག་ཐབ་དེའི་དྲོད་ཡལ་བ་དང་མཉམ་དུ་མེད་བརླགས་སུ་གཏོང་བའམ་སྲེག་ཐབ་བཤིག་རོ་ས་རྗེ་དང་འཚོག་རོ་ཐམས་ཅད་ཆུར་གཤེགས་པ་རེད། ཕུང་ཐལ་གྱིས་ས་འབུམ་བཞེངས་པའམ་ཆུ་ལ་བསྐྱུར་བ། རི་མཐོ་སར་རླུང་ལ་བསྐུར་བ་སོགས་བྱེད་པ་ཡིན། རིགས་རུས་མཐོ་བའི་བླ་མ་དང་དགེ་བའི་བཤེས་གཉེན་ཡིན་ན་སྲེག་ཐབ་དེ་ཉིན་བདུན་ལ་འཛོག་སྲོལ་ཡོད། དེར་གདུང་རྟེན་རིལ་བུ་དང་ཆོས་ཀྱི་རི་མོ་སོགས་རྣམ་པ་མི་འདྲ་བ་འབབ་ཚུལ་ཡོད་པ་རེད། "བླ་སྤྲུལ་དང་དགེ་བའི་བཤེས་གཉེན་

གྱི་གདུང་ཞུགས་ཀྱི་རིམ་པ་ལ། གནས་གཙང་ཞིང་དབེན་པར་ནུས་ན་རྩིག་ཐབ་དང་། དེ་མིན་ཞི་བའི་ཐབ་ཐིག་ཤོག་གུའམ་རས་ལ་ཚད་ལྡན་བྲིས་པ་ཐབ་དབུས་སུ་བཤམ། པ་གུའམ་སོ་ཕག་གིས་ཕྱི་དབྱིབས་མཆོད་རྟེན་གྱི་རྣམ་པ་སེང་ཁྲི་བང་རིམ་དང་བཅས་པའི་ཚུལ་ཞིང་ལ་འདོམ་གང་ཙུང་མ་ལོངས་ཙམ་ཞིག་བཞེངས་པ་ལ་ཕྱོགས་བཞིར་རླུང་སྒོ་ཟུར་གསུམ་པ་ཆེ་ཆུང་འཚམ་པ་རེ་བཏོད། ཐབ་དབུས་སུ་འཛོམས་ན་ལྕགས་སྐྱིད་བརྟན་པོ་དང་། དེ་མིན་སོ་ཕག་གིས་སྐྱིད་པུའི་ཚུལ་བཟོས་པའི་ཁར་སླ་ང་ལྕ་བུའི་སྟོད་རེ་བཞག་ན། གདུང་ལས་བབས་པའི་ཆབ་ཀྱིས་མེ་མི་གསོད་པའི་དགོས་པ་ཡོད། ཡང་ན་སྐྱིད་པུ་དང་ལྕགས་སྟོད་མ་བཞག་པར་སྲ་འཐས་ཅན་གྱི་ཤིང་མདོ་གསུམ་འཕོར་བ་དཔངས་སུ་ཁྲུ་གང་མ་ལོངས་ཙམ་ཞིག་འོག་གཞིར་བརྟན་པོར་བཞག་པས་ཀྱང་འཐུས། དེའི་ཁར་རས་སམ་ཤོག་གུ་ཁྲུ་གང་གི་ཚད་ལ་འཕོར་ལོ་རྩིབས་བརྒྱད་པའི་ལྟེ་བར་པད་འདབ་བརྒྱད་དང་ཟླ་གདན་བྲིས་པ་འདིང་། མཐའ་སྐོར་དུ་ཤུག་པ་དང་། ཨ་གར་སོགས་དྲི་ཞིམ་པའི་བུད་ཤིང་མར་ཁུས་སྦུགས་པ་གྱེན་བསླང་གིས་གང་བ་དང་མདུན་ངོས་སུ་མེ་ཚང་བཅའ། དེ་ནས་སྐུ་གདུང་སྤྱན་འདྲེན་པའི་གོང་དེར་ཚོ་ག་གསུང་བ་པོ་རྣམས་ཀྱིས་གདུང་མདུན་དུ་མཆོད་པ་གསར་པ་ཞིག་བཤམས་ལ་བྱིན་གྱིས་བརླབས་ཏེ་ཕུལ། ཡིག་བརྒྱ་ཚར་གསུམ་གྱི་མཐར། ཨོཾ་ཁྱེད་ཀྱིས་སེམས་ཅན་དོན་ཀུན་མཛད་ཅེས་ཚིག་བཞི་དང་། དཔལ་ལྡན་བླ་མ་དམ་པའི་ཐུགས་ཀྱི་ཤེས་པ་ཡེ་ཤེས་སེམས་དཔའི་ཚུལ་དུ་བཞུགས་པ་དེ་ཉིད་དབུ་གཙུག་ནས་ཐོན་ཏེ་སྟེང་གི་ནམ་མཁར་བཞུགས། སྐུ་གདུང་གི་ཡེ་ཤེས་པ་རང་བཞིན་གྱི་གནས་སུ་གཤེགས། དམ་ཚིག་པ་མི་དམིགས་པའི་སྟོང་པ་ཉིད་དུ་གྱུར་ཞེས་བརྗོད་ཅིང་བསམ་ན་མོས་ངོ་དང་མཐུན་ཞིང་རྣམ་རྟོག་སེལ་བའི་དགོས་པ་ཡོད་པར་རིན་ཆེན་སྒྲོན་མེ་ལས་གསུངས་སོ། །དེ་ནས་གདུང་ཞུགས་འབུལ་མཁན་རྣམས་ནས་འཇིགས་བྱེད་ཀྱི་བདག་བསྐྱེད་དང་བསང་ཆུ་སྒྲུབ་པ་སྔོན་དུ་བཏང་སྟེ་སྐྱ་རེངས་འཆར་ཁའི་ཚོད་ཙམ་ན་སྐུ་གདུང་གི་ན་བཟའ་དང་གདུང་དཀྲིས་སོགས་ལེན། དྲུག་ཆིངས་མ་བཤིག་པར་ཕུར་རས་རླུམ་པོར་བཟོས་པ་ལེན་བདེ་བ་ཞིག་དབུ་ནས་མར་བཀབ། བཟང་གོས་ཀྱིས་གཡོགས་པའི་ཡོལ་གོ་ཁྱོགས་འདྲ་བའི་ནང་བཞག་ནས་མི་བཞིས་འཁྱུར་བདེ་བ་ཞིག་བཅོས། སློབ་དཔོན་གྱིས་ལས་སྔགས་བརྗོད་ཅིང་དྲིལ་གསིལ་བྱེད་བཞིན་དུ་སྣ་དྲངས་མཆོད་རྫས་རོལ་མོ་བཅས་གདུང་ཁང་གི་ཉེ་སར་གདན་འདྲེན། མང་པོའི་མཐོང་སྣང་ལ་བདེ་སླད་གདུང་ཁང་ལ་རས་གུར་རམ་ཡོལ་བས་བར་བཅད་པའི་ནང་། སློབ་མ་དམ་ལྡན་གསུམ་མམ་བཞིས་གདུང་ཁང་བརྟན་པོར་བཞག་འཕྲུལ་མཆོད་རྟེན་གྱི་བུམ་པའི་སྨད་གྲུ་བཞི་ལ་རིམ་གྱིས་རླུམ་ཞིང་སྟོད་ནང་དུ་བཙུམས་པ་དབུའི་ཡན་ཆད་མཐོ་གསུམ་གྱི་བར་སྟོང་ཡོད་པ། གདུང་གི་མཆན་ཁུང་དང་སྐུ་རྒྱབ་སོ་ཕག་གི་སྟེ་ལ་བརྟེན་དུ་ཡོད་པ། རྐེད་པའི་ཐད་དུ་སྐྱེར་བ་ལྟ་བུའི་སྲ་ཤིང་འཕྲེད་དུ་བཞག་པའི་རྩེ་གཉིས་བུམ་པའི་རྩིག་པར་ཟུག་པ་ཞིག་བཞག་ན་གདུང་གིས་མེ་བཞེས་དུས་རྐེད་པ་སྒོ་བུར་དུ་བསྐྱིལ་ནས་

རྩིག་པ་ལ་འཕྱུལ་འདེད་བྱེད་པའི་ཉེན་ཁ་མི་འབྱུང་ཞེས་ངག་སྔོན་སུ་འབྱུང་། ཕྱར་རས་རིམ་གྱིས་ཡར་ལ་དྲངས་ནས་ཡོགས་སུ་ལེན། བུམ་པའི་ངོས་ཐུགས་ཀའི་ཐད་བསྐྱིག་རྫས་འབུལ་བའི་ཕྱག་པ་དང་། བུམ་སྟོད་དུ་ཕྱོགས་བཞིར་མར་ཁུ་འབུལ་བའི་ཕྱག་པ་ཕྲ་མོ་རེ་བརྟན་ནས་ལྕགས་ལེབ་ཀྱིས་ཕམ་རྩ་ལྟ་བུ་བཟོས་པ་བཞི་འཛུགས། བུམ་པའི་ལྟད་དུ་མཐོ་གང་ཙམ་གྱི་ཕྱག་པ་བརྟོད་པར་དུ་བ་གེགས་མེད་དུ་འགྲོ་བའི་གྲབས་དང་། རྗེས་ནས་ཆོས་འཁོར་འཛུགས་ཆོག་པ་བྱ། དེ་ནས་ཡོལ་བ་སོགས་བསལ། མཆོད་རྟེན་གྱི་བྲེ་དང་བྲེ་སྟེང་ཆོས་འཁོར་ཉི་ཟླ་བཅས་ཤིང་གིས་བཟོས་པ་སྤར་ནས་སྣ་གོན་བྱ། གདུང་ཁང་ཕྱི་རོལ་ཏུ་ས་རྩི་དཀར་པོ་བྱུགས། ཕྱར་ཁང་གི་མཐའ་སྐོར་དུ་མཆོད་པའི་ཡོ་བྱད་ཅི་འབྱོར་བཤམ། སློབ་དཔོན་དང་ཆོག་རོགས་པ་རྣམས་ཐག་ཉེ་སར་འཁོད་པའམ་བདག་བྱ་ཡོད་ཚེ་རྒྱང་བཀྱེད་ནས་ཁྲི་སྟན་ལ་འཁོད་དེ་སྨིན་སྨིག་གི་ཆོས་ལ་འཇུག་པར་བྱའོ། །” ད་ལྟ་གྲོང་ཁྱེར་དང་གྲོང་བརྡལ་སོགས་མི་ཚོགས་འདུ་སར་སྨིན་སྨིག་ཁང་བཞེངས་ཡོད་དེ་ཐམས་ཅད་མང་ཚོགས་ལ་དཔལ་འབྱོར་ཚད་ཐོས་སུ་མི་གཏོང་བ་དང་ས་མང་པོ་བདག་བཟུང་མི་བྱེད་པའི་ཆེད་ཡིན་པ་རེད།

༥.སྐུ་གདུང་མཆོད་རྟེན།

སྐུ་གདུང་མཆོད་རྟེན་ནི་བོད་བརྒྱུད་ནང་བསྟན་གྱི་མཐོ་རིམ་བླ་དཔོན་རྣམས་ལ་བཞེངས་པའི་དམིགས་བསལ་ཅན་གྱི་དྲན་གསོ་བྱེད་པའི་དུར་མཆོད་ཅིག་ཡིན། དེ་ནི་སངས་རྒྱས་བཅོམ་ལྡན་འདས་སྐུ་འབྲིངས་པ་ནས་མྱ་ངན་ལས་འདས་པའི་སྐུ་ཚེ་གཅིག་གི་མཛད་པ་གཙོ་བོ་དྲན་གསོ་ཞུ་བའི་ཆེད་བདེ་གཤེགས་མཆོད་རྟེན་བརྒྱད་བཞེངས་ཚུལ་ལས་བོད་དུ་རྗེ་ཙོང་ཁ་པ་ཆེན་པོའི་སྐུ་གདུང་བཞེངས་པ་ནས་བཟུང་། རིམ་བཞིན་རྒྱལ་དབང་དང་པཎ་ཆེན་རྣམ་གཉིས་ཀྱི་སྐུ་གདུང་བཞེངས་པའི་སྲོལ་ཚུགས་པ་རེད། རྒྱལ་དབང་སྐུ་ཕྲེང་ལྔ་པའི་གསེར་གདུང་འཛམ་གླིང་རྒྱན་གཅིག སྐུ་ཕྲེང་བཅུ་གཉིས་པའི་གསེར་གདུང་ཚེ་སྨིན་འོད་འབར། སྐུ་ཕྲེང་བཅུ་པའི་གསེར་གདུང་ཁམས་གསུམ་རྒྱན་མཆོག་དང་གཙང་བཀྲ་ཤིས་ལྷུན་པོའི་རྒྱལ་བ་དགེ་འདུན་གྲུབ་ཀྱི་སྐུ་གདུང་མཆོད་ཁང་། པཎ་ཆེན་སྐུ་ཕྲེང་བཞི་པ་ནས་དགུ་པའི་བར་གྱི་སྐུ་གདུང་མཆོད་རྟེན་བཅས་ཡོད་པ་ནི་ཁོང་རྣམས་ཀྱི་མཛད་འཕྲིན་རླབས་པོ་ཆེར་རྗེས་སུ་དྲན་གསོ་ཞུ་ཆེད་དུ་གོ་གནས་དང་ཐོབ་ཐང་མི་འདྲ་བར་བཞེངས་ཚུལ་ཐུན་མོང་མ་ཡིན་པའི་ཁྱད་པར་ཆེན་པོ་འདུག་ལ་རིང་བསྲེལ་མཆོད་རྟེན་དང་དམར་གདུང་རིགས་གཉིས་ཡོད་དེ་རིང་བསྲེལ་ལ་སྐུ་གདུང་རིང་བསྲེལ་དང་། སྐུ་བལ་རིང་བསྲེལ། ཆོས་སྐུ་རིང་བསྲེལ་རྫས་ཀྱིས་བྱིན་རླབས་ཏེ་གཟུངས་གཞུག་ལ་འཇོག་བཞིན་ཡོད་པ་ལས་རྟོགས་པར་དཀའ་བའི་གནད་དོན་མང་པོ་ཞིག་བློ་ཡིད་ལས་འགོངས་པ་ཡིན་རྒྱེན་གནས་སྐབས་སུ་མི་བསྒྱུར་ཀ་མེད་བྱུང་། དམར་གདུང་ནི་ཕུང་པོ་གཙང་མར་བཀྲུས་རྗེས་རིན་པོ་ཆེ་སྣ་ཚོགས་གཙོ་བྱས་པའི་སྨན་སྣ་མང་པོ་འདུལ་སྦྱོར་བྱས་ཏེ་ལུས་ལ་བྱུགས་ནས་ཕུང་པོའི་བརླན་གཤེར་

ཀྱི་ཆ་ལུགས་པ་ཕྱིར་བཏོན་རྗེས་མཆོད་རྟེན་གྱི་གཟུངས་སུ་འབུལ། དེས་ལོ་རྒྱུས་གོ་གནས་གལ་ཆེན་ཞིག་མཚོན་པར་མ་ཟད། བོད་བརྒྱུད་ནང་བསྟན་གྱི་ཁྱད་དུ་འཕགས་པའི་ཕྱག་སྲོལ་ཐུན་མོང་མ་ཡིན་པ་ཞིག་ཀྱང་ཡིན་ནོ། །(གཞན་སྟོང་དུར་ནི་ཕུང་པོ་མི་མེད་པའི་དབེན་པའི་ནགས་ཁྲོད་ལ་ཁྱེར་ནས་སྟོང་པོའི་ཡལ་གའི་སྟེང་ལ་བཀལ་ནས་ཟག་རལ་གྱུར་པ་དེ་དག་ཕྱོགས་གཅིག་ཏུ་བསྡུས་ནས་ས་ལ་སྦ་བའམ་ཆུ་ལ་བསྐྱུར་བ་སོགས་བྱེད། དུར་སྲོལ་འདི་ཉམས་ནས་ད་ལྟ་མཐོང་རྒྱུ་མེད་པར་གྱུར་པ་རེད། བྲག་དུར་ནི་དང་ཐོག་མཚོ་ངོས་དང་མཉམ་པའི་བྲག་འོག་ཏུ་སྦས་པ་ཡིན་ཏེ་ལོ་རྒྱུས་ཀྱི་དུས་ཡུན་རིང་པོ་ལས་ཆུ་མར་ཐྲི་ནས་བྲག་ཡར་འཕགས་པ་རེད། རིམ་བཞིན་ཆུ་མར་བཞུར་བས་ལུང་ཀློག་ཛེ་དམའ་ཏུ་སོང་སྟེ་བྲག་མཐོ་སར་བཏབ་པའི་སྣང་ཚུལ་བྱུང་།)

བཞི་པ། འདས་པོའི་རྗེས་སུ་བདུན་འདེབས་ཚུལ།

འདས་པོ་དེ་ཉིད་ཚེ་མ་ཟིན་པའི་དུས་ནས་བཟུང་ཉིན་བདུན་གྱི་རིང་ལ་ཨ་མཆོད་ཅིག་གདན་དྲངས་ཏེ་ཐར་མདོ་དང་སྨོན་ལམ་གསུངས་པ་དང་མར་མེ་རྒྱུན་ཆད་མེད་པར་བཤམས་པ་ཡིན། གྲྭ་ས་ནས་དགེ་འདུན་བདུན་གྲངས་ཤིག་ཞུས་ནས་ཆོས་ཀྱི་ཚོ་ག་སྦྱིལ་བ་ནས་བདུན་བཙུགས་པ་ལ་གསོལ་མཆོད་དང་འབུལ་རྟེན་གང་ལེགས་སྤྲོད་དགོས། བདུན་དང་པོ་འདིའི་ནང་འདས་པོར་མཆོད་པའི་ལྟོ་སྐལ་ཡང་ཇ་ཐུན་རེ་རེ་གསོན་དུས་ཀྱི་ཇ་ཕོར་ནང་དུ་འབུལ་སྲོལ་ཡོད་ཁར་མི་ལྟོགས་ཆེད་ཚ་གསུར་ལ་རྩམ་པ་དང་མར་སྤྲུགས་མའི་སྟེང་ག་ར་དང་། སྤྲང་རྩི། ཇ་ནག་སོགས་མཚམས་མ་ཆད་པར་འབུལ་བཞིན་ཡོད། གྲོང་མི་རྣམས་ཀྱིས་སྐྱུང་གནས་གང་མང་སྲུང་བ་དེ་གྲོལ་རྗེས་གསོལ་ཚིགས་དང་འབུལ་རྟེན་གང་ལེགས་གནང་བཞིན་ཡོད། དགོན་པ་གྲྭ་ཚང་ལ་སོང་ནས་བརྒྱ་མཆོད་དང་སྟོང་མཆོད། སྐོར་འགྱེད། མར་དང་ཇ་སོགས་ཚོགས་འགྱེད་གནང་བ་ཡིན། བདུན་བཞི་ལོན་པ་ན་སྐྱེ་འགྲོ་ཕལ་མོ་ཆེ་གང་ཙང་ཞིག་བར་དོ་ཙ་བདུན་ཕྲག་བཞི་ལས་མི་སྡོད་པར་འགྲོ་བ་རིགས་དྲུག་གི་ལུས་རྟེན་ལ་ཉིང་མཚམས་སྦྱོར་ཏེ་སྐྱེ་བ་ལེན་པར་སྣང་བཞིན་དམིགས་བསལ་གྱིས་དགོན་སྡེ་ཁག་ལ་འགྱེད་གཏོང་དང་སྦྱང་འགྱེད་སོགས་སྦྱིན་གཏོང་ཀྱང་བྱེད། དགུང་ཞག་བཞི་བཅུ་ཞེ་དགུ་ལོན་པ་སྟེ་བདུན་ཐ་མ་ལ་འདས་པོ་གང་ཙང་བར་དོ་ནས་ཡུན་རིང་ན་མིའི་ཉིན་གྲངས་ཞེ་དགུ་ལས་འགྲམ་དུ་མེད་རྐྱེན་སྐྱེ་འགྲོ་གང་གི་སྐྱེ་བ་བླངས་ཟིན་པའི་སྐྱེ་རྟགས་སུ་གསེར་རྐོང་བཞེངས་འབུལ་དང་གསེར་ཟངས། དངུལ་གྱི་སྐུ། ལི་མ། འཛིམ་སྐུ་དང་ཤིང་སྐུ་སོགས་རང་གི་འབྱོར་པ་དང་བསྟུན་ནས་འབུལ་བཞིན་ཡོད། དེ་ཉིན་དགེ་འདུན་གྱིས་སྨོན་ལམ་གསུངས་པ་སོགས་བསྔོ་བ་སྨོན་ལམ་གྱི་རིམ་པ་གང་གཟབ་བྱེད་པར་རྗེས་འཛུག་ནས་སྐུ་ཡོན་དང་། མཇལ་དར་ཕུལ། མི་རྣམས་ཀྱིས་ཁ་སྤུ་དང་སྐྲ་ར་བཞར། མགོ་བཀྲུས་པ། སྐྲ་ཤད། སྐྲ་ཞུག སྐྲ་སྣུམ་སོགས་སྤྲོད་སྲོལ་ཡོད་པ་ལྟར་ཡོ་བྱད་གསར་པ་རྣམས་བེད་སྤྱོད་བྱེད། ཁྲུས་ཀྱི་ཡོ་ཆས་རྙིང་པ་ཟད་

འགྲོ་རྣམས་རྒྱང་རིང་དུ་བསྐྱུར་ནས་འདོར། ལོ་གཅིག་གི་འདས་ཉིན་དེར་ཐོན་པ་ན་དགོན་པ་གྲྭ་ཚང་ལ་མང་ཇ་དང་ཉིན་ཐུན་གཏོང་བ་ཡིན། གྲོང་མི་རྣམས་ལ་ཇ་དང་རྩམ་བཙོས་ཀོ་རེའི་འགྲེད་གཏོང་། ཁང་པ་སོགས་གསར་དབུབ་རྒྱག་པ་དང་དཀར་རྩི་འབྱུག འདུན་སྐོར་གཅིག་པའི་ཉེ་མི་རྣམས་ལ་འདུན་སངས་བྱེད་ཀྱི་སྟོད་ཐུང་དང་མགོ་བཀྲིས་གསར་པ་སྤྲད་དེ་འདུན་གྲོལ་བར་བྱེད། སྐྲ་ལུང་ཡར་ལ་སྐོར་བ། ཞྭ་ཕྱིར་མི་སློག་པ། སྐྲ་སྣེའི་བལ་ཐིག་ལེན་པ། རྒྱན་གོས་གསར་པ་གྱོན་པ། ན་རྒྱན་དང་མཛུབ་དཀྲིས་སོགས་རྒྱུན་གྱི་རྒྱན་ཆ་རྣམས་འདོགས། ཐོག་ཁང་གི་དར་ཤིང་ཡང་རང་འཛུགས་སུ་བསླངས་ནས་མྱུ་ངན་གྲོལ་བར་བྱེད། ལོ་གསར་གཏོང་། སླུ་ལེན་བྲོ་འཁྲབ་དང་མདའ་འཕེན་སོགས་ཀྱང་བྱེད་ཆོག ལོ་རེར་དུས་ཚིགས་དེར་སླེབས་ན་འཁོས་ཀ་དང་བསྟུན་ནས་མཆོད་འབུལ་གང་ལེགས་བྱེད་བཞིན་ཡོད་དོ། །

མཆན།

[1] 陶立幡：《民俗学》序言[M]，北京学苑出版社，2003年。

[2] དེའུ་དམར་བསྟན་འཛིན་ཕུན་ཚོགས་ཀྱིས་མཛད་པའི《ཤེལ་གོང་ཤེལ་ཕྲེང》ལྟུགས་པར་མའི་ཤོག་ངོས52པར་གསལ།

[3] 1992ལོར་མཚོ་སྔོན་མི་རིགས་དཔེ་སྐྲུན་ཁང་གིས་པར་དུ་བསྐྲུན་པའི《རྗེ་འཇིགས་མེད་རིགས་པའི་བློ་གྲོས་ཀྱི་གསུང་རྩོམ》ཤོག་ངོས372–373བར་གསལ།

[4] 1983ལོར་མཚོ་སྔོན་མི་རིགས་དཔེ་སྐྲུན་ཁང་གིས་པར་དུ་བསྐྲུན་པའི《ཐང་ཡིག་སྙིང་མའི》ཤོག་ངོས7པར་གསལ།

[5] 2006ལོའི《བོད་ལྗོངས་ཞིབ་འཇུག》དེབ་དང་པོའི་ཤོག་ངོས113པར་གསལ།

[6] 1976ལོར་པར་དུ་བསྐྲུན་པའི《སྲིད་དོན་རྒྱལ་རབས》ཐུས་ལེགས་ཀྱི་ཤོག་ངོས55–56བར་གསལ།

[7] མཚོ་ལྷོ་མི་རིགས་དགེ་ཐོན་སློབ་གྲྭས་བསྒྲིགས་པའི《རྗེ་བཤད་སྒྲུབ་རྒྱ་མཚོའི་གསུང་འབུམ》པོད་གཉིས་པའི་ཤོག་ངོས662–663བར་གསལ།

[8] 1974ལོར་པར་དུ་བསྐྲུན་པའི《བོད་མིའི་འདས་མཆོད》ཀྱི་ཤོག་ངོས19–20བར་གསལ།

[9] 尕藏加、德吉卓玛：《藏族天葬起源》[EB/OL]

[10] 1990ལོར་བོད་ལྗོངས་དཔེ་སྙིང་དཔེ་སྐྲུན་ཁང་གིས་པར་དུ་བསྐྲུན་པའི《དགེ་འདུན་ཆོས་འཕེལ་གྱི་གསུང་རྩོམ》པོད་གསུམ་པའི་ཤོག་ངོས246པར་གསལ།

[11][16][17] 1986ལོར་མི་རིགས་དཔེ་སྐྲུན་ཁང་གིས་པར་དུ་བསྐྲུན་པའི《མཁས་པའི་དགའ་སྟོན》གྱི་ཤོག་ངོས165དང161–165བར་གསལ།

མི་ཕམ་དགྱེས་པའི་བཞད་སྒྲ།

[12][13][18] 2001ལོའི《བོད་ལྗོངས་ཞིབ་འཇུག》དེབ་དང་པོའི་ཤོག་ངོས131、132、133པ་བཅས་སུ་གསལ།

[14][15] 2007ལོར་མི་རིགས་དཔེ་སྐྲུན་ཁང་གིས་པར་དུ་བསྐྲུན་པའི《རྒྱལ་རབས་གསལ་བའི་མེ་ལོང》གི་ཤོག་ངོས94དང34པར་གསལ།

《མང་ཚོགས་སྒྱུ་རྩལ》༢༠༠༨ལོའི་དེབ་གཉིས་པ་ལས་བཏུས།

༄། །བོད་ཀྱི་སྨུར་སྦྱོང་ལས་བྱ་གཏོར་གྱི་སྐོར་ལ་ཞིབ་ཏུ་དཔྱད་པ།

ཀུན་དགའ་དབང་ཕྱུག

ད་ལྟའི་བར་དུ་བྱ་གཏོར་གྱི་སྐོར་ལ་བོད་དང་རྒྱ། དབྱིན་ཇི་དང་ཉི་ཧོང(日本)སོགས་ཀྱི་བོད་རིག་པའི་ཞིབ་འཇུག་པ་རྣམས་ཀྱིས་ཡིག་རིགས་སྣ་ཚོགས་ཀྱི་ལམ་ནས་རྩོམ་ཡིག་འདྲ་མིན་སྤེལ་ཡོད་ཀྱང་བྱ་གཏོར་དེ་རྒྱུ་རྐྱེན་གང་ལས་བྱུང་བ་དང་། ཇི་ལྟར་གཏོར་བ། ཅིའི་ཕྱིར་གཏོར་བ་བཅས་ལ་བཞེད་པ་འདྲ་མིན་ཡོད་སྐབས་འདིའི་སྐོར་ལ་མུ་མཐུད་དཔྱད་པར་བྱ་བ་ལ།

དང་པོ། བྱ་གཏོར་བྱུང་བའི་རྒྱུ་རྐྱེན།

ད་ལྟ་བོད་ཀྱི་ཐུན་མོང་མ་ཡིན་པའི་ལུགས་སྲོལ་ཞིག་ཏུ་ཆགས་ཡོད་པའི་སྨུར་སྦྱོང་ལས་བྱ་གཏོར་གྱི་ཕྱག་ལེན་འདི་བོད་ལ་ནམ་དར་བའི་སྐོར་ལ་བཞེད་ཚུལ་མི་འདྲ་བ་ཡོད་ནའང་། ཡིག་ཆ་དངོས་སུ་མཐོང་ཐུབ་པ་ནི། དུས་རབས་བཅུ་གཉིས་པའི་འགོ་སྟེ། སྤྱི་ལོ1113ལོར་ཕ་དམ་པ་སངས་རྒྱས(མ་ངེས–1117)བོད་དུ་ཕེབས[1]ཏེ། དེ་ལས་བརྒྱུད་པའི་ཞི་བྱེད་གཅོད་ཀྱི་གདམས་པ[2]ལས་ཕུང་པོ་གཟན་བསྐྱུར་གྱི་ཕྱག་ལེན་མ་ཅིག་ལབ་སྒྲོན(1103–1201)གྱིས་ཉམས་ལེན་གནང་བ་ནས་བཟུང་བོད་ལ་བྱ་གཏོར་བྱེད་སྲོལ་དར་སྤེལ་བྱུང་།[3]

དེས་ན་ཁ་ཅིག་གིས། གཅིག་ནས་ཕ་དམ་པའི་ཡར་སྔོན་དུ་དེ་འདྲའི་ལུགས་སྲོལ་མེད་ན་སློ་བུར་དུ་དར་མི་ནུས་ཏེ། གནམ་གྱི་ཁྲི་བདུན་ཕུད་པའི་རྒྱལ་རབས་ཕྱི་མ་རྣམས་ནས་བཟུང་སྔར་དར་བར་བང་སོ་བརྩིགས་པའི་སྲོལ་ལོ་ངོ་སྟོང་ལྷག་བོད་དུ་གནས་པས་དེ་དོར་ནས་གློ་བུར་དུ་བྱ་གཏོར་བྱེད་མི་ནུས་པའི་ཕྱིར། ཕྱིས་སུ་བྱ་གཏོར་དར་ནུས་པ་དེ་ནི་བཙན་པོའི་རིགས་རྒྱུད་མ་ཡིན་པའི་དམངས་ཁྲོད་དུ་དེ་འདྲ་ཡོད་པའི་སྐབས་ཀྱིས་ཡིན་ཞེས་དང་། གཉིས་ནས་དུས་རབས་བཅུ་གཉིས་པའི་ཡར་སྔོན་དུ་བྱ་གཏོར་ཕྱག་ལེན་སྐོར་གྱི་དཔྱད་གཞིའི་ཡིག་ཚང་མེད་པ་བདེན་མོད། ལོ་རྒྱུས་སུ་ཡོད་ན་ཡོད་གོ་ཆོད་པ་དང་མེད་ན་མེད་གོ་ཆོད་ཟེར་མི་ནུས་ལ། ལྷག་པར་དུ་ཡིག་ཚང་དུ་བཀོད་པ་རྣམས་ཀྱང་བློན་གཡོག་སྤྱི་ཚོགས་དང་བཀས་བཀོད་རྒྱུད་འཛིན་སྤྱི་ཚོགས་ཀྱི་དབང་སྒྱུར་མཁན་གྱི་ལོ་རྒྱུས་ལས་འབངས་དཀྱུས་

མའི་གནས་ཚུལ་བཀོད་མེད་པས། དེ་དུས་བྱ་གཏོར་གྱི་ཕྱག་ལེན་མེད་ཟེར་མི་ནུས་ཏེ། དཔེར་ན། གནམ་གྱི་ཁྲི་བདུན་དག་གནམ་ལ་གཤེགས་ཟེར་བ་ནི་མཐར་གཏུགས་ན་བྱ་གཏོར་བྱས་པ་ཡིན་ཏེ། བེམ་པོ་དེ་ཟོས་རྗེས་སྣར་མཐོངས་སུ་འཕུར་འགྲོ་བའི་བྱ་དེར་ད་ལྟའི་བར་བོད་ཀྱིས་ལྷ་བྱ་ཟེར་འབོད་ཅིང་། གྲུབ་པའི་ཚུལ་གྱིས་ཕྱིས་སུ་ཀོང་ཀྱི་གཤོག་སྒྲོ་དེ་ཐོད་དང་ཞྭ་མོར་བཅིངས་པའི་སྲོལ་ཡང་བྱུང་འདུག་པ་དེ་ཡང་མི་ལའི(1040–1123)རྣམ་མགུར་དུ། ལྡེམ་བྱ་རྒྱལ་ཀོང་གི་འཕྲུ་ཧོ་བཙུགས[4]ཞེས་ངོམ་སོ་དང་། ལྷ་པ་ཆེན་པོའི་སྐབས་སུ་བྱོན་པའི་ཀོང་གི་ལྡེམ་འཕྲུ་ཅན་དངོས་གྲུབ་རྒྱལ་མཚན[5]ཟེར་བའི་རྙིང་མའི་བླ་མ་དེས་ཀྱང་དབུ་ཞྭ་ལ་ཀོང་གི་ལྡེམ་འཕྲུ་བཙུགས་ཡོད་པ་དང་། རྣམ་ཐར་ཁ་ཤས་སུ་བྱ་ཀོང་གི་སྒྲོ་བཏུས་ཏེ་བརྩེས་ཆེན་མཛད་པའི་ལོ་རྒྱུས[6]བྱུང་བ་དང་། སྲིད་པ་ཆགས་པའི་ལྷ་དགུའི་ནང་ཚན་བྱང་གི་གཉན་ཆེན་ཐང་ལྷ་ཡང་དང་པོ་གཟུགས་ཤིན་ཏུ་ཆེ་བའི་བྱ་ཀོང་ཅིག་ཡིན་ཞིང་། ལྷ་ཡུལ་ནས་འཇིག་རྟེན་དུ་འཕུར་འོང་ནས་རི་དེར་ཚང་བྱས་པར་གྲགས[7]པ་དང་། བོད་ཀྱི་གནའ་བོའི་འཇིག་རྟེན་ཆགས་ཚུལ་དང་ལྷ་རབས། རིགས་རུས་འཕེལ་རིམ་བཅས་ལ་འཛིན་པའི་ལྟ་ཚུལ་དག་མུ་འབྲེལ་ནས་རྒྱས་བཤད་བྱེད་པའི་དཔེ་རྙིང་གཅིག་པུ《དབུ་ནག་མིའུ་འདྲ་ཆགས》ཀྱི་ནང་དུ་སྟག་གཟིག་བོན་གྱི་རྒྱལ་པོ་དང་རྒྱ་གར་ཆོས་ཀྱི་རྒྱལ་པོ་གཉིས་བྱ་རྒྱལ་ཀོང་གི་སྤྲུལ་པ་ལས་མཆེད་ཚུལ[8]དང་། གེ་སར་དམག་གི་རྒྱལ་པོའི་མཆེད་ཁྱུངས་ཀྱང་བྱ་ཀོང་ཡིན་པར་བཤད[9]པ་དག་ལས་བྱ་རྒྱལ་ཀོང་འདི་བོད་ཀྱི་ཡིག་ཚང་རྣམས་སུ་ཆེས་ཡ་མཚན་ཞིག་ཏུ་བརྩི་བ་གནའ་བོའི་དུས་ནས་ཡོད་པར་མངོན་པས། བཙན་པོའི་ཕོ་བྲང་གི་ལུགས་སྲོལ་དེས་བོད་ཀྱི་ལུགས་སྲོལ་ཡོངས་རྫོགས་མཚོན་མི་ནུས་པ་ཞིག་རེད་ཅེས་བརྗོད། འོན་ཀྱང་། དུས་རབས་བཅུ་གཉིས་པའི་ཡར་སྔོན་དུ་བྱ་གཏོར་གྱི་ཚོ་ག་མེད་ཟེར་བ་ནི། བཙན་པོའི་གདུང་རྒྱུད་སྐོར་གྱི་བོད་ཀྱི་ཡིག་ཚང་ཁོ་ན་གཞིར་བཅོལ་བ་མ་ཡིན་ཏེ། རྒྱའི་ཡིག་ཚང《ཐང་ཡིག་རྙིང་མ་ཐུ་ཧྥན་གྱི་གླེགས་བམ》ལས་ཀྱང“居父母丧，截发，青黛涂面、衣服皆黑，既葬即吉。”(ཕ་མ་ཤི་ཚེ་སྐྲ་འབྲེག གདོང་ལ་ཚོས་ནག་པོ་བྱུགས། གྱོན་པའང་ནག་པོར་བྱེད། དུར་དུ་སྦས་ཟིན་ན་འདུན་ཀྱང་གྲོལ་བ་ཡིན།)ཞེས་བཀོད་ཡོད་པས་ཤེས་ལ། ལྷག་པར་དུ་ཕྱི་རབས་པ་རྣམས་ཀྱིས་བོད་ཀྱི་བཙན་པོའི་ལོ་རྒྱུས་ལ་གཞི་བཅོལ་ཏེ་དཔྱད་ཞིབ་མཛད་པའང་སྐབས་འདིའི་ཤེས་བྱེད་དུ་དྲངས་ན་ཤིན་ཏུ་ལེགས་ཏེ། བོད་ཀྱི་བཙན་པོ་ལས་གནམ་གྱི་ཁྲི་བདུན་འདས་སྐབས་སྤྱི་གཙུག་ཏུ་ཡོད་པའི་འོད་དཀར་པོའི་རྨུ་ཐག་ལ་འཇུས་ནས་ནམ་མཁར་གཤེགས་ཏེ་འཇའ་ཚོན་བཞིན་ཡལ་ནས་འགྲོ་བ་ལས་རོ་མེད་པའི་དབང་གིས“གནམ་ལ་ཁྲི་བདུན”ཞེས་ཏུན་ཧོང་ཡིག་རྙིང་དུ་གསལ་ཞིང་། དོན་དམ་དུ་གནམ་གྱི་རྒྱལ་པོ་བདུན་ཟེར་བ་དང་འདྲའོ། །གནམ་གྱི་ཁྲི་བདུན་གྱི་སྐོར་ལ་ལོ་རྒྱུས་སྨྲ་བ་ཁ་ཅིག་གིས་དེ་རྣམས་འདས་རྗེས་ནམ་མཁའ་ལ་ཡལ་ནས་བང་སོ་མེད་ཅེས་གྲགས་ཤིང་། “དོན་དུ་སྐབས་དེར་སྐྱ་ཕུང་མེར་བསྲེགས་ནས་དུ་བ་ནམ་མཁར་གཏོང་བའི་སྲོལ་ཞིག་དར་བ་མིན་ནམ་སྙམ”[10]ཞེས་ཐེ་ཚོམ་

དང་བཅས་དཔྱད་གཞི་ཞིག་བཀོད་པ་ལས་བྱ་གཏོར་བྱུང་བའི་ལོ་རྒྱུས་ཀྱི་སྒྲོས་མེད་དོ། །དེ་ནས་སྟོད་ཀྱི་སྟེང་གཉིས[11]བྱུང་། དེ་ནི་ཕྱིས་ཀྱི་རྒྱལ་རབས་རྣམས་ལས་སྟོད་དང་བར་དུ་བྱུང་བ་སྟེ། གྲི་གུམ་བཙན་པོ་ནི་སྲིད་དབང་བཟུང་མུས་ཀྱི་སྐབས་སུ་བློན་པོ་ལོ་ངམ་གྱིས་བཀྲོངས་པ་དང་། སྤུ་དེ་གུང་རྒྱལ་ནི་ལོ་ན་གཞོན་དུས་སྲིད་དབང་མ་ཐུབ་པར་ཡུན་རིང་འཁྱམས་ནས་སྔོད་དགོས་བྱུང་བས་རྒྱལ་སྲིད་སྟེང་པའམ་སྟོང་བས་སྟོད་ཀྱི་སྟེང་གཉིས[12]ཞེས་དུས་རབས་བཅུ་གསུམ་པའི་ནང་བཏགས་པར་མངོན། སྟེང་ནི་སྟོང་དུ་ཇི་ལྟར་འགྱུར་ཞེ་ན། འགྲེང་བུ་དང་ན་རོ་ཕན་ཚུན་བརྗེ་བ་སྐབས་འགར་འབྱུང་སྟེ། རྒྱལ་པོའི་དོད་དུ་རྗེ་བོ་ཞེས་འབྲི་དགོས་པ་ལ་ཡིག་རྙིང་དུ་རྗོ་བོ[13]དང་། ལེན་པ་ལ་ལོན་ཞེས་བྲིས་པ་མཐོང་རྒྱུ་ཡོད་ཅིང་། ཕྱིས་སུ་གྲི་གུམ་བཙན་པོའི་སྐུ་སྤུར་འཕྱིང་ཡུལ་དར་ཐང་དུ་གདན་དྲངས་ནས་བང་སོ་བརྩིགས་པས་བང་སོ་བརྩིགས་པའི་སྲོལ་དར་ཞིང་། དེ་ནས་ས་ཡི་ལེགས་དྲུག་གི་སྐབས་སུ་ས་ལ་བང་སོ་བརྩིགས་པ་ཆེས་ཆེར་དར་བས་ཏུན་ཧོང་ཡིག་རྙིང་དུའང“ས་ལ་ལེགས་དྲུག”[14]ཅེས་འབྱུང་བའི་རྒྱུ་མཚན་དེ་ལ་དགོངས་སམ་སྙམ། དེ་ནས་ལྡེ་བརྒྱད་ཀྱི་དུས་ཡིན་ཞིང་། ཏུན་ཧོང་ཡིག་རྙིང་དུ་ལྡེ་བརྒྱད་ཅེས་པའི་ཐ་སྙད་མི་འབྱུང་ཡང་། ཉང་ཉི་མའི་འོད་ཟེར(1124–1192)གྱི་ལོ་རྒྱུས་སུ“ཆུ་ལ་ལྡེ་བརྒྱད”[15]ཅེས་བྲིས་པ་ནི་ཐོག་མ་ཡིན་པར་སེམས།[16] དེ་ནི་ད་ལྟའི་ལུགས་སྲོལ་ལྟར་ཆུ་ལ་བསྐུར་བ་མ་ཡིན་པར་ཆུ་བོའི་གཞུང་དུ་བང་སོ་བཞེངས་པ་ཡིན་ཤས་ཆེ་སྟེ། སྲོལ་ལུགས་དེ་ནི་མཚོ་ལ་ཁ་བ་བབས་པ་འདྲ་བར་གསུངས་པས་ཀྱང་རྟོགས་ནུས་སྙམ། དེ་ནས་བཙན་ལྔ་སྟེ་ཏུན་ཧོང་ཡིག་རྙིང་དུ་བཙན་ལྔ་ཞེས་པའི་ཐ་སྙད་མི་འབྱུང་ནའང་། དེ་ལྟར་འདོགས་བྱེད་ནི་རྒྱལ་པོ་སོ་སོའི་མཚན་གྱི་མཇུག་ཏུ“བཙན”[17]ཞེས་པའི་སྒྲ་ཡོད་པ་ལ་དགོངས་པའི་ཕྱིར་རོ། །དེའི་ཕྱིས་སུ་དུར་སྲས་ཀྱི་སྲོལ་ལུགས་མ་ཉམས་པར་ཡོད་པ་ཡིག་ཐོག་ཏུ་བཀོད་པའི་ལོ་རྒྱུས་རྣམས་སུ་གསལ་ཞིང་། སྤྱང་དར་བར་གྱི་བང་སོ་ཕལ་ཆེ་བ་ད་ལྟ་དངོས་སུ་མཇལ་ནུས་པས་སོ། །

འོ་ན། དུས་རབས་བཅུ་གཉིས་པའི་དུས་འགོ་ནས་བཟུང་། བོད་ལ་བྱ་གཏོར་གྱི་སྲོལ་ལུགས་དར་སྤེལ་བྱུང་ཐུབ་པ་གང་ཡིན་ཞེ་ན། རྒྱུ་རྐྱེན་གཉིས་སུ་འདུས་ཏེ། རྒྱུ་གཙོ་བོ་ནི་ས་བབ་ཀྱི་ཆ་རྐྱེན་དང་བསམ་བློའི་འདུ་ཤེས་འཛིན་སྟངས་ལ་རག་ལས་པའོ། །དེ་ཡང་ཞིབ་ཏུ་དཔྱད་ན། ས་བབ་ཀྱི་ཆ་རྐྱེན་ཏེ། རོ་གཟན་གྱི་བྱ་རྒོད་མེད་ན་བོད་དུ་བྱ་གཏོར་གྱི་སྲོལ་འབྱུང་ཐབས་མེད་པའི་གནས་ལུགས་སླ་མོ་དེ་ཡིན་ཞིང་། བྱ་རྒོད་དེ་ནི་ད་ལྟ་ཞིབ་འཇུག་བྱས་པ་ལྟར་ན། རྒྱ་མཚོའི་ངོས་ལས་མཐོ་ཚད་སྨི2000(ཨར་ཐེ་རི་ཕོ)ནས་སྨི4500(བོད་སྟོངས)རི་ཁུལ་དུ་འཚོ་ཞིང་། ཁྱབ་ཁོངས་ཀྱི་ཆ་ནས་བཤད་ན། ལྷ་ས་དང་མཚོ་སྔོན། ཤིན་ཅང་ནུབ་ཁུལ་དང་ཀན་སུའུ་ཞིང་ཆེན་གྱི་ནུབ་བྱང་ས་ཁུལ་སོགས་སུ་གནས་པར[18]བཤད་པ་ལྟར་རོ། །བྱ་རྒོད་འདི་གནའ་ནས་བོད་ཀྱི་ས་སྐྱང་དུ་གནས་པས་དེའི་གནས་སྟངས་དང་འཚོ་བའི་བརྒྱུད་རིམ་ལ་བོད་པ་རྣམས་ཅུང་རྒྱུས་ཆེ་སྟེ། བྱ་རྒོད་འདིའི་ཁྱད་ཆོས་གཅིག་ནི། ཤྭ་དང་ཤྭ་བྱས་ཏེ་འཚོ་སྐྱོང་བྱེད་པའི་རི་

སྐྱེས་སྒྲོག་ཆགས་ཤིག་ཡིན་ལ། ཕལ་ཆེར་ཁེར་རྐྱང་དུ་མི་འགྲོ་བར་ཉིན་ལྟར་ཚོགས་པ་སྤྱི་མོར་བྱ་རྒོད་རྣམས་གཅིག་རྗེས་གཅིག་གིས་འབྲངས་ཏེ་རི་མཐོན་པོའི་རྩེ་ནས་མཁའ་དབྱིངས་སུ་འཕུར་ལ་ས་སྟོད་ཀྱི་དུས་སུ་ཕྱིར་བྲག་སྐྱིང་དུ་འབབ་པ་ཡིན།[19] ཁྱད་ཆོས་གཉིས་པ་ནི། བྱ་རྒོད་དེས་བེམ་རོ་ཟ་བ་ལས་སྲོག་ལྡན་ལ་གནོད་འཚེ་མི་གཏོང་བ་དོན་དངོས་ཡིན་པ་ལྟར་དང་། དཀྱིལ་གྲྭ་དཀའ་ཆེན་པད་མའི་བརྡ་དག་ཏུའང་། བྱ་རྒོད་ནི་མི་ཤ་ཟ་བའི་བྱ་ཞེས་བཀྲལ་བས་ཤེས། འོན་ཀྱང་། འགའ་ཞིག་གིས་ཉིན་མོར་ས་གང་ཞིག་ན་བེམ་པོ་ཡོད་པ་ཐོག་མར་ཁྱི་ཏས་རྙེད་ལ། ཁྱི་ཏས་ནམ་མཁའི་དབྱིངས་སུ་ལྡིང་སྐོར་བྱེད་བཞིན་པའི་བྱ་རྒོད་ལ་བརྡ་སྟོན་ཞིང་། བྱ་རྒོད་ཀྱི་ཁྲུ་ཚོགས་ཕྱོགས་ཁག་ནས་མར་བབས་ཏེ་བེམ་པོ་ཟོས་རྗེས་ཕྱིར་མཁའ་དབྱིངས་སུ་འཕུར་འགྲོ[20]བར་བཤད་པ་ནི་བདེན་པའི་ཆ་ཙུང་ཟད་ཀྱང་མ་རེས་ཏེ། དེ་ལྟར་ན། བོད་མིས་བྱ་གཏོར་བྱེད་པའི་སྐབས་སུ་ཐོག་མར་ཁྱི་ཏས་རྙེད་དགོས་པ་ཞིག་ཏུ་སྣང་བས་དེ་ལྟར་མ་ཡིན་ཏེ། མངོན་པ་མཛོད་ན་གསུངས་པའི་སྤྱན་ལྔ་ལས་ཤའི་སྤྱན་གྱི་མཚན་གཞི་ལ་བྱ་རྒོད་ཀྱི་སྤྱན་བཞག་ཡོད་པས། རྒོད་ལ་ཉིན་ལམ་བཅོ་བརྒྱད་ཀྱི་མཚམས་ན་ཡོད་པའི་བེམ་པོ་མཐོང་བའི་མིག་ཤེས་ཁྱད་པར་ཅན་ཞིག་ཡོད་པར་བཤད། བྱ་རྒོད་ཀྱི་ཚེ་མཇུག་ནི་ཤི་ལ་ཉེ་བའི་ཚེའང་། ནམ་འཕང་གཅོད་ཅིང་ཅི་ནུས་ཀྱིས་ཉི་མའི་ཕྱོགས་ལ་འཕུར་བ་ཡིན། ཉི་མ་དང་མཁའ་དབུགས་ཀྱི་རྒྱུ་བས་བྱ་རྒོད་ཀྱི་ཕུང་པོ་རྫུལ་དུ་བཏང[21]བ་བདེན་མིན་བཤད་དཀའ་ནའང་། རྗེ་ཙོང་ཁ་པས(1359–1419)དགུང་ལོ་སུམ་ཅུ་ཡས་མས་སུ་བརྩམས་པའི་སྙན་ངག《སྟོན་པ་ཤཱཀྱ་ཐུབ་པ་ལ་བསྟོད་པ་བྱིན་རླབས་ཉེར་འདུག》ལས། མཁའ་ལྡིང་དབང་པོ་མཁའ་ལ་བགྲོད་བགྲོད་ནས། །ནམ་ཞིག་རང་སྟོབས་བྲི་བས་ལྡོག་འགྱུར་གྱི། །ཞེས་གསུངས་པ་ལ་གཞིགས་ན། བྱ་རྒོད་དེ་ནི་མཁའ་དབྱིངས་སུ་འཕུར་འཕུར་ནས་མཐའ་མ་རང་གི་ནུས་པ་ཟད་ནས་ཤི་བའམ་ཡང་ན་མར་ཐུར་དུ་རིམ་གྱིས་འབབ་པ་ཞིག་ཡིན་པ་གོར་མ་ཆག མི་ལའི་རྣམ་མགུར་དུ། བྲག་དམར་གྱི་བྱ་རྒྱལ་རྒོད་པོ་དེ། །རྒོད་གཤོག་སྒྲོ་ནམ་མཁའི་དབྱིངས་སུ་བརྐྱང་། །རྒོད་གཡང་ལ་ལྡུང་དོགས་མ་ཡིན་ཏེ། །ནམ་འཕང་གཅོད་པ་དཔའ་ཚུལ་ཡིན། །ཞེས་པ་ལྟར་རོ། །

རྒྱ་ཡིག་གི་ལམ་ནས་བརྩམས་པའི་རྩོམ་ཡིག་མང་པོར། བོད་པ་རྣམས་གདོད་མ་ནས་དབྱར་དགུན་གྱི་དུས་སུ་གནས་སྤོས་ཏེ་ཕྱུགས་འཚོ་བ་ལས་ཞིང་ལས་གཙོ་བོར་མི་གཉེར་ཞིང་། ལྟོས་བཅས་ཀྱིས་བཤད་ན། ས་ནི་ཚེ་སྲོག་ལྟར་གཅེས་པའི་འདུ་ཤེས་མེད་པ་དང་ནམ་ཟླ་ཤིན་ཏུ་གྲང་བས་མི་ཤི་ཚེ། དུར་སྦས་བྱེད་པ་ལ་ས་བརྐོ་དཀའ་བ་སོགས་ཕྱི་རོལ་ཡུལ་གྱི་ཆ་རྐྱེན་དེ་དག་གིས་བོད་ལ་བྱ་གཏོར་བྱུང་བར་འདོད་པའི་ལྟ་ཚུལ་གླེང་ཡོད་ནའང་། དེ་ཙམ་གྱིས་ག་ནས་ཡིན་ཏེ། དེ་ལྟར་ཡིན་ན། བཙན་པོའི་སྐབས་སུ་གོང་དུ་བཤད་པ་ལྟར་དུར་སྦས་ཀྱི་ཚོ་ག་ཆེས་ཆེར་དར་ནུས་པའི་རྒྱུ་མཚན་ཅི། ཁྱད་པར་ས་ལ་སྲོག་ལྟར་གཅེས་པའི་འདུ་ཤེས་མེད་ཟེར་ན། གདོད་མ་ནས་བོད་ཀྱི་རི་ཆུ་ཐམས་ཅད་ལྷའི་ཡུལ་དུ་བྱས་ཤིང་། ཀླ་རི་

དང་། བླ་ཤིང་། ཀླུ་ས། གཞན་ས་སོགས་སུ་བྱས་པའི་རྒྱུ་མཚན་ཅི། བྱ་གཏོར་སྔོན་ནས་ཡོད་ཟེར་ན། ཉེ་འབྲེལ་དང་ཁྲིམ་མཆོས་རྒྱལ་ཁབ་རྣམས་ཀྱིས་བྲིས་པའི་བོད་དང་འབྲེལ་བའི་ཡིག་ཆའི་ནང་དུ་དེ་སྐོར་སྒྲོས་ཙམ་ཡང་བྱུང་མེད་པའི་རྒྱུ་མཚན་ཅི། བློ་རྣལ་དུ་ཕབ་སྟེ། ཤེས་རིག་འཕེལ་བའི་གོ་རིམ་ལ་མནོ་བསམ་ཞིག་བཏང་ན། གདོད་མའི་དུས་སུ་ཤེས་རིག་དར་རྒྱས་ཆེར་མེད་པས། མི་ཤི་ཚེ་སྡུག་བསྔལ་ཆེས་ཆེར་བྱས་ཏེ། གཉེན་ཉེ་རྣམས་ཀྱིས་ཁ་ངོ་མི་བཀྲུ་བར་ཉིན་དང་ཟླ་བ་འགར་གནས་ཤིང་། ལོ་གསར་པའི་ནང་གོས་གསར་མི་གྱོན་པ་དང་དགའ་སྟོན་སོགས་སུ་མི་ཞུགས་པར་གནས་པ་ནི་ད་ལྟའི་སྲོལ་རྒྱུན་གྱི་གོམས་སྲོལ་འདི་དག་གིས་རིགས་འདེད་བྱས་པས་ཤེས། དེ་འདྲའི་འདུ་ཤེས་འཛིན་སྟངས་འོག ཤི་བའི་བེམ་པོ་དེའི་བདག་པོ་དང་གཉེན་ཉེ་སུ་ཞིག་གིས་བེམ་པོ་དེ་བྱ་ལ་གཏོར་ནུས། དེ་ཐམས་ཅད་ཀྱི་རྩ་བ་གང་ལ་གཏུགས་ཤེ་ན། གཉེན་ཉེ་དུའི་འབྲལ་མི་ཕོད་པའི་སྡུག་བསྔལ་ལས་བྱུང་བ་ཁོ་ན་མིན་ཏེ། བོད་ལ་གདོད་མ་ནས་མི་ཤི་བའི་རྗེས་སུ་བླ་གནས་པའི་འདུ་ཤེས་ཤིག་བྱུང་ཡོད་པ་དེའོ། །དཔེར་ན། བླ་ཤིང་བླ་རི་ཞེས་པ་སོགས་ཀྱིས་མཚོན་པར་མ་ཟད། ཡིག་རྙིང་དུ་ཐོན་པའི་དཔྱད་གཞིའི་ཡིག་ཆ་ཆེས་སྔ་བ་ནི་གྲི་གུམ་བཙན་པོའི་དུས་སྐབས་དེར་ཤ་ཁྲིས་བློན་པོ་ལོ་ངམ་བསྒྲོངས་རྗེས“བཀླའ་བརྟུངས”ཞེས་པ་སོགས་ཀྱི་མགུར་ཞིག་བླངས་ཡོད་པ་དེ་ཡིན་ཞིང་། དོན་ནི“བཀླ”ཉུས་ཀྱང་བརྟུངས་ཤིང་བཅགས་ནས་དེ་དག་གི“བླ”ཡང་མེད་པར་བཟོས[22]ཞེས་པ་ཡིན། “བཀླ”དང“བླ”ལ་འབྲེལ་བ་ཡོད་པའི་འདུ་ཤེས་ཤིག་དེ་དུས་ནས་ཡོད་པར་གསལ་ལ། དེའི་ཕྱིས་སུ་དར་བའི་རྒྱ་རིགས་ཀྱི་གཙུག་ལག་རྒྱུད་དུའང་། སྲོག་དང་བླ་དང་རྣམ་ཤེས་གསུམ། །སྲོག་ནི་གཤེད་མ་འདྲེ་ཡིས་བཅད། །རྣམ་ཤེས་ལས་ཀྱི་རྗེས་སུ་འབྲངས། །བླ་དེ་ཚེ་འདས་གཟུགས་བཟུང་ནས། །དུར་ས་དེ་ལ་གནས་པ་ཡིན། །དུར་ས་ལེགས་ན་བླ་དེ་དར། །གསོན་པོ་རྣམས་ལ་མགོན་སྐྱབས་ནུས། །ཞེས་གསུངས་པ་གནས་ཡིག[23]འགར་དྲངས་པས་ན། སྔར་ཡོད་ཀྱི་འདུ་ཤེས་འཛིན་སྟངས་ཀྱི་རྨང་གཞི་དང་ཕྱིས་རིག་གནས་ཀྱི་ཤན་ཤུགས་གང་ཡིན་མ་ངེས་ཀྱང་དེ་དག་བྱུང་བ་ལ་བརྟེན་ནས“མདད་བཏང”དང“གུམ་ན་མཆད་ཕྱུག་དར་ཏེ་བརྩིག་པར་གནང་། རྟ་ནི་བརྒྱའ་དགུམ་བར་གནང”[24]ཞེས་ཏུན་ཧོང་ཡིག་རྙིང་དུ་གསལ། དེའི་སྐབས་ཀྱིས་ས་བབ་མཐོ་སར་བྱ་རྒོད་ཡོད་པ་ཁོ་ནས་བྱ་གཏོར་ཕྱག་ལེན་དར་མི་ནུས་པས། དེ་དང་འཚམས་པའི་བསམ་བློའི་འདུ་ཤེས་ཤིག་ཅིས་ཀྱང་ཡོད་དགོས་པའོ། །

འོ་ན། བསམ་བློའི་འདུ་ཤེས་དེ་གང་ཡིན་ཞེ་ན། ནང་པ་སངས་རྒྱས་ཀྱི་ཆོས་ལུགས་ཡིན་ཏེ། ནང་ཆོས་དག་སྲོང་བཙན་ནས་སྲོལ་བཏོད་པ་དང་ཁྲི་སྲོང་ལྡེ་བཙན་ནས་དར་སྤེལ་བཏང་ཡང་། འབངས་མི་དཀྱུས་མ་ཕར་ཞོག་སྐབས་དེའི་ཕོ་བྲང་ནང་དུའང་བན་བོན་གྱི་འགལ་བ་ཆེ་བ་སོགས་ཀྱིས་བོད་མི་ཕྱིངས་ཀྱིས་དང་ལེན་བྱེད་པ་ཞིག་ནི་མ་བྱུང་བར་མངོན། རྒྱལ་པོ་ཁྲི་སྲོང་ལྡེ་བཙན་གྱི་སྐབས་སུ་བཙན་

པོས་བཀས་བཅད་དེ་སློབ་དཔོན་དཔའ་བོས་མཛད་པའི་སྟག་མོར་ལུས་སྦྱིན་སོགས་སྐྱེས་རབས་སོ་བཞི་བོད་དུ་བསྒྱུར་བ་དང་། ཁྲི་ལྡེ་སྲོང་བཙན་གྱི་སྐབས་སུ་རྒྱལ་སྲས་ཞི་བ་ལྷས་མཛད་པའི་སྤྱོད་འཇུག་བོད་དུ་བསྒྱུར་བ་དེའི་ནང་དུ། ཁྱོད་ཉོན་མོངས་པའི་གདོང་དེ་ནི། །ད་ལྟ་མངོན་སུམ་གྱུར་པ་བཞིན། །བྱ་རྒོད་ཀྱིས་བསལ་བྱས་མཐོང་ནས། །དེ་ལྟར་ཅིའི་ཕྱིར་འཇིར་བར་བྱེད། །[25]ཅེས་དང་། ཤ་ཡི་ཕུང་པོ་འདི་མཐོང་ནས། །བྱ་རྒོད་དང་གཞན་ཟ་བྱེད་ན། །གཞན་གྱི་ཟས་ལ་མེ་ཏོག་གི །ཕྲེང་བ་ཙན་དན་རྒྱན་གྱིས་མཆོད། །[26]ཅེས་གསུངས་ནའང་། རང་གི་ཉམས་ལེན་ཕར་ཞོག ཐ་ན་བང་སོ་བརྩིགས་པ་དང་ནད་སོགས་བྱུང་ན་སྲོག་ཆགས་མང་པོ་གསོད་རྩོལ་མི་ལ་རབས་པའི་བར་མ་ཉམས་པར་ཡོད་པ་ཕྱིས་ཀྱི་ཡིག་ཚང་ལས་ཤེས་ནུས། གླང་དར་གྱིས་འདུལ་བསྟན་བཅོམ་སྒྱུར་བྱས་ཏེ། རྒྱུ་རྐྱེན་སྣ་ཚོགས་ཀྱི་དབང་གིས་བོད་ཀྱི་ནང་བསྟན་རེ་ཞིག་ཉམས་དམས་སུ་སོང་ནའང་། ཕྱིས་སུ་བཙན་པོའི་གདུང་རྒྱུད་ལྷ་བླ་མ་ཡེ་ཤེས་འོད་ཀྱིས་ཇོ་བོ་རྗེ་ཨ་ཏི་ཤ་གདན་དྲངས་ཏེ་མངའ་རིས་སོགས་བོད་དུ་དུས་ཡུན་ལོ་ངོ་ཧྲིལ་པོ་བཅོ་ལྔ(1040–1054)མ་ལོངས་ཙམ་བཞུགས་ནས་གདུལ་བྱ་ཡོངས་ལ་ལས་འབྲས་གཙོ་བོར་གསུངས་པས་བོད་ཡོངས་ལ་བླ་མ་ལས་འབྲས་པ་དང་བླ་མ་སྐྱབས་འགྲོ་བར་གྲགས། སྐབས་འདིར་བསྟན་པ་ལ་དག་ཐེར་ཐེངས་གཅིག་བྱས་པས་ནང་པའི་ཆོས་རྣམ་དག་ཅིག་བོད་ཀྱི་དམངས་ཁྲོད་བར་དུ་སྤེལ་ཐུབ་པ་བྱུང་།[27] དེའི་ཕྱིས་སུ་ཁོང་གི་དངོས་སློབ་འབྲོམ་སྟོན་པས་བཀའ་གདམས་པའི་གྲུབ་མཐའི་སྲོལ་ཕྱེ་ནས་སྔར་ལས་ཀྱང་དར་ཞིང་རྒྱས་པ་བྱུང་བ་དང་། ཐ་ན་འབྲོམ་སྟོན་རང་ཉིད་མཛེ་བོ་རྣམས་ཀྱི་ཚོགས་སུའང་ཞུགས་ཏེ་ཉལ་འཆག་གི་སྒོ་ནས་ཆོས་བསྟན་པས་སྔར་ལས་དར་ཞིང་ཕྱིས་ཀྱི་གྲུབ་མཐའ་ཐམས་ཅད་ཀྱི་མ་ལྟ་བུར་གྱུར། གོ་རིམ་དེ་དག་གི་ཁྲོད་དུ་སྐྱེ་བོ་ཕལ་ཆེ་བས་སེམས་ཅན་ཐམས་ཅད་སྡུག་བསྔལ་གྱི་གནས་སུ་སྐྱེ་བའམ་གང་གིས་འཁོར་བ་ལས་དང་ཉོན་མོངས་ཀྱིས་འཁོར་བ་དང་། ཇི་ལྟར་འཁོར་བ་སྡུག་བསྔལ་མི་བཟད་པའི་སྒོ་ནས་འཁོར་བ་དང་། གང་དུ་འཁོར་བ་ཁམས་གསུམ་དུ་འཁོར་བ་དང་། གང་འཁོར་བ་རྣམ་ཤེས་འཁོར་བ་སོགས་ལ་ངེས་པ་ཙམ་ཙམ་རྙེད་དེ། མི་ཚེ་འདི་དང་རང་གི་ལུས་ངག་ཡིད་གསུམ་གཞན་དོན་དུ་བཀོལ་མ་ནུས་ཚེ་སྙིང་པོ་མེད་པའི་བསམ་བློའི་འདུ་ཤེས་ཤིག་སྔར་དང་བསྡུར་ན་ཅུང་ཤུགས་དྲག་པོ་ཞིག་བྱུང་ཡོད་པར་སྙམ། རབ་བྱུང་དང་པོའི་ཤིང་རྟ་སྟེ་སྤྱི་ལོ1054ལོར། ཇོ་བོ་རྗེ་ཨ་ཏི་ཤ་སྙེ་ཐང་དུ་སྐུ་གཤེགས་པ་ནས་བརྩིས་པའི་བགྲང་བྱ60སོང་བའི་སྐབས་ཏེ། སྤྱི་ལོ1113ལོར་ཕ་དམ་པ་བོད་དུ་ཕེབས། སྐབས་དེར་ཕ་དམ་པས་བོད་ལ་བྱ་རྒོད་ནི་རང་བཞིན་གྱིས་མཆིས། གཞན་དོན་དང་སྤྱོད་འཇུག་སོགས་ལས་གསུངས་པའི་ལས་འདི་གཞན་དོན་དུ་བསྔོ་བའི་རྨང་གཞི་ཡང་ཅུང་ལྡན་པས་རྒྱ་གར་གྱི་གདམས་པ་འདི་བོད་ལ་གནང་ན་ལུས་སྦྱིན་གཏོང་བ་འདི་དར་ནུས་པར་དགོངས་ཏེ། ཕུང་པོ་གཟན་བསྒྱུར་གྱི་གདམས་པ་མ་ཅིག་ལབ་སྒྲོན་ལ་གནང་བའི་རྐྱེན་དེས་རྩྭ་ཡན་ལ་མེ་མཆེད་པ་བཞིན་དུ་

བྱ་གཏོར་གྱི་ཕྱུག་ལེན་བོད་དུ་དར་སྤེལ་བྱུང་།

ནང་སའི་མཁས་པ་ཧའོ་ཝེ(霍魏)ཟེར་བ་ཞིག་གིས་བྱ་གཏོར་འདི་རྒྱ་གར་དང་བོད་རང་ནས་བྱུང་བ་བཀག་སྟེ། ཡ་གླིང་དབུས་མའི་པར་སིག་གི་ཤན་ཤུགས་ཐེབས་པར་བཤད[28]པ་དང་། ལ་ལས་ས་མན་ཆོས་ལུགས་དང་མེ་མཆོད་ཆོས་ལུགས།(祆教) བོན་ཆོས་དང་ནང་བསྟན་ཆོས་ལུགས་བཅས་ཀྱི་ཤན་ཤུགས་འོག་བྱུང་བར་བཤད[29]ཡོད། མི་རིགས་དེ་དག་ལ་ལུགས་སྲོལ་དེ་ཡོད་པས་དེ་ནས་བྱུང་ཟེར་ན་ཁྱབ་པ་མེད་ཅིང་། ལྷག་པར་དུ་པར་སིག་ནས་བྱུང་བ་ཡིན་ཟེར་ན། བོད་དང་པར་སིག་གི་འབྲེལ་བ་ཆེས་ཟབ་པ་ནི་བོད་བཙན་པོའི་དུས་སྐབས་དང་ལྷག་པར་དུ་ཁྲི་སྲོང་ལྡེ་བཙན་གྱི་དུས་སྐབས་སུ་ཡིན་པ་ལོ་རྒྱུས་ཡིག་ཚང་རྣམས་ལས་ཤེས་པས་ཤན་ཤུགས་ཐེབས་ན་དེ་དུས་ཐེབས་དགོས་ཀྱང་། སྐབས་དེ་དག་ཏུ་བོད་ལ་བྱ་གཏོར་ཕྱུག་ལེན་ཡོད་ཚུལ་རྒྱ་བོད་གང་གི་ཡིག་ཚང་དུ་མ་བྱུང་ངོ་། །

གཉིས་པ། བྱ་གཏོར་ལག་ལེན་ཇི་ལྟར་བྱ་ཚུལ།

གཅིག བྱ་གཏོར་ལག་ལེན་གྱི་སྒོམ་ཇི་ལྟར་བྱ་ཚུལ།

བྱ་གཏོར་འདི“གཞན་ཕན”དང“ཚོགས་བསགས་སྒྲིབ་སྦྱོང”ཞིག་གི་སྟེང་ནས་ལག་ལེན་དུ་བསྟར་དགོས་པ་ཡིན་ཏེ། ཐོག་མར་མི་སུ་ཞིག་ཡིན་ཙང་རང་ལ་སྣང་བ་དང་གནོད་པའི་གྲོགས་མེད་པར་བྱས་ནས་རང་གི་ལུས་འདི་གཅིག་པུ་དབེན་པར་གནས། གྲོགས་དང་གཉེན་ཉེ་དུ་རྣམས་དོར་བས་མ་ཤི་བའི་སྔོན་ནས་ཀྱང་ཤི་བ་དང་འདྲ་བར་བསྒྲིས་ཏེ། ལུས་སེམས་སོ་སོར་ཕྲལ་ནས་ལུས་སྦྱིན་གཏོང་བ་སོགས་ཀྱི་སྒོམ་ཉམས་སུ་བླངས་ན། ལུས་འདི་ལ་ཆགས་པ་དང་བྲལ་ཞིང་ཤི་ནའང་སྨྱ་ངན་བྱེད་པ་མེད་པ་ནི་སྤྱོད་འཇུག་ལས། ལུས་འདི་གཅིག་པུ་དབེན་གནས་ཏེ། །སྔ་ནས་ཤི་དང་འདྲར་བསྒྲིས་ནས། །ཤི་ནའང་སྨྱ་ངན་བྱེད་པ་མེད། །[30]ཅེས་གསུངས་པ་ལྟར་ཡིན། ཕུང་པོ་གཟན་བསྐྱུར་གྱི་གདམས་པ་ཐོག་མར་ཤི་བའི་རིམ་པ་དེ་ལ་སྦྱོར་རྒྱུ་མ་ཡིན་པར་སེམས་ཅན་གང་ཞིག་མ་ཤི་བའི་སྔོན་དུ་ཤི་བ་དང་འདྲ་བར་བསྒྲིས་ཏེ་སྒོམ་ཚུལ་འདི་མ་ཅིག་ལབ་སྒྲོན་གྱིས་ཐབས་མཁས་ཀྱིས་དར་སྤེལ་བཏང་། དེ་ལྟ་བུའི་སྒོམ་མཐའ་འཁྱོལ་བ་ཞིག་བྱུང་ན་བྱ་གཏོར་གཏོང་བ་ལ་གེགས་ཅི་ཡང་མེད་ཅིང་རང་བཞིན་གྱིས་དར་ངེས་པས་ཐོག་མར་སྒོམ་ཚུལ་བསྟན་པའོ། །

དང་ཐོག་ཉམས་ལེན་གྱི་རྩ་བ་ཕུང་པོ་མཆོད་སྦྱིན་གྱི་སྒོམ་ཚུལ་ཇི་ལྟ་བུ་ཡིན་ཞེ་ན། རིམ་པ་བདུན་བསྟན་པ་ལས། དང་པོ་སེམས་བསྐྱེད་ནས་མགྲོན་སྤྱད་པ་དེ་ཡིན་ཞིང་། སེམས་བསྐྱེད་པའི་ཡུལ་གཙོ་བོ་བརྒྱད་དེ། རང་ལ་སྣང་བའི་དགྲ།(གཟུགས་ཅན་གྱི་མི་དང་གཟུགས་མེད་ཀྱི་ལྷ་འདྲེ།) གནོད་པའི་བགེགས།(ནད་དང་གདོན།) བར་ཆད་བྱེད་པའི་རྐྱེན་དང་བཅས་པའི་ཕྱིའི་གནོད་བྱེད་གསུམ་དང་། དེ་ནས་ལས་གདོན།(མ་རིག

པ། བདག་འཛིན།) ལུས་གདོན། གཉན་སའི་གདོན་དང་བཅས་པའི་ནང་གི་གནོད་བྱེད་གསུམ་དང་། དེའི་སྙིང་ཕ་དང་མ་བརྩིས་པས་བརྒྱད་པོ་གཙོ་བོར་བྱས་པའི་ཁམས་གསུམ་སེམས་ཅན་ཐམས་ཅད་ཀྱི་སྤྱི་བྱེའི་སྡུག་བསྔལ་ལ་བསམས་ནས་དེ་དག་སྡུག་བསྔལ་ལས་ཐར་བའི་ཕྱིར་དུ་རང་སངས་རྒྱས་ཀྱི་གོ་འཕང་འཐོབ་པར་བྱ་སྙམ་ནས་སེམས་བསྐྱེད། དེ་དག་རང་གི་མདུན་དུ་བསྡུས་པར་སྒོམ། གཉིས་པ་སྐྱབས་ཡུལ་བསྒོམ་ཞིང་ཚད་མེད་བཞི་ལ་བློ་སྦྱངས་ཤིང་། ཚོགས་ཞིང་སྤྱན་འདྲེན་རྒྱུ་དེ་ཡིན་ཞིང་། དེ་ནི་རང་གི་དཔྲལ་བའི་ཐད་དུ་མཆོག་གསུམ་བཞུགས་པར་བསམས་ནས་རང་དང་འཁོར་གྱི་མགྲོན་ཐམས་ཅད་མཆོག་གསུམ་ལ་སྐྱབས་སུ་སོང་ཞིང་། ཕན་ཐོགས་འདོད་ཀྱི་བསམ་པ་རང་གཞན་ཐམས་ཅད་ཀྱི་རྒྱུད་ལ་སྐྱེས་པར་སྒོམ། དེ་ནས་ཚད་མེད་བཞི་ལ་སོགས་པ་བསྒོམས་ཏེ་ཚོགས་ཞིང་སྤྱན་དྲངས་ནས་དེ་དག་གི་ཐུགས་ལས་འཕྲོས་པའི་འོད་ཟེར་གྱིས་རང་དང་མགྲོན་ཐམས་ཅད་ཀྱི་སྡིག་སྒྲིབ་དག་པར་བསམ། གསུམ་པ་ནི་ཡན་ལག་བརྒྱད་པས་ཕྱག་འཚལ་ཞིང་མཆོད་པ་འབུལ་བ་དེ་ཡིན་ཞིང་། དེ་ནི་ཕྱོགས་བཅུ་སངས་རྒྱས་རྣམས་ཀྱི་བཀའ་དྲིན་གྱིས་སྡིག་སྒྲིབ་བག་ཆགས་དང་བཅས་པ་དག་པར་བསམས་ནས་ཕྱག་འཚལ་ཞིང་མཆོད་པ་འབུལ་བའོ། །བཞི་པ་ནི་ལུས་སེམས་ཕྲལ་ཞིང་མཎྜལ་འབུལ་བ་དེ་ཡིན་ཞིང་། དེ་ནི་ལུས་སེམས་སོ་སོར་ཕྲལ་ནས་ལུས་ལ་མཎྜལ་བསྐྱེད་དེ་བླ་མ་དང་དཀོན་མཆོག་གསུམ་དང་དཔའ་བོ་མཁའ་འགྲོ་ཆོས་སྐྱོང་བའི་སྲུང་མ་དང་བཅས་པ་ལ་འབུལ་བར་བྱེད་པའོ། །མཎྜལ་དུ་བསྐྱེད་ཚུལ་ཇི་ལྟ་བུ་ཡིན་ཞེ་ན། ཁྲག་ནི་སྤོས་ཆུའི་རྒྱ་མཚོར་གྱུར། ས་གཞི་ལ་ཆག་ཆག་བཏབ། སེན་མཛུབ་ལྕགས་རི་དང་ཡན་ལག་གླིང་བཞི་དང་། ཉིང་ལག་བརྒྱད་གླིང་ཕྲན་བརྒྱད། དེའི་དབུས་སུ་ཁོག་ཐེམ་དེ་རི་བོ་མཆོག་རབ། མགོ་དེ་རྣམ་པར་རྒྱལ་བའི་ཁང་བཟང་། མིག གཡས་གཡོན་ཟླ་བ་དང་ཉི་མ། སོ་རྣམས་རྒྱུ་སྐར། གློ་བ་རྟ་མཆོག སྙིང་ཡིད་བཞིན་གྱི་ནོར་བུ། རྒྱུ་མ་དཀར་ནག་གསེར་གྱི་རི་བདུན་དང་རོལ་བའི་མཚོ་བདུན། ནང་ཁྲོལ་རྣམས་རྒྱལ་སྲིད་སྣ་བདུན། རྩ་རྒྱུས་རྣམས་བཀྲ་ཤིས་རྫས་བརྒྱད། རྣམ་ཤེས་ཚོགས་བརྒྱད་འདོད་ཡོན་གྱི་ལྷ་མོ། མཁྲིས་པ་བཟང་བའི་སྨན་མཆོག སྐྲ་དང་བ་སྤུ་ཐམས་ཅད་མ་རྨོས་པའི་ལོ་ཏོག་དང་ཀུར་ཀུམ་གྱི་ནགས་ཚལ། རྣ་བ་གདུགས་དང་རྒྱལ་མཚན་དུ་བསམས་ནས་འབུལ་བའོ། །ལྔ་པ་གསོལ་བ་བཏབ་ཅིང་བྱིན་རླབས་ཞུ་བ་དེ་ཡིན་ཞིང་། དེ་ནི་རང་གི་འདོད་དོན་རྣམས་གསོལ་བ་བཏབ་སྟེ། མཁའ་འགྲོའི་ཚོགས་དང་བཅས་པ་སྤྱན་ནས་བྱིན་རླབས་གནང་བར་བསམ་པ་དེའོ། །དྲུག་པ་ལུས་མཆོད་པར་འབུལ་ཞིང་སྦྱིན་པ་གཏོང་བ་སྟེ། དེ་ནི་ལུས་འདོད་ཡོན་ལྷར་བསྒྱུར་ནས་བླ་མ་དང་སངས་རྒྱས་བྱང་སེམས་ཡི་དམ་མཁའ་འགྲོ་བཅས་ལ་འབུལ་ཚུལ་ཞིག་དང་། རང་གི་ལན་ཆགས་ཀྱི་མགྲོན་རྣམས་ལ་ལན་ཆགས་འཇལ་ཚུལ་ཞིག་དང་། དེ་ནས་རིན་པོ་ཆེའི་སྣོད་ཁ་དོག་དཀར་པོ་ཤེལ་ལྟར་གསལ་བའི་ཟངས་ཐལ་ཆེན་པོ་ཞིག་གི་ནང་དུ་རང་གི་ལུས་འོད་དུ་ཞུ་བ་ལས་གྲུབ་པའི་བདུད་རྩི་རོ་བརྒྱ་དང་

ལྡན་པ། འདོད་པའི་བདེ་བ་སྟེར་ཞིང་སྡུག་བསྔལ་ཐམས་ཅད་སེལ་བར་ནུས་པའི་སྨན་མཆོག་ལྔ་བུར་བསམས་ཏེ་རིགས་དྲུག་ལ་སྦྱིན་པ་བཏང་བས་རིགས་དྲུག་གི་གནས་སྟོང་བར་བྱེད་པ་ཞིག་དང་། དེ་ནས་གཞི་བདག་རྣམས་ལ་གླུད་པ་དང་གཞུང་བ་ཚལ་བུ་རྣམས་དཀར་གསུམ་སྟེ་ཞོ་དང་འོ་མ་དང་མར། ཁྲག་དང་རྣག་དང་ཆུ་སེར་རྣམས་མངར་གསུམ་སྟེ་ག་ར་དང་བུ་རམ་དང་སྦྲང་རྩི། རྐང་སྦུབས་སུ་ཡོད་པའི་རྐང་མར་རྣམས་ག་བུར་དང་གུར་གུམ། པགས་པ་དང་གླད་སྤྲི། མཆིན་དྲི་གསུམ་ནི་དར་དང་གོས། ཐུལ་བ་ལ་སོགས་པ། སྙིང་ཡིད་བཞིན་གྱི་ནོར་བུ། མཁལ་མ་གཉིས་ནི་གསེར་དང་དངུལ། བཻཌཱུརྻ་དང་མུ་ཏིག ཁྱི་རུ། ཤ་ཐམས་ཅད་ནས་དང་འབྲས། སྤྱལ་ཚོགས་ཉེར་བཞི་ནི་གཙོད་ལ་སོགས་པའི་རི་དྭགས་སྣ་ཚོགས། རྩིབ་མ་བཅོ་བརྒྱད་མདའ་འཕང་དང་། སྲོག་རྩ་དང་རྒྱང་བུ། རྒྱུ་མ་དཀར་ནག་བལ་ཚོན་སྣ་ཚོགས། སེན་མོ་བྱ་རིགས་སྣ་ཚོགས། འཆེར་བ་བ་དང་གླང་། སྤྲི་བ་ཧྲ། མཆིན་པ་གླང་པོ་ཆེ། ཚོགས་ཆེན་བརྒྱད་དང་རྐང་མགོ། ལག་མགོའི་རུས་པ། རྐེ། མན་མཁལ་དང་བྲང་འཛུམ་སོགས་ནི་ཁྲབ་ལ་སོགས་པའི་གོ་མཚོན་སྣ་ཚོགས། མགོ་བོ་དུང་ཕོར། ཕོ་བ་དང་ལོང་ག ལྷང་བུ་གསུམ་ཁང་ཁྱིམ་མཛོད་ཁང་ལ་སོགས་པ། བྱང་སེམས་དཀར་ནག་དང་དྲི་ཆེན། དྲི་ཆུང་། མཁྲིས་པ་ལྷ་ནི་འཆི་མེད་ཀྱི་བདུད་རྩི་ལྔ་སྟེ་ཞོ་དང་འོ་མ། མར་དང་ག་ར། བུ་རམ། མིག་ལ་སོགས་པའི་དབང་པོ་ལྔ་ནི་མེ་ཏོག་སྣ་ཚོགས། སྐྲ་དང་བ་སྤུ་ཐམས་ཅད་ཤིང་གི་སྡོང་པོ་ལ་སོགས་པར་བསམས་ནས་འབུལ་ཚུལ་ཞིག་དང་། ཀླུ་ལའང་ཀླུའི་ཁམས་དང་མཐུན་པའི་སྒོ་ནས་རུས་ཐམས་ཅད་སྨན་བཟང་པོའི་རང་བཞིན་དང་། ཁྲག་ཐམས་ཅད་འོ་མའི་རང་བཞིན་ཏེ། མ་ཧེ་སྡོང་གི་འོ་མ་ལས་བསྐུས་པ་ལྔ་བུའི་བཅུད་དང་ལྡན་པར་བསམ་པའི་འོ་མ་དང་། བཟང་པོའི་སྨན་དང་། འཆི་མེད་བདུད་རྩི་གསུམ་གཅིག་ཏུ་འདྲེས་པ་ལས་ཡན་ལག་བརྒྱད་དང་ལྡན་པའི་མཚོ་དང་། རྫིང་བུ་དང་། ལྟེང་ཀ་ལ་སོགས་པའི་ཆུའི་དབྱིབས་དུ་མ་བྱུང་བར་སྒོམ། དེ་བཞིན་དུ་རྒྱུ་མ་དཀར་ནག་ནི་རོལ་བའི་མཚོ་བདུན་དང་། པགས་པ་རིམ་པ་བདུན་ནི་གསེར་གྱི་རི་བདུན། ཕོ་བ་དང་། ལོང་ག་དང་། ལྷང་བ་གསུམ་ནི་ཁང་བཟང་དང་བང་མཛོད་རྣམས་སུ་བསམས་ནས་འབུལ་ཚུལ་ཞིག་དང་། ཡང་རང་ཉིད་སྐད་ཅིག་གིས་ཁྲོས་མ་མཐིང་ནག་ཏུ་འགྱུར་བར་བསམས་ནས། སྐུ་སྟོད་ལ་མི་ལྤགས་ཀྱི་གཡང་གཞི་ཁྲག་འཛག་པ་མནབས་པ། སྐུ་སྨད་ལ་སྟག་ལྤགས་ཀྱོན་པས་དཀྲིས་པ། ཕྱལ་ནག་པོས་སྐེ་རགས་བྱས་པ། ཁ་གདངས་ནས་མཆེ་བ་གཙིགས་པ། སྐྲ་དང་སྨིན་མ་དམར་སེར་འབར་ཞིང་གྱེན་དུ་འཕྱིལ་བ། མི་ལྤགས་བརྫབས་པས་ལྷ་འདྲི་གདུག་པ་ཅན་རྣམས་འདར་ཞུམ་ཞུམ་བྱེད་པར་བསམས་ནས་འཁོར་གྱི་མཁའ་འགྲོ་འབུམ་སྡེ་རྣམས་ཀྱིས་རོ་དེ་གསེ་གཏུབ་བྱས་ནས་ལྷ་འདྲི་འཛིགས་སུ་རུང་བ་རྣམས་ལ་འབུལ་ཚུལ་ཞིག་དང་བཅས་ནང་གསེས་དུ་མ་ཡོད་དོ། །བདུན་པ་ནི་བསྔོ་བ་སྨོན་ལམ་སྟེ། སེམས་ཅན་ཐམས་ཅད་ཀྱི་ཆེད་དུ་བསྔོ་བ་དང་དེ་ལ་བརྟེན་ནས་འགྲོ་བ་རིགས་དྲུག་གི་སྡིག་སྒྲིབ་

རྣམས་དག་པར་བསམས་པའོ། །ཞིབ་ཏུ་ལབ་སྒྲོན་གྱིས་གསུངས་པའི་ཕུང་པོ་གཟན་བསྐྱུར་གྱི་གདམས་པར་གསལ[31]བས་འདིར་མང་དུ་དོགས་ནས་མ་སྤྲོས་ལ། ཕྱིས་སུ་རང་རང་གི་གྲུབ་མཐའི་ཕྱག་ལེན་གྱིས་ལྟ་བ་སྒོམ་ཚུལ་ཅི་རིགས་སྣང་བས་འདི་ཙམ་གྱིས་འཐུས་པར་བྱས།

གཉིས། བྱ་གཏོར་གྱི་ཆོ་ག་ཇི་ལྟར་གདབ་ཚུལ།

ཕ་དམ་པ་དང་མ་ཅིག་ལབ་སྒྲོན་གྱི་རིང་ནས་རི་ཁྲོད་རྟག་ཏུ་བྱེད་པ་ལ་ཕུང་པོ་མཆོད་སྦྱིན་བྱེད་པ་གལ་ཆེ[32]བའི་ཕུང་པོ་གཟན་བསྐྱུར་གྱི་གདམས་པ་དར་ཞིང་། གདམས་པ་དེ་ཉིད་བསྒོམས་ཏེ་གོམས་ན། བདག་འཛིན་འཇོམས་པ་ལ་ནུས་པ་ཆེན་པོ་ཐོན་གྱི་ཡོད་ཚུལ་རྗེ་བཙུན་མི་ལས་ཀྱང་། ཕུང་པོ་གཟན་དུ་བསྐྱུར་བ་འདི། །བདག་འཛིན་འདུལ་བའི་ལམ་མཁན་ཡིན། །[33]ཞེས་ཕྱིས་སུ་ཐག་བཅད་དེ་གསུངས་ཡོད། རིམ་གྱིས་གཅོད[34]ཀྱི་གདམས་པ་འདི་གྲུབ་མཐའ་རིས་མེད་ལ་དར[35]བས་གདམས་པ་འདི་ལ་བརྟེན་ནས་ཉམས་ལེན་དང་གཞུང་ཡང་མང་དུ་བརྩམས། ཕུང་པོ་གཟན་བསྐྱུར་གྱི་གདམས་པ་དངོས་སུ་སྒོམ་མཁན་ཞིག་ཡིན་ཆོ། ཤི་བའི་སྐབས་ཕལ་ཆེ་བས་ཁ་ཆེམས་ཀྱང་བྱ་ལ་གཏོར་དགོས་པར་བཤད་པ་དང་། གཞན་གྱིས་བྱ་ལ་གཏོར་བ་བཅས་གང་ཏུང་བྱུང་ཡོད་ཅིང་། སྐབས་དེ་དག་ཏུ་ཆོ་ག་ནི་ཕ་དམ་པ་ནས་བརྒྱུད་པའི་སྒོམ་ཚུལ་ལྟར། བླ་མ་དང་གྲྭ་པ་གང་ཏུང་ཞིག་གདན་དྲངས་ཏེ། བེམ་པོ་དེ་ཉིད་གོང་ལྟར་མཆོད་པའམ་སྦྱིན་པ་བཏང་སྟེ་བྱ་ལ་གཏོར་བ་སོགས་ཡུལ་དུས་སམ་གྲུབ་མཐའ་རང་རང་གི་ལུགས་ཀྱིས་སྣ་ཚོགས་བྱུང་ཡོད་ཆོད་འདུག བེམ་པོ་དེ་ལ་ས་གནས་སོ་སོར་བརྗོད་སྲོལ་མི་འདྲ་བ་བྱུང་ཡོད་དེ། “གཟིར”དང“བུར” “བེམ་པོ”སོགས་སུ་བརྗོད་ཅིང་། གཟིར་ནི་རང་གི་གདགས་གཞིའི་ལུས་ཕུང་ལས་རྣམ་ཤེས་ཕར་གཟིར་བའམ་སོང་བ། ཁ་བྲལ་བའི་དོན་དང་། བུར་ནི་སྔོན་གྱི་བརྡ་རྙིང་སྤུར་རམ་ཕུར་ལས་སྒྲ་འགྱུར་བ་དང་། བེམ་པོ་ནི་སྲོག་དང་ལྡན་པའི་སེམས་ཅན་དེའི་སྲོག་འགགས་ཟིན་པ་ལ་བྱ་བ་ཅི་རིགས་སྣང་ནའང་། ཐོག་མའི་དུས་སུ་བོད་ཀྱིས་རོ་ལ་འཛིན་པའི་ལྟ་སྟངས་ཤིག་མངོན་བཞིན་ཡོད་དམ་སྙམ། གང་ལྟར་ཤི་བའི་བེམ་པོ་དེ་འཇོག་སྐབས་ཕོ་མོ་གང་ཡིན་ཀྱང་མགོ་བོ་བྱང་དུ་བསྟན་ཞིང་གློ་བ་གཡས་ས་ལ་ཕབ། ལག་པ་གཡས་ཀྱིས་འགྲམ་པ་སྐྱོར་བ་དང་། གཡོན་པ་བརླ་ཐོག་ཏུ་བཞག འདི་ནི་སེང་གེ་འཁྲིང་སྟབས་དང་འདྲ་བས་ནང་ཆོས་ཀྱི་ཤན་ཞུགས་ཨེ་ཡིན་སྙམ། ཉིན་གྲངས་ཆེས་མང་ན་ཉིན་བདུན་ལས་མི་བརྒལ་བར་ཁྱིམ་དུ་བཞག སྐབས་དེ་དག་ཏུ་མཆོད་མེ་དང་ཁྲུས་ཆོག་ཅི་རིགས་བྱེད། རོ་ལས་བྱེད་སྐབས་མགོ་བོ་པུས་མོའི་སྟེང་དུ་བསྡམས་ཤིང་། ལག་ཟུང་ཐལ་མོ་སྦྱར་བའི་གཟུགས་སུ་བྱས་ནས་མགོ་བོར་སྦྱར། ཨ་མདོ་མཚོ་སྔོན་མང་རའི་ཕྱོགས་སུ་བེམ་པོ་དེ་ཕོ་ཡིན་ན་མདུད་པ་མདུད་སྟངས་གཡས་ནས་གཡོན་དུ་བསྐོར་ཏེ་སྐེ་མདུད་གཡས་ཕྱོགས་དང་། མོ་ཡིན་ན་གཡོན་ཕྱོགས་ནས་གཡས་སུ་བསྐོར་ཏེ་སྐེ་མདུད་གཡོན་ཕྱོགས་སུ་འཇོག་པར་བཤད་ལ། དེ་དུས་རྩ་ཁ་བསྡམས་ནས་རས་དཀར་པོ་

དང་སྣམ་བུས་སྒྲིལ། སྐར་མ་འབུད་པའི[36]སྐབས་སུ་དུར་ཁྲོད་ཐག་རིང་པོར་འཁྱེར་དགོས་པ་ཡིན་ན། རོ་འཁྱེར་མི་ཐམས་ཅད་ལ་སྲུང་སྐུད་འདོགས་ཚུལ་སྟོན་གྱི་རོ་སྲེག་ཚོ་གར[37]བྱུང་ཡང་། འདི་དག་རོ་སྲེག་དང་བྱ་གཏོར་ཚོ་གའི་ཐུན་མོང་གི་ཆོས་ཞིག་ཡིན་པས་བྱ་གཏོར་ཚོ་གའི་སྐབས་སུའང་དེ་འདྲ་ཡོད་པར་བཤད་པས། ཡུལ་ཕྱོགས་ཀྱི་དབང་གིས་སྲོལ་ལུགས་མི་འདྲ་བ་སྣང་། རྒ་ཆུ་ཕྱོ་རྒྱུད་ཀྱི་ས་ཆ་ལ་ལར་བེམ་པོ་འཁྱེར་སྐབས་བྲལ་ཞུ[38]ཞེས་པ་ཞིག་ཀྱང་ཡོད། ཨ་མདོ་རེབ་གོང་རྒྱལ་པོའི་ཕྱོགས་ཀྱི་ས་ཆར་གཡག་གི་གཡས་གཡོན་དུ་ས་བཀལ་ཏེ་སྨ་བར་དུ་འཇོག་པའི་སྲོལ་ཞིག་དང་། མང་རའི་ཕྱོགས་སུ་གཡག་གི་གཡས་སུ་ས་བཀལ་ཏེ་བེམ་པོ་གཡོན་ཕྱོགས་སུ་འཇོག་པའི་སྲོལ་ཞིག་དང་། ས་ཆ་ལ་ལར་ཤིང་གི་སྒྲོམ་བརྒྱབ་སྟེ་ཁྲེར་བའི་སྲོལ་སོགས་དུ་མ་མཆིས། དུར་ཁྲོད་དུ་སླེབས་རྗེས་ཐོག་མར་གསུར་ཐུལ། དེ་ནས་ཕོ་ཡིན་ན་གཡས་ཕྱོགས་དང་མོ་ཡིན་ན་གཡོན་ཕྱོགས་སུ་འཇོག འདི་ལ་རང་གི་རྩོངས་བློར་ཤར་ཚོད་ལྟར་ན། དེས་ཕོ་མོའི་ཐོབ་ཐང་ཞིག་མངོན་བཞིན་ཡོད་དམ་སྙམ། ཨ་མདོ་རྨ་ཆུའི་ཡུལ་གྲུ་འགར་བེམ་པོ་སར་མ་ཕབ་པའི་སྔོན་དུ་མི་གཅིག་གིས་བེམ་པོ་པང་དུ་བཟུང་ནས་གདོང་གནམ་མཁར་བསྟན་ཞིང་། གཅིག་གིས་གྲིས་ཐག་པ་རྣམས་བཅད་དེ་མགོ་དཀྲིས་བླངས་རྗེས་གཞི་ནས་སར་ཕབ་པ་དང་། ལ་ལར་གཡས་གཡོན་དང་ཡང་ན་ཕྱོགས་གང་ཞིག་གི་རི་དབྱིབས་མཛེས་པ་ཞིག་ལ་བེམ་པོའི་གདོང་བསྟན་ཏེ་སར་འཇོག་པའི་སྲོལ་ལུགས[39]ཀྱང་སྣ་ཚོགས་སུ་སྣང་ཡང་། རྒྱུ་མཚན་ཅི་ཡིན་ཆ་མི་འཚལ་ལོ། །དེ་ནས་ཅང་མ་འགོར་བར་གསུར་གྱི་དྲི་ལ་བརྟེན་ནས་བྱ་འཁོར་བ་ཡིན། བེམ་པོ་དངོས་སུ་བྱ་གཏོར་བྱེད་སྐབས་བོད་ཀྱི་ཡུལ་ལུང་སོགས་འདྲ་མིན་ལ་བརྟེན་ནས་བྱེད་སྟངས་ཀྱང་ཅུང་ཟད་མི་འདྲ་བ་ཡོད། དེ་ལྟར་བེམ་པོ་བྱ་ལ་སྦྱིན་མ་ཐག བེམ་པོ་རེ་ལ་ལྷ་བྱ་རེ་ཡོད་པར་གྲགས་པས་ལྷ་བྱ་དེ་གལ་ཏེ་མ་སླེབས་ན་བྱ་གཞན་ཐམས་ཅད་ཀྱིས་མི་ཟ་བར་སྒུག་པ་དང་། དེའི་སྟབས་ཀྱིས་རོ་ལས་བྱེད་མཁན་རྣམས་ཀྱིས་དེ་རིང་གི་ལྷ་བྱ་མདོག་ནག་པོ་དང་སྐྱ་དཀར་པོ་ཞིག་རེད་ཅེས་བཤད་རྒྱུན་ཡོད་དོ། །

སྤྱིར་བཏང་རོ་ལས་བྱེད་མཁན་གྱི་མི་ནི་གསུམ་མམ་ལྔ་སྟེ་ཡ་ལས་ཆ་མི་འདུག་པ་དང་ཕྱིར་ལོག་སྐབས་ཁྱིམ་དེའི་ཤ་ཉེ་འགའ་ཡིས་སྒོ་ཁར་རྫེའུ་དཀར་ནག་གི་ཆུ་བཟུང་བ་དེས་ལག་པ་བཀྲུས་ཤིང་། བདུག་རྫས་བདུག་རྗེས་ཁྱིམ་དུ་འཛུལ། ཁྱིམ་དེས་ཟ་མ་སོགས་ཀྱང་ལེགས་པར་བསྒྲིགས་ཏེ་རོ་ལས་པ་མི་གསུམ་ཡིན་ན་དཀར་ཡོལ་བཞི་དང་རོ་ལས་པ་མི་ལྔ་ཡིན་ན་དཀར་ཡོལ་དྲུག་འཇོག་པ། དེ་ནི་རྣམ་ཤེས་ཀྱང་དུར་ཁྲོད་ནས་ཚུར་ཡུལ་དུ་ལོག་སྟེ། ཁྱིམ་མི་དང་ཤ་ཉེ་གང་ཞིག་གི་ཁྱིམ་དུ་སྐྱེ་བ་ལེན་པའི་རེ་ལྟོས་བྱེད་པ་ཞིག་ཡིན་ནམ་སྙམ། དེ་ཡང་ཡིན་ཏེ། བེམ་པོ་དུར་ཁྲོད་དུ་འཁྱེར་བའི་རྗེས་སུ། དེའི་ཤུལ་དུ་ཐོང་ལྕགས་ཤིག་དང་ཡུལ་གྲུ་ལ་ལར་གཏེར་ཞིག་འཇོག་པ་ནི་ཕྱིར་མི་ཡི་ལུས་རྟེན་རྙེད་དེ་སོ་ནམ་གྱི་སྐལ་བ་ལྡན་པའི་རྟེན་འབྲེལ་དུ་སྣང་བ་གདོན་མི་ཟའོ། །

གསུམ། བྱ་གཏོར་ཕྱུག་ལེན་གྱི་དོགས་དཔྱོད།

བོད་དང་རྒྱའི་ཡིག་ཆར་འབྱུང་བའི་བྱ་གཏོར་ཕྱུག་ལེན་སྐོར་གྱི་དོགས་དཔྱོད་རགས་ཙམ་ཞིག་བཀོད་ཟིན་ནའང་། འདིར་དབྱིན་ཇི་དང་ཉི་ཧོང་གི་ཡིག་རིགས་སུ་བརྩམས་པ་དང་འགྱུར་མ་ཁག་གཅིག་ཏུ་བཀོད་པའི་བོད་ཀྱི་བྱ་གཏོར་ཕྱུག་ལེན་གྱི་བཤད་སྒྲོས་འགའ་ལ་དཔྱད་པར་བྱ་སྟེ། དེ་སྔ་སོག་པོའི་ཇིང་གིར་རྒྱལ་པོ་འདས་རྗེས། དེའི་བུ་ཆེ་བ་ཇོན་ཆི་སྟེ(བསྒྱུར་ན་མགྲོན་པོའི་དོན་དུ་བཤད)རྒྱའི་ཡིག་ཚང་དུ་ཧྲུའུ་ཁྲི(术赤)ཅེས་གྲགས་པ་དེ་ཉིད་ཀྱི་བུ་ཐ་ཆུང་པ་ཐོའུ(拔都)ཡིས་སྤྱི་ལོ1236ལོར་ཡོ་རོབ་གླིང་ལ་དཔུང་འཇུག་བྱེད་འགོ་བཙམས་ཤིང་། སྤྱི་ལོ1242ལོའི་ཟླ་གསུམ་པར་ཤུང་ཡ་ལིས་རྒྱལ་ཁབ་ལ་དཔུང་འཇུག་བྱེད་པའི་སྐབས་སུ་ཨོ་གོ་དེ་རྒྱལ་པོ་གཤེགས་ཏེ། རང་ཡུལ་དུ་ལོག་དགོས་པའི་བཀའ་འཁྱོར་བའི་རྐྱེན་གྱིས་ཡོ་རོབ་གླིང་གི་རྒྱལ་ཁབ་གཞན་དག་རྣམས་ཉེན་ཁ་ལས་ཐར་ཐུབ་ཙམ་བྱུང་། དེའི་སྐབས་ཀྱིས་གནས་སྐབས་རིང་ཡོ་རོབ་གླིང་གི་རྒྱལ་ཁབ་རྣམས་བློ་བདེ་བར་གྱུར། སྐབས་དེའི་ལོ་མ་ཆོས་ཀྱི་རྒྱལ་པོའི་ཁྲི་ལ་བཞུགས་པའི་ཡུན་ནའོ་ཟེན་ཐོ་སྐུ་ཕྲེང་བཞི་པས(1243–1254)ཡེ་ཤུའི་ཆོས་ལུགས་ལ་བཙན་གནོན་མི་བྱེད་པའི་ཞུ་བ་དང་། སོག་པོའི་མི་ཐམས་ཅད་ཡེ་ཤུའི་ཆོས་ལུགས་སུ་བསྒྱུར་བའི་ཆེད་དུ་ཆོས་སྤེལ་མཁན་ཕུ་ལ་ནོ་ཁ་ཏུ་པེ་ཉིས(1182–1252)ཟེར་བ་མངགས། དེས་བྲིས་པའི《མོང་གོལ་གྱི་ལོ་རྒྱུས》སམ《ཡུལ་སྐོར་ཟིན་ཐོ》ཅེས་གྲགས་པའི་ནང་དུ། མོང་གོལ་གྱི་དམག་དཔུང་ཕྱིར་ལོག་པའི་ལམ་བར་དུ་པོད་ལིས་ཐ་བེ་ཐོ(ཐུ་བོད)ས་ཆར་འཁྱོར་ཏེ་འདི་དང་འཁྲུགས་ཤིང་། བོད་རྣམས་འཇོམས་པར་གྱུར།……སུ་ཞིག་གི་ཕ་ཆེ་ལས་འདས་ཚེ། ཁྱིམ་མི་རྣམས་འདུས་ཏེ་བེམ་པོ་ཟ་བར་བྱེད། འདི་ནི་ང་ཚོས་དངོས་སུ་གོ་ཐོས་བྱུང[40]ཞེས་བཀོད་ཡོད་པ་དང་། ཧྲ་རན་སིའི་མི་སྟེ། ཡེ་ཤུའི་ཆོས་ལུགས་པའི་གྲུབ་མཐའ་འཛིན་པ་རོ་ཏུ་རོ་ཁུ་བེ་ཡུས་ལིས་ཨ་སོ(1220–1293)ཡིས་ཧྲ་རན་སིའི་རྒྱལ་པོ་རོའུ་ཡུས་སྐུ་ཕྲེང་དགུ་པ་དང་ཡུན་ནའོ་ཟེན་ཐོ་སྐུ་ཕྲེང་བཞི་པའི་ཕྱག་བྲིས་བསྣམས་ཏེ་ཡེ་ཤུའི་ཆོས་ལུགས་སྤེལ་བའི་ཕྱིར་དང་། ཡོ་རོབ་གླིང་ལ་མཐའ་འབྲས་ལེགས་པོ་འབྱུང་བའི་ཕྱིར་དུ་ཀྲུང་གོར་སླེབས། དེས་རོའུ་ཡུས་སྐུ་ཕྲེང་དགུ་པ་ལ་ཕུལ་བའི་སྙན་ཞུའམ་རོ་ཏུ་རོ་ཁུའི་ཡུལ་སྐོར་ཟིན་ཐོའི་ནང་དུ། ཐང་སྒུའུ་ཐོ་མི་རྣམས་ཀྱི་ཕ་རོལ་དུ་གནས་པ་ནི་ཐུ་བེ་ཁུའུ(ཐུ་བོད)ཡིན་ཞིང་། སྔོན་ཆད་དེའི་མི་རྣམས་ཀྱིས་ཕ་མ་ཤི་བའི་ཚེ་དེའི་ཤ་ཟ་བའི་སྲོལ་ལུགས་ཤིག་ཆགས་ཤིང་། དེ་ནི་བུ་ལ་མཚོན་ན། དུངས་པའི་དབང་གིས་རང་ཉིད་ཀྱི་ཕོ་བ་མ་གཏོགས་ཕ་མའི་དུར་ས་མེད་པར་འདོད་པའི་འདུ་ཤེས་ཤིག་ཡིན་པའོ། །གོམས་སྲོལ་དེ་རྒྱུ་རྐྱེན་སྣ་ཚོགས་ཀྱི་དབང་གིས་མི་མང་ཆེ་བ་ཞེན་ལོག་པས་རྒྱུན་ཆད་ཀྱང་། ད་ལྟ་ཡིན་ནའང་། ཕ་མའི་ཀླད་རུས་ཀྱིས་བཟོས་པའི་ཆང་ཕོར་ཤིན་ཏུ་མཛེས་པ་ཡོད། དེ་སྤྱད་དེ་སྤྲོ་སྣང་གིས་ཁེངས་བཞིན་ཆང་འཐུང་བའི་སྐབས་སུ་ཚེའི་དུས་སུ་གྱུར་པའི་ཕ་མ་མི་བརྗེད་པའོ། །དེ་དག་ནི་ཐུ་བེ་ཁུའུ་མི་ལ་ཐུག་སྟེ་དངོས་སུ་ཐོས[41]ཞེས་བཀོད་ཡོད་

པ་དང་། དེའི་ཕྱིས་སུ་བོད་དུ་འགྲོར་བ་ནི་ཕེ་ཉིས་ཟི(威尼斯)ཚོང་པ་མ་ཁུ་སྦོ་ལོ(1234–1324)ཞེས་པ་དེ་ཡིན་ཞིང་། ཁོང་ནི་སྤྱི་ལོ1274ལོའི་དབྱར་ཁར་ཡོན་རྒྱལ་རབས་ཀྱི་རྒྱལ་པོ་ཧུའུ་པེ་ལེའི་བཞུགས་ས་ཧྲང་ཏུའུ(上都)སྡེ་ད་ལྟའི་པེ་ཅིང་དུ་འགྲོར། ཕལ་ཆེར་ལོ་ངོ་བཅུ་བདུན་ལྷག་གི་རིང་ལ་ཧུའུ་པེ་ལེ་ལ་ཞབས་ཏོག་བསྒྲུབས་ཤིང་། སྐབས་འགར་བོད་དུའང་ཡོང་མྱོང་བས་ཁོང་གིས་བརྩམས་པའི《འཛམ་གླིང་རྒྱས་བཤད》དམ《ཤར་ཕྱོགས་ཀྱི་མཐོང་ཐོས་ཉིན་ཐོ》ཞེས་པའི་ནང་བོད་ཀྱི་བུ་མོ་རྣམས་ཀྱི་གཉེན་སྒྲིག་སྤྱོད་ལམ་དང་བུད་མེད་རྣམས་བྱུ་རུའི་རྒྱན་ཆ་ལ་དགའ་བ་དང་། བོད་དུ་གཡག་དང་ཁྱི་ཆེན་པོ་ཡོད་ཚུལ་སོགས་འཁོད་པ་མ་གཏོགས་བྱ་གཏོར་གྱི་སྐོར་འཁོད་མེད། དེའི་རྗེས་སུ་ཨོ་དོ་ལིས་ཁོ(1286–1331)ཟེར་བའི་གནམ་བདག་གི་ཆོས་སྤེལ་མཁན་ཞིག་སྤྱི་ལོ1316ལོ་ནས1330ལོའི་བར་ཤར་ཕྱོགས་རྒྱལ་ཁབ་མང་པོར་ལྟ་སྐོར་དུ་ཕྱིན་ཏེ། ཕྱིས་སུ《ཤར་ཕྱོགས་ཡུལ་སྐོར་ཟིན་ཐོ》ཞེས་པ་ཞིག་བརྩམས་འདུག དེའི་ནང་དུ་བུ་བོད་ཅེས་པའི་ཡུལ་གྲུ་ཆེན་པོ་ཞིག་ཏུ་སླེབས། ཡུལ་གྲུ་འདི་ནི་རྒྱ་གར་གྱི་ས་མཚམས་དང་འབྲེལ་ཞིང་། སོག་པོའི་ཁོངས་སུ་གཏོགས། དེར་གོ་རེ་དང་རྒུན་འབྲུམ་གྱི་ཆང་ནི་འཛམ་གླིང་གི་ཡུལ་གྲུ་གང་ལས་ཀྱང་མོད་པ། འབངས་ཕྱིངས་ཀྱི་སྦོད་གནས་ནི་རྩིད་པས་བཀལ་བའི་སྦྲ་གུར་དུ་སྡང་ནའང་། དབུས་ཀྱི་ལྟེ་བ་ནི་མདོག་དཀར་ནག་ལས་གྲུབ་པའི་མཁར་ཡིན་ཞིང་།……གལ་ཏེ་མི་སུ་ཞིག་གི་ཕ་ཚེ་ལས་འདས་པ་བྱུང་ཚེ། བུ་དེས……དེར་འདས་མཆོད་སྒྲུབ་ཅིང་གྲྭ་པ་ལས་གཞན། རོལ་མོ་བ་དང་ཁྱིམ་མཚེས། ཤ་ཉེ་སོགས་ལ་འཚོ་བ་སྦྱར། དེ་ནས་ཁོ་ཚོ་ཤིན་ཏུ་སྤྲོ་བའི་ངང་བུ་དང་ལྷན་དུ་སྐར་མ་རྩིས། གནས་དེར་ཅོག་ཙེ་ཆེན་པོ་ཞིག་གྲ་སྒྲིག་བྱས་ཡོད་པའི་ཐོག་ཏུ་བེམ་པོ་བཞག་སྟེ། མགོ་བོ་བཅད་ནས་བུ་ལ་བྱིན། དེ་ནས་གྲོགས་པོ་རྣམས་དང་ལྷན་དུ་གླུ་ལེན་ཞིང་། ཚེ་འདས་ཕའི་ཆེད་དུ་སྨོན་ལམ་འདེབས། དེའི་འཕྲོར་བེམ་པོ་སིལ་བུར་བཏང་རྗེས། ཁོ་ཚོས་བུའི་ཕའི་ཆེད་དུ་སྨོན་ལམ་འདེབས་བཞིན་ཁྱིམ་དུ་ལོག་དེས། དེ་ནས་བྱ་རྒོད་རྣམས་རིའི་སྟེང་ནས་བབས་ཏེ་ཤ་རྣམས་ཁྱེར་ཞིང་། དེའི་མཇུག་མཐུད་དེ་ཁོ་ཚོས་མཉམ་དུ་གཟིགས་དང་། ཁོ་རང་ཇི་འདྲའི་ལས་སྣང་དག་པ་ཞིག་རེད་ཨང་། ལྷ་བྱ་རྣམས་ཀྱིས་བདེ་བ་ཅན་གྱི་ཞིང་ཁམས་སུ་འཁྲིད་དོ་ཞེས་ཝུར་བརྒྱབ……དེར་བུ་ཡིས་ཕའི་མགོ་བོ་ལག་ཏུ་བཟུང་མ་ཐག་ཟ་བར་བྱེད། བུ་ཡིས་ཕའི་ཀླད་རུས་ཀྱིས་ཆང་ཕོར་བཟོས་ཤིང་། ཆང་ཕོར་བཟུང་སྟེ་བུ་དང་བུའི་བར་དང་ཁྱིམ་མི་ཡོངས་ཀྱིས་རྗེས་དྲན་ཟོལ་མེད་ཀྱི་བསམ་བློ་བཟུང་ནས་ཆང་འཐུང་བར་བྱེད[42]ཅེས་པ་སོགས་བཀོད་ཡོད་ཀྱང་། ཉེ་ཧོང་གི་མཁས་པ་ཡ་མ་སྒྲུའུ་ཆེས་ཛུ་ཡུས་ཏའོ་ཡིས་བྱ་གཏོར་གྱི་གསལ་བཤད་འདི་རིགས་བདེན་དོན་མ་ཡིན་པར་གསུངས་པ་ནི་བདེན་པར་མཐོང་། དེ་དག་གནའ་ནས་བོད་ལ་འབྲེལ་འདྲིས་ཆེ་བའི་རྒྱའི་ཡིག་ཚང་དུའང་མཐོང་རྒྱུ་མེད་ལ། ཕྱིས་སུ་ཡོང་བའི་ཡོ་རོབ་ཀྱི་མིས་བྲིས་པའི་སྐན་ཞུའི་ནང་དུའང་བཀོད་མེད་པས་བློ་བུར་གྱི་གོམས་སྲོལ་ཞིག་འབྱུང་ཐབས་མེད་པས་སོ། །ཕལ་ཆེར་ཁོ་ཚོས་བེམ་པོ་

བཏུབ་པ་མཐོང་རྗེས་ཟ་བ་རེད་སྙམ་ནས་བྲིས་པ་ནི་གོར་མ་ཆག ལྷག་པར་དུ་སྐབས་དེར་བོད་ལ་ཆོས་ཤིན་ཏུ་དར་བའི་སྐབས་ཡིན་ཏེ། ཨོ་དོ་ལིས་པོ་རང་གི་དཔེ་ཆ་དེའི་ནང་དུའང་གྲོང་ཁྱེར་ཆེན་པོ་འདིའི་མི་སུ་ཞིག་ཡིན་ཀྱང་མི་དང་སྲོག་ཆགས་མི་གསོད་ཅེས་བྲིས་ཡོད་པ་ལྟར་རོ། །གོང་དུ་བཤད་པའི་མདོག་དཀར་ནག་གིས་གྲུབ་པའི་ཕོ་བྲང་ངམ་མཁར་དེ་ནི་ས་སྐྱ་ཡིན་ངེས་ཞེས་མཁས་པ་ཁ་ཅིག་གིས་འདོད་མོད། དོན་ལ་འང་དེ་ལྟར་གནས་པར་སེམས་ཏེ། པོ་ཏ་ལའི་ཕོ་བྲང་དཀར་པོ་ནི་སྤྱི་ལོ1648ལོར་བཞེངས་ཤིང་། དེ་ནས་བཅིས་པའི་བགྲང་བྱ་ཞེ་དྲུག་དང་ཞེ་བདུན་ལྷག་གི་རྗེས་ཕོ་བྲང་དམར་པོ་བཞེངས་པ་ཡིག་ཆ་དག་ལས་ཤེས་ནུས་སོ། །[43]

གོང་དུ་བརྗོད་པ་ལྟར་མི་ཤ་ཟ་བའི་སྲོལ་ནི་ཉི་ཧོང་སོགས་རྒྱལ་ཁབ་ཀྱི་ཡུལ་གྲུ་ཁ་ཤས་སུ་བྱུང་ཡོད་ནའང་། བོད་ལ་དེ་འདྲ་རྩ་བ་ནས་བྱུང་མེད་ལ། ལྷག་པར་དུ་ཕའི་བེམ་པོ་བུས་ཟ་བ་ཞིག་ཡོད་ཐབས་མེད་ལ་ཆོས་ལུགས་དར་བའི་རྗེས་སུ་དེ་བས་ཀྱང་བོད་ལ་དར་ཐབས་མེད་དོ། །དེ་ཡང་སངས་རྒྱས་ཆོས་ལུགས་ནང་སྤྱིར་ན་ཤ་ཟ་མི་ཆོག་པ་མེད་ནའང་། ཤའི་ནང་ནས་ཟ་མི་ཆོག་པ་ནི་མི་ཤ་ཟ་མཁན་གཙན་གཟན་གྱི་ཤ་དང་མི་ཤ་ཟ་མཁན་བྱ་ཡི་ཤ་ཟ་གི་མེད[44]པས། མི་ཤ་ཟ་བ་ཕར་ཞོག ཐ་ན་མི་ཤ་ཟ་མཁན་གྱི་གཙན་གཟན་སོགས་ཀྱི་ཤའང་ཆེས་ཆེར་འཛེམས་ཤིང་དོགས་ན། མི་ཤ་ཟ་བ་ཞེས་པ་ནི་བོད་ཀྱི་རིག་གནས་མ་ཤེས་ཤིང་ཞིབ་འཇུག་ཞིབ་མོ་མ་བྱས་པ་ལས་བྱུང་བ་བསྙོན་དུ་མེད། ཡི་ཤུ་བ་དེ་དག་གཅིག་རྗེས་གཅིག་གིས་འབྲངས་ཏེ་དེ་ལྟར་བཤད་པས་མེས་ཞེ་ཨར・ཐེ་ལེས་ཀྱང་དེ་བདེན་པར་འདོད་དེ། ཁོང་གིས་བྲིས་པའི《གསར་དུ་རྙེད་པའི་བོད་ལྗོངས》ཞེས་པའི་ནང་། ནང་བསྟན་མ་དར་བའི་ཡར་སྔོན་དུ། བོད་ལ་མི་ཤ་ཟ་བའི་གོམས་སྲོལ་ཅིག་སྣང་བས། བོན་ཆོས་ཀྱི་ཚོ་གའི་ནང་ས་བོན་ཙམ་ལུས་ཡོད་ལ། བླ་མ་ཆོས་ལུགས་ཀྱི་ཚོ་གའི་ནང་དུའང་མཚོན་བྱེད་རང་བཞིན་གྱི་ཟུར་ཙམ་མ་ཉམས་པར་གནས་ཞེས་བྲིས་ཡོད་སྐབས་ཕྱི་རབས་པ་རྣམས་ལ་འདི་ལྟ་བུའི་ཤན་ཤུགས་ངན་པ་ཐེབས་ཡོད། ཆོས་ལུགས་ཀྱི་ནང་དུ་བཀོལ་བའི་ཉེར་སྤྱད་དེ་དག་ནི་ཆོས་ཉམས་སུ་ལེན་པའི་གང་ཟག་རྣམས་ཀྱིས་འཆི་བ་མི་རྟག་པ་སོགས་བསྒོམ་པའི་ཕྱིར་ཡིན་པ་མ་གཏོགས། སྔོན་ནས་མི་ཤ་ཟོས་ནས་དེའི་རུས་པ་བཟུང་བ་ནི་མིན་པ་ཚོ་གའི་གཞུང་རྣམས་ལས་ཤེས་ཐུབ། ཁ་ཅིག་གིས། ད་ལྟ་མ་བཟས་ན། སྔོན་ཆད་བཟས་མེད་པའི་སྒྲུབ་བྱེད་དུ་མི་འགྲོ་སྟེ། དཔེར་ན། སྔོན་ཆད་བོད་ཀྱིས་བང་སོ་བརྩིགས་པའི་སྐབས་སུ། རྟ་བརྒྱ་ལ་སོགས་པ་གསུམ་པ་ཡིག་རྙིང་ལས་འབྱུང་བ་ལྟར་དེ་དུས་བོད་ཀྱིས་རྟ་ཤ་སོགས་ཟ་བ་བསྙོན་མི་ནུས་ཏེ། མཆོད་པ་སོགས་ནི་མིས་བཟའ་བ་དང་བཟའ་ཆ་ལས་མཆོག་ཏུ་གྱུར་པ་ཕུལ་བ་ལས་དངོས་པོ་གཞན་མི་འབུལ་བས་ཀྱང་རྟོགས་ནུས་པས། མི་ཤ་མི་ཟ་བ་ཡང་ད་ལྟའི་དངོས་ཡོད་ཀྱི་གནས་བབ་ལ་གཞིགས་ཏེ་ཚོད་དཔག་བྱེད་མི་ནུས་སོ་ཟེར་ཡང་། རིགས་པ་ལྟར་སྣང་འདི་དག་ཐོས་པ་ཙམ་གྱིས་བདེན་པར་སྣང་

སོད། དཔྱད་པ་བཏང་ཆེ་དེ་ལྟར་མིན་ཏེ། གོང་དུ་བཤད་པ་ལྟར་མི་སུ་ཞིག་འདས་རྗེས་བླ་གནས་པར་བཤད་པས། དུར་མཆོད་ཀྱི་རྫས་སོགས་ནི་དེའི་བཙོན་པ་དང་རྒྱུ་ནོར་སོགས་སུ་བསམས་ནས་ཕུལ་བ་ལས་བཟའ་བྱའི་དངོས་པོ་ཕུལ་བ་མིན་པས། ཏ་ཤ་ཟ་བ་སོགས་ཀྱི་སྒྲུབ་བྱེད་དུ་མི་འགྲོ་ལ། མི་ཤ་ཟ་བའི་རྒྱུ་མཚན་དུ་ཇི་ལྟར་འགྱུར་ཏེ་མི་འགྱུར་རོ། །ནང་བསྟན་དར་བའི་རྗེས་སུ་དེ་བས་ཀྱང་དར་ཐབས་མེད་པས་བསྙོན་འདིང་པ་ཁོ་ནའོ། །

གསུམ་པ། བྱ་གཏོར་རིག་གནས་ཀྱི་དགེ་མཚན།

བོད་ཀྱི་རིག་གནས་ནི་འཛམ་གླིང་གི་ཤེས་དཔལ་ལྡན་པའི་མི་རིགས་ཀྱི་རིག་གནས་སྤྱི་དང་འདྲ་བར་བརྩེ་སེམས་དང་མཐུན་སྒྲིལ། ཐུར་བརྩོན་དང་གཞན་ཕན་གྱི་བསམ་བློས་ཕྱུག་པའི་རིག་གནས་ཤིག་ཏུ་ངོས་འཛིན་བྱེད་བཞིན་ཡོད་པ་ནི་ཀུན་གྱིས་མཁྱེན་གསལ་ལྟར་དང་། དངོས་འབྲེལ་ལག་ལེན་གྱི་སྐབས་སུའང་ཁ་དང་སེམས་ཀྱི་བར་ན་ལེ་དབར་སྟོང་ཕྲག་གིས་མ་ཚད་པར་ཅི་ནུས་ཀྱིས་བློ་སྦྱོང་བྱས་ཡོད་ཕྱིར། བྱ་གཏོར་ཡང་རྩང་གཞི་འདིའི་སྟེང་ནས་འཕེལ་རྒྱས་བྱུང་། ཕྱག་ལེན་འདི་ནི་བེམ་པོ་ཆུ་ལ་བསྒྱུར་ཏེ་དྲི་མས་སྦགས་པ་དང་། དུར་དུ་སྤྲས་ནས་ས་བབ་ཀྱི་རྒྱ་ཁྱོན་བཟུང་བའི་སྐྱོན་ཡོངས་དང་བྲལ་ཏེ། སྲོག་ལྡན་གྱི་སེམས་ཅན་ཟ་བ་ཡོངས་སུ་སྤྱངས་པའི་བྱ་རྒོད་དེ་དག་ལ་སྦྱིན་པ་གཏོང་བ་ཞིག་གོ །དེ་དག་ལ་སྦྱིན་པ་བཏང་བས་དེ་ཉིད་སྲོག་འཚོ་ཞིང་། སྲོག་འཚོ་བ་ལ་བརྟེན་ནས་རང་བྱུང་ཁམས་སུ་གནས་པའི་བྱ་དང་རི་དྭགས་ཀྱི་རོ་སོགས་གཙང་སེལ་གྱི་ནུས་པ་འདོན་པ་ཁོ་ན་མ་ཡིན་པར། སའི་ཕྱོགས་མང་པོ་ཞིག་བཀླག་མི་དགོས་པས་ཁོར་ཡུག་སྲུང་སྐྱོབ་དང་སྐྱེ་དངོས་དོ་སྙོམས་ལ་མཛད་རྗེས་ཤིག་བཞག་ཡོད་པ་མ་ཟད། དེར་གཞན་ཕན་ལྷག་བསམ་གྱི་བྱེད་ནུས་ཀྱང་ལྡན་ཡོད།

མཇུག་བསྡུ་བ།

དེ་ལྟར་གོང་དུ་ཁོ་བོས་བོད་ཀྱི་སྲུར་སྦྱོང་ལས་བྱ་གཏོར་འདི་ཉིད་དར་བའི་རྒྱུ་རྐྱེན་དང་དར་ཚུལ། དགེ་མཚན་དང་དོགས་དཔྱོད་ལྟན་དུ་བཀོད་དེ་གླེང་བ་དེས་འདིའི་སྐོར་གྱི་རིག་གནས་རྣམས་ལ་ཕྱི་རབས་པ་རྣམས་རྒྱུས་མངའ་ཆེ་རུ་འགྲོ་རྒྱུར་ཕན་པ་ཙུང་ཙམ་ན་བསམས་པ་དང་། ཁྱད་པར་དེང་སྐབས་སྐྱེ་བོ་མི་ཉུང་བ་ཞིག་གིས་རང་རེའི་གོམས་སྲོལ་རྣམས་བཏང་སྙོམས་སམ་སྣང་མེད་དུ་བཞག་པར་སེམས་ཀྱིས་མ་བཟོད་ནས་སྡེ་གཞུག་ཏུ་ཁམས་ཕྱོགས་ནག་འབབ་དུར་ཁྲོད་དང་སྡེ་དགེ་ས་ཆའི་དུར་ཁྲོད་ཁ་ཤས། ལྷ་སའི་སེ་ར་དུར་ཁྲོད། ཨ་མདོ་སྟག་ཚང་ལྷ་མོའི་དུར་ཁྲོད་དང་ར་རྒྱལ་དུར་ཁྲོད་སོགས་སུ་དངོས་སུ་བསྐྱོད་དེ་རྒྱུས་ཆེ་བའི་རྒན་པོ་རྣམས་ལ་བཀའ་འདྲི་དོགས་གཅོད་དང་ཡིག་ཆ་ཅི་ནུས་ཀྱིས

བཙལ་ཏེ། རྩོམ་འདི་འབྲི་ཁུལ་བགྱིས་པས་དེའི་ནང་དོན་འབྲུལ་གྱི་ཆ་ཡོད་ན་དེའི་ཐད་སྤྱན་དཀྲུས་ཡངས་པའི་མཁས་དབང་རྣམ་པས་ཡོ་བསྲང་ཡོད་པར་ཞུ། །

མཆན།

[1] ཕ་དམ་པ་བོད་དུ་ཕེབས་སྐབས་མངའ་བདག་རྩེ་ལྡེས་སྤྱི་ལོ1097ལོར་དིང་རི་གླང་འཁོར་དགོན་དེ་ཉིད་ཕ་དམ་པའི་བཞུགས་ཡུལ་དུ་བཏབ་པར་བཤད་ཀྱང་། ལོ་ཚིགས་ཐོད་གཏུགས་མི་ནུས་པས་དཔྱད། དུང་དཀར་བློ་བཟང་འཕྲིན་ལས་ཀྱི《བསྟན་རྩིས》སུ་གསལ། 《དུང་དཀར་ཚིག་མཛོད།》 2002ལོ། ཀྲུང་གོའི་བོད་རིག་པ་དཔེ་སྐྲུན་ཁང་། ཤོག་ངོས2273པར་གསལ།

[2] ལྷ་བ་ཤེར་ཕྱིན་གྱི་མདོ་ལ་གཏུགས་ཤིང་། སྡུག་བསྔལ་ཐམས་ཅད་རབ་ཏུ་ཞི་བར་བྱེད་པའི་སྔགས་ལ་བརྟེན་ཏེ་མིང་ཐོགས།

[3] [4] [33] གཙང་སྨྱོན་ཧེ་རུ་ཀས་ཕྱོགས་བསྒྲིགས་མཛད་པའི《མི་ལའི་རྣམ་མགུར》དུ། མི་ལ་ཤེས་རབ་རྒྱལ་མཚན་ཞིང་དུ་གཤེགས་སྐབས་རྒྱུ་ནོར་རྣམས་ཨ་ཞང་དང་ཨ་ནེར་བཙོལ་ཏེ། བུས་ཁྱིམ་སོ་འཛིན་བའི་སྐབས་སླར་མ་སྤྲད་ན། ང་ཤི་དུར་ཁུང་ནས་བལྟ་ཞེས་གསུངས་པའི་བབས་ལ་བརྟགས་ཚོ། དེ་དུས་བྱ་གཏོར་མ་ཡིན་པར་དུར་སྲུས་བྱེད་པ་ཤེས། 1981ལོ། མཚོ་སྔོན་མི་རིགས་དཔེ་སྐྲུན་ཁང་། ཤོག་ངོས22、332、243པ་བཅས་སུ་གསལ།

[5] འདི་པའི་ལོ་རྒྱུས་ཏྲ་ལའི་བླ་མ་སྐུ་ཕྲེང་ལྔ་པའི་གསུང་འབུམ་པོད<ཉ>པའི་ནང་དུ་བཞུགས། འཇམ་མགོན་ཀོང་སྤྲུལ་བློ་གྲོས་མཐའ་ཡས་ཀྱི《གཏེར་སྟོན་བརྒྱ་རྩའི་རྣམ་ཐར་བཻཌཱུརྱའི་ཕྲེང་བ》ཡི་ནང་རྒོད་ཀྱི་ལྡེམ་འཕྲུ་ཅན་དངོས་གྲུབ་རྒྱལ་མཚན་གྱི་གཙུག་ཏུ་རྒོད་སྒྲོ་སྐྱེས་པར་བཤད།

[6] གཉྫ་རང་བྱུང་རྡོ་རྗེས་རྐོང་པོ་རྩེ་ལ་སྨད་གི་མཛོད་ནག་ནང་དུ་གདན་དྲངས་པའི《མི་ལའི་རྣམ་ཐར་མཛོད་ནག་མ》སྟོད་ཆར། བྲག་དཀར་སྟོ་མཐོ་ན་བཞུགས་པའི་སྐབས་སུ། བྲག་དེ་ལ་བྱ་རྒོད་མང་པོ་ལྡིང་ཞིང་སྣང་བ་ལ། སྒྲོ་མང་པོ་འབྲུལ་ཞིང་འདུག་པས། སྐེ་ནམ་པ་དང་གུང་ཐང་བའི་སྒྲོ་ཐུན་མང་པོ་འོང་བ་དང་། མི་ལས་སྒྲོ་འབྲུ་རོགས་བྱས་པས་ཁོང་རྣམས་ཀྱིས་གྲོ་རྒྱགས་ལྷག་མ་རྣམས་བྱིན་པས་རྒྱགས་རྟེན་ཡང་བྱུང་ཞེས་བཀོད་འདུག 《འབྲི་གུང་བཀའ་བརྒྱུད་ཆོས་མཛོད》པོད་ཇ་པ། ཤིང་དཔར། ཤོག་ངོས51པར་གསལ།

[7] མཁར་རྨེའུ་བསམ་གཏན། 《བོད་ཀྱི་ཡུལ་ལྷ་དང་དད་མོས་བྱེད་པའི་སྲོལ་དང་དེའི་ཆབ་སྲིད་ཀྱི་མཚོན་དོན་སྐོར་གླེང་བ།—མདའ་དང་འཕང》སྨད་ཆ། 2007ལོ། ཀྲུང་གོའི་བོད་རིག་པ་དཔེ་སྐྲུན་ཁང་། ཤོག་ངོས352པར་གསལ།

[8] མཁར་རྨེའུ་བསམ་གཏན་གྱི《མིའི་འབྱུང་ཁུངས་བརྗོད་པའི་གཏམ་རྒྱུད་སྐོར་གླེང་བ》ཞེས་པར་གཡོན་གྱི་དུང་རི་མཆོང་ལུང་ན། །དམུ་སྲས་འཕྲུལ་བུ་དབང་ལྡན་དང་། །གཉན་ལྷམ་དཀར་མོ་གཉིས་སུ་སྲིད། །བྱ་རྒོད་དུ་སྤྲུལ་ནས་བསྙེབས་པ་ལ། །སྨུག་གཟིག་བོན་གྱི་རྒྱལ་པོ་དང་། །རྒྱ་གར་ཆོས་ཀྱི་རྒྱལ་པོ་གཉིས་སུ་སྲིད། །ཞེས་ལུང་དྲངས་ཡོད།

2007ལོ། 《མདའ་དང་འཕང》སྐད་ཆ། ཤོག་ངོས52པར་གསལ།

[9] 1261ལོར་བརྩམས་པར་གྲགས་པའི་མཁས་པ་ལྡེའུ་ཡི《རྒྱ་བོད་ཀྱི་ཆོས་འབྱུང་རྒྱས་པ།》 1987ལོ། བོད་ལྗོངས་མི་དམངས་དཔེ་སྐྲུན་ཁང་། ཤོག་ངོས223པར་གསལ།

[10]ཕུན་ཚོགས་ཚེ་རིང་། 《དེབ་ཐེར་ཀུན་གསལ་མེ་ལོང་།》 2000ལོ། བོད་ལྗོངས་མི་དམངས་དཔེ་སྐྲུན་ཁང་། ཤོག་ངོས15པར་གསལ།

[11] ཉང་ཉི་མ་འོད་ཟེར(1124—1192)གྱི《ཆོས་འབྱུང་སྙིང་པོ་མེ་ཏོག་སྦྲང་རྩིའི་བཅུད》དུ་སྟོད་ཀྱི་སྟེང་གཉིས་ཞེས་པའི་ཐ་སྙད་མེད་ནའང་། ཕུ་དེ་གུང་རྒྱལ་དུས་སུ་ལྗོང་བྱུང་ཞེས་པའི་ལྗོང་སྟེ། སྟོང་དུ་གོ་དགོས་ཏེ། ལྗོང་ལྗོང་བ་ནི་སྟོང་སྟོང་པོ་ཞེས་དུང་དཀར་ཚིག་མཛོད་དུ་གསུངས་པ་རྒྱུ་མཚན་ཡོད་སྙམ།

[12] 《མཁས་པ་ལྡེའུའི་ཆོས་འབྱུང》དུ་སྟེང་གཉིས་ཞེས་འབྱུང་བ་ཡིག་རྙིང་གཞན་ལས་དྲངས་མིན་མི་ཤེས་ཀྱང་། སྟེང་གཉིས་ཞེས་པའི་ཐ་སྙད་ཐོག་མ་སྐབས་འདིར་བྱུང་། ཤོག་ངོས377པར་གསལ།

[13][14][24] གཉའ་གོང་དཀོན་མཆོག་ཚེ་བརྟན། 《བོད་ཀྱི་བརྡ་རྙིང་ཡིག་ཆ་ཛ་ཆེན་བདམས་བསྒྲིགས་རྣམས་ཀྱི་ཚིག་དོན་ཀུན་ནས་གྲོལ་བར་བྱས་པ་རབ་གསལ་མེ་ལོང་།》 2001ལོ། ཀན་སུའུ་མི་རིགས་དཔེ་སྐྲུན་ཁང་། ཤོག་ངོས23、8、41པ་བཅས་སུ་གསལ།

[15]ལྡེའུ་དགེ་བཤེས་ཀྱི《ལྡེའུ་ཆོས་འབྱུང》དུ"ལྡེ་བདུན"དང་ལྡེའུ་ཇོ་སྲས་ཀྱིས"ལྡེ་བརྒྱད"ཅེས་གསུངས་པ་ནི་རྒྱལ་པོ་དེ་དག་གི་མཚན་ཟུར་དུ"ལྡེ"ཞེས་པའི་སྒྲ་འབྱུང་བའི་ཆ་ནས་བཏགས་པ་ལས་ཕྱུར་སྦྱོང་དང་འབྲེལ་བ་མེད་དོ། །

[16]ཉང་ཉི་མའི་འོད་ཟེར། 《ཆོས་འབྱུང་མེ་ཏོག་སྙིང་པོའི་སྦྲང་རྩིའི་བཅུད།》 1988ལོ། བོད་ལྗོངས་མི་དམངས་དཔེ་སྐྲུན་ཁང་། ཤོག་ངོས163པར་གསལ།

[17]ལྡེའུ་ཇོ་སྲས་ཀྱིས་བཙན་ལྔ་དང་ལྡེའུ་དགེ་བཤེས་ཀྱིས་བཙན་བདུན་ཞེས་འབྱུང་ཡང་། སྔ་མ་ལྟར་ན་བར་གྱི་ཁྲི་སྣ་ཟུང་བརྟན་ཆད་འགྲོ་བ་དང་ཕྱི་མ་ལྟར་ན་འགྲོ་གཉེན་ལྡེ་རུ་ཕྱོགས་གཉིས་ཀར་ཐལ་བར་འགྱུར་བས་དཔྱད། རྒྱལ་པོ་ཡབ་སྲས་དེ་གཉིས་ལ་བར་གྱི་སྟེང་གཉིས་དང་སྨད་ཀྱི་སྟེང་གཉིས་ཞེས་དམིགས་སུ་བཀར་དགོས་དོན་ནི། རྒྱལ་པོ་འདི་གཉིས་བོད་ཀྱི་རྒྱལ་རབས་རྣམས་ཀྱི་དཀྱུས་སམ་བར་དུ་བྱུང་ཞིང་། འབྲོང་གཉེན་ལྡེ་རུ་སྐྱུན་གྱིས་ཟེན་པ་དང་སྲས་སྲུན་མ་དབྱེ་བར་ལོ་མང་པོའི་བར་རྒྱལ་ས་ཤོར་ཞིང་སྟེང་ངམ་སྟོང་བའི་ཆ་ནས་དེ་ལྟར་བཏགས་པར་མངོན། གང་ལྟར་འདི་དག་གི་དུས་སུའང་གཡའ་དང་སྤྲང་ལ་བང་སོ་བཏབ་པས"བཙན་ལྔའི་མཆད་པ་དང་དུར་ཡུལ་འཕྱིང་ལུང་དར་བ་ཐང་དུ་བཏབ"པར་གསུངས།

[18]郑作新：《中国经济动物志—鸟类》1993年，科学出版社，第133页。

[19]ནམ་རྒྱུན་བྲག་སྟེང་དུ་གནས་པ་ཞིག་ཡིན་པས། བོད་ཀྱི་དམངས་གཞས་ལས། ཉི་མ་ཤར་བའི་དང་པོ། །བྲག་རི་ཡར་ལ་ཤར་སོང་། །ང་ནི་བྲག་རི་ཡ་གིའི། །རྒོད་པོ་ཡིན་ན་དགའ་བ། །ཞེས་འབྱུང་ལ། འཇུ་མི་ཕམ་གྱིས་བྲག་དང་བྱ་རྒོད་

མི་ཕམ་དགྱེས་པའི་བཞད་སྒྲ།

འགྲོགས་པ་ལྟར། ཞེས་གསུངས།

[20] 仁青扎西：《谈藏族天葬习俗》《仁青扎西藏学研究论文集》1989年，天津古籍出版社，第154、156页。

[21] 尕藏才旦、格桑本：《天葬—藏族丧葬文化》2000年，甘肃民族出版社，第49页。

[22] རྒྱ་ཡེ་བཀྲ་ཧྲི། 《ཏུན་ཧོང་ནས་ཐོན་པའི་བོད་ཀྱི་ལོ་རྒྱུས་ཡིག་ཆའི་ཁྲིད་ཀྱི་བརླའ་བརྟུངས་ཞེས་པར་དཔྱད་པ།》2000ལོའི《ཀྲུང་གོའི་བོད་ཀྱི་ཤེས་རིག》དེབ་དང་པོ།

[23] བུ་གཛ་བསོད་ནམས་དང་བཀྲ་ཤིས་ཚེ་རྒྱལ། 《མཆོད་རྟེན་ནག་འབལ་དུར་ཁྲོད་ཀྱི་གཏམ་དཔྱོད་ལྷན་དགའ་བའི་གླུ་དབྱངས་ཞེས་བྱ་བ》བྲིས་མ།

[25] [26] [30] རྒྱལ་སྲས་ཞི་བ་ལྷ། 《སྤྱོད་འཇུག》 2001ལོ། མཚོ་སྔོན་མི་རིགས་དཔེ་སྐྲུན་ཁང་། ཤོག་གྲངས77、77–78、76པར་གསལ། ཉེར་ལྔ་པ་དེའི་དོན་ནི། བག་མ་གསར་པའི་ཚེ་གཞན་གྱིས་མཐོང་ཡང་མ་མཐོང་ཡང་གོས་ཀྱིས་གདོང་ནི་གཡོགས་པར་གྱུར་པ་ལ། ཁྱོད་ཉོན་མོངས་ཤིང་ཆགས་པའི་གདོང་དེ་ནི་ད་ལྟ་མངོན་སུམ་དུ་གྱུར་པ་བཞིན་དུ། ཤི་བའི་ཚེ་དུར་ཁྲོད་དུ་བྱ་རྒོད་ཀྱིས་གོས་བསལ་བར་བྱས་པ་མཐོང་ནས་དེ་ལྟར་ཅིའི་ཕྱིར་འབྲོས་ཤིང་འཁྱིར་བར་བྱེད་ཅེས་དང་། མཚན་ཉེར་དྲུག་པ་དེའི་དོན་ནི། དུར་ཁྲོད་དུ་ཤའི་ཕུང་པོ་འདི་མཐོང་ནས་བྱ་རྒོད་དང་སླག་ལ་སོགས་པ་བྱ་གཞན་གྱིས་ཟ་བར་བྱེད་ཅིང་། མཐའ་མར་གཞན་གྱི་ཟས་སུ་གྱུར་པའི་རང་གི་ཕུང་པོ་འདི་ལ་མེ་ཏོག་གི་ཕྲེང་བ་དང་ཙནྡན་གྱིས་མཆོད་ནས་ཅི་ཞིག་བྱ་སྟེ་དགོས་པ་མེད་དོ་ཞེས་པའོ། །

[27] སྤྱི་ལོ1076ལོར་མངའ་བདག་རྩེ་ལྡེས་མངའ་རིས་མཐོ་ལྡིང་དགོན་དུ་མེ་ཕོ་འབྲུག་གི་ཆོས་འཁོར་ཞེས་པ་བཙུགས་ཏེ། དབུས་གཙང་ཁམས་གསུམ་གྱི་སྡེ་སྣོད་འཛིན་པ་མང་པོར་བསྙེན་བཀུར་དང་ལོ་ཙཱ་བ་ལྷན་འདུས་ཀྱིས་གཞུང་མང་པོ་བསྒྱུར་ཞུས་མཛད་པས་གྲུབ་མཐའ་མང་པོ་དར་བའི་དབུ་ཚུགས།

[28] 霍巍：《西藏古代墓葬制度史》1995年，四川人民出版社，第336页。

[29] 焦治平、胡冰霜：《论藏族丧葬风格》《青海民族研究》2003年第3期，第56、57页。

[31] [32] ཆོས་ཀྱི་གང་བ། 《ཕ་དམ་པ་དང་མ་ཅིག་ལབ་སྒྲོན་གྱི་རྣམ་ཐར།》 1992ལོ། མཚོ་སྔོན་མི་རིགས་དཔེ་སྐྲུན་ཁང་། ཤོག་གྲངས379、384པར་གསལ།

[34] དུར་ཁྲོད་དུ་གཅོད་བཏང་བ་དེ་ནི་ངར་འཛིན་ལྷན་སྐྱེས་གཅོད་རྒྱུའི་ཆེད་དུ་ཡིན་ཏེ། དུར་ཁྲོད་དུ་ལྷ་འདྲེ་རྣམས་ཚུར་བོས་ནས་ངའི་ཤ་ཟོ་ཁྲག་འཐུང་ཞེས་བཤད་དེ་གང་ཙམ་ནས་རང་གི་གཡས་གཡོན་ནས་ཚག་སྒྲ་དང་རྡིག་སྒྲ་བྱུང་སྐབས་སྐྲག་ནས་ཕར་ལྟ་ཚུར་ལྟ་བྱས། སྙིང་ཡང་རྡིག་རྡིག་ཅེས་འཕར་གྱི་ཡོད་པས་སྐབས་དེ་དུས་ངར་འཛིན་ལྷན་སྐྱེས་ལ་གནོད་པ་ཆེན་པོ་བསྐྱལ་བའི་རྟགས་རེད། དེ་དུས་ངར་འཛིན་ལྷན་སྐྱེས་དེ་ལམ་སེང་ངོས་བཟུང་དགོས་ཞེས་བཤད་རྒྱུན་ཡོད་པས། དེའི་ཐབས་ཤེས་ལ་གཅོད་བཏང་བ་རེད་ཅེས་མཁས་དབང་དུང་དཀར་བློ་བཟང་འཕྲིན་ལས་ཀྱི《གྲུབ་

མཐའི་སྐོར་གྱི་རྣམ་བཤད》དུ་གསུངས། ཤོག་ངོས575པར་གསལ།

[35] དགེ་ལུགས་པ་ལ་མཚོན་ན། རྗེ་ཙོང་ཁ་པའི་སྐབས་སུ་གཙོད་དེ་མེད་ཅིང་། རྗེས་སུ་པཎ་ཆེན་སྐུ་ཕྲེང་བཞི་པ་བློ་བཟང་ཆོས་རྒྱན་གྱི་དུས་ལ་གཙོད་ཀྱི་གཞུང་བཟོས་ནས་དར་རྒྱས་བྱུང་ཡོད།

[36] གཟའ་སྐར་ལ་བརྟགས་ཏེ་དུར་ཁྲོད་དུ་བསྐྱལ་བར་གོ།

[37] བུ་སྟོན་རིན་ཆེན་གྲུབ། 《མི་འཁྲུགས་པའི་ཆོ་ག་ལ་བརྟེན་ནས་རོའི་སྦྱིན་སྲེག་གི་ཆོ་ག་བཞུགས་སོ》གསུང་འབུམ་པ་པོད། ཤོག་ངོས3པར་གསལ།

[38] ཨ་མདོ་རྗེ་སྲིས་ཕྱོགས་སུ་ཡོད།

[39] ཨ་མདོ་རེབ་གོང་ཡུལ་གྱི་འགར་གནས།

[40][41][42] 山口瑞凤：《吐蕃》1987年，东京大学出版社，第9、10、11–13页。

[43] 《དབུས་གཙང་གི་ལོ་རྒྱུས་དེབ་ཐེར》ནང་དུ་འཁོད་པ་ལྟར་ན། མང་སྲོང་མང་བཙན་གྱི་སྐབས་སུ་ཐང་དམག་གིས་ཕོ་བྲང་པོ་ཏ་ལ་བཤིག་ནས་སྤྱན་རས་གཟིགས་ཀྱི་ལྷ་ཁང་གཅིག་མ་གཏོགས་ལུས་མི་འདུག་པར་བཤད་པ་དང་། རྔ་ལོ་ཙཱ་བ་དང་དུས་མཉམ་པའི་ཁྲུང་པོ་གྲགས་སེའམ་ཁྲུང་པོ་ཆོས་བརྩོན་ཞེས་ཞུ་བ་པོ་ཏ་ལར་བཞུགས་ནས་ཚད་མའི་འཆད་ཉན་སྤེལ་བའི་ལོ་རྒྱུས་ཡོད་པ《སྒྲུང་ཆོས་འབྱུང》ལས་གསུངས་པ་ལྟར། དགེ་ཆོས་ཀྱི《དེབ་དཀར》དང་དུང་དཀར་རིན་པོ་ཆེའི《ཚིག་མཛོད》དུའང་གསུངས་ཡོད་ཅིང་། དེ་དུས་ཕོ་བྲང་དཀར་པོ་དང་དམར་པོ་ཞེས་པའི་ཐ་སྙད་ཟུར་ཙམ་ཡང་མི་འབྱུང་བ་དང་། ཇོ་བོ་རྗེ་ཨ་ཏི་ཤ་དབུས་གཙང་དུ་ཕེབས་པའི་སྐབས་སུ་གཙུག་ལག་ཁང་དུ་མཇལ་བ་ལས་པོ་ཏ་ལར་མཇལ་བའི་ངག་སྒྲོས་ཙམ་ཡང་མེད་པས་ཤེས།

[44] དུང་དཀར་བློ་བཟང་འཕྲིན་ལས། 《གྲུབ་མཐའི་སྐོར་གྱི་རྣམ་བཤད།》 2004ལོ། མི་རིགས་དཔེ་སྐྲུན་ཁང་། ཤོག་ངོས41–42བར་གསལ།

《བོད་ལྗོངས་ཞིབ་འཇུག》 ༢༠༠༨ལོའི་དེབ་དང་པོ་ལས་བཏུས།

༄། །“མདད་བཏང”ཞེས་པའི་ཐ་སྙད་ཀྱི་གོ་དོན་ལ་རགས་ཙམ་དཔྱད་པ།

རིན་ཆེན་སྒྲོལ་མ།

དང་པོ། “མདད་བཏང”ཞེས་པའི་ཐ་སྙད་ཀྱི་གོ་དོན་འགྲེལ་ཚུལ།

“མདད་བཏང”བྱ་བ་ལ་ཡིག་རྙིང་སྣ་ཚོགས་སུ་མདད་བཏབ་དང་། མདང་བཏང་སོགས་སུ་བྲིས་པ་མ་ཟད། ད་དུང་མདད་ལ་འདད། འདང་། མདངས་སོགས་བྲིས་པའང་ཡོད་ཅིང་། 《བོད་ཡིག་བརྡ་རྙིང་ཚིག་མཛོད》དུ“མདང་བཏང་བ་སྟེ་འདས་མཆོད་ཕུལ་ནས་དྲན་གསོ་ཞུས་པ”[1]ཞེས་དང་། 《དེབ་དཀར》ལས“མདང་བྱ་བ་ནི་འདས་མཆོད་དེ་གནའ་ལུགས་ཡིན་ཞིང་འཁྲོམ་ཁམས་ནས་བྱོན་ཚེ་འཕྲང་ཁ་བེར་ཆུང་ཕའི་མདང་གཏོང་སར་སླེབས་སོགས་སྔོན་གྱི་ལོ་རྒྱུས་འགའ་རེ་ན་ཡང་སྣང་། རྗེས་ཐང་ཆེ་བ་ལ་མདང་ཆེ་བ་ཞེས་ཡུལ་འགའ་ཞིག་གི་ཕལ་སྐད་ལ་ཡང་ཟེར། མདངས་ཀྱི་མཆོད་པ་དེ་ཅི་འདྲ་ཞིག་ཡིན་ཚུལ་མི་ཤེས་ཀྱང་། རྙིང་མའི་ཚོ་ག་རེ་འགའ་ན་མདང་བསྐང་བྱ་བ་ཞིག་འདུག་པ་དེ་ལ། མར་མེ་དང་། ཁྲག་དང་གཏོར་མ་རྣམས་རིམ་གྱིས་འབུལ་བར་འདུག་པས། ཕལ་ཆེར་དེ་འདྲ་ཞིག་མིན་ནམ་སྙམ”[2]ཞེས་དང་། ཡང《བོད་རྒྱ་ཚིག་མཛོད་ཆེན་མོ》དང་། 《སངས་རྒྱས་ཆོས་གཞུང་གི་ཚིག་མཛོད》གཉིས་ཀྱི་ནང་དུ“འདད་ནི་གཤིན་པོར་དམིགས་པའི་དགེ་སྒྲུབ”[3]ཅེས་དང་། 《དག་ཡིག་ཤེས་བྱ་རབ་གསལ》དུ། “འདད་ནི་གཤིན་པོའི་དགེ་བསྒྲུབ་པ”[4]དང་། 《དག་ཡིག་གསར་བསྒྲིགས》ལས། “གཤིན་ལས་བྱེད་པའི་དོན་ཏེ། ཤི་ཚོག་འདད་ཅེས་པ་ལྟ་བུ”[5]ཞེས་བཀྲལ་བ་དང་། 《དག་ཡིག་མ་ནོར་ལམ་བཟང》ལས། “འདད་ནི་གཤིན་པོའི་དགེ་སྒྲུབ”[6]ཅེས་གོང་དང་འདྲ་བར་འབྱུང་བ་དང་། 《བོད་ཀྱི་ལོ་རྒྱུས་གཡུ་ཡི་ཕྲེང་བ》དང《དཔལ་དོན་གྲུབ་རྒྱལ་གྱི་གསུང་རྩོམ》སོགས་སུ་ཡི་གེ་འདི་གཉིས་ཀྱི་ཚབ་ཏུ“འདས་མཆོད་ཀྱི་ཚོ་ག་མཛད”དང་། “འདས་མཆོད་བྱས”[7]ལྟ་བུ་སོགས་སུ་འགྲེལ་བ་མང་ཞིང་། ཤོག་དྲིལ་ཡི་གེ་ལས་འཕྲུལ་མ་ཡིག་བྱས་པའི་མདད་ལ་དེང་དུས་ཀྱི་ཚིག་མཛོད་གང་མང་གི་ཁྲིད་འདད་ཅེས་བྲིས་ཏེ་འཕྲུལ་འ་ཡིག་བྱས་པ་ཤ་སྟག་དང་། 《བོད་ཀྱི་བརྡ་རྙིང་ཡིག་ཆ་བདམས་བསྒྲིགས》ལས། “མདའད་བཏང་། འདད་བཏང་ངམ་འདུད་གྲོལ་ཞེས་པ་སྟེ་གཤིན་པོར་སྒྲ་ངན་གྱི་འདད་དམ་འདུན་བྱས་ཚར་བའི་དོན་ཡིན་ཞིང་། དེའི་ཡུན་གྱི་རིང་ཐུང་ལ་ངེས་གཏན་མེད་དེ་བདུན་ཚོགས་གཅིག་

གམ་ཉིན་ཞེ་དགུའམ་ལོ་གཅིག་དང་དེ་ལས་ཀྱང་ཡུན་རིང་བའང་སྲིད”[8]ཅེས་པ་སོགས་འགྲེལ་ཚུལ་སྣ་ཚོགས་ཤིག་ཡོད་ཀྱང་དེང་སང་བོད་ཀྱི་རོང་ཁུལ་གྱི་ས་གནས་སྤྱི་དང་། ལྷག་པར་མཚོ་ལྷོ་ཁུལ་གྱི་ས་ཁུལ་ཁ་ཤས་སུ་མི་ཞིག་ཤི་ཚེ་འདུན་བྱེད་ཚུལ་གྱི་ལུགས་འདི་ཧ་ཅང་དར་ཆེ་བ་མ་ཟད། ཁྱིམ་ཚང་གི་ཁྱིམ་མིའི་རྒན་གཞོན་དང་བཟོ་མཐོང་ཆེ་ཆུང་ལ་བརྟེན་ནས་འདུན་གྱི་དུས་ཡུན་ཀྱང་ཚད་མི་འདྲ་བ་མངོན་གསལ་དོད་པོ་ཡོད་པ་དང་། དེ་བཞིན་རྒྱའི་གུས་ལུགས་ཀྱི་བསྟན་བཅོས《礼记》ལས། “事亲有隐而无犯，左右就养无方，服勤至死，致丧三年。事君有犯而无隐，左右就养有方，服勤至死，方丧三年。事师无犯无隐，左右就养无方，服勤至死，心丧三年”[9]ཞེས་རྒྱུན་མི་འདྲ་བའི་དབང་གིས་ཤི་བ་ལ་བྱེ་བྲག་གི་སྒོ་ནས་འདུན་བྱེད་ཚུལ་གྱི་རྣམ་གྲངས་ཡོད་པ་དང་། ཡང་དེ་ཉིད་ལས། “邻有丧，舂不相。里有殡，不巷歌。丧冠不緌。”[10]ཞེས་པ་ལྟ་བུ་རང་གི་ཁྱིམ་མཚེས་དང་ཚོ་པ་གཅིག་ནང་འདུན་ཡོད་ཚེ་འདི་དང་ཆ་མཐུན་པའི་བྱ་བ་མང་བ་དང་། གཞན《མཁས་དབང་དགེ་འདུན་ཆོས་འཕེལ་གྱི་གསུང་རྩོམ》ལས“ཕ་མ་ཤི་ན་སྐྲ་བསྣམ་ཞིང་གདོང་དང་གོས་ནག་པོ་བྱེད། རོ་སྦས་ནས་མྱ་ངན་སངས།”[11]ཞེས་པ་དང་། 《ཐང་ཡིག་གསར་རྙིང》ལས། “ཕ་མ་ཤི་ཚེ་སྐྲ་འབྲེག གདོང་ལ་ཚོས་ནག་པོ་འབྱུག གོན་པའང་ནག་པོར་བྱེད། དུར་དུ་སྦས་ཟིན་ན་འདུན་ཀྱང་གྲོལ་བ་ཡིན།”[12]ཞེས་པ་སོགས་ལ་བསམས་ན“མདད་བཏང”བྱ་བ་ནི་གཤིན་པོར་མྱ་ངན་གྱི་འདུན་བྱུས་ཚར་བའི་དོན་ཏེ་མདད་ནི་གཤིན་པོ་ལ་མྱ་ངན་བྱ་བའི་དོན་དང་། བཏང་བ་ནི་མཇུག་གྲིལ་བའམ་མཐའ་འཁྱོལ་བ་སོགས་ཀྱི་དོན་ལ་འཇུག་སྟེ་བློས་བཏང་བ་དང་བྱ་བཏང་བ་ཞེས་སྔོན་གྱི་བརྡ་ལ་ཧ་ཅང་མང་བ་དང་། ལྷག་པར《རྒྱལ་སྲེ་སྐར་ཆུང་ལྷ་ཁང་གི་རྡོ་རིང》ལས། “གདུང་རབས་རྒྱུད་ཀྱིས། འདི་ལྟར་སངས་རྒྱས་ཀྱི་ཆོས་མཛད་པ་འདི། །ནམ་དུ་ཡང་མ་ཞིག །མ་བཏང་ན། །ལེགས་པ་དཔག་ཏུ་མྱེད་པ་འགྱུར། །བཏང་སྟེ། །ཞིག་གམ། །མྱེད་པར་གྱུར་ན། །སྡིག་པ་གྲངས་མྱེད་པར་འོང་བས། །ད་ཕྱིན་ཆད་ནམ་ནམ་ཞ་ཞར། །འཕྲུལ་གྱི་ལྷ་བཙན་པོ་སངས་རྒྱས་ཀྱི་ཆོས་མཛད་པ་མྱི་བཏང་མ་ཞིག་པར། །གདུང་རབས་རྒྱུད་ཀྱི་ཡི་དམ་བཅའོ”[13]ཞེས་དང་། 《ཆོས་འབྱུང་མཁས་པའི་དགའ་སྟོན》ལས། “དཀོན་ཅོག་གསུམ་གྱི་རྟེན་བཙུགས་ཏེ། །བོད་ལས་ཀྱང་མཐར་བར་གཟུད་ཅིང་། །སངས་རྒྱས་ཀྱི་ཆོས་མཛད་པ་འདི་ནམ་དུ་ཡང་། །མི་བཏང་མི་ཞིག་པར་བགྱིའོ། །”[14]ཞེས་དང་། ཡང“ཡར་མོ་ནི་ཆུ་ཐུང་གིས། །མདོ་ནས་ནི་རྩང་དུ་སྲིང་། །ཡར་མོ་ནི་ཞེང་ཆུང་གི །ལྷོ་ནས་ནི་བྱང་དུ་བསྐྱེད། །ཡུ་བུ་ནི་རྗེ་དང་བློན། །རྗེ་ཡིས་ནི་འབངས་མ་བཏང་། །འབངས་ཀྱིས་ནི་རྗེ་མ་བཏང་། །”[15]ཞེས་པ་སོགས་ལས“བཏང”བྱ་བའི་ཐ་སྙད་ཀྱི་གོ་དོན་དེ་སྔ་མའི“མདད”ཀྱི་ཚིག་གྲོགས་སུ་སྦྱར་ན་བརྗོད་བྱ་ཧ་ཅང་ཁ་གསལ་བར་འགྱུར་བ་དང་། གཞན་མདད་གཏོང་བྱ་བ་ལས་མདད་ནི་གོང་དང་འདྲ་བར་མྱ་ངན་བྱེད་པ་ལ་གོ་བ་དང་། གཏོང་ནི་བཏང་བའི་བྱེད་ཚིག་ད་ལྟ་བ་ཙམ་གྱི་གོ་དོན་མ་ཡིན་པར་དེ་ནི་མདད་ཀྱི་ཚ་ག

དང་བྱ་བ་ལ་དངོས་སུ་འཇུག་བཞིན་པར་འགྲེལ་ན་བརྗོད་བྱ་གནད་ལ་འཁེལ་ཞིང་གོ་བདེ་བར་མངོན།

གཉིས་པ། ཤོག་དྲིལ་ཡི་གེ་ལས"མདད་བཏང"ཞེས་པའི་བརྡ་དོན་འགྲེལ་ཚུལ།

ཤོག་དྲིལ་ཡི་གེ་ལས། "དེ་ནས་ལོ་དྲུག་ན་བ།(སྤྱི་ལོ649) བཙན་པོ་ཁྲི་སྲོང་རྩན་དགུང་དུ་གཤེགས་སོ།……ཁྱིའི་ལོ་ལ་བབ་སྟེ།(སྤྱི་ལོ650) བཙན་པོ་མྱེས་ཁྲི་སྲོང་རྩན་གྱི་སྤུར་ཕྱིང་བའི་རིང་ཁང་ནའ་རིང་མཁྱུད་ཆིང་བཞུགསྟེ།……ཕགི་ལོ་ལ་བབ་སྟེ།(སྤྱི་ལོ651) བཙན་པོ་ཉེན་ཀར་ན་བཞུགས་ཤིང་། ཕྱིང་བར། བཙན་པོ་མྱེས་ཁྲི་སྲོང་རྩན་གྱི་མདད་འདད། བཏང་བར་ལོ་གཅིག"[16]ཅེས་པ་ལ《བོད་ཀྱི་ལོ་རྒྱུས་རགས་རིམ་གཡུ་ཡི་ཕྲེང་བ》ལས། "སྤྱི་ལོ651བོད་ལུགས་ཕག་ལོར་འཕྱོངས་རྒྱས་ཕྱིང་བ་སྟག་རྩེར་མེས་ཁྲི་སྲོང་བཙན་གྱི་འདས་མཆོད་བྱས"[17]ཞེས་མདད་འདད་བཏང་བྱ་བར་འདས་མཆོད་བྱས་ཞེས་འགྲེལ་ཞིང་། ད་དུང་འདིའི་སྐོར་ལ་དཔྱད་བརྗོད་མཁན་རེ་གཉིས་ཀྱིས་བོད་ཀྱི་བཙན་པོ་གང་ཡིན་རྣམས་སྐུ་གཤེགས་ཚེ་རེ་ཞིག་ལ་གསང་རྒྱ་བྱས་ཏེ་ལོ་གཉིས་གསུམ་ན་ཕྱི་ལ་བསྒྲོལ་གསང་བཏོལ་ནས་འདས་མཆོད་སྒྲུབ་པ་སོགས་སུ་འགྲེལ་བ་ཡོད་ཀྱང་། དོན་དངོས་སུ་བཙན་པོ་རེ་གཉིས་ཀྱི་ཚེ་སྲས་སྐུ་ན་ཆུང་བ་དང་སྲིད་ཀྱི་ཉམས་དམའ་བ་སོགས་དགོས་པ་དམིགས་གསལ་ཅན་ལ་བརྟེན་ནས་གསང་རྒྱ་བྱེད་ལུགས་དེ་འདྲ་ཞིག་ཡོད་པར་སྣང་མོད། འོན་ཀྱང་བཙན་པོ་ཡབ་སྲས་གང་ཡོད་ལ་དེ་འདྲ་བྱེད་པར་མ་ངེས་ཏེ། ཤོག་དྲིལ་ཡི་གེ་ལས། "ཡོས་བུའི་ལོ་ལ།(སྤྱི་ལོ739) བཙན་པོ་དབྱརད་ཚབ་སྲིད་ལ་བེག་དུ་གཤེགསྟེ། སྲས་ལྷས་བོན་དྲོན་ན་བཞུགས། བཞུགས་པ་ལས་ནོངས། བཙན་པོ་ཡབ་དགུན་བོད་ཡུལ་དུ་སླར་གཤེགས། བཙན་མོ་ཀིམ་ཤེང་ཁོང་ཅོ་ནོངས་པར་ལོ་ཆིག །……སྦྲུལ་གྱི་ལོ་ལ།(སྤྱི་ལོ741) བཙན་པོ་དབྱརད་ཚབ་སྲིད་ལ་གཤེགསྟེ།…… བཙན་པོ་སྲས་ལྷས་བོན་དྲ། བཙན་མོ་ཁོང་ཅོ་གཉིས་གྱི་མདད་བཏང་བར་ལོ་གཅིག"[18]ཅེས་འཇང་ཚ་ལྷ་བོན་དང་ཀྱིམ་ཤིང་ཀོང་ཇོ་གཉིས་སྤྱི་ལོ741ལོར་སྐུ་གཤེགས་པ་དེ་དེའི་རྗེས་ཀྱི་ལོ་གཉིས་སུ་མདད་བཏང་བ་ལ་བསམས་ན། མི་སྔ་དེ་གཉིས་བཙན་པོའི་ཚབ་སྲིད་ཀྱི་ཆེད་དུ་གསང་རྒྱ་བྱེད་པའི་དགོས་པ་སོགས་མ་མཆིས་པ་དང་། ལྷག་པར་བཙན་མོ་ཕྱི་མང་པངས་དང་། བཙན་མོ་བཙན་མ་ཏོག་བྱ་བ་སོགས་ཀྱང་སྐུ་གཤེགས་ཏེ་ལོ་གཉིས་དང་གསུམ་གྱི་ཚེ་མདད་བཏང་བ་འདི་རིགས་ལས་གོང་གི་རྒྱུ་མཚན་དེ་རང་ཤུགས་ཀྱིས་འགགས་པ་དང་། སྤྱིར་བོད་ཀྱི་ལོ་རྒྱུས་ཐོག་ཚབ་སྲིད་ལ་བྱུས་རྗེས་ཏ་ཅང་ཆེ་བའི་བཙན་པོ་འགའ་ཞིག་ལ་གསང་རྒྱ་བྱས་པ་ཡོད་ཀྱང་དེ་ནི་སྐབས་དེ་ཉིད་ཀྱི་ཚབ་སྲིད་སོགས་ཀྱི་དགོས་མཁོ་ལ་དམིགས་ནས་ལོ་རེ་གཉིས་དང་ཟླ་བ་རེ་གཉིས་ལ་གསང་རྒྱ་བྱས་པ་མ་གཏོགས། བཙན་པོའི་རིས་སུ་གཏོགས་ཚད་ལ་གསང་རྒྱ་བྱེད་དགོས་པའི་ངེས་པ་མ་མཆིས་པ་མ་ཟད། མི་སྔ་སུ་ཞིག་དགོས་དབང་གིས་ཕྱི་ལ་གསང་རྒྱ་བྱ་དགོས་པ་བྱུང་བ་རྣམས་ཤོག་དྲིལ་ཡི་གེ་ལས་དངོས་སུ་མཚོན་

ཡོད་དེ"བྱི་བའི་ལོ་ལ་བབ་སྟེ།(སྤྱི་ལོ676) དབྱར་ད་བསྟུན་ཕོ་སྤྲུགས་ཀྱི་ཤ་ར་ན་གཞུགས་ཤིང་། དགུན་ཚང་བང་སྣ་ནས། ཁྲི་མང་སློན་དགུང་དུ་གཤེགས། བཙན་པོ་སྲས་ཁྲི་འདུས་སྲོང་། སྦྲིགས་ཀྱི་ལྷ་ལུང་དུ་བལྟམས།……གླང་གི་ལོ་ལ།(སྤྱི་ལོ677) བཙན་པོ་ཡབ་ཀྱི་སྤུར་བ་ལམ་ན་མཁྱིད་ཅིང་བཞུགསྟེ།……སྟག་གི་ལོ་ལ་བབ།(སྤྱི་ལོ678) བཙན་པོ་ཡབ་གྱི་རིང་། བ་ལམ་ན་མཁྱིད་ཅིང་བཞུགསྟེ།……ཡབ་བཏོལ་བར་ལོ་གཅིག །ཡོས་བུའི་ལོ་ལ།(སྤྱི་ལོ679) བཙན་པོ་ཉེན་ཀར་ན་བཞུགས་ཤིང་། ཕྱིང་བར་བཙན་པོ་ཡབ་ཀྱི་མདད་བཏང་བར་ལོ་ཅིག །"[19]ཅེས་དང་། ཡང"བྱི་བའི་ལོ་ལ།(སྤྱི་ལོ712) བཙན་པོ་དབྱར་ད་བལ་པོ་ན་བཞུགས།……ཕྱི་ཁྲི་མ་ལོད་ནོངས། དགུན་འདུན་སྐྱི་དྲ་ཙལ་དུ་འབོན་ད་རྒྱལ་དང་། བློན་ཆེན་པོ་ཁྲི་གཟིགས་ཀྱིས་བསྡུསྟེ། ཊ་གསུམ་གྱི་ཁྲམ་དམར་པོ་བརྩིས། ཕྱི་བཏོལ་བར་ལོ་གཅིག །གླང་གྱི་ལོ་ལ་བབ་སྟེ།(སྤྱི་ལོ713) བཙན་པོ་དབྱར་ད་མལ་ཏོ་བཟེན་ཏང་ན་བཞུགས།……དགུན་བཙན་པོ་པོ་བྲང་བྲག་མར་བཞུགས། ཕྱིང་བར་ཕྱི་ཁྲི་མ་ལོད་གྱི་མདད་བཏང་།"[20]ཞེས་པ་དག་ལས་བཏོལ་ཏེ་གསང་བ་ཕྱི་ལ་བཏོལ་བའི་ཚིག་འདི་དངོས་སུ་འབྱུང་བ་ལ་གཞིགས་ན་ཁྲི་སྲོང་སྐྱུ་ན་ཆུང་བའི་དུས་ཡབ་དགུང་དུ་གཤེགས་པ་དང་། ཡང་བཙན་པོ་ཁྲི་ལྡེ་གཙུག་བརྟན་སྐུ་ནར་མ་སོན་པའི་དུས་སུ་ཕྱི་ནང་གི་ཆབ་སྲིད་ཀྱི་འགན་དབང་ཡོངས་རྫོགས་ཨ་ཕྱི་འབྲོ་བཟའ་ཁྲི་མ་ལོད་ཀྱིས་བཟུང་བ་ལ་ཨ་ཕྱི་སྐུ་གཤེགས་པ་བཅས་ཀྱི་དགོས་དབང་གིས་རེ་ཞིག་ལ་གསང་རྒྱ་བྱས་པ་དེ་ཕྱིས་ཆེད་དུ་གསང་བ་ཕྱི་ལ་བཏོལ་བར་གཞིགས་ན། གནའ་དུས་མདད་གཏོང་བ་འདི་ལ་རིགས་གཉིས་ཏེ། དང་པོ་མི་སྣ་སུ་ཡང་ཉུང་གིས་སྐུ་གཤེགས་པ་ནས་བརྩམས་ཏེ་མདད་གཏོང་བ་དང་། གཉིས་པ་དམིགས་གསལ་གྱིས་སྐུ་གཤེགས་པ་གསང་རྒྱ་བྱས་པ་དེ་ཕྱིས་གསང་བ་ཕྱི་ལ་བཏོལ་བ་ནས་འགོ་ཚུགས་ཏེ་འདས་མཆོད་ཀྱི་ཚོ་གའི་ལས་སུ་ཞུགས་པ་སོགས་རིགས་མི་འདྲ་བ་གཉིས་ཡོད་པར་མངོན། དེས་ན་རིགས་དེ་གཉིས་ཀྱི་གང་ལ་གཏོགས་ཀྱང་མི་སྣ་སོ་སོའི་གོ་གནས་དང་། སྐབས་དེའི་སྤྱི་ཚོགས་ཀྱི་གནས་བབ་སོགས་ལ་བསྟུན་ནས་དགོས་དབང་གིས་དུས་ཡུན་མི་འདྲ་བ་སྣ་ཚོགས་སུ་ཕྱི་ནས་མདད་གཏོང་བའམ་འདུད་གྲོལ་བར་བྱེད་པར་སྙམ། གཞན"སྐབས་འགར་རྒྱལ་པོ་དང་མི་ཆེན་རྣམས། མཉམ་འཆི་མཉམ་གསོན་བྱེད་པའི་མནའ་འདོར། དེ་འདྲ་བ་རྣམས་རྒྱལ་པོ་གྲོངས་ཚེ་རང་ཉིད་ཀྱང་ལྟེབས་ཤིང་། དུར་ཁུང་གཅིག་ཏུ་སྦ་བ་ཡིན། བཙན་པོའི་ཏ་དང་། གོ་ཁྲབ་གཅེས་ནོར་རྣམས་ཀྱང་དུར་དུ་འཇུག དུར་སྟེང་དུ་རི་དེའུ་འདྲ་བ་ཞིག་བརྩིགས། དེར་ཤིང་སྡོང་འཛུགས་ཤིང་། ལོ་རེ་བཞིན་དུ་མཆོད་པ་ཡིན་ནོ"[21]ཞེས་པ་ལྟ་བུ་ཆེས་ཉུང་ངུ་ཙམ་མ་གཏོགས། གནའ་དུས་ཀྱི་མདད་གཏོང་ལུགས་དང་བང་སོ་བརྩིགས་ཚུལ། དུར་འཇུག་བྱེད་ལུགས་སོགས་བྱེ་བྲག་ཏུ་བྲིས་པ་ཞིག་སྔོན་གྱི་ཡིག་ཚང་ཁུངས་བཙུན་པ་དག་ན་མཐོང་དཀོན་ཞིང་། ལྷག་པར་གནའ་ཤུལ་དང་བཙན་པོའི་དུས་ཀྱི་བང་སོ་སོགས་ སྔོག་འདོན་བྱས་པ་ཏ་ཅང་ཉུང་དྲགས་པ་བཅས་ཀྱིས་འདིའི་སྐོར་ལ་རྒྱུས་ཡོན་

བྱེད་དཀའ་ཡང་། ཨོག་དྲིལ་ཡི་གེ་ལས། "བཙན་པོས་བཀའ་སྩལ་ད་པ། །དབྱི་ཚབ་སྒྲོ་བ་ཉེ་བས། གུམ་ན་མཚད་ཕྱག་དར་ཧེ་བཙིག་པར་གནང་། །རྟ་ནི་བརྒྱའ་དགུམ་བར་གནང་། །"[22]ཞེས་པ་ལ་གཞིགས་ན་བང་སོ་དང་དུར་དུ་སྦས་པའི་དཀོར་གྱི་མང་ཤུང་རྣམས་གཉིན་པོའི་སྐྱི་ཚོགས་ཀྱི་གོ་གནས་དང་ཐོབ་ཐང་ལ་ཐད་ཀར་རག་ལས་ཡོད་པར་མངོན།

གསུམ་པ། མཇུག་བསྡུ་བ།

འདི་ལྟ་བུའི་བརྡ་རང་རྐྱ་བ་ལ་བརྟེན་ནས་གཞུང་གི་གོ་དོན་ལ་འཇུག་པ་ནི་བརྗོད་བྱ་དོན་ཐོག་ཏུ་འབེབས་དཀའ་བ་ཞིག་ཏུ་ཟད་ཀྱང་། རང་ཅག་གི་མདད་བྱ་བའི་ཡི་གེ་འདི་རྒྱ་ཡིག་གི"奠"ཞེས་པ་དང་སྒྲ་དོན་གཉིས་ཀའི་ཆ་ནས་ཧ་ཅང་འདྲ་བ་དང་། དེ་བཞིན་དེང་སང་གོ་གནས་དང་འབྲེལ་བའི་བརྡ་ཆད་གཙོ་བོ་དང་གཞོན་པ་བྱ་བ་ལས་གཞོན་པ་ལ་ཨོག་དྲིལ་ཡི་གེ་ལས"འོག་དཔོན"ཞེས་འབྱུང་བ་དེ་རྒྱ་ཡིག་གི་བརྡ་རྙིང་པ་རྣམས་སུ"贰蒋"ཞེས་བྲིས་པ་གཉིས་སྔ་མའི"འོག"དང་ཕྱི་མའི"贰"གཉིས་ཀྱིRཡིག་གི་སྒྲ་མཐུན་པར་འགྲོ་བ་སོགས་ཡི་གེ་མི་འདྲ་བ་གཉིས་ལས་བརྡ་འདྲ་བ་མང་དུ་འབྱུང་བ་ལ་གཞིགས་ན་གནའ་བོའི་ཡི་གེ་རིགས་མི་འདྲ་བ་འདི་གཉིས་ཀྱི་སོ་སོའི་ཁྱད་ཆོས་ལ་བརྟེན་ནས། ཕན་ཚུན་ཞིབ་བསྡུར་དང་ཕན་ཚུན་ཁ་བསབ་ཀྱི་ཚུལ་གྱིས་དབྱེ་ཞིབ་གང་ཐུབ་ཀྱི་ལས་སུ་གཏོལ་ན་ཆེས་གནའ་དུས་ཀྱི་མིང་བརྡ་གང་མང་ཞིག་གི་བརྗོད་དོན་རྣམས་ཇེ་གསལ་དུ་འགྲོ་བར་ངེས་པས། འདིའི་ཐད་ལ་དཔྱད་བརྗོད་མཁན་པོ་ཚོས་དགོངས་འཆར་ལྷུག་པོར་ཡོང་བར་ཞུ།

མཆན།

[1]《བོད་ཡིག་བརྡ་རྙིང་ཚིག་མཛོད།》 ཀྲུང་གོའི་བོད་རིག་པ་དཔེ་སྐྲུན་ཁང་། ཤོག་ངོས261པར་གསལ།

[2][11][15][21]《དགེ་འདུན་ཆོས་འཕེལ་གྱི་གསུང་རྩོམ》དེབ་གསུམ་པ། བོད་ལྗོངས་བོད་ཡིག་དཔེ་རྙིང་དཔེ་སྐྲུན་ཁང་། ཤོག་ངོས261、114、371、245པ་བཅས་སུ་གསལ།

[3]《བོད་རྒྱ་ཚིག་མཛོད་ཆེན་མོ།》 མི་རིགས་དཔེ་སྐྲུན་ཁང་། ཤོག་ངོས1388པར་གསལ།

[4]《དག་ཡིག་ཤེས་བྱ་རབ་གསལ།》 ཀན་སུའུ་མི་རིགས་དཔེ་སྐྲུན་ཁང་། ཤོག་ངོས55པར་གསལ།

[5]《དག་ཡིག་གསར་བསྒྲིགས།》 མཚོ་སྔོན་མི་རིགས་དཔེ་སྐྲུན་ཁང་། ཤོག་ངོས395པར་གསལ།

[6]《དག་ཡིག་ཟ་ནོར་ལམ་བཟང་།》 མི་རིགས་དཔེ་སྐྲུན་ཁང་། ཤོག་ངོས189པར་གསལ།

[7]《དཔལ་དོན་གྲུབ་རྒྱལ་གྱི་གསུང་རྩོམ》པོད་དྲུག་པ། མི་རིགས་དཔེ་སྐྲུན་ཁང་། ཤོག་ངོས394པར་གསལ།

[8][16][18][19][20][22]《བོད་ཀྱི་བརྡ་རྙིང་ཡིག་ཆ་བདམས་བསྒྲིགས།》 ཀྲུང་དབྱང་མི་རིགས་སློབ་གྲྭ་ཆེན་མོའི་

དཔེ་སྐྲུན་ཁང་། ཤོག་ངོས67、60、96、64、88、46པར་གསལ།

[9][10]《十三经精华》钱仲联主编，湖南教育出版社，第319、321页。

[12]《ཐང་ཡིག་གསར་རྙིང་།》 མི་རིགས་དཔེ་སྐྲུན་ཁང་། ཤོག་ངོས7པར་གསལ།

[13]《བོད་ཀྱི་རྫོ་རིང་ཡི་གེ་དང་དྲིལ་བུའི་ཁ་བྱང་།》 མི་རིགས་དཔེ་སྐྲུན་ཁང་། ཤོག་ངོས107པར་གསལ།

[14]《ཆོས་འབྱུང་མཁས་པའི་དགའ་སྟོན།》 མི་རིགས་དཔེ་སྐྲུན་ཁང་། ཤོག་ངོས371པར་གསལ།

[17]《བོད་ཀྱི་ལོ་རྒྱུས་རགས་རིམ་གཡུ་ཡི་ཕྲེང་བ།》 བོད་ལྗོངས་དཔེ་རྙིང་དཔེ་སྐྲུན་ཁང་། ཤོག་ངོས225པར་གསལ།

《ཀྲུང་གོའི་བོད་རིག་པ།》 ༢༠༠༨ལོའི་དེབ་གསུམ་པ་ལས་བཏུས།

༄། །བོད་ཀྱི་གཉེན་ཆོས་བྱེད་སྟངས་རོབ་ཙམ་གླེང་བ།

ལྷུང་སྐྱ་དགེ་འདུན་བཀྲ་ཤིས།

དང་པོ། བར་དོ་འགྲུབ་ལུགས།

འཆི་སྲིད་འགག་པ་དང་དུས་མཉམ་དུ་སྲུང་མདའི་མཐོ་དམན་བཞིན་བར་དོ་འགྲུབ་པ་ལ། དེ་ཡང་སྐྱེ་བ་ཕྱི་མའི་བྱད་གཟུགས་བཞིན། བར་དོ་བ་དེ་དབང་པོ་ཀུན་ཚང་མཚོན་ཤེས་ཡོད་པ། ལས་ཀྱི་རྫུ་འཕྲུལ་ཅན། སྐྱེ་གནས་དང་རྟེན་བྱིན་ཅན་མ་གཏོགས་གང་ལའང་ཐོགས་པ་མེད་པ། རིས་མཐུན་ལྷ་མིག་དག་པས་མཐོང་བའོ། །ཐ་མལ་བ་ཤི་བའི་རྗེས་སུ་རྣམ་ཤེས་དེ་ཁ་བྲལ་ཏེ་སྐྱེ་བ་ཕྱི་མའི་ལུས་ལེན་པའི་རྐྱེན་དང་འཕྲད་ཚེ་ལེན་པར་འགྱུར་ཞིང་། ཞག་བདུན་ཕྲག་གཅིག་ལ་འཆི་ཆུང་རེ་ཡོད་ཞིང་། འགྱངས་ནའང་ཞག་བདུན་ཕྲག་བདུན་ལས་མི་གནས་སོ། །

བར་དོ་སྣང་ཚུལ་གྱི་ཁ་དོག་གི་ཁྱད་པར་ནི། མངལ་དུ་འཇུག་པ་ལས། དམྱལ་བའི་བར་དོ་ནི་སྡོང་དུམ་ཚིག་པ་ལྟ་བུ། ཡི་དྭགས་ཀྱི་བར་དོ་ཆུ་ལྟ་བུ། འདོད་པའི་ལྷ་དང་མིའི་བར་དོ་གསེར་ལྟ་བུ་དང་། གཟུགས་ཁམས་པའི་བར་དོ་དཀར་པོར་གསུངས་སོ། །ཁ་ཅིག་གཉེན་པོ་དེ་གསོན་པའི་སྐབས་རྣམ་པ་དང་ཆ་བྱད་ཇི་འདྲ་བ་ཡོད་པ་བར་དོ་ལ་བསྟད་འདུག་པས། འཕྲིན་དང་ལན་བསྐུར་ཚུལ་སོགས་ཟློག་རྫུན་ཡིན། དེ་འདྲ་རེ་གཉིས་སྲིད་ཀྱང་ཕལ་མོ་ཆེར་མི་མ་ཡིན་གྱིས་གཉེན་པོའི་གཟུགས་སུ་བསྒྱུར་བ་སྟེ། མདོ་ལས། དྲི་ཟ་ཁྱབ་བྱེད་དང་། གནོད་སྦྱིན་སྲུ་འདོད། དྲི་ཟ་འཆི་ཁའི་སེམས་ལ་ཉེ་བར་འཇུག་པ་རྣམས་ཀྱིས་ཟས་འཚོལ་ཕྱིར་ཚེ་འདས་ཀྱི་གཟུགས་ཇི་ལྟ་བ་བཞིན་གཉེན་པོའི་དབྱིབས་བྱད་ཅན་མངོན་སུམ་དུ་མཐོང་བ་དང་། མིའི་ཁོག་ཏུ་བཀླམས་ནས་དན་རྟགས་མང་པོ་སྨྲ་བ་ལྟ་བུས་འཇིག་རྟེན་པ་བསླུ་བར་བྱེད་པ་ཡིན་ལ། དཔེར་ན། རྗེ་མི་ལས་བོན་གྱི་ཁྱིམ་ཚང་ཞིག་ནས་མི་མ་ཡིན་གཉེན་པོར་བརྫུས་པ་དེ་མཐར་སྤྱུགས་བཏང་བའི་ལོ་རྒྱུས་ལྟ་བུ་དང་། ཁྲུས་ཆོག་ལས་ཀྱང་། ཚེ་ལས་འདས་པའི་ཆ་བྱད་བཟུང་ནས། དེའི་ཉེ་འབྲེལ་དང་། འཇིག་རྟེན་པ་རྣམས་བསླུ་ཞིང་གནོད་པར་བྱེད་པའི་གནོད་སྦྱིན་དང་། ཤ་ཟ་དང་། འབྱུང་པོ་ལ་སོགས་པ་ཐམས་ཅད་གཏོར་མ་འདིས་ཚིམ་པར་གྱིས་ལ། གནོད་པ་དང་འཚེ་བའི་བསམ་པ་ངན་པ་ཐམས་ཅད་སྤོང་ལ་ཞེས་གསུངས་པ་ལྟ་བུའོ། །

གཉིས་པ། སྤུར་སྦྱོང་ཚུལ།

སྤུར་སྦྱོང་ཞེས་པ་ནི་དག་ཡིག་གི་དགོངས་དོན་ལྟར་ན། གཤིན་པོ་དེ་གཙང་བཟོ་བྱས་ཏེ་ཡང་དག་པར་སྦྱོང་བ་ལ་བྱ་ཞིང་། བོད་དུ་སྤུར་སྦྱོང་བྱེད་པ་ལ་རིགས་མང་ཡང་བསྡུ་ན་སྤུར་སྦྱངས་སྟངས་གཤམ་གྱི་རིགས་དྲུག་གི་ནང་དུ་འདུ་བར་སེམས།

༡.ཕུང་པོ་མེར་བསྲེགས་པ། ཕུང་པོ་མེར་སྲེག་སྐབས་དུར་གྱི་ས་དཔྱད་ལ་གཞིགས་ཏེ། ཤུས་མཐོ་བ་དང་ཡོན་ཏན་ལྡན་པ། ཡང་ཚ་མཐོང་བའི་རྐན་པོ་ཡིན་ན། གདན་ཁྲི་ལྟ་བུའི་མཐོ་ས་དང་། ཤུས་དམན་པ་དང་ཡོན་ཏན་ཆུང་བ། ལོ་ཆུང་དག་དམའ་སར་འཛོག ཁྱིར་ཤི་དང་མཛེ་ཅན། གདུག་པའི་ནད་ཀྱིས་ཤི་བ་རི་སྣ་དང་བྲག་སྣ་གནོན་པའི་དམའ་ས་ལའོ། །

སྲེག་སྟངས་ནི། གསང་སྔགས་ཀྱི་རྒྱུད་སྡེ་ལས་གསུངས་པ་ལྟར། རྡོ་རྗེ་སེམས་དཔའ་དང་། མི་འཁྲུགས་པ། ཀུན་རིག་སྡེ་ངན་སོང་སྦྱོང་བའི་ལྷ་གསུམ་གང་རིགས་ཀྱི་ཆོ་ག་ལྟར། རྫས་ཆེན་བཅུ་གཉིས་དང་སྲེག་ཤིང་ལ་མར་དང་སྨན་བྱུགས་ནས། ཚེ་འདས་ཀྱི་ཕུང་པོ་ལྷས་རྒྱལ་བ་རིགས་ལྔ་མཆོད་པའི་སླད་དུ། མེ་སྲེག་ཏེ་ཐབ་ཀྱི་ནང་དུ་སྦྱངས་པ་ཡིན། ཡང་ན། ཕུར་ཅན་དན་གྱི་སྤུར་སྒྲོམ་མར་ཁུས་བཀང་བའི་ནང་དུ་བཞག་སྟེ། སྲེག་ཐབ་ཀྱི་སྟེང་དུ་བཞག་ འོག་ནས་མེ་སྦར་ཏེ་གདུང་སྲེག་སྲོལ་ཡང་ཡོད། དེ་ལྟར་གསང་སྔགས་ཀྱི་ཆོ་ག་ལྟར་བསྲེགས་ན། དུ་བ་ཐོག་པའི་བྱ་དང་རི་དྭགས། ཐལ་བ་ཆུར་འཐོགས་ན་ཆུ་དེ་འཐུང་བའི་སེམས་ཅན་ཡོད་ཚད་ལ་ཕན་པ་རྒྱ་ཆེན་པོ་འབྱུང་ལ། ཚེ་འདས་དེས་ཀྱང་རང་གི་དབང་པོ་ལྷས་མཆོད་པ་བྱས་པའི་སྟོབས་ལ་བརྟེན་ནས། བདེ་འགྲོར་སྐྱེ་བར་གསུངས་ལ། དེ་ཡང་སྒྲུབ་པ་པོ་དང་སྒྲུབ་ཡུལ་ཚད་ལྡན་དགོས་སོ། །དེ་ནས་ཐབ་ལས་ཕྱིར་བཏོན་ཏེ་ཤུས་ཆོག་བསྐུར་ནས་ཕྱེ་མར་བརྒྱུགས་ཏེ། རི་མཐོ་ས་ལས་རླུང་ལ་བསྐྱོན་པའམ། ཡང་ན་ཤུས་པ་དང་གཟུངས་ཚ་ས་དམར་དང་སྦྲུས་ཏེ་མི་འཁྲུགས་པའི་སྐུ་དང་ས་ཚྭ་ཚ་སྤྲུགས་ཞེས་པའི་ཆོ་གའང་ཡོད་དོ། །

༢.བང་སོར་སྦ་སྟངས། བང་སོའི་ནང་དུ་སྦས་ནས་དུར་འཇུག་བྱེད་སྟངས་འདི། བོན་གྱི་ལུགས་སྲོལ་ཞིག་ཡིན་ཚུལ《བཀའ་ཐང》དང《དེབ་དཀར》ལས་བཤད་ལ། དེ་ཡང་སྤུ་དེ་གུང་རྒྱལ་གྱི་ཡབ་གྲི་གུམ་བཙན་པོའི་སྤུར་ཟངས་ཆེན་ཁ་སྦྱོར་གྱི་ནང་དུ་བཅུག་སྟེ་གཙང་ཆུའི་གཞུང་ལ་བསྐུར་བ་ཀོང་པོར་ཐོན་པ་དེ། ཀླུས་ནས་འཕྱུང་བ་དར་ཐང་དུ་དུར་བཏབ་པ་འདི། བོད་ཀྱི་ཡིག་ཚང་རྣམས་སུ་བང་སོའི་ཐོག་མ་ཡིན་པར་བཤད། ཐོག་མར་བང་སོའི་དབྱིབས་ས་ཕུང་སྤུངས་པ་ལྟ་བུ་ལས། བཟོ་དབྱིབས་མེད་པ་བོད་རྗེ་གྲི་གུམ་བཙན་པོ་ནས་ཁྲི་གཉན་གཟུངས་བཙན་བར་དུ་གསལ་ལ། འཁྲོང་གཉན་ལྡེ་རུ་བང་སོར་གསོན་པོར་བཅུག་སྐབས། གུར་གྱི་དབྱིབས་ལྟ་བུ་ཀླུམ་པོ་ཡིན་པ་དང་། དེའི་རྗེས་གནམ་རི་སྲོང་བཙན་

ནས་བང་སོ་གྲུ་བཞི་བརྩིགས་སྲོལ་དར་ཏེ། མངའ་བདག་ཁྲི་རལ་པ་ཅན་གྱི་བར་དང་དེ་ཡང་གྲུ་བཞི་སོག་པོའི་རུས་ལེབ་དང་འདྲ་བར་སྐབ་ཆེ་མགོ་ཆུང་ཞིག་ཡོད། ལྷག་པར་ཆོས་རྒྱལ་སྲོང་བཙན་གྱི་བང་སོ་ནི། སྲོང་བཙན་བང་སོའི་དཀར་ཆག་ནང་། སྲོང་བཙན་བང་སོ་ཆུ་བོའི་མདའ་རུ་ཆགས། །ཆེ་ཆུང་ཚད་ནི་དཔལ་ཆེན་མདའ་རྒྱང་གང་། །སྙིང་གི་ཞེང་ནི་ཉག་གི་རྡོ་རྒྱང་གང་། །ནང་དུ་ལྷ་ཁང་ལྔ་ཡི་བཞུགས་སུ་གསོལ། །བང་སོ་ནང་རྒྱན་ཅན་དུ་གྲགས་པ་ཡིན། །གསང་བའི་མཚན་ནི་ཨུ་རི་སྨུག་པོ་ཞེས། །འཛམ་བུ་གླིང་གི་ནོར་ཕུད་ལན་གསུམ་བསྡུས། །ལྷ་ཀླུ་མི་ཡི་སྐྱེས་འགྲོའི་བདེ་སྐྱིད་བསྐུན། །ཞེས་གསུངས་ཡོད་པ་དང་། ཡང་དེབ་ཐེར་འགར། བང་སོ་འདིར་རེའུ་མིག་དགུ་ཡོད་པའི་དབུས་སུ་བཙན་པོའི་སྐུ་ཕུང་གསེར་གྱིས་བཏུམས་པ་བཞུགས་ཤིང་། ནང་གི་རེའུ་མིག་ཐམས་ཅད་ནོར་གྱིས་བཀང་བ། ཕྱིའི་དབྱིབས་གྲུ་བཞི། ནང་དུ་ལྷ་ཁང་ལྔ། དབུས་སུ་རིང་ཚད་ཁྲུ་ཅི་བརྒྱད་ཙམ་ཡོད་པའི་བྱུ་རུའི་སྡོང་པོ་དང་། རྒྱལ་པོ་དང་རྒྱ་བཟའ། བལ་བཟའ་གསུམ་གྱི་འཛིམ་སྐུ་བཞུགས་ཤིང་། ཟུར་བཞིའི་མཆོད་ཁང་ནང་རིན་པོ་ཆེ་སྣ་ཚོགས་ཀྱིས་བཀང་བའི་བང་མཛོད་དང་། ནང་གི་འོག་བཞིར་རྡོ་གཅལ་བཏིང་བ། ཕྱི་སྐྱ་གྱང་ས་མཐུག་པོ་བསླངས་ཤིང་། ནང་སྐྱ་རྡོ་རྩིག་ཅན། བང་སོའི་སྒོ་མོ་ནུབ་ཕྱོགས་སུ་བསྟན་པ། བང་སོའི་ཕྱི་ར་ས་སྨུག་པོ་དང་། རྡོ་རུག་གིས་བཀབ་ནས་རི་ཆུང་དེའུ་འབུར་ཞིག་དང་འདྲ་བར་གྱུར་པ། དེའི་མཐའ་བསྐོར་དུ་ཞེང་ཚད་གོམ་པ་བརྒྱ་ལྷག་ཙམ་དང་། མཐོ་ཚད་གཞུ་འདོམ་བཅུ་གཉིས། བང་སོའི་རྩེ་མོར་ལྷ་ཁང་ཆུང་ངུ་ཞིག་བཅས་ཡོད་པར་བཤད་དོ། །སྙིགས་མའི་དུས་སུ་ཆུ་བོས་འཛིག་སྟེ། གནམ་སྒོ་ཕྱེ་རྒྱུ་ཡོད་པ་སོགས་བརྗོད་པ་ལྟ་བུ་དང་། ཡང་རྒྱའི་རྒྱལ་རབས་སུ། རི་མཚམས་བང་སོ་རི་ཆུང་ནང་བཞིན་མང་པོ་ཡོད། བང་སོའི་འཁྲིས་སུ་ཁང་པ་ཆུང་དུ་རེ་ཡོད། ཁང་པའི་སྟེང་ལ་སྟག་རིས་དཀར་པོ་བྲིས་ཡོད་ཅེས་ཀྱང་འབྱུང་། བེམ་པོ་འཛོག་སྟངས་ཀྱང་། ཕུང་པོ་གཙང་མར་བཀྲུས་རྗེས་དུར་ས་གཙང་མའི་མཐིལ་དང་། མཐའ་འཁོར་དུ་སོལ་བས་གཏུམས་པའི་དཀྱིལ་དུ་བཞག་སྟེ་མི་རུལ་བ་བྱས་ཐོག བེམ་པོའི་མདུན་དང་མཐའ་འཁོར་དུ་ཟས་གོས་དང་། གཤིན་པོའི་རྒྱུན་སྤྱོད་ཡོ་བྱད་སོགས་བཞག སྟེང་དུ་སས་གཡོགས་པའི་ཐོག ཤིང་སྣ་འདེབས་འཛུགས་བྱེད་པ་སྟེ། ཤིང་སྡོང་འཛུགས་པ་འདི་ད་ལྟ་སྟོན་ཐོན་རྒྱལ་ཁབ་ཨ་རི་སོགས་ན་ཡང་འབྱུང་བས། དེ་ཡང་སྔ་སོར་བོད་ཀྱི་སྲོལ་ཡིན་པར་སེམས། གཞན་ཡང་། རྒྱལ་བློན་བར་དུ་བྲོ་བོར་བའི་རྡོ་དཀར་པོ་ཞིག་བཙུད་ནས། སུ་སྟོན་དུ་གྲོངས་ན་མནའ་བཅད་དེས་གོར་མ་དཀར་པོ་དེ། བང་སོའི་ཟུང་དུ་བཞག་ནས་ཕྱག་བསྟར་ནས་བརྩིགས་སྲོལ་ཡོད་དེ། གནམ་རི་སྲོང་བཙན་དང་དབྱི་ཚབ་ཟུང་གིས་མནའ་རྡོ་དེ། ཕྱིས་དབྱི་ཚབ་ཀྱི་མཆད་པའི་རྫང་རྡོ་བྱས་ཚུལ་དང་། བྲོ་བོར་ཆེ་གོར་མ་ལག་ཏུ་ལེན་སྲོལ་དེ་ཉེ་ཆར་ཁམས་དང་འབྲས་ལྗོངས་ན་ཡོད་ཚུལ《དེབ་དཀར》ལས་གསུངས་སོ། །ཡང《དེབ་དཀར》ལས། གྲོངས་པའི་ཚེ་ཤ་རུས་རྣམས་གསེར་ཕྱེ་དང་མཉམ་དུ་བསྲེས་ནས། ལྷུགས་

སྔོད་དུ་བཅུག་སྟེ་ས་ལ་སྦ་ཞེས་ཀྱང་གསུངས་ལ། 《ཟ་བཞེད》དུ། གསལ་སྣང་གི་བུ་མོ་ཤི་བའི་རོ་ཛའི་ནང་དུ་བཅུག་ནས། མའི་མལ་འོག་ཏུ་སྦས་ཚུལ་སོགས་ཀྱང་འབྱུང་བ་ལྟར། ད་ལྟ་བོད་ཁམས་ཀྱི་ས་ཆ་ཕལ་ཆེ་བ་ནས་ཛ་བུམ་ལས་ཀེང་རུས་མང་དུ་འབྱུང་བས། སྔོན་དུས་སྲོལ་དེ་བོད་དུ་ཆེས་ཆེར་དར་བར་གསལ་ལོ། །གཞན་ཡང《དུང་དཀར་ཚིག་མཛོད》ལས། རྒྱལ་པོ་དང་བཙུན་མོ་བློན་པོ་བཅས་ཀྱི་བང་སོ་བརྩིགས་པའི་ནང་དུ་མི་གསོན་པོ་བང་སོའི་ནང་དུ་འཇུག་པའི་སྲོལ་ནི་བོད་ལ་གདན་ནས་མ་བྱུང་ཞེས་གསུངས་ཀྱང་། དེ་འདྲ་གནའ་རབས་ཀྱི་ལོ་རྒྱུས་ལས་གསལ་བར་སྣང་སྟེ། བོད་རྒྱལ་ཉེར་དགུ་པ་འབྲོང་གཉན་ལྡེ་རུ་ལ་མཛེ་ནད་ཕོག་པས་རྒྱལ་པོ་དང་མཆིམས་བཟའ་ཀླུ་རྒྱལ། བློན་ཆེན་སྐྱགས་ཐང་བ་ཡར་རྗེ་དང་བཅས། ཡར་ལུང་ཁང་མདར་བང་སོར་བཅུག་པ་ལ། ས་ཚྭ་དང་གུར་གྱི་བཟོ་དབྱིབས་འདྲ་བས། གསོན་མཆད་ཀླུམ་པོ་ཟེར་བ་ལོ་རྒྱུས་མང་པོ་ན་ཉི་ཤར་སྤྱར་མོས་མི་ཁེབས་པར་གདའ་ལ། 《ཆོས་འབྱུང་མཁས་པའི་དགའ་སྟོན》དུའང་། རྗེས་འབངས་གསུམ་ནི་གསོན་བཞིན་བང་སོར་གཤེགས། །ཞང་མདའི་བང་སོ་གསོན་མཆད་ཀླུམ་པོར་གྲགས། །ཞེས་དང་། ཐང་ཡིག་ལས་ཀྱང་རྗེ་བློན་རྣམས་མནའ་མཆེད་བསྒྲིགས། མི་ལྔ་དྲུག་ཙམ་གྱིས་ལྷན་ཅིག་དབུ་སྙུང་། སྤྲོ་མནའ་བོར། རྗེ་བོ་བཀྲོངས་ཚེ་དེ་རྣམས་ཀྱང་རང་སྲོག་བཅད་དེ་རྗེ་དང་དུར་ཁུང་གཅིག་ཏུ་སྦ་གསུངས་སོ། །ལྷག་པར་མཉམ་འཆི་མཉམ་གསོན་གྱི་སྤྲོ་བོར་ཚེ་གཅིག་ཤི་ན་ཅིག་ཤོས་ཀྱང་དུར་དུ་སྦ་བའི་ལུགས་མཆིས་ཏེ། 《དེབ་དཀར》ལས། སྐབས་འགར་རྒྱལ་པོ་དང་མི་ཆེན་རྣམས། མཉམ་འཆི་མཉམ་གསོན་བྱེད་པའི་མནའ་འདོར། དེ་འདྲ་བ་རྣམས་རྒྱལ་པོ་གྲོངས་ཚེ་རང་ཉིད་ཀྱང་ཞུགས་ཤིང་དུར་ཁུང་གཅིག་ཏུ་སྦ་བ་ཡིན། བཙན་པོའི་རྟ་དང་། གོ་ཁྲབ་གཅེས་ནོར་རྣམས་ཀྱང་དུར་དུ་འཇུག་ དུར་སྟེང་དུ་རི་དེའུ་འདྲ་བ་ཞིག་བརྩིགས། དེར་ཤིང་སྡོང་འཛུགས་ཤིང་། ལོ་རེ་བཞིན་མཆོད་པ་ཡིན་ནོ། །ཞེས་གསུངས་པ་ལྟར་གསོན་མཆད་འདེབས་པའི་སྲོལ་ག་ཡོད་པར་མ་ཟད། གཤིན་པོའི་ཉེ་འབྲེལ་རྣམས་དུར་སར་འཛོམས་ནས་དྲན་གསོའི་མཆོད་པ་འབུད་སྲོལ་ཡང་བོད་ཀྱི་ལུགས་ལ་ཡོད་པ་སྟེ། 《ཏུན་ཧོང་གཏེར་ཡིག》ལས། མཆོད་པའི་དུས་ནི་གྲུང་ལ་གཤེགས་པ་ཡི། །རྒྱལ་གྱི་ཉི་མར་སྤྱོང་གི་བང་སོར་མཆོད། །ཕྱི་རབས་རྒྱལ་པོ་འདུས་དུས་གང་ཡིན་ལ། །རྒྱལ་བརྒྱུད་རྒྱལ་འབངས་འཁོར་དང་བཅས་པ་ཡི། །མཆོད་པའི་ལོངས་སྤྱོད་སྤྱན་གཟིགས་སྣ་ཚོགས་བཏེགས་ཞེས་དང་། ཡང་དེ་ཉིད་ལས། སང་གི་ཉི་མར་སྤྱོང་གི་བང་སོར་མཆོད། །གཤིན་པོ་ཐམས་ཅད་བྱེས་ཀྱི་ལུང་བར་སོང་། །དེ་སྐད་སྨྲས་ནས་མཆོད་པ་རྒྱས་པར་བྱེད། །ཕུད་དང་ནོར་དང་གོས་ལ་སོགས་པ་དང་། །རྟ་སྤྱུགས་རྐང་འགྲོས་མཆོད་པའི་ཛས་རྣམས་ཀྱིས། །མཆོད་པ་ཚར་ནས་ལྷག་མ་ཤུལ་དུ་སྤྱུངས། །གཤིན་པོ་ཤོག་ལ་དེ་ལས་ཟོ་ཞིག་བསྔོ། །ཕྱི་མིག་མི་ལྟ་རང་གི་གནས་སུ་བྱོན། །ཞེས་གསུངས་ལ། ཆོས་ཀྱི་ལུགས་སུ་དེ་ལྟར་བྱེད་པ་ཤིན་ཏུ་མི་རུང་ཚུལ། མཁས་པ་འགའ་ཞིག་གིས་བཀག་པ་དོན་ལ་གནས་པར་སེམས་

སོ། །བོད་ཀྱི་ལོ་རྒྱུས་ཁག་ན། བེམ་པོ་གསེར་ཕྱེ་སོགས་རིན་ཆེན་བསྲེས་ཏེ་འཇོག་པའམ་དཀོར་ནོར་རྫ་ཆེན་གྱིས་བཀང་སྟེ་འཇོག་སྟངས་ཀྱང་། 《དེབ་དཀར》ལས། བང་སོ་ནང་གི་རེའུ་མིག་དགུའི་དབུས་སུ། བཙན་པོའི་སྐུ་ཕུར་གསེར་གྱིས་བྱུགས་ནས་འཇོག དཀོར་ནོར་གྱིས་བཀང་། ནང་སློན་གང་ཡིན་དེ་དུར་སྲུང་དུ་འཇོག ཁོང་རང་འཁོར་བཅས་གཤིན་པོའི་རྟགས་བཏབ་སྟེ། རྒྱལ་རྒྱུད་གསོན་པ་རྣམས་དང་འཕྲད་མི་ཆོག་པ་ཡིན། བ་ཕྱུགས་སོགས་བང་སོའི་ཉེ་འཁོར་དུ་འཁྱར་ན་ཁོང་རྣམས་ཀྱིས་བཟུང་སྟེ་གཤིན་པོའི་རྟགས་བཏབ་ནས་སླར་བདག་པོ་ལ་མི་སྤྲོད། ལོ་དུས་ཀྱི་མཆོད་པའི་སྐབས་སུ་དུང་བཏང་བ་དང་མཉམ་དུ། ཁོང་རྣམས་ལུང་བ་ཞིག་ཏུ་བྲོས་ནས་ཡིབ་སྟེ་སྡོད། དེ་ནས་བཙན་པོ་འཁོར་བཅས་ཀྱིས་མཆོད་པ་ཕུལ་བའི་རྗེས་སུ་སླར་འཁོར་ནས་མཆོད་པ་རྣམས་བསྡུས་ནས་ལོངས་སྤྱོད་ཚུལ་སོགས་བཤད་དོ། །

༣.ཕུང་པོ་གཟན་བསྐྱུར། ཕུང་པོ་གཟན་བསྐྱུར་ཏེ་བྱ་རྒོད་སོགས་ལ་སྦྱིན་པ་དེར་རླུང་དུར་ཞེས་ཀྱང་བརྗོད་ལ། དེ་ནི་ཕ་དམ་པ་སངས་རྒྱས་བོད་ལ་ཐེངས་ལྔར་ཕེབས་པར་གྲགས་པའི་ཕེབས་ཐེངས་གསུམ་པ་སྟེ། དུས་རབས་བཅུ་གཉིས་པའི་མགོར་ཞི་བྱེད་གཅོད་ཀྱི་གདམས་པ། ཕུང་པོ་གཟན་བསྐྱུར་གཏོང་བའམ་བྱ་རྒོད་སོགས་ལ་སྦྱིན་པ་འདི་བྱུང་། དེ་ཡང་གཅོད་ཀྱི་སྐོར་ལ་ཕོ་གཅོད་དང་མོ་གཅོད་གཉིས་ལས། དང་པོ་ནི་སྒྲ་ར་སེར་པོ་ནས་བརྒྱུད་པ་དང་། གཉིས་པ་ནི་མ་ཅིག་ལབ་སྒྲོན་ནས་བརྒྱུད་པའོ། །མ་ཅིག་ལབ་སྒྲོན་གྱིས་བརྩམས་པའི་ཕུང་པོ་གཟན་བསྐྱུར་གྱི་གཅོད་གཞུང་ཡང་མང་དུ་སྣང་སྟེ། གཅོད་གཞུང་བཀའ་ཚོམ་ཆེན་མོ། ཡང་ཚོམ། ཉིང་ཚོམ། ལེའུ་ལག གནས་ཐེམ། ཁོང་རྒོལ། གཡང་བ་བརྡ་ཆོས་ལ་བརླས་སྐོར་གསུམ། གཞི་ལམ་སློང་བ། ཁྱད་པར་གྱི་སྨན་ངག་བཅས་བཅུ་ཡོད། གཤིན་པོའི་ཕུང་པོ་གཟན་དུ་བསྐྱུར་ཚུལ་ལ། དཀོན་མཆོག་སྤྱི་ཞུའི་མགྲོན་ལ་མཆོད་པའི་ཚུལ་དུ་འབུལ་བ་དང་། མགོན་པོ་ཡོན་ཏན་མགྲོན་ལ་གཏང་རག་གི་ཚུལ་དུ་འབུལ་བ། རིགས་དྲུག་སྙིང་རྗེའི་མགྲོན་ལ་སྦྱིན་པའི་ཚུལ་དུ་གཏོང་བ། གདོན་བགེགས་ལན་ཆགས་ཀྱི་མགྲོན་ལ་བུ་ལོན་གྱི་ཚུལ་དུ་གཏོང་བ་བཅས་དམིགས་རྣམ་བསྐྱངས་ཏེ། དངོས་སུ་བྱ་རྒོད་ལ་སྦྱིན་པ་ཡིན་ཞིང་། གཤིན་པོ་དུར་ཁྲོད་དུ་བསྐྱལ་ནས་བྱ་གཏོར་བྱེད་མཁན་རྣལ་འབྱོར་རྟོགས་ལྡན་པ་ཡིན་ན་རབ་དང་། མིན་ཀྱང་སྦྱིན་པ་ཙམ་གྱི་ཕན་ཡོན་ཡོད་དོ། །ཕུང་པོ་གཟན་བསྐྱུར་བྱ་སྟངས་འདི། མི་རྟག་པར་སྐྱལ་འདེབས་པའི་ཡང་མཆོག་སྟེ། བཀའ་གདམས་གོང་མ་ཚོས། གསང་སྤྱོད་ཁང་སོགས་སུ། བེམ་པོ་ཤ་ཁྲི་དང་བྱ་རྒོད་སོགས་ཀྱིས་བཟའ་བ་འབྲི་སྲོལ་ཡང་ཡོད་དོ། །ཕུང་པོ་གཟན་ལ་བསྐྱུར་བ་འདིའི་དམིགས་ཡུལ་དང་དགོས་པ་ནི། བྱ་རྒོད་ཀྱིས་ཕུང་པོ་ཟོས་རྗེས་ཉིན་ཞག་བདུན་ལ་དགུང་བསྐོད་ནས་འདུག་པར་གྲགས་པས། གཤིན་པོ་དེའི་རྣམ་ཤེས་མཐོ་རིས་སུ་སྐྱེ་བའི་རྟེན་འབྲེལ་དང་། བེམ་པོ་ཟོས་པའི་བྱ་བྲུན་རི་མཐོ་ས་གཙང་དུ་འདོར་བས་གཙང་བའི་ཁྱད་ཆོས

ལྡན་པ་དང་། བྱ་རྒོད་ཐ་མར་འཆི་ཚེ་ཡང་བྱ་རོ་ཏླུང་གི་སྤུ་གྲིས་འཐག་སྟེ་ས་ལ་མི་ལྷུང་བ་སོགས་ཡིན།

༤.གདུང་རྟེན་བཞེངས་པ། སྐུ་གདུང་མཆོད་རྟེན་གྱི་ཁུངས་ནི་སྟོན་གྱི་ཚེ་མི་རྣམས་ཀྱི་ཚེ་ལོ་བཞི་ཁྲིར་སྤྱོད་པའི་ཚེ་སྟོན་པ་འཁོར་བ་འཇིག་མྱ་ངན་ལས་འདས་ནས། རྒྱལ་པོ་མཛེས་པས་སྐུ་གདུང་ལ་མཆོད་རྟེན་བརྩིགས་ཏེ། བཀུར་སྟི་བགྱིས་པ་མདོ་སྡེ་ལས་བརྒྱའི་བམ་པོ་ཉེར་བརྒྱད་པ་ལས་གསུངས་པ་དང་། ཡང་མྱང་འདས་ཀྱི་བམ་པོ་བཞི་བཅུ་རྩ་གཉིས་པ་ལས་ཀུན་དགའ་བོ་མྱ་ངན་ལས་འདས་ནས་བསྲེགས་ཏེ་འཁོར་རྣམ་བཞིས་རིང་བསྲེལ་བསྡུས་ནས་རིན་པོ་ཆེ་སྣ་བདུན་གྱི་བུམ་པར་བཅུག་ལ་རྩྭ་མཆོག་གི་གྲོང་ཁྱེར་གྱི་ནང་ལམ་བཞི་མདོ་རིན་པོ་ཆེ་སྣ་བདུན་གྱི་བུམ་པར་བཅུག་ལ་ཞེས་པ་ནས་འཁོར་རྣམ་བཞིས་མཆོད་པར་བྱའོ། །ཞེས་གསུངས་པ་དེ་ཡིན་ལ། རང་ཅག་བོད་ལ་མཚོན་ན་ཡང་། རྒྱལ་སྲས་སེམས་དཔའ་འམ་རྟོགས་ལྡན་པ་ཚོའི་སྐུ་གདུང་། མིས་སྦྱངས་པའི་གདུང་རུས་དང་། ཐལ་བ་ལ་རུས་ཚག་བྱས་ཏེ། ས་ཚྭ་གདབ་པའམ། རིང་བསྲེལ་དང་སྐུ་རུས་ནང་གཞུག་བྱས་ནས་མཆོད་རྟེན་བཞེངས་སྲོལ་ཡོད་དེ། རྒྱལ་བ་པཎ་ཆེན་རྣམ་གཉིས་དང་། གྲུབ་མཐའ་སོ་སོའི་སྐྱེས་ཆེན་དག་གི་སྐུ་གདུང་མཆོད་རྟེན་མང་དུ་བཞུགས་པ་དེའོ། །

༥.དམར་གདུང་འཇོག་པ། སྐྱེས་ཆེན་དམ་པ་ནུས་ལྡན་རྣམས་དགོངས་པ་རྫོགས་རྗེས། ཕྱིས་འབྱུང་གི་དགོས་པ་མང་པོའི་དོན་དུ། སྐུ་གདུང་མ་ཉམས་པར་འཇོག་པར་བཤད་དེ། དཔེར་ན། གཞོན་ནུ་ནུས་ལྡན་གྱིས། སློབ་དཔོན་ཀླུ་སྒྲུབ་ཀྱི་དབུ་རྩ་ཀུ་ཤས་བཅད་པའི་ཚེ། སྐུ་ཁྲག་འོ་མའི་རང་བཞིན་དུ་བྱུང་ཞིང་། དབུ་དེའི་ཞལ་ལས། ང་ནི་བདེ་བ་ཅན་གྱི་འཇིག་རྟེན་དུ། །ཕྱིན་ནས་ལུས་འདི་ལ་ཡང་འཇུག་པར་འགྱུར། །ཞེས་པ་ལྟར། ཕྱིས་སུ་དབུ་དང་ལུས་འབྱར་ནས། བསྟན་འགྲོར་ཕན་པ་རྒྱ་ཆེར་སྒྲུབ་པར་གྲགས་པ་དང་། བོད་དུ་ཡང་། རྗེ་ཙོང་ཁ་པ་ས་དགེ་བཀའ་རྙིང་སོགས་སྐྱེས་ཆེན་དམ་པ་སུམ་ཅུ་ལྷག་དམར་གདུང་དུ་ཡོད་པ་དང་། རིག་གསར་སྐབས་གཏོར་གཤིག་ཐོག་ནས། ད་ལྟ་ལྷག་མར་གྱུར་པ་བརྒྱད་ཙམ་ཡོད། «དུང་དཀར་ཚིག་མཛོད»ལས་གསུངས་པ་དང་། དེ་ཡང་དམར་གདུང་བྱེད་སྟངས་ནི། སྐུ་གདུང་ནང་གི་མི་གཙང་བ་རྣམས་སྨན་སྦྱོར་ལ་བརྟེན་ནས་ཕྱ་ཕྱུ་བཤལ་ཏེ། སྐམ་ཐག་མ་ཆོད་ཀྱི་བར་དུ་ཚྭ་ཡི་ནང་དུ་བཞག དེ་ནས་སྨན་སྦྱོར་བསྲེས་པའི་འཇིམ་པས། ཞལ་རས་ལེགས་པར་གསོས་ཏེ་འདྲ་སྐུ་བཞེངས། ཤིང་ཅན་དན་སོགས་ཤིང་སྣ་རྩ་ཆེན་གྱིས་བཟོས་པའི་སྒྲོམ་རིམ་པ་གསུམ་ཡོད་པ། རིམ་པ་རེའི་སྟོང་ཆ་ཡོད་པའི་ནང་མར་དམར་གདུང་འཇོག་ཅིང་། སྒྲོམ་བར་ཕྱི་གཉིས་ལ་དྲི་བཟང་གི་ཤིང་བསྲེགས་པའི་སོལ་ཕྱེ་དང་སོལ་བས་བཀང་། ཁ་ཁེབས་ལེགས་པར་བཀབ་སྟེ་སྦྲ་ཚིལ་གྱིས་དམ་པོར་བསྡམས་ནས། འབུ་སྐྱོན་དང་རུལ་བསུང་མི་འབྱུང་བའི་སྔོན་འགོག་བྱ་ཐབས་མཐོང་བརྒྱུད་ཕྱུག་ལེན་མང་པོ་ཡོད་དོ། །

༦.ཕུང་པོ་ཆུ་ལ་བསྐྱུར་བ། ཕུང་པོ་ཆུ་བསྐྱུར་ལ་ཆུ་དུར་ཞེས་ཀྱང་བརྗོད་ལ། འདི་ནི་བར་གྱི་ལྡེ་བརྒྱད་

ནས་དར་བ་སྟེ། བོད་ཀྱི་ལོ་རྒྱུས་སྔ་མ་རྣམས་སུ། དེ་རྣམས་ཀྱི་བང་སོ་ཆུ་བོའི་གཞུང་ལ་བཏབ་པར་གསུངས་ལ། ད་ལྟ་ཡང་རྨ་ཆུ་སོགས་ཆུ་ཀླུང་ཆེན་པོར་ཕུང་པོ་འདོར་བ་སྟེ། དེ་ནི་ཉ་སྲམ་སོགས་ཆུར་གནས་སྲོག་ཆགས་ལ་བེམ་པོ་སྦྱིན་པར་གཏོང་བའོ། །

གསུམ་པ། གཤིན་ཆོས་སྒྲུབ་ལུགས།

རྣམ་ཤེས་ཕུང་པོ་ལས་འཕོས་མ་ཐག བེམ་པོའི་སྔས་མགོ་ལ་ལམ་སྟགས་གཉིས་དང་། མར་མེ་འཛུག་པ་ཡིན། དེ་ནས་རང་རང་གང་ལ་དད་འདུན་ཆེ་བའི་རྫོགས་ལྡན་པ་དང་ཨ་མཆོད་ཞུས་ཏེ། རྫོགས་ལྡན་པས་འཕོ་བ་དང་། ཨ་མཆོད་ཀྱིས་ཐར་མདོ་དང་སྨོན་ལམ་གསུངས་པ་ཡིན། དེ་ཡང་འཕོ་བ་གསུངས་པ་ནི། ཚེ་འདས་ཀྱི་རྣམ་ཤེས་ལ་གསལ་བཏབ་ནས། འཕོ་བའི་དམིགས་རིམ་སྒོམ་དུ་བཅུག་ནས། མན་ངག་ཁྱད་པར་ཅན་འདི་ལ་བརྟེན་ཏེ། འོད་དཔག་མེད་ཀྱི་ཞིང་ཁམས་ལ་འཕོ་བར་བྱེད་པ་དང་། ཐར་མདོ་གསུངས་པ་ནི། ཀུན་སློང་རྣམ་དག་གིས་ཐར་མདོ་འདི་བཏོན་ན། སྡིག་པ་སྟོབས་པོ་ཆེ་ཡང་ལྷག་མེད་དུ་འདག་སྟེ། མདོ་དེ་ལས། དེ་བཞིན་མཐོང་མཚན་བྱེད་ཐོས་ན། །རྩ་བ་བཞི་དང་མཚམས་མེད་ལྔ། །ལོག་སྤྱོད་བར་དུ་སྡིག་བྱང་སྟེ། །སངས་རྒྱས་འགྲུབ་པར་གདོན་མི་ཟ། །ཞེས་གསུངས་སོ། །གཞན་ཡང་དགུང་ཞག་ནང་། དགེ་སློང་བཞིའམ་བདུན་གང་རུང་ཞུས་ཏེ། ངན་སོང་སྦྱོང་རྒྱུད་ཀུན་རིག་གི་ཆོ་ག་འདོན་པ་ཡིན། དེ་ནི་སྟོན་སྟོན་པའི་སྐུ་དུས་སུ་ལྷ་ཞིག་ཚེ་འཕོས་ནས། ཕག་ཏུ་སྐྱེས་པ་ལ། བརྒྱ་བྱིན་གྱིས་སྟོན་པར་ཞུས་ནས། ཆེད་དུ་ངན་སོང་སྦྱོང་རྒྱུད་ཀུན་རིག་འདི་གསུངས་པ་ཡིན་པས། ངན་སོང་ལས་ཐར་བ་ལ་བྱིན་རླབས་ཀྱི་ཚན་ཁ་གཞན་ལས་ཆེ་བ་ཡིན། བདུན་ཚིགས་སྒྲུབ་པ་འདི་ཡང་ཁྲི་སྲོང་ལྡེ་བཙན་གྱི་དུས་ནས་དར་བར་སེམས་ཏེ། ཀྱིམ་ཤིང་ཀོང་ཇོ་བོད་དུ་ཕེབས་དུས་རྒྱ་བཟའི་ཞལ་ལས། ཁྱེད་བོད་ཀྱི་བློན་པོ་ཤི་ཚད་ལ་ཟས་སྐལ་མེད་པས། ངེད་རྒྱ་ནག་ལ་ཆོས་དར་བས་མི་ཤི་ཚད་ལ་བདུན་ཚིགས་ཡོད། བོད་ལ་ཆོས་མ་དར་བས་བློན་པོ་སྙིང་རེ་རྗེ་ཞེས《བ་བཞེད》ལས་གསུངས་ལ། ཡང་དེ་ཉིད་ལས། བ་གསལ་སྣང་གི་བུ་མིང་སྲིང་གཉིས་གྲུམ་པའི་ཚེ། ཧྭ་ཤང་རྒད་པོ་ཞིག་བཀུགས་ནས། ར་མོ་ཆེ་ནས་མིང་སྲིང་གཉིས་ཀྱི་བདུན་ཚིགས་བསྒྲུབས་པར་གསུངས་ཡོད་པས་སོ། །གཞན་ཡང་ཁྲུས་ཆོག་བསྐུར་བ་སྟེ། དེ་ལ་དགོས་པ་གཉིས་ཡོད། གསོན་དུས་མིའི་ལུས་དང་སྲོག་ལ་གནོད་པར་བྱེད། ཤི་དུས་ཚེ་ལས་འདས་པའི་མཐོ་རིས་དང་ཐར་པ་ལ་བར་དུ་གཅོད་ཅིང་། ཚེ་ལས་འདས་པ་དེ་ཉིད་ཀྱི་ཆ་བྱད་བཟུང་ནས། འཇིག་རྟེན་པ་རྣམས་བསླུ་བའི་འབྱུང་པོ་མི་མ་ཡིན་པ་དག་དགར་བའི་ཆེད་དུ། ཚེ་ལས་འདས་པ་དེ་ཉིད་ཀྱི་སྡིག་སྒྲིབ་ཐམས་ཅད་སྦྱངས་པ་དྲུག་གི་སྒོ་ནས་སྦྱངས་ཏེ་བདེ་འགྲོའི་ལམ་བཟང་སྟེག་པའི་ཆེད་དུ་ཡིན།

བཞི་པ། གཤིན་པོར་ཕན་བྱེད་ཀྱི་དགེ་རྩ་གསུམ།

བར་དོ་བ་དེ་ལས་ཀྱི་རླུང་གིས་བདས་ནས། གར་སྐྱེས་དང་བདེ་སྡུག་གི་གནམ་ག་བྲལ་བ་ལ། ཤུལ་ན་མཆིས་པའི་ཉེ་འབྲེལ་རྣམས་དགེ་བ་སྒྲུབ་ཅིང་། དགེ་རྩ་བསྔོས་ན་ཕན་ཆེ་སྟེ། དཔེར་ན། ཆུས་འཁྱེར་བ་སྐམ་ས་ན་ཡོད་པའི་མིས་བཏོན་པ་ལྟ་བུ་ཡིན། ཇོ་བོའི་ཞལ་ལས། མི་ཤི་བ་དེའི་མིང་མ་སྟོར་གྱི་བར་དུ་དགེ་བ་བྱས་ཤིང་བསྔོས་ན་ཕན་གསུངས། དེ་ཡང་སུ་ཐོད་ཐོད་ཀྱིས་དགེ་རྩ་བསྒྲུབས་ཤིང་བསྔོས་ན་མི་ཕན་སྟེ། རིགས་རྒྱུད་དང་ལོངས་སྤྱོད་གཅིག་པ། ཆོས་ཀྱི་འབྲེལ་བ་གསུམ་མོ། །དེ་ལྟར་འབྲེལ་བ་གསུམ་དང་ལྡན་ན། ཆུ་ཆེན་ལ་བརྒལ་བའི་ཚེ་སྦྲེལ་རག་ཡོད་པ་དང་འདྲ་སྟེ། གཅིག་ཆུར་ནུབ་ཀྱང་གཅིག་གིས་འཇོངས་ལ། སྦྲེལ་ཐག་མེད་ན་འཇོངས་མི་ཐུབ་པ་ཡིན།

༡. རིགས་རྒྱུད་དང་འབྲེལ་བའི་དགེ་རྩ་བྱས་ཤིང་བསྔོས་ན་ཕན་པ་ནི། ཇོ་བོའི་ཞལ་ལས། ད་ལྟའི་སྟོང་གི་རྒྱངས་ལ་སོགས་དོན་དུ། ད་ལྟའི་སྟོང་སྟོན་གྱི་མི་འདི་རྣམས་ཀྱིས་དགེ་བ་བྱས་ཤིང་བསྔོས་ན་ཕན་པར་གསུངས་པ་དང་། བཅོམ་ལྡན་འདས་ལ་ཡངས་པ་ཅན་གྱི་མི་རྣམས་ཀྱིས་ཆོས་སྟོན་འདྲེན་སྐབས། ཡངས་པ་ཅན་པའི་ཕ་མེས་མང་པོ་ཡི་དྭགས་སུ་སྐྱེས་པ་རྣམས་ཀྱིས། བཅོམ་ལྡན་འདས་ལ་དགེ་རྩ་དེ་བདག་ཅག་ལ་བསྔོ་བར་ཞུས་པས། དེར་བསྔོས་པས་ཡི་དྭགས་རྣམས་སྐྱེ་བ་འཕོས་ནས་ལྷར་སྐྱེས་པ་ལྟར་རོ། །

༢. ཡོ་བྱད་དམ་ལོངས་སྤྱོད་འབྲེལ་བའི་ཕན་ཐོགས་ཚུལ་ནི། འཁྲོམ་སྟོན་གྱི་ཞལ་ལས། རྣ་སྙིང་གི་དགེ་བསྙེན་ཀུན་ལ། ཡི་ཁྱིད་རང་ཀུན་ཡོ་བྱད་བསྡེ་དང་། གཅིག་ཤི་ཙ་ན་གཅིག་གིས་དགེ་བ་བྱས་ནས་བསྔོས་ན་ཕན་གྱིས། དེ་ཙུག་མེད་ན་བྱེད་མཁན་སོ་སོའི་དགེ་བར་འགྱུར་གསུངས་སོ། །

༣. ཆོས་ཀྱི་འབྲེལ་བའི་ཕན་ཐོགས་ཚུལ་ནི། འཕགས་པ་རྣ་བ་བྱེ་བ་རིས། ཉེ་ཚེ་བའི་སེམས་ཅན་དམྱལ་བའི་གནས་སུ་ཕྱིན་སྐབས། སྐྱེ་བ་སྔོན་འཕགས་པ་ཀཱ་ཏྱ་ཡ་ན་ཆོས་འབྲེལ་མཆིས་པའི་ཉེ་ཚེ་བའི་དམྱལ་བ་སྐོར་ཞིག་གིས། རྣ་བ་བྱེ་བ་རིར་འཕྲིན་བསྐྱེས་ཏེ། འཕགས་པ་ཀཱ་ཏྱ་ཡ་ནར་ཡོ་བྱད་ཀྱི་འབྲེལ་བཞག་ནས། དགེ་རྩ་བསྔོར་བཙུག་པས། དམྱལ་བ་ལས་ཐར་བའི་ལོ་རྒྱུས་ཡོད་པ་དང་། དགེ་སློབ་ཀྱིས་དགེ་རྩ་བསྔོས་རེས་བྱས་ན་ཡང་འགྲུབ། དེ་ལྟར་འབྲེལ་བ་གསུམ་གང་རུང་མི་ལྡན་པར་དགེ་རྩ་བསྔོས་ན། བྱེད་མཁན་གྱི་དགེ་བར་འགྱུར་རོ། །ཅིའི་ཕྱིར་ན་སངས་རྒྱས་ཀྱི་ཐུགས་རྗེ་ལ་ཕྱོགས་སུ་མ་ལྷུང་ཡང་། སེམས་ཅན་ཁ་ཅིག་ནི་ཐུལ། ཁ་ཅིག་ནི་མི་ཐུལ་བ་ཡང་། སྔོན་གྱི་ལས་འབྲེལ་མེད་པའི་རྐྱེན་ཡིན། ཡང་སངས་རྒྱས་ཀྱིས་མ་ཐུལ་བ་འཁོར་གྱིས་ཐུལ་བ་ཡང་། སྔོན་གྱི་ལས་འབྲེལ་གྱི་སྟོབས་ཡིན་ནོ། །

《མང་ཚོགས་སྒྱུ་རྩལ།》 ༢༠༡༠ལོའི་དེབ་གཉིས་པ་ལས་བཏུས།

༄༅། །བོད་མིའི་འདས་མཆོད“བདུན་ཚིགས”ཀྱི་ཉིན་ཞག་བདུན་གྱི་སྐོར་ལ་དཔྱད་པ།

བྱ་ཡུལ་བ་ལྷག་པ་ཕུན་ཚོགས།

གླེང་གཞི།

སྐྱེས་པའི་མཐའ་མ་འཆི་བ་ནི་འཇིག་རྟེན་གྱི་ཆོས་ཉིད་ཡིན། གང་དུ་གནས་ཀྱང་འཆི་བས་མི་ཚུགས་པའི་ས་ཕྱོགས་དེ་ནི་ཡོད་པ་མ་ཡིན། དེའང་འཇིག་རྟེན་ཁམས་འདིར་ཆོས་ལུགས་གྲུབ་མཐའ་རིགས་མི་འདྲ་བ་དང་། མི་རིགས་མི་འདྲ་བ་སོ་སོས་འདས་མཆོད་བྱེད་ཚུལ་རིགས་མི་འདྲ་བ་རེ་གཏོང་སྲོལ་ཡོད་པ་ཀུན་གྱི་མཐོང་ཆོས་ཡིན།

དེ་ཡང་ད་ལྟའི་དུས་ཀྱི་བོད་མིའི་འདས་མཆོད་ཀྱི་ནང་དོན་མདོར་བསྡུས་ཙམ་བཤད་ན། བོད་མིའི་འདས་མཆོད་སྐོར་ངོ་སྤྲོད་བྱས་པའི་སྔ་དེང་གི་བརྩམས་ཆོས་གང་འདྲ་ཞིག་ལ་བལྟས་ཀྱང་ཚང་མས་བརྗོད་བྱའི་ནང་དོན་གཙོ་བོ་ནི་ནད་པ་འཆི་ཁར་བྱེད་དགོས་རིམ་གྱི་སྐོར་དང་། ནད་པ་འཆི་ཟིན་འཕྲལ་གྱི་བྱེད་སྒོའི་སྐོར། འཕོ་བ་ཞུ་སྟངས་སྐོར། མགྱོགས་བསྔོ་འབུལ་སྟངས་སྐོར། རྒྱུན་པའི་སྐོར། རྩིས་བཤར་རྒྱའི་སྐོར། ཕུང་པོའི་སྲིལ་བྱང་སྐོར། བསྔོ་རྟེན་འབུལ་སྟངས་སྐོར། “བདུན་ཚིགས”སྐོར། ལོ་མཆོད་སྐོར་བཅས་ངོ་སྤྲོད་བྱས་པ་མང་བ་ཡིན། གཤམ་དུ་ཁོ་བོས་དཔྱད་བརྗོད་བྱ་རྒྱུའི་གནད་དོན་གཙོ་བོ་ནི“བདུན་ཚིགས”ཀྱི་ཚོ་གའི་ནང་དོན་དང་བྱེད་ནུས་སོགས་མིན་པར་འདིར་དཔྱད་གླེང་བྱ་རྒྱུ་ནི་གཙོ་བོ་བོད་མི་ཚོས་འདས་པོ་དེ་ཉིད་ཚེ་མ་ཟིན་པའི་ཉིན་མོ་ནས་བརྩིས་པའི་ཉིན་བདུན་འཁོར་བའི་དུས་སམ་ཞག་བདུན་རེ་ལ་དགེ་རྩ་རེ་སྒྲུབ་པའི་དུས་ཚིགས་ཀྱི་ཉིན་གྲངས་བདུན་དུ་གྲངས་ངེས་དགོས་པའི་རྒྱུ་མཚན་སྐོར་ལ་ཞིབ་འཇུག་བྱ་རྒྱུ་དེ་ཡིན། དེ་ལྟར་ཞིབ་འཇུག་བྱ་དགོས་པ་དང་དེའི་སྐོར་ལ་དཔྱད་རྩོམ་འདི་སྤེལ་དགོས་པའི་རྒྱུ་མཚན་ནི། རང་ཉིད་ལ་དེ་སྔ་སློབ་ཆེན་སློབ་ཕྲུག་མི་ཉུང་བ་ཞིག་གིས་དྲི་བ་བཏོན་པར། “བོད་མི་ཚོས་མི་ཤི་ནས་ཞག་གཉིས་སམ། གསུམ། བཞི། ལྔ། དྲུག་གམ། ཡང་ན་ཞག་བརྒྱད་དང་། ཞག་བཅུ། ཞག་བཅོ་ལྔ། ཞག་ཉི་ཤུ་རྩ་ལྔ་ལྟ་བུའི་ཉིན་ཞག་ལེགས་པར་དགེ་རྩ་རེ་མི་བསྒྲུབ་པར་ངེས་པར་དུ་ཞག་བདུན་རེ་ལ་དགེ་རྩ་རེ་སྒྲུབ་པའི་དུས་ཚིགས་ཀྱི་ཉིན་གྲངས་བདུན་དུ་གྲངས་ངེས་དགོས་པའི་

རྒྱུ་མཚན་གང་ཡིན"ཞེས་དྲི་བ་བཏོན། དེ་སོ་སོར་གནད་ལ་འཁེལ་བའི་ལན་ཡག་པོ་ཞིག་རྒྱག་ཐུབ་མ་ཐུབ། རང་ཉིད་ཀྱིས་རྗེས་སུ་སློབ་ཆེན་ནང་བོད་མིའི་དམངས་སྲོལ་སློབ་ཁྲིད་བྱེད་མཁན་དགེ་རྒན་ཁག་གཅིག་ལ་བཀའ་འདྲི་ཞུས་པ་ཡིན། འོན་ཀྱང་། ཁོ་པ་ཚོས་ཀྱང་གྲ་རྒྱས་པའི་དྲིས་ལན་ཡག་པོ་གསུངས་ཐུབ་ཀྱི་མི་འདུག དེར་བརྟེན་རང་ཉིད་ཀྱིས་བོད་མིའི་འདས་མཆོད་ནང་རྟག་ཏུ་སྤྱད་དང་སྤྱོད་བཞིན་པའི་དམངས་སྲོལ་འདིའི་སྐོར་ལ་བསམ་གཞིགས་ཀྱི་དྲི་བ"བདུན་ཚིགས"གཏོང་བའི་གོམས་སྲོལ་འདི་བོད་རིགས་རང་ཉིད་ལ་ཐུར་ནས་ཡོད་པའི་གོམས་སྲོལ་ཡིན་ནམ་ཡང་ན་ཡུལ་ཕྱོགས་གཞན་ཞིག་ནས་དར་ཡོང་བའི་དམངས་སྲོལ་ཞིག་ཡིན། ཞག་བདུན་རེ་ལ་དགེ་རྩ་རེ་སྒྲུབ་པའི་དུས་ཚིགས་ཀྱི་ཉིན་གྲངས་བདུན་དུ་གྲངས་ངེས་དགོས་པའི་རྒྱུ་མཚན་གང་ཡིན་ལྟ་བུའི་འདྲི་གཞི་འཁྲིར་ནས་ཕྱོགས་འདི་ལ་ཞིབ་འཇུག་བྱེད་པའི་ལམ་བུར་བསྐྱོད་པ་ཡིན། ད་ལྟ་རང་ཉིད་ལ་འདིའི་སྐོར་གྱི་ཤེས་བྱ་ཕྲན་བུ་ཤེས་རྟོགས་བྱུང་། འདིར་རང་ཉིད་ཀྱིས་གང་ནུས་བཙལ་འཚོལ་ཐུབ་པའི་དཔྱད་གཞི་དང་ཤེས་རྟོགས་བྱུང་བའི་གྲུབ་འབྲས་རྣམས་ཤོག་བུའི་ཐོག་བཀོད་ནས་དཔྱད་རྩོམ་འདི་སྤེལ་རྒྱུ་ཡིན། དམིགས་པ་ནི་རང་དང་རང་འདྲ་བས་འདིའི་སྐོར་ལ་དེ་ཙམ་ཏ་མ་གོ་བའི་རྒྱ་ཆེའི་ཀློག་པ་པོ་རྣམས་ལ་ཕན་པ་ཅུང་ཟད་ཡོད་བར་སྨོན་ནས་རྩོམ་འདི་སྤེལ་བ་ལགས། གལ་ཏེ་འདིར་ཡང་མ་དག་པའི་ནོར་བ་དང་འཁྲུལ་བ་འདུག་ན་འདིའི་སྐོར་ལ་མཁྱེན་པ་ཆེ་བའི་མཁྱེན་ལྡན་པ་རྣམས་ཀྱིས་ནོར་འཁྲུལ་ཡོ་བསྲང་བྱེད་པའི་བཀའ་སློབ་གང་མང་ཡོད་པའི་རེ་བ་སྙིང་དབུས་སུ་འཆང་བཞིན་ཡོད།

དང་པོ། "བདུན་ཚིགས"ཞེས་པའི་གོ་དོན།

"བདུན་ཚིགས"ཞེས་པའི་གོ་དོན་གང་ཡིན་ནམ་ཞེ་ན། 《བོད་ཀྱི་དམངས་སྲོལ་གཅེས་བསྡུས》ལས། "འདས་པོ་དེ་ཉིད་ཚེ་མ་ཟིན་པའི་ཉིན་མོ་ནས་བརྩིས་པའི་ཉིན་བདུན་འཁོར་བ་དཔེར་ན། འདས་ཚེས་གཟའ་ལྷག་པ་ལྟ་བུར་ཆ་བཞག འདས་པོའི་དུས་ཚོད་ཉིན་དགུང་སྔོན་ལ་ཡིན་ན་བདུན་ཚིགས་དང་པོ་གཟའ་འཁོར་རྗེས་མའི་གཟའ་མིག་དམར་དང་། ཉིན་དགུང་རྒྱབ་ལ་ཡིན་ན་གཟའ་འཁོར་རྗེས་མའི་གཟའ་ལྷག་པ་རྗེས་མ་དེར་འཁེལ་བས་དེ་ཉིན་རྗེས་སྟོད་ཀྱིས་ཁྱིམ་དུ་འདས་པོའི་ཚེས་ལུགས་ཏེ་ས་དགེ་བཀའ་རྙིང་གང་ཡིན་རུང་དེ་དག་རང་རང་ལུགས་ཀྱིས་དགེ་འདུན་གདན་དྲངས་ཏེ་མཆོད་གཏོར་དང་མར་མེ་གང་མང་བཤམ་བསྒྲིགས་ཀྱིས་གསང་སྔགས་ཀྱི་ཚོ་ག་གང་རུང་གི་སྒོ་ནས་འདས་དགེར་དམིགས་ཏེ་ཡི་དམ་ལྷའི་བདག་འཇུག་དང་འབྲེལ་བའི་སྨྲུང་ཚིག་གནད་སྨིན་མཛད་དགོས།"[1]ཞེས་ངོ་སྤྲོད་བྱས་འདུག འདི་ནས་གསལ་བར"བདུན་ཚིགས"ཞེས་པ་ནི་བོད་མི་ཚོས་མི་ཆེ་གེ་མོ་ཚེ་མ་ཟིན་ནས་འདས་པའི་རྗེས་སུ་དེའི་ཕ་མ་ཉེ་འབྲེལ་དང་། སློབ་དཔོན་སློབ་མ་བཅས་ཀྱིས་ཞག་བདུན་ཕྲག་བདུན་ཏེ་ཞག་ཞེ་

དགུའི་བར་དུ་དགེ་སྒྲུབ་མཆོད་འབུལ་བྱེད་པའི་འདས་མཆོད་བྱེད་ཚུལ་ཞིག་ཡིན། སྐབས་བདེར་བཤད་ན། “བདུན་ཚིགས”ནི་མི་ཤི་ནས་ཞག་བདུན་རེ་ལ་དགེ་རྩ་རེ་སྒྲུབ་པའི་ཉིན་བདུན་ཚན་གྱི་དུས་ཚིགས་ལ་ཟེར་གྱི་འདུག “བདུན་ཚིགས”གཏོང་བའི་གོམས་སྲོལ་འདི་ནི་དེང་དུས་ཀྱི་བོད་མི་སྤྱིའི་འདས་མཆོད་གཏོང་སྲོལ་ཞིག་རེད་འདུག དེར་གྲོང་ཁྱེར་དང་གྲོང་གསེབ་ཟེར་བའི་ཡུལ་གྱི་ཁྱད་པར་མེད་ལ། ཞིང་པ་དང་འབྲོག་པ་ཟེར་བའི་ལས་རིགས་ཀྱི་ཁྱད་པར་ཡང་མི་འདུག བོད་མི་ཚོས་རང་གི་ཕ་མ་སྤུན་མཆེད་དང་། གྲོགས་དགའ་ཉེ་གང་འདྲ་ཞིག་ཚེ་ལས་འདས་སྐབས་གཉེན་པོ་དེར“བདུན་ཚིགས”བསྐྱངས་ཀྱི་ཡོད། ཁྱོན་བདུན་བདུན་ཞེ་དགུ་ཞེས་ཉིན་གྲངས་ནས་བཤད་ན་ཉིན་ཞག་བཞི་བཅུ་ཞེ་དགུ་དང་། ཉིན་བདུན་ཚན་ནས་དབྱེ་ན་བདུན་བདུན་གྱི་འདས་མཆོད“བདུན་ཚིགས”གཏོང་གི་ཡོད། དེ་ཡང་འདིར་གསལ་བཤད་བྱེད་དགོས་པར་ཉིན་ཞག་བདུན་ཚན་སོ་སོའི་གལ་ཆེ་ཚུང་སྐོར་ལ་འདས་མཆོད་གཏོང་ཚུལ་ཙུང་ཟད་མི་འདྲ་བའི་ཁྱད་པར་འདུག དཔེར་ན། དབུས་ལྷ་ས་ཁུལ་གྱི་གོམས་སྲོལ་བཤད་ན། དེང་དུས་ལྷ་ས་གྲོང་ཁྱེར་གྱི་གྲོང་མི་ཚོས“བདུན་ཚིགས”དང་པོ་དང་། བཞི་པ། བདུན་པ་བཅས་ལ་དགའ་ཉེ་སྤུན་མཆེད་རྣམས་མཉམ་འཛོམ་བྱས་ནས་གྲྭ་རྒྱས་པའི་སྒོ་ནས་ཡར་དཀོན་མཆོག་ལ་ཕྱག་མཆོད་འབུལ་བ་དང་། སྦྱངས་ཞུ་འབུལ་བ། བར་དགེ་འདུན་རྣམས་ལ་བསྙེན་བཀུར་ཞུ་བ། མར་ངན་སློང་ལ་སྦྱིན་པ་གཏོང་བ་སོགས་ཀྱི་དགེ་རྩ་རྒྱ་ཆེ་ཙམ་སྒྲུབ་པའི་གཉེན་པོའི་འདས་མཆོད་ཀྱི“བདུན་ཚིགས”གཏོང་གི་ཡོད། “བདུན་ཚིགས”དང་པོ་དང་། བཞི་པ། བདུན་པ་བཅས་མིན་པའི“བདུན་ཚིགས”གཞན་རྣམས་ལ་དགའ་ཉེ་སྤུན་མཆེད་རྣམས་མཉམ་འཛོམ་བྱས་ཏེ་གྲྭ་རྒྱས་པའི་འདས་མཆོད་གཏོང་གི་མི་འདུག ཡང་གྲོང་ཁྱེར་ལྷ་སའི་ཉེ་འཁོར་གྱི་གྲོང་གསེབ་ཁག་སྐོ། དཔེར་ན་མལ་གྲོ་གུང་དཀར་རྫོང་འབྲི་གུང་ཁུལ་གྱི་རྒྱ་ཆེའི་ཞིང་པ་དང་འབྲོག་པ་ཚོས་གལ་ཆེར་བྱེད་པའི“བདུན་ཚིགས”ནི་བདུན་དང་པོ་དང་། གསུམ་པ། བདུན་པ་བཅས་རེད་འདུག ཁ་གསལ་ཙམ་བཤད་ན་འདྲ་བའི་ཆ་ཚང་མས“བདུན་ཚིགས”དང་པོ་དང་བདུན་པ་གལ་ཆེར་འཛིན། མི་འདྲ་བའི་ཁྱད་པར་ལྷ་སའི་གྲོང་ཁྱེར་བ་ཚོས“བདུན་ཚིགས”བཞི་པ་གལ་ཆེ་ཙམ་བྱེད་པ་དང་། ལྷ་སའི་ཉེ་འཁོར་མལ་གྲོ་གུང་དཀར་འབྲི་གུང་ཁུལ་གྱི་རྒྱ་ཆེའི་ཞིང་པ་དང་འབྲོག་པ་ཚོས“བདུན་ཚིགས”གསུམ་པ་དེ་གལ་ཆེ་བར་འཛིན་གྱི་འདུག འདི་ལྟར་གྱི་ཁྱད་པར་ཡོང་དགོས་པའི་རྒྱུ་མཚན་གང་ཡིན་སྐོར་བསམ་གཞིགས་བྱེད་སྐབས། ད་ལམ་གྲུབ་མཐའ་སོ་སོས་གཉེན་པོའི་རྣམ་ཤེས་ཀྱི་བར་དོའི་ཚེ་ཚད་ལ་འགྲེལ་བཤད་བྱེད་ལུགས་མ་འདྲ་བས་བྱུང་བ་མིན་ནམ་སྙམ། གང་ལགས་ཤེ་ན། ལྷ་ས་གྲོང་ཁྱེར་ཁུལ་ནི་སེ་ར་དགོན་དང་། འབྲས་སྤུངས་དགོན་སོགས་དགེ་ལུགས་པའི་གྲུབ་མཐའི་རིག་གནས་ཀྱི་རྒྱབ་ལྗོངས་འོག་གནས་ཡོད་པ་དང་། ཡང་མལ་གྲོ་གུང་དཀར་འབྲི་གུང་བརྒྱུད་ནི་བཀའ་བརྒྱུད་གྲུབ་མཐའི་ཆོས་ལུགས་རྒྱབ་ལྗོངས་འོག་གནས་འཆའ་བ་ཡིན་པས“བདུན་

ཚོགས”གསུམ་པ་གཙོ་ཆེ་བ་བྱེད་པ་དང“བདུན་ཚིགས”བཞི་པ་གཙོ་ཆེ་བར་བྱེད་པའི་ཁྱད་པར་གྱི་འབྱུང་ཁུངས་ནི་དགེ་ལུགས་གྲུབ་མཐའི་བར་དོའི་ཚེ་ཚད་ཀྱི་འགྲེལ་བ་དང་བཀའ་བརྒྱུད་གྲུབ་མཐའི་བར་དོའི་ཚེ་ཚད་ཀྱི་སྐོར་ལ་གྲུབ་མཐའ་སོ་སོའི་བཤད་སྟངས་མ་འདྲ་བའི་རྒྱུ་མཚན་གྱི་དབང་གིས་གོམས་སྲོལ་མི་འདྲ་བའི་ཁྱད་པར་འདི་བྱུང་བ་མིན་ནམ་སྙམ།

བོད་མི་ཆོས་གཤིན་པོར་ངེས་པར་དུ་འདས་མཆོད་ཀྱི“བདུན་ཚིགས”གཏོང་དགོས་པའི་རྒྱུ་མཚན་གང་ཡིན་སྐོར་ལ་འཚོལ་ཞིབ་བྱེད་སྐབས། འདིའི་སྐོར་ལ་མཁས་དབང་དུང་དཀར་བློ་བཟང་འཕྲིན་ལས་མཆོག་གིས་གསུངས་པར། “གཤིན་པོ་དེ་ལ་ཕན་ཐོགས་ཆེན་པོ་ཡོད་པ་དང་། ལྷག་པར་དུ་གཤིན་པོ་དེ་སྐྱེ་བ་རྗེས་མར་ངན་སོང་གསུམ་དུ་སྐྱེ་བ་ལེན་མཁན་ཞིག་ཡིན་ཀྱང་སྐྱེ་བ་བཟང་པོར་འཕོས་ཐུབ་པའི་ཕན་ཐོགས་ཆེན་པོ་ཡོད་ཅེས་ཟེར་སྲོལ་ཡོད”[2]ཅེས་དང་། བོད་མིའི་འདས་མཆོད་ཀྱི་དུས་ཆེན་ངོ་སྤྲོད་བྱེད་པའི་གསུངས་རྩོམ《གཤིན་པོའི་འདས་མཆོད་བྱེད་སྟངས་ཐར་ལམ་བགྲོད་པའི་ཐེམ་སྐས་ཞེས་བྱ་བ་བཞུགས་སོ》ལས། “ཚེ་ལས་འདས་པ་དེ་ཉིད་ཚེ་ལས་འདས་རྗེས་སུ་ནང་མི་རྣམས་ཀྱིས་བདུན་ཕྲག་རེ་རེའི་ནང་བདུན་ཚིགས་ཟེར་ཏེ་བདུན་ཚིགས་སོ་སོར་བླ་མ་དཀོན་མཆོག་ལ་ཕྱག་མཆོད་འབུལ་བ་དང་། སྦྱངས་ཞུ་འབུལ་བ། བར་དུ་དགེ་འདུན་དང་། རྣལ་འབྱོར་རྣམས་ལ་བསྙེན་བཀུར་ཞུ་བ། མར་ངན་སློང་ལ་སྦྱིན་གཏོང་བྱ་རྒྱུ་སོགས་ཀྱི་དགེ་རྩ་སྒྲུབ་རྒྱུ་དེ་ནི་བདུན་ཕྲག་རེ་རེའི་ནང་གི་འཆི་འཕོ་མནར་གཅོད་ཀྱི་སྡུག་བསྔལ་དང་། བར་དོའི་འཇིགས་སྐྲག་གི་སྡུག་བསྔལ་ལས་སྐྱོབ་བྱེད། ཕྱི་མ་བཟང་པོ་ཞིག་ལེན་ཐུབ་ཆེད་བཅས་ཀྱི་ཆེད་དུ་དེ་ལྟར་བྱེད་པ་རེད”[3]ཅེས་གསུངས་འདུག མདོར་ནས་བཤད་ན། གཤིན་པོ་ལ་ཕ་མ་སྤུན་མཆེད་དང་གྲོགས་དགའ་ཉེ་ཚོས“བདུན་ཚིགས”བསྐྱངས་པའི་དམིགས་ཡུལ་ནི་གཤིན་པོ་དེ་ཉིད་ངན་འགྲོར་མི་སྐྱེ་བའམ་སྐྱེ་བ་བཟང་པོ་ཞིག་ལེན་ཐུབ་པའི་ཆེད་དུ་རེད་འདུག ལྷག་པར་དུ“ཐ་ན་ཚེ་འདས་དེ་ཉིད་སྐྱེ་བ་རྗེས་མར་ངན་སོང་གསུམ་དུ་སྐྱེ་བ་ལེན་མཁན་ཞིག་ཡིན་ཀྱང་བདུན་ཚིགས་ཀྱི་ཚེ་ག་སྒྲིལ་བས་ངན་སོང་གི་སྐྱེ་སྒོ་ཁེགས་ནས་སྐྱེ་བ་བཟང་པོར་འཕོས་ཐུབ་པའི་ཕན་ཐོགས་ཆེན་པོ་ཡོད”ཅེས་གསལ་བཤད་བྱས་པ་འདི་ནི་ནང་བསྟན་གྲུབ་མཐས་གསུངས་པའི་སོ་སོས་བསགས་པའི་ལས་སོ་སོས་སྤྱོད་དགོས་པའི་རྒྱུ་འབྲས་བསླུ་བ་མེད་པའི་ཆོས་ཉིད་ཀྱི་ཨ་ིད་སྲོལ་དང་ཅུང་མི་འདྲ། འདི་དང་ནང་པ་སངས་རྒྱས་པ་ཚོས་རྟག་ཏུ་ཁ་དཔེར་ཤོད་པའི“སངས་རྒྱས་ལ་འདྲེན་པའི་ལྟུགས་ཀྱུ་ཡོད་ཀྱང་སེམས་ཅན་ལ་ཁོན་པའི་ཨ་ལོང་མེད”ཅེས་པའི་ལས་འབྲས་ཀྱི་འབྲེལ་བ་དང་ཤོད་སྲོལ་མི་འདྲ་བའི་ཁྱད་པར་ལྡན་ཡོད་པར་སྙམ།

གཉིས་པ། བོད་དུ“བདུན་ཚིགས”གཏོང་བའི་དམངས་སྲོལ་དེའི་འབྱུང་ཁུངས་སྐོར།

“བདུན་ཚིགས”གཏོང་བའི་ད་ལྟའི་བོད་མིའི་དམངས་སྲོལ་དེའི་འབྱུང་ཁུངས་ཀྱི་ལོ་རྒྱུས་ལ་རྟོག

ཞིབ་བྱ་སྐབས། ཉིན་ཞག་བདུན་རེར“བདུན་ཚིགས”བསྐྱངས་པའི་སྲོལ་དེ་ད་ལྟའི་དུས་མདོ་དབུས་ཁམས་ཀྱི་བོད་མི་ཚང་མས་ཐུན་མོང་དུ་ལག་ལེན་བྱེད་པའི་ཆོ་ག་ཞིག་ཏུ་གྱུར་ཡོད། དེར་གྲུབ་མཐའི་ཕྱོགས་རིས་མེད་པ་སྟེ། ས་དགེ་བཀའ་རྙིང་སོགས་བོད་བརྒྱུད་ནང་བསྟན་གྲུབ་མཐའ་ཚང་མས་ལག་བསྟར་བྱེད་པ་མ་ཟད། བོད་ཀྱི་སྔར་ཆོས་བོན་ཆོས་ཀྱིས་ཀྱང་ལག་བསྟར་བྱེད་ཀྱི་ཡོད། འོ་ན། ཉིན་ཞག་བདུན་རེར“བདུན་ཚིགས”གཏོང་བའི་སྲོལ་དེ་ནང་བསྟན་མ་དར་བའི་སྔ་རོལ་ནས་བོད་པ་རང་ཉིད་ལ་གདོད་མ་ནས་ཡོད་པ་ཞིག་ཡིན་ནམ། ནང་བསྟན་དར་བའི་དུས་ནང་བསྟན་དང་ལྷན་དུ་ཕྱི་རོལ་ཡུལ་ནས་དར་ཡོང་བའི་རིག་གནས་ཤིག་ཡིན། “བདུན་ཚིགས”གཏོང་བའི་སྲོལ་དེ་རྒྱ་གར་ནས་བོད་ལ་དར་བ་ཡིན་ནམ་རྒྱ་ནང་ནས་བོད་ལ་དར་བ་ཡིན། ནང་བསྟན་བོད་དུ་དབུ་བརྙེས་པའམ་བོད་དུ་ཆོས་རྒྱལ་སྲོང་བཙན་སྒམ་པོས་ལྷ་ཆོས་དགེ་བ་བཅུ་དང་མི་ཆོས་གཙང་མ་བཅུ་དྲུག་གི་སྲོལ་ཕྱེ་བའི་དུས་ནས་དར་བ་ཡིན་མིན་ལ་སོགས་པའི་གནད་དོན་ལ་ཞིབ་འཇུག་བྱ་སྐབས། 《སྦྲ་བཞེད》ལས། “(རྒྱ་བཟའ་ཀོང་ཇོ་ཕྱི་མས)བློན་པོ་ཤི་ཚད་ལ་ཟན་སྐལ་མེད་པས། ངེད་རྒྱ་ནག་ན་ཆོས་དར་བས་མི་ཤི་ཚད་ལ་བདུན་ཚིགས་ཡོད། བོད་ལ་ཆོས་མ་དར་བས་བློན་པོ་སྙིང་རེ་རྗེ་ཟེར་ནས་མི་ཤི་མ་ཐག་ཏུ་ལྷ་མི་སྟོང་ལ་མཚལ(འཚལ)མ་རེ་འཚལ།(བསྐུལ) དེ་ལ་བོད་ཀྱིས་ཚེ་ཞེས་བྱའོ། །”[4]ཞེས་དང་། 《བོད་རྒྱ་ཚིག་མཛོད་ཆེན་མོ》ལས། “བདུན་ཚིགས། མི་ཤི་ནས་ཞག་བདུན་རེ་ལ་དགེ་རྩ་རེ་སྒྲུབ་པའི་དུས་ཚིགས་ཏེ་རྒྱ་བཟའ་ཀོང་ཇོ་ཕྱི་མས་སྲོལ་གཏོད་པའི་ལུགས་སྲོལ་ཞིག”[5]ཅེས་གསལ་འདུག འདི་ནས་གསལ་བཤད་ཐུབ་པར“བདུན་ཚིགས”ཀྱི་འདས་མཆོད་དེ་བོད་མི་རང་ཉིད་ཀྱི་གདོད་མའི་ཆོས་ལུགས་དང་འབྲེལ་བའི་བོད་མི་རིགས་རང་གི་གོམས་སྲོལ་ཞིག་མིན་ལ་ནང་བསྟན་བོད་དུ་དར་བ་དང་མཉམ་དུ་རྒྱ་གར་ཡུལ་ནས་བོད་དུ་དར་བའི་རིག་གནས་ཤིག་ཀྱང་རེད་མི་འདུག བོད་ཀྱི་འདས་མཆོད“བདུན་ཚིགས”ནི་ཐོག་མར་བོད་དུ་ཐང་རྒྱལ་རབས་སུ་རྒྱ་ཡུལ་ནས་དར་ཡོང་བ་ཞིག་ཡིན་ལ། དར་བའི་དུས་ཚོད་ནི་བོད་དུ་ཕེབས་པའི་རྒྱ་བཟའ་ཕྱི་མ་ཀྱིམ་ཤིང་ཀོང་ཇོའི་དུས་སམ་ཆོས་རྒྱལ་ཁྲི་སྲོང་ལྡེ་བཙན་གྱི་ཡབ་ཁྲི་ལྡེ་སྲོང་བཙན་མེས་ཨག་ཚོམ་གྱི་དུས་ཙམ་ལ་དར་ཡོང་བའི་ཐང་རྒྱལ་རབས་ཀྱི་དམངས་སྲོལ་ཞིག་ཡིན་པར་གསལ་འདུག གོང་དུ་བཀོད་པའི་དཔྱད་གཞིའི་དེབ་རིགས་དེ་གཉིས་ནི་བོད་ཀྱི་ད་ལྟའི་འདས་མཆོད“བདུན་ཚིགས”ཀྱི་འབྱུང་ཁུངས་སྐོར་ངོ་སྤྲོད་བྱས་པའི་ཁ་གསལ་ཤོས་ཀྱི་དཔྱད་གཞི་ཞིག་ཡིན་ལ། ལྟ་བ་འདིར་རིགས་མི་མཐུན་པའི་ལྟ་བ་གཞན་བཀོད་པ་བོད་ཀྱི་ཆོས་འབྱུང་དང་ལོ་རྒྱུས་ཟིན་ཐོ་གཞན་མ་རྙེད།

དེ་ཡང་རྒྱ་བཟའ་ཀོང་ཇོ་ཕྱི་མའི་ཕ་ཡུལ་ཐང་རྒྱལ་རབས་སུ་དམངས་སྲོལ་འདི་ཇི་ལྟར་བྱུང་བའི་སྐོར་ལ། ཐང་རྒྱལ་རབས་ཀྱི་ཡུལ་སྲོལ་གོམས་གཤིས་འབྱུང་ཁུངས་སྐོར་གྱི་གཏམ་རྒྱུད་འདི་འདྲ་ཞིག་ཡོད་པ་སྟེ། ཉིན་ཞག་བདུན་རེར་འདས་མཆོད“བདུན་ཚིགས”གཏོང་བའི་དམངས་སྲོལ་ནི་ཐང་རྒྱལ་རབས་

ཀྱི་དུས་སྟོད་དུ་དར། དེ་ཡང་ཐང་རྒྱལ་རབས་ཀྱི་ཐང་ཐའེ་ཙུང་ལི་ཧྲི་མིན(唐太宗李世民)འཆི་ལ་ཉེ་བའི་དུས་དེར་ཁོང་གིས་རང་གི་སྲས་ལ་ཞལ་ཆེམས་སུ་གསུངས་པར། "ང་འཆི་བའི་རྗེས་ངའི་འདས་མཆོད་ལ་ཁྱེད་ཚོས་ཉིན་བདུན་རེར་དགའ་ཉེ་སྤུན་མཆེད་མཉམ་དུ་འཛོམས་ནས་ཡར་དཀོན་མཆོག་ལ་ཕྱག་མཆོད་འབུལ་བ་དང་། བར་དགེ་འདུན་རྣམས་ལ་བསྙེན་བཀུར་ཞུ་བ། མར་ངན་སོང་ལ་སྦྱིན་པ་གཏོང་བ་སོགས་ཀྱི་དགེ་རྩ་སྒྲུབ་རོགས་གནང"ཞེས་དང་། ད་དུང་རེ་བ་བཏོན་པར་འདས་མཆོད"བདུན་ཚིགས"ཁྱོན་བསྡོམས་ཉིན་ཞག་ཞེ་དགུའི་ནང"བདུན་ཚིགས"ཐེངས་གྲངས་བདུན་བསྐྱངས་རོགས་ཞེས་ཞུས། དེ་ལྟར་རེ་བ་གདོན་དགོས་པའི་རྒྱུ་མཚན་གང་ལགས་ཤེ་ན། ལོ་རྒྱུས་རྩོམ་འབྲི་བ་ཚོས་གསུངས་པར་ཐང་ཐའེ་ཙུང་ལི་ཧྲི་མིན(唐太宗李世民)གྱིས་དེ་ལྟར་རེ་བ་བཏོན་པའི་རྒྱུ་མཚན་ནི། ཕ་པ་རང་ཉིད་སྐྱེ་བ་ཕྱི་མ་དེ་ཐར་པ་ཐོབ་ཆེད་དམ་ངན་འགྲོར་མི་ལྷུང་བའི་ཆེད་དུ་ཡིན། དེ་ནི་ནང་པ་སངས་རྒྱས་པའི་གྲུབ་མཐའི་འདོད་ཚུལ་གྱི་ཤུགས་རྐྱེན་ཐེབས་པའི་དབང་གིས་ཡིན་ཞེས་ཟེར། ཕྱིས་སུ་ཐང་ཐའེ་ཙུང་ལི་ཧྲི་མིན(唐太宗李世民)འདས་རྗེས་སྲས་ཀྱིས་ཡབ་ཀྱི་ཞལ་ཆེམས་བཞིན་ཐང་རྒྱལ་རབས་ནང་གྲ་རྒྱས་པའི་འདས་མཆོད"བདུན་ཚིགས"ལེགས་པར་བསྒྲུབས། རྗེས་སུ་ཐང་རྒྱལ་རབས་ཀྱི་མངའ་ཁོངས་ནང་སྔོན་འབངས་མི་ཉུང་བ་ཞིག་གིས་དེར་ལད་མོ་ལྟ་བུ་བྱས་ནས་འདས་མཆོད"བདུན་ཚིགས"གཏོང་མཁན་མང་པོ་བྱུང་ནས"བདུན་ཚིགས"ཀྱི་འདས་མཆོད་གཏོང་བའི་གོམས་སྲོལ་དེ་ཐང་རྒྱལ་རབས་སུ་དར་ཞེས་གྲགས།

གསུམ་པ། བོད་མིའི་འདས་མཆོད"བདུན་ཚིགས"ཀྱི་ཉིན་ཞག་བདུན་གྱི་སྐོར་ལ་དཔྱད་པ།

བོད་མིའི་འདས་མཆོད"བདུན་ཚིགས"ལ་དུས་ཡུན་ཉིན་ཞག་བདུན་ཚན་བྱེད་དགོས་པ་དང་། ཁྱོན་བསྡོམས་བདུན་ཚན་བདུན་ནམ་ཉིན་ཞག་ཞེ་དགུ་བྱེད་དགོས་པའི་རྒྱུ་མཚན་ནི། ནང་བསྟན་ཆོས་གཞུང་དུ་གསལ་བར་གཞིགས་ན་བར་དོའི་ཚེ་ཚད་ཀྱིས་གཏན་འཁེལ་བ་ཡིན་པ་འདྲ། གང་ལགས་ཤེ་ན། 《བར་དོ་ཐོས་གྲོལ་ཆེན་མོ》སོགས་སུ་གསལ་བཤད་བྱས་པར། མི་ཤི་ཚེ་བར་དོའི་རྣམ་ཤེས་དེ་རང་རང་གི་ལས་བསོད་ནམས་ཀྱི་མཐུས་རབ་གཅིག་གིས་ཉིན་བདུན་གྱི་ནང་འགྲོ་བ་རིགས་དྲུག་གི་སེམས་ཅན་གང་རུང་ཞིག་གི་སྐྱེ་བ་ལེན་པ་དང་། འབྲིང་ཞིག་གིས་བདུན་ཕྲག་གཉིས། ཕལ་ཆེ་བས་བདུན་ཕྲག་གསུམ། དེ་ལྟར་མིན་ཡང་བདུན་ཕྲག་བདུན་ཏེ་ཉིན་ཞག་ཞེ་དགུའི་རིང་ངེས་པར་དུ་སེམས་ཅན་ཞིག་གི་སྐྱེ་བ་ལེན་གྱི་ཡོད་ཟེར་བའི་རྒྱུ་མཚན་གྱིས་བོད་མི་ཚོས་གཤིན་པོ་དེ་ཉིད་ཚེ་ལས་འདས་རྗེས"བདུན་ཚིགས"བསྐྱངས་པ་དང་། "བདུན་ཚིགས"སོ་སོར་ཕ་མ་སྤུན་མཆེད་དང་དགའ་ཉེ་སོགས་མཉམ་འཛོམ་གྱིས་བླ་མ་དཀོན་མཆོག་ལ་ཕྱག་མཆོད་འབུལ་བ་དང་། སྦྱངས་ཞུ་འབུལ་བ། བར་དུ་དགེ་འདུན་དང་། རྣལ་འབྱོར་རྣམས་ལ་བསྙེན་བཀུར་ཞུ་བ། མར་ངན་སོང་ལ་སྦྱིན་གཏོང་བྱ་རྒྱུ་སོགས་ཀྱི་དགེ་རྩ་

སྒྲུབ་ཀྱི་ཡོད། དེ་ནི་གཤིན་པོ་དེ་འཆི་འཕོ་མནར་གཅོད་ཀྱི་སྡུག་བསྔལ་དང་། བར་དོའི་འཇིགས་སྐྲག་གི་སྡུག་བསྔལ་ལས་སྐྱོབ་པར་བྱེད་པ་དང་། ཕྱི་མ་སྐྱེ་བ་བཟང་པོ་ཞིག་ལེན་ཐུབ་པ་བཅས་ཀྱི་ཆེད་དུ་ཡིན་ཞེས་གསལ། མདོར་བསྡུས་ནས་བཤད་ན། ཉིན་ཞག་བདུན་རེའི་ནང་"བདུན་ཚིགས"བསྐྱངས་དགོས་པ་དང་ཁྱོན་བསྡོམས"བདུན་ཚིགས"བདུན་ནམ་ཉིན་ཞག་ཞེ་དགུ་བསྐྱངས་དགོས་པའི་རྒྱུ་མཚན་བར་དོའི་ཚེ་ཚད་ཀྱིས་གཏན་འཁེལ་བ་ཡིན་པ་འདྲ། འོན་ཀྱང་བར་དོའི་ཚེ་ཚད་ཀྱི་འགྲེལ་བཤད་ཕུད་པའི་ད་དུང་ནང་བསྟན་གྱི་རིག་གནས་ཁྲོད་དུས་ཡུན་ཉིན་ཞག་བདུན་གྱི་ཚེ་ཚད་ཀྱི་ཤོད་སྟོལ་ཁག་གཅིག་འདུག ཤོད་སྟོལ་འདི་རྣམས་ལ་ཡང་ཤེས་རྟོགས་བྱེད་དགོས་པ་གལ་ཆེན་པོ་རེད་འདུག རྒྱུ་མཚན་ནི་ཐང་རྒྱལ་རབས་ཀྱི"བདུན་ཚིགས"ཀྱི་དམངས་སྲོལ་འབྱུང་ཁུངས་ནང་ཉིན་ཞག་བདུན་རེར"བདུན་ཚིགས"བསྐྱངས་དགོས་པའི་རྒྱུ་མཚན་ནི་ནང་བསྟན་སྟོན་པ་སངས་རྒྱས་བཅོམ་ལྡན་འདས་ཀྱི་རྣམ་ཐར་ཁྲོད་ཉིན་ཞག་བདུན་ཚན་གྱི་མཛད་པ་ཡོད་པ་དང་། སངས་རྒྱས་ནས་ཉིན་ཞག་ཞེ་དགུ་ཟིན་ནས་སྟོན་པས་དངོས་སུ་མི་ཡུལ་ཁམས་ལ་ཆོས་ཀྱི་འཁོར་ལོ་བསྐོར་བའི་རྣམ་ཐར་ཡོད་པས"བདུན་ཚིགས"དང"ཞེ་དགུ"གཏོང་བའི་གོམས་སྲོལ་དེ་ལྟར་ཆགས་པ་ཡིན་ཟེར། འདིར་ཁོ་བོས་གཤམ་དུ་ནང་བསྟན་རིག་གནས་ཁྲོད་བར་དོའི་ཚེ་ཚད་ཕུད་པའི་ཉིན་ཞག་བདུན་གྱི་ཚེ་ཚད་སྐོར་གྱི་ཤོད་སྟོལ་གཞན་རྣམས་རྒྱ་ཆེའི་ཀློག་པ་པོ་རྣམས་ལ་སྤྲོད་འབུལ་ཞུ་རྒྱུ་ཡིན།

གཅིག སྟོན་པའི་མཛད་རྣམ་ལས་འཕྲོས་པའི་ཉིན་ཞག་བདུན་གྱི་སྐོར།

བར་དོའི་སྐྱེ་བ་འཕོ་སྐྱེའི་འབྲེལ་བ་མེད་ཀྱང་ཉིན་ཞག་བདུན་གྱི་ཡུན་ཚད་སྟོན་པའི་གནས་ཚུལ་སྐོར་ནང་བསྟན་སྟོན་པ་སངས་རྒྱས་བཅོམ་ལྡན་འདས་ཀྱི་མཛད་རྣམ་ཁྲོད་མང་དུ་གསལ་བ་སྟེ། སྟོན་པའི་དཀའ་སྤྱད་ཀྱི་མཛད་པའི་ཁྲོད་ཉིན་ཞག་བདུན་གྱི་སྐོར《གྲུབ་མཐའི་བྱུང་བ་བརྗོད་པ》ལས། "གྲོང་མི་དགའ་བྱེད་ཀྱི་བུ་མོ་ལེགས་སྐྱེས་མས་བ་དམར་པོ་སྟོང་གི་འོ་མ་ཉིན་བདུན་དུ་ལན་བདུན་དུ་ཉིང་ཁུར་བྱས་པ་སྙིང་པོ་ཅན་དེ་དག་འབྲས་གསར་པ་བླུགས་ནས་ཐབ་གསར་པར་བཙུགས་ཏེ་ཕུལ་ལོ(སྟོན་པ་བཅོམ་ལྡན་འདས་ལ)"[6]ཞེས་གསལ་བ་དང་། སྟོན་པ་སངས་རྒྱས་པ་དང་སྟོན་པས་ཆོས་ཀྱི་འཁོར་ལོ་བསྐོར་བའི་མཛད་པའི་ཁྲོད་ཉིན་ཞག་བདུན་བདུན་ཞེ་དགུའམ་ཉིན་ཞག་བདུན་གྱི་སྐོར་མང་དུ་གསལ་བ་སྟེ། 《བོད་ཀྱི་དེབ་ཐེར་དཔྱིད་ཀྱི་རྒྱལ་མོའི་གླུ་དབྱངས》ལས། "དེ་ནས་ཞག་ཞེ་དགུའི་བར་དུ་དམ་པའི་ཆོས་ཀྱི་བདུད་རྩིའི་སྒོ་བརྒྱ་མ་ཕྱེ་བའི་ཚུལ་བསྟན་པས།"[7]ཞེས་དང་། 《གྲུབ་མཐའ་རིན་ཆེན་འཕྲེང་བ་ལ་བརྟེན་ནས་གྲུབ་མཐའ་སྨྲ་བ་དག་གི་འདོད་ཚུལ་བཤད་པ་གྲུབ་མཐའི་སྤྱི་དོན་འཆར་བའི་མེ་ལོང་ཞེས་བྱ་བ》ལས། "ཡུལ་ཝཱ་རཱ་ཎ་སཱི་ར་ཪྵི་སྨྲ་བཟང་པོ་ལ་བདེན་པ་བཞིའི་ཆོས་ཀྱི་འཁོར་ལོ་བསྐོར་ཞེས་པའི་དོན་ནི། མངོན་པར་རྫོགས་པར་སངས་རྒྱས་མ་ཐག་ནས་ཐུན་མོང་མ་ཡིན་པ་ལ་གསང་བ་གསུམ་གྱི་མཛད་པ་

བསམ་གྱིས་མི་ཁྱབ་པ་མཛད་ཡོད་མོད་ཀྱི། ཐུན་མོང་བའི་སྣང་ངོར་ཆོས་ཀྱི་ཆེ་བ་འབྱིན་པ་སོགས་དགོས་པ་མང་པོའི་ཕྱིར་དུ། ཟབ་ཞི་སྤྲོས་བྲལ་འོད་གསལ་འདུས་མ་བྱས། །བདུད་རྩི་ལྟ་བུའི་ཆོས་ཤིག་ཁོ་བོས་རྙེད། །སུ་ལ་བསྟན་ཀྱང་གོ་བར་མི་ནུས་པས། །མི་སྨྲ་ནགས་ཀྱི་ཚལ་དུ་གནས་པར་བྱ། །ཞེས་གསུངས་ནས་ཞག་ཞེ་དགུའི་བར་ཆོས་ཀྱི་འཁོར་ལོ་མ་བསྐོར་བར་བཞུགས་པ་ན། སངས་རྒྱས་ཀྱི་བྱིན་བརླབས་ཀྱིས་ཚངས་པ་གཙུག་ཕུད་ཅན་དང་བརྒྱ་བྱིན་གཉིས་ཀྱིས་གསེར་གྱི་འཁོར་ལོ་རྩིབས་སྟོང་ལྡན་པ་དང་ཆོས་དུང་ཕུལ་ཏེ་ཆོས་ཀྱི་འཁོར་ལོ་བསྐོར་བར་གསོལ་བ་ཕུར་ཚུགས་སུ་བཏབ་པ་ལ་བརྟེན་ནས། ཡུལ་ཝཱ་ར་ཎ་སཱིར་འཁོར་གྱི་ཐོག་མ་ལྔ་སྡེ་བཟང་པོ་ཀཽཎྜི་ནྱ་དང་། རྟ་ཐུལ་དང་། རླངས་པ་དང་། མིང་ཆེན་དང་། བཟང་ལྡན་ཏེ་འཁོར་ལྔ་སྡེ་ལ་མཉམ་མེད་ཤཱཀྱའི་རྒྱལ་པོས་གསུང་ཚངས་པའི་དབྱངས་ཡན་ལག་དྲུག་ཅུ་རྩ་བཞི་དང་ལྡན་པས་འཕགས་ལམ་ཡན་ལག་བརྒྱད་དང་བདེན་པ་བཞི་ལས་བརྩམས་ཏེ་ལན་གསུམ་དུ་བཟླས་ཤིང་རྣམ་པ་བཅུ་གཉིས་སུ་བསྐོར་བ་ཞེས་བྱ་བའི་ཆོས་ཀྱི་འཁོར་ལོ་སྔར་ཚངས་པ་དང་། དབང་ཕྱུག་དང་། ཁྱབ་འཇུག་དང་། བརྒྱ་བྱིན་སོགས་འཇིག་རྟེན་ན་ཆེ་བར་རློམ་པ་སུས་ཀྱང་མ་བསྐོར་བ་ལེགས་པར་བསྐོར་རོ་”[8]ཞེས་དང་། 《དེབ་ཐེར་སྔོན་པོ》ལས། “སངས་རྒྱས་ནས་ཞག་བདུན་ཕྲག་བདུན་དུ་ཆོས་མ་གསུངས་ལ། དེ་ནས་ཚངས་པས་བསྐུལ་ནས་ཝཱ་ར་ཎ་སཱིར་ལྔ་སྡེ་ལས་བརྩམས་ཏེ་ཆོས་ཀྱི་འཁོར་ལོ་བསྐོར་བས། ལྔ་སྡེས་དགྲ་བཅོམ་པ་ཐོབ་བོ”[9]ཞེས་འདིར་ཉིན་ཞག་བདུན་བདུན་ཞེ་དགུའི་དུས་ཡུན་སྐོར་གསལ། ད་དུང་། སངས་རྒྱས་བཅོམ་ལྡན་འདས་མངོན་པར་རྫོགས་པར་སངས་རྒྱས་ནས། ཞག་བདུན་ཕྲག་བདུན་དུ་ཆོས་མ་གསུངས་པར་བཞུགས་པའི་དུས་ལ་ཡང་ཉིན་ཞག་བདུན་ཚན་གྱི་དུས་ཡུན་གྱི་མཛད་པའི་སྐོར་འདི་ལྟར་བཀོད་པ་སྟེ། བདུན་དང་པོར་བྱང་ཆུབ་ཤིང་དྲུང་དུ་བཞུགས། དེ་ནས་བདུན་གཉིས་པ་ལ་སྟོང་གསུམ་གྱི་སྟོང་ཆེན་པོའི་འཇིག་རྟེན་དུ་འཆག་པར་མཛད། བདུན་གསུམ་པར་བྱང་ཆུབ་ཀྱི་སྙིང་པོ་ལ་སྤྱན་མི་འཛུམ་པར་གཟིགས། བདུན་བཞི་པར་ཤར་གྱི་རྒྱ་མཚོ་ནས་ནུབ་ཀྱི་རྒྱ་མཚོའི་བར་འཆག བདུན་ལྔ་པར་ཀླུའི་རྒྱལ་པོ་བཏང་བཟུང་གི་གནས་ན་བཞུགས། བདུན་དྲུག་པར་ཤིང་ཉ་གྲོ་དྷ་སྐྱོང་གི་དྲུང་དུ་བཞུད། བདུན་བདུན་པར་ཤིང་སྦྲོལ་རྒྱུའི་དྲུང་དུ་བཞུགས་པ་བཅས་ཀྱི་མཛད་པ་བཀོད་འདུག་གོ །མདོར་ནས་བཤད་ན། སྟོན་པ་བཅོམ་ལྡན་འདས་ཀྱི་མཛད་པའི་རྣམ་ཐར་ཁྲོད་ཉིན་ཞག་བདུན་གྱི་དུས་ཡུན་མང་དུ་གསལ་བ་དང་། ལྷག་པར་ཉིན་ཞག་བདུན་ཚན་བདུན་ནམ་ཉིན་ཞག་བཞི་བཅུ་ཞེ་དགུ་བཀོད་འདུག འདི་དང་འདས་མཆོད་ཀྱི“བདུན་ཚིགས”གཏོང་བའི་དུས་ཡུན“བདུན་ཚིགས”དང་བདུན་བདུན་ཞེ་དགུ་བཅས་ཤིན་ཏུ་རིགས་འདྲའོ། །

གཉིས། མགོན་པོ་ཀླུ་སྒྲུབ་ཀྱི་རྣམ་ཐར་ལས་འབྱུང་བའི་ཉིན་ཞག་བདུན་གྱི་སྐོར།

《གྲུབ་མཐའི་བྱུང་བ་བརྗོད་པ》ལས། “སློབ་དཔོན་ནི་འཕགས་པ་ཀླུ་སྒྲུབ་ཡིན། འདི་ནི་བཅོམ་ལྡན་

འདས་མྱ་ངན་ལས་འདས་ནས་ལོ་བཞི་བརྒྱ་ལོན་པ་ན་རྒྱ་གར་ལྷོ་ཕྱོགས་ཀྱི་ཡུལ་དུ་བྲམ་ཟེའི་རིགས་སུ་འཁྲུངས། རྩིས་མཁན་ལ་དྲིས་པས། ཐབས་ཇི་ལྟར་བྱས་ཀྱང་ཚེ་ལོ་བདུན་ལས་ལྷག་པ་མེད་ཅེས་ལུང་བསྟན། ལོ་བདུན་ལོན་པ་ན་ཡབ་ཡུམ་གཉིས་བུ་ཤི་བར་བལྟ་མི་བཟོད་པས་ནོར་མང་པོ་སྐྱེལ་མཁན་དང་བཅས་ཐག་རིང་གནས་བསྐོར་ལ་བཏང་བས་”[10]ཞེས་དང་། 《གྲུབ་མཐའ》ལས། “དང་པོ་གྲུབ་མཐའ་འདིའི་སློབ་དཔོན་ནི། ཤིང་རྟའི་སྲོལ་འབྱེད་རྣམ་པ་གཉིས་ཀྱི་ནང་ཚན་སློབ་དཔོན་ཀླུ་སྒྲུབ་ཞབས་དེ་ཡིན་ཞིང་། དེ་ཡང་འཛམ་གླིང་མཛེས་པར་བྱེད་པའི་རྒྱན་གྱི་གཙོ་བོ། མདོ་རྒྱུད་མང་པོ་ནས་བསྟན་པ་སྐྱོང་བའི་སྐྱེས་ཆེན་དམ་པར་ལུང་གིས་ཟིན་པ་ཞིག་སྟེ། ལང་ཀར་གཤེགས་པའི་མདོ་ལས། ལྷོ་ཕྱོགས་བཻ་དའི་ཡུལ་དུ་ནི། །དགེ་སློང་དཔལ་ལྡན་ཆེར་གྲགས་པ། །དེ་མིང་ཀླུ་ཞེས་འབོད་པ་སྟེ། །ཡོད་དང་མེད་པའི་ཕྱོགས་འཇིག་པ། །ང་ཡི་ཐེག་པ་འཇིག་རྟེན་དུ། །བླ་མེད་ཐེག་ཆེན་རབ་བཤད་ནས། །རབ་ཏུ་དགའ་བའི་ས་བསྒྲུབས་ཏེ། །བདེ་བ་ཅན་དུ་དེ་འགྲོའོ། །ཞེས་གསུངས། སློབ་དཔོན་འདི་ནི་སངས་རྒྱས་མྱ་ངན་ལས་འདས་ནས་ལོ་བཞི་བརྒྱ་སོང་བའི་དུས་སུ་རྒྱ་གར་ལྷོ་ཕྱོགས་བེད་རྦྷ་ཡུལ་ན་བྲམ་ཟེ་འབྱོར་ལྡན་ཞིག་གི་ཁྱིམ་དུ་འཁྲུངས། མཚན་མཁན་ལ་བསྟན་པས་རྟགས་དང་མཚན་མ་བཟང་མོད་ཀྱང་ཞག་བདུན་གྱི་ཚེ་ཚད་ལས་མེད་ཟེར། འོན་ཀྱང་བྲམ་ཟེ་དང་དགེ་སློང་ལ་བསྙེན་བཀུར་བྱས་ན་ལོ་བདུན་ཐུབ་པར་བཤད་པས་ལོ་བདུན་ལོན་པ་ན་ཡབ་ཡུམ་གཉིས་ཀྱིས་བུ་ཤི་བར་བལྟ་མི་བཟོད་པར་གཡོག་དང་བཅས་ཏེ་ཡུལ་གཞན་དུ་འཁྱམ་དུ་བཏང་། རིམ་གྱིས་རྒྱ་གར་ཡུལ་དབུས་ཀྱི་དགོན་པ་ཆེ་ཤོས་ན་ལེན་དྲར་ཕེབས་ཏེ་སློབ་དཔོན་བྲམ་ཟེ་ས་ར་ཧ་དང་མཇལ་ནས་ཚེ་དབང་ཞུས་པས་སྐུ་ཚེ་བསྲིངས་ཏེ་མི་ཡུལ་དུ་ལོ་དྲུག་བརྒྱ་བཞུགས་པར་གྲགས། དགོན་པའི་མཁན་པོ་སྒྲ་ཅན་འཛིན་ལས་བསྙེན་པར་རྫོགས། མཚན་དགེ་སློང་དཔལ་ལྡན་ཞེས་གསོལ། མདོ་སྔགས་ཀྱི་ཆོས་མང་པོ་གསན་ནས་ཐུགས་སུ་ཆུད།”[11]ཅེས་གསལ། འདིར་ལྟོས་དང་། “མཚན་མཁན་ལ་བསྟན་པས་རྟགས་དང་མཚན་མ་བཟང་མོད་ཀྱང་ཞག་བདུན་གྱི་ཚེ་ཚད་ལས་མེད་ཟེར། འོན་ཀྱང་བྲམ་ཟེ་དང་དགེ་སློང་ལ་བསྙེན་བཀུར་བྱས་ན་ལོ་བདུན་ཐུབ་པར་བཤད་པས་ལོ་བདུན་ལོན་པ་ན་ཡབ་ཡུམ་གཉིས་ཀྱིས་བུ་ཤི་བར་བལྟ་མི་བཟོད་པར་གཡོག་དང་བཅས་ཏེ་ཡུལ་གཞན་དུ་འཁྱམ་དུ་བཏང་”ཟེར་བའམ། “རྩིས་མཁན་ལ་དྲིས་པས། ཐབས་ཇི་ལྟར་བྱས་ཀྱང་ཚེ་ལོ་བདུན་ལས་ལྷག་པ་མེད་ཅེས་ལུང་བསྟན། ལོ་བདུན་ལོན་པ་ན་ཡབ་ཡུམ་གཉིས་བུ་ཤི་བར་བལྟ་མི་བཟོད་པས་ནོར་མང་པོ་སྐྱེལ་མཁན་དང་བཅས་ཐག་རིང་གནས་བསྐོར་ལ་བཏང་”ཞེས་གསལ་བ་ལས་ངེད་ཚོས་གསལ་པོར་རྟོགས་ཐུབ་པར་ཐེག་ཆེན་དབུ་མ་བའི་གྲུབ་མཐའི་སྲོལ་འབྱེད་མཁན་པོ་མགོན་པོ་ཀླུ་སྒྲུབ་ཀྱི་རྣམ་ཐར་ལ་ཡང་བར་དོའི་རྣམ་ཤེས་འཆི་འཕོའི་ཁྱད་ཆོས་དང་རིགས་འདྲ་བའམ་འདས་མཆོད་“བདུན་ཚིགས”ཀྱི་དུས་ཡུན་ཉིན་ཞག་བདུན་གྱི་སྐྱེ་འཆིའི་ཚེ་ཚད་གསུངས་པའི་ནང་དོན་དང་དོན་མཚུངས་པའི་

ཉིན་ཞག་བདུན་གྱི་ཚེ་ཚད་སྐོར་གསལ་འདུག་གོ །

གསུམ། ཡུམ་སྒྲུ་འཕྲུལ་ཆེན་མོའི་རྣམ་ཐར་ཁྲོད་ཉིན་ཞག་བདུན་གྱི་སྐོར།

སྟོན་པ་བཅོམ་ལྡན་འདས་ཀྱི་ཡུམ་གྱི་རྣམ་ཐར་ཁྲོད་ཉིན་ཞག་བདུན་ནས་འཆི་བ་བྱུང་བའི་གཏམ་རྒྱུད་འདི་འདྲ་གསལ་བ་སྟེ། "(སྟོན་པ་ཤཱཀྱ་ཐུབ་པ)བཙས་ནས་ཞག་བདུན་བར་དུ་ལུམ་བི་ནིའི་ཚལ་དུ་ལྷ་མི་ཀུན་གྱིས་མཆོད་པ་བྱས་སོ། །ཞག་བདུན་ནས་ཡུམ་སྒྲུ་འཕྲུལ་ཆེན་མོ་འདས"[12] ཞེས་དང་། 《ཁང་དཀར་ཚུལ་ཁྲིམས་སྐལ་བཟང་གི་གསུང་རྩོམ་ཕྱོགས་བསྒྲིགས》ལས། "བདག་ཅག་གི་སྟོན་པ་ནི་ཡབ་ཟས་གཙང་དང་ཡུམ་སྒྲུ་མ་ལྷ་མཛེས་གཉིས་ཀྱི་སྲས་སུ་ཡུམ་རང་ཡུལ་ལ་ཕྱིར་ལོག་མཛད་སྐབས་ལུམྦི་ནྱི་ཏུ་ངོ་མཚར་རྟགས་དང་བཅས་སྐུ་བལྟམས། ཞག་བདུན་ནས་ཡུམ་གཤེགས་ཏེ་སྐྱེ་དགུའི་བདག་མོས་མ་མ་མཛད་དེ་གཅེས་པར་བསྐྱངས"[13]ཞེས་དང་། 《རྒྱལ་རབས་མང་པོའི་ལེགས་བཤད་རྣམ་གྲངས་ཡིད་འཛིན་ནོར་བུའི་ཕྲེང་བ་བཞུགས》ལས། "བྱང་སེམས(ཤཱཀྱ་ཐུབ་པ)སྐུ་བལྟམས་ནས་ཞག་བདུན་ནས་ཡུམ་འདས་ཏེ། སུམ་ཅུ་རྩ་གསུམ་དུ་སྐྱེས"[14]ཞེས་གསལ། མ་གཞི་བྱས་ན་འདིར་ཡུམ་ཆེན་མོ་ཚེ་ཚད་ཉིན་ཞག་བདུན་ལས་མ་བཞུགས་པའི་རྣམ་ཐར་མིན་ཀྱང་གཏམ་རྒྱུད་འདིར་ཡང་དམིགས་བསལ་ཅན་གྱི་དུས་ཡུན་ཉིན་ཞག་བདུན་ངོ་སྤྲོད་བྱེད་པའི་གཏམ་རྒྱུད་ཅིག་རེད་འདུག ཡུམ་སྒྲུ་འཕྲུལ་ཆེན་མོའི་རྣམ་ཐར་རམ་སྟོན་པ་སངས་རྒྱས་བཅོམ་ལྡན་འདས་ཀྱི་འཁྲུངས་རབས་རྣམ་ཐར་ཁྲོད་ཚང་མས་འདིར་དམིགས་སུ་བཀར་ནས་གསལ་བཤད་བྱས་པར། སྟོན་པ་ཤཱཀྱ་ཐུབ་པ་བཙས་ནས་ཞག་བདུན་བར་དུ་ལུམ་བི་ནིའི་ཚལ་དུ་ལྷ་མི་ཀུན་གྱིས་མཆོད་པ་བྱས་སོ། །"ཞག་བདུན་ནས་ཡུམ་སྒྲུ་འཕྲུལ་ཆེན་མོ་འདས་སོ"ཞེས་གསལ། འདི་ཡང་ཉིན་ཞག་བདུན་ནང་འཆི་འཕོ་བྱེད་པའི་གནས་ཚུལ་ལམ་ཉིན་ཞག་བདུན་གྱི་ཚེ་ཚད་སྟོན་པའི་གཏམ་རྒྱུད"བདུན་ཚིགས"དང་རིགས་འདྲ་བའི་ཉིན་ཞག་བདུན་གྱི་འཆི་འཕོའི་དུས་ཡུན་གྱི་ཆོས་ཉིད་བསྒྲགས་པའི་རྣམ་ཐར་ཞིག་རེད་འདུག་སྙམ།

བཞི། ལྷ་ཚེ་རིང་གི་སྡུག་བསྔལ་ལས་འཕྲོས་པའི་ཉིན་ཞག་བདུན་གྱི་སྐོར།

བར་དོའི་སྐྱེ་འཕོའི་ཚེ་ཚད་དང་བྱང་ཆུབ་སེམས་དཔའི་སྐུ་ཚེའི་ཚེ་ཚད་ཀྱི་ཉིན་ཞག་བདུན་གྱི་གཏམ་རྒྱུད་དང་ཕྱོགས་མཚུངས་པར། བོད་བརྒྱུད་ནང་བསྟན་དུ་རིགས་དྲུག་འཁོར་བའི་སྡུག་བསྔལ་གླེང་སྐབས་ལྷ་ཚེ་རིང་གི་སྡུག་བསྔལ་སྐོར་ནང་ཉིན་ཞག་བདུན་གྱི་ནང་དོན་གསལ་འདུག དེ་ཡང《སྙིང་ཐིག་སྔོན་འགྲོའི་ཁྲིད་ཡིག》ལས། "དེའང་ལྷ་རྣམས་འཆི་བར་ཉེ་བ་ན་ལྷ་རྣམས་རང་རང་གི་འོད་ཀྱིས་དཔག་ཚད་དང་རྒྱང་གྲགས་སོགས་སུ་སྣང་བ་ཡིན་པ་ལ། ལུས་ཀྱི་བཀྲག་ཉམས་པ་དང་། ལྷའི་སྟན་ལ་ཅི་ཙམ་བསྡད་ཀྱང་མི་དགའ་བ་མེད་པ་ལ། སྟན་ལ་སྡོད་སྙིང་མི་འདོད་ཅིང་མི་བདེ་བ་སྐྱེས་པས་མི་དགའ་བ་དང་། ལྷའི་མེ་ཏོག་གི་ཕྲེང་བ་ཅི་ཙམ་སོང་ཡང་རྙིང་རྒྱུ་མེད་པ་ལ། མེ་ཏོག་གི་ཕྲེང་བ་རྙིང་པ

དང་། ལྷའི་གོས་ཇི་ཙམ་བགོས་ཀྱང་དྲི་མ་ཆགས་རྒྱུ་མེད་པ་ལ་གོས་རྙིང་ནས་དྲི་མ་ཆགས་པ་དང་། ལྷའི་ལུས་ལ་རྔུལ་འབྱུང་རྒྱུ་མེད་པ་ལ། ལུས་ལ་རྔུལ་ཆུ་འབྱུང་བ་སྟེ། འཆི་འཕོའི་སྔ་ལྟས་ལྔ་ཤར་བས་རང་ཉིད་ཀྱིས་ཀྱང་འཆི་བར་ཤེས་ཏེ་སྡུག་བསྔལ། ལྷ་ཟླ་བོ་རྣམས་དང་ལྷའི་བུ་མོ་རྣམས་ཀྱིས་ཀྱང་དེ་འཆི་བར་ཤེས་ནས་ཐུང་དུ་ཉེ་མི་ནུས་ཤིང་། རྒྱང་རིང་པོ་ནས་མེ་ཏོག་འཐོར་ཏེ། ཁྱོད་འདི་ནས་ཤི་འཕོས་ཏེ། མི་ཡུལ་དུ་སྐྱེས། ལས་དགེ་བ་སྤྱད་དེ། སླར་ལྷ་ཡུལ་དུ་སྐྱེ་བར་ཤོག་ཅེས་སྨོན་ལམ་བཏབ་ནས་འགྲོ། རང་གཅིག་པུར་ལུས་པས་ཤིན་ཏུ་སྡུག་བསྔལ་ཞིང་ཕྱི་མ་གར་སྐྱེ་ལྷའི་མིག་གིས་བལྟས་པས་སྡུག་བསྔལ་བའི་གནས་སུ་སྐྱེ་བར་མཐོང་ན་ནི། འཕོ་བའི་སྡུག་བསྔལ་མ་སངས་པའི་གོང་དུ་ལྟུང་བའི་སྡུག་བསྔལ་གྱིས་ནོན་ཏེ་སྡུག་བསྔལ་ཉིས་འགྱུར་དང་སུམ་འགྱུར་གྱིས་ཉམ་ཐག་པས་ཨོ་དོད་འབོད་བཞིན་ལྷའི་ཞག་བདུན་དུ་སྡོད་དགོས་ཏེ། སུམ་ཅུ་རྩ་གསུམ་པ་རྣམས་ཀྱི་ཞག་བདུན་དེ་མི་ལོ་བདུན་བརྒྱ་ཡིན། དེའི་བར་དུ་སྔར་གྱི་བདེ་སྐྱིད་དྲན་ཀྱང་སྡོད་དབང་མེད་པ་འཕོ་བའི་སྡུག་བསྔལ། ཕྱི་མའི་གནས་རིས་མཐོང་བས་ཉམ་ང་བ་ལྟུང་བའི་སྡུག་བསྔལ་དང་གཉིས་ཀྱིས་མྱ་ངན་སེམས་ལ་ཟུག་པ་དམྱལ་བ་ལས་ཀྱང་ཐུ་བ་ཡིན།”[15]ཞེས་གསལ། འདིར་འགྲོ་བ་རིགས་དྲུག་གི་སྡུག་བསྔལ་སོ་སོར་གླེང་སྐབས་ལྷ་རྣམས་ལ་ནི“ལྷ་ཚེ་རིང་གི་སྡུག་བསྔལ”ལྡན་ཞེས་གསལ། དེ་ཡང་འདིར་གསལ་བཤད་བྱེད་དགོས་པར། སྐྱེས་བུ་མང་པོས“ལྷ་ཚེ་རིང་གི་སྡུག་བསྔལ”ཟེར་བ་གོ་བ་དང་ཧང་བསངས་ནས་དོགས་པ་ཅན་གྱི་དྲི་གཞི་བཏོན་པར། ཚེ་རིང་བ་ནི་སྡུག་བསྔལ་མིན། ལོ་བརྒྱ་འཚོ་བ་དང་། སྟོང་བརྒྱ་མཐོང་བའི་ཚེ་རིང་པོ་ཡོང་བའི་ཆེད་སྐྱེས་བུ་ཚང་མས་གསོལ་བ་སྨོན་འདེབས་བྱེད་ཀྱི་ཡོད། ཚེ་རིང་པོ་སྡུག་བསྔལ་མིན། དེ་ལས་ལྡོག་སྟེ་ཚེ་རིང་པོ་གསོན་རྒྱུ་བྱུང་བ་ནི་བསོད་ནམས་ཡིན། སྐྱེས་བུ་རྣམས་ཀྱིས་ཚེ་ལ་བར་ཆད་མེད་པར་ཚེ་རིང་པོ་ཡོང་བའི་ཆེད་ཚེ་དབང་ཞུ་བ་དང་། ཚེ་སྒྲུབ་བྱེད་ཀྱི་ཡོད་ཟེར། འོན་ཀྱང“ལྷ་ཚེ་རིང་གི་སྡུག་བསྔལ”ཟེར་བ་དེར་དམིགས་བསལ་གྱི་གསལ་བཤད་གོང་གི་གཏམ་རྒྱུད་དེ་ཡིན། ལྷ་རྣམས་ལྷ་ཡུལ་དུ་སྡུག་བསྔལ་མེད་པར་ལྷའི་བདེ་སྐྱིད་ཀྱི་ལོངས་སྤྱོད་མྱང་བའི་དུས་ཀྱི་ཚེ་རིང་སྐྱིད་རྒྱུག་གི་དུས་དེར“ལྷ་ཚེ་རིང་གི་སྡུག་བསྔལ”མི་ཟེར་བར། “ལྷ་ཚེ་རིང་གི་སྡུག་བསྔལ”ཟེར་བ་ནི་གོང་དུ་གསལ་བའི་དོན་ལྷ་རྣམས་རང་ཉིད་འཆི་བར་གཏན་འཁེལ་ནས་མ་འཆི་བའི་བར་གྱི“ཉམ་ཐག་པས་ཨོ་དོད་འབོད་བཞིན་ལྷའི་ཞག་བདུན”ནམ“སུམ་ཅུ་རྩ་གསུམ་པ་རྣམས་ཀྱི་ཞག་བདུན”ཟེར་སྒྲོལ་དེར་གོ་བ་ཡིན་ནོ། །“ལྷའི་ཞག་བདུན”ནམ“སུམ་ཅུ་རྩ་གསུམ་པ་རྣམས་ཀྱི་ཞག་བདུན”དེ་གལ་ཏེ་མི་ཡུལ་གྱི་དུས་ལ་གཞིབ་བསྡུར་བྱས་ན། མི་ཡུལ་ཁམས་ཀྱི“མི་ལོ་བདུན་བརྒྱ”ཡིན་ཟེར། འདས་མཆོད་ཀྱི་ཚོ་ག“བདུན་ཚིགས”ཀྱི་དུས་ཡུན་དང་འདི་གཉིས་བར་འབྲེལ་བ་ཡོད་ཅེས་བསྟན་བཅོས་རྣམས་སུ་གསལ་བཤད་མ་བྱས་ཀྱང་། “ལྷ་ཚེ་རིང་གི་སྡུག་བསྔལ”འདིར་ལྷའི་ཞག་གསུམ་དང་། བཞི། ལྔ། དྲུག་སོགས་མ་ཡིན་པར“ལྷའི་ཞག་བདུན”ནས་ལྷ་རྣམས་སྐྱེ་བ་འཕོ་བའི་

ཞག་གྲངས་བདུན་གྱི་ཁྱད་ཆོས་གླིང་འདུག་གོ །རང་ཉིད་ཀྱི་བསམ་ཚུལ་བྱས་ན་གོང་དུ་གསལ་བའི་སྟོན་པའི་མཛད་རྣམ་དང་། མགོན་པོ་ཀླུ་སྒྲུབ་ཀྱི་རྣམ་ཐར། ཡུམ་སྒྱུ་འཕྲུལ་ལྷ་མོའི་རྣམ་ཐར་བཅས་ན་གསལ་བའི་ཉིན་ཞག་བདུན་གྱི་དུས་ཡུན་འདི་དང"ལྷའི་ཞག་བདུན"ཞག་དུས་ཀྱི་གྲངས་རྣམས་སྐྱེ་བ་འཕོ་སྐྱེ་བྱེད་པའི་ཚེ་ཚད་ནི"བདུན་ཚིགས"གཏོང་བའི་འདས་མཆོད་ཀྱི་ཉིན་ཞག་གི་ཚེ་ཚད་གླིང་བ་དང་ཕན་ཚུན་བར་འབྲེལ་བ་དམ་པོ་ཡོད་པར་སྙམ་མོ། །

མཇུག་བསྡུ་བ།

"བདུན་ཚིགས"གཏོང་བ་ནི་བོད་མི་ཚོས་གཞིན་པོ་དེ་ལ་རང་གི་དགའ་ཉེ་སྤུན་མཆེད་ནས་རྗེས་འཇུག་བསྔོ་བ་བྱེད་ཚུལ་ཞིག་ཡིན། འདས་མཆོད་གཏོང་སྲོལ་འདི་ནི་ནང་བསྟན་ལ་དད་པ་བྱེད་མཁན་གྱི་བོད་ས་གནས་ཀུན་ལ་ཁྱབ་ཡོད། "བདུན་ཚིགས"གཏོང་བའི་གོམས་སྲོལ་དེ་བོད་དུ་རྒྱ་བཟའ་གཉིས་པ་ཀྱིམ་ཤིང་གོང་རྗེས་ཐང་རྒྱལ་རབས་ནས་འཁྱེར་ཡོང་བའི་གཤིན་པོར་འདས་མཆོད་བྱེད་ཚུལ་གྱི་དམངས་སྲོལ་ཞིག་རེད་འདུག དེ་ཡང་འདས་མཆོད"བདུན་ཚིགས"ནང་ངེས་པར་དུ་ཉིན་ཞག་བདུན་རེའི་དུས་ཡུན་ལ་གཏན་འཁེལ་བྱེད་དགོས་པའི་རྒྱུ་མཚན་ནི་གཙོ་བོ་ནང་བསྟན་མདོ་རྒྱུད་ཀྱི་བསྟན་བཅོས་རྣམས་སུ་གསལ་བའི་བར་དོའི་ཚེ་ཚད་ཀྱིས་གཏན་འཁེལ་བྱས་པ་ཞིག་རེད་འདུག འོན་ཀྱང་དོ་སྣང་བྱེད་དགོས་པར་སྟོན་པའི་མཛད་རྣམ། མགོན་པོ་ཀླུ་སྒྲུབ་ཀྱི་ཚེ་ཚད། ཡུམ་སྒྱུ་འཕྲུལ་ཆེན་མོའི་ན་འཆིའི་སྡུག་བསྔལ་གྱི་ཚེ་མཇུག་ཚད། "ལྷ་ཚེ་རིང"གི་ཚེ་ཚད་བཅས་ནང་བསྟན་བརྩམས་ཆོས་དང་རྣམ་ཐར་མང་པོའི་ནང་བར་དོའི་ཚེ་ཚད་ཕུད་པའི"བདུན་ཚིགས"དང་རིགས་འདྲ་བའི་ཉིན་ཞག་བདུན་གྱི་རྣམ་ཐར་མང་དུ་འདུག་པས། བོད་རིག་པ་ཞིབ་འཇུག་པ་ཚོས་ཕྱོགས་འདིར་དོ་སྣང་དང་དཔྱད་པ་བྱེད་རྒྱུ་ཡང་གལ་ཆེ་བར་སེམས་སོ། །

མཆན།

[1]《བོད་ཀྱི་དམངས་སྲོལ་གཅེས་བསྡུས།》བོད་ལྗོངས་མི་དམངས་དཔེ་སྐྲུན་ཁང་ནས་པར་དུ་བསྐྲུན། ཤོག་ངོས565པར་གསལ།

[2]དུང་དཀར་བློ་བཟང་འཕྲིན་ལས།《དུང་དཀར་ཚིག་མཛོད་ཆེན་མོ།》ཀྲུང་གོའི་བོད་རིག་པ་དཔེ་སྐྲུན་ཁང་གིས་བསྐྲུན། 2002ལོའི་ཟླ4པར་པར་ཐེངས་དང་པོ་བཏབ། ཤོག་ངོས1123པར་གསལ།

[3]རིན་ཆེན།《གཤིན་པོའི་འདས་མཆོད་བྱེད་སྟངས་ཐར་ལམ་བགྲོས་པའི་ཐེམ་སྐས་ཞེས་བྱ་བ་བཞུགས་སོ། །》བོད་ལྗོངས་མི་དམངས་དཔེ་སྐྲུན་ཁང་གིས་བསྐྲུན། 2008ལོའི་ཟླ1པར་པར་ཐེངས་དང་པོ་བཏབ། ཤོག་ངོས58པར་གསལ།

མི་ཕམ་དཀྱིས་པའི་བཞད་སྒྲ།

[4] སྒྲ་གསལ་སྣང་། 《སྒྲ་བཞིད།》 མི་རིགས་དཔེ་སྐྲུན་ཁང་གིས་བསྐྲུན། 1982ལོའི་ཟླ9པར་པར་ཐེངས་གཉིས་པ་བརྒྱབ། ཤོག་ངོས4པར་གསལ།

[5] 《བོད་རྒྱ་ཚིག་མཛོད་ཆེན་མོ།》 མི་རིགས་དཔེ་སྐྲུན་ཁང་གིས་བསྐྲུན། 1985ལོའི་ཟླ7པར་པར་ཐེངས་དང་པོ་བརྒྱབ། ཤོག་ངོས1365པར་གསལ།

[6] [10] [12] བོད་རང་སྐྱོང་ལྗོངས་རིག་དངོས་དོ་དམ་ཨུ་ཡོན་ལྷན་ཁང་ཡིག་བསྒྱུར་ཚོགས་ཆུང་ནས་ཡིག་འབྲི་མཛད། 《གྲུབ་མཐའི་ཕྱུང་བ་བརྗོད་པ།》 བོད་ལྗོངས་མི་དམངས་དཔེ་སྐྲུན་ཁང་། 1984ལོའི་ཟླ8པར་ལྷ་སར་པར་ཐེངས་དང་པོ་བཏབ། ཤོག་ངོས61、90、38པ་བཅས་སུ་གསལ།

[7] [11] ངག་དབང་བློ་བཟང་རྒྱ་མཚོ། 《བོད་ཀྱི་དེབ་ཐེར་དཔྱིད་ཀྱི་རྒྱལ་མོའི་གླུ་དབྱངས།》 མི་རིགས་དཔེ་སྐྲུན་ཁང་གིས་བསྐྲུན། 1988ལོའི་ཟླ5པར་པེ་ཅིང་ལ་པར་ཐེངས་བཞི་པ་བརྒྱབ། ཤོག་ངོས8、7པར་གསལ།

[8] འཇམ་དབྱངས་གྲགས་པ། 《གྲུབ་མཐའ་རིན་ཆེན་འཕྲེང་བ་ལ་བརྟེན་ནས་གྲུབ་མཐའ་སྨྲ་བ་དག་གི་འདོད་ཚུལ་བཤད་པ་གྲུབ་མཐའི་སྤྱི་དོན་འཆར་བའི་མེ་ལོང་ཞེས་བྱ་བ།》 ཀྲུང་གོའི་བོད་རིག་པ་དཔེ་སྐྲུན་ཁང་གིས་བསྐྲུན། 2004ལོའི་ཟླ7པར་པར་ཐེངས་དང་པོ་བཏབ། ཤོག་ངོས89པར་གསལ།

[9] འགོས་ལོ་གཞོན་ནུ་དཔལ། 《དེབ་ཐེར་སྔོན་པོ།》 སི་ཁྲོན་མི་རིགས་དཔེ་སྐྲུན་ཁང་གིས་བསྐྲུན། 1985ལོའི་ཟླ1པོར་པར་ཐེངས་དང་པོ་བརྒྱབ། ཤོག་ངོས41པར་གསལ།

[11] མཁྱེན་རབ་དབང་ཕྱུག 《གྲུབ་མཐའ།》 བོད་ལྗོངས་མི་དམངས་དཔེ་སྐྲུན་ཁང་གིས་བསྐྲུན། 2009ལོའི་ཟླ7པར་པར་ཐེངས་དང་པོ་བརྒྱབ། ཤོག་ངོས114པར་གསལ།

[13] ཁང་དཀར་ཚུལ་ཁྲིམས་སྐལ་བཟང་། 《ཁང་དཀར་ཚུལ་ཁྲིམས་སྐལ་བཟང་གི་གསུང་རྩོམ་ཕྱོགས་བསྒྲིགས།》 ཀྲུང་གོའི་བོད་རིག་པ་དཔེ་སྐྲུན་ཁང་གིས་བསྐྲུན། 1999ལོའི་ཟླ1པར་པར་ཐེངས་དང་པོ་བཏབ། ཤོག་ངོས21པར་གསལ།

[14] སྟག་ཚང་དཔལ་འབྱོར་བཟང་པོ། 《རྒྱལ་རབས་མང་པོའི་ལེགས་བཤད་རྣམ་གྲངས་ཡིད་འཛིན་ནོར་བུའི་ཐེང་བ་བཞུགས།》 ཀྲུང་གོའི་བོད་རིག་པ་དཔེ་སྐྲུན་ཁང་གིས་བསྐྲུན། 2007ལོའི་ཟླ1པར་པར་ཐེངས་དང་པོ་བཏབ། ཤོག་ངོས18པར་གསལ།

[15] ཛ་དཔལ་སྤྲུལ་རིན་པོ་ཆེ། 《སྙིང་ཐིག་སྔོན་འགྲོའི་ཁྲིད་ཡིག》 སི་ཁྲོན་མི་རིགས་དཔེ་སྐྲུན་ཁང་། 1989ལོའི་ཟླ7པར་པར་ཐེངས་དང་པོ་བཏབ། ཤོག་ངོས144-145བར་གསལ།

《བོད་ལྗོངས་སློབ་གྲྭ་ཆེན་མོའི་རིག་དེབ།》 ༢༠༡༣ལོའི་དེབ་དང་པོ་ལས་བཏུས།

ལྷ་གསོལ་བསང་གཏོང་གི་སྐོར།

༄༅། །བོད་རིགས་ཀྱི་ལྷ་གསོལ་བསང་གཏོང་གི་ཡུལ་གོམས་སྐོར་ཙུང་ཟད་གླེང་བ།

ཆབ་སྤྲེལ་ཚེ་བརྟན་ཕུན་ཚོགས།

ལྷ་གསོལ་ཞིང་བསང་གཏོང་བ་ནི་བོད་མི་རིགས་ཀྱི་ཡུལ་སྲོལ་གོམས་གཤིས་རྒྱ་ཁྱབ་ཆེ་བ་ཞིག་ཡིན། གཞི་རྐང་དེ་ནི་ཕར་བལྟས་ན་བོད་རིགས་ཀྱི་འཚོ་བའི་ནང་ནས་གལ་ཆེ་བའི་གྲས་གང་ཡང་མིན་ལ། དེང་རབས་ཀྱི་ལྟ་བའི་ཐོག་ནས་བཤད་ན་དེ་བས་ཀྱང་བརྗོད་རིན་མེད་པ་ཞིག་ཡིན་མོད། འོན་ཀྱང་དེ་ལ་ཡུལ་གོམས་གཞན་དག་དང་མི་འདྲ་བའི་ཁྱད་ཆོས་འགའ་ཤས་ལྡན་པར་སྣང་། དཔེར་ན་དེ་ནི་བོད་ཀྱི་ཡུལ་ཕྱོགས་འདི་ལ་དར་ཞིང་དེ་ལ་མ་དར་ཞེས་བརྗོད་དུ་མེད་ལ། ལོ་རྒྱུས་ཀྱི་དུས་སྐབས་གཅིག་ལ་དར་ནས་དུས་སྐབས་གཞན་ཞིག་ལ་བར་མཚམས་ཆད་པའང་མིན། སྤྱི་ཚོགས་ཀྱི་རིམ་གྲས་འདིས་སྤྱོད་པ་དེས་མི་སྤྱོད་པའི་དབྱེ་བའང་མེད་པ་སོགས་མདོར་ན། སྟོད་མངའ་རིས་ནས། བར་དབུས་གཙང་ལྟོ་བྱང་། སྨད་མདོ་ཁམས་བར་ལ་ཡོངས་སུ་ཁྱབ་པར་མ་ཟད། རྒྱལ་ནང་གི་མཚོ་སྔོན་དང་། ཀན་སུའུ། སི་ཁྲོན། ཡུན་ནན་བཅས་ཞིང་ཆེན་བཞིའི་ཁོངས་སུ་གནས་པ་སོགས་ཐ་ན་ཏ་ལམ་བོད་རིགས་གང་དུ་ཡོད་པའི་ས་ཕྱོགས་དེར་ལྷ་གསོལ་བསང་གཏོང་གི་ཡུལ་སྲོལ་གོམས་གཤིས་འདི་ཁྱབ་ཡོད་པར་སྣང་། དེ་ལྟ་བུའི་མི་རིགས་དང་མཉམ་འདྲེས་གཅིག་གྱུར་གྱི་རྣམ་པ་ལྡན་པའི་གོམས་སྲོལ་གཞན་དང་མི་འདྲ་བ་ཞིག་ཡིན་པར་བརྟེན་དེའི་འབྱུང་ཁུངས་དང་། བརྒྱུད་རིམ། འབྲེལ་བ་སོགས་ལ་ཐོག་མའི་བགྲོ་གླེང་དང་བརྟག་དཔྱད་ཞིབ་བསྡུར་ཙུང་ཟད་བྱེད་པ་དེ་ནི་རྒྱལ་ནང་གི་ སྤུན་ཟླ་མི་རིགས་ཁག་དང་། རྒྱལ་ཕྱིའི་གྲོགས་པོ་ཚོའི་ཁྲོད་དུ་བོད་ལ་ལྟ་འདོད་པ་དང་། བོད་ཤེས་འདོད་པ། ལྷག་པར་བོད་རིག་པར་ཞིབ་འཇུག་བྱེད་འདོད་ཡོད་མཁན་རྣམས་ལ་ཆ་མཚོན་ན་བོད་མི་རིགས་ཀྱི་ལོ་རྒྱུས་དང་། ཐུན་མོང་མ་ཡིན་པའི་སེམས་ཁམས། ཡ་མཚན་ཆེ་བའི་ཡུལ་སྲོལ་གོམས་གཤིས་བཅས་ཤེས་རྟོགས་དང་། བརྟག་དཔྱད་བྱ་རྒྱུའི་ཐད་ལ་གཅིག་བྱས་ན་ལམ་ཁྲིད་ཀྱི་སྣེ་ཤན་ནམ། ཤེས་བྱའི་སྒོ་འཕར་འབྱེད་པའི་ལྡེ་མིག་ལྟ་བུའི་བྱེད་ནུས་ངེས་ཅན་ཞིག་ཐོན་ཐུབ་སྙམ་སྟེ་ཡུལ་སྲོལ་དེའི་སྐོར་རང་ཉིད་ཀྱི་མཐོང་ཐོས་རྣམས་དཔྱད་གཞིའི་ཆེད་དུ་ཞུ་རྒྱུ་ཡིན།

དང་པོ། ཡུལ་སྲོལ་གོམས་གཤིས་དེའི་ལོ་རྒྱུས་ཀྱི་འབྱུང་ཁུངས་སྐོར།

བོད་མི་རིགས་ཀྱི་ལོ་རྒྱུས་ངོ་མ་ཞིབ་རྟོགས་བྱེད་དགོས་ན། དུས་རབས་བདུན་པའི་ཡས་མས་ཕོ་ན་ནས་ཤོད་འགོ་འཛུགས་པ་དེས་ཕུགས་རྩ་མི་ཚོད་པས་དེ་བས་ཆེས་སྔ་བའི་ལོ་རྒྱུས་ཀྱི་ཁུངས་འཚོལ་གང་ཐུབ་བྱ་དགོས། བོད་རིགས་ཀྱི་ལྷ་གསོལ་བའི་ཡུལ་གོམས་དེ་ནི་མི་ལོ་སྟོང་ཕྲག་དུ་མའི་གོང་རོལ་ནས་ཡོད་པར་མངོན་ཞིང་། དེ་ཡང་འཛམ་གླིང་གི་མི་རིགས་གཞན་དང་འདྲ་བར་དང་ཐོག་འགྲོ་བ་མིའི་རིགས་ཀྱིས་རང་བྱུང་ཁམས་ཀྱི་སྟོབས་ཤུགས་དངོས་ལ་ངོས་འཛིན་བྱེད་མ་ཐུབ་པར་འཁྲུལ་སྣང་གི་འདུ་ཤེས་ལས་བྱུང་བའི་གདོད་མའི་ཆོས་ལུགས་ཏེ་ལྷ་མང་ལ་དད་པ་བྱེད་པའི་ཤུལ་བཞག་ཅིག་ཡིན་པར་མངོན། བོད་ཀྱི་ཆེས་གནའ་རབས་ཀྱི་ལོ་རྒྱུས་ཅན་ལྡེ་ཞེས་གྲགས་པའི་ནང་གསེས་དང་པོ《ཡོ་ག་ལྷ་གྱེས་ཅན》བྱ་བ་ལས་དྲངས་པ་ལྟར་ན། ཐོག་མ་འཇིག་རྟེན་མ་ཆགས་པའི་གོང་བྱུང་བའི་ལྷ་རབས་དུ་མ་ཞིག་བགྲངས་པའི་མཇུག་ཆར“འོ་དེ་གུང་རྒྱལ་བྱ་བ་དེ་ནམ་མཁའ་འཕྲུལ་ཙམ་ན་བཞུགས་པའི་ཚེ། གནམ་གྱི་ཐང་ང་དགུ་དང་བཤོས་པའི་སྲས་དགུ་བརྒྱ་རྩ་གཅིག་འཁྲུངས་སོ། །ཆར་བབས་པའི་གྲངས་ལས་མང་བའི་ལྷ་བྲན་ཀུན་གྱི་ཡབ་མཛད་དོ། །བར་སྣང་ལ་བཞུགས་པའི་ཚེ། བར་གྱི་ཐང་ང་དགུ་དང་བཤོས་པའི་སྲས་རི་རབ་ཀྱི་རྡུལ་ཕྲན་པས་མང་བའི་ལྷ་བྲན་ཀུན་གྱི་ཡབ་མཛད། ས་དོག་ལ་གཤེགས་པའི་ཚེ་ས་སྡེ་བརྒྱད་ཀྱི་ཚིས་མཛད། མི་མངས་ཀྱི་ལྷར་གཤེགས། ལྷ་དགུའི་ཡབ་ལགས་སོ། །”[1]ཞེས་གསལ་བ་དེའི་ཐོག་ནས་གནའ་རབས་ཀྱི་མིའི་བསམ་པར། གནམ་ས་བར་སྣང་དང་བཅས་པ་ཐམས་ཅད་ལྷས་གང་ཞིང་ཡོད་ཚད་ལྷ་ལ་བརྟེན་ནས་བྱུང་བའི་ངོས་འཛིན་བྱེད་པ་དེ་མཚོན་གྱི་ཡོད། དེ་ནས་མུ་མཐུད་དེ་བོད་ཀྱི་སྲིད་པའི་ལྷ་རབས་བྱུང་ཚུལ་སྐོར་བཤད་པར། འོ་དེ་གུང་རྒྱལ་གྱིས“ཁུ་ས་ཁུ་མ་དང་བཤོས་པའི་སྲས། ཡར་ལ་ཤམ་པོ་དང་གཅིག......འཆིམས་ལྷ་ཐན་ཚོ་དང་གཉིས།......ཅེན་དབྱེ་ལྷ་སྐྱི་དཀར། ཙུང་གྲོ་ལ་གང་དུ......ཅེན་རྩང་ལྷ་ལྷ་དར། ཙུང་རྩ་ལྷ་བྱིའུ།......དགས་ལྷ་སྐམ་པོ།......ཐང་ལྷ་ཡར་བཞུར།......ཀོང་ལ་དེ་ཡག......སྐམ་ལྷའི་ལྷ་སྲས་སོ”[2]ཞེས་གསལ་བ་དེ་དག་ནི་བོད་ཀྱི་གནའ་རབས་ལྷ་ཆེན་སྔ་ཤོས་སུ་གྲགས་ཤིང་། གངས་རི་དང་གཡའ་རི་ཆེན་པོ་དེ་དག་གི་གནས་ཡུལ་ལ་དཔྱད་ན་བོད་ཀྱི་གནའ་མི་དང་པོར་ཆགས་ཤིང་འཕེལ་བའི་ཡུལ་གྲུ་གཙོ་བོ་ནི་ཀོང་པོ་དང་། དྭགས་པོ། ཨེ་ཡར་ལུང་སོགས་ཀྱི་ས་ཆ་ཡིན་པའང་ཤུགས་ཀྱིས་མཚོན་གྱི་འདུག དེ་ནས་ཞང་ཞུང་གི་ལྷ་དང་། སུམ་པའི་ལྷ། འར་བརྒྱད་ཀྱི་ལྷ་རྣམས་མཆེད་རབས་བཤད་པའི་མཇུག་ཏུ“ལྷེ་རྗེ་གུང་བཙན་དང་སྟོང་བཟའ་ཚེ་ཚོ་སྨན་དུ་བཤོས་པའི་སྲས་མཆེད་བདུན་ལ། མཐོ་ལ་རྩས་ཀྱི་ལྷ། རྨ་གྲུ་རྩས་ཀྱི་ལྷ། ཡུལ་གྱི་ཡུལ་ལྷ། མཁར་གྱི་རྩེ་ལྷ། ཕྱི་ལྷ་དང་ནང་ལྷ། སྒོ་ལྷ་དང་བདུན་ནོ།”[3]ཞེས་འཁོད་པ་ལྟར་ལྷ་རྣམས་རིམ་བཞིན་མིའི་རིགས་ཀྱི་འཚོ་བའི་

ཁོར་ཡུག་དང་ཐག་ཇེ་ཉེར་གྱུར་པ་བསྟན་ཅིང་། ལྷ་དེ་དག་གསོལ་སྣངས་སྐོར་ཉེ་རབས་ཀྱི་ཡུལ་གོམས་གཤམ་དུ་འགོད་རྒྱུ་དང་། ད་དུང་ལོ་རྒྱུས་ཀྱི་ཡིག་རྙིང་དེའི་ནང་མུ་མཐུད་འཁོད་པར། "ལྷེ་རྗེ་ཟིན་གདགས་དང་གསལ་འཛིན་མ་བཀོས་པའི་སྲས། ཞིང་ལྷ་ཚང་པ། ཆུ་ལྷ་བྱང་ཡུག དོག་ལྷ་མོན་བུ། ཀ་ཡ་བཙན་པོའི་ནང་ལྷ། མུ་ཡ་བཙན་མོའི་ནང་ལྷ། ཆོས་ལྷ་རྨང་པོའི་བུ་ལྷའོ།"[4]ཞེས་གསལ་བ་ལས་རིམ་བཞིན་བོད་མིའི་ཐོན་སྐྱེད་གོང་དུ་འཕེལ་བ་དང་བསྟུན་ནས་ཞིང་ལྷ་དང་ཆུ་ལྷ་སོགས་ཐོན་ཞིང་། ད་དུང་བཙན་པོ་དང་བཙན་མོའི་ལྷ་ཞེས་སྤྱི་ཚོགས་ཐོག་རིམ་གྲས་ཀྱི་དབྱེ་བ་ཆགས་ཚུལ་མཚོན་ཞིང་། དེ་བཞིན་བོན་གྱི《མཛོད་སྒྲ་འགྲེལ》ལས། "དམུ་ཡད་ཀྱི་ལྷ་བཅོ་བརྒྱད་དེ། ཧ་ལྷ་དམར་པོ། གཡག་ལྷ་དུམ་པོ། བ་ལྷ་བཞོན་མོ། ལུག་ལྷ་གསང་པོ། ར་ལྷ་འཚེར་པོ།……སྟག་བུ་གཟིག་བུ་གཉིས། དོམ་བུ་དྲེད་བུ་གཉིས། འཕར་བུ་སྤྱང་བུ་གཉིས། དབྱི་བུ་གསའ་བུ་གཉིས། ཕ་མོ་ཚེའུ་སེར་དང་དགུ་འོ།"[5]ཞེས་གསལ་བ་ལས་ཕྱུགས་དང་གཅན་གཟན་ལའང་སོ་སོར་ལྷ་ཡོད་པ་སོགས་མདོར་ན་སྐབས་དེའི་མི་རྣམས་ཀྱི་བསམ་བློར་འཇིག་རྟེན་ན་ཡོད་རྒྱུ་མཐའ་དག་ལྷ་དང་འབྲེལ་བའི་ལྟ་ཚུལ་དེ་གསལ་པོར་མཚོན་འདུག

གཞན་ཡང་བོད་ཀྱི་ལོ་རྒྱུས་ཡིག་རྙིང་དུ་མའི་ནང་གཉའ་ཁྲི་བཙན་པོ་མ་བྱུང་བའི་ཆེས་སྔ་རོལ་ན་བོད་དུ་དབང་མཛད་བཅུའམ་ཡང་ན་དྲུག་སོགས་བྱུང་ཚུལ་འདྲེན་སྐབས་གནོད་སྦྱིན་དང་། ལྷ། ཀླུ། འདྲེ། གཉན། བཙན། བདུད། སྲིན་མ་སངས། ཟ་རམ་སྐྱེ་དྲུག་སོགས་མི་མ་ཡིན་གྱིས་དབང་བསྒྱུར་བའི་སྐབས་བྱུང་བར་བཤད་ཅིང་། དེ་དུས་ཡུལ་གྱི་མིང་དང་ལག་ཆ་དར་ཚུལ་སོགས་ཀྱི་ལོ་རྒྱུས་དེ་རྣམས་ལས་སྤྱིར་ན་གནའ་མིའི་འཕྲུལ་སྣང་གི་འདུ་ཤེས་དང་བཤད་སྲོལ་སྣ་ཚོགས་མཚོན་པ་ལོས་ཡིན་མོད། འོན་ཀྱང་དེའི་སྐོར་བོན་གྱི《བསྟན་འབྱུང》ཞེས་པའི་ནང་གསལ་བ་ལྟར་ན། དབང་སྒྱུར་མཁན་མི་མ་ཡིན་དེ་དག་དང་དབང་བསྒྱུར་ཡུལ་ཡིན་པའི་བོད་ཀྱི་གནའ་མི་རྣམས་རིམ་བཞིན་མཉམ་དུ་གནས་པ་དང་ཕན་ཚུན་འབྲེལ་བ་ཆགས་ཚུལ། གཉེན་སྦྲེལ་ནས་མི་སྲིན་འདྲེས་པའི་རྒྱུད་འཕེལ་ཚུལ་སོགས་ཀྱི་སྐོར་ཡ་མཚན་པའི་བརྒྱུད་རིམ་ཞིག་སྣང་བ་འདིར་ཞིབ་འབྲིའི་དགོས་པ་མ་མཆིས་མོད། འོན་ཀྱང་དེའི་ནང་གསེས་འབྲེལ་ཡོད་དུམ་བུ་འགའ་ཞིག་དྲངས་ན"དེ་རྗེས་བདུད་དང་སྲིན་མོས་དབང་བྱས་ཤིང་། བྲག་རི་དམར་ནག་ནགས་ཁྲོད་ལ་གནས་བཅས། འགྲོ་བ་མི་ལ་གནོད་བྱེད་དངོས་སུ་ཟ། མི་རྣམས་དུད་འགྲོའི་ཤ་ཟ་གདོང་པ་དམར། ཡུལ་མིང་བདུད་ཡུལ་ནག་པོ་དགུ་སུལ་ལམ། ཁ་རག་སྐོ་དགུ་ལྷ་སྲིན་གཉིས་ཀྱི་ཡུལ། མི་དང་སྲིན་འབྲེལ་སྲིན་གྱི་ཚ་བོ་མང་། འགལ་རྐྱེན་བྱུང་ན་ཡུལ་ལྷ་དམར་གྱིས་གསོལ།"[6]ཞེས་འཁོད་པ་ནི་བོད་མིའི་མ་རྒྱུད་བྲག་སྲིན་ལས་ཆད་པ་ཟེར་བའི་བཤད་ཚུལ་དང་ཡང་དཔྱད་གཞིའི་འབྲེལ་བ་ཡོད་པ་མ་ཟད། གནའ་བོའི་མི་ཚོར་འགལ་རྐྱེན་འཕྲད་དུས་ཡུལ་གྱི་ལྷ་ལ་དམར་མཆོད་ཀྱིས་གསོལ་ཁ་བྱེད་པའི་གོམས་སྲོལ་ནི་དེ་དུས་ནས་ཡོད་པ་གསལ་པོར་མཚོན། ཡང་མུ་མཐུད་དུམ་བུ་འོག་

མར་"དེ་རྗེས་མི་ལས་གདོན་ཟུར་བདུད་ཀྱིས་བཟུང་། རྩེ་ཤིང་རྗོ་ཁང་བྲག་ལ་གནས་བཅས་ནས། བོད་ཀྱི་ཆུ་འགོ་བཞི་འདུས་འགོ་མཇུག་བཟུང་། མི་དང་བསྔོངས་ཏེ་གཤེན་ལ་དོ་ཏུ་བསྔོས། བདུད་སྲིན་མི་དང་སྲིད་སྡེབས་དམག་དཔུང་དྲངས། སྟོན་པ་བྱོན་དུས་ཐམས་ཅད་དབང་དུ་བསྡུད། ལྷ་སྲིན་སྡེ་བརྒྱད་བཀའ་བསྒོས་དམ་ལ་བཞག མི་ལ་ལྷ་གསོལ་བྱུར་ཕུད་བཀའ་ལུང་ཕོག འདི་ཡན་ལྷ་སྲིན་མི་དང་མ་བྱེའི་དུས། བསྐལ་བའི་དུས་རབས་ཆེན་པོ་དྲུག་ཅམ་བྱུང་། མི་ལོ་དུ་མའི་བར་དུ་དེ་ལྟར་གནས། མི་ཡི་ཁྲིམ་ཡང་ས་ཁྱུང་བྲག་ཕུག་དང་། རྗོ་ཡི་ཁང་བུ་བརྩིགས་འབུབ་བྱེད་པ་ལས། ཤིང་གཅོད་ཐག་ཚེམ་སོགས་ཀྱི་ལས་མི་ཤེས། ཟས་ནི་སར་སྐྱེས་ལྕུམ་དང་ཤ་ཟ་ལས། ཞིང་ལས་བཟའ་ཤིང་འཛུགས་པའི་རིག་པ་མེད།"[7] ཅེས་གསལ་འདུག ཡིག་ཆ་འདིའི་སྐད་ཡིག་གི་བརྡ་དག་ལ་དཔྱད་ན་ལོ་རྡོ་སྟོང་ཡས་མས་ཀྱི་ཡིག་རྙིང་ཞིག་མིན་པར་སེམས་ཀྱང་། གཅིག་བྱས་ན་ཞང་ཞུང་གི་ཡིག་རྙིང་བར་སྐབས་བོད་ཡིག་ཏུ་བསྒྱུར་པའམ་ཡང་ན་བོན་གྱི་གཏེར་རྙིང་གོ་བདེར་བཅོས་པ་ཞིག་ཡིན་ཡང་སྲིད་ལ་གང་ལྟར་བརྗོད་དོན་རྣམས་དཔྱད་གཞིའི་རྒྱུ་ཆ་ཡ་མཚན་ཆེ་བ་གཅིག་མཆིས་སྙམ་ཞིང་། བོད་ཀྱི་ལོ་རྒྱུས་ཡིག་རྙིང་དུ་མའི་ནང་གདོད་མའི་སྐབས་སུ་བོད་འདིར་མི་མ་ཡིན་གྱི་དབང་མཛད་རིམ་པར་བྱུང་ཞེས་གསལ་བ་དེའི་ཐད་ཡིག་རིགས་འདིའི་གོ་དོན་ལ་དཔྱད་ན། སྐབས་དེར་འཚོ་ཐབས་ལ་དཀའ་ངལ་འཕྲད་ནས་སྦྱོང་བརྡར་མང་ཅམ་ཐོབ་པའི་གནའ་མིའི་ཚོ་པ་ཞིག་གིས་འཚོ་བའི་ཆ་རྐྱེན་ཅུང་བཟང་བའི་རྗེས་ལུས་ཀྱི་གནའ་མི་ཚོ་པ་གཞན་ཞིག་གི་གནས་ཡུལ་དུ་འོངས་ཏེ། རང་གི་འཇོན་ནུས་སྤྱད་ནས་དེར་ཡོད་ཀྱི་ཡུལ་པ་ཚོར་གནོད་འཚེ་དང་བཙན་དབང་བྱེད་སྐབས་དོ་ཟླ་མ་ཕོད་པར་བརྟེན། དངོས་པོ་ལས་འདས་པའི་སྟོབས་ཤུགས་ལ་དད་མོས་འཛིན་པའི་ལྟ་བ་དེས་ཕ་རོལ་པོ་རྣམས་ནི་གནོད་སྦྱིན་ནམ་ལྷ་དང་བདུད་སྲིན་སོགས་ཡིན་པར་སྙམ་པའི་འདུ་ཤེས་ལས་བཤད་ཚུལ་དེ་རིགས་བྱུང་ངམ་སྙམ། ཅིའི་ཕྱིར་ཞེ་ན། ཕོ་ཚོ་ཡུན་རིང་མཉམ་དུ་འགྲོགས་རྗེས་ཕན་ཚུན་རིམ་བཞིན་འབྲེལ་འདྲིས་ཆགས་པ་མ་ཟད་མཐར་གཉེན་སྡེབས་ནས་ཚ་བོ་མང་པོ་འཕེལ་ཚུལ་འདི་དག་ནི་བོད་ཀྱི་གནའ་མི་རིམ་འགྱུར་དང་མཉམ་འཇོམས་ཀྱི་ལོ་རྒྱུས་ལ་ཞིབ་འཇུག་བྱ་རྒྱུར་རྗོ་མཚར་ཆེ་བའི་དཔྱད་གཞིའི་གྲས་ཤིག་ཡིན་སྙམ་ནས་ཟུར་ཙམ་དྲངས་ཤིང་། འདིར་ཐད་ཀའི་འབྲེལ་བ་ཡོད་པ་ནི་བོན་གྱི་སྟོན་པ་གཤེན་རབ་བོད་དུ་བྱོན་སྐབས། "མི་ལ་ལྷ་གསོལ་བྱུར་ཕུད་བཀའ་ལུང་ཕོག"ཅེས་གསལ་བ་ལྟར་བོད་རིགས་ཀྱི་ལྷ་གསོལ་བའི་ཚོ་ག་ཐོག་མ་ཡང་བོན་ལུགས་ནས་དར་བ་མཚོན་པ་དེ་ཡིན། གོང་དུ་གནད་བསྡུས་ཀྱིས་དྲངས་པའི་ལོ་རྒྱུས་དེ་རྣམས་ནི་བོན་ལུགས་ལྟར་ན་འཇིག་རྟེན་ཆགས་རབས་ནས་འགོ་ཚུགས་པར་གྲགས་ཀྱང་། གང་ལྟར་གཉའ་ཁྲི་བཙན་པོའི་ཆེས་གོང་རོལ་གྱི་ལོ་རྒྱུས་ཡིན་པས་གང་དུ་མི་རྣམས་ཀྱིས་ལྷ་ཡོད་པར་ངོས་བཟུང་བའི་དུས་རབས་དེ་རང་ལ་ཡུལ་དེར་ལྷ་གསོལ་བའི་བྱེད་སྒོ་ཡང་དར་ཡོད་པ་ནི་གོར་མ་ཆག་པ་བཅས་མདོར་ན་བོད་མི་རིགས་ཀྱི་ལྷ་གསོལ་བའི་

ཡུལ་སྲོལ་གོམས་གཤིས་འདི་ལ་ཉུང་མཐར་ཡང་ད་ཕན་མི་ལོ་སྟོང་ཕྲག་འགའ་ཤས་ཀྱི་ལོ་རྒྱུས་ཡོད་ཅེས་བཤད་ཆོག

བསང་གཏོང་བ་ནི་བོད་རིགས་ཀྱི་ལྷ་གསོལ་བའི་བྱེད་སྒོའི་ནང་མེད་དུ་མི་རུང་བའི་ཆ་ལག་ཅིག་ཡིན། དེ་ཡང་བསང་གཏོང་བ་དེ་ནི་ལོ་རྒྱུས་ཀྱི་ཐོག་ནས་བཤད་ན་གཙོ་བོ་མི་ཡུལ་གྱི་བཙོག་གྲིབ་མཐའ་དག་སེལ་ནས་ལྷ་སྤྱན་འདྲེན་པའི་སྔོན་འགྲོའི་ཆོ་གར་བརྩི་བ་ཡིན་འདུག བོད་ཀྱི《ཡོངས་རྫིའི་འགྲེལ་པ》ལས་དྲངས་པ་ལྟར་ན། གཉའ་ཁྲི་བཙན་པོ་ལྷ་ཡུལ་ནས་བྱོན་ཚུལ་གླེང་སྐབས་ལྷའི་སྐུ་བོན་ཡ་ངལ་དང་། མཆེ་མི། ཙོ་མི་གསུམ་ཡང་མཉམ་དུ་མངགས་པར"ཡབ་ཀྱི་ཞལ་ནས། གནམ་ལྷ་དོག་ལ་གཤེགས་པ་ན། མི་ཡུལ་བཙོག་དང་ནས་ཆེ་བས། ཡ་ངལ་གྱིས་སྣ་དྲོངས་ཤིག མཆེ་མིས་སྐུ་ཡི་གཡས་རྗེན་ཅིག ཙོ་མིས་སྐུ་ཡི་གཡོན་རྗེན་ཅིག ཡ་ངལ་གྱིས་སེལ་དང་བསངས་ཀྱིས……"[8]ཞེས་གསལ་བ་ལྟར་ལྷ་སྤྱན་འདྲེན་དུས་ཐོག་མར་བསང་དུད་བཏུགས་ནས་ཡུལ་ཁམས་ཀྱི་བཙོག་གྲིབ་རྣམས་སེལ་དགོས་པའི་གོམས་སྲོལ་དེ་གནའ་དུས་ནས་ཡོད་པ་མཚོན་གྱིན་འདུག

གཉིས་པ། ལྷ་གསོལ་དང་སངས་རྒྱས་ཆོས་ལུགས་བར་གྱི་འབྲེལ་བ།

སྤྱི་ལོའི་དུས་རབས་བརྒྱད་པའི་ནང་བཙན་པོ་ཁྲི་སྲོང་ལྡེ་བཙན་གྱི་སྐབས་བོད་དུ་སངས་རྒྱས་ཀྱི་ཆོས་ལུགས་དར་རྒྱས་ཆེས་ཆེར་བྱུང་ཞིང་། ཕྱིན་ཆད་སངས་རྒྱས་ཀྱི་ཆོས་ལ་སྤྱོད་པ་ལས་བོན་གྱི་ལུགས་བྱེད་མི་ཆོག་པའི་བཀའ་བསྒྲགས་པ་དང་། བཙན་པོས་དབུ་རྨོང་དང་བློ་བོར་བའི་སྐོར་སོགས་བསམ་ཡས་ཀྱི་ཆོས་གཙིགས་རྗེ་རིང་དང་ཞིབ་པ་གཙིགས་ཀྱི་ཡི་གེ་ཞིབ་མོ[9]སོགས་ལའང་བཀོད་ཡོད། ནང་པ་སངས་རྒྱས་པའི་ཆོས་ལུགས་ཀྱི་དགོངས་པ་ངོ་མ་ལྟར་ན། འཇིག་རྟེན་གྱི་ལྷ་ལ་སྐྱབས་སུ་མཆི་བ་ནི་སྐྱབས་འགྲོའི་བསླབ་བྱ་དང་འགལ་བར་ནན་ཏན་གྱིས་གདམས་ཡོད། དཔེར་ན་རྒྱལ་སྲས་ཐོགས་མེད་པས"རང་ཡང་འཁོར་བའི་བཙོན་རར་བཅིངས་པ་ཡི། འཇིག་རྟེན་ལྷ་ཡིས་སུ་ཞིག་སྐྱོབ་པར་ནུས……"[10]ཞེས་གསུངས་པ་ལྟར་ཡིན་མོད། འོན་ཀྱང་བོད་དུ་བོན་གྱི་ལུགས་ལས་བརྒྱུད་པའི་ལྷ་གསོལ་བསང་གཏོང་གི་ཡུལ་སྲོལ་གོམས་གཤིས་དེ་བོན་བསྐྲུབས་པ་དང་མཉམ་དུ་མེད་པར་གྱུར་ཐུབ་མེད་ལ། དེ་ལས་ལྡོག་སྟེ་སློབ་དཔོན་པདྨ་འབྱུང་གནས་ཀྱིས་ཡར་ལྷ་ཤམ་པོ་དང་ཐང་ལྷ་ཡར་བཞུར་ལ་སོགས་སྲིད་པའི་ལྷ་ཆེན་རྣམས་དང་། གངས་དཀར་ཤ་མེད་དང་གོང་འཛིན་དེ་མོ་ལ་སོགས་བསྟན་མ་བཅུ་གཉིས་ཀྱིས་མཚོན་ལྷ་ཀླུ་མང་པོ་དམ་ལ་བཏགས་ནས་བོད་སྐྱོང་གི་སྲུང་མར་བསྐོས་པ་མ་ཟད། བསམ་ཡས་ལྷ་ཁང་བཞེངས་སྐབས་རྒྱལ་པོ་ཆེན་པོ་བཞི་སོགས་མིའི་ཁོག་ཏུ་བཀྲམས་ཏེ་ལུང་བསྟན་བྱེད་དུ་བཅུག་ཚུལ་སྐོར《ཐ་བཞེད》དང《བཀའ་ཐང》སོགས་ཀྱི་ནང་འཁོད་པ་ལྟར་བོད་དུ་ལྷ་གསོལ་བསང་གཏོང་གི་དར་

སྲོལ་ཇེ་ཆེར་གྱུར་ཅིང་། ཁྲི་སྲོང་རང་ཉིད་ཀྱིས་ཀྱང་ཕྱག་བསྟར་གནང་བའི་རྗེས་ཤུལ་ཡོད་ཟེར། དཔེར་ན་བོད་ཀྱི་ལྟེ་གནས་ལྷ་ས་གྲོང་ཁྱེར་དུ་ལོ་ལྟར་བོད་ཟླ་ལྔ་པའི་ཚེས་བཅོ་ལྔ་ཉིན་གྲོང་མི་དྲག་འཁྲིད་དཀྱུས་གསུམ་ཚང་མས་གཅིག་གྱུར་གྱིས་གཙུག་ལག་ཁང་གི་ཡང་སྟེང་སོགས་ལྷ་ཁང་ཁག་དང་། རི་ཆུ། སྐྱིད་མོས་ཚལ་སོགས་གང་སར་ལྷ་གསོལ་བསང་གཏོང་གི་བྱེད་སྒོ་གཟབ་རྒྱས་ཤིག་སྤེལ་བའི་དུས་ཆེན《འཛམ་གླིང་སྤྱི་བསང》ཞེས་ཡོངས་སུ་གྲགས་པ་དེའང་རྒན་རབས་ཀྱི་ངག་རྒྱུན་ལ། བཙན་པོ་ཁྲི་སྲོང་ལྡེ་བཙན་གྱིས་བསམ་ཡས་གཙུག་ལག་ཁང་ལེགས་པར་བཞེངས་གྲུབ་པའི་གདུང་རག་ཏུ་ལོ་དེའི་ཟླ་ལྔ་པའི་ཚེས་བཅོ་ལྔ་ཉིན་བསམ་ཡས་ཧས་པོ་རིའི་རྩེ་མོར་བསང་ཕུང་ཆེན་པོ་རི་རྩེ་ཁེབས་པ་ཞིག་བརྩིགས་ནས་ལྷ་གསོལ་བསང་མཆོད་གནང་བའི་དྲི་བཟང་གི་དུད་སྤྲིན་འཛམ་གླིང་བར་སྣང་གི་ཕྱོགས་ཀུན་དཀྲིགས་པས་དུས་སྟོན་དེར"འཛམ་གླིང་སྤྱི་བསང"དུ་གྲགས་ཤིང་། དེ་རྗེས་གདུང་རབས་གསུམ་གྱི་བར་ཕྱག་ལེན་བསྐྱངས་རུང་བཙན་པོ་དར་མས་སངས་རྒྱས་ཀྱི་ཆོས་ལུགས་བསྣུབས་པ་ནས་བཟུང་རྒྱུན་ཆད་པ་ཏཱ་ལའི་བླ་མ་ལྔ་པ་ཆེན་པོའི་སྐབས། གནའ་བོའི་ལྷ་གསོལ་དུས་སྟོན་དེ་ལྷ་ས་གྲོང་ཁྱེར་དུ་སླར་གསོ་གནང་བར་གྲགས་ཤིང《རྒྱལ་པོ་བཀའ་ཐང》དུའང་བསམ་ཡས་བཞེངས་པའི་དགའ་སྟོན་བཤད་པའི་ནང"……སྤོས་དཀར་སྣན་གྱི་དུད་པས་ལུང་པ་ཁེངས༔……"ཞེས་འཁོད་འདུག དེ་ལྟར་སྤྱིར་བཏང་གི་ལྷ་གསོལ་བསང་མཆོད་ཀྱི་ཡུལ་གོམས་དེ་མུ་མཐུད་དར་བ་མ་ཟད། ཐ་ན་དམར་མཆོད་འབུལ་བའི་གནའ་སྲོལ་དེ་ཡང་སྐབས་དེར་ད་དུང་གནས་ཡོད། འདིའི་ཐད་བོན་གྱི་མཁས་པ་ལས། སྲོག་ཆགས་བསད་ནས་ཤ་ཁྲག་གིས་ལྷ་མཆོད་པའི་གནའ་སྲོལ་དེ་ནི་སྟོན་པ་གཤེན་རབ་བོད་དུ་མ་ཕྱིན་པའི་སྔ་རོལ་དུ་བོད་ཀྱི་གདོད་མའི་བོན་པོ་སྟེ་བདུད་བོན་དང་། བཙན་བོན་ཟེར་བ་དེ་དག་གི་ལུགས་ཡིན་པ་ལས། གཡུང་དྲུང་བོན་གྱི་ལུགས་ལ་དམར་མཆོད་བྱེད་སྲོལ་མེད་ཅེས་གསལ་བཤད་གནང་འདུག གང་ལྟར་ཡང་དམར་མཆོད་ནི་གནའ་རབས་ཀྱི་མི་ཆོས་གཙོ་བོ་ལྷ་སྲུང་དཔང་དུ་བཙུགས་ཏེ་བྲོ་མནའ་བོར་བའི་སྐབས་ཀྱི་ལྷ་གསོལ་ཡུལ་གོམས་ཤིག་ཡིན་ཅིང་། 《དེབ་ཐེར་དཀར་པོ》ནང་རྒྱའི་ཡིག་རྙིང་ལས་བོད་ཀྱི་གནའ་སྲོལ་སྐོར་དྲངས་པའི་བསྒྱུར་ཡིག་དུམ་བུར་ཡང"……བཙན་པོ་རྗེ་བློན་རྣམས་ལོ་ལྟར་མནའ་སྐྱེལ་ཞིང་། དེ་དུས་ལུག་ཁྱི་སྤྲེའུ་གསུམ་དམར་མཆོད་དུ་འབུལ། ལོ་གསུམ་རེ་ན་མནའ་ཆེན་སྐྱེལ་ཞིང་མཚན་གྱི་གུང་ལ་རྟ་ཕྱུགས་བོང་བུ་རྣམས་དམར་མཆོད་བྱེད། སྲོག་ཆགས་རྣམས་ཀྱི་རྐང་ལག་བཅད་ཅིང་དོན་སྙིང་མདུན་དུ་ཕྱུངས་ཏེ། བན་ཇོ་ཞིག་གིས་ཚིག་གཏོང་། གནམ་ས་རི་དང་ཉི་ཟླ་སྐར་མ་རྣམས་དཔང་དུ་བཙུགས་ཏེ། ཁྱེད་ཅག་སུས་ཀྱང་རང་ཡུལ་མི་སྲུང་ཞིང་། བསམ་ངན་དང་སེམས་མ་དྲང་བ་བྱེད་ན། གནམ་སའི་ལྷ་རྣམས་ཀྱིས་ཁྱེད་ཅག་གི་བསམ་པ་ཐམས་ཅད་མཁྱེན་པས། ད་ལྟ་བསད་པའི་དུད་འགྲོ་འདི་རྣམས་བཞིན་དུ་དུམ་བུར་བྱས་ལ་སོད་ཅིག་ཅེས"[11]ཞེས་གསལ་ཡོད། དེ་ལྟ་བུའི་ཚིག་ནི་སངས་རྒྱས་ཆོས་ལུགས་

ཀྱི་དགོངས་དོན་ལྟར་ན“འཚོ་བ་ཆོས་སུ་སླ་བ”ཞེས་རྩ་བ་ནས་བྱེད་མི་ཉུང་བའི་རྒྱབ་འགལ་ཞིག་ཡིན་མོད། འོན་ཀྱང་བོད་དུ་བསྟན་པ་སྔ་དར་གྱི་ཡར་རྒྱས་རྩེ་མོར་སོན་པའི་དུས་སྐབས་ཉག་ཅིག་སྟེ། སྤྱི་ལོ823བོད་ཆུ་ཡོས་ལོར་བཙུགས་པའི་བཙན་པོ་ཁྲི་གཙུག་ལྡེ་བཙན་རལ་པ་ཅན་དང་ཐང་གོང་མ་མུའུ་ཙུང་གི་དུས་ཐང་བོད་མཛའ་འབྲེལ་གྱི་གཙིགས་ཡིག་ཤན་སྦྱར་བརྐོས་པའི“ལྷ་སའི་རྡོ་རིང”གི་ནུབ་ལྡེབས་བོད་ཡིག་ཕྲེང༨༣ནས༨༨བར་ལ“གཉི་ཟླ་དང་གཟའ་སྐར་ལ་ཡང་དཔང་དུ་གསོལ་ཏེ། ཐ་ཚིག་གི་རྣམ་པས་ཀྱང་བཤད། སྲོག་ཆགས་བསད་དེ་མནའ་ཡང་བོར་ནས་གཙིགས་བཙས་སོ”[12]ཞེས་འཁོད་པ་ལྟར་བཙན་པོ་རྒྱལ་བློན་གྱིས་ཀྱང་གནའ་བོའི་ཡུལ་སྲོལ་སྲོག་ཆགས་བསད་དེ་མནའ་བོར་བའི་དམར་མཆོད་དངོས་སུ་གནང་བ་ལ་བལྟས་ན་བོད་ཡོངས་སུ་ཡུན་རིང་གོམས་གཤིས་སུ་གྱུར་པའི་བོན་གྱི་ལྷ་གསོལ་བསང་གཏོང་གི་ཡུལ་སྲོལ་ནི་ཉམས་མེད་མུ་མཐུད་དུ་གནས་པ་ལྟ་སྨོས་ཀྱང་ཅི་དགོས། དེ་ནི་གསལ་བཤད་བྱ་དགོས་པའི་ཕྱོགས་གཅིག་ཡིན།

འོན་ཀྱང་ད་དུང་ཕྱོགས་གཞན་ཞིག་ཡོད་པ་ནི་ཁྲི་སྲོང་ལྡེ་བཙན་གྱི་དུས་ནས་བཟུང་བོན་བསྣུབས་ཆོས་སྤེལ་གྱི་བྱ་རིམ་ནང་ལྷ་གསོལ་བསང་གཏོང་གི་ཡུལ་གོམས་གཤིས་ལུགས་དེའི་ནང་དོན་ཐད་ལ་བོན་ཚབ་ཆོས་ཀྱིས་བྱེད་པའི་འགྱུར་བ་མི་ཉུང་བ་ཞིག་བྱུང་ཡོད་པའི་ཁར་དར་མ་འུ་དུམ་བཙན་གྱི་སྐབས་ཆོས་བསྣུབས་ནས་ལོ་བརྒྱ་ལྷག་ཙམ་ཞིག་གི་རིང་བོན་དང་ཆོས་གཉིས་ཀ་རང་མོས་འགྲན་རྩོད་ཀྱི་དུས་རིམ་ཞིག་བརྒྱུད་མྱོང་ཡོད་པ་དང་། དེ་རྗེས་སངས་རྒྱས་ཆོས་ལུགས་བསྐྱར་དར་ཆེས་ཆེར་བྱུང་ནས་གྲུབ་མཐའ་མི་འདྲ་བ་དུ་མ་ཐོན་པ་བརྒྱུད་མང་ཚོགས་ཀྱི་ཡུལ་གོམས་ལྷ་གསོལ་གྱི་བྱེད་སྒོ་དེའི་ནང་དོན་ལའང་རིམ་བཞིན་ཆོས་ཕྱོགས་ཀྱི་ཤན་ཞུགས་ཇེ་ཆེར་གྱུར་པ་བཅས་འགྱུར་ལྡོག་ཅི་རིགས་ཤིག་བྱུང་བར་སྣང་། དཔེར་ན་མཆོད་ཡུལ་གྱི་ལྷ་ལ་མཚོན་ནའང་ཆོས་སྐྱོང་བའི་བསྟན་སྲུང་དམ་ཅན་རྒྱ་མཚོ་གཙོ་བོར་བྱེད་ལ། དེ་སྔའི་བོན་ལུགས་འཇིག་རྟེན་གྱི་དྲེགས་པ་རྣམས་ཀྱང་དཀར་ཕྱོགས་སྐྱོང་བའི་ལྷ་ཀླུ་གཞི་བདག་ཏུ་འགྱུར་བ་དང་། ལྷ་གསོལ་ཆེད་ལས་པའང་གནའ་བོའི་ལྷ་བོན་གྱི་ཚབ་དེ་སྔགས་པ་དང་བན་དེར་གྱུར་པ། ཚོ་གའང་བོན་གྱི་ལྷ་གསོལ་ཚབ་ཏུ་རྒྱུགས་ཛན་ལྷ་བསང་དང་། འགོ་བའི་ལྷ་ལྔའི་གསོལ་མཆོད། ལྷ་བསང་དགྲ་ལྷ་དཔངས་བསྟོད། བསང་ཆེན་བཀྲ་ཤིས་འཁྱིལ་བ། དེ་མིན་ལྷ་སྲུང་གི་གསོལ་མཆོད་སྣ་ཚོགས་སོགས་རིམ་བཞིན་ཇེ་མང་དུ་གྱུར་པ་དང་། མཆོད་རྫས་ཀྱི་ཐད་བསྟན་པ་ཕྱི་དར་ནས་སེམས་ཅན་བསད་ནས་ཤ་ཁྲག་གིས་དམར་མཆོད་བྱེད་པའི་སྲོལ་དེ་གཞི་རྩའི་ཆ་ནས་རིམ་བཞིན་མེད་པར་གྱུར་ཞིང་། ལྷ་གསོལ་བསང་གཏོང་གི་འདོད་སྨོན་དེའང་སྔོན་ཆད་ཚེ་རིང་ནད་མེད་དང་། དབང་ཐང་རླུང་རྟ་སྐྱེད་པ། མི་དང་མི་མིན་གྱི་དགྲ་བགེགས་ལས་རྣམ་པར་རྒྱལ་བ་སོགས་ཚེ་འདིའི་འདོད་དོན་ཤས་ཆེར་དམིགས་པ་དེ། རིམ་བཞིན་ཆོས་མཐུན་གྱི་ཆ་རྐྱེན་འཕེལ་ཞིང་འགལ་རྐྱེན་ཞི་བ་སོགས་ཚེ་

ཕྱི་མའི་བདེ་དོན་གཉེར་བའི་ཕྱོགས་སུ་དམིགས་ཤུགས་ཇེ་ཆེར་གྱུར་པ་སོགས་ལྟ་བུ་ཡིན། དེ་ལྟར་ཡིན་ནའང་རྒྱ་ཆེའི་བོད་རིགས་མང་ཚོགས་ཀྱི་ངོས་ནས་བཤད་ན་ལྷ་གསོལ་དང་། དར་འཛུགས། བསང་གཏོང་། རི་བསྐོར་སོགས་ཡུལ་སྲོལ་གོམས་གཤིས་ཀྱི་བྱེད་སྒོའི་རྣམ་པ་ནི་ད་ལམ་གནའ་བོའི་ལུགས་ལྟར་སྐྱོད་པ་ལས། འགྱུར་ལྡོག་དེ་ཙམ་བྱུང་མེད་པ་བཙས་མདོར་ན་བར་སྐབས་བོད་རིགས་ཀྱི་ལྷ་གསོལ་བསང་གཏོང་གི་བྱེད་སྒོ་དེ་ནི་ཆོས་མིན་བོན་མིན་བོན་ཆོས་འདྲེས་མར་སྐྱོད་པའི་མི་རིགས་ཀྱི་ཡུལ་སྲོལ་གོམས་གཤིས་ཡ་མཚན་ཅན་ཞིག་ཆགས་པ་དེའི་བསམ་བློ་དང་ལོ་རྒྱུས་ཀྱི་བརྒྱུད་ལ་སྤྱི་ཚོགས་རིག་པ་མཁས་ཅན་ཚོས་མུ་མཐུད་ཞིབ་འཇུག་བྱ་རྒྱུའི་ཁོར་ཡུག་རྒྱ་ཆེན་པོ་ཞིག་ཡོད་སྙམ་མོ། །

གསུམ་པ། ལྷ་གསོལ་དང་ཆབ་སྲིད་བར་གྱི་འབྲེལ་བ།

༡. གནའ་རབས་བོན་གྱི་ལོ་རྒྱུས་ལས་འབྱུང་བ་ལྟར་ན་ད་ཕན་མི་ལོ་ཉིས་སྟོང་ལྷག་སོང་བའི་སྤུ་རྒྱལ་གྱི་ཐོག་མའི་གདུང་རྒྱུད་གནམ་གྱི་ཁྲི་བདུན་ནས་བཟུང་བཙན་པོ་སོ་སོར་སྐུ་བོན་རེ་འབྲལ་མེད་ཡོད་ཚུལ་མིང་དང་བཅས་གསལ་ཞིང་། སྐུ་བོན་གྱི་བྱ་བ་ནི་ལྷ་གསོལ་ཞིང་འདྲེ་བཏུལ་ནས་བཙན་པོའི་སྐུའི་རིམ་གྲོ་དང་ཆབ་སྲིད་དར་བ་བྱ་རྒྱུ་དེ་ཡིན། སྤུ་རྒྱལ་གདུང་རབས་ཀྱི་སྐབས་ནས་སྐུ་ལྷ་བསྟེན་ཅིང་གསོལ་བ་དེ་ནི་རྒྱལ་ཐབས་ཀྱི་བྱ་བ་འགངས་ཆེན་ཞིག་ཏུ་བརྩི་བར་མངོན། དཔེར་ན་དེའི་མཚོན་ཚུལ་ལོ་རྒྱུས་ཁུངས་བཙན་ཞིག་ནི། གོང་པོ་དེ་མོའི་རྗེ་བཀོས་ཡི་གེའི་ཕྲེང་དྲུག་པར"……གཅེན་དཀར་པོ་ཊི། ཐོག་མ་ཡབ་གཤེགས་པའི་ཚེ། མཆེད་གཉིས་ཀྱི་སྐུ་བླ་གཉན་པོ་གསོལ་བ་དང་། སྐུ་བླ་དེ་མོ་དང་བཤོས་པ། ཡབ་ལྷ་བདག་བསྐྱིད་ཀྱིས་ཀྱང་། ལྷ་སྲས་ཀྱི་སྐུ་རིམ་གྲོ་ལ། བདགི་སྲོག་ལའ་བབ་པ་མན་ཆད་ཀྱི་ཆོ་གར་མཛད་པ། སྲོག་ཕོབས་མ་བགྱིས་ཏེ། ལྷ་སྲས་ཀྱི་ཆབ་སྲིད་འདི་ལྟར་མཐོ། དབུ་རྔོག་བརྟནད……"[13]ཅེས་འཁོད་པ་ལྟར་གྲི་གུམ་བཙན་པོའི་སྲས་ཆེ་བ་ཉ་ཁྲི་ཡབ་གཤེགས་སྐབས། སྤུ་རྒྱལ་གྱི་ཏུས་ལྷ་གསོལ་ཞིང་བསྟེན་པ་དེའི་མཐུ་ལས་གཙུང་ཤ་ཁྲི་སྟེ་བཙན་པོ་སྤུ་དེ་གུང་རྒྱལ་གདུང་རབས་དང་བཅས་པའི་ཆབ་སྲིད་འདི་ལྟར་མཐོ་བ་དང་། དབུ་རྔོག་བཙན་པོ་བྱུང་བ་དེ་ནི་གོང་ཀར་པོ་རྗེའི་མི་རྒྱུད་ཀྱི་བྱུས་རྗེས་གཙོ་བོར་རྩིས་ནས་གཙིགས་ཀྱི་རྗེ་རིང་ལ་བཀོད་པ་དེ་ལས་གནའ་དུས་ནས་ལྷ་གསོལ་བ་ནི་ཆབ་སྲིད་དར་འཕེལ་ཡོང་བའི་བྱ་གཞག་གལ་ཆེ་ཞིག་ཏུ་བཞག་པ་མཐོང་ཐུབ་ཀྱི་ཡོད།

༢. མི་ལོ་ཆིག་སྟོང་ཉིས་བརྒྱ་ལྷག་གི་གོང་སྤྱི་ལོའི་དུས་རབས་བརྒྱད་པའི་སྨད་ཆར་བཙན་པོ་ཁྲི་སྲོང་ལྡེ་བཙན་སྐུ་གཤེགས་པའི་ཚེ། ལྷ་སྲས་མུ་ནེ་བཙན་པོའི་སྤྱན་སྔར་ཡབ་ཀྱི་འདས་མཆོད་བོན་ལུགས་སུ་བྱེད་དང་། ཆོས་ལུགས་སུ་བྱེད་ཀྱི་སྐོར་ལ་བློན་པོ་ཞང་མཆིམས་བཙན་བཞེར་ལེགས་གཟིགས་དང་། ལོ་ཙྪ་བ་བཻ་རོ་ཙ་ན་གཉིས་ཤགས་འགྲེད་པའི་ལོ་རྒྱུས་ཡིག་ཆེིང་ནང་ཞང་མཆིམས་བཙན་བཞེར་

ལེགས་གཟིགས་ན་རེ། སྔོན་ཡབ་མེས་གོང་མ་རྣམས་ཀྱི་དུས་འདས་མཆོད་བོན་ལུགས་སུ་བཏང་ཚུན་ཆད་དུ“བཞུགས་ཀྱི་སྐུ་མཁར་ནི་བཙན་སྒོ་བཞི་བརྩིགས་པས་བཀྲ་ཤིས་ཤིང་ཞལ་གྲོ་བ་ལགས། བསྟེན་པའི་སྐུ་ལྷ་ནི་ཡར་ལྷ་ཤམ་པོ། གྲོངས་ཀྱི་བང་སོ་ར་བ་ཐང་དུ་བཏབ་སྟེ། ཡར་ལྷ་ཤམ་པོ་ནི་གཉན་ཤིང་མཐུ་ཆེ། ཕྱི་ལུག་ར་བ་ཐང་ནི་བཀྲ་ཤིས། དེ་ཙ་ན་གཡོ་རུ་སྨད་ནས་ཉུང་ཤས་ཙམ་ཅིག་ལས། ཟིང་པོ་རྗེ་ཁྲི་འཕང་གསུམ་དང་། ཞང་ཞུང་གི་རྒྱལ་པོ་གཉའ་ཁྱུར་ལག་མིག་ལ་སོགས་པ་རྒྱལ་རིགས་ཕྲ་མོ་མངའ་རིས་སུ་འདུས་པ་ལགས། མངའ་ཐང་ཆེ་བ་དང་ཆབ་སྲིད་མཐོ་བ་ནི་གཙུག་ལག་དང་ལྡན་པས་བྱུང་སྟེ། སྐུ་གཤེན་ཚེ་ཅོག་དག་གི་ལྟོ་སྐྱིད་ཀྱང་ལེགས་པ་འདྲ། ཕ་བ་སྐུ་གཤེན་པ་དག་གིས་སྟོང་འདད་ཆེ་ཞིང་ཞལ་གྲོ་བ་ལས། ད་འདི་ལས་བཟློག་སྟེ་འདད་བན་དེས་མཛད་དེ། རྒྱ་གར་གྱི་ཆོས་ལུགས་སམ་མཛད་སྤྱོད་ལྟར་བགྱིས་ནས། གལ་ཏེ་བཀྲ་མི་ཤིས་པ་དག་བྱུང་ན། བླ་སྒོ་གཉིས་དབར་གྱི་ཆབ་སྲིད་དམས་པར་ངེས་པས། རིང་ལུགས་ཀྱི་བན་དེ་ཆེན་པོ་དང་བློན་པོ་རྣམས་མཐུན་པར་གྱིས་ལ་འདད་བོན་ལུགས་སུ་བྱ་བར་རིགས་སོ་ཞེས་གླེངས་སོ། །དེ་ནས་བཻ་རོ་ཙ་ནའི་ཞལ་ནས་ཆོག་དེས་ལྟང་མི་ཆོད……ཡར་ལྷ་ཤམ་པོ་གཉན་བགྱི་བ་དེ་ཨོ་ཕེ་བ་ལགས་ཏེ། དེ་བས་གཉན་ཞིང་མཐུ་ཆེ་བ་རྒྱལ་པོ་ཆེན་པོ་བཞིའམ། མཐུ་སྟོབས་ཀྱི་བདག་པོ་ཕྱག་ན་རྡོ་རྗེ་ལ་སོགས་པ……སྲིད་པའི་ཆོས་ཐམས་ཅད་ལ་དབང་བསྒྱུར་བ་མཆིས་ཏེ། གཉན་ཞིང་མཐུ་ཆེ་བ་དེ་ལྟ་བུ་ལགས་སོ། །བོན་གྱི་ལྟ་སྤྱོད་དང་གཙུག་ལག་ལེགས་བགྱི་བ་དེའང་ཨོ་ཕེ་བ་ལགས་ཏེ་ཟིང་པོའི་རྒྱལ་པོ་ཁྲི་འཕང་གསུམ་གྱིས་ལྷ་སྙིང་རྗེ་མེད་པའི་ཐང་ལྷ་ཡར་ལྷ་གསོལ། འཕན་ཡུལ་གྱི་ཨག་གཤེན་རྣམ་གཉིས་ཀྱིས་གནག་ལུག་དང་རྟ་ལ་སོགས་པ་དུད་འགྲོ་མང་པོ་ནི་བསད། འདྲེར་མགྲིན་དང་གཙོ་མི་ལ་སོགས་པ་འདྲེ་གསུར་འདོད་དང་། བོན་ལུགས་འདོད་མང་པོ་བསགས། སྡིག་སྔ་མའི་སྟེང་དུ་ཕྱི་མ་མནན་ཏེ་འཁྲུལ་པའི་ཆོས་ལ་སྤྱད་པས། ཕོའི་བྲན་ཉ་སྨྲས་གནོན་དང་གསུམ། ཆེ་སྤོངས་འཕྲིན་དང་བཞི། མཁར་ཁྱུང་ལུང་རྒྱབ་བུ་སྣང་དང་ཆས་ནས་སྤུ་རྒྱལ་བོད་ཀྱི་མངའ་རིས་སུ་འདུས་པ་ལགས་ཏེ་དེ་ལྟོ་ཆེ་ཞིང་ཞལ་བསོད་པ་ལགས་སམ། ཞང་ཞུང་གི་རྒྱལ་པོ་གཉའ་ཁྱུར་ལག་མིག་གིས་ལྷ་སྙིང་རྗེ་མེད་པའི་གྱི་གདོ་དང་མུ་ཐུར་ནི་གསོལ། ཞང་ཞུང་གི་ཆོས་ལུགས་རྣམ་པ་བཞིར་བོན་ཤེད་བཏང་བས་ཞང་ཞུང་གི་སྲིད་བརླག་ནས། དབོན་འ་ཞའི་རྒྱལ་པོས་ལྷ་སྙིང་རྗེ་མེད་པའི་སྲིབ་དྲི་དཀར་པོ་ནི་གསོལ། དབོན་འ་ཞ་རྗེ་ཉིད་ཀྱི་ལུགས་སུ་བོན་ཤེད་ནག་པོ་བཏབ་པས་འ་ཞའི་རྒྱལ་སྲིད་བརླག་སྟེ། སྤུ་རྒྱལ་གྱི་མངའ་རིས་སུ་འདུས་པ་ལགས་སོ། །མཆིམས་དྭགས་པོའི་རྒྱལ་པོས་བོན་ཤེད་ནག་པོ་བཏང་བས་མཆིམས་ཀྱི་རྒྱལ་སྲིད་བརླག་སྟེ་ད་ལྟ་ཞང་བཙན་བཞེར་དག་ཀྱང་འབངས་ཚད་མར་གྱུར་པ་ལགས་སོ། །སྨུབས་རྗེ་སྲིབས་པོས་ལྷ་སྙིང་རྗེ་མེད་པའི་སྨུབས་ལྷ་མཐོན་དྲུག་ནི་གསོལ་གསོལ། བྱར་མི་བཏུབ་པའི་བོན་ཤེད་ནག་པོ་བཏང་བས། སྨུབས་ཀྱི་རྒྱལ་སྲིད་བརླག་སྟེ་སྨུབས་

མཁར་སྐྱ་མོ་དང་ཆས་ཏེ་བོད་ཀྱི་མངའ་རིས་སུ་འདུས་པ་ལགས་སོ། །དེ་ཙམ་དུ་ཉེས་པ་ཆེ་བའི་རྒྱུ་མཚན་གྱིས། ཤེད་བོན་ལུགས་སུ་བྱུར་མི་བཏུབ་པ་འདྲའོ། དམ་པའི་ཆོས་ནི་ལུང་ཚད་མས་ཟིན་ཏེ། དགེ་བ་བྱས་པས་མཐོ་རིས་དང་། སྲོག་གཅོད་པ་ལ་སོགས་མི་དགེ་བ་བྱས་པས་ངན་སོང་དུ་ལྟུང་ཞེས་འབྱུང་བས། འོ་སྐོལ་གྱི་རྗེ་ཁྲི་སྲོང་ལྡེ་བཙན་ལྟ་བུ་ཞིག་གཟུགས་ཕུང་སྐད་ཅིག་མིའི་ལུས་བླངས་ཀྱིས་ཀྱང་། དགོངས་པ་སངས་རྒྱས་སུ་བཞུགས་ཏེ་གཟུགས་བརྙན་གྱི་དཀྱིལ་འཁོར་བརྒྱ་རྩ་བརྒྱད་བཞེངས་པ་དང་། ཤེས་རབ་ཀྱི་ཕ་རོལ་ཏུ་ཕྱིན་པའི་མདོ་སྡེ་བརྒྱ་རྩ་བརྒྱད་བཞེངས་ཏེ་དགེ་བའི་འགྲོ་བཟང་བས་དེ་དང་རྗེས་སུ་མཐུན་བར་བགྱིད་འཚལ། འཕྲུལ་པའི་སྤྱོད་པ་ངན་པས་བསླུས་ན། དཔེར་ན་ཏ་དཀར་པོ་ལ་སྣུན་ནག་པོ་བསྟད་པ་ལྟར། སྔར་གྱི་སྒྲིབ་པ་དང་གེགས་སུ་འགྱུར་ངེས་པས་ལྷ་སྲས་ཀྱི་གཏོང་འདད་འདི་ཆོས་ལུགས་སུ་བགྱིད་པར་ཕྲུ་ཞེས་ཞུས་པས། མཆིམས་བཙན་བཞེར་ལེགས་གཟིགས་ན་རེ། བན་དེ་དག་ཁྱེད་ཀྱི་མཆིད་ཤགས་དེ་ཁུངས་ནི་ནམ་མཁའ་སྟོང་བ་ལས་བྱུང་། དུས་ཚོད་ནི་ཚེ་ཕྱི་མར་བཏབ། ཁ་ཟིག་ནི་ལྷ་སྲས་ཀྱིས་མཛད། བདག་ཅག་གི་མཆིད་གྲོས་ལྟར་མི་འགྱུར་ན་ཅི་ལེགས་པར་མངའ་གསོལ། ཕོ་བྲང་གི་མདུན་ས་ཡང་བན་དེས་བཟུང་། རྗེའི་ཞབས་ཏོག་ཀྱང་བན་དེས་གྱིས། མཐའི་སོ་ཁ་ཡང་བན་དེས་སྲུངས་ཟེར་ཕྱུགས་རྟབ་བྱས་སོང་བས། གཞན་སུས་ཀྱང་མ་སྤོབས་ཏེ་སྨྲ་བ་མ་བྱུང་ལ། སློབ་དཔོན་བཻ་རོ་ཙ་ནས་སླར་གཉེར་ངེད་རང་བན་དེས་བྱེད་ཅེས་གསུངས་པས་ལྷ་སྲས་ཀྱང་རབ་ཏུ་མཉེས་སོ……”[14]ཞེས་འཁོད་པ་ལྟར་སྐབས་དེའི་རྩ་བའི་གནད་དོན་ནི་བོན་ལུགས་དང་ཆོས་ལུགས་བར་གྱི་འཐབ་རྩོད་ཞིག་ཡིན་པ་སྨོས་མ་དགོས་མོད། འོན་ཀྱང་ཕྱོགས་གཉིས་ཀས་ཆབ་སྲིད་དར་རྒྱུད་དང་། རྒྱལ་ཕམ་ཅི་ཡོང་གི་འགག་རྩ་ནི་ལྷ་ཅི་འདྲ་ཞིག་གསོལ་བ་དང་འབྲེལ་བ་ཡོད་པར་བོད་ཀྱི་སྔོན་བྱུང་ལོ་རྒྱུས་དྲངས་ནས་རྩོད་གླེང་བྱེད་པ་འདིའི་ཐོག་ནས་ཀྱང་གནའ་དུས་ནས་བོད་དུ་ལྷ་གསོལ་གྱི་བྱ་བ་དེ་ཆབ་སྲིད་དང་འཕེལ་གྱི་རྒྱ་ལས་ས་ཞིག་ཏུ་བརྩི་བའི་སྲི་ཚོགས་ཀྱི་འདུ་ཤེས་འཛིན་སྟངས་གསལ་པོར་མཚོན་གྱིན་ཡོད།

༣.ལྷག་པར་དམག་དོན་གྱི་བྱ་གཞག་ནང་ལྷ་གསོལ་འཕྲིན་བཅོལ་གྱི་བྱེད་སྒོ་སྤེལ་རྒྱུ་དེ་ནི་འགངས་ཆེའི་གནས་བབ་ཏུ་འཛོག་པའི་གོམས་སྲོལ་ནི་ཐོག་མཐའ་བར་གསུམ་དུ་ཡོད། དེའི་མཚོན་ཚུལ་དཔེར་ན་འཛམ་གླིང་དུ་སྐད་གྲགས་ཆེ་བའི་བོད་ཀྱི་དམངས་ཁྲོད་སྙན་ངག་རིང་པོ《གེ་སར་གྱི་སྒྲུང》ཡིག་ཐོག་དང་ངག་ཐོག་ཏུ་ཁྱབ་པ་པོ་ཏི་བཅུ་ཕྲག་དུ་མའི་ནང་དུ་ཕན་ཚུན་དགྲ་འཐབ་ཀྱི་ཤགས་གླུ་འདྲ་མིན་སྟོང་ཕྲག་མང་པོ་མཆིས་པ་རེ་རེ་བཞིན་གྱི་ཐོག་མར་ཕྱོགས་སོ་སོའི་དད་མོས་བྱེད་པའི་ལྷ་གསོལ་ལྷ་འབོད་ཀྱི་སྔོན་འགྲོ་དེ་ཏ་ལམ་མེད་མི་སྲིད་པ་དང་། དམག་འཐབ་ཀྱི་འགག་རྩའི་སྐབས་སུ་ལྷའི་མཐུ་རྩལ་ལ་བརྟེན་ནས་རྣམ་པར་རྒྱལ་ཚུལ་ཡང་ནས་ཡང་དུ་ཐོས་རྒྱུ་ཡོད་པ་དེའི་ཐོག་ནས་སྤྱི་རབས་བོད་དུ་ཏུས་ཆོ་དང་ཏུས་ཆོ་འཐམ། ཚོགས་པ་དང་ཚོགས་པ་ཕན་ཚུན་དམག་འཁྲུག་རྒྱག་སྐབས་ལྷ་གསོལ་བསང་གཏོང་བྱ་རྒྱུ་

དེ་གལ་ཏ་ཅང་ཆེ་བ་ཞིག་ཏུ་བརྩི་བའི་གོམས་སྲོལ་རྒྱ་ཁྱབ་ཏུ་ཡོད་པ་དེ་གང་ལེགས་ར་སྲུང་བྱེད་ཐུབ།

༩.ལྷ་འདྲི་མི་ཁོག་ཏུ་བཀྲམས་པར་གསོལ་མཆོད་དང་ལུང་བསྟན་ཞུ་བའི་སྲོལ་དེ་བོད་དུ་དང་ཐོག་སློབ་དཔོན་པདྨ་འབྱུང་གནས་ཀྱི་སྐབས་ནས་བྱུང་ཚུལ《སྦ་བཞེད》ལས་བཤད་ཀྱང་། བཙན་པོའི་དུས་རབས་སུ་དེ་དར་འཕེལ་ཆེན་པོ་བྱུང་བ་མ་ཐོས་ཀྱང་། བོད་སིལ་བུའི་དུས་སྐབས་ནས་སྤྱི་ཚོགས་ཐོག་ལྷ་འདྲི་ཁོག་བཀྲམས་ཀྱི་སྲོལ་དེ་རིམ་བཞིན་ཁྱབ་གདལ་བྱུང་བར་སྣང་། སྤྱི་ལོའི་དུས་རབས་བཅུ་བདུན་པའི་སྨད་ཆར་དེ་སྔའི་བོད་ས་གནས་སྲིད་གཞུང་འགོ་ཚུགས་པ་ནས་བཟུང་གཞུང་ཕྱོགས་ཀྱིས་ཀྱང་གཞུང་བསྟེན་བསྟན་སྲུང་ཞེས་གནས་ཆུང་ཆོས་སྐྱོང་དང་། ལ་མོ་ཚངས་པ། བསམ་ཡས་རྩིའུ་དམར་པོ། འབྲས་སྤུངས་ཀྱི་བསྟན་མ། དགའ་གདོང་གནས་སྲུང་ཟེར་བ་སོགས་མི་ཁོག་ཏུ་བཀྲམས་ཚུལ་ལ་གསོལ་མཆོད་ཐོག ཆབ་སྲིད་དང་དམག་དོན་སོགས་གཞུང་ཕྱོགས་ཀྱི་བྱ་བ་འགངས་ཆེན་རྣམས་ཆོས་སྐྱོང་ལ་ལུང་ཞུ་ཕུལ་ཐོག གཞི་རྩའི་ཆ་ནས་ལྷ་ཡི་བཀའ་ལུང་ལྟར་ལ་ཆ་འཛོག་བྱེད་པ་སོགས་ཀྱི་ལམ་སྲོལ་དེ་ནི་བོད་ཞི་བས་བཅིངས་འགྲོལ་གྱི་སྔ་རྗེས་བར་དུ་གནས་ཡོད། གཞན་ཡང་དེ་སྔ་ལོ་རེའི་ཟླ་བ་འབྱུང་ངོ་ཅོག་གི་ཚེས་གསུམ་ནམ་ཡིན་ལ་ཆོས་གསུམ་གཟབ་གསོལ་ཞེས་བཀའ་བློན་བཞི་པོ་རེས་བསྐོར་གྱིས་གནས་ཆུང་དགོན་པར་བསྐྱོད་ནས་གཞུང་ཐོག་གི་ལྷ་གསོལ་ལུང་ཞུ་རྟག་ཏུ་བྱེད་པ་དང་། དེ་བས་གལ་ཆེ་བར་ཏླ་ལའི་བླ་མ་གར་བཞུགས་སར་གནས་ཆུང་སོགས་གཟིམ་ཆུང་སྤྱན་འདྲེན་ཞེས་ཁོག་ཞུགས་ལ་ལུང་ཞུ་ལན་འབུལ་སོགས་བྱེད་ལམ་ཡོད། གོང་གསལ་ལྷ་ཆེན་དེ་ཚོའི་སྐུ་རྟེན་རྣམས་ལའང་ཏླ་ལའི་བླ་མ་དང་། མཁན་ཆུང་། ལས་ཚན་པ་སོགས་སྲིད་གཞུང་གི་དཔོན་གནས་ཀྱི་གོ་མིང་ཐོབ་ཐང་ཡང་སོ་སོར་ཡོད། མདོར་ན་སྤྱི་ལོའི་དུས་རབས་ཉི་ཤུ་པའི་དུས་དཀྱིལ་དུའང་ཆབ་སྲིད་དང་དམག་དོན་སོགས་གལ་འགངས་ཆེ་ཤོས་ཀྱི་སྲིད་དོན་མང་པོ་ལྷ་གསོལ་ནས་ལུང་བསྟན་གང་གནང་ལ་བརྟེན་པ་དེ་ལྟ་བུ་ནི་དངོས་འབྲེལ་འཛམ་གླིང་ཐོག་མཐོང་དཀོན་པ་ཞིག་ལོས་ཡིན།

གཞན་ཡང་ལྷ་གསོལ་བསང་གཏོང་གི་བྱེད་སྒོ་དེ་ནི་བོད་ས་གནས་སྲིད་གཞུང་གི་རྒྱུན་ལྡན་བྱ་གཞག་ནང་གལ་ཆེའི་གནས་བབས་བཟུང་ཡོད། དཔེར་ན་ལོ་ལྟར་དབྱར་དགུན་སོ་སོར་བཀའ་ཤག་གིས་གཙོ་སྐྱོང་འོག ཤོད་སྐོར་གྱི་དཔོན་རིགས་ཆེ་འབྲིང་ཆུང་གསུམ་ཡོངས་རྫོགས་སོ་སོའི་གོ་བབ་ཀྱི་གཟབ་མཆོར་ཆེ་ཤོས་སྤྲས་ཏེ་ལྷ་ས་གཙུག་ལག་ཁང་གི་ཡང་སྟེང་དུ་འཚོགས་ཐོག བསང་དུད་སྤྲིན་ལྟར་དཀྲིགས་བཞིན་རྩེ་ཏ་དགོན་པའི་གྲྭ་པ་གྲངས་བཅུ་ཕྲག་ཁ་ཤས་ཀྱིས་ལྷ་གསོལ་ཚོ་ག་རོལ་དབྱངས་ཀྱི་སྒྲ་དང་བཅས་གཏོང་ཞིང་། མདའ་བོའི་དྲག་ཆས་སྤྲས་པའི་གཟིམ་ཆུང་བ་དམག་དཔུང་རྣམས་ཀྱིས་ཐད་ཤོད་པའི་གད་རྒྱང་སྒྲོག་པ་དང་། དཔལ་གསོལ་མ་ཞེས་ལྷ་ལྕམ་གྱི་རྒྱན་གོས་གཟབ་ཤོས་ཆ་ཚང་སྤྲས་པའི་བུད་མེད་བཞིས་གསེར་སྐྱེམས་ཀྱི་ཆང་ཕུད་འདེགས། ཟླ་བྲང་ཕྱག་མཛོད་ནས་དཀར་སྒོ་ཤིང་འབྲས་

བཀྱེད་པ་སོགས་བྱེད་པའི་དཔལ་ལྷའི་དབྱར་གསོལ་དང་། དགུན་གསོལ་ཞེས་ལྷ་གསོལ་བསང་གཏོང་གི་
མཛད་སྒོ་གཟབ་རྒྱས་ཐེངས་རེ་འཚར་ཅན་བྱ་དགོས། དེ་བཞིན་བཀའ་ཤག་ངོ་ལས་རྣམས་ཆེད་བསྐྱེད་
ཀྱིས་གནས་ཆུང་ཆོས་སྐྱོང་ལ་དབྱར་གསོལ་དགུན་གསོལ་དང་། དགའ་གདོང་ལ་དབྱར་གསོལ་བཅས་
གཟབ་རྒྱས་དང་འབྲེལ་ཆོས་སྐྱོང་སྐུ་གསོལ་ཐེངས་རེ་ཞུ་དགོས། དེ་དག་ནི་སྲིད་གཞུང་གི་ཡིག་ལམ་ནང་
གཏན་ལ་ཕབ་པའི་ལོ་ལྟར་ཆག་མེད་དུ་བྱ་དགོས་པའི་ལྷ་གསོལ་ཆེ་གྲས་ཡིན་ཅིང་། ད་དུང་དམིགས་
བསལ་གྱི་ཞབས་རིམ་སོགས་སྲིད་གཞུང་གིས་གཟབ་གསོལ་འཕར་མ་ཡང་དུས་ཚོད་ངེས་མེད་དུ་བྱེད་
སྲོལ་ཡོད། ཡང་ལོ་ལྟར་བོད་ཟླ་བདུན་པའི་ནང་ཏཱ་ལའི་བླ་མའི་ཡབ་གཞིས་ནས་གདན་ཞུ་བྱེད་ལམ་ལྟར་
བཀའ་ཤག་ངོ་ལས་ཡོངས་རྫོགས་ལྷ་སའི་ཤར་ངོས་འབྲུངས་ལྟར་བསྐྱེད་དེ། ཡབ་གཞིས་ཀྱི་སྐུ་ངོ་རྣམས་
དང་ལྷན་དུ་ཏཱ་ལའི་བླ་མ་སྐུ་ཕྲེང་ན་རིམ་གྱི་འཁྲུངས་ལྷ་ཡོད་པའི་མགོན་ཁང་དུ་ལྷ་གསོལ་གཟབ་རྒྱས་
ཞིག་བྱེད་སྲོལ་དེ་ཡང་བཀའ་ཤག་མགྲོན་དེབ་ནང་གསལ་བས་གཞུང་གི་བྱེད་སྒོའི་གྲས་སུ་གཏོགས། ལྷག་
པར་དུ་སྤྲེལ་ལོ་ནམ་ཤར་གྱི་བོད་ཟླ༥ཚེས༡༠ཉིན་དེ་ནི་ཨོ་རྒྱན་པདྨ་འཁྲུངས་གནས་ཀྱི་འཁྲུངས་ཆེས་ཡིན་
པར་གྲགས་ཤིང་། བོད་ཀྱི་ལྷ་ཀླུ་གཞི་བདག་རྣམས་ནི་ཨོ་རྒྱན་པདྨས་དམ་འདོགས་གནང་བར་བརྟེན་
སྤྲེལ་ལོ་སྤྲེལ་ཟླའི་ཚེས༡༠དེ་ལྷ་ཆོས་ཁྱད་པར་ཅན་ལ་བརྩི་བ་ཡིན། དེ་ཉིན་ཏཱ་ལའི་བླ་མ་མཆོག་གནས་
ཆུང་དགོན་པར་ཕེབས་སྲོལ་ལྟར་གྱི་ཆིབས་ཞབས་སུ་སྲིད་བཀའ་དང་། སྤྱི་ཁྱབ་མཁན་པོ་གཙོས་གཞུང་
ཞབས་སེར་སྐྱ་དཔོན་རིགས་ཡོངས་རྫོགས་གོ་བབ་ཀྱི་གོས་ཆས་གཟབ་མཆོར་ཆེ་ཤོས་སྤྲས་ཏེ་བཅར་
དགོས། འབྲས་སྤུངས་ཉེ་འཁོར་གྱི་བསྟན་མ(བུད་མེད)དང་། དགའ་གདོང་སོགས་ལྷ་ཕབ་མཁན་བཅུ་
གྲངས་ཙམ་ཚང་མའང་གནས་ཆུང་དུ་འཛོམས་དགོས་ཤིང་། ཏཱ་ལའི་བླ་མ་མཆོག་གནས་ཆུང་དགོན་པའི་
འདུ་ཁང་གི་ཚོགས་དབུར་བཞུགས་པའི་འོག སྐུ་འཁོར་ཞབས་འབྲིང་རྣམས་གོ་བབ་ཀྱི་གདན་ལ་འཁོད་
བསྡད། གནས་ཆུང་ཆོས་སྐྱོང་དང་། བསྟན་མ། དགའ་གདོང་རྣམས་ཀྱི་སྐུ་རྟེན་ཡང་འདུ་ཁང་ནང་གོ་
རིམ་ལྟར་སོ་སོའི་བཞུགས་སྟེགས་ཐོག་ལྷ་ཆས་སྤྲད་དེ་འཁོད་པ་དང་། གནས་ཆུང་སྒྲ་དབྱངས་གླིང་པ་
སོགས་ཀྱིས་རོལ་དབྱངས་དང་བཅས་ལྷ་སོ་སོ་སྤྱན་འདྲེན་ཞུ་ཞིང་། ལྷ་པ་གཞན་རྣམས་རྗེ་གཙལ་མཐའ་
འཁོར་གྱི་ཀ་ཐིགས་འོག་རས་ཡོལ་གྱི་བར་བཅད་འཐེན་པའི་ནང་། ཁག་སོ་སོར་མགོན་པོ་བ་དང་རྒྱུན་
བསྟེན་རང་རང་གི་ལྷ་མི་བ་རྣམས་ཀྱིས་བསྐོར་ནས་རོལ་དབྱངས་དང་བཅས་སྤྱན་འདྲེན་ཞུ་བ་དང་། རྗེ་
གཙལ་གྱི་མཐིལ་དུ་ཆོས་སྐྱོང་གི་འཁོར་ཙ་འདྲེན་སྡེ་བཞི་རྣམས་ཀྱིས་གར་འཆམ་རྒྱག་པ། སྟེང་ཤོད་ཀྱི་
མཐའ་སྐོར་དུ་གཟིམ་ཆུང་པ་དམག་དཔུང་གིས་གནའ་རབས་ཀྱི་དྲག་ཆས་སྤྲས་ཏེ་ཐད་ཤོད་བཞིན་ང
རོ་སྒྲོག་པ་སོགས་དུས་གཅིག་ཏུ་བྱེད་པས་ཇ་དང་རོལ་མོ། དུང་དང་རྒྱ་གླིང་། སིལ་སྙན་དང་རྐང་
གླིང་། སྤྱན་འདྲེན་པ་ཚོའི་འདོན་པའི་ཧ་དབྱངས་དང་། གཟིམ་དམག་གི་ཐད་ཀྱི་གད་རྒྱང་། ཀི་སྒྲ་སྭ་

སྒྲ་སོགས་ཀྱིས་རི་ཁྲུག་དེའི་ནང་གནམ་ས་འགྲུལ་བ་ལྷ་བུའི་སྒྲ་དབྱངས་དང་བཅས་པའི་ལྷ་གསོལ་གཟབ་རྒྱས་འཛམ་གླིང་ན་མཐོང་དཀོན་པ་ཞིག་བྱེད་ཀྱི་ཡོད། ལྷ་རྣམས་སྤྱན་འདྲེན་སྐུ་གསོལ་ཕེབས་ཟིན་པ་དང་འདུ་ཁང་ནང་གོ་རིམ་ལྟར་ཏཱ་ལའི་བླ་མ་མཆོག་ལ་མཇལ་ཁ་ཞུ་བར་བསྐྱོད་ཅིང་། དེ་རྗེས་གནས་ཆུང་གིས་གཙོ་བོ་བྱས་པའི་ཆོས་སྐྱོང་རྣམས་རང་རང་གི་འཁོར་དང་བཅས་པས་ལམ་སྣ་བཤད་པའི་རྗེས་སུ། ཏཱ་ལའི་བླ་མ་མཆོག་ཀྱང་ཞབས་ཐང་མར་ཕེབས་ནས་ཆིབས་ཞབས་ཞབས་འབྲིང་ཡོངས་རྫོགས་དང་བཅས་པ་གནས་ཆུང་དགོན་པའི་མཐའ་ཕྱིའི་གླིང་སྐོར་དུ་རིམ་བཞིན་ཕེབས་ཤིང་། མཐའ་སྐོར་ཡོངས་ལ་འབྲས་སྤུངས་ཀྱི་དགེ་འདུན་མཆོད་རྫས་ཐོགས་པའི་སེར་སྦྲེངས་དང་། ཕྱོགས་མཚམས་སོ་སོར་འབྲས་སྤུངས་བླ་སྤྱི་དང་གྲྭ་ཚང་ཁག་སོགས་ནས་སྐུ་ངལ་གསོ་ཡུལ་དབུ་གུར་ཁག་འགའ་ཤས་ཕུབ་པའི་ནང་། ཏཱ་ལའི་བླ་མ་སྐུ་འཁོར་ཆེ་ཁག་རྣམས་གདན་ཞུ་དང་འབྲེལ་གསོལ་ཇ་བཞེས་འབྲས་འདེགས་པ་སོགས་འདུ་ལོང་ཤིན་ཏུ་ཆེ་བ་དང་། གྲོང་ཁྱེར་ལྷ་ས་སོགས་ཉེ་འདབས་ཀྱི་མང་ཚོགས་ཁྲི་སྟོང་མང་པོ་ཡང་སྐོར་ལམ་དུ་གྲལ་སྒྲིག་ནས་ལྷ་དང་བླ་མར་མཇལ་ཁ་ཞུ་ཞིང་། ཚང་མས་ལྷ་གསོལ་གྱི་བསང་དུད་ནམ་མཁའ་ཁྱབ་པ་ལྟ་བུ་གཏོང་གི་ཡོད། གོང་གསལ་དེ་དག་གི་ཐོག་ནས་བོད་དུ་གཞུང་ཕྱོགས་ཀྱིས་ཀྱང་ལྷ་གསོལ་བསང་གཏོང་གི་བྱེད་སྒོ་དེ་གལ་ཆེའི་གནས་བབ་ཅི་འདྲ་ཞིག་ལ་འཛིན་གྱི་ཡོད་པ་གསལ་རྟོགས་བྱེད་ཐུབ་ངེས་ཡིན།

བཞི་པ། ཉེ་རབས་ཀྱི་དུས་ཚོད་ནང་བོད་ཀྱི་མང་ཚོགས་ཆོས་ལྷ་གསོལ་བྱེད་ལུགས་བྱེད་སྟངས་སྐོར།

ཐོག་མར་གནའ་རབས་ལོ་རྒྱུས་ཀྱི་རྗེས་ཤུལ་མཚོན་པའི་ཡུལ་སྲོལ་གོམས་གཤིས་ཀྱི་ལྷ་གསོལ་བྱེད་སྟངས་འགའ་ཞིག་གླིང་རྒྱུར།

༡. གོང་དུ་ལེ་ཚན་དང་པོའི་ནང་བཤད་པའི《མཐོ་ལ་རྩས་ཀྱི་ལྷ》ཞེས་པ་ནི་བོད་མི་རིགས་འཚོ་ཞིང་གནས་པའི་ཡུལ་དེ་འཛམ་གླིང་སའི་གོ་ལའི་རྩེ་མོར་ཡིན་ལ། དེ་གའི་ཁོར་ཡུག་ཕྱོགས་བཞི་མཚམས་བརྒྱད་གང་སར་རི་ཚོགས་ཀྱི་ཕྲེང་བས་བར་མེད་དུ་བསྐོར་བ་ཞིག་ཡིན་པར་བརྟེན་ཡུལ་ལུང་གཅིག་ནས་གཅིག་ཏུ་བསྐྱོད་སྐབས་ཏ་ལམ་རི་རྒྱུད་ཆེ་ཆུང་མང་ཉུང་ལ་མ་བགྱོས་པ་ཞིག་བརྒལ་དགོས། རི་བོ་བརྒལ་བ་དེ་ལ་ལ་རྒྱག་པ་ཟེར་ཞིང་རི་ལམ་དེའི་གྲིབ་སྟེ་རྫོགས་པའི་སྒང་དེར་ལ་བཙས་ཟེར་ཞིང་། དེ་གར་ལ་བཙས་ཞེས་གནའ་དུས་ནས་བསགས་པའི་རྡོ་ཕུང་ཆེན་པོ་གཅིག་གམ་ཡང་ན་འགའ་ཤས་སྤུངས་ནས་ཡོད་པ་མ་ཟད། དེའི་ཐོག་ཏུ་དར་ལྕོག་དང་། དར་ལྷི་ལ་ཅོད་པན་དང་བལ་སོགས་སྒྲིག་ནས་ཡོད། འགྲུལ་པ་དྲག་ཞན་ལ་མ་ལྟོས་པ་དེ་གར་འགྲོར་སྐབས་རྟ་པ་ཡིན་ན་རྟ་ལས་འབབ་དགོས་པ་དང་། གོས་ཀྱི་ཞུ་ཐུང་ཞུད་ཡོད་ན་ཡར་ཕྱིན་དགོས་པ་དེ་ནི་ལ་བཙས་ཀྱི་ལྷ་ལ་གུས་ཞབས་བྱེད་པ་ཞིག་ཡིན། དེ་

ནས་དར་ལྕོག་ཆོས་སྣ་ལྔ་ལྡན་ནམ། ཡང་ན་ཁ་བཏགས། ཅོད་པན། དེ་མིན་བལ་དཀར་གཙང་སོགས་གང་འཚུད་ལ་བཅས་ཀྱི་དར་ཤིང་ངམ་དར་ལྕི་ལ་སྦྲག་ཅིང་། བསང་གཏོང་བ་དང་བསང་རྫས་བསང་མར་བརྒྱབ་ཐོག་ཞྭ་མོ་ཕུད་ནས"ལམ་ལ་བར་ཆད་མི་ཡོང་བ་དང་། འདོད་པའི་བྱ་བ་འགྲུབ་པ། ཕར་འགྲོའི་སྐྱེལ་མ་དང་། ཚུར་འོང་གི་བསུ་མ་མཛོད……"ཅེས་སོགས་འདོད་གསོལ་སྨོན་ཚིག་བརྗོད་མཐར་མི་ཚང་མས་ལག་གཡས་པར་རྫམ་པ་སྦྲར་མོ་གང་རེ་ཐོགས་ཏེ་ལ་བཙས་ལ་ཁ་ཕྱོགས་ནས་གཅིག་གྱུར་གྱིས་ཡར་ལ་སྒྲིང་བཞིན་དུ་སྐད་གསང་མཐོན་པོས་སྭ་སྭ་གདངས་རིང་ལན་གསུམ་འཐེན་པའི་མཐར། གི་སྭ་ལྷ་རྒྱལ་ལོ་ཞེས་མཇུག་རྫོགས་པ་དང་རྫམ་པ་གནམ་ལ་གཏོར་བ་དེ་ལ"ལྷ་རྒྱལ་འཐེན་པ"ཞེས་ཟེར། དེ་ནས་ཕྱིར་བསྐྱོད་གོམ་པ་ཁ་ཤས་བྱས་ཏེ་ཐུར་ལམ་དུ་བབས་འགྲོ་བ་ཡིན། དེའི་དམིགས་ཡུལ་ནི་སྔར་འོངས་པའི་ཡུལ་ཕྱོགས་དེ་ནས་གདོན་འདྲེ་སོགས་རང་གི་རྗེས་སུ་འབྲང་བའི་གནོད་བྱེད་རྣམས། ལ་རྫས་ཀྱི་ལྷས་བཀག་ནས་མི་གཏོང་བ་དང་། ད་ལྟ་འགྲོ་སའི་ཡུལ་ཕྱོགས་དེའི་ལྷ་སྲུང་རྣམས་ཀྱིས་བསུ་མ་དང་སྐྱོངས་སྐྱོགས་བྱེད་པས་བསམ་དོན་འགྲུབ་པའི་རེ་བ་འཆང་བ་དེ་ཡིན་ནོ། །

༢. དེ་བཞིན"དམའ་གྲུ་རྫས་ཀྱི་ལྷ"གསོལ་ཡང་། སྔོན་ཆད་འགྲུལ་པ་རྣམས་གཙང་ཆུ་ཆེན་པོ་བརྒལ་དགོས་སྐབས་དེང་རབས་ཀྱི་ཟམ་ཆེན་མེད་པས་ཤིང་གྲུ་ལ་བསྡད་ནས་སྒྲོལ་དགོས། གྲུ་ཁར་སླེབས་པ་དང་ཆུ་འགྲམ་དུ་བསང་གཏོང་ཞིང་། ཤིང་གྲུའི་མདུན་ངོས་སུ་ཤིང་ལས་བཟོས་པའི་རྟ་མགོ་ཆེན་པོ་དར་ལྕོག་གིས་བརྒྱན་པ་རེ་ཡོད། གྲུ་ལ་ཞུགས་འཕྲལ་རྟ་མགོ་དེར་དར་ལྕོག་སྦྲག་པ་དང་། ཞྭ་མོ་ཕུད་ནས་མཆོད་འབྲུ་འཐོར་བཞིན་རེ་སྨོན་བརྗོད་སྲོལ་ཡོད། དེ་ནི་ རླུང་འཚུབ་དང་ཐ་རླབས་སོགས་ཀྱིས་གྲུ་སློག་པའམ། ཐྱིང་བ། ཁྱེར་བ། ཞིག་པ་བཅས་ཀྱི་འགལ་རྐྱེན་མི་འབྱུང་བར་བདེ་ བླག་ངང་ཕ་རོལ་དུ་བསྐྱོད་པའི་དོན་དུ་ཡིན།

༣. "ཡུལ་གྱི་ཡུལ་ལྷ"གསོལ་བ་ནི། བོད་རིགས་གནས་སའི་གྲོང་དང་། གྲོང་གསེབ། འབྲོག་པ་སོགས་ཐ་ན་དུད་ཁ་རེ་ཟུང་སྡོད་ས་ཚུན་ཆད་ཚང་མར་སྔར་ནས་རྟེན་འཛུགས་བྱས་པའི་ཡུལ་ལྷ་རེ་ཡོད། ཡུལ་དེར་གནས་པའི་ཁྱིམ་ཚང་དྲུག་འབྲིང་དཀྱུས་གསུམ་སུ་ཡིན་ཏུང་ལོ་རེའི་ལོ་གསར་སོགས་དུས་ཆེན་དང་། ལ་ལར་ཟླ་བ་འབྱུང་ངོ་ཅོག་ལ་ཟླ་གསོལ། དེ་མིན་གཉེན་སྒྲིག་སོགས་ལེགས་པའི་བྱ་བ་ཆེ་རིགས་སམ། ཡང་ན་མི་ནད་ཕྱུགས་ནད་སོགས་བར་ཆད་ཐྲད་སྐབས་བཅས་གང་ལའང་ཡུལ་ལྷ་གསོལ་བའི་གོམས་གཤིས་ཡོད། བསང་གཏོང་དར་འཛུགས་སོགས་ནི་གོང་དུ་ལ་རྫས་ཀྱི་ལྷ་གསོལ་བྱེད་སྒོ་དང་འདྲ་མཚུངས་ཡིན་ཅིང་། ད་དུང་ཡུལ་སྡེ་གང་དུ་སྐྱེས་པའི་མི་ཞིག་ཡུལ་ཕྱོགས་གཞན་དུ་གནས་སྤོས་ནའང་། སྐྱེ་ཡུལ་གྱི་ཡུལ་ལྷ་དེ་རང་གི་སྐྱེས་ལྷར་རྩིས་ནས་གསོལ་དགོས། དེ་ཡང་དུས་དུས་སུ་ཕ་ཡུལ་གང་དུ་ཡོད་པའི་ཕྱོགས་དེར་ཁ་གཏད་ནས་སྐྱེས་ལྷ་རྒྱང་གསོལ་བྱེད་པའི་གོམས་གཤིས་ཀྱང་རྒྱ་ཁྱབ་ཏུ

ཡོད། དེ་ཡང་དམིགས་འཛུགས་ཀྱི་ལྷ་རྟེན་མེད་སར་ལ་ལས་རང་གི་ཁང་པའི་ཡང་སྟེང་ནས་ཕ་ཡུལ་གྱི་ཕྱོགས་སུ་ཁ་གཏད་ནས་ལྷ་གསོལ་བ་དང་། ཡང་ལ་ལས་ཕྱི་ལོགས་ཀྱི་ས་ཆ་གཙང་མ་ཞིག་ཏུ་ཕྱིན་ནས་དེ་གར་རྡོའི་ཐོ་པོ་ཆུང་ངུ་གསུམ་བརྩིགས་པའི་མདུན་དུ་བསང་གཏོང་ཞིང་། ཡུལ་ཕྱོགས་ལ་མཆོད་འབྲུ་ཐོར་ནས་གུས་འདུད་ཀྱིས་ལྷ་གསོལ་བྱེད་མཁན་ཡང་ཡོད། ཡུལ་སྲོལ་འདིའི་ཐོག་ནས་གནའ་དུས་བོད་ཀྱི་ཡུལ་ཚོ་སོ་སོར་སྡེ་དཔོན་རེ་ཡོད་ལ། ཡུལ་དེའི་ས་མི་ནི་སྡེ་དཔོན་དེའི་ཁོངས་སུ་གཏོགས་པ་དང་། གལ་སྲིད་ཡུལ་གཞན་དུ་ཕྱིན་ཙང་མི་ཁྲལ་ལམ་མི་བོགས་རང་གི་དཔོན་ཁུངས་སུ་འཇལ་དགོས་པའི་ཐུན་གཡོག་ལམ་ལུགས་ཀྱི་སྲི་ཚོགས་ནས་བཞག་པའི་འདུ་ཤེས་དང་འབྲེལ་བ་ཡོད་པ་མཚོན།

༩. "མཁར་གྱི་རྩེ་ལྷ"ནི་བོད་ཀྱི་ཕོ་བྲང་དང་དགོན་པའི་ཡང་སྟེང་གི་རྩིག་ཟུར་དུའང་ཐུག་དང་དར་གྱི་པོད་ཙན་སོགས་འཛུགས་པ་མ་ཟད། བོད་རིགས་སྡོད་གནས་ཁང་ཁྱིམ་ཆེ་ཆུང་ཐམས་ཅད་ཀྱི་ཐོག་སྟེང་དུ་སྒྱིར་བཏང་རྩིག་ཟུར་རེར་ལྷ་རྟེན་རེ་བཟོ་བ་དེའི་ཐོག་དར་ལྕོག་ཚོས་ལྡུ་ཤིང་སྐྱི་ལེགས་ཀྱི་དར་ཤིང་གི་ཡལ་གར་གོ་རིམ་ལྟར་གནམ་སྔོན། སྤྲིན་དཀར། མེ་དམར། ཆུ་ལྗང་། ས་སེར་ཞེས་བཞལ་སྐུད་དཀར་པོས་ཚེམ་སྒྲོག་དང་། ཡང་རང་གི་ཁམས་བསྟུན་ཞེས་ཆུ་སྔོན། ཤིང་ལྗང་། མེ་དམར། ས་སེར། ལྕགས་དཀར་ཞེས་སོ་སོའི་ཁམས་མཐུན་གྱི་ཚོས་གཞི་དེ་རྩེ་མོར་བཞག་སྟེ་གོ་རིམ་ལྟར་འགོད་སྲོལ་ཡང་ཡོད་པ་ལྟར་དར་འཛུགས་དང་། ལ་ལས་བལ་ཐག་དཀར་པོའམ་རྩ་ཐག་གསར་པ་སོགས་ཀྱི་གཞུང་རྒྱུད་དུ་དར་རས་སྣ་ལྔ་གོང་གི་གོ་རིམ་ལྟར་བཅེམས་པའི་དར་ལྡི་ཁང་ཟུར་གྱི་དར་ལྕོག་ལ་བསྐོར་ནས་ཕྱོགས་བཞིར་གཏོང་བ་སོགས་རྒྱས་བསྡུས་སྲོལ་པ་ཆེ་ཆུང་ལ་བལྟོས་ཤིང་དར་འཛུགས་ནི་ཚང་མས་བྱེད་སྲོལ་མཆིས། སྤྱིར་བཏང་ལོ་གསར་གྱི་ཚེས་གསུམ་ཉིན་དར་ལྕོག་གསར་འཛུགས་རེ་ངེས་པར་བྱེད་པ་དང་། ཞོགས་ལྟར་ཐོག་བསང་གཏོང་བ། དེ་མིན་ཁྱིམ་ཚང་སོ་སོའི་བཀྲ་ཤིས་པའི་དོན་ཆེན་སྐབས་ལྷ་གསོལ་དར་འཛུགས་བྱེད་ཅིང་། ཞིབ་ཕྲའི་ལྷ་གསོལ་བྱེད་སྟངས་ནི་གོང་དུ་འཁོད་པ་ལྟར་ཡིན། དམིགས་བསལ་ཏེ་དཔེར་ན་བུ་ལ་མནའ་མ་ལེན་སྐབས་གཉེན་སྟོན་གྱི་སྐབས་གཟབ་སྐར་ལེགས་པའི་ཉིན་ཞིག་ལ་ནང་མི་ཡོངས་རྫོགས་ཡང་སྟེང་དུ་ཐོན་ནས་ལྷ་གསོལ་བ་དང་། དར་ལྕོག་གསར་པར་མནའ་མའི་ལག་པ་རེག་ཙམ་བྱས་ནས་རྩེ་ལྷའི་རྟེན་མཁར་ཐོག་འཛུགས་པ་དེ་ལ"ལྷ་འདོགས"ཞེས་ཟེར་ཞིང་། ཉིན་དེ་ནས་བཟུང་བག་མ་ཡང་ཁྱིམ་ཚང་དེའི་ནང་མིར་གྱུར་པར་བརྩི་བ་དང་། ཡང་ཁྱིམ་ཚང་ཞིག་གི་བུ་མོ་ཁྱིམ་ཚང་གཞན་ལ་བག་མར་སྟེར་ན་ལོ་གཅིག་སོང་མཚམས་ཕ་མའི་ཁྱིམ་དུ་གཉེན་འཕྲད་ལ་འོངས་སྐབས་གཟའ་སྐར་འཛོམས་པའི་ཉིན་ནང་མི་ཚང་མ་འཛོམས་ནས་ལྷ་གསོལ་དང་འབྲེལ་བུ་མོའི་ལག་པས་དར་ལྕོག་ལ་འཆང་ཞིང་། རྩེ་ལྷར་འཛུགས་པ་དེ་ལ"ལྷ་སྒྲོལ"ཞེས་ཟེར་བས་ཉིན་དེ་ནས་བཟུང་བུ་མོ་དེ་ཁྱིམ་ཚང་དེའི་མི་མིན་པར་བརྩི་བ་སོགས་འདི་དག་ཀུང་གནའ་དུས་ཙུས་ཚོའི་ཁྱིམ་རྒྱུད་ལམ་ལུགས་ཀྱི་ཤུལ་

བཞག་གོམས་གཤིས་ཤིག་ཡིན་པར་མངོན། འབྲོག་ཁུལ་དང་རོང་ས་ཤིང་གི་ཐོག་ཕེབས་ཅན་སོགས་ལའང་སྨྲ་གུར་གྱི་མདུན་ཕྱོགས་སམ་ཐོག་ཕེབས་ཀྱི་དཀྱིལ་ཐད་དུ་དར་མདུང་རེ་འཛུགས་སྲོལ་རྒྱ་ཁྱབ་ཏུ་ཡོད་པ་འདིའི་ཐད། མཁས་དབང་དགེ་འདུན་ཆོས་འཕེལ་མཆོག་ནས་བོད་ཀྱི་གནའ་སྲོལ་སྐོར་གསུང་པར། "འབངས་ཕྱིངས་ནི་འབྲོག་སྡེའི་རྣམ་པར་ཡོད་ལ། ཁྱིམ་རེ་རེ་བཞིན་གྱི་སྒོ་སྟེང་དུ་དར་མདུང་རེ་སློང་བ་འདི་ཡང་བོད་ཀྱི་ཐུན་མོང་མ་ཡིན་པའི་སྲོལ་ལྟ་བུ་ཡིན་ཏེ། དེ་ཡང་ཐོག་མར་དམག་རྟགས་སུ་མངོན་ཡང་། རྗེས་སོར་ཆོས་ཀྱི་ལས་སུ་སོང་བས། སྟོད་ན་རྒྱ་གར་དང་འདྲེས་པའི་བོད་རིགས་རྣམས་ནས་སྨད་ན་རྒྱ་ནག་གི་གྲོང་དཀྱིལ་དུ་ཡོད་པའི་བོད་ཀྱི་མི་ཁྱིམ་གཅིག་ཡིན་ruང་། སྒོ་སྟེང་དུ་དར་ལྕོག་སློང་བའི་སྲོལ་དེ་ད་ལྟའི་བར་དུ་ཡོད"[15]ཅེས་གསལ་བ་ལྟར་ཡིན་ལ། དེ་ནི་བོན་ལུགས་ཀྱི"མཁར་གྱི་རྩེ་ལྷ"བསྟེན་པའི་གནའ་ཤུལ་གྱི་ཡུལ་སྲོལ་ཞིག་ཡིན་པར་འདོད།

༥. "སྒོ་ལྷ"ནི་ཁྱིམ་ཚང་གི་སྲོས་པ་ཆེ་ཆུང་ལ་དཔགས་པའི་ཕྱི་སྒོའི་སྒོ་སྟེང་དུ་སྤགས་པས"ས་སྒོ་གནམ་སྒོ་བསྡམས་པ"ཟེར་བའི་ལུག་གི་མགོ་ལ་བལ་སྐུད་ཅོས་སྣ་ལྔས་དཀྲིས་པ་དང་། བལ་ཚོན་སྣ་ལྔའི་མདོས་བཟོས་ཏེ་འཛོག་སྲོལ་ཡོད་པ་དང་། གྲོང་གསེབ་ཀྱི་ཁྱིམ་ཚང་ཕལ་ཆེ་བའི་ཕྱི་སྒོའི་སྟེང་དུ་གཡག་གི་ར་ཅོ་དཔྱལ་ཐུས་སྤྲགས་མ་དང་རྗེ་དཀར་གོང་ཆེན་པོ་སོགས་འཛུགས་པ་མཐོང་རྒྱུ་ཡོད་ལ། དེའི་ཐོག་སྔོན་དུས་ལོ་ཤུད་ཀྱང་འབྱུལ་སྲོལ་འདུག ཡུལ་གོམས་གཤིས་ལུགས་འདི་དག་ནི་བོན་གྱི་ལུགས་ལས་བྱུང་བའི་གནའ་ཤུལ་ཞིག་ཡིན་པར་ཐེ་ཚོམ་མེད། དཔེར་ན་བོན་གྱི་ལུགས་ལ་དད་པ་བྱེད་པའི་ཁྱུང་པོ་སྟེང་ཆེན་སོགས་ཀྱི་ཁུལ་དུ་དེ་སྔ་ནས་བོན་གྱི་ལྷ་གསོལ་བྱེད་སྐབས་ཐད། རང་རང་གི་གསོལ་རྒྱུའི་རི་བྲག་ཤིང་མཚོ་སོགས་གང་ཡིན་པ་དེར་ལྷ་རྟེན་བཅས་ནས་མདོས་ལ་ཤ་བའི་ར་ཅོ་དང་འབྲོང་གི་ར་ཅོས་བརྒྱན་པ་དེར"དར་རྐོད"ཅེས་དར་ལ་རི་མོ་སོགས་ར་རིས་མ་གོས་པའམ། ཡང་ན་བལ་དཀར་གཙང་སྦྲོན་ནས་གསོལ་དགོས་པ་ཁུངས་བཙན་གྱི་ཞལ་ནས་ཐོན་པ་ལྟར་བོད་ཞིང་ཁུལ་དུ་ཤ་ཧྭ་དང་འབྲོང་ཧྭ་དཀོན་སྐབས་འབྲོང་ཚབ་གཡག་དང་། ཤ་བའི་ཚབ་ལུག་གིས་བྱས་པ་མངོན་གསལ་ལ་བརྟེན་དེ་ནི་སྒོ་ལྷ་གསོལ་བའི་ཡུལ་གོམས་ཤིག་ཡིན་པ་ར་འཕྲོད་ཅིང་། ཆོས་ལུགས་དར་ཁྱབ་དང་བསྟུན་ནས་དུས་ཕྱིས་ཁྱིམ་ཚང་མང་པོའི་ཕྱི་སྒོའི་སྟེང་དུ་རྗེ་ལ་བཀྲིས་པའི་རིགས་གསུམ་མགོན་པོའི་སྐུ་བརྙན་དང་། ལ་ལས་རྗེ་བཀྲིས་ཀྱི་མ་ཎི་ཡིག་དྲུག་འཛོག་པ་སོགས་ཀྱང་ཡོད་པ་ནི་རིམ་བཞིན་བོན་ཚབ་ཆོས་ཀྱིས་བྱས་པའི་ཆ་ཤས་ཙམ་ཡིན་པ་རྟོགས་སླའོ། །

ད་དུང་རི་ཆུ་གསོལ་བའམ། རི་བསང་ཆུ་བསང་གཏོང་བའི་སྲོལ་ཡང་བོད་དུ་རྒྱ་ཁྱབ་ཏུ་ཡོད། རི་གསོལ་བ་ནི་ཡུལ་ལུང་སོ་སོའི་ལྷ་རི་འམ་གནས་རི་གྲགས་ཅན་ནམ། ཡང་ན་ཉེ་འདབས་ཀྱི་རི་མགོ་མཐོ་ཤོས་སོགས་སུ་སྤ་རབས་ནས་ཆགས་པའི་ལྷ་ཆེན་གསོལ་བ་ཡིན་ཏེ་དེ་ཡང་ཁྱིམ་ཚང་སོ་སོའི་ནང་མི་

འགྲོ་ཐུབ་ན་རབ། དེ་མིན་ཇ་བང་བཀྲོད་བཟང་བའི་མི་སླས་ནས་ཁྱིམ་དུད་གཅིག་གམ། ཡང་ན་དུད་ཁག་མཉམ་སྦྲེལ། ཡང་ན་གྲོང་ཚོ་གཅིག་གི་ཚབ་བྱེད་པ་དེ་ལ་དར་ལྕོག་དང་། དར་ལྕི། བསང་རྫས། དྲོ་ཁ་སོགས་སྤྲད་དེ་གཏོང་སྲོལ་ཡོད། ལམ་ཐག་རིང་ཐུང་ལ་དཔག་པའི་མང་ཆེ་བ་མཚན་མོའམ་ཡང་ན་ཐོ་རངས་རི་འཛོམས་ནས་སང་ཞོགས་ཉི་མ་རི་རྩེར་ཤར་བ་དང་དུས་མཚུངས་པར་ལྷ་གསོལ་དར་འཛུགས་ཀྱིས་བསང་དུད་འཕྱུར་བར་བྱེད། ཆུ་བསང་ནི་ཡུལ་སོ་སོ་དང་ཉེ་བའི་ཆུ་ཀླུང་ཆེན་པོའི་འགྲམ་དུ་བསྐྱོད་ནས་ཆུ་འགྲམ་ལྗོན་ཤིང་གི་ཡལ་གར་དར་ལྕི་དང་ཅོད་པན་མང་པོ་སྒྲོག་པའམ་ཆུ་རགས་ཀྱི་ཟུར་ཁར་དར་ལྕོག་འཛུགས་པ་སོགས་བྱེད་ཅིང་། ཆུ་རྒྱུད་དུ་བསང་དུད་ཆེན་པོ་གཏོང་བ་དང་། ད་དུང་ལ་ལས་རྫ་ཁོག་གམ་ཤིང་སྒྲོམ་དེ་མིན་ཡོལ་གོ་གང་ཙང་གི་ནང་དུ་མེ་མདག་སྦྱངས་ཐོག་བསང་རྫས་ཕྱུར་བུར་བཏབ་སྟེ་ཆུ་བོའི་གཞུང་ལ་བསྐུར་ནས་རླུང་ཕྱོགས་སུ་དུ་རིས་འཕྱོ་བཞིན་རྒྱུད་རིང་དུ་གཏོང་བའང་མཐོང་སྲིད།

གཞན་ཡང་དེ་སྔ་གཞུང་ཕྱོགས་སམ་ཡང་ན་ཡུལ་ཚོ་ཆེ་ཁག་ལ་ལར་སྤྱིའི་བསང་གསོལ་རྒྱས་པ་བྱེད་སྐབས་དམག་དཔུང་ངམ། ཡང་ན་སྐྱེས་པའི་ཏུ་ཁག་གིས"རྟ་ཤོད་པ"ཞེས་གདངས་དབྱངས་དང་ལྡན་པའི་བཤད་པ་རྒྱག་སྲོལ་ཡོད་དེ། རྟ་ཤོག་གི་ནང་དོན་ནི་ལྷ་ལ་བསྟོད་བསྔགས་སམ། ཡུལ་ལྗོངས། རི་མཚོ་སོགས་ལ་བསྟོད་པ། རྟ་དང་གོ་མཚོན་གྱི་བཤད་པ་སོགས་སྣ་ཚོགས་ཡོད་པར་སྣང་། དཔེར་ན། དེ་སྔའི་ས་གནས་སྲིད་གཞུང་གི་གཟབ་གསོལ་སྐབས་གཟིམ་དམག་གིས་རྟ་ཤོད་པ་དང་། ཀོང་པོ་ཉིང་ཁྲི་ཁུལ་ཉ་པ་ལྷ་གསོལ་གྱི་བཤད་པ་ཞེས་པ། ལྷོ་ཁ་གཏམ་ཤུལ་ཁུལ་རྟ་སླུ་བཀྲ་ཤིས་དགུ་བརྩེགས་ཟེར་བ་ལ་སོགས་པ་དེ་དང་དེ་འདྲའི་རྟ་ཤོད་པའི་ཡུལ་སྲོལ་ཡང་གང་སར་ཡོད།

བསང་གཏོང་བའི་བསང་རྫས་གཙོ་བོ་ནི། ཤུག་པ་དང་། སྤ་མ། བ་ལུ། ཁམ་པ་སོགས་དྲི་བཟང་ལྡན་པའི་རྩི་ཤིང་གི་རིགས་ཡིན་ཅིང་། དང་དོད་ཆེ་བ་ཚོས་ཙན་དན་དཀར་དམར་དང་། ཨ་ག་རུ། གུར་གུམ། སྤང་སྤོས་སོགས་ཀྱང་བསྲེ་མཁན་ཡོད། བསང་རྩམ་ནི་གཙོ་བོ་རྩམ་པ་དང་མར་བསྲེས་ནས་བཟོ་ཞིང་། དང་དོད་ཆེ་བ་ཚོས་དཀར་གསུམ། མངར་གསུམ། སྨན་ཕྱེ་བཅས་མཉམ་བསྲེས་ཀྱིས་བསང་མེའི་ཐོག་ཏུ་འདེབས་པ་དང་། ད་དུང་ཇ་ཕུད་དང་ཆང་ཕུད། གྲིབ་སེལ་གྱི་ཆབ་འདེབས་པ་སོགས་ཀྱང་བྱེད་སྲོལ་ཡོད།

གནའ་རབས་ཀྱི་བཙན་གསོལ་བའི་དམར་མཆོད་ཀྱི་ཡུལ་སྲོལ་དེ་རིགས་རྩ་བའི་ཆ་ནས་མེད་པར་གྱུར་ཟིན་ཙང་། ཀོང་པོ་རྒྱ་ལ་གྲོང་ཚོ་དང་སྤོ་བོ་ཐང་སྨད་ཁུལ་སོགས་སུ་བཅིངས་འགྲོལ་མ་ཐོབ་གོང་སྲོལ་རྙིང་དེ་ད་དུང་གནས་ཡོད་འདུག ཁོང་ཚོས་ལྷ་གསོལ་རྒྱས་པ་བྱེད་སྐབས་ཁྱིམ་ཚང་སོ་སོའི་འབྱོར་འཁོས་ལ་གཞིགས་པའི་ར་ལུག་དང་། བྱ་དེ། ཐ་ན་སྒོ་ང་གཅིག་ཡན་ལྷ་རྟེན་གྱི་དྲུང་དུ་བཤས་ནས་དེའི་

ཤ་ཕུད་དང་ཁྲག་ཕུད་བསང་རྫས་ནང་བསྲེས་ཏེ་མེར་བསྲེགས་ཀྱི་གསོལ་ཁ་བྱེད་སྲོལ་ཡོད་ཅེས་ཐོས། དེ་ལྟ་བུ་མདོ་ཁམས་ཁུལ་གྱི་ས་ཁུལ་ཉུང་ཤས་ལའང་ཡོད་པར་གྲགས།

གོང་དུ་ཉེ་རབས་བོད་ཀྱི་ཡུལ་སྲོལ་གོམས་གཤིས་ལྷ་གསོལ་བསང་གཏོང་གི་བྱེད་སྒོའི་སྐོར་ཆེ་ལོང་ཙམ་བརྗོད་པ་འདི་ནི། རང་གི་མཐོང་ཐོས་སྤྱོད་ཚུལ་གཞིར་བཟུང་དབུས་གཙང་གཙོ་བོར་བྱས་པའི་སྤྱི་སྲོལ་མཚོན་བྱེད་ཙམ་ཡིན་ཧ་ཅང་། དེ་ཡང་ཞིབ་ཅིང་ཆ་ཚང་བ་ཞིག་བྱུང་མེད། དེ་མིན་ལྷ་གསོལ་བསང་གཏོང་གི་ཞིབ་ཕྲའི་ཡུལ་སྲོལ་ཐད་ཞིང་འབྲོག་ལུང་ཚན་སོ་སོར་བྱེ་བྲག་གི་སྲོལ་ལུགས་འདྲ་མིན་ཅུང་ཟད་ཡོད་ལ་རེ་རེ་བཞིན་བརྗོད་ཀྱིས་མི་ལངས་པས་རེ་ཞིག་འདི་ཙམ་གྱིས་འཕྲུས་པ་བྱས་སོ། །

དེ་ལྟར་བོད་མི་རིགས་ནི་རང་བྱུང་ཁམས་ཀྱི་ཆ་རྐྱེན་དང་གནས་བབ་སོགས་ལས་གདོད་མའི་དུས་རབས་ནས་བཟུང་ལྷ་ལ་དགའ་ཞིང་སྐྲག་པའི་འདུ་ཤེས་ཡུན་རིང་ལ་གཏིང་ཟབ་པ་ཞིག་ཆགས་ཡོད་པ་མ་ཟད། རྨང་གཞི་དེའི་ཐོག་དལ་ཞིང་འགོར་བའི་སྤྱི་ཚོགས་ཀྱི་བསམ་བློའི་འཕེལ་རིམ་ནང་དུས་རབས་རིམ་བྱུང་གི་བོན་དང་། སངས་རྒྱས་ཆོས་ལུགས་ཀྱི་གྲུབ་མཐའ་སོ་སོས་ཀྱང་རྣམ་པ་དང་ཐབས་ལམ་མི་འདྲ་བའི་སྒོ་ནས་ལྷ་གསོལ་བསང་གཏོང་གི་ཡུལ་གོམས་གཤིས་ལུགས་དེ་ལ་ཟུངས་ཁྲག་གསར་པ་རྒྱུན་མི་ཆད་པ་བླུག་པ་སོགས་ཀྱི་ཤུགས་རྐྱེན་འོག མི་རིགས་ཧྲིལ་པོའི་བསམ་པའི་ཡུལ་ཁམས་དེར་དངོས་ཡོད་ལས་འདས་པའི་སྟོབས་ཤུགས་ལ་རེ་དོགས་འཆང་བའི་སློག་སྒྱུར་གྱི་བག་ཆགས་ཟབ་མོ་གཞན་དང་མི་འདྲ་བ་ཞིག་བཞག་ཡོད་པ་ནི། ཆེས་གནའ་བོའི་ལྷ་གསོལ་བསང་གཏོང་གི་ཡུལ་སྲོལ་གོམས་གཤིས་དེ་མཐའ་མ་ད་ལྟའི་བར་ཁྱབ་གདལ་འདི་ལྟ་བུ་གནས་པའི་ཐོག་ནས་ཀྱང་གསལ་པོ་མཐོང་ཐུབ། འོན་ཀྱང་ཕྱོགས་གཞན་ཞིག་ནས་བལྟས་ན། བོད་འདི་མི་ལོ་བརྒྱ་ཕྲག་དུ་མའི་རིང་གཞི་རྩའི་ཆ་ནས་སྒོ་བཀག་ཁེར་རྐྱང་དུ་སྡོད་པའི་གནས་བབ་ཀྱི་ནང་དུའང་སྤྱི་ཚོགས་ཀྱི་ཐོན་སྐྱེད་གོང་དུ་འཕེལ་བ་དང་དུས་མཚུངས་ལྷ་གསོལ་གྱི་ཡུལ་གོམས་དེ་ཡང་རྣམ་པ་རང་སོར་གནས་པ་ཙམ་ལས། ནང་དོན་འདུ་ཤེས་འཛིན་སྟངས་ཐད་མི་མདོན་པའི་ངང་ནས་འགལ་ཟླའི་འཕེལ་ཕྱོགས་སུ་འགྱུར་ལྡོག་ཆེན་པོ་ཞིག་བྱུང་ཡོད་པ་དེ་ཡང་ངེས་པར་དུ་མཐོང་དགོས་པ་ལོས་ཡིན། དེ་ཙམ་དུ་མ་ཟད་བོད་རིགས་ཀྱིས་ལྷ་གསོལ་བསང་གཏོང་གི་བྱ་བར་དེ་ལྟ་བུའི་དང་ཞེན་བྱེད་པ་ལྟར་ཁོང་ཚོས་ཡང་སྙིང་ལྷ་དང་། ལྷའི་བཀའ་ལུང་སོགས་ལ་སྙིང་ནས་ཡིད་ཆེས་མཐའ་གཅིག་ཏུ་བྱེད་ཀྱི་ཡོད་དམ་མེད་ཅེ་ན། དེའི་ཐད་དངོས་གནས་ཆོག་ཐག་ཆོད་པའི་ལན་ཞིག་རྒྱག་ཁག་པོ་རེད། དཔེར་ན་དེ་སྔའི་གཞུང་ཕྱོགས་ལ་མཆོན་ནའང་ལྷ་དང་ལྷའི་ལུང་ལ་བརྩི་བཀུར་ཅི་འདྲ་བྱེད་ཚུལ་གོང་དུ་བསྟན་ཟིན་སོང་། འོན་ཀྱང་ལྷའི་བཀའ་ལུང་དེ་གལ་སྲིད་དབང་འཛིན་པའི་དགོས་མཁོ་དང་མི་འཚམས་པའི་དོན་རྐྱེན་ཞིག་ལྷགས་སྐབས། གཞུང་བསྟེན་བསྟན་སྲུང་གི་སྐུ་བརྟེན་དེ་ཚོའང་གོ་མིང་གནས་དབྱུང་དང་། ཇོ་དམ་བཙོན་འཇུག མཁར་དབང་གཞུང་བཞེས། ཐ་ན་

ཐ་ཙུག་གཞུས་ཏེ་སྐེ་སྒོ་ཁང་ཙུགས་དང་སྦྲགས་རྒྱང་འབུད་དུ་གཏོང་བ་སོགས་ཀྱི་ཉེས་ཆད་ཕོག་པའི་ལོ་རྒྱུས་མང་པོ་བྱུང་སྲོང་ཡོད། དེ་མིན་ལྷ་པ་ཆུང་ཁག་ལ་ཁྲིམས་ཉེས་ཕོག་པ་ནི་དེ་བས་བགྲང་གིས་ག་ལ་ལང་། གནས་ཚུལ་དེ་ལྟ་བུའི་འོག་སྐུ་བརྟེན་ཆོས་ཀྱང་སྐབས་སོ་སོའི་དབང་འཛིན་པའི་འགྲོ་ཕྱོགས་ལ་མི་བསྟུན་ག་མེད་ཡོང་རྒྱུ་ནི་སྨོས་ཅི་དགོས། སྣང་ཚུལ་དེ་རིགས་ལ་བརྟེན་ནས་མི་ཚོས“མི་ཁོག་ལ་ལྷ་ཞུགས་པ་མ་རེད། ལྷ་ཁོག་ལ་མི་ཞུགས་པ་རེད”ཟེར་བའི་ཤོད་སྲོལ་ཡོད། དེ་བཞིན་སྤྱི་ཚོགས་ཀྱི་ཁྲོད་དུའང་འཚོ་བ་ཇོ་མའི་ནང་ནས་བྱུང་བའི་གཏམ་དཔེ་འདི་འདྲ་ཡོད་དེ། “ཆོས་སྐྱོང་རང་མགོ་མི་ཐོན། མགོ་ནག་མི་ཡི་མགོན་སྐྱབས”ཟེར་བ་དང་། དུས་མཚུངས་ལྷའི་བཀའ་ལུང་ལའང་། “མིས་མ་ཤེས་ལྷ་ལ་དྲིས། ལྷས་མ་ཤེས་སྐྱག་རྫུན་བཤད།”ཟེར་བ་སོགས་ཀྱི་གཏམ་དཔེ་དེ་རིགས་སྤུ་མོ་ནས་བོད་ཀྱི་ས་ཁུལ་གང་སར་ཁྱུང་ལྟར་གྲགས་ཡོད། ལ་ལས་དེ་ཚོ་ནི་ཁ་བདེ་བའི་མི་རེ་ཟུང་གིས་བཤད་གད་ཀྱི་ཆེད་བྱུང་རྒྱལ་དུ་བཤད་པའི་སྐད་ཆ་ཙམ་ཞིག་ཡིན་ཟེར་མཁན་ཡང་ཡོད་སྲིད། འོན་ཀྱང་གཏམ་དཔེ་དེ་ཚོ་སྤྱི་ཚོགས་ཀྱིས་དང་ལེན་བྱས་ཏེ་མི་རབས་ནས་མི་རབས་བར་རྒྱུན་འཛིན་བྱེད་སྟངས་ལ་བལྟས་ན། དེ་ནི་བོད་མི་རིགས་ཀྱིས་ལྷ་གསོལ་ཡུན་རིང་བྱས་པའི་ཉམས་མྱོང་ཕྱོགས་བསྡོམས་ཤིག་དང་། ལྷའི་ནུས་མཐུ་ལ་ངོས་འཛིན་བྱེད་པའི་བརྒྱུད་རིམ་གྱི་རྣམ་འགྱུར་ཞིག་ཡིན་པ་མཚོན་ཐུབ་ཅེས་བཤད་ནའང་མི་འཚམས་པ་མེད་སྙམ། དེ་ལྟར་ཡིན་ནའང་མི་ལོ་སྟོང་ཕྲག་ནས་ཆགས་པའི་ཡུལ་སྲོལ་གོམས་གཤིས་དེ་རིགས་ལས་སླ་པོར་འགྱུར་ལྡོག་ཡོང་མི་སྲིད་པ་དེ་ལ་ཡ་མཚན་རྒྱུ་མེད། དེ་ཡང་མི་མང་པོ་ཞིག་ལ་ཆ་མཚོན་ན་ཕ་མེས་མི་རབས་གོང་མ་ཚོས་རྟག་ཏུ་བྱེད་ལ། རང་ཉིད་ཆུང་དུའི་དུས་ནས་འདྲིས་ཆེ་བའི་རྒྱུན་གཏན་གོམས་སྲོལ་གྱི་བྱ་བ་དེ་རིགས་མ་བྱས་ན་བློ་བདེ་པོ་མེད་པ་དང་གཅིག ཡང་ན་ཡུལ་མི་ཁྱིམ་མཚེས་སོགས་ཚང་མས་བྱེད་པའི་ཡུལ་སྲོལ་དེ་རང་གིས་མ་བྱས་པར་སྡོད་མི་ཤེས་པ་ལྟ་བུ་དང་གཉིས། ད་དུང་གཉེན་ཉེ་ཀན་རབས་དང་དེ་མིན་གྱི་ཕྱོགས་སོ་སོ་ནས་དངོས་ཤུགས་བརྒྱུད་གསུམ་གྱི་བསྐུལ་མ་ཐེབས་པ་དང་གསུམ་ལ་སོགས་པ་མདོར་ན་སྤྱི་ཚོགས་ཀྱི་མི་མངོན་པའི་སྟོབས་ཤུགས་སྣ་ཚོགས་ཀྱི་ཁྲོད་དུ་རྒྱུ་མཚན་ངོ་མ་མི་ཤེས་རུང་། “མི་ཚོས་གང་བྱེད་བྱེད་པ་ཡིན”ཟེར་བའི་དཔེ་ལྟར་གཞན་གྱི་ལད་མོ་བྱེད་མཁན་ཡང་མི་ཉུང་བ་ཞིག་གཏན་གཏན་ཡོད། ཁོང་ཚོའི་སེམས་ཁམས་དེ་གདོད་མའི་བོད་མི་ཚོའི་འདུ་ཤེས་འཛིན་སྟངས་དང་བསྡུར་ན་བར་ཁྱད་དཔག་མེད་མཆིས་པ་ནི་བཤད་ག་ལ་དགོས། ལྷག་པར་དུ་ཉེ་བའི་ལོ་རབས་ནང་བོད་ཀྱི་སྤྱི་ཚོགས་ལ་སྔོན་ཆད་མི་ལོ་སྟོང་ཕྲག་གི་ནང་བྱུང་མ་མྱོང་བའི་འགྱུར་བ་དང་། མི་དམངས་ཀྱི་དངོས་པོའི་འཚོ་བ་དང་རིག་གནས་ཀྱི་འཚོ་བར་ཡར་རྒྱས་ཆེན་པོ་བྱུང་བའི་ཁར། རྒྱལ་ནང་དང་རྒྱལ་ཕྱིའི་མཐོང་ཐོས་མགྱོགས་མྱུར་རྒྱ་ཆེར་གྱུར་པའི་ཆ་རྐྱེན་འོག་བོད་རིགས་དར་གཞོན་ཁྲི་སྟོང་མང་པོའི་རང་འགུལ་གྱི་བརྩོན་སེམས་དེ་དེང་རབས་ཀྱི་རིག་གནས་དང་། ཚན་རིག་གི་ཤེས་བྱའི་ཕྱོགས་སུ་དཔྱང་

སྐྱོད་བྱེད་མཁན་ཉིན་རེ་ནས་ཉིན་རེར་ཇེ་མང་དུ་འགྲོ་བཞིན་པ་ནི། བོད་རིགས་ཀྱི་ལོ་རྒྱུས་རྩིས་པོའི་ཐོག་ནས་བལྟས་ན་དོན་སྙིང་ཤིན་ཏུ་ཆེ་ལ་དགའ་བ་དཔག་མེད་སྐྱེ་བའི་དུས་རབས་ཀྱི་ལེའུ་གསར་པ་ཞིག་ཁ་ཕྱེ་ཡོད། ལོ་རྒྱུས་ཀྱི་བརྒྱུད་རིམ་དང་དངོས་ཡོད་ཀྱི་གནས་ཚུལ་དེ་དག་ལ་ཞིབ་ཅིང་ཕྲ་བའི་བརྟག་དཔྱད་དང་ཞིབ་འཇུག་བྱ་རྒྱུ་དེ་ཡང་བོད་ཤེས་རྣོགས་བྱ་རྒྱུ་དང་། འབྱུང་འགྱུར་ཇི་ལྟར་བྱས་ནས་མི་རིགས་ཀྱི་ཡིད་ཁམས་དང་སྙིང་སྟོབས་གོང་མཐོར་བཏང་སྟེ་སྤྱི་ཚོགས་རིང་ལུགས་ཀྱི་དངོས་པོ་དང་བསམ་པའི་དཔལ་ཡོན་དར་སྤེལ་ཡོང་བ་བྱ་རྒྱུའི་ཐད་ལ་ད་ཡོད་ཀྱི་དོན་སྙིང་ཡང་ངེས་ཅན་ཞིག་ལྡན་ཡོད་སྙམ་མོ། །

མཆན།

[1] [2] [3] [4] མཁས་པ་ལྡེའུས་མཛད་པའི《རྒྱ་བོད་ཀྱི་ཆོས་འབྱུང་རྒྱས་པ》དཔེ་རྙིང་དྲིས་མ་ཤོག་ངོས༡༢༩-༡༣༠བར་ལ་གསལ།

[5] [6] [7] [8]《འབེལ་གཏམ་ལུང་གི་སྙིང་པོ》ཕྱི་པར་མ་དེབ་ངོས༡༧、 ༢༧、 ༢༥、 ༦༥པ་བཅས་སུ་གསལ།

[9]《ཆོས་འབྱུང་མཁས་པའི་དགའ་སྟོན》ཤིང་པར་མ་ལེ་ཚན་ཇ་པའི་ཤོག་ངོས༡༠༨རྒྱབ་ནས༡༡༡པར་གསལ།

[10]《རྒྱལ་སྲས་ལག་ལེན་སོ་བདུན་མ》རུ་གསལ།

[11]《དེབ་ཐེར་དཀར་པོ》ཤིང་པར་མའི་ཤོག་ངོས༡༩པར་གསལ།

[12] [13]《བོད་ཀྱི་གནའ་རབས་ཡིག་ཆ་གཅེས་བསྡུས》པེ་ཅིང་ལྷུགས་པར་དེབ་ངོས༨དང༦༧པར་གསལ།

[14]《དབའ་བཞེད》དཔེ་རྙིང་དྲིས་མ་ཤོག་ངོས༢༦པར་གསལ།

[15]《དེབ་ཐེར་དཀར་པོ》ཤིང་པར་མའི་ཤོག་ངོས༨པར་གསལ།

《ཀྲུང་གོའི་བོད་ཀྱི་ཤེས་རིག》 ༡༩༨༨ལོའི་དེབ་བཞི་པ་ལས་བཏུས།

༄༅། །བོད་ཀྱི་ལབ་རྩེ་སྐོར་གྱི་རིག་གནས་ལ་ཅུང་ཙམ་དཔྱད་པ།

འཇམ་དབྱངས་ཐར། བྱང་མོ་སྐྱིད།

ལབ་རྩེ་ནི་བོད་མི་དམངས་ཀྱི་ལོ་རྒྱུས་འཚོ་བའི་ཁྲོད་གལ་ཆེ་བའི་གྲུབ་ཆ་ཞིག་ཡིན་སྲིད་ཀྱང་། ད་ལྟའི་བར་དུ་འདིའི་ཕྱོགས་ལ་དཔྱད་པ་བཏང་ཡོད་པ་ཧ་ཅང་དཀོན་པས། འདིར་དོ་སྣང་བྱ་རིགས་པ་ཞིག་ཡིན་པར་སྙམ་ནས་ངེད་ཅག་གི་ནུས་ཚོད་ཀྱིས་དཔྱད་པ་ཅུང་ཙམ་སྤྲོས་པའོ། །

དང་པོ། བྱུང་འཕེལ་གླེང་བ།

ལབ་རྩེ་ནི་སྔ་མོ་ཞིག་ནས་དར་ཡོད་པའི་བོད་པ་སྤྱིའི་ཡུལ་སྲོལ་ཞིག་ཡིན་སྟབས། བོད་ཀྱི་ཡུལ་གྲུ་འདི་ལ་དར་ཡོད་པ་དང་ཡུལ་ཕྱོགས་དེ་ལ་དར་མེད་ཅེས་བརྗོད་དུ་མེད་པར། སྟོད་མངའ་རིས་སྐོར་གསུམ་ནས་བར་དབུས་གཙང་རུ་བཞི། སྨད་མདོ་ཁམས་སྒང་དྲུག་བཅས་ཡུལ་གྲུ་གང་ལ་ཡང་དར་ཁྱབ་ཏུ་སོང་ཡོད་པ་ཞིག་རེད། འོ་ན་དོན་དངོས་ཐོག་ལབ་རྩེ་ཟེར་བ་ཅི་ཞིག་ཡིན་ཞེ་ན། དེ་ལ་འགྲེལ་ཚུལ་སྣ་ཚོགས་པ་མཆིས། མཁས་པ་ལ་ལས་དེ་ནི་ཞང་སྐད་ཡིན་ཞིང་ལམ་རྟགས་ཀྱི་དོན་ཡིན་པར་གསུངས་ཡོད་དེ། ས་སྟོང་ལུང་སྟོང་དུ་ཕྱུགས་འཚོ་བར་ཕྱིན་ན་ལམ་ནོར་བར་དོགས་ནས་རི་མཐོན་པོའི་རྩེ་དང་ས་མཚམས་སུ་རྡོ་བརྩིགས་བརྒྱབ་ནས་རིམ་བཞིན་ལབ་རྩེའི་སྲོལ་དུ་ཆགས་པ་དང་གཅིག གཞན་ཞིག་ནི་དང་པོ་བོད་མིའི་ཚོ་པ་ཁག་གི་བར་འཁྲུག་བཙོམ་དང་དམག་འཁྲུག་བྱུང་ན་ཡུལ་ཁམས་ཆ་མེད་མང་པོར་བརྒྱུད་དགོས་པས་རི་མཐོ་ས་དང་ས་མཚམས་ནས་མདའ་མདུང་སོགས་བཙུགས་ནས་ལམ་རྟགས་བཟོས་པ་ནས་དར་བར་བཤད། ཡང་འཆད་སྲོལ་ཞིག་ལ་ལབ་རྩེ་ཞེས་པ་སྔོན་རྒྱ་གར་དུ་ཕྱི་རོལ་པས་རྡོ་ལས་གྲུབ་པའི་མཚན་མ་བསྟན་ནས་ལྷ་དབང་ཕྱུག་ལ་མཆོད་པའི་ཚིག་ཞིག་ཡོད་པའི་མིང་ལ་མཚན་མ་ཁྱུག་པ་ཟེར། རྗེས་སུ་བོད་རྣམས་ཀྱིས་དེར་ལད་མོ་བྱས་ནས་ཁམས་ཕྱོགས་སུ་ཤྭ་ར་བསྐོར་བ་དང་། གཞན་དུ་ཤིང་དང་འབྲོང་ར་སོགས་བསྐོར་སྲོལ་དར་ཞིང་ཡུལ་དེ་ནི་གཞི་བདག་གི་གནས་ཡུལ་ཡིན་ཟེར། ཡང་ཁ་ཅིག་གིས་སྟོན་བོད་བཙན་པོའི་དུས་སྐབས་སུ། བོད་རྒྱའི་བར་དམག་འཁྲུག་བྱུང་ནས་བོད་ཀྱི་དམག་དཔོན་ཆེན་པོ་གྲོངས་པ་ན་དམག་མི་རྣམས་ཀྱིས་དམག་དཔོན་དེའི་ཕུང་པོ་རི་མཐོན་པོ་

ཞིག་ཏུ་སྤྲས་ནས། མདའ་མདུང་གི་གསུམ་བཙུགས་ཏེ་མྱུ་ངན་དང་རྗེས་དྲན་གྱི་ཚུལ་དུ་བྱེད་པ་དེ་རིམ་བཞིན་ལབ་རྩེ་བསྟོད་པའི་སྲོལ་དུ་གྱུར་པ་བཅས་བཞེད་སྲོལ་མི་མཐུན་པ་དུ་མ་ཡོད་དོ། །

ངེད་ཅག་གི་བསམ་པར་གོང་གི་བྱུང་ཚུལ་ཐོ་རེ་བ་དེ་དག་ཕྱོགས་གཅིག་ཏུ་བསྡུས་ན་རྒྱུ་མཚན་ཕལ་ཆེར་རྟོགས་ཐུབ་སྙམ། བོད་ཀྱི་ལོ་རྒྱུས་ཡིག་རྙིང་དུ་མའི་ནང་གཉའ་ཁྲི་བཙན་པོ་མ་བྱོན་པའི་ཡར་སྔོན་ནས་བོད་དུ་དབང་མཛད་དྲུག་སོགས་འདྲེན་པའི་སྐབས་གནོད་སྦྱིན་དང་། ལྷ། ཀླུ། འདྲེ། གཉན་བཙན། བདུད། སྲིན་པོ་མ་སངས་སོགས་མི་མ་ཡིན་གྱིས་དབང་བསྒྱུར་བར་བཤད་པ་དང་། 《ཡོ་ག་ལྷ་གྱིས་ཅན》ལས“འོ་དེ་གུང་རྒྱལ་བྱ་བ་དེ་ནམ་མཁའི་འཕྲུལ་ཅམ་ན་བཞུགས་པའི་ཚེ། གནམ་གྱི་ཐང་ང་དགུ་དང་བཤོས་པའི་སྲུས་དགུ་བརྒྱ་རྩ་གཅིག་འཁྲུངས་སོ། །ཆར་བབས་པའི་གྲངས་ལས་མང་བའི་ལྷ་བྲན་ཀུན་གྱི་ཡབ་མཛད་དོ། །བར་སྣང་ལ་བཞུགས་པའི་ཚེ། བར་གྱི་ཐང་ང་དགུ་དང་བཤོས་པའི་སྲུས་རི་རབ་ཀྱི་རྩལ་ཕྲན་ལས་མང་བའི་ལྷ་བྲན་ཀུན་གྱི་ཡབ་མཛད། ས་དོག་ལ་གཤེགས་པའི་ཚེ་ས་སྡེ་བརྒྱད་ཀྱི་ཆོས་མཛད། མི་མངས་ཀྱི་ལྷར་གཤེགས། ལྷ་དགུའི་ཡབ་ལགས་སོ། །”[1] སྐབས་དེར་གནམ་ས་བར་སྣང་ཡོངས་ལ་ལྷས་གང་བར་བརྗོད་པ་དང་། དེ་བཞིན་སྲིད་པའི་ལྷ་བྱུང་ཚུལ་ཀྱང་བོན་ཆས་མང་དུ་བཤད་ཡོད་པས་གསལ། བོན་གྱི《བསྟན་འབྱུང》ལས“འགལ་རྐྱེན་བྱུང་ན་ཡུལ་ལྷ་དམར་གྱིས་གསོལ”ཞེས་འཁོད་པ་ནི་བདུད་དང་སྲིན་མོས་དབང་བྱེད་སྐབས་མི་རྣམས་འགལ་རྐྱེན་ལ་འཕྲད་དུས་ཡུལ་གྱི་ལྷ་ལ་དམར་མཆོད་བྱེད་པའི་གོམས་སྲོལ་དུས་དེ་ནས་ཡོད་པར་རྟོགས་ཐུབ། དེའི་རྗེས་བོན་གྱི་སྟོན་པ་གཤེན་རབ་བོད་དུ་བྱོན་སྐབས“མི་ལ་ལྷ་གསོལ་བྱུར་ཕུད་བཀའ་ལུང་ཕོག”ཅེས་བོད་རིགས་ཀྱི་ལྷ་གསོལ་བའི་ཆོ་ག་ཐོག་མ་ཡང་བོན་ལུགས་ནས་དར་བར་མཚོན། གནའ་སྔ་མོ་ཞིག་ནས་འགྲོ་བ་མིའི་སྣང་ཚུལ་ལ་འཛིག་རྟེན་ཁམས་ཀྱི་དངོས་པོ་ཡོད་ཚད་ལ་གླའམ་རྣམ་ཤེས་གནས་ཤིང་དེ་ལ་མི་ལས་ཁྱད་འཕགས་ཀྱི་ནུས་པ་ལྡན་པར་རློམ། 《ཐང་ཡིག་གསར་རྙིང》ལས་ཀྱང“རི་དྭགས་གཉན་ནི་ལྷ་རུ་བཟུང་། མི་རྣམས་མོ་བ་རྩིས་པར་དད”[2]ཅེས་པས་བོད་མི་རིགས་ནི་གནའ་སྔ་མོ་ནས་གནམ་དང་ལྷ་ལ་མོས་པ་ཤེས། གང་ལྟར་གཉའ་ཁྲི་བཙན་པོ་ཡར་སྔོན་དུ་མི་རྣམས་ཀྱིས་གནམ་ས་བར་སྣང་གང་དུའང་ལྷ་ཡོད་པར་ངེས་བཟུང་སྟེ་ཡུལ་དེར་ལྷ་གསོལ་བའི་བྱེད་སྒོ་སྤེལ་བ་རེད། བོད་དུ་བོན་དར་ནས་བོན་བྱེ་བྲག་མང་པོར་གྱིས་ཏེ་རྒྱུའི་བོན་རིགས་བཞི་དང་འབྲས་བུའི་བོན་རིགས་ལྔ་བྱུང་། ལྷག་པར་དུ་རྒྱུའི་བོན་རིགས་བཞི་འཕེལ་རྒྱས་བྱུང་ནས་བོད་དུ་ཁྱབ། 《རྒྱལ་རབས་གསལ་བའི་མེ་ལོང》ལས“རྒྱུ་ཡི་བོན་པོ་རིགས་བཞི་ནི་སྣང་གཤེན་བལ་ཐོད་ཅན། འཕྲུལ་གཤེན་བལ་ཚོན་ཅན། ཕྱྭ་གཤེན་ཇུ་ཐིག་ཅན། དུར་གཤེན་མཚོན་ཆ་ཅན་ནོ། །དེ་ལའང་སྣང་གཤེན་བལ་ཐོད་ཅན་གྱིས་ཕྱྭ་དང་གཡང་འགུགས། ལྷ་དང་སྨན་གསོལ། དགེ་ལེགས་དང་དཔལ་བསྐྱེད་ནས་མི་ནོར་རྒྱས་པར་བྱེད། འཕྲུལ་གཤེན་བལ་ཚོན་ཅན་གྱིས་མདོས་དང་

ཡས་གཏོང་། སྲིད་དང་རྟེན་འཇུགས། འཕྲུལ་ཕྱུགས་ཀྱི་འགལ་རྐྱེན་ཐམས་ཅད་སེལ་བར་བྱེད་དོ། །ཕྱུ་གཤེན་ཐུ་ཐིག་ཅན་གྱིས་ལེགས་ཉེས་ཀྱི་ལམ་སྟོན། ཡིན་མིན་གྱི་ཐེ་ཚོམ་སེལ། ཟག་བཅས་ཀྱི་མངོན་ཤེས་འཆད་པར་བྱེད། དུར་གཤེན་མཚོན་ཆ་ཅན་གྱིས་གསོན་གྱི་བགེགས་སེལ། གཤིན་གྱི་དུར་འདེབས། རྒྱང་གི་སྲི་གནོན། གནམ་གྱི་རྒྱུ་སྐར་བལྟ། སའི་འདྲེ་བཏུལ་བ་ཡིན་ནོ"[3]ཞེས་པ་ལས་ཐོགས་ཞེས་པ་ལས་ཐོག་མའི་རྒྱུ་བོན་ནི་གཙོ་བོ་ཡར་ལྷ་ལ་མཆོད་པ་དང་མར་འདྲེ་ལ་གླུད་གཏོང་། བར་གཤེན་པོ་ལ་དུར་འདེབས་དང་གསོན་ལ་ནད་གེགས་སེལ་བ་བཅས་ཀྱི་ཚོ་ག་སྤྱིལ་མཁན་དང་། "འཕྲུལ་གཤེན་བལ་ཚོན་ཅན" "དུར་གཤེན་མཚོན་ཆ་ཅན"མིང་ཙམ་ལས་ལབ་རྩེ་སྟོད་པར་ཕོ་ཚོ་དང་འབྲེལ་བ་ཆེ་སྙམ། ཡང་མི་རྣམས་ཀྱིས་ཡུལ་ལྷ་གནས་ཡོད་ཟེར་བའི་གནས་དེར་རྫོ་མང་པོས་ཁྲི་གྲུ་བཞི་མ་ཞིག་བརྩིགས་པ་དེ་ལ་གསས་མཁར་བྱ་ཞིང་། གསས་མཁར་ཞེས་པ་བོན་པོའི་མིང་ཞིག་སྟེ། གསས་ནི་ལྷ་ཡི་དོན་ཏེ་ལྷ་མཁར་རམ་ལྷ་ཁང་ཞེས་པའི་དོན་རེད། དེ་ཡང་ནམ་ཞིག་གི་ཚེ་བདུད་སྲིན་ལོག་པའི་དམག་ཚོགས་རྣམས་ཀྱིས་བོན་གཤེན་ལ་འགྲན་འཚོལ་ཞིང་བོན་ལ་དོ་བསྡོ། ལྷ་ལ་ཐོ་འཚམས་པ་བྱུང་སྟེ། དེའང་གནས་ས་བར་སྣང་གསུམ་ལ་དབང་བྱེད་པའི་ཆེད་དུ་ཁམས་བརླག་ཉམ་རྗེ། ནད་མུག་མཚོན་གསུམ་གྱིས་ཚངས་རིས་ཀྱི་འཇིག་རྟེན་མན་ཆད་བརླག་ལ་ཐུག་པའི་ཚེ་གསང་བ་འདུས་པས་དེ་དག་བཅོམ་ཞིང་དམ་ལ་བཏགས་ཏེ་བདུད་འཇོམས་ཀྱི་གསས་མཁར་བརྩིགས་པ་སྟེ། "མཚལ་རི་ལྷའི་མདུན་སའི་བྱང་ཤར་དུ་གཡུང་དྲུང་བདུད་འཇོམས་ཀྱི་རི་བོ་བྱ་བ་ཤིན་ཏུ་འཇིགས་ལ་རྔམ་པའི་རི་བྲག་རིའི་དཀྱིལ། རི་ནག་འཇོམས་པའི་བྲག་ཕུག་ཏུ་གཡུ་ལུང་ཤེལ་བྲག་བཞིན་དུ་གསང་སྔགས་ཀྱི་རྫས་དང་ཡོ་བྱད་བསགས་ནས་ལྷ་མོ་བསེན་ཐུབ་མ་གྲོགས་སུ་བཙལ་ནས་སྤྱི་སྤུངས་ཞི་ཁྲོ་བསྒྲུབས་ཏེ་ཉིན་མོར་ཞི་བའི་ལས་ཀྱིས་བདུད་རྣམས་སྲུ་བཀོང་། སྲོད་ལ་དྲག་པོའི་ལས་ཀྱི་བདུད་སྡེ་ཚར་བཅད། གུང་ལ་མཁའ་ཀློང་རམ་འབྱམས་ཀྱིས་སྣང་སྲིད་ལྷ་འདྲེའི་ཟ་ཁ་བཟློག་སྟེ་བདུད་དང་ལོག་འདྲེན་ཐམས་ཅད་དམ་ལ་བཏགས། དེའི་ཚེ་གཡུང་དྲུང་བདུད་འདུལ་གྱི་གསས་མཁར་བཞེངས་ནས་བདུད་བོན་ཆབ་ལྕགས་མྱུར་བ་ལ་གཉེན་གཏད་དོ"[4]ཞེས་བདུད་སྲིན་རྣམས་དྲག་པོས་བཏུལ་ཞིང་དམ་ལ་བཏགས་པའི་མགོ་གནོན་དུ་གསས་མཁར་བཞེངས། བོན་གྱི《བསྟན་འབྱུང》ལས"གསས་མཁར་བོན་སྒོ་གསུམ་བརྒྱ་དྲུག་བཅུ་སྟེ། གསས་མཁར་ཞེས་པ་ཉོན་མོངས་པ་དགྲས། གནོན་པར་མི་ཚུགས་བསྲུང་བའི་སྐྱོབ་རྫོང་ངོ"ཞེས་དང་། 《ཉི་སྒྲོན》ལས། "གསང་བ་འདུས་པའི་གནས་དགུ་ན། བདུད་འཇོམས་གསས་མཁར་ལ་སོགས་དབང་ཆེན་གསས་མཁར་རེ་རེ་བཞེངས"[5]ཞེས་པ་སོགས་ཀྱིས་གསས་མཁར་བཞེངས་པ་ནི་རང་སྲུང་ཞིང་ཕ་རོལ་གྱི་བདུད་འཇོམས་པའི་ནུས་པ་འདོན་པས་མིང་ལའང"དགྲ་མཁར"དང"བརྟེན་མཁར"དུ་འབོད་པ་མང་དུ་མཆིས།

དེ་ལྟར་ན་ལབ་རྩེ་ནི་བོན་ཆོས་ཀྱི་ཚོ་ག་སྟེ་ལྷ་ལ་དད་པ་བརྒྱུད། རང་ཕྱོགས་སྲུང་ཞིང་ཕ་རོལ་གྱི་

བདུད་དཔུང་འཛོམས་པའི་རྒྱང་གཞིའི་སྟེང་། གཤིན་པོའི་བླ་ལ་མཆོད་པ་དང་། མྱུ་ངན་གྱི་དོད་དུ་བྱུང་བ་ཞིག་སྟེ། མི་རྣམས་ཀྱིས་འཚོ་བ་སྐྱོང་བའི་རྗེ་དཔོན་དང་། རང་གི་ཕ་མ་ཉེ་དུ་སོགས་ཚེ་ལས་འདས་པའམ། དམག་འཁྲུག་ལས་རང་སྲོག་བློས་གཏོང་བ། མི་དམངས་ལ་ཐུགས་རྗེ་ཤིན་ཏུ་ཆེ་བའི་དྲིན་ཅན་རྣམས་ཚེ་ལས་འདས་ན་དེར་མྱུ་ངན་དང་རྗེས་དྲན་བྱེད་ཆེད་དང་། དེ་དག་གི་བླ་ནི་གཤིན་པོ་དེའི་ཡུལ་དང་ཚེ་ལས་འདས་ས་དེའི་རྩེ་རིའི་སྟེང་དུ་གནས་ཡོད་པར་སེམས་ནས་རྡེའུ་དཀར་གཙོ་བོར་བྱས་ཏེ་སྤུངས་པའི་རྫོ་ཕུང་བརྩིགས། དེ་དག་གི་བླར་རྒྱ་ཆེར་མཆོད་ན། གཤིན་པོས་མི་རྣམས་ལ་ཕན་བདེའི་དངོས་གྲུབ་སྩོལ་བར་སེམས་ཏེ། རྫོ་ཕུང་གི་སྟེང་དུ་དར་ལྕོག་དང་ཤིང་སྣ་འཛུགས་པ། ཤིང་གི་ཐོག་ཏུ་ལུག་བལ་ཁ་བཏགས་དང་། དར་ཚོན་སྣ་ལྔའི་ལྷ་ལྡི་འཕེན་པ། རྫོ་ཕུང་གི་རྩར་ཤ་མར་ཞོ་གསུམ་སོགས་ཟས་རིགས་སྣ་ཚོགས་དང་འབྲུ་རིགས་སྣ་ལྔ་བཤམས་པ། གཡུལ་དུ་ཤི་བའི་དཔའ་བོ་ཡིན་ན། དེར་རྟ་སྒ་སྲབ་གསུམ་འཛོག་པ་དང་མདའ་གྱི་མདུང་སོགས་རྫོ་ཕུང་གི་སྟེང་ངམ་ཡོགས་སུ་འཛུགས། སྲོལ་དེ་མ་ཉམས་པར་འདུག་པ་ནི་དེང་སང་ད་དུང་བསྐྱོད་ཅིང་སྐྱོད་བཞིན་པའི་ལབ་རྩེ་འདི་ཡིན་པར་སྣང་། དེང་སྐབས་ལབ་རྩེ་སྐྱོད་པའི་ནང་དོན་སྤྱི་ཚོགས་འཕེལ་འགྱུར་དང་བསམ་བློའི་རྒྱ་ཇེ་ཆེར་འགྲོ་བར་བསྟུན་སྔོན་ཆད་ལས་འགྱུར་ལྡོག་བྱུང་ཡོད་ནའང་། རྣམ་པའི་ཆ་ནས་སྔོན་གྱི་སྲོལ་དང་ཕལ་ཆེར་མཚུངས་བར་ཡོད།

བོད་ཀྱི་བཙན་པོ་ཁྲི་སྲོང་ལྡེ་བཙན་སྐུ་གཤེགས་རྗེས་འདས་མཆོད་སྒྲུབ་པར། བློན་པོ་ཞང་མཆིམས་བཙན་བཞེར་ལེགས་གཟིགས་ན་རེ། སྔོན་ཡབ་མེས་གོང་མ་རྣམས་ཀྱི་དུས་འདས་མཆོད་བོན་ལུགས་སུ་བྱས། བཞུགས་པའི་སྐུ་མཁར་ནི་སྒོ་བཞི་བརྩིགས་པས་བཀྲ་ཤིས་ཤིང་ཞལ་གྲོ་བ་ལགས། བསྟེན་པའི་སྐུ་ལྷ་ནི་ཡར་ལྷ་ཤམ་པོ། གྲོངས་ཀྱི་བང་སོ་ར་བ་ཐང་དུ་བཏབ་སྟེ། ཡར་ལྷ་ཤམ་པོ་ནི་གཉེན་ཤིང་མཐུ་ཆེ། ཕྱི་ལུག་ར་བ་ཐང་ནི་བཀྲ་ཤིས་ཞེས་པས། བོད་དུ་སངས་རྒྱས་ཆོས་ལུགས་མ་དར་བའི་ཡར་སྔོན་དུ་བཙན་པོ་རྣམས་སྐུ་གཤེགས་ཚེ། བོན་ལུགས་ལྟར་གཤིན་པོའི་བླ་མཆོད་ནས་ཡུལ་ལྷ་གཞི་བདག་ལ་མཆོད་པར་བསྟན། བོད་ལ་སངས་རྒྱས་ཆོས་ལུགས་དར་ནས་བཻ་རོ་ཙ་ནས་བློན་མཆིམས་བཙན་བཞེར་ལེགས་གཟིགས་ཀྱི་འདོད་པར་དགག་པའི་ལན་དུ། ཞང་ཞུང་གི་རྒྱལ་པོ་གཉའ་ཁྲུར་ལག་མིག་གིས་ལྷ་སྙིང་རྗེ་མེད་པའི་གྱི་གདོ་དང་ཨུ་ཐུར་ནི་གསོལ། ཞང་ཞུང་གི་ཆོས་ལུགས་རྣམ་པ་བཞིར་བོན་ཤིད་བཏང་བས་ཞང་ཞུང་གི་སྲིད་བརླག་པ་དང་། དེ་མཐུར་དཔོན་འ་ཞ་རྗེ་དང་མཆིམས་དྭགས་པོའི་རྒྱལ་པོ་སོགས་ཀྱིས་བོན་ལུགས་ལྟར་བྱས་པས་དེ་སོ་སོའི་སྲིད་བརླག་པ་སོགས་ལ་དཔེར་བྱས་ནས་ཉེས་པ་བརྗོད་པ་དེས་གཤིན་པོའི་བླ་མཆོད་པར་བསྟེན་པའི་སྐུ་ལྷ་གང་ལ་གསོལ་བར་རྩོད་པ་ལས་མཆོད་ཡུལ་དེས་ཕྱིན་མི་རྣམས་ལ་ཕན་བདེའི་དངོས་གྲུབ་སྩོལ་བར་བསམ་པ་རྟོགས། 《ཏུན་ཧོང་ནས་ཐོན་པའི་བོད་

ཀྱི་གནའ་བོའི་ཡིག་ཆ》ལས་ཀྱང་། སློན་པོ་རྣམས་གཙོགས་བཅའ་བ་དང་རྩོད་པ་བྱུང་བའི་ཚེ་ལྷ་ཆེན་རྣམས་དཔང་པོར་འཛུག་པ་སྟེ། བཙན་པོ་འདུས་སྲོང་གི་བླངས་པའི་མགུར"སྐྱི་རྒྱུ་ནི་སྔོན་མོ་དང་། ཡར་ཆབ་ནི་རྒྱུ་བོ་ཆེ། གང་རང་ནི་གང་ཐུང་བ། ཐང་ལྷ་ནི་ཡར་བཞུར་མཁྱེན། གནྱབས་མཚོ་ནི་ཀླང་དཀྱུའ་དང་། གྲང་པོ་ནི་མཚོ་ལེ་གོང་། གང་ཆེ་ནི་གག་ཆུང་བ། ཤ་མྱེད་ནི་གངས་དཀར་མཁྱེན། ཕྱ་མདའ་ནི་ཁང་སྐྱ་དང་། ཕྱིང་བའི་ནི་སྟག་རྩེ་གཉིས། གང་མཐོ་ནི་གག་དམའ་བ། ཡར་ལྷ་ནི་ཤམ་པོ་མཁྱེན"[6]ཞེས་པ་འདི་ལ་གཞིགས་ན། དེ་དུས་སྐྱེ་བོ་ཀུན་གྱིས་རི་བོ་དེ་ཚོར་བླའམ་རྣམ་ཤེས་གནས་པར་ངོས་འཛིན་གྱི་ཡོད་པ་གསལ་བ་དང་། རང་བྱུང་ཁམས་ཀྱི་དངོས་པོར་རྣམ་ཤེས་གནས་པ་ངོས་འཛིན་གྱི་སྟེང་ནས་མི་རྣམས་ཀྱིས་ཡུལ་ལུང་སོ་སོའི་ལྷ་རིའམ་གནས་རི་གྲགས་ཅན་ནམ། ཡང་ན་ཉེ་འདབས་ཀྱི་རི་མགོ་མཐོ་ཤོས་སོགས་སུ་སྤྱ་རབས་ནས་ཆགས་པའི་ལྷ་ཆེན་ལ་གསོལ་བ་དང་ཡུལ་ལྷ་གཞི་བདག་ལ་བསྟོད་པ་སྨོས་མ་དགོས་པ་རེད།

དེང་སྐབས་ང་ཚོའི་མིག་མཐོང་ལག་ཟིན་དུ་གྱུར་པའི་ལབ་རྩེའི་ཕྱིའི་རྣམ་པའི་སྟེང་ནས་དེ་ནི་དམག་འཁྲུག་དང་འབྲེལ་བ་ངེས་ཅན་ཞིག་མཚིས་ཏེ། ལབ་རྩེ་ནང་དུ་མདའི་རྣམ་པའི་ཤིང་ཕྲ་ཞིང་དྲང་བ་ཞིག་ལ་སྒྲོ་བཏགས་ནས་ཡོད་པ་དང་། དར་ཚོན་སྣ་ལྔའི་ལྡ་ལྡི་འཕེན་པ། མཚོ་ནུབ་ས་ཁུལ་ཁ་ཤས་སུ་གསས་མཁར་དུ་དངོས་སུ་འཛུག་པའང་ཡོད། མི་རྣམས་ཀྱི་བསམ་པའི་འཛིན་སྟངས་ཀྱི་ཆ་ནས་དེ་ནི་ལྷ་རིའམ་གནས་རི་གྲགས་ཅན་ལ་བསྟོད་ནས་ཡུལ་ལྷ་གཞི་བདག་ལ་སྐྱབས་འཇུག་གི་ཚུལ་དུ་ཡོད་ལ། རྒྱ་ཐག་རིའི་རྩེ་ལ་འཕེན་པར་བསམ་ན་གཤིན་པོའི་བླ་སྟེང་དུ་འདྲེན་པར་ཡང་སྣམ་སྟེ། གནམ་གྱི་ཁྲི་བདུན་དཀྱུང་དུ་གཤེགས་ཞེས་པ་དང་བང་སོ་གནམ་ལ་བཏབ་ཟེར་བ་དང་འབྲེལ་བ་ཆེ་སྟེ། ཁྲི་བདུན་གྱི་སྤྱི་གཙུག་ཏུ་འོད་ཀྱི་རྒྱུ་ཐག་སྐྱ་ན་རེ་བ་ཡོད་པས་འདས་ཚེ་རྒྱུ་ཐག་ལ་འཐིམ་ནས་དཀྱུང་དུ་འགྲོ་བར་དཔེར་མཚོན་ཙམ་ཡིན་པར་འདྲ་བ་དང་། བླ་ཆེན་རྣམས་ལ་མྱ་ངན་གྱི་ནང་དོན་ཡང་འདུག བླ་ཆེན་སོགས་དགོངས་པ་ཆོས་དབྱིངས་སུ་འཐིམས་པ་དང་རང་གི་ཕ་མ་ཨ་ཁུ་སོགས་ཚེ་ལས་འདས་ན། ལོ་དེར་མྱ་ངན་གྱི་ཚུལ་གྱིས་ལབ་རྩེ་སྟོད་པའི་ཤིང་རྩེའི་སྟེང་དུ་བལ་བཙུད་དཀར་པོ་དཀར་རྐྱང་བཏགས་ཏེ་གཤིན་པོ་ལ་མྱ་ངན་ཞུ། འོན་ཀྱང་། ས་ཆ་ཁ་ཤས་སུ་ལོ་རེ་རེར་བལ་བཙུད་དཀར་པོ་དག་དག་འདོགས་པ་རེད། དེ་ཚང་མས་གཤིན་པོ་ལ་མྱ་ངན་ཞུ་བ་ནི་ཐེ་མི་ཚོམ། དཔེར་ན། 《ཐང་ཡིག་གསར་རྙིང》ལས་ཀྱང"བཙན་པོ་བགྲོངས་ཚེ་མི་གཞན་དག་དུར་གྲོགས་སུ་སྦ། བཙན་པོའི་མནབས་ལྭ་དང་། རྩེད་ཆས། བཅིབས་རྟ། མདའ་གཞུ། རལ་གྲི་ལ་སོགས་པའི་གཅེས་ནོར་རྣམས་ཀྱང་དུར་དུ་འཇུག བང་སོ་ཆེ་རུ་བརྩིགས་ལ། དེའི་ནང་དུ་དུར་ས་འབུར་མ་བྱེད་ཅིང་ཐོག་ཏུ་ཤིང་ཞིག་བཙུགས་ཏེ་མཆོད་པར་བྱེད"[7]ཅེས་པར་མཚོན་ན་ལབ་རྩེ་སྟོད་སྲོལ་འདི་ནི་བོན་ཆོས་ཀྱི་གཤིན་པོའི་བླ་མཆོད་པའི་ཚོ་ག་ནས་བྱུང་ཞིང་

རྒྱལ་པོའམ་དམག་དཔོན་སྐུ་གཤེགས་ཚེ་དེར་མྱུ་ངན་དང་རྗེས་དྲན་གྱི་བྱེད་སྒོ་ཞིག་ཡིན་པའང་རྟོགས་ནུས།

སྤྱི་ལོ་དུས་རབས་བརྒྱད་པ་སྔེ་ཁྲི་སྲོང་ལྡེ་བཙན་གྱི་སྐབས་སུ་བན་བོན་འཁྲུག་རྩོད་ཆེན་པོ་བྱུང་ཞིང་བོན་ཕམ་པར་བྱས་ནས་སྤྱི་ཚོགས་ཁྲིད་ཤུགས་རྐྱེན་གཏིང་ཟབ་པ་དང་སངས་རྒྱས་ཆོས་ལུགས་ལ་ཕན་པ་ཡོད་པ་དང་བསྒྱུར་བཅོས་ཙམ་གྱིས་བཞག་སྟེ་ནང་བསྟན་ཆོས་ལུགས་ཀྱི་ཚོ་གར་དངོས་སུ་གྱུར་པ་རེད། ལྷ་གསོལ་བའི་ཚོ་ག་འདི་ནི་གནའ་སྔ་མོ་ནས་ཡོད་རྐྱེན་མི་དམངས་ལ་བག་ཆགས་ཟབ་མོ་ཞིག་ཐེབས་ཡོད་པས་སྲོལ་འདི་སྐབས་དེར་བསྲུབས་མ་བྱུང་ལ་བསྲུབས་པའི་དགོས་པའང་མ་མཆིས། དེ་ཡང་སློབ་དཔོན་པདྨ་འབྱུང་གནས་ཀྱིས་ཡར་ལྷ་ཤམ་པོ་དང་ཐང་ལྷ་ཡར་བཞུར་སོགས་སྲིད་པའི་ལྷ་ཆེན་རྣམས་དང་། གངས་དཀར་ཤ་མེད་དང་གོང་འཛིན་དེ་མ་ལ་སོགས་བསྟན་མ་བཅུ་གཉིས་བཅས་ལྷ་ཀླུ་མང་པོ་དམ་ལ་བཏགས་ནས་བོད་སྐྱོང་གི་སྲུང་མར་བསྐོས་ཤོག་བོད་དུ་ལྷ་གསོལ་བའི་ཚོ་གའམ་སྲོལ་དེ་སྔར་ལས་ལྷག་པའི་རྒྱ་ཆེར་གྱུར། གང་ལྟར་ལབ་རྩེ་ནང་དུ་མདའ་མདུང་གི་གསུམ་དང་དར་ཚོན་སྣ་ལྔའི་ལྡི་ལྡི་འཐེན་པ། དར་ལྕོག་འཛུགས་པ་བཅས་ལ་གཞིགས་ན་འདི་ནི་ཡུལ་ལྷ་གཞི་བདག་ལ་གསོལ་བའི་སྟེང་དམག་དཔོན་དང་གཡུལ་དུ་ཤི་བའི་མི་རྣམས་ལ་མྱུ་ངན་དང་རྗེས་དྲན་གྱི་བྱེད་སྒོ་ཞིག་ཀྱང་ཡིན་ཤག་རེད། དར་ཚོན་སོགས་དམག་དོན་གྱི་སྐབས་སྤྱོད་པ་དང་། གཡུལ་འཁྲུག་མེད་ཚེ་དར་ཆ་དེ་རིགས་རང་རང་གི་ཁང་པའམ་སྤྲ་གུར་གྱི་རྩེ་ལ་འདོགས་སྲོལ་ཡོད། དེའང་ཐོག་མར་ཉུས་རྒྱུད་རེ་ལ་དགྲ་སྣ་རེ་འདུག་སྟེ། དམག་རྒྱག་སྐབས་དགྲ་དར་རྣམས་རི་ལ་འཛུགས་ཤིང་ཡུལ་ལྷ་གཞི་བདག་ལ་སྐྱབས་བཅོལ་བ་ཡིན། “བཙན་པོའི་དབུ་གུར་གྱི་མཐར་དར་མདུང་མང་པོ་བཙུགས་ཤིང་། དམག་མི་རྣམས་ཀྱིས་བྱ་ར་བྱེད”ཅེས་བཙན་པོའི་སྐབས་སུ་དམག་དར་མི་གཅིག་པ་མང་པོ་མཆིས་ལ། དམག་སྟོབས་ཆེ་བར་གྱུར་ནས་ཡུལ་གྲུ་གང་སར་དཔུང་འཇུག་བྱེད་ཅིང་གནས་གཞི་ངེས་ཅན་ཞིག་ཆགས་ཏེ་རང་རང་གི་དར་ཆ་བསྒྲེངས་ནས་བཞག་པར་རྗེས་སུ་ཆོས་ལུགས་ཀྱི་ཤན་ཞུགས་ཐེབས་པས་རིམ་བཞིན་མ་ཎི་ཡིག་དྲུག་དང་སྐྱབས་འགྲོ་སོགས་ཀྱི་དཔར་བརྒྱབ་ནས་དར་ལྕོག་སློང་བར་བྱས་པ་ཡིན། མཁས་དབང་དགེ་འདུན་ཆོས་འཕེལ་མཆོག་གིས་བོད་ཀྱི་གནའ་སྲོལ་གསུངས་སྐབས། “འབངས་བྱིངས་ནི་འབྲོག་སྡེའི་རྣམ་པར་ཡོད་ལ། ཁྱིམ་རེ་རེ་བཞིན་གྱི་སྒོ་སྟེང་དུ་དར་མདུང་རེ་སློང་བ་འདི་ཡང་བོད་ཀྱི་ཐུན་མོང་མ་ཡིན་པའི་སྲོལ་ལྟ་བུ་ཡིན་ཏེ། དེ་ཡང་ཐོག་མར་དམག་རྟགས་སུ་མངོན་ཡང་། རྗེས་སོར་ཆོས་ཀྱི་ལས་སུ་སོང་བས། སྟོད་ན་རྒྱ་གར་དང་འབྲེལ་པའི་བོད་རིགས་ནས་སྨད་ན་རྒྱ་ནག་གི་གླིང་དཀྱིལ་དུ་ཡོད་པའི་བོད་ཀྱི་མི་ཁྱིམ་གཅིག་ཡིན་ཙང་། སྒོ་སྟེང་དུ་དར་ལྕོག་སློང་བའི་སྲོལ་དེ་ད་ལྟའི་བར་དུ་ཡོད”[8]ཅེས་གསུངས་པ་སོགས་ཀྱིས་རྗེན་པར་བསྟན། གཤིན་པོའི་བླ་མཆོད་པའང་སྤྱིར་བཏང་བའི་མི་ཞིག་མ་ཡིན་པར་སེམས་ཅན་གྱི་དོན་དུའམ་མི་གཞན་གྱི་དོན་དུ་རང་སྲོག་བཏང་བའི་མི་དེ་མཐོ་ཙུས་སུ་འདྲེན་ཆེད་ཡུལ་ལྷ་གཞི་བདག

ལ་གསོལ་བའི་ཚོ་ག་ཞིག་ཡིན་པ་དང་། ས་ཆ་ལ་ལས་ལབ་རྩེ་བསྐྱོད་རྗེས་རི་རྩེ་དེ་ནས་མདའ་རྩལ་མདུང་རྩལ་འགྲན་པའི་སྲོལ་དེས་གདོད་མའི་དུས་རྒྱུད་ཚོ་པ་ཕན་ཚུན་དགྲར་བཟུང་ནས་དམག་འཁྲུག་ལངས་པའི་ཚུལ་མཚོན་པས་ཀྱང་གོང་གི་སྐྱབ་བྱེད་དུ་འགྲོ་བར་སྙམ།

གཉིས་པ། ཆོས་ལུགས་དང་འབྲེལ་བ།

ལབ་རྩེ་འདི་ནི་མི་སེར་རྣམས་གཙོ་བྱས་པའི་ལག་ལེན་དང་མཛད་སྤྱོད་ཀྱི་བྱེད་སྒོ་ཞིག་ཡིན་ནའང་། ཆོས་ལུགས་དང་འབྲེལ་ཡོད་དེ། དེར་མགོ་བའི་རྫས་སྣ་དང་མཆོད་ཚུལ་བཅས་ཆོས་ལུགས་ཀྱི་ལྟ་བ་དང་ཡོངས་སུ་མཐུན། ལབ་རྩེ་སྟོད་པར་བསང་གཏོང་བ་དང་མཆོད་པ་གསེར་སྐྱེམས་འབུལ་བ་སོགས་ཆོས་ལུགས་ཀྱི་བྱེད་སྒོ་ངེས་པར་དུ་མཛད་དགོས་པ་ཡིན། དེང་འདིར་ལབ་རྩེ་སྟོད་ཚུལ་སྣ་གཉིས་ཏེ། གཅིག་ནི་ཤིང་སྟོང(སྟག་པ་གཙོ)གི་མ་ལག་དང་རྩེ་མོ་བཅད་དེ་སྟེང་དུ་བལ་ཚོན་ཅན་བཏགས་ནས་སྟོད་པ་སྟེ། ཤིང་སྟོང་གི་མ་ལགས་དང་རྩེ་མོ་དེ་ལ་ཤིང་རྩེ་ཟེར་བ་དང་། བལ་ཚོན་ཅན་དེ་ལ་བལ་བཙུད་ཟེར། བལ་ཚོན་ཅན་བཟོ་བར་ཐོག་མར་བལ་གཙང་མར་བཀྲུས་རྗེས་ཚོན་ཆུ་དམར་པོ་དང་། སེར་པོ། སྔོན་པོའི་ནང་དུ་སྦངས་རྗེས་སྐམ་དགོས། བལ་ཚོན་ཅན་དེ་འདོགས་ལུགས་ལའང་གོ་རིམ་ངེས་ཅན་ཞིག་མཆིས་ཏེ། གནམ་སྔོན་པོ་ཞེས་བལ་ཚོན་སྔོན་པོ་ཅན་རྣམས་ཤིང་རྩེའི་རྩེ་མོ་དང་། ས་སེར་ཆུ་ལྗང་ཞེས་རིམ་བཞིན་འདོགས་དགོས། གཞན་ཞིག་ནི་ཤིང་མདའ་སྟོད་པ་སྟེ། ཤིང་ལ་གསོམ་ཤིང་མཆོག་ཏུ་བརྩི་ལ། དེ་ཡང་ཕྲ་ཞིང་རིང་བ། དྲང་བ་སོགས་ཀྱི་ཁྱད་ཆོས་ངེས་པར་དུ་ལྡན་དགོས། དེ་ལ་མདའ་སྒྲོ་སུམ་སྟོད་ཅན། ཉིས་སྟོད་ཅན། ཁེར(གཅིག)སྟོད་ཅན་སོགས་མདའ་ཤིང་གི་རིང་ཐུང་སྒོམ་ཕྲར་བལྟོས་ནས་འཛོག་དགོས། མདའ་སྒྲོ་སྟེང་དུ་ཚོན་བྱུགས་ཚུལ་ཡང་འཇིག་རྟེན་ཆགས་ལུགས་ལྟར་ཏེ། ཉི་ཟླ། ནམ་མཁའ། ས་ཆུ་སོགས་ཀྱི་རིམ་མ་ནོར་བར་ཚོན་མདོག་གིས་ལེགས་པར་རྒྱན་ཡོད། མདའ་སྒྲོ་ཆེ་ན་དེའི་སྟེང་དུ་ད་དུང་བཀྲ་ཤིས་རྟགས་བརྒྱད་ཀྱི་རི་མོ་དང་། ནོར་བུ་དགའ་འཁྱིལ་སོགས་ཀྱི་མཛེས་རིས་ཀྱང་འགོད། སྟོད་པའི་དུས་ཀྱང་ཉི་བཟང་སྐར་བཟང་ཡིན་དགོས་ཤིང་། བུད་མེད་རྣམས་འགྲོ་མི་ཆོག་པ་བཅས་ནི་ཕྱིས་ཀྱི་ཆོས་ལུགས་ཀྱི་ཤན་ཞུགས་པས་རེད། བོད་བྱིངས་ཀྱི་ཚོ་པ་ཆེ་ཆུང་གང་འདྲ་ཞིག་ཡིན་རུང་། ལོ་གཅིག་ལ་ཐེངས་གཅིག་སྐྱེ་དུས་ཚོད་གཏན་འཁེལ་དང་ས་གནས་གཏན་འཁེལ་བྱས་ཐོག་ཆོ་ག་མཛད་ཀྱིན་ཡོད། ས་གནས་སོ་སོའི་ལབ་རྩེ་མི་མཐུན་པ་ཡོད་ནའང་། སྟོད་ཚུལ་དང་ནང་དོན་ཕལ་ཆེར་གཅིག་མཚུངས་ཡིན་པར་ངེས། དེར་ཐོག་མར་བསང་གཏོང་དགོས་ཏེ། བསང་གཏོང་བ་ནི་བོད་བྱིངས་ཀྱིས་ལྷར་གསོལ་བའི་ཆོས་ལུགས་ཀྱི་བྱེད་སྒོ་ཞིག་ཡིན་ལ། མི་ཡུལ་གྱི་བཙོག་གྲིབ་མཐའ་དག་སེལ་ནས་ལྷ་སྤྱན་འདྲེན་པའི་སྔོན་འགྲོའི་ཆོ་ག་དང་། ལྷ་སྐུ་ལ་སྐྱབས་འཇུག་གི་སྔོན་འགྲོའི་ཆོ་ག་ཞིག་ཀྱང་ཡིན། བོན་

གྱི《ཡོངས་རྫེའི་འགྲེལ་བ》ལས་དྲངས་པ་ལྟར་ན། “གནམ་ལྷ་དོག་ལ་གཞིགས་པ་ན། མི་ཡུལ་བཙོག་དང་ནས་ཆེ་བས། ཡ་ངལ་གྱིས་སྣ་དྲོངས་ཤིག མཚེ་མིས་སྐུ་ཡི་གཡས་རྟེན་ཅིག ཙོ་མིས་སྐུ་ཡི་གཡོན་རྟེན་ཅིག ཡ་ངལ་གྱིས་སེལ་དང་བསངས་ཀྱིས”[9]ཞེས་པ་སོགས་ཀྱིས་ལྷ་སྤྱན་འདྲེན་པར་ཐོག་མར་བསང་ཕུལ་བའི་གོམས་སྲོལ་གནའ་བོའི་དུས་ནས་དར་ཡོད་པ་མཚོན། བོན་གྱི་སྟོན་པ་གཤེན་རབ་མ་བྱོན་པའི་ཡར་སྔོན་དུ་བོན་གྱིས་གཙོ་བོ་དམར་མཆོད་བྱེད་ལ། དེར་གཤེན་རབ་མ་དགའ་བས་བདུད་བོན་དང་གདོན་བོན་རྣམས་ཆོམ་ལ་ཕབ། 《སྲིད་པ་སྤྱི་མདོས》ལས“བདུད་བོན་གྱི་དམར་ཐབས་ལ། གཤེན་རབ་ནི་ཅི་དགྱེས་ཏེ། ཁྲབ་པ་ནི་ཆོམ་ལ་ཕབ། འབྲུ་དཀར་གྱི་གཏོར་མས་མཆོད། དམར་ཐབས་ཀྱི་འདྲེས་བྱུང་ན། གཤེན་ལྷ་ལ་ནོངས་པ་མཐོལ། གདོན་བོན་གྱི་ཤ་ཚུའི་སྐྱེམས། གཤེན་རབ་ནི་ཅི་དགྱེས་ཏེ། གདོན་འདྲེ་ནི་ཆོམ་ལ་ཕབ། འབྲུ་དཀར་གྱི་ཡུ་ཏིས་མཆོད། ཤ་ཚུ་ཡི་འདྲེས་བྱུང་ན། གཤེན་ལྷ་ལ་ནོངས་པ་མཐོལ”[10]ཞེས་སེམས་ཅན་གྱི་རིགས་བསད་ནས་ཤ་ཁྲག་གིས་མཆོད་པར་སྟོན་པ་གཤེན་རབ་མ་དགའ་ནས་དེ་དག་གི་ཚབ་ཏུ་འབྲུ་དཀར་གྱི་གཏོར་མ་དང་། ཤ་ཆུ་སྐྱེ་ཁྲག་གི་སྐྱེམས་འབུལ་བའི་ཚབ་ཏུ་ཡུ་ཏི་སྐྱེ་འབྲུ་ཆང་གིས་འཇུས་པར་བྱས་སོ། །སྲོལ་དེ་མ་ཉམས་པར་ད་སྐབས་སུ་མཐུད་དུ་བྱས་པ་དང་བྱེད་བཞིན་མཆིས།

བསང་ཕུལ་བ་དང་སྦྱགས་བསང་མཆོད་གསུངས་དགོས་ཏེ། བསང་མཆོད་གསུངས་པ་ནི་ཆོས་ལུགས་དང་བྲལ་ཐབས་མེད་པའི་ཆོ་ག་ཉག་ཅིག་རེད། དེ་ཐོག་མར་བོད་ཁམས་ཡོངས་ཀྱི་ཡུལ་ལྷ་གྲགས་ཆེན་རྣམས་འབོད་པ་དང་དེའི་རྗེས་ད་གཟོད་རང་སྡེ་སྲུང་བའི་བྱེ་བྲག་གི་ཡུལ་ལྷ་གཞི་བདག་རྣམས་ལ་གསོལ་བ་སྨོན་ལམ་དང་བསྟོད་ཚིག་བསྒྲགས་ཏེ་རྐྱེན་དང་བར་ཆད་སེལ་ཞིང་སྐྱབས་སུ་རེ། བོད་ཀྱི་ཡུལ་ལྷ་གྲགས་ཆེན་བཞི་སྟེ་ཡར་ལྷ་ཤམ་པོ་དང་། གཉེན་ཆེན་ཐང་ལྷ། རྨ་ཆེན་སྤོམ་ར། འོ་དེ་གུང་རྒྱལ་བཅས་ཡིན། དེ་རྣམས་དང་པོར་རྫུ་འཕྲུལ་ལྡན་པ་དང་དཀར་ཕྱོགས་ལ་ཕན་ཞིང་ནག་ཕྱོགས་ཀྱི་ལས་ལ་བརྩོན་པའོ། །《ལྷ་འདྲེ་བཀའ་ཐང》ལས། སློབ་དཔོན་པདྨ་འབྱུང་གནས་བལ་ཡུལ་ལམ་འཕྲང་ལམ་ལ་གཤེགས་པའི་ཚེ། “ཡར་ལྷ་ཤམ་པོས་སྤྲུངས་ཐོག་བརྒྱབ། གཡག་དཀར་རི་ཙམ་ཞིག་ཏུ་སྤྲུལ། ཞུར་འདེབས་བྲག་རྣམས་ཐམས་ཅད་རློག ལམ་འཕྲང་བཅད་ནས་འགྲོ་ས་མེད་པར་བྱས”ཞེས་དང་། “ཐང་ལྷ་ཡ་བཞུར་སློབ་དཔོན་ཉམས་ཚད་བྱས། །གནོད་སྦྱིན་ཆེན་པོ་མགོ་བོ་རི་རབ་ཙམ། །ཇང་པ་ཁམས་ཀྱི་གཡེར་མོ་ཐང་དུ་བརྒྱངས། །ལག་གཡས་ལ་སྟོད་དགོན་དུ་སླེབས་ཤིང་བརྒྱངས། །སྤྲུལ་ཆེན་ཞིག་ཏུ་བརྫུས་ནས་ལམ་བཀག་གོ །”ཞེས་སོགས་སྤྲུལ་ལྡན་དེ་དག་སློབ་དཔོན་གྱིས་དམ་ལ་བཏགས་ཤིང་བོད་སྐྱོང་གི་སྲུང་མར་བསྐོས་པས་བསང་མཆོད་དུ་མཐུ་བོ་ཆེ་དེ་དག་འབོད་པ་ཡིན། 《སྐུ་རྒྱལ་འབུམ་རྫའི་བསང་ཡིག》ཏུ། “ཀྱཻ་སྟོད་ཀྱི་གངས་དཀར་ཏི་སེ་དང་བཅས་པའི་ལྷ་འཁོར་སུམ་བརྒྱ་དྲུག་ཅུ། སྨད་ཀྱི་རྨ་རྒྱལ་སྤོམ་ར་དང་

བཅས་པའི་རྨ་རིགས་སུམ་བརྒྱ་དྲུག་ཅུ། བར་གྱི་གཉན་ཆེན་ཐང་ལྷ་དང་བཅས་པའི་གཉན་འཁོར་སུམ་བརྒྱ་དྲུག་ཅུ། ཅེ་བྲག་བྱང་ཕྱོགས་སེར་པོ་རྫོང་གི་རྒྱལ་ཁམས་ནས། ཡུལ་ལྷ་གཞི་བདག་རྣམས་ལ་མཆོད་པའ་བུལ། བསང་མཆོད་གསེར་སྐྱེམས་འདི་བཞེས་ལ། བདག་སོགས་འགྲོ་ལ་སྡོངས་གྲོགས་མཛོད། མི་མཐུན་རྐྱེན་དང་བར་ཆད་ཟློག མ་འདའ་བཙོལ་བའི་འཕྲིན་ལས་མཛོད། ཀྱེ་བསྒོ་ཆེའོ་ལྷ་རྒྱལ་ལོ"ཞེས་དང་། རྗེ་ཤེས་རབ་རྒྱ་མཚོས་ཇོ་སྲིས་ཡུལ་གྱི་གཞི་བདག་མཐུ་ཆེ་སྟོང་དར་གུང་གསུམ་ལ་བསང་མཆོད་འབུལ་བའི་ཚོ་གའི་ནང་དུ"འཛམ་གླིང་ནོར་འཛིན་སྐྱི་དང་ཅེ་བྲག་ཅུ། ཇོ་སྲིས་གསེར་ལྡན་ཁྲོན་ལ་དབང་སྒྱུར་བའི། གཟི་འབར་སྟོང་རི་དར་རྒྱལ་གུང་ཡེ་ཀྱེ། ད་ལྟ་བསང་དང་སྐྱེམས་ཀྱི་མགྲོན་དུ་འབོད"ཅེས་པའི་བསང་ཡིག་འདི་ལས་ཀྱང་ཐོག་མར་ཡུལ་ལྷ་གྲགས་ཆེན་དང་རྗེས་སུ་རང་སྐྱེ་སྐྱུང་བའི་ཡུལ་ལྷ་བོས་ནས་མཆོད་པ་འབུལ་ཞིང་སྐབས་བཙོལ་ཞུ་འབུལ་བྱས་པ་ལྟར་རོ། །

དེ་དང་མཉམ་དུ་ཤིང་རྩི་དང་ཤིང་མདའ་སྟོད་ཅིང་། མེ་མདའ་རྒྱག་པ། དུང་འབུད་པ་སོགས་བྱས་ནས་གདོན་འདྲེ་ལ་འཇིགས་སྐྲག་བསྐུར་བ་དང་ཆམ་ལ་ཕབ་པ། ཡུལ་ལྷ་རྒྱལ་བར་བྱེད་པ། "ཀི་སྭོ་སྭོ"ལྷ་རྒྱལ་འཐེན་ནས་རླུང་རྟ་སྐུར་བ་སོགས་ཆོས་ལུགས་ཀྱི་བྱེད་སྒོ་དང་མི་འབྲལ་བར་བྱ། རླུང་རྟ་འདི་ཡང་བོན་ལུགས་ཀྱི་ཚོ་ག་ལས་བྱུང་བ་ཡིན་ཏེ། གནའ་བོའི་བོན་ལུགས་སུ་འབྱུང་བ་ལྔའི་ཁམས་ཀྱི་བྱེད་ལས་ཁྱད་པར་ཅན་གྱི་ནུས་པ་དེ་དག་ནི་སེང་དང་། འབྲུག ཁྱུང་། སྟག རྟ་མཆོག་བཅས་སེམས་ཅན་གྱི་གཟུགས་རིས་ལྔས་མཚོན་ཡོད་པ་ནི་ད་བར་རླུང་རྟའི་ངོས་ཀྱི་རི་མོ་དེ་དག་རེད། "རླུང་རྟ་ནི་མགོན་ཤེས་ལྷ་བོན་གྱི་ཅེ་བྲག་སྐྱེ་བོ་ཕོ་མོ་སུའང་ཉུང་བ་དེ་དག་གི་འབྱུང་བའི་ཁམས་ཀྱི་ནུས་ཤུགས་གུད་པ་ཡོད་ན་གསོ་བ་དང་། ཉམས་པ་ཡོད་ན་བསྐྱེད་པ་དང་། ཆད་པ་ཡོད་ན་བསྲིང་བ། འཁྲུག་པ་ཡོད་ན་མཐུན་པར་བསྒྲིབས་པ་སོགས་ཀྱི་ཆ་རྐྱེན་ཤིན་ཏུ་གལ་གནད་ཆེ་བ་ཞིག་ཏུ་བརྩི་སྲོལ་ཡོད"[11]དེ་སོ་སོས་འབྱུང་བ་ལྔ་ཇི་ལྟར་མཚོན་པ་བརྟུས་ན། སེང་གེས་སའི་ཁམས་དང་། འབྲུག་གིས་ཆུའི་ཁམས། ཁྱུང་གིས་མེའི་ཁམས། སྟག་གིས་རླུང་གི་ཁམས། རྟ་མཆོག་གིས་ནམ་མཁའི་ཁམས་མཚོན་པ་རྒྱས་པར་ནམ་མཁའི་ནོར་བུས་བརྩམས་པའི《ཞང་བོད་གནའ་རབས་ཀྱི་ལོ་རྒྱུས་ནོར་བུའི་མེ་ལོང》ཞེས་པའི་ནང་གསལ། ལབ་རྩེ་བསྟོད་རྗེས་ཀོང་པོ་ཁུལ་དུ་ཡུལ་ལྷ་དགྱེས་པའི་ཆེད་དུ་རི་དེའི་རྩེ་ནས་འཆམ་ཡང་འཁྲབ་སྲོལ་འདུག《བོད་ཀྱི་འཆམ》ཞེས་པའི་ནང་། "ཨ་མདོ་ཁུལ་གྱི་བོན་དགོན་ཞིག་གི་ནང་དུ་རྨ་རྒྱུད་ཚོགས་དྲུག་ཅེས་པའི་འཆམ་ཞིག་ཡོད་པ་དེའི་གར་པའི་མིང་བྱང་ནང་དུ་མི་སྣ་གཙོ་བོ་རྨ་ཆེན་སྤོམ་ར་ཡིན་པ་དང་། འབྲས་ལྗོངས་ཀྱི་རྒྱལ་ས་སྒང་ཐོག་ཅེས་པར་རྙིང་མ་པའི་འཆམ་ཞིག་འཁྲབ་པ་དེ་ནི་གངས་ཅན་མཛོད་ལྔ་ཞེས་པའི་རི་ལྷར་ལོ་ལྟར་མཆོད་འབུལ་བྱེད་པའི་ཚོ་གའི་ཡ་གྱལ་གཙོ་བོ་ཞིག་རེད།" ཡང་ས་ཆ་ལ་ལས་ཡུལ་ལྷར་གསོལ་བར་རི་དེ་ནས་ལྷ་རྩེ་རྩེས་པ་དང་། རྟ་རྒྱུགས་འཐེན་པ། ཞབས་བྲོ་འཁྲབ་པ་

སོགས་ཉིན་དེར་དགའ་མགུའི་དཔལ་གང་མང་ལ་རོལ་བཞིན་མཆིས།

གསུམ་པ། སྤྱི་ཚོགས་ཀྱི་ཕྱོགས་མང་དུ་འབྲེལ་བ།

ཆོས་ལུགས་ཀྱི་ནང་དོན་རྒྱ་ཆེ་ཆེ་དང་གཏིང་ཆེ་ཟབ་ཏུ་གྱུར་པ་དང་བསྟུན། ལབ་རྩེ་སྟོད་པའི་ནང་དོན་གྱིས་ཀྱང་དེ་བཞིན་མང་པོ་མཚོན། སྤྱིར་བོད་རིགས་ནི་མནའ་སྔ་མོ་ནས་ད་ལྟའི་བར་དུ་ཆོས་ལུགས་དར་སོ་ཆེ་བ་དང་། དམངས་ཡོངས་ཆོས་ལ་དད་མོས་མཆིས་པས། མི་ཐོག་གི་ན་ཚ། ཕྱུགས་ཐོག་གི་གོད་ཁ། ལོ་ཐོག་གི་ཐན་སེར་སོགས་ཕྱི་ནང་གི་བགེགས་བར་ཆད་གང་དང་ཅི་བྱུང་བ་ཐམས་ཅད་ཡུལ་ལྷ་སྲུང་མ་དང་གཞི་བདག་མ་དགའ་བ་ཡིན་པའི་འདུ་ཤེས་བཟུང་སྟེ། མྱུར་དུ་སྐྱབས་ཞུ་རིམ་གྲོ་སྒྲུབ་པ་དང་གཏོར་མ་འཕེན་པ། འབུམ་ཁང་བཞེངས་པ། དར་ལྕོག་འཛུགས་པའི་སྲོལ་ཕ་མེས་ཡང་མེས་ནས་ཡོད་སྟབས། མི་རབས་རྗེས་མ་རྣམས་ལ་བག་ཆགས་ཟབ་མོ་བཞག་ཡོད། དེ་བས་གོམས་སྲོལ་དེ་མ་ཉམས་པར་ལོ་རྒྱུས་འཕེལ་རྒྱས་ཀྱི་འགྲོས་དང་ཆོས་ལུགས་ཁྱབ་གདལ་དུ་སོང་བར་བསྟུན་ལབ་རྩེ་སྟོད་པའི་ནང་དོན་དང་དགོས་པའང་སྣ་མང་དུ་བསྒྱུར།

༡.སྤྱི་ཚོགས་བདེ་འཇགས་ཀྱི་ཆེད་དུ་སྟོད་པ།

རྒྱལ་ཁབ་དང་མི་རིགས་གང་ཞིག་ཡིན་རུང་སྤྱི་ཚོགས་བདེ་འཇགས་འོང་བར་དགའ་པོ་ཡོད་པ་རེད། དང་པོ་འཛིག་རྟེན་འདིར་མི་བྱུང་སྟེ་ཚོ་པ་སོ་སོས་དབང་བསྒྱུར་བ། རིམ་བཞིན་བཙན་པོ་དང་གྲུབ་མཐའ་སོ་སོས་དབང་བསྒྱུར་བ་ཚང་མར་འཐབ་རྩོད་འཁྲུག་སློང་གི་རྒྱུན་མ་ཆད། དེ་བས་འབངས་བྱིངས་ཀྱིས་དེའི་སྡུག་བསྔལ་མ་བཟོད་ནས་དེ་ཞི་འཇགས་དང་མི་སློང་བའི་ཆེད་ལབ་རྩེ་སྟོད་སྐབས་སྐྱབས་ཞུ་འབུལ་བ་རེད།

ལབ་རྩེ་སྟོད་པར་ཚོ་པ་སོ་སོ་དང་སྡེ་བ་སྤྱིའི་སྟོད་པའི་སྤྱི་སྟོད་དང་གཉིས་ཡོད་པ་ལས། སྤྱི་ཚོགས་བདེ་འཇགས་ཐོན་སླད་གཙོ་བོ་སྤྱི་སྟོད་ཤས་ཆེ་བར་སྣང་། མི་དམངས་ཀྱིས་བསམ་པར་ཡུལ་སྡེ་ཕན་ཚུན་འཐབ་རྩོད་དང་འཁྲུག་སློང་བྱུང་བ་འདི་ཡང་ཡུལ་ལྷ་གཞི་བདག་གམ་སྲུང་མ་མ་མཐུན་པས་ཡིན་པ་དང་། ཐ་ན་གཉེན་སྒྲིག་པ་ལའང་ཡུལ་ལྷ་སྲུང་མ་མཐུན་མིན་ལ་བལྟ་བ་ཇི་བཞིན་རེད། དེ་བས་མི་དམངས་ཕན་ཚུན་མཐུན་འགྲིག་ཡོང་ཕྱིར་ཚོ་པ་མི་གཅིག་པའང་སྡེ་བ་ཡོངས་ཀྱིས་མཉམ་གཅིག་ཏུ་ཡུལ་ལྷ་གཞི་བདག་རྣམས་ལ་སྟོད་པ་དང་། བསང་མཆོད་གཅིག་ཏུ་གསུངས་ནས་ཡུལ་ལྷ་གཞི་བདག་གྲགས་ཆེན་རྣམས་དགྱེས་ཤིང་མཐུན་འགྲིག་གི་མཚོད་པ་གསེར་སྐྱེམས་འབུལ་བ་ཡིན། རྗེ་ཤེས་རབ་རྒྱ་མཚོ་མཆོག་གིས"ཡུལ་གྱི་ལྷ་དང་ལྷ་རུ་མཐུན་པ་ན། །མི་དང་མི་རུ་མཐུན་པ་ཆོས་ཉིད་དེ། །"ཞེས་གསུངས་པས་ཀྱང་མི་དང་ཡུལ་སྡེ་ཕན་ཚུན་མཐུན་པ་དང་འཁྲུག་པ་ནི་ཡུལ་ལྷ་མཐུན་མིན་གྱིས་ཡིན་པ་ངེས་ཐུབ།

༢. དཔལ་འཁོར་འཕེལ་རྒྱས་ཀྱི་ཆེད་དུ་སྟོད་པ།

ལབ་རྩེ་ནི་གཙོ་བོ་ཟླ་ལྔ་པ་དང་དྲུག་པའི་ནང་དུ་སྟོད་ལ། དུས་འདིར་ཏན་ཏན་ཕྱུགས་ཤ་ཤེད་རྒྱས་པ་དང་ལོ་ལ་འབྲས་བུ་འབྱུང་བའི་དུས་ཡིན་པས། ལབ་རྩེ་ཆེ་ཆུང་གང་ཞིག་སྟོད་ཀྱང་ཕྱུགས་ཐོག་གི་གོད་ཁ་དང་། ལོ་ཐོག་གི་སེར་ཐན། མི་ཐོག་གི་ན་ཚ་སོགས་རྐྱེན་ངན་མཐའ་དག་ཟློག་པའི་ཆེད་དུ་ཡུལ་ལྷ་གཞི་བདག་ལ་སྐྱབས་སུ་བཙོལ་བ་ཞིག་ཡིན། སྤྱིར་བོད་ཀྱི་འཚོ་བའི་ཕྱོགས་ནས་ཞིང་ལས་གཙོར་གཉེར་བའི་རོང་པ་དང་། ཕྱུགས་ལས་གཙོ་བོར་གཉེར་བའི་འབྲོག་པ་གཉིས་ཡོད་པར་ལབ་རྩེ་སྟོད་པར་རང་རང་གི་འཚོ་བའི་ལོངས་སྤྱོད་དང་ཐོན་སྐྱེད་དཔལ་འཁོར་ལ་དམིགས་ཏེ་རོང་བས་གསས་མཁར་ནང་དུ་འབྲི་ཟན་གྱི་མཆོད་པ་རྒྱ་ཆེར་བཤམས་པ་དང་། འབྲོག་ཁུལ་དུ་རྟམ་པའི་རྟ་དང་མཛོ་སོགས་འཛོག་པ་དང་རྟ་ནོར་ལུག་སོགས་ཀྱི་སྤུ་སྣ་མང་པོ་གསས་མཁར་དུ་བཞག་ནས་རང་རང་གི་དཔལ་འཁོར་ཐོན་ཁུངས་གཙོ་བོ་འཕེལ་རྒྱས་སུ་འགྲོ་བར་སྐྱབས་སུ་རེད། དབུས་གཙང་ཁུལ་དུ་ལོ་ཏོག་གི་རིམ་གྲོ་དང་བསྟུན་ནས་ཡུལ་ལྷ་གཞི་བདག་ལ་བསང་མཆོད་འབུལ་སྲོལ་ཡོད་དེ། འོང་སྐོར་སྐབས་ཉིན་གཅིག་ལྷ་བསང་མཆོད་པ་ཞེས་ཡུལ་ལྷ་གནས་ཡོད་ཟེར་བའི་རི་རྩེར་འཛུགས་ཏེ་མདའ་དར་སོགས་འདོགས་སྲོལ་ཡོད་པ་དང་། མདོ་སྨད་ས་ཁུལ་ཁ་ཤས་སུའང་ལོ་ཏོག་ལ་སེར་བ་དང་ཐན་པ་སོགས་མི་ཡོང་བའི་ཆེད་དུ་རང་སྡེའི་ས་ཞིང་གི་ཕྱོགས་བཞིར་ཤིང་སྡོང་གི་རྩེ་མོ་དང་ར་ལུག་འཛུགས་སྲོལ་ཡོད། དེ་ལ་ཐོ་བསླངས་པ་ཟེར། ཞིང་འབྲིག་ཐུད་རན་པའི་སྐབས་སུའང་ལོ་རེའི་ཁ་འགོ་བ་སྐྱེ་ཞིང་སྲུང་མཁན་གྱི་ཚོ་པ་དེས་རང་སྡེའི་མ་ཧེ་ཁང་ནས་ལབ་རྩེ་བསྟོད་དེ་ཡུལ་ལྷ་གཞི་བདག་ལ་མཆོད་ནས་ལོ་ཏོག་གི་རྐྱེན་ངན་སྣ་ཚོགས་ཟློག་པར་སྐྱབས་འཇུག་ཞུ་སྲོལ་ཡོད། རྗེ་སྤྲིས་ཁུལ་གྱི་སྤྱི་ལ་མཛད་པའི་བསང་མཆོད་དུའང“ཐུགས་ཀྱི་འོ་ཚུ་གཅིག་ཏུ་འདྲེས་པ་ལས། གང་འདུལ་ལས་བཞིའི་ཐ་རླབས་ཁྲི་ཕྲག་གིས། མི་ཕྱུགས་མཐའ་དག་བདེ་ཞིང་སྐྱིད་པར་མཛོད། དཔལ་འཁོར་འོ་མའི་མཚོ་ཆེན་འཕྱུར་བར་མཛོད། རིགས་ཏུས་ཏིལ་གྱིས་གང་བུ་འཕེལ་བར་མཛོད། ནད་མཚོན་མུ་གེའི་མིང་ཡང་མེད་པར་མཛོད”ཅེས་གསུངས་པ་བཞིན་ནོ། །

༣. གཉེན་སྒྲིག་མཛད་སྒོ་སོགས་ལ་འབྲེལ་བ།

ཤིང་མདའ་སྟོད་པ་ནི་ལབ་རྩེའི་བྱེ་བྲག་ཅིག་ཡིན། དེ་ལ་གཡང་མདའ་དང་། རྒྱུད་མདའ། བུ་མདའ། དཔའ་མདའ་བཅས་བཞི་ཡོད་པར་བྱེད་ལས་སོ་སོ་བ་ཡིན་པ་ནི་སྨོས་ཅི་འཚལ། དེ་ལས་གཡང་མདའི་རྣམ་པ་ཏ་ཙང་ཆུང་ལ་ཁྱིམ་གྱི་མཆོད་ཁང་དུ་འཛོག་པ་དང་། དེའི་བྱེད་ལས་གཙོ་བོ་ནི་ཁྱིམ་དེའི་རྒྱུ་ནོར་གྱི་གཡང་དེ་ཕྱི་ལ་མི་ཤོར་བར་དུས་རྟག་ཏུ་གནས་ཤིང་རྒྱུ་ནོར་ལོངས་སྤྱོད་འཕེལ་བར་དགེ་བའོ། །རྒྱུད་མདའ། བུ་མདའ། དཔའ་མདའ་གསུམ་ནི་རིགས་ཀྱི་རྒྱུད་འཕེལ་དང་བུ་བཙའ་བར་སློང་བ། དཔའ་བོར་གྱུར་པའི་ཆེད་ཡུལ་ལྷ་གཞི་བདག་ལ་མཆོད་ནས་སྐྱབས་ཞུ་འབུལ་བ་ཞིག་ཡིན། བསང་

ཡིག་ལས། "རིགས་ཉུས་ཏིལ་གྱི་གང་བུ་འཕེལ་བར་མཛོད"ཅེས་པས་ཀྱང་རྟོགས། དེ་མ་གཏོགས་ཀྱི་ནང་དོན་གལ་ཆེ་ཞིག་ཡོད་པ་ནི། གཉེན་སྒྲིག་ལ་འབྲེལ་བ་ཡོད་དེ། བོད་ཀྱི་འཕྲུལ་གཞུང《སྣང་ས་འོད་འབུམ》ལས་བུ་མོ་སྣང་ས་འོད་འབུམ་དཔོན་པོ་སྒྲ་ཆེན་གྱིས་རང་གི་བུ་གྲགས་པ་བསམ་འགྲུབ་ཀྱི་བཙུན་མོར་ངེས་འཛིན་པར་སྣང་སའི་གཞའ་བར་མདའ་མོ་ཞིག་བཙུགས་ནས་གཉེན་རྟགས་རྒྱབ་པ་དང་། གན་ཀློ་ས་ཁྲུལ་ཁ་ཤས་སུ་གཉེན་སྒྲིག་སྐབས་ཕོ་མདའ་མོ་མདའ་གཉིས་ཡོད།

བཞི་པ། དམག་འཁྲུག་དང་འབྲེལ་བ།

ལབ་རྩེ་སྟོད་པ་ནི་ཆོས་ལུགས་དང་སྤྱི་ཚོགས་ལ་འབྲེལ་བ་ཡོད་པར་མ་ཟད། དམག་འཁྲུག་དང་ཡང་འབྲེལ་བ་ངེས་ཅན་ཞིག་ཡོད་དེ། གནའ་བོའི་ཉུས་རྒྱུད་ཚོ་པའམ་ཚོ་ཁག་བར་ཕན་ཚུན་འཐབ་རྩོད་མང་པོ་བྱུང་ལ། རྒྱལ་ཁ་ཐོབ་ཕྱིར་སོ་སོར་མགོན་སྐྱབས་ཀྱི་ཡུལ་ལྷ་རེར་བརྟེན་ཡོད་པ་རེད། དེའི་སྐོར་འཛམ་གླིང་སྟེང་ཆེས་རིང་བའི་བྱུང་བརྗོད་སྙན་ངག་ཕུལ་བྱུང་ཅན《གླིང་གེ་སར་རྒྱལ་པོའི་སྒྲུང》ལས་མང་པོ་བརྗོད་ཡོད་དེ། 《འཛང་གླིང་གཡུལ་འགྱེད》ལས་འཛང་པའི་ལྷ་འབོད་པ་ནི"……བླ་རི་སྟག་སྣང་ཁྲ་བོ་མཁྱེན། ཡུལ་ལྷ་གཡུ་རི་སྔོན་པོ་མཁྱེན"ཞེས་དང་། 《སྟག་གླིང་གཡུལ་འགྱེད》ལས་སྟག་གཟིག་གི་ལྷ་འབོད་པ་ནི"གནམ་གྱི་འབྲུག་ལྷ་ཐོག་རྗེ་མཁྱེན། བར་གྱི་སྟག་ལ་མེ་འབར་མཁྱེན། འོག་གི་བྲི་ལི་སོག་དཀར་མཁྱེན། བླ་རི་རྫོང་ལྷ་དཀར་ཆུང་མཁྱེན།" དེ་བཞིན་ཧོར་དང་ཁ་ཆེ་སོགས་ལའང་རང་རང་ལ་རྒྱབ་རྟེན་གྱི་ཡུལ་ལྷ་རེ་ཡོད་དོ། །དེ་རྣམས་ཕན་ཚུན་འཐབ་འཁྲུག་བྱེད་སྐབས་དགྲ་དར་སོགས་རི་ལ་བཙུགས་ཏེ་མཆོད་པ་འབུལ་ཞིང"འཐབ་ན་དགྲ་འཛོམས་མཆོན་ཆའང་ཁྱེད་ཀྱིས་མཛོད"ཅེས་རང་ལ་སྟོངས་གྲོགས་སུ་འབོད་སྲོལ་ཡོད་པ་ནི། 《ཧོར་གླིང་གཡུལ་འགྱེད》ལས། ཧོར་གྱིས་གླིང་ལ་འཐབ་པར། གུར་དཀར་གྱིས་གཙོ་བྱས་པའི་ཧོར་རྒྱལ་པོ་ཆེ་གསུམ་དང་། ཤན་བློན་རྣམས་གྲོས་བྱེད་པར། "ཤར་རྨ་ཆེན་སྤོམ་ར་འདི་གཞི་བདག་དྲག་རྩལ་ཆེ་གཤིས། ཧོར་དམག་འདི་ཡུན་རིང་སྡོད་དགོས་བྱུང་ན་ཕྲག་དོག་འདྲ་མི་ཡོང་བའི་ངེས་པ་མེད། དེ་བས་རི་འབུམ་བསྟོད་ན་དགའ་བ་འདྲ་ཟེར་བར་གྲོས་འཆམས། རྒྱལ་པོ་གུར་དཀར་ཤོག་ནས་དམག་དཔོན་ཟི་ར་ཐོག་རྒྱལ་དང་། ལས་དམག་འབུམ་ཚོ་བཅུ་གཉིས་ནས་མི་ལྔ་བཅུ་རེ་སོང་། རྟ་ཁྲབ་རྨོག་དར་ལྷོག་སོ་སོ་ནས་བརྒྱ་རེ། དམག་མི་རེས་མདའ་རེ་དང་དར་རེ། ཕྱེ་མར་རག་སྣེར་གང་རེ་བཅས་བསྐུས་ལ་སོང་། ལྷ་གོང་མའི་དབུ་འཕང་གྱེན་ལ་བསྟོད་པ་ཞིག་གྱིས་ཟེར།" དེར་ཧོར་དམག་གིས་རྨ་ཆེན་སྤོམ་རའི་ལྷ་ལ་མཆོད་ནས་གླིང་ལ་འཐབ་པའི་སྟོངས་གྲོགས་སུ་མཛད་པར་ཞུ་བ་གླིང་དམག་གིས་རྟོགས་ཏེ་སྤྱི་དཔོན་གྱིས"ལྷ་སྤོམ་རའི་རྩེ་མོར་ལབ་རྩེ་བཙུགས་ན་མི་ལེགས་པས་དཔའ་རྟུལ་འགའ་འགྲོ་དགོས"ཟེར་བར་གཞིགས་ན། སྐབས་དེར་ལབ་རྩེ་སྟོད་པ་ནི་ཡུལ་

ལྷ་གཞི་བདག་ལ་མཆོད་པ་གསལ་ཞིང་། རང་སྐྱོང་གཞན་ཕམ་གྱི་ནུས་པའི་དབང་གིས་སྤྱི་ཚོགས་འཁྲུག་རྫོད་ཆེ་བའི་སྐབས་དེར། ཡུལ་ལྷ་གྲགས་ཆེ་རྣམས་ལ་མཆོད་ཅིང་རང་ཉིད་རྒྱལ་བར་གྲོགས་སུ་མཛད་པའི་སྙིང་། ལབ་རྩེ་སྟོད་པ་ཡང་དམག་འཁྲུག་ལ་འབྲེལ་བ་ཡོད་པར་མཚོན།

ལྔ་པ། ཆབ་སྲིད་དང་འབྲེལ་བ།

སྔར་དབང་ལམ་ལུགས་འཕེལ་རྒྱས་དང་། དབུལ་ཕྱུག་ཁ་གྱེས་པ་དང་བསྟུན། ཡུལ་ལྷར་མཆོད་པ་དང་གཉན་པོའི་བླ་མཆོད་པའི་ལབ་རྩེ་དེ་རིམ་བཞིན་སྟོད་ཚུལ་གཅིག་མཐུན་གྱི་ཆ་ནས་ནང་དོན་ལ་འགྱུར་ལྡོག་ཆེན་པོ་བྱུང་། དབང་བསྒྱུར་གྲལ་རིམ་གྱི་སྟོབས་ཤུགས་ཕྱི་ཕྱོགས་ལ་རྒྱ་བསྐྱེད་པར་བརྟེན། རི་འཛིན་ས་བགོས་ཀྱིས་ས་ཁོངས་རྒྱ་སྐྱེད་སྐབས། ལབ་རྩེ་ནི་ཁོ་པ་ཚོའི་ས་ཁོངས་བདག་འཛིན་གྱི་རྟགས་མཚན་ཞིག་ཏུ་མངོན་ཏེ། བོད་རང་སེ་རྒྱུ་སྟོང་ལས་རིག་རྒྱུད་དང་ཚོ་པ་མང་པོར་གྱེས་པར། སོ་སོས་ས་ཆ་ཞིག་བདག་ཏུ་བཟུང་ཡོད་ལ། དེར་རང་རང་གིས་ལབ་རྩེ་སྟོད་ནས་རྟགས་བཀོད་ཡོད་པ་གོར་མ་ཆག་སྟེ། ད་སྐབས་ཀྱང་ཡུལ་གྲུ་སོ་སོར་རང་གི་ཚོ་པ་གཞིར་བཟུང་སྟེ་ལབ་རྩེ་སྟོད་བཞིན་མཆིས། དཔེར་ན། ལྡིང་ཚང་གི་ལབ་རྩེ། ལྷ་ཚང་གི་ལབ་རྩེ། གོང་མ་ཚང་གི་ལབ་རྩེ། འབེ་ཚང་གི་ལབ་རྩེ་ཞེས་འཛུབ་མོས་སྟོན་པར་ནུས་ལ། དེ་དག་ཀྱང་སྔོན་ཆད་ཀྱི་དབང་བསྒྱུར་གྲལ་རིམ་གྱི་ས་ཁོངས་བདག་འཛིན་གྱི་རྒྱུན་སྲོལ་བ་གདོན་མི་ཟ། ཀན་ལྷོའི་ས་ཁུལ་ཁ་ཤས་སུ་དེ་སྔ་སྔེ་བའི་སྔེ་དཔོན་རྙིང་བརྗེ་གསར་བསྐོ་ཡི་བྱ་བ་དེ་ངེས་པར་དུ་ལབ་རྩེ་སྟོད་ཉིན་དེར་ཐག་གཅོད་དང་ལས་གནས་སྤྲོར་བ་སོགས་བརྩི་བཀུར་དང་གདེང་འཛོག་གི་ཚད་མཐོན་པོར་བཟུང་ཡོད་པ་ཡང་ཁུངས་དེ་ལ་ཐུགས་ཡོད་པར་སྙམ། གཞན། གོང་དུ་དྲངས་པའི་བློན་པོ་ཞང་མཆིམས་བཙན་བཞེར་ལེགས་གཟིགས་དང་ལོ་ཙྪ་བ་བཻ་རོ་ཙ་ན་གཉིས་ཤགས་འགྱེད་པ་དེ་ལས་ཀྱང་། ཡུལ་ལྷ་གང་ལ་གསོལ་བ་ནི་ཕྱོགས་གཉིས་ཀས་ཆབ་སྲིད་དར་རྒྱུད་དང་། རྒྱལ་ཕམ་ཅི་ཡོང་གི་འགག་རྩ་དེ་དང་འབྲེལ་ཞིང་། རྫོད་གླིང་འདིའི་ཐོག་ནས་ཀྱང་གནའ་དུས་བོད་བྱིངས་ཀྱིས་ལྷ་གསོལ་གྱི་བྱ་བ་དེ་ཆབ་སྲིད་དར་རྒྱས་ཡོང་བར་འདུ་ཤེས་གསལ་པོར་མཚོན་ཡོད།

མདོར་ན། ལབ་རྩེ་ནི་བོན་ལུགས་ལས་བྱུང་ཞིང་། ཕྱིས་སུ་སངས་རྒྱས་ཆོས་ལུགས་ཀྱི་ཤན་ཤུགས་ཐེབས་པས་དཀར་ཕྱོགས་སྐྱོང་བའི་ལྷར་གསོལ་བའི་ཆ་ག་ཞིག་ཏུ་གྱུར། ལོ་རྒྱུས་ཀྱི་འགྱུར་ལྡོག སྤྱི་ཚོགས་ཀྱི་འཕེལ་རྒྱས། མིའི་སེམས་ཁམས་ཀྱི་འགྱུར་བར་བརྟེན། ལབ་རྩེ་ཡང་ལྷ་མང་ངམ་ཡུལ་ལྷར་བསྟོད་པའི་རྨང་གཞིའི་སྟེང་གཉན་པོའི་བླ་མཆོད་སྟོན་འགྲོ་བྱས་ཐོག བགེགས་བར་ཆད་སེལ་བ། ཐུ་གེ་འཁྲུག་རྫོད་མི་འབྱུང་བའི་ཆེད་དང་། དེང་སྐབས་དེ་ལས་བརྒལ་ཏེ་སྲིད་འཛུགས་རིག་གསུམ་འཕེལ་རྒྱས་སུ་ཡུལ་ལྷར་གསོལ་བའི་ཆ་ག་ཞིག་ཏུ་གྱུར་ཅིང་། མི་སེར་གྱིས་མཛད་སྤྱོད་པས་ཆོས་ལུགས་དང་ཡུལ་སྲོལ་ཟུང་སྦྲགས་

སུ་སྤྱོད་པའི་ཡུལ་སྲོལ་ཞིག་དང་། བོད་མི་རིགས་ཀྱི་དུས་ཆེན་ཞིག་ཏུ་གྱུར་སྐབས། དམངས་ཡོངས་ཀྱིས་བརྩི་བཀུར་དང་མོས་པ་ཆེན་པོ་མཆིས་ལ། དམངས་ཚོགས་ཀྱི་ལུས་ཁམས་བདེ་ཐང་འབྱུང་བ། ཕྱི་ནང་སྣོད་བཅུད་ཁམས་ཆ་སྙོམས་པ། མི་དང་ཡུལ་གྱི་འབྲེལ་བ་ཇེ་བཟང་དང་ཇེ་བརྟན་དུ་གཏོང་བ་སོགས་འདུ་ཤེས་ཟབ་མོ་ཞིག་ཆགས་པས། མི་རབས་བར་ཆུ་བོའི་རྒྱུན་ལྟར་མཆིས་པ་ལགས་སོ། །

མཆན།

[1]《མཁས་པ་ལྡེའུས་མཛད་པའི་རྒྱ་བོད་ཀྱི་ཆོས་འབྱུང་རྒྱས་པ།》 ཤོག་ངོས129པར་གསལ།

[2] [7]《ཐང་ཡིག་གསར་རྙིང་ལས་བྱུང་བའི་བོད་ཆེན་པོའི་སྲིད་ལུགས།》 ཤོག་ངོས131、132པར་གསལ།

[3]《རྒྱལ་རབས་གསལ་བའི་མེ་ལོང་།》 ཤོག་ངོས57པར་གསལ།

[4] [5]《ལེགས་བཤད་རིན་པོ་ཆེའི་གཏེར་མཛོད།》 ཤོག་ངོས87、89པར་གསལ།

[6]《ཏུན་ཧོང་ནས་ཐོན་པའི་བོད་ཀྱི་གནའ་བོའི་ཡིག་ཆ།》 ཤོག་ངོས85པར་གསལ།

[8]《དགེ་འདུན་ཆོས་འཕེལ་གྱི་གསུང་རྩོམ་ཕྱོགས་སྒྲིག་ལས་དེབ་དཀར།》 ཤོག་ངོས48པར་གསལ།

[9]《འབེལ་གཏམ་ལུང་གི་སྙིང་པོ།》 ཤོག་ངོས65པར་གསལ།

[10] [11]《ཞང་བོད་གནའ་རབས་ཀྱི་ལོ་རྒྱུས་ནོར་བུའི་མེ་ལོང་།》 ཤོག་ངོས34、148པར་གསལ།

《ནུབ་བྱང་མི་རིགས་སློབ་གྲྭ་ཆེན་མོའི་རིག་དེབ།》 ༡༩༩༠ལོའི་དེབ་དང་པོ་ལས་བཏུས།

༄། །ཕྱྭ་དང་གཡང་གི་མིང་ལ་རགས་ཙམ་དཔྱད་པ།

གཙྭ་ལྷ་འབྲུག་རྒྱལ།

ཕྱྭ་དང་གཡང་ནི་གདོད་མའི་མིང་བརྡ་མི་འདྲ་བ་གཉིས་ཡིན་ལ། གདགས་གཞི་མི་འདྲ་བ་དེ་གཉིས་དང་འབྲེལ་བ་དམ་པོ་ཡོད་པའི་བོན་པོའི་ཆོས་ལུགས་ཀྱང་བོད་གདོད་མའི་སྤྱི་ཚོགས་ཀྱི་ཆོས་ལུགས་ཤིག་རེད། དེས་འཇིག་རྟེན་ཁམས་ཀྱི་དངོས་པོ་ཡོད་དོ་ཅོག་ལ་ལྷ་འདྲེ་ཞུགས་ཡོད་པར་འདོད་ཅིང་། འདོད་ཚུལ་དེ་ལ་བརྟེན་ནས་ཆུ་ལྷ་དང་ཡུལ་ལྷ། མེ་ལྷ། རླུང་ལྷ། ལུས་ལྷ། ཕོ་ལྷ། དགྲ་ལྷ་སོགས་ལྷ་ཇི་སྙེད་པ་ཞིག་གསར་དུ་བསྐྲུན་པ་དང་། རི་བོ་ལ་མཚོན་ན་ཡང་། སྲིད་པ་ཆགས་པའི་ལྷ་དགུ[1]ཡོད་པར་འདོད་པ་དང་། དེའི་ཁར་བོད་ཀྱི་གངས་རི་དང་བྲག་རི་ཙུང་མཐོན་པོ་རྗེ་བོ་མཆིམས་ལྷ་དང་རྗེ་བོ་ངེས་སུམ། རྗེ་བོ་གཡའ་སྣང་། རྗེ་བོ་ལྷ་བཙས་བཞི་བསྣན་པས་རྗེའི་མགུར་ལྷ་བཅུ་གསུམ་ཟེར་བ་དེ་གྲུབ་པ་རེད། ལྷ་དེ་དག་ནི་བོད་ཀྱི་གངས་རི་དང་བྲག་རི་མཐོན་པོ་རྣམས་ཡིན་ལ། འོ་དེ་གུང་རྒྱལ་སོགས་ནི་མིའི་མིང་ཡིན་པར་མ་ཟད། ལྷའི་མིང་ཡང་རེད། གདོད་མའི་མི་རྣམས་ཀྱིས་དེ་དག་ལ་ཚན་རིག་དང་མཐུན་པའི་འགྲེལ་བཤད་བྱེད་མ་ཐུབ་པས་ཆེས་ངོ་མཚར་བའི་བསམ་པ་དང་བཅས་ཏེ་ལྷ་ཏུ་བཀུར་བ་དང་། ལྷ་དེ་རྣམས་གདོད་མའི་མི་རྣམས་ཀྱིས་མཆོད་བསྟོད་བྱེད་ས་ཞིག་ཏུ་གྱུར་ལ། སྐབས་དེའི་མཆོད་ཚིག་དང་བསྟོད་ཚིག་ཕལ་ཆེ་བ་ནི་ད་ལྟའི་ཕྱྭ་གཡང་འབོད་སྲོལ་གྱི་རྩང་གཞི་ཡིན་སྲིད། མི་རྣམས་ཀྱིས་རི་དྭགས་རྔོན་པ་དང་། ཡང་ན་ཆོ་ལ་བར་ཆད་བྱུང་བ། བགྲེས་རྐྱམ་གྱིས་མནར་བ། རང་བྱུང་གི་གནོད་འཚེ་དང་འཕྲད་པ་བཅས་མི་འདོད་པའི་དོན་ནམ་བཀྲ་མི་ཤིས་པའི་དོན་བྱུང་ཚེ་དངངས་སྐྲག་གི་བསམ་བློ་ཞིག་གིས་གནམ་ལྷ་གཙོས་པའི་འཇིག་རྟེན་གྱི་ཇམས་ཆེ་བའི་ཆོས་ཡོད་ཚད་ལ་མཆོད་ཅིང་བསྟོད་ཚིག་འབུལ་བ་དང་། རིམ་གྱིས་སྲོལ་དེ་ཁྱབ་ཆེ་ཏུ་ཕྱིན་ཏེ་དཔའ་བོ་གཡུལ་དུ་ཞུགས་པ་དང་། ཕོ་ཤར་ཧག་ལ་ཆས་པ། མོ་གསར་བག་མར་རྫོང་བ། ལོ་སར་དང་དུས་ཆེན་ལ་སོགས་པའི་སྐབས་སུ་ཡུལ་ལྷ་གཞི་བདག་དང་། ཕོ་ལྷ་དགྲ་ལྷ། ཆོས་སྐྱོང་སྲུང་མ་སོགས་གང་ལ་གང་འབྲེལ་གྱི་ལྷ་དེ་དག་ལ་མཆོད་ཅིང་འབོད་པའི་གནས་ཚུལ་བྱུང་བ་རེད། ཕྱྭ་དང་གཡང་སོགས་ཀྱི་བསམ་བློའི་འདུ་ཤེས་ཀྱང་གོང་དུ་བརྗོད་པའི་བསམ་བློ་དེ་དག་ལས་ཐོན་ཞིང་། རིམ་བཞིན་ཟུར་དུ་ཤེས་རིག་ཅིག་དང་གོམས་སྲོལ་ཞིག་ཏུ་གྱུར་པ་ལགས་ན། དེ་དག་དང་མ་འདྲེས་པའི་བློས་བསླངས་གསར་པ་ཞིག་དང་རིག་པ་ཡན་གར་བ་ཞིག་གཏན་

ནས་མེད་པས། ཆེས་ཐོག་མའི་ཕྱྭ་གཡང་གི་གོ་དོན་ཡང་བོན་གྱི་ཆོས་ལུགས་དང་འབྲེལ་ནས་འཆད་དགོས་པ་གཞིར་བཞག་ཡིན།

དང་པོ། ཕྱྭ་ཡི་གོ་དོན།

༡. ད་ལྟ་རང་རེ་ལ་ལོ་རྒྱུས་ཀྱི་ཡིག་ཚང་རྩ་ཆེན་ཁག་ཅིག་ཡོད་པ་ནི། ལོ་རྗེ་ཆིག་སྟོང་ཡས་མས་ཀྱི་གོང་དེར་བརྗོས་པའི་ཀོང་པོ་སོགས་ས་ཆར་ཡོད་པའི་རྗེ་བརྗོས་ཡི་གེ་རྣམས་ཡིན་ལ། དེའི་སྐབས་ཀྱི་ལོ་རྒྱུས་ཀྱི་ཤེས་བྱ་འབོར་ཆེན་ཞིག་གནའ་བོའི་ཡིག་རྙིང་དེ་དག་ལས་ཤེས་ཐུབ་པ་མ་ཟད། གངས་རིའི་ར་བས་བསྐོར་བའི་ལྗོངས་འདིའི་ཆོས་ལུགས་ཀྱི་རྣམ་པ་དང་ནང་དོན་ཡང་ཕྱོགས་ཀུན་ནས་མཚོན་ཐུབ་པ་ནི་སྨོས་མ་དགོས་པ་རེད། དེས་ན་ཕྱྭ་ཡི་ཆེས་ཐོག་མའི་གོ་དོན་ཡང"གནམ"དང་ཡང་ན"ལྷ"ལ་གོ་དགོས་པར་སེམས་ཏེ། ཀོང་པོའི་རྗེ་བརྗོས་ཀྱི་ངོས་སུ"ཐོག་མ་ཕྱྭ་ཡ་བླ་བདག་དྲུག་གི་སྲས་ལས་ཉ་ཁྲི་བཙན་པོ་མྱི་ཡུལ་གྱི་རྗེར། ལྷ་རི་གྱང་དོར་གཤེགས་སོ"ཞེས་གསུངས་པ་ལ་གཞིགས་ན་གཉའ་ཁྲི་བཙན་པོའི་མཆེད་ཁུངས་ལྷ་རྒྱུད་ཀྱི་མིང་ལ་ཕྱྭ་ཞེས་འབོད་ཅིང་། ལྷའི་གདུང་རྒྱུད་ཅིག་གི་ཉུས་སུ་ངོས་འཛིན་བཞིན་ཡོད་པ་རེད། དེ་ཡང་གཉའ་ཁྲི་བཙན་པོ་འཇིག་རྟེན་དུ་བྱོན་པའི་ལྷ་སྒྲུང་འདི་ཇེ་གསལ་དུ་བཏང་ན《ཏུན་ཧོང་ནས་ཐོན་པའི་བོད་ཀྱི་ལོ་རྒྱུས་ཡིག་ཆ》ཞེས་པའི་རྒྱལ་རབས་རིམ་བྱུང་གི་མིང་གི་ནང་དུ་འཁོད་ཡོད་དེ། "ལྷ་གནམ་གྱི་སྟེང་ནས་གཤེགས་པའ། གནམ་ལྷབ་ཀྱི་བླ་ན། ཡབ་ལྷ་བདག་དྲུག་བཞུགས་པའི་སྲས། གཅེན་གསུམ་གཅུང་གསུམ་ན། ཁྲི་འི་བདུན་ཚིགས་དང་བདུན། ཁྲི་འི་བདུན་ཚིགས་ཀྱི་སྲས། ཁྲི་ཉག་ཁྲི་བཙན་པོའ། ས་དོག་ལ་ཡུལ་ཡབ་ཀྱི་རྗེ། དོག་ཡབ་ཀྱི་ཆར་དུ་གཤེགས་སོ། །ལྷ་རི་གྱང་དོར་གཤེགས་ན། རི་རབ་ལྷུན་པོ་ཡང་དགུ་དུད་དུད། ཤིང་སྡོང་པོ་ཡང་བང་ཐང་ཐང་། ཆབ་ལི་མ་ཡང་དངོས་སིལ་སིལ། གོར་ཕ་བོང་ལ་སྒོགས་པ་ཡང་། མཉེད་ཁྲུང་ཁྲུང་ལ་ཕྱག་འཚལ་ལོ། །བོད་ཀ་གཡག་དྲུག་གི་རྗེར་གཤེགས་སོ། །"[2]ཞེས་གཉའ་ཁྲི་བཙན་པོ་བོད་ཀ་གཡག་དྲུག་གི་རྗེར་གཤེགས་ཚུལ་གྱི་ལོ་རྒྱུས་འཆད་སྐབས། ཡབ་ལྷ་བདག་དྲུག་ལས་མཆེད་པ་གསལ་པོར་བསྟན་ཞིང་། དེའི་ཉུས་རྒྱུད་གོང་སྨྲས་ཀྱི་རྗེ་བརྗོས་སུ་བཀོད་པ་ལྟར"ཕྱྭ"ཉ་འབོད་པས་གནམ་སྐབས་འདིའི་ཐད་ནས་བསམ་ན་ལྷ་དང་གནམ་ལ་གོ་ན་འོས་པར་སེམས་པ་ཡིན། གཞན་ཡང《ཆོས་འབྱུང་མཁས་པའི་དགའ་སྟོན》དུ"འཕགས་པའི་ཐུགས་རྗེས་བྱིན་གྱིས་བརླབས་པ་ཡིས། །གཉའ་ཁྲི་བཙན་པོ་བོད་ཡུལ་རྗེར་གཤེགས་ནས། །བོད་འབངས་བདེ་ཞིང་སྐྱིད་པར་མཛད་པ་ཡིན། །འདི་ཉིད་མི་ཡི་ཡུལ་དུ་བྱོན་ཚུལ་ནི། །གནམ་གྱི་རིམ་པ་བཅུ་གསུམ་སྟེང་ཞེས་པ། །གཟུགས་ཁམས་འོད་གསལ་གྱི་ནི་ལྷ་རིས་ནས། །སྤྱན་རས་གཟིགས་ཀྱིས་བྱིན་གྱིས་བརླབས་པའི་མཐུས། །ཐུགས་རྗེས་ས་སྟེང་གཤེགས་སྟེ་མི་རྗེ་མཛད། །འདི་ལ་བསྒྲགས་པ་བོན་ལུགས་ཞེས་གྲགས་

ཀྱང་། །ཕྱྭ་དང་གནམ་ལ་དགའ་ཞིང་བླུན་པོ་ཡི། །བོད་ཡུལ་གནའ་མི་སྤྱི་མཐུན་གཟུང་ཕྱིར་བསྟན། །”[3] ཞེས་གསུངས་ཡོད་པ་ལྟར་ན་འང་ཕྱྭ་དང་གནམ་ཐེར་དུས་ཀྱི་ཕྱྭ་ནི་ལྷའི་གདུང་རྒྱུད་དམ་ཡང་ན་ལྷ་བྱེ་བྲག་པ་ཞིག་ལ་ངོས་འཛིན་རྒྱུ་ལས་གཞན་གྱི་གོ་བ་ཅི་ཡང་མེད་པར་སེམས་ལ། ལྷག་པར་བོད་འདི་གདོད་མ་ནས་གནམ་ལ་དད་ཅིང་གུས་པས་གཉའ་ཁྲི་བཙན་པོའི་གདུང་རྒྱུད་ཀྱང་གནམ་གྱི་ལྷའི་གདུང་རྒྱུད་དེ་ཕྱྭ་རུ་གཏུགས་ཏེ་རྒྱལ་པོའི་རིགས་རུས་ཆེ་བ་འདོན་ཕྱིར་དང་། བོན་གྱི་ཆོས་ལུགས་རྣམ་དག་ཡིན་པའི་སྒྲུབ་བྱེད་དུ་འདི་ལྟར་བཀོད་པར་སེམས་ལ། གཞན་ཡང་གནམ་ནས་འཐེན་དགུ་གཅིག་བརྒྱུད་དུ་བལྟམས་པའི་ཚུལ་ལྟ་བ《ཁྱུང་ཆེན་ལྡིང་བའི་རྒྱུད》ལས། “མིའི་རྒྱུད་སྟོང་བདལ་ལྷ་ལས་ཆད། །དང་པོ་ཁ་ཡེ་མུ་ལ་འཐེན། །དེ་ནས་མུ་སངས་བལ་ལ་འཐེན། །དེ་ནས་བལ་སངས་གཡེན་ལ་འཐེན། །དེ་ནས་གཡེན་སངས་ཕྱྭ་ལ་འཐེན། །དེ་ནས་ཕྱྭ་སངས་འོལ་ལ་འཐེན། །དེ་ནས་འོལ་སངས་ཡུལ་ལ་འཐེན། །”ཞེས་བཤད་པ་ལྟར“གཡེན་སངས་ཕྱྭ་ལ་འཐེན”ཞེས་པའི་མཚན་ལ་དཔྱད་ན་འང་སྐབས་དེ་དང་འབྲེལ་བའི་རྒྱུད་ཅིག་གི་མིང་དུ་གོ་བཞིན་ཡོད་པ་ཤུགས་ཀྱིས་རྟོགས་ནུས། ད་དུང་དབའ་ཚུལ་གྱིས་མཛད་པའི《གཡུང་དྲུང་བོན་གྱི་བསྟན་འབྱུང་ཕྱོགས་བསྡུས》ཞེས་པར“སྔོར་དུ་རྒྱ་བོད་ཧོར་གསུམ་མིའི་ར་མ། །གནས་བསྐལ་ཡ་ཐོག་ཆེ་ལོ་བརྒྱད་ཁྲིའི་གོང་། །གནམ་ལྷ་ཕྱྭ་རྗེ་ཡ་བླ་བདག་དྲུག་དང་། །དམུ་ལྕམ་གསེར་མཁར་མ་གཉིས་བཞོས་པའི་སྲས། །ཐུགས་དཀར་བུ་དགུའི་ཆུང་བ་དགུ་ཆོག་དེ། །ཕྱྭ་སྲས་ཐུགས་དཀར་ལ་ཁྲ་བྱ་བ་ཡིན། །དེ་ཉིད་ཡབ་ཀྱིས་གནམ་ནས་ས་ལ་བཏང་། །”ཞེས་བཀོད་ཡོད་ཅིང་། ཡང་དེའི་ནང་དུ“གཉིས་པ་གཡེན་ཁམས་སྡེ་རིས་སོ་སོ་ནི། །དཔལ་ཡོག་ཁྲི་གསུམ་གཉན་འོ་འཚམས་དང་གསུམ། །སྲིད་སྐོས་ཕྱྭ་གསུམ་དམུ་བདུད་བཙན་དང་གསུམ། །གཉན་པོ་ལྷ་མིན་ཉིད་དང་བཅུ་གསུམ་སྟེ། །རི་རབ་སྟེང་གི་ནམ་མཁའ་སོགས་ལ་གནས། །”ཞེས་དང་། དྲང་རྗེ་བཙུན་པ་གསེར་མིག་གིས་བརྩམས་པའི《མདོ་གཟེར་མིག》དུ“དུས་དེ་ཙམ་ན། ཡུལ་གནམ་གྱི་ཡ་བླ། དགུང་གི་ཡར་སྟེང་ན། མགོན་བཙུན་ཕྱྭའི་ཡུལ། སྣར་མ་སླགས་བཞིན།”ཞེས་རིམ་བརྗོད་ཀྱི་དཔེ་ལས་ཀྱང་ཕྱྭ་ཞེས་པ་གསལ་བའི་ཡེ་གཤེན་གཉན་པ་བཅུ་གསུམ་གྱི་ཡ་གྱལ་ཞིག་གམ་རི་རབ་སྟེང་གི་ནམ་མཁའ་སོགས་སུ་གནས་པའི་ལྷ་ལྟ་བུ་ཞིག་དང་ཡང་ན་གཉན་ལྷ་བཙན་པོ་སོགས་སུ་སྟོན་བཞིན་ཡོད་པ་དང་། ཡང་ན་མགོན་བཙུན་ཏེ་རང་ཉིད་ཀྱི་ལྷའམ་ཕ་མེས་ཀྱི་བཞུགས་གནས་ཕྱྭ་ཡུལ་ཞེས་ལྷ་ཡུལ་ལྟ་བུ་སྟེ་གནམ་ལ་གོ་བ་ལས་འོས་མེད། གང་ལྟར་དེ་དག་ཚང་མ་ལས་ཀྱང་ང་ཚོར་ངེས་ཤེས་གཏིང་ཟབ་མོ་ཞིག་སྐྱེར་བ་དང་། ལྷག་པར་དུ《གཡུང་དྲུང་བོན་གྱི་བསྟན་འབྱུང་ཕྱོགས་བསྡུས》སུ“ཡང་སྲིད་པ་གཙང་མའི་ལྷ་རིགས་འཕེལ། །འོད་དེ་གུང་རྒྱལ་ཉིད་ལས་གེ་ཁོད་ཀྱི། །ལྷ་རིགས་དང་ནི་མགུར་ལྷ་བཅུ་གསུམ་གྲོལ། །ཁྲི་དེ་གསུམ་པོར་ཡུལ་ལྷ་གཞི་བདག་སྟེ། །ཡུལ་ལ་གཉན་ཁམས་ཐམས་ཅད་གྲོལ་བ་དང་། །ཕྱྭ་བླ་ཁྲི་ཞིང་རྒྱུད་ཆད་ཅེས་སུ་གྲགས། །”ཞེས་མགུར་ལྷ་བཅུ

གསུམ་གྱི་མན་ནས་ཕྱྭ་ཞེས་པའི་རྒྱུད་གྲོལ་བ་དང་། འདིའི་གོང་དུ་ཡི་སྔོན་རྒྱལ་པོ་དང་ཀླུང་རྫུ་འཕྲུལ་མོ་གཉིས་བཤོས་པ་ལས་ཕྱྭ་རྗེ་སྐམ་པོ་གཙོས་པའི་སྲས་གསུམ་ཡིན་ལ། མགུར་ལྷ་བཙུ་གསུམ་གྱི་གྲོལ་ལུགས་དང་ལྷ་རབས་མཆེད་དགུ་ཡི་གྲོལ་ཚུལ་གང་ཡིན་རུང་ཕྱྭ་ཞེས་པའི་རུས་འདི་མ་འདྲེས་པའི་གནས་ཤིག་མེད་ལ། དེའང་ཐོག་མ་ནས་མིའི་རུས་ལྟར་རང་བྱུང་དད་མོས་སོགས་ལ་བརྟེན་ནས"ཁྱུང"དང"འབྲོང"ལྟ་བུ་ལ་རྗེས་སུ་ཡི་རངས་བྱས་པ་ཙམ་མ་ཡིན་པར་གདོད་མའི་བོན་གྱིས་གནམ་ལ་བཙངས་པའི་བརྩེ་དུང་དང་དད་མོས་སོགས་ལ་རག་ལས་ཤིང་། ང་ཚོས་ཅིས་ཀྱང་གསལ་བཤད་བྱེད་དགོས་པ་ནི་ཆེས་ཐོག་མའི"ཕྱྭ"ཡི་གོ་དོན་ནི་ད་ལྟའི་ངང་ཚུལ་བཞིན་ནོར་དང་ལོངས་སྤྱོད་ཙམ་ལ་གོ་བ་མ་ཡིན་པར་འཇིག་རྟེན་དང་འཇིག་རྟེན་ལས་འདས་པའི"གནམ"དང"ལྷ"ཡང་ན"ལྷའི་གདུང་རྒྱུད"ཅིག་ལ་ངོས་འཛིན་བྱེད་དགོས་པ་རེད།

༢.སྤྱིར་གདོད་མའི་མི་རྣམས་ཀྱིས་རང་བྱུང་གི་འགྱུར་བ་སྣ་ཚོགས་ལ་འགྲེལ་བཤད་རྒྱག་རྒྱུ་ཧ་ཅང་ཁག་པོ་ཞིག་ཡིན་ལ། ནམ་ལྟག་གནམ་དུ་ལྷ་ཡོད་པའི་འདུ་ཤེས་བྱུང་བ་ནས་བཟུང་། དེ་བས་ཀྱང་ཟློག་གྱུར་ཏུ་གྱུར་ཅིང་། རང་ཤུགས་ཀྱིས་དད་མོས་དང་ཡི་རངས་བྱེད་པའི་གནས་སུ་གྱུར་པས་ཐོག་མའི་ལྷ་ཡི་གདུང་རྒྱུད་ཀྱི་མིང་དེ་མིའི་རུས་རྒྱུད་དུ་འདོགས་པའི་སྲོལ་བྱུང་བ་རེད། དེ་ཡང་རྒྱུ་མཚན་མེད་པ་ཞིག་གཏན་ནས་མིན་ཏེ། རང་གི་དད་མོས་ཀྱི་གནས་ཏེ་ཆེས་གསང་བ་དང་ཟློག་ཏུ་གྱུར་པ་ལ་དེ་བས་ཀྱང་ངོ་མཚར་བའི་འདུ་ཤེས་བཟུང་བའི་རྐྱེན་གྱིས་དེ་དང་དེ་འདྲ་བའི་ངང་ཚུལ་ཡང་མཐའ་མེད་པ་ཞིག་བྱུང་སྦྱོང་ལ། སྲོལ་དེ་དག་བྱུང་ཆོག་པ་ཞིག་ཀྱང་རེད་སྙམ། དེ་ཕྱིར་ཕྱྭ་ཡི་གདགས་གཞི་འདིའང་རང་རྟོགས་དང་རང་རྟོགས་མ་ཡིན་པའི་སྒོ་ནས་མིའི་བསམ་བློའི་འཁྱེར་སོ་ཞིག་ཏུ་གྱུར་ཅིང་། ལྷག་པར་དུ་རིགས་རྒྱུད་ཚོ་པ་དང་རིགས་རུས་ཙུང་མཐོ་བ་རྣམས་ཀྱི་མིང་དུ་འདོགས་སྲོལ་དར་བ་རེད། དེ་ཡང《མདོ་གཟེར་མིག》ལས"རིགས་ནི་རྒྱལ་རིགས་སོ། །མིང་ནི་དམུ་རྒྱལ་ལན་གྱི་ཐིམ་པ་སྐྱས་སོ། །སྐྱེས་བུ་ཆེན་པོ་བཞུགས་པས། རབ་ཏུ་སེམས་ཉིད་བློ་ན་བདེ། འགྲོ་བའི་དོན་ལ་བརྩོན་པས། སེམས་ཅན་ལ་བུ་གཅིག་པ་ལྟར་བྱམས་པ། དེའི་བཙུན་མོ་ནི། ཕྱྭ་ཨ་ལྡེ་ཁྲབ་པའི་སྲས་མོ། ཕྱྭ་བཟའ་དང་འབྲང་མ་བགྱིས་ཏེ"ཞེས་སྟོན་པ་གཤེན་རབ་མི་བོ་ཆེའི་གདུང་རྒྱུད་ཡབ་ཡུམ་གྱི་རིགས་རུས་ཀྱི་ཆེ་བ་བརྗོད་པའི་ཚེ་ན་ཡུམ་གྱི་རུས་མིང་ལ"ཕྱྭ་བཟའ"ཞེས་འབོད་པ་རིགས་པས་ཤེས་ལ། དེ་ཡང་ཏན་ཏན་ཕྱྭ་ཨ་ལྡེ་ཁྲབ་པ་ནས་བརྒྱུས་པའི་རིགས་རྒྱུད་འདིའི་མིང་གི་འགོ་མར་ཕྱྭ་ཞེས་འབོད་པ་གཏན་ནས་མ་ཡིན་པར། ཆེས་ཐོག་མ་ནས་རིགས་རུས་འདི་ལ་ཕྱྭ་ཞེས་འབོད་ཅིང་རུས་ཁུངས་ཡང་གནམ་མམ་ལྷ་ལས་མཆེད་པའི་གཏམ་རྒྱུད་གང་རུང་ཡོད་པ་ཤུགས་ཀྱིས་རྟོགས་ནུས་པས་འདིར་མང་དུ་ལབ་པའི་དགོས་པ་ཆེར་མ་མཆིས་ལ། གཙོ་བོ་ནི་ལྷའི་རུས་རྒྱུད་ནས་མིའི་རུས་རྒྱུད་དུ་ཐོགས་པའི་གཏན་ཚིགས་དེ་སྒྲུབ་པ་ཡིན་པས། མིའི་རིགས་རུས་ཀྱི་

ནང་ནས་སྟོན་པ་གཤེན་རབ་མི་བོ་ཆེའི་ཡུམ་གྱི་རིགས་རུས་སུ་འབོད་པ་རེད། གཞན་ཡང《གཡུང་དྲུང་བོན་གྱི་བསྟན་འབྱུང་ཕྱོགས་བསྡུས》ཞེས་པར"དང་པོ་སྟག་གཟིག་འོལ་མོ་གླང་ཆེན་དུ། །མི་རྒྱ་གཤེད་དང་ལྡྭ་དམུ་གཙུག་གསུམ་དང་། །ཧོས་ཤག་དབོ་རྒྱ་གཏོ་དཔྱད་གཉན་གྱི་གདུང་། །རྒྱལ་རིགས་རྗེ་རིགས་དམངས་རིགས་བྲམ་ཟེ་བཅས། །རྒྱལ་དང་བློན་འབངས་བསམ་འདས་ཡུལ་ཁམས་ནི། །ནང་གླིང་བར་གླིང་ཕྱི་གླིང་མཐའ་གླིང་སོགས། །ཡུལ་ཆེན་དགུ་བཅུ་རྩ་དྲུག་ཡུལ་ཕྲན་བཅས། །མི་རིགས་མི་འདྲ་སུམ་བརྒྱ་དྲུག་ཅུའི་ཞིང་། །"ཞེས་བཀོད་པར་དམིགས་ནའང་ལྡྭ་དམུ་གཙུག་ཅེས་ཡན་གར་པའི་རིགས་རྒྱུད་སོ་སོ་ལ་ངོས་འཛིན་ཅིང་། རིགས་རྒྱུད་མཐོ་ཤོས་ཀྱི་གྲས་སུ་གཏོགས་པའང་མངོན་གསལ་གྱིས་ཤེས་ཐུབ་སྟེ། "ཧོས་ཤག་དབོ་རྒྱ་གཏོ་དཔྱད་གཉན་གྱི་གདུང་"ཞེས་རིགས་རུས་གཉན་ལ་གཏུགས་ཡོད་པ་བཅས་རྒྱུ་མཚན་དུ་མས་རྟགས་གྲུབ་ན། ད་གཟོད་རུས་འདི་ནི་ལྷ་ནས་མིར་བསྒྱུལ་བའི་རུས་ཤིག་ཡིན་པ་གཞི་ནས་ཤེས་དགོས་པ་རེད། ཡང《ལེགས་བཤད་རིན་པོ་ཆེའི་གཏེར་མཛོད》ལས་རྒྱའི་རྒྱལ་རབས་འཆད་སྐབས་ཀྱང་འདི་ལྟར་ཏེ"མི་རྒྱུད་ལྷ་ལས་གྲོལ་བའི་སྲིད་པ་ཡེ་སྨོན་རྒྱལ་པོ་དང་། ལྷ་མོ་ཆུ་ལྕམ་གཉིས་ལས་ལྡྭ་དམུ་གཙུག་གསུམ་དུ་གྲོལ"ཞེས་དང་། 《མདོ་གཟེར་མིག》ལས"དེ་ནས་ཡང་ཡབ་རྒྱལ་བློན་ཐོད་དཀར་གྱི་ཞང་པོ་ལྡྭ་ཁ་རྗེ་ཐང་ལ་སོགས་པའི་ལྡྭའི་མི་རྣམས་དང་། གཤེན་རབ་ཀྱི་ཡབ་མེས་དམུ་རྒྱལ་ལ་སོགས་པའི་དམུའི་མི་རྣམས"ཞེས་པ་སོགས་ལས་ཀྱང་ལྡྭ་ཞེས་པ་མཐོ་རིམ་མི་སྡའི་གྲས་སུ་གཏོགས་ཤིང་། ཕྱི་བྲག་སྟག་གཟིག་འོལ་མོ་ལུང་རིང་གི་རུས་ཚན་མཐོ་ཤོས་སྟོན་པ་གཤེན་རབ་མི་བོ་ཆེའི་ཡུམ་གྱི་རུས་སུ་ངོས་འཛིན་བཞིན་ཡོད་པ་དང་། "ལྡྭའི་མི་རྣམས"ཟེར་དུས་ཀྱང་སྟོན་པ་གཤེན་རབ་མི་བོ་ཆེའི་ཡུམ་གྱི་རིགས་རྒྱུད་ཚོ་ཁག་དེ་ལ་སྟོན་བཞིན་ཡོད་པ་རེད་སྙམ། གང་ལྟར་ང་ཚོ་ལ་སྟོམ་ཚིག་ཅིག་བཀོད་ཡོད་པ་ནི་ལྡྭ་ཞེས་པ་གནམ་ནས་མིར་བརྒྱུད་ཅིང་། དེ་ནས་ཤེས་རིག་ཅིག་དང་རིམ་བཞིན་དམངས་སྤྱོལ་ཞིག་ཏུ་གྱུར་པའི་གོ་རིམ་ཞིག་ཡོད་སྲིད་ལ། ཕྱིས་ཀྱི་ལྡྭ་བ་ཆོས་ཀྱི་སེངྒེ་ལྟ་བུ་ལ་མཚོན་ནའང་རུས་རྒྱུད་འདིའི་ལྡྭ་ཡིག་རྒྱུན་མ་ཆད་པར་བརྒྱུད་ཡོང་བ་ཨེ་ཡིན་སྙམ།

༣. གཤེན་རབ་མི་བོ་ཆེ་འཛིག་རྟེན་འདིར་སྐུ་བལྟམས་པའི་དུས་རབས་དཔྱད་བརྗེས་པ་ནས་བཟུང་། ཁོང་གིས་བསྟན་པའི་བོན་གྱི་བྱེ་བྲག་ཇི་སྙེད་པ་དང་། དེ་དང་འབྲེལ་བའི་ཤེས་རིག་རྒྱ་ཆེ་ལ་གྲངས་མང་བ་དུ་མ་ཞིག་དར་རྒྱས་བྱུང་མྱོང་བ་དང་། དེ་དག་ཀྱང་གནའ་བོའི་ལོ་རྒྱུས་ཙམ་ཞིག་མ་ཡིན་པར་ཤེས་རིག་གི་རྒྱུན་དེ་དག་མི་རབས་ནས་མི་རབས་སུ་རྒྱུན་མ་ཆད་པར་འཚོ་སྐྱོང་བྱས་པའི་ལག་རྗེས་སུ་མང་པོ་ཞིག་ནི་ད་ལྟའི་དུས་སུའང་བོད་མི་དམངས་ཀྱི་ཁྲོད་དུ་འཚོ་བཞིན་ཡོད་པ་དང་། ལག་ལེན་དུའང་བསྟར་དང་བསྟར་བཞིན་ཡོད་པ་རེད། དེས་ན་ལྡྭ་ཞེས་པའང་དེ་ལས་མ་འདས་པར་བོན་གྱི་ཤེས་རིག་ཅིག་ལ་ངོས་བཟུང་ནའང་ཆོག་སྟེ། 《སྐལ་བཟང་ལེགས་བཤད་མགྲིན་རྒྱན》ལས། "ལྡྭ་གཤེན་ཐེག་པ་

གཏོ་དཔྱད་ཧྲུ་ཐིག་དང་། །སོ་སྤྲ་དབྱངས་འཆར་རྩིས་དང་སྨན་ལ་སོགས། །འགྲོ་ལ་ཉེ་བར་ཕན་ཅིང་གསོ་བ་དང་། །སྐྱིག་གྱུར་མངོན་གསལ་བོན་སྐྱེ་དུ་མ་གསུངས། །”ཞེས་པར་གསལ་བའི་ཕྱྭ་གཤེན་བོན་སྒོ་ཐམས་ཅད། སྤྲ་ལྟས་མོ་དང་སྣང་མཐོང་རྩིས། ནད་གསོ་སྨན་དཔྱད། འཆི་བསླུ་གཏོ་བཅས་རྣམ་པ་བཞི་རུ་འདུས་པའི་གྲུས་ཀྱི་ཤེས་རིག་ཅིག་ལ་ཕྱྭ་གཤེན་ཧྲུ་ཐིག་ཅན་ཞེས་བརྗོད་པ་ཡིན་ལ། འདི་སྐབས་སུ་ཕྱྭ་ཞེས་པ་ལྷ་དང་མིའི་རུས་རྒྱུད་གང་ལ་ཡང་མི་གོ་བར་ཏན་ཏན་བོན་གྱི་ཤེས་རིག་ཅིག་མཚོན་བཞིན་ཡོད་པ་རེད། རྒྱུའི་བོན་པོ་རིགས་བཞི་བགྲང་སྐབས་ཀྱང་སྣང་གཤེན་བལ་ཐོད་ཅན། འཕྲུལ་གཤེན་བལ་ཚོན་ཅན། ཕྱྭ་གཤེན་ཧྲུ་ཐིག་ཅན། དུར་གཤེན་མཚོན་ཆ་ཅན་བཅས་སོ་སོ་ནས་བོན་པོའི་ཤེས་རིག་ཅིག་གི་དོན་མཚོན་པ་མ་ཟད། ཕྱྭ་གཤེན་ཧྲུ་ཐིག་གི་མོ་འདི་ནི་གཤེན་རབ་མི་བོ་ཆེས་བསྟན་པ་ཕྱྭ་བོན་གྱི་ཡང་སྙིང་ལྟ་བུ་ཞིག་ཡིན་ལ། ཧྲུ་ཐིག་ནི་ཤིན་ཏུ་རྒྱ་ཆེ་ལ་ལོ་རྒྱུས་མང་བ་ཞིག་ཡིན་སྟབས། ཧྲུ་ཐིག་སྐོར་གྱི་ཡིག་ཆའང་ཤིན་ཏུ་མང་། དཔེར་ན། “ཧྲུ་ཐིག་ཤར་བ་སྐྱ་དྲུག”ཅེས་སུ་གྲགས་པ་བཞིན། ཧྲུ་ཐིག་གི་མོ་ཆས་སུ་ཐིག་གུ་རིང་ཐུང་དྲུག་ཡོད་པ་དེ་དག་གི་ཐིག་སྣེ་ཟུར་རེ་ཉིས་གཤིབ་བྱས་པའི་རྩེར་མདུད་པ་རེ་བོར་བས་མདུད་པ་ཁག་བཞི་འབྱུང་ཞིང་ལྷག་མ་མོ་བའི་ལག་གཉིས་ཀྱི་ཐིག་གུ་ཟུང་རེ་དམ་དུ་ཟིན་ཅིང་ཐད་ཀར་ཁ་ཕྱེས་པ་ན། མདུད་པའི་རྣམ་པ་མི་འདྲ་བ་ཅི་རིགས་ཤིག་སྲིད་ཅིང་། དེ་དག་ནི་སྐབས་དེའི་ཤེས་རིག་གི་གྲུས་སུ་གཏོགས་ཤིང་། ནམ་རྒྱུན་ཡོངས་གྲགས་སུ《ཚེ་རབས་ལས་རྩིས》ཞེས་སུ་གྲགས་པ་སྟེ། སུ་ཞིག་སྐྱེ་དུས་ཀྱི་ལོ་ཟླ་ཞག་དུས་ཀྱི་འབྱུང་ཁམས་སོ་སོའི་གནས་ལུགས་དེ་ལ་བརྟེན་ནས་ཚེ་འདིར་ལེགས་ཉེས་ཀྱི་རྐྱེན་ཅི་དང་ཅི་ཞིག་ཡོད་པ་དང་། གལ་ཏེ་མི་མཐུན་པའི་རྐྱེན་འགའ་ཞིག་ཡོད་པ་མངོན་དུ་གྱུར་ན། དེ་ལས་གྲོལ་ཐབས་ཅི་དང་ཅི་ཞིག་དགོས་པ་སོགས་རྟོགས་བྱེད་ཀྱི་ཤེས་རིག་ཁྱད་པར་ཅན་ཞིག་ཡིན་ལ། བག་གཉེན་གྱི་རྩིས་དང་། གཤིན་པོ་དུར་འདོན་གྱི་རྩིས་སོགས་ཀྱང་ཁོངས་སུ་གཏོགས་པ་ཡིན། 《རྒྱལ་རབས་གསལ་བའི་མེ་ལོང》དུ་འང“ཕྱྭ་གཤེན་ཧྲུ་ཐིག་ཅན་གྱིས་ལེགས་ཉེས་ཀྱི་ལམ་སྟོན། ཡིན་མིན་གྱི་ཐེ་ཚོམ་སེལ། ཟག་བཅས་ཀྱི་མངོན་ཤེས་འཆད་པར་བྱེད།”ཅེས་བག་སྟོན་གྱི་རྩིས། གཤིན་པོ་དུར་འདོན་གྱི་རྩིས་སོགས་འཇིག་རྟེན་གྱི་བྱ་བ་ལེགས་ཉེས་ཀུན་གྱི་ལམ་ཡང་དག་པར་སྟོན་པའི་ཤེས་རིག་ཀྱང་འདི་ཉིད་དུ་བསྟན་ཅིང་། ཐ་ན་ཟག་བཅས་ཀྱི་མངོན་ཤེས་ལྡན་པའི་ཤེས་རིག་ཅིག་ཡིན་ཞེས་བརྗོད་ཡོད་པ་བཅས་ལས་འདི་ནི་བོན་གྱི་ཤེས་པའི་ནང་ནས་ཀྱང་ཅུང་ཐུན་མོང་མ་ཡིན་པའི་ཤེས་རིག་ཅིག་དང་། མི་དམངས་དང་ཆེས་འབྲེལ་འདྲིས་ཆེ་ཞིང་། རྒྱུན་ལྡན་གྱི་འཚོ་བའི་ནང་དུ་མིའི་རིགས་ཀྱིས་རང་ཉིད་ཀྱི་བྱ་བཞག་དང་རེ་སྨོན་གང་རུང་ལ་འོལ་ཚོད་ཀྱིས་བསམ་བློ་མི་གཏོང་བར་མོ་འདི་ལ་བརྟེན་ནས་རང་གི་ཁ་ཕྱོགས་བཙལ་བ་བཅས་བཀོལ་སྤྱོད་ཀྱི་རིན་ཐང་ཆེ་བའི་ཤེས་རིག་ཅིག་ཡིན་པས། བོན་པོའི་ཤེས་རིག་གི་ནང་གསེས་ཕྱྭ་གཤེན་ཞེས་གལ་ཆེ་བའི་རྒྱུ་མཚན་ཡང་དེ་འདྲ་ཞིག་ལོས་ཡིན་སྙམ་ཞིང་། ཁྱད་པར་དུ་སྟོན་

པ་གཤིན་རབ་མི་བོ་ཆེའི་བསྟན་པའི་རྩང་གཞིའང་སྨུ་སྣང་འཕྲུལ་སྲིད་འདི་དག་རྒྱུ་བོན་བཞི་ལ་བརྟེན་ནས་བྱུང་བར་སེམས་ཏེ། 《ལེགས་བཤད་རིན་པོ་ཆེའི་གཏེར་མཛོད》ལས"གནམ་རི་སྲོང་བཙན་ཡན་རྒྱལ་རབས་སུམ་ཅུ་རྩ་གཅིག་ལ་ཆབ་སྲིད་བོན་དང་སྒྲུང་དང་ལྡེའུ་སོགས་ཀྱིས་བསྐྱངས། སྨུ་སྣང་འཕྲུལ་སྲིད་བཞི་སོགས་འཇིག་རྟེན་པའི་ཐེག་པ་རྣམས་དར་བས་བོད་དུ་གྲུབ་མཐའ་ལ་སྨྲ་བ་བོན་ཡིན་པའི་གཏན་ཚིགས་དེ་ནས་བྱུང་།"ཞེས་པས་གསལ་བཤད་ཅིག་བྱས་ཡོད་པ་འདི་དག་ནི་བོན་གདོད་མའི་ཆོས་ལུགས་སུ་འདུ་ཞིང་། སྟོན་པ་གཤེན་རབ་མི་བོ་ཆེའི་ཡར་སྔོན་དུའང་རྒྱུ་བོན་བཞི་པོ་ཡོད་ཅིང་། འདི་ལ་བརྟེན་ནས་ད་གཟོད་ཕྱིས་ཀྱི་བོན་སྣ་ཚོགས་དང་མོ་སོགས་བྱུང་བ་ཡིན། གང་ལྟར་ཤེས་རིག་འདི་ལ་རྩང་གཞི་བྱས་པའི་ད་ལྟའི་མོ་དཔེ་ཚང་མར་ཡང་སྨུ་མོ་ཞེས་འབོད་བཞིན་ཡོད། སྨུ་ལ་ཐད་ཀར་དུ་མོ་ཞེས་བརྗོད་པའང་ཡོད་དེ། དཔེར་ན། 《དཔེ་ཆོས་རིན་ཆེན་སྤུངས་པ》ལས"སྨུ་ནི་མོ་པ་དང་ལྟས་མཁན"ཞེས་ཟེར་བ་དང་། ཕྱིས་ཀྱི་མོ་དཔེའི་དོན་ལའང་སྨུ་ཞེས་པ་འདིའི་ཤན་ཤུགས་ཆེ་བ་དང་། ཐ་ན་ཤེས་རིག་འདི་ད་དུང་མ་ཉམས་པར་མིག་མཐོང་ལག་ཟིན་དུ་གྲུབ་སྟེ། 《གུ་རུའི་ཐོད་ཕྲེང་སྟེ་ལྔའི་མོ་རྙེ་མཐོང་གསལ》ཞེས་པའི་ནང་དུ"བུདྡྷ་ཐོད་ཕྲེང་ལ་བབས་ན། །གཞི་སྨུ་རི་རབ་བཞིན་དུ་བརྟན། །ཆོས་སྨུས་ཅི་བྱ་ཆོས་སུ་འགྲོ། །དོན་སྨུར་བསམ་པའི་དོན་ཐམས་ཅད། །ལྷུན་གྱིས་འགྲུབ་ཅེས་གུ་རུས་གསུངས། །ཚོང་སྨུར་ཁེ་རྒྱལ་ཀུན་བླངས་ནས། །མྱུར་དུ་རང་ཡུལ་བདེ་བར་ཕྱིན། །ནོར་སྨུར་ཟས་ནོར་ལོངས་སྤྱོད་ཀུན། །ཡར་ངོ་ཟླ་བཞིན་འཕེལ་བར་སྨོན། །སྲིད་སྨུར་བསོད་ནམས་དཔལ་ལྡན་བུ། །མང་དུ་འབྱུང་ཞིང་བཀྲ་ཤིས་སོ། །གྲོགས་སྨུར་གཏམ་སྙན་དང་བཅས་ཏེ། །མྱུར་དུ་རང་ཁྱིམ་སླེབས་པར་ངེས། །ནད་སྨུར་སྨན་པ་རིམ་གྲོ་སོགས། །མེད་ཀྱང་ནད་གདོན་ཀུན་ལས་གྲོལ། །"ཞེས་ཤོ་མིག་དགུ་པོ་རེ་རེ་བགྲང་སྐབས་སྨུ་ཞེས་སྦྱར་ཡོད་ཅིང་། དོན་ལ་གཞི་མོའི་བཟང་ངན་དང་། ཆོས་མོའི་ལེགས་ཉེས། དོན་མོའི་ཡག་མིན། ཚོང་མོའི་ཁེ་ཕན་སོགས་མཚོན་བྱེད་དུ་འཇུག་པ་ཡིན་ལ། སྐབས་འདིར་མོ་ཡི་གོ་དོན་དུ་བསྟན་པ་ཡིན། མདོར་ན་མོ་འདིའི་སྐོར་གྱི་དཔེ་མི་འདྲ་བ་འགའ་རེ་ཡོད་འདུག་པ་དེ་དག་ལ་ཞིབ་འཇུག་བྱས་ན། མོ་འདི་ནི་རྒྱུ་ཆེ་ལ་གཏིང་ཟབ་པ་ཞིག་ཡིན་པ་དང་། སྐོག་སྒྱུར་གྱི་ཆོས་རྣམས་གསལ་བར་སྟོན་པའི་ཤེས་རིག་ཅིག་ཡིན་པས། དེ་ལ་གནའ་བོའི་རང་བཞིན་དང་ལྡན་པའི་ཁྱད་ཆོས་ཅི་རིགས་ཤིག་ཀྱང་ཡོད་ངེས་པ་ནི་མངོན་སུམ་དུ་མཐོང་ཐུབ་པ་ཡིན། གང་ལྟར་འདི་ལས་ང་ཚོ་ལ་གསལ་བཤད་ཅིག་བྱས་ཡོད་པ་ནི་སྨུ་ཞེས་པ་བོན་གྱི་ཤེས་རིག་ཅིག་ཡིན་ལ། ལྷག་པར་དུ་ད་ལྟའི་ཤེས་རིག་ལ་རྩང་གཞི་བཏིང་སྦྱོང་བའི་ཤེས་རིག་ཅིག་ཀྱང་རེད་ཅེས་ཟེར་ཆོག

༤. གཞན་སྨུ་ནི་བོན་གྱི་ཚེ་སྒྲུབ་དང་འཇིག་རྟེན་པའི་སྲུང་མ་ལྷ་བུ་ཞིག་ལ་ངོས་འཛིན་པ། དེ་ཡང《ལེགས་བཤད་རིན་པོ་ཆེའི་གཏེར་མཛོད》དུ"བར་ཆད་པྲ་རྟགས་བརྟགས་པས་སྨུ་གཤེན"ཞེས་

གེགས་དང་བར་ཆད་མི་འབྱུང་ཞིང་། ཚེ་དང་ལུས་ལ་གནོད་ངན་གང་ཅུང་ཐེབས་ངེས་པའི་སྐབས་སུ་དེའི་མགོ་གནོན་དུ་ཕྱྭ་སྒྲུབ་པས་ད་གཟོད་བར་ཆད་སེལ་བར་བྱས་ཤིང་། སྒྲ་འགྲེལ་ལས་ཀྱང“ཕྱྭ་ཟེར་བ་གཡུང་དྲུང་གི་ཚེ”ཞེས་མིའི་ཚེ་ཚད་དམ་ཚེའི་བསོད་ནམས་ལྟ་བུ་ལ་བསྟན་པ་དང་། 《ལེགས་བཤད་རིན་པོ་ཆེའི་གཏེར་མཛོད》དུ“ཕྱྭ་ཚེ་གཡང་སྒྲུབ་ཆ་ལག་གསང་འདུར་འཁོར་བ་རྒྱུན་གཅོད”ཅེས་ཕྱོགས་གང་ཐད་ནས་བལྟས་ནའང་ཕྱྭ་ཡིས་ཚེ་ལ་བར་ཆད་མི་འབྱུང་བ་སྒྲུབ་ཅིང་། ཚེ་ལྷ་དང་ཡང་ན་ཚེ་སྒྲུབ་ཅེས་དམིགས་བསལ་གྱི་མཛད་སྒོ་ཞིག་ཡིན་པར་བརྟེན། ཚེ་ཡི་བར་ཆད་མཐའ་དག་ཟློག་ཅིང་། བསོད་ནམས་ཀྱི་ཆ་གསོག་པའི་འདུ་ཤེས་འཛིན་སྟངས་ཤིག་ཏུ་ངེས་ཤེས་བཟུང་ནའང་མི་འགྲིག་པ་མེད། དེ་ནས་རིམ་བཞིན་ཕྱྭ་ཞེས་པ་བོད་ཀྱི་སྤྱི་ཚོགས་ཀྱི་ཁྱབ་ཁོངས་ངེས་ཅན་ཞིག་གི་ནང་དུ་ཁྱབ་གདལ་དུ་སོང་ཞིང་། ད་ལྟའང་ཕྱྭ་ལ་བཟུང་ཡོད་པའི་འདུ་ཤེས་མ་འགྱུར་བར་བོད་ཀྱི་ཕྱྭ་གཡང་འབོད་པ་སོགས་ཏ་ཅང་རྒྱུགས་ཆེ་ཞིང་། ལྷག་པར་གཙང་མངའ་རིས་ཕྱོགས་སུ་ད་ལྟའང་བུ་མོ་གནས་ལ་འགྲོ་སྐབས“ཕྱྭ”ཞེས་དམིགས་བསལ་གྱི་མཛད་སྒོ་ཞིག་སྤེལ་རྒྱུ་ཡོད་ཅིང་། དེ་ཡང་ཨ་མཆོད་ཀྱིས་གསོས་པའི“ལྷ་བྲོ”ཞེས་ཚ་ག་ཞིག་མཆིས་ལ། དེ་ནི་བུ་མོ་གནས་ལ་འགྲོ་སྐབས་རང་གི་ཁྱིམ་ལྷ་དང་འབྲལ་དགོས་པའི་མཛད་སྒོ་ཞིག་ཡིན་པ་དང་། ཨ་མཆོད་ཀྱིས་གཡང་འབོད་སོགས་བྱས་ཏེ་བུ་མོའི་ལས་དེ་ཆོས་སྐྱོང་དང་ཁྱིམ་ཕྱྭ་ལ་བཙོལ་བ་ཡིན་ཟེར་སྲོལ་མཆིས། གནའ་རབས་བོད་གདོད་མའི་སྐབས་ཀྱི་སྲོལ་འདི་དག་ནི་བོན་ཆོས་ཀྱི་གཞུང《མིང་སྲིང་ནོར་དབྱེ》(《兄妹分财》)དང《ལྷ་དང་ལྷ་གསོལ་ལ་བྲལ་བ》(《告别神与祈神》)ཞེས་པ་གཉིས་ཀྱི་ནང་དུ་གསལ་པོར་བཀོད་ཡོད།[4] གང་ལྟར་འདིའི་ནང་དུ་བུ་མོ་གནས་ལ་འགྲོ་དུས། མོའི་ཁྱིམ་མི་གང་པོས་ལྷ་འགུགས་པའི་ཚ་ག་མཛད་ཅིང་། དེ་ལ“ཕྱྭའི”ཚ་ག་ཟེར་བ་དང་། ནང་དོན་ནི་བུ་མོར་གནས་ཡུལ་ནས་ཀྱང་རང་ཁྱིམ་གྱི་ལྷས་མགོན་སྐྱབས་གནང་རྒྱུའི་རེ་བ་མཆོན་ལ། དེ་དང་ལྷན་དུ་བུ་མོ་གནས་ཡུལ་ལ་འཁྱོར་བ་ན། བག་མའི་ཁྱིམ་མི་རྣམས་ཀྱིས་ཀྱང་ལྷ་འགུག་ཅིང་། “ཕྱྭ”ཡི་ཚ་ག་མཛད་དེ་རང་གི་ཁྱིམ་ལྷར་བག་མ་མཚམས་སྦྱོར་གནང་བ་ཡིན་ཞེས་པ་སོགས་ཀྱི་སྲོལ་མ་ཉམས་པར་ཡོད་ཅེས་པ་ལ་གཞིགས་ནའང་ད་ལྟའི་ང་ཚོའི་བསམ་བློ་ཁྲོད་ཀྱི་ཕྱྭ་དང་ཁྱད་པར་ཆེན་པོ་མི་འདུག་པས། ཕྱྭ་ཞེས་པ་ནི་ཁྱིམ་ལྷ་ལྟ་བུ་ལ་གོ་ནའང་མི་འགྲིག་པ་མེད་སྙམ། མདོར་ན་ད་ལྟའི་མི་རྣམས་ཀྱི་འདུ་ཤེས་ཁྲོད་ཀྱི་ཕྱྭ་དང་གཡང་ཞེས་པ་ནི་གོང་བརྗོད་ཀྱི་བྱེ་བྲག་ཙམ་དུ་གོ་བ་ལས་ཡོངས་ཁྱབ་རང་བཞིན་གྱི་དོན་གྱིས་ཁེངས་མེད་སྟབས་འདིར་རེ་རེ་བཞིན་བགྲང་བའི་དགོས་པའང་དེ་ཡིན་ནོ། །

གཉིས་པ། གཡང་གི་གོ་དོན།

༡. གཡང་ཞེས་པའང་ཆེས་ཐོག་མར་ད་ལྟའི་འདུ་ཤེས་འཛིན་སྟངས་བཞིན་ནོར་དང་ལོངས་སྤྱོད་

སོགས་རྒྱུ་ནོར་འབའ་ཞིག་ལ་གོ་བ་ཙམ་མ་ཡིན་པར་བོད་ཀྱི་ཡུལ་འདི་མི་མ་ཡིན་གྱི་འགྲོ་བ་རིགས་མི་འདྲ་བ་མང་དག་གིས་དུས་ཡུན་ཆེས་རིང་པོ་ཞིག་ཏུ་དབང་སྒྱུར་བྱས་ཡོད་པའི་སྐོར་རྒྱལ་རབས་དེབ་ཐེར་དུ་གསལ་ལ། མཁས་པ་ལྡེའུས་མཛད་པའི《རྒྱ་བོད་ཀྱི་ཆོས་འབྱུང་རྒྱས་པ》རུ་མ་སངས་རུ་དགུའི་གྲངས་བགྲང་སྐབས་འདི་ལྟར་ཏེ“དེ་ལ་མ་སངས་རུ་དགུ་ཟེར་ཡང་། མ་སངས་རུ་བརྒྱད། གཡང་འབྲུམ་སི་ལི་མ་དང་དགུའོ”ཞེས་མ་སངས་རུ་དགུའི་གྲས་སུ“གཡང”མིང་ཅན་གྱི་མི་མ་ཡིན་ནམ་དོན་དུ་སྐབས་དེར་བོད་གངས་ཅན་གྱི་ལྗོངས་འདིར་དབང་སྒྱུར་བྱས་སྐྱོང་བའི་རྒྱལ་ཕྲན་རྒྱལ་པོ་ཞིག་གི་མིང་རེད་ཟེར་ནའང་མི་ཚོག་པ་མེད་པས། གཡང་ཞེས་པའང་ཆེས་ཐོག་མར་རྒྱལ་པོ་ཞིག་གི་རིགས་རྒྱུད་དང་། དེ་ནས་ས་ཁོངས་དེའི་སྤྱི་ཁྱབ་ཀྱི་མིང་། དེ་ནས་རིམ་བཞིན་ཁྱབ་བརྡལ་དུ་སོང་སྟེ་རྒྱལ་པོ་དང་དེའི་མངའ་ཁོངས་མཚོན་པའི་ཤེས་རིག་ཅིག་བཅས་གོ་རིམ་ངེས་ཅན་ཞིག་བརྒྱུད་སྐྱོང་བའི་གོམས་སྲོལ་དང་རིག་གནས་ཤིག་ཡིན་ཚོད་འདུག དེ་ཡང་བྱུང་རྒྱལ་དང་འོལ་ཚོད་ཀྱིས་སྨྲ་མི་ནུས་ཀྱང་འདི་དག་ལ་བསམ་གཞིགས་བྱས་ན་ཆོག་པས་བསམ་བློ་བརྗེ་རེས་ཀྱི་ཚུལ་དུ་སྙིང་ནའང་རིན་ཐང་མེད་པ་གཏན་ནས་མ་ཡིན། གང་ལྟར《རྒྱ་བོད་ཆོས་འབྱུང་རྒྱས་པ》རུ“བདུན་པ་མ་སངས་རུ་དགུས་དབང་བྱས་ཏེ། །ཡུལ་གྱི་མིང་ནི་བོད་ཁམས་གཡང་དྲུག་ཟེར། །ལག་ཆར་དོང་རལ་ཞུབ་ཆུང་དེ་ནས་བྱུང་། །”ཞེས་པ་ལས་ཀྱང་གཡང་འབྲུམ་སི་ལི་མས་དབང་བསྒྱུར་ཏེ་ཡུལ་གྱི་མིང་དུའང་བོད་ཁམས་གཡང་དྲུག་ཅེས་རང་ཉིད་ཀྱི་མིང་གིས་ས་མིང་ལ་འཐུས་པར་བྱེད་པ་དང་། དེས་རང་ཉིད་ཀྱི་མངའ་ཁོངས་ཀྱི་སྟོབས་ཤུགས་མཚོན་ཞིང་། རིམ་བཞིན་ས་ཆ་དེ་ག་ནས་གཡང་ཞེས་ཤེས་རིག་ཅིག་གི་ས་བོན་འཐུས་པ་དང་། མི་རྟོག་བཞད་པ། ཐ་ན་འབྲས་བུ་སྨིན་ཏེ་བོད་གངས་ཅན་གྱི་ལྗོངས་འདིའི་དཔལ་ཡོན་དུ་གྱུར་ཡོད་ཀྱང་སྲིད་མོད། ཡིན་ན་ཡང་འདི་ནི་གྲོས་བསྡུར་གྱི་ཚུལ་ཙམ་ལས་མཐའ་གཅིག་ཏུ་ཐག་གཅོད་ག་ལ་ནུས། གང་ལྟར་གཡང་གི་ཐོག་མའི་གོ་དོན་ཡང་རྒྱལ་པོ་དང་རིགས་རྒྱུད་ཅིག་གི་རུས་ཡིན་པ་དང་། དེ་ནས་ས་ཆའི་ཤེས་རིག་དང་གོམས་སྲོལ་ཞིག་ཏུ་གྱུར་པ་ཨེ་ཡིན་སྙམ།

༢. གཡང་ཞེས་པ་ནི་བོན་གྱི་ཤེས་རིག་ཅིག་ཏུ་ངོས་བཟུང་ནའང་རིགས་པར་སེམས་ཤིང་། དུས་ད་ལྟའི་བོད་སྤྱི་ཚོགས་སུ་རྒྱུན་འབྱམས་སུ་གྱུར་པའི་འདུ་ཤེས་འཛིན་སྟངས་ལྟར་འཇིག་རྟེན་གྱི་ཆོས་གང་ཡང་རུང་བ་ལ་གཡང་ཆགས་ཡོད་ཅེས་བསོད་ནམས་དང་བག་ཆགས་ཐུན་མོང་མ་ཡིན་པ་འབའ་ཞིག་ཏུ་གོ་བ་བླངས་མི་ཆོག་པར་བོན་གྱི་ཤེས་རིག་དང་རིག་གནས་ཁྱབ་ཁོངས་ན་བསྟན་དུ་ཡོད་པའི་ཆོས་བྱེ་བྲག་པ་ཞིག་གི་དོན་མཚོན་བཞིན་ཡོད་དེ། 《བྱམས་མ》ལས“རྒྱལ་པོ་གཉའ་ཁྲིའི་རིང་ལ་རྒྱུའི་བོན་ཤེས་པ་ཅན་བཅུ་གཉིས་ཏེ། མགོན་ཤེས་ལྷ་བོན། གཡང་ཤེས་ཕྱྭ་བོན། འགྲོ་ཤེས་གླུད་གཏོང་། འདུར་ཤེས་སྲིད་བོན། གཙང་ཤེས་སེལ་འདེབས། སྒྲོལ་ཤེས་ལྷ་བྱད། ཕན་ཤེས་སྨན། ལྟོ་ཤེས་རྩིས་མཁན། སྨྲ་ཤེས་

གཏོ་དགུ། ལྡིང་ཤེས་ཤ་བ། འཕུར་ཤེས་ཐུ་ཐིག འགྲོ་ཤེས་འཕྲུལ་བོན”ཞེས་འདི་རྣམས་ནི་བོད་ཀྱི་རྒྱལ་པོ་གཉའ་ཁྲི་བཙན་པོ་བྱོན་པའི་དུས་སུ་བོད་ལ་ཡོངས་ཁྱབ་ཏུ་དར་ནས་ཡོད་པ་ཤེས་པ་ཅན་བཅུ་གཉིས་ཀྱི་བོན་ཞེས་སུ་གྲགས་པ་དང་། བོན་གྱི་བྱེ་བྲག་མི་འདྲ་བ་དུ་མ་ཞིག་བྱུང་སྒྲོང་ཡོད་པའི་ཚུལ་བན་བོན་གཉིས་ཀའི་དཔེ་རྣམས་ལས་གསལ་བར་བཤད་ཡོད་ཅིང་། དེ་དག་བྱུང་སྒྲོང་ཡོད་ན་དེ་དག་དང་འབྲེལ་བའི་ཤེས་རིག་དུ་མ་ཞིག་ཀྱང་ངེས་པར་དུ་ཡོད་དགོས་པ་ནི་རིགས་པས་ཀྱང་གྲུབ་པ་ཡིན། དེས་ན་བོན་ཤེས་པ་ཅན་བཅུ་གཉིས་བགྲང་སྐབས་ཡོགས་སུ“གཡང་ཤེས་ཕྱྭ་བོན”ཞེས་གཡང་གཅིག་པུའང་ཤེས་རིག་གི་མ་ལག་ཅིག་ཏུ་བརྩི་བཞིན་ཡོད་པ་དང་། གཡང་ཤེས་པ་ཅན་ཕྱྭ་ཡིན་པའི་ཆ་ནས་ཕྱིས་སུ་ཕྱྭ་གཡང་ཞེས་གདགས་གཞི་གསར་པ་ཞིག་བྱུང་བའང་ཆོས་ཉིད་དང་ཧ་ཅང་མཐུན་པ་ཞིག་ཡིན་པས་གཡང་གི་གོ་དོན་ཡང་ད་ལྟའི་ངང་ཚུལ་བཞིན་གཡང་འགུག་པ་ཞེས་ལྷའི་བྱིན་རླབས་དང་དངོས་གྲུབ་ལྟ་བུ། ཡང་ན་རྟ་ནོར་ལུག་གསུམ་དང་གསེར་དངུལ་ཟངས་ལྕགས་ཀྱི་རིགས་གང་ཡང་རུང་བའི་ཆོས་ཤིག་ལ་གཡང་ཞེས་གསང་བ་སྔོག་སྒྱུར་གྱི་གནས་ཤིག་གཏན་ནས་མ་ཡིན་པར་གདོད་མའི་བོན་གྱི་ཤེས་རིག་ཅིག་ཡིན་པ་བདེན་དཔང་བྱེད་ཐུབ་ཅིང་། 《ལེགས་བཤད་རིན་པོ་ཆེའི་མཛོད》ལས་ཀྱང“བོན་ཆེན་བཞི་བཅུ་རྩ་གཉིས་ནི། རྒྱལ་པོའི་སྐུ་འཚོ་བའི་གཤེན་བཅུ། བློན་གྱི་གྲོས་འཚོ་བའི་གཤེན་བཅུ། རྒྱ་བོད་ཀྱི་མཐའ་སྲུང་བའི་གཤེན་བཅུ། སུམ་པ་སྟོང་སྡེའི་སྣད་ན་སྲུང་བའི་གཤེན་བཅུ། བཀྲ་ཤིས་གཡང་ལེན་ཇོ་སྦྲིད་གཉིས་ཏེ་བཞི་བཅུ་རྩ་གཉིས་སོ། །”ཞེས་རྒྱལ་པོ་དང་བློན་པོའི་སྐུ་བདེ་གསོས་པའི་རྒྱལ་ཁབ་ཀྱི་གྲོས་གཞི། མཐའི་ས་མཚམས། སྣད་ཀྱི་དམག་དཔུང་བཅས་རེ་རེ་ལ་གཤེན་བཅུ་རེ་བསྐོས་ཡོད་ཅིང་། དེ་དག་ཀྱང་ང་ཚོའི་གོ་བ་ལེན་སྟངས་ལྟར་དམག་དཔོན་དང་ཡང་ན་ཁྲི་དཔོན་སོགས་མ་ཡིན་པར་ཆོས་ལུགས་ཀྱི་ཚོ་ག་ཐུན་མོང་མ་ཡིན་པ་ལ་བརྟེན་ནས་རང་ཉིད་ཀྱི་རྒྱལ་ཁབ་སྲུང་སྐྱོབ་བྱེད་རྒྱུའི་གཤེན་ཡིན་པ་དང་། དེའི་གྲས་ཀྱི་བཀྲ་ཤིས་གཡང་ལེན་ཞེས་པའང་དེ་ལས་མ་འདས་པར་རྒྱལ་ཁབ་དང་མི་དམངས། དམག་དོན་སོགས་གང་ཅིའི་ཐད་བཀྲ་ཤིས་ཤིང་དོན་འགྲུབ་པར་སྨོན་པ་དང་། དེ་ཡང་ཆོས་ལུགས་ཀྱི་མཛད་སྒོ་ཞིག་ལ་བརྟེན་ནས་སྒྲུབ་མཁན་ཆེད་དུ་བསྐོ་བཞག་བྱས་ཡོད་པ་གསལ་པོར་མཐོང་བས་རིག་གནས་སམ་གང་ཡང་རུང་བའི་ཆོས་ཞིག་བེད་སྤྱོད་བྱེད་ཀྱི་ལག་ཆ་ཡིན་དགོས་ལ། གལ་སྲིད་དེ་འདྲའི་ཆུ་ཚད་མེད་པའི་དབང་དུ་བཏང་ནའང་རིམ་གྲོ་དང་འདོན་པ་སོགས་གང་ལ་གང་འཚམ་གྱི་རིག་པ་ཞིག་ངེས་པར་དུ་ཡོད་དགོས་ཤིང་། ལྷག་པར་དེའི་སྐབས་ཀྱི་བོན་ཆེན་བཞི་བཅུ་རྩ་གཉིས་ནི་གང་དགར་བྱེད་ཆོག་པའི་ཚོ་ག་ཞིག་གཏན་ནས་མ་ཡིན་པར་རྒྱལ་ཁབ་ཀྱི་མཛད་སྒོ་ཆེན་མོ་དང་དོན་ཆེན་སྐབས་སུ་ཐུན་མོང་མ་ཡིན་པའི་མཛད་སྒོ་ལ་བརྟེན་ནས་ད་གཟོད་སྒྲུབ་དགོས་པའི་ཚོ་ག་ཞིག་ཡིན་པའི་ཕྱིར་ན། གཡང་ཞེས་པའང་བོན་གྱི་ཤེས་རིག་གལ་ཆེན་གྱི་གྲས་སུ་གཏོགས་པའི་མ་ལག་ཅིག་རེད་ཅེས་བརྗོད་ན་མི་ཆོག་

པ་མེད་ལ། གཞན་ཡང་། 《རྒྱལ་རབས་གསལ་བའི་མེ་ལོང》དུ“དེ་ལ་སྣང་གཤེན་བལ་ཐོད་ཅན་གྱིས་ཕྱ་དང་གཡང་འགུགས། ལྷ་དང་སྨན་གསོལ། དགེ་ལེགས་དང་དཔལ་བསྐྱེད་ནས་མི་ནོར་རྒྱས་པར་བྱེད”ཅེས་རྒྱུའི་བོན་རིགས་བཞིའི་ནུས་པ་བརྗོད་སྐབས་སྣང་གཤེན་བལ་ཐོད་ཅན་གྱིས་ཕྱ་དང་གཡང་འགུག་ཅེས་ཤེས་རིག་བྱེ་བྲག་པ་ཞིག་ལ་གོ་བཞིན་ཡོད་པ། ནུས་པ་གཙོ་བོའང་དགེ་ལེགས་དང་དཔལ་བསྐྱེད་ནས་མི་ནོར་རྒྱས་པར་བྱེད་པའི་འཇིག་རྟེན་གྱི་ཆོས་སྒྲུབ་པ་དང་། བལ་ཐོད་ཅན་གྱི་བྱེད་ལས་གཙོ་བོའང་ཕྱ་དང་གཡང་འགུག་པ་ཡིན་པས་དེའང་ད་ལྟའི་ངང་ཚུལ་བཞིན་སུས་ཀྱང་བརྟན་ན་ཆོག་པའི་རིག་གནས་ཤིག་མ་ཡིན་པར། དེ་ལ་དེ་འབྲེལ་གྱི་ཤེས་རིག་ཆ་ཚང་ཞིག་ཡོད་དགོས་པ་བཅས་མངོན་གསལ་དུ་མཐོང་ཐུབ། ཡང《མདོ་གཟེར་མིག》ཏུ“ཡབ་ཡུམ་དེ་གཉིས་ཀྱིས་འགྲོ་བའི་དོན་ལ་དགོངས་ནས་སྐུའི་སྤྲུལ་པ། དཔྱིད་ཟླ་ར་བའི་ཚེས་བརྒྱད་ལ། སྲས་གཅིག་པུ་སྐྱ་འབྲུངས་སོ། །འབྲུངས་པའི་དུས་དེར། སེམས་ཅན་ཐམས་ཅད་ཀྱང་སྤྲོ་བ་སྐྱེས་ནས། ལ་ལ་ཡིས་སེལ་བཏབ། ལ་ལ་ཡིས་གཡང་བླན།”ཞེས་སྟོན་པ་གཤེན་རབ་མི་བོ་ཆེ་སྐུ་འབྲུངས་སྐབས་ཟུར་དུ་བཀྲ་ཤིས་རྟེན་འབྲེལ་དང་དགའ་སྟོན་གྱི་ཆེད་དུ་དམིགས་སུ་གཡང་འདོན་པའི་སྲོལ་ཀ་ཡོད་པ་བཅས་ཕྱོགས་གང་ཐད་ནས་བལྟས་ན་གཡང་ཞེས་པ་བོན་པོའི་ཤེས་རིག་གི་བྱེ་བྲག་ཅིག་ལས་ད་ལྟའི་འདུ་ཤེས་འཛིན་སྟངས་ནང་བཞིན་འཇིག་རྟེན་གྱི་བྱ་དངོས་ཡོད་དོ་ཅོག་ལ་གཡང་ཆགས་ཤིང་། དེ་ཤོར་ན་གཡང་ཉམས་པའི་གོ་བ་ལེན་སྟངས་ལྟ་བུ་ཞིག་ཡེ་ནས་མ་ཡིན་པར་སེམས་པ་དང་། ཕྱིས་ཀྱི་བོན་ཆོས་ཀྱི་སྲོལ་ཀ་ལྟར་གཡང་འབོད་པ་ཞེས་འཇིག་རྟེན་གྱི་ནོར་སྒྲུབ་པ་ཙམ་ཁོ་ནར་ངོས་བཟུང་ནའང་མི་རིགས་པར། དེ་ལ་ཆེད་དུ་གཡང་གི་ཆོ་ག་མཁན་བསྐོས་ཡོད་ཅིང་། བྱ་འགུལ་ཆེ་ཆུང་གང་ཙུང་དང་ཕལ་བའི་མི། ཁྱིམ་ཚང་གི་དོན་གྱི་ཕྱིར་དུ་གཡང་འབོད་བྱས་པ་ལྟ་བུ་ཞིག་ཀྱང་གཏན་ནས་མ་ཡིན་པར། རྒྱལ་པོ་སྐུ་འཚོ་བའི་དོན། བློན་གྱི་གྲོས་བཟང་བའི་ཕྱིར། མཐའི་དམག་གི་དོན། ཡང་ན་སྐྱེས་བུ་དམ་པ་དང་སངས་རྒྱས་ཀྱི་སྤྲུལ་པ་སོགས་སྐུ་འབྱོན་པའི་སྐབས་བཅས་ལ་ཆེད་དུ་སྒྲུབ་རྒྱུ་ཡོད་པའི་ཆོ་ག་མཐོ་གྲས་ཤིག་ཏུ་བརྩི་བཞིན་ཡོད་ལ། ཙུང་འཐུས་ཚང་དང་གཏིང་ཟབ་རང་བཞིན་ལྡན་པའི་ཤེས་རིག་ཅིག་ཏུ་ངེས། ཡང《མདོ་གཟེར་མིག》ལས“ཡབ་ཡུམ་ཡང་ཐུགས་དགྱེས་ནས། སྣ་གཙོག་པའི་བོན་པོ། གཡང་ལྡོན་པའི་བོན་པོ། དམུ་འདོགས་པའི་བོན་པོ། ཞལ་དྲོ་སྟེར་བའི་བོན་པོ་རྣམས་སྤྱན་དྲངས་སོ། །”ཞེས་གཡང་འདོན་མཁན་ཆེད་དུ་མི་ཞིག་བསྐོས་ཡོད་ལ། ཕལ་ཆེར་མི་ཚེ་གང་པོར་དེའི་གཞུང་ལ་ཐོས་བསམ་དང་ཉམས་ལེན་བྱེད་མཁན་ཞིག་ཡིན་ཡང་སྲིད་ཅིང་། གང་ལྟར་ཆོ་ག་གཟབ་རྒྱས་ཀྱི་སྐབས་ལས་གང་ཙུང་དུ་སྤེལ་མི་ཆོག་པ་ཡང་ཤེས་ལ། དེ་སྒྲུབ་མཁན་ད་ལྟའི་བར་དེ་བཞིན་སུས་ཀྱང་འཐུས་པར་བྱེད་པ་ཞིག་མིན་པར་མཐོ་རིམ་མི་སྣའི་གྲས་སུ་གཏོགས་པའང་ཤེས་ཐུབ། མདོར་ན། གཡང་ཞེས་པའང་ད་ལྟའི་གནས་བབ་ཀྱི་གོ་བ་ལེན་སྟངས་ལྟར་རྒྱུ་ནོར་ཁྲུང་ཁྲུང་མ་

ཡིན་པར། བོན་གྱི་ཤེས་རིག་ཅིག་ལ་གོ་ནའང་ཆོག་པར་སེམས།

༣. གོང་དུ་བརྗོད་པ་ལས་གཡང་ཞེས་པ་ནི་བོན་པོའི་ཤེས་རིག་ལ་གོ་བཞིན་ཡོད་པ་ཤེས་ཐུབ་ཅིང་། དེ་ནས་རིམ་བཞིན་གཡང་ནི་ལྷའི་དངོས་གྲུབ་དང་ཡང་ན་རྣམ་སྲས་དང་། ཀུ་ཏྲ། སྒྲོལ་མ་སོགས་ཀྱིས་འགྲོ་དྲུག་ལ་ཆེད་དུ་བསྩལ་བའི་བྱིན་རླབས་ཤིག་ལ་ངོས་འཛིན་བཞིན་ཡོད་པ་རེད། དེའང་མིའི་རིགས་ཀྱི་འཚོ་བའི་གནས་གཞིར་གྱུར་པ་རྒྱུ་ནོར་དུ་ངེས་པ་དང་། དེ་འབྱུང་བའི་ཁུངས་སམ་བྱིན་མཐུ་ནི་ལྷ་ཁྱད་པར་བ་ཞིག་ལ་ཡོད་པས་རྒྱུན་དུ་དེ་ལ་མཆོད་ཅིང་ཞུས་ན་ནོར་ལོངས་སྤྱོད་དང་ཚེ་བསོད་ནམས་ཀྱི་ཆ་ཡོངས་སུ་འགྲུབ་པར་འགྱུར་བའི་བསམ་བློ་ཁྱད་པར་བ་ཞིག་འཆངས་ཤིང་། དེ་ལ་བརྟེན་ནས་གཡང་ཡང་ལྷས་སྩོལ་དགོས་པའི་བྱིན་རླབས་ཐུན་མོང་བ་ཞིག་ལ་བསྟན་པ་རེད།

《གཡང་འབོད》དུ"མཆོག་གསུམ་སྤྱི་དང་ཁྱད་པར་རྗེ་བཙུན་མ། །འཕགས་པ་ཛམ་བྷ་ལ་དང་ནོར་སྦྱིན་པ། །རྣམ་མང་ཐོས་སྲས་ཏ་བདག་བརྒྱད་ལ་སོགས། །ཕུན་ཚོགས་ཕྱུ་གཡང་འགུག་པའི་མགོན་དུ་བྱོན། །ཚངས་དབྱངས་ཁྱབ་འཇུག་ཉི་ཟླ་ལ་སོགས་པ། །སྟེང་ཕྱོགས་ལྷ་ཡི་བསོད་ནམས་དཔལ་འབྱོར་གཡང་། །དགའ་པོ་འཇོག་པོ་གཙུག་ན་རིན་ཆེན་སོགས། །འོག་ཕྱོགས་ཀླུ་ཡི་དཔལ་འབྱོར་གཡང་ཁུག་ཅིག །"ཅེས་ལྷ་དང་ཚངས་པ། ཁྱབ་འཇུག མཆོག་གསུམ། རྗེ་བཙུན་མ་བཅས་སྐྱབས་སུ་སོང་བའི་གང་དེའི་ཆོས་ལ་མཆོད་ཅིང་བསྟོད་པར་བྱེད་ན་བསོད་ནམས་དང་དཔལ་འབྱོར་གང་གི་ཆ་ནས་དངོས་གྲུབ་སྩོལ་རྒྱུ་ཡོད་པའི་བརྗ་ཏུ་བསྟན་ཅིང་། འདིའི་སྐབས་སུ་གཙོ་བོ་སངས་རྒྱས་ཀྱི་བསྟན་པ་སྒྲུབ་པར་ཕན་འདོགས་པའི་ཡོན་བདག་སོགས་ལ་དངོས་པོའི་ལོངས་སྤྱོད་ཀྱིས་གཏམས་ཕྱིར་སངས་རྒྱས་ཤཱཀྱ་ཐུབ་པས་གསུངས་པ་ཡིན་པར་བཤད།

《གསེར་འོད་གཡང་སྐྱབས》སུ"འདི་ནས་ཤར་ཕྱོགས་ཞིང་ཁམས་ན། །སླང་ཆེན་བསྟོལ་བའི་ཁྲི་སྟེང་སུ། །ཉི་ཟླ་པདྨའི་གདན་སྟེང་ན། །རྡོ་རྗེ་སེམས་དཔའ་འཁོར་བཅས་ནི། །སྐུ་མདོག་དཀར་གསལ་རྒྱན་དང་ལྡན། །ཕྱག་ན་གསེར་གྱི་ལྷུང་གཟེད་བསྣམས། །ཞལ་ནས་གཡང་རབ་དམ་པ་འདོན། །དར་དཀར་གཡབ་ཅིང་སྤྱན་འདྲེན་ན། །བདེ་ལྡན་སྐྱིད་པའི་གནས་འདི་རུ། །འཁོར་བ་བཅས་པ་འདིར་བྱོན་ལ། །ཡོན་ཏན་ཚེ་གཡང་བསྐྱབ་ཏུ་གསོལ། །"ཞེས་ཐོག་མར་ཤར་གྱི་ལྷ་རྣམས་ལ་མཆོད་ཅིང་བསྟོད་པར་བྱས་ཏེ་ཡོན་བདག་གི་ཚེའི་བསོད་ནམས་ཀྱི་གཡང་འགུག་ཅིང་། དེ་ནས་ལྷོ་នུབ་བྱང་རེ་རེའི་ལྷ་རྣམས་ལ་མཆོད་བསྟོད་ཕུལ་ནས་ཡོན་བདག་དམ་པའི་ཚེའི་གཡང་འགུག་པ་ཞེས་ལྷ་ལ་མངའ་བའི་དངོས་གྲུབ་ཅིག་ཏུ་བསྟན་པ་དང་། དེ་ནས་མི་གཡང་འགུག་པ། ཕྱུགས་གཡང་འགུག་པ། ལོ་གཡང་འགུག་པ། མདོར་ན་ཡོན་བདག་འཁོར་བཅས་ལ་ཟས་ཀྱི་བཅུད་གཡང་སྣོར་གྱི་བཅུད་གཡང་། ཏ་ནོར་ལུག་གསུམ་སོགས་ཕྱུགས་ཟོག་ཀུན་གྱི་གཡང་སྐྱབས་སུ་གསོལ་ཞེས་ལྷའི་ཁྱད་ནུས་ཤིག་ལ་བརྟེན་ནས་སངས་

རྒྱས་ཀྱི་བསྟན་པར་མཐུན་རྐྱེན་སྒྲུབ་མཁན་གྱི་ཡོན་བདག་ལ་གང་མགོ་བ་དེ་སྟོལ་དགོས་པའི་རེ་བ་མཆོན་ཡོད་པ་རེད།

གཞན་ཡང《བཀྲ་ཤིས་གཡང་འབོད》སོགས་སུའང་རང་གི་བླ་མའི་ཡོན་ཏན་གྱི་ཆ་དེ་རང་ལ་སྟོལ་བའི་གཡང་འགུག་པ་དང་། ཆོས་སྐྱོང་དང་ཡི་དམ་གྱི་དམ་ཚིག་རང་ལ་སྟོལ་བའི་གཡང་འགུག་པ་སོགས་ཏ་ཅང་མང་བ་ཚང་མར་བལྟས་ན་ལྟའམ་ཡང་ན་སྔགས་གྱུར་གྱི་གནས་ཤིག་ནས་གཡང་ཞེས་ཆོས་ག་གེ་མོ་འགུག་ཐུབ་པའི་བསམ་བློ་ཁྱད་པར་བ་ཞིག་ཏུ་གོ་ལ། 《སྒྲོལ་མའི་གཡང་འབོད》དུའང"ཀྱེ་རྒྱལ་བ་ཀུན་གྱི་འཕྲིན་ལས་རྣམས། །གཅིག་བསྡུས་བླ་མ་རྗེ་བཙུན་མ། །ཀྲུས་པ་ཆེན་པོས་གསོལ་འདེབས་ན། །བྱིན་རླབས་དངོས་གྲུབ་སྩལ་དུ་གསོལ། །དབུ་རྒྱན་འོད་ཀྱི་ཕྲེང་བ་ཡིས། །སྟེང་ཕྱོགས་ལྷ་ཡི་གཡང་ཁུག་ཅིག །གློག་དང་འདྲ་བའི་སྤྱན་གཉིས་ཀྱིས། །བར་གྱི་མི་ཡི་གཡང་ཁུག་ཅིག །གཡས་སྐུམ་གཡོན་རྐྱང་ཞབས་གཉིས་ཀྱིས། །འོག་ཕྱོགས་ཀླུ་ཡི་གཡང་ཁུག་ཅིག །མཆོག་སྦྱིན་སྐྱབས་སྦྱིན་ཕྱག་རྒྱ་ཡིས། །མཆོག་ཐུན་དངོས་གྲུབ་གཡང་ཁུག་ཅིག །རིན་པོ་ཆེ་ཡི་རྒྱན་མང་གིས། །འདོད་དགུའི་ལོངས་སྤྱོད་གཡང་ཁུག་ཅིག །ལྷ་རྫས་དར་གྱི་ན་བཟའ་ཡིས། །ཚུལ་ཁྲིམས་དག་པའི་གཡང་ཁུག་ཅིག །རིགས་བདག་ཚེ་དཔག་མེད་མགོན་གྱིས། །འཆི་མེད་ཚེ་ཡི་གཡང་ཁུག་ཅིག །ཉེར་གཅིག་ལྷ་མོའི་ཚོགས་རྣམས་ཀྱིས། །འཕྲིན་ལས་སྣ་ཚོགས་གཡང་ཁུག་ཅིག །"ཅེས་སྟེང་ཕྱོགས་ལྷ་ཡི་བསོད་ནམས་ཀྱི་གཡང་། འོག་ཕྱོགས་ཀླུ་ཡི་དཔལ་འབྱོར་གྱི་གཡང་། བར་གྱི་མི་ཡི་རིན་པོ་ཆེ། རྣམ་དག་དགེ་སློང་གི་ཚུལ་ཁྲིམས་མི་འཆལ་བ་སོགས་རེ་རེ་ནས་གཡང་ཁུག་ཅིག་ཅེས་རྗེ་བཙུན་མ་འཕགས་མ་སྒྲོལ་མ་ལ་ཞུས་ཤིང་། དེ་ལ་གང་ཞུས་པ་དེ་སྟོལ་ཞིང་འགྲུབ་པར་འགྱུར་བའི་ནུས་པ་ཡོད་པ་སྙིང་ཐག་པ་ནས་ཡིད་ཆེས་ཏེ་སྐྱབས་སུ་འགྲོ་བ་བཅས་དཔེ་མཚོན་གང་མང་ལས་ང་ཚོར་གསལ་བཤད་ཅིག་བྱས་ཡོད་པ་ནི། འདིའི་སྐབས་སུ་གོང་སྨྲས་ལེ་ཚན་གྱི་ནང་དོན་ལྟར་ཤེས་རིག་འབའ་ཞིག་དང་། རྒྱལ་ཁབ། སྲིད་གྲོས། དམག་དོན་གང་སར་ཐེ་གཏོགས་བྱས་མེད་ཅིང་། ཐ་ན་རྒྱལ་པོ་དང་སྤྲུལ་པའི་སྐུ་འཁྲུངས་པ་ལ་སྒྲུབ་པའི་རྟེན་འབྲེལ་གྱི་ཚོ་ག་ཐུན་མོང་མ་ཡིན་པ་ཞིག་ཏུ་ངོས་མི་འཛིན་པར་ཏན་ཏན་ཡོན་བདག་གི་ལོངས་སྤྱོད་དང་དབང་ཐང་མི་ཉམས་པའི་ཐབས་སུ་ལྷའི་ནུས་མཐུ་ཆེ་གེ་མོ་སྟོལ་དགོས་པའི་རེ་བར་གཡང་སྒྲུབ་པར་འདོད་པ་དང་། ཅུང་སྔགས་གྱུར་གྱི་གནས་ཤིག་ལ་བསྟན་ཅིང་མཆིས་ལ། དེའང་གཡང་ཞེས་འཇིག་རྟེན་ལས་འདས་པའི་ལྷ་ཀླུ་གཉན་བཙན་དང་། ཕྱོགས་བཞིའི་ཚངས་ལྷ་སོགས་ཀྱི་ནུས་མཐུའམ་གནང་སྦྱིན་ཞིག་ཏུ་གོ་བཞིན་ཡོད་པ་ཤེས་ཐུབ་པ་དང་། དེ་བཞིན་དུ《རྣམ་སྲས་གཡང་འབོད》དང《གུ་རུའི་གཡང་འབོད》《ནོར་ལྷ་གཡང་འབོད》སོགས་གཡང་གི་དཔེ་ཚོགས་མང་པོ་ལས་ཕལ་ཆེ་བས་གཡང་ནི་ལྷའི་དངོས་གྲུབ་ཅིག་ཏུ་བསྟན་བཞིན་ཡོད་ཅིང་ལྟ་བ་འདི་རྩང་གཞི་བྱས་ནས་ཕྱིས་ཀྱི་འདུ་ཤེས་འཛིན་སྟངས་གསར་པ་སྟེ། ཆོས་གང་ཡང་ཉུང་བ་ལ

གཡང་ཆགས་ཡོད་ཅེས་པའི་བསམ་བློ་ཞིག་བྱུང་བ་ཡིན།

༤. གཡང་ཞེས་པ་དམངས་ཁྲོད་ཀྱི་དམངས་སྲོལ་ཞིག་དང་ཡང་ན《སྒྲུང》དང་། 《སྲིད་པ་ཆགས་གླུ》《སྲིད་པའི་བ་ཚུང》《མདའ་བཤད》སོགས་རིག་གནས་ཀྱི་མ་ལག་སོ་སོར་འབྲེལ་བའི་ནང་དོན་ཞིག་དང་། བོད་སྤྱི་ཚོགས་སུ་ཁྱབ་གདལ་ཆེས་ཆེ་བའི་སྲོལ་ཀ་ཐུན་མོང་མ་ཡིན་པ་ཞིག་ཏུ་བརྩི་བཞིན་ཡོད་ལ། དེ་ཡང་མདོས་ཆོག་དང་བསང་ཆོག གཡང་ཆོག་རྫས་གཏོའི་རིགས་མི་འདྲ་བ་དུ་མ་སོགས་ཀྱིས་མཚོན་པའང་སྐུ་རིམ་གྱི་ཆོ་ག་ཞེས་སུ་གྲགས་པ་འདི་རིགས་ནི་མང་ཚོགས་ཀྱི་འཚོ་བ་ཁམས་བདེ་འབྱུང་བ་དང་། ཕྱི་ནང་སྣོད་བཅུད་ཁམས་སྙོམས་པ། མིའི་ནུས་ཤུགས་དང་། ཡུལ་གྱི་ནུས་ཤུགས་བར་གྱི་འབྲེལ་བ་ཇེ་བཟང་ཇེ་བརྟན་དུ་བཏང་བ་སོགས་ཀྱི་དགོས་པ་དུ་མ་ཞིག་ལ་བརྟེན། མང་ཚོགས་ཀྱིས་གནའ་ནས་ད་བར་མི་རབས་ནས་མི་རབས་སུ་རྒྱུན་མི་ཆད་པར་བེད་སྤྱོད་བྱས་དང་བྱེད་བཞིན་པ། མ་འོངས་པར་བྱེད་པར་འགྱུར་བའི་དངོས་པོ་ཞིག་རེད། དེ་ནི་སྤྱི་ཚོགས་ཀྱི་ཁྱབ་ཁོངས་སོ་སོ་ལ་ཐེ་གཏོགས་དང་འབྲེལ་འདྲིས་ཧ་ཅང་ཆེ་བའི་གོམས་སྲོལ་ཞིག་ཏུ་ངེས་ཤིང་། མདའ་ལ་མདའ་གཡང་། མི་ལ་མི་གཡང་། ཕྱུགས་ལ་ཕྱུགས་གཡང་ཐ་ན་འཛིག་རྟེན་གྱི་ཁམས་ཆེན་པོ་འདིའི་དངོས་པོ་ཡོད་དོ་ཅོག་ལ་གཡང་གིས་ཟིན་ཅིང་། གལ་སྲིད་གཡང་ཤོར་ན་བསོད་ནམས་ཉམས། བསོད་ནམས་ཉམས་ན་ལོངས་སྤྱོད་འགྲིབ་པ་བཅས་གཡང་ནི་མེད་དུ་མི་རུང་ཞིང་བསྟན་དུ་མེད་པའི་གཟུགས་འདས་ཀྱི་དངོས་པོའམ་སྙིག་སྒྱུར་གྱི་ཆོས་གང་རུང་ཞིག་ལ་གོ་བཞིན་ཡོད་པ་རེད། དཔེར་ན་ཧ་ནོར་ལུག་གསུམ་གང་རུང་གཞན་ལ་བཙོང་སྐབས་ཀྱང་ལུས་ནས་བལ་སྤུ་སོགས་བལ་ནས་གཡང་ཕྱིར་ཁྱིམ་དུ་སོར་བཞག་བྱས་པ་ཡིན་ཞེས་ཤོད་སྲོལ་ཡོད་པ་དང་། ཟླ་ལྷག་མིའི་མིང་གི་ནང་དུ་གཡང་ཞེས་པ་ཅན་ཧ་ཅང་མང་སྟེ་དཔེར་ན། གཡང་འབུམ་དོན་གྲུབ། གཡང་སྐྱབས་རྒྱལ། གཡང་མོ་མཚོ། གཡང་འབུམ་ཚེ་རིང་། གཡང་འབུམ་སྐྱབས། གཡང་མཚན་དོན་གྲུབ། གཡང་མཚོ་སྐྱིད་སོགས་དེ་དག་ཚང་མས་ཀྱང་མི་རེ་རེ་ལ་གཡང་ཆགས་པའི་སྒྲུབ་བྱེད་དུ་དེ་ལྟར་མི་མིང་གཡང་གིས་འཕྲུས་པ་བྱས།

གཞན་ཡང་གླིང་སྒྲུང《འབྲུངས་སྐོར》དུ་དཔེར་ན། "སྟག་རོང་ཚང་གི་གཅེས་ནོར་ལ། །གཡང་གི་སྒྲོ་མོ་ནུ་དགུ་ཡོད། །མི་མིན་ལྷ་འདྲེའི་ལས་ཐོག་ཡིན། །འདོད་དོན་འབྱུང་བའི་བང་མཛོད་ཡིན། །"ཞེས་དང《འཛམ་གླིང་སྤྱི་བསངས》ཀྱི་ནང་དུ"གླུ་གར་ལེན་ས་ལ་བཀྲ་རེ་ཤིས། །ངག་གར་བཀུག་ས་ལ་གཡང་རེ་ཆགས། །"ཞེས་པ། གཞན་ཡང《ཧོར་གླིང་གཡུལ་འགྱེད》དང《མོན་གླིང་གཡུལ་འགྱེད》《ཨ་སྟག་ལྷ་མོ》《ཧོར་སེར་པོ་འགྱེད་པའི་མིག་ཆུ》སོགས་གླིང་སྒྲུང་ཕལ་ཆེ་བའི་ནང་དུ་གཡང་ཞིབ་འབྲི་བྱས་པ་ཧ་ཅང་མང་ཞིང་། དེ་དག་ཚང་མ་ལས་ཀྱང་གཡང་ཞེས་པ་ཆོས་གང་ཡང་རུང་བ་ལ་མེད་དུ་མི་རུང་བའི་བག་ཆགས་ཤིག་ཏུ་བསྟན་པ་དང་། ཐ་ན་གླུ་ལ་གཡང་ཆགས་པ། སྡེ་ལ་གཡང་ཆགས་པ། མདའ་གྱི་

མདུང་གསུམ་ལ་གཡང་ཆགས་པ་བཅས་དངོས་པོ་གང་ལ་གང་འཚམ་གྱི་གཡང་ཆགས་པ་གསལ་པོར་བཤད་པ་ཡོད་པ་རེད། གལ་སྲིད་གཡང་ཉམས་ཚེ་གཡང་འགུག་བྱེད་དགོས་པ་དང་ཡང་ན་རང་ཉིད་ལ་མེད་པ་དེ་ཡོད་པར་འདོད་ན་གཡང་འགུག་པ་སོགས་འཚོ་བའི་ཁྲིད་མེད་དུ་མི་རུང་བའི་ཆོས་གཟུགས་མེད་ཅིག་ལ་བསྟན་བཞིན་ཡོད་ཅིང་། མ་དཔེ《རབ་རྡོ་སུམ་འཛོམས》ཞེས་པར“ཉ་མོའི་འགྱུར་བ་གདངས་ཀྱིས་གཅོད། །ཤ་པོར་རྣ་བཙུ་རྒྱས་ན་འབོག །སྔོན་ཆད་དར་ཡང་ཕྱིན་ཆད་རྒྱུན། །དེ་མིན་གྲིབ་ན་གཡང་ཉམས་སོ། །ཡུན་གྱིས་སྐྱོན་མེད་སྨྱོང་བ་ཡོད། །གྲིབ་སེལ་ནོལ་བསང་གཡང་འབོད་བྱ། །”ཞེས་པ་ལས་ཀྱང་ཆོས་གང་ཡང་རུང་བ་ལ་གཡང་རེ་ཆགས་ཤིང་། གལ་སྲིད་དེ་ཉམས་ཚེ་གཡང་འབོད་པ་ལས་སོར་བཞག་བྱ་མི་རུང་བར་བསྟན་ཡོད་པ་རེད། གང་ལྟར་འདིའི་སྐབས་སུ་གཡང་ཞེས་པ་ནི་རུས་རྒྱུད་ཅིག་དང་ཡང་ན་ཤེས་རིག་ཅིག བྱིན་རླབས་སམ་དངོས་གྲུབ་ལྟ་བུ་གང་ལའང་གོ་བ་བླངས་མི་རིགས་པར་ཁམས་ཆེན་པོ་འདིའི་སེམས་ཅན་དང་སེམས་ཅན་མ་ཡིན་པའི་ཆོས་གང་ཞིག་ཡིན་ན་ཚང་མར་གཡང་ཞེས་རྣམ་ཤེས་ཡོད་པར་སྨྲ་བའི་ལུགས་ཀྱི་འདུ་ཤེས་འཛིན་སྟངས་ལྟ་བུ་དང་། བག་ལ་བྱ་ཞིང་བསྟན་དུ་མེད་པའི་སྟོབས་ཤུགས་ག་གེ་མོ་ལ་གོ་བ་ཡིན།

མཇུག་བསྡུ་བའི་གཏམ།

གོང་བརྗོད་ཀྱི་གཏམ་ལས་ཕྱ་དང་གཡང་གཉིས་ལ་སོ་སོ་ནས་མི་འདྲ་བའི་དོན་འགའ་ཞིག་ཡོད་པ་ཤེས་ཐུབ་ལ། ད་ལྟའི་ཚུལ་བཞིན་གཉིས་ཀ་དོན་གཅིག་མིང་གི་རྣམ་གྲངས་ཙམ་མ་ཡིན་པའང་བདེན་དཔང་བྱེད་ཐུབ། ཡིན་ཡང་དེ་གཉིས་ལ་འབྲེལ་བ་ཏིལ་ཙམ་ཡང་མེད་པ་མིན་ཏེ། 《སྙུང་ལྡེའུ་བོན་གསུམ་གྱི་གཏམ་ཨེ་མ་ཧོ》ཞེས་པར“ཕྱ་གཤེན་པ་རྣམས་ཀྱི་ལུགས་སུ་སྣང་སྲིད་ཀྱི་ལེགས་ཉེས་ཐམས་ཅད་ཕྱས་བཀོད་པར་བཤད་ཅིང་། ཕྱ་ཞེས་པ་དེའང་། ཕྱ་གཤེན་པ་རྣམས་ཀྱིས་གཏོའི་བྱེ་བྲག་གཡང་སྒྲུབ་ཀྱི་སྐབས་སུ་གཡང་ལ་ཕྱ་ཞེས་པ་དང་། གཡང་འདོད་པ་ལ་ཕྱ་འབོད་ཅེས་པའི་ཐ་སྙད་ཡོངས་གྲགས་བྱུང་།”ཞེས་གཡང་དང་ཕྱ་གཉིས་ཕན་ཚུན་འདྲེས་ཤིང་སོ་སོར་དབྱེར་མེད་དུ་དོན་གཅིག་གི་སྟེང་དུ་བབས་ཡོད་པ་དང་། གཞན་ཡང་དེའི་ནང་དུ“ཕྱ་ནི་གཡང་ངམ་དཔལ་ལམ། ཕུན་སུམ་ཚོགས་པའོ། །དབང་ཐང་ངོ་། །བཀྲ་ཤིས་པའི་ཆ་ཞིག་ལ་ངོས་འཛིན་པ་སྟེ། སྐྱེས་བུ་སུ་ཡང་རུང་བ་ཞིག་ལ་དཔེར་མཚོན་ན། སྐྱེས་བུ་དེ་རང་གི་དཔལ་ལམ་ཕུན་སུམ་ཚོགས་པའི་ཆ་སོགས་ལ་ཕྱ་ཞེས་ཟེར”ཞེས་བཀོད་པར་གཞིགས་ནའང་ཕྱ་ནི་གཡང་དང་མཚུངས་པར་སྐྱེས་བུ་སུ་ཞིག་ཡིན་ཡང་དཔལ་དང་དབང་ཐང་ལྟ་བུ་ལ་གོ་བའི་ཆ་ནས་བལྟས་ན་འདི་གཉིས་ལ་མཚུངས་སའང་ཡོད་པ་རེད། གང་ལྟར་གོང་སྨྲས་བཞིན་འདི་གཉིས་ལ་མི་འདྲ་བའི་གོ་བ་ལེན་སྟངས་ཀྱང་མང་ལ། དོན་གཅིག་མིང་གི་རྣམ་གྲངས་ལྟར་གོ་

བ་ལེན་ཚུལ་ཡང་ཡོད།

མདོར་ན། སྦྱ་དང་གཡང་ཞེས་པ་ནི་བོད་མི་རིགས་འདིའི་ཤ་ཁྲག་གདོས་བཅས་སུ་ཐིམ་པའི་སྲོལ་རྒྱུན་གྱི་འདུ་ཤེས་འཛིན་སྟངས་ཤིག་དང་། ཐུན་མོང་མ་ཡིན་པའི་དམངས་སྲོལ་ངོ་མཚར་བ་ཞིག་རེད་ཅེས་ཀྱང་བཤད་ན་ཆོག་སྙམ།

མཆན།

[1] སྲིད་པ་ཆགས་པའི་ལྷ་དགུ་སྟེ། འོ་དེ་གུང་རྒྱལ། ཡར་ལྷ་ཤམ་པོ། གཉན་ཆེན་ཐང་ལྷ། ཇོ་བོ་འཁྲོག་ཆེན། རྨ་ཆེན་སྤོམ་ར། ཇོ་བོ་གཡུ་རྒྱལ། ཤེའུ་མཁའ་རི། ཞོག་ལྷ་ཕྱུག་པོ། གནོད་སྦྱིན་གང་བཟང་སོགས་སོ། །

[2] ཕང་ཡོ་དང་ཁྲིན་ཅན་གྱིས་བརྩམས་པའི《ཏུན་ཧོང་ནས་ཐོན་པའི་བོད་ཀྱི་ལོ་རྒྱུས་ཡིག་ཆ།》ཤོག་ངོས65པར་གསལ།

[3] དཔའ་བོ་གཙུག་ལག་ཕྲེང་བས་བརྩམས་པའི《ཆོས་འབྱུང་མཁས་པའི་དགའ་སྟོན།》ཤོག་ངོས156པར་གསལ།

[4] བློ་བཟང་རབ་རྒྱས་ཀྱི《གཙང་མངའ་རིས་ས་ཁུལ་གྱི་གཉེན་སྒྲིག་ཡུལ་སྲོལ》ཞེས་པའི་རྩོམ་ཡིག་ནང་དུ་གསལ། 《བོད་ཀྱི་དམངས་སྲོལ》(རྒྱ་ཡིག)1995ལོའི་དུས་དེབ་སྟེང་གསལ།

《ཀྲུང་གོའི་བོད་ཀྱི་ཤེས་རིག》༡༩༩༧ལོའི་དེབ་གཉིས་པ་ལས་བཏུས།

༄། །མདོ་སྨད་མདའ་རྩེད་དང་འབྲེལ་བའི་ལྷ་གསོལ་བསང་གཏོང་སྐོར་ཙུང་ཙམ་གླེང་བ།

ཚེ་དབང་རྡོ་རྗེ།

དེ་ཡང་གོ་ལ་ཧྲུམ་པོ་འདིར་འཚོ་བའི་མི་རིགས་གང་ཞིག་ཡིན་རུང་རང་ཉིད་ཀྱི་འཚོ་བའི་སྤྱོད་སྣངས་སམ་བསམ་པའི་མོས་ཁམས་དང་འབྲེལ་བའི་ཡུལ་སྲོལ་ཐུན་མོང་མ་ཡིན་པ་རེ་བྱུང་ཡོད་པ་དང་། རང་རེའི་བོད་མི་རིགས་འདིར་མཚོན་ན་འང་རང་གི་བྱུང་འཕེལ་ལོ་རྒྱུས་སམ་སྲིད་འགྱུར་རིག་གསུམ་དང་འབྲེལ་བའི་མཐོ་སྣང་གི་ཁྱད་ཆོས་མངོན་པར་གསལ་བའི་ཡུལ་སྲོལ་གོམས་གཤིས་སྣ་ཚོགས་ཤིག་བྱུང་ཡོད་པ་ལས། མདའ་རྩེད་ནི་བོད་ཁམས་ཡོངས་དང་ལྷག་པར་དུ་མདོ་སྨད་ཡུལ་དུ་སྔ་མོ་ནས་ཆེས་ཆེར་དར་ཞིང་། ཕོ་མོ་རྒན་གཞོན་ཐམས་ཅད་ཀྱིས་དགའ་མོས་དང་དགའ་བསུ་རྒྱ་ཆེར་བྱེད་པའི་དམངས་ཁྲོད་ཀྱི་རྩེད་མོའི་བྱེད་སྒོ་ཞིག་གམ་བྱ་འགུལ་གལ་ཆེན་ཞིག་ལགས། ཡིན་ཡང་བྱ་འགུལ་དེ་ཉིད་བྱུང་འཕེལ་གྱི་གོ་རིམ་ཁྲོད་དུ་ཆོས་ལུགས་ཀྱི་ཤན་ཤུགས་ཟབ་མོ་ཐེབས་ནས་ཆོས་ལུགས་དད་མོས་དང་འབྲལ་ཐབས་མེད་པའི་འབྲེལ་བ་དམ་ཟབ་ཆགས་པ་དང་སྔགས་ཆོས་ལུགས་ཀྱི་ཆོ་གའང་སྣ་ཚོགས་ཤིག་བྱུང་ཡོད་ལ། ལྷ་གསོལ་བསང་གཏོང་ནི་བྱ་འགུལ་འདིའི་འགོ་མཇུག་བར་གསུམ་དུ་མེད་དུ་མི་རུང་བའི་གྲུབ་ཆ་གཙོ་ཤོས་ཤིག་ཏུ་གྱུར་པར་མ་ཟད། དེས་མདའ་རྩེད་སྤྱིའི་གོ་རིམ་ཁྲོད་གལ་ཆེའི་གནས་བབས་བཟུང་ཡོད་པ་རེད། ཉེ་ལམ་མདའ་རྩེད་ཐད་ལ་ངོ་སྤྲོད་རང་བཞིན་གྱི་དཔྱད་རྩོམ་འགའ་རེ་མཐོང་མོད། འོན་ཀྱང་དེ་དག་གིས་གཙོ་བོ་མདའ་རྩེད་དེ་ཉིད་ཀྱི་བྱུང་འཕེལ་དང་སྒྲིག་སྲོལ་སོགས་ངོ་སྤྲོད་ཙམ་ལས་བྱ་འགུལ་འདི་ཉིད་ཐོག་མར་ཆོས་ལུགས་དང་འབྲེལ་བ་ཇི་ལྟར་ཆགས་པ་དང་། ཆགས་རྗེས་ཀྱི་རྣམ་པ་ཇི་ལྟར་ཡིན་པ། དུས་ད་ལྟའི་འཕེལ་ཕྱོགས་སོགས་ལ་དཔྱད་པ་ཤིན་ཏུ་ཉུང་བས། ཁོ་བོས་འདིར་མདོ་སྨད་ཡུལ་དུ་དར་བའི་མདའ་རྩེད་དང་འབྲེལ་བའི་ལྷ་གསོལ་བསང་གཏོང་གི་སྐོར་དམིགས་སུ་བཟུང་ནས་ཙུང་ཙམ་གླེང་བར་བྱའོ། །

དང་པོ། མདའ་རྩེད་དང་འབྲེལ་བའི་ལྷ་གསོལ་བསང་གཏོང་གི་བྱུང་འཕེལ་སྐོར།

དེ་ཡང་མདའ་རྩེད་དང་འབྲེལ་བའི་ལྷ་གསོལ་བསང་གཏོང་འདི་ཉིད་ཐོག་མར་ཇི་ལྟར་བྱུང་བ་

དང་། བར་དུ་འཕེལ་རྒྱས་སུ་ཇི་ལྟར་སོང་བ་སོགས་ལ་ཞིབ་རྟོགས་བྱ་དགོས་ན། ཐོག་མར་ལྷ་གསོལ་བསང་གཏོང་གི་ཡུལ་སྲོལ་འདི་ཉིད་ཇི་ལྟར་བྱུང་བའི་ཐད་ལ་མཉམ་བསམ་གཏོང་དགོས་ཏེ། དེ་ཡང་བོད་ཀྱི་ལོ་རྒྱུས་སྨྲ་བ་ཆབ་སྤེལ་ཚེ་བརྟན་ཕུན་ཚོགས་ཀྱིས"བོད་རིགས་ཀྱི་ལྷ་གསོལ་བའི་གོམས་སྲོལ་དེ་ནི་མི་ལོ་སྟོང་ཕྲག་དུ་མའི་གོང་རོལ་ནས་ཡོད་པར་མངོན་ཞིང་། དེ་ཡང་འཛམ་གླིང་གི་མི་རིགས་གཞན་དང་འདྲ་བར་དང་ཐོག་མིའི་རིགས་ཀྱིས་རང་བྱུང་ཁམས་ཀྱི་སྟོབས་ཤུགས་དངོས་ལ་ངོས་འཛིན་བྱེད་མ་ཐུབ་པར་འཕྲུལ་སྣང་གི་འདུ་ཤེས་ལས་བྱུང་བའི་གདོད་མའི་ཆོས་ལུགས་ཏེ་ལྷ་མང་ལ་དད་པ་བྱེད་པའི་ཤུལ་བཞག་ཅིག་ཡིན་པར་མངོན"ཞེས་གསུངས་པ་བཞིན་ལྷ་གསོལ་བའི་གོམས་སྲོལ་འདིའི་ཐོག་མའི་འབྱུང་ཁུངས་ནི་ལྷ་མང་ལ་དད་པ་བྱེད་པའི་གདོད་མའི་ཆོས་ལུགས་ལ་གཏུགས་དགོས་པ་རེད། དེ་ཡང་ཅུང་ཙམ་སྤྲོས་ན་སྐུ་ཞབས་ལུའུ་ཞུན་གྱིས"གནའ་བོའི་གདོད་དམངས་ཀྱིས་གནམ་སའི་བྱ་དངོས་སྣ་ཚོགས་ཀྱི་འགྱུར་བ་རྒྱུན་ལྡན་མིན་པར་མཐོང་སོད། དེ་དག་མིའི་ཤེས་རྟོགས་ཀྱིས་གཞལ་བར་མི་ནུས་པས་རང་བློའི་དཔོག་ཚོད་ཀྱིས་འགྲེལ་རྩོམ་འདྲ་མིན་སྤེལ་བར་སྣང་ལ། དེར་ལྷ་སྲུང་དུ་འབོད"[1]ཅེས་པ་བཞིན་རང་རེ་འགྲོ་བ་མིའི་རིགས་འདི་རང་བྱུང་ཁམས་ལས་གྲོལ་ནས་ཕྱིར་རང་བྱུང་ཁམས་ལ་ངོས་འཛིན་དང་བསྒྱུར་བཀོད་བྱ་བའི་ཡུན་རིང་གི་ལོ་ཟླའི་ཁྲིད་དུ། ཉི་ཟླའི་འཆར་ནུབ་དང་དུས་བཞིའི་འཕོ་འགྱུར། འབྲུག་སྒྲ་ཐོག་གློག་རི་མཐོ་ལམ་ཀློག་སོགས་རང་ཉིད་ཀྱི་འཚོ་བའི་ཐོན་སྐྱེད་དང་རྒྱུན་ལྡན་གྱི་འགུལ་སྐྱོད་དང་འབྲེལ་བ་དམ་ཟབ་མཆིས་པའི་རང་བྱུང་སྣང་ཚུལ་མཐའ་དག་གི་མཐིལ་རྟོགས་འདོད་ཀྱི་འདུན་པ་ཇེ་ཆེར་འཕེལ་སོད། འོན་ཀྱང་སྐབས་དེའི་ཐོན་སྐྱེད་ནུས་ཤུགས་དང་ཚན་རིག་ལག་རྩལ་ཤིན་ཏུ་ན་ཕྲ་བ་དང་། མིའི་རིགས་ཀྱི་བསམ་གཞིགས་ནུས་པར་ཡང་ད་དུང་ཕྱོགས་མང་པོའི་ཚོད་བཀག་རྒྱ་ཆེར་ལྡན་པས་དེ་མཐའ་དག་ལ་ཚན་རིག་དང་མཐུན་པའི་འགྲེལ་བཤད་བྱེད་མ་ཐུབ་པས། དེ་ཚེ་ནི་ལྷ་ཀླུ་གཉན་བཙན་སོགས་དངོས་ཡོད་འཇིག་རྟེན་ལས་རིང་བར་བརྒལ་བའི་ནུས་པ་ལྐོག་གྱུར་པ་ཞིག་གི་མཐུ་ལས་བྱུང་བ་དང་། འཇིག་རྟེན་གྱི་བྱ་དངོས་མཐའ་དག་ལ་བླ་ཡོད་པར་ངོས་བཟུང་ཞིང་། དེ་ཐམས་ཅད་ལ་ཡང་འགྲོ་བ་མིའི་རིགས་དང་འདྲ་བར་བསམ་བློ་དང་བརྩེ་དུང་སོགས་ཡོད་པར་ངོས་འཛིན་བྱས་ནས་མི་གཤིས་ཅན་དུ་བསྒྱུར་ཏེ་བསམ་པའི་རྟོག་བཏགས་དང་བཅས་ཚོད་བགམ་དང་འགྲེལ་བཤད་སྣ་ཚོགས་བྱས་པ་ལས་གདོད་མའི་ལྷ་སྲུང་བྱུང་བ་རེད།

དེ་ཡང་བོད་ཀྱི་ཆེས་སྔ་རབས་ཀྱི་ལོ་རྒྱུས་ཅན་ལྡེ་ཞེས་གྲགས་པའི་ནང་གསེས་དང་པོ《ཡོ་ག་ལྷ་གྱེས་ཅན》ཞེས་བྱ་བའི་ནང་དུ་ཐོག་མ་འཇིག་རྟེན་མ་ཆགས་གོང་བྱུང་བའི་ལྷ་རབས་དུ་མ་ཞིག་བགྲངས་པའི་མཇུག་ཆར"འོ་དེ་གུང་རྒྱལ་བྱ་བ་དེ་ནམ་མཁའ་འཕྲུལ་ཙམ་ན་བཞུགས་པའི་ཚེ་གནམ་གྱི་ཐང་ང་དགུ་དང་བཞོས་ཀྱི་སྲས་དགུ་བརྒྱ་རྩ་གཅིག་འཁྲུངས་སོ། །ཆར་བབས་པའི་གྲངས་ལས་མང་བའི་ལྷ་བྲན་

ཀུན་གྱི་ཡབ་མཛད་དོ། །བར་སྣང་ལ་བཞུགས་པའི་ཚེ། བར་གྱི་ཐང་ང་དགུ་དང་བཀོས་པའི་སྲུས་རི་རབ་ཀྱི་རྟུལ་ཕྲན་བས་མང་བའི་ལྷ་བྲན་གྱི་ཡབ་མཛད། ས་དོག་ལ་གཤེགས་པའི་ཚེ་ས་སྟེ་བརྒྱད་ཀྱི་ཚོས་མཛད། མི་མངས་ཀྱི་ལྷར་གཤེགས། ལྷའི་དགུའི་ཡབ་ལགས་སོ། །"ཞེས་གདོད་མིའི་བསམ་པར་འཇིག་རྟེན་གྱི་བྱ་དངོས་དང་གྲུ་ག་སོ་སོར་ལྷས་ཁྱབ་ཡོད་པའི་འཕྲུལ་སྣང་གི་འདུ་ཤེས་བྱུང་བ་དང་། དེ་ལྟ་བུའི་བསམ་བློ་དང་འདུ་ཤེས་ཀྱི་རྨང་གཞིའི་སྟེང་ལྷ་དེ་དག་ལ་དད་མོས་དང་མཆོད་འབུལ་བྱས་ན་རང་ཉིད་ལ་རོགས་སྐྱོར་མཛད་པ་དང་དེ་ལས་ལྡོག་ན་གནོད་སྐྱེལ་བར་བསམ་ནས་དགའ་མོས་དང་དངངས་སྐྲག་མཉམ་གཅིག་གིས་ལྷ་དེ་ཚོར་སྐྱབས་འཇུག་དང་མཆོད་འབུལ་བྱ་བའི་ཚ་ག་སྣ་ཚོགས་སྤེལ་བས་གདོད་མའི་ཆོས་ལུགས་ཀྱི་མྱུ་གུ་འབུས་པ་དང་། "གདོད་མའི་ཆོས་ལུགས་ཀྱི་བསམ་བློའི་རྨང་གཞིའི་ཐོག་འབྱུང་བ་ལྡའི་ལྷ་དང་། ཡུལ་ལྷ། ཁྱིམ་ལྷ། དགྲ་ལྷ། ཞང་ལྷ་སོགས་ལྷ་རིགས་མི་འདྲ་བ་མང་པོ་ཡོད་པ་དེ་ཚོར། སེམས་ཅན་བ་ཕྱུགས་དང་། ར་ལུག ཤ་བ་སོགས་བསད་ནས་མཆོད་པ་འབུལ་བར"[2]བྱེད།

ལྷག་པར་དུ་དམག་དོན་གྱི་བྱ་གཞག་ནང་ལྷ་གསོལ་ནས་སྐྱབས་སུ་རེ་བའི་གོམས་སྲོལ་ནི་ཐོག་མཐའ་བར་གསུམ་དུ་གནས་ཡོད། དེ་ལ་དཔེ་མཚོན་ཙམ་དྲངས་ན་སྔོན་གྲགས་ཀྱི་བ་དན་སྲིད་གསུམ་ན་གཡོ་བའི་བོད་ཀྱི་བྱུང་བརྗོད་སྔན་ངག་རིང་མོ《གླིང་སྒྲུང》ནང་ཕན་ཚུན་དགྲ་འཐབ་ཀྱི་ཤགས་སླུ་འདྲ་མིན་མང་པོ་མཆིས་པ་རེ་རེའི་ཐོག་མར་ཕྱོགས་སོ་སོའི་དད་མོས་ལྟར་ལྷ་གསོལ་ལྷ་འབོད་ཀྱི་སྔོན་འགྲོ་དེ་ཏ་ལམ་མེད་མི་སྲིད་པ་དང་། དམག་འཐབ་ཆེ་འགག་ཅའི་སྐབས་སུ་ལྷའི་མཐུ་རྩལ་ལ་བརྟེན་ནས་ཕ་རོལ་ལས་རྣམ་པར་རྒྱལ་ཚུལ་སོགས་མང་པོ་མཐོང་རྒྱུ་ཡོད་པ་དེ་ཚོའི་སྟེང་ནས་ཐུ་རབས་བོད་དུ་ཟུས་ཚོ་དང་ཟུས་ཚོའམ། ཚོགས་པ་དང་ཚོགས་པ་ཕན་ཚུན་དམག་རྒྱག་སྐབས་ལྷ་གསོལ་བསང་གཏོང་བྱ་རྒྱུ་དེ་ཏ་ཅང་གལ་ཆེ་བའི་ཚ་ག་ཞིག་ཏུ་བརྩི་སྲོལ་ཡོད་པ་ར་སྤྲོད་བྱེད་ཐུབ། དེ་ལྟར་གདོད་མིས་འཚོ་བའི་དོན་དུ་རི་དྭགས་རྔོན་པ་དང་དགྲ་ཟག་དང་འཐབ་པ་སོགས་བྱ་བའི་ལས་གང་ཞིག་བསྒྲུབས་ཀྱང་ཐོག་མར་རང་གིས་དད་མོས་བྱ་ཡུལ་ལྷ་དེར་མཆོད་འབུལ་བྱས་ནས་དེར་རེ་སྨོན་ཞུ་བ་དང་། ལོ་རྒྱུས་གོང་དུ་འཕེལ་ནས་བོད་བཙན་པོའི་དུས་སུ་སླེབས་དུས་བོད་དམག་རྣམས་གཡུལ་ལ་ཞུགས་པའམ་ཕན་ཚུན་མནའ་བྲོ་བོར་བ་སོགས་བྱེད་སྐབས་སེམས་ཅན་མང་པོའི་སྲོག་བཅད་ནས་དམར་མཆོད་འབུལ་བའི་གོམས་སྲོལ་ཡོད་པ་ང་ཚོས་བོད་ཀྱི་ལོ་རྒྱུས་དེབ་ཐེར་དག་ལས་གསལ་བར་ཤེས་ནུས་པས་འདིར་ཞིབ་ཏུ་གླེང་བའི་དགོས་པ་མ་མཆིས།

གོང་དུ་ང་ཚོར་ལྷ་གསོལ་བསང་གཏོང་གི་ཡུལ་སྲོལ་འདི་ཉིད་ཐོག་མར་ཇི་ལྟར་བྱུང་བའི་ཐད་ལ་ངེས་ཤེས་རགས་རིམ་ཙམ་ཞིག་བྱུང་ལ། ད་ནི་མདའ་རྩེད་དང་འབྲེལ་ནས་ཅུང་སྤྲོས་ན། ཚང་མས་ཤེས་གསལ་ལྟར་གདོད་མིས་རི་དྭགས་རྔོན་པ་དང་དགྲ་ཟག་དང་འཐབ་དུས་མདའ་མོ་ནི་མེད་དུ་མི་ཉུང་

བའི་མཚོན་ཆ་གལ་ཆེན་ཞིག་ཡིན། རྗེས་སུ་ལོ་རྒྱུས་ཀྱི་འཕོ་འགྱུར་དང་དུས་ཀྱི་འགྲོས་རིམ་དང་བསྟུན་ནས་མདའ་མོ་འདི་ཉིད་ཀྱི་མཚོན་ཆའི་ངོ་བོ་རིམ་གྱིས་འགྱུར་ནས་དམངས་ཁྲོད་ཀྱི་རྩེད་ཆས་ཤིག་ཏུ་གྱུར་ཡོད་པ་དང་། དེ་ཉིད་དང་འབྲེལ་བ་དམ་ཟབ་ལྡན་པའི་ལྷ་གསོལ་བསང་གཏོང་གི་ལུལ་སྲོལ་འདི་ཉིད་ཀྱང་རྒྱུན་མ་ཆད་པར་དེ་དང་འབྲེལ་ནས་མུ་མཐུད་དུ་གནས་ཡོད་ཅིང་། དུས་ད་ལྟར་མདའ་རྩེད་ཁྲོད་མེད་དུ་མི་རུང་བའི་གྲུབ་ཆ་གཙོ་ཆེ་གྲས་ཤིག་ཏུ་གྱུར་ཡོད་པ་རེད། དེས་ན་གདོད་མིས་ལྷ་གསོལ་བསང་གཏོང་བྱ་བའི་དམིགས་འདུན་ནི་ཉིན་དེར་རི་དྭགས་ལག་སོན་མང་བ་དང་། འགལ་རྐྱེན་སྣ་ཚོགས་སེལ་བ། ཕ་རོལ་དགྲ་སྡེ་ལས་རྣམ་པར་རྒྱལ་བའི་ཆེད་ཡིན། ད་ལྟར་མདའ་རྩེད་ཁྲོད་ཀྱི་ལྷ་གསོལ་བསང་གཏོང་བྱེད་དོན་ནི་ཐེངས་དེའི་མདའ་རྩེད་ཀྱི་འགྲན་སྡུར་ཁྲོད་རང་ཕྱོགས་ལ་རྒྱལ་ཁ་ཐོབ་པར་རང་ཉིད་ཀྱིས་བསྟེན་པའི་ཆོས་སྐྱོང་སྲུང་མ་དང་ཡུལ་ལྷ་གཞི་བདག་དེའི་མགོན་སྐྱབས་འོང་བར་དམིགས་པ་ཞིག་རེད། ཡིན་ནའང་ཡུལ་དང་ས་ཆ་སོ་སོའི་ལོ་རྒྱུས་དང་ཆགས་རིམ་སོགས་ཀྱི་དབང་གིས་ཁོ་ཚོས་མཆོད་བཀུར་བྱ་བའི་གཙོ་ལྷའང་མི་མཚུངས་ཏེ། དཔའ་ལུང་ཕྱོགས་ལ་མཚོན་ན་ཨ་མྱེས་བྱ་ཁྱུང་མཆོད་པ་དང་། ཁྲི་ཀ་ཕྱོགས་སུ་ལྷ་དཀར་པོ་དང་ཨ་མྱེས་ཡུལ་ལྷ་མཆོད་པར་བྱེད་པ་སོགས་མཆོད་ཡུལ་ཕལ་ཆེ་བ་འཇིག་རྟེན་པའི་ལྷ་ཡིན་པ་དང་། དེ་ཚོར་མཆོད་འབུལ་བྱ་བའི་ཚོ་གའང་སྣ་ཚོགས་ཤིག་བྱུང་ཡོད་པ་རེད།

གཉིས་པ། མདའ་རྩེད་དང་འབྲེལ་བའི་ལྷ་གསོལ་བསང་གཏོང་གི་ཚོ་ག་སྣ་ཚོགས་ཀྱི་སྐོར།

དེ་ཡང་ད་ལྟ་དངོས་སུ་སྤྱིལ་བཞིན་པའི་ཆོས་ལུགས་ཀྱི་ཚོ་ག་སྣ་ཚོགས་ངོ་སྤྲོད་མ་བྱས་སྔོན་ལ་ཐོག་མར་མདའ་རྩེད་འདི་ཉིད་ཇི་ལྟར་དར་འཕེལ་བྱུང་བའི་ཐད་རགས་ཙམ་སྤྲོས་ན། བོད་བཙན་པོའི་སྐབས་ཆབ་སྲིད་དང་མངའ་ཁོངས་རྒྱ་བསྐྱེད་དེ་ཕྱོགས་བཞིའི་དགྲ་སྡེ་དང་འཐབ་པའི་ཡོ་ལང་ཡོངས་སུ་ཕྱེ་བའི་དུས་དེར། མདོ་སྨད་ཡུལ་གྱི་དཔའ་ལུང་དང་གཙན་ཚོའི་ས་ཆ་དག་ནི་རྒྱ་བོད་གཉིས་ཀྱི་ས་མཚམས་ཡིན་ལ། ཕྱི་རོལ་དགྲ་སྡེའི་བཙན་འཛུལ་འགོག་པ་དང་རང་གི་ས་མཚམས་བརྟན་སྲུང་བྱ་བའི་འགག་རྩའི་ས་གནས་ཤིག་ཀྱང་ཡིན། དེ་བས་སྐབས་དེར་ས་མཚམས་སྲུང་བར་མངགས་པའི་བོད་དམག་མང་པོ་ཞིག་གནས་འདིར་སླེབས་པ་དང་། དེ་ཚོར་གཡུལ་ལ་ཞུགས་ཁར་ལྷ་བསང་གཏོང་བའི་གོམས་སྲོལ་ཡོད་པ་མ་ཟད། གཡུལ་སར་རྒྱལ་ཁ་ཐོབ་སྟེ་ཕྱིར་ལོག་ཚེ་ཡང་ལྷ་བསང་བླུ་མཆོད་བྱས་ནས་དགའ་སྟོན་གཟབ་རྒྱས་ཤིག་ཀྱང་བྱེད་སྲོལ་ཡོད། དེས་ན་མདའ་མོ་ནི་དུས་དེར་གཡུལ་དུ་སྤྱོད་པའི་མཚོན་ཆ་གལ་ཆེན་ཞིག་ཡིན་ལ། རྗེས་སུ་བོད་རྒྱལ་རབས་འཐོར་ཞིག་ཏུ་སོང་བ་ལ་སོགས་པ་དང་བསྟུན་ནས་དམག་འབྲུག་གི་མེ་ལྕེ་དེ་ཡང་རིམ་གྱིས་ཉམས་པས། སྐབས་དེའི་དམག་མི་རྣམས་ཀྱང་རིམ་གྱིས་གནས་དེར་གཞི་སྡོད་བྱས་ཤིང་། དེ་དང་བསྟུན་ནས་དམག་འབྲུག་སྐབས་སྤྱོད་པའི་མདའ་མོ་འདི་ཉིད་ཀྱང་རིམ་གྱིས་དམངས

ཁྲིད་ཀྱི་རྩེད་ཆས་ཤིག་ཏུ་གྱུར་པ་རེད། དེས་ན་ད་ལྟ་མདོ་སྨད་ཡུལ་དུ་དར་བའི་མདའ་མོའི་སྒྱུ་རྩལ་འདི་ནི་སྔོན་རབས་ཀྱི་དམག་རྩེད་ལས་རིམ་འགྱུར་བྱུང་བ་དང་། གཡུལ་འཐབ་པའི་སྔ་རྗེས་སུ་སྤྱོད་པའི་ལྷ་བསང་གླུ་མཆོད་བྱ་བའི་གོམས་སྲོལ་རྒྱུན་མ་ཆད་པར་གནས་པ་དང་སྦྲགས། ཆོས་ལུགས་ཀྱི་ཚོ་གའང་འདྲ་མིན་སྣ་ཚོགས་ཤིག་བྱུང་ཡོད། སྤྱིར་བཏང་དུ་མདའ་རྩེད་བྱེད་པའི་ཉིན་མོ་གཏན་དུ་ཁེལ་བ་ནས་བཟུང་མདའ་པ་དག་མདའ་དཔོན(མདའ་རྩེད་སྤྱིའི་བཀོད་འདོམས་པ)གྱི་གཅིག་གྱུར་བཀོད་འདོམས་འོག་ཉིན་མོར་མདའ་རྩལ་སྦྱོང་བ་དང་། མཚན་མོར་རང་སྡེའི་མ་ཧེ་ཁང་དུ་འཛོམས་ནས་གདུགས་དཀར་སོགས་ཁ་ཏོན་བྱེད། དེ་ནི་ལོ་དེར་རང་ཕྱོགས་སྡེ་བའི་ཁ་ལས་རླུང་རྟ་རྒྱས་པ་དང་ལྷག་ཏུ་མདའ་རྩེད་ལ་རྒྱལ་ཁ་ཐོབ་པར་དམིགས་པའི་ཆོས་ལུགས་ཀྱི་བྱེད་སྒོ་དང་པོ་དེ་ཡིན། ལྷག་པར་དུ་དེ་དུས་ནས་བཟུང་མདའ་རྩེད་མཇུག་མ་འཁྲིལ་བར་སྐྱེས་པ་ཚོས་རང་གི་ཆུང་མ་སོགས་བུད་མེད་དག་དང་ལུས་འབྲེལ་བྱ་མི་རུང་བ་དང་། རྒྱུན་དུ་རང་ཉིད་དང་མདའ་གཞུ་ལ་ཤུག་གདུག་གིས་མི་གཙང་བཙོག་གྲིབ་སེལ་བར་བྱས་ནས་རང་ལུས་གཙང་མར་བྱ་དགོས་ལ། དེ་ལས་རང་ཉིད་ནི་རྒྱུན་ལྡན་གྱི་འཚོ་བ་ལས་ཕྱུང་སྟེ་ཕྱོག་གྱུར་པའི་ཆོས་ལུགས་ཀྱི་མཁའ་དབུགས་ཡ་མཚན་ཞིག་ཏུ་ཞུགས་པའི་ཚོར་སྣང་སྐྱེར།

བསང་གཏོང་བ་ནི་བོད་རིགས་ཀྱི་ལྷ་གསོལ་བའི་བྱེད་སྒོའི་ནང་མེད་དུ་མི་རུང་བའི་ཆ་ལག་ཅིག་ཡིན་ལ། ལོ་རྒྱུས་ཀྱི་ཐོག་ནས་བཤད་ན་གཙོ་བོ་མི་ཡུལ་གྱི་བཙོག་གྲིབ་མཐའ་དག་སེལ་ནས་ལྷ་སྤྱན་འདྲེན་པའི་སྔོན་འགྲོའི་ཚོ་གར་བརྩི་བ་ཡིན་འདུག ད་ལྟ་མདོ་སྨད་ཕྱོགས་སུ་བསང་གཏོང་ཕྱོགས་ལ་སྤྱིར་བཏང་དུ་དཀར་མཆོད་དང་དམར་མཆོད་གཉིས་སུ་ཡོད་ཅིང་། དཀར་མཆོད་དམ་དཀར་བསང་ལ་རྒྱུན་ལྡན་རང་བཞིན་དང་རྒྱ་ཁྱབ་རང་བཞིན་ལྡན་ལ། མཆོད་པའི་རྫས་གཙོ་བོ་ལ་ཤིང་ཤུག་དང་། གྲོ་ནས། ཕྱེ། འབྲས་སོགས་བྱེད། སྐབས་ལ་ལར་ཟན་རིལ་དང་གཏོར་མ་སྣ་ཚོགས་ཀྱང་མཆོད་པར་བྱེད། ལར་མདའ་རྩེད་ནི་གཙོ་བོ་ཞིང་པའི་ས་ཁུལ་དུ་དར་ཁྱབ་ཆེ་བས་དཀར་བསང་གི་བསང་རྫས་གཙོ་བོ་ནི་གྲོ་ནས་ཡིན་པ་དང་། ད་ལོར་དཀར་བསང་གི་ཕྱོགས་སུ་གྲོ་ནས་ཀྱི་འགྲོ་སོང་ཅི་ཙམ་སོང་བ་ཕྱི་ལོར་ཞིང་ལས་ཀྱི་ལག་ཡོང་ལས་ཐོབ་པར་བཤད། དེ་བས་མདའ་རྩེད་ཀྱི་འགོ་མཇུག་བར་གསུམ་དུ་རང་སྡེའི་མ་ཧེ་ཁང་དང་གཙོ་ལྷ་གནས་སར་བཤད་པའི་རི་སྒང་དག་ཏུ་དཀར་བསང་རྒྱ་ཆེར་བཏང་ནས་བསང་དུད་རྒྱུན་མི་ཆད་པར་བར་སྣང་གི་སྤྲིན་དང་འདྲེས་པར་བྱེད། མདའ་རྩེད་འགྲན་སྟུར་ཁྲིད་རྒྱལ་ཁ་ཐོབ་པའི་ཕྱོགས་དེ་ངོ་སོ་ཤིན་ཏུ་ཆེ་བ་དང་། ཕམ་པའི་ཕྱོགས་དེ་ངོ་གནོང་བར་བསམས་ནས་འགྲན་རྩོད་ཀྱི་རང་བཞིན་ཆེས་ཆེར་ལྡན་པས། རྒྱལ་ཕམ་གྱི་དབྱེ་བ་བཅད་ནས་འགག་རྩའི་སྐབས་སུ་སླེབས་དུས་དམར་མཆོད་ཀྱི་རིགས་ཀྱང་བྱེད་ལ། སྤྱིར་དམར་མཆོད་ནི་དཀར་བསང་ལས་ཕན་ནུས་ལྡབ་འགྱུར་གྱིས་ཆེ་བར་བཤད། དེ་ཡང་ས་ཁུལ་དང་གྲོང་སྡེ་སོ་སོས་བསྟེན་པའི་གཙོ་ལྷ་མི་འདྲ་བའི་དབང་གིས་མཆོད་རྫས་དང་མཆོད་ཚུལ་

སོགས་ཀྱང་འདྲ་མིན་སྣ་ཚོགས་ཤིག་མཆིས་ཤིང་། ཕྱིར་བཏང་དུ་མཆོད་རྫས་གཙོ་བོ་ནི་སེམས་ཅན་ར་ལུག་བྱེད་དེ། ར་ལུག་དེའི་ལྷུ་ལག་སོ་སོར་ཕྲལ་ནས་གོ་རིམ་ལྡན་པའི་ངང་མེ་ནང་དུ་བཞག་ནས་ཁྲག་ལ་སྦྲར་སླབ་བྱས་ཏེ་མཁའ་ལ་གཏོར་བཞིན་མཆོད་པར་བྱེད། འགག་རྩར་ཐུག་ཚེ་ར་ལུག་གི་སུག་བཞི་དམ་པོར་བཀྱིགས་ཏེ་གསོན་པོར་མེ་ནང་དུ་མཆོད་པའི་སྲོལ་ཡང་ཡོད།

ཨ་མྱེས་ཡུལ་ལྷ་མཆོད་པའི་ཡུལ་སྡེ་ལ་ལར་མཚོན་ན་དེ་ཕོ་མཆོད་པའི་སྲོལ་ཡང་ཡོད་པ་སོགས་མདོར་ན་གདོད་མའི་མཆོད་སྲོལ་དེ་དག་མ་ཉམས་པར་དུས་ད་ལྟའང་ཅུང་རྒྱུན་འབྱམས་སུ་གནས་ཡོད་པ་རེད། དེང་དུས་བོད་ཀྱི་ལོ་རྒྱུས་སྨྲ་བའི་མཁས་དབང་ཆེན་མོ་ནམ་མཁའི་ནོར་བུ་ལགས་ཀྱིས། "བོན་གྱི་སྟོན་པ་གཤེན་རབ་མི་བོ་ཆེ་འཛིག་རྟེན་དུ་བྱོན་དུས། བདུད་ལ་བརྟེན་མཁན་གྱི་བདུད་བོན་ཟེར་བ་དང་། བཙན་ལ་བརྟེན་མཁན་གྱི་བཙན་བོན་ཟེར་བ་འདྲ་པོ་བོན་པོའི་རིགས་མི་འདྲ་བ་འགའ་ཞིག་ནི་དེ་དུས་ནས་ཡོད་པ་དང་། དེ་ཚོས་སེམས་ཅན་གཞན་དག་གི་ལུས་སྲོག་ལ་འཚེ་བའི་དམར་མཆོད་བྱེད་སྲོལ་ཡོད་པ། གཤེན་རབ་མི་བོ་ཆེས་དགག་ཅིང་། དམར་མཆོད་ཀྱི་དོད་དུ་སེམས་ཅན་གྱི་གཟུགས་བརྙན་སོགས་ཀྱིས་འཕྲུས་པར་གནང་བའི་མདོས་དང་། ཡས་སོགས་ཀྱི་སྲོལ་གསར་དུ་བཏོད་པའི་ཚུལ་ཚད་ལྡན་བོན་གྱི་མདོས་དཔེ་རྣམས་ལས་གསལ་གྱི་ཡོད་རེད"[3]ཅེས་གསུངས་པ་བཞིན་དམར་མཆོད་ཀྱི་དོད་དུ་སེམས་ཅན་གྱི་གཟུགས་བརྙན་སོགས་ཀྱིས་འཕྲུས་པར་བྱེད་པའི་སྲོལ་དེ་དུས་ད་ལྟའང་ཡོད་དེ། ཡུལ་སྡེ་ལ་ལས་རྩམ་པས་ར་ལུག་གི་གཟུགས་བརྙན་བཟོས་ཏེ་མཆོད་པ་དཀར་བསང་གི་གྲས་སུ་བགྲང་བ་དང་། ལ་ལར་མཚོན་ན་རྩམ་པས་བྱས་པའི་ར་ལུག་དེའི་ཁོག་ཏུ་ར་ཚིལ་རྡོག་པོ་རེ་འཇུག་པར་བྱེད་ལ་དེ་ལྟར་བགྱིས་ཚེ་དམར་མཆོད་ཀྱི་གྲས་སུ་བགྲང་བར་བྱེད།

དེ་བཞིན་དུ་ལྷ་འདྲེ་མི་ཁོག་ཏུ་བཀྲམས་པར་གསོལ་མཆོད་དང་ལུང་བསྟན་ཞུ་བའི་སྲོལ་དེ་ཡང་དུས་ད་ལྟ་ཅུང་ཁྲབ་གདལ་དུ་གནས་པ་དང་། མདའ་རྩེད་ཁྲིད་རྒྱུན་དུ་སྤྱོད་བཞིན་པའི་ཚོ་ག་ཞིག་ཏུ་གྱུར་ཡོད། དེ་ཡང་མདའ་རྩེད་ཀྱི་ཉིན་མོ་གཏན་འཁེལ་དང་། བསང་མཆོད་ཅི་དང་ཚད་ཇི་ལྟར་བྱས་ན་ཕ་རོལ་ལས་རྒྱལ་ཐུབ་པ། འགལ་རྐྱེན་སྣ་ཚོགས་ཇི་ལྟར་སེལ་དགོས་པ་སོགས་ཀྱི་སྐོར་ལྷ་པ་དེར་ལུང་བསྟན་ཞུས་ནས་ཐག་གཅོད་པར་བྱེད། གཞན་ཡང་གཙོ་ལྷ་གནས་སར་བཞུད་པའི་རི་སྐྱང་དག་ཏུ་ལབ་ཙེ་གཏོད་པ་དང་། དར་ལྕོག་འཛུགས་པ། རླུང་རྟ་གཏོང་བ་སོགས་བྱེད་པ་དང་། ཐ་ན་ཕན་ཚུན་ལ་དསོད་མོ་བྱེད་པ་དང་ཊུས་མིང་བྲིས་ནས་བསང་མེ་ཏུ་འཕེན་པ་སོགས་གདུག་རྩུབ་ཅན་གྱི་ལས་ཀྱང་བྱེད་སྲོལ་ཡོད།

གསུམ་པ། ལྷ་གསོལ་བསང་གཏོང་གི་ནུས་པའི་སྐོར།

གོང་སྨོས་ལྟར་ལྷ་གསོལ་བསང་གཏོང་ནི་བོད་ཁམས་ཡོངས་སུ་དར་ཁྱབ་ཤིན་ཏུ་ཆེ་བའི་ཡུལ་སྲོལ་ཐུན་མོང་མ་ཡིན་པ་ཞིག་ཡིན་པ་དང་། ལྷག་ཏུ་ལོ་རྒྱུས་ཀྱི་འགྲོས་རིམ་དང་བསྟུན་ནས་མདའ་རྩེད་དང་འབྲེལ་བ་དམ་ཟབ་ཆགས་ཤིང་། མདའ་རྩེད་ཁྲོད་ཀྱི་མེད་དུ་མི་རུང་བའི་གཞི་རྩའི་གྲུབ་ཆ་ཞིག་ཏུ་གྱུར་ཡོད། དེས་ན་ལྷ་གསོལ་བསང་གཏོང་ཚོ་ག་དེས་རང་གི་བསྙེན་ལྷ་སྲུང་སྐྱོང་གྲོགས་སུ་བཀུག་སྟེ་ཕ་རོལ་ལས་རྣམ་པར་རྒྱལ་བའི་ཐད་ལ་ཡང་སྙིང་ནུས་པ་ག་འདྲ་ཡོད་ཅེ་ན། དེ་ནི་གསང་བ་ཕྲག་གྱུར་ཞིག་ཏུ་ངེས་པས་བློ་དམན་བདག་ལྟ་བུ་ཞིག་གི་དཔྱོད་ཡུལ་མིན་མོད། འོན་ཀྱང་མདའ་འཕེན་མཁན་ཚོར་མཚོན་ན་དེ་ནི་ལས་ལྷག་ཅིག་གམ་སྲུན་སྣང་ཞིག་ཏུ་མི་བརྩི་བར་ཐུན་མོང་དུ་དད་མོས་དང་གཙིགས་མཐོང་ཆེན་མོ་བྱེད་པར་བརྟག་ན། དེས་མ་མཐའ་ཡང་མདའ་པ་ཚོའི་བསམ་བློའི་སྙིང་གལ་ཆེའི་གནས་བབས་ཤིག་བཟུང་ཡོད་པ་རྟོགས་ཐུབ། ང་ཚོས་ཤེས་གསལ་ལྟར་མདའ་པ་ཕལ་ཆེ་བ་ནི་ཆུང་དུས་ནས་ཆོས་ལུགས་དད་མོས་ཀྱི་མཁའ་དབུགས་ཤིན་ཏུ་སྟུག་པོའི་ཁོར་ཡུག་ཁྲོད་ནས་ནར་སོན་པ་དང་། ལྷག་པར་དུ་དེའི་རིགས་ཀྱི་བྱ་འགུལ་ལ་རྒྱུན་དུ་ཞུགས་ཀྱིན་ཡོད་པས། འཇིག་རྟེན་ལས་རིང་དུ་འདས་པའི་ལྷ་ཞེས་པ་ཞིག་དང་། དེར་དད་མོས་དང་མཆོད་འབུལ་བྱས་ན་འགལ་རྐྱེན་མཐའ་དག་སེལ་ཞིང་བསླུ་བྱའི་ལས་དེ་བདེ་བླག་ངང་འགྲུབ་པའི་ཐད་ལ་སེམས་པའི་གཏིང་ནས་ཐེ་ཚོམ་མེད་པའི་དད་པའམ་ཡིད་ཆེས་བརྟན་པོ་ཞིག་ཡོད་མཁན་ཞེ་གཅིག་ཡིན་པ་རེད། དེ་དང་དེ་ལྟ་བུའི་བསམ་བློའི་རྨང་གཞི་ངེས་ཅན་ཞིག་ལྡན་པས་ཁོ་ཚོས་གལ་ཆེན་གྱི་བྱ་བའི་རིགས་གང་ཞིག་སྒྲུབ་ཀྱང་ཐོག་མར་རང་གི་ཡུལ་ལྷ་གཞི་བདག་ལ་མཆོད་འབུལ་སྣ་ཚོགས་བྱས་ཏེ་སྐབས་འཇུག་ཞུ་བ་ཡིན།

མདའ་རྩེད་བྱ་བ་ནི་དམངས་ཁྲོད་དུ་དར་བའི་རྩེད་མོའི་བྱ་འགུལ་ཞིག་ཏུ་སྣང་ན་ཡང་འགྲན་རྩོད་རང་བཞིན་ཆེས་ཆེར་ལྡན་ཞིང་། རྒྱལ་ཁ་ཐོབ་པའི་གྲོང་སྐེ་དེ་ངོ་སོ་ཤིན་ཏུ་ཆེ་བ་དང་ཕམ་ཁ་སྨྱོང་བའི་ཕྱོགས་དེ་ངོ་གནོང་དགོས་པར་རྩི་བཞིན་ཡོད། དེས་ན་ཕ་རོལ་པོ་ལས་རྣམ་པར་རྒྱལ་དགོས་ན་མིའི་ནུས་ཤུགས་ལ་བརྟེན་པ་ཙམ་གྱིས་མི་འདང་བར་ངེས་པར་དུ་རང་གི་སྐྱེས་ལྷ་དེར་སྐྱབས་བཙོལ་དགོས་པར་བསམས་ཏེ། ལྷ་མིའི་ནུས་ཤུགས་ཟུང་འབྲེལ་ལ་བརྟེན་ན་ཕ་རོལ་ལས་རྒྱལ་བར་བསམ་བློའི་སྙིང་ཡིད་ཆེས་དང་དད་པ་ཐེ་ཚོམ་མེད་ཅིག་ཆགས་ཡོད། དེ་བས་རང་གི་ཡུལ་ལྷ་གཞི་བདག་དེར་མཆོད་འབུལ་བྱ་བའི་རྒྱ་ཆེ་ཆུང་དང་སྣ་མང་ཉུང་དེ་ཐེངས་དེར་མདའ་རྩེད་ལས་རྒྱལ་ཁ་ཐོབ་མིན་གྱི་རྩ་བའི་ཚད་ཐིག་ཅིག་གམ་ཁྲི་མ་འཁྲུལ་མེད་ཅིག་ཏུ་བརྩི་བཞིན་ཡོད་པ་རེད། ཕ་རོལ་ལས་རྒྱལ་ན་ལྷ་ལ་མཆོད་འབུལ་བཟང་བའི་ཕན་འབྲས་ཡིན་པ་དང་། ཕམ་ཁ་བྱུང་ན་ལྷ་ལ་མ་མཆོད་པའམ་མཆོད་པ་མ་འདང་བའི་སྐྱོན་དུ་ངོས་

འཛིན་པ་ལས་མདའ་མཁན་རང་ཉིད་ཀྱི་མདའ་རྩལ་ལ་ངན་ཁག་གཏན་ནས་དགྲིས་མི་སྲིད། དེ་དང་དེ་ལྟ་བུའི་ངོས་འཛིན་དང་དད་མོས་ཀྱི་ཆ་རྐྱེན་འོག་ལྷ་གསོལ་བསང་གཏོང་གི་ཚོ་ག་དེས་མདའ་མཁན་ཚོ་ཕ་རོལ་ལས་རྒྱལ་བའི་ཐད་ལ་མ་མཐར་ཡང་བསམ་བློའི་སྙིང་ཡིད་ཆེས་དང་སྤོབས་པ་བླ་མེད་ཅིག་བསྐྲུན་པ་དང་། ཕྱི་ཉིན་མདའ་རྩེད་ཀྱི་འགྲན་སྟུར་ལ་ཞུགས་པར་ཆེས་བཟང་བའི་སྙིང་སྟོབས་དང་བློ་སྤོབས་བླ་ལྷག་ཅིག་མགོ་སྤྲོད་བྱེད་པ་བསྙོན་མེད་རེད།

བཞི་པ། ལྷ་གསོལ་བསང་གཏོང་གི་འཕེལ་ཚུལ་དང་དེའི་ཕྱོགས་ཀྱི་ལྟ་བ་འགའ་བརྗོད་པ།

མདའ་མོ་ནི་རི་དྭགས་རྔོན་བྱེད་ཀྱི་ཐོན་སྐྱེད་ལག་ཆ་ཞིག་ནས་རིམ་གྱིས་གཡུལ་སར་སྤྱོད་པའི་མཚོན་ཆ་ཞིག་ཏུ་འཕེལ་ཞིང་། རྗེས་ཕྱོགས་དུས་འགྱུར་དང་བསྟུན་ནས་དམངས་ཁྲོད་ཀྱི་རྩེད་ཆས་ཤིག་ཏུ་གྱུར་པ་དང་། དུས་ད་ལྟ་འགྲན་རྩོད་རང་བཞིན་ཤུགས་དྲག་ལྡན་ཞིང་ལ་རྒྱ་དང་ངོ་ཚ་ལྷག་ཏུ་རྩོད་པའི་འགྲན་སྟུར་རང་བཞིན་ལྡན་པ་ཞིག་ཏུ་གྱུར་ཡོད། མདའ་རྩེད་བྱེད་དུས་ཕ་རོལ་ལས་རྒྱལ་ཁ་ཐོབ་རྒྱུ་ནི་རེ་བ་ཉག་གཅིག་ཡིན་པ་དང་། རེ་བ་དེ་ཉིད་འགྲུབ་ཆེད་སྤྱོད་པའི་ལྷ་གསོལ་བསང་གཏོང་གི་ཡུལ་སྲོལ་དེ་ཡང་སྔར་ལས་ཇེ་དར་དང་ཇེ་རྒྱས་སུ་འཕེལ་བའི་རྣམ་པ་ཞིག་ཆགས་ཡོད། མདའ་རྩེད་ཀྱི་འགོ་རྩོམ་པའི་ཉིན་མོ་ནས་བཟུང་ཁྱིམ་དུད་རེ་རེར་དཀར་བསང་གི་བསང་རྫས(གྲོ་ནས་དང་ཕྱེ་འབྲས་སོགས)ཀྱི་ཁྲལ་བཀལ་ནས་ཐུན་མོང་དུ་བསྡུས་ཏེ་མཆོད་པར་བྱེད་པ་དང་། ཐུན་མོང་དུ་བསྡུས་པའི་བསང་རྫས་རང་སྣེ་པོ་ནས་མཆོད་མི་ནུས་པའི་དུས་ཕྱིར་ཁྱིམ་དུད་རེ་རེར་སྐལ་བགོ་བའི་གནས་ཚུལ་ཡང་དུས་ད་ལྟར་དངོས་སུ་མཐོང་རྒྱུ་ཡོད། མདའ་རྩེད་ལས་ཕམ་ཁ་ཆེན་པོ་བྱུང་ཚེ་དམར་མཆོད་ཀྱི་མཆོད་རྫས་ར་ལུག་སོགས་ཀྱང་ཁྱིམ་ཚང་རེ་རེ་ནས་གཅིག་མཐུན་དུ་སྡུད་པར་བྱེད། གལ་ཏེ་གྲོང་སྡེ་དེ་ནི་ཞིང་ཕྱུགས་ཟུང་དུ་གཉེར་ས་ཞིག་ཡིན་ཚེ་ཁྱིམ་ཚང་རང་ནས་ཐད་ཀར་འབུལ་ཆོག་ཀྱང་། དེ་ལྟར་མིན་པར་ཞིང་ལས་པོ་ནར་བརྟེན་དགོས་པ་ཞིག་ཡིན་ན་ཁྱིམ་ཚང་རེ་ནས་དཔལ་འཁོར(སྒོར་མོ)གྱི་སྐལ་བསྡུས་ནས་ར་ལུག་སོགས་ཉོ་བ་ཡིན།

དེ་བས་མདའ་རྩེད་བྱེད་པ་དེ་དཔལ་འབྱོར་གྱི་ཆ་རྐྱེན་ཞན་པའི་དམངས་ཚོགས་མང་ཆེ་བ་ཞིག་ལ་མཚོན་ན་ཐེག་དཀའ་བའི་དཔལ་འབྱོར་གྱི་ལས་འགན་ཞིག་ཏུ་གྱུར་ཡོད་པ་དང་། ཞིང་ལས་ཐད་ལོ་ལེགས་འབྱུང་མིན་དང་ར་ལུག་གི་འཕེལ་ཚད་བཟང་མིན་དེ་ལོ་དེར་མདའ་རྩེད་བྱེད་པའི་ཆ་རྐྱེན་དང་ལྷག་ཏུ་མདའ་རྩེད་ཁྲོད་རྒྱལ་ཁ་ཐོབ་མིན་གྱི་ཁྲུ་མ་ལྟ་བུ་ཞིག་ཏུ་བཟུང་ཡོད། གཞན་རྒྱལ་ཕམ་གྱི་ལ་རྒྱ་དང་ངོ་སོ་བཙན་ནས། འགག་རྩའི་སྐབས་སུ་ཐེབས་ཆེ་སྟགས་པ་སོགས་སྦྱིན་དྲངས་ནས་ཕན་ཚུན་ལ་དམོད་བོར་རེས་དང་ཕ་རོལ་པོའི་ཁ་ལས་ལྷུང་ཧ་རྒུད་པར་དམིགས་པའི་གདུག་རྩུབ་ཅན་གྱི་བྱ་བའང་

གང་མང་བྱེད་པ་རེད། དེ་དང་དེ་ལྷ་བུའི་ཤུགས་རྐྱེན་འོག་ཏུ་མདའ་རྩེད་འདི་ཉིད་དུས་ད་ལྟ་གསང་བ་སྐོག་གྱུར་དང་གདུག་རྩུབ་ཅན་གྱི་ཆོས་ལུགས་བྱ་འགུལ་ཞིག་ཏུ་འཕེལ་བཞིན་ཡོད་པས། མདོ་སྨད་ཀྱི་གྲོང་སྡེ་ལ་ལས་དམར་མཆོད་ཀྱི་རིགས་གཏན་ནས་མི་བྱ་བར་དམ་བཅས་ཡོད་པ་དང་། ལ་ལས་ད་དུང་སྔ་མཐུད་དུ་དེའི་རིགས་སྤྱོད་བཞིན་ཡོད།

དེས་ན་གོང་སྨོས་མདའ་རྩེད་དང་འབྲེལ་བའི་ཆོས་ལུགས་ཀྱི་ཆ་ག་དེ་དག་དང་དེ་དག་འཕེལ་རྒྱས་འགྲོ་བཞིན་པའི་རྣམ་པ་འདིས་མདའ་རྩེད་རང་ཉིད་དང་དེའི་འཕེལ་ཕྱོགས་ཐད་ལ་ཤུགས་རྐྱེན་ནམ་མཇུག་འབྲས་ག་འདྲ་ཐོན་ནམ་ཞེ་ན། ཕོ་བོའི་བསམ་པར་གཤམ་གསལ་གྱི་འདི་ལས་མ་འདས་སྙམ། གཅིག་ནས་ཁྱིམ་ཚང་རེ་རེའི་དཔལ་འབྱོར་གྱི་ཆ་རྐྱེན་དང་ཞིང་ཕྱུགས་ཀྱི་གནས་ཚུལ་ལ་མི་གཞིགས་པར་དཀར་བསང་གི་མཆོད་རྫས་གྲོ་ནས་ཕྱེ་གསུམ་དང་དམར་བསང་གི་མཆོད་རྫས་ར་ལུག་སོགས་ཀྱི་ཁྲལ་བཞག་ནས་ཐུན་མོང་དུ་སྤྱད་པར་བྱེད་པ་དེས་ཁྱིམ་དུད་གང་མང་ཞིག་ལ་དཔལ་འབྱོར་གྱི་ཁུར་པོ་ཆེན་པོ་ཞིག་བཟོ་བཞིན་ཡོད་པས། མདའ་མཁན་མང་པོ་ཞིག་གིས་མཆོད་རྫས་བསྡུ་བ་དང་ཐ་ན་མདའ་རྩེད་ལ་ཡང་སུན་སྣང་སྐྱིད་ལུག་གི་རྣམ་འགྱུར་འཛིན་པར་བྱེད། གཉིས་ནས་མདའ་རྩེད་དེ་ཉིད་གྲོང་སྡེ་ཕན་ཚུན་བར་གྱི་རྩེད་མོའི་རྣམ་པ་ཞིག་ལས་རིང་དུ་བརྒལ་ཏེ། ར་ལུག་སོགས་སེམས་ཅན་མང་པོ་དམར་མཆོད་བྱེད་པ་དང་ཕན་ཚུན་ལ་དམོད་བོར་བ་སོགས་གདུག་རྩུབ་ཀྱི་ཆོ་གར་གྱུར་པས། དེས་གྲོང་སྡེ་ཕན་ཚུན་བར་གྱི་མཛའ་བརྩེ་དང་མཐུན་སྒྲིལ་ལའང་མི་སྨན་པའི་ཤུགས་རྐྱེན་ཐེབས་ངེས་ཡིན། གོང་ལྟར་མདའ་རྩེད་བྱེད་དུས་དཔལ་འབྱོར་གྱི་ལས་འགན་ལྷི་མོ་ཞིག་མི་ཐེག་བཙན་ཁུར་བྱེད་དགོས་པ་དང་། སེམས་ཅན་དམར་མཆོད་བྱེད་པ་དང་ཕན་ཚུན་ལ་དམོད་མོ་བྱེད་པ་སོགས་ཀྱིས་རང་རིགས་ཀྱི་ཐུན་མོང་མ་ཡིན་པའི་དམངས་ཁྲོད་ཀྱི་སྲོལ་རྒྱུན་བཟང་པོ་འདི་ཉིད་གོམ་གང་མདུན་སྤོས་སྔོས་ཇེ་དར་ཇེ་རྒྱས་སུ་འགྲོ་བར་འགལ་རྐྱེན་ཆེན་པོ་བཟོ་བཞིན་ཡོད་པར་མ་ཟད། ཐ་ན་དེ་ཉིད་ཀྱང་རིམ་བཞིན་ཉམས་རྒུད་དུ་འགྲོ་བའི་རྐྱེན་ངན་ཞིག་ཀྱང་རེད་སྙམ།

མདོར་ན། འཛམ་གླིང་གི་མི་རིགས་སོ་སོས་རང་ཉིད་ཀྱི་སྲོལ་རྒྱུན་རིག་གནས་མཐའ་དག་རྒྱུད་འཛིན་དང་དར་སྤེལ་བྱ་བར་གཟོལ་བའི་དེང་གི་དུས་འདིར་ང་ཚོས་ཀྱང་ལག་ཟུང་བྲང་ཁར་སྦྱར་ནས་མནོ་བསམ་གཏོང་དགོས་པ་ཞིག་ནི། རང་རིགས་ཀྱི་སྲོལ་རྒྱུན་རིག་གནས་སྣ་ཚོགས་འཕེལ་བར་བགེགས་བྱེད་པའི་རྐྱེན་ངན་མཐའ་དག་བཟློག་ཅི་ཐུབ་སྔོས་ཡོད་པ་དར་སྤེལ་དང་མེད་པ་བསྐྱུ་ལེན་བྱ་བའི་ཐད་ལ་འབད་འབུངས་བྱེད་དགོས་ངེས་ཡིན་ན། མདའ་རྩེད་འདི་ཉིད་ཀྱང་གནའ་སྔ་མོ་ནས་དར་ཞིང་ཕྱི་ནང་རྒྱན་གཞོན་ཀུན་གྱིས་ཤིན་ཏུ་དགའ་པོ་བྱ་ཡུལ་དང་། རང་མི་རིགས་ཀྱི་སྲོལ་རྒྱུན་གྱི་རིག་གནས་ཕུན་སུམ་ཚོགས་པ་ཞིག་ཡིན་པས། ང་ཚོས་དེ་ཉིད་འཕེལ་བར་བགེགས་བྱེད་པའི་རྐྱེན་ངན་དང་ཤུགས་རྐྱེན་

མཐའ་དག་བཟློག་ཅི་ཐུབ་བྱས་ཏེ། དེ་ཉིད་ཚུལ་མཐུན་དང་ཤེས་རིག་གི་ལམ་གསར་པ་ཞིག་ཏུ་འགྲོ་བར་མཐུན་རྐྱེན་བསྐྲུན་དགོས་པ་དང་། སྲོལ་རྒྱུན་བཟང་པོ་འདི་ཉིད་མུ་མཐུད་ཇེ་དར་ཇེ་རྒྱས་སུ་འགྲོ་བར་སྐྱེལ་འདེད་གཏོང་དགོས་པ་བཅས་སོ།། །།

མཆན།

[1]鲁迅《中国小说史略・神话与传说》第22页。

[2]《བོད་ཀྱི་ཆོས་སྲིད་ཟུང་འབྲེལ་བཤད་པ》ཤོག་ངོས7པར་གསལ།

[3]《གཟི་ཡི་ཕྲེང་བ》ཤོག་ངོས16པར་གསལ།

《བོད་ལྗོངས་སྒྱུ་རྩལ་ཞིབ་འཇུག》༡༩༩༥ལོའི་དེབ་དང་པོ་ལས་བཏུས།

༄། །བོད་ཀྱི་དམངས་སྲོལ་ལས་ལབ་རྩེའི་བྱུང་འཕེལ་སྐོར་རགས་ཙམ་གླེང་བ།

པད་མ་དོན་འགྲུབ།

ལབ་རྩེའི་སྲོལ་འདིའི་འབྱུང་ཚུལ་ཐད། ད་སྔ་བརྗོད་སྲོལ་མི་མཐུན་པ་འགའ་མཆིས་ཏེ། ལ་ལས་འདི་ཉིད་ལམ་རྟགས་ལས་འགྱུར་བར་བཤད་པ་དང་། ལ་ལས་གཡུལ་དུ་ཤི་བའི་དཔའ་བོའི་རིགས་ལ་མྱ་ངན་དང་རྗེས་དྲན་གྱི་ཚུལ་དུ་མདའ་གྲི་མདུང་གསུམ་བཙུགས་ང་དེ་ལས་དར་བར་བཤད་པ་དང་། ཡང་ལ་ལས་སྔོན་རྒྱ་གར་གྱི་ཕྱི་རོལ་བའི་མཆོད་སྲོལ་ཞིག་ལས་དར་བ་དང་། ད་དུང་རེ་འགས་ས་ཐོ་ལས་འགྱུར་བར་བཤད་པ་སོགས་སྣ་ཚོགས་མཆིས་མོད། ང་ཚོ་ད་ལྟ་ལབ་རྩེ་བསྟོད་པའི་དགོས་པ་དང་དེའི་བསྟོད་ཚུལ། དེ་ལས་འཕྲོས་པའི་གནའ་བོའི་མི་རིགས་ཀྱི་འདུ་ཤེས་སོགས་ལ་ཞིབ་ཏུ་དཔགས་ན་དེ་ནི་ཆེས་གནའ་བོའི་དུས་སུ་གནམ་ས་བར་སྣང་དང་བཅས་པར་ལྷས་ཁྱབ་ནས་ཡོད་པར་འབྲུལ་བ་དང་། གང་དུ་ལྷ་ཡོད་པར་ངོས་འཛིན་པའི་དུས་དེ་ཙམ་ནས་རིམ་བཞིན་དར་བ་ཞིག་ཡིན་པར་གདོན་མི་ཟ།

ཐུན་མིན་གྱི་འཚོ་བའི་ཁོར་ཡུག་ནང་གནས་པའི་རང་ཅག་གི་མེས་པོ་གོང་མ་རྣམས་ཀྱིས་འཇིག་རྟེན་ཁམས་ཀྱི་རང་བྱུང་གི་སྣང་ཚུལ་དང་འཚོ་བ་སྣ་ཚོགས་ཏེ་ཉི་ཟླའི་འཆར་ནུབ་དང་། སའི་གཡོ་འགུལ། གློག་འབྱུ་ཐོག་རྒྱག སྐྱེ་རྒ་ན་འཆི་སོགས་ཁ་ལོ་སྒྱུར་མཁན་གྱི་བདག་པོ་ཞིག་ཡོད་པར་སྙམ་སྟེ། རང་བྱུང་ལས་འདས་པའི་སྟོབས་ཤུགས་དེ་ལ་གསོལ་མཆོད་བསྙེན་བཀུར་བྱས་ན་རང་ཉིད་ཀྱི་སྐྱབས་གནས་དཔུང་རོགས་སུ་འོང་བར་བསམ་པ་དང་། དེ་དག་ལ་འཚོ་བའི་ལས་བྱས་ཆེ་བགེགས་བར་ཆད་སྣ་ཚོགས་ཡོང་བའི་འདུ་ཤེས་བཅངས་ཡོད། མཁས་པ་ལྡེའུས་མཛད་པའི《རྒྱ་བོད་ཀྱི་ཆོས་འབྱུང་རྒྱས་པ》ཡི་ནང་གསལ་སྟོད་ལྷ་རབས་སམ་ཡོ་ག་ལྷ་གྱེས་ཅན་གྱི་གཞུང་ལས་ལུང་དྲངས་པ་ལྟར་ན། "དང་པོ་བསྐལ་བ་བས་བསྐལ་སྲིད་པ་མ་སྲིད་ཙམ་ན། ཕྱ་ཡེ་མཁྱེན་ཆེན་པོ་བྱ་བ་གཅིག་སྲིད་པ་ཕྱྭ་ཡིས་བསྐོར་ཏེ་བྱུང་། དེ་ལས་ཁོ་མ་འཁྲོ་རྗེའི་ལེགས་པའི་སྒོ་དྲུག་ཅེས་པ་གཅིག་སྲིད། དེའི་ཞལ་གྱི་ངད་པ་སྤྲུན་གྱི་སྒྲོལ་མ། དབུ་སྐྲ་ཕྱུར་ཕྱོར་ཙམ་གཅིག་གནས་པ་སྟེ། གནམ་ས་ཆ་མ་ཕྱེད་ཀྱི་བར་དུ་ཕུ་བཏབ་པས། གནམ་ས་ཆ་ཕྱེད་དེ་གནམ་རིམ་པ་བཅུ་གསུམ་ནི་ཁང་རིམ་ཁང་དུ་མས་ཕུབ། ས་རིམ་པ་བཅུ་གསུམ་ནི་གདན་རིམ་གདན་དུ་མས་བཏིངས"ཞེས་གནམ་ས་གཙུ་ཁ་སྦྱོར་ལྟ་བུའི་གནམ་སའི་ནང་རིམ་པར་སྲིད་པའི་

ལྷ་རབས་མཆེད་བཞི་འབྲུངས་པ་དྲངས་ཐོག དེ་བཞི་ལྷ་ཡུལ་དང་མི་ཡུལ་གང་དུ་སྡོད་པར་གྲོ་བཏབ་པས། རྒྱ་ལ་འཁྲོང་ནམ་འོ་དེ་གུང་རྒྱལ་གཉིས་ཕམ་སྟེ། འོ་དེ་གུང་རྒྱལ་ནམ་མཁའ་འཕྲུལ་ཙམ་ན་བཞུགས་དུས་གནམ་གྱི་ཐང་ང་དགུ་དང་བཤོས་པའི་སྲས་དགུ་བརྒྱ་རྩ་གཅིག་འབྲུངས་སོ། །ཆར་བབས་པའི་གྲངས་ལས་མང་བའི་ལྷ་བྲན་ཀུན་གྱི་ཡབ་མཛད་ཟེར། བར་སྣང་ལ་བཞུགས་དུས་བར་གྱི་ཐང་ང་དགུ་དང་བཤོས་པའི་སྲས་རི་རབ་ཀྱི་རྡུལ་ཕྲན་བས་མང་བའི་ལྷ་བྲན་ཀུན་གྱི་ཡབ་མཛད། ས་འོག་ལ་གཤེགས་པའི་ཚེ་མི་མངས་ཀྱི་ལྷར་གཤེགས། ལྷ་དགུའི་ཡབ་ལགས་སོ་ཞེས་པ་ལྟར་སྐབས་དེ་དུས་ནས་གནམ་ས་བར་སྣང་ཀུན་ཏུ་མི་ལས་འདས་པ། རང་བྱུང་ལས་འདས་པའི་སྟོབས་ཤུགས་མངའ་བའི་ལྷ་ཡོད་པར་འདོད་པའི་བསམ་ཚུལ་ལྷག་གེར་མཚོན་ཞིང་། དེའི་ཚེ་ན་གནའ་རབས་ཀྱི་མིས་དེ་དུས་ཀྱི་རྒྱུ་མཚན་བརྗོད་དཀའ་བའི་རང་བྱུང་སྣང་ཚུལ་ལ་སྐྲག་སྣང་དང་བཅས་པའི་སྒོ་ནས་དད་པ་སྐྱེས་ཤིང་། དེ་དག་སྤྱི་ཚོགས་འཕེལ་བའི་ལོ་རྒྱུས་ཁྲིད་མིའི་རིགས་ཀྱི་གདོད་མའི་འདུ་ཤེས་ཀྱིས་མུ་མཐུད་རྟོག་བཟོ་བྱས་པ་ལས་རིམ་བཞིན་མིའི་སྤྱོད་ལམ་དང་གཤིས་ཀ་ལྡན་པའི་ལྷའི་རྣམ་པར་གྲུབ་ཡོད། རང་བྱུང་གི་སྣང་ཚུལ་ལ་ཁ་ལོ་བསྒྱུར་བའི་ལྷ་དེ་དག་རང་ཉིད་གནས་སའི་ཉེ་འཁོར་གྱི་འཇིགས་ཡེར་བའི་རི་ཚོགས་སམ་ཡང་ན་དེ་དག་ལས་ཆེས་མཐོ་ཤོས་ཀྱི་རི་རྩེར་གནས་པར་སྨམ་སྟེ། དེ་ལ་སྐབས་དེའི་རང་ཕྱོགས་སྲུང་བྱེད་ཀྱི་མཚོན་ཆ་གཙོ་གྲས་མདའ་གྲི་མདུང་གསུམ་གྱིས་མཚོན་པའི་མཚོན་ཆ་ཕུལ་ཏེ་གསོལ་མཆོད་བསྐྱེན་བཀུར་བྱས་ན་རང་ཉིད་འཇིགས་སྐྲག་སྡུ་ཚོགས་ལས་སྒྲོལ་བའི་གྲོགས་བྱེད་པར་འདོད་པའི་གདོད་མའི་འདུ་ཤེས་ཀྱི་མྱུ་གུས་ཀུན་ནས་དྲངས་ཏེ་ད་ལྟའི་ལབ་རྩེའི་སྲོལ་འདི་ཆགས་པ་ཡིན་ནོ། །

དེ་ཡང་ལབ་རྩེ་ལ་མདའ་མདུང་གྲི་གསུམ་གྱི་མཚོན་ཆ་འབུལ་བ་ནི་སྐབས་དེའི་མིའི་རིགས་ཀྱི་རང་ཕྱོགས་སྲུང་བྱེད་ཀྱི་མཚོན་ཆ་གཙོ་བོ་དེ་དག་ཡིན་པ་དང་། གདོད་མའི་མི་རྣམས་ཀྱི་འདུ་ཤེས་སུ་མདའ་གྲི་མདུང་གསུམ་བཀོལ་ན་ད་གཟོད་རང་ཉིད་རང་བྱུང་གི་འཚེ་བ་སྣ་ཚོགས་ལས་སྐྱོབ་པར་ཡིད་ཆེས་ཟབ་མོ་ཡོད་པས་ལབ་རྩེར་མདའ་གྲི་མདུང་གསུམ་ཕུལ་བའི་སྲོལ་ཆགས་པ་ཡིན་མོད། བར་སྐབས་སུ་ཡུལ་ལུང་གི་ས་ཆའི་ཁྱད་དམ། རང་ཉིད་ཀྱི་འཁོར་མཁོས། ཐོན་སྐྱེད་ངལ་རྩོལ་གྱི་བྲེལ་ཟིང་སོགས་ཀྱི་རྐྱེན་གྱིས་མདའ་གྲི་མདུང་གསུམ་གྱི་ཚབ་ཏུ་ཤིང་སྐྱ་ལེགས་ཀྱི་རྩེ་མོ་བཅད་དེ་འབུལ་བ་ནས་བཟུང་། ལབ་རྩེ་ལ་མདའ་དང་ཤིང་རྩེ་བསྟོད་པའི་སྲོལ་རིགས་གཉིས་ཆགས་ཤིང་། མདའ་བསྟོད་ནི་ཤིང་སྐྱ་ལེགས་ཕྲ་ལ་རིང་བ། ཤུན་པ་གཙང་མར་བཤུས་པའི་གསོམ་ཤིང་ལ་མདའ་སྒྲོ་མདའ་ཤིང་གི་རིང་ཐུང་དང་སྦོམ་ཕྲ་ལྟར་བཟོ་བ་མ་ཟད། དེའི་སྟེང་ཚོན་འབྱུག་ཚུལ་ཡང་འཇིག་རྟེན་ཆགས་ལུགས་ལྟར་ཉི་ཟླ་དང་ནམ་མཁའ། ས་ཆུ་སོགས་ཀོ་རིམ་མ་ནོར་བར་བྱས་རྗེས། གཏན་འཁེལ་བྱས་པའི་ཉིན་གང་ཡིན་པ་དེར་ཡུལ་ཚོ་སྤྱིའམ། ཚོ་ཁག་གཅིག་ཡང་ན་སྟེ་བ་ཡོངས་ཀྱིས་མདའ་རར་མདའ་བསྟོད་པ་ཡིན། དུས་ཕྱིས་ཀྱི་

ནང་བསྟན་ཆོས་ལུགས་ཀྱི་ཤུགས་རྐྱེན་གྱིས་མདའ་སྒྲོའི་སྟེང་བཀྲ་ཤིས་རྟགས་བརྒྱད་དང་ནོར་བུ་དགའ་འཁྱིལ་གྱི་མཛེས་རིས་ཀྱིས་བརྒྱན་སྲོལ་ཡང་ཡོད། ཤིང་རྩེ་ནི་ཤིང་སྟག་པའི་རྩེ་མོའམ་ཡལ་ག་བཅད་པ་དེར་གཙང་མར་བགྲུས་ཤིང་ཚོན་སྣས་མཛེས་པར་བྱས་པའི་བལ་བཙུད་བཏགས་ཏེ་རང་རང་གི་གསོལ་ཡུལ་གྱི་གཞི་བདག་གམ་ཡུལ་ལྷ་གང་དུ་བཞུགས་པ་དེར་རྫོའི་ར་བ་བཟོས་ཏེ་འབུལ་བ་དང་། དེ་ཡང་ཡུལ་སོ་སོའི་བབ་མི་འདྲ་བ་དང་གནམ་གཤིས་ཀྱི་དབྱེ་ཆེ་བ། ཐོན་སྐྱེད་ཀྱི་དུས་ཚོད་མི་མཚུངས་པའི་ས་གནས་ཀྱི་ཁྱད་ཀྱིས་ཡུལ་སོ་སོའི་ལབ་རྩེ་བསྟོད་པའི་དུས་ཚོད་མི་གཅིག་ནའང་། ལབ་རྩེ་དང་དེའི་བསྟོད་ཚུལ། ནང་དོན་བཅས་ཕལ་ཆེར་གཅིག་མཚུངས་ཡིན་ནོ། །

དེ་ཡང་ཐོག་མར་བསང་ཕུལ་ཏེ་དུང་འབུད་པ་རླུང་རྟ་སྤུར་བ་དང་། དེ་ནས་རང་ཉིད་ཀྱིས་དད་པའི་ཡུལ་ལྷ་གཞི་བདག་གང་ཡིན་པ་རྣམས་ཀྱི་མིང་ནས་བོས་ཏེ་ལོ་ཕྱུགས་ལེགས་ཤིང་འཚོ་བ་བདེ་ཞིང་སྐྱིད་པ། འཆི་བ་མི་ཡོང་བའི་གསོལ་སྨོན་སྐྱབས་འཇུག་ཞུས་ཏེ་ལབ་རྩེ་བསྟོད་རྗེས་ལྷ་རྒྱལ་ལན་འགའ་འཐེན་པ་དང་འཁྱུས་པར་བྱེད། ལྷ་གསོལ་གྲུབ་རྗེས་སྐྱེས་ཕོ་མོ་རྣམས་མཉམ་དུ་འཛོམས་ནས་གཞས་གཏོང་རེས་བྱེད་པ། རྟ་རྒྱུག་འགྲན་སྡུར། སྤོ་གར་འཁྲབ་པ་སོགས་ལྷ་དགྱེས་ལ་མི་མགུ་བའི་དགའ་སྐྱིད་ཀྱི་དཔལ་ལ་རོལ་བར་བྱེད་དོ། །རང་ཉིད་ཀྱི་ལབ་རྩེ་ཇི་ལྟར་ལེགས་ཤིང་བསང་ཕུལ་བ་བཟང་ན་དེ་ལྟར་རང་ཉིད་ལ་འཆི་བ་མི་ཡོང་བ་དང་གནས་སྐབས་ཀྱི་བསམ་དོན་ཇི་བཞིན་འགྲུབ་པ། འཚོ་བ་བདེ་ཞིང་སྐྱིད་པར་ཡིད་ཆེས་བྱེད་ཀྱི་ཡོད་པ་དང་། ལབ་རྩེ་སྟོད་སྐབས་རྒྱ་ཐག་གིས་ལབ་རྩེར་ལན་གསུམ་དཀྲིས་རྗེས་གྱེན་དུ་འཐེན་ཡོད་པ་ནི་དེར་གནས་པའི་ཡུལ་ལྷ་གཞི་བདག་ནམ་མཁའ་དང་བར་སྣང་གང་ཅུང་ལ་བགྲོད་བྱེད་ཀྱི་ཐེམ་སྐས་ལྟ་བུ་ཡིན་པར་གྲགས་ཤིང་། ལབ་རྩེ་ལས་མདའ་དང་ཤིང་རྩེ་གཉིས་ཀྱི་སྟེང་ཚོན་དཀར་དམར་སེར་གསུམ་གྱིས་བརྒྱན་པ་ནི་འཇིག་རྟེན་ཆགས་ལུགས་ཏེ་ཉི་ཟླ་དང་ནམ་མཁའ། ས་ཆུ་དང་ཡང་ན་འབྱུང་བ་ལྔའི་ཁམས་མཚོན་ཞིང་། གཞན་དུ་ཁ་དོག་མི་འདྲ་བའི་ཆོས་དེ་དག་ནི་ཞི་རྒྱས་དབང་དྲག་གི་མཚོན་ཚུལ་དུའང་སྣང་ངོ། །ཡུན་རིང་གི་སྲི་ཚོགས་འཕེལ་རྒྱས་དང་ལོ་རྒྱུས་ཀྱི་འགྱུར་ལྡོག་མིའི་སེམས་ཁམས་ཀྱི་འགྱུར་བ། ཕྱིས་དར་ནང་ཆོས་སོགས་ཀྱི་ཤུགས་རྐྱེན་འོག་གདོད་མའི་ལབ་རྩེའི་རྣམ་པ་དང་ནང་དོན་སྔར་བས་ཀྱང་ཕུན་སུམ་ཛེ་ཚོགས་སུ་གྱུར་ཏེ་སྤྱི་ཚོགས་ཀྱི་ཕྱོགས་སོ་སོར་འབྲེལ་ཡོད་དེ། དེ་ཡང་གདོད་མའི་དུས་སུ་གདོན་བགེགས་དང་འཆི་བ་མི་ཡོང་བའི་ཆེད་དུ་བསྟོད་པ་ནས་དེང་དུས་སྤྱི་ཚོགས་ཀྱི་བདེ་འཇགས་དང་། ཁ་ལས་རླུང་རྟ་དར་བ། དཔལ་འབྱོར་འཕེལ་རྒྱས་སུ་འགྲོ་བ། ལོ་ཕྱུགས་ལེགས་པ། ནད་ཡམས་ཞི་བ། ནང་མིའི་མཐུན་སྒྲིལ། འཚོ་བ་བདེ་སྐྱིད་ཡོང་བ། ཐ་ན་དམག་འཁྲུག་རྒྱལ་ཁའི་ཆེད་དུ་བསྟོད་པ་སོགས་སྤྱི་ཚོགས་ཀྱི་གོམ་འགྲོས་ཇི་ལྟར་སྔོན་དུ་བསྐྱོད་ན་ལབ་རྩེའི་ནང་དོན་ལ་རིམ་འགྱུར་སྣ་མང་བྱུང་དང་འབྱུང་བཞིན་ཡོད་དོ། །

དེ་ལྟར་ལབ་རྩེ་ནི་མིའི་རིགས་ཀྱིས་དང་ཐོག་རང་བྱུང་གི་སྣང་ཚུལ་ལ་དད་པའི་རང་བྱུང་ཆོས་ལུགས་སམ། གང་དུ་ལྷ་ཡོད་པར་ངོས་འཛིན་པའི་དུས་དེ་ཙམ་ནས་རང་ཉིད་རང་བྱུང་གི་འཇིགས་སྣང་ལས་བསྒྲལ་ཆེད་རིམ་བཞིན་དར་བ་ཞིག་ཡིན་པ་ནི། དུས་ད་ལྟའི་བར་དད་པ་པོའི་རྒྱུད་ལ་དངོས་ཡོད་ལས་འདས་པའི་སྟོབས་ཤུགས་ལ་རེ་དོགས་འཆང་བའི་ཀློག་ཀྱུར་གྱི་བག་ཆགས་ཟབ་མོ་གཞན་དང་མི་འདྲ་བ་ཞིག་བཞག་ཡོད་པ་དང་། དེ་དུས་ཀྱི་འགྱུར་བ་ཇི་འདྲའི་ནང་དུའང་མི་ཉམས་པར་ཁྱབ་གདལ་དུ་གནས་པའི་གནད་འདིའི་ཐོག་ནས་ཀ་ཅང་གསལ་པོར་ཤེས་སླ་ཞིང་། ཡུན་རིང་གི་སྤྱི་ཚོགས་འཚོ་བའི་ཁྲོད་དེར་ཤིང་རྩེ་བསྟོད་པ་དང་མདའ་བསྟོད་པའི་སྲོལ་ལུགས་གཉིས་སུ་གྲུབ་པ་དེའང་ལབ་རྩེའི་རྣམ་པ་ཐ་དད་པ་ཙམ་ལས་དོན་ལ་དེ་གཉིས་ཀྱི་དགོས་པ་དང་ནུས་པ་སོགས་གཅིག་མཚུངས་སུ་མངོན་ནོ། །ལོ་རྒྱུས་འཕེལ་བའི་ཆོས་ཉིད་ཀྱི་ཁྲོད་དུ་ལབ་རྩེའི་རྣམ་པར་འགྱུར་བ་བྱུང་བ་དང་བསྟུན་ནས་དེའི་ནང་དོན་ཡང་ཕྱིས་དར་ནང་ཆོས་ཀྱི་ཤན་དང་མིའི་སེམས་ཁམས་ཀྱི་འགྱུར་བ་དང་བསྟུན་སྤྱི་ཚོགས་ཀྱི་ཕྱོགས་མང་དུ་འབྲེལ་ཏེ་ད་ལྟའི་བར་དེར་གྲལ་རིམ་གྱི་དབྱེ་བ་དང་ས་ཁུལ་གྱི་ཁྱད་མེད་པར་ཀུན་གྱིས་གྲ་སྒྲིག་དང་གོ་རིམ་ལེགས་པའི་སྒོ་ནས་བསྟོད་བཞིན་ཡོད་པ་འདི་ཡིན་ནོ། །

《རྩེར་སྣེག》༢༠༠༧ལོའི་དེབ་བཞི་པ་ལས་བཏུས།

༄། །གངས་ཅན་བོད་ཀྱི་དམར་མཆོད་བྱེད་སྲོལ་གྱི་བྱུང་འཕེལ་སྐོར་གླེང་བ།

ཚེ་བརྟན་རྒྱལ།

འདིར་བདག་གིས་སྔོན་བཙན་ཡར་སྔོན་ནས་བཟུང་གངས་ཅན་བོད་དུ་དམར་མཆོད་བྱེད་པའི་སྲོལ་གྱི་བྱུང་བ་དང་དར་ཚུལ། དེ་ནས་རིམ་བཞིན་ལོ་རྒྱུས་ཀྱི་དུས་སྐབས་ངེས་ཅན་རེ་དང་འབྲེལ་ནས་ད་ལྟའི་བར་དུ་རྒྱུན་མ་ཆད་པར་གནས་ཡོད་པའི་སྐོར་ལ་ཕོ་བོས་མཐོང་ཐོས་ཀྱང་ཤས་ཙམ་ཞིག་བརྗོད་པ་དང་འདོད་མོས་ཀྱིས་བྲིས་པ་དང་མཚམས་མཚམས་སུ་རང་ཉིད་ཀྱི་ལྟ་ཚུལ་རེ་གཉིས་བཀོད་ཡོད་པ་ལ་གཟུར་གནས་དམ་པ་རྣམས་ཀྱིས་དག་བཅོས་དང་མཛུབ་སྟོན་གནང་རྒྱུ་མཁྱེན་ཞུ།

དང་པོ། དམར་མཆོད་ཀྱི་འབྱུང་ཁུངས།

གངས་ཅན་གྱི་ཡུལ་འདིར་འདས་པའི་ལོ་ངོ་ཉིས་སྟོང་ལྔ་བརྒྱ་ལྷག་གི་གོང་རོལ་ནས་གཤེན་རབ་མི་བོ་ཆེ་བོད་དུ་བྱོན་ནས་བོད་ཀྱི་ལྷ་འདྲེ་རྣམས་བཏུལ་བ་དང་བོད་རྣམས་ལ་བོན་གྱི་ཐེག་པ་རིམ་དགུ་བསྟན་ནས་ལྷ་གསོལ་བ་དང་འདྲེ་བཀར་བ། ཡུགས་ཕུད་པ་སོགས་ཀྱི་སྲོལ་རྒྱུན་སྤེལ་བར་གྲགས། གཤེན་རབ་མི་བོ་ཆེ་སྐུ་གཤེགས་རྗེས་ཁོང་གི་ཐུགས་སྲས་དཔྱད་བུ་ཁྲི་ཤེས་དང་ལུང་འདྲེན་གསལ་བ། གཏོ་བུ་འབུམ་སངས་སོགས་ཀྱིས་གཤེན་རབ་ཀྱི་བཀའ་གསུང་དང་རང་གི་ཟིན་བྲིས་ལ་བརྟེན་ནས་ལྷ་གསོལ་བ། གཡང་ལེན་པ། འདྲེ་བཀར་བ། མོ་དཔྱད་པ། མི་ཤི་རྗེས་དུར་གདབ་པ། ནད་ལ་སྨན་བཅོས་བྱེད་ཚུལ། སེལ་གྱི་རིགས་འཇོམ་ཚུལ། ད་རུང་རྩིས་ཀྱི་སྐོར་སོགས་ཉེར་མཁོའི་ཡིག་ཆ་རྣམས་ཕྱོགས་གཅིག་ཏུ་བསྡུས་ནས་འཆད་ཉན་བྱས་ཚུལ་བོན་གྱི་བསྟན་འབྱུང་ཁག་ཏུ་བཀོད་འདུག འོ་ན་སྟོན་པ་གཤེན་རབ་བོད་དུ་མ་བྱོན་གོང་ལ་བོད་ན་བོན་ཡོད་དམ་ཞེ་ན། 《ལེགས་བཤད་རིན་པོ་ཆེ་མཛོད་དཔྱོད་ལྡན་དགའ་བའི་ཆར》ལས"མཛད་བསྟོད་ལས། སུམ་ཅུའི་མཚན་བཟང་བརྒྱད་ཅུའི་དཔེ་བྱད་ལྡན། འོད་ཟེར་མཐའ་ཡས་མངའ་བའི་ཞལ་བསྟན་ནས། གདུལ་བྱའི་དང་པོའི་འཁོར་ལ་བཀྲིད་དྲང་གིས། བསྟན་པ་སྤེལ་བར་མཛད་ལ་ཕྱག་འཚལ་ལོ། །"ཞེས་གསུངས་པ་ལྟར་མཛད་པ་གཉིས་པ་བསྟན་སྤེལ་གྱི་དུས་ནས་སྤྱིར་སྟོང་གསུམ་དང་སྒོས་འཛམ་གླིང་བྱེ་བ་ཕྲག་བརྒྱ་དང་ཁྱད་པར་དུ་རྒྱ་དཀར་ནག་ཁྲོམ་སྟག་གཟིག་ཞང་ཞུང་

བོད་སོགས་གདུལ་བྱ་ཞིང་དག་པ་རྣམས་སུ་སྟོན་པའི་ཐུགས་རྗེའི་འོད་ཟེར་ལས་སྤྲུལ་བའི་སངས་རྒྱས་དང་འདྲེན་པའི་གཤེས་དང་རང་རང་གི་ལས་མཐུན་གྱི་སྣོད་དང་མཚུངས་པའི་བོན་སྐེ་རེ་ཡོད་ཀྱང་བསྟན་པ་ཡོངས་རྫོགས་མེད་པས། སྟོན་པའི་བཀའ་དང་རྗེས་སུ་བྱུང་བའི་བསྒྲགས་པ་གསུམ་གྱི་བཀའ་རྣམས"འོལ་མོ་གླིང་སོ་སོའི་ཡུལ་དུ་དར་བས་སངས་རྒྱས་ཉིད་ཀྱིས་ལུང་བསྟན་པ་བཞིན་ནོ། །"ཞེས་པ་ལ་བརྟག་ན་སྟོན་པ་གཤེན་རབ་མི་བོ་ཆེ་དེ་ཉིད་བོད་དུ་མ་བྱོན་པའི་གོང་རོལ་ནས་བོད་ན་བོན་གྱི་ཆོས་ལུགས་ཀྱི་སྲོལ་ཉུང་ཤས་ཙམ་ཞིག་དར་ཡོད་པ་ར་སྒྲོད་བྱེད་ཐུབ་པས་སོ། །

སྤྱི་ལོ་སྟོན་གྱི་དུས་རབས་བཞི་ཙམ་ལ་བོད་རྒྱལ་ཐོག་མ་གཉའ་ཁྲི་བཙན་པོ་བྱོན་ནས་ཡུལ་ཡར་ལུང་དུ་རྒྱལ་ས་བཙུགས་ཤིང་མངའ་རིས་སྐོར་གསུམ་དང་ཞང་ཞུང་སོགས་དབང་དུ་བསྡུས་ནས་བོད་སྤྱི་ལ་དབང་སྒྱུར་བྱེད་མགོ་བརྩམས། རྒྱལ་པོ་འདིའི་བྱོན་ཚུལ་ལ་ཡང་བོད་ཀྱི་ཆོས་འབྱུང་དག་ཏུ་བཞེད་པ་མི་མཐུན་པ་མང་པོ་ཞིག་མཆིས་པ་འདིར་ཕོ་བོས་ཡང་བསྐྱར་གླེང་བའི་དགོས་པ་མེད་སྙམ། རྒྱལ་པོ་འདི་ཉིད་བྱོན་པའི་དུས་ལ་བོད་དུ་བོན་ཤེས་པ་བཅུ་གཉིས་སམ་ཡང་ན་ཤེས་པ་ཅན་བཅུ་གཉིས་ཞེས་མི་ཆེན་བཅུ་གཉིས་ཀྱིས་ཚོ་པ་བཅུ་གཉིས་ལ་དབང་སྒྱུར་བྱས་པར་གྲགས། རྒྱལ་པོ་འདི་ཉིད་ཀྱིས་རྒྱལ་ཐྲན་འདི་དག་གཅིག་གྱུར་བྱས་རྗེས་ཞང་ཞུང་ཡུལ་ནས་སྟོན་པ་གཤེན་རབ་ཀྱི་ཆོས་གཞུང་དང་རིག་གནས་ཀྱི་ཆ་ཤས་ཙམ་མངའ་རིས་ཡུལ་དུ་དར་བར་བྱས་པ་བོད་དུ་སྔར་ཡོད་ཀྱི་གདོད་མའི་བོན་ལུགས་དང་གཞི་གཅིག་ཏུ་འདྲེས་པར་གྱུར། 《གཡུང་དྲུང་བོན་གྱི་བསྟན་འབྱུང་ཕྱོགས་བསྡུས》ལས་བོན་ཆོས་བོད་དུ་དར་ཚུལ་ལ"དང་པོ་སྒྲ་སྐད་བསྒྱུར་ཚུལ་གདལ་འབུམ་ལས། ཡུལ་ནི་གཙང་སྟོད་བྱེ་མ་གཡུང་དྲུང་དུ། ཞང་ཞུང་མཁས་པ་སྟོང་རྒྱུད་མཐུ་ཆེན་གྱིས། བོད་ཀྱི་ལོ་པཎ་ཤ་རི་དབུ་ཆེན་ལ། བོན་སྐེ་ཁྲི་ཕྲག་བཤད་ཅིང་བསྒྱུར་ཅེས་པས། ཕལ་ཆེར་སྟག་གཟིགས་སྐད་ལས་ཞང་ཞུང་བསྒྱུར། ཞང་ཞུང་སྐད་ལས་བོད་ལ་སུམ་འགྱུར་བསྒྱུར།"ཞེས་པར་བརྟག་ན་ཡང་ཞང་ཞུང་ནས་བོད་ལ་དར་བའི་བོན་ལུགས་ཆ་ཤས་ཙམ་དང་བོད་ཀྱི་སྔར་ཡོད་གདོད་མའི་བོན་ལུགས་གཉིས་འདྲེས་ནས་བཙོལ་བོན་བྱུང་བ་ཡིན་པ་ཤེས་ཐུབ།

འོ་ན་དམར་མཆོད་ནི་ཇི་ལྟ་བུ་ཞིག་ཡིན་ཞེ་ན། མི་རྣམས་ཀྱིས་རང་ཉིད་ཀྱི་འདོད་མོས་ཁྱད་པར་དུ་འཕགས་པ་ཞིག་མྱུར་བར་ཐོབ་པའི་ཆེད་དུ་སེམས་ལྡན་བསད་ནས་ཤ་ཁྲག་གིས་ལྷ་དང་། ཀླུ། གཉན་སོགས་ལ་མཆོད་པར་བྱེད་པ་སྟེ་མཆོད་པའི་བྱེ་བྲག་པ་ཞིག་གོ། འདི་ལྟ་བུའི་དམར་མཆོད་ཀྱི་འབྱུང་ཁུངས་ལ་བོད་ཀྱི་ལོ་རྒྱུས་ཀྱི་ཁུངས་འགའ་ཞིག་ནས་བོན་ཤེས་པ་བཅུ་གཉིས་ཀྱི་ནང་ཚན་བཅུ་པ་ལྡིང་ཤེས་ཤ་བའི་སྐབས་སུ་ལུགས་སྲོལ་འདི་བྱུང་བ་ཡིན་པར་བཤད། རྒྱུ་མཚན་ནི་འདིའི་སྐབས་སུ་ཤྭ་བ་ནམ་མཁར་ལྡིང་བ་དང་རྟ་ལ་ཞོན་ནས་འགྲོ་བ་སོགས་ཟགས་བཅས་ཀྱི་རྫུ་འཕྲུལ་མང་པོ་བསྟན་པ་མ་ཟད་སྐབས་འདིར་ཤྭ་བ་ནི་རི་དྭགས་ཀྱི་ནང་མཆོག་ཏུ་གྱུར་པ་ཞིག་ཏུ་བརྩི་བས་ལྷ་གཉན་སོགས་ལ་མཆོད་པ

བྱེད་དུས་ཀྱང་ཤ་བ་མང་པོ་བསད་ནས་ཤ་ཁྲག་གི་མཆོད་པ་བྱེད་པས་འདི་ལྟར་དུ་འདོད་པ་རེད། ཁོ་བོ་ལྟར་ན་གོང་གི་འདི་ལ་མི་འཐད་དེ། 《ནམ་མཁའི་ནོར་བུའི་གསུང་རྩོམ》ལས"བོན་པོ་རྣམས་ཀྱིས་ཇ་ལ་ཞོན་ནས་འགྲོ་བ་དང་། ཁམ་སའི་ཤ་བ་མཁའ་ལ་བཏང་བའི་རྫུ་འཕྲུལ་བསྟན་པ་དེ་དག་ཟགས་བཅས་ཀྱི་རྫུ་འཕྲུལ་ཡིན་ཅིང་། དེ་ལ་མི་འགྲིག་པ་ཅུང་མ་མཐོང་ནའང་། ལོ་རྒྱུས་ཀྱི་ཁུངས་འགའ་ཤས་ནས་བོན་ཤ་བའི་སྐོར་དེ་དམར་མཆོད་མཁན་གྱི་ཁོངས་སུ་བཙིས་པ་དེ་དག་ནི་ངེས་པར་དུ་རྟོག་གཞིག་བྱེད་འོས་པ་དང་བྱེད་དགོས་པ་ཞིག་ཏུ་སྣང་།"ཞེས་པ་ལྟར་དམར་མཆོད་ཀྱི་སྲོལ་འདི་བོན་ཤེས་པ་བཅུ་གཉིས་ཀྱི་ནང་ཚན་བཅུ་པ་ལྡིང་ཤེས་ཤ་བའི་སྐབས་སུ་བྱུང་བ་མིན་པར་འདོད། ཁོ་བོའི་ལྟ་ཚུལ་ནི་བོན་ཤེས་པ་བཅུ་གཉིས་ཀྱི་ནང་ཚན་བཅུ་པ་ལྡིང་ཤེས་ཤ་བ་ཞེས་པ་དེས་གདོད་མའི་མི་རྣམས་ཀྱི་དམར་མཆོད་བྱེད་པའི་སྲོལ་ལུགས་འདི་རྒྱུད་འཛིན་དང་དར་སྤེལ་བྱས་ནས་ཡོང་བ་ཞིག་ཡིན་པ་མ་གཏོགས་ཁོ་ཚོས་གསར་གཏོད་བྱས་པ་ཞིག་གཏན་ནས་མིན། རྒྱུ་མཚན་གཅིག་ནས་གདོད་མའི་དུས་ཀྱི་མི་རྣམས་ཀྱི་ཉི་ཟླ་སྐར་གསུམ་དང་། རི་ཆུ་སོགས་ལ་ལྷ་དང་གདོན་གནས་པའི་འདུ་ཤེས་དེ་བྱུང་བ་ནས་བཟུང་དེ་དག་ལ་མཆོད་པ་བྱེད་པའི་སྲོལ་བྱུང་བ་ཡིན། གཉིས་ནི་གདོད་མའི་མི་རྣམས་ཀྱིས་ཉི་ཟླ་སྐར་གསུམ་དང་རི་ཆུ་སོགས་ལ་གནས་པའི་ལྷ་དང་གདོན་རྣམས་ལ་མཆོད་པ་བྱེད་དུས་སྐབས་དེར་རང་ཉིད་ཀྱི་ཟས་སུ་ཟ་བའི་ཤ་དང་ཁྲག་གི་མཆོད་པ་ནི་མཆོད་པ་གཞན་ལས་མཆོག་ཏུ་གྱུར་པ་ཞིག་ཡིན་བསམས་པས་སྲོལ་ལུགས་འདི་བྱུང་བ་ཡིན། གསུམ་ནི་བོད་མི་རིགས་འདི་ཡང་མི་རིགས་གཞན་དང་འདྲ་བར་སྤྲེ་མི་ནས་རིམ་བཞིན་གནའ་རབས་ཀྱི་མི་དང་། མི་གསར་པ། ཀླུ་ལོའི་དུས་རབས། ཤེས་རྫོངས་ཀྱི་དུས་རབས་དང་ཤེས་ལྡན་གྱི་དུས་རབས་བཅས་བརྒྱུད་སྒྲོང་བ་དང་། ཉི་ཟླ་སྐར་གསུམ་དང་རི་ཆུ་སོགས་ལ་ལྷ་དང་གདོན་གནས་པའི་འདུ་ཤེས་འཛིན་པའི་དུས་དེ་ཡང་ཤེས་རྫོངས་ནས་ཤེས་ལྡན་དུ་འགྱུར་བའི་བར་བརྒྱལ་གྱི་དུས་སྐབས་ཡིན་ལ། མཆོད་པ་བྱེད་པའི་སྲོལ་ཡང་དུས་སྐབས་འདིར་བྱུང་བ་ཡིན། བཞི་པ་ནི་ཤེས་རྫོངས་ནས་ཤེས་ལྡན་དུ་འགྱུར་བའི་སྐབས་ཀྱི་མིའི་བསམ་བློ་དེ་ཡར་ཐོན་ངེས་ཅན་ཞིག་བྱུང་ཡོད་པར་མ་ཟད། བདག་གཅེས་འཛིན་གྱི་བསམ་པ་ཡང་སྔར་ལས་གོང་དུ་འཕེལ་བཞིན་ཡོད། རྐྱེན་འདི་དག་གི་དབང་གིས་མི་དང་མིའི་བར་རམ་ཡང་ན་ཚོ་པ་དང་ཚོ་པའི་བར་འགལ་ཟླ་བྱུང་ཆེ་ཕ་རོལ་པོ་གནོན་པ་དང་རང་ཉིད་གཅེས་པའི་ཆེད་དུ་ལྷ་བསང་ཀླུ་མཆོད་བྱེད་དུས་སེམས་ལྡན་གྱི་མགོ་གཅོད་པ་དང་རྐང་པ་བྲེགས་ནས་ཁྲིད་ཚོ་ཡང་འདི་དང་འདི་འདྲ་བྱེད་ངེས་ཞེས་ཕ་རོལ་པོར་འཛིགས་སྣང་བསྐུལ་བ་སོགས་ལས་དམར་མཆོད་བྱེད་པའི་སྲོལ་ལུགས་བྱུང་བ་ཡིན་པ་མ་གཏོགས་བོན་ཆོས་ཁོ་ན་ལས་བྱུང་ནས་དར་བ་ཞིག་གཏན་ནས་མིན། ཆབ་སྤེལ་ཚེ་བརྟན་ཕུན་ཚོགས་ཀྱིས་ཀྱང་"བོད་རིགས་ཀྱི་ལྷ་གསོལ་བའི་ཡུལ་གོམས་དེ་ནི་མི་ལོ་སྟོང་ཕྲག་ཏུ་མའི་གོང་རོལ་ནས་ཡོད་པ་མངོན་ཞིང་། དེ་ཡང་འཛམ་གླིང་གི་མི་རིགས་

གཞན་དང་འདྲ་བར་དང་ཐོག་འགྲོ་བ་མིའི་རིགས་ཀྱིས་རང་བྱུང་ཁམས་ཀྱི་སྟོབས་ཤུགས་དངོས་ལ་ངོས་འཛིན་བྱེད་མ་ཐུབ་པར་འཕྲུལ་སྣང་གི་འདུ་ཤེས་ལས་བྱུང་བའི་གདོད་མའི་ཆོས་ལུགས་ཏེ་ལྷ་མང་ལ་དད་པ་བྱེད་པའི་ཤུལ་བཞག་ཅིག་ཡིན་པར་མངོན།”ཞེས་པ་ལྟར་ལྷ་གསོལ་བའི་ཡུལ་སྲོལ་གོམས་གཤིས་དེ་ནི་སྟོན་པ་གཤེན་རབ་མི་བོ་ཆེ་བོད་དུ་མ་བྱོན་གོང་ནས་ཡོད་པར་འདོད་ལ་ཤ་ཁྲག་གི་མཆོད་པ་བྱེད་པ་ཡང་ལྷ་ལ་གསོལ་བའི་ལས་བྱེ་བྲག་པ་ཞིག་གོ།

གཉིས་པ། སྲོང་བཙན་ཡར་སྟོན་གྱི་དམར་མཆོད།

བོད་ཀྱི་ལོ་རྒྱུས་དེ་རྒྱལ་པོ་སྲོང་བཙན་སྒམ་པོའི་ཡར་སྟོན་ནས་ངག་རྒྱུན་ལས་བརྒྱུད་པ་ཞིག་ཡིན་པས་བོན་ཆོས་ཀྱི་སྐོར་ལ་སྔ་མོའི་དེབ་ཐེར་དང་ཆོས་འབྱུང་དག་ཏུ་བཞེད་པ་མི་མཐུན་པ་སྣ་མང་ཞིག་མཆིས། བོད་རྗེ་ཐོག་མ་གཉའ་ཁྲི་བཙན་པོའི་སྐབས་སུ་བོན་ཤེས་པ་བཅུ་གཉིས་ཞེས་པ་བྱུང་བ་དང་། དེ་དུས་ཞང་ཞུང་ནས་དབུས་སུ་དར་བའི་བོན་དང་བོད་དུ་སྔར་ཡོད་ཀྱི་གདོད་མའི་བོན་གཉིས་གཞི་གཅིག་ཏུ་འདྲེས་ནས་བཙོལ་བོན་བྱུང་བ་ཡིན་པ་གོང་དུ་བརྗོད་ཟིན་པ་དང་། དེ་ལ《ཞང་འོད་ལོ་རྒྱུས་ཏེ་སེའི་འོད》ལས“ཤེས་པ་ཅན་བཅུ་གཉིས་ཀྱི་བོན་འདི་རྣམས་ནི་དུས་རིམ་བར་མའི་ནང་བོད་དུ་དར་བའི་བོན་གྱི་གཙོ་བོ་རྣམས་ཡིན”ཞེས་པ་ལས་ཀྱང་བོན་ཤེས་པ་བཅུ་གཉིས་ཀྱི་སྔོན་དུ་བོད་དུ་བོན་དར་ཡོད་པ་ར་སྤྲོད་ཐུབ། དེ་བས་བོད་རྒྱལ་གཉའ་ཁྲི་བཙན་པོའི་རིང་ལ་བོད་དུ་དར་ཆེ་བ་ནི་བཙོལ་བོན་ཤ་སྟག་ཡིན། འོ་ན་རྒྱལ་པོ་འདིའི་དུས་སུ་དམར་མཆོད་བྱེད་པའི་ཡུལ་དང་རྫས་གང་ཡིན་པ་དང་། འདུན་པ་གང་ཞིག་གི་ཆེད་དུ་མཆོད་ཅེ་ན། མཆོད་པའི་ཡུལ་ལ་མཐའ་གཅིག་ཏུ་འདི་དང་འདི་ཡིན་ཞེས་ངེས་གཏན་ཞིག་མེད་དེ། ཉི་ཟླ་སྐར་གསུམ་དང་རི་ཆུ་སོགས་ལ་གནས་པའི་ལྷ་དང་གཉན། ཁྱིམ་ལྷ། ཡུལ་ལྷ། ལུས་ལྷ། གཞན་ཡང་གངས་རི་དང་གཡའ་རི་སོགས་དང་བོད་གནའ་མི་དང་པོར་ཆགས་པའི་ཡུལ་གྲུ་སྐྱེ་ཀོང་པོ་དང་དྭགས་པོ་རྣམས་ཡིན་སྙམ།

དེ་ཡང《ཆོས་སྲིད་ཟུང་འབྲེལ》ལས“ཆོས་ལུགས་དེ་ནི་སྔར་ཡོད་གདོད་མའི་ཆོས་ལུགས་ཀྱི་བསམ་བློའི་རྨང་གཞིའི་སྟེང་འབྱུང་བ་ལྷའི་ལྷ་དང་། ཡུལ་ལྷ། ཁྱིམ་ལྷ། དགྲ་ལྷ། ཞང་ལྷ་སོགས་ལྷ་རིགས་མི་འདྲ་བ་མང་པོ་ཡོད་པ་དེ་ཚོར”ཞེས་པ་བཀོད་པ་ལྟར་རོ། །མཆོད་པའི་རྫས་ལ《ཆོས་འབྱུང་མཁས་པའི་དགའ་སྟོན》ལས“མངའ་རིས་སྐོར་གསུམ་ཤ་རྐང་རི་དྭགས་གླིང་། བར་གྱི་ཙ་བཞི་སྟག་གཟིག་གཅན་གཟན་གླིང་། སྨད་ཀྱི་སྨང་དྲུག་འདབ་ཆགས་བྱ་ཡི་གླིང”ཞེས་པ་ལྟར་དུས་དེར་མདོ་དབུས་མཐོ་སྒང་ན་རི་དྭགས་དང་གཅན་གཟན། འདབ་ཆགས་སོགས་ཧ་ཅང་མང་ལ། འདི་དག་གི་ཁྲོད་དུ་ཆེས་གཙོམ་པ་ནི་ཤྭ་དང་ར། ལུག་སོགས་ཡིན་པ་མ་ཟད་ཟས་སུ་ཡང་འདི་དག་ཟ་བས་ལྷ་གཉན་ལ་མཆོད་པ་ཡང་འདི་དག

གིས་བྱས་པ་ཡིན་པར་འདོད། འདུན་པ་གང་ཞིག་གི་ཆེད་དུ་མཆོད་པ《ཆོས་སྲིད་ཟུང་འབྲེལ》ལས“མི་ཤི་ཚར་ན་འདྲེ་ལ་སྐྱེས་པ་དང་། ལྷ་ལ་སྐྱེས་པ་སོགས་ཡོད་པར་མ་ཟད། ལྷ་འདྲེ་ཤི་ནས་མི་ལ་སྐྱེས་པའང་ཡོད་པས་སྐྱེ་བ་སྔ་ཕྱི་ཡོད་པར་ཁས་ལེན་གྱི་ཡོད”ཅེས་པ་ལྟར་སྐབས་འདིའི་མི་རྣམས་ཀྱིས་གཉེན་ཉེ་སོགས་ཤི་ན་དེ་ཚོ་ལྷ་རུ་སྐྱེ་བ་སོགས་སྐྱེ་བ་བཟང་པོ་ཞིག་ལེན་པར་མོས་ནས་ལྷ་གཉན་སོགས་ལ་སེམས་ལྷན་བསད་ནས་མཆོད་པ་དང་། ཡང་ན་རང་རང་གི་བསམ་དོན་མྱུར་བར་འགྲུབ་པའི་ཆེད་དང་། ཕ་རོལ་དགྲ་ཟླ་ལས་རྒྱལ་བའི་ཆེད་དུ་སེམས་ལྷན་བསད་ནས་མཆོད་པ་བཅས་སོ། །

རྗེ་གཉའ་ཁྲི་བཙན་པོ་ནས་མུ་ཁྲི་བཙན་པོ། དིང་ཁྲི་བཙན་པོ། སོ་ཁྲི་བཙན་པོ། དར་ཁྲི་བཙན་པོ། དྭགས་ཁྲི་བཙན་པོ། སྲིབ་ཁྲི་བཙན་པོ་བཅས་རྒྱལ་རབས་བདུན་གྱི་རིང་ལ་བོད་དུ་དར་བའི་བཙོལ་བོན་ནི་དལ་གྱིས་རྒྱ་ཇེ་ཆེར་སོང་ཡོད་པ་ནི་ལོ་རྒྱུས་ཀྱི་གོམས་འགྲོས་དང་མཐུན་ལ་དམར་མཆོད་ཀྱི་སྲོལ་ཡང་གོམས་འགྲོས་འདི་བརྒྱུད་པ་ཡིན་ནོ། །རྒྱལ་རབས་བརྒྱད་པ་གྲི་གུམ་བཙན་པོའི་རིང་བོན་གྱི་བསྟན་པ་བསྣུབས་པ་དང་འབངས་ཀྱིས་གྲི་གུམ་བཙན་པོ་བཀྲོངས་པ་དག་ནི་བོད་ཀྱི་ཡིག་ཚང་དག་ལས་གསལ། གྲི་གུམ་བཙན་པོའི་ཡར་སྔོན་དུ་བོད་ན་བཙོལ་བོན་གྱི་ཆོས་གཞུང་ཉུང་ཤས་ཙམ་ལས་མེད་པས་སྔར་ཡོད་བཙོལ་བོན་བསྣུབས་པ་དང་བསྟུན་ནས་རྒྱ་གར་དང་སྟག་གཟིག་མཚམས་སུ་འ་ཞ་ཞེས་པའི་མི་སེམས་དབང་མེད་དུ་འགུགས་ཐུབ་པ་དང་། འབྲས་བུ་མངོན་སུམ་དུ་ཐོན་པ། མཐོ་རིས་སུ་བགྲོད་ཐུབ་པ། བགེགས་དང་བར་ཆད་རྐྱེན་ངན་ཀུན་སེལ་ཐུབ་པ། རྫུ་འཕྲུལ་སྣ་ཚོགས་སྟོན་ནུས་པར་གྲགས་པའི་བོན་ཆོས་གསར་པ་ཞིག་དྲངས་པར་མ་ཟད། བོན་འ་ཞ་བླ་མཆོད་དུ་བཀུར་བ་དང་དེ་ལ་དད་པའི་རྐྱེན་གྱིས་འབངས་བཙོལ་བོན་ལ་གཏོགས་པ་རྣམས་ཀྱིས་རྒྱལ་པོ་བཀྲོངས།

《ཆོས་འབྱུང་མཁས་པའི་དགའ་སྟོན》ལས“དེ་ཚེ་རྒྱ་གར་ཡུལ་དང་སྟག་གཟིགས་མཚམས། ཀུར་ཊ་ལ་ཧ་ཅེས་བྱའི་ཡུལ་ཁམས་ནས། མུ་སྟེགས་བོན་པོ་འ་ཞ་ཞེས་པ་བྱུང་། གནམ་ལ་འཕུར་ཞིང་ཁ་ནས་མངོན་ཤེས་སྨྲ། ཤིང་ལ་འཁྲོང་འདྲལ་རྡོ་ལ་ལྕུ་གཟུགས་འདྲལ། རྟག་ཏུ་ཤ་དང་ཆང་གིས་འདྲེ་མཆོད་བྱེད། དེ་ལ་རྒྱལ་པོས་བླ་མཆོད་བཀུར་སྟི་མཛད།”ཅེས་བཀོད་པ་ལྟར་བོན་འ་ཞ་ཞེས་པ་ལ་ཡང་ཤ་ཁྲག་དང་ཆང་སོགས་ཀྱིས་མཆོད་པའི་སྲོལ་ཡོད་པར་མ་ཟད། མཆོད་ཡུལ་འདྲེ་ལ་བྱེད་པ་ཡང་ཤེས་ཐུབ། རྒྱལ་པོ་གྲི་གུམ་བཙན་པོ་དེ་ལོ་ངམ་གྱིས་བཀྲོངས་རྗེས་ལོ་བཅུ་གསུམ་རིང་ལ་རྒྱལ་ས་བཟུང་ནའང་མཐར་གྲི་གུམ་གྱི་སྲས་པུ་དེ་གུང་རྒྱལ་གྱིས་དམག་དྲངས་ནས་རྒྱལ་ས་ཕྱིར་འཕྲོག་སྟེ་རང་གི་ཡུལ་གྱི་འདོད་མོས་ལྟར་བོན་འ་ཞ་ཞེས་པ་བོད་དུ་དར་བར་བྱས། ཡུལ་གྱི་འདས་མཆོད་བྱེད་པའི་གོ་སྐབས་དང་བསྟུན་ནས་ཁ་ཆེ་དང་བྲུ་ཤ། ཞང་ཞུང་གསུམ་ནས་བོན་གསུམ་གདན་དྲངས་པ་དེ་ཚོས་རང་གི་ཆོས་དང་བོད་དུ་སྔར་ཡོད་ཀྱི་བཙོལ་བོན་གཉིས་ཟུང་དུ་སྦྲེལ་ནས་འཁྱར་བོན་ཞེས་པ་དང་། 《ཆོས་སྲིད་

ཟུང་འབྲེལ》ལས“བོད་དུ་འགྱུར་བའི་མི་སྟེགས་དབང་ཕྱུག་པའི་ལྟ་བ་དེ་སྔར་ཡོད་བོན་པོའི་ཆོས་གཉིས་བསྲེས་ཏེ་རིགས་པའི་གཞུང་ལུགས་ཤིག་གསར་གཏོད་བྱས་པ་དེ་ནི་འགྱུར་བོན་ཟེར་བ་ཡིན་པ་ལས་བརྫོལ་བོན་མིན”ཞེས་པ་ལྟར་རོ། །རྒྱལ་རབས་དགུ་པ་པུ་དེ་གུང་རྒྱལ་གྱི་རིང་བོད་དུ་འགྱུར་བོན་དར་བ་ནས་བཟུང་དམར་མཆོད་ཀྱི་སྲོལ་ཡང་སྔར་ལས་ལྷག་པའི་རྒྱ་ཆེ་ཆེར་སོང་ཡོད་དེ། ཆོས་སྲིད་ཟུང་འབྲེལ་ལས《མཁའ་འགྲོ་ཡེ་ཤེས་མཚོ་རྒྱལ་གྱི་རྣམ་ཐར་གཏེར་མ》ལྷ་སའི་དཔར་རྙིང་ཞིག་འདུག་པ་དེར་འཁོད་པ་ལྟར་ན། ཆོས་ལུགས་འདིས་ལོ་རེའི་སྟོན་ཀའི་དུས་སུ་ཤ་ཕོ་ཏུ་རུང་ཞེས་ཤ་བ་ཕོ་མང་པོ་དུས་གཅིག་ཏུ་སྐེ་བཅད་ནས་བསད་པའི་ཤ་ཁྲག་གི་མཆོད་པ་འབུལ་བ་དང་། དགུན་ཁའི་དུས་སུ་བོན་ལྷ་དམར་མཆོད་ཅེས་གཡག་ལུག་ར་སོགས་ཕོ་ཕྱུགས་སྟོང་ཕྲག་གསུམ་རེ་ཕོངས་པའི་སྐེ་དུས་གཅིག་ཏུ་བཅད་ནས་བསད་པ་དང་། འབྲི་ལུག་ར་སོགས་མོ་ཕྱུགས་སྟོང་ཕྲག་གཅིག་རེ་ཕོངས་པའི་ཡན་ལག་རྣམས་གསོན་པོར་ལྷུ་ལག་ཕྲལ་ནས་བསད་པའི་ཤ་ཁྲག་གི་དམར་མཆོད་བྱེད། དཔྱིད་ཀྱི་དུས་སུ་ཡུ་མོའི་བྱིན་འབྲིག་ཟེར་བ་ཤ་བ་ཡུ་མོ་བཞིའི་རྐང་ལག་ལྷུ་ལག་ཕྲལ་ནས་བསད་པའི་ཤ་ཁྲག་གི་དམར་མཆོད་བྱེད། དབྱར་ཁའི་དུས་སུ་བོན་སྟོན་བསངས་མཆོད་ཟེར་བ་ཤིང་སྣ་དང་འབྲུ་སྣའི་བསངས་གཏོང་བ་བཅས་བྱེད་ཀྱི་ཡོད་པ་མ་ཟད། མི་ལ་ན་ཚ་བྱུང་བའི་སྐབས་སུ་སྲོག་བླུས་སྲུས་འགྱེད་ཟེར་བ་བྱེད།

གོང་བཞིན་མི་སོ་སོའི་དཔལ་འབྱོར་ཆེ་ཆུང་ལ་གཞིགས་པའི་སེམས་ཅན་ཕོ་ཕྱུགས་དང་། མོ་ཕྱུགས་སྟོང་ཕྲག་གསུམ་ནས་མ་མཐའ་རེ་རེ་ལས་མ་བྱུང་ཡང་བསད་ནས་དམར་མཆོད་འབུལ་གྱི་ཡོད་པ་དང་། མི་ཤི་རྗེས་འདྲེ་འདུལ་ཟེར་བ་བྱེད་སྐབས་ཀྱང་གོང་ལྟར་སེམས་ཅན་བསད་ནས་དམར་མཆོད་འབུལ་གྱི་ཡོད་པ། ད་དུང་གཡང་སྒྲུབ་བྱེད་པ་དང་། མདོས་རྒྱག་པ། གླུད་གཏོང་བ། མོ་རྒྱག་པ་སོགས་བྱེད་པ་དང་། དམར་མཆོད་བྱེད་དུས་རྫས་ཀྱི་ཆ་ནས་ཤ་བ་དང་འབྲི། ལུག ཡུ་མོ། གཡག་སོགས་རིགས་ཇེ་མང་དུ་སོང་ཡོད་པ་མ་ཟད་དུས་ནམ་ཞིག་ལ་ཕོ་ཕྱུགས་མཆོད་པ་དང་ནམ་ཞིག་ལ་མོ་ཕྱུགས་མཆོད་པ། སྐེ་གཅོད་པ་དང་རྐང་ལག་བྲེགས་ནས་མཆོད་པ་སོགས་དམར་མཆོད་ཀྱི་ལུགས་སྲོལ་སྔར་ལས་ཧ་ཅང་ཇེ་རྒྱས་སུ་གྱུར་ཡོད། མཆོད་པའི་ཡུལ་ལ་ཡང་སྐབས་དེར་རིགས་ཤིན་ཏུ་མང་སྟེ། བོན་ལྷ་གཙོ་བྱས་པའི་ཞང་ཞུང་ལྷ། སུམ་པའི་ལྷ། མཐོ་རིས་ཇས་ཀྱི་ལྷ། རྨ་གྲུ་ཇས་ཀྱི་ལྷ། ཡུལ་ལྷ། མཁར་གྱི་ཇེ་ལྷ། ཕྱི་ལྷ་དང་ནང་ལྷ། སྒོ་ལྷ། ཞིང་ལྷ་ཚང་བ། ཆུ་ལྷ་བྱང་ཡུག དོག་ལྷ་མོན་བུ། ཀ་ཡང་བཙན་པོའི་ནང་ལྷ། ཡུ་ཡ་བཙུན་མོའི་ནང་ལྷ། ཆོས་ལྷ་རྨང་པོའི་བུ་ལྷ་སོགས་སྣ་ཇེ་མང་དུ་སོང་ཡོད། འདུན་པ་གང་གི་ཆེད་དུ་ན། མི་ལ་ན་ཚ་བྱུང་ཚེ་ནད་འཇོམས་ཆེད་དང་གཡང་འགུག་པ། སོ་སོའི་གང་འདོད་དེ་འགྲུབ་སོགས་ཀྱི་ཆེད་དུ་མདོས་རྒྱག་པ་དང་གླུད་གཏོང་བ། མོ་དཔྱད་དང་ཕྲ་ཕབ་སོགས་ཀྱི་ཆེད་དུ་བྱེད་པ་ཡིན་ནོ། །

དེ་ནས་རྒྱལ་པོ་པུ་དེ་གུང་རྒྱལ་གྱི་སྐུ་ཚེ་སྨད་ནས་བཟུང་བར་གྱི་ལེགས་དྲུག་དང་སའི་ལྡེ་བརྒྱད་ཀྱི་

རིང་ལ་བོན་གཞུང་མང་པོ་བོད་དུ་དར་བར་བྱས་ཡོད་དེ། 《གཡུང་དྲུང་བོན་གྱི་བསྟན་འབྱུང་ཕྱོགས་བསྡུས》ལས། "གདུང་རྒྱུད་བཅུ་གསུམ་དག་གི་བོན་དར་ཏེ། ཕ་རྒྱུད་ལུང་ཆེན་ལྟ་བ་རྫོགས་ཆེན་དང་། བྱང་སེམས་ཐེག་ཆེན་གསས་མཁར་རྒྱུད་ཆེན་དང་། ཀུན་གསལ་བྱམས་ཆེན་འབུམ་ཕོག་དབང་ཆེན་དང་། རྩེ་འདུས་ཕོག་ཆེན་སྲི་ལྷ་མདོ་ཆེན་དང་། གསང་ལུང་དབང་ཆེན་རྒྱས་ལྷ་འབུམ་ཆེན་དང་། སྲི་བཞི་གཟུངས་ཆེན་རིག་པ་གནས་ཆེན་དང་། ཐེག་པ་རིམ་དགུའི་བོན་བཅས་དར་བའོ། །བར་གྱི་བཙན་ལྷའི་རིང་ལ་རྒྱན་དྲུག་བོན། རིག་གནས་ལྷ་དང་ཁྱད་པར་ནང་རིག་བོན། །"ཞེས་པ་ནས། "མཚན་ཉིད་སྲེ་ལྷའི་བོན་རྣམས་རབ་དར་རོ། །"ཞེས་པ་འདི་དག་ལས་བོན་ལུགས་ཆོས་གཞུང་རྒྱ་ཆེར་དར་བར་མ་ཟད་དམར་མཆོད་བྱེད་པའི་སྲོལ་ཡང་དེ་དང་བསྟུན་ནས་འཕེལ་རྒྱས་ཆེན་པོ་བྱུང་ཡོད་པ་གདོན་མི་ཟའོ། །

གསུམ་པ། ཆོས་ལྡན་རྒྱལ་རབས་དུས་སྐབས་ཀྱི་དམར་མཆོད།

དེ་ནས་བོད་ཀྱི་རྒྱལ་རབས་སོ་གཉིས(སོ་གསུམ་ཡང་ཟེར)སྲོང་བཙན་སྒམ་པོ་དགུང་ལོ་བཅུ་གསུམ་བཞེས་དུས་ཞང་ཞུང་དང་། སུམ་པ། དྭགས་པོ། ཀོང་པོ་དང་མྱང་པོ་སོགས་གཅིག་རྗེས་གཉིས་མཐུད་ཀྱིས་བཙན་པོར་ངོ་ལོག་ཅིང་། ཡབ་རྒྱལ་པོ་གནམ་རི་སྲོང་བཙན་ཡང་དུག་གིས་བཀྲོངས་པ་སོགས་བྱས་སྐབས་བཙན་པོ་ཁོ་རང་སྐུ་ན་ཕྲ་ཡང་བོད་བཙན་པོའི་ཁྲིར་ཕེབས་ནས་ནང་ཁུལ་གྱི་ངོ་ལོག་པའི་འབངས་དང་མཐའ་བཞིའི་རྒྱལ་ཕྲན་དུ་མ་ཡང་བསྐྱར་མངའ་དབང་དུ་བསྡུས། བོད་ཀྱི་མངའ་ཁོངས་རྒྱ་ཛེ་ཆེར་བཏང་ཞིང་བོད་ཀྱི་རྒྱལ་ས་ཡང་ལྷ་སར་གནས་སྤོས། ད་དུང་ཐོན་མི་སོགས་འཁོར་དང་བཅས་པ་རྒྱ་གར་དུ་ཡི་གེ་སློབ་པར་མངགས་ནས་བོད་ཡིག་གསར་བཟོ་བྱས་པ་དང་སྤྱན་རས་གཟིགས་ཀྱི་མདོ་རྒྱུད་ཉི་ཤུ་རྩ་གཅིག་སོགས་ཆོས་དུ་མ་ཡང་བོད་ཡིག་ཏུ་བསྒྱུར་ནས་སངས་རྒྱས་ཆོས་ལུགས་དར་བའི་མགོ་ཚུགས། གཞན་ཡང་ཁྲིམས་ཡིག་ཆེན་པོ་དྲུག་དང་། ལྷ་ཆོས་དགེ་བ་བཅུ། མི་ཆོས་གཙང་མ་བཅུ་དྲུག་སོགས་བླང་དོར་གྱི་ཚད་གཞི་རྣམས་གཏན་ལ་ཕབ། སྐབས་འདིར་ཡོངས་གྲགས་སུ་སྲོང་བཙན་གྱིས་བོན་ཆོས་བསྣུབས་ནས་ནང་པ་དང་བོན་གཉིས་བར་ཐེངས་དང་པོའི་ཆོས་ལུགས་ཀྱི་འཐབ་རྩོད་བྱུང་བ་ཟུར་ཙམ་བསྟན་པ་འདྲ་ཞེས་མཁས་པ་དག་གིས་གསུངས། ཡིན་ན་ཡང《གཡུང་དྲུང་བོན་གྱི་བསྟན་འབྱུང་ཕྱོགས་བསྡུས》ལས། "དེ་ནས་ལྷ་སྲས་སྲོང་བཙན་སྒམ་རིང་ལ། ཐུགས་དམ་བོན་ནི་ཞི་རྒྱས་ཁྲོ་རྒྱས་དང་། གསེར་ལུང་དྲི་མེད་ཉི་ཁྲི་ཆིག་འབུམ་དང་། དྲི་མེད་ཤེལ་མདོག་རྣམས་ལ་མཛད་དེ་དར།"ཞེས་པ་ལྟར་ན་སྐབས་དེར་སྲོང་བཙན་གྱིས་ནང་པའི་ཆོས་དར་མགོ་བཙམས་ཀྱང་དོན་དངོས་སུ་བོན་ལ་འཇུག་པ་ཤས་ཆེ་བར་གདའ་འོ་སྙམ། དེ་ཡང《གཡུང་དྲུང་བོན་གྱི་བསྟན་འབྱུང་ཕྱོགས་བསྡུས》ལས། "སྲོང་བཙན་སྒམ་ཚེ་སྟོད་ཡན་བོན་ལས་མེད། དེ་ནས་སྨད་ནས་དམ་ཆོས་ཟ་མ་ཏོག དཀོན་མཆོག་གསུམ་མདོ་

རྗོར་གཅོད་པད་མ་དཀར། ཧམས་བྱུང་རྒྱལ་པོས་ཞན་ཏུ་ཐུགས་དམ་མཛད། དེ་ལན་མགུར་ལྷ་ལྷ་གསས་ཧམས་ཁྲིས་ཏེ། རྒྱལ་པོ་དགུང་ལོ་སོ་དྲུག་དུས་སུ་གཤེགས། ཐོག་ལྷུང་ནད་སྨུག་འཛིགས་ཚོགས་ལྡང་བ་ལ། བློན་པོས་ཆོས་འདི་མ་བཟང་ཟེར་ནས་བསྒྱུབས། དེ་ནས་ཁྲི་ཇེ་གཙུག་བརྟན་ཡན་ལྔ་རིང་། བོན་སྐྱོད་པ་ལས་ཆོས་བརྩོན་ཆེར་མེད་དེ། བསྒྲགས་བྱུང་དང་ནི་སྲིད་རྒྱུད་ལུང་བསྟན་ལས། ལྷ་སྲས་ཁྲི་ཇེ་བཙུག་བརྟན་ཡན་ཆད་དུ། རྒྱལ་སྲིད་གཡུང་དྲུང་བོན་གྱིས་བསྐྱབ་ཅེས་གསལ"ཞེས་བཀོད་པ་ལྟར་ན་སྲོང་བཙན་སྒམ་པོའི་སྐུ་རིང་ལ་བོད་དུ་ནང་པའི་ཆོས་དར་མགོ་ཙམ་ཚུགས་པ་མ་གཏོགས་རྒྱ་ཆེར་དར་མ་ཐུབ་པར་མངོན།

སྲོང་བཙན་གྱིས་ལྷ་ཆོས་དགེ་བ་བཅུའི་ནང་དུ་སྲོག་མི་གཅོད་པའི་ཁྲིམས་བཅས་ཀྱང་འབངས་ཀྱིས་ལྷ་ཀླུ་གཉན་གསུམ་ལ་དམར་མཆོད་བྱེད་པ་ཇེ་ཉུང་དུ་བཏང་བ་ཙམ་མ་གཏོགས་གཞི་ནས་འདོན་ཐུབ་མེད་པ་ཡིན། 《གཡུང་དྲུང་བོན་གྱི་བསྟན་འབྱུང་ཕྱོགས་བསྒྲིགས》ལས། "དམ་རྫས་རྟེན་རྫས་འདོད་ཡོན་མངོན་ཆ་འབུལ། ཤ་ཁྲག་གཡུ་འབྲང་དཀར་མངར་ཕུད་ཚོགས་དང་། འབན་ཚོགས་ལྷ་ཡི་གཏོར་མས་མཆོད་ཅིང་བསྐུལ"ཅེས་པ་ལྟར་རོ། །

དེ་ནས་ཡང་དུས་རབས་དགུ་པའི་དུས་འགོར་རྒྱལ་པོ་ཁྲི་སྲོང་ལྡེ་བཙན་གྱི་སྐུ་རིང་ལ་ནང་པའི་ཆོས་མ་གཏོགས་བྱེད་མི་ཆོག་པའི་བཀས་བཅད་ཀྱང་བོད་མི་ཁག་ཅིག་སྔར་བཞིན་བོན་ལ་དད་ཅིང་ནང་བསྟན་ལ་སྡང་གིན་ཡོད་པ་བཙན་པོ་ཁྲི་སྲོང་ལྡེ་བཙན་སྐུ་གཤེགས་རྗེས་འདས་མཆོད་ལ་བོན་ལུགས་བྱེད་དམ་ཆོས་ལུགས་བྱེད་པའི་སྐོར་ལ་བློན་ཞང་མཆིམས་བཙན་བཞེར་ལེགས་གཟིགས་དང་བཻ་རོ་ཙ་ན་གཉིས་ཀྱིས་རྩོད་པ་བྱས་པ་ལས་ཤེས་ཐུབ། ཡིན་ན་ཡང་ཆབ་སྲིད་དང་ཁྲིམས་ལུགས་གང་ཐད་ནས་ཀྱང་ནང་པའི་ཆོས་ལ་རྒྱབ་སྐྱོར་ཐོབ་པ་ནི་དུས་སྐབས་འདི་ནས་ཡིན་པར་འདོད།

ཚལ་པའི《དེབ་ཐེར་དམར་པོ》ལས། "སད་མི་བདུན་ལ་སོགས་བོད་འབངས་སུམ་བརྒྱ་རབ་ཏུ་བྱུང་། དབུའི་མཆོད་གནས་སུ་བཀུར། རྒྱལ་པོས་ཨོ་ཏན་ཏ་པུ་རིའི་གཙུག་ལག་ཁང་ལ་དཔེ་བྱས་ནས་རི་རབ་ཀྱི་ཚུལ་དུ་དབུ་རྩེ་རིགས་གསུམ། འོག་ཁང་བོད། བར་ཁང་རྒྱ་ནག སྟེང་ཁང་རྒྱ་དཀར་པོའི་ལུགས་སུ་བཞེངས"ཞེས་དང་། "བོད་འབངས་བདེ་ལ་བཀོད། བོན་བསྒྱུབས། དམ་པའི་ཆོས་དར་ཞིང་རྒྱས་པར་མཛད།"ཅེས་པ་ལྟར་རོ། །འོ་ན་སྐབས་འདིར་བོན་ཆོས་བསྒྱུབས་པ་དང་བསྟུན་ནས་དམར་མཆོད་བྱེད་སྲོལ་ཡང་རྩ་བ་ནས་བསྒྱུབས་སམ་ཞེ་ན། དེ་ནི་མེད་དེ《ཆོས་སྲིད་ཟུང་འབྲེལ》ལས། "སངས་རྒྱས་ཆོས་ལུགས་མ་གཏོགས་བོན་པོའི་ཆོས་ལུགས་བྱེད་མི་ཆོག་པའི་ཁྲིམས་བཅས། རྒྱལ་པོ་ཁྲི་སྲོང་ལྡེ་བཙན་གྱིས་བོན་པོའི་ཆོས་ལུགས་བསྒྱུབས་སྐབས་གཡང་སྐྱབ་པ་དང་། མདོས་གླུད་གཏོང་བ། རོ་བསྲེག་པ། ལྷ་བསངས་གཏོང་བ། ཧོམ་བསྲེགས་པ་སོགས་ཁག་ཅིག་མེད་པར་མ་བཟོས་པར་བཞག་ཅིང་"ཞེས་པ་

དང་། རྒྱལ་པོ་ཁྲི་སྲོང་ལྡེ་བཙན་གྱི་འདས་མཆོད་བྱེད་ལུགས་ལ་རྩོད་པ་བྱུང་དུས་བཻ་རོ་ཙ་ནས་བློན་ཞང་མཆིམས་བཙན་བཞེར་ལེགས་གཟིགས་ལ་བླངས་པའི་ཤགས་ཀྱི་ནང་དུ་བོན་ལ་ཕན་ཡུལ་གྱི་ཨག་གཤེན་རྣམས་གཉིས་ཀྱིས་གནག་ཕྱུགས་དང་རྟ་ལ་སོགས་མང་པོ་བསད་ཅེས་པ་སོགས་ལས་གསལ་བར་ཤེས།

ཡིན་ནའང་སྐབས་འདིར་དམར་མཆོད་བྱེད་པའི་རྗེས་ཀྱི་ཆ་ནས་ཇེ་ཉུང་དུ་ཕྱིན་ཉུང་རྣམ་པའི་ཆ་ནས་ཇེ་མང་དུ་སོང་ཡོད་དེ། 《ཐང་ཡིག་གསར་རྙིང་ལས་བྱུང་བའི་བོད་ཆེན་པོའི་སྲིད་ལུགས》ལས། "དེ་ནས་ཁྲི་དཀར་པོ་ཞིག་དམར་མཆོད་ཀྱིས་མནའ་བོར། འཐབ་ར་བཙན་རྫོང་རྣམས་ཀྱང་བཤིག་སྟེ། དེ་གར་རྩོད་ཀྱིས་ཕྱུགས་ཟོག་འཚོ་སྐྱོང་བྱེད་ཅིང་གདའ་འོ། །"ཞེས་དང་། ཡང་ཀྲང་དབྱི་བྱུ་བས་དམར་མཆོད་ཀྱི་རྒྱ་ཇེ་ཆུང་དུ་གཏོང་བར་འདོད་ནས། ཞང་རྗེ་བཙན་ལ"རྒྱ་ལ་གནག་ཕྱུགས་མེད་ན་སོ་ནམ་བགྱིད་དུ་མི་བཏུབ། རྫོད་ལ་རྟ་པོ་མེད་ན་དམག་བྱེད་དུ་མི་བཏུབ་པས། ཁྱི་ཕག་ལུག་གསུམ་མཆོད་ན་དགའ"ཞེས་བཀོད་པ་དང་། ཡང་དེ་ལས"ཞང་རྗེ་བཙན་ལ་སོགས་དཔོན་རིགས་དང་བཅས་པ་གཡས་གཡོན་གཉིས་ནས་སྟེགས་བུར་ཕེབས། སྟེགས་བུའི་བྱང་རོལ་དུ་མཆོད་ཕྱུགས་བཤས་པའི་ཁྲག་ཁྱིར་འོངས་ཏེ་མི་རེའི་ཁ་ལ་ཉུང་ཙམ་བསྐུས། དེ་ནས་ས་མཚམས་ཐག་བཅད་རྗེས་མནའ་དོར་བ་དང་དོར་ཚར་རྗེས་ཀྱང་དབྱི་ལྷོ་ཞུབ་ཀྱི་ཆོས་གུར་དུ་གདན་དྲངས་ནས་སྨྲར་ཡང་མནའ་བོར། དེ་ནས་སྟེགས་བུའི་ཐོག་ཕྱིར་ཕེབས་ཏེ་མཆོད་འབུལ་གྱི་ཆོ་ག་རྫོགས་པར་བྱས་ཏེ་ས་སོ་སོར་ཕྱིར་ལོག"ཅེས་པ་ལྟར་ན་ཁྱི་དང་ཕག་སོགས་མཆོད་པ་མ་ཟད་མཆོད་ཕྱུགས་ཀྱི་ཁྲག་མི་རེ་རེའི་ཁ་ལ་བསྐུ་བ་སོགས་ཀྱི་ལས་བྱེད། སྐབས་དེར་དམར་མཆོད་བྱེད་སྲོལ་དང་དེའི་ཆོ་ག་སྣ་མང་དུ་གྱུར་ཡོད་པ་ཤེས་ཐུབ།

ཡང《ཐང་ཡིག་གསར་རྙིང་ལས་བྱུང་བའི་བོད་ཆེན་པོའི་སྲིད་ལུགས》ལས། "རྗེ་བློན་རྣམས་ཀྱིས་ལོ་རེར་འདུན་མ་ཆུང་ངུ་རེ་བསྡུ། དེ་དུས་ལུག་ཁྱི་སྤྲེལ་གསུམ་དམར་མཆོད་བྱེད། ལོ་གསུམ་ན་འདུན་མ་ཆེ་རེ་བསྡུ། མཚན་གུང་ལ་མཆོད་དངོས་རྣམས་སྟེགས་བུར་བཤམས་ཏེ། མི་རྟ་གཡག་གསུམ་དང་བོང་བུ་སོགས་དམར་མཆོད་དུ་འབུལ། སྲོག་ཆགས་དེ་དག་གི་རྐང་ལག་འཁྲིག་ དོན་སྟོད་མདུན་དུ་སྤུངས་ཏེ་བན་དེ་ཞིག་གིས་གལ་སྲིད་འདུན་མ་དང་འགལ་ན་སྲོག་ཆགས་འདི་རྣམས་བཞིན་དུ་མི་བགྱིད་རོ་ཞེས་མནའ་འདོར་རོ"ཞེས་པར་བརྟག་ན། སྐབས་འདིར་ཆབ་སྲིད་དང་རྒྱལ་སྲིད་བརྟན་པར་གནས་པའི་ཆེད་དུ་མནའ་བོར་བ་གཙོ་བོར་གྱུར་ཡོད། དུས་སྐབས་འདིར་བོད་དང་རྒྱ་གཉིས་བར་ལ་འབྲེལ་བ་དམ་ཟབ་ཡོད་ཕྱིར། ཁྱི་སྤྲེལ། ཕག་དང་བོང་བུ་སོགས་མཆོད་པའི་སྲོལ་ནི་རྒྱའི་ལུགས་དར་བ་ཨེ་ཡིན་སྙམ། རྒྱུ་མཚན་ནི་གནའ་དུས་སུ་རྒྱ་ནང་གི་ས་ཆ་ལ་ལར་ཐན་པ་དང་གནོད་འཚེ་སོགས་བྱུང་ཚེ་བུ་མོ་མཛེས་མ་དང་བྱིས་པ་སོགས་ཆུར་མཆོད་པའི་སྲོལ་ལུགས་ཡོད་པར་བཤད་པ་དང་། རྒྱ་ལ་རྟ་ཉོར་ལུག་གསུམ་དཀོན་པའི་རྐྱེན་གྱིས་ཁྱི་ཕག་སྤྲེལ་གསུམ་མཆོད་པའི་སྲོལ་བྱུང་བ་བོད་ཀྱིས་ཀྱང་ལུགས་དེ་བླངས་པ་ཡིན་

ནམ་སྐམ།

དེའི་རྗེས་སུ་རྒྱལ་པོ་གླང་དར་མས་སངས་རྒྱས་ཀྱི་བསྟན་པ་བསྣུབས་པས། ལྷ་ལུང་དཔལ་གྱི་རྡོ་རྗེས་གླང་དར་མ་བཀྲོངས་རྗེས་བོད་ཀྱི་ཁམས་སིལ་བུར་གྱུར་ནས་བཟུང་ལོ་ངོ་བརྒྱ་ཕྲག་དུ་མ་འགོར་ནའང་དམར་མཆོད་བྱེད་པའི་ལུགས་སྲོལ་རྩ་བ་ནས་མ་དོར་བར་ཕྱོགས་ཙམ་ཞིག་རྒྱུན་འཁྱོངས་བྱས།

བསྟན་པ་ཕྱི་དར་གྱི་སྐབས་ས་སྐྱ་པ་དང་འབྲི་གུང་བ། ཕག་མོ་གྲུ་པ། དེ་ནས་དགའ་ལྡན་ཕོ་བྲང་གི་དུས་སྐབས་དང་། བཅིངས་འགྲོལ་བྱས་པ་ནས་ད་ལྟའི་བར་མདོ་སྨད་ཡུལ་གྱི་མཚོ་སྔོའི་ཁྲི་ཀ་དང་རྨ་ལྷོའི་རོང་པོ། མགོ་ལོག་གི་ས་ཆ་ཁ་ཤས་བཅས་སུ་ད་དུང་ཡང་ར་ལུག་སོགས་དམར་མཆོད་སྲོལ་རྒྱུན་གྱི་ལྷག་རོ་ཙམ་ད་དུང་གནས་བསྡད་ཡོད་ཟེར་བ་ཐོས། དཔེར་ན། མདོ་སྨད་ཁྲི་ཀའི་ཡུལ་དུ་རྒྱ་ལོ་ནང་རྒྱའི་གནའ་རབས་ཀྱི་དམག་དཔོན་ཞིག་སྟེ་ཨ་མྱེས་ཡུལ་ལྷ་ཟེར་བ་དེ་ལ་དམར་མཆོད་བྱེད་ཀྱིན་ཡོད་ཟེར། རོང་པོ་ཡུལ་དུ་མཆོད་པའི་ཡུལ་ལྷ་གཙོ་བོ་ཨ་མྱེས་ལྷ་རི་དང་ཨ་མྱེས་དམག་དཔོན།(二郎爷) ཨ་མྱེས་བུའུ་ཧྲན་སོགས་ཡིན་པར་བཤད། གང་ལྟར་དེང་སྐབས་མཆོད་ཡུལ་གཙོ་བོ་ཡུལ་ལྷ་གཞི་བདག་ཟེར་བ་ཡིན་པས་སྔར་གྱི་ལུགས་དང་ཁྱད་པར་ཆེས་ཆེར་བྱུང་། དམར་མཆོད་ཀྱི་རྒྱ་ཧེ་ཆུང་དུ་སོང་ནས་ས་ཆ་ལ་ལར་དམར་བསངས་ལྟ་བུའི་ལྷག་རོ་ཙམ་གནས་པ་ལས་ཕལ་ཆེར་ཉམས་པར་གྱུར་པ་ནི་དུས་ཀྱི་དབང་དང་ནང་པའི་ཆོས་ཀྱིས་སྲོག་གཅོད་ལ་འཛེམ་པ་སོགས་ལས་ཡིན་ནམ་སྙམ།

གོང་དུ་བཀོད་ཟིན་པ་ནི། གངས་ལྗོངས་ཡུལ་འདིར་དམར་མཆོད་ཀྱི་སྲོལ་བྱུང་བ་དང་འཕེལ་རིམ་རྣམས་རྒྱལ་རབས་དུས་སྐབས་བཅས་དང་འབྲེལ་ནས་རང་གི་ལྟ་ཚུལ་བརྗོད་ཁྲུལ་བྱས་ཡོད་ལ། བརྗོད་བྱའི་དོན་ལ་ལ་ནི་རང་གི་གོ་ཐོས་ཙམ་ལས་རྩད་གཅོད་ཕྲ་ཞིབ་དང་བྲལ་བས་སྐྱོན་དང་ནོར་འཁྲུལ་ཇི་སྙེད་ཅིག་མཆིས་པ་གདོན་མི་ཟ་བས། གཟུ་བོར་གནས་པའི་མཁས་དབང་དག་གིས་སློབ་སྟོན་དང་ཡོ་བསྲང་གནང་རྒྱུར་སྙིང་དབུས་ནས་རེ་འདུན་ཞུ །

《རྩེར་སྙིག》 ༢༠༠༧ལོའི་དེབ་བཞི་པ་ལས་བཏུས།

༄༅། །རེབ་གོང་གི་དྲུག་པའི་གླུ་རོལ་སྐོར་ལ་རོབ་ཙམ་དཔྱད་པ།

རྡོ་རྗེ་སྐྱིད།

ཧོར་ཟླ་དྲུག་པའི“གླུ་རོལ”ཞེས་པ་འདི་ནི་ཨ་མདོའི་རེབ་གོང་ཡུལ་དུ་དར་ཁྱབ་ཆེ་ལ། ཡུལ་འདིའི་བོད་རིགས་དམངས་ཁྲོད་དུ་བརྩི་མཐོང་ཆེ་ཞིང་མི་རིགས་ཀྱི་ཁྱད་ཆོས་འབྱུར་དུ་ཐོན་པའི་བྱ་འགུལ་ཞིག་ཡིན། འདིས་བོད་མི་དམངས་ཀྱི་བསམ་བློ་དང་ཡུལ་སྲོལ་གོམས་འདྲིས། འཚོ་བ་སོགས་མཚོན་པ་མ་ཟད། སྔོན་བྱོན་བོད་བཙན་པོ་རིམ་བྱོན་དང་རྒྱའི་རྒྱལ་རབས་བར་གྱི་འཐབ་རྩོད་དང་དྲག་པོའི་གཡུལ་གྱི་ལས་འགུལ་བྱུང་བ་ཅི་ལྟར་མཇལ་འདུམ་བྱུང་བའི་རྣམ་པ་ཡང་མངོན་སུམ་མིག་གི་སྤྱོད་ཡུལ་དུ་འདྲེན་པར་བྱས།

དང་པོ། གླུ་རོལ་ཞེས་པའི་མིང་ལ་ཞུང་དཔྱད་པ།

གླུ་རོལ་རྩེ་བའི་གོ་རིམ་ཁྲོད་དུ་བོད་ཀྱི་གླུ་གཞས་དང་། གར། རྩེད་རིགས་སྣ་ཚོགས་བཅས་འབྱུར་དུ་ཐོན་ཡོད་པས། འདི་ནི་དགའ་སྤྲོའི་དཔལ་ལ་རོལ་བའི་དུས་ཆེན་ཞིག་ཡིན་ལ། སྐབས་འདིར་མི་ཚོགས་ཀྱང་བརྗོད་ཀྱིས་མི་ལང་བ་འདུ། ངག་རྒྱུན་དུ། “དྲུག་པའི་ལྷ་ཟླ་དཀར་པོ། སྙིང་ཕྱོགས་ལྷ་ཡི་སྟོན་མོ། བར་སྣང་གཞན་གྱི་སྟོན་མོ། འོག་ཕྱོགས་ཀླུ་ཡི་སྟོན་མོ། འཇིག་རྟེན་མི་ཡི་སྟོན་མོ”ཞེས་ཟེར་ཞིང་། དུས་འདི་ལྷ་ཀླུ་ཀུན་གྱི་སྟོན་མོ་ཡིན་པར་བཤད། མི་རིགས་གང་ཞིག་ཡིན་ཡང་སྟོན་མོའི་དུས་སུ་གླུ་དང་གར་ལ་རོལ་བ་གཙོ་བོ་ཡིན་པས་ན། གླུ་གར་ལ་རོལ་བ་ཞེས་པ་ཚིག་བསྡུས་ནས་གླུ་རོལ་ཞེས་མིང་བཏགས་པ་ཡིན་པར་འདོད། ཀླུ་རོལ་ཞེས་འབྲི་སྲོལ་ཀྱང་ཡོད་མོད། འདི་ནི་ཏ་ཙང་ཁྱབ་ཆུང་བར་འདོད། གླུ་རོལ་གྱི་གོ་རིམ་ལ་རྣམ་པ་ཆེན་པོ་གསུམ་དུ་དབྱེ་ཡོད་པ་འདི་ལྟ་སྟེ། ལྷ་རྩེད། གླུ་རྩེད། དམག་རྩེད་བཅས་ཡིན། གལ་ཏེ“ཀླུ་རོལ”ཞེས་བྲིས་ན་ལྷ་རྩེད་དང་དམག་རྩེད་གཉིས་གླུ་རོལ་གྱི་གོ་རིམ་ཁྲོད་དགོས་མེད་དུ་སོང་བ་མ་ཡིན་ནམ། དྲུག་པའི་དུས་སྟོན་འདི་འོག་ཕྱོགས་ཀླུ་རིགས་ཕོ་ན་ལ་མཆོད་པའི་བྱ་འགུལ་ཞིག་མིན་པ་གོང་གི་ངག་རྒྱུན་ལས་ཀྱང་ཤེས་ཐུབ། དེ་བས་དུས་སྟོན་འདིར་གླུ་རོལ་ཞེས་བྲིས་ན་མིང་དོན་དང་མཐུན་པར་སྙམ།

གཉིས་པ། ལྷ་པའི་སྐོར།

ལྷ་པ་ནི་གླུ་རོལ་གྱི་མཛད་སྒོའི་སྟེང་མེད་དུ་མི་རུང་བ་སྟེ་ལྷ་མིའི་ལུས་སུ་ཞུགས་པའི་རྣམ་པ་ཞིག་ཡིན་ལ། ལྷ་རྣམས་མིའི་ལུས་སུ་ཞུགས་པའི་སྲོལ་ནི་བསམ་ཡས་གཙུག་ལག་ཁང་བཞེངས་དུས་སློབ་དཔོན་པད་མ་འབྱུང་གནས་ཀྱིས་ལྷ་གླུ་མ་ཏུངས་པ་རྣམས་མིའི་ཁོག་ཏུ་ཞུགས་སུ་བཅུག་པ་འདི་ནས་དར་བ་དང་། སྒྲ་བཞིན་དུ་ཚོ་རིས་བཟང་བའི་བུ་ཚ་ཕ་མ་དང་། ཁྱིམ་ཕྱིས་ཚང་བཅུ་ཙམ་བསགས་ཏེ་ཐྲ་རྗེན་བགྱིས་ནས། རྒྱལ་པོ་ཆེན་པོ་བཞིས་ཐྲ་ཕབ་ནས། གནོད་སྦྱིན་མེ་ལྷས་ཞལ་མངོན་སུམ་དུ་བསྟན། ལྷ་གླུ་མ་ཏུངས་པ་དངོས་སུ་མི་ལ་ཕབ་ནས། བསྙིགས་ཤིང་གཟེར་བ་ནི་པད་མ་སམྦྷ་ཝས་མཛད་ཅེས་གསུངས། དེང་གི་ཆར་ཡང་ལྷ་གང་རུང་ཞིག་མིའི་ལུས་ཁོག་ཏུ་ཕབ་ན་ངེས་པར་དུ་ལྷ་རྗེན་པོའི་དབང་པོ་ལྷ་སྐྱོན་གྱིས་མ་གོས་པ་ཞིག་ཡིན་དགོས་པ་མ་ཟད། རིགས་རྒྱུད་བཟང་ཞིང་ཕ་མ་ཕྱུན་སྤྱིད་འཛོམ་པོ་ཞིག་ཀྱང་ཡིན་དགོས། ལྷ་ཕབ་དུས་བླ་མ་ཞིག་གི་མདུན་ནས་ཕབ་པ་དང་། བླ་མས་ལྷ་རྗེན་གྱི་མགོ་ལ་རྡོ་རྗེ་བཞག སྐེ་ལ་ཕྱག་མདུད་བཏགས། ལྟེ་ཐོག་ཏུ་བདུད་རྩི་རླུགས་ཏེ་བཀའ་ལ་བཅག དམ་ལ་བཏགས་ནས་ཕྱིར་ཡུལ་ཕྱོགས་ཐམས་ཅད་བདེ་བར་སྐྱོང་བ་དང་སངས་རྒྱས་ཀྱི་བསྟན་པ་སྲུང་བ། སྒོས་སུ་བོད་ཀྱི་བསྟན་འགྲོ་ཐམས་ཅད་ཀྱི་ལས་དང་བསོད་ནམས་འཕེལ་བ། དཔལ་དང་ལོངས་སྤྱོད་རྒྱས་ནས་བསམ་དོན་ཡིད་བཞིན་དུ་འགྲུབ་པར་མཐུན་རྐྱེན་སྒྲུབ་པའི་དམ་ཅན་དུ་གཏད་དེ། དེང་ཕྱིན་མིའི་ཕན་བདེའི་ཆེད་དུ་ནམ་ཡང་ལྷ་རྗེན་མིའི་ལུས་སུ་ཞུགས་ཆོག་པའི་བཀའ་གནང་བར་བྱེད།

གསུམ་པ། ལྷ་པའི་བྱེད་ནུས།

ཡུལ་རེབ་གོང་འདིར་གླུ་རོལ་དར་ཆེ་བ་མ་ཟད་ཚང་མས་ལྷ་པ་ལ་དད་གུས་དང་ཡིད་རྟོན་བྱེད་ལ། བྱ་བ་ཆེ་མ་ཆུང་གསུམ་གང་ཞིག་ཡིན་རུང་རང་ཉིད་ཀྱིས་ཐག་གིས་མི་ཆོད་པའམ་ཡང་ན་ལེགས་ཉེས་ཀྱི་ཐད་ལ་རྨོངས་པའི་ཚེ་ལྷ་པར་ཞུས་ནས་ལྷ་པའི་ངག་བཀོད་ལྟར་སྒྲུབ་པར་བྱེད། ཁྱིམ་ཚང་ཞིག་ལ་མཚོན་ན། མི་ལེགས་པའི་བྱ་བ་གང་རུང་ཞིག་བྱུང་ནས་ཅི་བྱེད་ཀྱི་ཆ་ལ་རྨོངས་པའི་ཚེ། ལྷ་རྗེན་ཁྱིམ་ཚང་དམ་ལྷ་ཁང་དུ་བོས་ནས་བསང་མཆོད་རྒྱ་ཆེན་པོ་བཏང་སྟེ། ལྷ་རྗེན་ཅོག་ཙེ་གྲུ་བཞི་གདན་དཀར་པོ་བཏིང་བ་ཞིག་གི་སྟེང་དུ་བསྡད། དེ་ལ་ལྷ་ཤིང་ཤུག་པ་དང་དྲི་བཟང་སྤྲིན་སྤོས་བདུག་པར་བྱས་ཏེ་ལྷ་པོ་ལྷ་རྗེན་གྱི་ལུས་སུ་གདན་འདྲེན་པར་བྱེད། དེ་ནས་བྱ་བའི་རྒྱུ་རྐྱེན་རྣམས་ལྷ་པའི་སྔན་དུ་ཞུ། ལྷ་པས་གནས་ཚུལ་དེའི་འབྱུང་རྐྱེན་གསུང་བར་མ་ཟད། དེ་བཟློག་ཐབས་ཀྱི་རིམ་གྲོ་ཡང་ངག་བཀོད། ལྷ་བསང་བཏང་ནས་སྐབས་འཇུག་ཞུ་དུས་ཡང་ཚང་མའི་ངག་ནས"མགོ་ནག་མིའི་སྐྱབས་རེ་ས། ཕར་འགྲོའི་སྐྱེལ་

མ་མཛད་མཁན། ཚུར་འོང་གི་བསུ་མ་བྱེད་མཁན། མཐུ་དང་འཕྲུལ་གྱི་བདག་པོ། ཀློ་རྩེ་ཕ་མ་བཞིན་དུ་བྱེད་ལ་གཏད་ན"ཞེས་བརྗོད་པ་ལས་ཀྱང་། ཀུན་གྱིས་གཞི་བདག་རང་གི་མགོན་དུ་ཡོད་པ་ཤེས་ཐུབ། སྒྲུ་རོལ་གྱི་མཛད་སྒོའི་སྐབས་སུ་ཡང་ཐོག་མཐའ་བར་གསུམ་དུ་ལྷ་པས་བཀོད་སྒྲིག་དང་མགོ་འཛིན་བྱེད། སྒྲུ་རོལ་གྱི་ཚོ་གའི་སྟེང་ནས་ཆུང་ཉམས་ནའང་། ལྷ་པས་དག་བཅོས་དང་ནོར་འཁྲུལ་ལ་མཇུབ་སྟོན་བྱེད།

བཞི་པ། གླུ་རོལ་ཡུལ་གང་ནས་ཐོག་མར་དར་ཚུལ།

ངག་རྒྱུན་དུ་གླུ་རོལ་ནི་ཨ་མདོ་ཞོན་ཧྭ་རྫོང་རྗེ་སྒྲིས་ལུང་པའི་དར་རྒྱལ་གཡུ་མཚོ་དང་ཡང་ན་སྟོང་རི་མཚོ་ནག་ནས་དར་བར་གྲགས། བོད་ཀྱི་རྒྱལ་པོ་སྲོང་བཙན་ནས་རལ་པ་ཅན་གྱི་བར་ལ་ཐང་རྒྱལ་རབས་དང་དམག་འཁྲུག་གི་ཐ་ཆླབས་ཆེན་པོ་ཨ་མདོའི་ཡུལ་འདིར་དུས་ཡུན་རིང་པོ་ཞིག་ལ་དྲག་ཏུ་འཕྱུར་ནས་མི་ཤི་རྟ་འགྱེལ་གྱི་དོན་ཆེན་པོ་བྱུང་བ་ལ་འབྲེལ་བ་ཟབ་མོ་ཡོད་པ་ཐེ་ཚོམ་བཅད་ནས་རྗེན་པར་སྨྲས་ཆོག་པ་ཞིག་རེད། གནས་འདི་ཡང་བོད་ཀྱི་དམག་དཔུང་འདུས་སྡོད་ཀྱི་དམག་སྒར་གཙོ་བོ་ཞིག་ཡིན་པ་དེབ་ཐེར་དག་ལས་ཤེས་ཐུབ། "དར་རྒྱལ"ཞེས་པ་ཨ་འདོའི་ཡུལ་གྱི་གཞི་བདག་ཅིག་ཡིན་ལ། ཨ་མྱེས་དར་རྒྱལ་ཞེས་འབོད་པའི་རི་བོ་ཞིག་ཀྱང་ཡོད། རི་འདི་ད་ལྟ་རྗེ་སྒྲིས་ལུང་པའི་མགོར་ཡོད་ལ། དེ་ལ་དར་རྒྱལ་སྤུན་གསུམ་ཞེས་གཞི་བདག་གསུམ་ཡོད་པ་ཨ་མྱེས་དར་རྒྱལ་དང་། ཁྲི་ཀའི་ཨ་མྱེས་ཡུལ་ལྷ། ཨ་མྱེས་དམག་དཔོན(འར་ཞིང་ཧྲིན)བཅས་ཡིན། ཨ་མྱེས་དར་རྒྱལ་དང་དར་རྒྱལ་གཡུ་མཚོ་ཞེས་རི་ཆུའི་མིང་ལ་དར་རྒྱལ་ཞེས་འབོད་དོན་ནི་དེབ་དཀར་དུ"ལུག་གི་ལོ་ལ་བབས་ཏེ། བཙན་པོ་སྲུགས་ཀྱི་ཤར་ན་བཞུགས་ཤིང་། བློན་ཆེན་སྟོང་བཙན་འ་ཞ་ཡུལ་ན་མཆིས་ཏེ། ད་རྒྱལ་མང་པོ་རྗེས། མཚོ་ནག་སྟོང་རུར། རྒྱ་སེའུ་དེན་སང་དང་། ནོལ་ཐབས་བགྱིས་ཏེ། ད་རྒྱལ་ཀྱང་གུམ་ཞིང་བརྒྱད་ཁྲི་བཞི་སྟོང་ལ་རྟགས་པར་ལོ་གཅིག"ཅེས་པ་ལྟར་ན་ད་རྒྱལ་མང་པོ་རྗེ་སྟོང་རི་མཚོ་ནག་གམ་དར་རྒྱལ་གཡུ་མཚོ་ནས་འདས་པས་ད་རྒྱལ་གྱི་མིང་དེ་རི་ཆུ་དང་ས་མིང་ལ་ཐོགས་པར་འདོད་ལ། དེ་བཞིན། ད་རྒྱལ། རྗེས་སོར་སྒྲ་འགྱུར་ནས་དར་རྒྱལ་དུ་གྲགས་པ་ཤེས་ཐུབ། གླུ་རོལ་རྩེད་སྟངས་ཀྱི་རྣམ་པ་མང་པོ་ཞིག་ལས་དམག་ཆས་དང་ཐྲལ་མེད་པས་ན། དར་རྒྱལ་གཡུ་མཚོའི་གནས་འདི་སྔོན་གྱི་དམག་དཔུང་འདུས་སྡོད་ཀྱི་སྒར་ས་ཆེན་པོ་ཞིག་ཡིན་པ་ཤེས་ཐུབ་ལ། གླུ་རོལ་འདི་ཐང་བོད་འདུམ་འགྲིག་གི་དགའ་སྟོན་བགྱིས་པ་ལ་འབྲེལ་བ་ཡོད་པའང་ཤེས་ཐུབ།

ལྔ་པ། གླུ་རོལ་རྩེད་སྟངས་ཤིག་ལ་བརྟགས་ནས་རྒྱ་བོད་དམག་འཛུག་གི་མཇལ་དུས་དང་འབྲེལ་བ་ཡོད་ཚུལ་བརྗོད་པ།

འདིར་ཚང་མས་ཤེས་ཐུབ་པ་ནི་གླུ་རོལ་གྱི་མཛད་སྒོའི་སྟེང་གླུ་རོལ་རྩེད་མཁན་ཞིག་ཡིན་ཚེ། ངས་པར་དུ་ལུས་ལ་གཟབ་འཕྱོར་སྤྲོས་དགོས་པ་དེ་རེད། གླུ་རོལ་ལ་རིགས་ཆེན་པོ་གསུམ་ཡོད་པ་ལས་དམག་རྩེད་ཀྱི་ནང་གསེས"ཟླ་དཔའ"ཞེས་པའི་རྩེད་སྟངས་ནི། རྩེད་མཁན་དག་ཁ་སྤྲོད་དུ་གྲལ་གཉིས་སྒྲིག་བྱས་ཏེ་ལག་ཏུ་གནའ་རབས་ཀྱི་དམག་གི་ཡོ་བྱད། མདུང་། མདུང་རྩེ་གསུམ་ཅན། རལ་གྲི། དགྲ་སྟ་དང་དམག་དར་སོགས་བཟུང་། ལྷ་པས་ལག་ཏུ་འཁར་ཛ་བཟུང་སྟེ་རྩེད་མཁན་གྱི་གྲས་ནས་ལོ་ན་ཆུང་བགྲེས་པ་ཞིག་བདམས། མི་དེ་གྲལ་མགོར་ཁྲིད་དེ་སྐེ་ལ་གོས་བཏགས་རིང་པོ་འདོམ་གང་ཙམ་འཕྱངས་ཏེ་ཀུན་ལས་གཟེངས་སུ་བཏེགས། ལག་ཏུ་འཁར་ཛ་བཞག་སྟེ"ཟླ་དཔའ"བཤད་དུ་འཇུག བཤད་མཁན་དེས་འཁར་ཛ་ལན་གསུམ་བརྡུང་ནས་སྐད་གསེང་མཐོན་པོས"ཨེ་ཟླ་དཔའ་ལས་ཟླ་དཔའ"ཞེས་བརྗོད་ན། རྩེད་མཁན་དག་གི་ཁ་ནས"བོཨུ"ཞེས་སྐད་གདངས་གཉོམ་པོས་བརྗོད་བཞིན་ལག་གི་དར་མདུང་སོགས་ཡར་འདེགས་བཞིན་ཧང་པ་ཡ་གཅིག་ཡར་བཀྱགས་པ་ན། བཤད་མཁན་དེས་ཡང་བསྐྱར"ཨེ་ཟླ་དཔའ་ལི་ལི"ཞེས་བརྗོད། རྩེད་མཁན་ཚོས་གོང་ལྟར་བཤད། དེ་ནས་བཤད་མཁན་དེས་གོང་བླ་མ་དང་སངས་རྒྱས། བར་ཆོས་སྐྱོང་། ཡུལ་ལྷ་གཞི་བདག་སོགས་ལ་གསོལ་མཆོད་བཏང་ནས་འཕྲིན་ལས་བཅོལ་བ་དང་འགྲོ་བ་མིའི་རིགས་ལ་བདེ་སྐྱིད་ཀྱི་ཉི་མ་ནམ་ཡང་མི་ནུབ་པའི་འབོད་སྐུལ་ཞུ་བ་དང་། རྒྱ་བོད་ཧོར་གསུམ་ཀུན་ལ་བཀྲ་ཤིས་ཕུན་ཚོགས་འདོད་དགུའི་ཆར་གྱིས་ཚིམ་པར་བྱེད་པའི་སྐྱབས་འཇུག་ཞུ་བ་སོགས་སྐབས་བབ་སྤྱི་ཚིགས་ཀྱི་རེ་འདོད་རྣམས་ཞུ་བར་བྱེད། ཟླ་དཔའ་བཤད་ཚར་རྗེས་རྩེད་མཁན་རྣམས་ཀྱིས"ཨེ་ཏ་ཨེ་ཨེ"ཞེས་སྐད་ཉམས་དོད་པོས་བརྗོད་པ་དང་མཉམ་དུ་ཕྱོགས་གཉིས་ཀའི་ཕན་ཚུན་ལ་གྲུས་ཚུལ་བྱས་ཏེ་གཅིག་གཅིག་ལ་མཇལ་འཕྲད་དང་གུས་བཀུར་གྱི་རྣམ་པ་བྱེད། འདི་ནི་དམག་རྩལ་གྱི་རྣམ་པ་ཞིག་ཡིན་སོད། ཟླ་དཔའ་བཤད་མཁན་དེས་བརྗོད་པའི"ཟླ་དཔའ་ལས་ཟླ་དཔའ། ཟླ་དཔའ་ལི་ལི"ཞེས་པའི་ཚིག་འདི་བོད་རང་གི་སྐད་ལ་མེད་པས། འདི་རྒྱ་རིགས་ཀྱི་སྐད་ཡིན་པར་འདོད། "ཟླ་དཔའ"བཤད་པའི་གོ་རིམ་ལ་བརྟག་ན་དེ་ནི་ཁ་བརྗ་བྱེད་པའི་ཚུལ་དུ་སྣང་བས། རྒྱའི་སྐད་ལས"讲话里讲话，讲话来了"ཞེས་པའི་དོན་ཡིན་པར་སྙམ། "讲话"བོད་སྐད་དུ་སྒྲ་མ་དག་པར"ཟླ་དཔའ"ཞེས་བརྗོད་པར་འདོད་པ་དང་། བོད་སྐད་དུ"གསུང་བཤད་ལས་ཀྱང་གསུང་བཤད། གསུང་བཤད་སླེབས་སོང་།"ཞེས་བརྗོད་པ་རེད། ཟླ་དཔའ་བཤད་པའི་རྣམ་པ་འདི་ཐང་ཡིག་གསར་རྙིང་དུ་གསལ་བའི་རྒྱ་བོད་འདུམ་འགྲིག་གི་བཀའ་གཙིགས་བསྒྲགས་པའི་ཚུལ་དང་འདྲ་བོ། །

དྲུག་པ། མཇུག་བསྡུ་བའི་གཏམ།

དེབ་དཀར་ན“རྒྱ་དང་འཐབ་པའི་གཡུལ་གྱི་ཞིང་ཕལ་མོ་ཆེ་ནི་ཨ་མདོའི་ཡུལ་ཆ་འདི་དག་ཡིན་ལ། རྨ་སྨུང་བྱང་རྒྱུད་ཀྱི་ཕྱོགས་ན་རྒྱ་ཁྲིག་ཐང་དང་རྒྱ་དུར་ཐང་ལ་སོགས་པའི་མིང་ཆགས་པའི་ས་མིང་མང་པོ་ཡོད་ཅིང་། དེ་དག་ཏུ་རྒྱ་དང་འཐབ་མོ་བགྱི་བའི་གཏམ་རྒྱུད་ཀྱང་མང་དུ་གནས་སོ། །དེར་མ་ཟད་ཨ་མདོའི་རིགས་ཕལ་ཆེར་སྔོན་གྱི་ཕྱོགས་དེར་སླེབས་པ་དག་ལས་མཆེད་པར་མངོན”ཞེས་གསུངས་ཡོད། འདི་དག་ལས་ཨ་མདོའི་ཡུལ་འདིར་བཙན་པོ་རིམ་བྱོན་གྱི་དུས་ན་དམག་དཔུང་གི་སྐར་རྫོང་སྟུག་པོ་ཞིག་ཡུན་རིང་པོར་གནས་པ་མཐོང་ཐུབ། ད་དུང་དེབ་དཀར་ན་ཁྲིམ་རེ་རེ་བཞིན་སྒོ་སྟེང་དུ་དར་དམར་རེ་སྒྲོང་བ་འདི་ཡང་བོད་ཀྱི་ཐུན་མོང་མ་ཡིན་པའི་སྲོལ་ལྟ་བུ་ཡིན་ཏེ། དེ་ཡང་ཐོག་མར་རྟ་དམག་གི་རྟགས་སུ་མངོན་ལ་རྗེས་སོར་ཆོས་ཀྱི་ལས་སུ་སོང་ཞེས་གསུངས་ལ། ལབ་རྩེ་གཏོད་པའི་སྲོལ་དེ་ཡང་བོད་རྒྱའི་དམག་འཁྲུག་སྐབས་བོད་ཀྱི་དམག་དཔོན་ཆེན་མོ་འཁྲུག་སྐེ་གྲོངས་ཆེ། དེའི་ཕུང་པོ་རི་མཐོན་པོ་ཞིག་གི་སྟེང་དུ་སྦས་ནས། མདའ་མདུང་གྲི་གསུམ་བཙུགས་ཏེ་མྱ་ངན་དང་རྗེས་དྲན་གྱི་ཚུལ་བྱེད་པ་དེ་ཡང་རིམ་བཞིན་ལབ་རྩེ་བསྒྲོད་པའི་སྲོལ་དུ་གྱུར་པར་བཤད་སྲོལ་ཡང་ཡོད་པ་འདི་དག་གང་ལ་བལྟས་ན་ཡང་བོད་ཀྱི་བཙན་པོའི་རིང་གི་དམག་འཁྲུག་འདིས་ད་ལྟའི་བོད་མང་ཚོགས་ཀྱི་འཚོ་བའི་ནང་ཤུགས་རྐྱེན་དང་བག་ཆགས་ཟབ་མོ་ཞིག་བཞག་ཡོད་པ་ཤེས་ཐུབ། དེ་བས་སྒྲུ་རོལ་གྱི་ཁྲིད་དམག་དཔུང་གི་ཁྱད་ཆོས་ལྡན་པའི་རྣམ་པ་འདི་འདྲ་མང་པོ་ཞིག་མཐོང་རྒྱུ་ཡོད་པ་ལ་གཞིགས་ན། སྒྲུ་རོལ་འདི་དམག་འཁྲུག་ལ་འབྲེལ་བ་ཡོད་པ་མ་ཟད། དམག་སྟོན་ཁྱད་པར་བ་ཞིག་དང་འབྲེལ་བ་ཡོད་པ་ཐག་བཅད་ཆོག་པས། རྒྱ་བོད་དམག་འཁྲུག་འཛིང་འདུམ་ཉིན་མོའི་དགའ་སྟོན་ལ་འབྲེལ་བ་ཡོད་པ་དང་། རྗེས་སོར་འདུམ་འགྲིག་ཉིན་མོའི་དགའ་སྟོན་འདི་ལ་མི་དམངས་ཀྱིས་ཆེད་དུ་དྲན་གསོའི་ཉིན་མོ་ཞིག་གཏན་ལ་ཕབས་ནས་དེར་ཆར་གྱི་སྒྲུ་རོལ་འདིའི་རྣམ་པར་འགྱུར་བ་གདོན་མི་ཟའོ། །

《མང་ཚོགས་སྒྱུ་རྩལ》༢༠༠༣ལོའི་དེབ་དང་པོ་ལས་བཏུས།

༄༅། །རིབ་གོང་ཟླ་རོལ་གྱི་སྐོར་རགས་ཙམ་གླེང་བ།

ས་དཀྱིལ་སངས་རྒྱས་ཚེ་རིང་།

དེ་ཡང་མདོ་སྨད་ཀྱི་ཆར་གཏོགས་རེབ་གོང་རིག་པ་འབྱུང་བའི་གྲོང་ཁྱེར་འདི་ལ་བོད་ཀྱི་རིག་གནས་དང་། སྒྱུ་རྩལ། ཆོས་ལུགས། དམངས་སྲོལ་སོགས་གནའ་སྔ་མོ་ནས་དར་ཁྱབ་ཤིན་ཏུ་ཆེ་ལ། ཁྱད་པར་དུ་དཔྱར་ཟླ་དྲུག་པའི་ཟླ་རོལ་འདི་ཉིད་ལ་ས་གནས་རང་བཞིན་གྱི་ཁྱད་ཆོས་མངོན་པར་གསལ་ཞིང་། དུས་ཡུན་རིང་བའི་ལོ་རྒྱུས་ཀྱི་དོན་སྙིང་ཆེན་པོ་ལྡན་པར་མ་ཟད། གཞན་དང་ཐུན་མོང་མ་ཡིན་པའི་མི་རིགས་རང་ཉིད་ཀྱི་ཁྱད་ཆོས་ལྡན་པའི་དམངས་ཁྲོད་ཀྱི་བྱེད་སྒོ་གལ་ཆེན་ཞིག་ཀྱང་ཡིན། ཟླ་རོལ་འདི་ནི་རང་རེའི་ཕ་མེས་ཡང་མེས་ནས་བརྒྱུད་ཡོང་བའི་ཤུལ་བཞག་རིག་གནས་ཀྱི་ཡ་གྱལ་ཞིག་ཡིན་པའི་ཆ་ནས། བོད་ཀྱི་བཙན་པོའི་སྐུ་རིང་གི་ཆབ་སྲིད་དང་དམག་དོན། རིག་གནས་དཔལ་འབྱོར་དང་དངོས་ཡོད་ཀྱི་འཚོ་བ་སོགས་ལ་ཞིབ་འཇུག་དང་། ནང་སྐོར་སུ་མདོ་སྨད་ལོ་རྒྱུས་ལ་སྦྱོམ་ཚིག་ཡང་དག་ཅིག་འགོད་པར་དཔྱད་གཞིའི་རྒྱུ་ཆ་མེད་དུ་མི་རུང་བ་ཞིག་ཡིན་པས། ད་ལྟ་འཛམ་གླིང་གི་ཞིབ་འཇུག་པ་མང་པོ་ཞིག་དང་ལྷག་པར་དུ་ཡུལ་སྐོར་ལྡོངས་རྒྱུ་བ་དག་གི་མིག་མདུན་ན་རིན་ཐང་ལྡན་པའི་ཞིབ་འཇུག་བྱ་ཡུལ་དུ་གྱུར་ཡོད་མོད། འོན་ཀྱང་དེང་གི་བོད་མི་ཕལ་ཆེ་བས་ཟླ་རོལ་འདི་ཇི་ལྟར་དར་ཚུལ་གྱི་ལོ་རྒྱུས་ཙམ་ཡང་མི་ཤེས་པ་འདི་ནི་ཅི་འདྲའི་ངོ་གནོང་དགོས་པ་ཞིག་རེད་ཨང་། དེ་ཡང་ལར་སྐྱེས་པའི་མིས་རང་གི་སྐྱེས་རྒྱུད་མ་ཤེས་ན་ནགས་ཁྲོད་ཀྱི་སྤྲེའུ་དང་འདྲ། མི་རང་གི་ཚེ་འབྲང་མ་ཤེས་ན་གཡུ་འབྲུག་ཐོལ་མ་དང་འདྲ། ཡབ་མེས་ཀྱི་ཡིག་ཚང་མ་ཤེས་ན་མོན་ཕྲུག་ཡུལ་བོར་དང་འདྲ་ཟེར་བའི་དཔེ་སྲོལ་ལྟ་བུར་འགྱུར་སྲིད་པས། ཐན་གྱིས་འདི་ནས་དངོས་ཡོད་ཀྱི་དགེ་མཚན་གང་མང་ལ་དམིགས་ཏེ་རེབ་གོང་ཟླ་རོལ་གྱི་སྐོར་རགས་ཙམ་ཞིག་གླེང་ཁུལ་བྱའོ། །

དང་པོ། རེབ་གོང་ཞེས་པའི་མིང་གི་ཐོགས་དོན།

རེབ་གོང་ཞེས་པའི་མིང་གི་ཐོགས་ཚུལ་ལ་གཅིག་མཐུན་མ་ཡིན་པའི་འགྲེལ་ཕྱོགས་མི་འདྲ་བ་དུ་མ་ཞིག་ཡོད་པར་མ་ཟད། འབྲི་ཕྱོགས་ལའང་རང་རང་གི་འགྲེལ་ལུགས་ལྟར་སྣ་ཚོགས་ཡོད་དེ། ལ་ལས་རེ་སྐོང་སྟེ་འདི་ལ་རྗེ་འཛིགས་མེད་པཎྜི་ཏས། རེ་བའི་སྟོད་ལ་ཇོགས་ལྡན་གྱི། །ཕུན་ཚོགས་བསྐྱིལ་བའི་འདོད་པ་ཀུན། །སྐོང་བའི་མིང་དོན་ལྡན་པའི་དཔལ། །ཞེས་གསུངས་པ་བཞིན་འགྲོ་དྲུག་ཀུན་གྱི་རེ་

འདོད་སྐྱོང་བའི་ཡུལ་ཡིན་པས་ན་རེ་སྐྱོང་ཞེས་འབོད། འགའ་ཞིག་གིས་རེས་གོན་ཞེས་འབོད་པ་འདིའི་དོན་ནི། སྔོན་ཆད་རེབ་གོང་གི་ཡུལ་མི་ཐམས་ཅད་ཀྱིས་རས་རྐྱང་ལས་བཟོས་པའི་བོད་ལྭ་གྱོན་པས་དེ་ལྟར་བརྗོད་པ་ཡིན་ཟེར། མང་ཆེ་བས་རེབ་ཚ་ལུང་པ་གསུམ་གྱི་གོང་བར་ཆགས་པས་ན་རེབ་གོང་ཞེས་འབོད་ཅིང་། གཞན་ཡང་རེས་གོང་དང་། རེབ་ཀོང་། རེབ་སྐྱོང་སོགས་འབྲི་ཚུལ་ཡང་ཡོད། འདི་དག་ལས་ད་ལྟ་ཀུན་ལ་རྒྱུན་འབྱམས་སུ་གྱུར་ཡོད་པ་ནི་རེབ་གོང་ཞེས་པའི་འབྲི་ཚུལ་འདི་ཡིན་ནོ། །

གཉིས་པ། གླུ་རོལ་གྱི་བྱུང་འཕེལ།

༡.གླུ་རོལ་གྱི་འབྱུང་རྐྱེན།

གླུ་རོལ་འདི་ཇི་ལྟར་བྱུང་བའི་སྐོར་ལ་ད་ལྟའི་བར་དག་རྒྱུན་འདྲ་མིན་སྣ་ཚོགས་ཤིག་ཡོད་པ་དེ་དག་ནི་བཤད་རྒྱུན་ཙམ་མ་གཏོགས་དངོས་ཡོད་ཀྱི་ལོ་རྒྱུས་ཁུངས་ལྡན་ཡང་དག་ཅིག་མེད་པའི་རྐྱེན་གྱིས་འདིའི་སྐོར་ལ་དཔྱད་གཏམ་ཞིག་བརྗོད་རྒྱུ་ནི་ཏ་ཅང་དཀའ་བའི་གནས་སུ་འཁྱུམས་མོད། འོན་ཀྱང་སྔར་ཡོད་བོད་ཀྱི་ཆོས་སྲིད་ལོ་རྒྱུས་དང་རེབ་གོང་དམངས་ཁྲོད་བཤད་རྒྱུན་གཉིས་ལ་གཞི་བཅོལ་ཏེ་མདོ་ཙམ་གླེང་ན་འདི་ལྟ་སྟེ། བོད་ཀྱི་བཙན་པོའི་རྒྱལ་རབས་ཀྱི་ཡར་སྟོན་ནས་བཟུང་བོན་ཆོས་ཀྱི་བྱེད་སྒོ་སྟེ་དམར་མཆོད་བྱ་བའི་ལུགས་སྲོལ་ཡོད་པ་དེ་བཞིན་དུ《མཁའ་འགྲོ་ཡེ་ཤེས་མཚོ་རྒྱལ་གྱི་རྣམ་ཐར་གཏེར་མ》ལྷ་སའི་དཔར་མ་ཞིག་འདུག་པ་དེར་འཁོད་པ་ལྟར་ན། "ཆོས་ལུགས་འདིས་ལོ་རེའི་སྟོན་ཀའི་དུས་སུ་ཤ་ཕོ་རི་རྒྱང་ཞེས་ཤ་བ་ཕོ་མང་པོ་དུས་གཅིག་ཏུ་སྐེ་བཅད་ནས་བསད་པའི་ཤ་ཁྲག་གི་མཆོད་པ་འབུལ་བ་དང་། དགུན་ཁའི་དུས་སུ་བོན་ལྷ་དམར་མཆོད་ཅེས་ར་ལུག་སོགས་ཕོ་ཕྱུགས་སྟོང་ཕྲག་གསུམ་རེ་ལོངས་པའི་སྐེ་དུས་གཅིག་ཏུ་བཅད་ནས་བསད་པ་དང་། འབྲི་ལུག་ར་སོགས་མོ་ཕྱུགས་སྟོང་ཕྲག་གཅིག་རེ་ལོངས་པའི་ཡན་ལག་རྣམས་གསོན་པོར་ལྷུ་ལག་ཕྲལ་ནས་བསད་པའི་ཤ་ཁྲག་གི་དམར་མཆོད། དཔྱིད་ཀའི་དུས་སུ་ཡུ་མོའི་བྱིན་འབྲིག་ཟེར་བ་ཤ་བ་ཡུ་མོ་བཞིའི་རྐང་ལག་ལྷུ་ལག་ཕྲལ་ནས་བསད་པའི་ཤ་ཁྲག་གི་དམར་མཆོད། དབྱར་ཁའི་དུས་སུ་བོན་སྟོན་བསངས་མཆོད་ཟེར་བ་ཤིང་སྣ་དང་འབྲུ་སྣའི་བསངས་གཏོང་བ་བཅས་བྱེད་ཀྱི་ཡོད"[1]ཅེས་འཁོད་ཡོད་པ་དེ་ནི་གླུ་རོལ་གྱི་ཆེས་ཐོག་མའི་རྣམ་པ་ཡིན་ཟེར་ཞིང་། གླུ་རོལ་རྩེ་བའི་བརྒྱུད་རིམ་ཁྲོད་དུ་རྩེད་མོ་བའི་ཁ་དང་རྒྱབ་སོགས་ལ་ལྕགས་ཁབ་མང་པོ་འཛེར་བ་དང་། མགོ་ལ་གྲིས་གཏར་ནས་དམར་པོ་ཁྲག་གི་མཆོད་པ་བྱེད་པ། སྐྱེས་ཕོ་མོ་རྣམས་ཀྱིས་དད་པའི་སྟོབས་དང་བསྟུན་ནས་ཇ་ཚང་གི་མཚོ་མོ་སྐྱིལ་བཞིན་བསང་མཆོད་རྒྱ་ཆེན་གཏོང་བའི་ཁྲོད་ར་ལུག་གསོན་པོར་བསྲེག་པའི་དམར་མཆོད་ཀྱི་སྲོལ་རྒྱུན་ཡོད་པ་དེ་ནི། "བདུད་བོན་དང་། གདོལ་བོན་རྣམས་གཤེན་རབ་ཀྱི་སྔོན་ནས་ཡོད་པ་དང་། དེ་དག་གིས་དམར་མཆོད་བྱེད་སྲོལ་ཡོད་པ་ལ་གཤེན་རབ་མ

དགྱེས་ནས་བདུད་བོན་དང་། གདོན་བོན་རྣམས་ཆམ་ལ་ཕབ། དེ་དག་གི་སྤྱོད་ཚུལ་དུ་སེམས་ཅན་གྱི་རིགས་འགའ་ཞིག་བསད་ནས་ཤ་ཁྲུས་ཀྱི་མཆོད་པ་བྱེད་སྲོལ་ཡོད་པ་དེ་དག་གི་ཚབ་ཏུ་འབྲུ་དཀར་གྱི་གཏོར་མས་འཇུས་པར་བྱས་པ་དང་། ཤ་ཚུ་སྣེ་ཁྲག་གི་སྐྱེམས་འབུལ་སྲོལ་ཡོད་པ་དེའི་ཚབ་ཏུ་ཡུང་ཏི་སྣེ་འབྲུ་ཆང་གིས་འཇུས་པར་བྱས་པའི་མདོས་ཆོག་གི་སྲོལ་གསར་གཏོད་མཛད་པ”[2]བཞིན། ད་ལྟ་མཚམས་བཅད་ནས་རྩམ་པས་ར་ལུག་གི་དབྱིབས་བཟོས་ཏེ་ལྷ་བསང་གཏོང་བ་དང་མཉམ་དུ་སྔོན་གྱི་མཆོད་ལུགས་མ་ཉམས་པར་བྱེད་པ་འདི་ལ་བལྟས་ནའང་ཀླུ་རོལ་གྱི་ཆེས་ཐོག་མའི་རྨང་གཞི་དེ་དག་ལས་བྱུང་བ་ཞིག་ཡིན་པ་ཤེས་ཐུབ།

ཡང་ལ་ལས་བཙན་པོ་ཁྲི་སྲོང་ལྡེ་བཙན་གྱི་དུས་སུ་ལྷ་མིའི་ལུས་པོག་ཏུ་ཞུགས་པའི་སྲོལ་འདི་བྱུང་ཞིང་། རྒྱལ་པོ་འདིའི་སྐུ་རིང་ལ་བོན་ཆོས་བསྣུབས་ཏེ་སངས་རྒྱས་བསྟན་པ་དར་སྤེལ་བཏང་བའི་ལོ་དེར། བོད་ཀྱི་ས་ཆ་ཁ་ཤས་ཤིག་ལ་སྔར་བྱུང་མ་མྱོང་བའི་ནད་ཡམས་དང་། སད་དང་སེར་བ། ཐན་པ། ཆུ་ལོག་སོགས་གཅིག་རྗེས་གཉིས་མཐུད་དུ་བྱུང་ནས་ཞིང་འབྲོག་ཐོན་སྐྱེད་ལ་གནོད་པ་ཚབས་ཆེན་ཐེབས་པས། སྐབས་དེའི་མི་རྣམས་ཀྱི་བསམ་པའི་འདུ་ཤེས་ཏ་ཙང་ཞན་པའི་ཁར། མང་ཚོགས་མང་པོ་ཞིག་གིས་རང་བྱུང་གི་གནོད་འཚེ་དེ་དག་ཆོས་བྱས་པ་ལ་བརྟེན་ནས་བྱུང་བ་ཡིན་པར་ངོས་འཛིན་བྱས་ཏེ། སངས་རྒྱས་ཆོས་ལུགས་ཀྱིས་རང་བྱུང་གི་གནོད་འཚེ་ལྡོག་མི་ཐུབ་པར་མ་ཟད། ད་དུང་མུ་མཐུད་དུ་ཆོས་བྱས་ན་ལྷ་ཀླུ་གཉན་གསུམ་མ་དགའ་བར་ལྟས་ངན་པ་འབྱུང་ངེས་རེད་ཟེར་ནས་ལྷ་ཀླུ་གཉན་གསུམ་དགའ་བར་འཇུག་ཆེད་སྟོན་མོ་རྒྱ་ཆེན་གྱི་མཛད་སྒོ་བསྡུས་ཤིང་། ཀླུ་གར་གྱི་རྩེད་རིགས་སྣ་ཚོགས་འཁྲབ་པ་དེ་ལས་རིམ་བཞིན་དར་ཁྱབ་བྱུང་བ་ཞིག་ཡིན་ཟེར་བས། ཀླུ་རོལ་གྱི་ནང་དུ་ལྷ་ཀླུ་གཉན་གསུམ་ལ་མཆོད་འབུལ་རྒྱ་ཆེན་པོ་བྱས་ནས་དགའ་བར་བཅུག་ན་ལོ་གཅིག་གི་མི་ཐོག་གི་ན་ཚ་དང་། ཕྱུགས་ཐོག་གི་གོད་ཁ། ལོ་ཏོག་ལ་སད་སེར་ཐན་སྐྱོན་སོགས་ཀྱི་གནོད་འཚེ་དང་། བགེགས་རིགས་བར་ཆད་མི་འབྱུང་བའི་བཤད་ཚུལ་ཡོད།

གོང་དུ་བརྗོད་པའི་བཤད་རྒྱུན་འདི་གཉིས་ལས་བྱེད་སྒོ་ལ་ལ་ད་ལྟའི་ཀླུ་རོལ་གྱི་ཐོག་མཐའ་བར་གསུམ་དུ་གནས་ཡོད་པས། བྱེད་སྒོ་དེ་དག་ནི་ཀླུ་རོལ་གྱི་རྩེད་མོ་འདི་འགྲུབ་བྱེད་ཀྱི་གྲུབ་ཆའམ་ཐོག་མའི་ས་བོན་ལྟ་བུ་རེད་ཅེས་བརྗོད་ན་མི་ཆོག་པ་མེད་སྙམ། འོ་ན་ཀླུ་རོལ་གྱི་རྩེད་མོ་འདི་མགོ་གཞུག་ཆ་ཚང་བར་གྲུབ་ནས་དངོས་སུ་རྩེད་འགོ་ཚུགས་དུས་ནི་ནམ་ཡིན་ཞེ་ན། བཙན་པོ་ཁྲི་ལྡེ་སྲོང་བཙན་སོགས་ཀྱི་སྐུ་རིང་ནས་རྒྱ་བོད་གཉིས་ཀྱི་མཛའ་མཐུན་གྱི་འབྲེལ་བ་སྔར་ལས་ཀྱང་དམ་ཟབ་ཏུ་གྱུར་པ་དང་། སྔོན་ཆད་རྒྱ་བོད་ས་མཚམས་ཀྱི་དམག་འཁྲུག་ནང་ཕན་ཚུན་གྱིས་གསོན་བཟུང་བྱས་པའི་དམག་དཔོན་རྣམས་ཕྱོགས་སོ་སོར་ཕྱིར་སློག་བྱས་ཤིང་། བཙན་པོ་དང་གོང་མ་སོགས་སྐུ་གཤེགས་པའི་སྐབས་སུ་ཕན་ཚུན་ལ

འདས་མཆོད་འབུལ་རེས་དང་། དུས་རྒྱུན་གྱི་རྒྱ་བོད་ཕོ་ཉའི་བར་འགྲོ་འོང་རྒྱུན་མ་ཆད་པ་སོགས་མཛའ་མཐུན་ཞི་བདེའི་འབྲེལ་བ་བཙུགས་མྱོང་ལ། ཕན་ཚུན་དབར་བློན་པོ་དང་དམག་དཔོན་གཏོང་རེས་བྱས་ཏེ། སྔོན་ཆད་དུས་ཡུན་རིང་པོའི་ནང་ས་མཚམས་སུ་དམག་འཁྲུག་བྱུང་བ་དེ་དག་ཞི་མཐུན་གྱིས་གྲོས་མོལ་མཛད་དེ། རྒྱ་བོད་གཉིས་ཀྱི་བར་དུ་སྔར་ལས་ལྷག་པའི་ཞོད་འཇགས་ཀྱི་ཆབ་སྲིད་བསྐྱངས་པར་མ་ཟད། དཔོན་ཞང་རྗེ་རིང་འཇུགས་པར་ཕྱོགས་ཡོངས་ནས་རྨང་གཞི་བརྟན་པོ་བཏིང་མཐར། ཁྲི་གཙུག་ལྡེ་བཙན་ནམ་ཁྲི་རལ་པ་ཅན་གྱི་སྐབས་ཏེ་སྤྱི་ལོ༨༢༣ལོར《དཔོན་ཞང་དབུ་སྙིང་རྗེ་རིང》བཙུགས། དེ་ཡང་བོད་ཀྱི་ཡིག་ཚང་ལས། བོད་ཀྱི་མཆོད་གནས་ལོ་པཎ་རྣམས་དང་རྒྱའི་ཧྭ་ཤང་རྣམས་ཀྱིས་དཔང་པོ་མཛད། ཕྱིན་ཆད་བོད་བོད་ཡུལ་ན་བདེ། རྒྱ་རྒྱ་ཡུལ་ན་བདེ། སོ་མཚམས་རྨེ་རུ་མན་ལ་བོད་ཀྱིས་དམག་མི་དྲངས། གལ་ཏེ་དྲངས་ན་རྒྱ་རྗེའི་ཕོ་བྲང་གི་མདུན་གྱི་རྗེ་རིང་ཡི་གེ་ལན་གསུམ་ཀློག་པས་བོད་ཐམས་ཅད་འཕུང་བར་འགྱུར། རྨེ་རུ་ཡན་ལ་རྒྱའི་དམག་མི་དྲངས། གལ་ཏེ་དྲངས་ན་རྒྱ་རྗེའི་ཕོ་བྲང་གི་མདུན་གྱི་རྗེ་རིང་ཡི་གེ་ལན་གསུམ་ཀློག་པས་རྒྱ་ཐམས་ཅད་འཕུང་བར་གྱུར་ཅིག་ཅེས་བཙན་པོ་དཔོན་ཞང་གིས་བདེན་པ་བཙུགས་ཏེ་དམོད་བོར་བས། བོད་ཀྱི་མཐའ་མཚམས་སྲུང་བའི་དམག་མི་དང་མི་དམངས་མང་ཚོགས་རྣམས་ལ་དགའ་བ་དཔག་ཏུ་མེད་པ་སྐྱེས་ཤིང་། དུས་ཡུན་རིང་པོར་ཞི་བདེའི་དུས་ཤིག་ལ་རེ་སྐོན་བྱས་པའི་དུས་ད་ལྟ་སླེབས་སོ་སྙམ་ནས་སྔར་ཡོད་ཀྱི་དམར་མཆོད་གཏོང་ལུགས་བཞིན་ར་ལུག་སྟོང་ཕྲག་མང་པོས་དམར་མཆོད་རྒྱ་ཆེན་པོ་བྱས་ཏེ། དམག་མི་ཐམས་ཅད་ཀྱིས་ལག་ཏུ་མདའ་མདུང་གི་གསུམ་དང་རུ་དར་སྣ་ཚོགས་བཟུང་སྟེ་ཁ་ནས་དགའ་སྒྲོའི་ཀི་བསྒྱུ་སྒྲོག་པ་དང་། ལྷ་འབེབས་ཀྱི་རྩེད་མོ་སྣ་ཚོགས་འཁྲབ་པ། གླུ་ལེན་གར་རྩེད་སོགས་སྔར་བྱུང་མ་མྱོང་བའི་སྟོན་མོའི་མཛད་སྒོ་རྒྱ་ཆེན་པོ་བསྡུས་པ་ལས་རིམ་བཞིན་དར་བ་ཞིག་ཡིན་ལ། ཕྱིས་སུ་གླུ་རོལ་རྩེ་བའི་དུས་ཆེན་ཀྱང་དབྱར་ཟླ་དྲུག་པའི་ནང་གཏན་འཁེལ་བྱས་པས། ད་ལྟ་དམངས་ཁྲོད་ཀྱི་ངག་རྒྱུན་དུ་ཡང་དྲུག་པའི་ལྷ་ཟླ་དཀར་པོ་ཞེས་མཐོང་ཆེན་མཛད་ཀྱི་ཡོད་པ་མ་ཟད། རེབ་གོང་དང་ཁྲི་ཀའི་ཕྱོགས་འདི་ལ་གླུ་རོལ་རྩེ་བའི་ལུགས་སྲོལ་འདི་མ་ཉམས་པར་ད་ལྟའི་བར་དུ་དར་བ་རེད།(རེབ་གོང་ས་ཁུལ་དུ་དབྱར་ཟླ་དྲུག་པའི་ཚེས་བཅུ་དྲུག་ནས་ཚེས་ཉེར་ལྔའི་བར་དུ་གླུ་རོལ་རྩེ་བ་ཡིན།) མདོར་ན་གླུ་རོལ་འདི་གོ་རིམ་ཆ་ཚང་དུ་གྲུབ་ནས་ཐོག་མར་རྩེ་སྲོལ་ཚུགས་དུས་ནི་རྒྱལ་པོ་གླང་དར་མའི་སྐབས་ཡིན་པར་སྙམ་ལ། རྒྱ་བོད་ས་མཚམས་ནས་ཞི་མཐུན་གྱི་ཆབ་སྲིད་བསྐྱངས་པ་ལ་བོད་འབངས་ཀུན་གྱིས་དགའ་སྤྲོའི་མཛད་སྒོ་རྒྱ་ཆེན་པོ་བསྡུས་པ་དེ་ལས་རིམ་བཞིན་འཕེལ་རྒྱས་བྱུང་སྟེ་དམངས་ཁྲོད་རང་བཞིན་གྱི་དབྱར་ཟླ་དྲུག་པའི་གླུ་རོལ་འདི་ཐོག་མར་བྱུང་བ་ཡིན་ནོ། །

གཞན་ཡང་བཙན་པོ་ཁྲི་སྲོང་ལྡེ་བཙན་གྱི་དུས་སུ"སློབ་དཔོན་པདྨ་ཕ་མ་གཉིས་འཛོམས་ཀྱི་བུ་དང་བུ་མོ་ཁག་ཅིག་ལ་བྲ་འབེབས་པ་ཟེར་བ་མི་ལྷ་འདྲེ་ཕོག་ཞུགས་བྱས་པའི་ལུགས་སྲོལ་ཐོག་མར་

བཙུགས་ཤིང་། དེང་སང་ལྷ་ཕེབས་ཟེར་བ་དེ་ཐོག་མར་བྱུང་བ་རེད།”[3]ཅེས་གསུངས་པ་བཞིན་ལྷ་པས་གླུ་རོལ་གྱི་གོ་རིམ་སྔ་ཕྱིའི་སྒྲིག་ལམ་དང་དུས་ཚོད་བཀོད་སྒྲིག གླུ་རོལ་གྱི་རྩེད་མོའི་གོ་རིམ་སོགས་ལྟ་རྟོག་དང་མཇུབ་སྟོན་བྱེད་པས། གླུ་རོལ་གྱི་ནང་དུ་གཙོ་སྐྱོང་པ་ལྟ་བུའི་ནུས་པ་ཐོན་གྱི་ཡོད། ལྷ་འབེབས་ཀྱི་སྲོལ་འདི་རྒྱ་ལ་སྟོན་ཆད་ནས་དར་ཡོད་པར་མ་ཟད། ཐ་ན་ཕྱིའི་རྒྱལ་ཁབ་ཁ་ཤས་ལའང་ཡོད་པར་བཤད།

༢.གླུ་རོལ་ཅེས་པའི་མིང་ལ་དཔྱད་པ།

སྤྱིར་ད་ཡོད་ང་ཚོས་མཐོང་ཆོས་སུ་གྱུར་པའི་བརྩམས་ཆོས་མང་པོ་ཞིག་ཏུ་གླུ་རོལ་གྱི་གླུ་ལ་ཀ་ལ་བཏགས་འབྲི་བ་མང་དུ་མཐོང་སོད། འོན་ཀྱང་བརྩམས་ཆོས་རེ་འགའི་ནང་དུ་གླུ་རོལ་ལ་ག་ཀླུམ་བྲིས་ཡོད་པ་དེ་དག་གི་གོ་བ་ལེན་སྟངས་ནི། གླུ་དང་རོལ་ཆ་གཉིས་མཉམ་དུ་ལེན་རྟང་བྱེད་པའི་ཆ་ནས་གླུ་རོལ་ཅེས་བཏགས་པར་འདོད། འདི་ལའང་རྒྱུ་མཚན་ཅི་ཡང་མེད་པ་ཞིག་མ་ཡིན་ཏེ། ང་ཚོས་གླུ་རོལ་རྩེ་བའི་དངོས་ཡོད་ཀྱི་འཚོ་བར་ཞིབ་ཏུ་བརྟག་ན་དོན་དེ་འདྲ་ཞིག་འབྱུང་བའི་གོ་བའང་སྐྱེར་སྲིད། འོན་ཀྱང་གླུ་རོལ་གྱི་ནང་དུ་ལྷ་བསང་འབུལ་བ། ལབ་ཙེ་བསྐོར་བ། དམར་པོ་ཁྲག་གི་མཆོད་པ་གཏོར་བ། ལྷ་ཕབ་པ། ཤིང་མོ་འཕེན་པ། གླུད་གཏོང་བ་སོགས་བྱེད་སྒོ་མང་པོ་དང་། ལྷ་གླུ་གཉན་གསུམ་དགྱེས་པའི་ཚིག་དང་བསྟོད་ཚིག་ཇི་སྙེད་ཅིག་མཆིས་པ་སོགས་ལ་བོན་ཆོས་ཀྱི་ཤུགས་རྐྱེན་བརྟན་པོ་ཞིག་ཐེབས་ཡོད་པ་དེ་བཞིན་དུ། བོན་ཆོས་ལྟར་ན་དངོས་པོ་མཐའ་དག་ལ་རྣམ་ཤེས་ལྡན་པ་དང་། རྣམ་ཤེས་ནི་རྟག་པ་ཡིན་པའི་ལྟ་བས་རང་གི་བསམ་བློའི་རྨང་གཞི་བཀྲིས་ཤིང་། སྟེང་ལ་ལྷ་དང་། བར་ལ་གཉན། འོག་ལ་གླུ་བཅས་ཡོད་པར་ངོས་བཟུང་ནས་ལྷའི་མཐུ་སྟོབས་ནི་བསམ་གྱིས་མི་ཁྱབ་པ་ཡིན་པ། སྐྱེ་འགྲོ་ཡོད་པའི་དངོས་པོ་མཐའ་དག་ལྷ་ཡིས་གནང་བའི་ངོས་འཛིན་བྱེད་ཀྱི་ཡོད་པ་རེད། དེ་ཡང“བོན་གྱི་དཔེ་རྙིང་རྣམས་ལས་སྲིད་པའི་གྲོལ་ཕྱུག་ཏུ་གནམ་གྱི་ལྷ་དང་། ས་འོག་གི་གླུ་དང་། བར་སྣང་གི་གཉན་ཞེས་སྐྱེ་འགྲོའི་གཙོ་བོ་རྣམ་གསུམ་དུ་བཞག་ཡོད་པ་དེ་དག་ལས། ‘གནམ་གྱི་ལྷ’ཞེས་པ་དེ་ནི། གནམ་རིམ་པ་བཅུ་གསུམ་གྱི་ཡང་ཐོག་ཏུ་གནས་ཆགས་པའི་ཁྱད་པར་ཅན་གྱི་སྐྱེ་འགྲོ་ཞིག་ཡིན་པ་དང་། ‘གླུ’ཞེས་པ་ནི། ས་འོག་གམ་རྒྱ་མཚོ་ལ་དབང་བྱེད་པའི་སྐྱེ་འགྲོ་ལྷ་ལས་དམན་པ་ཞིག་ཡིན་པ་དང་། ‘གཉན’ཞེས་པ་ནི། ས་གཞིའམ་བར་སྣང་གི་ཁམས་ལ་དབང་བྱེད་པའི་སྐྱེ་འགྲོ་ལྷ་ལས་དམན་པ་ཞིག་ཡིན་པར་ངོས་འཛིན་བྱས་ཡོད”[4]ཅེས་གསུངས་པ་བཞིན་གདོད་མའི་མི་རྣམས་ཀྱིས་ལྷ་གླུ་གཉན་གསུམ་ལ་མཆོད་བཀུར་དད་མོས་བྱེད་པ་སོགས་ཕྱོགས་གང་གི་ཆ་ནས་བལྟས་ན་ཡང་གླུ་རོལ་གྱི་གླུ་ལ་ཀ་ལ་བཏགས་འབྲི་དགོས་པའི་བློ་ཞིག་དང་ངམ་ཤུགས་ཀྱིས་སྐྱེ་སྲིད་ཅིང་། གཞན་ད་དུང་བོད་རྒྱའི་ལོ་རྒྱུས་དེབ་ཐེར་མང་པོ་ལས་བྱུང་བ་བཞིན། རྒྱ་བོད་གཉིས་ཀྱི་ས་མཚམས་སུ་རྗེ་རིང་འཛུགས་སྐབས་

ལྷ་གླུ་གཞན་གསུམ་དཔང་དུ་བཞག་སྟེ་བྲོ་བོར་བ་འདི་ལས་ཀྱང་གསལ་བཤད་བྱས་ཡོད་ལ། སྐབས་དེ་དུས་ལྷ་གླུ་གཞན་གསུམ་གྱིས་བོད་བཙན་པོའི་ཆབ་སྲིད་ཀྱི་དགོས་མཁོའི་ཁྲིད་གོ་གནས་གལ་ཆེན་ཞིག་ཟིན་ཡོད་པ་ཤེས་ཐུབ་ལ། རྒྱལ་བློན་དང་སྐྱེ་བོ་ཐམས་ཅད་ཀྱི་སྣང་ངོར་ལྷ་གླུ་གཞན་གསུམ་ལ་ནུས་མཐུ་བསམ་གྱིས་མི་ཁྱབ་པ་ཞིག་ཡོད་པའི་བསམ་བློའི་འདུ་ཤེས་ཤིག་བཟུང་ཡོད་པའང་ཤུགས་ནས་རྟོགས་ཐུབ་ཅིང་། འཇིག་རྟེན་གྱི་བྱ་བ་གང་ཞིག་བསྒྲུབ་དགོས་ན་ལྷ་གླུ་གཞན་གསུམ་ལ་མ་བརྟེན་པར་མི་རང་ཉིད་ཀྱི་ནུས་པ་ལ་བརྟེན་ནས་འགྲུབ་མི་ཐུབ་པར་འདོད། 《བོད་ཀྱི་ལྷ་རབས་བཤད་པ》ཞེས་པའི་ནང་དུ“གླུ་དང་། གཉན། བཙན་ཚང་མ་གདོད་མའི་ལྷ་ཡིན་ལ། བོན་ཆོས་བྱུང་རྗེས་བོན་གྱི་ལྷའི་འཁོར་དུ་བླངས”ཞེས་བྱུང་ལ། གདོད་མའི་ཁམས་གསུམ་གྱི་འཇིག་རྟེན་ཆགས་ཚུལ་བརྗོད་སྐབས“སྟེང་གི་ལྷ་ནི་བཙན་གྱིས་བྱས་སོ”ཞེས་པ་ལྟར་ལྷ་གླུ་གཞན་གསུམ་ནི་གདོད་མའི་དུས་སྐབས་ཀྱི་ལྷ་གཙོ་བོ་དག་ཡིན་པར་མངོན་ཞིང་། མིས་གླུ་ལ་མཆོད་བཀུར་བྱེད་པ་ནི་གནོད་འཚེ་སེལ་ནས་ཆར་ཆུ་སྙོམས་ཤིང་ལོ་ལེགས་འབྱུང་ལ་མི་ཕྱུགས་དར་བའི་ཆེད་དུ་ཡིན་པ་འདི་དག་ཐམས་ཅད་ལ་བལྟས་ནའང་ཤེས་ཐུབ་པ་དང་། གླུ་རོལ་ནི་བཙན་པོའི་དུས་སྐབས་སུ་བྱུང་བ་ཞིག་ཡིན་པའི་ཆ་ནས་དེ་ལ་ཐོག་མའི་འབྱུང་རྐྱེན་གྱི་རྨང་གཞི་དང་འཕེལ་རྒྱས་སོགས་ཀྱི་གོ་རིམ་ངེས་ཅན་ཞིག་བརྒྱུད་ཡོད་པ་རིགས་པས་གྲུབ་ཅིང་། གླུ་རོལ་ཅེས་པའི་མིང་འདི་ཡང་ཕལ་ཆེར་སྔོན་ཆད་ནས་བྱུང་ཡོད་པར་སྙམ་པས། གླུ་རོལ་གྱི་གླུ་ནི་ལྷ་གླུ་གཞན་གསུམ་གྱི་གླུ་འདི་ཉིད་འབྲི་དགོས་པར་འདོད།

མདོར་ན་གླུ་རོལ་གྱི་གླུ་ནི་ལྷ་གླུ་གཞན་གསུམ་གྱི་གླུ་ལ་གོ་དགོས་ཤིང་། རོལ་ནི་རྩེད་མོ་རྩེ་བའམ་དགའ་སྤྲོའི་ལྟད་མོ་ལ་རོལ་བ་ཡིན་པས། ལྷ་གླུ་གཞན་གསུམ་ལ་རྩེད་རིགས་སྣ་ཚོགས་ཀྱིས་མཆོད་དེ་དགའ་བ་སློང་ཞིང་དེ་རྣམས་ཀྱང་དགའ་སྤྲོའི་རོལ་རྩེད་ལ་རོལ་བའི་དོན་ཡིན་པ་དང་། གཞན་ཡང“གླུའི་རོལ་པའམ་གླུའི་གདེངས་ཀ་སྟེ་ལད་མོ་བྱེད་པས་ན་གླུ་རོལ་ཅེས་བཏགས་པ་རེད”[5]ཅེས་བཀོད་ཡོད་པ་དེ་བཞིན་དུ་གླུ་རོལ་གྱི་གླུ་ལ་ཀ་ལ་བཏགས་ཡིན་ན་དོན་དང་མཚུངས་པ་ཞིག་ཡིན་པར་འདོད་དོ། །

གསུམ་པ། གླུ་རོལ་དར་ཆེ་བའི་སྐྱེ་བ།

རེབ་གོང་ཡུལ་དུ་ཕལ་ཆེར་དབྱར་ཟླ་དྲུག་པའི་ཚེས་བཅུ་དྲུག་ཉིན་ནས་གླུ་རོལ་རྩེ་འགོ་ཚུགས་ཤིང་། སྡེ་བ་སོ་སོའི་རང་རང་གི་ཡབ་མེས་ནས་བརྒྱུད་ཡོང་བའི་ལུགས་སྲོལ་ལྟར་ཚེས་ཉེར་ལྔའི་བར་དུ་གླུ་རོལ་གྱི་མཛད་སྒོ་རྒྱ་ཆེན་པོའི་སྒོ་ནས་སྤེལ་བ་ཡིན། རེབ་གོང་ནི་བོད་རིགས་གཙོ་ཆེ་བའི་ས་ཁུལ་ཞིག་ཡིན་པས། གླུ་རོལ་དར་ཆེ་བའི་སྡེ་བ་མཐའ་དག་ཀྱང་བོད་རིགས་རྐྱང་རྐྱང་ཡིན། དེ་ཡང་གླུ་རོལ་དར་ཆེ་བའི་སྡེ་བ་སོ་སོའི་མིང་རགས་ཙམ་བཀོད་ན་འདི་ལྟར། ས་དཀྱིལ་སྡེ་བ་དང་། གཉན་ཐོག ཤ་

གསར། སྔོ་དམར། སོག་ཏྲ། ཐེ་བུའམ་ཐེའུ། ཧོར་རྒྱ། རྒྱ་ཚང་མ། གར་རྩེབ་གདོང་། ཐོ་རྒྱའི་བོད་སྐོར། གླིང་རྒྱ། ལྕང་སྐྱ། སྨད་པ་ཏ་ར་བ་ཧྲི།(གཞན་ཏ་ར་པཱ་ཐུར་ཡང་ཟེར། དེ་ནི་སོག་སྐད་ཡིན་ཏེ། བོད་སྐད་དུ་དཔའ་བོ་ནག་པོ་ཞེས་པའི་དོན་ཡིན་ཟེར།) སྨད་པ་རི་རྩ། སྨད་པ་འཇམ། བཙན་མོ། མགར་རྩེ། ཤ་སྦྲང་སོགས་ཡོད་ལ། དེ་དག་གིས་བསྟེན་པའི་གཞི་བདག་གཙོ་བོ་སྟེ། ཨ་མྱེས་རྨ་ཆེན། སེ་ཀུ་ཁྲ་ཁྲུང་།(ཡུལ་ལྷའི་རྒྱལ་པོ་ཁྲ་ཁྲུང་ག་ཏུ་ཏ་ཞེས་ཀྱང་འབོད།) གཉན་ཆེན། ཀོའུ་མོལ་རི་ལང་།(དགྲ་ལྷའི་རྒྱལ་པོ་ཡིན།) གེ་སར། སྟག་ལུང་། དར་རྒྱལ་སྲུན་གསུམ།(དར་རྒྱལ་དང་དམག་དཔོན། ཨ་མྱེས་ཡུལ་ལྷ་བཅས་གསུམ་ཡིན། གཞན་དུ་ཨ་མྱེས་ཡུལ་ལྷའི་ཚབ་ཏུ་བཙན་རྒོད་བགྲངས་པའང་ཡོད།) ཙའུ་ཧུན་འཇམ་པའི་དབྱངས། པེ་ཧཱ་རི་ལང་། དགྲ་ལྷ་བཅུ་གསུམ་སོགས་ཡིན། ཨ་མྱེས་དམག་དཔོན་དང་། པེ་ཧཱ་རི་ལང་། ཙོ་ཤི་རི་ལང་གསུམ་ནི་སྲུན་མཆེད་ཡིན་པའི་ལོ་རྒྱུས་བརྗོད་རྒྱུའང་ཡོད། སྡེ་བ་སོ་སོའི་གཞི་བདག་བསྟེན་ཚུལ་འདི་ལ་ཕ་མེས་ཡང་མེས་ནས་བརྒྱུད་ཡོང་བའི་དག་རྒྱུན་དང་ལོ་རྒྱུས་མི་འདྲ་བ་སྣ་ཚོགས་ཤིག་ཡོད་པ་དེ་དག་རེ་རེ་བཞིན་མང་བར་དོགས་ནས་འདིར་མ་བཀོད། གཞན་ཡང་རེབ་གོང་ཚུ་མ་སྡེ་བ་སོགས་སྡེ་བ་འགའ་ཞིག་ནི་རྒྱ་ལོའི་ཚེས་གཅིག་ནས་ཚེས་གསུམ་གྱི་བར་དུ་གླུ་རོལ་རྩེ་བ་དང་། གཞི་བདག་གཙོ་བོ་སེ་མཁར་བསྟེན་པ་ཡིན་ནོ། །

བཞི་པ། གླུ་རོལ་གྱི་རིགས་དང་དབྱེ་བ།

སྤྱིར་རེབ་གོང་དུ་དར་བའི་གླུ་རོལ་འདི་ལ་རིགས་ཀྱི་སྒོ་ནས་དབྱེ་ན་ལྷ་རྩེད་དང་། གླུ་རྩེད། དམག་རྩེད་བཅས་གཙོ་ཆེ་བ་གསུམ་དུ་དབྱེ་ཞིང་། དེ་དག་ངོ་སྤྲོད་ཀྱི་ཚུལ་དུ་རགས་ཙམ་ཞུ་ན།

༡. ལྷ་རྩེད། ལྷ་རྩེད་ནི་རྩེད་མོ་བ་རྣམས་ཀྱིས་ཟངས་ཀྱི་འཁར་ཛ་དང་ལྷ་ཛ་བཟུང་ནས་རང་གིས་བསྟེན་པའི་ཡུལ་ལྷ་གཞི་བདག་མིའི་ལུས་ཁོག་ཏུ་ཞུགས་པ་ལྟ་བུའི་ཚུལ་གྱིས་འཁར་ཛའི་སྒྲ་དང་བསྟུན་ནས་ལུས་ཀྱི་ཉམས་འགྱུར་དང་རྐང་པའི་སྟངས་སྟབས་སོགས་ཟུང་སྦྱར་བའི་སྒོ་ནས་རྩེ་བ་དང་། མགོ་ལ་མཚོན་གྱིས་གཏར་བ། ཁ་དང་རྒྱབ་ལ་ལྕགས་ཁབ་མང་པོ་འཛེར་ནས། དམར་པོ་ཁྲག་གི་མཆོད་པ་ཕུལ་ཏེ་གཞི་བདག་གི་མཚན་ནས་འབོད་པ་དང་བཅས་ཡུལ་ལྷ་གཞི་བདག་དགྱེས་པའི་ཆེད་དུ་ལྷ་ངོམ་གྱི་རྩེད་མོ་སྣ་ཚོགས་བྱེད་པ་ཞིག་ཡིན།

དམར་པོ་ཁྲག་གི་མཆོད་པ་བྱེད་པ་འདི་ནི་བོད་ཀྱི་གདོད་མའི་ཆོས་ལུགས་ལས་བྱུང་བ་ཞིག་ཡིན་ཏེ། བོད་ཀྱི་ཆབ་སྲིད་"སྒྲུང་ལྡེའུ་བོན"གསུམ་གྱིས་བསྐྱངས་ཞེས་པའི་བོན་གྱི་དུས་སྐབས་དེར་བོན་བསྟན་བོད་ཀྱི་ས་ཁུལ་ཐམས་ཅད་ལ་རྒྱ་ཁྱབ་ཏུ་དར་ནས། བོད་མི་ཐུན་མོང་གིས་དད་པ་བྱེད་པའི་ཆོས་ལུགས་ཤིག་ཏུ་གྱུར་ཡོད་པས། བོན་ཆོས་སུ་ར་ལུག་སྟོང་ཐྲག་མང་པོ་དམར་མཆོད་གཏོང་བའི་ལུགས་སྲོལ་ལས་རིམ་བཞིན་དར་བ་ཞིག་ཡིན་པ་ལས་ད་ལྟའི་དུས་སྐབས་འདི་ལ་གློ་བུར་དུ་བྱུང་བ་ཞིག་གཏན་ནས་མིན་

པར་ཤེས་ཐུབ། མགོ་ལ་གྲིས་གཏར་བ་འདི་ལ་རང་རེའི་བོད་ཀྱི་གསོ་རིག་གི་ཁྱད་ཆོས་ལྡན་ལ། བོད་ཀྱི་གསོ་རིག་གི་ནང་དུ་གཏར་ཀ་ནི་ལུས་ཀྱི་ཕྱི་ནས་ཁྲག་བཏོན་ཏེ་ན་ཟུག་གཅོད་པའི་ཐབས་ལ་བྱ་ཞིང་། དང་ཐོག་གཡུལ་བཀྲིས་པ་སོགས་ལས་ལུས་ལ་རྨས་སྐྱོན་ཤོར་ཚེ། ནྭ་ཡུལ་ལས་འདས་པར་ལུས་ཀྱི་ན་ཟུག་གཞན་ཞིག་ལ་ཕན་པ་ཆོར་བ་ལས་གཏར་ཀའི་ཐབས་བྱུང་བ་ཡིན་ནོ། །

༢. ཀླུ་རྩེད། ཀླུ་རྩེད་ཅེས་པ་ནི་ཀླུའི་རྒྱལ་པོ་ལ་ངོ་སོ་བསྟོད་པའི་ཆེད་དུ་རྩེད་མོ་བ་རྣམས་ཀྱིས་སྟག་སེང་ཁྱུང་འབྲུག་གི་དར་མཚོན་སྣ་ཚོགས་བཟུང་ནས་ཆུ་འགོ་དང་ཆུ་ཁར་སོང་སྟེ་བསང་མཆོད་བྱེད་པ་དང་། ཤིང་ཏོག་དང་། ལོ་ཏོག ཞོ། འོ་མ། མར། བདུག་སྤོས། བསང་རྫས། ཤུག་པ་ལ་སོགས་པའི་མཆོད་པ་རྒྱ་ཆེན་པོ་མཛད་དེ་གླུད་གཏོ་བཏོན་ཚར་རྗེས། གླུད་གཏོ་ཕུལ་ཏེ་རྩེད་ཆས་རྣམས་ཆུ་ལ་དབྱུགས་ནས་རྩེད་མོའི་གར་འཁྲབ་སྣ་ཚོགས་བྱེད་པ་ཞིག་ཡིན། འདིའི་དོན་གཙོ་བོ་ནི་ཐན་སྐྱོན་གྱི་གནོད་འཚེ་མི་འབྱུང་བའི་ཆེད་དུ་ཀླུའི་རྒྱལ་པོ་ལ་ཆར་ཆུ་དུས་སུ་འབེབས་པར་བསྐུལ་བ་ཞིག་ཡིན་ཞིང་། རང་ཅག་བོད་མི་རིགས་ཀྱི་འཚོ་བའི་ཐོན་སྐྱེད་གཙོ་བོ་ནི་འབྲོག་ལས་དང་ཞིང་ལས་གཉིས་ཡིན་པས། ཆར་ཆུ་དུས་སུ་བབས་ན་འབྲོག་པའི་རྩྭ་ཐང་དང་རོང་པའི་ལོ་ཏོག་ལ་ལེགས་འབྲས་འབྱུང་ཐུབ་པ་ཡིན། དེ་བས་ཀླུ་རྩེད་འདིའི་ནང་དུ་རོང་འབྲོག་གཉིས་ལ་ལོ་ལེགས་འགྱོར་ཕྱུག་ཡོང་ཕྱིར་སྐྱབས་འཇུག་ཞུ་བའི་ནང་དོན་ལྡན་པར་མ་ཟད། དམངས་ཁྲོད་ཀྱི་ངག་རྒྱུན་དུ་ཆར་ཆུ་ནི་ཀླུའི་རྒྱལ་པོས་འབེབས་སུ་འཇུག་པ་ཡིན་ཟེར་བ་ལས་གཞན་ད་ལྟའི་ཆོས་ལུགས་ཀྱི་བྱེད་སྒོའི་ཁྲོད་དུའང་དགེ་འདུན་པ་སོགས་ཆུ་འགོ་དང་ཆུ་ཁར་ཕྱིན་ནས་ཀླུའི་རྒྱལ་པོ་ལ་ཆར་ཆུ་སློང་བའི་ལུགས་སྲོལ་ཀྱང་ཡོད་པ་དེ་བཞིན་ནོ། །

༣. དམག་རྩེད། དམག་རྩེད་ནི་རྩེད་མོ་བ་དག་གིས་ལག་ཏུ་མདའ་མདུང་གྲི་གསུམ་དང་ཏྭ་དར་སྣ་ཚོགས་ཐོགས་ཏེ་ཁ་ནས"བེ་ཧ། བེ་བེ། བེ་ཧ།" ཞེས་ཟེར་ཞོར་དུ་ལག་གི་མདའ་མདུང་གྲི་གསུམ་གྱི་མཚོན་ཆ་མཁར་འཕྱར་ནས་རྩེ་བ་དང་། སྟེ་བའི་ནང་གི་ལོ་ན་རྒན་གྲས་ཤིག་གིས་འཁར་ཛ་དང་ལྷ་ཛ་སོགས་རྡུང་ཞོར་དུ་རང་སྡེའི་གཞི་བདག་མཐུ་བོ་ཆེ་དག་གི་མཚན་ནས་བོས་ཏེ་ཡུལ་མི་ཀུན་འཇིགས་པ་ཐམས་ཅད་ལས་སྐྱབ་པར་རེ་བཙོལ་བྱེད་པ་མཚོན་པ་ཞིག་ཡིན།

དེ་ཡང་བོད་ཀྱི་ལོ་རྒྱུས་དེབ་ཐེར་སོགས་སུ་མདོ་སྨད་ཀྱི་ཡུལ་སྡེ་ཐམས་ཅད་ནི་སྔོན་བོད་ཀྱི་བཙན་པོའི་སྐུ་རིང་ལ་ཡུལ་མཚམས་སྲུང་བར་མངགས་པའི་དམག་དཔུང་ཡིན་པར་བཤད་པ་དེ་བཞིན་དུ། རྩེད་མོ་བ་དག་གིས་ལག་ཏུ་མདའ་མདུང་གྲི་གསུམ་དང་ཏྭ་དར་བཟུང་སྟེ་དམག་ལ་སྐྱོད་པའི་ཚུལ་དང་། རྩེད་མཁན་རྣམས་ཀྱི་ཀང་པའི་འདེགས་འཛོག་མཉམ་པའི་ཆེད་དུ"བེ་ཧ། བེ་བེ། བེ་ཧ།"ཞེས་མགྲིན་དབྱངས་གཅིག་ཏུ་སྒྲོག་པ་འདི་དག་ལ་ཞིབ་ཏུ་དཔྱད་ན། དམག་རྩེད་འདི་ནི་བོད་ཀྱི་བཙན་པོའི་དམག་དཔུང་གི་དམག་སྦྱོང་བྱེད་སྟངས་དང་འཚོ་བ་རོལ་སྟངས་ཤིག་ཡིན་པ་སྨྲོས་མ་དགོས་

ཤིང་། སྐབས་དེར་དམག་མི་མང་པོས་མཉམ་དུ་དམག་སྦྱོང་བྱེད་སྐབས་མགྲིན་དབྱངས་གཅིག་ཏུ"བེ་ཏ། བེ་བེ། བེ་ཏ།"ཞེས་བརྗོད་པ་དེ་ནི་ལག་གི་མཚོན་ཆ་དང་གོམ་པའི་སྟངས་སྟབས་དོ་མཉམ་པའི་ཆེད་དུ་ཡིན་པར་འདོད་ལ། སྔོན་དམག་འཁྲུག་ནང་གཤེགས་པའི་དཔའ་བོ་རྣམས་དང་དངོས་ཡོད་འཚོ་བར་རྗེས་དྲན་ནམ་ཕྱིར་དྲན་རང་བཞིན་གྱི་རྩེད་མོ་ཞིག་ཀྱང་ཡིན་པས། "དམག་རྩེད"ཅེས་བཏགས་པའང་དངོས་གནས་མིང་དོན་མཚུངས་པ་ཞིག་རེད་སྙམ་མོ། །

གཞན་ཡང་བློ་རོལ་གྱི་གོ་རིམ་ཁྲོད་དུ་གར་རྩེད་དང་རྐང་རྩེད་གཉིས་ཡོད་ལ། གར་རྩེད་ནི་གར་པ་དང་གར་མ་གཉིས་མཉམ་དུ་ཐུན་མོང་གིས་རྩེ་བའམ་ཡང་ན་གར་པ་དང་གར་མ་སོ་སོར་རྒྱུད་པས་རྩེ་བ་ཞིག་སྟེ། གར་མཁན་རྣམས་ཀྱིས་ལག་ཏུ་ཁ་བཏགས་དང་མེ་ཏོག་བཟུང་སྟེ་འཁར་སྒྲ་དང་བསྟུན་ནས་རྩེ་བ་དང་། རྩེད་རིགས་ཀྱི་ནང་དོན་གཙོ་བོ་ཞིབ་ཏུ་བཀོད་ན་འདི་ལྟར། སྔོ་བའི་ནང་ཁྲིམ་ཚང་དང་བཟའ་ཚང་ཕན་ཚུན་བར་འཐབ་འཁྲུག་བྱེད་པ་སོགས་ཀུ་རེའི་རྩེད་མཚར་གྱི་ལམ་ནས་སྐྱོན་མཚང་འདོགས་རེས་བྱས་ཏེ་འདུམ་འགྲིག་བྱེད་པ། ལོ་ལེགས་འབྱུང་བའི་ཆེད་དུ་རྩེད་རིགས་ཀྱི་ལམ་ནས་ཞིང་འདེབས་པའི་ཚུལ་གྱིས་ལོ་ལེགས་འབྱུང་བའི་ཁ་གཡང་འབོད་པ། རི་སྒྲུ་དང་སྒྲུ་གཞས་བླངས་ཏེ་ལྷ་བླུ་ཐམས་ཅད་དགྱེས་པར་བྱེད་པ། སྔོ་བའི་ནང་གཉེན་སྒྲིག་བྱས་ནས་ཡུན་རིང་སོང་བའི་ན་གཞོན་བཟའ་ཟླ་ཕྱིས་པ་མེད་པ་རྣམས་ལ་རྩེད་རིགས་ཀྱི་ལམ་ནས་ལྷ་བླུར་མཆོད་སྦྱིན(འདི་ལྟར་མཆོད་སྦྱིན་བྱས་ན་མནའ་མར་མྱུར་དུ་བུ་ཆགས་པའི་བཤད་སྲོལ་ཡོད)བྱེད་དགོས་ཚུལ་བསྟན་པའི་རྩེད་མོ་སོགས་དངོས་ཡོད་འཚོ་བ་དང་འབྲེལ་བའི་དགོད་གཏམ་གྱི་རྩེད་མཚར་སྣ་ཚོགས་རྩེ་བ་ཞིག་ཡིན།

རྐང་རྩེད་ནི་གར་པ་གཉིས་ཀྱིས་སྟག་གཟིག་གི་ངོ་འབག་གྱོན་ནས་རྐང་ཤིང་སྟེང་འཛེགས་ཏེ་ལྷ་ཇ་དང་བེར་ཀ་བཟུང་ནས་རྩེ་བ་ཞིག་ལ་བྱ། རྐང་རྩེད་འདི་ནི་གར་མཁན་གྱིས་རྐང་པའི་སྟངས་སྟབས་མང་པོ་བསྒྱུར་ནས་རྩེ་བ་ཞིག་ཡིན་ལ། འདིའི་འབྱུང་ཁུངས་རགས་ཙམ་བཀོད་ན། "དར་རྒྱལ་གཡུ་མཚོའི་བླ་ལ་མགོན་པོ་འོད་དཔག་མེད་དང་སྤྱན་རས་གཟིགས་རྣམ་གཉིས་ཀྱི་ཞལ་གཟིགས་སྣང་བའི་ལོ་རྒྱུས་ཤིག་སྟེ། དེ་ཡང་ཞལ་འབག་དམར་པོ་ཅན་ཞིག་ཡོད་པ་འོད་དཔག་མེད་དང་། དཀར་པོ་ཅན་བཅུ་གཅིག་ཡོད་པ་སྤྱན་རས་གཟིགས་བཅུ་གཅིག་ཞལ་མཚོན་བྱེད། སྟག་སེང་གཉིས་ཁྲིར་བ་ལྷ་བླུ་མི་གསུམ་མཐུན་སྒྲིལ་ཡོད་ན། སྟག་དང་སེང་གེ་ཡང་འཛིན་ཐུབ་པ་ཡིན་ཞེས་མཚོན"[6]ཡོད།

ཁོ་བོས་བལྟས་ན་བློ་རོལ་གྱི་ནང་དུ་སྟག་གཟིག་གཉིས་སུ་རྩེ་བ་འདི་ནི་སྤྱི་ལོའི་དུས་རབས་བདུན་པའི་ནང་རྒྱལ་པོ་སྲོང་བཙན་སྒམ་པོས་བོད་ཆེན་པོའི་སྲིད་དབང་གསར་དུ་བཙུགས་ཏེ་བཀའ་ཁྲིམས་ཆེན་པོ་གཏན་ལ་ཕབ་པའི་ནང་ཚན་དཔའ་རྟགས་དྲུག་གི་བསྟན་དོན་ལས། "སྟག་སྟོད་སྟག་སྨད"དང་། "སྟག་སློག་གཟིག་སློག"གི་དཔའ་ཆས་དང་། "དཔའ་མཚན་སྟག་གི་སྦྱིལ་བོ་ཕུབ"ཅེས་བཀོད་

ཡོད་པ་ལྟར། ཆོས་རྒྱལ་སྲོང་བཙན་སྒམ་པོས་ཕས་རྒོལ་རྣམ་པར་འཇོམས་པའི་དཔའ་སྡེའི་དམག་དཔོན་ལ་སྟག་ཕྲུགས་ཀྱི་སྟོད་གཡོགས་དང་སྨད་ཤམ་གྱི་བྱ་དགའ་གནང་བའི་སྲོལ་བཙུགས་པར་མ་ཟད། བྱས་རྗེས་ཆེ་བ་ལ་སྟག་ཕྲུགས་ཀྱི་སློག་པ་དང་། འབྲིང་བ་ལ་གཟིག་ཕྲུགས་ཀྱི་སློག་པ་ལེགས་སྐྱེས་སུ་བསྩལ་ཏེ་དམར་ཡག་སྟག་གི་དཔའ་སླིང་དང་གྲ་ཡག་གཟིག་གི་ནུས་མཐུ་ཇི་བཞིན་དཔའ་མཛངས་ཀྱི་དབྱེ་བ་འབྱེད་པའི་སྲོལ་འདི་ལས་དར་བ་ཞིག་ཡིན་ཞིང་། ཕྱིས་སུ་སྤྱི་ཚོགས་འཕེལ་རྒྱས་ཀྱི་འགྲོས་དང་བསྟུན་ནས་གླུ་རྩོལ་གྱི་ནང་དུ་སྟོན་གྱི་ལུགས་སྲོལ་དེ་ལ་རྗེས་དྲན་བྱེད་པའི་ཆེད་དུ་སྟག་གཟིག་གཉིས་སུ་རྩེ་བའི་སྲོལ་འདི་བྱུང་བ་ཡིན་ནོ། །

ལྔ་པ། གླུ་རྩོལ་སྐབས་ཀྱི་རྒྱན་གོས།

རེབ་གོང་གླུ་རྩོལ་སྐབས་ཀྱི་རྒྱན་གོས་འདི་ནི་བོད་རིགས་མི་དམངས་ཀྱི་སྤྱི་ཚོགས་འཚོ་བའི་ལག་ལེན་ཁྲོད་ནས་བྱུང་བ་ཡིན་པས། དེ་ལ་ས་གནས་ཀྱི་ཁྱད་ཆོས་དང་བོད་ཀྱི་རིག་གནས་ཀྱི་ཁྱད་ཆོས་ཀྱང་ལྡན་ཡོད་པ་རེད། རེབ་གོང་གི་ཡུལ་དུ་གླུ་རྩོལ་རྩེ་སྲོལ་ཡོད་པའི་སྡེ་བ་མཐའ་དག་གིས་གླུ་རྩོལ་གྱི་སྐབས་སུ་ངེས་པར་དུ་བོད་ལྭ་གྱོན་ནས་རྩེ་དགོས་པར་མ་ཟད། རང་སྣང་གང་འདོད་ཀྱིས་མི་རིགས་གཞན་གྱི་ལྭ་བ་གྱོན་པའམ་གླུ་རྩོལ་རྩེ་སྐབས་རྩེད་མོ་བ་དག་དུས་ལྟར་མ་ཐོན་པ་ལ"འགྲིག"ཅེས་སྐོར་མོའི་ཆད་པ་གཅོད་པ་ཡིན། རྩེད་མོ་རྩེ་མཁན་རྣམས་ཀྱིས་ཀྱང་སྒྲིག་ཁྲིམས་དེ་ལ་བརྩི་སྲུང་ནན་མོ་བྱས་ཏེ་རང་རེའི་བོད་མི་རིགས་ཀྱི་རྒྱན་གོས་གྱོན་པ་ཡིན། སྡེ་བ་གང་ཞིག་ཡིན་རུང་སྡེ་བ་རང་ཉིད་ཀྱི་གླུ་རྩོལ་དུས་ནམ་ཞིག་ལ་རྩེ་བར་དུས་ཚོད་གཏན་འཁེལ་བྱས་ཡོད་ཅིང་། ལོ་རེ་རེར་སྟོན་གྱི་དུས་ཚོད་གཏན་འཁེལ་བྱས་ཡོད་པའི་ཉིན་དེ་ལ་གླུ་རྩོལ་གོ་རིམ་ཆ་ཚང་བའི་སྒོ་ནས་རྩེ་བ་དང་། གླུ་རྩོལ་རྩེ་དུས་སུ་སྡེ་བ་རང་རང་གི་གླུ་རྩོལ་རྩེ་བའི་དུས་ཚོད་ཀྱི་སྔ་ཕྱི་ལྟར་སྡེ་བ་ཕན་ཚུན་ལྔ་བསང་འཁྱེར་རེས་བྱས་ཏེ་མཉམ་གཅིག་ཏུ་རྩེ་བའི་ལུགས་སྲོལ་ཡང་ཡོད། གལ་ཏེ་སྡེ་བའི་ནང་མི་ཤི་དོན་རྐྱེན་འདྲ་བྱུང་ཚེ་དེ་གའི་ཁྱིམ་མི་ཐམས་ཅད་གླུ་རྩོལ་གྱི་བྱེད་སྒོ་ལ་ཞུགས་མི་དགོས་པའི་དམིགས་བསལ་གྱི་གནང་བ་ཡོད།

སྤྱིར་རེབ་གོང་གླུ་རྩོལ་གྱི་རིགས་མི་འདྲ་བའི་དབང་གིས་སྡེ་བ་ཕལ་ཆེ་བའི་རྒྱན་གོས་རིགས་མི་འདྲ་བ་མང་པོར་སྣང་སྟེ། ལ་ལས་ཕོ་གསར་ཚོའི་མགོ་ལ་ཅོར་དམར་ཅན་གྱི་དབྱར་ཞྭ་གྱོན་པ(དབྱར་ཞྭ་ནི་ཕྱིང་ཞྭའི་དབྱིབས་ལྟར་བཟོས་པའི་རས་ཞྭ)དང་། སྐེ་ལ་གཝུ་དང་དར་སྣ་དཔྱངས་པ། རྐང་པར་འབོལ་རིལ་གྱོན་པ། སྨྲམ་ཕྲུགས་ཆེ་ཆུང་གང་རུང་བརྒྱབ་ཡོད་པའི་ཕྲུག་དང་གོས་ལྭ་གྱོན་པ། ཕོ་གསར་ཆེ་ཆུང་ཐམས་ཅད་ཀྱི་ལག་ཏུ་འཁར་ཛ་དང་ལྕ་ཛ། མདའ་མདུང་གྲི་གསུམ། རྔ་དར་སྣ་ཚོགས། བེར་ཀ་ཅོར་ལོ་ཅན། གླིང་བུ། བསིལ་གཡབ། ཁ་བཏགས་སོགས་བཟུང་ནས་གླུ་རྩོལ་རྩེ་ང་ཡིན།

དེ་བཞིན་མོ་གསར་ཚོའི་ལུས་ལ་གཙོ་བོ་ཕྲུག་དང་། གོས་ལྭ། ཐེར་མ་ལས་བཟོས་པའི་ཨ་མདོའི་མོ་ལྭ་གྱོན་ཞིང་། མགོ་ལ་སྐྲ་ལན་ཕྲུག་མང་དུ་བསླས་ཏེ་དངུལ་སྟོང་ངམ་དངུལ་སྒྲོག་མང་པོ་སྤར་ཐེང་བསྒྲིགས་ནས་འདོགས་པ་དང་། རྣ་དང་རྣ་འགྲམ་གཡས་གཡོན་གཉིས་སུ་བྱུ་རུ་དམར་པོའི་རྣ་རྒྱན་སོགས་བཏགས་ནས་ཀླུ་རོལ་གྱི་རྩེད་མོ་རྩེ་བ་ཡིན། གཞན་ད་དུང་མོ་ལྭ་ལ་རིགས་མི་འདྲ་བ་ཞིག་ཡོད་པ་ནི་སོག་ལྭའི་ཁྱད་ཆོས་ལྡན་པའི་ལྭ་བ་གྱོན་མཁན་གྱི་སྲེ་བ་འགའ་ཡོད་ལ། དེ་དག་ལས་གཉན་ཐོག་སྲེ་བ་ནི་སྔོན་ཧོར་དམག་གི་རིགས་རྒྱུད་ཡིན་ཟེར། རེབ་གོང་ཡུལ་དུ་སྲེ་བ་དེ་དག་ལ"དོར་སྲེ"ཞེས་ཟེར་ཞིང་། ཧོར་སེ་ཆེན་རྒྱལ་པོའི་དམག་དཔོན་དོར་ཏ་ནག་པོའི་རྒྱུད་ལས་ཆད་པའི་སྲེ་ལ་རེབ་གོང་གཉན་ཐོག་དོར་སྲེ་ཟེར་ལ་དེང་སང་དོར་རྗེ་ཞེས་ཟུར་ཆག་ནས་འབོད་ཅིང་། དོར་སྐད་ཟེར་བ་ཡང་དེའི་ཆ་ནས་བཏགས་སོ"[7]ཞེས་འཁོད། བཤད་ཚུལ་ལྟར་ན་སེང་གེ་གཞོང་གི་མོ་ལྭ་འདི་ནི་བོད་ཀྱི་ལོ་རྒྱུས་སུ་བརྗོད་པའི་ཞང་ཞུང་དུས་སྐབས་ཀྱི་ལྭ་བ་ཡིན་པར་འདོད་དོ། །

དྲུག་པ། ལྷ་གསོལ་བསང་གཏོང་།

ལྷ་གསོལ་བསང་གཏོང་འདི་ནི་བོད་ཀྱི་ཡུལ་གྲུ་ཀུན་ལ་དར་ཁྱབ་ཤིན་ཏུ་ཆེ་བ་ཞིག་ཡིན་པར་མ་ཟད། བོད་མི་རིགས་ཀྱི་རྒྱུན་ལྡན་འཚོ་བའི་ཁྲོད་མེད་དུ་མི་རུང་བའི་སྲོལ་རྒྱུན་རིག་གནས་ཀྱི་ཡ་གྱལ་གཙོ་བོ་ཞིག་ཀྱང་ཡིན་ལ། དེས་རེབ་གོང་ཀླུ་རོལ་གྱི་འགོ་མཇུག་བར་གསུམ་གྱི་རྩེད་མོའི་བྱེད་སྒོའི་ཁྲོད་དུའང་ཆེས་གལ་ཆེ་བའི་གནས་བབས་བཟུང་ཡོད་ཅིང་། ཀླུ་རོལ་སྐབས་ཀྱི་ལྷ་གསོལ་བསང་གཏོང་དེ་ལ་མཆོད་རྫས་ཀྱི་རྣམ་གྲངས་དང་མཆོད་སྣངས་སོགས་དུས་རྒྱུན་འཚོ་བའི་ཁྲོད་ཀྱི་ལྷ་བསང་གཏོང་ལུགས་དང་བསྡུར་ན་ཁྱབ་ཆེ་ཆུང་གི་ཁྱད་པར་ཡོད་པས། འདི་ནས་ཀླུ་རོལ་སྐབས་ཀྱི་ལྷ་གསོལ་བསང་གཏོང་བྱ་ཚུལ་རགས་བསྡུས་ཤིག་བརྗོད་ན་འདི་ལྟར། རེབ་གོང་གི་སྲེ་བ་གང་དང་གང་ཞིག་ཡིན་རུང་། ཀླུ་རོལ་གྱི་སྐབས་སུ་དུད་ཁྱིམ་ཐམས་ཅད་ཀྱིས་རང་ཁྱིམ་ནས་ལྷ་བསང་གཏོང་བྱེད་ཀྱི་ཤུག་པ་དང་། ཇ་ཕུད། ཆང་ཕུད། ཞོ་ཕུད། བསང་རྫས་རིལ་བུ། མེ་ཏོག བདུག་སྤོས། ཁ་བཏགས། གར་གཏོ། ཀློའུ་རཱེའུ།(གྲོ་ཕྱེ་ལས་བཟོས་པའི་ཉི་ཟླའི་དབྱིབས་སོགས་མང་པོ་ཡོད།) ཤེར་རྩིག(ནས་འབྲུ་བརྔོས་མ།) མཆོད་མེ། རླུང་རྟ། ཤིང་ཏོག་སྣ་ཚོགས། འབྲུ་རིགས་སྣ་ལྔ། ཀ་ར་གོ་རེ། མར། རྩམ་པ། ཀ་ར་བུ་རམ། ཕྱེ་རྫི་སོགས་མཆོད་རྫས་ཀྱི་རིགས་ཕུན་སུམ་ཚོགས་པ་ཁྱེར་ནས་ཁྱིམ་མི་ཐན་གཞོན་དང་གར་མཁན་ཐམས་ཅད་ཀྱིས་ལྷ་བསང་འབུལ་ཅིང་། རང་ཉིད་ཀྱི་ཁ་ལས་རླུང་རྟ་དར་བ་དང་། དགྲ་བགེགས་བར་ཆད་སེལ་བའི་ཆེད་དུ་ལྷ་ལ་སྐྱབས་འཇུག་ཞུ་བ་དང་སྨོན་ལམ་འདེབས་པ་ཡིན་ལ། ཀླུ་རོལ་སྐབས་ལྷ་བསང་རྒྱུན་མི་ཆད་པར་འབུལ་བ་ཡིན།

ཀླུ་རོལ་གྱི་རྩེད་མོ་མཐུག་སྤེལ་བའི་སྐབས་སུ་རང་གི་གཞི་བདག་མཐུ་བོ་ཆེ་དག་གི་གནས་རིའི་

བསྟོད་པ་དང་ཀླུང་རྟ་སྤུར་འདོན་སོགས་སྡེ་བའི་སྐྱེས་པ་རྒན་གཞོན་ཐམས་ཅད་ཀྱིས་མགྲིན་དབྱངས་གཅིག་པའི་དབྱངས་རྟར་གྱེར་ནས་འདོན་ཞོར། དད་པ་རྣམ་དག་གིས་ལག་གི་མཆོད་རྫས་སྣ་ཚོགས་མཐོན་པོར་བཏེགས་ཏེ་ལོ་ན་ཆེ་ཆུང་གི་གོ་རིམ་ལྟར་བསང་ཁྲིའི་སྟེང་དུ་མཆོད་རྫས་རེ་རབ་བཞིན་ཕུལ་ནས་བསང་མཆོད་རྒྱ་ཆེན་པོ་བྱེད་ཅིང་། ཀི་བསྭོ་སྒྲོག་པ། ཀླུང་རྟ་སྤུར་པ་སོགས་བྱེད་པ་ཡིན།

ཕྲན་གྱིས་བལྟས་ན་ལྷ་གསོལ་བསང་གཏོང་འདི་ནི་སྔོན་དུས་སུ་ལྷ་ཀླུ་གཉན་གསུམ་སོགས་གསོལ་བ་དང་དགྱེས་པའི་ཆེད་དུ་ལྷ་བསང་གཏོང་བ་ཞིག་ཡིན་ན་ཡང་། བཙན་པོའི་དུས་སྐབས་སུ་དེ་ཕོ་ནའི་དོན་གཅིག་པུ་མིན་པར་རྒྱ་བོད་ས་མཚམས་ཀྱི་དུས་ཐེང་གི་འགྱུར་བ་བོད་ཀྱི་དམག་སྡེ་ཕན་ཚུན་བར་ཤེས་སུ་འཇུག་ཆེད། ལྷ་བསང་བཏང་སྟེ་དེའི་མེ་དང་དུ་བ་ལ་བརྟག་ནས་དམག་འགྱེད་ཀྱི་གནས་ཚུལ་སྟོན་པ་ཞིག་ཡིན་པར་འདོད་པས། ལྷ་བསང་འབུལ་བ་འདི་ནི་བོད་ཀྱི་དམག་སྡེ་ཕན་ཚུན་བར་དམག་བརྡ་གཏོང་བྱེད་ཀྱི་བརྡ་རྟགས་ཤིག་ཀྱང་ཡིན་པར་སེམས་ཤིང་། ད་ལྟའི་དུས་སུ་བོད་མི་རིགས་ཀྱི་རྒྱུན་ལྡན་འཚོ་བའི་ཁྲོད་དུ་མེད་དུ་མི་རུང་བའི་སྲོལ་རྒྱུན་རིག་གནས་ཀྱི་ཡ་གྱལ་གཙོ་བོ་ཞིག་ཏུ་གྱུར་ཡོད་དོ། །

མཇུག་གི་གཏམ།

མདོ་སྨད་རེབ་གོང་ཡུལ་གྱི་དབྱར་ཟླ་དྲུག་པའི་གླུ་རོལ་འདི་ནི་བོད་ཀྱི་སྤྱི་ཚོགས་ཤེས་རིག་གི་གྲུབ་ཆ་གལ་ཆེན་ཞིག་ཡིན་པར་མ་ཟད། བོད་ཀྱི་སྲོལ་རྒྱུན་རིག་གནས་ཀྱི་མ་ལག་ཅིག་དང་རེབ་གོང་གི་བོད་མིའི་རིག་གནས་ཀྱི་མ་ལག་ཅིག་དང་རེབ་གོང་གི་བོད་མི་རྣམས་ཀྱི་དངོས་ཡོད་འཚོ་བ་དང་འབྲལ་ཐབས་མེད་པ་ཞིག་ཡིན་པའི་ཆ་ནས། འདི་ལས་མངོན་པའི་ངོ་མཚར་ཞིང་ཡིད་འཕྲོག་པའི་རྩེད་མོའི་རྣམ་པ་དང་ཐུན་མོང་མ་ཡིན་པའི་མཛེས་དཔྱོད་ཀྱི་ལྟ་བ། ལུས་ཀྱི་ཉམས་འགྱུར་དང་ཧང་པའི་སྟངས་སྟབས། སྙན་ཞིང་འཇེབས་པའི་ལཁར་རྫའི་སྒྲ་གདངས་དང་རེ་གླུ་སོགས་གདོད་མའི་ཤེས་རིག་གི་ཉིང་བཅུད་ལྟ་བུར་གྲུབ་པས། བོད་རང་ཉིད་ཀྱི་ཁྱད་ཆོས་ལྡན་པའི་སྒྱུ་རྩལ་གྱི་ཆ་ཇེ་སྙེད་ཅིག་ཡོད་པ་འདི་དག་མུ་མཐུད་དུ་འཛིན་སྐྱོང་སྤེལ་གསུམ་བྱ་རྒྱུའི་ཆེད་དུ། ཕྲན་གྱིས་རེབ་གོང་སྤྱིའི་གླུ་རོལ་གྱི་སྐོར་རགས་ཙམ་གླེང་ཁུལ་བགྱིས་པ་འདི་ལ་སྐྱོན་དང་ནོར་འཁྲུལ་གྱི་ཆ་མི་ཉུང་བ་ཞིག་མཆིས་པ་གདོན་མི་ཟ་བས། མཁྱེན་ལྡན་རྣམས་ཀྱིས་དགོངས་འཆར་ལྷུག་སྟོལ་གནང་བའི་རེ་འདུན་ཞུའོ། །

མཆན།

[1] [3] དུང་དཀར་བློ་བཟང་འཕྲིན་ལས་ཀྱིས་མཛད་པའི《བོད་ཀྱི་ཆོས་སྲིད་ཟུང་འབྲེལ་སྐོར་བཤད་པ།》ཞང་གང་

ཐེན་མྭ་དཔེ་སྐྲུན་ཁང་ནས་དཔར། ཤོག་ངོས11、34པར་གསལ།

[2] [4] ནམ་མཁའི་ནོར་བུས་མཛད་པའི《ཞང་བོད་གནའ་རབས་ཀྱི་ལོ་རྒྱུས་ནོར་བུའི་མེ་ལོང་།》 མཚོ་སྔོན་མི་རིགས་དཔེ་སྐྲུན་ཁང་ནས་དཔར། ཤོག་ངོསP35、162པར་གསལ།

[5] གླིང་རྒྱ་བ་བླ་མ་ཚེ་རིང་གིས་མཛད་པའི《རིབ་གོང་གསེར་མོ་ལྗོངས་ཀྱི་ཆོས་སྲིད་བྱུང་བ་བརྗོད་པ་འདོད་འབྱུང་གཏེར་གྱི་བུམ་བཟང་།》 ཞང་ཀང་ཐེན་མྭ་དཔེ་སྐྲུན་ཁང་ནས་དཔར། ཤོག་ངོས69པར་གསལ།

[6] དགེ་བཤེས་བློ་གསལ་གྱིས་མཛད་པའི《གསེར་གཞོང་དེབ་ཐེར་གཡས་འཁྱིལ་དུང་གི་སྒྲ་དབྱངས།》 དཔེ་རིང་།

[7] རོང་པོ་བློ་བཟང་སྐལ་གྲགས་ཀྱིས་མཛད་པའི《གཙན་ཐོག་བྱམས་པ་གླིང་གི་ལོ་རྒྱུས།》 མཚོ་སྔོན་མི་རིགས་དཔེ་སྐྲུན་ཁང་ནས་དཔར། ཤོག་ངོས18པར་གསལ།

《བོད་ལྗོངས་སྒྱུ་རྩལ་ཞིབ་འཇུག》 ༢༠༠༣ལོའི་དེབ་དང་པོ་ལས་བཏུས།

༄། །ལྷ་སའི་གྲིབ་རྫོང་བཙན་གྱི་སྐོར་རགས་ཙམ་གླེང་བ།

ཀུ་ཀེ་ཚེ་རིང་རྒྱལ་པོ།

གྲིབ་རྫོང་བཙན་གྱི་སྐུ་གསོལ་ནི་ལྷ་ས་སྙིད་ཆུའི་ལྷོ་ཕྱོགས་བྲུམ་པ་རིའི་ནུབ་ངོས་གྲིབ་ཁུལ་དུ་ལྷ་ཁང་ཆུང་ཙམ་ཞིག་ཡོད་པ་དེའི་ནང་ལ་མཆོད་ནས་ཡོད། དེ་ནི་གྲིབ་ཁུལ་གྱི་ཡུལ་ལྷ་གཙོ་བོ་དེ་ཡིན། དེ་སྔ་ཡུལ་དེར་ཚོ་པ་ཁག་བཞི་ཙམ་ཡོད་ཅིང་ཚོ་པ་དང་པོ་དང་གཉིས་པའི་སྡོད་ཁུལ་གྱི་མིང་ལ་མདའ་ལུགས་དང་གསུམ་པ་ལ་ཞང་ལྷ། བཞི་པ་ལ་ཕུ་པ་བཅས་བརྗོད། ཚོ་པ་དེ་ཚོའི་གནས་ཡུལ་ས་མིང་དང་གྲིབ་གྱི་ཐ་སྙད་སོགས་ལྷ་ལུང་དཔལ་རྫོར་གྱི་ལོ་རྒྱུས་དང་འབྲེལ་བ་དམ་པོ་ཡོད།[1] ཚོ་པ་བཞི་པོ་དེའི་ཁོངས་ལ་ཁྲལ་རྒྱུག་མཁན་ཐེམ་གྲངས་ཆེ་བ་དྲུག་བཅུ་རེ་གཅིག་ཡོད། ཁོང་ཚོས་ཁྲལ་ཁུངས་གཉིས་ལ་ཁྲལ་རྒྱུག་དགོས་པ་ནི། ཕྱི་ཁྲལ་སྲི་བ་གཞུང་དང་ནང་ཁྲལ་བླ་བྲང་གཞིས་ཀའམ་ཚེ་མཆོག་གླིང་གི་ཆོས་གཞིས་ཡིན།

སྔོར་ན་ཚོ་ཁག་སོ་སོར་སྤྱི་ཆེན་ཞེས་དབུ་འཛིན་མི་རེ་ཡོད། ཁོང་ཚོ་ནི་གྲོང་ཚོ་སོ་སོའི་མི་འབབས་ཚང་མས་འཛིན་ཐང་ཆེ་མིན་དང་དབང་གྲགས་རྒྱུ་སྟོབས་བཅས་གཞིར་བཟུང་གིས་འདེམས་བསྐོ་བྱེད་ཀྱི་ཡོད། དེས་ན་སྤྱི་ཆེན་ནི་ཡུལ་དེའི་ཁྲལ་གྱི་འགྲོ་ལུགས་འགྲོ་སྟངས་ཆ་ཚང་ཞིང་གསལ་པོ་ཤེས་ལ་ཡི་གེའང་སྦྲན་ཙམ་ཤེས་པ། རྫུན་དང་ཁྲམ་པ་མི་བྱེད་མཁན་ཚང་མས་འཇོག་ས་དྲང་པོ་ཞིག་ཡིན་དགོས། མི་འབབས་ཀྱིས་འདེམས་ཟིན་རྗེས་སུ་ཚོ་བཞིའི་དབུ་འཛིན་ཏེ་རྒན་པོས་ཐུགས་ཐག་བཅད་ནས་དངོས་སུ་གོ་གནས་གཏན་འཁེལ་བྱེད་ཅིང་ལོ་གསུམ་ལས་བྱེད་དབང་མེད། སྤྱི་ཆེན་བཞིའི་དབུ་འཛིན་རྒན་པོ་ནི་ཚེ་མཆོག་གླིང་བླ་བྲང་གིས་འདེམས་བསྐོ་བྱེད་ཀྱི་ཡོད། དེའི་གོ་གནས་ལ་ལོ་དུས་ཀྱི་ཚད་འཛིན་མེད། མཚམས་རེ་ལོ་བཅུ་ཙམ་དང་མཚམས་རེ་ཚེ་གང་རིང་བྱེད་མཁན་ཀྱང་ཡོད། ཡང་ཁོའི་ནང་ལ་དབུ་འཛིན་ཐང་ཆེན་པོ་ཡོད་ཚེ་ཕ་ཤུལ་བུས་འཛིན་བྱས་ནས། འབབས་མི་སྐྱོང་གི་ཡོད་ཀྱང་མང་ཆེ་བ་ནི་གསར་པ་ཞིག་འདེམས་བསྐོ་བྱེད་སྲོལ་ཡོད།

གྲིབ་ལ་མགར་ཚང་ཤར་པ་དང་ནུབ་མ་ཞེས། སྔར་བཙན་པོ་སྲོང་བཙན་སྒམ་པོའི་སྐབས་བློན་པོ་མགར་བ་གྲིབ་ལ་རྒྱང་འབུད་བཏང་བས།[2] ཁོང་གི་ཕོ་བྲང་ཡིན་ཞེས་མཁར་ཤུལ་གྱི་གྲུང་གོག་གཉིས་ཙམ་ཡོད། དེ་ཡང་ཤར་མ་དེ་དགུན་ཁ་བཞུགས་ཡུལ་དང་ནུབ་མ་དེ་དབྱར་ཁ་བཞུགས་ཡུལ་ཡིན། ད་ལྟ་མགར་

ཚང་ཤར་པ་དེ་གྲུང་གོག་ཞིག་ལས་ལྷག་མི་འདུག གླིབ་པ་རྟན་རབས་ཆོས་བརྗོད་སྒྲོལ་ལ་སྟར་གྲུང་གོག་དེར་ཐོག་བརྩེགས་གསུམ་ཙམ་ཡོད་སྐད། མགར་ཚང་ནུབ་མ་དེ་ད་ལྟ་ཤུལ་ཙམ་ཡང་བསྡད་མི་འདུག་ལ་དེའི་ཆགས་ཤུལ་ལ་མི་ཚང་གཅིག་གིས་ཁང་པ་གསར་པ་ཞིག་བརྒྱབ་འདུག མདོར་ན་མགར་ཚང་ཤར་པ་དང་མགར་ཚང་ནུབ་མ་གཉིས་ནི་གླིབ་ཀྱི་ལོ་རྒྱུས་ཐོག་གནས་རྙིང་སྔ་ཤོས་ཤིག་ཡིན་པར་མངོན།

དེ་ཡང་གླིབ་རྫོང་བཙན་གྱི་ལོ་རྒྱུས་སྐོར་ལ་ངག་རྒྱུན་འདི་འདྲ་ཞིག་མཆིས་ཏེ། སྔོན་གྱི་དུས་སུ་མེས་རྒྱལ་ནང་སའི་རྒྱ་རིགས་ཧན་གུར་གྱི་རྒྱལ་པོ་ཤན་ཧྲི་ཞེས་བྱ་བ་ཞིག་གི་བློན་པོ་ཡུའུ་ཡི་རིགས་ཅན་དཔའ་མཛངས་བརྟུལ་ཕོད་པ་ཞིག་བྱུང་། ཁོང་མཐུ་སྟོབས་ཤིན་ཏུ་ཆེ་བས་དམག་དཔོན་ཆེན་པོ་མཛད་དེ་ཡུལ་གྲུ་ཐ་དད་པའི་དགྲ་མ་རུང་བ་རྣམས་ཚར་བཅད་ནས། རྒྱ་ཡུལ་གྱི་རྒྱལ་པོ་དང་རྒྱལ་ཕྲན་གྲངས་ལས་འདས་པ་ཞིག་མངའ་འོག་ཏུ་བཙུད། དཔའ་རྩལ་གྱི་སྙེམས་པས་དྲེགས་པ་རྣམས་ཀྱང་འདིའི་གམ་དུ་སླེབས་པ་ན། ཁྲུང་ཆེན་དང་བྱིའུའི་རྩལ་ལྟ་བུར་གྱུར་པས་ཕྱོགས་ཀུན་ཏུ་འདིའི་མིང་ཐོས་པ་ཙམ་གྱིས་མི་འདུད་པ་གཅིག་ཀྱང་མེད།[3]

ཡང་ཁོང་སྐུ་ཚེའི་མཐར་སླེབས་དུས་གཞན་དང་གཡུལ་སྤྲད་པ་ཞིག་གི་སྐབས་སུ། ཁྲོ་བཞིན་དུ་འདས་པའི་འོག་རོལ་ཏུ་སི་ཁྲོན་གྱི་སའི་ཆར་ཡུའུ་ཆན་ཞན་ཞེས་བྱ་བ་རྗེས་སུ་ཞང་མིང་དུ་གྲགས་པའི་རི་ཆེན་པོ་ཞིག་ཡོད་པ་དེར་སྲུའི་རིགས་ཀྱི་མི་མ་ཡིན་མཐུ་པོ་ཆེ་ཞིག་ཏུ་གྱུར་པ་ཤིན་ཏུ་རྩུབ་དྲགས་པས་རི་དེ་མཐོང་སར་གཞན་གྱིས་བགྲོད་པ་ཙམ་ཡང་དཀའ་བ་ཞིག་བྱུང་།[4] དེ་ནས་ལོ་བཞི་བརྒྱ་ཙམ་འདས་རྗེས་སངས་རྒྱས་ཆོས་ལུགས་དབུ་མའི་ལྟ་བའི་བརྒྱུད་འཛིན་སློབ་དཔོན་ཆེན་པོ་ཏེ་ཙི་ཏྲ་ཤེ་ཞེས་བྱ་བ་གནས་དེར་སྒྲུབ་པ་སྐྱོང་ཅིང་ཆོས་འཆད་པའི་སྐབས་ཤིག་ན། ཡུལ་མི་རྣམས་ཀྱིས་ཤིན་ཏུ་གཉན་པའི་རྒྱུ་མཚན་སྨྲས་ཀྱང་མ་ཉོག་པར་རི་དེ་ལ་བསྒོམ་པས། མི་མ་ཡིན་གྱི་ཆོ་འཕྲུལ་གྱི་སྦྲུལ་ཆེན་པོ་རི་དེར་ལན་གསུམ་བཀྲིས་པ་ཞིག་གིས་གཟུགས་བསྟན་ཅིང་། ལྷ་སྲུའི་དམག་དཔུང་བྱེ་བ་མང་པོ་དྲངས་ཏེ་རི་ཆེན་པོར་བརྡེགས་པ། ཉི་ཟླ་ཆ་ལང་བརྡེབ་པ། མཚོན་ཆའི་ཆར་འབེབས་པ། ཐོག་གི་བུ་ཡུག་འཚུབས་པ། མི་སྡུག་པའི་གཟུགས་སྣ་ཚོགས་སྟོན་པ་སོགས་ཅི་བྱས་ཀྱང་ཏིང་ངེ་འཛིན་ལས་གཡོ་བར་བྱེད་མ་ནུས་པས། སྐབས་ཞིག་ན་གོ་ཆ་དང་རྒྱན་གྱིས་སྤྲས་པའི་དམག་དཔོན་ཆེན་པོ་སྡེ་བརྒྱད་ཀྱི་དམག་དཔུང་དང་བཅས་པ་མངོན་སུམ་དུ་བྱུང་ནས་སློབ་དཔོན་ལ་ཕྱག་བཙལ་ཞིང་མཐོ་འཚམ་པ་ལ་བཟོད་གསོལ་ཞུས་ཤིང་། བདག་སྟར་གྱི་དམག་དཔོན་ཆེན་པོ་ཡིན་པ་ཞེ་སྡང་གི་དབང་གིས་འདས་པས་སྦྲུལ་གྱི་རྣམ་པ་ཅན་འདི་ལྟ་བུར་གྱུར། ལས་ངན་པོ་བགྱིས་པས་མཐུ་སྟོབས་རྫུ་འཕྲུལ་ཆེ་བ་འདི་བྱུང་།[5] སློབ་དཔོན་གྱིས་ལས་འབྲས་ཀྱི་ཆོས་མང་དུ་གསུངས། ད་ནི་བདག་སངས་རྒྱས་ཀྱི་བསྟན་པའི་སྲུང་མ་བགྱིད། སངས་རྒྱས་ཀྱི་སྐུ་བརྟན་གང་དུ་གནས་པ་དེར་སྒོ་ཁང་ངམ་གཡས་གཡོན་གྱི་ཁང་པ་གང་རིགས་ཤིག་ཏུ་བདག་

གི་གཟུགས་བརྙན་ཀྱང་བཞེངས་ན་དགེ་འདུན་གྱི་སྡེ་དང་ཆོས་འཁོར་སྐྱོང་བར་བགྱིའོ་ཞེས་དམ་བཅས་ཏེ། དེ་ནས་བཟུང་སྟེ་སངས་རྒྱས་ཀྱི་བསྟན་པའི་སྲུང་མར་གྱུར། དེ་ལྟ་བུའི་རྒྱལ་པོ་ཆེན་པོ་འདི་ཉིད་བེག་ཙེ་ལྕམ་སྲིང་དང་ཐུགས་རྒྱུད་གཅིག་པ་ཡིན།[6] ཡང་རྒྱ་བཟའ་བོད་དུ་ཕྱིན་དུས་སྲུང་མ་འདི་ཉིད་ལྷ་སའི་ཇོ་བོ་དང་རྒྱ་བཟའི་རྗེས་སུ་འབྲངས་ནས་བོད་དུ་ཕྱིན་པས་ལྷ་སའི་གྲིབ་ཀྱི་རྫོང་རི། ཡར་ལུང་ཤེལ་གྱི་བྲག་ཕུག འཕྱེས་ཀྱི་ལྷ་ལུང་བཙན་མཁར། གོང་པོ་བུ་ཆུ་ལྷ་ཁང་། སྨུག་རི་ཕུག་མོ་ཆེ། རྩེ་ཆེན་བྲག་སོགས་ལ་གནས་བཅས་པ་ད་ལྟ་རྫོང་བཙན་བཤན་པར་གྲགས་པ་དེ་ཡིན་པ་འདུག[7] ཅེས་པ་ཏྭ་ལའི་བླ་མ་སྐུ་ཕྲེང་ལྔ་པ་ཆེན་པོས་མཛད་པའི་རྫོང་བཙན་གསོལ་མཆོད་དུའང་གསལ་བས་འདིར་ཞིབ་ཏུ་བརྗོད་པའི་དགོས་དབང་མ་མཆིས།

ཐོག་མ་བྱམས་པ་རིའི་འོག་ལ་རི་ཆུང་དབྱིབས་ལེགས་ཤིག་ཡོད་པ། དེའི་རྩེ་ལ་དམར་ལྷི་རྒྱང་གོག་ཅེས་པ་རྫོང་བཙན་གྱི་ཕོ་བྲང་དེ་ཡིན། དེར་བཞུགས་དུས་རྫོང་བཙན་དེ་ཉིད་བཀའ་གཉེན་ཞིང་བཙན་པ་མཉེས་པོ་མ་བྱུང་ཚེ་གནོད་འཚེ་ཚད་མེད་བསྐྱེལ་གྱི་ཡོད་སྐད། དཔེར་ན་སྔར་སྐྱིད་ཆུའི་བྱང་ཕྱོགས་ཀྱི་རྒྱང་ཐང་ན་ག་ཡོད་ས་དེ་ནས་བཙན་ཁང་དམ་རྫོང་བཙན་གྱི་ཕོ་བྲང་དམར་ལྷི་རྒྱང་གོག་དེ་མཇལ་མ་ཉིད་དུ་ལམ་སེང་རྟ་ཐོག་ནས་བབས་ཤིང་དབུ་ཞྭ་མ་ཕུད་ཚེ་རང་བཞིན་གྱིས་བརྒྱལ་གཟེར་རྒྱབ་ཀྱི་ཡོད་ཟེར། དེས་ན་ཏྭ་ལའི་བླ་མ་སྐུ་ཕྲེང་བརྒྱད་པ་འཇམ་དཔལ་རྒྱ་མཚོའི་སྐབས་ལ། ཞྭ་དྲུག་ཐབས་ཟད་ཀྱིས་རྫོང་བཙན་སྐུ་གསོབ་རིའི་ནུབ་ངོས་ཁྲུག་ཀྱོག་མིག་གིས་མཐོང་ས་མེད་པར་སྤོས་ནས་རས་ལ་སྐུ་གསེར་སྤྱན་ཏེ། དེ་སྔའི་སྐུ་དྲག་པོ་དེ་ཞི་བར་བསྒྱུར་ཅིང་། ཞལ་རས་ཀྱི་ཞལ་འབག་དེ་ཏྭ་ལའི་བླ་མ་སྐུ་ཕྲེང་བརྒྱད་པའི་ཞལ་འཕྲུལ་སྐྱོན་སའི་ཞལ་ཅོར་ལས་བཞེངས་པ་ཡིན་སྐད། དེ་ནི་ད་ལྟའི་གཞི་བདག་རྫོང་བཙན་མའི་ཞལ་རས་དེ་ཡིན་ལ་ཤིན་ཏུ་མཚར་པོ་ཡོད།

འོན་ཏེ་ལོ་རྒྱུས་ཀྱི་དཔེ་ཚིང་ཁག་གི་ནང་འཁོད་དོན། གྲིབ་རྫོང་བཙན་དེ་ཉིད་ཤིན་ཏུ་འཇིགས་སུ་རུང་བ་དང་དེའི་བཞུགས་ཡུལ་ཕོ་བྲང་ནི་སྣང་སྲིད་ལྷ་སྲིན་སྡེ་བརྒྱད་དང་བཅས་པ་ཐ་གློངས་དྲག་ཏུ་འཁྲུགས་པའི་དབུས་སུ་གསེར་དང་ཟངས་ལྕགས་ལས་གྲུབ་པའི་བཙན་མཁར་དམར་པོ་ཐོད་སྐམ་རློན་རྙིང་པའི་ཁ་བད་ཅན་མིའི་རྒྱུ་མ་དང་རུས་པའི་ཕྲེང་བའི་དྲ་བ་དང་དབང་པོ་ལྔ་དང་ཡན་ལག་གི་དྲ་ཕྱེད་འཕྱང་བ། ཞིང་ལྤགས་ཀྱི་རྒྱལ་མཚན་ལ་ཙི་ཏའི་ཏོག་གིས་སྤྲས་པ། བསུར་ཆེན་གྱི་དུང་པ་འཁྱུལ་ཞིང་ཁྲག་གི་ཞམ་ཆུ་འབེབས་པ། འཇིགས་ཤིང་སྐྱི་གཡའ་བའི་ཕོ་བྲང་གི་དབུས་སུ་པདྨ་ཉི་མའི་སྟེང་དུ་གནོད་སྦྱིན་ཆེན་པོ་ཀྱོང་མ་གྲིབ་བཙན་ཆེན་མོ་བཞུགས་པ་བཅས་བཀོད་འདུག་པ་ནི་འདྲེན་བྱེད་ལམ་དུ་འཆར་བ་ཙམ་གྱིས་ལུས་ཀྱི་བ་སྤུའང་གྱེན་དུ་ཕྱོགས་དགོས་པ་ཞིག་མཆིས།

དེའི་སྐུ་གཏུམ་དྲག་ཅན་གྱི་ཕྱིའི་རྣམ་པ་ནི། སྐུ་མདོག་པདྨ་ར་གའི་ལྷུན་པོ་ལ་ཉི་མ་ཤར་བ་ལྟར་

དམར་བ། ཡས་སོས་མ་མཆུ་མནན་པའི་ཨམ་གཙིགས་བསྡམས་ཤིང་དམར་ཧྲུམ་སྤྱན་གསུམ་གློག་ལྟར་འཁྱུག་པ། སྨ་ར་དང་སྨིན་མ་མེ་ལྟར་འབར་བ། སྐུ་ལ་བསེ་ཁྲབ་དང་དབུ་ལ་བསེ་རྨོག་དམར་པོ་ཞོལ་ཅན་རྒྱལ་མཚན་བཀྲ་ཤིས་དགུ་བརྩེགས་ཅུ་དང་དུང་ཅུ་ཨང་སེང་རྨོག་གཙུས་སོགས་རྒྱན་རྣམས་ཀྱིས་སྤྲས་ཤིང་། སྦྲུལ་མགོ་གདེངས་ཀ་བདུན་དང་ལྡན་པ། སྐུ་རྒྱབ་ཏུ་རྒྱལ་མཚན་ལྗོག་དྲ་འཛར་བཀྲ་བ། ཕྱག་གཡས་མེ་དུང་དམར་པོ་དར་གྱི་ཅོད་པན་ཅན་དང་གཡོན་པ་ནི་ཙི་ཏ་དམར་པོ་རིན་ཆེན་འཕྲུལ་གྱི་ལྡེ་མིག་དང་བཅས་པ་འཛིན་པ། ཞབས་ལ་སག་ལྷམ་དམར་པོ་གསོལ་བ། རྟ་མཆོག་དམར་པོ་སྣ་སྤྲབ་གོང་རྩེད་སྤུ་ལེན་ཟེ་ཡོང་གི་ཁེབས་སོགས་རྒྱན་རྣམས་ཀྱིས་སྤྲས་པ་ལ་ཆིབས་པ་འཇིགས་ཅུང་བཙན་དམར་གྱི་རྣམ་པ་ཐུན་མོང་མ་ཡིན་པ་ཞིག་མཚོན་པས་བཀའ་གཉེན་གྱི་བཀོད་པ་ཇི་མ་ཇི་བཞིན་མཆིས།

དེ་མིན་རྫོང་བཙན་ཆེན་མོའི་གཡས་གཡོན་གྱི་འཁོར་སོགས་འདི་ལྟ་སྟེ། དེའི་གཡས་སུ་ནང་སྲུབ་དགེ་བསྙེན་ཐུགས་བཙུན་པཊ་ཞུ་འཛོལ་བེར་ཅན་གྱི་རྣམ་པ་རྟ་དཀར་ལ་ཆིབས་པ། ཕྱག་གཡས་བ་དན་དཀར་པོ་དང་ཕྱག་གཡོན་རིན་པོ་ཆེ་གཏེར་གྱི་སྒྲོམ་བུ་འཛིན་པ། གཡོན་དུ་གསང་སྲུབ་གནོད་སྦྱིན་གཏེར་བདག་རྒྱལ་པོ་ནོར་ལྷའི་རྣམ་པ་ཅན་དར་དང་རིན་པོ་ཆེས་བརྒྱན་པ། ཕྱག་གཡས་དགོས་འདོད་འབྱུང་བའི་ནོར་བུ་དང་ཕྱག་གཡོན་རིན་ཆེན་ནེའུ་ལེའི་རྒྱལ་བ་ཐོགས་པ། སྟག་གཟིག་སོགས་གཅན་གཟན་གཏུམ་དྲག་ཅན་ལ་ཆིབས་པ། མདུན་དུ་ཐུགས་ཀྱི་བསྒྲིས་དགོངས་མ་སྨན་མོ་ལྷ་མོ་སྨིན་ལེགས་རྒྱན་གྱིས་སྤུད་པ། དེ་དག་གི་འཁོར་དུ་རང་འདྲའི་སྐུ་བཙན་དྲུག་གཞན་ཡང་གཡས་ཀྱི་ཅུ་འདྲེན་གཤིན་རྗེའི་ཕྱོགས་བི་བཙན་དཔོན་གི་ཏཀྐཛ་བལྟས་པ་ཙམ་གྱིས་དགྲ་བགེགས་ཀྱི་སྲོག་འཕྲོག་པའི་གཟི་བརྗིད་ཅན། གཡོན་གྱི་ཅུ་འདྲེན་གནོད་སྦྱིན་ཕྱོགས་ཀྱི་བཙན་དཔོན་གྲགས་པ་དཔལ་ལེ་ཤུག་སྒྲ་དང་རྒྱབ་བསོད་ཏུམ་ཕགས་ཀྱིས་བསྟན་དགྲ་ཡོངས་ཀྱི་སྲོག་དབུགས་ལེན་པ། སྒྲ་མེད་རྣ་འགྱུར་གྱི་ཆོ་འཕྲུལ་དྲག་པོ་དག་ལ་སྟོན་པའི་ཕྱག་བརྙན་ཆེན་པོ་ཁྲི་གཏུམ་ཅན། དམ་ཉམས་སྲོག་གཅོད་པ་ཤན་པ་ཁ་གདངས་ཤིང་མཆེ་བ་གཙིགས་ནས་སྲོག་འཕྲོག་འོ་དོད་དྲག་པོ་འབོད། བཙན་འཁོར་གསུམ་བརྒྱ་དྲུག་ཅུ་དགོར་བདག་སྐྱེས་བུ་སྟོང་སྟེ། གཏེར་བདག་བེ་བ་ས་ཡ། སྟོམ་དང་སྟེག་པ་བྱེ་ཁྲ་ལ་སོགས་པའི་འཇིགས་སུ་ཅུང་བའི་སྤྲུལ་པ་སྣ་ཚོགས་ཀྱིས་བསྐོར་བ་དེ་དག་ནི་ཁོའི་གཙོ་འཁོར་དག་ཡིན།

རྫོང་བཙན་དེ་ཉིད་རྣམ་པ་གཅིག་ཡིན་ཀྱང་ཡུལ་ལུང་མི་འདྲ་བའི་དད་ལྡན་མང་ཚོགས་ཀྱིས་རང་རང་གི་མཐུན་རྐྱེན་དང་བསྟུན་ནས་གསོལ་གྱི་ཡོད་པ་ནི། རྒྱ་ཡུལ་ཟངས་ཐང་གནས་ནས་བཙན་དམག་དམ་ཉམས་དགྲ་ལ་འགྱེད་ཕྱིར་གསོལ་ཞིང་། ཡར་ལུང་ཤེལ་གྱི་བྲག་ཕུག་ནས་ཞིང་བཅུའི་དམ་ཉམས་དགྲ་བོ་སྒྲོལ་བར་གསོལ། འཕྱེས་ཀྱི་ལྷ་ལུང་མཁར་ནས་དམ་སྲི་འགོང་པོ་ཐལ་བར་བརླགས་སླད་གསོལ། སྐྱིད་ཤོད་གྲིབ་རྫོང་རི་ནས་དམ་ལྡན་གདུལ་བྱ་བུ་བཞིན་སྐྱོང་བར་གསོལ། ཀོང་པོ་བུ་ཆུ་ལྷ་

ཁང་གནས་ནས་ལོག་སྨྲོན་ཀླུ་ཀློ་ཚར་གཅོད་མཛད་ཕྱིར་གསོལ། སྤྱི་རི་ཕུག་མོ་ཆེ་ནས་རྣལ་འབྱོར་ཆེ་འཛིན་དྲོང་ཉུལ་མཛད་པར་གསོལ། རྩེ་ཆེན་བྲག་གི་ངོས་ནས་གནས་ཆེན་བསྟན་པའི་སྲུང་མ་མཛད་དུ་གསོལ། ཇོ་ང་བཙན་ཕོ་བྲང་མཆོག་ནས་ངེས་དོན་བསྟན་པའི་སྲུང་མ་མཛད་ཕྱིར་གསོལ། ལྷོ་ཁའི་ཕོ་བྲང་དག་ནས་གཡས་ཀྱི་ཉུ་འདྲེན་བཙན་དཔོན་མཛད་པར་གསོལ། བྱང་ཁའི་ཕོ་བྲང་དག་ནས་གཡོན་གྱི་ཉུ་འདྲེན་བཙན་དཔོན་མཛད་སྐད་གསོལ་བ་བཅས་སོ། །

གྲིབ་ཁྲུལ་གྱི་ཡུལ་ལྷ་གྲིབ་བཙན་རྡོ་རྗེ་མཆོག་རྒོད་ནི་དུས་རྟག་ཏུ་ཚེས་བཟང་དུས་བཟང་སྐབས་ལ་གསོལ་ཁ་བྱེད་ཅིང་། ལྷག་པར་དུ་བོད་ཟླ་ལྔ་པའི་ཚེས་བཅུའི་དབྱར་གསོལ་དང་བཅུ་པའི་ནང་ལ་དགུན་གསོལ་འབུལ་གྱི་ཡོད། དུས་ཚེས་ལེགས་པོ་དེ་གཉིས་ཀྱི་སྐབས་སུ་ཡུལ་མི་ཚོས་གསོལ་ཁ་གྲ་རྒྱས་པོ་ཞེ་དྲག་བྱེད་ཀྱི་ཡོད། དེ་ཚེ་གཞས་པ་གཞས་མ་དང་དཔའ་བོ་དཔའ་མོས་གནའ་སྔ་མོའི་རྒྱུན་སྲོལ་ལྡན་པའི་གཞས[8]གཏོང་ཞིང་ཞབས་བྲོ་ཐུབ་མོང་མ་ཡིན་པ་འཁྲབ་ཀྱི་ཡོད་ལ་ཁོང་ཚོས་གནའ་སྔ་མོའི་ལུགས་སྲོལ་བཞིན་ལག་ཏུ་མདའ་གྲི་མདུང་གསུམ་བསྣམས་པ་དང་ལུས་ལ་ཁྲབ་རྨོག་ཆ་ཚང་གྱོན་ནས་ཟམས་བརྗིད་དང་སྙིག་ཉམས་ཤིན་ཏུ་ལྡན། དཔའ་མོ་ཚོའི་དབུ་ལ་ལྷག་ཚར་དང་སྤྱ་ཕྲུག ལེ་རྩེ་བཅས་གྱོན་ཞིང་ལུས་ལ་ཨེ་ཀོར་དང་གཡུ་སོགས་རྒྱན་ཆ་ཆ་ཚང་བ་འདོགས་ཀྱི་ཡོད། གཞས་འཁྲབ་མཁན་རྐང་མི་བཞི་དང་གཞས་དཔོན་གཅིག་བཅས་བྲོན་མི་ལྔ་ཙམ་ཡོད། གཞས་དཔོན་དེ་ཁོང་ཚོའི་སྔེ་འཁྲིད་ཡིན་པས་གཞས་འཁྲབ་པར་ཐུན་མོང་མ་ཡིན་པའི་རྩལ་ལག་ལྡན། དེང་སང་སྔར་གྱི་རྒྱན་ཆ་དང་མཚོན་ཆ་སོགས་མེད་ཀྱང་ཕྲུག་རྒྱ་ཙམ་དང་རྣམ་པ་ཙམ་ཞིག་བསྟན་ནས་གཞས་པ་གཞས་མ་དང་དཔའ་བོ་དཔའ་མོ་ཡིན་ཁུལ་གྱིས་བང་རིམ་བསྒྲིགས་ནས་གནའ་གཞས་ཉམས་དང་ལྡན་པ་དག་གཏོང་སྲོལ་འདུག གནའ་གཞས་ཁྲོད་ལྡན་གྱི་ནང་དོན་གཙོ་བོ་ནི་བླ་མ་ཡིད་དམ་དང་ཡུལ་སྲུང་བ་ཇོ་ང་བཙན་ཆེན་པོ་ལ་བསྟོད་པ་ཕུལ་བའམ་བཤད་པ[9]རྒྱག་གི་ཡོད་པ་དེ་དག་ལགས།

དེ་བཞིན་ལོ་གསར་ཚེས་གསུམ་གྱི་ཉིན་མོ་དེར་ཡུལ་མི་ཚང་མ་མཉམ་འཛོམས་ཀྱིས་ཡུལ་ལྷ་ཆེན་མོ་གྲིབ་ཇོ་ང་བཙན་ལ་བསང་གསོལ་རྒྱས་པོ་འབུལ་གྱི་ཡོད། དེ་ཉིན་ཐག་རིང་ལ་བཞུགས་མཁན་ཕུད། དེ་མིན་ལྷ་སའི་ཉེ་འཁོར་ལ་བཞུགས་མཁན་གྲིབ་ཕྱི་ནང་གི་མི་ཚང་ཐམས་ཅད་དེར་འཛོམས་ཐུབ་པ་བྱེད་ཀྱི་ཡོད། དེ་ཚེ་མི་ཚང་སོ་སོའི་ཟས་རིགས་དང་འཐུང་རྒྱུའི་རིགས་ཀྱི་ཕུད་ཚང་མ་བསྣམས་ནས་ཇོ་ང་བཙན་ལ་མཆོད་ཅིང་སྨྲོན་ལམ་འདེབས་པ་དང་། མཆོད་དཔོན་གྱིས་སྲུང་བ་སྦྱིན་དོག་སི་ཤན་ཚོས་གཞི་དཀར་རྒྱང་ཞིག་ཡུལ་མི་ཐམས་ཅད་ལ་ཕུལ་གྱི་ཡོད། དེ་ནི་གཏང་རག་རྟེན་འབྲེལ་མཚོན་ཆེད་དང་དངོས་གྲུབ་ཐོབ་པ་ཡིན་པས་ཚང་མས་སྣང་ཆེན་བྱེད་ཅིང་། ཉར་ཚགས་ལེགས་པར་བྱས་ཏེ་ཁྱིམ་ཚང་གི་ཕུད་རྫ་ཆེན་ཞིག་ལ་འཛིན་གྱི་ཡོད། དེ་མིན་ཉིན་དེའི་ཞོགས་པར་ད་དུང་ཆོགས་ཚུགས་ནས་དུང་

དང་རྒྱ་གླིང་དཀྲོལ་བ་དང་ཡིད་དམ་འཇིགས་བྱེད། ལྷ་མོ། མགོན་པོ། དམ་ཅན་ཆོས་རྒྱལ། རྫོང་བཙན་ཆེན་པོ་སོགས་ཀྱི་བསྐང་བཤགས་བསྟོད་འཕྲིན་སོགས་མཉམ་འདོན་བྱེད་ཀྱི་ཡོད། དེ་མིན་རྫོང་བཙན་དེ་ཉིད་གྲིབ་པའི་ཡུལ་ལྷ་གཙོ་བོ་ཡིན་པས་གྲིབ་པ་ཚོའི་ནམ་རྒྱུན་འཚོ་བ་དང་འབྲེལ་བ་གཏིང་ཟབ་ཡོད[10]ཅིང་། ཁོང་བཞུགས་ཡུལ་ལྷ་ཁང་དེའི་ནང་ལ་བྱིན་ཅན་གྱི་ཆུ་རྗེ་སྔོན་པོ[11]ཞིག་འདུག་ལ། རྫོང་བཙན་ཞབས་འོག་གི་ས་དམར་གཤིན་པོ་ཐུན་མོང་མིན་པའི་བྱིན་ཅན་བཅས་འདུག་པ་དེ་དག་ལའང་གྲིབ་པ་ཚོས་དད་མོས་ཆེན་པོ་བྱེད་ཅིང་དམིགས་བསལ་གྱི་མཐོང་ཆེན་བྱེད་པར་མངོན།

ས་ག་ཟླ་བའི་ཚེས་བཅོ་ལྔའི་ཉིན་གྲིབ་ཀྱི་ཡུལ་ལྷ་གྲིབ་རྫོང་བཙན་ཚལ་གུང་ཐང་ལ་གདན་འདྲེན་ཞུས་ནས། དཔལ་ལྡན་ལྷ་མོ་དང་མཉམ་འཛོམས་བྱེད་དུ་འཇུག་གི་ཡོད། དེ་ཚེ་ཡུལ་ལྷ་གདན་འདྲེན་ཞུ་མཁན་དེ་མི་ཚང་བཅུ་གཉིས་ནས་ཡོང་གི་ཡོད། མི་ཚང་བཅུ་གཉིས་དེ་དག་ནི་བདེ་སྐྱིད་རབ་བརྟན་དང་ལྷ་སྐུ་ཤར་པ། ཕྱུག་པོ་ཚོགས། ཀོ་སྨད། ཇིང་བཀག ལ་ཚང་། འོག་མ། དར་རྒྱས་ཚེ་རིང་། སང་ཁྲུག ཚེ་རིང་ཁང་གསར། ཞང་ཆུ་འཁོར། ཁྲིམ་ས་ནུབ་བཅས་ཡིན། དེ་ནི་རུས་རྒྱུད་གཞིར་བཟུང་གིས་མི་རབས་ནས་མི་རབས་བྱས་ཏེ་འགྲོ་དགོས་ཀྱི་ཡོད། གལ་ཏེ་མི་ཚང་དེར་བུ་རྒྱུད་མེད་པའམ་ཐ་ན་ཕྲུག་ཀྱང་མེད་པར་མི་རྒྱུད་སྟོང་ཚེ་ཡུལ་ལྷའི་རྩར་བལྟ་རིས་ཞུས་པའམ་མོ་བརྒྱབ་པ་ཡང་ན་ཟན་རིལ་བསྒྲིལ་ནས་མི་ཚང་གཞིས་ཙམ་གསུམ་གྱི་ནང་ནས་རུས་གཙང་བའི་མི་ཚང་གསར་པ་ཞིག་གདན་འདྲེན་ཞུ་དགོས། མི་ཚང་བཅུ་གཉིས་དེ་དག་ནི་ལྷ་ཡི་ཞབས་ཕྱི་ཞུ་མཁན་ཡིན་གཤིས་སྐྱེས་ཕོ་མ་གཏོགས་བུད་མེད་རྩ་བ་ནས་བྱེད་ཆོག་གི་མེད། མི་ཚང་བཅུ་གཉིས་ཀྱི་སྤྱི་མིང་ལ་ལྷ་གདན་འདྲེན་ཞུ་མཁན་ཞེས་བརྗོད། སྤྱིར་བཏང་བྱས་ན་ཕོ་ཚོས་བོད་ཟླ་གསུམ་པའི་ཚེས་བཅོ་ལྔ་ནས་བཞི་པའི་ཚེས་བཅུ་བདུན་བར་ཉིན་སུམ་ཅུ་སོ་གཉིས་རིང་ལ་ཁ་འཛེམས་དགོས་པ་སྟེ་ཉ་སྨོང་ཕག་གསུམ་གྱི་ཤ་རིགས་སྤང་དགོས་པ་དང་བུད་མེད་དང་འཁྲིག་སྤྱོད་བྱེད་མི་ཆོག གལ་ཏེ་སྤང་བྱ་ལེགས་པོ་བྱེད་མ་ཐུབ་ན་རྫོང་བཙན་གྱི་སྐུ་འདེགས་དུས་ཤིན་ཏུ་ལྕི་བས་དཀའ་ལས་བཟོད་བསྲན་བྲལ་བ་སྤྱོད་དགོས་ཀྱི་ཡོད་སྐད། དེ་ལ་གཤགས་པ་ཕྲུལ་བའང་བརྗོད།

རྫོང་བཙན་གདན་འདྲེན་ཞུ་དུས་མདའ་དར་ལེགས་པོ་བརྣམས་ཀྱི་ཡོད་པ་ནི་ཕོ་དང་དཔལ་ལྷ་མོ་འཕྲུངས་ས་སྨིན་པའི་མཚོན་རྟགས་ཡིན། ཕོ་གཉིས་ལོ་གཅིག་དུས་གཅིག་ལ་ཐེངས་གཅིག་ལས་འཕྲད་ཡས་མེད་པ་དེ་ནི་གུང་ཐང་མེ་ཏོག་མཆོད་པའི་སྐབས་ལ་ཡིན། དེ་ཉིན་རྫོང་བཙན་གྱི་སྐུ་གསོབ་དེར་ན་བཟའ་དང་རྒྱན་ཆ་གཟབ་པར་སྤྲོན་ཐོག་གྲིབ་པ་མི་བཅུ་གཉིས་ཀྱིས་ཚལ་དགོན་གྱི་འདུ་ཁང་ཆེན་མོར་གདན་དྲངས་ཏེ་ཞལ་ཤར་དུ་གཟིགས་ནས་བཞུགས་སུ་གསོལ་བའི་མདུན་དུ་མཆོད་སྒྲིན་བཤམས། ཚལ་པ་ཚོ་དང་གྲིབ་པ་ཚོ། དེ་མིན་ལྷ་ས་ནས་བཅར་མཁན་ཚོས་བསང་གསོལ་གསེར་

སྐྱེམས་འབུལ་བ་སོགས་བྱེད། དེའི་དགོང་མོ་གུང་ཐང་དཔལ་ལྡན་ལྷ་མོ་དང་ཞལ་སྒྲོད་ཀྱིས་བཞུགས་སུ་གསོལ། དེ་ཡང་གུང་ཐང་ལྷ་མོ་ནི་ལྷ་སའི་དཔལ་ལྷ་མོ་སྤུན་གསུམ་གྱི་ཡ་གྱལ་ཡིན། གཞན་དག་གཉིས་པོ་དེ་ལྷ་ལྡན་གཙུག་ལག་ཁང་གི་དབུ་ཐོག་གསུམ་པར་ཡོད། གཅིག་ནི་དཔལ་ལྷ་དྲག་མོ་དང་གཞན་ཞིག་ནི་དཔལ་ལྷ་སྨིལ་གདོང་ཡིན། བརྗོད་སྒྲོལ་ལ་ཕོང་གསུམ་པོས་ཡུམ་གྱི་ཞལ་མ་གསན་པས་ཉེས་ཆད་བཅད་དེ་སོ་སོ་ཐ་དད་དུ་གཞག་པ་ཡིན་ཞེས་བརྗོད། དེ་མིན་རྫོང་བཙན་ཚལ་གུང་ཐང་དགོན་དུ་ཉིན་གཅིག་བཞག་ནས་ཉིན་གང་ལྷ་མོ་འཁྲབ་པ་དང་མི་སེར་ལ་མཇལ་ཁ་བྱེད་དུ་བཅུག་ཅིང་ཉིན་གསུམ་པར་གྲིབ་ལ་གདན་དྲངས་ཏེ། དེ་ཉིན་གྲིབ་པ་ཚོས་གླུ་གཞས་དང་ཟས་རིགས་སྣ་ཚོགས་ཀྱིས་སྐྱིད་པའི་འཚོ་བ་ལོངས་སུ་སྤྱོད་ཀྱི་ཡོད།

གྲིབ་ལ་དུས་སྟོན་ཆེ་ཤོས་གསུམ་ཡོད་པ་ནི་དབྱར་གསོལ་དང་དགུན་གསོལ། འོང་སྐོར་བཅས་ཡིན་ཅིང་འོང་སྐོར་སྐབས་ལ་རྟ་རྒྱུག་པ་སོགས་ལུས་རྩལ་བྱེད་སྒོ་སྣ་ཚོགས་སྤེལ་གྱི་ཡོད། དྲུག་པ་ཚེས་བཞིའི་སྐབས་ལ་ཆོས་དཔེ་སྐལ་བར་བསྣམས་ནས་སྐོར་བ་རྒྱག་གི་ཡོད། སྔར་གྲིབ་པ་ཚོས་ཞང་ལྷ་སྣ་པོ་ཆེ་ཞེས་ཞང་ལྷའི་གྲོང་ཚོའི་ནང་གི་ལྷ་ཅིག་ཡོད་པ་དེ་ཡང་གསོལ་དགོས། སྔར་ལོ་རྒྱུས་ཐོག་ལ་ཚེ་མཆོག་གླིང་དགོན་པའི་གཏོར་རྒྱག་བྱེད་དུས་ཞང་ལྷ་ཨ་པོ་ཞེས་པའི་གཏོར་རྒྱག་ཅིག་ཀྱང་དུས་མཉམ་དུ་བྱ་དགོས། དེ་དུས་དགོན་པ་དང་ཞང་ལྷའི་གཏོར་རྒྱག་དེ་ཤར་དང་བྱང་ཕྱོགས་ཁག་སོ་སོར་རྒྱག་གི་ཡོད། ཞང་ལྷ་ཨ་པོའི་གཏོར་རྒྱག་བྱང་ལ་བརྒྱབ་ཆེ་དགོན་པའི་གཏོར་རྒྱག་ཤར་ངོས་ལ་རྒྱག་དགོས། གང་ལྟར་དགོན་པའི་གཏོར་རྒྱག་དང་ཞང་ལྷའི་གཏོར་རྒྱག་དེ་ལྟོག་ཕྱོགས་ལ་རྒྱག་དགོས།

མཆན།

[1] གྲིབ་ཀྱི་ས་ཆའི་མིང་རྙིང་པ་དག་དང་ལྷ་ལུང་དཔལ་རྡོར་གྱི་ལོ་རྒྱུས་དབར་འབྲེལ་བ་ཆེན་པོ་ཡོད་ཅིང་ས་ཆའི་མིང་ཐུན་མོང་མ་ཡིན་པ་དག་དེ་དུས་བྱུང་བ་ནི། ལྷ་ལུང་དཔལ་རྡོར་གྱིས་རྟ་དཀར་པོར་སོལ་བ་ནག་པོ་བྱུག་པ་ཞིག་ཆིབས་པ་དང་། གོས་ཆས་ནང་ཤ་དཀར་ལ་ཕྱི་ཤ་ནག་པོ་བྱས་པ་ཞིག་གྱོན་ནས་ལྷ་ལྡན་གཙུག་ལག་ཁང་གི་མདུན་དུ་བཅར་ཏེ། རྒྱལ་པོ་གླང་དར་བཀྲོངས་རྗེས་ལྷོ་ཕྱོགས་གྲིབ་ངོས་ག་ལ་བར་འབྲོས་སྐབས། སྐྱིད་ཆུ་ལ་བརྒལ་བས་ནག་པོ་ཆུས་དག་པ་དང་གོས་ཆས་ཕྱི་ནང་སློག་པས་མི་ནག་རྟ་ནག་དེ་མི་དཀར་རྟ་དཀར་ལ་གྱུར་ཏེ། སློག་འཕྲུག་པ་ལྟར་རྫིབ་བེར་བརྒྱུགས་པས་ས་ཆ་དེར་རྫིབ་བམ་གྲིབ་ཅེས་ཐོགས་སྐད། ད་ལུང་པའི་མདའ་དེར་འགྲོ་གི་འདུག་ཞུས་པས་ཡུལ་དེར་མདའ་པ་ཞེས་ཐོགས། དེ་ནས་ཡར་ཙམ་ལ་ཕེབས་དུས་ད་ཕོང་ལུག་རྫོག་རྫོག་བྱེད་ས་དེར་འགྲོ་གི་ཞེས་པས་ས་ཆ་དེར་ལུག་གྲོག་གམ་ལུག་རོ་ཞེས་ཐོགས། དེ་ནས་ཚེ་མཆོག་གླིང་དགོན་པ་ཡོད་ས་དེར་སླེབས་དུས་ད་ཕོང་ཞང་ལྷའི་སྲིབ་ཏུ་འགྲོ་གི་ཞེས་པས་ཞང་ལྷ་ཞེས་ཐོགས། ད་ཕ་གི་གནམ་གཡེར་རམ་གནམ་ལ་སྤྲིན་མེད་དྭངས་གཙང་དེར་བསྟད་པ་དེ་ནས་འགྲོ་གི་ཞེས་

པས་ས་ཆ་དེར་གནམ་གཡེར་ཞེས་ཐོགས། ད་ལྟུང་པ་དེ་ཡི་ཕུ་ལ་འགྲོ་གི་ཞེས་པས་གྲིབ་ཕུ་པ་ཞེས་པ་དེ་ནས་བྱུང་། དེ་ནས་ལ་རྒྱག་དུས་ལྷ་ལུང་དཔལ་རྫོར་ཆིབས་པ་དཀར་པོར་ཆིབས་ཡོད་པས་ལ་དེ་ཡི་མིང་ལ་རྟ་དཀར་ལ་ཞེས་པ། ལུང་པའི་ཕུ་ལ་དཀར་མོ་རོང་ཞེས་པའི་བྲག་ཕུག་ཅིག་ཡོད་པ་དེར་ཁོང་སྒྲུབ་པ་མཛད་དེ་བཞུགས་པའི་ལོ་རྒྱུས་ཡོད་ལ་བྲག་ཕུག་དེའི་ནང་བྲག་བརྐོས་རི་མོ་མང་པོ་ཡོད་ཅེས་གྲིབ་པས་བརྗོད་ཀྱི་འདུག མདོར་ན་གྲིབ་ཁུལ་གྱི་ས་མིང་དག་དང་ལྷ་ལུང་དཔལ་རྫོར་གྱི་ལོ་རྒྱུས་དབར་འབྲེལ་བ་གཏིང་ཟབ་ཡོད་ཅིང་ས་ཆའི་མིང་དེ་ཚོ་དུས་ད་ལྟའང་འབོད་བཞིན་ཡོད་པ་ནི་སྐབས་དེའི་ལོ་རྒྱུས་དངོས་ལ་ཞིབ་འཇུག་བྱེད་པར་སྨན་དེས་ཡིན་པ་བརྗོད་མེད་རེད།

[2] གྲིབ་ལ་གནས་སྡོད་བྱེད་མཁན་གྱི་མི་སེར་དག་ལ་གྲིབ་པ་གཏོར་མ་ཞེས་པ་དེ་ནི། སྒྲོ་འདོགས་སོགས་གང་ཡང་མིན་པར་ཡུལ་དེའི་ལུགས་སྲོལ་གོམས་གཤིས་ལ་བརྟེན་ནས་བྱུང་བ་ཡིན། གང་ལགས་ཤེ་ན་རྩེ་ཕོ་བྲང་དང་གཙུག་ལག་ཁང་སོགས་ནས་ལྷ་ལ་ཕུལ་ཟིན་པའི་མཆོད་པ་མར་གཤམས་དུས། གྲིབ་པའི་མི་ཚང་ཆེ་ཆུང་དང་དབུལ་ཕྱུག་སོགས་གང་ལའང་མ་བལྟས་པར་ཚང་མས་གཏོར་མ་ཉོ་བའི་ལུགས་སྲོལ་ཡོད་པར་གྲིབ་པ་གཏོར་ཟན་མ་ཞེས་འབོད། དེའི་འབྱུང་ཁུངས་སྔར་སྲོང་བཙན་སྒམ་པོའི་སྐབས་ལ་བློན་པོ་མགར་བ་གྲིབ་དོས་ལ་ཕྱིར་འབུད་བཏང་ནས། གྲིབ་ལ་མགར་ཚང་ཤར་ནུབ་ཞེས་པ་དེ་བཞེངས་ཏེ་བཟང་བཙོན་ལྷ་བུར་གཞག་ནས་ལྟོ་ཆས་ཀྱི་ཚོད་དེར་གཏོར་མ་སྐྱེལ་གྱི་ཡོད། དེ་ནས་གྲིབ་པས་གཏོར་མ་ཉོས་ནས་ཟ་བའི་རྒྱུན་སྲོལ་དར་བ་ཡིན། གཏོར་མ་དེ་དག་ཉོས་མ་ཐག་ལམ་སེང་ཟ་གི་མེད། དེ་ལོ་འཁོར་མ་སྐམ་རྗེས་ཆུ་དང་ཇ་ལ་སྦང་ནས་ཟ་གི་ཡོད། བརྗོད་སྲོལ་ལ་དེ་ནི་བློན་པོ་མགར་བའི་བྱིན་རླབས་ཡིན་ཞེས་སོ། །

[3][4][5][6][7] དུས་གསུམ་རྒྱལ་བའི་བསྟན་སྲུང་སྲིད་གསུམ་སྐྱེ་འགྲོའི་སྲོག་བདག་མཐུ་སྟོབས་ཡོངས་ཀྱི་བདག་པོ་ཀོང་མ་གྲིབ་བཙན་རྡོ་རྗེ་མཆོག་རྒོད་རྩལ་གྱི་གཏོར་ཆོག་ཆ་ཚང་འཕྲིན་ལས་རྣམ་བཞིའི་རིན་ཆེན་འདྲེན་པའི་ཤིང་རྟ་ཞེས་བྱ་བ་བཞུགས་སོ། །

[8] དཔའ་བོའི་བུ་ནི་སོག་ཞྭ་གྱོན་པ་ལོ་བཅུ་གཅིག་ཙམ་ཡིན། དཔའ་མོ་ནི་བུ་མོ་ཆུང་ཆུང་ལོ་བཅུ་ཙམ་ཡིན། མདའ་དར་གྲོ་སོ་ཕྱེ་མར་ནང་ལ་བཙུགས་པ་དང་དེ་རྫོང་བཙན་གྱི་སྐུ་མདུན་དུ་ཕྱག་གཉིས་ཀྱིས་ཡར་བསྒྲུགས་པ་དང་ཞལ་དཀར་ཡར་བཏེགས་ནས་བསྟོད་པའི་བསྔགས་བརྗོད་འདི་ལྟར་འབུལ་གྱི་ཡོད། བཤལ་བྲག་མཐོ་བའི་མགོ་ལ། །ཐོག་རེག་སྐས་འཛོགས་བཙུགས་ཡོད། །དབུ་རྒྱན་མཚར་བའི་མགོ་ལ། །སྨན་རྩའི་ཡོལ་བ་བཏང་ཡོད། །གཡས་ལ་མཁའ་འགྲོ་བཞུགས་ཡོད། །གཡོན་ལ་ལྷ་ལྕམ་བཞུགས་ཡོད། །བདུད་རྩི་རྒྱུན་ཆད་མེད་པར། །ཁྱེད་ཀྱི་གནང་རོགས་གནང་དང་། །བཀྲིས་ལྷ་ཡི་ཁང་བཟང་། །ཀུན་གྱི་ཉི་མ་ཟླ་བ། །འཛམ་གླིང་ས་ཆུ་ཐྲད་སོང་། །མུན་པ་གསལ་རོགས་གནང་དང་། །ལ་ཞུས་པའི་རྩྭ་ལིགས་ལ། །རྩྭ་ལ་ཟིལ་པ་ཁྲུམ་ཁྲུམ། །ཆུ་ལ་ཉ་མོ་ཁྱུག་ཁྱུག །བདག་གི་རྟ་བའི་བླ་མ། །ཕྱག་དང་མཆོད་པ་ཕུལ་ཡོད། །ཡབ་ལ་དགའ་ཡུམ་ལ་དགྱེས། །

[9] རྫོང་བཙན་གྱི་བཤད་པ། རྣོག་ལ་གླིང་བཞི་ཟུར་བཞི། །དོམ་ཕྲུགས་ཨ་སེན་ཁྲ་བོ། །གཉེན་ལྷ་ཚོགས་བཞུགས་དང་། །མཆོན་གྲི་གྲལ་བཞུགས་དང་། །རྒྱ་གྲི་ངར་མོས་དགྲ་སྲོག །འཕྲོག་བྱེད་ལ་བཞུགས། །པ་དམ་བཟང་པོ་ཤ

ཟས། །ཁྲག་འཐུང་ལ་བཞུགས་དང་། །ཐག་སྟོད་སེང་གེ་འགྱིངས་པ་ལྟར། །དཀྱིལ་ལ་དཔལ་གྱི་རྡོ་རྗེ་འདྲ། །ཁྲག་ཤམ་ཁྱུང་ཤོག་རྒྱས་པ་འདྲ། །དགྲ་ལྷ་གཉེན་པ་བརྟན་དུ་བཙུགས། །དགའ་བ་ཡིན་དགའ་བ་ཡིན། །དགྱེས་པ་ཡིན་དགྱེས་པ་ཡིན། །བླ་མ་བཟང་པོ་བློ་བཟང་གྲགས་པ་བཞུགས། །བྱིན་རླབས་གཞག་ལ་རེད། །དགོས་འདོད་ཤུ་བ་མིན་ཡང་། །བསྟན་ཟུང་ཞུས་པ་ན། །དམག་ཟོར་རྒྱལ་མོ་ལ་ཞུས། །མཐུ་བཙན་གཞན་ལ་རེ་དགོས་དེ། །ཤུ་བ་ཞིག་མིན་ཡང་། །དགྲ་ལྷ་བཟང་པོ་རྫོང་བཙན། །སྙིང་པོ་ལ་ཞུས་དང་། རྒྱབ་བཙན་གཞན་ལ་ཞུ་དགོས་དེ། །ལ་ཤུ་བ་ཞིག་མིན་ཡང་། །དགའ་བཞིན་མིན་ནམ། །དགྱེས་བཞིན་མིན་ནམ། །འཇའ་མཚོན་རྣམ་པར་བཀྲ་བ། །རྒྱལ་བ་ལ་གསོ་གསོ། །གངས་ལྗོངས་ས་ཡི་སྙིང་གི །དཔལ་གྱི་ཆོས་འཁོར་ལྷ་ས། །དུས་གསུམ་བཞུགས་པའི་མགོན་པོ། །འཕགས་མཆོག་ཐུགས་རྗེ་ཆེན་པོ། །རྒྱ་མཚོའི་མཐའ་ནས་བཞུགས་པའི། །མི་ཏོག་ཏ་ལའི་འོད་ཟེར། །མི་ཏོག་བཞུགས་ས་མཐོ་ལ་འཁྱིལ་གས། །འཛམ་གླིང་འོད་ཀྱི་ཁྱིངས་སོང་། །བྱང་ནས་བྱང་སྤྲིན་ཤིག་ཤིག །ལྷོ་ནས་ལྷོ་སྤྲིན་ཤིག་ཤིག །གཏེར་བདག་ཆེན་མོའི་དབུ་ནས། །གསེར་གྱི་ཉི་ཟླ་ཤར་སོང་། །ནམ་མཁའི་གཡའ་ལ་ཁ་བཏགས་དཀར་པོ། །རྩ་བའི་བླ་མ་ཕེབས་ཀྱི་ཡོད་པ་ཤེས་བྱུང་། །ས་གཞིའི་མི་ལ་ཐོགས་པའི་སྒྲོ་མདུང་། །འགོ་འདྲེན་དཔོན་པོ་ཕེབས་ཀྱི་ཡོད་པ་ཤེས་བྱུང་། །བཞུགས་གྲལ་འོད་ཀྱི་ཁྱིངས་པ། །ཨ་མ་ཚང་མ་ཕེབས་ཀྱི་ཡོད་པ་ཤེས་བྱུང་། །ཕྱོགས་བཞི་བག་གྲོ་ཕེབས་ཀྱི་ཡོད་པ་ཤེས་བྱུང་། །

[10] གྲིབ་རྫོང་བཙན་དང་གྲིབ་པའི་དུས་རྒྱུན་གྱི་འཚོ་བ་དང་འབྲེལ་བ་དམ་ཟབ་ཡོད་པ་ནི། གལ་ཏེ་ཡུལ་ལ་རྐུན་ཇག་བྱུང་ནས་སེམས་ཅན་སོགས་རྐུ་འཕྲོར་ཤོར་བའམ་བརླགས་གཏོར་བྱུང་ཚེ་གྲིབ་རྫོང་བཙན་གྱི་སྐུ་མདུན་དུ་བཅར་ནས། བལྟ་རིས་ཞེས་ཚེ་ལོའི་མོ་རྒྱག་གི་ཡོད་པ་དེའང་ཚེ་ལོ་གྲུ་བཞི་ཕྱོགས་བརྒྱད་ལ་ཐུགས་ཡིག་རྐང་རེ་བྲིས་ཡོད་དེ། ཚེ་ལོ་དབུགས་མ་ཐག་ཕྱོགས་གང་བབས་པ་དེའི་ལོག་གི་ཐུགས་ཡིག་གཞིར་བཟུང་། མོའི་དཔེ་ཆར་བལྟ་བསྒྱུར་བྱས་ནས་སེམས་ཅན་བརླགས་གཏོར་བྱུང་བ་དེ་ཚེ་ཁ་ཕྱོགས་གང་སར་ཡོད་མེད་དང་ཤི་ཟིན་པའམ་བསད་ཡོད་མེད་བཅས་བརྟག་གི་ཡོད།

[11] གྲིབ་རྫོང་བཙན་བཞུགས་ཡུལ་ལྷ་ཁང་ནང་ལ་ཆུ་སྟོན་པོ་ཞིག་འདུག་པ་བརྗོད་སྲོལ་ལ་དེ་ནི་སྔར་མི་ཚང་ཤར་སྒོ་ནུབ་སྒོ་ལྷོ་སྒོ་གསུམ་ཡོད་པར། ནུབ་སྒོའི་ནང་ལ་དྲིད་མོང་གི་སྙིང་རྫོ་རེད་ཅེས་ཆུ་རྡོ་སྟོན་པོ་ཞིག་ཡོད་པ་དེ་རིག་གནས་གསར་བརྗེ་ཆེན་པོའི་རྗེས་སུ་དགོན་པ་དེ་བཞེངས་རྗེས་སུ་མི་ཚང་དེས་དེར་ཕུལ་བ་ཞིག་རེད། དབྱིབས་དང་ཚོས་གཞི་ཐུན་མོང་མ་ཡིན་པའི་ཆུ་རྡོ་སྟོན་པོ་དེ་དགོན་པ་འདིར་ཆོས་མཇལ་ལ་ཕེབས་མཁན་ཡོངས་ཀྱི་ལུས་སྟོད་ལ་འཛོག་ཙམ་བྱེད་ཀྱི་ཡོད་པ་ནི། བརྗོད་སྲོལ་ལ་དེས་ལུས་ཀྱི་ཁྲག་ཤེད་མཉམ་པ་དང་གཙོང་ནད་སོགས་ཕོག་ཚེ་དེའི་ཁ་ཐུག་ལ་ཕུར་ཙམ་བྱས་ན་མགྱོགས་ནས་མྱུར་དུ་དྲག་སྐྱིད་དུ་འགྲོ་གི་ཡོད་པའང་། ནད་པ་མང་པོ་ཞིག་ཐེངས་གཉིས་པ་ཡོང་དུས་རྡོ་དེ་ལེགས་པོ་ཡོད་ལུགས་དང་ལུས་པོ་ཡོངས་ཀྱང་སེང་ངེར་ཕྱིན་ཞིང་ལུས་ཁམས་གསལ་དྭངས་སུ་གྱུར་པའི་ལོ་རྒྱུས་བཤད་ཀྱི་ཡོད་སྐད།

《གྲུང་གོའི་བོད་རིག་པ།》༢༠༠༣ལོའི་དེབ་གཉིས་པ་ལས་བཏུས།

༄༅། །བོད་ཀྱི་དམར་བསང་གི་འབྱུང་ཁུངས་སྐོར་གླེང་བ།

གསང་བདག་སྐྱབས།

གླེང་གཞི།

བོད་ཀྱི་དམར་བསང་གཏོང་བའི་ཡུལ་སྲོལ་གསོམས་གཤིས་ལུགས་འདིའི་ཁུངས་ལོ་རྗེ་སྟོང་ཕྲག་གཉིས་ཀྱི་ཡར་སྔོན་ཏེ། བོད་རྒྱལ་ཐོག་མ་གཉའ་ཁྲི་མ་བྱོན་པའི་སྔོན་ནས་བྱུང་ཞིང་འཕེལ་བའི་གདོད་མའི་དམར་མཆོད་ཀྱི་ཆོ་ག་བྱེད་སྲོལ་དང་འབྲེལ་བ་དམ་པོ་ལྡན་ཡོད། ཕྱིས་སུ་ད་ལྟའི་བསང་གི་རིགས་ཐམས་ཅད་ཀྱི་མེས་པོ་ལྟ་བུ་གདོད་མའི་དམར་མཆོད་ཀྱི་རིགས་དེ་དག་ལོ་རྒྱུས་འཕེལ་རྒྱས་ཀྱི་འགྲོས་དང་བསྟུན་ནས་རིག་གནས་གཞན་གྱི་རྒྱུན་དང་ཉམས་འདྲེས་བྱུང་ཞིང་། སྔོན་གྱི་ས་སྐྱེས་རྗེ་སྐྱེས་ཀྱི་རིག་གནས་ཀྱི་རྣམ་པའམ་བྲོ་བ་ལ་བསྒྱུར་བཅོས་དང་བླང་དོར་སྣ་ཚོགས་བྱས་པས་དམར་བསང་གཏོང་བའི་སྲོལ་འདི་བྱུང་བ་ཡིན་པར་ངེས་སོ། །དེ་ལ་འདིར་གདོད་མའི་དམར་མཆོད་ལས་རིམ་འགྱུར་བྱུང་བའི་དམར་བསང་གི་འབྱུང་ཁུངས་སྐོར་མདོ་ཙམ་བརྗོད་པ་ལ།

དང་པོ། བསང་གི་གོ་དོན།

བསང་ཞེས་པའི་ཐ་སྙད་འདི་བསང་གི་རིགས་སུ་གྱུར་པ་ཐམས་ཅད་ཀྱི་སྤྱི་མིང་ཞིག་རེད། བསང་ཞེས་པའི་མིང་འདི་བྱེད་ནུས་ཀྱི་ཆ་ནས་བཏགས་པའི་རྗེས་གྲུབ་ཀྱི་མིང་ལ་གོ་ན་མི་འགྲིག་པ་མེད་དེ། འཇུ་མི་ཕམ་རྣམ་རྒྱལ་རྒྱ་མཚོས་མཛད་པའི《མནོལ་བསང་ཉམས་གྲིབ་ཀུན་སེལ》ནང་"རང་བཞིན་དག་པའི་བསང་མཆོད་འདིས། །མི་བསང་བ་ནི་གང་ཡང་མེད། །གདུག་པའི་དུག་དང་བཙོག་པའི་གྲིབ། ། ཐམས་ཅད་མ་ལུས་སངས་གྱུར་ཅིག །"[1]ཅེས་པའི་སྐབས་སུ་བསང་ནི་མི་གཙང་པ་ཐམས་ཅད་གཙང་བར་བྱེད་པའི་ནུས་པ་ཅན་ཞིག་ཡིན་པ་ཤེས་ཐུབ་པ་དང་། སློབ་དཔོན་པདྨས་མཛད་པའི《རྒྱགས་བཟན་ལྷ་བསང》ནང་"དུད་པ་གནམ་དུ་སོང་བ་ཡིས༔ བར་སྣང་གང་བའི་ལྷ་ཚོགས་བསང༔ མེ་གཞི་ས་གཞིའི་སྟེང་དུ་སྦར༔ ས་གཞི་གང་བའི་ལྷ་ཚོགས་བསང༔"[2]སོགས་ཀྱི་སྐབས་སུ། བསང་གི་དག་གཙང་གི་ནུས་པས་ལྷ་ཚོགས་མཉེས་པར་བྱེད་པའམ་ཡང་ན་སྨྲུན་འདྲེན་པའི་དོན་ཞིག་ཀྱང་གོ་རྒྱུ་ཡོད་པའི་ཞོར་དུ་རང་ཅག་གིས་དད་མོས་བྱེད་ཀྱིན་པའི་ལྷ་རྣམས་ནི་གཙང་སྦྲ་ལ་དང་དོད་ཆེ་བ་དང་བཙོག་གྲིབ་ཀྱི་

རིགས་འཛོམ་དོགས་བྱེད་མཁན་གྱི་རིགས་ཤིག་ཡིན་པའང་ཤེས་ནུས། རིག་གནས་ཀྱི་རྒྱབ་ལྗོངས་འདི་འདྲ་ཞིག་ལ་བརྟེན་ནས་ང་ཚོའི་མེས་པོ་རྣམས་ཀྱིས་རི་མགོ་མཐོ་ལ་གཙང་བའི་ས་ནས་ཤིང་སྣ་སྨན་སྣ་མང་པོ་བསགས་ཏེ་མེ་ལ་སྦར་བའི་བསང་སྲིན་གྱིས་ལྷ་ལ་མཆོད་པ་དང་མཉམ་དུ་མཁའ་དབྱུགས་དག་གཙང་བྱེད་ཅིང་དེ་ལ་འབྱུང་གཞི་བདེ་ཐང་གི་ནུས་པའང་ཡོར་ལ་ཐོན་གྱི་ཡོད་པས་གནའ་རབས་བོད་མིའི་འཁྲིད་བསྟེན་གྱི་རིག་ཚན་ཞིག་ཏུའང་བརྩི་ཆོག་ན། བསང་ནི་མི་ཡུལ་གྱི་བཙོག་གྲིབ་སེལ་ནས་དང་ཡུལ་གྱི་ལྷ་སྲུང་འདྲེན་པའི་གནའ་དུས་ནས་བྱུང་བའི་གོམས་སྲོལ་ཞིག་རེད་ཟེར་ན་མི་ཆོག་པ་མི་འདུག་སྙམ། ཡིན་ནའང་། བདག་ཅག་གི་སྤྱོད་ཡུལ་དུ་གྱུར་པའི་བསང་དམ་ལྷ་བསང་གི་རིགས་དག་ནི་བན་བོན་གཉིས་གཅིག་ཏུ་འདྲེས་རྗེས་སུ་བྱུང་བའི་འཇིག་རྟེན་མི་ཆོས་ཀྱི་ལྷ་སྐྱངས་ཤིག་ཡིན་པས། ད་ལྟའི་བསང་ཞེས་པའི་གོ་དོན་འདིས་བསང་གི་བྱེ་བྲག་དཀར་བསང་གི་གོ་དོན་ཆ་ཚང་ཞིག་མཚོན་ནུས་པའི་དབང་དུ་བཏང་ནའང་དམར་བསང་གི་གོ་དོན་ཆ་ཚང་ཞིག་སྟོན་མི་ཐུབ་པའི་ཕྱིར། དམར་བསང་ཞེས་པའི་ཁུངས་ངེས་པ་ལ་གཞིན་བོན་མ་དར་གོང་གི་དམར་མཆོད་ཤིན་ཏུ་དར་བའི་གདོད་མའི་བོན་ཆོས་དག་དང་འབྲེལ་ནས་གླིང་དགོས་སོ། །

གཉིས་པ། གདོད་མའི་དམར་མཆོད་ཀྱི་ཤན་ཤུགས།

དམར་མཆོད་ཀྱི་རིགས་ནི་འཛམ་གླིང་ཐོག་གི་མི་རིགས་ཕལ་ཆེར་ལ་བྱུང་སྲོང་ཡོད་པ་དང་། དེ་ནི་ཆེས་གདོད་མའི་ཆོས་ལུགས་ཀྱི་རྣམ་པ་ཞིག་རེད། བོད་དུ་དམར་མཆོད་རྒྱ་ཆེན་བྱེད་པའི་སྐབས་དེར་ལྷ་ཞེས་པའི་སྣང་བརྙན་དེ་ད་དུང་གཞི་གྲུབ་མི་འདུག་སོད། ད་ལྟ་བདག་ཅག་གིས་ཡུལ་ལྷ་གཞི་བདག་གི་རིགས་སོགས་ལ་དམར་བསང་གིས་བཟུན་པ་ནི་སྔོན་གྱི་དམར་མཆོད་ཀྱི་ཤན་ཤུགས་ཐེབས་པ་དང་དེའི་རྒྱུན་མ་ཉམས་པ་ཞིག་རེད། བོད་རིག་པ་མཁས་ཅན་མཁར་རྨེའུ་བསམ་གཏན་ལགས་ཀྱིས"གོང་པོའི་བྲག་བཀོས་ཡི་གེའི་ཐོག་ཏུ་ཁྲི་གུམ་བཙན་པོའི་སྲས་གཉིས་ཀྱིས་སྐུ་བླ་གཉན་པོ་ལ་གསོལ་མཆོད་བྱས་ཚུལ་འཁོད་ཡོད། ཁོ་བོ་ལྟར་ན་དེ་ནི་ཡུལ་ལྷ་ལ་དད་མོས་བྱེད་པའི་སྲོལ་གྱི་འབྱུང་ཁུངས་ལྟ་བུ་ཞིག་ཡིན་པར་སེམས"[3]ཞེས་གསུངས་པ་ལ་གཞིགས་ན། བོད་དུ་ལྷར་མཆོད་པ་དང་ལྷའི་སྣང་བརྙན་གཞི་གྲུབ་པའི་དུས་ནི་སྐབས་འདི་ཙམ་ནས་བྱུང་ཡོད་ཚོད་རེད། ཡིན་ནའང་སྐབས་འདིར་བོད་དུ་དར་བའི་བོན་ནི་གཤེན་བོན་ནམ་གཡུང་དྲུང་བོན་ཡིན་པས་ཆོས་ལུགས་འདི་བོད་ཀྱི་ལོ་རྒྱུས་སྟེང་དམར་མཆོད་རྒྱ་ཆེན་བྱས་སྤྱོད་བའི་ཆོས་ལུགས་སྔ་མ་དག་དང་བསྡུར་ན་ལོ་བརྒྱ་ཕྲག་དུ་མའི་རྗེས་སུ་བྱུང་བ་རེད།

དེ་ཡང་ཐོག་མའི་དུས་སུ་དམར་བསང་དང་དམར་མཆོད་ཅེས་པའི་ཐ་སྙད་ཀྱི་འཇུག་ཡུལ་ལ་ཁྱད་པར་ཡོད་དེ། "བོད་དུ་སངས་རྒྱས་ཆོས་ལུགས་མ་བྱུང་བའི་གོང་དུ་ཆོ་ག་འདྲ་མི་འདྲ་གཏོང་མཁན་

དང་། སྡིགས་འདྲ་མི་འདྲ་རྒྱག་མཁན་སོགས་མཐུ་དང་ནུས་པའི་ལས་སྦྱོད་བྱེད་མཁན་ཐམས་ཅད་ལ་བོན་པོ་དང་། དེ་དག་གི་བྱ་བ་དེ་ལ་བོན་ཟེར་གྱི་ཡོད་ཅིང་ཁུངས་གཅིག་ཏུ་གཏུག་ཡག་ཡོད་མ་རེད། བོན་གྱི་སྟོན་པ་གཤེན་རབ་མི་བོ་ཆེ་འཛིག་རྟེན་དུ་བྱོན་དུས། བདུད་ལ་བརྟེན་མཁན་གྱི་བདུད་བོན་ཟེར་བ་དང་། བཙན་ལ་བརྟེན་མཁན་གྱི་བཙན་བོན་ཟེར་བའི་བོན་པོའི་རིགས་མི་འདྲ་བ་འགའ་ཞིག་ནི་དེ་དུས་ནས་ཡོད་པ་དང་། དེ་ཚོས་སེམས་ཅན་གཞན་དག་གི་ལུས་སྲོག་ལ་འཚེ་བའི་དམར་མཆོད་བྱེད་སྲོལ་ཡོད་པ་ལ། སྟོན་པ་གཤེན་རབ་མི་བོ་ཆེས་དགག་ཅིང་། དམར་མཆོད་ཀྱི་དོད་དུ་སེམས་ཅན་གྱི་གཟུགས་བརྙན་སོགས་ཀྱིས་འཐུས་པར་གནང་བའི་མདོས་དང་ཡས་སོགས་ཀྱི་སྲོལ་གསར་དུ་བཏོད་"[4]ཅེས་པ་ལས། དམར་མཆོད་བྱེད་པ་ནི་གཤེན་བོན་མ་དར་གོང་ནས་བྱུང་བའི་གདོད་མའི་ཆོས་ལུགས་ཤིག་ཡིན་ཚུལ་རྟོགས་ཐུབ་པ་མ་ཟད་ངོ་བོའི་ཐད་ནས་དམར་བསང་དང་ཁྱད་པར་ཡོད་པའང་ཤེས་ཐུབ། དེས་ན་བདུད་བོན་དང་བཙན་བོན་གྱི་རིགས་དེ་ཚོ་སྟོན་པ་གཤེན་རབ་མ་བྱོན་གོང་གི་ལོ་བརྒྱ་ཕྲག་གི་དུས་ནས་བྱུང་ཡོད་པ་ཞིག་རེད་ལ། དེ་ཚོས་དམར་མཆོད་བྱེད་པའི་ཤན་ཤུགས་ཀྱིས་དམར་བསང་ཞེས་ཁུངས་གཤེན་བོན་ལ་ཐུག་པའི་ཚོ་གའི་རིགས་འདི་བྱུང་བ་རེད། ཡིན་ནའང་། དམར་མཆོད་དང་དམར་བསང་གཉིས་སེམས་ཅན་གཞན་གྱི་ཤ་ཁྲག་མཆོད་པ་འདྲ་ནའང་ཤུགས་ཆེ་ཆུང་དང་གྲངས་འབོར་མང་ཉུང་། སྐབས་ཐོག་གི་དམིགས་ཡུལ་མི་འདྲ་བ་མ་ཟད། དམར་མཆོད་ནི་གཙོ་བོ་གཞན་གྱི་སྲོག་བཅད་པའི་ཤ་ཁྲག་རློན་པ་འབུལ་ལ། ད་ལྟའི་དམར་བསང་སྔོན་གྱི་དམར་མཆོད་ལས་འཕེལ་རྒྱས་བྱུང་བའི་མཚོན་རྟགས་གཙོ་བོ་ཞིག་ནི་དམར་གྱི་རིགས་མེ་ལ་བྲངས་ནས་དྲི་ལ་བརྟེན་པའི་དྲི་ཟའི་རིགས་སུ་གྱུར་པའི་ལྷ་ཚིམ་པར་བྱེད་པ་བཅས་ཤེས་ཐུབ། དམར་བསང་ཕུལ་བའི་ཁུངས་བོན་ལ་ཐུག་ཡོད་ཀྱང་དེ་ནི་སྟོན་པ་གཤེན་རབ་ཀྱིས་གསར་གཏོད་གནང་བའི་གཡུང་དྲུང་བོན་ཆོས་ནས་གསར་དུ་བྱུང་བ་ཞིག་ལ་གོ་མི་རུང་བར། དེའི་ཡར་སྔོན་དུ་བོད་ལ་དར་བའི་གདོད་མའི་བདུད་བོན་དང་བཙན་བོན་གྱིས་དམར་མཆོད་བྱེད་པའི་ཆོས་ལུགས་དེའི་ཁྲག་རྒྱུན་ལྷ་བུ་ཞིག་ལ་གོ་དགོས།

གཞན་ཆབ་སྲིད་ཚེ་བརྟན་ཕུན་ཚོགས་ཀྱི་གསུང་དུའང"གནའ་རབས་ཀྱི་བཙན་གསོལ་བའི་དམར་མཆོད་ཀྱི་ཡུལ་སྲོལ་དེ་རིགས་རྫ་བའི་ཆ་ནས་མེད་པར་གྱུར་ཟིན་ཙང་། གོང་པོ་རྒྱ་ལ་གྲོང་ཚོ་དང་སྤོ་བོ་ཐང་སྨད་ཁུལ་སོགས་སུ་བཅིངས་འགྲོལ་མ་ཐོབ་གོང་སྲོལ་རྙིང་དེ་ད་དུང་གནས་ཡོད་འདུག"[5]ཅེས་པ་ལས་གཅིག་ནས་དམར་མཆོད་ཀྱི་ལུགས་དེ་བོད་འདུས་སྔོད་ས་ཆ་ཁ་ཤས་སུ་ད་དུང་གནས་ཡོད་པ་དང་། གཉིས་ནས་དམར་མཆོད་ཀྱི་ཡུལ་གཙོ་བོ་བཙན་ཡིན་པས་ལྷར་མཆོད་པའི་དཀར་བསང་དང་ད་ལྟའི་དམར་བསང་སོགས་དང་ཁྱད་པར་ཡོད་ངེས་པའང་རྟོགས་ཐུབ་པ་བཞིན་བདུད་བོན་ཡིན་ན་བདུད་ལ་མཆོད་པ་དང་། བཙན་བོན་ཡིན་ན་བཙན་ལ་མཆོད་པ། གཤེན་བོན་གྱིས་སྐུ་ལྷ་གཉན་པོ་ལ་གསོལ་

མཆོད་བྱེད་པ(གྲི་གུམ་གྱི་སྲས་གཉིས་ཀྱིས་གསོལ་མཆོད་བྱས་པ་ལས་ཞེས་ཐུབ)གང་ཡིན་ཀྱང་ཕྱིས་སུ་ཆབ་སྲིད་སོགས་ཀྱི་དགོས་མཁོ་དང་རིག་གནས་མང་པོ་མཉམ་འདྲེས་བྱུང་བའི་ཤན་ཤུགས་ལ་བརྟེན་ནས་དམར་མཆོད་ཀྱི་ཡུལ་གཙོ་བོ་ཉི་ཟླ་སྐར་གསུམ་དང་ལྷ་ཡི་ངོ་བོའི་སྟེང་འཕེལ་འགྱུར་བྱུང་འདུག་པ་རྟོགས་ཐུབ།

གསུམ་པ། དམར་མཆོད་ཀྱི་སྐྱོད་སྒོ།

བདུད་བོན་དང་བཙན་བོན་སོགས་ཀྱིས་དམར་མཆོད་བྱེད་པ་ལ་སྟོན་པ་གཤེན་རབ་མི་བོ་ཆེས་དགག་ཅིང་། དམར་མཆོད་ཀྱི་དོད་དུ་སེམས་ཅན་གྱི་གཟུགས་བརྙན་སོགས་ཀྱིས་འཕྲུས་པར་གནང་བའི་མདོས་དང་ཡས་སོགས་ཀྱི་སྲོལ་གསར་དུ་གཏོད་ནའང་། དེས་དམར་མཆོད་ཀྱི་རིགས་ལ་ཚོད་འཛིན་ངེས་ཅན་ཞིག་ཐེབས་ཡོད་ཀྱང་རྩ་བའི་ཆ་ནས་སྟར་བཞིན་གནས་ཡོད་པ་བོད་ཀྱི་ལོ་རྒྱུས་ཡིག་ཚང་འགའ་ལ་བལྟས་པས་ཤེས་ཐུབ། བོད་བཙན་པོའི་རྒྱལ་རབས་རིམ་གྱིས་དར་བ་དང་ཆབ་སྲིད་སོགས་ཀྱི་དགོས་མཁོའི་དབང་གིས་དམར་མཆོད་ཀྱི་རིགས་དེ་མི་དང་མིའི་བར་དང་། ཡུལ་དང་ཡུལ་གྱི་བར་དང་། རྒྱལ་ཁབ་དང་རྒྱལ་ཁབ་ཀྱི་བར་ཉི་ཟླ་སྐར་གསུམ་དང་ལྷ་སྲུང་དཔང་དུ་བཙུགས་ནས་ཕན་ཚུན་བྲོ་མནའ་བོར་སྐབས། དམར་མཆོད་ཀྱི་རིགས་འདི་མནའ་ཚིག་དང་དམ་བཅའ་ལས་མི་འགལ་བར་བྱེད་པའི་ཚོ་གའི་རིགས་དམིགས་བསལ་ཅན་ཞིག་སྐེ་ཆབ་སྲིད་དང་ཐད་ཀར་འབྲེལ་བ་ཡོད་པ་ཞིག་ཏུ་གྱུར་འདུག འདིའི་སྐོར《ཐང་ཡིག་གསར་རྙིང་ལས་བྱུང་བའི་བོད་ཆེན་པོའི་སྲིད་ལུགས》ཞེས་པའི་ནང་"རྗེ་བློན་རྣམས་ཀྱིས་ལོ་རེར་འདུན་མ་ཆུང་ངུ་རེ་བསྡུ། དེ་དུས་ལུག་ཁྱི་སྤྲེལ་གསུམ་དམར་མཆོད་བྱེད། ལོ་གསུམ་ན་འདུན་མ་ཆེ་བ་རེ་བསྡུ། མཚན་གུང་ལ་མཆོད་དངོས་རྣམས་སྟེགས་སུ་བཤམས་ཏེ། མི་རྟ་གཡག་གསུམ་དང་བོང་བུ་སོགས་དམར་མཆོད་འབུལ། སྲོག་ཆགས་དེ་དག་གི་རྐང་ལག་འབྲེག དོན་སྙོད་མདུན་དུ་སྤུངས་ཏེ་བན་དེ་ཞིག་གིས་གལ་ཏེ་འདུན་མ་དང་འགལ་ན་སྲོག་ཆགས་འདི་རྣམས་བཞིན་དུ་མི་བགྱིད་རེ་ཞེས་མནའ་དོར་རོ"[6]ཞེས་དང་། དབོན་ཞང་མོལ་བའི་རྫོ་རིང་ནུབ་ངོས་ཀྱི་ཡིག་ཕྲེང༧༧ནས༧༨བར་འདི་ལྟར་བཀོད་ཡོད་དེ། "དཀོན་མཆོག་གསུམ་དང་། །འཕགས་པའི་ལྷ་རྣམས་དང་། །གཉི་ཟླ་སྐར་ལ་ཡང་དཔང་དུ་གསོལ་ཏེ། །ཐ་ཚིག་གི་རྣམ་པས་ཀྱང་བཤད། །སྲོག་ཆགས་བསད་དེ་མནའ་ཡང་བོར་ནས། །གཙིགས་བཅས་སོ། །"[7]ཞེས་འཁོད་ཡོད་པ་ལས་རྒྱལ་སྲིད་དང་འབྲེལ་བའི་ལས་བྱ་དུས་སྲོག་ཆགས་བསད་དེ་དམར་མཆོད་བྱེད་པའི་སྲོལ་ཡོད་པ་ཙམ་མ་ཟད། དམར་མཆོད་ཀྱི་སྲོལ་འདི་བོད་དུ་སངས་རྒྱས་ཆོས་ལུགས་རྒྱ་ཆེར་དར་བའི་ཆོས་རྒྱལ་མེས་དབོན་རྣམ་གསུམ་གྱི་ཡ་རྒྱལ་བཙན་པོ་ཁྲི་གཙུག་ལྡེ་བཙན་ཁྲི་རལ་པ་ཅན་གྱི་དུས་སུའང་དར་སོ་ཆེན་པོ་བྱུང་ཡོད་པ་རྟོགས་ཐུབ་པས། ཁྲི་རལ་གྱི་སྐབས་དམར་མཆོད་བྱེད་པ་དེ་ཐང་རྒྱལ་རབས་ཀྱི་ལུགས་སུ་བྱས་པ་མིན་ན་སྐབས་དེ་དུས་བོད་ནང་ཁུལ་དུ་བོན་ཆོས་ཀྱི་

ཤུགས་རྐྱེན་གཏིང་ཟབ་པ་དང་། དེས་བོད་བཙན་པོའི་ཆབ་སྲིད་ཐད་ཕན་ནུས་མི་དམན་པ་ཞིག་ཐོན་གྱི་ཡོད་པས་བོད་ཀྱི་རྒྱལ་པོས་སྲིད་སྐྱོང་བ་ལ་སྟར་བཞིན་བོན་གྱི་འགྲོ་ལུགས་སུ་བྱེད་པ་དང་། ཆོས་དང་རིག་གནས་སྤེལ་བ་ལ་ནང་ཆོས་དར་སོ་ཆེན་པོ་བྱུས་པར་འདོད།

རྒྱལ་པོ་ཁྲི་སྲོང་ལྡེ་བཙན་གྱིས"སྤྱི་ལོ་༧༥༥ལོར་མལ་དྲོ་ཟུར་ཕུད་རྐྱང་བུ་ཚལ་གྱི་ཕོ་བྲང་མདུན་དུ་ཆོས་དང་བོན་གཉིས་རྩོད་གླེང་བྱེད་སྐབས་བོན་རྣམས་ཕམ། རྒྱལ་པོས་བོན་རྣམས་སྟོད་མངའ་རིས་ཞང་ཞུང་གི་ཡུལ་དུ་མཐའ་བསྐྲོད་བཏང་ཞིང་། བོན་པོའི་ཆོས་དཔེ་ཡོངས་རྫོགས་བསྡུས་ནས་ཁག་ཅིག་ཆུ་ལ་གཡུགས། ཁག་ཅིག་བསམ་ཡས་སུ་མཆོད་རྟེན་ནག་པོ་གཅིག་བཞེངས་པ་དེའི་འོག་ཏུ་མནན། མི་གསོན་པོ་དང་གཤིན་པོའི་རིམ་གྲོར་སེམས་ཅན་གསོད་པའི་དམར་མཆོད་འབུལ་མི་ཆོག་པ་དང་། སངས་རྒྱས་ཆོས་ལུགས་མ་གཏོགས་བོན་པོའི་ཆོས་བྱེད་མི་ཆོག་པའི་ཁྲིམས་བཅས"[8]ནའང་། སྔོན་སྟོན་པ་གཤེན་རབ་ཀྱིས་དམར་མཆོད་མ་ཕོག་པ་བཞིན་རྒྱལ་པོ་ཁྲི་སྲོང་ལྡེ་བཙན་གྱིས་ཁྲིམས་ལ་བརྟེན་ཀྱང་མ་ཕོག་པའི་ཚུལ་ཁྲི་རལ་དུས་ཀྱི་ རྗེ་རིང་ལས་མཐོང་ཐུབ་པས་དམར་མཆོད་ཀྱི་རིགས་འདི་ཆོས་སྲིད་གང་ལའང་སྤྱོད་ཆེ་བ་དང་དེས་སྐབས་དེའི་སྤྱི་ཚོགས་ལ་ཕན་ནུས་ངེས་ཅན་ཐོན་ཐུབ་ཀྱི་ཡོད་པ་ཤེས་ཐུབ་སོད། འདི་དུས་ནས་བཟུང་བོད་དུ་སངས་རྒྱས་ཆོས་ལུགས་ཤུགས་ཆེན་དར་བ་དང་བསྟུན་དམར་མཆོད་ཀྱིས་མཚོན་པའི་བོན་ཆོས་ཀྱི་ཆོ་གའི་རིགས་མང་པོ་ཞིག་དང་དམ་ཤུགས་ཀྱིས་ཉམས་ཞན་དུ་ཕྱིན་པ་ནི་དམར་མཆོད་ཀྱི་ངོད་དུ་དམར་བསང་བྱུང་བའི་ལོ་རྒྱུས་དང་རིག་གནས་ཀྱི་རྒྱབ་ལྗོངས་རྣལ་མ་ཞིག་ཡིན་ལ་དམར་བསང་གི་ཁུངས་ཀྱང་འདི་ནས་བྱུང་བ་ཡིན་ནོ། །

བཞི་པ། དམར་བསང་གི་ཁྱད་ཆོས།

ད་ལྟའི་དུས་སུ་སྤྱི་བསང་ལ་དམར་བསང་དང་དཀར་བསང་ཞེས་རིགས་ཆེ་བ་གཉིས་སུ་དབྱེ་ཆོག སྔོན་གྱི་ལོ་རྒྱུས་སོགས་ལ་གཞིགས་ན་དམར་བསང་བྱུང་སྔ་བ་དང་། དཀར་བསང་ནི་བོད་དུ་སངས་རྒྱས་ཆོས་ལུགས་དར་བའི་རྗེས་སུ་འགྱུར་ལྡོག་ཤུགས་ཆེན་བྱུང་བ་ཞིག་རེད། "རྒྱལ་པོ་ཁྲི་སྲོང་ལྡེ་བཙན་གྱིས་བོན་པོའི་ཆོས་ལུགས་བསྡུབས་སྐབས་གཡང་སྒྲུབ་པ་དང་། མདོས་གླུ་གཏོང་བ། རོ་བསྲེགས་པ། ལྷ་བསང་གཏོང་བ། ཏོམ་བསྲེགས་པ་སོགས་མེད་པར་མ་བཟོས་པར་བཞག"[9]པ་ནི་སྟོན་པ་གཤེན་རབ་མི་བོ་ཆེའི་རིང་ནས་གསར་གཏོད་དང་འཕེལ་རྒྱས་ཕྱིན་པའི་བོན་གྱི་ཆོ་ག་མང་པོ་ཞིག་བོད་རིགས་མི་དམངས་ཀྱི་སོས་ངོ་དང་མཐུན་པར་མ་ཟད་ཆོ་ག་འདི་རིགས་ཀྱིས་བོད་མི་དམངས་ཀྱི་བསམ་བློའི་བརྒྱ་ཆའི་མང་ཚམ་ཟིན་ཡོད་པའི་མཚོན་རྟགས་ཀྱང་རེད། བན་བོན་གཉིས་ཀྱི་ལྟ་སྤྱོད་གཅིག་ཏུ་བསྲེས་པའི་སྐབས་ཐོག་མའང་འདི་དུས་ནས་ཡིན་པས་དམར་བསང་ཡང་སྔོན་གྱི་དམར་མཆོད་ཀྱི་རྣམ་པ་ལས་

འགྱུར་ནས་མདོས་གླུད་གཏོང་བ་དང་ལྷ་བསང་གཏོང་བ་སོགས་རང་སོར་བཞག་པའི་གོ་སྐབས་དང་འགྲོགས་ཏེ་ད་བར་གནས་ཐུབ་པ་བྱུང་བ་འདི་ཡིན།

བོད་ཀྱི་ལོ་རྒྱུས་ཐོག་སྟོན་པ་གཤེན་རབ་ཀྱིས་དམར་མཆོད་ཀྱི་རིགས་དེ་དག་ལ་དགག་པ་མཛད་པ་དང་། ཁྲི་གུམ་བཙན་པོས་བོན་བསྣུབས་རྗེས་བྱས་པ། ཁྲི་སྲོང་ལྡེ་བཙན་གྱིས་ནང་ཆོས་མ་གཏོགས་བོན་ཆོས་བྱ་མི་ཆོག་པའི་ཁྲིམས་བཅས་པ་སོགས་ལོ་རྒྱུས་དོན་ཆེན་མང་པོ་བྱུང་སྲོང་ཡང་། སྔོན་དུས་བོད་རང་ས་ནས་བྱུང་བའི་ཆོས་ལུགས་ཀྱི་ཆོ་ག་དེ་རིགས་ཉམས་དམས་སུ་མ་ཕྱིན་པར་བོན་ཆོས་དང་ནང་ཆོས་ཀྱི་ཁྲག་ལམ་བརྒྱུད་ཅིང་ད་ལྟའང་དམར་བསང་ཞེས་མིག་གིས་བལྟ་རྒྱུ་དང་སྣ་ལ་སྣོམ་རྒྱུ་ཞིག་གནས་ཡོད་པ་ལས་བོད་མི་རིགས་ཀྱི་ལྷ་ལ་དད་མོས་བྱེད་པའི་སེམས་ཁམས་དང་གོམས་སྲོལ་དེ་གནའ་དུས་ནས་བཟུང་རྩ་བ་བརྟན་པའི་བསམ་བློའི་རྒྱབ་བརྟེན་གཙོ་བོ་ཞིག་ཡིན་པ་ངེས་ཐུབ།

དམར་བསང་ལ་དམར་གསུར་ཡང་ཟེར། དམར་བསང་ཞེས་པ་ནི་གཙོ་བོ་སེམས་ཅན་གཞན་གྱི་ཤ་ཁྲག་ལ་བརྟེན་ནས་མཆོད་འབུལ་བྱེད་པའི་བསང་གི་རིགས་ཏེ་ཕྱུལ་ཡུལ་ནག་ཕྱོགས་པའི་ལྷ་རྣམས་ཡིན་པར་བཤད། དཀར་ཕྱོགས་པ་དང་ནག་ཕྱོགས་པའི་ཁྱད་པར་ནི་སངས་རྒྱས་ཀྱི་བསྟན་པ་སྐྱོང་ཞིང་སེམས་ཅན་ལ་ཕན་འདོགས་མཁན་དེ་དཀར་ཕྱོགས་ཀྱི་ལྷ་དང་། དེ་ལས་ལྡོག་ན་ནག་ཕྱོགས་ཀྱི་ལྷ་ཟེར་བ་ཡང་ནང་བསྟན་བོད་དུ་དར་བའི་རྗེས་སུ་བྱུང་བའི་དབྱེ་སྲོལ་ཞིག་རེད། ཡིན་ནའང་བཤད་ཚུལ་འདི་གཅིག་ཏུ་མ་ངེས་ཏེ་སྔེ་བ་ཚོ་པའམ་མི་སྐྱེར་སོགས་དོན་གལ་ཆེ་ལ་ཐུག་ན་དཀར་ཕྱོགས་པར་གཏན་འཁེལ་བའི་ལྷ་སྲུང་རྣམས་ལ་དམར་བསང་གིས་བརྟན་ཞིང་སྐྱབས་གྲོགས་བཙལ་བའི་སྲོལ་བོད་འདུས་སྟོད་ས་ཆ་མང་པོར་དར་འདུག་ལ། མཚམས་རེར་དགོས་དབང་གིས་གཞན་ལ་གསང་བའི་སྒོ་ནས་ཕུལ་བའང་མང་པོ་ཡོད།

ད་ལྟ་རྒྱལ་ཁབ་ཕྱི་ནང་གི་མཁས་པ་འགའ་ཤས་ཀྱིས་ཡ་ཐོག་གི་མིའི་རིགས་ཀྱི་སྤྱི་ཚོགས་བརྒྱུད་རིམ་ལ་སྟོ་ལོ་ཐོགས་པ་དང་། རི་དྭགས་རྔོན་པ། ཞིང་ས་རྨོ་བ་བཅས་བརྒྱུད་རིམ་ཆེན་པོ་གསུམ་དུ་དབྱེ་ཡོད་པ་རེད། བོད་ལ་མཚོན་ནའང་གོས་སུ་ཤིང་ལོ་གྱོན་པ་དང་ཟས་སུ་མ་རྨོས་པའི་ལོ་ཏོག་སྟེ་སྟོ་ལོ་སོགས་ཐོགས་པའི་བརྒྱུད་རིམ་དང་པོ་བརྒྱུད་ཡོང་བ《ཆོས་འབྱུང་མཁས་པའི་དགའ་སྟོན》སོགས་སུ་གསལ། ཡ་ཐོག་སྤྱི་ཚོགས་ཀྱི་བརྒྱུད་རིམ་གཉིས་པ་རི་དྭགས་རྔོན་པའི་དུས་རིམ་ལ་སླེབས་ཡོང་དུས་བོད་དུ་བདུད་བོན་དང་བཙན་བོན་སོགས་གདོད་མའི་ཆོས་ལུགས་ཀྱི་སྟོབས་ཤུགས་ཆེས་ཆེར་རྒྱས་ཤིང་། རང་བྱུང་ཁམས་ཀྱི་གནོད་པ་སོགས་ལས་རྣམ་པར་རྒྱལ་ཆེད་ཆོས་ལུགས་ཀྱི་བསམ་བློ་ལ་བརྟེན་ནས་བཙན་སོགས་མིའི་སྟོབས་ཤུགས་ལས་བཀྲལ་བར་འདོད་པའི་སྙིག་གྱུར་གྱི་ཡུལ་ལ་དད་མོས་དང་། སྐབས་དེའི་ངལ་རྩོལ་གྱི་འབྲས་བུ་རི་དྭགས་རྔོན་པའི་ཤ་ཁྲག་གིས་དམར་མཆོད་རྒྱ་ཆེན་ཕུལ་བ་སྟེ་ཆོས་ལུགས་ཀྱི་ནང་

དོན་དང་དཔལ་རྩོལ་གྱི་འབྲས་བུ་གཉིས་དོ་མཉམ་བྱུང་ཡོད་པའི་སྐབས་དེའི་དམར་མཆོད་ཀྱི་རིགས་འདི་ད་ལྟའི་དམར་བསང་གི་ཁུངས་སུ་གྱུར་ཡོད། ཡ་ཐོག་སྤྱི་ཚོགས་ཀྱི་བརྒྱུད་རིམ་གསུམ་པ་ཞིང་ས་རྨོ་བའི་དུས་སྐབས་སུ་སླེབས་ཡོང་དུས་མི་གྲངས་མང་དུ་ཕྱིན་པ་དང་རང་བྱུང་གི་ཆ་རྐྱེན་ཇེ་ངན་དུ་གྱུར་པ། མིའི་རིག་གནས་ཀྱི་ཚུ་ཚད་དང་བསམ་བློའི་གོ་རྟོགས་མཐོ་རུ་ཕྱིན་པ་སོགས་ལ་བརྟེན། དུས་རབས་མང་པོའི་རིང་སྔོན་གྱི་སེམས་ཅན་ཁྲི་ཕྲག་མང་པོ་དུས་གཅིག་ཏུ་དམར་མཆོད་བྱེད་པའི་གདོད་མའི་ཆོས་ལུགས་ལ་ཚོད་འཛིན་དང་བསྒྱུར་བཅོས། འགོག་རྐྱོལ་སོགས་བརྒྱུད་ད་ལྟའི་དམར་བསང་གི་རིགས་འདི་བྱུང་བ་ཡིན་ནོ། །

མཆན།

[1] [2]《བསང་མཆོད་བཀྲ་ཤིས་འཁྱིལ་བ།》 མཚོ་སྔོན་མི་རིགས་དཔེ་སྐྲུན་ཁང་། སྤྱི་ལོ་༡༩༩༣ལོ། ཤོག་ངོས་༡༦༨དང་༨༡པར་གསལ།

[3] མཁར་རྩེའུ་བསམ་གཏན་གྱིས་བརྩམས་པའི《མདའ་དང་འཕང་།》 ཀྲུང་གོའི་བོད་རིག་པ་དཔེ་སྐྲུན་ཁང་། ཤོག་ངོས་༢༨༥པར་གསལ།

[4] ནམ་མཁའི་ནོར་བུས་བརྩམས་པའི《བོད་རིགས་གཞོན་ནུ་རྣམས་ལ་གྲོས་སུ་འདེབས་པ་གཟི་ཡི་ཕྲེང་བ།》 སི་ཁྲོན་མི་རིགས་དཔེ་སྐྲུན་ཁང་། སྤྱི་ལོ་༡༩༨༩ལོ། ཤོག་ངོས་༢༦པར་གསལ།

[5]《ཆབ་སྤེལ་ཚེ་བརྟན་ཕུན་ཚོགས་ཀྱི་གསུང་རྩོམ་ཕྱོགས་བསྒྲིགས།》 ཀྲུང་གོའི་བོད་ཀྱི་ཤེས་རིག་དཔེ་སྐྲུན་ཁང་། སྤྱི་ལོ་༡༩༩༣ལོ། ཤོག་ངོས་༤༦༥པར་གསལ།

[6] དོན་གྲུབ་རྒྱལ་དང་ཁྲིན་ཆིན་དབྱིན་གཉིས་ཀྱིས་བསྒྱུར་བའི《ཐང་ཡིག་གསར་རྙིང་ལས་བྱུང་བའི་བོད་ཆེན་པོའི་སྲིད་ལུགས།》 མཚོ་སྔོན་མི་རིགས་དཔེ་སྐྲུན་ཁང་། ཤོག་ངོས་༤པར་གསལ།

[7] གཉའ་གོང་དཀོན་མཆོག་ཚེ་བརྟན་གྱིས་བརྩམས་པའི《བོད་ཀྱི་བརྡ་རྙིང་ཡིག་ཆ་རྩ་ཆེན་བདམས་བསྒྲིགས་རྣམས་ཀྱི་ཚིག་དོན་ཀུན་ནས་གསལ་བར་བྱས་པ་རབ་གསལ་མེ་ལོང་།》 ཀན་སུའུ་མི་རིགས་དཔེ་སྐྲུན་ཁང་། སྤྱི་ལོ་༢༠༠༡ལོ། ཤོག་ངོས་༢༠༢པར་གསལ།

[8] [9] དུང་དཀར་བློ་བཟང་འཕྲིན་ལས་ཀྱི《བོད་ཀྱི་ཆོས་སྲིད་ཟུང་འབྲེལ་སྐོར་བཤད་པ།》 མི་རིགས་དཔེ་སྐྲུན་ཁང་། ཤོག་ངོས་༣༠པར་གསལ།

《མང་ཚོགས་སྒྱུ་རྩལ།》 ༢༠༡༠ལོའི་དེབ་དང་པོ་ལས་བཏུས།

༄༅། །བོད་ཀྱི་གཡང་འགུགས་ཀྱི་ཆོ་ག་དང་དེའི་རིག་གནས་རྒྱུན་འཛིན་སྐོར་གླེང་བ།

ཧ་མགྲིན་རྒྱལ།

གཡང་འགུགས་ནི་དམངས་སྲོལ་ལས་རིག་པའི་ཁོངས་གཏོགས་ཏེ། དེ་ཡང་དམངས་སྲོལ་ཞེས་པ་ནི་དུས་ཕྱིས་སུ་དར་བའི་ཐ་སྙད་ཅིག་སྟེ། དེའི་གོ་དོན་གང་ཡིན་ཞེ་ན། 《དམངས་སྲོལ་རིག་པའི་སྤྱི་བཤད》དུ། "དམངས་སྲོལ་ནི། དམངས་ཁྲོད་ཀྱི་གོམས་སྲོལ་ཏེ། རྒྱལ་ཁབ་ཅིག་གམ་མི་རིགས་ཤིག་གི་ནང་རྒྱ་ཆེའི་དམངས་ཚོགས་ཀྱིས་གསར་གཏོད(创造)དང་། ལོངས་སྤྱོད།(享用) རྒྱུན་འཛིན(传承)བཅས་བྱེད་པའི་འཚོ་བའི་རིག་གནས་ཤིག་ལ་གོ་བ་དང་། དེ་ནི་འགྲོ་བ་མིའི་སྤྱི་ཚོགས་གཅིག་འདུས་ཀྱི་འཚོ་བའི་དགོས་མཁོ་དང་བསྟུན་ནས་བྱུང་ཞིང་། དམིགས་གཏན་གྱི་མི་རིགས་ཤིག་དང་། དུས་རབས་ཤིག་གམ་ས་ཁུལ་གང་དུ་རིམ་བཞིན་གྲུབ་ཅིང་རྒྱ་བསྐྱེད་པ་དང་འཕེལ་འགྱུར་བྱུང་བ་ཞིག་ཡིན་ལ། དེས་མང་ཚོགས་ཀྱི་རྒྱུན་ལྡན་འཚོ་བར་ཞབས་འདེགས་ཞུ་བཞིན་ཡོད་པ་རེད། ནམ་ཞིག་དམངས་སྲོལ་བྱུང་བ་ནས་བཟུང་། དེ་ནི་མི་རྣམས་ཀྱི་སྤྱོད་པ་དང་། སྐད་ཆ། སེམས་ཁམས་གཅིག་སྡུད་བྱེད་པའི་གཞི་རྩའི་སྟོབས་ཤུགས་ཤིག་ཏུ་གྱུར་པར་མ་ཟད། དུས་མཚུངས་སུ་དམངས་ཚོགས་ཀྱིས་རིག་གནས་གསར་གཏོད་ཀྱི་གྲུབ་འབྲས་ཉམས་ལེན(习得)ནམ། རྒྱུན་འཛིན(传承)དང་། གསོག་འཛོག(积累)བྱེད་པའི་ཐབས་ལམ་གལ་ཆེན་པོ་ཞིག་ཀྱང་རེད"[1]ཅེས་པ་དང་། ཡང་ལ་ལས། "དམངས་སྲོལ་ནི་མི་རེ་གཉིས་ཀྱི་འཚོ་བའི་རོལ་སྣངས་དང་གོམས་གཤིས་དེ་ཁྱབ་བསྒྲགས་དང་མངོན་པ་ཙམ་མ་ཡིན་པར། དེ་ནི་མི་ཚང་མས་རང་ཤུགས་སུ་ཐོས་པའམ་དང་ལེན་བྱེད་པ། རང་རྟོགས་དང་རང་འགྱུལ་གྱིས་བརྩི་སྲུང་བྱེད་པ། དེར་དུས་རྟག་ཏུ་མི་ཀུན་གྱི་བསམ་བློ་དང་འདུ་ཤེས། བྱ་སྤྱོད་བཅས་ལ་ཚོད་འཛིན་དང་ཚད་གཞི་གཅིག་བསྡུ་བྱེད་པའི་ནུས་པ་ལྡན་པ"[2]ཞིག་ཡིན་པར་འདོད་པ་སོགས་གཞི་གཅིག་ཏུ་འགྲོ་བས་ཞིབ་ཆ་གཞན་དུ་ཤེས་པར་བྱ་ཞིང་། འདིར་བོད་དམངས་ཁྲོད་དུ་དར་བའི་གཡང་འགུགས་ཀྱི་ཆོ་ག་ཕྱག་ལེན་དང་། ལུགས་སྲོལ། ད་དུང་དེ་འབྲེལ་གྱི་རིག་གནས་བསམ་བློ་དག་ཇི་ལྟར་རྒྱུན་འཛིན་བྱེད་ཀྱི་ཡོད་པ་ངོ་སྤྲོད་ཀྱི་ཚུལ་དུ་གླེང་བར་བྱའོ། །

དང་པོ། བོད་པའི་གཉེན་སྒྲིག་སྐབས་ཀྱི་བཀྲ་ཤིས་གཡང་འབོད།

གཉེན་སྒྲིག་ནི་འགྲོ་བ་མིའི་མི་ཚེ་ཚེ་སྒྲུབ་ཀྱི་ནང་དོན་གལ་ཆེན་ཞིག་ཡིན་པ་འཛམ་གླིང་གི་མི་རིགས་སོ་སོར་གཉེན་སྒྲིག་པའི་ཡུལ་སྲོལ་གོམས་གཤིས་ཤིན་ཏུ་ཕུན་སུམ་ཚོགས་པ་ཡོད་པ་རེད། བོད་ཀྱི་གཉེན་སྒྲིག་སྲོལ་འདི་ལ་ཡང་གཞན་དང་མི་མཚུངས་པའི་ཡུལ་གོམས་གཤིས་ལུགས་མང་དག་ཅིག་མཆིས་པ་དང་། ལྷག་པར་དུ་མནའ་མ་བསུ་སྐྱེལ་གྱི་སྐབས་སུ་གཡང་འབོད་བྱེད་སྲོལ་ཡོད་པ་འདི་ནི་ངེས་པ་དོན་གྱི་ཐུན་མོང་མ་ཡིན་པའི་ཁྱད་ཆོས་ཤིག་རེད་དོ། །འོན་ཀྱང་ད་སྔ་ཡིག་རིགས་སྣ་ཚོགས་ཀྱིས་བྲིས་པའི་བོད་ཀྱི་གོམས་སྲོལ་ལམ་གཉེན་སྒྲིག་སྐོར་གྱི་རྩོམ་ཡིག་མང་པོའི་ནང་ལུགས་སྲོལ་དེ་དག་ཐར་ཐོར་དུ་བྲིས་ཡོད་པ་ལས། དེ་བོད་ཀྱི་གཉེན་སྒྲིག་འཚོ་བའི་ནང་ངམ། ཡང་ན་གཉེན་སྒྲིག་པའི་གོ་རིམ་ཁྲིད་མེད་དུ་མི་ཉུང་བའི་གྲུབ་ཆ་གལ་ཆེན་ཞིག་ཏུ་བཟུང་ནས་དཔྱད་པ་མཛད་མཁན་མང་པོ་མི་འདུག་པས། འདིར་དེའི་སྐོར་ཙམ་ཟད་བརྗོད་པར་བྱས་ན།

སྤྱིར་སྟོད་མངའ་རིས་སྐོར་གསུམ་ནས་བར་དབུས་གཙང་ཏུ་བཞི། སྨད་མདོ་ཁམས་སྒང་དྲུག་གི་ཆར་གཏོགས་པའི་བོད་ཀྱི་ལྗོངས་འདི་ན། དད་པའི་ཆོས་གཅིག་པ་དང་སྟོན་པའི་བླ་མ་གཅིག་པ་ལྟར། གཉེན་སྒྲིག་གི་གོམས་སྲོལ་མང་ཆེ་བ་ཞིག་མ་གྲོས་རང་མཐུན་དུ་གྲུབ་ཡོད་པ་རེད། ཡང་ཡུལ་གྱི་བསྐལ་བའི་དབང་གིས་དེའི་བརྒྱུད་རིམ་དང་བྱེད་སྒོ། གཡང་འབོད་བྱེད་པའི་དུས་ཀྱི་སྟ་གཞུག གཡང་རྟགས་ལེན་ལུགས་སོགས་ལ་མི་མཐུན་པ་ཅུང་ཟད་སྣང་ཡང་། བོད་ཀྱི་གཉེན་ཁ་བཏགས་དགར་པོས་མགོ་བཟུང་བ་ནས་མཇུག་བསྒྲིལ་བའི་བར་དུ་ཐམས་ཅད་བཀྲ་ཤིས་པའི་ལྟས་དང་གཡང་སྐྱབ་པའི་ཚུལ་ལས་མ་འདས་ཏེ། དཔེར་ན། མདོ་སྨད་ཀྱི་ས་ཆ་མང་ཆེ་བར་བག་མ་སྐྱེལ་དུས་ཨ་མཆོད་གདན་འདྲེན་ཞུས་ནས་གཡང་འབོད་བྱེད་དགོས་པ་དང་། བག་མ་འགྲོ་ཁར་ཨ་མས་བག་གཡང་འབོད་པ་རེད། དེ་ལྟར་བྱེད་དགོས་པའི་རྒྱུ་མཚན་ནི། བཤད་སྲོལ་ལ་མི་གཡང་ཅན་གཞན་དུ་ཕྱིན་ན་དེ་དང་འགྲོགས་ནས་ཕ་ཁྱིམ་གྱི་གཡང་རྣམས་ཀྱང་ཤོར་འགྲོ་བའི་སྲོལ་རྒྱུན་གྱི་འདུ་ཤེས་ཤིག་ཡོད་པ་དང་། ལྷག་ཏུ་བག་མ་ནི་རྒྱུ་བྱིན་གྱི་ཚུང་མ་ཡིན་ཕྱིན་སྐྱེ་ས་ཕ་ཁྱིམ་དང་རུས་ས་གནས་ཡུལ་ཞེས་པ་ལྟར་གཞན་གྱི་མི་ཡིན་པས། དེར་དོགས་ཟོན་མ་བྱས་ན་དེ་དང་ལྷན་དུ་ཕ་ཁྱིམ་གྱི་གཡང་རྣམས་ཀྱང་འགྲོགས་ནས་ཡལ་བར་འདོད་པས་ཆེད་དུ་དགེ་འདུན་པ་ཞིག་གདན་དྲངས་ནས་གཡང་འབོད་བྱེད་སྲོལ་འདི་བྱུང་བ་རེད། བག་མ་འགྲོ་དུས་ཀྱང་ས་ཆ་ལ་ལར་ཁང་པའི་དཀྱིལ་ཀར་བསྐོར་པའི་དུ་སླུ་གྱེར་སྲོལ་ཡོད་དེ། དཔེར་ན་རེབ་གོང་རྒྱལ་པོ་ས་ཁུལ་དུ། “བཟའ་ཟླ་བུ་ཕྲུག་འཛོམས་པའི་མ་སྤུ་སྐད་ངག་ལྡན་པ་གཉིས་ཀྱིས་བག་མའི་གཡས་གཡོན་གཉིས་སུ་གྲོ་སོ་ཕྱེ་མར་དང་ཇ་ཕུད་བཀུགས་ཏེ་ནང་ཁྱིམ་གྱི་དཀྱིལ་ཀར་བསྐོར་ཐེངས་

གསུམ་རྒྱག་ཞོར་དུ། ཨོ། དཀྱིལ་ག་ལྷ་མོ། ཨོ། མ་དངངས་མ་འཛྲོགས། ཨོ། བུ་མོ་འགྲོ་ཡ། ཨོ། དར་ནི་ཡིན་མོ། ཡིས་ཡིས།(ཁུ་ཁྲུལ་བྱེད་པ།) ཨོ། ཕྱུགས་ལྷ་ཀེ་ཕྲུང་། ཨོ། མ་དངངས་མ་འཛྲོགས། ཨོ། བུ་མོ་འགྲོ་ཡ། ཨོ། དར་ནི་ཡིན་མོ། ཡིས་ཡིས། ཨོ། ཐབ་ལྷ་གཡང་མོ། ཨོ། མ་དངངས་མ་འཛྲོགས། ཨོ། བུ་མོ་འགྲོ་ཡ། ཨོ། དར་ནི་ཡིན་མོ། ཡིས་ཡིས། སྒོ་ལྷ་སྟག་གཡག ཨོ། མ་དངངས་མ་འཛྲོགས། ཨོ། བུ་མོ་འགྲོ་ཡ། ཨོ། དར་ནི་ཡིན་མོ། ཡིས་ཡིས། ཞེས་དབྱངས་ལ་གྱེར་ནས་ལེན་ཞིང་། བག་མས་རྒྱན་གོས་བསྐུབས་ནས་བག་ཚུ་བྱེད་ལ་”[3]དེ་ལྟར་ལེན་པ་ཡང་དམིགས་ཡུལ་ཤིན་ཏུ་གསལ་ཏེ། ཁྱིམ་ལྷ། ཕྱུགས་ལྷ། ཐབ་ལྷ། སྒོ་ལྷ་སོགས་ལ་ཁ་བཟའི་ཚུལ་དུ་མ་དངངས་མ་འཛྲོགས་ལྷོད་པོར་གནས་དང་བཞུགས་ཤིག་ཅེས་ལྷ་དེ་རྣམས་བག་མའི་ཚུ་དངངས་དང་བཅས་ཐམས་ཅད་དེའི་ཕྱོགས་སུ་བཞུད་པ་འགོག་པའི་ཕྱིར་དུ་ཡིན་ནོ། །དེ་ནས་བག་མ་སྔོར་འབུད་སྐབས་བག་མའི་ཨ་མས་སྐད་ཅུང་མཐོན་པོས་བུ་མོའི་གཅེས་མིང་ལན་གསུམ་འབོད་ལ། དེ་དང་མཐུད་ནས། “བཟང་ཡོད་ན་གནས་ལ་འཁྱིར། ཁྲོ་ཡོད་ན་ཡུལ་ནས་ཞོག”ཅེས་ཟེར་བ་དང་། ནག་ཚུའམ་བོད་བྱང་འབྲོག་ཏུ“དེ་ནས་བག་སྐར་དགེ་བའི་ཉིན་ལ་བག་མ་དེ་སྦྲའི་སྒོ་ནས་ཕྱིར་འཐོན་རན་པའི་སྐབས་སུ་བུ་མོ་དེའི་མས་སྐད་ཆུང་ཚུའི་སྒོ་ནས་བུ་མོའི་མིང་ནས་ལན་གསུམ་བོས་ཏེ་ན་རེ། ‘མི་གཡང་མི་ལ་མ་ཁྱེར་ཨ་མ་རང་ལ་ཞོག སྐྱིད་ཉི་མ་གཉིས་ཀ་ཁྱོད་ཀྱིས་ཁྱེར་’ཞེས་བརྗོད་པ་དང་། དེ་ནས། བུ་མོས་རྟ་ཞོན་པའི་རྟ་ཁ་དེ་ཞང་པོ་ཞིག་གིས་ཁྲིད་ཅིང་གཉེན་ཚན་དང་མནའ་ཡ་སོགས་སྐྱེལ་མཁན་དུ་མ་དང་བཅས་ཏེ་འགྲོ་སྲོལ་ཡོད་པ་རེད”[4]ཅེས་པ་གཉིས་འབོད་སྲོལ་མ་གཅིག་པ་ལས་དོན་དུ་བུ་མོའི་མིང་ནས་བོས་ཏེ་གཡང་རྣམས་ཚུར་འགུགས་པའི་སྤྱོད་པ་ལས་མ་འདས་པས་དེ་བཞིན་ཤེས་པར་བྱ་ཞིང་། བག་མ་སྐྱེལ་བའི་དུས་ཀྱང་ཐུང་ན་ནམ་ཕྱེད་གཟུར་ཙམ་དང་རིང་ན་ཡང་སྐྱ་རེངས་མ་ཤར་གོང་དུ་བསྐྱལ་དགོས་པ་རེད། དེ་ཡང་གཅིག་བྱས་ན་བག་མ་སྐྱེལ་བའི་ལམ་ཁར་མི་གཞན་དང་མི་འཕྲད་པའི་ཆེད་དུ་ཡིན། བཤད་སྲོལ་ལ་བག་མ་སྐྱེལ་ཉིན་ལམ་ཁར་ཟླ་སྟོང་སྣོད་སྟོང་འཁྱེར་མཁན་དང་འཕྲད་ཚེ་བཀྲ་མི་ཤིས་པར་མཐོང་བ་དང་། ལྷག་ཏུ་བག་མ་འགྲོ་བར་ཐུག་པ་ལས་རྗེ་འབྲུར་བར་ཐུག་ན་བཟང་ཞེས་མི་རྣམས་ཀྱང་བག་མ་དང་འཕྲད་པར་འཛེམ་པས་དེ་དག་ལས་གཡོལ་བའི་ཆེད་དུ་ཡིན་པར་འདོད། གཉིས་ནས་བོད་དུ་བག་མ་བསུ་སྐྱེལ་གྱི་ལམ་ཐག་སྲིད་ཐུང་རིང་ཞིང་དེའི་ཐོག་འགྲོ་ལམ་བདེ་པོ་མེད་སྐབས་གཉེན་ཚང་དུ་སྤྲ་མོར་ཐོན་ནས་མགོ་མཇུག་བསུ་སྐྱེལ་གྱི་བྱ་བ་རྣམས་ལེགས་པོར་འགྲུབ་ན་འདོད་པའི་བསམ་འདུན་གྱིས་ཡིན་སྙམ། དེ་ནས་བག་མ་འཐོན་ཚུལ་དང་། བག་འུ་ལེན་ཚུལ། བག་མའི་རྟ་ཁ་ལེན་ཚུལ་སོགས་ལ་ཡང་རྟགས་དང་རྟེན་འབྲེལ་བཟང་པོར་ལྟ་ཞིང་བཀྲ་ཤིས་ཤིང་དགེ་བའི་ལས་གང་ཞིག་ལ་སྦྱར་ཏེ་གཡང་རྣམས་ཚུར་སྡུད་པའི་སྣ་གོན་བྱེད་པ་ནི་མགོ་ནག་བོད་མིའི་འགྲོ་ལུགས་ཡིན་ནོ། །

དེ་ནས་བག་མ་གཉེན་ཚང་དུ་བསུ་བ་ལའང་རོང་འབྲོག་གཉིས་ཀར་ཁྱད་པར་ཅུང་ཞིག་མཆིས་ལ། བོད་བྱང་འབྲོག་གི་འགྲོ་སྲོལ་ཇི་ལྟར་ཡིན་པ་ནི《བྱང་འབྲོག་གི་ལམ་ཡིག》ཏུ་འདི་ལྟར་བྲིས་ཡོད་དེ། "དེ་ནས་བག་མ་སྦྲ་ནང་དུ་བཞུགས་ཚུལ་ནི། བག་མ་དེ་ཐོག་མར་ཕོ་སྦྲའི་ནང་དུ་འགྲོ་ཞིང་། དེར་བླ་མཆོད་ཁ་ཤས་ཀྱིས་བག་མར་བུམ་ཁྲུས་བྱེད་ཅིང་། དེ་རྗེས་ཚེ་སྒྲུབ་དང་། གཡང་འགུགས་ཟབ་རྒྱས་གནང་གྲུབ་པ་ན་བླ་མཆོད་ཀྱི་གཙོ་བོ་དེས་བུ་མོ་དེ་ལ་མིང་གསར་པ་ཞིག་འདོགས་སྲོལ་ཡོད་པ་རེད། སྐབས་དེར་བུ་མོ་མིང་བཀྲ་ལེགས་པ་ཞིག་གིས་དངུལ་གྱི་ཐུར་མ་ཞིག་གིས་‘བཀྲ་ཤིས་ཟས་ཞོ’ཞེས་བྱ་བའི་ཞོ་ཡག་པོ་ཞིག་བག་མའི་ལག་གཡོན་གྱི་ཁྱོར་བར་ཐེངས་གསུམ་བླུག་དགོས་ཤིང་། བག་མ་དེས་ཞོ་དང་པོ་དེ་དཀོན་མཆོག་གི་ཆེད་དུ་སྦྲ་ཕུག་ཏུ་མཆོད་པ་དང་། ཞོ་གཉིས་པ་དེ་བག་མ་རང་གིས་བཏུང་ཞིང་། ཞོ་གསུམ་པ་དེ་བག་མ་རང་གི་གོས་ཀྱི་ཕུ་དུང་གཡོན་པའི་ནང་དུ་བླུག་དགོས་པ་དེ་ནི་དཀར་ལས་ལ་དགེ་བའི་རྟེན་འབྲེལ་ཞིག་ཡིན་པ་རེད། བྱ་བ་དེ་ནི་‘མནའ་ཞོ་བླུད’ཅེས་བྱ་བ་བག་ཆོག གི་ནང་ནས་གལ་ཆེ་ཤོས་སུ་བྱེད་ཅིང་། འོན་ཀྱང་ཁྱོ་གས་མནའ་ཞོ་བཏུང་དགོས་སྲོལ་མི་འདུག དེ་ནས་ནང་གི་མ་དེས་བཞོན་ཟོ་ཆུ་འོས་བཀང་བ་ཞིག་ཁྱེར་ནས་བག་མ་དེར་སྤྲད་པ་དང་། ཁྱོ་ག་གང་ཡིན་དེས་བ་ལུའི་ཕོན་པོ་བལ་དཀར་གྱིས་དཀྲིས་པ་ཞིག་ཁྱེར་ནས་བག་མ་དེར་སྤྲད་ཅིང་། བག་མས་དེ་དག་ཁྱེར་ཏེ་བླ་མཆོད་དང་ལྷན་དུ་མོ་སྦྲར་འགྲོ་ཞིང་། བླ་མཆོད་ཚོས་བཞོན་ཟོ་ནང་གི་ཆུ་དེ་བ་ལུའི་ཕོན་པོས་མོ་སྦྲའི་ཕྱོགས་ཀུན་ཏུ་གཏོར་ཞིང་ཁྲུས་བྱེད་པ་དང་། དེ་ནས་བག་མའི་ལག་ཏུ་ཕྱུར་བ་སྟེར་གང་དང་། ཁྱོ་གའི་ལག་ཏུ་མདའ་དར་བཅས་ཐོགས་ཏེ་ལྷན་དུ་གནས་ཤིང་། བླ་མཆོད་ཚོས་གཡང་འགུགས་དང་བཀྲ་ཤིས་མང་པོ་བརྗོད་སྲོལ་ཡོད་འདུག་པ"[5]དང་། ཞིང་ལས་ས་ཁུལ་དུ་ཚང་མ་ཁང་པ་ཡིན་པས་ཕོ་སྦྲ་མོ་སྦྲ་ཟེར་སྲོལ་མེད་ཅིང་། བག་མ་བསུས་པའི་དགོང་མོ་ནས་ཁྱོ་ག་དང་ལྷན་དུ་ཟུར་གྱི་ཁང་བུ་ཞིག་ཏུ་འཇོག ཡང་གོང་གི"བླ་མཆོད་གཙོ་བོ"དང"བླ་མཆོད་ཚོས"ཟེར་བ་ལྟར་ན་བྱང་འབྲོག་ཏུ་བག་ཆོག་བྱེད་མཁན་ནམ་གཡང་འགུགས་བྱེད་མཁན་བླ་མའམ་གྲྭ་པ་འགའ་ཡིས་སྒྲུབ་པ་ཡིན་ཞིང་། རོང་དུ་དེ་ལྟར་མ་ཡིན། དཔེར་ན། མདོ་སྨད་རྗེ་སྲིབ་ཀྱི་ཕྱོགས་འདི་ནས་བག་མ་སྐྱེལ་དུས་གཡང་འགུགས་བྱེད་མཁན"ཨ་མཆོད"གཅིག་མ་གཏོགས་གདན་འདྲེན་བྱེད་སྲོལ་མེད་པ་རེད་ལ་བུ་མོ་དེའི་མིང་སྒྱུར་དགོས་པ་ཡང་མ་མཐོང་། ཡང་ཐོན་སྐྱེད་ཁོར་ཡུག་དང་འཚོ་བ་རོལ་སྲོལ་ཀུན་མི་འདྲ་བའི་རྐྱེན་གྱིས་འབྲོག་ཏུ"བ་ལུའི་ཕན་པོ་བལ་དཀར་གྱིས་དཀྲིས"ནས་འོ་ཞོས་ཁྲུས་གཙང་བྱེད་དགོས་པ་དང་། རྗེ་སྲིབ་ཀྱི་ཕྱོགས་འདི་ནས་ཤུག་པ་ཚ་ལི་མ་ཞིག་གམ་ཡང་ན་དེར་བལ་དཀར་པོའམ་ཁ་བཏགས་དཀར་པོས་དཀྲིས་ནས་ཁྲུས་གཙང་བྱེད། བག་མ་གཉེན་ཚང་དུ་བསུ་སྐབས་སྡེ་བའི་མ་ཎི་ཁང་སོགས་ལ་གཡས་སྐོར་བརྒྱབ་ནས་ཡོང་དགོས་ཤིང་། ནང་དུ་ཐོན་སྐབས་བུ་མོ་བཀྲ་ཤིས་པ་གཉིས་ཀྱིས་གཡས་གཡོན་ནས་སྐྱོར་ཏེ་ཕྱི་སྒོ་ནས་ནང་གི་

ཁྲིམ་སྐོར་འཇུལ་ཞོར་སྐོ་རེ་རེའི་མ་སྡེགས་ལ་ཕྱག་གསུམ་རེ་འཚལ་ནས་ཡོང་བ་དང་། དེ་ནས་ཁྲིམ་ནང་དུ་ཐོན་པ་ན་ཕུགས་ཀྱི་མཆོད་ཁང་དང་ཐབ་ཀ་སོགས་ལ་ཕྱག་གསུམ་རེ་འཚལ་ཏེ་གྲུབ་རྗེས་བག་མས་ལག་པ་གཉིས་ཀྱིས་བལ་ལམ་ཁ་བཏགས་ཀྱིས་དཀྲིས་པའི་ཟངས(གསེར་དངུལ་ཡིན་ན་ལྷག་ཏུ་བཟང)ཀྱི་ཐོམ་བུས་སྤྲ་མོ་ནས་གྲ་སྒྲིག་ཡོད་པའི་དཀར་ཡོལ་གཙང་ཞིང་མདངས་གསལ་བ། དེའི་ཐོག་ཏུ་བཀྲ་ཤིས་རྟགས་བརྒྱད་དང་། གཡུང་དྲུང་གི་རི་མོའམ་རྒྱལ་སྲིད་སྣ་བདུན་གྱི་རི་མོ་སོགས་ཀྱི་རིས་ལེགས་པ་གསུམ་གྱི་ནང་དུ་འོ་ཇ་ཁོལ་མགོ་བཙུས་ཏེ་ཁྲིམ་གྱི་མཆོད་མདུན་དང་རྒན་པ་ཚོར་འདྲེན་པ་ཡིན། གང་ལྟར་བོད་འདི་ལྟས་བཟང་པོར་བརྟག་རྒྱུར་ཤིན་ཏུ་དགའ་ཞིང་ཁ་དོག་དཀར་པོའི་རིགས་ནི་དེ་བས་ཀྱང་བཀྲ་ཤིས་ཤིང་གཡང་འཁོར་བའི་དགེ་བའི་མཚན་མ་བཟང་པོ་ཞིག་ཏུ་བརྩི་བ་ནི་རྟེན་འགྲོག་ཚང་མ་གཅིག་པ་རེད་ལ། དཔེར་ན་བག་མ་སློང་དུས་བར་པས་ཆང་དམ་ལ་ཁ་བཏགས་སམ་བལ་དཀར་པོས་དཀྲིས་ནས་འཁྱེར་བ་དང་། བག་རྟ་ཁ་བཏགས་ཀྱིས་འཁྲིད་པ། བག་གདན་དཀར་པོ་འདིང་བ། ཞོ་འོ་མ་ཁྲུས་གཙང་བྱེད་པ། འབྲུ་ཟན་གཏོར་བའམ་གཡུང་དྲུང་གི་རི་མོ་འབྲི་བ། གྲོ་མ་འབྲས་སིལ་དང་ཇ་ཆང་མར་རྩམ་ཕྱུར་བ་སོགས་ཀྱི་སྟེར་ཁ་སྒྲིག་པ་སོགས་ཤིན་ཏུ་མང་ངོ་། །

ཡང་གསལ་བཤད་བྱེད་དགོས་པ་ཞིག་ལ་འཇིག་རྟེན་གཉེན་སྒྲིག་གི་བྱ་བ་འདི་ནི་མི་ཚེའི་ཚེ་སྒྲུབ་ཀྱི་ནང་དོན་གལ་ཆེན་པོར་བརྩི་བར་མ་ཟད། “གཉེན་སྒྲིག་གི་གོ་རིམ”[6]ཆ་ཚང་ཞིང་ཤིན་ཏུ་རྒྱས་འཛོམས་ཡིན་པ་ནི་བོད་པའི་གཉེན་སྒྲིག་གི་ཁྱད་ཆོས་ཤིག་རེད། དེའི་འཕྲོ་བག་མ་སྐྱེལ་དུས་ཤིན་ཏུ་མཉམ་འཇོག་བྱེད་དགོས་པ་ཡང་ཡོད་དེ། གང་ལགས་ཞེ་ན། བག་རྫོང་གི་སྐབས་སུ་གོང་དུ་བརྗོད་པའི་འཛོམ་བྱ་དེ་དག་ལས་ད་དུང“བག་སྣ”ཞེས་པ་གདོན་བགེགས་ཀྱི་གནོད་པ་ཞིག་ཀྱང་ཡོད་པར་སྨྲ་བས། དཔེར་ན། མཁས་དབང་ནམ་མཁའི་ནོར་བུ་མཆོག་གིས“ཕོ་བོའི་བསམ་པར་རོང་ཡུལ་གྱི་མི་དག་གིས་གཉེན་སྒྲིག་བྱེད་པའི་ཚེ། བག་མའི་ལྷན་དུ་བག་སྣ་ཞེས་བྱ་བའི་གནོད་པ་ཞིག་ཡོང་བ་དེ་བཟློག་པའི་ཐབས་སུ་བག་མ་ཁྲིམ་དང་ཉེ་བར་སླེབས་པའི་ལམ་ཁར་སའི་ཕག་གཟུགས་ཤིག་བཞག་པ་དེ་གཏོར་བརྣག་བྱེད་སྲོལ་ཡོད་འདུག་པ་ལྟར་བག་སྣའི་གནོད་པ་ཁ་བསྒྱུར་བའི་ཐབས་ཤིག་ཡིན་པར་སེམས་སོ”[7]ཞེས་པ་ལྟར“བག་སྣའི”གནོད་པ་གང་མང་ཞིག་འབྱུང་གིན་ཡོད་པ་དེ་ལ་གཡང་འབོད་ལ་སོགས་པའི“བག་ཚིག”གི་ཚིག་མང་པོ་བསྒྲུབ་དགོས་པ་བདེན་ནའང་། “སའི་ཕག་གཟུགས”གཏོར་བརྣག་བྱེད་པའི་སྲོལ་དེ་ནི་དོན་ངོ་མ་ཡུལ་གང་གི་རོང་དུ་བྱེད་པ་ཡིན་པ་ཁ་གསལ་བྲིས་མེད་པས། མདོ་སྨད་རོང་ཕྱོགས་ཀྱི་ས་ཆ་མང་ཆེ་བར་དེ་འདྲ་ཡོད་པ་མ་མཐོང་ངོ་། །འོན་ཀྱང་བག་མ་ཐོན་དུས་སུ་གཉེན་ཚང་གིས་གཡང་འབོད་བྱེད་སྲོལ་འདི་ཡང་མདོ་སྨད་ཀླུ་ཆུའི་ཕྱོགས་དང་ཅུང་འདྲ་བ་ཡོད་དེ། ས་ཆ་འདི་ནས་བག་མ་ཕར་ལ་སྐྱེལ་ཉིན་ཞང་པོ་ཚང་གིས་ཨ་མཆོད་གདན་འདྲེན་ཞུས་ཏེ་གཡང་འབོད་བྱེད་དགོས་པ་དང་། བག་མ་

གཉེན་ཚང་དུ་ཐོན་སྐབས་ཁྱིམ་ཚང་དེས་ཀྱང་ཨ་མཆོད་གདན་དྲངས་ནས་གཡང་གསར་འགུགས་པའི་ཆོ་ག་དེ་བཞིན་དུ་བསྒྲུབ་དགོས་པ་རེད།

བག་མ་སྐྱེལ་དུས་ཀྱི་གཡང་འབོད་ཚུལ་ལ་གཉིས་ཙམ་འདུག་སྟེ། གཅིག་ནི“བླ་མཆོད”དམ“ཨ་མཆོད”གདན་འདྲེན་བྱས་ནས་གཡང་འབོད་བྱེད་པ་དང་། གཅིག་ནི་མི་རང་གར་བས་འབོད་པའོ། །དེ་ལའང་བག་མ་སྐྱེལ་སྐབས་སུ་བུ་མོ་དེའི་ཨ་མས“མི་གཡང་མི་ལ་མ་ཁྱེར་ཨ་མ་རང་ལ་ཞོག སྐྱིད་ཉི་མ་གཉིས་ཀ་ཁྱོད་ཀྱིས་ཁྱེར”ཟེར་བ་ལྟ་བུས་འབོད་པ་དང་། གཉེན་སྟོན་གྱི་སྐབས་སུ་ཁ་བརྡའི་ཚུལ་དུ་འབོད་པ་དང་གླུ་ལེན་པའི་ཚུལ་དུའང་འབོད་པའོ། །ཕྱི་མ་དེར་ཡང་འབོད་ཡུལ་གྱི་ཆ་ནས་བག་མ་དང་མག་པ་གཉིས་ལ་འབོད་པ་དང་། བར་བ་ལ་འབོད་པ། ཁྱིམ་ཚང་ལ་འབོད་པ་གསུམ་ཙམ་ཡོད་འདུག དེ་དག་ལས་གཉེན་སྟོན་སྐབས་ཀྱི་ཁ་གཡང་འབོད་པ་རྣམས་གྲོ་ཚང་ས་ཆའི་གཉེན་སྲོལ་དུ་ཙུང་མང་བས། གཤམ་དུ་མཚོན་བྱེད་དཔེ་འགའ་བཀོད་ན། སོ་སྦྲང་ཐར་རྒྱ་མཚོས་བསྒྲིགས་པའི《གྲོ་ཚང་ས་ཆའི་བག་སྟོན་གྱི་ཆོ་ག་མེ་ཏོག་ཚོམ་བུ》དང《གྲོ་ཚང་གཉེན་སྟོན་ངོ་མཚར་དགའ་སྐྱེད》གཉིས་ལས།

༡.“སྐྱིད་ཡ་རབས་ཚང་གི་ཕྱུགས་ཀ་གཅིག །ཕྱུགས་ཀྱི་ཀ་འདི་གསེར་གྱི་ཀ །གསེར་གྱི་ཀ་ལ་རྟ་བརྒྱ་བཏགས། །རྟ་བརྒྱ་པོ་བཏགས་པ་མང་རྒྱུ་མེད། །རྟ་སྟོང་ཁ་འབུད་པའི་གཡང་ཞིག་འཁོར། །སྐྱིད་ཡ་རབས་ཚང་གི་དཀྱིལ་ཀ་གཉིས། །དཀྱིལ་གྱི་ཀ་འདི་དངུལ་གྱི་ཀ །དངུལ་གྱི་ཀ་ལ་འབྲི་བརྒྱ་བཏགས། ། འབྲི་བརྒྱ་པོ་བཏགས་པ་མང་རྒྱུ་མེད། །འབྲི་སྟོང་ཁ་འབུད་པའི་གཡང་ཞིག་འཁོར། །ཁྱིམ་ཡ་རབས་ཚང་གི་ཁྲམས་ཀ་གསུམ། །ཁྲམས་ཀྱི་ཀ་འདི་དུང་གི་ཀ །དུང་གི་ཀ་ལ་ལུག་བརྒྱ་བཏགས། །ལུག་བརྒྱ་པོ་བཏགས་པ་མང་རྒྱུ་མེད། །ལུག་སྟོང་ཁ་འབུད་པའི་གཡང་ཞིག་འཁོར། །”[8]ཞེས་པ་ལྟ་བུ་ནི་ཨ་ཞང་ཚང་འཁོར་དང་བཅས་པ་གཉེན་ཚང་དུ་ཐོན་པ་ན་ཞོན་རྟ་མང་པོ་རྟང་ལ་བཏགས་ཤིང་གཉེན་ལུག་འབྲི་མཛོ་ལ་སོགས་པ་ལྷས་སུ་སྐྱེལ་བའི་སྐབས་སུ་གཉེན་ཚང་གི་སྐྱེས་ཕོ་མོ་མང་པོས་གཉེན་ཚང་གི་ཁྱིམ་དེར་བཀྲ་ཤིས་གཡང་འཁྱིལ་བའི་ཁ་གཡང་གླུ་ཡིས་དྲངས་པ་ཡིན།

༢.དེ་ནས“ཡ། ད་ངས་དེ་རིང་མག་གསར་ཁྱོད་ལ་ཁ་གཡང་ཞིག་བོས་ན། ཁ་གཡང་ཐམས་ཅད་ཕྱྭ་གཡང་ཡིན། ཁའི་དུང་སོ་སུམ་ཅུ་དགྲ་ལྷ་ཡིན། གླིང་གི་དཔའ་ཆེན་སུམ་ཅུ་འདྲ། ལྷེ་དར་མ་དགྲ་ལྷའི་དར་ལྷེ་ཡིན། དགྲ་ལྷ་དར་ལྷེ་རང་འཕྱོད་ཡིན། གནམ་སྐྱོང་གོང་མའི་སྐུ་རྟེན་ཡིན། ས་སྐྱོང་གོང་མའི་བསོད་ནམས་ཡིན། འདི་འཚོགས་ཁྲོམ་པའི་སྐུ་བསོད་ཡིན། ཉི་མ་དེ་རིང་ཕན་ཆད་ལ། སྐུ་ལ་ན་ཚ་མི་ཡོང་བ། ཚེ་དཔག་མེད་ཀྱི་བཀྲ་ཤིས་ཤོག མི་ནོར་ལོངས་སྤྱོད་མི་ཉམས་པ། རིག་བྱེད་དབང་པོའི་བཀྲ་ཤིས་ཤོག མི་ཚེ་སྐྱིད་ལ་འགོད་པར་ཤོག ཚེ་ནོར་རིག་གསུམ་འཛོམས་པར་ཤོག”[9]ཅེས་པ་ནི་མག་ལྷུག་བཅིང་བའི་སྐབས་སུ་ཨ་ཞང་རྒན་པ་ཁ་མཁས་ཤིག་གིས་མག་པ་ལ་འཕེན་པའི་ཁ་གཡང་ཡིན།

༣. དེ་ནས"ཁྱོ་ཤུག་གཉིས་ཀྱིས་མཉམ་གཅིག་ཏུ་དཀོན་མཆོག་དང་། སྲུང་མ། ཡུལ་ལྷ། ཕ་མ། ཨ་མེས་དང་ཨ་ཡི། ཨ་ཁུ་དང་ཨ་ནེ་བཅས་ལ་ཕྱག་གསུམ་རེ་བཙལ། དེ་རྣམས་ཀྱིས་ཁོ་གཉིས་ལ་ཁ་གཡང་རེ་ཐོས་ནས་མགོ་འདོགས་ཆོ་ག་གཟབ་རྒྱས་ཀྱི་ངང་ནས་རྫོགས"[10]པ་དེ་ནི་ཁྱོ་ཤུག་བྱུང་ལ་ཐོས་པའི་ཁ་གཡང་ཡིན།

༤. ཡང་གཉེན་ཟ་འདྲེན་པའི་སྐབས་སུ་མཆོར་སྒེག་ལང་ཚོ་འབར་བའི་གཞོན་ནུ་མ་གཉིས་ཀྱིས་ཁ་གཡང་བཀྲ་ཤིས་འཁྱིལ་བའི་རྟ་ལ་དྲངས་ནས་གླུ་བླངས་པ། "ཨ་གཉེན་ཟ། རྟ་ར་གོར་མོ་རྟ་ཡིས་གང་། རྟ་སྟོང་ཁ་འབུད་པའི་གཡང་ཞིག་འཁོར། འབྲི་ར་གོར་མོ་འབྲི་ཡིས་གང་། འབྲི་སྟོང་ཁ་འབུད་པའི་གཡང་ཞིག་འཁོར། ལུག་ར་གོར་མོ་ལུག་གིས་གང་། ལུག་སྟོང་ཁ་འབུད་པའི་གཡང་ཞིག་འཁོར་ཡ། ཨ། གཉེན་ཟ"[11]ཞེས་པ་ནི་ཟ་འདྲེན་གཉེན་ཚང་ལ་བསྟོད་པའི་ཁ་གཡང་དང་། "ཨ་གཉེན་ཟ། ཁྱོད་སྐྱིད་ཀྱི་བུ་མོ་སྐྱིད་མོ་མཚོ། སྐྱིད་ས་ལ་ལ་དང་སོ་ལོ་ལོ། ཁྱོད་གཡང་གི་བུ་མོ་གཡང་མོ་མཚོ། གཡང་མ་ར་ར་དང་མེར་རེ་རེ། དཔལ་འབར་ཚང་གི་བུ་མོ་རེད། ཕྱ་ལུང་ཚང་གི་མནའ་མ་ཡིན། དྲིན་ཕ་མའི་ཁ་ལེན་ཚིག་བཅུ་ཡིས། ཡུལ་བཟའ་མིར་ཁ་མཐུན་ཞེ་མཐུན་གྱིས། རྒྱུ་ནོར་ལོངས་སྤྱོད་ཕུན་སུམ་ཚོགས། བུ་ཚ་གསུམ་དང་བུ་མོ་གཉིས། བུ་བུ་མོ་ལྔ་ཡི་གཡང་ཞིག་འཁོར་ཡ། ཨ་གཉེན་ཟ"[12]ཞེས་པ་ལྟ་བུ་ནི་ཟ་འདྲེན་སྐབས་སུ་མནའ་མར་བླངས་པའི་ཁ་གཡང་ཡིན།

༥. དེ་ནས་ཟ་བཤད་འབུལ་བའི་ཚོ་གའི་སྐབས་སུ་ཨ་ཞང་གཙོ་བོ་དེ་ཡར་བཞེངས་ཤིང་ལག་ཏུ་ལྷུག་རྒྱལ་བ་བཀྲ་ཤིས་དོན་འགྲུབ་བསྣམས་ནས་མག་ལྷུག་བསྟོད་གླུ་ལེན་བཞིན། "ད་ང་དགུང་ཨ་སྔོན་འདྲ་བའི་ཨ་ཞང་གྲལ་དུ་བཞུགས་ན། འབྲུག་ཕོ་ཆུང་འདྲ་བའི་མིའི་གཡང་འཁོར་གྱིན་ཡོད། ཟ་ཁྲ་ཡག་འདྲ་བའི་ཨ་ཞང་གྲལ་དུ་བཞུགས་ན། འཛོམ་བྲི་སེར་འདྲ་བའི་མིའི་གཡང་འཁོར་གྱིན་ཡོད། ནགས་རྒྱ་རྫོང་འདྲ་བའི་ཨ་ཞང་གྲལ་དུ་བཞུགས་ན། སྟག་དར་མ་འདྲ་བའི་མིའི་གཡང་འཁོར་གྱིན་ཡོད། ཆུ་གཙང་མོ་འདྲ་བའི་ཨ་ཞང་གྲལ་དུ་བཞུགས་ན། ཉ་གསེར་མིག་འདྲ་བའི་མིའི་གཡང་འཁོར་གྱིན་ཡོད། གཡང་ང་ཡིས་མི་འཛིན་མག་པ་ཁྱོད་ལ་སྟེར"[13]ཞེས་མག་པ་ལ་ཁ་གཡང་བསྒྲགས།

༦. དེ་ནས་བར་བ་རྣན་པོར་བཀའ་དྲིན་ཞུ་བའི་ཚོ་ག་ལ་གཉེན་ཚང་གི་གླུ་ཡིས་ཟ་འདྲེན་བྱེད་སྲོལ་འདི་ལྟར་ཡིན། "ཨ་གཡང་ཁ། ཡག་ག་ཡག་ག་དགུང་སྔོན་ཡག །དགུང་གི་བྱ་རྒྱལ་ཁྱུང་ཆེན་ཡག །བྱ་ཁྱུང་ཆེན་མགོ་ན་གཙུག་ཏོར་ཡག །དགུང་ནམ་འཕང་གཅོད་ལ་ཐོགས་མེད་པའི། །བྱ་གཤོག་རྩལ་ལྡན་པ་དེ་ཚོ་ཡག །ཡག་ག་ཡག་ག་ཟ་རི་ཡག །ཟ་ཡི་བྲི་སེར་འཛོམ་མོ་ཡག །བྲི་སེར་འཛོམ་གི་རྣ་ཁ་ཡག །སྨིག་བཞི་ས་ལ་མི་ཐོགས་པའི། །བྲི་སེར་འཛོམ་གི་འགྲོ་ཚུལ་ཡག །ཡག་ག་ཡག་ག་གྲལ་ཤར་ཡག །གྲལ་གྱི་བར་བ་བཞུགས་པ་ཡག །བར་བའི་རིག་པ་ཁོག་ནས་ཡག །གཏམ་སྙ་བརྗོད་དག་པའི་མི་རྣམས་ཡག །ཨ་

གཡང་ཁ”[14]ཞེས་བརྗོད་པ་ལྟ་བུའོ། །

དེ་བཞིན་དུ་སྟོད་མངའ་རིས་ཀྱི་གཡང་འགུགས་དང་གཙང་ཁུལ་གྱི“སྐས་འཛོགས་ཀ་འཇུགས”སོགས་ཀྱི་བཤད་པ། ཆབ་མདོའི“བཀྲ་ཤིས་ཁ་བྲོའི་གཡང་བཤད”དང་མནའ་མ་སློང་དུས“གཡང་སྒྲི”འཁུར་དགོས་པའི་སྲོལ། བོད་ཁུལ་མང་ཆེ་བས་བག་མ་སློང་དུས“མདའ་དར”འཇུགས་སྲོལ་ཡོད་པ་སོགས་ནང་དོན་བརྗོད་ཀྱིས་མི་ལང་བ་ཐམས་ཅད་གཡང་སྟུད་པའམ་དེ་ཡུལ་གང་ཞིག་ལ་འགུགས་པའམ་འཇུག་པའམ་འདྲེན་པའི་དོན་ཅན་དུ་གཏོགས་པར་འདོད་དོ། །

གཉིས་པ། ལ་བཙས་བསྟོད་པ་ནི་གཡང་ལྷ་འགུགས་པའི་ཚོ་ག་ཞིག་ཡིན།

བོད་ཀྱི་རི་མཐོ་ས་གཙང་གི་རི་རྩེ་ཉག་ཁའམ་རྐྱ་ལམ་སྐང་ཁ་རེ་ན་ལ་བཙས་མེད་པ་ནི་ཏ་ཅང་ཉུང་། དེ་ནི་རོང་འབྲོག་གང་ཡིན་ཡང་འདྲ། འོན་ཀྱང་ལ་བཙས་དེ་ཐོག་མར་ཇི་ལྟ་བུའི་བསམ་བློའི་རྨང་གཞི་སྟེང་ཆགས་པ་དང་། དེའི་མིང་གི་འབྲི་ཚུལ་ཇི་ལྟར་ཡིན་པ་ལ་ཡང་མཁས་པ་སོ་སོའི་བཞེད་པ་མི་མཐུན་པས། འདིར་གཞི་གཅིག་ཏུ་སྒྲིལ་ནས་ཅུང་ཟད་བཤད་ཁུལ་བྱེད་པར། “ལ་བཙས”ལ“ལ་རྩེའམ” “ལ་བརྩེ”དང་། “ལབ་རྩེ” “ལབ་ཙེ”ལྟ་བུ་འབྲི་ཚུལ་མང་བ་དང་། ཡང་ལ་ལས་ལ་རྫི་དང་ལ་རྫས། ཡང་ན་ལྷ་ཙེ་སོགས་ཀྱང་འབྲི་བར་བཤད་པས། དོན་དུ་གང་ཞིག་ཚད་ལྡན་ཡིན་ནམ་ཞེ་ན། 《བོན་མ་ནུབ་པའི་གཏན་ཚིགས》ལས། བོད་རྒྱལ་སྲོང་བཙན་གྱི་རིང་ཞང་ཞུང་ཐབས་ཀྱིས་འདུལ་བ་ལ་སྔ་མཁས་གཡོ་ཆེ་ཞིང་ཞེ་ངན་ཁོང་གདུག་པའི་བློན་སྣང་ནམ་ལེགས་གྲུབ་ཀྱིས་གསེར་ཕྱེ་འབྲོང་རྭ་གང་ཁྱེར་ཏེ་ཞང་ཞུང་རྒྱལ་པོ་ལིག་མྱི་རྷྱའི་བཙུན་མོ་གསུམ་གྱི་ཆུང་ཤོས་གུ་ རུབ་ཟ་སྣང་སྒྲོན་ལེགས་མོ་བྱ་བ་ལོ་བཅོ་བརྒྱད་ལོན་པ་དེར་ངན་བསྐུར་བློ་དྲིས་པ་ལ། “ཞང་ཞུང་རྒྱལ་པོ་ལ་དམག་ས་ཁེབ་པར་ཡོད་པ། བོད་ཀྱི་རྒྱལ་པོ་ལ་དམག་བ་ཁྲེ་མོའི་གཞུང་ཙམ་ལས་མེད་པས་མདོན་དུ་བཏུལ་དུ་མི་ཐུབ། ངན་དང་ཐབས་ཀྱི་འདུལ་ན་ཞང་ཞུང་རྒྱལ་པོ་ནི་ཟླ་བ་ཕྱི་ཏ་ལ་ཞང་ཞུང་ཡུལ་ནས་སུམ་པ་སྤྱང་གི་ གྱིམ་ཤོད་དུ་རྒྱ་ཕྱིན་དང་བཅས་ནས་མདུན་མ་ལ་བཞུད་ཀྱིས། དེར་སྐུགས་ལ་ཀྱོངས་མཛོད་ཅིག་དེའི་བྱ་གཏོང་བདག་གིས་བྱ་ཟེར་ཏེ་བུད་མེད་ཀྱི་བློ་ལ་ལྟོས་པ་ཅི་ཡང་མ་འདོད་དེ་དེ་སྐད་སྨྲས་སོ། །དེར་ཆོས་དུས་ལ་འོང་བའི་བརྡ་ལ་བཙས་ཀྱི་ཁར་འཛོག་པར་ཆད་དོ། །”[15] དེ་ནས“དེར་བོད་ཀྱི་རྒྱལ་བློན་དམག་མི་སྟོང་སྡེ་མང་པོ་དང་བཅས་པ་འོངས། སྣང་ནམ་ལེགས་གྲུབ་དང་རྒྱལ་པོ་སྟུན་ལ། ལ་བཙས་ཀྱི་ཁར་བྱོན་ནས་བལྟས་པས་ཆུ་སླ་ང་གང་གི་ནང་ན། གསེར་ཆུང་གཅིག དུང་ཆུང་གཅིག དུག་མདེལ་གཅིག་དང་གསུམ་གདའ་འོ”[16]ཞེས་པ་དེར“ལ་བཙས་ཀྱི་ཁ”ཞེས་བྲིས་ཡོད་པ་དང་། ཡང་མཁས་དབང་མཁར་རྨེའུ་བསམ་གཏན་རྒྱལ་མཚན་མཆོག་གིས་གཙང་སྨེ་མོའི“བཟང་རི་གྲོང་ཚོ་ལ་ཕྱིན་བསྐོམས་ལ་བཙས་ལྷ་འདུག སྨེ་

མོ་ཁྱུལ་དུ་ལ་བཙས་ལ་སྐབས་འགར་ལྷ་ཕེབས་ཞེས་ཟེར་གྱི་འདུག”[17]ཅེས་བརྗོད་པ་དང་། ཨ་ལགས་བོན་བརྒྱ་དགེ་ལེགས་ལྷུན་གྲུབ་རྒྱ་མཚོ་ཚང་གི་དགོངས་བཞེད་ལྟར་ན། “ལབ་ཙེ”ནི་ཞང་ཞུང་གི་སྐད་ཡིན་པ་ལ། དེའི་གོ་དོན་ནི“ཕོ་བྲང”དམ“རྟེན་གནས”ཞེས་པ་ཡིན་ཞིང་། དེར་རིགས་གསུམ་ཡོད་པའི་ནང་གི་གཅིག“ལ་བཙས”ཡིན་པར་གསུངས་པ་དང་། རིའི་རྩེ་ལ་ལབ་ཙེ་དང་སྙིད་པ་ལ་དཔའ་མཁར་དང་གཞུང་ལ་ཅེས་ཏེ(ཡང་ན་ཀྱི་ཏུ)བཞེངས་སྲོལ་ཡོད་པ་དཔྱད་ཡིག་ལས་རྙེད་པ་མཁར་རྩེའུ་མཆོག་གི་དཔྱད་རྩོམ་དུ་བྲིས་ཡོད[18]ཀྱང་། རྗེ་སྲིད་ཕྱོགས་སུ“ལ་བཙས”ལས“དཔའ་མཁར”མཐོ་བའི་སྣང་ཚུལ་ཞིག་ཀྱང་ཡོད་པས། མཐའ་གཅིག་ཏུ“རིའི་རྩེ་ལ་ལབ་ཙེ་དང་སྙིད་པ་ལ་དཔའ་མཁར”བཞེངས་པར་ཡང་མ་ངེས་ལ། ཐ་སྙད་དེ་ཞང་ཞུང་གི་སྐད་མངོན་སུམ་ཡིན་མིན་ཡང་བཤད་ཁག་པོ་ཡིན་ཞིང་། ཉེར་ཚར་མདོ་སྨད་དུ“ལབ་ཙེ”ཞེས་འབྲི་སྲོལ་ཆེ་བ་དང་། སྤྱི་ལོ་དུས་རབས་བཅུ་གཉིས་པར་བརྩམས་གནང་གྲགས་པའི《ལྡེའུ་ཆོས་འབྱུང》དུ། “མཐོ་ལ་རྩས་ཀྱི་ལྷ། སྨ(དམའ)གྲུ་རྩས་ཀྱི་ལྷ”[19]ཞེས་པ་དང་། “ཚུ་ལ་གྲུ(རྩས)བཙུགས། ལ་ལ་ལབ(ལ)རྩས་བརྩིགས”[20]ཞེས་སུ་བྲིས་ཡོད་པ་དང་། “རྩས”ནི“བཙས”ཀྱི་བརྡ་རྙིང་དང་། “ལབ་ཙེ”ནི“ལ་བཙས”ཀྱི་གཟུགས་འགྱུར། “གྲུ་རྩས”ནི“གྲུ་སྣ”སྟེ། ཏུན་ཧོང་གཏེར་ཡིག་ལས། “ལ(ལྷ)ལ་ནི་བཙས་ཕྱལ། ཐྱི་ལ་ཡོན་ཕྱལ་ནས”ཞེས་ངར་གཞིགས་ཏེ། “བཙས”ནི“ཡོན”གྱི་དོན་དུ་འཇུག་པར་ཡང་བཤད་དོ། །[21] ཡིན་ནའང་ལོ་རྒྱུས་སྔ་ཤོས《སྦ་བཞེད》དུ“རྗེའི་བཀའ་སྐྱལ་ནི་བདུད་བས་གཉན། ཁྲིམས་ཀྱི་ལ་རྩེ་ནི་དགུང་ལས་མཐོ། ཕྱག་རྗེས་གང་མཛད་པ་བཀའ་ལུང་ཞུའོ་མཆི”[22]ཞེས་རྒྱལ་པོ་ཁྲི་སྲོང་ལྡེའུ་བཙན་གྱི་ཕྱག་རིས་ཤིག་བྱེད་པ་ལ་བསམ་ཡས་མི་འགྱུར་ལྷུན་གྱིས་གྲུབ་པའི་གཙུག་ལག་ཁང་བཞེངས་པར་རྗེ་བློན་བཀའ་བགྲོས་གནང་སྐབས་སུ་བློན་པོ་ཁྲི་བཟང་གི་ཞུས་ཚིག་ཏུ“ཁྲིམས་ཀྱི་ལ་རྩེ་ནི་དགུང་ལས་མཐོ”ཞེས་བྲིས་འདུག་པས། “ལ་རྩེ”འཛུགས་སྲོལ་ནི་དེའི་སྔོན་ཞིག་ནས་བོད་ལ་ཡོད་པར་མ་ཟད། མིང་ཡང་དེ་ལྟར་འབྲི་བར་སྣམ།

ཡང“ལ་བཙས་ཞེས་པ་དེ་ལྷ་གསོལ་གྱི་ཚོ་ག་མ་ཆགས་གོང་དུ་ཕལ་ཆེར་རིའི་རྩེ་ལ་བརྩིགས་པའི་ས་མཚམས་ཀྱི་རྟགས་ཡིན་སྲིད”[23]ཅེས་པ་དང་། 《བོད་ཀྱི་ལྷ་སྲུང་སྐོར་གླེང་བ》ལས། “ཡུལ་ལྷ་དེ་དག་མང་ཆེ་བ་རི་རྩེ་མཐོ་ས་དང་ཉག་ཁ་སོགས་སུ་ཡོད་ཅིང་ཡུལ་ལྷ་གང་དུ་གནས་པ་དེ་ན་ལ་བཙས་ཀྱང་བརྩིགས་ནས་ཡོད་པར་མ་ཟད། ལ་བཙས་ནི་ཡུལ་ལྷ་གཞི་བདག་གི་གནས་བརྟེན་ཡིན་པས་དེའི་ནང་བྱ་རིགས་ཀྱིས་ཚང་མི་འཛུག་པར་བཤད”[24]ཅེས་དང་། ས་གོང་དབང་འདུས་ཀྱི་བརྩམས་པའི《བོད་མིའི་ཡུལ་སྲོལ་གོམས་གཤིས(100)》ལས། “ལ་བཙས་ནི་མི་ཕར་འགྲོ་ཚུར་འོང་བྱེད་སའི་ལ་རྩེར་ལྷ་གསོལ་བྱེད་དུ་བཞེངས་པའི་རྗེ་སྤུངས་དར་ལྕོག་དང་ལྡན་པ་ཞིག་ལ་བྱ”ཞིང་། “ལ་ཞེས་པ་རི་དང་བཙས་ཞེས་པ་ནི་གནས་རི་ཞབས་ཀྱིས་བཅགས་པའི་ཁྲལ་ལ་གོ་བར་གྲགས། ལ་བཙས་གསོལ་སྲོལ་དེ་ཡང་འཕྲིམ་འགྲུལ་

དང་འབྲེལ་བ་ངེས་གཏན་ཞིག་ཡོད་”ཅིང་། “ལ་རེ་བརྒྱལ་དུས་ལམ་སྐྱོད་ཀྱི་དཀའ་བ་གཅིག་བཅད་ཚར་བར་བརྩིས་ནས། ལ་ཡི་རྩེ་ལ་བྲལ་མཆོན་ཚུལ་དུ་རྡོ་གསར་རེ་བསྣུགས་ནས་དེའི་སྟེང་རང་གི་བཟའ་ཆས་གཙང་མ་ཕྲན་བུ་སྤུངས་ཏེ་འཇོག་སྲོལ་ཡོད་”པས། “ལ་བཙས་ནི་ཐོག་མར་ཡུལ་སྡེ་སོ་སོའི་ས་མཚམས་ཀྱི་རྟགས་ཡིན་པས་ཕྱོགས་མི་དེ་ནས་འགྲོ་དགོས་ན། ངེས་པར་དུ་བྲལ་གྱི་ཚབ་ཏུ་ཐན་པ་ཕྲན་བུ་འཇོག་སྲོལ་ཡོད་པ་དེ་རིམ་པས་ད་ལྟའི་ལྷ་གསོལ་གྱི་རྣམ་པ་ལྟ་བུར་འཕོ་འགྱུར་བྱུང་བའི་ངོས་འཛིན་གནང་མཁན་ཡང་ཡོད་”[25]ཅེས་པ་ལ་སོགས་པས“ལ་བཙས”ནི“ས་མཚམས་ཀྱི་རྟགས”སམ“རི་ལམ་གྱི་བྲལ”ལམ་ཡུལ་ལྷ་གཞི་བདག་གི་གནས་བརྟེན་ལྟ་བུ་ཞིག་ལ་གོ་བར་བཤད།

ཡང“ཚོ་གའི་དཔེ་ཆའི་ནང་དུ‘དཔའ་མཁར’དང་། ‘གསས་མཁར’དང་། ‘ལྷ་མཁར’བཙས‘ལ་བཙས་ཀྱི་དོན་དུ་སྤྱོད་པའི་སྣང་ཚུལ་ཡང་མཐོང་རྒྱུ་ཡོད་”[26]ཅེས་པ་ལས་མཚམས་རེར་ཐ་སྙད་བཞི་པོ་དོན་གཅིག་ཏུ་གོ་བ་ཡང་ཡོད་སྲིད་པས། དེ་ལྟར་ཡིན་ན། “ལ་བཙས”འཛུགས་སྲོལ་འདི་ཡང་བོན་གྱི“གསས་མཁར”དང“ལྷ་མཁར”དང་འདྲ་བར་ཐུབ་བསྟན་མ་དར་གོང་ཞིག་ནས་བོད་དུ་ཡོད་པ་རྟོགས་ཐུབ་ཅིང་། དེ་དང་ལྷན་དུ“རི་ལམ་གྱི་བྲལ”གྱི་དོན་དུ“ལ་བཙས”བྱུང་བ་མིན་པ་རང་ཤུགས་ཀྱིས་རྟ་གོ་འགྲོ། རྒྱུ་མཚན་ནི་རི་རྒྱ་བྲལ་འཇོག་གི་ལུགས་སྲོལ་འདི་ཡང་བོད་ལ་ཁྲིམས་སྲོལ་བྱུང་བ་ནས་རིམ་གྱིས་གོམས་སྲོལ་དུ་ཆགས་པ་ཞིག་ཡིན་སྙམ་པས་སོ། །དེས་ན་གོང་གི“ལྷ་ཕེབས”ཞེས་པའི་ཐ་སྙད་དེ་ཡང་ཤིན་ཏུ་གལ་ཆེན་པོ་ཞིག་ཏུ་མཐོང་བ་དང་དུས་མཚུངས་སུ“ལ་བཙས”དང“ལ་རྩེ”རྣམས་ཀྱང“ལྷ་བཙས”དང“ལྷ་རྩེ”ཞེས་པ་སོགས་ལས་འགྱུར་ཡོང་བ་ཨེ་ཡིན་ནམ་སྙམ་པའི་བློ་ཞིག་ཀྱང་དང་གིས་སྐྱེས་པས་མཁྱེན་དཔྱོད་ཅན་རྣམས་ཀྱིས་མུ་མཐུད་དཔྱད་པར་འཚལ།

ལ་བཙས་འཛུགས་པ་ལ་མདོ་སྨད་དུ་མང་ཆེ་བས་ལ་བཙས་བསྐོད་ཅེས་འབོད་ཅིང་། རི་མཐོ་ས་གཙང་ཤག་ཁ་སྐང་ཁ་སོགས་ལ་ས་བཅག་ནས་དེར་རྡོ་ར་ཆེན་པོ་ཞིག་བརྒྱག་པ་དང་། ལ་ལས་ཤིང་གི་ར་བ་བརྟན་པོ་ཞིག་བརྒྱབ་སྟེ་ལོ་རེར་ཡུལ་སོ་སོས་དུས་ཚོད་ངེས་ཅན་ཞིག་ལ་སྡེ་བའི་སྐྱེས་པ་ཚོ་དེར་འདུས་ནས་བསང་མཆོད་བྱེད་པ་དང་། དེ་ནས་ཤིང་རྩེ(ཕོ་ཤིང་སྟེ་སྟག་པའི་ཡལ་ག་འདབ་ལོ་ཅན་ནམ་ཐོག་བབ་ཚོན་གྱིས་དཀྲིས་པ)དང་མདའ་དར་ལ་དྲི་སིལ་བྱས་རྫེས་ཚང་མ་གོ་རིམ་བཞིན་རྩིག་ར་དེའི་ནང་འཛུགས་པ་དང་། བཙུགས་ཚར་རྗེས་རྒྱུ་ཐག་གིས་ལ་བཙས་དམ་དུ་འཁྱིགས་པ་དང་རིའི་གྱེན་དུ་འཐེན་པ་སོགས་ལས་མཐའ་གཅིག་ཏུ་བརྩིག་ཚུལ་ཐད་གཏན་འཁེལ་ཞིག་མེད་པ་འདྲ་ཡང་། མཁར་རྨེའུ་མཆོག་གིས་གསུངས་པ་ལྟར་ན། ཨ་ལགས་བོན་བརྒྱ་དགེ་ལེགས་ལྷུན་གྲུབ་རྒྱ་མཚོས་མཛད་པའི《ལབ་ཙེ་དང་དཔའ་མཁར་སོགས་སྲིད་པའི་གསས་མཁར་གཉན་པོ་བཞེངས་པར་ཉེར་མཁོ་ཕྱོགས་བསྒྲིགས》ཞེས་པ་ལྡེབ་མ་བཅུ་གསུམ་ཅན་ཞིག་ཡོད་པ་དེར་ལ་བཙས་བརྩིག་ཚུལ་སོགས་གསལ་པོར་བྲིས་ཡོད་པ་ཁོང་གི་དཔྱད་

རྩོམ《ས་ཁུལ་གཉིས་ཀྱི་ཡུལ་ལྷའི་གསོལ་མཆོད་ལ་དཔྱད་བསྡུར་བྱས་ནས་དེ་ཚོའི་འཛིག་རྟེན་ཆགས་རབས་ཀྱི་ལྟ་བར་བརྟག་པ》ཞེས་པར་གསལ།

ལ་བཙས་ནི་རྫི་ལྟ་བུ་ཞིག་ཡིན་པ་གོང་དུ་སོང་ཟིན་པས། དེ་གཡང་འགུགས་དང་འབྲེལ་བ་རྫི་ཙམ་ཡོད་དམ་ཞེ་ན། དེ་གཉིས་འབྲེལ་བ་ཡོད་དེ། ལ་བཙས་བསྐོད་པ་ནི"དགྲ་ལྷ་དཔང་བསྟོད"ཅེས་བརྗོད་པ་ལྟར། སྐྱེས་བུའི་དགྲ་ལྷ་དང་གནས་པའི་ཡུལ་ལྷ་བཅས་འགོ་བའི་ལྷ་ལྔ་སོགས་བླ་ན་མཆོད་ཅིང་བཀུར་ནས་དེས་ཕ་རོལ་གཡུལ་ལས་རྒྱལ་བ་དང་མི་མཐུན་ཕྱོགས་རྣམས་འགོག་པ་དང་གདོན་བགེགས་བར་ཆད་སེལ་བ་དང་ཡུལ་མིའི་ཚེ་བསོད་དཔལ་འབྱོར་དར་བའི་གཡང་རྣམས་འབོད་པའི་བརྒྱུད་པའི་ཆོ་ག་སྒྲུབས་ཐབས་ཤིག་ཡིན་ཞིང་། དོན་དུ་ཡུལ་ཁམས་བདེ་ལ་བཀྲ་ཤིས་ལེགས་ཚོགས་འབྱུང་བའི་གཡང་འགུགས་ཤིང་སྤེལ་བའི་དོན་དུ་འཇུག་པའོ། །

གསུམ་པ། བསང་མཆོད་བྱེད་པའི་མཐར་ཐུག་གི་དམིགས་ཡུལ་ནི་འགལ་རྐྱེན་ཞི་ཞིང་སྐྱེས་བུའི་གཡང་རྣམས་གསོ་བའི་ཕྱིར་དུ་ཡིན།

སྤྱིར་ལྷ་གསོལ[27]བསང་མཆོད་བྱེད་པ་ནི་བོད་ཀྱི་ཡུལ་གྲུ་ཀུན་ཏུ་ཁྱབ་པའི་དམངས་ཁྲོད་ཀྱི་ཆོ་ག་གལ་ཆེན་པོ་ཞིག་རེད། ལོ་རེའི་དུས་ཆེན་ཁག་དང་གནམ་ལོ་གསར་ཚེས་སམ་རྒྱལ་བའི་དུས་ཆེན་བཞིའམ་འཛམ་གླིང་སྤྱི་བསང་གི་ཉིན། ཡང་ན་ཟླ་རེའི་ཉ་སྟོང་བརྒྱད་གསུམ་སོགས་ལ་བསང་མཆོད་བྱེད་པ་ཡིན། དེ་ལ་ཡང་དགོན་པའི་བསང་མཆོད་དང་གྲོང་ཚོའམ་སྡེ་བ་ཏུ་བའི་བསང་མཆོད་དང་ཁྱིམ་གྱི་བསང་ཆུང་དུ་གསུམ་མོ། །དེ་ལས་ཀྱང་འཛམ་གླིང་སྤྱི་བསང་ལྟ་བུ་ནི་བོད་ཁམས་ཡོངས་ཀྱི་དུས་ཆེན་ཞིག་ཡིན་ཞིང་། དེ་ནི་སྤྱིར་འཛམ་གླིང་དང་སྙོམས་བོད་གངས་ཅན་ལྗོངས་ཀྱི་བཀོད་པར་གནས་པའི་ཡུལ་ལྷ་གཞི་བདག་གཉན་པོ་མཐུ་ཆེན་རྣམས་ཏེ། ཡབ་འོ་དེ་གུང་རྒྱལ་དང་སྲས་ཡར་ལྷ་ཤམ་པོ་གཙོར་མཛད་པའི་སྲིད་པ་ཆགས་པའི་ལྷ་དགུ། རྗེ་ཡི་མགུར་ལྷ་བཅུ་གསུམ། ལྷ་མོ་བཀྲ་ཤིས་ཚེ་རིང་མཆེད་ལྔ། བོད་ཁམས་སྐྱོང་མཛད་བསྟན་མ་བཅུ་གཉིས། གཞན་ཡང་ཡུལ་སྐྱོང་སྟོང་གི་རྗེ་དཔོན་རྨ་ཆེན་སྤོམ་ར་གངས་དཀར་ཤེལ་གྱི་ལྷུན་པོ་དང་། གནམ་སྟོན་ཐང་ལ་བབས་འདྲའི་མཚོ་ཆེན་ཁྲི་ཤོར་རྒྱལ་མོ། གཞན་སྡེ་ཟིལ་གནོན་ཤུ་ཀྲ་གངས་དཀར་ཕྱོགས་ལས་རྣམ་རྒྱལ། ད་དུང་ཙོང་ཁའི་སྐྱེས་རི། ལྷ་ཆེན་འདུས་རི། སེ་ཀུ་བྱེ་ཁྱུང་། གཉན་ཆེན་ཕོ་བ་རོག་པོ། སྟོང་རི་གཡུ་ཐུལ་དྲེགས་པའི་སྡེ་དཔོན། དར་རྒྱལ་དགུང་སྔོན་མཆེད་གསུམ། བླ་མ་ཡི་དམ་མཁའ་འགྲོ་ཆོས་སྐྱོང་སྲུང་མ་རྣམས་དང་བསྟན་སྐྱོང་གནས་བདག་གཞི་བདག་མཐུ་རྩལ་དཀར་ཕྱོགས་སྐྱོང་ལ་མངོན་པར་དགའ་བ་རྣམས་ལ་བསང་རྫས་རྒྱ་ཆེན་པོ་བཤམས་ནས་མཆོད་ཅིང་བསྟོད་པ་དང་ཡུལ་ཁམས་ཐམས་ཅད་བདེ་ཞིང་སྐྱིད་པར་འགོད་པའི་

གྲོགས་སུ་སྦྲན་ཞིང་བོད་ཁམས་ཡོངས་སུ་ཁྱབ་གཡང་ཆགས་པའི་རྟེན་འབྲེལ་གྱི་མཛད་སྒོ་རྒྱ་ཆེན་པོ་ཞིག་རེད། དགོན་པའི་བསང་མཆོད་ནི་རྒྱལ་བའི་དུས་ཆེན་བཞི་དང་ཛ་སྟོང་བརྒྱད་གསུམ་སམ་གནམ་ལོ་གསར་ཚེས། ཚེ་འཕྲུལ་སྨོན་ལམ་ཆེན་མོའམ་དགོན་པའི་དུས་ཆེན་ཁག་ལ་གཏོང་བ་ཡིན། གྲོང་ཚོའམ་སྡེ་བ་རུ་བའི་བསང་མཆོད་ནི་མདའ་བསྟོད་ལ་བཙས་འཛུགས་པའི་དུས་ཉིན་དང་གྲོང་ཚོའམ་སྡེ་བ་རུ་བའི་བཙའ་བ་རིམ་གྲོ་སྒྲུབ་པའི་སྐབས་སུ་གཏོང་བ་ཡིན་ཞིང་། གཙོ་བོ་ཡུལ་ལྷ་གཞི་བདག་རྣམས་གྲོགས་སུ་འབོད་པ་དེ་རེད། ཁྱིམ་གྱི་བསང་ཆུང་ངུ་ནི་རྒྱ་ཆེས་ཆུང་ཞིང་ཡུན་ཆེས་རིང་བའི་བསང་གི་མཆོད་པ་ཞིག་སྟེ། བསང་གཏོང་བའི་དུས་ཚོད་ནི་རྒྱལ་བའི་དུས་ཆེན་བཞི་དང་གནམ་ལོ་གསར་ཚེས་སམ་ཚེ་འཕྲུལ་སྨོན་ལམ་ཆེན་མོའམ་འཛམ་གླིང་སྤྱི་བསང་ངམ་ཚེས་ཀྱི་དུས་ཆེན་ཁག་བཤད་མ་དགོས་ལ། ཐ་ན་ཕྲུ་གུ་སྐྱེས་པའི་དུས་དང་ཁྱིམ་གྱི་སྐུ་རིམ་སྒྲུབ་པའི་སྐབས་སམ་འཁོར་བའི་ཚེ་ག་མང་པོ་དང་རྐྱེན་ངན་པ་བྱུང་བའམ་བློས་མི་ཕོད་པའི་སྐྲག་འཇིགས་འབྱུང་བའི་དུས་སུའང་རང་གི་ཡུལ་ལྷ་ཆོས་སྐྱོང་སྲུང་མ་དཔའ་བོ་མཁའ་འགྲོ་རྣམས་གྲོགས་སུ་བོས་ནས་གནས་སྐབས་ཀྱི་འགལ་རྐྱེན་སེལ་ཐབས་བྱེད་དོ། །

བསང་མཆོད་འབུལ་སྲོལ་འདི་ནི་ལ་ལས་བོད་རྣམས་གདོད་མར་མེ་ལ་མཆོད་ཅིང་དད་པའི་དབང་གིས་བྱུང་བར་འདོད་པ་དང་། ལ་ལས་དང་པོ་དྲི་སེལ་ལམ་གཙང་སེལ་བྱེད་པ་དེ་ལས་འཕེལ་བར་འདོད། དང་པོ་ལ་བོད་འདི་ཡང་ཧིན་ཏྲན་མི་རིགས(印第安人)དང་འདྲ་བར་གདོད་མའི་དུས་སྐབས་སུ་མེ་ལ་དད་པའི་སྲོལ་ཡོད་སྲིད་ནའང་། སྐབས་འདིར་སྔོན་ཆད་དམར་མཆོད་དང་ད་ལྟ་དཀར་མཆོད་གང་ཡིན་རུང་ཚང་མ་མེ་ལ་དད་པས་མ་ཁྱབ་སྟེ། དཔེར་ན། མེ་གླིང་ལྷོ་མའི་གནའ་བོའི་ཧིན་ཀྲུ(印加)མི་རིགས་ཀྱི་གོན་པ་དང་ཞབས་བྲོའི་སྟངས་སྟབས། མི་གཟུགས་ཀྱི་ཚོས་མདོག་དང་རྣམ་པ། གཞན་རྣམ་ཤེས་ལ་འཆི་བ་མེད་པར་འདོད་པ་དང་། མི་ཤི་རྗེས་དག་ཞིང་ངམ་དམྱལ་ཁམས་སུ་ལྷུང་བའི་སྐྱེ་འཆིའི་ལྟ་བ། ད་དུང་ལྷ་པས་མཇུབ་མོས་མཆོད་ལ་འཕེན་ཚུལ་དང་རྨི་ལམ་དང་སྟ་ལྟས་ལ་བརྟག་པ། བླ་འཛིན་སྐབས་སུ་དུང་འབུད་པ། སྐད་རྒྱག་པ། སྨྲ་ཆེན་སྒྲོག་པའི་བྱེད་སྟངས་ལས་ལུགས་སྔ་ཚོགས་ང་ཚོ་མཐོ་སྒང་གི་ད་ལྟའི་བོད་དང་འདྲ་པོ་ཞིག་ཡོད་ནའང་། དེ་གཉིས་དུས་དང་ཡུལ་གྱི་བསྐལ་བས་རིག་གནས་འབྲེལ་འདྲིས་ཀྱི་རྒྱང་གཞི་གང་ཡང་མེད་པའི་དཔལ་ཡོན་གཉིས་སུ་ཟད་པ་ལྟ་བུ་རེད། ལྷག་པར་བོད་པའི་འདུ་ཤེས་སུ་བསང་མཆོད་ཀྱི་ཤུགས་བསྟན་དུ་སྲིད་པའི་ལྷ་དང་ཡུལ་གྱི་ལྷ། འགོ་བའི་ལྷའམ་ཁྱིམ་གྱི་ལྷ་སོགས་ལྷ་ཚོགས་མང་པོ་ཞིག་ཡོད་པར་འདོད་ཅིང་། དེ་དག་ལ་མ་མཆོད་མ་བཀུར་ན་འདྲེ་གདོན་བགེགས་ཀྱིས་གླགས་བཙལ་ཏེ་བར་ཆད་མང་དུ་འབྱུང་ཞིང་། ཡུལ་གྱི་ཁྱིན་ཉམས། སའི་བཅུད་ཉམས། ཕྱུགས་ཀྱི་འཕེལ་ཁ་ཉམས་ཤིང་གོད་ཁ་འབྱུང་བ། མིའི་ཚེ་དང་བསོད་ནམས་ཉམས། ཁྱིམ་གྱི་གཡང་ཉམས། ལོ་ཏོག་གི་སྐྱེ་ཁ་ཉམས་ཤིང་བཙའ་ཐན་སེར་གསུམ་འབྱུང་། ཡུལ་ལ་མུ་

གེ་ནད་དང་གཡམ་པ་འབྱུང་། མི་རྣམས་ཁ་རྗེ་དབང་ཐང་འགྲིབ་ཅིང་རང་མདངས་ཟད། གཟི་བརྗིད་སྣན་གྲགས་ཡོན་ཏན་གྱིས་དབུལ་ཞིང་མ་རིག་རྨོངས་པའི་གློང་དུ་ཚུད། རླུང་རྟ་གུད་ཅིང་གཡང་ཉམས་པ་སོགས་མི་ལེགས་པའི་རྒྱུ་རྣམས་གྲེན་དུ་འགྲེང་བ་ཡིན་པས་ན། སྲིག་ཐྲས་ཅི་བཟང་གང་འཛོམས་ཀྱི་ཞལ་ཟས་རོ་བརྒྱ་ལྡན་པས་མཆོད་པར་བགྱིས་ན་ལྷའི་བྱིན་རླབས་སམ་ནུས་མཐུ་ཡིས་དེ་རྣམས་བཟློག་ཅིང་འགལ་རྐྱེན་ཐམས་ཅད་ཞི་བའི་འདུ་ཤེས་ཡ་མཚར་བ་ཞིག་གིས་བྱེད་སྒོ་དེའི་ཞབས་ནས་དགུང་དུ་བཏེགས་ཡོད་པ་རེད། དེའི་ཕྱིར་བོད་འདིས"མེ་ལ་མཆོད་པ"ཟེར་བ་ལས"མེས་མཆོད་པ"ཞེས་བརྗོད་ན་ཅུང་འཚམས་པས། དེ་གཉིས་མཆོད་པའི་ཡུལ་གྱི་སྟེང་ནས་ཁྱད་པར་ཆེན་པོ་ཡོད་དོ། །འོན་ཀྱང་བཤད་ཚོག་པ་ཞིག་ནི་བསང་ཐྲས་མེར་བསྲེགས་ནས་ལྷ་ལ་མཆོད་པར་བགྱི་བ་འདི་ཡང་འགྲོ་བ་མིས་ཚ་ཞིང་སྲེག་པའི་རང་བཞིན་ཅན་གྱི་མེ་འདི་རང་བྱུང་ཁམས་ནས་ཐོག་དང་པོར་གསར་འདོན་བྱུང་བའི་ཚུན་དུ་རིམ་བཞིན་བྱུང་ཞིང་འཕེལ་བ་ཞིག་ཡིན་པ་ནི་རིགས་པས་གྲུབ་ཅིང་། ས་གོང་དབང་འདུས་སོགས་ཀྱིས་བསང་གཏོང་བའི་སྲོལ་འདི་ནི་ལོ་ངོ་ཉིས་སྟོང་ལྷག་ནས་བོད་དུ་དར་ཡོད་པར་བཤད[28]དོ། །

གཉིས་པ་བསང་མཆོད་ཀྱི་བསང་འདི་ཐོག་མར"དྲི་སེལ་ལམ་གཙང་སེལ"བྱེད་པ་ལས་རིམ་གྱིས་འགྱུར་ཞིང་འཕེལ་བ་ཞིག་རེད་འདོད་དེ། དེང་གི་མཁས་པ་མཁར་རྨེའུ་བསམ་གཏན་རྒྱལ་མཚན་ལགས་ཀྱིས《ས་ཁུལ་གཉིས་ཀྱི་ཡུལ་ལྷའི་གསོལ་མཆོད་ལ་དཔྱད་བསྡུར་བྱས་ནས་དེ་ཚོའི་འཛིག་རྟེན་ཆགས་རབས་ཀྱི་ལྟ་བར་བརྟག་པ》ཞེས་པའི་ནང་དུ་རང་གི་སྔ་མའི་བརྗོད་ཚིག་ཕྱིར་ལུང་དུ་དྲངས་པར། "བསང་གི་ཐོག་མའི་འབྱུང་ཁུངས་ནི་གཙང་མ་བཟོ་བའི་ཚ་གའི་གོ་རིམ་ཞིག་རེད། འོན་ཀྱང་རྗེས་སུ་སངས་རྒྱས་ཆོས་ལུགས་ཀྱི་ནང་དུ་བསང་མཆོད་ཅེས་མཆོད་པའི་ཁོངས་སུ་གཏོགས་པར་བཟོས་ཡོད"[29]ཅེས་པ་དང་། ས་གོང་དབང་འདུས་ཀྱིས"མཁས་དབང་ཆབ་སྤེལ་ཚེ་བརྟན་ཕུན་ཚོགས་མཆོག་ནས། བསང་ནི་བོད་རིགས་ཀྱི་ལྷ་གསོལ་བའི་བྱེད་སྒོའི་ནང་མེད་དུ་མི་རུང་བའི་ཆ་ལག་གཅིག་ཡིན། ལོ་རྒྱུས་ཀྱི་ཐོག་ནས་བཤད་ན། གཙོ་བོ་མི་ཡུལ་གྱི་གཙོག་གྲིབ་མཐའ་དག་སེལ་ནས་ལྷ་སྤྱན་འདྲེན་པའི་སྔོན་འགྲོའི་ཚ་ག་ཡིན་པར་གསུངས"[30]ཞེས་པ་དང་། ཁོང་གིས་བྲིས་པའི《བོད་མིའི་ཡུལ་སྲོལ་གོམས་གཤིས(100)》པར་བོན་གྱི་དཔེ་རྙིང《ཡོངས་རྫོགས་འགྲེལ་བ》ལས་དྲངས་པ་ལྟར་ན། "གཉའ་ཁྲི་བཙན་པོ་ལྷ་ཡུལ་ནས་བྱོན་ཚུལ་གླེང་སྐབས་ལྷའི་སྐུ་བོན་ཡ་ངལ་དང་། མཚེ་མི། ཙོ་མི་གསུམ་ཡང་མཉམ་དུ་མངགས་པར་ཡབ་ཀྱི་ཞལ་ནས། གནམ་ལྷ་དོ་ལ་གཤེགས་པ་ན། མི་ཡུལ་གཙོག་དང་ནལ་ཆེ་བས། ཡ་ངལ་གྱིས་སྣ་དྲོངས་ཤིག མཚེ་མིས་སྐུ་ཡི་གཡས་རྟེན་ཅིག ཙོ་མིས་སྐུ་ཡི་གཡོན་རྟེན་ཅིག ཡ་ངལ་གྱིས་སེལ་དང་བསང་གྱིས་ཞེས་བསྟན་ཡོད"[31]པ་བྲིས་འདུག་པ་ལས་བོད་རྗེ་གཉའ་ཁྲིའི་གོང་ཞིག་ནས་དྲི་སེལ་དང་བསང་བྱེད་པའི་སྲོལ་ཡོད་པ་རྟོགས་ཐུབ་པ་དང་། ད་ལྟའང་དབུས་གཙང་ཁུལ་དུ་ཤུག་གདུག

བྱེད་པ་ལ“བསང་གདུག”ཅེས་བརྗོད་པ་ལྟ་བུར་མཚོན་ན“ཤུག་གདུག”གམ“སྤོས་གདུག”དང“བསང་གདུག”གསུམ་པོ་གཙང་སེལ་བྱེད་པའི་དོན་དུ་འགྲོ་བ་དང་། “བསང”ནི་དྲི་མའམ་གྲིབ་ངན་སོགས་བསངས་ཤིང་དག་པར་བྱེད་པའི་དོན་ཏེ། “མཇོལ་ལ་བསང་གདུག”པའི“མཇོལ་བསང”ལ་འཇུག་པར་འདོད། དེས་ན“མཇོལ”དང“བསང”གཉིས་ཀྱི་ཐ་སྙད་དེའང་བྱུང་ཟ་སྟེ། 《ལྡེའུ་ཆོས་འབྱུང》དུ། སྟོད་ལྷ་རབས་སམ་ཡོ་ག་ལྷ་བྱེས་ཅན་གྱི་ལོ་རྒྱུས་ལས། “ཞང་ཞུ་ཡུལ་གྱི་ཐང་ཐང་གི་སྲས་མོ་མཆེད་གསུམ་ལ། ཞུ་མོ་དྲི་རྒྱུ་དྲི་བཙན་མོ་དང་ཁྲི་གར་གྱི་བདུན་ཚོགས་བཤོས་པའི་སྲས་དེས་ཡུམ་གྱི་ལྷམས་ནས་གསོལ་བ། ཀྱེ་ཡུམ་གཅིག་ཡར་གཤེགས་ན་ནི་ཡུམ་གྲོངས་འགྲོ། མར་གཤེགས་ན་ནི་སྲས་མཇོལ་བས་སྐལ་བའི་མཁར་གཅིག་དབྱེ་བར་གསོལ་བྱས་ནས། སོག་སྲག་གཡས་པ་ནས་ཕྱིན་ནས་མའི་གཉའ་བ་ནས་ཕྱིན་པས། མཚན་ཡང་གཉའ་ཁྲི་བཙན་པོར་བཏགས་སོ”[32]ཞེས་པ་ལས“མཇོལ”གྱི་ཐ་སྙད་འབྱུང་ཞིང་། གཞན་ཡང་གཤེན་རབ་ཀྱི་རྣམ་ཐར་དུ་ཡབ་རྒྱལ་བོན་ཐོད་དཀར་འཁྲུངས་པའི་དུས་དེར། “ལ་ལ་ཡིས་སེལ་བཏབ། ལ་ལ་ཡིས་ཁྲུས་བྱས། ལ་ལ་ཡིས་གཡང་བླན། ལ་ལ་ཡིས་ལྷ་གསོལ”[33]བ་དང་། གཤེན་རབ་ཀྱི་སྤྲུལ་པའི་རྣམ་ཤེས་ཡུམ་མི་ཕྱི་ལྷ་ཕྱི་ན་ཡོ་ཕྱི་རྒྱལ་བཞད་མའི་ལྷུམས་སུ་ཞུགས་ནས་ཟླ་དགུ་ང་བཅུ་ན། ཡུམ་གྱི་ཞལ་ནས། “འོལ་མོ་ལུང་རིངས་ཀྱི་མི་རྣམས་ཀྱང་། ཚན་དང་བསང་གྱིས་ལ་ངའི་སྤྱན་སྔར་དུ་འདུས་ཤིག དགུང་ཞག་གསུམ་དྲོ་བཞིན། རྒྱལ་བུ་གཅིག་བྱོན་ཏེ་འོང་གིས”ཞེས་བསྒྲགས་པ་དང་། མི་རྣམས་ཀྱིས“ལ་ལ་ནི་རོལ་མོ་བསྒྱུར། ལ་ལ་ནི་ཏུ་མཆོད་འཕྱུར། ལ་ལ་ནི་ཛ་གཤང་། ལ་ལ་ནི་སྤོས་མེ་གཏུལ། ལ་ལ་ནི་སྐུ་སྐུད་གཏོང་། ལ་ལ་ནི་སྐུ་ཕྱྭ་ལྡོན། ལ་ལ་ནི་སྐུ་ཁྲུས་གསོལ། བསྐོར་བ་བྱས་ཤིང་མེ་ཏོག་ཕུལ་ལོ”[34]ཞེས་པ་སོགས་ལས“སེལ”དང“བསང”ངམ“སྤོས་མེ”རྣམས་འབྱུང་ཞིང་། དུས་དེ་ཙམ་ནས་སྐྱེས་བུ་འཁྲུངས་དུས་སུ་ཚན་ཁྲུས་བྱེད་པ་དང་། སྤོས་སམ་བསང་བཀྲིས་ནས་དག་སེལ་བྱེད་སྲོལ་ཡོད་པ་རེད།

དེ་ལྟར་ན། “བསང”ཞེས་པ་ནི་སྤྱི་མིང་ཞིག་སྟེ། དེའི་ནུས་པ་ནི་མི་གཙང་དྲི་དང་མཇོལ་བའི་གྲིབ་མ་རྣམས་སེལ་ཞིང་དགེ་བ་ཡོན་ཏན་གྱི་ཆ་རྣམས་འཕེལ་བར་བྱེད་པའི་དོན་ལ་འཇུག་སྟེ། 《བསང་མཆོད་བཀྲ་ཤིས་འཁྱིལ་བ》ལས། “ཕུན་ཚོགས་དྲི་ལྡན་བསང་མཆོག་གཏྲའི་རྒྱུན། །མི་གཙང་ཉེས་ཚོགས་འབྲུད་པའི་ཚ་ག་མཁན། །ཁྲུངས་ལྡན་མེས་པོའི་ཐོད་ལས་འདྲེན་བྱེད་པའི། །སྔོན་མེད་སྐལ་ལྡན་ཤིང་རྟ་འདི་སུས་བསྐྲུན། །”[35]ཞེས་མཆོད་པར་བརྗོད་པའི་སྐབས་སུ་བསང་གི་ནུས་པ་བསྟན་ཡོད་པ་དང་། 《མཇོལ་བསང་ལྷ་ཆབ་སྔོན་མོ》ལས། “བསང་རྫས་ཁ་དོག་དྲི་རོ་རེག་བྱ་ཕུན་སུམ་ཚོགས་པ། མི་གཙང་བའི་དྲི་མ་ཉེས་སྐྱོན་ཐམས་ཅད་སྦྱངས་པས་འདོད་པའི་ཡོན་ཏན་ལྔ་དང་ལྡན་པ”[36]ཞེས་པ་དང་། “ཕྱི་ནང་གསང་གསུམ་འདོད་ཡོན་དཔག་མེད་ཀྱིས། །མི་གཙང་མཇོལ་གྲིབ་དྲི་མ་བསང་གྱུར་

ཅིག །"[37]ཅེས་པའང་དེ་བཞིན་ཏེ། དེའི་གོ་དོན་ནི། "བསང་བྱ་བ་ནི། སླར་ཡང་འདི་བཞིན་ཉོན་མོངས་དུག་ལྔའི་གྲིབ་མནོལ་སྦྱོང་ཞིང་། ལྷ་དང་བསྲུང་མ་མི་འབྲལ་བར་འཁོར་བའི་ཐབས་ཡིན་པས། རྒྱུན་དུ་བསང་བྱ་བ་ནི་དོན་དེ་དང་ལྡན་པའོ"[38]ཞེས་སློབ་དཔོན་གྱིས་གསུངས་པ་དེའི་མཇུག་ཏུ་བྲིས་ཡོད་པ་བཞིན་ནོ། །

དེ་ལ་ཡང་མནོལ་གྲིབ་སེལ་བའི"མནོལ་བསང"དང་ཡར་ལྷ་ལ་མཆོད་པའི"ལྷ་བསང"གཉིས་ཡོད་པར་འདུག་ཅིང་། སློབ་དཔོན་པདྨ་འབྱུང་གནས་ཀྱིས་མཛད་པའི《མནོལ་བསང་ལྷ་ཆབ་སྔོན་མོ་ཞེས་བྱ་བ》ལས། "སྭ་ཧཱ་ལྷ་བསང་ཕྱི་ཧཱ་མནོལ་ཁྲུས་བྱས་ནས་ཉོན་མོངས་པའི་སྒྲིབ་པ་སྦྱོང་བའོ"[39]ཞེས་པ་ལྟར་ན་སྭ་ཧཱ་ལྷ་བསང་དང་ཕྱི་ཧཱ་མནོལ་བསང་དང་ཚན་ཁྲུས་བྱས་ན་ལེགས་པར་གསུངས་ཤིང་། མདོ་སྔགས་ཀྱི་ཕྱོགས་འདི་ནས"ལྷ་བསང"ལ་གཙང་ཆབ་ཀྱིས་བྲན་དགོས་པ་དང་། "མནོལ་བསང"ལ་ཆབ་ཀྱིས་བྲན་པ་མ་ཡིན་པས། དེར"བདུག་པ"ཞེས་འབོད་པ་བཅས་སོ་སོར་ཤེས་པར་བྱའོ། །

དེ་ནས་འཕྲིན་ལས་བཅོལ་ཞིང་གཡང་འདྲེན་ཚུལ་ལ། དང་པོ་བསང་རྫས་སུ་དཀར་གསུམ་མངར་གསུམ་ཤིང་སྣ་མེ་ཏོག་གཙང་ཆབ་གསེར་སྐྱེམས་ཆང་སོགས་ཕྱི་ནང་གསང་བའི་མཆོད་སྦྲིན་བསམ་གྱིས་མི་ཁྱབ་པ་བཤམས་ནས། "བསང་ངོ་། །མཆོད་དོ། །དགྱེས་བཞིན་བཞེས་བཞིན་གསོལ་ལོ"[40]ཞེས་གསོལ་བ་སྔོན་ལམ་གྱི་གསོལ་བ་འདེབས་པ་དང་བཀྲ་ཤིས་ཁ་གཡང་ཡང་ཡང་འབོད་པ་ནི། ཨ་ལགས་ཚེ་ཏན་ཞབས་དྲུང་འཇིགས་མེད་རིགས་པའི་བློ་གྲོས་ཀྱིས་མཛད་པའི《བོད་ཁམས་སྐྱོང་བའི་གཞི་བདག་དྲེགས་རྩལ་ཅན་རྣམས་ཀྱི་གསོལ་མཆོད་རྣལ་འབྱོར་དཔའ་བོའི་གད་རྒྱངས་ཞེས་བྱ་བ》ལས། "བསྙེན་ན་འདོད་དགུའི་དངོས་གྲུབ་ཆར་ལྟར་འབེབས་པ། མཆོད་ན་ལས་བཞིའི་འཕྲིན་ལས་གང་འདོད་སྒྲུབ་པ། བསྐུལ་ན་དགྲ་སྡེའི་མགོ་བོ་འདམ་བཟློས་བྱེད་པ། བོས་ན་གནམ་ས་འགེངས་པའི་སྤྲུལ་པ་འགྱེད་པ་ཁྱེད་རྣམས་ལ་འབུལ་ལོ"[41]ཞེས་དང་། 《བསང་མཆོད་བཀྲ་ཤིས་འཁྱིལ་བ》ལས། "འཇིགས་ཆེན་བརྒྱད་དང་གདོན་བགེགས་ནད་རིམས་དགྲ། །དུས་མིན་འཆི་བདག་གཤིན་རྗེ་ཞགས་པ་དང་། །ཁ་སྨྲས་མི་ཁ་གླིང་བཞི་འཐབ་རྩོད་སོགས། །བར་ཆད་མི་མཐུན་གཡུལ་ལས་རྒྱལ་བར་མཛོད། །"[42]ཅེས་དང་། "བསོད་ནམས་དུས་ལས་གཡོ་མེད་རླབས་ཕྲེང་ཅན། །ཚེ་དཔལ་འབྱོར་བ་མི་ཟད་ཆུ་བོའི་གཏེར། །བསམ་པའི་རེ་བ་སྐོང་བའི་ཡིད་བཞིན་ནོར། །རྒྱས་པའི་འཕྲིན་ལས་རྒྱལ་མཚན་རྩེར་འགོད་མཛོད། །"[43]ཅེས་དང་། 《རྒྱགས་བརྟན་ལྷ་བསང》ལས། "བདག་ཅག་ཡོན་མཆོད་འཁོར་བཅས་ཀྱི༔ འཁོར་སྲུངས་རྐྱེན་ཟློག་བར་ཆད་སོལ༔ ཚེ་སྲིངས་དཔལ་དང་འབྱོར་པ་སྤེལ༔ སྐན་པ་སྐྱབས་ལ་གྲགས་པ་སྒྲོགས༔ རྟག་ཏུ་འགོ་ཞིང་གྲོགས་མཛོད་ལ༔ འགྲོ་ལམ་བདེ་ཞིང་འཇིགས་པ་མེད༔ ལམ་འཕྲང་བདེ་བར་བགྲོད་པ་དང༔ རྙེད་པ་ཆེན་པོ་འགྲུབ་པ་དང༔ གཞིས་བྱེས་ཀུན་ཏུ་བཀྲ་ཤིས་ཤོག༔"[44]ཅེས་དང་། 《ལྷ་མཆོག་རྨ་རྒྱལ་སྤོམ་རའི་

གསོལ་མཆོད་འདོད་པའི་རེ་སྐོང་ཞེས་བྱ་བ》ལས། "བསྐེན་པའི་ཚེ་ན་ལྷ་གཉན་རྒྱང་མ་རིང་། །ཐོས་པའི་ཚེ་ན་སྲུང་མ་སྙན་མ་སྲ། །གཡབ་པའི་ཚེ་ན་དམ་ཅན་སྤྱན་མ་རྟུལ། །ཐད་པའི་ཚེ་ན་དགྲ་ལྷ་མཐུ་མ་ཆུང་། །ལུས་དང་གྲིབ་མ་བཞིན་དུ་ཁྱོད་འགྲོགས་ལ། །ཉིན་གྱི་བྱ་ར་མཚན་གྱི་མེལ་ཚེ་མཛོད། །ཕོ་སྲོངས་འཁྲེལ་སློང་ཆད་མཐུད་བརྗེད་པ་བསྐུལ། །ལེགས་པ་བརྒྱ་སྤྱོད་ཉེས་པ་སྟོང་དང་བསྟོལ། །གཞི་ལམ་བྱེས་གསུམ་ཀུན་ཏུ་མཐུན་རྐྱེན་སྒྲུབས། །མི་ནོར་རིགས་རྒྱུད་ཟས་ནོར་ལོངས་སྤྱོད་སྤེལ། །འཁོར་འབངས་ཆབ་སྲིད་མངའ་ཐང་རྒྱས་པར་མཛོད། །"[45]ཅེས་པ་སོགས་ཤིས་པ་བརྗོད་པའོ། །

དོན་དུ"བསང"འདི་ཡང་བོན་གྱི"ལྷ་གསོལ་འདྲེ་དཀར"བའི"ལྷ་གསོལ"གྱི་ཁོངས་སུ་གཏོགས་ཤིང་། "ལྷ་རྣམས་མཉེས་བྱེད་བསང་མཆོད་ཀྱི། །བཅོས་ཀྱི་རིམ་པ་ཉམས་བསྟར་བར། །སྣ་ཚོགས་ལྗོན་ཤིང་སྨན་སྣ་དང་། །དཀར་གསུམ་མངར་གསུམ་ཕྱེ་མར་སྦྱོས། །རིན་ཆེན་འབྲུ་སྣ་ཤ་མར་ཆང་། །མཐུན་པའི་རྫས་ཀུན་ལེགས་བཤམས་ནས། །རང་ཉིད་བདེ་བའི་སྟན་འདུག་སྟེ། །མ་ཡེངས་དང་ནས་གྱེར་བར་བྱ། །"[46]ཞེས་མཐུན་པའི་རྫས་ཀུན་ལེགས་པར་བཤམས་ནས་བསང་གི་མཆོད་པ་བགྱི་བ་ནི་ལྷ་རྣམས་དགྱེས་ཤིང་མཉེས་པར་བྱེད་པའི་དོན་དང་། དོན་དེ་ལྟར་བྱེད་དགོས་པའི་དམིགས་ཡུལ་ཡང་གོ་སླ་བས། 《བསང་མཆོད་བཀྲ་ཤིས་འཁྱིལ་བ》ལས། "དག་དང་དག་བྱ་དག་བྱེད་ཡུལ་བྲལ་ཡང་། །སྒྱུ་མའི་སྐྱེས་བུའི་འཁྲུལ་འཁོར་ཇི་བཞིན་དུ། །མི་གཙང་ཉེས་པའི་ཚོགས་ཀུན་སེལ་བ་དང་། །དངོས་གྲུབ་རྩོལ་ཕྱིར་བསངས་ཀྱི་མཆོད་པ་འབུལ། །"[47]ཞེས་པ་དང་། 《ལྷ་མཆོག་རྨ་རྒྱལ་སྤོམ་རའི་གསོལ་མཆོད་འདོད་པའི་རེ་སྐོང་ཞེས་བྱ་བ》ལས། "ས་གཞི་བར་སྣང་ཡོངས་གང་མཆོད་པ་འདི། །སྔར་བཅོལ་བསྒྲུབ་པའི་གཏང་རག་ཆེད་དུ་འབུལ། །ད་ལྟ་སྲུང་སྐྱོབ་མཛད་པའི་བསྐུལ་མར་འབུལ། །སླད་ནས་འཕྲིན་ལས་སྒྲུབ་པའི་རྟེན་དུ་འབུལ། །"[48]ཞེས་པ་སོགས་ལས་ཤིན་ཏུ་གསལ་ལོ། །

དེ་ལས་ཕྱོག་སྟེ་མ་རིག་ཉེས་པ་ཀུན་གྱི་རྒྱུ་འཕེལ་བ་ཡིན་ན་སྐྱེས་བུའི་ལྷ་རྣམས་མནོལ་ཞིང་གྲིབ་འཛོག་པའམ་ལུས་ཉམས་སྟོབས་ཟད་པའི་དུས་ཀྱང་འབྱུང་སྲིད་པས། དེས་སྐྱེས་བུའི་ཚེ་བསོད་དཔལ་འབྱོར་ཡོན་ཏན་ཐམས་ཅད་འགྲིབ་ཅིང་གཡང་རྣམས་ཤོར་བའི་ཉེན་ཁ་ཆེ་བ་ཡིན། དཔེར་ན། 《མནོལ་བསང་ལྷ་ཆབ་སྔོན་མོ་ཞེས་བྱ་བ》ལས། "ཀྱཻ༔ ལུས་མནོལ་ལུས་ཀྱི་མདངས་ཉམས་ལུས་སྟོབས་ཤོར། །……དགྲ་ལྷ་མནོལ་ན་དགྲ་སྲི་ཐང་དཀར་ལ། །བྱེས་ལྷ་མནོལ་ན་མགྲོན་འཐོམས་གྲོགས་དང་འབྲལ། །མགྲོན་ལྷ་མནོལ་ན་མགྲོན་རྣམས་དོན་མི་འགྲུབ། །གཞི་ལྷ་མནོལ་བས་གཞི་ལྷ་ཐོད་མི་ཚུགས། །ཡུལ་ལྷ་མནོལ་བས་ནད་འབྲུགས་མུ་གེ་འབྱུང་། །ཁང་ལྷ་མནོལ་བས་ཟག་ཅིང་ཅག་སྒྲ་འབྱུང་། །སྒྲ་ལྷ་མནོལ་བས་རྟུལ་ཞིང་ཕོག་འགྱུར་མང་། །ནོར་ལྷ་མནོལ་བས་སྟོང་ཞིང་འཁོར་མི་རྒྱས། །ཕྱུགས་ལྷ་མནོལ་བས་སྲུ་འཆི་ལྟས་ངན་འབྱུང་། །ཞིང་ལྷ་མནོལ་བས་བཅུད་མེད་སྟོང་ཞིང་འགོང་། །གྲོགས་ལྷ་མནོལ་བས་ཟས་ཁར་འགོང་

པོ་འཇུག །……ཁ་རྗེས་མཇལ་བས་མི་རབས་ལྡན་མོ་ཤོར། །དབང་ཐང་མཇལ་བས་བརྗེད་ངས་དབང་པོ་ཉམས། །རླུང་རྟ་མཇལ་བས་སེམས་སྟོར་དོན་མི་འགྲུབ། །ལུས་ཀྱི་ལྷ་མཇལ་གཉིད་འཐིབ་དྲན་པ་ཉམས། །"[49]ཞེས་པ་སོགས་ལྷ་དེ་རྣམས་ཀུང་ཐམས་ཅད་ནུས་པའི་དོན་ཅན་ཞིག་མ་ཡིན་པར་དགའ་སྐྱོ་ཆགས་སྡང་གི་ང་ཚོ་མི་དང་འདྲ་བ་ཞིག་གསུངས་ཡོད་པ་ནི། གདོད་མའི་འདུ་ཤེས་ཤིག་ཡིན་པ་རྟོགས་ནུས་ཤིང་། གལ་ཏེ་ལྷ་དེ་རྣམས་མ་མཆོད་མ་བཀུར་ན་ལྡོག་པའི་ཕྱོགས་རྣམས་ཡར་འགྲེང་བ་དང་། ལྷ་དེ་རྣམས་མཆོད་ཅིང་རྟག་ཏུ་བསྙེན་བཀུར་བྱས་པ་ཡིན་ན་ལྡོག་པའི་ཕྱོགས་རྣམས་མར་མནོན་ཞིང་མིའི་དགེ་བ་ཡོན་ཏན་གྱི་ཆ་རྣམས་འཕེལ་བའི་གཡང་རྣམས་བསྡུ་བར་འགྱུར་བའི་འདུ་ཤེས་ཀྱི་ཀ་བས་ནམ་ཡང་ལྷུང་བ་མེད་པར་ཡར་བཏེགས་ནས་མཆིས་སོ། །

དེ་ལ་མཁས་དབང་ནམ་མཁའི་ནོར་བུ་མཆོག་གིས་ཀྱང་། "ཕྱི་ཡུལ་དུ་གནས་པ་སྟེང་གི་ལྷ། བར་གྱི་གཉན། འོག་གི་ཀླུ་རྣམས་ལ་མཇལ་གྲིབ་ཕོག་པའི་རྐྱེན་གྱིས་མི་ཕྱུགས་ལ་ནད་ཡམས་དང་གོད་ཁའི་རིགས་ཡོངས་གྲགས་སུ་གྱུར་པ་དེ་ཙམ་དུ་མ་ཟད། སྐྱེས་བུ་ཕོ་མོ་སུ་ཡང་རུང་བ་ལ་འགོ་ཞིང་འཚོས་པའི་འགོ་བའི་ལྷ་ལྔ་དང་། སྐྱབས་པའི་ལྷ་དགུ། ཕྱུ་གཡང་ཀླུང་རྟའི་ལྷ་ལ་སོགས་པ་དེ་དག་ལ་མཇལ་གྲིབ་ཕོག་ནའང་སྐྱེས་བུ་དེའི་དབང་ཐང་གུད་ཅིང་མི་དགེ་བའི་ཕྱོགས་ཀུན་ཁབ་ལེན་གྱི་རྫ་ལ་ལྷུགས་ཕྱི་འདུས་པ་ལྟར་ཚོགས་པར་འགྱུར་བས། དེ་དག་གི་མཇལ་གྲིབ་རྣམས་བསང་བའི་ཆེད་དུ་སྐྱེས་བུ་ལའང་བསང་དུད་ཀྱིས་བདུག་པ་དང་། ཚན་ཁྲུས་བྱེད་པ་སོགས་ཤིན་ཏུ་གལ་ཆེ་བར་བརྩི"[50]ཞེས་བརྗོད་པ་བཞིན་ནོ། །

བཞི་པ། རླུང་རྟ་འཕྱུར་བ་ནི་སྐྱེས་བུའི་ཚེ་བསོད་ལོངས་སྤྱོད་སྤེལ་བའི་གཡང་འགུགས་ཀྱི་བྱེད་ཐབས་གལ་ཆེན་ཞིག་ཡིན།

གོང་དུ་བཤད་པའི་སྲོལ་ག་དེ་དག་ལས་གཞན་ད་དུང་རླུང་རྟ་འཕྱུར་བ་དང་དར་ལྕོག་འཛུགས་པ། ཚན་ཁྲུས་སོགས་བྱས་ཏེ་མི་གཡང་ཚེ་གཡང་འགུགས་སྲོལ་ཤིན་ཏུ་མང་བས། འདིར་མིའི་རླུང་རྟ་དར་རྒྱུད་ཀྱི་སྟེང་ནས་རླུང་རྟ་འཕྱུར་བའམ་རླུང་རྟ་བཙུགས་ཏེ་མི་ནོར་གཡང་གསུམ་འཕེལ་བར་བྱེད་པའི་ཕན་ནུས་ཅུང་ཟད་བརྗོད་ན།

ཐོག་མར"རླུང་རྟ"དངོས་ལ་ཤོག་བུའི་རླུང་རྟ་དང་རས་ཀྱི་རླུང་རྟ་གཉིས་ཡོད་པ་དང་། རས་ཀྱི་རླུང་རྟ་དེ་ཕྱིར་བཏང་དར་ལྕོག་གི་རིགས་ཤིག་སྟེ། དར་རས་དཀར་པོ(ད་ལྟ་ཁ་དོག་གཞན་པ་ཡང་ཡོད)རིང་ཐུང་ལ་རང་གི་འདོད་མོས་ལྟར་སྟེང་དུ་རླུང་རྟའི་མདོ་དང་སྔགས་སམ་གྱེར་ཚིག་རྣམས་ཤིང་པར་གྱིས་པར་བཏབ་པའི་གསེབ་ཏུ་མཚམས་མཚམས་སུ་རླུང་རྟའི་རི་མོ་བཀོད་ཡོད་པ་དང་། དར་ལྡེ་རྣམས་ཀྱང་

ཚོས་སྣ་ལྡེས་བརྒྱན་པ་ཞིག་ཡིན་པ་དང་། དེ་ནི་ཉིན་བཟང་སྐར་བཟང་ལ་རིའི་རྩེ་མོ་སོགས་སུ་བསྟད་དེ་སྐྱེས་བུའི་དགྲ་ལྷ་དར་ཞིང་རླུང་རྟ་རྒྱས་པའི་བསམ་འདུན་མཚོན་པའམ། དེའི་དོན་བྱེད་ཅིག་ཡིན་པར་བཤད། ཤོག་བུའི་རླུང་རྟ་དེ་ནི་ཤོག་བུ་དཀར་པོའི(ད་ལྟ་དམར་སེར་སྔོ་སྐྱ་སོགས་ཀྱང་ཡོད)སྟེང་དུ་མདོ་ཚིག་ཅི་ཡང་མེད་པར་རླུང་རྟའི་རི་མོ་གཅིག་པུ་པར་དུ་བརྒྱབ་ཡོད་པའི་ཤོག་བུ་གྲུ་བཞི་རླུང་རྟའི་རི་མོའི་པར་གྱི་ཆེ་ཆུང་ལས་མེད་པ་ཞིག་རེད། དེ་ནི་རྒྱུན་པར་ཡུལ་ལྷ་གསོལ་མཆོད་དང་། ལ་བཙས་སམ་མདའ་བསྟོད་པའི་དུས། བསང་ཆེ་མ་ཆུང་གསུམ་འཇོག་པའི་སྐབས་སུ་ཀི་ཀི་སྭོ་སྭོ་ལྷ་རྒྱལ་ལོ་ཞེས་ཀི་སྒྲ་སྒྲོག་བཞིན་གནམ་དུ་གཏོར་བ་དང་། མང་ཆེ་བ་རི་མགོ་མཐོན་པོའི་ཁ་ནས་རི་བསང་འཇོག་པའི་དུས་སུ་རླུང་བསེར་ཡར་ལ་གཡུགས་པའི་ཕྱོགས་དང་བསྟུན་ནས་གནམ་དུ་གཏོར་བ་ཞིག་ཡིན་པ་ལས། གྲོང་ཁྱིམ་ནས་རྒྱུན་ལྡན་བསང་ཆུང་འཇོག་པའི་དུས་སུ་རླུང་རྟ་སྤུར་སྲོལ་ཤིན་ཏུ་ཉུང་། དེའི་རྒྱུ་མཚན་ཡང་ཤོག་བུའི་རླུང་རྟ་དེ་རི་མགོ་མཐོན་པོའི་རྩེ་ནས་སྤུར་ན་རི་མགོ་ནས་རླུང་བསེར་རྒྱུགས་ཤུགས་ཆེ་བས་དེ་དག་བར་སྣང་དུ་འཕྱིར་འགྲོ་བ་དང་། རླུང་རྟ་ཇི་ལྟར་བར་སྣང་དུ་འཕུར་ན་དེ་ལྟར་དུ་རང་ཉིད་ཀྱི་ཁ་ལས་རླུང་རྟ་རྒྱས་པ་མཚོན་པ་རེད། དཔེར་ན། མཚོ་སྔོན་ཇ་ཕྱིས་ཀྱི་ཕྱོགས་སུ་གནམ་ལོ་གསར་ཚེས་ལ་ལོ་ཆུང་རྣམས་ཐན་པ་ཚོར་གུས་ཕྱག་འཚལ་བར་འགྲོ་བའི་སྲོལ་ཡོད་པ་དང་། དེའི་དུས་ཐན་པ་ཚོས་ཕྱག་འབུལ་མཁན་ལ"དགྲ་ལྷ་རྟ་ཐོག་གི་འཕོར་བ། རླུང་རྟ་བར་སྣང་ནས་རྒྱས་པ"ཞེས་ཁ་གཡང་སྣ་ཚོགས་འབོད་དགོས་ཤིང་། ལོ་གསར་པའི་ནང་མི་དེའི་བྱ་བ་ཐམས་ཅད་ལམ་འགྲོ་ཡོང་བའི་བཀྲ་ཤིས་སྨོན་འདུན་ཞུ་བ་ཡིན་པས། དེས་ཀྱང་རླུང་རྟ་བར་སྣང་དུ་འཕུར་དགོས་པའི་ངོ་བོ་དེ་བརྗོད་ཡོད་པར་འདོད།

རླུང་རྟའི་རི་མོ་དེ་ཡང་རླུང་རྟའི་པར་གྱི་མདུན་ངོས་གཡས་ཞོལ་ནས་བཟུང་སྟེ་གྲུ་ག་རེར་སྟག་སེང་ཁྱུང་འབྲུག་གི་རི་མོ་དང་། དཀྱིལ་དུ་རྟ་མཆོག་དཀར་པོས་ནོར་བུ་མེ་འབར་འཁུར་བ་མགོ་བོ་གཡོན་དུ་གཏད་པ་ཞིག་བཅས་ལྡར་བྲིས་ཡོད་པ་དང་། ཡང་ཞིབ་མོར་གཟིགས་ན་སྟག་སེང་གཉིས་སར་ལྡིང་བའི་ཚུལ་དང་ཁྱུང་འབྲུག་གཉིས་གནམ་དུ་འཕུར་བའི་ངང་ཚུལ་ཅན་ཏེ་སྤྲིན་གྱི་རྟར་བསྐྱོན་པ་ཞིག་བཞེངས་ཡོད་པའི་ཐོག་ནས་ཐ་མ་གཉིས་ནི་ནགས་དང་གངས་ལ་གནས་པའི་མི་ཡུལ་གྱི་གཅན་གཟན་གཏུམ་པོ་དངོས་སུ་མཐོང་རྒྱུ་ཡོད་པ་ཞིག་དང་། ཕྱི་མ་གཉིས་ནི་དངོས་སུ་མཐོང་རྒྱུ་མེད་པའི་སྙིག་གྱུར་དུ་ལུས་པའི་སེམས་ཅན་གཉིས་ལ་དཔེ་བྱས་ཡོད་པ་རེད། དཀྱིལ་གྱི་རྟ་མཆོག་ནི་གནམ་ས་གཉིས་ཀྱི་བར་ན་རྒྱུགས་པའི་བང་རྩལ་མངོན་པར་བྱས་ཏེ། གཞན་བཞི་དེའི་འཕོར་ལྟ་བུར་གྱུར་པ་ཞིག་བྲིས་ཡོད་པའི་དབང་གིས་རི་མོ་དེའི་དཀྱིལ་འཁོར་ཆ་ཚང་གི་མིང་དུའང་རླུང་རྟ་ཞེས་འབོད་སྲོལ་བྱུང་བར་འདོད།

འདིར་རི་མོ་དེ་དག་གི་མཚོན་དོན་གང་ཡིན་ཞེ་ན། སེང་གེ་ནི་གངས་ས་རི་བོའི་གཞི་འཛིན་ཏེ་སའི་མཚོན་དོན་དང་། འབྲུག་ནི་མཚོ་ལས་བྱུང་ཞིང་ཆར་ཆུ་འབེབས་པར་བྱེད་པས་ཆུའི་མཚོན་དོན

དང་། ཁྱུང་བར་སྣང་དུ་གནས་ཤིང་རྣ་ལས་མེ་འབར་བས་མེའི་མཚོན་དོན། སྟག་ནགས་ཚལ་སོགས་སུ་གནས་པས་ཤིང་དང་རླུང་གི་མཚོན་དོན། དེ་ལས་ཀྱང་རླུང་ནི་གནམ་ས་བར་སྣང་ཀུན་ལ་ཁྱབ་ཅིང་ཡོངས་སུ་རྒྱུ་བས་ན་ནམ་མཁའི་མཚོན་དོན་བཅས་ས་ཆུ་མེ་རླུང་ནམ་མཁའ་འབྱུང་བ་ལྔའི་ཁམས་མཚོན་ཡོད་པ་ཡིན་ཞེས་མཁས་པ་མང་པོས་གསུངས། ཡང་ལ་ལས་སྡེར་བཞིའི་གཟུགས་སུ་བཀོད་པ་ནི་མི་འཇིགས་པ་སྡེ་རྣམ་པར་རྒྱལ་བའི་མཚོན་དོན་དུ་བཤད་པ་དང་། ལ་ལས"རླུང་རྟ"ནི"གླུང་རྟ"ལས་འགྱུར་དང་། "རླུང་རྟ"ཞེས་པ་ནི་རླུང་གི་བཞོན་པ་ལྟ་བུར་བསྒྱུར་ནས་གནམ་ལ་འཕྱུར་བའི་བྱེད་ལས་ཀྱི་ཆ་ནས་བཏགས་པར་མ་ཟད། "རླུང"དང"རྟ"གཉིས་ལ"མགྱོགས་ངར་གྲོད"ཀྱི་ནུས་པ་གཞི་མཐུན་ཞིག་ཀྱང་ལྡན་པས། དེས"ཉེས་པ་ནས་ལེགས་པར་བགྲོད་པ་སོགས་སྐྱེས་བུའི་རེ་འདོད་ཡོངས་སུ་བསྐང་བ་ཡིད་བཞིན་གྱི་ནོར་བུ་རིན་ཆེན་དང་འདྲ་བས་རྟ་མཆོག་ནོར་བུའི་རྒྱན་ལྡན་དུ་བཀོད་སྲོལ་བྱུང་བ"[51]ཡིན་པར་འདོད། "གླུང"ཞེས་པ་ནི་ཡོངས་སུ་ཁྱབ་པའམ་ཀུན་གྱི་བདག་ཉིད་ཅན་ཏེ། ནགས་གླུང་ཞེས་ནགས་ཚལ་སྟུག་པོས་ཡོངས་སུ་ཁྱབ་པ་དང་། ཆུ་གླུང་ནི་ཆུ་བོའི་རྒྱུན་མི་ཆད་པར་དུས་རྟག་ཏུ་འབབ་པའམ་ཡོངས་སུ་བཟུང་བ། ནམ་མཁའི་གླུང་ནི་ནམ་མཁས་མ་ཁྱབ་པ་མེད་པ་སོགས་མཚོན་པའི་དོན་ཡིན་པར་བཤད།

དེས་ན་གཡང་དང་རླུང་རྟ་གཉིས་ལའང་འབྲེལ་བ་ཡོད་དེ། རླུང་རྟ་དར་བས་ཐད་ཀར་སྐྱེས་བུའི་ཚེ་བསོད་དཔལ་འབྱོར་དབང་ཐང་དར་ཞིང་གཡང་གི་རྒྱུ་རྣམས་འཕེལ་བར་བྱེད་པ་དང་། རླུང་རྟ་རྒུད་པས་དེ་ལས་ལྡོག་ཏུ་འགྲིབ་པར་འགྱུར་བས། བོད་པ་ཚོས་རླུང་རྟའི་དར་རྒུད་ལ་དུས་དང་རྣམ་པ་ཀུན་ཏུ་ཐུགས་གཟབ་གནང་བར་མ་ཟད། རླུང་རྟའི་ཀ་འཛུགས་དང་རླུང་རྟའི་གསོལ་ཁ་སོགས་བསྒྲུབས་ནས་རླུང་རྟའི་ལྷ་རྣམས་མཆོད་པ་དང་རླུང་རྟ་གསོལ་བའི་ཐབས་སྣ་ཚོགས་བྱེད་པ་ཡིན།

གོང་དུ་བརྗོད་པའི་རླུང་རྟའི་ལྷ་ཚོགས་ནི་གང་ཞེ་ན། 《རླུང་རྟའི་ཀ་འཛུགས་བཀྲ་ཤིས་རྒྱལ་མཚན་གྱི་ལྡན་ཐབས》ལས། "ལོ་ཟླ་ཞག་དུས་དབང་བའི་ལྷ་རྣམས་དང་། །སྤར་ཁ་བརྒྱད་དང་སྨེ་བ་རྣམ་པ་དགུ །ལོ་སྐོར་བཅུ་གཉིས་སོགས་ལ་དབད(དབང)བྱེད་པ། །ས་བདག་རྒྱལ་བློན་འཁོར་བཅས་གཤེགས་སུ་གསོལ། །ཁྱད་པར་རླུང་རྟ་བསྐྱེད་ལ་དབང་བའི་ལྷ། །ས་བདག་ཤིང་ཕོ་སྟག་དང་མེ་མོ་སྦྲུལ། །ལྕགས་ཕོ་སྤྲེལ་དང་ཆུ་མོ་ཕག་ལ་སོགས། །ཡིད་ཚང(ཡོད་ཚད)རླུང་རྟ་བསྐྱེད་ཕྱིར་གཤེགས་སུ་གསོལ། །སྲིད་པའི་དགྲ་ལྷ་བཅུ་གསུམ་ལྷ་དགུ་དང་། །འགོ་བའི་ལྷ་ལྔ་ཟས་ནོར་སྟེར་བའི་ལྷ། །ལྷ་གཉན་ཆེན་པོ་རྨ་རྒྱལ་སྤོམ་ར་སོགས། །ཐམས་ཅད་སྤྱན་དྲངས་མཆོད་པའི་གནས་འདིར་གཤེགས། །ཡུལ་ཕྱོགས་འདི་ལ་གནས་པའི་གཞི་བདག་དང་། །སློབ་དཔོན་བརྒྱུད་དང་མི་རབས་བརྒྱུད་པ་ལ། །འགོ་བའི་ལྷ་དང་བསྲུང་མ་མ་ལུས་པ། །དེ་རིང་མཆོད་པའི་གནས་འདིར་གཤེགས་སུ་གསོལ། །"[52]ཞེས་པར་གཞིགས་ན་རླུང་རྟའི་ལྷ་ཚོགས་ཀྱང་ལོ་ཟླ་ཞག་དུས་ལ་དབང་བའི་ལྷ་རྣམས་དང་། སྤར་ཁ་བརྒྱད་དང་སྨེ་བ་དགུ། ལོ་སྐོར་

བཅུ་གཉིས་ལ་དབང་བའི་ལྷ། ས་བདག་ཤིང་ཕོ་སྟག་དང་མེ་མོ་སྦྲུལ། ལྕགས་ཕོ་སྤྲེལ་དང་ཆུ་མོ་ཕག་སོགས་ལ་དབང་བའི་ལྷ། ད་དུང་རྨ་ཆེན་སྤོམ་ར་སོགས་སྲིད་པའི་ལྷ་དགུ། དགྲ་ལྷ(རྫེའི་མགུར་ལྷ)བཅུ་གསུམ། འགོ་བའི་ལྷ་ལྔ། ཡུལ་ལྷ་གཞི་བདག་བསྲུང་མ་རྣམས་དང་། གཞན་ཡང་རིགས་རྒྱུད་སྐྱེལ་བའི་ལྷ་དང་མི་འཛད་ནོར་སྟེར་བའི་ལྷ། དབང་པོ་ལྔ་ལ་གནས་པའི་ལྷ། དགྲ་ལྷ་གོ་མཚོན་གྱི་ལྷ། ཞོན་པ་རྟའི་ལྷ། ཁང་ལྷ། ཁྱིམ་ལྷ། ཐབ་ལྷ། རྩེ་ལྷ། ཞིང་ལྷ། ཕྱུགས་ལྷ། སྒོ་དང་ལམ་གྱི་ལྷ། ཕ་མེས་མི་རབས་བརྒྱུད་ཀྱི་ལྷ་སོགས་མང་བར་འདོད། ཁྱད་པར་ལོ་རྒྱན་དྲུག་ཅུའམ་ལོ་སྐོར་བཅུ་གཉིས་ལ་དབང་བའི་ལྷ་རྣམས་ཏེ། ཕྱོགས་བསྡུས་ན་སྲོག་ལུས་དབང་རླུང་བཞི་རུ་དབྱེ་བ་ལ། དེའི་རླུང་རྟ་བརྩི་ཚུལ་ནི་རྩིས་དཔེ་ལས“སྟག་རྟ་ཁྱི་གསུམ་རླུང་སྤྲེལ་ལྕགས། །བྱི་འབྲུག་སྤྲེལ་གསུམ་རླུང་སྟག་ཤིང་། །བྱ་གླང་སྦྲུལ་གསུམ་རླུང་ཕག་ཆུ། །ཕག་ལུག་ཡོས་གསུམ་རླུང་སྦྲུལ་མེ། །”[53]ཞེས་པ་རྣམས་རྩིས་གཞུང་དག་ལ་མཇལ་བས་ཤེས།

དེ་བཞིན་དུ་རླུང་རྟའི་ལྷ་ཚོགས་གང་དག་ཡིན་པ་དང་དེ་དག་ལ་གསོལ་མཆོད་ཇི་ལྟར་བྱ་བ་དང་འཕྲིན་ལས་གང་སྒྲུབ་པའི་ཚུལ་རྣམས《རླུང་རྟའི་གསོལ་ཁ་དགེ་ལེགས་ཀུན་སྩོལ》དུ་བཀོད་པ་མཁས་དབང་ནམ་མཁའི་ནོར་བུའི《སྲུང་ལྡེའུ་བོན་གསུམ་གྱི་གཏམ》དུ་བྲིས་ཡོད་པས་འདིར་བསྐྱར་བཤུས་མ་བྱས་སོ། །

རླུང་རྟ་འདི་ཡང་མཐར་གཏུགས་ན་འབྱུང་བ་བཞིའམ་ལྔར་ཐུག་པས། སྣོད་བཅུད་འཇིག་རྟེན་གྱི་ཁམས་འདི་ཤིང་མེ་ས་ལྕགས་ཆུ་ལྔས་གྲུབ་པ་དང་། ལུས་ཀྱི་ཁམས་འདི་ཡང་འབྱུང་བ་ལྔས་གྲུབ་པར་བཤད། 《དག་པ་གསེར་གྱི་མདོ་ཐིག》ལས། “ཐམས་ཅད་དབང་སྡུད་འབྱུང་བའི་ལྷ། །འབྱུང་བའི་ངང་དུ་མ་འདུས་གང་ཡང་མེད། །”[54]ཅེས་པ་དང་། གསོ་རིག་རྒྱུད་བཞི་ལས། “འགྲོ་བའི་ལུས་འདི་འབྱུང་བ་བཞི་ལས་གྲུབ། །གསོ་བྱའི་ནད་ཀྱང་འབྱུང་བ་བཞི་ཡིས་བསྐྱེད། །གཉེན་པོའི་སྨན་ཡང་འབྱུང་བཞིའི་ངོ་བོ་ཉིད། །ལུས་ནད་གཉེན་པོ་བདག་ཉིད་གཅིག་པར་འབྲེལ། །”[55]ཞེས་པ་ལྟ་བུའོ། །

ཡང“འབྱུང་བའི་རྒྱུ་ལས་རྒྱུ་བསྟན་པ། །རྒྱུ་མེད་པས་ན་མཚན་མ་མེད། །རང་བཞིན་དག་གི་དངོས་པོ་རྣམས། །དེ་ལ་དེ་བཞིན་ངང་གིས་འབྲེལ། །”[56]ཞེས་པ་སོགས་འབྱུང་བ་ལྔ་ལས་གྱུར་པའི་གདོན་བགེགས་བར་ཆད་གྲངས་མེད་པ་རྣམས་བཟློག་ཅིང་བཅའ་ཐབས་ནི། ལུས་གསོ་སྨན་གྱི་དཔྱད་པ་ལས་གཞན་འབྱུང་བའི་གདོན་རྣམས་གནོན་པར་བྱེད་པའི“ཡི་དམ་འབྱུང་བའི་ལྷ་ལྔ”[57]པོ་ཡང་རང་བཞིན་གྱིས་འབྱུང་བ་ནི་གཉིས་འཛིན་བློ་ཡི་ཁྱད་ཆོས་ཏེ། ས་ལ་སའི་ལྷ། མེ་ལ་མེའི་ལྷ། ཆུ་ལ་ཆུའི་ལྷ། ཤིང་ངམ་རླུང་ལ་ཤིང་གི་ལྷའམ་རླུང་གི་ལྷ་དང་། ནམ་མཁའི་ལྷ་བཅས་ཡོད་པ་དང་། དེ་རྣམས་མཆོད་ཅིང“འབྱུང་བཞིའི་གཏོར་མ”སྒྲུབ་ཚུལ་ཡོད་ལ། “འབྱུང་བཞིའི་གཡང”རྣམས་སྡུད་པའི་ཆོ་ག་ཡང་བོད་དམངས་ཁྲོད་དུ་བྱེད་སྲོལ་ཡོད་པ་རེད། དེ་ལ་རྩིས་གཞུང་དུ་ཤིང་མེ་ས་ལྕགས་ཆུ་ཞེས་འབྱུང་བ་དང་། གོང་དུ་

བཤད་པའི་ས་ཆུ་མེ་རླུང་བཞི་པོའང་མིང་ཐ་དད་ལས་དོན་གཅིག་ཏུ་འབབ་པས། 《ལི་ཁྲོའི་ཤེས་བྱ་རབ་གསལ》ལས། "གཙུག་ལག་རྩིས་ཀྱི་རིག་པས་གཏན་ལ་ཕབ་ཚེ། ཤིང་མེ་ས་ལྕགས་ཆུ་ལྔ་ཞེས་འབྱུང་བ་ལྔ་རུ་བརྩི་བཞིན་ཡོད་རུང་དོན་དུ་འབྱུང་བ་ཆེན་པོ་བཞི་ལས་མི་འདའ་སྟེ། ལྕགས་ནི་སའི་ཁམས་ལས་བྱུང་ཞིང་ས་འོག་ནས་ཐོན་པའི་གཏེར་རྫས་ཤིག་ཡིན་སྟབས་དོན་དུ་སའི་ཁོངས་སུ་གཏོགས། ཤིང་ནི་རླུང་དང་དོན་གཅིག"[58]ཏུ་བརྩིས་ཡོད་པ་རེད། འོ་ན་འབྱུང་བ་བརྩི་ཚུལ་ཡང་རྩིས་དཔེ་ལས། "ཤིང་གཅིག་མེ་གཉིས་ས་ནི་གསུམ། །ལྕགས་བཞི་ཆུ་ལྔ་འབྱུང་བའི་གྲངས། །མཐེ་ཆེན་ཤིང་ལ་མཛུབ་མོ་མེ། །གུང་མོ་ས་ལ་སྲིན་ལག་ལྕགས། །མཐེའུ་ཆུང་ཆུ་རུ་ཤེས་པར་བྱ། །"[59]ཞེས་འབྱུང་བ་ལྔ་པོ་མཛུབ་མོར་བཀོད་ཚུལ་དང་། དེ་ནས་མ་བུ་དགྲ་གྲོགས་འདེད་ཚུལ་ནི། "ཡར་འདེད་མ་ལ་མར་འདེད་བུ། །ཕྱི་མོ་དགྲ་ལ་ཚ་བོ་གྲོགས། །"[60]ཡིན་པ་སོགས་ཀྱང་སྐབས་བསྟུན་གྱིས་ཤེས་པར་བྱའོ། །

ལྔ་པ། ཞར་བྱུང་གཡང་འབོད་ཀྱི་སྐོར་ཏོག་ཙམ་ཞུ་བ།

གཡང་འབོད་དང་གཡང་འགུགས་སམ། བོན་གྱི་ཡིག་ཆ་ལས་འབྱུང་བའི་གཡང་བླན་ནམ་གཡང་ལྷོན་ཞེས་པ་རྣམས་དོན་གཅིག་མཚུངས་སུ་སྣང་། ཡང་གཡང་ཞེས་པ་ནི་འགྲོ་བ་མིའི་ཐད་ནས་བཤད་ན་དངོས་པོའི་ནང་གི་མི་ངོམ་པའི་ནུས་པའི་ཆའམ་དེ་འགྲུབ་པར་བྱེད་པའི་རྐྱེན་ཞིག་གམ་ཡང་ན་མི་ལ་ཕན་འདོགས་པའི་དགེ་བ་ཡོན་ཏན་གྱི་རྒྱུ་ཐམས་ཅད་ལ་འཇུག་པར་སེམས། འབོད་ཅེས་པ་ནི་ཐ་སྙད་དབང་དུ་བྱས་ན་འབོད་པའམ་བསྐུལ་བའི་སྒྲ་སྟེ། མི་གང་ལ་བྱ་བ་ཅི་ཞིག་བྱེད་དུ་འཇུག་པའི་དོན་ཅན་ནོ། །

གཡང་འབོད་ནི་སྲིད་ཚེ་གའི་ཁོངས་སུ་གཏོགས་པ་ལ་འདིར་དམངས་སྲོལ་གྱི་ཆ་ནས་བརྗོད་དགོས་པ་ནི་བོད་ཀྱི་གཉེན་སྲིག་དང་མང་ཚོགས་ཀྱི་རྒྱུན་ལྡན་འཚོ་བའི་ཁྲོད་ཁྲབ་གདལ་དུ་གྱུར་པའི་ཚོ་ག་ཞིག་གམ་གོམས་སྲོལ་ཁྱད་པར་བ་ཞིག་ཡིན་པའི་དབང་གིས་ཡིན་ཞིང་། དེ་ལ་ཡང་འདོན་ཆོག་ཤིན་ཏུ་མང་བས་འདིར་དཔེ་ཐོ་འགའ་བཀོད་ན། 《རྣམ་སྲས་གཡང་འགུགས》དང་། 《ནོར་ལྷ་གཡང་འབོད》《སྒྲོལ་མའི་གཡང་འབོད》《སྒྲོལ་མའི་རླུང་རྟ》《པདྨ་གཡང་འབུམ》《གསེར་འོད་གཡང་སྐྱབས》《གཡང་འབོད་ཕུན་ཚོགས་བཀྲ་ཤིས་འཁྱིལ་བ》《རྫ་རྒྱལ་སྒོམ་རའི་གཡང་འབོད》《སའི་སྙིང་པོའི་སྒོ་ནས་གཡང་འབོད་བྱེད་ཚུལ》《གེ་སར་གཡང་འབོད》《ནོར་ཕྱུགས་བསྲུང་ཞིང་སྤེལ་བའི་གཟུངས》《ལོ་མ་གྱོན་མའི་གཟུངས》《ནོར་རྒྱུན་མའི་གཟུངས》《ཧྲ་ནོར་ལུག་གསུམ་གྱི་གཟུངས》《འབྲུའི་དཀོར་མཛོད་དང་འབྲུ་དང་ལོངས་སྤྱོད་སྤེལ་བའི་གཟུངས》སོགས་དང་། 《རྣམ་ཤེས་གཡང་འགུགས》དང་། ད་དུང《ནོར་ལྷ་མཆེད་བརྒྱད་ཀྱི་གཡང་འབོད》《དཀར་པོ་གཡང་བཅུད》ལྟ་བུ་སོགས་ཡོད་པར་བཤད་པ་རྣམས་

མདོར་བསྡུས་སུ་བསྟན་པ་ཡིན་ཞིང་། གལ་ཏེ་གཡང་འབོད་ཚོ་གའི་སྐོར་ཞིབ་ཏུ་ཤེས་པར་འདོད་ན་སྤྱི་ལོ༢༠༡༠ལོའི《བོད་ལྗོངས་ཞིབ་འཇུག》དེབ་དང་པོར་བདག་གི་དཔྱད་རྩོམ《བོད་ཀྱི་དམངས་ཁྲོད་ཆོས་ལུགས་ཚོ་ག་གཡང་འབོད་ཀྱི་བྱུང་བ་དང་དེའི་སྒྲུབ་ཚུལ་བརྒྱུད་རིམ་བཤད་པ》ཞེས་པར་གཟིགས་རོགས་མཛོད། །

མཆན།

[1]钟敬文主编：《民俗学概论》上海：上海文艺出版社，2003年，第1、2页。

[2]སྤྱི་ལོ༢༠༠༥ལོའི《བོད་ལྗོངས་ཞིབ་འཇུག》དེབ་དང་པོར་བཀོད་པའི་སྐད་རྒྱལ་མཚན་ཚེ་རིང་གི《དམངས་དང་སྲོལ་ཞེས་པའི་སྒྲ་དོན་ལ་མདོ་ཙམ་དཔྱད་པ》ན་གསལ།

[3]སྤྱི་ལོ༡༩༩༢ལོའི《ཀྲུང་གོའི་བོད་ཀྱི་ཤེས་རིག》དེབ་གསུམ་པར་བཀོད་པའི་རིན་ཆེན་སྒྲོལ་མའི《རིབ་གོང་རྒྱལ་པོས་ཁྱུལ་གྱི་གཉེན་སྲོལ་སྐོར་གླེང་བ》ན་གསལ།

[4]ཀྲུང་གོའི་བོད་ཀྱི་ཤེས་རིག་དཔེ་སྐྲུན་ཁང་གིས་སྤྱི་ལོ༡༩༩༦ལོར་པར་དུ་བསྐྲུན་པའི《ནམ་མཁའི་ནོར་བུའི་གསུང་རྩོམ་ཕྱོགས་བསྒྲིགས》ཀྱི་ཤོག་གྲངས༡༩༧དུ་གསལ། དེ་ཡང་བག་མའི་རྟ་ཁ་ཞང་པོའམ་ཡང་ན་མིང་པོས་འཁྲིད་སྲོལ་འདི་འགྲོག་ཕྱོགས་ཚང་མ་ཕལ་ཆེར་མཐུན་པ་ཞིག་འདུག་སྙམ། སྤྱི་ལོ༢༠༠༨ལོའི་ཟླ༣པར་ང་ཚོ་མགོ་ལོག་ཁུལ་རྨ་སྟོད་རྫོང་མཚོ་སྐྱ་རེངས་ཤར་གི་ཆུ་མགོ་སྤར་དམངས་གྲོང་གསར(扎陵湖河源移民新村)དུ་འདྲི་སྐྱོད་བྱེད་དུས། ཨ་ཡེ་ནོར་འཚོས(ལོ༧༩)འདི་ལྟར་བཤད་སོང་། རྨ་སྟོད་ནས"མནའ་མ་ཕར་སྐྱེལ་དུས་སྐྱ་མི་ལྔ་ནས་དྲུག་གིས་བསྐྱལ་བ་རེད། དེ་ཡང་འགྲོག་པས་མི་ཤི་རྗེས་རོ་འཕུར་དུས་མི་ལྔ་དང་དྲུག་ཡོད་པ་རེད། རྒྱུ་མཚན་ནི་མི་ལྔ་ཡིས་བསྐྱལ་སོང་ན་རོ་དེ་དང་དྲུག་ཡོད་པ་རེད། བུ་མོ་སྐྱེལ་དུས་ཀྱང་དེ་འདྲ་ཡིན་པ་རེད། ཆ་དང་ཆ་བྱས་ནས་བསྐྱལ་རྒྱུ་ལས་ཡ་ཡ་བྱས་ནས་བསྐྱལ་སྲོལ་ཡོད་པ་མ་རེད། མི་ལྔ་ཡིས་བསྐྱལ་ན་རྟ་ཐོག་གི་བུ་མོ་དང་དྲུག་ཡིན་པ་མ་རེད་དམ། བུ་མོ་ཐོན་ཚར་ན་དེའི་ཕྱི་ཉིན་མི་ལྔ་པོ་ཕྱིར་ཡོང་དུས་རྟ་ཐོག་ལ་ལུག་ཤ་བུབས་གཅིག་བཞག་ནས་ཡོང་། དེས་བུ་མོ་དེའི་ཚབ་བྱས་པ་རེད་སོད། ད་དུང་ལུག་ཤ་བུབས་གཉིས་རེ། ཐུད་ལྔ་ནས་དྲུག་ཡོད་པ་རེད། གོས་ཆེན་གོང་མ་དང་གཉིས། དར་ཁ་རེ་སྟེར་བ་རེད། ད་དུང་ཕ། མནའ་མ་ཡིན་ནའང་གཅིག་འདྲ་རེད། དེ་ནས་ཉི་མ་གསུམ་འདུག་ནི་རེད། ཟོག་ལུག་ཅི་འདྲ་ཡོད་ན་ཉིན་བདུན་གྱི་རྗེས་ནས་ཉི་ཤུ་སུམ་ཅུ། ལྔ་བཅུ་དྲུག་ཅུ་འདྲ་འདྲ་ཐོབ་ཚད་ཅིག་སྐྱེལ་ཡོང་བ་ཡིན། སྐྱེལ་དུས་མིང་པོ་ཡོད་ན་མིང་པོས་རྟ་ཁ་འཁྲིད་ནས་མི་ལྔ་དྲུག་ཙམ་སོང་ན་ད་དེ་ཚང་གིས་སྣེ་ལེན་བྱེད། བག་མ་ལ་མིང་པོས་རྟ་ཁ་འཁྲིད་དགོས། དེའི་སང་ཉིན་ཕྱིར་སྐལ་ལུག་༡༠༠རེ་སྟེར་བ་ཡང་ཡོད་པ་རེད"ཅེས་པ་བཞིན་ནོ། །

[5][7][15][16][50][51]ཀྲུང་གོའི་བོད་ཀྱི་ཤེས་རིག་དཔེ་སྐྲུན་ཁང་གིས་སྤྱི་ལོ༡༩༩༦ལོར་པར་དུ་བསྐྲུན་པའི《ནམ་མཁའི་ནོར་བུའི་གསུང་རྩོམ་ཕྱོགས་བསྒྲིགས》ཀྱི་ཤོག་གྲངས༡༩༩-༢༠༠、༡༩༣、༢༧༣-༢༧༩、༢༧༩、༣༥༣、༣༢༠པ་བཅས་

སྣ་གསལ།

[6] ནམ་མཁའི་ནོར་བུའི《བྱང་འབྲོག་གི་ལམ་ཡིག》ཏུ་བག་མ་བསུ་བའི་གཉེན་སྒྲིག་གི་གོ་རིམ་དགུ་ཙམ་བྲིས་ཡོད་པ་དང་། ཡང་མཁར་རྨེའུ་བསམ་གཏན་ལགས་ཀྱི《བོན་གྱི་ལོ་རྒྱུས་དང་ཚོ་གའི་སྐོར་མདོར་ཙམ་བརྗོད་པ》(概述苯教的历史及教义)ཞེས་པར་མགོན་ཚུལ(贡楚)གྱིས་བྲིས་པའི《སྦོ་ལུང་མདོ་ཁམས་པའི་ཆུང་མ་ཁམས་སྡེ་དགེ་རུ་བསུ་བའི་སྐབས་ཀྱི་མདའ་འཛུགས་ཀྱི་གཏམ་རྒྱུད》(迎娶博轮多康哇之夫人至康区德格时的插箭故事)སོགས་ལས་དྲངས་པ་ལྟར་ན། བོན་གྱི་གཉེན་སྒྲིག་གི་ཚོ་གར་རིམ་པ་བརྒྱད་དང་མཐའ་མ་དེ་གསོལ་འདེབས་དང་བདུན་པ་ནི་གཡང་འབོད་དམ་གཡང་འགུགས་ཀྱི་གོ་རིམ་དུ་བྲིས་ཡོད་པ་རེད།(向红笳译《喜马拉雅的人与神》西宁：青海人民出版社，2004年，第202页。)

[8][9][10][11][12][13][14]སོ་སྤྲང་ཐར་རྒྱ་མཚོས་བརྩམས་ཤིང་མཚོ་སྔོན་མི་རིགས་དཔེ་སྐྲུན་ཁང་གིས་སྤྱི་ལོ༡༩༩༥ལོར་པར་དུ་བསྐྲུན་པའི《གྲོ་ཚང་ས་ཆའི་བག་སྟོན་གྱི་ཚིག་མེ་ཏོག་ཚོམ་བུ》ཞེས་བྱ་བའི་ཤོག་ངོས༡༨、༤༨、༤༧、༥༠、༥༡、༥༨、༨༨–༨༧པ་བཅས་སུ་གསལ།

[17][18][21][23][26][29]དོན་གྲུབ་ལྷ་རྒྱལ་གྱིས་བསྒྱུར་ཅིང་ཀྲུང་གོའི་བོད་རིག་པ་དཔེ་སྐྲུན་ཁང་གིས་སྤྱི་ལོ༢༠༠༥ལོར་པར་དུ་བསྐྲུན་པའི《ཕྱི་གླིང་པས་བོད་ལ་ཞིབ་འཇུག་བྱས་པའི་དཔྱད་རྩོམ་བདམས་བསྒྱུར》ཞེས་པའི་ཤོག་ངོས༣༦༠、༣༦༨–༣༦༧、༣༦༥、༣༩༥、༣༩༢、༣༣༢པ་བཅས་སུ་གསལ།

[19][20][32]མཁས་པ་ལྡེའུས་མཛད་ཅིང་བོད་ལྗོངས་མི་དམངས་དཔེ་སྐྲུན་ཁང་གིས་སྤྱི་ལོ༡༩༨༧ལོར་པར་དུ་བསྐྲུན་པའི《ལྡེའུ་ཆོས་འབྱུང་རྒྱས་པ》ཡི་ཤོག་ངོས༢༣༡、༢༥༦、༢༣༢པ་བཅས་སུ་གསལ།

[22]སྨྲ་གསལ་སྣང་གིས་བརྩམས་ཤིང་སི་ཁྲོན་མི་རིགས་དཔེ་སྐྲུན་ཁང་གིས་སྤྱི་ལོ༡༩༩༠ལོར་པར་དུ་བསྐྲུན་པའི《སྨྲ་བཞིན་ཞབས་བཏགས་མ་བཞུགས་སོ》ཞེས་བྱ་བའི་ཤོག་ངོས༡༢༥པར་གསལ།

[24]འབལ་གཞུང་ཁྱུང་ཐར་རྒྱལ་གྱིས་བརྩམས་ཤིང་ཀན་སུའུ་མི་རིགས་དཔེ་སྐྲུན་ཁང་གིས་སྤྱི་ལོ༢༠༠༠ལོར་པར་དུ་བསྐྲུན་པའི《བོད་ཀྱི་ལྷ་སྲུང་སྐོར་གླེང་བ》ཞེས་བྱ་བའི་ཤོག་ངོས༧༡–༧༢བར་གསལ།

[25][28][30][31]ས་གོང་དབང་འདུས་ཀྱིས་བརྩམས་ཤིང་མི་རིགས་དཔེ་སྐྲུན་ཁང་གིས་སྤྱི་ལོ༢༠༠༣ལོར་པར་དུ་བསྐྲུན་པའི《བོད་མིའི་ཡུལ་སྲོལ་གོམས་གཤིས(༡༠༠)》ཞེས་བྱ་བའི་ཤོག་ངོས༡༥–༡༧、༡༥、༡༦、༡༥པ་བཅས་སུ་གསལ།

[27]མཁར་རྨེའུ་བསམ་གཏན་རྒྱལ་མཚན་མཆོག་གིས། "ལྷ་གསོལ"ཞེས་པ་སྤྱིར་བཏང་ཡུལ་ལྷ་གསོལ་མཆོད་ཀྱི་ཚོ་ག་ལ་ཟེར་བ་དང་། "ཐ་སྙད་འདི་བོད་སྤྱོད་གཏོང་སྐབས་བྱ་ཚིག་བྱེད་པ་དང་ཡང་ན་གཏོང་བ་སོགས་དང་ལྷན་དུ་སྦྱོད་དགོས་པ་སྟེ་དཔེར་ན་ལྷ་གསོལ་གཏོང་བ་དང་ལྷ་གསོལ་བྱེད་པ་ལྟ་བུའོ། །དེ་ནི་ལྷ་ལ་གསོལ་མཆོད་བྱེད་པ་ཞེས་པའི་ཚིག་གི་བསྡུས་ཚིག་རེད། སྐབས་འདིའི་ལྷ་ནི་ཡུལ་ལྷ་ལ་གོ་རྒྱུ་ཡོད་པ་ཐེ་ཚོམ་མེད། ལྷ་གསོལ་ཞེས་པའི་ཐ་སྙད་འདི《བཀའ་ཆེམས་བཀའ་ཁོལ་མ》ཞེས་པའི་ཡིག་རྙིང་ནང་དུ་ཐོན་གྱི་ཡོད"པ་ལས་གཞན། ད་དུང་སློབ་དཔོན་མགར་རྒྱ་ཡུལ་ནས་འབྲོ་དགོས་པར་བསམ་སྟེ་ལྷ་སྲུང་བར་བཟུ་བཏབ་སྟེ་བོད་ཀྱི་ལྷ་རི་གྲུང་ཧོའི་དབུ་རྩེ་མཐའ་ཀྱི་ཡོད་པའི་ས་མཐོ་ས་ཞིག་ཏུ་ཕྱིན་

ཏེ་ལྷ་གསོལ་བྱེད་པའི་སྐྱུང་གཏམ་སོགས་ཀྱང་ཡོད་པར་ཁོང་གི《ས་ཁུལ་གཉིས་ཀྱི་ཡུལ་ལྷའི་གསོལ་མཆོད་ལ་དཔྱད་བསྡུར་བྱས་ནས་དེ་ཚོའི་འཛིག་རྟེན་ཆགས་རབས་ཀྱི་ལྟ་བར་བརྟག་པ》ཞེས་པའི་དཔྱད་རྩོམ་དུ་བྲིས་ཡོད།(དོན་གྲུབ་ལྷ་རྒྱལ་གྱིས་བསྒྱུར་ཅིང་ཀྲུང་གོའི་བོད་རིག་པ་དཔེ་སྐྲུན་ཁང་གིས་སྤྱི་ལོ༢༠༠༥ལོར་པར་དུ་བསྐྲུན་པའི《ཕྱི་གླིང་པས་བོད་ལ་ཞིབ་འཇུག་བྱས་པའི་དཔྱད་རྩོམ་བདམས་བསྒྱུར》ཅེས་པའི་ཤོག་ངོས༣༨༣–༣༨༨བར་གསལ།)

[33] [34] དྲང་རྗེ་བཙུན་པ་གསེར་མིག་གིས་བརྩམས་ཤིང་ཀྲུང་གོའི་བོད་རིག་པ་དཔེ་སྐྲུན་ཁང་གིས་སྤྱི་ལོ༡༩༩༡ལོར་པར་དུ་བསྐྲུན་པའི《མདོ་གཟེར་མིག》གི་ཤོག་ངོས༢༨དང་༨༣པར་གསལ།

[35] [36] [37] [38] [39] [40] [41] [42] [43] [44] [45] [46] [47] [48] [49] མཚོ་སྔོན་མི་རིགས་དཔེ་སྐྲུན་ཁང་གིས་སྤྱི་ལོ༢༠༠༥ལོར་པར་དུ་བསྐྲུན་པའི《བསང་མཆོད་བཀྲ་ཤིས་འཁྱིལ་བ》ཞེས་བྱ་བའི་ཤོག་ངོས༡、༡༢༥、༡༣༢、༡༨༢、༡༨༣、༡༡༠、༡༡༦、༡༥、༡༦、༧༦、༤༦、༢、༦、༤༣、༡༢༦–༡༢༧པ་བཅས་སུ་གསལ།

[52]《རླུང་རྟའི་ཀ་འཇོགས་བཀྲ་ཤིས་རྒྱལ་མཚན་གྱི་ལྷན་ཐབས》ཞེས་པ་ཤིང་པར་མའི་ཤོག་ངོས༩པར་གསལ།

[53] [55] [58] [59] [60] ཚེ་དབང་ལྷ་མོས་བརྩམས་ཤིང་སི་ཁྲོན་མི་རིགས་དཔེ་སྐྲུན་ཁང་གིས་སྤྱི་ལོ༡༩༩༧ལོར་པར་དུ་བསྐྲུན་པའི《ལི་ཐོའི་ཤེས་བྱ་རབ་གསལ》གྱི་ཤོག་ངོས༡༢༤、༡༠༨、༡༠༥、༡༢༢、༡༢༢པ་བཅས་སུ་གསལ།

[54] [56] [57] མཚོ་སྔོན་མི་རིགས་དཔེ་སྐྲུན་ཁང་གིས་སྤྱི་ལོ༢༠༠༦ལོར་པར་དུ་བསྐྲུན་པའི《བཀྲ་ཤིས་བརྩེགས་པ》ཞེས་བྱ་བའི་ཤོག་ངོས༣༠༩、༣༡༡、༣༩༩པ་བཅས་སུ་གསལ།

《མང་ཚོགས་སྒྱུ་རྩལ》༢༠༡༠ལོའི་དེབ་གསུམ་པ་ལས་བཏུས།

༄༅། །བོད་གདོང་མའི་ཀླུའི་དད་མོས་ཀྱི་བྱུང་འཕེལ་སྐོར་ལ་དཔྱད་པ།

རྡོ་རྗེ་ཚེ་རིང་།

དང་པོ། ཀླུའི་འབྱུང་ཁུངས་སྐོར་བཤད།

བོད་ཀྱི་གདོང་མའི་བོན་ལུགས་སུ། འཇིག་རྟེན་འདི་ལ་ས་འོག་ས་སྟེང་ས་བླ་གསུམ་དུ་དབྱེ་ནས་ཁམས་གསུམ་དུ་མིང་བཏགས་ཤིང་། ས་འོག་ནི་ཀླུའི་གནས་ཡུལ་དུ་ངོས་བཟུང་ཡོད།

བོན་གྱི་དཔེ་ཆེན་ཁག་ཏུ་འཇིག་རྟེན་ཆགས་གྲུབ་ཀྱི་རྣམ་གཞག་རྒྱས་པར་གླེང་སྐབས། མ་སྲིད་སྲིད་པ་རིན་པོ་ཆེ་སྤེ་ནམ་མཁའ་ནི་འབྱུང་བཞིའི་གྲོགས་སུ་གྱུར་པ་ལས་སྟོད་བཅུད་གྲུབ་པ་ཡིན་ལ། ནམ་མཁའ་ཉིད་ནི་སྐྱེ་བོའི་གཟུགས་སུ་བསྒྲུན་ནས་མིང་ལ་ཡང་ནམ་མཁའ་སྟོང་ལྡན་ཕྱོད་སུམ་རྗེ་ཞེས་མིང་བཏགས་ཡོད་པ་དང་། ཀླུའི་འབྱུང་ཁུངས་རྣམ་པར་བསྟན་སྐབས་ཀྱང་སྲིད་པ་གླིང་གི་སྒོ་ང་ལས་བྱུང་བར་བཞེད་པའི་ལྷ་བའི་རིག་པ་དེ་ལ་ཁུངས་བཙོལ་ཏེ། ནམ་མཁའ་སྟོང་ལྡན། འབྱུང་ལྔའི་བཅུད་ལས་བྱུང་བའི་འོད་སྒོ་ང་དཀར་ནག་གམ་སྣང་མུན་དེ་གསུམ་འདུས་པའི་གཞི་ལས་ཀླུ་ཞེས་བྱ་བ་བྱུང་ཞིང་། ཀླུ་ཞེས་བྱ་བ་ནི་ཆུ་ལ་གནས་པའི་སེམས་ལྡན་ཞིག་ཏུ་ངོས་བཟུང་ཡོད།

བོད་མིའི་དད་མོས་ཁྲོད་བྱུང་བའི་ཀླུ་ཞེས་བྱ་བ་དེའི་ཐོག་མའི་འབྱུང་ཁུངས་ཇི་ལྟར་ཡིན་ཞེ་ན། ཀླུ་ཞེས་བྱ་བ་ནི་ཆུ་ལ་གནས། དང་པོ་འབྱུང་ཁུངས་ནི་ནམ་མཁའ་སྟོང་ལྡན་དང་། གསལ་བ་འོད་ལྡན། མུན་པ་ཟེར་ལྡན་དང་། དེ་གསུམ་འདུས་པའི་གཞི་ལས་བྱུང་ཞེས་གསུངས་པ་ལྟར། ནམ་མཁའ་སྟོང་ལྡན་དང་། གསལ་བ་འོད་ལྡན་དང་། མུན་པ་ཟེར་ལྡན་དེ་གསུམ་ཕན་ཚུན་འདུས་པའི་གཞི་ལས་ཀླུ་ཞེས་བྱ་བ་བྱུང་བ་དང་། གནས་ཡུལ་གཙོ་བོ་ནི་ཆུ་ཡིན་པར་བསྟན་ཡོད།

བོད་ཀྱི་གེ་སར་སྒྲུང་དུའང་། གནའ་རབས་བོད་མིས་འཇིག་རྟེན་ཆགས་ཚུལ་སྐོར་ལ་འགྲེལ་བཤད་གནང་བའི་གཉུག་མའི་བསམ་གཞིགས་ངོ་མཚར་བ་དག་སྒྲུང་གི་རྣམ་པ་ལ་བརྟེན་ནས་ལྷུག་པར་བཤད་ཡོད། དེ་ཡང་སྔོན་ལ་ས་ཆུ་མེ་རླུང་གི་འབྱུང་བའི་རྒྱུ་ལས་འཇིག་རྟེན་ཁམས་ཆགས་པ་དང་། དེ་ནས་ནང་བཅུད་ཀྱི་སེམས་ཅན་གྲོལ་ཚུལ་ཞིབ་ཏུ་སྟོན་སྐབས་སྒོ་ང་ལས་རིགས་དྲུག་སེམས་ཅན་ཀུན་ཏུ་གྲོལ་ཚུལ་བཤད་ཡོད་དེ། སྲིད་པ་མ་ཆགས་སྲིད་པ་ཆགས། །སྲིད་པ་ཆགས་པའི་དང་པོ་ལ། །སྲིད་པའི་དུང་

སྣོད་དཀར་པོ་ཆགས། །ཕྱི་ཡི་སྣོད་ཤུན་ལྷ་བྲག་ཆགས། །དེ་ལས་གསེར་བྲག་གཡུ་བྲག་ཆགས། །ཐང་ས་ཀྱི་སྣོད་ཆུའི་དུང་མཚོ་འཁྱིལ། །དེ་ལས་གསེར་མཚོ་གཡུ་མཚོ་སོགས། །ས་རྫོ་རི་བྲག་ལ་སོགས་པ། །རིམ་བཞིན་ཕྱི་སྣོད་འཛིག་རྟེན་ཆགས། །བར་གྱི་སྣོ་ངའི་སེར་ཐིག་དེ། །རིགས་དྲུག་སེམས་ཅན་ཀུན་དུ་གྲོལ། །ཞེས་དང་། དེར་མཐུད་ནས། ཡ་ཐོག་སྲིད་པ་བོན་གྱིས་འཛིག་རྟེན་ལ་ས་འོག་ས་བླ་ས་སྟེང་ཞེས་ཁམས་གསུམ་དུ་ཕྱེ་བ་ལས། ས་འོག་ཀླུའི་ཁམས་ཆགས་པའི་གཞི་མ་ནི་གཡུ་སྣོད་སྔོན་མོ་ཡིན་ཚུལ་བསྟན་ཡོད་དོ། །གཡུ་སྣོད་སྔོན་མོ་མར་འཁྱིལ་དེ། ཀླུ་ཁམས་ཆགས་པའི་གཞི་མ་རེད་ཅེས་ཆུ་ལ་གནས་པའི་སེམས་ལྡན་ཀླུའི་རིགས་བསམ་གྱིས་མི་ཁྱབ་པའི་འབྱུང་ཁུངས་ཀྱང་སྣོ་ང་ཡིན་པར་རྒྱས་བཤད་བྱས་ཡོད།

གཉིས་པ། ཀླུའི་གནས་ཡུལ་དང་། ཆ་བྱད། རིགས་དབྱེ།

ཡ་ཐོག་སྲིད་པའི་བོན་ལྟར་ན། ཀླུའི་རིགས་ཀྱི་གྲོལ་ཕྱུག་ནི་སྲིད་པ་གློང་གི་སྣོ་ང་ལས་མ་འདས་པ་དང་། ནམ་མཁའ་སྟོང་ལྡན་དང་། འབྱུང་ལྔའི་བཅུད་ལས་བྱུང་བའི་འོད་སྣོ་ང་དཀར་ནག་གམ་སྔང་སྔུན་དེ་གསུམ་འདུས་པའི་གཞི་ལས་ཀླུ་རིགས་མང་པོ་ཞིག་བྱུང་བར་སྨྲ་ཞིང་། ཀླུ་ནི་དང་ཐོག་ས་འོག་གི་ཆུ་ལ་གནས་པའི་སེམས་ལྡན་ཞིག་ཡིན་པ་དང་། རྗེས་སུ་ཀླུའི་གནས་ཡུལ་ཡང་རིམ་བཞིན་འཕོ་འགྱུར་བྱུང་སྟེ་སྟེང་ནམ་མཁའ་ལ་གནས་པའི་རིགས་དང་། བར་ས་བླའི་རི་བྲག་ནགས་གསུམ་སོགས་ལ་གནས་པའི་ཀླུའི་རིགས་མང་པོ་བྱུང་ཡོད་དེ། བོན་གཞུང་དུ་ཀླུ་གཉན་ས་བདག་གསུམ། ནམ་མཁའ་དང་ས་གཞི་ཆུ་ལ་གནས་ལ། གཞན་ལ་མི་གནས་པ་ལྟ་བུ་ཡང་མ་ཡིན་ནོ། །ཀླུ་ཆུ་བོ་དང་ཆུ་མྲན་དང་། རྒྱ་མཚོ་དང་ཆུ་མིག་དང་མཚེའུ་ལ་གནས་པ་ཡོད་དོ། །ཀླུ་རྫོ་ལ་གནས་པ་ཡང་ཡོད་དོ། །ཀླུ་བྲག་ལ་གནས་པ་ཡོད་དོ། །ཀླུ་རི་བོ་དང་རི་མྲན་ལ་གནས་པ་ཡང་ཡོད་དོ། །ཀླུ་ས་གཞི་ལ་གནས་པ་ཡོད་དོ། །ཀླུ་ཤིང་ལ་གནས་པ་ཡོད་དོ། །ཀླུ་ཐིང་དང་ཡུར་བུ་ལ་གནས་པ་ཡོད་དོ། །ཀླུ་ནམ་མཁའ་ལ་གནས་པ་ཡོད་དོ། །དེ་ལྟར་སྣམ་ལ་གནས་པའི་ཀླུ་ཡོད་དོ། །བསམ་གྱིས་མི་ཁྱབ་བོ་ཞེས་པ་ལྟར། ཀླུའི་ཐོག་མའི་གནས་ཡུལ་ནི་ཆུ་བོ་དང་རྒྱ་མཚོ། ཆུ་མིག་དང་མཚེའུ་ཡིན་པ་ལ་རྗེས་སོར་རིམ་བཞིན་འགྱུར་ལྡོག་བྱུང་སྟེ། ཀླུའི་གནས་ཡུལ་ནི་རི་བྲག་ནགས་གསུམ་དང་། ཐིང་བུ་དང་ཡུར་བ། ཐ་ན་ནམ་མཁའ་ལ་གནས་པའི་ཀླུའི་རིགས་ཡོད་པར་གསུངས། སློབ་དཔོན་པད་མ་འབྱུང་གནས་ཀྱིས་མཛད་པར་གྲགས་པའི《ཀླུ་བསངས་བླ་སེལ་ཆེན་མོ》ལས། ཕ་རིའི་གཡས་ལ་གནས་པའི་ལྷ་ཀླུ་བསངས། །ཚུར་རིའི་གཡོན་ལ་གནས་པའི་ཀླུ་རྣམས་བསངས། །འབབ་པ་ཆུ་ལ་གནས་པའི་ལྷ་ཀླུ་བསངས། །སྲ་བ་བྲག་ལ་གནས་པའི་ལྷ་ཀླུ་བསངས། །གཡོ་བ་རླུང་ལ་གནས་པའི་ལྷ་ཀླུ་བསངས། །བརྟན་པ་མཁར་ལ་གནས་པའི་ལྷ་ཀླུ་བསངས། །རི་བོ་ཀུན་ལ་གནས་པའི་ལྷ་ཀླུ་བསངས། །རྒྱ་མཚོ་ཀུན་ལ་གནས་པའི་ལྷ་ཀླུ་བསངས། །ཡུལ་མཆོག་ཀུན་ལ་གནས་པའི་

ལྷ་ཀླུ་བསངས། །ཆུ་མིག་ཀུན་ལ་གནས་པའི་ལྷ་ཀླུ་བསངས། །ཞེས་དང་། 《ཀླུའི་སྤང་སྐོང་》ལས་མི་མཇེད་འཇིག་རྟེན་འཛམ་གླིང་ན། རྒྱ་མཚོ་དང་ནི་ཆུ་བོ་དང་། ཆུ་མྲན་མཚེའུ་ལུ་མ་ལྟེང་ལྟེང་དང་། རི་རབ་རི་བྲན་ས་རྫོ་དང་། ཤྲུང་དང་མེ་དང་ནམ་མཁའ་དང་། འབྱུང་བ་དེ་དག་ཀུན་ལ་གནས་པའི་ཀླུ་ཡི་ཚོགས་ཞེས་འབོད་པ་ལ་གཞིགས་ན། ཀླུ་ཞེས་བྱ་བ་དེའང་སྤྱིར་ན་རྒྱ་མཚོ་དང་། མཚོ་མཚེའུ། གཙང་པོ་དང་ཆུ་མིག་སོགས་གཙོ་བོ་བརྟན་ཞིང་གཤེར་བའི་ཆུའི་ནང་དུ་འཚོ་ཞིང་གནས་པའི་སེམས་ལྡན་ལ་གོ་བ་དང་། རྗེས་སུ་རིམ་བཞིན་གནས་ཡུལ་གྱི་ཁྱབ་ཁོངས་ཀྱང་སྤར་ལས་རྒྱ་ཇེ་ཆེར་སོང་སྟེ། གནམ་ས་བར་སྣང་དང་བཅས་པ་ཐམས་ཅད་ལ་ཀླུ་ཁམས་ཁྱབ་པར་གྱུར་ཏོ། །

ལྷ་ཀླུ་གཉན་གསུམ་དང་འབྲེལ་བའི་བོད་ཀྱི་སྔ་རབས་ཡིག་ཚང་ཁག་ལ་མཇལ་ན། ཀླུའི་ཆ་བྱད་ལ་སྣ་ཚོགས་དང་རིགས་དབྱེ་ལའང་མཐའ་ཡས་པ་ཞིག་ཡོད་དེ། ཀླུ་རིགས་གྱུར་པ་ཐམས་ཅད་རྗེ། །ཀླུ་ནི་མལ་གྲོ་གཟི་ཅན་ཡིན། །མི་ཡི་ལུས་ལ་སྦྲུལ་མགོ་བདུན། །སྐྲ་མདོག་ནག་པོ་སྨད་སྦྲུལ་འཁྱིལ་ཞེས་མཚོ་མ་ཕམ་དུ་གནས་པའི་ཀླུ་རིགས་ཀུན་གྱི་རྗེ་བོ་མལ་གྲོ་གཟི་ཅན་ནི་མི་ལུས་སྦྲུལ་མགོ་བདུན་གྱིས་མཚོན་པ། སྐྲ་མདོག་ནག་ཅིང་སྐྲ་སྨད་སྦྲུལ་གྱི་རྣམ་རོལ་དུ་འཛིན་པ་ཞིག་ཡིན་པ་དང་། ཀླུའི་རྒྱལ་པོ་རི་དྭགས་ཀྱི་མགོ་ཅན་ལ་ཕྱག་འཚལ་ལོ། །ཀླུའི་རྒྱལ་པོ་གཅན་གཟན་མགོ་ཅན་ལ་ཕྱག་འཚལ་ལོ། །ཀླུའི་རྒྱལ་པོ་སེང་གེ་མགོ་ཅན་ལ་ཕྱག་འཚལ་ལོ། །ཀླུའི་རྒྱལ་པོ་བ་ལང་མགོ་ཅན་ལ་ཕྱག་འཚལ་ལོ། །ཀླུའི་རྒྱལ་པོ་སྦྲུལ་མགོ་ཅན་ལ་ཕྱག་འཚལ་ལོ། །ཀླུའི་རྒྱལ་པོ་བྱའི་མགོ་ཅན་ལ་ཕྱག་འཚལ་ལོ། །ཀླུའི་རྒྱལ་པོ་ཉའི་མགོ་ཅན་ལ་ཕྱག་འཚལ་ལོ་ཞེས་འབོད་པ་ལ་བརྟག་ན། ཀླུའི་ཆ་བྱད་དང་རིགས་ལའང་མི་ལུས་གཡག་མགོ་ཅན་དང་། མི་ལུས་སེང་མགོ་ཅན། མི་ལུས་བྱ་མགོ་ཅན། མི་ལུས་དོམ་མགོ་ཅན། མི་ལུས་གཟིག་མགོ་ཅན། མི་ལུས་ལུག་མགོ་ཅན། མི་ལུས་རྟ་མགོ་ཅན། མི་ལུས་ཉ་མགོ་ཅན་སོགས་རི་དྭགས་དང་གཅན་གཟན་གྱི་མགོ་ཅན་དུ་སྣང་བ་མང་ཞིང་། དེ་ལའང་དུས་དུས་སུ་ཆར་འབེབ་པ་དང་། དུས་དུས་སུ་འབྲས་བུ་སྨིན་པར་འགྱུར་བར་གྲོགས་བྱེད་པ་སོགས་ཕན་པའི་ཀླུ་དང་། ནད་དང་མུ་གེ་དང་། འབྲུག་པ་དང་། ལོ་ཉེས་སོགས་མིའི་འཚོ་བར་གནོད་འཚེ་བསྐྱལ་ཡོང་བའི་གནོད་པའི་ཀླུ་དང་། ལེགས་ཉེས་དང་། དགེ་སྡིག་གང་ཡང་མི་བྱེད་པའི་ཕན་གནོད་མེད་པའི་ཀླུ་བཅས་དབྱེ་ཚུལ་ཡོད།

འཛམ་གླིང་གེ་སར་རྒྱལ་པོའི་སྒྲུང་ནི་བོད་ཀྱི་ལྔ་རབས་དང་། སའི་ཆགས་རིམ། མིའི་བྱུང་རབས་སོགས་ཕྱོགས་མང་པོ་ནས་བརྗོད་པའི་སྒྲུང་རབས་ཆེན་མོ་ཞིག་ཡིན་པར་མ་ཟད། བོད་ཀྱི་ཀླུའི་དད་མོས་ཀྱིས་མཚོན་པའི་རིག་གནས་ཀྱིས་དེའི་མགོ་མཇུག་བར་གསུམ་ཀུན་ནས་བཅིངས་ཡོད། གེ་སར་སྒྲུང་དུའང་ཀླུའི་གནས་ཡུལ་དང་རིགས་དབྱེ། ཆ་བྱད་སོགས་མཚོན་པར་བྱས་པའི་སྐོར་མང་པོ་ཡོད་དེ། ཀླུ་ཡུལ་སྲིད་པ་གཡུ་མཚོ་དེ་ན། ཀླུ་སྣ་ནད་པ་ཐམས་ཅད། གཡས་ཉལ་འཁུན་པ་དིར་དིར། གཡོན་ཉལ་

སྐད་ངན་ཅིར་ཅིར། གདང་ཀ་རྒྱབ་ཉལ་སིག་སིག སྦྲུལ་མཇུག་འགྲེ་ལྡོག་ཤིང་ཤིང་བྱས་ཤིང་ཚེ་ཆེ་དེ་རེ་འདུག་ཅེས་མཚོ་ཏུ་གནས་པའི་ཀླུ་ཡི་རིགས་ལ་སྦྲུལ་གྱི་མཇུག་མ་ཡོད་པ་དང་། རྒྱ་མཚོ་ཕྱུག་མོ་མཁར་ནང་ནས། །ཨ་ནུ་ཀླུ་ཆེན་ཐོད་དཀར་དེ། །མི་ལུས་སྦྲུལ་གྱི་མཇུག་མ་ཅན། །དབུ་ལ་འོད་འཕྲོ་ནོར་བུ་བརྒྱན། །གཡས་པ་ཀླུ་འབུམ་པོ་ཏི་བསྣམས། །གཡོན་ན་སྦྲུལ་ནག་ཞགས་པ་འཛིན། །དེ་རིང་སྐྱེས་བུའི་གྲོགས་ལ་བྱོན་ཞེས་པ་ལྟར། ཀླུའི་གནས་ཡུལ་ནི་རྒྱ་མཚོ་དང་། མཚོ་མཚེའུ་སོགས་དང་། ཆ་བྱད་ལ་མི་ལུས་སྦྲུལ་གྱི་མཇུག་མ་ཅན་ཡིན་པ་གསལ་བརྗོད་གནང་ཡོད།

གསུམ་པ། ཀླུའི་གསོལ་མཆོད་དང་འཇོམ་བྱ།

ནམ་མཁའི་ནོར་བུའི་གསུང་ཚུལ་ལྟར་ན་སྟོན་པ་གཤེན་རབ་བྱོན་ནས་ད་བར་ལོ་ངོ་སུམ་སྟོང་བརྒྱད་བརྒྱ་ལྷག་ཙམ་སོང་ཡོད་པ་དང་། བོན་གཞུང་ཀླུ་འབུམ་དཀར་པོ་དང་། ཀླུ་འབུམ་ནག་པོ། ཀླུ་འབུམ་ཁྲ་བོ་སྟེ་ཡོངས་གྲགས་སུ་ཀླུ་འབུམ་དཀར་ནག་ཁྲ་གསུམ་ནི་སྟོན་པ་གཤེན་རབ་ཀྱིས་མཛད་པ་ཡིན་སྐད། བོན་གྱི་དཔེ་རྙིང་དེའི་ནང་དུ་ཀླུའི་གསོལ་མཆོད་དང་འཇོམ་བྱའི་སྐོར་ཤིན་ཏུ་མང་པོ་འཁོད་པར་གཞིགས་ན། བོད་ལ་ཆེས་སྔ་མོའི་དུས་ནས་ལྷ་གསོལ་ཀླུ་མཆོད་ཀྱི་ཆོ་ག་དེ་དར་ཆེ་བར་སྣང་།

ཀླུའི་གསོལ་མཆོད་ལ་ཡང་དཀར་མཆོད་ཀྱི་རིགས་ལས་དམར་མཆོད་ལྡན་པ་ད་བར་དུ་ཐྲན་གྱི་འདྲེན་བྱེད་མིག་གི་སྐལ་བར་གྱུར་པའི་ཡིག་ཚང་ལས་མ་མཐོང་བ་དང་། སྤྱིར་མ་མཐོང་ཕྱིར་ན་མེད་པ་མིན་ཡང་། སྐབས་བབས་སུ་བོད་རང་གི་ཡིག་ཚང་དང་ཆོ་ག་ཕྱག་ལེན་ལ་ཇི་ལྟར་གྲགས་ཤིང་ཡོད་པ་བཞིན་ལས་འཆད་ཐབས་མེད།

དེ་ཡང་བོད་མིས་ནམ་རྒྱུན་ཀླུ་ལ་དཀར་མཆོད་ཇི་ལྟར་བྱ་ཚུལ་མདོ་ཙམ་དྲངས་ན། 《ལོ་ཏོག་ལ་ཕན་པའི་གདམས་ངག་བདུད་རྩིའི་སྙིང་པོ》ལས། "འབྱུང་ཁམས་ཆུ་ནང་འཕྲད་སོགས་གཟའ་སྐར་འཕྲོད་སྦྱོར་ཤེས་པའི་ནམ་ལངས་ཀླུ་གནས་ངེས་པའི་མཚོའམ་ཆུ་མིག་ཏུ་ཕྱིན་ལ་ཁྲུས་དང་གཙང་སྦྲ་ཤིན་ཏུ་ཆེ་བར་བྱ། དེ་ནས་ཆར་འབེབས་པའི་སེམས་བསྐྱེད་བཟང་པོས་དངུལ་ལམ་ཟངས་ཀྱི་བུམ་པ་གཙང་མར་ཀླུ་སྨན་དང་འོ་ཆབ་ཀྱིས་བཀང་བ་ཀླུ་ཤིང་གིས་ཁ་བརྒྱན་པའི་མདུན་དུ་མཆོད་གཏོར་བཤམས"ཞེས་པ་ལྟར། གཟའ་སྐར་འཕྲོད་སྦྱོར་ལེགས་པ་སྟེ་ཀླུ་ཐེབས་ཡོད་མེད་ལ་བལྟས་ནས་ཀླུ་ཐེབས་ཡོད་པའི་ཉིན་དེ་ལ་ཀླུ་གནས་སའི་ཆུ་མིག་གམ་མཚོ་མཚེའུ་སོགས་ཀྱི་འགྲམ་དུ་སོང་ནས་གཙང་མའི་སྒོ་ནས་ཆུ་ལ་ཀླུ་སྨན་ནམ་འོ་ཆུ་གཏོར་ཏེ་ཀླུ་རྣམས་དགྱེས་པའི་ཆོ་ག་སྒྲིལ་བ་དང་། ཡང་ན་ཐོག་མར་ཀླུ་སྨན་སྣ་ཚོགས། དུག་རིགས་མ་ཡིན་པའི་ཤིང་སྣ་དུ་མ། དཀར་གསུམ་མངར་གསུམ་སོགས་བསང་དང་གཏོར་མའི་རྫས་གཙང་ཞིང་གྱ་ནོམ་པ་ཤ་ཁྲག་དང་སྣ་རྩི་སོགས་ཀྱི་དྲི་མས་མ་གོས་པ་ལེགས་པར་བཤམས་ནས་དུས་སུ་ཆར

འབེབས་པ་དང་། ལོ་ཏོག་འབྲས་བུ་སྨིན་པ། ལོ་ཕྱུགས་རྟག་ཏུ་ལེགས་པ། མི་ནད་ཕྱུགས་ནད་ཐམས་ཅད་རྒྱུན་ཆད་པ། རྒྱ་འབྱོར་ལོངས་སྤྱོད་མངའ་ཐང་དར་བའི་འཕྲིན་བཅོལ་གནང་སྲོལ་ཡོད།

གེ་སར་སྒྲུང་དུ་ཡང་ཀླུའི་གསོལ་མཆོད་ཕུན་སུམ་ཚོགས་པ་ཞིག་ཡོད་དེ། སློབ་དཔོན་པད་མ་འབྱུང་གནས་ཁོང་ཀླུ་ཡུལ་ལ་གདན་དྲངས་ནས། མནོལ་བསང་གཏོང་དུས་ལྷ་འདྲེ་མགུ་བའི་ཡས་དང་། གདོན་ཆེན་བཟུང་བའི་གཏོ་ལ་བདུད་རྩིའི་ཤིང་སྣ་ཅི་སྲིད། གཙང་བའི་ཆུ་སྣ་ཅི་སྲིད། གསོ་བའི་སྨན་སྣ་ཅི་སྲིད། སེར་པོ་གསེར། ཁམ་པ་དངུལ། དམར་པོ་ཟངས། སྔོན་པོ་གཡུ། དྭངས་མའི་ཤེལ་ཏེ། རིན་ཆེན་སྣ་ལྔའི་བུམ་པ་ཀུ་ཤའི་རྒྱན་ཅན། རྩལ་ཆེན་སེང་། འདོད་འཇོའི་བ། ཟ་ལེ་འབྲི། ཤེལ་སྒོང་ལུག ཚོ་ཚོའི་ར་རྣམས་ཀྱི་འོ་མ། ལྷ་གཞི་དཀར་པོ་དྲི་མེད། ལྷ་དུང་དཀར་པོ་གཡས་འཁྱིལ། ལྷ་ཤོས་དཀར་པོ་འདབ་རྒྱས། ལྷ་མདའ་དཀར་པོ་ཚིག་གསུམ་སོགས་བསང་རྫས་བསྡུས་ཤིང་། རྫས་རྣམས་ལ་གཟུངས་སྔགས་ཀྱིས་བྱིན་གྱིས་བརླབས་ནས། རིན་ཆེན་སྣ་ལྔའི་བུམ་པའི་ནང་། སྤྲོག་ཆགས་ལྡུ་ཡི་འོ་མས་བཀང་། རྩི་སྨན་གྱི་ཁ་ཚར་བཏབ། བཟའ་ཤིང་གི་དུ་བ་བཏང་། ཆུ་སྣ་ལྔའི་བསང་ཆུ་དེ་ཀུ་ཤའི་འཐོར་གཡབ་ཀྱིས་གཏོར་ནས་མནོལ་གྲིབ་བསངས། སྐྱབས་དཀོན་མཆོག་གསུམ་ལ་གསོལ་བ་འདེབས། གསེར་བུམ་སེང་གེའི་འོ་མས་བཀང་། རྣམ་པ་རིན་ཆེན་མཉམ་ཉིད་ཆུས། རྗེའུ་རིགས་ང་རྒྱལ་མནོལ་གྲིབ་བཀྲུ། དངུལ་བུམ་འདོད་འཇོ་འོ་མས་བཀང་། རྣམ་པ་མི་སྐྱོད་སྟོང་ཉིད་ཆུས། རྒྱལ་རིགས་ཞེ་སྡང་མནོལ་གྲིབ་བཀྲུ། རིགས་ལྔའི་ངོ་བོ་ཡེ་ཤེས་ཆུས། ཀླུ་རིགས་ལྡུ་ཡི་དུག་ལྡུ་བཀྲུ། མི་གཙང་དྲི་མ་དག་གྱུར་ཅིག སུར་དཀར་དུང་གི་མེ་ཏོག་ཅན། མཁན་པ་གསེར་གྱི་ཐི་གུ་ཅན། འོམ་བུ་ཟངས་ཀྱི་འཛེར་ཏུ་ཅན། ཤུག་པ་གཡུ་ཡི་ལོ་མ་ཅན། ཉི་སྲིད་བྱུ་རུའི་ལན་ཚར་ཅན། ཤིང་སྣ་ལྡུ་ཡི་དུད་པ་ཡིས། ཀླུ་རིགས་ལྡུ་ཡི་ཉམས་གྲིབ་བསངས། ཞུ་བྱས་མཆོད་དོ། །

ཀླུའི་འཛེམ་བྱའི་སྐོར་ལ་བོན་གཞུང་དུ་སྟོན་གྱི་བྱུང་བ་དང་སྦྲུར་ནས་གླེང་ཡོད། སྟོན་སྲིད་པ་རྒྱལ་བུ་ཐིང་གེ་ཡིས་ཡུལ་བཟུངས་ས་བཅད་དང་། ཕྱྭ་ཡེ་མཁྱེན་གྱིས་རྒྱལ་པོ་མཛད་པའི་དུས་སུ། ས་བཀྲ་རྡོ་སློག་དང་། ཤིང་བཅད་ཆུ་རྙོག་གི་ལས་བརྩམས་པས། ས་བདག་ཀླུ་གཉན་དང་འགྲས་པ་ཡོད་ཚུལ་བསྟན་ཡོད་དེ། སྟོན་སྲིད་པ་རྒྱལ་བུ་ཐིང་གིས་ཡུལ་བཟུང་ས་བཅད། ཕྱྭ་ཡེ་མཁྱེན་རྒྱལ་པོས་སྐོས་བཏབ་པའི་དུས་སུ་འགྲས་པ་དང་འཁོན་པ་ནི། ས་ལ་མེ་བཙའ་ཞེས་བྱ་སྟེ། སའི་སྙིང་ལ་མཆོད་རྟེན་དང་། གསར་མཁར་དང་གནན་པ་བྱས་པས་ས་བདག་ཀླུ་གཉན་དང་འགྲས་པ་ཡོད་དོ། །སའི་སྙིང་ཁ་ནས་ས་བླུས་ནས་ཆུ་བཏོན་པས་འགྲས་པ་ཡོད་དོ། །ས་ལ་ཐིང་དུ་བསྐྱིལ་ཡུར་དུ་དྲངས་པས་འགྲས་པ་ཡོད་དོ། །ས་བསངས་པ་དང་ས་ལ་སྐར་ཁུང་སྟོད་པ་དང་། ས་བཞར་བ་དང་ས་ཁོལ་དུ་ཕྱུང་བས་འགྲས་པ་ཡོད་དོ། །ཀླུའི་ཕོ་བྲང་གཉན་པོ་ལ་དུར་བཏབ་པ་ནི་སའི་རྣ་ཞེས་བྱ་སྟེ། དུར་མཆད་སློག་པས་འགྲས་

པ་ཡོད་དོ། །ཆབ་སིག་གཉན་པོ་ལ་མི་གཙང་བའི་སྐྱོགས་ཀྱིས་བཙུས་པས་འགྲུས་པ་ཡོད་དོ། །ཀླུའི་ཐོག་ཏུ་དུར་བཏབ་པས་འགྲུས་པ་ཡོད་དོ། །ཀླུའི་ཐོག་ཏུ་སྡིགས་བུ་བརྩེགས་པ་དང་། རོ་བསྲེགས་པས་འགྲུས་པ་ཡོད་དོ། །ཡུངས་དཀར་གྱི་མདའ་དང་། ཁྲག་གི་ཟོར་ཐུན་འཕངས་པས་འགྲུས་པ་ཡོད་དོ། །ཐབ་གཞོབ་ནལ་གསུམ་བྱས་པས་འགྲུས་པ་ཡོད་དོ། །ཀླུ་གཉན་ས་བདག་སྡེ་རིགས་དང་འགྲུས་པ་ཡོད་དོ་ཞེས་གསུངས་པ་ལྟར། ས་བྲུས་ནས་ཆུ་བཏོན་པ་དང་། ས་ལ་ཁྲུང་བུ་བརྐོ་བ་དང་། དུར་མཆད་ཀློག་པ། ཆུ་གཙང་མ་བསླད་ཞུགས་པ་དང་། ཐབ་གཞོབ་ནལ་གསུམ་སོགས་བྱས་ན་ཀླུ་ལ་གནོད་པས་འཛེམ་པ་དང་། གཞན་ཤིང་གཉན་བཅད་པ་དང་། ནགས་གཉན་འཕྲུས་པ་དང་། རྡོ་གཉན་སློག་པ་དང་། བྲག་གཉན་རྟལ་བ་དང་། གོར་མ་ཕ་བོང་ལ་མེ་དང་བཙོགས་བརྒྱབ་པ་དང་། རི་གཉན་ལ་ཁྲུས་བཏབ་པ་དང་། མཚོ་གཉན་ལ་དུག་བཏབ་པ་དང་། ཀླུ་ཤིང་བྲ་མ་བྲེགས་པ་དང་། ཀླུ་བྱང་དང་པ་ཏྲི་ལ་བཟུང་བ་དང་། སྦལ་ཅོང་མང་པོ་སྐམ་ལ་བཏོན་པ་དང་། སྡིག་པའི་རྣ་ཕོག་པ་དང་། སྦྲུལ་གྱི་སྙིང་པ་བཅད་པ་དང་། ཉའི་ལྟོ་བ་བྲུས་པ་དང་། སྦལ་བའི་ཡན་ལག་བྲེགས་པ་དང་། ཀླུའི་ཕོ་བྲང་བཤིག་པ་དང་། གཤོང་མོ་རྫིང་དུ་བསྐྱིལ་བ་དང་། ཆུ་མིག་གཉན་པོ་བསུབས་པ་དང་། ཀླུ་ལ་གནོད་འགལ་ཅི་བགྱིས་པ་ཐམས་ཅད་མཐོལ་ཞིང་བཤགས་སོ་ཞེས་གསུངས་པ་ལས་ངེས་ཤེས་རྙེད་ཐུབ་པ་དང་། ནམ་རྒྱུན་གྱི་བོད་མིའི་འཚོ་བའི་ཁྲོད་དུ་ཡང་བོད་མིས་ཁང་པ་བཟོ་སྐབས་ཐོག་མར་ས་དཔྱད་བྱས་རྗེས་ཁང་ས་ལེགས་པོ་ཞིག་འདེམས་པ་དང་། དེ་ནས་ས་དེར་བདག་དབང་གནང་བཞིན་པའི་ལྷ་ཀླུ་གཉན་རིགས་སོགས་ལ་བསང་གཏོང་སྐྱེམས་མཆོད་ཀྱིས་ས་སློང་བའི་ཆོ་ག་སྤྱེལ་བ་ཡིན། བོད་ཀྱི་གེ་སར་སྒྲུང་དུ་ཡང་ཀླུའི་འཛེམ་བྱའི་རིག་གནས་མང་པོ་ཞིག་ཡོད་དེ། 《ལྷ་གླིང་གབ་ཙེ་དགུ་སྐོར》ལས་ཕྱོགས་བཞིའི་དགྲ་ཆེན་བཞིས་གྲགས་པའི་མཚོ་ཆེན་ནང་དུ་དུག་རྫས་ཤ་ཊུས་མང་པོ་བཏབ་ནས་ཀླུ་རྒྱལ་གཙུག་ན་རིན་ཆེན་དང་། ཀླུ་ཡི་མགོན་དཀར་པོས་གཙོས་ཀླུ་རྣམས་ལ་ནད་སྡུག་པོ་ཕོག་ཅེས་ཀླུ་གནས་སའི་རྒྱ་མཚོའམ་ཆུ་ནང་དུ་ཤ་ཁྲག་གི་རིགས་བཏབ་ན་ཀླུ་ལ་ནད་ཕོག་ནས་ས་ཡི་བཙུད་དང་། མི་ཡི་གཡང་ཉམས་འགྲོ་བས་གཙང་མའི་རྫས་ཀྱིས་མཆོད་དགོས་པ་དེ་གསལ།

བཞི་པ། ཀླུའི་དད་མོས་བྱུང་འཕེལ་སྐོར་གྱི་མཐའ་དཔྱོད།

བོད་ཀྱི་སྤྱི་རབས་ཡིག་ཚང་ཁག་ལ་མཇལ་ན། བོད་མིའི་ཀླུའི་དད་མོས་ཀྱི་འདུ་ཤེས་དེ་བྱུང་སྤྱི་ཞིང་ལོ་རྒྱུས་ཀྱི་རྒྱུན་ཡང་རིང་པོ་ཞིག་འདུག ཡ་ཐོག་སྲིད་པའི་བོན་ལུགས་སུ། འཇིག་རྟེན་འདི་ལ་ས་འོག་ས་སྟེང་ས་བླ་གསུམ་དུ་དབྱེ་ནས་ཁམས་གསུམ་དུ་བཏགས་ཤིང་། ས་འོག་ནི་ཀླུའི་གནས་ཡུལ་ཡིན་པར་བསྟན།

དེ་ཡང་བོད་ཀྱི་དཔེ་རྙིང་ཁག་ལས་བསྟན་པ་ལྟར། ཀླུ་བྱ་བ་ནི་མཚོ་མཚེའུ་དང་། གཙང་པོ། ཆུ་མགོ་སོགས་གཙོ་བོ་ཆུའི་ནང་དུ་གནས་པ་དང་། ཆེས་ཐོག་མའི་དུས་ཀྱི་ཀླུའི་ཆ་བྱད་མང་ཆེ་བ་ནི་སྦྲུལ་དང་། སྦལ་ལྩོང་། སྡིག་སྲིན། ཉ་སོགས་ཡིན་པ་དང་། རྗེས་སུ་ཀླུའི་ཆ་བྱད་ལའང་རིམ་བཞིན་འགྱུར་ལྡོག་བྱུང་སྟེ། མི་ལུས་གཡག་མགོ་ཅན་དང་། མི་ལུས་སེང་མགོ་ཅན། མི་ལུས་བྱ་མགོ་ཅན། མི་ལུས་དོམ་མགོ་ཅན། མི་ལུས་གཟིག་མགོ་ཅན། མི་ལུས་ལུག་མགོ་ཅན། མི་ལུས་རྟ་མགོ་ཅན་སོགས་རི་དྭགས་དང་གཅན་གཟན་གྱི་མགོ་ཅན་དུ་སྣང་བའི་ཀླུ་རིགས་མང་ཞིང་། སྦྲུལ་དང་ཉའི་ཇ་མ་ཡོད་པ་ནི་དེ་དག་གི་ཐུན་མོང་གི་ཁྱད་ཆོས་ཤིག་ཏུ་གྲུབ་ཡོད་པ་དེ་ཡིན། དེ་ལས་ང་ཚོས་ཤེས་རྟོགས་བྱུང་བ་ནི་བོད་མིའི་ཀླུའི་དད་མོས་ཀྱི་འདུ་ཤེས་དེ་ཐོག་མར་སྦྲུལ་ལམ་ཉ་ཡི་རིགས་ལ་སོགས་པ་རྒྱ་མཚོའམ། ཡང་ན་གཙང་པོའི་ནང་གི་སྲོག་ཆགས་ཀྱི་རིགས་སྟེང་ནས་བྱུང་བ་དང་། རྗེས་སུ་རིམ་བཞིན་འགྱུར་ལྡོག་བྱུང་སྟེ་སྐམ་སའི་གཅན་གཟན་རི་དྭགས་དང་ནམ་མཁའི་བྱ་རིགས་ཀྱི་སྟེང་དུ་འཕོ་འགྱུར་བྱུང་། ཀླུའི་ཆ་བྱད་ལའང་མི་ལུས་གཡག་མགོ་ཅན་དང་། མི་ལུས་སེང་མགོ་ཅན། མི་ལུས་བྱ་མགོ་ཅན། མི་ལུས་དོམ་མགོ་ཅན། མི་ལུས་གཟིག་མགོ་ཅན། མི་ལུས་ལུག་མགོ་ཅན། མི་ལུས་རྟ་མགོ་ཅན་སོགས་རི་དྭགས་དང་གཅན་གཟན་གྱི་མགོ་ཅན་མང་དུ་སྣང་བས་ཤེས་ནུས།

བོད་ཀྱི་སྨྲུང་རབས་ཆེན་མོ་གེ་སར་སྒྲུང་ལ་མཚོན་ནས་བཤད་ན་ཡང་། སྟེང་ལྷ་དང་། བར་གཉན། འོག་ཀླུ་ཡི་གནས་ཡུལ་དུ་ངོས་འཛིན་བྱས་ཏེ། ཀླུའི་དད་མོས་ཀྱི་རིག་གནས་དེ་ཕྱོགས་མང་པོ་ནས་མཚོན་ཡོད་ཅིང་། ཀླུ་ཡི་གདོད་མའི་རང་གཟུགས་ལ་འགྱུར་ལྡོག་བྱུང་སྟེ། སྣང་སྲིད་ཀྱི་ལྷའི་རྣམ་རོལ་ཏུ་འཕོ་འགྱུར་ཕྱིན་ན་ཡང་། སྒྲུང་དཔེ་རེ་རེ་ལས་ཀླུའི་གདོད་མའི་རང་གཟུགས་ཀྱི་ཆ་དེ་སྤྲིན་གསེབ་ཀྱི་ཟླ་བ་བཞིན་མཐོང་ཐུབ་སྟེ། རྒྱ་མཚོ་ལ་གནས་པའི་ཀླུ་ཆེན་ཐོད་དཀར་ནི་མི་ལུས་སྦྲུལ་གྱི་མཇུག་མ་ཅན། དབུ་ལ་འོད་འཕྲོ་ནོར་བུས་བརྒྱན་པ། གཡས་ལ་ཀླུ་འབུམ་པོ་ཏི་བསྣམས་ཤིང་། གཡོན་སྦྲུལ་ནག་ཞགས་པ་འཛིན་པ་དང་། མ་དྲོས་ཀླུ་ཡི་ཕོ་བྲང་ནས། །ནུ་བོ་ཀླུ་སྦྲུལ་འོད་ཆུང་མཁྱེན། །སྐུ་ལ་གཡུ་ཁབ་སྔོན་པོ་གསོལ། །ཕྱག་ལ་མདུང་དར་སྔོན་པོ་བསྣམས། །ཞབས་སུ་ཀླུ་རྟ་སྔོན་པོ་བཅིབས། །ཀླུ་དམག་བྱེ་བ་འབུམ་གྱིས་བསྐོར་ཞེས་འཁོད་པ་ལ་གཞིགས་ན། མ་འགོག་བཟའ་ལ་འཛམ་གླིང་སེང་ཆེན་ནོར་བུ་དགྲ་འདུལ་འཁྲུངས་སྐབས་བུ་སྐལ་གསུམ་པ་ནི་མི་ལུས་སྦྲུལ་གྱི་མགོ་བོ་ཅན་ནུ་བོ་ཀླུ་སྦྲུལ་འོད་ཆུང་ཡིན་པ་དང་། དེའི་ཆ་བྱད་ཀྱང་མི་ལུས་སྦྲུལ་མགོ་ཅན་ཞིག་ཡིན།

གནའ་བོའི་བོད་མིའི་འདུ་ཤེས་སུ་གཙང་པོ་དང་། མཚོ་མཚེའུ། ཆུ་མགོ་སོགས་ཀྱི་ནང་དུ་གནས་པའི་སྦྲུལ་དང་། སྦལ་ལྩོང་། སྡིག་སྲིན་དང་། ཉ་སོགས་ནི་ཀླུའི་རིགས་ཡིན་པར་ངོས་བཟུང་ནས་སྲོག་མི་ལེན་པ་དང་། བཟའ་བར་འཛེམ་པ་དང་། རྐང་ལག་དང་གཞོན་པ་སོགས་མི་བཀྲུ་བ་དང་། མི་གཙང་

བའི་དངོས་པོ་མི་འཕེན་པ། ཤ་ཁྲག་སོགས་མི་བཤལ་བ་ཡིན། གལ་སྲིད་དེ་ལྟར་བྱས་ནས་ཀླུའི་རིགས་ལ་གནོད་འཚེ་བཏང་ན་རང་ཉིད་ཀྱི་ལུས་རྟེན་ལ་ཡང་ནད་ཐོག་ནས་མཛེ་ནད་བྱུང་བ་དང་། རྐང་ལག་ཞ་བ་སོགས་ཚེ་སྲོག་ལ་བར་ཆད་འབྱུང་བར་བཤད་པས། ཀླུ་དགྱེས་པར་བྱེད་ཆེད་ཀླུ་བསང་དང་། ཀླུ་གཏོར། ཀླུ་གཏེར་སོགས་འབུལ་བའི་སྲོལ་མང་ཞིང་། དེ་ལྟར་བྱས་ན། ཡུལ་ཁམས་བདེ་ཞིང་མི་ཕྱུགས་དར་བ་དང་། ཆར་ཆུ་དུས་ལྟར་འབབ་ཅིང་ལོ་ཕྱུགས་ཡག་པ། འབྱུང་བ་སྙོམས་ཤིང་ནད་ཡམས་ཇུང་བ་སོགས་སྐྱེ་རྒུ་ཡོངས་ལ་བདེ་སྐྱིད་འབྱུང་བར་འདོད། གེ་སར་སྒྲུང་དུ་ཡང་། ཕྱོགས་བཞིའི་དགྲ་ཆེན་བཞིས་མཚོ་ཆེན་ནང་དུ་དུག་རྫས་ཤ་ཏུས་མང་པོ་བཏབ་ནས་ཀླུ་རྒྱལ་གཙུག་ན་རིན་ཆེན་དང་། ཀླུ་ཡི་མགོན་དཀར་པོས་གཙོས་ཀླུ་རྣམས་ལ་ནད་སྡུག་པོ་ཐོག་ཅིང་འབྱུང་བ་ཉམས་ཚུལ་དང་། ཀླུ་ཡི་རིགས་ལ་གནོད་པ་བྱས་ན་མཛེ་ནད་སོགས་ནད་རིགས་ཡོང་བ་དང་། ཀླུའི་གནོད་པ་སེལ་བའི་ཆེད་དཀར་གསུམ་མངར་གསུམ་གྱིས་ཀླུའི་རིགས་ལ་མཆོད་བཀུར་བྱེད་པའི་གོམས་སྲོལ་བཀོད།

བོད་ཀྱི་ཀླུའི་དད་མོས་དང་དེའི་འཕེལ་རིམ་སྐོར་ལ་དཔྱད་པ་ན། གནའ་བོའི་བོད་མི་དང་ཀླུའི་བར་ན་གདོད་མ་ནས་འབྲེལ་བ་ཁྱད་པར་ཅན་ཆགས་ཡོད། གུ་རུ་ཨོ་རྒྱན་པས་ཡར་ཀླུང་ཤེལ་གྱི་བྲག་ཕུག་ནས་བཏོན་པའི་བཀའ་ཐང་སྡེ་ལྔ་ལས་བོད་ཀྱི་མི་རྣམས་ཀྱི་འབྱུང་ཁུངས་བསྟན་པ་ནི། བོད་ལུགས་ཀླུ་ལས་ཆད་པར་འདོད་པ་ཡོད་ཅེས་པ་དང་། བོན་གཞུང་སྲིད་པའི་མཛོད་ཕུག་ལས་ཀྱང་ནང་བཅུད་སེམས་ཅན་གྱི་གྲོལ་ཚུལ་བསྟན་སྐབས། འབྱུང་བ་རྒྱུ་ལྔ་ལས་ཟིལ་དང་ཆར་པ་བསྐལ་པ་མང་པོར་བྱུང་བ་ལས་ཕྱིའི་རྒྱ་མཚོ་འཁྱིལ་བ་དང་། གཡུ་མཚོ་དེ་ལ་རླུང་གིས་ཡང་ཡང་བསྐྱོད་པ་ལས་འོད་སྒོང་སྔོན་པོ་ཞིག་བྱུང་ཞིང་དེ་ལས་ཆུ་ལྕམ་རྒྱལ་མོ་འཁྲུངས་པ་དང་། དེའི་རྗེས་ཡེ་སྨོན་རྒྱལ་པོ་དང་ཆུ་ལྕམ་རྒྱལ་མོ་གཉིས་རྫུ་འཕྲུལ་ཐབས་ཀྱིས་བཤོས་པ་ལས་སྲིད་པ་ལྕམ་དྲལ་བཅོ་བརྒྱད་སོགས་རིམ་གྱིས་གནམ་ལ་ལྷ་གར་རྟེན་གསུམ་དང་། བར་དུ་མི་སྨྲ་གཤེན་གསུམ། ས་ལ་འདྲེ་སྲིན་བྱུར་གསུམ་བཅས་སྣང་སྲིད་འཁོར་འདས་ཀྱི་ཡོད་ཚད་གྲོལ་བར་གསུངས་ཡོད་པ་སོགས་ལ་བརྟགས་ན། གནའ་དུས་ནས་བཟུང་བོད་མིས་འགྲོ་བ་མིའི་འབྱུང་ཁུངས་ནི་མཚོ་སྐྱེས་སྲོག་ཆགས་ལ་འབྲེལ་བ་ཟབ་མོ་ཞིག་ཡོད་པར་བསྟན། ད་ལྟའི་ཚན་རིག་པ་རྣམས་ཀྱིས་ཀྱང་མི་དང་ཆུའི་བར་ལ་ཡུན་རིང་ཞིབ་འཇུག་གནང་མཐར། གདོད་མའི་ཚེ་སྲོག་ནི་རྒྱ་མཚོའི་ནང་ནས་རྒྱུད་འཕེལ་བྱུང་བ་ཞིག་རེད་ཅེས་མིའི་རིགས་ཀྱི་འབྱུང་ཁུངས་ནི་མཚོ་སྐྱེས་སྲོག་ཆགས་དང་འབྲེལ་བའི་ལྟ་བ་བཏོན་ཡོད།

ཀླུ་ཞེས་པ་བོད་ཀྱི་ཡིག་ཚང་ཁག་ལས་བསྟན་པ་ལྟར། མཚོ་དང་། མཚེའུ། གཙང་པོ་སོགས་སུ་གནས་པའི་ལུས་སྨད་སྦྲུལ་ལམ་ཉའི་ཟ་མ་ཡོད་པ་དང་། ལུས་སྟོད་མིའི་རྣམ་པ་ཅན་གྱི་དུད་འགྲོ་ནུས་མཐུ་ཅན་ཞིག་ཡིན་པར་གྲགས། དང་ཐོག་བོད་ཡུལ་འདི་ཡང་སྒོ་ལྔེམ་མེར་འཁྱིལ་བའི་མཐའ་ཡས་རྒྱ་

མཚོ་ཆེན་པོ་ཞིག་ཡིན་པར་མ་ཟད། དེའི་ནང་དུ་གྲངས་ལས་འདས་པའི་མཚོ་སྐྱེས་སྲོག་ཆགས་མང་པོ་ཞིག་ཀྱང་གནས་ཡོད། རྗེས་སུ་རིམ་བཞིན་ཆུ་བྲི་ནས་ས་ལ་ཐིམ་པ་ལས་བོད་ཁམས་ཀྱི་རྣམ་པ་གསལ་བར་དོད་པ་དང་། མཚོ་སྐྱེས་སྲོག་ཆགས་མང་པོ་ཞིག་ཀྱང་སྐམ་སར་ལུས་ནས་འཚོ་གནས་བྱེད་ཐུབ་པར་གྱུར་པ་དང་། སྐམ་སའི་ཐོག་ཏུ་རིམ་བཞིན་སྲོག་ཆགས་ཀྱང་གྲུབ་པ་རེད། དེར་བརྟེན། འཇིག་རྟེན་གྱི་ཆགས་འགྱུར་ཡུལ་ལ་དཔྱོད་པའི་ཤེས་པ་ཞན་པའི་གདོད་མའི་མིས། མཚོ་མཚེའུ་དང་ཆུ་སོགས་སུ་གནས་པའི་སེམས་ཅན་སྦྲུལ་དང་། སྦལ་ལྕོང་། སྡིག་སྲིན། ཉ་སོགས་ཀྱི་བར་དུ་ཁྲག་རྒྱུན་གྱི་ཉེ་ཚན་ཞིག་ཡོད་པར་བསམ་པའི་འབྲུལ་སྣང་གི་བློ་སྐྱེས་ཏེ། དེ་དག་ནི་རང་ཉིད་ཀྱི་མེས་པོའམ་ཉེ་ཚན་ཡིན་བསམ་པའི་འདུ་ཤེས་དེ་བྱུང་།

ཀླུས་བླའི་ངོས་ནས་བཤད་ན། གདོད་མའི་མིའི་མིང་ནི་རང་གི་ཀླུས་བླ་ལས་ཐོགས་པ་དང་། ཀླུས་བླ་དེའང་ཀླུས་དང་། མེས་པོ། སྲུང་མ་བཅས་ཀྱི་ཆ་ནས་མངོན་པ་ཞིག་རེད། དཔེར་ན། སྔོན་བོད་འདིར་ཀླུས་ཆེན་སོ་སོའི་བླ་ཐོག་ལ་ལྟོང་གི་ཤུ་བ་དང་། འབྲིའི་གཡག སྦྲའི་རྒོད། སྤྲའི་ལུག སྤོ་ཡི་བླ་ཐོག་ར་ཡིན་པར་བཞེད་སྲོལ་ཡོད་པ་དང་། བོན་ལུགས་ལྟར་ན་ཞང་བོད་ཀྱི་མི་རྒྱུད་འགའ་ཞིག་གི་མཆེད་ཁྲུངས་སམ་མེས་པོ་ནི་ཁྱུང་ཡིན་པར་འགྲེལ་ཏེ་ཡུལ་ལའང་ཁྱུང་ཞེས་འབོད་པ་དང་། ཡུལ་མིང་དང་སྡེ་མིང་། ཚོ་མིང་། ཀླུས་མིང་། མཁར་མིང་བཅས་ལ་ཁྱུང་མཚན་གྱིས་སྤྲས་ཡོད་པ་དང་། གེ་སར་སྒྲུང་དུ་སྟག་རོང་བླ་གནས་སྟག་ཡིན་པས་སྟག་རོང་ཟེར་བ་དང་། ཕྱི་རྒྱལ་གྱི་ཨོ་སི་ཐེ་ལི་ཡའི་མཚོ་རྒྱུད་དུ་གནས་པའི་ས་དེ་གའི་གནའ་མིས་ཀྱང་བྱ་དང་ཉ་སོགས་ཀླུས་བླར་བཀུར་ཏེ། ཀླུས་དང་ཚོ་པའི་མིང་ལ་བྱ་དང་ཉ་སོགས་བཏགས་ཡོད་པ་སོགས་ལ་དཔྱད་ན། བོད་ཀྱི་ལོ་རྒྱུས་ཡིག་ཆ་དང་ཚོ་གའི་སྐོར་སོགས་སུ་མངོན་པའི་གནས་ཡུལ་རྒྱ་མཚོ་དང་ཆུ་ཀླུང་ཡིན། གཟུགས་ཀྱི་ལུས་སྨད་སྦྲུལ་དང་ལུས་སྟོད་མིའི་རྣམ་པ་ཅན་ཞིག་ཡིན་པར་བཤད་པའི་ཀླུ་ཞེས་པའང་གདོད་མའི་སྤྱི་ཚོགས་ཀྱི་སྐབས་དེར་གཙོ་བོ་མཚོ་མཚེའུ་དང་། གཙང་པོའི་འགྲམ་རྒྱུད་དུ་འཚོ་བ་རོལ་ཏེ་སྦྲུལ་དང་ཉ་སོགས་རང་ཉིད་ཀྱི་ཀླུས་བླར་འཛིན་པའི་གནའ་མིའམ་ཚོ་པ་དེ་དག་ལ་ཀླུ་ཞེས་མིང་གིས་ཐོགས་པ་ཡིན་པར་སྙམ།

《བོད་ལྗོངས་སློབ་གྲྭ་ཆེན་མོའི་རིག་དེབ།》༢༠༡༡ལོའི་དེབ་བཞི་པ་ལས་བཏུས།

༄༅། །གཡང་དང་འབྲེལ་ཏེ་བོད་ཀྱི་ཚོ་ག་དང་ཡུལ་སྲོལ་འགའ་གླེང་བ།

དབང་ཆེན་ཚེ་རིང་།

གཡང་ཞེས་པའི་ཐ་སྙད་འདི་ང་ཚོས་དུས་རྒྱུན་གྱི་འཚོ་བའི་ཁྲོད་མང་དུ་ཐོས་ཀྱིན་ཡོད་ལ། བོད་མི་ཞིག་ཡིན་ཕྱིན་དེ་དང་ནམ་ཡང་ཁ་འབྲལ་དུ་མེད་པ་ཞིག་ཡིན། དེ་ལའང་ཆོས་ལུགས་ཚོ་གའི་ཕྱོགས་སུ་གཏོགས་པའི་གཡང་འབོད་གཡང་འགུགས་སོགས་དང་། སྔོན་མོའམ་ཡུལ་སྲོལ་གོམས་གཤིས་ཀྱི་ཕྱོགས་སུ་གཏོགས་པའི་ལོ་གཡང་སྣེར་སྲོལ་ཏེ་རིགས་ཆེན་པོ་གཉིས་སུ་དགར་ཆོག་པར་འདོད་ལ། ཁ་གསལ་བའི་སྒོ་ནས་བཤད་ན་གཅིག་ནི་གཡང་དེ་ཚུར་རང་དོས་སུ་འགུགས་ཐབས་བྱེད་པ་དང་། ཅིག་ཤོས་ནི་ཕར་སྐལ་བགོ་བ་ལྟར་དུ་སྦྱིན་པའི་རིགས་གཉིས་སོ། །གཡང་འབོད་དང་གཡང་འགུགས་སམ། བོན་གྱི་ཡིག་ཆ་ལས་བྱུང་བའི་གཡང་བླན་ནམ་གཡང་ལྡོན་ཞེས་པ་རྣམས་དོན་གཅིག་མཚུངས་སུ་སྣང་སོད། གཡང་ཞེས་པ་འགྲོ་བ་མིའི་ཐད་ནས་བཤད་ན་དངོས་པོའི་ནང་གི་མི་མངོན་པའི་ནུས་པའི་ཆའམ་དེ་འགྲུབ་པར་བྱེད་པའི་རྐྱེན་ཞིག་གམ་ཡང་ན་ཕན་འདོགས་པའི་དགེ་བ་ཡོན་ཏན་གྱི་རྒྱུ་ཐམས་ཅད་ལ་འཇུག་པར་སེམས[1]ཞེས་པ་ལྟར། དོན་གྱིས་ཀྱང་མིང་འདི་དོན་མང་པོ་ཞིག་ལ་འཇུག་སྟེ། དག་ཡིག་གསར་བསྒྲིགས་ལས"གཡང་ཞེས་པ་རྒྱུ་ནོར་ལོངས་སྤྱོད་སོགས་ཀྱི་མིང་དུ་འདོད་པ་དང་གཅིག ཕྱུག་པོ་ཡོང་ཆེད་འདོན་པའི་ཚོ་ག་སྟེ་ཕྱུ་གཡང་ཞེས་པ་དང་གཉིས། གསུམ་ནི་བཀྲ་ཤིས་བདེ་ལེགས་ཞུ་བའི་ཚིག་གི་མིང་སྟེ། དཔེ་ལ་ཁ་གཡང་འབོད་པ་སོགས་བཀོད་ཡོད།"[2] མཆན་གཞན་དག་སྐབས་བབ་ཀྱི་བརྗོད་བྱ་དང་ཐད་ཀར་འབྲེལ་བ་མེད་པས་འདིར་མི་སྤྲོ། བོད་རང་ལ་ཐ་སྙད་འདི་དང་འབྲེལ་བའི་ཚོ་ག་དང་གོམས་སྲོལ་ཡང་མི་ཉུང་བ་ཞིག་ཡོད། ལར་གཡང་འབོད་དང་གཡང་འགུགས་ཀྱི་ཚོ་ག་བྱེད་དགོས་པའི་རྒྱུ་མཚན་ནི་རྒྱུ་དངོས་དང་ཟས་ནོར། བསོད་ནམས་དང་ལོངས་སྤྱོད། དཔལ་འབྱོར་སོགས་ལེགས་ཚ་མཐའ་དག་རང་དོས་སུ་ལེན་པའི་ཆེད་དུའོ། །[3] ཞེས་པ་ལྟར། དང་པོ་འབྲོག་ཁུལ་གྱི་གཉེན་སྒྲིག་ཚོ་ག་ལས་གཡང་འབོད་ཀྱི་སྐོར་ཕྲན་ཙམ་བཤད་ན། གཉེན་ཚང་གིས་གྲྭ་ རྟགས་གང་རུང་ཞིག་ཞུས་ནས་ཕྱུ་གཡང་འགུགས་པར་བྱེད་ལ། ས་གཞི་གཙང་མ་ལ་འབྲུས་གཡུང་དྲུང་རིས་བཀོད་པའི་སྟེང་ཕྱུ་སྨམ་ཕྱུ་རྫས་ཀྱིས་བཀངས་པར་ཕྱུ་མདའ་དར་སྣས་བརྒྱན་པ། ཕྱུ་ཁུག་འབྲུ་སྣ་ཚོགས་ཀྱིས་བཀང་བ། ཕྱུ་

ཕོར་མར་ཁྱུས་གཏམས་པ། ཕྱྭ་རྟེན་རིན་པོ་ཆེའི་རིགས་གང་འཛོམས་སོགས་མདོས་ཆ་རྣམས་ལེགས་པར་བཀྲམ། གསེར་སྐྱེམས་དང་བཏན་ཆས་གཡུ་ཕུད་ཀྱིས་ཕྱྭ་གཡང་འགུགས།[4] ཞེས་བསྟན་ཡོད་པ་ལྟར། སྔ་མར་བོད་ཀྱི་ཡུལ་ཁམས་ཀུན་ཏུ་གཡང་འགུགས་ཀྱི་ཆོ་ག་སྤེལ་དུས་སྟ་གོན་བྱེད་ཚུལ་དེ་འདྲ་ཞིག་ཡིན་པར་མཐོང་།

འདིར་དཔེ་འགའ་བཀོད་ན། 《ནོར་ལྷ་གཡང་འབོད》དང《གཡང་འབོད་བཀྲ་ཤིས་ཕུན་ཚོགས་འཁྱིལ་བ》《གེ་སར་གཡང་འབོད》《རྣམ་སྲས་གཡང་འགུགས》《འབྲུའི་དཀོར་མཛོད་དང་འབྲུ་དང་ལོངས་སྤྱོད་སྤེལ་བའི་གཟུངས》ལྟ་བུ་སོགས་མང་སྟེ། ད་ལྟའི་ཆར་ཨ་མདོའི་ཕྱོགས་སུ་སྒྲོལ་མའི་གཡང་འབོད་ཅེས་པའི་ཆོ་ག་གཙོ་བོར་སྤེལ་གྱིན་ཡོད་དེ། འདིར་མདོ་ཙམ་བཀོད་ན། “དེ་ཡང་ཇི་སྐད་དུ། ཀྱེ་རྒྱལ་བ་ཀུན་གྱི་འཕྲིན་ལས་རྣམས། །གཅིག་བསྡུས་བླ་མ་རྗེ་བཙུན་མར། །གུས་པ་ཆེན་པོས་གསོལ་བ་འདེབས། །བྱིན་རླབས་དངོས་གྲུབ་སྩལ་དུ་གསོལ། །དབུ་རྒྱན་འོད་ཀྱི་ཕྲེང་བ་ཡིས། །སྟེང་ཕྱོགས་ལྷ་ཡི་གཡང་ཁུག་ཅིག །སྐྱོག་དང་འདྲ་བའི་སྤྱན་གཉིས་ཀྱིས། །བར་གྱི་མི་ཡི་གཡང་ཁུག་ཅིག །གཡས་བསྐུམས་གཡོན་བརྐྱངས་ཞབས་གཉིས་ཀྱིས། །འོག་ཕྱོགས་ཀླུ་ཡི་གཡང་ཁུག་ཅིག །མཆོད་སྦྱིན་སྐྱབས་སྦྱིན་ཕྱག་རྒྱ་ཡིས། །མཆོག་ཐུན་དངོས་གྲུབ་གཡང་ཁུག་ཅིག །རིན་པོ་ཆེ་ཡི་རྒྱན་མང་གིས། །འདོད་རྒུའི་ལོངས་སྤྱོད་གཡང་ཁུག་ཅིག །ལྷ་རྫས་དར་གྱི་ན་བཟའ་ཡིས། །ཚུལ་ཁྲིམས་དག་པའི་གཡང་ཁུག་ཅིག །རིགས་བདག་ཚེ་དཔག་མེད་མགོན་གྱིས། །འཆི་མེད་ཚེ་ཡི་གཡང་ཁུག་ཅིག །ཉེར་གཅིག་ལྷ་མོའི་ཚོགས་རྣམས་ཀྱིས། །འཕྲིན་ལས་སྣ་ཚོགས་གཡང་ཁུག་ཅིག །”ཅེས་མདའ་དར་གཡུགས་ཀྱིན་གྲོ་ནས་འབྲས་གསུམ་ཁྱིམ་དུ་གཏོར་ཏེ་གཡང་འབོད་བྱེད་པ་དང་། དེ་རྗེས་བག་མ་དེ་སྤྲའི་མོ་ཁྱིམ་གྱི་མར་སྐྱིད་འགྲམ་དང་ཁང་པ་ཡིན་ན་ཨ་ཞང་དག་ལས་ས་བབ་དམའ་བའི་གནས་ཤིག་ཏུ་འདུག

གཞན་ཡང་བག་སྟོན་གྱི་སྐབས་སུ་བུ་མོའི་གཡང་ལེན་པ་ནི་བོད་ཁམས་ཀུན་ཕལ་ཆེར་ཆ་མཐུན་ལ། ཨ་མདོའི་ཕྱོགས་སུ་བག་སྟོན་གྱི་སྐབས་སུ་འབྲོག་ཕྱོགས་ལྟར་ན་ཨ་ཞང་ཚང་གིས་བག་མ་སྐྱེལ་ཁར་བསང་མཆོད་སོགས་ཀྱི་ཆོ་ག་ཇོགས་རྗེས། མི་ཁ་ལས་དགེ་ཞིང་ཁ་དམེ་ཕོག་མ་མྱོང་བ་ཞིག་གིས་བག་མའི་རྟ་ཁ་ཁྲིད་དེ་དྲིན་ཆེན་ཕ་མ་གཉིས་གཙོ་བྱས་པའི་ཕ་ཁྱིམ་སྟེ་སྦྲ་ཁྱིམ་ལ་གཡས་སྐོར་གསུམ་བྱེད་པ་དང་། རོང་ཕྱོགས་ལ་མཚོན་ན་ཕ་ཁྱིམ་གྱི་ཁང་པའི་དཀྱིལ་ཀ་དང་། ཡང་ན་མཆོད་ཁང་གི་དཀྱིལ་ཀར་གཡས་སྐོར་ལན་གསུམ་བྱེད་པ་དང་། ཐེངས་རེ་རེ་བཞིན་དུ་དྲིན་ཆེན་མ་ཡོས་བུ་མོའི་མིང་ནས་བོས་ཏེ། དཔེར་ན། “ཨ། བདེ་ཆེན། གཡང་ཞིག་ཡོད་ན་ཨ་མར་བྱིན། སྐྱིད་ཅིག་ཡོད་ན་རང་གིས་ཁྱེར”ཞེས་འབོད་པ་དང་། དེའི་ལན་དུ་བག་མས་མིག་མཆི་མ་དང་མགྲིན་པ་བརྣངས་བཞིན། “འོ་ཡ་ཡ”ཞེས་ལན་བསྐྱོན། ཁམས་ཕྱོགས་ནས་བུ་མོའི་གཡང་ལེན་དུས་བག་མའི་ཨ་མས“མི་གཡང་མི་ལ་མ་

ཁྱེར་ཨ་མ་རང་ལ་ཞོག སྐྱིད་ཉི་མ་གཉིས་ཀ་ཁྱོད་ཀྱིས་ཁྱེར་ཞེས་ཟེར་རོ། །"[5] གཞན་ཡང་བོད་ཀྱི་སྐར་རྩིས་ལས་ཀྱང་རང་རང་ནོར་གྱིས་གཡང་དུས་ལ། །ཕར་གཏོང་ངན་ལ་ཚུར་ལེན་བཟང་། །ཕྱུ་གཡང་ལ་སོགས་འགུགས་པ་བཟང་ཞེས་བསྟན་ཡོད་ལ། དཔེ་ཙམ་བཀོད་ན་བོད་ཟླ1པའི་ཚེས20ཉིན་ཟས་ཅྱིན་ན་གཡང་ཉམས་ཞེས་པ་དང་། བོད་ཟླ12པའི་ཚེས11ཉིན་བག་མ་གླངས་ན་གཡང་ཉམས། བོད་ཟླ7པའི་ཚེས25ཉིན་འབྲུ་བཙོང་ན་གཡང་ཉམས་ལ་སོགས་པ་མང་ལ། ཉིན་དེ་དག་ལ་གཡང་ཉམས་པར་དོགས་པས་ཟས་གཞན་ལ་སྤྲེར་བ་དང་། བག་མ་ལེན་པ། འབྲུ་བཙོང་བ་སོགས་ཀྱི་ལས་ག་ཅང་འཛེམ། དེ་ལས་ང་ཚོས་ཡང་བསྐྱར་ངེས་ཤེས་ཤིག་འདྲོངས་ཐུབ་པ་ནི་གཡང་ཞེས་པ་དེ་ནམ་ཡང་ཚུར་རང་གི་ཁྱིམ་དང་རང་གི་ཕྱོགས་སུ་འགུགས་ཐབས་བྱེད་པ་དང་། དེ་ཤོར་བར་ག་ཅང་འཛེམ་པ་དེའོ། །

གཞན་རྟགས་དང་སྟོན་མོ་དང་དུས་སྟོན་གྱི་ཕྱོགས་ནས། བོད་གངས་ལྗོངས་འདིར་ཡང་རང་གི་ལོ་རྒྱུས་དང་རིག་གནས། འཚོ་བ་དང་ས་བབ། གནམ་གཤིས་སོགས་ལས་གྲུབ་པའི་ཐུན་མིན་གྱི་དུས་སྟོན་མང་པོ་བྱུང་ཡོད། དེ་ལས་ལོ་གསར་ནི་ལོ་འཁོར་གཅིག་ནང་གི་དུས་སྟོན་ཆེས་རྒྱུས་ཤོས་དང་གཏོང་ཡུན་ཡང་ཆེས་རིང་བའི་དུས་སྟོན་དེ་རེད། བོད་ཆོལ་ཁ་གསུམ་གྱི་ཡ་གྲལ་ཨ་མདོ་ཕྱོགས་ཀྱི་བོད་རིགས་ཚོས་ཀྱུ་ལོ་སྔེ་ཧོར་ཟླ་དང་ཕོར་ལོ་སར་གཏོང་། དེ་ནི་ཨ་མདོའི་རོང་འབྲོག་ཀུན་ཆ་འདྲ་བ་རེད།

ལར་བོད་མདོ་དབུས་ཁམས་གསུམ་ལས་ཨ་མདོའི་ཡུལ་འདི་གནའ་ནས་བོད་ཤར་ཕྱོགས་ཀྱི་མཐའ་མཚམས་ཡིན་པས་མི་རིགས་མང་པོ་ཞིག་དང་འདབས་འབྲེས་ནས་ཆགས་ཡོད། དེའི་ཁོངས་ལས་མཚོ་སྔོན་ས་ཆར་མཚོན་ན་འདང་ས་རྒྱ་ཆེ་ལ་གནའ་ནས་མི་རིགས་མང་པོ་འདུས་སྡོད་ཀྱི་ས་ཁུལ་ཞིག་ཡིན་པས། ས་དེ་གར་ཡང་མི་རིགས་ཕན་ཚུན་འབྲེལ་འདྲིས་བྱུང་བ་དང་བསྟུན། ཕན་ཚུན་བར་རིག་གནས་སོགས་ཀྱི་ཤན་ཞུགས་པས། མཚོ་སྔོན་ཕྱོགས་ཀྱི་བོད་རིགས་ལ་བོད་ཁུལ་གཞན་དག་དང་འདྲ་བར་རང་རྒྱ་འཕེར་བའི་ས་ཁུལ་རིག་གནས་ཁྱད་པར་བ་ཞིག་གྲུབ་སྟེ། དེ་ན་མཚོ་སྔོན་ས་ཆའི་བོད་རིགས་རང་ངོས་ནས་ཀྱང་རོང་འབྲོག་སོགས་འཚོ་བ་རོལ་སྟངས་ཀྱི་དབང་གིས་ཀྱང་ཞིང་ཕྱུགས་ཀྱི་རིག་གནས་གཉིས་གྲུབ་ཡོད་ལ། དེ་དང་གཞི་འབྲེལ་ཏེ་གོམས་སྲོལ་ཡང་མི་འདྲ་བ་མང་པོ་ཞིག་མངོན་ཡོང་། དེ་ན་འདིར་མཚོ་སྔོན་རོང་ཁུལ་གྱི་ལོ་སར་རོལ་སྟངས་ལས་ལོ་གཡང་སྐོར་མདོ་ཙམ་བཤད་ན། ཨ་མདོ་སྤྱིའི་ལོ་སར་གཏོང་བའི་དུས་ཚོད་ནི་ས་ཆ་ཀུན་དུས་གཅིག་ཏུ་ཁེལ་ཡོད་ལ། ལོ་སར་གཏོང་ལུགས་ཀྱང་མི་འདྲ་ས་ཆེར་མེད་མོད། ཡིན་ནའང་ཞིབ་ཕྲ་འཇྱེད་ན་དེ་ལའང་ཁྱད་པར་ཐོན་ཡོང་སྟེ། སྤྱིའི་ཆ་ནས་རོང་འབྲོག་གི་ཁྱད་པར་དང་། བྱེ་བྲག་ལྟར་ན་ས་ཁུལ་སོ་སོ། དེ་ལས་ཀྱང་ཞིབ་ཏུ་འབྱེད་ན་ལུང་པ་རེ་རེར་ཁྱད་པར་ཡོད་པས། འདིར་རོང་འབྲོག་གཉིས་སུ་ཕྱེས་པའི་རོང་ཕྱོགས་དང་། ས་ཁུལ་བྱེ་བྲག་ཏུ་ཕྱེས་པའི་མཚོ་

སྔོན་གྱི་ཕྱོགས། དེ་ལས་ད་དུང་བྱེ་བྲག་ཏུ་དགར་ན་ཡུལ་དཔའ་ལུང་ས་ཆ་གཙོ་བྱས་པའི་མང་འབབ་བྱ་གསུམ(རོང་ཁུལ)དང་། གཙན་ཚ། ཞོན་ཧྲ། ཁྲི་ཀའི་ས་ཆ་ཁ་ཤས། ཁྲོ་ཚང་སོགས་ཡིན་ལ། འདི་དག་ལས་མངོན་པའི་ཐུན་མོང་གི་ཆ་ནི་ཡོད་ཚད་ཨ་མདོའི་རོང་ཁུལ་དུ་གཏོགས་པ་དང་། ལས་ཀ་གཙོ་བོ་ཞིང་ལས་གཉེར་བ། ས་ཆ་སོ་སོ་འདབས་འབྲེལ་དུ་ཆགས་ཡོད་པ། དེ་མིན་ཡང་རྐྱེན་མང་པོ་ཞིག་གིས་ས་ཆ་གཅིག་ནས་ཡུལ་སོ་སོར་མཆེད་པ་དང་གནས་སྤོ་བྱས་པ་ཡིན་པས་སྔར་གྱི་གོམས་སྲོལ་མང་པོ་ཞིག་ད་དུང་ཉམས་མེད་པས་གཅིག་མཐུན་དུ་གྲུབ། དེ་ན་འདིར་ས་ཁུལ་འདི་དག་གི་ལོ་སར་གཏོང་སྲོལ་ལས་གཞི་མཐུན་དུ་མངོན་པའི་ལོ་གཡང་འབོད་སྲོལ་དེ་རགས་ཙམ་བཤད་ན།

ཤར་བོད་མི་རིགས་ལ་མཚོན་ན་བྱ་བ་ཅི་བགྱིས་ཀྱང་རྟགས་དང་རྟེན་འབྲེལ་བརྟག་པར་དགའ་བ་དང་། ཡ་རབས་གུས་ལུགས་དང་ལྡན་པ་སོགས་ཀྱི་སྲོལ་བཟང་མང་པོ་ཞིག་རིག་གནས་ཀྱི་གཞི་རྐང་དུ་གྲུབ་ཡོད་པས། མི་གཤིས་དྲང་བ་དང་བག་ཡོད་ཡ་རབས་ཡིན་པ། གུས་སྲོལ་ཆེ་བ། ཚིག་རྒྱུབ་སོགས་སྨྲ་བར་འཛེམ་ལ། ལྷག་པར་དུ་ལོ་སར་སོགས་བཀྲ་ཤིས་དུས་བཟང་གི་ཉིན་མོར་དེ་བས་ཀྱང་འཛེམ། ལོ་སར་ཚེས་གཅིག་གི་ཉིན་མོར་རྒན་དར་གཞོན་གསུམ་ཀུན་གྱིས་སོ་སོ་ཕན་ཚུན་བར་ལ་ལོ་སར་གྱི་འཚམ་འདྲི་དང་། ཁྱོད་བཀྲ་ཤིས་ཁ་དྲོ་དོན་འགྲུབ། ཚེ་རིང་སོགས་ཀྱི་ཁ་གཡང་འབོད། དེ་དང་ཆ་འདྲ་བར་མཚོ་སྔོན་རོང་ཁུལ་དུ་ལོ་སར་གཏོང་དུས་སྡེ་བའི་ནང་ཁུལ་དང་། སྡེ་བ་གཞན་དག་ན་ཡོད་པའི་རང་གི་ཕ་ཨ་ཁུ་དང་ཞ་ཉེ་རིང་སོགས་ལ་ལོ་སར་དུ་འགྲོ་བ་དང་། ལོ་སར་ལ་འགྲོ་དུས་ཀྱང་རང་སྡེ་བའི་ནང་གི་ལོ་ལོན་རྒན་པ་དག་ལ་སྔ་མར་འགྲོ། རྒན་པ་དག་གིས་ཚ་ཐབ་སྟེང་དུ་སྡེར་ཁ་གྱ་ནོམ་པ་བསྒྲིགས་ཏེ། ལོ་སྐྱལ་སོགས་འཁྲིས་སུ་བཞག་ནས་ལོ་སར་ལ་ཡོང་མཁན་དག་ལ་སྦྱོད་རྒྱུར་གྲ་སྒྲིག་བྱེད། གཞོན་པ་དག་ནས་རང་ལས་རྒན་པའི་ལོ་ལོན་ཆེ་ལོ་ཐར་བ་དག་ལ་ཕྱག་འཚལ་སོགས་བྱས་ཏེ། བསོད་ནམས་ཀྱི་དགེ་བ་གསོག་ལ། རྒན་པ་དག་ནས་ཀྱང་གཞོན་པ་རྣམས་འདབ་ལག་རྒྱས་པར་བཀྲ་ཤིས་པའི་ཁ་གཡང་འབོད།

དཔེ་ཙམ་བཀོད་ན། “ཡ། ད་གནམ་ལོ་གསར་བ་འདིའི་ནང་ལ་ཁྱོད་ཀྱི་ཁ་བསོད་རླུང་རྟ་དར། ཁྱོད་ཚེ་རིང་། ལོ་བརྒྱ་ཐུབ། ཁྱོད་ཕ་མའི་ཁ་གསོ་ཉན་ར། འགྲོ་རྟ་ཐོག་དང་། འདུག་གདན་ཐོག”ལ་སོགས་པའི་བཀྲ་ཤིས་པའི་ཁ་གཡང་དང་མཉམ་དུ་ལོ་གཡང་སྐྱེར། གཞོན་པ་དག་ནས་ལོ་གཡང་བླངས་ཏེ་རང་གི་ཏུམ་ལ་འཇུག ལོ་གཡང་འབོད་པའི་རྒན་པ་དག་ཕལ་ཆེར་དགུང་ལོ་དྲུག་བཅུ་བརྒལ་བ་དག་ཡིན་ལ། ལོ་ལྔ་བཅུ་དང་ལྔ་བཅུ་ནང་གི་རྒད་པོར་ཕྱག་འཚལ་ཞུ་བ་ཉུང་། རང་གི་ནང་ནས་བུ་ཕྲུག་དག་གིས་ཕ་མ་ལོ་ལྔ་བཅུ་ལོན་པ་དག་ལ་ཕྱག་འཚལ་ཞུ། ལོ་གཡང་སྐྱེར་སྐབས་ཁ་གཡང་དེའང་ལོ་ལོན་རྒྱས་པ་དག་གིས་མ་གཏོགས་འབོད་སྲོལ་མེད། གཞོན་པ་ཚོས་ཕྱག་འཚལ་དུས་རྒན་པ་དག་ནས་ཕྱག་འབུལ་

བྱེད་པར་འགོག་སྟེ། གོས་གཟབ་མཚར་སྤྲས་ཏེ་ཕྱག་འཚལ་ན་གོས་ཡག་པ་རྫོབ་པོར་ཆགས་འགྲོ་ཞེས་ཕྱག་འབུལ་བྱས་ན་མི་ལེགས་ཚུལ་སོགས་ཁེངས་སྐྱུང་གི་ཚུལ་གྱིས་སྨྲ་ལ། དངོས་ནས་འགོག་ཐབས་མ་བྱུང་ཚེ་གཞོན་པ་ཚོས་ཕྱག་འབུལ་བྱེད་དུས་རྒན་པ་དག་ནས་བཀྲ་ཤིས་སྨོན་འདུན་བཟང་པོའི་ཁ་གཡང་འབོད།

ལོ་སར་གཏོང་དུས་ལོ་ལོན་ལ་ཕྱག་འབུལ་བྱེད་པ་ནི་མཚོ་སྔོན་རོང་ཁུལ་གྱི་བོད་རིགས་རྣམས་ཀྱི་ཐུན་མོང་མ་ཡིན་པའི་གོམས་སྲོལ་ལེགས་པོ་ཞིག་ཏུ་མཐོང་སྟེ། སྤྱིར་གུས་ཞབས་ཞེས་པ་ནི་སྐྱེ་བོ་དྲག་ཞན་མཐོ་དམན་སུ་ཡིན་ཅུང་ཕན་ཚུན་འབྲེལ་བ་བྱེད་སྐབས་ཀྱི་རྣམ་འགྱུར་དང་། སྐད་ཆ་བཤད་སྟངས། ཚུར་བསུ་ཕར་སྐྱེལ་སོགས་ཀྱི་སྤྱོད་བཟང་ལ་ཟེར་ཞིང་། འགྲོ་བ་མིའི་རིགས་ཀྱི་མི་གཤིས་འཇལ་བའི་དྲང་བདེན་གྱི་ཐིག་ཤིང་ཞིག་ཡིན། ལོ་རྒྱུས་ཀྱི་འཕོར་ལོ་ཇི་ལྟར་སྔོན་དུ་བསྐྱོད་ནའང་མིའི་རིགས་ལ་ལྟུན་དགོས་པའི་ཡ་རབས་གུས་ཞབས་ཀྱི་སྙིང་པོ་ལ་གཏན་དུ་འགྱུར་བ་ཡོད་མི་ཅུང་། གལ་ཏེ་སྐྱེ་བོ་གང་ཞིག་ལ་རྒྱུ་དབང་ཐང་དང་། བློ་རིག་པ། གདོང་བྱད་བཞིན་སོགས་ཀྱི་དགེ་མཚན་ཅི་འདྲ་བརྟས་ནའང་། དེ་ལ་ཡ་རབས་གུས་ཞབས་ཀྱི་རྩ་བའི་ཁྲུད་ཆོས་དང་བྲལ་ཏེ་ལུས་ངག་ཡིད་གསུམ་དག་ནག་ནོག་གི་དྲི་མས་བསླད་ན། ཁོ་ལ་མངའ་བའི་བྱེ་བྲག་གི་ཁྱད་ཆོས་དག་ནི་སྙིང་པོ་བྲལ་བས། འཇིག་རྟེན་པས་དགའ་བསུ་དང་གོང་བཀུར་གཏན་ནས་འཐོབ་མི་སྲིད་པ་རེད།

དེ་བས་བོད་མི་རིགས་ལ་མཚོན་ན་ཕྱི་ནང་གི་རྣམ་པ་གང་གི་སྟེང་ནས་ཀྱང་ཡ་རབས་གུས་ཞབས་ཀྱི་ཆ་ཅུང་ཟད་འཕྲུས་ཚང་ཞིག་ཡོད་པ་རེད། ལར་ལོ་གཡང་སྟེར་བའི་སྲོལ་འདི་ཡུལ་གྱི་ཆ་ནས་མཚོ་སྔོན་རོང་ཁུལ་གཅིག་པུ་དང་། དགའ་སྟོན་གྱི་ཆ་ནས་ལོ་སར་གཅིག་པུར་ཡང་མཐའ་གཅིག་ཏུ་མ་ངེས་ཏེ། ཅིའི་ཕྱིར་ཞེ་ན། བོད་པ་ཞིག་ཡིན་ཕྱིན་མི་ཚེ་གཅིག་ནང་སྟོན་མོ་བཞི་ཡོད་དེ། དང་པོ་བཙས་སྟོན། བར་དུ་མནོལ་སྟོན། དེ་ནས་གཉེན་སྟོན། ཐ་མར་ཤུ་སྟོན་སོགས་དེ་རེད། དེ་ལས་ཤུ་སྟོན་ནི་མི་ཚེ་གཅིག་ནང་གི་ཆེས་མཇུག་མཐའི་སྟོན་མོ་ཡིན་པས། བོད་མི་དག་གིས་དེ་ཏ་ཅང་གཙིགས་ཆེར་འཛིན་ལ། རང་རང་ཁྱིམ་ཚང་སོ་སོའི་ཆ་རྐྱེན་ལྟར་སྟོན་མོ་གཟབ་རྒྱས་བྱེད། ཤུ་སྟོན་བྱེད་དུས་རོང་འབྲོག་ཀུན་ཆ་འདྲ་བར་སྟོན་མོར་ཡོང་བ་དག་གིས་ལོ་ལོན་དེར་ཕྱག་འཚལ། ལོ་ལོན་དག་གིས་ཀྱང་བཀྲ་ཤིས་རྟེན་འབྲེལ་བཟང་པོའི་ཁ་གཡང་འབོད་ཀྱིན་དཀར་ཡོལ་ནང་དུ་གྲོ་ནས་འབྲས་གསུམ་དང་། གྲོ་མ་ཀར་སིལ་སོགས་ལོ་གཡང་བླུགས་ནས་སྟེར་བར་བྱེད། མི་འདྲ་ས་ནི་འབྲོག་ཕྱོགས་ལྟར་ན་ལོ་སར་སྐབས་སུ་ཤུ་སྟོན་བྱེད་པའི་རྒན་པོ་མ་གཏོགས་རོང་ཕྱོགས་ལྟར་རང་གི་ཕ་མ་སོགས་གཙོ་བྱས་པའི་རྒན་གྲས་གཞན་དག་ལ་ཕྱག་འཚལ་བའི་སྲོལ་མེད་པ་དེའོ། །

སྤྱིར་གཡང་ཞེས་པ་ནི་ཀུན་གྱིས་ཚུར་འགུགས་ཐབས་ལ་བརྩོན་པ་ཞིག་ཡིན་མོད། མཚོ་སྔོན་རོང་

ཁྲུལ་གྱི་ལོ་སར་དང་། བརྒྱད་ཅུའི་ཀྱ་སྟོན་སོགས་ཀྱི་སྐབས་སུ། རྒན་པོ་དག་ནས་ལོ་གཡང་སྙེར་བ་དེར་ཇི་ལྟར་འགྲེལ་ཟེར་ན། རང་ཉིད་ཀྱི་བསམ་ཚུལ་ཞིག་ལ་དེ་ནི་བོད་མིའི་རིན་ཐང་ལྡ་བའི་ཤན་ཤུགས་རེད་འདོད། གང་ཡིན་ཞེ་ན། བོད་ཀྱི་དམངས་ཁྲོད་དུ་འཇིག་རྟེན་ཆོས་ཉིད་སྐོར་གྱི་གཏམ་དཔེ་ཡང་མི་ཉུང་བ་ཞིག་ཡོད་དེ། དཔེར་ན། འཇིག་རྟེན་འཁོར་བར་མཐའ་མེད། འགྲོ་དྲུག་སེམས་ཅན་ལ་སྐྱིད་མེད་ཅེས་པ་དང་། ནམ་འཆི་མི་ཤེས་སྐྱིད་ཅིག འཆི་བའི་ཉིན་མ་སྡུག་ཅིག སྐྱིད་ན་ནམ་མཁའི་བྱ་ཡང་འཁོར། སྡུག་ན་རང་གི་བུ་ཡང་བྲོས། སྐྱིད་ཀྱི་རེ་བྱུས་ཀྱང་། སྡུག་གི་འཕྲང་ལས་མི་ཐར། ཚེ་འདི་ལས་ཕྱི་མའི་ཕུ་ཐག་རིང་སོགས་འཇིག་རྟེན་གྱི་ཆོས་ཐམས་ཅད་མི་རྟག་འགྱུར་བའི་ངོ་བོ་ཡིན་པས་སྙིང་པོ་ཆེར་མེད་པའི་གནས་ལུགས་ཟབ་མོ་བསྟན་ཡོད། ཚེ་ལོ་མཐར་ཕྱིན་པའི་བོད་ཀྱི་བརྒྱད་ཅུའི་རྒན་པོ་དག་ལ་མཚོན་ན་འཇིག་རྟེན་འཁོར་བའི་སྐྱིད་སྡུག་ཀུན་མྱངས་ཡོད་པས། དགུང་ལོ་བརྒྱད་ཅུར་སོན་ཏེ་ད་དུང་འཇིག་རྟེན་གྱི་རྒྱུ་ནོམ་པའི་ལོངས་སྤྱོད་དང་། ཁ་ཟེ་དབང་ཐང་ལ་སོགས་པར་ཞེན་ཆགས་དང་བློས་མི་ཐོངས་མཁན་སོགས་ཤིན་ཏུ་ཉུང་ལ། དེ་ལས་ལྡོག་སྟེ་ཀུན་གྱིས་ཚེ་ཕྱི་མའི་ཕུ་ཐག་རིང་བའི་ཕྱིར་ཁ་བཏོན་དགེ་སྦྱོར་ལ་སོགས་པའི་རྣམ་དཀར་གྱི་ལས་ལ་བརྩོན་གྱིན་ཡོད། ཀྱ་སྟོན་གྱི་སྐབས་སུ་ལོ་གཡང་སོགས་སྙེར་བ་དང་བཀྲ་ཤིས་པའི་ཁ་གཡང་འབོད་པ་དེ་ཡང་འདི་ལས་མ་འདས་པས། འདི་ནི་རང་ཅག་གངས་ཅན་པ་དག་གི་ཐུན་མིན་གྱི་ཡུལ་སྲོལ་གོམས་གཤིས་ཤིག་ཏུ་བརྩི་ཆོག

གཞན་དུས་སྟོན་གྱི་ཕྱོགས་ནས་ད་དུང་བོད་མདོ་ཁམས་འབའ་ཐང་ཕྱོགས་སུ་ལོ་རེའི་ཟླ་བ་དགུ་པའི་ཟླ་སྟོད་ལ་གཡང་ལོ་ཞེས་པའི་དུས་སྟོན་ཆེན་པོ་ཞིག་གཏོང་སྲོལ་ཡོད། ཟླ་དགུ་པའི་ཟླ་སྟོད་ལ་ཁྱིམ་ཚང་ཀུན་གྱིས་གཡུལ་བཅག་ཚར་ཡོད་ལ། ལོ་ཏོག་གསར་པ་བསྡུས་ཡོད་པས། ཡུལ་མི་ཀུན་གྱིས་སེམས་པ་ལོ་ལེགས་ལོན་པའི་དགའ་སྤྲོས་བརྟས་ཏེ། ལུས་ལ་དུས་སྟོན་གྱི་གཟབ་མཆོར་སྤྲས་ཏེ། བཟའ་བཅའ་རོ་བཅུད་ལྡན་པ་དག་ཁྱེར་ནས་བོང་བུ་ལ་སྦྲ་གུར་དང་བུད་ཤིང་སོགས་བཀལ་ནས། མཁར་ནུབ་ཀྱི་འབབ་ཆུ་གཙང་པོའི་འགྲམ་དུ་ཐབ་རྫ་བསྒྲིགས་ཏེ། འབའ་གཞས་དང་སྒོར་བྲོ། བོད་ཀྱི་བློས་གར་སོགས་འཁྲབ་སྟེ་སྐྱེ་ཚོགས་པ་ནས་ས་རུབ་རག་བར་དུ་སྦྲ་གུར་དང་ཇ་ཆང་སོགས་ཀྱི་དགའ་སྟོན་ལ་རོལ། དེ་ལས་ཀྱང་ཐུན་མོང་མ་ཡིན་པ་ཞིག་ནི་དྲོས་ཇའི་དུས་སུ་རླངས་ཚགས་ལ་མོག་མོག་སྒོར་སྒོར་ཆེན་པོ་ཞིག་བཙོས་ཏེ། ཁྱིམ་མི་གང་པོས་མཉམ་དུ་ཟ་བ་དེ་ཡིན། ཁོ་ཚོས་བཤད་སྲོལ་ལྟར་ན་དེ་ནི་མཐུན་སྒྲིལ་དང་ལོ་ལེགས་འབྱུང་བ། ཁྱིམ་ལ་གཡང་འཁྱིལ་བ་སོགས་མཚོན་པ་ཡིན་ཟེར། དུས་སྟོན་དེ་ཟླ་བ་དགུ་པའི་ཟླ་སྟོད་ནས་ཟླ་དཀྱིལ་དུ་གཏོང་བ་དང་། གཏོང་ཡུན་ཅུང་རིང་བས་དེ་ཡང་བོད་ཀྱི་དུས་ཆེན་ཞིག་ཏུ་བགྲངས་ཆོག[6]

མདོར་ན་བོད་ཀྱི་གཡང་འགུགས་གཡང་འབོད་དང་། ལོ་གཡང་སོགས་ལ་འབྲེལ་བའི་ཚོ་ག་སྒྲུབ་ཚུལ་དང་དུས་སྟོན་རོལ་སྐབས་དེ་ནི་བོད་ཀྱི་ཐུན་མོང་མ་ཡིན་པའི་དམངས་སྲོལ་ཤུལ་བཞག་རིག་གནས

ཞིག་ཡིན་ལ། དེ་ལ་གཏིང་ཟབ་པའི་རིག་གནས་ནང་སྙིང་ཡོད་པས། དེ་གཙིགས་སུ་བཟུང་སྟེ་དེ་དང་འབྲེལ་ཡོད་ཀྱི་ཆོ་ག་ཕྱག་ལེན་དང་དུས་སྟོན་སོགས་ད་དུང་བརྟུ་བཤྲིགས་དང་དཔྱད་པ་མཛད་ན་མི་རིགས་རང་གི་སྲོལ་རྒྱུན་རིག་གནས་རྒྱུན་འཛིན་དང་དར་སྤེལ་སོགས་ལ་ཕན་པས་འདིར་རང་བློས་གང་དཔོག་གིས་གླེང་བ་ཙམ་མོ། །

མཆན།

[1] རྟ་མགྲིན་རྒྱལ། 《བོད་ཀྱི་གཡང་འགུགས་ཀྱི་ཆོ་ག་དང་དེའི་རིག་གནས་རྒྱུན་འཛིན་སྐོར་གླེང་བ།》 མང་ཚོགས་སྒྱུ་རྩལ། 2010ལོའི་དེབ་གསུམ་པ།

[2]《དག་ཡིག་གསར་བསྒྲིགས།》 མཚོ་སྔོན་མི་རིགས་དཔེ་སྐྲུན་ཁང་། 1989ལོ། ཤོག་ངོས728、729པར་གསལ།

[3] གཅན་ཙ་བཀྲ་རྡོ། 《དམངས་སྲོལ་རིག་པའི་སྤྱིན་དོན།》 ཀན་སུའུ་མི་རིགས་དཔེ་སྐྲུན་ཁང་། 2008ལོ། ཤོག་ངོས190པར་གསལ།

[4] ནམ་མཁའ་ནོར་བུ། 《ནམ་མཁའ་ནོར་བུའི་གསུང་རྩོམ་ཕྱོགས་བསྒྲིགས།》 ཀྲུང་གོའི་བོད་ཀྱི་ཤེས་རིག་དཔེ་སྐྲུན་ཁང་། 1994ལོ། ཤོག་ངོས197པར་གསལ།

[5] ཚེ་བརྟན་རྒྱལ། 《ཨ་མདོའི་གོམས་སྲོལ་ཕུང་བསྡུས།》 ཀན་སུའུ་མི་རིགས་དཔེ་སྐྲུན་ཁང་། 2010ལོ། ཤོག་ངོས59པར་གསལ།

[6] 尕藏才旦、格桑本：《雪域气息的节日文化》[M]，兰州：甘肃民族出版社，2000年，第112、13页。

《རྩེར་སྙིག》༢༠༡༡ལོའི་དེབ་བཞི་པ་ལས་བཏུས།

༄། །བོད་རྒྱ་ཧེན་གསུམ་གྱི་སྲོལ་རྒྱུན་རིག་གནས་ཁྲོད་དུ་སྤྱོད་པའི་བརྗ་ཆད་དེ། ཀླུ་དང་། "龙"ཀླུང་། འབྲུག སྦྲུལ། ནཱ་ག་བཅས་ཀྱི་གཤིབ་བསྡུར་དང་མཆེད་ཁུངས་སྐོར་གྱི་ཐོག་མའི་དཔྱད་པ།

ལྷག་པ་ཚེ་བརྟན།

མིག་སྔར་བོད་རིག་པའི་ཞིབ་འཇུག་ཁྱབ་ཁོངས་སུ་རིག་པ་སྨྲ་བ་ཕལ་ཆེ་བས་ཀླུ་དང་། "龙"ཀླུང་། འབྲུག སྦྲུལ། ནཱ་ག་བཅས་འཕྲེད་དེད་ཀྱིས་སྐད་དང་ས་ཚིགས་ཀྱི་ཁོར་ཡུག་དང་། དཀྱུས་དེད་ཀྱིས་ལོ་རྒྱུས་དུས་མཚམས་སོགས་ལ་མ་བལྟོས་མ་བརྟག་པར་ཚམ་ཚོམ་གྱིས་དེ་དག་གཅིག་ཏུ་འཚོལ་འགྲོ་བར་མ་བཟོད་པས་ཅུང་ཟད་དཔྱད་པར་ཞུགས་པ་ལ། དོན་རྣམ་པ་བཞི་སྟེ། དང་པོ། "龙"དང་། འབྲུག ཀླུ་བཅས་ཀྱི་ཚིག་དོན་དང་ཕན་ཚུན་འབྲེལ་བའི་སྐོར། གཉིས་པ། ཀླུང་རྟའི་སྙིང་གི་འབྲུག་དང་སྦྲུལ། བྱ་ཁྱུང་དང་ཀླུ་ཡང་ན་ནཱ་ག་དང་གྷ་རུ་ཌ་བཅས་ཀྱི་ཚིག་དོན་དང་ཕན་ཚུན་འབྲེལ་བའི་སྐོར། གསུམ་པ། འབྲུག་དང་ནཱ་ག ཀླུ། སྦྲུལ་བཅས་ནང་ཕན་ཚུན་གྱི་འབྲེལ་བའི་སྐོར། བཞི་པ། ཀླུ་དང་། "龙"འབྲུག་གི་འབྲེལ་བ་ལས་ཀླུང་རྟ་ཞེས་པ"ལུང་རྟ"ལས་བྱུང་བར་སྨྲ་བ་མི་འཐད་པའི་སྐོར་བཤད་དེ་མཇུག་བསྡུ་བའོ། །

དང་པོ། "龙"དང་། འབྲུག ཀླུ་བཅས་ཀྱི་ཚིག་དོན་དང་ཕན་ཚུན་འབྲེལ་བའི་སྐོར།

བོད་སྐད་དུ་འབྲུག་ཅེས་རྒྱ་སྐད་"龙"ཞེས་པའི་ཐད་སྒྱུར་དུ་སོང་སྟེ། དེ་ཚུལ་སྤྱི་ལོའི་དུས་རབས་དགུ་པའི་དུས་འགོ་ནས་ཐུ་སྟོད་རྒྱལ་རབས་ཀྱི་བཙན་པོ་ཁྲི་ལྡེ་སྲོང་བཙན་གྱི་སྐབས་རྒྱ་གར་གྱི་པཎྜི་ཏ་ཛི་ན་མི་ཏྲ་དང་། ལོ་ཙཱ་བ་ཞང་ཡེ་ཤེས་སྡེ་གཉིས་ཀྱིས་བསྒྱུར་ཅིང་ཞུས་ཏེ་གཏན་ལ་ཕབ་པའི་འཇིག་རྟེན་གདགས་པའི་ནང་འབྲུག་ཅེས་བཏགས་དོན་ཅི་ཡིན་ཚུལ་དང་། སློག་འཁྲུག་པ་ཞེས་གང་ལ་ཟེར་ཚུལ་སོགས་ཀྱི་སྐོར་གསལ་ཞིང་། དེ་ཡི་བརྗོད་བྱ་དང་མཐུན་པར་ཡོངས་གྲགས་སུ་བཙན་པོ་ཁྲི་སྲོང་ལྡེ་བཙན་གྱི་སྐུ་དུས་སུ་གྲུབ་ཅིང་། ཕྱིས་ཨུ་རྒྱན་གླིང་པས་ཡར་ཀླུངས་བྲག་ཕུག་ནས་གཏེར་དུ་བཞེས་པའི་རྒྱལ་པོ་བཀའ་

ཐང་ནང་དུའང་འདི་ལྟར་གསལ་ཏེ།

མཚོ་ཡི་རླངས་པས་མཁའ་ལ་སྤྲིན་དུ་ཆགས། །
འབྱུང་བ་ཚ་གྲང་འཕྲད་པས་གློག་ཏུ་འཁྱུག །
དེ་ཉིད་འཐབས་པས་མཁའ་ལ་འབྲུག་སྒྲ་སྒྲོགས། །
དྲག་ཅིང་དར་ན་གནམ་ལྕགས་ཐོག་ཏུ་འབབ། །
དཔེར་ན་མེ་ལྕགས་རྡོ་ལ་བརྡབས་པ་བཞིན། །
བར་ནས་མེ་དང་རིན་ཆེན་འོད་ཟེར་འཕྲོ། །

ཞེས་སྐབས་འདིར་རྩོད་མེད་ཀྱི་གླེང་གཞི་ཞིག་སྟེ། གོང་གསལ་བཀའ་ཐང་གཏེར་དྲངས་མ་ལས་གསལ་བའི་ལྟ་ཚུལ་དེ་ཚན་རིག་པས་གླེང་བཞིན་པའི་གློག་ཕོ་མོ་འཐབ་པས་འབྲུག་སྒྲ་གྲགས་ཤིང་གློག་དམར་འཁྱུག་ཚུལ་སྨྲ་བ་དང་མ་གྲོས་གཅིག་ཏུ་མཐུན། དེ་ལ་ཀྲུང་གོ་སྤྱི་ཚོགས་ཚན་རིག་ཁང་གི་སྐད་བརྡ་ཚན་ཁག་གིས་བརྩམས་སྒྲིག་བྱས་པའི་དེང་དུས་རྒྱ་ཡིག་ཚིག་མཛོད་ཀྱི"འབྲུག་སྐད"ཅེས་པའི་ཚིག་འགྲེལ་དུའང་། སྤྲིན་གྱི་ཚོམ་བུ་ས་ངོས་དང་ཐག་ཉེ་བའི་དངོས་པོ་དང་། ཡང་ན། རྟགས་མི་འདྲ་བའི་གློག་གི་སྤྲིན་ཚོམ་གཉིས་པན་ཚུན་ཕྲད་ཐུག་བྱེད་སྐབས་མེ་སྟག་འཐོར་ཞིང་གློག་བྱུང་བའི་སྣང་ཚུལ་སྟེར་གྱིན་ཡོད། གློག་འོད་ཤུགས་ཏ་ཙང་ཆེ་ན་གློག་དམར་ཞེས་གྲགས། དུས་མཚུངས་མཁའ་དབྱིངས་སུ་སྒྲ་ཆེན་གྲགས་པར"雷"སྟེ་ཐོག་དང་། སྤྱི་མིང་དུ"雷电"ཏེ་གློག་འཁྱུག་པའམ་ཡང་ན་འབྲུག་གློག་ཅེས་ཀྱང་ཟེར་རོ། །ཞེས་གསལ་ལོ། །

དེ་ལྟར་གོང་གསལ་བོད་ཡིག་དཔེ་རྙིང་གི་ལུང་འདྲེན་ལས་གསལ་དོན། ངོ་བོ་མི་འདྲ་བའི་སྤྲིན་གཉིས་ཏེ། སྤྲིན་གྲང་མོ་དང་། སྤྲིན་ཚ་པོ་གཉིས་པན་ཚུན་ཕྲད་ཐུག་གིས་མེ་སྟག་འཐོར་ཞིང་སྒྲ་ཆེན་པོ་སྒྲོག་པ་ལ"འབྲུག"ཅེས་གྲགས། འོན་ཀྱང་། དམངས་ཁྲོད་དུ"འབྲུག"ཅེས་པ་དངོས་སུ་གནས་པའི་སྲོག་ཆགས་ཤིག་ཏུ་ངོས་འཛིན་ཅིང་། དེ་ལས་འཕྲོས་ཏེ་འབྲུག་དང་འབྲེལ་བའི་ངོ་མཚར་གྱི་ལྟ་སྒྲུང་མང་པོ་ཤོད་རྒྱུན་ཡོད་དེ། སྐྱེ་བོ་ཆེ་གེ་མོས་ཇི་ལྟར་འབྲུག་ཅེས་པའི་སྲོག་ཆགས་མིག་མཐོང་ལག་ཟིན་བྱུང་ཚུལ། འབྲུག་མཁའ་ལ་འཕྱོ་ཞིང་ལྡིང་ཚུལ་སོགས་ཀྱི་རྣམ་པ་སྣ་ཚོགས་པ་ཇི་ལྟར་ཡོད་ཚུལ། དེ་ཙམ་གྱིས་མ་ཚོག་པར་དགོན་དང་ཕོ་བྲང་། མཆོད་གཞོམ་མཆོད་ཆས། དར་གོས་རས་ཆ། ཁ་གདན་ས་གདན། རྡོ་སྐས་ཐོག་པང་ལ་སོགས་པའི་སྟེང་དུ་རྟག་པར་འབྲུག་རིས་བཀོས་པའི་སྲོལ་ཡང་གང་སར་ཆགས་ཡོད་པ་ཀུན་གྱི་མཐོང་ཆོས་ཡིན། ཡུལ་སྲོལ་དེ་འདྲ་བ་རྒྱ་ནང་ནས་བོད་དུ་དར་བ་ཞིག་གམ་ཡང་ན་ཆོས་ལུགས་སོགས་ལམ་བུ་གཞན་བརྒྱུད་དེ་བོད་དུ་དར་ཚུལ་སོགས་མི་རྣམས་ཀྱིས་བློས་ཡོངས་སུ་བཀལ་ཆོག་པའི་བདེན་ཁ་སྦྲོད་ནུས་ལུང་རིགས་ཀྱི་ཡིག་ཆ་ཁུངས་བཙུན་ཞིག་ད་ལྟའང་མ་མཐོང་ངོ་། །གལ་ཏེ་

གནའ་རྫས་རྟོག་ཞིབ་རིག་པ་མཁས་ཅན་གྱིས་བཙལ་རྙེད་ཐུབ་པའི་གཏུམ་འབྲུག་གི་འགྱུར་རྗོ་ལྟ་བུར་མཚོན་ན། གཏམ་རྒྱུད་ནང་འབྲུག་གི་བཟོ་དབྱིབས་དང་ཆེས་འདྲ་མཚུངས་པར་སྣང་མོད། བརྟག་ཞིབ་བྱས་འབྲས་སུ་གཏུམ་འབྲུག་འགའ་ཞིག་རྒྱ་མཚོར་མི་ཉལ་ཞིང་མཁའ་ལ་མི་འཕུར་ལ། སྒྲ་དྲག་པོའང་དེ་བས་སྒྲོག་མི་ནུས། དེ་དང་གནའ་རབས་རྒྱ་ཡིག་ཡིག་ཚང་ནང་གསལ། "ལྷ་སྲིན་འདྲ་བའི་སྲོག་ཆགས། གཟུགས་རིང་། ཉ་ལྤགས་ཅན་དང་། རྭ་ཅོ་ཅན། རྐང་པ་ཡོད་པ། ས་ལ་འགྲོ་ཞིང་མཁའ་ལ་འཕུར་བ། ཆུར་བརྐྱལ་བ། སྤྲིན་བསྡུས་ཏེ་ཆར་འབེབས་པ" སོགས་ཀྱི་ཁྱད་ཆོས་ཕལ་ཆེ་བ་དང་མཐུ་ནུས་སོགས་འགྱུར་རྗོར་སོང་ཟིན་པའི་གཏུམ་འབྲུག་གི་ལུས་ན་མེད་པར་ཟད། དེས་ན། དེང་དུས་ཀྱི་ཚན་རིག་ནས་བཤད་ནའང་འདྲ། ནང་བསྟན་རིག་གནས་ནས་གླེང་ནའང་ཆོག "འབྲུག"ཅེས་པ་དངོས་ཡོད་ཀྱི་སྲོག་ཆགས་ཤིག་ཡིན་ངེས་པར་བདེན་ཁ་རྩ་བ་ནས་འཁྲིན་མི་ནུས་པར་ཟད་དོ། །

བོད་སྐད་དུ་འབྲུག་ཅེས་གནམ་དགུང་གི་གློག་དམར་འཁྱུག་པའི་སྒྲ་ཡི་འབྱུང་ཁུངས་ཤིག་ཏུ་ངོས་འཛིན་ཅིང་རྒྱུ་མཚན་དེས་དེ་འདྲའི་སྐད་སྒྲ་དེར་ཡང་འབྲུག་སྐད་དམ་འབྲུག་སྒྲ་ཞེས་བརྗོད་པའོ། །འོན་ཏང་རྒྱ་ཡིག་རིག་གནས་ཁྲོད་འབྲུག་ཅེས་པར་དུས་ཀྱི་རིམ་པའི་དབང་གིས་དོན་མི་འདྲ་བ་གཉིས་སུ་འགྲེལ་ཚུལ་ཡོད་དེ། གཅིག་ནི་གློག་དམར་འཁྱུག་སྐབས་ཀྱི་འབྲུག་སྐད་དང་འབྲེལ་བ་ཡོད་ཅིང་། དེའི་ཚུལ་རྒྱ་ཡིག་ཏུ་གསལ་བའི་དཔེ་ཆོས་གཡེ་ཀུང་འབྲུག་ལ་དགའ་བ་ཞེས་པའི་གཏམ་རྒྱུད་ཀྱིས་གསལ་བཤད་བྱེད་ཐུབ་ལ། ཅིག་ཤོས་ནི་སངས་རྒྱས་ཆོས་ལུགས་ཀྱིས་ཤུགས་རྐྱེན་ཐེབས་པའི་ནཱ་ག་སྟེ་ཀླུ་དང་འབྲེལ་བ་ཡོད། དེ་ཚུལ་རྒྱ་ཡིག་གི་གྲགས་ཅན་བརྩམས་ཆོས་བཞི་ཡི་ཡ་གྱལ་ནུབ་ཕྱོགས་སུ་བསྐྱོད་པའི་རྣམ་ཐར་ལས་ཤར་རྒྱ་མཚོའི་ཀླུ་རྒྱལ། ནུབ་རྒྱ་མཚོའི་ཀླུ་རྒྱལ། ཀླུ་མོ་སོགས་ལས་གསལ་བཤད་བྱེད་སྤྱོབས། རིག་སྨྲ་ཀུན་གྱིས་མཁྱེན་ཆོས་ལྟར་ཕྱི་མ་ཀླུ་རྒྱལ་དང་ཀླུ་མོ་སོགས་ནི་བོད་ཀྱི་སྲོལ་རྒྱུན་རིག་གནས་ཁྲོད་ཀྱི་འབྲུག་གི་ལྟ་ཚུལ་དང་མི་མཐུན་པར། བོད་མི་ཕལ་མོ་ཆེས་ངོས་འཛིན་པའི་ཀླུའམ་གནའ་བོའི་རྒྱ་གར་རིག་གནས་ཀྱིས་ཤུགས་རྐྱེན་ཐེབས་པའི་ནཱ་ག་སོགས་དང་དོན་མཚུངས་པའམ་ཆ་འདྲ་བའི་འབྲེལ་བ་མཆིས་པ་ཞིག་ཏུ་ངེས་པ་ལགས་སོ། །

གཉིས་པ། ཀླུང་རྟའི་སྟེང་གི་འབྲུག་དང་སྦྲུལ། བྱ་ཁྱུང་དང་ཀླུ་ཡང་ན་ནཱ་ག་དང་ཀྵ་ཏྲུ་ཊ་བཅས་ཀྱི་ཚིག་དོན་དང་ཕན་ཚུན་འབྲེལ་བའི་སྐོར།

བོད་རིག་པ་སྨྲ་བ་ཁ་ཅིག་གིས་རྒྱ་རིགས་ཀྱི་ལྷ་སྲུང་སྐད་ཆའི་ཁོར་ཡུག་གི་འབྲུག་ཅེས་པ་དང་བོད་རིགས་ཀྱི་ལྷ་སྲུང་སྐད་ཆའི་ཁོར་ཡུག་གི་བྱ་ཁྱུང་ཞེས་པ་གཉིས་ཀྱི་དབར་ཐབས་ཤེས་ཟུང་སྦྱོར་གྱི་འབྲེལ་བ་ཡོད་པར་འདོད་མོད། བློ་གཟུ་བོར་གནས་ཏེ་ལེགས་པར་བརྟགས་ཤིང་དཔྱད་ཚེ་དེ་གཉིས་ཀྱི་དབར་བྱ་

རོག་དང་ཝུག་པའི་དཔེ་བཞིན་ཕན་ཚུན་སྤྱངས་འགལ་གྱི་འབྲེལ་བ་ལས་མ་གྲུབ་པར་ཟད་དོ། །

༡. དེ་ཡང་སངས་རྒྱས་ཆོས་ལུགས་རྒྱ་ཡུལ་དུ་དར་རྗེས། རྒྱ་རིགས་ཀྱི་སྐད་ཆའི་ཁོར་ཡུག་ཁྲོད་ཀྱི་འབྲུག་དང་། བོད་རིགས་ཀྱི་སྐད་ཆའི་ཁོར་ཡུག་ཁྲོད་ཀྱི་ཀླུ། དེ་བཞིན་གནའ་བོའི་རྒྱ་གར་གྱི་སྐད་ཆའི་ཁོར་ཡུག་ཁྲོད་ནཱ་ག(Sanskrit.Naga)བཅས་ཀྱི་དབར་ཕན་ཚུན་དོན་གཅིག་དང་དོན་འདྲ་བའི་འབྲེལ་བ་འབྱུང་འགོ་ཚུགས། དེས་ན་སྐད་ཆའི་ཁོར་ཡུག་དེ་འདྲའི་ཁྲོད་རྒྱ་སྐད་ཀྱི"龙"སྟེ་འབྲུག་ཅེས་པ་ནཱ་གའི་དོན་སྒྱུར་དུ་འདོད་པ་དོན་དུ་ངེས་ན་དེ་དང་དགྲ་ཁ་འདེད་ཀྱི་བྱ་ཁྱུང(Sanskrit.Garuda;伽如扎Tib.bya khyung)གཉིས་ཀྱི་བར་ཐབས་ཤེས་ཟུང་སྦྲོར་གྱི་འབྲེལ་བ་ཇི་ལྟར་ཡོད་དེ་མེད་པར་ཟད། ཚུལ་དེས་རིག་སྒྲ་ཁ་ཅིག་གིས་དར་ལྡོག་རིག་གནས་ཀྱི་འབྲུག་དང་བྱ་ཁྱུང་ངམ། ནཱ་ག་དང་ཀྲྀ་ཏུ་ཊ་གཉིས་ཀྱི་དབར་རྒྱ་སྐད་ལམ་ནས་གཡིན་གཡང་ངམ་ཐབས་ཤེས་ཟུང་སྦྲོར་གྱི་འབྲེལ་བ་ཡོད་ཚུལ་ཤོད་ཀྱིན་འདུག་པ་དེ་ནི་བློ་ཡི་དབང་པོ་རྣལ་དུ་ཕབ་སྟེ་མ་བརྟག་པར་རྒྱའི་རིག་གནས་ཁྲོད་ཀྱི་བྱ་འབྲུག་སྒྲ་བའི་སྒྲོས་ཏེ། རྒྱ་བྱས་བཙུན་མོ་མཚོན་ཚུལ་དང་། འབྲུག་གིས་རྒྱལ་པོ་མཚོན་ཚུལ་གཏམ་ལ་འདྲོག་འགོ་ལངས་ཏེ་དེ་ཚུལ་འབྲུག་དང་བྱ་ཁྱུང་གི་མཆེད་ཁུངས་སུ་སྒྲ་བ་ཡིན་པས་དོན་དུ་རང་ཉིད་ཉ་ཉུང་བསྲིས་པའི་ངང་ཚུལ་འབའ་ཞིག་བཟུང་བ་ལས་མ་འདས་སོ། །

འོ་ན་རྒྱ་གར་རིག་གནས་ཁྲོད་ཀྱི་ནཱ་ག་དང་ཀྲྀ་ཏུ་ཊ་གཉིས་དབར་གྱི་འབྲེལ་བ་ཇི་ལྟར་ཡིན་ཞེས་རྟོག་དཔྱོད་ལ་ཞུགས་ཚེ་ལན་ཇི་ཉིད་སྐབས་ན་ཅུང་ཟད་རྣ་བའི་བུ་ག་གཏད་དེ་གསན་པས་རིགས་སོ། །

༢. གནའ་རབས་རྒྱ་གར་ཤེས་རིག་གིས་ཤུགས་རྐྱེན་ཐེབས་པའི་ནཱ་ག་དང་ཀྲྀ་ཏུ་ཊ་གཉིས་དབར་གྱི་གཏམ་རྒྱུད་ཇི་སྙེད་ཡོད་པ་དཔེར་ན། ཀླུ་ཀུན་ཏུ་དགའ་བའི་ཟློས་གར། རྒྱལ་པོ་སྤྲིན་གྱི་བཞོན་པའི་རྟོགས་བརྗོད་སོགས་ཀྱི་ནང་ནཱ་ག་དང་ཀྲྀ་ཏུ་ཊ་གཉིས་ཀྱི་ནང་བྱ་རོག་དང་ཝུག་པ་བཞིན་གྱི་ལྷན་ཅིག་མི་གནས་འགལ་གྱི་འབྲེལ་བ་གྲུབ་པ་ལས་གསེར་བྱ་དང་པ་ཕོ་མོ་བཞིན་གྱི་ཐབས་ཤེས་ཟུང་སྦྲོར་གྱི་འཆམ་མཐུན་འབྲེལ་བ་གྲུབ་ཚུལ་ཞིག་ཅང་མ་མཆིས་སོ། །

ང་ཚོས་བློ་རྣལ་དུ་ཕབ་སྟེ། དར་ལྡོག་སྣ་ལྔའི་སྙིང་གི་སྲོག་ཆགས་དེ་ཚོར་སེམས་ན། མི་རྣམས་ཀྱི་དོགས་པར་ཅི་སྲོག་ཆགས་དྲུག་པ་སྤྲུལ་མངོན་པར་ཟད་སྙམ་པའང་སྲིད། གལ་ཏེ་རྒྱ་གར་རིག་གནས་ཀྱི་ཤུགས་རྐྱེན་ལས་བྱུང་བའི"龙"སྟེ་འབྲུག་དེ་ནཱ་ག་དང་དོན་གཅིག་མིང་གི་རྣམ་གྲངས་སུ་ངེས་ན། དར་ལྡོག་སྣ་ལྔའི་སྙིང་གི་བྱ་ཁྱུང་གི་ཁར་སྤྲུལ་བཟུང་བའི་རི་མོའི་སྐོར་ལ་འགྲེལ་བརྗོད་བྱེད་དཀའ་ཚོད་དུ་སོང་། ཚུལ་དེས་ངེད་ཚོར་དར་ལྡོག་སྙིང་གསལ་བའི་འབྲུག་དེ་ནཱ་ག་དང་དོན་གཅིག་མིང་གི་རྣམ་གྲངས་སུ་སོང་བའི་འབྲེལ་བ་ཡོད་པའི་འབྲུག་དེ་མ་ཡིན་པར་རྟོགས་དགོས་པར་སེམས། དེ་ལྟར་མིན་ན་དར་ལྡོག་སྣ་ལྔའི་སྙིང་དུ་ནཱ་ག་མཚོན་བྱེད་གཉིས་འབྱུང་བའི་རྒྱུ་མཚན་ཅི། དེ་ལ་དང་པོ་ནི། འབྲུག

དང་། གཉིས་པ་ནི། སྦྲུལ་ལོ། །སངས་རྒྱས་ཆོས་ལུགས་པའི་དགོན་རྙིང་ཆེ་ཆུང་གང་དུའང་རེད་ཆོས་གཟིགས་རྟོགས་ཡོང་སླ་བར་སྟོན་པའི་སྐུ་རྒྱབ་ཀྱི་ཁྲི་རྒྱབ་དྲུག་མཀྱོགས་ཀྱི་རྩེ་མོའི་དབུས་ཐད་དུ་བྱ་ཁྱུང་གི་ཁ་ལག་ཏུ་འཕྱང་འཕྱུལ་གྱི་རྣམ་པར་བཟུང་བའི(bya khyung gis klu za ba)སྦྲུལ་གྱི་སྣང་བརྙན་ཞིག་ཡོད་པ་དེ་ནི་ཀླུ་ཀུན་ཏུ་དགའ་བའི་ཟློས་གར། རྒྱལ་པོ་སྤྲིན་གྱི་བཞོན་པའི་རྟོགས་བརྗོད་སོགས་ཀྱི་ནང་བྱང་ཆུབ་སེམས་དཔའ་རྒྱལ་པོ་སྤྲིན་བཞོན་ལ་སོགས་པས་ཀླུ་ཡི་འགྲོ་བ་སྐྱོབ་ཆེད་རང་ཉིད་ཀྱི་སྐུ་ལུས་ཕངས་པ་མེད་པར་ཀླུ་བཟའ་མཁན་གྱི་ཝ་ཧ་ཊར་སྦྱིར་བའི་མཛད་པ་དྲན་ཆེད་བྱས་པ་ཡིན་ཞེས་གྲགས། ཨ་ཙང་ཙང་དར་ལྡོག་འགར་ཁྱུང་གི་ཁར་སྦྲུལ་མ་བཟུང་བའང་སྣང་ལ་སྣང་བ་ཡང་ཆོག་གོ།

དོན་དངོས་ཐོག་བྱ་ཁྱུང་གིས་ཀླུ་ཟ་བའི་སྦྱུབ་རྗེས་དེ་ནི་གནའ་བོའི་རྒྱ་གར་རིག་བྱེད་གཏམ་རྒྱུད་ལས། ཀཤྱཔ་དང་བི་ན་ཏ་ཡིས(Sanskrit. Kashyapa;Vinata)ལོ500ཙམ་ཏུམ་པ་ལས་སྒོང་སྐྱེས་ཝ་ཧ་ཊ་ཡི་གཏམ་རྒྱུད་ལས་གྱེས་པ་ཞིག་ལགས། གཏམ་རྒྱུད་དེའི་ནང་ཝ་ཧ་ཊ་ཡིས་མ་ཡར་བི་ན་ཏ་ལ་དྲིན་ལན་མཇལ་ཆེད་དུ། ཁོང་རང་གི་མ་ཡར་གྱི་དགྲ་ཀ་དྲུ(Sanskrit.Kadru)ཡི་སྒོང་སྐྱེས་བུ་སྦྲུལ(Sanskrit.Naga)ཞིག་ཡོད་པ་དེ་འདུལ་ཆེད་ཀྱི་སྐོར་ཡིན། ཀ་དྲུ་ནི་དོན་དངོས་ཐོག་ཝ་ཧ་ཊ་ཡི་མ་ཡར་བི་ན་ཏ་ཡི་གཅུང་མོ་ཞིག་གོ། ཁོང་གཉིས་རྒྱ་གར་རྒྱལ་ཕྲན་ཞིག་གི་རྒྱལ་པོའི་ཆུང་མ་ཡིན་ཞིང་ཕན་ཚུན་བཙུན་མོའི་གོ་སར་རྩོད་དེ་མ་འཆམ་པས་མཐར་ཉི་མ་ཞུགས་པའི་ཤིང་རྟ་འཁོར་ལོ་འདྲེན་བྱེད་ཀྱི་རྟ་ཡི་ཁ་དོག་གང་ཡིན་རྒྱན་ཁ་བཙུགས་ཏེ་རྒྱལ་མཁན་བཙུན་མོ་དང་། ཕམ་མཁན་གཡོག་མོ་བྱ་རྒྱུར་ཐག་བཅད། འོན་ཏང་ཀ་དྲུ་ཡི་སྒོང་སྐྱེས་བུ་སྦྲུལ་ཏེ་ཀླུ་རིས་རྫུ་འཕྲུལ་གྱི་མཐུས་ཉི་མ་ཞུགས་པའི་ཤིང་རྟ་འཁོར་ལོ་འདྲེན་བྱེད་ཀྱི་རྟ་ཡི་ཁ་དོག་དཀར་པོ་ཡིན་པ་ནག་པོར་སྣང་བར་བྱས་པས། རྟ་ཡི་ཁ་དོག་དཀར་པོ་ཡིན་པར་སྨྲ་མཁན་བི་ན་ཏ་ཉིད་ཚུལ་དེར་མ་འདོད་པ་ཆེན་པོ་སྐྱེས་ནས་ཝ་ཧ་ཊ་བསྐུལ་ཏེ་ཀླུ་ཟར་བཅུག་པར་གྲགས་སོ། །དེ་ལྟར་མངོན་བརྗོད་ཀྱི་བསྟན་བཅོས་ཁག་གི་ནང་ཝ་ཧ་ཊ་སྟེ་བྱ་ཁྱུང་ལ་ཀླུ་མཐར་བྱེད་ཅེས་པའང་གཏམ་རྒྱུད་དེ་ལས་འཕྲོས་པའོ། །

དེས་ན། ཀླུ་ཡི་གྲུབ་དུས་ནས་གླིང་ནའང་འདྲ། དེ་ཡི་མཚོན་བྱེད་སྐོར་ནས་སྨྲ་ན་ཡང་ཉུང་། འབྲུག་དང་རྒྱ་བྱ་གཉིས་ཀླུ་དང་བྱ་ཁྱུང་གཉིས་སུ་འཕེལ་འགྱུར་བྱས་པ་མི་སྲིད་ལ། གོང་གསལ་གྱི་གཏམ་རྒྱུད་དག་ལས་འབྲུག་དང་བྱ་ཁྱུང་གཉིས་ལ་ཐབས་ཤེས་ཟུང་སྦྲོར་གྱི་འཆམ་མཐུན་འབྲེལ་བ་ཞིག་མཚོན་ཚུལ་གང་ན་ཡོད་དེ་མེད་པའོ། །རྒྱུ་མཚན་གཞན་ཡང་ཡོད་དེ། རྒྱའི་ལོ་རྒྱུས་ཡིག་ཆ་ལྟར་ན། དབྱིན་ཇིའི་ཏུས་སྲོལ་ཤུན་ཧྲོག་སྟེང་དུ་ཡི་གེ"龙"སྟེ་འབྲུག་ཡིག་གི་གྲུབ་ཆ་ཆ་ཚང་བ་ཐོན་པ་ནས་ད་ལྟའི་བར་བགྲང་བྱ་སུམ་སྟོང་ལྷག་ཙམ་གྱི་ལོ་རྒྱུས་ལྡན་པར་སྨྲ། ཀླུ་དང་བྱ་ཁྱུང་ནི་རྒྱ་གར་ཡུལ་དུ་སངས་རྒྱས་ཆོས་ལུགས་མ་དར་གོང་གི་ལོ་ངོ་སྟོང་ཕྲག་གཅིག་ལྷག་ཙམ་གྱི་གོང་དུ་བྱུང་བའི་ཕྱི་རོལ་རིག་བྱེད་གཏམ་རྒྱུད་ནང་

གསལ་བ་ཞིག་ཡིན་པས་དེ་གཉིས་ཀྱི་གྲུབ་དུས་དང་། གྲུབ་ས། གྲུབ་རྣམ་སོགས་ཐོག་མར་ཤིན་ཏུ་ཐ་དད་པ་ཞིག་གོ། དེར་བརྟེན་བྱ་ཁྱུང་གི་ཁར་སྤྲུལ་བཟུང་བའི་རྣམ་པ་དེས་རེད་ཚོར་གསལ་བཤད་འདི་ལྟར་བྱས་པར་སེམས་ཏེ། འདིར་བསྟན་འབྲུག་ནི་རྒྱ་གར་རིག་གནས་ཀྱིས་ཤུགས་རྐྱེན་ཐེབས་པ་ལས་བྱུང་བའི་རྒྱ་ནག་ལྷ་སྲུང་ནང་གི་འབྲུག་གང་ཡིན་པ་ཕྱིས་སངས་རྒྱས་ཆོས་ལུགས་རྒྱ་ནག་ཡུལ་དུ་དར་བའི་རྗེས་ཀྱི་ཀླུར་བྱེད་པ་དེ་མ་ཡིན་ལ། བྱ་ཁྱུང་གི་ཁར་བཟུང་བའི་སྤྲུལ་དེ་ནི་དོན་གྱིས་ཀླུ་དེ་ཡིན། རྒྱུ་མཚན་དེས་གོང་གསལ་ཀླུའི་སྐད་དོད་ནཱ་ག་དེ་སྤྲུལ་གྱི་དོན་དུ་ཡང་འཇུག་པར་གོ། འོན་ཏང་ཀཱ་ལི་འཕྲེང་བསྒྲིགས་ནང་། སྤྲུལ་གྱི་སྐད་དོད་མི་འདྲ་བ་དགུ་གསལ་ཡོད་པའི་ནང་ནཱ་ག་ཞེས་པ་རྩ་བ་ནས་མ་གསལ། དེས་ན་ནཱ་ག་སྤྲུལ་གྱི་སྐད་དོད་དུ་བྱེད་པ་རྒྱ་ནག་ཡི་གེའི་ཐོག་གསལ་བའི་རྒྱ་གར་རིག་གནས་ཁྲོད་ཀླུ་དང་སྤྲུལ་གཉིས་ཕྱི་གཟུགས་དབྱིབས་ནས་སམ་ནང་རང་གཤིས་སོགས་གང་ཐད་ཀླུ་དང་མེད་ན་མི་འབྱུང་གི་འབྲེལ་བ་གྲུབ་པ་ཞིག་གི་ཆ་ནས་ནཱ་ག་ཞེས་པའི་བརྗ་ཆད་དེ་ཀླུ་དང་སྤྲུལ་གཉིས་ཀར་གོ་རྒྱུ་ཡོད་པ་ཞིག་ཏུ་ཟད་ལ། ཕྱིས་ཀྱི་རྒྱ་གར་ཧིན་རྡུའི་ཆོས་ལུགས་སུའང་ཀླུ་བཤད་པའི་སྐབས་སྤྲུལ་གཟུགས་ཆ་ཚང་མེད་ཀྱང་ཀླུ་གང་ཡིན་གྱི་ལྟག་རྒྱབ་བམ་མགུལ་ལམ་ལག་པ་གང་ཡང་རུང་བར་སྤྲུལ་གཟུགས་མངོན་རྒྱུ་ཡོད་པ་ཞིག་འདུག དེ་ཚུལ་སཱ་ལེ་གོང་གིས་མཛད་པའི་རྒྱ་གར་གྱི་ལྷ་དང་ལྷ་སྲིན་སྐོར་གྱི་རྟོག་ཞིབ་ཅེས་པའི་དཔེ་དེབ་ཏུ་རྒྱས་པར་སྣང་ངོ་། །འོན་ཀྱང་གཤམ་དུ་ཆོས་འབྱུང་མཁས་དགའ་ལས་དྲངས་པའི་ལུང་ཚིག་ལས་གསལ་བཤད་བྱེད་སྟོབས་པར་བོད་དུ་ཡང་ཀླུ་དང་སྤྲུལ་གཉིས་སྐབས་འགར་དོན་གཅིག་ལ་ལྡོག་པ་ཐ་དད་དུ་བྱེད་པར་ཡང་སྣང་ངོ་། །གཞན་དུ་ན། ཀཱ་ལི་འཕྲེང་བསྒྲིགས་ནང་ཀླུ་ཡི་སྐད་དོད་ལྔ་བསྒྲིགས་ཡོད་པ་སྟེ། རིམ་བཞིན་ནཱ་ག་དང་། མཧཾག ཨརག པཏྟི། གིརི་བཅས་ཡིན་ལ། དེ་ལྔ་པོ་ཡང་སྤྲུལ་གྱི་སྐད་དོད་དགུ་པོ་དང་ཡེ་མི་མཚུངས་པས་ད་དུང་དཔྱད་པར་བྱ་བའི་གཞིའོ། །

གསུམ་པ། འབྲུག་དང་ནཱ་ག ཀླུ། སྤྲུལ་བཅས་ནང་ཕན་ཚུན་གྱི་འབྲེལ་བའི་སྐོར།

དེ་གསུམ་ནང་ཕན་ཚུན་གྱི་འབྲེལ་བ་ཅི་ཞིག་ཡིན་ཚུལ་ཙུང་ཟད་གླེང་བར་བྱེད་པ་ལ། ཡོངས་གྲགས་ཁྲ་འབྲུག་དགོན་དང་། འབྲུག་པ་བཀའ་བརྒྱུད། འབྲུག་ཡུལ་སོགས་ཀྱི་ཐ་སྙད་ལ་མགོ་གཏུགས་ཏེ་སྨྲ་བར་ཕྱོགས་ན་སྐབས་འདིའི་བརྗོད་བྱའི་དོན་ལ་གསལ་ཁ་འོང་བར་སྨན་སྙམ་མོ། །

༡. ཁྲ་འབྲུག་དགོན། དེ་ཡང་བོད་ཀྱི་ལོ་རྒྱུས་དེབ་ཐེར་ནང་ཁྲ་འབྲུག་དགོན་ནི་སྲོང་བཙན་སྒམ་པོས་བོད་ཀྱི་ས་དབྱིབས་སྲིན་མོ་གན་རྐྱལ་གྱི་གཟུགས་སུ་ཡོད་པ་དེའི་དཔུང་པ་གཡོན་པ་གནོན་བྱེད་དུ་བཏབ་པར་གྲགས། དེ་ཡང་ཆོས་འབྱུང་མཁས་དགའ་ལས། དེ་རྗེས་ལྷ་ཁང་གི་རྨང་བཏིང་བས་ཡང་ཞིག་ནས་སྲིན་མོའི་དཔུང་པ་གཡོན་གནོན་པའི་ཕྱིར་ཡང་ལུངས་སུ་བྱོན་ཏེ་མཚོ་སོགས་ཁ་མི་ཆེ་བ་ཞིག་ལ་ཀླུ་

གདུག་པ་ཅན་གནས་པ་དེ་སྐམ་པའི་ཤུལ་དུ་རྟིག་དགོས་པར་དགོངས་ཏེ་བོད་འབངས་བསགས་ནས་ཀླུ་འདི་སུས་འདུལ་ནུས་པ་ལ་བྱ་དགའ་ཆ་ཐང་དུ་སྟེར་རོ་ཞེས་བཀའ་བསྒྱལ་བས་སྔགས་པ་ཅིག་ལ་ཙུག་སྒྲ་ཙུག་སྣང་དང་བོན་པོ་ཚེ་མི་སྣང་གྲགས་འབྱུང་གྲགས་བྱ་བ་གཉིས་ཀྱིས་འདུལ་བར་ཞུས། ཟླ་དང་གོང་པོ་རི་ལ་དགྲ་བཅོམ་པ་འགོག་པ་ལ་ཞུགས་པ་བརྒྱ་རྩ་བརྒྱད་ཡོད་པས་དེར་ཁོང་གཉིས་ཀྱིས་ནམ་མཁའ་ལྡིང་བསྐྱབས་ནས་རྒྱལ་པོ་ལ་ཞུས་ཏེ་མི་ཀུན་ཡང་ཀླུ་འདུལ་བའི་ཐབས་ལྷ་ཟེར་ནས་ཚོགས་པའི་ཚེ་བོན་པོ་ན་རེ་སྟོན་ལ་ངས་བཏུལ་གྱི་གལ་ཏེ་མ་ཐུལ་ན་ཁྱོད་ཀྱིས་བརྩོན་པ་སྐྱེད་ཅིག་ཟེར་ཏེ་ཚོ་ག་བྱས་མཉམ་པར་བཞག་པ་དང་དེ་མ་ཐག་བྱ་ཁྱུང་ཆེན་པོ་ཞིག་བྱུང་སྟེ་མཚོ་སྟེང་དུ་ལྡིང་བ་དང་མཚོ་འཁོལ་ཀླུ་སྦྲུལ་མགོ་ལྔ་པ་ཅན་ཞིག་རང་བྱུང་བས་བོན་པོ་ན་རེ་ངས་ནི་མ་འཐུལ་ལོ་ཅིག་ལ་ཁྱོད་ཀྱིས་བརྩོན་འགྲུས་སྐྱེད་ཅིག་ཟེར་ཏེ་སྔགས་པས་ཚོ་ག་བྱས་མཉམ་པར་བཞག་པ་དང་གནམ་རལ་པ་སྐད་ས་གྲུམ་པ་སྐད་དུ་སྒྲ་ཆེན་པོ་གྲག་གྲགས། སྐྱེ་བོ་ཐམས་ཅད་བྱེར། ས་གཞི་འགུལ། འདབ་ཆགས་ཐམས་ཅད་ཀྱང་འཕུར་ཏེ་ནམ་མཁའ་ནས་བྱ་ཁྲ་འདྲ་བ་ལ་སྐད་འབྲུག་ལྟར་འདོན་པ་གཅིག་བྱུང་ནས་བྱ་དེའི་གཤོག་པ་སྤུ་གྲི་ལྟ་བུས་སྦྲུལ་མགོ་ལྔ་སྐད་ཅིག་གིས་བཅད་དེ་མཚོ་ཁྲག་ཏུ་ཉོག་སོང་ནས་བྱེ་མ་ལ་ཆུ་འཕོ་བ་ལྟར་སྐམ་པའི་ཤུལ་ན་རིན་པོ་ཆེའི་ཁྲིན་པ་འདུག་པའི་དབུས་སུ་རིན་པོ་ཆེ་དབང་གི་རྒྱལ་པོ་ཐུས། ……སྔགས་པའི་སྒྲིབ་པ་སྦྱོང་བ་དང་ཀླུ་དེའི་དོན་དུ་མཆོད་རྟེན་རྩེ་ལྔ་པ་བཞེངས་ཏེ་ཀླུ་དེ་ལྟར་སྐྱེས། བྱམས་པ་མི་འགྱུར་བའི་ལྷ་ཁང་ཞེས་མཚན་བཏགས་ལ་བཏུལ་བའི་བྱའི་མིང་གིས་སྤྱིར་ཁྲ་འབྲུག་ཏུ་གྲགས་ཏེ་བོད་ཀྱི་ལྷ་ཁང་བརྟེག་པ་ལ་སྔ་ཞིང་འཛིག་པ་ལ་འཕྱི་བ་ཡིན་ལ་རྒྱལ་པོའི་ཐུགས་དམ་གྱི་སྙིང་པོ་གཙུག་ལག་ཁང་ཐམས་ཅད་ཀྱི་རྩ་བ་ཡིན་ནོ། །ཞེས་པའོ། །

དེ་ལྟར་མཚོ་མོ་སྐམ་ཤུལ་དུ་རིན་པོ་ཆེའི་ཁྲིན་པ་ཞིག་བརྙེལ། དེ་ནི་དགོན་དེ་གནས་སའི་ལྟེ་བ་ཡིན་པར་ངེས། ལོ་རྒྱུས་ནང་ཀླུ་མགོ་ལྔ་ཅན་དེའི་ཁ་གནོན་དུ་མཆོད་རྟེན་རྩེ་ལྔ་པ་ཞིག་བཏབ་པར་གྲགས་མོད་དེང་མཇལ་དུ་མེད་དོ། །

གོང་གསལ་གྱི་སྒྲུང་དེ་ལས། "འབྲུག"དང་། "བྱ་ཁྱུང"དང"ཀླུ"གསུམ་མཉམ་དུ་སྒྲུང་གཅིག་གི་ནང་དུ་གསལ་བ་དེས་བོད་ཀྱི་བརྗེ་སྐད་ནང་འབྲུག་དང་ཀླུ་གཉིས་ཕན་ཚུན་གཅིག་ཚབ་གཅིག་གིས་བྱེད་མི་ནུས་པ་དེ་གསལ་བར་བསྟན་པའོ། །སྒྲུང་དེའི་ནང་ཁོ་ཚོ་གསུམ་གྱི་འབྲེལ་བར་སེམས་ན། ཀླུ་དང་བྱ་ཁྱུང་དབར་བྱ་རོག་དང་འུག་པ་བཞིན་གྱི་འབྲེལ་བ་ཡིན་ལ། ཀླུ་དང་འབྲུག་གཉིས་ཀྱི་དབར་ཡང་བྱ་རོག་དང་འུག་པ་བཞིན་གྱི་འབྲེལ་བ་ཡིན། དེ་ལས་དང་པོ་ཀླུ་དང་བྱ་ཁྱུང་དབར་གྱི་འབྲེལ་བ་ནི་གོང་དུ་གླེང་ཟིན་ལ། ཕྱི་མ་ནི་ནམ་མཁའ་ནས་བྱ་ཁྲ་འདྲ་བ་ལ་སྐད་འབྲུག་ལྟར་འདོན་པ་གཅིག་བྱུང་ནས་བྱ་དེའི་གཤོག་པ་སྤུ་གྲི་ལྟ་བུས་སྦྲུལ་མགོ་ལྔ་སྐད་ཅིག་གིས་བཅད་དེ་ཞེས་པས་མཚོན། གཞན་ཡང་བོད་ཀྱི་རིག་གནས་

ཁྲོད་དུ་སྐབས་རེ་སྐུ་ནི་སྤྲུལ་གཟུགས་སུ་མངོན་ལ། སྐབས་རེ་ནི་མི་ཕྱེད་སྤྲུལ་ཕྱེད་དུ་འང་མངོན་པ་དེ་དག་ནི་གནའ་བོའི་རྒྱ་གར་རིག་གནས་ཀྱིས་ཤུགས་རྐྱེན་ཐེབས་ཚུལ་འབའ་ཞིག་ཏུ་ཟད། དེ་ལྟར་ཡིན་ཚུལ་ཡང་གོང་གསལ་སྨྲུང་དེའི་ནང་གི་སྔོག་ཆགས་བཞི་པ་སྟེ། སྤྲུལ་ཞེས་པ་གསལ་ཚུལ་ལས་དཔག་ནུས། དེ་ཡང་སྨྲུང་དེའི་མགོ་མཇུག་གང་དུ་སེམས་ཀྱང་སྤྲུལ་དང་སྐུ་གཉིས་དོན་གཅིག་ཏུ་ངྲུས་པར་ངེས་ཏེ། ཆོས་འབྱུང་མཁས་དགར་དངོས་སུ་གསལ་བའི་སྐུ་སྤྲུལ་མགོ་ལྔ་པ་གཅིག་བྱུང་བས་ཞེས་དང་། གཤམ་གྱི་སྤྲུལ་མགོ་ལྔ་པ་ཞེས་གསལ་ཚུལ་དང་། དེ་བཞིན་དུ་ནམ་མཁའ་ནས་བྱ་ཁྲ་འདྲ་བ་ལ་སྐད་འབྲུག་ལྟར་འདོན་པ་གཅིག་བྱུང་ནས་བྱ་དེའི་གཤོག་པ་སྤུ་གྲི་ལྟ་བུས་སྤྲུལ་མགོ་ལྔ་སྐད་ཅིག་གིས་བཅད་དེ་ཞེས་པ་དང་། སྔགས་པའི་སྒྲིབ་པ་སྦྱོང་བ་དང་སྐུ་དེའི་དོན་དུ་མཆོད་རྟེན་རྩེ་ལྔ་པ་བཞེངས་ཏེ་སྐུ་དེ་ལྟར་སྐྱེས་ཞེས་སོགས་ཀྱིས་ཁྱད་གཞི་སྐུ་ལ་ཁྱད་ཆོས་སྤྲུལ་གྱི་མགོ་ལྔ་དང་ལྡན་པ་གང་ཡིན་པ་དེ་གཞི་གཅིག་གི་སྟེང་དུ་ངོ་བོའམ་བདག་ཉིད་གཅིག་པའི་ཚུལ་དུ་གནས་སྟངས་ཀྱིས་སྐུ་གང་ཡིན་པ་དེ་སྤྲུལ་དང་། སྤྲུལ་གང་ཡིན་པ་དེ་སྐུར་སོང་བ་ལྟར་ཏེ། རྒྱ་གར་གྱི་རིག་གནས་ཁྲོད་དེ་གཉིས་གོ་ས་འཕྲལ་ཏེ་ངོས་བཟུང་དུ་དཔེན་པ་ཞིག་ཡིན་པའི་ཕྱིར་རོ། །དེ་ཡང་ཡིན་ཏེ། རྒྱ་གར་འཕགས་པའི་ཡུལ་གྱི་དབུ་མའི་ཤིང་རྟ་ཆེན་པོ་དགེ་སློང་དཔལ་ལྡན་དོན་གྲུབ་ཀྱང་སྐུ་ཡུལ་དུ་འགྲོ་དོན་མཛད་པའི་རྗེས་མཚན་ལ་དཔལ་མགོན་འཕགས་པ་སྐུ་སྒྲུབ་དང་། ཕྱིས་ཀྱི་རི་མོ་པས་ཀྱང་འཕགས་པ་སྐུ་སྒྲུབ་ཀྱི་སྐུ་རྒྱབ་སྤྲུལ་གྱི་གདེངས་ཀ་བདུན་ཅན་གྱི་རྣམ་པར་བྱེད་པ་ནི་སྐུ་རྒྱལ་གྱིས་རང་གི་དཔྱིག་གཞུ་སློབ་དཔོན་ལ་སྐྱེས་སུ་ཕུལ་བའི་གཏམ་བརྒྱུད་དང་འབྲེལ་ཏེ་མཚོན་ཐབས་བྱས་པར་ངེས་ལ། ཁོང་གི་གསུང་ལས་ཀྱང་། ངེས་པ་བདོག་མང་ཇི་ལྟར་སྡུག་བསྔལ་བ། །འདོད་པ་ཚུང་རྣམས་དེ་ལྟ་མ་ལགས་ཏེ། །སྐུ་མཆོག་རྣམས་ལ་མགོ་བོ་ཇི་སྙེད་པ། །དེ་ལས་བྱུང་བའི་སྡུག་བསྔལ་དེ་ཉིད་དོ། །ཞེས་སྐུ་ཕལ་ཆེ་བའི་མགོ་བོ་ཡིན་ན་སྤྲུལ་ཡིན་པས་ཁྱབ་ཅིང་དེ་དག་ལའང་ཡོངས་སྤྱོད་གནས་བབས་ཀྱིས་མགོ་བོ་གསུམ་པ་ཅན་དང་། ལྔ་པ་ཅན། བདུན་པ་ཅན། དགུ་པ་ཅན་སོགས་སུ་ཡོད་པ་དེང་དུས་རྒྱ་གར་ཡུལ་གྱི་ལྷ་དེ་དག་གི་རྣམ་པ་ལས་ཀྱང་ཤིན་ཏུ་གསལ་བར་ཤེས་སོ། །

འོན་ཀྱང་སྤྱིར་སྐུ་ཡི་མགོ་བོ་ཡིན་ན་སྤྲུལ་ཡིན་པས་ཀྱང་མ་ཁྱབ་པར་ཐལ། སྐུ་འབུམ་དཀར་པོའི་ནང་། སྐུའི་རྒྱལ་པོ་ཚངས་པ་དང་། མི་ལོང་གདོང་ཅན་དང་། རི་དྭགས་མགོ་ཅན་དང་། བ་གླང་མགོ་ཅན་དང་། བྱའི་མགོ་ཅན་དང་། རྟ་མགོ་ཅན་དང་། སྤྲུལ་མགོ་ཅན་ལ་སོགས་པ་ཞེས་སྐུའི་མགོ་བོར་མཐའ་གཅིག་ཏུ་སྤྲུལ་གྱི་གདེངས་ཀ་ཡོད་པར་མ་ངེས་སོ། །

ཚུལ་དེས་རྒྱ་གར་རིག་གནས་ཀྱིས་ཤུགས་རྐྱེན་ཐེབས་རྗེས་ཀྱི་འབྲུག་དེ་ཡང་དེང་ཆོས་གོང་མའི་ཕོ་བྲང་སོགས་ཀྱི་ནང་དུ་གསལ་བའི་འབྲུག་གི་གཟུགས་དེ་ཁོ་ན་མ་ཡིན་པར་ངེས། །

༢.འབྲུག་པ་བཀའ་བརྒྱུད། དེ་ཡང་འབྲུག་པ་བཀའ་བརྒྱུད་ཀྱི་མ་དགོན་དུ་བྱེད་པའི་གནམ་འབྲུག་དགོན་ནི་ཕྱི་ལོ1204ལོར་གླིང་རས་པ་དང་འགྲོ་མགོན་གཙང་པ་རྒྱ་རས་གཉིས་ཀྱིས་ཕྱག་བཏབ་པར་གྲགས། ལོ་རྒྱུས་ནང་དགོན་དེ་ཕྱག་འདེབས་པའི་སྐབས་གནམ་དགུང་དབྱིངས་སུ་འབྲུག་སྒྲ་ལྡིར་ཞིང་འབྲུག་མཁའ་ལ་འཕྱོ་བའི་རྟགས་མཚན་བྱུང་ཚུལ་གྱིས་དགོན་མིང་དེ་ལྟར་གྲགས། གཞན་ཡང་འབྲུག་པ་བཀའ་བརྒྱུད་དེ་བཀའ་བརྒྱུད་ཆུང་བརྒྱད་ཀྱི་ཡ་གྱལ་ཡིན་ཞིང་འགྲོ་མགོན་གཙང་པ་རྒྱ་རས་ཀྱིས་ར་ལུང་དགོན་ཕྱག་འདེབས་དུས་ཀྱང་སྤྲུལ་པའི་ར་མང་པོས་ལུང་བསྟན་ཚུལ་དང་འབྲུག་དགུ་མཁའ་ལ་འཕྱོ་བའི་རྒྱུ་མཚན་གྱིས་འབྲུག་ར་ལུང་དགོན་ཞེས་བཏགས། རྣམ་ཀུན་མི་ཚོས་འབྲུག་གཅིག་གམ་འབྲུག་ཁྱུ་ལ་སོགས་པ་མཁའ་ལ་ལྡིང་ན་བཀྲ་ཤིས་པའི་མཚན་རྟགས་སུ་བྱེད་དོ། །དུས་དེང་གི་ཆར་ཡང་དམངས་ཁྲོད་དུ་ཞིང་འབྲོག་མི་སེར་ཚོས་འབྲུག་ནི་མཐའ་གཅིག་ཏུ་ལྷ་སྒྲུང་ནང་གི་སྲོག་ཆགས་ཤིག་ཡིན་པར་ཡིད་ཆེས་མི་སྲིད། འོན་ཀྱང་ལོ་རྒྱུས་དེབ་ཐེར་ནང་འབྲུག(Eng.extinct)ནི་རྩ་བ་ནས་སྟོངས་ཟིན་པའི་སྲོག་ཆགས་ཤིག་གམ་ལྷ་སྒྲུང་རང་བཞིན་གྱི(Eng.mytological)སྲོག་ཆགས་ཤིག་ཡིན་པར་བཤད་དོ། །

༣.འབྲུག་ཡུལ། དེ་ཡང་འབྲུག་ཡུལ་ཞེས་ནང་ཆོས་ཀྱི་ཆོས་ལྡན་རྒྱལ་ཁབ་ཅིག་ཡིན་པ་ཀུན་གྱིས་མཁྱེན་ཆོས་ཏེ། བོད་པའི་བརྗོད་སྐད་དུ་ཡུལ་མིང་གི་འབྲེལ་སྒྲ་མ་བསྡུས་པར་འབྲུག་གི་ཡུལ་དང་ཡུལ་དེ་གའི་མི་ལ་འབྲུག་པ་ཞེས་གྲགས། དེ་འདྲའི་ཐ་སྙད་ནི་འགྲོ་མགོན་གཙང་པ་རྒྱ་རས(1126–1211)ཀྱིས་སྤྲོལ་གཏོད་པའི་འབྲུག་པ་བཀའ་བརྒྱུད་ཀྱི་ཆོས་བརྒྱུད་ཡུལ་དེར་དར་ཁྱབ་ཤིན་ཏུ་ཆེ་བ་བྱུང་བས་སོ། །དེས་ན་ཡུལ་དེར་འབྲུག་ཡུལ་ཞེས་པའི་བརྗོད་ཆད་ཀྱང་སྤྱི་ལོའི་དུས་རབས12ནས་འགོ་ཚུགས་ཏེ་བྱུང་བར་སེམས་སོ། །

གོང་གསལ་གྱི་གླིང་གཏམ་ཐོར་བུ་བརྒྱད་བོད་ཀྱི་རིག་གནས་ཁྲོད་ཀྱི་འབྲུག་དང་འབྲེལ་བའི་སྒྲུང་ཁག་ལས་ཤེས་རྟོགས་ཐུབ་གསལ། བོད་སྐད་ནང་གི་འབྲུག་དང་གནའ་བོའི་རྒྱ་རིགས་ལྷ་སྒྲུང་ནང་གི་འབྲུག་གཉིས་ལ་དོན་འདྲ་བའི་ཆ་ཡོད་ཅིང་། ནང་བསྟན་རྒྱ་ཡུལ་དུ་དར་རྗེས་འབྲུག“龙”དེ་ཉིད་ནཱ་ག་སྡེ་ཀླུ་ཡི་དོན་སྒྱུར་མིང་ཚིག་ཏུ་སོང་ངོ་། །དེ་ནས་འབྲུག“龙”ནཱ་ག་སྡེ་ཀླུ་གཉིས་ཀྱི་དོན་གཅིག་པའི་འབྲེལ་བ་བྱུང་ལ་དུས་མཚུངས་དེ་དང་སངས་རྒྱས་ཆོས་ལུགས་རྒྱ་ཡུལ་དུ་མ་དར་སྔོན་གྱི་ལྷ་སྒྲུང་རང་བཞིན་གྱི་འབྲུག་གཉིས་ཀྱི་དབར་འབྲེལ་ཐག་རྗེ་རིང་དུ་སོང་བ་ལགས་སོ། །

སྐུ་ཞབས་ཅིས་ཤན་ལིན་གྱི《ཀྲུང་གོར་དར་བའི་རྒྱ་གར་རྩོམ་རིག》ཅེས་པའི་ནང་གསལ་དོན། འབྲུག་ཅེས་པ་ནི་གནའ་རབས་ཀྲུང་གོར་ཡོད་པ་ཞིག་ཡིན། དེ་ཡང་ཤིན་ཏུ་གྲགས་ཆེ་བའི་གཡེ་ཀུང་འབྲུག་ལ་དགའ་ཞེས་པའི་གཏམ་རྒྱུད་ཀྱིས་མཚོན་ནུས། འོན་ཀྱང་འབྲུག་ཅེས་པ་ཡང་སྙིང་ཅི་ཞིག་ཡིན། སུས་ཀྱང་མ་མཐོང་ལ་སུས་ཀྱང་ཤོད་དཀའ་ཚད་དུ་ཟད།……ཡིན་ནའང་ནང་བསྟན་རྒྱ་ནག་ཏུ་དར་རྗེས་རྒྱ་བརྒྱུད་ནང་བསྟན་ནང“龙”ཞེས་པ་སཾསྐྲྀཏའི་སྐད་དོད་ནཱ་ག་ཡིག་སྒྱུར་བྱས་པ་ཞིག་གོ །ནཱ་

ག་ནི་ཐད་སྒྱུར་བྱས་ན་སྦྲུལ་ཡིན། དེས་ན་ངེད་ཚོས་གདེངས་འཁེལ་བའི་ངང་ནས་སྨྲ་ཆོག་པ་ནི། ནང་བསྟན་རྒྱ་ཡུལ་དུ་དར་རྗེས“龙”སྐེ་འབྲུག་གི་དོན་ལ་འགྱུར་ལྡོག་ཆེན་པོ་བྱུང་ཡོད་པ་དེའོ། །སངས་རྒྱས་ཀྱི་བཀའ་བསྟན་དང་ཐང་རྒྱལ་རབས་སྐབས་ཀྱི་སྒྲུང་ནང“龙王”ཞེས་ཀླུ་རྒྱལ་ནི་སཾསྐྲྀཏའི་སྐད་དོད་ནཱ་ག་རཱ་ཛའམ་ན་ག་རཱ་ཛན་ཡིག་སྒྱུར་དུ་བྱས་པ་ཞིག་ཡིན། དེས་ན་ཐ་སྙད་དེ་ངེད་རྒྱལ་ཁབ་ནས་ཐོན་པ་ཞིག་མ་ལགས་པར་རྒྱ་གར་ནས་ནང་འདྲེན་བྱས་པ་ཞིག་གོ །དེས་ན། ཀླུ་རྒྱལ་དང་ཀླུ་མོའི་སྒྲུང་ནི་ཐང་རྒྱལ་རབས་སྐབས་ཏ་ཙང་གྲགས་ཆེ་བ་དཔེར་ན། ལིའུ་ཙུང་ཡོན་གྱི་འབྲུག་ཐང་དུ་བབས་སྨྲ་བ་ཞེས་དང་། ཧྲེན་ཡཱ་ཀྲེ་ཡི་སྨུག་གསེབ་ཀྱི་ཁོག་གཙོང་། ད་དུང་ཀྲིན་ཙེ་ཀླུ་མོའི་རྟོགས་བརྗོད་ལ་སོགས་པའང་རྒྱ་གར་རིག་གནས་ཀྱི་ཤུགས་རྐྱེན་ཐེབས་པ་ལས་བྱུང་བ་ཤ་སྟག་གོ །ཞེས་སྐུ་ཞབས་ཅིས་ཤན་ལིན་གྱིས་གསུངས་པའི་བཀའ་མོལ་དུམ་ཚན་གཉིས་དེས་ངེད་ཚོར་གསལ་ཁ་སྤྲིན་གསལ། འབྲུག་ནི་ཀྲུང་གོའི་དངོས་པོ་རྙིང་པ་ཞིག་ཡིན་པར་བདེན་ཁ་སྤྲད་པ་མ་ཟད། ཀླུ་རྒྱལ་ཀླུ་མོའི་རྣམ་པ་རྩོམ་རིག་ནང་དུ་གསལ་བ་ནི་རྒྱ་གར་དང་འབྲེལ་བ་ཡོད་པ་ཞིག་ཏུ་བརྟས་ཐག་ཀྱང་བཅད་པ་ལགས། དེ་ལྟར་ཀྲུང་གོའི་གནའ་རབས་བརྗ་ཆད་ནང་གི“龙”སྐེ་འབྲུག་ནི་སངས་རྒྱས་ཆོས་ལུགས་རྒྱ་ཡུལ་དུ་དར་རྗེས་དེ་ཡི་ཁྱད་ཆོས་དང་བྱེད་ནུས་གང་ཐད་ལའང་འགྱུར་ལྡོག་ཆེས་ཆེར་བྱུང་ཞིང་མཐར་རྒྱ་གར་ཁོར་ཡུག་ནང་གི“龙”སྐེ་འབྲུག་གི་གདོད་མའི་རྣམ་པའམ་བཟོ་ལྟ་དེ་རིམ་བཞིན་འཕོ་འགྱུར་བྱུང་སྟེ་ནཱ་ག་སྟེ་ཀླུ་ཡི་དོན་སྒྱུར་མིང་ཚབ་ཏུ་སོང་བ་དང་སྦྲགས་སྦྲུལ་གྱི་གཟུགས་དང་འབྲེལ་བའི་རྒྱ་གར་གྱི་ཀླུ་ཡི་རིག་གནས་ཁག་ཅིག་ཀྱང་ཁྱེར་བསྐྱུར་བྱས་སོ། །

དེ་ལྟར་བོད་སྐད་འབྲུག་དང་སཾསྐྲྀཏའི་ནཱ་ག་སྟེ་ཀླུ་གཉིས་ལ་ཐད་ཀའི་འབྲེལ་བ་གང་ཡང་མེད་ཀྱང་དེ་དང་རྒྱ་གར་རིག་གནས་ཀྱིས་ཤུགས་རྐྱེན་མ་ཐེབས་པའི་རྒྱ་ཡིག་ནང་གི“龙”གཉིས་ཀྱི་དབར་དོན་སྒྱུར་གྱི་འབྲེལ་བ་ཡོད། ནཱ་ག་ནི་བོད་སྐད་ནང་ཐོག་མཐའ་བར་གསུམ་དུ་ཀླུ་ཞེས་བསྒྱུར་ཡོད་པ་གོང་གསལ་མདོ་མཁར་ཞབས་དྲུང་ཚེ་རིང་དབང་རྒྱལ་གྱི་ཀཱ་ལི་འཕྲེང་བསྒྲིགས་ལས། ནཱ་ག་ཞེས་ཀླུ་ཁོ་ནར་ཆོས་རྒྱལ་ལོ་པཎ་དང་བཅས་པས་ཐག་བཅད་ཡོད་པར་ངེས་ན། ཀླུ་ཞེས་པ་དེ་ཡང་མཐར་གྱིས་བོན་གྱི་གདོད་མའི་ཆོས་ལུགས་ནང་གསལ་བའི་བརྗ་ཆད་ཅིག་ལ་མགོ་གཏུགས་པ་ཡིན་ལ། དེ་ཡི་ངོ་བོ་དང་། ནང་དོན། བྱེད་ནུས་སོགས་ཚང་མ་ནཱ་ག་དང་ཆེས་ཆེར་མཚུངས་པ་རྒྱུ་མཚན་དུ་བྱས་ཏེ་ནཱ་གའི་དོན་སྒྱུར་མིང་ཚབ་ཏུ་བོད་ཀྱི་ལོ་པཎ་རྣམ་པས་བྱས་པ་ཞིག་ཡིན་པ་གོར་མ་ཆགས་སོ། །འོན་ཏང་། རྒྱ་གར་གྱི་ནཱ་ག་དང་འབྲེལ་བའི་གཏམ་རྒྱུད་ཁག་ལ་རྟོག་དཔྱོད་བྱེད་པར་ཞུགས་ན། ནཱ་ག་དང་བོན་ཆོས་ནང་གི་ཀླུ་གཉིས་ཀྱི་དབར་ཡོངས་སུ་མཚུངས་རྟགས་བརྒྱབ་ཆོག་པ་ཞིག་ག་ལ་ཡིན་ཏེ། དེ་གཉིས་ཀྱི་དབར་ཁྱད་པར་ཡང་ཆེ་སྟེ། དཔེར་ན་ཀླུ་ཡི་འགུལ་བསྐྱོད་བྱེད་སའི་ཁོར་ཡུག་ལའང་ཆེ་ཆུང་གི་ཁྱད་

པར་ཆེན་པོ་ཡོད། ཕྱོགས་གཞན་ཞིག་ནས་བཤད་ན། དེ་གཉིས་ཀྱི་ཁྱད་པར་ཆེ་ཤོས་གནས་ཡུལ་གྱི་ཆ་ནས་ཡིན་ཏེ། རྒྱ་གར་གྱི་ནཱ་ག་ནི་གནས་ས་གཙོ་བོ་རྒྱ་མཚོར་བྱེད་པ་དང་། བལྟོས་ཕྱོགས་ནས་ཞུས་ན་གནས་ས་འགྱུར་བ་ཆུང་ཞིང་གཏན་འཁེལ་རང་བཞིན་ཡོད་པ་ཞིག་ལགས་ཤིང་། བོན་ཆོས་ནང་གི་ཀླུ་ནི་མཚོ་དང་མཚེའུ་ཁོ་ནར་ངེས་པར་ཞིག་མ་ཡིན་པར། ས་འོག་དང་། ཆུའི་ནང་། ཤིང་གི་རྩ་བ། ཐབ་ཀྱི་སྙིང་། སྒོ་ཕྱུགས་གནས་སའི་རྫིག་ཟུར་ལ་སོགས་པར་ངོ་བོ་ཀླུ་ཡིན་ལ་རྣམ་པ་མི་འདྲ་བའི་ཚུལ་གྱིས་མངོན་ནས་ཡོད། བོན་གྱི་སྲིད་པ་གསུམ་འདྲེན་པའི་སྐབས་སུ་ཡང་སྟེང་ལྷ་ཡུལ་དང་། བར་བཙན། འོག་ཀླུ་ཡུལ་སོགས་ཀྱི་སྐོར་གླེང་བ་ལས་འོག་ཕྱོགས་ཀྱི་ཀླུར་ཡང་ས་ཀླུ། ཆུ་ཀླུ། ཤིང་ཀླུ། ཐབ་ཀླུ་སོགས་ཀྱི་ཐ་སྙད་བྱེད། བོད་མི་ཚོས་རྣམ་ཀུན་དཀར་གོང་སྨྲིག་སྙེ་ཀླུ་ཡི་སྐུ་ཚབ་ཏུ་བྱེད་པ་ཡང་བོན་གྱི་རིག་གནས་རང་ལ་གཏུགས་དགོས་པར་སེམས། ཚུལ་དེ་ལས། བོན་ཆོས་ནང་གི་ཀླུ་ཡི་གཟུགས་དབྱིབས་ཇི་ལྟར་ཡིན་ལུགས་ད་དུང་ཡང་དཔྱད་པའི་གཞི་རྩ་འོས་སོ། །

དེ་ལྟར་གོང་གསལ་གྱི"ཀླུ"དང"འབྲུག"དང"ནཱ་ག"དང"龙"སོགས་ཀྱི་ལོ་རྒྱུས་གནད་དོན་སྐོར་གསལ་པོ་མ་ཤེས་སྟབས་དབྱིན་རྒྱ་བོད་སོགས་ཀྱི་ཡིག་སྒྱུར་གནད་དོན་ཐད་ནོར་འཛོལ་ཆེ་བའི་རྟགས་གང་སར་མངོན་རྒྱུ་འདུག་ཅིང་ཁྱད་པར་དུ་ཡང་རྒྱ་ཡིག"龙"དེ་དབྱིན་ཡིག"Dragon"ཞེས་པར་བསྒྱུར་ན་དབྱིན་ཡིག་ཁོར་ཡུག་ནང་གདོན་འདྲེའི་རིགས་ཤིག་ཏུ་སོང་བས"Long"དུ་བསྒྱུར་ཏེ་ནང་དོན་འགྲེལ་བ་དོན་གྱི་དམ་པའམ་མཆོག་ཏུ་ཤེས་དགོས་པ་གལ་ཆེ་ཚུལ་སོགས་གླེང་བྱ་མང་སོད་གླེང་ཐལ་ཤོར་ན་སྐབས་དོན་སྟོར་བས་གཞན་དུ་བཤད་པར་བྱའོ། །

བཞི་པ། ཀླུང་དང"龙"འབྲུག་གི་འབྲེལ་བ་ལས་ཀླུང་རྟ་ཞེས་པ"ལུང་མ་"ལས་བྱུང་བར་སྨྲ་བ་མི་འཐད་པའི་སྐོར་བཤད་དེ་མཇུག་བསྡུ་བའོ། །

བོད་རིག་པ་སྨྲ་བ་མཁར་རྫིའུ་ཡིས། བོད་ཀྱི་རླུང་རྟ་འཛུགས་པའི་སྲོལ་སྐོར་གླེང་བ། ཞེས་པ་ལས། ལྷ་དཔལ་ཞེས་པའི་ཞིབ་འཇུག་པ་དེས་རླུང་རྟ་ཞེས་པའི་ཚིག་དེ་རྒྱ་སྐད་ཀྱི་མིང་ཚིག"ལུང" "龙"ཞེས་པའི་ཚབ་མཆོན་ཡིན་ཞེས་དང་། "ལུང"ནི་འབྲུག་དང་རླུང་རྟ་ཞེས་པ་ནི(龙马)ཞེས་པའི་དོན་ནོ་ཞེས་གསུངས་ཡོད་པ་རེད། ཅེས་དང་། རྟ་ཞེས"མ་"ཡི(马)དོད་དུ་བསྒྱུར་ན"龙"ལ་འབྲུག་ཅེས་མ་བསྒྱུར་བ་ཅི། ཞེས་དང་། གལ་ཏེ་རླུང་རྟ་ཞེས་པ་འདིའི་འབྱུང་ཁུངས་རྒྱ་ལ་གཏུགས་ན། དེ་ལ་རླུང་རྟ་མི་ཟེར་བར་འབྲུག་རྟ་ཞེས་ཟེར་དགོས་པ་ཡིན། ཞེས་དང་། ལྷ་དཔལ་རང་ཉིད་ནི"ལུང" "龙"ཞེས་པའི་འབྲི་ཚུལ་དེའི་ཐེ་ཚོམ་གྱི་དྲ་རྒྱར་ཚུད་ཡོད་པ་དང་། དེ་ལྟ་བུའི་འབྲི་སྟངས་ཤིག་བོད་ཡིག་གི་དཔེ་ཆའི་ཐོག་མཆིས་པས་ཁོང་གི་བཞེད་ཚུལ་དེ་ནི་ཡིད་རྟོན་ཅུང་བའི་གནས་ཤིག་མ་ཡིན། ཞེས་པ། སོགས་དགག་བྱར་བྱས་ཏེ་རང་ལུགས་

ཀྱི་དོད་དུ་འདི་ལྟར་གསུངས་ཏེ།

ཁོ་བོའི་འདོད་ཚུལ་ལྟར་ན་རླུང་རྟ་ཞེས་པའི་ཐ་སྙད་དེ་ནི་རྒྱ་སྐད"ལུང་མ"ཞེས་པ་བོད་ཡིག་ཐོག་ནང་འདྲེན་བྱས་པ་ཞིག་ཡིན་སེམས། དེ་ལྟར་ངོས་འཛིན་བྱེད་པའི་རྒྱུ་མཚན་ནི། རྒྱ་ནང་གི་གནམ་རྒྱུད་ནང་དུ་རླུང་རྟ་དེ་ཉིད་རྟག་ཏུ་ཆུ་བོ་དང་འབྲེལ་ནས་ཐོན་པ་དང་། དེ་བཞིན་དེའི་གཟུགས་བརྙན་ཡང་ཆུ་ནང་ལས་འབྲུག་གི་སྐལ་ཐོག་ཏུ་སྤར་ཁ་བརྒྱད་ཅན་གྱི་རི་མོ་བཀལ་བ་ཞིག་མཁའ་ལ་འཕྱོ་བ་ཞིག་འབྲི་སྲོལ་ཡོད། དེར་བརྟེན"ལུང་མ"ཞེས་པའི་གནམ་རྒྱུད་ནང་གི་སྲོག་ཆགས་དེའི་རྒྱ་མིང་བོད་ཡིག་ཐོག་ཏུ་རླུང་རྟ་ཞེས་པའི་ཐ་སྙད་ཅིག་ཏུ་མཆེད་པ་ཞིག་ཡིན། འོན་ཀྱང་། བོད་དུ"ལུང་མ(lungma)"གཟུགས་རིས་དེ་ཉིད་ཁས་མ་བླངས་པར་འབྲུག་དེ་ཉིད་ཕྱིར་འབུད་བྱས་ཡོད། དཔེ་རིས། ཆུ་རིས་ཏེ། 河图ཞེས་ལྡེ་དཔལ་གྱི་ལྟ་བ་དེ་མཐའ་གཅིག་ཏུ་མ་ཁེགས་པ་ལྟ་བུར་སྣང་བ་ཙམ་མ་ཟད་རླུང་རྟའི་འབྱུང་ཁུངས་ལྡེ་དཔལ་གྱིས་གསུངས་པ་ཇི་ལྟ་བ་ལ་རྒྱབ་རྟེན་ནག་རྩིས་ཀྱི་སྲོག་རླུང་དབང་ལུས་ཀྱི་ཐ་སྙད་ལས་རླུང་དེ་ཉིད་རྒྱ་ཡིག"龙"ལས་གྱེས་ཚུལ་དང་དེ་ཉིད་ཆུ་རིས་ཐོག་འཁོད་པའི"ལུང་མ"སྟེ། ཆ་ཚང་བོད་སྐད་དུ་ཕབ་ན་འབྲུག་རྟ་དང་སྒྲ་སྒྱུར་དང་དོན་སྒྱུར་ཕྱེད་དུ་ཕབ་ན་རླུང་རྟར་སོང་ཚུལ་དངོས་ཤུགས་གང་ནས་ཀྱང་གསལ་སྟོན་གནང་ངོ་། །

གོང་གསལ་འདྲེན་ཚིག་རྣམས་ལ་སེམས་ན། བོད་རིག་པའི་ཁྱབ་ཁོངས་སུ་དར་ལྡོག་དང་འབྲེལ་ཏེ་རླུང་རྟའི་སྐོར་གླེང་དུས་དེ་ཡི་དག་ཆའི་ཐད་ཀྱི་འབྲི་སྟངས་མི་འདྲ་བར་བལྟོས་ཏེ་འགྲེལ་ཚུལ་གཞན་ཞིག་ཏུ་བྱེད་པའི་སྐོར་དེ་ལས་འཕྲོས་པ་ཞིག་ལགས། དེ་ཡང་རླུང་རྟ་ཞེས་པའི་འབྲི་སྟངས་གཞན་གླུང་རྟ་ཞེས་བྱ་བ་ལས་འཕྲོས་པ་ཡིན། བོད་ཀྱི་ཡིག་ཐོག་ལོ་རྒྱུས་ལ་སེམས་ཚེ། གླུང་ཞེས་པར་གླུང་ཐང་དང་། རི་གླུང་། ཆུ་གླུང་། ནགས་གླུང་། ལུང་གཞུང་། ཐང་ཡངས་པོ་སོགས་ཀྱི་དོན་ལྡན་མོད། འབྲུག་ཅེས་རྒྱ་སྐད་དུ"龙"ཞེས་པའི་དོན་མི་ལྡན་ལ། རྒྱ་གར་སྐད་ཀྱི"ནཱ་ག"ཞེས་པ། བོད་སྐད་དུ"ཀླུ"ཞེས་པའི་དོན་དེ་བས་ཚང་མེད་དོ། །

བོད་ཡིག་ཡི་གེའི་ལོ་རྒྱུས་འཕེལ་རིམ་ནས་བཤད་ན་ཡང་། སྐད་གསར་བཅད་གོང་གི་བརྡ་རྙིང་ཡི་གེ་དང་། ཡང་ན་སྐད་གསར་བཅད་རྗེས་ཀྱི་དེང་དུས་བརྡ་གསར་ཡི་གེ་གང་ལ་སེམས་ཀྱང"གླུང"དང"འབྲུག"གཉིས་ལ་དོན་གཅིག་དང་། དོན་འདྲ་བ། མིང་གི་རྣམ་གྲངས་སུ་སོང་ཚུལ་སྐོར་གྱི་འབྲེལ་བ་ཞིག་ཡོད་པ་ཅང་མ་མཐོང་།

མདོར་ན། ནང་བསྟན་རྒྱ་ཡུལ་དུ་མ་དར་སྔོན་བོད་ཀྱི་རིག་གནས་ཁྲོད་ཀྱི་འབྲུག་དང"龙"གཉིས་ཀྱི་དབར་དོན་འདྲ་བ་དང་དོན་མཚུངས་པའི་འབྲེལ་བ་ཡོད་པ་ཤེས་ལ་ཕྱིས་སངས་རྒྱས་ཆོས་ལུགས་ཀྱི་ཤུགས་རྐྱེན་འོག་འབྲུག་དང"龙"གཉིས་ཀྱི་དབར་དོན་མཚུངས་པའི་འབྲེལ་བའི་གནད་དོན་དེ་མཇུག

སྦྲེལ་ཅིང་། “龙”དང་རྒྱ་གར་རིག་གནས་ཁྱོད་ཀྱི་ནཱ་ག་གཉིས་ཀྱི་དབར་དོན་འདྲ་བ་དང་དོན་མཚུངས་པའི་འབྲེལ་བ་ཞིག་ཡོད་འགོ་ཚུགས། ཡིན་ནའང་བོད་སྐད་ནང་ནཱ་ག་ནི་ཀླུ་ཡི་མིང་ཐོག་ནས་མཚོན་པ་ལགས་ན་འབྲུག་དང་དོན་མཚུངས་པའི་འབྲེལ་བ་མེད་པ་ཡོས་ཀྱང་ཤེས། གཞན་ཡང་ནཱ་གའི་མིང་ཚབ་ཀྱི“龙”དར་ཉོག་སྟེང་ལན་གཉིས་གསལ་བའི་རྒྱུ་མཚན་མ་མཆིས་ཏེ།(ཀ འབྲུག ཁ། སྦྲུལ།) དེས་ན་ཀླུང་རྟའམ་རླུང་རྟ་ནི་རྒྱ་སྐད“龙马”ཡི་སྒྲ་ཟུར་ཆགས་ཚུལ་དུ་སྨྲ་བ་ནི་མི་འཐད་པར་མཐོང་ངོ་། །

གོང་དུ་གླེང་བ་ལྟར་གནའ་དེང་བོད་ཀྱི་སྐད་བརྡའི་ཁྱོད་ཀྱི་ཀླུང་ཞེས་པ་ནི་ས་དབྱིབས་ཀྱི་ཆགས་གྲུབ་ལ་བསྟོས་ཏེ། ཐང་དང་། རི་བརྒྱུད། རོང་ཆུ་སོགས་དང་འབྲེལ་བའི་བརྗ་ཆད་ཅིག་ཏུ་ཟད་ན། ཀླུང་ཞེས་པ་སྲོག་ཆགས་ག་གེ་དང་། ལྷ་སྲིན་ག་གེ་ཞིག་གི་བརྗ་ཆད་དུ་འདོད་པ་ནི་དོན་ལ་མ་གནས་པའི་བབ་ཅོལ་དུ་ཟད་དོ། །

ཁོ་བོ་ལྟར་ན་མཁར་རྨེའུ་ཡིས་ནག་རྩིས་དང་འབྲེལ་ཏེ་སྲོག་ཀླུང་དབང་ལུས་ཀྱི་ཐ་སྙད་ལས་ཀླུང་དེ་རྒྱ་ཡིག“龙”གི་སྒྲ་སོར་བཞག་གི་སྒྱུར་དུ་ཁས་འཆེ་སྟེ་སྒྲ་སྒྱུར་དོན་གཅིག་གི་འབྲེལ་བ་ཡིན་ཞེས་སྨྲ་བར་བྱེད་པ་ལས། དེ་གཉིས་ཕན་ཚུན་རྟེན་དང་བརྟེན་པའི་འབྲེལ་བ་ཡིན་ཚུལ་ནི་རོང་ཆུ་སོགས་ལ་ཆུ་ཀླུང་ཞེས་གྲགས་ཚུལ་ལས་གླེང་བར་སྤོབས་ཏེ། རྒྱ་ཡིག་གི་དཔེ་ཆོས་ལས་ཀྱང་ཆུ་མོ་ཇི་ལྟར་ཟབ་པོ་མེད་ཀྱང་འབྲུག་ཡོད་ན་ལྷ་དང་བཅས། ཞེས་པའི་ཤོད་རྒྱུན་ལྟར་ཆུ་མོ་ཟབ་དང་མི་ཟབ་ཇི་ལྟར་ཡིན་མོད་འབྲུག་ཡོད་ན་ལྷ་དང་བཅས། ཞེས་འབྲུག་ཅེས་པ་ཨ་སྔོན་ནམ་མཁའི་དབྱིངས་སུ་འཕུར་ལྡིང་བྱེད་པ་ཆོག་མོད། ཨ་སྔོན་ནམ་མཁའ་དེ་འབྲུག་གནས་ས་མིན་ལ། ནམ་མཁའ་སྟོང་པར་འབྲུག་གནས་ཚུལ་སྨྲ་ན་རིག་པའི་འགྲོས་དང་ཡང་འགལ། དེས་ན་འབྲུག་གི་གནས་གཞི་ནི་ཀླུང་ངམ་ཆུ་ཀླུང་ལགས་ན་འབྲུག་བརྟེན་པ་དང་ཆུ་ཀླུང་རྟེན་ཡིན་པའི་རྒྱུ་མཚན་གྱིས་དེ་གཉིས་ཕན་ཚུན་རྟེན་བརྟེན་པའི་འབྲེལ་བ་ཡིན་ཞེས་སྨྲ་ཆོག་པ་ཙམ་ལས། ཚུལ་དེས་འབྲུག་ནི་དོན་གྱིས་ཀླུང་མིན་ལ། ཀླུང་དང་འབྲུག་གཉིས་ཀྱི་དབར་དོན་འདྲ་བའི་འབྲེལ་བ་གདོད་ནས་མ་གྲུབ་ན་དེ་གཉིས་ཀྱི་དབར་དོན་འགྱུར་གྱི་འབྲེལ་བའང་ཡོད་རེ་སྐན་ཏེ་མེད་པར་ཟད་དོ། །གཞན་ཡང་ཀླུང་རྟ་ཞེས་པའི་ཚབ་ཏུ་འཇུ་མི་ཕམ་གྱིས་རླུང་རྟ་ལེགས་ཚུལ་སྨྲ་བའི་རྒྱུ་མཚན་སྐུ་ཉིད་ལ་མེད་ཅིང་། སྐུ་ཉིད་ཀྱིས་ཀྱང་བོད་རིག་པ་སྨྲ་བ་ཕལ་མོ་ཆེས་དེ་གཉིས་དོན་གཅིག་མིང་གི་རྣམ་གྲངས་སུ་འདོད་པར་བཞེད་འདུག་པའི་ཕྱིར་རེ་ཞིག་གནས་ལ་མཚམས་ཞུ་ཞིང་དུས་ཀྱི་ཁོམ་པས་མ་དག་ནོངས་པའི་ཆ་མཆིས་པ་མཐའ་དག་གཟུར་ནས་མཁས་པའི་སྤྱན་སྔར་འཆགས་པ་ལགས་སོ། །

《བོད་ལྗོངས་སློབ་གྲྭ་ཆེན་མོའི་རིག་དེབ།》 ༢༠༡༢ལོའི་དེབ་གསུམ་པ་ལས་བཏུས།

༄། །ལབ་ཙེ་བཙའ་ཚུལ་དང་དེའི་བྱ་བྱེད་ཀྱི་ཚ་གའི་རིམ་པ་ངོ་སྤྲོད།

གཙན་ཚ་བཀྲ་སྒྲོ།

ལབ་ཙེ་བརྩིགས་པ་དང་དེ་ལ་དང་དོད་བྱེད་པ་ནི་མདོ་དབུས་ཁམས་གསུམ་ས་ཁུལ་གང་དུ་ཡང་ཕྱིའི་རྣམ་པ་དང་གཞི་ཁྱོན་ཆེ་ཆུང་འདྲ་མིན་སྣ་ཚོགས་སུ་ཡོད་པ་མ་གཏོགས་སྤྱིའི་ཆ་ནས་བཤད་ན་ངོ་མ་ས་ཁྱབ་རྗེ་ཁྱབ་ཏུ་སོང་ཡོད་འདུག་པ་རེད།

དེ་ཡང་རིག་གནས་དེའི་ཐད་ཀྱི་ཤེས་བྱ་མང་པོ་ཞིག་ལབ་ཙེ་རྩིག་མཁན་གྱི་ཡོན་བདག་མང་ཚོགས་ཀྱིས་ཤེས་ཀྱིན་མེད་ལ། ཨེ་ཤེས་ཀྱི་བསམ་བློའང་མེད་པར་ཆེད་དུ་བསྐོས་པ་ལྷ་བུའི་མི་སྣ་སྐོར་ཞིག་གི་ངག་ཁོ་ན་ལ་བརྟེན་རྒྱུ་ཡོད་པ་དེ། གཞུང་ལུགས་ཀྱི་དགོངས་གཞི་ལྟར་ཡིན་ཀྱང་སྲིད་སོད། འོན་ཀྱང་ཕྲན་གྱིས་ཤེས་མཁན་དང་ལག་ལེན་མཁན་མང་ན་དར་རྒྱས་ཆེ་ལ་ཡང་དག་ཏུའང་འགྲོ་ངེས་པའི་འདོད་འདུན་གྱིས་རང་ལག་ཏུ་སོན་པའི་གཞུང་ལུགས་ཀྱི་དཔེ་ཆ་འགའ་ཕན་ཚུན་གཤིབ་བསྡུར་དང་ཕན་ཚུན་ལྷན་ཐབས་ལ་བརྟེན་ནས་འདིའི་སྐོར་ལ་སྤྲོ་བ་ཡོད་པའི་བློག་པ་པོའི་ཚོགས་ལ་ཁ་གསལ་དོན་འདུས་ཀྱིས་ངོ་ཙམ་སྤྲོད་འདོད་པ་ཡིན།

དང་པོ། ས་བརྟག་པ།

དེ་ཡང་། ལབ་ཙེའི་ལོ་རྒྱུས་དང་ཕན་ཡོན་བསྟན་པའི་སྐབས་སུ། ལྷའི་བཙུན་པ་བློ་བཟང་ཤེས་རབ་ཀྱིས། རྒྱལ་པོའི་ལབ་ཙེ་རི་རྩེར་བརྩིགས། །རྒྱལ་སྲིད་ཆོས་བཞིན་དར་བ་དང་། །སྲིད་ཞི་ཕྱོགས་བཞིར་བརྟན་པར་མཛད། །བཙན་པོའི་ལབ་ཙེ་གོང་ཁར་བརྩིགས། །བཙན་ཕྱུག་འཕན་གསུམ་འཇོམས་པ་དང་། །ཐབས་ཤེས་གཟུ་དཔང་རྒྱས་པར་མཛད། །ཀླང་པོའི་ལབ་ཙེ་ཁིལ་ཀར་བརྩིགས། །ཀླང་པོའི་མི་རྒྱུད་གྲོལ་བ་དང་། །མི་ནོར་ཟས་གསུམ་འཕེལ་བར་མཛད། །ཕྱུག་པོའི་ལབ་ཙེ་འཕྲང་ཁར་བརྩིགས། །མི་ནད་ཡམས་ནད་ཆད་པ་དང་། །བདེ་སྐྱིད་དགེ་བ་རྒྱས་པར་མཛད། །ཅེས་པ་དང་། ཞྭ་དམར་པ་དགེ་འདུན་བསྟན་འཛིན་རྒྱ་མཚོས་མཛད་པའི་ལབ་ཙེའི་མཆོད་ཚོག་ཏུ། བཙན་པོའི་ལབ་ཙེ་རི་ཡི་རྩེ་མོ་དང་། །འཕན་པོའི་ལབ་ཙེ་རི་ཡི་ཁིལ་ཁ་སྟེ། །ཕྱུག་པོའི་ལབ་ཙེ་རི་ཤོད་ཀླུང་དུ་བརྩིགས། །ཡུལ་མིའི་བཙན་

ཕྱུག་འཕན་གསུམ་དར་བར་བྱས། །ཞེས་པ་དང་། གཞན་ཉང་སྐྱེས་སྟང་མཛད་རྫོ་རྗེ་སོགས་ཀྱིས། ཀྱི་ཧི་རི་བོའི་རྩེ་མོ་དང་། །ལབ་ཙེ་རི་བོའི་སྙིད་ནས་ཧི། །དཔའ་མཁར་རི་བོའི་འདབས་སུ་བརྩིགས། །ཞེས་པ་སོགས་ལས་ཀྱང་ཤུགས་ཀྱི་བསྟན་དོན་དང་ལབ་ཙེ་དངོས་སུ་བརྩིགས་པ་ལ་སྦྱོར་དངོས་རྗེས་གསུམ་གྱི་གོ་རིམ་གཏན་འཁེལ་དུ་ཡོད་པ་ལ་བསམ་གཞིག་མི་བྱེད་པར་ངོས་ཐད་ཀྱི་ས་གནས་གཅིག་པུ་གཙོར་བཟུང་སྟེ་ལབ་ཙེ་བརྩིགས་སྲོལ་ཕལ་ཆེར་མེད། དེའི་ཕྱིར། གཟའ་སྐར་འཕྲོད་སྦྱོར་ལེགས་པའི་དགེ་བའི་ཉིན་ཞིག་བདམས་ཏེ། ས་དཔྱད་ཀྱི་གཞུང་ལྟར། ཀ་བཞི་སྲུང་བཞི་ཚང་བ་སྒྲིལ་དགོས། །དགོན་སྡེ་རི་ཁྲོད་རྒྱལ་ཁབ་གློན་པོའི་གྲོང་། །གྲོང་ཁྱེར་ཆུང་འབྲིང་ཆེ་གསུམ་གནས་པའི་གཞིར། །ས་ཡི་དགེ་བཅུ་དག་ཀྱང་ཚང་བ་གཅེས། །ལྷ་ཁང་ཚ་ཁང་སྐུ་འབུམ་རྫོ་འབུམ་དང་། །གཏེར་སྦ་དཔའ་མཁར་ལབ་ཙེ་དུར་ཁྲོད་སོགས། །ས་ཡི་དགེ་བཅུ་ཚང་བ་མི་དགོས་ལ། །གཞན་རྣམས་ཕལ་ཆེར་ཀུན་ལ་ཐུན་མོང་ངོ་། །ཞེས་པ་དང་། གཞན་གསས་མཁར་ལྷ་ཐོ་བརྩིགས་པའི་ས། །རི་ཡི་རྩེ་རུ་བརྩིགས་མི་བརྩིགས། །གཞི་བདག་དང་ལེན་མི་ལེན་ཡོད། །དེ་ཕྱིར་རྩེ་རུ་བརྩིགས་མི་བྱ། །རི་ཡི་རྩེ་སྙོག་དཀྱིལ་ཙམ་གྱི། །ས་དྲག་མེད་ཅིང་ས་དཔལ་བཟང་། །དེ་རུ་བརྩིགས་ན་ཉེས་འགལ་མེད། །མཉལ་མཆོད་འབུལ་ཚུལ་དུ་འོང་། །དེ་རྣམས་ཕྱི་ཡི་ས་དཔྱད་ཡིན། །ཞེས་གསུངས་ཡོད་པ་ལྟར་ས་གཞི་བརྟག་བསླང་སྦྱང་གསུམ་སོགས་ཀྱི་སྔོན་འགྲོ་བསྒྲུབས་རྗེས། ལྟ་མཐུད་དུ《ས་བརྟག་བསླང་སྦྱང་གསུམ་ཐུམ་གཏེར་དང་བཅས་པའི་ལག་ལེན་མདོར་བསྡུས་ཨུཏྤལ་ཆུན་པོ》ཞེས་བྱ་བའི་ལག་ལེན་ལྟར། གཞི་བདག་སོགས་ལ་གཏོར་མ་དང་བསང་གཏོང་ལ། དེ་རྗེས་རང་ལྷའི་ང་རྒྱལ་ལ་གནས་པས་བདུད་རྩི་འཁྱིལ་བའི་ཕྱག་བརླ་བཞིན་ཞེང་མཐོ་གང་ངམ་ཁྲི་གང་ཙམ་གྱི་ཁུང་བུ་བརྐོས་ཏེ། དེ་མ་ཐག་དེ་ཉིད་ཀྱིས་སླར་ཁུང་བུ་དེ་བཀབ་པས། ས་ལྷག་ན་མཆོག་ལ། མ་ཁེངས་ན་མི་རུང་བ་དང་། དེ་མིན་ཁུང་བུ་བཀང་བ་དེ་འཁྱིལ་བའི་ཕྱག་ས་བརྫེད་ཅིང་སླར་མཐོ་གང་བརྐོས་ནས་ཆུས་བཀང་ལ་འབྲུ་གསུམ་བརླ་བཞིན་དུ་ཤར་དུ་མཇུར་ཙམ་གོམ་པ་བརྒྱད་སོང་ནས་ལོག་འོང་སྟེ་བལྟས་པས་ཆུས་བཀང་ཡོད་པའམ། ཕྱེད་ལྷག་ཙམ་ཡོད་ལ་གཡས་སུ་འཁོར་བའམ་མི་འཁོར་ནའང་རུང་། སྐམ་པའམ་ཉུང་ཙམ་ཡོད་པ་དང་། ཡང་ན་གཡོན་དུ་འཁོར་ན་གཞི་དེར་བརྩམས་མི་རུང་ལ། ཡང་རུང་བའི་མཚན་མ་མཐོང་ཡང་ཆུ་སྲྀ་དང་བཅས་བགེགས་ཡོད་པས་འཁྱིལ་བའི་ཕྱག་ས་ཀྱིས་བསྐྲད་དགོས་པ་སོགས་ཀྱི་བླང་བྱ་ལྟར་ཆོ་གའི་རིམ་པ་དང་པོ་སྔོ་ཡོངས་གྲགས་སུ་ས་ལ་ལྟ་བ་ཞེས་པ་དེ་ནན་ཏན་དུ་བསྒྲུབས་པར་བྱས་པའོ། །

གཉིས་པ། ས་སློང་བ།

ཚོ་ག་འདི་ནི་གོང་དུ་སོང་བའི"ས་བརྟག"གི་བྱ་བྱེད་ཆ་ཚང་སོང་ནས་གང་གཏན་ལ་ཕབ་རྗེས་ཡུལ་

དེའི་ས་བདག་གནས་བདག་ལ་སློང་བའི་ཆོ་ག་སྟེ། 《ས་དཔྱད་ཕྱོགས་བསྒྲིགས》སུ། བསླང་བ་ལའང་གཉིས་ཏེ། མངོན་པ་དང་། མི་མངོན་པ་ལས་བསླང་བའོ། །ཞེས་པ་ལྟར། ལབ་ཙེ་བརྩིགས་པའི་ས་ནི་སྔ་ས་ནས་ཡུལ་དཔོན་ནམ་མི་གཞན་གྱིས་ས་དེ་བདག་ཏུ་བཟུང་ཡོད་པ་ལས་ཉོས་པའམ་བསླངས་ནས་གནང་བ་ཐོབ་པར་བྱས་རྗེས། གདན་ཞུ་ལག་ལེན་པ་རྣམ་པས་ས་དེ་ལ་གནས་པའི་གཞི་བདག་ལ་གནང་བ་ཞུ་བ་སྟེ། གནས་དེར་སྟེགས་ཀྱི་ཁར་ཆུ་གཉིས་ཉེར་བཤམས་ལ། སྐྱབས་སེམས་སྔོན་དུ་བཏང་སྟེ། རང་ཉིད་སྐད་ཅིག་གིས་འཕགས་པ་ཕྱག་ན་རྡོ་རྗེ་ཆེན་པོའམ་རང་གི་ལྷག་པའི་ལྷ་གང་ཡང་རུང་བར་གྱུར་པར་བསམ་སྟེ། མཆོད་གཏོར་རྣམས། སྔགས་ཀྱིས་བསང་ཞིང་སྦྱངས། སྟོང་པའི་ངང་ལས་ཨོཾ་ལས་རིན་པོ་ཆེའི་སྣོད་ཡངས་ཤིང་རྒྱ་ཆེ་བ་རྣམས་ཀྱི་ནང་དུ་ཞུ་བ་ལས་བྱུང་བའི་མཆོད་གཏོར་རྣམས་བདུད་རྩིའི་རྒྱ་མཚོ་ཆེན་པོར་གྱུར། དེ་ནས། ཨོཾ་ཨཱཿཧཱུྃ། ལན་གསུམ་བརྗོད་དེ་བྱིན་གྱིས་རླབས། རང་གི་ཐུགས་ཀའི་ཧཱུྃ་གི་འོད་ཟེར་གྱིས་ས་བདག་ཞིང་སྐྱོང་ཀླུ་སོགས་ཐམས་ཅད་འཁོར་དང་བཅས་པ་སྤྱན་དྲངས་ཏེ་མདུན་དུ་བསུ་ལ། དེ་ནས་གཏོར་བསྔོའི་སྔགས་སོགས་བཟློ་ཞིང་མཆོད་གཏོར་འབུལ་བར་བྱས་ཏེ། དྲིལ་སིལ་དང་བཅས་པས། གང་དག་འདི་གནས་ལྷ་དང་ཀླུ། །གནོད་སྦྱིན་སྲིན་པོའམ་ནི་གཞན། །དེ་དག་རྣམས་ལ་ས་འདི་ན། །བདག་ཞུ་ཁྱེད་ཀྱིས་སྐལ་དུ་གསོལ། །འདིར་ནི་ཚོགས་བསགས་རྟེན་བཞེངས་ཕྱིར། །ས་བཀྲ་དོ་སློག་ཤིང་གཅོད་ལ། །ཁྲག་དོག་གང་ཡང་མི་བྱེད་ཅིང་། །ཕོག་ཐུག་ཉེས་ཀུན་ཞི་བར་མཛོད། །ཅེས་ལན་གསུམ་གྱིས་གསོལ་བ་བཏབ་ཅིང་། དོ་རྗེ་རྩེ་གསུམ་པའི་ཕྱག་རྒྱ་ས་ལ་ལན་གསུམ་བརྡབས་པ་དང་། ཡང་ན། དོ་རྗེ་གསོར་ཞིང་གཡོན་པས་དྲིལ་བུ་དཀྲོལ་ལ། སྐྱབ་པ་སངས་རྒྱས་ཐམས་ཅད་ཀྱི། །སྤྱོད་པའི་ཚུལ་དང་ཁྲད་པར་དུ། །ས་དང་ཕ་རོལ་ཕྱིན་རྣམས་ལ། །ལྷ་མོ་ཁྱོད་ནི་དཔང་དུ་གྱུར། །སྐྱོབ་པ་ཤཱཀྱ་སེང་གེ་ཡིས། །ཇི་ལྟར་བདུད་ཀྱི་དཔུང་བཅོམ་པ། །དེ་ལྟར་བདག་གིས་བདུད་བགེགས་སྟོབས། །བཅོས་ནས་ཚོགས་བསགས་རྟེན་གསུམ་བཞེངས། །ཞེས་པ་ལྟ་བུ་ས་སློང་བའི་ཞུ་འབོད་ལན་གསུམ་བརྗོད་དེ། ས་སློང་བར་བྱེད་ལ་ས་ནི་ཚོགས་རྟེན་གང་རུང་བཞེངས་མཁན་དེར་འཐོབ་མིན་ལ་ཐེ་ཚོམ་གཏན་ནས་བྱེད་རྒྱུ་ཡོད་པ་མ་རེད།

གསུམ་པ། ས་སྦྱང་བའམ་འདུལ་བ།

ཆོ་ག་འདི་ནི་རྟེན་གསུམ་སོགས་མ་བཞེངས་པའི་ཡས་ཀྱི་གྲ་སྒྲིག་སྟེ། ཕྱིའི་སྔོན་འགྲོ་ནང་གི་རྗེས་མ་ཡིན་ལ། འདི་བསྒྲུབས་ཚར་བ་ནས་བཟུང་། ལས་ཀ་པ་རྣམས་ཀྱང་ལག་ལེན་པ་དང་བཟོ་བཀོད་པའི་བཀོད་སྒྲིག་ལྟར་ལས་ཀ་བྱེད་པའི་མགོ་བརྩམས་པ་རེད། དེ་ཡང་ཆོ་ག་འདི་ལ་རྒྱས་འབྲིང་བསྡུས་གསུམ་དུ་ཡོད་པས་འདིར་སྔོན་པ་ཙམ་དང་སྐབས་བདེ་བའི་ཕྱིར་མདོ་ཙམ་བཀོད་ན། 《ས་དཔྱད་

ཕྱོགས་བསྒྲིགས》སུ། ས་སྦྱང་བ་ལ་གསུམ། ས་བརྐོས་ནས་སྦྱང་བ། རྫས་སྔགས་ཏིང་འཛིན་གསུམ་གྱིས་སྦྱང་བ། བླ་མེད་ཀྱིས་སྦྱང་བའོ། །ས་བརྐོས་ནས་སྦྱང་བ་ལ་བརྐོས་ཏེ་ཐུག་ཏུ་བསལ་ནས་སྦྱང་བ་དང་། ལྟོ་འཕྱེ་བརྟག་ནས་བརྐོས་ཏེ་སྦྱང་བ་སྟེ། གང་དུ་བྱེད་པའི་སའི་གཞི་ཁྱོན་ལས་ཅི་ཙམ་དགོས་པའི་ཚད་དང་ཤིན་ཏུ་འཚམ་པ་ཞིག་བརྐོས་ཏེ། ཏུས་པ། ཀྱོ་དུམ། ཐལ་ཐ། སྔོང་དུམ། ཚེར་མ། ཞུབ་མ། རྡོ་སོལ་ལ་སོགས་པའི་ཐུག་ཏུ་གང་ཡོད་བསལ་ནས། ས་ལྷག་མ་དེ་ཉིད་དྲི་ཞིམ་པོའི་ཆུ་དང་སྦྱར་ནས་དོང་དེ་བཀབ་ཅིང་། ས་དེས་མ་བཀང་ན་ས་གཞན་ཐུག་ཏུ་མེད་པ་སྣོན་པའོ། །གལ་ཏེ་ས་བསལ་བྱས་ཀྱང་བསལ་བྱ་མང་དྲགས་ན་ལག་པས་ས་ལ་རེག་ཅིང་སྔགས་བཟླས་ཏེ་ཉེས་པ་སེལ་བར་བྱེད་དོ། །

དེ་ནས་རང་ཉིད་སྐད་ཅིག་གིས་བགེགས་མཐར་བྱེད་དུ་གྱུར་པའི་ཐུགས་ཀའི་ས་བོན་གྱི་འོད་ཟེར་གྱིས་བགེགས་ཐམས་ཅད་མདུན་དུ་བཀུག་ས་པར་སེམས་ཤིང་། མཆོད་གཏོར་འབུལ་ལ་བྱིན་གྱིས་བརླབས་པའི་སྔགས་སོགས་བཟླས་ཏེ། གནས་འདིར་རྟེན་གསུམ་བཞེང་བ་ལ་བར་དུ་གཅོད་པའི་བགེགས་ཀྱི་ཚོགས་གང་ཡིན་པ་ཐམས་ཅད་གཏོར་མ་འདིས་ཚིམ་པར་གྱིས་ལ་ཞེས་པ་དང་། མཇུག་མཐར། སུམ་ཧྲ་ནི་བཟློད་དེ། གུ་གུལ་གྱིས་བདུག་ཅིང་། ཡུངས་ཀར་གྱིས་བྲབ། རོལ་མོ་དྲག་ཏུ་བྱ་བ་སྟེ། ཞི་བ་དང་། ཞི་དྲག་ཕྱེད་མ་དང་། དྲག་པས་རིམ་བཞིན་བགེགས་སྦྱང་ངོ་། །

བཞི་པ། ལབ་ཙེའི་བཙའ་བ།

དེ་ཡང་། 《ལྷ་རྟེན་བཞེངས་ཚུལ་གྱི་ཆོ་ག་དགེ་ལེགས་དཔལ་སྟེར》ལས། ལབ་ཙེ་བཙའ་བ་ལ་ཐོག་མའམ་གཙོ་བོ་སླུ་གཏེར་གྱི་བུམ་པ་བཙའ་བ་དང་། ས་གཏེར་གྱི་བུམ་པ་བཙའ་བ། སྲོག་ཤིང་བཙའ་བ་བཅས་སོ། །

༡. སླུ་གཏེར་བུམ་པ་བཙའ་ཐབས། བུམ་པ་ཡུལ་གང་ཡིན་གྱི་ཁྲེ་ཚད་ལས་མི་ཆུང་བས་བཅུད་ཤོང་བ། གསེར་དངུལ་ཟངས་གསུམ་མམ། མེད་ན་རྫ་གསར་བུམ་པའི་ནང་དུ། ཛ་ཏི་དང་། ཆག་ཚང་ཀུ་བ། གཟེ་མ། འཕང་ཆེན། ཤུ་ཤི་རྩེ། རྡོ་རྒྱུས། ཁྲ་བོ་གཟི། རྒྱ་སྤོས། མགྲོན་བུ་དཀར་པོ། ལེབ་རྒན་དར། སྙིང་ཞོ་ཤ མཁལ་མ་ཞོ་ཤ གུ་གུལ་དཀར་པོ། ཆུ་སྲིན་སྙེར་མོ། དུང་། འཚལ། ལྡོག་ལ། རས་སྐྱུད་དཀར་པོ། རྩྭ་རྨ་བྱའི་མདོངས། ཟེ་ར་དཀར་ནག ནཱ་ག་གེ་སར། ནཱ་ག་བུ་ཥ། བལ་བོའི་ཟེའུ་འབྲུ། དམར། ཤིང་ལྕང་མ། ཨུཏྤལ། ལི་ཁྲི། སྦྲུལ་གྱི་པགས་པ། དུར་བ། ཐང་ལོ། སྐྱུག་ལོ། བ་དམར་པོའི་འོ་མ། ར་དཀར་མོའི་འོ་མ། ཡིད་བཞིན་ནོར་བུའི་གཟུགས་བྲིས་འབུར་གང་ཐུང་དང་། གཞན་ཡང་མི་བསོད་ནམས་ཅན་དང་། སྟོབས་དང་འབྱོར་པ་ཕུན་སུམ་ཚོགས་པ་དགུའི་ལག་ནས་སླེ་ཏེས་དང་། རྒྱ་མཚོའི་ལྦུ་བ། དབང་ལག ཤུ་དག་སྟེ་སྨན་ལྔ། གསེར་དངུལ་བྱུ་རུ་མུ་ཏིག་མུ་མེན་ཏེ་རིན་པོ་ཆེ་ལྔ། ཙན་དན་

དཀར་དམར། ཛ་ཏི། ག་བུར། གུར་གུམ་སྨེ་ཏྲི་ལྔ། ནས་འབྲས་གྲོ་སྲན་ཏིལ་ཏེ་འབྲུ་ལྔ། གསེར། ལན་ཚྭ། བུ་རམ། མར། ཏིལ་ཏེ་སྙིང་པོ་ལྔ། སྦྲང་རྩི། ཀ་ར། འོ་མ། ཞོ། མར་ཏེ་བདུད་རྩི་ལྔ། དར་སྣ་ལྔ། འདོད་ཡོན་སྣ་ལྔ་རྣམས་ཀྱིས་གང་བར་བྱ། རྫས་དེ་རྣམས་ལ་དུག་དང་། སླ་རྩི། ཤ་ཆང་སྒོག་ཙོང་སོགས་ཀླུ་ལ་གནོད་པའི་རྫས་གཏན་ནས་འདྲེས་མི་རུང་ལ། བུམ་པའི་སྟོད་ཀྱི་ཆར་རབ་གསེར་དངུལ་ཟངས་སོགས་ཀྱི་བླུགས་ནས་བཅོས་པ་དང་། འབྲིང་ལ་རིན་པོ་ཆེ་བརྫར་བའི་ཙན་དན་ནམ། ཀླུ་སྨན་ས་སྣ་ལས་བྱས་པ། ཐ་མ་ལ་ཀླུའི་གཟུགས་ལྷང་མའི་བྱང་བུའམ་ཤོག་གུའམ། རས་སམ། གྲོ་ག་ལ་བྲིས་པ་དེ་རྣམས་གང་རུང་གིས་པདྨ་འདབ་མ་བརྒྱད་པའི་དབུས་སུ་ནོར་རྒྱས། ཤར་དུ་སྟོབས་རྒྱུ། ལྷོར་དུང་སྐྱོང་། ནུབ་ཏུ་མཐའ་ཡས། བྱང་དུ་ཤ་ཏུ་ཁ། ཤར་ལྷོར་འཛིན་པོ། ལྷོ་ནུབ་ཏུ་རིགས་ལྡན། ནུབ་བྱང་དུ་པདྨ། བྱང་ཤར་དུ་པདྨ་ཆེན་པོ། ཐམས་ཅད་ཀྱང་སྐུ་མདོག་དཀར་པོ་ཞལ་གཅིག་ཕྱག་གཉིས་པ་སྟོད་ལྷའི་ལུས་ཅན་དང་སྨད་སྦྲུལ་མཇུག་ཏུ་འཁྱིལ་བ། ཕྱག་གཉིས་ཀྱིས་རིན་པོ་ཆེའི་གཏེར་གྱི་བུམ་པ་ཐུགས་ཀར་འཛིན་པ། དབུ་ལ་སྦྲུལ་མགོའི་གདེངས་ཀ་ལྔ་དང་ལྡན་པ། ཡུམ་རྣམས་ཀྱི་གཟུགས་ཡབ་ལ་གཟིགས་ནས་བསྙེན་པར་བྱ་སྟེ། ནོར་རྒྱས་ལ་སྔགས་དང་བཅས། ཀླུའི་རྒྱལ་པོ་ནོར་རྒྱས་རྟེན་འདི་ལ་བརྟན་པར་བཞུགས་ནས་བདག་ཅག་དཔོན་སློབ་སྦྱིན་བདག་འཁོར་དང་བཅས་པ་རྣམས་ལ་ནོར་དང་འབྲུ་རིན་པོ་ཆེ་དང་། འདོད་དགུའི་ལོངས་སྤྱོད་དཔལ་འབྱོར་ཕུན་སུམ་ཚོགས་པ་ཐམས་ཅད་རྒྱུན་མི་ཆད་དུ་འབྱུང་བར་བསྐུལ་དུ་གསོལ་སྭཱ་ཧཱ། ཞེས་བླུགས་མ་ཡིན་ན་མཐིང་ཤོག་ལ་གསེར་གྱིས་བྲིས་ནས་གཟུངས་འཇུག་ལྟར་འབུལ། བྱང་བུ་སོགས་ཡིན་ན་རྒྱབ་ལ་མཚལ་གྱིས་བྲིས། སྟོབས་རྒྱུ་ལའང་སྔགས་དང་བཅས། ཀླུའི་རྒྱལ་པོ་སྟོབས་ཀྱི་རྒྱུ་རྟེན་འདི་ལ་ཞེས་སོགས་རང་རང་གི་ཕྱོགས་ལ་མ་ནོར་བར་བྲིས་ནས་བུམ་པའི་ནང་དུ་བཞུགས་སུ་བཅུག བུམ་པའི་ཁ་དར་སྣ་ལྔས་ལེགས་པར་བཅིངས་དགོས་པ་ཡིན་ན། འདི་ནི་གཞུང་ལུགས་ལྟར་གྱི་ཀླུའི་གཏེར་བཅའ་སྲོལ་ཡིན་ལ། གོང་དུ་བརྗོད་པའི་རྫས་ཀྱི་ཆ་ནས་ཆུ་སྲིན་གྱི་སྙེར་མོ་ལྟ་བུ་ཅུང་དཀའ་བའི་རྫས་རིགས་འགའ་དངོས་མ་མིན་ཡང་རྩྭ་སྨན་དང་སྨན་འབྲས་སོགས་ནས་ཚབ་བྱེད་ཆོག་པའང་རྟོགས་དགོས་པའི་གནད་ཅིག་རེད་བསམས་སོ། །

༢.ས་གཏེར་གྱི་བུམ་པ་བཅའ་ཚུལ། རིན་པོ་ཆེའམ་རྫ་གསར་པ་སོགས་ཀྱི་བུམ་པ་གཙང་མའི་ནང་དུ་ཨ་རུ་ར། སྐྱུ་རུ་ར། ཛ་ཏི། ལི་ཤི། སུག་སྨེལ། ཙུ་གང་། གུར་གུམ། ཀ་ཀོ་ལ། ལུང་ཐང་། ག་བུར། ཙནྡན་དཀར་དམར། རྒྱ་མཚོའི་ལྦུ་བ། སྙིང་ཞོ་ཤ ཀླད་ཀོར་ཞོ་ཤ མཁལ་མ་ཞོ་ཤ དབང་ལག གཛྱ་ག་རི། བུ་ཤེ་རྩི། ཤུ་དག ལི་ཁྲི། ཤིང་ཚ་སྣ་ཚོགས། སྤོས་དཀར། གསེར་དངུལ་བྱུ་རུ། མུ་མེན་མུ་ཏིག ཟངས། ཤེལ་དུང་། མཆོང་། ནས་འབྲས་གྲོ་སྲན་ཏིལ་དང་ཟབ་སྣ་དགུ། སྦྲང་དང་ཀ་ར་བུ་རམ་འོ་མ་ཞོ་མར། ཁྲབ་བྱང་མིག་དགུ། སྟག་གི་སྙེར་མོ། ཕག་རྒོད་ཀྱི་མཆེ་བ། དོམ་གྱི་སྣ། གཟིག་གི་ཐིག་ལེ། ཉའི་མགོ་

རྣམས་བཞུགས་ཏེ་བཀང་བ་དང་། གཞན་བུམ་པ་གཅིག་ལ་རྩི་མར་གྱིས་གང་བར་བྱས་ཏེ། བུམ་པ་གཉིས་ཀའི་ཁ་དར་སྣ་ལྔས་དམ་པར་བཅིང་ངོ་། །

༣.སྦྱོག་ཤིང་བཙའ་ཚུལ། སྦྱོག་ཤིང་ནི་ཙ་དབུ་མའི་མཚོན་དོན་ཡིན་ལ། སྐུའི་རྟེན་དང་ཐུགས་ཀྱི་རྟེན་བྱེད་ཅིང་། འདིར་གསུང་གི་རྟེན་མི་དགོས་པར་གསུངས་པ་ལྟར། སྐྱེས་བུ་དར་མ་མིང་བཀྲ་ཤིགས་པོས། ཁ་ཤར་དུ་བསྟན་པའི་རི་ལས་ཨ་ག་རུ་དང་། ཤུག་པ་སོགས་ཤིང་བཟང་པོ་འདོམ་གང་ཙམ་ལ། ཤར་ངོས་མ་ནོར་བར་བླངས་ནས་སླིང་བཞིར་བྱས་ཐོག དེ་ལ་བཟང་དྲུག་དང་ར་དཀར་མོའི་འོ་མ་བྱུགས་ཤིང་། དེའི་ཤར་གྱི་འོག་ནས་སོར་གསུམ་གྱི་ཚད་ཙམ་ལ་སླིང་བཞི་བྲི། དེ་ནས་ཡར་མཐོ་གང་འཇལ་བའི་སྣར་ཁུང་གྲུ་བཞི་བརྐོས་པའི་ནང་མིག་གཅིག་ལ་སྲིད་པ་རུའི་ཕྱག་རྒྱ་སྟགས་ཚིག་དང་བཅས་པ་བྲི། གཡུ་དང་མགྲོན་བུ་བཏགས་པའི་ཧ་དཀར་ལུག་དཀར་དང་། མེ་ལ་མ་རེག་པའི་བྱ་རྐོད་སྒྲོ་བཞི་ཅན་སྨྱུག་མ་ཚིགས་གསུམ་གྱི་མདའ་ལ་གསེར་གཡུ་དུང་གསུམ་དང་། དར་ཚོན་སྣ་ལྔ་བཏགས་ཏེ། བྲི་མཐོ་གང་ལས་མི་ཆུང་བའི་ནང་དུ། གོང་དུ་བཤད་པའི་སྨན་ལྔ་དང་རིན་ཆེན་ལྔ། དྲི་ལྔ། འབྲུ་ལྔ། སྙིང་པོ་ལྔ། བདུད་རྩི་ལྔ་སོགས་རྫས་འདི་རྣམས་བཀྲ་མི་ཤིས་པའི་སྐྱོན་དང་བྲལ་བར་བསགས་ལ་ཁྱད་པར་ནས་སྔོན་གྱིས་བཀང་བར་བྱེད། སྦྱོག་ཤིང་གི་ངོས་ལ་འབྲི་རྒྱུ་ནི་གོང་ཅེའི་ལུགས་ལ་མཆོད་རྟེན་གྱི་སྒྱི་འགྲོས་ལྟར་བྱས་པས་འཐུས་ཤིང་། བོན་ལུགས་ལ་རང་གི་ཐུན་མོང་མ་ཡིན་པའི་འབྲི་ཚུལ་གཞན་དག་ཡོད་དེ། རྩེ་མོར་ཉི་ཟླ་སྐར་གསུམ་ལ་སོགས་པ་འབྲི་བ་སྟེ། རྒྱུ་མཚན་ནི། ཟུར་གཞན་ཞིག་ནས་བཤད་ན། ཉི་མ་གསུང་གི་རྣམ་པའི་ངོ་བོ་དང་། ཟླ་བ་སྐུའི་རྣམ་པའི་ངོ་བོ། ཁྱད་པར་དུ་ནྡ་ད་ཐུགས་ཀྱི་རྣམ་པའི་ངོ་བོ་ཡིན་ཚུལ་དེ་འབྲི་ཞིང་སྐར་མ་མི་འབྲི་བ་ནི་ད་ལྟ་སྤྱི་ལ་ཁྱབ་པར་བྱས་པ་ཙམ་རེད།

ལྔ་པ། ལབ་ཙེ་བརྩིགས་པ།

དེ་ནི་བྱ་བའི་ལག་ལེན་གྱི་དངོས་གཞི་སྟེ། ལབ་ཙེ་མ་བརྩིགས་པའི་ཡར་སྔོན་དུ་ཡོངས་སུ་བསྒྲུབས་ནས་གྲུབ་པའི་གླུ་གཏེར་གྱི་བུམ་པ་དང་། ས་གཏེར་གྱི་བུམ་པ་གཉིས་གཏེར་སྦ་བྱེད་དགོས་ཤིང་། སྐབས་དེར་དགོས་རྒྱུ་རྫས་དངོས་ལ། 《ལྷ་རྟེན་བརྩིགས་ཚུལ་གྱི་ཆོ་ག་དགེ་ལེགས་དཔལ་སྟེར》ལས། བེར་དཀར་པོ་དང་། འབྲུ་ཟན་སྣ་དགུ། རྡོ་ལེབ་གསུམ་གྱི་གཅིག་ལ་རུས་སྦལ་གན་རྐྱལ་དུ་ཉལ་བའི་ཕོ་བར་དགུ་ལོང་འཛིན་པ་ཞིག་དང་གཅིག་ལ་སྦལ་བ་ཕོ་མོ་གཉིས། གཅིག་ལ་སྦྲུལ་ཕོ་མོ་གཉིས་བཅས་བྲིས་ཏེ། བྲིའི་གདན་གཞི་རས་ལ་པདྨ་འདབ་བརྒྱད་བཞི་ཚོན་སྣ་ལྔས་བྲིས་པའི་སྟེང་དུ་གཏེར་བུམ་རྣམས་བསྒྲིགས་རྗེས་སུ། རྡོར་རུས་སྦལ་གཙོ་བཅས་སྦྲུལ་སྦལ་སོགས་ཕྱོགས་སོ་སོའི་གཏེར་བུམ་གྱི་ཐོག་ཏུ་བཞག་སྟེ་གནོན་པར་བྱེད། འདི་ནི་ལབ་ཙེ་མ་བརྩིགས་སྔོན་གྱི་ངེས་སྒྲུབ་ཀྱི་ཆོ་ག་ཞིག་ཡིན་མོད། འོན་ཀྱང་ད

ལྷའི་དུས་སུ་ས་གཏེར་སོགས་ཀྱི་ཕྱག་ལེན་མེད་པར་སྙིང་པོ་མེད་པའི་ལབ་ཙེ་བརྩིགས་མཁན་ཡང་ཡོད་པ་ལ། དེ་ནི་ས་བདག་ཀླུ་གཉན་སོགས་མི་དགྱེས་པར་མ་ཟད། རང་བྱུང་གནོད་འཚེ་མང་ཞིང་། ཐན་པ་དང་ མུ་གེ་ནད་ཡམས་སོགས་སེམས་ཅན་ལ་མི་མཐུན་པའི་སྐྱོན་ཆེ་བས་ཕྱག་ལེན་ཇི་ལྟ་བུ་བཞིན་ཡོང་རྒྱུ་གལ་ཆེ། དེ་ཡང་ལབ་ཙེ་བརྩིགས་ན་གཞི་མ་སྟག་གཟིག་གི་པགས་པའམ་ཟ་འོག་གང་རུང་གི་གདན་གཞིའི་སྟེང་། ཨ་ག་རུ་དང་ཤུག་པ་ཙན་དན་སོགས་རྟེན་འབྲེལ་གྱི་རྟེན་ཤིང་བཞི་ག་འདོམ་གཉིས་གསུམ་ཅན་དགོས་ལ། དེ་ནས་འོ་མ་བསྒྲུབས་ནས་མར་ཐོན་པ་དང་འདྲ་བའི་གནད་ཀྱི་སྐོར་ཡིག་བཅུ་གསུམ་མམ་ཨ་པོ་རིག་འཛིན་བཅུ་གསུམ་ནི། དངོས་མིང་གིས་བཤད་ན། ལབ་ཙེར་གནས་པའི་ཡུལ་ལྷ་གཙོ་བོ་དེའི་བཟའ་ཟླ་ཉོག་སྟེ། ཕོ་བོའི་མེས་པོ་དང་། ཕྱི་མོ། ཡབ་ཡུམ་གཉིས། ལྕམ་དྲལ་དགུ་སྟེ་ཕུ་ནུ་ལྕམ་སྲིང་དང་བུ་དང་ཚ་བོ་དགུ་ལ་ཟེར་ཞིང་། དེ་ནི་མིའི་འགྲོ་ལུགས་ལྟར་གྱི་འཚོ་བའི་ཁོར་ཡུག་དང་འཁྲིན་ལས་བསྐྱངས་རོགས་ཀྱི་སྟོངས་གྲོགས་ལ་བསམས་ན་འགྲིག་སྙམ། འདི་རྣམས་འབྲི་ཐབས་ནི། ཤུག་པའི་བྱང་བུ་སོར་བརྒྱད་ཅན་གྱི་སྟེང་དུ་རིག་འཛིན་བཅུ་གསུམ་པོ་རེ་རེ་བཞིན་མཚལ་གྱིས་འབྲི་དགོས་པ་མ་ཟད། བྱང་བུའི་རྒྱབ་ངོས་སམ་ཡང་ན་བྲིས་ན་འཚམ་པའི་གཞི་ལ། རིག་འཛིན་རེ་རེའི་ནུས་པ་ལྟར་ཡོན་བདག་རྣམས་ཀྱི་མི་རྒྱུད་དང་ལོངས་སྤྱོད་འཕེལ་བ་ལ་སོགས་ཀྱི་འཕྲིན་བཅོལ་དང་རེ་སྨོན་བཅས་འབྲི་ཞིང་། བསྐོར་ཡིག་བཅུ་གསུམ་མམ་རིག་འཛིན་བཅུ་གསུམ་མེད་ན་ལབ་ཙེ་བརྩིགས་པ་དོན་ཆུང་བའི་བཤད་རྒྱུན་ཡང་ཡོད། དེ་ནས་ཟན་ཕྱེ་ལས་བྱས་པའི་བྱ་ལུག་གཡག་གསུམ་དང་། རི་དྭགས་ཀྱི་གཟུགས་བཅུ་གསུམ་རེ་བྱ་བ་སྟེ། ཤུག་པའི་བྱང་བུ་མཐོ་གང་ཅན་དགུ་བཅུ་གོ་གཅིག་ལ། རྟ་དམར་བཅུ་གསུམ། གཡག་ནག་བཅུ་གསུམ། ལུག་སེར་བཅུ་གསུམ། ར་དཀར་བཅུ་གསུམ། བ་གླང་སྔོན་པོ་བཅུ་གསུམ། འབྲི་སྨུག་པོ་བཅུ་གསུམ། རྐོལ་མོ་ལྤང་ཁྲ་བཅུ་གསུམ་རྣམས་དང་། བྱང་བུ་མཐོ་གང་ཅན་བརྒྱད་ལ་ཁྱུང་དཀར་པོ། བྱ་ཁྲོད་ནག་པོ། སྐྱ་ཀ་རྣམས་འབྲི་ལ། དེ་ནས་ད་དུང་བསྲུང་མ་བཞི་སྟེ། བྱང་བུ་མཐོ་གང་ཅན་བཞིའི་གཅིག་ལ་སེང་དཀར་མོ་དང་། གཅིག་ལ་འབྲུག་སྔོན་པོ། གཅིག་ལ་སྟག་སེར་པོ། གཅིག་ལ་འབྲོང་སྨུག་པོ་བཅས་རང་རང་གི་ལས་ལྟར་འཕྲིན་བཅོལ་རེ་སྨོན་གྱི་དོན་དང་བཅས་རིམ་པ་བཞིན་ཤར་ལྷོ་ནུབ་བྱང་གི་སྒོ་སྲུང་དུ་འབྲི་བའོ། །

དེ་ནས་བཀྲ་ཤིས་ཀྱི་ར་བའི་ཡུག་དཀར་པོ་གསུམ་དང་། གུར་ཕུབ་ཀྱི་མཁན་པ་དུར་བ་རྣམས་དང་། ཁྲབ་རྨོག་དང་། མེ་ལོང་བཅུ་གསུམ་བཏགས་པའི་བྱ་སྒྲོ་ཅན་གྱི་མདའ་བཅུ་གསུམ་གཞུ་དང་བཅས་པ། མེ་མདའ། གྲི་སོགས་མཚོན་ཆ་སྣ་ཚོགས། རལ་གྲི་བཅུ་གསུམ། མདའ་བཅུ་གསུམ། མདུང་བཅུ་གསུམ། རུ་མཚོན་འཕྱར་དར་བཅུ་གསུམ། མཁན་བྱ་བཅུ་གསུམ་སྟེ(རྒྱུ་མཁན་པ་ལས་བཟོ་བའི་འཕུར་གྲབས་ཀྱི་བྱ་བཅུ་གསུམ)ཤིང་རིགས་བལ་ཚོན་གྱིས་བརྒྱན་པ། སྟག་པ་དང་སྤྲ་སྟྱག་ལ་བཏགས་པའི་སྟག་གཟིག་ཟ་འོག་

གི་རྒྱལ་མཚན། སྤྲ་སྨྱུག་ཚོགས་གསུམ་དར་སྣས་བརྒྱན་པ། ཤོག་བུའི་དོང་ཙེ་སྟོང་ཕྲེང་ཅན་དང་། སྣག་ལོ་བ་སྐྱེས་པ་དར་མ་མིང་དོན་བཟང་པོས། ཤར་ནས་རྗེ་དཀར་པོ། ལྷོ་ནས་རྗེ་སྔོན་པོ། ནུབ་ནས་རྗེ་དམར་པོ། བྱང་ནས་རྗེ་སེར་པོ། དབུས་ནས་རྗེ་དམར་པོ་རྣམས་ལེན་དགོས་ཤིང་། ས་བདག་ཀླུ་གཉན་རྣམས་ལ་འབུལ་རྒྱུའི་རྟ་དཀར་གཡག་དཀར་འབྲི་དཀར་ལུག་དཀར་རྣམས་དང་། གཞན་ཡང་དུང་དཀར་ཛ་སྦུབ་སིལ་སྙན་སོགས་རོལ་མོ་རྣམས་དང་། ཙནྡན་དཀར་དམར། ཨ་ག་རུ། བ་ལུ། ཤུག་པ་སོགས་ཀྱི་བསང་རྫས། མདའ་དར་རྣམས་ལེགས་པར་སྔ་གོན་བྱའོ། །དེ་ནས་སྔོན་ན་བཅོས་ཟིན་པའི་བུམ་པ་རྣམས་བསྒྲུབ་དགོས། དེ་སྒྲུབ་ཚུལ་ནི། འཕགས་པ་ཀླུ་སྒྲུབ་ཀྱིས་ཀླུའི་ཐབས་གསུངས་ཡོད་པ་ལྟར། ཀླུ་རྣམས་ལ་མཆོད་གཏོར་བཏང་ན་མུ་གེའི་བསྐལ་པ་ལས་ཐར་བར་འགྱུར་ཞེས་གསུངས་པ་ལྟར་རམ། ལབ་ཙེ་བརྩིགས་པའི་ཞག་བདུན་གྱི་གོང་ལ་གཟའ་སྐར་བཟང་པོའི་དུས་སུ་གནས་གཙང་མར་ཙོག་ཙེ་སོགས་ཀྱི་སྟེང་དུ་པདྨ་འདབ་བརྒྱད་ཀྱི་དབུས་སུ་ཀླུ་གཏེར་གྱི་བུམ་པ། གཡས་སུ་གཏེར་གྱི་བུམ་པ། གཡོན་དུ་རྩི་མར་གྱི་བུམ་པ་རྣམས་བཞག་ནས། དེ་དག་གི་མདུན་དུ་ཀླུམ་གཏོར་དཀར་པོ། དཀར་གསུམ་མངར་གསུམ། ཀླུ་སྨན་སྣ་ཚོགས་ཀྱི་མཆོད་པ་རྣམས་བཤམས་ཏེ། རང་ཉིད་ཁྲུས་དང་གཙང་སྦྲ་བྱས་ལ། སྐྱབས་འགྲོ་སེམས་བསྐྱེད་ཚད་མེད་བཞི་བསྒོམ་པ་སྔོན་དུ་བཏང་ནས། སྭ་བྷཱ་ཝས་སྦྱངས། སྟོང་པ་ཉིད་དུ་གྱུར། སྟོང་པའི་ངང་ལས་པད་དཀར་ཟླ་བའི་དཀྱིལ་འཁོར་གྱི་སྟེང་དུ་རང་གི་སེམས་ཉིད་ཡི་གེ་ཧཱུྃ་དཀར་པོ། དེ་ལས་འོད་ཟེར་འཕྲོས། འཕགས་པ་མཆོད། སེམས་ཅན་ཐམས་ཅད་ཀྱི་སྡིག་སྒྲིབ་སྦྱངས་ནས་འཕགས་པའི་གོ་འཕང་ལ་བཀོད། རྒྱལ་བ་སྲས་བཅས་ཀྱི་ཐུགས་རྗེ་ནུས་པ་དང་བྱིན་རླབས་ཐམས་ཅད་སྤྱན་དྲངས་ཏེ་གང་དེར་ཡོངས་སུ་འཐིམས་པར་གྱུར་པ་ལས་རང་ཉིད་སྤྱན་རས་གཟིགས་དབང་ཕྱུག་ཏུ་བསྐྱེད། ཐུགས་ཀའི་ས་བོན་ལས་འོད་ཟེར་འཕྲོས་ཏེ། སེམས་ཅན་ཐམས་ཅད་ཀྱི་སྡིག་སྒྲིབ་སྦྱངས། རྒྱལ་བ་སྲས་བཅས་ཀྱི་བྱིན་རླབས་དང་ཐུགས་རྗེ་ནུས་པར་ཐམས་ཅད་སྤྱན་དྲངས་ཏེ་ཐུགས་ཕྲེང་ས་བོན་དང་བཅས་པར་འཐིམས་པར་གྱུར་པར་བསམ་ལ། མཉུག་ཏུ་པདྨ་བཞི་སྐོར་གྱི་ཡིག་བརྒྱ་བཟླད་ཅིང་། དེ་ནས་གཏེར་བུམ་དང་བང་མཛོད་ཀྱི་རྫས་རྣམས་སྟོང་པ་ཉིད་དུ་གྱུར། སྟོང་པའི་ངང་ལས་བྱུང་བའི་རིན་པོ་ཆེའི་བུམ་པ་མཚན་ཉིད་ཐམས་ཅད་དང་ལྡན་པ་བཅུད་བཟང་པོས་བཀང་ཞིང་། དགོས་འདོད་ཐམས་ཅད་འབྱུང་བའི་གཏེར་ཆེན་པོའི་བུམ་པར་གྱུར་པར་སེམས་ལ། བུམ་པའི་ནང་དུ་པདྨ་འདབ་མ་བརྒྱད་པའི་ལྟེ་བ་དང་བཅས་པའི་འདབ་མ་རྣམས་ཡོངས་སུ་རྒྱས་པ་ལས། དབུས་སུ་ནོར་རྒྱས། ཤར་དུ་སྟོབས་ཀྱི་རྒྱུ། ལྷོར་དུང་སྐྱོང་། ནུབ་ཏུ་མཐའ་ཡས། བྱང་དུ་ཝ་རུ་ཎ། ཤར་ལྷོར་འཛོག་པོ། ལྷོ་ནུབ་ཏུ་རིགས་ལྡན། ནུབ་བྱང་དུ་པདྨ། བྱང་ཤར་དུ་པདྨ་ཆེན་པོ། ཐམས་ཅད་ཀྱང་ཞལ་གཅིག་ཕྱག་གཉིས་པ། སྟོད་ལྷའི་ལུས་ཅན་སྨད་སྦྲུལ་མཇུག་ཏུ་འཁྱིལ་བ། ཕྱག་གཉིས་ཀྱིས་རིན་པོ་ཆེའི་གཏེར་གྱི་བུམ་པ་ཐུགས་ཀར་

འཛིན་པ། ཁ་དོག་དག་པའི་ཞལ་ལྟར་དྭངས་ཤིང་། ཡུལ་གྱི་དབང་པོ་སྣ་ཚོགས་སུ་སྣང་བ། སྤྱི་གཙུག་ན་ཡིད་བཞིན་གྱི་ནོར་བུ་རིན་པོ་ཆེ་དང་བཅས་པའི་སྤྲུལ་མགོའི་གདེངས་ཀ་བདུན་བདུན་དང་ལྡན་ཞིང་རིན་པོ་ཆེའི་རྒྱན་སྣ་ཚོགས་ཀྱིས་བརྒྱན་པ། གཡོན་ཕྱོགས་ན་རང་རང་དང་འདྲ་བའི་ཆུང་མས་བསྙེན་པ། དེ་ཐམས་ཅད་ཀྱི་སྤྱི་བོར་ཨོཾ་དཀར་པོ། མགྲིན་པར་ཨཱཿདམར་པོ། ཐུགས་ཀར་ཧཱུྃ་སྔོན་པོས་མཚན་པར་གྱུར། རང་གི་ཐུགས་ཀའི་ས་བོན་ལས་འོད་ཟེར་འཕྲོས། རྒྱ་མཚོ་ཆེན་པོའི་གློང་ནས་ཀླུའི་རྒྱལ་པོ་འཁོར་དང་བཅས་པ་སྤྱན་དྲངས་ནས་ཀླུ་རྒྱལ་མ་ལུས་འཁོར་དང་བཅས་གནས་འདིར་གཤེགས་ནས། བདག་ཅག་དཔོན་སློབ་སྦྱིན་བདག་འཁོར་དང་བཅས་རྣམས་ལ་ནོར་དང་འབྲུ་རིན་པོ་ཆེ་དང་། འདོད་དགུའི་ལོངས་སྤྱོད་དཔལ་འབྱོར་ཕུན་སུམ་ཚོགས་པ་ཐམས་ཅད་རྒྱུན་མི་ཆད་དུ་སྩོལ་བར་སྔགས་སོགས་བཟླས་ནས་བཀྲ་ཤིས་ཀྱིས་མཐའ་བརྒྱན་པར་བྱའོ། །

འདི་ཞག་བདུན་གྱི་གོང་ནས་ཤ་ཆང་སྒོག་ཙོང་ཟླ་རྫི་སོགས་གཏན་ནས་མ་འདྲེས་པར་ཉིན་རེ་ལ་ཐུན་གསུམ་རེ་བྱས་ཏེ་ཉིན་བདུན་ལ་སྒྲུབ། དེ་ལྟར་ན་བཤད་ཚུལ་དུ་འབྱོར་པ་འཕེལ་བ་དང་། ལོ་ལེགས་པ་དང་ཕུན་སུམ་ཚོགས་པ་ཐམས་ཅད་འབྱུང་བའི་རྟེན་འབྲེལ་ཡག་ཤོས་སུ་གྲགས་ལ་དེ་ནས་གཏན་འཁེལ་གྱི་ཉིན་ལ་ལབ་ཙེ་བཙིགས་པའི་སར་སླེབས་ཏེ། སྔགས་ཀྱི་ཁར་ཆུ་གཉིས་ཉེར་སྤྱོད་དང་བཅས་པ་བཤམས་ལ། ཤེར་སྙིང་ལན་གསུམ་བཟློག་པ་དང་བཅས་པ་བཏོན་ནས། རང་ཉིད་སྐད་ཅིག་གིས་དཔལ་ཕྱག་ན་རྡོ་རྗེར་བསྐྱེད་དེ། ཚོགས་ཞིང་སྤྱན་འདྲེན་པར་བྱེད་པ་སྟེ། རང་ཉིད་སྐད་ཅིག་གིས་ཕྱག་ན་རྡོ་རྗེར་གསལ་བའི་ཐུགས་ཀར་ཟླ་བའི་དཀྱིལ་འཁོར་ལ་གནས་པའི་ཧཱུྃ་སྔོན་པོའི་འོད་ཟེར་གྱིས་རང་བཞིན་གྱི་གནས་ནས་བླ་མ་དང་གཉིས་སུ་མེད་པའི་དཔལ་ཕྱག་ན་རྡོ་རྗེའི་ལྷ་ཚོགས་ལ་སངས་རྒྱས་དང་བྱང་ཆུབ་སེམས་དཔའི་ཚོགས་ཀྱིས་བསྐོར་བ་མདུན་གྱི་ནམ་མཁར་སྔགས་བཟློ་དང་བཅས་སྤྱན་དྲངས་ཤིང་། གང་གི་དྲིན་གྱིས་བདེ་ཆེན་ཉིད། །སྐད་ཅིག་གིས་ནི་ཐོབ་འགྱུར་བ། །བླ་མ་རིན་ཆེན་ལྟ་བུ་ཡི། །རྡོ་རྗེ་ཅན་ཞབས་པད་ལ་འདུད། །ཕྱག་ན་རྡོ་རྗེ་སྟོབས་པོ་ཆེ། །གཏུམ་པོ་དྲག་པོ་རྡོ་རྗེའི་སྐུ། །མི་ཟད་ནམ་མཁའི་མདོག་འདྲ་བ། །འཛོམས་མཛད་ཁྱོད་ལ་ཕྱག་འཚལ་ལོ། །ཞེས་ཕྱག་བྱས་ལ། དེ་ནས་ལབ་ཙེ་བཙིགས་པ་ལ་བར་དུ་གཅོད་པའི་བགེགས་ཀྱི་ཚོགས་རྣམས་ལ། སངས་རྒྱས་ཀྱི་བདེན་པ་དང་། ཆོས་ཀྱི་བདེན་པ། དགེ་འདུན་གྱི་བདེན་པ། ཁྱད་པར་དུ་དཔལ་ཕྱག་ན་རྡོ་རྗེའི་སྐུ་གསུང་ཐུགས་ཀྱི་གསང་བ་བླ་ན་མེད་པའི་བདེན་པ་ལ་བརྟེན་ནས་ལབ་ཙེ་བཙིགས་པ་ལ་བར་དུ་གཅོད་པའི་བགེགས་ཀྱི་ཚོགས་གང་ཡིན་པ་དེ་དག་ཐམས་ཅད་ལ་མཆོད་སྦྱིན་གྱི་གཏོར་མ་གང་ལ་གང་འཚམ་གྱིས་ཚིམ་པར་བྱས་ཤིང་། ཞི་བའི་སེམས་དང་ལྡན་པས་རང་རང་གནས་སུ་སོང་ཤིག་གིས་སྐུལ་བ་དང་། གལ་ཏེ་མི་འགྲོ་ན་ནི་ཁྲོ་བོ་ཡེ་ཤེས་ཀྱི་རྡོ་རྗེ་མེ་རབ་ཏུ་འབར་བས་མགོ་བོ་ཚལ་བ་བརྒྱར་འགས་པར་འགྱུར་བ་གདོན་མི་ཟའོ། །ཞེས་

གསུམ་ཧྲ་ནི་སྔགས་དྲག་ཏུ་བྱེད་ལ། དེ་ནས་སྔོན་ན་གྲུབ་ཐིན་པའི་ས་གཞི་བརྟག་བསླང་སྦྱང་གསུམ་ནང་གི་སྦྱང་བའི་ཚུལ་ནི་གོང་དུ་སོང་ཟིན་ལྟར་ཏེ། མདོར་ན། གཙོད་རྣས(རྫོ་རྗེའང་ཚོག)ས་ལ་བཙུགས་ཏེ། ཀྱེ་སངས་རྒྱས་དཀོན་མཆོག་བདེན་པ་དང་། །དམ་ཆོས་དཀོན་མཆོག་བདེན་པ་དང་། །མཆོག་གསུམ་བདེན་པའི་བྱིན་རླབས་ཀྱིས། །དཀྱིལ་འཁོར་དཔལ་དང་ལྡན་པར་ཤོག །ཉི་མ་ཐམས་ཅད་དགེ་བ་ཡིན། །རྒྱུ་སྐར་ཐམས་ཅད་བཟང་པོ་ཡིན། །སངས་རྒྱས་ཐམས་ཅད་རྫུ་འཕྲུལ་ཆེ། །དགྲ་བཅོམ་ཐམས་ཅད་ཟག་པ་ཟད། །བདེན་པའི་བདེན་ཚིག་དེ་དག་གིས། །དེ་རིང་ཡོན་བདག་འཁོར་བཅས་ཀྱིས། །བཅོལ་བའི་ཆོ་ག་ལེགས་གྲུབ་ཤོག །ཀྱེ་གཙོད་རྣ་ས་ལ་བཙུགས་པ་དེ། །སྟེང་གི་ལྷ་ལ་བཙུགས་པ་མིན། །འོག་གི་ཀླུ་ལ་བཙུགས་པ་མིན། །བར་གྱི་གཉན་ལ་བཙུགས་པ་མིན། །རྒྱུ་སྦྱོར་ཡོན་བདག་འཁོར་བཅས་ཀྱི། །མི་ནོར་ལོངས་སྤྱོད་ཚེ་བསོད་ལ། །གནོད་བྱེད་ཕུང་སྲི་ཤུལ་ཕུང་གི །སྙིང་ལ་ཤིན་ཏུ་གཟིར་བ་ཡིན། །གནོད་བྱེད་ཆུང་སྲི་ཕྲུར་ངན་གྱི། །སྙིང་ལ་ཤིན་ཏུ་གཟིར་བ་ཡིན། །གནོད་བྱེད་ཏ་སྲི་བཙན་སྟོང་གི །སྙིང་ལ་ཤིན་ཏུ་གཟིར་བ་ཡིན། །གནོད་བྱེད་ནོར་སྲིད་དཀོར་འདྲེ་ཡི། །སྙིང་ལ་ཤིན་ཏུ་གཟིར་བ་ཡིན། །གནོད་བྱེད་ལུག་སྲི་གཏལ་གོང་གི །སྙིང་ལ་ཤིན་ཏུ་གཟིར་བ་ཡིན། །གནོད་བྱེད་ར་སྲི་རྐོང་བ་ཡི། །སྙིང་ལ་ཤིན་ཏུ་གཟིར་བ་ཡིན། །ཞེས་བརྗོད་ཅིང་ཡང་བསྐྱུར་གཙོད་རྣ་ས་ལ་ཡང་ཡང་བཙུགས་ཏེ། ཀྱེ་ས་མཁན་ཡོན་བདག་འཁོར་བཅས་ལ། །གནོད་པར་བྱེད་པའི་སྡིག་བདུད་རྣམས། །དུག་ཡས་སྣ་དགུས་མར་ལ་བཀར། །མནན་ནོ་དགྲ་བོ་སྡིག་བདུད་དེ། །དྲག་ཏུ་བསྒྱུར་ཞིང་རབ་ཏུ་མནན། །ཞ་དང་གྲུམ་སྲུས་མར་ལ་བཀར། །ཤིན་ཏུ་བསྒྱུར་ཞིང་རབ་ཏུ་མནན། །དགྲ་བོ་ཐམས་ཅད་དྲག་ཏུ་བསྒྱུར། །ཞེས་བརྗོད་ཅིང་། སྡིག་པོ་བའམ། ཕག་པོ་བའི་སྐྱེས་བུ་དར་མ་མིང་དོན་བཟང་པོས་གཏན་འཁེལ་གྱི་ས་ལ་བུམ་པ་གསུམ་ཤོང་ཚད། ཟབ་ཏུ་མདའ་གང་ཙམ་བརྐོས་སུ་བཅུག(ལབ་ཅེའི་རྒྱ་ཆེ་ཆུང་དང་བསྟུན་པ་གལ་ཆེ།) དེའི་སྐབས་སུ། བཀྲ་ཤིས་བརྩེགས་པ། གནམ་ས་སྣང་བརྒྱད། གཟའ་ཡུམ། སྐར་ཡུམ། བཀྲ་ཤིས་དོན་གྲུབ་སོགས་བརྗོད་ན་ཕུན་སུམ་ཚོགས་པའི་ཡན་ལག་ཏུ་འགྱུར་བ་ཡིན་ནོ། །

དེ་ནས་གཏེར་སྒྲ་བ་སྟེ། གོས་དཀར་པོ་གྱོན་ལ། ས་མཁན་མིའུ་ཐུང་འཕྲུལ་གྱི་མཛད་པ་ལྟར་གྱིས། ཕྱོགས་བཞི་པོའི་ས་བདག་གཏེར་རྒྱལ་རྣམས་རེ་རེ་བཞིན་པོས་ཏེ། དེ་རིང་ཡོན་གྱི་བདག་པོ་འདིའི། །ལོངས་སྤྱོད་ཕུན་སུམ་ཚོགས་པའི་སྟེང་། །སྤྱོད་ཡུལ་བཟང་པོའི་ཞིང་ཁམས་ན། །ཟག་མེད་བདེ་བ་ཐོབ་པར་ཤོག །ཅེས་བརྗོད་ཅིང་། འབྲུ་ཟན་བླུགས། དེའི་སྟེང་དུ་ཙུས་སྤལ་དང་། སྤལ་བ། སྤྲུལ་སོགས་གོང་སོང་ལྟར་བཞག དེའི་སྟེང་དུ་བུམ་པ་གསུམ་ཀའི་གདན་པད་འདབ་གསུམ་གྱི་དབུས་སུ་ཀླུ་གཏེར་གྱི་བུམ་པ། གཡས་སུ་ས་གཏེར་གྱི་བུམ་པ། གཡོན་དུ་རྩི་མར་གྱི་བུམ་པ་རྣམས་བཞག །དེའི་སྟེང་དུ་སྔགས་ཅན་གྱི་རྫོ་ལེབ་བཞག་ཅིང་། འབྲུ་ཟན་སྣ་ཚོགས་གཏོར་བ་དང་བཅས་སྲ་བར་བྱས་རྗེས། ཀླུ་

གཏེར་གྱི་སྨོན་ལམ་འདི་འདྲ་འདེབས་པའི་སྲོལ་ཡོད་དེ། ཀྱེ་དམ་པ་ཆོས་ཀྱི་གཏེར་སྲུང་པས། །དམ་ཆོས་དར་ཞིང་རྒྱས་པར་ཤོག །ཡིད་བཞིན་ནོར་བུའི་གཏེར་སྲུང་པས། །མི་ཟད་གཏེར་ལ་ལོངས་སྤྱོད་ཤོག །དུར་བ་རྩྭ་ཡི་གཏེར་སྲུང་པས། །རིག་འཛིན་ཚེ་ནི་རྙེད་པར་ཤོག །སྨན་སྣ་ལྷ་ཡི་གཏེར་སྲུང་པས། །ནད་གྱི་བསྐལ་པ་ཞི་བར་ཤོག །རིན་ཆེན་ལྷ་ཡི་གཏེར་སྲུང་པས། །རིན་ཆེན་ལྷ་ལ་སྤྱོད་པར་ཤོག །དྲི་སྣ་ལྷ་ཡི་གཏེར་སྲུང་པ། །ཚུལ་ཁྲིམས་ཕུན་སུམ་ཚོགས་པར་ཤོག །འབྲུ་སྣ་ལྷ་ཡི་གཏེར་སྲུང་པས། །མུ་གེའི་བསྐལ་པ་ཞི་བར་ཤོག །སྙིང་པོ་ལྷ་ཡི་གཏེར་སྲུང་པས། །སྐྱུ་ལྷ་ལྷུན་གྱིས་འགྲུབ་པར་ཤོག །བདུད་རྩི་ལྷ་ཡི་གཏེར་སྲུང་པས། །དབང་པོ་ཐམས་ཅད་གསལ་བར་ཤོག །དར་སྣ་ལྷ་ཡི་གཏེར་སྲུང་པས། །ཡེ་ཤེས་ལྷ་དང་ལྡན་པར་ཤོག །འདོད་ཡོན་ལྷ་ཡི་གཏེར་སྲུང་པས། །འདོད་ཡོན་ལྷ་ལ་ལོངས་སྤྱོད་ཤོག །འདོད་དགུའི་རྫས་ཀྱི་གཏེར་སྲུང་པས། །གང་ལ་ཅི་འདོད་འགྲུབ་པར་ཤོག །ཅེས་སྨོན་ལམ་འདེབས་ཤིང་བྱ་བྱེད་སྣ་ཚོགས་བྱེད། དེ་ནས་མུ་མཐུད་དུ་སྐད་གསེང་ཅུང་མཐོན་པོས། ཀྱེ་ས་ཡི་ལྷ་མོ་ལ་སོགས་པའི། །ས་བདག་རྣམས་ཀྱི་སྤྱན་ལམ་དུ། །ཨ་བུར་སྐྱུར་གསུམ་ཕུལ་བ་ཡིས། །ནད་རིགས་ཐམས་ཅད་མེད་པར་ཤོག །བཟང་དྲུག་སྣ་ཚོགས་ཕུལ་བ་ཡིས། །སྡུག་བསྔལ་ཐམས་ཅད་མེད་པར་ཤོག །ལུང་ཐང་བཟང་པོ་ཕུལ་བ་ཡིས། །མིག་ནད་ཐམས་ཅད་མེད་པར་ཤོག །སྨན་ཤེལ་ག་བུར་ཕུལ་བ་ཡིས། །རྣ་ནད་ཐམས་ཅད་མེད་པར་ཤོག །རྒྱ་མཚོའི་ལྦུ་བ་ཕུལ་བ་ཡིས། །ལྕེ་ནད་ཐམས་ཅད་མེད་པར་ཤོག །སྙིང་པོ་ཞོ་ཤ་ཕུལ་བ་ཡིས། །སྙིང་ནད་ཐམས་ཅད་མེད་པར་ཤོག །གླང་གོར་ཞོ་ཤ་ཕུལ་བ་ཡིས། །གློ་ནད་ཐམས་ཅད་མེད་པར་ཤོག །མཁལ་མ་ཞོ་ཤ་ཕུལ་བ་ཡིས། །མཁལ་ནད་ཐམས་ཅད་མེད་པར་ཤོག །དབང་པོ་ལག་པ་ཕུལ་བ་ཡིས། །ལག་པའི་ན་ཚ་མེད་པར་ཤོག །ཀཎྜའི་ཀ་ཏུ་ཕུལ་བ་ཡིས། །རྐང་པའི་ན་ཚ་མེད་པར་ཤོག །སྤྲུ་ཤེལ་རྩི་འདི་ཕུལ་བ་ཡིས། །རྩ་ཡི་ན་ཚ་མེད་པར་ཤོག །ཤུ་དག་དཀར་པོ་ཕུལ་བ་ཡིས། །རུས་པའི་ན་ཚ་མེད་པར་ཤོག །ལི་ཁྲི་དམར་པོ་ཕུལ་བ་ཡིས། །ཁྲག་གི་ན་ཚ་མེད་པར་ཤོག །སྤོས་དཀར་བཟང་པོ་ཕུལ་བ་ཡིས། །དབུགས་མི་བདེ་བ་སེལ་བར་ཤོག །རིན་ཆེན་སྣ་ཚོགས་ཕུལ་བ་ཡིས། །ཚེ་བསོད་ཕུན་སུམ་ཚོགས་པར་ཤོག །འབྲུ་ཟན་སྣ་དགུ་ཕུལ་བ་ཡིས། །ལོངས་སྤྱོད་ཕུན་སུམ་ཚོགས་པར་ཤོག །དར་ཚོན་སྣ་ལྔ་ཕུལ་བ་ཡིས། །འདོད་དགུའི་ལོངས་སྤྱོད་འཕེལ་བར་ཤོག །དཀར་གསུམ་མངར་གསུམ་ཕུལ་བ་ཡིས། །ལུས་ངག་ཡིད་གསུམ་ཚིམ་པར་ཤོག །ཁྲབ་བྱང་མིག་དགུ་ཕུལ་བ་ཡིས། །འཇིགས་པ་ཐམས་ཅད་མེད་པར་ཤོག །སྟག་གི་སྡེར་མོ་ཕུལ་བ་ཡིས། །མཐུ་སྟོབས་ཕུན་སུམ་ཚོགས་པར་ཤོག །ཕག་གི་མཆེ་བ་ཕུལ་བ་ཡིས། །ཁ་དོག་སྟོབས་དང་ལྡན་པར་ཤོག །དོམ་གྱི་སྣ་འདི་ཕུལ་བ་ཡིས། །རྟག་ཏུ་མཐུ་དང་ལྡན་པར་ཤོག །གཟིག་གི་ཐིག་ལེ་ཕུལ་བ་ཡིས། །མྱུར་དུ་མཐུ་དང་ལྡན་པར་ཤོག །ཉ་ཡི་མགོ་བོ་ཕུལ་བ་ཡིས། །ཚངས་པའི་དཔལ་དང་ལྡན་པར་ཤོག །མར་གྱི་བུམ་པ་ཕུལ་བ་ཡིས། །མི་ཟད་གཏེར་ལ་ལོངས་སྤྱོད་ཤོག །བྱང་ཆུབ་སེམས་དང་

ལྡན་གྱུར་ནས། །བླ་མེད་བྱང་ཆུབ་ཐོབ་པར་ཤོག །དེ་རིང་ཡོན་བདག་འཁོར་བཅས་ཀྱི། །བསམ་པའི་དོན་རྣམས་འགྲུབ་གྱུར་ཅིག །ཅེས་མེ་ཏོག་གཏོར་ནས་རྗེ་ཞབ་ཆེན་པོ་སོགས་ཀྱིས་ཁ་བཀབ་ཅིང་། དེའི་སྟེང་དུ་གཙང་མའམ་ས་དཀར་པོས་མཉམ་མཉམ་བྱས་པ་ན། ཡབ་ཅེའི་གཏེར་བུམ་དང་བཅས་པའི་བཅའ་སྒྲུབ་འབུལ་གསུམ་གྱི་ལས་ཀའི་བྱ་བྱེད་མཐའ་དག་ཡོངས་སུ་གྲུབ་སོང་བ་རེད།

དེ་ནས་ལས་ཀྱི་གཞི་དངོས་ཏེ། ཡབ་ཅེ་བསྒྲིག་ཚུལ་ནི་གཏེར་ཕུལ་ཟིན་ནས་ས་སྟེང་སྐོམས་ལ་གཙང་མ་བྱས་པའི་སྟེང་དུ་སྟག་གཟིག་གི་པགས་པའམ། ཟ་འོག་གང་རུང་གི་གཞི་བྱས་ཏེ་དབུས་སུ་སྤྲོག་ཤིང་བཞེངས། དེའི་རྒྱབ་ཏུ་རྟེན་འབྲེལ་གྱི་ཤིང་གི་རྩེ་མོར་སྲིད་པ་རུའི་ཕྱག་རྒྱ་བཏགས་ནས་དར་སྣ་ཚོགས་དང་ཤིང་ཐོག་སྣ་ཚོགས་ཀྱིས་བརྒྱན་ཏེ་བཞེངས། དེ་ལ་སྤྲོག་ཤིང་གི་རྩེ་མོ་ནས་ཏོག་གི་བར་རིམ་པ་བཞིན་རས་ཡུག་དཀར་དམར་མཐིང་སེར་ལྗང་ཁུ་རྣམ་ལྔས་ལེགས་པར་བཅིངས་ནས། མཚམས་བཞི་ལ་རྟེན་ཤིང་བཞི་ཀས་གདུགས་ཏེ། དམུ་ཐག་དཀར་སེར་དམར་སྔོ་བཞི་ཀས་ཕྱོགས་མདོག་དང་མཐུན་པར་འདོགས་ཤིང་ཕྱོགས་བཞིར་འཐེན་ཏེ་རྗེ་ལ་བཏགས་ནས་འདི་སྐད་དོ། །ཀྱེ་ཐག་དཀར་ཤར་དུ་འཐེན་པ་འདིར། །ས་བདག་ཆེན་པོ་སྟག་སྐྱ་བཞུགས། །དེ་རིང་ཡོན་བདག་འཁོར་བཅས་ལ། །མི་ཡི་ཕྱྭ་གཡང་དངོས་གྲུབ་སྩོལ། །ཐག་སེར་ལྷོ་རུ་འཐེན་པ་འདིར། །ས་བདག་གཡུ་འབྲུག་སྔོན་པོ་བཞུགས། །དེ་རིང་ཡོན་བདག་འཁོར་བཅས་ལ། །རིན་ཆེན་ཕྱྭ་གཡང་དངོས་གྲུབ་སྩོལ། །ཐག་དམར་ནུབ་ཏུ་འཐེན་པ་འདིར། །ས་བདག་ཆེན་མོ་བྱ་དམར་བཞུགས། །དེ་རིང་ཡོན་བདག་འཁོར་བཅས་ལ། །འཆི་མེད་ཚེ་ཡི་དངོས་གྲུབ་སྩོལ། །ཐག་སྔོན་བྱང་དུ་འཐེན་པ་འདིར། །ས་བདག་རུས་སྦལ་ནག་པོ་བཞུགས། །དེ་རིང་ཡོན་བདག་འཁོར་བཅས་ལ། །ཕྱུགས་ཀྱི་ཕྱྭ་གཡང་དངོས་གྲུབ་སྩོལ། །ནམ་མཁའི་འཁོར་ལོ་བསྒྲིབས་བརྒྱད་ཀྱིས། །བཀྲ་ཤིས་ཕྱྭ་གཡང་དངོས་གྲུབ་སྩོལ། །ས་ལ་པདྨ་འདབ་བརྒྱད་ཀྱིས། །བཀྲ་ཤིས་འཁྱིལ་གཡང་དངོས་གྲུབ་སྩོལ། །ཞེས་བརྗོད་ཅིང་མེ་ཏོག་གཏོར། དེ་ནས་སྟོད་གཞི་ཡུལ་ལྷ་གཞི་བདག་གང་དེའི་མེས་པོ་དང་། ཕྱི་མོ་དང་། ཡབ་ཡུམ་དང་། ཕྲུམ་དྲལ་དགུ་རྣམས་སྤྲོག་ཤིང་རྩེ་མོ་ནས་རིམ་པ་བཞིན་དུ་འདོགས་ལ། སྤྲོག་ཤིང་གི་མདུན་དུ་གོང་གི་སྦྲ་སྣུག་ཚོགས་གསུམ་གྱི་མདའ་དང་བཅས་པའི་ཟྲི་པད་འདབ་ཀྱི་སྟེང་དུ་འཇོག་ལ། དེའི་ཕྱི་རོལ་དུ་འབྲུ་ཟན་ལས་བྱས་པའི་གཟུགས་རྣམས་བཞག་སྟེ། བྱང་བུའི་གཟུགས་བསྒོམས་པའི་དགུ་བཅུ་གོ་དགུ་ཡོད་པ་རྣམས་སྟར་གྱི་གོ་རིམ་བཞིན་འཛེམ་པ་བཟང་པོ་ལ་བཙུགས། ཕྱོགས་བཞིའི་སྒོ་སྲུང་བཞི་རྣམས་བཙུགས། དེའི་མཐའ་སྐོར་དུ་བཀྲ་ཤིས་ཀྱི་ར་བ་བྱ། དེ་ནས་མཁན་པ། ཤུག་པ། དུར་བ་སོགས་ཀྱིས་གུར་ཕུབ་བྱ། དེ་ནས་རྗེ་རྩིག་གྲུ་བཞི་བྱས་ཏེ། དེ་ལ་ཁྲབ་རྫོག ས་སྟག མེ་མདའ། གྲི། རལ་གྲི། མདའ། མདུང་། རུ་མཚོན། འཕྱར་དར། མཁན་བྱ། ཤིང་རིགས་བལ་སྣས་བརྒྱན་པ། སྟག་པའི་རྩེ་རྒྱལ། སྦྲ་སྣུག་གི་རྩེ་རྒྱལ། སྦྲ་སྣུག་ཚོགས་གསུམ་རྣམས་མཛེས་པར་བྱ། དེ་ནས་

རྡོ་རྗེ་གླུམ་པོ་བྱ། དེ་ནས་ཤིང་བཟང་པོ་དང་། ས་རྡོ་བཟང་པོས་ཞིབ་ཏུ་ལེགས་པར་བརྗིགས་ཏེ། ཅིས་ཀྱང་མི་ཚོད་པ་མི་ཤིག་པར་བྱས་ནས། དར་སྣ་ཚོགས་དང་། ཤོག་བུའི་དོང་ཙེ་སྟོང་ཕྲེང་སོགས་ཀྱིས་མཛེས་པར་བརྒྱན་ཅིང་། ཞོ་དང་མར་སྦྱར་བ་དང་། ཤིང་ཐོག་སྣ་ཚོགས་དང་། འབྲུ་སྣ་ཚོགས་གཏོར་ཏེ། ཕྱོགས་བཞིར་ཕྱོགས་མདོག་དང་མཐུན་པའི་རྡོ་བཞི་རྣམས་བཞག་ལ། ཕྱོགས་བཞིར་ལབ་ཙེ་ཆུང་བ་བཅུ་གསུམ་རེ་བྱ་སྲོལ་ཡོད་ཀྱང་། ད་ལྟ་དར་མི་ཆེ། འདིའི་སྐབས་སུ་ཞ་བོ་དང་། ལོང་བ། འཐེང་པོ། རྨེ་ཅན། གྲིབ་ཅན། བཤན་པ། རབས་ཆད། དམ་ཚིག་ཉམས་པ་རྣམས་གཏན་ནས་མི་འབྱུང་བ་གལ་ཆེ་བར་མ་ཟད། ཁ་སྨྲས་ངན་པ་དང་བཀྲ་མི་ཤིས་པའི་སྐད་ཆ་རྣམས་སྤངས་ནས་ཡོན་བདག་རྣམས་དད་པ་ཆེ་བ་དང་། ཐམས་ཅད་སྙིང་དགའ་ཞིང་། མི་དགའ་ལྷ་དགའ་དང་བཅས་བྲོ་འཁྲབ་པ་དང་། ནས་གཏོར་བ་ལ་སོགས་པའི་རྟེན་འབྲེལ་འགྲིག་པར་བྱེད་དགོས་སོ། །

དེ་ནས་མཆོད་གཏོར་བཤམས་པ་ནི། གས་ཤིང་མ་ཆག་པ་སོགས་ཀྱི་སྣོད་རྣམས་ཀྱི་ནང་དུ། བླ་མ་ཡི་དམ་རྣམས་ཀྱི་གཏོར་མ། མཁའ་འགྲོ་ཆོས་སྐྱོང་གི་གཏོར་མ་དང་། ནང་མཆོད། ཆུ་གཉིས་ཉེར་སྤྱོད་ཚར་གསུམ་དང་། དཀར་གསུམ། མངར་གསུམ། ནས་དཀར་རྡོར་བཏགས་ལས་བྱས་པའི་རྒྱལ་ཆེན་བཞིའི་གཏོར་མ་གླུམ་གཏོར་ཆེན་པོ་བཞི། གླུའི་གཏོར་མ་གླུམ་གཏོར་ཆེན་པོ་གཅིག་ལ་གླུམ་གཏོར་བརྒྱད་ཀྱིས་བསྐོར་བ། ས་བདག་གི་གཏོར་མ་པད་སྟོང་བཤོས་བུ། གཞི་བདག་གི་གཏོར་མ་ཆེ་བ་གཅིག་ལ་གཏོར་མ་ཆུང་བ་བརྒྱད་ཀྱིས་བསྐོར་བ། བཙན་གྱི་གཏོར་མ་རྒྱས་འབྲིང་དགུ། གཞན་ཡང་། ཤ་ཕུད། ཆང་ཕུད། ཇ་ཕུད། འོལ་གོན། ཕྱེ་མར། གསེར་སྐྱེམས། དཀར་གསུམ་མངར་གསུམ། སྨན་སྣ་ཚོགས། རིན་ཆེན་སྣ་ཚོགས། འབྲུ་སྣ་ཚོགས། ཤིང་ཐོགས་སྣ་ཚོགས། ཟས་སྣ་ཚོགས། ཤེལ་ཚིག་ཁྲི་དཀར་སྟོང་ནག ལན་ཆགས་གཏོར་མ། ངར་མི་སོགས་ཀྱི་མཆོད་གཏོར་གྱ་ནོམ་པར་བཤམས། གཞན་ཡང་གཡང་འགུགས་དང་། བསང་ཆེན་རིན་ཆེན་འཕྲེང་བ། ལྷ་དབང་བསྟོད་རྣམས་ཀྱི་མཆོད་གཏོར་རྣམས་རང་རང་གི་ཕྱག་ལེན་བཞིན་བཤམས། དེ་ནས་རིམ་བཞིན་གྱི་འདོན་ཆ་ནི། ཕྱག་རྡོར་གྱི་སྒྲུབ་ཐབས་དང་། རྣམ་སྲས་ཀྱི་སྒྲུབ་ཐབས། གསེར་འོད་གཡང་སྐྱབས། བསང་མཆོད་རིན་ཆེན་ཕྲེང་བ་དང་། དགྲ་ལྷའི་དཔངས་བསྟོད། ལབ་ཙེ་རྣམས་སོ། །དེ་རྣམས་ལག་ལེན་མང་པོས་དུས་གཅིག་ཏུ་འདོན་ན། ཤར་ཕྱོགས་སུ་བསང་ཆེན། ལྷོ་ཕྱོགས་སུ་ལབ་ཙེ། ནུབ་ཕྱོགས་སུ་དགྲ་ལྷའི་དཔངས་བསྟོད། བྱང་ཕྱོགས་སུ་གཡང་འགུགས་རྣམས་རང་རང་གི་དཔེ་ཆ་དང་བསྟུན་ནས་འདོན་པར་བྱའོ། །

དེ་ནས་ལབ་ཙེ་ངག་འདོན་གྱི་རིམ་པ་ལ། སྐྱབས་འགྲོ་སེམས་བསྐྱེད་ཚད་མེད་བཞི་དང་། གོང་དུ་བཤད་པའི་ཕྱག་རྡོར་སྒྲུབ་ཐབས་རྣམས་སྔོན་དུ་བཏང་ནས། ཏ་དཀར་གཡག་དཀར་འབྲི་དཀར་རྣམས་ཀྱི་དཔྲལ་བ་སོགས་ལ་མར་བྱུགས། ཤིང་དར་སྣ་ལྔས་བརྒྱན་ཅིང་། ཙནྡན་དཀར་དམར་ཨ་ག་རུ་བ་ལུ་

ཤུག་པ་སོགས་ཀྱིས་བསང་བཏང་ཞིང་ཚུས་བྲན་ཏེ། སྔགས་འདོན་པ་དང་བཅས་ལབ་ཙེ་དང་མཆོད་རྫས་རྣམས་ཀུང་བྱིན་གྱིས་བརླབས་ཤིང་། མཆོད་གཏོར་དམ་རྫས་སྨྱུན་གཟིགས་ལབ་ཙེ་ལ་སོགས་པ་རྣམས་མཆོད་པའི་བྱེ་བྲག་བསམ་གྱིས་མི་ཁྱབ་པ་ཞིག་ས་བདག་ཀླུ་གཉན་ལ་སོགས་པའི་སྲིད་པའི་མགྲོན་རྣམས་ཀྱི་སྨྱུན་ལམ་དུ་འབྱུང་ཞིང་རྒྱས་པར་གྱུར་པར་བསམ་ལ། དཔྲལ་བར་ནམ་མཁའ་མཛོད་ཀྱི་ཕྱག་རྒྱ་སྔགས་དང་བཅས་ལན་གསུམ་དང་། སྔགས་དྲུག་ཕྱག་རྒྱ་དྲུག་གིས་བྱིན་གྱིས་རླབས་ཏེ། ལྷ་རྫས་ལས་གྲུབ་པའི་གཙང་མའི་མཆོད་ཡོན། གཏྣའི་ཞབས་བསིལ། མཛེས་པའི་མེ་ཏོག དྲི་ཞིམ་བདུག་སྤོས། མུན་སེལ་སྒྲོན་མེ། ངད་ལྡན་དྲི་ཆབ། རོ་བརྒྱའི་ཞལ་ཟས། སྒྲ་སྙན་རོལ་མོ། མཛེས་སྡུག་གཟུགས་མཆོག གདངས་སྙན་པི་ཝང་། ཆོམ་བྱེད་དྲི་མཆོག བཅུད་ལྡན་རོ་མཆོག འཇམ་མཉེན་རེག་མཆོག་ལ་སོགས་པ་རྣམས་ངོ་བོ་ཡེ་ཤེས་ལ་རང་བཞིན་རྣམ་པ་མཆོད་རྫས་ཟག་མེད་བདེ་སྟོང་ཟད་མི་ཤེས་པ་ནམ་མཁའི་མཐའ་དང་མཉམ་པར་གྱུར་ཅིག་དང་། ཕྱི་ནང་གསང་བའི་དམ་རྫས་སྨྱུན་གཟིགས་བསམ་གྱིས་མི་ཁྱབ་པའི་དཀར་གསུམ་འོ་མའི་རྒྱ་མཚོ། མངར་གསུམ་སྨན་གྱི་རིལ་བུ། བཅུད་ལྡན་བདུད་རྩིའི་ཞལ་ཟས། པད་སྟོང་དཔག་བསམ་ལྗོན་པ། འབྲིང་རྒྱས་ཞལ་ཟས་དམ་པ། གཏེར་མཛོད་ནམ་མཁའི་མཐའ་ཀླས་པ། འདོད་དགུ་འབྱུང་བའི་ནོར་བུ། མི་ཟད་གཏེར་གྱི་བུམ་པ། གསལ་བྱེད་ཉི་ཟླའི་ཟུང་འཇུག མ་རྨོས་འཁྲུངས་པའི་ལོ་ཏོག ཡིད་བཞིན་འདོད་འཇོ་བ་མོ། རི་རབ་གླིང་བཞི་གླིང་ཕྲན། སྟོབས་ཀྱི་དབང་བསྒྱུར་འཁོར་ལོ། བསམ་པའི་དོན་གྲུབ་ནོར་བུ། ཤེས་རབ་གཟུགས་མཛེས་བཙུན་མོ། བཟོད་ལྡན་མཚུངས་མེད་བློན་པོ། མྱུར་མགྱོགས་ཤུགས་ལྡན་རྟ་མཆོག ཐེག་མཆོག་སྟོབས་ལྡན་གླང་པོ། ཕས་རྒོལ་འཇོམས་མཛད་དམག་དཔུང་། ཁྱུང་དང་གཡུ་འབྲུག་སེང་གེ། ཀྱི་ལིང་གསེར་ཏ་དངུལ་གཡག དུང་ལུག་མཆོང་འབྲི་ཤེལ་ར། བྱ་རྒོད་ཁྲ་སླག ངར་དུར་སྟག་གཟིག དོམ་དྲེད་གཡི་སྤྱང་། སྲིད་པའི་རང་རྟག་ཕྱག་རྒྱ། ངོ་མཚར་བཀྲ་ཤིས་རྟགས་བརྒྱད། ཤོག་ཤོག་དོང་ཙེ་སྟོང་ཕྲན། མདའ་མདུང་རལ་གྲི་གོ་ཁྲབ་སྣ་ཚོགས། མཚོན་ཆ་གྲངས་མང་ཤུག་པའི་རྩེ་རྒྱལ། གཉན་ཤིང་སྤག་པའི་ཕོ་ཤིང་། ཀླུ་ཤིང་ཤིང་ཆེན་སེ་བ། སྤྲ་སྤྲུག་ཤིང་རྩེ་སྣ་ཚོགས། དར་ཚོན་བལ་ཚོན་སྣ་ཚོགས། རིན་ཆེན་འབྲུ་སྣ་སྨན་སྣ། ཤེལ་ཆིག་ཁྲི་དཀར་སྙིང་ནག བདུད་རྩེ་སྨན་གྱི་གསེར་སྐྱེམས། ཕྱེ་མར་མཁན་ཤུག་དྲི་སྤོས། འཕུར་མ་བླ་རེ་ཡོལ་བ། དར་ཟབ་འཕན་གདུགས་ལ་སོགས་པ་རྣམས་ཟད་མི་ཤེས་པ། ནམ་མཁའ་ལ་མཛོད། བར་སྣང་ལ་རྒྱན། ས་གཞི་ལ་གཏེར། རྒྱ་སྟོང་གསུམ་དང་མཉམ་པ། གཏིང་རྒྱ་མཚོ་ལས་ཟབ་པ། མདངས་ཉི་ཟླ་ལས་གསལ་བ། གྲངས་རྡུལ་གྲངས་དང་མཉམ་པ། བདག་སོ་སོའི་ཡིད་དང་མཐུན་པར་འབྱུང་ཞིང་རྒྱས་པའི་ཐུགས་དམ་མ་ལུས་པར་སྐོངས་པར་གྱུར་ཅིག་ཅེས་བདེན་སྟོབས་བརྗོད་པ་དང་བསྔོགས་པའི་ལས་སོ་སོ་ནས་གྲུབ་པའོ། །

ད་ནི་ལབ་ཙེ་བསྔོགས་པའི་རིམ་པ་ལས་ཡོན་བདག་རྣམས་ཀྱིས་མཐོང་ཆེན་དང་དང་དོན་ཆེན་

པོ་བྱེད་པ་སྟེ། ལྷ་ཚོགས་ཐམས་ཅད་གནས་འདིར་སྤྱན་འདྲེན་པའོ། །དེ་ནི་དུང་དཀར་སྤུབ་ཆ་སིལ་སྙན་སོགས་རོལ་མོའི་དབྱངས་དང་བཅས་པའི་སྒོ་ནས། ཀྱེ་དེ་རིང་སྲིད་པའི་ཉི་མ་ལ། །དཀོན་མཆོག་གསུམ་པོ་དགོངས་སུ་གསོལ། །དཀོན་མཆོག་རིན་ཆེན་དཔལ་ཞིང་འདིར། །སྙན་གསན་ལ་ནི་ཐུགས་དགོངས་ཤིག །བླ་མ་ཡི་དམ་མཁའ་འགྲོ་རྣམས། །མཆོད་པའི་གནས་འདིར་གཤེགས་སུ་གསོལ། །ཆོས་སྐྱོང་དཔལ་མགོན་བདུན་ཅུ་རྣམས། །མཆོད་པའི་གནས་འདིར་གཤེགས་སུ་གསོལ། །ལྷ་ཆེན་བརྒྱད་དང་ཀླུ་ཆེན་བརྒྱད། །གཟའ་ཆེན་བརྒྱད་དང་རྒྱུ་སྐར་ཚོགས། །རྒྱལ་ཆེན་སྡེ་བཞི་འཁོར་བཅས་རྣམས། །མཆོད་པའི་གནས་འདིར་གཤེགས་སུ་གསོལ། །ས་འོག་ས་སྟེང་ས་བླ་ན། །གནས་པའི་ས་བདག་ཀླུ་གཉན་དང་། འབྱུང་བ་ལྔ་ཡི་ས་བདག་རྣམས། །མཆོད་པའི་གནས་འདིར་གཤེགས་སུ་གསོལ། །ལོ་ཟླ་ཞག་དུས་ཕྱོགས་མཚམས་ལྷ། །མཆོད་པའི་གནས་འདིར་གཤེགས་སུ་གསོལ། །རྩ་གཉན་སྤོམ་ར་ལ་སོགས་པའི། །གཉན་རིགས་འཁོར་བཅས་གཤེགས་སུ་གསོལ། །མིང་སྲིད་ལྷུམ་དྲལ་ལ་སོགས་པའི། །རྩ་གཉན་འཁོར་བཅས་གཤེགས་སུ་གསོལ། །འཛམ་བུ་ཀླུ་ཆེན་ལ་སོགས་པའི། །ཀླུ་རིགས་འཁོར་བཅས་གཤེགས་སུ་གསོལ། །གཉན་ཆེན་ཐང་ལྷ་ལ་སོགས་པའི། །གཉན་རིགས་འཁོར་བཅས་གཤེགས་སུ་གསོལ། །ལྷ་བཙན་ཨུ་ལེ་ལ་སོགས་པའི། །བཙན་རིགས་འཁོར་བཅས་གཤེགས་སུ་གསོལ། །ཧང་ཀའི་རྒྱལ་པོ་ལ་སོགས་པའི། །ས་བདག་འཁོར་བཅས་གཤེགས་སུ་གསོལ། །གཞན་ཡང་ཡུལ་རིགས་གནས་པ་ཡི། །རྒྱ་གར་རྒྱ་ནག་བོད་ཀྱི་ཡུལ། །བལ་ཡུལ་མོན་ཡུལ་ཧོར་ཡུལ་དང་། །ཁྱད་པར་ཡུལ་ཕྱོགས་འདི་ཉིད་ཀྱི། །ས་བདག་ཀླུ་གཉན་འཁོར་བཅས་རྣམས། །མཆོད་པའི་གནས་འདིར་གཤེགས་སུ་གསོལ། །ཞེས་ཐེངས་མང་ཤུགས་དྲག་གིས་སྤྱན་དྲངས་པར་བསམ། སྤྱན་འདྲེན་ཐུབ་མིན་ལའང་ཐེ་ཚོམ་ཟ་མཁན་ཕལ་ཆེར་མེད་པ་སྟེ་དཔེ་རུ་གྲུབ་འདུག

ཚང་མས་ཤེས་གསལ་ལྟར། སྐབས་དེར་ལྷ་སྤྱན་འདྲེན་པ་ནི་རེ་ཞིག་གི་མགྲོན་འབོད་ཙམ་མ་ཡིན་པར་གཏན་དང་ཡུན་དུ་བཞུགས་པའི་ཁྱིམ་འཛིན་བདག་པོ་དང་མཚུངས་པར་འདུག་དགོས་རྒྱུའི་རེ་སྨོན་དང་ཞུ་ཚིག་ནན་མོས་ལྷ་དག་བཞུགས་སུ་གསོལ་བའི་ཚ་ག་ཞིག་སྟེ། ཀྱེ་ལབ་ཙེ་གཉན་པོའི་ཕོ་བྲང་འདིར། །སྤྱན་འདྲེན་བཞུགས་སུ་གསོལ་བ་ན། །ལབ་ཙེ་འདི་ཡི་རྩེ་མོ་རུ། །ཆོས་སྐྱོང་སྲུང་མ་བཞུགས་སུ་གསོལ། །ལབ་ཙེ་འདི་ཡི་རྩ་བ་རུ། །ས་བདག་ཀླུ་གཉན་བཞུགས་སུ་གསོལ། །ཞེས་ཞུ་བ་ཡང་བྱེད་པ་དང་། དེ་ནས་རོལ་མོའི་དབྱངས་དང་བཅས་པས་དགྱེས་པའི་ཚུལ་གྱིས་སེམས་གཡེང་བ་མེད་པར་དང་བའི་སྒོ་ནས་འདི་སྐད་དུ། ཀྱེ་སངས་རྒྱས་རྐང་གཉིས་གཙོ་བོ་བདེན་པའི་མཆོག །ཆོས་ཉིད་ཆགས་དང་བྲལ་ཏེ་བདེན་པའི་མཆོག །དགེ་འདུན་འདུས་པའི་གཙོ་སྟེ་བདེན་པའི་མཆོག །བདེན་པའི་མཆོག་ནི་དཀོན་མཆོག་གསུམ་དག་གི །ཉི་མ་ཐམས་ཅད་དགེ་བ་ཡིན། །རྒྱུ་སྐར་ཐམས་ཅད་བཟང་བ་

ཡིན། །བཅོལ་བའི་ལབ་ཙེ་ལེགས་གྲུབ་ཕྱིར། །དེ་རིང་བདག་སོགས་མགོན་སྐྱབས་སུ། །སངས་རྒྱས་ཆོས་དང་དགེ་འདུན་དང་། །བྱང་སེམས་ཉན་ཐོས་རང་རྒྱལ་སོགས། །དཔའ་བོ་མཁའ་འགྲོ་ལ་སོགས་པའི། །བཀའ་སྡོད་དམ་ཅན་སྲུང་མ་དང་། །སྙིང་འོག་ཕྱོགས་བཅུ་དག་གནས་པའི། །ལྷ་ཀླུ་གཞི་བདག་ཕྱོགས་སྐྱོང་བཅུ། །སྲི་བརྒྱད་བྲན་གཡོག་འཁོར་དང་བཅས། །ཁྱད་པར་ཡུལ་ཕྱོགས་འདི་དག་གི །སྐྱོབ་བྱེད་ལྷ་ཀླུའི་རིགས་ལ་སོགས། །གཙུག་མར་གནས་པ་ཐམས་ཅད་ཀུན། །རྣལ་འབྱོར་བདག་གིས་སྤྱན་འདྲེན་ནོ། །ཐོགས་མ་མེད་པར་འདིར་བྱོན་དང་། །ལབ་ཙེ་དཀྱིལ་འཁོར་གནས་མཆོག་འདིར། །བདག་གིས་མཆོད་རྫས་དགའ་སྟོན་བཤམས། །རང་རང་མོས་པའི་རྟེན་རྫས་འབུལ། །དགྱེས་པར་བཞེས་ལ་དོན་ཀུན་མྱུར་དུ་སྒྲུབས། །ཞེས་འཕྲིན་ལས་བཅོལ་ཞིང་རིམ་བཞིན་ཕྱག་འཚལ་བའི་ཚིག་དང་མཆོད་གཏོར་འབུལ་བའི་ཚིག་གྲུབ་མ་ཐག་ཏུ་རྒྱན་འཛུགས་ཀྱི་ཚིག་ཞིག་སྤེལ་སྦྲོལ་མཆིས་ཏེ། ཀྱེ་དེ་རིང་སྲིད་པའི་ཉི་མ་ལ། །བདག་དང་ཡོན་བདག་དོན་ཆེད་དུ། །སྲིད་པའི་ལབ་ཙེ་གཉན་པོ་བཞེངས། །ལབ་ཙེ་མ་བུ་བཅུ་གསུམ་བཞེངས། །འདི་ལ་རྒྱན་རྣམས་འཛུགས་པ་ནི། །གཡུལ་ལས་རྣམ་རྒྱལ་ཁྲབ་རྨོག་རྣམས། །ལབ་ཙེ་གཉན་པོའི་སྙིང་དུ་བཙུགས། །ཐོག་གི་ཤུགས་ལྡན་མེ་མདའ་རྣམས། །ལབ་ཙེ་གཉན་པོའི་སྙིང་དུ་བཙུགས། །དགྲ་བགེགས་སྲོག་གཅོད་གྲི་རྣོན་རྣམས། །ལབ་ཙེ་གཉན་པོའི་སྙིང་དུ་བཙུགས། །རབ་ཏུ་འབར་བའི་རལ་གྲི་རྣམས། །ལབ་ཙེ་གཉན་པོའི་སྙིང་དུ་བཙུགས། །དགྲ་བགེགས་སྙིང་ལ་གཟེར་བའི་མདུང་། །ལབ་ཙེ་གཉན་པོའི་སྙིང་དུ་བཙུགས། །ཏུ་མཆོན་འཕྲུར་དར་བཏགས་པ་རྣམས། །ལབ་ཙེ་གཉན་པོའི་སྙིང་དུ་བཙུགས། །མཛེས་པའི་མཁན་བྱ་དཀར་པོ་རྣམས། །ལབ་ཙེ་གཉན་པོའི་སྙིང་དུ་བཙུགས། །ཤིང་རིགས་བལ་སྣས་བརྒྱན་པ་རྣམས། །ལབ་ཙེ་གཉན་པོའི་སྙིང་དུ་བཙུགས། །སྟག་པ་སྲ་སྨྱུག་རྩེ་རྒྱལ་རྣམས། །ལབ་ཙེ་གཉན་པོའི་སྙིང་དུ་བཙུགས། །སྲ་སྨྱུག་ཚིགས་གསུམ་དར་སྣས་བརྒྱན། །ལབ་ཙེ་གཉན་པོའི་སྙིང་དུ་བཙུགས། །ཤོག་བུའི་དོང་ཙེ་སྟོང་ཕྲེང་རྣམས། །ལབ་ཙེ་གཉན་པོའི་སྙིང་དུ་བཙུགས། །བྱ་རྒོད་དང་ནི་བྱ་རོག་དང་། །སྐྱུང་ཀ་དང་ནི་འུག་པ་རྣམས། །ལབ་ཙེ་གཉན་པོའི་སྙིང་དུ་བཙུགས། །དེ་རིང་བདག་གིས་ལབ་ཙེ་བརྒྱན། །རྒྱན་དང་ལྡན་པའི་ལབ་ཙེ་འདི། །སྲིད་དང་ཞི་བའི་མགྲོན་རྣམས་དང་། །ཀླུ་བདག་ས་བདག་རྣམས་ལ་འབུལ། །བཞེས་ནས་འགལ་རྐྱེན་ཞི་བ་དང་། །མཐུན་རྐྱེན་ཕུན་སུམ་ཚོགས་པ་ཡིས། །འཕྲིན་ལས་རྣམ་བཞི་འགྲུབ་པར་མཛོད། །ཅེས་ལབ་ཙེ་ལ་མཆོན་སྣ་ཚོགས་དང་། མཁན་པའི་རྒྱུ་ལ་ཟན་སོགས་དཀར་པོའི་རིགས་བསྲེས་ཏེ་བཀྲ་ཤིས་པའི་བྱ་བཅུ་གསུམ་བཟོས་ཡོད་པ་དག་བལ་སྐུད་ཀྱིས་ལབ་ཙེ་ལ་བཏགས་ནས་འཕུར་ཚུལ་བགྱིས་པ་སོགས་ལབ་ཙེ་ལ་ནང་བཀྲ་ཤིས་པ་དང་། ཕྱི་ནས་བལྟས་ནའང་རྒྱན་ཆ་འདོགས་པ་ལྟ་བུ་ཆོ་ག་དེ་སྒྲུབ་པར་བྱེད།

དེ་ནས་ལབ་ཙེ་བརྩིགས་པའི་རིམ་པ་གཙོ་གྲས་ཀྱི་མཐའ་རྟེན་བཀྲ་ཤིས་ཀྱི་ཚུལ་ལྟ་བུ་སྟེ། སྤྱན་

གཟིགས་འབུལ་བ་ནི། ལབ་ཙེ་ཡི་གྲུབ་ལུགས་དང་། མཆོད་གཏོར་གྱི་རྣམ་གྲངས། ལྷ་སྲུང་ལ་རེ་བཙོལ་གྱི་སྨོ་ནས་ཅི་བགྱིས་ཅི་དྲངས་དང་། ཅི་དམིགས་ཅི་བསམ་ཐམས་ཅད་རྩིས་གྲངས་འབུལ་བ་ལྟར་ལྷ་ཡི་མཐོང་ལམ་དུ་བཀོད་པ་ལ་ཟེར་ཞིང་། མདོར་བསྡུས་ཀྱིས་བཀོད་ན། ཀྱེ་དེ་རིང་ལབ་ཙེ་གཉན་པོ་འདི། །གཞི་མ་སྟག་དང་ཟབ་ལས་གྲུབ། །ཚད་དང་ལྡན་པའི་སྲོག་ཤིང་བཙུགས། །ས་ཡི་སྙིང་པོ་གསེར་ལས་གྲུབ། །རིན་ཆེན་སྙིང་པོ་གཡུ་ལས་གྲུབ། །རྗོ་ཡི་སྙིང་པོ་དུང་ལས་གྲུབ། །འོག་ན་འདོད་དགུའི་རྫས་ཀྱི་གཏེར། །ནང་ལ་མ་བུ་བཅུ་གསུམ་དང་། །གཟུགས་འགྲོས་རྣམ་པ་སྣ་ཚོགས་དང་། །ཕྱི་རུ་རྗེ་གཉན་བརྩིགས་པ་ལ། །མདའ་མདུང་རུ་མཚོན་བ་དན་རྣམས། །མཚོན་ཆ་སྣ་ཚོགས་བཙུགས་པ་འདི། །བླ་མ་ཡི་དམ་དཀོན་མཆོག་གསུམ། །འཛིག་རྟེན་སྐྱོང་བ་མཐུ་པོ་ཆེ། །སྣང་སྲིད་ལྷ་སྲིན་སྡེ་བརྒྱད་དང་། །གླུ་གཉན་ས་བདག་རྣམས་ལ་འབུལ། །གསལ་བྱེད་མར་མེ་སྒྲོན་ལམ་འབུལ། །དྲི་ཆབ་དམ་པ་ཐུགས་ལ་འབུལ། །ཞལ་ཟས་རོ་བརྒྱ་ལྡུགས་ལ་འབུལ། །རོལ་མོ་སྣ་ཚོགས་སྙན་ལ་འབུལ། །ཡིད་འོང་གཟུགས་མཛེས་སྤྱན་ལ་འབུལ། །དབྱངས་སྙན་རོལ་མོ་སྙན་ལ་འབུལ། །དྲི་ཞིམ་སྣ་ཚོགས་ཤངས་ལ་འབུལ། །དར་ཚོན་སྣ་ལྔ་སྐུ་ལ་འབུལ། །ནང་མཆོད་གཏོར་མ་ཞལ་དུ་འབུལ། །གསེར་སྐྱེམས་བདུད་རྩི་སེམས་སུ་འབུལ། །དར་སྣ་མང་པོ་གོས་སུ་འབུལ། །གསེར་དངུལ་དར་ཟབ་རྒྱན་དུ་འབུལ། །སྲུ་བའི་གོ་ཆ་ལུས་ལ་འབུལ། །རྣོན་པོའི་མཚོན་ཆ་ཕྱག་ལ་འབུལ། །གཡག་དཀར་སྐུ་ཡི་རྟེན་དུ་འབུལ། །རྟ་དཀར་གསུང་གི་རྟེན་དུ་འབུལ། །ལུག་དཀར་ཐུགས་ཀྱི་རྟེན་དུ་འབུལ། །འབྲུ་ཟན་སྣ་དགུ་མཛོད་དུ་འབུལ། །འདོད་ཡོན་སྣ་ཚོགས་དགོར་དུ་འབུལ། །གསེར་གཡུ་དུང་གསུམ་སྙིང་པོ་འབུལ། །འབྲས་ཀྱི་བྱ་ལུག་གཡག་གསུམ་འབུལ། །ར་ལུག་འབྲི་གཡག་རྟར་བསྒྱུར་འབུལ། །བྱ་ཁྱུང་དཀར་པོ་སྟེང་དུ་འབུལ། །བྱ་རྒོད་སྨུག་པོ་མདུན་ནས་འབུལ། །སྟག་དང་སེང་གེ་མདུན་ནས་འབུལ། །དམ་རྫས་སྤྱན་གཟིགས་སྣ་ཚོགས་འབུལ། །བཞེས་ནས་བསྟན་པ་རྒྱས་པ་དང་། །འགྲོ་ལ་བདེ་སྐྱིད་འབྱུང་བ་དང་། །ཕོ་ཕྱུགས་རྟག་ཏུ་ལེགས་པ་དང་། །དཔལ་འབྱོར་ཕུན་སུམ་ཚོགས་པ་དང་། །འཕྲིན་ལས་མཆོད་དོ་དཀོན་མཆོག་མཆོད། །གསོལ་ལོ་གསོལ་ལོ་ལྷ་རྣམས་གསོལ། །བསྟོད་དོ་བསྟོད་དོ་སྲུང་མ་བསྟོད། །བཟན་ནོ་བཟན་ནོ་གཞི་བདག་བཟན། །རྒྱལ་ལོ་རྒྱལ་ལོ་ལྷ་རྣམས་རྒྱལ། །ལྷ་དང་སྲུང་མ་གཡས་སུ་རྒྱལ། །ཕམ་མོ་ཕམ་མོ་བདུད་རྣམས་ཕམ། །དགྲ་དང་བགེགས་རྣམས་གཡོན་དུ་ཕམ། །བཙོལ་བའི་འཕྲིན་ལས་མྱུར་དུ་སྒྲུབས། །ཀི་བསྭོ་ཆེ་འོ་ལྷ་རྒྱལ་ལོ། །ཞེས་བསང་མཆོད་རྒྱ་ཆེན་བྱེད་ལ། ཕྱི་ནས་ཀྱི་འབྲུ་ཟན་དཀྲུང་ལ་གཏོར་ཞིང་། དུང་དང་བོའུ་སྐད་སོགས་གཞི་གཅིག་ཏུ་འདྲེས་པའི་སྣང་ཚུལ་ཡང་ཡོད། སྐབས་འདི་ནས་ངེས་པར་ཤེས་དགོས་པ་ཞིག་ནི། སྤྱི་ན་སེམས་ཁམས་རིག་པ་དང་འབྲེལ་བ་ཡོད་པའི་རིག་གནས་ཀྱི་གཞུང་ལུགས་དང་ལག་ལེན་གཉིས་ཟུང་འབྲེལ་གྱི་བྱ་བྱེད་ཅིག་ཡིན་ན་ཞི་རྒྱས་དབང་དྲག་གམ་རྒྱས་

འབྱིང་བསྡུས་གསུམ་གྱི་ཁྱད་པར་ཡོད་པ་དང་ཁྱད་པར་དེ་ལ་བརྟེན་ནས་ཐུན་མོང་མ་ཡིན་པའི་རིག་གནས་ཤིག་གི་རིན་ཐང་མངོན་པར་བྱས་པ་རེད། དེ་བཞིན་དངོས་སུ་བརྩིགས་པའི་ལབ་ཙེ་གང་ཡིན་པ་དེ། ཚ་ག་དང་བྱ་བྱེད་ཐམས་ཅད་ཀྱང་ཞི་རྒྱས་དབང་དྲག་བཞི་ལས་དབང་དང་རྒྱས་འབྲིང་བསྡུས་གསུམ་ལས་རྒྱས་པ་ཡིན་པས། རྫས་དང་ལས་སོ་སོ་ནས་ཕ་ཅང་ཞིབ་ཚགས་དང་དམིགས་པའི་ཐད་ནས་ཀྱང་རང་ག་བ་ཞིག་གཏན་ནས་མ་ཡིན་ནོ། །གཞན་ད་དུང་གྲུབ་མཐའི་བཞེད་ལུགས་དང་། ས་ཆའི་ཁྱད་ཆོས་ལྟར"དགུ་ཐེག་ཡར་འཐེན"དང་། བཞུགས་སུ་གསོལ་བ"ཕྱག་འཚལ" "འཕྲིན་བཅོལ་སྨོན་ལམ" "བཟོད་གསོལ" "ཤིས་པ་ཆེན་པོ"སོགས་ཀྱི་ཚ་ག་ཕྲན་བུ་རེ་རེ་ནས་བཀོད་ཡོད་པའང་མང་དུ་མཆིས་ཀྱང་། དེ་དག་ལས་ས་ཁུལ་ཀུན་ལའང་མེད་ན་མི་རུང་བ་ལྟ་བུར་ཆགས་པ་ནི་དགུ་ཐེག་ཡར་འཐེན་དང་། བཞུགས་སུ་གསོལ་བ། ཤིས་པ་ཆེན་པོ་སོགས་ཡིན་ལ། ཚ་གའི་རིམ་པ་དང་བསྟན་དོན་སོགས་ནི་བསང་མཆོད་དག་ཏུ་བཀོད་པ་མང་བས། འདིར་དྲན་སྐོང་དང་གསལ་འདེབས་བྱས་པ་ཙམ་མོ། །

དེ་ནས་མཐའ་མཇུག་གི་རབ་གནས་ཆེན་མོ་བྱས་པ་ན། དགུང་ནས་བྱ་རྒོད་འཕོར་ན་དགྲ་ལྷ་འཕོར་བ་དང་ཆར་བ་བབས་ན་ཁྲུས་གསོལ་གནང་བ། འཇའ་ཚོན་ཤར་ན་གཞི་བདག་དགའ་བའི་ལྟས་སུ་བཤད་ཚུལ་ཡོད་པས་ཡུལ་མི་རྣམས་ཀྱིས་དེ་ལ་བརྩི་མཐོང་དང་རེ་སྨུག་ཆེན་པོ་ཞིག་བྱེད་པའི་གོམས་སྲོལ་ཞིག་ཀྱང་ཆགས་ཡོད། འདི་ནི་མི་དམངས་མང་ཚོགས་ཀྱིས་མཆོག་དང་རྩེ་མོ་གྱུར་པའི་ལབ་ཙེ་ཞིག་ལ་གནང་བའི་དཔྱད་བརྗོད་ཀྱང་རེད།

དཔྱད་གཞིའི་ཡིག་ཆ།

1.《ས་དཔྱད་ཕྱོགས་བསྒྲིགས།》 ༡༩༩༨ལོར་མཚོ་སྔོན་མི་རིགས་དཔེ་སྐྲུན་ཁང་ནས་པར་སྐྲུན་བྱས།

2.《གཏེར་བུམ་སྒྲུབ་ཚུལ་དང་ལབ་ཙེ་བརྩིགས་ཚུལ་གྱི་ལག་ལེན་འདོད་དགུའི་དཔལ་འབྱོར་འབྱུང་བའི་གཏེར་ཆེན་ཞེས་བྱ་བ་བཞུགས།》 སྣུམ་པར།

3.《ལྷ་རྟེན་བརྩིགས་ཚུལ་གྱི་ཚ་ག་དགེ་ལེགས་དཔལ་སྟེར།》 སྣུམ་པར།

4.《ས་བརྟག་བསླང་སྦྱོང་གསུམ་བུམ་གཏེར་དང་བཅས་པའི་ལག་ལེན་མདོར་བསྡུས་ཨུཏྤལ་ཆུན་པོ།》 སྣུམ་པར།

《མང་ཚོགས་སྒྱུ་རྩལ།》 ༢༠༡༥ལོའི་དེབ་གཉིས་པ་ལས་བཏུས།

༄། །ཡར་ལྷ་ཤམ་པོ་ལས་འཕྲོས་པའི་དམངས་སྲོལ་རིག་གནས་གླེང་བ།

རྡོ་རྗེ་རྒྱ་མཚོ།

དང་པོ། ཡར་ལྷ་ཤམ་པོའི་མིང་གི་བྱུང་ཚུལ།

ཡར་ལྷ་ཤམ་པོ་ནི་བོད་ལྗོངས་ལྷོ་ཁ་ས་ཁུལ་གྱི་སྣེ་གདོང་རྫོང་གི་མངའ་ཁོངས་ཏེ་ཡུལ་ཡར་ལུང་གི་ཕུ་རུ་གནས་ཤིང་ཡར་ལུང་གི་མི་རྣམས་ཀྱིས་ལྷ་རུ་བསྟེན་པས་ན་ཡར་ལྷ་ཞེས་འབོད་པ་དང་། ཡང་བཤད་རྒྱུན་ལ་ཨེ་གཉའ་ཡར་གསུམ་འདུག་པའི་སྤྱི་བོ། གངས་རིན་པོ་ཆེ་དང་དུང་ལྟར་དཀར་བའི་གཞལ་ཡས། གཉོད་སྦྱིན་ཤམ་བུ་འདི་ཉིད་ལྷ་ཆེན་དབང་ཕྱུག་ཡིན་ལ། ཤམ་བུ་ཞེས་པ་བདེ་འབྱུང་གི་སྐད་དོད་དང་ལྷ་ཆེན་དབང་ཕྱུག་གི་མཚན་གྱི་རྣམ་གྲངས་ཡིན་པ་དང་། ཤམ་བུའམ་དབང་ཕྱུག་ཆེན་མོ་དོན་ལ་ཇོ་མོ་སྤྱན་རས་གཟིགས་གང་ལ་གང་འདུལ་གྱི་ཚུལ་དུ་སྤྲུལ་པ་ཞིག་ཡིན་ཞེས་པར་གཞིགས་ན། དེར་ཐོག་མར་བདེ་འབྱུང་ངམ་དབང་ཕྱུག་གི་སྐད་དོད་ཤམ་བྷ་ཞེས་བརྗོད་པ་ཡིན་ཞིང་། ཕྱིས་སུ་ཤམ་བྷ་ཞེས་པ་དེ་ཟུར་ཆགས་ནས་ཤམ་པོ་དང་ཤམ་བུ་ཞེས་སྣ་ཚོགས་བརྗོད་པ་ལ་བརྟེན་ནས་ད་ལྟ་ཡར་ལྷ་ཤམ་པོ་དང་ཡར་ལྷ་ཤམ་བུ་སོགས་སྣ་ཚོགས་བརྗོད་པར་འདུག ཡང་སློ་ལུང་བཞད་པའི་རྡོ་རྗེས་མཛད་པའི་དམ་ཅན་བསྟན་སྲུང་གི་རྣམ་ཐར་ལས། ཡར་ཀླུངས་སོག་ཁར་ཐང་ང་ཡར་མོ་དང་བཤོས་པས་ཡར་ལྷ་ཤམྦོ་འཁྲུངས་ཞེས་གསུངས་ཡོད་ལ། ཆོས་འབྱུང་མཁས་པའི་དགའ་སྟོན་དང་ལྷ་འདྲེ་བཀའ་ཐང་སོགས་སུ་ཡར་ལྷ་ཤམ་པོ་ནི་འོ་དེ་གུང་རྒྱལ་གྱི་བུ་ཡིན་ཚུལ་བརྗོད་ཡོད། ཡར་ལྷ་ཤམ་པོ་ནི་འོ་དེ་གུང་རྒྱལ་དང་། དེ་ལ་བུ་བརྒྱད་བྱུང་བའི་ཡར་ལྷ་ཤམ་པོ། གཉན་ཆེན་ཐང་ལྷ། རྨ་ཆེན་སྤོམ་ར། སྒྲོགས་ཆེན་ལྡོང་ར། སྐམ་པོ་ལྷ་རྗེ། ཕྱོགས་ལྷ་རྒྱུག་པོ། ཇོ་བོ་གཡུལ་རྒྱལ། ཤེའུ་ཁ་རག་བཙས་སྲིད་པ་ཆགས་པའི་ལྷ་དགུ་ཞེས་བརྗོད་པའི་ཡ་གྱལ་ཡིན་པར་མ་ཟད། སྤུར་རྒྱལ་བཙན་པོའི་ཐོག་མ་གཉའ་ཁྲི་བཙན་པོའི་རུས་ལྷ་དང་བོད་ཁམས་ཡོངས་ཀྱི་ཡུལ་ལྷ་ཡིན་པར་འབོད་ཡོད། ཡིན་ན་ཡང་ལྡེའུ་ཆོས་འབྱུང་ལས་སྟོད་ཀྱི་སྟེང་གཉིས་ཀྱི་སྐབས་སུ་ངར་ལ་སྐྱེས་ཀྱིས་མྱང་རོ་ཤམ་པོ་མཁར་གྱི་ཕ་རོལ་ན་རྒོད་ཚང་ཡོད་པ་ལ་སྙད་བཏགས་ནས་བྱ་རྒོད་ཀྱི་གསོབ་ཏུ་ཞུགས་ཏེ། མྱང་རོ་ཤམ་པོ་མཁར་རྩེ་ནས་ཕབ། ཕོང་ངམ་ཕོ་བརྒྱ་སླ་ང་བྲང་ལ་སྤུབས་ཏེ་བསད་ཅེས་འབོད་པ་དང་། ཏུན་ཧོང་ཡིག་རྙིང་དུའང་གྲི་གུམ་བཙན་པོའི་

སྐབས་སུ་དེ་ནས་ལྷ་འི་དཀོར་ཐམ་ཤད་སྐྱུལ་ཧོ། འུང་ནས་ཡོ་ངམ་ཧ་ཐཱི་ཡང་། མཁར་སྨྱུང་རྣ་ཤམ་པོར་སྤྲར་མཆིས་སོ། བཙན་པོ་ཡང་སྨྱུང་རྣ་ཤམ་པོར་གཤེགས་ནས་ཞེས་དང་པོ་ལ་ལྷ་སུ་བལྷས་ན་ལྷས་བཟང་སྟེ། ཡུལ་སྨྱུང་རྣ་ཤམ་པོ་བྲུང་དུ་ལྷགས་ནས་ཞེས་ཤམ་པོ་དེ་མཁར་ཞིག་དང་ཡང་ན་ཡུལ་ཞིག་ཡིན་པར་བརྗོད་ཡོད། དེ་བས་ཡར་ལྷ་ཤམ་པོ་ཞེས་པའི་ཤམ་པོ་དེ་ཡང་ཐོག་མར་ཡུལ་མིང་ངམ་མཁར་མིང་ཞིག་ལས་གྱུར་ཆགས་པར་འདོད།

གཉིས་པ། ཡར་ལྷ་ཤམ་པོའི་ཡུལ་གྱི་བཀོད་པ།

ཡར་ལྷ་ཤམ་པོ་གནས་སའི་ཡར་སྟོད་ནི་ཙ་རི་དང་གཉིས་སུ་མེད་པར་བཤད་ལ། སློབ་དཔོན་ཆེན་མོས་ཀྱང་གངས་མདའ་ཡར་སྟོད་ཀྱི་ཆ་འདི་ན་རང་བཞིན་གྱི་དཔའ་བོ་དང་རྣལ་འབྱོར་མ་ཐ་མལ་བའི་ཚུལ་བཟུང་བ་དག་མཐའ་ཡས་པ་འདུག་པས་སུ་ལའང་བརྙས་པ་བྱར་མི་བཏུབ་པར་འདུག་ཅིང་། ངོ་ཤེས་ན་དངོས་གྲུབ་ཀྱང་ལེན་ཐུབ་པར་འདུག་ཅེས་གསུངས་པ་དང་། ཡར་ལྷ་ཤམ་པོའི་ལྟེ་བར་འཛིན་པའི་གངས་རི་མ་མ་བུ་འབྲུང་གི་བཀོད་པ་ཤེལ་གྱི་གཞལ་ཡས་ཁང་དང་འདྲ་ལ་གངས་རི་གཞན་དག་ཀྱང་ཤེལ་གྱི་མཆོད་རྟེན་དང་ཆོས་དུང་དཀར་པོ་ལ་སོགས་པའི་གཟུགས་སུ་སྣང་། གངས་རི་དེ་དག་གིས་རྒྱུན་དུ་ཉིན་མཚན་རེས་མོས་ཀྱིས་ཉི་ཟླའི་ཟ་ལུང་འདོགས་པ་སོགས་བྱེད། ལྷག་པར་དུ་ཐོན་ཕྱོན་སྐྱེས་ཆེན་དམ་པ་མང་པོས་སྒོམ་སྒྲུབ་བསྐྱོན་སའི་དབེན་གནས་བྱིན་ཅན་གངས་ནུབ་དེ་ནི་ཨོ་རྒྱན་མཁའ་སྤྱོད་ཀྱི་གནས་ཀྱང་ཡིན་པར་བརྗོད་ཅིང་། གངས་ནུབ་ཀྱི་བྱང་ཤར་ན་སྒྲོལ་མ་ཉེར་གཅིག་དང་ཧ་ཕྱུག་ཁྱུང་གསུམ་གྱི་རང་བྱོན་བྲག་རི། གཤིན་རྗེའི་ཞལ་འབག་རང་བྱོན། གུ་རུ་རིན་པོ་ཆེས་གཏེར་དུ་སྦས་པའི་ཕུར་པ་ཚང་གྲུས་བརྒྱ་རྩ་བརྒྱད་ནང་གི་གཅིག་སྦས་ས་བཅས་ལ་སོགས་པའི་གནས་འགངས་ཆེན་མང་པོ་འདུག གངས་ནུབ་ཀྱི་ཕྱོགས་བཞིར་ཡར་ལྷ་ཤམ་པོའི་རི་རྩེ་བཞི་པོ་འཁྱིལ་ངེར་གནས་པ་དང་དབུས་རི་འདབས་ན་ཡར་ལྷ་ཤམ་པོར་ཡོན་ཆབ་འབུལ་བར་གྲགས་པའི་སྔོ་ལྡེམ་མེར་འཁྱིལ་བའི་གདང་ཁྲི་སྣེང་ཞེས་པའི་མཚོ་མོ་ཆགས། ད་དུང་ཆོས་སྡེ་གོང་དགོན་དང་སྐྱིའུ་དགོན། གཡང་བཟང་དགོན་ལ་བཅས་པའི་གནས་རྩ་ཆེན་གང་མང་ཞིག་འདུས་པ་ལས་ཡར་ལྷ་ཤམ་པོའི་ཡུལ་ཁམས་འདི་ཡུལ་གྲུ་གཞན་ལས་གནས་རྙད་དུ་བྱུང་བ་ཞིག་ཡིན་པ་རྟོགས་ཐུབ་པར་འདོད་ལ། དེ་མིན་ཡར་ལྷ་ཤམ་པོ་ནི་རྩ་བ་གཅིག་ལ་གཟུགས་གཞི་མི་འདྲ་བའི་རི་བོ་བཞི་ལས་གྲུབ་པ་ཞིག་ཡིན་ཞིང་དེ་ཡང་ལྗོ་ཁའི་དམངས་སྤྲོལ་རིག་གནས་ཞེས་པའི་དེབ་ཏུ། ཤར་གྱི་མ་མ་བུ་འབྲུང་དེ། །བུ་ཆུང་པང་དུ་བཞེས་པ་འདྲ། །ལྷོ་ཡི་བློན་པོ་སྐེ་རིང་དེ། །དགེ་སློང་བཀའ་ཆོས་མཛད་མཁན་འདྲ། །ནུབ་ཀྱི་དམན་ཆུང་གངས་བཟང་དེ། །མཆོན་ཆ་གནམ་ལ་གཟེངས་པ་འདྲ། །ཞེས་བརྗོད་པ་དང་། ཤམ་པོར་ལུང་ཆེན་བཞི་དང་ཆུ་ཆེན་བཞི། ཆུ་ཆེན་

བཞི་ལ་བང་རོང་བཞི་ཡོད་པར་གྲགས་ལ། ལུང་ཆེན་བཞི་སྟེ་ཤར་གྱི་ལུང་ཆེན་བྱེ་ཀར་གཞུང་། །ལྷོ་ཡི་ལུང་ཆེན་སེང་མགོའི་གཞུང་། །ནུབ་ཀྱི་ལུང་ཆེན་གཡའ་བཟང་གཞུང་། །བྱང་གི་ལུང་ཆེན་ར་མོའི་གཞུང་། །ཞེས་པ་དང་། ཆུ་ཆེན་བཞི་དང་བང་རོང་བཞི་ནི་ལུང་ཆེན་སོ་སོར་འབབ་པའི་ཆུ་བོ་དང་བང་རོང་མཉམ་དུ་མཆིས་པར་གྲགས་སོ། །

གསུམ་པ། ཡར་ལྷ་ཤམ་པོའི་གསོལ་མཆོད་རིག་གནས།

ཡར་ལྷ་ཤམ་པོའང་ཡུལ་ལྷ་གཞན་དང་འདྲ་བར་ཡུལ་ལྷ་ཉིད་སྐུ་བཞུགས་སའི་ཡུལ་མི་ཚོས་ལོ་སར་དང་ཚེས་གཅིག ཚེས་བཅོ་ལྔ་ལ་སོགས་པའི་དུས་ཆེན་ནམ། ཡང་ན་ཡུལ་ལྷ་དང་འབྲེལ་བའི་དུས་ཁྱད་པར་ཅན་ལ་བསང་གསོལ་བ་དང་ལབ་ཙེ་བཞེངས་པ་སོགས་ཐུན་མོང་གི་མཆོད་པ་འབུལ་སྲོལ་ཡོད་པར་མ་ཟད་ཡར་ལྷར་གངས་སྐོར་ཞེས་ཡུལ་ཁུལ་རང་བཞིན་གྱི་ཁྱད་ཆོས་ལྡན་པའི་མཆོད་པ་ཡང་བྱེད། ཡར་ལྷ་ཤམ་པོའི་གངས་སྐོར་འགྲོ་ཚུལ་ལ་རིགས་གསུམ་ཡོད་དེ། གཉལ་པ་གངས་སྐོར་དང་ཨེ་པ་གངས་སྐོར། བོད་པ་གངས་སྐོར་བཅས་ཡིན་ཞིང་། གཉལ་པ་གངས་སྐོར་ནི་ཆོས་རྒྱལ་བྱ་པའི་གདུང་རྒྱུད་ཀྱིས་སྲོལ་གཏོད་ལ་དེའི་ཁྲིམས་རྒྱུགས་བྲག་སྐོར་ནས་གཙོད་སྲོལ་ཡོད་པ་དང་། ཨེ་པ་གངས་སྐོར་ནི་འོད་གསལ་ལྷ་ཡི་གདུང་རྒྱུད་ཀྱིས་སྲོལ་གཏོད་ལ་ཁྲིམས་རྒྱུགས་ཨེ་ལྷ་རྒྱ་རིའི་སྒོ་ཁང་ནས་གཙོད། བོད་པ་གངས་སྐོར་ནི་སྣེ་གདོང་ཕག་མོའི་གདུང་རྒྱུད་ཀྱིས་སྲོལ་གཏོད་ལ་ཁྲིམས་རྒྱུགས་སྣེ་གདོང་གི་ནོར་བུ་གླིང་ག་ནས་བྱེད་ཅེས་རྒན་རབས་རྒྱུས་ཅན་དག་གིས་གསུངས། ད་སྐབས་གངས་སྐོར་དེ་གསུམ་ལས་གངས་སྐོར་བ་ཕལ་ཆེར་བོད་པ་གངས་སྐོར་གྱི་སྲོལ་བཞིན་དུ་འགྲོ་ལ་གནས་ཟ་ཆེན་དག་ལ་གསོལ་མཆོད་བྱེད་བཞིན་འགྲོ་སྲོལ། དཔེར་ན། གུ་རུ་རིན་པོ་ཆེས་ཤམ་པོ་དམ་ལ་འདོགས་ས་སྦྲ་བ་སྣ་དང་མདའ་བུ་བྲག་ལྟ་བུ། གངས་སྐོར་ཉིན་བདུན་གྱི་རིང་འགྲོ་དགོས་ལ་དགེ་བ་ཆེན་པོ་ཡོད་པར་གསུངས། དེ་ཡང་ཤམ་པོ་འདི་བདེ་མཆོག་གི་གནས་ཡིན་པ་དང་གྲུབ་ཆེན་ཨུ་རྒྱན་པས་ཡར་སྟོད་གནས་འགངས་ཆེན་ཞེས་གསུངས་པ་དང་། ཤམ་བུར་སྐྱབས་པ་བསྐྱོན་མྱོང་བའི་སྐྱེས་བུ་དམ་པ་དག་གི་གསུང་སྲོལ་ལྟར་ན། གངས་ལ་བཞུགས་པའི་གངས་སྟོད་རིན་པོ་ཆེ། གཉལ་ལ་བཞུགས་པའི་གཉལ་སྟོད་རིན་པོ་ཆེ། ཙཱ་རིར་བཞུགས་པའི་སྐྱེས་བུ་ཡེ་ཤེས་རྡོ་རྗེ་ཞེས་ཙཱ་རིའི་གནས་སྒོ་འབྱེད་མཁན་གྱི་སྐྱེས་བུ་ཡེ་ཤེས་རྡོ་རྗེ་ཉིད་ཤམ་པོ་གངས་དང་གཉལ། ཙཱ་རི་བཅས་ལ་ལོ་རེས་མོས་ཀྱིས་བཞུགས་ཀྱིན་ཡོད། དེ་བས་ཤམ་པོར་བསྐུད་མར་ལོ་གསུམ་ལ་སྐོར་བར་སོང་ན་སྐྱེས་བུ་ཡེ་ཤེས་རྡོ་རྗེ་ཞལ་མཇལ་ཐུབ་ལ་ཙཱ་རི་ཐེངས་གཅིག་སྐོར་བའི་ཕན་ཡོན་ལྡན་པ་སོགས་དགེ་བ་ཕུན་སུམ་ཚོགས་པ་ཡོད་པར་གསུང་། ཙཱ་རི་སྐོར་བའི་ཕན་ཡོན་ལ་ཀུན་མཁྱེན་རང་བྱུང་རྡོ་རྗེའི་གསུང་སྲོལ་ལྟར་ན། གནས་ཉེར་བཞིའི་གཙོ་བོ་ཙཱ་རི་ཏྲ། །བཅོམ་

ལྡན་བདེ་མཆོག་ཕོ་བྲང་འདི། །དད་པས་སྐོར་བ་བྱེད་པ་རྣམས། །ཕྱི་མ་བདེ་ཅན་ཞིང་ཁམས་སུ། །འོད་དཔག་མེད་ཀྱི་སྤྱན་སྔར་སྐྱེ། །ཞེས་དང་། དཔལ་ཆོས་གྲགས་རྒྱ་མཚོའི་ཞལ་སྔ་ནས། འདི་ནི་དཀྱིལ་འཁོར་ཆེན་པོ་ཉིད། །སྐལ་ལྡན་རྣམས་ཀྱིས་དངོས་སུ་མཐོང་། །སྐལ་བ་འབྲིང་དང་ཐ་མ་ལ། །ལྷ་སྐུ་ཕྱག་མཚན་ཡིག་འབྲུ་དང་། །མཆོད་རྟེན་དུར་ཁྲོད་ལ་སོགས་པ། །གསལ་དང་མི་གསལ་ཚུལ་དུ་མཐོང་། །གནས་འདི་བསྐོར་བར་བརྩམས་ནས་ནི། །གོམ་པ་གཅིག་ཙམ་བོར་བས་ཀྱང་། །སྒྲིབ་དག་བར་ཆད་སེལ་བ་དང་། །དངོས་གྲུབ་འབྱུང་བར་ངེས་པས་ན། །དད་པ་དམ་ཚིག་དང་ལྡན་པས། །ཡོག་ལྟ་སྤྱང་ནས་ཚུལ་བཞིན་དུ། །གནས་ཀུན་བསྐོར་བར་བྱས་པ་ན། །ནད་གདོན་སྡིག་སྒྲིབ་བར་ཆད་སོགས། །མི་མཐུན་ཕྱོགས་ཀུན་ཞི་བ་དང་། །བསམ་དོན་འགྲུབ་ཅིང་ཚེ་དང་ནོར། །བསོད་ནམས་བདེ་ལེགས་རྒྱས་པར་འགྱུར། །སྟོད་བཅུད་དབང་དུ་འདུ་བ་དང་། །དགྲ་བགེགས་ཐམས་ཅད་ཚར་གཅོད་ཅིང་། །ཐུན་མོང་དངོས་གྲུབ་ཕལ་ཆེར་འགྲུབ། །རིམ་གྱིས་མཆོག་གི་དངོས་གྲུབ་ཐོབ། །ཅེས་སོགས་གསུངས་པའི་ཕན་ཡོན་རྣམས་དང་ལྡན་ནོ། །

བཞི་པ། ཡར་ལྷ་ཤམ་པོས་བོད་མིའི་བླ་རི་བསྟེན་སྲུང་གི་རིག་གནས་ལ་ཐེབས་པའི་ཤུགས་རྐྱེན།

བོད་མིའི་ཡུལ་ལྷ་གཞི་བདག་ལ་བསྟེན་བཀུར་གྱི་ལུགས་སྲོལ་འདི་གནའ་བོའི་དུས་ནས་དར་ཁྱབ་བྱུང་ཡོད་པ་ཞིག་ཡིན། མཁས་མཆོག་ཆབ་སྤེལ་ཚེ་བརྟན་ཕུན་ཚོགས་ལགས་ཀྱིས་བོད་རིགས་ཀྱི་ལྷ་གསོལ་བའི་ཡུལ་གོམས་དེ་ནི་མི་ལོ་སྟོང་ཕྲག་དུ་མའི་གོང་རོལ་ནས་ཡོད་པར་མངོན་ཞེས་དང་། དམངས་ཁྲོད་དུ་གནམ་ལ་གནམ་ལྷ་དང་བར་སྣང་དུ་གཉན། ས་དང་ཆུ་ལ་ཀླུ། ཡུལ་ལ་ཡུལ་ལྷ། བྲག་ལ་བཙན། ནགས་ལ་ནགས་ལྷ། མཁར་ལ་མཁར་ལྷ། ཁྱིམ་ལ་ཁྱིམ་ལྷ། སྒོ་ལ་སྒོ་ལྷ། ཐབ་ལ་ཐབ་ལྷ། ཏུས་ལ་ཏུས་ལྷ། ལུས་ལ་ལུས་ལྷ། ཕོ་ལ་ཕོ་ལྷ། མོ་ལ་མོ་ལྷ། ཞིང་ལ་ཞིང་ལྷ། རྟ་ལ་རྟ་ལྷ། ལུག་ལ་ལུག་ལྷ། གཡག་ལ་གཡག་ལྷ། བ་ལ་བ་ལྷ། ར་ལ་ར་ལྷ་ཞེས་བརྗོད་པར་བོད་མིར་ལྷ་ལ་བཀུར་བའི་འདུ་ཤེས་ཤུགས་ཆེན་མོ་ཡོད་པ་རྟོགས་ཐུབ་ལ། ལྡེའུ་ཆོས་འབྱུང་དུའང་གནའ་རབས་བོད་མིས་གནམ་ས་ཕྱོགས་གང་སར་ལྷ་ཡིས་གང་བ་དང་། དེ་དག་ཐམས་ཅད་ཀྱང་ལྷ་ཡིས་བཀོད་འདོམས་བྱེད་ཀྱི་ཡོད་པར་གསུངས་ཡོད། བོད་མིས་ཡུལ་ལྷར་བསྟེན་བཀུར་གྱི་ཡུལ་སྲོལ་འདི་རྒྱུན་འཛིན་གྱི་རྨང་གཞི་ཐོག་སྤུར་རྒྱལ་བཙན་པོས་ཡར་ལྷ་ཤམ་པོ་ཏུས་ལྷར་བཀུར་བ་དང་། རྗེས་སུ་བཙན་པོ་གནམ་རི་སྲོང་བཙན་དང་ཁྲི་འདུས་སྲོང་སོགས་ཀྱིས་ཡར་ལྷ་ཤམ་པོ་སྤུར་རྒྱལ་བཙན་པོའི་སྲིད་དབང་དང་མངའ་ཐང་གི་དཔང་རྟགས་སུ་བཀོད་པ་བརྒྱུད་བླ་རི་ཡར་ལྷ་ཤམ་པོ་ལ་སྲུང་སྐྱོབ་དང་བསྟེན་བཀུར་གྱི་ལུགས་སྲོལ་དར་ཁྱབ་ཏུ་གྱུར། དེ་ནས་རིམ་

གྱིས་ཡུལ་ཁུལ་གཞན་པའི་མི་རྣམས་ཀྱིས་ཀྱང་ཡར་ལྷ་ཤམ་པོ་གཙོར་བཟུང་བའི་ཡུལ་ལྷ་ལྷ་ཆེན་དགུ་ལ་སོགས་པར་བསྙེན་བཀུར་ཆེན་པོ་བྱས་ཏེ་ལྷ་གསོལ་འདུ་ཤེས་ལས་བརྒྱལ་ཏེ་ཕྱི་རི་བསྙེན་སྲུང་གི་རིག་གནས་ཤིག་ཏུ་འཕོ་འགྱུར་བྱུང་བར་སྙམ།

མདོར་ན། ལོ་རྒྱུས་ཀྱི་ཆུ་རྒྱུན་རིང་མོའི་ཁྲོད་བོད་མི་རང་གིས་གསར་བཟོ་དང་ཆོས་ལུགས་ཀྱིས་རོགས་འདེགས། མི་རིགས་གཞན་དང་འབྲེལ་འདྲིས་བཅས་བརྒྱུད་དེ་ད་ལྟའི་ཆར་བོད་ཀྱི་རིག་གནས་འཛམ་གླིང་རིག་གནས་ལས་ཐུན་མོང་མ་ཡིན་པའི་ཁྱད་ཆོས་ལྡན་པའི་རིག་གནས་ཤིག་ཏུ་ཆགས་ཡོད། དེ་ལས་བོད་ཀྱི་དམངས་སྲོལ་རིག་གནས་ནི་ལོ་རྒྱུས་རིང་ལ་སྔོག་འདོན་བྱེད་རིན་དང་ཞིབ་འཇུག་བྱེད་གཞི་ཆེ་བའི་རིག་གནས་ཁྱབ་ཁོངས་ཤིག་ཡིན་སྟབས། དེང་སྐབས་བོད་ཁམས་ཡོངས་ན་བོད་ཀྱི་དམངས་སྲོལ་རིག་གནས་ལ་ཞིབ་འཇུག་གི་ཚ་རླབས་ཤིག་འཕྱུར་བཞིན་མཆིས། ཡར་ལྷ་ཤམ་པོའི་དམངས་སྲོལ་རིག་གནས་བོད་ཀྱི་དམངས་སྲོལ་རིག་གནས་ཀྱི་མེད་དུ་མི་རུང་བའི་གྲུབ་ཆ་གཙོ་བོ་ཞིག་ཡིན་པས་དེ་ལ་ཞིབ་འཇུག་དང་དཔྱོད་པའང་མཁོ་གལ་ཆེ་བར་སེམས།

《གངས་ལྗོངས་རིག་གནས》 ༢༠༧༥ལོའི་དེབ་དང་པོ་ལས་བཏུས།

རྨི་ལམ་དང་རྨི་ལྟས་ཀྱི་སྐོར།

༄། །ཀློང་རྡོལ་བླ་མའི་རྨི་ལམ་གྱི་ལྟས་ལ་བརྟག་པ་བྱེད་ཚུལ་ཞེས་བྱ་བ་ལ་རགས་ཙམ་དཔྱད་པ།

བདེ་སྐྱིད་སྒྲོལ་མ།

ཀློང་རྡོལ་བླ་མ་ངག་དབང་བློ་བཟང་མཆོག་ནི་དགེ་ལུགས་པའི་བླ་ཆེན་ཞིག་ཡིན་པ་དང་། རབ་བྱུང་བཅུ་གཉིས་པ་ས་ཕག(སྤྱི་ལོ་༡༧༡༨)ལོར་ཆབ་མདོ་རུ་སྐུ་འཁྲུངས་ཤིང་། དགུང་ལོ་དོན་དྲུག་པ་རབ་བྱུང་བཅུ་གསུམ་པ་ཤིང་ཡོས(སྤྱི་ལོ་༡༧༩༥)ལོར་སྐུ་གཤེགས། ཁོང་གིས་རྒྱལ་དབང་སྐུ་ཕྲེང་བདུན་པ་བསྐལ་བཟང་རྒྱ་མཚོ་དང་པཎ་ཆེན་སྐུ་ཕྲེང་དྲུག་པ་དཔལ་ལྡན་ཡེ་ཤེས་སོགས་བླ་མར་བསྟེན་ནས་གཞུང་མང་སྦྱངས་ཤིང་། བོད་གངས་ཅན་ཡུལ་དུ་སྙན་གྲགས་ཆེ་བའི་མཁས་མཆོག་ཅིག་ཏུ་གྱུར་པ་རེད། སློབ་བུ་ཡང་འཇམ་དབྱངས་བཞད་པ་དཀོན་མཆོག་འཇིགས་མེད་དབང་པོ་སོགས་གྲགས་ཅན་མང་པོ་ཡོད་པ་དང་། གསུང་འབུམ་གནད་འགངས་ཅན་ནི་པོ་ཏི་ཆེན་པོ་གཅིག་སྣང་ངོ་། །གཤམ་དུ་གླེང་བར་བྱ་བའི་རྨི་ལམ་གྱི་ལྟས་ལ་བརྟག་པ་བྱེད་ཚུལ་ཞེས་པ་ནི་ཁོང་གིས་ལོ་ངོ་ཉིས་བརྒྱའི་སྔོན་དུ་མི་ཡི་གཟུགས་ཁམས་ཀྱི་སྣང་ཚུལ་ཏེ་རྨི་ལམ་རྣམས་ཕྱག་བྲིས་སུ་བཀོད་དེ་བརྟག་པར་མཛད་ཅིང་། དེས་མིའི་རིགས་ཀྱི་རིག་གནས་ཀྱི་བང་མཛོད་ནང་ཐུན་མོང་མ་ཡིན་པའི་རིག་གནས་ཀྱི་ལེགས་སྐྱེས་གསར་པ་ཞིག་ཕུལ་ཡོད།

དང་པོ། རྨི་ལམ་སྤྱི་བཤད་པ།

རྨི་ལམ་ནི་མིའི་གཟུགས་གཞིའི་སྟེང་གི་སྣང་ཚུལ་ཁྱད་པར་ཅན་ཞིག་ཡིན། མིའི་རྟོག་པ་ནི་ལྟོད་ལ་བབས་པའི་དུས་སུ་བག་ལ་ཉལ་བའི་རྟོག་པའི་མ་ལག་ལས་བྱུང་བའི་བྱ་འགུལ་ཞིག་ཡིན། བྱ་འགུལ་དེ་ཡང་རྟོག་པའི་འགྲོས་རིམ་ཞིག་བྱས་ནས་མིའི་གཟུགས་ཁམས་ཀྱི་འགྲོས་རིམ་ཏེ་གཉིད་དང་མཉམ་པར་གནས་ཤིང་། མིའི་གཟུགས་ཁམས་ཀྱི་སྐྱོམ་སྒྲིག་ལ་ཕན་ནུས་འདོན་བཞིན་གདའ། ཡིན་ན་ཡང་མིའི་རིགས་རྟོག་པའི་ཁོ་རའི་སྣང་ཚུལ་ཁྱད་པར་ཅན་དེ་ཐག་རྒྱ་ཇི་བཞིན་བསྐལ་པ་ཡ་ཐོག་ནས་ད་ལྟའི་བར་མི་རྣམས་ཀྱི་ཡིད་སེམས་དམ་པོར་འཆིང་འདུག དེ་ལྟར་རྒྱལ་ཁབ་སོ་སོ་དང་མི་རིགས་སོ་སོར་རང་རང་གི་རྨི་ལམ་བརྟག་ཚུལ་འདྲ་མིན་སྣ་ཚོགས་ཡོད་པ་རེད། འོན་ཀྱང་ཆེས་སྔ་མོར་མིའི་རིགས་ཀྱི་སྣང་ཚུལ་དེ་ཡི་གེར་བཀོད་པ་ནི་ཨེ་ཅིའི་མི་ཡིན་པ་དང་། ཁོ་ཚོས་ཏ་ལམ་ལོ་ངོ་སྟོང་ཕྲག་བཞིའི་སྔོན་དུ་རྨི

ལམ་རྣམས་རྩ་ཤོག་སྟེང་དུ་བཀོད་དེ་བརྟག་པ་མ་ཟད་དཔེ་ཆའང་བསྒྲིགས་ཡོད་པ་དེ་དག་དེང་སང་ཏ་དབྱིན་འགྲེམ་སྟོན་ཁང་དུ་མཆིས།[1] ལྷག་པར་དུ་༡༧༠༠ལོར་ཧྥ་ལོ་ཡི་ཏིའི་སྐྱི་ལམ་བརྟག་དཔྱད་ཅེས་བྱ་བའི་དཔེ་ཆ་ཞིག་པར་དུ་བསྐྲུན་པ་ནས་བཟུང་རྒྱལ་ཁབ་གཞན་པའི་ཚན་རིག་ཁག་སྣ་ཚོགས་ཀྱི་མཁས་པ་མང་པོས་སྐྱི་ལམ་ལ་མཐོང་ཆེན་པོ་བྱེད་པ་མ་ཟད། ཞིབ་འཇུག་གི་གྲས་སུ་བཞག་ཏེ་སེམས་ཁམས་རིག་པ་དང་། གཟུགས་ཁམས་རིག་པ། གསོ་བ་རིག་པ་སོགས་ཕྱོགས་མང་པོ་ནས་བརྟག་ཞིབ་བྱེད་ཀྱིན་ཡོད་པ་དང་། བརྟག་ཚུལ་སྣ་ཚོགས་ཤིག་བྱུང་ཞིང་འབྱུང་མུས་སུ་མཆིས། དེ་ལྟར་ཡིན་ཡང་གློང་རྡོལ་བླ་མས་མཛད་པའི་སྐྱི་ལམ་བརྟག་པ་བྱེད་ཚུལ་ཞེས་བྱ་བའི་ལྟགས་རྩོམ་ལ་གཞན་དང་ཐུན་མོང་མ་ཡིན་པའི་རང་མི་རིགས་ཀྱི་ཁྱད་ཆོས་བླ་ལྷག་ཅིག་ལྡན་འདུག

སྐྱི་ལམ་གྱི་ལྟས་ལ་བརྟག་པ་བྱེད་ཚུལ་ཞེས་པ་ནི། གློང་རྡོལ་བླ་མས་དུས་རབས་བཅོ་བརྒྱད་པའི་སྐབས་སུ་མཛད་ཅིང་། དེའི་ནང་ཁོང་གིས་རང་མི་རིགས་ཀྱི་ཡུལ་སྲོལ་གོམས་གཤིས་དང་། ཆོས་ལུགས་དད་པ། ལྟ་བ་འདུ་ཤེས། རིག་གནས་མཚན་ཉིད་བཅས་ཕྱོགས་མང་པོ་བརྗོད་པར་བརྟེན། བོད་ཀྱི་མཚན་ལམ་གྱི་གཞུང་མི་དམན་པ་ཞིག་བསྐྲུན་པ་དང་། མིའི་རིགས་ཀྱི་གཟུགས་གཞིའི་སྟེང་གི་སྣང་ཚུལ་ལ་ཕྱོགས་ཡོངས་ནས་བརྟག་དཔྱད་བྱས་ཡོད་པ་རེད། དེའི་ནང་དུ་གང་གི་བློ་རིག་དང་མཁྱེན་དཔྱོད་ལྡན་པར་མ་ཟད། གང་གིས་སྐྱི་ལམ་ལ་བཟུང་བའི་འདུ་ཤེས་དང་མཚན་ཉིད་བཀོད་ཡོད་པའི་ཁྱད་ཚན་རིག་གི་རང་བཞིན་ཡང་ལྡན་པ་རེད། དེ་ཉིད་ལས། བླ་མ་སྐྱབས་གསུམ་ཀུན་འདུས་གཙུག་གིས་བསྐྱེན། །མ་གཅིག་ཟབ་མོ་གཅོད་ཀྱི་དམིགས་འབུམ་ལས། །གསུངས་པ་ཇི་བཞིན་འདིར་ནི་མཚན་ལམ་གྱི། །འབྲས་བུ་བཟང་ངན་ཀུན་གྱི་རྣམ་དབྱེ་བསྟན། །ནད་ཀྱི་གདུངས་པར་གྱུར་དང་སྡུག་བསྔལ་དང་། །ཤེས་པ་འཁྲུགས་དུས་མ་ཡིན་ལེགས་པར་བརྟགས། །ཞེས་སྐྱི་ལམ་གྱིས་མི་རྣམས་ལ་ཐོན་པའི་ནུས་པ་སྟེ་འབྲས་སུ་བཟང་ངན་གྱི་དབྱེ་བ་འབྱེད་ཐུབ་པ་དེ་ར་སྤྲོད་བྱས་ཡོད་པ་རེད།

སྐྱི་ལམ་ལ་བཟང་ངན་གྱི་དབྱེ་བ་གྱེས་པ་ནི་མིའི་རིགས་ཀྱིས་གདོད་མའི་དུས་ནས་བཟུང་ཡོད་པའི་རིན་ཐང་ཅན་གྱི་འདུ་ཤེས་ཤིག་རེད། ཡང་སྐྱི་ལམ་ནི་མི་རང་སྟེང་གི་ཉམས་མྱོང་ཞིག་ཡིན་པས་འབྲས་བུ་བཟང་ངན་དབྱེ་བའང་རང་སྟེང་གི་ཉམས་མྱོང་དེ་ལས་བྱུང་བ་ཡིན། མི་རྣམས་ཀྱི་སེམས་པར་སྐྱི་ལམ་ལས་མ་འོངས་པར་སྐལ་བཟང་ཐོབ་པའམ་བར་ཆད་དང་ཆག་སྒོ་འབྱུང་བ་སོགས་སྔོན་ཤེས་བྱེད་ཐུབ་པར་འདོད་པའི་སྟབས་ཀྱིས་རང་ལ་མཐུན་རྐྱེན་བསྒྲིད་པ་ན་མཚན་བཟང་པོ་དང་། དེ་ལས་ལྡོག་ན་ལྟས་ངན་པ་ལ་རྩིས་པ་རེད། འོན་ཀྱང་ལྟས་བཟང་ངན་གྱི་ཚད་གཞི་དེ་གཏན་འཁེལ་བྱས་ཡོད་པ་ཞིག་མ་ཡིན་པར་མི་རིགས་རང་གི་གོམས་གཤིས་དང་མཛེས་དཔྱོད་ཀྱི་འདུ་ཤེས་ལྟར་གཏན་ལ་ཕབ་པ་ཞིག་རེད།

དེ་ཡང་གློང་རྡོལ་བླ་མས་བཟང་ངན་གྱི་མཚན་ལྟས་ནི་མཚན་གང་པོའི་སྐྱི་ལམ་མཐའ་དག

ལས་བརྟག་རྒྱུ་མེད་པར། དེ་ཡང་མཚན་མོ་ཐུན་གྱི་སུམ་ཆར་བགོས། །སྟོད་ཀྱི་གསུམ་ཆ་སྔ་མའི་བག་ཆགས་ཡིན། །གུང་གི་གསུམ་ཆ་བདུད་སྲིན་ཚེ་འཕྲུལ་ཡིན། །ཐོ་རངས་གསུམ་ཆ་ཕྱིས་འབྱུང་གསལ་བྱེད་ཡིན། །ཞེས་རྨི་ལམ་རྣམས་མཚན་མོའི་ཐུན་གསུམ་བཞིན་བགོས་ཤིང་། ཐུན་རེ་རེས་དོན་བྱ་རེ་རེ་མཚོན་པ། རྨི་ལམ་གྱི་འབྲས་བུ་བཟང་ངན་དེ་ཐོ་རངས་སུ་རྨིས་པའི་རྨི་ལམ་ལས་བརྟག་པ་ལས། སྟོད་ཀྱི་རྨི་ལམ་ནི་བག་ཆགས་དང་གུང་གི་རྨི་ལམ་ནི་ཚེ་འཕྲུལ་དུ་འདོད། ཚང་མས་ཤེས་གསལ་ལྟར་རྨི་ལམ་ནི་གཉིད་དང་མཉམ་པར་འབྲེལ་ཡོད་པ་ཞིག་ཡིན་པས་དེ་ལྟར་གཉིད་ཀྱི་སྟེང་ནས་རྨི་ལམ་ལ་ཞིབ་འཇུག་བྱེད་མཁན་མང་པོ་འདུག ཁྱད་པར་དུ་༡༩༥༣ལོར་ཀྱི་ཅ་ཀོ་སློབ་གྲྭ་ཆེན་མོའི་ན་ས་ཉེར་ཁེ་ལེ་ཐེ་མན་དང་ཕོང་གི་ལག་རོགས་ཡུ་ཅེན་ཨ་ཡར་ལེན་སི་ཀུ་གཉིས་ཀྱིས་མིས་བཟོས་གློག་ཀླད་ཀྱིས་ཚོད་ལྟ་ཁང་དུ་མི་ཡི་གཉིད་ལ་ལྟ་རྟོག་དང་ཞིབ་དཔྱོད་བྱས་པ་ན། མིས་རྨི་ལམ་རྨིས་སྐབས་མིག་རིལ་གཉིས་འགྲོས་རིམ་ཡོད་པ་ལྟར་མགྱོགས་པར་འགུལ་བ་དེ་ཐོག་མར་ཤེས་པ་དང་། གཉིད་པའི་སྐབས་སུ་མིག་རིལ་འགུལ་བ་ནི་རྨི་ལམ་རྨིས་པའི་རྟགས་རེད་ཅེས་གཏན་ལ་ཕབ། དེ་བཞིན་དུ་མི་ཡི་གཉིད་ལ་རིམ་པ་བཞི་རུ་དབྱེ་རྒྱུ་ཡོད་པ་དེ་གསལ་པོར་ཤེས། གཉིད་རིམ་པ་དང་པོ་ནི་གཉིད་ཙ་གཉིད་དང་། རིམ་པ་གཉིས་པ་ནི་གཉིད་པ་དང་། རིམ་པ་གསུམ་པ་ནི་གཉིད་ཁུག་པ་དང་། རིམ་ང་བཞི་པ་ནི་གཉིད་བརྒྱལ་བ་བཅས་སོ། །དེ་ཡང་གཉིད་རིམ་པ་དང་པོ་ནས་ཆུ་ཚོད་སྐར་བཅུ་ཙམ་རེ་འགོར་བ་ན་རིམ་པ་གཉིས་པར་སླེབས་ངེས་རེད། སྐབས་དེར་མིའི་མིག་རིལ་ཡང་ཡུན་གྱིས་འགུལ་ཞིང་། སྐར་མ་ཉི་ཤུའམ་ཆུ་ཚོད་ཕྱེད་ཀ་རེ་འགོར་རྗེས་རིམ་པ་གསུམ་པར་སླེབས་ངེས་རེད། སྐབས་དེར་མིའི་ལུས་སྟེང་གི་ཤ་ཚང་མ་ལྷོད་པ་དང་། ཁྲག་རྩ་དང་། ལག་རྩ། ལུས་དྲོད་སོགས་ཇེ་དམའ་ལ་སོང་ནས་སྐར་མ་བཅུའམ་ཉི་ཤུ་ཙམ་འགོར་བ་ན་རིམ་པ་བཞི་པར་སླེབས་ངེས་རེད། སྐབས་དེར་མི་ཡང་གཉིད་ནས་བརྒྱལ་བས་ལག་རྩ་དང་། ཁྲག་རྩ། ལུས་དྲོད་སོགས་མཚན་གང་པོའི་ཆེས་དམའ་བའི་ཚད་ལ་བབས་པ་དང་། མི་མང་ཆེ་བ་ནི་སྐར་མ་ཉི་ཤུ་ཙམ་གཉིད་པ་ན་ཡང་ཕྱིར་སྔོན་གྱི་གཉིད་རིམ་པ་གསུམ་པ་ནས་གཉིས་པར་སླེབས་ངེས་རེད། སྐབས་དེའི་རིམ་པ་གཉིས་པ་ནི་སྔོན་གྱི་རིམ་པ་དང་པོ་ནས་གཉིས་པར་སླེབས་པ་དང་མི་འདྲ་བར་སྒྲ་ཆེན་པོ་མ་བྱུང་ན་གཉིད་ལས་སད་དཀའ་བ་དང་། མིག་རིལ་གྱི་འགུལ་ཚད་ཀྱང་སྔར་ལས་མྱུར་བ། དེ་བཞིན་དུ་སྐར་མ་ཉི་ཤུ་ཙམ་འཁོར་རྗེས་ཕྱིར་ཡང་རིམ་པ་གསུམ་པ་བརྒྱུད་དེ་བཞི་པར་སླེབས་ངེས་རེད། མཚན་གང་པོར་རིམ་པ་དེ་བཞིན་འཁོར་བ་དང་གལ་ཏེ་མི་རྣམས་གཉིད་ནས་ཆུ་ཚོད་བདུན་དང་ཕྱེད་ཀའམ་བརྒྱད་རེ་འགོར་བའི་དབང་དུ་བཏང་ན། གཉིད་ཀྱི་རིམ་པ་དེ་གོ་རིམ་ལྟར་ཐེངས་ལྔ་རེ་ཙམ་འཁོར་བ་དང་། རིམ་པ་རེ་རེའི་ནང་དུ་མི་རྣམས་ཀྱིས་རྨི་ལམ་རྨིས་བཞིན་ཡོད་པ་རེད། འོན་ཀྱང་གཉིད་ལས་སད་དུས་རྨི་ལམ་ཆ་ཚང་ཡང་ཡིད་དུ་དྲན་མི་ཐུབ་པའོ། །

སྔོན་ཐོན་ལག་ཆས་རྨི་ལམ་དང་གཉིད་ལ་ཚོད་ལྟ་བྱས་པ་དེར་བརྟག་ཙ་ན། ང་ཚོས་གླིང་རྫོང་བླ་མས་རྨི་ལམ་རྣམས་མཚན་མོའི་ཐུན་ལྔར་བགོས་ཡོད་པ་དེར་གནས་ལུགས་ངེས་ཅན་ཞིག་ཡོད་པ་ཤེས་ཐུབ། གཉིད་ནི་རིམ་པ་ལྔར་བགོས་པ་དང་། རྨི་ལམ་མཚན་མོའི་ཐུན་ལྔར་བགོས་ནས་ཐུན་རེ་རེར་གསུམ་ཆ་རེ་བགོས་པ་གཉིས་ནི་དོན་གཅིག་མིང་གི་རྣམ་གྲངས་ཡིན་པར་འདོད་ལ། མཚན་གང་པོར་རྨི་ལམ་རྨིས་པ་དང་། སྲོད་དང་ནམ་གུང་། ཐོ་རངས་བཅས་ཐུན་གསུམ་གྱི་རྨི་ལམ་གཉིས་ཀྱི་བརྗོད་ཚུལ་ནི་མ་གྲོས་གཅིག་མཐུན་ཡིན་པ་གོར་མ་ཆག ཁོང་གི་བརྟག་ཚུལ་དེ་ལ་མིས་བཟོས་གློག་ཀླད་ལྟ་བུའི་རིས་དབྱིབས་ཤིག་མེད་པ་མ་གཏོགས་དེང་རབས་ཚན་རིག་ལག་རྩལ་གྱི་བརྟག་དཔྱད་དང་ཅི་འདྲ་མཐུན་པ་ཞིག་རེད་ཨང་།

གཉིས་པ། སྲོད་ཀྱི་རྨི་ལམ་བཤད་པ།

རྨི་ལམ་གྱི་ལྟས་ལ་བརྟག་པ་བྱེད་ཚུལ་ཞེས་པ་ལས། དེ་ཡང་སྲོད་ལ་བྱུང་རྣམས་ཕལ་ཆེར་ནི། །སྔར་བྱས་ལས་དང་ཞེན་པ་གནས་དང་གྲོགས། །ཟས་དང་སླེང་བརྗོད་ཉེ་དུ་མདུན་གྲོགས་སོགས། །ཉིན་མོ་གསུམ་ཚུན་དེ་ཡི་བག་ཆགས་འབྱུང་། །ཁྱད་པར་སེམས་ལ་ཆགས་བའི་བྱ་བ་ཡིན། །བག་ཆགས་འབྱུང་བས་དེ་ཉིད་ཡང་ཡང་རྨིས། །ཞེས་རྨི་ལམ་དང་རྒྱུན་པའི་འཚོ་བ་བར་གྱི་འབྲེལ་བ་དེ་གསལ་པོར་སྨྲས་ཤིང་། ཕྱི་སྣོད་ཀྱི་ཁོར་ཡུག་ནི་རྨི་ལམ་གྱི་རྒྱུའམ་རྐྱང་གཞི་ཡིན་པ་དེ་ར་སྦྱོད་བྱས་ཡོད་པ་རེད། ཁྱད་པར་དུ་ཁོང་གིས་རྨི་ལམ་སྔར་བྱས་ལས་ཀྱི་བག་ཆགས་དང་། སེམས་ལ་ཆགས་པའི་བྱ་བ་ཡིན་ཞེས་པའི་ལྟ་བ་ནི་ཧ་ཅང་འགངས་ཆེ། ཕྱོགས་གང་ཐད་ནས་བརྟག་ཀྱང་གཏན་ཚིགས་དང་ཤིན་ཏུ་མཐུན་པ་རེད། མིའི་རིགས་ལ་མཚོན་ན། བག་ཆགས་དང་ཡིད་བྱེད་སོགས་མི་རང་ཉིད་ཀྱི་རྟོག་པ་དང་འཚོ་བ་ལས་བསགས་པ་ཡིན་ཞིང་། མི་རྣམས་གཉིད་པའི་སྐབས་སུ་བག་ལ་ཉལ་བའི་རྟོག་པ་དེ་ཡང་དོད་པོར་གྱུར་ཏེ་རྨི་ལམ་གྱི་རྩ་བའི་རྒྱུ་བྱེད་པ་རེད། བག་ལ་ཉལ་བའི་རྟོག་པ་དེར་མི་རང་ཉིད་ཀྱིས་རང་དབང་བྱེད་མི་ཐུབ་པས། འདུ་ཤེས་ལྟར་རང་རྟོགས་པའི་རང་བཞིན་མི་ལྡན་མོད། དེའང་མི་རྣམས་ཀྱིས་འགོག་འདོད་ཙུང་བཀོལ་མི་ཐུབ་པའི་མདུད་པ་ནང་བཞིན་མི་རྣམས་ཀྱི་ཡིད་སེམས་དམ་པོར་འཆིང་ཡོད་པ་རེད། མདུད་པ་དེ་ནི་གླིང་རྫོང་བླ་མས་སྨྲས་པའི་བག་ཆགས་དང་ཡིད་བྱེད་དམ་སེམས་ལ་ཆགས་པའི་བྱ་བ་དེ་རེད།

ང་ཚོར་རྒྱུན་དུ་གནས་ཚུལ་འདི་ལྟ་བུར་ཐུག་རྒྱུ་ཡོད་དེ། ཚན་རིག་པ་ཞིག་གིས་རྟག་པར་གནད་དོན་ག་གེ་མོ་ཞིག་ལ་ཞིབ་འཇུག་བྱེད་པ་དང་། རྩོམ་རིག་པ་ཞིག་གིས་རྟག་ཏུ་བརྩམས་ཆོས་ཤིག་ལ་བསམ་གཞིགས་བྱས་ནས་དུས་ཡུན་ཙུང་ཟད་འགོར་བ་ན། ཚན་རིག་པའི་ཞིབ་དཔྱོད་དང་རྩོམ་རིག་པའི་བརྩམས་ཆོས་བསམ་གཞིགས་ཀྱང་ཡུན་གྱིས་བསགས་ནས་རང་ཉིད་ཀྱི་བག་ལ་ཉལ་བའི་རྟོག་པའི་ཞིང་

ཁམས་སུ་ཞུགས་པ་རེད། གལ་ཏེ་ཁོ་ཚོས་དོན་གཞན་ཞིག་ཡིད་ལ་བྱས་ནའང་། ཚན་རིག་པའི་གནད་དོན་དེ་དང་རྩོམ་རིག་པའི་བརྩམས་ཆོས་དེ་སྤྱ་མོ་ནས་རང་ཉིད་ཀྱི་སེམས་སུ་དམ་པོར་འཆིང་བའི་རྐྱེན་གྱིས་དེ་ཡང་བག་ཆགས་དང་ཡིད་བྱེད་དུ་གྱུར་ཏེ་རྨི་ལམ་ནང་དུ་དོད་པོ་བྱེད་སྟེ་བག་ཆགས་འབྱུང་བས་དེ་ཉིད་ཡང་ཡང་རྨིས་པ་ཇི་བཞིན་མི་རྣམས་ལ་ངོ་མཚར་བའི་སྣང་ཚུལ་སྣ་ཚོགས་སྟོལ་བགྱིད་བྱེད་པ་རེད།

གསུམ་པ། ནམ་དཀྱིལ་གྱི་རྨི་ལམ་བཤད་པ།

རྨི་ལམ་གྱི་ལྟས་ལ་བརྟག་པ་བྱེད་ཚུལ་ཞེས་པ་ལས། ནམ་གྱི་གུང་ཐུན་གསུམ་ཆའི་དུས་ཚོད་ལ། །འདྲི་དང་སྲིན་པོ་ལྷ་མིན་བདུད་ལ་སོགས། །རྒྱུ་བའི་ཕྱིར་ན་བཟང་ངན་ཅི་བྱུང་ཡང་། །དེ་རྣམས་རྩེ་གཅིག་འཁྲུགས་པའི་ཚོ་འཕྲུལ་ཡིན། །དེ་ལ་ངེས་བཟུང་མེད་པར་མཁས་པས་བཤད། །ཅེས་པ་ལས་རང་མི་རིགས་ཀྱི་གནའ་བོའི་རིག་གནས་ཀྱི་རྣམ་པ་ཞིག་མངོན་ཡོད་པ་རེད། ནམ་གུང་ནས་ཐོ་རངས་བར་འདྲེ་སྲིན་དང་ལྷ་མིན། བདུད་སོགས་རྒྱུ་བའམ་འགྱུལ་སྐྱོད་ཀྱི་དུས་ཚོད་ལ་ངེས་བཟུང་བ་ནི། ང་ཚོའི་མེས་པོའི་སྲོལ་རྒྱུན་གྱི་ལྟ་བ་ཞིག་ཡིན་ཞིང་། དེ་བཞིན་དུ་ནམ་གུང་གི་རྨི་ལམ་ཡང་རང་ཤུགས་སུ་འདྲེ་དང་སྲིན་པོ། ལྷ་མིན་དང་བདུད་སོགས་ཀྱི་ཚོ་འཕྲུལ་ལ་ངེས་བཟུང་བ་རེད།

ང་ཚོས་ཤེས་དགོས་པ་ཞིག་ནི། ཚོ་འཕྲུལ་གྱི་འདུ་ཤེས་དེ་མིའི་རིགས་ཀྱི་རིག་གནས་ཤེས་བྱའི་ཚད་ཤིན་ཏུ་དམའ་བའི་སྐབས་སུ་འཛིག་རྟེན་གྱི་སྣང་ཚུལ་འགའ་ཞིག་ལ་ངེས་ཤེས་ཀྱི་ནུས་པ་མེད་པའི་འོག་ཏུ་བྱུང་བ་ཞིག་རེད། “དེ་ནི་མི་དང་ཕྱི་རོལ་ཡུལ་འབྲེལ་བ་བྱེད་པའི་གདོད་མའི་རྣམ་པ་དང་། མི་རྣམས་ཀྱིས་ཕྱི་རོལ་ཡུལ་གྱི་རང་བྱུང་བྱ་དངོས་མདུན་དུ་རང་གི་ཉམས་ཚུང་རང་བཞིན་དེ་སྤོངས་པར་བྱས་ཤིང་། ཕྱི་རོལ་ཡུལ་དབང་དུ་བསྒྱུར་ཡོད་པའི་འཕྲུལ་སྣང་དེ་ཡིན་པ་མ་ཟད། གདོད་མའི་མི་རྣམས་ཀྱིས་དངོས་གནས་ཀྱི་བྱ་དངོས་མཐའ་དག་འཕྲུལ་སྣང་གི་ངོས་འཛིན་བྱེད་པའི་ཐབས་ཤེས་ཡིན།”[2] ཟེར་བ་ཇི་བཞིན་ད་ལྟའི་ཚན་རིག་དང་ཉམས་མྱོང་གི་འོག་མིའི་གཟུགས་གཞིར་ཆ་བཞག་ནས་བཤད་ན། ནམ་གྱི་གུང་ལ་མི་མང་ཆེ་བ་གཉིད་དུ་བརྒྱལ་བས་མིའི་དབང་རྩ་དང་། སྙིང་རྩ། ཁྲག་རྩ། ལག་རྩ་སོགས་ཀྱི་ཚད་ཇི་དལ་དུ་ཕྱིན་པ་དང་། ལུས་དྲོད་ཇི་དམའ་ལ་སོང་བས་མི་ཡི་རྟོག་པའམ་རྣམ་ཤེས་ཀྱང་ལྡོད་དུ་སོང་། ཡང་མིའི་གཉིད་ཀྱི་ཆ་ནས་བཤད་ན། ནམ་གྱི་གུང་ལ་མི་རྣམས་གཉིད་ཁུག་ཅིང་སྟུག་པས་གཉིད་ལས་སད་དཀའ་ཞིང་། སྐབས་དེར་རྨིས་པའི་རྨི་ལམ་ཡང་ཡིད་དུ་ཡོངས་སུ་འཛིན་མི་ཐུབ་པའོ། །དེ་ནི་མི་སུ་དང་སུས་ཀྱང་ཉམས་སུ་ལེན་ཐུབ་པ་ཞིག་ཡིན། དེ་བས་སྔོན་རྗེའུ་བླ་མས་ནམ་གུང་གི་རྨི་ལམ་དེ་ལ་ངེས་བཟུང་མེད་པར་མཁས་པས་བཤད་ཅེས་གསུངས་པ་ནི་དོན་སྙིང་སྤུ་ཙམ་མེད་པ་ཞིག་མ་ཡིན་ནོ། །

བཞི་པ། ཐོ་རངས་ཀྱི་རྨི་ལམ་བཤད་པ།

རྨི་ལམ་གྱི་ལྟས་ལ་བརྟག་ནས་བྱ་བའི་བཟང་ངན་དབྱེ་བ་ནི། གནའ་སྔ་མོ་ནས་ད་ལྟའི་བར་བརྒྱུད་པའི་རྨི་ལམ་གྱི་རིག་པ་ཞིག་ཡིན་པ་མ་ཟད། མིའི་རིགས་སྤྱིའི་ལོ་རྒྱུས་སྟེང་བྱུང་བའི་རིག་གནས་ཀྱི་རྣམ་པ་ཞིག་ཀྱང་རེད། དེས་རྗེས་དཔག་གི་དངོས་པོ་རྣམས་མངོན་སུམ་བྱེད་པ་དང་། གཟུགས་མེད་ཀྱི་དངོས་པོ་རྣམས་གཟུགས་ལྡན་དུ་བཟོ་བ། ངོས་ཟིན་པའི་དངོས་པོ་རྣམས་རྟོགས་དཀའ་བར་བྱེད་པ་བཅས་མ་འོངས་པའི་བྱ་དངོས་རྣམས་སྔོན་དཔག་བྱེད་ཐུབ། འོན་ཀྱང་ཀློང་རྫོལ་བླ་མས། ཐོ་རངས་དུས་ཀྱི་ནམ་གྱི་གསུམ་ཆ་ལ། །བཟང་ངན་འབྲས་བུ་འབྱུང་ཕྱིར་བརྟག་པ་གཅེས། །ཞེས་རྨི་ལམ་གྱི་ནང་དུ་ཐོ་རངས་ཀྱི་དུས་སུ་རྨིས་པའི་རྨི་ལམ་ལས་གཞན་སྲོད་དང་ནམ་གུང་སྐབས་སུ་རྨིས་པའི་རྨི་ལམ་ལ་བརྟག་རྒྱུ་ཅི་ཡང་མེད་ཅེས་དམིགས་བསལ་གྱི་ལྟ་བ་བརྟོན་ཡོད་པ་རེད། སྤྱིར་བཏང་ཐོ་རངས་དུས་སུ་མིའི་རྣམ་ཤེས་ཇེ་གསལ་དུ་འགྲོ་བས་སྐབས་དེར་རྨིས་པའི་རྨི་ལམ་ཕལ་ཆེར་མི་རྣམས་ཀྱི་ཡིད་དུ་གསལ་པོར་གནས་པ་དང་། རྨི་ལམ་གྱི་ལྟས་ཕལ་ཆེར་དེ་ལས་བརྟག་པ་རེད། ང་ཚོས་ཁོང་གིས་བརྟག་པའི་ཐོ་རངས་ཀྱི་རྨི་ལམ་དེ་དག་ཕྱོགས་སྡོམ་ཞིག་བགྲིས་ན། ཕལ་ཆེར་རིགས་ལྔར་དབྱེ་ཆོག་སྟེ། མཚན་བཟང་པོ་བརྟག་པའི་རྨི་ལམ་དང་། ལྟས་ངན་པ་བརྟག་པའི་རྨི་ལམ། ཆོ་འཕྲུལ་སྟོན་པའི་རྨི་ལམ། ཆོས་པ་ཞིག་གི་རྨི་ལམ། འཆི་ལྟས་བརྟག་པའི་རྨི་ལམ་བཅས་ལྔའོ། །

༡. མཚན་བཟང་པོ་བརྟག་པའི་རྨི་ལམ་བཤད་པ། དེ་ཡང་ཀློང་རྫོལ་བླ་མས། རི་བོ་མཐོན་པོའི་རྩེ་ལ་འཛེགས་པ་རྨི། །དེ་ཚེ་རང་ཉིད་ཆེན་པོའི་ས་ཐོབ་འགྱུར། །ཉི་མ་སྤྲིན་མེད་ཤར་ན་བདེ་སྐྱིད་འབྱུང་། །ལོ་ཏོག་འབྲུ་དང་རྩི་བཅུད་རྒྱས་པ་དང་། །ཟས་གོས་རྙེད་དང་གཏེར་ལ་ལོངས་སྤྱོད་པ། །འདི་དག་རྨི་ཚེ་ངེས་པར་འབྲུ་ནོར་འབྱུང་། །གོས་བཟང་གྱོན་རྨིས་གཞན་གྱིས་བསྟགས་ཤིང་བཀུར། །གོ་ཆ་གྱོན་རྨིས་ནད་དང་གདོན་མི་ཚུགས། །ཞྭ་བཟང་གྱོན་རྨིས་བླ་མ་དཔོན་ལ་བཟང་། །ཁང་བཟང་འདུག་ན་བཀྲ་ཤིས་དགེ་མཚན་འབྱུང་། །ལག་ན་མཚོན་འཁྱེར་ཕ་རོལ་དགྲས་མི་གནོད། །རྒྱན་གྱིས་བརྒྱན་ན་སྙན་གྲགས་འབྱུང་ངོ་ཡོད། །ཆུ་བོ་བརྒལ་ནས་ཕ་རོལ་བདེ་བར་སླེབས། །དེ་ནི་མཆོག་ཏུ་བཟང་བས་ཅི་བསམ་འགྲུབ། །རོལ་མོ་ཛ་ཆེན་དུང་སོགས་འབུད་ཅིང་བརྡུངས། །དེ་ཚེ་ངེས་པར་ས་སྟེང་སྙན་གྲགས་འབྱུང་། །སེངྒེ་སྟག་དང་གཟི་ལིང་འབྲུག་ལ་སོགས། །བཞོན་ནས་གྱེན་རྒྱུག་མཐོ་པོའི་ས་ཐོབ་འགྱུར། །ནོར་རྙེད་པ་དང་གཞན་གྱིས་བཀུར་སོགས་དང་། །ཁྲི་ལ་འདུག་ན་དཔལ་འབྱོར་སྲིད་འཕེལ་ལོ། །རོ་ཞིམ་ཟ་འཐུང་ཚེ་རིང་ཤེས་པར་འགྱུར། །ཞེས་དགེ་བའི་མཚན་ལྟས་ལ་ཞིབ་པར་བརྟག་དཔྱད་བགྱིས་ཡོད་པ་དེ་ལས་ང་ཚོས་མྱོང་ཚོར་ཞིག་ལེན་ཐུབ་པ་ནི། མིའི་ཡིད་སེམས་འགྱུར་བག་དང་རྨི་ལམ་གཉིས་གོ་རིམ་ཡོད་པར་སྒྲིག་ཚོག

སྟེ། ཡིད་སེམས་འགྱུར་བག་སྟོན་དང་རྩི་ལམ་མཐུག་ལའོ། །དེ་ཡང་དེང་རབས་ཚན་རིག་གི་རྗོད་བྱེད་ལྟར་སྨྲས་ན་འང་གཉིད་མེད་པའི་སྐབས་ཀྱི་རང་རྟོགས་པའི་རྟོག་པ་དང་། གཉིད་པའི་སྐབས་ཀྱི་བག་ལ་ཉལ་བའི་རྟོག་པ་གཉིས་ནི་མིའི་ཡིད་སེམས་འགྱུར་བག་གི་བྱ་འགུལ་གྱི་མགོ་དང་མཇུག་ཡིན་ཞིང་། མི་རྣམས་གཉིད་མེད་པའི་སྐབས་སུ་མིའི་རྟོག་པའི་ནང་གི་འགྱུར་བག་གི་བྱ་འགུལ་སྣ་ཚོགས་ནི་རང་རྟོགས་པའི་རྟོག་པ་ཡིན་པ་དང་། གཉིད་པའི་རྗེས་སུ་ཡིད་སེམས་ཀྱི་འགྱུར་བག་སྣ་ཚོགས་ཀྱང་རྩི་ལམ་དུ་གྲུབ་པ་སྟེ། རང་རྟོགས་པའི་རྟོག་པ་དེ་བག་ལ་ཉལ་བའི་རྟོག་པར་གྱུར་པ་རེད། ཕྱིར་མི་རྣམས་གཉིད་མེད་པའི་སྐབས་ཀྱི་རང་རྟོགས་པའི་རྟོག་པ་དང་གཉིད་པའི་སྐབས་ཀྱི་བག་ལ་ཉལ་བའི་རྟོག་པ་བཅས་ནི་མིའི་སེམས་ཁམས་ཀྱི་བྱ་འགུལ་ཡིན་པའི་རྐྱེན་གྱིས་རྩི་ལམ་དང་ཡིད་སེམས་འགྱུར་བག་གཉིས་ངོ་བོའི་སྟེང་ནས་དོན་གཅིག་ཡིན་པ་ང་ཚོས་གློང་རྡོལ་བླ་མའི་དགེ་བའི་མཚན་ལྟས་བརྟག་པར་བྱེད་ཚུལ་ལས་གོ་བ་ལེན་ཐུབ་བོ། །མི་རིགས་སོ་སོའི་སྤྱི་ཚོགས་འཚོ་བ་དང་། རིག་གནས་ལོ་རྒྱུས། ཡུལ་སྲོལ་གོམས་གཤིས་སོགས་མི་འདྲ་བའི་དབང་གིས་མི་རིགས་རེ་རེར་རང་རིགས་ཀྱི་བསམ་པའི་རྣམ་པ་དང་འདུ་ཤེས་འཛིན་སྟངས་རེ་ཡོད་པ་བཞིན་རྩི་ལམ་གྱི་མཚན་ལྟས་ལ་བརྟག་པ་བྱེད་ཚུལ་ཐད་ཀྱང་རང་རིགས་ཀྱི་ཁྱད་ཆོས་ཐོན་འདུག

(༡) རྩི་ལམ་ལ་ཐད་ཀར་བརྟག་ནས་མིའི་དོན་བྱ་མཚོན་པའོ། །རྩི་ལམ་དང་བརྟག་པར་བྱེད་པའི་དོན་བྱ་གཉིས་རྣམ་པ་དང་ནང་དོན་སྟེང་ནས་གཅིག་མཚུངས་ཡིན་པ་སྟེ། དཔེར་ན། རི་བོ་མཐོན་པོའི་རྩེ་ལ་འཛེགས་པ་རྨི། །དེ་ཚེ་རང་ཉིད་ཆེན་པོའི་ས་ཐོབ་འགྱུར། །ལོ་ཏོག་འབྲུ་དང་རྩི་བཅུད་རྒྱས་པ་དང་། །ཟས་གོས་རྙེད་དང་གཏེར་ལ་ལོངས་སྤྱོད་པ། །འདི་དག་རྨིས་ཚེ་ངེས་པར་འབྲུ་ནོར་འབྱུང་། །ཞེས་ལྟ་བུའོ། །རྩི་ལམ་ལ་ཐད་ཀར་བརྟག་པ་དེ་རྩི་ལམ་བརྟག་བྱེད་ཀྱི་ལོ་རྒྱུས་སྟེང་དུ་ཆེས་སྔ་མོར་བྱུང་བའི་བརྟག་ཚུལ་ཞིག་རེད། གདོད་མའི་དུས་ལ་མི་རྣམས་ཀྱིས་རྩི་ལམ་དེ་ནི་དངོས་གནས་ཀྱི་བྱ་དངོས་ཤིག་ཏུ་རྩིས་ཤིང་། སད་པའི་དུས་སུའང་རང་ཉིད་ཀྱི་མཐོང་ལམ་དང་ཐོས་འཛིན་དུ་ཞུགས་པའི་བྱ་དངོས་དང་གཅིག་ཏུ་མཐོང་བས་རྩི་ལམ་ནས་ཐད་ཀར་འཚོ་བའི་རང་གཟུགས་མཚོན་ཐུབ་པ་ཡིན།

(༢) མཚོན་བྱེད་ལ་བརྟེན་ནས་རྩི་ལམ་ལ་བརྟག་པའོ། །རྩི་ལམ་ལ་ཐད་ཀར་མ་བརྟག་པར་མཚོན་བྱེད་ཀྱི་དངོས་པོ་ཞིག་ཏུ་བཟུང་ནས་བརྟག་པར་བྱེད་པ་དང་། རྩི་ལམ་དང་བརྟག་པའི་དོན་བྱ་གཉིས་རྣམ་པའི་ཐོག་ཏུ་གཅིག་མཚུངས་མ་ཡིན་པར་དོན་དངོས་སུ་གཅིག་མཚུངས་ཡིན་ཏེ། དཔེར་ན། ཉི་མ་གྲིབ་མེད་ཤར་ན་བདེ་སྐྱིད་འབྱུང་། །གོས་བཟང་གྱོན་རྨིས་གཞན་གྱིས་བསྟགས་ཤིང་བཀུར། །རོ་ཞིམ་ཆུ་འཐུང་ཚེ་རིང་ཤེས་པར་འགྱུར། །ཅེས་ཉི་མ་ཡིད་སེམས་ཀྱི་མཚོན་བྱེད་དང་། གོས་བཟང་སྐུ་དྲག་གི་མཚོན་བྱེད། རོ་ཞིམ་ཆུ་འཐུང་ཚེ་རིང་གི་མཚོན་བྱེད་བཅས་རང་མི་རིགས་ཀྱིས་དུས་ཡུན་རིང་པོར་རིག་

གནས་འཚོ་བ་ལས་བསགས་པའི་སྤྱི་ཚོགས་ཀྱི་འདུ་ཤེས་མཚོན་ཡོད་པ་རེད།

(༣) རིགས་འགྲེ་སྒོས་ཟློ་ལམ་བརྟག་པར་བྱེད་པའོ། །ཟློ་ལམ་ནང་གི་ཁྱད་ཆོས་འགར་རིགས་འགྲེ་བཏང་སྟེ་ཟློས་པའི་དོན་དུ་བརྟག་པར་བྱེད་པ་དཔེར་ན། རོལ་མོ་ཟ་ཆེན་རྟུང་སོགས་འབུད་ཅིང་བརྡུངས། །དེ་ཚེ་ངེས་པར་ས་སྟེང་སྙན་གྲགས་བྱུང་། །ཞེས་རོལ་ཆས་ཟ་ཆེན་དང་དུང་སོགས་ཀྱི་སྒྲས་མིའི་མཚན་སྙན་གྱི་དཔེ་འགྲེ་བྱེད་པའོ། །གོང་གི་བརྟག་ཚུལ་འདི་ལ་སྤྱི་ཁྱབ་ཀྱི་རང་བཞིན་ལྡན་པ་མ་ཟད། ཁྱད་པར་ཅན་གྱི་རང་བཞིན་ཡང་ལྡན།

ཟློ་ལམ་གྱི་ལྟས་ལ་བརྟག་པའི་དོན་དུ་རྣམས་ཅོ་བོའི་སྟེང་ནས་བཤད་ན། མི་རྣམས་ཀྱིས་དངོས་གནས་དུ་དངོས་མཚོན་པར་བྱེད་པའི་བསམ་ཚུལ་དང་བློའི་ཕྱོགས་ཁ་ཡིན་པས་དངོས་གནས་སུ་རྟགས་ཐོན་དང་མ་ཐོན་ཙང་མ་མཐར་ཡང་མི་རྣམས་ཀྱི་ཡིད་ཀྱི་རེ་བ་སྐོང་ཐུབ། དེའི་ཕྱིར་གླིང་རྗེས་བླ་མས། མདོར་ན་སྡུག་པའི་གཟུགས་དང་རོ་ལྡན་ཟས། །སྙན་པའི་གཏམ་དང་མཐུན་གྲོགས་ཕྲད་པ་དང་། །ཡིགས་པའི་བྱ་བ་ཇི་ལྟར་ཟློས་གྱུར་ཅིང་། །སད་ཚེ་སེམས་བདེ་དགའ་བས་ཡིད་གཡོ་ན། །དེ་ཚེ་ངེས་པར་དགའ་བའི་འབྲས་བུ་འབྱིན། །བཀྲ་ཤིས་ཚེ་རིང་ནད་མེད་ནོར་འཕེལ་འགྱུར། །ཞེས་མིའི་ཡིད་སེམས་ཀྱི་འགྱུར་བག་རྣམ་པར་མངོན་ཞིང་། ཟློ་ལམ་དང་མིའི་བསམ་པའི་འགྱུར་བའི་བར་གྱི་འབྲེལ་བ་ནི་ཧ་ཅང་གལ་ཆེན་ཡིན་པ་དེ་བསྟན་ཡོད་པ་རེད། གླིང་རྗེས་བླ་མས་ཕྱི་གླིང་པའི་མཁས་པ་ནང་བཞིན་སེམས་ཁམས་རིག་པའམ་སེམས་ཁམས་ཞིབ་དཔྱོད་ལྟ་བུའི་ཐ་སྙད་བཀོལ་མེད་ཙང་། སེམས་ཁམས་རིག་པའི་སྟེང་ནས་བརྟགས་ན་ཤིན་ཏུ་འོས་ཤིང་མཐུན་པ་རེད། ཁོང་གིས་ཟློ་ལམ་ཅི་ཡིས་དོན་དུ་ཇི་ལྟ་བུ་བརྟག་པར་བྱེད་པ་དེ་རང་ཉིད་ཀྱིས་གང་འདོད་དང་ཅི་བསམ་ལྟར་བྱུང་རྒྱལ་དུ་སྨྲ་བ་ཞིག་མ་ཡིན་པར་རང་མི་རིགས་ཀྱི་སེམས་ཁམས་སུ་ཡུན་རིང་བསགས་པའི་འདུ་ཤེས་དང་སྤྱོད་ཚོར་ལས་ཐོན་པ་ཞིག་ཡིན་པ་མ་ཟད། ཆོས་ཉིད་དང་མཐུན་པ་ཞིག་ཀྱང་རེད།

༢. ལྟས་ངན་པ་བརྟག་པའི་ཟློ་ལམ་བཤད་པ། དེ་ཡང་ཟློ་ལམ་གྱི་ལྟས་ལ་བརྟག་པ་བྱེད་ཚུལ་ལས། ཆོས་པ་འགའ་ཞིག་རྣལ་འབྱོར་བརྟོན་པའི་ཚེ། །ཡང་ཡང་གཡང་དུ་ལྷུང་བ་མཐོང་བ་དང་། །མཐོ་དམན་ཐེན་བཀོན་ཅན་དུ་འགྲོ་བ་དང་། །ལམ་སྲང་ཤིན་ཏུ་དོག་པར་ཞུགས་པ་དང་། །མྱ་ངན་ཡིད་སྨུག་འཇིགས་པའི་ཕྱོགས་འགྲོ་ཟློས། །དེ་ནི་རང་ཉིད་མཐོ་རིས་ཐར་པ་ལ། །འགྲོ་བའི་ལས་ཀྱི་སྒྲིབ་པའི་རྒྱུན་མཐུན་ཡིན། །བཅོམ་ལྡན་འདས་ཀྱི་མདོ་ལས་དེ་སྐད་གསུངས། །བུ་ཡུག་འཚུབ་དང་འདམ་རྫབ་བརྒལ་ཞིང་བྱེད། །མི་གཙང་སར་རྒྱུག་དྲི་ཆེན་གོས་གོན་སོགས། །མི་གཙང་བགོས་དང་མི་གཙང་འབབ་པ་དང་། །གྲིབ་དང་མི་གཙང་རྙེད་པ་འབྱུང་བ་ཡིན། །གསེར་གྱི་བྱེ་མ་མང་དུ་ལོངས་སྤྱོད་དང་། །རྟ་བོང་སྔ་མེད་བཞོན་དང་གཅེར་བུ་སོགས། །ཐུར་བསམ་ལས་ལ་གཞོལ་བའི་ཕྱི་ཐལ་ཡིན། །གོས་སྔོན་གོང་བ་མེད་

པ་ཏུ་བ་དང་། །ཞྭ་མེད་མེ་ལོང་བལྟ་དང་གུང་སེང་འགྲོ། །དེ་ནི་སྨྱུ་ངན་འབྱུང་བའི་རྨི་ལམ་ཡིན། །གོས་རྡུལ་གྱོན་དང་མི་གཙང་ཟ་དང་འཐུང་། །ལུས་ལ་སྦྲོག་ཆགས་འབྱར་དང་སྦྲུང་གི་སོགས། །སྲོག་ཆགས་ཀྱིས་བཟུང་བྲོ་ནད་འབྱུང་བར་བཤད། །ནས་ཡོས་སྲན་མ་སྟོད་སྟོང་མང་པོའི་ཚོགས། །མདའ་དང་གཞུ་ཡི་དུམ་བུ་རྙིས་པ་སོགས། །མྱུར་དུ་མི་ཁ་འབྱུང་བའི་རྨི་ལམ་ཡིན། །ལུས་ལ་མདའ་མཚོན་ཟུག་དང་དམག་གིས་འདེད། །ཤ་འོད་མེ་འོད་ཐོག་སེར་འབབ་པ་དང་། །ངོང་དུ་འགྲོ་སོགས་གཞན་གྱི་ཕུར་ཁས་གནོད། །ཅེས་ལྟས་ངན་པ་བརྟག་པར་བཀྲིས་ཡོད། མིའི་རིགས་ཀྱི་འཚོ་བ་ཕུན་སུམ་ཚོགས་ཤིང་ངོ་མཚར་ཆེ་ལ། རང་བྱུང་ཁམས་ཀྱི་རྣམ་པ་འདྲ་མིན་སྣ་ཚོགས་དང་། སྤྱི་ཚོགས་ཀྱི་རྣམ་པ་འདྲ་མིན་སྣ་ཚོགས། རིག་གནས་ཀྱི་རྣམ་པ་འདྲ་མིན་སྣ་ཚོགས་བཅས་ཀྱིས་མིའི་རྒྱུན་ལྡན་གྱི་འཚོ་བའང་རྣམ་པ་འདྲ་མིན་སྣ་ཚོགས་སུ་བཟོས་ཡོད། གལ་ཏེ་རྣམ་པ་དེ་དག་མིའི་བག་ལ་ཉལ་བའི་རྟོག་པའི་མེ་ལོང་དུ་ཞུགས་པ་ན། རྨི་ལམ་འདྲ་མིན་སྣ་ཚོགས་བྱུང་ངེས་ཡིན། དེ་ལས་གང་ཞིག་དགེ་མཚན་ནམ་གང་ཞིག་ལྟས་ངན་ཞེས་དབྱེ་བ་འབྱེད་པ་ནི་མིའི་སྐྱེས་ཐོབ་ཀྱི་ནུས་པའམ་ཤེས་རབ་ཡིན་པ་མ་ཟད། །མི་རབས་ནས་མི་རབས་བར་བརྒྱུད་པའི་སྲོལ་རྒྱུན་གྱི་འདུ་ཤེས་འཛིན་སྟངས་ཤིག་ཀྱང་རེད།

དེ་ཡང་མི་རེ་རེའི་བྱ་བ་དང་བྱ་བྱེད་མི་གཅིག་པའི་སྐབས་ཀྱིས་རྟག་ཏུ་བེད་སྤྱོད་བྱེད་པའི་ཆ་སྐྱེན་ཀྱང་འདྲ་མཚུངས་མིན་པ་དང་། མི་རེ་རེའི་བློ་ངོར་གྲུབ་པའི་འདུ་ཤེས་དང་སེམས་ལ་ཆགས་པའི་བག་ཆགས་ཀྱང་གཅིག་མཐུན་མིན་ལ། བག་ལ་ཉལ་བའི་རྟོག་པའི་བྱ་འགྲུལ་ལམ་རྨིས་པའི་རྨི་ལམ་ཡང་སོ་སོ་ཡིན། དེས་བས་ཆོས་ལུགས་པ་རྣམས་ལ་མཚོན་ན། དེའི་བསམ་པའི་རྟོག་པ་དང་ཡུན་རིང་དུ་ཆགས་པའི་བག་ཆགས་སོགས་ནི་དམ་པའི་ཆོས་ཀྱི་རྒྱུ་ལས་གྲུབ་པ་ཡིན་པས་རྨི་ལམ་གྱི་སྣང་ཚུལ་སྣ་ཚོགས་ལ་ཆོས་ཀྱི་ཚོན་མདངས་རྣམ་པར་བཀྲ་བ་ཡོད། དེ་གཡང་དུ་ལྷུང་བ་དང་། མཐོ་དམན་གྱིན་བཀོན་དུ་འགྲོ་བ་དང་། སྲང་དོག་པོར་ཞུགས་པ་དང་། ཡིད་མུག་འཇིགས་པའི་ཕྱོགས་སུ་འགྲོ་བ་ཞེས་སོགས་ཆོས་ཕྱོགས་སུ་སྒྱུར་ནས་མཐོ་རིས་ཐར་པ་ལ་འགྲོ་བའི་ལས་ཀྱི་སྒྲིབ་པའི་རྒྱུ་མཚན་ཡིན་ཞེས་ཆོས་ལམ་གྱི་སྒྲིབ་པ་བརྟག་པར་བྱས་འདུག་པས་ཆོས་ཀྱི་གོ་དོན་ལྡན་པ་ཡིན། བུ་ཡུག་དང་འདམ་རྫབ་སོགས་ནི་རང་བྱུང་ཁམས་ཀྱི་སྣང་ཚུལ་ཞིག་ཡིན་ཡང་། མི་ལ་གྲིབ་ཁ་ཐོག་པའི་རིགས་འགྲེ་བྱེད་པ། གོས་གོང་མེད་དང་། ཞྭ་མེད་མེ་ལོང་བལྟ་བ། ཏུ་བ་སོགས་སྨྱུ་ངན་འབྱུང་བའི་རྨི་ལམ་ཡིན་ཞེས་འཚོ་བའི་ཉམས་མྱོང་ལས་བརྟག་པར་བྱེད་པ་དང་། ནས་ཡོས་སྲན་མ་རེ་རེ་འབྲེལ་མེད་པས་མི་ཁ་འབྱུང་བའི་མཚོན་བྱེད། མི་གཙང་ཟ་འཐུང་དང་། སྲོག་ཆགས་ཀྱིས་བཟུང་ན་བྲོ་ནད་འབྱུང་བ་དང་། མདའ་མཚོན་ལུས་ལ་ཟུག་དང་དམག་གིས་འདེད་ན་ཕུར་ཁས་གནོད་ཅེས་འཚོ་བའི་གཏན་ཚོགས་གཞིར་བྱས་ཤིང་བརྟག་པར་བྱེད་པ་རེད།

ཀློང་རྡོལ་བླ་མས་རྨི་ལམ་གྱི་ལྟས་ལ་བཟང་ངན་གྱི་དབྱེ་བ་གྱེས་ཏེ་བརྟག་པར་མཛད་ཅུང་། ང་

ཆོས་ཁོང་གི་བརྟག་པ་བྱེད་ཚུལ་དེ་གཏན་ཚིགས་དང་ཁ་ཅང་མཐུན་པ་ཞིག་རེད་ཅེས་བརྗོད་དཀའ་སོད། འོན་ཀྱང་ང་ཚོས་ཤེས་གསལ་ལྟར་མི་སུ་ཞིག་ལ་མཚོན་ནའང་ཕྱི་རོལ་ཡུལ་གྱི་བྱ་དངོས་སོ་སོའི་རང་བཞིན་དང་ཁྱད་ཆོས། དེའི་ཕན་ཚུན་བར་གྱི་འབྲེལ་བ་བཅས་ལ་བདེན་པའི་ཚད་མ་ཞིག་འཛིན་མི་སྲིད་ལ། གལ་ཏེ་མི་དང་ཕྱི་རོལ་ཡུལ། མི་དང་མིའི་བར་གྱི་འབྲེལ་བ་རྣམས་ལ་གོ་རྟོགས་ཚན་རིག་དང་མཐུན་པ་ཞིག་ཐོབ་དགོས་ན། སྤྱི་ཚོགས་ཀྱི་དར་འཕེལ་དེའང་ཚད་ངེས་ཅན་ཞིག་ཏུ་སླེབས་དགོས། དེས་ན་རྨི་ལམ་གྱི་མཚན་ལྟས་བརྟག་པར་བྱེད་པ་ངག་རྒྱུན་དང་ཆོས་ལུགས་ཀྱི་རྣམ་པས་ཁེངས་པ་ལ་ཡ་མཚན་རྒྱུ་མི་འདུག་སྙམ།

༣. ཚེ་འཕྲུལ་སྟོན་པའི་རྨི་ལམ་བཤད་པ། དེ་ཡང་གློང་རྡོལ་བླ་མའི་རྨི་ལམ་གྱི་ལྟས་ལ་བརྟག་པ་བྱེད་ཚུལ་ལས། ལུས་བཅིངས་པ་དང་ས་འོག་འགྲོ་བ་དང་། །བཙོན་དུ་བཟུང་ཞིང་མགོ་ལུས་གཅོད་པ་རྣམས། །ནད་འདྲེའི་གནོད་དང་མནན་གཏད་བྱུང་བ་ཡིན། །གཅེར་བུར་བོང་ཞོན་ལྷོ་ཕྱོགས་འགྲོ་བ་དང་། །མེ་ཏོག་དམར་པོ་ཤ་སྨག་རྨིས་པ་སོགས། །ཚེ་ཡི་བར་ཆད་འབྱུང་བའི་སྔ་ལྟས་ཡིན། །གཞན་ཡང་མི་རྒྱན་དཀར་དང་བྱ་དཀར་ལྡིང་། །གངས་རི་ལ་སོགས་ལྷ་ཡི་ཚེ་འཕྲུལ་ཡིན། །ལྷ་ཁང་རྙིང་པ་ལྡིར་བཟོ་ཞིག་པ་དང་། །ཕ་དང་བུ་ཚུང་ལ་སོགས་འགོང་པོ་ཡིན། །སྦྲུལ་དང་སྦལ་པ་ས་བདག་སྣ་ཚོགས་དང་། །བུ་མོ་སྔོ་བསང་ནེའུ་སིང་ལ་སོགས་པ། །རྨི་ཚེ་དེ་ནི་ཀླུ་ཡི་ཚེ་འཕྲུལ་ཡིན། །བྲག་དང་རྩི་ཤིང་རྟ་པ་དམག་མི་སོགས། །རྨིས་ཚེ་དེ་ནི་བཙན་གྱི་ཚེ་འཕྲུལ་ཡིན། །བྱིས་པ་ཐལ་མདོག་མང་དུ་བྱུང་བ་དང་། །གྲོག་རོང་ལ་སོགས་ཐེའུ་རང་ཚེ་འཕྲུལ་ཡིན། །བརྡེ་བོང་བུ་སྤྲེའུ་བྱི་ལ་རྟ། །ཕྱི་སོགས་རྨི་ཚེ་རྒྱལ་པོའི་ཚེ་འཕྲུལ་ཡིན། །དེ་རྣམས་ཟས་སྟེར་མཐུན་པར་སྨྲ་བ་དང་། །ཀྲོད་ཅིང་བལྟ་བ་དགའ་བའི་མཚན་མར་གྱུར། །འཇིགས་པའི་གཟུགས་སྟོན་སྡིག་ཅིང་ཁྲོ་བ་སོགས། །མི་དགེའི་མཚན་ལྟས་ཡིན་ཞེས་མཁས་པས་གསུངས། །བག་ཆགས་མེད་ཅིང་ཤིན་ཏུ་ཡ་མཚན་པའི། །རྨི་ལམ་བྱུང་ཚེ་སད་དུས་སེམས་དགའ་བ། །དེ་ནི་ངེས་པར་དགེ་འབྲས་བཟང་པོ་འབྱིན། །སད་ཚེ་མི་དགའ་མི་དགེ་འབྱུང་བར་འགྱུར། །འཇིགས་ཤིང་སྐྲི་གཡའ་བདུད་ཀྱི་ཚེ་འཕྲུལ་ཡིན། །ཡང་བསྐྱར་དུ་ཡང་འཆར་ཅན་རྨིས་པའི་ཚེ། དེ་ནི་སྔགས་ཀྱི་མཐུའམ་སྡེ་བརྒྱད་ཀྱི། །ཚེ་འཕྲུལ་གཉིས་སུ་ངེས་ཕྱིར་ལེགས་པར་བརྟགས། །དེ་ཡིས་མཚོན་ནས་ཤེས་རབ་ལྡན་པས་འབྱེད། །ཅེས་ཆོས་ཀྱི་ཐད་ནས་བརྟག་པར་བྱེད་པ་ཡིན་པར་ཀུན་གྱིས་གསལ་ཞིང་། ལྷ་དང་འདྲེ། ཀླུ་དང་བཙན། ཐེའུ་རང་དང་རྒྱལ་པོ། བདུད་དང་སྡེ་བརྒྱད་ལ་སོགས་པ་མཆོད་བྱེད་ཡུལ་དུ་བཀོད་པ་ནི་བོད་ཀྱི་ཆེས་གནའ་བོའི་ཆོས་ལུགས་ཀྱི་འཛིན་སྟངས་ཤིག་ཡིན་པ་དང་། བོད་མི་རིགས་ཀྱི་འདུ་ཤེས་དང་ངེས་ཤེས་དེ་ཚད་ངེས་ཅན་ཞིག་ལ་སླེབས་ཡོད་པའི་མཚོན་རྟགས་ཤིག་ཀྱང་རེད། དེ་དག་ཐམས་ཅད་ཚན་རིག་གི་སྒོ་ནས་བལྟས་ན། མིག་གི་མཐོང་བྱ་དང་། ལུས་ཀྱི་རེག་བྱར་མི་འགྱུར་

ཉུང་གདོད་མའི་དུས་ནས་རང་མི་རིགས་ཀྱི་ཡིད་ཁམས་སུ་བརྟན་པོར་གནས་ཤིང་། མི་རྣམས་ཀྱི་འཚོ་བའི་ནང་དུ་ནུས་མཐུ་སྣ་ཚོགས་འདོན་བཞིན་མཆིས། དེ་དག་རེ་རེར་ཕྱི་ཡི་གཟུགས་རིས་དང་ནང་གི་སྙིང་དོན་ལྡན་པ་མ་ཟད། གནས་ས་དབང་ས་ཡང་རེ་རེ་ལྡན་ཏེ། རྨི་ལམ་ནང་དུ་ལུས་བཅིངས་པ་དང་མགོ་ལུས་གཅོད་པ་སོགས་ཐད་འདྲེའི་གནོད་པའི་རྟགས་དང་། མི་ལ་གནོད་བྱེད་པ་ནི་ཐད་འདྲེའི་ཁྱད་ཆོས། མི་ཧྲེང་དཀར་པོ་དང་གངས་རི་སོགས་ལྷའི་ཆོ་འཕྲུལ་གྱི་མཚོན་བྱེད་དང་གནས། ཁ་དོག་དཀར་པོ་ནི་ལྷའི་ཁྱད་ཆོས། སྦྲུལ་དང་སྦལ་པ་བྱུ་མོ་སྦོ་བསང་ནེའུ་སིང་སོགས་ཀླུའི་ཆོ་འཕྲུལ་དང་། གཟུགས་དབྱིབས་ཀྱི་མཚོན་བྱེད། ཁ་དོག་སྔོན་པོ་ནི་ཀླུའི་ཁྱད་ཆོས། བྲག་དང་རྩི་ཤིང་ཏ་པ་དམག་མི་སོགས་བཙན་གྱི་གནས་དང་ཆོ་འཕྲུལ། གཟུགས་དབྱིབས་བཅས་ཀྱི་མཚོན་བྱེད། བྱིས་པ་ཐལ་མདོག་དང་གྲོག་རོང་སོགས་ཐེའུ་རང་གི་གཟུགས་དབྱིབས་དང་གནས། ཆོ་འཕྲུལ་བཅས་ཀྱི་མཚོན་བྱེད། ཁ་དོག་ཐལ་སྐྱ་ནི་ཐེའུ་རང་གི་ཁྱད་ཆོས། བཙེ་བོང་བུ་སྤྲེའུ་བྱི་ལ་ཏ་ཁྲི་སོགས་རྒྱལ་པོའི་གཟུགས་དབྱིབས་དང་ཆོ་འཕྲུལ་གྱི་མཚོན་བྱེད། འཇིགས་ཤིང་སྐྱི་གཡའ་བ་ནི་བདུད་ཀྱི་ཆོ་འཕྲུལ་གྱི་མཚོན་བྱེད། མི་ལ་འཇིགས་སྣང་སྐྱེར་བ་ནི་བདུད་ཀྱི་ཁྱད་ཆོས་ཡིན། འོན་ཀྱང་ཁྱད་ཆོས་དེ་དག་མི་རྣམས་ལ་རྨི་ལམ་ལས་མཚོན་དགོས་པས་རྨི་ལམ་ཡང་ཐད་འདྲེ་དང་ལྷ། ཀླུ་དང་བཙན། ཐེའུ་རང་དང་རྒྱལ་པོ། བདུད་སྡེ་བརྒྱད་སོགས་ཀྱི་གཟུགས་དབྱིབས་མངོན་པའི་གནས་དང་ཆོ་འཕྲུལ་ཐོན་པའི་ཐབས་ལམ་ཡིན། དེ་བས་རྨི་ལམ་ནང་དུ་དེ་དག་ཐམས་ཅད་ཉམས་དགའ་བ་ན་མི་ཡི་མཐུན་པའི་གྲོགས་སུ་འགྱུགས་པ་དང་། དེ་དག་ཐམས་ཅད་ཁྲོ་ཞིང་སྡིག་པ་ན་མི་ལ་གནོད་བྱེད་པའི་དགྲ་ཡིན། གནའ་བོའི་འདུ་ཤེས་དེས་ད་ལྟའི་བར་ང་ཚོའི་མི་མང་ཆེ་བའི་ཡིད་སེམས་ཁ་ལོ་བསྒྱུར་འདུག

ང་ཚོས་ཤེས་གསལ་ལྟར་རྨི་ལམ་ནི་མིའི་གཟུགས་ཁམས་ལས་བྱུང་བའི་ལྷན་སྐྱེས་ཀྱི་སྣང་ཚུལ་ཞིག་ཡིན་པ་མ་ཟད། མི་རྣམས་གཉིད་པའི་སྐབས་ཀྱི་ནང་བསམ་པའི་འགྱུར་བའི་བྱ་འགུལ་ཞིག་ཀྱང་རེད། ཡིན་ནའང་ང་ཚོའི་མེས་པོ་རྣམས་ཀྱིས་སྣོད་བཅུད་འཇིག་རྟེན་གྱི་སྣང་ཚུལ་ཡོངས་ལ་རང་ཉིད་ཀྱི་ཚོར་ཤེས་ལྟར་ངོས་འཛིན་བྱེད་པའི་རྐྱེན་གྱིས་རང་བྱུང་ཁམས་ཀྱི་སྣང་ཚུལ་མང་པོ་ཞིག་ལ་སེམས་ལྡན་གྱི་འདུ་ཤེས་བཟུང་བ་དང་དུས་མཚུངས་སུ་ལྷ་དང་འདྲེ། ཀླུ་དང་བཙན། ཐེའུ་རང་དང་རྒྱལ་པོ། བདུད་དང་སྡེ་བརྒྱད་ཅེས་བྱ་བ་སོགས་མང་པོ་བསྐྲུན་ཏེ་ཡུལ་ལྷ་གཞི་བདག་མཛད་ཅིང་མི་རྣམས་ཀྱིས་སྐྱབས་སུ་མཆིས་པ། དེ་བཞིན་དུ་ང་ཚོའི་མེས་པོ་རྣམས་ཀྱིས་རྨི་ལམ་གྱི་ངོ་བོའམ་རང་བཞིན་དང་། རྨི་ལམ་དང་མི་རང་ཉིད་ཀྱི་གཟུགས་གཞི། རྨི་ལམ་དང་གཉིད། རྨི་ལམ་དང་སྣོད་བཅུད་ཁོར་ཡུག་སོགས་བར་གྱི་འབྲེལ་བ་དེ་རྟོགས་མེད་པའི་སྔ་རོལ་དུ་རྨི་ལམ་ཡང་ལྷ་དང་འདྲེ་སོགས་ཀྱི་ནུས་མཐུ་མཐའ་ཡས་པའམ་ཆོ་འཕྲུལ་གྱི་འདུ་ཤེས་བཟུང་ནས་བརྟག་པར་མཛད་པ་ནི་རང་བཞིན་གྱི་འགྲོ་སྟངས་ཤིག་ཡིན་

ལ། མིའི་རིགས་ཕྱིངས་ལ་མཚོན་ན་འང་དེ་ལྟར་ཡིན་པ་རེད། ཨེན་གི་སིས་གསུངས་པ་བཞིན་བསྐལ་པ་ཡ་ཐོག་ལ་མི་རྣམས་ཀྱིས་རང་ཉིད་ཀྱི་ལུས་ཕུང་གི་ཆགས་ཚུལ་དེ་ག་འདྲ་ཞིག་ཡིན་པ་གསལ་པོར་མ་ཤེས་པར་རྨི་ལམ་ནང་གི་སྣང་ཚུལ་གྱི་ཤུགས་རྐྱེན་ཐེབས་ནས་འདུ་ཤེས་ཤིག་བྱུང་ཡོད་པ་སྟེ། ཁོ་ཚོས་རང་གི་རྟོག་པ་དང་ཚོར་ཤེས་སོགས་རང་ལུས་ཀྱི་འགུལ་སྐྱོད་མིན་པར་མིའི་ལུས་སྟེང་དུ་ཁྲོད་པར་བ་ཞིག་གནས་འདུག་པ་སྟེ་མི་འཆི་བའི་དུས་སུ་ལུས་ཕུང་དང་ཁ་གྱེས་འགྲོ་བའི་རྣམ་ཤེས་ཞེས་བྱ་བའི་འགུལ་སྐྱོད་ཞིག་ལ་འདོད[3]ཅེས་སོ། །དེའི་ཕྱིར་མི་རབས་ནས་མི་རབས་བར་ཆོས་ཀྱི་ཁོར་ཡུག་ཏུ་འཚོ་བ་རོལ་བའི་མི་རིགས་ཤིག་ལ་མཚོན་ན། ཆོས་ལུགས་ལ་དད་པ་ནི་རང་མི་རིགས་སྤྱིའི་ཐུན་མོང་གི་རིག་གནས་ཤིག་ཡིན་ཞིང་། ཆོས་ཀྱི་འདུ་ཤེས་ངེས་ཅན་ཞིག་བོད་མི་རིགས་ཕྱིངས་ཀྱི་བློ་ངོར་གྲུབ་ཡོད་པ་ཐེ་ཚོམ་མི་དགོས། དེ་བས་ང་ཚོས་ཀློང་རྡོལ་བླ་མའི་རྨི་ལམ་བརྟག་པ་བྱེད་ཚུལ་ལས། དེས་བོད་མི་རིགས་ཐུན་མོང་གི་སེམས་རྒྱུད་ལ་ཤུགས་རྐྱེན་ཅི་འདྲ་ཞིག་ཐེབས་ཡོད་པ་གསལ་པོར་རྟོགས་ཐུབ།

༤. ཆོས་པ་ཞིག་གི་རྨི་ལམ་བཤད་པ། ཡང་ཀློང་རྡོལ་བླ་མའི་རྨི་ལམ་གྱི་ལྟས་ལ་བརྟག་པ་བྱེད་ཚུལ་ལས། སྒོམ་སྒྲུབ་བྱེད་ཚེ་གླེགས་བམ་རྙེད་པ་རྨིས། །མཁའ་ལ་འགྲོ་དང་ལྗོན་ཤིང་འཛེག་པ་དང་། །ཚིགས་བཅད་འཆད་རྩོད་དྲིས་པའམ་སྤོབས་པ་ཐོབ། །ཡིད་དུ་འོང་ཞིང་བག་ཕེབས་སྐྱིད་མོས་ཚལ། །མེ་ཏོག་འབྲས་སུ་ལྗོན་ཤིང་ལོ་འདབ་བྱས། །(རྒྱས) རོལ་མོ་འབུད་དཀྲོལ་སྒྲ་སྐད་ཐོན་པ་དང་། །རལ་གྲི་རིན་ཆེན་ལ་སོགས་ལག་ན་ཐོགས། །མཛེས་པའི་གོས་རྒྱན་དགའ་བའི་རྒྱན་གྱིས་བརྒྱན། །རང་གི་དགེ་སྦྱོར་གནད་དུ་འགྲོ་བའི་རྟགས། །སྔོན་དུ་མ་མཐོང་ཡུལ་ལྗོངས་ཁང་བཟང་སོགས། །བལྟ་ཞིང་ཡིད་འོང་བུ་དང་བུ་མོ་ཡིས། །འཛུམ་སྟོན་མེ་ཏོག་འབྲས་བུ་བཟའ་བཏུང་བྱིན། །རྟོགས་པའི་ཡོན་ཏན་ཆེ་ཕྲ་འབྱུང་བའི་ལྟས། །གྲུ་བོ་བཟོ་དང་ཟམ་པ་འཛུགས་པ་དང་། །བུམ་པ་གང་རྙེད་དོར་བ་རྙེད་པ་དང་། །ཟླ་ཉི་ཤར་དང་མུན་པ་སངས་པ་རྨིས། །ཕན་ཐོགས་གྲོགས་སམ་ཡང་ན་གདུལ་བྱ་བཟང་། །ཕྱིན་ལས་ཆར་འབེབས་ཆབ་ནང་སྟོད་པ་དང་། །ཆུ་ཆེན་སྐྱོ་བུར་འབབ་རྣམས་རྙེད་པ་འབྱུང་། །ཞེས་པའི་བརྟག་ཚུལ་འདི་ལས་ཀློང་རྡོལ་བླ་མས་མི་རྣམས་ཀྱི་མིག་གི་སྤྱོད་ཡུལ་དུ་དམ་ཆོས་ཀྱི་མཛེས་རིས་ཤིག་བཀྲམས་ཡོད་པ་མ་ཟད། གང་ཉིད་ཀྱི་འཇིག་རྟེན་ལྟ་ཚུལ་དང་། སྤྱི་ཚོགས་འཚོ་བའམ་གང་ཉིད་ཀྱི་འཚོ་བའི་ཉམས་ལེན། རང་བྱུང་ཁམས་ཀྱི་དངོས་པོའི་ངོས་འཛིན་བྱེད་ཚུལ་སོགས་བསྟན་ཡོད་པ་རེད། ཁོང་གིས་བལྟས་པ་ན་རྨི་ལམ་དུ་གླེགས་བམ་རྙེད་པ་དང་མཁའ་ལ་འགྲོ་བ་ལྗོན་ཤིང་ལ་འཛེགས་པ་སོགས་རྨིས་པ་ནི་འཆད་རྩོད་རྩོམ་གསུམ་འདྲིས་པའི་མཚན་ལྟས་དང་། མི་རྣམས་ཀྱི་ཡིད་སེམས་ཀུན་ནས་འགུགས་པའི་སྐྱིད་མོས་ཚལ། རྣམ་པར་བཀྲ་བའི་མེ་ཏོག་ལོ་འདབ་རྒྱས་པའི་ལྗོན་ཤིང་། སྨིན་ཞིང་གྱུ་ནོམ་པའི་འབྲས་བུ། འགྱུར་ཁུགས་ལྡན་པའི་རོལ་དབྱངས། ཤེས་རབ་ཀྱི་རལ་གྲི་རིན་ཆེན། མཛེས་པའི་རྒྱན་གོས་

བཅས་ལྟ་ན་སྡུག་ཅིང་ཉམས་དགའ་བའི་སྣང་ཚུལ་སོགས་ནི་རང་གི་དགེ་སྦྱོར་གནད་དུ་འགྲོ་བའི་རྟགས་མཚོན་དང་། མཐོང་མ་མྱོང་བའི་ཡུལ་ལྟོངས་ལེགས་པོ། གནས་གཡང་ཁང་བཟང་། བཞིན་རས་འཛུམ་ཁིངས་ཀྱི་བུ་བུ་མོས་མེ་ཏོག་དང་འབྲས་བུ་བཟའ་བཏུང་བཀྲམ་པ་སོགས་ནི་རྟོགས་པའི་ཡོན་ཏན་མ་ལུས་ཐོབ་པའི་མཚན་ལྟས་དང་། གྲུ་བོ་བཟོ་བ་དང་། ཟམ་པ་འཛུག་པ། བུམ་པ་རྟེད་པ། ཉི་ཟླ་ཤར་བ་སོགས་ནི་གདུལ་བྱར་བཟང་བའི་མཚན་ལྟས་དང་། ཆར་འབེབས་དང་ཆབ་ནང་དུ་སྡོད་པ། ཆུ་ཆེན་སློ་བུར་འབབ་པ་སོགས་རྒྱུ་ནོར་རྙེད་པའི་མཚན་ལྟས་བཅས་འདོད། རྨི་ལམ་དང་རང་ཉིད་ཀྱི་འཚོ་བའི་ཁོར་ཡུག་གཉིས་མཉམ་པར་འབྲེལ་ཡོད་པས་རྨི་ལམ་ལ་མཚོན་བྱེད་རང་བཞིན་དང་ཆོས་ཀྱི་དོན་སྙིང་ལྡན་འདུག ཨ་ཏེ་ལེས(Alfred Adier 1870–1937)གསུངས་པ་ལྟར་ན། “རྨི་ལམ་དང་ཉིན་མོའི་འཚོ་བ་གཉིས་ཕན་ཚུན་ཁ་གཏད་དུ་གྱུར་མེད་པར། རྨི་ལམ་དང་འཚོ་བའི་བྱ་བྱེད་གཞན་དང་མཚོན་ཚུལ་རྣམས་རང་བཞིན་གྱིས་གཅིག་མཐུན་དུ་བྱུང་ཡོད་པ་རེད། གལ་ཏེ་ཉིན་མོར་ང་ཚོས་ལུས་གཅིག་སེམས་གཅིག་གིས་ཁྱད་འཕགས་ཅན་གྱི་དམིགས་ཡུལ་ཞིག་ལ་རྟར་ཐག་བྱས་ན། མཚན་མོར་ཡང་ང་ཚོས་གནད་དོན་དེ་ལྟ་བུར་ཐུགས་ཁུར་བྱེད་ངེས་རེད། མི་གང་ཞིག་གིས་རྨི་ལམ་རྨིས་ཚེ་རྨི་ལམ་ནང་དུ་ཕལ་ཆེར་ལས་དོན་ཞིག་གིས་སྐྱུག་ནས་སྐྱུབ་དགོས་པ་དང་མཚུངས་པར་ཁོས་རྨི་ལམ་ནང་ངེས་པར་དུ་རྟར་ཐག་བྱས་ཏེ་མགུ་བའི་ཉམས་སྣང་ཞིག་འཚོལ་དགོས་པ་ལྟ་བུའོ། །དེ་བས་རྨི་ལམ་ནི་འཚོ་བའི་རྣམ་པའི་ཐོན་རྫས་ཤིག་ཡིན་པ་ཐག་གི་ཆོད། རྨི་ལམ་གྱིས་འཚོ་བའི་རྣམ་པ་བཟོ་སྐྲུན་དང་ཤུགས་སྣོན་བྱེད་ལ་ཕན་ཐོགས་ཀྱང་བྱེད་ངེས་རེད།”[4] ཅེས་གསུངས་པ་བཞིན་དུ་གློང་རྫོལ་བླ་མས་ཀྱང་རྨི་ལམ་ལ་ཆོས་ཀྱི་སྒོ་ནས་བརྟག་པར་མཛད་པ་དེ་འགྲོ་བའི་གཏན་ཚིགས་དང་མཐུན་པའི་ཆོས་ཉིད་ཅིག་ཡིན་པའོ། །

ང་ཚོ་བོད་མི་རིགས་ལ་མཚོན་ན། རང་བྱུང་ཁོར་ཡུག་གི་ཆ་རྐྱེན་དང་། སྤྱི་ཚོགས་དཔལ་འབྱོར། ཐོན་སྐྱེད་ནུས་ཤུགས་སོགས་ད་དུང་ཏ་ཅང་ཞན་པའི་དབང་གིས་ཆོས་ལུགས་ལ་ཤིན་ཏུ་དད་པ་ནི་རང་མི་རིགས་བྱིངས་ཀྱི་ཐུན་མོང་གི་རིག་གནས་སུ་གྱུར་ཡོད་ཅིང་། རང་མི་རིགས་སྤྱིའི་སེམས་རྒྱུད་ལའང་ཆོས་ཀྱི་ཤན་ཤུགས་མི་དམན་པ་ཞིག་ཐེབས་ཡོད་པ་རེད། དེའི་ཕྱིར་གློང་རྫོལ་བླ་མའང་ཁོར་ཡུག་དེ་ལས་ཐར་མ་ཐུབ་པར། རྨི་ལམ་གྱི་ལྟས་ཀྱང་རྒྱས་ཤིང་ཟབ་པའི་ཆོས་ཀྱི་རིག་གནས་ཀྱིས་གསལ་བྱེད་དང་བརྟག་པར་མཛད་དེ། མི་རྣམས་ཀྱི་ཡིད་སེམས་སུ་ཆོས་ཀྱི་བག་ཆགས་ཟབ་མོ་ཞིག་བཞག་པ་མ་ཟད། དམ་པའི་ཆོས་ཀྱི་དད་པའང་ཇེ་ཟབ་ཏུ་ཡོད་པ་རེད། མདོར་ན་རྨི་ལམ་ཡང་མི་རྣམས་ཀྱི་ཆོས་ཀྱི་བག་ཆགས་དེ་ཟབ་མོར་འགྲོ་བའི་ཐབས་ལམ་ཞིག་ཏུ་གྱུར་འདུག

ཡིན་ན་ཡང་ང་ཚོས་མི་རྣམས་ཀྱི་བག་ལ་ཉལ་བའི་རྟོག་པ་དེ་གང་ཉིད་ཀྱི་ཡིད་སེམས་འགྱུར་བག་ལས་བསགས་པ་ཡིན་པའི་གནས་ལུགས་དེའི་སྟེང་ནས་མིའི་རྨི་ལམ་དང་གང་ཉིད་ཀྱི་དངོས་གནས་འཚོ་

བའི་འབྲེལ་བ་དེ་གསལ་པོར་ཤེས་ཐུབ་ཅིང་། མི་རྣམས་ཀྱི་ཡིད་སེམས་འགྱུར་བཀ་ནི་མི་རྣམས་ཀྱི་དངོས་གནས་འཚོ་བའི་ཕྱོགས་གཅིག་ཡིན་པ་མ་ཟད། དངོས་གནས་འཚོ་བའམ་གཙོ་བོ་དངོས་པོའི་འཚོ་བའི་མཚོན་ཚུལ་ཞིག་ཀྱང་རེད། མི་རྣམས་ཀྱི་ཡིད་སེམས་འགྱུར་བཀ་དེ་མི་རྣམས་ཀྱི་དངོས་གནས་འཚོ་བ་ལས་གྲུབ་པས། ཡིད་སེམས་འགྱུར་བཀ་དེ་བསགས་ནས་བག་ལ་ཉལ་བའི་རྟོག་པར་འགྱུར་བའི་དོན་བྱ་རྣམས་ཡང་དངོས་གནས་འཚོ་བ་ལས་རྒལ་མི་འཚལ། དེ་ལྟར་གློང་རྫོལ་བླ་མས་ཆོས་པ་རྣམས་ཀྱི་རྨི་ལམ་གྱི་ལྟས་ལའང་ཆོས་པའི་ཕྱོགས་ཀྱི་དངོས་གནས་འཚོ་བ་ལྟར་བརྟག་པར་མཛད་པ་ནི་གནས་ལུགས་དང་འོས་མཐུན་ཡིན་པ་གདོན་མི་ཟའོ། །

༥. འཆི་ལྟས་བརྟག་པའི་རྨི་ལམ་བཤད་པ། ཡང་གློང་རྫོལ་བླ་མའི་རྨི་ལམ་གྱི་ལྟས་ལ་བརྟག་པ་བྱེད་ཚུལ་ལས། འཆི་ལྟས་རྨི་ལམ་ངན་པ་འགའ་ཞིག་ཏུ། །བུད་མེད་ནག་མོས་རྒྱ་ལྷོ་བྲལ་བ་རྨིས། །རྒྱ་སྐྱེགས་ཐལ་བ་མཆོད་རྟེན་རིག་འཛོགས་རྨིས། །ཇ་མོང་ཁ་ལྐོར་བོང་བུ་ཁ་ཤར་དང་། །སྤྲེའུ་ཁ་བྱང་བལྟས་ནས་ཞོན་པས་འགྲོ། །གོས་དམར་ཀྱོན་དང་མེ་ཏོག་དམར་པོ་འཐུས། །ཐང་ལ་འགྲོ་དང་ཐོད་ཅིང་རྨི་པ་འཆི། །གཤིན་དང་མཉམ་པོར་ཆང་འཐུང་གར་བྱེད་དང་། །དེ་དག་འཆི་ལྟས་རྨི་ལམ་བརྟག་པའོ། །ཞེས་རྨི་ལམ་ལ་སྟོན་དཔགས་ཀྱི་རང་བཞིན་ལྡན་འདུག་པ་དེ་གསལ་པོར་བསྟན་ཡོད། སྤྱིར་སྐྱེ་ཤ་ན་འཆི་ནི་འགྲོ་བ་མིའི་རིགས་ཀྱི་འཚོ་བའི་ཆོས་ཉིད་ཡིན་པ་དང་། འཆི་བ་ནི་མི་ཞིག་གི་ཚེ་སྲོག་ལ་བར་ཆད་བྱུང་བའི་རྟགས་ཡིན་མོད། འོན་ཀྱང་ཚང་མ་འཆི་བ་ལ་འཇིགས་ཤིང་ཡ་ང་བས། དུས་དང་རྣམ་པ་ཀུན་ཏུ་རང་རེའི་ཚེ་སྲོག་ལ་ཐུགས་ཁུར་མཛད་པ་མ་ཟད། རྨི་ལམ་གྱི་ལྟས་ལའང་བརྟག་པར་བྱས་ནས་འཇིག་རྟེན་གྱི་བྱ་དངོས་ཡོད་དགུ་ཐམས་ཅད་ཀྱི་སྔ་ལྟས་ཀྱང་རྨི་ལམ་ནང་དུ་མངོན་ཐུབ་པར་འདོད། དེ་ཡང་མི་རིགས་སོ་སོའི་ཡུལ་སྲོལ་གོམས་འདྲིས་དང་། ཆོས་ལུགས་དད་པ་མི་འདྲ་བའི་དབང་གིས་འཇིག་རྟེན་གྱི་བྱ་དངོས་ཐམས་ཅད་ཀྱི་མཚོན་བྱ་དང་མཚོན་བྱེད་ཀྱང་མི་འདྲ། དཔེར་ན་བར་སྣང་སྟོང་པ་ཏྭ་ཉི་མ་དང་ཟླ་བ་གཅིག་རེ་ལས་མེད་ཀྱང་རིགས་སོ་སོའི་ཉི་ཟླའི་རྨི་ལམ་བརྟག་ཚུལ་དང་ངག་རྒྱུན་སྣ་ཚོགས་ཡོད་པ་ནང་བཞིན་གློང་རྫོལ་བླ་མའི་འཆི་ལྟས་རྨི་ལམ་བརྟག་ཚུལ་ལའང་རང་མི་རིགས་ཀྱི་རིག་གནས་ཁྱད་ཆོས་ལྡན་ཡོད་དེ། བུད་མེད་ནག་མོས་རྒྱ་ལྷོ་བྲལ་བ་རྨིས་པ་སོགས་འཆི་ལྟས་ལ་བརྟག་པ་དེ་རང་མི་རིགས་ཀྱི་རྒྱུན་ལྡན་འཚོ་བའི་ཉམས་མྱོང་ཉམས་སུ་བླངས་ཡོད་པ་མ་གཏོགས་སྲོག་ཆགས་དུད་འགྲོའི་གཤིས་ཀ་དང་། བྱ་དངོས་འགའ་ཞིག་གི་ཁྱད་ཆོས་ལྟར་བརྟག་པ་རེད། ལར་ལྷོ་བཀག་ན་ལྟོགས་པས་འཆི་བ་དེ་མི་སུ་དང་སུས་ཀྱང་ཤེས་པའི་གནས་ལུགས་ཤིག་ཡིན་པ་དང་། མིའི་ཚེ་སྲོག་ནི་རང་རེའི་ལུས་ཟུངས་ཀྱི་བདེ་ཐང་ལ་རག་ལས་པ་ཡིན། རྒྱ་སྐྱེགས་དང་ཇ་མོང་། བོང་བུ། སྤྲེའུ་ལ་སོགས་པ་དངོས་གནས་སུ་སྲོག་ཆགས་དུད་འགྲོ་གཞན་དག་དང་མཚུངས་པར་དུད་འགྲོ་དགྲུས་མ་ཞིག་ཡིན་མོད། འོན་

ཏང་ང་ཚོའི་མེས་པོ་རྣམས་ཀྱིས་དེ་དག་ལ་ཆོས་ལུགས་དང་ལྷ་སྲུང་གི་ཚོན་གྱིས་སྤྲས་པས་ལྐོག་འགྱུའི་ནུས་ཤུགས་ཁྱད་པར་ཅན་སྣ་ཚོགས་ལྡན་འདུག གལ་ཏེ་དེ་དག་རྨི་ལམ་དུ་རྨིས་པ་ན། མཚོན་བྱེད་ཀྱི་རང་བཞིན་ལྡན་པ་མ་ཟད། ཐ་ན་སྐྱོད་སྟངས་དང་གནས་ས་འཁོར་ཕྱོགས་རེ་རེ་ལ་འདང་ལྟས་མི་འདྲ་བ་བརྟག་རྒྱུ་ཡོད་པ་རེད། མདོར་ན"མངོན་སུམ་གྱི་འཇིག་རྟེན་དང་ལྐོག་འགྱུའི་འཇིག་རྟེན་ནི་འདྲ་མཚུངས་ཡིན་ཞིང་། དུས་དང་རྣམ་པ་ཀུན་ཏུ་མངོན་སུམ་འཇིག་རྟེན་གྱི་དོན་རྐྱེན་ཚང་མ་ཡང་ལྐོག་འགྱུའི་ནུས་ཤུགས་ལ་རག་ལས་ལ། དེས་རྨི་ལམ་དང་། མཚན་ལྟས། མོ་དང་རྩིས་སྣ་ཚོགས། གསོལ་མཆོད། སྔགས་མཐུ། ཆོས་ཀྱི་ཚོ་ག་བཅས་གདོད་མའི་མི་ཡི་འཚོ་བའི་ནང་གི་གོ་སར་བརྟག་པར་བྱེད་ཚོག"[5]ཅེས་པ་དེ་ལྟར་ང་ཚོས་འཆི་ལྟས་རྨི་ལམ་བརྟག་པ་ནི་གནས་ལུགས་ལྡན་པ་རེད་ཅེས་བརྗོད་དགོས། །

ཡིན་ན་ཡང་དེང་རབས་ཚན་རིག་གི་དཔྱད་པ་ལྟར་ན། མི་རྣམས་ཀྱི་རྨི་ལམ་ལ་ལ་ལས་མཚན་ལྟས་འགའ་བརྟག་རྒྱུ་ཡོད་པ་དང་། ཁྱད་པར་དུ་ལུས་ཀྱི་དོན་ལྔ་དང་སྣོད་དྲུག་གི་འགྱུར་ལྡོག་དང་། ནད་རིགས་འགའ་ཞིག་རང་རེའི་རྨི་ལམ་ལས་བརྟག་ཐུབ་པ་རེད་ དེ་ཡང་ཕྱི་རོལ་ཡུལ་གྱི་བྱ་དངོས་རྣམས་སྔ་མ་ནས་ད་ལྟའི་བར་དང་། ད་ལྟ་ནས་མ་འོངས་པ་ལ་འཕེལ་འགྱུར་བྱུང་སྐབས་སྔ་ལྟས་ཡོད་ཅིང་། གལ་ཏེ་མི་རྣམས་ཀྱིས་ཡང་དག་པའི་རྟོག་པས་བྱ་དངོས་ཀྱི་འགྱུར་ལྡོག་བྱུང་ཚུལ་ངོས་ཟིན་ཐུབ་ན། སྔོན་དཔགས་ཀྱི་ནུས་པ་ལྡན་པ་རེད། དེས་ན་རྨི་ལམ་ནི་བག་ལ་ཉལ་བའི་རྟོག་པའི་བྱ་འགུལ་ཞིག་གི་ཆ་ནས་བཤད་ན། དངོས་གནས་འཚོ་བའི་མཚོན་ཚུལ་ཞིག་རེད།

གལ་ཏེ་བག་ལ་ཉལ་བའི་རྟོག་པའི་བྱ་འགུལ་དེས་གནས་ཚུལ་འགའི་རྐྱེན་གྱིས་རང་དབང་མེད་པར་བྱ་དངོས་ཀྱི་འགྱུར་ལྡོག་བྱུང་ཚུལ་ངོས་ཟིན་ཆེ། རྨིས་པའི་རྨི་ལམ་ལ་སྔ་ལྟས་སམ་སྔོན་དཔགས་ཀྱི་རང་བཞིན་ལྡན་པ་རེད། འོན་ཀྱང་མི་རྣམས་གཉིད་མེད་པའི་སྐབས་སུ་རང་རྟོགས་པའི་རྟོག་པས་ཀྱང་བྱ་དངོས་ཡོད་དགུའི་འགྱུར་ལྡོག་བྱུང་ཚུལ་ངོས་ཟིན་མི་ཐུབ་པ་དང་། ལྷག་པར་དུ་རྨི་ལམ་རྨིས་སྐབས་བག་ལ་ཉལ་བའི་རྟོག་པ་དེ་གསལ་པོ་ཞིག་མ་ཡིན་པས། རང་དབང་མེད་པར་བྱ་དངོས་ཀྱི་འགྱུར་ལྡོག་བྱུང་ཚུལ་ངོས་ཟིན་པའི་ནུས་པའང་ཏ་ཅང་ཞན་པ་རེད། དེ་བས་རྨི་ལམ་ཚང་མ་ལས་བྱ་དངོས་ཀྱི་མཚན་ལྟས་བརྟག་དཀའ་ཞིང་སྔོན་དཔགས་ཀྱི་རང་བཞིན་ཡང་མི་ལྡན་ནོ། །

མཆན།

[1] ཞི་ཚ་ཏི་ཏའེ་མིང་གི་ཆེད་རྩོམ《རྨི་ལམ་གྱི་ཞིབ་འཇུག》《ཨ་མེ་རི་ཀའི་སྨན་ཞུ་ཆེས་གསར་པ》ཡི་ནང་དུ་བསྡུས། ཧྲུ་ཏན་སློབ་གྲྭ་ཆེན་མོའི་པར་སྐྲུན་ཁང་གིས༡༩༩༧ལོར་བསྐྲུན། ཤོག་ངོས༡-༢༢བར་གསལ།

[2] ལུའོ་ཡ་ཐའི་ན་ཞེས་མཛད་པའི《རིག་གནས་དང་ཆོས་ལུགས།》ཀྲུང་གོ་སྤྱི་ཚོགས་ཚན་རིག་དཔེ་སྐྲུན་ཁང་

ཀྱིས༡༩༨༦ལོར་བསྐྲུན། ཤོག་ངོས༡༧པར་གསལ།

[3] ཨེན་ཀེ་སིའི《ལེ་ཧྲེ་ཕེ་ཞི་ཧྲིར་པ་ཧྲ་དང་འཇར་མན་གྱི་གནའ་དཔེ་མཚན་ཉིད་རིག་པ།》 མི་དམངས་དཔེ་སྐྲུན་ཁང་གིས༡༩༧༢ལོར་བསྐྲུན། ཤོག་ངོས༡༦པར་གསལ།

[4] ཨ་ཧྲེ་ལིས་མཛད་པའི《རང་དམན་དང་དེ་འགྲོལ།》 རྩོམ་པ་པོ་དཔེ་སྐྲུན་ཁང་གིས༡༩༨༠ལོར་བསྐྲུན། ཤོག་ངོས༢༧པར་གསལ།

[5] ཞིའེ་ཕེ་ཕུའུ་ཞིའུ་ཨར་གྱིས་མཛད་པའི《གདོད་མའི་རྟོག་པ།》 ཀྲུང་ཧྭའུ་དཔེ་སྐྲུན་ཁང་གིས༡༩༨༠ལོར་བསྐྲུན། ཤོག་ངོས༦༡༢པར་གསལ།

《ཀྲུང་གོའི་བོད་ཀྱི་ཤེས་རིག》 ༡༩༩༣ལོའི་དེབ་བཞི་པ་ལས་བཏུས།

༄། །རྨི་ལྟས་བཟང་ངན་ལ་བརྟག་པའི་དམངས་སྲོལ་རིག་གནས་ལ་དཔྱད་པ།

བུ་བཞི་བསམ་པའི་དོན་གྲུབ།

རྨི་ལམ་ལ་ཡིད་ཆེས་ཤིང་བརྟག་པའི་སྲོལ་ལུགས་འདི་ནི་གནའ་ནས་ད་ལྟའི་བར་དུ་འཛམ་གླིང་གི་ཁྱོན་ཀུན་ཏུ་ཡོངས་ཁྱབ་རང་བཞིན་དུ་གནས་ལ། ཁྱད་པར་དུ་གདོད་མའི་དུས་སུ་མི་རིགས་ཡོངས་ལ་སྤྱོད་ལམ་ཐམས་ཅད་ཆོས་ལུགས་དང་བསྟུན་པ་དང་། ཇུས་འགོད་ཐམས་ཅད་སྐུ་གཤེན་གྱི་ཐག་གཅོད་པས་མོ་དང་ལྟས་སྣ་ཚོགས་ལ་བརྟག་པའི་རིག་གནས་འདི་ཤིན་ཏུ་དར་རྒྱ་ཆེ་ལ། ཆོས་ལུགས་དད་མོས་དང་རང་བྱུང་ལས་འདས་པའི་སྟོན་འགྲོའི་མཐུན་རྐྱེན་ནི། རང་རེའི་བོད་ཀྱི་ཆོས་ལུགས་དང་དམངས་སྲོལ་འདྲ་ཤེས་ལྟར་ན། གདོད་མའི་དུས་ནས་རྨི་ལམ་ལ་ཡིད་ཆེས་ཤིང་དེ་ལ་བརྟག་ཐབས་དང་རྨི་ལམ་ངན་པ་བཟློག་ཐབས་སོགས་སྤྱོད་ལམ་ནི་རྒྱུན་ལྡན་འཚོ་བའི་སྤྱོད་ལམ་གྱི་ཆོས་ཉིད་ཅིག་ཏུ་གྱུར་པ་རེད། བོད་གདོད་མའི་སྐབས་སུ་རྨི་ལྟས་ལ་བརྟག་པའི་ཆེད་ལས་མི་སྣ་ཡོད་པར་མ་ཟད། རྨི་ལྟས་ལ་བརྟག་པའི་རིག་གནས་ཀྱི་གཞུང་ལུགས་དང་ལྟས་བཟང་སྒྲུབ་པ་དང་ལྟས་ངན་བཟློག་པའི་ཚོ་ག་ཐབས་ལམ་གྱི་རིགས་སོགས་ཁ་ཚང་དུ་ཡོད་པ་ཡིན། རྨི་ལྟས་བཟང་ན་ལས་དོན་ཚོ་ག་དེ་དུས་ཀྱི་བཀོད་སྒྲིག་དང་དམིགས་ཚད་ཇི་བཞིན་སྒྲུབ་པ་དང་། རྨི་ལྟས་མི་ལེགས་པ་བྱུང་ཚེ་དུས་ཀྱི་བཀོད་སྒྲིག་དང་ཚོ་ག གྲབས་གཞོམ་རྣམས་ལ་བཟོ་བཅོས་བྱེད་པའམ། ཡང་ན་ལྷ་ཀླུ་གཉན་བཙན་དང་ཡུལ་ལྷ་གཞི་བདག་སོགས་ལ་སྐྱབས་བཅོལ་ནས་བར་བགེགས་སེལ་ཐབས་བྱེད་པ་ཞིག་ཡིན།

དང་པོ། རྨི་ལྟས་ལ་བརྟག་ཅིང་དཔྱད་ཐབས།

དེ་ཡང་དོན་དག་གལ་ཆེན་ལ་འཕྲད་པའམ་བོར་སྟོར་འཚོལ་བ། ཇག་ཁ་དང་སྐྱོད་དོན། ནད་དང་བར་བགེགས། མགྲོན་དང་ཚོང་འགྲིམས། བག་གཏོང་མག་འབྱུག རང་བྱུང་གནོད་འཚེ། དོན་ཆེན་གྱི་དཔུ་འཛིན་དང་མཛད་སྒོ་སོགས་ལ་དམིགས་གཏད་ནས་རྨི་ལམ་ལ་བརྟག་པའི་སྲོལ་ཡོད། རྨི་ལམ་བཟང་ངན་གྱི་ལྟས་མཚོན་པའི་རིགས་ལ། གྲིབ་རྨི་དང་གྲོགས་རྨི། སེམས་རྨི་དང་འདྲེ་རྨི། མངོན་ཤེས་ཀྱི་རྨི་ལམ་ཞེས་པ་སོགས་ཡོད། མི་རིགས་ཀྱི་རིག་གནས་དང་བསམ་སྲོལ་མི་གཅིག་པའི་དབང་གིས། མི་

རིགས་སོ་སོའི་རྨི་ལམ་ལ་བརྟག་ཐབས་དང་འགྲེལ་སྟངས་མི་འདྲ། དེའང་རང་རེའི་བོད་ལ་མཚོན་ན་རྨི་ལམ་ལ་བརྟག་ཐབས་ཀྱི་དཔེ་ཆ་གང་མང་ཞིག་ཡོད་པ་དང་དེ་དག་ལས་སྤྱི་མཐུན་དུ་འདོད་པའི་བརྟག་སྲོལ་ལ། ཉིན་དཀར་དང་ས་སྲོད། ཐོ་རངས་གསུམ་གྱི་རྨི་ལམ་གཙིགས་ལ། ནམ་སྟོད་དང་ནམ་དཀྱིལ་གྱི་རྨི་ལམ་ལ་བརྟག་བྱ་མེད། དབྱར་དགུན་དུས་ཚིགས་བཞི་ལས་སྟོན་དཔྱིད་ཀྱི་ཉི་ལྟོག་དུས་སུ་རྨི་ལམ་ཏ་ལམ་འབྲུག་པར་འགྱུར་བས་མི་གཙིགས་ལ། དུས་ཚིགས་སོ་སོའི་དུས་དཀྱིལ་དུ་རྨི་ལམ་གཙིགས་པར་བཤད། རྨི་ལམ་བརྟག་པའི་སྐབས་སུ། རང་དོན་གལ་ཆེན་ཡོད་པ་དང་ཡང་ན་རྨི་ལམ་ངོ་མཚར་ཅན་རྨིས་ན་བརྟག་པ་ལས་རྒྱུན་དུ་མི་བརྟག་པ་ཡིན། བརྟག་པ་དེའང་རྨི་ལམ་ལས་སད་མ་ཐག་རྨི་གོང་གི་གཟུགས་བརྙན་རྣམས་བློ་ངོ་ནས་མ་ཡལ་གོང་དུ་ཕྱིར་དྲན་བྱེད་ཅིང་བརྟག་པ་ལས། དྲན་པ་གཞན་ལ་བསྒྱུར་པའམ་ལག་ལས་ཀ་སོགས་བྱས་པ། ནང་ཟས་སོགས་ཟོས་པས་རྨི་ལམ་གྱི་དྲན་གཟུགས་རྣམས་ཐོར་བས་ཕྱིར་མི་དྲན་ལ་མི་བརྟག་པ་ཡིན། དེའང་སྐྱེ་བོ་ཕལ་བ་དག་ལ་གཏན་འཁེལ་གྱི་ཚེ་སྲུང་གི་ལྷ་དང་བླ་མ། དགྲ་ལྷ་དང་གྲོགས་ལྷ་སོགས་མེད་པས་ན། རང་བཞིན་གྱི་ཉམས་སྣང་ཙམ་ལ་བརྟག་ནས་དཔྱད་པ་ཡིན། སྤྱིར་བཏང་བའི་རྨི་ལམ་ལ་སྐྱིད་པ་དང་དགའ་བ། མཛེས་པ་དང་སྙན་པ། མཛའ་བའི་གྲོགས་དང་འཕྲད་པ། སྐྱིད་པའི་ཡུལ་ལྗོངས་སུ་བག་ཕེབས་རྒྱུ་བ་སོགས་ལྟས་བཟང་ངན་བར་མའི་རྨི་ལམ་ཡིན་པས་དམིགས་སུ་བརྟག་པ་མེད། དེའང་ལྟོག་ཕྱོགས་ནས་བརྟག་པ་ལ་སྐྲག་པ་སོགས་མི་གཙང་ལྗན་ལྗིན་དེ་ལག་ཡོང་དང་འཕྲད་པའི་ལྟས་སུ་འདོད་པ་དང་། ཤ་མར་གཡིས་གསུམ་སྦྱུམ་པོར་བཟའ་བ་ཡིད་ཀ་འགག་པའི་ནད་འབྱུང་བའི་ལྟས་སུ་འདོད་པ། དཔེའི་སྒོ་ནས་བརྟག་པ་ཆུ་སྙིག་ལ་ལྟོས་པ་མེད་ཅིང་ཆུ་དྭངས་མོ་རྨིས་པ་མིག་ཆུ་འཁྱིན་པའི་ལྟས་སུ་འདོད་པ་དང་། གོས་རྒྱལ་གྱོན་པ་དང་མདུན་སོ་ལྷུང་བ་ཕ་མ་ཚེ་ལས་འདས་པའི་ལྟས་སུ་འདོད་པ། རིགས་བགྲེས་ནས་བརྟག་པ་ལ་མགོ་ཁྲག་ལུས་རྨ་ཅན་རྨིས་ཚེ་དུས་མིན་འཆི་བ་དང་སྐྲོ་བུར་ཉེས་ཆག་འབྱུང་བའི་ལྟས་སུ་འདོད་པ། ནམ་མཁར་འཕུར་བ་རྨིས་པ་དེ་ལང་ཚོའི་དུས་ཀྱི་གཟུགས་གཞི་རྒྱས་པའི་ལྟས་སུ་འདོད་པ། བསྡུས་བརྗོད་ཀྱི་ལམ་ནས་བརྟག་པ་མགོ་ལ་རྣ་སྐྲེས་པ་རྨིས་པ་སྐྲེ་ལ་གྲི་འབབ་པའི་ལྟས་སུ་འདོད་པ། ལུས་ལ་ཤིག་འདེབས་པ་རྨིས་པ་ལུས་སུ་དྲི་ཕོག་པའམ་ནད་ཡམས་འགོས་པའི་ལྟས་སུ་འདོད་པ་སོགས་བརྟག་ཚུལ་མང་ལ། གླིང་གེ་སར་རྒྱལ་པོའི་སྒྲུང་ལས་སྐྱེ་མཆོག་དམ་པ་དེ་དག་ལྷ་དང་ཀླུ་ཡི་སྲུས་སུ་འཁྲུངས་པའམ། ཡང་ན་གྲུབ་ཆེན་ག་གེ་མོ་ཞིག་གི་ཡང་སྤྲུལ་ཡིན་པས། དོན་རྐྱེན་ལ་འཕྲད་ཚེ་ལྷ་དང་བླ་མ། ཆོས་སྐྱོང་སྲུང་མ་དང་ཡུལ་ལྷ་གཞི་བདག རང་རང་གི་དགྲ་ལྷ་དང་གྲོགས་ལྷ་སོགས་ཀྱིས་དངོས་སུ་ལུང་སྟོན་པ་དང་། ཡང་ན་ལྟས་སྣ་ཚོགས་ཀྱི་ངང་ནས་རྨི་ལམ་དཀྲུག་པ་ཡིན། སྐྱེ་བོ་སོ་སོ་ལའང་རང་རང་ལ་གོམས་སྲོལ་དུ་སོང་བའི་རྨི་ལམ་གྱི་ནང་དོན་རིགས་གཅིག་ཡོད་ལ། རང་རང་ལ་ལྟས་བཟང་ངན་གྱི་ཚད་གཞི་མི་གཅིག་པ

དང་བརྟག་ཐབས་ཀྱི་ཚད་གཞི་ཡང་མི་གཅིག་པ་རེ་ཡོད། མདོར་ན་མི་ཚེ་གཅིག་ལ་རྨི་ལམ་ནས་དོན་རྐྱེན་འདྲ་མིན་སྣ་ཚོགས་དང་འཕྲད་པ་ཡིན་ལ་དེ་དག་རེ་རེ་ལ་ལྟས་ངེས་ཅན་རེ་འབྱུང་བའི་ངེས་པའང་མ་མཆིས། གཞན་ཡང་གེ་སར་སྒྲུང་ལས་རྨི་ལམ་ནས་ལྷ་དང་བླ་མ་དང་། ཡུལ་ལྷ་གཞི་བདག ཆོས་སྐྱོང་སྲུང་མ་སོགས་ནས་རང་གི་ངོ་བོ་སྣ་ཚོགས་སུ་བསྒྱུར་ནས་ལྟས་བཟང་པོ་དཔེའི་སྒོ་ནས་སྟོན་པ་དང་། ཡང་ན་ཞལ་དངོས་སུ་བསྟན་ནས་ལུང་བསྟན་བསླབ་བྱ་སོགས་གནང་བའི་ཞིབ་འབྲི་ཀུན་ལས་མང་སྟེ། ལྷ་དང་སྲུང་མའི་ཞལ་དངོས་སུ་བསྟན་ནས་དྲང་བའི་ངག་གིས་ལུང་བསྟན་གསུང་བའི་རྨི་ལམ་ནི་གོ་སླ་བས་ཆེད་དུ་བརྟག་པའི་དགོས་པའང་མ་མཆིས་སོ། །

རྨི་ལྟས་བཟང་པོ་དཔེའི་སྒོ་ནས་སྟོན་པ་ནི། གེ་སར་རྒྱལ་པོའི་སྒྲུང་ཧ་རྒྱུགས་རྒྱལ་འཛོམ་གི་སྐབས་སུ་སྦྲོ་ལོ་སྐྱིད་པའི་ནེའུ་དེས་གླིང་གེ་སར་ལ་མགྱོགས་དར་ཐོབ་པའི་རྨི་ལམ་བཤད་པར། “ང་མདང་གསུམ་རྨི་ལམ་འདི་འདྲ་བྱུང་། ཨ་ཆེན་ན་བ་གྲུ་བཞི་ལ། དང་པོ་རྐྱང་ཞིག་གདའ་བ་རྨིས། རྐྱང་ཐོག་བལ་ཞིག་གདའ་བ་རྨིས། བལ་ཐོག་གསེར་ཞིག་གདའ་བ་རྨིས། གསེར་ཐོག་སེང་ཞིག་གདའ་བ་རྨིས། སེང་ཐོག་ཟྭ་ཞིག་གདའ་བ་རྨིས། ཟྭ་ཐོག་གངས་ཞིག་གདའ་བ་རྨིས། གངས་ཐོག་རྐོད་ཅིག་གདའ་བ་རྨིས། གཡས་དེ་ན་སྟག་ཅིག་གདའ་བ་རྨིས། སྟག་རྒྱབ་རྐོད་ཀྱིས་འཚོས་པ་རྨིས། གཡོན་དེ་ན་གཟིག་ཅིག་འདུག་པ་རྨིས། གཟིག་རྒྱབ་གཡག་གིས་འཚོས་པ་རྨིས། དེ་ལྟས་ཅི་ཡིན་མཚན་མ་རེད”[1]ཅེས་རྐྱང་རྐོད་གཡེར་བར་ཆིབས་པའི་གེ་སར་ནོར་བུ་དགྲ་འདུལ་དེ་ལ་མགྱོགས་དར་ཐོབ་པའི་རྨི་ལྟས་དེ། ཧ་རྐྱང་རྐོད་དང་གླིང་སེང་ཆེན་རྒྱལ་པོ་རྨི་ལམ་དུ་དངོས་སུ་མ་ཤར་ཡང་རྐྱང་དང་སེང་གེ་གངས་ལ་སོགས་པའི་སྣང་བརྙན་ལ་རིགས་བགྲེས་པའི་ངང་ནས་བཀྲལ་བ་ཡིན།

འགོག་བཟའ་ལྷ་དཀར་ལ་གླིང་གེ་སར་རྒྱལ་པོ་སྤྲུམ་པའི་སྔ་ལྟས་སུ། “ལུས་བདེ་དྲོད་དང་། སེམས་རིག་པ་དྭངས་གསལ་གྱིས་གང་སྣང་ཐམས་ཅད་བློས་ཟིལ་གྱིས་གནོན་ནུས་པའི་བདེ་སྟོང་ངང་དུ་གཉིད་ལོག་པའི་མནལ་ལམ་དུ། སྤྲིན་དཀར་པོ་ཞིག་ལྷོ་ནུབ་ནས་ཚུར་བྱུང་སྟེ་རང་གི་ཐད་དུ་སླེབས་པ་དང་། བླ་མ་ཨོ་རྒྱན་པདྨ་དེས་གསེར་གྱི་རྡོ་རྗེ་རྩེ་ལྔ་པ་ཞིག་བུ་མོའི་སྤྱི་བོར་བཞག་སྟེ། གསུང་ཚངས་པའི་དབྱངས་ཀྱིས་ལུང་བསྟན། ……དེ་ཚེ་བུ་མོ་མནལ་སད་དུས་ལུས་བདེ་བས་ཁྱབ་སྟེ། རྨི་ལམ་དེ་ཚོ་ཉམས་མཚར་བས་བླ་མ་ལ་ སྨྲར་མེད་པའི་གུས་འདུད་མཆི་མ་འཁྲུག་བཞིན་པའི་ངང་དུ་གནས་སོ”[2]ཞེས་སྐྱེས་མཆོག་གེ་སར་ནོར་བུ་དགྲ་འདུལ་དེ་འགོག་བཟའ་ལྷ་དཀར་ལ་སྤྲུམ་པའི་ལུང་བསྟན་ཞིང་། “དེར་ས་ག་ཟླ་བའི་ཚེས་བརྒྱད་ཀྱི་ནུབ་མོར་སེང་བློན་དང་ལྷན་དུ་གཟིམས་པས་རྨི་ལམ་དུ། མི་སེར་པོ་གསེར་གྱི་གོ་ཁྲབ་ཅན་མཛེས་ཤིང་ཡིད་དུ་འོང་བ་ཞིག་བྱུང་སྟེ་བཅོ་གདུང་འབྲལ་མི་ཕོད་པ་ལྟ་བུའི་དགའ་བདེ་དང་བཅས་རང་དང་ལྷན་དུ་ཉལ་བར་རྨིས། ཐོ་རངས་ཁར་བླ་མས་རང་གི་མགོ་ཐོག་ཏུ་བཞག་པའི་རྡོ་རྗེ་དེ་དང་

འདྲ་བ་འོད་ཟེར་དང་། འཇའ་འོད་འཁྲུགས་པ། གཟི་འོད་དང་བཅས་སྤྲོ་བོ་ནས་ཐིམ་པས་སྣང་མེད་པའི་ལུས་དགའ་བདེ་ཡིས་ཁྱབ་སྟེ་གཉིད་སད་པ་དང་།"[3]ཞེས་གླིང་གེ་སར་རྒྱལ་པོ་དེ་འགོག་བཟའ་ལྷ་དཀར་གྱི་ལུས་སུ་སྦྱུམ་པའི་སྔ་ལྟས་སུ་ལྷ་དང་བླ་མས་ཞལ་གཟིགས་གཞན་དུ་བསྒྱུར་ཏེ་ལུང་བསྟན་གསུངས།

ཚེ་ལྟས་བཟང་པོ་ལྷའི་ཞལ་བསྟན་ནས་དྲང་པོའི་ངག་གིས་ལུང་བསྟན་པ། དཔེར་ན《འབྲུངས་སྐོར》ལས་གླིང་དམག་འགོག་ལ་ཆས་དུས་སུ་འགོག་བཟས་ཏྲ་རྗེས་མ་ཆོད་པར་འབྲི་རྗེས་དེད་ནས་ཨ་ཐང་ཆད་དེ་གཉིད་དུ་ཤོར་བའི་སྐབས་སུ་འགོག་མོ་གླིང་གིས་འཁྲིག་པའི་ཚེ་ལྟས་སུ། "བུ་ཆུང་ཆུང་དར་གྱི་གོས་གྱོན་པ་ཞིག་གིས། གཡུ་ཟྗ་འོ་མས་བཀང་བ་ཞིག་སྦྲད། འདི་ཨ་ཆེ་ནས་བསྐུར་བ་ཡིན། ད་ཁྱོད་འབྲིའི་རྗེས་བཞིན་རྒྱུགས་ཤིག མི་ཡུལ་དུ་འབྱར་བས་འགྲོ་དོན་བྱེད་པའི་དུས་ལ་བབས་པ་ཡིན་ཟེར་བ་དང་གཉིད་སད། བུ་ཆུང་ནི་གར་སོང་མི་འདུག གཡུ་ཟྗ་འོ་མས་བཀང་བ་དེ་གམ་དུ་ཡོད་པ་རེད། ཕ་མེང་གི་སྐྱོམ་སེལ་ཡིན་པ་ཤེས་ནས་འཕྱུང་བཞིན་འབྲིའི་རྗེས་དེད་ནས་འགོག་ཡུལ་དར་གྱི་ལུང་མདོར་སླེབས་ཤིང་། གླིང་དམག་དང་དུས་བཏབ་པ་བཞིན་དེར་འཛོམས།"[4]ཞེས་ཀླུའི་ཡུལ་ནས་ཕོ་ཉ་མངགས་པའི་ཚུལ་གྱིས་གླིང་ལ་མནའ་མར་འགྲོ་དགོས་པའི་ལུང་བསྟན་དྲང་པོའི་ངག་གིས་གསུངས།

དེ་བཞིན《ཏ་རྒྱུག་དཔྱིད་ཀྱི་ཉི་མ》ལས། "དེ་ནས་རེ་ཞིག་གི་ཚེ་སེང་སློན་ལ་ཏ་ཁྲ་ཁྱུ་མང་པོ་ཡོད་པ་ཀླུ་མོ་འགོག་བཟས་ཁྲ་ཕུའི་འཛམ་གླིང་ལ་ཁར་དེད་སོང་བའི་ཉིན་ལ། འགོག་མོ་ལུས་བདེ་ཞིང་སྣང་བ་གསལ་པོར་ཡོད་པའི་འོད་གསལ་མ་བུ་འདྲེས་པའི་ཉམས་སྣང་ལ་མི་དཀར་ཏ་དཀར་འཁོར་གསུམ་ཆས་དང་ལྡན་པ་ཞིག་སྤྲོ་བོ་ནས་ལུས་ལ་ཐིམ་པའི་སྣང་བ་བྱུང་། མནལ་སད་པའི་ཚེ་ཅི་ཡང་མི་འདུག དེ་ནས་བཟུང་མོ་རང་ལུས་བདེ་ཞིང་སེམས་སྐྱིད་པ། སེམས་ཅན་ལ་མི་དམིགས་པའི་བྱམས་དང་སྙིང་རྗེ་ཚད་མེད་རྒྱུད་ལ་སྐྱེས་པ། ནུབ་ཅིག་འགོག་མོའི་ཚེ་ལམ་ལ། མཁའ་འགྲོ་མ་ཡིད་དུ་འོང་བ་ཞིག་གིས་ཁྱོད་ཀྱིས་སང་ཉི་མ་ཤར་དུས། གླིང་ཡར་ཀ་ལ་དཀྱིས་མ་ཀ་ལ་སྲིད། དཀྱིས་སྲིད་སྟག་མོ་ཁ་གདོང་། སྲིད་སྟག་གཟིག་འདྲ་བའི་གོང་བ། རི་ལྷ་བཤོས་འདྲ་བའི་མར་བཤམ། ཤུག་པ་གཡག་ཇ་འདྲ་བའི་གཡས་ཟུར། བྲག་མདའ་སྒྲོ་འདྲ་བའི་གཡོན་ཟུར། ཆུ་མིག་ཕོར་ཁ་འདྲ་བའི་གོང་བ་ལ་སྦྲ་ཕུབས། མཆོར་ས་ཟུངས་དང་སྐྱིད་པོ་འོང་གསུངས་ནས་འཇའ་ཡལ་བ་ལྟར་སོང་ངོ་། །དེར་མོ་རང་ཟུར་དུ་སོང་ནས་ལྕིང་སེ་སེ་ཏྲ་དགུ་བསྐོར་དེ་ལུང་བསྟན་གྱིས་དེར་ཕུབས། ཟངས་ལུ་བཀྲ་ཤིས་འཁྱིལ་བ་སོགས་ཐབ་ཆས་རྣམས་བསྒྲིགས་ནས་འདུག་ཆས་ལེགས་པར་བྱས་སོ།"[5]ཞེས་ཀླུ་ཡུལ་ནས་མངགས་པའི་ཀླུའི་ཕོ་ཉས་ཞལ་གཟུགས་བསྒྱུར་ནས་ལུང་བསྟན་སྟོང་པོར་གསུངས་པ་ལྟ་བུའོ། །

གཉིས་པ། རྨི་ལྟས་ངན་པ་བཟློག་ཐབས།

གལ་ཏེ་རྨི་ལམ་དེ་འདྲ་མི་བཟང་ན་དེ་བཟློག་པའི་ཐབས་ཤེས་ཀྱང་ཡོད་དེ། རྨི་ལྟས་བཟང་ངན་ལ་འཕྲད་ཅིང་བརྟག་མཁན་དང་མ་འཕྲད་ཚེ། རང་གིས་བརྟག་ཅིང་དཔྱད་ནས་ཐག་གཅོད་དགོས་ཏེ། རྨི་ལམ་རབ་བམ་བཟང་ཤོས་ཤིག་རྨིས་ཚེ། གནས་དང་ལྷ། ཉི་མ་སོགས་ལ་ཕྱག་འཚལ་ཞིང་འདོད་དོན་ལྷུན་གྱིས་འགྲུབ་པའི་གསོལ་བ་འདེབས་པ་དང་། ལྷ་ལ་སྐྱབས་བཅོལ་བ་སོགས་བྱས་ན་དགེ་ཞིང་། རྨི་ལམ་ངན་པ་དང་འཕྲད་ཚེ། འཕྲལ་མར་གཞན་ལ་མི་སྨྲ་བར། ཐོག་མར་རང་གི་གདོང་འཁྲུ་བ་དང་། དེ་ནས་ཤིང་གི་ཡལ་ག་ཕྲན་བུ་བདུན་བཅག་ནས་དེ་རང་གི་དབུ་ལ་ཐེངས་གསུམ་བསྐོར། རྨི་ལྟས་ངན་པ་དེ་ང་ལ་མི་བལྟ་འདི་ལ་བལྟ་ཟེར་ནས་ལན་གསུམ་བར་དུ་བཟློ། དེ་ནས་ཤིང་ཡལ་ག་དེ་མེ་ལ་བསྲེག་པ་དང་། ཡང་ན་ས་རྡོག་གསུམ་བླངས་ནས་དེ་རང་གི་དབུ་ལ་ཐེངས་གསུམ་བསྐོར། རྨི་ལྟས་ངན་པ་དེ་ང་ལ་མི་བལྟ་འདི་ལ་བལྟ་ཟེར་ནས་ལན་གསུམ་བར་དུ་བཟློ། དེ་ནས་ས་རྡོག་པོ་གསུམ་དེ་ཆུ་ལ་བསྐྱུར་བས་རྨི་ལྟས་ངན་པ་དེ་རང་ལ་མི་འབབ་པར་བཤད། ཏུན་ཧོང་ནས་ཐོན་པའི་བོད་ཀྱི་ལོ་རྒྱུས་ཡིག་ཚ་ཤོག་དྲིལ་ལས། "རྨི་ལམ་བཟང་པོ་ཞིག་རྨིས་ན། ཕྱི་དེ་ཉིད་པར། སྐྱི་བཟང་པོ་རྨི་ལམ་བཟང་ངན་གསོད་ཤེས་པ་སྐྱིད་ན་ཁ་ཇེ་ཁྲུས་ལ་ཉི་མ་ཤར་པ་ལོགསུ། མཁན་སྤྱུ་དང་པོགི་སོངས་ལ་ཉི་མ་དང་ལྷ་ལ་ཕྱག་འཚལ་ལ། ལྷ་ལ་གཏམ་དུ་བྱས་ན་དགེའོ། ཟན་ཟ་ཁར་ཡང་མདང་སུམ་རྨི་ལམ་བཟང་པོ་ཞིག་རྨིས་ན། གནམ་དང་ལྷ་དང་དཔལ་བྱས་ཏེ། སྲིད་མཐོ་ཞིང་ལེགསུ་འོང་ལྷ་སྲིད་དམ་སྐྱི་སྲིད་ཞེས་བྱས་ལ་གར་ཐོག་མ་གྱིས་ཤིག རྨི་ལམ་ངན་པ་ཞིག་རྨྱས་ན་ནང་པར་ཁ་ཇེ་ཁྲུས་ལ་ཤིང་བུ་བདུན་ཞིག་ཆོག་ལ། མགོ་ལ་ལན་གསུཾ་བསྐོར་ཏེ། མདང་གི་རྨྱི་ལམ་ངན་པ་དེ་ང་ལ་མ་ཕོག་། ཤིང་བུ་ཁྱོད་ལ་ཕོ་ཆེས་བྱས་ལ་མེའི་ནང་དུ་བསྲེས་ལ། རྨྱི་ལམ་ངན་པ་འདི་བཞིན་དུ་སྲེས་ཆོག་སྟེ། སྲིད་པར་ཤོག་ཤིག་ཆེས་བྱས་ཏེ། ཤིང་བུ་སྲེས་ཆོག་པར་སྲེག་ཤིག རྨྱི་ལམ་ངན་པ་ཤིང་བུ་འདི་བཞིན་མེད་པར་ཤོག དེའི་འོག་དུ་ས་བོང་པ་རྡོག་གུ་གསུམ་ཞིག་བླངས་ཏེ། བདག་གི་མགོ་ལ་རེས་གསུམ་བསྐོར་ཏེ། བོང་པ་ཆུར་མཆིས་ལ། མདང་སུམ་རྨྱི་ལམ་ངན་པ་འདི་ང་ལ་མ་ཕོག བོང་པ་འདི་ཕོ་སྟེ། བོང་པ་འདི་བཞིན་མེད་པར་ཤོག་ཤིག ང་ལ་སྐྱི་ཕྱོག་ཞེས་གྱིས་ཤིག ནང་པར་མཁལ་མའི་འགལ་པས་ཤུགས་ཏེ། མདང་གི་རྨྱི་ལམ་ངན་པ་འདི་མགལ་པ་ཁྱོད་ཀྱི་ཐུབ་པོ། ང་ལ་སྐྱི་ཕྱོག་སྐྱི་སྲིའོ་ཞེས་གྱིས་ཏེ། འོར་ཆིག་ཞག་གསུམ་ལོན་གྱི་བར་དུ་ནང་ཉུབ་དུ་མགལ་པས་ཤུགས་ལ་འོར་ཅིག མ་གཙང་མ་ལག་ཏུ་བླངས་ཏེ། ཛེ་རྨྱིས་སོ་པ་སྐད་དེ་བོར་ན་ཛེ་ཕོག་པ་ལ་ཕན་ནོ། ངན་རབ་ཆིག་རྨྱིས་ན་གསུང་ཐུབ་པར་གྱིས་ཤིག །སྲོད་ལ་སྐྱི་ན་སྙོ། ནམ་ཕྱེད་དང་དཔྱིད་སྐྱི་ན་སྨྱི་སྙོ། དགུན་སྟོད་དང་ཐོ་རངས་སྨྱིས་ན་སྙོ། ཉལ་ཉལ་ཏེ་སད་དང་བླ་ཟ་འོག་མ་འགྱུར་པར་

བསམས་དང་ཇི་རྨིས་ཆོག་ཀྱང་དྲན། བླ་ཟ་འོག་འགྱུར་ཏེ། བསམས་དང་ཇི་རྨི་སོ་ཆོག་མ྄ི་དྲན། ནོད་ན་ནི་འདྲིས་ནོན་ཀྱང་བླའོ་སྡུགས་ན་ནི་ལྟས་བསྡུགས་ཀྱང་སྲིད་གོ"[6]ཞེས་བྱུང་། གཞན་ཡང་བོད་ཁམས་སོ་སོ་ནས་སྤྱོད་བཞིན་པའི་རྨི་ལྟས་ངན་པ་བཟློག་ཐབས་ལ། བསྐྱུབ་པར་འདོད་པའི་ལས་དང་ཆོ་ག་དེ་དག་གི་ཡུལ་དང་དུས། རྣམ་པ་སོགས་དུས་ཐོག་ཏུ་བཟོ་བཅོས་བྱེད་པ་དང་། ལྷ་ཀླུ་གཉན་བཙན་དང་ཡུལ་ལྷ་གཞི་བདག་ལ་སྐྱབས་བཅོལ་ནས་བར་ཆད་ཞི་བར་བྱེད་པ། བསྔོ་སྨོན་ཞལ་འདོན་སོགས་ལ་བརྟེན་ནས་ལྟས་ངན་བཟློག་པ། མཚན་གྱི་རྨི་ལམ་ངན་པ་བཟློག་པ་སོགས་ལྟས་ངན་པ་བཟློག་པའི་འདོན་ཆོས་ཀྱང་ཡོད། འཚོ་བ་དངོས་ཀྱི་ཁྲོད་དུ་རྨི་ལམ་ལ་དཔྱད་པ་དང་བཟློག་པ་རང་རེའི་བོད་ཀྱི་ལོ་རྒྱུས་གཏམ་རྒྱུད་དང་རྣམ་ཐར་རྩོམ་རིག་གླིང་གེ་སར་རྒྱལ་པོའི་སྒྲུང་སོགས་ལས་གྲངས་ཀྱིས་མི་ཟིན་པའི་ཐོ་བཀོད་ཡོད་ལ། དེ་དག་ཏ་ལམ་བློ་བཟོའི་སྒྱུ་རྩལ་ལ་གཏོགས་པའི་རྩོམ་རིག་ཞིབ་འབྲི་ཡིན་ནའང་། བོད་རང་གི་སྲི་ཚོགས་འཚོ་བ་དངོས་ཀྱི་གཟུགས་བརྙན་ལྟ་བུར་མཐོང་།

གསུམ་པ། རྨི་ལམ་དང་རྗེས་དཔག་བློ་ཡི་འཛིན་སྟངས།

དེང་རབས་སེམས་ཀྱི་རྣམ་འགྱེད་རིག་པ་སྨྲ་བའི་ཞིབ་འཇུག་པ་ལ་ལས་མི་ལ་དབང་ཤེས་དྲུག་པ་ཞིག་ཡོད་པ་ཁས་ལེན་ཞིང་། རྨི་ལྟས་དེ"དབང་ཤེས་དྲུག་པའི"སྣང་ཚུལ་ཞིག་ཡིན་པར་འདོད། མཁས་པ་ལ་ལས་མིའི་སེམས་ཁམས་ཀྱི་འདུ་ཤེས་དེ་སྟེང་འོག་བརྩེགས་རིམ་གྱི་རྣམ་པ་ཅན་དུ་གནས་ཤིང་། སྟེང་ཕྱོགས་ཀྱི་འདུ་ཤེས་རྣམས་ནི་མི་ཆོས་ཚུལ་ལྡན་ཅན་གྱི་སྤྱོད་ལམ་གྱི་དབང་དུ་སོང་བ་སྟེ་ཀུན་མཁྱེན་གྱི་འདུ་ཤེས་དང་ཚུལ་ལྡན་གྱི་སྤྱོད་ལམ་ཡིན། སེམས་ཁམས་ཀྱི་གཏིང་རིམ་དུ་གནས་པའི་འདུ་ཤེས་ནི་ཁྲིམས་ལུགས་དང་མི་ཆོས། ཡུལ་སྲོལ་གོམས་གཤིས་སོགས་ཀྱིས་ལེགས་བཅོས་མ་ཐེབས་པ་སྟེ། སེམས་ཀྱི་བག་ལ་ཉིང་བ། གཡེང་ཞིང་རྐྱེན་པ། རང་དབང་རང་སྟོབས་ཅན་དུ་གྱུར་པའི་འདུ་ཤེས་དག་ཡིན། རྨི་ལམ་ནི་སེམས་ཁམས་ཀྱི་གཏིང་རིམ་དུ་གནས་པའི་འདུ་ཤེས་རང་དབང་ཅན་དང་མ་རིག་པའི་རང་བཞིན་ཅན་དེ་དག་མི་ཆོས་ཀྱི་བཀག་རྒྱ་ལས་ཐར་ནས་ཕྱིར་མངོན་པའི་ངོ་བོ་ཅན་ཡིན་པས་ན། རྒྱུན་ལྡན་དུ་ཡིད་ལ་ཤར་མི་ཐུབ་པའི་ཡིད་བྱེད་དང་སྤྱོད་ལམ་རྣམས་རྨི་ལམ་དུ་འབྱུང་བ་ཡིན། སྣང་ཚུལ་དེ"སེམས་ཁམས་ཀྱི་གཏིང་རིམ་དུ་གནས་པའི་བག་ཤེས"ཏེ། སེམས་ཀྱི་བག་ལ་ཞ་བའི་འདུ་ཤེས་རྣམས་མི་ཆོས་ཚུལ་ལྡན་གྱི་བྱ་ར་མེད་པའི་རྨི་ལམ་གྱི་སྐབས་སྐབས་ལ་བརྟེན་ནས་རང་དབང་གིས་བློ་ངོར་འཕོར་བའི་རྣམ་པ་ཞིག་ཡིན་པར་གསུངས།

དངོས་གཙོ་རྩོད་སྒྲུབ་རིག་པ་ལྟར་ན་རྨི་ལམ་ནི་མིའི་ལུས་ཁམས་འབྱུང་གཞི་བདེ་ཐང་ཡིན་མིན་དང་། མིའི་སེམས་ཁམས་འགྲུལ་སྐྱོད་ཀྱི་དྲག་ཞན། སེམས་ཁམས་ལ་ཐོག་ཐུག་བྱུང་བའི་ཚོར་

བའི་དྲག་ཞན། དོན་རྐྱེན་གྱི་དོ་གལ་ཆེ་ཆུང་ལ་རག་ལས་ཤིང་། དེ་ལས་བྱུང་བའི་སེམས་ཁྲལ་གྱི་བློ་དེ་རྨི་ལམ་དུ་འཁོར་བ་ཡིན་པར་འདོད། དེ་ལ་ཉིན་མོར་སེམས་སུ་འཁྲིད་པའི་དོན་རྐྱེན་དེ། མཚན་མོའི་རྨི་ལམ་ནང་ལ་རྟག་ཏུ་འོང་ཟེར། དེ་བས་རྨི་ལམ་ནི་ཉིན་མོར་དངོས་ཡོད་དོན་རྐྱེན་ལ་བསམ་གཞིགས་བྱེད་པ་དེའི་མཚན་མོའི་རྒྱུན་མཐུད་ཡིན། རྨི་ལམ་དུ་འབྱུང་བའི་སྣང་བརྙན་ནི་མི་རང་རང་གི་ཤེས་རབ་ཡོན་ཏན་དང་ཉམས་མྱོང་མཐོང་ཐོས། སྐྱིད་སྡུག་མྱོང་བརྒྱུད་ཀྱི་དབང་གིས་མི་སོ་སོའི་བར་ཁྱད་པར་ཤིན་ཏུ་ཆེ་སྟེ། རྨི་ལམ་གྱི་སྣང་བརྙན་མང་ཤོས་ཤིག་དེ་སྔ་མཐོང་ཐོས་མྱོང་རྒྱུད་དུ་གྱུར་པའི་མི་དང་ཡུལ་ཁམས། བྱ་དངོས་དང་དོན་རྐྱེན་རྣམས་སླར་ཡིད་ཀྱི་མེ་ལོང་ངོར་རྒྱུ་བའི་རྣམ་པ་ཞིག་ཡིན། ཡིད་འཛིན་གྱི་དོན་རྐྱེན་ལས་ཤིན་ཏུ་ཐལ་བ་རྣམས་ཀྱང་སྔོན་ངག་གི་རབ་རྫོག་དང་སྒྲོ་འདོགས་ཇི་བཞིན་དངོས་པོའི་ངོ་བོ་དང་གཤིས་ལུགས་ལས་ཅུང་ཙམ་འདའ་ནས་གཟུགས་འགྱུར་བ་ཡོད་མོད་རྨང་གཞི་དང་ཁ་མི་འབྲལ་བ་ཡིན། དེ་ནི་སེམས་ཀྱི་མེ་ལོང་གི་ངོས་སུ་ཤར་ཟིན་པའི་འདས་པའི་དུས་ཀྱི་སྣང་བརྙན་དང་དྲན་པ་རྣམས་རྐྱེན་སྣ་ཚོགས་ཀྱི་དབང་གིས་སླར་སོས་པའི་རྣམ་པ་ཞིག་ཡིན། དེ་བས་སྣ་མགོ་ཏུ་རོ་བསྒྲིག་པ་དང་། ལག་མཐིལ་ནས་རྟ་རྒྱུགས་པ་མ་གཏོགས་རྨི་ལམ་དུ་མི་འོང་བ་ཞིག་མེད་པར་བཤད། རྨི་ལམ་གྱི་ལྟས་དེ་རྫ་མི་རྫ་སོགས་ངེས་མེད་ཅིག་སྟེ། སྟེས་དབང་གིས་རྨི་ལྟས་དང་དོན་བཟང་འཕྲད་པ་མ་གཏོགས་ལྟོས་བཅས་སུ་བྱུང་བའི་འབྲས་བུ་ཞིག་མིན། དེ་བས་རྨི་ལམ་མང་ཤོས་མི་རྫ་ཞིང་དོན་རྐྱེན་ལ་སྟོན་དཔོག་གི་ནུས་པ་དང་མི་ལྡན་པ་ཡིན།

རྗེས་དཔག་བློ་ཡི་འཛིན་སྟངས་ལ། རྨི་ལམ་གྱི་ལྟས་ངན་པར་མཐོང་བ་དང་། དེ་ལས་བཟློག་པར་འདོད་ན་ཆེས་ཚན་རིག་དང་མཐུན་པའི་བྱེད་ཐབས་ནི་ལྷ་མཐོང་འདྲེ་མཐོང་གི་དོགས་པ་མི་ཟ་བར། རང་གི་སེམས་ཁམས་ལ་སློམ་སྲིག་བྱས་ཏེ། རྨི་ལམ་གྱི་མཚན་མ་དེས་རང་གི་བསམ་གཞིགས་དང་བྱ་བའི་གོ་རིམ་ལ་བར་བགེགས་མི་འབྱུང་བར་བྱེད་པ་དེ་གལ་ཆེ། གཞན་ཡང་རྨི་ལམ་སོགས་ལ་དཔྱད་པ་གཏོང་སྐབས་སུ། སེམས་ཁམས་རིག་པ་དང་དེང་རབས་ཀླད་པའི་ཞིབ་འཇུག་རིག་པའི་ཤེས་བྱ་དང་རིགས་ལམ་རྨང་གཞིར་བྱས་ནས་བསམ་གཞིགས་བྱེད་དགོས་སོ། །

མཆན།

[1] [2] [3] [5] མཚོ་སྔོན་མི་རིགས་དཔེ་སྐྲུན་ཁང་གིས1981ལོར་པར་དུ་བསྐྲུན་པའི་གླིང་སྒྲུང《རྟ་རྒྱུགས་དཔྱིད་ཀྱི་ཉི་མའི》ཤོག་ངོས212དང11པར་གསལ།

[4] ཀན་སུའུ་མི་རིགས་དཔེ་སྐྲུན་ཁང་གིས1981ལོར་པར་དུ་བསྐྲུན་པའི《འབྲུངས་སྐོར》གྱི་ཤོག་ངོས47དང31

པར་གསལ།

[6] བོད་ལྗོངས་མི་དམངས་དཔེ་སྐྲུན་ཁང་གིས1986ལོར་པར་དུ་བསྐྲུན་པའི《ཀྲུང་གོའི་བོད་ས་གནས་ཀྱི་ལོ་རྒྱུས་ཡིག་ཚང་ཕྱོགས་བཏུས》ཀྱི་ཤོག་ངོས8པར་གསལ།

《མཚོ་སྔོན་མི་རིགས་སློབ་གྲྭ་ཆེན་མོའི་རིག་དེབ།》 ༢༠༠༨ལོའི་དེབ་དང་པོ་ལས་བཏུས།

ཕྱུགས་ཐོག་གི་སྐོར།

༄༅། །བོད་རིགས་ཀྱི་ཁང་པའི་སྒོ་སྟེང་དུ་འབྲོང་མགོ་དང་གཡག་མགོ་སོགས་འཛུག་ཚུལ་སྐོར་གླེང་བ།

ཨའོ་ལྷག་པ་ཚེ་རིང་།

དང་པོ། བོད་ཁྱིམ་གྱི་སྒོ་སྟེང་དུ་འབྲོང་མགོ་དང་གཡག་མགོ་འཛུག་པའི་ཆུ་མགོ་གང་ནས་བྱུང་མིན་སྐོར།

གནའ་རབས་མིའི་རིགས་ཀྱི་དཔལ་འབྱོར་དང་རིག་གནས་ཆུ་ཚད་ཧ་ཅང་དམའ་བའི་དུས་སུ་མི་རྣམས་འཚོ་སྡོད་ཆེད་དུ་རི་དྭགས་རྔོན་པ་དང་རང་བྱུང་ཁམས་ཀྱི་སྣང་ཚུལ་ལ་མི་ཞུམ་པ་དེ་ལས་རྣམ་པར་རྒྱལ་འདོད་པའི་སྙིང་སྟོབས་བཅངས་ཏེ་འཚོ་བ་གསར་པར་འདུན་སེམས་དྲག་པོ་སྐྱེས་པར་བརྟེན་ལྷ་ཀླུ་གཉན་བཙན་གྱི་རིགས་མང་པོ་རིམ་བཞིན་ཐོན་ཏེ་དེ་དག་ལ་གསོལ་བ་སྨོན་ལམ་བཏབ་ནས་དེ་དག་གིས་རང་ཉིད་ལ་རོགས་རམ་དང་སྲུང་སྐྱོབ་བྱེད་པའི་ཡིད་ཆེས་སྐྱེས་ཏེ་གདོད་མའི་ཆོས་ལུགས་བྱུང་བ་དང་། དེ་ནས་བཟུང་བོད་མིའི་སེམས་ཁམས་སུ་བྱ་བ་གང་ཞིག་ཡིན་རུང་ལྷ་ལ་སྐྱབས་བཅོལ་ནས་འགྲུབ་དགོས་པའི་འདུ་ཤེས་ཤིག་བྱུང་ནས་ལྷ་གསོལ་བའི་གོམས་གཤིས་ཤིག་དར་བ་ནི་བོན་ཆོས་ལས"མི་ལ་ལྷ་གསོལ་བྱུར་ཕུད། བཀའ་ལུང་ཐོག"ཅེས་པའི་ནང་རྐྱེན་ངན་བཟློག་དགོས་ན་ལྷ་གསོལ་དགོས་པ་སོགས་བྱུང་བ་མ་ཟད་བོད་མི་རྣམས་ཀྱི་སེམས་ཁམས་སུ་གནམ་དང་། ཆུ། མེ། ཉི་མ། ཟླ་བ། ཤིང་། བྲག ནགས་ཚལ། གངས་རི་ལ་སོགས་གང་སར་ལྷ་གནས་ཡོད་པར་ངེས་འཛིན་ཏེ། དེ་དག་ལ་དུད་འགྲོའི་སྲོག་བཅད་ནས་མཆོད་པ་འབུལ་བའི་སྲོལ་དར་བ་དང་དེ་ནས་རིམ་བཞིན་རི་མཐོ་སར་སྲོག་བཅད་པའི་དུད་འགྲོའི་མགོ་བོ་མཉམ་དུ་ཕྱུངས་ནས་རི་ལྷ་རྣམས་ལ་མཆོད་པ་འབུལ་བའི་སྲོལ་བྱུང་བར་སེམས།

རི་མཐོ་སར་དུད་འགྲོའི་མགོ་བོ་མཉམ་དུ་འཛུག་པའི་སྲོལ་ད་ལྟ་ཡང་འབྲོག་ཁུལ་དུ་མཐོང་རྒྱུ་ཡོད་ལ་རྒན་རབས་རྣམས་ཀྱི་ཤོད་རྒྱུན་དུ་དེ་རྣམས་ལྷ་དང་བཙན་ལ་མཆོད་པ་འབུལ་བ་ཡིན་ཟེར། གནད་དོན་དེ་རྣམས་ལས་སྐབས་དེ་དུས་ནས་བོད་མིའི་སེམས་ཁམས་སུ་ལྷ་ཡིས་རང་ཉིད་ཀྱི་རྐྱེན་ངན་བཟློག་ཐུབ་པའི་འདུ་ཤེས་དེ་བོད་མི་རྣམས་ཀྱི་རུས་གཏིང་དུ་འཐིམས་ཡོད་པ་ཤེས་ཐུབ་ལ་དུད་འགྲོའི་མགོ་བོ་དེ་དག་ལ་ལྷ་ཞིག་ཡོད་པར་འཛིན་པའི་བསམ་བློའི་རྨང་གཞིའི་འོག་མཆོད་པ་འབུལ་བ་གསལ་པོ་རྟོགས

ཐུབ་སྙམ། དེ་ནས་དུས་ཚོད་ཀྱི་འགྱུར་བ་དང་སྤྱི་ཚོགས་ཀྱི་འཕེལ་རིམ་ལ་བརྟེན་ནས་བོད་མིའི་སྟོད་ཁང་སྐྱུན་པ་དང་དུས་མཚུངས་བོན་གྱི་ཆོས་དང་འབྲེལ་བའི་རི་མོ་མང་པོ་ཞིག་ཁང་པར་བྲི་སྲོལ་ཡོད་པ་ནི་ཁང་པའི་གྲུང་ལ་གཡུང་དྲུང་དང་ཟླ་བ། ཉི་མ་སོགས་འབྲི་བ་དང་སྒོའི་སྟེང་དུ་དུད་འགྲོའི་མགོ་སོགས་འཛོག་པའི་སྲོལ་དེ་དག་ནི་བོན་རྣམས་ནས་ལྷར་འཛིན་པའི་འདུ་ཤེས་ཀྱི་ཤུགས་རྐྱེན་ལས་བྱུང་བར་སེམས།

གཉིས་པ། བོད་མི་རྣམས་ཀྱིས་གནོད་མའི་དུས་ནས་ཁང་པར་སྒོ་ལྷ་ཡོད་པའི་འདུ་ཤེས་འཛིན་པ།

བོན་ཆོས་ཀྱིས་རང་བྱུང་ཁམས་ཀྱི་དངོས་པོ་འགའ་ཞིག་ལྷར་ངོས་འཛིན་པའི་འདུ་ཤེས་དེ་བོད་མིའི་སེམས་ཁམས་སུ་མི་རབས་ནས་མི་རབས་བར་ཕྲིན་བར་བརྒྱུད་པ་ལྟར་བྱུང་བས། ནང་ཆོས་བོད་ལ་དར་ནས་བོན་ཆོས་ཀྱི་གནས་བབ་དེ་ཉམས་ཉེས་སུ་བཏང་ཙང་ལོ་ངོ་སྟོང་གི་སེམས་པའི་བག་ཆགས་སམ་ཤུགས་རྐྱེན་གཙང་མར་འཕོར་བཀྲག་ཏུ་འགྲོ་མི་ཐུབ་པ་ནི། ད་ལྟའི་བོད་མི་རྣམས་ཀྱིས་བསངས་འབུལ་བ་སོགས་སྲོལ་དེ་ཡང་བོན་ཆོས་ཀྱི་རྩང་གཞི་ལས་བྱུང་བ་ཞིག་ཡིན་པ་སྟེ། བོན་གྱི་དཔེ་ཆ《ཡོང་རྫོ་འགྲེལ་བ》ཞེས་པར"ཡབ་ཀྱི་ཞལ་ནས་མི་ཡུལ་ནད་དང་བཙོག་ཆེ་བས་ཡ་ངལ་གྱི་སེལ་དང་བསངས་ཀྱིས"ཞེས་འཁོད་པ་བཞིན་བསངས་གཏོང་བའི་སྲོལ་ཡང་བོན་ཆོས་ལས་བྱུང་བ་ར་སྤྲོད་བྱེད་ཐུབ་ལ་ལྷ་ཡོད་པའི་འདུ་ཤེས་ཀྱང་བོན་གྱི་རྩང་གཞིའི་འོག་བོད་མིའི་ཡུལ་ཁམས་ཀུན་དུ་ལྷ་མང་དག་ཏུ་འགྱུར་སྒོ་ཚུགས་ཡོད། དེ་ཡང་། ཡུལ་ལྷ་དང་། ཕོ་ལྷ། དགྲ་ལྷ། མོ་ལྷ། སྲོག་ལྷ་སོགས་དང་། ཁང་པར་ཐོག་ལྷ་དང་ཐབ་ལྷ། ཀ་ལྷ། སྒོ་ལྷ་སོགས་ཡོད་པར་བཟུང་ནས་དེ་རྣམས་ལ་གསོལ་བ་བཏབ་ནས་རྐྱེན་ངན་ལས་བཟློག་པ་དང་། རང་ཉིད་སྲུང་བར་བྱ་བའི་འདུན་པ་ཞིག་འགོག་མེད་དུ་བཅངས་ཤིང་ལྷ་རྣམས་ཀྱི་སྲུང་བྱ་ཡང་མི་འདྲ་ལ་མཆོད་པ་འབུལ་སྲོལ་ཡང་དེ་བས་མི་འདྲ། གོང་དུ་བརྗོད་པའི་གནད་དོན་དེ་རྣམས་ལས་བོད་མི་རྣམས་ཀྱི་ཁང་པའི་སྒོ་སྟེང་དུ་ལྷ་ཞིག་ཡོད་པར་འཛིན་པའི་འདུ་ཤེས་ཀྱི་འབྱུང་རྐྱེན་རགས་ཙམ་ཤེས་ཐུབ་ཅིང་། དེ་ལ་མཆོད་པ་འབུལ་སྲོལ་ཡང་བོན་གྱི་དམར་ཆོས་ཀྱི་ཤུགས་རྐྱེན་ལས་བྱུང་བ་དེ་ཡིན་པས་སྒོ་སྟེང་དུ་འབྲོང་མགོ་དང་གཡག་མགོ་ཡི་མཆོད་པ་ཕུལ་ནས་ཁྱིམ་གཞི་དེ་ལ་ཕྱི་ཡི་གནོད་པ་ཐམས་ཅད་འགོག་པར་བྱེད་པའི་ནུས་པ་ལྡན་པར་ངོས་འཛིན་གྱི་ཡོད།

གསུམ་པ། ནང་ཆོས་བོད་ལ་དར་རྗེས་རིམ་བཞིན་སྒོ་སྟེང་དུ་ནང་ཆོས་དང་འབྲེལ་བའི་མཆོད་རྫས་སུ་གྱུར་པ།

ནང་ཆོས་བོད་ལ་དར་ནས་བོད་མིའི་སེམས་སུ་བག་ཆགས་དང་དད་སེམས་གཏིང་ཇེ་ཟབ་ཏུ་གྱུར་

པས་བོད་མི་རྣམས་ཀྱི་ཁང་པའི་མཚོན་རིས་བྲིས་ལུགས་སོགས་ནང་ཆོས་ཀྱི་ནང་དོན་ལྡན་པའི་ཕྱོགས་སུ་ཁ་ལོ་སྒྱུར་ཡོད།

གཙུག་ལག་ཁང་གི་སྒོ་ཁང་དང་དགེ་འདུན་གྱི་གནས་ཁང་སོགས་སུ་སྲིད་པའི་འཁོར་ལོ་ཆ་ལྔ་པོ་བྲིས་སྲོལ་ཡོད་པ་དང་། དེ"བདེན་བཞིའི་བླང་དོར་གྱི་འཇུག་ལྡོག་མཚོན་བྱེད་ཡིན"ཞེས་མདོ་ལས་ཀྱང་འགྲེལ་པ་གནང་འདུག་པས། ཁྱིམ་གྱི་སྒོ་སྟེང་དུ་སྲིད་པའི་འཁོར་ལོ་འཇོག་ཚུལ་ཡང་ནང་ཆོས་ཀྱི་ནང་དོན་དེ་ལ་གཞིགས་ནས་བྱུང་བ་བསྙོན་མེད་ཡིན།

རྣམ་བཅུ་དབང་ལྡན་ནི"ཁམས་གསུམ་འཇིག་རྟེན་སྣོད་བཅུད་ཐམས་ཅད་བསྡུས་པའམ་མཚོན་བྱེད"ཡིན་པས། འདི་ཁང་སྟེང་དུ་བཀལ་ན་ས་དཔྱད་ངན་པ་ཐམས་ཅད་ཟིལ་གྱིས་གནོན་ཅིང་གཟའ་སྐར་ངན་པའི་གནོད་པ་ཐམས་ཅད་བཟློག་ནས་གནོད་པ་སྲུང་། དགེ་ཤིང་བཀྲ་ཤིས་པར་བྱེད་པ་སོགས་ཀྱི་ཕན་ཡོན་ཡོད་པར་བརྟེན། ཕལ་ཆེ་བ་ཁང་སྟེང་དང་གཙུག་ལག་ཁང་སོགས་ཀྱང་དངོས་སུ་འབྲི་སྲོལ་ཆགས་ཡོད་པར་གཞིགས་ན་རིག་གནས་མི་འདྲ་བ་གཉིས་ཀྱི་ཡུལ་སྲོལ་གོམས་གཤིས་ལའང་ཤུགས་རྐྱེན་མི་འདྲ་བ་བྱུང་བ་ར་སྤྲོད་བྱེད་ཐུབ་སྙམ།

མདོར་ན། བོད་མིའི་ཁང་ཁྱིམ་གྱི་སྒོ་སྟེང་དུ་འབྲོང་མགོ་དང་གཡག་མགོ། སྲིད་པའི་འཁོར་ལོ། རྣམ་བཅུ་དབང་ལྡན་སོགས་འཇོག་ཚུལ་གྱི་ཡུལ་སྲོལ་གོམས་གཤིས་དེ་རྣམས་ལས་སྒྲ་རྒྱལ་གྱི་ཁྱད་ཆོས་དང་རིག་གནས་ཀྱི་ཤུགས་རྐྱེན་སོགས་ཀྱི་ནང་དོན་ཡང་མང་པོ་ཞིག་མངོན་ཡོད།

《སྤྲང་རྒྱན་མེ་ཏོག》༢༠༠༧ལོའི་དེབ་གསུམ་པ་ལས་བཏུས།

༄། །འདོ་བ་རྟའི་བཤད་པ་དང་བོད་ཀྱི་རྟ་རྒྱུག་འགྲན་ཚོགས།

གདུགས་དཀར་རྒྱལ།

དང་པོ། སྔོན་བཤད།

སྔོན་ཆད་བོད་མི་རིགས་ཀྱི་མེས་པོ་རྣམས་རྟ་ལ་ཞོན་ནས་སྟོད་དབུས་གཙང་ལ་མཇལ་སྐོར་དུ་འགྲོ་སྲོལ་དང་སྨད་རྒྱ་ནང་ལ་ཚོང་ལ་འགྲོ་སྲོལ་ཡོད་པས་རྟ་ནི་བོད་མི་རིགས་ཀྱི་འཚོ་བའི་ནང་དུ་མེད་དུ་མི་རུང་བའི་སྒོ་ཕྱུགས་གལ་ཆེན་ཞིག་ཡིན། དེ་ཡང་ས་ཕྱོགས་སོ་སོའི་རྟ་ལ་དབྱེ་བ་མང་པོ་ཡོད་ཅིང་། 《བོད་ཀྱི་དམངས་སྲོལ་གཅེས་བསྡུས》ལས། དབྱེ་བ་ཆེན་པོ་དྲུག་བཀར་ཡོད་པ་ནི། “འདོ་བ་དང་ཀྱི་ལིང་། འཇག་རྟ། གྱམ་ཤིང་། ཙ་རྫ། ལུ་ཆེན”བཅས་སོ། །

༡.འདོ་བ་ལའང་འདོ་ཆེན་དང་འདོ་ཆུང་གཉིས་ཡོད་དེ།

(༡)འདོ་ཆེན་ནི་མགོ་དཔང་མཐོ་ཞིང་རྣ་བ་རིང་བ་དང་། དཔྲལ་བ་ལྷེམ་ཞིང་སྐེ་རྩ་རིང་བ། བྲང་ཞེང་ཆེ་ལ་ཟུས་སྒྲོམ་ཡངས་པ། རྐང་བཞི་ཆེ་བ་དང་གཟུགས་དབྱིབས་དགུས་རིང་ཞིང་། དཔྱི་མགོ་མཐོ་ཡང་དཔྱི་མིག་དམའ་བ། རྫོག་མ་ཚོགས་སྤུ་རིང་བ་ཞིག་ཡོད་ཐོག་ད་དུང་རྩལ་ཆེ་ཞིང་ལྷག་པར་གྱེན་ལམ་ལ་ཤུགས་ཆེ་བའོ། །

(༢)འདོ་ཆུང་ནི་གཟུགས་དབྱིབས་དགོ་བ་དང་འདྲ་ལ། ལག་པ་རིང་ཡང་རྐང་པ་ཐུང་བ། ལུས་པོ་ཕྲ་བ་ལྟུགས་ཀྱི་སྙིང་བུ་དང་འདྲ་བར་བཤད། ཚོགས་སྤུ་རིང་ཞིང་མགོ་དཔང་དམའ་བ་གྱེན་ལམ་དུ་ཤུགས་ཆུང་བའོ། །

༢.ཀྱི་ལིང་ལའང་ས་རྟ་དང་གནམ་རྟ་གཉིས་ཡོད།

(༡)ས་རྟ་ཀྱི་ལིང་ནི་མགོ་དཔང་དམའ་ཞིང་ལུས་སྦྲལ་བ་དང་འདྲ་བ་ལུས་པོ་སྒྲོམ་ལ་སྐལ་བ་གྲུ་བཞི། ཡོས་ཀྱི་མགོ་བོ་དང་། སྦྲལ་བའི་མིག་འདྲ་བ་ཞིག་ལ་ཟེར་རོ། །

(༢)གནམ་རྟ་ཀྱི་ལིང་ནི་མགོ་དཔང་མཐོ་ཞིང་ལྤྲ་ཐག་རིང་ལ་ཟེ་དང་རྫོག་མའང་བཟང་བ། གདོང་རིས་བྱ་རོག་དང་འདྲ་ལ་དཔྲལ་བ་ལྷེམ་པ། སྦྲལ་མིག་ཅན་ལ་ཟེར།

༣. འཇིག་རྟ་ལའང་ནང་གསེས་དཀར་ནག་གཉིས་ཡོད་པ་སྟེ།

(༡) འཇིག་རྟ་དཀར་པོ་ནི་མགོ་དཔང་མཐོ་ལ། རྣ་བ་རིང་བ། མཇུག་སྙིང་སྨོམ་པ། མཇུག་མ་བཟང་བ་ཞིག་ལ་ཟེར།

(༢) འཇིག་རྟ་ནག་པོའི་གཟུགས་དབྱིབས་ནི་སྦལ་པ་དང་འདྲ་ལ། འགྲམ་པ་མཐུག་ལ་བྲང་ཞེང་ཆེ་བ། མཇུག་མ་རིང་ཞིང་ཕྲ་བ། རྨིག་པ་ཅོག་ཅིང་རུས་སྦོམ་ཆེ་བ་ཞིག་ལ་ཟེར།

༤. རྒྱམ་ཤིང་ལའང་ནང་གསེས་རིང་ཐུང་གཉིས་ཡོད་པ་སྟེ།

(༡) རྒྱམ་ཤིང་རིང་བ་ནི་སྐལ་ཐག་རིང་བ་ལ། མགོ་དཔང་དམའ་ཞིང་མཇིང་པ་ཕྲ་བ། གདོང་ཡུག་རིང་ཞིང་མིག་ལྷགས་མཐུག་པ། མིག་གོང་སྐྱོང་ཞིང་མིག་སྤུ་མང་ཉུང་རན་པ། ཚིགས་སྤུ་སོགས་བཟང་ཞིང་ལམ་དུ་ཆས་དུས་སྤ་རྡོ་ལས་ཕྱི་རྡོ་བཟང་བ། ལ་མོའི་རྩ་བ་ལས་ལ་རྩེར་སླེབས་དུས་བཟང་བ་ཞིག་ལ་ཟེར།

(༢) རྒྱམ་ཤིང་ཐུང་བ་ནི་སྤྱིར་རྒྱམ་ཤིང་རིང་བ་དང་ཁྱད་པར་མེད་ནའང་སྐལ་ཐག་དང་། ཚིགས་སྤུ་སོགས་ཐུང་བས་རྒྱམ་ཤིང་ཐུང་བ་ཞེས་ཟེར།

༥. རུ་རྟུ་ལའང་ནང་གསེས་གཉིས་ཡོད་དེ། གདགས་དང་སྲིབས་སོ། །

(༡) གདགས་ཀྱི་རུ་རྟུ་ཞེས་བྱ་བ་ནི་སླ་བ་བྲག་ཐོག་ཏུ་འཛེགས་པ་ལྟར་གྲུང་ཞིང་། བསྐྱོད་ཁ་ཡངས་ལ་ཟེ་རྫོག་ཚིགས་གསུམ་གྱི་སྤུ་བཟང་བ། མགོ་དཔང་མཐོ་པོས་དགུ་ངོར་འགྲོ་བ། རྣ་བ་དང་རྨིག་པའི་ཆེ་ཆུང་འཕྲིད་ཙམ་ལ། ལུས་སྟོད་བཟང་ཡང་ལུས་སྨད་ངན་པ་ཞིག་ལ་ཟེར།

(༢) སྲིབས་ཀྱི་རུ་རྟུ་ཞེས་བྱ་བ་ནི། སྤུ་ལ་ཞག་རྩི་མེད་པ་ར་རྐན་ཆར་བས་དྲིད་པ་དང་འདྲ་བ། མགོ་དཔང་དམའ་ཞིང་གདོང་ཐག་རིང་བ། རྣ་ལེབ་ཅིང་སྤུ་རིང་བ། སུག་བཞི་རུབ་ཅིང་ལྟར་སྣང་མི་མཛེས་ཀྱང་། རྟ་འདི་ཁྱིམ་བདག་སུས་ཉར་ཡང་འཕྲོད་ཅེས་གྲགས་སོ། །

༦. སྨུ་ཆེན་ལའང་དབྱེ་བ་གཉིས་ཡོད་དེ། དགྱེ་པོ་དང་སྒུར་པོ་གཉིས་སོ། །

(༡) སྨུ་ཆེན་དགྱེ་པོ་ནི་ཁྱི་སྤྱང་ལྟ་བུར་མགོ་བོ་སྐམ་པ། ལྷགས་པ་མཐུག་ལ་མགོ་དཔང་མཐོ་བ། རྣ་བ་ཆེ་ལ་མཇིང་པ་རིང་བ། སུག་བཞི་དྲང་ཡང་སྐལ་ཚིགས་སྒུར་བ། ལམ་དུ་རྒྱང་མིག་བལྟ་བཞིན་འགྲོ་བ་ཞིག་ཡོད་ཅིང་། བླ་མ་སོགས་ཀྱི་ཆིབས་རྟར་འོས་ཞེས་གྲགས་སོ། །

(༢) སྨུ་ཆེན་སྒུར་པོ་ནི་སྤྱིར་གོང་དང་འདྲ་ཡང་མགོ་དཔང་དམའ་བ་དང་གཟུགས་དབྱིབས་ཡག་པའི་ཤ་ཚུགས་ལྟ་བུ། ལུས་སྒུར་པོ་ཞིག་ཡོད་པས་སྨུ་ཆེན་སྒུར་པོ་ཟེར་ཏེ་རྟ་འདི་ཐུང་ངན་པར་གྲགས།

གཞན《མང་ཚོགས་སྐྱེ་རྩལ》ལས་དབྱེ་བ་བཞི་བཤད་པ་ནི། གཅིག་ནི་སྤུ་མདོག་དཀར་ལ་དྭངས་པ། ཟ་རྫོག་དང་ཚིགས་བཞི་སྦོ་ལ་དྭངས་པ། སྐད་ཆེ་ལ་སྙན་པ། ཁྲོལ་རྒྱངས་ཆེ་བ་ལ། འགྱུར་ཁུགས་མང་བ། མགོ་དཔང་མཐོ་བ་དེ་ནི་ཀྱི་ལིང་གནམ་རྟ་དཀར་པོ་ཡིན། གཅིག་ནི་མདོག་སེར་ལ། སྐད་

དབྱངས་ཁྲོལ་ལ་སྐྱན་པ། དེ་ནི་འདོད་བ་ཡིན་ནོ། །གཅིག་ནི་མདོག་དམར་བ། ཤ་བཟང་བ། ཙ་ཛོག་ཙུང་ངན་པ། སྦྲོད་པ་རྩུབ་པ། སྐད་ཕྲ་ལ་འཚེར་བ་ཞིག་འདུག་པ་དེ་ནི་ཏ་ཏྲ་ཡིན། གཞན་ཞིག་ནི་མདོག་སྔོ་སྐྱུར་སེར་པོའི་མདངས་ཆགས་པ་ཞིག་འདུག་པ། སྐད་ཐུང་ལ་འཚེར་བ་དེ་ནི་མོན་གྱི་ཡིན་ཟེར་རོ། །

གོང་དུ་བརྗོད་པའི་འདོད་བ་ལ་རིགས་གཉིས་ཡོད་པར་བཤད་ནའང་དེ་དང་མི་མཐུན་པའི་རིགས་བཀར་ཡོད་པ་ནི《རྟ་རྒྱུག་ནོར་བུ་ཆ་བདུན་ལས》"རྟ་འདོད་བའི་མཚན་ཉིད་མ་ཤེས་ན། རྟ་ཡོད་ཚད་འདོད་ཆེན་ཟེར་ལེ་མིན། རྟ་འདོད་བའི་རིགས་ལ་རྣམ་བཞི་ཡོད། འདོད་བ་བེག་ཧོ་མུ་ཁེངས་གསུམ། གྱི་ལིང་འདི་དང་རྣམ་བཞི་ཡིན། འདོད་བའི་རིགས་དེ་རིང་ན་བཟང་། བེག་ཧོའི་རིགས་དེ་གར་ན་བཟང་། མུ་ཁེངས་རིགས་དེ་སྲུམ་ལ་བཟང་། གྱི་ལིང་རིགས་དེ་ཡང་ན་བཟང"ཞེས་བཀོད་ཡོད་པ་ལས་བེག་ཧོ་དང་མུ་ཁེངས་ནི་ཡུལ་གཞན་པ་ཞིག་གི་ཁ་སྐད་ཡིན་པ་ལས་ཨ་མདོའི་ཁ་སྐད་ཅིག་མིན་པ་མ་ཟད་ཡིག་སྐད་ཅིག་ཀྱང་མ་རེད། དེ་བས་བདག་གིས་རྟ་རིགས་འདི་གཉིས་ས་ཕྱོགས་གང་ཞིག་ན་ཡོད་པ་འཚོལ་ཞིབ་བྱས་ཀྱང་གསལ་པོར་མ་ཤེས། "འདོད་བའི་རིགས་དེ་རིང་ན་བཟང"ཟེར་བ་ལས"རིང"བ་ནི་རྟ་ཡི་མགོ་དང་ཇ་མའི་བར་ཐག་རིང་བ་ཅན་དེ་ལ་གོ་དགོས། "བེག་ཧོའི་རིགས་དེ་གར་ན་བཟང"ཞེས་པའི"གར"ནི་སྔེ་དགེ་གླིང་ཚང་གི་ཤིང་བཀོས་པར་དེབས་ལ་བློ་མཐུན་ཐུབ་བསྟན་ཉི་མས་ནོར་བཅོས་བྱས་ཀྱང་ཉམས་མ་བཞག་པ་ཡིན་པར་སེམས། "གར"ཞེས་པ་དེ་ལ་སྟོན་འཇུག་བ་ཡིག་སྦྱར་ནས་བགར་ཞེས་བྲིས་ན་དོན་གོ་རྒྱུ་ཡོད་པར་འདུག

གཉིས་པ། མགོ་བོ་བཤད་པ།

《དམངས་སྲོལ་གཅེས་བསྡུས》ལས། རྟའི་མགོ་བོ་ལ་དབྱེ་བ་དྲུག་ཡོད་པ་ནི་གཅན་མགོ་དང་སྦལ་མགོ། ལུག་མགོ། ཡོས་མགོ། གླང་མགོ། ཤྭ་མགོ་བཅས་སོ། །

(༡) གཅན་མགོ་ནི་ཁ་ཚལ་ཆེ་ལ་སྣ་ཉག་ཅིང་མིག་སྤྲིན་དམར་བ་དང་། མིག་རྩ་གོང་ཞིང་མིག་འབྲུར་འབྲིང་ཙམ་ཡོད་པ་ཞིག་ལ་ཟེར།

(༢) སྦལ་མགོ་ནི་ཡུགས་ཐུང་ལ་དཔྲལ་གདོང་ཆེ་བ་དང་། མིག་འབྲུར་ཆེ་ཞིང་མགོ་བོ་ཙུང་ལེབ་པ་ཞིག་ལ་ཟེར།

(༣) ལུག་མགོ་ནི་གདོང་མི་འཇམ་མི་མཛེས་ལ། ལྐག་པར་སྣ་ལ་བཟོ་ལྟ་མེད་པ་དང་སྣ་ལུད་མཛར་མཁན་ཞིག་ལ་ཟེར།

(༤) ཡོས་མགོ་ནི་མགོ་བོ་ཆུང་ཡང་རྣ་བ་རིང་བ། མིག་འབྲུར་ཆེ་ཞིང་གྲུང་བ། སྨ་ར་ཁུང་ཞིང་རིང་བ་ཞིག་ལ་ཟེར།

(༥) གླང་མགོ་ནི་མགོ་བོ་ཆེ་ཞིང་སྣ་ཡང་ཙུང་ལེབ་པ། མིག་ཟླུམ་ཞིང་རྣ་བ་ཐུང་བ་ཞིག་ལ་ཟེར།

(༤) ཤ་མགོ་ནི་མགོ་བོ་གཙང་ཞིང་དབྱིབས་ལེགས་པ། དཔྲལ་མདོང་ཆུང་ཞིང་སྣ་ཆེ་བ་རྣ་བ་འཁྱིར་ཙམ་ཞིག་ལ་ཟེར།

གོང་གསལ་མགོ་སྣ་དྲུག་པོ་ནི་གཙན་དང་། སྤྲེལ་པ། ལུག བོང་། ཤ་བ་བཅས་ལ་བལྟོས་ནས་དབྱེ་བར་མཛད། དེ་དག་ལས་ཡོས་མགོ་དང་སྤྲེལ་མགོ་རྟ་མཆོག་ཏུ་གྲགས་སོ། །

དེ་དང་བཞིན་ཚུལ་མི་མཐུན་པ་ཞིག་ཡོད་པ་ནི《རྟ་རྒྱུག་ནོར་བུ་ཆ་བདུན》ལས། "རྟ་རབ་རེ་རེའི་མགོ་བོ་ལ། སེམས་ཅན་བདུན་གྱི་མགོ་རྣ་སྲིད། ཙི་སེ་འཁོར་གི་དཔྲལ་ཞེང་དང་། ཏ་སྤྲེལ་རྒྱལ་པོའི་མིག་ཕམ་ལ། ཞི་ སྟང་སྦྲུལ་གྱི་མིག་འབྲས་དང་། སེང་གེ་དཀར་མོའི་སྣ་ཁུང་དང་། དམར་ཡག་སྟག་གི་ཁ་ཤ་དང་། རྣ་བ་རྐོད་ཀྱི་ཐུལ་ཕྲན་དང་། འཇུ་ཏ་ཤ་བོའི་མ་ནེ་སྟེ། སེམས་ཅན་བདུན་གྱི་མགོ་རྣ་དེ། རྒྱང་བུ་འདི་ལ་ཚང་ནས་ཡོད"ཅེས་བཀོད་ཡོད།

གསུམ་པ། གདོང་གི་རིགས་བཤད་པ།

གདོང་བའི་རིགས་ལ་རྣམ་གསུམ་ཡོད། །རྟ་རབ་ཁྱུང་གི་གདོང་བ་དགོས། །རྟ་འཁྱིར་ཚེ་ཚེ་ར་གདོང་ཡོད། །ཤ་བའི་གདོང་དེ་ཐ་མ་ཡིན། །

བཞི་པ། སོ་ཡི་རིགས་བཤད་པ།

《རྟ་རྒྱུག་ནོར་བུ་ཆ་བདུན》ལས། རྟའི་སོ་ལ་རིགས་བདུན་ཡོད་པར་བཤད་དེ། "རྒྱང་སོ་སྤུབས་ཆེན་དེ་དང་གཅིག བ་སོ་བྲེ་ག་དེ་དང་གཉིས། ལུག་སོ་དཀར་ཆུང་དེ་དང་གསུམ། འདི་གསུམ་སོ་ཡི་བཟང་གསུམ་ཡིན། སྟག་སོ་ཇམ་པ་དེ་དང་གཅིག ཇ་སོ་འཕྱང་བུ་དེ་དང་གཉིས། ཕག་སོ་འཇུར་བུ་དེ་དང་གསུམ། འདི་གསུམ་སོ་ཡི་ངན་གསུམ་ཡིན། རྒྱང་སོ་སྤུབས་ཆུང་འཁྱིར་པོ་ཡིན"ཞེས་པ་ལྟར་རོ། །

ལྔ་པ། སྤུ་མདོག་བཤད་པ།

རྟ་ལ་སྤུ་མདོག་མི་འདྲ་བ་དུ་མ་ཡོད་པས་མིང་འདོགས་སྟོལ་ཡང་མི་འདྲ་སྟེ། ར་ར། ནག་ནག སྔོ་སྔོ། རྒྱང་རྒྱང་སོགས་ལྟ་བུ་དང་། ཡང་དཔེར་ན། ཁྲོ་དམར་གཅིག་ཕུའང་ནང་གསེས་ཏ་ཅང་མང་བས་ཁ་རྒྱུན་དུ། རྟ་ཁྲོ་དམར་གྱི་སྤུ་མདོག་ནི་གླིང་གེ་སར་གྱི་རྨྱང་དང་འདྲ་ཞེས་ཤོད་སྲོལ་ཡོད་པ་རེད། གཞན་ཁྱིམ་བདག་གི་ལོ་རྟགས་དང་བསྟུན་ནས་རྟའི་སྤུ་མདོག་འཕྲོད་མིན་མོ་རྩིས་བྱེད་པ་མ་ཟད། ལས་རིགས་སམ་གོ་གནས་དང་བསྟུན་ནས་རྟའི་སྤུ་མདོག་ཤོད་སྲོལ་ཡོད་པ། གསེར་བྱ་དང་པ་བླ་མའི་ཆིབས་ཆེན། གཡུ་འབྲུག་སྔོ་ནག་ཚོང་པའི་རྟ། ཕུན་ཚོགས་རྒྱང་པོ་དམག་གི་རྟ་ཟེར་བ་སོགས་ཡོད།

《རྟ་དཔྱད་མཐོང་བ་ཀུན་གསལ་མེ་ལོང》ལས། "ཕོ་སྤུ་མོ་སྤུ་མ་ནིང་སྤུ། ཕོ་སྤུ་རྩུབ་རིང་རྩིབ་ཐུང་

གཉིས། རྐུབ་རིང་གྲུམ་པ་དར་མ་འདྲ། རྐུབ་ཐུང་རྒྱ་སྟག་དར་མ་འདྲ། མོ་སྤྱུ་འཛམ་རིང་འཛམ་ཐུང་གཉིས། འཛམ་རིང་སྤྱང་མོ་དར་མ་འདྲ། འཛམ་ཐུང་བྱི་ལ་དར་མ་འདྲ། མ་ཉིང་སྤྱུ་ལ་རྐོད་གཡུང་གཉིས། རྐོད་ལ་ཆུ་སྲམ་དར་མ་འདྲ། གཡུང་ནི་ཏི་ལོ་དར་མ་འདྲ། ཕོ་སྤྱུ་ཁ་གཏིང་མེད་པ་རྐུབ། མོ་སྤྱུ་ཁ་གཏིང་མེད་པ་འཛམ། མ་ཉིང་ཁ་རྐུབ་གཏིང་འཛམ་མོ། སྤྱུ་ཚན་མཐུག་ན་ཀུན་ལ་བཟང་། སྤྱུ་ཚན་སྲབ་ན་ངན་པའི་སྤྱུ"ཞེས་རྟའི་སྤྱུ་ཡི་དབྱེ་བ་བཤད་ཡོད།

《རྟ་རྒྱུག་ནོར་བུ་ཆ་བདུན》ལས་སྤྱུ་རིགས་མི་འདྲ་བ་རྣམ་པ་ལྔ་དབྱེ་ཡོད། "རྐུབ་རིང་ཤ་བའི་སྤྱུ་དང་གཅིག རྐུབ་ཐུང་སྟག་གི་སྤྱུ་དང་གཉིས། འདི་གཉིས་སྤྱུ་ཡི་བཟང་ཤོས་ཡིན། འཛམ་རིང་ཞྭ་ཡི་སྤྱུ་དང་གཅིག འཛམ་ཐུང་དྲེད་སྤྱུ་ངན་གཉིས་ཡིན། འཛམ་མེད་རྐུབ་མེད་བོང་བུའི་སྤྱུ། རྟ་འབྲིང་རིགས་ལ་འོང་ལེ་ཡིན"ཞེས་པ་ལྟར་རོ། །

དྲུག་པ། རྨིག་པའི་རིགས་བཤད་པ།

རྨིག་པའི་རིགས་འདི་ལ《བོད་ཀྱི་དམངས་སྲོལ་གཅེས་བསྡུས》ལས་དབྱེ་བ་དྲུག་ཡོད་པ་ནི། "རྐྱང་རྨིག་དང་། དྲུང་ཕོར། ཤྭ་རྨིག བྱ་སྡེར། གཡག་རྨིག མགྲོགས་སེན"བཅས་སོ། །

(༡)རྐྱང་རྨིག་ནི་ཅུང་ཆུང་ཞིང་ཟླུམ་པ་དང་། ཕྱི་ཟུར་རྣོ་བ་ཞིག་ལ་ཟེར།

(༢)དྲུང་ཕོར་ནི་སྟ་མ་དང་ཤས་ཆེར་འདྲ་བ་ལ། རྣ་མཐའ་མཐོ་ཞིང་རྣ་ཁ་གཡེལ་བ། གཟུགས་དབྱིབས་སྐོར་མོ་དྲུང་ཕོར་འདྲ་བ་ལ་ཟེར།

(༣)ཤྭ་རྨིག་ནི་དབྱིབས་གཙང་ལ་དམའ་བ་དང་། རྨིག་རྩེ་ཅུང་རིང་བ། རྨིག་སྤྱུ་ཐུང་ལ་ཙོག་ཙོག་ཅིག་ལ་ཟེར།

(༤)བྱ་སྡེར་ནི་སྲབ་ལ་ཡང་བ། རྣ་མཐའ་དམའ་ཞིང་དབྱིབས་མི་གཙང་བ་རྩེ་མོ་རྣོ་བ་ཞིག་ལ་ཟེར།

(༥)གཡག་རྨིག་ནི་ཆེ་ཞིང་དཔང་མཐོ་བ། རྨིག་མཚམས་རྒྱས་ཤིང་རྨིག་རྒྱས་ལེབ་པ། རྨིག་རྩེ་བརྟན་ལ་ཚུགས་ཆེ་བ་སྟེ་རྨིག་པའི་མཆོག་ཏུ་བཤད་དོ། །

(༦)མགྲོགས་སེན་ནི་སྤྱིར་བྱ་སྡེར་དང་འདྲ་ཞིང་། དེ་ལས་ཅུང་མཐོ་བ་དང་། རྨིག་རྩེ་རྣོ་བ། བྱེད་ཕོས་བཙོས་པ་དང་འདྲ་བ་ཞིག་ལ་ཟེར།

གོང་གསལ་རྨིག་སྣ་དྲུག་པོ་ལ་གཡག་རྨིག་མཆོག་དང་ཤྭ་རྨིག་བྱ་སྡེར་ཞེས་པ་དམན་པར་བཤད་ལ་གཞན་དུ་ན་རྨིག་པ་ཇི་ཙམ་ནག་པ་དང་མཁྲེགས་པ་མཆོག་ཡིན་ནོ། །

རྨིག་པའི་དབྱེ་བ་དགར་ཚུལ་མང་པོ་ཡོད་ཀྱང《རྟ་རྒྱུག་ནོར་བུ་ཆ་བདུན》ལས་བདུན་བཤད་ཡོད་དེ། "མཐོ་ལ་ཡག་པ་བསེ་ཕོར་འདྲ། ཁ་ཟད་ཟངས་ཀྱི་འདབ་མ་ཅན། གཟར་ཐུང་ལྕགས་ཀྱི་མཆེ་བ་

ཅན། འདི་གསུམ་རྨིག་པའི་བཟང་གསུམ་ཡིན། སྐྱུམ་སྐྱུམ་གཤོང་མེད་དེ་དང་གཅིག ལོར་ལོར་ཁ་མེད་དེ་དང་གཉིས། ཐྱ(ཐྱ)ལ་ཐྱལ་རྗེས་མེད་དེ་དང་གསུམ། དེ་གསུམ་རྨིག་པའི་ངན་གསུམ་ཡིན། ཡོ་བཞི་དྲང་གསུམ་འབྲིང་པོའི་རྨིག"ཅེས་པའོ། །

བདུན་པ། ཟས་སོགས་ཀྱི་སྒོ་ནས་བཤད་པ།

(༡) ཆུ་འཐུང་བར་བརྟག་པ་ནི། འཐུང་ཐེངས་མང་པོ་བྱེད་པ་དང་ཆུ་དྲོད་ཅན་མི་འཐུང་མཁན་ནི་བྱ་རིགས་ཡིན་པས་བཟང་བ་དང་། ཆུ་ལན་གསུམ་བསྐྱར་དུ་འཐུང་མཁན་ནི་གཅན་གཟན་གྱི་རིགས་ཡིན་པ་དང་ཆུ་ལན་གཉིས་འཐུང་མཁན་ནི་རི་དྭགས་ཀྱི་རིགས་ཡིན་པས་དེ་གཉིས་འབྲིང་དུ་འདོད། ཆུ་དུས་གཅིག་ཏུ་ཚོད་མེད་འཐུང་མཁན་ནི་བ་གླང་གི་རིགས་ཡིན་པས་གླུན་ཞིང་རྫོངས་པ་སྟེ་ཐ་མའོ། །

(༢) སྐད་ཀྱི་སྒོ་ནས་བརྟག་པ་ནི། རྟ་རབ་ཀྱི་སྐད་ནི་སེང་གེའི་ངར་སྐད་འདྲ་ཞིང་། རྟ་འབྲིང་གི་སྐད་ནི་བྱ་འོལ་མའི་སྐད། རྟ་ཐ་མའི་སྐད་ནི་ཕག་གི་སྐད་ལྟར་སྲོམ་ཞིང་སྣ་ཕུགས་ནས་འཚེར་བའོ། །

(༣) རྨིག་རྗེས་ཀྱི་སྒོ་ནས་བརྟག་པ་ནི། ས་ལ་རྨིག་རྩེའི་རྗེས་ཙམ་ལས་མི་གསལ་བ་རབ་དང་། རྐང་རྗེས་ལག་རྗེས་ཀྱི་སྟེང་དུ་སླེབས་པས་རྐང་རྗེས་ལས་ལག་རྗེས་མི་མཐོང་བ་འབྲིང་། ལག་རྗེས་སྟེང་རྐང་རྗེས་མ་སླེབས་པས་རྐང་རྗེས་ལག་རྗེས་གཉིས་ཀ་གསལ་བ་ནི་ཐ་མའོ། །

བརྒྱད་པ། ས་ཆ་སོ་སོའི་རྟ་རྒྱུག་དུས་ཆེན།

རྟ་རྒྱུག་འགྲན་སྡུར་ནི་བོད་རིགས་མི་དམངས་ཆེས་དགའ་བའི་བྱ་འགུལ་གྱི་གྲས་ཤིག་ཡིན་ཞིང་རོང་འབྲོག་ཚང་མ་དོན་མེད་དུ་འདུས་པའི་ཚོགས་ར་ཞིག་མིན་པར་རོང་འབྲོག་གི་ཐོན་ཟས་དང་ཉམས་མྱོང་བརྗེ་རེས་བྱེད་ས་ཞིག་ཡིན་པ་མ་ཟད། བོད་མི་རིགས་ཀྱི་སྙིང་སྟོབས་འགྲེམས་སྟོན་བྱེད་ས་ཞིག་ཀྱང་རེད། དམངས་ཁྲོད་ངག་རྒྱུན་དུ་བཤད་པའི་བོད་ཀྱི་དུས་ཆེན་གྱི་ནང་དུ་རྟ་རྒྱུག་འགྲན་སྡུར་ཡང་ཆད་མི་རུང་བའི་བྱ་འགུལ་ཞིག་ཡིན་པས་དུས་ཡུན་རིང་བའི་ལོ་རྒྱུས་ལྡན་པ་རེད། བོད་རིགས་མེས་པོ་རྣམས་ཕྱོགས་ཡར་མར་ལ་འགྲོ་དུས་རྟ་མགོ་ལ། དཀའ་སྡུག་མྱོང་དགོས་པའི་དམག་འཁྲུག་ཁྲོད་དུ་ངེས་པར་དུ་རྟ་དང་འབྲལ་མི་རུང་བ་རེད། དེ་བས་བོད་མི་རིགས་ཀྱིས་གདོད་མའི་དུས་སྐབས་ནས་བཟུང་རྟ་ལ་བཙངས་པའི་བརྩེ་དུང་ནི་ཧ་ཅང་རྣམ་པར་དག་ཅིང་མཆོག་ཏུ་གྱུར་པའི་ལྷ་ཡི་ཚུལ་དུ་བརྩི་སྲོལ་ཡོད་ཅེས་བཤད་སྲོལ་ཡོད། རྟ་ཡིས་ཚོ་ཁག་རེ་རེའི་ལ་རྒྱ་བརྩོན་ལེན་བྱེད་ཐུབ་པས"ལ་རྒྱའི་རྟ་པོ"ཞེས་མིང་བཏགས་ཡོད་པ་ཡིན། རྟ་རྒྱུག་འགྲན་སྡུར་ཐོན་ལ་ཉེ་བའི་དུས་ནས་བཟུང་རྟ་བདག་སོ་སོས་རྟ་ལ་བདག་སྐྱོང་བྱས་ཏེ་རྩ་ཆུ་རན་པར་བཀོད་སྒྲིག་བྱེད་དགོས་པ་མ་ཟད། མི་གཞན་ལ་ཞོན་དུ་མི་འཇུག་པ་རེད། རྒན་པོ་རྣམས་ཀྱི་ངག་རྒྱུན་ལས་ཐོས་པ་ནི་རྟ་རྒྱུག་ལ་ཞུགས་དགོས་པའི་སྟེན་དགོང་མོ་དེར་

རྟ་ཞོན་མཁན་གྱིས་བུད་མེད་ལ་ལུས་འབྲེལ་མི་བྱེད་ལ་ཐ་ན་རང་གི་ཆུང་མར་ལུས་འབྲེལ་བྱས་ནའང་དགྲ་ལྷ་མི་འགོར་བས་འགྲན་རྩེར་ལས་ཕམ་པའི་སྲོལ་དུ་བརྩི་བས་ཉམས་འཇོག་བྱེད་དགོས་པ་དང་གཅིག འགྲན་ཞུགས་ཀྱི་རྟ་དེའི་སྐབ་མདའི་ཐོག་ཏུ་མི་གཞན་གྱི་རྐང་པ་འཇོག་པའམ་ཡང་ན་བུད་མེད་ཀྱིས་སྐབ་མདར་རེག་ན་འགྲན་རྩེར་ལས་རྒྱལ་ཁ་ཐོབ་པར་བཀག་འགོག་ཐེབས་པར་བརྩི། གཤམ་དུ་བོད་ཀྱི་ས་ཆ་འགའི་རྟ་རྒྱུག་འགྲན་རྩེར་ངོ་སྤྲོད་ཙམ་བྱེད་ན།

(༧) བོད་ལྗོངས་དིང་རིའི་རྟ་རྒྱུག

རྟ་རྒྱུག་འགྲན་རྩེར་འདི་ནི་བོད་ཁམས་ཀྱི་ས་ཆ་གཞན་པའི་རྟ་རྒྱུག་དུས་ཆེན་དང་ཕལ་ཆེར་འདྲ་མཚུངས་ཡིན། འོན་ཀྱང་། རྫོང་ཁག་རེ་རེས་དངོས་རྫས་བརྫེ་རེས་བྱེད་སའི་ཕྱོགས་བསྡུས་རང་བཞིན་གྱི་བྲོ་འགྲུལ་ཞིག་མིན། དེ་ནི་ཞང་དང་སྡེ་བ་རེ་རེ་བྱས་ཏེ་རྟ་རྒྱུག་འགྲན་རྩེར་བྱེད་པ་ཁོ་ན་ཡིན། ལོ་གཅིག་ལ་ཐེངས་གཅིག་འཚོག་པ་མིན་པར་ཐེངས་གསུམ་ཡིན། ལོ་རེ་རེའི་དཔྱིད་ཀ་མ་ཐོན་པའི་སྔོན་ལ། ཞང་རེ་རེ་དང་སྡེ་བ་རེ་རེའི་རྟ་རྒྱུག་འགྲན་རྩེར་ཐེངས་གཅིག་སྤེལ་བ་རེད། དེ་ནི་དཔའ་ངར་ཆེ་བསྐྱེད་ཀྱིས་སོན་འདེབས་ལེགས་འགྲུབ་འབྱུང་བའི་ཆེད་དུ་བསྡུ་བ་ཡིན། དཔྱིད་ཀ་ཞིང་བཏབ་རྗེས་ཡང་བསྐྱར་རྟ་རྒྱུག་འགྲན་རྩེར་འཚོག་པ་རེད། དེ་ནི་ཆར་ཆུ་དུས་སུ་འབབ་པར་གསོལ་བ་འདེབས་པ་དང་ལོ་ལེགས་སྨིན་པའི་རྟགས་མཚན་ཞིག་ཡིན། སྟོན་ཁ་ལོ་ཏོག་བླངས་རྗེས་སྟར་ལས་ལྷག་པའི་རྟ་རྒྱུག་འགྲན་རྩེར་བྲོ་འགྲུལ་ཞིག་སྤེལ་བ་རེད། དེ་ནི་ལོ་ལེགས་ཡོང་བར་བཀྲ་ཤིས་བདེ་ལེགས་ཞུ་བའི་རྟགས་ཤིག་རེད།

བྲོ་འགྲུལ་འདི་ལ་ལོ་ངོ་སྟོང་ཕྲག་ལྷག་པའི་ལོ་རྒྱུས་ཡོད་ལ་ཞིང་ལས་ཀྱི་བྱ་བ་ལ་བརྟེན་ནས་བྱུང་བ་ཡིན། དེའི་རྒྱུ་མཚན་གྱིས། ས་ཁུལ་དེའི་རྟ་རྒྱུག་འགྲན་རྩེར་འདི་ནི་ཞིང་ལས་བྱ་བའི་མཛད་སྒོར་སྔོན་ལམ་འདེབས་པའི་བྲོ་འགྲུལ་ཞིག་ཡིན་པ་རེད།

(༢) བོད་བྱང་ཐང་གི་རྟ་རྒྱུག་དུས་ཆེན།

བོད་བྱང་ཐང་གི་རྟ་རྒྱུག་དུས་ཆེན་དེ་ལོ་རེའི་ཕྱི་ཟླ་བདུན་པའི་ཟླ་མཇུག་གམ་ཕྱི་ཟླ་བརྒྱད་པའི་ཚེས་ཤར་དུ་རྒྱུག་སྲོལ་ཡོད། དེར་མིང་འདོགས་སྟངས་མི་འདྲ་བ་དུ་མ་ཡོད་པ་སྟེ། ཡུལ་འགའ་ཤས་ཀྱིས“སྤྱི་སྐྱིད་དུས་ཆེན”ཞེས་པ་དང་ཡུལ་འགའ་ཤས་ཀྱིས“དབྱར་སྐྱིད་དུས་ཆེན”ཞེས་པ་དང་ཡང་ཡུལ་འགའ་ཤས་ཀྱིས“རྟ་རྒྱུག་དུས་ཆེན”ཞེས་འབོད། དེང་སང་ཕལ་ཆེ་བས“བརྒྱད་གཅིག་དུས་ཆེན”ཞེས་འབོད་ཀྱིན་ཡོད།

བོད་བྱང་ཐང་རྟ་རྒྱུག་དུས་ཆེན་གྱི་ལྟད་མོའི་རྣམ་གྲངས་ནི།

གཅིག “རྒྱུག་ཆེན”ཞེས་རྒྱུག་མ་ཐག་རིང་གི་བང་རྩལ་འགྲན་པ། རྟ་རྒྱུག་འགྲན་བསྡུར་མ་བསྡུས་

པའི་སྟེང་ལ"རྒྱུག་སྦྱང"ཞེས་རྒྱུག་མ་རྣམས་ནང་སྦྱོང་བྱེད་པ་དང་དངོས་སུ་རྒྱུག་པའི་ཉིན་དེའི་ཞོགས་པར་རྒྱུག་མའི་བདག་པོས་རྒྱུག་མ་རྣམས་ལ་ཚོན་སྣ་ལྔའི་མཛེས་རྒྱན་གྱིས་ལེགས་པར་བརྒྱན་ཏེ་བསང་ཁྲི་ཆེན་པོ་གཉིས་ལ་སྐོར་བ་བསྐོར་ནས་བསང་བཏང་སྟེ་རྟ་ཕོ་འདྲ་འདྲའི་ནང་ནས་མགོ་རྫོག་དཀར་གང་གིས་མགྲོ་བར་ཤོག་ཅེས་འགྲན་སྟུར་ནང་མི་རྟ་གོད་ཆག་མི་ཡོང་བ་དང་ཨང་དང་པོར་སླེབས་པར་སྨོན་ལམ་བརྒྱབ་རྗེས་གཞི་ནས་རྒྱུག་ཐིག་ཏུ་ཕྱིན་ནས་དུས་གཅིག་ཏུ་རྒྱུག་གི་ཡོད། རྒྱུག་མར་བཞོན་མཁན་ནི་ཕྲུ་གུ་ལོ་བཅུའི་ཡས་མས་ཤ་སྟག་ཡིན་ལ། དེ་རྣམས་ལ་ཆེད་དུ་བཟོས་པའི་ཞྭ་མོ"རྒྱུག་ཞྭ"ཞེས་པ་ཀླད་དུ་རྒོད་ཀྱི་སྒྲོ་བཙུགས་པའི་རས་ཞྭ་བཟོ་བདེ་བོ་རེ་དང་། "རྒྱུག་གོས"ཞེས་ཡུལ་སོ་སོར་མི་འདྲ་བའི་གོས་ཆེན་ནམ་རས་ཀྱི་གྱོན་པ་ཚ་ཚང་རེ་ཡོད།

འགྲན་བསྡུར་ནང་ཞུགས་པའི་རྟ་རྣམས་ཨང་རིམ་ལྟར་རིམ་པ་བཅོ་ལྔའི་བར་བྱ་དགའ་སྤྲོད་པ་དང་དེ་མིན་ཚ་སྐོམས་ཀྱིས་བྱ་དགའ་སྤྲོད་ཀྱིན་ཡོད། "རྟེའུ་རང"ཞེས་རྟ་རྟིང་མ་དེར་སྐྱུལ་ལྕག་དང་སེམས་གསོའི་ཆེད་དུ་རིམ་པ་གཉིས་པ་དང་མཚུངས་པའི་བྱ་དགའ་སྤྲོད་ཀྱིན་ཡོད། "རྟེའུ་རང"ཞེས་པ་ནི་རྟ་སྒང་གི་མིང་ཡིན་ཞིང་། རྟ་རྟིང་མ་དེར་མིང་དེ་ལྟར་འདོགས་དོན་ནི་རྟ་སྒང་རྟའི་མཇུག་ཏུ་ཡོད་པས་སོ། །རྟ་གཉིས་མགྱོགས་ཚད་ཀྱི་དབྱེ་བ་མེད་པར་དུས་མཉམ་དུ་སླེབས་ན་ཨང་གྲངས་གཅིག་པར་བརྩི་བ། རྒྱུག་ཕྲུག་རྟ་ལས་ལྷུང་སྟེ་རྟ་སྟོང་པར་སླེབས་ན་རིམ་པ་གཅིག་འབེབ་སྲོལ་ཡོད། དེ་ལྟར་རྟའི་རིམ་པ་བཞིན་ཞང་སོ་སོའི་མི་རྣམས་ཀྱིས་རྟ་དང་རྒྱུག་ཕྲུག་ལ་ཁ་བཏགས་གཡོགས་ནས་བཀྲ་ཤིས་བདེ་ལེགས་ཞུ་གི་ཡོད།

གཉིས། "འགྲོས་བསྡུར"ཞེས་རྟ་འགྲོས་མའི་མགྱོགས་ཚད་དང་འགྲོས་ཀྱི་བྱང་ཚད་འགྲན་པ། དེ་ནི་འགྲོས་མ་རྣམས་ལྟད་མོ་བའི་དཀྱིལ་དུ་སྐོར་བ་བསྐོར་གྱིན་འགྲོས་འགྲན་པ་སྟེ། རྟ་རྒྱུག་བཀོད་འདོམས་པ་དང་ཡུལ་གྱི་ལྟད་མོ་བ་རྣམས་ཀྱིས་འགྲོས་མའི་མགྱོགས་ཚད་དང་འགྲོས་བཟང་ངན་དབྱེ་འབྱེད་བྱས་ཏེ་རིམ་པ་དགར་གྱིན་ཡོད་ཅིང་། བྱ་དགའ་སྤྲོད་ཐབས་ནི་རྒྱུག་ཆེན་དང་གཅིག་མཚུངས་ཡིན།

གསུམ། "ཞ་འཕེན"ཞེས་རྟ་ཐོག་ནས་མེ་མདའི་ཚ་ཁ་འགྲན་པ། འགྲན་བསྡུར་ནང་ཞུགས་མཁན་གྱི་མི་རྣམས་ཀྱིས་རང་རང་གི་རྟ་ལ་བཞོན་ཏེ་ལག་ཏུ་མེ་མདའ་ཐོགས་ནས(ཐལ་ཆེ་བས་བོད་མདའ་བེད་སྤྱོད་ཀྱིན་ཡོད། དེ་ནི་སྒྲ་ཆེ་ལ་རྫས་དུད་མང་བས་ཟིལ་རྔམ་ཆེ་བ་ཡོད་པས་ཡིན)རྟ་རྒྱུག་ཞོར་དུ་མེ་མདའ་ཀླད་དུ་བསྐོར་ཞིང་རྟའི་མགུལ་འོག་ནས་བླངས་ཏེ་རྒྱུག་ལམ་གཡོན་ཕྱོགས་ཀྱི་འབེན་ལ་གཟས་ནས་མེ་མདའ་རྒྱག་པ་ལ"སྟ་རིས་སྒོ་འཕོར"ཞེས་ཟེར། དེ་མིན་རྟ་རྩལ་ཞན་པ་རྣམས་ཀྱིས་རྟ་རྒྱུག་ཞོར་མེ་མདའ་འཕེན་པ་དེར"ཁྲི་ཁྲིད"ཟེར། "ཞ་འབེན"ཞེས་པའི་རྣམ་གྲངས་དེ་ལྟད་མོ་ཆེ་ཤོས་སུ་བརྩི་བ་དང་བྱ་དགའ་སྤྲོད་སྟངས་ནི་མེ་མདའ་འབེན་ལ་ཐོག་པའི་གྲངས་ཚད་ལ་བལྟས་ནས་སྤྲོད་ཀྱིན་ཡོད།

བཞི། "ཡོབ་འགྱུར"ཞེས་རྟ་ཐོག་ནས་ཁ་བཏགས་སྒྲུགས་པ། དེ་ནི་འགྲན་བསྡུར་ལ་ཞུགས་མཁན་

ཚོས་རང་རང་གི་རྟ་ལ་ཞོན་ཏེ་རྟ་རྒྱུག་ཞོར་དུ་རྒྱུག་ལམ་གཡས་གཡོན་དུ་བཞག་པའི་ཁ་བཏགས་རྣམས་ས་ལས་ལེན་རྒྱུ་དེ་རེད། རྣམ་གྲངས་དེ་ཡང་ལྷུད་མོ་ཆེ་གྲས་སུ་བརྩི་གི་ཡོད། དེར་ཆེད་གཏོང་གི་བྱ་དགའ་མེད་མོད་ཁ་བཏགས་དེའི་སྟེ་ཏུ་མི་དམངས་ཤོག་སྐོར་རེ་བསྒྲིལ་ཡོད་སྟབས་ཁ་བཏགས་སྒྲུགས་པ་མང་བ་དེར་སྐོར་མང་བ་ཐོབ་ཀྱིན་ཡོད། རྟ་རྩལ་ཤིན་ཏུ་མཁས་པ་རེ་ཟུང་ལ་དམིགས་བསལ་གྱིས་བྱ་དགར་རས་ཚ་དང་ཇ་སོགས་སྤྲོད་པའི་སྲོལ་ཡང་ཡོད།

(༣)རྒྱ་ཚ་རྫོང་གི་སྐབས་གཉིས་པའི་གླིང་གེ་སར་རྒྱ་ཁྲུགས་ཀྱི་ལིང་རྟ་རྒྱུག་འགྲན་ཚོགས།

རྟ་ནོར་ལུག་གསུམ་གྱིས་བརྒྱན་ཞིང་མཚར་སྡུག་ཡིད་དུ་འོང་བའི་ཟླ༤པའི་རྒྱ་ཚའི་རང་བྱུང་ཁོར་ཡུག་གིས་ཀུན་གྱི་ཡིད་དབང་འཕྲོག་ཅིང་ཁོད་ཡངས་པའི་རྩྭ་ཐང་དེ་རུ། ཀན་སུའུ། སི་ཁྲོན། མཚོ་སྔོན་ནས་ཡོང་བའི་རྟ་རྒྱུག་ཚབ་བྱེད་རུ་ཁག༢༢ལྷག་ཡོད་པས་མིག་སྔར་བོད་ཀྱི་རྟ་རྒྱུག་རྣམ་པ་ཆེས་ཆེ་བ་དེ་རྒྱ་ཚ་ནས་བསྟུས་པ་དང་གླིང་གེ་སར་རྒྱལ་པོ་འཁྲུངས་ནས་ལོ༡༠༠༠ལོན་པར་རྗེས་དྲན་ཞུ་བའང་རེད། གེ་སར་རྒྱལ་པོ་ནི་བཙན་པོ་གཉའ་ནས་གནོན་མཁན་དང་ཉམ་ཆུང་མཐའ་ནས་སྐྱོང་མཁན་ཡིན། གེ་སར་དགུང་ལོ༡༢སོན་དུས་གནས་འདི་ནས་འདོ་བ་རྒྱང་རྒོད་བཟུང་ཞིང་གླིང་གི་རྟ་རྒྱུག་རྒྱལ་འཛོག་ལས་རྒྱལ་ཁ་བླངས་ཤིང་གླིང་དཀར་པོའི་རྒྱལ་ས་བཟུང་བར་བཤད། དེ་ནས་བཟུང་སྟེ་ས་སྟེང་འདིར་རྟ་རྒྱུག་རྒྱལ་འཛོག་གི་སྲོལ་ཡང་དར་སྲོལ་བཤད། ད་དུང་དམངས་གླུ་དང་ཞབས་བྲོ། རྟུང་ལེན་སོགས་བྱ་འགུལ་སྣ་ཚོགས་ཀྱིས་རྟ་རྒྱུག་འགྲན་ཚོགས་ཀྱི་རྣམ་པ་དེ་སྔར་ལས་ལྷག་པར་རྒྱ་ཆེ་ཆེར་བཏང་ཡོད། ཐེངས་དེའི་རྟ་རྒྱུགས་འགྲན་བསྡུར་ལ་ཀན་སུའུ་ཞིང་ཆེན་གྱི་རྒྱ་ཚ་དང་གླུ་ཆུ། གཙོས། བསང་ཆུ་རྫོང་ནས་ཡོང་བའི་རྟ་པ་དང་། མཚོ་སྔོན་རྨ་ལྷོ་དང་གཅིག་སྒྲིལ། པདྨ་རྫོང་། སི་ཁྲོན་མཛོད་དགེ་དང་ཛ་བ། གཟི་ཆ་སྡེ་དགེ སྨར་ཁམས་རྫོང་བཅས་ཞིང་ཆེན་གསུམ་ནས་ཡོང་བའི་རྫོང་༡༡དང་རྟ་རྒྱུག་རུ་ཁག༢༢དང་རྟ་ཐོ༥༢༩ཞུགས་ཤིང་རྒྱུག་ཐག་ལ་སྤྱི་ཚིག་སྟོང་དང་ཉིས་སྟོང་། སུམ་སྟོང་། ལྔ་སྟོང་། ཚིག་ཁྲི་བཅས་རྣམ་པ་ལྔ་རུ་དབྱེ་ཡོད། འགྲན་བསྡུར་ལས་རྒྱལ་བའི་རྟ་སྔོན་མ་གསུམ་རེ་ལ་བྱ་དགའ་བྱིན་པ་དང་རྒྱུག་ཐག་སྤྱི་ཚིག་ཁྲི་ཅན་ལས་ཨང་དང་པོ་ཐོབ་མཁན་ལ་སྐོར་ཁྲི༦གི་བྱ་དགའ་བྱིན་པ་རེད།

ཟླ༤པའི་ཚེས༡༣ཉིན་སྤྱི་སུམ་སྟོང་ལ་རྒྱུག་པའི་འགྲན་སྡུར་འགོ་བརྩམས། དེ་ལ་འདེམས་རྒྱུག་བསྐྱར་བསྡུར། རྟིང་རྗོད་བཅས་རིམ་པ་གསུམ་ལ་དབྱེ། དེ་ཡང་འདེམས་རྒྱུག་འགྲན་བསྡུར་ལ་རྒྱུག་ཐེངས༤དང་རྟ་ཐོར༦༧ཡོད། རྒྱུག་ཐེངས་རེ་རེ་ནས་རྟ་སྔོན་མ་གསུམ་བསྐྱར་རྒྱུག་འགྲན་བསྡུར་ལ་འདེམས་པ་དང་། བསྐྱར་རྒྱུག་འགྲན་བསྡུར་ལ་རྒྱུག་ཐེངས༣དང་རྟ་ཐོ༢༥ཡོད། རྒྱུག་ཐེངས་རེ་རེ་ནས་རྟ་སྔོན་མ་གསུམ་རྟིང་རྗོད་འགྲན་བསྡུར་ལ་ཞུགས། རྟིང་རྗོད་འགྲན་སྡུར་ལ་རྟ༩ཡོད་པའི་སྔོན་མ་གསུམ་ལ་བྱ་དགའ་བྱིན་པ་རེད། རྟ་ཞོན་མཁན་རྣམས་ལོ་ཆུང་བྱིས་པ་ཡིན་ལ་ས་ཆ་རང་རང་གི

ཁྱད་ཆོས་ལྷུར་རྒྱུག་ལྟ་གྱོན་ཞིང་རྒྱབ་ཏུ་ཨང་གྲངས་བཏགས་ཡོད། འགྲན་བསྡུར་ལས་ཨང་དང་པོ་དང་གཉིས་པ། གསུམ་པ་ བླངས་པའི་རྟ་བདག་མྱུར་དུ་རྟ་ཡི་འགྲམ་དུ་རྒྱུགས་ནས་རྟ་ཡི་ཐོག་གོས་སྣ་ཚོགས་འཕངས།

ཟླ་༤པའི་ཚེས་༡༣ཉིན་རྒྱུག་ཐག་སྐྱི་ཆིག་སྟོང་གི་བང་རྒྱུག་འགྲན་པ་རེད། དེ་ལ་ཡང་འདེམས་རྒྱུག་བསྐྱར་བསྡུར། ཉིང་རྩོད་གསུམ་ཡོད། འདེམས་རྒྱུག་འགྲན་བསྡུར་ལ་རྒྱུག་ཐེངས༢དང་རྟ་ཕོ༢༢ཡོད། རྒྱུག་ཐེངས་རེ་རེ་ནས་རྟ་སྔོན་མ༤བླངས་ཏེ་བསྐྱར་བསྡུར་དུ་ཞུགས། བསྐྱར་བསྡུར་ལ་རྒྱུག་ཐེངས༣དང་རྟ་ཕོ༢༩ཡོད། དེ་ལས་སྔོན་མ་རྟ་གསུམ་རེ་བླངས་ཏེ་ཉིང་རྩོད་ལ་ཞུགས། དེ་ལ་རྟ༨ཡོད། སྔོན་མ༤ལ་བྱ་དགའ་ཕྱིན། དེ་མིན་གོང་གསལ་དང་འདྲ་མཚུངས་ཡིན།

ཟླ་༤པའི་ཚེས་༡༥ཉིན་སྐྱི་ལྔ་སྟོང་ལ་རྒྱུག་པའི་འགོ་བཙུགས། དེ་ལ་འདེམས་རྒྱུག་དང་ཉིང་རྩོད་འགྲན་བསྡུར་བཅས་རིམ་པ༢ཡོད། འདེམས་རྒྱུག་འགྲན་སྡུར་ལ་རྒྱུག་ཐེངས༢དང་རྟ་ཕོ༢༢ཡོད། རྒྱུག་ཐེངས་རེ་རེ་ནས་རྟ་སྔོན་མ༤བླངས་ཏེ་ཉིང་རྩོད་འགྲན་བསྡུར་ལ་ཞུགས། ཉིང་རྩོད་འགྲན་བསྡུར་ལ་རྟ་ཕོ༢༩ཡོད་པ་ལས་སྔོན་མ༥ལ་བྱ་དགའ་སྤྲེར་བ་རེད། དེ་མིན་གོང་གསལ་དང་འདྲ་མཚུངས་ཡིན།

ཟླ་༤པའི་ཚེས་༡༦ཉིན་རྒྱུག་ཐག་སྐྱི་ཉིས་སྟོང་གི་འགྲན་སྡུར་འགོ་བཙུགས། དེ་ལ་འདེམས་རྒྱུག་དང་བསྐྱར་བསྡུར། ཉིང་རྩོད་འགྲན་བསྡུར་བཅས་རིམ་པ་གསུམ་དུ་དབྱེ་ཡོད། དེ་ཡང་འདེམས་རྒྱུག་འགྲན་བསྡུར་ལ་རྒྱུག་ཐེངས༢དང་རྟ༢༧ཡོད། རྒྱུག་ཐེངས་རེ་རེ་ནས་རྟ་སྔོན་མ་གསུམ་བསྐྱར་བསྡུར་ལ་ཞུགས་པ། བསྐྱར་བསྡུར་ལ་རྒྱུག་ཐེངས༣དང་རྟ་ཕོ༢༩ཡོད། རྒྱུག་ཐེངས་རེ་རེ་ནས་རྟ་སྔོན་མ་གསུམ་བླངས་ནས་ཉིང་རྩོད་འགྲན་བསྡུར་ལ་ཞུགས། ཉིང་རྩོད་འགྲན་བསྡུར་ལ་རྟ་ཕོ༨ཡོད་ལ་དེའི་ནང་ནས་སྔོན་མ་གསུམ་ལ་བྱ་དགའ་ཕྱིན།

ཟླ་༤པའི་ཚེས་༡༧ཉིན་རྒྱུག་ཐག་སྐྱི་ཆིག་ཁྲི་ཅན་གྱི་བང་རྒྱུག་འགྲན་བསྡུར་འགོ་བཙུགས། དེ་ལ་འདེམས་རྒྱུག་དང་ཉིང་རྩོད་འགྲན་བསྡུར་བཅས་རིམ་པ་གཉིས་ཕྱེས། དེ་ལས་འདེམས་རྒྱུག་ལ་རྒྱུག་ཐེངས༢དང་རྟ་ཕོ༨ཡོད། རྒྱུག་ཐེངས་རེ་རེ་ནས་རྟ་སྔོན་ལ་གསུམ་བླངས་ནས་ཉིང་རྩོད་འགྲན་སྡུར་ལ་ཞུགས། ཉིང་རྩོད་འགྲན་བསྡུར་ལ་རྟ་ཕོ༢༩ཡོད། དེའི་ནང་ནས་སྔོན་མ་ལ་བྱ་དགའ་ཕྱིན།

རྟ་རྒྱུག་འགྲན་བསྡུར་འདི་མཇུག་རྫོགས་རྗེས་འགྲན་བསྡུར་ལས་རྒྱལ་བའི་རྟ་རྣམས་ཁ་བཏགས་སྣ་ཚོགས་ཀྱིས་གཡོགས་ཤིང་བྱ་དགའ་ཐོབ་པའི་རྟ་བདག་རྣམས་ཀྱི་སྐེ་ལ་ཁ་བཏགས་ཀྱིས་དཀྲིས་པ་དང་ལག་ཏུ་གཟི་བརྗིད་རྟགས་མ་འཛིན་པ། ལྷུད་མོ་བ་རྣམས་ཕྱོགས་སོ་སོར་འཐོར་བའི་དུས་སུ་དབྱངས་རྟ་སྙན་མོ་ཞིག་གྲགས་པ་ནི་རྟ་ཕོ་ཁྱོད་ས་ཕྱོགས་གང་གི་རྟ་ཕོ་ཡིན། རྟ་ཕོ་ཁྱོད་རྩྭ་ཐང་འདི་ཡི་སྒྲོ་དགའ་རེད། རྟ་ཕོ་ནམ་རྒྱུན་ནམ་མཁའ་ནས་ཡོང་བ་འདྲ། ཡོང་བ་འདྲ། གཤོག་པ་ཅན་གྱི་བྱ་དང་འདྲ། མི་ལུས་

ཕུང་ཅན་གྱི་སྙིང་རྟ་རེད། རྟ་ཕོ་ཁྲིད། འཁོར་བ་སྟོང་གི་ཚེ་རྟ་རེད། ཨ་ཨ་ལ་གཡང་ལ་བོ་ཞེས་པ་དེའོ། །

དགུ་པ། འཚོ་བའི་གོམས་གཤིས།

རྟ་ནི་དྲོ་གྲང་སྙོམས་པའི་མཐོ་སྒང་དུ་ཡོད་ལ་ཕྲུ་དང་ཕྲུ་བྱུས་ཏེ་མདོ་དབུས་མཐོ་སྒང་གི་རྩྭ་ཐང་དང་སྒང་རྒྱུད་བཅས་སུ་གནས་ཤིང་རི་ངོས་དང་ཆུ་འགྲམ། རྩྭ་ཐང་ཡངས་ས་ཏུ་སྤྱོད་པར་དགའ་བ་མ་ཟད། རྟ་ཡི་ཁ་ཟས་གཙོ་བོ་ནི་སྤང་རྩྭ་དང་མཁན་རྩྭ་ཡིན། ཉུང་ན་རྟ་ཕྲུ་རེ་ལ་རྟ་བཅུ་ཕྲག་འགའ་དང་མང་ན་རྟ་ཕྲུ་རེ་ལ་རྟ་སུམ་ཅུ་ནས་བཞི་བཅུ་ཡས་མས་འདུག ལོ་རེའི་ཟླ༧པ་ནས༩པའི་བར་དུ་རྟ་ཕྲུ་འདུས་ནས་རྒོད་མ་རྟེའུ་ཏུ་འགྲོ་བ་དང་། ཕྱི་ལོའི་དབྱར་ཐོག་རྟེའུ་ཕྲུག་བཙའ་སྲིད་པ་ཡིན། རྒོད་མའི་མངལ་སྦྲུམ་ཡུན་ནི་ལོ་གཅིག་ཡས་མས་ཡིན་པ་དང་བཙའ་ཐེངས་རེ་ལ་རྟེའུ་གཅིག་རེ་བཙའ་སྲིད། རྒོད་མ་གཅིག་ལ་ལོ་གཉིས་རེར་རྟེའུ་ཕྲུག་གཅིག་བཙའ་སྲིད།

བཅུ་པ། དཔྱོད་གནས་ཚུལ་དང་སྲུང་སྐྱོབ་བྱེད་དགོས་ཚུལ།

དེང་སང་འཛམ་འགྲུལ་ཡོ་བྱད་འཕྲུལ་ཆས་ཅན་དུ་གྱུར་པས་རྟའི་ཁ་གྲངས་ཇེ་ཉུང་དུ་སོང་ཡོད་པ་དང་། རྟ་གནས་སའི་ས་ཆ་ལོ་རེ་ནས་ལོ་རེར་ཇེ་ཆུང་དང་ཇེ་ཞན་དུ་སོང་ནས་འདུས་སྤྱོད་བྱེད་ས་ཧ་ཅང་ཇེ་ཉུང་དུ་གྱུར། ལྷག་པར་དུ་རྩྭ་ས་སྐྱེར་ལ་བགོས་པའི་དབང་གིས་རྟ་ཕྲུ་འདྲེས་པའི་གོ་སྐབས་ཤོར་བས་རྟེའུ་ཕྲུག་བཙའ་བའི་གྲངས་ཀ་ཡང་ལོ་རེ་ནས་ལོ་རེར་ཇེ་ཉུང་དུ་གྱུར་པ་རེད།

བོད་རིགས་ས་ཁུལ་གྱི་འབྲོག་པ་རྣམས་ཀྱིས་རྟ་ཡི་ཚབ་ཏུ་སྣག་སྣག་ཉོས་ཏེ་སྐབས་བདེ་ཅན་དུ་གྱུར་ཡོད་ཟེར། བདག་གི་ལྟ་ཚུལ་ལྟར་ན། ས་ཕྱོགས་ཡར་མར་ལ་འགྲོ་ན་རྟ་ལས་མགྱོགས་པོར་འདུག་ནའང་མིའི་རིགས་ཀྱི་ཚེ་སྲོག་ལ་གནོད་འཚེ་གཏོང་བ་ཇེ་མང་དུ་འགྲོ་བཞིན་ཡོད། ལམ་བདེ་ས་ནས་མགྱོགས་ཚད་མྱུར་དྲག་པ་དང་ལམ་མི་བདེ་ས་ནས་བགྲོད་མི་ནུས་པས་མི་ལ་གནོད་འཚེ་གཏོང་བ་ཇེ་མང་དུ་གྱུར། རྟའི་བཟང་ཆ་དང་མཛེས་ཉམས་ནི་སྣག་སྣག་དང་བསྡུར་ན་བླ་ལྷག་ཡིན་ལ་བོད་ཀྱི་སྲོལ་རྒྱུན་རིག་གནས་སུ་རྟའི་ཕ་ནི་བྱ་རྒོད་དང་མ་ནི་སྤྲེལ་མ་ཡིན། རྟ་ནི་བོད་རིགས་མང་ཚོགས་ལ་ངེས་པར་དུ་མཁོ་བའི་སྒོ་ཕྱུགས་ཤིག་ཡིན་ལ་སྲུང་སྐྱོབ་བྱེད་དགོས་པའི་སྒོ་ཕྱུགས་གལ་ཆེན་ཞིག་ཀྱང་ཡིན་པས་ད་ཡོད་རྟའི་གྲངས་ཀ་ཇེ་མང་དུ་བཏང་སྟེ་ལུས་རྩལ་འགྲན་ཚོགས་གཞན་དང་མི་འདྲ་བའི་རྟ་རྒྱུག་འགྲན་བསྡུར་རིགས་ཀྱི་རྣམ་པ་ཇེ་མང་དུ་གཏོང་རྒྱུར་འབད་འབུངས་བྱེད་དགོས་སོ། །

《མང་ཚོགས་སྒྱུ་རྩལ།》 ༢༠༠༧ལོའི་དེབ་བཞི་པ་ལས་བཏུས།

༄༅། །འབྲོག་ཁུལ་ཕྱུགས་ཟོག་གི་མིང་འདོགས་ཚུལ་སྐོར་རགས་གླེང་།

བསོད་ཡག

གངས་རིའི་ཕྲེང་བས་ཡོངས་སུ་བསྐོར་བའི་བོད་ཁ་བ་ཅན་གྱི་ཡུལ་འདི་ནི་བསྐལ་པ་ཆགས་པའི་ཐོག་མ་ནས་ཤེས་རིག་གི་ཕ་ས། སློ་གར་གྱི་འབྱུང་གནས། སྒྱུ་རྩལ་གྱི་བང་མཛོད་ཅིག་ཡིན་ཞེས་ཕྱི་ནང་གི་ཤེས་ལྡན་པ་རྣམས་ཀྱིས་བསྔགས་བརྗོད་ཀྱི་མེ་ཏོག་འཐོར་བཞིན་ཡོད། དེ་འདྲའི་ཕུན་སུམ་ཚོགས་པའི་ཡོན་ཏན་ཟད་མི་ཤེས་པའི་གཏེར་བརྒྱ་མང་དུ་འཁྱུར་བའི་ཡུལ་འདིར་ཅི་བདེར་གནས་ཤིང་འཚོ་བའི་བོད་གངས་ཅན་པ་རྣམས་ནི་རྣམ་དཔྱོད་མིག་གིས་ཤེས་བྱའི་གནས་ཀུན་མཐོང་བ་དང་། བརྩོན་འགྲུས་མཆོག་གིས་ལོ་ཟླའི་གོ་སྐབས་འཕྲོག་པ། སྙིང་རྗེ་ཆེན་པོས་ཉམ་ཐག་བུ་བཞིན་སྐྱོང་བ། ཡ་རབས་དམ་པའི་སྤྱོད་ཚུལ་གྱི་མཚམས་ལས་མི་འདའ་བ་བཅས་ཀྱི་ཡོན་ཏན་རྩོལ་མེད་ལྷུན་གྱིས་རྫོགས་པ་ཞིག་ཡིན།[1] དེ་ལྟ་བུའི་ཤེས་རིག་གི་བང་མཛོད་ཆེན་པོའི་ནང་དུ་གནས་པའི་མདོ་བོད་ས་མཐོར་གྲགས་པའི་བོད་བྱང་ཕྱོགས་ཀྱི་འབྲོག་ཁུལ་ཆེན་པོ་འདི་ནི་འཛམ་གླིང་འབྲོག་ཁུལ་ཆེན་པོའི་གྲས་སུ་གྱུར་པའི་འབྲོག་ཁུལ་ཆེན་པོའི་བྱེ་བྲག་ཅིག་ཡིན་གཤིས། དེར་འཚོ་སྡོད་བྱེད་པའི་འབྲོག་པ་ཚོས་གནའ་བོའི་དུས་ནས་ཡུལ་དང་དུས་སོགས་ཀྱི་ཁྱད་ཆོས་ཐུན་མོང་མ་ཡིན་པའི་དབང་གིས་འཚོ་སྐྱོང་བྱེད་ཅིང་འཚོ་བའི་རྒྱུ་རྐྱེན་བཅོལ་སར་གྱུར་པའི་ཕྱུགས་རིགས་གཙོ་བོ་ནི་རྟ་དང་ནོར་དང་། ལུག་དང་། ར་བཅས་ཡིན་ཞིང་། ཕྱུགས་ཟོག་དེ་དག་ལ་འབྲོག་པ་ཚོས་རྒྱུན་དུ་བསྔགས་བརྗོད་དང་། ཞེན་ཆགས་ཚུལ་གྱིས་ཀྱི་ལིང་རྟའམ་ཅང་ཤེས་རྟ་དང་། གཡང་དཀར་ལུག གཉག་ཆུང་ནོར། ཁྱུང་དཀར་མཛོ་མོ་ཞེས་པ་སོགས་ཟེར་སྲོལ་ཡོད་པ་རེད། དེ་ཡང“འབྲོང་ཕོ་མོ་གཡག་དང་འབྲི་རུ་བཏུལ། ཤ་བ་ཕོ་མོ་ནི་བ་གླང་དུ་བཏུལ། རྒོ་བ་ཕོ་མོ་ལུག་ཏུ་བཏུལ། གླ་བ་ཕོ་མོ་ནི་རར་བཏུལ། རྐྱང་ཕོ་མོ་ནི་རྟར་བཏུལ། སྤྱང་ཀི་ཕོ་མོ་ནི་ཁྱིར་བཏུལ་ཏེ། རྫོ་བཀོལ་སོ་ནམ་དེའི་དུས་ནས་བྱས། ཕྱུགས་ཀྱི་རྗེ་སྐྱོང་ཡང་དེའི་དུས་ན་བྱུང་།”[2] ཞེས་གསུངས་པ་ལྟར་གངས་ཅན་ལྗོངས་ཀྱི་མཐོ་སྒང་དུ་འཚོ་སྡོད་བྱེད་པའི་བོད་ཀྱི་འབྲོག་པ་རྣམས་ཀྱིས་ཐོག་མར་འཚོ་བའི་རྐྱེན་དུ་རི་དྭགས་རྐྱང་འབྲོང་སོགས་བཟུང་བ་དང་། དེ་ནས་རིམ་གྱིས་དེ་དག་གི་ཕྲུ་གུ་སོགས་བཟུང་སྟེ་བཏུལ་ཅིང་འཚོ་སྐྱོང་བྱས་ནས་གཡུང་དྭགས་སྒོ་ཕྱུགས་སུ་བསྒྱུར་ཅིང་འཕེལ་བར་

གཟུར་པ་ནི་ད་ལྟའི་སྒོ་ཟོག་ནོར་ནག་ར་ལུག་ལ་སོགས་པ་འདི་དག་རེད།[3] དེ་དག་ལས་ཀྱང་ནོར་ནི་རྒྱ་མཚོའི་ངོས་ལས་ཆ་སྙོམས་སྤྱི་ལེ་སྤྱི་བཞི་བརྒྱ་ལྷག་འཕགས་པའི་མཐོ་སྒང་བོད་ཁ་བ་ཅན་གྱི་ལྗོངས་འདིར་འཚོ་གནས་བྱེད་ཐུབ་པའི་སྒོ་ཕྱུགས་དམིགས་བསལ་ཅན་ཞིག་ཡིན་ལ། འཛམ་གླིང་གི་སྒོ་ཕྱུགས་རྙིག་པ་ཁ་བྲག་ཅན་གྲས་ཀྱི་གྲངས་ཀ་ཉུང་ཤས་ཤིག་དང་། རང་རྒྱལ་གྱི་ནོར་ཕྱུགས་རིན་ཐང་ཆེ་ལ་ངོ་མཚར་བ་ཞིག་ཡིན་པ་མ་ཟད། བོད་འབྲོག་དམངས་ཀྱི་འཚོ་བའི་གཞི་རྟེན་དང་། ཡུལ་དུས་ཀྱི་ཁྱད་ཆོས་དང་མཐུན་པའི་ཕྱུགས་རིགས་མེད་དུ་མི་རུང་བ་ཞིག་གོ།[4] དེ་ལྟར་ཡུལ་མཐའ་འཁོབ་ཏུ་འཚོ་སྡོད་བྱེད་པའི་འབྲོག་པའི་འཚོ་བ་ལའང་སོ་སོའི་ཁོར་ཡུག་དང་འབྲེལ་བའི་བརྗོད་ཀྱིས་མི་ལངས་པའི་རིག་གནས་ཀྱི་ཐ་སྙད་མང་པོ་ཡོད་པ་ལས་འདིར་ཁོ་མོས་བརྗོད་པར་བྱ་བ་ནི་བོད་མི་རིགས་ཀྱི་རིག་གནས་ཀྱི་རྒྱ་མཚོ་ཆེན་པོའི་ཁྲོད་ཀྱི་ཆུ་ཐིགས་ལྟ་བུ་སྟེ་འབྲོག་ཁུལ་རིག་གནས་ལས་འབྲོག་པ་ཚོའི་སྒོ་ཕྱུགས་སུ་བརྟེན་ཞིང་འཚོ་སྐྱོང་བྱེད་པའི་ཕྱུགས་རིགས་དེ་དག་གི་ལོ་ཡི་མིང་གི་ཐ་སྙད་གཙོ་བོ་གླེང་རྒྱུ་དང་ཞོར་དུ་ཕྱུགས་རིགས་དེ་དག་གི་སྨྲུམ་པའི་དུས་ཚོད་དང་སྤུ་མདོག་གི་ཁྱད་པར་སོགས་ཀྱི་ཐད་ལ་མིང་འབོད་ཚུལ་མི་འདྲ་བ་སྣ་ཚོགས་ཡོད་པའི་སྐོར་ལ་རང་ཉིད་ཀྱིས་མཐོང་ཐོས་བྱུང་བ་རྣམས་གཙོ་བོར་འགོད་རྒྱུ་ཡིན།

དང་པོ། ལོ་ཡི་ཐ་སྙད་ཀྱི་སྐོར།

འབྲོག་པ་ཚོས་ཕྱུགས་ཟོག་དེ་དག་ལ་རིགས་དང་། ལོ་ན། ཕོ་མོ་བཅས་ཀྱི་ཁྱད་པར་གྱིས་རིམ་པ་བཞིན་མིང་མི་འདྲ་བ་རེ་རེ་འབོད་ཀྱི་ཡོད་ཅིང་། ལོ་ཆེ་ཆུང་བརྟག་པའི་སྐབས་སུ་ཡང་བྱ་ཐབས་སྣ་ཚོགས་ཡོད་དེ། དཔེར་ན། ནོར་དང་རྟ་གཉིས་ཀྱི་ལོ་ཚད་བརྟག་ཚེ། སོ་ལ་བལྟས་ནས་བརྟག་པ་དང་། ར་དང་ལུག་གཉིས་ཀྱི་ལོ་ཚད་བརྟག་ཚེ། རྭ་ཅོའི་ཚིགས་ཀྱི་རིམ་པར་བལྟས་ནས་བརྟག་གི་ཡོད། དེར་བརྟེན་ལོ་ན་ཅུང་སྨིན་པའི་འབྲོག་པ་ཞིག་ཡིན་ཕྱིན་སོ་སོས་ཆ་རྒྱུས་རྩ་བ་ནས་མེད་པའི་ཕྱུགས་ཟོག་ཅིག་ཡིན་རུང་དེ་དག་གི་སོའམ་ཡང་ན་རྭ་ཚིགས་སོགས་ལ་བལྟས་ཚེ་དེ་མ་ཐག་ཏུ་ཕྱུགས་ཟོག་གང་དེའི་ལོ་ཚད་ག་ཚོད་ཡིན་མིན་བཤད་ཐུབ་ཀྱི་ཡོད། གཤམ་དུ་ཕྱུགས་རིགས་སོ་སོའི་ལོ་ཡི་རིམ་པའི་མིང་གི་ཐ་སྙད་རྣམས་གོ་རིམ་བཞིན་བརྗོད་ན་འདི་ལྟར་ཡིན་ཏེ།

གཅིག ནོར་ལ་ཕོ་མོ་གཉིས་སུ་དབྱེ་བ་ལས། ལོ་གཅིག་ལ་བེའུ"བེས"ཟེར་བ་དང་། ལོ་གཉིས་ལ་ཡ་རུ་ཟེར། ལོ་གསུམ་ལ་ཤད་ཕོ་དང་ཤད་མོ་ཟེར། ལོ་བཞི་ཡི་ཕོ་ཕྱུགས་ལ་སོ་གཉིས་དང་མོ་ཕྱུགས་ལ་ཐུན་བ་ཟེར། ལོ་ལྔ་ལ་སོ་བཞི་དང་སོ་བཞི་མ། ལོ་དྲུག་ལ་སོ་དྲུག་དང་སོ་དྲུག་མ། ལོ་བདུན་ལ་ཁ་གང་དང་ཁ་གང་མ། ལོ་བརྒྱད་ཡན་ལ་རིམ་པ་བཞིན་གྲུས་གཅིག གྲུས་གཉིས། གྲུས་གསུམ། གྲུས་བཞི་ལ་སོགས་ཟེར་བ་དང་། མོ་ཕྱུགས་ལ་གྲུས་གཅིག་མ་ལྟ་བུ་རྒྱབ་ཏུ་བདག་སྒྲའི་ཕྲད"མ"ཞིག་སྦྱར་ན་འགྲིག ཡང་

མདོ་སྨད་ཁུལ་གྱི་འབོད་ཚུལ་ནི་འབྲི་གཡག་ཕོ་མོ་ལོ་ཡི་རིམ་པ་ལྟར་དང་པོ།—བིས=བེའུ། བེའུ། གཉིས་པ།—ཡ་རུ། མོ་ཡར། གསུམ་པ།—ཤད=སོ་གཉིས། ཤད་མོ། བཞི་པ།—སོ་བཞི། སོ་བཞི་མ། ལྔ་པ།—སོ་དྲུག སོ་དྲུག་མ། དྲུག་པ།=ཁ་ཚང་། ཁ་ཚང་མ། བདུན་པ།—གྲུས་གཅིག གྲུས་ཆིག་མ། བརྒྱད་པ།—གྲུས་གཉིས། གྲུས་གཉིས་མ། དགུ་པ།—གྲུས་གསུམ། གྲུས་གསུམ་མ། ཞེས་སོགས་གྲུས་གྲངས་བརྩི་ཞིང་། འབྲི་གཡག་ཕལ་ཆེ་བའི་ཚེ་ཚད་ནི་གྲུས་བཅུ་ཕྲག་ཡས་མས་ཏེ་ལོ་གྲངས་བཅུ་བདུན་ཙམ་ཡིན་པ་རེད།[5] ཅེས་བརྗོད། བེའུ་ཡི་ཨ་མ་ལ་དྲུས་མ་དང་ཡ་རུའི་ཨ་མ་ལ་ཡར་མ་ཟེར་བ་སྟེ་དེ་དག་གི་སྤྱི་མིང་དུ་འབི(འབྲི)ཟེར་བ་དང་། འབྲི་མ་ཡིན་པའི་ནོར་སྤྱི་ལ་སྐམ་ནོར་ཟེར། ཡང་དོད་པོ་འགོལ་རུང་བའི་ཕོ་ཕྱུགས་ལ་ཁལ་ཟེར་ཞིང་། སྣ་ལ་ཨི་ཁུང་བརྒྱབས་པའི་བཞོན་པར་བསྐྱེན་རུང་བ་ལ་སྣ་ལོ་ཟེར། བེའུ་ཡི་ཕ་སྤྱི་ལ་སྤོ་བ(ཕ་གཡག)བཅས་ཟེར་རོ། །

གཉིས། ལུག་ལ་ཕོ་མོ་གཉིས་སུ་དབྱེ་བ་ལས། ལོ་གཅིག་ནང་ཚུན་ལ་ལུ་གུ་ཟེར་བ་དང་། ལོ་གཉིས་ལ་ལ་ག་ཟེར། ལོ་གསུམ་གྱི་ཕོ་ལུག་ལ་ཐོང་པ་དང་མོ་ལུག་ལ་ཚེར་མོ་ཟེར་ཞིང་། ལོ་བཞི་ལ་གཉི་ཕ་དང་གཉི་མ་ཟེར་བ་དང་། ལོ་ལྔ་ལ་ཧྲུག་ཕ་དང་ཧྲུག་མ། ལོ་དྲུག་ལ་ཁ་གང་དང་ཁ་གང་མ་ཟེར། ལོ་བདུན་ཡན་ལ་རིམ་པ་བཞིན་ཆིབ་ཅིག(གཅིག)དང་། ཆིབ་གཉིས། ཆིབ་གསུམ། ཆིབ་བཞི་བཅས་ཟེར་གྱི་ཡོད། གཞན་ཡང་གཏམ་དཔེར་ཆིབ་གསུམ་ལོ་དགུ་བུ་ཐོགས་བདུན[6]ཞེས་ཟེར་སྲོལ་ཡོད་པ་བཞིན་ཆིབ་གསུམ་མ་ལོ་དགུར་སླེབས་ཡོད་ཅིང་། ལུག་གི་ལོ་གསུམ་པ་ཚེར་མོ་ནས་ལུ་གུ་སྐྱེས་པ་ལས་ཆིབ་གསུམ་དུ་སླེབས་ཚེ་ལུ་གུ་ཐེངས་བདུན་སྐྱེས་ཟིན་པར་བརྗོད་པའོ། །མོ་ལུག་ལ་ཆིབ་ཅིག་མ་ལྟ་བུ་བདག་སྒྲའི་ཕྲད་“མ”ཞིག་སྦྱར་ན་འགྲིག ཡང་མདོ་སྨད་ཁུལ་དུ་ལོ་གྲངས་ཀྱི་རིམ་པ་ལྟར་དང་པོ།—ལུ་གུ། གཉིས་པ།—ལ་ག ལ་མོ། གསུམ་པ།—འཚེ་རུ། འཚེ་མོ། བཞི་པ།—སྙིག་པ། སྙིག་མ། ལྔ་པ།—ཀྲིག་པ། ཀྲིག་མ། དྲུག་པ།—ཕྱུགས་དང་པོ། ཕྱུགས་ཆིག་མ། བདུན་པ།—ཕྱུགས་གཉིས་པ། ཕྱུགས་ཉིས་མ། བརྒྱད་པ།—ཕྱུགས་གསུམ་པ། ཕྱུགས་གསུམ་མ། དགུ་པ།—ཕྱུགས་བཞི་པ། ཕྱུགས་བཞི་མ། ཞེས་སོགས་ཕྱུགས་གྲངས་འདྲེན་ཞིང་། ལུག་ཕལ་མོ་ཆེས་ཕྱུགས་བདུན་པ་སྟེ་ལོ་གྲངས་བཅུ་གཉིས་ཙམ་རེ་ཐུབ་ཀྱི་ཡོད་པ་རེད།[7] ཅེས་ཟེར། ཡང་སྐྱེ་འཕེལ་གྱི་རིགས་རྒྱུད་བཟང་ཞིང་སྤུ་མདོག་ལེགས་པ་དང་འོ་མ་འཛོ་རྒྱུ་མང་བ་བཅས་ཀྱི་ཁྱད་ཆོས་ལྡན་པ་རྣམས་རིགས་འཕེལ་གྱི་རྒྱུ་རུ་འཛུགས་གི་ཡོད་དེ་དེར་རུབ་བཟང(ལུག་ཐུག)ཟེར་བ་དང་། ལུ་གུའི་ཨ་མ་སྤྱི་ལ་མ་མོ་ཟེར་བ་སྟེ། བོད་ཀྱི་དམངས་གཞས་སུའང་། ཉི་མ་ལ་ལ་བཞུད་སོང་། གྲིབ་བཟོ་ཐང་ལ་ལུས་སོང་། མ་མོས་ལུ་གུ་ཁྲིད་དུས། ང་ཡང་ཨ་མ་དྲན་བྱུང་། ཟེར་བ་ལྟ་བུ་དང་། དེ་བཞིན་ལུག་རྫི་བྱང་ཆུབ་སེམས་དཔས་མ་ལུག་འཕྲད་རོགས་གནང་དང་ཞེས་ཟེར་བ་ལྟ་བུའོ། །མ་མོ་མ་ཡིན་པའི་ལུག་སྤྱི་ལ་ལུག་སྐམ་མམ་སྐམ་ལུག་ཟེར་གྱི་ཡོད།

གསུམ། ར་ལའང་ཕོ་མོ་གཉིས་སུ་དབྱེ་བ་ལས་ལོ་གཅིག་ཚུན་ལ་རིལ(རེའུ)ཟེར་བ་དང་། ལོ་གཉིས་ལ་རྩིད་བུ་ཟེར། ལོ་གསུམ་ལ་ར་ཕོང་དང་རྩིད་མོ་ཟེར་ཞིང་། དེ་ནས་གོ་རིམ་བཞིན་ལུག་དང་བརྗོད་སྟངས་གཅིག་མཚུངས་ཡིན་ཏེ། ར་གཉི་དང་ར་རྒུག་ཅེས་ཀྱང་ཟེར་གྱི་ཡོད། རེའུ་ཡི་ཨ་མ་སྤྱི་ལ་ར་མ་ཟེར་བ་དང་ཕ་ལ་ར་ཐུག་གམ་ར་སྤོ་ཟེར། ཡང་ར་མ་ཡིན་པའི་ར་སྤྱི་ལ་ར་སྐམ་ཡང་ཟེར་རོ། །

བཞི། རྟ་ལོ་གཅིག་ལ་རྟེལ(རྟེའུ)ཟེར་བ་དང་། ལོ་གཉིས་ལ་ཏོ་པ་ཟེར། ལོ་གསུམ་ལ་སྣ་བརྒྱག་ཟེར་ཞིང་དེ་ནས་བཟུང་སྒྲོང་བཏར་བྱས་ནས་རྟ་སྣ་བརྒྱབ་པ་སྟེ་བཞོན་པར་བསྟེན་ཐུབ་ཐུང་གི་ཡོད་པས་སོ། །ལོ་བཞི་ལ་བཞི་པོ་དང་བཞི་མོ་ཟེར་བ་དང་། ལོ་ལྔ་ནས་གོ་རིམ་བཞིན་ན་ཅིག(གཅིག)དང་། ན་གཉིས། ན་གསུམ། ན་བཞི། ན་ལྔ་བཅས་ཟེར། སྤྱིར་རྟ་ཡི་ཚེ་ཚད་ནི་ལོ་ཉེར་ལྔ་ནས་ཉེར་བདུན་ཙམ་ཡིན་པས་དེའི་བར་དུ་ན་བརྩི་བར་རིགས་སོ། །རྟེའུ་ཡི་ཨ་མ་རྒོད་མ་ཟེར་བ་དང་ཕ་ལ་གསེབ་ཟེར། མགྱོགས་ཚད་འགྲན་བསྡུར་བྱེད་མཁན་ལ་རྒྱུགས་མ་ཟེར་བ་དང་། གོམ་འགྲོས་ཅན་ལ་འགྲོས་མ་ཟེར།

གཉིས་པ། སྤུ་མདོག་གི་ཁྱད་པར་གྱིས་མིང་འདོགས་ཚུལ།

འབྲོག་པ་ཚོས་ཡང་ཕྱུགས་ཟོག་དེ་དག་ལ་སྤུ་མདོག་གི་ཁྱད་ཆོས་ལ་གཞིགས་ནས་མིང་སྣ་ཚོགས་འདོད་སྲོལ་ཡོད་དེ། ནོར་ལ་སྤུ་མདོག་གཙོ་བོ་རོག་པོ(ནག་པོ་ནག་རྐྱང)དང་བེ་ཡུལ(བོ)(ནག་པོ་ཡིན་པ་གང་ཞིག་ལ་ཐུང་ཁམ་པ།) ཁམ་པ། སྔོན་པོ། ག་པ།(གཞི་ནག་པོ་ལ་གདོང་དཀར་པོ།) དཀར་པོ། འཛི་ཡུལ(བོ)(གཞི་ནག་པོ་ལ་ཐོད་སྐང་དཀར་ཐིག་ཡོད་པ།) སེ་ཡུལ(བོ)(གཞི་སྤྱིར་བཏང་ནག་པོ་ཡིན་པ་ལ་ཟེ་བ་དང་རྔ་མ་སོགས་སུ་ཐུང་སྐྱ་བ)ཞེས་རྒྱང་གཞིའི་སྤུ་མདོག་དང་། སྤུ་མདོག་དེ་དག་གི་རྒྱང་གཞིའི་ཐོག་མདོག་གཞན་དག་འདྲེས་པ་ལ་དཔེར་ན་རོག་རྗོ་དང་བེ་འཛི། ཁམ་རྩི། བེ་སེ། རོག་ག ཁམ་ག སྔོ་ག་ལྷ་བུ་དང་། དེ་བཞིན་གཟུགས་ཀྱི་ཆ་ཤས་ཀྱི་སྤུ་མདོག་ལ་གཞིགས་ནས་མགོ་དཀར་འམ་སྐེ་དཀར་བང་དཀར་དང་། གཤམ་ཁྲ། ཟ་དཀར་ཞེས་ཟེར་གྱི་ཡོད།

ལུག་ལ་རྩ་བའི་ཆ་ནས་ཆོས་གཞི་དཀར་པོ་མང་བ་ཡོད་ཙང་དམིགས་བསལ་གྱིས་ཆོས་གཞི་ནག་པོ་དང་། སྔོན་པོ། གྲོ་ཡུལ(བོ) ག་པ།(ལུས་རྫིལ་པོ་དཀར་པོ་ཡིན་ཞིང་ནག་ཐིག་རྩ་བ་ནས་མེད་པར་འབྲོག་པ་ཚོའི་དག་རྒྱུན་དུའང"ལུག་ག་པ་ལུག་གི་དྭངས་མའམ་གཡང་ལུག་ཡིན"ཞེས་ལུག་གི་ཕུད་དུ་ངོས་འཛིན་གྱིས་བསྔགས་བརྗོད་ཀྱི་མཐེ་བོང་བཀེར་གྱི་ཡོད།) གཞན་ཡང་ལུག་གི་སྤུ་མདོག་ལ་བལྟ་ཆེ་གཙོ་བོ་ལུག་གི་ངོ་གདོང་གི་སྤུ་མདོག་ལ་བལྟས་ནས་མིང་འདོགས་ཀྱི་ཡོད་དེ། དཔེར་ན། རྒྱ་བོ།(གདོང་དཀར་པོའི་དཀྱིལ་དུ་ནག་སེར་གྱི་རི་མོ་ཡོད་པ།) བཙའ་ཡུལ(བོ) (གདོང་དཀར་པོའི་དཀྱིལ་དུ་སེར་སྨུག་གི་རི་མོ་ཡོད་པ།) ཁྲ་ཡུལ(བོ)(གདོང་དཀར་པོའི་དཀྱིལ་དུ་ནག་པོའི་རི་མོ་ཡོད་པ།) ག་སྔོན། འཛི་ཡུལ(བོ)(མགོའམ་གདོང་པ་ནག་པོའི་སྟེང་དུ་དཀར་ཐིག་ཡོད་པ།) འུང་གུ། དེ་བཞིན་ན་ཅོག་ཐུང་དུ་ཡིན་པས་དབང་གིས་རྒྱ་མདེལ་དང་། ཁྲག་མདེལ། ག་གདེལ། ནག་མདེལ། རྩ་མདེལ་བཅས་དང་། རྣ་ཅོ་མེད་པའི་

དབང་གིས་རྒྱ་ནག་དང་ཁྲ་ནག ཙ་ནག་བཅས་ལྔ་བུ། ཕོ་མོའི་ཁྱད་པར་གྱི་དབང་གིས་ཁལ་པ་རྒྱ་བོ་དང་། མ་མོ་རྒྱ་མོ། ཁལ་པ་རྒྱ་ཁྲ་དང་མ་མོ་རྒྱ་ཁྲ་མ་ཞེས་ཐ་དད་དུ་འབོད་ཀྱིན་ཡོད་དོ། །ཡང་དམིགས་བསལ་གྱི་སྤུ་མདོག་ལ་གཞིགས་ནས"བརྒྱ་རྫ་ཁྱུར"དང་། "སྟོང་ཐ་ནག" "ཁྲི་སོག་ནག"ཅེས་ཟེར་སྲོལ་ཡང་ཡོད་དེ། སྐལ་པའི་སྟེང་དུ་སྤུ་མདོག་རྫ་མདོག་གི་རྟགས་ཅན་ཡོད་པའི་ལུག་ཕྲུག་སྐྱེས་ན་མི་ཚང་དེར་ལུག་བརྒྱ་ཕྲག་འཕེལ་བའི་རྟགས་མཚན་ཡིན་པ་དང་། གལ་སྲིད་ལུག་ཕྲུག་ཐ་མ་ནག་པོ་བྱས་པ་སྐྱེས་ན་མི་ཚང་དེར་ལུག་སྟོང་ཕྲག་འཕེལ་བའི་རྟེན་འབྲེལ་ཡིན་པ། གལ་སྲིད་ལུག་ཕྲུག་སོག་པ་ནག་པོ་བྱས་པ་སྐྱེས་ན་མི་ཚང་དེར་ལུག་ཁྲི་ཚོར་འཕེལ་བའི་རྟེན་འབྲེལ་ཡིན་པ་བཅས་ཀྱི་བཤད་སྲོལ་ཡང་ཡོད་དོ། །

ར་ལ་ཡང་རྒྱ་བོ་དང་སྔོན་མོ། དཀར་པོ། རོག་པོ། སྔོ་མདེལ། སྔོ་ནག་ལ་སོགས་མང་པོ་ཡོད་པ་ལས་ཕལ་ཆེ་བ་ལུག་གི་སྤུ་མདོག་དང་མཚུངས་པ་ཡིན་ནོ། །

རྟ་ལ་རྐྱང་དུ།(ཕོའམ་མོ།)(སྤུ་མདོག་དམར་ནག) རག་པ། རྐྱང་རག ཟག་པ།(དམར་པོར་སེར་ཤས་ཆེ་བ།) དཀར་པོ། ནག་པོ། སོག་པོ། སྔོན་པོ། སྒོ་བ།(སྔོན་པོར་དཀར་ཤས་ཆེ་བ།) ངང་པ། ངང་སེར། ངང་སྐྱ། བ་ཡུལ།(ཕོ)(ནག་པོར་ཁམ་ཤས་ཅུང་ལྡན་པ།) ཁྲ་ཁྲ། ནག་པོ་ཤས་ཆེ་བར་ནག་ཁྲ་ དཀར་པོ་ཤས་ཆེ་བར་སྐྱ་ཁྲ། རག་ཤས་ཆེ་བར་རག་ཁྲ། རྐྱང་ཁྲ། ནག་རྫི། དེ་བཞིན་དུ་སོ་སོའི་དགའ་དད་ཀྱིས་རྟའི་ཁྱད་ཆོས་ལ་གཞིགས་ནས་གཡུ་འབྲུག་སྔོན་མོ་དང་། རླུང་གཤོག་རག་པ། རྐྱང་རྐོད་ཟག་པ་ལ་སོགས་ཤིན་ཏུ་མང་ངོ་། །

གསུམ་པ། སྦྲུམ་པའི་དུས་ཚོད་ཀྱི་སྐོར།

ཕྱུགས་རིགས་དེ་དག་གི་སྦྲུམ་པའི་དུས་ཚོད་ལའང་འབྲོག་པ་ཚོའི་ངག་རྒྱུན་དུ"ར་ལྔ་ལུག་དྲུག་གི་ཞིང་ལོ་འཁོར་གཅིག"ཅེས་ཟེར་སྲོལ་ཡོད་པ་ལྟར་རའུ་རྣམས་ཟླ་བ་ལྔ་ཚང་བའི་ཉིན་ལྔ་པ་ནས་སྐྱེ་བ་དང་། ལུ་གུ་དག་ཟླ་བ་དྲུག་ཚང་བའི་ཉིན་དྲུག་པ་ནས་སྐྱེ་ཡི་ཡོད་པ་དང་། རྟེའུ་ནི་ལོ་འཁོར་གཅིག་གི་རྗེས་སྐྱེ་ཡི་ཡོད། བེའུ་ནི་གང་ཟག་མི་དང་འདྲ་བར་ཟླ་བ་དགུ་སོང་རྗེས་སྐྱེ་ཡི་ཡོད་དོ། །ཡང་འབྲོག་པའི་ངག་རྒྱུན་དུ"གནག་ཆུང་སྐྱེ་དུས་ནག་ཆུང་འཕུར"ཟེར་བའི་དཔེ་ལྟར་གནག་ཆུང་སྟེ་བེའུ་སྐྱེ་བའི་དུས་སྐབས་སུ་ནག་ཆུང་སྟེ་ཕོ་རོག་གི་ཕྲུ་གུ་རྣམས་འཕུར་ཐུབ་པར་བརྗོད་པ་ཡིན་ཏེ། བོད་ཟླ་བཞི་པ་ཙམ་གྱི་ནང་དུ་བེའུ་སྐྱེ་ཡི་ཡོད་པ་དང་། བོད་ཟླ་དང་པོའི་ཟླ་མཇུག་ཙམ་ནས་བཟུང་རའུ་དང་ལུ་གུ་རྣམས་རིམ་པར་སྐྱེ་ཡི་ཡོད་དོ། །འོན་ཀྱང་ས་ཁུལ་སོ་སོའི་གནམ་གཤིས་ཚ་གྲང་གི་ཁྱད་པར་གྱིས་རའུ་ལུག་ལ་སོགས་སྐྱེ་བའི་དུས་ཚོད་ཀྱང་གཅིག་མཚུངས་སུ་ངེས་པ་མ་ཡིན་ཏེ། དེ་དག་སྐྱེ་བའི་དུས་ཚོད་ཀྱང་གཙོ་བོ་ས་གནས་སོ་སོའི་ཁོར་ཡུག་གམ་གནམ་གཤིས་ཀྱི་ཁྱད་ཆོས་ལ་གཞིགས་ཏེ་ར་ཕྲུག་དང་ལུག་ཕྲུག་གཏོང་བའི་དུས་ཚོད་སྔ་ཕྱིའི་ཁྱད་པར་ལ་རག་ལས་པ་ཡིན་ནོ། །

བོད་བྱང་ཕྱོགས་ཀྱི་རྩྭ་ཐང་འདི་ཡང་ས་རྒྱ་ཤིན་ཏུ་ཆེ་བའི་འབྲོག་ས་ཆེན་པོ་ཞིག་ཡིན་གཤིས། དེར་འཚོ་སྡོད་བྱེད་པའི་འབྲོག་པ་མང་ཚོགས་ཚོའང་གནའ་སྔ་མོའི་དུས་ནས་འགྲིམ་འགྲུལ་སོགས་ཀྱི་རྐྱེན་པས་དེ་ཙམ་གྱིས་འབྲེལ་གཏུགས་ཆེ་བ་མ་ཡིན་མོད། དེས་ན་འབྲོག་པའི་རིག་གནས་འཚོ་བ་ལའང་ཡུལ་ལུང་ཐ་དད་ཀྱི་དབང་གིས་ཁྱད་པར་ཆེན་པོ་ཡོད་པས་ཕྱུགས་རིགས་ཀྱི་ལོ་ཡི་ཐ་སྙད་དང་སྐྱེ་བསུའི་དུས་ཚོད། སྤུ་མདོག་གི་ཁྱད་པར་སོགས་ལ་མི་མཚུངས་པའམ་མི་འདྲ་བ་ཡོད་སྲིད་དེ། དཔེར་ན་མདོ་སྨད་ཁུལ་དང་བོད་བྱང་ཁུལ་གྱི་དཔལ་མགོན་བར་ཁྱད་པར་ཆེན་པོ་ཡོད་པ་ལྟ་བུའོ། །འདིར་ཁོ་མོས་གཙོ་བོ་དཔལ་མགོན་རྫོང་ཉེ་འདབས་འབྲོག་ཁུལ་གྱི་འབྲོག་ལས་ཐོན་སྐྱེད་ཁྲོད་ཀྱི་རིག་གནས་འཚོ་བ་རྨང་གཞིར་བཟུང་ནས་བཀོད་འབྲི་བྱས་ཡོད་པས་མི་འཐད་པའམ་ནོར་བ་ལ་སོགས་འགལ་འཛོལ་གྱི་རིགས་ཡོད་ཚེ་དགོངས་འཆར་ལྷུག་པོར་གནང་བར་འཚལ། །

མཆན།

[1] ས་གོང་དབང་འདུས། 《བོད་མིའི་ཡུལ་སྲོལ་གོམས་གཤིས།》 མི་རིགས་དཔེ་སྐྲུན་ཁང་གིས་བསྐྲུན། 2003 ལོའི་ཟླ11པར། ཤོག་ངོས1པར་གསལ།

[2] [4]《ནམ་མཁའི་ནོར་བུའི་གསུང་རྩོམ་ཕྱོགས་བསྒྲིགས།》 ཀྲུང་གོའི་བོད་ཀྱི་ཤེས་རིག་དཔེ་སྐྲུན་ཁང་གིས་བསྐྲུན། 1994ལོའི་ཟླ12པར། ཤོག་ངོས173、174པར་གསལ།

[3]《དམངས་ཁྲོད་འབྲོག་ཁུལ་གྱི་གཏམ་དཔེ》ཧ་གསལ།

[5] རྫོ་བོ་ཨ་ཏི་ཤས་གཏེར་ནས་བཏོན་པ། 《བཀའ་ཆེམས་ཀ་ཁོལ་མ།》 ཀན་སུའུ་མི་རིགས་དཔེ་སྐྲུན་ཁང་གིས་བསྐྲུན། 1989ལོའི་ཟླ9པར། ཤོག་ངོས98པར་གསལ།

[6] [7] ཤེར་གྲགས། མཐོ་སྨད་གི་ནོར་ནག 《སྤྲང་ཆར།》 1999ལོའི་དེབ་བཞི་པ།

《བོད་ལྗོངས་སློབ་གྲྭ་ཆེན་མོའི་རིག་དེབ།》 ༢༠༡༠ལོའི་དེབ་གཉིས་པ་ལས་བཏུས།

༄༅། །འབྲོག་མིའི་རྟ་ནོར་ལུག་གསུམ་གྱི་མིང་འདོགས་ཚུལ་སྐོར་རོབ་ཙམ་གླེང་བ།

སྒྲ་དབྱངས་ལྷ་མོ།

བོད་པའི་གཏམ་དཔེ་ལ“རྟེན་འབྲེལ་གྱི་མགོ་མ་སྨྲ་ཡིས་ཕྱེ”ཟེར་བ་ལྟར་སྔན་པའི་སྨྲ་དབྱངས་སུ་གྱུར་བ་ནི་ཡུན་རིང་གི་འཚོ་བའི་ཁྲོད་རྒྱུན་གོམས་སུ་ཆགས་ཡོད་པ་དང་། ལྷག་པར་འབྲོག་པ་ཚོས་སྔན་མོ་དབྱངས་ཀྱི་འགྱུར་ཁུགས་ལ་བརྟེན་ནས་གཅེས་པའི་རྟ་ནོར་ལུག་གསུམ་ལ་བསྟོད་སྨྲ་ཕུལ་བ་དེ་ཡང་། ཐོག་མར་ཁོ་ཚོས་ནོར་ལུག་འཚོ་སྐབས་རི་སྐད་དུ་དམངས་གླུའི་ལམ་ནས་རྟ་ནོར་ལུག་གསུམ་ལ་བསྟོད་དབྱངས་འབུལ་བའི་ཚུལ་དེ་རིམ་བཞིན་རྟགས་སྟོན་མོ་འཚོགས་སྐབས་བཀྲ་ཤིས་ཀུན་འཁྱིལ་གི་སྒོ་འབྱེད་ལྟ་བུར་གྱུར་ཡོད། སྤྱིར་འབྲོག་པའི་རྒྱུ་ནོར་ལོངས་སྤྱོད་དང་ཁ་ཟེ་དབང་ཐང་གི་དར་རྒྱུད་ཚང་མ་རྟ་ནོར་ལུག་གསུམ་གྱི་འཕེལ་སྟོབས་ལ་བརྟག་གིན་འདུག་པ་དང་། དེ་ལ་བརྟེན་ནས་རྟ་ནོར་ལུག་གསུམ་གྱི་རྒྱུ་བསོད་འཕོར་བའི་རྟེན་འབྲེལ་གྱི་སྨྲ་དབྱངས་སྣ་ཚོགས་དམངས་ཁྲོད་དུ་དར་ཁྱབ་ཕྱིན་ཡོད་པ། དཔེར་ན། “ལུག་དཀར་ཆུང་ནམ་མཁའི་སྐར་མ་རེད། །འདིའི་ལུག་རྫི་བཅོ་ལྔའི་དུང་ཟླ་རེད། །ནོར་ནག་ཆུང་རྩྭ་མགོའི་ཟིལ་བ་རེད། །འདིའི་ནོར་རྫི་འཛམ་གླིང་ཉི་མ་རེད། །རྟ་འདོ་བ་མཚོ་ཁའི་མེ་ཏོག་རེད། །འདིའི་རྟ་རྫི་མཚོ་ནང་ནོར་བུ་རེད། །ཅེས་པ་དང་། ང་ནག་ཆུང་ནོར་ལ་དགའ་ནི་ཡོ། །ངའི་ལྷས་ལ་ནོར་བརྒྱ་འཕོར་བར་ཤོག །ང་ཅང་ཤེས་རྟ་ལ་དགའ་ནི་ཡོ། །ངའི་ལྷས་ལ་རྟ་བརྒྱ་འཕོར་བར་ཤོག །ང་དཀར་ཆུང་ལུག་ལ་དགའ་ནི་ཡོ། །ངའི་ལྷས་ལ་ལུག་བརྒྱ་འཕོར་བར་ཤོག །”ཅེས་པ་ལྟ་བུ། ཡང“ངའི་ཡ་ཆུ་ཆང་ཆུ་སེར་པོ་རེད། །ངས་ཆང་ཆུ་སེར་པོའི་སྨྲ་ཞིག་ལེན། །ངའི་གོ་ཁ་འབྲི་བརྒྱའི་འོ་མ་རེད། །ངས་འབྲི་མར་སེར་པོའི་སྨྲ་ཞིག་ལེན། །ངའི་སྒོ་ཁ་རྟ་བརྒྱའི་ཕུར་བ་རེད། །ངས་རྟེའུ་ཆུང་ཁམ་པའི་སྨྲ་ཞིག་ལེན། །”ཞེས་པ་ལྟར་འབྲོག་པ་རྣམས་ཀྱིས་རྟ་ནོར་ལུག་གསུམ་གྱི་འཕེལ་ཁ་རྒྱས་ཕྱིར་ཁ་གཡང་སྒྲོག་པ་དང་། དེ་དག་ལ་བསྟོད་བསྔགས་ཀྱི་མེ་ཏོག་ནི་མི་རབས་ནས་མི་རབས་བར་མཐོ་སྒང་གི་ཡུལ་གྲུ་ཀུན་ཏུ་མཆོད་བཞིན་གདའ།

གོང་གི་དཔེ་ལྟར་འབྲོག་པ་ཚོས་འཚོ་བའི་ཁྲོད་དུ་རྟ་ནོར་ལུག་གསུམ་ལ་སྨྲ་དབྱངས་ཀྱིས་མཆོད་ཁ་འཕེན་པར་མ་ཟད། རྟ་ནོར་ལུག་གསུམ་ལ་ངོས་འཛིན་རྙེད་སླ་བ་དང་ཕ་རོལ་གཞན་ལ་ཚད་གཅོད་བདེ་

བའི་ཕྱིར། དཔེར་ན། ལང་ཀར་གཤེགས་པའི་མདོ་ལས། "མིང་དུ་གདགས་པར་མ་མཛད་ན། །འཇིག་རྟེན་ཐམས་ཅད་རྨོངས་པར་འགྱུར། །དེ་ཕྱིར་རྨོངས་པ་སེལ་བའི་ཕྱིར། །མགོན་པོས་མིང་ནི་གདགས་པར་མཛད། །"ཅེས་གསུངས་པ་ལྟར་མིང་གང་ཞིག་ཐོག་མར་འདོགས་སྐབས་རྒྱུ་མཚན་བཤད་རྒྱུ་མེད་པའི་འདོད་རྒྱལ་གྱི་མིང་དག་གི་གོ་བ་སྤྲར་སོང་གི་རྨང་གཞིའི་སྟེང་། འདྲ་འབྲེལ་སོགས་རྒྱུ་མཚན་དང་བཅས་ཏེ་ཡོན་ཏན་དུ་མ་ལ་དམིགས་ནས་རྟ་ནོར་ལུག་གསུམ་ལ་མིང་སྣ་ཚོགས་ཤིག་བཏགས་ཡོད་པ་གཤམ་དུ་རེ་རེ་བཞིན་བརྗོད་པར་བྱ་བ་ལ།

དང་པོ། འདོ་བ་རྟ་ཡི་མིང་འདོགས་ཚུལ།

"འབྲོག་མི་རྣམས་ཀྱིས་རང་གི་བཞོན་རྟ་ལ་རང་ཉིད་ཀྱི་དགའ་ཕྱོགས་དང་རྟའི་སྤུ་མདོག གཤིས་རྒྱུད། འགྲོས་རྒྱུག་གི་ཁྱད་ཆོས་དང་འབྲེལ་བའི་མིང་སྙན་པོ་རེའང་འདོགས་སྲོལ་ཡོད་པ་སྟེ། དཔེར་ན། རླུང་རྒོད་གཡེར་བ། ཆུ་སྦྲིན་དཀར་པོ། བྱ་རྟ་སེར་པོ། ངང་པའི་གསེར་ལྡུམ། ཐེའུ་རང་ཁམ་པ། གཡུ་འབྲུག་སྔོན་མོ། ཕ་རོག་ནག་ཆུང་། འཕུར་ཤེས་རླུང་པོ་ཞེས་པ་ལྟ་བུ"(《མང་ཚོགས་སྒྱུ་རྩལ》 ༢༠༠༩ལོའི་དེབ་༢པའི་ཤོག་ངོས་༥༠བར་གསལ)སོགས་ད་ཅང་མང་པོ་ཡོད་པར་བརྟེན། དེ་དག་ལ་ཡང་རིགས་ཁ་ཤས་དགར་ཏེ་བརྗོད་ན།

༡.འདོ་བ་རྟའི་གཟུགས་གཞི་སྤྱིའི་སྤུ་མདོག་ལ་བརྟེན་ནས་མིང་འདོགས་ཚུལ།

སྤྱིར་བོད་མིར་མཚོན་ན་རྟ་ཡིས་དམག་འཁྲུག་སོགས་ཞིང་ཟང་གི་ལོ་རྒྱུའི་ཁྲོད་གསུབ་ཐབས་མེད་པའི་བྱས་རྗེས་བཞག་ཡོད་ལ། ལྷག་དོན་འབྲོག་པར་མཚོན་ན་རྟ་ནི་འཁྲིམ་འགྲུལ་གྱི་ཁྲོད་མེད་དུ་མི་རུང་བའི་ལག་ཆ་གལ་ཆེན་ཞིག་ཡིན་པས་ན། འབྲོག་པས་རང་གི་ཞོན་རྟ་ལ་གང་ཐུབ་ཐུབ་ཀྱིས་མཛེས་རྒྱན་སྤྲས་ཤིང་རྟའི་ཁྱད་ཆོས་གང་ཉུང་ལ་བརྟེན་ནས་མིང་ཡང་མི་འདྲ་བ་སྣ་ཚོགས་ཤིག་འདོགས་པའི་སྲོལ་ཡོད། དེའང་རྟའི་མགོ་ནས་མཇུག་བར་ཏེ། གཟུགས་གཞི་ཡོངས་རྫོགས་ཀྱི་སྤུའི་ཁ་མདོག་སྣ་གཅིག་ཅན་གྱི་ཁྱད་ཆོས་གཞིར་བཟུང་སྟེ་མིང་འདོགས་པ་ནི། དཔེར་ན། རྟའི་སྤུ་མདོག་དམར་སེར་ཅན་ལ་རྟ་ཁམ་རའམ་ཁམ་ཁམ་དང་། སྤུ་མདོག་སྐྱ་སྐྱ་ཅན་ལ་ཐག་རའམ་ཟག་ཟག སྤུ་མདོག་དམར་དམར་ཅན་ལ་རྒྱང་རའམ་རྒྱང་རྒྱང་། སྤུ་མདོག་སྔོ་དཀར་ཅན་ལ་གྱོ་རའམ་གྱོ་གྱོ། སྤུ་མདོག་སྔོ་སྔོ་ཅན་ལ་སྔོ་རའམ་སྔོ་སྔོ། སྤུ་མདོག་དམར་སྨུག་ཅན་ལ་བཀྲ་རའམ་བཀྲ་བཀྲ། སྤུ་མདོག་སེར་དམར་ཅན་ལ་ངང་རའམ་ངང་ངང་། སྤུ་མདོག་སྨུག་ནག་ཅན་ལ་དབུས་ར། སྤུ་མདོག་དཀར་དཀར་ཅན་ལ་ར་ར། སྤུ་མདོག་དཀར་ཞིང་ནག་ཐིག་ཙུང་ཙམ་འདྲེས་མ་ཅན་ལ་རག་རག་ཅེས་པ་ལྟ་བུའི་མིང་བཏགས་ནས་ངོས་འཛིན་བྱེད་པ་ལས། འཚོ་བའི་ཁྲོད་རྒྱུན་བཀོལ་གྱི་ཁ་དོག་གི་མིང་ཐད་ཀར་དུ་སྦྱར་ནས་རྟ་དམར་དམར་དང་རྟ་སེར་

པོ་ལ་སོགས་པའི་མིང་འདོགས་སྲོལ་མེད་ལ། གལ་ཏེ་དེ་ལྟར་མིང་གདགས་ཚེ་བཞད་གད་ཀྱི་གནས་སུ་འགྱུར་བ་ལས་སུས་ཀྱང་ཁས་ལེན་མི་བྱེད་དོ། །

ཡང་འདོ་བ་རྟའི་གཟུགས་གཞིའི་སྤུ་མདོག་སྣ་མང་ངམ་ཁ་མདོག་དུ་མའི་ཁྱད་ཆོས་ལྡན་འཛོམས་ཅན་ལ། དཔེར་ན། རྟ་རྒྱང་དམར། རྟ་སྒྱ་སྐྱ། རྟ་སྔོ་ནག རྟ་སྒྱ་དམར། རྟ་སྒྱ་ནག རྟ་བཀྲ་སེར། རྟ་བཀྲ་སྐྱ། རྟ་བཀྲ་ནག རྟ་ར་དམར། རྟ་ར་ནག རྟ་ངང་དཀར། རྟ་ངང་སེར། རྟ་རག་དཀར། རྟ་རག་སེར། རྟ་རག་དམར་སོགས་ལྟ་བུའི་མིང་འདོགས་པ་དང་། ཡང་སྤུ་མདོག་ཁྲ་ཁྲ་ཅན་ལ། རྟ་ཁམ་ཁྲ། རྟ་ཟག་ཁྲ། རྟ་དབུས་ཁྲ། རྟ་རྒྱང་ཁྲ། རྟ་ནག་ཁྲ། རྟ་སྒྱ་ཁྲ། རྟ་སྔོ་ཁྲ། རྟ་བཀྲ་ཁྲ། རྟ་ངང་ཁྲ། རྟ་རག་ཁྲ་ཞེས་པ་ལྟ་བུ། འབྲོག་པ་རྣམས་ཀྱིས་གོང་བཀོད་ཀྱི་དཔེ་ལྟར་རྟའི་སྤུ་མདོག་གི་ཁྱད་ཆོས་ལ་བརྟེན་ནས་འབྲོག་མི་རྣམས་ཀྱི་ཡིད་ལ་འཛིན་བདེ་ཞིང་དོན་དང་ལྡན་པའི་ཐུན་མིན་གྱི་མིང་མི་འུང་བ་ཞིག་བཏགས་ཡོད་པ་འདི། འཚོ་བའི་ཉམས་མྱོང་དང་ཤེས་བྱ་གསོག་འཇོག་བྱས་པ་ལས་བྱུང་བ་ཡིན་པས། དངོས་ཡོད་འཚོ་བའི་ཁྲིད་འབྲོག་མི་ཀུན་གྱིས་ཁས་ལེན་ཐོབ་ཐེན་པའི་བརྟན་ཆགས་ཀྱི་མིང་ཞིག་ཏུ་གྱུར་ཡོད་དོ། །

༢. འདོ་བ་རྟའི་གདོང་གི་སྤུ་མདོག་ལ་བརྟེན་ནས་མིང་འདོགས་ཚུལ།

རྟའི་ཐོད་ཐོག་ཏུ་འཛེ་དང་ཞུར་པོ་ཡོད་པ་ལ་རྟ་འཛེ་ཅན་དང་རྟ་ཞུར་ཅན་ཟེར་གྱིན་ཡོད། འཛེ་ནི་རྟའི་ཐོག་ཏུ་སྤུ་དཀར་པོ་ཆུང་ཆུང་ཡོད་པ་ལ་ཟེར་བ་དང་། ཞུར་པོ་ནི་རྟ་ཡི་མགོའི་ལྟག་པ་ནས་སྣེན་མའི་བར་དཀྱིལ་བར་ཞེང་སོར་བཞི་ཙམ་གྱི་ཆའི་སྤུ་དཀར་པོ་ཡིན་པའམ་ཡང་ན་གདོང་ཡོངས་ཐལ་ཆེར་དཀར་པོ་ཡིན་པ་ལ་ཟེར། ཞུར་ནི་འཛེ་ལས་ཆེ་བའི་ངོ་གདོང་གི་སྤུ་མདོག་དཀར་པོ་ཡིན་པའི་མིང་གི་འདོགས་ཚུལ་ཞིག་ཡིན། དེ་བཞིན་དུ་རྟའི་གདོང་དང་གཟུགས་གཞི་གཉིས་ཀྱི་སྤུའི་ཁ་མདོག་གི་ཁྱད་ཆོས་ལ་བརྟེན་ནས་མིང་མི་འདྲ་བ་དུ་མ་བཏགས་ཡོད་པ། དཔེར་ན། རྟ་ཁམ་འཛེ། རྟ་ཁམ་ཞུར། རྟ་ཟག་འཛེ། རྟ་ཟག་ཞུར། རྟ་ནག་འཛེ། རྟ་ནག་ཞུར། རྟ་རྒྱང་ཞུར། རྟ་སྒྱ་འཛེ། རྟ་སྒྱ་ཞུར། རྟ་སྔོ་འཛེ། རྟ་སྔོ་ཞུར། རྟ་དབུས་འཛེ། རྟ་དབུས་ཞུར། རྟ་བཀྲ་འཛེ། རྟ་བཀྲ་ཞུར། རྟ་ངང་འཛེ། རྟ་ངང་ཞུར། རྟ་རག་འཛེ། རྟ་རག་ཞུར་སོགས་ལྟ་བུ། གཞན་ཡང་འདོ་བ་རྟའི་རྐང་ལག་གི་སྤུའི་ཁ་མདོག་གི་ཁྱད་ཆོས་ལ་བརྟེན་ནས་ཁམ་ར་ཆེས་དཀར་དང་། ནག་ལི་ཆེས་དཀར། སྒྱ་ར་ཆེས་ནག རྒྱང་སེར་ཆེས་དཀར། བཀྲ་ལི་ཆེས་དཀར། ནག་འཛེ་ཆེས་དཀར་ཞེས་པ་ལྟ་བུའི་མིང་འདོགས་སྲོལ་ཡོད་པར་མ་ཟད། ད་དུང་དབུས་ལི་གསེར་རྣ་དང་། རྒྱང་རྐོད་གཡེར་བ། གཡུ་བྱ། གོམ་རིས་སོགས་ལྟ་བུའི་གཅེས་མིང་འདོགས་སྲོལ་ཡོད་པ་སྟེ། རྟ་བདག་རང་གི་དགའ་ཕྱོགས་དང་གོམས་ཕྱོགས་ལྟར་མིང་གསར་པ་མི་འུང་བ་ཞིག་བྱུང་དང་འབྱུང་བཞིན་འདུག་པའོ། །

གཉིས་པ། ནག་ཆུང་ནོར་གྱི་མིང་འདོགས་ཚུལ།

ནོར་ནག་ནི་མདོ་དབུས་མཐོ་སྒང་གི་ཁྱད་ནོར་ཞིག་ཡིན་ཞིང་འཛམ་གླིང་གི་ཡུལ་གཞན་གང་དུའང་མེད་པར་ངེས་ལ། དེ་ནི་རང་རེའི་ཡུལ་གྲུ་འདིའི་ཁོར་ཡུག་དང་གནམ་ གླའི་ཆ་རྐྱེན་དང་མཐུན་པའི་སྒོ་ལྦུགས་ཁྱད་པར་བ་ཞིག་ཡིན་པ་དང་། གདོད་མའི་སྤྱི་ཚོགས་ཀྱི་དུས་མཇུག་ནས་བཟུང་། རང་རེའི་མེས་པོ་རྣམས་ཀྱིས་ནོར་ནག་འདུལ་སྐྱོང་བྱས་ཏེ་བོད་མི་རིགས་ཀྱི་ཁྱད་ཆོས་མངོན་པར་གསལ་བའི་འབྲོག་ལས་ཐོན་སྐྱེད་ཀྱི་རྣམ་པ་འདི་གསར་གཏོད་བྱས་པ་རེད།

ལྦུགས་ལས་གཙོ་གཉེར་གྱི་འབྲོག་པ་རྣམས་ལ་མཆོན་ན། "མགོ་ནག་བརྟེན་ས་སྤུ་ནག སྤུ་ནག་བརྟེན་ས་ས་ནག"ཅེས་པའི་ཁ་དཔེ་ལྟར། ནོར་ནག་ནི་འབྲོག་མིའི་དངོས་ཡོད་ཀྱི་འཚོ་བའི་ཁྲོད་དུ་མེད་དུ་མི་རུང་བའི་ཁྱད་ནོར་ཞིག་ཏུ་གྱུར་ཡོད། གང་ལགས་ཤེ་ན། ནོར་ནག་གི་ཤ་དང་ཀོ་བ། ཁུལ། རྩིད་པ། རུས་པ། ལྕི་བ། རྭ་ཅོ་སོགས་རིན་གོ་མི་ཆོད་པ་གཅིག་ཀྱང་མེད་ལ། འབྲོག་པ་ཚོའི་དཀར་ཟས་དང་དམར་ཟས་ཀྱི་འབྱུང་ཁུངས་གཙོ་བོའང་དེ་ཡིན་པ་སྟེ། མདོར་ན། ནོར་ནག་གི་རྭ་རྩེ་ནས་ལྕི་བའི་བར་དུ་བཀོལ་སྤྱོད་ཀྱི་རིན་ཐང་མེད་པ་གཅིག་ཀྱང་མེད་པར་མ་ཟད། གོན་ཆས་དང་སྐྱིལ་འདྲིན་སོགས་འཚོ་བའི་ཡོ་ཆས་དང་ཆ་ཀུན་ནས་འབྲལ་དུ་མེད་པའི་འཚོ་རྟེན་ཉག་གཅིག་པུར་གྱུར་ཡོད། འབྲོག་པ་ཚོས་ཁ་རྒྱུན་དུ "འབྲོག་ཕྲུག་འོ་མས་གསོས་པ་རེད"ཅེས་པ་ལྟར་འབྲོག་པའི་ནམ་རྒྱུན་གྱི་འཚོ་བ་ནོར་ནག་དང་འབྲལ་ཐབས་མེད་པས། ཁོ་ཚོས་ཀྱང་དེའི་དོན་རྟོགས་ནས་སྒོ་ཟོག་རྣམས་ཀྱི་དོན་དུ་དགེ་བ་བསྔོ་དང་མ་ཎི་དུང་སྒྲུབ་བྱས་ཏེ། འབྲོག་པའི་ཁ་རྒྱབ་གསོ་བའི་དྲིན་ཅན་རྣམས་ལ་དྲིན་ལན་འཇལ་བཞིན་ཡོད། འདི་ལས་ང་ཚོས་འབྲོག་པ་ཚོས་ནོར་ནག་ལ་བཟུང་བའི་བརྩེ་བ་དང་རིན་ཐང་ལས་ཐོབ་པའི་ངེས་ཤེས་དེ་རྟོགས་ཐུབ་ལ། རྒྱུ་མཚན་དེ་ཙམ་གྱིས་ནོར་ནག་དང་འབྲོག་པའི་བར་གྱི་འབྲེལ་བ་དང་ནོར་ནག་གི་རིན་ཐང་རེ་ཞིག་རྗོགས་པར་བྱས་ཏེ། སྐབས་དོན་དངོས་ལ་འཇུག་པ་ནི། འབྲོག་མི་ཚོས་རང་གི་སྒོ་ཁའི་ནོར་ནག་ཐམས་ཅད་ཀྱི་སྤུ་མདོག་དང་ངང་རྒྱུད་སོགས་ལ་བརྟེན་ནས་རང་མིང་རེ་རེ་གདགས་སྲོལ་ཡོད་པ་སྟེ། སྤུ་མདོག་དང་། ཛ་མ། རྫོག་མ། ཨང་ལག རྭ་ཅོ་སོགས་ཀྱི་ཁྱད་ཆོས་ཀྱི་ཐོན་དུ"འབྲིའམ" "གཡག"ཅེས་པའི་མིང་སྦྱར་ནས་མིང་འདོགས་པ་ལ། དཔེར་ན། འབྲི་ཁམ་པ་དང་གཡག་རྒྱ་རྒྱ་ལྟ་བུ། ཡང་ན "འབྲིའམ" "གཡག"ཅེས་པའི་ཐ་སྙད་མི་སྦྱོར་བར"རྒྱ་མགོའམ" "རྒྱ་མགོ་མ"ཞེས"མ"ཡིག་ཡོད་མེད་ཀྱིས་འབྲི་གཡག་གི་ཁྱད་པར་འབྱེད་པའོ། །ཡང་མིང་དང་བདག་པོའི་མིང་ཐོན་ལ་སྦྱར་ནས་མིང་འདོགས་པ་ལ། དཔེར་ན། ཛ་འབྲི་མ་དང་ཚེ་བདག་གི་འབྲི་ལྟ་བུ། ཡང་མཚོ་མ་ཡིན་པ་ལ་མཚོ་ཆེན་དང་མཚོ་ཆུང་ལྟ་བུ། དམིགས་བསལ་བེའུ་མི་འཁོར་བའི་འབྲི་མོ་ལ་གཡང་རྐྱབ་རིལ་ཟེར་བ་ལྟ་བུ་སོགས་མིང་འདོགས་

ཚུལ་སྣ་ཚོགས་ཤིག་ཡོད་པས་གཤམ་དུ་རེ་རེ་བཞིན་བརྗོད་པར་བྱ་བ་ལ།

༡. ནོར་གྱི་སྤུ་མདོག་གི་ཁྱད་ཆོས་ལ་བརྟེན་ནས་མིང་འདོགས་ཚུལ།

འབྲོག་པ་རྣམས་ཀྱིས་རང་གི་སྒོ་ཟོག་ནོར་གྱི་སྤུའི་ཁ་མདོག་གི་ཁྱད་ཆོས་དང་རང་ཉིད་ཀྱི་བློ་རིག་གི་རྩལ་ལ་བརྟེན་ནས་ནོར་ལ་མིང་མི་འདྲ་བ་དུ་མ་ཞིག་བཏགས་ཡོད་པ་ནི། དཔེར་ན། སྤུ་རྗེང་ནག་པོ་དང་སྤུ་མགོ་སེར་པོའི་ཆ་ཙུང་ཙམ་འདྲེས་པའི་གཡག་གམ་འབྲི་མོ་ལ། རྒྱ་རྒྱ། རྒྱ་མགོ། རྒྱ་ཆེན་མ། རྒྱ་ཆུང་མ་ཟེར་བ་དང་། ཡང་ནོར་རྒྱ་རྒྱ་ཁའི་སྤུ་མདོག་སྐྱ་སྐྱ་ཅན་ལ་རྒྱ་རྒྱ་ཁ་སྐྱ། སྤུ་མདོག་རྒྱ་རྒྱའི་ནང་ལ་སྔོ་ཤ་ཙུང་ཙམ་འདྲེས་པ་ལ་རྒྱ་སེ། སྤུ་མདོག་རྒྱ་རྒྱའི་ནང་ལ་དཀར་པོའི་ཆ་ཏོག་ཙམ་འདྲེས་པ་ལ་རྒྱ་ཁྲ། སྤུ་མདོག་རྒྱ་རྒྱ་གདོང་ན་དཀར་ཤ་ཅན་ལ་རྒྱ་ག སྤུ་མདོག་རྒྱ་རྒྱ་གདོང་ན་དཀར་ཐིག་ཅན་ལ་རྒྱ་འཛོ། སྤུ་མདོག་རྒྱ་རྒྱ་དམར་ཤས་ཆེ་བ་ཅན་ལ་རྒྱ་དམར། སྤུ་མདོག་མཐུག་ཅིང་རིང་བ་ཅན་ལ་རྒྱ་ཐིག་མཐའམ་ཡང་ན་རྒྱ་ཐིག་ཟེར།

ནོར་གྱི་གཟུགས་གཞི་ཕྱིལ་པོའི་སྤུ་མདོག་ནག་པོ་ཅན་ལ་གཡག་རོག་རོག་གམ་འབྲི་རོག་རོག རོག་མགོ། རོག་ཆེན་མ། རོག་ཆུང་མ། ནག་རིས་མ་སོགས་ཟེར་བ་དང་། སྤུ་མདོག་ནག་ནག་གི་ནང་དུ་སེར་ཤས་ལྡན་པ་ལ་རོག་སེར། སྤུ་མདོག་ནག་ནག་གདོང་ན་དཀར་ཤ་ཡོད་པ་ཅན་ལ་རོག་རོག་གྭ་ཅན། སྤུ་མདོག་ནག་ནག་གདོང་ན་དཀར་ཐིག་ཡོད་པ་ཅན་ལ་རོག་རོག་འཛོ་ཅན། སྤུ་མདོག་རོག་རོག་སྤུ་རྫོང་མཐུག་ཅིང་རིང་བ་ལ་རོག་ཐིག་མཐའམ་རོག་ཐིག སྤུ་མདོག་རོག་རོག་གི་ནང་དུ་དཀར་ཤས་དང་སྔོ་ཤས་ཙུང་ཙམ་ལྡན་པ་ལ་རོག་སེ་མཐའམ་རོག་སེ་ཟེར།

ནོར་གྱི་གདོང་ན་ཞུར་པོ་སྤྱི་དཀར་ཤ་ཡོད་པ་རྟ་དང་འདྲ་བར་ཞུར་མི་ཟེར་བར་གྭ་གྭ་ཟེར་བ་དང་། འོན་ཀྱང་གདོང་ན་དཀར་ཐིག་ཡོད་པ་ཅན་ལ་རྟ་དང་འདྲ་བར་འཛོ་ཅན་ཟེར་ཏེ། དཔེར་ན། གཡག་གྭ་གྭ། རྒྱ་གྭ། རོག་གྭ། འཛོ་འཛོ། ཁམ་གྭ། གྭ་གཟི། འབྲི་གྭ་གྭ། རྒྱ་གྭ་མ། རོག་གྭ་མ། ཁམ་གྭ་མ། གྭ་ཁྲ་མ། གྭ་གདོང་མ། གྭ་སེ་མ། སྔོ་གྭ་མ། དམུ་གྭ་མ། གྭ་ནག་མ། ངང་གྭ་མ། འཛོ་མིག་སོགས་ཟེར་བ་དང་། ནོར་གྱི་མགོ་ཕྱིལ་པོའི་སྤུ་མདོག་དཀར་པོ་ཡིན་པ་ལ་དོང་དོང་ཟེར་རོ། །

ཡང་ནོར་གྱི་གཟུགས་གཞིའི་སྤུ་མདོག་གང་ཙུང་གི་ནང་དུ་དཀར་ཤས་ལྡན་པ་ལ། གཡག་ཁྲ་ཁྲ་དང་། ཁྲ་ནག རྒྱ་ཁྲ། རོག་ཁྲ། སྔོ་ཁྲ། ཁམ་ཁྲ་སོགས་ཟེར་བ་དང་། ཡང་འབྲི་དམུ་ཁྲ་མ་དང་། སེ་ཁྲ་མ། གྭ་ཁྲ་མ། དོང་ཁྲ་མ། ཁྲ་རིས་མ། གཡང་ཁྲ་མ། ཁྲ་དཔོར་མ། ཁྲ་གཞོལ་མ། ཧེ་ཁྲ་མ། འཛོ་ཁྲ་མ་སོགས་ཟེར། གཞན་ཡང་ནོར་གྱི་གཟུགས་གཞི་དང་སྤུ་མདོག་གི་དམིགས་བསལ་ཁྱད་ཆོས་ལ་བརྟེན་ནས་སོག་དཀར་མ་དང་། སྙིང་དཀར་མ། གཏེར་ཟོག སོ་ཧེ་མ། ཁམ་ཧེ། སྤུ་ལོག བྲ་དཀར་མ། དཔྱི་དཀར་མ། རྐོའི་འཕོང་། དམུ་སྣ་མ། ཞོ་ཁ་མ། གནམ་ཟུ། ས་ཟུ། སྟག་སྟག ཤ་ཤ སྟོད་དཀར་མ། སེ་ནག སེ་

ཆེན་མ། སེ་ཆུང་མ། ཇ་རིང་མ། ཇ་སྐྱ་མ། ཇ་སེ་མ། ཇ་ཡོ་མ། ཇོག་རིང་མ། རོག་རོག་ཇ་སྐྱ། གྭ་གྭ་ཇ་སྐྱ། རྒྱ་རྒྱ་ཇ་སྐྱ་སོགས་ལྟ་བུའི་མིང་འདོགས་སྲོལ་ཡང་ཡོད་དོ། །

༢. ནོར་གྱི་རྭ་ཅོའི་དབྱིབས་ལ་བརྟེན་ནས་མིང་འདོགས་ཚུལ།

ནོར་ནག་ནི་འབྲོག་པའི་ཉིན་རྒྱུན་གྱི་འཚོ་བ་དང་ཁ་འབྲལ་ཐབས་མེད་པའི་འཚོ་རྟེན་གཙོ་བོར་གྱུར་ཡོད་པས། ནོར་ནག་ལ་ཤིན་ཏུ་རྒྱུས་མངའ་བའང་འབྲོག་པ་ཡིན་པས། ཁོ་ཚོས་ནོར་ནག་གི་ཕྱིའི་སྤྱི་མདོག་དང་ཁྱད་ཆོས་གཙོ་བོར་འཛིན་པའི་རྨང་གཞིའི་སྟེང་ནོར་གྱི་རྭ་ཅོའི་སྐྱེས་དབྱིབས་དང་། རྣམ་པ། ཁྱད་ཆོས་སོགས་བསྟན་ནས་མིང་འདོགས་པ་དཔེར་ན། རྭ་ཅོ་མདོང་མདོང་ཅན་ཏེ་རྭ་རྩེ་རྣོ་ཞིང་རྭ་དབྱིབས་མདོང་མོ་དང་ཅུང་འདྲ་བའི་རིགས་དེར། གཡག་རྒྱ་མདོང་། རོག་མདོང་། གྭ་མདོང་། དམུ་མདོང་སོགས་ལྟ་བུ་དང་། ཡང་འབྲི་རྒྱ་མདོང་མ། རོག་གདོང་མ། གྭ་མདོང་མ། འཛོ་མདོང་མ། སེ་མདོང་མ། ཁྲ་མདོང་མ། རྭ་མདོང་མ། དམུ་མདོང་མ་སོགས་ཞེས་པ་ལྟ་བུའི་མིང་འདོགས་པ། ཡང་རྭ་ཅོའི་སྐྱེས་སྟངས་ཅུང་སྒོར་སྒོར་ཅན་གྱི་རིགས་དེར་ནམ་རྒྱུན་ཁ་སྐད་དུ་དབོར་དབོར་ཟེར་བ་སྟེ། དཔེར་ན། གཡག་རྭ་དབོར་དང་། རྒྱ་དབོར། སེ་དབོར། གྭ་དབོར་ལྟ་བུ་དང་། འབྲི་རྭ་དབོར་མ། རྒྱ་དབོར་མ། རོག་དབོར་མ། སེ་དབོར་མ། གྭ་དབོར་མ། འཛོ་དབོར་མ། ཁྲ་དབོར་མ་སོགས་ལྟ་བུ། རྭ་ཅོའི་སྐྱེས་དབྱིབས་ཅུང་མི་ལེགས་པ་སྟེ་མགོའི་གཡས་གཡོན་གྱི་རྭ་ཅོའི་སྐྱེས་དབྱིབས་མི་འདྲ་བའམ་ཡང་ན་རྭ་ཡ་གཅིག་ཆག་སྐྱོན་ཤོར་བའི་རིགས་ལ། དཔེར་ན། གཡག་རྭ་ཆག་དང་། རྭ་གཡོན། རྭ་ཡོ་ལྟ་བུ་དང་། འབྲི་རྭ་གཡོན་མ། རྭ་དྲུད་མ། རྭ་ཆག་མ། རྭ་ཡས་མ། རྭ་ཡོ་མ། རྭ་གདའ་མ། སེ་ཆག་མ་སོགས་ཞེས་པ་ལྟ་བུའི་མཚང་མིང་འདོགས་ལ། ཡང་མ་གཞི་རྭ་ཅོ་སྐྱེས་མེད་ཅིང་མགོ་རིལ་རིལ་ཡིན་པས་ན་ཁ་སྐད་དུ། གཡག་རྒྱ་རིས་དང་། སེ་རིས། སྔོ་རིས། དཀར་རིས། ཁམ་རིས། ཁྲ་རིས་སོགས་ལྟ་བུ་དང་། འབྲི་རྒྱ་རིས་མ། སེ་རིས་མ། འ་རྗོ་མ། ནག་རིས་མ། འཛོ་རིས་མ། གྭ་རིས་མ། ཁམ་རིས་མ། ཁྲ་རིས་མ། དོང་རིས་མ། དམུ་རིས་མ། དཀར་རིས་མ། སྔོ་རིས་མ་སོགས་ལྟ་བུའི་མིང་འདོགས་པ་ཡིན། ད་དུང་ནོར་གྱི་འཕེལ་ཁ་བཟང་བའི་རིགས་དེར་གཡང་དང་ལྡན་པར་འདོད་པའི་ཁ་གཡང་འབོད་པའི་ཚུལ་དུ། གཡག་ལ་ནོར་ལྷ་དང་། ནོར་སྲུང་། སྲུང་གཡག ལྷ་གཡག་སོགས་འབོད་པ་དང་། འབྲི་ལ་གཡང་ཁྲ་མ་དང་། མིག་ཡག་མ། རོག་ཡག་མ། གཡང་ཛིག་མ། ནོར་གཡང་མ། གསེར་རྣ་མ། ལྷ་འབྲི་མ། སྲུང་འབྲི་མ། ཁྲ་ཕྱུག་མ་སོགས་ལྟ་བུའི་གཡང་མིང་འདོགས་པ། དེ་ལས་ལྡོག་སྟེ་རྒྱུད་མི་བཟང་བའམ་གོམས་གཤིས་ངན་པ་ལྡན་པའི་ནོར་གྱི་རིགས་དེར་ཁ་སྤྱིག་གི་ཚུལ་དུ། གཡག་ཁེར་འདུག་དང་། གཟས་རྐོད་ལྟ་བུ། འབྲི་ཁེར་འདུག་མ། གཟས་རྐོད་མ། གཡོ་སྐྱ་མ། ཏུ་རྒན་མ། ཕུར་ཟན་མ། སྐྱོང་ཆེན་མ། ཚྭ་ལྡུག་མ། འོ་འཕྱང་མ་སོགས་ལྟ་བུའི་མིང་འདོགས་སྲོལ་ཀྱང་ཡོད་དོ། །

གསུམ་པ། གཡང་མོ་ལུག་གི་མིང་འདོགས་ཚུལ།

གཡང་དཀར་ལུག་ནི་རྒྱ་ཕྱིང་བལ་ལས་བཟོས་པའི་གྱོན་པ་གདན། ཞྭ་མོ། ལུག་པགས་ལས་བཟོས་པའི་སློག་པ་དང་ཚ་ཏུ་སོགས་ཀྱི་ཐོན་ཁུངས་གཙོ་བོ་ཡིན་པར་མ་ཟད། ལུག་བཤས་ནས་ཤ་ཟ་བ་དང་མ་མོའམ་མོ་ལུག་བཞོས་ནས་འོ་མ་འཐུང་བ་དང་མར་ལེན་པར་བྱེད་པས། འབྲོག་པའི་དམར་ཟས་དང་དཀར་ཟས་ཀྱི་ཐོན་ཁུངས་ཤིག་ཀྱང་ཡིན། དེ་བས་གཡང་དཀར་ལུག་ཀྱང་འབྲོག་པའི་འཚོ་བའི་ཁྲིད་མེད་དུ་མི་ རུང་བའི་འཚོ་རྟེན་གཙོ་བོ་ཞིག་ཏུ་གྱུར་ཡོད། འབྲོག་པ་རྣམས་ཀྱིས་ལུག་ལ་འཚོ་སྐྱོང་བྱེད་པའི་ནམ་རྒྱུན་གྱི་འཚོ་བ་ལས་ལུག་ལ་རྒྱུས་མངའ་བར་གྱུར་པ་དང་ལྷན་དུ། གཡང་དཀར་ལུག་གི་ཕྱིའི་སྤུ་མདོག་དང་ལོ་ཚད་སོགས་ཁྱད་ཆོས་གང་རུང་ལ་བརྟེན་ནས་མིང་ཡང་མི་འདྲ་བ་དུ་མ་ཞིག་བཏགས་ཡོད་པ་སྟེ། དཔེར་ན། ཕོ་ལུག་ལ་ཤ་བཟན་དང་། ཐུང་བ། ཕོ་ལག་ཟེར་བ་དང་། མོ་ལུག་ལ་མ་ལོ་དང་། ཚེར་མོ། ལག་མོ་ཟེར་བ་ལྟ་བུ། ད་དུང་ཕོ་ལུག་དང་མོ་ལུག་གང་རུང་ལ་ལོ་ཚད་ཀྱི་ཆ་ནས་ལུ་གུ་དང་། ལག་ག སོ་གཉིས། སོ་བཞི། སོ་དྲུག ཁ་གང་ཞེས་པའི་མིང་འདོགས་སྲོལ་ཡོད་པ་འདི་ལུག་འཚོ་སྐྱོང་བྱེད་པའི་འབྲོག་ཡུལ་སྤྱིའི་ཐུན་མོང་དུ་སྤྱོད་པའི་མིང་ཞིག་ཏུ་ཆགས་ཡོད། གཞན་ཡང་ཕོ་མོ་མཉམ་བསྲེས་བྱས་པའི་ལུག་ལ་ལུག་ཕྲུ་དང་། མོ་ལོགས་སུ་དགར་བའི་ཕྲུ་ལ་མ་ཕྲུ་དང་དེའི་ཐེ་བོར་མ་ཐེ་ཟེར་བ། ཕོ་ལོགས་སུ་དགར་བའི་ལུག་ཕྲུ་ལ་ཤ་ཕྲུ་དང་དེའི་ཐེ་བོར་ཤར་ཐེ་ཟེར།

དེ་ཡང་གཡང་མོ་ལུག་གི་ཁ་དོག་སྤྱིར་དཀར་པོ་ཡིན་ནའང་། ལུག་མང་ཆེ་ཤོས་ཀྱི་མགོའི་སྤུ་མདོག་ལ་ནག་པོ་དང་སེར་པོ་སོགས་ཁ་མདོག་མི་འདྲ་བའི་ཆ་གང་མང་ཞིག་ལྡན་པས་ན། མིང་ཡང་མི་འདྲ་བ་དུ་མ་བཏགས་ཡོད་པ་སྟེ། དཔེར་ན། ལུག་གི་མགོའི་སྤུ་མདོག་དཀར་པོའི་ནང་དུ་སེར་པོའི་ཆ་ཙུང་ཙམ་ལྡན་པ་ལ་རྒྱ་རྒྱ་དང་། ཕོ་མེད་པ་ལ་རྒྱ་ཐོ་ཟེར་བ། མགོའི་སྤུ་མདོག་དཀར་པོའི་ནང་དུ་དམར་པོའི་ཆ་ཙུང་ཙམ་ལྡན་པ་ལ་ཁམ་ཁམ་དང་། རྭ་ཅོ་མེད་པ་ལ་ཁམ་ཐོ་ཟེར་བ། མགོའི་སྤུ་མདོག་ནག་པོའི་ནང་དུ་དཀར་པོའི་ཆ་ཙུང་ཙམ་མ་གཏོགས་མེད་པ་ལ་ཁྲ་གཞས་དང་། རྭ་མེད་པ་ལ་ཁྲ་ཐོ་ཟེར་བ། མགོའི་སྤུ་མདོག་དཀར་པོའི་ནང་དུ་སྔོན་པོའི་ཆ་ཙུང་ཙམ་ལྡན་པ་ལ། སྔོ་གཞས་དང་། རྭ་མེད་པ་ལ་སྔོ་ཐོ་ཟེར་བ། མགོའི་སྤུ་མདོག་དཀར་པོ་དང་ནག་པོར་མང་ཉུང་མེད་པ་ལ་སྦྲུག་གཞས་དང་། རྭ་མེད་པ་ལ་སྦྲུག་ཐོ་ཟེར་བ་ལྟ་བུ།

གོང་བཀོད་ཀྱི་མིང་དེ་དག་གི་རྗེས་སུ"མ"ཡིག་ཅིག་སྦྱོར་བ་སྟེ། དཔེར་ན། རྒྱ་རྒྱ་མའམ་རྒྱ་ཐོ་མ། ཁྲ་གཞས་མའམ་ཁྲ་ཐོ་མ་སོགས་ཟེར་སྐབས། གཡང་དཀར་ལུག་ལས་མོ་ཕྱུགས་ཀྱི་རིགས་ལ་གོ་བ་དང་། "མ"ཡིག་སྦྱར་བ་མེད་ཚེ་སྤྱིར་བཏང་ཕོ་ཕྱུགས་ཀྱི་རིགས་ལ་གོ་ངེས་ཡིན། གཞན་ཡང་ལུག་གི་གཟུགས་གཞིའི་ཆ་ཤས་རེ་འགའི་སྤུའི་ཁ་མདོག་དེ་གཙོ་བོར་བཟུང་ནས་མིང་མི་འདྲ་བ་དུ་མ་ཞིག་འདོགས་པར་

ཕྱུགས་ཟོག་གི་སྐོར།

མ་ཟད། ལུག་ རྫི་རང་རང་གི་དགའ་ཕྱོགས་དང་འདོད་མོས་ལྟར་གཡང་མིང་ངམ་མཚང་མིང་མི་འདྲ་བ་འདོགས་པའི་སྲོལ་ཡང་སྣ་ཚོགས་ཤིག་ཡོད་པ་ནི་དངོས་ཡོད་ཀྱི་འཚོ་བའི་ཁྲོད་ཤིན་ཏུ་མང་བས། འདིར་རེ་རེ་བཞིན་འགོད་པའི་དགོས་པ་མ་མཆིས་སླམ་ནས་རེ་ཞིག་བཏང་སྙོམས་སུ་བཞག་པའོ། །

《མང་ཚོགས་སྒྱུ་རྩལ》 ༢༠༡༠ལོའི་དེབ་གསུམ་པ་ལས་བཏུས།

༄༅། །བོད་མི་རིགས་ཀྱི་ཚེ་ཐར་སྲོག་བླུའི་ཡུལ་སྲོལ་གོམས་གཤིས་ཀྱི་སྐོར་གླེང་བ།

དཔའ་རྩེ་བྱམས།

གླེང་གཞི།

ཚེ་ཐར་སྲོག་བླུ་ཞེས་པའི་བོད་མི་རིགས་ཀྱི་ཡུལ་སྲོལ་རིག་གནས་འདི་ནི་སངས་རྒྱས་ཆོས་ལུགས་ཀྱི་དགོངས་དོན་དང་ཡོངས་སུ་མཐུན་པའི་གནའ་བོའི་རྒྱ་གར་དང་བོད་དུ་དར་ཁྱབ་ཆེ་བའི་དཀར་པོ་ཆོས་ཀྱི་བྱེད་སྒོའམ་བསོད་ནམས་ཀྱི་ཚོགས་བླ་ན་མེད་པ་ཞིག་ཡིན། བོད་མི་རིགས་ཀྱིས་ཚེ་ཐར་གཏོང་བ་ལ་རི་ཆུ་ནགས་གསུམ་དང་རྟ་ནོར་ལུག་གསུམ་སོགས་དུད་འགྲོའི་རིགས་གཏོང་བས། རིག་གནས་འདིས་མི་དང་རང་བྱུང་ཁོར་ཡུག་བར་གྱི་འཆམ་མཐུན་དང་ཞི་བདེ། མི་དང་སྲོག་ཆགས་བར་གྱི་འཆམ་མཐུན་དང་ཞི་བདེ་ལ་ནུས་པ་ཆེན་པོ་ཐོན་གྱིན་ཡོད། དེ་བས་རིག་གནས་འདི་ནི་ཡུལ་སྲོལ་དང་འཆམ་མཐུན། རང་བྱུང་ཁོར་ཡུག་སྲུང་སྐྱོབ་ཕྱོགས་གང་ཐད་ནས་ཀ་ཅང་གལ་ཆེ་བར་འདུག་སྙམ་ནས་འདི་སྐོར་གྱི་ངོ་སྤྲོད་ཙུང་ཙམ་བྱེད་འདོད་པས་བྲིས་པ་ཡིན།

དང་པོ། ཚེ་ཐར་གྱི་ཕན་ཡོན།

ཚེ་ཐར་ཞེས་པ་ནི་ཚེ་སྲོག་ཉེན་ཁ་ལས་ཐར་བར་བྱས་པ་ཡིན་ལ། ཚེ་ཐར་གཏོང་བ་ནི་གཞན་གྱི་ཚེ་སྲོག་ཉེན་ཁ་ལས་ཐར་བར་བྱེད་པའི་དོན་ཡིན། བགེགས་དང་བར་ཆད་སོགས་བཀྲ་མི་ཤིས་པ་སེལ་བར་བྱེད་པའི་ཆོས་ཀྱི་བྱེད་སྒོ་གལ་ཆེན་ཞིག་ཡིན། གཞན་ཚེ་ཐར་བར་བྱས་ནས་སྲོག་སྐྱོབ་པ་དང་ཚེ་སྲིང་བར་བྱེད་པ་ནི་བྱམས་པའི་སྦྱིན་པ་ཡིན། སྙིང་རྗེས་ཀུན་ནས་བསླངས་ཏེ་སེམས་ཅན་གསོད་པ་ཚེ་ཐར་དུ་གཏོང་བ་ནི་སྙིང་རྗེ་ཡིན་ལ། སྙིང་རྗེ་ནི་སེམས་ཅན་ཐམས་ཅད་འཁོར་བ་དང་སྡུག་བསྔལ་གྱི་གནས་ལས་སྒྲོལ་བའི་ཁུར་འཁྱེར་བའི་རྩ་བ་ལྟ་བུ་ཡིན་ཏེ། མདོ་སྡེ་རྒྱན་ལས། དང་པོ་རྩ་བ་ཐ་མ་འབྲས་མཆོག་ལྡན། །འདི་ནི་སྙིང་རྗེའི་ལྗོན་ཤིང་ཆེན་པོ་ཡིན། །རྩ་བ་སྙིང་རྗེ་མེད་གྱུར་ན། །དཀའ་སྤྱད་བཟོད་པ་ཉིད་མི་འགྱུར། །དེ་བས་ན་སྙིང་རྗེ་ནི་ཡོན་ཏན་ཐམས་ཅད་ཀྱི་འབྱུང་གནས་དང་ལྗོན་ཤིང་གི་རྩ་བ་ལྟ་བུ་ཡིན་

པར་ནང་བསྟན་གྱི་གཞུང་དག་ལས་བཤད། དེ་ལྟར་བྱམས་དང་སྙིང་རྗེས་བསྐུལ་ནས་ཚེ་ཐར་གཏོང་བ་ལ་ཕན་ནུས་རླབས་ཆེན་འབྱུང་བར་བཤད་དེ། ཚེ་ཐར་བཏང་བའི་འབྲས་བུ་ལ་ཡི་དྭགས་སུ་སྐྱེ་བའི་སྡོ་གཅོད་པ་དང་ཚེ་རབས་ཐམས་ཅད་དུ་རྒྱུ་ནོར་ལོངས་སྤྱོད་ཀྱིས་ཕྱུག་ལ། བདེ་སྐྱིད་ཕུན་སུམ་ཚོགས་པ་དང་ལྡན་པར་གསུངས། ཚེ་ཐར་གཏོང་སྐབས་བྱམས་དང་སྙིང་རྗེ་ཡིས་སྐུལ་བའི་ཀུན་སློང་རྣམ་དག་ཅིག་དགོས་པར་གསུངས། ཀུན་སློང་རྣམ་དག་གིས་ཚེ་ཐར་གཅིག་བཏང་ན་བསྐལ་པ་བརྒྱ་ཡི་བར་དུ་བསགས་པའི་སྡིག་སྒྲིབ་འདག་ལ་བཅུ་ཕྲག་གཅིག་ཚེ་ཐར་བྱས་པས་བསྐལ་པ་སྟོང་དང་། བརྒྱ་ཕྲག་གིས་བསྐལ་པ་ཁྲི་ཕྲག་དང་། སྟོང་ཕྲག་གཅིག་ཙམ་བཏང་བས་བསྐལ་པ་འབུམ་བཅས་ཀྱི་བར་དུ་བསགས་པའི་སྡིག་སྒྲིབ་མ་ལུས་བྱང་འགྲོ་བ་དང་། བསྐལ་པ་སྟོང་ལ་རྒྱུན་ཆད་མེད་པར་སངས་རྒྱས་ཀྱི་སྐུ་གཟུགས་བཞེངས་པ་ལས་སེམས་ཅན་གཅིག་གི་སྲོག་བསྐྱབས་པའི་ཕན་ཡོན་ཆེ་བ་སོགས་མདོ་སྡེ་རྣམས་སུ་གསལ། ཁྱད་པར་དུ་གསོད་ངེས་པའི་ར་ལུག་སྐམ་སོགས་གཅིག་ཚེ་ཐར་བྱས་པས་ངན་སོང་ལན་གཅིག་སྟོངས་པར་འགྱུར་ལ། མི་གཅིག་བསད་པའི་སྡིག་པ་ཚེ་ཐར་བརྒྱ་བཏང་བས་བྱང་བ་དང་ཚེ་ཐར་བཏང་བས་གཏོང་མཁན་གྱི་མི་རྣམས་ཚེ་དང་བསོད་ནམས་འཕེལ་ལ་ནྲུང་ཧྲ་དར་ལ་སྐྱེ་བ་ཕྱི་མར་མིའི་ལུས་རྟེན་ཐོབ་པར་མ་ཟད་བདེ་སྐྱིད་ལྡན་ཞིང་དཔལ་འབྱོར་དང་སྨན་གྲགས་རྒྱས་ལ་ནད་མེད་ཚེ་རིང་བ་དང་། མཐར་ཐུག་སངས་རྒྱས་ཀྱི་གོ་འཕང་ཐོབ་པ་སོགས་ཀྱི་ཕན་ཡོན་དཔག་ཏུ་མེད་པ་འབྱུང་བ་སོགས་མདོ་སྡེ་རྣམས་ལས་དེ་ལྟར་གསུངས་འདུག

མཁས་གྲུབ་ཀརྨ་ཆགས་མེད་ཀྱིས། "སེམས་ཅན་དེ་གསོད་དུ་མི་བཙུག་པར་གནས་སྐབས་སུ་བདེ་བར་འདོད་པ་ནི་བྱམས་པ། སེམས་ཅན་གསོད་པ་དེ་སྙིང་རྗེ་བས་མི་གསོད་ཚེ་ཐར་བྱེད་པ་ནི་སྙིང་རྗེ། འདི་དགེ་བའི་དངོས་པོ་ཚེ་ཐར་བྱས་པས་ཕན་ཡོན་ཡོད་སྙམ་པ་ཡིས་དགའ་ན་དགའ་བ། འདི་ནི་ཤ་ཟའོ་ཚིལ་ལྡན་ནོ་ཁྲག་འཐུང་ངོ་རུས་པ་དང་རྐང་ཕྲོག་གོ། ནང་ཆ་ཟའོ་པགས་པ་གྱོན་ནོ་སྙམ་དུ་རྣམ་རྟོག་ངན་པ་མང་པོ་མི་སྐྱེ་བ་ནི་བཏང་སྙོམས"[1]ཞེས་པས་ཚངས་པའི་གནས་བཞི་ཡང་ལྡན་ལ། བསྡུ་དངོས་བཞི་ལྡན་ཚུལ་ནི་ཡང་དེ་ཉིད་ལས"སེམས་ཅན་དེ་ལ་སྲོག་སྦྱིན་པ་ནི་མཁོ་བ་སྦྱིན་པ། ཚེ་ཐར་དེ་ལ་འདི་ཚེ་ཐར་ཡིན་ནོ་ཞེས་མིང་བཟང་པོ་བཏགས་པ་ནི་སྙན་པར་སྨྲ་བའོ། །དེ་ལྟར་མིང་བཏགས་པ་དང་མཐུན་པར་དུས་ནམ་ཡང་མི་བཤའ་བ་ནི་དོན་མཐུན་པའོ། །དེ་འཚོ་སྐྱོང་གསོ་གསན་བྱེད་པ་གདུལ་བྱ་དུད་འགྲོ་དེའི་དོན་སྤྱོད་པའོ། །"[2] བསྡུ་དངོས་བཞི་ཡང་ཚང་བར་མ་ཟད། "སྲོག་སྦྱིན་པ་ནི་སྦྱིན་པའོ། །སྲོག་གཅོད་པ་སྤོང་བ་ནི་ཚུལ་ཁྲིམས་སོ། །དེའི་ཤ་དང་པགས་པ་ལོངས་སྤྱོད་རྒྱུ་མེད་པར་བྱེད་པ་ནི་བཟོད་པ། དེའི་འཚོ་སྐྱོང་གསོ་གསན་ལ་བརྩོན་པ་ནི་བརྩོན་འགྲུས་སོ། །འདི་བཤའ་མི་རུང་ཚེ་ཐར་ཡིན་ནོ་སྙམ་པ་ནི་བསམ་གཏན་ནོ། །དེ་བསད་ན་ཉེས་པ་ཆེ་བར་ཤེས། ཚེ་ཐར་བྱས་ན་ཕན་ཡོན་ཆེ་བར་ཤེས་པ་ནི་

ཤེས་རབ་སྙེ།"[3] ཕ་རོལ་ཏུ་ཕྱིན་པ་དྲུག་ཀྱང་ཚེ་ཐར་ལ་ཚང་ངོ་། །"ཚེ་ཐར་བྱས་པའི་ཕན་ཡོན་ལ་ཡིད་ཆེས་པའི་དད་པའམ། ལྷ་ལ་དད་པ་བསྟེན་པ་ནི་དང་བ། སེམས་ཅན་དེའི་སྲོག་གཅོད་སྤོང་བ་ནི་ཚུལ་ཁྲིམས་སམ་སྲོག་བཅད་པ་ནི་ཉེས་དམིགས་དང་ཚེ་ཐར་བྱས་པའི་ཕན་ཡོན་ཐོས་པ་ནི་ཐོས་པ། སྲོག་བྱིན་པ་སྦྱིན་པ་བཏང་བའི་མཆོག་ཡིན་པ་དང་། ཚེ་ཐར་གྱི་རིན་འཇལ་བ་དང་། གསོན་པོ་བྱེད་པ་ནི་སྦྱིན་པ་བཏང་བ། ཕན་ཡོན་དང་ཉེས་དམིགས་ཤེས་པ་ནི་ཤེས་རབ། སེམས་ཅན་ཚེ་རབས་མང་པོའི་ཕ་མ་ཡིན་པ་དེ་མི་གསོད་ཚེ་ཐར་བཏང་བ་ནི་ཁྲེལ་ཡོད་པ། ཚེ་ཐར་བཤས་ན་གཞན་གྱིས་འཕྱ་དོགས་པ་ནི་ངོ་ཚ་ཤེས་པ"[4]ཞེས་གསུངས་པ་བཞིན་ཆོས་ཐམས་ཅད་ཀྱི་རྩ་བ་ནི་ཚངས་པའི་གནས་བཞི་དང་འགྲོ་བ་སེམས་ཅན་གྱི་དོན་མཛད་པར་བྱ་བའི་རྩ་བ་ལ་བསྡུ་དངོས་བཞི་ལས་ལྷག་པ་མེད་ལ། ཐར་པ་དང་ཐམས་ཅད་མཁྱེན་པའི་གོ་འཕང་ཐོབ་པར་བསྟེན་པ་ལ་ཕར་ཕྱིན་དྲུག་ནི་ལམ་གྱི་དངོས་གཞི་དང་། འཕགས་པའི་ནོར་བདུན་ནི་ཆོས་ཐམས་ཅད་ཀྱི་རྩ་བ་ཡིན་པས་ཚེ་ཐར་བྱས་པ་ལ་འདི་དག་ཐམས་ཅད་ཀྱི་ཕན་ཡོན་ལྡན་པར་བཤད།

གཉིས་པ། ཚེ་ག་དངོས།

ཚེ་ཐར་ཞེས་པ་ནི་གཞན་འཆི་བའི་དུས་ལ་མ་བབས་སྔོན་ལ་རང་གིས་བཙན་གྱིས་དུད་འགྲོ་དེ་དག་གི་སྲོག་གི་སྐྱེ་འགགས་མི་གཅོད་པ་དེ་ལ་ཟེར་ཞིང་། རིག་གནས་འདི་ལ་ངོས་འཛིན་ཚུལ་གཉིས་ཡོད་པ་དང་། དེ་ནི་དམངས་ཁྲོད་ཀྱི་ངོས་འཛིན་དང་ཆོས་ལུགས་ཀྱི་ངོས་འཛིན་གྱི་ཚེ་ཐར་གཏོང་ཚུལ་གཉིས་ཡིན། དམངས་ཁྲོད་ཀྱི་ངོས་འཛིན་ཚུལ་ལས་ཚེ་ཐར་གཏོང་བ་ལ་སེམས་ཅན་དུད་འགྲོའི་རིགས་དེས་རང་ལ་ཡུན་རིང་པོར་དྲིན་བྱས་པས་དེའི་དྲིན་གཟོའི་ཆེད་དུ་གཞན་ལས་ཐུན་མོང་མ་ཡིན་པའི་བདག་སྐྱོང་དང་ཚེ་བསྲིངས་ནས་རང་དབང་སྤྲད་དེ་ཚེ་ཐར་གཏོང་བ་ཡིན། ཆོས་ལུགས་ཐད་ཀྱི་ངོས་འཛིན་ནི་ཚེ་ཐར་གཏོང་བ་ལ་རྩ་བའི་བླ་མ་དང་ཕ་མ་གཉེན་ཉེ་སོགས་ཀྱི་བགེགས་བར་ཆད་སེལ་ནས་ཚེ་སྲིང་བའི་ཆེད་དུ་ཚེ་ཐར་གཏོང་བ་དང་རང་གཞན་གང་ཉུང་ན་ནས་སྲོག་ལ་བབས་པ་ལས་སྲོག་སྐྱོབ་པའི་ཆེད་དུ་ཚེ་ཐར་གཏོང་བ་སྟེ། འདི་ནི་བགེགས་དེ་ལས་བཟློག་ཆེད་གླུ་ཡོན་བྱིན་ནས་དུད་འགྲོ་རྣམས་ཤན་པ་སོགས་ཀྱི་ལག་ནས་བླུས་པའམ་རང་གི་ཕྱུགས་ཟོག་ལས་གང་ཉུང་ཚེ་ཐར་གཏོང་བ་དང་བཅས་ངོས་འཛིན་བྱེད་ཚུལ་རིགས་གཉིས་ཡིན། སྤྱིར་ཚེ་ཐར་ལ་རིགས་དབྱེ་ན་ཚེ་ཤུགས་བཏང་བའི་ཚེ་ཐར་དང་། ལྷ་ལ་རྟེན་དུ་བཙུགས་པའི་ཚེ་ཐར། ལྷ་ལ་དཀོར་དུ་ཕུལ་བའི་ཚེ་ཐར། སྲོག་བླུ་བཏང་བའི་ཚེ་ཐར་སོགས་རིགས་མང་པོ་ཡོད། ཚེ་ཐར་གཏོང་བའི་དུས་ལ་སྤྱིར་ཧོར་ཟླ་དང་པོའི་ཚེས་གཅིག་གསུམ་ལྔ་དང་བཅུ་གཅིག་དང་བཅུ་གསུམ་བཅོ་ལྔ། ཧོར་ཟླ་བཞི་པའི་ཚེས་བདུན་དང་བཅོ་ལྔ། ཧོར་ཟླ་དྲུག་པའི་

ཆོས་བཞི་དང་ཧོར་ཟླ་དགུ་པའི་ཉེར་གཉིས། དེ་མིན་དམིགས་བསལ་གྱིས་གནམ་གང་ཆོས་བརྒྱད་སོགས་དུས་ཆེན་དག་གི་ཉིན་མོར་ཚོ་ག་སྒྲིལ་བ་དང་དགོས་དབང་གིས་ཏེ། ནད་པ་དང་བླ་མ་སོགས་ཀྱི་ཞབས་བརྟན་གྱི་ཆེད་དུ་ནམ་ཡིན་ཀྱང་ཚོ་ག་སྒྲིལ་དགོས་པའང་ཡོད།

ཚེ་ཐར་གཏོང་བ་ལ་དུད་འགྲོའི་རིགས་དང་དུད་འགྲོ་མ་ཡིན་པའི་རིགས་གཉིས་ཡོད་ལ། དུད་འགྲོ་མ་ཡིན་པའི་རིགས་ལ་རི་ཆུ་ནགས་གསུམ་སོགས་རང་བྱུང་ཁོར་ཡུག་གི་སྐྱེ་དངོས་ཀྱི་རིགས་ཚེ་ཐར་གཏོང་བ་ཡིན། རི་ཆུ་ནགས་གསུམ་ཚེ་ཐར་བཏང་བས་མི་སུ་ཡིན་ཀྱང་གནས་དེ་ནས་ས་བརྐོ་རྡོ་སློག་དང་ཤིང་ནགས་གཙོད་པ་སོགས་ཀྱི་ལས་མི་བྱེད་པ་ཡིན། རི་ཆུ་ནགས་གསུམ་ཚེ་ཐར་གཏོང་སྐབས་མར་གྱིས་ཁ་བསྐུས་རྗེས་ལྗོན་ཤིང་གི་ལོ་མ་སོགས་ཀྱི་སྟེང་སྲུང་རྟགས་དང་ཡང་ན་ཁ་བཏགས་འདོགས་པ་ཡིན། དུད་འགྲོའི་རིགས་ལ་སྒོ་ཕྱུགས་དང་སྒོ་ཕྱུགས་མ་ཡིན་པའི་ཉ་རིགས་དང་དེ་ལས་གཞན་པའི་སྲོག་ཆགས་གཞན་དག་གཏོང་བ་ཡིན། དུད་འགྲོ་མ་ཡིན་པའི་སྲོག་ཆགས་དང་རི་ཆུ་ནགས་གསུམ་ཚེ་ཐར་གཏོང་བའི་ཚོ་ག་ལ་དེ་འདྲའི་རྒྱ་ཆེན་པོ་མེད་པས་དེ་ཙམ་ལས་མ་བྲིས།

འདིར་སྒོ་ཕྱུགས་ཀྱི་རིགས་གཏོང་བའི་ཚོ་ག་དངོས་ཙུང་ཙམ་གླེང་བ་ལ། ཚེ་ཐར་གཏོང་བྱེད་ཀྱི་རྫས་ལ་སྲུང་རྟགས(འདི་ལ་ས་ཆ་ལ་ལར་ཆེར་སྐུད་ཀྱང་ཟེར)དང་མར། ཤུག་དུད་དང་འབྲུས་དཀར།(ཆུའི་ནང་དུ་འོ་མ་ཙུང་ཙམ་བསྟན་ནས་མདོག་དཀར་པོར་བསྒྱུར་བ་ལ་ཟེར།) འབྲུས་ནག(ཆུ་གཙང་མ་ཀྲུང་ཀྲུང་ལ་ཟེར)དང་དར་སྔོན་སྣ་ལྔས་བཟོས་པའི་གཡང་ར་བཅས་དགོས་པ་ཡིན། སྲུང་རྟགས་ཀྱི་རྒྱུ་ལ་བལ་དཀར་དང་ཁ་བཏགས་ཡིན་དགོས་ལ། ཁ་བཏགས་འདོགས་སྐབས་དགུ་མདུད་བརྒྱབ་ནས་འདོགས་པ་ལས་གང་བྱུང་དུ་མི་འདོགས། སྔོན་ལ་བལ་དཀར་གྱིས་སྐུད་པ་བཀལ་ནས་དེ་རྗེས་སྲུང་རྟགས་ལས་པ་ཡིན། སྤྱིར་སྐུད་པ་འཁྱིལ་བ་ལ་ཡར་འཁྱིལ་མར་འཁྱིལ་གང་བདེར་བཀལ་ཆོག་མོད། སྲུང་རྟགས་ཀྱི་རྒྱུ་ལ་ངེས་པར་དུ་ཡར་འཁྱིལ་བྱེད་པ་ལས་མར་འཁྱིལ་བྱེད་མི་རུང་། སྲུང་རྟགས་སོགས་རྒྱུ་ཚོགས་སུ་ཚུད་རྗེས་ལྷ་བསང་གཏོང་བ་དང་དེ་ནས་སྲུང་འཐེན་དགོས་པ་ཡིན། སྲུང་འཐེན(ཚེ་ཐར་གཏོང་བའི་ཚོ་ག་དངོས་ལ་སྤྱིར་སྲུང་འཐེན་པ་ཟེར)སྐབས་རྒྱུ་དེ་དག་གོ་རིམ་བཞིན་བཀོལ་དགོས་པ་ལས་གང་བྱུང་དུ་གོ་རིམ་འཆོལ་ནས་སྲུང་འཐེན་མི་རུང་། སྔོན་ལ་ཤུག་དུད་བདུག་པ་དང་དེ་ནས་འབྲུས་ནག་པོ་འདིས་མར་ལ་དག་སོལ་ལོ་ལོ་ཞེས་ཐོད་པ་ནས་ཛ་རྩེའི་བར་དུ་འབྲུས་ནག་པོ་བླུགས། འདི་ཚེ་ཐར་གཏོང་ཡུལ་གྱི་སྒོ་ཕྱུགས་དེའི་སྟེང་གི་མི་གཙང་བའི་དྲི་མ་འདག་པར་བྱེད་པའི་མཚོན་རྟགས་ཡིན། དེའི་རྗེས་སུ་སྲུང་རྟགས་འདོགས་སྐབས་ངེས་པར་དུ་རྣ་ཅོ་དང་ཡང་ན་གསུམ་ཁར་འདོགས་ལ། དེ་གཉིས་ལས་གཡས་ཕྱོགས་སུ་འདོགས་པ་ལས་གཡོན་ཕྱོགས་སུ་འདོགས་མི་རུང་། སྣ་མགོ་དང་རྣ་ཅོག་གཉིས་དང་རྣ་ཅོ་གཉིས། ཐོད་པ་དང་གདུང་བ་བཅས་ལ་མར་ཙུང་ཙམ་རེ་བསྐུས་ནས་ཁ་སྐུད་པ(ས་ཆ་ལ་ལར་མར་རྒྱན་གཏོང་བ་ཟེར)ཡིན། དེ་རྗེས་འབྲུས་

དཀར་པོ་འདིས་ཡར་ལ་གཙང་སོལ་ལོ་ལོ་ཞེས་ཛ་རྩེ་ནས་ཐོད་པའི་བར་དུ་ཁྲུས་དཀར་པོ་བླུགས་ནས་སྟོན་ལ་འཁྲུས་ནག་པོས་མི་གཙང་བའི་དྲི་མ་ཐམས་ཅད་དག་པར་བྱས་ནས་མཐའ་མར་འཁྲུས་དཀར་པོ་བླུགས་ཏེ་བཤལ་དགོས་པ་ཡིན། ཁ་སྐྱུད་པ་དང་སྲུང་རྟགས་འདོགས་པ་སོགས་ཀྱི་ཞོར་དུ་ཁ་ནས་དེ་རིང་ནས་བཟུང་ཁྱེད་ཚེ་ཐར་བཏང་བ་ཡིན། བཤས་ནས་ཤ་མི་བཟའ། བཙོང་ནས་རིན་མི་ལེན། བཀོལ་ནས་ཁལ་མི་འགེལ། རྒྱབ་ལ་ཆང་པ་མི་འཇོག བལ་རྩིད་མི་འབྲེག བཀྲ་ཤིས་པར་ཤོག ཚེ་རིང་བར་ཤོག་ཅེས་སྨོན་ཚིག་དང་བཅས་ཚེ་ཐར་གཏོང་བ་ཡིན། རྟ་ནོར་ལུག་གསུམ་གང་ཡིན་ཀྱང་ཐོག་མའི་ཚོ་གའི་རིམ་པ་གོང་བཞིན་འདྲ་མོད་འདོན་ཆའི་ཐད་ཙུང་མི་འདྲ་བ་ཡོད་པ་འདི་ལྟ་སྟེ། ཚེ་ཐར་གཏང་བྱ་རྟ་ཡིན་སྐབས"སྐྱེ་མཆེད་ཡུལ་དབང་རབ་ཚང་ཞིང་། །རྫུ་འཕྲུལ་ཤུགས་ལྡན་རྟ་མཆོག་འདི། །བླ་མ་ཡི་དམ་ཚོ་ལྷ་དང་། །(དམིགས་བསལ་གྱིས་ཆོས་སྐྱོང་ལ་སྤྱན་གཟིགས་འབུལ་དགོས་ཚེ།) ཁྱད་པར་མྱུར་མཛད་མགོན་པོ་དང་། །(མྱུར་མཛད་མགོན་པོ་ལ་སྲུང་མ་གཞན་ཁ་བསྒྱུར་ཚུལ་ནི། གུར་གྱི་མགོན་པོ་དང་། ཞལ་བཞི་མགོན་པོ་དང་། དམ་ཅན་ཆོས་རྒྱལ་དང་། རྒྱལ་ཆེན་རྣམ་སྲས། དམག་ཟོར་རྒྱལ་མོ། བེག་ཙེ་ལྕམ་སྲིང་། རྒྱལ་པོ་སྐུ་ལྔ། རྡོ་རྗེ་ལེགས་པ། ཙིའུ་དམར་པོ་དང་ཞེས་རང་རང་གི་སྲུང་མ་དང་ཡུལ་ལྷ་གཞི་བདག་སོགས་ཁ་བསྒྱུར་ཤེས་པར་བྱའོ། །)ཆོས་སྐྱོང་ནོར་ལྷ་ཡུལ་ལྷའི་ཚོགས། །སྐྱེས་ལྷ་ཞིང་ལྷ་འགོ་བའི་ལྷ། །དགྲ་ལྷ་ཆེན་པོའི་ཚོགས་རྣམས་ལ། །འབུལ་ལོ་བསྔོའོ་དགྱེས་པར་མཛོད། །ཕྱྭ་དང་གཡང་གི་རྟེན་དུ་མཛོད། །དགྲ་ལས་རྒྱལ་བའི་རྟེན་དུ་མཛོད། །ཐར་རོ་ཐར་རོ་རྟེན་འདི་དག །དུས་མིན་འཆི་བའི་ནད་ལས་ཐར། །ལས་ངན་སྡུག་པའི་འཕྲང་ལས་ཐར། །མི་ཁོམ་སྐྱོན་གྱི་གནས་ལས་ཐར། །རྒྱལ་པོ་དཀར་པོ་ལྷ་རྒྱལ་ལོ། །"[5]ཞེས་དང་། དེ་བཞིན་གཡག་ཚེ་ཐར་ལ་གཏོང་སྐབས"བརྗིད་པའི་རྭ་ལྡན་ཛ་ཞོལ་ཅན། །ཤུགས་འཆང་དར་སྨྲ་འབྱིན་པ་འདི། །"[6]ཞེས་དང་འབྲི་མོ་ལ"བརྗིད་པའི་རྭ་ལྡན་ཛ་ཞོལ་ཅན། །བདུད་བརྩིའི་རྒྱུན་འཛིན་ཞོལ་མོ་འདི། །"[7]ཞེས་དང་། ལུག་ལ"འཇམ་པའི་སྤུ་ཡི་གོས་གྱོན་ཞིང་། །ལྷང་འཚེར་དལ་བུས་རྒྱུ་བའི་ལུག །"[8]ཅེས་དང་། ར་ལ"མཛེས་པའི་སྤུ་ཡིས་རབ་བརྗིད་ཅིང་། །དར་གྱི་རྒྱན་ལྡན་ཅང་ཤེས་ར། །"[9]ཞེས་སོགས་རང་གི་ཚེ་ཐར་གཏོང་བྱ་མི་འདྲ་བ་ལ་ཁ་ནས་འདོན་རྒྱུའང་མི་འདྲ་མོད། འོན་ཀྱང་ཚིག་ཆང་ཐོག་མ་གཉིས་རྟ་དང་ནོར། ར་ལུག་སོགས་གང་ཚེ་ཐར་གཏང་བྱའི་སྲོག་ཆགས་ཀྱི་ཁྱད་ཆོས་བརྗོད་ཡོད་ལ་ཚིག་ཆང་དེ་གཉིས་མ་གཏོགས་སྲུང་མ་དང་ཡུལ་ལྷ་གཞི་བདག་ལ་འཕྲིན་ལས་མཐའ་དག་གི་སྐྱབས་བཅོལ་ཚུལ་གཅིག་མཚུངས་ཡིན། གཞན་ཡང་སྐྱེ་ལ་ཚེ་ཐར་གྱི་མིང་བྱང་བཏགས་ནས་ཚོ་ག་དངོས་མཇུག་སྒྲིལ་བ་ཡིན་ནོ། །

གསུམ་པ། ཚེ་ཐར་བཤས་པའི་ཉེས་དམིགས།

སྤྱིར་སྲོག་བཅད་པ་ལ་འབྲས་བུ་བཟོད་དུ་མེད་པ་འབྱུང་ལ། དེ་ལ་རྣམ་སྨིན་གྱི་འབྲས་བུ། རྒྱུ་མཐུན་

གྱི་འབྲས་བུ་དང་བདག་པོའི་འབྲས་བུ་གསུམ་འབྱུང་བ་ལས། རྣམ་སྨིན་གྱི་འབྲས་བུས་ངན་སོང་དུ་སྐྱེས་ནས་སྡུག་བསྔལ་ཚད་མེད་མྱོང་བ། རྒྱུ་མཐུན་གྱི་འབྲས་བུས་གཞན་གྱི་སྲོག་བཅད་པས་རང་ལ་མཐོ་རིས་སུ་ལུས་རྟེན་ཐོབ་ཀྱང་ཚེ་ཐུང་ལ་ནད་མང་བའི་འབྲས་བུ་སྨིན་ངེས་པར་ནང་པའི་གཞུང་རྣམས་ལས་གསུངས། བདག་པོའི་འབྲས་བུས་རང་སྡོད་སའི་ཡུལ་གྱི་སྨན་ལའང་ནུས་པ་མེད་ལ་ཟས་མི་འཕྲོད་པ་སོགས་ཀྱི་འབྲས་བུ་སྨིན་ངེས་ཡིན། སྲོག་གཅོད་ཀྱི་ཉེས་དམིགས་ཤིན་ཏུ་ཆེ་སྟེ། 《ཆོས་མངོན་པ་མཛོད》ལས། དམག་ལ་སོགས་པ་དོན་གཅིག་ཕྱིར། །ཐམས་ཅད་བྱེད་པོ་རང་བཞིན་ལྡན། །ཞེས་པ་ལྟར་མི་རང་གིས་བསད་པ་དང་གཞན་ལ་གསོད་དུ་བཅུག་པ་གང་ཡིན་ཀྱང་རུང་། མི་གཉིས་ཀྱིས་སྲོག་གཅིག་བཅད་ན་སྡིག་པ་བགོ་བྱ་རྒྱག་རྒྱུ་མེད་པར་མི་རེ་རེར་སྲོག་གཅིག་བཅད་པའི་སྡིག་པ་འབྱུང་བ་ཡིན། ཕྱིར་སྲོག་བཅད་པ་ལ་དེ་འདྲའི་འབྲས་བུ་སྡུག་བསྔལ་སྣ་ཚོགས་མྱོང་བར་མ་ཟད་སྔོན་ཚེ་ཐར་བཏང་ཟིན་པའི་སྲོག་གཅིག་བཅད་ན་སྡིག་པ་དེ་འདྲ་བའི་སེམས་ཅན་བརྒྱ་བསད་པའི་སྡིག་པ་འབྱུང་བར་ནང་པའི་གཞུང་ལས་དེ་ལྟར་བཤད་ལ། གོང་ལས་བཤད་པ་ལྟར་ཚེ་ཐར་ལ་རིགས་མི་འདྲ་བ་དུ་མ་ཡོད་པ་བཞིན་དེ་དག་བཤས་པའི་ཉེས་དམིགས་ཀྱང་མི་འདྲ་བ་སོ་སོ་འབྱུང་བར་བཤད།

ཚེ་ཐར་བཤས་ན་ཉེས་དམིགས་ཅི་ཙམ་ཡོད་ཅེ་ན། དེ་ལ་སྤྱིར་སྲོག་གཅོད་ཀྱི་ཉེས་དམིགས་དང་ཚེ་ཐར་བསད་པའི་ཉེས་དམིགས་གཉིས་འབྱུང་། འདིར་ཁྱད་པར་ཚེ་ཐར་རྣམ་གྲངས་སོ་སོ་ལ་ཉེས་དམིགས་མི་འདྲ་བ་འབྱུང་བ་བཤད་པ་ལ། "མདོ་ལུགས་ཀྱི་ཚེ་ཐར་བཤས་ན་རྫུན་སྨྲས་པའི་ཉེས་དམིགས་དང་། ངོ་ཚ་མེད་པའི་ཉེས་པ་དང་། ཁྲེལ་མེད་པའི་ཉེས་པ་དང་། ཚད་མི་བཙན་པའི་ཉེས་དམིགས་དང་། གནའ་གཞུང་མེད་པའི་ཉེས་པ་དང་། མི་རྣམས་ཀྱིས་འཕྱ་བ་དང་། ལྷ་རྣམས་མི་དགའ་བར་འགྱུར་རོ། །ཚེ་ཤུགས་བཏང་བའི་ཚེ་ཐར་བཤས་ན། ཚེ་ཐུང་བར་འགྱུར་བ་དང་། སངས་རྒྱས་ཚེ་དཔག་མེད་ཀྱི་དབུ་གཡོགས་པའི་ཉེས་པ་དང་། ཚེ་དཔག་མེད་ཀྱི་དཀོར་འཕྲོག་པའི་ཉེས་པ་འབྱུང་སྟེ། སྲོག་བཅད་པས་དམྱལ་བར་སྐྱེ། སངས་རྒྱས་ཀྱི་དབུ་གཡོགས་པས་ཐར་བར་དཀའ། སངས་རྒྱས་ཀྱི་དཀོར་འཕྲོག་པའི་ཉེས་པས་ཡི་དྭགས་སུ་སྐྱེ། ཕན་ཡོན་དང་ཉེས་དམིགས་ཁྱད་དུ་བསད་པས་དུད་འགྲོར་སྐྱེའོ། །ལྷ་ལ་རྟེན་དུ་བཙུགས་པའི་ཚེ་ཐར་བཤས་ན། བསྟན་པ་བཤིགས་པས་ཕྱིན་ཆད་ལྷ་མི་འཁོར། ལྷ་དང་དམ་ཚིག་ཆག་པས་ལྷ་བདུད་དུ་འབབ་བོ། །རང་གིས་རང་བྲུབ་པ་ཡིན་ནོ། །ལྷ་ལ་དཀོར་དུ་ཕུལ་བའི་ཚེ་ཐར་བཤས་ན། ལྷ་དེའི་འོག་ཏ་གྲྭ་གལ་བསད་པ་དང་འདྲ་བས་ལྷ་བདུད་དུ་འབབ། གོད་ཁ་དང་བཀྲ་མི་ཤིས་པ་འབྱུང་ངོ་། །སྲོག་བླུ་བཏང་བའི་ཚེ་ཐར་བཤས་ན། མི་ལ་བུ་ལོན་འཇལ་བའི་ནོར་བཙོལ་བཤས་ནས་ཐོས་པ་དང་འདྲ་བས་ལྷ་འདྲེའི་ཟ་ཁ་རང་ལ་སློན་པས་ཚེ་ཐུང་ནད་མང་བར་འགྱུར་རོ། །ཡང་ཚེ་སྲོ་ཟེར་ནས་ཆེ་ཆེ་བཤས་ནས་ཆུང་ཆུང་ཚབ་བཏང་བ་ནི་ཤིན་ཏུ་མི་རུང་སྟེ། དཀོན་མཆོག་གསུམ་

དང་ལྷ་རྣམས་མགོ་བསྐོར་བ་དང་། རྫུན་སྨྲས་པ་དང་། བསྟན་པ་སྨྲ་ཕབ་པའི་ཉེས་པ་འབྱུང་ངོ་། །”[10] ཞེས་མཁས་གྲུབ་ཀརྨ་ཆགས་མེད་ཀྱིས་ཚེ་ཐར་གྱི་དབྱེ་བ་ཕན་ཡོན་ལས་དེ་ལྟར་གསུངས་སོ། །

བཞི་པ། ཚེ་ཐར་སྲོག་བླུ་ལས་བོད་མི་རིགས་ཀྱི་ལྟ་སྤྱོད་ནོར་འཁྲུལ་སྐོར།

ཚེ་ཐར་སྲོག་བླུ་ནི་བགེགས་བར་ཆད་སོགས་བཀྲ་མི་ཤིས་པ་ལས་བཟློག་པར་བྱེད་པའི་དཀར་པོ་ཆོས་ཀྱི་བྱེད་སྒོའམ་བསོད་ནམས་ཀྱི་ཚོགས་རྒྱ་ཆེན་པོ་ཞིག་ཡིན། དེ་བས་རྣམ་དཀར་གྱི་དགེ་བའི་ལས་གང་ཞིག་བསྒྲུབས་ཀྱང་ཐོག་མར་རང་གི་ཀུན་སློང་བཅའ་རྒྱུ་ནི་གནད་གཙོ་བོ་ཞིག་ཡིན། དགེ་མི་དགེ་དང་དེའི་འབྲས་བུ་བཟང་ངན་ཅི་འདྲ་འབྱུང་བ་ཐམས་ཅད་བསམ་པ་དང་ཀུན་སློང་ལ་རག་ལས་པ་ཞིག་ཡིན་ཏེ། རྗེ་ཙོང་ཁ་པ་ཆེན་མོའི་ཞལ་ནས“བསམ་པ་བཟང་ན་ས་དང་ལམ་ཡང་བཟང་། །བསམ་པ་ངན་ན་ས་དང་ལམ་ཡང་ངན། །ཐམས་ཅད་བསམ་པ་དག་ལ་རག་ལས་པས། །རྟག་པར་བསམ་པ་བཟང་ལ་འབད་པར་བྱ། །”ཞེས་གསུངས་པ་ལྟར་ཆོས་རྣམ་དག་ཏུ་འགྱུར་མིན་བསམ་པ་བཟང་ངན་ལ་རག་ལས་པས་ཚེ་ཐར་གཏོང་སྐབས་ཀྱང་བསམ་པ་དང་ཀུན་སློང་རྣམ་དག་གིས་གཏོང་རྒྱུ་ཏ་ཙང་གལ་ཆེ་མོད། བོད་མི་རྣམས་ཀྱིས་དུས་རྒྱུན་དུ་ཚེ་ཐར་གཏོང་བའི་གོ་རིམ་ཁྲོད་དུ་ཀུན་སློང་དང་བྱ་སྤྱོད་ཐད་ནོར་འཁྲུལ་འབྱུང་བཞིན་འདུག་སྟེ། ཐོག་མར་ཀུན་སློང་ཐད་ཀྱི་ནོར་འཁྲུལ་འབྱུང་བ་ནི། རྟ་ནོར་ལུག་གསུམ་ལས་གང་རུང་ཚེ་ཐར་གཏོང་སྐབས་རྟ་དང་ནོར་ཚེ་ཐར་གཏོང་བ་ཏ་ཙང་ཉུང་ལ། རྟ་གཅིག་ཚེ་ཐར་བཏང་བ་ཡིན་ན་དེ་ལ་ཞོན་མི་ཆོག་ལ་བཙོང་ཡང་མི་ཆོག་པར་མ་ཟད་དུས་རྒྱུན་གྱི་འཚོ་སྐྱོང་བྱེད་སྐབས་གཟན་ཆས་སོགས་ཀྱང་མི་ཉུང་བ་ཞིག་དགོས་པས་རེད། ནོར་ཚེ་ཐར་གཏོང་བའང་ཏ་ཙང་ཉུང་ལ་རྒྱུ་མཚན་གོང་གི་ཀུན་སློང་ནང་བཞིན་ཡིན། རྟ་ནོར་ལུག་གསུམ་ལས་ལུག་མ་གཏོགས་རྟ་དང་ནོར་ཚེ་ཐར་གཏོང་བ་ཏ་ཙང་ཉུང་ལ་གལ་ཏེ་རྟ་ནོར་ལུག་གསུམ་ལས་གང་རུང་ཞིག་ཚེ་ཐར་གཏོང་སྐབས་ཀྱང་སྟོན་ལ་ཕོ་མོ་ལ་བརྟགས་ནས་མོ་ཚེ་ཐར་གཏོང་བ་ལས་ཕོ་ཚེ་ཐར་གཏོང་བ་ཏ་ཙང་ཉུང་ཉུང་ཡིན། ཕོ་མོ་གཉིས་ལས་མོ་ཕྱུགས་གཏོང་བ་མང་ལ་མོ་ཕྱུགས་ཀྱི་ནང་ནས་ཀྱང་རྒྱུད་བཟང་ངན་དང་རྒྱབ་ཀྱི་བལ་ཅིད་མང་ཉུང་དང་གཟུགས་པོའི་ཆེ་མིན་སོགས་ལ་བརྟགས་ནས་རྒྱུད་བཟང་ལ་བལ་རྫོང་མཐུག་པ་གཟུགས་པོ་ཆེ་བ་སོགས་ལ་བལྟས་པའི་སྐྱེར་སེམས་དང་བདག་འཛིན་གྱིས་ཀུན་ནས་བསླངས་ཏེ་ཚེ་ཐར་གཏོང་བ་ཏ་ཙང་མང་། འདི་ནི་ཐོག་མའི་ཀུན་སློང་ཐད་ཀྱི་ནོར་འཁྲུལ་རེད། ཚེ་ཐར་བཏང་ཟིན་རྗེས་བདག་སྐྱོང་བྱེད་སྐབས་ཀྱང་ནོར་འཁྲུལ་འབྱུང་བཞིན་ཡོད་དེ། རྟ་ཚེ་ཐར་བཏང་རྗེས་ཁྲིད་ཚེ་ཐར་ཡིན་ཅེས་རྫ་མགོ་དང་རི་མགོ་སོགས་སུ་བཏང་རྗེས་རྗེས་ཕྱོགས་སུ་དེ་ལ་འཚོ་སྐྱོང་གང་ཡང་མི་བྱེད་པ་དེ་ནི་མི་ལེགས་སྐམ་སྟེ། ཚེ་ཐར་ཡིན་ཀྱང་དེ་ལ་སྔར་བཞིན་འཚོ་སྐྱོང་བྱས་ན་བྱམས་དང་སྙིང་རྗེས་ཀུན་

ནས་བསླངས་པ་ཡིན་པས་རྣམ་དག་གི་ཆོས་སུ་སོང་བ་ཡིན་པར་འདོད། ཚེ་ཐར་བཏང་ཟིན་པའི་ཕྱུགས་ཟོག་བོར་བརླག་བྱུང་བ་ཡིན་ན་དེ་ཕྱུགས་ཟོག་གཞན་བོར་བ་ནང་བཞིན་ནན་གྱིས་མི་བཙལ་ལ་སེམས་སུའང་ཚེ་ཐར་ཡིན་པས་བོར་ན་བོར་སྙམ་པའི་བསམ་བློ་འབྱུང་སྲིད་པ་དང་། ཕྱུགས་ཟོག་ལོ་ལོན་ནས་དཔྱིད་ནམ་ངན་གྱི་སྐབས་སུ་དེ་ལ་ཤི་སོང་ན་ཆོག་སྙམ་ནས་གཟན་ཆས་མི་སྟེར་བ་སོགས་ཀྱི་བྱ་སྤྱོད་དེ་དག་ནི་ཧ་ཅང་མི་འོས་པ་ཞིག་རེད་འདོད།

དེ་མིན་དུད་འགྲོ་གང་ཡང་འཚོ་གནས་ཀྱི་ཁོར་ཡུག་ལ་བརྟེན་པ་ཡིན་པས་ཁོ་ཚོ་ལའང་ཁོ་ཚོ་དང་འཚམ་པའི་ཁོར་ཡུག་ཅིག་གི་ནང་དུ་འཚོ་སྡོད་བྱེད་ཀྱིན་ཡོད་པས། ཚེ་ཐར་གཏོང་སྐབས་གཏང་བྱ་དུད་འགྲོ་དེ་གང་དུ་གཏོང་བའི་ཡུལ་ལ་ལེགས་པར་བརྟགས་ནས་གཏོང་བ་ལས་གང་འདོད་དུ་གཏོང་མི་རུང་། དཔེར་ན། ས་དྲོ་སའི་ཉ་རྣམས་ས་འཁྱག་སའི་ཆུ་འཁྱག་ཏུ་བཏང་བ་དང་། ཚྭ་ཆུའི་ནང་གི་ཉ་རྣམས་ཚྭ་མེད་པའི་ཆུར་བཏང་ན་ཁོ་ཚོ་ཆུ་རུ་འཚོ་བ་ཡིན་ཀྱང་ཆུ་མ་འཕྲོད་པས་ཤི་འགྲོ་ཉེན་ཡོད། དེ་ནི་ཀུན་སློང་དགེ་བས་སྦྱར་ནས་དགེ་བའི་ཆོས་བྱས་པ་ཡིན་ཀྱང་འབྲས་བུ་མི་དགེ་བར་འགྲོ། དེ་མིན་ཉ་འཚོང་རྒྱག་མཁན་རྣམས་ཉ་ཚེ་ཐར་གཏོང་མཁན་ལ་ཚོང་ལོག་རྒྱག་པའི་ཆེད་དུ་ཉ་མང་པོ་འཛིན་པ་དང་། དུས་བཟང་སོགས་སུ་ཚེ་ཐར་གཏོང་བར་ཤེས་ནས་སྒུག་བསྡད་དེ་ཉིན་དེར་ཉ་སོགས་སྲོག་ཆགས་མང་པོ་འཚོང་བའང་ཡོད། ད་དུང་གཅན་ཚའི་ས་ཆར་སྣང་ཚུལ་འདི་ལྟ་བུའང་ཡོད་དེ། རྨ་ཆུའི་ཚུ་རོལ་ཏུ་བོད་མི་རྣམས་ཀྱིས་དུས་ཆེན་སོགས་སུ་ཉ་མང་པོ་ཚེ་ཐར་བཏང་ན། རྨ་ཆུའི་ཕ་རོལ་ཏུ་ཧེ་རིགས་རྣམས་ཀྱིས་སྣར་བཟུང་ནས་ཕྱིར་བཙོང་བཞིན་པའི་སྤྱོད་ངན་སོགས་ཀྱང་མངོན་སུམ་དུ་ཡོད་འདུག

དེ་བས་ཚེ་ཐར་བཏང་བའི་ལས་དེ་ནི་གཞན་མི་རིགས་ཀྱི་གཡོ་སྒྱུའི་ཚོང་ལོག་སྤྱིལ་མཁན་ཚོར་དཔལ་འབྱོར་གྱི་མཐུན་རྐྱེན་བསྐྲུན་པ་མིན་ནམ། བཤས་རར་སོང་ནས་ཤན་པས་གསོད་ངེས་པའི་ཕྱུགས་ཟོག་ཉོས་ནས་ཚེ་ཐར་གཏོང་བ་ལའང་བསམ་དགོས་པའི་གནད་ཅིག་འདུག་སྟེ། ཤན་པས་འབྲོག་ཕྱོགས་ནས་ཉོས་པའི་སྐམས་ལུག་དེ་དག་བཤས་རར་ཉོས་ནས་ཚེ་ཐར་བཏང་ན་དེ་ནི་ཤན་པ་དེ་ལ་སྐམས་ལུག་འབོར་ཆེན་ཉོ་བྱེད་ཀྱི་སྐོར་མོའི་གྲངས་འབོར་ཇེ་མང་དུ་བཏང་བར་མ་ཟད་སྐམས་ལུག་གསོད་པའི་གྲངས་ཀའང་ཇེ་མང་དུ་བཏང་བར་འདོད་དེ། དཔེར་ན། ཤན་པ་ཞིག་གིས་སྐམས་རེར་སྐོར་སྟོང་གཅིག་རེ་བྱིན་ནས་སྐམས་བཅུ་ཉོས་ཏེ་བཤས་རར་ཐོན་པའི་དབང་དུ་བཏང་ན། བོད་མི་བྱམས་སྙིང་རྗེ་ཅན་ཞིག་གིས་དེ་དག་འཆི་བར་མ་བཟོད་པར་ཤན་པའི་ལག་ནས་ཉོ་བ་ཡིན་ན། ཤན་པ་དེས་སྔོན་གྱི་རིན་གོང་ལྟར་བཙོང་རྒྱུ་ནི་དཔེ་མི་སྲིད་པ་ཞིག་རེད། གལ་ཏེ་སྐམས་རེའི་རིན་གོང་ལས་སྐོར་བརྒྱ་རེ་འཕར་ནས་བཙོངས་རྗེས་ཕྱི་ཉིན་སྔར་འབྲོག་ཕྱོགས་སུ་སྐམས་ཉོ་རུ་ཕྱིན་ཚེ་སྔོན་གྱི་མ་དངུལ་གྱིས་སྐམས་བཅུ་མ་གཏོགས་ཉོ་མི་ཐུབ་ཀྱང་། ཐེངས་དེར་སྐམས་བཅུ་གཅིག་ཉོ་ཐུབ་པས་སྲོག་གཅོད་ཀྱི་ཁ་གྲངས་ཇེ་མང་

ཏུ་སོང་བར་མ་ཟད། ཏུས་ཡུན་ཐུང་ཐུང་ནང་དཔལ་འབྱོར་གྱི་ཁེ་ཕན་ཡང་ཇེ་མཐོར་སོང་ཡོད་པས། དེ་ཡང་ཤན་པ་དེ་ལ་རོགས་རམ་བྱས་པ་དང་གཅིག་མཚུངས་རེད་སྙམ། དེས་ན་སྐམས་ལུག་ཉོས་ནས་ཚེ་ཐར་གཏོང་ན་ཅི་ལྟར་བྱས་ན་ལེགས་ཟེར་ན། ཐད་ཀར་འབྲོག་ཕྱོགས་སུ་སོང་ནས་ཚེ་ཐར་ལ་གཏོང་རྒྱུའི་ཕྱུགས་ཟོག་ཉོས་ནས་ཚེ་ཐར་བཏང་རྗེས་ཕྱིར་བདག་པོའི་ཕྱུགས་ཁྲུར་བཏང་ན་ཀུན་ལ་ཕན་པར་འདོད་དེ། འབྲོག་མི་རྣམས་ཀྱིས་ཀྱང་ཚེ་ཐར་ཡིན་བསམས་ནས་རིན་གོང་ཅུང་དམའ་བར་བཙོང་ལ་རྗེས་ཕྱོགས་སུ་ཚེ་ཐར་བཏང་ཟིན་པའི་ཕྱུགས་ཟོག་དེ་ལ་སྔར་བཞིན་བདག་སྐྱོང་བྱེད་མཁན་གྱི་བདག་པོའང་ཡོད་འདུག

གོང་སྨོས་དེ་དག་གི་དབང་གིས་ཚེ་ཐར་གཏོང་སྐབས་ཧ་ནོར་ལུག་གསུམ་ལས་ལུག་དང་ཕོ་མོའི་དབྱེ་བ། རྒུད་བཟང་ངན་དང་གཟུགས་པོངས་ཆེ་ཆུང་སོགས་ཀྱི་དབྱེ་བ་མི་འཛིན་ལ། ཚེ་ཐར་བཏང་བའི་ཏུད་འགྲོ་དེ་དག་གནས་གང་དུ་གཏོང་བའི་ཡུལ་སོགས་ལ་ལེགས་པར་བརྟགས་ནས་བྱམས་དང་སྙིང་རྗེའི་སྒོ་ནས་བསམ་པ་རྣམ་དག་གིས་ཚེ་ཐར་བྱས་ན་དེ་ལས་ལྷག་པའི་ཕན་ཡོན་འབྱུང་སྲིད་དོ། །

མཆན།

[1] [2] [3] [4] [10] དབྱར་རྩྭ་དགུན་འབུའི་ཚོང་གཉེར་པ་ལྷན་ནས་རིན་མེད་ཆོས་སྦྱིན་དུ་ཕུལ། 《ཚེ་ཐར་སྲོག་བླུའི་འདོན་ཆ་འཆི་མེད་དཔལ་སྟེར།》 ཤོག་ངོས238、239、240、241-242པ་བཅས་སུ་གསལ།

[5] [6] [7] [8] [9] ནགས་གཙང་བྱམས་པ་ངག་དབང་། 《རྒྱུན་མཁོའི་ཚ་ག་ཕྱུག་ལེན་སྔ་ཚོགས།》 མི་རིགས་དཔེ་སྐྲུན་ཁང་། 2009ལོ། ཤོག་ངོས116、116、117、117、117པ་བཅས་སུ་གསལ།

《མཚོ་སྔོན་མི་རིགས་སློབ་གྲྭ་ཆེན་མོའི་རིག་དེབ།》 ༢༠༡༨ལོའི་དེབ་གསུམ་པ་ལས་བཏུས།

དམངས་སྒྲོལ་ཆོས་ལུགས་ཀྱི་སྐོར།

༄། །བོད་དུ་དར་བའི་སེར་སྲུང་གི་ཚོ་གའི་སྐོར་ཐོག་མར་གླེང་བ།

བུ་ཆུང་ཐར།

ས་སྐང་ཀླུམ་པོ་འདིའི་སྟེང་གནས་པའི་རྒྱལ་ཁབ་སོ་སོ་དང་མི་རིགས་སོ་སོ་ཁོར་ཡུག་གི་དབང་གིས་ཐོན་སྐྱེད་བྱེད་ཕྱོགས་དང་འཚོ་བ་རོལ་སྟངས་མི་འདྲ་བས་རང་བྱུང་ཁམས་ལ་འདུ་ཤེས་འཛིན་སྟངས་ཀྱང་མི་འདྲ་བ་ཆགས་ཡོད་པ་རེད། དཔེར་ན། སྤྲིན་འཁྲིགས་པ་དང་འབྲུག་གྲགས་པ། སེར་བ་འབེབ་པ། ཐོག་འཕེན་པ་སོགས་ཀྱི་རང་བྱུང་སྣང་ཚུལ་དག་ནི《བཀའ་ཐང་སྡེ་ལྔ》ལས"མཚོ་ལས་རླངས་ལངས་མཁའ་ལ་སྤྲིན་དུ་ཆགས། དེ་ཉིད་འཐབ་པའི་མཁའ་ལ་འབྲུག་སྒྲ་སྒྲོགས། དྲག་ཅིང་དར་ན་གནམ་ལྕགས་ཐོག་ཏུ་བབས།"ཞེས་གསུངས་པ་ལྟར་དཔྱར་དུས་ས་ངོས་ཀྱི་དྲོད་ཚད་ཏ་ཅང་མཐོ་བའི་རྐྱེན་གྱིས་མཚོ་ཆུ་རླངས་པར་འགྱུར་སླ་ཞིང་། མཚོ་ཆུའི་རླངས་པ་ནམ་མཁར་ཆགས་པ་རྣམས་ལ་བརྟེན་ནས་སྤྲིན་བྱུང་བ་ཡིན། སྤྲིན་གྱི་ནང་དུ་ཡོད་པའི་མཁའ་རླུང་ཚ་གྲང་གཉིས་ཕན་ཚུན་འཐབ་པ་ལ་བརྟེན་ནས་འོད་འཕྲོ་བ་དེ་ལ་གློག་ཅེས་བརྗོད་པ་དང་། མཁའ་རླུང་ཚ་གྲང་དེ་གཉིས་བརྡབས་པ་ལས་སྐད་སྒྲ་སྒྲོགས་པ་དེར་འབྲུག་ཟེར། འོན་ཀྱང་རང་རིགས་ཀྱི་ཤེས་རིག་ཆུ་ཚད་དམའ་ཞིང་དོ་མི་མཉམ་པའི་དབང་གིས་ད་ལྟ་དུང་རང་བྱུང་ཁམས་ལས་འདས་པའི་སྟོབས་ཤུགས་ཏེ་ཡུལ་ལྷ་གཞི་བདག་རྣམས་ཀྱིས་བཟོས་པར་བསམ་ནས་དེ་དག་ལ་བསངས་དང་གསེར་སྐྱེམས། ཇ་ཕུད་སོགས་མཆོད་པའམ་ཡང་ན་སྔགས་བཟློ་བ་དང་རྫས་སྦྱུབ་པ། སེར་ཐོ་རྩེང་བ་བཅས་ཀྱི་ཚོ་ག་ལ་བརྟེན་ནས་སེར་བ་དང་ཐོག་སོགས་ཀྱི་གནོད་འཚེ་འགོག་པ་མ་ཟད། ལུགས་སྲོལ་དེ་རིགས་མུ་མཐུད་དུ་དར་རྒྱས་སུ་གྱུར་ནས། རྒྱལ་ཁབ་ཕྱི་ནང་གི་ཞིབ་འཇུག་པ་རྣམས་སྒྲོ་བ་འདྲེན་གྱིན་ཡོད་ན། འདིར་ཡང་རང་གི་མཐོང་ཐོས་ལ་བརྟེན་ནས་དེའི་སྐོར་ཅུང་ཟད་སྒྲོ་བར་བྱ།

དང་པོ། སེར་སྲུང་གི་ཚོ་གའི་འབྱུང་ཁུངས་ཀྱི་སྐོར།

དེ་ཡང་སེར་བ་དང་ཐོག་ལ་སོགས་པའི་རང་བྱུང་གནོད་འཚེ་མི་འབྱུང་བའམ་འགོག་པར་བྱེད་པའི་ཚོ་ག་ཐུན་མོང་མ་ཡིན་པ་དེའི་ཁུངས་གང་ཡིན་པ་ལའང་ད་ལྟ་གྲུབ་མཐའ་སོ་སོའི་མཁས་པ་རྣམས་

ཀྱི་བཞེད་པ་མི་འདྲ་སྟེ། ཁ་ཅིག་གིས་བོན་པོའི་ཆོས་ལུགས་ལས་བྱུང་བར་འདོད། ཁ་ཅིག་གིས་ནང་པའི་ཆོས་ཀྱི་བྱེད་སྒོ་ཁོ་ན་ཡིན་པ་ལས་མུ་སྟེགས་པ་དང་བོན་གྱི་དྲི་མ་ཙམ་ཡང་འགོས་མེད་པར་འདོད། དེས་ན་བཞེད་ལུགས་དེ་གཉིས་གང་ཞིག་ཚད་མར་འཛིན་འོས་ཞེ་ན། 《ཡོ་ག་ལྷ་དགྱེས་ཅན》བྱ་བ་ལས། "འོད་དེ་གོང་རྒྱལ་བྱ་བ་དེ་ནམ་མཁའ་འཕྲུལ་ཙམ་ལ་བཞུགས་པའི་ཚེ་གནམ་གྱི་ཐང་ང་དགུ་དང་བཤོས་པའི་སྲས་དགུ་བརྒྱ་རྩ་གཅིག་འཁྲུངས་སོ། །ཆར་བབས་པའི་གྲངས་ལས་མང་བའི་ལྷ་སྲས་ཀུན་གྱི་ཡབ་མཛད་དོ། །བར་སྣང་ལ་བཞུགས་པའི་ཚེ་བར་གྱི་ཐང་ང་དགུ་དང་བཤོས་པའི་རི་རབ་ཀྱིས་རྫུལ་ཕྲན་པས་མང་བའི་ལྷ་ཀུན་གྱི་ཡབ་མཛད། ས་དོག་ལ་གཤེགས་པའི་ཚེ་ས་སྟེ་བརྒྱད་ཀྱི་ཚོས་མཛད། མི་མངས་ཀྱི་ལྷར་གཤེགས་ལྷ་དགུའི་ཡབ་ལགས་སོ……"ཞེས་དང་། བོན་གྱི《མཛོད་སྒྲ་འགྲེལ》ལས"དམུ་ཡད་ཀྱི་ལྷ་བཅོ་བརྒྱད་དེ། ཧ་ལྷ་དམར་པོ་དང་། གཡག་ལྷ་དུམ་པོ། བ་ལྷ་བཙོན་མོ། ལྷ་བཙོན་མོ། ལུག་ལྷ་གསང་པོ། ར་ལྷ་འཚེར་པོ། སྟག་བུ་གཟིག་བུ་གཉིས། དོམ་བུ་དྲེད་བུ་གཉིས་འཕར་བུ་སྤྱང་བུ་གཉིས། དབྱི་བུ་གསའ་བུ་གཉིས། ཕ་མོ་ཚེའུ་སེར་དང་དགུའོ"ཞེས་པ་ལས་གདོད་མའི་མི་རྣམས་ཀྱི་བློ་ངོར་ནམ་མཁའ་དང་བར་སྣང་། འཇིག་རྟེན་ཁམས་ཐམས་ཅད་ལྷས་གང་ཡོད་ལ། ཕྱུགས་དང་གཅན་གཟན་སོགས་འཇིག་རྟེན་ན་ཡོད་དགུ་མཐའ་དག་ཀྱང་ལྷ་དང་འབྲེལ་བའི་ལྟ་ཚུལ་བཅངས་ཡོད་པ་མཚོན་འདུག དེར་མ་ཟད《སྨུ་འབུམ》ལས"གློག་བདག་མོ་ཀློང་མ་སྤུན་དགུ་ནི་ཐོག་དང་འཇའ་ཚོན་གྱི་ལྷ་ཡིན་པར་བཤད་ལ་ད་དུང་གབ་སྲས་གདོང་མོ་ཆེན་མོ་བཞི་སྟེ་དེའི་ནང་དུ་འབྲུག་གི་སྒྲོག་མ། དྲག་པོ་ཀློག་ཕྲེང་མ། གནམ་ལྕགས་ཐོག་འབབ་མ། ཁྲག་སེར་འབེབས་མ་བཅས་འདུས་ལ་ངག་རྒྱུན་འདིའི་ནང་བཤད་པའི་འབྲུག་གི་སྒྲོག་མའི་གནས་ཡུལ་ནི་ནམ་མཁའ་དང་། དྲག་པོ་ཀློག་ཕྲེང་མ་གནམ་སའི་བར། གནམ་ལྕགས་ཐོག་འབེབས་མ་ཞིའི་མོའི་རི་བོའི་རྩེ། ཁྲག་སེར་འབེབས་མ་རྒྱ་མཚོའི་གཏིང་དུ་གནས་ཡོད"ཅེས་པ་དང་། "རི་ལྷ་དེ་དག་གིས་སེར་བ་གཏོང་ཐོད་པ་དང་། དེའི་ནང་ཁ་ཅིག་ལ་སེར་བདག་ཟེར་ལ། མི་རྣམས་ཀྱིས་སེར་བདག་བཅོ་བརྒྱད་ཡོད་པ་དང་། སེར་བདག་བཅོ་བརྒྱད་པའི་འགོ་གཙོ་ནི་གཉེན་ཆེན་ཐང་ལྷ་ཡིན་པར་ངོས་འཛིན་བྱེད་བཞིན་ཡོད། སེར་བདག་དང་འདྲ་བའི་ལྷ་ཁ་ཅིག་ནི་ཐོག་བདག་ཡིན་པ་དང་དེ་དག་ཀྱང་ལྷ་མགར་གྱི་ས་ཐོབ་ཡོད། དེ་ལས་གཞན་ཁ་ཅིག་གིས་མཐེའུ་རིང་ནི་སེར་བདག་དང་ཐོག་བདག་ཡིན་པར་ངོས་འཛིན་བཞིན་ཡོད། དེ་གཙོ་བོ་བོན་གྱི་རྗེས་འཇུག་དང་ཧི་མ་ལ་ཡའི་ས་ཁུལ་དུ་གནས་པའི་སེར་སྲུང་ཆོས་མཐེའུ་རིང་ལ་དད་པ་བྱེད་པ་དང་དེ་ཡི་སེར་སྲུང་དེ་དག་ལ་དཔུང་སྐྱོར་བྱེད་བཞིན་ཡོད"ཅེས་པ་ལ་བརྟགས་ན། འབྲུག་དང་གློག་ཐོག་སེར་བ་བཅས་ལའང་བདག་གིར་འཛིན་མཁན་དང་ཁ་ལོ་སྒྱུར་མཁན་ཡུལ་ལྷ་རེ་ཡོད་པར་ངོས་འཛིན་པ་རེད། དེ་མིན《འབེལ་གཏམ་ལུང་གི་སྙེ་མ》བྱ་བར། "དེ་རྗེས་བདུད་དང་སྲིན་མོ་དབང་བྱས་ཤིང་། །བྲག་རི་དམར་ནག་ནགས་ཁྲོད་ལ་གནས་

བཅས། །འགྲོ་བ་མི་ལ་གནོད་བྱེད་དངོས་སུ་ཟ། །མི་རྣམས་དུད་འགྲོའི་ཤ་ཟ་གདོང་བ་དམར། །ཡུལ་མིང་བདུད་ཡུལ་ནག་པོ་དགུ་སུལ་ལམ། །ཁ་རག་སྔོ་དགུ་ལྷ་སྲིན་གཉིས་ཀྱི་ཡུལ། །མི་དང་སྲིན་འབྲེལ་སྲིན་གྱི་ཚ་པོ་མང་། །འགལ་རྐྱེན་བྱུང་ན་ཡུལ་ལྷ་དམར་གྱིས་གསོལ། །"ཞེས་པ་དེས་ད་ལྟ་རང་རེ་བོད་པ་རྣམས་ཀྱིས་སྲིན་འཁྲིགས་ཤིང་འབྲུག་སྒྲ་གྲགས་ནས་སེར་བ་ཆར་ཤ་ཡོང་དུས། ཞི་བའི་ཐབས་སུ་བསངས་གཏོང་བའམ་གསེར་སྐྱེམས་དང་ཛ་ཕུད་མཆོད་པ་དང་། དྲག་པོའི་ཐབས་སུ་ཐུགས་བཟློས་ཤིང་རྫས་སྣ་ཚོགས་བཏང་ནས་འགོག་པར་བྱེད་པའི་སྲོལ་དེ་ཡང་གནའ་བོའི་དུས་སུ་བོད་ལ་དབང་མཛད་བཙུ་གཉིས་བྱུང་བའི་གཉིས་པ་རེ་སྡེ་མགོ་གཡག་བདུད་ཀྱི་རིང་ནས་དར་ཡོད་པ་ར་སྤྲོད་བྱུང་། གནའ་བོའི་ཡིག་ཆ་དེ་དག་ཏུ་འཁོད་པའི་གསུང་སྒྲོས་ལས་དཔྱད་ན། ད་ལྟ་བོད་ཁམས་ཡོངས་ལ་དར་ཁྱབ་ཏུ་གྱུར་པའི་སེར་སྲུང་གི་ཆོ་ག་ཡང་། གདོད་མའི་དུས་སུ་བོད་ཀྱི་མི་རྣམས་ཀྱིས་རང་བྱུང་ཁམས་ཀྱི་སྣང་ཚུལ་དང་ཆགས་འཇིག་ལ་ཚན་རིག་དང་མཐུན་པའི་ངོས་འཛིན་ལོགས་པོ་ཞིག་བྱེད་མ་ཐུབ་པར་འཕྲུལ་སྣང་དང་སྟོང་སེམས་ཀྱི་འདུ་ཤེས་ཀྱིས་སླད་པས། དེ་རིགས་ནི་གླིག་གྱུར་གྱི་སྟོབས་ཤུགས་སམ་ནུས་མཐུ་གཞན་ཞིག་ལ་ངོས་འཛིན་བྱས་པ་ནས་བྱུང་འགོ་ཚུགས་ཤིང་། གདོད་མའི་འདུ་ཤེས་དེ་ལས་ཐོན་པའི་ཆོ་ག་དེ་རིམ་བཞིན་ཇེ་རྒྱས་སུ་གྱུར་ནས་དུས་རབས་བདུན་པའི་འགོ་ཙམ་ལ་སླེབས་དུས་བོན་པོའི་ཆོས་ལུགས་ཀྱི་གྲུབ་ཆ་ངེས་ཅན་ཞིག་ཏུ་གྱུར་ཟེར་བ་རེད། 《མེ་ལྕང་འབྲུགས་པའི་གུར་ཁང》གི་ནང"སེར་སྲུང་གི་གདམས་པའི་སྐོར་ལ་མུ་སྟེགས་པ་དང་བོན་གྱི་ལུགས་སྣ་ཚོགས་ཤིག་ལ་ལོ་རྒྱུས་དང་ཁ་རྒྱུན་མང་དུ་གྲགས་པའི་ཡི་གེ་ཐོར་བུ་དུ་མ་ཞིག་སྣང་ཡང་ཡིད་བརྟན་དཀའ་བས་འདི་ནས་མདོ་རྒྱུད་ལས་གསུངས་པ་དང་དམ་པ་ཁྱད་པར་ཅན་གྱི་གདམས་ངག་ལས་འོང་བ་ཁུངས་བཙུན་ཞིང་བརྒྱུད་པ་མ་ཆད་པར་རང་གིས་ཀྱང་ལག་ལེན་ཏུ་བགྱིས་པས་ཡིད་ལ་རྙེད་པ་རྣམས་ལས་རྟ་མགྲིན་འདིའི་གདམས་པའི་ལག་ལེན་དུ་སྦྱོར་བ་རྣམས་ཕྱོགས་གཅིག་ཏུ་བཀོད་པ་ཡིན་ནོ"ཞེས་པ་ལས་ཀྱང་ནང་པའི་བསྟན་པ་བོད་ལ་མ་དར་གོང་དུ་བོན་དང་མུ་སྟེགས་པ་ལ་སེར་བ་སྲུང་ཚུལ་གྱི་སྲོལ་རྒྱུན་འདིའི་འབྱུང་ཁུངས་སྐོར་གྱི་ལོ་རྒྱུས་མང་པོ་ཞིག་ཡོད་པ་དང་ངམ་ཤུགས་ཀྱིས་བསྟན་ཡོད་པ་རེད། དེས་ན་ད་ལྟ་བོད་ཁམས་ཡོངས་ལ་དར་བའི་སེར་སྲུང་གི་ཆོ་ག་མཛད་ལུགས་འདིའི་ཐོག་མའི་མཆེད་ཁུངས་ཀྱང་གདོད་མའི་བོན་གྱི་ལུགས་ཡིན་པར་སྙམ།

དུས་རབས་བདུན་པ་ནས་བཟུང་བོད་ལ་ནང་བསྟན་ཆོས་ལུགས་འདི་དར་འགོ་ཚུགས་པ་དང་འབྲེལ་ཕྱི་ནང་གི་པཎྜི་ཏ་དང་ནུས་ལྡན་རྣམས་ཀྱི་ཆོས་ལུགས་ཀྱི་མཛད་སྒོ་དང་ཆོ་ག་སྣ་ཚོགས་ལ་བརྟེན་ནས་ནག་ཕྱོགས་ཀྱི་བདུད་དང་འདྲེ་རྣམས་ཚར་བཀུག་པས་བསྟན་སྲུང་གི་ཆོས་སྐྱོང་དང་ཡུལ་ལྷ་གཞི་བདག་སོགས་ཀྱང་ཇེ་མང་ནས་ཇེ་མང་དུ་གྱུར། འཇིག་རྟེན་ཆོས་སྐྱོང་སྲུང་མའི་གནས་དེ་མི་ཕལ་པའི་ཤེས་རྟོགས་བྱ་ཡུལ་ལས་འདས་ཡོད་ནའང་། ཁོ་ཚོའི་གནས་ཡུལ་ཡང་མི་དང་འདྲ་བར་ཚད་ཡོད་པ་

དང་། ཆོས་སྒོམས་ཚོད་འཛིན་ཐེབས་ཡོད། རང་རང་གི་ནང་པའི་བསྟན་པ་ལ་སྲུང་སྐྱོབ་བྱས་པ་ལས་ཐོབ་པའི་འབྲས་བུ་ལ་བརྟེན་ལྷ་སྲུང་མའི་གོ་འཕང་བརྙེས་དགོས་པ་ཡིན་ནའང་། བཤད་རྒྱུན་ལྟར་ན། ཆེས་མཐོ་རིམ་གྱི་འཇིག་རྟེན་ལས་འདས་པའི་སྲུང་མའི་གྲས་སུ་འཕར་བའི་གོ་རིམ་དེ་མི་ཕལ་པའི་དུས་ཡུན་ལྟར་བརྩིས་ན་ཡུན་རིང་ཞིང་མཐའ་མེད་པའི་གོ་རིམ་ཞིག་རེད། འཇིག་རྟེན་ལས་འདས་པའི་ཆོས་སྐྱོང་སྲུང་མ་དང་བསྡུར་ནས་བཤད་ན། འཇིག་རྟེན་པའི་ཆོས་སྐྱོང་སྲུང་མའི་གྲངས་ཚད་དེ་འཕར་སྣོན་བྱུང་བ་ཧ་ཅང་མགྱོགས། འདི་གཙོ་བོ་ནི་ནག་ཕྱོགས་བདུད་ཀྱི་སེམས་ཅན་ལ་གནོད་འཚེ་བྱེད་པ་དེ་རིམ་བཞིན་ཇེ་ཉུང་དང་། ཁོ་ཆོའི་སངས་རྒྱས་བསྟན་པ་དང་བསྟུན་ནས་བསྟན་པའི་སྐྱབས་འོག་ཏུ་བཙུད། སྲོག་གི་སྙིང་པོ་ཕུལ་ཞིང་སངས་རྒྱས་བསྟན་པ་སྲུང་བར་ཁས་བླངས་ཏེ་སེམས་ཅན་དང་བསྟན་པའི་དོན་མཛད་པའི་བསྟན་པའི་སྲུང་མར་གྱུར། དེ་བཞིན་དུ་ཐོག་སེར་ཐན་སད་འགོག་པའི་ཆ་མི་ཚང་བའི་གདོང་མའི་འཐབ་རྩོད་དེའི་ཁྲོད་བོན་གཙོ་བཅས་མུ་སྟེགས་པ། ཨཙྭ་དམར་པོ། སངས་རྒྱས་ཆོས་ལུགས་སོགས་ཀྱི་ཐབས་དང་ཉམས་མྱོང་སྣ་ཚོགས་གཅིག་ཏུ་བསྲེས་ནས་ཕུན་སུམ་ཚོགས་པར་བཏང་སྟེ་ད་ལྟ་ཡང་ལག་ལེན་དུ་བསྟར་བའི་ཚོ་ག་འདི་གྲུབ་པ་ལགས།

གཉིས་པ། སེར་སྲུང་གི་གལ་ཆེ་བ་དགུ།

ཕྱིར་སེར་བ་ནི་མི་རང་ག་བ་རྣམས་ཀྱིས་གང་འདོད་འདོད་དུ་བསྲུང་ཐུབ་པ་ཞིག་གཏན་ནས་མིན་པར་དེ་ནི་ཕ་མེས་ཡང་མེས་ནས་བུ་རབས་ཚ་རྒྱུད་བར་གསང་བའི་གདམས་ངག་དང་ཚོ་གའི་རིགས་སྤེལ་བའི་སེར་རྒྱུད་ཡོད་པའི་མི་དང་བླ་མ་ཆེས་དྲག་རྣམས་ཀྱིས་ནུས་མཐུ་ལྡན་པ་དག་ལ་བཀའ་བསྒོ་མཛད་དེ་སེར་སྲུང་དུ་བསྐོས་པའི་མི་ལས་གཞན་རྣམས་ཀྱི་ལས་མིན། དེ་བས་སེར་སྲུང་རྣམས་ཀྱིས་སེར་བ་སྲུང་སྐབས་རང་ཉིད་ལ་གནམ་ལྷུགས་སོགས་ཀྱི་ཁེ་ཉེན་དང་རང་གི་སྲུང་བྱར་གྱུར་པའི་ཡུལ་གྲུ་སོགས་ལ་གནོད་པ་མི་འབྱུང་བ། རྟེན་འབྲེལ་སོགས་ཀྱི་གནད་གོ་ཕྱིར་སེར་གཞུང་དག་ན་གལ་ཆེ་བ་དགུ་བསྟན་ཡོད་དེ། གཅིག བླ་མའི་གདམས་ངག་ལ་ཐེ་ཚོམ་མི་ཟ་བ་གལ་ཆེ་སྟེ་ཐེ་ཚོམ་ཟོས་ན་བདུད་ཀྱི་བར་ཆད་འབྱུང་ངེས་པས་འདིར་བླ་མའི་གདམས་ངག་ལ་ཐེ་ཚོམ་སྐྱེ་མི་རུང་བར་བཤད། གཉིས། རང་གི་ལྟ་བ་རྒྱུད་ལ་སྐྱེས་པ་ལ་གཞན་གྱིས་རང་གི་བློ་ཁ་བསྒྱུར་དུ་འཇུག་མི་རུང་། གལ་སྲིད་བློ་ཁ་བསྒྱུར་ན་བདེན་གྲུབ་ཏུ་འཛིན་པའི་རྟག་ལྟ་དང་། གཏན་མེད་དུ་འདོད་པའི་ཆད་ལྟ་གཉིས་ཀྱི་མཐའ་ལ་ལྷུང་སྲིད་དོ། །དེ་བས་རྟག་ཆད་ཀྱི་མཐའ་ལ་མི་ལྷུང་བ་བྱེད་དགོས། གསུམ། དཔུང་བསྐྱེད་རིམ་གྲོ་སྟོབས་ལྡན་གལ་ཆེ་སྟེ་དགྲ་བགེགས་ཀྱི་དཔུང་འཇོམས་པར་བྱེད་པ་ལ་དངོས་ཡོད་ཀྱི་ཤུགས་དང་དངོས་མེད་ཀྱི་མཐུ་སྒྲུབ་པ་ལ་མཁའ་འགྲོ་ཆོས་སྐྱོང་སྲུང་མ་སོགས་ཀྱིས་གྲོགས་བྱེད་པར་བྱ་དགོས་པར་རག་ལས་པ་

གལ་ཆེ། བཞི། སྔགས་ཀྱི་ནུས་པ་ཐོན་པ་གལ་ཆེ་བ་ནི་སྔགས་ཀྱི་ནུས་པ་ཐོན་དགོས་ན་སྒྲུབ་པ་ལ་གཞོལ་བ་གལ་ཆེ། དེའང་དམ་ཚིག་སྲུང་བ་ལ་རག་ལས་པ་ཤིན་ཏུ་གལ་ཆེ་བས་སྔགས་ཀྱི་དམ་ཚིག་སྲུང་བ་དང་སྒྲུབ་པ་ལ་གཞོལ་ནས་ཐར་པ་དང་ཐམས་ཅད་མཁྱེན་པའི་གོ་འཕང་ཐོབ་པར་འབད་དགོས། ལྔ། ལྷ་སྲིན་སྡེ་བརྒྱད་ལ་རང་རང་གི་ཁ་ཟས་གང་ལ་གང་འཚམ་གྱི་སེར་གཞུང་དག་ན་བསྟན་པ་ལྟར་སྦྱིན་པ་ལས་དེ་དང་ལྡོག་ནས་མི་སྦྱིན་པ་སྟེ་ཟླ་བ་ལ་དུག་ཟས་སུ་འགྲོ་མོད་གཞན་རྣམས་འཆི་བར་འགྲོ་བའི་དཔེ་བཞིན་ལྷ་སྲིན་སྡེ་བརྒྱད་ཀྱི་ཟས་མི་ནོར་བར་སྲུང་དགོས། དྲུག སྤྱིར་ཆོས་ཐམས་ཅད་དང་བྱེ་བྲག་ལས་སྦྱོར་དེ་དང་དེའི་འཁོར་གསུམ་ཐམས་ཅད་བདེན་སྟོབས་སྒྱུ་མ་ལྟ་བུའི་རྟེན་འབྲེལ་དུ་ཤེས་ན་ལས་གང་ཡང་མི་འགྲུབ་མི་སྲིད་ལ། གཞན་ཡང་མ་བུ་དགྲ་གྲོགས་སོགས་ཀྱི་མཚོན་བྱེད་རྟེན་འབྲེལ་གྱི་གནད་གསང་དུ་མ་ཞིག་གསུངས་པ་རྣམས་ཀྱང་སྒྲུབ་པ་ཤིན་ཏུ་གལ་ཆེ་ཞིང་། སྐབས་འདིར་མཁོ་བ་ནི་ཁྱི་ཏ་སྟག་གསུམ་ཉི་མ་ལ། སེར་བ་ཤ་བས་སྒྲ་འདྲེན་བྱེད། བདེན་པ་བརྗོད་ལ་གོས་བརྗབ། ཕག་ལུག་ཡོས་གསུམ་སྦྲུལ་གྱི་སྒྲ་འདྲེན། གོས་མགོ་མཇུག་ལྡོག་ལ་གཡབ་དོར་བྱེད། ཏ་སླང་སྦྲུལ་ལ་རི་རྒྱང་གི་སྒྲ་འདྲེན། རམ་བུ་གཏོར་དེ་དག་ལས་ཁྱི་འབྲུག་བྱ་སླང་ཕག་སྦྲུལ་ཉིན་སེར་བ་བྱུང་ན་ངན་པས་སྒྲིམ་དགོས་པར་བཤད། བདུན། རྒྱུ་དུས་ཐེབ་ལྡོག་གནམ་སའི་ལྟས་བརྟག་ཤེས་པ་གལ་ཆེ་བ་ནི་ཀླུ་དང་ས་བདག་གཟའ་སྐར་སོགས་ཀྱི་རྒྱུ་བ་རྣམས་ཞིབ་ཏུ་བརྩི་ཞིང་། གདུག་རྩུབ་ཆེ་བའི་རྒྱུ་བ་ངན་པ་ཡོང་ཉིན་བྱ་ར་སྒྲིམས་ཏེ་སྲུང་བཟློག་གི་ཐབས་ལ་གཟབ་པ་དང་། རྟེན་འབྲེལ་གྱི་བཙོས་སོགས་ཐབས་གཞན་ཡང་གང་ཤེས་པར་བྱ་དགོས། ཁྱད་པར་དུ་ཚེས་བཞི་དང་། ཚེས་བརྒྱད། བཅུ་གཅིག བཅོ་ལྔ། བཅོ་བརྒྱད། ཉེར་གཉིས། ཉེར་ལྔ། ཉི་ཤུ་དགུ་སྟེ་གཟའི་རྒྱུ་བ་ཡོང་བའི་དུས་གཉེན་ལ་སྒྲིམ་པར་བྱའོ་ཞེས་བསྟན་པ་ཡིན། བརྒྱད། སེར་བདག་རྣམས་ལ་ཛན་པ་གལ་ཆེ་བ་ནི་སྤྱིར་དཔལ་མགོན་གདོང་ལྔ་དེའི་ནང་ནས་ཀྱང་ཕྱོགས་སྐྱོང་བཅུ། ཁྱད་པར་དུ་ལྷ་སྲིན་སྡེ་བརྒྱད་དང་སེར་བདག་བཅུ་གསུམ། དེའི་ནང་ནས་ཀྱང་གཟའ་གདོང་ལྕམ་བྲལ། ཡུལ་ལྷ་གཞི་བདག་རྣམས་གལ་ཆེ་དུས་རང་རང་གི་མཆོད་པའི་ཆོ་ག་ལྟར་རྒྱས་པར་མཆོད། རྒྱུན་པར་གཏོར་མ་བསངས་གསེར་སྐྱེམས་སོགས་གང་འགྲུབ་ཀྱི་ཛན་པ་ཕུལ་ནས་ལས་བཅོལ་བྱེད་དགོས། དགུ། གནམ་ལྕགས་ཀྱི་སྲུང་བ་ཡོད་པ་གལ་ཆེ་བ་ནི་གནའ་ནས་ད་ལྟའི་བར་རོང་འབྲོག་ས་ཁུལ་ཀུན་ཏུ་ཐོག་གིས་མི་རྣམས་ལ་གནོད་འཚེ་གཏོང་བཞིན་ཡོད་པ་ནི་ང་ཚོའི་ཉིན་རྒྱུན་གྱི་སྤྱི་ཚོགས་འཚོ་བའི་ཁྲོད་རྣ་ཡིས་ཐོས་རྒྱུ་ཡོད་ལ་མིག་གིས་མཐོང་རྒྱུ་ཡང་ཡོད་པས་དེ་སྲུང་བ་ལ་སེར་གཞུང་དག་ན་ཐབས་དང་མན་ངག་སྣ་ཚོགས་ཤིག་བསྟན་ཡོད་མོད། ང་ཚོས་འཁྱེར་བདེ་ཞིང་ཚན་རིག་དང་མཐུན་པ་ཞིག་སྟེ《ཏ་མགྲིན་ཡང་གསང་གི་སྦྲས་པ་མིག་འབྱེད་གསེར་གྱི་ཐུར་མའི》ནང“ཟངས་ཀྱི་བྱང་བུ་མིག་དགུ་དང་། ལྕགས་ལ་མིག་བཅུ་གཅིག མཁར་བ་ནི་བཅུ་གསུམ་པ། བསེ་ཡི་བྱང་བུ་ནི་མིག་མེད་པ། བཞི་བཏགས་རང་གི་སྲོག་ལུས་

སྲུང”ཞེས་གསུངས་ལ་རང་གི་མཐའ་སྐོར་དུ་ཆང་གིས་བཀང་བའི་སྣོད་མང་པོ་ཁ་ཕྱེ་ནས་བཞག་ན་ཐོག་བབས་ཀྱང་དེའི་དུག་གིས་མི་གནོད་ལ་དུག་གིས་རྒྱལ་བ་ཡང་ཆུར་འཇུག་པ་དང་ཆང་ བླུད་ན་རྒྱལ་བ་སངས་པར་འགྱུར་བས་འདིའི་རིགས་ཀྱི་སྲུང་བ་ཡོད་དགོས་པར་བཤད།

གསུམ་པ། སེར་བར་བརྟག་ཚུལ།

དེང་སྐབས་མིའི་རིགས་ཀྱིས་རང་ཉིད་འཚོ་ཞིང་གནས་པའི་ཁོར་ཡུག་སྟེ་ཕྱི་སྣོད་ཀྱི་འཇིག་རྟེན་གྱི་བྱ་དངོས་རྣམས་ལ་ཞིབ་འཇུག་ཉིན་རེ་བཞིན་གཏིང་ཇེ་ཟབ་ནས་ཇེ་ཟབ་ཏུ་གྱུར་ནས་ཆེ་བ་ཕྱི་སྣོད་བཅུད་ཀྱི་འཇིག་རྟེན་དང་ཆུང་བ་ཕྲ་ཕུང་དང་རྡུལ་ཕྲ་རབ་སོགས་ཀྱི་གསང་བ་མཇུབ་རྩེ་རུ་བཏོན་ཏེ་གདོང་ནས་གབ་ཚོག་ཏུ་གྲུབ་པའི་བྱ་དངོས་རྣམས་མངོན་སུམ་མིག་ལམ་དུ་འགྲེམས་བཞིན་པ་འདི་ནི་མིའི་རིགས་ཀྱི་ང་རྒྱལ་ཞིག་ཡིན་ལ། ང་ཚོའི་མེས་པོ་རྣམས་ལ་ཡང་གནའ་ནས་བཟུང་སེམས་ཁམས་དང་རང་བྱུང་གི་བྱ་དངོས་སོགས་ལ་བརྟག་ཞིབ་བྱེད་པའི་རིག་པ་རྒྱས་ཡོད་མོད། འོན་ཀྱང་ཡིད་ཕངས་པ་ཞིག་ལ། ཕྱི་རྐྱེན་དང་ནང་རྐྱེན་མི་ཉུང་བ་ཞིག་གི་དབང་གིས་ཆ་ཚང་ཞིང་མ་ལག་ལྡན་པའི་གཞུང་ལུགས་ཞིག་ཏུ་གྲུབ་མེད། དེ་བས《མི་ནྲུང་འཁྲིགས་པའི་གུར་ཁང》གཞིར་འཛུང་ནས་རྨི་ལམ་དང་སྤྲིན་ལ་བརྟག་ཚུལ་གྱི་སྐོར་ཙམ་གླེང་བར་བྱ།

ཀ། རྨི་ལམ་ལ་བརྟག་ཚུལ། རྨི་ལམ་ནི་གཉིད་ལོག་པའི་སྐབས་སུ་འདུ་ཤེས་ཀྱི་ཁྲོད་དུ་གནས་པའི་རྣམ་པ་ཞིག་དང་མིའི་ལུས་ཁམས་སུ་རྒྱུན་ལྡན་གྱི་མེད་དུ་མི་རུང་བའི་སྐྱེས་ལུགས་ཀྱི་བྱ་རིམ་ཞིག་རེད། མཚོན་བྱེད་ཀྱི་དོན་སྙིང(象征意义)ལྡན་པའི་རྨི་ལམ་དེ་རྒྱུན་དུ་མཚན་མོར་མི་རྣམས་གཉིད་སྟུག་པོ་ཁུགས་པའི་དུས་སྐབས་སུ་མངོན་ཞིང་། རྨི་ལམ་དེ་དག་གིས་མ་འོངས་པའི་འཚོ་བའི་ཁྲོད་དུ་བྱ་བ་བཟང་ངན་དང་དགའ་སྡུག་སོགས་འབྱུང་བར་སྟོན་བརྡ་གཏོང་བཞིན་ཡོད་པས། བོད་རིགས་མི་དམངས་རྣམས་ཀྱིས་གདོད་མའི་དུས་ནས་རྨི་ལམ་ལ་བརྟག་པའི་བྱ་ཐབས་ལ་བརྟེན་ཏེ་རང་བྱུང་གི་གནོད་འཚེ་སྣ་ཚོགས་སྔོན་འགོག་བྱེད་ཅིང་། སེར་སྲུང་བ་རྣམས་ཀྱིས་ཀྱང་ཕ་མེས་ཡང་མེས་ནས་བརྒྱུད་པའི་གཞན་རྒྱུད་ཀྱི་ཉམས་མྱོང་དེ་དག་རང་ཉིད་ཀྱི་ལག་ལེན་ཐོག་དངོས་སུ་བཀོལ་ནས་ཚོད་ལྟ་དང་བརྟག་དཔྱད་བྱས་པ་ལས་རྙེད་པའི་ཐབས་ཤེས་ལེགས་པོ་ཞིག་སྟེ། རྨི་ལམ་གྱིས་གནམ་གཤིས་སེར་བ་འབྱུང་མིན་གྱི་སྔོན་བརྡ་ལ་བརྟག་བཞིན་མཆིས། དེ་ཡང་སེར་སྲུང་བ་དེ་དག་ནི་ཆོས་ལུགས་པ་ཡིན་པས་ཆོས་ལུགས་ཀྱི་བྱེད་སྒོ་དང་ཆ་ག་སྣ་ཚོགས་ལ་བརྟེན་ནས་རྨི་ལམ་ལ་བརྟག་བཞིན་ཡོད་པ་སྟེ། དེ་ཚོ་དགུང་མོ་ཉལ་ཁར“ཨོཾ་མུ་ཙི་ནི་སྭཱཧཱ། མ་ཁ་ནི་སྭཱཧཱ། མ་ཧཱ་ནི་སྭཱཧཱ། དན་ཏི་ཏི་སྭཱཧཱ”ཞེས་པ་བརྒྱ་རྩ་བརྒྱད་བཟླས་ཏེ་ཆུ་གཙང་ཁྲོར་བ་གང་གི་ནང་ཕུ་བཏབ་ནས་འཐུང་ཞིང་དེ་ལྟར་གཉིད་ལོག་པའི་ཚེ་རྨི་ལམ་དུ་ཞིང་ར་

ལུག་གིས་ཟ་བ་རྨིས་ན་སླུའི་སེར་བ་འབྱུང་། དེ་བཞིན་དུ་གཡག་གིས་བདུད་སེར་དང་། ཤྭ་བས་སྨན་སེར། རྟས་བཙན་སེར། བ་ལང་གིས་བྲག་བཙན། འབྲུ་སྲིན་གྱིས་གནོད་སྦྱིན། སྤྲེལ་སྤྲུལ་གྱིས་སླུ་ཡི་སེར་བ་འབྱུང་། ཡང་བུད་མེད་ཀྱིས་བཙས་མ་བཟ་བ་རྨིས་ན་མ་མོའི་སེར་བ། མི་རིངས་སྐྱ་བོས་ཞིང་སར་ཁྱིངས་པ་རྨིས་ན་རྒྱལ་པོའི་སེར་བ། ཡོ་ཧོག་ཁ་བས་མནན་པ་རྨིས་ན་ལྷའི་སེར་བ། སེར་ཐོ་ཞིག་པ་རྨིས་ན་སྡེ་བརྒྱད་སྤྱིའི་སེར་བ་འབྱུང་བའི་ལྟས་དང་། གྲོང་ཡུལ་ན་བུན་གྱིས་ཁྱིངས་པ་རྨིས་ན་ནད་ཡམས་འོང་བའི་ལྟས་སུ་བཤད་པས་རྨི་ལྟས་དེ་དག་ལ་བརྟག་ནས་སེར་སྲུང་བ་ཚོས་ལྷ་སྲིན་སྡེ་བརྒྱད་དང་སེར་བདག་རྣམས་ལ་གང་ལ་གང་འཚམས་སྙོས་སྐྱ་གོན་བྱས་ཡོད་པའི་རྫས་སོགས་སྤྱད་དེ་ཐབས་བརྒྱ་རྟུས་སྟོང་གིས་རང་གིས་སྲུང་བྱར་གྱུར་པའི་ཡུལ་གྱུ་དེར་སེར་བའི་གནོད་པ་མི་འབྱུང་བར་འབད་པ་ཡིན།

དེང་སྐབས་ཚན་རིག་འཕེལ་རྒྱས་སུ་ཇི་འདྲ་ཕྱིན་ཡོད་ཙང་མི་མི་ཉུང་བ་ཞིག་གིས་གདོང་མའི་ངག་རྒྱུན་ལ་སེམས་པ་ཤོར་བཞིན་ཡོད་ལ། སེམས་པ་ཤོར་སའི་རྨི་ལམ་གྱི་སྔ་ལྟས་བརྟག་ཐབས་དང་ལྷའི་བཀའ་ལུང་དེ་དག་གིས་དཔྱད་རྩོམ་འདི་ལའང་རོལ་དབྱངས་ཀྱི་རམ་འདེགས་བྱེད་པ་ལྟར་དུ་སྣང་ལ། དུས་མཚུངས་སུ་གནའ་དེང་གི་རྨི་ལམ་འགྲེལ་བར་སྣ་འཛོམས་ཀྱི་ཆ་རྐྱེན་མང་པོ་ཞིག་མཁོ་སྤྲོད་བྱས་ཡོད།

ཁ། སྤྲིན་ལ་བརྟག་ཚུལ། 《རྒྱལ་པོ་བཀའ་ཐང》ལས"མཚོ་ལས་རླངས་ལངས་མཁའ་ལ་སྤྲིན་དུ་ཆགས"ཞེས་པ་ལྟར་སྤྲིན་ནི་ཆུའི་རླངས་དབུགས་མཁའ་དབྱིངས་ཀྱི་མཐོ་སར་འཕགས་ཤིང་དེ་གྲང་རེག་དང་འཕྲད་ཚེ་ཆུ་རྡུལ་ཕྲ་མོར་གྱུར་ནས་ལྷན་དུ་འདུས་ཏེ་ནམ་མཁར་ལྡིང་བ་ལ་ཟེར། སེར་སྲུང་བ་རྣམས་ཀྱིས་ཀྱང་ཕ་མེས་ཡང་མེས་དང་རང་གི་འཚོ་བ་དངོས་ལས་ཐོབ་པའི་ཉམས་མྱོང་ཕྱོགས་བསྡུས་བྱས་པ་ལ་བརྟེན་ནས་སྤྲིན་ལ་བརྟག་ཏེ་སེར་བ་སྲུང་བཞིན་ཡོད་པ་དེ་ཡང《མེ་ཏླུང་འབྲུགས་པའི་གུར་ཁང》ལས་གསལ་བ་ལྟར་ན་ཤར་གྱི་ནམ་མཁའ་ལ་སྤྲིན་དམར་རམ། སེར་ནག་ཙང་ཟད་ཆགས་འཛིག་མི་རྟག་པ་བྱུང་ན་བཙན་གྱི་སེར་བ་འབབ། ཤར་ཏུ་ཕྱིང་དཀར་བཏང་འདྲའི་སྤྲིན་པ་གསུམ་སོགས་བྱུང་ན་མཚོ་སྨན་འཁྲིགས་པའི་སེར་བ་འབབ། ལྷོར་ཁམ་ནག་ས་བདག་གི་གཟུགས་འདྲ་གསུམ་སོགས་བྱུང་ན་བདུད་ཀྱི་སེར་བ་འབབ། ནུབ་ཏུ་གོ་ཆབ་གྱོན་འདྲའི་སྤྲིན་བྱུང་ན་མ་མོ་ཁྲོས་པའི་རྐུན་སེར་འབབ། བྱང་དུ་སྤྲེའུ་རྩོག་པའི་གཟུགས་ལྟ་བུ་བྱུང་ན་དཀོར་བདག་གཡོས་པའི་སེར་བ་འབྱུང་། དབུས་སུ་སྤྲུལ་འཁྱིལ་འདྲའི་སྤྲིན་ངོ་དམར་ཆག་ན་སླུའི་སེར་བ་འབྱུང་། བར་སྣང་ཁམས་ལ་མགར་བ་མེ་ཤོར་འདྲ་བ་བྱུང་ན་མཐེའུ་རང་ཁྲོས་པའི་སེར་བ་འབྱུང་། ཐོ་རེངས་དུས་སུ་སོལ་ཐལ་གནམ་དུ་གཏོར་འདྲ། གཡག་འདྲ་གནམ་ལ་ལྟ་འདྲ། ཕྲུར་ནག་མཁའ་ལ་བཏིང་འདྲ། ཕྱོགས་ཀུན་ལག་སོར་བཀྲམ་འདྲ། ཁམ་ནག་མཐའ་བཞི་ནོན་འདྲ། ཕྱི་དཀར་གནམ་ལ་འཁྱོ་འདྲ། དམར་ནག་ས་བདག་གཟུགས་འདྲ་རྣམས་སེར་བའི་སྤྲིན་དུ་ཤེས

པར་བྱའོ། །གཞན་ཡང་སྤ་དྲོ་ཉི་མའི་མཐའི་སྤྲིན་ལ་འཇའ་ཚོན་འདུག་པ་དང་། ཉི་མ་ཙ་ཙང་ཚ་ཆུགས་པ་བྱུང་བ་དང་། ནུབ་ཏུ་འཇའ་རྐང་གཅིག་ཤར་བ་དང་རླུང་གིས་རྐྱེན་མེད་པར་སྤྲིན་ཙ་ཙང་བྲེལ་ཞིང་འཁྲུགས་པ་རྣམས་སེར་བའི་ལྟས་སུ་བཤད་ལ། ལྷོ་ཕྱོགས་དང་ནུབ་ཕྱོགས་སུ་སྤྲིན་བ་གམ་བརྩེགས་པ་ལྟ་བུའི་སྟེང་དུ་སྤྲིན་རིང་པོ་མི་རིངས་ལངས་པ་ལྟ་བུ་འདུག་ན་སེར་བའི་སོ་བ་ཡིན་པས་བྱང་དང་ཤར་ནས་སེར་བ་འབྱུང་། སྤྲིར་སེར་བ་ཕྱོགས་གང་ནས་འོང་བ་ངེས་པ་མེད་ཀྱང་ཕལ་ཆེར་ལུང་པའི་ཁ་ལྟ་ཕྱོགས་ཀྱི་དབང་གིས་འགྲོ་ཞིང་། ལྷོ་དང་ལྷོ་ནུབ། ནུབ་དང་བྱང་ནས་འོང་བ་ནི་མང་། ཤར་ནས་བྱུང་ན་ཟློག་དཀའ། དུས་ཚོད་ཀྱང་སྤ་དྲོ་བྱུང་ན་ཤིན་ཏུ་ངན། མཚན་མོར་སྐྱོན་ཆེར་མི་འབྱུང་ལ། འབྲུག་སྒྲ་ཁུང་ལ་སྤྲིན་གསེབ་ཏུ་སློག་འོད་མཆོ་རླབས་ལྟ་བུ་བྱུང་ན་སེར་བའི་ལྟས། སྤྲིན་དང་སེར་བ་འགྲོགས་ནས་གློག་འབྲུག་གི་སྒྲ་དྲངས་ཏེ་སྲོག་ཆགས་རྣམ་པ་ཅན་གྱི་སྤྲིན་ཏ་རྒྱུགས་པ་ལྟར་བྱུང་ན་འཁྲིམ་སེར་ཡིན་པས་གཟབ་དགོས། སྤྲིན་མདོག་སྐྱ་དམར་དུམ་བུ་ཆད་པ་དང་། མེ་འབྲུག་ཆར་མེད་འཕོར་བའི་སྒྲ་འཁྱིན་པ་དེ་ཡིས་ངེས་པར་གནམ་ལྕགས་འབབ་ལ་གློག་འོད་ཙ་ཙང་མི་ཆེ་བ་ལྕགས་སྐྱུད་མེ་ལ་བསྲེགས་པ་ལྟ་བུའི་དམར་ཏང་ངེ་བ་དྲང་ཐད་དུ་ས་ལ་ཡང་ཡང་རྒྱུགས་ན་ངེས་པར་ཏུ་ཐོག་འབབ་པས་ང་ཚོས་མེས་པོ་རྣམས་ཀྱིས་ཚ་གདུག་དང་ཁ་ཆར་བུ་ཡུག་གི་ཁྲོད་ནས་བསྒྲུས་པའི་རྟུལ་ཆུའི་ཐིགས་པ་འདི་དག་སྔོངས་དད་པོ་ན་དང་ཡང་ན་ཡོད་ཚད་སེམས་རྗེས་སུ་འབྲངས་པ་རེད་ཅེས་མཐའ་གཅིག་ཏུ་དགག་མི་རུང་བ་མ་ཟད། ཕྱི་རབས་པ་རྣམས་ཀྱིས་ཀྱང་བོད་རིགས་ཀྱི་སྲོལ་རྒྱུན་ལེགས་པོ་འདི་འཕེལ་རྒྱས་སུ་གཏོང་ཆེད་ཕོ་ཚོའི་ཉམས་མྱོང་ཡིག་ཐོག་ཏུ་བཀོད་ཡོད་པ་ལས་གཞན་ཉམས་ཞིན་པ་རྣམས་འཚོལ་སྦྱོང་ཅི་ཐུབ་བྱས་ཏེ་དེ་དག་དཔྱད་ལྟའི་གནས་ཚུལ་དངོས་དང་བསྡུན་ནས་འདོར་ལེན་མང་པོ་བྱས་ཐོག མ་འོངས་པ་ན་ཡང་ང་ཚོ་བོད་རིགས་ས་ཁུལ་དག་ནས་ཚན་རིག་གི་འགྲེལ་བཤད་དང་མཐུན་པའི་སེར་སྲུང་བའི་དཔུང་ཁག་སྐྱིད་སྲིང་བྱེད་དགོས།

བཞི་པ། སེར་བ་སྲུང་ཚུལ།

དེ་ཡང་སེར་བ་ནི་གོང་དུ་གླེང་མ་ཐག་བརྗོད་ཟིན་པ་སྟེ་མཁའ་དབྱིངས་ཀྱི་སྤྲིན་ནང་གི་ཆུ་རྡུལ་ཕྲ་མོ་རྣམས་གྲང་བ་དང་འཕྲད་དེ་ཆབ་རོམ་རྗོག་པོར་གྱུར་ནས་མར་བབས་པ་ཁོ་ཚོས་སྔ་མོ་ནས་རྟོགས་ཡོད། ལྷ་མང་ལ་དད་པ་བྱེད་པའི་གདོད་མའི་ཆོས་ལུགས་ཀྱི་བག་ཆགས་དེ་ཁོ་ཚོའི་སེམས་ཁམས་སུ་རྒྱུན་འབྱམས་སུ་གྱུར་ཡོད་པས་ཆོས་ལུགས་ཀྱི་བྱེད་སྒོ་སྣ་ཚོགས་ལ་བརྟེན་ནས་རང་བྱུང་གི་གནོད་འཚེ་དེ་དག་འགོག་དགོས་བྱུང་། སེར་བ་འགོག་མཁན་ལ་སེར་སྲུང་བ་དང་ཨ་མདོ་ས་ཁུལ་དུ་སེར་གྲོང་ཟེར། དེ་ཚོས་བསྲུང་བྱར་གྱུར་པའི་ཡུལ་ཁམས་དེའི་མི་ཕྱུགས་ལོ་ཏོག་སོགས་ལ་ཐོག་སེར་གྱི་གནོད་པ་སྟགས་དང་རྫས

གྱིས་སྲུང་བཞིན་ཡོད་དེ།

ཀ སྔགས་ཀྱིས་སྲུང་ཚུལ། ཕྱིར་འདིའི་སྐོར་གྱི་གདམས་པ་རྣམས་གསང་བའི་རིགས་ཡིན་པས་ཤིན་ཏུ་གསང་བའམ་ཡང་གསང་བྱས་ཏེ་སྟོད་ཏུང་སློབ་མ་དང་ཕ་ཚ་བུ་རྒྱུད་ལ་མ་གཏོགས་མི་སྤེལ་བའི་སྲོལ་ཡོད་ཅིང་། སེར་སྲུང་བ་དེ་དག་གིས་རང་ཉིད་ཀྱི་སེར་སྲུང་བྱེད་རྒྱུའི་མཐུ་སྟོབས་ཇེ་ཆེར་གཏོང་ཆེད་སྔོན་བྱོན་མཁས་པ་དང་བླ་ཆེན་རྣམས་ཀྱིས་ཞབས་ཀྱིས་བཅགས་ཤིང་བྱིན་གྱིས་རླབས་པའི་སྒྲུབ་ཕུག་འགངས་ཅན་དང་དབེན་གནས་དག་ཏུ་ཕྱིན་ཏེ་བསྙེན་མཚམས་གཅོད་དགོས། དེའི་སྐབས་སུ་རང་ཉིད་ཀྱི་སྐྱབས་སུ་གྱུར་པའི་ཡི་དམ་གྱི་ལྷ་ལ་དད་པ་བྱས་ཏེ་ཡི་དམ་གྱི་བསྙེན་པ་ཚད་དུ་འཁྱོལ་བ་སྔོན་དུ་སོང་ཞིང་དམིགས་བསལ་སེར་བ་སྲུང་བཟློག་གིས་སྔགས་རྣམས་ཀྱང་ལྷའི་རྣལ་འབྱོར་དང་འབྲེལ་བའི་སྒོ་ནས་ཚད་ལྡན་དུ་བཟློས་ཏེ་ནུས་པ་ཐོན་ངེས་སུ་བྱེད་པར་གལ་ཆེ་བས་ལོ་ཟླ་མང་པོར་བསྙེན་མཚམས་བཅད་དེ་སྔགས་བཟླ་དགོས།

རྩ་བར་ཡང་། ཞག་རེར་ཐུན་བཞིར་བཅད་བྱས་ལ། །ཞག་གསུམ་ལྔ་དང་བདུན་དུ་སྒྲུབ། །ཅེས་གསུངས་པ་བཞིན་སྔགས་སྒྲུབ་པའི་སྐབས་སུ་ཐུན་བཞིར་བཅད་དེ་རབ་ལ་ཞག་བདུན། འབྲིང་ལ་ཞག་ལྔ། ཐ་མ་ཡང་ཞག་གསུམ་དུ་སྒྲུབ་དགོས། དེའི་སྐབས་སུ་སེར་སྲུང་བ་རང་ཉིད་ཀྱི་སེར་བ་སྲུང་བྱེད་ཀྱི་ཕྱག་མཚན་རྣམས་སྣ་གོན་ལེགས་པོ་བྱས་རྗེས་ལུས་ངག་ཡིད་གསུམ་གྱིས་སྒོམ་བྱའི་ཡི་དམ་གྱི་ལྷ་གང་དེའི་ཐང་ཀ་བཤམ་དགོས། ཐང་ཀ་དེ་དག་ཀྱང་མི་རྣམས་ཀྱི་རྟོག་བཏགས་ཀྱི་ནུས་པ་ལ་བརྟེན་ནས་འཇིག་རྟེན་གྱི་མི་ཕལ་པ་ལས་འདས་པའི་ཞལ་གཅིག་ཕྱག་བཞི་དང་ཞལ་བཅུ་ཕྱག་སྟོང་སོགས་ཚོན་མདོག་སྣ་ཚོགས་ལ་བརྟེན་ནས་མི་རྣམས་ཀྱི་ཡིད་དབང་འཕྲོག་པའི་སྒྱུ་རྩལ་གྱི་ཁ་དོག་ཕུན་སུམ་ཚོགས་པ་ཞིག་འདུས་ཡོད། ཡི་དམ་གྱི་ལྷ་རྟ་མགྲིན་ལ་སྐྱབས་སུ་འགྲོ་བ་ཞིག་ཡིན་ཚེ་ཤིང་གི་སྨྱུག་བུ་ལ་རྟ་མགྲིན་གྱི་སྐུ་གཟུགས་ཞལ་ཕྱག་ཡོངས་རྫོགས་སམ་ཞལ་གཅིག་ཕྱག་གཉིས་རྡོ་རྗེ་འཕྱར་ཞིང་གཡོན་སྡིག་མཛུབ་བརྐྱངས་པ། ཞབས་གཉིས་གཡས་བསྐུམས་གཡོན་བརྐྱངས། སྐུ་མདོག་དམར་པོ། དབུ་གཙུག་ཏུ་རྟ་མགོ་ལྗང་ཁུ་ཅན་མེ་དཔུང་འབར་བའི་དབུས་ན་བཞུགས་པ་ཞིག་བྲིས། དེའི་ཐུགས་ཀར་འཁོར་ལོ་རྩིབས་བཞི་མུ་ཁྱུད་ཕྱི་ནང་ཅན་གྱི་ལྟེ་བར་ཧྲཱིཿཡིག་གི་མཐའ་སྐོར་དུ། ཨོཾ་ཧྲཱིཿཔདྨ་ནྲྀ་ཏ་ཀྲིད་བཛྲ་ཀྲོ་དྷ་ཧ་ཡ་གྲཱི་ཝ་ཧུ་ལུ་ཧུ་ལུ་ཧཱུྃ་ཕཊ་ཞེས་བྲིས་རྗེས་ཡུལ་ཕྱོགས་དང་ས་ཕྱོགས་འདི་ཞེས་སེར་སྲུང་བ་རང་གི་སྲུང་བྱའི་ས་ཕྱོགས་ཡུལ་ཕྱོགས་ཀྱི་མིང་བརྗོད་དེ་སེར་བའི་འཇིགས་པ་སྲུངས་ཤིག་སྐྱོབས་ཤིག་རཀྵ་རཀྵཿཅེས་འབྲི་དགོས་ལ་མུ་ཁྱུད་ནང་མ་ལ། ཀྲི་ཛྙ་ཡ་ནྣ་ཤ་ཡ་སྨ་ར་ཡ་ཧཱུྃ་ཕཊ་རཾ་ཛྭ་རཾ་དྲག་རཾ་སེར་བ་ཚོད། ཕྲིན་གཏོར་དྲག་ཏུ་རཾ་ཛྭ་ལ་རཾ་ཞེས་འབྲི། རྩིབས་བཞིའི་སྟེང་མ་ལ་བཛྲ་ཧྲིག་ནས། གཡོན་མར་སྐྱེང་གཟེར་ཕཾ་ཤ་ག མདུན་མར་ཙིཏྟ་ཐུམས་ཐད། གཡས་པར་ཨུ་ཡ་ཕྱི་བཟློག དེའི་ཕྱིའི་མུ་ཁྱུད་ལ་རྟ་མགྲིན་གྱི་སྔགས་སུམ་སྤེལ་

མའི་མཐར་སེར་གཏོང་གནོད་བྱེད་འབྱུང་བོའི་སྙིང་ལ་སྣ་ར་ཡཐད། ཅེས་འབྲི་དགོས་ལ་དེ་དག་རྣམས་ཀྱང་མགོ་ཕྱིར་བསྟན། གཡས་སྐོར་ཕོ་ནར་འགོད། གཞན་རྣམས་ཀྱང་སེར་གཞུང་དང་མཐུན་པར་བགྱིས་ཏེ་སྔགས་དུང་ཕུར་བརྒྱ་ཕྲག་མང་པོར་བཟློ་ཡུན་རིང་དགོས། ནུས་པ་ལྡན་པའི་སེར་སྲུང་བ་ཞིག་ཏུ་འགྱུར་ཕྱིར་ཐུན་མཐར་ཡིག་བརྒྱ་དང་རྟེན་འབྲེལ་སྙིང་པོ་སོགས་ཀྱང་བརྗོད། དེ་ལྟར་ཡུན་རིང་དུ་བཟློས་ནས་སྔགས་ཀྱི་ནུས་པ་ཐོན་ཚེ་སེར་ཐོག་ཐན་སད་སོགས་འདུན་པའི་རྩེ་ན་གནས་པ་བཞིན་སེར་སྲུང་བ་རང་ཉིད་ཀྱི་འདོད་པ་ལྟར་དབང་བསྒྱུར་ཐུབ་ཟེར། གོ་ཐོས་ལ་ལྷ་སའི་རིག་འཛིན་རྣམ་རྒྱལ་ལགས་ཀྱིས་ངའི་ཕ་མེས་ཆང་ལ་དགའ་བོ་ཡོད། ཉིན་གཅིག་ཁོ་ཆང་གིས་བཟི་ནས་རོ་བཞིན་ཆགས་པའི་སྐབས་དེར་ནོར་བུ་གླིང་ཁར་སེར་བ་བཏང་བར་བརྟེན་སྡེ་བ་གཞུང་གིས་ཁོང་ལ་ཉེས་ཆད་ཆེ་ཐག་ཆོད་གཙོད་རྩིས་བྱེད་དུས་ངའི་ཕ་མེས་ཀྱིས"དགོངས་དག་དགོངས་པ་ཁྲོན་ནས་མ་ཆོམ། ངས་སེར་བ་སྲུང་མ་ཐུབ་པ་མིན། ང་དངོས་འབྲེལ་དྲང་འབྲེལ་ཆང་བཏུང་ནས་ར་བཟི་ཤག གལ་ཏེ་ཁྱེད་རྣམ་པ་ཐུགས་ཡིད་མི་ཆེས་ན་ངས་འདིར་ཁྱེད་རྣམས་ལ་དཔེ་ཞིག་བསྟན་ཆོག"ཅེས་ཟེར་ནས་མི་གཅིག་ལ་སླངས་ཚགས་གཅིག་ཁྱེར་དུ་བཅུག་སྟེ་དེའི་ནང་ཆུ་གང་བླུག་ཏུ་བཅུག་ཅིང་། ཁོང་གིས་སྔགས་བརྒྱབ་ནས་སླངས་ཚགས་ནང་གི་ཆུ་ཐིགས་པ་གཅིག་ཙམ་ཡང་མ་ཟགས་པ་བྱས་པས་སྡེ་བ་གཞུང་གིས་ཁོང་ལ་ཉེས་ཆད་མ་བཅད་པ་མ་ཟད། དམར་པོ་རི་སྙིང་འོག་ལ་ཆང་ཞིང་གཅིག་ཕྱེ་ནས་ཁོང་ལ་སྤྲད་པ་རེད། འདི་དང་འདི་ལྟ་བུའི་སྔགས་ཀྱི་ནུས་པ་ཐོན་ཚུལ་མང་པོ་བཤད་རྒྱུ་ཡོད་ཙང་འདིར་མགོ་བ་ཆེར་མེད་སྙམ་ནས་མ་སྤྲོས།

ཁ། རྫས་ཀྱིས་སྲུང་ཚུལ། ང་ཚོའི་མེས་པོ་རྣམས་ཀྱིས་གདོད་མའི་དུས་ནས་བཟུང་སྟེ་རང་བྱུང་ཁམས་འདུལ་བ་དང་བསྒྱུར་བཅོས་བྱེད་པར་གཞན་གྱི་ཉམས་མྱོང་དང་རང་ཉིད་ཀྱི་ཉམས་མྱོང་རྣམས་གཞི་གཅིག་ཏུ་བསྲེས་ཏེ་ཚན་རིག་དང་མཐུན་པའི་རྫས་སྦྱབ་ནས་རང་བྱུང་གནོད་འཚེ་འགོག་བྱེད་ཀྱི་ཐབས་ཤེས་རྙེད་ཡོད་པ་གནའ་བོའི་ལོ་རྒྱུས་ཡིག་ཆ་དང་སེར་གཞུང་དག་ན་མངོན་སུམ་དུ་མཐོང་རྒྱུ་ཡོད་པ་མ་ཟད། དེང་གི་དུས་འདིར་ཡང་དེ་དག་མ་ཉམས་པར་བོད་རིགས་འདུས་སྡོད་ཀྱི་ས་ཁུལ་དག་ན་དམངས་སྲོལ་ཞིག་ཏུ་གྱུར་ཏེ་བེད་སྤྱོད་བྱེད་བཞིན་ཡོད་པ་རྒྱལ་ཁབ་ཕྱི་ནང་གི་བོད་རིག་པའི་ཞིབ་འཇུག་པ་དག་གིས་གླེང་ལ། ལྷག་པར་བོད་རིགས་མི་དམངས་ཀྱི་ཉིན་རྒྱུན་གྱི་སྤྱི་ཚོགས་འཚོ་བར་ཟབ་ཞུགས་དང་རྒྱུས་ལོན་བྱས་ཡོད་པ་ཞིག་ཡིན་ཚེ་ཆོས་ཀྱི་ཁ་དོག་འདྲེས་ཡོད་པའི་བོད་རིགས་དམངས་སྲོལ་གྱི་སྤྱི་མཚན་ཙམ་ཞིག་རྟོགས་ཡོད།

《མེ་ལྕུང་འབྲུགས་པའི་གུར་ཁང》དང《གནམ་ལྕགས་གུར་ཁང》སོགས་སེར་གཞུང་དུ་མ་གཞིར་བཟུང་ནས་བལྟས་ན་སྔགས་ཀྱི་ནུས་པ་ཐོན་ཆེ་རྫས་མ་སྦྱབ་ཀྱང་ཐོག་སེར་སོགས་འགོག་ཐུབ་པ་གོང་གི་དཔེ་ལས་ཀྱང་རྟོགས་ཐུབ་མོད། ཡིན་ནའང་རྫས་སྔགས་དང་ཁ་འབྲལ་མི་ཐུབ་སྟེ་སྔགས་མ་ཞུགས

ཚེ་རྫས་ཁོ་ནར་ཞུས་པ་ཆེར་མི་འབྱུང་། དེ་བས་ཐུན་རྫས་ཐུན་མོང་དུ་དུར་ཁྲོད་ཀྱི་རོ་ཐལ་དང་ཡུངས་དཀར་ཙམ་གྱིས་འཐུས་ཤིང་། ཤིན་ཏུ་སྟོབས་ཆེ་བར་འདོད་ན་སེར་གཞུང་ལས། "དུག་གི་ སྲུ་གྲི་གཟའ་གདོང་གི །སྲོག་འཁྲོག་ སྡེ་བརྒྱད་བཤད་མའི་རྫས། །གནམ་ཆག་དུམ་བུ་སྲིན་དུས་མཆིལ། །གླིང་གཞི་འགྲམ་པའི་དུམ་བུ་དང་། །རིན་ཆེན་རྫོ་ཡི་སྙིང་ཁྲག་དང་། །ཕོ་ཚུ་ལྷུགས་པའི་རྒྱུས་པ་དང་། །རིན་ཆེན་ས་ཡི་སྙིང་པོ་དང་། །གཡོ་བ་རླུང་གི་བཞག་ཤ་དང་། །གཟའ་དང་རྒྱུ་སྐར་མཆེ་བ་དང་། །འདྲེ་སྲིན་མང་པོ་འདུས་པའི་དབྱིངས། །ནགས་ཚལ་མེས་ཚིག་སོལ་བས་བསྒྱུར། །སྐྲག་བྱེད་བྱུགས་པའི་དུག་གི་མདངལ། །འཇིག་སྡེ་བཀླག་བྱེད་གཞུ་མོར་སྦྱར། །རིལ་བུའི་ཁོང་དུ་བཟློག་སྔགས་གཞུབ། །ཡི་དམ་ལྷ་ རུ་བསྐྱེད་ཅིང་བསྟུམས། །དྲག་པོའི་སྔགས་བཟློས་རབ་གནས་བྱ། །"ཞེས་གསུངས་པ་ལས་ཀྱང་རྫས་སྔགས་གཉིས་སོ་སོར་འབྲལ་མི་རུང་བར་གཅིག་ལ་གཅིག་རྟེན་གྱི་ཚུལ་དུ་གནས་དགོས་པར་བསྟན་ཡོད།

འཇིག་རྟེན་སྟེང་གི་བྱ་དངོས་གང་ཞིག་ཡིན་རུང་དེ་རེ་རེར་རང་ཉིད་འཇོམས་བྱེད་གཉེན་པོ་རེ་ཡོད། དཔེར་ན། མེ་ཡི་གཉེན་པོ་ཆུ་དང་ནད་ཀྱི་གཉེན་པོ་སྨན་ཇི་བཞིན་སེར་བདག་སྟེ་ལྷ་སྲིན་སྡེ་བརྒྱད་སོགས་ལ་ཡང་རང་ཉིད་འཇོམས་བྱེད་ཀྱི་གཉེན་པོ་རྫས་རེ་ཡོད་སྟེ། བུ་གཟའ་བདུད་ཀྱི་གཉེན་པོར་ཐོག་བབས་སའི་ས། སེར་བའི་ སྣ་འདྲེན་གྱི་གཉེན་པོར་སྒྲོགས་བརྒྱབ་སའི་ས། བཙན་གྱི་གཉེན་པོར་ཟངས་ཕྱེ། ལྷ་སྲིན་མང་པོ་འདུས་པའི་གཉེན་པོར་སླ་བ་དང་ཁྱི་སྨྱོན་གྱི་མཆེ་བ། བདུད་ཀྱི་གཉེན་པོར་ཕུ་ཤུད་ཀྱི་ཤ་སོགས་རྫས་གཙོ་བོ་བཅུ་དྲུག་ཡོད་ལ། དེ་དག་རྣམས་ཀྱང་དུག་ཁྲག་དང་སྔགས་ཆུས་རིལ་བུ་དྲིལ་ཞིང་སོལ་བས་ཁ་དོག་བསྒྱུར་བ་དང་རིལ་བའི་ནང་བཟློག་སྔགས་ཤོག་གུ་རེ་ཡང་འཇོག་དགོས། ད་དུང་སེར་སྲུང་གི་ཕྱག་མཚན་གཙོ་བོ་ཨུར་ཆར་མི་ལྷགས་ཀྱི་མཐིལ་ཡུག་མའི་རྟག་སྐྲའི་ཨུར་རྡོ། བལ་ཚོན་གྱི་ལྡུགས་ཁྲུ་གང་སོགས་དགོས་པ་མ་ཟད། གཞན་ད་དུང་བདུག་བྱའི་རྫས་ཀྱང་ཡོད་དེ། སེར་གཞུང་ལས། "སེར་སྲིན་ནམ་མཁའ་གཤེགས་པ་ལ། །རྟ་བོན་ས་ནི་དུད་པ་བཏང་། །"ཞེས་པ་ལྟར་བདུག་རྫས་རྟ་བོན་རྒྱང་བའམ། གླ་རྩི་ཕག་ཚིལ་རྣམས་བདུག་སྟེ་སེར་བ་སྲུང་བཞིན་ཡོད། ཕྱིར་སེར་བ་སྲུང་སྐབས་སེར་སྲུང་བ་དེ་དག་གིས་ཞི་དྲག་གི་སྒོ་ནས་སྲུང་བཞིན་ཡོད་དེ་ཞི་བའི་སྐབས་སུ་གསེར་སྐྱེམས། བསངས་སོགས་སྟོན་དུ་མཆོད་པ་དང་། དེ་དང་འབྲེལ་ཏེ་རང་ཉིད་ཀྱི་སྲུང་བྱར་གྱུར་པའི་ཡུལ་འདི་ཉིད་ལ་སེར་བའི་གནོད་པ་བཟློག་གྱུར་ཅིག་ཅེས་སྲུང་ཡང་མ་ཕན་ཚེ་ཤིན་ཏུ་དྲག་པོའི་ལས་སྡེ་རྟ་བོན་སོགས་སྔར་སྨྲུབ་ཡོད་པའི་བདུག་རྫས་བདུག་པ་དང་། རོ་ཐལ་དང་ཡུངས་དཀར་གྱི་ཐུན་གྱིས་བྲབ་ཅིང་སེར་བ་ཡོང་ཕྱོགས་སུ་ཕྱིགས་མཛུབ་གཏད་དེ་སྔགས་དྲག་ཏུ་བརྗོད། ཤིན་ཏུ་ཐུ་ན། སྲུབ་པའི་དུག་རིལ་གྱི་ཐུན་རྫས་ཨུར་རྡོར་བཙུག་ནས་སྔགས་དང་ཕཊ་དྲག་པོ་བརྗོད། མི་གཞན་ལ་སེར་བ་འོང་བའི་ཕྱོགས་སུ་མདའ་དང་མེ་མདའ་འཕེན་པ། དུང་རོལ་མོ་སྒྲོགས་པ། ཀུ་ཅོ་དྲག་པོ་འདོན་པ་སོགས་བྱེད་དུ་བཅུག་ཚེ་སེར་བ་བཟློག

པར་བཤད། གཞན་ད་དུང་ལྷ་སྒྲུབ་པ་དང་སེར་ཕོ་རྫོངས་པ་སོགས་སེར་སྲུང་བྱེད་ཀྱི་རྫས་བྱེ་བྲག་པ་མང་ཡང་འདིར་མ་སྤྲོས།

གོང་དུ་བོད་ན་དར་བའི་སྲོལ་རྒྱུན་ཆེན་པོ་ཞིག་སྟེ་སེར་སྲུང་གི་སྐོར་གླེང་བའི་དམིགས་ཡུལ་ནི་དེང་སྐབས་ཕྱི་ནང་གི་མཁས་དབང་མང་པོ་ཞིག་གིས་བོད་ཀྱི་གནའ་རབས་ཀྱི་ལོ་རྒྱུས་དང་རིག་གནས། གོམས་སྲོལ་དང་སེམས་ཁམས་དག་ལ་ཞིབ་འཇུག་བྱས་ཏེ་དཔྱད་རྩོམ་སྣ་ཚོགས་ཆར་རྗེས་ཀྱི་ཤ་མོ་ཇི་བཞིན་བརྗོལ་བཞིན་ཡོད་པས་དེ་དག་ལ་བོས་འཚམས་ཀྱི་རྒྱུ་ཆ་ཙམ་འདོན་སྤྲོད་དང་མཐུན་རྐྱེན་གྱི་ཚུལ་དུ་བྲིས་པ་འདི་ནི་ཉམས་ཆུང་རིག་རྩལ་བདག་འདྲའི་ལས་མིན་ལ་འདིར་ནོངས་འགལ་དང་ཆད་ལྷག་མི་ཉུང་བ་མཆིས་སྲིད་པས་དཔྱོད་ལྡན་རྣམས་ཀྱིས་ཁ་གསལ་དང་བསླབ་སྟོན་བྱེད་རྒྱུ་གལ།

《ཀྲུང་གོའི་བོད་ཀྱི་ཤེས་རིག》 ༡༩༩༣ལོའི་དེབ་བཞི་པ་ལས་བཏུས།

༄། །མཛེས་དཔྱོད་ཀྱི་སྣང་ཚུལ་འགའི་ཆ་ནས་བོད་ཀྱི་རླུང་རྟའི་སྲོལ་རྒྱུན་སྐོར་གླེང་སློང་བ།

ཚེ་བརྟན་རྡོ་རྗེ།

འཚར་ལོངས་འབྱུང་བཞིན་པའི་མིའི་རིགས་ཀྱི་བསམ་པའི་འདུ་ཤེས་ཁྲོད་དུ། རང་བྱུང་ཁམས་ཆེན་པོ་འདི་དུས་དང་རྣམ་པ་ཀུན་ཏུ་འགྱུལ་བསྐྱོད་དང་འགྱུར་ལྡོག་འབྱུང་བཞིན་ཡོད་ལ། མཐོང་སྣང་ཡོད་དོ་ཅོག་ལ་ཧ་ལས་པའི་གསོན་ཉམས་དང་གསོན་ཤུགས་རྒྱས་ཡོད། ས་ཆུ་མེ་རླུང་ནམ་མཁའ་སྟེ་འབྱུང་བ་ལྔའི(ས་ལྕགས་ཆུ་ཤིང་མེ་དང་ས་ཆུ་མེ་རླུང་བཞི་ཞེས་པའི་བགྲང་ཚུལ་ཡང་ཡོད)ཕྱི་དངོས་ཀྱི་ངོ་མཚར་བའི་འགྱུར་ལྡོག་འདི་དང་བསྟུན་ནས་རིམ་གྱིས་རང་རེའི་བོད་ཁམས་སུ་འདུ་ཤེས་ཕྱིར་སྣང་གི་རྣམ་པའི་མཚོན་བྱེད་དུ་རླུང་རྟ་ཞེས་པའི་སྲོལ་འདི་ལྟ་བུ་ཞིག་འབྱུང་བར་ཐོག་མར་བསམ་བློའི་སྙིང་ནས་སྨྱུ་གུ་འབྲུས། སྟག་སེང་ཁྱུང་འབྲུག་གི་མཚོན་སྟངས་ཐུན་མོང་མ་ཡིན་པ་འདི་བོད་ཀྱི་རིག་གནས་སྤྱིའི་གྲུབ་ཆ་གཙོ་བོ་ཞིག་ཏུ་གྱུར་ཡོད་ལ། དུས་ད་ལྟ་ད་དུང་ཉམས་པ་མེད་པར་མི་རབས་ནས་མི་རབས་བར་དུ་བརྒྱུད་ཅིང་མཆིས། རླུང་རྟའི་མཛེས་རིས་དང་ཡིག་འབྲུ་དེ་དག་རྒྱུན་དུ་ང་ཚོའི་མིག་ལམ་དུ་སྣང་ཡང་། ཤུགས་སུ་རྟུས་འགོད་པའི་བསམ་བློ་དང་འཚོ་བ་ག་འདྲ་ཞིག་མཚོན་པ་དེ་དྲི་གཞི་གལ་ཆེན་ཞིག་ཡིན། དེ་བས་བོད་ཁམས་ཀྱི་འགྲོ་བ་མིའི་བསམ་པའི་འཁྱེར་སོ་དང་། སྤྱི་ཚོགས་འདུ་ཤེས་ཀྱི་གནས་བབ་དངོས་དང་བསྟུན་ནས། བོད་རིགས་དམངས་ཁྲོད་ཀྱི་མཛེས་དཔྱོད་སྣང་ཚུལ་འདིར་ཞིབ་འཇུག་བྱ་རྒྱུ་ནི། རིག་གནས་ལོ་རྒྱུས་ཀྱི་དགོས་ངེས་རང་བཞིན་ཞིག་ཏུ་གྱུར་ཡོད།

དང་པོ། རླུང་རྟ་དང་འཚོ་བའི་མཛེས་མཚར།

རང་བྱུང་ཁམས་ཆེན་པོ་འདི་ང་ཚོའི་འཚོ་རྟེན་ཉག་གཅིག་སྟེ། དེ་ལ་གནས་པའི་དུད་འགྲོ་དང་གོག་འགྲོའི་རིགས་རྣམས་ཁོར་ཡུག་ངེས་ཅན་ཞིག་གི་ནང་དུ་ཕན་ཚུན་ལ་ཡུན་རིང་བའི་འགྲོ་འོང་དང་འབྲེལ་འདྲིས་བྱས་པ་ལས། རྒྱུད་མཚོན་རི་མོར་དང་དད་གུས་བྱེད་པ་ལ་སོགས་པའི་རིག་གནས་བྱུང་། སྟག་སེང་ཁྱུང་འབྲུག་གིས་གྲུབ་པའི་རླུང་རྟའང་དེ་ལས་མ་འདས། ཡིན་ན་ཡང་ང་ཚོས་ཐོག་མར་ཤེས་དགོས་པ་ཞིག་ནི་རླུང་རྟ་ལ་དོན་གྱི་རླུང་རྟའི་འདུ་ཤེས་འཆང་ཞིང་། མི་རྣམས་ཀྱི་དད་མོས་བླ་ལྷག་ཏུ་བསྐྱེད་པ

དེ་སྐབས་བབ་ཀྱི་འཚོ་བ་དངོས་དང་འབྲལ་ཐབས་མེད་པ་ཞིག་ཡིན། ཡུན་རིང་བའི་སྤྱི་ཚོགས་འཚོ་བའི་ལོ་རྒྱུས་ཁྲོད་དུ་མི་དང་རླུང་རྟའི་རྒྱུ་ཆ་བར་དུ་མཛེས་དཔྱོད་ཀྱི་འབྲེལ་བ་རྒྱུན་ཆགས་ཤིག་བྱུང་བས། ད་གཟོད་དེ་ཉིད་མཛེས་དཔྱོད་བྱ་ཡུལ་དུ་གྱུར། གལ་ཏེ་འཚོ་བའི་རྨང་གཞི་ཅི་ཡང་མེད་པའི་མི་ཞིག་ལ་མཚོན་ན་ཁོས་རླུང་རྟའི་ཤོག་བྱང་སྟེང་གི་ཡིག་འབྲུ་དང་རི་མོའི་རིན་ཐང་མཐོང་བ་ལས། མཛེས་དཔྱོད་ཀྱི་རིན་ཐང་མཐོང་མི་སྲིད།

མཛེས་དཔྱོད་རིག་པས་མིའི་འདུ་ཤེས་དང་། དངོས་ཡོད་འཚོ་བའི་ཁྲོད་ཀྱི་མཛེས་དཔྱོད་འབྲེལ་བ། མཛེས་པའི་སྣང་ཚུལ། མཛེས་ཚོར། མཛེས་པའི་གསར་སྐྲུན། འཕེལ་རྒྱས་དང་ཆོས་ཉིད་བཅས་ལ་ཞིབ་འཇུག་བྱེད། འཚོ་བ་ནི་མིའི་རིགས་ཀྱི་སྤྱི་ཚོགས་འཚོ་བ་སྟེ། འཚོ་བའི་ཁྲོད་ཀྱི་མཛེས་མཚར་དེ་མིའི་རིགས་པོ་ནར་ད་གཟོད་ལྡན་ལ། འཚོ་བའི་ཁྲོད་ཀྱི་བྱ་དངོས་ལ་སྤྱི་ཚོགས་ཀྱི་ནང་དོན་ལྡན་ཆེ་ད་གཟོད་མཛེས་པ་ཡིན། སྤྱི་ཚོགས་འཚོ་བའི་ལག་ལེན་ཁྲོད་དུ་རང་ཉིད་ཀྱི་བསམ་བློ་དང་བརྩེ་དུང་། ཕྱུགས་འདུན་དང་གཤིས་རྒྱུད། བློ་གྲོས་སོགས་དངོས་པོའི་ཐོན་རྫས་དང་བསམ་པའི་ཐོན་རྫས་སྟེང་ནས་ཕྱིར་སྣང་བྱས་ཏེ། མིའི་ངོ་བོ་དེ་བྱ་དངོས་ཅན་དུ་བསྒྱུར་ཆེ། ད་གཟོད་འཚོ་བ་དང་འཚོ་བའི་ཁྲོད་ཀྱི་བྱ་དངོས་སྡུག་སེང་ཁྱུང་འབྲུག་ལ་སོགས་མིའི་མཛེས་དཔྱོད་བྱ་ཡུལ་དུ་འགྱུར་ལ། མི་རྣམས་ཀྱིས་ད་གཟོད་བྱ་ཡུལ་འདི་ལས་མཛེས་ཚོར་མྱོང་ཐུབ། དེའི་རྒྱུ་མཚན་གྱིས་ཁྲི་ཨར་ཉེ་ཞེའོ་ཧྥུ་སི་ཅིས“མཛེས་པའི་བྱ་དངོས་ལ་བརྟེན་ནས་བྱུང་བའི་མི་རྣམས་ཀྱི་བསམ་པའི་ཚོར་སྣང་དེ། དཔེར་ན་ཆེས་དགའ་ཞིང་སྙིང་ཉེ་བའི་མི་ཞིག་གི་གན་དུ་ཡོད་དུས། ང་ཚོའི་སེམས་ཁོངས་སུ་འགེངས་པའི་སྤྲོ་སྣང་དེ་དང་མཚུངས”(《སྒྱུ་རྩལ་དང་དངོས་མཐུན་གྱི་མཛེས་དཔྱོད་འབྲེལ་བ》P6)ཞེས་གསུངས།

རླུང་རྟའི་མཚོན་དོན་གྱི་ཆ་ནས་བཤད་རྒྱུན་མི་འདྲ་བ་འགའ་རེ་སྣང་སྟེ། མཁས་དབང་ནམ་མཁའི་ནོར་བུའི་བཞེད་པ་ལྟར་ན། འབྱུང་བ་ལྔའི་ཁམས་ཀྱི་བྱེད་ལས་ཁྱད་པར་ཅན་གྱི་ནུས་པ་དེ་དག་མཚོན་བྱེད་དུ། སའི་ཁམས་ཀྱི་དོད་དུ་སེང་གེའམ་གདངས་སེང་དང་། ཆུའི་ཁམས་ཀྱི་དོད་དུ་འབྲུག མེའི་ཁམས་ཀྱི་དོད་དུ་ཁྱུང་། རླུང་གི་ཁམས་ཀྱི་དོད་དུ་སྟག འབྱུང་བ་ནམ་མཁའི་ཁམས་ཀྱི་དོད་དུ་རྟ་མཆོག་རྒྱན་ལྡན་བཅས་ངོས་འཛིན་ནོ། །ཡང་གཞན་དུ་ན་སྟག་གིས་འབྱུང་བ་མེ་དང་ཁྱུང་གིས་འབྱུང་བ་རླུང་མཚོན་པའི་ལུགས་ཀྱང་ཡོད། དེ་ལྟར་མཚོན་པའི་སྒྱུ་རྩལ་གྱི་སྣང་བརྙན་འདིས་མི་རྣམས་ཀྱི་བསམ་པའི་དད་འདུན་བསྐྱེད་ཐུབ་པའང་། གཙོ་བོ་དེ་དག་ནི་འཚོ་བའི་སྣང་བརྙན་གྱི་འགྱུར་གཟུགས་ཏེ། མིས་གསར་སྐྲུན་བྱས་པའི་རྟོག་བཟོ་རང་བཞིན་ཅན་གྱི་ཀུན་རྟོག་གི་མཛེས་པའི་ཁོངས་སུ་གཏོགས་ཤིང་། མིའི་མཛེས་པ་སྟེ་མི་གཤིས་དང་མི་སེམས་ཀྱི་མཛེས་པ་དེ་གཟུགས་ཅན་དུ་འགྱུར་བས་སོ། །ཡང་གཅིག་བཤད་ན། ལོ་རྒྱུས་འཕེལ་རྒྱས་ཀྱི་ཆོས་ཉིད་དང་རྒྱ་ཆེའི་མི་དམངས་མང་ཚོགས་ཀྱི་མཛེས་དཔྱོད་ཕྱུགས་འདུན

དང་མཐུན་སྟབས། དེ་འབྲེལ་གྱི་མཛེས་ཚོར་ཞིག་དང་ངམ་ཤུགས་ཀྱིས་བསམ་པའི་རྒྱུད་ལ་སྐྱེས། ཚང་མས་ཤེས་གསལ་ལྟར། ཀླུང་རྟ་ནི་སྐྱེས་ཕོ་མོ་སུའང་རུང་བ་དེ་དག་གི་འབྱུང་བའི་ཁམས་ཀྱི་ནུས་ཤུགས་རྒྱུད་པ་ཡོད་ན་གསོ་བ་དང་། ཉམས་པ་ཡོད་ན་བསྐྱེད་པ། ཆད་པ་ཡོད་ན་བསྲིང་བ། འཁྲུགས་པ་ཡོད་ན་མཐུན་པར་བསྒྲིབས་པ་སོགས་ཀྱི་ཆ་རྐྱེན་ཤིན་ཏུ་གལ་གནད་ཆེ་བ་ཞིག་ཏུ་བརྩི་སྲོལ་ཡོད་ལ། ཟློག་ཏུ་མེད་པའི་དད་སྟོབས་ཤིག་བོད་མི་རེ་རེའི་རྒྱུད་ལ་དང་པོ་ནས་བག་ཆགས་སུ་གྲུབ་ཡོད་དེ། 《རླུང་ཀྱི་པོ་ཏི་བསེ་རུ་རྒྱས་པ》(P68)ལས། ཟས་ཞིམ་པོ་ཞིག་ཟོས་ན་ལུས་བཀྲག་ཏུ་འོང་། ཟས་བཅུད་ལེན་དུ་ཟ་བ་རྣལ་འབྱོར་ལུགས། རྐང་བཞི་ཞོན་པ་ཀུན་གྱིས་ཡོང་། ཀླུང་རྟ་ལ་ཞོན་པ་རྣལ་འབྱོར་ལུགས། ཞེས་པས་ཀྱང་མཚོན(འདིར་འགྲེལ་པ་བྱེད་ཚུལ་མི་འདྲ་བ་ཡོད།)ལོ་སར་སོགས་དུས་ཆེན་བཟང་པོ་ལ། ལྷ་ཀླུ་གསོལ་བའམ་རི་བསང་གཏོང་དུས་དང་ལམ་དུ་ཉག་སྣང་སོགས་བརྒྱུད་དུས། ཀླུང་ཕྱོགས་དང་བསྟུན་ནས་ཀླུང་རྟ་གནམ་ལ་སྤུར་བ་དང་། དེའི་འཕུར་ཚད་ཀྱི་མཐོ་དམན་དང་ས་ལ་ཕྱིར་ལྷུང་བའི་གྲངས་ཀྱི་མང་ཉུང་ལ་བལྟས་ཏེ། ལོ་དེའི་ཁ་རྒྱབ་བསོད་ནམས་དང་། ཁ་ལས་ཀླུང་རྟ་དར་མིན་བརྟག་པའི་སྲོལ་ཞིབ་མོའི་ཆ་ག་ཤིན་ཏུ་མང་། སྣང་ཚུལ་འདི་དག་སྐབས་བབ་ཀྱི་སྤྱི་ཚོགས་ཁོར་ཡུག་ངེས་ཅན་ཞིག་གི་མིའི་ཁེ་ཕན་དམིགས་ཡུལ་དང་མཐུན་པས། མི་རྣམས་ལ་ངལ་གསོ་དང་དགའ་ཚོར། ངང་གཤིས་ཡ་བསྲུང་སོགས་ཀྱི་མཐུན་རྐྱེན་བསྐྲུན་ཞིང་། འཚོ་བའི་ཁྲོད་དུ་རྒྱུན་འབྱམས་སུ་གྱུར། ད་དུང"སྟག་སེང་ཁྱུང་འབྲུག་ཀླུང་རྟ་ཡར་ལ་སྤུར"ཞེས་ངག་ནས་བཟླས་ཏེ། ལག་ཏུ་འཆིང་བའི་ཀླུང་རྟ་གནམ་ལ་སྤུར་བའི་སྐད་ཅིག་མ་དེའི་རིང་ལ། ཐད་ཀར་དུ་རང་ཉིད་ཀྱི་བསམ་པའི་འདུ་ཤེས་དང་འཚམ་པའི་དྲན་སྣང་ཞིག་རྒྱས་སྲིད་ལ། དེ་དང་མཐུན་པའི་འདུ་ཤེས་འཆར་ཡན་གྱི་ཀུན་རྟོག་སྣ་མང་ཞིག་ཀྱང་དང་ཤུགས་ཀྱིས་སྐྱེ་བཞིན་ཡོད་པས། འཚོ་བའི་དཔེ་མཚོན་གྱི་དོན་སྙིང་ངེས་ཅན་ཞིག་ཡོད།

འ་ཅག་གནས་པའི་གངས་ཅན་གྱི་ལྗོངས་འདི་དང་པོ་ནས་རི་སྐྱེས་ཀྱི་རིགས་སེམས་ཅན་སྣ་ཚོགས་འཚོ་མེད་བག་ཡངས་སུ་རྒྱུ་བའི་ཞི་ལྡན་གྱི་འཚོ་བའི་ཁོར་ཡུག་ཅིག་ཡིན་པ། སྟོད་མངའ་རིས་སྐོར་གསུམ་རྫིང་བུའི་ཚུལ་དུ་ཆགས་ཤིང་རི་དྭགས་གཅན་གཟན་གྱི་ཡུལ་དུ་གྱུར་པ་ཞེས་དང་། ཆོལ་ཁ་གསུམ་ལས་མདོ་སྨད་རྟའི་ཆོལ་ཁ་སོགས་ལོ་རྒྱུས་དེབ་ཐེར་མང་པོ་ན་མཐོང་བ་ལས་ཀྱང་ཤེས་ཐུབ་ལ། སྟག་སེང་ཁྱུང་འབྲུག་ཀླུང་རྟ་སྟེ་སེམས་ཅན་འདི་རྣམས་བདག་ཅག་གི་འཚོ་བའི་ཁོར་ཡུག་ལས་ཐོན་པའི་རྒྱུ་ཆ་ཡིན་མི་སྲིད་ཅེས་སུས་ཀྱང་སྨྲ་མི་སྲོབས། ཏག་ཏག་སེང་གེ་ལ་གངས་སེང་དང་ནགས་སེང་། འདམ་སེང་སོགས་རིགས་ཀྱི་དབྱེ་བ་མང་པོ་དགར་བཞིན་ཡོད་ཅིང་། སྔོས་སུ་འབྲུག་ཅེས་པའི་སྔོག་གྱུར་གྱི་སེམས་ཅན་འདི་དངོས་སུ་སྲིད་མིན་གྱི་རྩོད་པ་མང་ཡང་། དམངས་ཁྲོད་དུ་འདི་ལ་སོགས་པའི་སྐོར་གྱི་ཡིད་འགུལ་ཐེབས་པའི་ཟེར་སྒྲོས་དང་། གཏམ་རྒྱུད། ངག་རྒྱུན། ལྷ་སྒྲུང་སོགས་ཤིན་ཏུ་མང་ཞིང་། བྱིས་པའི་

དུས་ནས་བཟུང་བློ་ལ་བག་ཆགས་ཟབ་མོ་ཞིག་བཞག་ཡོད། དེ་བས་རིགས་མཐུན་ཀུན་ལས་རྒྱལ་བའི་སེམས་ཅན་འདི་དག་གི་སྣང་བརྙན་ལ་དད་མོས་མཛད་པའང་། དེ་དག་ལ་མི་རང་ཉིད་ལྟ་བུའི་བྱམས་སེམས་དང་སྙིང་རྗེ་ཡོད་པར་དམིགས་པ་ཞིག་མ་ཡིན་པར། འཚོ་བའི་དགོས་མཁོ་དང་གྲུབ་མཐས་བློ་བསྒྱུར་བ་ལ་བརྟེན་ནས་བྱུང་བའི་ཡིད་ཀྱི་འདོད་མོས(སེམས་ཅན་དེ་དག་གི་རང་གཤིས་སུ་གྲུབ་པའི་ཁྱད་འཕགས་ཀྱི་མཐུ་རྩལ་ལ་སྨོན་པའི་སེམས)དེ་འཚེངས་པའི་ཕྱིར་དང་། གེགས་བར་མཐའ་དག་ཕྱིར་ཟློག་པའི་སྨོན་ལམ་འགྲུབ་པའི་དོན་དུ་ད་གཟོད་ཆོས་ལུགས་ཀྱི་སྲོལ་རྒྱུན་འདི་ལྟ་བུ་ཞིག་དར། ཆོས་ལུགས་ཀྱི་རྣམ་པའི་ཚུལ་དུ་བྱུང་ཞིང་། ཕྱིས་སུ་རིམ་གྱིས་ཆོས་ལུགས་ཀྱི་ནང་དོན་ཞིག་ཏུ་གྱུར་པའི་ལུགས་སྲོལ་འདི་བོད་གདོད་མའི་དུས་སུ་མི་རིགས་རང་དོས་ཀྱི་འཚོ་བ་དངོས་ལས་དར་བ་ཞིག་ཡིན་སྟབས། མ་མཐའ་ཡང་ལོ་ངོ་བཞི་སྟོང་ཡས་མས་ཀྱི་ལོ་རྒྱུས་ཡོད་ལ། འདི་ལས་བོད་མི་རིགས་ཀྱི་སྤྱི་གཤིས་སུ་གྲུབ་པའི་མཛེས་དཔྱོད་བསམ་ཕྱོགས་དང་ལྟ་ཕྱོགས་གསལ་པོ་ཞིག་ཕྱིར་སྣང་བྱེད་ཐུབ་པ་མ་ཟད། དམངས་ཁྲོད་རྩོམ་རིག་གི་ཐོག་མའི་རྒྱུ་ཆ་ཞིག་ཏུའང་གྱུར་ཡོད། དེ་བས་ང་ཚོས་འདི་ལ་སྤྱི་ཚོགས་འཚོ་བའི་བསམ་པའི་ཐོན་རྫས་ཞེས་བརྗོད་ཀྱང་ཆོག་སྙམ། བསམ་པའི་ཐོན་རྫས་འདི་འཚོ་བའི་ཁྲོད་ནས་བྱུང་ཞིང་། ཡང་བསྐྱར་འཚོ་བར་ཞབས་འདེགས་ཞུ་བཞིན་ཡོད། ལོ་ཏན་གྱིས་བཤད་རྒྱུར"མཛེས་པའི་སྣང་ཚུལ་ཏ་ཅང་མང་། ང་ཚོའི་མིག་ལ་མཛེས་ཚོར་མེད་པ་མ་ཡིན་པར། མཛེས་པའི་སྣང་ཚུལ་དེ་དག་མ་མཐོང་བ་ཡིན།"(《ལོ་ཏན་གྱིས་སྒྱུ་རྩལ་སྐོར་བཤད་པ》P62) རང་རེའི་ཡབ་མེས་རྣམས་ཀྱིས་ཐོག་མ་ནས་བཟུང་། སེམས་ཅན་འདི་དག་ལ་ངོས་ཟིན་དང་གདེང་འཇོག འབྲེལ་འདྲིས་བཅས་བྱས་པ་བརྒྱུད། ངལ་རྩོལ་ལག་ལེན་ཁྲོད་དུ་རང་ཉིད་ཀྱི་དམིགས་ཡུལ་དང་མཛེས་པའི་ཆོས་ཉིད་ནང་བཞིན་མཛེས་པའི་སྣང་ཚུལ(རླུང་རྟ)འདི་ལྟ་བུ་ཞིག་གསར་བཟོ་མཛད་ཅིང་། ཕྱི་རབས་པར་བློ་གྲོས་ཀྱི་ལེགས་སྐྱེས་སུ་སྒྱུ་རྩལ་གྱི་སྒོ་འཕར་ཆེན་པོ་ཞིག་ཕྱེ་ཡོད།

གཉིས་པ། རླུང་རྟ་དང་སྒྱུ་རྩལ་གྱི་མཛེས་མཚར།

སྒྱུ་རྩལ་པས་གསར་བཟོའི་ཁྲོད་དུ་བརྩོན་ལེན་བྱེད་བཞིན་པ་ནི་མཛེས་པ་ཡིན་ལ། མཛེས་པའི་རང་བཞིན་མེད་ཚེ། སྒྱུ་རྩལ་གྱི་བླ་སྲོག་མེད་ལ་རིན་ཐང་ཡང་མེད། སྒྱུ་རྩལ་གྱི་རྣམ་པའི་དཀར་སྣངས་ལ་རྣམ་གྲངས་དུ་མ་ཡོད་ཀྱང་།(འཛིམ་བཟོ་སྒྱུ་རྩལ། འཁྲབ་སྟོན་སྒྱུ་རྩལ། སྐད་བརྡ་སྒྱུ་རྩལ། ཕྱོགས་བསྡུས་སྒྱུ་རྩལ་སོགས།) སྤྱིར་བཤད་ན་རང་མཚན་པ་དང་སྣང་བརྙན་ཅན་ཞིག་ཡིན་དགོས། གལ་ཏེ་བྱེ་བྲག་རང་བཞིན་དང་ཕྱོགས་སྟོམ་རང་བཞིན་མེད་པའི་སྣང་བརྙན་ལ་བརྟེན་ནས་འཚོ་བའི་ནང་དོན་ཕྱིར་སྣང་བྱས་པ་ཡིན་ན། དེ་ནི་སྒྱུ་རྩལ་གྱི་བརྩམས་ཆོས་ཤིག་ཏུ་མི་འགྱུར། འཇར་མན་གྱི་རི་མོ་བ་ཏན་ནྭ་ཟེར་བ་ཞིག་གིས་ལོ་བཞིའི་རིང་གི་དུས་ཚོད་བེད་སྤྱད་དེ་མིའི་སྣང་བརྙན་ཞིག་འབྲི་བཞེངས་མཛད། ཁོས་དེ་འབྲི་བའི་གོ་རིམ་ཁྲོད་

ཏུ་སྣང་བརྙན་དེའི་མིག་མཐའི་གཉེར་རིས་རེ་རེ་དང་ཐོད་པའི་ཁྲག་རྩ་རེ་རེ། སྣ་ངོས་སུ་ཡོད་པའི་སྨི་ཐིག ད་དུང་སྐྱི་པགས་ཀྱི་འོག་གི་ཆེས་ཕྲ་བའི་ཁྲག་རྩ་སྔོན་པོ་རེ་རེ་ལ་སོགས་ཆེར་བསྐྱེད་ཤེལ་མིག་ལས་བལྟས་ཏེ། ཏ་ཅང་ཞིབ་མོའི་སྒོ་ནས་བརྙན་རིས་སུ་ཕབ་ཡོད་ནའང་། དཔྱད་འཛོག་པ་མང་ཆེ་བ་ཞིག་གིས་བལྟས་རྗེས་ཡིད་མ་ཆེས། ཁོ་ཚོས"ཆ྄ན · ཏེ་ཁིས་ཤར་མར་རྒྱུག་བྲིས་བྱས་པ་དེ་ཏན་ནྣས་བྲིས་པའི་བརྙན་རིས་དང་བསྡུར་ན་ལྷབ་བརྒྱ་འགྱུར་གྱིས་ཀྱང་མཛེས"ཞེས་དཔྱད་གཏམ་བརྗོད།(《སྒྱུ་རྩལ་མཚན་ཉིད་རིག་པ》 P18) འདི་ལས་རྟོགས་ཐུབ་པ་ཞིག་ནི་སྒྱུ་རྩལ་གྱི་སྣང་བརྙན་ནི་པར་ལེན་འཕྲུལ་ཆས་ཀྱིས་ཇི་མ་ཇི་བཞིན་དུ་དཔར་བླངས་པ་ལྟ་བུ་ཞིག་མ་ཡིན་ཏེ། སྔན་ཁང་དུ་ཡོད་པའི་གེང་ཏུས་ཀྱི་འདྲ་བརྙན་དེ་དག་ལ་མཛེས་དཔྱོད་ཀྱི་རིན་ཐང་ཆེར་མེད་པས། སྒྱུ་རྩལ་པའི་མིག་ལམ་དུ་མི་མཛེས་པ་ལྟ་བུ་རེད།

སྐུ་ཞབས་ལུའུ་ཞུན་གྱིས"ཆེས་བསྡུས་པའི་སྒོ་ནས་མི་ཞིག་གི་ཁྱད་ཆོས་འབྲི་བར། རབ་ཡིན་ན་ཁོའི་མིག་འབྲི་དགོས། གལ་ཏེ་མགོ་སྐྲ་ཉག་མ་རེ་རེ་བཞིན་ཡོངས་སུ་བྲིས་ཏེ། དངོས་མ་ལྟ་བུ་ཞིག་བཟོས་ཀྱང་། དེར་དོན་སྙིང་ཅི་ཡང་མེད"ཅེས་ཟེར་བ་ལྟར།(《ལུའུ་ཞུན་གྱི་གསུང་རྩོམ་ཕྱོགས་བསྒྲིགས》 ཁག་བཞི་པ། P395) བྱང་ཆ་ཡོད་པའི་སྒྱུ་རྩལ་པ་ཞིག་ཡིན་ཕྱིན། འཚོ་བའི་ངོ་གདོང་ཇི་བཞིན་དུ་ཞིབ་འབྲི་མི་བྱེད་དེ། ཁོས་འཚོ་བའི་ལག་ལེན་གྱི་རྨང་གཞིའི་སྟེང་ནས། དཔེ་མཚོན་རང་བཞིན་ཅན་གྱི་བྱེད་ཐབས་སྤྱད་དེ། རྩོམ་བྱའི་ཡུལ་དེར་བསམ་གཞིགས་མཛད་པ་དང་། ཕྱི་ཡུལ་འཚོ་བའི་མཛེས་དཔྱོད་ངོ་བོ་དང་སྒྱུ་རྩལ་པ་རང་ངོས་ཀྱི་མཛེས་དཔྱོད་ཕྱོགས་འདུན་གཉིས་ཚད་མཐོན་པོས་གཅིག་གྱུར་བྱས་པའི་སྣང་བརྙན་ཁྲོད་དུ་མཚོན་པར་བྱེད། དེ་ལྟར་ན་ད་གཟོད་བདེན་ལེགས་མཛེས་གསུམ་གྱི་མཛེས་པའི་སྣང་ཚུལ་མངོན་འགྱུར་བྱེད་སྲིད་ལ། གཞི་ནས་སྒྱུ་རྩལ་གྱི་ངོ་བོ་མཚོན་ཐུབ།

དེ་དང་རང་བཞིན་གཅིག་པར། རླུང་རྟའི་རི་མོ་དེ་དག་གིས་ཀྱང་བལྟས་མ་ཐག་ཏུ་བབ་ཆགས་ཀྱི་སྣང་བ་ཞིག་སྟེར་སྲིད་ཀྱང་། དོན་ལ་ཆོས་ཉིད་རང་བཞིན་དང་མཐུན་པའི་བདེན་པ་དང་། དམིགས་ཡུལ་རང་བཞིན་དང་མཐུན་པའི་ལེགས་པ། བདེན་ལེགས་གཅིག་གྱུར་གྱི་མཛེས་པ་སྟེ་གསུམ་ཀ་འཛོམས་ཤིང་། ནང་སྐོར་སུ་སེམས་ཅན་དེ་དག་གི་རང་མཚན་གྱི་ཁྱད་ཆོས་གཙོ་བོར་བཟུང་སྟེ། སྣང་བརྙན་ལྷང་ངེ་བ་རེ་འབྲི་བཞེངས་མཛད་ཡོད་པས། མཛེས་པའི་དགའ་ཚོར་རང་བཞིན་འབྱུར་དུ་ཐོན་ཡོད། འདི་ལྟའི་རང་དགར་གྱི་གསར་རྩོམ་ཁྲོད་དུ་རི་མོའི་འཕྲེད་ཐིག་དང་། གཞུང་ཐིག བསྐོལ་ཐིག་དང་ཚད་གཞི། ཟུར་ཚད་དང་རྒྱུག་རྩལ་སོགས་མཛེས་དཔྱོད་ཀྱི་ཆོས་ཉིད་དང་མཐུན་པར་བསྟེབས་ཡོད་པ་དང་། རླུང་རྟའི་མ་གཞིའི་དཔར་གྱི་སྟེང་དུ་འབུར་བཀོས་ཀྱི་མཛེས་རྩལ་ལྟར་བཟོས་ཡོད་པས། བཀོལ་སྤྱོད་རིན་ཐང་དང་མཛེས་དཔྱོད་རིན་ཐང་གཉིས་ལྡན་གྱི་ཁྱད་ཆོས་འཛོམས་ཡོད། ལྷག་པར་དུ་སྟག་སེང་ཁྱུང་འབྲུག་བཞིའི་དཀྱིལ་ཐིག་ཏུ་ཡོད་པའི་འབྱུང་བ་ནམ་མཁའི་ཁམས་ཀྱི་མཚོན་བྱེད་རྟ་མཆོག་རྒྱན་

ལྡན་དེར་མཚོན་ན། གཟི་འོད་དྲག་ཏུ་འབར་བའི་ནོར་བུ་དྲུག་བརྩེགས་ཀྱི་ཕུང་པོ་ཞིག་རྒྱབ་ཏུ་མནབས་ཤིང་། སྲིབ་མེད་དུ་མཁའ་ལ་མཆོངས་པ་ལྷ་བུའི་རྨིག་བཞིའི་བང་ཁ་རླུང་གིས་བསྐྱོད་པ་ལྟར་སྣང་ལ། རྟ་མགོ་ཡིད་བཞིན་གྱི་ནོར་བུ་དཀྲུང་སྔོན་མཐོངས་སུ་བཏེགས་པའི་སྒྱུ་རྩལ་གྱི་སྣང་ཚུལ་འདི་དག་གིས་འབྱུང་ཁམས་ཀྱི་བདེ་བའི་ནུས་རྒྱུན་མེ་དཔུང་འབར་བ་བཞིན་བསྐྱེད་ནུས་པ་ཤུགས་ཀྱིས་མཚོན། དེ་ལྟ་བུའི་དཔར་བཀོས་ལའང་ལྷུགས་དཔར་དང་ཟངས་དཔར། ཤིང་དཔར་སོགས་དབྱེ་བ་མང་པོ་ཡོད་ལ། གདོང་མའི་རིས་མཚོན་ཙམ་ལས་རིམ་གྱིས་འཕེལ་རྒྱས་དང་། ཁྱབ་ཁྱོན་ཆེ་རུ་ཕྱིན་པའི་མཚོན་རྟགས་སུ་གྱུར། ད་ལྟ་ཤོག་ངོས་སུ་ཕབ་བཞིན་པའི་རྣམ་པ་འདི་ཕྱིས་སུ་ཤོག་བུ་བཟོ་བའི་ལག་རྩལ་དར་རྗེས། གནམ་ལ་སྦྱར་སྐབས་ཡང་བའི་ཆ་རྐྱེན་དེར་གཞིགས་ནས། ད་གཟོད་ཤོག་བུའི་ངོས་སུ་ཕབ་སྟེ་རླུང་ཕྱོགས་སུ་བསྒྲུར་བའི་སྲོལ་བྱུང་བ་ལས། དེའི་ཡར་སྔོན་ལ་ཁྲམ་བྱང་དང་ཤིང་ཏ་ལའི་ལོ་མ། རྡོ་དང་རྩིག་ངོས་སོགས་སུ་བཀོས་ཏེ་གནས་གཞིའི་ཡུལ་དང་ཚོ་པ་ག་གེ་མོར་ཕྱིའི་འབྱུང་བ་དང་། འབྲུགས་རྐྱེན་གྱིས་མི་གནོད་པའི་ཁག་གནོན་དུ་འཛུག་སྲོལ་འདུག

རང་རེའི་བོད་ལ་སྔ་མོ་ནས་ཐང་ག་སོགས་འབྲི་བའི(རྡོ་བཀོས་དང་ཤིང་བཀོས་སོགས)རི་མོའི་མཛེས་རྩལ་གྱི་བག་ཆགས་བཟང་པོ་ཞིག་ཡོད་པ་ཀུན་གྱིས་ཤེས་གསལ་ལྟར་རེད། ཐོག་མར་གདོང་མའི་མི་རྣམས་ཀྱིས་རི་དྭགས་སོགས་བརྗོན་ཏེ་ལྤོ་གོས་ཀྱི་འདུན་པ་ཚིམ་པའི་ཕྱིར་དུ། འདོད་མོས་དེ་གཟུགས་ཅན་དུ་བསྒྱུར་ཏེ་གནས་བཅའ་བའི་གདོང་མའི་བྲག་ཕུག་དང་སྦྱིལ་བུ་སོགས་ཀྱི་ལྡེབས་ངོས་སུ་རི་དྭགས་ཀྱི་རིགས་ག་གེ་མོ་ཞིག་ལ་མདའ་དང་མདུང་གིས་བསྣུན་པའི་རྒྱུད་མཚོན་རི་མོ་གང་མང་འབྲི་ཞིང་། རྣམ་པ་ཐམས་ཅད་དུ་རི་དྭགས་གཅན་གཟན་གྱི་རིགས་ལ་སོགས་པར་འགྲོ་འོང་བྱས་ཏེ་འཚོ་བ་རོལ་གྱིན་འདུག རླུང་རྟའི་རྒྱུད་མཚོན་རི་མོར་གྲུབ་པའི་སེམས་ཅན་དེ་དག་ཀྱང་ཐོག་མར་དེ་ལྟ་བུའི་གོ་རིམ་ཞིག་ལས་བྱུང་ཞིང་། རིམ་གྱིས་འགྲོ་བ་མིའི་བློ་གྲོས་དང་བསམ་གཞིགས་ནུས་པ་འཕེལ་རྒྱས་ཕྱིན་པ་དང་བསྟུན་ནས། ས་ཆུ་མེ་རླུང་འབྱུང་ཁམས་ཀྱི་ནུས་པར་ངོས་ཟིན་བྱུང་སྐབས། འབྱུང་བའི་མཚོན་བྱེད་དུ་བཞག་སྟེ་ཆོས་ལུགས་ཀྱི་སྲོལ་ཞིག་ཏུ་གྱུར་པ་ལས། གནས་སྐབས་ཤིག་ལ་ཅིག་ཅར་དུ་བྱུང་བ་ཞིག་གཏན་ནས་མིན་པས། སྒྱུ་རྩལ་བསམ་བློའི་གསར་སྐྱུན་རང་བཞིན་ལྡན་ལ། མཛེས་དཔྱོད་འཕེལ་འགྱུར་གྱི་ཆོས་ཉིད་དང་ཡང་ཏ་ཅང་མཐུན།

ང་ཚོས་རླུང་རྟ་ཞེས་པའི་མིང་འདི་ལས་ཀྱང་སྐད་བརྡའི་སྒྱུ་རྩལ་གྱི་བྲོ་བ་མངར་མོ་ཞིག་མྱོང་ཐུབ་སྟེ། མགྱོགས་མྱུར་རླུང་གི་ཤབས་རྒྱུགས་དང་འདྲ་བའམ། ཡང་ན་རྒྱ་བ་ཡང་བའི་རླུང་ལྟར་མཁའ་ལ་ལྡིང་ཞིང་རྟ་མཆོག་གཞན་དང་བསྡུར་ན་ཐུན་མོང་མ་ཡིན་པའི་ཁྱད་འཕགས་ཀྱི་མཐུ་རྩལ་དང་ལྡན་ལ། མགོ་ནག་མིའི་སྙིང་སྟུག་གི་རེ་རྟེན(རླུང་རྟ་ལ་བཟུང་བའི་འདུ་ཤེས)དུ་གྱུར་ཡོད་པས། བསམ་པའི་འཁྱེར་སོ་དང་

འཚམ་པའི་མིང་སྙན་མོ་འདི་ལྟ་བུ་ཞིག་བྱུང་། དེ་བས་ཧེ་གར་གྱིས"སྒྱུ་རྩལ་གྱི་མཛེས་པ་དེ་རང་བྱུང་དང་བསྡུར་ན་ཁྱད་ཆེན་པོ་ཡོད། རྒྱུ་མཚན་ཅི་ཡིན་ཞེ་ན། སྒྱུ་རྩལ་གྱི་མཛེས་པ་ནི་ཡིད་ཤེས་ཀྱིས་བསྡུས་ཤིང་བསྐྱར་དུ་བཟོས་པ་ཞིག་ཡིན། ཡིད་ཤེས་དང་དེའི་ཐོན་རྫས་དེ་རང་བྱུང་དང་དེའི་སྣང་ཚུལ་ལས་ཐེ་ལྟར་མཐོ་ན། སྒྱུ་རྩལ་གྱི་མཛེས་པའང་རང་བྱུང་གི་མཛེས་པ་ལས་དེ་ལྟར་མཐོ།"ཞེས་གསུངས།(《མཛེས་དཔྱོད་རིག་པ》P4) ཀླུང་རྟའི་ཐོག་མའི་འདུ་ཤེས་ཡོད་པ་ནས་བཟུང་། དངོས་སུ་མཐོང་རྒྱུ་ཡོད་པའི་གཟུགས་ཅན་དུ་གྱུར་ཏེ་རིམ་གྱིས་དམངས་ཁྲོད་དུ་རྒྱ་ཆེར་སྤྱོད་པའི་གོ་རིམ་ཁྲོད་མཛེས་རྩལ་པ་མཐའ་དག་གིས་མི་རྣམས་ཀྱི་མཛེས་དཔྱོད་སྤྱི་གཤིས་དང་། དུས་རབས་ཀྱི་དགོས་མཁོ། རིག་གནས་འཕེལ་རྒྱས་སོགས་དང་བསྟུན་ནས། རབས་དང་རིམ་པས་ཀླུང་རྟའི་མཚོན་རིས་ལ་སྒྱུ་རྩལ་ཁ་སྟོན་དང་ལེགས་བཅོས། རྟོག་བཟོ་གང་མང་མཛད་དེ་རྟོག་བརྟགས་ཀྱི་བསམ་བློ་འགྱུར་དུ་ཐོན་ཞིང་། ཆེས་གཅིག་བསྡུས་རང་བཞིན་དང་དཔེ་མཚོན་རང་བཞིན་ཞིག་ཏུ་བསྒྱུར་སྐབས། མི་རྣམས་ཀྱིས་དེ་ལས་རྟོག་སྣང་ཕུན་སུམ་ཚོགས་པ་ཞིག་མྱོང་ཐུབ་ལ། ལུགས་སྲོལ་འདི་དམངས་ཁྲོད་དུ་རྒྱ་ཆེར་དར་བར་ཁྱབ་གདལ་རང་བཞིན་གྱི་སྒྱུ་རྩལ་གྱི་ཐབས་ལམ་གསར་པ་ཞིག་གསར་གཏོད་བྱས།

གསུམ་པ། ཀླུང་རྟ་དང་རྣམ་པའི་མཛེས་མཚར།

མཛེས་པ་ནི་སྤྲོ་སྣང་འཁྲིད་པའི་སྣང་བརྙན་རང་མཚན་པ་ཞིག་ཡིན། བྱ་དངོས་གཞན་དང་འདྲ་བར་མཛེས་པ་ལའང་ནང་དོན་དང་རྣམ་པ་ལྡན་ཞིང་། དེ་གཉིས་གཅིག་གྱུར་གྱི་ཕུང་པོ་ཞིག་ཡིན་དགོས། མཛེས་པའི་ནང་དོན་དང་རྣམ་པའི་རྗོད་སྒྲུབ་ཀྱི་འབྲེལ་བའི་ཁྲོད་དུ། ནང་དོན་གྱིས་རྣམ་པ་ཐག་གཅོད་བྱེད་བཞིན་ཡོད་དེ། ནང་དོན་ཅི་ལྟ་བུ་ཞིག་ལྡན་ཚེ། རྣམ་པའང་དེ་ལྟ་བུ་ཞིག་འབྱུང་ངེས། རྣམ་པའི་སྙིང་གི་འགྱུར་ལྡོག(རྣམ་པ་འདྲ་མིན་སྣ་ཚོགས)གིས་དེ་འཚམ་གྱི་ནང་དོན་ཕྱིར་སྣང་བྱེད་བཞིན་ཡོད། དཔེར་ན། མཛེས་དཔྱོད་པའི་ལུས་ཁམས་དང་སེམས་ཁམས་ཀྱི་ཁྱད་པར་གྱིས་རྩ་བའི་ཁ་དོག་བཞི་དང་ཡན་ལག་གི་ཁ་དོག་དྲུག་ལ་སོགས་པ་རེ་རེས། ཕ་རོལ་པོའི་སྣང་ངོ་ལ་མོས་མཐུན་གྱི་མཛེས་ཚོར་སྣ་ཚོགས་སྐྱེར་བ་ལྟ་བུ་དང་། རོལ་དབྱངས་ཀྱི་འགྱུར་ཁུགས་མི་འདྲ་བས། ཉན་པ་པོར་དེར་མཐུན་གྱི་མོས་པ་བསྐྱེད་པ་ལྟ་བུ་སྟེ། ཀེ་ཧྲིས་མན་དར་སུང་གིས་དཀྱིལ་བའི་རོལ་དབྱངས་ཤིག་ལ་ཉན་རྗེས། "ཅི་འདྲའི་མཛེས་ཤིང་བརྗིད་ཆགས་པ་ལ། ངའི་སྣང་ངོར་གོན་པ་དག་གཙང་གྱོན་པའི་སྐུ་དྲག་སྐོར་ཞིག་གོམ་སྟབས་གཟབ་མོས་སྒྲིགས་བུ་ཆེན་པོ་ཞིག་ལས་མར་འབབ་བཞིན་ཡོད་པ་དང་འདྲ།"ཞེས་གསུངས་པ(《ནུབ་ཕྱོགས་མཚན་ཉིད་རིག་པའི་ལོ་རྒྱུས》P131)ཇི་བཞིན་ནོ། །

དེ་དང་རང་བཞིན་གཅིག་པར། ཀླུང་རྟའི་རྒྱུད་མཚོན་རི་མོས་ཀྱང་དད་མོས་བྱེད་མཁན་གྱི་སྐྱེས་

ཕོ་མོ་ཀུན་ལ་རྣམ་པའི་སྟེང་ནས་མཛེས་ཚོར་ལྡན་ན་མེད་པ་ཞིག་སྟེར་གྱིན་འདུག མཛེས་པའི་ཐིག་རིས་དང་མཛེས་པའི་བཀོད་དབྱིབས་ནི་སྒྱུ་རྩལ་སྣང་བརྙན་གྱི་གྲུབ་ཆ་གཙོ་བོ་ཞིག་སྟེ། སྒོས་སུ་བྲིས་གཟུགས་སྒྱུ་རྩལ་གྱི་རྒྱུ་ཆ་གལ་ཆེན་ཞིག་ཡིན་པས། ལྷུང་རྟའི་རྟ་མཆོག་རྒྱན་ལྡན་དེས་མཚོན་པའི་འབྱུང་ཁམས་ཀྱི་ནུས་པ་ཕྱིའི་རྣམ་པས་ཕྱིར་སྣང་བྱེད་དུས། མ་གཞིར་འཚོ་བའི་ཁྲོད་ཀྱི་གྱི་ཤིང་གི་སྣང་བརྙན་དེར་སྒྱུ་རྩལ་གྱིས་རྟོག་བཟོ་སྣ་ཚོགས་མཛད་དེ། མཆོང་རྒྱུག་གི་བང་ཁ་ལྷུང་གིས་བསྐྱོད་པ་ལྟ་བུའི་མཛེས་ཚོར་ཞིག་སྟེར་ཐུབ་ལ། སྟག་སེང་ཁྱུང་འབྲུག་རེ་རེར་ཡང་རེ་རེའི་ཐུན་མོང་མ་ཡིན་པའི་ཁྱད་ཆོས་གཙོ་བོར་བཟུང་སྟེ་སྒྱུ་རྩལ་གྱི་རྣམ་པའི་སྟེང་ནས་དོན་ལ་རྒྱ་སྟག་དམར་པོ་ནགས་ནས་མཆོང་འདྲ་དང་། སེང་གེ་དཀར་མོ་གངས་ནས་འཁྱིལ་འདྲ། བྱ་རྒྱལ་ཁྱུང་ཆེན་མཁའ་ལ་ལྡིང་འདྲ། གཡུ་འབྲུག་སྔོན་མོ་དགུང་ནས་འཁྱོ་འདྲ་ལྟ་བུའི་འདུ་ཤེས་ཤིག་སྐྱེད་ལ། ངང་ཤུགས་ཀྱིས་འབུར་བཀོས་རི་མོ་འདི་དག་གི་རྣམ་པའི་སྒྱུ་རྩལ་དང་སྒྱུ་རྩལ་བསམ་བློ་ལ་མོས་གུས་གཉིས་ཆའི་མཛེས་ཚོར་ཞིག་སྐྱེས་འོང་།

ལྷུང་རྟའི་རྣམ་པའི་སྒྱུ་རྩལ་འདི་སྒྱུ་རྩལ་གྱི་སྐད་བརྡའི་སྟེང་ནས་ཕྱིར་མངོན་པ་ཞིག་ཡིན། འདིར་བཅས་པའི་སྒྱུ་རྩལ་གྱི་སྐད་བརྡ་ནི་དོན་གྱི་སྐད་བརྡ་སྟེ། དཔེར་ན་ལྷུང་རྟའི་རིས་དོས་སུ་བཀོད་པའི་ཡི་གེ་ལ་སོགས་པར་གོ་མི་ཐུང་སྟེ། ལྷུང་རྟའི་ཡི་གེ་དེ་དག་ནི་ཕྱིས་སུ་བོད་ལ་ཡི་གེ་དར་རྗེས་ད་གཟོད་རིས་དོས་སུ་ཕབ་པ་ཞིག་ཡིན་ཏེ། རྒྱུན་རིང་བའི་ལོ་རྒྱུས་ཀྱི་འགྲོས་ལས། སེམས་ཅན་དེ་དག་ལ་གསལ་བཤད་དང་ཁ་སྟོན་སྒྱུ་རྩལ་རྟོག་བཟོ་སོགས་ཀྱི་དགོས་མཁོ་དང་བསྟུན་ནས། ད་གཟོད་འབྱུང་ནུས་དང་འབྲེལ་བའི་ལྷ་རྟགས་མཐུ་ནུས་ཅན་གྱི་ཡིག་གཟུགས་བཀོད་པ་ལས(ལྷུང་རྟའི་དཔར་དོས་སུ་སྟག་སེང་ཁྱུང་འབྲུག་གི་ཡིག་འབྲུ་བཞི་ལས་གཞན་རྟགས་ཡིག་དུམ་བུ་རེ་བཀོས་ཡོད་པའི་རིགས་ཤིག་ཀྱང་ཡོད)དང་པོ་ནས་ཡོད་པ་ཞིག་མིན་པར་འདོད། ཚང་མས་ཤེས་གསལ་ལྟར། སྐད་བརྡ་ནི་མི་རིགས་འགྲུབ་བྱེད་ཀྱི་ཐོག་མའི་རྒྱུ་ཆ་སྟེ། ཐུན་མོང་གི་སྐད་བརྡ་བྱུང་རྗེས་ད་གཟོད་རིམ་གྱིས་རྨང་གཞི་དེའི་སྟེང་ནས་ཐུན་མོང་གི་ཡིག་རིགས་བྱུང་བ་ཡིན། མི་རིགས་ཤིག་ལ་ཡིག་རིགས་བྱུང་བ་དེ་མི་རིགས་དེ་ཉིད་དཔལ་ཡོན་ཅན་གྱི་དུས་སྐབས་སུ་བརྒལ་བའི་མཚོན་རྟགས་གལ་ཆེན་ཞིག་སྟེ། གདོད་མའི་དམུ་རྐྱང་ཀྱི་གདོང་ལ་ངོ་མཚར་བའི་དར་གོས་ཞིག་གཡོགས་པ་དང་མཚུངས། ཏག་ཏག་ལྷུང་རྟའི་དོས་ཀྱི་ཡི་གེས་ལོ་རྒྱུས་ཀྱི་འཕེལ་རིམ་དེ་མཚོན་ཡོད། ཡིན་ན་ཡང་ཡིག་གཟུགས་བཀོད་སྟངས་ཀྱི་ཆ་ནས་གཟབ་བྲིས་དང་འཁྱུག་བྲིས་སོགས་མི་འདྲ་ས་འགའ་རེ་སྣང་ལ། ད་དུང་ཡི་གེ་མེད་པའི་རིས་གཟུགས་ཁོ་ན་ཙམ་གྱི་རིགས་ཤིག་ཀྱང་ཡོད། འདི་མཐའ་དག་ནི་རྣམ་པའི་འགྱུར་ལྡོག་སྟེང་གི་འཕེལ་རྒྱས་ཀྱི་ཁ་ཕྱོགས་ཤིག་ཡིན་པ་ལས། སྒྱུ་རྩལ་གྱི་སྐད་བརྡར་གོ་མི་ཐུང་། འོ་ན་སྒྱུ་རྩལ་གྱི་སྐད་བརྡ་ཞེས་པ་དེ་ག་འདྲ་ཞིག་ལ་གོ་དགོས་སམ་ཞེ་ན་དེ་ནི་དཔེར་ན། གར་སྟེགས་སྟེང་དུ་འཁྲབ་པའི་བྲོ་གར་ཞིག་ལ་མཚོན་ན། ངག་གི་གདངས་མཚམས་མཉམ་ཞིང་། རྩ་འཛུགས

ཡོད་ལ། འགྱུར་ལྡོག་ལྡན་པའི་མི་ལུས་ཀྱི་འགུལ་བསྐྱོད་དང་ཉམས་འགྱུར་སོགས་ལ་བྱ་ཞིང་། བཟོ་རྩལ་གྱི་ཐོན་རྫས་ཤིག་ལ་མཚོན་ནའང་། དེའི་སྒྱུ་རྩལ་སྐད་བརྡ་ནི་བཀོད་དབྱིབས་དང་ཁ་དོག རྒྱན་སྤྲོས་སོགས་ལ་གོ། སྒྱུ་རྩལ་སྐད་བརྡའི་འགན་འཁུར་གཙོ་བོ་ནི་ཡང་དག་ཅིང་གསོན་ཉམས་ལྡན་པའི་སྒོ་ནས་སྒྱུ་རྩལ་གྱི་རྣམ་པ་ཐག་གིས་གཅོད་པ་དེ་ཡིན། དེ་བས་ རླུང་རྟའི་རྣམ་པའི་མཛེས་དཔྱོད་སྣང་ཚུལ་དེའང་ཚད་ངེས་ཅན་ཞིག་གི་སྟེང་ནས་བཤད་ན། སྒྱུ་རྩལ་གྱི་སྐད་བརྡའི་བཟང་ངན་ལ་ཐད་ཀར་དུ་འབྲེལ་བ་ཡོད།

ང་ཚོས་ཤེས་གསལ་ལྟར། ཁ་དོག་ནི་སྒྱུ་རྩལ་གྱི་སྐད་བརྡ་གཙོ་བོ་ཞིག་ཡིན། ཁ་དོག་གི་ཁྱད་པར་མཛེས་ཚོར་སྒྲུང་མཁན་དེ་དག་ལ་མཛེས་པའི་སྒྲུང་བའང་ཐ་དད་དུ་སྟེར་བས། རྣམ་པའི་སྟེང་ནས་ལེགས་བཅོས་ཀྱི་ཁ་ཕྱོགས་གསར་པ་ཞིག་བྱུང་། དང་ཐོག་ཡིན་ན་རླུང་རྟ་དཔར་དུས་ཁ་དོག་ནག་པོ་ཤས་ཆེ་སྟེ།(ཤོག་གུ་དཀར་པོའི་སྟེང་དུ་ཚོས་ནག་པོའི་ཚོན་རིས་གསལ་པོར་འབབ་པའི་རྐྱེན་ནམ་སྣམ།) གཅིག་བྱས་ན་ཁ་དོག་སྣ་ཚོགས་སྤེལ་བའི་ལག་རྩལ་ཆེས་ཆེར་མ་དར་བའི་རྐྱེན་ཡིན་ཡང་སྲིད་མོད། སྤྱིར་ན་རང་རེའི་མི་རིགས་འདིའི་མཛེས་དཔྱོད་བསམ་བློའི་སྤྱི་གཤིས་ལྟར་ན། ཁ་དོག་ནག་པོ་ནི་བཀྲ་མི་ཤིས་པ་དང་། བདེ་འཇགས་མ་ཡིན་པ། སྨྱ་ངན་ཞུ་བ། སྡུག་བསྔལ་མཚོན་པ་ལ་སོགས་པའི་འདུ་ཤེས་འཛིན་སྟངས་ཤིག་ཏུ་གྱུར་ཡོད་དེ། ཐང་ཡིག་ལས(P7) "……ཕ་མ་ཤི་ཚེ་སྒྲ་འབྲིག གདོང་ལ་ཚོས་ནག་པོ་འབྱུག གོས་པའང་ནག་པོར་བྱེད། དུར་དུ་སྤུས་ཟིན་ན་འདུན་ཀྱང་གྲོལ་བ་ཡིན……"ཞེས་གསལ་པོར་འཁོད་པ་ལས་རྟོགས་ཐུབ། དེ་བས་སྤྱི་ཚོགས་འཕེལ་རྒྱས་དང་བསྟུན་ནས་རིམ་གྱིས་མཛེས་དཔྱོད་ཀྱི་སྣང་ངོ་དང་མཐུན་པའི་ཁ་དོག་སེར་པོ་དང་དམར་པོ་ལ་སོགས་རླུང་རྟ་འགྲུབ་བྱེད་ཀྱི་ཁ་དོག་གི་ཚ་ནས་ཀྱང་དབྱེ་བའི་རྣམ་གྲངས་དུ་མ་ཞིག་བྱུང་དང་འབྱུང་བཞིན་ཡོད་ལ། ལྷག་པར་དུ་དཔར་ངོས་སུ་བཀོས་པའི་རླུང་རྟའི་ཁ་གྲངས་ཀྱི་མང་ཤུང་གི་ཚ་ནས་སྔོན་རྟ་དང་ཁྲི་རྟ་སོགས་རིགས་ཁ་ཤས་དགར་ཞིང་། དཔར་བཀོས་ཀྱི་ཚད་ལའང་ཆེ་ཆུང་འབྲིང་གསུམ་ཡོད། ད་དུང་བཤད་སྲོལ་ལ་ཁྲི་རྟའི་མཐུ་ནུས་སྔོན་རྟ་ལས་བཙན་ཞིང་། བགེགས་བར་དང་ཕྱིའི་འབྱུང་བའི་གནོད་པ་མཐའ་དག་ཅིག་ཅར་དུ་ཕྱིར་བཟློག་བྱེད་ནུས་དང་ལྡན་ཞེས་མདོ་དབུས་ཁམས་གསུམ་ན་མི་རིགས་རང་བཞིན་ལྡན་པའི་ངོ་མཚར་བའི་རྟོག་བཏགས་ཀྱི་འདུ་ཤེས་ཤིག་གིས་གཞི་བཟུང་ཡོད་ལ། རླུང་རྟའི་རྣམ་པའི་སྒྱུ་རྩལ་གྱི་འཕེལ་རིམ་ཁྲོད་དུ་མི་རིགས་རང་གི་ཁྱད་ཆོས་དང་ལྡན་པའི་མཛེས་དཔྱོད་ཀྱི་ལྟ་བ་ཞིག་གྲུབ་ཡོད། དེ་ལ་སི་ཏྲ་ལིན་གྱིས"མི་རིགས་ཆེ་ཆུང་གང་ཞིག་ལ་མཚོན་ནའང་། དེ་ལ་མི་རིགས་གཞན་ལ་མེད་པའི་ངོ་བོའི་སྟེང་གི་ཁྱད་ཆོས་ལྡན……"ཞེས་གསུངས་ཤིང་།(《ཏུ་ལིན་སྲིད་གཞུང་གི་འཐུས་མི་ཚོགས་པའི་གསོལ་སྟོན་ཚོགས་འདུ་སྟེང་གི་གསུང་བཤད》 P328) ཁྱད་ཆོས་འདི་དག་གིས་འཛམ་གླིང་རིག་གནས་སྤྱིའི་བང་མཛོད་ཁྲོད་དུ་ལག་རྗེས་འཇོག་མེད་ཅིག་བཞག་ཡོད་

ལ། དུས་རབས་དང་སྤྱི་ཚོགས་ཀྱི་འཕེལ་རྒྱས་དང་བསྟུན་ནས་ལེགས་འགྱུར་འབྱུང་བཞིན་ཡོད།

བཞི་པ། རླུང་རྟ་དང་ཡིད་འགྱུར་གྱི་མཛེས་མཚར།

འཚོ་བའི་ཁྲོད་དུ་མི་རྣམས་ཀྱིས་རྟོག་བཏགས་ཀྱི་བསམ་བློ་སྣ་ཚོགས་སྤེལ་ཚོག་སྟེ། ཀུན་རྟོག་ནི་སྒྱུ་རྩལ་གྱིས་འཚོ་བར་ལད་མོ་བྱེད་པའི་ཐབས་ལམ་གསར་པ་ཞིག་ཡིན་ལ། མིའི་ཡིད་འགྱུར་ཕྱི་ནས་མཚོན་པ་དེ་དང་ཁ་འབྲལ་ཐབས་མེད། ཡིད་འགྱུར་མེད་ཚེ་སྒྱུ་རྩལ་དང་མཛེས་པའང་གླེང་ཐབས་མེད་དེ། མར་ཁེ་སིའི་གཞུང་ལྟར་ནའང་སྒྱུ་རྩལ་གྱིས་འཚོ་བ་ཕྱིར་སྣང་བྱེད་པར་གཟུགས་སྣང་ཅན་གྱི་བསམ་གཞིགས་ལ་བརྟེན་དགོས་པས། ཡིད་འགྱུར་གྱི་ཁྱད་ཆོས་སྤུག་པོ་ཞིག་ཡོད་ཅེས་འདོད། གོང་དུ་བཤད་པའི་སྟག་སེང་ཁྱུང་འབྲུག་རླུང་རྟ་སྟེ་སེམས་ཅན་དེ་དག་གིས་ཐད་ཀར་དུ་མིའི་རིགས་སྤྱི་ཚོགས་ཀྱི་འཚོ་བར་ཀློག་བརྙ་དང་དཔེ་མཚོན། ཤུགས་སྟོན་སོགས་ཀྱི་བྱེད་ནུས་འདོན་བཞིན་ཡོད་པས། མིའི་ཡིད་འགྱུར་གྱི་མཚོན་སྟངས་ཐུན་མོང་མ་ཡིན་པ་ཞིག་ཏུ་གྱུར་ཡོད།

སྤྲོག་ཆགས་འདི་དག་གི་མཚོན་བྱའི་ཡུལ་ནི་འགྲོ་བ་མིས་རང་བྱུང་ཁོར་ཡུག་གི་འབྱུང་བའི་ཁམས་ལ་ངོས་འཛིན་བྱས་པའི་ཡིད་འགྱུར་གྱི་རྣམ་པའམ་མཛེས་དཔྱོད་ཀྱི་སྣང་ཚུལ་ཏེ། མཁས་དབང་ནམ་མཁའི་ནོར་བུས"སའི་ཁམས་ལས་གྲུབ་པའི་རྟེན་གྱི་ཕུང་པོ་ནི་རི་བོ་ཡིན་ལ། བོད་ཀྱི་རི་བོ་གངས་ཅན་ནི་རི་བོའི་སྙིང་པོ་ལྟ་བུ་ཞིག་ཡིན་པའང་མཚོན་ཐུབ་ལ། སའི་རྟེན་གྱི་ཕུང་པོའི་སྙིང་པོ་གངས་ཅན་གྱི་རི་བོ་དེར་གནས་ཤིང་གཡོ་འགུལ་གྱི་ནུས་ཤུགས་ཡོད་པ་དེ་ནི་སེང་གེའམ་གངས་སེང་ཞེས་པ་དེ་ཡིན་སྟབས། རླུང་རྟའི་ནུས་པའི་ནང་གི་སའི་ཁམས་ཀྱི་ནུས་ཤུགས་མཚོན་བྱེད་དུ་སེང་གེ་བྱུང་བ་ཡིན།...... དེ་དང་འདྲ་བ་ཆུའི་ཁམས་ཀྱི་ནུས་ཤུགས་མཚོན་བྱེད་དུ་འབྲུག་གི་གཟུགས་བྱུང་ཞིང་། དེ་ནི་ཆུ་ལ་གནས་འཆའ་བའི་སེམས་ཅན་གཡོ་འགུལ་གྱི་ནུས་པ་དང་ལྡན་པ་ཞིག་ཡིན་པ་དང་། མིའི་ཁམས་ཀྱི་ནུས་པ་མཚོན་བྱེད་དུ་ཁྱུང་གི་གཟུགས་བྱུང་བ་སྟེ། ཁྱུང་ནི་བོན་ཡ་ཐོག་གི་དུས་སྐབས་སུ་ཆེས་གྲགས་ཆེ་བའི་ལྷ་མཐུ་བོ་ཆེ་ཞིག་ཡིན་པ་དང་། དེ་ནི་ཚ་བ་དང་དྲོད་དང་འབར་བའི་མེ་སོགས་དཔལ་དང་ཟི་ལ་སོགས་པའི་ནུས་ཤུགས་ཐམས་ཅད་ཀྱི་འབྱུང་གཞིའི་ལྟེ་བ་ཞིག་ཏུ་ངོས་འཛིན་སྲོལ་བྱུང་འདུག དེ་འདྲ་ཡིན་སྟབས་ཁྱུང་གིས་ནི་ཕྱོགས་ཀུན་ནས་ཚ་བ་དཔལ་ལམ་ཟི་ཡི་མཐུ་སྟོབས་དང་ནུས་ཤུགས་མ་ལུས་པ་མཚོན་གྱི་ཡོད་སྟབས། ཁྱུང་ཆེན་འབར་བ་མེའི་ནུས་ཤུགས་ལ་གོ་དགོས་པ་དང་། རླུང་ནི་གཡོ་བ་དང་བསྐྱོད་པའི་བྱེད་ལས་ཅན་ཞིག་ཡིན་སྟབས། འབྱུང་རྩིས་ནང་དུ་རླུང་གི་ཁམས་ལ་འབྱུང་བ་ཤིང་ཞེས་སུ་གྲགས་ཤིང་། ལྗོན་ཤིང་མང་པོ་ཚོགས་པ་ལ་ནགས་ཚལ་ཞེས་བྱ་བ་དང་ནགས་ཚལ་གྱི་ཁྲོད་དུ་གནས་པ་གཡོ་འགུལ་གྱི་ནུས་ཤུགས་དང་ལྡན་པ་ནི་སྟག་ཡིན་སྟབས། སྟག་གི་གཟུགས་དེ་འབྱུང་བ་རླུང་ཁམས་

ཀྱི་ནུས་ཤུགས་མཚོན་རྟགས་སུ་བཀོད་སྲོལ་བྱུང་བ་རེད།……རླུང་རྟའི་དབུས་སུ་རྟ་མཆོག་རྒྱན་ལྡན་ཞིག་འགོད་སྲོལ་ཡོད་པ་དེ་ནི་སྐྱེས་བུ་ཕོ་མོ་སུའང་རུང་བ་དེའི་འབྱུང་ཁམས་ཀྱི་ནུས་པའི་རྒྱུན་དེ་མཚོན་ཞིང་། འབྱུང་ཁམས་ཀྱི་ནུས་རྒྱུན་དེ་ནམ་མཁའི་ཁམས་ཀྱི་གཞི་ལ་བརྟེན་ནས་རྒྱུན་བསྐྱིང་དགོས་པ་ཡིན་སྐབས། དེ་ནི་ནམ་མཁའི་ཁམས་ཀྱི་ནུས་ཤུགས་ཀྱང་མཚོན་ཐུབ་པ་ནི་སྨོས་མ་དགོས”ཞེས་སོ། །(ཞང་བོད་གནའ་རབས་ཀྱི་ལོ་རྒྱུས》 P148) མཚོན་སྟངས་འདིའི་དབང་པོ་དང་ཡུལ་གྱི་ཁྱད་པར། དབང་ཡུལ་འབྲེལ་བའི་ནུས་པ། ཡུལ་གྱི་ནུས་པ་དང་ཡུལ་ཅན་གྱི་ནུས་ཤུགས་བར་གྱི་འབྲེལ་བ་གྲུབ་སྟངས་སོགས་ནི་དུས་ཡུན་རིང་པོའི་ནང་དུ་མི་རིགས་རང་ལ་སྤྱི་གཤིས་སུ་གྲུབ་པའི་མཛེས་དཔྱོད་ཡིད་འགྱུར་དང་འབྲལ་ཐབས་མེད་པ་ཞིག་ཡིན་ལ། བོད་ཀྱི་རིག་གནས་ལ་ཞིབ་འཇུག་བྱེད་མཁན་ཞིག་ལ་མཚོན་ན་དཔྱད་འཛོག་གི་རིན་ཐང་རྒྱ་ཆེན་པོ་ཞིག་ཡོད།

《གྲུང་པོའི་བོད་ཀྱི་ཤེས་རིག》༡༩༩༨ལོའི་དེབ་གསུམ་པ་ལས་བཏུས།

༄། །བོད་ཀྱི་གཏེར་ཡིག་རིག་གནས་དང་དེའི་རིན་ཐང་སྐོར་གླེང་བ།

དབང་གྲགས་ཚེ་རིང་།

དང་པོ། བོད་ཁམས་གཏེར་ཡིག་རིག་གནས་ཀྱི་སྲོལ་ལུགས།

བོད་ཀྱི་གཏེར་ཡིག་རིག་གནས་ནི་བོད་ཀྱི་སྲོལ་རྒྱུན་རིག་གནས་ཀྱི་མ་ལག་གལ་ཆེན་ཞིག་ཡིན་ལ། བོད་ཀྱི་ཤེས་རིག་འཕེལ་བའི་ལོ་རྒྱུས་དུས་རིམ་ངེས་ཅན་ཞིག་གི་ཐོན་འབྲས་ཡིན་ཞིང་། འཛམ་གླིང་རིག་གནས་ཁྱབ་ཁོངས་སུ་ཐུན་མོང་མ་ཡིན་པའི་ཁྱད་ཆོས་དང་ལྡན་པའི་ཤེས་རིག་གི་རྣམ་བཞག་ཅིག་ཡིན། དེ་ཡང་འཛམ་གླིང་དུ་ཤེས་རིག་དར་སྤེ་བའི་ཨེ་ཅིབ་དང་གནའ་བོའི་ཞི་ལ། རོ་མའི་མ་ཡ་རིག་གནས་སོགས་དེང་རབས་གསར་དུ་རྙེད་པ་མང་ཡང་། སྔོན་དབང་གིས་ས་འོག་ཏུ་ཤོར་བའམ་ཆག་སྒོ་སོགས་ཀྱིས་བསྐྱབས་པ་དེ་དང་བོད་ཀྱི་གཏེར་ཡིག་རིག་གནས་བར་ལ་ཁྱད་པར་ཆེ། བོད་ཀྱི་གཏེར་སྲོལ་རིག་གནས་འདི་རང་བཞིན་དུ་གོམས་གཤིས་སུ་གྲུབ་པའི་སྲོལ་ལུགས་ཤིག་མ་ཡིན་པར། དམིགས་པ་ངེས་ཅན་ཞིག་ལ་དགོངས་པའི་རང་རྟོགས་ཀྱི་ལས་སྣལ་ཞིག་ཡིན་པར་མ་ཟད། རིག་གནས་རྒྱུད་འཛིན་བྱེད་པའི་བྱ་བ་འདིའང་རིག་གནས་གསར་སྐྲུན་བྱེད་པའི་བྱ་བ་ཇི་བཞིན་མཉམ་དུ་གལ་ཆེན་དུ་འཛིན་པའི་བློ་གྲོས་ཤིག་ཡིན། དེ་བས་རིག་གནས་གཏེར་དུ་སྦ་བའི་སྐོར་ལ་དེ་དང་འབྲེལ་བའི་དགོངས་དོན་དང་ཤེས་བྱ། ལྟ་བ། ཚུལ་ལུགས་སོགས་ཁ་ཚང་ཞིག་ཡོད་པས་ཐུན་མོང་མ་ཡིན་པའི་རིག་གནས་ཀྱི་རྣམ་བཞག་ཅིག་ཏུ་བགྲངས་པ་ཡིན་ནོ། །

དེའང་གཏེར་རིགས་སྣ་ཚོགས་ལས་ཆོས་གཏེར་སྦ་བའི་སྲོལ་ལུགས་ཀྱི་བྱུང་བ་ནི་གཏེར་གྱི་སྔ་བ་ཡིན་ཏེ། འཕགས་ཡུལ་ལ་མཚོན་ན་མདོ་རྒྱུད་སོགས་ཚུད་མི་ཟ་བ་དང་བཀའ་བསྡུ་བ་ལ་ཕན་པའི་དགོས་དབང་གིས་ཆོས་གཏེར་སྦ་བ་སངས་རྒྱས་བཅོམ་ལྡན་འདས་ཆུ་ཀླུང་རོལ་བའི་མདོ་ལས། "ང་ཡི་བསྟན་པའི་ཆོས་ཀྱི་གཞུང་། །ཐུགས་ནས་ཐུགས་ཀྱི་གཏེར་དུ་སྦས། །ཡང་ན་ས་ཡི་སྙིང་པོར་བྱས། །ཅི་ཕྱིར་མུ་སྟེགས་ཅན་མགོ་རྨོངས། །ངེས་དོན་དཀྲུགས་པར་གྱུར་ཏུ་རེ། །དེ་ཕྱིར་ཆུ་ཀླུང་རྒྱུན་མི་གཅོད། །"[1]ཅེས་གསུངས་ཏེ། དེའང་ཆོས་ཀྱི་གཞུང་ཆེན་པོ་དང་དེ་དང་འབྲེལ་བའི་རིག་གནས་ཀྱི་རྣམ་བཞག་རྣམས་གཏེར་དུ་སྦ་བའི་སྲོལ་ལུགས་འདིའང་ཐོག་མ་བདག་ཅག་གི་སྟོན་པ་སངས་རྒྱས་ཤཱཀྱ་ཐུབ་པ་ནས་སྲོལ་

ཕྱིས་ཤིང་རང་ཙག་བོད་ཀྱང་དེའི་ཆོས་རྒྱུན་ལ་གཏོགས་པས་སྲོལ་ལུགས་དེ་ཆ་ཡོངས་ནས་བཟུང་བར་འདོད་དོ། །ཏིང་ངེ་འཛིན་གྱི་མདོ་ལས་བཟང་སྐྱོད་ལ་སོགས་པ་རྒྱལ་སྲས་ཆེན་པོ་དུ་མས་མདོ་དེ་དག་སངས་རྒྱས་དངོས་ལས་བླངས་ཏེ། སླར་ བྲིས་ཤིང་སྒྲོམ་དུ་བཅུག་སྟེ་མཆོད་རྟེན་དང་རི་བྲག་སོགས་ལ་བརྟེན་པའི་ལྷ་དང་ཀླུའི་ལག་ཏུ་བཞག་ནས་རང་ཉིད་དག་པའི་གནས་སུ་འགྲོ་ཞིང་། ཡང་ཕྱི་མའི་དུས་སུ་འདིར་འོངས་ཏེ་མདོ་སྡེ་རྒྱས་པར་བྱེད་ཚུལ་གསུངས། དགེ་ཆོས་ཀྱིས"ཏ་ཟླུལའི་གཙུག་ལག་ཁང་བརྙིགས་པ་ཡང་། ད་ལྟའི་བར་རྒྱས་ཤིང་འཕྱོར་ཏེ་གནས། འདིའི་བར་སྡེ་སྣོད་གསུམ་ཡི་གེར་མ་བྲིས་པར་ལུང་འདོགས་ཏེ་འཛིན་པས་ཆུད་ཟོས་ཀྱིས་དོགས་ནས་ཨལུཝིཧཱར་བྱེ་མའི་གཙུག་ལག་ཁང་དུ་དགེ་འདུན་བསྡུས་ཏེ་འབྲུ་གཅིག་མ་ཆད་པར་ཡི་གེར་བཏབ། དགོན་དེར་བྲག་ལིང་པོ་མིས་ཐར་དཀའ་བ་ཞིག་འདུག་པ་དེའི་ནང་ན་སྡེ་སྣོད་གསུམ་གྱི་ཐོག་མའི་ཕྱི་མོ་ཟངས་གླེགས་ལ་བྲིས་པ་དག་གཏེར་དུ་སྦས་ཡོད་ཟེར།"[2] དེའང་གཙོ་བོ་རྒྱལ་པོའི་སྲིད་དང་ཁམས་ཀྱི་དར་རྒུད། དམག་འཁྲུག་གི་འཇིགས་པ། ཆོས་ལུགས་གྲུབ་མཐའི་འཁྲུག་རྩོད། གྲུབ་མཐའ་རང་ངོས་ཀྱི་དར་རྒུད་དང་རང་བྱུང་གནོད་འཚེ་སོགས་ཀྱི་དབང་གིས་ཆུད་ཟ་བར་དོགས་ནས"དེ་ཕྱིར་ཆུ་ཀླུང་རྒྱུན་མི་གཙོད"ཅེས་ཕྱི་མར་བཀའ་བསྡུ་བ་སོགས་ལ་ཕན་ཕྱིར་དང་ལུང་འཛིན་པ་རྣམས་ཤོག་ཁ་སོ་སོར་མི་ཕྲལ་བའི་དགོས་དབང་ལ་དམིགས་ནས། ལུང་གི་རྒྱལ་པོ་རྣམས་གཏེར་ནས་གཏེར་དུ་སྦ་བ་སྟེ་གཏེར་ནས་བྱུང་ཞིང་གཏེར་གྱིས་སྐྱོང་བ། སླར་ཡང་གཏེར་དུ་སྦ་བའི་སྲོལ་འདི་བྱུང་བ་ཡིན་ནོ། །བདེ་མཆོག་ཉུང་ངུའི་རྒྱུད་ལས། "རྒྱུད་དང་རྒྱུད་ཀྱི་རྒྱལ་པོ་རྣམས། །ལག་ན་རྡོ་རྗེ་ཁྱོད་ཉིད་ཀྱིས། །གཏེར་ནས་གཏེར་དུ་ཕྱུང་ལ་སྐྱོལ། །"[3]ཞེས་མདོ་རྒྱུད་དུ་མ་ནས་རྒྱལ་བ་ཉིད་ཀྱིས་ལན་གཅིག་མ་ཡིན་པར་གསུངས་པ་བཞིན་དུ་འཕགས་ཡུལ་དུ་རང་གི་སྲས་དང་པཎ་གྲུབ་འགའ་ཞིག་གིས་གཏེར་དུ་སྦས་པ་དང་གཏེར་ནས་བཏོན་པའི་ལོ་རྒྱུས་ཡོད།

གངས་རི་ཕྱིན་གོར་གྱི་བདག་པོ་རང་རེའི་བོད་ལ་མཚོན་ན། ནོར་གཏེར་དང་བོན་གཏེར་སོགས་ཀྱི་རྣམ་གྲངས་འགའ་རྒྱལ་པོ་ཁྲི་སྲོང་ལྡེ་བཙན་ཡར་སྔོན་དུ་གཏེར་དུ་སྦ་བའི་སྲོལ་བྱུང་འདུག་ནའང་། ནང་བསྟན་ཆོས་གཞུང་གི་གཏེར་རྒྱ་ཆེན་དུ་སྦ་བ་ནི་དུས་རབས་བདུན་པའི་སྐབས་མཁན་སློབ་ཆོས་གསུམ་གྱིས་མཛད་པའོ། །བོད་ཀྱི་ཆོས་གཏེར་འདིའང་རྒྱ་གར་ནང་བསྟན་ཇི་བཞིན་ཁམས་ཀྱི་ཉམས་རྒུད་དང་སྲིད་ཀྱི་འགྱུར་ལྡོག གྲུབ་མཐའི་རྩོད་པ་ལ་འཇིགས་ནས་སྦས་པ་ཞིག་སྟེ། རང་རེའི་བོད་ལ་ནང་བསྟན་སྔོང་བཙན་སྒམ་པོ་ནས་དར་ནའང་དམངས་ཁྲོད་དུ་བོན་ཆོས་ཤུགས་ཆེ་སྐབས། ཕོ་བྲང་དུ་ཆབ་སྲིད་རྩོད་ནའང་ཆོས་ལུགས་རེའི་ཤོག་ཁ་བཟུང་ནས་རྩོད་པ་ནི་ཆབ་སྲིད་ཀྱི་ལྟ་བ་དང་རིང་ལུགས་གཙོ་བོའི་མཚོན་བྱེད་དེ། ཁྲི་སྲོང་ལྡེ་བཙན་སྐབས་སུ་ཞང་མ་ཞང་ལ་སོགས་ཆབ་སྲིད་ཤོག་ཁག་གིས་སྲིད་དབང་འཕྲོག་པ་ལ་བོན་པོའི་ཆོས་ལུགས་དེ་རིགས་པའི་གཞུང་ལུགས་ཀྱི་དྲག་ཆས་སུ་བཟུང་ནས་ནང་བསྟན་

ཆོས་ལུགས་བྱེད་མི་ཆོག་པའི་ཁྲིམས་བྱ་ཚུང་གཏན་ལ་ཕབ་པ་དང་། འགོས་ཁྲི་བཟང་ཡབ་ལྷག་ལ་སོགས་པའི་ཆབ་སྲིད་ཤོག་ཁག་གིས་ནང་བསྟན་རང་གི་ཆབ་སྲིད་བསམ་བློའི་དྲག་ཆས་སུ་བཟུང་ནས་འཐབ་རྩོད་བྱེད་པ་ལྟ་བུའི་སྲིད་དང་ཆོས་ཀྱི་རྩོད་པ་དང་། "སྔོན་རྒྱལ་པོ་གདུང་རབས་ལྔར་ཆོས་མ་ཚུགས་པར་ལྷ་སྲས་ཁྲི་སྲོང་ལྡེ་བཙན་དང་། ཟ་ཧོར་རྒྱལ་པོའི་བུ་བོ་ཧྲི་སཏྭ་དང་། སྦ་ཡེ་ཤེས་དབང་པོ་དང་། སྦ་སང་ཤི་དང་བཞིས་དཀོན་མཆོག་གསུམ་གྱི་རྟེན་མཆོད་གནས་སུ་བཙུགས། དམ་པའི་ཆོས་བོད་ཁམས་སུ་རྒྱ་ཆེར་བསྒྲགས་སོ"[4]ཞེས་ཆོས་ལུགས་དར་ནས་ལོ་ཡི་ཁོར་མོ་མང་པོ་འཁོར་ནའང་ད་དུང་རྐང་བརྟན་པོ་ཞིག་ཚུགས་མེད་པའི་ཕྱིར་ན་ཆོས་རྒྱུད་མི་ཆད་པའི་དགོས་དབང་གིས་གཏེར་དུ་སྦ་བའི་དགོས་མཁོ་ཆེ་སྟེ། ཕྱིས་ཀྱི་བོད་སིལ་བུར་འཐོར་བའི་ལོ་རྫ་ཉིས་བརྒྱ་ལྷག་གི་དུས་སྐབས་འདི་ལ་བསྟན་པ་གཏེར་སྦྱོང་གི་དུས་སྐབས་སུ་འབོད་པའམ་དོན་ལ་གནས་པ་ཡིན། རིག་འཛིན་འཇིགས་མེད་གླིང་པའི་གྲོལ་ཐིག་དབང་རྣམ་དུའང་། "འདི་ལྟར་དགོངས་ནས་གཏེར་ཆོས་སྦས་པ་ལ། དམ་པའི་ཆོས་མི་ནུབ་པ་དང་། གདམས་ངག་མི་འཆུག་པ་དང་། བྱིན་རླབས་མི་ཡལ་བ་དང་། བརྒྱུད་ཐག་ཉེ་བ་སྟེ་དགོས་པ་ཆེན་པོ་བཞི་ཡོད"ཅེས་གསུངས། རྒྱུ་མཚན་འདི་ལྟ་བུ་ལ་དམིགས་ནས། རཏྣའི་གཏེར་ལུང་ལས། "ཤིན་ཏུ་ཟབ་པའི་མཐར་ཐུག་སྙིང་པོ་རྣམས༔ སྤྱིར་ཡང་བོད་རྣམས་གསར་རྙེས་ཆེ་བ་དང༔ སྙིགས་མའི་འགྲོ་ལ་ལྷག་པར་སྙིང་བརྩེ་བས༔ མཐའ་དབུས་ཐམས་ཅད་གཏེར་གྱིས་བཀང་ནས་བཞག༔"ཅེས་དང་། ཨོ་དཀར་བྲག་གི་གཏེར་བྱོན་རྗེར་སེམས་ཀྱི་ཁ་བྱང་ལས། "སློབ་དཔོན་པད་མ་འབྱུང་གནས་ཀྱིས༔ གདོང་དམར་བོད་ཀྱི་རྒྱལ་ཁམས་སུ༔ མདོ་སྔགས་ཆོས་ཀྱི་སྒྲོན་མེ་སྦར༔ ཉོན་མོང་དུག་ལྔའི་མུན་པ་བསལ༔ མ་འོང་སྙི་བོ་བྱོལ་ཉོག་པས༔ གཟུ་ལུམ་རིས་ཆོས་དར་བའི་ཚེ༔ ཟབ་ཆོས་ཕལ་གྱི་ནུས་མཐུ་ཡལ༔ བསྒྲུབ་ཀྱང་དོན་མེད་ངལ་བས་ན༔ བརྩེ་ཆེན་འགྲོ་ལ་ཕན་བཞེད་ནས༔ ཟབ་མོའི་གདམས་པ་ཇི་སྙེད་པ༔ བཀའ་རྒྱས་བཏབ་ནས་གཏེར་དུ་སྦས༔ དུས་རྟགས་གདུལ་བྱ་འཛོམས་པ་ན། རིམ་བཞིན་བཏོན་ནས་དོན་བྱེད་པར༔ སྨོན་ལམ་གཏད་རྒྱ་གཉེར་དུ་གཏད༔"ཅེས་དང་། "བདག་འདྲ་ཨུ་རྒྱན་པད་མ་འབྱུང་གནས་ཀྱིས། །སྣང་བ་མཐའ་ཡས་ལུང་བསྟན་སྐུ་སྤྲུལ་ནས། །……མ་འོངས་སངས་རྒྱས་བསྟན་པ་མཐའ་སྐྱོང་ཕྱིར། །བསམ་མི་ཁྱབ་པའི་ཆོས་བསྒྱུར་གཏེར་དུ་སྦས། །"[5] མདོར་ན་འཕགས་ཡུལ་དང་རང་རེའི་བོད་བར་རིག་གནས་ཀྱི་ཆུ་བོ་གཅིག་གི་རྒྱུན་བཟུང་བའི་ཐུན་མོང་མ་ཡིན་པའི་གནས་ཚུལ་འདིའི་འོག་བོད་ལའང་འཕགས་ཡུལ་གྱི་གཏེར་སྲོལ་རིག་གནས་དང་ཆ་མཚུངས་ཀྱི་རྣམ་པ་བྱུང་ལ། དེས་བསྟན་པ་ཕྱི་དར་གྱི་ཡར་སྔོན་ལོ་ངོ་བརྒྱ་ལྷག་གི་རིག་གནས་ཀྱི་འཛིན་སྐྱོང་སྲེལ་གསུམ་ལ་ནུས་པ་དེས་ཅན་ཞིག་ཐོན་ཡོད།

གཉིས་པ། བོད་ལ་གཏེར་ཡིག་རིག་གནས་བྱུང་བའི་དུས་སྐབས།

རང་རེ་གདོད་མའི་བོད་ནི་ཕྱུགས་སྐྱོང་མི་རིགས་ཤིག་ཡིན་པ་དང་། ཁམས་ཀྱི་དར་རྒུད་མང་བ། མཐའ་བཞིའི་དམག་གི་འཇིགས་པ་ཆེ་བ། རྒྱལ་ས་དང་ཕོ་བྲང་སོགས་སྲིད་ཀྱི་ལྟེ་བ་རྣམས་ཀྱང་དུས་ཀྱི་མི་རྟག་ཇི་བཞིན་བརྗེས་པ་ན། རྒྱལ་རྒྱུད་དང་ཁྲིམ་རྒྱུད་ཀྱི་ནོར་སྐལ་དང་། རིག་གནས་གཙུག་ལག་རྣམས་མཛོད་གཉེར་བྱེད་པའི་སྲོལ་ལུགས་ཀྱང་ཐུན་མོང་མ་ཡིན་པ་ཞིག་བྱུང་ལ། དེའང་རྒྱལ་རབས་རྣམས་སུ་སོ་སོའི་རྒྱལ་རྒྱུད་ནོར་སྐལ་གཏེར་དུ་སྦས་པ་ཏ་ལམ་རྒྱལ་པོ་སོ་སོ་ལ་ཡོད་པ་བཀའ་ཐང་སྡེ་ལྔའི་མ་འོངས་རྒྱལ་རྒྱུད་ནོར་སྐལ་ཇི་ལྟར་སྦས་ཚུལ་དུ་གསལ་ཞིང་། ཁྲིམ་པ་བ་རྣམས་ཀྱིས་ཁྲིམ་རྒྱུད་ནོར་སྐལ་རྣམས་རིན་པོ་ཆེའི་རྒྱན་ཆར་བསྒྱུར་ནས་ལུས་ལ་བཏགས་ཏེ་ཕྱི་རབས་པར་བརྒྱུད་ནས་རྒྱུད་འཛིན་བྱེད་ལ། དགོན་སྡེ་དང་རབ་བྱུང་བ་རྣམས་ཀྱིས་རང་རང་གི་རྒྱུ་ནོར་རྣམས་དགོན་སྡེའི་གཙུག་ལག་དང་རིན་པོ་ཆེའི་སྐུ་རྟེན་ཆོས་གསུམ། ཆོས་ལུགས་མཆོད་ཆ་ཡོ་བྱད་དུ་བསྒྱུར་ནས་མཛོད་གཉེར་བྱེད་པའི་ཐབས་ཤེས་བྱུང་བ་ཡིན། རྒྱལ་པོའི་ཕོ་བྲང་དུ། རྒྱལ་རབས་སོ་སོར་མ་འོངས་རྒྱལ་བརྒྱུད་ནོར་སྐལ་སྦ་བའི་སྲོལ་བྱུང་བ་འདི་བོད་ཀྱི་རིག་གནས་གསོག་འཇོག་དང་བརྒྱུད་འཛིན་གྱི་ཐབས་ཤེས་ཐུན་མོང་མ་ཡིན་པ་ཞིག་ཏུ་སེམས། དེའི་དྲིན་གྱིས་ཕྱུགས་སྐྱོང་མི་རིགས་ཁྲོད་རང་རེའི་བོད་ཁོ་ནས་ལོ་ངོ་སྟོང་ཕྲག་སྟོན་གྱི་རིག་གནས་གཙུག་ལག་ཆད་མ་ཐོར་བར་རྒྱུད་འཛིན་བྱེད་ཐུབ་པ་བྱུང་བ་ཡིན། དེའང་བོད་ལ་མཚོན་ན་གཏེར་གྱི་ཆེས་སྔ་བ་ནོར་གཏེར་དང་། དེ་ནས་ལོ་རྒྱུས། ཕྱི་མ་ནི་ཆེས་མང་བ་ཆོས་གཏེར་ཡིན། ནོར་གཏེར་སྔ་ཤོས་ཀྱི་སྐོར་ལ་གཏེར་སྟོན་སྐྱེ་མཆོག་གྲུབ་ཐོབ་དང་གཏེར་ལུང་མན་ངག་ གཏེར་བདག་གཏད་གཉེར། མཁའ་འགྲོའི་བརྡ་ཡིག་ གཏེར་རྟགས་གཏད་རྒྱ། གཏེར་རྒྱུད། གཏེར་ཡིག་ཤོག་སེར་སོགས་སྐོག་ཕྱུར་གྱི་རིག་གནས་རྣམ་བཞག་བྲིས་པ་ཏ་ཙང་ཞུང་། སྤྱིར་གཏེར་གྱི་རྣམ་གྲངས་དང་རིག་གནས་ཀྱི་གོ་དོན་སོགས་གྲངས་ཀྱིས་མི་ཚད་ཅིང་བློ་ལས་འགོངས་པ་ཞིག་ཏུ་སྣང་སྟེ། གཏེར་ཆེན་གཏེར་ཕྲན་གྲངས་ལས་འདས་ཤིང་གཏེར་སྟོན་ཡང་བརྒྱ་རྩ་བརྒྱད་འབྱུང་བར་གསུངས་ཤིང་། ཐང་ཡིག་དང་གུ་བཀྲའི་ཆོས་འབྱུང་དུ་སངས་རྒྱས་བླ་མ་ནས་བདེ་ཆེན་གླིང་པའི་བར་ལུང་གིས་ཟིན་པའི་གཏེར་སྟོན་ཞེ་བདུན་ཡས་མས་བྱུང་བ་སོ་སོའི་དུས་རྟགས་ལུང་བསྟན་ཀྱང་འགྲིག་ཅིང་ངོ་འཕྲོད་པ་ཞིག་འབྱུང་བ་ཡིན། བཀའ་ཐང་སྡེ་ལྔའི་མ་འོངས་རྒྱལ་བརྒྱུད་ནོར་སྐལ་ཇི་ལྟར་སྦས་ཚུལ་ལས་ཀྱང་རྒྱལ་རབས་ཉེར་བརྒྱད་པ་ལྷ་ཐོ་ཐོ་རི་གཉན་བཙན་ནས་རྒྱལ་རབས་སོ་བརྒྱད་པ་ཁྲི་སྲོང་ལྡེ་བཙན་བར་ནོར་གཏེར་དང་ཆོས་གཏེར་སྣ་ཚོགས་བཞི་བཅུ་སོགས་གཏེར་དུ་སྦས་པ་ཐོ་འགོད་མཛད་ཡོད། དུས་ཀྱི་འཕོར་མོའི་དབང་གིས་ནོར་གཏེར་གྱི་རིག་དངོས་མང་པོ་ཞིག་བདག་ཅག་གི་མཐོང་ལམ་དུ་མ་ཕྱུར་

ནའང་། བཀའ་ཐང་ཀ་འཁོལ་མ་ནས་ཏུན་ཧོང་གཏེར་ཡིག་བར་གསང་སྔགས་ཆོས་གཏེར་གྱི་ཁ་བྱང་རྣམས་གུ་བཀྲའི་ཆོས་འབྱུང་། བཀའ་ཐང་སྡེ་ལྔ། མ་ཎི་བཀའ་འབུམ་སོགས་ན་བགྲང་ལས་འདས་པར་བསམས་ན་སྔོན་ཆད་རང་རེའི་བོད་ལ་གཏེར་སྲོལ་རིག་གནས་རྒྱ་ཆེན་པོ་ཞིག་ཡོད་པ་མཚོན་ཐུབ་པ་ཡིན།

རྒྱལ་རབས་ཉེར་བརྒྱད་པ་ལྷ་ཐོ་ཐོ་རི་གཉན་བཙན་སྐབས་སུ་གཏེར་སྦས་ཚུལ་བསྟན་པ། "མ་འོང་རྒྱལ་བརྒྱུད་ནོར་སྐལ་སྦས་པ་དང་། །རྒྱལ་རྒྱུད་བླ་མཆོད་མན་ངག་རྒྱས་བཏབ་ནི། །ཐོ་རེ་སྙན་ཤལ་རྒྱལ་པོའི་སྐུ་རིང་ལ། །ཡུམ་བུ་བླ་མཁར་རི་རྒྱུད་གོང་མའི་སྟེང་། །བྲག་རི་དམར་པོ་མཐའ་ཆེན་ནང་ཁོངས་ན། །ནོར་གྱི་བང་སོ་གྲུ་མིག་ལྔ་པ་ཡོད། །དེ་ཡི་སྟེང་གི་བྲག་ཡོགས་དམར་པོ་ལ། །རྗོ་རྗེ་རྒྱ་གྲམ་མཚལ་གྱིས་བྲིས་པའི་འོག །བཀའ་རྟགས་ཕྱག་རྒྱ་རྗོ་ལ་མཆོད་རྟེན་བརྐོས། །དེ་ནས་གཞུང་འདོམ་ཐུར་ལ་བཅལ་བ་ན། །བང་སོའི་ཐད་དུ་གཞུ་འདོམ་གང་བརྐོས་ལ། །གཡམ་པ་སྔོན་པོ་འདོམ་གང་གྲུ་བཞི་ཡོད། །དེ་ཉིད་བསལ་བའི་འོག་ན་བང་སོའི་སྒོ། །དབུས་འབྱེད་ལྕགས་ལུང་ལྕགས་ཀྱུས་སྒྲིལ་བ་ཡོད། །དེ་ཡི་ནང་གི་སེང་གེའི་ཁྲི་སྟེང་ན། །ཟངས་ཆེན་ཁ་སྦྱར་རིན་ཅེན་སིལ་མས་བཀང་། །མི་ཡི་ཁྲུར་པོ་བདུན་གྱི་བོངས་ཚོད་ལ། །བྲེ་ལ་བཅལ་བའི་ཁལ་བདུན་བྲེ་ལྔ་ཡོད། །དངུལ་གྱི་གཙུ་པང་ཐེག་གཅིག་གི་ནང་། །གནམ་ཞལ་ཆེན་མོ་ཕྲ་མན་རིན་ཆེན་སྤྲུགས། །ལྷ་ཡི་ན་བཟའ་པཎྜ་ལི་ཀས་གྲིལ། །ལྷ་ཡི་ཡུལ་གྱི་དཔག་བསམ་ལྗོན་ཤིང་འབྲུ། །རིན་ཆེན་ནོར་བུ་དང་པའི་སྒོ་ང་ཙམ། །རྒྱལ་པོའི་དགོར་ཆ་རིན་ཆེན་བཅུ་གསུམ་ཡོད། །"[6]ཅེས་རིམ་བཞིན་རྒྱལ་ཐོག་རི་སྟོང་བཙན་དང་ལྡེ་ཙུ་གནམ་གཞུ་བཙན། ཁྲི་ཐོག་རྗེ་བཙན། སྣུ་ཉིག་བཙན་པོ། འབྲོང་གཉན་སྡེ་རུ། ཁྲི་ལྡེ་གཙུག་བརྟན་མེས་ཨག་ཚོམ་སོགས་རྒྱལ་རབས་གང་མང་རིང་ལ་རིན་པོ་ཆེའི་ནོར་གཏེར་སྦས་པ་བཀའ་ཐང་ལྡེ་ལྔ[7]ལས་གསལ་ཞིང་། བོད་ཀྱི་རྒྱལ་ཐོག་སོ་བརྒྱད་པར་ཐོན་པ། "ཁྲི་སྲོང་ལྡེ་བཙན་སྐུ་རིང་ལ། །རྒྱལ་པོའི་བླ་གཏེར་སྦས་པ་ནི། །དབུ་རྩེའི་འོག་ཁང་སྐུ་རྒྱབ་ཀྱི། །ཀེའུ་ཚང་ནང་ན་ཆོས་ཀྱི་གཏེར། །བོད་དུ་བསྒྱུར་བའི་ཕྱི་མོ་སྦས། །བཀའ་སྲུང་དགོར་བདག་པེ་དཀར་དང་། །མགོན་པོ་ལྕམ་དྲལ་སྲུ་ལ་གཏད། །"[8]ཅེས་བྱུང་།

དེ་བཞིན་བོད་སྤྱ་མ་དག་ལ་ཡི་གེའང་མེད་པས་ན་ལྷ་ཐོ་ཐོ་རི་གཉན་བཙན་སོགས་ཀྱི་སྐབས་གླེགས་བམ་ཡིག་ཚང་སོགས་གཏེར་དུ་སྦས་པ་མ་མཐོང་ཞིང་། ལོ་རྒྱུས་ཀྱི་འཕེལ་འགྱུར་དང་ཤེས་རིག་དར་རྒྱས་བྱུང་བའི་འགྲོས་དང་བསྟུན་ནས། སྲོང་བཙན་ཡར་སྔོན་དག་ཏུ་ནོར་གཏེར་སྦས་པ་གཙོ་ཆེ་ཞིང་སྲོང་བཙན་ནས་བོད་ལ་ཡི་གེ་བྱུང་རྗེས་ལོ་རྒྱུས་དང་ཆོས་ལུགས། ཆབ་སྲིད། རྩོམ་རིག་སོགས་སྣ་འཛོམ་གྱི་རྣམ་ཐར་རམ་ཐང་ཡིག་ཏུ་འབོད་པ་བཀའ་ཐང་གི་སྐོར་འདི་གཙོ་བོར་བྱུང་བ་ཡིན་ལ། རྒྱལ་པོ་ཁྲི་སྲོང་ལྡེ་བཙན་སྐབས་ནས་བཟུང་རྒྱལ་ཁམས་ཀྱི་བདེ་སྡུག་དང་ཁྱད་པར་དུ་བན་བོན་ཆོས་ལུགས་ཀྱི་ཕྱོགས་

ཁ་འཛིན་རྒྱུ་དེ་ཕོ་བྲང་ནང་གི་ཆབ་སྲིད་སྟོབས་ཤུགས་གཉིས་ཀྱི་ཆབ་སྲིད་རྩ་འཛིན་དུ་གྱུར་ནས་ཨུ་རྒྱན་པདྨ་གཙོ་བྱས་ཏེ་གསང་སྔགས་རྙིང་ཆོས་མང་པོ་གཏེར་དུ་སྦས་པས་གཏེར་ཆོས་འདི་ཤིན་ཏུ་འཕེལ་བར་གྱུར་པ་ཡིན། བོད་ལ་གསང་སྔགས་ཀྱི་ཆོས་གཏེར་སྦ་བ་ཁྲི་སྲོང་ལྡེ་བཙན་སྐབས་ཨུ་རྒྱན་པད་མ་གཙོ་བྱས་ནས་སྦས་ཤིང་ལོ་ཆེན་རིན་ཆེན་བཟང་པོའི་བར་སྲོལ་མ་ཉམས་ལ། གྲུབ་མཐའི་དབང་དུ་བྱས་ན་དེ་ལ་འཆད་ཉན་གྱི་སྲོལ་རྙིང་མ་གཅིག་པུ་མ་ཡིན་པར་རྗེ་ཙོང་ཁ་པའི་རིང་བར་གྲུབ་མཐའ་རིས་མེད་ལ་ཡོད་དེ། "སྤྱིར་གསང་སྔགས་གསར་མ་ལ་ཡང་། གུ་རུ་རིན་པོ་ཆེའི་གཏེར་ཆོས་ཐོན་པ་གཉལ་བ་ཉི་མ་ཤེས་རབ་དང་། གཉན་ལོ་དར་མ་གྲགས་སོགས་དང་། སློབ་དཔོན་གཞན་གྱི་གཏེར་ཆོས་ཐོན་པ་རྗེ་གཙང་པ་རྒྱ་རས་དང་། རྒྱུད་ཆེན་སངས་རྒྱས་རྒྱ་མཚོ་སོགས་བྱོན་ལ། རས་ཆུང་རྡོ་རྗེ་གྲགས་དང་། འགྲོ་མགོན་ཆོས་རྒྱལ་འཕགས་པ། ཀརྨ་རང་བྱུང་རྡོ་རྗེ། བུ་སྟོན་རིན་ཆེན་གྲུབ། རྒྱལ་དབང་དགེ་འདུན་རྒྱ་མཚོ། ཀློ་གྲོས་རིན་ཆེན་སེང་གེ་སོགས་པད་མའི་གཏེར་ཆོས་ལ་གསན་བཞེས་མཛད་པའང་མང་ཙམ་བྱུང་མོད་ཀྱི། རྙིང་མའི་ནང་དུ་གཏེར་སྟོན་མང་པོ་བྱུང་བ་འདྲ་བ་མ་བྱུང་ཞིང་"[9]ཞེས་གསར་མ་ལའང་གཏེར་ཆོས་འདོན་པ་དང་མཉན་པའི་སྲོལ་ཡོད་པར་གསུངས།

དེའང་སྤྲུལ་བའི་གཏེར་སྟོན་དེ་དག་ཀྱང་བསྟན་པ་ཕྱི་དར་གྱི་ཐོག་མ་ནས་བཟུང་རིམ་པར་བྱོན་པ་ཞིག་ཏུ་སྣང་སྟེ། རྒྱུ་མཚན་ནི་རྒྱལ་པོ་གླང་དར་མས་ལྷགས་བྱར(840)སྲིད་བཟུང་ནས་བསྟན་པ་བསྣུབས་ཏེ། དེ་ནས་ལོ་ལྔ་བཅུ་ང་གཉིས་འདས་པའི་ཆུ་གླང(893)དེ་ཕྱི་དར་གྱི་ཐོག་མར་བཞེད་ལ། དེ་ནས་ལོ་ལྔའི་ས་རྟ་ལ(898)ལོ་ཆེན་རིན་ཆེན་བཟང་པོ་འཁྲུངས། ལོ་ཆེན་འདི་དང་ལྷ་བླ་མ་ཡེ་ཤེས་འོད་ཀྱི་དུས་ཙམ་ན། གཏེར་སྟོན་གྱི་ཐོག་མ་སྤྲུལ་བའི་གཏེར་སྟོན་སངས་རྒྱས་བླ་མ་དང་གཙུག་ལག་དཔལ་དགེ། གུ་རུ་ཧཱུྃ་འབར་རྣམས་ནས་རིམ་པར་བྱོན་པའོ། །

གསུམ་པ། བོད་ཀྱི་གཏེར་ཡིག་རིག་གནས་ཀྱི་རིགས་དང་གནས།

༡. དེ་ཡང་ཐོག་མར་གཏེར་གྱི་གནས་སྟོན་པ་ལ་རི་བྲག་མཚོ་གསུམ་དང་། མཆོད་སྡོང་། གྲུང་ལྡེབས། གཙུག་ལག་ཁང་དང་སྐུ་རྟེན་སོགས་སུ་སྦ་བ་སྲོལ་ལུགས་སུ་གྲུབ་སྟེ། མདོར་དུ་ཞུགས་པ་ཏིང་ངེ་འཛིན་གྱི་མདོ་ལས། "ང་ནི་ཕྱི་དུས་མྱ་ངན་འདས་བྱས་ནས། །སྐུ་གདུང་ཐམས་ཅད་རྒྱས་པར་བྱས་གྱུར་ཏེ། །སངས་རྒྱས་བྱང་ཆུབ་འདི་དག་ལེགས་བཟུང་ནས། །ཁྲིས་ནས་སྒྲོམ་གྱི་ནང་དུ་བཅུག་བྱས་ནས། །མཆོད་རྟེན་ས་དང་བྲག་དང་རི་དག་དང་། །ལྷ་དང་དེ་བཞིན་ཀླུ་ཡི་ལག་དག་ཏུ། །མདོ་སྡེ་བཞག་པར་བྱས་ནས་འདི་དག་རྣམས། །ལྷ་ཡི་བཏུལ་ཞུགས་འདྲ་བར་བྱ་ཕྱིར་འགྲོ། །དེ་དག་ཕྱི་མའི་དུས་ན་སོ་སོའི་རིགས། །ཐམས་ཅད་བོར་ཏེ་སླད་དུ་བབ་གྱུར་ནས། །སངས་རྒྱས་བྱང་ཆུབ་འདི་དག་ལེགས་བཟུང་

སྟེ། །བསམ་པ་ཇི་བཞིན་དུ་ནི་བྱེད་པར་འགྱུར། །"[10]ཞེས་གསུངས་པ་ལས་ཀྱང་ཐོག་མ་སྒྲོམ་གྱི་ནང་དུ་བཅུག་ཅེས་བཀའ་ཐང་སོགས་སུ་བོད་ཀྱི་གཏེར་གཉེར་སྟངས་ཟངས་བུམ་རྫ་སྒྲོམ། གཡམ་སྒྲོམ་ཞ་ཉེ་སྦྱར་བ། ཟངས་སྣོད། ཟངས་ཆེན་ཁ་སྦྱར་སོགས་དང་འདྲ་ལ། མཆོད་རྟེན་ས་དང་རི་དང་བྲག་ཅེས་གཏེར་གནས་སྟོན་པ་དང་། དེ་བཞིན་ལྷ་དང་ཀླུ་ལ་སོགས་པའི་ལག་ཏུ་གཏད་ཅེས་གཏེར་སྲུང་དང་། དེ་དག་ཕྱི་མའི་དུས་ན་སོ་སོའི་རིགས། ཐམས་ཅད་བོར་ཏེ་སྙད་དུ་བབ་གྱུར་ནས། ཞེས་པས་གཏེར་འདོན་པའི་དུས་དང་གཏེར་སྟོན། སངས་རྒྱས་བྱང་ཆུབ་འདི་དག་ཤེགས་བཟུང་ནས། བསམ་པ་ཇི་བཞིན་དུ་ནི་བྱེད་འགྱུར་ནི། གཏེར་ཆོས་དེས་གཏེར་སྐྱོང་གི་དུས་ཏེ་བོད་ཀྱི་བསྟན་པ་ཕྱི་དར་སྐབས་ཇི་བཞིན་བསྟན་པ་ཉག་ཕྲ་བའི་སྐབས་སུ་འགྲོ་བའི་དོན་རྒྱ་ཆེན་པོ་བྱེད་པར་འགྱུར་བ་བསྟན།

༢. གཏེར་གྱི་རིགས་ལའང་རྣམ་པ་དང་གྲངས་ཀྱིས་མ་ངེས་པ་ཞིག་སྟེ། རྒྱལ་པོ་ཁྲི་སྲོང་ལྡེ་བཙན་ནས་ལོ་ཆེན་རིན་ཆེན་བཟང་པོའི་བར་བསྟན་པའི་འཕེལ་འགྲིབ་དབང་གིས་ཆོས་གཏེར་གཙོ་ཡིན་པ་མ་གཏོགས། དུས་དང་གནས་བབ་དབང་གིས་གཏེར་བྱུང་རིག་དངོས་སྣ་ཚོགས་སུ་སྣང་བ་ཡིན། དེའང་ཆོས་གཏེར་ལ་བོན་ཆོས་དང་གསང་སྔགས་རྙིང་མའི་གཏེར་ཤས་ཆེ་ཞིང་། ལོ་རྒྱུས་དང་རྣམ་ཐར། སྨན་དང་རྩིས། རིང་བསྲེལ་དང་ལྷ་ཆོས་མཆོད་ཆ། གསེར་དངུལ་མུ་ཏིག་སོགས་རིན་པོ་ཆེ། ན་བཟའ་དང་མཚོན་ཆ་སོགས་རིག་དངོས་ཅི་རིགས་འབྱུང་བ་ཡིན། གཏེར་ཆོས་སྐོར་གྱི་དཔེ་ཆ་དུ་མ་ནས། "སྨན་རྩིས་བོན་ཆོས་བཞི་གའི་གཏེར་ཐོན་ཏེ"[11]ཞེས་དང་། "གཞན་ཡང་སྨན་དཔྱད་ལ་སོགས་པ་བསྟན་པ་སྲུང་བའི་གདམས་པ་མཐའ་ཡས་པ་དང་། སྐུའི་ཕྱག་གི་ནང་དང་སྤྲུལ་མཧཱུག་ལྷག་མ་རྣམས་ནས་བསྟན་པ་བསྲུང་བའི་ཆ་རྐྱེན། ཕན་བྱ་གནོད་བྱའི་སྐོར་མཐའ་ཡས་པ་དང་། མཐའ་ན་ཡང་སྒྲིགས། མེ་མདའ། མཚོན་སྲུང་། ཟ་ཡིག ཞིང་སེལ། བཟོ་རིགས་པ་ཏྲ་ཀ་རིགས་དྲུག་མན་ངག་གཏེར་བུམ་སོགས་མཐའ་ཡས་པ་རྣམས་སྤྱན་དྲངས།"[12] བཀའ་ཐང་སྡེ་ལྔ་ལས་ཀྱང་། "རྒྱལ་པོའི་ཐུགས་དམ་གསེར་གྱི་ཛམྦྷལ། གསེར་གྱི་ཕྱག་གདུབ་མགུལ་རྒྱན་སྣན་ཆ། སློབ་དཔོན་པད་མའི་རིང་བསྲེལ་འཕེལ་གདུང་དང་། གྲུབ་ཐོབ་ནམ་མཁའི་སྙིང་པོ་ལ་སོགས་པ་གྲུབ་ཐོབ་བརྒྱད་ཀྱི་ཕྱག་སེན་དང་། ཞབས་སེན་དང་། ཨིནྡྲ་ནི་ལ། ཚུ་ཤེལ། མེ་ཤེལ། བཻ་ཌཱུརྻ། པདྨ་རཱ་ག་ནོར་བུ་མཆིང་བུ་ཆེ་ཆུང་རིམ་པ་འགའ་ཡོད་དོ། །"[13] གཞན་ཡང་སྔེས་དབང་གིས་གཏེར་ལ་ཤོར་བ་ཞིན་ཅང(ལི་ཡུལ)ལྷོ་ཕྱོགས་སུ་བྱེ་འོག་ཏུ་ཤོར་བའི་བོད་དམག་གི་རྫོང་ཁོག(新疆南部若羌的米兰、楼兰)ནས་ཐོན་པའི་ཁྲམ་བྱང་མང་པོ་དང་ཀན་སུའུ་ཞིང་ཆེན་གྱི་ཏུན་ཧོང་ནས་ཐོན་པའི་བོད་ཀྱི་ལོ་རྒྱུས་ཡིག་ཆ་ཤོག་དྲིལ་ཉིས་སྟོང་ལོངས་པ་སོགས་ལ་གཞིགས་ན། ནང་དོན་མ་ཁྱབ་པ་མེད་དེ། ཆོས་ལུགས་དང་ཁྲིམས་ལུགས། དཔལ་འབྱོར། དམག་དོན། ལོ་རྒྱུས། རྒྱུ་ནོར། ཅ་ལག ཡིག་ཚང་། ལྷ་སྲུང་དང་གཏམ་རྒྱུད། སྨན་དཔྱད། གཏུགས་ཡིག ཞུ་ཡིག བཀའ་ཡིག་བསྒྱུར་

ཡིག སྐར་རྩིས། མི་རིགས་གཞན་བར་གྱི་འབྲེལ་བ་སོགས་རིག་གནས་ཀྱི་རྣམ་བཞག་མང་བ་འདྲིས་ཀྱང་ད་ལྟ་མཐོང་དུ་མེད་པ་མ་གཏོགས། སྔོན་གྱི་གཏེར་ཆོས་མང་པོར་རིག་གནས་ཀྱི་རྣམ་བཞག་གང་མང་ཡོད་པ་རིགས་པས་གྲུབ། ཁྱད་པར་དུ་གླིང་པོ་བཀའི་ཐང་ཡིག་སོགས་སུ་མི་ཡི་མཆེད་ཁུངས་འཆད་ཚུལ། མིའི་རྒྱལ་པོ་བྱོན་ཚུལ། གླིང་པོའི་བྱུང་ཁུངས། སྟོང་སྡེའི་དམག་ཧྲ་དཔྱད་པ། ཆོས་ཁྲིམས་བཅས་པའི་སྐབས། རྒྱལ་ཁྲིམས་བཅས་པའི་སྐབས། འབངས་ཀྱི་སྤྱི་ཆོས་བཅས་པའི་སྐབས་རྣམས་ཐུན་མོང་རིག་གནས་ཀྱི་ནང་དོན་མང་བར་མ་ཟད། ལོ་རྒྱུས་དེབ་ཐེར་གཞན་རྣམས་དང་བསྡུར་བས་ཀྱང་བཞེད་དགོངས་མཐུན་པས་ལོ་རྒྱུས་མཁས་པ་རྣམས་ཀྱིས་གཙོགས་སུ་འཛིན་ལ་བོད་ཀྱི་ལོ་རྒྱུས་ས་བོན་ཆེས་སྔ་ཤོས་སུ་ཁས་ལེན་པ་ཡིན།

༣. གཏེར་སོ་སོའི་དབྱེ་བ་དང་བརྒྱུད་སྟངས་ལ་གཏེར་ཡིག་སོ་སོ་ན་གང་མང་དུ་བརྗོད་དེ། སྔག་གྱུར་གྱི་གནས་ལ་ལ་དེང་རབས་ཀྱི་མིའི་བློ་ངོར་མི་ཤོང་བའང་མང་། "ཐུགས་གཏེར་དགོངས་གཏེར་རྫས་གཏེར་ལྔ། །ཀླ་གཏེར་གཏེར་བྲན་གཏེར་སྙིང་བརྒྱད། །རྒྱ་གཏེར་བོད་གཏེར་རྗེ་གླིང་གཏེར། །ཡབ་གཏེར་ཡུམ་གཏེར་མ་ནིང་གཏེར། །ཕྱི་ནང་གསང་གཏེར་རྫུན་མའི་གཏེར། །ནོར་གཏེར་དང་ནི་བཅོ་བརྒྱད་དོ། །"[14] དེ་ཡང་གུ་རུ་རིན་པོ་ཆེའི་འོད་གསལ་གྱི་དགོངས་པ་ཐོད་ སྐལ་དུ་སློབ་མའི་སྙིང་ལ་བབས་པ་དགོངས་བརྒྱུད་ཀྱི་གཏེར་དང་། གཏེར་ཡིག་ཅི་རྙེད་ཅིག་ཕྱི་མའི་དུས་སློབ་མ་ལ་བརྡ་དབང་འདི་ལྟར་བསྐུར་ཅིག་ཅེས་གནང་བ་ཐོབ་པའི་བག་ཆགས་སད་པ་བརྡ་བརྒྱུད་དང་། ཤོག་སེར་གྱི་བརྡ་ཁྲོལ་བ་སྙན་བརྒྱུད་ཐོབ་པ་ཞེས་བྱ་བ་ཡིན་ནོ། །དེ་ལྟར་དགོངས་བརྒྱུད་ཐོབ་སྟོབས་ཀྱིས་སློབ་མ་ལ་དགོངས་པ་གཏད་པས་དོན་བརྒྱུད་ཀྱི་ཡེ་ཤེས་འཕོ་ནུས་པ་དང་། བརྡ་བརྒྱུད་ཀྱིས་བརྡའི་གནད་ལ་བྱིན་རྩོད་པས་རྫས་རྟགས་ཕྱག་རྒྱའི་བརྡ་ཐབས་ཀྱིས་སློབ་མ་ལ་དབང་བསྐུར་ནུས་པ་དང་། སྙན་བརྒྱུད་རྙེད་པའི་མཐུས་གདམས་ཁྲིད་ཞལ་ཤེས་ཕྱག་བཞེས་དང་བཅས་པ་གུ་རུའི་དགོངས་པ་བཞིན་འཁྲུལ་བ་མེད་པར་སྟོན་ནུས་པ་ཡིན། གཏེར་སྲོལ་རིག་གནས་འདིའི་གཏེར་གྱི་བརྒྱུད་ཚུལ་དང་དབང་ལུང་འདོགས་པའི་སྲོལ་ལུགས་ལ། ཀུན་བཟང་རྡོ་རྗེ་སེམས་དཔའ་ནས་སློབ་དཔོན་ཆེན་མོའི་བར་དུ་དགོངས་བརྡ་སྙན་བརྒྱུད་བར་མ་ཆད་པར་བྱུང་བའི་བཤད་སྲོལ་ཡོད་ལ། གཏེར་བརྒྱུད་ཀྱི་དབང་གི་ཆུ་བོ་བོད་ལ་བརྒྱུད་པ། དེ་ལྟར་དབང་གི་ཆུ་བོ་བྱེ་བྲག་ལུས་པར་ཨོ་རྒྱན་པདྨ་བདག་ལ་བབས་ཤིང་། ཨོ་རྒྱན་བདག་གིས་ནི་བལ་ཡུལ་ཡང་ལེ་ཤོད་དུ་ཞི་བ་རྡོ་རྗེ་དབྱིངས་ཀྱི་དབང་སྐོ་བི་མ་མི་ཏྲ་ལ་ཕྱེ་ནས་བསྐུར་རོ། །བསམ་ཡས་དབུ་རྩེར་རྗེ་འབངས་ཉེར་ལྔ་ལ་བདེ་གཤེགས་འདུས་པའི་དབང་མོ་ཆེ་བསྐུར་རོ། །དེ་རྗེས་རྗེ་འབངས་གྲོགས་གསུམ་ལ་སོགས་པ་སྙིང་གི་བུ་དགུ་ལ་གསང་བ་ཡོངས་རྫོགས་ཐམས་ཅད་ཀྱི་དབང་ཡོངས་སུ་རྫོགས་པར་བསྐུར་བའི་དུས་ན་ད་ལྟ་དབང་གི་ཆུ་བོ་བར་མ་ཆད་པར་བབས་པའི་ཚུལ་བཤད་པ་ཡིན། "གསང་ཆེན་

རྙིང་མའི་རིང་ལུགས་ལ་རིང་བརྒྱུད་བཀའ་མ། ཉེ་བརྒྱུད་གཏེར་མ། ཟབ་མོ་དག་སྣང་མ་ཞེས་བརྒྱུད་པའི་བཀའ་སྲོལ་ཆེན་པོ་གསུམ་དུ་དབྱེ་བར་མཛད་"[15]ཅེས་གསུངས་པ་ལས་འདིར་སྐབས་ལ་གཙོ་བོ་ཉེ་བརྒྱུད་གཏེར་མའི་རྣམ་བཞག་གོ །

གཞན་ཡང་གཏེར་ཆེན་དང་གཏེར་ཕྲན་གྱི་དབྱེ་བ་ཕྱེས་ཏེ། ཇི་སྐད་དུ། ཡུལ་ཆེན་རེ་ལ་གཏེར་ཆེན་རེ། ཡུལ་ཕྲན་རེ་ལ་གཏེར་ཕྲན་རེ། དེ་ཡང་ཨོ་རྒྱན་བཟེད་ཐོ་ཡིན། "གཏེར་ཆེན་དང་གཏེར་ཕྲན་གྱི་དབྱེ་བ་ནི། སྤྱི་ཁྱབ་ཙམ་དུ་གཏེར་ཆོས་བླ་རྫོགས་ཐུགས་གསུམ་ཚང་བ་ལ་གཏེར་ཆེན་དང་གཞན་གཏེར་ཕྲན་དུ་བཞག་ཀྱང་། རིག་འཛིན་གཏེར་བདག་གླིང་པས་གང་ཟག་གཅིག་འཚང་རྒྱ་བའི་ལམ་ཚང་བ་ལ་གཏེར་ཆེན་དང་ལས་ཚོགས་སོགས་ཐོན་པ་ལ་གཏེར་ཕྲན་དུ་བཞེད་དོ། །"[16] དེའང་གཏེར་འདོན་པ་ལ་རྟེན་འབྲེལ་གྱི་མགོ་ལེགས་ཤིང་ཆོས་བརྒྱུད་ཁ་དྲོ་བཀྲ་ཤིས་པ་ཅི་རིགས་པའི་རྐྱེན་དང་ལྟས་སོགས་ཚང་བ་ཡིན་ན་ཁྲིམ་གཏེར་དུ་འདོན་ལ། ཁྲིམ་བསྒྲགས་བྱས་ན་དེའི་ལྡོག་ཕྱོགས་སུ་འགྱུར་བའི་རྒྱུ་རྐྱེན་དབང་བཙན་པ་དང་ཕྱུག་རྒྱའི་ཁྱད་པར་འགའ་ཞིག་མ་ཚོགས་པ་སོགས་མངོན་གཏེར་དུ་མི་རུང་ན་གསང་གཏེར་བྱ་བ་ཡིན་ནོ། །

༤. གཏེར་ཡིག་འབྲི་བའི་ཡིག་མཁན་དང་ཡིག་རིགས་གང་ལ་གཏོགས་པའི་སྐོར་ལ། རྒྱལ་པོའི་བཀའ་ཐང་གི་མཇུག་སྡེ། "སློབ་དཔོན་པད་མ་འབྱུང་གནས་ལ། མངའ་བདག་མུ་ཏིག་བཙན་པོ་དང་། ཡུམ་ཆེན་བཙུན་མོའི་ཞུས་པ་ཡི། རྒྱལ་པོའི་དཀར་ཆག་ཐང་ཡིག་ཆེན་མོ་འདི། ལྡན་མ་རྩེ་མང་བདག་གིས་དཀར་ཤོག་ལོགས་ལ་བཏབ"[17]ཅེས"ཡི་གེར་མཁས་པའི་མཆོག་ལེགས་བྱིན་ཉེ་མ། རྐྱེན་པའི་མཆོག་ལྡན་མ་རྩེ་མང་། དག་པའི་རབ་ཨ་ཙར་ཡེ་ཤེས་དབྱངས་སོགས་མིས་བྲིས་པ་དང་། མི་མིན་མཁའ་འགྲོས་བྲིས་པ་དང་། གུ་རུ་རིན་པོ་ཆེ་ཉིད་ཀྱིས་ཕྱག་བྲིས་མཛད་པའང་ཡོད་དེ། ཡི་གེའི་གཟུགས་ཀྱང་གུ་རུའི་ཕྱག་བྲིས་ཕྲ་ལ་ལེགས་པ་དང་། ཨ་ཙར་ཡེ་ཤེས་སྲོམ་རགས་བདེ་བ་དང་། གསལ་དག་མཉེན་ལྕུག་བཻ་རོའི་ཕྱག་བྲིས་སོགས་གཞན་དང་གཞན་དུ་བཤད།"[18] ཡིག་གཟུགས་འགོད་སྟངས་ཐད་ལའང"མཁའ་འགྲོའི་ཡི་གེ་ཡིན་མིན་གཉིས་ཀྱི། དང་པོ་ནི། ཐང་ཡིག སྤྲུངས་ཡིག བཤུར་ཡིག ལྡེམ་ཡིག སྦྲུས་ཡིག མཁར་བརྩེགས། ཐིག་ལེའི་ཡི་གེ། འཁྱིལ་ཡིག་འཁྱིལ་ཆུང་སོགས་རྗོ་རྗེའི་གནས་ཡུལ་གྱི་དཔའ་བོ་མཁའ་འགྲོ་རྣམས་ལ་གྲགས་པའི་ཐུན་མིན་གྱི་ཡི་གེ་སྟེ།……དེ་ལས་གཞན་པའི་ཡི་གེ་ནི་ལཉྫ། ཝརྟུ། བོད་ཡིག་ཟབ་གཤར་སོགས་ཏེ། བོད་ཡིག་ཀྱང་ཆེག་མེད། འཁྱུལ་མེད། རྒྱན་མེད་དམ་འདོགས་མེད་དུ་བྲིས་པ་སོགས་དཀྱུས་དང་མི་མཐུན་སྣ་ཚོགས་ཡོད་དོ། །"[19] ད་ལྟ་ང་ཚོ་ཆ་རྒྱུས་ཅུང་ཆེ་བ་ལཉྫ། ཝརྟུ། བོད་ཡིག་སོགས་ལས་མཁའ་འགྲོའི་ཡི་གེར་འབོད་པའི་ཡིག་གཟུགས་རྣམས་གཏེར་ཡིག་ཏུ་འབོད་པའི་སླིགས་བམ་ལ་ད་ལྟ་མཐོང་དུ་མེད་ལ། སྤྱིར་ན་བསྟན་པ་སྔ་དར་སྐབས་ཀྱི་མདོ་རྒྱུད་རྣམས་དང་གཏེར་ཡིག་ཏུ

འབོད་པ་རྣམས་མཉམ་པོར་བཀས་བཅད་གསུམ་གྱིས་བཅོས་བསྒྱུར་ཡང་ཡང་བྱས་ཟིན་པས་ཏུན་ཧོང་གཏེར་ཡིག་བཞིན་སྔོན་མའི་ངོ་གདོང་ཇི་མ་ཇི་བཞིན་མཐོང་དུ་མེད། གཏེར་ཡིག་རྣལ་མར་འདོད་པ་རྣམས་ཀྱི་དབུ་ཙུའང་ཨུ་རྒྱན་གྱི་སྐད་དུ། བལ་པོའི་སྐད་དུ། རྒྱ་གར་སྐད་དུ། བོད་སྐད་དུ་སོགས་སྣང་བའང་སྐད་རིགས་སོ་སོར་དབྱེ་བ་མ་གཏོགས་ཡིག་གཟུགས་ལུགས་སྒྱུར་དང་བོད་ཡིག་ཏུ་ངེས། དགེ་འདུན་ཆོས་འཕེལ་གྱིས“འདི་དག་བསམ་ཚེ་མཁའ་འགྲོའི་བརྡ་ཡིག་རིགས་མི་འདྲ་བ་མང་དུ་འདུག་པས་འགའ་ཞིག་བོད་ཡིག་རྙིང་པའི་གཟུགས་ཡིན་ནམ་ཡང་སྙམ་མོ། །བསམ་ཚོད་གཅིག་ལ་བརྡ་ཡིག་དེ་དག་སློབ་དཔོན་པད་མ་སོགས་ཀྱིས་མཛད་ན་ལཉྫ་དང་ཝརྟུ་སོགས་ཀྱང་འོང་སྲིད་སྙམ་ཡང་། ཁྲི་སྲོང་གི་སྐུ་དུས་ཙ་ན་ཡང་ཡུལ་དབུས་ཀྱི་ཡི་གེ་འཆར་ཅན་པ་ནི་གུཔྟའི་ཡི་གེ་ཡིན་ཅིང་། གུཔྟའི་ཡི་གེ་དང་མཁའ་འགྲོའི་བརྡ་ཡིག་ཏུ་གྲགས་པ་གཉིས་སྤྱིའི་དབྱིབས་ཤིན་ཏུ་འདྲ་བར་སྣང་བས། ཤོག་སེར་འབྲུལ་མེད་ཅིག་རྙེད་ན་དེའི་ཆ་ཤས་མང་ཙམ་ཞིག་གུཔྟའི་ཡི་གེ་མིན་པའི་ངེས་པ་ཡང་མི་འདུག་མོད། རེ་ཞིག་དེ་གར་ལུས་སོང་། གང་ལྟར་ནའང་བརྡ་ཡིག་དེ་དག་བོད་ཀྱི་ཡིག་རྙིང་གི་གཟུགས་དངོས་སམ་ཅུང་ཟད་བཅོས་པ་ཞིག་ཡིན་པར་གོར་མ་ཆག་སྟེ། གཏེར་སྟོན་རྣམས་ཀྱིས་ཨོ་རྒྱན་གྱི་ཡི་གེ་དང་། སྲིན་པོའི་ཡི་གེ་ཡིན་ཞེས་སྒྲ་མཁས་མང་པོ་བྱས་ཀྱང་སྐད་དེ་ནི་བོད་སྐད་རྐྱང་པ་ལས་གཞན་ཞིག་གི་སྐད་ཡིན་པའི་སྤྲོས་མི་སྣང་བས། བོད་ཀྱི་སྐད་སྲིན་པོའི་ཡི་གེར་བྲི་བའི་དོན་ཡང་མེད་ལ། གལ་ཏེ་བྲིས་ཀྱང་སྔོན་རྗེས་སོགས་བོད་སྐད་བཞིན་དུ་དག་པར་འབྲི་མི་ནུས་པ་ངེས་པས་སོ”[20]ཞེས་དང་། “དེར་མ་ཟད་རྙིང་མའི་གཏེར་ཡིག་གི་གྲས་ཀྱི་བརྡ་ཡིག་དེ་དག་ཀྱང་གུཔྟའི་ཡི་གེ་ལ་ཤིན་ཏུ་འདྲ་བ་མང”[21]ཞེས་བྱུང་བས། གང་ལྟར་བསམ་ཡང་ཡིག་གཟུགས་འཕགས་ཡུལ་གྱི་ཡིག་གཟུགས་གང་ཙུང་ཞིག་གམ་ཡང་ན་ཏུན་ཧོང་ནས་ཐོན་པའི་གཏེར་ཡིག་བྲིས་མ་བོད་ཀྱི་ཡིག་རྙིང་གི་གཟུགས་ཇི་འདྲ་བ་ཞིག་ཡིན་པར་སེམས་ལ། སྐད་ཀྱང་བོད་ཀྱི་གཏེར་ཡིག་སྔ་ཤོས《བཀའ་ཆེམས་ཀ་ཁོལ་མ》དང《བཀའ་ཐང་སྡེ་ལྔ》ཇི་བཞིན་རང་རེའི་བོད་ཀྱི་སྐད་རྣལ་མ་དག་ཡིན་པར་སེམས། འདི་ལྟ་བུའི་བོད་སྔ་མའི་གཏེར་ཡིག་མཁས་ལྡན་གང་གིས་ཀྱང་སྒྱུག་རྩེས་མ་བསྒྱུར་བ་ཞིག་ལག་ཏུ་སོན་པའི་དབང་དུ་བྱས་ན་ཆབ་སྲིད་དང་ཆོས་ལུགས། དཔལ་འབྱོར། ཡུལ་སྲོལ་གོམས་གཤིས་སོགས་རིག་གནས་ལ་ཞིབ་འཇུག་བྱེད་པར་ཕན་པ་ལས་གཞན། བོད་ཀྱི་སྐད་བརྡ་རིག་པ་དང་ཡི་གེའི་རིག་པར་ཞིབ་འཇུག་བྱེད་པར་དེ་བས་རིན་ཐང་བྲལ་བའོ། །

བཞི་པ། བོད་ཀྱི་གཏེར་ཡིག་རིག་གནས་ཀྱི་རིན་ཐང་དང་དོ་དམ་སྐོར།

མཚོ་བོད་མཐོ་སྒང་འདི་རང་རྒྱལ་ནུབ་བྱང་མི་རིགས་མང་པོའི་ཐོག་མའི་འབྱུང་གཞི་ཡིན་པར་མ་ཟད་བོད་མི་རིགས་ཀྱི་གནས་གཞི་དང་བོད་ཀྱི་ཤེས་རིག་གི་འབྱུང་ཁུངས་ཡིན། བོད་མི་རིགས་ཀྱིས་འོད་

སྟོང་འབར་བའི་མཐོ་སྒང་ཤེས་རིག་གསར་སྐྲུན་བྱེད་པའི་ལོ་རྒྱུས་རྫིང་རིང་ཁྲིད་འཛམ་གླིང་ཤེས་རིག་དང་འཛམ་གླིང་རིག་གནས་བང་མཛོད་དུ་ཐུན་མོང་མ་ཡིན་པའི་མི་རིགས་ཀྱི་ཁྱད་ཆོས་འཛིན་པའི་དངོས་པོའི་དཔལ་ཡོན་དང་བསམ་བློའི་དཔལ་ཡོན་གང་འཚམ་བཞག་ཡོད་པ་ཡིན།

ལོ་རྒྱུས་ཀྱི་ཆ་རྐྱེན་དབང་གིས། ཕྱི་ཕྱོགས་སུ་མི་རིགས་གཞན་བར་ལ་ཡུན་རིང་དམག་འཁྲུག་བྱས་པ་དང་། ནང་ཁུལ་དུ་ཁམས་ཀྱི་དར་རྒུད་དང་སྲིད་ཀྱི་ལྡེ་བ་དུས་ཀྱི་མེ་ཏོག་ལྟར་བརྗེ་བ། གྲུབ་མཐའི་འཁྲུག་རྩོད་བ་ལང་ནག་སྒྲུར་གྱི་ས་བཞིན་གཏོར་བ་དང་། གཞིས་དང་ཕོ་བྲང་བྱེ་ལའི་ཚང་བཞིན་སྤྱོས་པས་རིག་གནས་པ་ཉེར་སྐྱངས་ལའང་གཏེར་དུ་སྦ་བའི་སྲོལ་ལུགས་འདི་བྱུང་བ་ཡིན། དུས་རབས་བཅུ་གཅིག་པར་བོད་ཀྱི་གཏེར་སྟོན་ཐོག་མ་སངས་རྒྱས་བླ་མ་ནས་བཟུང་གཏེར་གྱི་རིག་གནས་མི་འདྲ་བས་བོད་ཀྱི་རིག་གནས་བྱེ་བྲག་བཅུ་ཕུན་ཚོགས་འཕེལ་རྒྱས་གཏོང་བར་ཕན་ཐུས་མི་ཆུང་བ་བྱིན་ཡོད་ལ། ཁྱད་པར་དུ་ཐུན་མོང་གཏེར་ཡིག་ལྷ་བྲིའི་རིག་གནས་ཤུལ་བཞག་གིས་བོད་ཀྱི་ཤེས་རིག་ལ་བཞག་པའི་བྱས་རྗེས་ནི་འོད་སྲིན་གྱིས་མི་ཁོག་པ་བཞིན་ཀུན་ལ་གསལ་བ་ཡིན། དེར་མ་ཟད་ད་ལྟའི་བར་དུ་མཚོ་བོད་མཐོ་སྒང་ས་ཆ་སོ་སོ་ན་བཙན་པོའི་དུས་སྐབས་ཀྱི་གཏེར་ཡིག་མང་པོ་རྒྱུན་མ་ཆད་པར་འབྱུང་བཞིན་ཡོད་ལ། ཁྱད་པར་མཚོ་སྔོན་གྱི་མགོ་ལོག་ར་རྒྱ་ནས་རྨ་ལྷོ་ཀྲིག་རྨ་ལྷོ་ཞབ་ཉིན་མཐའ་བར་གྱི་རྨ་ཆུའི་བཞུར་ལམ་ཐུང་ངུའི་ས་ཚུགས་འདིའི་བར་ཉེ་བའི་ལོ་འདི་འགའི་རིང་ཤོག་དྲིལ་གླེགས་བམ་བརྒྱ་ཕྲག་མང་པོར་ཡོངས་པ་ཆུད་ཟ་བ་མིག་གིས་མཐོང་ཞིང་སྙིང་ལ་གཟན་པའོ། །

རིག་དངོས་དོ་དམ་བྱ་བ་དོན་ཐོག་ཏུ་འཁྱོལ་བ་ཞིག་བྱེད་དགོས་ན་རྒྱལ་ཁབ་རིག་དངོས་དོ་དམ་ཁྲིམས་ལུགས་ཀྱི་ནུས་པར་བརྟེན་པ་ལས་གཞན། བོད་མི་རིགས་ཡོངས་ལ་རིག་དངོས་དོ་དམ་བྱེད་པའི་རང་རྟོགས་འདུ་ཤེས་རྗེ་མཐོར་གཏོང་བ་དང་། མི་རིགས་ལོ་རྒྱུས་ལ་བརྩི་འཛོག་དང་དོ་ཁུར་བྱེད་པའི་འདུ་ཤེས་རྗེ་མཐོར་བཏང་ནས། རྒྱུ་ཧམ་གྱིས་ཁྲིམས་ལུགས་བརྫེད་ནས་རིག་དངོས་ཉོ་ཚོང་བྱེད་པའི་ཉོག་སྤྱོད་ལ་བཀག་སྡོམ་བྱེད་དགོས།

མི་རིགས་རིག་གནས་ལ་བློ་སེམས་དཀར་ཞིང་བདག་སྐྱོང་བྱེད་དགོས་ན། ཤེས་ཡོན་ཅན་དང་ཆོས་ལུགས་པ། མི་སེར་དཀྱུས་མ་སོགས་འབངས་མི་ཡོངས་ཀྱི་རིག་གནས་རིན་ཐང་གལ་ཆེན་འདུ་ཤེས་མཐོར་འདེགས་བྱས་ཏེ། ཆོས་ལུགས་གྲུབ་མཐའ་མི་གཅིག་པ་དང་ལོ་རྒྱུས་དུས་རིམ་མི་གཅིག་པ། མི་རིགས་དང་ཡིག་རིགས་གཞན་ལས་བྱུང་བའི་རིག་གནས་ཤུལ་བཞག་ལ་གཟུར་གནས་ཀྱི་བློ་མིག་གིས་བལྟ་བ་དང་ཆོས་ལུགས་གྲུབ་མཐའི་ཕྱོགས་ཞེན་དོར་དགོས། བསྟན་པ་ཕྱི་དར་ནས་བཟུང་བོད་འདི་ཆོས་སྲིད་ཟུང་འབྲེལ་དང་ཆོས་པས་སྲིད་དབང་འཛིན་པའི་ལམ་ལུགས་ཤིག་ཆགས་པས། གྲུབ་མཐའི་ལྟ་བ་དེ་དབང་བསྒྱུར་གྲལ་རིམ་གྱི་ཆབ་སྲིད་འདུ་ཤེས་འཛིན་སྟངས་སུ་བཟུང་ནས་སྲིད་དབང་འཕྲོག་རྩོད་བྱེད་

པའི་གོམས་སྲོལ་ཆགས་ཏེ། སྲིད་དབང་འཁྲུག་རྙོད་བྱེད་པའི་གོ་རིམ་ནང་ནམ་ཡང་གྲུབ་མཐའི་ཁེ་ཕན་དེ་མི་རིགས་ཁེ་ཕན་ལས་མཐོ་བའི་ཆོས་ལུགས་གྱུ་དོག་རིང་ལུགས་ཀྱི་ཕྱོགས་ལྷུང་ཞིག་འབྱུང་གི་ཡོད་པ་ཡིན། ལོ་རྒྱུས་ཀྱི་ཉམས་མྱོང་ལ་གཞིགས་ནས། ང་ཚོས་འབབ་ངས་མི་ཡོངས་ཀྱི་མི་རིགས་ལོ་རྒྱུས་ཀྱི་འདུ་ཤེས་ཇེ་གསལ་དུ་གཏོང་བའི་ཞར་ལ། ཆོས་ལུགས་གྲུབ་མཐའི་ཕྱོགས་ཞེན་ལྷ་བ་ཁྲིད་གསོད་བྱས་ནས་མི་རིགས་ཁེ་ཕན་དེ་གྲུབ་མཐའི་ཁེ་ཕན་ལས་མཐོ་བའི་སློབ་གསོ་བཏང་སྟེ་གྲུབ་མཐའ་རིས་མེད་ཀྱི་རིག་གནས་ཤུལ་བཞག་ལ་བརྩི་འཛོག་དང་དོ་དམ་བྱེད་དགོས།

《རླངས་ཀྱི་པོ་ཏི་བསེ་རུ》ལས། "ལར་སྐྱེས་པའི་མིས་རང་གི་སྐྱེ་རྒྱུད་མ་ཤེས་ན། ནགས་ཁྲོད་ཀྱི་སྤྲེའུ་འདྲ། མི་རང་གི་ཚོ་འབྲང་མ་ཤེས་ན། གཡུ་འབྲུག་ཟོལ་མ་དང་འདྲ། ཡབ་མེས་ཀྱི་ཆེ་དགེ་ཡིག་ཚང་མ་ཤེས་ན། མོན་ཕྲུག་ཡལ་བོར་དང་འདྲ"[22]ཞེས་བྱུང་། བོད་རིག་པའི་ཞིབ་འཇུག་བྱ་བ་དེ་དུས་རབས་བརྒྱད་ཙམ་ཡ་ནས་བཟུང་རྣམ་པ་གསར་པ་དང་འཕེལ་རྒྱས་ཅུང་མགྱོགས་པའི་གནས་སྐབས་སུ་སླེབས་ཡོད། ཡིན་ནའང་འཛམ་གླིང་གི་བོད་རིག་པའི་ཞིབ་འཇུག་བྱ་བའི་འཕེལ་ཕྱོགས་དང་དེང་རབས་ལོ་རྒྱུས་འཕེལ་བའི་འགྲོས་དང་བསྡུར་ན་ད་དུང་ཤིན་ཏུ་མི་འཚམ་པས། ང་ཚོས་གཏེར་ཡིག་རིག་གནས་གཙོགས་ཆེན་དུ་བཟུང་ནས་ལོ་རྒྱུས་རིག་དངོས་མཐའ་དག་གིས་དེང་རབས་ཅན་གྱི་ཞིབ་འཇུག་ལ་ཞབས་འདེགས་ཞུ་འོས་པ་མ་ཟད། བསམ་གཞིག་གི་རིག་པ་གསར་པ་ཅན་དང་། ཞིབ་འཇུག་གི་ཐབས་ཤེས་གསར་པ་ཅན། ཤེས་རིག་ཚན་ཁག་སོ་སོ་སྤྱིལ་མའི་ངང་ཞིབ་འཇུག་བྱེད་མཁས་ཤིང་བསམ་བློ་འཆིང་རྒྱ་ལས་གྲོལ་བའི་ཞིབ་འཇུག་མི་སྣ་སྐྱེད་སྲིང་བྱས་ཏེ་བོད་རིག་པའི་ཞིབ་འཇུག་གི་བྱ་བ་མདུན་དུ་སྤེལ་དགོས།

གཏེར་ཡིག་ལ་སྲུང་སྐྱོབ་དང་དཀར་ཆག་བསྒྲིག་པ། ཞིབ་འཇུག་བྱ་རྒྱུ་དེ་བོད་ཀྱི་ཐུན་མོང་མ་ཡིན་པའི་རིག་གནས་སྲུང་སྐྱོབ་བྱེད་པའི་དོན་དག་གལ་ཆེན་ཞིག་ཡིན། རང་རེའི་བོད་པ་འདི་འཛམ་གླིང་མི་རིགས་སྤྱི་ལ་དཔེ་འཇལ་ནས་བཤད་ན་ཏ་ཙང་ཤེས་རིག་དར་སྤྱ་ཞིང་མི་གྲངས་མང་བ། དཔལ་འབྱོར་དང་ཚན་རིག་དར་རྒྱས་ཆེ་བའི་མི་རིགས་ཤིག་མ་ཡིན་ནའང་། གནས་བཅའ་སའི་ཡུལ་ཁམས་དང་ཆོས་ལུགས། ལོ་རྒྱུས། ཡུལ་སྲོལ་གོམས་གཤིས་སོགས་ཐུན་མོང་མ་ཡིན་པའི་ཁྱད་ཆོས་དང་ལྡན་ཕྱིར་འཛམ་གླིང་རིག་གནས་ཀྱི་ཁྲིམ་གཞིས་ཆེན་པོའི་ནང་མེད་དུ་མི་རུང་བའི་རིག་གནས་ཤིག་ཡིན། ད་ལྟའི་དུས་སུའང་བྱུང་ཟིན་དང་འབྱུང་བཞིན་པའི་གཏེར་གྱི་རིག་གནས་མང་པོ་མཐོང་ཞིང་། ཁྱད་པར་དུ་དེང་རབས་ཀྱང་ད་དུང་ཏུན་ཧོང་གཏེར་ཡིག་དང་ལི་ཡུལ་སྣང་རུའི་བྱེ་མ་ལས་ཐོན་པའི་ཁྲམ་བྱང་རྣམས་ཕྱོགས་སྒྲིག་དང་ཞིབ་འཇུག་ཆ་ཚང་བ་བྱེད་ཐུབ་མེད་པའི་ཐོག ད་དུང་ཡང་མདོ་དབུས་ཁམས་གསུམ་ནས་བཙན་པོའི་སྐབས་ཀྱི་གླེགས་བམ་ནང་བསྟན་གྱི་སྒྲོས་མི་འབྱུང་བ་བོན་ཆོས་མཐིང་ཤོག་བྲིས་མ་

གླེགས་བམ་སྟོང་ལ་ཉེ་བ་ལྷུང་དང་ཆུ་དང་མི་ཡི་ཟློས་སུ་གྱུར་པ་བདག་མིག་གིས་མཐོང་བས་འདི་ནི་ཡིད་སྐྱོ་བའི་རྣམ་པ་ཞིག་གོ །དེ་བས་བོད་ཀྱི་ས་གནས་སོ་སོར་ད་དུང་ཉེ་འོད་མ་མཐོང་བའི་གཏེར་གྱི་རིག་གནས་བསམ་གྱིས་མི་ཁྱབ་པ་ཡོད་སྲིད་པས། དཀར་ཆག་སྒྲིག་པ་དང་ཉར་ཚགས་བྱེད་པ། ཞིབ་འཇུག་བྱེད་པའི་ལས་འགན་འཁུར་ཟླ་ཞིང་གལ་འགངས་ཆེ་བས་མི་རིགས་རང་གཅེས་ཀྱི་སྙིང་དང་ལྡན་པ་རྣམས་ཀྱིས་དོ་སྣང་བྱེད་དགོས་སོ། །

མཆན།

[1] [3] [10] [11] [14] [15] [22]《གུ་བཀྲའི་ཆོས་འབྱུང་།》ཤོག་ངོས363、364、375、409、409、598、364པ་བཅས་སུ་གསལ།

[2]《དགེ་འདུན་ཆོས་འཕེལ་གྱི་གསུང་པོད་དེབ་གཉིས་པ།》ཤོག་ངོས50པར་གསལ།

[4]《སྦ་བཞེད།》ཤོག་ངོས76པར་གསལ།

[5] [6] [7] [8] [12] [13] [16]《བཀའ་ཐང་སྡེ་ལྔ།》ཤོག་ངོས535、153、153–165、166、194、533、227པ་བཅས་སུ་གསལ།

[9] [17] [18]《རྗེ་གྲུབ་བསྟན་པའི་ཉི་མའི་གསུང་རྩོམ་གཅེས་བསྒྲིགས།》ཤོག་ངོས172、134、145པ་བཅས་སུ་གསལ།

[19]《དགེ་འདུན་ཆོས་འཕེལ་གྱི་གསུང་པོད་དེབ་དང་པོ།》ཤོག་ངོས159པར་གསལ།

[20]《དེབ་ཐེར་དཀར་པོ།》ཤོག་ངོས269པར་གསལ།

[21]《རྒྱངས་ཀྱི་པོ་ཏི་བསེ་རུ།》ཤོག་ངོས7པར་གསལ།

《རྩེར་སྙེག》༢༠༠༧ལོའི་དེབ་བཞི་པ་ལས་བཏུས།

༄༅། །བོད་ཀྱི་དམངས་སྲོལ་ཆོས་ལུགས་ཀྱི་སྔོད་བཙུད་བཏང་སྣོམས་ཐད་ཀྱི་བསམ་བློའི་སྐོར་རགས་ཙམ་གླེང་བ།

གཅན་ཉི་གཞོན།

གླེང་གཞི།

འདིར་ཐོག་མར་གསལ་བཤད་ཅིག་བྱེད་འདོད་པ་ནི"དམངས་སྲོལ་ཆོས་ལུགས"ཞེས་པ་དེ་ཡིན་ཞིང་། དེ་ནི་སྐྱེ་འགྲོའི་ལུས་སྲོག་ལ་འཚེ་ཞིང་བར་དུ་གཅོད་པའི་ལྷ་ཀླུ་གཉན་བཙན་བསྐང་ཞིང་དགྲེས་བྱེད་ཀྱི་མདོས་དང་གླུད་ཀྱི་རིག་པ་སྟེ་གདོད་མའི་ཆོས་ལུགས་ཀྱི་ཆ་ག་ཙམ་ཞིག་དང་། ཡང་ན་ས་རྐྱ་རྡོ་སློག་གི་བཟོ་བཀོད་རྩོམ་པས་དབུ་སྣྲ་གསིལ་ལེན་གྱི་འདུ་བྱེད་སྐྱོང་བའི་བར་གྱི་བྱ་བྱེད་ཆེ་མ་ཆུང་གསུམ་མཐའ་དག་ལ་མོ་འདེབས་པ། ཕྲ་ཕབ་པ། རྟེས་རྒྱག་པ། ལྷ་འབེབས་པ། རྨི་ལམ་དང་སྣང་མཐོང་རྟེན་འབྲེལ་བརྟག་བྱེད་ཀྱི་ཆ་དང་ལྡན་པའི་བོན་ཆོས་རྐྱང་རྐྱང་ཞིག ཡང་ན་བདག་གཞན་མཉམ་བརྗེ་དང་མར་གྱུར་སེམས་ཅན་ལ་བྱམས་ཤིང་བརྩེ་བ། ལས་རྒྱུ་འབྲས་བརྩི་ཞིང་སྐྱེ་བ་ཕྱི་མ་ཁས་ལེན་པ། སྤངས་རྟོགས་ཀྱི་ཡོན་ཏན་གཉིས་དང་ལྡན་འདོད་ཀྱི་དམ་པ་ལྷ་ཆོས་འབའ་ཞིག་བཅས་གང་རུང་ལ་མཛུབ་མོ་བཙུགས་ཏེ་གཞི་གཅིག་གམ་ཡུལ་བྱེ་བྲག་པ་ཞིག་ལ་ངོས་འཛིན་རྒྱུ་མེད་པར་ལོ་རྒྱུས་ཀྱི་དུས་ཡུན་རིང་པོའི་བརྒྱུད་རིམ་ཁྲོད་གདོད་ཆོས་བོན་ལ་འདྲེས་ཤིང་། བོན་ཆོས་དམ་པ་ལྷ་ཆོས་ལ་འདྲེས་ཏེ་ཕན་ཚུན་གཅིག་ལ་གཅིག་འདྲེས་སུ་ཆགས་པར་མ་ཟད། བོད་མིའི་དམངས་ཁྲོད་ཀྱི་ཡུལ་སྲོལ་གོམས་གཤིས་དང་ངོ་བོ་དབྱེར་མེད་དུ་གྱུར་པའི་བོད་ཀྱི་སྲོལ་རྒྱུན་རིག་གནས་ཀྱི་གྲུབ་ཆ་གལ་ཆེན་དེ་ཡིན།

བསིལ་ལྡན་ལྗོངས་འདིར་ཤིན་ཏུ་དར་རྒྱུགས་ཆེ་བའི་དམངས་སྲོལ་ཆོས་ལུགས་དང་། བོད་རིགས་མི་དམངས་ཀྱི་ཡུལ་སྲོལ་གོམས་གཤིས་གཉིས་ག་ནི་ཆུ་དང་འོ་མ་འདྲེས་པ་ལྟར། ཆོས་ལུགས་སུ་བརྗོད་པའི་བྱ་བྱེད་དང་ཆོ་ག་མང་པོ་ཞིག་བོད་མིའི་དམངས་སྲོལ་དུ་འཕེལ་འགྱུར་བྱུང་ཞིང་། དམངས་སྲོལ་གྱི་བརྗོད་བྱ་གང་རུང་ཞིག་གི་ཐོག་མཐའ་བར་གསུམ་དུ་ཆོས་ལུགས་ཀྱི་དགོངས་པས་མ་བསླད་པ་ཞིག་འཚོལ་དཀའ་བས་ན། དེ་གཉིས་ནི་གསེར་དུམ་གཅིག་ནས་འཕྲེན་པའི་བདུད་རྩི་ལྟ་བུ་རེད་ཅེས་བརྗོད་

ཆོག་པར་མ་ཟད། ཚོག་བརྒྱ་མདོ་གཅིག་ཏུ་དྲིལ་ན་བོད་མིའི་འཚོ་བའི་ཕྱོགས་གལ་ཆེན་ཞིག་རེད།

ཚང་མས་ཤེས་གསལ་ལྟར། དུས་རབས་གསར་པའི་སྐྱ་རེངས་བུ་མོ་འཛུམ་དཀར་རབ་ཏུ་ངོམ་བཞིན་སླེབས་བྱུང་ལ། དུས་རབས་གསར་པའི་ནང་རང་རྒྱལ་གྱི་དཔལ་ཡོན་གཉིས་ཀྱི་འཛུགས་སྐྲུན་ལ་སྔོ་ཀུན་ནས་གྲུབ་འབྲས་ལྷ་ན་མེད་པ་ཐོབ་ཡོད་པས། རྒྱལ་ཡོངས་ཀྱི་མི་རིགས་ཁག་གི་མི་དམངས་ཚང་མ་སྔ་ན་མེད་པའི་ཕྱུགས་འདུན་བརྟན་པོ་ཞིག་དང་དགའ་བ་ཆེན་པོ་ཞིག་གིས་ལུས་ལ་སེམས་ཀྱི་ཆ་ཤས་སོ་སོ་ནས་བརྟས་འདུག

འོན་ཀྱང་གཞན་འཇིག་རྟེན་གྱི་བྱ་དངོས་མཐའ་དག་ལ་ཕྱོགས་ངོས་གཉིས་ནས་བལྟ་དགོས་པའི་ངེས་སྲོལ་ལྟར་དཔྱད་ན། དུས་རབས་གསར་པ་ཞིག་གི་འགོ་བཙམས་པའི་སྐབས་འདིར། མིའི་རིགས་ཀྱིས་རང་གི་འཚོ་གཞིས་སྐྱིད་པོ་རང་བྱུང་ཁོར་ཡུག་གི་ལང་ཚོ་ལ་ཤེས་མ་ཤེས་གང་ཉུང་གིས་གནོད་འཚེ་ཡང་ཡང་བཏང་སྟེ། རང་སྲོག་རང་གིས་གཅོད་ཉེན་ཆེ་བའི་འཇིགས་པ་ཞིག་དང་མཉམ་དུ་གོམ་འགྲོས་བསྒྱུར་བཞིན་ཡོད་དེ། དཔེར་ན"འཛམ་གླིང་སྟེང་ལོ་རེར་ཕལ་ཆེར་རྐྱ་ཞིང་སྤྱི་གྲུ་བཞི་མ་བྱེ་བ་གཉིས་དང་ས་ཡ་གཅིག་ལ་གནོད་སྐྱོན་ཐེབས་ནས་ས་བཙུད་ཤོར་བ་དང་། ནགས་ཚལ་སྤྱི་གྲུ་བཞི་མ་བྱེ་བ་གཅིག་དང་ས་ཡ་གཅིག་མེད་བརླགས་སུ་འགྲོ་ལ། རྫ་ས་སྤྱི་གྲུ་བཞི་མ་དྲུག་བརྒྱ་བྱེ་ཐང་ཅན་དུ་འགྱུར་བར་མ་ཟད། ལོ་རེར་ཆུ་སློགས་ཏུན་དུང་ཕྱུར་བཞི་སྟོང་ལྔ་བརྒྱ་གསོག་འབུད་བྱེད་ཀྱི་ཡོད་པ་སོགས་ཀྱིས་ཁོར་ཡུག་བཙོག་པོར་བཟོས་པ་ལྟ་བུ།"[1] དུས་རབས་ཉི་ཤུ་པའི་སྟོད་བཙུད་བཏང་སྟོམས་ཀྱི་བསླབ་བྱའི་ཚུལ་དུ་འང་གནས་ཚུལ་དེ་དག་གལ་པོ་ཆེ་ལ་ནན་ཏན་དང་། དམ་པའི་ཆོས་ལ་བརྒྱ་ཚར་གྱི་དཔེ་ལྟར་མང་དུ་བློ་ལ། དེ་དག་གི་ནང་དུ་མི་དང་སྲོག་ཆགས་གཞན་དག་ལ་གནོད་པ་ཅི་འདྲ་ཞིག་སྐྱེལ་ཡོད་པ་ནི་དཔགས་ན་ཤེས་ཐུབ། མཇུག་འབྲས་དེ་དག་ནི་རང་བྱུང་ཁམས་ཀྱི་སྲོག་དབང་འགགས་ཉེན་ལས་སྐྱེད་པའི་འཇིགས་པ་ཆེན་པོ་རེད།

ཐུན་གྱིས་འདི་ནས་དམངས་སྲོལ་དུ་གྲུབ་པའི་ཆོས་ལུགས་ཀྱི་དགེ་མཚན་གྱི་ཆ་ནས་སྟོད་བཙུད་བཏང་སྟོམས་ལ་གནོད་པའི་ཆ་བྱད་དག་ལ་བཅོས་ཐབས་ཐུན་བུ་ཞིག་ཨེ་ཡོང་གི་ཀུན་སློང་ཡག་པོས་ཁོར་ཡུག་སྲུང་སྐྱོབ་ལ་ཕན་པའི་གཏམ་གླེང་འགའ་ཞིག་བརྗོད་བསམ།

དང་པོ། རི་སྐྱེས་སྲོག་ཆགས་ལ་སྲུང་སྐྱོབ་བྱེད་དགོས་པའི་སྐོར།

རི་སྐྱེས་སྲོག་ཆགས་ལ་སྲུང་སྐྱོབ་བྱེད་དགོས་པ་ནི་དེང་གི་ཆར་འཛམ་གླིང་ཧྲིལ་པོའི་སྲོག་ཆགས་རིག་པ་བ་དང་། སྐྱེ་དངོས་རིག་པ་བ་དག་གི་རེ་འབོད་ལྟར་ཀུན་གྱི་འདོད་ཚུལ་གཞི་གཅིག་ཏུ་གྲུབ་འདུག དེས་ན་ཐུན་གྱིས་ཀྱང་འདི་ནས་རི་བོང་ཅལ་འདྲོགས་ཀྱི་བཟོ་ལྟ་དང་། "ཁྱི་རྣན་རྒྱ་བོ་ཟུག་པ་ན། །རྒྱུ་

མཚན་མེད་པར་གཞན་དག་རྒྱུག"པའི་བྱ་བྱེད་འཛིན་པ་མ་ཡིན་པར་བདག་མེད་སྤྲོག་ཆགས་གང་ཞིག་ཡིན་ཉུང་རིན་ཐང་གི་ཁྱད་པར་དང་ལུས་པོངས་ཆེ་ཆུང་ལ་བལྟོས་སུ་མེད་པར་དེ་ཚོས་འཛིག་རྟེན་ཁམས་ཀྱི་ཁོར་ཡུག་ལ་འབྱུང་བ་ཆེན་པོ་འཕོ་འགྱུར་མི་ཡོང་བའི་སྙོམས་སྒྲིག་གི་ནུས་པ་འདོན་པ་དང་། མི་ལ་སོགས་པར་གནོད་པའི་འབུ་སྲ་འགོག་པ། མི་ལ་སྨན་པའི་མཁའ་དབྱུགས་མཁོ་འདོན། འབྱུང་བ་ཆེན་པོའི་འཇིགས་ཉེན་འབྱུང་སྐབས་ཉེན་བརྡ་གཏོང་བའི་ཚོར་བ་ཤིན་ཏུ་རྣོ་བ་སོགས་ཀྱིས་འགྲོ་བ་མིའི་རིགས་ཀྱི་གློས་འཁེལ་གྱི་གྲོགས་པོ་མེད་དུ་མི་ཉུང་བ་ཞིག་ཡིན་པ་ཙུང་རྟོགས་ཡོད་པ་མ་ཟད། ཁོ་ཚོ་ནི་ས་གཞི་འདིའི་སྟེང་འཚོ་གཞིས་ཀྱི་དབང་ཐང་འཕྲོར་བ་ནས་བཟུང་རང་ནུས་འདོན་བཞིན་པའང་རྟོགས་ཡོད་དོ། །གལ་ཏེ་ཕྱིའི་སྣོད་ཀྱི་འཇིག་རྟེན་འདིའི་ཁབ་ཏུ་བདག་མེད་སྲོག་ཆགས་མེད་པར་བཟོས་པའམ་མེད་པར་གྱུར་ན་མིའི་རིགས་ལ་གནོད་པ་ཚབས་ཆེན་འབྱུང་ངེས་པ་དང་། དེ་ནི་རང་རེའི་མེས་པོ་གོང་མ་རྣམས་ཀྱིས་ཀྱང་ཐོག་མ་ནས་ཚོར་རྟོགས་བྱུང་ཡོད་ཕྱིར། དམངས་སྲོལ་ཆོས་ལུགས་སུ་འང་དེའི་སྐོར་གྱི་བསམ་བློ་མང་དུ་མཆིས་ཏེ། ཇི་སྐད་དུ། "སྡིག་པ་ཅི་ཡང་མི་བྱ་ཞིང་། །དགེ་བ་ཕུན་སུམ་ཚོགས་པ་སྒྲུབས། །"ཞེས་པའང་དགེ་བ་བསྒྲུབས་ལ་སྡིག་པ་སྤོང་དགོས་པའི་ཆོས་ལུགས་ཀྱི་གདམས་པ་ཟབ་མོའི་གཞུང་དུ་ཟད་ཀྱང་། ཕྱོགས་ངོས་གཞན་ཞིག་ནས་བལྟས་ན། དེ་ཙམ་དུ་མ་ཟད་སྲོག་བཅུད་བཏང་སྙོམས་ཀྱི་བསམ་བློ་དོན་སྙིང་ཅན་ཞིག་རེད་སྙམ། དེ་ལྟར་ཆོས་ལུགས་ཀྱི་དགོངས་དོན་དང་སྦྲགས་མར་མ་བརྗོད་ཚེ། གནའ་བོའི་དུས་སུ་མི་རྣམས་ཀྱི་བསམ་བློའི་ཆུ་ཚད་དམའ་བས་ཚན་རིག་ཅེས་པ་མེད་ལ་གནས་ལུགས་མང་པོ་ཞིག་ཀྱང་སྤྱི་བབ་ཙམ་ལས་མི་ཤེས་སྐབས། རང་ཉིད་ཐོག་མ་ནས་དད་འདུན་ཆེ་བའི་ལྷ་དང་། དེ་དང་མཐུད་ནས་བྱུང་བའི་ཆོས་ལུགས་ཀྱི་བྱ་བྱེད་ལ་དགའ་བ་དང་འཇིགས་སྐྲག་གི་ཚོར་འདུ་སྦྱོམ་ལ་དྲག་པས། དེ་དང་སྦྱར་ནས་སྤྲོས་པ་ཞིག་རེད་སྙམ།

དེ་ཡང་བོད་ཀྱི་དམངས་ཁྲིད་དུ། སྲོག་ཆགས་འཕྱི་བ་ལས"སྙོམ་པ་རྒྱ་རིལ"ཞེས་དགུན་གྱི་དུས་སུ་རང་གི་ཁུང་བུར་འཛུལ་ནས་དམིགས་པ་གཅིག་གཏད་ཀྱིས་སྒོམ་རྒྱག་གི་ཡོད་པར་བཤད་ལ། གཞན་དུང་མི་དང་འཕྱི་བ་གཉིས་ཀྱིས"མནའ་བཅད"དེ་མཆན་ཁུང་གི་ཤ་སྐྱི་ལེབ་མོ་རེ་ཡང་ཕན་ཚུན་བརྗེས་ཡོད་ཚུལ་གྱི་བཤད་པ་ཡོད། དེ་ནི་ཐྲན་གྱིས་བསམ་ན་ཚང་མས་ཤེས་གསལ་ལྟར་སྲོག་ཆགས་འཕྱི་བ་མི་དང་མནའ་བཅད་པ་མིན་ལ། སྒོམ་བརྒྱབ་ནས་ཆོས་སྒྲུབ་པ་ནི་དེ་བས་ཀྱང་མིན། དོན་དངོས་སུ་སྲོག་ཆགས་འཕྱི་བས་རྩྭ་ཐང་དང་རི་ལུང་དུ་གནོད་པ་བྱེད་བཞིན་པའི་ཕྱི་ལོང་དང་ཨ་བྲ་དག་ཟས་སུ་སྤྱོད་དེ། དེ་དག་གི་རྒྱུད་འཕེལ་ཚད་ལ་ཚོད་འཛིན་པའི་སྒོ་ནས་བཀག་རྒྱ་བཟོས་ཏེ་སྣོད་བཅུད་བཏང་སྙོམས་དང་ཆབས་ཅིག་རྩྭ་སའི་མེལ་ཚེ་བ་མཆོག་ཏུ་གྱུར་པ་ཞིག་ཡིན་པ་སྟེ་ནས་ཤེས་ཟིན་པའི་ཕྱིར་ན། མེས་པོ་གོང་མ་རྣམས་ཀྱི་ཐབས་ཤེས་དེ་དག་དང་སྦྲགས་འབྲེལ་བྱས་པ་རེད་ལ། དེ་དང་མཚུངས་

ཀྱི། སྤྲུལ་སྣང་ལྗོང་ནི་ལོ་གཅིག་གི་དུས་ཡུན་ནང་གི་མང་ཆེ་ཤོས་ཆུའི་ནང་དུ་གཞི་བཅོས་ཡོད་པ་དང་བསྟུན་ནས"ཀླུ"དང་གཞི་གཅིག་ཏུ་སྦྱར་ཏེ། ཀླུའི་རྒྱལ་པོའི་སྒོ་ཕྱུགས་ཡིན་ཚུལ་དང་། ཀླུའི་སྐྱུད་གཟུགས་ཡིན་ཚུལ་གྱི་བཤད་ཚུལ་ཡོད། དེའི་ཕྱིར་དེ་དག་གི་སྲོག་འཕྲོག་པའམ་དེ་དག་ལ་གནོད་འཚེ་བཏང་ན། གནོད་གཏོང་མཁན་ནམ་དེའི་ཡུལ་མི་རྣམས་ལ་ངན་ལན་གྱི་གཉན་ནད་འབྱུང་བའམ། ཡང་ན་གནོད་པ་གང་ཅུང་གིས་སྐད་ཅིག་ལ་འཆི་འགྲོ་སྐད། ཕྲན་གྱིས་བལྟས་ན་སྲོག་ཆགས་དེ་དག་གིས་ཀྱང་ཆུ་ནང་དང་དབྱར་དུས་སུ་རྫ་ཐང་ངམ་ཞིང་ནང་གི་གནོད་འབུ་མང་པོ་ཞིག་ཟས་སུ་སྤྱོད་དེ་གནོད་པ་ཕྱི་མ་འགོག་བཞིན་པར་མ་ཟད། སྡོང་བཅུད་བཏང་སྐྲོམས་ཀྱི་ཐད་དུ་ནུས་པ་ཆེན་པོ་འདོན་གྱི་ཡོད་པས། བོད་མི་རིགས་དང་བོད་མི་རིགས་རང་ཉིད་ཀྱི་འཚོ་བའི་བར་ཐག་དང་ཁད་ཏ་ཙང་ཉེ་བའི་ཀླུ་རིགས་དང་རྒྱ་དགར་དུ་མེད་པར་གཞི་གཅིག་ཏུ་སྦྱར་ཏེ་ཁོར་ཡུག་སྲུང་སྐྱོབ་ཀྱི་ཐབས་ལམ་བསྟན་པ་རེད་ལ། གཞན《རྩིས་ཀྱི་ལག་ལེན་ཉེར་མཁོ་བུམ་བཟང》ཞེས་པ་ལས་ཀྱང་། "ཡང་ན་མདོ་ཁམས་སྨད་འདིར་ནི། །ལྗོང་ནི་ས་ཁམས་ཤ་ལ་བླ། །འབྲུ་ནི་ཆུ་ཁམས་གཡག་ལ་བླ། །དབྲ་ནི་ལྕགས་ཁམས་རྐྱང་ལ་བླ། །སྒོ་ནི་མེ་ཁམས་ར་ལ་བླ། །སྐ་ནི་ཤིང་ཁམས་ལུག་ལ་བླ། །དེ་རྣམས་ཉུས་ཆེན་སྡེ་ལྔ་ཡིན། །"[2]ཞེས་པ་ལའང་ཞིབ་ཏུ་དཔྱད་ན་སྲོག་ཆགས་དེ་དག་ལྷ་ཉུ་བཀུར་བ་མིན་པར་རང་གི་འཚོ་བ་དང་འབྲེལ་འདྲིས་ཤིན་ཏུ་ཆེ་བའི་སྲོག་ཆགས་དེ་རིགས་བླ་ཐོག་ཏུ་བརྩིས་ཏེ་རང་བྱུང་ཁོར་ཡུག་དང་སྡོང་བཅུད་བཏང་སྐྲོམས་ལ་གཅེས་སྲུང་དང་དོ་སྣང་ཆེན་པོ་བྱེད་པའི་ཐབས་ལམ་ཞིག་ཏུ་སེམས་ཤིང་། དེ་མིན་ད་དུང་"སྲོལ་མའི་ལྷ་བྱ"ཞེས་དང་"མགོན་པོའི་ལྷ་བྱ"ཡུལ་ལྷ་གཞི་བདག་གི་སྒོ་ཕྱུགས་སམ་བཞོན་པ་ཡིན་ཞེས"ལྷ"གང་མང་དང་གཞི་གཅིག་ཏུ་སྦྱར་ནས་གནོད་འབུ་འགོག་པའི་འདབ་ཆགས་དང་འབྱུང་བ་སྐྱོམས་སྒྲིག་གི་སྲོག་ཆགས་མང་པོ་ཞིག་གསད་བྱར་མི་ཉུང་བར་སྲུང་དགོས་པ་དང་། རྫིང་ནས་ཉ་བསད་ཅིང་ཚང་ནས་སྒོང་ང་བླངས་ན་ད་ལྟ་ཉིད་དུ་གནོད་པ་སྐྱེལ་མཁན་དེའི་ཕ་མ་ཤི་འགྲོ་ཞེས་བྱིས་པ་རྣམས་ལ་སྐྲག་སྐུལ་བར་མ་ཟད། སྐྱེ་བ་ཕྱི་མ་དེ་ཉིད་དུ་དམྱལ་བ་མནར་མེད་དུ་སྐྱེ་ངེས་ཞེས་དམངས་སྲོལ་ཆོས་ལུགས་ཀྱིས་སྡོང་བཅུད་བཏང་སྐྲོམས་ཀྱི་ཐབས་ལམ་བསྟན་པ་སོགས་ཤིན་ཏུ་མང་ངོ་། །

གོང་དུ་བཤད་ཟིན་པར་གཞི་བཅོལ་ཏེ་ཡང་བསྐྱར་བསམ་གཞིགས་ཤིག་བྱས་ན། གོ་ལ་གཅིག་གི་པང་དུ་འཚོ་སྡོད་བྱེད་པའི་སྐྱེ་དངོས་སྲོག་ཆགས་ཀུན་གྱི་བར་དུ་ཕན་ཚུན་ཚོད་འཛིན་དང་། ཕན་ཚུན་འབྲེལ་བའི་རྒྱུ་འབྲས་ཏ་ཙང་གསལ། དེ་བས། མིའི་རིགས་ཀྱི་དོས་འཛིན་དང་ཤེས་རྟོགས་འབའ་ཞིག་ལ་བརྟེན་ནས། སྲོག་ཆགས་གནོད་ཅན་འདི་དང་ཕན་ལྡན་འདིའོ་ཞེས་བློ་ཐག་བཅད་ན་སྐབས་འགར་ནོར་འཛོལ་ཚབས་ཆེན་འབྱུང་སྲིད་ལ། སྡོང་བཅུད་བཏང་སྐྲོམས་ལ་གཏོར་བརླགས་ཆེན་པོའང་ཐེབས་སྲིད་དེ། དཔེར་ན། སྤྱང་ཀིས་མིའི་རིགས་ཀྱིས་འཚོ་སྐྱོང་བྱེད་བཞིན་པའི་རྟ་ནོར་ལུག་གསུམ་ལ་གནོད་འཚེ

གཏོང་གིན་འདུག་པས། བསམ་བྱ་གཞན་ཅི་ཡང་མེད་པར་འཇིག་རྟེན་སྟེང་གི་མི་མང་ཉོས་ཀྱིས་དགྲ་རུ་བཟུང་སྟེ། སྤྱང་ཀི་བསད་ན་བྱ་དགའ་སྟེར་བ་སོགས་ཀྱི་ལམ་ལུགས་གསར་བཅོས་བྱས་པ་སོགས་ཐབས་སྣ་ཚོགས་ལ་བརྟེན་ནས་ཚོད་མེད་དུ་བསད་པས། ཨ་བྲ་དང་ཕྱི་ལོང་ལ་ཁ་གནོན་མེད་སྐབས་རྩྭ་ཐང་དང་རི་ལུང་ན་བག་གིས་རྒྱུ་བའི་གཡང་དཀར་ལུག་ཁྱུ་དང་འདྲེས། རིམ་གྱིས་རྩྭ་ཐང་གི་བཀྲག་མདངས་ཇེ་ཞན་དང་ནོར་ལུག་གི་འཕེལ་ཁ་དམའ་རུ་འགྲོ་ལ། ཁྱུང་བུ་དང་ས་སྤུངས་ཀྱི་འཇིག་རྟེན་ཇེ་ཆེ་དང་ཨ་བྲ་དང་ཕྱི་ལོང་གི་འཕེལ་ཁ་ཇེ་མང་ནས་ཇེ་མང་དུ་ཕྱིན། སྐབས་དེ་དག་ཏུ་ད་དུང་མིའི་རིགས་ཀྱིས་ཉེ་ལམ་གྱི་ཁེ་ཕན་ཆུང་ངུར་དགོངས་ཏེ། རྩྭ་ཐང་རྒྱལ་པོར་དུག་རྫས་གཏོར་ནས་སྤྱང་ཀི་དང་ཨ་བྲ་སོགས་ཡེ་མེད་དུ་གཏོང་བསམས། དངོས་གནས་ཅང་མ་འགོར་བར་རྩྭ་ཐང་དུ་དུག་རྫས་ཀྱིས་ཤི་བའི་སྤྱང་ཀི་དང་ཨ་བྲའི་རོ་རྣམས་གཡས་ལོག་གཡོན་འཁྱིལ་གྱིས་བསིལ་བའི་ཚལ་ལྟ་བུར་གྱུར་ལ། མིའི་རིགས་ཀྱིས་དེ་དག་ལ་ལྟད་མོར་བལྟས་ཏེ་གད་མོ་དགོད་བཞིན་འདུག ངོན་ཀྱང་བློ་ཡུལ་ལས་འདས་པའི་དོན་རྐྱེན་ནི་གཅིག་མཇུག་གཉིས་མཐུད་དུ་བྱུང་བ་སྟེ། རོ་རུལ་ཟོས་པའི་བྱ་སྡག་ཁྱུ་དང་ཚོགས་བྱས་ནས་ཤི་ལ། དེའི་མུར་རྩྭ་ཐང་དང་རི་ལུང་དུ་འཁྱམས་ཤི་གཡེང་བའི་སྲོག་ཆགས་གཞན་དང་གཞན་རྣམས་ལའང་ཤི་རུལ་དང་རོ་དུག་གི་དུག་རྫས་ཕོག་ནས་སྲོག་དབང་འགགས། དེ་ལས་ཀྱང་ཚབས་ཆེས་ཆེ་བ་ནི། དུག་གནོད་གཅིག་ནས་གཅིག་ལ་འགོས་ཏེ་སྲོག་ཆགས་གང་མང་མང་ཞིག་ཁ་བཏགས་པར་བརྟེན། སྔོན་ཆད་བྱ་སྡག་གི་རུམ་ཟས་སུ་གྱུར་པའི་སོ་ལྟན་འབབ་འབུའི་རྒྱུད་མང་དུ་འཕེལ་ཞིང་། དེ་དག་གིས་རྩྭ་ཐང་གི་རྩྭ་རྩི་སྔ་ཚོགས་ལ་འཇོམ་བག་མེད་པར་གཏོར་བཤིགས་བྱེད་ལ། མིའི་རིགས་ཀྱིས་འཚོ་སྐྱོང་བྱེད་པའི་ནོར་ལུག་གིས་ཀྱང་རྩྭ་ཐང་དུ་འབབ་འབུའི་གནོད་པའི་ཤུགས་མི་བརྟན་པའི་གཟན་རྩྭ་ཟོས་ཚར་རྗེས་མུ་གེ་སེལ་ཐབས་སུ་རྩ་བ་ཡང་ཟོས་ཚར། དེའི་ཕྱིར། ཕྱིས་སུ་ས་དེ་གའི་ལང་ཚོ་ཕྱིར་སྐྱེད་པའི་རེ་བ་ཡེ་ནས་མེད་ལ། ད་ན་རྩྭ་ཆུ་འཛོམས་པའི་མཐའ་ཡས་རྩྭ་ཐང་ལ་རང་བྱུང་སྲོག་ཆགས་ཀྱི་སྲུང་སྐྱོབ་བྱེད་མཁན་ཡང་མེད་པས། ཡུལ་གྲུ་དེ་དག་སྙིང་རྗེ་བྲལ་བའི་འབྱུང་བའི་འཁོར་ཀླུང་གི་ཟས་སྐལ་དུ་ཐེབ་ཅིང་། རིམ་གྱིས་སྨུག་རྒྱུ་ཅན་པའི་བྱེ་ཐང་དུ་འགྱུར་བ་ལྟ་བུའོ། །དེར་བརྟེན་ཕྲན་གྱིས་བལྟས་ན། མིའི་རིགས་ཀྱིས་འདས་པའི་ལོ་རྒྱུས་བསླབ་བྱ་རུ་བཟུང་ཞིང་དུས་ད་ནས་བཟུམས་ཏེ། རི་སྐྱེས་སྲོག་ཆགས་སྲུང་སྐྱོབ་ལ་དོ་སྣང་དང་། དེའི་ཐད་ཀྱི་དགེ་མཚན་ལྡན་པའི་ཐབས་ཤེས་གང་ཡོད་བེད་སྤྱད་དེ་འཇིག་རྟེན་རྩིལ་པོའི་སྐྱེ་དངོས་སྲོག་ཆགས་ཀྱི་ཕན་ཚུན་འགལ་འབྲེལ་གྱི་རྗོད་སྒྲུབ་ལ་བརྩི་འཛོག་དང་དོ་སྣང་ཁ་མེད་དོན་གྱིས་བྱེད་དགོས། མདོར་ན། རང་བྱུང་ཁམས་རང་ཉིད་ཀྱི་གདམ་ག་ནི་ནམ་ཡང་བདེན་པར་གྲུབ་པ་དང་། ནོར་འཕྲུལ་བཟོ་མཁན་ནི་མིའི་རིགས་རང་ཉིད་པོ་ན་ཡིན་པའི་གནས་ལུགས་དེའང་སེམས་ལ་དམ་པོར་འཛིན་དགོས།

གཉིས་པ། གཙང་པོ་དང་རྫིང་བུར་སྲུང་སྐྱོབ་བྱེད་དགོས་པའི་སྐོར།

ཆུ་ནི་ཚེ་སྲོག་གི་རྟེན་གཞི་ཡིན་ལ། མིའི་རིགས་འཚོ་གཞིས་དང་འཕེལ་རྒྱས་ཀྱི་ཆེས་རྩ་བའི་རྨང་གཞི་དང་འབྱུང་ཁུངས་ཀྱང་ཡིན། གོ་ལའི་སྟེང་གི་ཚེ་སྲོག་སྣ་ཚོགས་ཆུ་དང་དབུགས་ཐེངས་གཅིག་ལའང་འབྲལ་ཐབས་མེད་དེ། སྐྱེ་དངོས་རིག་པ་བ་དང་སྲོག་ཆགས་རིག་པ་བའི་དཔྱད་འབྲས་ལྟར་ན། "གཟུགས་གཞི་ཐང་པོའི་སྐྱེ་པོ་ཞིག་གི་ལུས་སྟེང་དུ། ཆུའི་གསོག་ཚད་ཀྱིས་ལུས་པོའི་ལྗིད་ཚད་ཀྱི་བརྒྱ་ཆ་དྲུག་ཅུ་ཟིན་ཞིང་། ཉིན་མཚན་ཡུག་གཅིག་ལ་ཆུ་ཧའོ་ཧྲིན་ཉིས་སྟོང་ལྔ་བརྒྱ་ལུས་གཟུགས་སུ་གསོག་སྣོན་བྱས་ན། ད་གཟོད་ཚེ་སྲོག་གི་གསོན་ཤུགས་རྒྱུན་བསྲིངས་བྱེད་ཐུབ་པ་དང་། ཉ་ཞིག་གི་ལུས་སྟེང་གི་ཆུའི་ཆས་རང་གི་ལྗིད་ཚད་ཀྱི་བརྒྱ་ཆའི་བརྒྱད་ཅུ་ཟིན། གཞན་ད་དུང་གསར་དུ་བརྟག་མ་ཐག་པའི་སྦོ་ཚོད་དང་སིལ་ཏོག་གི་རིགས་ལ་མཚོན་ན། དེའི་སྟེང་གི་ཆུའི་གསོག་ཚད་ཀྱིས་རང་ཕྱོག་གི་ལྗིད་ཚད་ལས་བརྒྱ་ཆ་དགུ་བཅུ་ཟིན།"[3]ཞེས་སྨོམ་ཚིག་བཀོད་པ་ལྟར་རང་རེའི་མེས་པོ་གོང་མ་རྣམས་ཀྱིས་ཀྱང་ཆུ་ནི་ཚེ་སྲོག་གི་རྟེན་གཞི་དང་རང་བྱུང་ཁམས་ཀྱི་ཟུངས་ཁྲག་ཡིན་པ་ཤེས་ཏེ། དེར་གནོད་པ་གཏོང་མི་ཉན་པ་དང་གཅེས་སྲུང་དགོས་པའི་སྐོར་ལ་དམངས་གླུ་དང་ཁ་དཔེ་རུ། "ཆུ་དྭངས་མོ་ལྷ་ཡི་མཆོད་པ"ཞེས་པ་དང་། "ཕ་ཨ་ཁྲུ་གངས་རི་དཀར་པོ" "ལྷ་ཆབ་སྔོན་མོ" "བདུད་རྩིའི་ཆབ་རྒྱུན"ཞེས་ཆུ་ལ་ཕ་ཨ་ཁྲུ་ལྟ་བུའི་བརྩི་འཇོག་དང་། ལྷ་ལྷ་མོས་གནང་བའི་བདུད་རྩི་བཞིན་སྙན་པར་འབོད་པ་མ་ཟད། གནའ་ནས་དམངས་སྲོལ་ཆོས་ལུགས་སུའང་ཆུ་ལ་སྲུང་སྐྱོབ་ཀྱི་ཐབས་ལམ་ལ་འཛེམ་བྱ་མང་དུ་བསྟན་ཡོད་པ་སྟེ། ཆུ་མིག་དང་། མཚོ་རྫིང་། གཙང་པོ་ཆེ་ཆུང་སོགས་ལ་གད་སྙིགས་མི་ཕོ་བ་དང་། མི་གཙང་བ་མི་བཀྲུ་བ། ལྷག་པར་དུ་དམར་ཁྲག་དང་གཅིན་སྐྱག་འདོར་མི་རུང་བའི་ལུགས་ཀྱི་འགངས་ཆེན་སྲུང་བྱ་དག་ནི་ཆུང་བྱིས་པ་ཡན་ལ་ཁ་ཏ་བསླབ་བྱ་གཏོང་བའི་སྲོལ་བཟང་ཡོད། གལ་ཏེ་ལུགས་དང་འགལ་ན་ཆུ་ཁམས་ཧྲིལ་པོ་ཀླུ་ཡི་ཡུལ་དུ་བརྩི་བའི་བསམ་པའི་འདུ་ཤེས་ལྟར། ཀླུའི་ཡུལ་གྱི་ཕོ་བྲང་གཙོག་པར་བཟོས་པའམ་ཀླུ་ཡུལ་གྱི་འཚོ་བ་ལ་བར་ཆད་དང་དཀྲུགས་ཤིང་འཕངས་པ་ཡིན་པས། ལུགས་འགལ་དེ་ཉིད་ལ་སྐད་ཅིག་ཏུ་གཉན་ཚད་སོགས་ཀྱི་རིམས་ནད་གང་རུང་བྱུང་ནས་འཆི་ལམ་དུ་འཕེན་པར་མ་ཟད། ཡུལ་གྲུ་ཧྲིལ་པོར་ཆར་དུས་སུ་མི་འབབ་པར་ཐན་པ་འབྱུང་བ་དང་མུ་གེ་དང་རིམས་ནད་སྣ་ཚོགས་ཀྱིས་གནམ་གྱིས་ས་བཀབ་པ་ལྟར་ས་གཞི་ཧྲིལ་པོ་ཁེབས་པར་བཤད། དེ་བས་རྒྱུན་དུ་ཀླུ་རིགས་ལ་བསྟུན་ཤེས་དང་བཀུར་ཤེས་ཀྱིས་མཚོ་རྫིང་སོགས་ལ་ཀླུ་སྨན་འདེབས་པ་དང་། ཀླུ་གཏོར་འཕེན་པ་སོགས་ཀྱི་སྲོལ་ཡང་ཡོད་དོ། །

དེ་དག་ཐམས་ཅད་ནི་དངོས་གནས་དེ་འདྲ་ཞིག་ཡིན་མི་སྲིད་ཀྱང་། གནའ་དུས་ཀྱི་མི་རིགས་

རང་ཉིད་ཀྱི་བསམ་བློའི་ཚུ་ཚད་དང་སེམས་ཁམས་གནས་སྟངས་ལ་གཞིགས་ཏེ་ཐབས་ལམ་བསྟན་པ་ཡིན། ཡིན་ནའང་དམངས་སྲོལ་ཆོས་ལུགས་དེ་ནི་མི་རིགས་ཤིག་གི་རིག་གནས་ཀྱི་སྣང་ཚུལ་ཞིག་དང་། རིག་གནས་ཀྱི་སྣང་ཚུལ་ཞིག་ལ་བརྟེན་ནས་ཆགས་པའི་འདུ་ཤེས་ཤིག་གི་སྟོམ་བྱུང་ཡིན་པས། བསམ་བློ་རྙིང་པ་དང་སྲོལ་རྒྱུན་ཉུལ་པ་ཟེར་ནས་ཡོངས་རྫོགས་གད་སྙིགས་སུ་འདོར་རྒྱུང་བྱེད་མི་ཉུང་། དེ་ལྟ་ན་ཐྲན་གྱི་བསམ་པར་དེང་གི་དུས་འདིར་ཚན་རིག་གི་མཛུབ་སྟོན་འོག་དམངས་སྲོལ་ཁྲིད་ཀྱི་དགེ་མཚན་ལྡན་པའི་བསམ་བློར་སྙིགས་འདོར་བཅུད་ལེན་བྱས་ཏེ་ཇིང་དང་གཙང་པོ་ལ་སྲུང་སྐྱོབ་མ་བྱས་ཆོ། ཚ་དམྱལ་གྱི་འཇིགས་པ་མིའི་རིགས་ཀྱི་མགོ་ཐོག་ཏུ་སླེབས་པར་ཡང་ཐག་མི་རིང་སྙམ་སྟེ། དཔེར་ན། སྤྱི་ལོ1992ལོར། མཉམ་འབྲེལ་རྒྱལ་ཚོགས་ཀྱིས་ཏུའུ་པོའོ་ལིང(都柏林)ནས་འཚོགས་པའི་ཆུ་དང་ཁོར་ཡུག་གི་གནད་དོན་ཐད་ཀྱི་རྒྱལ་སྤྱིའི་གྲོས་ཚོགས་སྐྱེང་ཆེད་ལས་མཁས་པས་བསྟན་དོན། "འཛམ་གླིང་གི་ཆུའི་དགོས་མཁོའི་ཚད་བཟོ་ལས་གསར་བརྗེ་དང་བསྟུན་ནས་ཇེ་མཐོར་འགྲོ་བཞིན་ཡོད་ལ། འཛམ་གླིང་གི་གྲོང་ཁྱེར་སོ་སོ་ཉ་ཉིན་རེའི་མིའི་རིགས་ཀྱི་གཅིན་སྐྱག་གིས་བཙོག་བསྒྱུར་བྱས་པའི་ཆུ་ཏུན་ས་ཡ་གཉིས་ལ་སླེབས་ཤིང་། དེའི་ནང་གི་བརྒྱ་ཆ་གཉིས་སྔར་གཙང་བཟོ་བྱེད་པ་ལས་ལྷག་མ་ཐམས་ཅད་དྲི་མེད་ཀྱི་གཙང་པོར་བཞུར་གྱིན་ཡོད། བཟོ་ལས་དང་ཁྱིམ་ཚང་ནས་ཕྱིར་འདོར་བའི་བཙོག་ཆུ་རང་བྱུང་ཁམས་རང་ཉིད་ནས་སྔར་གསོའི་བརྒྱུད་རིམ་གྱི་ཁག་ལེན་ཚད་ལས་ཆེས་ཆེར་བརྒལ་ཟིན་པས། རང་བྱུང་ཁོར་ཡུག་དང་སྔོད་དམངས་ཀྱི་བདེ་ཐང་ལ་སྔོ་ན་མེད་པའི་འཇིགས་པ་སྐྱེལ་འོངས་ལ། གྲོང་ཁྱེར་ཁ་ཤས་དང་ཁྲིད་པར་དུ་ཞིའི་རྫིན་པའོ་ལའོ་ཝུ། བཙོག་བསྒྱུར་བྱས་ཟིན་པའི་ཆུ་སྙིགས་ཀྱི་བཞུར་རྒྱུན་རང་བྱུང་གཙང་པོའི་བཞུར་རྒྱུན་གྱི་ཚད་དང་དབྱེར་མེད་དུ་མཆིས། འཕེལ་རྒྱས་ཁྲིད་ཀྱི་རྒྱལ་ཁབ་དག་གི་བརྒྱ་ཆ་བརྒྱད་ཅུའི་ནད་པ་དང་། འཆི་འཕོར་འགྱུར་བའི་བརྒྱ་ཆ་སོ་གསུམ་གྱི་མི་ཐམས་ཅད་ཆུ་དཀོན་ཞིང་ཆུའི་ངོ་བོ་མི་གཙང་བས་བཟོས་པ་རེད།"[4]ཅེས་པའི་སྟོམ་ཚིག་དེ་ནི་མིའི་རིགས་ཀྱིས་ཆུ་ལ་སྲུང་སྐྱོབ་དང་སྤྱོད་ཤེས་བྱེད་དགོས་པའི་གཉིད་དཀྲོགས་ཀྱི་ཅོང་སྒྲ་དང་། བྱ་བྱེད་ཀྱི་ལུང་བསྟན་རེད།

དེ་ཡང་རང་རེའི་ཀྲུང་གོ་རྒྱལ་ཁབ་ཀྱང་འཛམ་གླིང་དུ་ཆུ་དཀོན་པའི་རྒྱལ་ཁབ་བཅུ་གཉིས་ཡོད་པའི་ནང་གི་གཅིག་ཡིན་པར་མ་ཟད། སྤྱི་ལོ1995ལོར་རྒྱལ་ཡོངས་ཀྱི་གཙང་པོ532ལ་བཙོག་བསྒྱུར་བྱས་ཡོད་མིན་གྱི་གནས་ཚུལ་ལ་རྟོག་དཔྱོད་བྱས་པ་ལྟར་ན། དེའི་ནང་གི་གཙང་པོ436ལ་ཚད་མི་འདྲ་བའི་སྒོ་ནས་བཙོག་བསྒྱུར་གྱི་གནོད་པ་ཐེབས་པ་སྟེ། དཔྱད་འབྲས་སྤྱི་གྲངས་ཀྱི་བརྒྱ་ཆ་གྱ་གཉིས་ཟིན་འདུག་པར་བཤད། དེར་བརྟེན་ང་ཚོས་སྐབས་བསྟུན་གྱིས་ཚན་རིག་དང་མཐུན་པའི་སྒོ་ནས་ཕྱོགས་གང་ཐད་ཀྱི་དགེ་མཚན་འདོན་སྤེལ་བྱས་ནས་རང་བྱུང་གི་མཚོ་ཇིང་དང་ཆུ་མིག་གཙང་པོ་དག་ལ་སྲུང་སྐྱོབ་གང་ལེགས་བྱེད་དགོས། གལ་ཏེ་ཁོར་ཡུག་བཙོག་བསྒྱུར་དང་གཏོར་བརླག་གི་བྱ་བྱེད་སྣ་ཚོགས་ལ་བཀག་སྡོམ་རྣལ་

མ་ཞིག་གིས་རང་བྱུང་གི་སྡོད་བཅུད་རྩིས་པོར་སྒོམས་སྤྲིག་ལེགས་པོ་ཞིག་མ་བྱས་ཚེ། མིའི་རིགས་ཀྱིས་ཆེས་མཇུག་མཐར་མཐོང་ཐུབ་པའི་རྒྱ་ཐིགས་གཅིག་པོ་ནི། རང་ཉིད་ཀྱི་མིག་ཀོང་ལས་བཞུར་བའི་མཆི་མ་འབབ་ཞིག་ལས་མ་འདས་སྙམ་མོ། །

གསུམ་པ། ནགས་ཚལ་ལ་སྲུང་སྐྱོབ་བྱེད་དགོས་པའི་སྐོར།

"གདོད་མའི་དུས་སུ་གོ་ལ་འདིའི་སྐམ་སའི་སུམ་ཆ་གཉིས་ནི་ནགས་ཚལ་གྱིས་གཡོགས་འདུག"[5] ཅེས་པ་ལྟར། གནའ་དུས་སུ་གོ་ལ་འདི་ནི་དངོས་གནས་ལྗང་མདོག་གི་འཛིག་རྟེན་ཞིག་ཡིན་པར་ངེས། མིའི་རིགས་ནི་ཐོག་མ་ནགས་ཚལ་ནས་འོངས་པའི་ཕྱིར་ན་ནགས་ཚལ་ལ་དགའ་བ་དང་དད་པ་བླ་ན་མཐོ་བ་ཡོད་པ་རེད་ཅེས་ནའང་མི་ཆོག་པ་མེད་མོད། འོན་ཀྱང་མིའི་རིགས་ཀྱིས་ནགས་ཚལ་ལ་སྲུང་སྐྱོབ་དང་སྲུང་སྐྱོབ་ཀྱི་འདུ་ཤེས་ཆེ་ནས་ཆེ་རུ་འགྲོ་བ་ནི། དོན་དངོས་སུ་ལྗོན་ཤིང་སྣ་ཚོགས་ལ་ཨེར་དབྱང་ཧྲ་ཐེན་གྱི་དུག་རྫས་འཛིན་ རྟུབ་དང་དུག་སེལ་གྱི་ནུས་པ་ཡོད་པ་མ་ཟད། གསོ་བྱེད་དབྱང་དབུགས་གསོག་འཛོག་དང་ཕྱིར་གཏོང་གི་ནུས་པའང་ཡོད་དེ། ཚན་རིག་གི་དཔྱད་འབྲས་ལྟར་ན། "སྨི་གྲུ་བཞི་མ་ཁྲི་གཅིག་གི་ས་ཁེབས་པའི་ལྗང་ལོའི་ཚོགས་ཀྱིས། ཉིན་གཅིག་ལ་ཨེར་དབྱང་ཧྲ་ཐེན་ཏུན་གཅིག་འཛིན་རྟུབ་བྱེད་ཐུབ་པ་དང་། དབྱང་དབུགས་ཏུན་གཅིག་མེད་ཐིག་ཆོག་བདུན་གསུམ(0.73吨)ཕྱིར་གཏོང་བྱེད་ཐུབ།"[6] ཅེས་དང་། གཞན་ནགས་ཚལ་གྱིས་ཐལ་རྡུལ་སྣ་ཚོགས་བཀག་སྡོམ་དང་དྭངས་སྙིགས་འཚག་འབྱེད་བྱེད་ཐུབ་པས། ནགས་ཚལ་ལ"རང་བྱུང་རྡུལ་ལེན་འཕྲུལ་ཆས"ཞེས་བརྗོད་འོས་ལ། ཁོར་ཡུག་གི་མི་གཙང་དྲི་ངན་དང་མཁའ་རླུང་ཁྲོད་ཀྱི་གནོད་འབུའི་གྲུབ་རྒྱུ་ཡི་ཆ་ཤས་དག་གཙང་སེལ་གྱི་ཡོན་ཏན་དང་ལྡན་པས། རིམས་ནད་སྣ་ཚོགས་སྔོན་འགོག་བྱེད་པའི་ལྷ་རྫེའི་ཕྱུག་གི"རིམས་འགོག་སྨན་ཁབ"ཅེས་ཀྱང་བརྗོད་ཆོག་ལ། མིའི་རིགས་ནགས་ཚལ་ལ་དགའ་བའི་མཐར་ཐུག་གི་རྒྱུ་རྐྱེན་ཡང་དེའོ། །བོད་མི་རིགས་ཀྱི་དམངས་ཁྲོད་དུའང་ནགས་ཚལ་ལ་སྲུང་སྐྱོབ་བྱེད་པའི་བསམ་བློ་ཤིན་ཏུ་ཕྱུག་པོའི་ལྷ་སྲུང་འདི་འདྲ་ཞིག་ཀྱང་མཆིས་ཏེ། "ཕྱི་སྣོད་ཀྱི་ཤིང་སྡོང་ཆེན་པོ་དག་གིས་གནམ་ཡར་བཏེགས་ནས་ཡོད་ལ། གལ་ཏེ་ནགས་ཚལ་ལ་གནོད་འཚེ་བཏང་བ་ན། སྐད་ཅིག་ལ་གནམ་རྫེབ་སྟེ་རང་བྱུང་ཁམས་དང་མིའི་རིགས་ཐམས་ཅད་སྡེབ་གཅིག་ཏུ་བརླགས་ངེས།"ཞེས་པའོ། །ཇོ་མ་བཤད་ན་སྔྲུང་ཐུང་དེས་ཀྱང་རང་མི་རིགས་འདིས་གནའ་ནས་ནགས་ཚལ་ལ་སྲུང་སྐྱོབ་ཀྱི་ཐབས་ལམ་སྣ་ཚོགས་པ་ཞིག་སྲུད་ཡོད་པ་གཞི་ནས་རྟོགས་ཐུབ་ལ། གཞན་ད་དུང་རྔ་དང་རྩི་ཤིང་འབལ་འབྲེག་གཅོད་གསུམ་མི་བྱེད་པའི་ཐབས་ལའང་དམངས་སྲོལ་ཆོས་ལུགས་ཀྱི་དགོངས་པ་དང་སྦྱར་ནས་མང་དུ་བསྟན་ཡོད་པ་སྟེ། "ཤིང་ཡར་སྐྱེས་ཤིག་ལ་མི་སྲོག་གཅིག"ཅེས་པར་ཆོས་ལུགས་ཀྱི་གཞུང་ལུགས་དང་སྤྱི་ཚོགས་ཀྱི་ཐོབ་ཐང་ལྟར་བསམ་གཞིགས་རེ་བྱས་

ན། ཉེས་ཅན་དང་སྡིག་ལས་ཐམས་ཅད་ཀྱི་གྲུས་ངན་ཉེས་པ་ཆེས་ལྷིད་པ་དང་རྣམ་སྨིན་ཆེས་སྡུག་པོ་དལ་འབྱོར་གྱི་མི་ལུས་རིན་པོ་ཆེའི་སྲོག་བཅད་པས་ནའོ། །

དེ་བས་བོད་ཀྱི་དམངས་སྲོལ་ཆོས་ལུགས་ཀྱིས་བོད་མིའི་བསམ་བློའི་འདུ་ཤེས་དང་འཚོ་བའི་གོམས་སྲོལ་གྱི་བག་ཆགས་ལྟར། ཤིང་ཡར་སྐྱེས་ཤིག་དང་མིའི་ཚེ་སྲོག་ཅིག་གི་རིན་ཐང་གཉིས་འདྲ་མཚུངས་སུ་བརྩིས་ཏེ་ནགས་ཚལ་ལ་མིའི་ཚེ་སྲོག་བཞིན་སྲུང་སྐྱོབ་བྱེད་དགོས་པའི་འདུན་པ་དྲག་པོའི་ཐབས་མཆོག་ཅིག་མངོན་པར་བརྟན་པ་ལས། དོན་དངོས་སུ་དེ་གཉིས་དེ་འདྲའི་ངོ་བོ་དབྱེར་མེད་དུ་མི་སྲིད་པ་ནི་ཀུན་གྱིས་ཤེས་གསལ་ལྟར་རོ། །དེ་མིན་ད་དུང"ལྷ་ཤིང་བྲག་དང་རི"ཞེས་དང་། "ཀླུ་ཤིང་ཆུ་དང་གྲོང"ཞེས་པའང་ཕྱི་རོལ་བྲག་དང་རི་ན་རྒྱས་པའི་ནགས་དང་། ཉེ་འཁོར་ཆུ་དང་གཞིས་སུ་བཙུགས་པའི་ཤིང་སྡོང་གང་ཡིན་ཡང་རང་བྱུང་ཁོར་ཡུག་སྐྱོམས་སྒྲིག་ལ་ནུས་པ་འདོན་བཞིན་ཡོད་པས། ལྷ་ཡི་ཤིང་དང་ཀླུ་ཡི་ཤིང་ཞེས་བོད་མིའི་འཚོ་བ་དངོས་དང་དབྱེར་མེད་དུ་འདྲེས་པའི་ལྷ་ཀླུའི་རིག་གནས་དང་སྦྲུར་ནས་འཛིགས་པ་སློང་བ་ལས་དོན་དམ་དུ་རི་ལུང་ཡུལ་གྲུ་དང་ཕྱི་ནང་ཁོར་ཡུག་ཐམས་ཅད་ཀྱི་འབྲས་ལྡན་གྱི་ཤིང་དང་འབྲས་མེད་ཀྱི་ཤིང་གང་ཡིན་རུང་སྲུང་སྐྱོབ་བྱེད་དགོས་པའི་ཐབས་ལམ་ཞིག་རེད་ལ། ཆེས་ཐོག་མའི་སྐབས་ཀྱི་བསམ་བློའི་སློབ་གསོའི་ནང་སྙིང་ཡང་རེད་ཅེས་ཀྱང་བརྗོད་ཆོག་སྙམ། དེ་དང་མཚུངས་སུ། "ལྷ་རྫས་མེ་ཏོག"དང་། "ལྷ་ཤིང་ཤུག་པ" "ཐེའུ་ཤིང་ཚེར་མ" "བཙན་ཤིང་འོམ་བུ"ཞེས་བརྗོད་པ་ཐམས་ཅད་ཀྱང་གོང་དུ་བཤད་ཟིན་པ་ལྟར་དམངས་སྲོལ་ཆོས་ལུགས་ཀྱིས་རྩྭ་རྩི་ཤིང་སྲུང་སྐྱོབ་བྱེད་པའི་ཐབས་ལམ་ཞིག་བསྟན་པ་མ་གཏོགས། ལྷ་དང་ཀླུ་སོགས་ལ་མེ་ཏོག་དང་རྩི་ཤིང་རེ་རེ་ནས་ཆེད་དུ་མེད་པ་ནི་དངོས་ཡོད་ལས་གསལ་རྟོགས་བྱུང་ཐུབ་མོད། འོན་ཀྱང་ནགས་ཚལ་ལ་སྲུང་སྐྱོབ་བྱེད་པའི་ཚན་རིག་གི་དགོངས་པའི་ཆའི་ཐོག་མཐའ་སྲོལ་རྒྱུན་ནས་བརྩམས་པ་ཞིག་ཡོས་ཡིན་སེམས། གཞན་ཡང་བོད་ཀྱི་དམངས་སྲོལ་དུ"དཔའ་མཁར་བརྩིགས་པ"ཞེས་ལབ་ཙེ་བསྐྱོད་པའི་ཚེ་ན། ཤིང་གིས་ལས་སྟོན་བྱས་པའི་མདའ་མདུང་གྲི་གསུམ་གྱིས་བསྐྱོད་དགོས་ལ། དེར་ཡང་ཕོ་ཤིང་དང་མོ་ཤིང(འབྲས་ལྡན་གྱི་ཤིང་དང་འབྲས་མེད་ཀྱི་ཤིང)ཞེས་ཤིང་ལ་རིགས་གཉིས་སུ་ཡོད་པ་ལྟར། ཕོ་ཤིང་གིས་ལབ་ཙེ་བསྐྱོད་རུང་ལ་མོ་ཤིང་གིས་མི་རུང་ཞེས་པའི་བཤད་ཚུལ་ནི། ཕྲན་གྱིས་བསམས་ན་ལབ་ཙེ་བསྐྱོད་པའི་གཞུང་ལུགས་ཀྱི་གསང་རྒྱུ་དམ་པོ་ཞིག་དང་ལྷ་ཆོས་རིག་གནས་ཀྱི་གནས་ལུགས་ཡན་གར་བ་ཞིག་མིན་པར་གཙོ་བོ་འབྲས་ལྡན་གྱི་ཤིང་སྡོང་བཅད་ན་ནགས་ཚལ་འཕེལ་རྒྱས་ལ་གནོད་སྐྱོན་ཐེབས་པའི་ཚད་ནི། འབྲས་མེད་ཀྱི་ཤིང་ལས་ཚབས་ཆེ་ཕྱིན། རུང་མི་རུང་གི་གདམ་ཀའི་ཐབས་ལམ་བརྟན་ཏེ་གཙོ་ཕལ་གྱི་གཞི་གསལ་པོར་ཕྱེ་བ་རེད་སྙམ།

"ད་ལྟ་འཛམ་གླིང་སྟེང་དུས་ཚོད་སྐར་ཆ་རེར་ནགས་ཚལ་སྡི་གྲུ་བཞི་མ་ཉེར་གཅིག་མེད་བརླགས་

སུ་འགྲོ་ལ། དེ་ལྟར་བརྩིས་ན་ལོ་གཅིག་གི་དུས་ཡུན་དུ་ཕལ་ཆེར་སྤྱི་གྲུ་བཞི་མ་ས་ཡ་གཅིག་དང་བྱེ་བ་གཅིག་མེད་བརླགས་སུ་འགྲོ་གི་ཡོད་"[7]ཅེས་གསུངས་པ་ལྟར་ན། མི་འགྱངས་པར་ང་ཚོར་ལྦང་མདོག་གི་ལྷམ་ར་དང་ནགས་ཚལ་ཡོད་མི་སྲིད་ལ། གཡུ་མདོག་གི་གནམ་ངོ་དང་བདེ་ཐང་གི་གཟུགས་གཞི་ནི་དེ་བས་ཀྱང་ཡོད་མི་སྲིད།

བཞི་པ། རི་བྲག་དང་ས་གཞི་ལ་སྲུང་སྐྱོབ་བྱེད་དགོས་པའི་སྐོར།

ཚང་མས་ཤེས་གསལ་ལྟར། མིའི་རིགས་འཛིག་རྟེན་དུ་ཐོག་མར་རྟོག་པ་བཞག་པ་ནས་བཟུང་རྩི་ཤིང་སྣ་ཚོགས་ཀྱི་རྩ་བ་དང་འབྲས་བུ་འཚོལ་བསྡུ། རྔོན་ལས་ཀྱི་འཚོ་ཐབས་སོགས་ལ་བརྟེན་ནས་རང་བྱུང་ཁོར་ཡུག་གི་ཐོག་སྒོ་གསར་པ་ཕྱེས་ཤིང་བེད་སྤྱོད་བྱེད་བཞིན་ཡོད་ལ། དེ་དང་མཚུངས་སུ་རྟོག་པ་འཛོག་ས་དང་མགོ་བོ་སྟུས་སའི་སྟོད་ཀྱི་འཛིག་རྟེན་ལ་གནོད་པའང་སྐྱེལ་བཞིན་ཡོད། ཁྱད་པར་དུ་དུས་རབས་ཉི་ཤུ་པ་ནས་བཟུང་བཟོ་ཞིང་གཏེར་ལས་སོགས་ཀྱི་ལས་རིགས་སོ་སོ་ནས་ཐོན་སྐྱུབ་གསར་པའི་གྲུབ་འབྲས་ཕོ་ནར་གཞིགས་ཏེ། རྫ་ཐང་ས་རྐོད་དུ་སློག་པ་དང་། ཕྱུགས་ཟོག་ཚད་བརྒལ་གྱིས་འཚོས་པ། གཏེར་ཁུངས་ཚོད་མེད་ཀྱིས་སློག་པ་བཅས་སའི་གོ་ལའི་སྲོག་དབང་ལ་གནོད་ཅིང་རང་ནུས་ལས་བརྒལ་བའི་ལས་སྒྲོར་ག་ས་གང་དུ་བརྩམས་ཤིང་། རང་བྱུང་ཁོར་ཡུག་གི་གདོད་མའི་བཀོད་སྒྲོམས་ལ་གཏོར་བརླགས་དང་ས་བཅུད་ཉམས་པའི་སྣང་ཚུལ་ཡང་ང་བ་བྱུང་བར་བརྟེན། ལོ་རྒྱུས་སྟེང་གི་རིག་གནས་གནའ་ཤུལ་དང་། གནའ་བོའི་སྟོབས་ལྡན་གྲོང་ཁྱེར། སྙན་པ་ཆེ་བའི་དར་གོས་འཕྲུང་ལམ་སོགས་ས་ཁུལ་མི་ཉུང་བ་ཞིག་ཀྱང་ད་ལྟ་བྱེ་མའི་དུར་ན་བག་ལ་ཞ། དེ་བཞིན་ས་ཁམས་གཤེར་གཟུགས་དང་བྲལ་ན། བཟོ་ཞིང་ལས་རིགས་སོ་སོའི་ཆུ་བེད་དང་མིའི་རིགས་ཀྱི་བཏུང་ཆུ་སོགས་ཀྱི་འབྱུང་རྩ་ཆད་ཅིང་། གཤེར་ལྡན་སའི་ཁམས་ཀྱིས་དུག་རྫས་འཛིབ་རྟུབ་དང་དུག་སེལ་གྱི་ནུས་པ་ཐམས་ཅད་ཀྱང་རང་ཤུགས་སུ་ཤོར། གཤེར་ལྡན་གྱི་སའི་ཁམས་ནི་རང་བྱུང་ཁོར་ཡུག་རྩིལ་པོར་མཚོན་ནས་བཤད་ན། མིའི་ཁོག་པའི་མཁལ་མ་དང་མཚུངས་པར་གནོད་དུག་སེལ་བའི་ནུས་པ་དང་ལྡན་ཞིས་པའང་ཟེར་སྲོས་ཙམ་དུ་ཟད་དོ། །

མིག་སྔར་རང་བྱུང་ཁོར་ཡུག་གི་ཉམས་དམས་སུ་འགྲོ་བཞིན་པའི་གནས་བབ་ལྟར་དཔྱད་ན། རྩྭ་ཞིང་འཕྲུལ་ཆས་དང་། ཞིང་སྨན། ལུད་རྫས་སོགས་བབ་བསྟུན་ཐབས་སྤྱོད་མ་བྱས་པར་ཚོད་མེད་དུ་སྤྱད་པར་བརྟེན། "འཛམ་གླིང་སྟེང་རྩྭ་ཞིང་གིས་དུས་ཚོད་སྐར་ཆ་རེར་ས་ཁམས་སྤྱི་གྲུ་བཞི་མ་བཞི་བཅུ་ལ་གནོད་སྐྱོན་གཏོང་བ་དང་། ལོ་རེར་ཕལ་ཆེར་ས་ཁམས་སྤྱི་གྲུ་བཞི་མ་བྱེ་བ་གཉིས་དང་ས་ཡ་གཅིག་ལ་གནོད་སྐྱོན་གཏོང་གི་ཡོད་"[8]ལ། མདོར་ན། རང་བྱུང་ཁམས་ལ་གནོད་པ་བྱས་དྲགས་པས། "བྱེ་རྡུལ་གྱིས་

དུས་ཚོད་སྐར་ཆ་རེར་ས་ཁམས་སྙི་གྲུ་བཞི་མ་བཅུ་གཅིག་བྱེ་ཐང་ཅན་དུ་བསྒྱུར་ཅིང་། ལོ་རེར་ཕལ་ཆེར་ས་ཁམས་སྙི་གྲུ་བཞི་མ་ས་ཡ་དྲུག་བྱེ་ཐང་ཅན་དུ་བསྒྱུར་བཞིན་ཡོད།”[9] དེ་བཞིན་རང་རྒྱལ་གྱི་མངའ་ཁོངས་སུ་ལོ་རེར་རྡུ་ས་སྙི་གྲུ་བཞི་མ་ཉིས་ཁྲི་ལྷག་ཛེ་ཞན་དུ་འགྲོ་བཞིན་ཡོད་པ་དང་། དེ་འདྲའི་འཇིགས་པ་ཆེན་པོ་དག་ལ་བསམ་གཞིགས་དང་། ཞོར་དུ་བོད་ཀྱི་དམངས་སྲོལ་ཆོས་ལུགས་ཀྱི་སྐྱེས་ཁམས་བཏང་སྙོམས་སྐྱོར་གྱི་བསམ་བློ་ལ་བལྟས་ན། རང་རེའི་མེས་པོ་གོང་མ་རྣམས་ཀྱིས་སྔ་མོ་ནས་རང་བྱུང་ཁོར་ཡུག་སྲུང་སྐྱོབ་ཀྱི་ཐབས་ལམ་མང་དུ་བསྟན་ཡོད་པ་སྟེ། “ས་གཉན་གསེར་གྱི་སྤྲལ་བ་ལ་གཡུའི་བྲང་འབྲུམ་ཅན”ཞེས་དང་། “གངས་གཉན་སེང་གེ་དཀར་མོ་ལ་གཡུའི་རལ་པ་ཅན” “བྲག་གཉན་གསེར་གྱི་ཁྱིའུ་ལ་དུང་གི་ཐོར་ཙུགས་ཅན” “གཉན་རྗེ་སྨུག་པོ” “བཙན་རྗེ་དམར་པོ” “ལྷ་རྗེ་དཀར་པོ” “ཀླུ་རྗེ་སྔོན་པོ” “སྟེང་ལྷའི་ཡུལ” “བར་མིའི་ཡུལ” “འོག་ཀླུའི་ཡུལ”ཞེས་ལྷ་ཀླུ་གཉན་བཙན་ནི་འཇིག་རྟེན་གྱི་ཡུལ་གྲུའི་སྟེང་འོག་བར་གསུམ་ཀུན་ཏུ་མ་ཁྱབ་སའི་གནས་མེད་ལ། སྐབས་འདིར་ཆེད་དུ་བརྗོད་པའི་ས་གཞིའི་རི་རབ་ནགས་ཚལ་སོགས་ཀྱང་ལྷ་ཀླུ་གཉན་བཙན་གྱི་གཞིས་སུ་བསམས་པ་དང་། མིའི་རིགས་ཀྱི་ཕྱུ་གཡང་ཐམས་ཅད་ཀྱི་འབྱུང་གནས་དང་། རིམས་ནད་ཐམས་ཅད་ཀྱི་སྒོ་འཕར་སོགས་ཀྱང་ཡུལ་དེ་དག་དང་དེ་དག་གི་བདག་པོའི་དགའ་སྐྱོ་ཆགས་སྡང་ལ་རག་ལས་པར་ངེས་འཛིན་གྱི་ཡོད་པས། དེ་དག་གི་རིགས་དང་ཡུལ་ཁམས་ལ་ངན་སྤྱོད་སྤྱེལ་ཞིང་གནོད་པ་བཏང་ན། ལས་ལན་ངན་པ་འཕྲལ་དུ་མངོན་པར་གྱུར་ཏེ་ཀུན་བཏགས་གདོན་གྱི་རིམས་ནད་དང་འཆི་འཕོ་ལྷུང་གི་སྡུག་བསྔལ་སྣ་ཚོགས་འབྱུང་བར་འདོད། དེ་བས་བོད་མིའི་འཚོ་བའི་ཁྲོད་རྟག་ཏུ་ལྷ་ཀླུ་གཉན་བཙན་ལ་བསྟུན་ཤེས་དང་བཀུར་ཤེས་བྱ་རྒྱུ་ནི་འཚོ་བའི་རྒྱུན་ཤེས་ཤིག་ཏུ་གྱུར་འདུག་ལ། ཉི་བཟང་སྐར་བཟང་གི་དུས་ལ་བརྟགས་ཏེ་ལྷ་མཆོད་ཀླུ་གཏོར་སོགས་འབུལ་རྒྱུ་ནི་དེ་བས་ཀྱང་མཆོག་ཏུ་བརྩི། གཞན་ད་དུང་ཨ་མདོའི་དམངས་གླུ་ཙུའང“རི་སྨུག་པ་ཅན་ན་རི་དྭགས་འཁོར། །རི་དྭགས་འཁོར་ན་གཞི་བདག་དགའ། །”ཞེས་དང་། “བྲག་མཐོན་པོ་རིན་ཆེན་མཆོད་རྟེན་རེད། །ལྷ་གཞི་བདག་མགོ་ཡི་ཉི་ཟླ་རེད། །ཤིང་གསོམ་དཀར་སྐྱེད་ཀྱི་བང་རིམ་རེད། །ཟངས་གསེར་དངུལ་ཁོག་གི་གཟུངས་འཇུག་རེད། །གནས་དེ་ཚོར་མཇལ་བའི་སྨོན་ལམ་འདེབས། །”ཞེས་ནགས་རི་མཐོན་པོ་དང་། ཟ་རི་སྨུག་པོ། སྤང་རི་སེར་པོ་ཐམས་ཅད་ཡུལ་ལྷ་གཞི་བདག་གི་བསྟི་གནས་སུ་བསམས་ཤིང་། ཡུལ་དེ་དག་ནས་ས་རྐོ་རི་སློག་བྱས་ནས་སྨན་དང་སྤང་རྟོག་སློག་མི་ཚུད་ལ། བྲག་གཏོར་རྗེ་གས་ཀྱིས་གཏེར་ཁུངས་སྔོག་འདོན་བྱེད་མི་ཚུད་བར་སྲུང་སྐྱོབ་དང་མཆོད་བཀུར་བྱ་རྒྱུ་ནི་རྒྱུན་ལྡན་གྱི་འཚོ་བའི་ཁྲོད་ཀྱི་བྱ་བ་གལ་ཆེན་ཞིག་ཏུ་བརྩི་ཞིང་། ཁྱད་པར་དུ་བླ་རི་དང་བླ་མཚོ་སོགས་ལ་དད་མོས་བྱེད་པའི་རིག་པ་དེ་དར་བ་ནས་བཟུང་ཡུལ་ལུང་སོ་སོའི་རི་བོ་ཆེ་ཆུང་ཚང་མར་ལྷ་ཀླུ་གང་ཚུད་གནས་པར་འདོད་པས། དེ་དག་ནི་གུས་ཕྱག་དང་མཆོད་བཀུར་གྱི་ཡུལ་གཙོ་བོ་ཞིག་ལ་ལྷ་

བཞིན་ཡོད། དོན་དངོས་སུ་ལྟ་ཚུལ་དང་བྱ་བྱེད་དེ་རིགས་ནི་དམངས་སྲོལ་ཆོས་ལུགས་ཀྱིས་རང་བྱུང་ཁོར་ཡུག་སྲུང་སྐྱོབ་ལ་ཐབས་ལམ་ཞིག་བསྟན་པ་རེད་ལ། ཡང་གཅིག་བཤད་ན། ཐབས་ལམ་སྣ་ཚོགས་ལ་བརྟེན་ནས་རང་བྱུང་སྲུང་སྐྱོབ་ཀྱི་ས་ཁྲུལ་དུ་ཆེད་བཀོད་བྱས་པ་རེད། དེ་ཡང་ང་ཚོས་འདིར་ངེས་པར་དུ་གླེང་དགོས་པ་ཞིག་ནི། གོང་གསལ་སྲོལ་རྒྱུན་གྱི་འདོད་ཚུལ་དེ་དག་གིས་དེང་གི་སྤྱི་ཚོགས་ཀྱི་རྒྱུན་ལྡན་གྱི་ཐོན་སྐྱེད་འཛུགས་སྐྲུན་ལ་དགེ་མཚན་མི་ལྡན་པའི་རྒྱུ་རྐྱེན་ཁ་ཤས་བཟོ་གི་ཡོད་པའང་མཐོང་དགོས་ཤིང་། དེ་ལ་ང་ཚོས་ཡང་དག་པའི་ཐབས་ལམ་སྤྱད་དེ་ཁ་དྲང་དགོས་སོ། །

ལྔ་པ། རང་བྱུང་མཁའ་རླུང་ལ་སྲུང་སྐྱོབ་བྱེད་དགོས་པའི་སྐོར།

ཐོན་ལས་གསར་བརྗེའི་བྱ་རིམ་དུ་མིའི་རིགས་ཀྱིས་རྫོ་སོལ་འབར་རྫས་སུ་བཀོལ་བར་བརྟེན། བཟོ་ལས་ས་ཁུལ་དང་གྲོང་ཁྱེར་མང་པོ་ཞིག་གི་མཁའ་དབྱིངས་སུ་དུད་སྨུག་གི་འདུ་འཛི་ཤིན་ཏུ་རྒྱས་ལ། ཁྱིམ་སུ་རྫོ་སྣུམ་གྱིས་དེའི་ཚབ་བྱས་པ་ནས་བཟུང་ལྷག་ཏུ་མཁའ་རླུང་བཙོག་བསྙུར་གྱི་སྣང་ཚུལ་ཐེར་ལས་ཚབས་ཆེན་དུ་གྱུར། "འཛམ་གླིང་སྤྱི་གནོད་དོན་རྐྱེན་ཆེན་པོ་བརྒྱད"ཅེས་པའི་གྲས་ཀྱི་དོན་རྐྱེན་ཆེན་པོ་ལྔའང་མཁའ་རླུང་བཙོག་བསྙུར་གྱི་བྱས་འབྲས་རེད།

རྫོ་སྣུམ་ཟད་གྲོན་གྱི་གོ་རིམ་ཁྲོད། གལ་ཏེ་སྔོན་འགོག་གི་ཐབས་ཤེས་འཚམ་པོ་ཞིག་ལ་བསམ་གཞིགས་དང་ལག་བསྟར་འཛོན་པོ་ཞིག་མ་བྱས་ཚེ། དུད་རྡུལ་གནོད་པ་ཅན་དང་། ཨེར་དབྱང་རྡྭ་ཐེན། དབྱང་གཅིག་ཐེན་འགྱུར་རྫས་སོགས་དྭངས་གཙང་གི་མཁའ་རླུང་དང་གཞི་གཅིག་ཏུ་འདྲེས་ནས་མཁའ་དབུགས་བཙོག་པོར་གཏོང་བ་དང་། དེའི་མུར་མིའི་ལུས་གཟུགས་ཀྱི་བདེ་ཐང་ལའང་སྣ་རིགས་སོ་སོ་ནས་གནོད་པའི་མདའ་མདུང་གིས་བསྣུན་ངེས། དེང་སྐབས་དར་རྒྱས་སུ་སོང་ཟིན་པའི་རྒྱལ་ཁབ་དག་གིས་མཁའ་རླུང་བཙོག་བསྙུར་གྱིས་གནོད་པ་ཐེབས་པའི་ཚད་ཇི་དམའ་རུ་གཏོང་ཅི་ཐུབ་བགྱིས་པས་མཁའ་རླུང་ཡང་ཇེ་དྭངས་སུ་འགྲོ་བཞིན་ཡོད་ལ། འོན་ཀྱང་། དར་རྒྱས་སུ་འགྲོ་སྐབས་ཀྱི་རྒྱལ་ཁབ་དག་གི་བཟོ་ལས་ས་ཁུལ་དང་གྲོང་ཁྱེར་མང་ཆེ་ཤོས་གནོད་ཅན་དུད་སྨུག་གི་གླིང་ཏུམ་ན་གནས་འདུག

རང་རེའི་མེས་རྒྱལ་ཡང་དར་རྒྱས་འགྲོ་སྐབས་ཀྱི་རྒྱལ་ཁབ་དག་གི་གྲས་ཡིན་ལ། རང་རྒྱལ་གྱི་པུན་ཞི(本溪)གྲོང་ཁྱེར་ནི་འཛམ་གླིང་སྟེང་མཁའ་རླུང་བཙོག་བསྙུར་གྱི་ཚད་ཆེས་ཚབས་པའི་གྲོང་ཁྱེར་རེད། དེ་འདྲའི་མི་གྲངས་ས་ཡའི་གྲངས་གནས་སུ་རྩེན་པའི་གྲོང་ཁྱེར་དེ། བཟོ་ལས་འཕེལ་རྒྱས་ཀྱི་བྱ་བྱེད་སྣ་ཚོགས་པས་རང་བྱུང་གི་མཁའ་རླུང་ཡོངས་སུ་བཙོག་བསྙུར་བྱས་འདུག་པ་ནི་ཅི་འདྲའི་ཡིད་མུག་པ་ཞིག་རེད། དེ་ལས་ཀྱང་སྐྱི་གཡའ་བ་དང་ཛར་གཟན་པའི་དོན་རྐྱེན་ནི་མིས་བཟོས་སྲུང་སྐར་གྱི་པར་ཆས་ཀྱིས་བླངས་པའི་པར་གཞིའི་སྟེང་ཡུལ་གྲུ་དེ་ནི་སྨུག་ལོང་གི་ཕུང་པོ་ཞིག་ལས་རིས་གཟུགས་ཅི་ཡང་མེད་པ་དེ་

མ་ཡིན་ནམ།

དེ་ཡང་རང་བྱུང་མཁའ་ཀླུང་སྲུང་སྐྱོབ་ཐད་ལ་ང་ཚོས་མེས་པོ་གོང་མ་རྣམས་ཀྱིས་དམངས་སྲོལ་ཆོས་ལུགས་ཀྱི་རྣམ་པའི་ཐོག་ནས་རིན་ཐང་ཅན་གྱི་བསམ་བློའི་བང་མཛོད་དང་ཐབས་མཆོག་མང་དུ་བསྐྲུན་ཡོད་དེ། གོམས་སྲོལ་དུ"ཧུས་པ་མེར་བསྲེགས་ན་འདྲེ་རྒོད་ཐོན"ཞེས་གནའ་བོའི་བོད་མི་རིགས་ཀྱི་སྤྱི་ཚོགས་སུ་མགོ་ནག་མི་ཡིས་བཀུར་སའི་གཞི་དང་དད་པའི་ཡུལ་ནི་ལྷ་ཀླུ་གཉན་གསུམ་ཡིན་ལ། སྐྲག་སའི་གཞི་དང་འཇིགས་པའི་ཡུལ་ནི་གདོན་འདྲེ་བགེགས་གསུམ་ཡིན། དེ་དག་གིས་བོད་མི་རིགས་ཀྱི་བསམ་བློ་དང་འཚོ་བའི་ཁོར་ཡུག་ཏུ་གོ་གནས་གལ་ཆེན་ཞིག་བཟུང་ཡོད་པས་ན། དེ་དོན་དངོས་སུ་རང་རེའི་མེས་པོ་གོང་མ་རྣམས་ཀྱིས་རང་གི་འཚོ་གཞིས་དང་མི་རབས་རྗེས་མའི་སྐྱིད་པོའི་ཐབས་སུ་དེ་དག་ལ་བཀུར་ཤེས་དང་བསྟུན་ཤེས་བྱེད་དགོས་ཞེས་འགྲོ་བ་ཡོངས་ཀྱི་སེམས་ཁམས་དང་འཚམ་པའི་ཐབས་བསྟན་པ་ཞིག་ཏུ་གྱུར་ཡོད་པ་ལས། དངོས་ཡོད་དུ་ཧུས་པ་མེར་བསྲེགས་པ་ནི་མཐོང་སྣང་དུ་གྲུབ་ལ། འདྲེ་རྒོད་མཚངས་ཡོང་ནས་ཁྲིམ་རྒྱུད་གང་ཞིག་ཁྱུད་མེད་དུ་བཏང་བ་དང་། མི་སུ་ཞིག་གི་སྲོག་དབང་ཁྲེར་སོང་བའི་གཏམ་རྒྱུད་ཅིག་མེད་པ་ལྟ་བུ་རེད། དེ་དང་མཚུངས་སུ"སྙོག་ཤུན་ཐབ་ཏུ་བསྲེགས་ན་རྨ་ནད་འབྱུང"ཞེས་པ་དང་། "སེན་སྐྲ་ཐབ་ཏུ་བསྲེགས་ན་ཐབ་ལྷ་མནོལ་འགྲོ་བ" "པགས་རས་ལྷ་ལྷན་བསྲེགས་ན་ལྷའི་རིགས་ལ་གནོད་པ"ཞེས་བཤད་ཚུལ་མང་དུ་ཡོད། དོན་དམ་དུ་དེ་དག་ཐམས་ཅད་ཀྱང་གནའ་བོའི་བོད་ཀྱི་སྤྱི་ཚོགས་ཁོར་ཡུག་ཏུ་བྱུང་དང་འབྱུང་བཞིན་པའི་གད་སྙིགས་དག་ཡིན་ལ། དེ་དག་མེར་བསྲེགས་ན་མཁའ་ཀླུང་ལ་གནོད་པའི་མཐུག་འབྲས་ཡ་ང་བ་འབྱུང་སྲིད་པ་རེད། འོན་ཀྱང་དེ་དག་ལ་ད་ཏུང་བསམ་བློ་གཞན་ཞིག་གི་ཆ་ནས་བརྟགས་ན། སྤྱི་ཚོགས་འཚོ་བའི་ཁོར་ཡུག་ནས་ཐོན་པའི་གད་སྙིགས་ཡིན་ནའང་། འབྱུང་བ་ལྔ་པོ་རེ་རེས་རང་ནུས་ཀྱི་གདམ་ག་ལྟར་གང་གིས་གྲུབ་ཅིང་གང་གིས་བསྡུས་པའི་གཤིས་ལུགས་དེར་ཡང་དོ་སྣང་བྱེད་དགོས་པ་བསྟན་ཡོད་སྙམ་སྟེ། དཔེར་ན། བསད་པའི་སྲོག་ཆགས་དང་ཤི་བའི་སྲོག་ཆགས་ཀྱི་རུས་པ་སོགས་གང་འདོད་དུ་གྲོང་དང་རུ་ཚོའི་གཡས་གཡོན་དུ་མི་འཕེན་པར་གཏན་འཁེལ་དུ་དོ་དམ་བྱེད་སའི་གནས་དང་གྲོག་རོང་སོགས་ཡོད་པར་མ་ཟད། སོག་པས་ཉག་ག་དང་ཀླུང་ཆེ་སའི་གྲོག་རོང་ཕར་ཚུར་དུ་གདང་འཐེན་ན་ནོར་ལུག་ལ་གོད་ཁ་མི་འབྱུང་ཞིང་། གཞན་སྲོག་ཆགས་དེ་དག་གིས་སྐྱེ་བ་ཕྱི་མ་མི་ལུས་ལེན་ཐུབ་ཅེས་དང་། པགས་རས་སོགས་རང་བྱུང་ས་དོང་དུ་དོར་ན། དོང་ནང་གིས་སྲོག་ཆགས་ཚུང་ཏུ་དག་གི་ཁ་ཟས་སུ་ཧུང་བས་སྦྱིན་པའི་ཚོགས་སུ་འགྲོ་ཞེས་བོད་མིའི་སེམས་ཁམས་དང་མཐུན་པའི་དགེ་སྐྱུང་གི་ལས་ལ་སྐུལ་བ་ལྟ་བུའི་ཐབས་སུ་གྱུར་འདུག འདི་དག་ཐམས་ཅད་ནི་མཁའ་ཀླུང་སྲུང་སྐྱོབ་ཀྱི་ཐབས་ལམ་ཞིག་ལས་གཞན་ཞིབ་ཏུ་བསམ་གཞིགས་རེ་བྱས་ན། གནའ་བོའི་བོད་མི་རིགས་ཀྱི་འཚོ་བ་དང་ཡང་འབྲེལ་འདྲིས་ཤིན་ཏུ་ཆེ་བས་འཚོ་

བའི་རིག་གནས་སམ་འཚོ་བའི་བསླབ་བྱ་མར་དྲི་དང་རྩམ་དྲི་མ་ཡལ་བ་ཞིག་ཀྱང་རེད་ཅེས་བརྗོད་ཆོག་གོ།

གཞན་ད་དུང་དམངས་ཁྲོད་དང་ཇ་ཆང་ལྷ་མོའི་བསྟན་བཅོས་དག་ཏུ། ཐ་མ་ཁ་ནི་བདུད་མོ་ཞིག་གི་བསམ་ངན་གྱིས་མངལ་ཁྲག་སར་ཐགས་པ་ལས་སྐྱེས་པའི་དུག་ལྡན་གྱི་མེ་ཏོག་ཅིག་ཡིན་ཟེར་ལ། དེ་བས་ཐ་མག་འཐེན་ཏེ་དུ་བ་གནམ་དུ་སོང་ན་སྟེང་གི་ལྷ་དང་ལྷ་མོ་འཆི་འགྲོ་བ་དང་། ཆོག་ཐལ་ས་ལ་ལྷུང་ན་འོག་གི་ཀླུ་དང་ཀླུ་མོ་བརྒྱལ་ངེས་ཞེས་དུ་བ་འཐེན་ན་ཉེས་པ་ཆེ་བར་བརྗོད་པའི་ལྷ་སྲུང་གི་བསྟན་བྱ་དང་བསམ་བློའང་གོང་དུ་བཤད་ཟིན་པ་དག་དང་གཅིག་མཚུངས་སུ་ཡོད་པ་མ་ཟད། བོད་ལུགས་ཀྱི་གསོན་པོ་སྲིན་སྲིག་གི་སྐབས་སུ"རྫས་སྣ་བཅུ་གསུམ"ཅམ་དགོས་ཞེས་སྤོ་སྨན་དང་ཤིང་སྨན་སོགས་ཀྱི་རྫས་སྣ་ཚོགས་པོ་དེ་སྦྱོར་བ་དངོས་སུ་རིམ་པར་ནོར་འཁྲུལ་འབྱུང་མི་རུང་བར་རེ་རེ་བཞིན་ཐབ་ཏུ་བསྲེགས་པ་ནི་འདོན་པའི་རིམ་པ་ལྟར་ཡིན་སྲིད་ཀྱང་། ཕྱོགས་གཞན་ཞིག་ནས་བསམ་གཞིགས་བྱས་ན། མཁའ་ རླུང་བཙོག་བཟོས་ཟིན་པ་དེ་དྭངས་གཙང་དུ་གཏོང་བའི་ཐབས་ལམ་ཡང་བོད་དུ་ཐོ་མོ་ནས་དར་ཡོད་ཅེས་བརྗོད་ཆོག་སྙམ་མོ། །

མཆན།

[1][6][8][9]《生态知识读本》第23页。

[2]《བོད་ཀྱི་ལོ་རྒྱུས་སྤྱི་དོན་པདྨ་རཱ་གའི་ལྡེ་མིག》ཤོག་ངོས18པར་གསལ།

[3][4][5][7]《生态知识读本》第3、4、8、22页。

《ཀྲུང་གོའི་བོད་རིག་པ།》 ༢༠༠༢ལོའི་དེབ་གཉིས་པ་ལས་བཏུས།

༄༅། །བོད་རིགས་དམངས་ཁྲོད་ཀྱི་གཏེར་སྒྲུབ་ཚོ་ག་དང་དེས་ཁོར་ཡུག་སྲུང་སྐྱོང་ལ་ཐོན་པའི་ཕན་ཡོན་སྐོར་གླེང་བ།

ཚེ་བརྟན་རྡོ་རྗེ།

དང་པོ། གཏེར་སྒྲུབ་ཀྱི་སྲོལ་ཀ་སྤྱིར་བཤད་པ།

སྤྱིར་གཏེར་ཞེས་པ་ནི་སའི་ཆགས་རིམ་ནང་དུ་བཀབ་པའི་རང་བྱུང་གི་དངོས་རྫས་རྩ་ཆེན་གྱི་རིགས་ལ་གོ་བ་ཤས་ཆེ་སྟེ། གསེར་གཏེར། ཟངས་གཏེར། ལྕགས་གཏེར། རྡོ་གཏེར། སོལ་གཏེར་སོགས་ལྟ་བུའོ། །ཡང་མང་བ་དང་གྲུ་ནོམ་པའི་དོན་དུ་འགྲོ་བ་དཔེར་ན། འབྲུ་གཏེར། ཡོན་ཏན་གྱི་གཏེར། ཆུ་གཏེར། ཆོས་གཏེར་ལྟ་བུ། དེ་བཞིན་དུ་རྒྱ་མཚོའི་གཏེར་ལ་པད་མ་ཅན་དང་། དུང་ཅན། པད་མ་ཆེན་པོ། ཆུ་སྲིན་ཅན། རུས་སྦལ་ཅན། ལྡེ་ཡབ་ཅན། དགའ་བ་ཅན། སྔོན་པོ། འཛིན་བྱེད་ཅེས་དབྱེ་བའི་རྣམ་གྲངས་དགུ་ཡོད་པས། གྲངས་གནས་ཀྱི་ཚ་ནས་དགུ་མཚོན་ལ། གཞན་ཡང་གཏེར་སྟོན་དང་། གཏེར་ཆོས། གཏེར་བདག གཏེར་མ། གཏེར་ཚིག གཏེར་སྲུང་། གཏེར་ཆེན་སོགས་ཐ་སྙད་དག་གི་དོན་ལས། དམ་པ་གོང་མ་རྣམས་ཀྱིས་འགྲོ་དོན་དུས་ལ་མ་བབས་པར་སྟོན་དུ་མི་རུང་ཞིང་། མ་འོངས་སྐལ་ལྡན་ལས་འཕྲོ་ཅན་རྣམས་ཀྱི་དོན་དུ་གསང་སྔགས་ཀྱི་གདམས་ཟབ་རྣམས་མཁའ་འགྲོའི་གཏད་རྒྱ་དང་བཅས་མི་མངོན་པར་རྒྱས་བཏབ་སྟེ། རི་བྲག་ཆུ་ཤིང་སོགས་སུ་རེ་ཞིག་ལ་གཏེར་དུ་སྦས་པ་གང་ཞིག ཕྱིས་གྲུབ་པའི་སྐྱེས་བུ་རྣམས་ཀྱིས་གཏེར་ནས་བཏོན་ཏེ་ཡི་གེར་ཕབ་པའི་ཡང་ཟབ་བླ་ན་མེད་པའི་ཆོས་ཀྱི་སྐོར་དང་འབྲེལ་བའི་རྣམ་བཞག་མང་པོ་ཕྱིར་སྣང་བྱེད་ཐུབ། འདིར་གླེང་བའི་གཏེར་སྒྲུབ་ཅེས་པའང་གོང་དང་མཚུངས་པར་རི་བྲག་ཆུ་ཤིང་སོགས་གནས་གཙང་མར་སྦ་བར་གོ་མོད་ཀྱང་། འདི་སྒྲུབ་པར་རྫས་སྣ་དང་འདོན་པ། ཕྱག་ལེན། དུས་ཚོད། རིགས་དབྱེ། ཀུན་སློང་སོགས་ཀྱི་བླང་བྱ་ནན་ཆེ་བའི་ཁར། དེ་རེ་རེ་ལའང་ཚགས་ཤིན་ཏུ་དམ་པའི་ཐུན་མིན་གྱི་ཚོ་ག་ཡོད་སྟབས། རང་དགར་གྱིས་ཅི་འདོད་ལྟར་སྒྲུབ་པ་ཞིག་མིན་ལ། གཏེར་སྒྲུབ་སྟེ་ཡུལ་དུ་སྦས་ཟིན་པ་ཞིག་ནམ་ཞར་ཡང་ཕྱིར་འདོན་པ་ཡེ་ནས་མི་རུང་བས། གཏེར་ཆོས་སྒྲུབ་པ་དང་ཁྱད་པར་ཆེན་པོ་ཡོད། འདིའི་“གཏེར”ཞེས་པའང་རིན་པོ་ཆེའི་རིགས་སུ་གྱུར་པའི་ནོམ་པ་ཁོ་ན་ཙམ་མ་ཡིན་པར། གང་ཟག་གི་ཞལ་ཟས་སུ་རུང་བའི་འབྲུ་སྣ་དང་། དར་ཟབ་

སོགས་གོས་སྣ། དུག་སེལ་སྨན་གྱི་རིགས། ས་སྣ་ཆུ་སྣ་སོགས་ལ་བྱ་ཞིང་། དེ་དག་ངེས་གཏན་གྱི་གཏེར་སྣོད་གཙང་མར་བསྲུས་ཏེ་དངོས་བཤམས་དང་ཡིད་སྤྲུལ་གྱི་མཆོད་པའི་ཚུལ་ལམ་སྦྱིན་པའི་ཕར་ཕྱིན་དང་ལྡན་པའི་སེམས་བསྐྱེད་ཀྱི་སྒོ་ནས་བསྔུབས་རྗེས། རང་གཞན་ཀུན་ལ་ཕན་པར་བསམ་པའི་ཀུན་སློང་རྣམ་པར་དག་པས་མཚམས་སྦྱར་ཏེ། ས་གཞི་ལ་གཏུམ་པའམ་ཆུ་ལ་འཛིམས་པར་བྱེད་པའི་ཚོ་ག་ཐུན་མོང་མ་ཡིན་པ་ཞིག་ཡིན། དེ་བས་སེམས་བསྐྱེད་ཉེར་གཉིས་ཀྱི་ནང་གསེས་ལས་ཀྱང་གཏེར་ལྟ་བུའི་སེམས་བསྐྱེད་ཅེས་འབྱུང་བ་བཞིན་ནོ། །

གཏེར་རྒྱག་པའི་དུས་ཚོས་ཀྱི་ཆ་ནས་ཀྱང་རྩིས་གཞུང་ལས་གཏན་ལ་ཕབ་པ་ལྟར་ཀླུ་ཐེབས(ཀླུ་སའི་སྟེང་དུ་འོང་བའི་དུས་ཏེ་ཟླ་བ་སོ་སོར་ཀླུ་ཐེབས་ཚེས་གྲངས་ངེས་ཅན་རེ་ཡོད་ཅིང་། དེ་ལ་ཡང་ཐེབས་ཆེན་དང་ཐེབས་ཆུང་གཉིས་ཡོད།)ཡོད་མེད་དང་བསྟན་འགྲོའི་དོན་ལ་ཕན་ཐོགས་མིན་གྱི་ཚུལ་སོགས་ལ་གསལ་པོར་བརྟག་སྟེ། ཉི་ཆད་ལྟར་འདེབས་པ་ལས། དུས་ཆེན་ཡིན་མིན་གྱི་ཁྱད་པར་ལྟར་རང་དགར་གྱིས་གཏེར་རྒྱག་པ་ནི་འོས་མ་ཡིན་པར་བསམས་ལ། གཏེར་སྒོ་ཡོད་མེད་ལ་མི་བརྟག་པར་ཡུལ་ངེས་མེད་དུ་འདེབས་པ་ནི་དེ་བས་ཀྱང་མི་རིགས་པར་བསམས་སོ། །གཏེར་སྒྲུབ་མཁན་ལ་མཚོན་ནའང་རབ་ཡིན་ན་ཉམས་ལེན་ཅན་དང་དེ་མིན་ན་འདོན་པ་ཅན་གྱིས་འཐུས་པ་ལས། ཚོགས་བསགས་སྒྲིབ་སྦྱངས་མེད་པ་ཞིག་གིས་བྱིན་རླབས་མི་འཇུག་པར་འདོད་དོ། །

སྲོལ་ཀ་འདི་བོད་རིགས་དམངས་ཁྲོད་དུ་དར་ཁྱབ་ཤིན་ཏུ་ཆེ་ལ་ལྷག་པར་དུ་ཨ་མདོའི་ཡུལ་ཕྱོགས་མང་པོ་ཞིག་ན་སྲོལ་རྒྱུན་གྱི་སྣང་ཚུལ་ཞིག་ཏུ་གྱུར་འདུག ད་ལྟ་ང་ཚོའི་མཐོང་ལམ་དུ་གྱུར་པའི་མཚོ་སྔོན་ཁྲི་ཤོར་རྒྱལ་མོའི་ཤར་རྒྱུད་དུ་པཎ་ཆེན་སྐུ་ཕྲེང་བཅུ་པས་བཏོན་པའི་མཚོ་གཏེར་གྱི་གཏེར་སྒོ་ཞིག་འདུག་པ་ལ། ཕྱོགས་དེའི་དད་ལྡན་སྐྱེས་བུ་ཀུན་ལོ་རེ་བཞིན་དུས་ཀྱི་འཇུག་ཐོག་ལྟར་གནས་དེར་ཕྱིན་ཏེ་གཏེར་རྫོང་ཕུལ་ཞིང་། སྐྱེ་འགྲོ་ཀུན་གྱི་ཚེ་བསོད་ལོངས་སྤྱོད་དང་། ཞིང་ཕྱུགས་ལོ་ལེགས། རང་བྱུང་ཁོར་ཡུག་བདེ་འཛུགས་སོགས་ཀྱི་སླད་དུ་སྨོན་ལམ་དྲི་མ་མེད་པས་མཚམས་སྦྱོར་བར་བྱེད་ལ། མདོ་སྨད་བླ་བྲང་བཀྲ་ཤིས་འཁྱིལ་གྱི་གཏེར་རྫོང་མཚོ་ཁ་ནས་ཀྱང་དུས་ཚེས་ལྟར་དེ་ལྟ་བུའི་བྱེད་སྒོ་ཟམ་མ་ཆད་པར་སྤེལ་བཞིན་ཡོད་དོ། །རིག་གནས་ཀྱི་སྣང་ཚུལ་འདི་ལ་ལོ་རྒྱུས་ཀྱི་རྒྱུན་ཤིན་ཏུ་རིང་པོ་ཞིག་ཡོད་པར་ངེས་ཏེ། བཀའ་གདམས་པའི་ཤིང་རྟའི་སྲོལ་འབྱེད་ཇོ་བོ་རྗེ་དཔལ་ལྡན་ཨ་ཏི་ཤ་བོད་ལ་ཕེབས་དུས་ཀྱང་ས་གཞི་ལ་གསེར་སྦྱེ་བཏབ་སྟེ་གཏེར་སྒྲུབ་ཅིང་། སྟོད་མང་ཡུལ་ཕྱོགས་ཀུན་ཏུ་ནོར་གྱིས་གཏམས་པར་རྟེན་འབྲེལ་སྒྲིག་པ་དེ་ལས་ཀྱང་ཤེས་ཐུབ་ལ། ཁྱད་པར་དུ་ཇོ་བོ་རྗེས་བོད་ཀྱི་ལོ་ཙཱ་བ་རྒྱ་བརྩོན་སེང་གེ་དང་ནག་ཚོ་ཚུལ་ཁྲིམས་གཉིས་ལ་རྫམ་རྒྱ་ལ་དཀར་པོ་འབྲུག་ཞོན་མཁའ་འགྲོ་བཞི་དང་བཅས་པའི་སྒྲུབ་ཐབས་ལས་ཚོགས་ཀྱི་རིམ་པའི་གདམས་པ་ཆ་ཚང་གནང(དབལ་མང་པཎྜི་ཏ་དཀོན་མཆོག་རྒྱལ་མཚན་གྱིས་མཛད་

པའི《ཇོམ་དཀར་འབྲུག་ཞོན་ལྷ་ལྡེའི་སྒོ་ནས་ནོར་སྒྲུབ་བྱ་ཚུལ་ཡིད་བཞིན་ནོར་བུའི་བང་མཛོད》ཅེས་པ་ལས་གསུངས།)ཞིང་། ཕོངས་སེལ་སྒྲོལ་མའི་གཏེར་སྒྲུབ་ཀྱི་ཚོ་གའང་ཇོ་བོ་རྗེར་སྒྲོལ་མས་ཞལ་དངོས་སུ་བསྟན་ནས། སྒྲོལ་མ་ཉེར་གཅིག་གི་གདམས་པ་ལས་ཚོགས་དང་བཅས་པ་དངོས་སུ་བསྩལ་བ་རྣམས་བོད་ལ་རིམ་གྱིས་བརྒྱུད་པར་གསུངས་པ་ལས་ཤེས། ཡང་གཅིག་ན་གཏེར་སྒྲུབ་པའི་ཚོ་ག་འདི་ཆུ་འགོ་དང་ནགས་ཇོང་སོགས་སུ་བལ་སྐུད་དང་དར་ཚོན་གྱིས་རྒྱུ་ཐག་འཛིན་ཏེ། བླུ་ལ་བཀུར་བའི་སྲོལ་ཡོད་པ་དེ་དང་ཅུང་ཉེ་བར་བསམ་སྟེ། གཏེར་རྒྱག་དུས་ཀྱང་ཐོག་མར་བླུ་ཐེབས་ཡོད་མེད་ལ་བརྟག་པ་གལ་ཆེ་ཞིང་། དེ་ནས་ས་བདག་དང་གནས་བདག ཞིང་སྐྱོང་གི་ཚོགས་ལ་མཉེས་པ་སྒྲུབ་ཐོག དེ་དག་ལ་མཆོད་སྦྱིན་གྱི་ཚུལ་གྱིས་ཕུལ་བར་བྱེད་པས་ན། གང་ཟག་མིའི་བློ་ངོར་བླུ་ཞེས་འགྲོ་བའི་རིགས་དྲག་མཐུ་ཅན་ཞིག་ཡོད་པའི་འདུ་ཤེས་གཏན་ཆགས་སུ་གྲུབ་པ་ནས་བཟུང་བྱེད་སྒོ་འདི་རིམ་གྱིས་བྱུང་བ་ཡིན་ནམ་སྙམ། དེ་ན་བླུ་དང་བདུད། འདྲེ། ལྷ་ལ་སོགས་ཀྱི་ཐ་སྙད་འཛིན་སྟངས་ནི་གཉའ་ཁྲིའི་ཡར་སྔོན་གྱི་དབང་མཛད་བཙུའི་སྐབས་ནས་བཟུང་ཡོད་པ་ཤིན་ཏུ་གསལ། ཡང་ལོ་རྒྱུས་ཆོས་འབྱུང་མང་པོ་ན་གནམ་གྱི་ཁྲི་བདུན་རྒྱུ་ཐག་ལ་འཛུས་ནས་ནམ་མཁའ་ལ་ཡལ་བས་བང་སོ་མེད་པར་གྲགས་ཞེས་རྒྱུ་ཐག་གི་ཡིག་འབྲུ་གཉིས་ཚིག་ཟིན་ལ་སྣང་བ་སོགས་ཤིན་ཏུ་མང་བས། གནའ་བོའི་མེས་པོ་རྣམས་ཀྱིས་ལྷ་ལ་མཆོད་པ་བཀུར་བ། འདྲེ་ལ་གཏོལ་བ་སོགས་ཀྱི་གདོད་མའི་ཆོས་ལུགས་ཀྱི་བག་ཆགས་ད་དུང་མ་སེལ་བའི་སྐབས་དེ་ནས་བཟུང་སྲོལ་ཀ་འདིའི་མྱུ་གུ་འབུས་པ་དང་། ཕྱིས་སུ་སངས་རྒྱས་བསྟན་པ་དར་བས་རིམ་གྱིས་ནང་དོན་དང་རྣམ་པ་གཉིས་ཆ་ནས་འཕྲུས་སྒོ་ཇེ་ཚང་དུ་གྱུར་ཏེ་དམངས་ཁྲོད་དུ་རྒྱུན་ཆགས་སུ་སོང་བ་ཡིན་ལོས་ཆེ་སྙམ་སྟེ་བསམ་པར་བྱའོ། །

གཉིས་པ། གཏེར་སྒྲུབ་ཀྱི་རབ་དབྱེ།

གཏེར་སྒྲུབ་ཀྱི་རབ་དབྱེ་ལ་སྣ་ཚོགས་ཡོད་ཀྱང་། དེ་དག་ལས་གྲགས་ཆེ་ཤོས་སམ་དམངས་ཁྲོད་དུ་རྒྱུགས་ཆེ་ཤོས་ཀྱི་རིགས་གཙོ་བོར་བྱས་ཏེ་བཤད་ན། སྒྲུབ་བྱེད་ཚོ་གའི་དབྱེ་བ་དང་། གང་དུ་སྦ་བའི་གནས་ཀྱི་དབྱེ་བ། སྒྲུབ་གཞི་རྫས་དང་སྣོད་ཀྱི་དབྱེ་བ་སྟེ། རྣམ་གྲངས་གསུམ་དུ་བགར་ཆོག

༡. སྒྲུབ་བྱེད་ཚོ་གའི་དབྱེ་བ། འདིའི་རིགས་ལ་རྣམ་སྲས་ཀྱི་ཚོ་ག་དང་། ཛམ་ལྷ་རིགས་ལྔའི་ཚོ་ག ཕོངས་སེལ་སྒྲོལ་མའི་ཚོ་ག ནོར་རྒྱུན་མའི་ཚོ་ག སའི་སྙིང་པོའི་ཚོ་ག ས་བཅུད་བུམ་གཏེར་གྱི་ཚོ་ག སྨན་ལྷའི་བུམ་གཏེར་གྱི་ཚོ་ག བླུའི་བུམ་གཏེར་གྱི་ཚོ་ག་ལ་བརྟེན་པ་བཅས་ཡོད། འདི་རེ་རེ་ནི་ཐོག་མར་གཏེར་སྒྲུབ་དུས་སུ་བསྒྲུབ་བྱའི་ཡུལ་གྱི་ཁྱད་པར་ལྟར། གཏེར་གྱི་ཇོང་བས་ཡུལ་གང་ལ་མཆོད་སྦྱིན་མཛད་པའམ་ཡང་ན་ལས་གང་ཞིག་གི་དགོས་པའི་ཆེད་དུ་དམིགས་བསལ་གྱིས་དེ་དང་འབྲེལ་བའི་ས་

བདག་དང་གནས་བདག་ལ་སོགས་པར་ཇོང་བས་མཉེས་ཐབས་སྒྲུབ་སྟེ། བསམ་དོན་ཐམས་ཅད་ཡིད་བཞིན་དུ་འགྲུབ་པ་དང་། དགོས་འདོད་ཐམས་ཅད་ཆར་བཞིན་དུ་བསྙིལ་བར་བགྲ་ཤིས་རྟེན་འབྲེལ་འཛོག་པའི་ཚོ་གའི་རིགས་ལ་བྱ། གོང་གསལ་ལས་རྒྱལ་ཆེན་རིགས་བཞིའི་ཡ་གྱལ་བྱང་གི་ཕྱོགས་སྐྱོང་རྣམ་སྲས་དང་། ཆུའི་ཐུབ་པ་ཛམ་བྷ་ལ། ལྷ་མོ་ནོར་སྒྲིན་མ། ཕོངས་སེལ་སྒྲོལ་མ་ལ་སོགས་ནོར་གྱི་དབང་ཕྱུག་དག་གི་གཏེར་གྱི་ཚོ་ག་སྒྲུབ་པས། ཞིང་ས་གཤིན་པོའི་སྟེང་དུ་འབྲུ་དྲུག་གི་ས་བོན་བཞག་པར་གསུར་དུ་ཟ་བའི་ལོ་ཤིགས་འབྱུང་བ་བཞིན་ཅི་འདོད་ཀྱི་འབྱོར་པ་དུས་ལས་ཡོལ་བ་མེད་པར་མྱུར་བ་མྱུར་དུ་འབྱུང་བར་བསམ་ལ། ཡང་ས་བཅུད་བུམ་གཏེར་གྱི་ཚོ་ག་དང་ས་ལྷའི་བུམ་གཏེར་གྱི་ཚོ་ག ས་བདག་སྙིང་གཏེར་གྱི་ཚོ་ག་ལ་སོགས་སྒྲུབ་པས། ས་གནད་ཀྱི་གཡང་བཅུད་གསོ་བ་དང་། ས་དགྲའི་རིགས་ཀྱི་ཁག་གནོན་པ། ས་གཞིར་བྱིན་རླབས་འཇུག་པ། གཞི་ས་བདེ་བ། འབྲུགས་ཡོང་ཞི་བ་སོགས་དགེ་མཚན་བསམ་གྱིས་མི་ཁྱབ་པར་འདོད། དེ་བཞིན་དུ་ནད་ཡམས་ཞི་བ་དང་བགེགས་བར་སྲིད་པ། ཚེ་བསོད་རྒྱས་པ། ཞིང་ཕྱུགས་འཕེལ་བ་སོགས་བྱ་བའི་ལས་གང་རྩོམ་པ་དེའི་དགོས་ཆེད་ལྟར་གང་ལ་གང་འཚམ་གྱི་ཚོ་ག་སྒྲུབ་པ་ནི་དམངས་ཁྲོད་དུ་རྒྱུན་འབྱམས་སུ་གྱུར་པའི་སྣང་ཚུལ་ཞིག་གོ །

༢.གང་དུ་སྦ་བའི་གནས་ཀྱི་དབྱེ་བ། གཏེར་སྒྲུབ་པའི་མཇུག་ཏུ་གང་ལ་འདེབས་པའམ་སྦ་བའི་ཡུལ་ཀྱི་ཆ་ནས་སྤྱིར་ས་གཏེར་དང་ཆུ་གཏེར་ཏེ་རིགས་གཙོ་ཆེ་གཉིས་ཡོད་ལ། དེ་ལས་ས་གཏེར་གྱི་ཐད་དུ་གནས་ཁང་དང་མཆོད་རྟེན། ལབ་ཙེ། ས་དཔྱད་ཀྱི་གཞུང་དག་ལས་བཤད་པའི་གཏེར་གྱི་ས་མིག་སོ་སོ་གཙོ་བོར་བྱས་ཏེ་སྦ་ཚུལ་རྣམས་ཡོད་ལ། དེ་ཡང་སྡོད་སའི་གནས་གཞི་བདེ་ཞིང་ས་གཡང་འགྲུག་པའི་ཕྱིར་དུ་གནས་ཁང་གི་གྲུ་བཞི་དང་ཀ་རྗེའི་འོག་ཏུ་གཏེར་རྒྱག་པ་དང་། དཀོན་མཆོག་གི་བྱིན་རླབས་ཐོབ་པ་དང་བསམ་དོན་འཕེལ་བའི་སླད་དུ་མཆོད་རྟེན་ལ་འཇུག་པ། ཡི་དམ་ཆོས་སྐྱོང་དགྱེས་པ་དང་བསྟན་འགྲོའི་དོན་འགྲུབ་པའི་ཆེད་དུ་ལབ་ཙེ་ལ་གཏུམ་པ། སྤྱིར་ས་བདག་གནས་བདག་དང་བསྟན་སྐྱོང་སྲུང་མ་མཐའ་དག་མཉེས་པའི་སླད་དུའམ་བདག་གཞན་ཀུན་གྱི་འཚོ་གནས་བདེ་ཞིང་ཕུན་ཚོགས་དགེ་ལེགས་འཕེལ་བའི་ཕྱིར་དུ་ས་མིག་གི་འཕྲོད་སྦྱོར་ལྟར་འདེབས་པར་བྱེད་དོ། །ཆུ་གཏེར་གྱི་ཐད་དུ་མཚོ་མཚེའུ་དང་ཆུ་ཆེན། ལྟེང་ཀ་སོགས་ལ་འདེབས་པ་ཙུང་རྒྱུགས་ཆེ་ཞིང་། དེ་ལས་ཀྱང་མཚོ་གཏེར་རྒྱག་པ་ནི་ཆུ་གཏེར་གྱི་མཚན་གཞི་གཙོ་བོ་ཞིག་ཏུ་གྱུར་ཡོད། གོང་དུ་གཏེར་སྒྲུབ་བྱེད་ཚོ་གའི་དབྱེ་བ་ལས་བསྟན་པའི་ཀླུའི་བུམ་གཏེར་གྱི་ཚོ་ག་དང་ཛམ་ལྷ་རིགས་ལྔའི་ཚོ་ག་ནི་ཆུ་གཏེར་སྒྲུབ་པའི་ཚོ་ག་གཙོ་ཤས་ཤིག་ཡིན་ཏེ། དེ་སྒྲུབ་པས་ཡུལ་ཕྱོགས་དེ་ཐམས་ཅད་ཀྱི་མུ་གེ་ཐན་པ་སད་སེར་འཇོམས་པ་དང་། ཆུ་ཡི་འཇིགས་པ་སྲུང་བ། ནད་ཡམས་སྐྱོབ་པ། ཆར་ཆུ་དུས་ལྟར་འབེབས་པ། ཟས་ནོར་ལོངས་སྤྱོད་རྒྱས་པ་སོགས་ཀྱི་ཕན་ནུས་ཐོན་ལ། ཁྱད་པར་དུ་ཆུ་ལ་གནས་པའི་ཀླུ་གཉན་མཐུ་བོ་ཆེ་དག་གིས་སྟོང་གྲོགས་མཛད་པ

དང་། ཆླུང་ཧ་དར་བ། ཅི་བྱས་ལམ་དུ་འགྲོ་བ་སོགས་ཀྱི་ཕན་ཡོན་རྒྱ་ཆེན་པོ་ཡོད་པར་གསུངས་སོ། །

༣. སྒྲུབ་གཞི་རྫས་དང་སྔོད་ཀྱི་དབྱེ་བ། གཡང་རྫས་ལ་གོང་གསལ་གྱི་སྒྲུབ་བྱེད་ཚོ་གའི་དབྱེ་བ་དེ་དག་གི་ཁྱད་པར་ལྟར་གནས་བཀག་ཙམ་མི་འདྲ་བ་ཡོད་མོད། སྤྱིར་དཀར་གསུམ་སོགས་ཟས་སྣ་གཙང་མ། གཡུ་བྱུར་མུ་ཏིག གསེར་དངུལ་ཟངས་སོགས་རིན་ཆེན། ནས་འབྲས་གྲོ་སོགས་འབྲུ་སྣ། དར་ཟབ་སོགས་གོས་སྣ། བུམ་རྫས་ཉེར་ལྔ། ཀླུ་སྨན། སྙིང་ཞོ་ཤ། ས་བཀྲ་ཤིས་པ་ནས་བླངས་པའི་ས་རྗེ་ཆུ་ཤིང་སོགས་སྤྱི་ལ་དགོས། ཡང་དེ་དག་ཀུན་ལ་ཆེད་དུ་དགག་དགོས་པ་ལྷགས་དང་ཕ་ལམ། ཞ་ཉེ་བཅས་དང་། སྐྱེ་ཚེ། ཤིང་ཚེ། བྲ་བོ། དན་རོགས་སོགས་བཤལ་སྨན་སྐྱུག་སྨན་གྱི་རིགས། ཤ་དང་ཆང་། ཁྱུང་སྡེར། ཚྭ་བ་གསུམ། བཙན་དུག་ལ་སོགས་དུག་རིགས། གླ་རྩི། དར་གོས་ནག་པོ། དུར་ཁྲོད་ཀྱིས། སྔོག་ཙོང་། སྲན་མ་བཅས་སོ། །གོང་གསལ་གྱི་རྫས་སུ་ཉུང་བ་དེ་དག་ཀྱང་དམེ་པོ་དམེ་མོ་སོགས་སྡིག་པ་ཅན་གྱི་ལག་ནས་ཐོན་པ་གཏན་ནས་མི་ཉུང་བས་འདོར་དགོས། གཞན་ཡང་སྒྲུབ་བྱེད་ཚོ་གའི་རིགས་ཀྱི་དབྱེ་བ་ལས་དམིགས་བསལ་གྱིས་ས་བཅུད་བུམ་གཏེར་ལ་ཁྱད་པར་དུ་དགོས་པའི་རྫས་ནི་ཐང་ལོ་དང་། སྨྱུག་ལོ། རྨ་བྱའི་མདོངས། ཟེར་དཀར་ནག སྤྲུལ་གྱི་པགས་པ། དབང་ལག ཆུ་སྲིན་སྡེར་མོ། ཛ་ཏི། སྤོས་དཀར། ཨུཏྤལ་སྔོན་པོ། རྒྱ་མཚོའི་ལྦུ་བའི་རྒྱ་ཚལ། དུང་དཀར་གྱི་སྙིང་ཞོ་ཤ མཁལ་མ་ཞོ་ཤ གཟི། ཤིང་ཏོག་སྣ་ཚོགས། ཆུ་སྣ་ལྔ། སུ་ཤེལ་རྩི། ཤུ་དག་དཀར་པོ། རྗེ་རྒྱུས། ན་ག་བུཥྤ། ན་ག་གེ་སར། ཏིལ་དཀར་ནག གུར་གུམ། ཙན་དན་དཀར་དམར། ག་ར་བུ་རམ། སྦྲང་རྩི། བ་དམར་པོ་དང་ར་དཀར་པོའི་འོ་མ་ལ་སོགས་ཆེད་དུ་གཅེས་སོ། །གཏེར་སྔོད་ལ་གསེར་དངུལ་ཟངས་སོགས་ཀྱི་བུམ་པ་རབ་འབྲིང་གཉིས་དང་། ཐ་མ་རྫ་བུམ། དར་རས་ཀྱི་ཁུག་མ། ཙན་དན་ནམ་ཤུག་པ་སོགས་ཤིང་བཟང་པོའི་སྒྲོམ་གས་ཆག་མེད་པ། ལོངས་མ་སྤྱད་པ། རང་བཞིན་གྱིས་དཀར་བའམ་དཀར་རྩི་བྱུགས་པ་སོགས་ཡོད་ལ། དེ་དག་ལ་ཡུལ་དེའི་བྲི་གང་ཤོང་བ་ཀུན་ལ་དགོས་སོ། །

གསུམ་པ། གཏེར་སྒྲུབ་ཚུལ་གྱི་རིམ་པ།

གཏེར་སྒྲུབ་ཚུལ་གྱི་རིམ་པ་ལ་ཐོག་མར་ཀུན་སློང་དང་དམིགས་ཡུལ། བར་དུ་ལག་ལེན་གྱི་རིམ་པ། ཐ་མར་དེ་ལྟར་གྲུབ་ཟིན་པས་ཕན་ཡོན་དང་གསུམ་དུ་ཕྱེ་སྟེ་བརྗོད་པ་ལ།

༡. ཀུན་སློང་དང་དམིགས་ཡུལ། གཏེར་རྒྱག་པར་བསམ་པའི་ཀུན་སློང་ནི་སྔོ་ཀུན་གྱི་རྩ་གནད་དུ་འཛིན་ཏེ། ཀུན་སློང་མ་དག་པའམ་དགེ་བའི་ཆེད་དུ་མ་ཡིན་པར་རང་ཁོ་ནའི་ཆགས་སྡང་དང་ཁེ་ཕན་ཙམ་ལ་དམིགས་པ་ནི་ཐ་མལ་བའི་ལས་སུ་བརྩི་ལ། དེར་རེ་བའི་འབྲས་བུའང་ཆེར་མི་འབྱུང་བར་བསམ། བྱམས་དང་སྙིང་རྗེའི་བདག་པོར་གྱུར་པའི་བོད་རིགས་སེར་སྐྱ་ཕོ་མོ་རྣམས་ཀྱིས་རང་ལས་གཞན་

གཅེས་པར་འཛིན་ཞིང་། བདག་གཞན་མཉམ་པར་བརྗེ་བའི་སྤྱི་གཤིས་དེ་ལས་ཅི་རྩོམ་གྱི་སྟོན་འགྲོར་བསྐྱེ་བ་མ་ཟད། སྤྱི་ཚོགས་འབྲེལ་བའི་ཁྲིད་གནད་ཆེར་འཛིན་པའི་རྩ་དོན་ཞིག་ཏུ་ངེས་པས། གཏེར་སྒྲུབ་པའི་གོ་རིམ་ཁྲིད་དུའང་ཐོག་མར་གཞན་ཕན་གྱི་ལྷག་བསམ་རྣམ་པར་དག་པས་གཞི་བཟུང་བ་དང་། དེ་ནས་སྨོན་ལམ་དྲི་མ་མེད་པས་མཚམས་སྦྱོར་བར་བྱེད་དེ། འགྲོ་བ་ཀུན་གྱི་འཕྲལ་ཕྱུགས་ཀྱི་བདེ་སྐྱིད་དང་ཁ་རྒྱས་བསོད་ནམས་ལ་དམིགས་པའི་ཀུན་སློང་རྣམ་དག་གི་སྟོབས་ལས་འཕྲོས་པའི་བྱང་ཆུབ་སྨོན་པའི་སེམས་དང་འཇུག་པའི་སེམས་ཀྱི་སྒོ་ནས་གཏེར་སྒྲུབ་ཀྱི་བྱ་བར་འཇུག་པ་ནི་ཤིན་ཏུ་གལ་ཆེ་ལ། དེ་ལྟར་འཇུག་སྒོ་ཕྱེ་བས་གཏེར་བརྒྱབ་པའི་ཡུལ་དེའི་འགྲོ་བ་སེམས་ཅན་ཐམས་ཅད་སྡུག་བསྔལ་དང་སྡུག་བསྔལ་གྱི་རྒྱུ་ལས་གྲོལ་བར་གྱུར་ཅིག་སྙམ་པ་དང་བདེ་བ་དང་བདེ་བའི་རྒྱུ་དང་ལྡན་པར་གྱུར་ཅིག་སྙམ་པ་ནི་སྤྱིའི་དམིགས་ཡུལ་ཡིན་མོད། རང་རང་བྱེ་བྲག་གི་འདོད་པའི་དོན་དང་སྒྲུབ་པའི་ལས་སོ་སོ་ཡིན་པའི་ཆ་ནས་གཏེར་སྒྲུབ་པའི་ཀུན་སློང་དང་དམིགས་ཡུལ་ཡང་མཐའ་གཅིག་ཏུ་མི་འོངས་པ་མཁྱེན་གསལ་ལྟར་རོ། །

༢.ལག་ལེན་གྱི་རིམ་པ། ལག་ལེན་གྱི་རིམ་པ་ལ་བརྗོད་བདེའི་དབང་གིས་གཉིས་སུ་ཕྱེ་སྟེ། ཆོ་གའི་ངག་འཁྲོས་ཀྱི་རིམ་པ་དང་། ས་མིག་སོགས་སུ་སྦ་ཚུལ་གྱི་རིམ་པའོ། །དང་པོར། སྒྲུབ་བྱེད་ཆོ་ག་སོ་སོའི་ཆོག་རིས་ལྟར་རྫས་སྒྲུབ་སྦྱོར་དང་འདོན་པའི་ཕྱག་ལེན་གྱི་སྐོར་སྟོན་དུ་འགྲོ་བ་དང་། དེ་ནས་གཏེར་གྱི་ཕུང་པོར་གྲུབ་པ་གང་ཞིག་མཆོད་ཁང་ལ་སོགས་གནས་གཙང་མ་ནས་རབ་གནས་མཛད་ཐོག གཡང་འབོད་དང་རྟགས་སྒྲུབ་ཀྱི་ཆོ་ག་མ་ཉམས་པར་བྱིན་རླབས་སྩོལ་བའི་རིམ་པའོ། །གཉིས་པ། ས་བརྟག་བསླང་སྦྱངས་གསུམ་བྱེད་པ་དང་དེའི་འོག་ཏུ་ཇི་ལྟར་བྱ་བ། དང་པོར་ས་བརྟག་བསླང་སྦྱངས་གསུམ་ལས་ཐོག་མར་ས་བརྟག་པ་ནི་གཏེར་གང་དུ་རྒྱག་པའི་ཡུལ་དེའི་ཕྱོགས་དང་ཁ་དོག་མཚན་ཉིད། ས། ཆུ་བཅས་ཀྱི་ལེགས་ཉེས་ལ་ས་དཔྱད་ཀྱི་གཞུང་སོ་སོ་ནས་འབྱུང་བ་ལྟར་བརྟགས་ཏེ་ས་དགྲ་ཆུ་དགྲ་ཡོད་མེད་དང་ས་གཤིས་བཟང་མིན་རིགས་པས་ཙད་ཆོད་དགོས་ཏེ། ས་གཞུང་སོགས་སུ"རྒྱབ་རི་མཐོ་ཞིང་མདུན་རི་གུས། །གཡས་གཡོན་ཆུ་གཉིས་མདུན་དུ་འབབས། །མདུན་དུ་ཆུ་ཤིང་ན་བ་རྒྱས། །དེ་འདྲའི་ཕྱོགས་དེར་ས་འཚོལ་བྱ། །"ཞེས་འཁོད་ཡོད་པ་ལྟར་དང་། "མདུན་དུ་ཆུ་ཤིང་ན་བ་རྫ། །ཕུན་སུམ་ཚོགས་ན་དངོས་གྲུབ་འབྱུང་། །མདུན་རི་གཡས་གཡོན་དབུས་དང་གསུམ། །ཕ་ཁུ་དར་མ་བུ་ཆུང་ས། །རྒྱབ་རི་རྩེ་འཛིན་ས་མཁན་རང་། །སྤྱང་རི་དཔོན་དང་མི་རྒྱུད་ས། །ཤར་ལྷོ་བུ་མོ་མག་པའི་ས། །"ལྟ་བུ་དང་། ཡང་དཔེར་ན"ཤར་གྱི་ལམ་ནི་སྟག་སྐྱ་བོ། །གད་པས་ཚོད་ན་ས་མདའ་ཐོག །ལྷོ་ཆུ་གཡུ་འབྲུག་སྔོན་མོ་སྟེ། །ཆུ་ཚད་བྱུང་ན་དོང་དུ་ལྷུང་། །ནུབ་ཀྱི་ས་དམར་བྲག་དམར་ནི། །ནུབ་བསྲུང་བྱ་ནི་དམར་མོ་སྟེ། །ལམ་གྱིས་དཀྱིལ་གཏུབ་སྐྱེ་ཡིས་ཟིན། །བྱང་གི་གྲ་ཟུར་ཕ་བོང་བྲག །བྱང་བསྲུང་རུས་སྦལ་རྒྱལ་པོ་སྟེ། །ཆུ་

འོག་ཡོད་རོ་ཚ་ཆུས་འགྲང་། །"སོགས་ལྟ་བུ་བརྟག་ཚུལ་མང་པོ་སྣང་བ་ལྟར་ལེགས་ཉེས་དང་འཇུག་ལྡོག་ཚུལ་བཞིན་བསྟེན་པ་ལས། བརྟག་དཔྱད་མེད་པར་གཏེར་སྒོ་འདོན་པ་ནི་འོས་མ་ཡིན་ཏེ། ས་དཔྱད་ཀྱི་གཞུང་སོགས་ན"ས་ཡི་བསྲུང་བཞི་མ་ཚང་ན། 'ཡུལ་འཚེར་འཁྲུམས་པ་སྲུང་པོ་སྐྱེ། །"ཞེས་དང་། "ས་ལ་ས་དགྲ་མེད་ནའང་། །རང་གི་ས་དགྲ་བཟློས་པ་ནི། །ཤར་དུ་མཆོད་རྟེན་ཚ་ཁང་དང་། །མ་ཎི་ཆེན་པོ་བརྩིགས་པ་ན། །གྲོང་བ་དེ་ནི་རྒུད་པར་འགྱུར། །"སོགས་ཕན་པ་ལས་གནོད་ཆེ་བའི་སྐོར་མང་པོ་གསུངས་ཡོད་ཀྱང་འདིར་ཡིག་ཚོགས་ལ་འཛིགས་ནས་མ་བྲིས་སོ། །

ས་བསླང་བ་ལ་མངོན་པ་ལས་སློང་བ་དང་མི་མངོན་པ་ལས་སློང་བ་སྟེ། མངོན་པ་ལས་སློང་བ་ནི་གཏེར་རྒྱག་སའི་གནས་དེ་བདག་ཏུ་བཟུང་བའི་རྒྱལ་པོའམ་ཡུལ་དཔོན་དེ་དག་ལས་ཉོ་བའམ། བསླངས་ནས་གནང་བ་ཐོབ་པ་ལ་བྱ་ཞིང་། མི་མངོན་པ་ལས་སློང་ང་ནི་ས་དེ་ལ་གནས་པ་དང་དབང་བྱེད་པའི་གནས་བདག གཞི་བདག ཞིང་སྐྱོང་། སའི་ལྷ་མོ་སོགས་ལ་བསང་དང་མཆོད་གཏོར་ཕུལ་ཏེ་གནང་བ་ཞུས་པའོ། །

དེ་བཞིན་དུ་ས་སྦྱངས་པ་ནི་གཏེར་རྒྱག་སའི་ས་དེའི་ལྟོ་འཕྱེའི་རིགས་ལ་བརྟགས་ཤིང་། གནོད་འགལ་མེད་པར་ས་བརྐོས་ཏེ་སེལ་ཕྱུང་བ་དང་། དེ་ནས་རྫས་བྱིན་ཅན་དང་། སྔགས་དང་། ཏིང་ངེ་འཛིན་དང་བླ་ན་མེད་པ་དག་པས་སྦྱངས་པའོ། །ས་བརྟག་བསླང་སྦྱངས་གསུམ་བྱེད་དགོས་པར་གསུངས་པའང་ཚོགས་བསགས་རྒྱ་ཆེན་པོ་དང་རང་གཞན་གྱི་དོན་ནུས་པ་པོ་ཆེ་མེད་པར་གང་འདོད་ཀྱིས་ས་བརྐོ་བ་དང་ནགས་གཙོད་པ། ཆུ་ཟག་པ་བཅས་ཀྱི་ལས་སྒྲུབ་ཏུ་མི་རུང་ཞིང་། མིའི་རིགས་དང་སྣང་མི་སྣང་གི་འགྲོ་བ་ཀུན་ཕན་ཚུན་ལ་འཚེ་བ་མེད་པར་ཞི་བདེ་མཉམ་གནས་མཛད་དགོས་པ་ཤུགས་ཀྱིས་བསྟན་ནོ། །

གཉིས་པ་དེའི་འོག་ཏུ་ཇི་ལྟར་བྱ་བ་ལ། གཏེར་གང་དུ་རྒྱག་པའི་གནས་དེར་གཏེར་ཁུང་ཚད་ལྡན་བྲུས་པའི་ནང་དུ་གཡམ་སྒྲོམ་གྲུ་བཞི་བགྱིས་པའི་འོག་ཏུ་པདྨ་འདབ་བརྒྱད། ཡོགས་སུ་བཀྲ་ཤིས་རྟགས་བརྒྱད་བྲིས་པ་རབ། མ་གྲུབ་ན་གཏེར་ཁུང་ནང་དུ་བ་བྱུང་ལྔ་དང་དྲི་བཟང་གི་ཆུས་ཆག་ཆག་གདབ། བུམ་པ་དང་གཏེར་ཁུང་སོགས་ལ་སྤོས་དཀར་གྱིས་བདུག་ལ་དག་གཙང་བྱས་ཏེ། གནས་དེར་སྦྲ་དགོས། ཆུ་གཏེར་ཡིན་ན་གང་དུ་གཏེར་སྒོ་ཡོད་པའི་གནས་དེ་ནས་ཐད་ཀར་དུ་ཆུ་ལ་གཏུམ་པས་ཚོགས་སོ །དེ་ལྟར་གྲུབ་ཟིན་པའི་མཇུག་ཏུ་དགེ་རྩ་དེའི་སྟོབས་ཀྱིས་ཡུལ་ཕྱོགས་འདིས་མཚོན་པའི་འཛིག་རྟེན་དུ་ནད་མུག་འཁྲུག་རྩོད་སོགས་མེད་པར་བཀྲ་ཤིས་བདེ་ལེགས་རྒྱ་ཆེན་པོ་འབྱུང་བར་གྱུར་ཅིག་ཅེས་ལྷག་བསམ་རྣམ་པར་དག་པའི་སྒོ་ནས་སྨོན་ལམ་འདེབས་པ་དང་། ཤིས་ཚིག་གིས་མཐའ་བརྒྱན་དགོས་པ་གལ་ཆེ་བར་གསུངས་སོ། །

༣. དེ་ལྟར་གྲུབ་ཟིན་པའི་ཕན་ཡོན། འདི་ལ་མ་རིག་པའི་དབང་གིས་བསགས་པའི་ལས་ཀྱི་གནོད་

འབྲས་བཟློག་པ་དང་། ཕྱིན་ཆད་བཀྲ་ཤིས་བདེ་ལེགས་འབྱུང་བའི་ཕན་ཡོན་དང་གཉིས་ལས། དང་པོ་ལ། གང་འདོད་ཀྱིས་ས་གཞན་བཀོས་པ་དང་། རྡོ་གཞན་བསློག་པ། ཤིང་གཞན་བཅད་པ། ཆུ་གཞན་དཀྲུགས་པ་སོགས་ཀྱི་དབང་གིས་གཞི་དེ་དག་ལ་གནས་བཅས་པའི་ལྷ་ཀླུ་གཞི་བདག་འབྱུང་པོ་མི་མ་ཡིན་རྣམས་ལ་ཕོག་ཐུག་བཏང་བ་ལས་འཁྲུག་རྐྱེན་སྣ་ཚོགས་བཟོས་པ་དང་ནད་རིགས་སྣ་ཚོགས་བྱུང་བ་སོགས་སེལ་ལ། ཁྱད་པར་དུ་ཀླུའི་ནད་བྱུང་ཡོད་པ་སེལ་བར་བྱེད། དེ་བཞིན་དུ་ས་དཔྱད་ནོར་བ་དང་། ཕྱི་ནང་གི་ས་དགྲའི་སྐྱོན་གྱི་གནོད་པ་ཞི་བ། ས་བཙུད་ཉམས་པ་གསོ་བ། ནད་རིམས་འཁྲུག་ལོང་དང་མུ་གེ་ཐན་པ། ས་ཆུའི་འཇིགས་པ་སོགས་མི་འབྱུང་བར་གསུངས། གཉིས་པ་ལ། ཕྱིར་བསྟན་འགྲོའི་ལས་དོན་འཕེལ་ཞིང་། སེམས་ཅན་ལ་བདེ་སྐྱིད་འབྱུང་བ། ལོངས་སྤྱོད་འཕེལ་བ། བསོད་ནམས་རྒྱས་པ། ཆོས་སྲིད་ལེགས་ཚོགས་ཀྱི་བྱ་བ་གང་བརྩམ་ཐམས་ཅད་ཡིད་བཞིན་འགྲུབ་པའི་ཕན་ཡོན་རྒྱ་ཆེན་པོ་ཡོད་པར་གསུངས་སོ། །

བཞི་པ། ཁོར་ཡུག་སྲུང་སྐྱོང་ཐད་ཀྱི་ཕན་ཡོན།

ཁོར་ཡུག་སྲུང་སྐྱོང་ནི་དེང་སྐབས་འཛམ་གླིང་རང་བཞིན་གྱི་བསླབ་གཞི་གལ་ཆེན་ཞིག་ཏུ་གྱུར་ཡོད་པ་ཀུན་གྱིས་མཁྱེན་གསལ་ལྟར་ལགས། དེ་སྔོན་ཨ་མེ་རི་ཀའི་ཁྲ་ལི་ཧྥུ་ཉི་ཡ་ནས་མང་ཚོགས་ཀྱི་ཁྲོད་དུ་ཁོར་ཡུག་སྲུང་སྐྱོང་གི་འདྲི་ཤིས་སྐོར་གྱི་ཉམས་ཚོད་ཅིག་བླངས་པ་ལས་བསྟན་དོན། མང་ཚོགས་ཀྱིས་ཆེས་དོ་སྣང་མཛད་བཞིན་པའི་གནད་དོན་ལྔ་ཡོད་དེ། གཅིག་འགྲིམ་འགྲུལ་གྱི་གནད་དོན། གཉིས་ཁོར་ཡུག་སྦགས་བཙོག་གི་གནད་དོན། གསུམ་དུ་མི་ནག་གི་གནད་དོན། བཞི་ཡུལ་གྲུར་བའི་གནད་དོན། ལྔ་སྲི་ཚོགས་ཉེས་སྤྱོད་ཀྱི་གནད་དོན་བཅས་སོ། །དེ་ལས་ཁོར་ཡུག་སྦགས་བཙོག་གི་གནད་དོན་ནི་ཨང་གཉིས་པར་བཞག་ཡོད་པས་མང་ཚོགས་དང་ཆེད་ལས་མཁས་པ་རྣམས་ཀྱིས་འདིའི་ཕྱོགས་སུ་ཐུགས་ཁུར་ཇི་འདྲ་ཞིག་མཛད་བཞིན་ཡོད་པ་རྟོགས་ཐུབ། མིག་སྔར་སྤྱི་ཚོགས་ཀྱི་འགྱུར་ལྡོག་དང་བསྟུན་ནས་ཁོར་ཡུག་དོ་དམ་སྐོར་གྱི་ཁྲིམས་སྲོལ་གྱི་འཐུས་སྒོ་ཇི་ཚང་དང་། བཟོ་ལས་ཀྱི་སྦགས་བཙོག་འགོག་སེལ། གྲོང་ཁྱེར་གྱི་ཁོར་ཡུག་ལེགས་བཅོས། རང་བྱུང་ཁམས་སྲུང་སྐྱོབ་དང་ཁོར་ཡུག་ཚན་རྩལ་སོགས་བྱ་བར་འཕེལ་རྒྱས་བྱུང་སྟེ། ཁོར་ཡུག་སྲུང་སྐྱོང་གི་འདུ་ཤེས་རིམ་གྱིས་མི་མང་གི་བློ་ལ་བག་ཆགས་སུ་གྲུབ་སོང་། འོན་ཀྱང་བཟོ་ལས་འཕེལ་རྒྱས་དང་མི་གྲངས་འཕེལ་བར་བསྟུན་ནས། ཐོན་ཁུངས་ཟད་ཚད་ཇེ་ཆེ་དང་། སྦགས་བཙོག་ཇེ་ཐལ། ས་ཆུ་ཤོར་བ། རྩྭ་ཁ་ཉམས་པ། ས་ཞིང་བྱེར་འགྱུར། ནགས་ཚལ་སྐམ་པ། ཆུ་རྒྱུན་ཆད་པ། རི་དྭགས་རྩ་ཆེན་རིགས་ཀྱི་རྒྱུད་ཆད་པ་སོགས་སྣང་ཚུལ་ངན་པ་ད་དུང་བྱུང་དང་འབྱུང་བཞིན་ཡོད།

ཆོས་ལུགས་ཀྱི་བསམ་བློ་འདིའི་ཤུགས་རྐྱེན་འོག་རང་རེ་རྩ་ཐང་གི་ཐྱེ་བོ་རྣམས་ལ་མཚོན་ན། སར་སྡོད་པའི་དུས་སུ་རྩ་སྡོན་སྟེང་དུ་མི་སྡོད་ལ། གལ་ཏེ་བསྡད་ཀྱང་ཡར་ལངས་ཏེ་འགྲོ་ཁར་སྡོད་སའི་ས་དེའི་སྡོན་མའི་སྟེང་དུ་ལག་པས་ཕྱིལ་ཕྱིལ་མཛད་དེ་རྩ་བཅག་ཟིན་པ་རྣམས་ཡར་སློང་བ་དང་། ལག་པས་རང་དགར་གྱིས་རྩ་མི་འཐོག ས་མི་བརྐོ། ཐབ་ཀྱི་ཐལ་འཕོ་ནའང་སའི་བཀོད་དབྱིབས་ལྟར་གཤོང་ས་སོགས་གནས་ངེས་ཅན་ཞིག་ཏུ་འགེབ་པ་ལས་ཐང་ཡངས་སར་བསམ་ནས་གང་སར་འཕོ་བའི་སྲོལ་མེད་དོ། །ཞིབ་ཏུ་བསམ་ན་དཔེ་དེ་ཙམ་ལས་ཀྱང་ཁོར་ཡུག་སྲུང་སྐྱོང་གི་ཀུན་སྤྱོད་བླ་ན་མེད་པ་ཕྱིར་སྣང་བྱེད་ཐུབ་ལ། མི་རྣམས་ཀྱི་རྒྱུད་ལ་རང་གཤིས་སུ་གྲུབ་པའི་རང་རྟོགས་རང་འགྲུལ་གྱི་རིག་གནས་སྣང་ཚུལ་དེ་མཚོན་ཐུབ། དེ་དང་རང་བཞིན་གཅིག་པར་གཏེར་སྒྲུབ་པའི་ཚོ་ག་འདིར་མཚོན་ནའང་མི་དང་རང་བྱུང་ཁམས་བར་གྱི་འདྲ་མཉམ། མཐུན་འགྲིག སྙོམས་སྒྱུར། གཅིག་གྱུར། ཕན་ཚུན་བརྩི་འཛོག་བཅས་ཀྱི་འབྲེལ་བ་རྣམ་དག་ཅིག་མཚོན་པ་ཚད་མས་གྲུབ་ཡོད་ལ། དེས་ཁོར་ཡུག་སྲུང་སྐྱོང་ལ་ཐོན་པའི་ཕན་ཡོན་ལའང་གཏེར་རྫས་ཀྱི་ཐད་ནས་ཐོན་པའི་ཕན་ཡོན་དང་། མཚོ་གཏེར་གྱི་ཐད་ནས་ཐོན་པའི་ཕན་ཡོན། ས་གཏེར་གྱི་ཐད་ནས་ཐོན་པའི་ཕན་ཡོན་ཏེ་ཕྱེ་བྲག་གསུམ་དུ་འདོད།

༡. གཏེར་རྫས་ཀྱི་ཐད་ནས་ཐོན་པའི་ཕན་ཡོན། ཉི་འོད། མཁའ་དབུགས། ཆུ། ས་གཞི་དང་སྐྱེས་དངོས་སྣ་ཚོགས་ཀྱིས་གྲུབ་པའི་རང་བྱུང་ཁམས་ཆེན་པོ་འདི་འཚོ་རྟེན་དུ་བཟུང་བའི་མི་དང་སྐྱེས་དངོས་ཐམས་ཅད་ནི་སའི་གོ་ལ་འཕེལ་བའི་དུས་རིམ་ངེས་ཅན་ཞིག་གི་ཐོན་རྫས་ཡིན། སྐྱེས་དངོས་ནི་སྤྲི་དཀར་གྱི་བཅུད(蛋白质)དང་ཕྲ་ཕུང་ཉིང་རྟུལ་གྱི་སྐྱུར་རྫས(核酸)མངར་ཆ(糖)བཅས་ཀྱིས་གྲུབ་པ་མ་ཟད། ཉིང་འདོར་གསར་ལེན་གྱི་རྣམ་པའི་སྒོ་ནས་འགྱུར་ལྡོག་འབྱུང་བཞིན་ཡོད་ལ། མིའི་ལུས་ཕུང་གིས་ཀྱང་ཉིང་འདོར་གསར་ལེན་བརྒྱུད་ནས་ཁོར་ཡུག་དང་རྫས་ཕུང་བརྗེ་ལེན་བྱེད་པ་ཆོས་ཉིད་ཡིན། མིའི་ལུས་ཕུང་ཁྲོད་ཀྱི་རྫས་འགྱུར་གྱི་རྒྱུ་སྣ་ཚོགས་ཀྱི་ཆ་སྙོམས་འདུ་ཚད་དང་ས་ཤུན་ཁྲོད་ཀྱི་རྫས་འགྱུར་གྱི་རྒྱུའི་ཆ་སྙོམས་འདུ་ཚད་གཉིས་ཕན་ཚུན་ལ་ཤིན་ཏུ་འཕྲོད། དཔྱད་འབྲས་ལས་བསྟན་པ་ལྟར་ན། མིའི་ཁྲག་ཁུའི་ཁྲོད་ཀྱི་རྫས་འགྱུར་གྱི་རྒྱུ་སྣ་ཁ60ལྷག་གི་འདུ་ཚད་དང་ཁོར་ཡུག་ཁྲོད་ཀྱི་རྒྱུ་ལིན།(磷) ཅ། (钾) ཀེ(钙) ནཱ།(钠) ལྕགས། ཟངས། ཞིན།(锌) ཏེན(碘)སོགས་ཀྱི་འདུ་ཚད་གཅིག་མཚུངས་ཡིན། འདིས་མི་དང་ཁོར་ཡུག་བར་གྱི་འབྲེལ་བ་ཤིན་ཏུ་དམ་པ་མཚོན་ཏེ། མིའི་ལུས་སྟེང་གི་རྫས་འགྱུར་གྱི་རྒྱུ་དང་ཁོར་ཡུག་གི་རྫས་འགྱུར་གྱི་རྒྱུ་ཕན་ཚུན་དོ་མཉམ་ཆོ། ད་གཟོད་མིའི་རིགས་རྒྱུན་ལྡན་གྱིས་འཚར་ལོངས་འབྱུང་ཐུབ་ལ། དེ་ལས་ལྡོག་ཤས་ཆེ་ན་ཕན་ཚུན་ལ་མ་འཕྲོད་པར་ནད་རིགས་སྣ་ཚོགས་བསྐྱེད་སྲིད་པ་རྟོགས། འདུ་ཤེས་འདིས་མཚོན་གཏེར་གྱི་རྫས་མཐའ་དག་ཀྱང་རང་བྱུང་ཁོར་ཡུག་གི་འཕོ་འགྱུར་དང་འཁྲོད་པའི་གཡང་རྫས་རྐྱང་རྐྱང་གིས་གྲུབ་ཡོད་དེ། གོང་དུ་སྒྲུབ་གཞི་རྫས་དང་སྣོད་ཀྱི་དབྱེ་བའི་སྐབས་

སུ་དྲངས་ཟིན་པ་ལྟར། བྲ་བོ་དང་དན་རྫོགས་སོགས་ནད་མེད་པར་ནད་བཟོ་བའི་བཤལ་སྨན་སྐྱུག་སྨན་གྱི་རིགས་དང་། ཁྱུང་སྲེར་དང་བཙན་དུག་ལ་སོགས་སྲོག་ལ་ཉེ་བར་འཚེ་བའི་གནོད་བྱེད་དུག་རིས་ཀྱི་སྐོར། སེམས་ཅན་གྱི་བདེ་ཐང་ལ་གནོད་པའི་རྫས་འགྱུར་གྱི་རྒྱུ་ཀི(镉)དང་ཆེན།(铅) ཞིན།(锌) རྡིན།(砷) ཀོང(汞)བཅས་དང་ལྡན་པའི་ལྕགས་དང་ཞ་ཉེའི་རིགས་སོགས་ཆེད་དུ་བཀག་ཡོད་ལ། དེ་དག་ས་ལ་གཏུམ་པའམ་ཆུ་ལ་འཐིམས་པར་བྱས་ཚེ་སྐྱེ་དངོས་ཀྱི་རིགས་སྲོག་ཆགས་དང་རྩི་ཤིང་ལ་སོགས་ཀྱི་སྐྱེ་འཕེལ་སྙོམས་སྒྲིག་དང་ས་ཆུའི་བཅུད་འཛིན་ཀུན་ལ་གནོད་བྱེད་དུ་འགྱུར་བ་དང་། ཁོར་ཡུག་སྲུང་སྐྱོང་ལ་མི་ཕན་པས། ཆེད་དུ་ནས་འབྲས་གྲོ་སོགས་སྐྱེ་འཕེལ་གྱི་རང་བཞིན་དང་ལྡན་ཞིང་འགྲོ་བ་ཀུན་གྱི་ཞལ་ཟས་སུ་རུང་བའི་འབྲུ་སྣ་དང་། དར་ཟབ་སོགས་ཚི་སྣ(纤维)མ་འདྲེས་པའི་གོས་སྣ། མནོལ་བཙོག་མ་ཞོར་བའི་ས་སྣ། ཆེན(铅)སོགས་གནོད་རྫས་ཀྱིས་མ་བསླད་པའི་རང་བྱུང་གི་ཆུ་སྣ། རྒྱ་མཚོར་གནས་པའི་སྲོག་ཆགས་ཀྱི་རིགས་ལ་ཕན་པའི་ཀླུ་སྨན། ཀི(钙)ཡི་བཅུད་མ་ཞོར་བའི་བ་རའི་འོ་མ་སོགས་གཙེས་སུ་འཛིན་ལ། དེ་དག་ལའང་ཚོ་ག་ལྟར་སྔགས་ཀྱིས་སྒྲུབ། བྱིན་རླབས་རྒྱབ། རབ་གནས་བྱས་ཏེ། ཀུན་ལ་ཕན་པའི་སྨོན་ལམ་རྒྱག་གོ། རྫས་འགྱུར་གྱི་རྒྱུའི་ཆ་ནས་གཏེར་རྫས་སུ་རུང་བ་འདི་དག་ནི་མི་དང་སྐྱེས་དངོས། སྲོག་ཆགས་ཀྱི་གྲུབ་རྫས་སུ་གྱུར་པའི་རྫས་འགྱུར་གྱི་རྒྱུ་དང་ཡོངས་སུ་འབྲེལ་ལ། ལྷག་པར་དུ་ཉིང་འདོར་གསར་ལེན་གྱི་རྣམ་པའི་སྒོ་ནས་མཐུན་པར་སྦྱར་ཡོད་པས། ཁོར་ཡུག་གི་སྐྱེ་འཕེལ་གྱི་ཆོས་ཉིད་དང་མཐུན་ལ། ཁོར་ཡུག་སྲུང་སྐྱོང་གི་ཐད་དུ་གཏེར་རྫས་རང་ངོས་ནས་ས་གཞིས་སྙོམས་སྒྲིག་དང་ས་ཆུའི་བཅུད་འཛིན་གྱི་བྱེད་ནུས་བཟང་པོ་འདོན་བཞིན་ཡོད་དོ། །

༢. མཚོ་གཏེར་ལས་ཐོན་པའི་ཕན་ཡོན། ཁོར་ཡུག་སྲུང་སྐྱོང་གི་ཆེད་ལས་མཁས་པ་དག་གིས་སྔོམ་ཚིག་བཀོད་པ་ལྟར་ན། ས་གཞིའི་བརྒྱ་ཆ71རྒྱ་མཚོས་ཟིན་ཞིང་། བོངས་ཚད་ལ་སྤྱི་ལེ་གྲུ་བཞི་མ137000ཡོད། འོན་ཀྱང་མིའི་རིགས་ཀྱིས་བཏུང་རུང་བའི་ཚ་མེད་ཆུས་བརྒྱ་ཆ1མ་གཏོགས་མི་ཟིན་ལ། དེའི་ས་ཁོངས་ཀྱི་ཁྱབ་ཡུལ་ཡང་དོ་མི་མཉམ། བཟོ་ལས་དང་ཞིང་ལས་ཀྱི་ཆུའི་མཁོ་ཚད་ཇེ་མང་དུ་འགྲོ་བཞིན་པའི་ཁར། ཆུ་སྣ་མང་པོར་སྦགས་བཙོག་ཐེབས་པས། མིའི་རིགས་ལ་མཚོན་ན་ཆུ་ནི་ཏ་ཅང་དཀོན་པོར་འགྱུར་བཞིན་ཡོད། ད་དུང་རྒྱ་མཚོས་སའི་གོ་ལའི་སྟེང་གི་བརྒྱ་ཆ80ཡན་གྱི་སྐྱེ་དངོས་ཀྱི་ཐོན་ཁུངས་ཟིན་ཞིང་། དེ་ལས་སྲོག་ཆགས་ཀྱི་རིགས180000དང་། རྩི་ཤིང་གི་རིགས20000ཡོད་པར་གསུངས། དེ་དག་སྲུང་སྐྱོབ་བྱེད་པར་ཁྲིམས་ལུགས་དང་སྲིད་འཛིན་བྱེད་ཐབས་ཁོ་ནས་གནད་དོན་ཡོད་ཚད་ཐག་གཅོད་པ་ཤིན་ཏུ་དཀའ། ཁོར་ཡུག་ངན་འགྱུར་གྱི་རྒྱུ་རྐྱེན་གཙོ་བོ་ཞིག་ནི་མི་རྣམས་ཀྱི་བློ་ངོར་ད་དུང་དེང་རབས་བཟོ་ལས་ཚན་རྩལ་གྱི་སྤྱི་ཚོགས་དང་འཚམས་པའི་མི་ཆོས་ཀྱི་ལྟ་བ་གསར་པ་ཞིག་གྲུབ་མེད་པའི་སྐྱོན་ཡིན། ཁོར་ཡུག་སྲུང་སྐྱོང་གི་རང་རྟོགས་རང་བཞིན་ནི་ཁོར་ཡུག་གི་རིན་ཐང་ལྟ་ཚུལ་

གྱི་རྒྱང་གཞིའི་སྟེང་བྱུང་ཞིང་། ཁོར་ཡུག་གི་ཀུན་སྤྱོད་འདུ་ཤེས་ཀྱི་རྣམ་པ་ཞིག་ཡིན། མི་དང་རང་བྱུང་ཁམས་གཅིག་གྱུར། མི་དང་འགྲོ་བ་རིགས་དྲུག་འདྲ་མཉམ་གྱི་བསམ་བློའི་སྒྲུངས་པ་ཡོད་པ་ཞིག་ཡིན་གཤིས། ད་གཟོད་ཁོར་ཡུག་སྲུང་སྐྱོབ་བྱེད་པ་ནི་དོན་དམ་པར་མིའི་རིགས་ཀྱི་བདེ་འཇགས་སྲུང་བཞིན་པའི་གནས་ལུགས་དེ་རྟོགས་ཐུབ།

བོད་རིགས་ཀྱིས་མིའི་རིགས་ནི་རང་བྱུང་ཁམས་ཆེན་པོར་འཚོ་བའི་འགྲོ་བ་མཐའ་དག་གི་བྱེ་བྲག་ཅིག་ཡིན་ཞིང་། དེ་དག་ཐམས་ཅད་ཕན་ཚུན་འདྲ་མཉམ་ཡིན་པས། ཀུན་གྱི་འཚོ་རྟེན་དུ་གྱུར་པའི་ཁོར་ཡུག་ལ་གནོད་སྐྱེལ་བ་ནི་འོས་མ་ཡིན་ལ། དེ་ལ་གཏོར་བརླག་བཟོ་བ་ནི་བྱས་བསགས་ཀྱི་ལས་ཆེན་པོ་ཞིག་ཏུ་འགྱུར་བར་བསམ། དེ་བས་སྣང་སྲིད་ཀུན་ན་འཚོ་ངའི་སེམས་ཅན་ཐམས་ཅད་དང་སྐྱེ་དངོས་ཀྱི་རིགས་ཀུན་མཉམ་གནས་དང་མཐུན་འགྲིག་བདེ་འཇགས་བཅས་ཡོང་བའི་སླད་དུ་ཆུ་དང་མཚོ་ལ་གཏེར་རྒྱག་པའི་སྲོལ་ག་འདི་སྲེལ་ཏེ། དེར་གནས་པའི་སེམས་ཅན་ཀུན་ལ་མཆོད་སྦྱིན་མཇད་ཐོག ཁོར་ཡུག་བདེ་འཇགས་དང་སེམས་ཅན་བདེ་སྐྱིད་ཡོང་བར་སྨོན་ལམ་འདེབས་ལ། དེ་ལྟར་གྲུབ་ཟིན་པའི་རྗེས་སུའང་བསྐལ་པ་ནས་བསྐལ་པའི་བར་གནས་དེའི་ཆུ་མི་ཟག་མི་དཀྲུགས། ཉ་མི་གཟུང་། མནོལ་བཙོག་མི་བཟོ། སྐྱེ་དངོས་ཀྱི་རིགས་ལ་གནོད་མི་སྐྱེལ་ཞིང་། ཚེས་བཟང་དུས་བཟང་ལ་དེར་ཕྱུག་དང་བསྐོར་བ་མཇད་དེ་མཆོད་བཀུར་བླ་མེད་དུ་བྱེད་པའི་སྲོལ་ད་དུང་མ་ཉམས་པར་ཡོད་དེ། བོད་ལྗོངས་སུ་མ་ཕམ་གཡུ་མཚོ་དང་ལྷ་མོ་བླ་མཚོའི་འགྲམ་རྒྱུད་དུ་མཚོ་བཀུར་གྱི་ཆོ་ག་ཇི་ལྟར་ཡོད་པ་ད་ལྟ་ད་དུང་མཐོང་ལམ་དུ་སྣང་བ་དེ་བཞིན་ནོ། །

༣. ས་གཏེར་གྱི་ཐད་ནས་ཐོན་པའི་ཕན་ཡོན། ས་གཏེར་ནི་སྐམ་སའི་སྟེང་དུ་འདེབས་པའི་ཚོ་གའི་རིགས་ལ་བྱ། འདི་ལའང་གོང་དང་མཚུངས་པར་ཁྱད་དུ་འཕགས་པའི་ཁྱད་ཆོས་དང་བླ་ན་མེད་པའི་དགེ་མཚན་ལྡན། སྐམ་ས་མེད་པར་སྐྱེ་དངོས་ཀྱི་རིགས་གནས་ཐབས་མེད་ལ། སྔོས་སུ་སྐམ་སའི་སྲོག་ཆགས་ཀྱི་འཚོ་རྟེན་སྐོར་གླེང་ཐབས་མེད། སྐམ་སའི་ཁོར་ཡུག་ལ་གནོད་སྐྱོན་ཐེབས་པས་ས་ཞིང་བྱེར་འགྱུར་དང་། ས་ཆུ་ཤོར་བ། སྐྱེ་ཁམས་ཉམས་པ་སོགས་ལྷས་ངན་པ་སྣ་ཚོགས་འབྱུང་བ་ཆོས་ཉིད་དེ། དཔེར་ན་རྩྭ་ཐང་སྤྱི་གྲུ་བཞི་མ100ཡིས་ཆུ་ཚོད10ལ་ཡྰང་གཉིས་ཐན་འགྱུར(二氧化碳)ཁེ1500ལེན་པ་དང་། ཡྰང་དབུགས(氧气)ཁེ100ཕྱིར་གཏོང་བ་མ་ཟད། རླུང་ཁམས་ཆེན་པོའི་དྲོད་ཚད་དང་བརླན་ཚད་སྙོམས་སྒྲིག་བྱེད། མི་དར་མ་ཞིག་ལ་ཉིན་གཅིག་ལ་ཡྰང་དབུགས་སྤྱི་རྒྱ0.75དགོས་པ་དང་། ཡྰང་གཉིས་ཐན་འགྱུར་སྤྱི་རྒྱ1ཕྱིར་གཏོང་དགོས། དེ་ལྟར་ན་ནགས་ཚལ་ལམ་རྩྭ་ཐང་སྤྱི་གྲུ་བཞི་མ10ཡིས་ཡྰང་དབུགས་འདོན་སྤྲོད་བྱེད་དགོས་པས། ཁོར་ཡུག་གི་རྩྭ་ལྗང་སྨྱུ་གུ་དང་ནགས་ཚལ་སོགས་ལ་སྲུང་སྐྱོང་བྱེད་དགོས་པ་གནས་ལུགས་ཀྱིས་གཏན་ལ་ཕབ་ཡོད།

བོད་ཁམས་སུ་ས་གཏེར་བརྐྱབ་པའི་ཡུལ་དེར་སྲོག་ལ་མི་འཚེ། ས་མི་བརྐོ། རྡོ་མི་སློག རྩྭ་མི་འབྲེག ནགས་མི་གཙོད་པ་མ་ཟད། དེར་ས་གཡང་འགུག དག་གཙང་བྱེད། གནོད་འཚེ་སེལ་ལ། ཐོག་ཐག་ཏུ་སྐྱེ་དངོས་ཡོད་དོ་ཅོག་དང་འགྲོ་བ་སེམས་ཅན་ཐམས་ཅད་ཀྱི་སྲིད་དུ། འཚོ་གཞིའི་མཐུན་རྐྱེན་གང་ལེགས་བསྒྲུན་བཞིན་ཡོད་ལ། ཁོར་ཡུག་གི་སྐྱེ་ཁམས་དོ་མཉམ་དགོས་པའི་སྐོར་གྱི་ཁ་ཏ་བསླབ་བྱ་དང་ལེགས་བཤད་སོགས་སྒྲུང་གི་ཚུལ་གྱིས་མི་རབས་ནས་མི་རབས་བར་བརྒྱུད་ཅིང་མཆིས། དེ་བས་ཟས་གོས་ངན་ངོན་ཙམ་ལ་བརྟེན་པའི་ཡུལ་གྲུར་པ་ཞིག་ཡིན་ཡང་སློང་མོའི་ལས་ཀྱིས་འཚོ་ཐབས་བྱེད་པ་ལས། རི་སྐྱེས་ཀྱི་རིགས་རྔོན་པ་དང་གཞན་གྱི་སྲོག་ལ་འཚེ་བ། འཕྲོག་པ། བཅོམ་པ་སོགས་ཀྱི་ལས་མི་བགྱིད་པ་སྤྱི་གཤིས་ཡིན།

སྐམ་ས་ཆེན་པོ་འདི་རང་བྱུང་གི་ཤུགས་ཀྱི་བྱེད་ནུས་འོག ཆ་སྙོམས་ཀྱིས་ལོ1000གི་ནང་དུ་ད་གཟོད་ལིས་སྨི(厘米)10ཡི་མཐུག་ཚད་ཀྱི་ས་ཤུན་རིམ་པ་ཞིག་ཆགས་ལ། ལོ་རེའི་ཆགས་ཚད་ཤོག་སྐྱ་ལས་ཀྱང་སྲབ་པ་ཡིག་ཚང་ལས་མཐོང་ཐུབ། བོད་ཀྱིས་ས་གཏེར་རྐྱག་པའི་སྲོལ་ཀ་འདི་ལས་ཁོར་ཡུག་སྲུང་སྐྱོང་གི་ཀུན་སྤྱོད་སྐོར་གྱི་བསླབ་བྱ་དང་ལེགས་ཆ་མང་པོ་ཡོད་པར་བསམ། ཁོར་ཡུག་ཀུན་སྤྱོད་འདུ་ཤེས་ནི་ཕྱི་རོལ་གྱི་གནོན་ཤུགས་དང་འབྱུང་ཤུགས་སོགས་ཤུགས་རྐྱེན་ཅི་ཡང་མེད་པའི་གནས་ཚུལ་འོག ཁོར་ཡུག་སྲུང་སྐྱོབ་ཀྱི་བླང་བྱ་དང་འཚམས་པར་མི་རྣམས་ལ་རང་གཤིས་སུ་གྲུབ་པའི་རང་རྟོགས་རང་འཐད་ཀྱི་སྤྱོད་པའི་འདུ་ཤེས་དང་སྤྱོད་པའི་གོམས་སྲོལ་ལ་བྱ་ཞིང་། ཁོར་ཡུག་ཀུན་སྤྱོད་ཀྱི་འདུ་ཤེས་བཟང་པོ་ནི་ཁོར་ཡུག་འདུ་ཤེས་ཀྱི་ཆེས་བླ་ན་མཐོ་བའི་དམིགས་སྐོའོ། །དེ་ལྟ་བུའི་ཁོར་ཡུག་ཀུན་སྤྱོད་ཀྱི་འདུ་ཤེས་བཟང་པོ་ཐོག་མ་ནས་རྒྱུད་ལ་གོམས་པའི་བོད་རིགས་དམངས་ཁྲོད་དུའང་ས་འོག་གཏེར་གྱིས་བཀང་ན། ས་ཐོག་གཡང་གིས་གང་ཞེས་པའི་ཁ་དཔེ་ཡོད། དེ་ལས་ས་གཏེར་རྐྱག་པ་འདི་ནི་ཕྱིའི་སྣོད་ཀྱི་འཇིག་རྟེན་དང་ནང་བཅུད་ཀྱི་སེམས་ཅན་ཐམས་ཅད་ཀྱི་འཕྲིན་ལས་ལ་དམིགས་པའི་ཁོར་ཡུག་ཀུན་སྤྱོད་ཀྱི་རྣམ་པའི་མཚོན་སྟངས་ཁྱད་འཕགས་ཅན་ཞིག་ཡིན་པ་གསལ་པོར་རྟོགས་ཐུབ་བོ། །

《ཀྲུང་གོའི་བོད་རིག་པ།》༢༠༠༩ལོའི་དེབ་གཉིས་པ་ལས་བཏུས།

༄། །བཙན་པོའི་རྒྱལ་རབས་སྐབས་ཀྱི་མནའ་གན་སྲོལ་ལུགས་ཀྱི་ཆབ་སྲིད་དོན་སྙིང་དང་རིག་གནས་ཀྱི་དོན་ལ་དཔྱད་པ།

བསམ་ལོ།

གླེང་གཞི།

མནའ་ཞེས་པ་ནི《ཁྲིམས་ཡིག་ཞལ་ལྕེ་བཅུ་དྲུག》ཏུ། "མནའ་ཞེས་པ་རང་ལུས་གདོང་གི་དྲུང་པོར་གནས་པ་ལ་སྣ་ཡོད་པས་དཔེ་དེར་བཞག་ནས་མནའ་ཞེས་ཀྱང་ཡིན་ཞིང་། ངོ་བོ་ཡེ་ཤེས་ཀྱི་སྤྱན་དང་ལྡན་པ་རྣམས་དང་། རྫུ་འཕྲུལ་ཟག་བཅས་ཀྱི་མངོན་ཤེས་ཡོད་པའི་སྲུང་མ་དཔང་དུ་བཙུགས་ནས་བདེན་རྫུན་འབྱེད་དགོས་པ"[1]ཞེས་དང་། 《བརྡ་དག་མིང་ཚིག་གསལ་བ》ལས"མནའ་ནི་དམ་བཅའ་དང་དམོད་འཛུགས"[2]པའི་དོན་དུ་བཀྲལ་བ་སོགས་ལ་གཞིགས་ན། "མནའ"ཞེས་པའི་ཐ་སྙད་འདི་དཔེའི་སྒོ་ནས་བཏགས་པའི་མིང་ཞིག་ཡིན་པ་དང་། དེ་ཡང་ལྷ་སྲུང་དཔང་དུ་བཙུགས་ནས་དམིགས་བྱའི་དོན་དེར་དམ་བཅའ་བ་དང་དམོད་པ་འདོར་བ། བདེན་རྫུན་ཤན་འབྱེད་པ་སོགས་དྲང་བདེན་གྱི་དོན་དུ་འཇུག་པ་ཡིན།

གནའ་བོའི་ལོ་རྒྱུས་ཡིག་ཚང་ལྟར་ན་མནའི་མིང་གི་རྣམ་གྲངས་ལ་དཀྱུ་དང་བྲོ། དབུ་སྙུང་། གཙིགས། ཡི་དམ་སོགས་མཆིས་ཏེ། "ཕྱིནད་ཆད་ཀྱང་གདུང་རབས་གཅིག་ཀྱང་། ཡི་དམ་མཛད་པ་དང་བློན་པོ་མན་ཆད་ཀྱང་བྲོ་སྐྱལ་བར་བགྱིས་སོ"[3]ཞེས་དང་། ཡང"བཙན་པོ་ཡབ་སྲས་དང་རྗེ་བློན་ཀུན་གྱིས་དབུ་སྙུང་དང་བྲོ་བོར་རོ"[4]ཞེས་དབུ་སྙུང་དང་ཡི་དམ་མཛད་མཁན་ནི་རྒྱལ་པོ་དང་བྲོ་འདོར་མཁན་ནི་བློན་པོ་ཡིན་པས་མིང་བརྡ་དེ་གསུམ་རྒྱལ་པོ་དང་བློན་འབངས་ཀྱི་ཐོབ་ཐང་རིམ་པ་ལྟར་སྦྱོར་སྲོལ་ཡོད་པར་སྙམ། དཀྱུ་ཡང་བློན་འབངས་ཀྱི་མནའ་སྐྱེལ་བ་ལ་སྦྱོར། གཙིགས་ནི་བཙན་པོའི་རྒྱལ་རབས་ཀྱི་དུས་དཀྱིལ་ཙམ་ནས་བཟུང་རྒྱལ་བློན་བར་དང་རྒྱལ་ཁབ་བར་གྱི་མནའ་ཡིག་དང་རྡོ་རིང་ཡི་གེའི་ནང་མང་དུ་བྱུང་ཡོད་པས་སྐབས་དེའི་ཡིག་ཐོག་གི་ཚད་ལྡན་མིང་བརྡ་ཞིག་ཡིན་པ་ཤེས་ཐུབ། དབུ་སྙུང་དང་བྲོ། དཀྱུ་སོགས་ནི་དུས་སྐབས་ཤིག་རིང་བཀོལ་བའི་མིང་བརྡ་ཡིན་ལ་མནའ་ནི་

གནའ་ནས་ད་ལྟའི་བར་གྱི་རྒྱུན་སྐྱོད་ཀྱི་མིང་ཡིན། འདིར་ཕྱིས་སུ་མནའ་གན་དང་མནའ་ཆིངས་ཞེས་པའི་བརྗ་ཆད་ཀྱང་བྱུང་ཡོད་པ་རེད། མནའ་ལ་མིང་གི་རྣམ་གྲངས་མང་བ་མ་ཟད། ད་དུང་"བསྐོན་ཅན་ལ་མནའ། ཁྲོད་ཅན་ལ་གཟུ"ཞེས་དང་། ཡང་"མནའ་ཆེན་མ་བཞག་ན། དགྲ་ཆེན་མི་ཐུལ"ཞེས་དང་། "མིས་མི་བཟའ་བ་མནའ། ཁྱིས་མི་བཟའ་བ་ལྕགས"ཞེས་པ་སོགས་ཀྱིས་མཚོན་པའི་མནའ་དང་འབྲེལ་བའི་གཏམ་དཔེ་ཡང་མང་དུ་ཡོད་པ་རེད། འདི་དག་ལས་མནའ་འདི་གནའ་བོའི་དུས་ནས་བཟུང་ཡུལ་གྲུ་གཅིག་ཙམ་དུ་མ་ཡིན་པར་བོད་ཀྱི་ཡུལ་ཡོངས་སུ་ཁྱབ་ཡོད་པས་བཀོལ་སྤྱོད་བྱེད་སའི་ཁོར་ཡུག་རྒྱ་ཆེ་བ་དང་། རང་རེའི་དམངས་ཁྲོད་དུ་ཁྱབ་པའི་སྲོལ་ལུགས་མང་པོ་ཞིག་དང་འདྲ་བར་གནའ་བོའི་དུས་ཤིག་ནས་བོད་ཀྱི་སྤྱི་ཚོགས་ཁྲོད་རྩ་བ་ཚུགས་ཡོད་པ་རེད། 《གདོད་མའི་རིགས་གནས་དང་སྐད་བརྡ》ལས། "གདོད་མའི་མིའི་རིགས་ཀྱི་སྲོལ་ལུགས་ཁྲོད། ཆེས་ཡུན་རིང་དུ་གནས་ཐུབ་པའི་སྲོལ་ལུགས་ནི་མིའི་རིགས་ཀྱི་གཞི་རྩའི་དགོས་མཁོ་སྐོང་ཐུབ་པའི་སྲོལ་ལུགས་ཡིན་ཞིང་། དེའི་རིགས་ལ་བསྒྱུར་བཅོས་ཆེན་པོ་བྱུས་མེད"[5]ཅེས་པ་ལྟར་མནའ་གན་སྲོལ་ལུགས་ཀྱང་གནའ་བོའི་དུས་ནས་ད་ལྟའི་བར་ཉམས་དམས་མ་བྱུང་བར་བོད་ཀྱི་སྤྱི་ཚོགས་འཚོ་བའི་ཁྲོད་གནས་ཐུབ་པ་བྱུང་བ་འདི་ནི་དེས་སྤྱི་ཚོགས་འཚོ་བའི་ཁྲོད་དུ་བྱེད་ནུས་ངེས་ཅན་ཞིག་ཐོན་པས་ཡིན།

ཏུན་ཧོང་ནས་ཐོན་པའི་བཙན་པོའི་རྒྱལ་རབས་དུས(སྤྱི་ལོ629–842)ཀྱི་ལོ་རྒྱུས་དམ་དུམ་དང་རྗེ་རིང་ཡི་གེ། རྒྱའི《ཐང་ཡིག་གསར་རྙིང》སོགས་ལ་གཞི་བཅོལ་ནས་གཞིགས་ན་བཙན་པོའི་རྒྱལ་རབས་ཀྱི་ལོ་རྒྱུས་ནི་གཡུལ་འགྱེད་ལོ་རྒྱུས་ཤིག་རེད་ཅེས་བརྗོད་ཀྱང་ཆོག་པར་སྙམ། གཡུལ་འཁྲུག་ཧ་ཅང་མང་བའི་དུས་རབས་དེ་ལྟ་བུའི་ནང་དུ། མནའ་གན་སྲོལ་ལུགས་ཀྱིས་བོད་ནང་ཁུལ་དུ་རྒྱལ་བློན་བར་དང་། ཕྱི་ཕྱོགས་སུ་རྒྱལ་ཁབ་གཞན་བར་འབྲེལ་བ་སྐྱོམས་སྒྲིག་གིས་རྒྱལ་ཁམས་ལྷིང་འཇགས་དང་མི་རིགས་མཐུན་སྒྲིལ་ཡོང་བར་ནུས་པ་ཁྱད་པར་བ་ཞིག་ཐོན་ཡོད། དེ་ནི་སྐབས་དེའི་ཆབ་སྲིད་ཐབས་ཇུས་གལ་ཆེན་ཞིག་ཏུ་མཐོང་ནས་འདིར་མནའ་གན་སྲོལ་ལུགས་ཀྱི་སྐབས་དེའི་ཆབ་སྲིད་དོན་སྙིང་ལ་དཔྱད་པ་རགས་ཙམ་གཏོང་བ་འདི་ནི་གཅིག་ཏུ་ན་རང་ཉིད་ཀྱིས"གཡུ་འབྲུག་ཟོལ་མའི"རྣམ་ཐར་སྤྲངས་ཏེ་ཡབ་མེས་ཀྱི་ལོ་རྒྱུས་ཡིག་ཚང་ལ་ཤེས་རྟོགས་ཇི་ཟབ་ཏུ་གཏོང་རྒྱུ་དང་། གཉིས་སུ་ན་བོད་བཙན་པོའི་རྒྱལ་རབས་དུས་སུ་ཕྱི་ནང་མནའ་འབྲེལ་ལས་བྱུང་བའི་ལོ་རྒྱུས་དོན་རྐྱེན་སྐོར་ལ་དཔྱད་འཇོག་ཙམ་བྱ་རྒྱུ་དེ་ཡིན།

དང་པོ། མནའ་གན་སྲོལ་ལུགས་ཀྱི་ཆབ་སྲིད་ནུས་པ།

ལོ་རྒྱུས་རྣམས་སུ་རྒྱལ་པོ་ལྷ་ཐོ་ཐོ་རི་གཉན་བཙན་གྱི་བར་དུ་བོད་ཀྱི་ཆབ་སྲིད་སྐྱོང་ལྡེའུ་བོན་གསུམ་གྱིས་བསྐྱངས་ཟེར་བའི་སྙིང་པོ་བོན་ནི་ཆོས་ལུགས་དང་ཚོ་ག མནའ་གན་སྲོལ་ལུགས། ཡུལ་

ཁྲིམས་སོགས་ཀྱིས་རྒྱལ་སྲིད་ལ་ཕྲན་པའི་ནུས་པར་ཟེར། རྒྱལ་པོ་སྟག་རི་གཉན་གཟིགས་ཀྱིས་བོད་ཀྱི་ཧུས་རྒྱུད་ཚོ་ཁག་རྣམས་གཅིག་གྱུར་བྱེད་པའི་འགོ་བརྩམས་པ་དང་། རྒྱལ་པོ་གནམ་རི་སྲོང་བཙན་དང་སྲོང་བཙན་སྒམ་པོ་ཡབ་སྲས་ཀྱི་རིང་ལ་ཞི་དྲག་གཉིས་ཀྱི་ཐབས་ལ་བརྟེན་ནས་མདོ་དབུས་མཐོ་སྨད་གི་ཁ་འཐོར་དུ་གནས་པའི་ཧུས་རྒྱུད་ཚོ་པ་ཕལ་མོ་ཆེ་གཅིག་གྱུར་བྱས་ཏེ་བོད་བཙན་པོའི་རྒྱལ་ཁམས་བཙུགས་པ་རེད།

ཧུས་རྒྱུད་ཚོ་པ་ཁག་གཅིག་གྱུར་བྱེད་པའི་བྱ་བཞག་ཆླབས་པོ་ཆེ་དེ་སྒྲུབ་པའི་བརྒྱུད་རིམ་ཁྲོད་བཙན་པོ་རྣམས་ཀྱིས་མནའ་གན་འཛོག་པའི་བྱེད་ཐབས་འདི་ཡང་སྤྱད་ཡོད་ལ། སྐབས་དེ་ནས་བཟུང་བཙན་པོ་རིམ་བྱོན་གྱི་རིང་རྒྱལ་བློན་བར་བྲོ་འདོར་བ་དང་རྒྱལ་ཁབ་ཕན་ཚུན་བར་མནའ་བཞག་མཇལ་དུམ་བྱེད་པ་ནི་སྔོན་གྱི་མི་ཕན་ཚུན་བར་ཡིན་མིན་དབྱེ་འབྱེད་དང་གསང་བ་སྲུང་བ་ཙམ་གྱི་ཆེད་བྲོ་འདོར་བ་དང་མི་འདྲ་བར། དེར་སྤྱི་ཚོགས་རང་བཞིན་དང་ཆབ་སྲིད་རང་བཞིན་གྱི་དམིགས་བྱ་ལྡན་པ་རེད།

གཅིག བཙན་པོའི་རྒྱལ་རབས་སྐབས་ཀྱི་རྒྱལ་བློན་བར་གྱི་མནའ་གན་བརྗོད་པ།

བཙན་པོའི་རྒྱལ་རབས་སྐབས་སུ་རྒྱལ་བློན་བར་བཞག་པའི་མནའ་གན་མང་པོ་ཞིག་འདུག་མོད། གཤམ་དུ་མནའ་གན་ཁག་གཉིས་ལས་དཔྱད་པར་བྱ་སྟེ།

༡.རྒྱལ་པོ་སྲོང་བཙན་སྒམ་པོ་དང་དབས་དབྱི་ཚབ་ཕ་ཚན་བར་གྱི་མནའ་གན།

དབས་དབྱི་ཚབ་ཀྱིས་རྒྱལ་པོ་སྟག་རི་གཉན་གཟིགས་དང་གནམ་རི་སྲོང་བཙན་ཡབ་སྲས་ཀྱི་རིང་ལ་མྱང་ཚེང་སྤྲ་སོགས་དང་ཆབས་ཅིག་སྣ་རྗེས་སུ་བཙན་པོ་དེ་གཉིས་སོ་སོར་མནའ་ཐོ་བཅད་དེ་ཟིང་པོ་རྗེར་དམག་འདྲེན་པའི་གྲོགས་བྱས་པ་དང་། ཕྱིས་སུ་རྒྱལ་པོ་སྲོང་བཙན་གྱི་རིང་ལའང་བཙན་པོའི་འཕྲིན་ལས་འཕེལ་བར་བྱས་རྗེས་ཆེན་པོ་བཞག་མྱོང་། ཁོ་རང་རྒས་པའི་ཚེ་ན་སྔར་ཡོད་ཁེ་ཕན་མུ་མཐུད་དུ་སྲུང་འཛིན་བྱེད་ཆེད། བུ་དང་ཚ་བོ་རྣམས་དང་ཆབས་ཅིག་རྒྱལ་པོ་སྲོང་བཙན་སྒམ་པོར་མནའ་གཙོད་དགོས་པའི་རེ་བ་བཏོན་པ་ཡིན། རྒྱལ་པོ་སྲོང་བཙན་ལ་མཆོན་ན་འདང་སྐབས་དེར་ངོ་ལོག་པའི་ཚོ་ཁག་རྣམས་ཆབ་འོག་ཏུ་བཙུག་མ་ཐག་ཡིན་ཞིང་། ཁོང་གིས་ཡབ་ལ་གློ་བ་ཉེ་བའི་བློན་པོ་ཏན་པ་རྣམས་ལ་མུ་མཐུད་དུ་རྒྱབ་བརྟེན་བཅོལ་ཏེ་ནང་ཁུལ་བདེ་འཇགས་སུ་གཏོང་རྒྱུ་ནི་གལ་འགངས་ཆེ་བའི་བྱ་བ་ཞིག་ཡིན། དེར་བརྟེན་ཁོང་གིས་དབས་དབྱི་ཚབ་ཀྱི་རེ་བ་དང་ལེན་བྱས་ཏེ་ཁོ་ཚོ་ཕ་ཚན་བདུན་དང་ལྷན་དུ་མནའ་བཅད་པ་ཡིན་ཏེ། རྒྱལ་པོ་སྲོང་བཙན་གྱི་མནའ་ཚིག་ནི། "ད་ཕྱིན་ཆད་ཁྱེད་སྤུད་མཚན་གྱིས། །བཙན་པོ་སྤུ་རྒྱལ་གྱི་ཞ་སྔར། བློ་བ་མ་རིངས་མཐའང་མ་གྲང་ན། །ནམ་ནམ་ནམ་ནམ། །ཞ་ཞ་ཞ་ཞར་ཡང་། དབྱི་ཚབ་ཀྱི་བུ་ལ་མ་ཉེས་པར་བཀྱོན་དབབ་རེ། འཕྲའ་མ་མི་གསན་རེ། འཕྲའ་མ་ཞིག་གསན་ན་ཡང་། ཤགས་བྱ་སྟེ། ཡུས་དཀྲོལ་ནས། བཀའ་ཆད་གཅད་རེ། དབྱི་ཚབ་ཀྱི་བུ་ཚ་ལ་ལ་ཞིག

གིས། མ་བསམས་སྟེ་སྙིང་རིངས་ན་ཡང་། །གང་སྙིང་རིངས་པའི་སྐོར་གྱི་བཀྱོན་རེ། །གཞན་བྲོ་ལ་མ་གཡོགས་པ་རྣམས་ལ། བཀྱོན་རེ། ཕག་དང་མཚུངས་མཚོན་གྱིས་སྨྱོ་དགར་རེ། བྱ་དང་མཚུངས་ཁྲུས་བདའ་རེ། མ་ཉེས་པ་ཞིག་གིས་རྗེ་ཐོག་ན། བསྐྱུང་རེ་སྐད་རེ། དབྱི་ཚབ་ཀྱི་བུ་གཅིག་ལ། གསེར་གྱི་ཡི་གེ་ལས་སྐད་རེའུ། ཁོལ་ཡུལ་ཡང་མ་ཉེས་པར་དཔྱོག་རེ། །སྙིང་མ་རིངས་པར་རབས་ཆད་ན། ཁོལ་ཡུལ་བཞེས་རེའུ། །”ཞེས་རེ་ཚིག་བཅུ་གཉིས་དང་། དབས་ཕ་ཚན་གྱི་མདའ་ཚིག་ནི། “བཙན་པོ་སྤུ་རྒྱལ་ཁྲི་སྲོང་བཙན་ཡབ་སྲས་གདུང་རྒྱུད་ལ། གློ་བ་འདྲིང་རེ། ནམ་ནམ་ཞ་ཞར་ཡང་། དབོན་སྲས་རྒྱལ་པོ་གང་མཛད་པ་ལ། གློ་བ་འདྲིང་རེ། གཞན་གྱི་འོ་ཚིག་ལ་རྗེ་བོ་ལྷག་པ་ཚོལ་རེ། །གཞན་གློ་འདྲིང་བར་སེམས་པ་དང་གློད་རེ། ཟས་ཀྱི་དོན་བཞག་པ་དང་། དུག་ཏུ་བསྲེ་རེ། བཙན་པོ་ཁྲི་སློན་བཙན་ལ། ངག་སྣ་ཅིག་འཚམ་རེའུ། །བདག་གི་པུ་མ་ནུ་དང་། བུ་ཚ་ལ་ལ་ཞིག་གིས། །སྙིང་རིངས་བའི་གྲོགས་བྱེད་རེ། །བཙན་པོ་ལ་གཞན་ཞིག་སྙིང་རིངས་པར་ཚོར་ན་ཡང་། སྨྲ་འཐོལ་རེ། པུར་གྱི་མ་ནོངས་པ་ལ། འཕྲ་མ་དང་འཕྲུག་དོག་མཆི་རེ། བཙན་པོས་བཀའ་ཇི་སྐུལད་པ་གཟུངས་སུ་མྱི་འཛིན་རེ”ཞེས་རེ་ཚིག་བཅུ་བརྗོད་པའོ། །མདའ་ཚིག་སྔ་མ་ཏུ་གཙོ་བོར་བཙན་པོ་སྲོང་བཙན་གྱིས་དབས་ཕ་ཚན་བཙན་པོ་སྤུ་རྒྱལ་གྱི་ཞལ་སྔར་གློ་བ་མ་རིངས་ན། ནམ་ཡིན་ཡང་སྔར་ཡོད་ཀྱི་བྲན་དང་ཡུལ་སོགས་སྔར་སྲུས་བཞིན་ཁོ་ཚོར་དབང་བ་མ་ཟད། དབྱི་ཚབ་ཀྱི་བུ་ལ་མ་ཉེས་པར་བཀྱོན་མི་འབེབས་པ་དང་རབས་ཆད་ཀྱང་བྲན་དང་ཡུལ་བླ་ནས་མི་བཞེས་པ། བུ་གཅིག་ལ་གསེར་གྱི་ཡི་གེའི་མན་མི་སྟེར་བ་སོགས་དམིགས་བསལ་གྱི་གཟིགས་སྐྱོང་གནང་རྒྱུ་བརྗོད་ཡོད། དེ་ལྟར་དབས་ཕ་ཚན་ལ་བཙན་པོས་ཐད་ཀར་དམིགས་བསལ་གཟིགས་སྐྱོང་གནང་བས་ཁོ་ཚོའི་ཐོབ་དང་གོ་ས་ཇེ་བརྟན་དུ་གྱུར་ཏེ་བཙན་པོའི་རྒྱལ་རབས་དུས་ཀྱི་སྐུ་དྲག་ཆེན་པོའི་གྲས་སུ་ཚུད་པ་ཡིན་ལ། ཁོའི་བུ་རབས་ཚ་རྒྱུད་རྣམས་ལས་དབས་སུམ་སྣང་དང་དབས་ཁྲི་གཟིགས། དབས་ཁྲི་སུམ་རྗེ་སྟང་བཞེར། དབས་སྣང་བཞེར་ཟླ་བཙན་སོགས་བོད་བཙན་པོའི་སྲིད་ཀྱི་གདུང་འདེགས་ལྟ་བུའི་བློན་ཆེན་ཡང་སྔ་རྗེས་སུ་བྱུང་ཡོད་པ་རེད།

མདའ་ཚིག་ཕྱི་མ་ཏུ་དབས་ཕ་ཚན་བཙན་པོ་སྲོང་བཙན་སྐམ་པོ་ཡབ་སྲས་གདུང་རྒྱུད་དང་བཅས་པ་ལ་བློ་དཀར་བ་དང་། བློན་ཉེས་མེད་ལ་ཕྲ་མ་དང་ཕྲག་དོག་མི་བྱེད་པ། དཔོན་དུ་བསྐོས་ན་མངའ་འབངས་ལ་སེམས་སྙོམས་པ་དང་བཙན་པོས་བཀའ་ཅི་བསྐུལ་པ་ཐམས་ཅད་སྒྲུབ་པ་སོགས་ཐོག་མཐའ་བར་གསུམ་དུ་བཙན་པོར་བློ་མི་ལོག་པར་བཙན་པོས་སྲིད་སྐྱོང་བ་ལ་རམ་འདེགས་བྱེད་རྒྱུའི་འགྱུར་མེད་ཀྱི་བསམ་ཚུལ་བརྗོད་ཡོད།

དུས་སྐབས་འདིར་རྒྱལ་པོ་སྲོང་བཙན་སྐམ་པོས་ཡབ་མེས་དུས་ཀྱི་ཆབ་འབངས་ངོ་ལོག་པ་རྣམས་རིམ་བཞིན་མངའ་ཞབས་སུ་བསྡུས་པ་དང་ཡབ་རྒྱལ་པོ་བགྲོང་མཁན་གྱི་ཉེས་ཅན་མཐའ་དག་ཚར་

བཅད་ཟིན་ནའང་། རྒྱལ་པོ་དགུང་ལོ་གཞོན་པ་སོགས་ཀྱི་རྐྱེན་གྱིས་བློན་པོ་རྣམས་ཀྱི་ཁྲིད་དུ་རང་ཆེ་རང་མཐོ་དང་རང་ཉིད་ཀྱི་ཐོབ་དང་དབང་ཆ་སྲ་བརྟན་དུ་གཏོང་ཆེད་བློན་པོ་ཕན་ཚུན་བར་ཕྲག་དོག་དང་རྒྱལ་བློན་བར་ཕྲ་མ་བཙུག་སྟེ་དཀྲུག་ཤིང་བཟོ་བ། ཐ་ན་བཙན་པོའི་སྐུ་སྲོག་ལ་རྐོལ་བའི་ལྐོག་གཡོ་བཤམས་པ་སོགས་ཁྲིད་ཕམ་ང་རྒྱལ་གྱི་འཐབ་རྩོད་ཛ་དྲག་ཆེ་བས། ཞི་འཛུགས་སུ་བཏང་མ་ཐག་པའི་ཚོ་ཁག་རྣམས་སླར་ཡང་བློ་ལོག་རྒྱུའི་ཉེན་ཁའང་འབྱུང་མི་སྲིད་པའི་ངེས་པ་མེད། དེས་ན་བློན་པོ་གསར་སྙིང་གི་སྟོབས་ཤུགས་གཅིག་སྡུད་བྱེད་རྒྱུ་ནི་ཁ་ཚ་དགོས་གཏུགས་ཀྱི་དོན་བྱ་གལ་ཆེན་ཞིག་ཡིན་པས་རྒྱལ་པོ་སྲོང་བཙན་གྱིས་རྒྱལ་བློན་ཕན་ཚུན་བར་མནའ་གན་འཛོག་པའི་ཐབས་ལམ་འདིར་བརྟེན་ནས་ཡབ་རྒྱལ་པོར་བློ་དཀར་བའི་བློན་པོ་རྒན་པ་རྣམས་ཀྱི་བུ་རབས་ཚ་རྒྱུད་ཀྱི་སྟོབས་ཤུགས་ཀྱང་ཕྱོགས་སྡུད་བྱས་པ་སོགས་མཁས་མཛངས་ཟབ་དཀྱིལ་བའི་དགོངས་པ་དང་མཐུ་སྟོབས་ལ་བརྟེན་ནས་སྲིད་དབང་འཛིན་ཉེན་ལས་བསྐྱབས་ཏེ་མདོ་དབུས་མཐོ་སྒང་ཧྲིལ་པོ་གཅིག་གྱུར་བྱེད་པའི་རྨང་གཞི་བརྟན་པོ་བཙུགས་པ་ཡིན།

༢. རྒྱལ་པོ་ཁྲི་སྲོང་ལྡེ་བཙན་གྱིས་བློན་སྟག་སྒྲ་ཀླུ་ཁོང་ལ་གནང་བའི་བཀའ་བཅིགས།

རྒྱལ་པོ་ཁྲི་སྲོང་ལྡེ་བཙན་གྱིས་བློན་སྟག་སྒྲ་ཀླུ་ཁོང་ལ་དབུ་རྨུང་བཀའ་གཙིགས་གནང་བའི་ཡི་གེ་རྡོ་རིང་ལ་བྲིས་པ་སྟེ་ཞོལ་རྡོ་རིང་དུ་འབོད་པ་དེའི(སྤྱི་ལོ764ལོར་བཙུགས)བྱང་ངོས་ཡི་གེ་ནི་བཙན་པོ་ཁྲི་སྲོང་ལྡེ་བཙན་སྐུ་དངོས་ཀྱིས་བློན་སྟག་སྒྲ་ཀླུ་ཁོང་ལ་དབུ་རྨུང་གནང་བའི་ཚིག་ཡིན་ལ། ཞིབ་མོར་བགོད་ན་འདི་ལྟར།

"༄། །བློན་སྟག་སྒྲ་ཀླུ་ཁོང་། དཀུ་རྒྱལ་གཙིགས་གནང་བའི་མདོ་རྡོ་རིང་ལ་ཡིག་གྲུ་བྲིས་པའ། །

༄། །བཙན་པོ་ཁྲི་སྲོང་ལྡེ་བརྩན་གྱི་ཞ་སྔ་ནས་དབུ་རྨུང་གནང་སྟེ། བློན་སྟག་སྒྲ་ཀླུ་ཁོང་གི་བུ་ཚ་རྒྱུད་འཕེལད་ལ་ནམ་ནམ་ཞ་ཞར་དངུལ་གྱི་ཡི་གེ་ཆེན་པོ་གཅིག ན(ནི)མྱི་དབབ་པར་གཡུང་དྲུང་། དུ་སྩལད་ཕར་གནང་ངོ་། །

བརྩན་པོ་སྲས་དབོན་སྐུ་ཆེ་རབས་རེ་ཞིང་ཡང་། ཀླུ་ཁོང་གི་བུ་ཚ་རྒྱུད་འཕེལ་ལས་གཅིག །ཞམ་འབྲིང་ན་ནང་ཀོར་ཡན་ཅད་དུ་གཞུག་ཅིང་ཚལ་ཟར་རྟག་དུ་མཆིས་པར་གནང་ངོ་། །ཀླུ་ཁོང་གི་བུ་ཚ་རྒྱུད་འཕེལད་ལ་ཐེ་བླས་ཀྱི་རྗེ་ཐོག་པའི་རྣམས་ཇི་ཙམ་དུ་རྗེ་ཐོག་པར་བགས་བཀུར་ཞིང་བསྟོད་པར་གནང་ངོ་། །

ཀླུ་ཁོང་གི་བུ་ཚ་རྒྱུད་ཀྱིས། །བཙན་པོ་ཞ་སྔར། །བློ་བ་མ་རངས་ན། ཉོངས་མྱིག་གཞན་ཅི་བྱུང་ཡང་ཟུང་། སྲོག །སྲིད་ལ་མྱི་དབབ་པར། །བཀའ་གྲོད་ཀྱི་ཚིགས་ཅི་ལ་བབ་པ་ལས། །བཀའ་གྲོད་ན་གཅིག་གིས་སྨད་ཅིང་བསྐྱུང་བར་གནང་ངོ་། །ཀླུ་ཁོང་གི་བུ་ཚ(རྒྱུད)ཕེལད་ལས་ལ་ལ་ཞིག །རབས་ཆད་ན་རབས་

ཆད་ཀྱི་ཁོལ་ཡུལ་དང་། ནོར་ཕྱུགས། བླར་མི་བཞེས་པར། ཕུ་ནུ་བོ་གང་ཉེ་བ་སྤེལ་ད་པར་གནང་། །ཧློན་ཧྥག་ཁྲ་ཀླུ་ཡོན་། གི་བུ་ཚ་རྒྱུད་པེལད། དཀྱུ་རྒྱལ་གྱི་ཡི་གེའ་ལག་ན་འཆང་འཆང་བ་ཞིག་རབས་ཆད་དམ་བཀྱོན་བབ་ན་ཡང་། དངུལ་གྱི་ཡི་གེ་བླར་མི་བཞེས་པར། ཧློན་ཧྥག་ཁྲ་ཀླུ་ཡོན་། དང་། ཟླ་གོང་གི་བུ་ཚ་རྒྱུད་གང་ཉེ་བ་གཅིག་དངུལ་གྱི་ཡི་གེ་ཆེན་པོ་གཡུང་དྲུང་དུ་སྤེལ་ད་པར་གནང་ངོ་། །ཧློན་ཧྥག་ཁྲ་ཀླུ་ཡོན་གི་ཕ་ཟླ་གོང་གི་བུ་ཚ་རྒྱུད་འཕེལད་ཀྱི་རྣམས་ཞང་ལོན་ཡི་གེ་པའི་ཐང་དང་། དམག་སུམ་རྒྱུར་གནང་ངོ་། །

སྐུ་སྲུངས་འཕན་ཡུལ་བའི་སྟོང་དཔོན་དུ་གཞན་སུ་ཡང་མི་གཞུག་པར་ཧློན་ཧྥག་ཁྲ་ཀླུ་ཡོན་གི་མྱེས་པོ་གསས་སླེབས་ཀྱི་བུ་ཚ་རྒྱུད་པེལད་ལས་གང་རྗེ་ཐོག་པའ། དམངས་འདྲང་བ་གཅིག སྐུ་སྲུངས་འཕན་ཡལ་བའི་སྟོང་དཔོན་གཡུང་དྲུང་དུ་སྤེལ་ད་པར་གནང་ངོ་། །ངན་ལམ་གསས་སླེབས་ཀྱི་བུ་ཚ་རྒྱུད་འཕེལད། ནམ་ཞར་གྱང་སྲི་སྐུ། སྲུངས་སུ་གནང་བ་ལས། སྲི་ཆ་གུད་མི་སྤྱོའ་མི་བསྒྱུར་བར་གནང་ངོ་། །ཟླ་གོང་གི་བུ་ཚའ་རྒྱུད་འཕེལད་ཀྱི་ལག་ན་བྲན་ཞིང་འབྲོག་སོག་ཚལ་ལས་སྐྱོགས་ཏེ་དབང་ངོ་ཅིག །བླར་མི་བཞེས་མི་དབྲི་གཞན་གྱིས་མི་དཕྲོག་ཁོང་ཏ་བདག་མི་དགའ་ན་ཉེ་རིང་དང་བཟང་ངན་མི་བཟེ་བར་གནང་ངོ་། །ཟླ་གོང་གི་བུ་ཚ་རྒྱུད་འཕེལད་ལ་ལ་ལ་ཞིག་གིས་ཤ་ཁོན་གྱི་བག་དུ་སྲོག་སྲིད་ལ། དམའ་བར་བྱེད་པ་ཞིག་ཡོད་ན། བཀའ་ནོན་བླ། ནས་མཛད་པར་གནང་ངོ་། །ཟླ་གོང་གི་བུ་ཚ་རྒྱུད་པེལད་ཀྱིས་སློ་བ་མ་རིངས་ན་ཕྲ་མ་མི་གསྟྲཧ་སླན་ཀ་མི་བཙལ་མི་བཀྱོན་བར་གནང་ངོ་། །བུ་ཚ་འཕེལད་ཀྱི་ནང་ནས་ལ་ལ་ཞིག བཙན་པོ་ཞ་སྟར་སློ་བ་རིངས་ཡང་དག་པར་གྱུརད་ན་གང་ཉེས་པའི་སྐོར། བཀའ་གྲོད་རྩའོ། །ཕུ་ནུ་བོ་གཞན་ཁྲིན་ལ་མི་གདགས་སྲོག་སྲིད་ལ་མི་དབབ་པར་གནང་ངོ་། །”

ཞེས་གསོ་བོར་ཧློན་ཧྥག་ཁྲ་ཀླུ་ཡོན་གི་བུ་རབས་ཚ་རྒྱུད་ལ་དངུལ་གྱི་ཡི་གེ་ཆེན་པོ་གཅིག་ཡུན་གཏན་མི་འགྱུར་བར་གནང་རྒྱུ་དང་གཅིག ཧློན་ཧྥག་ཁྲའི་ཕ་ཟླ་གོང་གི་བུ་རབས་ཚ་རྒྱུད་ལ་ཞང་ཧློན་ཡི་གེ་ཅན་གྱི་ཐོབ་ཐང་དང་དམག་སུམ་བརྒྱ་གནང་རྒྱུ་མ་ཟད། ཁོ་ཚོ་བཙན་པོར་སློ་མ་རིངས་ཕྱིན་ཆོད་ལ་ཐོགས་ནའང་སྲོག་ཁྲིམས་ལ་མི་སྤྱོར། གལ་ཏེ་བཙན་པོར་སློ་རིངས་ནའང་མི་དེ་ཁོ་ན་མ་གཏོགས་གཞན་དེའི་ཕུ་ནུ་སོགས་གཉེན་ཚན་ལ་ཉེས་ཁྲིམས་མི་འབེབས། ཟླ་གོང་གི་བུ་རབས་ཚ་རྒྱུད་ལ་དབང་བའི་བྲན་ཁྱིམ་དང་ཞིང་ས། འབྲོག་ཐང་། ཕྱུགས་ཟོག ནགས་ཚལ་ལ་སོགས་པ་རྣམས་བཙན་པོས་ཕྱུག་བཞེས་མི་གནང་ལ་ཉུང་དུའང་མི་དབྲི་ཞིང་། གཞན་གྱིས་འཕྲོག་མི་ཆོག་པ་དང་། ཟླ་གོང་གི་བུ་རབས་ཚ་རྒྱུད་ལས་ལ་ལ་ཞིག་རབས་ཆད་པར་གྱུར་ནའང་དེའི་ཁོལ་ཡུལ་དང་ནོར་ཕྱུགས་ལ་སོགས་པ་ཡང་བཙན་པོས་ཕྱུག་བཞེས་མི་གནང་བར་རབས་ཆད་པ་དེའི་ཕུ་བོ་དང་ནུ་བོ་གང་ཉེ་བ་ཞིག་ལ་གནང་རྒྱུ་དང་གཉིས། ཧློན་ཧྥག་ཁྲ་ཀླུ་ཡོན་གི་མེས་པོ་ངན་ལམ་གསས་སླེབས་ཀྱི་བུ་རབས་ཚ་རྒྱུད་ལས་འཛིན་ཐང་ཡོད་

པ་གཅིག་རེ་རྒྱུན་དུ་སྐུ་སྲུང་འཕན་ཡུལ་བའི་སྟོང་དཔོན་དུ་བསྐོ་རྒྱུ་དང་དེ་ནམ་ཡིན་ཡང་གུད་དུ་མི་སྤོ་མི་བསྒྱུར་བར་གནང་བ་དང་གསུམ་མོ། །

བཙན་པོས་དེ་ལྟར་དབུ་སྔུང་གནང་རྗེས་བཀའ་གཙིགས་ཀྱི་མདོ་དང་བློན་སྟག་སྒྲའི་བྱས་རྗེས་རྣམས་རྗོ་རིང་ལ་བཀོད་པ་མ་ཟད། ད་དུང་བློན་སྟག་སྒྲའི་བུ་རབས་ཚ་རྒྱུད་ལའང་ཉེས་ཆད་མི་ཕོག་པའི་ཆེད་དུ་བཀའ་གཙིགས་ཡི་གེ་གཅིག་ཁོའི་མི་རབས་ནས་མི་རབས་སུ་རྒྱུན་འཛིན་བྱེད་རྒྱུར་བསྩལ་ཡོད་པ་རེད།

བློན་སྟག་སྒྲ་ཀླུ་ཁོང་ནི་ཁྲི་སྲོང་ལྡེ་བཙན་གྱི་ཞང་བློན་ཆེན་པོ་དགུའི་གྲས་ཡིན་ལ། བཙན་པོ་འདིའི་རིང་ལ་ཁོང་གིས་ནང་གི་སྲིད་སྐྱོང་བ་དང་ཕྱི་ལ་དམག་འདྲེན་པ་སོགས་ནུས་པ་ཆེན་པོ་བཏོན་ཏེ་བྱས་རྗེས་བླ་མེད་བཞག་པས་རྒྱལ་པོ་ཁྲི་སྲོང་ལྡེ་བཙན་གྱིས་ཁོའི་ཕ་ཚ་བུ་རྒྱུད་ལ་བཀའ་གཙིགས་ཡི་གེ་གནང་སྟེ་ཁྱད་པར་ཅན་གྱི་དབང་ཆ་ཆེན་པོ་དེ་ལྟ་བུ་གནང་བ་ཡིན།

བཀའ་གཙིགས་ཀྱི་མདོ་དང་བློན་སྟག་སྒྲའི་བྱས་རྗེས་རྗོ་རིང་ངོས་སུ་བཀོད་པ་འདི་ནི་བློན་སྟག་སྒྲ་ཀླུ་ཁོང་གི་བྱས་རྗེས་ལ་བཙན་པོས་གདེངས་འཇོག་ཚད་མེད་གནང་བ་ཞིག་དང་། ཕྱིས་ཀྱི་བཙན་པོ་དཔོན་སྲས་རྗེ་འབངས་རྣམས་ཀྱིས་ཀྱང་དུས་རྣམ་ཀུན་དུ་བློན་སྟག་སྒྲའི་བྱས་རྗེས་མི་བརྗེད་པ་བྱས་ཏེ་ཁོའི་བུ་རབས་ཚ་རྒྱུད་ནུ་ནུས་སུ་གཟིགས་བཟོས་གནང་རྒྱུ། དེའི་མཚུངས་སུ་སྐབས་དེའི་བློན་པོ་གཞན་དག་གིས་ཀྱང་བཙན་པོར་བློ་དཀར་ཞིང་ཕན་ཚུན་མཐུན་སྒྲིལ་དམ་ཟབ་བགྱིས་ནས་བཙན་པོར་རམ་འདེགས་ཀྱིས་ནང་གི་ཁབ་སོ་སྐྱོང་བ་དང་ཕྱིའི་དགྲ་བཏུལ་ཏེ་བོད་བཙན་པོའི་རྒྱལ་ཁབ་དར་རྒྱས་གོང་འཕེལ་གཏོང་བར་སྐུལ་སློང་གནང་བ་ཞིག་ཀྱང་རེད།

མདོར་ན། བཙན་པོའི་རྒྱལ་རབས་ཀྱི་དུས་སུ་བཙན་པོས་བློན་པོ་རྣམས་ལ་བཀའ་གཙིགས་གནང་བ་འདི་ནི་རང་ཉིད་ཀྱི་དབང་སྒྱུར་སྲ་བརྟན་གཏོང་བའི་བྱེད་ཐབས་གལ་ཆེན་ཞིག་ཡིན། དེས་ནི་བློན་པོ་རྣམས་ཀྱི་སྟོབས་ཤུགས་གཅིག་སྡུད་དང་རྒྱལ་བློན་བར་གྱི་མཐུན་སྒྲིལ་དམ་ཟབ་ཏུ་གཏོང་བར་ནུས་པ་ཐོན་ཡོད་ལ། ལྷག་པར་གྲལ་རིམ་བར་གྱི་འགལ་བ་ཇ་དྲག་ཆེ་བའི་གནས་ཚུལ་འོག་དེས་ནི་འགལ་བ་སྣ་ཚོགས་འདུམ་པ་ལ་ནུས་པ་བླ་ལྷག་ཏུ་ཐོན་པར་མ་ཟད། བཙན་པོའི་སྲིད་དབང་སྲ་བརྟན་དང་རྒྱལ་ཁབ་དར་རྒྱས་འབྱུང་བར་ཐད་ཀར་ཤུགས་རྐྱེན་ཐེབས་པ་རེད། རྒྱའི་ལོ་རྒྱུས་སུ། “བཙན་པོ་དང་བློན་པོ་རྣམས་ཀྱིས་ལོ་རེ་ན་མནའ་ཆུང་རེ་དང་། ལོ་གསུམ་ན་མནའ་ཆེན་རེ་སྐྱེལ”ཞེས་པའི་གནད་ཀའང་འདི་ཡིན་སྙམ་མོ། །

གཉིས། བཙན་པོའི་རྒྱལ་རབས་སྐབས་ཆོས་ཁྲིམས་མི་བཤིག་པའི་སྐོར་གྱི་མནའ་གན།

རྒྱལ་པོ་སྲོང་བཙན་སྒམ་པོས་སངས་རྒྱས་ཆོས་ལུགས་ཐོག་མར་བོད་དུ་སྤེལ་ཙང་རྒྱལ་པོ་ཁྲི་སྲོང་ལྡེ་

བཙན་གྱི་སྐུ་རིང་བར(རྒྱལ་པོའི་ལོ་ཐྲང་ཙམ་དུ་མ་ཟད)འཕེལ་རྒྱས་ཆེར་བྱུང་མ་ཐུབ་པར་མངོན། རྒྱལ་པོ་ཁྲི་སྲོང་ལྡེ་བཙན་གྱི་དུས་སུ་ད་གཟོད་ནང་བསྟན་བོད་དུ་རྐང་ཚུགས་ཏེ་འཕེལ་རྒྱས་རྒྱ་ཆེར་བྱུང་བ་ཡིན་ཏེ། རྒྱལ་པོ་ཁྲི་ལྡེ་གཙུག་བརྟན་གྱིས་སངས་རྒྱས་ཆོས་ལུགས་སྤེལ་བ་ལ་བློན་པོ་རྣམས་ཀྱིས་བཀག་འགོག་དང་ངོ་རྒོལ་ཐེབས་ཏེ་རྒྱལ་པོ་ཁོང་ཉིད་ཀྱི་ཚེ་སྲོག་ཀྱང་འཐབ་རྩོད་དེའི་ཁྲོད་དུ་ཤོར་བ་ཡིན། ཁོང་གི་སྲས་ཁྲི་སྲོང་ལྡེ་བཙན་སྲིད་ཁྲིར་ཕྱིན་དུས་དགུང་ལོ་ཆུང་བས་མ་ཞང་ཁྲོམ་པ་སྐྱེས་གཙོ་བྱས་པའི་བློན་པོ་རྣམས་ཀྱིས་སངས་རྒྱས་ཆོས་བྱེད་མི་ཆོག་པའི་ཁྲིམས་བུ་ཆུང་བཅས་ཏེ་ཕྱོགས་ཡོང་ནས་བཀག་འགོག་བྱས་ཀྱང་། རྒྱལ་པོ་ཁྲི་སྲོང་ལྡེ་བཙན་ཆེར་སྐྱེས་རྗེས་བློན་པོ་ཆོས་ལ་མོས་པ་རྣམས་ཀྱིས་རྒྱབ་སྐྱོར་རམ་འདེགས་འོག་སངས་རྒྱས་ཆོས་བགྱིད་མི་ཆོག་པའི་ཁྲིམས་བཞིག་སྟེ་ནང་བསྟན་སྤེལ་བའི་འགོ་བརྩམས་ཤིང་། ཕྱིས་ཀྱི་ལོ་བཅུ་ཕྲག་འགའི་རིང་ལ་རྒྱལ་པོ་ཁྲི་སྲོང་ལྡེ་བཙན་སྐུ་དངོས་ཀྱིས་སྣེ་ཁྲིད་དང་རྒྱབ་སྐྱོར་བྱས་པས་སངས་རྒྱས་ཆོས་ལུགས་བོད་དུ་མགྱོགས་མྱུར་ངང་འཕེལ་རྒྱས་དང་ཁྱབ་གདལ་བྱུང་བ་རེད། ལྷག་པར་དུ་བོད་ཀྱི་ལོ་རྒྱུས་སྟེང་གི་དགོན་པ་ཐོག་མ་བསམ་ཡས་གཙུག་ལག་ཁང་བཞེངས་པ་དང་སད་མི་མི་བདུན་རབ་ཏུ་བྱུང་བ་དེས་ནང་བསྟན་བོད་དུ་དངོས་སུ་རྐང་ཚུགས་པ་མཚོན་ཡོད། རྒྱལ་པོས“སངས་རྒྱས་ཀྱི་བསྟན་པ་སྒྲུབ་པར་བྱེད་ན་རབ་ཏུ་བྱུང་བ་དགོས་པ་ཡིན་པས་ད་དུང་བཙུན་མོ་སྲིད་མ་ཟིན་པ་དང་། ཞང་བློན་གྱི་བུ་དད་པ་ཅན་ཐམས་ཅད་རབ་ཏུ་བྱུང་ཞིག”[6]ཅེས་བཀས་བཅད་པ་ལྟར་ན་བཙན་པོས་སངས་རྒྱས་ཆོས་ཐོག་མར་སྤེལ་བའི་ཡུལ་འབངས་མི་སེར་མིན་པར་གཙོ་བོ་ཆབ་སྲིད་འཛིན་པའི་བློན་པོ་རྣམས་ཡིན་པ་ཤེས་ཐུབ་ལ། རྒྱལ་པོའི་རྒྱབ་སྐྱོར་དང་སྐུལ་འདེད་འོག་སྐབས་དེར“མི་སུམ་བརྒྱ་རབ་ཏུ་བྱུང”[7]བ་ཡིན་ཞིང་། མང་ཆེ་བ་ནི་ཆབ་སྲིད་འཛིན་པའི་བློན་པོ་རྣམས་ཀྱི་བུ་དང་རྒྱལ་པོའི་ཕོ་བྲང་ནང་གི་མི་རེད། དེ་ལྟར་རྒྱལ་པོས་བོད་དུ་རབ་བྱུང་གི་སྡེ་འཕེལ་རྒྱས་བཏང་བ་དང་ཆབས་ཅིག་བློན་པོ་རྣམས་ཀྱི་ཕན་ཁའང་ནང་བསྟན་དང་དམ་པོར་སྦྲེལ་བ་རེད། རབ་བྱུང་པ་རྣམས་ཀྱི་སྤྱི་ཚོགས་ཐོབ་ཐང་མཐོ་རུ་འདེགས་ཆེད་དེ་ཚོས་ཁྲལ་འཇལ་བ་དང་དམག་ལ་འགྲོ་བ་སོགས་མི་དགོས་པ་བྱས་ཤིང་འཚོ་བ་བླ་ནས་སྦྱོར་བ་དང་། བཅོམ་ལྡན་འདས་ཀྱི་རིང་ལུགས་པར་ཡིག་ཚང་གསེར་གྱི་ཡི་གེ་ཆེན་པོ་གནང་སྟེ་གྲལ་ཡང་ཞང་བློན་ཆེན་པོའི་གོང་དུ་བཀོད་པ་སོགས་བྱས།

བོད་དུ་ནང་བསྟན་རྐང་ཚུགས་པའི་ཕྱིར་བཙན་པོས་རྒྱལ་ཕྲན་གྱི་རྒྱལ་པོ་དང་བློན་པོ་ཆེ་ཕྲ་ཀུན་བསྡུས་ཏེ་ནང་བསྟན་མི་བསྒྲུབ་པར་མནའ་སྐྱེལ་བ་མ་ཟད། མནའ་ཚིག་གི་མདོ་རྗེ་རིང་ངོས་སུ་བྲིས་ཏེ་བསམ་ཡས་གཙུག་ལག་ཁང་གི་སྒོ་དྲུང་དུ་བསླངས་པ་ད་ལྟའང་མ་ཉམས་པར་ཡོད་པ་འདི་ལྟར།

“༄། །ར་ས་དང་། བྲག་མར་གྱི་གཙུག་ལག་ཁང་ལས་སྩོགས་པར། དཀོན་མཆོག:།གསུམ་གྱི་རྟེན་གཙུགས་པ:དང་། སངས:རྒྱས:ཀྱི་ཆོས:། མཛད:པ:འདི། ནམ:དུ:ཡང་མི:གཏང:མའ་ཞིག་པར:བགྱི:

འོ་། ཕོ་བྱད་སྒྱུར་ད། པའ་ཡང་། དེ་ལས་ཨྱི་དབྱི་མི་བསྐྱུང་བར་བཀྱིའོ་། དྲ་ཕྱིན་ཅད་། གདུང་རབས་རེ་རེ་ཞིང་ཡང་བཙན་པོ་ཡབ་སྲས་ཀྱིས་འདི་། བཞིན་ཡི་དམ་བཅའོ་། དེ་ལས་མནའ་ཁ་དབུད་པ་དག་ཀྱང་། ཨྱོ་བཀྱི་ཨྱི་བསྒྱུར་བར་། འཇིག་རྟེན་ལས་། འདའས་པའ་དང་། འཇིག་རྟེན་གྱི་ལྷ་དང་། ཨྱི་མ་ཡིན་པའ་། ཐམས་ཅད་ཀྱང་དཔང་དུ། གསོལ་ཏེ། བཙན་པོ་ཡབ་སྲས་དང་། རྗེ་བློན་ཀུན་གྱིས་དབུ་སྙུང་དང་བྲོ་། བོར་རོ་། གཙིགས་ཀྱི་ཡི་གེ་ཞིབ་མོ་གཙིགཞི་གུད་ན་མཆིས་སོ། །”

རྗེ་རིང་ངོས་ཀྱི་གཙིགས་ཡིག་འདི་ནི་མདོར་བསྡུས་སུ་བྲིས་པའི་བཀའ་གཙིགས་ཡིན་ལ། གཙིགས་ཀྱི་ཡི་གེ་ཞིབ་མོ་དང་དེའི་ཟླ་ལ་བཞག་པའི་སངས་རྒྱས་ཀྱི་ཆོས་བོད་དུ་སྤེ་ཕྱིར་ཇི་ལྟར་བྱུང་བའི་བཀའ་མཆིད་ཡི་གེ་ནི་བསམས་ཡས་དཀོར་མཛོད་ཁང་དུ་བཞག་ཡོད་པ་ཕྱིས《ཆོས་འབྱུང་མཁས་པའི་དགའ་སྟོན》དུ་ཆ་ཚང་བར་དྲངས་ཡོད་པ་དེ་ཡིན། བཀའ་གཙིགས་ཡི་གེ་དེ་འདྲ་བཅུ་གསུམ་བྲིས་པ་ལས་གཅིག་ཕྱག་སྤྱལ་དུ་བཞག་ཅིང་གཞན་བཅུ་གཉིས་པོ་ནི་ར་ས་དང་བསམ་ཡས། ཁྲ་འབྲུག་བཅས་ཀྱི་གཙུག་ལག་ཁང་དང་། བྲུ་ཤ་ཡུལ་དང་ཞང་ཞུང་ཡུལ། མདོ་སྨད། སེ་བློན་རིས་སོགས་ཀྱི་གཙུག་ལག་ཁང་གི་དགེ་འདུན་རྣམས་ལ་བསྐུལ་བ་ནི་བཙན་པོས་ཆོས་ཁྲིམས་བཅས་པ་བོད་ཀྱི་ས་ཁུལ་ཡོངས་ལ་ཁྱབ་བསྒྲགས་བྱས་པའི་མཚོན་རྟགས་ཤིག་ཀྱང་རེད།

དེས་ན་རྒྱལ་པོ་ཁྲི་སྲོང་ལྡེའུ་བཙན་གྱིས་ཆོས་ཁྲིམས་མི་བཤིག་པའི་མནའ་གན་འཇོག་པ་ནི།《ཆོས་འབྱུང་བཀའ་མཆིད》དུ། “དེ་ལྟ་བས་ན་སངས་རྒྱས་ཀྱི་ཆོས་མཛད་པ་ཡང་། གཅིག་ཏུ་ན་ཡོང་གིས་བཟང་ལ་གཅེས། གཉིས་ན་སྔོན་བཤིག་པའི་དཔེའ་བྱུང་བས་ཐུགས་ཡིད་དོགས་ཏེ་བརྟན་དུ་མི་གཞིག་པར་དབུ་སྙུང་བྲོ་མནའ་བོར་བ་ཡང་ཡི་གེར་བྲིས་སོ”[8]ཞེས་པ་ལྟར་ཡིན་ཞིང་། སྲས་ཁྲི་ལྡེ་སྲོང་བཙན་གྱིས་སྲིད་དབང་སྐྱོང་དུས་ཀྱང་ཡབ་ཀྱི་ལུགས་བཞིན་དུ་ཆོས་མི་བསྣུབས་པར་རྗེ་བློན་མནས་བསྒགས་པ་མ་ཟད། བཀའ་གཙིགས་མདོར་བསྡུས་རྗེ་རིང་གི་སྟེང་དུ་བཀོད་དེ་རྒྱལ་སེ་སྐར་ཚུང་ལྷ་ཁང་གི་མདུན་དུ་བསླངས་པ་དང་། བཀའ་གཙིགས་ཡི་གེ་ཞིབ་མོ་ནི་ཡབ་ཁྲི་སྲོང་ལྡེ་བཙན་གྱི་རིང་ལ་བྲིས་པའི་གཙིགས་ཀྱི་ཡེ་གེའི་ཟླ་ལ་བཞག་པ་དང་། སྐབས་དེའི་བསྟན་འཛིན་གྱི་སྐྱེས་བུ་ཆེན་པོ་བན་དེ་བྲན་ཀ་ཡོན་ཏན་དང་མྱང་ཏིང་ངེ་འཛིན་གཉིས་ཆབ་སྲིད་ཀྱི་བློན་ཆེན་པོར་བསྐོས་པ་འདི་ལས་རྒྱལ་པོ་འདིས་ཀྱང་ནང་ཆོས་དར་སྤེལ་ཐད་རྒྱབ་སྐྱོར་དང་ཆོས་བྱེད་མི་སྣར་བརྩི་མཐོང་ཆེན་པོ་བྱས་པ་ཤེས་ཐུབ་ལ། ཆོས་བྱེད་མི་སྣ་རྣམས་ཀྱིས་ཀྱང་རྒྱལ་པོའི་རྒྱབ་སྐྱོར་འོག་ཆབ་སྲིད་ཀྱི་ཁྲིད་དུ་གོ་གནས་ཆེས་མཐོ་ཟིན་ཡོད་པའང་ཤེས་ཐུབ། ཆོས་བྱེད་མི་སྣ་རྣམས་གོ་གནས་ཇེ་མཐོར་གྱུར་པ་དང་བསྟུན་ནས་མཐའ་མཚམས་ཀྱི་དམག་འཁྲུག་གི་དུད་རྟོལ་ཡང་རིམ་གྱིས་ཇེ་ཉུང་དུ་གྱུར་པ་རེད།

མདོར་ན་སྐབས་དེར་བཙན་པོ་རྣམས་ཀྱིས་བོད་དུ་སངས་རྒྱས་ཆོས་ལུགས་སྤེལ་བ་ནི་རིག་གནས་

དང་དཔལ་འཁོར་གོང་དུ་སྤེལ་ཏེ་ནང་གི་ཁབ་སོ་སྐྱོང་བ་དང་། ཕྱི་ཕྱོགས་སུ་ཞི་བདེའི་ཐབས་ལམ་བཙུགས་ཏེ་མཐའ་མཚམས་བདེ་འཇགས་སུ་གཏོང་བ་བཅས་སྐབས་དེའི་ཆབ་སྲིད་ཀྱི་དགོས་མཁོ་ཞིག་ཡིན་ལ། བཙན་པོ་རྣམས་ཀྱིས་བོད་ཆོས་རྙིང་པའི་དད་མོས་འདུ་ཤེས་གཏིང་ཟབ་པའི་སློན་འབབས་ཁྲོད་ནང་བསྟན་སྤེལ་བར་མནའ་གན་འཛོག་པའི་བྱེད་ཐབས་ལག་བསྟར་བྱས་པ་དེས་ནི་སངས་རྒྱས་ཆོས་ལུགས་མགྱོགས་མྱུར་ངང་བོད་དུ་ཀང་ཚུགས་ཏེ་འཕེལ་རྒྱས་བྱུང་བར་ནུས་པ་ཆེན་པོ་ཐོན་པ་ཡིན་ནོ། །

གསུམ། བཙན་པོའི་དུས་སྐབས་ཀྱི་མནའ་མཐོའི་འདུན་མ་བཤད་པ།

《བཀའ་ཐང་སྡེ་ལྔ》ལས། "ལྷ་འདྲེ་དཔང་བཙུགས་མནའ་མཐོའི་འདུན་མ་བྱས"ཞེས་པ་དང་། 《ཐང་ཡིག་གསར་རྙིང་ལས་བྱུང་བའི་བོད་ཆེན་པོའི་སྲིད་ལུགས》ལས། "རྗེ་བློན་རྣམས་ཀྱིས་ལོ་རེར་འདུན་མ་ཆུང་ངུ་རེ་བསྡུ་སྟེ། ལུག་ཁྱི་སྤྲེལ་གསུམ་དམར་མཆོད་བྱེད། ཐོག་མར་སྲོག་ཆགས་དེ་དག་གི་རྐང་ལག་འབྲེག་དོན་སྟོད་མདུན་དུ་སྤུངས་ནས། བན་དེ་ཞིག་གིས་གནམ་ས་རི་ལུང་ཉི་ཟླ་གཟའ་སྐར་ལ་སོགས་དཔང་དུ་གསོལ་ཏེ། གལ་ཏེ་འདུན་མ་དང་འགལ་ཏེ་བསམ་ངན་བྱེད་ན། ལྷ་ལ་མངོན་མཁྱེན་ཡོད་པས། ཁྱོད་ཚོ་ཡང་ལུག་ཁྱི་འདི་བཞིན་དུ་མི་བགྱིད་རེ་ཞེས་མནའ་འདོར་རོ། །ལོ་གསུམ་རེ་ན་འདུན་མ་ཆེན་པོ་རེ་བསྡུ། མཚན་མོ་ཁྲི་ཐོག་ཏུ་མཆོད་ཟས་རྣམས་བསྒྲིགས་པ་དང་། ཁྱི་རྟ་གཡག་གསུམ་དང་བོང་བུ་རྣམས་བསད་དེ། ཁྱོད་ཅག་ཡོད་དོ་ཅོག་གིས་སེམས་རྩ་མཐུན་པོའི་སྒོ་ནས་རང་ཡུལ་སྲུང་བར་གྱིས་ཤིག གནམ་སའི་ལྷ་རྣམས་ཀྱིས་ཁྱོད་ཅག་གི་བསམ་པ་ཐམས་ཅད་མཁྱེན་པས། གལ་སྲིད་མནའ་དང་འགལ་ན། ད་ལྟ་བསད་པའི་སྲོག་ཆགས་འདི་རྣམས་བཞིན་དུ་དུམ་བུར་ཕྱེས་ལ་སོད་ཅིག ཅེས་མནའ་འདོར་རོ"[9]ཞེས་པ་ལྟར་ན། བཙན་པོའི་དུས་སྐབས་སུ་བོད་བློན་རྣམས་ཀྱིས་ལོ་རེར་འདུན་མ་ཆུང་ངུ་རེ་བསྡུ་བ་དང་། ལོ་གསུམ་རེར་འདུན་མ་ཆེན་པོ་རེ་བསྡུ་ཞིང་། དབྱར་ཁ་དབྱར་འདུན་དང་དགུན་ཁ་དགུན་འདུན་ཞེས་པ་བསྡུ་བར་མ་ཟད། མདོ་སྨད་དུ་མདོ་སྨད་ཀྱི་འདུན་མ་ཟེར་བའང་ཡོད་པ་ཏུན་ཧོང་ཡིག་རྙིང་ཁྲོད་ཀྱི《དོན་ཆེན་གནད་བསྡུས》ལས་གསལ། ཁོང་ཚོས་འདུན་མ་སྣ་ཚོགས་བསྡུ་བ་ལ་བརྟེན་ནས་ས་གནས་དཔོན་རིགས་བསྐོ་འཛུགས་དང་གནས་དཔྱད་གཏོང་བ་དང་། བཀྱོན་ཕབ་པ་དང་རབས་ཆད་པའི་སློན་འབབས་རྣམས་ཀྱི་རྒྱུ་ནོར་བསྡུ་བ། ས་གནས་ཁག་གི་དཔོན་གནས་སྒྲིག་གཞི་གསར་འཛུགས་བཅོས་སྒྱུར་བྱེད་པ། ས་ཞིང་དོར་གྱིས་ཚད་འཇལ་བ་དང་། ཕྱུགས་ཟོག་ཐུལ་གྱིས་ཚད་འཇལ་ནས་དཔྱ་ཁྲལ་བསྡུ་བ་སོགས་བྱེད་སྐབས། དེའི་རྗེས་གནོན་དུ་འདུན་མ་བསྡུ་ཐེངས་རེ་རེའི་དགོས་དོན་ལྟར་ལུག་ཁྱི་སྤྲེལ་གསུམ་སོགས་སྲོག་ཆགས་དམར་མཆོད་བྱེད་ཅིང་ཉི་ཟླ་དཔང་དུ་བཞག་ནས་མནའ་སྐྱེལ་བ་རེད།

མདོར་ན་མནའ་མཐོའི་འདུན་མ་བསྡུ་བ་ནི་བཙན་པོའི་རྒྱལ་རབས་སྐབས་ཆབ་སྲིད་ལམ་ལུགས

གལ་ཆེན་ཞིག་ཏུ་གྱུར་ཡོད། རྒྱལ་པོ་སྲོང་བཙན་སྒམ་པོ་ནས་ཁྲི་སྲོང་ལྡེ་བཙན་བར་གྱི་ལོ་ངོ་བརྒྱ་ལྷག་གི་ནང་དུ་ཕལ་ཆེར་ལོ་རེར་འདུན་མ་ཐེངས་གཅིག་ནས་འགའ་རེ་བསྡུས་པར་གཞིགས་ན། མནའ་མཐོའི་འདུན་མ་བསྡུ་བའི་ལམ་ལུགས་འདི་ནི་བཙན་པོའི་དབང་སྒྱུར་ལ་མཚོན་ན་མེད་མི་རུང་བའི་སྲིད་སྐྱོང་སྟངས་ཤིག་ཏུ་གྱུར་ཡོད་པ་དང་། ནམ་རྒྱུན་བཙན་པོའི་ཆབ་སྲིད་ཁྲིད་ཀྱི་དོན་ཆེན་མེད་མི་རུང་བ་ཞིག་ཀྱང་རེད།

བཞི། བཙན་པོའི་རྒྱལ་རབས་དང་ཉེ་འབྲེལ་རྒྱལ་ཁབ་བར་གྱི་མནའ་གན།

༡. བོད་ཐང་བར་གྱི་མཇལ་དུམ་བཤད་པ།

རྒྱའི་ལོ་རྒྱུས་མཁས་པ་མང་པོ་ཞིག་གིས་བོད་ཐང་བར་དུ་མཇལ་དུམ་ཐེངས་བརྒྱད་དུ་བྱས་པར་བགྲངས་མོད། དེ་ལས་བཙན་པོ་ཁྲི་ལྡེ་གཙུག་བརྟན་དང་བཙན་པོ་ཁྲི་སྲོང་ལྡེ་བཙན་གཉིས་ཀྱིས་སྲ་རྗེས་སུ་སྲིད་དབང་འཛིན་པའི་དུས་ཀྱི"ཁའི་ཡོན་ཁྲི་ལོའི་མཇལ་དུམ"ཞེས་པ་དང"ཕེན་ལྒྱིང་འདུམ་ལོག"བྱ་བ་གཉིས་ནི་མཇལ་དུམ་གྱི་སྐྱ་གོན་ཙམ་ལས་འདུམ་དངོས་བྱེད་མ་ཐུབ་པས་བོད་ཐང་མཇལ་དུམ་དངོས་ཀྱི་གྲས་སུ་བགྲངས་མི་འོས་པར་འདོད། དེས་ན་དོན་དངོས་ཐོག་བོད་ཐང་བར་མཇལ་དུམ་ཐེངས་དྲུག་ཏུ་བྱས་པར་འདོད་ལ། དེ་ལས་ཀྱང་རྒྱལ་པོ་ཁྲི་ལྡེ་གཙུག་བརྟན་སྐབས་ཀྱི་བོད་ཐང་བར་གྱི་མཇལ་དུམ་ཐོག་མ་དང་། དེའི་ཕྱིས་ཀྱི"ཁྲི་ལིན་མཇལ་དུམ" "མིན་ཧྲོས་མཇལ་དུམ" "སྐྱིད་རྟག་ལོའི་མཇལ་དུམ"བཅས་མཇལ་དུམ་ཆེན་པོ་བཞི་ནི་བོད་རྒྱ་ལོ་རྒྱུས་ཐོག་གྲགས་ཆེ་བ་དང་ལྷག་པར་ཏུ་ཕྱི་མས་ནི་བོད་ཐང་གཉིས་བར་དུ་བྱུང་བའི་དུས་རབས་གཉིས་ཙམ་གྱི་རིང་གི་གཡུལ་འཁྲུག་གི་མཇུག་སྒྲིལ་བར་བྱས་པ་ཡིན། གཤམ་དུ་མཇལ་དུམ་ཆེན་པོ་བཞིའི་འབྱུང་རྐྱེན་དང་བརྒྱུད་རིམ་སོགས་བརྗོད་པར་བྱ།

(༡) བཙན་པོ་ཁྲི་ལྡེ་གཙུག་བརྟན་དུས་ཀྱི་བོད་ཐང་མཇལ་དུམ་ཐོག་མ།

སྤྱི་ལོ705ལོར་རྒྱལ་པོ་ཁྲི་ལྡེ་གཙུག་བརྟན་སྲིད་ཁྲིར་བཞུགས་རྗེས་བོད་ཀྱིས་ཐོག་མར་འདུམ་བྱེད་པའི་གྲོས་གཞི་བཏོན་པ་ལྟར། བོད་ཐང་བར་མནའ་གན་བཞག་སྟེ་འདུམ་བྱས་པ་འདི་ནི་བོད་ཐང་བར་དུ་ཐོག་མར་མནའ་འབྲེལ་བཙུགས་པ་ཞིག་རེད།

སྐབས་དེར་ཕན་ཚུན་བར་བཞག་པའི་མནའ་གན་གྱི་ནང་དོན་ཡི་གེར་བཀོད་ཡོད་ཚུལ《ཐང་ཡིག་གསར་མ》བཤད་ཡོད་མོད། མནའ་གན་ཡི་གེ་དེ་ང་ཚོའི་མིག་གི་སྤྱོད་ཡུལ་དུ་མ་གྱུར་པས་དེའི་ནང་དོན་ཅི་འདྲ་ཡིན་པ་གསལ་པོར་ཤེས་དཀའ། དེ་བས་ང་ཚོས་སྐབས་དེའི་ལོ་རྒྱུས་གནས་ཚུལ་དངོས་ལ་རྒྱུས་ལོན་བྱུང་ན་སྐབས་དེར་བོད་ཐང་རྒྱལ་ཁབ་གཉིས་བར་མནའ་འབྲེལ་འཛུགས་དགོས་པའི་རྒྱུ་རྐྱེན་རྟོགས་ཐུབ་པས་གཤམ་དུ་དེའི་སྐོར་གླེང་བར་བྱ།

ཁྲི་ལྡེ་གཙུག་བརྟན་སྐབས་ཀྱི་དོན་ཆེན་གནད་བསྡུས་ལས། "སྤྲེལ་གྱི་ལོ་ལ་བབ་སྟེ(སྤྱི་ལོ705)བཙན་པོ་

སྲས་རྒྱལ་གཙུག་ཏུ་དང་ཕྱི་ཁྲི་མ་ལོད་དྲོན་ན་བཞུགས། ལྡེག་རེན་པ་གནོན་སྣང་གྲགས་དང་། ཁེ་ཏད་མདོ་སྣང་ལས་སྐྱོགས་པ་ལོག་སྟེ་བོན་མོ་ན་ལ་ཅེར་ལྡེག་རེན་པ་ལོག་པ་རྣམས་བཀུམ།......ཕོང་ལག་རང་དུ་བཙན་པོ་གཅེན་ལྷ་བལ་པོ་རྒྱས་ས་ནས་ཕབ། བཙན་པོ་ཡབ་ཁྲི་འདུས་སྲོང་གི་དཔུར། མེར་ཀེའི་རིང་ཁང་ན་བཞུགས། ཁུ་མང་པོ་རྗེ་ལྷ་ཟུང་། བློན་ཆེན་པོར་བཀའ་སྩལད། དེའི་རྗེས་ལ་གླིང་རིངས་ཚལ་དུ་ཁུ་མང་པོ་རྗེ་ལྷ་ཟུང་ལ་བཀྱོན་ཕབ། དབའས་ཁྲི་གཟིགས་ཞང་ཉེན་བློན་ཆེན་པོར་བཀའ་སྩལ་ཏེ། སེ་རིབ་ལོག་པར་ལོ་མཆིག”[10]ཅེས་པ་འདི་ནི་སྐབས་དེའི་ལོ་རྒྱུས་ཀྱི་བྱུང་བ་དངོས་ཡིན། དེ་ལས་བཙན་པོ་ཁྲི་འདུས་སྲོང་དགུང་དུ་གཤེགས་པའི་ཕྱི་ལོར་བོད་ནང་ཁུལ་དུ་སྲིད་དབང་འཐོག་རྩོད་ཀྱི་འགལ་བ་ཆེན་པོ་ཞིག་བྱུང་ཡོད་པ་ཤེས་ཐུབ་སྟེ། བཙན་པོ་ཁྲི་འདུས་སྲོང་སྐུ་གཤེགས་རྗེས་ཐོག་མར་སྲས་རྣམས་ལས་གཅེན་པོ་ལྷ་བལ་པོ་ཞེས་པ་དེ་བཙན་པོར་བསྐོས་ཡོད་མོད། དེ་རིང་པོ་མ་ལོན་པར་རྒྱལ་ས་ནས་ཕབ་སྟེ་ལོ་ན་བདུན་ལ་སོན་མ་ཐག་པའི་རྒྱལ་གཙུག་ཏུ་སྟེ་ཁྲི་ལྡེ་གཙུག་བརྟན་སྲིད་ཁྲིར་དབང་བསྒྱུར་བ་ཡིན། དོན་དེ《ཐང་ཡིག་གསར་མར》ཡང་། “ཁྲི་འདུས་སྲོང་སྐུ་གཤེགས་རྗེས། སྲས་རྣམས་ཀྱིས་རྒྱལ་ས་བརྩད་ཀྱང་། འབངས་མིས་ཁྲི་ལྡེ་གཙུག་བཙན་བཙན་པོར་བསྐོས”ཞེས་སྐབས་དེར་སྲས་རྣམས་ཀྱིས་སྲིད་དབང་འཐོག་རྩོད་བྱས་པའི་གནས་ཚུལ་ཟུར་ཙམ་བཀོད་ཡོད། ལོ་དེར་ལྡེག་རེན་པ་གནོན་སྣང་གྲགས་དང་ཁེ་ཏད་མདོ་སྣང་ལ་སོགས་པ་ངོ་ལོག་པ་དང་། བློན་ཆེན་པོ་ཁུ་མང་པོ་རྗེ་ལྷ་ཟུང་ལ་བཀྱོན་ཕབ་སྟེ་དབས་ཁྲི་གཟིགས་ཞང་ཉེན་བློན་ཆེན་པོར་བཙུག་པ་སོགས་བྱུང་བའི་གནས་ཚུལ་ལ་བརྟགས་ན་སྐབས་དེའི་ནང་ཁུལ་གྱི་འགལ་བ་དེ་ནི་ལོ་ན་ཕྲ་བའི་རྒྱལ་སྲས་རྣམས་བར་གྱི་རྒྱལ་ས་འཐོག་རྩོད་ཀྱི་འགལ་བ་ཁོ་ན་ཞིག་མ་ཡིན་པར་བློན་པོ་རྣམས་ཀྱིས་རང་ཉིད་ཀྱི་ཐོབ་དང་ཁེ་གྲགས་མཐོ་རུ་འདེགས་ཆེད་དུ་རྒྱལ་སྲས་རེ་རེའི་རྒྱབ་རྩར་བུད་དེ་སྲིད་དབང་འཐོག་རྩོད་བྱས་པ་ཞིག་རེད་སྙམ། སྲིད་འཛིན་ནང་ཁུལ་དུ་འགལ་བ་བྱུང་བའི་གོ་སྐབས་དེ་དང་བསྟུན་ནས་བོད་ཀྱི་མངའ་འབངས་སུ་གཏོགས་པའི་རྒྱལ་ཕྲན་སེ་རིབ་ཡང་ངོ་ལོག་པ་རེད། ད་དུང་བོད་ཀྱི་མངའ་འབངས་སུ་གཏོགས་པའི་རྒྱལ་ཕྲན་གཞན་རྣམས་ཀྱང་ངོ་ལོག་པའི་ཉེན་ཁ་མི་འབྱུང་བའི་ངེས་པ་མེད་པས་ན། ནང་དགྲ་ཚར་གཅོད་དང་ཕྱི་དགྲ་ཐབས་ཀྱིས་བཀག་སྟེ་བཙན་པོའི་དབང་སྒྱུར་ལ་ཤུགས་སྣོན་དང་སྲ་བརྟན་དུ་གཏོང་རྒྱུ་ནི་སྐབས་དེའི་ཁ་ཚ་དགོས་གཏུགས་ཀྱི་གནད་དོན་གལ་ཆེན་ཞིག་ཏུ་གྱུར་ཡོད་པ་རེད། དེའི་ཕྱིར་བཙན་པོའི་རྒྱལ་ཁབ་ཀྱིས་ཐང་གི་རྒྱལ་ཁབ་དང་མནའ་འབྲེལ་བཙུགས་ཏེ་ཞི་བའི་ཐབས་ཀྱིས་ཕྱི་ཡི་རྐོལ་བ་བཀག་སྟེ་ནང་ཁུལ་བདེ་འཇགས་སུ་གཏོང་བའི་ཐབས་ཇུས་དེ་བཏོན་པ་རེད།

བོད་ཐང་བར་མནའ་གན་བཞག་པའི་ལོ་དེར་ཨ་ཕྱི་ཁྲི་མ་ལོད་དང་བློན་ཆེན་པོ་ཁྲི་གཟིགས་སོགས་ཀྱི་རྒྱབ་སྐྱོར་འོག་བཙན་པོ་ཁྲི་ལྡེ་གཙུག་བརྟན་བཙན་པོར་བསྐོས་ཤིང་། ལྡེག་རེན་པ་སོགས་བཙན་

པོར་ཪྗེ་ལོག་པ་རྣམས་ཆམ་ལ་ཕབ་པ་དང་། བློན་ཆེན་པོ་ཁྲུ་མང་པོ་རྗེ་ལྷ་བྲུང་ལ་བཀྱོན་ཕབ། ཡང་སྤྱི་ལོ709ལོར་སེ་རིབ་ཀྱི་རྒྱལ་པོ་བཟུང་སྟེ་སླར་ཡང་ཆབ་འོག་ཏུ་བཙུག དེ་ལྟར་བོད་ནང་ཁྲུལ་གྱི་ཟིང་ཆ་རིམ་གྱིས་ཞི་འཇགས་སུ་སོང་བ་དང་བསྟུན་ནས་སྤྱི་ལོ709ལོར"ཞང་བཙན་ཧོ་རེ་ལྷས་བྱིན་ལས་སྐྱོགས་པས། གཉེ་བོ་བགྱིསྟེ། བཙན་མོ་ཀིམ་ཤང་ཁོང་ཅོ་ར་སའི་ཤ་ཅལ་དུ་གཤེགས"[11]ཏེ་ཐང་རྒྱལ་རབས་དང་གཉེན་འབྲེལ་གྱིས་རྒྱལ་ཁབ་གཉིས་བར་གྱི་འབྲེལ་བ་ཡང་བསྐྱར་ཇེ་དམ་དུ་བཏང་བ་རེད།

སྐབས་དེར་ཐང་རྒྱལ་ཁབ་ལ་མཆོན་ནའང་ཝུའུ་ཚེ་ཐེན་གྱིས་སྲིད་སྐྱོང་བའི་དུས་མཇུག་ནས་ནང་ཁྲུལ་དུ་སྲིད་འཛིན་ཁག་བར་འགལ་བ་བྱུང་བ་དང་དཔལ་འབྱོར་མར་ཆགས་པའི་གནས་ཚུལ་བྱུང་བ་དང་། ཐང་གྲུང་ཙུང་ལི་ཞན་ཡང་སྐབས་དེར་སྲིད་ཁྲིར་བཞུགས་མ་ཐག་ཡིན་ཞིང་། ཁོར་ཡང་ཉེ་འབྲེལ་རྒྱལ་ཁབ་ལ་འབྲེལ་བ་འཛིན་རྒྱུའི་འདུན་པ་ཡོད་པ་ནི《ཐང་ཡིག་གསར་མ》ལས། "བོད་ཀྱི་གཉེན་སློང་བའི་ཕོ་ཉ་ཕྱིར་ལོག ཁ་ཅིག་གིས་ཕོ་ཉ་བ་དེ་ཀོང་ཇོ་སློང་དུ་འོང་སྟེ་རྒྱ་སྐད་ཀྱང་སྦྱངས་ནས་ཤེས་པས་ཕྱིར་མ་བཏང་ན་དགའ་ཟེར་ཡང་། གོང་མའི་ཐུགས་ལ་ཀྱང་གོས་མི་རིགས་གཞན་ལ་བློས་བཀལ་ཏུང་བའི་ཆ་ནས་འབྲེལ་བ་འཛིན་དགོས་དགོངས་ནས་མ་གསན"[12]ཞེས་དང་། ཅིན་ཁྲིན་ཀོང་ཇོ་བོད་དུ་སྐྱེལ་སྐབས་ཐང་གོང་མའི་བསྒྲགས་པའི་བཀའ་ཡིག་ཏུ་ཡང་། "གལ་སྲིད་བོད་ཀྱིས་འདུམ་བྱེད་པར་སེམས་ན་མཛའ་མཐུན་གྱི་འབྲེལ་བ་སྔར་བས་དམ་པར་འགྱུར་ལ། ས་མཚམས་སུའང་བདེ་འཇགས་ཡོང་སྲིད"[13] ཅེས་པ་ལྟར་ཡིན།

དེ་ལྟར་བོད་ཐང་གཉིས་གང་ལ་མཆོན་ནའང་ཕན་ཚུན་བར་འདུམ་བྱེད་རྒྱུའི་འདུན་པ་ཆེ་བས་སྤྱི་ལོ705ལོར་ཐང་གི་རྒྱལ་ས་ཁྲང་ཨན་དུ་ཐང་གི་བློན་པོ་ཏིག་ལུའུ་ཆིན་ཕང་དང་ལྕེ་ཡོན་ཀྲང་། ལི་ཆའོ། ཅི་ཁྲིའུ་ནྭ་སོགས་མི་ཉེར་གཉིས་ཀྱིས་བོད་ཀྱི་ཕོ་ཉ་དང་ལྷན་ཏུ་མནའ་གན་བཞག་སྟེ་འདུམ་བྱས་པ་ཡིན། ལོ་དེ་ནི་ཐང་གྲུང་ཙུང་ལི་ཞན་གྱི་ཧྲིན་ལུང་ཁྲི་ལོ་དང་པོར་འཁེལ་ཡོད་པས་རྒྱའི་ལོ་རྒྱུས་སུ་དེར"ཧྲིན་ལུང་ཁྲི་ལོའི་མཇལ་དུམ"ཟེར། མཇལ་དུམ་བཙུགས་པ་དེས་ནི་དུས་རབས་ཕྱེད་ཀ་ལྷག་རིང་གི་བོད་ཐང་བར་གྱི་དམག་འཁྲུག་རེ་ཞིག་མཇུག་རྫོགས་པར་བྱས་ཏེ་འབྲེལ་བ་གསར་པའི་ལམ་དུ་ཞུགས་པ་རེད།

(༢) ཁྲི་ལིན་མཇལ་དུམ།

སྤྱི་ལོ714ལོར་བོད་ཀྱི་བློན་པོ་དབོན་ད་རྒྱལ་གྱིས་ཐང་གི་བློན་ཆེན་ལ་ཡི་གེ་ཕུལ་ནས་ཧེ་ཡོན(河源དེང་གི་མཚོ་སྔོན་ཞིན་ཧེ་ས་ཁུལ)ས་ཆར་འདུམ་བྱེད་དགོས་ཚུལ་ཞུས་པ་ལྟར། ཐང་གོང་མས་ཞི་ཕན་ཞེས་པའི་བློན་པོར་འདུམ་བྱེད་དུ་འགྲོ་དགོས་པའི་བཀའ་ཕབ། བོད་ནས་ཀྱང་ཞང་ཁྲི་བཟང(尚钦藏)དང་སྣིན་བཞེར་ལེགས(名悉腊)གཉིས་ལ་བཀའ་གཙིགས་ཡི་གེ་གནང་ནས་འདུམ་བྱེད་པར་མངགས། ཐེངས་དེའི་མཇལ་དུམ་སྐབས་སུ་བོད་ཀྱིས་མནའ་ཡིག་གི་ནང་དོན་བསྒྱུར་ཏེ་ས་མཚམས་བསྐྱར་དུ་འབྱེད་རྒྱུའི་

གྲོས་གཞི་བཏོན་པ་ཐང་གིས་ཁས་མ་བླངས་པས། "མཐའ་མ་བོར་གོང་དཔོན་དུ་རྒྱལ་གྱིས་དམག་མི་ཁྲི་ཚོ་བཅུ་ལྔག་ཁྲིད་ནས་ལིན་ཐའོ(临洮)དང་ལན་ཀྲིག(兰州)དང་ཝེ་ཀྲིག(渭州)བཙོམ་ཞིང་རྟ་མང་པོ་དེད།"[14] སྐབས་དེར་མཇལ་འདུམ་གྱི་གྲོས་གཞི་བོད་ཀྱི་རེ་འདུན་ལྟར་མ་འོང་བས་དཔོན་དུ་རྒྱལ་གྱིས་དམག་ཤུགས་ལ་བརྟེན་ནས་སྐབས་དེའི་རེ་འདུན་འགྲུབ་ཏུ་འཇུག་རྩིས་བྱས་པ་འདྲ་མོད། དེས་སླར་ཡང་བོད་ཐང་བར་གྱི་དམག་འཁྲུག་གི་འགོ་བསླངས་པ་མ་གཏོགས་རེབ་དེར་མུ་མཐུད་དུ་མཇལ་དུམ་བྱེད་པར་ནུས་པ་མ་ཐོན་པ་རེད། དེའི་རྗེས་སུ་བོད་ཀྱིས་ཐེངས་མང་པོར་འདུམ་བྱེད་པའི་རེ་བ་བཏོན་མོད། ས་མཚམས་བསྐྱར་དབྱེའི་གནད་དོན་ལ་བོད་ཐང་ཕན་ཚུན་གྲོས་འཆམ་མ་བྱུང་བར་འདུམ་བྱེད་རྒྱུ་དེ་མུར་ལུས་པ་རེད།

སྤྱི་ལོ730ལོར་ཐང་གི་བློན་པོ་ཝེ་མིན(惟明)གྱིས་གོང་མའི་སྔན་དུ་འདུམ་བྱས་ཏེ་བོད་དང་མཐུན་པར་གྱུར་ན་ཕན་པ་ཆེ་བ་དང་། "གོང་མ་མཆོག་གིས་འདུམ་བྱེད་པར་འཐད་པའི་ལྷགས་ལུང་ཞིག་ཅིན་ཁྲིན་གོང་ཇོ་ལ་བཏང་སྟེ་བཙན་པོའི་སྔན་དུ་གསོལ་ན་ནི། ས་མཚམས་ཀྱི་ཁྱོད་ཞི་བར་འགྱུར་བ་དང་། འབངས་རྣམས་བདེ་ལ་འགོད་པའི་ཐབས་ཏུས་མཆོག་ཏུ་གྱུར་པ་ཞིག་ཡིན"[15]ཞེས་ཞུས་པར་གོང་མའང་མཉེས་ཏེ་འཕྲལ་དུ་ཁོ་རང་པོ་ཉར་འགྲོ་དགོས་པའི་བཀའ་ཕབ། ལོ་དེའི་ཟླ་དགུ་པར་ཝེ་མིན་སོགས་ལྷ་སར་འབྱོར་ཏེ་བཙན་པོ་དང་ཅིན་ཁྲིན་གོང་ཇོར་མཇལ་ཏེ་ཐང་གོང་མའི་ཐུགས་འདུན་ཞུས་པས་བཙན་པོ་ཡང་ཤིན་ཏུ་མཉེས། ཟླ་བཅུ་པར་བཙན་པོས་བློན་པོ་སྣིན་བཞེར་ལིགས(名悉腊)བྱ་བ་ཐང་གི་ཕོ་ཉ་དང་ལྷན་དུ་མངགས་ཏེ་གོང་མ་ལ་ཡི་གེ་ཕུལ་བར"དེད་ཅག་སྔར་བཞིན་འདུམ་སྟེ་འབངས་ལ་བདེ་བ་བྱུང་ན་དགའ་རབ་ཡིན། གལ་སྲིད་གོང་མའང་དེར་ཐུགས་མོས་ཚེ། ལོ་ངོ་ཁྲི་སྟོང་མང་པོར་དཔོན་དེད་ནི་ཐོག་མར་མཐའ་དང་འགལ་མི་ཕོད"ཅེས་ཀྱང་བཀོད་ཡོད། སྤྱི་ལོ731ལོར་བོད་ཀྱིས་ཕོ་ཉ་མངགས་ཏེ་རྟ་སྤྲོད་པའི་གནས་ཁྲི་ལིན(赤岭ནི་མཚོ་སྔོན་ཞིང་ཆེན་མཚོ་ལྷོ་ཁུལ་གྱི་ཤར་བྱང་མཚམས་སུ་ཡོད་པའི་ཉི་ཟླ་རི་བོར་ངེས། དགེ་ཆོས་ཀྱིས་རྩ་སྒྲུང་དན་ཏིག་གི་ཕྱོགས་དེང་སང་ཀླུ་གློས་བཟུང་བའི་ཡུལ་དེ་དག་ཏུ་སྣང་གསུངས)དང་ཚོང་བྱེད་སའི་གནས་ཀན་སུང་ལིན(甘松岭ནི་ཁྲོན་ཟྣང་ཕན་གྱི་ནུབ་བྱང་རྒྱུད)བྱ་བའི་རེ་བ་བཏོན། རྟ་སྤྲོད་ཟེར་བ་ནི་ཕན་ཚུན་གྱི་ཕོ་ཉར་ས་མཚམས་ནས་རྟ་བརྗེ་བ་ལ་བྱ་ཞིང་། རྟ་སྤྲོད་སའི་གནས་ནི་རྒྱལ་ཁབ་གཉིས་ཀྱི་ས་མཚམས་ཡང་ཡིན་པ་རེད། དེར"བློན་ཆེན་ཕའི་གོང་ཐིན(裴光庭)གྱིས་ཀན་སུང་ནི་ཀྲུང་གོའི་སྲུང་སྒོ་ཡིན་པས་ཁྲི་ལིན་དུ་ཚོང་བྱེད་པར་རིགས"[16]ཞེས་གོང་མར་ཞུས་པས་མཚམས་ཁྲི་ལིན་བྱ་རྒྱུར་ཐག་བཅད།

སྤྱི་ལོ734ལོར་ཐང་གོང་མས་དམག་དཔོན་ལི་ཆོན(李全)བྱ་བ་མངགས་ཏེ་བོད་དང་ལྷན་དུ་ཁྲི་ལིན་དུ་བོད་རྒྱ་གཉིས་ཀྱི་བཀའ་གཙིགས་ཡི་གེ་བརྐོས་པའི་རྗོ་རིང་རེ་བསླངས་ཏེ་ས་མཚམས་སུ་བཙས་པ་དང་། ཅན་ནན(剑南ནི་ཁྲོན་དང་ཀན་སུའུ། ཡུན་ནན། གའེ་ཀྲིག་བཅས་ཀྲིག་ཁག་ཉེར་ལྔ་འདིར་གཏོགས་ཤིང་སྲིད་འཛིན་ལས་

ཁུངས་ཁྲིན་ཧུའུ་ན་ཡོད)དང་ཧེ་ཞིས(河西)གཉིས་ཀྱི་ཁྲིག་དང་ཞན་ཁག་རྣམས་ལ“དེང་ནས་རྒྱལ་ཁབ་གཉིས་ཀ་འདུམ་བྱས་ཏེ་མཐུན་པར་གྱུར་པས་ཕན་ཚུན་ལ་དམག་བྱེད་མི་ཆོག་པ”[17]ཁྱབ་བསྒྲགས་བྱས།

(༣) ཆིན་ཧྲོས་མཇལ་དུམ།

སྤྱི་ལོ781ལོར་ཐང་གིས་ཧྲིན་ཀྲུང་ཧྲའོ་ཇན་ཚོས་ཧན་ཧེན(殿中少监崔汉衡)བྱ་བ་བོད་དུ་མཇལ་དུམ་ལ་གྲོས་བྱེད་པའི་ཕོ་ཉར་མངགས། རྒྱལ་པོ་ཁྲི་སྲོང་ལྡེ་བཙན་གྱིས་ཐང་གོང་མའི་ཡི་གེར་གཟིགས་རྗེས་ཆ་རྐྱེན་གསུམ་བཏོན་ཏེ། དང་པོ་ནི་བོད་ཐང་གཉིས་དཔོན་ཞང་རྒྱལ་ཁབ་ཀྱི་ཚུལ་དུ་གནས་ཤིང་གུས་ལུགས་འདྲ་མཉམ་ཡིན་དགོས་པ། གཉིས་པ་ནི་ཡུན་ཁྲིག་ནུབ་རྒྱུད་ཀྱི་ཧེ་ལན་རི་བོ(贺兰山)བོད་ཀྱི་མངའ་ཁོངས་སུ་གཏོགས་དགོས་པ། གསུམ་པ་ནི་མཇལ་དུམ་བཀའ་གཙིགས་ཀྲུང་ཐང་གི་ཕོ་ཉ་བོད་དུ་སླེབས་ན་བཙན་པོ་དང་ཕོ་ཉས་མཇལ་དུམ་བྱེད་རྒྱུ། དེ་བཞིན་དུ་བོད་ཀྱི་ཕོ་ཉ་ཐང་དུ་སླེབས་ཚེ་གོང་མ་དང་ཕོ་ཉས་མཇལ་དུམ་བྱེད་རྒྱུ་བཅས་ཡིན། དེ་དོན་ཚོས་ཧན་ཧེན་བྱ་བར་ཐང་གོང་མར་ཡར་ཞུ་བྱེད་དུ་བཅུག་ཅིང་། གོང་མ་ཐང་ཏེ་ཙུང་གིས་ཆ་རྐྱེན་དེ་དག་རེ་རེ་བཞིན་ཁས་བླངས་ཆོག་པ་བྱས་པ་མ་ཟད། ཕྱིས་སུ་བོད་ལ་ཡི་གེ་བསྐུར་དུས“སྐྱེས་ཕུལ”ཞེས་པ་དེ“སྐྱེས་བསྩལ”ཞེས་པར་བཅོས་ཤིང་། “སྐྱེས་གནང”ཞེས་པ་དེ“སྐྱེས་བསྐུར”ཞེས་པར་བཅོས་ལ། “རྗེས་ལེན་གྱིས་ཤིག”ཅེས་པའང“བཞེས་སུ་གསོལ”ཞེས་པར་བཅའ་དགོས་པར་བྱས། ད་དུང་དེ་ནི་བློན་ཆེན་སྔོན་མ་དབྱང་ཡན(杨炎)གྱིས་སྔར་སྲོལ་མ་ཤེས་པས་ལན་པ་ཡིན་ཞེས་དག་སེལ་ཀྱང་བྱས། སྐབས་དེར་བོད་ཀྱི་དབང་སྒྱུར་གྲལ་རིམ་ནང་ཁུལ་དུ་མཇལ་དུམ་བྱེད་པར་འགལ་བ་བྱུང་མོད། མཇུག་མཐར་རྒྱལ་པོ་ཁྲི་སྲོང་ལྡེ་བཙན་གྱིས་ཞང་རྒྱལ་བཙན(尚结赞)གྱིས་ཞུས་པ་ལྟར་སྐབས་དེའི་གནས་བབ་ལ་གཞིགས་ཏེ། ས་མཚམས་ཕྱིས་ནས་འདུམ་བྱ་རྒྱུར་ཐག་བཅད་ཅིང་། ལོ་དེའི་ཟླ་བཅུ་པའི་ཚེས་བཅོ་ལྔའི་ཉིན་ས་མཚམས་སུ་མཇལ་དུམ་བྱེད་རྒྱུའི་ཆད་བྱས། དུས་དེར་ཐང་གི་བློན་པོ་རྣམས་ཀྱིས་གྲོས་ཐག་མ་ཆོད་པར་ཉེ་ཆད་བྱས་པ་ཡལ་བས། ཐང་ཏེ་ཙུང་གིས་ཏུའུ་གོན་ཡོན་བའི་ལང་ཕྲན་ཙེ(都管员外郎攀泽)བྱ་བ་མངགས་ཏེ་ཡང་བསྐྱར་ཞང་རྒྱལ་བཙན་དང་ལྷན་དུ་ཕྱི་ལོའི་ཟླ་དང་པོའི་ཚེས་བཅོ་ལྔའི་ཉིན་ཆིན་ཧྲོས་ནུབ་ཕྱོགས་སུ་མཇལ་དུམ་བྱ་རྒྱུའི་ཆད་བྱས། སྤྱི་ལོ783ལོའི་ཟླ་དང་པོར་མཇལ་དུམ་བྱེད་དུས་ཕྱོགས་གཉིས་ཀའི་གྲོས་གཞི་ལྟར་གོ་མཚོན་ཐོགས་པའི་དམག་མི་ཆིག་སྟོང་རེ་མཇལ་དུམ་སྡེགས་བུའི་ཕྱི་རོལ་དུ་བསྡད་པ་དང་། གོ་མཚོན་མེད་པའི་མི་ཆིག་སྟོང་རེ་མཇལ་དུམ་སྡེགས་བུའི་ལོགས་སུ་བསྡད། དེ་ནས་ཐང་གི་མཇལ་དུམ་ལ་ཞུགས་མཁན་ལུང་ཡུག་ཅེ་ཏུའུ་ཧྲི་ཀྲང་དབྱི(陇右节度使张镒)དང་མོ་ཧྲུའུ་ཆི་དབྱང་།(幕府齐映) ཆི་ཁང་།(齐抗) ཚོས་ཧན་ཧེན། ཅི་ཧོས་ཧྲི་ཡུས་ཏེས(计会使于頔)དང་ཕྲན་ཙེ། ཁྲང་ལུའུ་བཅས་དཔོན་རིགས་བདུན་དང་། བོད་ཀྱི་མཇལ་དུམ་ལ་ཞུགས་མཁན་ཞང་རྒྱལ་བཙན་དང་བློན་ཞི་རྒྱལ་བཙན།(论悉颊藏) བློན་

གཙང་བཞེར།(论藏热) བློན་ལི་ཐོ།(论利陀) བློན་ཁྲི་གཟིགས(论力徐)སོགས་སྟེགས་བུའི་སྟེང་ཕེབས་ཏེ་སྤྲོག་ཆགས་བསད་པའི་ཁྲག་ཁར་བཞེས་རྗེས་མནའ་བོར་ཏེ་མཇལ་དུམ་བྱས། དེའི་རྗེས་སུ་བོད་ཐང་གཉིས་ཀྱིས་སོ་སོར་ཕོ་ཉ་མངགས་ཏེ་ལྷ་ས་དང་ཁྲང་ཨན་གཉིས་ནས་ཡང་བསྐྱར་མནའ་བསྐྱལ་ཏེ་མཇལ་དུམ་བྱས་ཤིང་ས་མཚམས་གསར་དུ་ཕྱེས་པ་ཡིན། འདི་ནི་བོད་རྒྱ་གཉིས་ཀྱི་ལོ་རྒྱུས་སྟེང་གྲགས་པའི"ཆིན་ཧྲོས་མཇལ་དུམ"ཞེས་པ་དེ་ཡིན་ཞིང་། "ཐང་རྒྱལ་རབས་ཀྱིས་ཙུ་ཐུག་ཐབས་མེད་ཀྱིས་བོད་དང་ལྷན་ཏུ་ཆིན་ཧྲོས་མཇལ་དུམ་བཙུགས་པ་དང་། བོད་ལ་ཤར་ཕྱོགས་ཀྱི་ས་ཁུལ་རྒྱ་ཆེན་པོར་བདག་དབང་ཡོད་པ་དངོས་སུ་ཁས་ལེན་བྱས།"[18] དེ་ནས་བཟུང་བོད་ཐང་གཉིས་ཀྱི་མཐའ་མཚམས་སུ་རེ་ཞིག་ཞི་བདེའི་རྣམ་པ་ཤར་བ་ཡིན།

(༥)སྐྱིད་རྟག་ལོའི་མཇལ་དུམ།

སྤྱི་ལོ705ལོ་ནས787ལོའི་བར་གྱི་ལོ་ངོ་གྱ་གསུམ་རིང་ལ། བོད་ཐང་གཉིས་ཀྱིས་མཇལ་དུམ་ཐེངས་དུ་མར་བྱས་ཀྱང་ཕན་ཚུན་གཉིས་ཀྱི་སྲིད་ཐབས་ཀྱི་ནོར་འཛོལ་ལས། འདུམ་བཅས་རྗེས་ཡུན་རིང་མ་ལོན་པར་ས་མཚམས་སུ་འཁྲུག་རྩོད་བྱུང་སྟེ་འདུམ་བཞག་པའི་གནས་ཚུལ་སྔ་རྗེས་སུ་བྱུང་ཞིང་། ལོ་ནས་ལོར་མཐུད་དེ་དམག་འཁྲུག་བྱུང་བ་དེས་འབངས་མི་སེར་གྱི་ཚེ་སྲོག་དང་རྒྱུ་ནོར་ཐད་ལ་གྱོང་གུད་ཚབས་ཆེན་བཟོས་པས་དམག་འཁྲུག་གི་ལས་ལ་སུན་སྣང་སྐྱེས་པ་དང་། འཐབ་པ་དང་འདུམ་པ། འདུམ་པ་དང་འཐབ་པའི་མཇུག་འབྲས་ལས་ཕོ་བྲང་ནང་གི་སྲིད་འཛིན་པ་སྐོར་ཞིག་ལའང་དེས་ཤེས་ཟབ་མོ་ཐོབ་ཡོད་པས་ཁོ་ཚོས་ལོ་རྒྱུས་ཀྱི་ཉམས་མྱོང་ཕྱོགས་སྡོམ་བྱས་པ་བརྒྱུད་རང་ཉིད་ཀྱི་སྲིད་ཐབས་ལེགས་སྒྲིག་བྱེད་དགོས་པ་ཤེས་ཡོད་པར་སྣམ། སྤྱི་ལོ815ལོར་བཙན་པོ་ཁྲི་གཙུག་ལྡེ་བཙན་སྲིད་ཁྲིར་ཕྱིན་རྗེས། ཁོང་གིས་ཡབ་མེས་གོང་མ་རྣམས་ཀྱི་བྱ་གཞག་གི་ཤུལ་བསྐྱངས་ཏེ་རབ་བྱུང་པར་བཀུར་སྟི་དང་གཙུག་ལག་ཁང་གསར་བཞེངས། སངས་རྒྱས་ཆོས་གཞུང་བསྒྱུར་སྒྲིག་བཅས་བྱས་ཏེ་ནང་ཆོས་དར་སྤེལ་བཏང་། དེའི་མཚུངས་སུ་སྤྱི་ལོ821ལོར་ཐང་ལ་ཕོ་ཉ་མངགས་ཏེ་འདུམ་བྱེད་པའི་རེ་བ་བཏོན་པ་དང་ཆབས་ཅིག་ཐང་གོང་མར་བསྐུར་བའི"བཀའ་གཙིགས་ཡི་གེའི་ནང་དེ་ལས་ཕན་ཚུན་དགྲར་སྨྱོ་འཐབ། དམག་མི་དྲངས། ཡུལ་སྨྱོ་བརྣམ། ཡིད་མི་ཆེས་པ་ཞིག་ཡོད་ན། སྨྱོ་བཟུང་ཞིང་གཏམ་དྲིས་ཏེ། བརྫངས་ནས་ཕྱིར་གཏོང་ངོ་ཞེས་བྲིས་འདུག་པས། རྒྱའི་གོང་མའང་དེར་ཐུགས་འཐད།"[19] ལོ་དེར་བོད་ཀྱི་ཕོ་ཉ་བློན་མང་རྗེ་ལྷ་ལོད(论纳罗)སོགས་ཀྱིས་ཐང་གི་བློན་ཆེན་ཚོས་ཀྲི(催植)དང་ཝང་པོ(王播)སོགས་དང་ལྷན་ཏུ་ཁྲང་ཨན་མཁར་གྱི་ནུབ་ཕྱོགས་སུ་མནའ་བསྐྱལ་ཏེ་མཇལ་དུམ་བྱས། ཡང་ཐང་གིས་བོད་དུ་མཇལ་དུམ་བྱེད་པའི་ཕོ་ཉར་མངགས་པའི་ཏ་ལི་ཆིན་གྱི་ཐབས་ཡོད་པ་ལིག་ཡོན་ཏྲིན(大理卿刘元鼎)བྱ་བ་སོགས་ཀྱིས་བོད་སྐྱིད་རྟག་ལོ་བརྒྱད་པའམ་ཐང་གི་ཁྲང་ཆིན་ལོ་གཉིས་པ་སྟེ་སྤྱི་ལོ822ལོར་ལྷ་སའི་ཤར་ཕྱོགས་སྦྲ

སྟོད་ཚལ་དུ་མནའ་བོར་ནས་མཇལ་འདུམ་བྱས་ཤིང་ཕྱི་ལོར་གཙིགས་ཀྱི་མདོ་རྗེ་རིང་ལའང་བྲིས། སྐབས་འདིའི་བོད་ཐང་གཉིས་ཀྱི་མཇལ་དུམ་གྱི་ལོ་ནི་རྒྱལ་པོ་ཁྲི་གཙུག་ལྡེ་བཙན་གྱི་ཁྲི་ལོ་སྟེ་སྐྱིད་རྟག་ལོ་བརྒྱད་པ་ཡིན་པས་འདིར་སྐྱིད་རྟག་ལོའི་མཇལ་དུམ་ཟེར་དོན་ཡང་དེ་ཡིན།

(༥) བོད་ཐང་མཇལ་དུམ་གྱི་བཀའ་གཙིགས་སྐོར་བཤད་པ།

གོང་དུ་བརྗོད་ཟིན་པའི་བོད་ཐང་གཉིས་ཀྱི་མཇལ་དུམ་སྐབས་ཀྱི་བཀའ་གཙིགས་ཡི་གེའི་ཆབ་སྲིད་ནང་དོན་མདོར་དྲིལ་ན་གཤམ་གྱི་དོན་རྣམས་འདུས་པར་འདོད།

ཀ། གཙིགས་བཅའ་བའི་དམིགས་ཡུལ་གསལ་བ།

ས་མཚམས་ཀྱི་འཁྲུག་ཟིང་ཞི་བར་གྱུར་ཏེ་བོད་ཐང་གཉིས་ཀྱི་འབངས་མི་སེར་ལ་དུས་བདེ་གནས་འཇམ་གྱི་སྐྱི་ཚོགས་ཁོར་ཡུག་ཅིག་བསྐྲུན་རྒྱུ་ནི་བོད་ཐང་མཇལ་དུམ་གྱི་དགོས་པ་གཙོ་བོར་གྱུར་ཡོད། དཔེར་ན། སྐྱིད་རྟག་ལོའི་མཇལ་དུམ་གཙིགས་ཡིག་ཏུ། "ཡུལ་གཉིས་ཀྱི་བར་ན་དུད་རྡུལ་ནི་མི་སྣང་། །གློ་བུར་དུ་སྔང་བ་དང་དགྲའི་སྒྲོང་ནི་མི་གྲག་སྟེ་ས་མཚམས་སྲུང་བའི་མི་ཡན་ཅད་ཀྱང་དོགས་ཤིང་འཇིགས་པ་མེད་པར་ས་ས་མལ་མལ་ན་བག་བརྐྱང་སྟེ། །བདེ་བར་འཁོད་ཅིང་། །སྐྱིད་པའི་བཀའ་དྲིན་ནི་རབས་ཁྲིའི་བར་དུ་ཐོབ། །སྙན་པའི་སྒྲ་སྐད་ནི་གཉི་ཟླས་སླེབས་སོ་ཚོག་ཏུ་ཁྱབ་སྟེ། །བོད་བོད་ཡུལ་ན་སྐྱིད་རྒྱ་རྒྱ་ཡུལ་ན་སྐྱིད་པའི་སྲིད་ཆེན་པོ[ལ]སྒྱུར་ནས་གཙིགས་བཅས་པ"ཞེས་བོད་ཐང་གཉིས་བར་གྱི་ཞི་བདེ་ནི་སྐབས་འདིའི་གཙིགས་བཅའ་བའི་དགོས་པའམ་དམིགས་ཡུལ་གཙོ་བོར་བརྩིས་ཡོད་པ་རེད།

ཁ། ས་མཚམས་གསར་དུ་ཕྱེས་པ།

མཇལ་དུམ་རེ་རེའི་སྐབས་སུ་ཕན་ཚུན་བར་གྱི་ས་མཚམས་གསལ་པོར་འབྱེད་རྒྱུ་ནི་སྐབས་དེའི་དབང་སྒྱུར་བ་རྣམས་ཀྱིས་གཙིགས་བཅའ་བའི་ནང་དོན་གཙོ་བོའི་གྲས་ཡིན། དཔེར་ན། ཆིན་ཧྲོས་མཇལ་དུམ་གྱི་གཙིགས་ཡིག་ཏུ། "དེང་དེད་ཐང་གི་ས་ཆ་ནི། ཅིན་ཀྲིག་ནུབ་ཕྱོགས་སུ་ཐན་ཀྲིན་ཞའི་ནུབ་འགག་བར་དང་། ལུང་ཀྲིག་གི་ནུབ་ཕྱོགས་ནས་ཆིན་ཧྲོས་ཞན་བར། ཆྲིན་ཀྲིག་གི་ནུབ་ཕྱོགས་ནས་ཐུང་ཀའུ་ཞན་བར། ཅན་ནན་གྱི་ཞིས་ཧྲན་ནས་ཏ་ཏུའུ་གཙང་པོའི་ཤར་ཕྱོགས་བར། འདི་རྣམས་རྒྱ་ཡི་ས་མཚམས་ཡིན་ནོ། །བོད་ཀྱི་ས་མཚམས་ནི། ལན་ཀྲིག་དང་ཝེ་ཀྲིག ཡོན་ཀྲིག ཧོས་ཀྲིག་བར་དང་། ནུབ་ཏུ་ལིན་ཐའོ། ཤར་ཕྱོགས་སུ་ཁྲིན་ཀྲིག་བར། ཅན་ནན་ནུབ་མཐའི་མོ་ཞི་ཡུལ་གྱི་མན་པ་རྣམས་དང་། ཏ་ཏུའུ་གཙང་པོའི་ནུབ་ལྟོའི་རྒྱུད་དེ། འདི་རྣམས་སྟོད་ཀྱི་ས་མཚམས་ཡིན་ནོ"[20]ཞེས་དང་། སྐྱིད་རྟག་ལོའི་མཇལ་དུམ་གྱི་གཙིགས་ཡིག་ཏུ། "བོད་རྒྱ་གཉིས། །ད་ལྟར་དུ་མངའ་བའི་ཡུལ་དང་མཚམས་སྲུང་ཞིང་། །དེའི་ཤར་ཕྱོགས་ཐམས་ཅད་ནི་རྒྱ་ཆེན་པོའི་ཡུལ། །ནུབ་ཕྱོགས་ཐམས་ཅད་ནི་ཡང་ཐག་པར་

བོད་ཆེན་པོའི་ཡུལ"ཞེས་དང་། ཡང་། "བོད་རྒྱ་གཉིས་ཀྱི་བར། །ཙང་ཀུན་ཡོག་ཏུ་ཧ་བཟེས་ལ། །སྐྱི་ཞུང་ཆེག་ཏུ་རྒྱ་དང་ཐྲད་པ་མན་ཙད་ནི་རྒྱས་ཕུ་དུད་བྱ། །ཙོང་ཤུ་ཏྲུན་དུ་བོད་དང་ཐྲད་པ་ཡན་ཙད་ནི་བོད་ཀྱིས་ཕུ་དུད་བྱ"ཞེས་གསལ་པོར་བཀོད་ཡོད་པ་ལྟར་ཡིན།

ག བོད་རྒྱ་ཕྱོགས་གཉིས་ཀྱི་འབངས་མིའི་འདུན་པ་དང་མཐུན་པའི་དམག་མཚམས་འཛོག་པ།

ཆིན་ཧྲོས་མཇལ་དུམ་གྱི་གཙིགས་ཡིག་ཏུ། "ད་ལྟར་མངའ་བའི་གནས་ཚུལ་འདི་བཞིན་གནས་སུ་བྱ་བ་ལས། ཕན་ཚུན་ལ་བཙན་འཛུལ་གཏན་ནས་བྱ་མི་རུང་། སྔོན་ཆད་དམག་བསྡད་མེད་སར་དམག་གཏོང་མི་ཆོག་ལ། མཁར་དང་སོ་ནམ་ཡང་བགྱིད་མི་རིགས"ཞེས་དང་། སྤྱི་ལོ821ལོར་ཁྲང་ཨན་དུ་མཇལ་དུམ་མཛད་པའི་གཙིགས་ཡིག་ཏུ། "ད་ནས་བཟུང་སྟེ་ཕྱོགས་གཉིས་ཀས་དམག་དཔུང་ཕྱིར་འཐེན། འཁོན་རྙིང་པ་རྣམས་སུས་ཀྱང་མི་འཛིན་པར། དབོན་ཞང་ཉེ་བའི་འབྲེལ་བ་དམ་པོར་འཛིན། མེལ་ཚེ་སོ་སྲུང་རྣམས་མི་དགོས་ལ། དམག་བརྗ་གཏོང་བྱེད་ཀྱི་མེ་ཡང་སྦར་དུ་མིན། བདེ་སྡུག་ཅི་བྱུང་ཡང་མཉམ་དུ་སྤྱོད་པ་ལས། ཕན་ཚུན་དགྲ་མི་འཐབ། འཐབ་རྫོང་རྣམས་བཤིག་སྟེ། ད་སླན་ཆད་དམག་མི་དྲང་། གཡོ་དང་ཐྲ་མ་ཅི་ཡང་མི་བྱེད་པར། ད་ལྟར་སྲུང་བའི་བརྩན་ས་རྣམས་སྔར་སྲུས་སུ་སྲུང་བར་བྱ"[21]ཞེས་པའོ། །

༢. བོད་འཇང་བར་གྱི་མནའ་འབྲེལ་བཤད་པ།

སྤྱི་ལོ738ལོར་འཇང་ཚོ་དྲུག་ལས་སྟོབས་འབྱོར་ཆེ་ཤོས་མོང་ཧྲེ་འཇང(蒙舍诏)གིས་འཇང་ཚོ་དྲུག་གཅིག་སྡུད་ཀྱིས་ཨེར་ཧེ་མཚོ་མོའི་མཐའ་སྐོར་གྱི་ཡུལ་གྲུར་དབང་བསྒྱུར། ཐང་རྒྱལ་རབས་ཀྱིས་འཇང་དེ་འཐབ་ཇུས་ལྟེ་གནས་ཤིག་ཏུ་བརྩི་བཞིན་ཡོད་པས། དུས་སྐབས་དེར་མོང་ཧྲེ་འཇང་གི་རྗེ་བོ་ཕའི་ལ་ཀག(皮罗阁)ལ་ཡུན་ནན་རྒྱལ་པོའི་ཚེ་ལོ་གནང་བ་སོགས་འཇམ་བྲིད་སྲིད་ཇུས་ལག་བསྟར་གྱིས་འཇང་དེ་དམག་ཤུགས་ཀྱི་མཐུ་བརྟས་བཞིན་པའི་བོད་བཙན་པོའི་རྒྱལ་རབས་ཀྱི་མངའ་རིས་ཤར་ཕྱོ་རུ་བསྐྱེད་པའི་གདོང་འགོག་གི་འཐབ་རར་བསྒྱུར་རྩིས་བྱས་མོད། འཇང་གིས་ཐང་ལ་སྣང་དོགས་མ་བྱས་པར་ལྷོ་མཐུད་དུ་ཤར་གྱི་ཚོན་ཡུལ་གྱི་ཚོ་ཁག་རྣམས་འབངས་སུ་བསྡུས་ཏེ་ཏེན་ཁྲིའི(滇池)འགྲམ་རྒྱུད་ཀུན་ལ་དབང་མཛད། འཇང་གིས་ཚོན་གྱི་ཡུལ་གྲུ་བདག་བཟུང་བྱས་པ་དེས་ཐང་རྒྱལ་རབས་ལ་ཐོག་ཐུག་ཤོར་ཞིང་འཇང་ཐང་ཕན་ཚུན་བར་གྱི་འགལ་བ་རིམ་གྱིས་ཇ་དྲག་ཏུ་གྱུར།

འཇང་གི་རྗེ་བོ་ཀག་ལ་བོང་གིས་སྲིད་དབང་བཟུང་རྗེས་ཐང་གིས་ཕྱི་ཚུལ་ནས་ཀག་ལ་མཐུན་ལམ་འཛུགས་འདོད་ཡོད་པ་ལྟར་བྱས་ཀྱང་། དོན་དངོས་སུ་ཤོག་ཏུ་ཧ་གསོ་མཚོན་སྒྲིག་གིས་ཚོན་གྱི་ཡུལ་གྲུ་ཕྱིར་འཕྲོག་རྒྱུ་དང་དྲག་པོའི་དཔུང་ལ་བརྟེན་ནས་འཇང་ལ་དབང་སྒྱུར་རྩིས་བྱས།

སྤྱི་ལོ749ལོར་ཐང་གོང་མའི་བཀའ་ལྟར་དམག་དཔོན་ཧེ་ལིའུ་ཀོང(何履光)གིས་ཏའེ་བཙུ(十道)ཡི་

དམག་དཔུང་ཁྲིད་དེ་འཇང་ལ་རྒོལ་བར་ཆས་པ་དང་། དེའི་མཚུངས་སུ་ཞན་དབྱི་ཀྲུང་ཐོང(鲜于仲通)བྱ་བ་དེ་ཅན་ནན་གྱི་ཅེ་ཏུའུ་ཧྲི(节度使)ལ་བསྐོས་ཤིང་། དམག་དཔུང་བསྡུ་སྒྲིག་གིས་ལྷོ་ཉ་ཧི་ནྲིའུ་ཀོང་གི་དཔུང་རོགས་སུ་བསྐྱོད་དགོས་པའི་བཀའ་ཕབ། སྤྱི་ལོ750ལོར་ཀག་ལ་ཕོང་གིས་དམག་བཏང་སྟེ་ཡའོ་ཀྲིག་མཁར་ཕབ་པ་དང་ཏུའུ་ཧྥོས་ཀྲང་ཆན་ཐ(张虔陀)བསད། ཕྱི་ལོར་ཧི་ནྲིའུ་ཀོང་གི་དམག་གིས་ཨན་རོང་མཁར་བླངས་མོད་མ་འགྲུངས་པར་ཕྱིར་འཇང་ལ་ཤོར། དེ་ནས་ཞན་དབྱི་ཀྲུང་ཐོང་གིས་ཁྲི་དམག་བརྒྱད་ཀྱི་ཉ་ནྡེ་དྲངས་ཏེ་འཇང་ལ་རྒོལ་བར་བྱུང་བས། ཀག་ལ་ཕོང་གིས་སྨྱུར་དུ་དབྱང་ལྀ(杨利)སོགས་ལང་ཚོན(浪穹)དུ་མངགས་ཏེ་བོད་ལ་དམག་རོགས་བྱེད་དགོས་པའི་རེ་བ་ཞུས། བོད་ཀྱི་བློན་རོལ་བཙན(论诺赞)གྱིས་དམག་དཔུང་ཁྲིད་དེ་འཇང་གི་དཔུང་རོགས་སུ་འབྱོར་ནས་ནུབ་ཨེར་ཧེ་ཆུ་བོའི་རྒྱུད་དུ་ཞན་དབྱི་ཀྲུང་ཐོང་གི་དམག་དཔུང་ཡོངས་སུ་ཕམ་པར་བྱས་པས་ཁོ་རང་གཅིག་པུ་སྒྲིག་མགོ་ཐོན་ཙམ་བྱུང་། འདིར་རྒྱའི་ལོ་རྒྱུས་སུ་ཐེན་པོ་ཁྲི་ལོའི་གཡུལ་འཁྲུག་དང་པོར་འབོད་ལ་བོད་འཇང་གཉིས་ལ་རྒྱལ་ཁ་ཐོབ་སྟེ་རེ་ཞིག་མཇུག་སྒྲིལ།

དེ་ལྟར་བོད་ཀྱི་རྒྱབ་རོགས་ལ་བརྟེན་ནས་འཇང་གཡུལ་ལས་རྣམ་པར་རྒྱལ་བས། བོད་ཀྱི་དྲིན་གཟོ་ཕྱིར་སྤྱི་ལོ751ལོར་ཀག་ལ་ཕོང་གིས་ཁོའི་བུ་ཏའོ་ཀྲོན(铎传)དང་ཚེ་དཔོན་ཀྲའོ་ཆོན་ཏེན(赵全邓)སོགས་མི་དྲུག་ཅུ་བོད་ལ་སྐྱེས་འབུལ་དུ་མངགས། དེ་ཡང་ཏུན་ཧོང་ཡིག་ཆར། "འཇང་སྨྭའི་རྒྱལ་པོ་ལྟ་ཞིག་རྒྱ་ལ་ལྟ་ལྟ་བ་ལས། རྒྱ་རྗེས་དགྲར་བླངསྟེ། བཙན་པོ་ཁྲི་ལྡེ་གཙུག་བཙན་གྱི་ཞ་སྔར་གློ་བ་ཉེ་ནས། རྒྱལ་ཡུལ་ཕབ་ཀྱིས་ནོ་ཡུལ་དང་། །མཁར་དུ་བཆས་ཏེ་ཕུལ། གཡུལ་སྦྲད་ཀྱིས་ནི་རྒྱ་བཙོན་ལུག་ལྟར་བསྐྱངས་སོ"[22]ཞེས་འཁོད་པ་ལྟར་ཡིན།

སྤྱི་ལོ752ལོར་ཏེན་ཁྲོན(邓川)ཡུལ་དུ་འཇང་གི་རྒྱལ་པོ་ཀག་ལ་ཕོང་ལ་བོད་ཀྱི་བཙན་པོ་ཁྲི་ལྡེ་གཙུག་བརྟན་གྱིས་བཙན་པོའི་གཅུང་གི་ཐོབ་ཐང་གནང་བ་དང་། འཇང་གི་རྗེ་བློན་རྣམས་ཀྱིས་ཀྱང་རི་གླུང་དཔང་དུ་བཞག་སྟེ་བོད་ཀྱི་བཙན་པོར་གློ་བ་མི་རིངས་པའི་བྲོ་བསྐུལ་བ་མ་ཟད། ད་དུང་འཇང་གི་སྲིད་ལོའི་མིང"བཙན་པོའི་གཅུང་གི་ཁྲི་ལོར"བསྒྱུར། ཏུན་ཧོང་ཡིག་ཆར་ཡང་། "ལྷོ་ཕྱོགས་ཀྱི་སྨད་ན་འཇང་དུམ་སྨྭ་དཀར་པོ་ཞེས་བྱ་བའི་སྡེ་སྨི་ཅུང་བ་ཞིག་འདུག་པ། །རྒྱལ་པོ་ཐུགས་སྐམ་པོའི་ཐབས་དང་ཐབས་ཀྱིས་བཀའ་སྐུལ་ཏེ། སྨྭ་འི་རྒྱལ་པོ་ཀག་ལ་ཕོང་ཞེས་བྱ་བ། །འབངས་སུ་ཕྱག་འཚལ་ནས། ཐབས་གཅུང་སྐུལ་ཏེ། མི་མང་གི་སྟོན་བཏབ། ཡུལ་ཆེའི་ནི་འདབ་བསྐྱེད་དོ། །འཇང་གི་རྒྱལ་པོ་བོད་ཀྱི་འབངས་སུ་བཞེས་པས། རྒྱ་འི་ཆབ་སྲིད་ལ་ཡང་ཤིན་ཏུ་དམའ་ཞིང་། མི་བདེ་བར་བྱས་སོ"[23]ཞེས་བཀོད་པ་ལྟར་བོད་འཇང་གཉིས་བར་དུ་མནའ་གན་བཞག་པ་འདིས་ནི་བོད་བཙན་པོའི་རྒྱལ་ཁབ་ཀྱི་མངའ་ཁོངས་འཇང་གི་ཕྱོགས་སུ་དེ་སྔའི་སྨྭ་ནག་པོའི་ཡུལ་ཙམ་ལས་ཆེས་ཆེར་འདས་ཏེ། སྨྭ་དཀར་ནག་གཉིས་ཀ་གཙོ་

བྱས་པའི་སྐབས་དེའི་འཇང་ཡུལ་རྩིལ་པོར་ཁྱབ་ཅིང་། བོད་བཙན་པོའི་རྒྱལ་ཁབ་ཀྱི་སྟོབས་ཤུགས་ཤར་ལྷོའི་ཕྱོགས་སུ་བསྐྱེད་པར་རྨང་གཞི་བརྟན་པོ་བྱུང་སྟེ། ཅན་ནན་ཕྱོགས་ཀྱི་བོད་ཀྱི་ཉུས་རྒྱུད་ཚོ་པ་རྣམས་གཅིག་སྡུད་བྱེད་པའི་དམིགས་འབེན་འགྲུབ་པར་མ་ཟད། བཙན་པོའི་རྒྱལ་ཁབ་ཀྱི་གཙོ་ཤུགས་དམག་དཔུང་ཤར་བྱང་ཕྱོགས་སུ་བཀོལ་ཐུབ་པར་ཡང་ནུས་པ་ཆེན་པོ་ཐོན་ཡོད་པ་རེད་སྙམ།

འཇང་ལ་མཆོན་ན་འང་བཙན་པོས་ཐབས་གཅུང་བསྐུལ་བ་ནས་བཟུང་བོད་ཀྱི་རྒྱབ་རོགས་དང་བཀོད་འདོམས་འོག་ཕྱི་ཡི་འཇིགས་པ་ཐམས་ཅད་སེལ་བར་བྱས་པ་མ་ཟད། ནང་ཁུལ་བདེ་འཇགས་དང་མངའ་ཁོངས་རྒྱ་བསྐྱེད་ཐུབ་པ་བྱུང་བ་ཡིན།

གཞན་ཡང་བཙན་པོའི་རྒྱལ་རབས་སྐབས་སུ་ཏ་ཟིག་དང་གྲུ་གྲུ། རྒྱ་དྲུག་སོགས་ཉེ་འབྲེལ་རྒྱལ་ཁབ་བར་དུའང་མནའ་གན་འབྲེལ་བ་བྱུང་སྲོང་ཞིང་། དེ་དག་སོ་སོའི་སྟོབས་ཤུགས་དང་ཟུང་འབྲེལ་གྱིས་ཀྱང་རྒྱལ་ཁབ་གཞན་ལ་ཁ་གཏད་བཅགས་ཏེ་རང་ཉིད་ཀྱི་མངའ་ཁོངས་རྒྱ་བསྐྱེད་དང་མཐའ་མཚམས་བརྟན་སྲུང་གི་ཐབས་ཇུས་སྤྱད་ཡོད་སོད། གོང་དུ་བརྗོད་ཟིན་པའི་དཔེ་མཚོན་གཉིས་ལས་བཙན་པོའི་རྒྱལ་རབས་དང་ཉེ་འབྲེལ་རྒྱལ་ཁབ་བར་གྱི་མནའ་གན་འབྲེལ་བ་ཇི་བཞིན་དུ་མཚོན་ཐུབ་པས་གཞན་དག་འདིར་ཞིབ་ཏུ་བརྗོད་དགོས་པའི་ངལ་བ་མ་མཆིས་པར་སྙམ་སྟེ་བཏང་སྙོམས་ཀྱི་ཚུལ་དུ་བཞག་པ་ཡིན།

མདོར་ན། བཙན་པོའི་རྒྱལ་རབས་སྐབས་སུ་ཉེ་འབྲེལ་རྒྱལ་ཁབ་བར་མནའ་གན་འབྲེལ་བ་བཙུགས་པ་དེ་ནི་མཐའ་མཚམས་ཀྱི་འགལ་བ་ལྷོད་འཇགས་སུ་བཏང་སྟེ་སྤྱི་ཚོགས་བདེ་འཇགས་ཡོང་ཞིང་། རྒྱལ་ཁབ་བར་འགྲོ་འོང་གི་འབྲེལ་བ་ཚུགས་ཐུབ་པ་སོགས་ཕན་ཚུན་མཐུན་སྒྲིལ་གྱི་ལམ་དུ་བསྐྱོད་ཐུབ་པའི་སྐབས་དེའི་ཕྱི་འབྲེལ་ཐབས་ཇུས་གཙོ་བོ་ཞིག་རེད།

གཉིས་པ། མནའ་གན་སྲོལ་ལུགས་ཀྱི་རིག་གནས་གོ་དོན།

གཅིག མནའ་གན་ནི་གདོད་མའི་ཆོས་ལུགས་ཀྱི་ཆོ་ག་དང་འབྲེལ་བའི་དམངས་སྲོལ་ཞིག་ཡིན།

བཙན་པོའི་རྒྱལ་རབས་སྐབས་སུ་མནའ་གན་འཛོག་པའི་གནས་བབ་ལྟར་མཛད་སྒོ་ཆེ་ཆུང་མི་འདྲ་བ་སྣ་ཚོགས་ཡོད་པ་ཡིན། དེ་ཡང་ཏུན་ཧོང་ནས་ཐོན་པའི་ལོ་རྒྱུས་ཡིག་ཆ་ལྟར་ན་བཙན་པོའི་རྒྱལ་རབས་དུས་སུ་ཕན་ཚུན་མནའ་གན་འཛོག་དུས་རྗེ་བ་དཀར་པོ་ཞིག་ལག་ཏུ་འཆང་སྟེ་མནའ་འདོར་སྲོལ་ཡོད་པ་རེད། 《ཏུན་ཧོང་ནས་ཐོན་པའི་བོད་ཀྱི་ལོ་རྒྱུས་ཡིག་ཆ》ལས་རྒྱལ་པོ་སྲོང་བཙན་རྗེ་བློན་བདུན་དང་དབས་དབྱི་ཚབ་ཕ་སྤྱད་བདུན་བར་མནའ་གན་བཞག་པའི་གནས་ཚུལ་བཀོད་པ་ཉ་དོན་དེ་གསལ་པོར་བརྗོད་ཡོད་དེ། ཐོག་མར་དབས་དབྱི་ཚབ་ཀྱིས་བཙན་པོར་མནའ་གན་འཛོག་པའི་རེ་བ་ཞུས་པ་བཞིན་གནང་བ་ཐོབ་པས། བཙན་པོ་ལ་མོ་ཆག་པ་ཕྲུམ(དགེ་ཆོས་ཀྱིས་འཕན་ཡུལ་ཆག་ལ་ཡིན་པར་བརྗོད)དུ་ཞུས་

ཏེ་ཕྱུག་ཐབ་གསོལ་བ་དང་། སྐུ་རྟེན་དུ་ཁྲབ་བསེའ་རྣ་བཅུ་དང་ལྷོང་ཕྲོམ་གྱི་རལ་གྱི་མདོར་ཆོད་གཉིས་ཕུལ་བ་དང་། རྗེ་བློན་བདུན་དང་དབས་ཕ་སྤྱད་ཀྱིས་མནའ་བོར་བའི་རྗེས་སུ་ཡང་ཕན་ཚུན་གྱིས་སྤྲུ་བླངས་ཤིང་། སླུ་ཚིག་ཏུ་བཙན་པོས་དབས་ཕ་སྤྱད་མནའ་ལས་འདས་ཏེ་སློ་བ་རིངས་མི་ཚོག་པ་ནན་བཤད་དང་། དབས་ཀྱིས་ཀྱང་བཙན་པོའི་དྲིན་ཚོར་ཞིང་བློ་དགར་བའི་འདུན་པ་ཡོངས་སུ་མཚོན་པར་བྱས། དེ་ནས་བཙན་པོར་གཏང་རག་ཆེན་པོ་བཏང་། སྐབས་དེར“དབུ་སྙུང་གནང་བའི་གོར་མ་ཕྱུག་ཏུ་འོན་པ་ནི། །རྒྱལ་འབྲིང་ལོན་ཏོན་གྱིས་བླང་སྟེ་ཕྱུག་ཏུ་གསོལ་ནས། གོར་མ་དཀར་པོ་དངོས་ནི། དབྱི་ཚབ་ཀྱི་མཆད་པ་འི་རྨང་དུ་བརྩིགས”[24]པར་བཤད།

བཙན་པོའི་རྒྱལ་རབས་སྐབས་སུ་མནའ་སྐྱེལ་བའི་དུས་སུ་རྡོ་བ་དཀར་པོ་ལག་ཏུ་ལེན་པ་འདི་ནི་གནའ་བོའི་བོད་ཀྱི་རིག་གནས་དང་འབྲེལ་བ་ཟབ་མོ་མཆིས་པར་སྙམ་སྟེ། གླིང་སྒྲུང་དུ་ལྷ་དང་མི་ལ་བླ་རྡོ་བླ་ཤིང་། བླ་འཕྲོང་སོགས་ཡོད་པར་བཤད་པ། བོན་པོའི་ཆོས་ལུགས་སུའང་བླ་འགུགས་བྱེད་སྐབས་བླ་རྟགས་དང་བླ་རྡོ། བླ་ཤོ་སོགས་ལ་བརྟག་པ་སོགས་ལས་མིའི་བླ་ནི་སྲོག་ཆགས་དང་ཕྱི་ཡུལ་གྱི་དངོས་པོ་ཁྱད་པར་བ་གང་ཞིག་གི་སྟེང་གནས་ཡོད་པར་འདོད་ཅིང་། དེ་ད་དུང་དད་མོས་བྱ་ཡུལ་དུའང་འཛིན་གྱི་ཡོད་པ་འདི་ནི་གདོད་མའི་བོད་མི་རྣམས་ཀྱི་ཆོས་ལུགས་ཀྱི་འདུ་ཤེས་འཛིན་སྟངས་ཤིག་ཡིན། འདི་དང་ཟུང་དུ་སྦྲེལ་ནས་གཞིགས་ན་གནའ་བོའི་དུས་སུ་མནའ་སྐྱེལ་སྐབས་ལག་ཏུ་འཆང་བའི་རྡོ་བ་དཀར་པོ་དེའང་དད་མོས་བྱ་སའི་བླ་རྡོ་ཞིག་ཡིན་པར་མངོན་ཏེ། ལྷོ་པའི་དམངས་ཁྲོད་དུ་དེང་དུས་ཀྱང་བླ་རྡོ་དཔང་དུ་བཞག་ནས་བྲོ་མནའ་བོར་ཞིང་ནོར་ལུག་ཕག་གསུམ་དང་ཡང་ན་ཁྱི་མཆོད་པར་བྱས་ནས། སུ་ཞིག་མནའ་ཆིངས་དང་འགལ་ན་ལྷས་ཆད་པ་གཅོད་པ་ཡིན་ཞེས་པའི་སྲོལ[25]ཡོད་པ་དང་། ཉེ་བའི་དུས་སུ་ཁམས་དང་འབྲས་ལྗོངས་སོགས་སུའང་རྡོ་བ་ལག་ཏུ་འཆང་སྟེ་མནའ་སྐྱེལ་སྲོལ་ཡོད་པ《དེབ་དཀར》དུ་གསུང་བ་སོགས་ཡུལ་གྲུ་འགའ་རེར་གནའ་བོའི་ལུགས་སྲོལ་དེ་ད་དུང་མ་ཉམས་པར་ཡོད་པ་དེས་ཀྱང་མཚོན་ནུས་པར་སྙམ།

ཡང་མནའ་སྐྱེལ་བའི་སྐབས་ལག་ཏུ་འཆང་བའི་རྡོ་བ་དེའི་ཁ་དོག་དཀར་པོ་ཡིན་པ་ནི་གནའ་བོའི་དུས་ནས་བཟུང་བོད་མི་རིགས་ཀྱིས་ཁ་དོག་དཀར་པོ་རྩིས་ཆེན་དུ་འཛིན་པའི་འདུ་ཤེས་དང་འབྲེལ་བ་ཡོད་དེ། 《རླངས་ཀྱི་པོ་ཏི་བསེ་རུ》ལས། སྲིད་པ་གྲོལ་ཚུལ་བསྟན་པའི་སྐབས་སུ“ཕྱིའི་སྣོད་ཤུན་ལས་ལྷ་བྲག་དཀར་པོ་ཆགས། ནང་གི་སྙིང་ཆུ་ལས་དུང་མཚོ་དཀར་མོ་འཁྱིལ”ཞེས་སྲིད་པ་ཆགས་པའི་དུས་སུ་ཐོག་མར་ཁ་དོག་དཀར་པོ་ཅན་གྱི་ལྷ་བྲག་དང་མཚོ་མོ་བྱུང་བར་བརྗོད་པ་དང་། བོན་གཞུང་དུ་ཡང་འབྱུང་བ་ལྔ་ཡི་བཅུད་ལས་འོད་ཀྱི་སྒོ་ང་དང་མུན་པའི་སྒོ་ང་གཉིས་བྱུང་ཞིང་། སྒོ་ང་དེ་གཉིས་སོ་སོ་ལས་ཁྲི་རྒྱལ་ཁུག་པའི་སྤྲུལ་པ་སྲིད་པ་སངས་པོ་འབུམ་ཁྲི་བྱ་བ་ལྷ་ལས་མིར་སྤྲུལ་ཏེ། དུང་གི་མི་ཕོ་ལ

གཡུ་ཡི་དབུ་སྐྲ་ལྡན་པ་ཞིག་བྱུང་བ་དེ་ནི་ཡོད་ཅིང་གང་བ་དང་། དཀར་ཞིང་དགེ་བར་སྤྱོད་པའི་རྒྱལ་པོ་ཡིན་པ་དང་། མུན་པ་ཟེར་ལྡན་ནག་པོ་ཟེར་བ། འོད་ཀྱི་མི་ཕོ་ནག་པོ་ཞིག་བྱུང་བ་དེ་ནི་མེད་ཅིང་སྟོངས་པ་དང་ཆད་ཅིག་བརླག་པར་དགའ་བའི་རྒྱལ་པོ་ཡིན་པར་བཤད་པ་དང་འགོ་བའི་ལྷ་ལྔ་སོགས་ལྷ་རིགས་མང་པོ་ཞིག་གི་སྐུ་མདོག་ཀྱང་དཀར་པོ་ཡིན་པར་བརྗོད་པ་སོགས་གནའ་བོའི་དུས་ནས་བཟུང་བོད་མི་རྣམས་ཀྱིས་ཁ་དོག་དཀར་ནག་གཉིས་ནི་སོ་སོར་ལྷ་བདུད་གཉིས་དང་དགེ་སྡིག་གཉིས། བཟང་ངན་གཉིས་ཀྱི་མཚོན་བྱེད་དུ་འཛིན་གྱི་ཡོད། དེ་བས་ཁ་དོག་དཀར་པོ་ནི་བཀྲ་ཤིས་པའི་མདོག་ཅིག་ཏུ་བརྩི་བའང་རྟོགས་ཐུབ།

དེས་ན་གནའ་བོའི་དུས་སུ་ཕན་ཚུན་བར་མནའ་གན་འཛུག་དུས་སུ་ལག་ཏུ་རྡོ་བ་འཆང་བ་འདིར་རྒྱུ་རྐྱེན་གཉིས་ཡོད་པར་འདོད་དེ། ཟླ་རྡོ་དཔང་དུ་བཞག་ནས་མནའ་དང་འགལ་མི་ཐུབ་པར་བྱས་པ་དང་གཅིག མནའ་སྐྱེལ་མཁན་ཕན་ཚུན་གྱི་བསམ་པ་དཀར་ཞིང་དྲང་བ་དང་བློ་བརྟན་འགྱུར་མེད་ཡིན་པ་མཚོན་པ་དང་གཉིས་སོ། །

གཞན་ཡང་བཙན་པོའི་རྒྱལ་རབས་དུས་ཀྱི་མནའ་གན་མཛད་སྒོའི་སྐབས་སུ་མནའ་འདོར་ཚེ་མི་རྣམས་ཀྱིས་སྲོག་ཆགས་བསད་དེ་ཁྲག་དྲོན་གསོལ་ཞིང་། ཉི་ཟླ་གཟའ་སྐར་དང་གནམ་སའི་ལྷ་རྣམས་དཔང་དུ་བཞག་ནས་མནའ་འདོར་བའི་སྲོལ་ཡོད་པ་འདི་ནི་སྐབས་དེར་ཁྱབ་ཆེ་བའི་མནའ་འདོར་སྲོལ་ཞིག་ཡིན། དེ་ཡང《ཐང་ཡིག་གསར་རྙིང་ལས་བྱུང་བའི་བོད་ཆེན་པོའི་སྲིད་ལུགས》སུ་བཙན་པོ་ཁྲི་བཙུག་ལྡེ་བཙན་སྐབས་ཀྱི་བོད་ཐང་མཇལ་དུམ་གྱི་མཛད་སྒོ་ཞིབ་ཏུ་བཀོད་པ་འདི་ལྟ་སྟེ། "མཇམ་དུམ་བྱེད་སའི་སྟེགས་བུ་དེའི་ཞེང་ལ་གོམ་པ་བཅུ། དཔངས་ལ་ཁྲུ་དོ་ཙམ་འདུག ཐང་གི་ཕོ་ཉ་བ་དང་སྟོད་ཀྱི་བློན་ཆེན་བཅུ་ལྷག་ཁ་སྦྲོད་དུ་བསྡད། སྟེགས་བུའི་ཐོག་ཏུ་ཁྲི་ཆེན་པོ་ཞིག་བཀྲམ་པ་དང་། བན་དེ་ཆེན་པོ་དེའི་སྟེང་དུ་སོང་ནས་བཀའ་གཙིགས་བསྒྲགས་པ་དང་། གཞན་ཞིག་གིས་ལོ་ཙཱ་བྱེད། མཇལ་དུམ་གྱི་སྐབས་སུ། བན་དེ་ཆེན་པོ་མ་གཏོགས་གཞན་རྣམས་ཀྱིས་ཁྲག་གི་བཏུང་བ་བྱེད"[26]ཅེས་བཀོད་ཡོད།

རང་རེའི་བོད་ཀྱི་ལོ་རྒྱུས་ཡིག་ཚང་རྣམས་སུ་མནའ་འདོར་སྐབས་སྲོག་ཆགས་བསད་དེ་ཁྲག་དྲོན་གསོལ་བའི་སྲོལ་འདི་འདྲ་ཞིབ་ཏུ་བཀོད་པ་མ་མཐོང་ཡང་། འོན་ཀྱང་ལོ་རྒྱུས་སྙན་རྩོམ་རིང་མོ《གེ་སར་རྒྱལ་པོའི་སྒྲུང》དུ་མནའ་འདོར་སྲོལ་འདི་འདྲའི་རིགས་མཐོང་རྒྱུ་ཡོད་པ་ལས་ང་ཚོས་མནའ་གན་མཛད་སྒོ་འདི་རིགས་ལ་ཤེས་རྟོགས་ལེགས་པོ་བྱེད་ཐུབ་པས་དཔེ་མཚོན་ཙམ་དུ་དྲངས་ན། 《ཁ་ཆེའི་གཡུ་རྫོང》དུ། "རི་རྩིབས་དེར་འབྲོང་ཁྱུ་ཞིག་འགྲོ་བ་མཐོང་ནས། རྡོ་རྡོད་སྒྲོག་འགྱུ་བ་བཞིན་ཆས་ནས་འབྲོང་གྲུས་བཞི་ཞིག་གི་རྭ་ནས་བཟུང་སྟེ་ཀླད་ལ་ལན་གསུམ་བསྐོར་ནས་རྡོ་ལ་བརྡབས་ཤིང་བསད་ནས་ཁྲིར་བྱུང་བའི་རོ་དེ་ལག་བདེ་འགའ་ཞིག་གིས་བཤས་ནས། ཁྲོ་ཐུང་དང་། ཁ་ཆེའི་དཔོན་བློན་རྣམས་

གྱིས་ཤ་དམར་ཁམ་གསུམ་མཉམ་ཟ་བྱས། ཁྲག་དམར་ལ་རྦུབ་གསུམ་མཉམ་འཐུང་བྱས། རྐྱ་མས་ལག་མགོ་མཉམ་སྒྲིལ་བྱས། ཀོ་དམར་སྟེང་དུ་མཉམ་རྫི་བཅས་མནའ་ཐང་དགུ་ལ་བཞག"[27]ཅེས་པ་ལྟར་ཡིན་ལ། གཞན་ཡང་ཉེ་བའི་དུས་སུ་ཁམས་ཕྱོགས་སུ་མི་སྡེ་དང་མི་སྡེའི་བར་མནའ་འཛོག་གལ་ཆེའི་རིགས་བྱེད་དགོས་ཚེ། "ཀོ་དམར་ཁྲག་རྫི"ཞེས་ཡུལ་སྡེའམ་ཤོག་ཁག་ཕན་ཚུན་གྱི་རྒན་པོ་རྣམས་གནས་ཤིག་ཏུ་ལྷན་ཅིག་ཏུ་འདུས་ཏེ། གཡག་གི་ཀོ་བ་རློན་པ་ཁྲག་དམར་དང་བཅས་པ་ཞིག་གདན་བཞིན་བཏིང་བའི་སྟེང་རྐང་པ་རྫེན་པས་མཉམ་དུ་བརྫི་བཞིན་ལག་གཡས་ཀྱི་མཛུབ་མོ་རྣམས་ལྕགས་ཀྱུ་ལྟར་བཀུག་པ་ཕན་ཚུན་བསྙོལ་ནས་ཡུལ་སྡེ་སོ་སོའི་ཡུལ་ལྷ་གཞི་བདག་རྣམས་དཔང་དུ་བཞག་སྟེ་མནའ་སྐྱེལ་སྲོལ་ཡོད་པ[28] གོང་གི་གླིང་སྒྲུང་ནང་གི་མནའ་འདོར་བའི་སྲོལ་དང་ཅུང་འདྲ་བ་དང་། ཡང་ཁྲིམས་ཡིག་ཞལ་ལྕེ་བཅུ་གསུམ་གྱི་དོན་ཚན་དགུ་པ་བསྐྱོན་ཏམ་མནའ་དག་གི་ཞལ་ལྕེ་ཏུ་མནའ་སྐྱེལ་དུས"ལུས་གཅེར་བུ་བྱས། ཀོ་དམར་གདན་དུ་བཏིང་། ཐང་ལ་གྲོད་པ་ཁྲག་གིས་བཀང་ནས་ཁྲག་གིས་ཞལ་ཞལ་ཡོང་བ་བྱས་ན་རྣམ་རྟོག་གི་རྗེས་སུ་འབྲངས་ནས་མནའི་ཉེས་པ་ཡོང་བ"[29]བྱེད་པ་སོགས་དུས་ཕྱིས་ཀྱི་མནའ་འདོར་སྲོལ་འདི་དག་ཀྱང་གནའ་བོའི་མནའ་འདོར་བའི་སྲོལ་ལུགས་ཀྱི་འཕེལ་འགྱུར་ཞིག་ཡིན་པ་རྟོགས་ཐུབ།

གོང་དུ་བརྗོད་ཟིན་པའི་བཙན་པོའི་དུས་སུ་མནའ་གན་མཛད་སྒོའི་ཆེ་ཆུང་ལ་བལྟོས་ནས་སྲོག་ཆགས་ཆེ་ཆུང་རིགས་མི་འདྲ་བ་གསུམ་རེ་གསོད་པ་དེ་ནི་བོད་མི་རིགས་སྤྱིའི་གནའ་བོའི་སྲོལ་ལུགས་ཤིག་ཡིན་ཏེ། 《ཐང་ཡིག་གསར་རྙིང་ལས་བྱུང་བའི་བོད་ཆེན་པོའི་སྲིད་ལུགས》སུ། "རྫོང་གྱི་ཕོ་ཉ་ན་རེ། རྫོང་གྱི་ལུགས་ལ་མནའ་དོར་དུས་སུ་སྲོག་ཆགས་རིགས་གསུམ་གྱི་ཁྲག་ཟྭན་གསོལ་བ་ལས། དགོན་པར་འགྲོ་སྲོལ་མེད"[30]ཅེས་བཀོད་ཡོད་པ་དང་། སྔོ་པའི་ལུགས་སུ་མནའ་སྐྱེལ་བའི་སྐབས་ནོར་ལུག་ཕག་གསུམ་མཆོད་པ་སོགས་ཀྱིས་མཚོན་ནུས་པ་ཡིན།

མནའ་གན་མཛད་སྒོའི་སྐབས་སྲོག་ཆགས་གསོད་པའི་སྲོལ་ལུགས་འདི་ཡང་བོད་ཀྱི་གདོད་མའི་རིག་གནས་དང་འབྲེལ་བ་དམ་པོར་མཆིས་ཏེ། ཀུན་གྱིས་ཤེས་གསལ་ལྟར། བོན་ཆོས་ནི་བོད་ཀྱི་གདོད་མའི་ཆོས་ལུགས་ཤིག་ཡིན་ལ། ནང་ཆོས་བོད་དུ་མ་དར་བའི་ཡར་སྔོན་དུ་བོད་ཀྱི་ཚོ་པ་རྣམས་ཀྱི་དད་མོས་བྱ་ཡུལ་ནི་བོན་ཆོས་ཡིན། དེ་ནི་མི་རིགས་གཞན་གྱི་གདོད་མའི་ཆོས་ལུགས་དང་འདྲ་བར་ལྷ་མང་གི་ཆོས་ལུགས་ཤིག་ཡིན། བོན་པོ་ཆོས་རྒྱུན་དུ་གནམ་སའི་ལྷ་རྣམས་ལ་གསོལ་མཆོད་བྱ་སྟངས་ནི་ཁྱད་པར་བ་ཞིག་སྟེ། སྲོག་ཆགས་མང་པོ་ལྷན་ཅིག་ཏུ་བསད་ནས་དམར་མཆོད་བྱེད་པ་རེད།

དེ་ཡང《མཁའ་འགྲོ་ཡེ་ཤེས་མཚོ་རྒྱལ་གྱི་རྣམ་ཐར》དུ་བོན་པོ་རྣམས་ཀྱིས"སྟོན་ཤ་པོ་ཏྲ་རྐྱང་ཁྱེ་དམར་སྟོང་མཆོད༔ དཔྱིད་ཡུ་མོའི་བྱིན་བྲིག༔ སྲོག་སླུད་སྲུས་འབྱེད༔ དགུན་བོན་ལྷ་དམར་མཆོད༔"སོགས་བོན་པོ་རྣམས་ཀྱི་ཚད་མི་འདྲ་བའི་དམར་མཆོད་བྱ་སྟངས་འདི་རིགས་རྒྱལ་པོ་ཁྲི་སྲོང་

ལྡེ་བཙན་གྱིས་བོན་ཆོས་བྱ་མི་ཆོག་པའི་ཁྲིམས་མ་བཅོས་པའི་གོང་བར་དུ་བོད་ཁམས་སུ་རྒྱ་ཆེར་དར་བར་མངོན། ཕྱིས་སུ་རྒྱལ་པོ་ཁྲི་གཙུག་ལྡེ་བཙན་གྱི་སྐུ་རིང་དུ་བོད་ཐང་མཇལ་དུམ་སྐབས་སུའང་སྲོག་ཆགས་བསད་དེ་མནའ་འདོར་གྱི་ཡོད་པ་དེ་ལས་ནང་བསྟན་བོད་དུ་རྒྱ་ཆེར་དར་བའི་དུས་སུའང་བོན་གྱི་ཆོ་ག་འདི་རིགས་ཚད་མི་འདྲ་བའི་སྒོ་ནས་རྒྱུན་འཛིན་བྱས་ཡོད་པ་ཤེས་ཐུབ། བོད་ནི་གདོད་མའི་དུས་ནས་བཟུང་འབྲོག་ལས་ལ་བརྟེན་པའི་མི་རིགས་ཤིག་ཡིན་ལ། ནོར་ཕྱུགས་ནི་མི་རྣམས་ཀྱི་འཚོ་རྟེན་གཙོ་བོར་གྱུར་ཡོད་པས། དུས་སྐབས་དེར་ནོར་ཕྱུགས་ཀྱི་ཤ་ཁྲག་གིས་མི་རྣམས་ཀྱི་སྐྱབས་གནས་སུ་འཛིན་པའི་ལྷ་ལ་མཆོད་པ་དང་། གནོད་པའི་འབྱུང་རྩར་གྱུར་པའི་འདྲེ་ལ་རྒྱགས་རྫན་བྱེད་པ་ནི་སྤྱི་ཚོགས་ཀྱི་དོན་དངོས་དང་འཚམ་པ་ཞིག་ཡིན། དེང་གི་དུས་སུའང་བོད་ཀྱི་ཡུལ་གྲུ་མང་པོ་ཞིག་ན་ད་དུང་དམར་མཆོད་བྱ་སྲོལ་ཡོད་པ་འདི་ལས། བཙན་པོ་ཁྲི་སྲོང་གིས་བོན་ཆོས་བྱ་མི་ཆོག་པའི་ཁྲིམས་བཅས་ནའང་དམར་མཆོད་བྱེད་པའི་ཆོ་ག་འདི་སྔར་ནས་དམངས་སྲོལ་ཅན་དུ་གྱུར་ཡོད་པས་དེ་མངོན་གསལ་དོད་པའི་ཤུགས་ཆུང་དུ་སོང་བ་ཙམ་ལས་རྒྱུན་གཅོད་མ་ཐུབ་པར་མངོན། གོང་དུ་བརྗོད་པའི་གནས་ཚུལ་འདི་དག་ལས་བཙན་པོའི་རྒྱལ་རབས་སྐབས་སུ་མནའ་གན་མཛད་སྒོའི་དུས་སུ་སྲོག་ཆགས་གསོད་པ་ནི་ཆ་རྐྱེན་མེད་དུ་མི་རུང་བ་ཞིག་ཡིན་པ་ཤེས་ཐུབ་ཅིང་། མདོར་དྲིལ་ན་དེ་ལའང་རྒྱུ་རྐྱེན་གཉིས་ཡོད་པར་འདོད་དེ། 1.སྲོག་ཆགས་གསོད་པ་ནི་མནའ་དཔང་དུ་བཞག་པའི་གནམ་སའི་ལྷ་རྣམས་ལ་མཆོད་འབུལ་བྱས་པ་ཞིག་ཡིན། 2.རྣམ་རྟོག་གི་རྗེས་སུ་འབྲངས་ནས་མནའ་དང་འགལ་བར་མི་བྱེད་པའི་ཐབས་ཤིག་ཡིན།

མདོར་ན་མནའ་གན་འཛོག་པའི་དུས་སུ་རྗེ་དཀར་པོ་ཞིག་ལག་ཏུ་ལེན་པ་དང་། སྲོག་ཆགས་གསོད་པ་སོགས་ནི་གདོད་མའི་ཆོས་ལུགས་ཀྱི་ཆོ་ག་ཞིག་ཡིན་ལ། སྐབས་དེར་བོད་ཀྱི་དམངས་ཁྲོད་དུ་དར་བའི་སྲོལ་ལུགས་ཤིག་ཀྱང་རེད།

གཉིས། མནའ་གན་ནི་རང་བཞིན་གྱིས་ཆགས་པའི་གོམས་འདྲིས་ཁྲིམས་སྲོལ་ཞིག་ཡིན།

གདོད་མའི་དུས་སུ་ཀུན་སྤྱོད་ཀྱི་གཞུང་ལུགས་ཤིག་གྲུབ་མེད་ནའང་། ཐུན་མོང་གི་ཀུན་སྤྱོད་ཚད་གཞི་ཡོད་པ་དང་། ཀུན་སྤྱོད་ཚད་གཞི་འདི་དག་ནི་གདོད་མའི་མིའི་རིགས་ཀྱི་ཡུན་རིང་གི་ལོ་རྒྱུས་འཕེལ་རིམ་ཁྲོད་རང་བཞིན་གྱིས་གྲུབ་པའི་ཡི་གེར་བཀོད་མེད་པའི་གོམས་འདྲིས་ཁྲིམས་སྲོལ་ཡིན[31]པ་བཞིན། མནའ་བཅའ་བ་ཡང་གནའ་སྔ་མོའི་དུས་ནས་མི་རྣམས་ཀྱིས་ཀུན་སྤྱོད་ཚད་གཞི་ཞིག་ཏུ་བཅའ་བ་དང་བོད་ཀྱི་སྤྱི་ཚོགས་འཕེལ་རིམ་རིང་མོའི་ཁྲོད་རིམ་གྱིས་གོམས་འདྲིས་ཁྲིམས་སྲོལ་ཞིག་ཏུ་གྱུར་ཡོད།

བཙན་པོའི་རྒྱལ་རབས་དུས་སུ་ཞལ་ལྕེ་རྣམ་པ་ལྔའི་གྲས་སུ"སྔོན་རྫོན་དཀར་མིའི་ཞལ་ལྕེ"ཞེས་པ་མི་ངན་བསྙོན་ཏམ་བྱེད་པའི་རིགས་ལ་མནའ་སྐོག་པ་དང་། ཕྱིས་ཀྱི་ཏཱ་སི་ཏུ་བྱང་ཆུབ་རྒྱལ་མཚན་དུས་ཀྱི《ཁྲིམས་ཡིག་ཞལ་ལྕེ་བཅོ་ལྔ》དང་གཙང་པ་སྡེ་སྲིད་དུས་ཀྱི《ཁྲིམས་ཡིག་ཞལ་ལྕེ་བཅུ་དྲུག》རྒྱལ་

དབང་ལྔ་པའི་དུས་ཀྱི《ཁྲིམས་ཡིག་ཞལ་ལྕེ་བཅུ་གསུམ》སོགས་ཁྲིམས་ཡིག་རྣམས་སུ་ཡང"བསྐོན་ཧམ་མནའ་དག་གི་ཞལ་ལྕེ"ཞེས་ཡིན་མིན་བསྐོན་བྱུང་བ་ལ་མནའ་བྱེད་དགོས་པར་བཅས་ཡོད་པ་རེད། སྤྱིར་གནའ་བོའི་ཁྲིམས་ལུགས་མང་པོ་ཞིག་ནི་གོམས་འདྲིས་ཁྲིམས་སྲོལ་གྱི་རྨང་གཞིའི་སྟེང་བྱུང་བ་ཡིན་ཏེ། གཙང་པ་སྡེ་སྲིད་དུས་སུ་སྲིལ་སར་བས་ཁྲིམས་ཡིག་འབྲི་ཕྱིར་དབུས་གཙང་དང་ཧོར་སོག ལྷོ་མོན་སོགས་ཡུལ་གང་སར་ཕྱིན་ཏེ། ས་གནས་སོ་སོའི་ལུགས་སྲོལ་དང་ཡུལ་ཁྲིམས་སོགས་ལ་རྟོག་དཔྱོད་བགྱིས་པ་དང་། 《ཁྲིམས་ཡིག་ཞལ་ལྕེ་བཅུ་དྲུག》ཏུ་ཡང་། "རྒྱལ་པོའི་ཁྲིམས་ཀྱི་ཁྲིམས་ཡིག་ཆེན་མོ་གཞིར་བཞག ཡུལ་ཁྲིམས་ལ་དཔེར་བླངས། རང་ཁྲིམས་ཡིན་ལུགས་གཙུ་ལེའུ་བསྒྲིགས་ནས་ཞལ་ལྕེ་ཆེན་མོ་བཅུ་དྲུག་གིས་གཏན་ལ་ཕབ"[32]ཅེས་བཀོད་པ་ལྟར་ཡིན། དེའི་དམིགས་ཡུལ་ནི་གཅིག་གྱུར་བྱས་མ་ཐག་པའི་ཁྲིམས་ཡིག་གསར་པ་དེ་ཡུལ་ཁྲིམས་དང་ཆེས་ཆེར་ཉེ་བར་བྱས་ཏེ་ས་གནས་སོ་སོར་གཅིག་གྱུར་གྱིས་ལག་བསྟར་བྱེད་བདེ་བྱས་པ་ཞིག་རེད་སྙམ།

"བསྐོན་ཧམ་མནའ་དག་གི་ཞལ་ལྕེ"འདི་ནི་བོད་ཀྱི་གཏམ་དཔེར"བསྐོན་ཅན་ལ་མནའ། ཀྱོད་ཅན་ལ་གཟུ"ཞེས་དང་། ཡང"དྲི་མ་འབྲུད་པ་ལ་ཆུ། མི་སྙིང་འབྲུད་པ་ལ་མནའ"ཞེས་ཡིན་མིན་གྱི་བསྐོན་བྱུང་སྐབས་མི་དག་པར་དོགས་པ་བྱུང་ན་མནའ་སྐྱོག་པའི་སྲོལ་ཡོད་པ་དེ་ཡི་གེར་ཕབ་པ་ཞིག་ཡིན། དེས་ན་ཡིན་མིན་བསྐོན་བྱུང་བ་ལ་ཤན་འབྱེད་ཀྱི་མནའ་སྐྱོག་པའི་དུས་སུ་ཐོག་མར་དཀར་མིའམ་བར་མི་མནའ་སྐྱེལ་མཁན་བསྡུ་དགོས་པ་ཡིན་ཏེ། 《ཏུན་ཧོང་ནས་ཐོན་པའི་བོད་ཡིག་ཤོག་དྲིལ》དུ། "གཙང་དཀར་བཅུ་གཉིས་དང་ཕོ་ན་བདག་དང་བཅུ་གསུམ་བྲོ་སྟུལ་དོ"ཞེས་བཙན་པོའི་རྒྱལ་རབས་དུས་སུ་དཀར་མི་བཅུ་གཉིས་རེ་མནའ་སྐྱེལ་བར་ཞུགས་དགོས་པ་དང་། ཕྱིས་ཀྱི《ཁྲིམས་ཡིག་ཞལ་ལྕེ་བཅོ་ལྔ》སོགས་སུ"དཀར་མི་རྒྱུས་དཀར་གཅིག དགྲ་དཀར་གཅིག གཉེན་དཀར་གཅིག ཟུར་དཀར་གཅིག་དང་བཞི་དགོས"པར་བཤད་ཡོད། དཀར་མི་མེད་ན་བསྐོན་བྱེད་མཁན་ཕོ་རང་གཅིག་པུ་དང་མནའ་ཡ་ཡོད་ན་གཉིས་ཀར་མནའ་སྐྱོག་པ་རེད།

དཀར་མི་བསྡུ་བ་ལ་སྤང་བྱ་བཞི་འདོར་དགོས་ཏེ། ༡."གསེར་བྱ་དང་པ་རྐྱི་ལ་མ་འཛིན"ཞེས་བཙུན་པ་ཡུལ་གཞན་པ་ཡིན། མནའ་བཙུན་པས་སྤང་བྱ་ཡིན་པས་བཙུན་པ་མནའ་མིར་མི་བསྡུ། ༢."གཡུ་ཆུང་དྲུག་དམར་སྣར་ལ་མི་རྒྱུ"ཞེས་བྱིས་པ་རྣམ་དབྱེ་མ་ཕྱེས་པས་མནའི་ཉེས་པ་དང་སྤང་བླང་མི་གོ་བས་མནའ་མིར་མི་བསྡུ། ༣."ཁྱི་མོ་ཚང་མར་དབྱུག་པ་མ་འཕྱུར"ཞེས་བུད་མེད་ཀྱིས་རང་གི་མཛའ་བོ་དང་ཕྲུ་གུའི་ཆེད་མནའ་ཟ་བས་མནའ་མིར་མི་བསྡུ། ༤."དུག་སྦྲུལ་ནག་པོ་ཐུར་ལ་མ་རྒྱུགས"ཞེས་སྡིགས་པ་ནུས་པ་ཅན་གྱིས་ཐབས་རྟེན་འབྲེལ་གྱི་སྒོ་ནས་མནའི་ཉེས་པ་སེལ་བས་མནའ་མིར་མི་བསྡུ་བ་བཅས་ཡིན།

དཀར་མིའི་འོས་ནི། མི་དོན་གཉིས་ཀ་ཤེས་ཤིང་ཧ་གོ་བ། གཏན་ཚིགས་ཆེ་བ། དྲང་ཞིང་ཚད་མར་

གནས་པ། ལས་རྒྱུ་འབྲས་རྩི་བ་ཞིག་ཡིན་དགོས།

མནའ་དཔང་ནི་ཉི་ཟླ་གཟའ་སྐར་རྣམས་སམ། ཡང་ན"ལྷ་དཔང་འདས་མ་འོངས་ད་ལྟ་དུས་གསུམ་གྱི་བདེན་རྫུན་གཟིགས་པའི་ཡེ་ཤེས་ཀྱི་སྤྱན་དང་ལྡན་པ་ཞིག་དང་། དེ་ཁའི་རྗེས་སུ་གཙོད་ཅིང་ཡིན་མིན་གྱི་ཆད་པ་མྱུར་དུ་འབེབས་པར་འཇིག་རྟེན་གྱི་ལྷ་དྲག་རྩལ་ཆེ་བ་དང་། མནའ་སྐྱེལ་མཁན་རང་གི་ཕོ་ལྷ་སོགས་དཔང་དུ་བཙུགས་ནས་མནའ་བྱེད"[33]དགོས་པ་ཡིན།

མནའ་ཇི་ལྟར་སྐྱེལ་ཚུལ་ནི《ཏུན་ཧོང་ནས་ཐོན་པའི་གནའ་བོའི་བོད་ཡིག་ཤོག་དྲིལ》དུ། "རྒྱལ་འབངས་གཡུང་འཚལད། དང་ཞང་ལོན་དང་དམངས་ཀྱི་བྲན་རྐྱ་ལ་གཏོགས་པ་དང་། ལྷོ་བལ་གྱི་བརྩོན་ཡན་ཆད་ཞིག་། ལ:ཞང་ལོན་ཟངས་ཀྱི་ཡི་གེ་མན་ཅད་དང་། སྟོང་མ་མཉམ་པ་གཅིག་གིས་། རོ་དགས་ལ་སྤྱོགས་པ་ལ:། མདའས་ཧུལ་བས་ཕོག་དང་། གུམ་ཡང་རུང་མ་གུམ་ཡང་རུང་། ཁོན་མཆིས་ཏེ་ཆེད་ཀར་འཕངས་རེ་ཅེས། གཙང་དཀར་བཅུ་གཉིས་ཁོ་ན་བདག་དང་བཅུ་གསུམ་བྲོ་སྦྱལ་དོ"[34]ཞེས་པ་ལས་བཙན་པོའི་རྒྱལ་རབས་སྐབས་ཀྱི་མནའ་སྐྱེལ་ཚུལ་རགས་ཙམ་ངེས་ཐུབ་ལ། ཞིབ་ཏུ་ནི་ཕྱིས་ཀྱི《ཁྲིམས་ཡིག་ཞལ་ལྕེ་བཅུ་དྲུག》སོགས་ལས་གསལ་པོར་ཤེས་ཐུབ་སྟེ། དེ་ཡང"ལུས་གཅེར་བུ་བྱས་ལ་ཀོ་དམར་གདན་དུ་བཏིངས། བྲང་ལ་གྲོད་པ་ཁྲག་གིས་བཀང་ནས་ཞལ་ཞལ་ཡོང་བར་བྱས་ན་རྣམ་རྟོག་གི་རྗེས་སུ་འབྲངས་ནས་མནའི་ཉེས་པ་ཡོང་བ་སོགས་དེས་མཚུངས་ཤིང"ཞེས་པ་དང་། ཡང་ན་མནའ་པ་མགོན་ཁང་དང་གཞི་བདག་གཉན་པ། རྒྱལ་པོའི་དགོར་ཁང་སོགས་སུ་ཁྲིད་ལ། སྨྲ་བསྒྲིལ་བ་དང་། གྲི་བསྣུད་བ། སྟོད་གོས་འཛོག་པ། ལུས་ཀྱི་སྟོད་གཅེར་བུ་བྱས། གསེར་སྐྱེམས་བཏང་ཞིང་བདེན་པ་བརྗར། དཀར་མི་ཡོད་ན་ལག་གདང་བྱས། རི་ཚིག་བརྗོད་དེ་མནའ་སྐྱེལ་བ་ཡིན། སྐབས་ལ་ལར་ཇོ་བྱེད་པ་དང་སྒྱུམ་བསྐོལ་བའམ་འདམ་ཚུ་བསྐོལ་ཏེ་རྡེའུ་འདོན་པ་སོགས་བྱེད་དགོས་ཚེ་རི་ཚིག་གི་སྙིང་དུ"ད་ལམ་གྱི་ཇོ་བཀྱུས་འདི་བདེན་པ་གཏན་ཚིགས་ཀྱི་སྒོ་ནས་ཕྱུངས་པ་མ་གཏོགས། ཐབས་རྟེན་འབྲེལ་གྱི་སྒོ་ནས་ཕྱུངས་པ་ཡིན་རེ"[35]ཞེས་མནའ་བསྐྱལ་དུ་བཅུག་སྟེ་བདེན་རྫུན་ཤན་འབྱེད་བྱེད་པ་ཡིན།

གཞན་མནའ་སྐྱེལ་བའི་སྐབས་སུ་བསྣུད་བ་ཟབ་མོ་མན་ངག་སོགས་དང་ཆས་སོགས་ལ་བརྟེན་ནས་མནའ་ཐོན་པར་འགྲོ་བའང་ཡོད་པས། གཏམ་དཔེར"མནའ་སྐོག་སྲིན་པོ་འདྲ། མནའ་སྐྱེལ་བག་མ་འདྲ"ཞེས་པ་ལྟར་ཁྲིམས་པའམ་བར་བ་ནི་བཙན་ཞིང་ཚད་མར་གནས་པ་ཞིག་ཡིན་དགོས་ལ། "མནའ་ཟར་འཇུག་པ་དང་མནའ་ཟུར་ཕོག་པའི་ཚིག་ཉོག་ལྷད་ཅན"མེད་པར་གཙང་མར་སྐྱེལ་དུ་འཇུག་དགོས་པ་ཡིན།

བོད་ཁུལ་དུ་དུས་རབས་ཉི་ཤུ་པའི་དུས་སྟོད་དུའང་དཀར་ནག་ཤན་འབྱེད་ཀྱི་ཀྲོད་གཞིའི་རིགས་ཡིན་ཚེ་ཀྲོད་གཞི་ཆེ་འབྲིང་ཆུང་གསུམ་ཕལ་ཆེར་ལ་མནའ་སྐོག་པའི་སྲོལ་འདི་ལག་བསྟར་བྱེད་ཀྱི་ཡོད་

པ་ཐོབ་མྱོང་ལ། དེང་གི་དུས་སུའང་བོད་ཀྱི་ས་ཁུལ་མང་པོར་རྐུ་བྱས་པ་སོགས་སྐྱོད་གཞི་ཆུང་གྲས་ཀྱི་རིགས་ལ་དམངས་ཁྲོད་དུ་ཡིན་མིན་ཤན་འབྱེད་དུ་ཕ་མ་དང་ཆོས་དཔེ་སོགས་དཔང་དུ་བཞག་སྟེ་མནའ་སྐྱེལ་བ་དང་ཐ་ན་ཆོས་སྐྱོང་དང་གཞི་བདག་ཁང་སོགས་སུ་མནའ་སྐྱེལ་དུ་འགྲོ་བ་སོགས་གནའ་བོའི་མནའ་སྒྲོག་པའི་ཤུལ་རྒྱུན་ལུས་ཡོད་པ་ཡིན། མདོར་ན་མནའ་གན་གྱི་གོམས་འདྲིས་ཁྲིམས་སྲོལ་འདིས་ནི་གནའ་བོའི་དུས་ནས་ད་ལྟའི་བར་སྤྱི་ཚོགས་སྟེང་གི་འབྲེལ་བ་སྣ་ཚོགས་ཤིག་སྒྲོམས་སྒྲིག་དང་གཏན་འཇགས་ཐད་ནུས་པ་ཁྱད་པར་བ་ཞིག་ཐོན་ཡོད་དོ། །

མཇུག་བསྡུ་བའི་གཏམ།

མནའ་གན་སྲོལ་ལུགས་ནི་བཙན་པོའི་རྒྱལ་རབས་དུས་སུ་ཕྱི་ནང་གཉིས་ཆར་སྤྱོད་པའི་ཆབ་སྲིད་ཐབས་ཇུས་གལ་ཆེན་ཞིག་ཏུ་གྱུར་ཡོད། དེས་ཕྱི་ཕྱོགས་སུ་རྒྱལ་ཁབ་བར་དང་མི་རིགས་བར་གྱི་འགལ་བ་འདུམ་སྒྲིག་དང་ཞོད་འཇགས་སུ་གཏོང་བར་ནུས་པ་ཐོན་པ་མ་ཟད། ཕྱི་འབྲེལ་དོན་རྐྱེན་རེ་འགའི་ཐད་དུ་དམག་དོན་ལས་ལྷག་པའི་ནུས་པ་ཐོན་ཡོད་པས། སྐབས་དེའི་ཉེ་འབྲེལ་རྒྱལ་ཁབ་བར་འབྲེལ་བ་འཛུགས་པའི་ཆབ་སྲིད་བྱེད་ཐབས་གཙོ་ཤོས་ཤིག་རེད། ནང་ཁུལ་དུ་རྒྱལ་བློན་བར་གྱི་མཐུན་སྒྲིལ་ཇེ་ཟབ་ཏུ་བཏང་སྟེ་ཆབ་སྲིད་སྒྲིག་གཞི་བརྟན་ཆགས་དང་སྟོབས་ཤུགས་གཅིག་སྒྲིལ། གྲོས་ཆོད་གཅིག་མཐུན། སྤྱི་ཚོགས་བདེ་འཇགས་ཡོང་བ་སོགས་ཀྱི་ཐད་ལའང་བྱེད་ནུས་མི་དམན་པ་ཐོན་པས་ནང་ཁུལ་དུ་སྤྱོད་པའི་ཆབ་སྲིད་ཐབས་ཤེས་ཤིག་ཀྱང་རེད། དེ་ནི་སྐབས་དེའི་སྤྱི་ཚོགས་ཁྲོད་མཆོག་དམན་བར་གསུམ་གྱིས་བརྩི་བསྲུང་བྱེད་པའི་ཐུན་མོང་གི་ཀུན་སྤྱོད་ཚད་གཞི་ཞིག་ཏུ་གྱུར་ཡོད་པ་དང་། ད་དུང་སྤྱི་ཚོགས་སྟེང་གི་འབྲེལ་བ་སྣ་ཚོགས་དང་སྤྱོད་ལམ་ཚད་ལྡན་སྲུང་འཛིན་གྱི་བྱེད་ནུས་ལྡན་པས། སྐབས་དེའི་དབང་སྒྱུར་གྲལ་རིམ་གྱིས་དེ་ཆབ་སྲིད་བྱེད་ཐབས་གཙོ་བོ་ཞིག་ཏུ་བརྩིས་ཏེ་བེད་སྤྱོད་བྱས་པ་ཞིག་རེད།

དེ་ལྟར་རང་བློས་ལྷོགས་ཚོད་ཀྱིས་དཔྱད་པ་ཙམ་བཏང་བ་འདི་ནི་ལོ་རྒྱུས་ངོ་གདོང་ཇི་ལྟ་བ་བཞིན་དུ་མཚོན་ཐུབ་པ་ཞིག་ལ་འབད་ཀྱང་། འདིའི་སྐོར་གྱི་རྒྱུ་ཆ་མང་པོ་ལག་ཏུ་མི་སོན་པའི་སྟེང་རང་ཉིད་ཐུན་མོང་དང་ཐུན་མོང་མིན་པའི་རིག་གཞུང་ལ་ལྟ་རྒྱ་ཆུང་ཞིང་ཤེས་བྱའི་བྱང་ཚད་དམའ་བ་སོགས་ཀྱིས་དཔྱད་རྩོམ་འདིའི་ཁྲོད་དུ་མ་རྟོགས་ལོག་བཤད་དང་འགལ་འབྲུལ་ནོར་འཁྲུལ་གྱི་ཆའང་མི་ཉུང་བ་ཞིག་འབྱུང་སྲིད་པ་གདོན་མི་ཟ་བས། གཟུར་གནས་མཁས་པ་རྣམས་ཀྱིས་ཡོ་བསྲང་དང་འབྲེལ་བཀའ་སློབ་ལྷུག་པོར་གནང་བར་ཞུ་ཞུ།། །།

མཆན།

[1][29][32][33][35] བོད་ལྗོངས་མི་དམངས་དཔེ་སྐྲུན་ཁང་གིས1989ལོར་པར་དུ་བསྐྲུན་པའི《བོད་ཀྱི་སྔ་རབས་ཁྲིམས་སྲོལ་ཡིག་ཆ་བདམས་བསྒྲིགས》ཀྱི་ཤོག་ངོས130、175、98、132、133པ་བཅས་སུ་གསལ།

[2] དགེ་བཤེས་ཆོས་གྲགས་ཀྱིས་བརྩམས་ཤིང་མི་རིགས་དཔེ་སྐྲུན་ཁང་གིས1981ལོར་པར་དུ་བསྐྲུན་པའི《བརྡ་དག་མིང་ཚིག་གསལ་བ》ཡི་ཤོག་ངོས477པར་གསལ།

[3][4][10][11][22][23] གཞའ་གོང་དཀོན་མཆོག་ཚེ་བརྟན་གྱིས་རྩོམ་སྒྲིག་བྱས་ཤིང་ཀྲུང་དབྱང་མི་རིགས་སློབ་གྲྭ་ཆེན་མོའི་དཔེ་སྐྲུན་ཁང་གིས1994ལོར་པར་དུ་བསྐྲུན་པའི《བོད་ཀྱི་བརྡ་རྙིང་ཡིག་ཆ་བདམས་བསྒྲིགས》ཀྱི་ཤོག་ངོས147、133、86、88、84、84པ་བཅས་སུ་གསལ།

[5][31] 杨国章：《原始文化与语言》［M］，北京：北京语言学院出版社，1992年，第66、68页。

[6][7][8] དཔའ་བོ་གཙུག་ལག་ཕྲེང་བས་བརྩམས་ཤིང་མི་རིགས་དཔེ་སྐྲུན་ཁང་གིས1985ལོར་པར་དུ་བསྐྲུན་པའི《ཆོས་འབྱུང་མཁས་པའི་དགའ་སྟོན》ཀྱི་ཤོག་ངོས362、362、376པ་བཅས་སུ་གསལ།

[9][12][13][14][15][19][20][21][26][30] དོན་གྲུབ་རྒྱལ་དང་ཁྲིན་ཆིན་དབྱིན་གཉིས་ཀྱིས་བསྒྱུར་ཞིང་མཚོ་སྔོན་མི་རིགས་དཔེ་སྐྲུན་ཁང་གིས1984ལོར་པར་དུ་བསྐྲུན་པའི《ཐང་ཡིག་གསར་རྙིང་ལས་བྱུང་བའི་བོད་ཆེན་པོའི་སྲིད་ལུགས》ཀྱི་ཤོག་ངོས132、34、152、482、45、102、209、262、106、182པ་བཅས་སུ་གསལ།

[16][17]《藏族史料集(一)》［C］，成都：四川人民出版社，1982年，第485、485页。

[18] 石硕：《藏族文明东向发展史》［M］，成都：四川人民出版社，1994年，第77页。

[24] དབང་རྒྱལ་དང་བསོད་ནམས་སྐྱིད་གཉིས་ཀྱིས་བསྒྲིགས་ཤིང་མི་རིགས་དཔེ་སྐྲུན་ཁང་གིས1992ལོར་པར་དུ་བསྐྲུན་པའི《ཏུན་ཧོང་ནས་ཐོན་པའི་བོད་ཀྱི་ལོ་རྒྱུས་ཡིག་ཆ》ཡི་ཤོག་ངོས50པར་གསལ།

[25] ཆབ་འགག་རྟ་མགྲིན་གྱིས་བརྩམས་ཤིང་མཚོ་སྔོན་མི་རིགས་དཔེ་སྐྲུན་ཁང་གིས1999ལོར་པར་དུ་བསྐྲུན་པའི《གངས་ལྗོངས་མི་རིགས་ཁག་གི་འབྲེལ་བ་བརྗོད་པ་གཟུར་གནས་ཡིད་ཀྱི་དགའ་སྟོན》ཀྱི་ཤོག་ངོས115པར་གསལ།

[27]《ཁ་ཆེ་གཡུ་རྫོང》གི་ཤོག་ངོས50པར་གསལ།

[28] ཀྲུང་གོའི་བོད་ཀྱི་ཤེས་རིག་དཔེ་སྐྲུན་ཁང་གིས1994ལོར་པར་དུ་བསྐྲུན་པའི《ནམ་མཁའ་ནོར་བུའི་གསུང་རྩོམ་ཕྱོགས་བསྒྲིགས》ཀྱི་ཤོག་ངོས126པར་གསལ།

[34] བསོད་ནམས་སྐྱིད་དང་དབང་རྒྱལ་གཉིས་ཀྱིས་བསྒྲིགས་ཤིང་མི་རིགས་དཔེ་སྐྲུན་ཁང་གིས1980ལོར་པར་དུ་བསྐྲུན་པའི《ཏུན་ཧོང་ནས་ཐོན་པའི་གནའ་བོའི་བོད་ཡིག་ཤོག་དྲིལ》ཀྱི་ཤོག་ངོས36པར་གསལ།

《མཚོ་སྔོན་མི་རིགས་སློབ་གྲྭ་ཆེན་མོའི་རིག་དེབ།》༢༠༠༥ལོའི་དེབ་གཉིས་པ་ལས་བཏུས།

༄། །གནའ་རབས་བོད་མིའི་ཚོ་ག་སྟེ་ཞང་ཞུང་ཙོ་དམར་ཞེས་པ་རགས་ཙམ་གླེང་བ།

ནོར་བུ་ཚེ་རིང་།

འདིར་ཙོ་དམར་ཞེས་པའི་ཐ་སྙད་འདི་མི་ཕལ་མོ་ཆེ་ལ་དེ་འདྲ་ཆ་རྒྱུས་མེད་ནའང་དེ་ནི་བོད་ལ་དར་སྤྱ་ཞིང་ལྷག་པར་དུ་གཡུང་དྲུང་བོན་རྣམས་ལ་ཤིན་ཏུ་གྲགས་ཆེ་བ་སྟེ། སྟོན་པ་གཤེན་རབ་ནས་བརྒྱུད་པའི་ཟམ་མ་ཆད་པར་ད་ལྟ་ད་དུང་ལག་ལེན་དུ་བསྟར་མུས་སུ་ཡོད་པའི་སྔགས་ཀྱི་ཚོ་ག་ཞིག་ཡིན། ཡིན་ནའང་ཙོ་དམར་ཞེས་པའི་སྔགས་ཀྱི་ཚོ་ག་འདི་ཆོས་ལུགས་ཀྱི་རྒྱ་ལས་བརྒལ་ཏེ་གནའ་དུས་བོད་ཀྱི་ཆབ་སྲིད་དང་དམག་དོན། ལྷག་པར་དུ་དམངས་ཀྱི་འཚོ་བའི་ནང་རྒྱ་ཆེར་སྤྱོད་བཞིན་ཡོད་པ་དང་། སློས་སུ་ནམ་མཁའི་ནོར་བུའི་ཞལ་ནས"སེམས་ཕྱོགས་རྫོགས་པ་ཆེན་པོ་ཞང་ཞུང་སྙན་བརྒྱུད་དང་། སྔགས་ཕྱོགས་ཀྱི་ཁོད་ཞང་ཞུང་མེ་རིའི་སྐོར(ཞང་ཞུང་ཙོ་དམར—ལུང་འདྲེན་པའི་མཆན)འདི་དག་ནི་གནའ་བོའི་དུས་ནས་ད་ལྟའི་བར་དུ་སྙན་བརྒྱུད་ཟམ་མ་ཆད་པ་ཞིག་ཡིན་སྟབས། གདམས་པའི་ཆེ་བ་ཙམ་དུ་མ་ཟད་ལོ་རྒྱུས་ཀྱི་ཁུངས་སུའང་དགོས་ཁྱད་ཤིན་ཏུ་ཆེ་བ་ཞིག་ཡིན"[1]ཞེས་དང་། རྒྱལ་སྤྱིའི་བོད་རིག་པའི་མཁས་དབང་མཁར་རྨེའུ་བསམ་གཏན་ལགས་ནས་ཀྱང"བོད་ཀྱི་ཚོ་ག་ལས་དཔེ་སྲོལ་ཞེས་པ་དེ་གྲུབ་ལ།" "དམངས་ཁྲོད་ཀྱི་ཚོ་གར་ཞིབ་འཇུག་བྱེད་རྒྱུ་དེ་གལ་ཆེར་མཐོང"[2]ཞེས་དང་། "ཚོ་ག་ནི་ང་ཚོས་གནའ་རབས་ཀྱི་བོད་མིའི་སེམས་ཁམས་ཀྱི་འགྱུར་སྐྱོད་དང་འཕེལ་རིམ་དག་ཤེས་རྟོགས་བྱ་རྒྱུར་མཁོ་བའི་དཔྱད་གཞི་ཞིག་ཡིན"[3]ཞེས་གསུངས་པ་བཞིན་བོད་ཀྱི་གནའ་རབས་ལོ་རྒྱུས་དང་བོད་ཀྱི་གནའ་བོའི་དམངས་སྲོལ། བོད་མིའི་སྔོན་གོམས་བསམ་བློའི་བག་ཆགས་སོགས་ལ་ཞིབ་འཇུག་བགྱིས་པ་ལ་གནའ་ནས་བརྒྱུད་པའི་བོན་གྱི་ཚོ་ག་དག་ལ་ཞིབ་འཇུག་བྱེད་རྒྱུར་ཡང་དགོས་ཕན་ཤིན་ཏུ་ཆེ་སྟབས། འདིར་ངོ་སྤྲོད་ཚུལ་གྱིས་མདོ་ཙམ་གླེང་བ་ལ།

དང་པོ། ལག་ལེན་གྱི་སྒྲུབ་རིམ་སྟེང་ནས་ཞང་ཞུང་ཙོ་དམར་སྐོར་ངོ་སྤྲོད་རགས་བསྡུས་བྱེད་པ།

འདིར་ཞང་ཞུང་ཙོ་དམར་ཞེས་པ་འདི་ཐོག་མར་དམངས་ཁྲོད་ན་ལག་ལེན་ཇི་ལྟར་བྱེད་པའི་སྟེང

ནས་རོ་སྦྱོད་བྱས་ན་ཚང་མས་ཐད་མཐོང་སློས་སྤྱི་ཁོག་ཙམ་ཤེས་རྟོགས་སླ་བར་བསམ་སྟེ། ཐོག་མར་ཚོ་ག་འདིའི་དགོས་ཆེད་ཙམ་སྟོན་དུ་བཏང་ནས་དམངས་ཁྲོད་ལག་ལེན་ན་ཇི་ལྟར་དར་ཚུལ་བཤད་པ་ལ། སྤྱིར་ཞང་ཞུང་ཙོ་དམར་ཞེས་པ་འདི་ལ་རིགས་མང[4]བས་དེ་དག་རེ་རེའི་དགོས་ཆེད་དང་སྒྲུབ་ཐབས་ཀྱང་མི་གཅིག་མོད། འདིར་མང་ཚོགས་ཀྱི་འཚོ་བ་དང་འབྲེལ་བའི་ཙོ་དམར་ཞེས་པ་འདི་སྤེལ་བའི་དགོས་ཆེད་ནི་བཤད་རྒྱུན་དུ་མི་ལ་སྨྱོ་ནད་དང་ཞ་གྲུམ། གཟའ་ནད། མི་གཙང་བའི་གྲིབ་ཕོག་པ་སོགས་ནད་ཡམས་ཀྱི་རིགས་དང་། ཕྱུགས་ལའང་ནད་རིགས་དང་ལྷག་པར་དུ་རྗེ་ཤིག་དང་དཀར་ཆུ་ལ་གནོད་པའི་རིགས་སོགས་ལ་ཤིན་ཏུ་ཕན་པར་བཤད་པས་སྟོན་ཆད་འབྲོག་ཕྱོགས་སོགས་སུ་དེ་ལ་དད་འདུན་དང་དར་ཁྱབ་ཧ་ཅང་ཆེ་སྐད། ཚོ་ག་འདི་སྤེལ་རྒྱུན་དུ་སྡེ་བ་དང་ཁྱིམ་ཚང་ཁ་ཤས་སོགས་ཀྱིས་སྤྱི་ནས་འདོན་པའམ་མང་ཤོས་ཁྱིམ་ཚང་སྒེར་གྱིས་འདོན་པ་ཡིན། འདོན་མཁན་གྱི་མི་ལ་མང་ཉུང་གི་ཚད་འཛིན་མེད་དེ། མི་གྲངས་གཉིས་ལྔ་བདུན་སོགས་གང་འཛོམས་བྱས་ཆོག དེའི་སྒྲུབ་རིམ་དངོས་ནི་སྒྲུབ་པ་པོས་གོང་དུ་སྟེགས་བུ་ཞིག་གི་སྟེང་དུ་ནས་འབྲུ་བླུགས་པའི་ཐོག་ཏུ་དབལ་གཏོར་བཤམས་པ་དང་། དེའི་མདུན་དུ་སྡོད་གཙང་མ་ཞིག་གི་ནང་དུ་ཤུག་པའི་ལོ་མ་གསུམ་བཙུགས་ཤིང་མར་གྱི་རིལ་བུ་ཆེ་ཆུང་བྱ་སྒོང་ཙམ་གསུམ་དེར་འཇོག་དགོས། དེ་རྣམས་ལ་ཙོ་གཞུང་དུ་ཁྲུང་ཚང་དང་ཁྲུང་སྒོང་ཟེར། དེ་བཞིན་དུ་གཡས་སུ་ཙོ་སྙིང་ཟེར་བའི་བྱིང་དཀར་རས་དཀར་གང་ཡིན་གྱི་སྙིང་གི་དབྱིབས་ཤིག་བཅོས་ནས་འཛུག་པ། དེའི་ནང་དུ་འབྱུང་བ་ལྔའི་སྙིང་པོ་གསེར་ཟངས་དངུལ་ལྕགས་གཡུ་དང་ནས་འབྲུ་སོགས་འཇོག་དགོས། གཡོན་དུ་སྡོད་ཅིག་གི་ནང་དུ་མཁར་སྒོང་ཟེར་ཞིང་རྗེ་བ་དཀར་པོ་དང་སྔོན་པོ་གང་ཡིན་སྲུ་མཁྲིགས་ཅན་ཆེ་ཆུང་བྱིས་པའི་ལག་མགོ་ཙམ་མང་ཉུང་གསུམ་ལྔ་བདུན་དགུ་སོགས་དགོས་མཁོ་ལྟར་བཞག ཡང་དབལ་སྐུ་ཟེར་ཞིང་སྐུ་རེ་ཞིག་དང་དབལ་ཐག་ཟེར་ཞིང་ལུག་བལ་གྱི་ཐི་གུ་ཕྲ་སྦོམ་དབྱེ་བའི་མཛུབ་ཆུང་ཙམ་རིང་ཐུང་ཁྲུ་ཚེ་གསུམ་ཙམ་དེ་རྣམས་ལྷན་དུ་འཇོག་པ་ཡིན། དེ་སྒྲུབ་པའི་ཉིན་ཚད་ནི་སྤྱིར་བཏང་ཉིན་བདུན་ཡིན་ལ་ཙོ་བསྐོལ་བའི་དུས་ནི་མུན་ཐུབ་པའི་དུས་སུ་ཡིན་ནོ། །དེའི་སྔོན་དུ་གྲ་སྒྲིག་གི་བྱ་བ་རྣམས་ཡོངས་སུ་འགྲུབ་དགོས་པ་ཡིན། ཁྱིམ་ཚང་ཞིག་ཡིན་ན་ར་སྐོར་དཀྱིལ་དུ་སའི་སྟེགས་བུ་དམའ་མོ་ཞིག་གི་ཐོག་ཏུ་རྗེ་ལོག་གསུམ་ཕྱོགས་གསུམ་དུ་འཇོག་པ་དང་དེ་ལ་སྒྱིད་བུ་ཟེར། སྒྱིད་བུའི་རྩེ་ལ་མེའི་ས་བོན་ཡི་གེ་རཾ་གསུམ་དང་། སྨད་པར་རླུང་གི་ས་བོན་ཡི་གེ་ཡཾ་གསུམ། རྩ་བར་ཆུ་ཡི་ས་བོན་ཡི་གེ་ཁཾ་གསུམ་བཅས་འབྲི་བ་ཡིན། སྒྱིད་བུའི་དཀྱིལ་དུ་གྲུ་གསུམ་མཐིང་ནག་དབུས་སུ་དགྲ་བགེགས་ཀྱི་ས་བོན་ཡི་གེ་ཏྲིཏྲི་ཛ་སོགས་འབྲི་དགོས་པ་ཡིན། དེའི་སྟེང་དུ་སླ་ང་ཞིག་གཙང་མར་བཀྲུས་ནས་འཛུགས་ཤིང་། དེ་ལ་དབལ་ཟངས་ཁོལ་མ་སླིང་ཆེན་ཟེར། ཡང་རྫོམ་ཤིང་ཟེར་བ་ཚེར་ནག་གམ་སྐྱེར་བ་སོགས་དྲག་པོའི་ཤིང་མེར་བསྲེགས་པས་དབལ་ཆུ་འཁོལ་སླ་བ་ཡིན། གཞན་ཡང་ཙོ་མདའ་ཟེར་ཞིང་མདའ་གཞུ་

ཞིག་ཀྱང་གྲ་སྒྲིག་བྱེད་དགོས། ཙོ་བསྐོལ་བའི་མགོ་བརྩམས་པ་ན་མི་ཚང་མ་དབལ་ཟངས་མཐའ་སྐོར་དུ་འདུག་པ་དང་། དེ་ནས་འདོན་ཆ་ལྟར་རིམ་བཞིན་དབལ་ཟངས་བཀྲུས། རྩི་བསང་སྤོས་བསང་གིས་དག་གཙང་བྱེད་པ། དབལ་ཆུ་འཇུགས་པ། ཧོམ་ཤིང་རྩིག་པ། དབལ་མེའི་ཁྲུངས་བཤད་པ། མེ་ལྷ་སྤྱན་འདྲེན་པ། དབལ་མེ་འབུད་པ། མེ་མགོ་དར་གྱིས་ནོན་པ། ཐབ་སྲི་བཀར་བ། ཐབ་བསང་ཕུད་པ། གོང་གི་དབལ་སླིང་དབལ་ཟངས་སུ་འཕེན་པ། དྲི་བཟང་སྤོས་སྣ་དང་ཤུག་པ་སྟགས་ཆུ་འབྲུ་སྣ་ཡུངས་དཀར་སོགས་ཀྱང་དབལ་ཟངས་སུ་གཏོར་བ་ཡིན། གཞན་དབལ་ཟངས་བཀྲུས་པའི་ཆུ་རྙིག་དང་གཞན་པའི་ཆུ་ཡང་ཁྱེར་ཡོང་ནས་འདོན་ཆ་ལྟར། "བསྒོ་དོ་ཞུབ་དབལ་གྱི་ཆུ་ཏུ་མི་བསྐོལ་ཆུ་གསུམ་ཡོད། རྐོང་མོ་རྐོང་ཆུ་དེ་དང་གཅིག ན་ཆུ་རྙིག་མ་དེ་དང་གཉིས། ཆུ་མགོ་དུ་ཟག་དེ་དང་གསུམ། འདི་གསུམ་དབལ་གྱི་ཆུ་ཏུ་མི་བསྐོལ་ཆུ་གསུམ་ཡིན། དབལ་གྱི་ཆུ་དུག་ཐུར་དུ་ཕོབས"ཞེས་པ་ནི། ཆུ་དེ་སྒོ་ཕྱིར་འཕོ་དགོས། དེའི་རྗེས་ཆུ་གཙང་ཁྱེར་ཡོང་ནས་མདུན་དུ་བཞག་ཅིང་། ཡང་། "བསྒོ་དོ་ཞུབ་དབལ་གྱི་ཆུ་ཏུ་བསྐོལ་བའི་ཆུ་གསུམ་ནི། ཤར་རྨ་གཉན་པོམ་རའི་ལྷ་ཆབ་དང་། རྨ་ཆུ་སྔོན་མོའི་སྨན་ཆབ་དང་། ནགས་རི་སྨུག་པོའི་བསིལ་ཆབ་དང་འདི་གསུམ་དབལ་གྱི་ཆུ་ཏུ་བསྐོལ་བའི་ཆུ་གསུམ་ཡིན"ཞེས་པ་ནི། དབལ་ཟངས་ནང་དུ་ཆུ་བླུགས་ནས་བཀང་དགོས་པ་ཡིན། དབལ་མེ་འབུད་པ་ལ་ཡང་། "བསྒོ་ཨ་ཅེ་བུ་མོ་ཀ་ཡག་མ། །ཁོལ་མོ་ཧར་དང་ཧུར་གྱིས་བྱུས། །དབལ་མེ་འབུད་པའི་ལས་མཁན་ལ། །ཞལ་འཛུམ་མཛེས་པའི་མདངས་ལྡན་མ། །སེམས་ཀ་དྲང་བའི་གསལ་སྒྲོན་མ། །ཨ་ཆུང་བཞིན་དུ་ཁྲིམ་ཁྲིམ་བྱུས། །མི་ལོང་བཞིན་དུ་བུར་བུར་བྱུས། །ཆོག་མགོ་བཞིན་དུ་བུར་བུར་བྱུས། །ཕོགས་སུ་བཞིན་དུ་ཆེམ་ཆེམ་བྱུས། །སྲིང་མོ་དབལ་ལྕམ་མེ་ཡར་བྱུས། །མིང་པོ་གཤེན་གྱིས་ཆུ་ཡར་ཁོལ། །བཙོལ་བའི་འཕྲིན་ལས་འགྲུབ་པར་མཛོད། །"ཅེས་པ་ལྟར། དེ་ནས་ཙོ་གཞུང་ལྟར་གཙང་མ་ཞང་ཞུང་གི་དབལ་ཚོགས་ཀྱི་ལྷ་བསྐྱེད་པ་དང་། གདོན་བགེགས་མཚམས་གཅོད་པ། ཁྲུང་ཚང་ལ་དབང་བསྐུར་བ། བྱིན་ཕབ་པ། དབལ་ཁྲུང་སྒོམ་པ། ཙོ་དབལ་གྱི་ལྷ་ཚོགས་སྤྱན་འདྲེན་པ། ཕྱག་འཚལ་བ། བཤགས་པ་འབུལ་བ། མཆོད་པ་འབུལ་བ། ལྷ་ཁམས་ཀྱི་སྲིད་རབས་དང་མིད་ཁམས་ཀྱི་སྲིད་རབས་བཤད་པ། ལྷ་ཁམས་སྲིད་རབས་ཀྱི་ནང་དོན་གཙོ་བོ་ནི་དབལ་བོན་ཚ་བ་མེ་སྣག་དང་དབལ་བོན་གྲང་བ་ཆུ་སྣག དབལ་བོན་ཏུམ་པོ་དབུ་དགུ་དང་།(འདི་གསུམ་གྱི་བསྡུས་མིང་ལ་དབལ་བོན་ཚ་བ་མཆེད་གསུམ་ཟེར།) སྲིད་པའི་དབལ་ཚོགས་ཐམས་ཅད་དང་དབལ་གཡག་དཀར་པོ་དགུ་ཁྲི་དགུ་འབུམ། དབལ་ཟངས་ཁོལ་མ་གླིང་ཆེན། དབལ་གྱི་མཚོན་ཆ་སྣ་དགུ་སོགས་ཇི་ལྟར་བྱུང་བའི་ཚུལ་བཤད་པ་ཡིན། དཔེར་ན་མིད་ཁམས་ཀྱི་སྲིད་རབས་བཤད་པའི་དུས་སུ་འདི་ལྟར་བྱུང་སྟེ། སྔོན་དུག་ལྷ་ལས་ཀྱི་བདུད་ལྷའི་སྤྲུལ་པ་འཁོན་འདྲེ་དང་དམེ་འདྲེ། མནའ་འདྲེ། ཐབ་འདྲེ། སྣ་འདྲེ་སོགས་དང་སྲིད་པའི་འདྲེ་ཆེན་ཏུ་དགུ་དང་གཙུག་ལག་གདོན་ཆེན་བཅོ་བརྒྱད་འཕྲོས་ནས་མི་ལ་ཉེས་པ་སྣ་

ཚོགས་བྱུང་བས། ལྷ་རྒྱལ་ཡབ་ལྷ་བདལ་དྲུག་གིས་དབལ་བོན་ཚ་བ་མཆེད་གསུམ་སྤྱན་དྲངས་ནས་མཆོད་པ་འབུལ་བ་དང་། སྲིད་པའི་དབལ་ཚོགས་བདར་བའི་བདེ་ལ་བགོད་པའི་ཚུལ་བཤད་པ་སྟེ། ཙོ་གཞུང་ལས། "དུས་དང་བསྐལ་པ་དེ་ཙམ་ན། །ཡུལ་ནི་ས་ག་དོག་དྲུག་ན། །ལྷ་རྒྱལ་ཡབ་ལྷ་བདལ་དྲུག་བཞུགས། །དབུ་ནག་ཀུན་གྱི་ཕ་མ་ཡིན། །སྲིད་པའི་འདྲི་ཆེན་ཉ་དགུ་དར། །གཙུག་ལག་གདོན་ཆེན་བཅོ་བརྒྱད་འཁྱོས། །སྨྲ་མི་བུ་རབས་ཆད་ལ་ཁད། །དུད་ཕྱུགས་སྣ་ནས་དབུལ་ལ་ཁད། །གཙང་མ་ཁྲུས་ཀྱི་བུམ་བཅས་ཀྱང་། །སྲིད་པའི་དཀར་ནག་མ་ཕྱེས་ཟེར། །གཙུག་ལག་སེལ་གྱིས་ཁོག་ཕུག་ཀྱང་། །སྲིད་པའི་འདྲི་ངོ་མ་ལེན་ཟེར། །ཐྲ་ལུམ་སྤགས་ཀྱི་ཟོར་འཕངས་ཀྱང་། །སྲིད་པའི་འདྲི་མགོ་མ་ཆུམ་ཟེར། །"ཞེས་དང་། ཡང་"བསྭོ་བསྭོ་བསྭོ། ང་ནི་ཐེངས་གསུམ་བསྭོ་ཡི་མི་འབོད་རྒྱུ། །དེ་སྟ་དེ་སྟོན་ཕན་ཆད་དུ། །རྒྱུ་འཁྲོར་ཡོན་གྱི་བདག་པོ་ལ། །གཙང་བཙོག་འདྲེས་སོ་བཟང་ངན་འདྲེས། །སྐྱིད་སྡུག་འདྲེས་སོ་ཡག་ཉེས་འདྲེས། །སྤྱལ་བ་དབལ་གྱིས་གཞི་བཟུང་ནས། །དེས་ཀྱང་གཙང་བཙོག་ཕྱེས་མ་ནུས། །རྣམ་སློང་གཉིས[5]ཀྱིས་རྒྱུད་ཁྲོལ་ཡང་། །དེས་ཀྱང་ཡག་ཉེས་ཕྱེས་མ་ནུས། །ཁྲི་ཕུར་གཉིས[6]ཀྱིས་གཞུང་སྲུང་ཡང་། །དེས་ཀྱང་འདྲི་གདོན་འདུལ་མ་ནུས། །དེ་བས་སྤྱལ་བའི་དབལ་ལ་འབོད། །"ཅེས་པ་ལྟ་བུའོ། །དེའི་རྗེས་ཙོ་དབལ་ལྷ་ཚོགས་ཀྱིས་སྐྱབ་པ་པོ་ལ་དབང་བསྐུར་བ་དང་རྫས་ལ་དབང་བསྐུར་བ། དེར་དགོས་པའི་དབལ་གྱི་མཚོན་ཆ་སྣ་དགུ་ནི་དབལ་གྱི་མདུང་ཐངས་རིང་། རལ་གྲི་ཡ་ཚ་སྐར་ཕྲན། དབལ་ཆེན་སློག་ལྕམ་མདའ་གཞུ། སྨུ་རྫེ་སྟོན་པོའི་སྤར་ཤད། འོད་དཀར་འཕྲུལ་གྱི་དགྲ་སྟ། དབལ་གྱི་སྤུ་གྲི་ཡམ་ཚད། གཉན་དབང་བདུད་འདུལ་ཐྲ་ལུམ། གེ་ཁོད་དཀར་པོའི་རྣ་ཉ་བཅས་སོ། །དེའི་རྗེས་དབལ་ཆེན་གེ་ཁོད་བཀའ་སྟོད་དགྲ་བླའི་རྒྱལ་མོ་སྟག་རི་རོང་བསྐྱལ་བ། མཚམས་འདིར་ཐོན་ཆེ་མཁར་སྟོང[7]དང་དབལ་སྣ་རྣམས་བསྲིགས་ཤིང་ཤིན་ཏུ་འཚོས་ནས་དཀར་སང་དེ་འགྲོ་དགོས་པར་བཤད། དེའི་རྗེས་ཙོ་ཕུད་མཆོད་པ་དང་ཙོ་འགྱེད་པ། མཚམས་འདིར་ཙོ་དམར་མཁན་པོ་ཡོང་ནས་ཤུག་ལོའམ་རྩི་མགོ་གང་ཉུང་གིས་ཙོ་ཕུད་ཡར་གཏོར་ནས་ལྷ་ལ་མཆོད་པ་དང་མར་གཏོར་ནས་གནོད་བྱེད་རྦུལ་དུ་བརླགས་པ། དེ་ནས་མདའ་གཞུ་ལག་ཏུ་བཟུང་ནས་མདའ་ཡི་རྩེ་མོར་དཔལ་འབར་སྒྲོན་ཞིང་ཕྱོགས་བཞི་ལ་ཙོ་མདའ་འཕེན་པ། དེ་ནས་ཁྲུང་སྐོང་བསྒྱུར་བ། ཁྲུང་སྐོང་གསུམ་པོ་རེ་རེ་བཞིན་དབལ་ཐངས་ནང་དུ་འཕངས་ནས་ཡར་ཁ་ལ་ཐོན་ཆེ་ལག་པས་ལེན་ཞིང་། མཁར་སྟོང་དུ་ཡོད་པ་རེ་རེ་བཞིན་མཆོད་གཡོག་གིས་སྐམ་པས་ཐབ་ནང་དུ་བླངས་ནས་མཁན་པོའི་གཡོན་པའི་ལག་མཐིལ་དུ་བཞག་ཅིང་དེའི་སྟེང་དུ་ཕྱེ་མར་བླུགས་ནས་མེ་འབར་ཆེ་མི་ཚང་མའི་མགོ་ཐོག་ཏུ་བསྐོར་ནས་ཁང་པའི་ཕུག་ཏུ་གཅིག་འཇོག་པ། དེ་བཞིན་དུ་གཅིག་དབལ་ཐངས་སུ་འཕེན་པ་དང་། གཞན་གཅིག་དགོས་མཁོ་ལྟར་ཏ་ར་ལུག་ར་སོགས་ཏེ་སྣོ་ཕྱིར་འཕེན་དགོས། དེ་ནས་དབལ་གྱི་སྣ་རེ་ཡང་ཐབ་སྐོར་བླངས་རྗེས་ལག་པ་གཡས་པས་

གླིང་ནས་ཐང་དུ་རྡོ་ལེབ་སྟེང་དུ་ལན་གསུམ་བརྒྱབ་རྗེས། སྟ་རེའི་ཨུ་ཁུང་དུ་དབལ་ཐག་བྲང་ནས་ལག་གཉིས་ཀྱིས་དབལ་ཐག་གི་སྣེ་མོར་བཟུང་ནས་ཡར་མར་འདྲེན་པ། དེའི་སྟེང་མཆོད་གཡོག་གིས་ཕྱི་མར་བརྒྱབ་པ་ན་མེ་འབར་ཞིང་དེ་མི་ཚང་མའི་མགོ་ཐོག་ཏུ་བསྐོར་བ་དང་ནད་པ་ཡོད་ཚེ་དབལ་སྟ་མགོ་ཐོག་གམ་ན་ཐོག་ཏུ་འཇོག་པའང་ཡོད། གཞན་ཡང་ཡོན་བདག་གི་དགོས་འདོད་ལྟར་ཁང་པ་དང་ཕྱུགས་ར་སོགས་སུ་ཁྱེར་རྗེས་དབལ་ཐང་སུ་འཕངས་རྗེས་དབལ་ཆུས་དྲག་ཁྲུས་བྱེད། མཁན་པོས་ཁྱེར་བས་དབལ་ཆུ་ཁོལ་མ་ཁྱེར་ཡོང་ནས་མི་རེ་རེར་ལུས་སྟེང་དུ་བླུགས་ནས་ཁྲུས་བྱེད་པ་ཡིན། དེ་ལྟར་དྲག་ཁྲུས་བྱས་ཚར་རྗེས་དབལ་ཐང་དང་དབལ་ཆུ་ལྷག་མ་དང་བཅས་པ་སྒོ་ཕྱིར་ཁྱེར་ནས་ཁ་སྦུབ་ཏུ་བཞག་ནས་གྲོ་བཏུང་བྱེད་པ། གྲོ་བཏུང་བཏོན་ཚར་རྗེས་ཙོ་དམར་བསྐོལ་བའི་བྱ་རིམ་ཡོངས་སུ་འགྲུབ་སོང་བ་ཡིན་ནོ། །

གཉིས་པ། ཞང་ཞུང་ཙོ་དམར་གྱི་བརྒྱུད་པའི་ཁུངས་བཤད་པ།

བོན་རྣམས་ལྟར་ན་ཞང་ཞུང་ཙོ་དམར་ཞེས་པ་དེ་ནི་སྟོན་པ་གཤེན་རབ་ཀྱིས་གསུངས་པར་བཤད་ལ། འོ་ན་སྟོན་པ་གཤེན་རབ་མི་བོས་ཞང་ཞུང་ཙོ་དམར་རམ་གེ་ཁོད་མེ་རིའི་རྒྱུད་རྣམས་ཇི་ལྟར་གསུང་བའི་ཚུལ་ནི། ཙོ་གཞུང་ལས། དེ་ནས་སྟོན་པ་གཤེན་རབ་ཀྱིས་ནུབ་ཕྱོགས་གཡུང་དྲུང་རིའི་རྩེ་མོར་བྱིན་རླབས་སྤྲུལ་བའི་གཞལ་མེད་ཁང་དུ་གསང་བའི་འཁོར་ལ་མེ་རིའི་རྒྱུད་རྣམས་གསུངས། དེ་བོན་ལ་མང་ཡང་བསྡུ་ན་གསུམ་སྟེ། སྲུང་བ་སྲུ་དང་། ཟློག་པ་ཐིས་དང་། བསད་པ་རླན་དང་གསུམ་མོ། །ཡང་ཙོ་སྐྱི་ཐིའུ་འདུས་ཕྱི་ཡི་རྒྱུད། ཙོ་དམར་དགྲ་འདུལ་ནང་གི་རྒྱུད། མེ་རི་གྱད་ཕུར་གསང་བའི་རྒྱུད་དང་གསུམ་མོ། །དེ་དག་ཞང་ཞུང་ཁྲི་ལྡེམ་ལྷུགས་ཀྱི་བྱ་རུ་ཅན་ལ་བརྒྱུད་དོ་ཞེས་བྱུང་ལ། མགོན་པོ་རྣམ་གསུམ་སྤྲུལ་བ་ཡིན་ཞེས་པ་ཞང་ཞུང་ཁྲི་ལྡེམ་ལྷུགས་ཀྱི་བྱ་རུ་ཅན་ནི་ཞང་ཞུང་སྲིད་པའི་རྒྱལ་པོའི་སྐུ་སྲུང་ཡིན་པར་བཤད་ཡོད་པ་ལས་རྒྱལ་པོའི་མཚན་མི་གསལ་ནའང་། དཔྱད་ན་བྱ་རུ་ཅན་བཅོ་བརྒྱད་ཀྱི་ཐོག་མ་ཁྲི་ཝེར་གསེར་གྱི་བྱ་རུ་ཅན་ཡིན་པར་སྙམ་སྟེ། རྒྱལ་པོ་འདིས་སྟོན་པ་གཤེན་རབ་ཀྱི་ཞལ་མཇལ་བ་དང་། གངས་ཏི་སེའི་མདུན་ཕོལ་ག་ལྷང་གཡུ་ལོ་རྫོང་མཁར་དུ་ཁྲི་རྗེ་ལུང་བསྟན་མདོ་གསུང་བའི་དུས་སུ་ཞུ་འཁོར་དུ་ཡོད་པས་སོ། །ཁྲི་ལྡེམ་ལྷུགས་ཀྱི་བྱ་རུ་ཅན་གྱིས་ཞང་ཞུང་སྟག་སྣ་རྒྱལ་པོ་ལ་བརྒྱུད། དེས་བསྟན་པ་ཁྲི་འོད་གསལ་ལ་བརྒྱུད། དེས་རྒྱུང་ནེ་ཁོད་སྤུངས་ལ་བརྒྱུད། དེས་རྔིས་པ་གྱེར་མེད་ལ་བརྒྱུད། དེས་ཙོ་མེན་གྱེར་ཆེན་ལ་བརྒྱུད། དེས་ཐིས་དམར་སྤུངས་རྒྱུང་ལ་བརྒྱུད། དེས་ཁོད་སྤུངས་དྲན་པ་ནམ་མཁའ་ལ་བརྒྱུད་པར་བཤད། འདི་རྣམས་སྔ་དར་ཏེ་ཕྱི་དར་གྱི་བརྒྱུད་རིམ་ཤིན་ཏུ་མང་བས་འདིར་མ་བྲིས་སོ། །

སྤྱིར་ཞང་ཞུང་ཙོ་དམར་གྱི་གཞུང་འདིའི་བརྒྱུད་པ་ནི་དཔེ་གཞུང་ལྟར་ན་སྟོན་པ་གཤེན་རབ་

ལས་ཀྱང་སྟེ་བར་བཤད་དེ། ཙོ་དམར་བྱུང་བའི་དུས་སྐབས་དང་བརྒྱུད་པའི་རིམ་པ་ནི《ལེགས་བཤད་མཛོད》ལས། ཚེ་ལོ་བརྒྱད་ཁྲི་ཐུབ་པའི་ཚེ་ན་བོན་སྐུ་གཡོ་བ་མེད་པའི་ངང་ལས་གཡོ་བ་ཡེ་ཤེས་ཀྱི་ཚ་འཕྲུལ་དུ་ཡེ་ཤེས་ཀྱི་ལྷ་ཨ་ཧི་ནུ་ཕྱེར་བྱ་བ་སྐུར་སྤྲུལ། དེའི་ངང་ལས་ལོངས་སྤྱོད་རྫོགས་པའི་སྐུ་རྫུ་འཕྲུལ་གྱི་ལྷ་ཀུ་ཡི་མང་སྐེ་བྱ་བ་བྱུང་། དེའི་ངང་ལས་འགྲོ་བ་ལོག་པར་རྟོགས་པ་རྣམས་འདུལ་བའི་དོན་དུ་སྤྲུལ་བའི་ལྷ་དཔལ་ཆེན་གེ་ཁོད་བྱ་བར་སྐུ་སྤྲུལ་ནས་ཙོ་དམར་ཐེས་རྒྱུད་ལ་སོགས་པའི་རྒྱུད་རྣམས་གསུངས་སོ་ཞེས་བཀོད་ཡོད། ཨ་ཧི་ནུ་ཕྱེར་དང་ཀུ་ཡི་མང་སྐེ། དཔལ་ཆེན་གེ་ཁོད་གསུམ་ནི་ཞང་ཞུང་གི་ཡི་དམ་མགོན་པོ་རྣམ་གསུམ་བྱ་བ་དེ་ཡིན་ལ། ཞང་ཞུང་ཙོ་དམར་འདི་ནི་དཔལ་ཆེན་གེ་ཁོད་བྱ་བར་ཐུག་ཡོད་པ་ཡིན། འདིའི་ལོ་རྒྱུས་ཟིན་བྲིས་སྐོར(དཔལ་ཆེན་གེ་ཁོད་ཀྱིས་གཡེན་དགུ་ཧཱུྃ་ལྷུར་བཏུལ་ཚུལ་གྱི་གཏམ་རྒྱུད)ཡང་ཙོ་གཞུང་ལས་དཔལ་ཆེན་གེ་ཁོད་ཉིད་ཡབ་ཀུན་ཐོག་ཏིང་ནམས་དང་ཡུམ་ཤེལ་ཟ་འཕྲུལ་མོ་ཆེ་གཉིས་ཀྱི་སྲས་སུ་སྤྲུལ་ནས་སྲིད་པའི་གཡེན་དགུ་ལ་སོགས་སྡེ་བརྒྱད་འདུལ་བའི་ཕྱིར་དུ་གསེར་གྱི་རི་བདུན་ཁར་སྐུ་བཞེངས་ཏེ་གསེར་གྱི་གདར་རྡོ་རྒྱ་མཚོར་འཕངས་པའི་རི་རབ་ཀྱི་ཟུར་ཉིལ། རྒྱ་མཚོ་གཏིང་ནས་འཁོལ། གཡེན་དགུའི་སྡེ་བརྒྱད་རྣམས་ཀྱང་ལ་ལ་ན། ལ་ལ་བརྒྱལ། ལ་ལ་འདར། ལ་ལ་ཁྲག་སྐྱུགས་ཏེ་ཤིན་ཏུ་འདར་ཞིང་དངངས་པའི་སྐབས་དེར་རྫུ་འཕྲུལ་གྱི་ལྷ་ཀུ་ཡི་མང་སྐེས་སྲིད་པའི་གཡེན་དགུ་ལ་སོགས་པའི་སྣང་སྲིད་ཀྱི་ལྷ་སྲིན་སྡེ་བརྒྱད་འཁོར་རྣམས་ན་བ་དང་། ངུ་བ་དང་། ཁྲག་སྐྱུགས་པ་དང་། བརྒྱལ་བ་དང་། ཚ་རེ་འདེབས་པ་ཅི་ཞེས་གསུངས་པས། དེ་རྣམས་ཀྱི་མཆིད་ནས་སྐུ་ལྷ་དཔལ་ཆེན་གེ་ཁོད་ཀྱིས་དྲག་པོ་གསེར་གྱི་གདར་རྡོ་སྒྲིལ་བས་རྒྱ་མཚོ་འཁོལ། གླིང་བཞི་ཆེམ། རི་རབ་ཉིལ་ནས་བདག་ཅག་རྣམས་ན་བ་དང་། བརྒྱལ་བ་དང་། རིད་པ་དང་། ཤི་བ་དང་། ཁྲག་སྐྱུགས་པ་ལ་སོགས་པས་སྐད་ཅིག་ལ་བརླག་འགྲོ་བ་འདུག་པས་ཤིན་ཏུ་འདར་ཞིང་དངངས་ནས་སྡུག་བསྔལ་བ་ཡིན་ཞེས་ཞུས་སོ། །དེའི་ཚེ་རྫུ་འཕྲུལ་གྱི་ཀུ་ཡི་མང་སྐེས་གསེར་གྱི་གདར་རྡོ་དེ་རྒྱ་མཚོའི་གཏིང་ནས་ངས་བླངས་ན་ཁྱོད་རྣམས་བཀའ་ཉན་དམ་ལ་མི་འདའ་འམ་ཞེས་གསུངས་པས། གཡེན་དགུའི་སྡེ་བརྒྱད་རྣམས་མགྲིན་གཅིག་ཏུ་བཀའ་ལ་ཉན་ཞིང་དམ་ལས་མི་འདའ་འོ་ཞེས་ཞུས་པས། དེ་ནས་ཀུ་ཡི་མང་སྐེའི་ཞལ་ནས། དང་ར་ཧེ་ཛུ་ཞེས་བརྗོད་པས་རྒྱ་མཚོ་རུབ་ཀྱིས་བཏབ། རྩུ་མར་ཙུག་ཙེ་ན་ཞེས་བརྗོད་པས། གསེར་གྱི་གདར་རྡོ་སྲིན་ལག་གིས་ནམ་མཁའ་ལ་ཐག་གིས་བླངས། ཤེ་མར་ལག་ཙེ་ནི་ཞེས་བརྗོད་པས། དཔལ་ཆེན་གེ་ཁོད་དབུ་དགུ་ཕྱག་བཙོ་བརྒྱད་པ་ཞིག་ཏུ་སྤྲུལ་བས་སྲིད་པའི་གཡེན་དགུ་དང་སྡེ་བརྒྱད་རྣམས་ཀྱིས་སྐོར་བ་དང་ལྷ་ཕྱག་འཚལ་ནས་རང་རང་སྲོག་གི་སྙིང་པོ་དང་དམ་རྫས་མང་པོ་སྒྲུབ་ཐབས་ཕུལ་ཏེ་བཀའ་ཉན་གསུང་བསྒྲོད་བགྱི་བར་ཁས་བླངས་སོ། །ཞེས་བཀོད་པའི་གཏམ་རྒྱུད་དེ་རྣམས་ནི་སྟོན་པ་གཤེན་རབ་སྟོན་གྱི་བྱུང་བའམ་རྒྱུད་པ་ཡིན་པར་བཤད་དོ། །

གསུམ་པ། ཞང་ཞུང་ཙོ་དམར་དེ་གནའ་རབས་བོད་ཀྱི་ཆབ་སྲིད་ དམག་དོན་ཐད་བཀོལ་བའི་ལོ་རྒྱུས་དོན་རྐྱེན་སྐོར།

ཞང་ཞུང་ཙོ་དམར་འདི་བོན་གྱི་ལོ་རྒྱུས་དག་ན་སྟོན་གྱི་གྲུབ་ཐོབ་དང་སྒྲུབ་གཉེན་དག་གིས་གནས་སྐབས་དང་མཐར་ཐུག་གི་དམིགས་བྱ་སྔེ་ཆོས་འཛིན་རྟེན་གང་ཟུང་གི་དགོས་དབང་དུ་ལག་ལེན་བྱེད་པའི་ཚུལ་ཉིན་ཏུ་མང་ལ། གྲགས་ཆེ་བ་ནི་ལོ་རྒྱུས་ཀྱི་དེབ་ཐེར《ལེགས་བཤད་རིན་པོ་ཆེའི་མཛོད》དང་། 《རྫོགས་པ་ཆེན་པོ་ཞང་ཞུང་སྙན་བརྒྱུད་ཀྱི་བོན་མ་ནུབ་པའི་གཏན་ཚིགས》དང་། 《སྐལ་བཟང་མགྲིན་རྒྱན》སོགས་སུ་བཀོད་པའི་སྟོན་རྒྱལ་པོ་ཁྲི་སྲོང་ལྡེའུ་བཙན་གྱི་རིང་ཞང་ཞུང་གི་གྲུབ་ཐོབ་པ་སྣང་བཞེར་ལོད་པོ་ཞེས་པས་བོད་ལ་རྦད་ཅེས་པ(དོན་དུ་ཞང་ཞུང་ཙོ་དམར་ཡིན)འཕངས་པ་དེ་ཡིན་པས། འདིར་ལུང་ཙམ་དྲངས་ན། 《ལེགས་བཤད་མཛོད》ལས། "ཁྲི་སྲོང་ལྡེའུ་བཙན་གྱིས་ཞང་ཞུང་གི་རྒྱལ་པོ་བཀྲོངས་པས། ཞང་ཞུང་ཁྲི་སྡེའུ་ནི་ཡར་ཆད། སུམ་པའི་སྟོང་སྡེ་ནི་མར་བུད། བོད་སིལ་བུར་སོང་བའི་དུས་ན། ཞང་ཞུང་རྒྱལ་པོའི་ཁབ་ཆེན་མ་ཁྱུང་བཟའ་མཚོ་རྒྱལ་མ་བྱ་བས་བོད་རྒྱལ་ལ་སེམས་ཀྱི་བརྣག་པ་སྐྱེས་ཏེ་གྱེར་སྤུངས་སྣང་བཞེར་ལོད་པོ་སྤྱན་དྲངས་ནས་ཞུས་པ། སྐུ་གཉེན་ཆེན་པོ་ལགས། བོད་རྒྱལ་ཁྲི་སྲོང་ལྡེའུ་བཙན་གྱིས་རྗེ་ལིག་མིན་རྒྱ་ནི་བཀྲོངས། བོན་ཁྲིམས་དར་གྱི་མདུད་པ་ནི་ཞིག རྒྱལ་ཁྲིམས་གསེར་གྱི་གཉའ་ཤིང་ནི་ཆག གཡུང་དྲུང་བོན་གྱི་བསྟན་པ་ནི་བསྣུབས་ཏེ་འདི་ལྟ་བུའི་དུས་བྱུང་བས་ན། འདི་ལ་ཐུགས་ཀྱི་བརྣག་པ་ཞིག་ཅིས་ཀྱང་ཞུ་འཚལ་ཞུས་པས། གྱེར་སྤུངས་ཀྱི་ཞལ་ནས། ང་ལ་སྤྱུ་ཞེས་བྱ་བ་གསེར་སྲང་གང་ལ་ལོ་གསུམ་དུ་བསྒྲུབས་ན་བོད་ཙ་བཞི་བརླག་ནུས་པ་དང་། ཁྱུང་ཞེས་བྱ་བ་སྲང་ཕྱེད་ཟླ་བ་གསུམ་དུ་བསྒྲུབས་པ་ན་ཡར་ལུང་གི་སར་ཁྲི་སྲོང་འཁོར་དང་བཅས་པ་བརླག་ནུས་པ་དང་། རྦད་ཅེས་བྱ་བ་གསེར་ཞོ་གང་ལ་ཞག་བདུན་དུ་བསྒྲུབས་ནས་འཕང་ན་རྒྱལ་པོ་ཉིད་སོད་པ་རྣམས་ཡོད་ན་གང་བྱ་གསུང་། ཁྱུང་བཟའ་མཚོ་རྒྱལ་མ་བྱང་སེམས་དང་ལྡན་པས་བོད་ཁམས་པ་རྣམས་ཀྱི་མ་ལན་ཏེ། རྒྱལ་པོ་ཉིད་ལན་པ་ལགས་པས་རྦད་མཛད་པར་ཞུ་ཞུས་པས། གྱེར་སྤུངས་ཆེན་པོས་ད་རོག་གི་མཚོ་གླིང་ལ་དར་དཀར་ཤ་བ་རིའི་གུར་ཕུབ། ཟ་འོག་གི་གདན་ལ་བཞུགས་ནས་གསེར་ཞོ་གང་ལ་ཞག་བདུན་དུ་བསྒྲུབས་ཏེ་གསེར་ནམ་གཅིག་གསུམ་དུ་བཅད་དེ་སུམ་ནམ་གཅིག་སྲོད་ལ་འཕངས་པ་སོག་ཀའི་སྤུན་པོ་རི་ལ་ཤ་བ་ཡུ་མོ་བདུན་ཉལ་བ་ལ་ཕོག་པས་གཉིས་བསད། ལྫ་རིངས་པས་ད་ལྟ་ཡང་ཡར་ལུང་ཤ་བ་རིངས་ཞེས་བྱ་བའི་རི་ཡོད་དོ། །སུམ་ནམ་གཅིག་ནམ་གུང་དུ་འཕངས་པ་ཡར་ལུང་ཤམ་པོ་མགུལ་གྱི་མཚོ་ལ་ཕོག་པས། མཚོ་སྐམ་སྐྲ་བྲོས་པས་ད་ལྟ་ཡང་ཡར་ལུང་མཚོ་སྐམ་བྱ་བ་ཡོད་དོ། །སུམ་ནམ་གཅིག་ཐོ་རངས་སུ་འཕངས་པ་མཁར་བྱི་བ་སྟག་རྩེ་ལ་ཕོག་པས་མེ་འབར་ཞིང་། རྒྱལ་པོ་སྣང་གིས་ཟིན་

ཏོ། །དེའི་ཚེ་རྒྱལ་པོ་རིག་པ་ཅན་དེའི་ཞལ་ནས། བོན་སྐྱོང་རྒྱལ་པོ་བཀྲོངས། གཡུང་དྲུང་བོན་གྱི་བསྟན་པ་བསྣུབས་པས་ད་ནངས་ཐོ་རངས་ཇོ་འོང་ལུགས་ཀྱིས་གྱེར་སྤུངས་ཆེན་པོ་ཐུགས་ཁྲོས་པ་ཡིན་པས་སླར་བཏེག་འཚལ་ཞེས་གསུངས་ནས་གྱེར་སྤུངས་སྣང་བཞེར་ལོད་པོ་གདན་འདྲེན་དུ་རྟ་བ་བརྒྱ་ལ་གསེར་ཕྱེ་མང་དུ་བརྫངས་ཏེ་མངགས་པ་དྲ་ཕྱེའི་ཕྱིན་ནས་གུ་རུབ་སྣང་བཞེར་ལོད་པོ་གར་བཞུགས་སོགས་དྲིས་པས་མི་དེ་ན་རེ། གྱེར་སྤུངས་ཆེན་པོ་ཉིད་ད་རོག་གི་དོ་ལ་བཞུགས་མོད། སྐུ་མ་ངེས་ཅིར་ཡང་སྤྲུལ་བས་གང་སྣང་ལ་གསོལ་བ་ཐོབ་ཅིག་དང་ཞལ་བསྟན་པར་འགྱུར་རོ། །ཞེས་ཟེར་རོ། །དེར་མཚོ་ལ་གྲུ་གཟིངས་བཙོས་ཏེ་དོ་ལར་ཕྱིན་པས་ཟ་འོག་གི་གདན་ལ་ཤེལ་གྱི་རྣ་རུ་འོད་འཕྲོ་བ་ཞིག་སྣང་ངོ་། །དེ་གྱེར་སྤུངས་ཡིན་པར་ཤེས་ནས་དེ་ལ་ཕྱག་འཚལ་གསེར་ཕྱེ་ཕུལ་ཏེ་ལོ་རྒྱུས་བསྙད་ནས་གསོལ་བ་བཏབ་པས་ཤེལ་གྱི་རྣ་རུ་དེ་ཉིད་གྱེར་སྤུངས་ཀྱི་སྐུར་བཞེངས་ཏེ་ཞལ་བསྟན་ནས་གསུངས་པ། བོན་སྐྱོང་རྒྱལ་པོ་བཀྲོངས། གཡུང་དྲུང་གི་བོན་བསྣུབས། སེམས་ལ་བརྣག་པ་སྐྱེས་ཀྱང་བོད་ཀྱི་རྒྱལ་པོ་སྐྱ་བསྒྲེང་ན་བོད་ཁམས་ཕུང་དུ་འགྲོ་བས་རན་ཙམ་བྱས་པ་ཡིན་གསུངས། དེར་བོད་མི་རྣམས་ཀྱིས་བོད་ཀྱི་རྒྱལ་པོ་སླང་ལ་འབངས་ཕྱུག་བོན་དང་གཤེན་གྱི་བཀའ་ཆད་དེ་ལྟར་བྱུང་བ་ལགས། ད་རྗེའི་བླ་མཆོད་དུ་གདན་འདྲེན་པ་ལགས་པས་གཤེགས་འཚལ་ཞེས་ཞུས་པས། འོ་ན་ང་ལ་ཆད་གསུམ་དགོས་ཏེ། ཞང་ཞུང་རྒྱལ་པོའི་སྐུ་ཚབ་ཏུ་གསེར་གྱི་མཆོད་རྟེན་ཞིག་བཞེངས་པ་དང་། གུ་རུབ་ཀྱི་མི་སྟེ་ལ་ཡུལ་ལུང་སོག་ཁ་བྱིན་ནས་བླ་དང་བློན་གྱི་ཁྲལ་མེད་པ་དང་། ངས་སྤྱོད་པའི་ཞང་ཞུང་གི་བོན་སྡེ་སུམ་བརྒྱ་དྲུག་ཅུ་དེ་མི་སྣུབ་པར་བཞག་པའི་ཆད་གསུམ་དགོས་གསུངས་པས། དེ་དབང་བློན་གསུམ་གྱིས་ཁས་བླངས་ནས་གདན་དྲངས་སོ། །བོད་ཀྱི་རྗེ་བློན་འབངས་རྣམས་ཀྱིས་ཕྱག་བྱས་ཏེ་ཅི་གསུངས་ཉན་ནོ་ཞུས་པས། དེར་གྱེར་སྤུངས་ཀྱིས་གསང་ཐེམས་ཀྱི་སྔགས་མཛད་པས་རྒྱལ་པོའི་སྐུ་ལས་གསེར་རྟ་ཊ་ལྟ་བུ་མང་པོ་ཐོན་ནས་རྒྱལ་པོའི་བསྙུན་པ་དྲངས་སོ། །འབངས་རྣམས་ཀྱང་ཕྱག་བསྟོལ་ལས་གྲོལ་བར་མཛད་དོ། །"ཞེས་བཀོད་པ་འདི་ནི་བོད་ཀྱི་ལོ་རྒྱུས་སྟེང་ཞང་ཞུང་ཙོ་དམར་དེ་འཇིག་རྟེན་ཆབ་སྲིད་དམག་དོན་གྱི་སྟེང་དུ་བཀོལ་བའི་ཆེས་དཔེ་མཚོན་རང་བཞིན་གྱི་དོན་རྐྱེན་ཞིག་ཡིན་ཏེ། འདི་ལ་ང་ཚོས་དངོས་གཙོ་སྨྲ་བའི་ལྟ་བས་བལྟས་ན་ཞང་ཞུང་ཙོ་དམར་ཞེས་པ་དེ་ལ་དེ་འདྲའི་ནུས་པ་ཞིག་ཡོད་མེད་དང་ལོ་རྒྱུས་དེ་དངོས་དོན་ཞིག་ཡིན་མིན་ཁས་ལེན་དཀའ་ནའང་རང་རེ་བོད་ཀྱི་ལོ་རྒྱུས་དང་བོད་མིའི་འཚོ་བའི་ནང་དོན་དག་ཆེ་མ་ཆུང་གསུམ་གང་བྱེད་པ་དང་སྤྱི་སྐོར་གང་ཡིན་ཀྱང་ཆོས་ལུགས་ཀྱི་ཚོ་ག་ཞིག་ལ་མི་བརྟེན་པ་ཤིན་ཏུ་ཉུང་བ་འདི་ནི་དོན་དངོས་ཤིག་ཡིན་པས། དེའི་སྟེང་ནས་ཀྱང་ང་ཚོས་ཞང་ཞུང་ཙོ་དམར་འདི་ལ་ལོ་རྒྱུས་ཞིབ་འཇུག་གི་དོན་སྙིང་ལྡན་པ་རྟོགས་ནུས་སོ། །

བཞི་པ། དཔྱའི་མང་ཚོགས་འཚོ་བའི་ནང་ཞང་ཞུང་ཙོ་དམར་ལག་ལེན་བྱེད་པའི་མཐོང་ཐོས་སྐོར།

སྤྱིར་བོད་ཀྱི་སྦྲུབ་གཉེན་གང་དང་གང་ཞིག་ཡིན་ཀྱང་གེ་ཁོད་བསླེན་ཆེན(ཟླ་བ་གཅིག་དགོས)ཞིག་བཏོན་ཚར་རྗེས་ཙོ་དམར་ཞིག་ཅིས་ཀྱང་བསྐོལ་དགོས་པར་བཤད་པ་དང་། གཞན་དུ་ན་གོང་དུ་ངོ་སྤྲོད་བྱས་པ་ལྟར་ཁྱིམ་ཚང་གི་མི་དང་ཕྱུགས་སོགས་ལ་ན་ཚ་དང་མི་བདེ་བ་བྱུང་ནའང་ཙོ་དམར་བསྐོལ་ཏེ། བོན་གྱི་མཁན་པོས་སྐབས་དེ་དག་ཏུ་ལྕུགས་ཀྱི་ཐོང་ཞོལ་བསྒྲིགས་ནས་མགོ་ལ་བསྐྱོན་པ་དང་། ལྕུགས་ཐག་བསྒྲིགས་ནས་སེ་རལ་དུ་བཅིངས་པ། རྗོ་ལེབ་བསྒྲིགས་ནས་སྟེང་དུ་ཀང་རྗེན་དུ་འགྲོ་བ། ཙོ་དམར་མདའ་ལྟར་འཕེན་པ་སོགས་བྱེད་པའི་སྲོལ་ཡོད་པ་སྟར་ནས་ཐོས་མྱོང་ནའང་། དེ་ལྟར་ལག་ལེན་དུ་དངོས་སུ་བསྟར་བ་ཞིག་མཐོང་མ་མྱོང་། ཡིན་ནའང་དོན་དག་འདི་འདྲ་ཞིག་གིས་རྐྱེན་བྱས་ཏེ་བདག་གིས་དེ་དངོས་སུ་མཐོང་བའི་སྐལ་བ་ལྡན། དེ་ཡང་ང་རང་ལ་ཤིན་ཏུ་སྙིང་ཉེ་བའི་གྲོགས་པོ་ཞིག་ཡོད་པ་དེར་བུ་མོ་གསུམ་ཡོད་ནའང་བུ་དཀོན་པས་དེ་དགོས་འདོད་ཀྱི་བསམ་པ་ཤིན་ཏུ་ཆེ་ཞིང་དུས་རྒྱུན་དུ་ང་རང་ཚོ་ལ་སེམས་ཕུད་ནས་བཤད། རྗེས་སུ་རེ་བ་ལྟར་བུ་ཞིག་ཀྱང་སྐྱེས། འོན་ཀྱང་ང་རང་གྲོང་ཁྱེར་ན་བྱ་བའི་བྲེལ་ཟིང་དབང་གིས་དུས་ལྟར་ཞིང་སྡེར་སོང་ནས་ཁོ་རང་ལ་རྟེན་འབྲེལ་ཞུ་ཁོམ་མ་བྱུང་བར་ལུས། ཉིན་ཞིག་ཁོང་གི་བུ་དེར་ན་བ་བྱུང་ཡོད་པ་ཐོས་ཏེ་བདག་གིས་འགྱོད་སེམས་དང་བཅས་གོ་སྐབས་ཤིག་བཙལ་ནས་ཟི་ལིང་ནས་ཆས་ཏེ་ཁོ་རང་ལ་འཚམ་འདྲི་སོང་བ་ཡིན། དེ་ཡང་ཞིང་འབྲོག་པའི་བོད་མི་ཀུན་དང་མཚུངས་པར་བདག་གི་གྲོགས་པོ་དེ་ཡང་མི་ཞིག་ལ་ན་བ་བྱུང་ཚེ་གསོ་བྱེད་སྨན་ལ་བསྟེན་པ་ལས་མོ་དང་བཅའ་བ་རིམ་གྲོ་ལ་བརྟེན་པ་གནའ་བསྐལ་པ་ནས་བརྒྱུད་པའི་ལུགས་སྲོལ་དུ་གྱུར་ཡོད་སྐབས། ང་རང་ཐོན་པའི་ཉིན་དེར་ཁོ་ཚང་གིས་ས་དེའི་བོན་དགོན་ཞིག་ནས་གྲྭ་པ་སྐོར་ཞིག་གདན་དྲངས་ནས་བཅའ་བ་འདོན་བཞིན་ཡོད་པ་དང་འཕྲད། དེ་ནི་ཏག་ཏག་བོན་གྱི་གེ་ཁོད་ཟེར་བ་དེ་འདོན་པ་དང་དེའི་རྗེས་སུ་ཙོ་དམར་བསྐོལ་རྒྱུ་ཡིན་པར་ཐོས་པས་བདག་གིས་གྲོགས་པོ་དེ་ལ་ནད་པ་སྨན་དང་ཚན་རིག་ལ་བསྟེན་དགོས་པའི་ཁ་ཏ་སློབ་གསོ་བྱས་ནའང་སེམས་སུ་ཡུན་རིང་གོ་ཐོས་བྱུང་བའི་ཞང་ཞུང་ཙོ་དམར་དེ་ལག་ལེན་བྱེད་པ་དངོས་སུ་མཐོང་རྒྱུ་ཡིན་པར་ད་ཐེངས་ལྟད་མོ་ཞིག་བལྟ་དགོས་སྙམ། མཚན་མོ་དེར་བསླེན་པ་བཏོན་ཚར་རྗེས་གོང་དུ་ངོ་སྤྲོད་བྱས་པ་ལྟར་ཁྱིམ་གྱི་སླ་ང་ཆེན་པོ་ཞིག་གི་ནང་དུ་ཆུ་གང་བླུགས་ཏེ་མེ་ལ་བསྐྱོན་ཞིང་། ཆུ་དེ་ཁོག་ཁོག་འཁོལ་བའི་སྐབས་སུ་བོན་གྱི་མཁན་པོ་དེས་མར་གྱི་རིལ་བུ་བྱ་སྒོང་ཙམ་གསུམ་ཡོད་པ་རྣམས་ནང་དུ་འཕངས་པ་ན། མར་གྱི་རིལ་བུ་དེ་དག་ཆུ་འཁོལ་ཁོག་ཁོག་ལྡུད་པ་དེར་མ་བཞུས་པར་གཏིང་དུ་བྱིང་ནས་ཡར་ཁ་ལ་ཐོན་པའི་ཚེ། མཁན་པོས་

སྟངས་སྐྲག་སྣུ་ཙམ་ཡང་མེད་པར་ལག་པ་ཆུ་འཁོལ་དེའི་ནང་དུ་བསྒྲིངས་ནས་རེ་རེ་བཞིན་བླངས་པ་ནམར་དེ་སྔར་བཞིན་རིལ་ལེར་ཡོད་པ་མ་ཟད་རིལ་བུའི་སྟེང་ན་སྔོན་ལག་པའི་རི་མོ་ཆགས་ཡོད་པ་རྣམས་ཀྱང་གསལ་ལེར་ཡལ་མེད་པ་མཐོང་ངོ་། །ཡང་ཇོ་བ་སྔོན་པོ(དཀར་པོ་ཡིན་ཀྱང་ཚིག་ཟེར)ཆེ་ཆུང་ལག་མགོ་ཙམ་དང་སྦྲ་མཁྲིགས་ཅན་ཞིག་ཐབ་ནང་དུ་བསྒྲིགས་ནས་ཤིན་ཏུ་འཚོས་པའི་སྐབས་སུ། མཁན་པོས་ལག་པ་གཡས་པས་བླངས་ནས་གཡོན་པས་ལག་མཐིལ་དུ་བཞག་ཅིང་དེའི་སྟེང་ཕྱེ་མར(རྩམ་པ་ལ་མར་གྱིས་ཕྱུར་བ་ཞིག་ཡིན)ཙུང་བླུགས་པས་མེ་འབར་ཞིང་དེ་ཁྱིམ་གྱི་ཁང་པ་དང་ལྷས་ར་སོགས་ཡར་མར་དུ་ཁྱེར་ཡང་མཁན་པོ་དེའི་ལག་པ་ལ་སྐྱོན་ཅི་ཡང་མེད་པར་སྣང་། དེ་ནས་སྟ་རེ་ཞིག་ཐབ་ཏུ་བསྒྲིགས་ནས་ཏ་ཙང་འཚོས་ནས་དམར་སང་ངེ་ཡོད་པའི་སྐབས་སུ་ལག་པས་བླངས་ནས་ཐང་དུ་ཇོ་ལེབ་ཅིག་བཞག་ཡོད་པའི་སྟེང་དུ་བརྒྱབ་པས་མེ་སྟག་ཚ་ཚ་འཕྲོ་བ་དང་། དེ་ནས་སྟ་རེ་ལག་པས་བླངས་ཏེ་ཐི་གུ་ཞིག་དེའི་ཁུང་བུར་དྲངས་ནས་ཁྱིམ་མི་ཡོངས་ཀྱི་མགོ་ཐོག་ཏུ་བསྐོར་བ་སོགས་བྱས་ཀྱང་མཁན་པོ་དེའི་ལག་པར་ཚ་བའི་སྐྱོན་ཅི་ཡང་མེད་པར་འདུག་གོ །མཐར་ཅོ་གཞུང་ལྟར་ཁྲུས་ཀྱི་སྐབས་སུ་སླེབས་ཚེ་ཁྱིམ་མི་ཆེ་ཆུང་ཚང་མས་རོ་སྟོད་རྗེན་པར་ཕྱུང་ནས་འདུག་པ་དང་། མཁན་པོས་སྔར་གྱི་སླ་ང་དེའི་ནང་དུ་ལྷོག་ལྷོག་འཁོལ་བའི་ཆུ་དེ་ཁྱོར་བས་བཙུས་ནས་མི་གཞན་པའི་ལུས་སྟེང་དུ་བླུགས་ནས་ཁྲུས་བྱེད་དོ། །དེ་བཞིན་ཕྱུ་གུ་ནད་པ་དེའི་ལུས་སྟེང་དུའང་ཆུ་དེ་བླུགས་ནས་ཁྲུས་བྱས་སོ། །ང་རང་ལོགས་སུ་བསྡད་ནས་ཁྱོད་རྣམས་ལུས་མི་ཚའམ་ཞེས་དྲིས་ཚེ་ཀུན་གྱིས་མི་ཚའོ་ཞེས་ལན་བཏབ། མཁན་པོ་དེའི་མིང་ལ་ནམ་མཁའ་བློ་གྲོས་ཟེར་ཞིང་ལོ་ཚོད་སུམ་ཅུའི་ནང་ཞིག་ཡིན། རྒྱུས་ལོན་བྱས་ཚེ་དེ་འདྲ་མཁན་པོ་བྱེད་ཐུབ་པའང་དགོན་པའམ་ས་ཆ་རེ་ན་མི་རེ་གཉིས་མ་གཏོགས་མེད་པར་བཤད། དེ་ལ་དབང་ལུང་དང་ཡི་དམ་གྱི་བསྙེན་པ་མང་དུ་བསགས་དགོས་པ་མ་ཟད་ཉམས་སུ་ལེན་པའི་གདེང་ཚོད་ཅིག་ཀྱང་ཡོད་དགོས་ཚུལ་ཁོང་རྣམས་ཀྱིས་བཤད་དོ། །དེ་དུས་སུ་ངའི་སེམས་ལ་རང་དབང་མེད་པར་བརྟན་འཕྲིན་དག་ན་མཐོང་བའི་རང་རྒྱལ་ཡུན་ནན་ཞིང་ཆེན་གྱི་གྲངས་ཉུང་མི་རིགས་ཏེ་བླ་རིགས་ཀྱིས་གྱི་སྐད(ཀ་བར་རལ་གྲིས་ཐེམ་སྐས་བཟོས་པ)ལ་རྐང་རྗེན་དུ་སྟོང་རྩེར་འཛེགས་ནས་འགྲན་བསྡུར་བྱེད་པའི་དམངས་སྲོལ་ཡོད་པ་དང་། ཡང་ཕྱི་རྒྱལ་གྱི་གྲངས་ཉུང་མི་རིགས་ལ་ལ་ཞིག་མེའི་ནང་དུ་རྐང་རྗེན་དུ་འགྲོ་བའི་འཁྲབ་སྟོན་བྱེད་པ་དེ་དག་དྲན་ནས་ཞང་ཞུང་ཅོ་དམར་ཞེས་པ་འདི་ཡང་ནད་རིགས་སོགས་ལ་ཕན་ཐོགས་ཡོད་མེད་བཤད་དཀའ་ནའང་བོད་མི་རིགས་ཀྱིས་གནའ་སྔ་མོ་ནས་རང་བྱུང་ཁམས་དང་ནད་གདོན་སོགས་ལ་འཐབ་རྩོད་བྱས་པ་ལས་བྱུང་བའི་ཐབས་ཆག་གི་འཚོ་བའི་ཉམས་མྱོང་ཞིག་གམ་ཡང་ན་འབྱུང་བའི་ཆོས་ཉིད་ཀ་གེ་མོ་ཞིག་ལ་ལག་ལེན་ནས་བྱུང་བའི་རང་སྣང་གི་རྟོགས་པ་དེ་ལྷང་ལ་མངོན་པ་ཞིག་ཡིན་པ་གདོན་མི་ཟ་བར་སྙམ། ལྷག་པར་དུ་རང་རེ་བོད་མི་རིགས་འདི་ནི་ཆོས་དད་ཆེ་བའི་མི་རིགས་ཤིག་ཡིན་ཕྱིན། ལོ་སྟོང་ཕྲག་

དུ་མའི་སྟོན་ནས་བན་བོན་ཆོས་ལུགས་ཀྱིས་ཤན་ཞུགས་ཡུན་རིང་ཐེབས་པས་འཚོ་བའི་ནང་གོམས་སྲོལ་བྱེད་སྟངས་མང་པོ་ཞིག་འདི་ནི་ཆོས་ལུགས་དང་། འདི་ནི་འཇིག་རྟེན་པའི་ལུགས་སྲོལ་ཞིག་ཡིན་ཞེས་ཐག་གཅོད་དཀའ་སྟེ། དཔེར་ན་ཁང་པའི་སྟེང་དང་རི་མགོར་དར་ལྕོག་འཛུགས་པ་དང་། བསང་ཕུད་པ་དང་རླུང་རྟ་བསྐུར་བ་སོགས་ཀྱིས་བོད་མིའི་འཚོ་བའི་གོམས་སྲོལ་མཚོན་པ་དེ་དག་ནང་བཞིན་ནོ། །དེའི་རྒྱུ་མཚན་ཡང་ཆོས་ལུགས་གང་ཡིན་ཀྱང་དེ་དག་ཐམས་ཅད་ཕྱི་རོལ་ཡུལ་གྱི་དོན་དངོས་ཏེ་ཐོན་སྐྱེད་འཚོ་བའི་ཚུར་སྣང་ཙམ་དུ་ཟད་ལ། དེ་བྱུང་བ་ཉིད་ནས་ཕྱིར་ཐོན་སྐྱེད་འཚོ་བར་ཤུགས་རྐྱེན་ཐེབས་པ་ཤ་སྟག་གོ།

ལྔ་པ། ཙ་ཡི་ནང་གསེས་དབྱེ་བ་དང་དེའི་ལྷ་སྒོམ་སྦྱོད་གསུམ་གྱི་སྐོར།

སྤྱིར་ཞང་ཞུང་ཙ་དམར་ཞེས་པ་དེ་ནི་གཡུང་དྲུང་བོན་ལྟར་ན་ཐེག་པ་རིམ་པ་དགུ་སྟེ། རྒྱུ་ཡི་ཐེག་པ་བཞི་དང་འབྲས་བུའི་ཐེག་པ་ལྔ་ཡོད་པ་ལས་རྒྱུའི་ཐེག་པའི་ནང་གསེས་འཕྲུལ་གཤེན་ཐེག་པར་གཏོགས་ལ། རྒྱུ་ཡི་ཐེག་པ་བཞི་འདི་གཙོ་བོ་ཚེ་འདི་ཕྱི་གཉིས་ལས་གནས་སྐབས་ཚེ་འདིའི་འཇིག་རྟེན་གྱི་ཕན་བདེ་སྒྲུབ་པ་ལ་དམིགས་པ་ཡིན་ཀྱང་སེམས་བསྐྱེད་ཀྱིས་ཟིན་ན་བྱང་ཆུབ་ཐོབ་པའི་རྒྱུར་འགྱུར་བས་ན་རྒྱུ་ཡི་ཐེག་པ་ཞེས་བཤད་ལ། ཁྱད་པར་ཞང་ཞུང་ཙ་དམར་འདི་འཕྲུལ་གཤེན་ཐེག་པའི་ཁོངས་སུ་འདུ་ཡང་མདོ་སྔགས་སེམས་གསུམ་དུ་ཕྱེ་ན་གསང་སྔགས་ཨ་དཀར་གྱི་ཐེག་པར་གཏོགས་ཏེ། 《བོན་གྱི་བསྟན་འབྱུང་སྐལ་བཟང་མགྲིན་རྒྱན》ལས། སྔགས་ནི་དོན་ལ་ཉེ་བས་སྔགས་སོ་སྟེ། །དབྱེ་ན་རིགས་སྔགས་གསང་སྔགས་གཟུངས་སྔགས་དང་། །དྲག་པོའི་ངན་སྔགས་ཐུགས་རྗེའི་རྒྱུན་སྔགས་དང་། །ཞང་ཞུང་ཐེས་སྔགས་བདུད་རྩིའི་སྨན་གལ་བཅས། །རིགས་སྔགས་ལྷ་རྒྱུད་གསང་སྔགས་ཡབ་ཡུམ་འབྲེལ། །གཟུངས་སྔགས་མ་ངེས་གཟུངས་དང་ཐེས་སྔགས་ནི། ཙ་དབལ་དྲག་པོ་དྲག་སྔགས་སོ་བརྒྱད་ཀྱི། །སྲོག་སྔགས་རྒྱུན་སྔགས་ཕན་བྱེད་འདྲེན་ཚིག་གོ །ཞེས་སོ། །ཙ་ཡི་སྒྲ་དོན་དང་དབྱེ་བ་ནི། ཙ་དང་ཛ་ཐེས་སོགས་ནི་དོན་གཅིག་མིང་གི་རྣམ་གྲངས་ཏེ་ཞང་སྐད་ཡིན་པར་སྣམ་ལ། དོན་ནི་ཙ་གཞུང་དུ་ཛ་དམར་འཁྲིལ་བའི་ཐ་སྙོང་ན་ཟེར་བ་སོགས་ལ་དཔྱད་ན་མེ་དཔུང་དང་མེ་ལྕོག་ཟེར་བའི་དོན་ཡིན་པར་སྣམ། ཙ་དམར་ཟེར་བ་ཡང་ཙ་ཡི་རྒྱུ་ཆ་ལྕུགས་རྗེ་བ་སོགས་མེ་ལ་བསྲེགས་ཚེ་མདོག་དམར་པོ་ཡིན་པའི་ཆ་ནས་བཏགས་པར་སེམས། དཔེ་དེ་བཞིན་དུ་ཙ་སྐྲ་ཞེས་པའང་བྱེད་ལས་ཀྱི་སྒོ་ནས་བཏགས་པ་ཤིན་ཏུ་གསལ། དབྱེ་བ་ནི་ཙ་གཞུང་དུ་གསེར་ཙ་དང་དུང་ཙ། ཐོག་ཙ། མཁར་ཙ། ཁྲོ་ཙ། རྗེ་ཙ། ཤིག་ཙ་སོགས་རིགས་མང་དུ་ཡོད་ཀྱང་ཕྱི་ནང་གསང་གསུམ་གྱི་ཙ་གསུམ་དུ་འདུ་བར་གསུངས་སོ། །དེ་ལས་མཁར་ཙ་ཁྲོ་ཙ་རྗེ་ཙ་གསུམ་ནི་ད་ལྟའང་སྤྱོད་བཞིན་ཡོད་པར་བཤད། འབྲི་ཚུལ་ལའང་ཙ་དང་ཛ་ཞེས་ཡི་གེ་གཉིས་ཡོད་པ་གང་བདེ་

ཡིན་པ་འདྲ་བརྟག་པར་བྱའོ། །

དེའི་ལྷ་སྒོམ་སྒྲུབ་གསུམ་གྱི་སྐོར་ནི་ཙོ་གཞུང་ལས། “བསྒོ། ང་ནི་དཔལ་ཆེན་ཛམ་པ་སྟེ། །ང་ཡི་ཐུགས་ཀྱི་སྤྲུལ་པ་ལས། །དཔལ་ཚོགས་མང་པོ་ལས་ལ་བསྐུལ། །སྲུང་བྱེད་དགྲ་དང་གནོད་བྱེད་བགེགས། །མ་ལུས་མ་འཛོམ་ཚོགས་སུ་སྒྲོལ། །འདོད་ཆགས་ཞེ་སྡང་གཏི་མུག་གསུམ། །དུག་གསུམ་ཀུན་གྱི་རྩ་བ་སྟེ། །ཐུལ་ཅིག་འབར་བ་ནག་པོའི་ཐུལ། །ཆུམ་ཞིག་སྤྱི་རྗེ་ཁྲུང་གིས་ཆུམ། །འབར་བ་དཔལ་གྱིས་མི་ཐུལ་གང་ཡང་མེད། །སྤྱི་རྗེ་ཁྲུང་གིས་མི་ཆུམ་གང་ཡང་མེད། །དུག་ལྔ་ལས་ཀྱི་བདུད་ལྔ་ཡང་། །ཐུལ་ཅིག་འབར་བ་དཔལ་གྱིས་ཐུལ། །ཆུམ་ཞིག་སྤྱི་རྗེ་ཁྲུང་གིས་ཆུམ། །འབར་བ་དཔལ་གྱིས་མི་ཐུལ་གང་ཡང་མེད། །སྤྱི་རྗེ་ཁྲུང་གིས་མི་ཆུམ་གང་ཡང་མེད། མེ་ཆུ་ལས་ཀྱི་རྟེན་འབྲེལ་ལས། །ཐབ་ཅེས་བྱ་བའི་མིང་ཡང་མེད། །ཐབ་འདྲེ་གཞོབ་སྲི་བཅུ་དྲུག་ཡང་། །ཐུལ་ཅིག་འབར་བ་དཔལ་གྱིས་ཐུལ། །ཆུམ་ཞིག་སྤྱི་རྗེ་ཁྲུང་གིས་ཆུམ། །འབར་བ་དཔལ་གྱིས་མི་ཐུལ་གང་ཡང་མེད། །སྤྱི་རྗེ་ཁྲུང་གིས་མི་ཆུམ་གང་ཡང་མེད། །སྒྲོལ་ཅིག་དྲག་པོའི་ལས་ཀྱིས་སྒྲོལ། །ཞིག་ཅིག་མེ་དང་ཆུ་ཡིས་ཞིག །”ཅེས་དང་། ཡང་། “བསྒོ། དོ་ནུབ་དཔལ་ཚོགས་ཐམས་ཅད་ལས་ལ་བྱོན། །གསེར་ཙོ་སྤུར་བའི་དུས་ལ་བབ། །དུང་ཙོ་སྤུར་བའི་དུས་ལ་བབ། །ཐོག་ཙོ་སྤུར་བའི་དུས་ལ་བབ། །མཁར་ཙོ་སྤུར་བའི་དུས་ལ་བབ། །ཁྲོ་ཙོ་སྤུར་བའི་དུས་ལ་བབ། །རྫོ་ཙོ་སྤུར་བའི་དུས་ལ་བབ། །དོ་ནུབ་ཁྱིམ་སྒོ་ལམ་སྲང་འདི་ཀུན་ནས། །གནོད་པར་བྱེད་པའི་ཕོ་གདོན་རྒྱལ་པོ་མོ་གདོན་བསེན་མོ་ཀླུ་གདོན་བསྙོན་འདྲེ་བསྙོན་སྲི། ཡུལ་འདྲེ་ཡུལ་སྲི། གོད་འདྲེ་གོད་སྲི་གནོད་པར་བྱེད་པའི་གཤེད་འབྲུམས་དམ་ཉམས་ཐམས་ཅད་ཙོ་དམར་འདི་ཡིས་བསྒྲལ་བར་བྱའོ། །

བསྒོ་བསྒོ་མ་གཡེལ་མ་གཡེལ་ཞང་ཞུང་སྨར་གྱི་ལྷ། སྟེང་གི་ལྷ་ལ་ཙོ་མི་འགྱེད། འོག་གི་ཀླུ་ལ་ཙོ་མི་འགྱེད། བར་གྱི་གཉན་ལ་ཙོ་མི་འགྱེད། ཕོ་གདོན་རྒྱལ་པོ་གར་གནོད་དང་། །མོ་གདོན་བསེན་མོ་གར་གནོད་དང་། །གནོད་བྱེད་ཆུང་སྲི་གར་གནོད་དང་། །བསྙེན་འདྲེ་བསྙེན་སྲི་གར་གནོད་དང་། །ཡུལ་འདྲེ་ཡུལ་སྲི་གར་གནོད་དང་། །གནོད་བྱེད་ཐེའུ་རང་གར་གནོད་དང་། །གོད་འདྲེ་གོད་སྲི་གར་གནོད་དང་། །གནོད་བྱེད་རྒྱལ་འགོང་དམ་སྲི་ཕོ་མོ། །དེ་རྣམས་ཀྱི་ཐོག་ཏུ་ཙོ་དམར་གྱིས་ཐོག་རྡོད་རྒྱོབ། །”ཅེས་སོགས་བྱུང་བའི་ཚིག་འདི་དག་གིས་མཚོན་ཞང་ཞུང་ཙོ་དམར་ཞེས་པའི་བོན་གྱི་ཆོ་ག་འདི་ནི་གོང་དུ་བཤད་པ་ལྟར་སྔགས་ཀྱི་ཐེག་པར་གཏོགས་པས། ལྟ་བའི་ཕྱོགས་ནས་སྐྱེད་བསྒྱུར་སྒྲོལ་གསུམ་ལས་ཐབས་དང་ཡེ་ཤེས་ཟུང་དུ་འབྲེལ་ནས་བསྒྱུར་ལམ་དུ་གཏོགས་ཏེ། གང་དང་ཇི་ལྟར་བསྒྱུར་ཞེ་ན། 《མདོ་དྲི་མེད་གཟི་བརྗིད》ལས། “ཕྱི་སྣོད་གཞལ་ཡས་ཁང་དུ་བསྒྱུར། །ནང་བཅུད་ལྷ་དང་ལྷ་མོར་བསྒྱུར། །ཞེ་སྡང་བྱམས་པ་ཆེན་པོར་བསྒྱུར། །གཏི་མུག་ཡེ་ཤེས་ཆེན་པོར་བསྒྱུར། །འདོད་ཆགས་སྦྱིན་པ་ཆེན་པོར་བསྒྱུར། །ང་རྒྱལ་ཞི་བ་ཆེན་པོར་བསྒྱུར། །ཕྲག་དོག་ཡངས་པ་ཆེན་པོར་བསྒྱུར། །……ཐམས་ཅད་ལྷ་སྐུ

ཕྱག་རྒྱར་བསྒྱུར། །བསྒྱུར་ཙམ་ཉིད་ནས་གྲོལ་བར་སྨྲ། །དྲུག་ལྡེ་ཡེ་ཤེས་ལྡར་བསྒྱུར་ང་། །དྲུག་དང་ཡེ་ཤེས་གནས་གྱུར་ན། །ལྔ་ལྡེ་སྐུ་ལྡེ་ཕྱག་རྒྱ་ལྡེ། །རིགས་ལྡེ་སྟོབས་ལྡེ་རྫུ་འཕྲུལ་ལྡེ། །སྤྱན་ལྡེ་ཐོགས་མེད་ཡེ་ཤེས་ལྡེ། །མཁའ་ལྡེ་གློང་ལྡེ་ཐབས་ཤེས་ལྡེ། །སྐུ་དང་ཞིང་ཁམས་ཕྱོགས་མེད་རྒྱས། །ཕོན་ཉིད་དབྱིབས་སུ་མངོན་པར་རྫོགས། །རྫོགས་པའི་སངས་རྒྱས་འགྲོ་བའི་དཔལ། །མཐར་ཕྱིན་མངོན་པར་བྱང་ཆུབ་ཐོབ། །"ཅེས་སོ། །

དེ་བཞིན་ཙོ་དམར་ཞེས་པ་འདིའི་སྦྱོད་པའང་ཚ་གའི་ལག་ལེན་དངོས་དང་དེའི་གཞུང་ནས་མཚོན་པ་ལྟར་གསང་སྔགས་ཀྱི་སྦྱོར་སྒྲོལ་ཟབ་མོ་ལ་སྦྱོད་པ་ཡིན་པས། འདིར་སྦྱོར་སྒྲོལ་ཞེས་པའི་དོན་ལ་རང་བཞིན་དག་པའི་སྦྱོར་སྒྲོལ་དང་། དབང་པོ་ཡུལ་གྱི་སྦྱོར་སྒྲོལ་དང་། ཏིང་ངེ་འཛིན་གྱི་སྦྱོར་སྒྲོལ་དང་། ཐབས་ལ་མཁས་པའི་སྦྱོར་སྒྲོལ་དང་། མངོན་དུ་ཕྱུང་བའི་སྦྱོར་སྒྲོལ་ཞེས་བཞི་ཡོད་པར་གསུངས་ཏེ། 《 སྡེ་སྣོད་རིན་པོ་ཆེའི་བཛོད 》[8]ལས། "དང་པོ་ནི། འགྲོ་བའི་སྒོ་གསུམ་པོ་གདོད་མ་ནས་སངས་རྒྱས་ཀྱི་སྐུ་གསུང་ཐུགས་སུ་གནས་པར་རིག་པས་དངོས་སུ་སྦྱོར་ནས་དེ་ལྟར་མ་རྟོགས་པའི་རྩལ་གྱིས་སྒྲོལ་བའོ། །གཉིས་པ་ནི། ཡུལ་དང་ཤེས་པ་ཡེ་ནས་སེམས་དཔའ་དང་སེམས་མའི་རང་བཞིན་དུ་གནས་པ་ལ་དངོས་སུ་སྦྱོར་ནས་གཟུང་འཛིན་རང་རྒྱུད་པ་སྒྲོལ་བའོ། །གསུམ་པ་ནི། འཁོར་བ་དང་འདས་པ་གཉིས་ཀ་རིག་པའི་རྩལ་ལས་བྱུང་བས་གཉིས་སུ་མེད་པའི་ངང་དུ་སྦྱོར་ནས་གཉིས་འཛིན་གྱི་རྟོག་པ་སྒྲོལ་བའོ། །བཞི་པ་ནི། ཤེས་རབ་ཀྱི་ཡུམ་ལ་སྦྱོར་ཞིང་བསྒྲལ་བྱའི་ཞིང་བཅུ[9]དངོས་སུ་སྒྲོལ་བའོ། །"ཞེས་སོ། །དེ་བཞིན《 མདོ་དྲི་མེད་གཟི་བརྗིད 》ལས་ཀྱང་། "དེ་ལ་སྦྱོར་སྒྲོལ་རོལ་བ་གསུམ། །མ་རྟོགས་ཉོན་མོངས་དུག་ལྡེ་ནི། །རྟོགས་པའི་དོན་ལ་སྒྱུར་ནས་སུ། །སྦྱོར་བའི་ལམ་ལ་ཞུགས་པ་ཡི། །སྦྱོར་བ་མཐའ་རུ་ཕྱིན་པ་ཡིས། །ཞེ་སྡང་བྱམས་པའི་ཀློང་དུ་སྦྱོར། །རྣམ་ཤེས་ཕུང་པོ་དབྱིངས་སུ་སྒྲོལ། །སྟོང་ཉིད་ཡེ་ཤེས་དོན་ལ་རོལ། །འདོད་ཆགས་སྙིང་པའི་ཀློང་དུ་སྦྱོར། །ཚོར་བའི་ཕུང་པོ་དབྱིངས་སུ་སྒྲོལ། །སོར་རྟོག་ཡེ་ཤེས་དོན་ལ་རོལ། །གཏི་མུག་ཡེ་ཤེས་ཀློང་དུ་སྦྱོར། །གཟུགས་ཀྱི་ཕུང་པོ་དབྱིངས་སུ་སྒྲོལ། །མེ་ལོང་ཡེ་ཤེས་དོན་ལ་རོལ། །ང་རྒྱལ་ཞི་བའི་ཀློང་དུ་སྦྱོར། །འདུ་བྱེད་ཕུང་པོ་དབྱིངས་སུ་སྒྲོལ། །མཉམ་ཉིད་ཡེ་ཤེས་དོན་ལ་རོལ། །ཕྲག་དོག་ཡངས་པའི་ཀློང་དུ་སྦྱོར། །འདུ་ཤེས་ཕུང་པོ་དབྱིངས་སུ་སྒྲོལ། །བྱ་གྲུབ་ཡེ་ཤེས་དོན་ལ་རོལ། །"ཞེས་སོ། །གཞན་ཡང་ཞང་ཞུང་ཙོ་དམར་ཞེས་པའི་བོན་འདི་ཉམས་སུ་ལེན་པ་ལ་ཐོག་མར་བྱང་ཆུབ་སེམས་ཀྱི་གཞི་སྔོན་དུ་བཏིང་ནས་བདག་དོན་དུ་སོ་ཐར་གྱི་སྡོམ་པ་དང་། གཞན་དོན་དུ་བྱང་སྡོམ་སོགས་གསང་སྔགས་ཀྱི་དམ་ཚིག་རྣམས་མི་འགལ་བར་བསྲུང་བ་ནི་སྔོན་འགྲོའི་ཆ་རྐྱེན་ཡིན་པར་བཤད་དོ། །

མཆན།

[1]《ནམ་མཁའི་ནོར་བུའི་གསུང་རྩོམ་ཕྱོགས་སྒྲིག་ལས་སྨུང་ལྡེའུ་བོན་གསུམ་གྱི་གཏམ།》ཞེས་པ་ལས་བཏུས།

[2]《བོད་མིའི་འབྱུང་ཁུངས་བརྗོད་པའི་གཏམ་རྒྱུད་ལ་དཔྱད་པ།》《བོད་ལྗོངས་སྒྱུ་རྩལ་ཞིབ་འཇུག》༢༠༠༣ལོའི་དེབ་དང་པོ།

[3]《མཁར་རྫིའུ་བསམ་གཏན་རྒྱལ་མཚན་གྱི་གསུང་རྩོམ་ཕྱོགས་བསྒྲིགས་མདའ་དང་འཕང་།》བདེ་ཁང་བསོད་ནམས་ཆོས་རྒྱལ་གྱིས་བསྒྲུར། ཀྲུང་གོའི་བོད་རིག་པ་དཔེ་སྐྲུན་ཁང་གིས་བསྐྲུན་ཏེ་བཀྲམ། ༢༠༠༧ལོ།

[4]ཙོ་ལ་རིགས་མང་བས་འདི་རྣམས་དོན་དུ་མཁར་ཙོ་དང་ཁྲོ་ཙོ་རྗོ་ཙོ་ཡིན་པར་ངེས།

[5]རྣམ་པར་རྒྱལ་བའི་མཆོད་གཞུང་དང་མདོ་གཡུང་དྲུང་གླིང་རྒྱས་ཀྱི་ཚོ་ག་སྟེ་མཆོད་གཞུང་ཆེན་པོ་གཉིས་ཡིན།

[6]ཁྲོ་བོ་ངོ་མཚར་རྒྱས་པ་དང་ཕུར་བ་འབྲུག་གསས་ཆེམ་པ་ནི་ཡི་དམ་གྱི་གཞུང་ཆེན་པོ་གཉིས་ཡིན།

[7]རྗོ་བའི་མིང་།

[8]ཤར་རྫ་བཀྲ་ཤིས་རྒྱལ་མཚན་གྱི《སྲི་སྟོད་རིན་པོ་ཆེའི་མཛོད་ཡིད་བཞིན་འབྱུང་བའི་གཏེར་ཞེས་བྱ་བ་བཞུགས་སོ》ཞེས་པ་ལས་བཏུས།

[9]ཤར་རྫ་བཀྲ་ཤིས་རྒྱལ་མཚན་གྱི《སྲི་སྟོད་མཛོད》ལས། ཞིང་བཅུ་ནི། གུ་ཡ་ལས། གང་ཞིག་བསྒྲལ་བའི་དངོས་པོ་ནི། །བསྒྲལ་བར་བྱ་བའི་ཞིང་བཅུ་སྟེ། །སངས་རྒྱས་སློབ་དཔོན་སྐུ་དགྲ་དང་། །དམ་ཚིག་ཉམས་དང་དམ་ལས་ལོག །དམ་ལས་འཁྲུ་དང་སྨྲུབ་པ་ལ། །བར་དུ་གཅོད་པ་བྱེད་པ་དང་། །སེམས་ཅན་ཡོངས་ལ་གནོད་པ་ནི། །ད་ལྟ་ཉིད་དུ་བྱེད་པ་དང་། །གཡུང་དྲུང་བསྟན་ལ་སྡང་བ་དང་། །དམྱལ་བ་ཡི་དྭགས་ཕྱོལ་སོང་སྟེ། །ཞིང་བཅུ་དག་ཏུ་ཤེས་པར་བྱ། །ཞེས་སོ། །

《མང་ཚོགས་སྒྱུ་རྩལ།》༢༠༠༨ལོའི་དེབ་གསུམ་པ་ལས་བཏུས།

༄། །བོད་མིའི་མནའ་དང་མནའ་ཚིག་སྐོར་ལ་དཔྱད་པ།

བྱ་ཡུལ་བ་ལྷག་པ་ཕུན་ཚོགས།

སྔར་ནས་ད་བར་བོད་མི་ཚོས་བཤད་པའི་སྐད་ཆ་བདེན་དང་མི་བདེན། ཡིད་ཆེས་བྱས་ཆོག་དང་མི་ཆོག ཆ་འཇོག་བྱ་རུང་དང་མི་རུང་། བདེན་པ་ཡིན་དང་རྫུན་མ་ཡིན་མིན་གྱི་ཚད་འཛིན་ས་ནི་མནའ་སྐྱེལ་དམ་བཅའ་ལ་གཞི་འཛིན་གྱི་ཡོད། ཆེ་བའི་ངོས་ནས་བཤད་ན་ཚོགས་པ་དང་ཚོགས་པའི་བར་གཏན་འཇགས་བའི་དམ་བཅའི་དཔང་པོ་མནའ་ལ་བྱེད་ཀྱི་ཡོད་པ་སྟེ། 《བོད་ཀྱི་གནའ་རབས་ཡིག་ཆ་གཅེས་བསྡུས》ལས། "བཙན་པོ་རྗེ་བློན་རྣམས་ལོ་ལྟར་མནའ་སྐྱེལ་ཞིང་། དེ་དུས་ལུག་ཁྱི་སྤྲེའུ་གསུམ་དམར་མཆོད་དུ་འབུལ། ལོ་གསུམ་རེ་ན་མནའ་ཆེན་སྐྱེལ་ཞིང"[1]ཞེས་སྔར་གྱི་དུས་མཐོ་སྒང་དུ་གནས་པའི་བོད་མི་རིགས་ཀྱིས་ཚོགས་པ་རྣམས་ཕན་ཚུན་བར་འཐབ་རྩོད་མེད་པར་འཆམ་མཐུན་དུ་གནས་པའི་མཐུན་འགྲིག་དམ་བཅའ་འཇོག་སྐབས་དམ་བཅའ་དེ་ལག་ལེན་དོན་ལ་གནས་པའི་ཐབས་གཙོ་བོ་ནི་མནའ་གན་འཇོག་པ་དེ་ཡིན། ཆུང་བའི་ངོས་ནས་བཤད་ན། བཟའ་ཚང་ཕན་ཚུན་བར་དང་། གྲོགས་པོ་གྲོགས་མོ་ཕན་ཚུན་བར། གྲོང་པ་ཁྱིམ་མཚེས་བར་བཤད་པའི་སྐད་ཆ་བདེན་པ་ཡིན་པའི་གཞི་འཛིན་ས་མནའ་སྐྱེལ་བ་ལ་ཆ་འཇོག་བྱེད། ཐ་ན་ཕོ་མོ་གཉིས་ཕན་ཚུན་བར་བརྩེ་དུང་གཏན་འཇགས་བྱེད་པའི་སྐབས་ཀྱང་ཡིད་ཆེས་པའི་ཚད་འཛིན་ས་མནའ་སྐྱེལ་གྱིས་གཏན་འཇགས་བྱེད་ཀྱི་ཡོད། དཔེར་ན། 《ཚངས་དབྱངས་རྒྱ་མཚོའི་མགུར་གླུ》ལས། "མགོ་ལ་བརྒྱབ་པའི་གཙུག་གཡུས། །གསུངས་སྐད་བྱོན་ནི་མི་ཤེས། །ཁྱེད་ཀྱི་ཐུགས་ལ་ཡོད་ན། །དབུ་མནའ་བཞེས་རོགས་གནང་དང་། །"ཞེས་གསལ་བ་བཞིན། བདེན་མིན་གང་ཡིན་གྱི་ཚད་འཛིན་ས་དབུ་མནའམ་མནའ་སྐྱེལ་དམ་བཅར་བཀར་གྱི་ཡོད། བོད་མིའི་འདུ་ཤེས་སུ་གལ་ཏེ་མནའ་ལས་འགལ་ན་ཉེས་པ་ཤིན་ཏུ་ནས་ཚབས་ཆེ་བར་བརྩི་བ་སྟེ་བོད་མིའི་གནའ་དཔེར་ཡང་། "མིས་མི་ཟ་མནའ། ཁྱིས་མི་ཟ་རྗོ།"ཞེས་ཟེར་སྲོལ་ཡོད། མདོར་ན། མནའ་སྐྱེལ་བའི་གོམས་སྲོལ་ནི་བོད་མི་རིགས་ཀྱི་འབུར་དུ་ཐོན་པའི་དམིགས་བསལ་གྱི་ཁྱད་ཆོས་ཤིག་ཡིན།

དང་པོ། མནའི་ལོ་རྒྱུས་སྐོར།

བོད་དུ་མནའ་སྐྱེལ་བའི་སྲོལ་ནི། གནའ་སྔ་མོ་ཞིག་ནས་དར་ཡོད་པ་འདྲ་སྟེ། 《བརྡ་རྙིང་ཡིག་ཆའི་ཚིག་དོན་ཀུན་ཁྱལ》ལས། "ཁོ་བོ་ཡང་འདི་ལས་མ་རངས་པ་མྱེད་ཀྱིས། ཁྱོད་སེམས་པ་དང་མྱི་

འདྲའ་རེ་ཞེས་མནའ་བོར་རོ། ཅུང་ནས། མྱང་དབའས་གཉིས་ཟིང་པོ་རྗེ་ལས་འཕྲུལ་ཏེ། བཙན་པོ་སྤུ་རྒྱལ་ལ་གློ་བ་ཉེ་བར་བྱས་ནས། མནའ་མཐོའ་ཡང་ཆེར་བཅད་དོ། ཅུང་གི་འོག་ཏུ་དབའས་དབྱི་ཚབ་ཀྱིས། ཞང་པོ་མནོན་བཟང་ཧོ་རེ་སྤོན། བློ་ལ་བཏགས་ཏེ། མནའ་མཐོ་བཆད་པ་ལས། བཟང་ཧོ་རེ་ཤི་ནས། བུ་པང་སུམ་འདྲོན་པོ། ཟིང་པོ་རྗེ་འི་ནང་ཀོར་བྱེད་པ་བློ་ལ་བཏག་སྟེ་མནའ་མཐོ་བཆད་དོ"[2]ཞེས་བསྟན་པ་ལྟར་དང་མཁས་དབང་དགེ་འདུན་ཆོས་འཕེལ་གྱིས《དེབ་ཐེར་དཀར་པོ》ཡི་ནང་ཡང"བང་སོའི་ནང་གི་རེའུ་མིག་དགུའི་དབུས་སུ་བཙན་པོའི་སྐུ་ཕྱུར་གསེར་གྱིས་བྱུགས་ནས་འཇོག་ཅིང་། དཀོར་ནོར་གྱིས་བཀང་། ནང་བློན་གང་ཡིན་དེ་དུར་སྲུང་དུ་འཇོག ཁོང་རང་འཁོར་བཅས་གཤིན་པོའི་རྟགས་བཏབ་སྟེ། རྒྱལ་རྒྱུད་གསོན་པ་རྣམས་དང་འཕྲད་མི་ཆོག་པ་ཡིན། བ་ཕྱུགས་སོགས་བང་སོའི་ཉེ་འཁོར་དུ་འཁྱར་ན། ཁོང་རྣམས་ཀྱིས་བཟུང་སྟེ་གཤིན་པོའི་རྟགས་བཏབ་ནས་སྐྱར་བདག་པོ་ལ་མི་སྤྲོད། ལོ་དུས་ཀྱི་མཆོད་པའི་སྐབས་སུ་དུང་བཏང་བ་དང་མཉམ་དུ། ཁོང་རྣམས་ལུང་པ་ཞིག་ཏུ་བྲོས་ནས་ཡིབ་སྡེ་སྡོད། དེ་ནས་བཙན་པོ་འཁོར་བཅས་ཀྱིས་མཆོད་པ་ཕུལ་བའི་རྗེས་སུ་སླར་འཁོར་ནས་མཆོད་པ་རྣམས་བསྡུས་ནས་ལོངས་སྤྱོད་སོགས་བཤད"[3]ཅེས་གསལ་ཞིང་། དེ་བཞིན་ས྄་རབས་བོད་མི་ཚོས་ཚོ་པ་དང་ཚོ་པའི་བར་དང་། ས་ཁོངས་དང་ས་ཁོངས་བར། མི་རིགས་དང་མི་རིགས་བར་ཞི་མཐུན་མཉམ་གནས་ཀྱི་གྲོས་གཞི་གཏན་འཕེལ་བྱེད་སྐབས། གནམ་ས་རི་དང་ཉི་ཟླ་སྐར་མ་རྣམས་དཔང་དུ་བཙུགས་ནས་མནའ་བསྐྱལ་ཏེ་འགྱུར་བ་མེད་པའི་བྱེད་ཐབས་སྲོལ་གྱི་ཡོད་པའི་སྐོར《བོད་ཀྱི་གནའ་རབས་ཡིག་ཆ་གཅེས་བསྡུས》ལས། "བཙན་པོ་རྗེ་བློན་རྣམས་ལ་ལོ་ལྟར་མནའ་སྐྱེལ་ཞིང་། དེ་དུས་ལུག་ཁྱི་སྤྲེའུ་གསུམ་དམར་མཆོད་དུ་འབུལ། ལོ་གསུམ་རེ་ན་མནའ་ཆེན་སྐྱེལ་ཞིང་། མཚན་གྱི་དགུང་ལ་རྟ་ཕྱུགས་བོང་བུ་རྣམས་དམར་མཆོད་བྱེད། སྲོག་ཆགས་རྣམས་ཀྱི་རྐང་ལག་བཅད་ཅིང་དོན་སྙིང་མདུན་དུ་སྤུངས་ཏེ། བན་རྗེ་ཞིག་གིས་ཚོ་ག་གཏོང་། གནམ་ས་རི་དང་ཉི་ཟླ་སྐར་མ་རྣམས་དཔང་དུ་བཙུགས་ཏེ། ཁྱེད་ཅག་སུས་རང་ཡུལ་མི་སྲུང་ཞིང་། བསམ་ངན་དང་སེམས་མ་དྲངས་པ་བྱེད་ན། གནམ་སའི་ལྷ་རྣམས་ཀྱིས་ཁྱེད་ཅག་གི་བསམ་པ་ཐམས་ཅད་མཁྱེན་པས། ད་ལྟ་བསད་པའི་དུད་འགྲོ་འདི་རྣམས་བཞིན་དུ་དུམ་བུར་བྱས་ལ་སོད་ཅིག"[4]ཅེས་པ་གསལ་བ་དང་། དེ་དང་ཕྱོགས་མཚུངས་པར《བརྡ་སྙིང་ཡིག་ཆའི་ཚིག་དོན་ཀུན་ཁྱབ》ལས། "……དཀོན་མཆོག་གསུམ་དང་། །འཕགས་པའི་རྣམས་དང་གཉི་ཟླ་དང་གཟའ་སྐར་ལ་ཡང་དཔང་དུ་གསོལ་ཏེ། །ཐ་ཚིག་གི་རྣམས་པས་ཀྱང་བཤད། །སྲོག་ཆགས་བསད་དེ་མནའ་ཡང་བོར་ནས། །གཙིགས་བཅས་སོ། །གཙིགས་འདི་བཞིན་དུ་མ་བྱས་སམ། །བཤིག་ན། །བོད་རྒྱ་གཉིས་གང་གིས་སྔར་ཉེས་པ་ལ་ཕྱོག་ཅིང་། ལན་དུ་དགྲ་སྒྲུ་ཅི་བྱས་ཀྱང་གཙིགས་བཤིག་པ་ལ་མ་གཏོགས་སོ། །འདི་ལྟར་བོད་རྒྱ་གཉིས་ཀྱི་རྗེ་བློན་གྱིས་ཞལ་གྱིས་བཞེགས་མནའ་བོར་ཏེ། །གཙིགས་ཀྱི་

ཡི་གེ་ཞིབ་མོར་བྲིས་ནས།……”[5]ཞེས་གསལ་བ་ལ་གཞིགས་ན། བོད་རྒྱ་དཔོན་ཞང་གཉིས་ཕན་ཚུན་དམག་མི་དྲངས་པ་འཆམ་མཐུན་གྱི་མཐུན་འགྲིག་དམ་བཅའ་སྲུང་དགོས་པའི་དོན་ཆེན་གཏན་འཁེལ་བྱེད་སྐབས། “སྲོག་ཆགས་བསད་དེ་མནའ་ཡང་བོར་ནས།” “འདི་ལྟར་བོད་རྒྱ་གཉིས་ཀྱི་རྗེ་བློན་གྱིས་ཞལ་གྱིས་བཤགས་མནའ་བོར་ཏེ”ཞེས་མནའ་སྐྱེལ་གྱིས་ཁས་ལེན་དོན་དུ་འཁྱོལ་བའི་དཔང་པོ་བྱས་འདུག གཞན་ཡང་། སྔར་ཆོས་རྒྱལ་སྲོང་བཙན་སྒམ་པོས་ལྷ་ལྡན་གཙུག་ཁང་གིས་གཙོས་པའི་མཐའ་འདུལ་ཡང་འདུལ་ཏུ་གནོན་སོགས་ཀྱི་གཙུག་ལག་ཁང་མང་ཙམ་བཞེངས་ཤིང་། ལྷ་ཆོས་དགེ་བ་བཅུ་དང་མི་ཆོས་གཙང་མ་བཅུ་དྲུག་གི་ཁྲིམས་སྤེལ་བ་སོགས་བྱས་ནས་བོད་དུ་སངས་རྒྱས་ཤཱཀྱ་ཐུབ་པའི་བསྟན་པ་སྤེལ་བའི་སྒོ་མོ་ཕྱེ་བའི་མཛད་པ་མང་དུ་སྤེལ་ཡང་། སྲོང་བཙན་སྒམ་པོ་འདས་ནས་མི་རབས་གསུམ་ཙམ་སོང་བའི་རྗེས་སུ་ཁྲི་ལྡེ་སྲོང་བཙན་མེས་ཨག་ཚོམ་གྱི་བློན་ཆེན་མ་ཞང་གྲོམ་པ་སྐྱེས་ཀྱིས་ཁྲི་ལྡེ་སྲོང་བཙན་མེས་ཨག་ཚོམ་འདས་པ་དང་ཁྲི་སྲོང་ལྡེ་བཙན་ནར་མ་སོན་པའི་དུས་དང་བསྟུན་ནས་ནང་བསྟན་བསྣུབས་པའི་ཛ་དྲག་གི་ལས་འགུལ་སྤེལ་ཡོད་པ་ནི། མ་ཞང་གྲོམ་པ་སྐྱེས་ཀྱིས“སུས་སངས་རྒྱས་ཆོས་ལུགས་ཀྱི་ཆོས་བྱས་དེའི་རྒྱུ་ནོར་གཞུང་བཞེས་བཏང་ནས་མཐའ་མཚམས་སུ་ཕུད་རྒྱུ་ཡིན། ཕྱིན་ཆད་བོན་ཆོས་མ་གཏོགས་སངས་རྒྱས་ཆོས་ལུགས་ཀྱི་ཆོས་བྱེད་མི་ཆོག མི་ཤི་བའི་རྗེས་སུ་མཆོད་འབུལ་བྱེད་མི་ཆོག ར་མོ་ཆེ་ལ་ཡོད་པའི་རྒྱ་ལྷ་རྒྱ་ནག་ཏུ་ཕྱིར་སྐྱེལ་དགོས། ཟེར་བ་སོགས་ཁྲིམས་བཅས། ལྷ་ས་མཁར་བྲག་གི་ལྷ་ཁང་དང་། བྲག་དམར་མགྲིན་བཟང་གི་ལྷ་ཁང་གཉིས་བཤིག ར་མོ་ཆེའི་ཇོ་བོ་མི་བསྐྱོད་རྡོ་རྗེ་མི་སུམ་བརྒྱས་དྲུད་ནས་སྐྱུལ་མ་ཐུབ་པར་བྱེ་མའི་འོག་ཏུ་སྦས། སླར་ཡང་གཙུག་ལག་ཁང་དང་། ར་མོ་ཆེའི་ཇོ་བོ་གཉིས་མངའ་རིས་སྐྱིད་གྲོང་བར་དུ་བསྐྱལ། ལྷ་སར་ཡོད་པའི་ཧྭ་ཤང་ཐམས་ཅད་རྒྱ་ནག་ཏུ་ཕྱིར་སློག་བྱས། ར་མོ་ཆེ་དང་གཙུག་ལག་ཁང་གཉིས་སུ་བཟོ་གྲྭ་དང་བཤས་ར་བྱས་ཏེ་སེམས་ཅན་བསད་པའི་རྒྱུ་མ་དང་ནང་ཁྲོལ་རྣམས་ལྷ་སྐུའི་མགོ་བོ་དང་ལག་པའི་སྟེང་དུ་བཀལ། ལྷ་སྐུའི་སྟེང་དུ་པགས་པ་དམར་པོ་བསྐམས། ཆོས་ལ་དད་པའི་བློན་པོ་ལང་མེས་གཟིགས་དང་འབལ་སྐོང་ཚབ་གཉིས་ཁྲིམས་ལ་སྦྱར་ནས་སྲོག་ཐག་བཏང”[6]བ་སོགས་ཀྱི་ནང་བསྟན་བསྣུབས་པའི་ཛ་དྲག་གི་བྱ་སྤྱོད་སྤེལ་ཡོད། ལོ་རྒྱུས་རྒྱབ་ལྗོངས་དེ་འདྲའི་འོག་ཕྱིས་སུ་ཆོས་རྒྱལ་ཁྲི་སྲོང་ལྡེ་བཙན་སྐབས་ནང་བསྟན་བསྟན་པ་སླར་གསོ་བྱུང་ནས་བོད་ཀྱི་དགོན་སྡེ་དང་པོ་དཔལ་བསམ་ཡས་མི་འགྱུར་ལྷུན་གྱིས་གྲུབ་པའི་གཙུག་ལག་ཁང་གསར་བཞེངས་བྱས་རྗེས་དཔལ་བསམ་ཡས་དགོན་གྱི་དབུ་རྩེའི་ཕོ་བྲང་མདུན་དུ་ཕྱིས་འབྱུང་དམ་པའི་ཆོས་དེ་མི་ནུབ་བསྐལ་བརྒྱའི་བར་གནས་ཆེད་དུ་བཙན་པོའི་གདུང་སྲས་དང་བློན་འབངས་རྣམས་མནའ་སྐྱེལ་དུ་བཅུག་ཅིང་། མནའ་ཚིག་རྣམས་སྲ་ཞིང་བརྟན་ལ་འབྱུང་བའི་བར་ཆད་ཀྱིས་འཇིག་མི་ཐུབ་པའི་རྡོ་ལ་ཡི་གེ་རྐོས་ནས་གཙུག་ལག་ཁང་མདུན་དུ་རྡོ་རིང་བཙུགས་

པའི་སྣང་མེད་སྲོལ་དང་པོ་ལེགས་པར་ཕྱེ་བར་མཛད། དེ་ཡང་བསམ་ཡས་ཀྱི་རྫོ་རིང་ལ་འཕོད་པའི་ཡི་གེར། "……ར་ས་དང་། བྲག་དམར་གྱི་གཙུག་ལག་ཁང་ལས་སྩོགས་པར། དཀོན་མཆོག:།གསུམ། གྱི་རྟེན་བཙུགས་པ:དང་། སངས:རྒྱས:ཀྱིཆོས:། མཛད:པ:འདི། ནམ:དུ:ཡང་མྱི:གཏང:མའ་ཞིག པར:བགྱི:འོ:། ཡོ:བྱད:སྦྱརད། པའ:ཡང་། དེ་ལས:མྱི:དབྲི:མྱི:བསྒྱུར་བར་བགྱིའོ:། ད྄:ཕྱིན:ཆད། གདུང:རབས:རེ:རེ:ཞིང:ཡང:བཙན་པོ:ཡབ་སྲས:གྱིས:འདི:། བཞིན་ཡི:དམ:བཅའོ:། དེ་ལས:གནའ:ཁ:དབྱུད:པ:དག:ཀྱང:། མྱི་བགྱི:མྱི:བསྒྱུར:བར:། འཇིག རྟེན་ལས:འདའས:པའ:དང་། འཇིག:རྟེན:གྱི:ལྷ་དང་། མྱི་མ:ཡིན:པའ། ཐམས:ཅད་ཀྱང:དཔང་དུ།:གསོལ:ཏེ། བཙན་པོ:ཡབ:སྲས་ དྲ:། རྗེ་བློན་ཀུན་གྱིས་དབུ་སྙུང:དང་བྲོ:། བོར་རོ:། གཙིགས་ཀྱི་ཡི་གེ་ཞིབ:མོ་གཅིགནི་གུད་ན་མཆིས་སོ།:"[7]ཞེས་གསལ་བ་མ་ཟད། བློན་འབངས་རྣམས་མནའ་གན་བཞག་པའི་བཀའ་གཙིགས་ཀྱི་ཡི་གེ་འདི་འདྲ་ཡོད་པ་སྟེ། "ད་ནས་ཕན་ཆད། བོད་ཡུལ་དཀོནད་ཅོག་གསུམ་གྱི་རྟེན་བཅས་ཏེ། སངས་རྒྱས་ཀྱི་ཆོས་མཛད་པ་མི་གཞིག་པར་བཙན་པོ་ཡབ་སྲས་དང་སྲས་ཀྱི་ཡུམ་གྱིས་དབུ་སྙུང་བཟུང་ཞིང་ཡི་དམ་བཅས་པ་དང་། ཕྱི་ནང་གི་བློན་པོ་ཆེ་ཕྲ་མཐའ་དག་བྲོ་སྦྱལ་བའི་གཙིགས་ཀྱི་ཡི་གེར་བྲིས་པའོ།……འདི་ལྟར་ཡི་དམ་བཅས་པ། ཕྱོགས་བཅུའི་སངས་རྒྱས་ཐམས་ཅད་དང་། དམ་པའི་ཆོས་ཐམས་ཅད་དང་། བྱང་ཆུབ་སེམས་དཔའི་དགེ་འདུན་ཐམས་ཅད་དང་། རང་སངས་རྒྱས་དང་ཉན་ཐོས་ཐམས་ཅད་དང་། གནམ་སའི་རིམ་པ་ལྷ་འོ་ཅོག་དང་། བོད་ཡུལ་གྱི་སྐུ་ལྷ་དང་། ལྷ་དགུ་ཐམས་ཅད་དང་། ཀླུ་དང་། གནོད་སྦྱིན་དང་མི་མ་ཡིན་པ་ཐམས་ཅད་དཔང་དུ་གསོལ་ཏེ། གཙིགས་འདི་ལས་མི་འགྱུར་བར་བགྱིས་སོ། དེ་ལ་གཙིགས་ལྟར་མ་བགྱིས་ཏེ། དཀོནད་ཅོག་གསུམ་གྱི་སྐུ་བསླུས་སམ་མནའ་ཁ་དབྱུད་བགྱིས་ན། སེམས་ཅན་དམྱལ་བར་སྐྱེས་ཤིག འདི་བཞིན་དུ་མཛད་ཅིང་བགྱིས་ན། ཐམས་ཅད་ཀྱང་བླ་ན་མེད་པ་ཡང་དག་པར་རྫོགས་པའི་བྱང་ཆུབ་ཏུ་མངོན་པར་སངས་རྒྱས་པར་ཤོག་ཅིག"[8]ཅེས་གསལ་བ་དང་། ཕྱིས་སུ་ནང་བསྟན་དེ་བཞིན་སྤྲ་བརྟན་གོང་འཕེལ་ཡོང་ཆེད"བཙན་པོའི་རྒྱལ་རྒྱུད་རྣམས་ཚང་མ་སྐུ་ཆུང་དུས་ནས་དགེ་སློང་ཞིག་ཡོངས་འཛིན་དུ་བསྐོས་ཏེ་ཐུགས་ནུས་གང་ཡོད་ཀྱིས་ཆོས་བསླབ་དགོས་པ་མནའ་ཁྲིམས་ཀྱི་སྒོ་ནས་གཏན་ལ་ཕབ་པ་ཡིན་ཅིང"[9]ཞེས་གསལ་བ་ལྟར། མདོར་ན། བསྟན་པ་སྔ་དར་དུས་དོན་ཆེན་གྱི་ཆོས་སྲིད་གཉིས་ཀྱི་གལ་ཆེའི་བྱ་བ་གཏན་འཁེལ་བྱ་སྐབས་མནའ་གན་འཛུག་པ་ནི་སྲོལ་ཞིག་ཏུ་ཆགས་ཡོད།

གཉིས་པ། མནའི་ཚིག་གི་གོ་དོན་སྐོར།

མནའ་ཞེས་པའི་ཚིག་གྲོགས་ལ་སྦྱོར་ཚུལ་མང་དུ་ཡོད་པ་སྟེ། "མནའ་སྐྱེལ་དམ་བཅའ"དང་། "མནའ་སྐྱེལ་བ" "མནའ་གན" "མནའ་སྐོག་པ" "མནའ་བཅའ་བ" "མནའ་ཆས" "མནའ་ཆིངས"

"མནའ་ཐོ་བཅད་པ" "མནའ་མཐུན" "མནའ་འདོར་བ" "མནའ་བོར" "མནའ་སྦྲེལ" "མནའ་མ" "མནའ་མི" "མནའ་ཚིག" "མནའ་རྫུན་སྐྱེལ་བ" "མནའ་བཟའ་བ" "མནའ་རི" "མནའ་ཤག"སོགས་ཚིག་གྲོགས་མང་དུ་སྦྱོར་ཚུལ་འདུག མིང་ཚིག་མང་དུ་ཡོད་པ་དེ་རྣམས་གོ་དོན་ཆེ་བའི་སྒོ་ནས་དབྱེ་ན་རིགས་གཉིས་ལ་དབྱེ་ཚོག་པར་མངོན་ཏེ། "མནའ་སྐྱེལ་དམ་བཅའ"ཡི་གནའ་དང་། "མནའ་མ"ཞེས་བག་མའི་དོན་བཅས་རིགས་གཉིས་ལ་ངེས་པར་མངོན།

དེ་ཡང་དང་པོ་བག་མ་ལ"མནའ་མ"ཞེས་འབོད་དགོས་པའི་རྒྱུ་མཚན་གང་ཡིན་སྐོར་ལ་བསམ་གཞིགས་བྱེད་སྐབས། རྣམ་ཐར་དང་དེབ་ཐེར་ཕལ་མོ་ཆེའི་ནང་མནའ་མ་ལ་བག་མ་ཟེར་བ་འབོད་པ་ལས། མནའ་མ་ཟེར་བ་འགོད་སྲོལ་སྤྱིར་མེད་པ་དང་། མནའ་མ་ཟེར་བ་ནི་དུས་རྒྱུན་གྱི་ཁ་སྐད་ཡིན་པ་འདྲ་བ་དཔེར་ན། བག་མ་བླངས་པ་ལ་ཁ་སྐད་ནང་མནའ་མ་བླངས་པ་ཟེར་ཁྱབ་ཆེ་བའི་ཐ་སྙད་འདི་སྤྱོད་ཀྱི་ཡོད། འདིར་མནའ་སྐྱེལ་དམ་བཅའི་མནའ་དང་བུའི་ཆུང་མར་མནའ་མ་ཞེས་པའི་མནའ་གཉིས་ཀྱི་གོ་དོན་ལ་ཕན་ཚུན་གྱི་འབྲེལ་བ་གང་ཡོད་སྐོར་ལ་དཔྱད་པ་བྱེད་དགོས་ངེས་ཤིག་ཡིན་སྙམ། ཁོ་བོས་འདིའི་སྐོར་ལ་དཔྱད་གཞིའི་ཡིག་རིགས་བཙལ་འཚོལ་བགྱིས་ཀྱང་ད་ཕན་འདིའི་སྐོར་གྱི་དཔྱད་གཞིའི་ཡིག་རིགས་ཁུངས་ལྡན་ཞིག་རྙེད་སོན་མ་བྱུང་བས། བོད་ལྗོངས་སློབ་གྲྭ་ཆེན་མོའི་ནང་བོད་རིག་པ་ཞིབ་འཇུག་གནང་མཁན་འགའ་རེར་བཀའ་འདྲི་ཞུ་བར་བསྐྱོད་པ་ཡིན། དེ་ལས་བག་མར་མནའ་མ་ཞེས་ཨོང་དགོས་པའི་རྒྱུ་མཚན་སྐོར་ལ། གནའ་སྔ་མོ་བུ་མོ་རྣམས་བག་མར་འགྲོ་སྐབས་རང་གི་ཕྱི་བོ་དེ་དང་མི་ཚེ་མཐའ་འཁྱོངས་བྱེད་པ་ལས་ཡང་བསྐྱར་རང་གི་ཕ་མའི་མདུན་དུ་གོ་མི་ལོག་པ་འཐམ་ཕྱིར་ལོག་མི་བྱེད་པའི་ཁས་ལེན་ནམ་དམ་བཅའ་སོ་སོའི་ཁྱིམ་ནས་མ་ཐོན་པའི་གོང་སོ་སོའི་སྤྱུ་མོ་སོགས་ཀྱི་མདུན་དུ་ཡུལ་ལྷ་གཞི་བདག་གམ་དཀོན་མཆོག་གསུམ་ཚད་དུ་བཙུགས་ཏེ་མནའ་སྐྱེལ་དགོས་ཀྱི་ཡོད་པས་བག་མར་མནའ་མ་ཞེས་མིང་ཐོགས་པ་རེད་ཟེར་བ་དང་། ཡང་བོད་མིའི་གཏམ་དཔེར། "བུ་མོའི་འདུན་མ་ལན་གཅིག་ཡིན"ཟེར་བའི་གོ་དོན་ནི་མནའ་མར་འགྲོ་དུས་མནའ་བསྐྱལ་ཟིན་པས་སླར་གོ་ལོག་མི་ཚོག་པའི་དོན་ལྡན་ཡོད།

ཡང་མནའ་སྐྱེལ་དམ་བཅའི་མནའ་ཚིག་གི་མནའ་ལ་མནའ་དང་སྣ་གཉིས་འབྲི་ཚུལ《བཀའ་ཆེམས་ཀ་ཁོལ་མ》ལས། "གཡོག་མོ་དེ་བྲོས་སོང་བའི་ཕྱིར་རྒྱལ་པོས་སྤྱན་ཟུར་གྱིས་གཟིགས་པས། སྟེའུའི་ཁ་ཐལ་བས། སེང་གེ་གཅིག་གི་སྣ་བཅད་པས། སྤྲུལ་པའི་བཟོ་བོ་རྣམས་ཀྱིས་ཀྱང་སྟེའུའི་ཁ་ཐལ་སྟེ་སེང་གེ་ཐམས་ཅད་ཀྱི་སྣ་བཅད་དོ། དེའི་ཉེས་སྐྱོན་གྱིས་བོད་ཡུལ་ཁ་བ་ཅན་དུ་བསྐལ་པའི་དུས་མཐའ་ལ། སྐྱེ་བོ་འཛིག་རྟེན་པ་རྣམས་ཀྱིས་མནའ་བཟོས་པས་རབས་ཆད་པ་མང་པོ་ཡོང་། དེ་ཡང་ཕ་དང་མེས་པོ་ཡང་མེས་གསུམ་གྱིས་མནའ་ཟོས་པས། བུ་དང་ཚ་བོ་ཡང་ཚ་གསུམ་ཚུན་ཆད་དུ་རབས་ཆད་པ་ཡོང་"[10]

ཞེས་པ་ལྟར་དང་། མནའ་ཡི་གོ་དོན་སྐོར་ལ《བོད་རྒྱ་ཚིག་མཛོད་ཆེན་མོ》ལས། "རྟེན་གསུམ་སོགས་དཔང་དུ་བཙུགས་ནས་དམ་བཅས་པ"[11]ཞེས་གསལ་བ་དང་། 《མནའ་ཞེས་པའི་ཐ་སྙད་ཀྱི་ཐོག་མའི་གོ་དོན་གླེང་བ》ཞེས་པའི་རྩོམ་ཡིག་ལས། "མནའ་ཞེས་པ་ནི་ཆོས་སྲིད་གང་ཉུང་གི་ཆེད་དུ་མི་སྐྱེར་དང་ཐུན་མོང་། ཐུན་མོང་དང་ཐུན་མོང་མ་ཡིན་པ་སོགས། དམིགས་ཡུལ་གང་ཉུང་ལ་དམིགས་ནས་དོན་དེ་ཉིད་ལས་མི་འདའ་བར་ཉི་ཟླ་སྐར་གསུམ་དང་། རྟེན་གསུམ། ཡུལ་ལྷ་གཞི་བདག ཕ་མ་བུ་ཕྲུག་སོགས་མདོར་ན། རང་གི་དད་པའི་ཡུལ་དང་། འཇིགས་སུ་ཉུང་བའི་ཡུལ་དེ་དག་མནའ་དངོས་སུ་བཞག་ནས་དེས་དཔང་པོ་བྱས་ནས་བརྗོད་པའི་དོན་དེ་ལས་མི་འགལ་བར་དམ་བཅས་པ་འདིར་གོ་བ་ཡིན"[12]ཞེས་གསལ། དགེ་བཤེས་ཆོས་གྲགས་ཀྱིས་མཛད་པའི《བརྡ་དག་མིང་ཚིག་གསལ་བ》ལས། "མནའ་ནི་དམ་བཅའ་བའམ་དམོད་བཙུགས་པའི་དོན་དུ་འཇུག"[13]ཅེས་གསལ་ལོ། །

མནའ་སྐྱེལ་དམ་བཅའི་མིང་གི་རྣམ་གྲངས་ཀྱི་འབྲི་སྲོལ་ལ། "མནའ་སྐྱེལ་བ"དང་། "བྲོ་བོར་བ"དང་། "དབུ་བསྣུང་ངོ"སོགས་རིགས་མི་འདྲ་བ་ཁ་ཤས་གསལ་འདུག་པ་སྟེ། རྫོ་རིང་གི་ཡི་གེ་དང་། ཆོས་འབྱུང་། ཏུན་ཧོང་ནས་ཐོན་པའི་གཏེར་ཡིག་ནང་བཙན་པོས་དབུ་སྣུང་། བློན་པོ་དང་ཇོ་མོས་བྲོ་བོར། འབངས་རྣམས་ཀྱིས་མནའ་བོར་སོགས་ཞེ་སའི་ཁྱད་པར་ཡོད་པར་མངོན་པ་དཔེར་ན། ཞྭ་ལྷ་ཁང་གི་རྡོ་རིང་གཉིས་པར"ངའི་ཞ་སྔ་ནས་ཀྱང་དབུ་སྣུང་གནང་། ཇོ་མོ་མཆེད་དང་། རྒྱལ་ཕྲན་དང་། ཆབ་སྲིད་ཀྱི་བློན་པོ་རྣམས་དང་། ཞང་བློན་ཕྲ་མོ་ཐམས་ཅད་ཀྱང་བརྣན་ཏེ། མནས་བསྣགས་ནས"[14]ཞེས་གསལ་བ་ལྟ་བུའོ། །

གསུམ་པ། བོད་མིའི་དམངས་ཁྲོད་དུ་དར་ཆེ་བའི་མནའ་ཚིག་སྐོར།

དེང་དུས་བོད་མི་ཚོའི་མནའ་སྐྱེལ་བའི་མནའ་ཚིག་གི་སྐོར་ལ་དུས་ཀྱི་འཕོ་འགྱུར་དང་། ཆོས་སྲིད་རིག་གནས་བཅས་ཀྱི་རྒྱབ་ལྗོངས་མི་འདྲ་བའི་ཤུགས་རྐྱེན་དབང་གིས། ཙ་བའི་ཁྱད་ཆོས་འདི་རྣམས་ལྡན་པ་སྟེ། ནང་བསྟན་སྟོན་པ་དང་འབྲེལ་བའི་མནའ་ཚིག་དང་། རྒྱལ་བའི་བཀའ་བསྟན་དང་འབྲེལ་བའི་མནའ་ཚིག དཀོན་མཆོག་གསུམ་དང་འབྲེལ་བའི་མནའ་ཚིག ཡུལ་ཕྱོགས་སོ་སོའི་ཆོས་སྐྱོང་སྲུང་མ་དང་འབྲེལ་བའི་མནའ་ཚིག གནས་གཞི་ཁྱད་པར་དང་འབྲེལ་བའི་མནའ་ཚིག རང་བྱུང་ཁམས་དང་འབྲེལ་བའི་མནའ་ཚིག ཡུལ་ཕྱོགས་སོ་སོའི་བླ་སྤྲུལ་དང་འབྲེལ་བའི་མནའ་ཚིག སོ་སོའི་ཕ་མ་ཚད་བཙུགས་པའི་མནའ་ཚིག སོ་སོའི་བུ་ཕྲུག་ཚད་བཙུགས་པའི་མནའ་ཚིག བླ་སྲོག་དང་འབྲེལ་བའི་མནའ་ཚིག ལྟོ་ཟོར་དང་འབྲེལ་བའི་མནའ་ཚིག དགེ་བའི་ལས་དང་འབྲེལ་བའི་མནའ་ཚིག དམིགས་བསལ་ཅན་གྱི་ལོ་ཟླའི་ནང་གསར་དུ་བྱུང་བའི་མནའ་ཚིག་བཅས་རིགས་བཅུ་གསུམ་ཙམ་ཡོད་པར་མངོན། དེ་དག་རེ་རེ་ནས་

དཔེ་མཚོན་ཙམ་ངོ་སྤྲོད་བྱས་ན་གཤམ་གསལ་འདི་རྣམས་ཏེ།

གཅིག ནང་བསྟན་སྟོན་པ་དང་འབྲེལ་བའི་མནའ་ཚིག

ནང་བསྟན་སྟོན་པ་དང་འབྲེལ་བའི་མནའ་ཚིག་སྐོར་དབུས་གཙང་ཁུལ་དུ་ཁྱབ་ཆེ་བ་ནི“ཇོ་བོ” “ཇོ་བོ་རིན་པོ་ཆེ” “ཇོ་བོ་ཡེ་ཤེས་ནོར་བུ” “ཇོ་བོ་ཚད་བཙུགས”ཟེར་བ་དང་། ཆབ་མདོ་ཁུལ་ལ“ཇོ་ཤཱཀ” “ཇོ་ཤཱཀ་རྣམ་གསུམ”ཟེར་བ། ཀོང་པོ་རྒྱ་མདའི་ཁུལ་ལ“ཇོ་བོ་སྐུ་མདུན་ཚད་བཙུགས”ཟེར་བ་སོགས་ཡོད། གོང་དུ་གསལ་བའི་མནའ་ཚིག་དེ་རྣམས་ནི་ནང་བསྟན་སྟོན་པ་དང་འབྲེལ་བའི་མནའ་ཚིག་སྟེ། “ཇོ་བོ”ནི་བདག་ཅག་གི་སྟོན་པ་ཇོ་བོ་ཤཱཀྱ་མུ་ནེ་ལ་ཟེར་བ་དང་། ཆབ་མདོ་ཁུལ་ལ་ཁྱབ་ཆེ་བའི“ཇོ་ཤཱཀ་རྣམ་གསུམ”ཟེར་བ་ནི་རྒྱ་བཟའ་ཀོང་ཇོས་བསྣམས་ཕེབས་པའི་ལྷ་ལྡན་གཙུག་ལག་ཁང་དུ་བཞུགས་པའི་ཇོ་བོ་ཤཱཀྱ་མུ་ནེ་དང་། བལ་བཟའ་ཁྲི་བཙུན་གྱིས་བསྣམས་ཕེབས་པའི་ར་མོ་ཆེར་བཞུགས་པའི་ཇོ་བོ་མི་བསྐྱོད་རྡོ་རྗེ། སྤྲུལ་པའི་དགེ་སློང་ཨ་ཀ་ར་མ་ཏིས་གདན་དྲངས་པའི་རྩེ་ཕོ་བྲང་ན་བཞུགས་པའི་ཇོ་བོ་འཕགས་པ་འཇིག་རྟེན་དབང་ཕྱུག་བཅས་གསུམ་ལ་ཟེར། ཇོ་ཤཱཀ་རྣམ་གསུམ་ནི་དུས་རབས་བདུན་པར་ནང་བསྟན་བོད་དུ་དབུ་བརྙེས་པའི་དུས་སུ་ཆོས་རྒྱལ་སྲོང་བཙན་སྒམ་པོ་དང་། རྒྱ་བཟའ་ཀོང་ཇོ། བལ་བཟའ་ཁྲི་བཙུན་བཅས་ཆོས་རྒྱལ་ཡབ་ཡུམ་རྣམ་གསུམ་གྱིས་གདན་དྲངས་པའི་ནང་བསྟན་སྟོན་པ་ཇོ་བོ་ཤཱཀྱ་མུ་ནེ་ངོ་བོ་གཅིག་ལ་རྣམ་པ་མི་འདྲ་བ་གསུམ་གྱི་སྐུའོ་དེ་དག་གོ །

གཉིས། རྒྱལ་བའི་བཀའ་བསྟན་དང་འབྲེལ་བའི་མནའ་ཚིག

དབུས་གཙང་ཁུལ་དང་མི་འདྲ་བའི་མདོ་སྨད་མཚོ་སྔོན་ཁུལ་ལ་སངས་རྒྱས་ཀྱི་གསུང་ཆོས་མནའ་ཚིག་ལ་འཇོག་པའི་གོམས་སྲོལ་འདི་འདྲ་ཡོད་པ་སྟེ། “ཡུམ་དུམ་པ” “ཡུམ་དུམ་པ་བཅུ་གཉིས” “བཀའ་འགྱུར” “བསྟན་འགྱུར” “བདེན་པ” “ས་ཁ་ཆོས”སོགས་ཟེར་སྲོལ་ཡོད་ཅིང་། དེ་ཡང་མནའ་ཚིག་དེ་རྣམས་ཀྱི་གོ་དོན་གང་ལགས་ཤེ་ན། “བཀའ་འགྱུར”ནི་སངས་རྒྱས་ཀྱིས་གསུངས་པའི་བཀའ་འདུལ་བའི་སྡེ་སྣོད་དང་། མདོ་སྡེའི་སྡེ་སྣོད། མངོན་པའི་སྡེ་སྣོད་དེ་སྡེ་སྣོད་གསུམ་དང་། བྱ་བའི་རྒྱུད། སྤྱོད་པའི་རྒྱུད། རྣལ་འབྱོར་གྱི་རྒྱུད། རྣལ་འབྱོར་བླ་ན་མེད་ཀྱི་རྒྱུད་སྡེ་བཞི་བོད་དུ་འགྱུར་རོ་ཅོག་ཕྱོགས་གཅིག་ཏུ་བསྒྲིགས་པ་གླེགས་བམ་བརྒྱ་དང་བཞིའམ་བརྒྱད་ཡོད་པ་དེར་ཟེར། བསྟན་འགྱུར་ནི། རིག་གནས་སྐོར་དང་བཀའ་མདོ་རྒྱུད་ཀྱི་དགོངས་པ་འགྲེལ་བར་བྱེད་པའི་བསྟན་བཅོས་བོད་ཡིག་ཏུ་བསྒྱུར་བ་གླེགས་བམ་ཉིས་བརྒྱ་དང་བཅོ་བརྒྱད་ཙམ་བཞུགས་པ་དེར་ཟེར། “ཡུམ་དུམ་པ”དང“ཡུམ་དུམ་པ་བཅུ་གཉིས”ཞེས་པའི་གོ་དོན་སྐོར《བོད་རྒྱ་ཚིག་མཛོད་ཆེན་མོ》ལས། “ཡུམ་དུམ་པ་བཅུ་དྲུག”ཅེས་གསལ་བ་དང་། ད་དུང་ཞིབ་ཟླ་ཡུམ་རྒྱས་འབྲིང་བསྡུས་གསུམ་ལ་ཟེར་གྱི་ཡོད་པ་དང་། དེ་ནི་ཨ་མདོ་དང་འབར་ཁམས་སོགས་ཀྱི་མནའ་ཚིག་ཅིག་ཡིན་ཞེས་གསལ་བཤད་བྱས་འདུག འོན་ཀྱང་བོད་ལྗོངས་སློབ་གྲྭ་ཆེན་

སོར་ཕྲུག་ལས་གནང་བཞིན་པའི་ཨ་མདོ་བ་རྣམས་ལ་དངོས་སུ་བཅར་འདྲི་བྱེད་དུས་ཕོ་པ་ཚོས་གསུངས་པར། "ཡུམ་དུམ་པ་བཅུ་གཉིས"ཟེར་བ་ལས་ཚིག་མཛོད་དུ་གསལ་བའི"ཡུམ་དུམ་པ་བཅུ་དྲུག"ཟེར་བའི་སྲོལ་མི་འདུག་གོ། ཇ་བ་ཁྲུལ་གྱི་ཨ་མདོ་བ་ཚོས་མནའ་སྐྱེལ་དམ་བཅའི་མནའ་ཚིག་ལ"གསེར་ཡུམ"ཡང་ཟེར་གྱི་འདུག "གསེར་ཡུམ"གྱི་གོ་དོན་ནི་གསེར་གྱིས་བྲིས་པའི"ཡུམ་དུམ་པ་བཅུ་གཉིས"ཟེར་བའི་གོ་དོན་རེད་འདུག "བདེན་པ"ཟེར་བའི་མནའ་ཚིག་གི་གོ་དོན་ནི་སངས་རྒྱས་ཤཱཀྱ་ཐུབ་པས་ཆོས་འཁོར་ཐོག་མར་སྐོར་སྐབས་གསུངས་པའི་འཁོར་བའི་རྒྱུ་འབྲས་དང་། མྱང་འདས་ཀྱི་རྒྱུ་འབྲས་མ་ལུས་པ་བསྡུས་ནས་བླང་དོར་བྱ་བའི་གཞི་འཕགས་པའི་བདེན་པ་བཞི་སྟེ། སྡུག་བསྔལ་བདེན་པ་དང་། ཀུན་འབྱུང་བདེན་པ་དང་། འགོག་པའི་བདེན་པ་དང་། ལམ་གྱི་བདེན་པ་བཅས་བཞི་ལ་ཟེར། ཡང་ཨ་མདོ་བ་ཁ་ཅིག་གིས་གསུངས་པར"བདེན་པ"ཞེས་པའི་མནའ་ཚིག་གི་གོ་དོན་ནི། དོན་དམ་བདེན་པ་དང་ཀུན་རྫོབ་བདེན་པ་གཉིས་ལ་ཟེར་གྱི་ཡོད་ཅེས་ཀྱང་ཟེར། "ས་ཁ་ཆོས"ཞེས་པའི་མནའ་ཚིག་གི་གོ་དོན་ནི། ས་སྟེང་གི་ཆོས་ཡོད་དོ་ཅོག་ཟེར་བའི་དོན་ཡིན་པར་གྲགས།

གསུམ། དཀོན་མཆོག་གསུམ་སྤྱི་ཙམ་བརྗོད་པ་དང་འབྲེལ་བའི་མནའ་ཚིག

"དཀོན་མཆོག"དང"དཀོན་མཆོག་གསུམ།" "དཀོན་མཆོག་ཚད་བཙུགས"ཟེར་བའི་མནའ་ཚིག་འདི་རྣམས་ནི་ལྷ་སས་གཙོས་པའི་བོད་ཀྱི་དབུས་གཙང་ཁུལ་ལ་ཁྱབ་ཆེ་བ་ཞིག་ཡིན། "དཀོན་མཆོག་གསུམ"ནི་ནང་པ་སངས་རྒྱས་པ་དང་ཕྱི་པ་མུ་སྟེགས་པ་ཤན་འབྱེད་བྱེད་ཀྱི་ཚད་ཡིན་པ་སྟེ། དཀོན་མཆོག་གསུམ་སྐྱབས་གནས་ཡང་དག་ཏུ་ཁས་བླངས་ན་ནང་པ་སངས་རྒྱས་པའི་བསྟན་པར་ཚུད་ཅིང་། དཀོན་མཆོག་གསུམ་ཁས་མ་བླངས་ན་ནང་པར་ཚུད་མེད་དོ། །"དཀོན་མཆོག་གསུམ"ནི་སངས་རྒྱས་ཆོས་ལུགས་ལ་སྐྱབས་སུ་འགྲོ་བའི་ཡུལ་དཀོན་མཆོག་གསུམ་སྟེ། ཆོས་གསུངས་པ་པོ་སངས་རྒྱས་དང་། དེས་གསུངས་པའི་ཆོས། ཆོས་དེ་ཉམས་སུ་ལེན་པའི་དགེ་འདུན་བཅས་གསུམ་ནི་ཧ་ཅང་དཀོན་པ་རིན་པོ་ཆེ་ལས་ལྷག་པ་དང་བསོད་ནམས་ཀྱི་ཞིང་མཆོག་ཏུ་གྱུར་པ་ཡིན་པས་དཀོན་མཆོག་ཟེར། འདི་གསུམ་ནི་ནང་པ་སངས་རྒྱས་པས་སྐྱབས་སུ་འགྲོ་བའི་ཡུལ་རྣམ་པ་གསུམ་ཡང་ཡིན་ནོ། །

བཞི། ཡུལ་ཕྱོགས་སོ་སོའི་ཆོས་སྐྱོང་སྲུང་མ་དང་འབྲེལ་བའི་མནའ་ཚིག

དབུས་ཀྱི་ལྷ་ས་སོགས་ལ་ཁྱབ་ཆེ་བ"དཔལ་ལྡན་ལྷ་མོ"ཟེར་བ་དང་། ཆབ་མདོ་ས་གནས་སྨར་ཁམས་རྫོང་ཁུལ་ལ"ཆབ་མདོ་ཆོས་སྐྱོང"ཟེར་བ། མངའ་རིས་སྨར་རྫོང་ཁུལ་ལ"རྟག་པ་མེ་ལེན"ཟེར་བ། ད་དུང་ཞིབ་ཕྲའི་ཡུལ་གཅིག་གི་ཡུལ་ཚོ་སོ་སོར་ཡང་མནའ་ཚིག་གི་ཁྱད་པར་ལྡན་པ་སྟེ། དཔེར་ན། ལྷ་ས་གྲོང་ཁྱེར་ཁྲུལ་གྱི་བྱང་ཕྱོགས་ཉང་རལ(《དུང་དཀར་ཚིག་མཛོད་ཆེན་མོ》ལ"ཉང་བྲན"ཞེས་བྲིས་འདུག)བརྒྱུད་ལ"ཉང་རལ(ཉང་བྲན)རྒྱལ་པོ"དང"རྟ་མགྲིན"ཟེར་ཞིང་། ལྷ་ས་གྲོང་ཁྱེར་ལྷུན་གྲུབ་རྫོང་ཕུ་མདོ་ཤང

གནས་ཆུང་ཁུལ་ལ“དགེ་བསྙེན”དང་། མལ་གྲོ་གུང་དཀར་རྫོང་བྱ་ཡུལ་མང་ར་ཁུལ་ལ“བྱ་ཡུལ་དཔལ་ལྡན་ལྷ་མོ”ཟེར་བ། མལ་གྲོ་གུང་དཀར་རྫོང་འབྲི་གུང་བརྒྱུད་ལ“ཨ་ཕྱི”འམ“ཨ་ཕྱི་ཆོས་ཀྱི་སྒྲོན་མ”ཟེར།

གོང་དུ་གསལ་བའི་མནའ་ཚིག་དེ་རྣམས་ཡུལ་ཕྱོགས་སོ་སོའི་ཆོས་ལུགས་གྲུབ་མཐའི་ཆོས་སྐྱོང་སྲུང་མ་དང་འབྲེལ་བའི་མནའ་ཚིག་ཡིན་པ་སྟེ། “ཛག་པ་མེ་ལྀན”ཟེར་བ་ནི་མངའ་རིས་སྐར་རྫོང་ཁུལ་ལ་ཁྱབ་ཆེ། “ཛག་པ་མེ་ལྀན”ནི་ཡུལ་དེར་ངོས་འཛིན་པའི་བཀའ་གདམས་དགོན་གྱི་སྲུང་མ་ཡིན་ཟེར་བ་དང་། “ཉང་རལ(ཉང་བྲན)རྒྱལ་པོ”ནི་ལྷ་ས་གྲོང་ཁྱེར་ཁུལ་གྱི་བྱང་ཕྱོགས“ཉང་རལ(ཉང་བྲན)”བརྒྱུད་ཀྱི་ཡུལ་ལྷ་གཞི་བདག་ཡིན་ཞིང་། “དགེ་བསྙེན”ནི་ལྷ་ས་གྲོང་ཁྱེར་ལྷུན་གྲུབ་རྫོང་གནས་ཆུང་ཁུལ་ལམ་སྟག་ལུང་དགོན་སྡེའི་སྲུང་མ་དང་། “བྱ་ཡུལ་དཔལ་ལྡན་ལྷ་མོ”ནི་མལ་གྲོ་གུང་དཀར་རྫོང་མང་ར་ཁུལ་ལ་གནས་ཡོད་པའི་བྱ་ཡུལ་མང་ར་དགོན་གྱི་སྲུང་མ་དང་། “ཨ་ཕྱི་ཆོས་ཀྱི་སྒྲོན་མ”ནི་འབྲི་གུང་བཀའ་བརྒྱུད་ཀྱི་སྲུང་མ་ཡིན་ནོ། །

ལྔ། གནས་གཞི་ཁྱད་པར་དང་འབྲེལ་བའི་མནའ་ཚིག

ཆབ་མདོ་བ་ཚོས“ཆབ་མདོ་དགོན” “ཉི་མ་ལྷ་ས”སོགས་ཀྱི་མནའ་ཚིག་བརྗོད་ཅིང་། གཞིས་རྩེ་ས་གནས་རྒྱལ་རྩེ་ཁུལ་གྱིས“རྫོང་ཁང་ཚད་བཙུགས”ཟེར་བ་དང་། མངའ་རིས་སྐར་རྫོང་དང་རྩ་མདའི་བརྒྱུད་ལ“མེའི་བེའུ”ཟེར། “མེའི་བེའུ”ནི་ཡུལ་དེའི་རྩ་ཆེན་གནས་རི་ཞིག་ཡིན་པ་དང་། དབུས་ལྷ་ས་ཁུལ་ལ་ཁ་ཅིག་གིས“པོ་ཏ་ལ” “རྩེ་ཕོ་བྲང་དམར་པོ་ཚད་བཙུགས”ཟེར་མཁན་ཡོད་ལ། སྟར་གྱི་སེ་ར་དང་འབྲས་སྤུངས་དགོན་སྡེའི་གྲྭ་པ་ཁ་ཤས་ཀྱིས་མནའ་ཆེན་པོ་སྐྱེལ་སྐབས“སེ་འབྲས་དགེ་གསུམ”ཞེས་ཟེར་སྲོལ་ཡང་འདུག

དྲུག རང་བྱུང་ཁམས་དང་འབྲེལ་བའི་མནའ་ཚིག

ཆབ་མདོའི་སྨར་ཁམས་རྫོང་ཁུལ་ལ་མནའ་སྐྱེལ་བའི་ཚིག“འཇམ་བུ་གླིང” “ཉི་མ” “ཁྲི་གདུགས་ཉི་མ”ཟེར་བ་དང་། འདམ་གཞུང་ཁུལ་གྱི་འབྲོག་པ་ཚོས“ནམ་མཁའ་སྔོན་མོ”ཞེས་པའི་མནའ་ཚིག་སྒྲོགས། ཨ་མདོ་མཚོ་སྔོན་ཁུལ་གྱི་ས་ཆ་ཁག་གཅིག་ལ་མནའ་ཚིག“དེའི་ཉི་མ” “དེ་རིང་ཉི་མ” “ཉི་མ་སེར་པོ”ཟེར་བའི་སྲོལ་ཡོད་པ་དང་། རིན་སྤུངས་རྫོང་བར་ཐང་ཤང་ཁུལ་ལ“ཞུགས་ཉི(ཉི་མའི་ཞེ་ཚིག)བྲལ”ཟེར་བ་ལྟ་བུའི་མནའ་ཚིག་སྒྲོགས་སྲོལ་འདུག མནའ་ཚིག་འདི་དག་ལས་ཉི་མ་དང་། ནམ་མཁའ་སྔོན་མོ་སོགས་མནའ་ཚིག་སྒྲོགས་པའི་བསམ་སྲོལ་ནི་བོད་ཀྱི་གདོད་མའི་ཆོས་ལུགས་བོན་ཆོས་དང་འབྲེལ་བའི་བསམ་སྲོལ་ཞིག་ཡིན་ཞིང་། དེ་ཡང་གདོད་མའི་བོན་ཆོས་ཀྱི་འཇིག་རྟེན་ལྟ་ཚུལ་ལྟར་ན། ཉི་མ་དང་། ཟླ་བ་སོགས་ཚུད་པའི་སྟེང་གི་ནམ་མཁའ་ནི་དད་པ་བྱེད་པའི་ཡུལ་ཁྱད་དུ་འཕགས་པ་ཞིག་ལ་བརྩི་གྱི་ཡོད་ལ། བོད་ཀྱི་ལོ་རྒྱུས་དེབ་ཐེར་ཁག་ནང་བོད་ཀྱི་བཙན་པོ་དང་པོ་གཉའ་ཁྲི་བཙན་པོ་ལྷ་ཡུལ་ནས་མི་ཡུལ་

ཏུ་ཛྫེ་བོར་གཤེགས་པའི་སྐོར་དང་། བོད་ཀྱི་བཙན་པོ་གནམ་གྱི་ཁྲི་བདུན་རྣམས་གནམ་ནས་ཕེབས་པ་དང་གནམ་དུ་གཤེགས་པར་བཤད་པ། ལྷག་པར་བོད་དུ་སངས་རྒྱས་བསྟན་པ་དབུ་བརྙེས་པའི་དཔང་རྟགས་གཉན་པོ་གསང་བ་ཡང"བོད་ཀྱི་རྒྱལ་པོའི་ཐོག་མ་གཉའ་ཁྲི་བཙན་པོ་ནས་རྒྱལ་རབས་ཉི་ཤུ་རྩ་དྲུག་གི་རིང་སངས་རྒྱས་ཀྱི་བསྟན་པའི་མིང་ཙམ་ཡང་མ་བྱུང་ལ། དེ་ནས་ཀུན་ཏུ་བཟང་པོའི་སྤྲུལ་པར་གྲགས་པ་ལྷ་ཐོ་ཐོ་རི་སྙན་ཤལ་གྱི་རིང་ལ་རྒྱལ་པོའི་ཕོ་བྲང་གི་སྟེང་དུ། སྤང་ཀོང་ཕྱག་བརྒྱའི་གླེགས་བམ་སོགས་ནམ་མཁའ་ལས་བབས་པ་ཚིག་དོན་མ་ཤེས་ཀྱང་མཚན་གཉན་པོ་གསང་བར་བཏགས་ནས་མཆོད་དེ་དམ་པའི་ཆོས་ཀྱི་དབུ་བརྙེས་སོ"[15]ཞེས་གསལ་བ་དང་། 《དེབ་ཐེར་སྔོན་པོ》ཡི་ནང"བོན་པོ་གནམ་ལ་དགའ་བས་དེ་ནས་བབས་ཟེར་བ་ཡིན་གྱི་དོན་ལ་པཎྜི་ཏ་བློ་སེམས་འཚོ་དང་ལོ་ཙཱ་བ་ལི་ཐེ་སེས་ཆོས་དེ་རྣམས་ཁྱེར་འོངས་པ། རྒྱལ་པོས་ཡི་གེའི་ཚིག་དོན་མ་གོ་བས་ཆོས་རྣམས་བཞག་སྟེ་ལོ་པཎ་ཕྱིར་ལོག"[16]ཟེར་བ་སོགས་གསལ་བ་ལས་ནམ་མཁའ་དང་བོད་ཀྱི་གདོད་མའི་ཆོས་ལུགས་འདྲ་ཤེས་བར་གྱི་འབྲེལ་བ་གང་ཡིན་གསལ་པོར་རྟོགས་ཐུབ་སོ། །

བདུན། ཡུལ་ཕྱོགས་སོ་སོའི་ལྷ་སྲུང་ཁག་དང་འབྲེལ་བའི་མནའ་ཚིག

བོད་སྤྱི་ཡོངས་ལ་ཁྱབ་ཆེ་བ"ཡེ་ཤེས" "ཡེ་ཤེས་ནོར་བུ"ལྟ་བུའི་མནའ་ཚིག་དང་། ད་དུང་ལྷ་ས་ཁུལ་གྱི་སྐྱེས་བུ་ཁག་ཅིག་གིས་དགེ་ལུགས་གྲུབ་མཐའི་སྲོལ་འབྱེད་བླ་མ"ཛྫེ་རིན་པོ་ཆེ"ཟེར་བའི་མནའ་ཚིག་སྒྲོགས་པ། ཀོང་པོ་རྒྱ་མདའི་ཁུལ་ལ"དཔལ་ལྡན་བླ་མ"ཟེར་བ། གནྱ་བཀའ་བརྒྱུད་ཀྱི་ཤུགས་རྐྱེན་ཆེ་བའི་དབུས་ཀྱི་ས་ཆ་ཁག་ལ"རྒྱལ་བ་གནྱ་པ"ལྟ་བུའི་མནའ་ཚིག་སྒྲོགས་པ། གཞིས་རྩེ་ཁུལ་ལ་བོད་ཀྱི་དབུས་ཁུལ་དང་མ་འདྲ་བའི་མནའ་ཚིག"པཎ་ཆེན་ཚད་བཙུགས" "པཎ་ཆེན་བྲལ"ཟེར་བ་སོགས་མནའ་ཚིག་སྒྲོགས་ཀྱི་ཡོད། འདམ་གཞུང་ཁུལ་དུ་ཡུལ་མི་ཚོས་བླ་སྲུལ་མནའ་ཚིག་ཏུ་སྒྲོགས་ཀྱི་ཡོད་པ་དཔེར་ན"གངས་ཤར་རིན་པོ་ཆེ"དང་། "རྩེ་སྤྲུལ་རིན་པོ་ཆེ" "མ་སྤྲུལ་རིན་པོ་ཆེ"ལྟ་བུའོ། །

བརྒྱད། སོ་སོའི་ཕ་མ་ཚད་བཙུགས་པའི་མནའ་ཚིག

ཕ་མ་དང་འབྲེལ་བའི་མནའ་ཚིག་གང་དང་གང་ཡོད་དམ་ཟེར་ན། དབུས་གཙང་ཁུལ་དུ་ཁ་སྐད་དུ"ཨ་མ་ཚད་བཙུགས" "ཨ་མ་སྒྲོན" "ཨ་མ་བྲལ"ཟེར་བ་དང་། འབྲོག་པའི་ཁུལ་ཁ་ཅིག་གིས"ཕ་རོ" "མ་རོ" "ཨ་ཕའི་རོ" "ཨ་མའི་རོ" "ཨ་ཕའི་ཤ"ཟེར་སྲོལ་ཡོད། ལྷོ་ཁ་ཁུལ་དུ་ཁ་སྐད་དུ"ཨ་མ་སྒྲོན" "ཨ་མ་བྲལ"ཟེར་བ་སྟེ། དོན་དངོས་ཡི་གེར་བཀོད་ན"ཨ་མ་དང་བྲལ"ཟེར་བ་ཡིན། "ཨ་མ་དང་བྲལ"ཟེར་བའི་གོ་དོན་ནི། "ཨ་མ་ཚད་བཙུགས"པ་སྟེ། གལ་ཏེ་ངས་བཤད་པ་དེ་མ་བདེན་ན་ངའི་ཨ་མ་ང་དང་ཁ་བྲལ་ཟེར་བའི་དོན་ཡིན། ད་དུང་འབྲོག་པའི་ཁུལ་ཁག་ཅིག་ལ"ཕ་རོ་འདས་བརྒྱ། བུ་རོ་འདས་བརྒྱ་ཚད་བཙུགས"ཟེར་སྲོལ་འདུག དེ་ལྟར་ཤིན་ཏུ་མ་མཛེས་པའི་མནའ་ཚིག་དེའི་འབྱུང་ཁུངས་

སྐོར་ལ་བཙལ་འཚོལ་བྱེད་སྐབས་འདི་ནི་སྔར་གྱི་བོན་ཆོས་ཀྱི་ཤུགས་རྐྱེན་ཐེབས་པའི་མནའ་སྲོལ་ལ“ཕ་རོ་འདས་བརྒྱ། བུ་རོ་འདས་བརྒྱ་ཚད་བཙུགས”ཟེར་བ་དང་། ཡུལ་ལྷ་གཞི་བདག་སོགས་གསོལ་བའི་བསངས་ཁ་བསངས་གསོལ་བྱེད་སྐབས་བསངས་གསོལ་ཚིག “ཕ་རོ་འདས་བརྒྱ་མཁྱེན། བུ་རོ་འདས་བརྒྱ་མཁྱེན”ཟེར་སྲོལ་འདུག་པ་ནི་ཏ་ལམ་མེས་པོའི་རྣམ་ཤེས་ལ་དད་པ་བྱེད་པའི་ནང་དོན་དང་འབྲེལ་བ་མེད་དམ་སྙམ་པ་མུ་མཐུད་དཔྱད་པར་འོས།

དགུ། སོ་སོའི་བུ་ཕྲུག་ཚད་བཙུགས་པའི་མནའ་ཚིག

བོད་མི་རིགས་འདིར་གཞན་དང་མ་འདྲ་བའི་མནའ་ཚིག་ཕ་མ་ཚད་བཙུགས་པའི་མནའ་ཚིག་ཡོད་པ་མ་ཟད། ད་དུང་སོ་སོའི་བུ་ཕྲུག་ཀྱང་ཚད་བཙུགས་ནས་མནའ་སྐྱེལ་མཁན་ནི་སྤྱིར་བཏང་དབུས་ཁུལ་ལྷ་ས་སོགས་ལ་མཐོང་དཀོན་ཀྱང་གཞིས་རྩེ་རིན་སྤུངས་རྫོང་ཁུལ་ལ་སོ་སོའི་བུ་ཕྲུག་ཚད་བཙུགས་པའི་མནའ་ཚིག་ཡོད་པ་སྟེ། དཔེར་ན། “ཕྲུ་གུ་ཚད་བཙུགས” “ཕྲུ་གུ་བྲལ”ཞེས་གསལ་པོར་མ་འབོད་པར་སྤྱིར་ཙམ་བརྗོད་པ་དང་། ཡང་ཁ་ཅིག་གིས“བཀྲ་ཤིས་ཚད་བཙུགས” “བཀྲ་ཤིས་བྲལ”ལྟ་བུ་མིང་འབོད་ཀྱི་མནའ་ཚིག་བརྗོད་སྲོལ་འདུག གོ་དོན་གོང་དང་འདྲ་བ་སྟེ། གལ་ཏེ་བཤད་པ་དེ་མ་བདེན་ན་ང་དང་ངའི་ཤ་ནས་བཅད་པའི་སྙིང་གི་ནོར་བུ་ཕྲུ་གུ་དང་བྲལ་གྱུར་ཅིག་ཅེས་པའི་མཚོན་དོན་ཡིན།

བཅུ། བླ་སྲོག་དང་འབྲེལ་བའི་མནའ་ཚིག

“སྲོག་བྲལ”ཟེར་བ་ནི་སོ་སོའི་སྲོག་འབེན་ལ་བཙུགས་པའམ་སོ་སོའི་སྲོག་རྒྱུན་དུ་འཛོག་པའི་མནའ་ཚིག་ཡིན། དེ་ཡང་གཞིས་རྩེའི་ཁུལ་ལ“སྲོག་བྲལ”ཟེར་བའི་མནའ་ཚིག་འདི་ཙུང་ཁྱབ་ཆེ་བ་ཡིན་པ་འདྲ། གོ་དོན་ནི་སྲོག་དང་བྲལ་བ་སྟེ། འཆི་བ་དང་དོན་གཅིག་ཡིན། འདི་དང་དབུས་ཁུལ་ལ་ངས་བཤད་པ་སྐྱུག་རྫུན་རེད་འདུག་ན“ང་ཤི་བ་ཤོག”ཟེར་བ་དང་དོན་གཅིག་ཡིན་པར་སྙམ།

བཅུ་གཅིག ལྟོ་ཕོར་དང་འབྲེལ་བའི་མནའ་ཚིག

ལྟོ་ཁ་ཁུལ་དང་གཞིས་རྩེ་རིན་སྤུངས་ཁུལ་ཁག་ཅིག་གིས“ལྟོ་ཕོར་བྲལ” “ལྟོ་ཕོར་ཚད་བཙུགས”“ཙ་ནེ་བྲལ” “ཁ་ཕོར་བྲལ”ཟེར་བ་ལྟ་བུའི་མནའ་ཚིག་སྒྲོགས་ཀྱི་ཡོད། གོ་དོན་ནི་གལ་ཏེ་ངས་བཤད་པ་དེ་བདེན་པ་མིན་ན། ང་ལྟོ་ཕོར་དང་བྲལ་བ་ཤོག་ཟེར་བའི་དོན་ཏེ། ལྟོ་ཕོར་དང་བྲལ་ནས་ཟས་བཟའ་བའི་གོ་སྐབས་མེད་ན་འཆི་རྒྱུ་རང་ཡིན་པ་དེ་བསྟན་ཡོད། འདི་ནི་སྲོག་བྲལ་ཟེར་བ་དང་དོན་གཅིག་བརྗོད་ཚུལ་མི་འདྲ་བ་ཡིན་ལ། དེང་དུས་དབུས་གཙང་ཁུལ་གྱི་སྐྱེས་བུ་ཁག་ཅིག་གིས་བཤད་པའི“དཀོན་མཆོག ངས་སྐྱུག་བརྫུན་བཤད་མེད། གལ་ཏེ་བདེན་པ་མིན་ན། ང་ཁྲག་སྐྱུག་ནས་ཤི་བ་ཤོག”ཟེར་བའི་ཤོད་སྲོལ་དང་གོ་དོན་གཅིག་མཚུངས་སུ་སྣང་།

བཅུ་གཉིས། དགེ་བའི་ལས་དང་འབྲེལ་བའི་མནའ་ཚིག

དཀར་པོའི་དགེ་བའི་ལས་མནའ་ཚིག་ཏུ་འཇོག་པ་ཨ་མདོའི་ཁ་སྐད་དུ“དཀར་རོ་དགའ”ཟེར་བའི་མནའ་ཚིག་འདུག་པ་ཡི་གེར་བཀོད་ན“དཀར་པོ་དགེ་བ”སྟེ། དཀར་པོའི་དགེ་བའི་ལས་ཀྱི་དོན་ཡིན་ཟེར། འདིའི་གོ་དོན་ནི་ངས་བཤད་པ་བདེན་པ་མིན་པར་རྫུན་བཤད་འདུག་ན། ངས་མི་ཚེ་ཧྲིལ་པོ་ལ་བསགས་པའི་ཆོས་སམ་དཀར་པོའི་དགེ་བའི་ལས་ཚང་མ་མེད་པར་གྱུར་ཅིག་ཟེར་བའི་དོན་ཡིན།

བཅུ་གསུམ། དམིགས་བསལ་ཅན་གྱི་ལོ་ཟླའི་ནང་གསར་དུ་བྱུང་བའི་མནའ་ཚིག

སྐོ་ཁ་ཁུལ་དང་། འདམ་གཞུང་། གཞིས་རྩེ་སོགས་ས་ཆ་ཁ་ཤས་ལ་དུས་དེང་སང་ཡང“ཀུའུ་ཞི” “མའོ་ཀུའུ་ཞི” “ཧྭ་ཀུའུ་ཞི” “ཀུའུ་ཞི་ཚད་བཙུགས” “མའོ་ཀུའུ་ཞི་ཚད་བཙུགས” “ཧྭ་ཀུའུ་ཞི་ཚད་བཙུགས”ཟེར་བ་སོགས་ཀྱི་མནའ་ཚིག་བརྗོད་མཁན་ཡོད། མནའ་ཚིག་འདི་རྣམས་ནི་གསར་དུ་བྱུང་བའི་མནའ་ཚིག་ཡིན། དེ་ནི་རང་རྒྱལ་གྱི་གོད་ཆག་ཆེ་བའི“རིག་གནས་གསར་བརྗེ”ཞེས་པའི་དུས་སྐབས་སུ་གསར་དུ་བྱུང་བའི་མནའ་ཚིག་ཡིན་ཞིང་། ཚང་མས་ཤེས་གསལ་ལྟར་སྐབས་དེར་རིག་གནས་རྙིང་པ་དང་། ལྟ་བ་རྙིང་པ། ཡུལ་སྲོལ་གོམས་གཤིས་རྙིང་པ་སོགས་ལ་ངོ་རྒོལ་བྱེད་པའི་དུས་སྐབས་ཡིན་སྐབས། བོད་མི་ཚོས“དཀོན་མཆོག” “ཇོ་བོ”ཟེར་བའི་གནའ་ཚིག་གི་ཚབ་ལ་གོང་སློས་ཀྱི་མནའ་ཚིག་གསར་པ“ཀུའུ་ཞི” “མའོ་ཀུའུ་ཞི” “ཧྭ་ཀུའུ་ཞི”སོགས་ཀྱི་བརྗོད་སྲོལ་དེ་བྱུང་བ་རེད།

མཇུག་བསྡུ་བ།

མནའ་དང་བོད་མིའི་བར་གྱི་འབྲེལ་བ་ནི་ཤིན་ཏུ་ཟབ་ཅིང་། བོད་མི་རིགས་འདིར་གནའ་སྔ་མོའི་དུས་ནས་མནའ་སྐྱེལ་བའི་གོམས་སྲོལ་ཡོད་པ་དང་། མནའ་སྐྱེལ་བའི་གོམས་སྲོལ་དེ་བོད་མིའི་ཆོས་དང་། སྲིད། ཡུལ་གོམས་གཤིས་ལུགས་སོགས་ཕྱོགས་གང་སར་ཁྱབ་ཡོད། དེར་ཡུལ་ཕྱོགས་དང་ལས་རིགས། ཕོ་མོ། ཆོས་ལུགས་གྲུབ་མཐའ་སོགས་ཀྱི་དབྱེ་བ་མེད་པར་གོམས་གཤིས་ཤིག་ཏུ་གྱུར་ནས་དར་འཕེལ་སོགས་བྱུང་ཡོད་ལ། མནའི་གལ་ཆེའི་རང་བཞིན་ནས་བཤད་ན། ཆེ་བ་སྔ་རབས་ཀྱི་རྒྱལ་ཁྲིམས་ནང“རྫུན་སྤོང་གི་ཁྲིམས། ལྷ་སྲུང་དཔང་དུ་བཟུང་ནས་མནའ་སྤོབ་པ”ཞེས་པ་དང་། “བསྟན་ཧོལ་མནའ་བཀར་གྱི་ཞལ་ལྕེ” “བསྟན་རྟམ་མནའ་དག་གི་ཞལ་ལྕེ”ཞེས་པ་སོགས་ཀྱི་སྐོར་འཁོད་ཅིང་། ཡང་སྤྱིར་བཏང་མང་ཚོགས་ཕལ་པའི་འཚོ་བའི་ཁྲོད་ནས་བརྗོད་ན། གཏན་གཏན་གང་ཡིན་གྱི་ཚད་འཛིན་ས་དབུ་མནའམ་མནའ་སྐྱེལ་དམ་བཅར་བཀར་གྱི་ཡོད། མདོར་ན་མནའ་སྐྱེལ་གྱི་གོམས་སྲོལ་དེ་བོད་མིའི་སྲིད་དང་། ཆོས་ལུགས། འཚོ་བ་གང་སར་ཁྱབ་ཆེ་བའི་ཡུལ་གོམས་གཤིས་ལུགས་ཐུན་མོང་མ་ཡིན་པ་ཞིག་ཡིན། །

མཆན།

[1] [4] བོད་མིང་བསོད་ནམས་སྐྱིད་དང་དབང་རྒྱལ། 《བོད་ཀྱི་གནའ་རབས་ཡིག་ཆ་གཅེས་བསྡུས།》 མི་རིགས་དཔེ་སྐྲུན་ཁང་། 1983ལོ། ཤོག་ངོས33པར་གསལ།

[2] [5] [7] [8] གཞའ་གོང་དཀོན་མཆོག་ཚེ་བརྟན། 《བརྡ་རྙིང་ཡིག་ཆའི་ཚིག་དོན་ཀུན་གྲོལ།》 ཀན་སུའུ་མི་རིགས་དཔེ་སྐྲུན་ཁང་། 2010ལོ། ཤོག་ངོས26、208、129-130、134-135པ་བཅས་སུ་གསལ།

[3] དགེ་འདུན་ཆོས་འཕེལ། 《དེབ་ཐེར་དཀར་པོ།》 མི་རིགས་དཔེ་སྐྲུན་ཁང་། 2005ལོ། ཤོག་ངོས47-48བར་གསལ།

[6] 《ཏུང་དཀར་བློ་བཟང་འཕྲིན་ལས་ཀྱི་གསུང་རྩོམ་ཕྱོགས་བསྒྲིགས།》 ཀྲུང་གོའི་བོད་ཀྱི་ཤེས་རིག་དཔེ་སྐྲུན་ཁང་གིས་བསྐྲུན། 1997ལོ། ཤོག་ངོས501པར་གསལ།

[9] ཆབ་སྤེལ་ཚེ་བརྟན་ཕུན་ཚོགས་དང་ནོར་བྲང་ཨོ་རྒྱན། 《བོད་ཀྱི་ལོ་རྒྱུས་རགས་རིམ་གཡུ་ཡི་ཕྲེང་བ།》 སྟོད་ཆ། བོད་ལྗོངས་བོད་ཡིག་དཔེ་རྙིང་དཔེ་སྐྲུན་ཁང་། 1989ལོ། ཤོག་ངོས360པར་གསལ།

[10] རྫོ་བོ་རྗེ་ཨ་ཏི་ཤས་གཏེར་ནས་བཏོན། 《བཀའ་ཆེམས་ཀ་ཁོལ་མ།》 ཀན་སུའུ་མི་རིགས་དཔེ་སྐྲུན་ཁང་། 1989ལོ། ཤོག་ངོས237པར་གསལ།

[11] ཀྲང་དབྱི་སུན་གྱིས་གཙོ་སྒྲིག་བྱས། 《བོད་རྒྱ་ཚིག་མཛོད་ཆེན་མོ།》 མི་རིགས་དཔེ་སྐྲུན་ཁང་། 1985ལོ། ཤོག་ངོས1555པར་གསལ།

[12] 《བོད་ལྗོངས་སློབ་གྲྭ་ཆེན་མོའི་རིག་དེབ།》 2012ལོའི་ཆེད་བསྒྲིགས། ཤོག་ངོས215པར་གསལ།

[13] དགེ་བཤེས་ཆོས་གྲགས། 《བརྡ་དག་མིང་ཚིག་གསལ་བ།》 མི་རིགས་དཔེ་སྐྲུན་ཁང་། 1981ལོ། ཤོག་ངོས477པར་གསལ།

[14] ཆབ་འགག་རྡ་མགྲིན། 《བོད་ཡིག་རྫ་རིང་ཞིབ་འཇུག》 བོད་ལྗོངས་མི་དམངས་དཔེ་སྐྲུན་ཁང་། 2012ལོ། ཤོག་ངོས135པར་གསལ།

[15] ཐུའུ་བཀྭན་བློ་བཟང་ཆོས་ཀྱི་ཉི་མ། 《ཐུའུ་བཀྭན་གྲུབ་མཐའ།》 ཀན་སུའུ་མི་རིགས་དཔེ་སྐྲུན་ཁང་། 1984ལོ། ཤོག་ངོས49པར་གསལ།

[16] འགོས་ལོ་གཞོན་ནུ་དཔལ། 《དེབ་ཐེར་སྔོན་པོ།》 སི་ཁྲོན་མི་རིགས་དཔེ་སྐྲུན་ཁང་། 1985ལོ། ཤོག་ངོས63-64བར་གསལ།

《བོད་ལྗོངས་ཞིབ་འཇུག》 ༢༠༡༣ལོའི་དེབ་བཞི་པ་ལས་བཏུས།

རྒྱུན་གོམས་ཡུལ་སྒྲོལ་གྱི་སྐོར།

༄༅། །བོད་ཀྱི་དམངས་སྲོལ་ཚེ་རབས་ལས་རྩིས་ཀྱི་བརྩི་སྒོའི་སྐོར་གླེང་བ།

བསྟན་རྣམ།

བོད་མིའི་ཡུལ་སྲོལ་གོམས་གཤིས་ནང་ཕྲུ་གུ་ཐོག་མར་མ་ཡི་མངལ་ནས་འཛིག་རྟེན་འདིར་ལྷུང་སྐབས་ཕྲུ་གུའི་ལོ་ཡི་སྐྱེས་ཚང་། རྨི་བའི་སྐྱེས་ཚང་། སྤར་ཁའི་སྐྱེས་ཚང་། རུས་ཁམས་ཀྱི་སྐྱེས་ཚང་། རྒྱ་སྐར་གྱི་སྐྱེས་ཚང་། དེ་བཞིན་ཕ་མའི་ལོ་གྲངས་དང་དར་གུད་བཅུ་གཉིས། རྟེན་འབྲེལ་བཅུ་གཉིས་སོགས་གནད་དུ་བཟུང་ནས་བརྩི་བྱ་ཕྲུ་གུ་ཕྱིས་སུ་གཟུགས་གཞིར་བར་ཆད་མེད་པར་བདེ་ཐང་དང་འཚར་ལོངས་བྱུང་མིན་དང་། འཚར་ལོངས་བྱུང་ནས་བདེ་སྡུག་ལམ་འགྲོ་ཇི་ལྟར་རྒྱུག་ཡོས་བཅས་ཀྱི་སྐོར་འབྱུང་རྩིས་ཀྱི་བརྩི་སྒོ་ཞིག་རྒྱག་སྲོལ་ཡོད། བརྩི་སྒོ་འདི་ལ་ཚེ་རབས་ལས་རྩིས་ཞེས་གྲགས། དེ་ཡང་ཚེ་རབས་ལས་རྩིས་ཀྱི་བརྩི་སྒོའི་ཐད་བཞེད་པ་མི་མཐུན་པ་མང་པོ་ཡོད། དཔེར་ན། བོད་ཀྱི་རྩིས་དཔེ་ཁག་ཅིག་ཏུ་བརྩི་སྒོའི་རྡེའུ་ཁྲི་ཐྲག་ལྷག་ཙམ་སྟོན་པ་དང་། བཞེད་པ་ཁག་གཅིག་གིས་རྡེའུ་ཉིས་བརྒྱ་བརྒྱད་ཅུ་རྒྱ་བདུན་དང་ཡང་བཞེད་པ་ཁག་གཅིག་ལ་རྡེའུ་བརྒྱ་དང་སུམ་ཅུ་རྩ་གཉིས་སྟོན་པ་སོགས་རྩིས་དཔེ་སོ་སོའི་བརྩི་སྟངས་ཀྱི་བཞེད་པ་མི་མཐུན་པ་མང་པོ་འདུག ད་ཐེངས་ཁོ་བོས་བརྩི་སྒོ་ཙུང་ལ་དོན་གྱི་ཁ་དམར་ཟབ་པར་སྟོན་ཐུབ་པའི《ནག་རྩིས་ཀྱི་འབྲས་བཤད་གཅེས་བསྡུས་མེས་པོའི་རྟོགས་བརྗོད》ཅེས་པའི་ལུགས་ལྟར་ཚེ་རབས་ལས་རྩིས་ཀྱི་བརྩི་སྒོའི་སྐོར་རོབ་ཙམ་གླེང་ན། ཐོག་མར་བརྩི་བྱ་ཕྲུ་གུའི་ལོ་ཡི་སྐྱེས་ཚང་། རྨི་བའི་སྐྱེས་ཚང་། སྤར་ཁའི་སྐྱེས་ཚང་། རུས་ཆེན་གྱི་སྐྱེས་ཚང་། གཟའ་ཡི་སྐྱེས་ཚང་། རྒྱུ་སྐར་གྱི་སྐྱེས་ཚང་། དེ་བཞིན་ཕ་མའི་ལོ་རྟགས་དང་ལོ་གྲངས་དར་གུད་བཅུ་གཉིས། རྟེན་འབྲེལ་བཅུ་གཉིས་སོགས་བརྩི་སྒོ་ཁག་ཞིབ་པར་བཅལ་འཆོལ་བྱ་དགོས་ཀྱི་ཡོད། དཔེར་ན་བརྩི་བྱ་ཕྲུ་གུ་ཤིང་ཕོ་ཁྱི་ལོ། ཧོར་ཟླ་བརྒྱད་པའི་ཚེས་ཉི་ཤུ། གཟའ་ཟླ་བ། དུས་ཚོད་ས་རུབ་ཀྱི་མཚམས་སུ་བཙས་པ། ཕྲུ་གུ་བཙས་སྐབས་ཕ་ལོ་གྲངས་གསུམ་བཅུ་རྩ་གཉིས་ལོ་རྟགས་ཆུ་མོ་ཡོས་དང་། མ་ལོ་གྲངས་ཉི་ཤུ་རྩ་བརྒྱད་མེ་མོ་ལུག་ལོ་བ་ཞིག་ལ་ཆ་མཚོན་ན།

དང་པོ། བརྩི་བྱ་ལོ་རྟགས་ཀྱི་བྱི་བ་གླང་སྟག་ཡོས་འབྲུག་སྦྲུལ་རྟ་ལུག་སྤྲེལ་བྱ་ཁྱི་ཕག་བཅས་ལོ་ཡི་སྐྱེས་ཚང་ལས་ཁྱི་ལོའི་སྟེང་དུ་བབས་པས་ཁྱི་ལོའི་འབྲེལ་བཤད་ལྟར་བརྩི་བྱའི་ལྷན་སྐྱེས་གཤིས་ཀ་དང་། ཚེ་ཚད། དེ་བཞིན་བུ་སྐལ་ཇི་ལྟར་ཡོད་ཚུལ་སྐོར་ངོས་འཛིན་བྱེད་ཀྱི་ཡོད།

གཉིས་པ། བརྩི་བྱ་ཤིང་ཁྲི་ལོ་ཡི་སྐྱེ་རྩི། གཅིག་དཀར་སྨན་གྱི་མེ་ལོང་། གཉིས་ནག་བདུད་ཀྱི་མེ་ལོང་། གསུམ་མཐིང་མཚོ་སྨན་མེ་ལོང་། བཞི་ལྗང་ཀླུ་ཡི་མེ་ལོང་། ལྔ་སེར་དགྲ་ལྷའི་མེ་ལོང་། དྲུག་དཀར་རྒྱལ་པོའི་མེ་ལོང་། བདུན་དམར་བཙན་གྱི་མེ་ལོང་། བརྒྱད་དཀར་ཡུལ་ལྷའི་མེ་ལོང་། དགུ་དམར་གཡང་གི་མེ་ལོང་བཅས་རྩི་བའི་སྐྱེས་ཚང་ལས་དྲུག་དཀར་རྒྱལ་པོའི་མེ་ལོང་གི་སྟེང་དུ་བབས་པས་བརྩི་བྱའི་སྟ་ཕྱི་དང་། སྐུ་རིམ་སྐུ་བརྙན་གང་བཞེངས་སོགས་རྩི་བ་དྲུག་དཀར་ལས་འགྲེལ་པ་རྒྱབ་ཀྱི་ཡོད།

གསུམ་པ། སྤྱར་ཁའི་སྐྱེས་ཚང་། སྤྱར་ཁའི་སྐྱེས་ཚང་སྐོར་གླེང་སྐབས་བརྩི་བྱ་མ་ཡི་མངལ་ནས་ལྡུང་བའི་དུས་སྐྱེས་མའི་ལོ་གྲངས་གང་བབས་ཀྱི་སྐྱེས་སྤྱར་འདིར་ངོས་འཛིན་བྱེད་ཀྱི་ཡོད། གོང་གི་བརྩི་བྱ་ཤིང་ཁྲི་ལོར་ཆ་མཚོན་ན། བརྩི་བྱ་སྐྱེས་སྐབས་མ་ཡི་ལོ་གྲངས་ཉི་ཤུ་རྩ་བརྒྱད་ལ་གསོན་པས་སྐྱེས་སྤྱར་གྱི་བརྩི་སྒོ་ལྟར། སྤྱར་ཁ་ཁམ་ཁིན་ད་ཁོན་ལི་ཟོན་ཟིན་གིན་བཅས་སྤྱར་ཁའི་སྐྱེས་ཚང་ལས་ཁོན་གྱི་སྟེང་དུ་བབས་པས། བརྩི་བྱ་ཕྱིས་སུ་རྒྱུ་ནོར་ལོངས་སྤྱོད་དང་དབང་ཐང་ཆེ་ཆུང་སོགས་སྤྱར་ཁ་ཁོན་ལས་འགྲེལ་བཤད་རྒྱབ་ཀྱི་ཡོད།

བཞི་པ། ཏུས་ཆེན་གྱི་སྐྱེས་ཚང་། ཏུས་ཆེན་གྱི་བརྩི་སྒོའི་སྐོར《ནག་རྩིས་སྟོན་འགྲོ་མེས་པོའི་རྟོགས་བརྗོད》ཅེས་བྱ་བའི་ནང་དུ"ཤིང་ཁམས་ཀེག མེ་ཁམས་ཧེ། ས་ཁམས་ཀུང་ས། ལྕགས་ཁམས་ཤང་ས། ཆུ་ཁམས་ཝུ་དང་སྦྱར་བྱའོ"ཞེས་ལོ་རྟགས་ཀྱི་འབྱུང་ཁམས་ཤིང་ཡིན་ན་ཏུས་ཆེན་ཀེག བརྩི་བྱའི་ལོ་རྟགས་ཀྱི་འབྱུང་ཁམས་མེ་ཡིན་ན་ཏུས་ཆེན་ཧེ། བརྩི་བྱའི་ལོ་རྟགས་ཀྱི་འབྱུང་ཁམས་ས་ཡིན་ན་ཏུས་ཆེན་ཀུང་ས། བརྩི་བྱའི་ལོ་རྟགས་ཀྱི་འབྱུང་ཁམས་ལྕགས་ཡིན་ན་ཤང་ས། བརྩི་བྱའི་ལོ་རྟགས་ཀྱི་འབྱུང་ཁམས་ཆུ་ཡིན་ན་ཏུས་ཆེན་ཝུ་སྟེ་བརྩི་བྱ་ཤིང་ཁྲི་ལོའི་ཏུས་ཆེན་ཀེག་ལ་བབས་པས་ཏུས་ཆེན་ཀེག་གི་སྐྱེས་ཚང་ལ་བརྟག་ནས་ཁ་དམར་བཟང་ངན་འབྲེལ་བ་བྱེད་ཀྱི་ཡོད།

ལྔ་པ། གཟའ་ཡི་སྐྱེས་ཚང་། གཟའ་ཡི་སྐྱེས་ཚང་ནི་བརྩི་བྱ་གཟའ་ཟླ་བ། གཟའ་མིག་དམར། གཟའ་ལྷག་པ། གཟའ་ཕུར་བུ། གཟའ་པ་སངས། གཟའ་སྤེན་པ། གཟའ་ཉི་མ་བཅས་གཟའ་ཡི་སྐྱེས་ཚང་ལས་གཟའ་ཟླ་བར་བབས་པས་བརྩི་བྱ་བློ་རིག་བཀྲ་མིན་དང་། དཔའ་སྟོབས་ཆེ་ཆུང་སོགས་ཀྱི་སྐོར་འབྲེལ་བཤད་བྱེད་ཀྱི་ཡོད།

དྲུག་པ། རྟེན་འབྲེལ་བཅུ་གཉིས་ཀྱི་བརྩི་སྒོ་རྟེན་འབྲེལ་བཅུ་གཉིས་ནི། དང་པོ་མ་རིག གཉིས་པ་འདུ་བྱེད། གསུམ་པ་རྣམ་ཤེས། བཞི་པ་མིང་གཟུགས། ལྔ་པ་སྐྱེ་མཆེད། དྲུག་པ་རེག་པ། བདུན་པ་ཚོར་བ། བརྒྱད་པ་སྲེད་པ། དགུ་པ་ལེན་པ། བཅུ་པ་སྲིད་པ། བཅུ་གཅིག་པ་སྐྱེ་བ། བཅུ་གཉིས་པ་རྒ་ཤི་བཅས་ལས་བརྩི་བྱའི་རྟེན་འབྲེལ་བཅུ་གཉིས་ནི་རེག་པའི་སྟེང་དུ་བབས་པས་རེག་པའི་ཁ་དམར་བཟང་ངན་ལྟར་འགྲེལ་བཤད་རྒྱབ་ཀྱི་ཡོད།

བདུན་པ། དར་གུད་བཅུ་གཉིས་ཀྱི་བརྩེ་སྒོ། དར་གུད་བཅུ་གཉིས་ནི་དང་པོ་དབུགས་ལེན། གཉིས་པ་མངལ་གནས། གསུམ་པ་ལུས་རྫོགས། བཞི་པ་བཙས་པ་ ལྔ་པ་འཕྲུལ་བྱེད། དྲུག་པ་གོས་གྱོན། བདུན་པ་ལས་བྱེད། བརྒྱད་པ་དར་བ། དགུ་པ་གུད་པ། བཅུ་པ་ན་བ། བཅུ་གཅིག་པ་ཤི་བ། བཅུ་གཉིས་དུར་བཞུགས་བཅས་ཡིན་ཞིང་། འོ་ན་དར་གུད་བཅུ་གཉིས་དེ་དག་ཇི་ལྟར་བྱས་ཏེ་བཅལ་འཚོལ་བྱ་དགོས་སམ་ཞེ་ན། བརྩེ་བྱའི་འབྱུང་ཁམས་ས་དང་ཆུ་གཉིས་ཡིན་ན། གནམ་ལོ་སྦྲུལ་ཤར་བའི་སྐབས་སུ་དབུགས་ལེན། གནམ་ལོ་རྟ་ཤར་བའི་སྐབས་སུ་མངའ་གནས། གནམ་ལོ་ལུག་ཤར་བའི་སྐབས་སུ་ལུས་རྫོགས། གནམ་ལོ་སྤྲེལ་ཤར་བའི་སྐབས་སུ་བཙས་པ། གནམ་ལོ་བྱ་ཤར་བའི་སྐབས་སུ་འཕྲུལ་བྱེད། གནམ་ལོ་ཁྱི་ཤར་བའི་སྐབས་སུ་ལས་བྱེད། གནམ་ལོ་ཕྱི་བ་ཤར་བའི་སྐབས་སུ་དར་བ། གནམ་ལོ་གླང་ཤར་བའི་སྐབས་སུ་གུད་པ། གནམ་ལོ་སྟག་གི་སྐབས་སུ་ན་བ། གནམ་ལོ་ཡོས་ཤར་བའི་སྐབས་སུ་ཤི་བ། གནམ་ལོ་ལུག་ཤར་བའི་སྐབས་སུ་དུར་བཞུགས་དང་། ཡང་བརྩེ་བྱའི་ལོ་རྟགས་ཀྱི་འབྱུང་ཁམས་མེ་ཡིན་ན། གནམ་ལོ་ཕག་ཤར་བའི་སྐབས་སུ་དར་གུད་བཅུ་གཉིས་ཀྱི་ཐོག་མ་དབུགས་ལེན་དང་། གནམ་ལོ་ཕྱི་བ་ཤར་བའི་སྐབས་སུ་མ་གནས། གནམ་ལོ་སྟག་ཤར་བའི་སྐབས་སུ་བཙས་པ། གནམ་ལོ་ཡོས་ཤར་བའི་སྐབས་སུ་འཕྲུལ་བྱེད། གནམ་ལོ་འབྲུག་ཤར་སྐབས་སུ་གོས་གྱོན། གནམ་ལོ་སྦྲུལ་ལ་ལས་བྱེད། གནམ་ལོ་རྟ་ལ་དར་བ། གནམ་ལོ་ལུག་ལ་གུད་པ། གནམ་ལོ་སྤྲེལ་ལ་ན་བ། གནམ་ལོ་བྱ་ལ་ཤི་བ། གནམ་ལོ་ཁྱི་ལ་དུར་བཞུགས་དང་དེ་བཞིན་བརྩེ་བྱའི་འབྱུང་ཁམས་ལྕགས་ཡིན་ན། གནམ་ལོ་སྟག་ལོ་ཤར་སྐབས་སུ་དབུགས་ལེན། གནམ་ལོ་ཡོས་ལ་མངལ་གནས། གནམ་ལོ་འབྲུག་ལ་ལུས་རྫོགས། གནམ་ལོ་སྦྲུལ་ལ་བཙས་པ། གནམ་ལོ་རྟ་ལ་འཕྲུལ་བྱེད། གནམ་ལོ་ལུག་ལ་གོས་གྱོན། གནམ་ལོ་སྤྲེལ་ལ་ལས་བྱེད། གནམ་ལོ་བྱ་ལ་དར་བ། གནམ་ལོ་ཁྱི་ལ་གུད་པ། གནམ་ལོ་ཕག་ལ་ན་བ། གནམ་ལོ་ཕྱི་བར་ཤི་བ། གནམ་ལོ་གླང་ལ་དུར་བཞུགས། གཞན་ཡང་བརྩེ་བྱའི་འབྱུང་ཁམས་ཤིང་ཡིན་ན། གནམ་ལོ་སྤྲེལ་ཤར་བའི་སྐབས་སུ་དབུགས་ལེན། གནམ་ལོ་བྱ་ལ་མངལ་གནས། གནམ་ལོ་ཁྱི་ལ་ལུས་རྫོགས། གནམ་ལོ་ཕག་ལ་བཙས་པ། གནམ་ལོ་ཕྱི་བར་འཕྲུལ་བྱེད། གནམ་ལོ་གླང་ལ་གོས་གྱོན། གནམ་ལོ་སྟག་ལ་ལས་བྱེད། གནམ་ལོ་ཡོས་ལ་དར་བ། གནམ་ལོ་འབྲུག་ལ་གུད་པ། གནམ་ལོ་སྦྲུལ་ལ་ན་བ། གནམ་ལོ་རྟ་ལ་ཤི་བ། གནམ་ལོ་ལུག་ལ་དུར་བཞུགས་བཅས་གོང་གི་བརྩེ་བྱ་ཤིང་ཕོ་ཁྱི་ལོ་བའི་འབྱུང་ཁམས་ནི་ཤིང་ཡིན་པས་གནམ་ལོ་ཁྱི་ལོ་ཤར་སྐབས་སུ་དར་གུད་བཅུ་གཉིས་ཀྱི་ལུས་རྫོགས་སྟེང་དུ་བབས་པ་དང་བརྩེ་བྱ་ཕ་ཆུ་ཡོས་ལོ་ཡི་དར་གུད་བཅུ་གཉིས་ནི་གོས་གྱོན། བརྩེ་བྱ་མ་མེ་ཡོས་ལུག་གི་དར་གུད་བཅུ་གཉིས་ནི་དུར་བཞུགས་བཅས་སུ་འཁོར་བས་དར་གུད་བཅུ་གཉིས་ཀྱི་འབྲས་བཤད་ལྟར་བརྩེ་བྱའི་དར་གུད་བཅུ་གཉིས་གང་གི་སྟེང་དུ་འཁོར་ན་ཁ་དམར་བཟང་ངན་ཇི་ལྟར་དང་། དེ་བཞིན་བརྩེ་བྱ

སྐྱེས་དུས་ཕ་ཡི་དར་གུད་བཅུ་གཉིས་དང་མ་ཡི་དར་གུད་བཅུ་གཉིས་གང་གི་སྟེང་དུ་འཁོར་ན་ཁ་དམར་བཟང་ངན་ཇི་ལྟར་སོགས་དབྱེ་ཞིབ་རྒྱས་པར་བྱ་སྲོལ་ཡོད།

བརྒྱད་པ། བརྩི་བྱ་ཤིང་ཁྲི་ལོ་བ་སྐྱེས་དུས་ཀྱི་ལོ་ཟླ་ཞག་དུས་སྐོར་གླིང་སྐབས་བརྩི་བྱ་ཤིང་ཁྲི་ལོ་བ་སྐྱེས་དུས་ཀྱི་ལོ་ཟླ་ཞག་དུས་དང་། དེ་བཞིན་ཕ་མ་གཉིས་ཀྱི་སྲོག་ཁམས། ལུས་ཁམས། དབང་ཁམས། ཀླུང་ཁམས་སོགས་ཞིབ་འཚོལ་བྱས་ནས་དུས་སྦྱོར་གྱི་གཅིས་རྩེའུ་བཞི་དང་། བརྩི་བྱའི་སྲོག་ལུས་དབང་ཀླུང་གིས་ཕ་མའི་སྲོག་ལུས་དབང་ཀླུང་ལ་འཐབ་པ། ཡང་ཕ་མའི་སྲོག་ལུས་དབང་ཀླུང་གིས་བརྩི་བྱའི་སྲོག་ལུས་དབང་ཀླུང་ལ་འཐབ་ནས་རྩེའུ་དཀར་ནག་ཁྲ་གསུམ་འབེལ་གྱི་ཡོད། 《ནག་རྩིས་ཀྱི་འབྲེལ་བཤད་མེས་པོའི་རྟོགས་བརྗོད》ཅེས་བྱ་བའི་ནང་དུ“གལ་ཏེ་དུས་སྦྱོར་རྩེའུ་བཞི་ལས། གནམ་ལོ་རྒྱས་པོའི་རྩེའུ་དཀར་ན། རྒྱལ་པོའི་བཀའ་ཆད་མེད་པ་དང་། བུ་མོ་ཡིན་ན་སྙན་གྲགས་ཐོབ། ནག་ན་བཀའ་སྐྱོན་སྐྱིད་སྡུག་མིང་། ཟླ་བ་ལྷོན་པོའི་རྩེའུ་དཀར་ན། སྙན་གྲགས་ཆེ་ལ་རང་བསམ་འགྲུབ། ནག་ན་མི་ཡི་བརྙས་བཅོས་འབེབས། མཐོ་བས་བྱམས་ལ་དམའ་བས་སྨང་། ཞག་པོ་དམག་གི་རྩེའུ་དཀར་ན། དམག་རྒྱལ་ནད་ཞུང་བར་ཆད་མེད། ནག་ན་མི་ཁ་སླ་བ་དང་། མ་ཉེས་སྨོང་མཇལ་བབས་ངོ་ཡོད། དུས་ཚོད་མཚོན་ཆའི་རྩེའུ་དཀར་ན། མི་རྟ་ཚོན་བྱའི་དཔལ་ལས་ཐར། མི་ནོར་མཐའ་ནས་རྒྱས་པ་བཟང་། ནག་ན་གོ་མཚོན་བཙའ་ཡིས་འཁྱེར། མི་ནོར་ཀུན་ལ་ངན་པ་ཡོད།”ཅེས་འབྲེལ་བཤད་རྒྱག་སྲོལ་འདུག

དགུ་པ། སྐྱེས་སྐར་བརྟག་པ། སྐྱེས་སྐར་བརྟག་པ་ནི་བརྩི་བྱ་ཕྲུ་གུ་སྐྱེས་ཉིན་གྱི་ཉི་མའི་སྐར་མ་སྤྱི་བོར་བཀོད་ནས་རིམ་བཞིན་དུ་ཁ་ལ་གསུམ་དང་། དཔུང་མགོར་གཉིས། ལག་ངར་གཉིས། མཁྲིགས་མར་གཉིས། སྙིང་ཁར་ལྔ། ལྟོ་བར་གཅིག གསང་གནས་གཅིག ཕུས་མོར་གཉིས། རྐང་པར་བརྒྱད་བཅས་བཀོད་ནས་བརྩི་བྱ་སྐྱེས་ཉིན་གྱི་ཟླ་བའི་སྐར་མ་འདི་སྤྱི་བོ་སོགས་གནས་དགུ་གང་ཅུང་དུ་བབས་པ་འདིར་སྐྱེས་སྐར་བརྟག་པ་ཞེས་བརྗོད་ཀྱི་ཡོད། དཔེར་ན་གོང་གི་བརྩི་བྱ་ཤིང་ཁྲི་ལོ་བའི་ཉི་སྐར་དང་ཟླ་སྐར་ལ་ཆ་མཚོན་ན། བོད་སྨན་རྩིས་ཁང་གནམ་རིག་སྐར་རྩིས་ཞིབ་འཇུག་ཟུར་ནས་བརྩམས་པའི《རབ་བྱུང་བཅུ་བདུན་དངོས་པོ་ཤིང་ཁྲིའི་ལོ་ཐོ་རིན་ཆེན་ཕྲེང་བ》ཞེས་བྱ་བའི་ནང་དུ། ཧོར་ཟླ་བརྒྱད་པ་ཕྱི་མ་ཚེས་ཉི་ཤུ།

གཟའ་ཟླ་བ་ཉིན་ཉི་སྐར་དང་ཟླ་སྐར་གྱི་རྩིས་གྲངས་རེ་མོ་འདི་ལྟར་སྟེ།

ཟླ་སྐར།			ཉི་སྐར།		
༢	༣	༡༣	༡༦	༨	༥
༨༢	༢༢	༥	༢༥	༣༨	༢༧
༥༠	༨༩	༨༠	༢༩	༢༦	༠

ཉི་སྐར་དབུ་ཏ་བཀོད་ན༡༣ ཁ་ལ་གསུམ༡༦.༡༥.༡༤ དཔུང་མགོར་གཉིས༡༤.༡༨ ལག་ངར་གཉིས༡༩.༢༠ མཁྲིགས་མར་གཉིས༢༡.༢༢ སྙིང་ཁར་ལྟེ༢༣.༢༦.༢༥.༢༤.༠ ལྟོ་བར་གཅིག༡ གསང་གནས་ལ་གཅིག༢ ཕུས་མོར་གཉིས༣.༤བཅས་བཅྭ་བྱ་ཤིང་ཕོ་ཁྲི་ལོ་བའི་སྐྱེས་སྐར་བརྟག་པ་འདི་ཕུས་མོར་བབས་པས་ཕུས་མོའི་སྟེང་དུ་བབས་ན་ཁ་དམར་བཟང་ངན་ཇི་ལྟར་ཡོད་ལུགས་རྩིས་དཔེ་ལྟར་འགྲེལ་བཤད་རྒྱུག་སྒྲོལ་མཆིས་པ་བཅས《ནག་རྩིས་ཀྱི་འགྲེལ་བཤད་གཅེས་བསྡུས་མེས་པོའི་རྟོགས་བརྗོད》ཀྱི་ལུགས་ལྟར། བོད་ཀྱི་རྒྱུན་སྒྲོལ་གོམས་གཤིས་ལས་ཚེ་རབས་ལས་རྩིས་ཀྱི་བཅྭ་སྐོའི་སྐོར་རོབ་ཙམ་གླེང་བ་འདི་རེ་ཞིག་རྫོགས་པ་ལགས།

《སྦྲང་རྒྱན་མེ་ཏོག》༡༩༩༧ལོའི་དེབ་གསུམ་པ་ལས་བཏུས།

༄༅། །བོན་གྱི་རྩིས་དཔེ་ལས་འཕྲོས་པའི་བོད་མིའི་ཡུལ་སྲོལ་གོམས་གཤིས་ནང་གི་འཛེམ་བྱའི་སྐོར།

བསྟན་རྣམ། ཚེ་བདེ་སྐྱིད།

དེ་ཡང་བོད་མིའི་ཡུལ་སྲོལ་གོམས་གཤིས་ནང་གི་འཛེམས་བྱའི་སྐོར་གླེང་སྐབས་བརྩི་བྱ་སྐག་གི་ཐོག་ལ་འཛེམས་བྱ་དང་། བག་མ་བསུ་ལེན་བྱ་སྐབས་ཀྱི་འཛེམས་བྱ། འདས་མཆོད་ཕུང་པོ་གཏོང་རིམ་སྐབས་ཀྱི་འཛེམས་བྱའི་བརྩི་སྒོ་སོགས་མང་པོ་ཡོད་ཀྱང་། ད་ཐེངས་ཁོ་བོས་བོན་གྱི་རྩིས་དཔེར་དཔྱད་བསྡུར་དང་དབྱེ་ཞིབ་གང་ཟབ་བྱས་ནས་སྐག་གི་ཐོག་ལ་གཙོ་བོའི་འཛེམས་བྱ་གང་ཡིན་དང་། བོད་མིའི་འདས་མཆོད་ནང་ཚན་ཕུང་པོ་གཏོང་རིམ་སྐབས་སུ་འཛེམས་བྱ་གང་ཡིན་སོགས་གནད་དུ་བཟུང་ནས་མདོ་ཙམ་གླེང་བར་འདོད་དོ། །

དང་པོ། སྐག་གི་ཐོག་ལ་འཛེམས་བྱའི་སྐོར།

སྐག་གི་ཐོག་ལ་འཛེམས་བྱ་གང་ཡིན་གླེང་སྐབས་དང་པོ་རང་སྐག་རྩུབ་པའི་འཛེམས་བྱ། བརྩི་བྱའི་རང་སྐག་རྩུབ་པའི་འཛེམས་བྱ་ནི་སྐྱེ་བོ་ཕོ་མོའི་ལོ་རྟགས་གང་རུང་ཞིག་གི་སྟེང་དུ་གནམ་ལོའི་ལོ་རྟགས་ཀྱང་བརྩི་བྱའི་ལོ་རྟགས་དང་གཅིག་པུ་མཐུན་ན་དེ་ལ་རང་སྐག་རྩུབ་པའི་འཛེམས་བྱ་ཞེས་གྲགས་ཀྱི་ཡོད། དཔེར་ན་གནམ་ལོ་བྱི་ལོ་ཤར་བའི་སྐབས་སུ་བརྩི་བྱ་ཕོ་མོ་ལོ་རྟགས་མེ་བྱི་ལོ་བ། ས་བྱི་ལོ་བ། ལྕགས་བྱི་ལོ་བ། ཆུ་བྱི་ལོ་བ་བཅས་འཛེམས་བྱ་དང་། གནམ་ལོ་གླང་ལོ་ཤར་བའི་སྐབས་སུ་བརྩི་བྱ་ཕོ་མོ་ལོ་རྟགས་ཤིང་གླང་ལོ་བ། མེ་གླང་ལོ་བ། ས་གླང་ལོ་བ། ལྕགས་གླང་ལོ་བ། ཆུ་གླང་ལོ་བ་བཅས་འཛེམས་བྱ་དང་། གནམ་ལོ་སྟག་ལོ་ཤར་བའི་སྐབས་སུ་བརྩི་བྱ་ལོ་རྟགས་ཤིང་སྟག་ལོ་བ། མེ་སྟག་ལོ་བ། ས་སྟག་ལོ་བ། ལྕགས་སྟག་ལོ་བ། ཆུ་སྟག་ལོ་བ་བཅས་འཛེམས་བྱ་དང་། གནམ་ལོ་ཡོས་ལོ་ཤར་བའི་སྐབས་སུ་བརྩི་བྱ་མེ་ཡོས་ལོ་བ་དང་། ཤིང་ཡོས་ལོ་བ། ས་ཡོས་ལོ་བ། ལྕགས་ཡོས་ལོ་བ། ཆུ་ཡོས་ལོ་བ་བཅས་ཀྱི་འཛེམས་བྱ། གནམ་ལོ་འབྲུག་ལོ་ཤར་སྐབས་སུ་བརྩི་བྱ་ཤིང་འབྲུག་ལོ་བ། མེ་འབྲུག་ལོ་བ། ས་འབྲུག་ལོ་བ། ལྕགས་འབྲུག་ལོ་བ་བཅས་ཀྱི་འཛེམས་བྱ་དང་། གནམ་ལོ་སྦྲུལ་ལོ་ཤར་སྐབས་སུ་བརྩི་བྱ་ཤིང་སྦྲུལ་ལོ་བ་དང་། མེ་སྦྲུལ་ལོ་བ། ས་སྦྲུལ་ལོ་བ། ལྕགས་སྦྲུལ་ལོ་བ། ཆུ་སྦྲུལ་ལོ་བ་བཅས་ཀྱི་

འཛོམས་བྱ། གནམ་ལོ་རྟ་པོ་ཤར་སྐབས་སུ་བཙི་བྱ་ལོ་རྟགས་ཞིང་རྟ་པོ་བ་དང་། མི་རྟ་པོ་བ། ས་རྟ་པོ་བ། ལྕགས་རྟ་པོ་བ། ཆུ་རྟ་པོ་བ་བཅས་ཀྱི་འཛོམས་བྱ། གནམ་ལོ་ལུག་པོ་ཤར་སྐབས་སུ་བཙི་བྱ་ལོ་རྟགས་ཞིང་ལུག་པོ་བ་དང་མི་ལུག་པོ་བ། ས་ལུག་པོ་བ། ལྕགས་ལུག་པོ་བ། ཆུ་ལུག་པོ་བ་བཅས་ཀྱི་འཛོམས་བྱ། གནམ་ལོ་སྤྲེལ་པོ་ཤར་བའི་སྐབས་སུ་བཙི་བྱ་ལོ་རྟགས་ཞིང་སྤྲེལ་པོ་བ། མི་སྤྲེལ་པོ་བ། ས་སྤྲེལ་པོ་བ། ལྕགས་སྤྲེལ་པོ་བ། ཆུ་སྤྲེལ་པོ་བ་བཅས་ཀྱི་འཛོམས་བྱ། གནམ་ལོ་བྱ་པོ་ཤར་བའི་སྐབས་སུ་བཙི་བྱ་མི་བྱ་པོ་བ། ཞིང་བྱ་པོ་བ། ས་བྱ་པོ་བ། ལྕགས་བྱ་པོ་བ། ཆུ་བྱ་པོ་བ་བཅས་ཀྱི་འཛོམས་བྱ། གནམ་ལོ་ཁྱི་པོ་ཤར་བའི་སྐབས་སུ་བཙི་བྱ་ཞིང་ཁྱི་པོ་བ། མི་ཁྱི་པོ་བ། ས་ཁྱི་པོ་བ། ལྕགས་ཁྱི་པོ་བ། ཆུ་ཁྱི་པོ་བ་བཅས་ཀྱི་འཛོམས་བྱ། གནམ་ལོ་ཕག་པོ་ཤར་བའི་སྐབས་སུ་བཙི་བྱ་ཞིང་ཕག་པོ་བ། མི་ཕག་པོ་བ། ས་ཕག་པོ་བ། ལྕགས་ཕག་པོ་བ། ཆུ་ཕག་པོ་བ་བཅས་ཀྱི་འཛོམས་བྱ་སོགས་ལྟ་བུ་དང་། བཙི་བྱ་ཕོ་མོ་གང་ཙུང་ཞིག་གོང་འགྲིལ་གྱི་རང་སྐག་ཚུབ་པའི་འཛོམས་བྱའི་ཐོག་ཏུ་སླེབས་སྐབས། ས་བརྐོ་རྡོ་སློག་སྐེ་ཁང་པ་གསར་རྒྱག་དང་། ཁང་པ་ཉམས་བཟོ་སོགས་དང་། གཞན་ཡང་ཉེ་དགའི་ནད་གཞི་ལྗི་བའི་ནད་པའི་འགྲམ་དུ་བསྐྱོད་རྒྱུར་འཛོམས་པ་སོགས་ཀྱི་རང་སྐག་ཚུབ་པའི་འཛོམས་བྱའོ། །

གཉིས་པ་དགྲ་གཤེད་ཚུབ་པའི་འཛོམས་བྱ། དགྲ་གཤེད་ཚུབ་པའི་འཛོམས་བྱ་ནི་གནམ་ལོའི་ལོ་རྟགས་ཀྱི་བདུན་ཟུར་དུ་བབས་པའི་བཙི་བྱའི་ལོ་རྟགས་དེ་ལ་དགྲ་གཤེད་ཚུབ་པའི་འཛོམས་བྱ་ཞེས་གྲགས་ཀྱི་ཡོད། དཔེར་ན་གནམ་ལོ་བྱི་པོ་ཤར་སྐབས་སུ་བཙི་བྱ་ལོ་རྟགས་ཞིང་རྟ་པོ་བ། མི་རྟ་པོ་བ། ས་རྟ་པོ་བ། ལྕགས་རྟ་པོ་བ། ཆུ་རྟ་པོ་བ་བཅས་ནི་དགྲ་གཤེད་ཚུབ་པའི་འཛོམས་བྱ། གནམ་ལོ་གླང་པོ་ཤར་སྐབས་སུ་བཙི་བྱ་ལོ་རྟགས་ཞིང་ལུག་པོ་བ། མི་ལུག་པོ་བ། ས་ལུག་པོ་བ། ལྕགས་ལུག་པོ་བ། ཆུ་ལུག་པོ་བ་བཅས་ནི་དགྲ་གཤེད་ཚུབ་པའི་འཛོམས་བྱ། གནམ་ལོ་སྟག་པོ་ཤར་སྐབས་སུ་བཙི་བྱ་ལོ་རྟགས་ཞིང་སྤྲེལ་པོ་བ། མི་སྤྲེལ་པོ་བ། ས་སྤྲེལ་པོ་བ། ལྕགས་སྤྲེལ་པོ་བ། ཆུ་སྤྲེལ་པོ་བ་བཅས་ནི་དགྲ་གཤེད་ཚུབ་པའི་འཛོམས་བྱ། གནམ་ལོ་ཡོས་པོ་ཤར་སྐབས་སུ་བཙི་བྱ་ལོ་རྟགས་ཞིང་བྱ་པོ་བ། མི་བྱ་པོ་བ། ས་བྱ་པོ་བ། ལྕགས་བྱ་པོ་བ། ཆུ་བྱ་པོ་བ་བཅས་ནི་དགྲ་གཤེད་ཚུབ་པའི་འཛོམས་བྱ། གནམ་ལོ་འབྲུག་ལ་ཤར་སྐབས་སུ་བཙི་བྱ་ལོ་རྟགས་ཞིང་ཁྱི་པོ་བ། མི་ཁྱི་པོ་བ། ས་ཁྱི་པོ་བ། ལྕགས་ཁྱི་པོ་བ། ཆུ་ཁྱི་པོ་བ་བཅས་ནི་དགྲ་གཤེད་ཚུབ་པའི་འཛོམས་བྱ། གནམ་ལོ་སྦྲུལ་པོ་ཤར་བའི་སྐབས་སུ་བཙི་བྱ་ལོ་རྟགས་ཞིང་ཕག་པོ་བ། མི་ཕག་པོ་བ། ས་ཕག་པོ་བ། ལྕགས་ཕག་པོ་བ། ཆུ་ཕག་པོ་བ་བཅས་ནི་དགྲ་གཤེད་ཚུབ་པའི་འཛོམས་བྱ། གནམ་ལོ་རྟ་པོ་ཤར་བའི་སྐབས་སུ་བཙི་བྱ་ལོ་རྟགས་ཞིང་བྱི་པོ་བ། མི་བྱི་པོ་བ། ས་བྱི་པོ་བ། ལྕགས་བྱི་པོ་བ། ཆུ་བྱི་པོ་བ་བཅས་ནི་དགྲ་གཤེད་ཚུབ་པའི་འཛོམས་བྱ། གནམ་ལོ་ལུག་པོ་ཤར་བའི་སྐབས་སུ་བཙི་བྱ་ཞིང་གླང་པོ་བ། མི་གླང་པོ་བ། ས་གླང་པོ་བ། ལྕགས་གླང་པོ་བ། ཆུ་གླང་པོ་བ་བཅས་

ནི་དགྲ་གཤེད་རྩུབ་པའི་འཛེམས་བྱ། གནམ་ལོ་སྦྲུལ་ལོ་ཤར་བའི་སྐབས་སུ་བརྩི་བྱ་ལོ་རྟགས་ཤིང་སྟག་ལོ་བ། མེ་སྟག་ལོ་བ། ས་སྟག་ལོ་བ། ཆུ་སྟག་ལོ་བ་བཅས་ནི་དགྲ་གཤེད་རྩུབ་པའི་འཛེམས་བྱ། གནམ་ལོ་བྱ་ལོ་ཤར་བའི་སྐབས་སུ་བརྩི་བྱ་ལོ་རྟགས་ཤིང་ཡོས་ལོ་བ། མེ་ཡོས་ལོ་བ། ས་ཡོས་ལོ་བ། ལྕགས་ཡོས་ལོ་བ། ཆུ་ཡོས་ལོ་བ་བཅས་ནི་དགྲ་གཤེད་རྩུབ་པའི་འཛེམས་བྱ། གནམ་ལོ་ཁྱི་ལོ་ཤར་བའི་སྐབས་སུ་བརྩི་བྱ་ལོ་རྟགས་ཤིང་འབྲུག་ལོ་བ། མེ་འབྲུག་ལོ་བ། ས་འབྲུག་ལོ་བ། ལྕགས་འབྲུག་ལོ་བ། ཆུ་འབྲུག་ལོ་བ་བཅས་ནི་དགྲ་གཤེད་རྩུབ་པའི་འཛེམས་བྱ། གནམ་ལོ་ཕག་ལོ་ཤར་བའི་སྐབས་སུ་བརྩི་བྱ་ལོ་རྟགས་ཤིང་སྦྲུལ་ལོ་བ། མེ་སྦྲུལ་ལོ་བ། ས་སྦྲུལ་ལོ་བ། ལྕགས་སྦྲུལ་ལོ་བ། ཆུ་སྦྲུལ་ལོ་བ་བཅས་ནི་དགྲ་གཤེད་རྩུབ་པའི་འཛེམས་བྱ་སོགས་ལྟ་བུ་དེ་དག་དགྲ་གཤེད་རྩུབ་པའི་འཛེམས་བྱའི་ལོ་གྲངས་ཐོག་ལ་སླེབས་སྐབས་གྱོད་དང་ཁ་མཆུ་སོགས་ལ་འཛེམས་སྲོལ་མཆིས་པའོ། །

གསུམ་པ་ཁྲིམ་མཆོས་རྩུབ་པའི་འཛེམས་བྱ། ཁྲིམ་མཆོས་རྩུབ་པའི་འཛེམས་བྱ་ནི་ལོ་རྒན་དྲུག་བཅུའི་སྔོག་ལུས་དབང་སྐྱུང་བླ་བཅས་ལྷ་པོའི་ནང་ཚན་དབང་ཁམས་གང་රུང་ཞིག་གནམ་ལོར་ཤར་སྐབས་དེ་ཡི་ཁྲིམ་མཆོས་སམ་ཁམས་གཅིག་ཏུ་སོང་བའི་ལོ་རྟགས་ཀྱི་བརྩི་བྱ་འདི་རྩུབ་པར་མངོན་པ་འདི་ལ་ཁྲིམ་མཆོས་རྩུབ་པའི་འཛེམས་བྱ་ཞེས་གྲགས་ཀྱི་ཡོད། དཔེར་ན། གནམ་ལོ་ས་སྦྲུལ་ལོ་ཤར་སྐབས་དེ་ཡི་ཁྲིམ་མཆོས་ཁམས་གཅིག་ཏུ་སོང་བ་བརྩི་བྱ་ས་འབྲུག་ལོ་བ་ཁྲིམ་མཆོས་རྩུབ་པའི་འཛེམས་བྱ། གནམ་ལོ་ལྕགས་ལུག་ལོ་ཤར་སྐབས་སུ་དེ་ཡི་ཁྲིམ་མཆོས་ཁམས་གཅིག་ཏུ་སོང་བ་བརྩི་བྱ་ལྕགས་རྟ་ལོ་བ་ཁྲིམ་མཆོས་རྩུབ་པའི་འཛེམས་བྱ། གནམ་ལོ་ཆུ་བྱ་ལོ་ཤར་སྐབས་སུ་དེ་ཡི་ཁྲིམ་མཆོས་ཁམས་གཅིག་ཏུ་སོང་བ་ཆུ་སྦྲུལ་ལོ་བ་ཁྲིམ་མཆོས་རྩུབ་པའི་འཛེམས་བྱ། གནམ་ལོ་ཤིང་ཕག་ལོ་ཤར་སྐབས་སུ་དེ་ཡི་ཁྲིམ་མཆོས་ཁམས་གཅིག་ཏུ་སོང་བ་བརྩི་བྱ་ཤིང་ཁྱི་ལོ་བ་ནི་ཁྲིམ་མཆོས་རྩུབ་པའི་འཛེམས་བྱ། གནམ་ལོ་མེ་གླང་ཤར་སྐབས་དེ་ཡི་ཁྲིམ་མཆོས་ཁམས་གཅིག་ཏུ་སོང་བ་བརྩི་བྱ་མེ་བྱི་ལོ་བ་ནི་ཁྲིམ་མཆོས་རྩུབ་པའི་འཛེམས་བྱ་སོགས་ལྟ་བུ་དང་། བརྩི་བྱ་དེ་དག་གི་ཕོ་མོ་གང་རུང་གི་འཛེམས་བྱ་ནི་ཐག་རིང་ཕྱིར་བསྐྱོད་དང་ནད་ཆེན་པོ་ཡོད་པས་བཟས་བཅོས་སོགས་ལ་ཟབ་པར་བྱ་དགོས་ཞེས་འཛེམས་སྲོལ་ཡོད་དོ། །

བཞི་པ་མཐུན་གསུམ་རྩུབ་པའི་འཛེམས་བྱ། ལོ་རྟགས་སྟག་དང་ལོ་རྟགས་རྟ། ལོ་རྟགས་ཁྱི་གསུམ་ནི་མཐུན་གསུམ། ལོ་རྟགས་བྱི་བ་དང་ལོ་རྟགས་འབྲུག ལོ་རྟགས་སྤྲེལ་གསུམ་ནི་མཐུན་གསུམ། ལོ་རྟགས་བྱ་དང་ལོ་རྟགས་གླང་། ལོ་རྟགས་སྦྲུལ་གསུམ་ནི་མཐུན་གསུམ། ལོ་རྟགས་ཕག་དང་། ལོ་རྟགས་ལུག ལོ་རྟགས་ཡོས་གསུམ་ནི་མཐུན་གསུམ་བཅས་མཐུན་གསུམ་གང་རུང་ལས་ལོ་རྟགས་གཅིག་གནམ་ལོར་ཤར་ཚེ་དེ་ཡི་ནང་ཁོངས་ཀྱི་བརྩི་བྱ་ལོ་རྟགས་གཞན་རྣམས་རྩུབ་པར་མངོན་པའི་འཛེམས་བྱ་འདི་ལ་མཐུན་གསུམ་རྩུབ་པའི་འཛེམས་བྱ་ཞེས་གྲགས་ཀྱི་ཡོད། དཔེར་ན། གནམ་ལོ་རྟ་ལོ་ཤར་སྐབས་བརྩི་བྱ

ལོ་རྟགས་སྟག་དང་ལོ་རྟགས་ཁྱི་གཉིས་རྩུབ་པར་མངོན་པའི་འཛེམས་བྱ། གནམ་ལོ་སྟག་ལོ་ཤར་སྐབས་བཙི་བྱ་ལོ་རྟགས་རྟ་དང་ལོ་རྟགས་ཁྱི་གཉིས་རྩུབ་པར་མངོན་པའི་འཛེམས་བྱ། གནམ་ལོ་ཁྱི་ལོ་ཤར་སྐབས་བཙི་བྱ་ལོ་རྟགས་སྟག་དང་ལོ་རྟགས་རྟ་རྩུབ་པར་མངོན་པའི་འཛེམས་བྱ། ཡང་། གནམ་ལོ་བྱི་ལོ་ཤར་སྐབས་སུ་བཙི་བྱ་ལོ་རྟགས་འབྲུག་དང་ལོ་རྟགས་སྤྲེལ་རྩུབ་པར་མངོན་པའི་འཛེམས་བྱ། གནམ་ལོ་འབྲུག་ལོ་ཤར་སྐབས་སུ་བཙི་བྱ་ལོ་རྟགས་བྱི་བ་དང་ལོ་རྟགས་སྤྲེལ་རྩུབ་པར་མངོན་པའི་འཛེམས་བྱ། གནམ་ལོ་སྤྲེལ་ལོ་ཤར་སྐབས་བཙི་བྱ་ལོ་རྟགས་འབྲུག་དང་ལོ་རྟགས་བྱི་བ་རྩུབ་པར་མངོན་པའི་འཛེམས་བྱ། གནམ་ལོ་ལོ་རྟགས་བྱ་ལོ་ཤར་སྐབས་བཙི་བྱ་ལོ་རྟགས་གླང་དང་ལོ་རྟགས་སྦྲུལ་རྩུབ་པར་མངོན་པའི་འཛེམས་བྱ། གཞན་ཡང་གནམ་ལོ་གླང་ལོ་ཤར་སྐབས་བཙི་བྱ་ལོ་རྟགས་བྱ་དང་ལོ་རྟགས་སྦྲུལ་རྩུབ་པར་མངོན་པའི་འཛེམས་བྱ། གནམ་ལོ་སྦྲུལ་ལོ་ཤར་སྐབས་བཙི་བྱ་ལོ་རྟགས་བྱ་དང་ལོ་རྟགས་གླང་རྩུབ་པར་མངོན་པའི་འཛེམས་བྱ། གནམ་ལོ་ཕག་ལོ་ཤར་སྐབས་བཙི་བྱ་ལོ་རྟགས་ལུག་དང་ལོ་རྟགས་ཡོས་རྩུབ་པར་མངོན་པའི་འཛེམས་བྱ། གནམ་ལོ་ལུག་ལོ་ཤར་སྐབས་བཙི་བྱ་ལོ་རྟགས་ཕག་དང་ལོ་རྟགས་ཡོས་རྩུབ་པར་མངོན་པའི་འཛེམས་བྱ། གནམ་ལོ་ཡོས་ལོ་ཤར་སྐབས་བཙི་བྱ་ལོ་རྟགས་ཕག་དང་ལོ་རྟགས་ལུག་རྩུབ་པར་མངོན་པའི་འཛེམས་བྱ་སོགས་ལྟ་བུ་དེ་དག་ལས་མཐུན་གསུམ་གྱི་ནང་ཚན་ལས་ལོ་རྟགས་གང་རུང་ཞིག་གནམ་ལོར་ཤར་ཚེ་ལོ་རྟགས་གཞན་གཉིས་མཐུན་གསུམ་རྩུབ་པའི་འཛེམས་བྱ་ཞེས་འབྲུགས་འཛིང་དང་དམག་ལས་སོགས་དྲག་པོའི་ལས་ལ་འཛེམས་སྲོལ་མཆིས་པའོ། །

གཉིས་པ། ཕུང་པོ་གཏོང་རིམ་སྐབས་ཀྱི་འཛེམས་བྱའི་སྐོར།

ཕུང་པོ་གཏོང་རིམ་སྐབས་ཀྱི་འཛེམས་བྱའི་སྐོར་གླེང་སྐབས་འཛེམས་བྱ་གཙོ་བོ་ནི་འདས་པོའི་ཕུང་པོ་སྒྲིལ་སྦྱངས་དང་བྱ་གཏོར་བྱ་སྐབས་བཙི་བྱ་འདས་པོའི་ལོ་རྟགས་ལ་བལྟ་རིག་མི་ཆོག་པའི་ལོ་རྟགས་འགའ་ཡི་འཛེམས་བྱ་ཡོད་པ་དེ་ཡང་འདས་པོའི་ལོ་རྟགས་དང་གཅིག་མཚུངས་ཡིན་པའི་སྐྱེ་བོ་ཕོ་མོ་ཚང་མ། དེ་ནས་བཙི་བྱ་འདས་པོའི་ལོ་རྟགས་ཀྱི་བདུན་ཟུར་དུ་འཁེལ་བའི་སྐྱེ་བོ་ཕོ་མོ་ཚང་མ་དེ་བཞིན་བཙི་བྱ་འདས་པོའི་ལོ་རྟགས་ཀྱི་མཐུན་གསུམ་ལ་འཁེལ་བའི་སྐྱེ་བོ་ཕོ་མོ་ཚང་མ་བཅས་ནི་ཕུང་པོ་བལྟ་རིག་མི་ཆོག་པའི་འཛེམས་བྱ་ཞིག་ཡིན། དཔེར་ན། བཙི་བྱ་འདས་པོ་ཡོས་ལོ་བ་ཞིག་གི་ཕུང་པོར་ཆ་མཚོན་ན། ཕུང་པོར་བལྟ་རིག་མི་ཆོག་པའི་འཛེམས་བྱའི་ལོ་རྟགས་ནི་ལོ་རྟགས་ཡོས། ལོ་རྟགས་བྱ། ལོ་རྟགས་ཕག ལོ་རྟགས་ལུག་བཅས་ཀྱི་སྐྱེ་བོ་ཕོ་མོ་ཚང་མ་བཙི་བྱ་འདས་པོའི་ཕུང་པོར་བལྟ་རིག་མི་ཆོག་པ་དང་། བཙི་བྱ་འདས་པོ་ལོ་རྟགས་འབྲུག་ལོ་བ་ཞིག་གི་ཕུང་པོར་ཆ་མཚོན་ན། ཕུང་པོར་བལྟ་རིག་མི་ཆོག་པའི་འཛེམས་བྱ་ནི་ལོ་རྟགས་འབྲུག ལོ་རྟགས་ཁྱི། ལོ་རྟགས་བྱི་བ། ལོ་རྟགས་སྤྲེལ་བཅས་ཀྱི་སྐྱེ་བོ་

ཕོ་མོ་ཚང་མ། བརྩི་བྱ་འདས་པ་ལོ་རྟགས་སྦྲུལ་ལོ་བ་ཞིག་ལ་ཆ་མཚོན་ན། ཕུང་པོར་བལྟ་རིག་མི་ཚོག་པའི་འཛེམས་བྱ་ནི་ལོ་རྟགས་སྦྲུལ། ལོ་རྟགས་ཕག ལོ་རྟགས་བྱ། ལོ་རྟགས་གླང་བཅས་ཀྱི་སྐྱེ་བོ་ཕོ་མོ་ཚང་མ། བརྩི་བྱ་འདས་པ་ལོ་རྟགས་རྟ་ལོ་བ་ཞིག་གི་ཕུང་པོར་ཆ་མཚོན་ན། ཕུང་པོར་བལྟ་རིག་མི་ཚོག་པའི་འཛེམས་བྱ་ནི་ལོ་རྟགས་རྟ། ལོ་རྟགས་བྱི་བ། ལོ་རྟགས་སྟག ལོ་རྟགས་ཁྱི་བཅས་ཀྱི་སྐྱེ་བོ་ཕོ་མོ་ཚང་མ། བརྩི་བྱ་འདས་པ་ལོ་རྟགས་ལུག་ལོ་བ་ཞིག་གི་ཕུང་པོར་ཆ་མཚོན་ན། ཕུང་པོར་བལྟ་རིག་མི་ཚོག་པའི་འཛེམས་བྱ་ནི་ལོ་རྟགས་ལུག ལོ་རྟགས་གླང་། ལོ་རྟགས་ཕག ལོ་རྟགས་ཡོས་བཅས་ཀྱི་སྐྱེ་བོ་ཕོ་མོ་ཚང་མ། བརྩི་བྱ་འདས་པ་ལོ་རྟགས་སྤྲེལ་ལོ་བ་ཞིག་གི་ཕུང་པོར་ཆ་མཚོན་ན། ཕུང་པོར་བལྟ་རིག་མི་ཚོག་པའི་འཛེམས་བྱ་ནི་ལོ་རྟགས་སྤྲེལ། ལོ་རྟགས་སྟག ལོ་རྟགས་བྱི་བ། ལོ་རྟགས་འབྲུག་བཅས་ཀྱི་སྐྱེ་བོ་ཕོ་མོ་ཚང་མ། བརྩི་བྱ་འདས་པ་ལོ་རྟགས་བྱ་ལོ་བ་ཞིག་གི་ཕུང་པོར་ཆ་མཚོན་ན། ཕུང་པོར་བལྟ་རིག་མི་ཚོག་པའི་འཛེམས་བྱ་ནི་ལོ་རྟགས་བྱ། ལོ་རྟགས་ཡོས། ལོ་རྟགས་གླང་། ལོ་རྟགས་སྦྲུལ་བཅས་ཀྱི་སྐྱེ་བོ་ཕོ་མོ་ཚང་མ། བརྩི་བྱ་འདས་པ་ལོ་རྟགས་ཁྱི་ལོ་བ་ཞིག་གི་ཕུང་པོར་ཆ་མཚོན་ན། ཕུང་པོར་བལྟ་རིག་མི་ཚོག་པའི་འཛེམས་བྱ་ནི་ལོ་རྟགས་ཁྱི། ལོ་རྟགས་འབྲུག ལོ་རྟགས་སྟག ལོ་རྟགས་རྟ་བཅས་ཀྱི་སྐྱེ་བོ་ཕོ་མོ་ཚང་མ། བརྩི་བྱ་འདས་པ་ལོ་རྟགས་ཕག་ལོ་བ་ཞིག་གི་ཕུང་པོར་ཆ་མཚོན་ན། ཕུང་པོར་བལྟ་རིག་མི་ཚོག་པའི་འཛེམས་བྱ་ནི་ལོ་རྟགས་ཕག ལོ་རྟགས་སྦྲུལ། ལོ་རྟགས་ཡོས། ལོ་རྟགས་ལུག་བཅས་ཀྱི་སྐྱེ་བོ་ཕོ་མོ་ཚང་མ། བརྩི་བྱ་འདས་པ་ལོ་རྟགས་བྱི་ལོ་བའི་ཕུང་པོར་ཆ་མཚོན་ན། ཕུང་པོར་བལྟ་རིག་མི་ཚོག་པའི་འཛེམས་བྱ་ནི་ལོ་རྟགས་བྱི་བ། ལོ་རྟགས་འབྲུག ལོ་རྟགས་སྤྲེལ། ལོ་རྟགས་རྟ་བཅས་ཀྱི་སྐྱེ་བོ་ཕོ་མོ་ཚང་མ། བརྩི་བྱ་འདས་པ་ལོ་རྟགས་གླང་ལོ་བ་ཞིག་གི་ཕུང་པོར་ཆ་མཚོན་ན། ཕུང་པོར་བལྟ་རིག་མི་ཚོག་པའི་འཛེམས་བྱ་ནི་ལོ་རྟགས་གླང་། ལོ་རྟགས་ལུག ལོ་རྟགས་བྱ། ལོ་རྟགས་སྦྲུལ་བཅས་ཀྱི་སྐྱེ་བོ་ཕོ་མོ་ཚང་མ། བརྩི་བྱ་འདས་པ་ལོ་རྟགས་སྟག་ལོ་བ་ཞིག་གི་ཕུང་པོར་ཆ་མཚོན་ན། ཕུང་པོར་བལྟ་རིག་མི་ཚོག་པའི་འཛེམས་བྱ་ནི་ལོ་རྟགས་སྟག ལོ་རྟགས་སྤྲེལ། ལོ་རྟགས་རྟ། ལོ་རྟགས་ཁྱི་བཅས་ཀྱི་སྐྱེ་བོ་ཕོ་མོ་ཚང་མ་སོགས་ལྟ་བུའོ། །

གཞན་ཡང་ཕུང་པོ་ཤུལ་འཕྲུག་གི་འཛེམས་བྱའི་སྐོར། བརྩི་བྱ་འདས་པོའི་ཕུང་པོ་ཞོགས་པ་ཁྱིམ་ནས་དུར་སར་གདན་འདྲེན་ཞུ་སྐབས་ཕུང་ཤུལ་འཕྲུག་སྲོལ་ཞིག་ཡོད་ཅིང་ཕུང་ཤུལ་འཕྲུག་སྐབས་བརྩི་བྱ་འདས་པོའི་ལོ་རྟགས་དང་ཕུང་ཤུལ་འཕྲུག་མཁན་གྱི་ལོ་རྟགས་གཉིས་མཐུན་གསུམ་དུ་འཕེལ་ན་དེ་ཡང་འཛེམས་བྱར་ངོས་འཛིན་བྱ་ཀྱི་ཡོད། དཔེར་ན་སྟག་རྟ་ཁྱི་གསུམ་གྱི་མཐུན་གསུམ་ལ་ཆ་མཚོན་ན། བརྩི་བྱ་འདས་པོའི་ལོ་རྟགས་སྟག་ཡིན་ན་ཕུང་ཤུལ་འཕྲུག་མཁན་གྱི་འཛེམས་བྱ་ནི་ལོ་རྟགས་རྟ་དང་ལོ་རྟགས་ཁྱི་ཡི་སྐྱེ་བོ་ཕོ་མོ་ཚང་མ། བརྩི་བྱ་འདས་པོའི་ལོ་རྟགས་རྟ་ཡིན་ན་ཕུང་ཤུལ་འཕྲུག་མཁན་གྱི་འཛེམས་བྱ་

ནི་ལོ་རྟགས་སྟག་དང་ལོ་རྟགས་ཁྲི་ཡི་སྐྱེ་བོ་ཕོ་མོ་ཚང་མ། བརྩི་བྱ་འདས་པོའི་ལོ་རྟགས་ཁྲི་ཡིན་ན་ཕུང་ཤུལ་འཕྲུག་མཁན་གྱི་འཛོམས་བྱ་ནི་ལོ་རྟགས་སྟག་དང་ལོ་རྟགས་རྟ་ཡི་སྐྱེ་བོ་ཕོ་མོ་ཚང་མ་དང་། ཡང་བྱི་འབྲུག་སྤྲེལ་གསུམ་གྱི་མཐུན་གསུམ་ལ་ཆ་མཚོན་ན། བརྩི་བྱ་འདས་པོའི་ལོ་རྟགས་བྱི་བ་ཡིན་ན་ཕུང་ཤུལ་འཕྲུག་མཁན་གྱི་འཛོམས་བྱ་ནི་ལོ་རྟགས་འབྲུག་དང་ལོ་རྟགས་སྤྲེལ་གྱི་སྐྱེ་བོ་ཕོ་མོ་ཚང་མ། བརྩི་བྱ་འདས་པོའི་ལོ་རྟགས་འབྲུག་ཡིན་ན་ཕུང་ཤུལ་འཕྲུག་མཁན་གྱི་འཛོམས་བྱ་ནི་ལོ་རྟགས་བྱི་བ་དང་ལོ་རྟགས་སྤྲེལ་གྱི་སྐྱེ་བོ་ཕོ་མོ་ཚང་མ། བརྩི་བྱ་འདས་པོའི་ལོ་རྟགས་སྤྲེལ་ཡིན་ན་ཕུང་ཤུལ་འཕྲུག་མཁན་གྱི་འཛོམས་བྱ་ནི་ལོ་རྟགས་བྱི་བ་དང་ལོ་རྟགས་འབྲུག་གི་སྐྱེ་བོ་ཕོ་མོ་ཚང་མ། གཞན་ཡང་བྱ་གླང་སྦྲུལ་གསུམ་གྱི་མཐུན་གསུམ་ལ་ཆ་མཚོན་ན། བརྩི་བྱ་འདས་པོའི་ལོ་རྟགས་བྱ་ཡིན་ན་ཕུང་ཤུལ་འཕྲུག་མཁན་གྱི་འཛོམས་བྱ་ནི་ལོ་རྟགས་སྦྲུལ་དང་ལོ་རྟགས་བྱ་ཡི་སྐྱེ་བོ་ཕོ་མོ་ཚང་མ། བརྩི་བྱ་འདས་པོའི་ལོ་རྟགས་སྦྲུལ་ཡིན་ན་ཕུང་ཤུལ་འཕྲུག་མཁན་གྱི་འཛོམས་བྱ་ནི་ལོ་རྟགས་བྱ་དང་ལོ་རྟགས་གླང་གི་སྐྱེ་བོ་ཕོ་མོ་ཚང་མ། དེ་བཞིན་ཕག་ལུག་ཡོས་གསུམ་གྱི་མཐུན་གསུམ་ལ་ཆ་མཚོན་ན། བརྩི་བྱ་ལོ་རྟགས་ཕག་ཡིན་ན་ཕུང་ཤུལ་འཕྲུག་མཁན་གྱི་འཛོམས་བྱ་ནི་ལོ་རྟགས་ལུག་དང་ལོ་རྟགས་ཡོས་ཀྱི་སྐྱེ་བོ་ཕོ་མོ་ཚང་མ། བརྩི་བྱ་འདས་པོའི་ལོ་རྟགས་ཡོས་ཡིན་ན་ཕུང་ཤུལ་འཕྲུག་མཁན་གྱི་འཛོམས་བྱ་ནི་ལོ་རྟགས་ཕག་དང་ལོ་རྟགས་ལུག་གི་སྐྱེ་བོ་ཕོ་མོ་ཚང་མ། བརྩི་བྱ་འདས་པོའི་ལོ་རྟགས་ལུག་ལོ་བ་ཞིག་ཡིན་ན་ཕུང་ཤུལ་ཕྲུག་མཁན་གྱི་འཛོམས་བྱ་ནི་ལོ་རྟགས་ཡོས་དང་ལོ་རྟགས་ཕག་གི་སྐྱེ་བོ་ཕོ་མོ་སོགས་ལྟ་བུའོ། །

དེ་ལྟར་གོང་དུ་ཁོ་བོས་གླེང་བའི་བོད་མིའི་ཡུལ་སྲོལ་གོམས་གཤིས་ནང་གི་འཛོམས་བྱའི་སྐོར་གླེང་བ་འདི་དེང་སྐབས་སྤྱི་ཚོགས་འཕེལ་རྒྱས་ཤིན་ཏུ་མགྱོགས་པའི་རྒྱ་ཆེའི་མང་ཚོགས་ཀྱི་བསམ་བློའི་འདུ་ཤེས་དང་ཤིན་ཏུ་མི་འཚམས་པའི་སྐྱོན་གྱི་དྲི་མས་སྦགས་ཀྱང་རང་གཞན་བོད་རིག་པར་ཞིབ་འཇུག་གནང་མཁན་ཚོས་སྔར་ལས་ལྷག་པའི་སྒོ་ནས་བོད་མིའི་ཡུལ་སྲོལ་གོམས་གཤིས་ལ་ངོས་འཛིན་ཁ་གསལ་ཞིག་ཡོང་ཆེད་དཔྱད་གཞི་ཙམ་དུ་འབུལ་བ་ལགས་ཀྱང་། འདིའི་ནང་འགལ་འཁྲུལ་མི་ཉུང་བ་ཞིག་ཡོད་པ་ནི་སྨོས་མེད་ཡིན་པས་གཟུར་གནས་མཁྱེན་པའི་དབང་པོ་ཚོས་རྩ་ཆེའི་དགོངས་འཆར་ལྷུག་རྩོལ་ཡོད་པ་ཞུ།

《སྤང་རྒྱན་མེ་ཏོག》༡༩༩༨ལོའི་དེབ་གསུམ་པ་ལས་བཏུས།

༄། །མངའ་རིས་སྤུ་རངས་འཁོར་ཆགས་ཁུལ་གྱི་ཞིང་ལས་དང་འབྲེལ་བའི་གནའ་སྲོལ་ཆོ་གའི་སྐོར་རགས་ཙམ་བརྗོད་པ།

གུ་གེ་ཚེ་རིང་རྒྱལ་པོ། སྲིན་འཛོམས།

དང་པོ། ཞིང་རྨོད་ས་སྐོ་འབྱེད་པའི་ཆོ་ག

དཔྱིད་ཀ་ཞིང་རྨོ་བའི་དུས་སམ་རོལ་ཁ་ཚུགས་པའི་སྐབས་ཀྱི་ཚེས་བཟང་དུས་བཟང་ཞིག་ལ་ཕྱུང་པའི་ཕྱུ་ལ་བསང་གསོལ་གཏོང་བ་དང་། འཁོར་ཆགས་དགོན་པའི་མགོན་ཁང་ནང་ལ་བསྐང་གསོ་གཏོང་བ། དུས་མཚུངས་སུ་ཡུལ་གྱི་ཨ་ཁུ་ཇོ་བ་ལ་ཞིང་ཁའི་ས་སྐོ་དུས་ཅི་ཙམ་ལ་འབྱེད་མིན་སྐོར་སྐད་ཆ་འདྲི་ཞིང་། ས་སྐོ་དངོས་སུ་འབྱེད་པའི་ཉིན་དེར་གྲོང་པའི་ཕ་རྒན་དེ་ཡིས་ཞྭ་མོ་འབོག་ཏོ་གྱོན། མནའ་མས་རྒན་ཚང[1]དང་སྐེའུ་བཏགས་ཤིང་སྐྱིད་ལྷུགས་གྱོན་ཏེ་ཆང་ཕུད་དང་ཇ་ཕུད་འཁྱེར་ནས་ཞིང་ཁའི་དཀྱིལ་ལ་ཕྱིན། ཕ་རྒན་ཆོས་ཤེས་མཁན་ཚོས་སོ་སོས་ཕྱག་དཔེ་ཞལ་འདོན་བྱེད་པ་དང་གལ་ཏེ་ཆོས་མི་ཤེས་པ་ཞིག་ཡིན་ཚེ། ཆོས་གནས་ཤིག་ངེས་པར་དུ་གདན་འདྲེན་ཞུ་དགོས། དེ་ཚེ་ཆོས་གནས་ཀྱིས་ཐོག་མ་བསང་ཞིག་བཏང་ཞིང་གསེར་སྐྱེམས་ཕུལ། དེ་ནས་ཕྱག་དཔེ་བཀྲ་ཤིས་བརྩེགས་པ་དང་འཛམ་དཔལ་མཚན་བརྗོད་སོགས་ཀློག་པ་དང་སྦྲུགས་གཡག་གམ་མཛོ་མགོ་སྤྲེལ་བ་ཞིང་ཁའི་ནང་ལ་ཕར་ཚུར་ཐེངས་གསུམ་བཏང་ནས་ཞིང་རྨོ་བའི་ས་སྐོ་དེ་དངོས་སུ་འབྱེད་ཀྱི་ཡོད།

དེ་བཞིན་འཁོར་ཆགས་ཡུལ་གྱི་ཞིང་པ་ཚོས་ཞིང་རྨོད་མ་ཁད་དུ་སྨོན་ལམ་ཞིག་འདོན་གྱི་ཡོད་པ་ནི། ཡ་མཚོད་ཅིག ཞིང་མ་དེ་ལ་གནས་པའི་ས་བདག་ཀླུ་གཉན་ཐམས་ཅད། ཡར་དཀོན་མཆོག་ལ་མཆོད་པ་དང་མར་ངན་སློང་ལ་སྦྱིན་པ། བར་དུ་ཕ་མ་དགེ་འདུན་ལ་བསྙེན་བཀུར་དང་ཞབས་ཏོག རྒན་རྒོན་རྣམས་ལ་ཕེ[2]འགམ། སྟག་ཤར་རྣམས་ལ་ཆང་འཐུང་། བྱིས་པ་རྣམས་ལ་ཡོས་ཟ། ཤ་ཤི་ཡས་མཇོ་ལ་མེད། གས་ཆག་ཐོང་གཤོལ་ལ་མེད། མཁྱེན་མཁྱེན་ཞེས་ལོ་ལེགས་བྱུང་ན་ཅི་དང་གང་ཡང་བྱེད་རྒྱུ་ཡོད་པའི་དོན་ཡིན། ཞིང་ཁའི་ཟུར་རེ་ལ་བཙག་དམར་པོ་བྱུག་པའི་རྡོ་ཞིག་བཞག་པ་དང་ཞིང་དབུས་ལ་རྡོ་དཀར་རྒྱང་ཞིག་བཞག་པ་ནི་ཞིང་འདེབས་ཀྱི་རྟེན་འབྲེལ་ཐོག་མ་དེ་ཡིན། ས་སྐོ་འབྱེད་པའི་ཆོ་ག་དེ་བྱས་ཟིན་རྗེས་ལ་ཞིང་ཁ་དུས་ཅི་ཙམ་ལ་འདེབས་ནའང་འགྲིག་པའི་མོད་ལ་མི་ཚང་སོ་སོའི་ཁོམ་

པ་ཡོད་མེད་སོགས་ཀྱི་སྐབས་ལ་བསྟུན་དགོས།

ཞིང་ཁ་འདེབས་དུས་ལྷ་སྲེ་དགོས་པ་ནི་མཛོ་བོའི་སྣ་འཁྲིད[3]མཁན་མི་གཅིག་དང་། ཐོང་གཤོལ་གཏོང་མཁན་མི་གཅིག སོན་བཤོ་མཁན་མི་གཅིག གེ་ལུ[4]འཛིན་མཁན་མི་གཉིས་བཅས་ཁྲོན་བསྡོམས་མི་ལྔ[5]དགོས། དེ་ཚེ་དོར་གཅིག་དང་དོར་གཉིས་ཞེས་སེམས་ཅན་གཅིག་དང་གཉིས་ཅི་ཡང་ཡོད་སྲིད། དོར་སྦྲེལ་བའི་མཛོ་བོ་ཡི་གཉའ་ལ་སྣང་ཆེན་གཉའ་འབེབས་ཞེས་པའི་གཉའ་ཤིང་ལྡེ་ལ་མཁྲིགས་པ་ཞིག་དང་སྣ་ལ་སྨྱུག[6]རྒྱུས་ནས་ས་སྨོ་འཁྱེད་ཀྱི་ཡོད། མཛོ་ཡི་རྭ་ཅོག་ལ་སྟོང་སྐྱུད་དམར་པོ་བཏགས་པ་ནི་ས་སྟེང་གི་སྲོག་ཆགས་འབུ་སོགས་ཞིང་རྨོད་པའི་ལམ་ལ་མ་བསྟད་པར་འགྲོ་བའི་ཆེད་དུ་རེད། གང་ལྟགས་ཤེས་ན་མཛོའི་རྭ་ཅོག་ལ་སྒྲོག་པའི་སྟོང་སྐྱུད་དམར་ལྷེབ་ཙམ་བྱས་ཚེ་འབུ་ཡོད་དོ་ཅོག་བྲོས་འགྲོ་གི་ཡོད་པ་ནི་དེ་སྒྲོག་དམར་འཁྱུག་ཙམ་བྱེད་པར་སླམ་ལ་མཛོ་ཡི་སྙེ་ལ་དྲིལ་བུ་བཏགས་ཡོད་པ་དེའི་སྐད་ཐོས་མ་ཐག་འབྲུག་སྒྲ་ལྡིར་བར་མངོན། དེ་ཡང་ཞིང་རྨོད་འགོ་ཚུགས་པ་ནས་ངལ་གསོ་མ་བརྒྱབ་བར་དུ་རྨོད་མཁན་དེས་གཞས་གདངས་རིང་ཞིག་ཡང་ཡང་གཏོང་གི་ཡོད་པ་ནི། ཨོཾ་མ་ཎི་པདྨེ་ཡར་ལ་ཧཱུཾ་མོ་ཧེ་ཞེས་ཀྱི་ཡོད། ཨོ་ཧོ་ཞེས་པ་དང་མཛོ་དེ་ཕར་འགྲོ་བ་ལ་ཡང་ཁ་ཉལ་ཁ་ཉལ[7]ལ་མ་ཎི་པདྨེ་ཧཱུཾ་ཟེར་བ་དང་མཛོ་ཁ་ཚུར་བསྒྱུར་ནས་རང་བཞིན་གྱིས་ལོག་ཡོང་གི་ཡོད།

ཞིང་རྨོད་དུས་ཐོང་གཤོལ་ལ་བུ་ཡིས་ལག་པ་འཆང་བ་ལས་བུ་མོས་ལག་འཇུ་མི་ཆོག་པ་ནི་རོལ་དམར་པོ[8]ཡོང་ཞེས་ཀྱི་ཡོད། ཞིང་ཁར་རྨོད་སྣོག་བརྒྱབ་པའི་རྗེས་དུས་ཚོད་ངེས་ཅན་ཞིག་འདས་རྗེས་སུ་ཞིང་ལ་ལྷང་པ་སྦོ་བེར་རེར་ཡར་ཐོན་པ་དང་བུད་མེད་ཚོས་ས་སྐྱོར་བརྒྱབ་ནས་གླིང་གྲུ་བཞི་མང་པོ་བཟོ་བ་དང་སྒྲུགས་ཞིང་ནང་ལ་ཆུ་འདྲེན་འགོ་འཛུགས། འཁོར་ཆགས་ཁུལ་ལ་ཞིང་འདེབས་དུས་སྐྱེས་པ་ཕོས་ནུས་ཤུགས་གང་ཡོད་འདོན་པ་ལས་ཞིང་ལ་ཆུ་གཏོང་རྒྱུ་དང་། ཡུར་མ་ཡུར་རྒྱུ་བཅས་ཐམས་ཅད་ནི་བུད་མེད་ཀྱི་ལས་ཀ་ཡིན། རྒྱུ་མཚན་ནི་དབྱར་དུས་སུ་སྐྱེས་པ་བུ་ཚང་མས་ཚོང་རྒྱག་པ་སོགས་ཕྱོགས་ལ་ཐོན་ནས་ཕྱི་ལས་བྱེད་ཀྱི་ཡོད།

ཞིང་ཁའི་ཐོག་ལ་བརྒྱབ་ཡས་ཀྱི་ལུད་ནི་ར་ལུག་གི་རིལ་མ་ཕུད། སྔར་སྲོལ་ལ་ས་མང་པོ་བསིགས་པའི་སྟེང་ལ་སེམས་ཅན་བ་དང་མཛོ་སོགས་ཉལ་དུ་བཙུགས་ཏེ། ལྕི་བ་དང་། གཅིན་པ། ཟ་ཡས་ཀྱི་རྩྭ་གཟན་སོགས་ཚང་མ་འདྲེས་པ་རྡུལ་དུ་འཇུག་པ་དེ་ལུད་ལེགས་པོར་བཟུང་ནས་བེད་སྤྱོད་གཏོང་གི་ཡོད། སྤྱིར་བཏང་ཞིང་ཁ་མ་བཏབ་གོང་ལ་ལུད་བརྒྱབ་ཟིན་པ་བྱེད་དགོས། ཞིང་ཁ་ལེགས་པོ་ཡོད་ན་ལོག་རྒྱག་བཞིན་དུ་ལུད་གཏོར་གྱིན་ཡོད། ལུད་གཏོར་ནས་ཞིང་མ་བཏབ་བར་དུས་ཚོད་རིང་པོ་འཇོག་མི་ཉན། གལ་ཏེ་དུས་ཚོད་རིང་པོ་འགོར་སོང་ན་ལུད་བསང་ནས་ནུས་པ་ཞན་པོ་ཆགས་འགྲོ་གི་ཡོད། འཁོར་ཆགས་ཁུལ་དུ་ཞིང་ལ་ལུད་ཐེངས་གཅིག་ལས་རྒྱག་སྲོལ་མེད། ཡང་ཞིང་ཁག་ཅིག་ཡག་པོ

མ་སྐྱེས་པའམ་སེར་པོ་ཆགས་ཀྱི་ཡོད་ན་ཁ་ལུད་ཞེས་པ་དེ་རྒྱག་དགོས་ཀྱི་ཡོད། འོན་ཀྱང་དེ་འདྲ་བྱེད་པ་ཉུང་ཉུང་ཡིན།

གཉིས་པ། ཆོས[9]དཔྱིད་འཁོར་རམ་ཆོས་གདན་ཞུའི་ཚོགས

ཆོས་གདན་འདྲེན་ཞུ་བའི་ཚོ་གའི་དུས་ནི་ཞིང་ནང་གི་སྨན་མའི་མེ་ཏོག་འཆར་བ་དང་ནས་ཀྱི་སྙེ་མ་འབུས་པའི་སྐབས་སུ་ཡིན། སྟོན་ཐོག་ལེགས་པོ་བྱུང་བའམ་ལོ་ཉེས་ཅི་བྱུང་ཡང་ཆོས་དཔྱིད་འཁོར་ཞེས་པའི་ཚོགས་དེ་དབུས་གཙང་ཁུལ་གྱི་འོང་སྐོར་དང་འདྲ་བར་འཁོར་ཆགས་ཡུལ་གྱི་སྐྱེ་བོ་ཕོ་མོ་རྒན་གཞོན་ཚང་མས་རྒྱན་གོས་ལེགས་པར་བརྒྱུབས་ཤིང་མདའ་དར་དང་རོལ་མོ་སོགས་ཐོགས་ཏེ་ཞིང་ལ་སྐོར་བ་བསྐོར་ཏེ་དགའ་སྟོན་དང་སྨོན་ལམ་འདེབས་པའི་ཡུལ་སྲོལ་ཡིན། དེའི་དམིགས་ཡུལ་གཙོ་བོ་ནི་གཅིག་ནས་སྟོན་ཐོག་ལ་གྲང་དད་ཕོག་པས་ཧྲིད་ཅིང་རོ་བཙུད་དང་འབྲས་བུ་མི་གྲུང་བར་འགྱུར་བའི་འབྲུགས་སྐྱོན་སད་དང་སེར་བ་སོགས་ཀྱིས་གནོད་པ་ཕྲ་མོ་ཙམ་ཡང་མི་འབྱུང་བར་འགོག་པའི་ཆེད་དང་། གཉིས་ནས་ཆོས་ཀྱི་བྱིན་གྱིས་བརླབས་པས་ཆང་བཏུང་ནའང་འདྲ་རྩམ་པ་ཟ་ནའང་འདྲ་རོ་བཙུད་ཏ་ཙང་ཆེན་པོ་ལྡན་ལ་ཕུན་སུམ་ཚོགས་པ་ནམ་ཡང་ཇོགས་རྒྱུ་མེད་པར་མངོན། གསུམ་ནས་ཆོས་ཀྱི་བྱིན་གྱིས་བརླབས་ནས་ཞིང་ནང་གི་སེམས་ཅན་འབུ་སྲིན་སོགས་ལའང་གནོད་པ་མེད་པ་དང་མི་ལ་བསོད་བདེ་བསོད་ནམས་ལྡན་པར་མངོན།

སྔོར་བ་རྒྱག་སྐབས་སུ་ཕྱག་དཔེ་འཁུར་ནས་ཆོས་ཤེས་མཁན་ཚོས་ཁ་འདོན་བྱེད་ཅིང་མ་ནི་འདྲེན་གྱིན་འགྲོ་ལ་ན་ཆུང་ཆོས་མི་ཤེས་པ་དེ་ཚོ་ཡིས་གླུ་ལེན་ཞིང་འགྲོ་གི་ཡོད། སྤྱིར་ན་ལེགས་ཤོས་བྱུང་ན་མི་ཚང་རེ་ནས་མི་གང་མང་དང་ཉུང་མཐར་ཡང་མི་རེ་ངེས་པར་དུ་ཐོན་དགོས། འཁོར་ཆགས་ཡུལ་མི་ཚང་མ་ཆོས་དད་ཆེ་བས་ལོ་གཅིག་དུས་གཅིག་གི་ཚོ་ག་དེ་ཡི་ཚེ་རང་འགུལ་གྱིས་མི་གང་མང་ཐོན་ཐུབ་པ་བྱེད་ཀྱི་ཡོད་པ་ལས་དེ་ལ་བཀོད་པ་གཏོང་བའམ་ཚོད་འཛིན་བྱེད་སྲོལ་མ་མཆིས། དེའི་ཉིན་ཐོག་མ་འཁོར་ཆགས་དགོན་པའི་དགེ་འདུན་ཚོ་ལ་སྐུ་འཁྱེད་ཕུལ་ཏེ་མཆོད་འབུལ་བྱས་ཤིང་དགེ་འདུན་ཚོས་ཀྱང་མགོན་ཁང་ནས་བསྐང་གསོ་གཏོང་གི་ཡོད།

ཆོས་རྒྱབ་ལ་འཁུར་ཡས་ནི་ཆོས་ཁང་ཆེན་མོའི་ནང་གི་བཀའ་འགྱུར་དང་བསྟན་འགྱུར་རམ་ཡུམ་ཆེན་པོད་ཏེ་བཅུ་དྲུག་སོགས་ཡིན་ཞིང་དེ་དག་ལོ་རེ་ལ་མི་ཚང་སོ་སོས་བརྗེ་པོ་བརྒྱབ་ནས་འཁྱེར་བ་ལས་གཅིག་རང་ངེས་གཏན་གྱིས་འཁྱེར་སྲོལ་མེད། དེ་ཚེ་སྐྱེས་ཕོ་མོ་རྒན་དར་གཞོན་བྱིས་པ་ལ་སོགས་པ་ཚང་མས་རྒྱན་གོས་ལེགས་ལ་གཟབ་མཚར་སྤྲས་ཏེ་ཇོ་ཁང་གི་སྒོ་མདུན་དུ་འཛོམས་རྗེས་སུ་དཀོན་གཉེར་གྱིས་མི་རེ་རེར་རྩིས་སྤྲོད་བྱེད་ཀྱི་ཡོད། དེ་རྗེང་ན་ཐོག་མར་གྲྭ་པའི་སེར་སྦྲེང་ཐོན་གྱི་ཡོད་དེ་

ཨང་དང་ཤོས་ལ་བཛ་ཛ་འཁྱེར་ཏེ་ཐོན། དེ་མཚམས་སུ་ཐོན་མཁན་གྲྭ་པ་དེས་དར་ལྗོག་ཆབ་དར་རམ་གསང་དར་འཁྱེར། དེ་ནས་དགེ་འདུན་བགྲེས་པ་འབྲུས་གསོལ་བྱེད་མཁན་དང་གཞོན་པ་ཇ་དང་ཏུང་རྒྱ་གླིང་འཁྱེར་མཁན་དེ་དག་རིམ་གྱིས་ཐོན། དེ་རྗེས་སུ་ཇོ་ཁང་གི་རྟེན་གཙོའི་གྲས་རྗེ་བཙུན་སྒྲོལ་མ་གསུང་བྱོན་བསྣམས་པ་དེ་ཐོན། དེ་འཁྱེར་མཁན་ངེས་པར་དུ་སྐྱ་མི་ཞིག་དགོས། དེ་ནི་ཡུལ་པ་དམངས་ཚོགས་ནང་ནས་བྱ་སྤྱོད་ལེགས་ཤིང་ཚང་མས་གདེང་འཛོག་ཆེ་ལ་བློས་འཁེལ་ཚོག་པ་ཞིག་འདེམས་ཀྱི་ཡོད། དེ་བཞིན་མི་དེའི་ཆ་རྐྱེན་གཞན་ཞིག་ནི་ཕ་མ་གཉིས་འཛོམས་དང་། ཕྲུ་གུ་བུ་འཛོམས་ཡོད་མཁན། ཡན་ལག་སོགས་ལ་སྐྱོན་མེད་མཁན་ཞིག་དགོས། དེ་ནི་ཡུལ་པའི་འགོ་བྱེད་མཁན་གྱིས་འདེམས་སྲོལ་ཡོད། ཕྱིར་ན་ཁོ་ལོ་བསྐྱུད་མར་འགྲོ་དགོས་ཀྱང་དམིགས་བསལ་གནས་ཚུལ་བྱུང་ཚེ་བརྗེ་པོ་རྒྱག་པ་སོགས་ཀྱང་ཡོང་སྲིད། ཁོ་ལ་ཐོབ་ཐང་སོགས་ཅི་ཡང་མེད་མོད་ཀྱང་ཚུར་ལོག་ཡོང་དུས་ཁ་གཏགས་དཀར་གཙང་ཞིག་གཡོགས་སྲོལ་མཆིས།

སྒྲོལ་མ་གསུང་བྱོན་གྱི་སྐུ་འཁྱེར་མཁན་མི་དེའི་རྗེས་སུ་སྐྱེ་ཕོ་ཚང་མའི་རྒྱབ་ལ་ལྷ་སྐུ་དག་འཁྱེར་བ་དང་བུ་མོ་ཚོས་བཀའ་བསྟན་འགྱུར་དང་ཡུམ་དང་ཉི་ཁྲི། བརྒྱད་སྟོང་སོགས་འཁྱེར། ཕྲུ་གུ་ཆུང་ཆུང་དག་ལ་སོ་སོའི་ནང་གི་ཀུན་དགའ་ར་བའི་ནང་ན་མཆོད་པའི་བར་དོ་ཐོས་སྒྲོལ་ལ་སོགས་ཕྱག་དཔེ་ཆུང་ཆུང་དེ་དག་འཁྱེར་དུ་འཇུག མདོར་ན་ཕོ་མོ་རྒན་གཞོན་དང་། དར་མ། ན་གཞོན། བྱིས་པ་སུ་ཡིན་ནའང་ཕྱག་དཔེ་དང་སྐུ། མ་ཎི་སོགས་འཁྱེར་རྒྱུ་མེད་ན་ལུས་སྟོང་པར་ཞིང་བསྐོར་ལ་འགྲོ་བའི་ལུགས་སྲོལ་མེད། ཕྱག་དཔེ་སྣལ་བར་འཁྱེར་ལུགས་ནི་ཡར་ཀྲོང་ཀྲོང་སླངས་ནས་འཁྱེར་འགྲོ་བ་ལས་མར་ཐུད་ལ་བསྣོལ་ནས་འཁྱེར་མི་ཆོག འཁོར་ཆགས་ཡུལ་ན་གནས་སྡོད་བྱེད་པའི་གྲོང་པ་མང་ཆེ་བར་སྣེར་གྱི་མཆོད་ཁང་ནང་ལ་ཡུམ་ཆེན་པོ་ཏེ་བཅུ་དྲུག་ཆ་ཚང་བ་ཡོད་གཤིས། མི་ཚང་མང་པོ་ཞིག་གིས་དེ་ཚོ་འཁྱེར་ནས་སྣེར་བ་བསྐོར་བའང་ཡོད། མདོར་ན་ཆོས་དཔུང་འཁུར་བ་ཆོས་ཐོག་མ་འཁོར་ཆགས་དགོན་པ་ལ་སྣེར་བ་བརྒྱབ་ཅིང་དེ་ནས་ལ་ལུང་མང་པོ་བརྒྱབ་ནས་ལ་མ་ལུང[10]ཞེས་པ་དེར་སླེབས་དུས་ཚ་ཕོག་བརྒྱབ་པའང་གྲོ་གཟན་ཐོས་ནས་དབུགས་ངལ་ཕྲན་བུ་གསོ་བ་དང་སྨྲགས་ཆུ་མིག་དྭངས་གཙང་དེར་རྗེ་བཙུན་སྒྲོལ་མའི་སྐུ་ལ་འབྲུས་གསོལ་བྱེད་ཅིང་ཡང་ལུང་པ་རེ་རེའི་ནང་སླེབས་མ་ཁད་སྒྲོལ་མའི་སྐུ་ལ་འབྲུས་གསོལ་ཐེངས་རེ་བྱེད་ཀྱིན་ཐོན།

མཐར་དགོང་ག་དུས་སུ་ཟམ་འོག་མཚོ་ཆེན་ཞེས་པའི་ན་ཁ་ཆེན་པོ་དེར་མཉམ་འཛོམས་བྱས་ཤིང་མི་ཚང་སོ་སོའི་ཟ་རིགས་བཅུད་ལྡན་ཡོད་དོ་ཅོག་འདོན་ཡོང་ནས་ཚང་མས་མཉམ་བཟའ་མཉམ་འཐུང་གིས་ལོངས་སྤྱོད་བྱེད་ཀྱི་ཡོད་ལ་ཆང་བཏུང་བ་དང་གཞས་གཏོང་ཞབས་བྲོ་འཁྲབ་ཅིང་རྒྱུག་ཤར་སློད་པ་དང་བུ་དང་བུའི་དབར་ལ་ཨབ་ཏང་འཆང་བ་དང་ཡང་མཚམས་རེ་བུ་རེ་དང་བུ་མོ་གཉིས་རེ་བྱས་

ནས་བརྡབས་རེས་དང་དབྱུགས་རེས་བྱེད། དེ་ནས་ཡང་བསྐྱར་དགོན་པར་བཅར་ནས་སྐོར་བ་ལན་གསུམ་བརྒྱབ་ཅིང་དགོན་པའི་ནང་ལ་ཆོས་མཇལ་ཞུས། དེ་ནས་དགོན་པའི་མདུན་གྱི་རྫ་གཅལ་ག་ལ་བ་དེར་འཛོམས་ནས་ཆང་བཏུང་བ་དང་གཞས་གཏོང་བ། ཞབས་བྲོ་འཁྲབ་གྱིན་ལོ་དེར་ཆོས་དང་སྐུའི་བྱིན་རླབས་ཀྱིས་སད་དང་སེར་བ་མི་ཡོང་བ། ཐན་པ་དང་ཆུ་སྐྱོན་མི་ཡོང་བ། མི་ཕྱུགས་ལ་གནོད་པ་མི་ཡོང་བའི་དགེ་མཚན་དུ་མ་ཡོང་བའི་ཡིད་རྟོན་གྱི་བློ་ཡིད་ཆེམ་ཞིང་དགའ་སྐྱིད་ཀྱི་འཚོ་བར་རོལ་བར་བྱེད་དོ། །

གསུམ་པ། རྟ་ཡན་དང་འབུ་སྐྱོན་མེད་ཐབས་ཆོག

དབྱར་དུས་སུ་ཞིང་ནང་ལ་རྟ་ཡན་སྐྱེ་བའི་གནོད་པ་དང་འབུ་སྐྱོན་བྱུང་ནས་སྟོན་ཐོག་ལེགས་པོ་མ་བྱུང་ཚེ་འཁོར་ཚགས་དགོན་པའི་དགེ་འདུན་ཚོ་ཞིང་ནང་ལ་གདན་འདྲེན་ཞུས་ནས་རྟ་འདོན་འབུ་འདོན[11]ཞེས་པའི་ཆོ་ག་གཏོང་སྲོལ་ཡོད། དེའི་ཚེ་འཁོར་ཚགས་སྟོད་པ་གྲོང་ཚོ[12]དང་སྨད་པ་གྲོང་ཚོ[13]བར་ལེ[14]གྲོང་ཚོ་གསུམ་གྱིས་བསྡུ་བྱ་བསྡུས་ནས་དགེ་འདུན་པ་ཚོ་ལ་ཉིན་གསུམ་རིང་མཆོད་ཆང་དང་གསོལ་ཇ་ཞུས། དགེ་འདུན་པ་ཚོས་རྟ་འདོན་འབུ་འདོན་གྱི་ཆོ་ག་གཏོང་བ་ནི་སྐྱེར་བ[15]ཟེར་བའི་ཕུར་པ་ཕྱོགས་བཞི་ལ་བརྒྱག་གི་ཡོད་ཅིང་དེའི་ལོག་ལ་ཨཿཀཿསཿམཿརཿཙཿཤཿདཿརཿསཿམཿརཿཡཿཕགས་ཞེས་པ་བྲིས་ཡོད། སྐུ་རིམ་དེ་བཏང་བའི་རྗེས་སུ་འབུ་ཚང་མ་ཤི་ནས་ཞིང་ལེགས་པར་སྐྱེས་ཀྱི་ཡོད་པའང་ཆོ་གའི་གོ་རིམ་ནང་མི་ཚང་མས་ཞིང་ལ་བདག་སྐྱོང་ལེགས་པར་བྱས་པའི་དབང་གིས་ཡིན།

བཞི་པ། སྟོན་ཐོག་བསྡུ་འགོ་འཛུགས་པའི་ཆོ་ག

སྟོན་ཁ་སྟོན་ཐོག་རྔུར་བསྡུ་བའི་སྐབས་སུ་ཐོག་མ་ཡུལ་མི་རྣམ་གྲས་ཀྱི་ངག་རྒྱུན་དང་། ཞིང་ཁའི་གནས་བབ། ཚེས་ཆ་ལེགས་མིན་སོགས་ལ་བལྟས་ནས་ཇོ་བ[16]ཡིས་རྩིས་བརྒྱག་དགོས། བཙས་མ་ག་དུས་བཏབས་ན་ལེགས་མིན་ལ་རྩིས་གཤགས་ནས་ཚེས་ཆ་ལེགས་པ་ཞིག་ལ་གཏན་འཁེལ་བྱས། དེ་ནས་ཉིན་དེར་སྟོན་ཐོག་གི་ཕུད་དཀར་ལྟས[17]ཞེས་ཏོག་ཙམ་ཞིག་བཏབས། དེའི་ཞོགས་པ་སྔ་པོ་ནས་དགོན་པའི་བཙུན་ཆུང་དག་ཞིང་ནང་ལ་བྱོན་ཏེ་ཇ་དང་རོལ་མོ་བཀྲོལ་ནས་ཆོ་ག་བྱས་རྗེས་སུ། ནས་དང་སྲན་མའི་སྙིང་པོ་འཁྱེར་ཡོང་ནས་མེ་ལ་ཕུར་ཕུར་བཏང་བ་དང་སྦྲགས་འཁོར་ཚགས་ཇོ་བོའི་སྐུ་མདུན་ལ་ཕུལ། དེ་མ་ཉིད་དུ་ཁྱིམ་ཚང་ཡོད་དོའི་ཞུང་དཀར་དང་། ནས། སྲན་མ། ནས་སྲན་འདྲེས་པའི་སྐྱེར་རྩེ་ཞེས་པ་སོགས་ཀྱི་ཕུད་ཕྱུག་པ་འཁྱེར་ཡོང་ནས་ཇོ་བོ་དཔལ་སྐུ་མཆེད་གསུམ་གྱི་སྐུ་མདུན་ལ་ཕུལ་ལ་ཞོག་ཁོག་དང་ལ་ཕུག་སོགས་ཀྱི་ཕུད་ཀྱང་ཇོ་བོའི་སྐུ་མདུན་ལ་ཕུལ་གྱི་ཡོད།

འཁོར་ཚགས་ཁུལ་གྱི་ཞིང་པས་བཙས་མ་བཟ་ཆས་ལག་ཆ་དེ་ཟོར་བ་ཡིན། སྟོན་ཐོག་བསྡུ་སྐབས་

ནས་ཐོག་ཅིག་དང་སྲུན་མ་སྲུན་ཐོག་གཅིག་ཀྱང་འཕྲོ་བརླགས་སུ་གཏོང་གི་མེད། སྤུས་ཚད་ཨང་དང་པོར་ག་ལེར་བྱས་ཏེ་ཐོན་བུ[18]ཞེས་ནས་ཐོག་ཅིག་ཙམ་ཡང་མ་ལུས་པར་གཙང་མ་གཙང་རྒྱུད་འཐུ་དགོས། དེ་ཆེ་དུས་ཚོད་དམ་འཛིན་བྱེད་ཀྱི་ཡོད་པ་ནི། མི་ཚང་དག་གིས་བཙས་མ་བཟ་མཁན་ཚོས་ཉལ་ཆས་ཞིང་སྟེང་ལ་འཁྱེར་ནས་ཆུ་ཚོད་རེ་གཉིས་ཙམ་གཉིད་རྒྱ་བཅག་སྟེ་ལམ་སང་ལས་ཀ་བྱེད་དགོས་པ་མ་གཏོགས་ངལ་གསོ་རྒྱག་མཁན་ཉུང་ཉུང་ཡིན། བཙས་མ་བཟ་མ་ཐག་དེ་མ་ཉིད་དུ་དུད་འགྲོ་ལ་བཀལ་ནས་ལྷག་པོ་གཟབ་གཟབ་ནན་ནན་གྱི་སྒོ་ནས་དབོར་འདྲེན་བྱེད་དགོས། དབོར་ཟིན་རྗེང་ཤུལ་ལ་སྐྱི་མ་རྫ་བ་ནས་མཐོང་ཡས་མེད། དེ་ནས་ལྟོག་བཟོས་ཏེ་ཉི་མ་བཅུ་གྲངས་འཇོག་གཡུལ་ཁ་གཙང་མ་བཟོས་ནས་གཡུལ་ལས་བྱེད་དུས་འབྲི་དང་ཧ་འམ་མཛོ་སོགས་སེམས་ཅན་བདུན་སྤྲེལ་གྱིས་སྐྱི་མ་བརྡུངས་བསལ་རྗེས་རླུང་པོར་འཕྱུར་ཏེ་སྦོན་མོ་འབྲུ་དག་སྐྱང་རྩེ[19]དང་དཁལ[20]སོགས་ནང་ཧླུགས་ཏེ་འབྲུ་ཡི་བང་མཛོད་ནང་ལ་དབོར་བ་དང་ཡང་འབྲུ་ཡི་བང་ཁྲི་ཤིང་གི་སྣམ་སོགས་ཀྱི་ནང་ལའང་ཧླུགས་ནས་གསོག་འཇོག་བྱེད་དོ། །

ལྔ་པ། དཀར་མོ་ནས་ཀྱི་མདའ་དར་བཙུགས་པ།

འཁོར་ཆགས་ཡུལ་གྱི་སྒྲི་དཀར་མོ[21]ཞེས་ཁྱིམ་ཚང་ཐམས་ཅད་གཅིག་མཚུངས་བེད་སྤྱོད་གཏོང་ཡས་ཀྱི་འབྲུ་ཤར་བྱེད་ཀྱི་སྣོད་ཆས་ཤིག་ཡིན། དེ་ཡིས་ཤར་ཏེ་བང་ཁྲིའི་ནང་ལ་ཧླུགས་ཟིན་རྗེས་སུ་འབྲུ་ཡི་སྟེང་ལ་མདའ་དར་འཛུགས་ཀྱི་ཡོད། རྒྱུ་ཕྱུག་ལ་དཔལ་འབྱོར་གྱི་སྟོབས་ཤུགས་ཆེ་བ་ཚོ་ལ་ལོ་ཁ་ཤས་འཇོག་ཡས་ཀྱི་འབྲུ་ཡོད། བང་མཛོད་ནང་ཧླུགས་པའི་འབྲུ་ཡི་ཐོག་ལ་མདའ་དར་བཙུགས་པའི་དམིགས་ཡུལ་ནི། དཀར་མོ་ནས་ཀྱི་བང་སྟེང་ལ་ཚོན་མདོག་ལྔ་ཡི་མདའ་དར་བཙུགས་ཞེས་དེ་གཡང་བཀུགས་ཀྱི་ཕྱུག་དཔེའི་ནང་ལ་ཐོན་གྱི་ཡོད། འབྲུ་དཀར་མ་ཉམས་སྒྲི་གང་མཆོན་པ་ལ། མདའ་མོ་དར་སྣས་རྒྱན་པ་བཙུགས་ཞེས། མདའ་དར་དེ་ནང་གི་གཡང་དེ་ཕྱི་ལ་མི་ཤོར་བ་བྱེད་མཁན་གྱི་སྲུང་མ་ཡིན་པར་མཚོན། གཡང་དར་དེ་ནི་གཡང་དང་བསོད་བདེ་ཚུར་འགུགས་བྱེད་ཀྱི་ལག་ཆ་མེད་དུ་མི་རུང་བ་ཡིན། གཡང་ནང་ལ་བཀུག་ན་འཚོ་བ་གྲ་རྒྱས་ཤིང་ཕུན་སུམ་ཚོགས་པ་ཡོང་བས་འཇིག་རྟེན་གྱི་ཆོས་ཉིད་དང་མཐུན་པར་བརྗོད། མདའ་དར་དེའི་སྐྱབ་ཆ་ནི། མདའ་དང་། ས་ཆུ་མེ་རླུང་གཟུགས་སོགས་མཚོན་བྱེད་དམ་དབང་པོ་ལྔ་མཚོན་བྱེད་ཀྱི་དར་མཚོན་སྣ་ལྔ། བྱ་རྒོད་པོའི་གསོན་སྒྲོ་ཁག་གསུམ། མདེའུ་ལྕགས་ཟུར་གསུམ་རྩེ་རྡོ་བ་གཅིག གཡུ་གཅིག མེ་ལོང་གཅིག དེས་གཡང་ག་ནས་ཡོད་པ་དག་བསལ་བས་ཚུར་ལམ་སང་ལེན་ཐུབ་པའི་དོན། བྱུ་རུ་དམར་པོ་གཅིག དེས་མི་ཚེ་རིང་བ་དང་ཁམས་གསུམ་དབང་དུ་བསྡུ་བའི་དོན། གཡུ་སྔོན་མོ་གཅིག དེས་ཕྱི་ནང་གི་བར་ཆད་ཐམས་ཅད་འདོགས་པའི་

དོན་བཅས་ཡིན། དེ་བཞིན་གཉེན་སྒྲིག་གི་མདའ་དར་ལ་ཀྲུམ་བུ་གཅིག་འདོགས་ཡོད་པ་དེ་ནི་མོ་ཡི་གཡང་ཡིན་པས་བླ་འདོགས་གཏོང་དུས་བུ་དང་བུ་མོ་གཉིས་ཀྱི་ལྷམ་སྒྲོག་སྟེ་ལྟ་ཡིས་བསྡམས་ཤིང་ལྷ་ལ་བསྒྲོགས་ནས་ཕོ་གཉིས་ནམ་འཆི་བར་དུ་འཇོག ཀྲུམ་བུ་ནི་མོ་མཚན་ནམ་ཕྲུ་གུ་ཆགས་སའི་བུ་སྣོད་གྱི་མཚོན་རྟགས་ཡིན། གལ་ཏེ་ཕོ་གཉིས་ཁ་གྱེས་སོང་ན་མདའ་དར་ཡང་ཁ་འབྱེད་པ་ལས་མཉམ་དུ་བསྡམས་ནས་འཇོག་སྲོལ་མེད། བུ་ཡི་མདའ་དར་ལ་མེ་ལོང་བསྒྲོགས་ནས་ཡོད་པར་མེ་ལོང་ནི་ཕྱི་གསལ་ནང་གསལ་ཆོས་དང་འཇིག་རྟེན་གྱི་བྱ་བ་ཅི་ལའང་མི་རྨོངས་པ་སྟེ་སྐྱེ་པོ་རབ་ཀྱི་རྟགས་མཚན་ཡིན། དེ་ཡང་མདའ་དར་ལ་གླུ་ཞིག་ཡོད་པར་དེའི་ཚིག་དོན་ནི་མདའ་མོའི་མདའ་སྟོད་དེ་དཀར་མོའི་མར་གྱིས་གསོས། མདའ་མོའི་མདའ་སྐྱེད་དེ་དར་མཚོན་སྣ་ལྔས་གསོས། མདའ་མོའི་མདའ་གཤམ་དེ་ནག་པོའི་ལྕུགས་ཀྱིས་གསོས་ཞེས་སོ། །

དྲུག་པ། གཡུལ་སྐོར་ཚོག

ཕྱོག་བརྒྱབ་པའི་ནས་ཀྱི་སྙེ་མ་དག་སྐམ་རྗེས་སུ་གཡུལ་ཁའི་ནང་ལ་དབོར་ཏེ་གཡུལ་ལས་བྱེད་འགོ་འཛུགས། དེ་ཚེ་འཁོར་ཆགས་ཡུལ་གྱི་ཁྱིམ་ཚང་རེ་རེ་བཞིན་གྱིས་ཐོག་མ་སྲུང་མ་རྡོ་རྗེ་གཡུ་སྒྲོན་མ་གཡུལ་སྟེང་ལ་སྤྱན་འདྲེན་ཞུས་ནས་གཡུལ་ཁར་རབ་གནས་བརྒྱབ་ཏུ་འཇུག མི་ཚང་ཚང་མས་སྲུང་མ་རྡོ་རྗེ་གཡུ་སྒྲོན་ལ་ཆང་པ་རིལ་གང་རེ་ཞུས་རྗེས་ཁོང་གིས་མཆོད་ཆང་བཞེས་མ་ཐག་འབྲུ་ཕུད་སྤར་མོ་གང་བསྣམས་ནས་གཡུལ་ཁར་གཏོར་ནས་རབ་གནས་སྐྱོན་པས་མི་ཚང་མ་བློ་བདེ་བག་ཕེབས་ངང་གཡུལ་ལས་བྱེད་པའི་འགོ་བཙུགས་ཀྱི་ཡོད།

གཡུལ་ཁར་སྙེ་མ་བརྡུངས་བསིལ་མ་བྱས་གོང་ལ་སྨོན་འདེབས་གཡུལ་གླུ་སྙན་འཇེབས་ལྡན་པ་དག་གཏོང་གིན་གཡུལ་བཅར་བྱེད། ཚོབ་ཚོབ་ཚོབ་ཚོབ་ཞེས་སྙེ་མ་ལ་བརྗོད་ཅིང་ཧོ་ཡོ་ཧོ་ཡོ་ཞེས་པ་ནི་དུད་འགྲོ་ལ་སྐུལ་མ་གཏོང་བའི་བརྡ་ཡིན། དེ་ཡང་སྨོན་འདེབས་གཞས་ཚིག་ནི། སྐོར་གཅིག་སྐོར་གཉིས་སྐོར་དང་གསུམ། སྐོར་གསུམ་ལ་ཡི་རྩེ་མོ་ནས། མ་འོང་རྡོ་རྗེ་ཕུར་པ[22]འདྲ། གླང་ཆེན་མཐའ་སྐོར་གཤོག་པ་འདྲ། སྐོར་བ་རེ་ལ་ཁལ་རེ་ཤོག གཉིས་བསྐོར་རེ་ལ་སྦྲེ་རེ་ཤོག མདའ་ཉལ་སྐྱེད་པ་ཉིལ་ལེ་ལེ། ནས་དང་ཕུང་མ་བསིལ་ལེ་ལེ། ནས་དོག་དཀར་མོ་ཉིལ་ལེ་ལེ། སྐོར་བ་རེ་ལ་ཁལ་རེ་ཤོག གཉིས་བསྐོར་རེ་ལ་སྦྲེ་རེ་ཤོག སྐོར་བ་རེ་ལ་ཁལ་རེ་ཤོག གཉིས་བསྐོར་རེ་རེ་ལ་སྦྲེ་རེ་ཤོག བཙས་མ་བཟ་བ་སྐྱ་ཁྲིད་སྐྱ་ལ་ཁྲིད། ཞིང་མོ་ཁྲོད་ཀྱི་ནང་ལ་རྟ་པོ་རྒྱུག་རྒྱུ་བྱུང་ན། ཞིང་མོ་ཁྲོད་ཀྱི་སོག་མ་རྒྱ་ཤོག་རྒྱ་རེ་སྒྲིལ། སོག་མ་སྙེ་མགོ་ཅིག་ལ་སྦྲེ་གང་ཡོང་བར་སྨོན།

དེ་ནས་འབྲུ་ལྷག་པར་འཕྱུར་དུས་ཀྱང་གླུ་གཏོང་གི་ཡོད་པར་དེའི་ཚིག་ནི། ཀུ་རུ་ཤོག་དང་ལ་ལུང་

མ། འོང་བ་ཆེན་མོ་དེ་ནས་འདུག ལ་ལུང་མ་ལ་ཕ་ཡུལ་མེད། ཕ་ཡུལ་ཡོད་ཀྱང་སྤྱོད་དབང་མེད། འོང་བ་ཆེན་མོ་འདི་ནས་འདུག དེ་རིང་འདི་ན་མགྲོན་ལ་ཕེབས། ཀུ་རུ་གསོལ་གསོལ། ཀུ་རུ་ཀུ་རུ་ཞེས་གདངས་རིང་གི་གླུ་ཞིག་གཏོང་གི་ཡོད།

འཁོར་ཆགས་ཡུལ་གྱི་གཡུལ་བརྒྱངས་བསིལ་བྱེད་ཡས་ཀྱི་དུད་འགྲོ་སེམས་ཅན་མང་ཆེ་བ་རྟ་ཡིན། རྟ་ནི་ཤུགས་ཆེ་ལ་སྟག་རུས་ཐེགས་པ་མི་སྐྱིད་གོ་བ་བཅས་ཀྱི་ཁྱད་ཆོས་ཡོད། དེ་ཡང་རྟ་གསར་ལ་སྒྲ་བརྒྱག་དུས་གཅོད་གཏོར་གཏོང་སྲོལ་ཡོད་པ་ནི། ཐོག་མ་གྲོང་པའི་ཕ་རྒན་སོགས་ཀྱིས་གཟབ་མཆོར་ལེགས་པར་སྤྲས། ནང་གི་རྟ་ཆས་ཏེ་དངུལ་སྲབ་དང་། གསེར་སྒྲ། ཞིམ་པོ། སྒོ་སྐྱད། གཡུ་ཡི་ཐུར་མགོ་བཅས་འཁྱེར་ནས་རྟ་ལ་སྐྲོན་ཅིང་རྟ་ཐོག་ལ་ཞོན། ཞོན་དུས་ཡང་གང་བྱུང་ཅི་འདོད་བྱེད་མི་ཆོག་པ་ནི། ཡོབ་གཡས་ནས་གཡོན་དུ་ཞོན་པ་སངས་རྒྱས་བསྟན་པ་དར་བའི་རྟེན་འབྲེལ་ཡིན་པར་མཚོན། རྟ་ཐོག་ནས་འབབ་དུས་གཡོན་ནས་འབབ་དགོས་པ་ནི་དགྲ་བོ་འདུལ་བའི་རྟེན་འབྲེལ་ཡིན་པར་མཚོན། དེ་ཡང་གཡས་ནས་ཞོན་གཡས་ལ་འབབ་ན་འགྲིག་གི་མེད་དོ། །

མཆན།

[1] རྒན་རྒྱང་། སྤུ་རངས་ཀྱི་ཤོན་ཆས་ཡིན། སྤྱིར་ལྷོ་ཕྱོགས་རིགས་ལྡན་ཡུལ་ཡན་ཆོད་ནས་བྱང་ཕྱོགས་ལྡེ་ལྡན་ཡུལ་མན་ཆོད་ལ་རྒན་རྒྱང་དང་སྐྱིའུ་མཆོད་པའི་ལུགས་སྲོལ་ཡོད་པ་ལས་ཡུལ་གཞན་གྱི་མི་ལ་རྒྱུན་གོས་དེ་ཙ་བ་ནས་མེད། ལྷོ་ཕྱོགས་རིགས་ལྡན་ཡུལ་དེ་དེང་བལ་ཡུལ་ཧུམ་ལང་ལ་ཡོད། བྱང་ཕྱོགས་ལྡེ་ལྡན་ནི་མ་ཕམ་མཚོའི་རྒྱུད་ལ་བརྗོད།

[2] ཕེ། མངའ་རིས་ཁ་སྐད་དེ་དོན་དུ་ཕྱི་ཞེས་པ་ནི་ཙམ་པ་ལ་གོ་དགོས། མངའ་རིས་ཁ་སྐད་ལ་ཡ་བཏགས་བསྒྱུར་བ་མང་བར་དཔེར་ན་ཕྱི་ལ་འགྲོ་ཞེས་པར་ཕེ་ད་ལ་འགྲོ་ཟེར་བ་དང་སེམས་ཅན་ཕྱི་བ་ལ་ཕེ་བ་ཞེས་པ་སོགས་སོ། །

[3] སྣ་འཁྲིད། སྣ་འཁྲིད་མཁན་དེ་དོར་གཅིག་ལ་དགོས་པ་ལས་དོར་གཉིས་མ་ལ་དགོས་ཡས་མེད། སྤུ་རངས་ཀྱི་ཡུལ་སྐད་ལ་མཛོ་བཀྱགས་ཀྱང་འབོད།

[4] གེ་ལུ། ས་སྒོམས་བྱེད་ཀྱི་ཤིང་ངམ་ལག་ཆ་དེ་ལ་བརྗོད། གེ་ལུ་འཐེན་མཁན་མི་གཉིས་ནི་གཅིག་གིས་རོལ་ཁ་སྟོན་པ་དང་གཞན་ཞིག་གིས་ས་ཞིང་ལ་འཇམ་སྟོན་གྱི་ཡོད་པར་བརྗོད།

[5] མི་ལྡེ་པོ། ཐོང་གཤོལ་འཛུགས་མཁན་དང་། སོན་ཤོ་མཁན། མཛོ་སྣ་འཁྲིད་མཁན། གེ་ལུ་འཐེན་མཁན་མི་གཉིས་ཁྲོན་བསྡོམས་མི་ལྡེ་ཡོད་པ་དེ་ཆོས་གཟབ་མཆོར་ལེགས་པར་སྤྲས་ནས་ཞིང་ནང་ལ་ཕྱིན་ཏེ་སད་དང་སེར་བ་མི་གཏོང་བའི་ཆེད་དུ་བཀྲ་ཤིས་བརྩེགས་པ་དང་རྣམ་སྲས་སྣང་བརྒྱད་བཅས་ཞལ་འདོན་བྱས་རྗེང་ཕྱེ་མར་ཟ་བ་དང་མཆོད་ཆང་གི་ཕུད་བཏུང་ནས་མཛོ་བོའི་གཉའ་དངོས་སུ་བཅགས་ཞེས་ཞིང་ཁ་འབྱེད་པའི་ཚོ་ག་བྱེད། དེ་ནས་བཟུང་དུས་ངེས་མེད་དུ་ཞིང་འདེབས་ཚོག་གི་ཡོད།

[6] སྔ་སྲུག མཛོ་ཡི་སྔ་ལ་ཨི་ཁྲུང་སྲུག་པ་དེར་བརྗོད། གལ་ཏེ་མཛོ་ཡི་སྔ་ལ་ཨི་ཁྲུང་གསར་པ་སྲུག་དུས་ཛོ་བས་རྩིས་གཞིགས་ནས་ཚོས་ཆ་ལེགས་མིན་ལ་ལྟ་དགོས་ཤིང་སྤྱང་ཆེན་གཉའ་འབེབས་ཀྱི་གཉའ་ཤིང་འགལ་དུས་ཀྱང་དེ་ལྟར་ཡིན།

[7] ཁ་ཉལ་ཁ་ཉལ། ཁ་ཉལ་ཁ་ཉལ་ཞེས་སྐབས་ཞིང་གི་མཐའ་ཟུར་ལ་སྐོར་བ་བསྐོར་ནས་འདེབས་པ་ལ་མཐའ་ཟུར་གྱི་ས་སྟོང་ལྷེབ་ཙམ་ཡང་མ་ལྷག་པའི་ཆེད་དུ་ཡིན།

[8] རོལ་དམར་པོ། སྡིག་པ་ཆེ་བའམ་འབྲུ་བསད་ནས་ཁྲག་དམར་རོལ་ལ་འགོས་པའི་དོན།

[9] ཆོས། མངའ་རིས་སྐད་ལ་ཆོས་ནི་ཕྱུག་དཔེ་ལ་གོ་དགོས། དཔེར་ན་ཆོས་བསིལ་ཞེས་པ་ནི་ཕྱུག་དཔེ་ཁ་འདོན་བྱེད་པའི་དོན་ཡིན།

[10] ལ་མ་ལུང་། ལ་མ་ལུང་ནི་ས་ཆའི་མིང་ཡིན་ལ་ཆུ་མིག་རྫ་ཆེན་ཞིག་ཀྱང་ཡོད། ཆོས་དཔྱང་འཕྱུར་གྱི་མི་ཚང་མ་ལང་ལང་པར་འཁྲུས་གསོལ་བྱེད་ཅིང་དེ་ནས་ཆགས་ས་དང་། གླུང་ཆེན། ན་བག་བུར། ཤང་ཤང་། གླུང་སྣད། ཤང་རྫ་ལ། མཚོ་ཆེན་སོགས་རྒྱུད་མཐར་འཁོར་ཆགས་དགོན་ཡོད་སར་ཡོག

[11] རྩྭ་འདོན་འབྲུ་འདོན། ཞིང་ལ་ཐན་པ་བསྟན་ནས་རྩྭ་སོགས་མ་སྐྱེས་ཚེ་ཚ་ག་དེ་བྱེད་དགོས།

[12] སྟོད་པ་གྲོང་ཚོ། སྤར་འཁོར་ཆགས་ཡུལ་གྱི་རྒྱལ་སྒོ་ཡར་ལྟབས་ལ་སྟོད་པ་གྲོང་ཚོ་བརྗོད།

[13] སྨད་པ་གྲོང་ཚོ། རྒྱལ་སྒོའི་མར་ལྟབས་ལ་སྨད་པ་གྲོང་ཚོ་བརྗོད།

[14] བར་ལེ། སྟོད་པ་དང་སྨད་པའི་དབར་ཏུ་གནས་པའི་གྲོང་ཚོ་ལ་བརྗོད། ད་དུང་ལང་ལོང་ཞེས་མི་ཚང་དྲུག་བདུན་ཙམ་ཡོད་པ་སྤུ་རངས་རྫོང་དཔོན་སྐབས་ཁོ་ཚོ་ཁྲལ་བརྒྱབ་མི་དགོས་པ་ནི་ རྣན་རྐོན་སོ་སོར་ཕྲུ་གུ་སོགས་བརྟན་ས་མེད་པའི་མི་ཚང་ལ་བརྗོད།

[15] སྐྱིར་བ། ཤིང་སྐྱིར་པས་བཟོས་པའི་ཕུར་པ་ཟུར་གསུམ་མ་དེའི་ཡོག་རྩེ་ལ་ སྤགས་ཡིག་ཨོམ་དང་མཧཱུག་ལ་སོ་ཏ་ཞེས་བྲིས་ཡོད། དེ་ནི་སེང་གདོང་མའི་སྔགས་ཡིན་པ་ཛོ་ རྗེ་གདན་པས་མར་པ་ལོ་ཙྪ་ལ་གནང་བར་གྲགས།

[16] ཛོ་བ། སྐུ་མི་ཆོས་པ་ཞིག་སྟེ་དབུས་གཙང་ཁུལ་གྱི་སྔགས་པ་དང་འདྲ། སྤུ་རངས་ཚོ་དྲུག་ལ་ཛོ་བ་རེ་ཡོད་དེ་ཁྲི་སྡེ་ཛོ་བ་དང་ལྟོ་གཡོ་ཛོ་ཆུ་བདག་ཟེར། དེ་ནི་ཕ་ཚ་བུ་རྒྱུད་འཛིན་པ་ཤ་སྟག་ཡིན། དེ་ལ་རྩིས་གཞུང་ཕྱུག་དཔེ་འབྲས་རྩིས་སོགས་རྒྱས་བསྡུས་མང་པོ་ཡོད་པ་དེའི་ནང་ན་ཞིང་ཐ་དུས་ཀྱི་གཟའ་སྐར་དུས་ཚོད་དག་འཁོད། ཛོ་བས་རྩིས་རྒྱག་པར་བླ་རིན་སྤྲོད་མི་དགོས་ཤིང་ཡུལ་སྤྱི་ཡི་དོན་ཡིན་ཚེ་ཁ་བཏགས་ཤིག་གཡོག་དགོས།

[17] དཀར་བལྟས། སྨན་མའི་གམ་བུ་དང་ནས་ཀྱི་སོག་མ་སོགས་ཀྱི་ཕུད་ལ་བརྗོད་དེ་འཁོར་ཆགས་ཛོ་བོའི་སྐུ་མདུན་དུ་ཕུལ་ཟིན་རྗེས་སུ་ཞིང་དག་དུས་ངེས་མེད་ལ་བཏང་ཆོག་གི་ཡོད།

[18] ཐོན་བུ། མངའ་རིས་སྐད་དེ་དོན་དུ་བཙས་མ་བཏང་དུས་ནས་ཀྱི་སྙེ་མའམ་ནས་དོག་ས་ལ་ལྷུང་བའི་བསིལ་མ་དག་ལ་བརྗོད།

[19] སྟང་རྩེ། ར་སྤུ་དང་གཡག་གི་ཁུ་ལུ་སོགས་ལས་བཏགས་པའི་འབྲུ་རིགས་ཐུགས་སའི་སྣོད་ཆས་ལ་བརྗོད།

[20] ད་ཁལ། ར་སྤུ་དང་གཡག་གི་ཁྲུ་ལུ་སོགས་ལས་བཏགས་པའི་འབྲུ་རིགས་བླུགས་སའི་སྣོད་ཆས་ཏེ་དབུས་ལ་ཁ་བཟོས་པ་ཞིག་ཡོད།

[21] སྒྲི་དཀར་མོ། འཁོར་ཆགས་ཡུལ་ལ་བཀྲ་ཤིས་སྒྲི་དཀར་གྱི་གླུ་ཞིག་གཏོང་གི་ཡོད་དེ། དེའི་གླུ་ཚིག་ནི། མདའ་མོ་དང་པོ་སྔོན་མོའི་དགུང་ལ་གཏད། གཞོན་པ་འདིར་བཞུགས་དེ་དབུ་འཕང་དགུང་ལས་མཐོ། མདའ་མོ་གཉིས་པ་གཅིག་དཀར་པོའི་གངས་ལ་གཏད། གཞོན་པ་འདིར་བཞུགས་ཅིག་ཞལ་གདོང་གངས་ལས་དཀར། མདའ་མོ་གསུམ་པ་དེ་སྲ་བའི་བྲག་ལ་གཏད། གཞོན་པ་འདིར་བཞུགས་ཅིག་སྐུ་གཟུགས་བྲག་ལས་སྲ། མདའ་མོ་གསུམ་པ་དེ་མཐུག་པོའི་སྤང་ལ་གཏད། གཞོན་པ་འདིར་བཞུགས་ཚོའི་རྒྱུ་ནོར་སྤང་ལས་མཐུག མདའ་མོ་ལྔ་པ་དེ་སྔོན་མོའི་ཆུ་ལས་གཙང་བ་ཡོད། གཞོན་པ་འདིར་བཞུགས་ཚོའི་མི་རྒྱུས་ཆུ་ལས་རིང་བ་ཤོག གླུ་གཅིག་ལེན་ན་བཀྲ་ཤིས་སྒྲི་དཀར་ལེན། ཆང་ཞིག་མཆོད་ན་གསུམ་སྐྱོན་གཉིས་དག་མཆོད། གླུ་དེ་བག་ལེན་དང་ཁང་གསོལ་སོགས་སྐབས་སུ་གཏོང་།

[22] མ་འོང་རྡོ་རྗེ་ཕུར་པ། རྟའམ་མཛོ་སོགས་འགོ་འདྲེན་གྱི་སེམས་དེ་བརྟན་པོ་ཚགས་ཚུགས་པོ་རྡོ་རྗེའི་ཕུར་པ་རྒྱག་པ་ལྟར་ཡོད་པའི་དོན་ཡིན། དེ་གཟུགས་ཆུང་ལ་ཤེད་མོ་ཆེ་བ་ཞིག་དགོས་ཤིང་ལུས་ལ་ཀ་པ་ལི་ཞིག་བཏགས་ཡོད། དེ་ནས་ཨུལ་སྐོགས་ཀྱི་ཏུད་འགྲོ་དག་རིམ་གྱིས་ཆེ་ཏུ་ཆེ་ཏུ་གཏོང་བ་སླང་ཆེན་མཐའ་སྐོར་ཞེས་པ་ཆེ་ཤོས་དེ་ཡིན། གཡུལ་བསིལ་ཏུས་ཏུད་འགྲོ་མང་ཤོས་ལ་བརྒྱུད་དང་ཉུང་ཤོས་ལ་དྲུག་ཙམ་དགོས།

《ཀྲུང་གོའི་བོད་རིག་པ།》 ༢༠༡༠ལོའི་དེབ་བཞི་པ་ལས་བཏུས།

༄། །བོད་ཀྱི་སྐྱེ་བསུ་ཚེ་སྐྱབ་ཚོ་གའི་དམངས་སྲོལ་ལས་ཀན་མར་སྐེར་བའི་ཕན་ནུས་སྐོར་གླེང་བ།

བུ་བཞི་བསམ་པའི་དོན་གྲུབ།

དང་པོ། བུ་ཕྲུག་སྐྱེ་བསུ་དང་ཀན་མར་སྐེར་བའི་རིག་གནས་ཀྱི་གོ་དོན།

བོད་ཀྱི་བུད་མེད་སྦྲུམ་མ་ལ་མཚོན་ན་མངལ་ཆགས་ནས་ཟླ་དགུ་ཞག་བཅུའི་བར་དུ་བཟའ་བཏུང་བཅུད་དང་ལྡན་པར་དགོས་པ་དང་། ལུས་སེམས་གཉིས་ཀྱི་ཐད་ནས་དག་གཙང་དང་ཞི་འཇམ་ངང་དུ་གནས་དགོས་ལ། ལུས་ཤིན་ཏུ་མི་ཚོགས་པའི་འགྲུལ་སྐྱོད་དང་ངལ་རྩོལ་རན་པོར་བྱེད་པ། ཕྲུ་གུ་མ་བཙས་པའི་སྔོན་གྱི་ཉི་མ་བདུན་ཡས་མས་སུ་ཁྱིམ་གྱི་སྒོ་ཁར་མེ་ཐོ་སོགས་བཞག་ནས་མགྲོན་པོར་འཛེམས་པ། གཞན་ནས་ཁྱིར་འོངས་པའི་རྒྱུ་དང་དངོས་ཟས་སྐོར་ཕུད་པ། ཕྱི་ནས་ཁྱིར་འོངས་པའི་མི་གཙང་ཟས་ཆུའི་རིགས་འགོག་པ། ཕྲུ་གུ་བཙས་མ་ཐག་མི་ཉམས་སྨྱོང་ཅན་ཞིག་གིས་ལྟེ་ཐག་དམ་པོར་བསྡམ་པ་དང་ཆུ་གཙང་དྲོན་མོས་ཁྲུས་བཤལ་བྱས་རྗེས། དྲོད་གྲང་རན་པའི་མལ་དུ་ཀན་མར་བྱིན་ནས་བདུན་གཅིག་ཡས་མས་འཛོག་པ་དང་། སྐབས་དེ་དག་ཏུ་སྐྱེ་བསུའི་ཚོ་ག་སྟེ། ཚེ་ཆུ་ལྡུད་པ། དར་གོས་འབུལ་བ། ཚེ་སྐྱབ་དང་། དབང་བསྐུར་བ། མིང་འདོགས་པ་སོགས་བྱེད་སྲོལ་ཡོད། བུ་བཙས་པ་ལ་ཚེ་སྐྱབ་སོགས་ཚོ་ག་སྣ་ཚོགས་སྐྱབ་པའི་ལུགས་སྲོལ་དེ་མིའི་རིགས་ཀུན་ལ་ཁྱབ་ནས་ཡོད་ཅིང་། མི་རིགས་སོ་སོའི་ཆོས་ལུགས་དད་མོས་དང་ཡུལ་སྲོལ་གོམས་གཤིས་མི་གཅིག་པའི་དབང་གིས་ཚོ་ག་དང་བྱེད་སྒོ་ཡང་སྣ་ཚོགས་ཡོད་པ་དང་། ཚོ་གའི་ལུགས་སྲོལ་དེ་དག་ལ་ད་ལྟའི་ཚན་རིག་གི་མིག་རྒྱང་ཐོག་ནས་བལྟས་ན་ཚན་རིག་གི་གནས་ལུགས་དང་མཐུན་པའི་ངེས་པ་མ་མཆིས་ནའང་། སྐབས་ཐོག་དེའི་དམངས་ཁྲོད་ཀྱི་ཡུལ་སྲོལ་གོམས་གཤིས་དང་ངེས་པར་དུ་མཐུན་དགོས་པའི་ཚད་གཞི་ཡོད། ཁྱད་པར་དུ་གོམས་སྲོལ་དེ་དག་ལས་ཁག་གཅིག་ལ་ཚན་རིག་དང་མཐུན་པའི་གོ་དོན་དང་ཤེས་རིག་གི་རིན་ཐང་ཡང་གལ་ཆེན་ལྡན་པ་དང་། ཚོ་ག་དེ་དག་གི་དོན་སྙིང་གཙོ་བོ་དེ་ཚེ་སྲོག་ལ་བརྩི་མཐོང་བྱེད་པ་དང་ཚེ་སྲོག་དེའི་རིགས་དང་རྒྱུད་སྐྱོངས་པའི་ཐབས་ཤེས་ལ་དམིགས་པ་ཡིན་པ་དཔེར་ན་མི་སྐེར་དང་ཁྱིམ་རྒྱུད། རིགས་རྒྱུད་དང་ཚོ་པ། ཐ་ན་མི་རིགས་དང་རྒྱལ་ཁབ་སོགས་ཀྱི་ཆགས་འཛིག་འཕེལ་འགྲིབ་ཀྱི་གནད་དོན་དང་ཡང་འབྲེལ་བ་ཡོད།

གཉིས་པ། སྐྱེ་བསུའི་ཚོག་ལས་ཀན་མར་སྐྱེར་བའི་ངང་ཚུལ།

སྤྱིར་བཏང་དུ་བུ་ཆུང་བཙས་མ་ཐག་ནས་བདུན་གཅིག་གི་སྐབས་སུ་ཀན་མར་སྐྱེར་སྲོལ་ཡོད་ཅིང་། དེ་ཡང་མ་ཡུམ་དེའི་ལུས་སྟོབས་ཀྱི་བཟང་ངན་དང་། བདེ་ཐང་གི་གནས་ཚུལ། ནུ་ཞོའི་མང་ཉུང་དང་སྟུམ་བཅུད་ཀྱི་ཆེ་ཆུང་ལ་གཞིགས་ནས་ཀན་མར་སྐྱེར་གྱི་ཡོད་དེ། གཙོ་བོ་མོ་གསར་དང་། ལུས་སྟོབས་ཞན་པའི་བུད་མེད། ལུས་ཁམས་བདེ་ཐང་མིན་པའི་བུད་མེད་སོགས་ལ་བུ་བཙས་ན། ནུ་ཞོ་དུས་ཐོག་ཏུ་མི་འབབ་པ་དང་། བབ་ཀྱང་ཉུང་ཞིང་སྟུམ་བཅུད་དང་མི་ལྡན་པས། དེའི་རིགས་ཀྱི་བུ་ཕྲུག་ལ་ཀན་མར་རབ་དང་རིམ་པར་སྦྱོར་བ་ཡིན། འདི་ལྟ་བུའི་སྲོལ་ལུགས་ནི་བོད་ཀྱི་ལོ་རྒྱུས་ཡིག་ཚང་དང་དཔེ་ཆེད་དག་ལས་གསལ་ཐུབ་ལ། གླིང་གེ་སར་རྒྱལ་པོའི་སྒྲུང་ལས་ཨ་ཁུ་ཁྲོ་ཐུང་གིས་ཀན་མར་ལ་དུག་སྦྱར་ནས་ཇོ་རུ་དཀྲོང་ཐབས་བྱས་པ་དེ་གཏམ་རྒྱུད་ཀྱི་བྱུང་རབས་ངོ་མཚར་བ་ཞིག་ཏུ་བརྩི་སྲོལ་ཡོད་ཅིང་། ལུགས་སྲོལ་དེ་གནའ་རབས་བོད་ཀྱི་ཡུལ་ཁམས་ཀུན་ལ་ཁྱབ་མཉམ་དུ་ཡོད་ལ། ཨ་མདོ་ཕྱོགས་ལ་མཆོན་ན་ད་ལྟའི་བར་དུ་ལག་བསྟར་བྱེད་བཞིན་པའི་ཡུལ་སྲོལ་གོམས་གཤིས་ཤིག་ཡིན། དེའང་བཙས་མ་ཐག་པའི་བུ་དེ་ལ་ཀན་མར་དང་ཚོ་ཆུ་བླུད་པ་ནི་འཛིག་རྟེན་གྱི་ཁ་ཟས་ཐེངས་དང་པོར་ཟོས་པའི་ཚོག་ལྟ་བུ་ཡིན་པས། ཀན་མར་དེ་མར་གསར་དགོས་ཤིང་། དེ་ལ་ཟས་བཅུད་དང་མངར་བའི་རོ་ལྡན་པའི་ཆེད་དུ། རྒྱུན་སྲོལ་ལྟར་ན་མར་གསར་ལ་ག་ར་དང་སྦྲང་རྩི། བུ་རམ་གང་རུང་སྦྱར་ནས་གཏོང་བ་ཡིན། ཀན་མར་དེ་ཡ་ཀན་ངོས་ལ་སྦྱར་བས་རིམ་གྱིས་ཞུས་ནས་མེད་པར་འགྲོ་བ་དང་། སྦྲང་རྩི་དང་བུ་རམ་སོགས་སྙིབ་པས་རོ་མངར་ཞིང་ནུ་བར་སྤྲོ་བ་ཡིན། ཀན་མར་ལ་བཅུད་ཆེ་བའི་དབང་གིས་ནུ་ཞོ་སོགས་ཟས་བཅུད་ཀྱིས་མ་འདང་ཡང་ལུས་ཟུངས་ལ་མི་གནོད་པའི་ཕན་ཡོན་ལྡན་ཡོད།

གཞན་ཡང་ཟླ་ཞག་མ་ལོངས་པར་བཙས་པའི་བྱིས་པའི་ཁ་རུ་སླ་རྩི་ཤིག་ཙམ་མར་གསར་ནང་བཏུམས་ནས་གཏོང་བའི་གོམས་སྲོལ་ཡོད་དེ། བོད་ཀྱི་སྨན་གཞུང་དུ་སླ་རྩི་དེ་བཅུད་དང་ལྡན་པའི་སྨན་རྫས་ཤིག་དང་གཉན་ཁ་འཇོམས་པའི་སྨན་རྫས་ཤིག་ཏུ་འདོད་པས། སླ་རྩི་ཤིག་ཙམ་མར་གསར་ལ་སྦྱར་ནས་ཕྲུ་གུའི་ཁོང་དུ་གཏོང་བ་དེར་ལུས་སྟོབས་ཞན་པ་དང་ནད་འགོག་གི་ནུས་པ་དང་མི་ལྡན་པའི་ཕྲུ་གུ་ལ་ནད་རིགས་སྔོན་འགོག་གི་ནུས་པ་ལྡན་པས་ཡིན།

ད་དུང་དེ་དང་མཚུངས་པའི་གོམས་སྲོལ་ཞིག་ནི་ནུ་ཞོ་སྟུན་བཞིན་པའི་ཕྲུ་གུ་ལ་ཤ་རློན་ནུ་རུ་འཇུག་པ་དེ་ཡིན། དེ་ནི་ཆུང་དུས་ནས་ཤ་ཁྲག་གི་དྲི་དང་བྲོ་བ་ལ་ལོབས་པས་ཟས་ལ་ཡི་ག་ཆེ་ཞིང་། ཆེར་སྐྱིད་པ་ན་སྟུམ་རིགས་ལ་དགའ་བས་ཁ་ཟས་སྣ་དགུ་ལ་སྤྲོ་བ་དང་། ལུས་ཀྱི་ཟུངས་བཅུད་ལ་ཕན་པས་གཟུགས་པོ་ཆེ་ཞིང་ལུས་སྟོབས་དང་ལྡན་པར་བྱེད་པའི་ཐབས་ཤེས་ཤིག་ཡིན།

གསུམ་པ། གླིང་གེ་སར་རྒྱལ་པོ་འཁྲུངས་དུས་སུ་སྐྱེ་བསུ་ཚེ་སྒྲུབ་དང་ཀན་མར་སྦྱིན་ཚུལ།

《འཁྲུངས་སྐོར》ལས། བུ་ཛོ་ཏུ་དེ་མ་ལ་ཟུག་རྔུ་དང་མ་བདེ་བ་ཅི་ཡང་མེད་པར་སྐུ་བལྟམས་པ་ན། “དེ་མ་ཐག་གུ་རུ་པད་འབྱུང་གིས་དབང་བསྐུར། ཚེ་ཆུ་བླུད། ཀན་མར་བྱིན། ལུས་མི་འཇིག་པ་རྡོ་རྗེའི་གོ་བསྐོན། ཀླུ་གཙུག་ན་རིན་ཆེན་གྱིས་བདུད་རྩི་བྲངས། རྨ་རྒྱལ་སྤོམ་རས་རི་བརྒྱའི་ཞལ་ཟས་ཕུལ། གཉན་རྗེ་གེར་མཛོད་ཀྱིས་དར་ཁྲ་པོས་སྐུ་ལུས་གཡོགས”[1]ཞེས་གླིང་གེ་སར་རྒྱལ་པོ་འདི་ཨུ་རྒྱན་པད་མའི་དབང་ཡོན་ལ་འཁྲུངས་ཤིང་། ལྷའི་སྲས་པོ། ཀླུའི་ཚ་བོ། རྨ་རྒྱལ་སྤོམ་རའི་གདུང་རྒྱུད་ཡིན་པས་ཐོག་མར་ལྷ་ཀླུ་གཉན་བཙན་དང་ཡུལ་ལྷ་གཞི་བདག་རྣམས་སྐུ་བདག་ཏུ་ཐོན་ནས་ཀན་མར་སྦྱིན་པ་དང་ཚེ་ཆུ་ལྡུད་པ། དར་གོས་འབུལ་བ། ཚེ་སྒྲུབ་པ། དབང་བསྐུར་བ་སོགས་ཀྱི་ཆོ་ག་བྱས། དེའི་ཚེ་ཁྲོ་ཐུང་གི་བསམ་པར། “ད་ལྟ་འགོག་མོའི་བུ་འདིའི་ཕ་སེང་བློན་ཡིན། ཀླུ་གཙུག་ནའི་ཚ་བོ་ཡིན། སྲུ་མོ་ལ་རྐྱེད་ལྷམ་དཀར་མོ་ཡོད། མ་རང་ཡང་ལྷ་འབོད་ཀླུ་བསྐུལ་ཕ་ཚན་གཉན། མ་ཚན་ཀླ་མ་ཨོ་རྒྱན་སྐྲ་བདག་ཡིན་པ་སྐད། གང་ལྟར་བྱས་ཀྱང་བུ་འདིའི་ཕྱེད་ཀ་མི་དང་ཕྱེད་ཀ་འདྲེ་ལྟ་བུ་ཞིག་མི་འབྱུང་བའི་ངེས་པ་མེད། དེ་ཡིན་ཕྱིན་ད་ལྟ་མེ་སྟག་ཆུང་དུས་མེད་པར་བྱས་ན་བཟང་སྙམ་སྟེ། ཞག་གསུམ་གྱི་སྔོན་སྟག་རོང་ཨ་ཁྲ་ཁྲོ་ཐུང་དེ་ཧ་གུ་གུ་རོག་ཙོག་ལ་ཞོན། མར་དཀར་ཡི་བུ་ལུ། སྦྲང་བུ་རམ་མངར་གསུམ་ཟས་ཀྱི་བྱེ་བྲག་མང་པོ་ཁྱེར། ཟས་དེའི་ནང་དུ་རྒྱ་དུག་ཡུ་མོ་རྒྱུག་འགྲེལ་དེ་བཏབ་སྟེ་ལྷ་སྲས་ལ་ཀན་མར་གྱི་ཚབ་ཏུ་ཁྱེར། ལྟི་སུག་གཉིས་ཀྱི་མདོར་འགོག་མོ་མ་བུའི་རྩར་འོངས་ནས། ཨ་རེ་འགའ། འགོག་མོ་ལ་བུ་སྐྱེས་པ་འདི་ང་ཨ་ཁུའི་ཚ་བོ་ཡིན”[2]ཞེས་ཀན་མར་ལ་སྦྱར་བའི་དུག་བྲངས་ནས་གེ་སར་དཀྲོང་རྩིས་བྱས། གཏམ་རྒྱུད་ཀྱི་བྱུང་རབས་འདི་ནི་གླིང་གེ་སར་རྒྱལ་པོའི་སྒྲུང་ལས་ཆེས་ངོ་མཚར་ཞིང་མི་སེར་རྣམས་མཉན་སྤྲོ་བའི་དོན་རྐྱེན་ཞིག་ཡིན་པར་མ་ཟད། རྩོམ་རིག་གི་རྟོག་བཏགས་དང་བློ་བཟོ་པོ་ན་ཞིག་མ་ཡིན་པར། བོད་གདོད་མའི་སྤྱི་ཚོགས་འཚོ་བའི་སྣང་ཚུལ་དངོས་དང་བོད་རང་གི་གོམས་གཤིས་དང་སྲོལ་ལུགས་སྣལ་མ་ཞིག་ཡིན།

རང་རེའི་བོད་ཀྱི་མདོ་དབུས་ཁམས་གསུམ་གྱི་རོང་པ་དང་འབྲོག་པ། སྐྱ་དྲག་དང་མི་སེར་སོགས་གང་ཡིན་ཡང་སྐྱེ་བསུ་ཚེ་སྒྲུབ་ཀྱི་ཆོ་ག བང་སྐྲ་གཙོད་པའི་ཆོ་ག གཞོན་གསར་དུས་ཀྱི་ཆོ་ག གཉེན་སྒྲིག་གི་ཆོ་ག རྒ་བའི་དུས་ཀྱི་གྲུ་སྟོན། འདས་མཆོད་དུར་མཆོད་སོགས་ཏ་ལམ་ས་གནས་ཀུན་ལ་གཅིག་མཐུན་དུ་ཡོད་པར་སེམས།

བཞི་པ། བོད་ཀྱི་འཚོ་བཅུད་རིག་པ་དང་གསོ་བ་རིག་པའི་ཤེས་རིག་ལས་རྒྱན་མར་ལ་ངོས་འཛིན་ཚུལ།

༡. མར་ཟས་ཀྱི་འཚོ་བཅུད་ནུས་པར་ངོས་འཛིན་ཚུལ།

མར་ནི་བོད་མི་རིགས་ཀྱི་ཁ་ཟས་ཀྱི་ཕུད་ཡིན་ལ། ཐོན་སྐྱེད་དང་འཚོ་རྟེན་གྱི་གཞི་མ་ཡིན་པས། བོད་རིགས་ལ་མཚོན་ན་དབྱར་དགུན་སྟོན་དཔྱིད་ཀྱི་ཉིན་རེ་བཞིན་མར་ལ་སྦྱར་བའི་ཁ་ཟས་དང་ཁ་འབྲལ་ཐབས་མེད་དེ། དེ་རིང་འཕྲོག་པའི་ཟས་རིགས་གཡོས་སྦྱོར་ཀུན་གྱི་གཞི་མ་ཡིན་པས་བོད་ཀྱི་ཟས་རིགས་སྣ་ཚོགས་སུ་མར་སྦྱར་ནས་བཟོ་བ་ཡིན། ལོ་ངོ་གྲངས་ལས་འདས་པར་ལོངས་སུ་སྤྱོད་པའི་ཉམས་མྱོང་གིས་མར་གྱི་ཟས་བཅུད་ནུས་པ་ལ་བོད་ལས་ཆ་རྒྱུས་ཆེ་བ་མེད་དེ། མར་གྱི་སྨན་བཅུད་ཀྱི་ནུས་པར་བརྟེན་ནས་ནད་འགོག་ནད་བཅོས་བྱེད་པའི་རིག་པ་བོད་ཀྱི་སྔ་མོའི་མེས་པོ་དག་གིས་ཤེས་རྟོགས་བྱུང་ཡོད་ཅིང་། སྲོག་འཚོ་ཟས་བཅུད་རིག་པའི་ཤེས་བྱའི་དབང་དུ་བྱས་ན། བཤད་རྒྱུད་ཀྱི་མན་ངག་ལས་འཚོ་བ་ཟས་ཀྱི་ལེའུར། “སྣུམ་ནི་མར་དང་ཏིལ་མར་ཁང་མར་ཚིལ། རོ་མངར་ཞུ་མ་ལྡི་བསིལ་ཡོང་འབྲུ་སྣུམ། རྩུལ་དང་ཕྲ་ལ་མཉེན་ཞིང་རྣན་པ་ཡིན། རྒས་བྱིས་སྟོབས་ཆུང་སྲིག་རྩུབ་ཁུ་ཁྲག་ཟད། སྦྱང་བྱས་སེམས་ལས་རླུང་གིས་ཉེན་ལ་བསྣུགས། དེ་ལ་མར་གསར་བསིལ་ཞིང་རོ་ཙ་ལ། མདོག་སྟོབས་སྐྱེད་ཅིང་མཁྲིས་ཚད་སེལ་བར་བྱེད། མར་རྙིང་སྨྱོ་དང་བརྗེད་བྱེད་བརྒྱལ་རྨ་འཚོ། ཞུན་མར་བློ་ཉེར་དྲན་གསལ་དྲོད་སྟོབས་སྐྱེད། ཚེ་འཕེལ་ནུས་པའི་མཆོག་སྟེ་ལས་སྟོང་བྱེད། ཕྱུར་གསར་ཁྲི་དང་ཕྱུར་བ་ལ་སོགས་པ། དང་ག་ལེན་ཞིང་རྟུག་སྐམས་བད་ཀན་སེལ། ཞོ་མར་བད་རླུང་སེལ་ཞིང་མེ་དྲོད་སྐྱེད”[3]ཞེས། རྒན་པ་དང་བྱིས་པ་སོགས་ཀྱི་དྲོད་སྟོབས་སྐྱེད་པ་དང་། མེ་དྲོད་གསོ་བ། ཁུ་ཁྲག་འཕེལ་བ། མདོག་སྟོབས་སྐྱེད་པ། བློ་ཉེར་དྲན་གསལ་གྱི་ནུས་པ་སྐྱེད་པ། ཚེ་འཕེལ་བ་སོགས་ཟས་བཅུད་ཀྱི་ནུས་པ་ཡོད་པར་མ་ཟད། སྨན་གསོ་ཡི་ཕན་ནུས་ཕྱོགས་ནས་ཀྱང་བད་རླུང་སེལ་བ་དང་། མཁྲིས་ཚད་སེལ་བ། བད་ཀན་སེལ་བ། བརྒྱལ་ནད་དང་རྨ་ཁ་གསོ་བ་སོགས་ཐུན་མོང་མ་ཡིན་པའི་སྲོག་འཚོ་སྨན་བཅོས་ཀྱི་ནུས་པ་ཡོད་པར་གསལ།

༢. མངར་ཟས་ཀྱི་ཟས་བཅུད་ནུས་པར་ངོས་འཛིན་ཚུལ།

སྲོག་འཚོ་སྨན་བཅོས་ཀྱི་རིག་པའི་དབང་དུ་བྱས་ན། མངར་ཟས་ཀྱི་རིགས་ལ་རོ་ལ་ཆགས་ཤིང་ཡི་ག་འབྱེད་པའི་ནུས་པ་ཡོད་པར་མ་ཟད། ཟས་བཅུད་ཀྱི་རིན་ཐང་དང་ལྡན་ལ། མིའི་ལུས་ཁམས་སུ་ཤིན་ཏུ་མཁོ་བའི་བཅུད་རྫས་ཀྱི་རིགས་མང་པོ་སྐྲོང་ཐུབ་པ་དང་། འཚོ་བྱེད་ཀྱི་ཟས་བཅུད་སྟོབས་ཆེན་དུ་འགྲོ་བ་སྟེ། ཕྱི་མ་རྒྱུད་ཀྱི་མན་ངག་ལས་སྨན་མར་གྱི་ལེའུར། “རོ་ནི་མངར་སྐྱུར་ལན་ཚ་ཁ་ཚ་བསྐ། ཀོ་རིམ་བཞིན་དུ་འཚོ་བྱེད་སྟོབས་ཆེན་ཡིན། ངོ་བོ་ལྡི་ལ་གསལ་བས་རོ་ཞེས་བྱ། དེ་ཡང་མངར་བའི་རོ་དེ་མྱངས

པའི་ཚོ། ཁ་ལ་ཆགས་ཤིང་ཞིམ་པས་སྲིད་པ་སྐྱིད་”[4]ཅེས། མིའི་ལུས་སུ་མེད་དུ་མི་རུང་བའི་བཅུད་ཀྱི་རིགས་སུ་གཏོགས་པར་མ་ཟད། གནའ་ནས་བཟུང་མར་གསར་སོགས་དང་བསྡེབས་ནས་གསོ་བྱེད་སྨན་གྱི་སྡེབ་སྦྱོར་གལ་ཆེན་དུ་གྱུར་ཡོད།

༣. ཟས་ཀྱི་བཅུད་སྨན་ལ་བསྟེན་པའི་ནུས་པར་ངོས་འཛིན་ཚུལ།

ཟས་ཀྱི་བཅུད་སྨན་ལ་བསྟེན་པར་མཐོང་ཆེན་བྱེད་པ་དེ་བོད་ཀྱི་འཚོ་བཅུད་རིག་པའི་འདུ་ཤེས་ལས་དགེ་མཚན་དང་ལྡན་པའི་སྲོལ་ལུགས་ཤིག་ཡིན། དེ་བས་དཔལ་འབྱོར་ཆུ་ཚད་དམའ་ཞིང་འགྲིམ་འགྲུལ་འགྲོ་འོང་སྟབས་མི་བདེ་བ། སྨན་གསོ་ཆེད་ལས་ཁྲབ་བརྡལ་མ་ཡིན་པའི་བོད་གདོད་མའི་སྤྱི་ཚོགས་ལ་མཚོན་ན། རྒྱུན་ལྡན་གྱི་འཚོ་བའི་ཁྲོད་ཟས་བཅུད་ལ་བརྟེན་ནས་ནད་འགོག་ནད་གསོ་བྱེད་པ་དང་། ཟས་བཅུད་སྨན་དུ་བསྡེབས་ནས་ནད་འགོག་ནད་གསོ་བྱེད་པའི་སྲོལ་ལུགས་བཟང་པོ་ཆགས་པ་དང་། རྒྱུ་ཆ་དཀོན་པོ་མ་ཡིན་ཞིང་སྡེབ་ཁ་ཞིབ་ཚགས་མ་ཡིན་པའི་བྱེད་ཐབས་སྟབས་བདེ་རྣམས་པོ་སོ་ཀུན་གཞོན་ཀུན་གྱིས་སྤྱོད་ཤེས་པར་གྱུར། དེ་ལའང་ལོ་རྒྱུས་རིང་མོའི་ནང་ལག་ལེན་བྱས་པའི་ཉམས་མྱོང་གི་བདེན་དཔང་དང་། སྨན་དཔྱད་ཀྱི་གཞུང་དང་མན་ངག་གི་རྒྱབ་རྟེན་ཡོད་དེ། ཕྱི་མ་རྒྱུད་ཀྱི་མན་ངག་ལས་སྨན་མར་གྱི་ལེའུར། “ཀ་ར་མར་གསར་སྦྲང་གི་ལྡེ་གུ་བྱས་པ་ཡིས། གློ་མཆིན་ཚ་བ་རྙིངས་རྙོགས་སེལ་བར་བྱེད་”[5]ཅེས་དང་། “གེ་སར་གསུམ་དང་མར་གསར་བྲང་ལ་སྦྱར། གློ་མཆིན་ཟླ་མཚན་ཐ་རྙིང་སྣ་ཁྲག་གཅོད་”ཅེས་དང་། “ཀ་ར་མར་གསར་སྦྲང་གི་ལྡེ་གུ་ཡིས། ལུད་པ་ཤེ་རུལ་རྣག་ཁྲག་གློ་རྫོལ་སེལ”ཞེས་དང་། “བསིལ་བཞི་ཙན་དན་དཀར་དམར་ཙུ་ཏ་སྦྲང་། མར་གསར་སྦྲང་སྦྱར་མིག་ནད་མཆིན་ནད་སེལ”ཞེས་དང་། “ཀྱེ་ཚ་སླ་རྒྱ་སྡིག་སྲིན་ཚ་བ་གསུམ། མཐིང་ཤུན་སོ་རྡེ་ཉི་དགའ་འབྲས་སྣ་གསུམ། བུ་རམ་མར་སྦྱར་མཁལ་ནད་ཆུ་སྲི་སེལ”ཞེས་དང་། “ཤིང་ཚ་སུག་སྨེལ་དྲོད་སྨན་ཙུ་གང་དང་། ཀ་ར་རིམ་བསྐྱེད་མར་གསར་སྦྲང་ལྡེ་གུ། བད་ཀན་གློ་ནད་འཇབ་འཛིབ་ལུ་བ་བསྡུགས”ཞེས་པ་སོགས་མར་དང་མངར་ཟས་བུ་རམ་སྦྲང་རྩི་སོགས་ཀྱི་སྡེབ་ཁ་སྣ་ཚོགས་བསྟན་ཡོད་པར་མ་ཟད། མར་གསར་དེ་སྨན་གྱི་སྡེབ་ཁ་དེ་དག་གི་ཁྲོད་དུ་རྒྱལ་པོ་ལྟ་བུའི་གོ་གནས་བཟུང་བའི་སྐོར་བསྟན་ཡོད།

༤. གནས་འབྲུག་པའི་ཡུལ་གྱི་སྨུམ་ཟས་དང་དྲོད་སྟོབས་དབར་གྱི་འབྲེལ་བ།

མཚོ་བོད་མཐོ་སྒང་གི་རོང་འབྲོག་པ་ལ་མཚོན་ན། ས་བབ་མཐོ་ཞིང་ས་གཤིས་རྩུབ་པ། གནམ་གཤིས་འཁྱག་ཅིང་དབྱུང་དགུགས་ཞུང་བ། ལས་ཀ་ལྕི་ཞིང་ཟས་སྣ་ཉུང་བ། ཁྱད་པར་དུ་བོད་ཀྱི་བུད་མེད་རྣམས་ཀྱིས་རི་སྐྱུང་གཉིས་ཀ་ནས་ཕོ་ལས་མོ་ལས་བྱེད་པས། བུད་མེད་ལ་སྡུག་བསྔལ་ལྕི་ཞིང་ན་ཚ་མང་བ། ཟས་བཅུད་དཀོན་ཞིང་ལུས་སྟོབས་ཞན་པའི་གནས་ཚུལ་ཡོངས་ཁྱབ་ཏུ་གནས་ཡོད། ས་བབ་ཀྱི་དབང་དུ་བྱས་ནའང་། མཐོ་ས་དང་འཁྱག་སར་གནས་པའི་སྲོག་ཆགས་ཀྱི་རིགས་ལ་ལྷབ་འགྱུར་གྱི་དྲོད་

སྟོབས་དགོས་པས། ནུས་སྟོབས་དེའི་འབྱུང་ཁུངས་གཙོ་བོ་དུད་འགྲོའི་ཤ་ཚིལ་དང་ཞོ་མར་སོགས་ཀྱི་ སྨན་བཅུད་ཡིན། ཤ་ཚིལ་དང་ཞོ་མར་སོགས་ལས་ནུས་སྟོབས་ལེན་པ་དེ་བོད་ཀྱི་འགྲོ་བ་གནས་པའི་ས་བབ་ཀྱི་དགོས་མཁོ་དང་། སྐྱེ་ཁམས་ཀྱི་དགོས་མཁོ་ལས་བྱུང་བའི་འཚོ་བའི་གོམས་སྲོལ་གལ་ཆེན་ཞིག་ཏུ་གྱུར་ཡོད། རྒྱུན་ལྡན་དུ་ཨ་མདོའི་ཕྱོགས་སུ་བྱིས་པ་ཆུང་དུའི་སྐབས་སུ་ཟུངས་དང་བཅུད་འདང་བ་ལ"ཁང་ཆུད"དང་ཟུངས་དང་བཅུད་འདང་མེད་པ་ལ"ཁང་མ་ཆུད"ཅེས་འབོད། བོད་རིགས་ཀྱི་རྔོང་འཁྲོག་པ་ལ་མཚོན་ན། བྱིས་པ་ལ་ཁང་ཆུད་མིན་དེ་ལོ་ན་ཆུང་བའི་དུས་སུ་ཤ་མར་སོགས་སྨན་རིགས་ཀྱི་མཐུན་རྐྱེན་འཛོམས་མིན་ལ་རག་ལས་པ་ཡིན། དེ་བཞིན་ཚེ་སྒྲུབ་བྱེད་པ་དང་དབང་བསྐུར་བ་སོགས་ཀྱང་སྔོག་གི་རྩ་བ་བརྟན་པར་བྱེད་པའི་ཆོས་ལུགས་ཚོ་གའི་ཐད་ཀྱི་གོམས་སྲོལ་ཞིག་ཡིན། བཤད་རྒྱུད་ཀྱི་མན་ངག་ལས་འཚོ་བ་ཟས་ཀྱི་ལེའུར། "སྐྱེས་བུ་སྨན་ལ་བརྟེན་པར་བྱེད་པ་རྣམས། ནང་གི་ནུས་འབར་ཁོང་པ་དག་པ་དང་། ལུས་ཟུངས་འཕྲལ་བརྟས་སྟོབས་དང་མདོག་བཟང་ལྡན། དབང་བརྟན་ཐས་སྲ་ལོ་བརྒྱ་ཐུབ་པར་བཤད"[6]ཅེས་དང་། "རྩོལ་བཅས་སྨན་བརྟེན་ནུས་ཆེ་དར་ལ་བབ། སྟོབས་ལྡན་གོམས་པར་ཟོས་ལ་གནོད་མི་འགྱུར"ཞེས་བྱུང་བས་མར་གསར་གྱིས་གཙོ་བོ་བྱས་པའི་སྨན་རིགས་ཀྱི་འཚོ་རྟེན་དེ་མཐོ་སྒང་གྲང་བསིལ་གྱི་ཡུལ་དུ་གནས་པའི་བོད་རིགས་རྣམས་ལ་འཕྲོད་པ་དང་། དེས་ས་མཐོ་བ་དང་དབྱངས་དབུགས་ཉུང་བ། གྲང་ཞིང་བསིལ་བ། སྔོད་གནས་ཀྱི་ཆ་རྐྱེན་ཞན་པ། ཟས་རིགས་དང་བཅུད་རིགས་ཀྱི་རྣམ་གྲངས་ཉུང་བ་སོགས་ཀྱི་འགལ་རྐྱེན་སེལ་ནུས། དེས་ན་བོད་པ་རྣམས་ཀྱིས་ལུས་སྟོབས་རྒྱས་ཤིང་ནུས་སྟོབས་ཆེ་བ་འབྱུང་བ་ནི་མར་གསར་གྱིས་གཙོ་བྱས་པའི་སྨན་ཟས་ཀྱི་རིགས་ལས་བྱུང་བ་ཞིག་ཡིན་པར་ངོས་འཛིན་བྱེད་ཀྱི་ཡོད།

མཆན།

[1] [2]《འབྲུངས་སྐོར།》 ཀན་སུའུ་མི་རིགས་དཔེ་སྐྲུན་ཁང་། 1981ལོ། ཤོག་ངོས61、77པར་གསལ།

[3] [4] [5] [6]《བདུད་རྩིའི་སྙིང་པོ་ཡན་ལག་བརྒྱད་པ་གསང་བ་མན་ངག་གི་རྒྱུད་ཅེས་བྱ་བ་བཞུགས་སོ།》 བོད་ལྗོངས་མི་དམངས་དཔེ་སྐྲུན་ཁང་། 1982ལོ། ཤོག་ངོས56、63、590、56པ་བཅས་སུ་གསལ།

《བོད་ལྗོངས་ཞིབ་འཇུག》 ༢༠༡༡ལོའི་དེབ་དང་པོ་ལས་བཏུས།

༄༅། །བོད་ཀྱི་གཙང་བཙོག་གི་འདུ་ཤེས་གླེང་བ།

བསོད་ནམས་དར་རྒྱས།

དང་པོ། གཙང་བཙོག་གི་དབྱེ་བ་འབྱེད་པའི་རྩ་དོན།

རང་བྱུང་ཁོར་ཡུག་དང་གནམ་གཤིས། འཚོ་བ་རོལ་སྟངས་སོགས་ཀྱི་དབང་གིས་བོད་ཀྱི་གཙང་བཙོག་གི་འདུ་ཤེས་ཞེས་པའི་གཙང་བཙོག་ལ་ཡང་དོན་འཛིན་གསར་པ་ཞིག་བྱ་བའི་དགོས་པ་ཡོད་དེ། ད་ལྟ་འཛམ་གླིང་གི་འགྲོ་ཕྱོགས་ལྟར་ན་འཕྲོད་བསྟེན(卫生)ཞེས་དེང་རབས་ཚན་རིག་རིང་ལུགས(现代科学主义)རྨང་གཞི་བྱས་ཤིང་ཆོས་ལུགས་དང་ཁ་གཏད་དུ་ལངས་པའི་འདུ་ཤེས་ཤིག་ཡིན། དབྱིན་ཇིའི་མཚན་ཉིད་པ་རོའུ་སོ(Russell)ཡིས“ཚན་རིག་ནི་ལྟ་དཔྱད་དང་རིགས་འདེད་ལ་བརྟེན་ཏེ་འཛིག་རྟེན་གྱི་དོན་དངོས་འདྲ་མིན་སྣ་ཚོགས་ཚོར་རྟོགས་བྱུང་བ་བརྒྱུད། དེ་དག་ཕན་ཚུན་འབྲེལ་བ་བྱེད་པའི་ཆོས་ཉིད་ཅིག་ཡིན། ཆོས་ཉིད་འདིས(སྐབས་ལེགས་ན)མི་རྣམས་ལ་འབྱུང་འགྱུར་གྱི་ལུང་བསྟན་གསུང་ཐུབ། མདོར་ན་ཚན་རིག་ལ་མངོན་སུམ་རང་བཞིན་དང་ཆོས་ཉིད་རང་བཞིན། མ་ལག་རང་བཞིན་བཅས་ཀྱི་ཁྱད་ཆོས་ཡོད”[1]ཅེས་འགྲེལ་པ་བྱས་ཡོད་པ་ནི་ཙུང་སྤྱི་ཁྱབ་ཡིན་ཞེས་དེང་གི་མཁས་པས་གླེང་། “ནུབ་ཕྱོགས་འཕྲོད་བསྟེན་རིག་པའི་འཕེལ་རིམ་ལྟར་ན་དུས་རབས་བཅུ་དགུ་པའི་དུས་སྟོད་དུ་ལུའུ་ཡིའུ་སི་པ་སི་ཐེར(Louis pa steur)དང་ཁོའུ་ཆེ(Po bert koch)སོགས་ཀྱིས་ཞིབ་འཇུག་བྱས་པའི་རྨང་གཞིའི་སྟེང་འབུ་ཕྲ་རིག་པ(细菌学)འཕེལ་རྒྱས་བྱུང་བ་མ་ཟད་ཞིབ་འཇུག་འདི་དག་གིས་དེང་རབས་འབུ་ཕྲ་རིག་པའི་གཞུང་ལུགས་གྲུབ་པ་ཡིན། དེ་ལྟར་ན་སྐྱེ་ཁམས་སྨན་རིག་གི་ཁྱབ་ཁོངས་སུ་ནད་རིགས་སྣ་ཚོགས་གསོ་བའི་ཐབས་ལམ་ཆེས་ལེགས་ཤོས་ནི་ནད་རིགས་གང་དེའི་ནད་རྩ་འགོག་པ་ཡིན། དེ་ཡང་ནད་ཡམས་ཀྱི་འབྱུང་རྩ་ནི་འབུ་ཕྲ་ཡིན་པས་དེ་རྩ་མེད་དུ་གཏོང་ན་ནད་ཀྱང་དྲག་ངེས་ཡིན”[2]ཞེས་པའོ། །

འཛམ་གླིང་སྤྱིའི་འགྲོ་ཕྱོགས་ལ་བསྟུན་པའི་འཕྲོད་བསྟེན་རིག་པ་དང་དེའི་ཡང་སྙིང་འབུ་ཕྲ་རིག་པར་བསྡུར་ན་བོད་པའི་གཙང་བཙོག་གི་འདུ་ཤེས་ནི་ཆོས་ལུགས་དང་ཞིང་གྲོང་རིག་གནས་རྨང་གཞི་བྱས་ཏེ་སེམས་སམ་སྣང་ངོའི་གཙང་བཙོག་གམ་ཡང་ན་ལེགས་ཉེས་དོན་འཛིན་བྱེད་པའི་མཚན་མ་ལྟ་བུ་ཡིན་ཟེར་ན་མི་ཆོག་རྒྱུ་མེད་པར་འདོད། བོད་ཀྱི་ཞིང་གྲོང་རིག་གནས་ལས་ནད་རིགས་ཀྱི་འབྱུང་རྩ་ནི་དགྲ་ལྷ་དང་ཕྲག་ལྷ། ཀླུ་དང་བཙན། ཐབ་ཀ་དང་གཞི་བདག་ལ་སོགས་པར་བཙོག་སྒྲིབ་བཏང་བའི་རྟོག་པ་ཉིད་གཞིར་བྱས་ནས་དེ་དག་གིས་མི་ཕྱུགས་ལ་གནོད་སྐྱེལ་བར་འདོད། དེ་བས་མི་ལ་ནད་དང་

ཕྱུགས་ལ་གོད་ཁ་འགོག་དགོས་ན་གོང་གསལ་ལྟ་འདྲི་དེ་དག་ལ་ཕོག་ཐུག་གཏོང་མི་རུང་།

གཅིག ཆོས་དང་འཇིག་རྟེན་གྱི་ཁྱད་པར་ལས་མཆེད་པའི་གཙང་བཙོག

འདས་ཟིན་པའི་ལོ་རྒྱུས་ཁྲིད་སངས་རྒྱས་བསྟན་པ་དང་བོན་ཆོས་གཉིས་འགལ་འབྲེལ་བྱུང་བ་བརྒྱུད་གྲུབ་པའི་བོད་བརྒྱུད་ནང་བསྟན་ནི་བོད་མི་སོ་སོའི་ཁྲག་རྩར་འཐིམ་ཡོད་ཅིང་། བོད་ཀྱི་འཚོ་བའི་གྲུ་ཁ་སོ་སོར་ཁྱབ་ཡོད། མདོར་ན་བོད་ཀྱི་སྤྱི་ཚོགས་ནི་ཆོས་དང་འཇིག་རྟེན་གཉིས་ལས་འདས་མེད་དེ། དཔེར་ན། མི་ལ་སྐྱ་སེར་གཉིས། ཁྱིམ་ལ་མཆོད་ཁང་དང་ཐབ་ཁང་། གྲོང་པ་དང་དགོན་པ། རྒྱུན་ལྡན་འཚོ་བའི་ལས་ཀ་དང་ཆོས་ལུགས་མཛད་སྒོ། འཇིག་རྟེན་འཚོ་ཐབས་གཉེར་བའི་ལོ་ཆུང་དང་ཕྱི་མའི་བདེ་བ་སྒྲིག་པའི་རྒྱན་པ་སོགས་ཕྱི་རོལ་མི་ཡིས་བལྟས་ན་ཆོས་ལུགས་དང་འབྲེལ་བ་ཡེ་ནས་མེད་པའི་རྒྱུན་ལྡན་གྱི་འགྲོ་ལུགས་ལ་ཡང་ཆོས་ཀྱི་བག་ཆགས་ཆེན་པོ་ཐེབས་ཡོད་པ་གཙང་བཙོག་གི་འདུ་ཤེས་ལས་ཀྱང་གསལ་པོར་མངོན་ཏེ། དཀར་ཕྱོགས་ཆོས་དང་འབྲེལ་བ་ཇི་ལྟར་ཡོད་ན་དེ་ལྟར་གྱིས་གཙང་མར་འདོད་པ་དང་། ཆོས་ཕྱོགས་ཀྱི་གཙང་བཙོག་འབྱེད་པའི་ཚད་གཞི་དང་འགལ་བའམ་ཡང་ན་ཕྱི་མར་གནོད་པའི་འཇིག་རྟེན་པའི་ལས་ནི་བཙོག་པར་འདོད་པ་ཡིན།

བླ་མ་དང་དགེ་འདུན་པ་ནི་ཐད་ཀར་ཆོས་ཀྱི་ལས་དོན་སྒྲུབ་མཁན་ཡིན་ཕྱིར་བོད་ཀྱི་སྤྱི་ཚོགས་སུ་གཙང་མའི་རིགས་ཡིན་ཏེ། དུས་རབས༡༧པར་གཙང་པ་སྡེ་སྲིད་ཀརྨ་བསྟན་སྐྱོང་དབང་པོའི་སྐབས་སུ་གཏན་ལ་ཕབ་པའི་ཁྲིམས་ཡིག《ཞལ་ལྕེ་བཅུ་དྲུག》ཏུ"མི་ལ་རབ་འབྲིང་ཐ་གསུམ་དུ་བྱས། རབ་ཀྱི་རབ། རབ་ཀྱི་འབྲིང་། རབ་ཀྱི་ཐ། འབྲིང་ཐ་གཉིས་ལ་ཡང་དེ་དང་འདྲ"[3]ཞེས་པ་ལས་ཆོས་བྱེད་མི་སྣ་ནི་རབ་ཀྱི་འབྲིང་དང་རབ་ཀྱི་ཐ་ཡིན་པ་དང་། ཐ་མ་དང་མི་གཙང་བའི་རིགས་ནི་ཡ་ཕོ་མགར་པ་ཤན་པ་ལ་སོགས་ཡིན། ད་ལྟའང་བླ་མ་གྲྭ་པ་འཇིག་རྟེན་པའི་ཁྱིམ་དུ་ཞག་སྡོད་བྱེད་དགོས་ན་ཁྱིམ་ཚང་དེས་ཆེས་གཙང་བའི་ཁང་ཤག་དང་ཉལ་ཆས་ཀྱིས་སྣེ་ལེན་བྱེད་ངེས་ཡིན། ད་དུང་བླ་མ་སྤྲུལ་སྐུ་ཐག་རིང་དུ་ཕེབས་སྐབས་ལམ་ནས་མགྲོན་ཁང་དུ་ཞག་ལ་བཞུགས་དགོས་ན། རྗེས་སུ་འབྲང་བའི་ཞབས་ཞུ་བས་ཤུག་པ་དང་བདུག་པ་བདུགས་ནས་བླ་སྤྲུལ་ཚོ་གཟིམ་སའི་མལ་ཁྲི་དང་ཉལ་ཆས་སོགས་ཀྱི་བཙོག་གྲིབ་བསལ་དགོས། "དེ་ལྟར་མ་བྱས་ན་དངོས་རྫས་དེ་དག་ཏུ་ཡོད་པའི་བཙོག་གྲིབ་ཀྱིས་ཁོ་ཚོར་རིགས་ཕན་བྱེད་མཁན་གྱི་ལྷ་ལ་བཙོག་གྲིབ་ཕོག་ནས་ལྷས་ཁོ་ཚོ་སྐྱབ་ཏུ་བསྐྱུར་ཉེན་ཡོད"[4]པར་འདོད། ཀུན་གྱིས་ཤེས་གསལ་ལྟར་སྤྱི་ལོ༡༦༤༢ལོར་སྐབས་དེའི་རྒྱལ་ཚབ་ རྣ་སྒྲེང་གིས་བོད་སྲིད་དོན་གྱི་དབང་ཆ་རྒྱལ་དབང་སྐུ་ཕྲེང་བཅུ་གསུམ་པའི་ཡོངས་འཛིན་སྟག་བྲག་རིན་པོ་ཆེ་ལ་མི་སྤྲོད་ཐབས་མེད་བྱུང་། འདིའི་རྒྱུ་མཚན་གཅིག་ལ་ཨ་རིའི་མཁས་ཆེན་མེཙུ་སྒིར་སེ་ཐན་གྱིས་སྐབས་དེའི་འབྲེལ་ཡོད་མི་སྣ་ལ་འདྲི་བརྩད་བྱས་ཏེ་ཕྱོགས་སྡོམ་བྱས་པ་ལྟར་ན། "རྭ་སྒྲེང་གིས་སྐུ་དྲག་ཇོ་དྲག་ཅེས་པའི་ཆུང་མ་རྣམ་རྒྱལ་ཚེ་སྒྲོན་དང་ཁོའི་བུ་

བོའི་ཆུང་མ་ཆེ་དབྱངས་གཉིས་ལ་ལུས་འབྲེལ་བྱས་པའི་གསང་བ་ཕྱི་ལ་ཤོར་བ་དང་ཆབས་ཅིག་ཀུན་གྱི་དད་པ་དང་ཡིད་ཆེས་ཤོར(དེའི་རྒྱུ་མཚན་ནི་ཁོ་རང་ལ་བཙོག་སྐྱོན་ཐོག་པས་ད་ལྟ་འཇིག་རྟེན་པ་དང་ཁྱད་པར་མེད་པར་གྱུར)ཞིང་ལབ་གླེང་མ་བཟོད་པ་ཡིན"[5]ཞེས་བཤད་ཡོད། ཕོ་མོ་ལུས་འབྲེལ་བྱེད་པ་ནི་འཇིག་རྟེན་པའི་བྱ་བ་ཡིན་པ་མ་ཟད་མི་གཙང་བའི་སྤྱོད་པ་ཡིན་པས། ན་སྐྱེང་རིན་པོ་ཆེས་བུད་མེད་དང་ལུས་འབྲེལ་བྱས་པ་ན་ཁོ་ལ་བཙོག་གྲིབ་ཐོག་ནས་མི་གཙང་བའི་རིགས་སུ་གྱུར། དེ་ཡང་ཁོའི་སྲིད་དོན་གྱི་དབང་ཆ་ནི་ཆོས་ཕྱོགས་ཀྱི་ཟིལ་ཤུགས་ལས་བྱུང་བ་ཡིན་པས། བོད་ཀྱི་དཔེ་ལ་སྟོམ་པ་སྟོམ་པ་ཤོར། རི་བོང་རི་བོང་ཤོར་ཞེས་པར་གྱུར།

ཆོས་ལས་བྱུང་བའི་སེམས་ཀྱི་ལྷིང་འཇགས་དང་འཚོ་བའི་རེ་སྟོན་ལ་གསོལ་འདེབས་ཞུ་སའི་བླ་མ་སངས་རྒྱས་ཀྱི་སྐུ་འདྲ་དང་གསུང་འབུམ་སོགས་ནི་བོད་མིའི་ཁྱིམ་དུ་མེད་མི་རུང་བ་ཞིག་ཡིན་པར་མ་ཟད། ཁྱད་དུ་མཆོད་ཁང་དང་ཡང་ན་མཆོད་ཁྲི་བཙུགས་ཏེ་དེ་ཙུ་བཀུར་ཡོད། སྤྱིར་བོད་ཀྱི་འཚོ་བར་ཁྱད་ལས་དང་ཁྱད་སྤྱོད་ཀྱི་བྱ་དངོས་ཤིན་ཏུ་ཉུང་མོད། མཆོད་ཁང་དང་མཆོད་ཁྲི་ནི་མིང་དོན་མཚུངས་པའི་ཁྱད་སྤྱོད་ཀྱི་གནས་ཤིག་ཡིན་ཏེ། དེའི་ནང་དུ་ཆོས་དཔེ་དང་སྐུ་འདྲ། མཆོད་ཆ། བླ་མ་དང་གྲྭ་པའི་གཟིམ་ཁྲི་སོགས་ཆོས་ཕྱོགས་དང་འབྲེལ་བའི་དངོས་པོ་ཁོ་ན་མ་གཏོགས་གཞན་གཅིག་ཀྱང་འཇོག་མི་སྲིད་པ་མ་ཟད། རྒྱུན་པར་ཁྱིམ་གྱི་ས་མཐོ་ཕྱོགས(གཙང་ས)སུ་བཙུགས་ཡོད། དེ་ལྟར་བྱས་ན་ད་བཟོད་འཇིག་རྟེན་བཙོག་གྲིབ་དང་ཁ་དགར་ཐུབ་པར་འདོད་ཀྱི་ཡོད། ཉིན་རེའི་ཞོགས་པར་ཐུན་པ་ཆོས་མཆོད་ཁང་ལ་གད་བདར་བྱས་ནས་མཆོད་པ་ཤོམ་ཞིང་། ཕྱི་དྲོ་མཆོད་ཆུ་ས་གཙང་སར(ཁང་ཐོག)བློ་སྟེ་མཆོད་ཆ་གཙང་མར་ཕྱིས་ནས་ཕྱི་ཉིན་གྱི་མཆོད་ཆུ་གསར་པ་གྲ་སྒྲིག་བྱེད་པ་ཡིན། ལས་ཀ་འདི་དག་སྒྲུབ་སྐབས་མགོ་ནས་མཇུག་བར་ཁ་ལ་ཁ་ཐུམ་བརྒྱབ་ནས་ཁ་རླངས་བཙོག་པ་འགོག་པར་བྱེད། མཆོད་ཁང་དུ་ཆོས་དང་འབྲེལ་བ་མེད་པའི་བྱ་བ་སྒྲུབ་མི་རུང་། ལྷག་པར་ཕོ་མོའི་ལས་ཀ་སོགས་གཏན་འགོག་བྱེད་པ་ཡིན།

ལྷ་ཆོས་དང་འབྲེལ་བ་ཡོད་པའི་དངོས་པོ་གཞན་ཁ་ཤས་ཀྱི་གཙང་བཙོག་ལའང་དོ་སྣང་བྱེད་དགོས་ཏེ། དཔེར་ན། ཆུ་མིག་ལ་ལར་ཀླུ་གནས་པར་འདོད་པས་དེར་གཅིན་སྐྱག་དང་མཆིལ་མ། ཁྲག་དང་སྦྲིག་ཆགས་ཤི་རོ་ལ་སོགས་མི་གཙང་བའི་རིགས་འཕང་ན་རང་ཉིད་ཞ་བོ་དང་ཞ་ར། འོན་པ་སོགས་ལ་འགྱུར་བའི་ཉེན་ཁ་ཡོད་པར་འདོད། སི་ཁྲོན་ཞིང་ཆེན་ཟ་བ་ཁྲུལ་མཛོད་དགེ་རྫོང་ཨ་སྐྱིད་ཞང་གྲོ་སྐོར་སྡེ་བར་མིང་ལ་མཐུ་ཁོ་ཟེར་བའི་རྒན་པོ་ལོ་ན་བདུན་ཅུ་དོན་གསུམ་ལོན་པ་ཞིག་ཡོད། ཁོ་ནི་འཁར་བ་ལ་བརྟེན་པའི་ཞ་བོ་ཞིག་ཡིན་མོད། འོན་ཀྱང་དང་རྒྱུད་དྲང་ལ་བྱམས་སེམས་ཆེན་པོ་ཞིག་ཡིན་པ་མ་ཟད་ལོ་ན་རྒས་ཀྱང་དྲན་པ་ཧ་ཅང་གསལ། ཁོང་ལ་བཅར་འདྲི་བྱེད་སྐབས་བཤད་རྒྱུར"ང་ལོ་ཆུང་དུས་འདི་འདྲ་ཞ་བོ་ཞིག་མ་ཡིན་པར་རྐང་བདེ་ལག་བདེ་ཞིག་ཡིན། འོན་ཀྱང་ལོ་ན་ཉི་ཤུ་ཡར་མར་ཞིག་གི་

ཚད་ལ་ང་ཚོའི་སྟེ་འགྲམ་གྱི་ཆུ་མགོ་དེའི་ནང་དུ་རི་བོང་བཤས་མ་ཐག་པའི་གྲི་ཞིག་བཀྲུས། དེ་ནས་ཅུང་མ་འགོར་བར་ངའི་རྐང་པ་གཡས་པར་ན་ཚ་བྱུང་། རྩིས་པས་རྩིས་བྱས་པ་ན་ཁྱོད་ཀྱིས་ཀླུ་བཙན་པོ་ཞིག་ལ་ཐོག་ཐུག་བཏང་སོང་ཟེར་གི། བསང་ནི་མང་པོ་ཕུད་རུང་ལོ་གཉིས་ཙམ་འགོར་རྗེས་རྐང་པ་གཡས་པ་ཡོངས་སུ་ཞ་སོང་། ཀླུ་དེ་ཕལ་ཆེར་རང་གཤིས་ཤིན་ཏུ་མཁྲེགས་པའི་ཀླུ་ཞིག་ཡིན་རྒྱུ་རེད།” དོན་དངོས་ཀླུ་ཟེར་བ་ཞིག་ཡོད་མེད་དང་ལྷག་པར་ཕོ་ཞ་འགྲོ་བའི་རྒྱུ་མཚན་ཀླུས་གནོད་བསྐྱལ་བ་ཡིན་མིན་སུས་ཀྱང་མི་ཤེས་མོད། ཕོ་རང་ཉིད་དང་སྟེ་མི་ཚོར་མཚོན་ན་དེ་ནི་ཀླུས་གནོད་བསྐྱལ་བ་ཡིན་པར་ཐེ་ཚོམ་མེད། བརྒྱ་བཤད་ཚིག་གི་གཙོ་གནད་འདི་ཡིན་ཏེ་ཕོ་ཚོའི་སྣང་ངོར་ཀླུ་ཞེས་པ་དེ་ཡོད་པ་མ་ཟད་བཙན་པོ་ཞིག་ཀྱང་ཡིན་པས། ཆུ་མགོ་ལ་སོགས་ཀླུའི་གནས་སར་བཙོག་སྐྱོན་གཏོང་མི་རུང་།

དེ་བཞིན་མདོ་དབུས་ཁམས་གསུམ་གང་ཡིན་རུང་ཐབ་ཀའི་གཙང་སྦྲ་ལ་དོ་སྣང་ཆེན་པོ་བྱེད། ཐབ་ཀའི་སྟེང་དུ་ཤ་དང་རུས་པ། སྒྲ་དང་སེན་མོ་སོགས་སྲེག་མི་རུང་ཞིང་ཐབ་ཀའི་སྟེང་དུ་ལྷམ་དང་ལུས་སྨད་ཀྱི་གོས་ཆས་ཀྱང་གཡུག་མི་རུང་། དེ་མིན་ཐབ་ལྷར་ཐོག་ཐུག་བཏང་ན་བཟའ་མི་ལ་ན་ཚ་དང་སྐྲོ་ཕྲུགས་ལ་གོད་ཁ་ཡོང་བའི་ཉེན་ཁ་ཡོད། དེར་མ་ཟད་ལོ་སར་སོགས་དུས་ཆེན་སྐབས་སུ་ཐབ་ཀ་ལའང་དཀར་ཟས་བཤམ་དགོས། བོད་དུ་བྱིས་པས་ཐབ་ཀར་བཙོག་སྐྱོན་བཏང་བས་བཟའ་མི་ལོ་རྒྱས་ཚོས་གཅར་རྡུང་བྱས་པའི་གནས་ཚུལ་ཧ་ཅང་མང་། མཚམས་རེར་ཐབ་ཀའི་སྟེང་ཤ་བསྲེགས་པས་ཨ་མས་འབྲི་མོའི་མངལ་ཤོར་འགྲོ་ཟེར་ནས་གཅར། མཚམས་རེར་ཐབ་ཀར་རྐང་པས་བགོམས་པ་ཨ་ཕས་ཁྲིམ་ལ་བཀྲ་མི་ཤིས་ཟེར་ནས་རྡུང་བ་ཡིན།

མིའི་ལུས་ཕུང་ཡང་དེ་བཞིན་བཙོག་སྐྱོན་གཏོང་མི་རུང་བ་ཞིག་ཡིན། འདིར་འཕྲོད་བསྟེན་སྐབས་ཀྱི་བཙོག་སྐྱོན་དང་དབྱེ་བ་གསལ་པོར་འབྱེད་དགོས་ཏེ། བོད་མིའི་བློ་ངོར་མི་ཞིག་སྐྱེ་དུས་ནས་དེའི་ལུས་ཕུང་ཐོག་གི་གནས་ཁ་ཤས་ན་ལྷ་ཡོད་པར་འདོད། དེ་བས“བཙོག་སྐྱོན་ཕོག་པའི་དངོས་རྫས་སམ། སྒྲིག་ཆགས་གསོན་པོའམ་ཤི་རོ་ཅི་རིགས་ཤིག་ཐོག་མར་སྐྱེ་དུས་ནས་ཡོད་པའི་ལྷ་དེ་དག་གནས་སའི་གཟུགས་ཐོག་ཏུ་འཇོག་མི་ཉན་པར་གྲགས།”[6] དེར་མ་ཟད་པའི་ལུས་སྟོད་ལ་ལུས་སྨད་ཀྱི་གོས་ཆས་འཇོག་མི་རུང་ཞིང་མགོ་དང་ཕྲག་པར་རྐང་པའང་འཇོག་མི་རུང་། དེ་ལྟར་བྱས་ན་ལུས་སྟེང་གི་དགྲ་ལྷ་དང་ཕྲག་ལྷ་ལ་སོགས་པ་མནོལ་འགྲོ་བས་མིའི་ལས་དང་དབང་ཐང་རྒུད་འགྲོ་བ་མ་ཟད་ནད་ཡམས་འབྱུང་བར་འདོད་དོ། །

སྔོན་ཆད་ཆ་རྐྱེན་ཞན་པོའི་ཡུལ་དུ་བོད་མི་རྣམས་ལ་ལུས་ཕུང་འཁྲུད་པའི་གོམས་གཤིས་མེད་མོད། ལྷ་ས་ཕྱོགས་སུ་ལོ་རེའི་ཟླ་བ་བདུན་པའི་ཟླ་སྟོད་དུ་སྐར་མ་རི་ཞི་ཤར་བ་དང་བསྟུན་ནས། རྐང་ལག་ཤིན་ཏུ་མི་བདེ་བའི་ནད་པ་རྣམས་མ་གཏོགས་ཚང་མ་ཆུ་ནང་དུ་བབས་ནས་ཁྲུས་བྱེད་པ་ཡིན། འདི་ཡང་

ད་ལྟའི་དོན་གྱི་ཁྲུས་ཤིག་མ་ཡིན་པར"དུས་དེར་སྐར་མ་རི་ཁིའི་ཕོ་བྲང་དང་སངས་རྒྱས་ཀྱི་གཙུག་ཕུད་གཉིས་ཕན་ཚུན་འཕྲད་ཅིང་། རྟེན་འབྲེལ་དེའི་ཕྱིར་སངས་རྒྱས་ཀྱིས་མི་ཡུལ་ལ་བྱིན་རླབས་སྤྲུལ་བས། སྐབས་དེའི་ས་སྟེང་གི་ཆུ་ཐམས་ཅད་བདུད་རྩི་ཡིན། དེས་ལུས་ཕུང་ལ་ཁྲུས་བྱས་ན་ནད་དང་བཙོག་གྲིབ་སོགས་སེལ་ཐུབ།"[7] དེར་བརྟེན་སྐབས་དེའི་ཁྲུས་བྱེད་པ་ནི་དད་པ་སྟོན་འགྲོ་བྱས་པའི་ཁྲུས་ཤིག་ཡིན། བལྟས་ཚོད་ཀྱིས་འཕྲོད་བསྟེན་རིག་པའི་ཁྲུས་དང་ཁྱད་པར་ཆེན་པོ་མེད་ན་ཡང་། དོན་དངོས་སུ་བྱ་སྤྱོད་འདྲ་འདྲའི་འོག་ཏུ་མི་འདྲ་བའི་རིག་གནས་ཉལ་ཡོད་དོ། །

གཉིས། བདག་གཞན་གྱི་ཁྱད་པར་ལས་མཆེད་པའི་གཙང་བཙོག

བོད་མི་ཕལ་ཆེ་བའི་སྣང་ངོར་མི་རིགས་གཞན་པ་ལས་བོད་རིགས་གཙང་བ། བོད་རིགས་ལས་ཇོ་ཤིས་གཙང་བ། ཇོ་ཤིས་ལས་ཆ་ཡོད་གཙང་བ། ཆ་ཡོད་ལས་གྲོགས་པོ་གཙང་བ། གྲོགས་པོ་ལས་བཟའ་མི་གཙང་བ། བཟའ་མི་ལས་རང་ཉིད་གཙང་བ། མདོར་ན་རང་ཉིད་དབུས་སུ་གནས་པའི་རང་ཉིད་དང་ཁྲག་རྒྱུན་ནམ་བརྩེ་སེམས་ཀྱི་ཐད་ནས་ཐག་ཇི་ལྟར་ཉེ་ན་དེ་ལྟར་གཙང་ཞིང་ཇི་ལྟར་རིང་ན་དེ་ལྟར་བཙོག་པར་འདོད། འདི་ནི་འགྲོ་བ་མིའི་ཐུན་མོང་གི་ཁྱད་ཆོས་ཤིག་ཡིན་ནའང་ཐང་མོད་འདིར་དཔྱད་པར་བྱ་བ་མ་ཡིན་ནོ། །བོད་ཀྱི་ཁྱིམ་ཚང་ཕལ་ཆེ་བར་བཟའ་མི་རེ་ལ་ཕོར་བ་རེ་ཡོད་ཅིང་སོ་སོ་མི་འདྲེས་པར་རང་གིས་རང་གི་ཕོར་བར་འཐུང་། སྲོལ་རྒྱུན་ལྟར་ན་མགྲོན་དང་སྟོན་ཐོག་ཏུ་འགྲོ་སྐབས་ཀྱང་རང་ཉིད་ཀྱིས་ཕོར་བ་གྲ་སྒྲིག་བྱ་དགོས་ཏེ། ཀྲུང་ཧྭ་མིན་གོའི་སྐབས་སུ་གོ་མིན་ཏང་སྲིད་གཞུང་གིས་མངགས་པའི་དཔོན་པོ་ལིའུ་མན་ཆིན(刘曼卿)ནོར་བུ་གླིང་ཀར་རྒྱལ་དབང་རིན་པོ་ཆེ་ལ་མཇལ་དུ་འགྲོ་སྐབས་ཀྱང"རང་ཉིད་ཀྱིས་ཕོར་བ་གྲ་སྒྲིག་བྱ་དགོས"[8]ཞེས་བཀོད་ཡོད་པ་དང་། མཛོད་དགེ་ས་ཆའི་ཁྱིམ་ཚང་དུ་ཕ་མ་དང་བུ་ཕྲུག་གིས་མཉམ་དུ་སོ་འཁྲུད་བྱེད་གཅིག་བེད་སྤྱོད་བྱེད་པ་ནི་ཤིན་ཏུ་རྒྱུན་ལྡན་ཡིན་མོད། འོན་ཀྱང་བུ་ཕྲུག་གིས་གཉེན་སྒྲིག་བྱས་ཚར་རྗེས་ཕ་མ་དང་མཉམ་དུ་སོ་འཁྲུད་བྱེད་གཅིག་སྤྱོད་པ་མ་ཡིན་པར་ཆུང་མའམ་ཁྱོ་བོ་དང་མཉམ་དུ་སྤྱོད་པ་ཡིན། ང་རང་སློབ་གྲྭ་འགྲིམས་ནས་ལོ་ངོ་བཅུ་དྲུག་ཡར་མར་ཟིན། དེའི་རིང་ལ་སློབ་གྲོགས་ཉིས་བརྒྱ་ལྷག་ཡོད་ཅིང་དེའི་ནང་ནས་སློབ་གྲོགས་སུམ་ཅུ་ཡས་མས་ཤིག་དང་ཁང་ཤག་གཅིག་ཏུ་ལོ་ངོ་གསུམ་ཡན་ལ་མཉམ་དུ་བསྡད། ཁང་ཤག་གཅིག་གི་མི་ཡིན་ཙང་ལྷག་པར་མཐུན་ས་དང་སྒྲིར་བཏང་གི་གྲོགས་པོ་ཡིན་པ་ནི་ཧ་གོ་དཀའ་མོ་ཞིག་མ་རེད། འདུག་གྲོགས་ཚོ་སྒྲིར་མི་གཞན་པའི་གྱོན་ཆས་གོན་པར་འཛེམ་ན་ཡང་ལྷག་པར་མཐུན་པའི་གྲོགས་པོ་ཚོས་ཕན་ཚུན་གྱི་གྱོན་ཆས་གོན་རེས་ཡོད།

མི་གཞན་གྱི་ཕོར་བ་ལས་རང་གི་ཕོར་བ་གཙང་བ་དང་། ཕ་མར་མནའ་མ་དང་མག་པ་ལས་རང་གི་བུ་དང་བུ་མོ་གཙང་བ་དང་། སློབ་གྲྭའི་སློབ་མ་ཚོར་སྒྲིར་བཏང་གི་སློབ་གྲོགས་ལས་རང་དང་ལྷག

པར་མཐུན་པའི་སློབ་གྲོགས་གཙང་བ་སོགས་ནི་བདག་གཞན་གྱི་ཁྱད་པར་ལས་མཆེད་པའི་གཙང་བཙོག་འདུ་ཤེས་ཡིན་ཞིང་། གལ་ཏེ་གཞན་པའི་ཕོར་བར་འཐུང་བ་དང་གཞན་པའི་སོ་འཕྲུད་བྱེད་ཀྱིས་བཀྲུས་པ། མི་ཆ་མེད་ཀྱི་གྱོན་ཆས་གྱོན་པ་སོགས་བདག་གཞན་གྱི་ཁྱད་པར་ལས་མཆེད་པའི་གཙང་བཙོག་འདུ་ཤེས་ཀྱི་རྩ་དོན་དང་འགལ་སོང་ན་སོ་ན་བ་དང་ཁ་ནང་དང་ལུས་ལ་འབྲུམ་ནད་འབྱུང་བར་འདོད།

གསུམ། ཕྱི་ནང་གི་ཁྱད་པར་ལས་མཆེད་པའི་གཙང་བཙོག

བོད་པའི་ཁང་ཁྱིམ་ཕྱི་ནང་གི་གཙང་བཙོག་དང་། ཕྱི་ནང་གང་གི་གཙང་སྒྲ་ལ་དོ་སྣང་བྱེད་མིན་གྱི་ཐོག་ནས་རྩ་དོན་འདི་རྟོགས་ཐུབ་སྟེ། བོད་པ་ཕལ་ཆེ་བས་ཁང་ཁྱིམ་ནང་གི་མདུན་ཅོག་དང་སྒེའུ་ཁུང་སོགས་གཙང་མར་ཕྱིས་ཡོད་ཅིང་ལྷག་པར་དུ་ཐབ་ཀ་དང་ཐབ་ཆས་འོད་ལམ་ལམ་དུ་སྣང་། ཡིན་ན་ཡང་རིགས་གཞན་པས་བལྟས་ན་བོད་པའི་ཁང་ཁྱིམ་ནི་དེ་འདྲའི་གཙང་མ་མིན། རྒྱུ་མཚན་ནི་ག་ས་གང་དུ་མར་ལ་སོགས་པའི་སྣུམ་རྟོ་ཆགས་ཡོད་ཅིང་དེ་ནི་མི་གཙང་བའི་མཚོན་རྟགས་ཡིན། འོན་ཀྱང་བོད་མི་རིགས་ལ་མཚོན་ན་མར་ནི་གཙང་མ་ཡིན་པ་མ་ཟད་རྫས་ཆེན་ཞིག་ཀྱང་ཡིན་ཏེ། མར་ནི་རྩམ་པ་དང་ཇ་ལ་སོགས་ཁ་ཟས་ཁྲིད་མེད་དུ་མི་རུང་བ་ཞིག་ཡིན་པ་མ་ཟད། མེ་ཏོག་མཆོད་པ་དང་མཆོད་མེ་སོགས་ཆོས་དང་སྲུ་རྒྱལ་ཁྲིད་དུའང་མེད་དུ་མི་རུང་བ་ཞིག་ཡིན། མདོར་བསྡུས་ན་མར་གཙང་མ་ཡིན་མིན་སྐོར་གྱི་ལྟ་སྣངས་ལ་འགལ་བ་བྱུང་བའི་རྒྱུ་མཚན་ནི་མི་རིགས་སོ་སོའི་གཙང་བཙོག་གི་དབྱེ་བ་འབྱེད་པའི་ཚད་གཞི་མ་འདྲ་བས་ཡིན།

བོད་པའི་ཁང་ཁྱིམ་ཕྱིའི་གཙང་བཙོག་གི་རྣམ་པའི་སྐོར་ལ་འཇར་པན་གྱི་གྲྭ་པ་ཧོ་ཁོའུ་ཧྲེ་ཧ(河口慧海)ཞེས་པ་དུས་རབས་ཉི་ཤུ་པའི་དུས་མགོར་ལྷ་སར་སླེབས་དུས་བྲིས་རྒྱུར"གླིང་སྐོར་ལམ་དུ་མི་ཆོས་གོམ་པ་རེ་དང་ཕྱག་རེ་བྱ་དགོས་པས་ལམ་ངོས་ཚུང་གཙང་སོད། འོན་ཀྱང་ལྷ་སའི་ཁྲོམ་ནི་ཤིན་ཏུ་ཡ་ང་བ་ཞིག་རེད། ཁྲོམ་གཞུང་དུ་ཡུར་བུ་ཤིན་ཏུ་ཟབ་མོ་ཞིག་ཡོད་པ་ནི་བུད་མེད་དང་ལམ་འགྲོ་བའི་གསང་སྤྱོད་ཁང་རེད། ཡུར་བའི་ཁར་སྐྱག་པ་སྤུངས་ཡོད་པས་དགུན་ཁར་མི་སྐྱོན་མོད་དབྱར་ཁར་དྲི་ངན་གྱིས་འདུག་མི་བཟོད། ལྷ་ས་ནི་དག་པའི་ཞིང་ཁམས་ཡིན་མོད་ད་རུང་འདི་འདྲ་སྐྱུག་བྲོ་བའི་གནས་ཀྱང་ཡོད་འདུག"[9]ཅེས་ཏ་ཙང་མི་སྡུག་པ་བྲིས་འདུག་ལ་འདི་ནི་སྐབས་དེའི་གནས་ཚུལ་དངོས་ཡིན་པར་གདོན་མི་ཟ། ད་སྐབས་ལྷ་སར་ཆང་ཁང་མང་པོ་ཡོད་མོད་ནང་དུ་གསང་སྤྱོད་ཁང་ཡོད་མཁན་ཉུང་བས་མི་ཆོས་ཆང་འཐུང་རྗེས་ཕྱི་རོལ་གྱི་མཁར་རྩ་ཁང་རྩར་གཅིན་པ་གཏོང་བཞིན་ཡོད། མི་མང་པོ་ཡོད་སྐབས་ཚང་མས་གྲལ་སྒྲིག་ནས་དམག་དཔུང་ཞིག་དང་མཚུངས།

གོང་གསལ་བོད་ཀྱི་འཚོ་བའི་ཁྲོད་ཀྱི་གཙང་མ་དང་བཙོག་པའི་ལྟ་སྣངས་ལ་དཔྱད་པ་བྱས་ནས་བོད་ཀྱི་གཙང་བཙོག་གི་འདུ་ཤེས་ནི་མགོ་མེད་ཐ་མེད་ཅིག་མ་ཡིན་པར་བོད་ཀྱི་རིག་གནས་དང་འབྲེལ་

བའི་རྩ་དོན་གསུམ་ལས་མཆེད་པ་ཡིན། རྩ་དོན་འདི་དག་ནི་བདག་ཅག་བོད་པ་ཚོས་ལེགས་ཉེས་དང་འཇིག་རྟེན་ལ་ངོས་འཛིན་ཇི་ལྟར་བྱེད་པའི་མཚོན་རྟགས་ཡིན་པར་སྙམ།

གཉིས་པ། གཙང་སེལ་གྱི་ལས་ཀ་བཤད་པ།

འཇིག་རྟེན་དང་འཇིག་རྟེན་པའི་གྲིབ་ཀྱིས་མི་རང་དང་ལྷ། གནས་བཙན་པོ་སོགས་མནོལ་སོང་བའི་རྣམ་རྟོག་གཞིར་བྱས་ནས། "འགྲོ་བ་མི་རང་དང་ཡུལ་ལྗོངས་ལ་བཙོག་སྒྲིབ་བཏང་བའི་འབྲས་བུར་ལྷས་སྐྱེ་བོ་དེ་དག་ལ་ཁོང་ཁྲོ་བྱེད་ལ་རོགས་ཕན་ཀྱང་མི་བྱ"[10]ཟེར་བས། མི་སུ་ཡིན་རུང་མི་རང་དང་ལྷ། གནས་བཙན་པོ་ལ་བཙོག་སྒྲིབ་བཏང་ན་ངེས་པར་དུ་གཙང་སེལ་གྱི་ལས་ཀ་སྒྲུབ་དགོས། དེ་ན་གཙང་སེལ་གྱི་ལས་ཀར་རིགས་མང་པོ་ཡོད་དེ། དེ་ལས་ཁ་ཤས་སྤྱི་ཚབ་ཏུ་དཔེ་རུ་དྲངས་ན།

གཅིག བསང་མཆོད།

དུས་ཡུན་རིང་པོའི་འགྱུར་ལྡོག་ཁྲོད་བསང་མཆོད་ནི་ཡུལ་ལྷ་གཞི་བདག་ལ་ཟ་མ་མཆོད་པ་ལྟ་བུར་གྱུར་ཡོད། ཡིན་ན་ཡང་མཁར་རྨེའུ་བསམ་གཏན་ལགས་ཀྱིས། "གནའ་བོའི་དཔེ་ཆ་དག་ལ་ཞིབ་མོར་བརྟག་ནས་དཔྱད་པ་བྱས་ན། བསང་ཞེས་པའི་བྱ་ཚིག་ནི་'བསང་བ་ཞེས་པ་ལས་མཆེད་པ་དང་། 'བསང་བ་ཞེས་པ་དེ་དང་'སངས་པ་ཞེས་པའི་ཚིག་གཉིས་གཅིག་ལས་གཅིག་མཆེད་ཀྱི་འབྲེལ་བ་ལྡན་པ་ཞིག་ཡིན་ཚུལ་རྟོགས་ཐུབ། དེར་བརྟེན། 'བསང་བ་ཞེས་པའི་ཚིག་ནི་མེ་ལ་བརྟེན་པའི་གཙང་སེལ་བྱེད་པའི་ཚོ་ག་ཞིག"[11]ཡིན་ཞེས་གསུངས། དེ་ན་བསང་ཞེས་པ་ཇི་ལྟར་ཕུད་ཅེ་ན། རང་རང་གི་སྒོ་ཁྱིམ་དུ་ཡོད་པའི་བསང་ཁྲི་དང་ལབ་རྩེ་སོགས་སུ་ཕུད་དགོས། ད་དུང་ཐབ་ཀར་ཕུད་པའི་ཐབ་བསང་ཞེས་པའང་ཡོད། གང་ལྟར་འབུད་ཤིང་ངམ་ལྤི་བ་སོགས་མེ་འབར་བྱེད་རན་ཙམ་ཞིག་བསང་ཁྲིའི་སྟེང་བརྟན་པོར་སྒྲིག་ནས་མེ་འབུད་དགོས་ཤིང་། མེ་ལྕེ་ཆེན་པོར་འབར་བ་ན་དེའི་སྟེང་དུ་ཤུག་པ་བསྲེགས་ནས་དེའི་དུ་བས་བསང་རྫས(ནས་རྫོས་མ་རྒྱུན་པར་རྩམ་སྐྱ་དང་བསྲེས)དང་ཆབ(ཆུ་དང་འོ་མ་སོགས)ཀླུང་རྟ་སོགས་བདུགས་ནས་གཙང་མ་བཟོས་ཇེས། བསང་འབོད(ཡུལ་ལྷ་གཞི་བདག་སོགས་ལ་རང་གི་གྲོགས་སུ་མཛད་པར་ཞུ་བ་བྱེད་པའི་ཚིག)བྱེད་ཞོར་དུ་བསང་རྫས་མེའི་སྟེང་དུ་བླུགས་ཤིང་དེའི་སྟེང་མར་ཙུང་ཟད་ཅིག་བཞག་ནས་ཆབ་གཏོར། མཇུག་ཐུད་དུ་བསང་འབོད་བྱེད་བཞིན་ཀླུང་རྟ་བསྐུར། བསང་འབོད་བྱས་ཚར་ཇེས་མཇུག་ཇོགས་པ་ཡིན། འོ་ན་ཚོ་ག་འདིས་ཅི་ཞིག་ལ་གཙང་སེལ་བྱེད་ཟེར་ན། དེ་ཡང《བསང་གི་དག་གཙང་སྟོན་འགྲོ》ལས། "སྟེང་གི་ལྷ་ཡང་བསང་བར་བྱ། །འོག་གི་ཀླུ་ཡང་བསང་བར་བྱ། །བར་གྱི་གཉན་ཡང་བསང་བར་བྱ། །གདན་ཁྲི་རྣམས་ཀྱང་བསང་བར་བྱ། །ཆས་གོས་རྣམས་ཀྱང་བསང་གྱུར་ཅིག །"ཅེས་ལྷ་ཀླུ་གཉན་གསུམ་དང་གདན་ཁྲི། ཆས་གོས་སོགས་བཙོག་གྲིབ་ཀྱིས་འབགས་པ་རྣམས་ཕྱིར་དག་གཙང་དུ་བསྒྱུར་

ནས་སྔར་བཞིན་རོགས་ཕན་བྱེད་པར་བརྟོན་པའི་རེ་བའོ། །

གཉིས། ཤུག་གདུག

ཤུག་པ་ནི་བོད་ཀྱི་རིག་གནས་ལས་སྤྱིར་བཏང་གི་ཤིང་ཞིག་མ་ཡིན་པར་གཙང་སེལ་གྱི་នུས་པ་ལྡན་པའི་ཤིང་ཁྱད་པར་བ་ཞིག་ཡིན་ཏེ། མཛོད་དགེ་ས་ཁྲུལ་གྱི་བསང་འབོད་དུ“གསོལ་ལོ་གསོལ་ལོ། ལྷ་གསོལ་ལོ། རི་ཤུག་སྔོན་མོས་མ་བསང་བ་མེད། ཟ་ཆུ་བསིལ་མས་མ་དག་པ་མེད”ཅེས་ཆུ་ཡིས་མི་གཙང་དྲི་མ་དག་ཐུབ་པའི་ནུས་པ་དང་འདྲ་མཉམ་དུ་གནས་ཡོད། དེས་ན་ཤུག་པས་ཅི་ཞིག་དག་པར་བྱེད་ཅེ་ན། ཁྱབ་ཏ་ཅང་ཆེ་སྟེ། གོང་གི་མཆོད་ཆ་མཆོད་རྫས་དང་འོག་གི་ཉལ་ས་དང་གྱོན་ཆས། མི་ལ་སོགས་འཚོ་བའི་ཁྲོད་ཡོད་ཅིང་བཙོག་གྲིབ་ཀྱིས་མནོལ་ཐུབ་པ་ཞིག་ཡིན་པ་ཕལ་ཆེ་ལ་གཙང་སེལ་བྱེད་ཐུབ། བོད་པའི་ཁྱིམ་དུ་མཆོད་ཁྲི་དང་མཆོད་ཁང་ཡོད་པ་དང་དེ་ལ་བཙོག་སྐྱོན་གཏོང་མི་རུང་བ་གོང་དུ་བཤད་ཟིན། ཡིན་ན་ཡང་དེར་བཙོག་སྐྱོན་མ་བཏང་བའི་ངེས་པ་མེད་ཅིང་ལྷག་པར་ང་ཚོའི་མ་ཤེས་ས་ནས་བཙོག་སྐྱོན་གཏོང་བའི་ཉེན་ཁ་ཡོད་པས། དེ་དག་ཉེན་རེ་བཞིན་དུ་ཤུག་གདུག་བྱ་དགོས། དེའི་ཕྱིར་ང་ཚོ་དགོན་པ་དང་ལྷ་ཁང་ཆེན་པོ་ཡོད་ས་དཔེར་ན་ལྷ་ས་ལྟ་བུར་སོང་ན། ཤུག་པའི་དྲི་ཞིམ་ནི་གནས་དེའི་ཁྱད་ཆོས་ཆེས་གཙོ་བོ་ཞིག་ཡིན། ད་དུང་ཁྱིམ་ཚང་གཞན་པ་དང་ཁྲོམ་ལ་སོགས་ནས་འཁྱུར་ཡོང་བའི་དངོས་པོ་ཡིན་རུང་རང་ཁྱིམ་དུ་མ་འཁྱུར་སྔོན་ཤུག་པ་བདུགས་ནས་དེའི་སྟེང་གི་གྲིབ་ལ་སོགས་པར་གཙང་སེལ་བྱེད་པ་ཡིན། བསང་ཕུད་སྐབས་ཀྱང་བསང་རྫས་རྣམས་གཙང་མ་ཡིན་པ་ཁག་ཐེག་བྱེད་པའི་ཐབས་ནི་ཤུག་བདུག་བྱེད་པ་ཡིན་པས། བསང་ཕུད་སྐབས་སྔོན་ལ་མེའི་སྟེང་དུ་ཤུག་པ་བསྲེགས་ནས་བསང་རྫས་ལ་གཙང་སེལ་བྱ་དགོས།

གསུམ། བྱབས་ཁྲུས།

ཚ་ག་འདི་ལ་མེ་ལོང་དང་ཁྲུས་གཞོང་། བུམ་པ་དྲི་བཟང་གི་ཆུས་བཀང་བ་ལ་ཁ་རྒྱན་རྨ་བྱའི་སྒྲོ་དང་ཀུ་ཤས་བརྒྱན་པ། རྡོ་རྗེ་དྲིལ་བུ། སྣོད་གཞན་ཞིག་གི་ནང་ཁྲུས་ཀྱི་ཡོ་བྱད་དྲི་སྨུད་དབང་པོ་སྐྱེ་མཆེད་ཚང་བ་རྣམས་ཚོགས་པར་བྱས་ནས་ལྷ་བླ་མར་གསོལ་འདེབས་དང་བཅས་བསྒྲུབ་དགོས། བྱབས་ཁྲུས་ཀྱིས་ཅི་ཞིག་ལ་གཙང་སེལ་བྱེད་པར《རྒྱུན་མཁོའི་ཚ་ག་ཕྲུག་ལེན་སྣ་ཚོགས》ལས“དཀར་ཕྱོགས་སྐྱོང་བའི་སྲུང་མ་ལྷ་ཀླུ་གཞི་བདག་རྣམས་དང་རི་ཀླུང་གནས་ཁང་སོགས་ལ་ཉམས་གྲིབ་སེལ་ཕྱིར”དང“དཔལ་རྡོ་རྗེ་རྣམ་པར་འཇོམས་པ་ཞི་བ་ལས་བྱུང་བའི་བུམ་པའི་ཆུས་རྡོ་རྗེ་སློབ་མའི་སྤྱི་བོ་ནས་རྐང་མཐིལ་གྱི་བར་ཕྱི་ནང་ཐམས་ཅད་ཁྱབ་པར་བཀྲུས་པས། ནད་གདོན་སྡིག་སྒྲིབ་ཐམས་ཅད་དབང་པོའི་སྒོ་དང་བ་སྤུའི་བུ་ག་སོགས་ནས་ཐོན་ཏེ་བྱང་ཞིང་དག་པར་གྱུར”[12]ཞེས་བསང་ལ་སོགས་དང་འདྲ་བར་ལྷ་ཀླུ་གཞི་བདག་སོགས་ལ་གཙང་སེལ་བྱེད་ཅིང་། ཁྱད་པར་བ་ནི་ནད་པ་ལའང་གཙང་སེལ་བྱས་

ནས་དེའི་ལུས་ཀྱི་ནད་གདོན་སྡིག་སྒྲིབ་སེལ་བར་བྱེད་པའོ། །

བཞི། གླུད།

《ཇོ་བོ་རྗེའི་རྟེན་འབྲེལ་འཆི་བསླུ》ལས། “ཚེ་སྲོག་ལ་གནོད་པར་བྱེད་པའི་ལོ་སྐྱི། ཟླ་སྐྱི། རྒྱལ་པོའི་གེག་ཞག་དམག་མིའི་གེག གདོན་རིགས་སྟོང་ཕྲག་བཅོ་བརྒྱད། རྐྱེན་ངན་ཉིས་བྲི་ཆིག་སྟོང”ལ་སོགས་ཞི་བའི་ཆེད“དངོས་པོ་གཏོང་བའི་གླུད་འདི་གཏོང་། །མི་འདིའི་ལུས་ངག་ཡིད་གསུམ་གྱི། །ནད་གདོན་མ་ལུས་ཞི་གྱུར་ཅིག །མི་ལས་དགའ་བའི་གླུད་གཏོར་འདི། །”ཞེས་གཏོར་མ་ཞིག་གིས་མིའི་ཚབ་བྱས་ནས་མི་དེའི་ལུས་ལ་གནོད་པ་བྱེད་མཁན་ཚང་མ་གཏོར་མའི་སྟེང་དུ་བཀུགས་ནས་གཏོར་མ་དང་མཉམ་དུ་ཕྱིར་འཕེན་པའི་ཆོ་ག་ཞིག་ལ་ཟེར། གླུད་ཅེས་པ་གཏོར་མས་བཟོས་པ་ཕུད་ད་དུང་མི་ངོ་མས་ཚབ་བྱས་པའང་ཡོད་དེ། ཆེས་ཐོག་མར་ལྷ་སར་སླེབས་པའི་ཕྱི་རྒྱལ་གྱི་བུད་མེད་དེ་ཧྲ་རན་སིའི་ཨ་ལིག་ཟན་ཉྪས“ཧེ་པོ་ལའི་མི(希伯来人)དང་འདྲ་བར་བོད་པ་ཚོས་ལོ་རེ་རེར་རྟེན་འབྲེལ་གྱི་མཛད་སྒོ་སྲིལ་དགོས་ཤིང་། དེའི་རྗེས་སུ་ཁོ་ཚོས་གླུད(替罪羊)གཅིག་མཐར་སྐྲོད་གཏོང་དགོས། བོད་པའི་གླུད་དང་དམ་པའི་གསུང་རབ(圣经)ནང་གི་ལུག་གླུད(替罪羊)གཉིས་ཀྱི་འདྲ་ས་ནི་ཉེས་ཚབ་བྱེད་པ་ཙམ་ལས། བོད་པའི་གླུད་ནི་རང་ཉིད་ཀྱིས་ཅི་ཞིག་སྒྲུབ་བཞིན་པ་གསལ་པོར་ཤེས་པའི་མི་ངོ་མ་ཞིག་ཡིན”[13]ཞེས་པའི་མི་ངོ་མ་ནི་ང་ཚོས་རྒྱུན་པར་མི་ལ་དམོད་པ་བྱེད་སྐབས་གླུད་འགོང་ཞེས་པ་དེ། སྔོན་ཆད་འཚོ་བའི་གནས་བབ་ཤིན་ཏུ་ཞན་པའི་མི་ཚོས་ལྟོ་རྒྱབ་ཀྱི་ཆེད་དུ་གླུད་བྱས་ནས་སླ་བྱེད་པའི་ལས་རིགས་ཤིག་ཡིན་པ《དེང་རབས་བོད་ལྗོངས》[14]ཞེས་པར་གསལ།

གསུམ་པ། བོད་པའི་གཙང་བཙོག་གི་འདུ་ཤེས་ཀྱི་འགྱུར་བ་གླེང་བ།

ས་བཅད་དང་པོའི་སྐབས་སུ་བོད་པའི་གཙང་བཙོག་གི་འདུ་ཤེས་དང་ད་ལྟའི་འཕྲོད་བསྟེན་རིག་པའི་བར་གྱི་ཁྱད་པར་དང་། བོད་པས་གཙང་བཙོག་གི་དབྱེ་བ་འབྱེད་པའི་གཞི་རྩའི་རྩ་དོན་ལ་དཔྱད་པ་ཙུང་ཟད་བཏང་ཡོད་ལ། དེ་དག་ལ་ལྟོས་བཅས་ཀྱི་གཏན་འཇགས་རང་བཞིན་དང་སྤྱི་ཁྱབ་རང་བཞིན་ཡོད་པས་ན། ད་གཟོད་ང་ཚོས་དེ་དག་གཞིར་བཟུང་ནས་བོད་ཀྱི་གཙང་བཙོག་གི་འདུ་ཤེས་ཀྱི་འགྱུར་བ་དང་དེའི་རྒྱུ་མཚན་ལ་ཙུང་དཔྱད་པར་བྱ་བའོ། །

བོད་པའི་གཙང་བཙོག་གི་འདུ་ཤེས་དང་ད་ལྟའི་འཕྲོད་བསྟེན་རིག་པའི་བར་གྱི་ཁྱད་པར་ལ་གཞིགས་ནས་བོད་པའི་གཙང་བཙོག་ནི་སེམས་ལ་རག་ལས་ཡོད་པ་དང་འཕྲོད་བསྟེན་ནི་མཐོང་ཐུབ་པའི་ཚན་རིག་གིས་ལྟ་དཔྱད་ལ་རག་ལས་ཡོད་ཟེར་ན་ཆོག་པར་འདོད། བཙོག་སྐྱོན་ཐེབས་ཏེ་ནད་སྣ་དྲངས་ནས་བདེ་ཐང་ལ་གནོད་པ་བྱེད་པ་ནི་སེམས་ཀྱི་གཙང་བཙོག་དང་ལུས་ཀྱི་འཕྲོད་བསྟེན་གང་ཡིན་

ཉུང་ཁས་ལེན་པ་ཡིན། འོན་ཀྱང་བཅོས་སྨན་གྱི་འབྱུང་ཁུངས་ཐད་དེ་གཉིས་ལ་རང་རང་སོ་སོའི་འདོད་ཚུལ་ཡོད་པས། གཙང་སེལ་གྱི་ཐབས་དང་ལས་ཀ་ལའང་ཁྱད་པར་བྱུང་། འཕྲོད་བསྟེན་རིག་པའི་བཅོས་སྨན་ནི་འབྱུ་སྲ་ལས་བྱུང་བ་ཡིན་པས། དག་པར་བཟོ་དགོས་ན་འབྱུ་སྲ་གཙང་སེལ་བྱ་དགོས། སེམས་ཀྱི་བཅོས་སྨན་ནི་ལྷ་ལ་སོགས་པར་བཅོས་སྨན་བཏང་བའི་རྟོག་པ་ཉིད་གཞིར་བྱས་ནས་གྲུབ་པ་ཡིན་པས། ཆོས་ལུགས་ཀྱི་ཚོ་ག་སོགས་བརྒྱུད་ནས་གཙང་སེལ་བྱ་དགོས། བོད་ཀྱི་སྲོལ་རྒྱུན་གཙང་སེལ་གྱི་ལས་ཀའི་ཁྲོད་དུ་ཚན་རིག་དང་མཐུན་པ་ཁ་ཤས་ཡོད་དེ་དཔེར་ན་སྐར་མ་རོ་ཧི་ཤར་བའི་སྐབས་ཀྱི་ཁྲུས་ལྟ་བུ། ཁྲུས་བྱས་ན་འབྱུ་སྲ་དག་ཐུབ་མོད། འོན་ཀྱང་ང་ཚོའི་སེམས་ལ་གསལ་བ་བཞིན་ཅིའི་ཕྱིར་ཁྲུས་བྱེད་པའི་རྒྱུ་མཚན་ནི་ཚན་རིག་གི་གནས་ལུགས་འདི་མ་ཡིན་པར་སངས་རྒྱས་ཀྱི་བྱིན་རླབས་ལ་ཧམ་པ་ཡིན་པས། དེ་ལྟར་ན་འདིར་གཙང་བཅོས་དང་འཕྲོད་བསྟེན་ཞེས་དོན་ཤིན་ཏུ་ཉེ་བའི་ཐ་སྙད་འདི་གཉིས་ཀྱིས་ཐག་མི་ཉེ་བའི་རིག་གནས་གཉིས་མཚོན་འདུག་པ་མ་ཡིན་ནམ།

དེ་ཡང་དུས་རབས་ཉི་ཤུ་པའི་དུས་མཇུག་དང་ལྷག་པར་དུས་རབས་ཉེར་གཅིག་པ་ནས་བོད་པ་ཚོས་གཙང་བཅོས་ནས་འཕྲོད་བསྟེན་ཕྱོགས་སུ་གོམ་སྟབས་ཆེན་པོས་བསྒྲིག་བཞིན་པ་ནི་མ་བཤད་རང་གསལ་ཡིན་ཏེ། དེ་ལས་ཀྱང་ད་ལྟ་སློབ་གྲྭ་ཆེན་མོར་ཡོད་པའི་བོད་རིགས་སློབ་ཆེན་ཚོའི་འཚོ་བར་འགྱུར་ལྡོག་འདི་ཤིན་ཏུ་གསལ། སློབ་གྲྭ་ཆེན་མོར་ཡོད་པའི་བོད་རིགས་སློབ་མ་ཚོས་རང་གི་གྱོན་ཆས་ལ་ཐལ་རྡུལ་མི་འགོ་ཕྱིར་ཆོས་དང་འབྲེལ་བའི་དཔེ་ཆ་ཡིན་ཡང་འོག་ཏུ་འདིང་བ་དང་། ཀང་འཐོབ་དང་དོར་ཐུང་ལ་སོགས་ལུས་སྨད་ཀྱི་གྱོན་ཆས་བསྒྲིས་མགོར་བླུགས་ཡོད་པ་དག་ནི་བོད་པའི་གཙང་བཅོས་གི་འདུ་ཤེས་དང་ཡོངས་སུ་རྒྱབ་འགལ་ཡིན་པར་སྙམ། ཡིན་ནའང་ཞིང་འབྲོག་གི་བོད་པ་མང་པོ་དང་མི་འདྲ་བར་ཕོ་ཚོའི་ལུས་ན་ཤིག་མེད་པ་ཡིད་ཆེས་ཆེན་པོ་བྱས་ཆོག དེ་བཞིན་དུ་གལ་ཏེ་ཕྲ་མཐོང་ཆེ་ཤེལ་ལས་བལྟས་ན་ཡང་སློབ་ཆེན་ཚོའི་ལུས་སྟེང་གི་འབྱུ་སྲ་ནི་བོད་མི་སྤྱི་དང་བསྡུར་ན་ཉུང་ཨེ་ཉུང་བསམས། ཀུན་ལ་གསལ་བར་བོད་ཀྱི་སྲོལ་རྒྱུན་ལྟར་ན་སྐྱེས་པ་ཞིག་གི་ཕྲག་ཏུ་བུད་མེད་ཀྱི་ལུས་སྨད་དམ་ལུས་སྨད་ཀྱི་གྱོན་ཆས་འཇོག་པར་ཤིན་ཏུ་འཛེམས། ཡིན་ན་ཡང་ཕོ་མོ་འདྲ་མཉམ་མམ་ཡང་ན་སྤྱི་ཚོགས་ཁྲོད་མོའི་གོ་གནས་ཕོ་ལས་མཐོ་ཟེར་ནའང་ཆོག་པའི་དུས་རབས་འདིར། བོད་རིགས་སློབ་ཆེན་པ་ཁ་ཤས་ཀྱིས་ཀྱང་མཛའ་མོ་རང་གི་སྐེ་ལ་ཞོན་ནས་སྙིང་སྟོབས་ཆེན་པོས་སྲོལ་རྒྱུན་ལ་ཕར་རྒོལ་དང་དེང་རབས་ཅན་དང་ལེན་བྱེད་བཞིན་ཡོད།

གོང་གསལ་སློབ་གྲྭ་ཆེན་པོའི་བོད་རིགས་སློབ་མ་ཚོས་ཕྱོགས་གཅིག་ནས་བོད་པའི་སྲོལ་རྒྱུན་གྱི་གཙང་བཅོས་འབྱེད་པའི་ཚད་གཞི་གད་སྙིགས་བཞིན་དུ་འདོར་བ་དང་། ཕྱོགས་གཞན་ནས་མགོའི་སྐྲ་དང་ངོ་། གྱོན་ཆས་སོགས་ཀྱི་གཙང་བཅོས་ལ་དོ་སྣང་ཤུགས་ཆེན་པོ་བྱེད་བཞིན་ཡོད། འདི་ལས་ང་ཚོས་

བོད་པའི་གཙང་བཙོག་གི་འདུ་ཤེས་ཀྱི་འགྱུར་བ་ཤིན་ཏུ་གསལ་པོ་མཐོང་ཐུབ། འགྱུར་ལྡོག་འདི་དག་རང་འགྱུར་མ་ཡིན་པར་དེ་ལ་རྒྱུ་མཚན་ཡོད་དེ།

གཅིག སྲིད་གཞུང་གི་ནུས་པ།

ལྷ་ས་དཔེ་ཏྲ་བྱས(ཡིག་ཆ་བཙལ་བདེ་བས)ནས་སྲིད་གཞུང་གིས་འཕྲོད་བསྟེན་ལ་དོ་སྣང་བྱས་པར་ཕྱིར་མིག་ཅིག་བྱས་ན། "ཆེས་སྔ་བའི་འཕྲོད་བསྟེན་ཚོགས་པ་ནི༡༩༥༩ལོར་བཙུགས་ཤིང་སྐབས་དེའི་ཚོགས་མི་ཚང་མ་སྤྱིར་བཏང་གི་མང་ཚོགས་ཕལ་པ་ཡིན། ཚོགས་པ་དེའི་ལས་ཀ་ནི་མང་ཚོགས་ཚང་མའི་མགོ་ཁྲིད་ནས་ལྷ་སའི་ཁྲོམ་ལ་གད་བདར་བྱེད་པ་དང་གད་སྙིག་གཙང་སེལ་བྱེད་པ་ཡིན། ཐོག་མའི་ལོ་དེར་གད་སྙིགས་རྒྱ་མ་སྟོང་ལྷག་དང་ཡུར་བ་ཀྱི༡༥༥༠༠ཙམ་གཙང་སེལ་བྱས། གསང་སྤྱོད་ཁང་བཅིགས་ཤིང་གད་སྙིགས་བླུགས་སྣམ་བཞག ལམ་ངོར་བྱེ་མ་བཏིངས་ནས་ལྷ་སའི་རྣམ་པ་བསྒྱུར"[15]ཞེས་བྲིས་འདུག དེའི་ནང་ཉུ་མཐུད་ནས"སྲིད་གཞུང་གིས་གཙང་བཙོག་གི་འདུ་ཤེས་བསྒྱུར་རྒྱུར་དམིགས་ནས་ལྷ་སའི་སློབ་ཆུང་དུ་འཕྲོད་བསྟེན་སློབ་གསོའི་ཚོགས་ཐུན་བཀོད་སྒྲིག་བྱས་ཤིང་། འཛིན་གྲྭ་རེར་ཉིན་རེའི་འཕྲོད་བསྟེན་ལས་རེས་བཀོད་སྒྲིག་བྱས་ནས་འཕྲོད་བསྟེན་ལ་ལྟ་རྟོག་བྱེད་པའི་ལམ་ལུགས་ཆ་ཚང་ཞིག་བཙུགས། ༢༠༠༠ལོར་རང་སྐྱོང་ལྗོངས་སློབ་གསོ་ཁང་གིས་གཙོ་སྒྲིག་བྱས་ནས《བདེ་ཐང་སློབ་གསོའི་སློབ་དེབ》ཅེས་པ་ཞིག་པར་ནས་ལྷ་སའི་སློབ་ཆུང་ཡོངས་སུ་ཚོགས་ཐུན་ཕྱེ་སྟེ་ལྷ་སའི་འཕྲོད་བསྟེན་སློབ་གསོ་རིམ་བཞིན་ཆ་ཚང་དུ་འགྱུར"ཞེས་བཤད་ཡོད།

གཉིས། སློབ་གྲྭའི་སློབ་གསོ།

སློབ་གསོ་ནི་རིག་གནས་ཀྱི་རྒྱུན་སྤེལ་བའི་ཐབས་ཤིག་ཡིན་ལ། དགོན་པ་ཕུད་པའི་བོད་ཀྱི་བྱིས་པ་ཚོར་མཚོན་ན་སློབ་གསོ་ཐོབ་པའི་ཐབས་ལམ་གཉིས་ཡོད་དེ། ཁྱིམ་གྱི་སློབ་གསོ་དང་སློབ་གྲྭའི་སློབ་གསོ་གཉིས། ཁྱིམ་གྱི་སློབ་གསོ་ནི་ཕ་མས་རང་གི་རིག་གནས་སམ་བསམ་བློ་བུ་ཕྲུག་ཚོའི་རྒྱུད་ལ་སྤེལ་ནས་དེ་དག་རང་ཉིད་དང་རང་འདྲ་བའམ་སྤྱི་ཚོགས་དེའི་གྲལ་དུ་ཚུད་པར་བྱེད་པ་ཡིན། དེང་གི་སློབ་གྲྭ་ནི་མི་སྣ་གསོ་སྐྱོང་བྱེད་ས་ཞིག་ཡིན་པ་མ་ཟད་རྣམ་པ་དང་བྱེད་ནུས་གང་གི་ཐད་ནས་བཤད་ན་ཡང་རྒྱལ་ཁབ་ཀྱི་དབང་སྒྱུར་ལག་ཆ་ཞིག་ཀྱང་ཡིན། རྒྱལ་ཁབ་གང་ལ་མཚོན་ནའང་སྤྱི་དམངས་ཀྱི་བསམ་བློ་ནི་སྲིད་གཞུང་ལྟེ་བ་བྱས་པའི་རྒྱལ་ཁབ་ཀྱི་འདུ་ཤེས་ཏེ། རྒྱལ་གཅེས་རིང་ལུགས་དང་མི་རིགས་མཐུན་སྒྲིལ་སོགས་ལ་ཇི་ལྟར་ཐག་ཉེ་ན་དེ་ལྟར་རྒྱལ་ཁབ་རང་གི་སྟོབས་ཤུགས་འཕེལ་རྒྱས་དང་། དེའི་མི་དམངས་ཀྱི་འཚོ་བའི་གོང་འཕེལ་ལ་ཕན་པ་ཡིན་པས། རྒྱལ་ཁབ་ཀྱི་འདུ་ཤེས་གྲུབ་པར་རང་ཤུགས་ཀྱིས་བཀག་འགོག་གི་ནུས་པ་ཐོན་པའི་མི་རིགས་དང་ས་ཁུལ་གྱི་རིག་གནས་སམ་ཡང་ན་ཐུན་མོང་གི་འདུ་ཤེས་དེར་བཀག་འགོག་མ་བྱས་ཀྱང་སྐུལ་སློང་མི་བྱེད་པ་ནི་རྒྱལ་ཁབ་ཀྱི་ངོ་བོས་ཐག་བཅད་ཡོད། དེ་ལས་ལྡོག

སྤྱི་རྒྱལ་ཁབ་རང་གི་འདུ་ཤེས་ཏེ་གོང་དུ་བཤད་པའི་རྒྱལ་གཅིས་རིང་ལུགས་དང་མི་རིགས་མཐུན་སྒྲིལ་སོགས་སློབ་གྲྭ་བརྒྱུད་དེ་སློབ་མ་ཚོ་དང་། ལྷག་པར་བསམ་པའི་ཤོག་གུ་དག་གཙང་ཡིན་པའི་བྱིས་པ་ཚོའི་རྒྱུད་ལ་སྤེལ་བར་བྱེད་པ་ཡང་རྒྱལ་ཁབ་རང་གི་ངོ་བོས་ཐག་བཅད་ཡོད། དེ་བས་སློབ་གྲྭ་ནི་རྒྱལ་ཁབ་ཀྱི་འཛིན་ཐང་ཆེས་ཆེ་བའི་ལག་ཆ་ཞིག་ཡིན་ཟེར་ནའང་དོན་དངོས་རེད་སྙམ། སི་ཁྲོན་མཛོད་དགེ་རྫོང་ཐང་སྐོར་ཞང་གི་སློབ་ཆུང་གི་རྒྱ་ཡིག་སློབ་དེབ་དེབ་གསུམ་པའི་སློབ་ཚན་བཅུ་གཅིག་པ་ནི་གཤམ་གསལ་ལྟར།

小格桑是一个勤快的学生。

她每天早上起床后，帮妈妈打扫房子，给牛喂饲料，然后跑步。她跑步回来，先洗脸，刷牙，再背诵课文。到了八点就吃饭，饭后上学。

小格桑到了学校，经常帮值日生打扫教室，帮老师擦黑板。同学们都说她很勤快，要向她学习。

སློབ་ཚན་འདིར་མིང་ལ་སྐལ་བཟང་ཞེས་པའི་སློབ་མ་དེའི་བྱ་སྤྱོད་ཡ་རབས་ཡིན་པར་བསྟོད་པ་བྱས་ཡོད་པ་མ་ཟད་དེ་ལ་སློབ་སྦྱོང་བྱ་དགོས་ཞེས་བཤད་ཡོད། ཅི་ལྟར་སློབ་སྦྱོང་བྱ་ཟེར་ན། ཁྱིམ་ལ་གད་བདར་དང་། ངོ་དང་སོ་འཁྲུད་པ། སློབ་ཁང་ལ་གཙང་སྦྲ་བྱེད་པ་དང་ནག་པང་ཕྱི་བ་སོགས་འཕྲོད་བསྟེན་གྱི་བྱ་བ་ཡིན། གལ་ཏེ་དེ་དག་མ་བྱས་ན་མ་རབས་ཡིན་ཞེས་པ་དང་འདྲ་བས། མ་རབས་ཀྱི་སློབ་མ་ཞིག་བྱེད་འདོད་མཁན་ཉུང་ཉུང་ཡིན་ནོ། །

天天睡前要刷牙，常剪指甲常理发。勤换衣服勤洗澡，讲究卫生身体好。

ཞེས་པའི་གླུ་ཞིག་ཀྱང་ཡོད་ལ་དེའི་བསྟན་དོན་ནི་སོ་འཁྲུད་དགོས་པ་དང་སེན་མོ་གཅོད་པ་དང་སྐྲ་བཞར་དགོས་ལ། གོས་ཆས་གཙང་མ་གྱོན་དགོས་ཤིང་རྒྱུན་དུ་ཁྲུས་བྱས་ན་ད་གཟོད་ལུས་ཕུང་བདེ་ཐང་ཡོང་བ་ཡིན་ཞེས་དང་དེ་མིན་ན་ལུས་ཕུང་བདེ་མི་སྲིད་ཅེས་པ་དེ་རེད།

ཡང་དེབ་བདུན་པའི་སློབ་ཚན་ལྔ་པ་ནི་གཤམ་གསལ་ལྟར།

晚上，巴桑不刷牙，就要睡觉。

妈妈说；“吃了东西不刷牙，会损害牙齿的。”巴桑不相信。妈妈拿来一瓶醋，一个鸡蛋壳，问道：“硬不硬？”巴桑捏了捏，说：“硬。”妈妈把鸡蛋泡在醋里，告诉巴桑，过一天再看看有什么变化。

过了一天妈妈从醋里捞出鸡蛋，让巴桑捏。巴桑一捏，喊了起来：“哎呀，鸡蛋变软了。”

妈妈说：“是醋里的醋酸把蛋壳变软的。吃了东西不刷牙，也会产生一种酸，时间长了，就会损害牙齿。”

巴桑说："那牙齿会疼吧？"

妈妈说："是啊！所以我们每天早上和晚上都要刷牙，饭后要漱口，这样就能保护好牙齿。"

巴桑听了，说："您说的对，我一定照您的话去做。"

ཞེས་ཚན་རིག་གི་ཚོད་ལྟའི་སྒོ་ནས་སོ་འཁྲུད་པའི་གལ་ཆེན་རང་བཞིན་ར་སྤྲོད་བྱས་ཡོད། འདི་ལྟ་བུའི་དཔེ་བརྗོད་ཀྱིས་མི་ལངས་པ་ཞིག་ཡོད། སློབ་ཆུང་སློབ་དེབ་ཁྲོད་ཀྱི་འཕྲོད་བསྟེན་སློབ་གསོ་བརྒྱུད་བོད་ཀྱི་བྱིས་པ་ཚོའི་གཙང་བཙོག་གི་འདུ་ཤེས་བསྐྱུར་ཞིང་དེ་དང་བསྟུན་ནས་ལེགས་ཉེས་ བླང་དོར་འབྱེད་པའི་ཚད་གཞི་གསར་པ་དང་ལེན་བྱེད་པ་མ་ཟད། རྒྱལ་གཅེས་རིང་ལུགས་ལ་སོགས་ཀྱང་དང་ལེན་བྱེད་བདེ་པོ་ཡོད་པར་སྣམ།

གསུམ། ལས་རིགས་གསར་པ་བྱུང་བ་ལས་ཐེབས་པའི་ཤུགས་རྐྱེན།

དུས་རབས་ཉི་ཤུ་པའི་དུས་དཀྱིལ་དུ་བོད་བཅིངས་གྲོལ་བྱས་པ་ནས་བཟུང་བོད་ཁུལ་གྱི་ལས་དོན་སྐྱབ་ཆེད་རྒྱལ་ཁབ་ཀྱིས་བོད་འབྲེལ་ས་ཁུལ་དུ་སྲིད་གཞུང་དང་སྲིད་གཞུང་མ་ཡིན་པའི་ལས་ཁུངས་མང་པོ་བཙུགས། དེ་དག་དང་ཆབས་ཅིག་ཏུ་བོད་རིགས་ལས་བྱེད་པའི་དཔུང་ཚོགས་ཀྱང་ཉིན་རེ་ནས་ཉིན་རེར་ཇེ་མང་དུ་གྱུར། ཁོ་ཚོ་ནི་ཞིང་འབྲོག་ལས་རིགས་དང་དངོས་རིགས་ལས་བྱེད་པའི་དཔུང་ཚོགས་ཀྱང་ཉིན་རེ་ནས་ཉིན་རེར་ཇེ་མང་དུ་གྱུར། ཁོ་ཚོ་ནི་ཞིང་འབྲོག་ལས་རིགས་དང་དངོས་སུ་ཁ་བྲལ་ནས་གླད་པའི་ངལ་རྩོལ་བྱེད་མཁན་ཏག་ཏག་ཡིན། རྒྱལ་ཁབ་ལས་བྱེད་པ་ཚོས་རང་ཉིད་ཀྱི་འཕྲོད་བསྟེན་ལ་དོ་སྣང་ཆེན་པོ་བྱེད་པ་ཡིན། རྒྱུ་མཚན་ནི་དག་གཙང་གི་གྱོན་ཆས་དང་བཟོ་ལྟ་ལས་མི་དེའི་རྒྱུ་འཕྱོར་པ་དང་སྤྱི་ཚོགས་ཀྱི་གོ་གནས་སོགས་མཚོན་གྱི་ཡོད། དེ་ལས་ལྡོག་སྟེ་མི་རྗེབ་པོའི་ལུས་ནས་མཆེད་པའི་དྲི་ངན་དང་མི་སྡུག་པའི་བཟོ་ལྟ་སོགས་ཀྱིས་མི་དེ་ཅི་འདྲའི་དབུལ་ཕོངས་དང་བླུན་རྟོངས་ཡིན་ནམ་སྣམ་པར་འཇུག་པ་མ་ཟད། འཕྲོད་བསྟེན་ལ་ཤིན་ཏུ་དོ་སྣང་བྱེད་མཁན་ཚོས་མཐོང་ཆུང་དང་འཕྱ་སྨོད་ཀྱང་བྱེད་སྲིད་པ་ཡིན། མིག་སྔར་བོད་སྟོད་ས་ཁུལ་དུ་རྒྱ་རིགས་ལས་བྱེད་པ་དང་ཚོང་པ་ཡང་མི་ཉུང་བ་ཞིག་ཡོད་ལ། ཁོ་ཚོ་ཕལ་ཆེ་བ་ནི་དེང་རབས་འཕྲོད་བསྟེན་འདུ་ཤེས་དང་ལག་ལེན་བྱེད་མཁན་ཡིན་པས། གལ་ཏེ་བོད་རིགས་ལས་བྱེད་པ་ཚོ་ཁོ་ཚོ་དང་ཐུན་མོང་འབྲེལ་འདྲིས་བྱེད་དགོས་ན་ཁོ་ཚོ་དང་འདྲ་བར་ངེས་པར་དུ་དེང་རབས་འཕྲོད་བསྟེན་འདུ་ཤེས་དང་ལེན་བྱེད་པའི་བྱ་སྤྱོད་ཀྱི་བགས་སུ་རྒྱལ་ཁབ་ཀྱི་འདུ་ཤེས་དང་ལེན་བྱེད་པའི་གཟུགས་བརྙན་ཡང་མཐོང་ཙམ་བྱེད་པ་མ་ཡིན་ནམ། ཕྱོགས་གཞན་ཞིག་ནས་བཤད་ན་བོད་རིགས་ལས་བྱེད་པ་ནི་བོད་པ་ཚོའི་ཁྲོད་དུ་ཀུན་གྱིས་ཡར་ལྟ་བྱེད་སའི་སྟོན་ཐོན་པ་ཡིན་པས། ཁོ་ཚོའི་བྱ་སྤྱོད་ཀྱིས་སྤྱིར་བཏང་གི་མི་སེར་ལ་ཤུགས་རྐྱེན་ཆེན་པོ་གཏོང་གིན་ཡོད།

དེང་སང་འཕྲིམ་འགྲུལ་དང་ཆ་འཕྲིན་ལས་རིགས་ཤིན་ཏུ་རྒྱས་པ་མ་ཟད་ཡུལ་སྐོར་ལས་རིགས་

ཀྱང་ཡར་ངོའི་ཟླ་ལྟར་འཕེལ་བཞིན་ཡོད། འདི་དག་འབྲེལ་ཟམ་བྱས་ཏེ་རིག་གནས་ཀྱི་སྣང་ཚུལ་གསར་པ་མང་པོ་ཞིག་གིས་བོད་རིགས་ཞིང་འབྲོག་མང་ཚོགས་ཀྱི་བསམ་པའི་རྒྱལ་ཁམས་ལ་ཕོག་ཐུག་གཏོང་བཞིན་ཡོད། དཔེར་ན་གོང་དུ་བཤད་ཟིན་པའི་གཙང་བཙོག་གི་འདུ་ཤེས་ཀྱི་འགྱུར་བ་དང་དེ་བཞིན་དུ་ལེགས་ཉེས་བླང་དོར་འབྱེད་པའི་ཚད་གཞི་དང་ཆོས་ལུགས་དད་མོས། མི་དང་མིའི་བར་གྱི་འབྲེལ་བ་སོགས་ཚང་མར་འགྱུར་ལྡོག་འབྱུང་གིན་ཡོད་པ་མངོན་སུམ་དུ་མཐོང་ཐུབ། འགྱུར་བ་ནི་ལྡོག་ཏུ་མེད་པའི་ཆོས་ཉིད་དང་ལོ་རྒྱུས་ཀྱི་དགོངས་དེས་ཤིག་ཡིན་པ་བདེན་མོད། གལ་ཏེ་འགྱུར་བ་མྱུར་དྲགས་ན་མཐར་རང་གིས་རང་ས་ཤོར་བ་ཡིན་ནམ། ཡང་ན་མདུན་སྐྱོད་ཆེད་དུ་ལག་ཆ་བཟེས་པ་ཡིན། བློ་རྩེ་གཅིག་ཏུ་སྒྲིམ་ནས་འདང་ཞིག་རྒྱག་རྒྱུ་ཤིན་ཏུ་གལ་ཆེའོ། །

མཇུག་བསྡུ་བའི་གཏམ།

གོང་དུ་བོད་པས་གཙང་བཙོག་ཁ་ཁར་འབྱེད་པའི་རྩ་དོན་དང་དེའི་འབྱུང་རྩ། གཙང་སེལ་གྱི་ཆོ་ག་སོགས་སྤྱི་ཡི་ཚབ་ཏུ་དཔེ་དྲངས་ནས་ཕྱོགས་བསྡོམས་ཙམ་བྱེད་ཁུལ་བྱས་ནས་བོད་པའི་གཙང་བཙོག་གི་འདུ་ཤེས་ནི་མགོ་མེད་ཇ་མེད་ཅིག་མ་ཡིན་པར་ཐུན་མོང་གི་རྩ་དོན་གྱིས་འབྲེལ་བའི་རིག་གནས་མ་ལག་ཅིག་ཡིན་ཞེས་པའི་གོ་བརྡ་གློག་མཁན་རྣམས་ལ་ཡང་དག་པའི་སྒོ་ནས་སྤྲོད་ཐུབ་པར་སྨོན། དེ་ནས་བསྡོམས་ཚིག་དེ་དག་གཞིར་བཟུང་ནས་བོད་པའི་གཙང་བཙོག་གི་འདུ་ཤེས་ཀྱི་འགྱུར་བ་དང་དེའི་རྒྱུ་མཚན་ལ་དཔྱད་པ་ཙུང་ཟད་བཏང་། ཡིན་ན་ཡང་ཐྲན་གྱི་ཡོན་ཚད་ཀྱིས་བོད་ཀྱི་གཙང་བཙོག་གི་འདུ་ཤེས་ལ་འགྱུར་བ་བྱུང་བའི་རྒྱུ་མཚན་གསུམ་ཙམ་ལས་མ་ཐོབ། འོན་ཀྱང་དོན་དངོས་ཀྱི་འཚོ་བའི་ཁྲོད་བོད་པའི་གཙང་བཙོག་གི་འདུ་ཤེས་ལ་བསྒྱུར་བཀོད་གཏོང་མཁན་གྱི་རྒྱུ་རྐྱེན་ད་ཅང་མང་པོ་ཞིག་ཡོད་པར་གདོན་མི་ཟ། དེ་ཡང་འགྱུར་བ་ནི་ལྡོག་ཏུ་མེད་པའི་ཆོས་ཉིད་དང་ལོ་རྒྱུས་ཀྱི་དགོས་དེས་ཤིག་ཡིན་པ་བདེན་མོད། གལ་ཏེ་རིག་གནས་ཀྱི་འགྱུར་ལྡོག་འདི་དག་ལ་ང་ཚོས་ལུགས་མཐུན་གྱི་སྣེ་ཁྲིད་དང་ལྟ་རྟོག་མ་བྱས་ན་མི་རིགས་འདིའི་བསམ་བློའི་རྒྱལ་ཁམས་ལ་ཆག་འཇིག་འབྱུང་བའི་ཉེན་ཁ་ཤིན་ཏུ་ཆེ། དཔེར་ན། གཙང་བཙོག་ནས་འཕྲོད་བསྟེན་དུ་གྱུར་ཟིན་པའི་ན་ཚུང་ཚོས་སྨྲང་དཀར་རྩམ་པ་དང་ཉིན་ཆེན་ཨ་མ་མཐོང་ན་སྨུག་ལོག་པའི་བྱ་སྤྱོད་ནི་དེ་ལས་ཀྱང་སྨུག་བྲོ་བ་ཞིག་མ་ཡིན་ནམ།

མཆན།

[1]罗索著，徐亦春、林国夫译：《科学与宗教》北京：北京商务印书馆，2000年，第1页。

[2]F.D.沃林斯基著，孙牡虹译：《健康社会学》北京：社会科学文献出版社，1992年，第55页。

[3]《བོད་ཀྱི་ སྔ་རབས་ཁྲིམས་སྲོལ་ཡིག་ཆ་བདམས་བསྒྲིགས།》 བོད་ལྗོངས་མི་དམངས་དཔེ་སྐྲུན་ཁང་། ༢༠༠༩ལོ། ཤོག་ངོས༡༢༡པར་གསལ།

[4] [6] [10] [11] མཁར་རྨེའུ་བསམ་གཏན། 《མདའ་དང་འཕང》སྨད་ཆ། ཀྲུང་གོའི་བོད་རིག་པ་དཔེ་སྐྲུན་ཁང་། ༢༠༠༧ལོ། ཤོག་ངོས༢༥༧、༢༥༨、༢༥༧、༢༥༩པ་བཅས་སུ་གསལ།

[5] 梅・戈尔斯坦著，杜永彬译：《喇嘛王国的覆灭》时事出版社，1994年，第364–367页。

[7] 黄明信：《藏历漫谈》中国藏学出版社，2005年，第70页。

[8] 刘曼卿：《康藏征昭》南天书局，1933年，第93页。

[9] 河口慧海著，孙沈清译：《西藏秘行》新疆人民出版社，1998年，第249页。

[12] ནགས་གཙང་བྱམས་པ་ངག་དབང་། 《རྒྱན་མགོའི་ཆོ་ག་ཕྱག་ལེན་སྣ་ཚོགས་བཞུགས་སོ།》 མི་རིགས་དཔེ་སྐྲུན་ཁང་། ༢༠༠༧ལོ། ཤོག་ངོས༨༩དང༨༨པར་གསལ།

[13] 亚历山德莉娅・卫・妮儿：《一个巴黎女子的拉萨历险记》东方出版社，2002年，第299–305页。

[14] 谭戈尔：《现代西藏的诞生》民族出版社，2001年，第127页。

[15] 西藏自治区卫生厅编：《西藏卫生四十年》四川科技出版社，1991年，第19页。

《མང་ཚོགས་སྒྱུ་རྩལ།》 ༢༠༡༡ལོའི་དེབ་བཞི་པ་ལས་བཏུས།

༄། །འབྲོག་ཁྲིམ་གྱི་རྒྱུན་ཤེས་འཛོམ་བུ་འགའ་བཤད་པ།

ལྷུགས་བྱམས།

དང་པོ། གཉེན་ཉེ་མིང་སྲིང་བར་གྱི་འཛོམ་བུ།

འབྲོག་པའི་ཡུལ་སྲོལ་གོམས་གཤིས་ལ་ཕ་དང་བུ་མོའི་བར་དང་། མིང་པོ་དང་སྲིང་མོའི་བར་ལ་འདོད་གཏམ་ཆགས་སྲིད་ཀྱི་སྐད་ཆ་དེ་རིགས་གང་འདོད་དུ་བརྗོད་པ་ནི་ཁྲིལ་འདས་བག་མེད་ཀྱི་ལས་ཤིག་ཏུ་བརྩི་བས། ཡིག་སྐད་དུ་ངོ་སྲུང་བ་སྟེ་འབྲོག་པའི་ཡུལ་སྐད་དུ"ཚོ"ཟེར་བ་དེ་ནི་འཛོམ་བུ་གལ་ཆེན་ཞིག་ཡིན། "སྲིར་ཚོ་པ་ཞེས་པ་ཧུས་རྒྱུད་དང་གཉེན་ཉེའི་འབྲེལ་བ་ལྟར་གྲུབ་པའི་གྲོང་སྡེའམ་མི་ཁྲིམ་གྱི་ཚོགས་པ་ལ་གོ་བ་དང་། ཕ་སྤུན་དང་གཉེན་ཉེ་ནང་ཚན་དུ་ཕན་ཚུན་ལ་ངོ་སྲུང་བའི་བྱ་བ་ལ་འཇུག་པ་གཉིས་ཡོད་པ་ལ་འབྲེལ་བ་ཤིན་ཏུ་ཆེ་སྟེ། ཚོ་པ་ཞེས་པའི་ཐོག་མའི་དོན་ནི་འཛོམ་པ་དང་ངོ་ཚ་བའི་དོན་དུ་སྣང་བས། ཕན་ཚུན་ལ་འཛོམ་དོགས་དང་ངོ་ཚ་སྲུང་དགོས་པའི་ཧུས་རྒྱུད་ཚོགས་པ་ལ་ཚོ་པ་ཞེས་བཏགས་ཤིང་། ཚོ་པ་གཅིག་ཡིན་ན་འཇིག་རྟེན་མཐུན་འཇུག་གི་བྱ་བ་བྱེད་མི་ཧུང་བ"སོགས་གནའ་ནས་དར་སྲོལ་ཆེ་ཞིང་། འབྲོག་སྡེ་ལ་ལར་དུས་ད་ལྟའི་བར་སྡེ་ཚོ་རང་བཞིན་གྱིས་ངོ་སྲུང་བའི་སྲོལ་དེ་དག་ཐོར་བཞིན་མ་ཉམས་རྒྱུན་འཛིན་བྱས་ནས་ཡོད་པར་སྣང་།

གལ་ཏེ་སུ་ཞིག་གིས་མིང་སྲིང་འཛོམས་སར་གང་འདོད་དུ་ཁ་གཙོག་བཤད་ན་དེ་ལས་ལྷག་པའི་བརྙས་བཅོས་སམ་སྣང་ཆུང་འོས་མེད་བྱས་པ་མེད་པས་ཕན་ཚུན་འཁོན་འཛིང་འབྱུང་བའི་ཉེན་ཁ་ཡང་ཤིན་ཏུ་ཆེ། དེ་ལྟར་བོད་ཀྱི་མི་རྣམས་ངོ་ཚར་འཛོམས་པས་སྲིར་རང་ལ་ལྟོས་ནས་ཁྲིལ་ཡོད་པ་དང་། གཞན་ལ་ལྟོས་ནས་ངོ་ཚ་བ་ནི་མི་ཆོས་ཀྱི་རྩ་བར་འཛིན་པ་དང་། འབྲོག་པའི་གཉེན་སྟོན་དུ་མཆོད་ཁ་འཕངས་ཏེ་བསང་བསྟི་བ་དང་། བག་རས་དང་ཆུ་དར་རྫོད་པ། མག་བཙིངས་སོགས་བཤད་པའི་རིགས་དུ་མ་ཞིག་ཡོད་པར་མ་ཟད། དམངས་གླུ་དང་གླུ་ཤགས་ལེན་རེས་བྱས་ནས་ཚད་ངེས་ཅན་ཞིག་ལ་ཐོན་པ་ན་ལ་གཞས་ལེན་པའི་འགྲོ་སྲོལ་མཆིས། སྐབས་དེར"ནང་མིང་སྲིང་ཡོད་ན་ཁ་ཁ་བྱོས། ངས་སྲིད་པའི་གླུ་ཏན་ལེན་རྒྱུ་ཡིན།"ཞེས་ལ་གཞས་ལེན་རྒྱུའི་གནང་བ་ཞུ་དགོས་ཤིང་། དེ་རྗེས་ཨ་ཞང་གྲལ་གྱི་གསར་བུ་རྣམས་དང་སྟོན་འཛིན་པའི་ནང་གི་མ་སྤུ་སྨན་ཤར་ཚོགས་བཅས་སྒོ་ཁར་འབུད་པའམ་ཡང་ན་གནས་ཁང་གཞན་དུ་སྤོས་ཏེ་ལ་གཞས་ལེན་རེས་བྱེད།

གཉིས་པ། གུས་སྲོལ་བརྩི་འཇོག་ཐད་ཀྱི་འཛེམ་བྱ།

འཕྲོག་པའི་ཏུ་ཟི་རྣམས་སུ་མཆོད་ནའང་གོང་བླ་མ་དང་དཔོན་པོ། ཆེ་རྒན་རབས་དང་བཅས་པའི་རང་ལས་ཆེ་བའི་རིགས་ལ་གུས་པ་ཆེན་པོ་བྱེད་དགོས་ལ། རྒན་རབས་རྣམས་གྲལ་མགོར་སྡོད་དུ་འཇུག་པ་དང་མགྲོན་པོའི་སྔོན་ནས་གང་འདོད་དུ་འགྲོ་འོང་བྱ་མི་ཏུང་། སྲིད་པ་བོད་ཀྱི་གཏམ་དཔེར། མི་ཆེན་ལ་ཚིག་མ་རྒྱག བྱ་ཆེན་ལ་རྡོ་མ་འཕེན་ཞེས་འབྱུང་བ་བཞིན་སྤྱིར་རང་ལས་མཐོ་བའི་མི་ལ་སྐད་ཆ་འདྲ་མིན་སྣ་ཚོགས་བཤད་པར་འཛེམ་དགོས་ཤིང་། དེ་དག་གི་མིང་ནས་ཐད་ཀར་མི་འབོད་པར་གལ་ཏེ་བླ་མ་ཞིག་གི་མཚན་ནས་འབོད་ཚེ་མཚན་མགོར་ཨ་ལགས་དང་སྐུ་ཕྱོགས། སྐུ་ཞོ་ཞེས་སུ་སྦྱོར་བ་དང་། སྔར་གྱི་ཚོ་དཔོན་རིགས་ཀྱི་རྒྱུད་པར་འབོད་ཚེ་ཚོ་པ་གང་དེའི་མིང་མགོར་སྦྱོར་བའམ། དཔོན་པོ་དང་དཔོན་ཕྲུག་ཅེས་སྦྱོར་བ་དང་། ཕོ་རབས་མི་རྒན་རྣམས་ལ་ཨ་ཕ་དང་། ཨ་མྱེས། ཨ་ཁུ། ཨ་རྒྱ་སོགས་སྦྱོར་བ་དང་། མ་སྲུ་ཆེ་རྒན་རྣམས་ལ་ཨ་མ་དང་ཨ་ཅེ་སོགས་སྦྱར་ནས་འབོད་དགོས། མི་ཤི་བོའི་མིང་ཐད་ཀར་འབོད་སྲོལ་མེད་པས་ངེས་པར་གླེང་དགོས་བྱུང་ཚེ། ཤི་བོའི་མིང་གི་མཐར་དྲིན་ཅན་པོ་དང་། དགའ་ལྡན་པོ། བླ་བཟང་པོ་ཞེས་སྦྱར་ཏེ་གླེང་བ་དང་། སྐབས་ཐོག་ཏུ་མ་ཎི་བཏོན་ཏེ་བསྔོ་བ་སྨོན་ལམ་རྒྱག་དགོས། ལྷག་པར་ཕ་མ་སོགས་འདས་ཟིན་པའི་མི་ལ་ཁྱོད་ཀྱིས"ཨ་ཕ་ཨ་མ"ཞེས་སོགས་སུ་སྡིགས་དམོད་བཏང་ན་ཤིན་ཏུ་མི་འོས་པར་བརྩི་ཞིང་ཕ་རོལ་པོའི་སེམས་ལ་ཧ་ཅང་གནོད་པར་མ་ཟད་ཞེ་འཁོན་ཆེན་པོ་འཛིན་པ་དང་། ཤི་ཆད་བྱུང་ནས་ཡུན་རིང་མ་འགོར་བའི་ཁྱིམ་མིར་སྐད་ཆ་དྲན་པ་དེ་རིགས་བརྗོད་པར་ནམ་རྒྱུན་འཛེམ་དོགས་བྱ་དགོས།

གསུམ་པ། ཁྱིམ་སྤྱོད་ཅ་ལག་སོགས་ལ་རེག་འཚོལ་གཏོང་བར་འཛེམ་པ།

འཕྲོག་པའི་ཡུལ་སྲོལ་དུ་སྣོད་ཅ་ལག་ལ་རེག་འཚོལ་གཏོང་བར་ཤིན་ཏུ་འཛེམ་པ་ཡིན་ཏེ། ཁྱིམ་གྱི་ཆུ་སྣོད་དང་འོ་ཟོ། བཞོ་ཟེའུ། དཀར་ཐོམ། ཆུ་སྐྱོགས། དེམ་སོགས་ཀྱི་ནང་དུ་སྦྲགས་འཚོལ་གཏན་ནས་གཏོང་མི་ཏུང་ཞིང་། དེ་དག་ལ་ཁ་རེག་འཚོལ་རེག་གཏོང་བའམ་དམར་གྱི་རིགས་འདྲེས་པར་བྱས་ཚེ་སྨྱོན་པར་འགྱུར་འགྲོ་བ་སོགས་ཀྱི་བཤད་སྲོལ་ཡོད། ཇི་སྐད་དུ། ཟས་མཆོད་ཁ་མེད་ན་ཟ་སྲོལ་མེད། གཏམ་ཀུ་རེ་མེད་ན་བཤད་སྲོལ་མེད། ཅེས་པ་བཞིན། འཕྲོག་པ་རྣམས་ཀྱིས་ནངས་དགོང་གཉིས་ཀར་རྒྱུན་བསང་གཏོང་བར་ཆད་ལྷག་འཚོར་མི་ཏུང་ལ། དེ་ལ་ཡང་སྒོ་བསང་དང་ཕུག་བསང་གཉིས་ཡོད་དེ་སྦྲ་ཁྱིམ་གྱི་སྒོ་ཁའི་ཆོན་ཐག་སོགས་ལ་བཏགས་ནས་ཡོད་པའི་གསུར་སྐྱོགས་དང་ལྷག་རྒྱབ་ཀྱི་བསང་ཁྲི་གཉིས་སུ་ཉིན་ལྟར་རྒྱུན་བསང་གཏོང་དགོས། བསང་རྫས་ལ་གཙོ་བོར་ནས་དང་ཤུག་པ་བསྲེས་ཏེ་མར་ཁུའི་ནང་དུ་བརྫེས་ཅམ་བྱས་པ་བསང་ཁུག་ཏུ་བླུགས་ནས་ཡོད་པ་དེ་རིགས་སྤྱོད་པ

དང་། མཆོད་ཁ་འཕེན་པ་དེ་ལ་ཁ་སྐད་དུ་ཆབ་རྒྱག་པ་ཟེར་ཞིང་ནངས་སྔ་མོར་ཇ་ཁོལ་བ་ན་ཇ་ཕུད་བླངས་ཏེ་དེས་མཆོད་པ་དང་། དགོང་དྲོ་སོགས་སུ་ཞོ་དང་འོ་མ་འོ་ཇ་སོགས་མཆོད་པ་ཡིན། རང་གཞན་སུ་ཞིག་གིས་ཁྱེར་ཡོང་བའི་ཀ་ར་སིལ་ཏོག་སོགས་དྭངས་མ་ཙང་གི་ཟས་ཤིག་འབྱོར་ན་དེ་ལས་ཏོག་ཙམ་བསང་ཁུག་ཏུ་འཕངས་རྗེས་ད་གཟོད་བྱིས་པ་སོགས་ལ་སྤྲོད་པ་རེད། དཀར་དམར་བསྲེ་བ་མི་རུང་བར་བརྩི་ལ་ལྷག་པར་དམར་གྱི་རིགས་དཀར་སྡོད་དུ་རེག་པའམ་ཐབ་ཁུང་དང་གོ་ཁའི་ནང་དུ་ཤ་བསྲེགས་ཏེ་གསུར་གདུག་བྱ་རྒྱུར་ང་ཚང་འཛེམ་པ་ཡིན།

བཞི་པ། ལྷ་རྟེན་མཆོད་རྫས་གྲོན་པ་སོགས་ལ་འགོམ་ཡུག་གཏོང་བར་འཛེམ་པ།

ལྷ་རྟེན་སྐུ་འདྲ་ལ་སོགས་ཁྱིམ་གྱི་ཡ་ཕྱུག་མཐོ་སར་བཞག་སྟེ་ཉིན་རྒྱུན་ཕྱག་འཚལ་མཆོད་འབུལ་བྱེད་ལ། གཞན་ལ་ངོ་སྤྲོད་བྱེད་པའམ་སྟོན་དགོས་པ་འདྲ་བྱུང་ནའང་ལག་པ་མདུན་དུ་བསྲིངས་ཏེ་ལག་ངོས་ཡར་ཕྱོགས་ནས་གུས་པའི་ངང་བྱེད་པ་ལས་ཐད་ཀར་མཛུབ་མོ་འཛུགས་པའི་སྲོལ་མེད། “ལྷ་མཐེ་བོང་ཙམ་དང་ཡི་གེ་ནས་འབྲུ་ཙམ་ལའང་གསོལ་བ་འདེབས”ཞེས་བསྔོ་བ་སྨོན་ལམ་རྒྱག་ཅིང་། ལྷ་རྟེན་མཆོད་རྫས་ཀྱི་སྟེང་དུ་འགོམ་རྒྱུ་ཕར་ཞོག་ཡི་གེ་ཤོག་ལྷེ་གཅིག་ལ་འགོམ་ཡུག་བྱུང་ནའང་ཉེས་པ་བསམ་གྱིས་མི་ཁྱབ་པར་བརྩི་བ་སྟེ། ཡི་གེ་ལ་དད་གུས་དང་བརྩི་མཐོང་དཔེ་མེད་བྱེད་པ་འདི་འདྲ་ནི་མི་རིགས་གཞན་ལ་ཤིན་ཏུ་དཀོན་པ་རེད། 《བོད་མིའི་ཡུལ་སྲོལ་གོམས་གཤིས》ཞེས་པ་རུ། “རང་རེ་བོད་པ་རྣམ་པས་ནམ་རྒྱུན་དུ་ཐབ་ལ་དྲི་མི་ཤོར་བ་བྱ་རྒྱུར་དོ་སྣང་ཆེན་པོ་བྱེད་སྲོལ་ཡོད”ཅེས་འབྱུང་བ་བཞིན། “ཐབ་ཀ་ནི་འགོམ་མནོལ་བྱ་སླ་བའི་གནས་ཤིག་ཡིན་ལ། གལ་ཏེ་ཐབ་ཀ་ལ་མནོལ་གྲིབ་ཐེབས་ན་དེ་ལས་ཐོན་པའི་མེ་ཡིས་བསང་ཕུལ་བ་དང་། ཚ་གསུར་གཏོང་བ། བདུག་པ་བདུགས་ཆེ་མནོལ་དྲི་གཞན་ལ་ཐེབས་པར་དོགས་པས། ཐབ་ཀ་ལ་མནོལ་འགོམ་མི་བྱེད་པ་ནི་མི་ཆེ་ཆུང་ཀུན་གྱིས་ངེས་པར་བརྩི་དགོས་པའི་གོམས་སྲོལ་ཞིག་རེད།” ཐབ་ཚང་ལ་ཤིན་ཏུ་བརྩིས་མཐོང་བྱེད་དགོས་ཏེ་ཐབ་ལྷ་མ་དགའ་ན་ལྷས་ངན་པ་ཅི་རིགས་འབྱུང་བར་བཤད། དེ་བས་ཐབ་སྟེང་དུ་སྡོ་བའམ་ཡང་ན་མི་གཙང་བའི་རིགས་འཁྱེར་འཛོག་བྱ་བར་འཛེམ་ཞིང་རྒྱ་ལ་དེ་འདྲ་བྱུང་ཚེ་ཤུག་བདུག་གཙང་དག་བྱ་དགོས། སྒོ་ཁྱིའི་སྟེང་དུ་འགོམ་པའམ་རྫོག་ཐོས་བརྒྱབ་ན་བསོད་ནམས་ཟད་འགྲོ་བར་བཤད་པ་དང་། སྟོད་ཙ་ལག་དང་གྲོན་པ། སྦྲའི་ཚོན་ཐག། རྟའི་སྲབ་མཐུར། ཟ་མ་སོགས་ཀྱི་སྟེང་དུའང་གང་འདོད་དུ་བརྒལ་བ་མི་འོས་པས“རྐང་པ་སྒྱོ་ས་ལག་པས་བཙལ་ནས་འགྲོ་དགོས”ལ། སྤྱོད་ལམ་དེ་དག་དང་འགལ་ཆེ་གཙང་བཙོག་མི་འདུག་ཅེས་ང་ཚང་དམན་པར་བརྩིས་པ་རེད། །

《བོད་ཀྱི་སློབ་གསོ།》༢༠༡༩ལོའི་དེབ་བཞི་པ་ལས་བཏུས།

དམངས་ཁྲོད་རྩེད་མོའི་སྐོར།

༄༅། །བོད་ཀྱི་དམངས་ཁྲོད་རྩེད་རྩལ་ལས་འཕྲུག་ཤུད་དང་ཐག་འཐེན་གྱི་སྐོར་བརྗོད་པ།

རྒྱང་འཁོར་ཚེ་ཕུན།

མཚོ་བོད་ས་མཐོའི་སྟེང་འཚོ་ཞིང་གནས་པའི་བོད་མི་རིགས་ནི་དཔའ་ངར་ཆེ་ལ་ཤེས་རིག་བཀྲ་བའི་མི་རིགས་ཤིག་ཡིན། བོད་རིགས་ཀྱི་མེས་པོ་རྣམས་ཚོས་གསོ་རླུང་དཀོན་ལ་དྲོད་ཚད་དམའ་བའི་ས་མཐོའི་ཁོར་ཡུག་གི་ཁྲོད་དུ་རང་བྱུང་ཁམས་དང་རྒྱུན་རིང་གི་འཐབ་རྩོད་བྱས་པ་བརྒྱུད་དཔའ་རྩལ་གྱི་རིགས་ཕུན་སུམ་ཚོགས་པ་ཞིག་གསར་དུ་གཏོད་ཡོད། དེ་ལྟའི་དཔའ་རྩལ་གྱི་རིགས་རྣམས་ནི་དེང་དུས་ང་ཚོས་བརྗོད་བཞིན་མཆིས་པའི་སྲོལ་རྒྱུན་གྱི་ལུས་རྩལ་བྱ་བ་དེ་ཡིན། དེ་ལྟར་ན་གདོད་མའི་མི་རྣམས་རང་བྱུང་ཁམས་དང་འཐབ་རྩོད་བྱེད་པའི་བརྒྱུད་རིམ་ནང་རྒྱུག་མཆོང་འཕེན་སོགས་ལུས་ཀྱི་འགུལ་བསྐྱོད་ཤུགས་ཆེན་བྱེད་དགོས་ཀྱི་ཡོད་པ་ནི་ལུས་རྩལ་གྱི་ཆེས་ཐོག་མའི་མཆེད་ཁུངས་ཡིན་པ་དང་། དེ་ནི་གཟུགས་སྦྱོང་དང་རྩེད་སྤྲོའི་སྣད་དུ་མིན་པར་ཐོན་སྐྱེད་དང་འཚོ་གནས་ཁོ་ནའི་ཆེད་དུ་ཡིན་པ་རྟོགས་སླ། སྤྱི་ཚོགས་འཕེལ་རྒྱས་འགྲོ་བའི་བརྒྱུད་རིམ་ནང་ཐོན་སྐྱེད་ཀྱི་ཉམས་མྱོང་ངམ་ལག་རྩལ་རྣམས་ཕ་ཚ་བུ་རྒྱུད་ཀྱིས་རྒྱུད་འཛིན་བྱེད་དགོས་པའི་དབང་གིས་རྗེས་སྐྱེས་ལ་སྦྱོང་བརྡར་སྤྲོད་དགོས་ལ། སྦྱོང་བརྡར་སྤྲོད་པའི་བརྒྱུད་རིམ་ནང་འགྲན་སྡུར་གྱི་བྱེད་སྒོ་དར་བ་དང་། ཕྱོགས་གཞན་ཞིག་ནས་མེས་པོ་ཚོའི་ཐོན་སྐྱེད་ལག་ཆར་གསར་བཅོས་ལེགས་བསྒྱུར་བྱུང་བ་དང་སྦྲགས་ལས་རྩལ་ལའང་གོང་འཕེལ་བྱུང་སྐབས། སྔར་གྱི་ལས་ཐབས་དག་རིམ་བཞིན་ལས་རིམ་ནས་དོར་ཏེ་གཟུགས་སྦྱོང་དང་རྩེད་སྤྲོའི་ཆེད་དུ་སྤྱོད་པའི་ལུས་རྩལ་གྱི་བྱེད་སྒོ་ལ་འཕོ་འགྱུར་བྱུང་བ་རེད། ལུས་རྩལ་ནི་ཐོན་སྐྱེད་ངལ་རྩོལ་ནས་འབྱུངས་པའམ་དེ་ལས་འཕོ་འགྱུར་བྱུང་བ་ཞིག་ཡིན་ན། ཐོན་སྐྱེད་ངལ་རྩོལ་གྱི་ལས་ཐབས་ལ་ཁྱད་ཆོས་མངོན་གསལ་ལྡན་པའི་བོད་མིའི་སྲོལ་རྒྱུན་ལུས་རྩལ་ལ་ས་མཐོའི་ཁྱད་ཆོས་ལྷག་པར་ལྡན་ཡོད། འོན་ཏེ་བྱུང་བ་དང་། དར་བ། ཉམས་པར་འགྱུར་བ་བཅས་ནི་བྱ་དངོས་ལ་གནས་པའི་ཆོས་ཉིད་ཡིན་པ་ལྟར། བོད་ཀྱི་ལོ་རྒྱུས་ཐོག་བྱུང་མྱོང་བའི་རྟ་རྩེད་པོ་ལོ་དང་། གནམ་འགྲོ་ཐག་རྩེད། ཕོ་བ་རྗེ་གཤག ཤིང་རྩེད་ལ་སོགས་སྲོལ་རྒྱུན་ལུས་རྩལ་རྣམ་གྲངས་མང་པོའི་རྩལ་རྒྱུན་ཉམས་ནས་མིང་གི་ལྷག་མ་ཙམ་དུ་གྱུར་པ་དང་། སྲོལ་རྒྱུན་འཕྲུག་རྩེད་དང་། ཐག་འཐེན། རྡོ་རྩེད་སོགས་ཀྱི་རྩེད་རྩལ་ལ་འཇུག་མཁན་ཡང་ཇེ་ཉུང་

དུ་འགྲོ་བཞིན་ཡོད། དེར་བརྟེན་དེ་ལྟའི་སྲོལ་རྒྱུན་དམངས་ཁྲོད་ལུས་རྩལ་གྱི་མྱུར་སྐྱོབ་དང་རྒྱུད་འཛིན་གྱི་ལས་དོན་ལ་དམིགས་ཏེ་འདིར་དམངས་ཁྲོད་འཁྲུག་རྩེད་དང་། ཐག་འཐེན་གྱི་རྩེད་ལུགས་ལམ་ཙམ་བཀོད་པར་བྱ་རྒྱུ་ཡིན།

དང་པོ། འཁྲུག་ཤུད་ཀྱི་རྩེད་རྩལ།

འཁྲུག་ཤུད་ཀྱི་རྩེད་རྩལ་ནི་དགུན་དུས་བྱིས་པ་རྣམས་དང་གཞོན་ནུ་རྣམས་ཀྱིས་འཁྲུག་སྟེང་དུ་རྩལ་སྣ་ཚོགས་འགྲན་པའི་རྩེད་འཛེ་ཞིག་ཡིན། དེ་ལ་རྣམ་དབྱེའི་སྒོ་ནས་དབྱེ་ན་ལངས་རྩེད་དང་། བསྡད་རྩེད། ཉལ་རྩེད་བཅས་གསུམ་ཙམ་ཡོད།

གཅིག ལངས་རྩེད་ལ་ནང་གསེས་མགྱོགས་རྩལ་དང་རྩེད་རྩལ་གཉིས་ཙམ་ཡོད། དང་པོ་ནི་འཁྲུག་པ་ཙུང་ཁོད་སློམས་པའི་སྟེང་མགྱོགས་རྩལ་ལ་འཇུག་མཁན་རྣམས་ཀྱིས་རྐང་འོག་ཏུ་རྫོའམ་གཡག་ལུག་སོགས་ཕྱུགས་རིགས་ཀྱི་རྭ་ཅོ། ཡང་ན་འཁྲུག་པ་སོགས་བཙུག་ནས་སུ་མགྱོགས་ཀྱི་རྩལ་ལག་འགྲན་པ་ལ་ཟེར་བ་ཡིན། བོད་ཀྱི་ཞིང་འབྲོག་ཁུལ་དུ་དེང་རབས་ཀྱི་ལུས་རྩལ་ཡོ་ཆས་འཁྲུག་ལྷམ་ལྟ་བུ་མེད་པས་ཁ་བའི་ལྗོངས་ཀྱི་བློ་རིག་བཀྲ་བའི་བྱིས་པ་རྣམས་ཀྱིས་རྐང་པའི་འོག་ཏུ་རང་བྱུང་གི་རྫོའམ་འཁྲུག་པ། ཡང་ན་ཁོར་ཡུག་ཏུ་མང་བར་མཆིས་པའི་ཕྱུགས་རིགས་ཀྱི་རྭ་ཅོ་བཅས་བཙུག་སྟེ་འཁྲུག་ལྷམ་གྱི་ཚབ་བྱེད་ཀྱི་ཡོད། སུ་མགྱོགས་ཁོ་ན་འགྲན་སྐབས་འཁྲུག་པ་རྒྱ་ཁྱོན་ཆེ་སར་བྱེད་སྒོ་སྤེལ་དགོས། འགྲན་སྡུར་ལ་ཞུགས་མཁན་ཚང་མ་ཕྱོགས་གཅིག་ནས་ཐོན་མཉམ་བྱས་ཏེ་ཕྱོགས་གཞན་ཞིག་ཏུ་རྒྱུག་ཕྱིན་མཐར་སུ་སྔོན་ལ་སླེབས་ན་དེར་རྒྱལ་ཁ་ཐོབ་པར་བརྩི་ཡི་ཡོད། དེ་སྐབས་རྐང་པ་གཡོན་པའི་འོག་ཏུ་རྫོའམ་རྭ་ཅོ། འཁྲུག་ཞིབ་སོགས་གང་ཙུང་བཙུག་པ་དང་རྐང་པ་གཡས་པས་རྒྱབ་ནས་ཤུགས་རྒྱག་མཁན་མང་བར་མཆིས་ལ། ཡུལ་འགའ་ཤས་སུ་རྐང་པ་གཉིས་ཀའི་འོག་ཏུ་རྭ་ཅོ་སོགས་བཙུག་ནས་མགྱོགས་རྩལ་འགྲན་སྲོལ་ཡང་ཡོད། སུ་མགྱོགས་ཁོ་ན་འགྲན་པའི་རྩེད་རྩལ་འདི་ལ་དར་གཤག་གམ་དར་རྒྱུག་ཅེས་ཀྱང་འབོད་སྲོལ་ཡོད། གཉིས་པ་ལངས་ནས་རྩེད་རྩལ་འགྲན་པ་དེ་ལ་སྤྱིར་རྣམ་པ་ཁག་བཞི་ཙམ་ཡོད། འཁྲུག་སྟེང་དུ་རྐང་པ་གཅིག་གི་འོག་ཏུ་རྭ་ཅོ་སོགས་བཙུག་རྗེས་རྐང་པ་གཞན་དེ་འཁྲུག་པའི་སྟེང་མ་བཙུགས་པར་རང་སར་སྐོར་བ་ག་ཚད་བསྐོར་ཐུབ་མིན་འགྲན་མཐར་སྐོར་བ་མང་བ་བསྐོར་ཐུབ་མཁན་རྩལ་ཆེ་བར་བརྩི་ཡི་ཡོད། རྐང་པ་གཡོན་པའི་འོག་ཏུ་རྭ་ཅོ་སོགས་བཙུག་ཡོད་ན་སྐོར་བ་མགོ་ཚུགས་ཁར་ཤུགས་ཚད་ཆེད་སྟོན་འགྲོར་སྐོར་བ་ཐེངས་གཅིག་ཙམ་རྐང་པ་གཡས་པ་འཁྲུག་སྟེང་དུ་འཛུགས་མཁན་ཡོད་ལ། སྐོར་བ་མཚམས་འཇོག་སྐབས་སློ་བུར་དུ་བསྡད་མ་ཐུབ་ན་རྐང་པ་གཡས་པ་འཁྲུག་སྟེང་དུ་བཙུགས་བཞིན་བཙུགས་བཞིན་ཤུགས་གཅོག་པའང་ཡོད་ཙང་། སྐོར་བའི་ཁ་གྲངས་ལ་ཚད་པ་ནི་རྐང་པ་གཡས་

པ་འཁྲུག་སྙིང་ནས་ཁ་བྲལ་ཏེ་བསྐོར་བ་དེ་རྣམས་ཁོ་ན་ཡིན། རྣམ་པ་གཉིས་པ་ནི་འཁྲུག་པའི་སྙིང་དུ་རྡོ་ཆུང་འགའ་ཞིག་གིས་ཐིག་གི་ཚབ་ཏུ་རྟགས་བཙུགས། དེ་རྗེས་རྐང་པ་གཅིག་གི་འོག་ཏུ་རྡོ། རྭ་ཅོ། འཁྲུག་པ་གང་ཉུང་བཙུག་ཐོག་ཐིག་ནང་འཁྲུག་ཤུད་སྒྲོད་ཐུབ་མིན་འགྲན། རྡོ་ཆུང་རྣམས་ལ་མ་འཕོན་པར་མགྱོགས་པོར་འགྲོ་ཐུབ་ན་དེ་རྩལ་ཆེ་བར་བརྩི། རྩེད་མོ་མཁན་སོ་སོའི་རྩལ་ཆེ་ཆུང་གིས་ཐིག་གི་དཀའ་ཚད་ཐག་གཅོད་ཀྱི་ཡོད། རྣམ་པ་གསུམ་པ་ནི་རྐང་འོག་ཏུ་རྡོ་སོགས་གང་ཡང་མ་བཙུག་པར་འཁྲུག་ཤུད་རྒྱང་རིང་ཐུང་འགྲན་སྲོལ་ཡོད་པ་དེ་ཡིན། དེ་ནི་སྔོན་ལ་འཁྲུག་པའི་སྙིང་ཤུགས་ཚུད་ཆེད་ཀྱི་སྔོན་འགྲོའི་བང་རྒྱུག དེ་ནས་རྐང་པ་གཉིས་ཀ་རང་བཞིན་གྱིས་འཁྲུག་པ་དང་ཁ་མ་བྲལ་བར་ཤུད་ལ་སྒྲོད། ཤུད་སྒྲོད་པའི་རིང་ཚད་སུ་རྒྱང་ན་དེ་རྩལ་ཆེ་བར་བརྩི་སྲོལ་ཡོད། རྣམ་པ་བཞི་པ་ནི་བྱིས་པ་གཉིས་ཁ་གཏད་དུ་ལངས་ཐོག་ཕན་ཚུན་ལག་པས་འབུད་རྒྱག་བྱེད་རེས་བྱས་ཏེ་སུ་ཡི་རྐང་པ་རྣ་ཅའམ་རྡོ་སྙིང་ལས་གཟགས་པའམ་ཡང་ན་འཁྲུག་སྙིང་དུ་འཁྱིལ་སོང་ཚེ་དེ་རྒྱལ་ཁ་ཤོར་བར་བརྩི་སྲོལ་ཡོད་པ་བཅས་སོ། །

གཉིས། བསྟོད་རྩེད་ནི་འཁྲུག་རྩེད་མཁན་གྱི་རྐུབ་འོག་ཏུ་རྡོ་སོགས་བཙུག་ནས་འཁྲུག་སྙིང་དུ་རྩེད་རྩལ་འགྲན་པའི་བྱེད་སྒོ་ཞིག་ཡིན། དེ་ལ་ཡང་ཐུར་ཤོད་ལ་འཁྲུག་ཤུད་སྒྲོད་པ་དང་། འཁྲུག་པ་འཕོད་སྐོམས་སར་འཁྲུག་ཤུད་སྒྲོད་པའི་རྩེད་རིགས་གཉིས་ཡོད། སྔ་མ་ནི་དགུན་དུས་རི་ཆུར་ཆགས་པའི་འཁྲུག་པ་ཐུར་ཤོད་ཅན་གྱི་སྙིང་འཁྲུག་ཤུད་སྒྲོད་སྐབས་རྐུབ་འོག་ཏུ་འཛམ་ཤ་དོད་པའི་རྡོ་ཞིག་བཙུག་སྟེ་འཁྲུག་ཤུད་སྒྲོད་དགོས་པ་དང་། འགའ་རེས་འཁྲུག་ཤུད་སྒྲོད་སའི་ལམ་བར་གཡས་གཡོན་དུ་བར་ཐག་ཆིད་གཅིག་ཙམ་ཡོད་པའི་རྡོ་ཆུང་གཉིས་གཉིས་ཁ་གྲངས་སྣ་ཚོགས་བཞག་སྟེ་འཁྲུག་ཤུད་སྒྲོད་སྐབས་རྡོ་ཆུང་དེ་ཚོར་མ་འཕོན་པར་རྡོ་ཆུང་གཉིས་ཀྱི་དབར་ལ་འགྲོ་ཐུབ་པ་བྱ་དགོས་ཀྱི་ཡོད་པ་དང་། ཡང་འགའ་རེས་མཐོ་ཚད་ཆིད་ལྔ་དྲུག་ཡན་ཡོད་པའི་གཡང་གཟར་ཆེ་བའི་འཁྲུག་པ་ཞིག་གི་ཐོད་ཙམ་དུ་འཁྲུག་པར་ཤིང་གི་ཕུར་པ་གཉིས་གཏིབས། དེའི་ཐོད་ཀྱི་ཐུར་ཤོད་ཟོག་ཤུགས་ཆེན་པོས་འཁྲུག་ཤུད་སྒྲོད་ཡོང་སྟེ་ཕུར་པ་གཉིས་ལ་ལག་པས་འཆང་ཐུབ་པ་བྱེད་དགོས་ཀྱི་ཡོད། གལ་སྲིད་ལག་པས་ཕུར་པ་འཛིན་མ་ཐུབ་ན། གཡང་གཟར་ལ་མཆོངས་རྒྱུ་ལགས་པས་དེ་ནི་ཏ་ཅང་གི་སྲོག་ལ་ཉེན་ཁ་ཆེ་བའི་རྩེད་རིགས་ཞིག་ཡིན། གལ་སྲིད་ཕུར་པར་ལག་པ་འཆང་མ་ཐུབ་ན་ཐབས་ཤེས་གཅིག་རང་ཡོད་པ་ནི་རྐུབ་འོག་གི་རྡོ་དང་ལུས་པོ་ཁ་བྲལ་ཐབས་བྱེད་རྒྱུ་རེད། འཁྲུག་ཤུད་སྒྲོད་སྐབས་ཤུགས་ཆེན་པོ་ཚུད་ཡོད་ན་རྐུབ་རྡོ་ཁེར་ལ་སྒྲོད་ཐུབ་ཀྱང་གཟུགས་པོའི་ཤུགས་གཅོག་མ་ཐུབ་པར་གཡང་གཟར་ལྷུང་སྟེ་ཆུང་ན་རྨས་སྐྱོན་ཐོག་པ་དང་། ཆེ་ན་རྐྱེན་ལམ་དུ་འགྲོ་བའང་ཡོད། རྩེད་རྩལ་དེ་ལ་རྒྱན་རབས་ཀྱིས་བཀག་འགོག་ནན་པོ་བྱེད་ཀྱི་ཡོད་པས་རྩེད་མཁན་ཉུང་ཡང་ཡུལ་ལ་ལར་བྱིས་པ་ཚོས་ཕྲིག་ལ་གསང་ཐོག་ཏུ་འཇུག་མཁན་

ཡང་ཡོད་པའོ། །ཕྱི་མ་འཁྱག་པ་འཁོད་སློམས་སར་འཁྱག་ཤུད་སློད་སྲོལ་ཡོད་པ་ནི་གཞུང་ཆུ་དང་གཙང་པོར་དར་ཆགས་པའམ་མཚོའུ་དང་འཁྱིང་ཆུ་ལ་དར་སྒྲིག་པའི་སྟེང་བྱིས་པ་གཉིས་གཉིས་ཕྱོགས་ཁག་བྱས་ཏེ་མགྱོགས་ལོས་འགྲན་པའི་རྩེད་རྟལ་ཞིག་ཡིན། དེའི་རྩེད་རྟལ་འགྲན་ལུགས་ནི་རྩེད་རྟལ་མཁན་གཅིག་གི་རྐུབ་འོག་ཏུ་རྡོའམ་འཁྱག་པ་གང་ཉུང་བཙུག་སྟེ་འཁྱག་པའི་སྟེང་དུ་བསྡད། དེའི་རོགས་པ་དེས་རྒྱབ་ནས་འབུད་རྒྱག་རྒྱབ་པའམ་ཡང་ན་ཐག་གུ་ཐུང་ཐུང་ཞིག་གིས་མདུན་ནས་འཐེན་ཏེ་ཁ་གཏད་ཀྱི་བྱིས་པ་རྣམས་དང་འཁྱག་སྟེང་དུ་སུ་མགྱོགས་འགྲན་གྱི་ཡོད། རྩེད་རྟལ་དེ་ནི་འཁྱག་པ་རྒྱ་ཁྱོན་ཆེ་བའི་སར་རྩེད་སྲོལ་ཡོད་དོ། །

གསུམ། ཉལ་རྩེད་ནི་བྱིས་པ་རྩེད་རྟལ་མཁན་ཚོས་ལྷོ་དང་བྱང་ཁའི་འོག་ཏུ་རྡོ་ཆེ་ཙམ་ཞིག་བཙུག་སྟེ་འཁྱག་ཤུད་སློད་པའི་རྩེད་རྟལ་ཞིག་ཡིན། དེ་ནི་ཐུར་ཤོད་ཙུང་ཆུང་བའི་འཁྱག་པའི་སྟེང་དུ་རྩེད་སྲོལ་ཡོད། རྩེད་ལུགས་ནི་བྱིས་པ་ཚོས་ལྷོ་དང་བྱང་ཁའི་འོག་ཏུ་རྡོ་རེ་བཙུག ལག་པ་གཉིས་ཀྱི་འོག་ཏུའང་རྡོ་ཆུང་རེ་བཙུག་སྟེ་འཁྱག་པའི་སྟེང་ཁ་བུབ་ཉལ་ཐོག་མཐོ་ས་ནས་དམའ་སར་འཁྱག་ཤུད་སློད་པའི་རྩེད་རྟལ་ཞིག་ཡིན་ལ་རྩལ་ཆེ་ཆུང་འགྲན་སྐབས་ཀྱང་རྡོ་ཆུང་བཙུགས་ཏེ་མ་འཁོན་པ་བྱེད་རྒྱུ་དང་། སུ་མགྱོགས་འགྲན་པ་སོགས་བསྡད་རྩེད་དང་གཉིས་སུ་མེད་པའོ། །

གཉིས་པ། ཐག་འཐེན་གྱི་རྩེད་རྟལ།

ཐག་པ་འཐེན་པའི་རྩེད་རྟལ་ནི་ཡུན་རིང་ལོ་རྒྱུས་ལྡན་པའི་བོད་ཀྱི་སྲོལ་རྒྱུན་ལུས་རྩལ་གྱི་བྱེ་བྲག་ཅིག་ཡིན། དེ་ཡང་ལོ་རྒྱུས་ཆེན་མོའི་ནང་"……ལྟ་པར་སྨྲ་རྒྱལ་པོ་རྗེ་ཞེས་བྱས་བཟུང་། ད་འཕྲང་ཅང་འཕྲང་ལག་ཆར་ཞགས་པ་འཕེན། ཐུག་པར་དཀྲིག་དཀྲིག་འདྲི་ཡིས་དབང་བྱས་ཏེ། ལང་ཏང་ལིང་ཏང་བར་ཁ་ཝུར་རྡོ་འཕེན།"ཞེས་གསལ་བར་གྲགས་པ་ལྟར་གནའ་མའི་དུས་ནས་ཝུར་རྡོ་དང་ཞགས་པ་ཐོན་ཟིན་ན། ཐག་རྩེད་དག་ཀྱང་སྐབས་དེའི་ཝུར་རྡོ་དང་ཞགས་པའི་ཡོ་བྱས་བྱུང་ཚུལ་དང་འབྲེལ་ནས་ཐོན་པར་གདོན་མི་ཟ། ལྷག་པར་དུ་ཐག་པ་འཐེན་པའི་རྩེད་རྟལ་དག་རི་དྭགས་དང་ཕྱུགས་རིགས་ལ་ཞགས་པ་འཐེན་པའི་ཐོན་སྐྱེད་ངལ་རྩོལ་ནས་རིམ་བཞིན་འཕེལ་འགྱུར་བྱུང་བའམ་དེ་དང་འབྲེལ་ཆེ་བའི་ལུས་ཤུགས་ཀྱི་རྩལ་སྦྱོང་གལ་ཆེ་བ་ཞིག་ཡིན་ཏེ་དཔེར་ན་བོད་གནའ་རབས་ལོ་རྒྱུས་ཐོག་གི་རྩལ་པོ་ཆེ་མི་བདུན་གྱི་ནང་ནས"ཅོག་རོ་འབྲོང་གཤོར་གྱིས་འབྲོང་ཐུར་དུ་རྒྱུག་པ་གྱེན་དུ་འཐེན་ནུས། གནོན་ཁྲི་བདུན་གཡུ་བྱིན་གྱིས་རྟ་བཟང་པོ་གཡང་ལ་མཆོང་བ་གྱེན་ལ་འདྲེན་ནུས"ཞེས་གྲགས་པ་དེ་དག་ཀྱང་ཐག་པ་འཐེན་པའི་སྦྱོང་བརྡར་བརྒྱུད་ཐོན་པའི་གྲགས་ཅན་རྩལ་པོ་ཆེ་ཞེ་ཅིག་ཡིན། དེ་ལྟར་ཐག་པ་འཐེན་པ་དེ་ལ་དུས་ཡུན་རིང་པོའི་འཕེལ་རྒྱས་བྱུང་བ་བརྒྱུད་དེར་རྩེད་རྟལ་གྱི་རྣམ་གྲངས་མི་འདྲ་བ་འགའ་ཞིག་བྱུང་

ཡོད། དཔེར་ན། སླང་པོ་གཉའ་རྩེད་དང་། སྐེད་རྩེད། མཐེང་རྩེད། ལག་འཐེན་ལྔ་བུའོ། །

གཅིག སླང་པོ་གཉའ་རྩེད་ནི་བོད་ཀྱི་ཡུལ་གྲུ་ཁག་ཏུ་དར་ཁྱབ་ཆེ་བའི་སྲོལ་རྒྱུན་ལུས་རྩལ་རྣམ་གྲངས་ཤིག་ཡིན་གཤིས་ཡུལ་ལ་ལར་གཉའ་རྩལ་ཞེས་ཀྱང་འབོད་སྲོལ་ཡོད། དེ་ནི་མིང་དང་མཚུངས་པར་བ་སླང་གིས་གཉའ་ཐག་འཐེན་པ་ལྟར་རྩེད་མོ་མཁན་ཚོའི་གཉའ་ཤུགས་ཀྱི་རྩལ་འགྲན་པའི་རྩེད་རྩལ་ཞིག་ཡིན། དེའི་རྩེད་རྩལ་གྱི་རྣམ་པ་ནི་མི་གཉིས་ཁེར་འཐེན་བྱེད་པ་ཁོ་ན་ཡིན། དེའི་རྩེད་རྩལ་མཁན་ཚོས་ས་ཆ་ཁོད་སྙོམས་ཤིག་ཏུ་ཐིད་བརྒྱད་ཙམ་བྱས་པའི་ཐག་པ་སྤུས་ལེགས་ལ་འཛམ་པ་ཞིག་གྲ་སྒྲིག་བྱས། ཐག་པ་དེའི་རྩེ་གཉིས་མདུད་པ་བརྒྱབ་སྟེ་འཁྱུད། ཐག་པ་དེ་གཉིས་འགུགས་བཟོས་ཏེ་ཐང་པོར་འཐེན། དེ་རྗེས་ཐག་པའི་འགུགས་གཉིས་པོ་འགྲན་སྡུར་མཁན་གཉིས་ཀྱི་མཐེང་པར་བསྐོན་ནས་ལག་གཉིས་བ་སླང་ལྟར་ས་ལ་བཙུགས་ཤིང་ཐག་པ་ལག་གཉིས་ཀྱི་བར་ནས་བརྒྱུད་དེ་རྐང་པ་གཉིས་ཀྱི་དབར་ལ་བཏང་། འགྲན་སྡུར་མཁན་གཉིས་ཀྱི་དཀྱིལ་དུ་ཐིག་ཅིག་བརྒྱབ་རྗེས་མི་གཉིས་རྐུབ་འཁྱོད་བྱས་ཐོག་ཕྱིན་ཅི་ལོག་ལ་ཤུགས་ཀྱིས་འཐེན་ཏེ་སུ་ཕྱོགས་ལ་འདྲུད་ཐུབ་ན་དེར་རྒྱལ་ཁ་ཐོབ་པ་ཡིན། དེ་ནི་སྐེ་དང་ཞྭ་ཡི་རྩལ་ཤུགས་འགྲན་པའི་རྩེད་སྒོ་ཞིག་ལགས་སོ། །

གཉིས། སྐེད་རྩེད་འགྲན་པ་ནི་ལུས་ཀྱི་སྐེད་པའི་རྩལ་ཤུགས་འགྲན་པའི་རྩེད་རྩལ་ཞིག་ཡིན་པ་འདི་ཡང་སླང་པོ་གཉའ་རྩེད་དང་འདྲ་བར་མི་གཉིས་ཁེར་འཐེན་བྱེད་པའི་རྩལ་ཞིག་ཡིན། དེའི་རྩེད་རྩལ་འགྲན་སྐབས་གོང་ལྟར་ཐིད་བརྒྱད་ཙམ་བྱས་པའི་ཐག་པ་ཞིག་གཉིས་འགུགས་བཟོས། ཐག་པའི་འགུགས་གཉིས་རྩེད་རྩལ་མཁན་གཉིས་ཁ་འཁྱོད་བྱས་ཐོག་སྐེད་པར་བསྐོན། མི་གཉིས་ཀྱི་དཀྱིལ་དུ་ཐིག་ཅིག་བརྒྱབ་ནས་ཕྱོགས་གཉིས་ཀྱིས་རྒྱབ་ཕྱོགས་ལ་ལྷག་འཐེན་བྱེད་དགོས། སུ་ཡིས་འགྲན་ཡ་ཐིག་བར་འཐེན་ཐུབ་ན་དེ་ལ་རྒྱལ་ཁ་ཐོབ་པ་ཡིན། རྩེད་རྩལ་འདི་ནི་གཞོན་ནུ་སྐྱེས་པ་རྣམས་ཀྱིས་འཇུག་པའི་སྲོལ་རྒྱུན་ལུས་རྩལ་ཞིག་ཡིན་པ་ལས་སྤྱིར་བྱིས་པས་འཇུག་སྲོལ་མེད་པའོ། །

གསུམ། མཐེང་རྩེད་བྱ་བ་ནི་འཐེན་སྟངས་མི་འདྲ་བ་ཙམ་ལས་དོན་དུ་གཉའ་རྩེད་དང་མཚུངས། དེ་ཡང་གོང་དང་འདྲ་བར་ཐག་པ་གཉིས་འགུགས་ཤིག་གི་འགུགས་གཉིས་རྩེད་རྩལ་མཁན་གཉིས་ཀྱི་མཐེང་པར་བསྐོན། རྩེད་རྩལ་མཁན་གཉིས་པོ་ཁ་གཏད་དུ་ལངས་ནས་ལག་པ་རྐེད་གཟེར་བྱས། རྩེད་རྩལ་མཁན་གྱི་དཀྱིལ་དུ་ཐིག་ཅིག་བརྒྱབ། རྩེད་རྩལ་མཁན་གཉིས་ཀྱིས་རྒྱབ་ཕྱོགས་ལ་ལྷག་འཐེན་བྱས་རྗེས་ཕྱོགས་སུས་འགྲན་ཡ་ཐིག་བར་འཐེན་ཐུབ་ན་དེ་ལ་རྒྱལ་ཁ་ཐོབ་པ་ཡིན། རྩེད་རྩལ་དེ་ནི་མཐེང་པའི་རྩལ་ཤུགས་ཁོ་ན་འགྲན་པ་ཞིག་གོ །

བཞི། ལག་འཐེན་ལ་ཁེར་རྩེད་དང་སྡེབ་རྩེད་ཀྱི་རྣམ་པ་གཉིས་ཡོད། ཁེར་རྩེད་ནི་ཐག་པ་འཐེན་མཁན་མི་གཉིས་རང་ལས་མེད་པ་དེ་རེད། ཁེར་རྩེད་སྐབས་ས་ཆ་ཁོད་སྙོམ་ཞིག་ཏུ་རྩེད་རྩལ་མཁན་

གཉིས་ཁ་གཏད་ཐོག་ཐག་པའི་སྣེ་རེ་རེ་ནས་ལག་གཉིས་ཀྱིས་བཟུང་། དེ་གཉིས་བར་དུ་ཐིག་ཅིག་བརྒྱབ། ཤན་འབྱེད་པས་འཐེན་བརྡ་བཏང་མཚམས་ཕྱོགས་གཉིས་ཀས་ལྷག་འཐེན་བྱས། ཕྱོགས་སུས་འགྲན་ཡ་ཐིག་བར་འཐེན་ཐུབ་ན་དེ་ལ་རྒྱལ་ཁ་ཐོབ་པ་ཡིན། སྒེབ་རྩེད་ནི་ཐག་འཐེན་རྩེད་རྩལ་ལས་ལག་འཐེན་ཁྱིར་ལ་མངའ་བའི་རྣམ་གྲངས་ཤིག་ཡིན། དེ་ནི་ཕྱོགས་རེ་རེར་མི་གྲངས་ལྔ་དྲུག་གམ་བདུན་བརྒྱད་དམ་ཐ་ན་བཅུ་གྲངས་འགའ་ངེས་མེད་ཀྱིས་ཕྱོགས་གཉིས་ཀྱི་མི་གྲངས་ཆ་མཉམ་པ་བཟོས་ཏེ་ཐག་པ་འཐེན་པའི་འགྲན་སྡུར་ས་ཕྱོགས་གང་ས་ག་ལ་དར་ཁྱབ་ཡོད་པ་དེའོ། །

《སྤང་རྒྱན་མེ་ཏོག》༡༩༩༨ལོའི་དེབ་དང་པོ་ལས་བཏུས།

༄། །ཁྱད་དུ་མཚར་བའི་རོལ་རྩེད་ཀ་ཏེམ་གྱི་གཞུང་ བློ་གསལ་གཞོན་ནུ་དགའ་བ།

བྱང་ཆུབ་ཆོས་འཕེལ།

དང་པོ། སློབ་དགོས་པའི་དགོས་པ་བསྟན་པ།

ཁ་བའི་ལྗོངས་འདིར་སྔར་ནས་ད་བར་དར་ཁྱབ་བྱུང་བའི་རོལ་རྩེད་སྣ་མང་ཕུན་སུམ་ཚོགས་པའི་
ཡ་གྱལ་དུ་གྲགས་པ་ཀ་ཏེམ(ཀི་རིམ་ཡང་ཟེར)[1]ཞེས་པ་དམངས་ཁྲོད་དུ་དར་ཁྱབ་ཆེ་བའི་རོལ་རྩེད་ཁྱད་དུ་
མཚར་བ་དེ་དར་བའི་ལོ་རྒྱུས་ཁུངས་བཙུན་དང་རྒྱས་པོ་ཞུ་སྤོབས་མ་མཆིས་ཀྱང་རྒན་རབས་རྣམ་པའི་
གསུང་སྒྲོས་སུ་སྔར་དུས་རྒྱ་གར་ནས་དར་ཚུལ་དང་། དེའི་དུས་དངོས་པོའི་ཆ་རྐྱེན་ཞན་པས་ཀ་ཏེམ་གྱི་
བཟོ་དབྱིབས་དང་ཚོན་རྩིའི་སྤུས་ཚད་ཀྱང་དེ་ཙམ་དུ་ལེགས་པ་སྐྱེ་འོད་མདངས་བཀྲ་བ་ད་ལྟའི་ཀ་ཏེམ་ལྟ་
བུ་མེད་པ། ལྷག་པར་དུ་སྐབས་དེ་དུས་ཁྱིམ་མཚེས་རྒྱལ་ཁབ་རྒྱ་གར་དང་བལ་ཡུལ་ལ་སོགས་པའི་ཡུལ་
གྲུར་གནས་མཛལ་ལམ་ཚོང་རྒྱག་པར་འགྲོ་མཁན་དག་ལའང་ལམ་བར་དུ་དཀའ་ངལ་ཇི་ཆེ་ཐུག་གི་ཡོད་
པ་ནི་གཙོ་བོ་དེ་དུས་གཞུང་ལམ་ཚད་ལྡན་ལྟ་ཞོག་སྤྱིར་བཏང་གི་འགྲོ་ལམ་སྟབས་བདེ་ཞིག་ཀྱང་མེད་
ལ་འབབ་ཚུགས་སུ་འགྲུལ་ཁང་དང་ཟ་ཁང་ལ་སོགས་དེ་བས་ག་ལ་ཡོད། དེའི་དུས་འགྲིམ་འགྲུལ་གྱི་ཆ་
རྐྱེན་ཤིན་ཏུ་ཞན་ཞིང་རྟ་དྲེལ་དང་ནོར་ལུག་སོགས་དུད་འགྲོ་རྐང་བཞི་པར་བརྟེན་དགོས་ཀྱི་ཡོད་སྟབས་
བྱང་ཕྱོགས་ཁ་བའི་ལྗོངས་སུ་སྐབས་དེར་དངོས་ཟོག་སྐྱེལ་འདྲེན་ཤིན་ཏུ་དཀའ་བའི་གནས་ཚུལ་དེ་ལོ་
རྒྱུས་ཀྱི་དོན་དངོས་ཤིག་ཏུ་གྱུར་ཡོད་པས་རོལ་རྩེད་ཀ་ཏེམ་ཞེས་པ་དེ་ཡང་བོད་དུ་དཀོན་པོ་ཡིན་པ་སྨོས་
ཅི། ཡང་སྐབས་སུ་ཀ་ཏེམ་དེ་སྒྲོམ་སྣེགས་སྤྱོ་ལོ་རྒྱག་ས་ནང་བཞིན་ཆེན་པོ་མེད་སྟབས་ཚོང་པས་ཕྱི་རྒྱལ་
ནས་རྟ་དྲེལ་ལ་བཀལ་ཏེ་དབོར་ཡོང་བའི་ཀ་ཏེམ་རེ་ཟུང་ཡང་མི་ཚང་ཆེན་པོའམ་སྐུ་དྲག་གི་ཁྱིམ་ཚང་
འགར་ཡོད་པ་ལས་ད་ལྟ་བཞིན་དར་ཁྱབ་ཆེན་པོ་བྱུང་མེད། བོད་ལ་བཅིངས་འགྲོལ་བཏང་རྗེས་བོད་
ཀྱི་འགྲིམ་འགྲུལ་ལ་སོགས་ཕྱོགས་མང་པོའི་ཐད་ཡར་རྒྱས་གོང་འཕེལ་ཆེན་པོ་བྱུང་ཡོད་པ་དང་ཕྱོགས་
མཚུངས་རང་རེའི་ཕ་ཡུལ་གྱི་རོལ་རྩེད་བྱེད་སྒོ་སྣ་ཚོགས་ཀྱང་འཕྲུས་ཚད་དུ་ཕྱིན་ཡོད་པ་དང་ཆབས་
ཅིག་ཀ་ཏེམ་ལ་ཐུགས་མཉེས་པོ་གནང་མཁན་ཡང་ཇེ་མང་དུ་འགྲོ་བཞིན་ཡོད། རང་ཉིད་ཀྱང་རོལ་རྩེད་
འདིར་ཧ་ཅང་གིས་དགའ་པོ་ཡོད་པའི་མཚོན་ཚུལ་སྐེ་གཅིག་ཞུས་ཙ་ན་ཕྲན་གྱི་དེ་སྔའི་ལས་གནས་སྟོད་

མངའ་རིས་ལའང་ལྷ་ས་ནས་ཆེད་མངགས་ཀེ་ཏེམ་ཉོས་ནས་ཁྱེར་སྤྱོད་ཡོད།

རོལ་རྩེད་ཀྱི་བྱེད་སྒོའི་ཁྲོད་དངོས་སུ་ཀེ་ཏེམ་ལ་འཛུག་པའི་བྱ་རིམ་ནང་གོ་རིམ་ཁ་གསལ་དང་། གཅིག་འགྱུར་གྱི་གཏན་འབེབས་ཁ་གསལ་ཞིག་ཏུ་བྱུང་མེད་སྐབས་རོལ་རྩེད་པ་རང་རང་གིས་སོ་སོའི་འདོད་བློ་ལྟར་ཀེ་ཏེམ་རྒྱག་གི་ཡོད་པ་རེད། སྤྱི་ཚོགས་ཐོག་གི་དངོས་པོའི་ཆ་རྐྱེན་གང་ལེགས་འཕྲུལ་སྒོ་ཚང་དུ་འགྲོ་བ་དང་སྲུགས་འཚོ་བ་དངོས་ཀྱི་ཁྲོད་མི་རྣམས་ཀྱི་བློ་ངོར་གཅིག་གྱུར་གྱི་ཀེ་ཏེམ་རྒྱག་སྟངས་ཀྱི་གཞུང་ཚད་ལྡན་ཞིག་བྱུང་ན་སྙམ་པའི་འདུན་པ་བཅངས་མུས། དེང་སྐབས་དངོས་པོའི་དཔལ་ཡོན་ཕུན་སུམ་ཚོགས་པའི་ཐོག་སྙིགས་དུས་འགྲོ་བའི་རྩ་ཆེན་བསམ་པའི་དཔལ་ཡོན་གྱི་ནང་དོན་བསམ་བློ་ཀུན་སྤྱོད་ཐད་རང་རྟོགས་དང་ཇི་བཟང་དུ་འགྲོ་དགོས་པ་ནི་གལ་འགངས་ཆེ་བ་ཞིག་ཡིན་སྐབས་ཀེ་ཏེམ་གྱི་རོལ་རྩེད་དེས་བསམ་པའི་དཔལ་ཡོན་དར་སྤེལ་འགྲོ་རྒྱུར་ཡང་གཞོགས་འདེགས་ཕྲན་བུ་ཐུབ་པ་སྟེ། རྒྱུན་བཙུགས་ཆེན་པོའི་གྲས་དཔེར་ན། ལུ་ཅང་རྒྱག་པར་འགྲོ་མཁན་ཤུང་དུ་འགྲོ་ཕྱིར་དང་། བློ་ངན་བཅངས་ཏེ་ཆགས་སྲིད་བརྙན་ཕབ་བལྟ་བར་འགྲོ་མཁན། ཨར་ཁང་དང་ཞབས་བྲོ་ཁང་དུ་དངུལ་ཕོར་འགྲོ་སོང་ཆེ་ཙམ་གཏོང་མཁན། ཉིན་མཚན་མེད་པར་ཆང་རག་ལ་མགོ་འཁོར་མཁན་སོགས་ལ་ཕྲན་བུའི་བཀག་འགོག་དང་ཕན་ནུས་ཐོན་པ་སོགས་གནས་ལུགས་འདི་ཉིད་ཀྱི་རྣམ་པ་མཛེས་ཤིང་ལྟ་ན་སྡུག་པའི་དངོས་འབྲེལ་གྱི་ཁོར་ཡུག་བཟང་པོ་ཞིག་སྐྲུན་ཐུབ་རྒྱུ་དང་། སྤྱི་ཚོགས་ཐོག་གི་སྐྱེ་བོ་མང་པོ་འདུ་འཛོམས་ཆེ་སར་དེ་བས་དགེ་མཚན་ལྡན་པའི་ཆ་རྐྱེན་སྣ་ཚོགས་ཀྱི་ཆ་ཤས་སུ་གཏོགས་པ་ཡིན་འདུག་སྙམ་བཞིན་དམིགས་སུ་བཀར་ནས་རོལ་རྩེད་ཀེ་ཏེམ་གྱི་གཞུང་ཆ་ཚང་ཙམ་ཡོང་བའི་ཆེད་དང་། ཀེ་ཏེམ་བསྐྱོན་རྒྱུར་ཐུགས་གཉིས་པོ་ཡོད་པའི་རོལ་རྩེད་པ་ཆུན་དར་གཞོན་གསུམ་གྱི་རེ་བ་བསྐང་ཕྱིར་ཁོ་བོས་དེ་ལྟར་སྤེལ་བའི་དགོས་པ་དང་གྲུབ་ཚུལ་ཁྲིད་ཆོས་མདོ་ཙམ་བླངས་བའི་ཀུན་སློང་ལོག་མེད་ཤར་སྐབས་འབྲེལ་ཡོད་སྤྱི་ཚོགས་ཀྱི་སྟོབས་ཤུགས་ཀྱིས་ཀྱང་རོལ་རྩེད་དེའི་གནས་འབབ་ཅུང་མཐོ་རུ་འགྲོ་རྒྱུར་རྒྱབ་སྐྱོར་ཐོབ་པའི་ཡིད་ཆེས་ཡོད།

གཉིས་པ། རོལ་རྩེད་ཀེ་ཏེམ་གྱི་གྲུབ་ཚུལ་སྐོར།

རྩེད་ཆས་དེ་ནི་ཤིང་སྤྱུས་ལེགས་ཀྱིས་བཟོས་པའི་གྲུ་བཞི་ཁ་གང་མའི་དབྱིབས་ཅན་གྱི་སྒྲོམ་དང་། སྒྲོམ་དེའི་ཟུར་སོ་སོ་ནི་ཏུའུ90ཐམ་པ་ཡིན་པའི་དྲང་ཟུར་བཞི་རུ་ཇོ་ཐུགས་པ་པོས་རྒྱག་པའི་ཁུང་བུ་ཆུང་ཆུང་ཚད་ལྡན་དང་། སྒྲོམ་དེའི་མཐའ་བཞི་ru་ཤིང་གང་བྱུང་མ་ཡིན་པར་མཁྲེགས་ཤིང་ལས་གྲུབ་པའི་སྒྲོམ་སྐྱོར་ཚད་ལྡན་ཡོད་ལ་རྒྱབ་ལག་ཀྱང་བརྟན་པོ་སྒྱུར་ཡོད།

ཀེ་ཏེམ་གྱི་མཐའི་རིང་ཚད་ཕྱི་མར་ངོས་རེར་ལིའི་སྨིད99.5བྱས་ཏེ་གྲུ་བཞི་ཁ་གང་མ་སྟེ་ངོས་བཞི་

ཡོད་པ། གཙོ་བོ་ཀེ་ཏེམ་གྱི་མཐའ་ནང་མ་དེ་ངོས་ངོ་མ་དེར་མཐའི་རིང་ཚད་ལིའི་སྨིད85ཡོད་པའི་གྲུ་བཞི་ཁ་གང་མ་ཞིག་ཡིན་ཐོག ཤིང་སྤུས་དག་ཅིང་ངོས་ལྷག་པར་སྐོམས་པའི་ཐོག་ངོས་འཇམ་པོ་ཆགས་བྱེད་ཀྱི་འོད་རྩི་ཡང་བཏང་ཡོད་ལ་ཐིག་ཀྱང་ཚད་ལྡན་རྒྱབ་ཡོད། ཀེ་ཏེམ་གྱི་ངོས་དེའི་དཀྱིལ་དབུས་སུ་སྒོར་མོའི་དབྱིབས་ཅན་གྱི་རི་མོ་ནང་མ་ཆུང་ཆུང་རྡོ་དམར་པོ་འཇོག་སའི་གནས་དང་། སྒོར་མོ་ཕྱི་མ་དེའི་ཐོག་ཀེ་ཏེམ་གྱི་རྡོ་དཀར་པོ་དགུ་དང་ནག་པོ་དགུ། དཀྱིལ་དབུས་ཀྱི་སྒོར་ཐིག་ནང་མ་ཆུང་ཆུང་དེའི་ཐོག་རྡོ་དམར་པོ་གཅིག་ལྷུ་དེ་སྒྲིག་གི་ཡོད་ཅིང་སྒྲོམ་དེའི་ངོས་ཀྱི་ཟུར་བཞི་རུ་ཁུང་བུ་ཆུང་ཆུང་ཚད་ལྡན་རེ་བྲུས་ཡོད་པ་དེ་འབྲུག་ཆ་ཆེ་བའི་རོལ་རྩེད་དེའི་རྡོ་རྣམས་བླུགས་ས་ཡིན་པར་ངེས། དེ་བཞིན་ཀེ་ཏེམ་གྱི་ཐོག་རྩམ་པ་རྩིང་པོ་ཡིན་པ་ཏོག་ཙམ་མ་བཤོས་ཚེ་ཨ་ཊ[2](རྒྱག་རྡོ)དང་ཤིང་བཙར་སྐབས་རྣ་བར་སྒྲ་དེ་ཙམ་མི་སྙན་ལ་ཀེ་ཏེམ་གྱི་རྡོའང་དེ་ཙམ་གྱིས་རྒྱུག་པོ་རང་ཡོང་གི་མེད། ཀེ་ཏེམ་གྱི་མཐའ་བཞིའི་རིང་ཚད་ཚད་ལྡན་དང་ཨ་ཊ(རྒྱག་རྡོ)གཞུ་སའི་མཐའ་སྒྲོམ་མཁྲེགས་ཤིང་གི་མཐོ་ཚད་སྤྱིར་ལིའི་སྨིད1.2དགོས་པ། ཚད་ལྡན་ཀེ་ཏེམ་གྱི་ངོས་དེར་འཚམ་པའི་ཚོན་རྩི་དང་ལྷག་པར་དུ་རྡོ་བླུགས་སའི་ཁུང་བུ་ཚད་ལྡན་དང་དེ་ལ་ལྟོས་སའི་སྒོར་མོའི་མཐའ་འཁོར་ལ་མཁྲེགས་ཤིང་གཏོང་དགོས་པ་མ་ཟད་ཤིང་སྤུས་དག་གི་རྡོ་དང་། རྒྱག་རྡོ་ཚད་ལྡན་དགོས་པ་བཅས་ལ་ཡིད་གཟབ་བྱས་ནས་གཙོ་བོ་ཀེ་ཏེམ་བཟོ་མཁན་ཉམས་མྱོང་ཕུན་སུམ་ཚོགས་པའི་ཤིང་བཟོ་བའི་འགྲམ་ནས་མངགས་ཉོ་བྱས་ན་ལེགས་སྙམ།

གསུམ་པ། ཀེ་ཏེམ་རྒྱག་པའི་བརྒྱུད་རིམ་ནང་ཞིབ་ཕྲའི་ཐབས་ཇུས་དང་། ལག་རྩལ་ཇི་ལྟར་སྤྱད་དགོས་མིན་གྱི་ཤེས་བྱ་ཕྲན་བུ་བློས་གང་དཔོག་གིས་ངོ་སྤྲོད་ཞུ་རྒྱུ་གཤམ་གསལ།

རོལ་རྩེད་པ་བཞིའམ་གཉིས་ཕན་ཚུན་ཀེ་ཏེམ་གྱི་རོལ་རྩེད་ལ་འཛུལ་སྐབས་ཐོག་མར་སུས་སྔོན་ལ་རྡོ་གཏོར་དགོས་མིན་དེ་རོལ་རྩེད་པ་ཕྱོགས་གཉིས་ཡོད་པ་གཅིག་ཤོས་དེས་རྡོ་དཀར་ནག་རེ་སྦས་ཏེ་གཞན་ཕྱོགས་ལ་བདམས་བཅུག་པ་ལས་རྡོ་དཀར་པོ་སུས་བདམས་ཀྱང་དེས་རྡོ་སྔོན་ལ་གཏོར་དགོས་ཀྱི་ཡོད།

དེའི་ཚེ་ན་སྔོན་ལ་རྡོ་དཀར་པོ་རྒྱག་མཁན་དེས་ཀེ་ཏེམ་གྱི་དཀྱིལ་དབུས་ཐིག་ནང་མ་སྒོར་ཆུང་དེའི་ནང་རྡོ་དམར་པོ་གཅིག་ལྷུ་དེ་གཞག་དགོས་ཤིང་དེའི་མཐའ་འཁོར་དུ་གཏན་འབེབས་ཡོད་པ་བཞིན་རྡོ་དཀར་ནག་གཉིས་སྒྲིག་གི་ཡོད། རྡོ་སྒྲིག་ཕྱོགས་ཀྱི་ཐབ་བུའི་ཁྱད་པར་གྱིས་ཀྱང་ཐོག་མར་རྡོ་དཀར་པོ་གཏོར་མཁན་དེས་ཨ་ཊ་གཞུས་ནས་རྡོ་དཀར་པོ་མང་བ་སྒོར་ཐིག་ཕྱི་མ་ལས་གྲོལ་བ་བྱུང་ལ་ཤུགས་ཚད་སྒོམས་ཤིང་གནད་ལ་འཁེལ་པོ་བྱུང་ན་དུས་གཅིག་ཏུ་བསྡུད་མར་རྡོ་དཀར་པོ་གཉིས་རང་ངོས་ཀྱི་གཡས་གཡོན་དུ་ཡོད་པའི་ཁུང་བུ་ཆུང་ཆུང་དེའི་ནང་འཛུལ་གྱི་ཡོད། རྡོ་ནག་པོ་དགུ་དང་དཀར་པོ་དགུ་

སྔོར་ཐིག་ནང་མ་ཆུང་ཆུང་དེའི་ཐོག་རྡོ་དམར་པོ་གཅིག་བཅས་ཁྲོན་བསྐོམས་པའི་རྡོ19སྒྲིག་དགོས་ཀྱི་ཡོད། རྒྱག་རྡོ་ཐིག་གི་ཐོག་ཚད་རན་པོ་བཞག་ཐོག་རྡོ་དཀར་པོ་རྒྱག་མཁན་དེས་ཐོག་མར་རྡོ་གཏོར་དུས་ཨ་ཏ་རྡོ་ལ་མ་ཕོག་ཚེ་བསྐྱར་དུ་རྡོ་གཏོར་ན་འགྲིག ཀེ་ཏེམ་གྱི་རོལ་རྩེད་དེར་རྒྱུས་མངའ་ཡེ་ནས་མེད་པའི་སྐྱེ་བོ་ཞིག་གི་ངོས་ནས་བརྗོད་ན། སྤྱིར་ན་ཀེ་ཏེམ་རྒྱག་པའི་བརྒྱུད་རིམ་ནང་གི་ངོ་མཚར་ཆེ་བའི་ཐབས་ཇུས་དང་། ལག་རྩལ་གང་འདྲ་བཏོན་དགོས་མིན་གསལ་པོ་ཞིག་རྟོགས་པར་དཀའ། དེ་ལས་ལྡོག་སྟེ་རོལ་རྩེད་དེར་མཉེས་པོ་གནང་མཁན་རྒྱུས་མངའ་ཅུང་ཆེ་ཞིང་འགྲོ་ལུགས་མཁྱེན་མཁན་ཞིག་གི་ངོས་ནས་ཞུས་ན་རོལ་རྩེད་དེར་གཟིགས་པའི་གནས་སྐབས་སུ་སྤྲོ་སྣང་དབང་མེད་དུ་སྐྱེས་ཤིང་། ངལ་དུབ་ཀྱང་སེལ་བའི་ནུས་པ་ཐོན་སྲིད་པས་རོལ་རྩེད་དེའི་ཁྱད་འཕགས་རང་བཞིན་གྱིས་སྐྱེ་བོ་དག་ལ་སྤྲོ་སྣང་སྟེར་བ་མཚོན།

རོལ་རྩེད་དེ་དངོས་སུ་རོལ་བའི་སྐབས་ཕར་ཕྱོགས་དེ་ཐབས་ཇུས་དང་ལག་རྩལ་ཐད་བྱང་ཆུབ་པ་ཞིག་དང་ཐུག་ཚེ་རོལ་རྩེད་པ་གཅིག་ཤོས་ལག་རྩལ་ཐད་ཅུང་ཞན་པ་དེས་གང་ཐུབ་ཅི་ཐུབ་དང་ཕར་ཕྱོགས་ཀྱི་རྡོ་འགྲོ་སའི་ཐིག་ལམ་བཀག་སྟེ་ཕོ་པར་འགོག་རྐྱེན་བཟོ་གིན་གོ་སྐབས་བྱུང་འཕྲལ་རང་གི་རྡོ་གླུག་ཐུབ་པ་བྱས་ནས་རྒྱག་བཞིན་པའི་གནས་སྐབས་སུ་རྡོ་གང་ཉུང་ལག་པར་ཐུག་ཚེ་སྔོར་ཐིག་ནང་མའི་ཐོག་བཞག་དགོས། ཀེ་ཏེམ་ནི་སྨྲོམ་སྟེགས་སྤྱི་ལོ་ལྟར་གྱི་གོང་ཚད་ཐད་མ་གནས་མཐོ་པོ་མ་ཡིན་པས་རོལ་རྩེད་པ་གཉིས་མ་གཏོགས་གསུམ་དང་བཞི་ཡིས་སྤྱིར་རྩེད་སྲོལ་མེད་ལ། ལངས་ནས་སྨྲོམ་སྟེགས་སྤྱི་ལོ་བཞིན་སྔོར་བ་བརྒྱབ་ནས་རྒྱག་དགོས་པའང་མ་ཡིན་ཞིང་། ཀེ་ཏེམ་ནི་དལ་དལ་ལྷོད་ལྷོད་དང་རྐུབ་སྟེགས་སམ་འབོལ་གདན་སོགས་ཀྱི་ཐོག་བསྡད་ནས་རང་རང་གི་ཁྱིམ་དུའང་རྩེད་ཆོག ལྷག་པར་དུ་དབྱར་དུས་གླིང་ཁར་སྤྲོ་སྐྱིད་གཏོང་དུས་འཁྱེར་བདེ་ཞིང་སྐབས་བདེ་བ་ཞིག་ཀྱང་ཡིན།

རོལ་རྩེད་པས་ཀེ་ཏེམ་རྒྱག་སྐབས་ཀྱི་གནད་འགག་གཙོ་བོ་ནི་རང་གི་མཛུབ་མོས་རྒྱག་རྡོར་གཞུ་བའི་ཤུགས་ཚད་ལས་ཁུང་བུའི་ནང་རྡོ་གནད་འཁེལ་དུ་གླུག་ཐུབ་མིན་གྱི་ཁྱད་པར་ཐོན་སྲིད། དེར་བརྟེན་རྒྱག་རྡོ་དམ་ལྷོད་ཀྱི་ཤུགས་ཚད་རན་པོ་ཡོད་མཁན་གྱི་རོལ་རྩེད་པ་དེ་ཀེ་ཏེམ་རྒྱག་རྩལ་ཐད་སྦྱངས་པ་ཆེ་ཙམ་ཡོད་པ་མཚོན་ཐུབ།

གཞན་ཡང་རོལ་རྩེད་བྱེད་པའི་ཕྱོགས་གཉིས་པོས་རྡོ་གང་ཞིག་སྔོན་ལ་རྒྱག་དགོས་མིན་དང་རྡོའི་ཁ་ཕྱོགས་གང་དུ་རྒྱག་རྡོ་གཞུ་དགོས་མིན་གྱི་རང་རང་སོ་སོའི་བློ་རྩལ་གཏོན་དགོས་པ་དེའང་གནད་འགག་ཆེ་བ་ཞིག་རེད་འདུག་སྙམ། རོལ་རྩེད་པ་གཉིས་འགྲན་བསྡུར་བྱེད་པའི་ནང་མཐར་ཕན་ཚུན་སོ་སོའི་རྡོ་དཀར་ནག་རེ་རེ་དང་། སྤྱི་པའི་རྡོ་དམར་པོ་དེ་རང་ལས་ལྷག་མེད་པའི་སྐབས་སུ་ངེས་པར་སྔོན་ལ་རྡོ་དམར་པོ་དེ་གང་ཐུབ་ཀྱིས་ཐག་གཅོད་བྱས་ནས་རྡོ་དམར་པོ་དེ་བདེ་བླག་དང་གླུགས་ཟིན་ངེས

རྒྱབ་འདེགས་ཞེས་རང་གི་རྗེ་གཅིག་པུ་དེ་འཕྲུལ་མར་བླུགས་དགོས། རོལ་རྩེད་པ་ཕྱོགས་གཉིས་པོའི་རྒྱལ་ཕམ་གྱི་ཐག་གཅོད་དེ་རྗེ་དཀར་ནག་གང་ཞིག་བརྒྱབ་ཀྱང་རོལ་རྩེད་པ་སོ་སོའི་རྗེའི་སྐར་གྲངས29བར་སྟོན་དུ་འགྲོ་ཐུབ་པ་བྱ་རྒྱུ་དེ་ཡིན། རྗེའི་སྐར་གྲངས་རྩིས་སྟངས་ནི་རྗེ་དཀར་ནག་རེ་རེར་སྐར་མ1དང་། རྗེ་དམར་པོ་དེར་སྐར་མ5བརྩིས་ཀྱི་ཡོད། རོལ་རྩེད་པ་སུ་འདྲ་ཞིག་གིས་སྟོན་དུ་རྗེའི་སྐར་གྲངས29ལ་སླེབས་ན་དེར་རྒྱལ་ཁ་ཐོབ་པར་བརྩིས་ཀྱི་ཡོད།

རོལ་རྩེད་དེར་འཇུག་པའི་བྱ་རིམ་ནང་རོལ་རྩེད་པ་སོ་སོའི་རིག་སྟོབས་དང་། ཐབས་ཇུས། ལག་རྩལ་ཐད་ཀེ་བག་གང་ཙམ་ཡོད་ཚེ་རོལ་རྩེད་པ་གཅིག་གི་རང་སོ་སོའང་རྗེའི་སྐར་གྲངས29ལ་སླེབས་ཟིན་ཡང་གཅིག་ཤོས་དེར་རྗེའི་སྐར་གྲངས་གཅིག་ཀྱང་མ་ཐོབ་པ་ན་གཅིག་མེད་ཅེས་བརྗོད་ཅིང་མཐའ་འཁོར་ལྟད་མོ་བལྟ་མཁན་གྱིས་འཕྱ་བའམ་རང་སོ་སོའང་རེ་ཞིག་ངོ་ཚ་བའི་གནས་སུའང་གྱུར་གྱི་ཡོད།

རོལ་རྩེད་ཀྱི་རྣམ་གྲངས་ལས་ཀེ་ཏེམ་རྒྱག་པའི་བརྒྱུད་རིམ་ནང་གླིར་གྱེམ[3]གཅིག་རྒྱག་སྲོལ་ཡོད། དེའང་གྱེམ་གཅིག་ལ་རྗེའི་སྐར་གྲངས29ལོན་དགོས་ཤིང་ཡང་སྔོས་སུ་རོལ་རྩེད་པ་སྐྱེ་བོ་མང་པོ་སྨྲུག་སྡོད་བྱེད་པའི་སྐབས་སུ་རྒྱག་འཁོར་གཅིག་ཀྱང་རྒྱག་སྲོལ་ཡོད། གྱེམ་རྒྱག་སྐབས་རང་རང་སོ་སོའི་རྗེའི་སྐར་གྲངས་བརྩིས་ནས་རྗེའི་སྐར་གྲངས22བར་རྗེ་དམར་པོར་སྐར་གྲངས5བརྩི་སྲོལ་ཡོད་པ་དང་། རྗེའི་སྐར་གྲངས23ནས་སྐར་གྲངས29བར་རྗེ་དམར་པོར་སྐར་གྲངས1ལས་བརྩི་སྲོལ་མེད་སྟབས། རོལ་རྩེད་པ་ཕན་ཚུན་གཉིས་པོས་རང་རང་སོ་སོའི་རྗེ་འགྲོ་སའི་ཐིག་ལམ་བཀག་པའི་འགོག་རྐྱེན་སྣ་ཚོགས་སེལ་གྱིན་དུ་རང་ཉིད་ཀྱི་རྗེའི་སྐར་གྲངས22ལ་སླེབས་གང་ཐུབ་ཀྱི་བརྩོན་ལེན་དང་། ཐབས་བརྒྱ་ཇུས་སྟོང་གིས་ཕར་ཕྱོགས་ཀྱི་རོལ་རྩེད་པ་དེའི་རྗེའི་སྐར་གྲངས23ལ་གཏོང་གང་ཐུབ་བྱེད་བཞིན་དུ་མཆིས། སྐབས་འགར་འབྲུག་ཆ་དོད་པའི་བརྒྱུད་རིམ་དེའི་ནང་ཀང་བཙུགས་ནས་རྒྱག་རྗེ་ཁུང་བུའི་ནང་བླུགས་ཏེ་རང་གི་རྗེ་ཡར་བཏོན་ནས་སྐར་གྲངས་འགྲོ་ཚད་ཚོད་འཛིན་བྱེད་ཀྱི་ཡོད།

མདོར་ན་ཀེ་ཏེམ་གྱི་འགྲན་བསྡུར་དངོས་གཞིའི་དུས་སྐབས་དེའི་གཙོ་སྐྱོང་གནང་མཁན་གྱི་ཚན་པ་དེ་གའི་གཏན་འབེབས་ཁག་ལ་སྲུང་བརྩི་ཞུ་དགོས་ཀྱི་ཡོད། ཀེ་ཏེམ་འགྲན་བསྡུར་བྱེད་པའི་བྱ་རིམ་ནང་རང་རང་སོ་སོས་རང་འགུལ་དང་ངོ་མཚར་ཆེ་བའི་རྩེད་རྩལ་གྱི་ལག་རྩལ་དང་ཐབས་ལམ་སྣ་ཚོགས་ལ་བརྟེན་ནས་སྐར་གྲངས་བརྩོན་ལེན་བྱེད་པ་དང་སྦྲགས་ཆབས་ཅིག་མི་རྣམས་ལ་སྤྲོ་སྣང་དཔག་མེད་སྐྱེར་བ་ནི་ཅི་འདྲའི་ངོ་མཚར་ལྡན་པ་ཞིག་མ་ཡིན་ནམ། དཔེར་ན་ཨེའི་རྒྱག་པ། བཀོག་ཤོལ་རྒྱག་པ། ཅོབ་ལ་གཞུ་བ། ཏིག་ཏོབ་རྒྱག་པ། ཐབ་བླུག་རྒྱག་པ། སེ་ཀྲི་རྒྱས་པ།(གོང་གསལ་ཨེའི་རྒྱག་པ་སོགས་མིང་ཚིག་འགའ་ཞིག་ནི་རོལ་རྩེད་འདིར་འཇུག་སྐབས་སུ་སྤྱོད་པའི་རྒྱ་གར་ནས་དར་བའི་ཕྱི་རྒྱལ་གྱི་ཐ་སྙད་ཁ་རྒྱུན་དུ་ཆགས་པ་ཡིན།) གཞན་ཡང་བསམ་ཡུལ་ལས་འདས་པའི་རྩེད་མཚར་ཅི་ཡང་འབྱུང་སྲིད་པ་སོགས་རྨང་གཞི་དེའི་ཐོག་ལག་ལེན་དངོས་ཀྱི་

ཁྲིད་དུ་གོམ་པ་རིམ་བགྲོད་ཀྱིས་སྦྱོང་བརྡར་བྱས་པ་བརྒྱུད་རིག་སྟོབས་དང་། ཐབས་རྩུས། ལག་རྩལ་བཅས་པ་ཇེ་མཐོ་ཇེ་མཐོར་འགྲོ་གི་ཡོད། རོལ་རྩེད་པ་ཕན་ཚུན་གཉིས་ཀས་གཅིག་གིས་གཅིག་ཤོས་དེའི་རྡོ་འགྲོ་སའི་ཐིག་ལམ་བཀག་ནས་རྡོ་ལ་གནད་འཕེལ་པོ་དང་ཤུགས་ཚད་རན་པོ་གཞུ་ཐུབ་ན་རང་གི་རྡོ་ བླུག་པའི་མྱུར་ཚད་ཀྱང་དེ་བས་མགྱོགས་པོ་ཡོད།

ཀེ་ཏེམ་རྒྱག་པའི་བརྒྱུད་རིམ་ནང་རྡོ་དཀར་ནག་དམར་གསུམ་གང་ཉུང་སྒྲིམ་གྱི་ཕྱིར་ཐོར་ཆེ། ཐོག་མར་ཐོར་བའི་རྡོ་དེའི་ཐོག་གོ་རིམ་བཞིན་གཅིག་ཐོག་གཅིག་བརྩེགས་བྱེད་དགོས། གལ་ཏེ་རྒྱག་རྡོ་མཐའ་བཞིའི་ཁུང་བུ་གང་ཉུང་ནང་འཛུལ་ན་དཀྱིལ་དབུས་ཀྱི་སྐོར་ཐིག་ཕྱི་མའི་ནང་རོལ་རྩེད་པ་གཅིག་ཤོས་དེས་ཕ་རོལ་གྱི་རྡོ་རྐང་གཅིག་ཁུང་བུ་ལས་བཏོན་ཏེ་རང་འདོད་ལྟར་བཞག་ཆོག་ཅིང་། ཡིད་གཟབ་བྱེད་དགོས་པའི་ཐད་རོལ་རྩེད་པ་སུ་ཡིན་ནའང་རང་འགུལ་གྱིས་རྒྱག་རྡོ་གཞག་སའི་ཐིག་ནག་པོ་ཟིན་དགོས་ཤིང་ལག་པའི་གྲུ་མོ་སྒྲིམ་གྱི་ཐོག་རང་སྟང་གང་ཤར་དུ་བཞག་ན་མི་འགྲིག་ལ་རྒྱག་རྡོ་ལག་མགོ་ནས་གློད་ཐེངས་གཅིག་ལས་གཉིས་པ་མེད།

ཀེ་ཏེམ་ཞེས་རོལ་རྩེད་ཁྱད་དུ་མཚར་བ་དེ་སྐྱེ་བོ་ཏན་གཞོན་སུ་འདྲ་ཞིག་གིས་རྩེད་ནའང་འགྲིག་ཅིང་། སྤྱིར་འཛམ་གླིང་ཐོག་གི་ལུས་རྩལ་རྣམ་གྲངས་ཁག་མང་པོ་དབྱར་གྱི་ཆུ་གཏེར་རྒྱས་པ་བཞིན་འཕེལ་རྒྱས་འགྲོ་བཞིན་པ་དང་། ཆབས་ཅིག་རང་རྒྱལ་བུད་མེད་ཀྱི་ལུས་རྩལ་རྣ་གྲངས་ཀྱང་དེ་བས་འཕེལ་རྒྱས་ཆེན་པོ་ཕྱིན་ནས་རྣམ་གྲངས་འགའ་ཞིག་གིས་ཚད་མཐོའི་འཛམ་གླིང་ལུས་རྩལ་འགྲན་ཚོགས་ཀྱི་མདུན་གྲལ་དུ་སླེབས་པ་དང་ཡུལ་བྱུང་བུད་མེད་ལུས་རྩལ་པ་མང་པོ་བདམས་ཐོན་བྱུང་ཡོད། དེ་ལྟར་ན་བོད་ལྗོངས་ཀྱི་བུད་མེད་ཚོས་མང་ཚོགས་རང་བཞིན་ལྡན་པའི་ལུས་རྩལ་བྱེད་སྒོ་ཁག་ལ་དགའ་ཞེན་གྱིས་ཀེ་ཏེམ་སོགས་རོལ་རྩེད་ལ་ཞུགས་ན་མི་འགྲིག་པ་ཅི་ཡོད་སྙམ།

ལྷག་པར་དུ་བོད་ལྗོངས་ཀྱི་འབྲེལ་ཡོད་མི་རིགས་ལུས་རྩལ་སྡེ་ཚན་གྱིས་ཀྱང་ཉེ་ལམ་ཀེ་ཏེམ་གྱི་རོལ་རྩེད་འདི་དམངས་ཁྲིད་ཀྱི་ལུས་རྩལ་རྣམ་གྲངས་ཤིག་ཏུ་བརྩིས་གནང་སྟེ། ཉེ་ལམ་ལྷ་སར་སྤྱི་ཚོགས་ཐོག་ཀེ་ཏེམ་རྒྱག་མཁས་པ་རྣམས་སྒྲིག་འཛུགས་གནང་སྟེ་ལོ་འཁོར་མར་འགྲན་བསྡུར་བྱེད་སྒོ་ཐེངས་གཅིག་སྤེལ་བ་དེས་ཀྱང་ཀེ་ཏེམ་ལ་ཐུགས་མཉེས་པོ་ཡོད་པའི་སྤྱི་ཚོགས་ཐོག་གི་རོལ་རྩེད་པའི་སྤྲོ་བ་ཅིག་ཅར་དུ་འཕེལ་ཞིང་། ཡ་རབས་ཀྱི་ངོ་བོ་ལྡན་པའི་རོལ་རྩེད་ཀྱི་བྱེད་སྒོ་འཐུས་ཚང་དུ་འགྲོ་རྒྱུར་དགོས་ངེས་ཀྱི་ཕན་ནུས་དེ་ཐོན་འདུག་སྙམ། གཞན་ཡང་སྤྱིར་ཟླ་ཁང་གང་ཉུང་ཞིག་གི་ནང་དུ་རོལ་རྩེད་པ་ཀེ་ཏེམ་སྐྱོན་མཁན་ཕྱོགས་གཉིས་པོས་སྔར་སྲོལ་ལྟར་དེང་སྐབས་ཀྱང་ཇ་མངར་མོ་ཉོས་ཏེ་རྩེད་མོ་འཁྲུག་ཆ་དོད་པའི་ཆེད་རྒྱན་འཛུགས་བྱེད་ཀྱི་ཡོད་པ་དེའང་། ཀེ་ཏེམ་སྐྱོན་མཁན་ཁོ་ནས་མཆོད་པ་ཞིག་མ་ཡིན་པར་ཉེ་འཁོར་གྱི་གཟིགས་མོ་བ་ཚང་མས་མཉམ་དུ་གསོལ་ཇ་མཆོད་ཀྱི་ཡོད་པ་དེ་ནི་ཐུན་མོང་གི་འཚོ་བའི་

ཡ་རབས་ཀྱི་ཚ་ཤས་སུ་མི་གཏོགས་སམ། དེ་ལྟར་གཟིགས་མོ་བ་རྣམས་ཀྱིས་སྤྲོ་སྣང་དོད་ཅིང་དགོད་བྲོ་བའི་རྣམ་འགྱུར་ཅི་དགའ་བསྟན་ནས་རོལ་རྩེད་པ་གཉིས་པོར་གཡས་གཞོགས་གཡོན་འདེགས་ཀྱིས་རིག་སྟོབས་དང་། ཐབས་ཇུས། ལག་རྩལ་ཐད་འཁྲིལ་བ་ཡོད་པའི་སྐོར་གྱི་ཀུ་ཅོ་ཐུར་སྒྲ་དང་བཅས་གླིང་མོལ་ལྷུག་པོར་གནང་བཞིན་དུ་སྤྲོ་བ་འཕེལ་བའི་སྣང་ཚུལ་མང་དག་མཆིས་པ་དེ་ནི་རོལ་རྩེད་དེའི་ཐུན་མོང་མ་ཡིན་པའི་ཁྱད་ཆོས་ཤིག་ཏུ་གྱུར་ཡོད།

མདོར་ན། ཁོ་བོས་བྲིས་པའི་རོལ་རྩེད་ཀེ་ཊེམ་གྱི་ཕན་ནུས་དང་། ཁྱད་ཆོས། དེ་བཞིན་རྒྱག་སྟངས་སྐོར་གྱི་རྣང་གཞིའི་ཤེས་བྱ་ཕྲན་བུ་ངོ་སྤྲོད་ཞུ་ཁུལ་བྱས་ཀྱང་ལག་ལེན་དངོས་ཀྱི་ཁྲིད་དུ་ཁ་རྒྱུན་དུ་ཆགས་པའི་ཕྱི་རྒྱལ་གྱི་མིང་ཚིག་འགའ་ཞིག་ཀྱང་ཐོན་བཞིན་ཡོད་ནའང་། ཁོ་བོའི་ཆུ་ཚད་དང་སྦྱོང་ཚོར་དམན་པའི་རྐྱེན་གྱིས་དེ་དག་རེ་རེ་བསེད་དཀྲོལ་དང་ད་དུང་གཞུང་ཚ་ཚང་པོ་ཞིག་ཆགས་མེད་སྟབས་ཀེ་ཊེམ་ལ་ཐུགས་མཉེས་པ་དག་གམ་གཟུར་གནས་མཁས་པ་ཇི་སྙེད་ཀྱིས་གཞུང་འདི་རྣང་གཞི་བྱས་པའི་ཐོག་ད་དུང་འཕྲུས་སྐྱོ་ཚང་དུ་འགྲོ་ཕྱིར་རྩ་ཆེའི་དགོངས་འཆར་ཆུ་བོའི་རྒྱུན་བཞིན་ཡོད་པའི་རེ་བ་ཞུ།

མཆན།

[1] ཀེ་ཊེམ། ཀེ་རིམ་ཡང་ཟེར། རྒྱ་གར་ནས་དར་བའི་ཐ་སྙད་ཅིག་སྟེ་ད་ལྟ་ཁ་རྒྱུན་དུ་དེ་ལྟར་ཟེར་བཞིན་ཡོད།

[2] ཨ་ཏ། མཁྲིགས་ཤིང་ལས་གྲུབ་པའི་ཀེ་ཊེམ་རྒྱག་སྐབས་ཀྱི་རྒྱག་རྡེ་ལ་ཟེར།

[3] གྱིམ། དབྱིན་སྐད་ཡིན་པ་སྟེ་སྤྱིར་རོལ་རྩེད་ཀྱི་མིང་ལ་འཇུག་པའི་ཐད་སྙད་ལ་གོ། འདིར་གྲངས་ཉེར་དགུ་ལ་སླེབས་ན་གྱིམ་གཅིག་ཅེས་བརྗོད་ཀྱིན་ཡོད།

《སྤྲང་རྒྱན་མེ་ཏོག》 ༢༠༠༠ལོའི་དེབ་གཉིས་པ་ལས་བཏུས།

༄། །བོད་ཀྱི་སྲོལ་རྒྱུན་མདའ་རྩེད་རིག་གནས་ཀྱི་བྱུང་འཕེལ་བཤད་པ།

གཙོད་པ་དོན་གྲུབ།

དེ་ཡང་འཛམ་གླིང་ཟླུམ་པོའི་ཡང་རྩེར་གྲགས་པའི་མདོ་དབུས་མཐོ་སྒང་འདིར་གནའ་སྔ་མོ་ནས་བཟུང་གངས་ཅན་བོད་པ་མི་རིགས་འདི་འདུས་སྡོད་བགྱིས་ཡོད་ཅིང་། ཕོང་རྣམས་ཀྱིས་རི་དྭགས་བཏུལ་ནས་སྒོ་ཕྱུགས་ལ་བསྒྱུར་བ་དང་ས་རྐོད་བཏུལ་ནས་ལོ་ཏོག་འདེབས་པའི་ཞིང་སར་བསྒྱུར་ནས་མི་རབས་ནས་མི་རབས་འཚོ་བ་རོལ་བཞིན་མཆིས། ལོ་རྒྱུས་ཀྱི་ཆུ་རྒྱུན་རིང་མོའི་ཁྲོད་དུ་གདོད་མའི་ཆོས་ལུགས་དང་མིས་བཟོས་ཆོས་ལུགས་བཅས་ཀྱིས་མིའི་བསམ་བློ་དང་རིག་གནས། ཡུལ་སྲོལ་གོམས་འདྲིས་ལ་སོགས་པར་ཤན་ཤུགས་གཏིང་ཟབ་ཐེབས་དང་ཐེབས་བཞིན་ཡོད་པ་མི་རྣམས་ཀྱིས་མཁྱེན་གསལ་ལྟར་རེད། བོད་གངས་ཅན་གྱི་མངོན་པར་མཐོ་བའི་བཙུ་ཕྲག་རིག་གནས་ཀྱི་བྱེ་བྲག་སྟེ། གསོ་བ་རིག་པ་དང་སྐར་རྩིས་རིག་པ། བཟོ་རིག་པ། རྩོམ་རིག ཟློས་གར། གཞས་བྲོ། ལུས་རྩལ་སྦྱོང་བརྡར་བཅས་སྣ་མང་རང་མི་རིགས་ལ་ཡོད་པ་མ་ཟད། ཁྱད་འཕགས་ཀྱི་ཁྱད་ཆོས་ཀྱང་ལྡན་ཞིང་། རིག་གནས་ཀྱི་གཏིང་ཟབ་མོ་ཆགས་ཡོད། དམངས་ཁྲོད་དུ་དར་རྒྱ་ཆེ་བའི་བོད་པའི་སྲོལ་རྒྱུན་རྟ་རྒྱུག་དང་གཡག་རྒྱུག སྒྱུ་རྩལ། མདའ་རྩེད། འཁྱིག་རྩེད། སྤོ་ལོ། འཇུ་རེས་བཅས་པའི་ལུས་རྩལ་སྦྱོང་བརྡར་བྱ་འགུལ་བཅས་པ་བོད་མི་རིགས་འདི་འཕེལ་རྒྱས་བྱུང་བའི་ལོ་རྒྱུས་ཀྱི་བརྒྱུད་རིམ་ཁྲོད་དུ་གསོ་སྐྱོང་གནང་བའི་རིན་ཆེན་མུ་ཏིག་རེ་རེ་རེད་ཟེར་ཆོག མདའ་རྩེད་ལ་དཔེ་བཞག་ན་བོད་རིགས་སྲོལ་རྒྱུན་གྱི་ལུས་རྩལ་སྦྱོང་བརྡར་གྱི་བྱ་འགུལ་ཞིག་ཡིན་ལ། དེར་འགྲན་སྡུར་དང་སྒྲོ་རྩེད་ལྷན་དུ་འཛོམས་པ་ལས་གཞན། བོད་རིགས་ཕོ་གསར་ཚོའི་ཐེབ་རྩལ་དང་སྟོབས་ཤུགས། སྙིང་སྟོབས་བཅས་པ་འགྲན་སྡུར་བགྱིད་པ་དང་མང་ཚོགས་སྐྱེས་ཕོ་མོ་རྒན་གཞོན་རྣམས་ཀྱང་སྒྲོ་རྩེད་ལ་ཞུགས་པའི་རྒྱུན་ལྡན་གྱི་ཐུན་མོང་གི་བྱ་འགུལ་ཞིག་ཀྱང་ཡིན། འཇའ་ཚོན་སྣ་ལྔས་སྤྲས་པའི་གཡང་མདའ་དཀར་མོས་ལོ་རྒྱུས་ཀྱི་ཐྲིན་རིམ་བརྩོལ་ནས་གསེར་འོད་ལམ་ལམ་འཕྲོ་བཞིན་པ་ལས། གནའ་རབས་བོད་བཙན་པོའི་སྐབས་ཀྱི་དཔའ་བོའི་རྟུལ་ཕོད་དང་བརྗིད་ཉམས་མཐོང་ཐུབ་ལ། ཤུགས་ལྡན་གྱི་ཞབས་རྟུང་དང་། སྒྲོ་ལྡན་གྱི་གི་སྒྲ། ལྷན་འཛོམས་ཀྱི་དམངས་གླུ་བཅས་ལས་ལྷོག་ལྷོག་ཏུ་འཕྱུར་བའི་གངས་ལྗོངས་བོད་པ་རྣམས་ཀྱི་ཉམས་མེད་ཀྱི་ཚེ་སྲོག་ཀྱང་

མཚོན་ཐུབ།

དང་པོ། མདའ་རྩེད་ཀྱི་བྱུང་རབས།

བོད་ཀྱི་གནའ་རབས་ཀྱི་ཡིག་ཆ་ལས་གསལ་བ་ལྟར་ན། མདའ་གཞུ་ནི་གདོད་མའི་སྤྱི་ཚོགས་སྐབས་སུ། གནའ་མི་རྣམས་ཀྱི་རི་དྭགས་རྔོན་བྱེད་ཀྱི་ལག་ཆ་ཞིག་ཡིན་པ་མ་ཟད་རང་ཉིད་སྲུང་སྐྱོབ་བྱེད་སྤྱོད་ཀྱི་མཚོན་ཆའི་རིགས་ཤིག་ཀྱང་ཡིན་གསུངས། སྤྱི་ཚོགས་འཕེལ་རྒྱས་ཀྱི་གོམ་སྟབས་དང་བསྟུན་ནས་རིམ་གྱིས་མདའ་གཞུའི་བཀོལ་སྤྱོད་ཀྱི་ཁ་ཕྱོགས་ལ་འགྱུར་ལྡོག་བྱུང་སྟེ་ཁྱབ་བརྡལ་ཆེས་ཆེ་ཞིང་། ཞུགས་མཁན་གྱི་མི་གྲངས་ཆེས་མང་བའི་ལུས་རྩལ་སྦྱོང་བརྡར་གྱི་རྣམ་གྲངས་ཤིག་ཏུ་གྱུར། གནའ་རབས་ཀྱི་མི་རྣམས་ཀྱིས་མདའ་གཞུ་བཀོལ་སྤྱོད་ཐོག་མ་ཤེས་བྱུང་བ་དེས། མི་རྣམས་ཀྱིས་སྐྱེ་དངོས་ཀྱི་འགུག་ནུས་དང་མིའི་དཔུང་ཤུགས་ཟུང་འབྲེལ་བྱེད་པ་དང་། རིམ་གྱིས་བྱ་འགུལ་གྱི་ནུས་རྩལ་མཐོར་འདེགས་བཏང་སྟེ། རང་སྲུང་ཕར་འདུལ་གྱི་ལས་ལ་ཞུགས་པ་དེ་ནི་འགྲོ་བ་མིའི་རིགས་ཀྱིས་ཐོག་མར་རྣམ་པ་མི་གཅིག་པའི་སྟོན་ཐོན་གྱི་ཡོ་བྱད་ཅིག་བཀོལ་སྤྱོད་བྱེད་ཤེས་ཤིང་། འགྲོ་བ་མིའི་རིགས་ཀྱིས་རང་བྱུང་ཁམས་འདུལ་བའི་ནུས་ཤུགས་སྔར་ལས་འཕུར་མཆོང་ཆེན་པོ་བྱུང་བ་གསལ་པོར་མཚོན་ཡོད། བོད་པའི་མདའ་གཞུ་རྒྱ་ཆེར་བཀོལ་བའི་དུས་ནས་གདོད་མའི་སྤྱི་ཚོགས་སྐབས་ཀྱི་དབང་མཛད་བཅུ་གཉིས་ཏེ་གནོད་སྦྱིན་ནག་པོས་དབང་བསྒྱུར་སྐབས་ཡིན་པ་ཀུན་ཏུ་གྲགས། ད་ལྟ་མཁས་པ་བགྲེས་གཞོན་རྣམས་ཀྱིས་ཀྱང་མདའ་གཞུ་ནི་གདོད་མའི་དབང་མཛད་བཅུ་གཉིས་ཀྱིས་དབང་མཛད་པའི་སྐབས་སུ་བྱུང་བ་ཡང་བཞེད་པ་གཅིག་མཐུན་རེད། 《ལྡེའུ་ཆོས་འབྱུང》ལས། "ལག་ཆར་མདའ་གཞུ་འཕེན་པ་དེ་ནས་བྱུང་། །སྟ་རེ་དགྲ་སྟ་དུས་དེར་ལག་ཆ་བྱུང་། །ལག་ཆ་ཁ་ཊྭཾ་ཙེ་གསུམ་དེ་ནས་བྱུང་། །ལག་ཆ་མདུང་ལ་བྱེད་པ་དེ་ནས་བྱུང་། །"ཞེས་པ་ལས། བོད་ཀྱི་མདའ་གཞུ་ལས་གཞན་སྟ་རེ་དགྲ་སྟ་མདུང་། ཁ་ཊྭཾ་ཙེ་གསུམ་བཅས་པ་ཡང་སྐབས་དེར་བྱུང་བ་ཤེས་ཐུབ།

བོད་པའི་མདའ་གཞུ་བྱུང་འཕེལ་གྱི་སྐོར་གནའ་རབས་ཀྱི་ཡིག་ཚང་གང་མང་ལས་བསྟན་འདུག་པ་ལས་གཞན། བོད་ལྗོངས་ཀྱི་བྱང་ཐང་ནུབ་ཕྱོགས་སུ་མཆིས་པའི་གནའ་བོའི་རྗེ་བརྐོས་རི་མོའི་སྟེང་དུ། ཕྱུགས་ལས་གཉེར་བའི་འབྲོག་མི་ཚོས་མདའ་གཞུ་བཟུང་ནས་རི་དྭགས་རྔོན་པའི་ལོ་རྒྱུས་གསལ་པོར་བརྐོས་ཡོད། མདའ་གཞུ་འདི་གདོད་མའི་འགྲོ་བ་མིའི་རིགས་ཀྱི་རི་དྭགས་རྔོན་བྱེད་ཀྱི་ལག་ཆ་གལ་ཆེན་ཞིག་ཡིན་པ་མ་ཟད། ཕྱིས་སུ་ཕན་ཚུན་དམར་གསོད་བྱེད་སྤྱོད་ཀྱི་མཚོན་ཆ་ཞིག་ཏུ་ཡང་གྱུར་འདུག ད་དུང་བོད་ལྗོངས་ཆབ་མདོའི་ཁ་རོ(卡若)དང་ལྷ་སའི་ཆུ་གོང(曲贡)གནའ་ཤུལ་དུ་བྱུང་བའི་རྡོ་རིལ་དང་རྡོའི་མདེའུ་ལས་རྟོགས་པ་ནི་དུས་སྐབས་དེའི་བོད་པས་མདའ་གཞུ་གསར་གཏོད་ཐུབ་པ་བྱུང་བ་མ་

ཟད། ལྷ་སའི་ཆོས་གོང་གནའ་ཤུལ་ལས་སྟོག་འདོན་བྱུང་བའི་ཟངས་སེར་གྱི་མདེའུ་ལས་གསལ་བྱེད་ཐུབ་པ་སྟེ། གནའ་རབས་བོད་པས་རྗོ་བཟོས་ཀྱི་མདེའུ་བཀོལ་སྤྱོད་བྱེད་ཤེས་པ་མ་ཟད་ལྕགས་རིགས་ཀྱི་མདེའུ་ཡང་བཀོལ་རྒྱ་ཆེ་བ་མཐོང་ཐུབ།

གནའ་རབས་ཀྱི་ལོ་རྒྱུས་གླེགས་བམ་གལ་ཆེན་ཏེ། 《མཁས་པའི་དགའ་སྟོན》དང་། 《ཐང་ཡིག · ཐུ་ཧྥོན་གྱི་ལོ་རྒྱུས》བཅས་ལས་ཀྱང་མདའ་གཞུའི་ལོ་རྒྱུས་གསལ་པོར་བཀོད་འདུག དེ་ཡང་བོད་ཡིག་གི་ལོ་རྒྱུས་དེབ་ཐེར《མཁས་པའི་དགའ་སྟོན》ལས་བཀོད་པ་ལྟར་ན། མདོ་དབུས་མཐོ་སྒང་དུ་གནའ་རབས་སྐབས་སུ"ཐོག་མ་ཆོ་ཁག་ཆེན་པོ་བཅུ་ལྷག་ཡོད་ཅིང་། དེའི་ཚོ་ཁྲོད་དུ་སྦ་ཕྱིར་མདའ་གཞུ......བཅས་པའི་མཚོན་ཆ་བྱུང་བ་རེད།" ཅེས་མདོ་དབུས་མཐོ་སྒང་དུ་མདའ་གཞུ་ཐོག་མ་བྱུང་བའི་ལྟ་བ་བརྗོད་ཡོད་པ་དང་། རྒྱའི《ཐང་ཡིག · ཐུ་ཧྥོན་གྱི་ལོ་རྒྱུས》ལས། "གནའ་བོའི་ཐང་རྒྱལ་རབས་སྐབས་སུ། བོད་ཕྱོགས་ན་མདའ་རྩལ་གྲགས་ཅན་མཆིས། དཔེར་ན་སྟོབས་ལྡན་རྣམ་རྒྱལ་གླིང་གིས་མདས་བྱེའུ་ཁྲའི་སྐལ་བ་གཏོར་ཐུབ་པ། སྟོབས་ལྡན་འགྱུར་དགུའི་སྟོང་བཙན་གྱིས་རྒྱང་གྲགས་གསུམ་མཚམས་ལ་སླེབས་ཐུབ་པའི་མདའ་མོ་འཕེན་ཐུབ།"ཅེས་བཀོད་འདུག འདིར་དེང་ཅག་གིས་གསལ་པོར་རྟོགས་ཐུབ་པ་སྟེ། གནའ་རབས་བོད་པས་གནའ་ནས་བཟུང་མདའ་གཞུའི་མཚོན་ཆ་འདི་བཀོལ་སྤྱོད་ཤེས་པ་མ་ཟད། བཀོལ་ན་ཏ་ཅང་བྱང་ཆ་ཡོད་ལ། རྒྱང་འཕེན་གྱི་ནུས་ཤུགས་ཀྱང་ཤིན་ཏུ་ཆེ་བ་ཤེས་ཐུབ།

དེ་ཡང་སྤྱི་ཚོགས་ཀྱི་འཕོ་འགྱུར་དང་དེང་རབས་ཀྱི་དྲག་ཆས་ཐོན་སྐྱེད་ཀྱི་ལག་རྩལ་མཐོར་འདེགས་བྱུང་བ་དང་བསྟུན་ནས་མདོ་དབུས་ཁམས་གསུམ་གྱི་མདའ་གཞུའི་ནུས་ཤུགས་ཀྱང་རིམ་གྱིས་ཉམས་ནས་སྤྲོ་སྐྱིད་ཀྱི་གྲས་སུ་སོང་ཡོད་ལ། ད་ལྟ་མདའ་རྩེད་ཀྱི་སྐབས་སུ་རྒྱང་འཕེན་དང་འབེན་འཕེན། གྲགས་མདའ་འཕེན་པ།(ཐེ་ཤུ) རྟ་རྒྱུག་མདའ་འཕེན་བཅས་ཀྱི་དམངས་ཁྲོད་ཀྱི་ལུས་རྩལ་སྦྱོང་བའི་བྱ་འགུལ་གཙོ་བོ་ཞིག་ཏུ་གྱུར་ཡོད། མདའ་རྩེད་ཀྱི་བྱ་འགུལ་འདི་དག་ད་ལྟ་རྩེ་པོ་ཏ་ལ་དང་གཙུག་ལག་ཁང་ལ་སོགས་ཀྱི་དགོན་སྡེ་མང་པོའི་ལྡེབས་རིས་སུ་གསལ་པོར་བཀོད་འདུག་པ་མཐོང་ཐུབ་ཅིང་། ད་དུང་ལྡེབས་རིས་ཤིག་གི་གསལ་བྱེད་ཀྱི་ཡི་གེ་ལས། ད་ཐེངས་ལུས་རྩལ་སྦྱོང་བརྡར་འགྲན་བསྡུར་ལ་ཞུགས་པའི་མི་སྣ་ནི་བོད་རིགས་དང་སོག་རིགས། རྒྱ་རིགས་བཅས་ཀྱི་ལུས་རྩལ་སྦྱོང་བརྡར་མི་སྣ་བརྒྱ་ལྷག་ཞུགས་ཡོད། དེ་ལས་མདའ་རྩལ་འགྲན་བསྡུར་ལ་ཞུགས་མཁན་ནི་བརྒྱ་ལས་ཆེས་ལེགས་པོ་བདམས་པ་ཡིན་ཞེས་བཀོད་ཡོད། དུས་རབས་བཅོ་ལྔ་པའི་སྐབས་སུ། ཏཱ་ལའི་སྐུ་ཕྲེང་ལྔ་པས་སྐྱེས་ཕོ་རབས་ཤིག་ལ་ངེས་པར་དུ་རྩལ་དགུ་འཛོམས་དགོས་ཞེས་པ་ལས། མདའ་རྩལ་ནི་རྩལ་དགུ་ལས་གཙོ་ཤས་ཡིན་ཞེས་བཀོད་འདུག གོང་ཞུས་ཀྱི་རྗེ་བཀོས་རི་མོ་དང་ལོ་རྒྱུས་དེབ་ཐེར། ལྡེབས་རིས་བཅས་པ་ལས་སྟོམ་ཚིག་ཅིག་འཇོག་ཐུབ་པ་སྟེ། གནའ་བོའི་མདའ་གཞུ་འདི་ཐོག་མ་རི་དྭགས་རྔོན་བྱེད་ཀྱི་ལག་ཆ་ནས་གཡུལ་འགྱེད་ཀྱི་མཚོན་

ཆར་གྱུར་པ། དེ་ནས་དམངས་ཁྲོད་ཀྱི་ཕྱོགས་བསྡུས་རང་བཞིན་གྱི་མདའ་རྩེད་བྱ་འགྱུལ་ཞིག་ཏུ་གྱུར་པ་ཞེས་ཐུབ།

གཉིས་པ། མདའ་གཞུའི་གྲུབ་ཚུལ།

དེ་ཡང་གནའ་རབས་གདོད་མའི་སྤྱི་ཚོགས་ནས་ད་ལྟའི་དེང་རབས་ཅན་གྱི་སྤྱི་ཚོགས་འཕེལ་རྒྱས་ཀྱི་དུས་རིམ་སོ་སོར་མི་རྣམས་ཀྱི་ཐོན་སྐྱེད་ཡོ་བྱད་ལ་འཕོ་འགྱུར་བྱུང་བ་དང་བསྟུན་ནས། མདའ་གཞུའི་གྲུབ་ཚུལ་ལའང་འཕེལ་རྒྱས་སྣ་ཚོགས་བྱུང་ཡོད། དཔེར་ན། སྐྱེར་མདའ་དང་སྐྱེར་གཞུ། ལྕུག་མདའ་དང་ལྕུག་གཞུ། གསོམ་མདའ་དང་རྭ་གཞུ། ལྕགས་མདའ་དང་ལྕགས་གཞུ་བཅས་པ་དང་། མདའི་རིགས་ལའང་རྐོད་སྒྲོ་མ་དང་གླག་སྒྲོ་མ། ཁྲ་སྒྲོ་མ། འུག་སྒྲོ་མ་བཅས་བཤད་སྲོལ་ཡོད། མདའ་ལྕོང་ལའང་གསེར་ལྕོང་མ་དང་། དངུལ་ལྕོང་མ། ཟངས་ལྕོང་མ། ལྕགས་ལྕོང་མ་བཅས་པ་ཡོད་ཀྱང་ད་ལྟ་མཐོང་བ་ཏ་ཙང་དཀོན་པོ་འདུག ངེད་ཚག་གིས་མནའ་བོའི་ལོ་རྒྱུས་ཀྱི་ཡིག་ཆ་ལས་རྟོགས་པ་ལྟར་ན། དེང་ཐོག་དར་བའི་མདའ་གཞུ་ནི་སྐྱེར་མདའ་དང་སྐྱེར་གཞུ་ཡིན། དེའི་རྒྱུ་མཚན་ཡང་བོད་ཁ་བ་ཅན་གྱི་ཆོལ་ཁ་གསུམ་གྱི་ས་ཆ་ཀུན་ཏུ་སྐྱེར་བའི་རྒྱུ་ཆ་འཚོལ་སླ་ཞིང་བཀོལ་བདེ་བ་མ་ཟད། ཤིང་སྐྱེར་བ་ནི་དྲང་ཞིང་མདའ་བཟོ་བྱེད་ཀྱི་རྒྱུ་ཆ་བྱེད་ཆོག་ལ་གཞུ་འགུག་བྱེད་ཀྱི་རྒྱུ་ཆ་ཡང་བྱེད་ཆོག གསོམ་ཤིང་ལ་མཚོན་ན་མདའི་རྒྱུ་ཆ་བྱེད་ཆོག་པ་ལས་གཞུའི་རྒྱུ་ཆ་བྱེད་མི་ཆོག་པ་ཀུན་གྱིས་མཁྱེན་གསལ་ལྟར་རོ། །གླིང་རྗེ་གེ་སར་རྒྱལ་པོས་དགུང་ལོ་གསུམ་སྟེང་དུ་བདུད་ཀྱི་བྱ་ནག་ཕྲུན་གསུམ་འདུལ་བའི་སྐབས་སུ་ཡང་སྐྱེར་མདའ་དང་སྐྱེར་གཞུ་བཀོལ་ནས་བསད་པའི་ལོ་རྒྱུས་གླིང་སྒྲུང་ལས་གསལ་པོར་མཐོང་ཐུབ། དེ་ནས་ལྕུག་མདའ་ལྕུག་གཞུ་བྱུང་བར་འདོད། དེའི་རྒྱུ་མཚན་ནི་ལྕུག་མའི་རྒྱུ་ཆའང་མདོ་སྟོད་དང་དབུས་གཙང་བཅས་སུ་འཚོལ་སླ་བ་དང་། ལྕུག་མ་ལའང་དྲང་བ་དང་འགུག་ཆོག་པའི་ཁྱད་ཆོས་ཡོད་པས་རང་བྱུང་གི་རྒྱུ་ཆ་ལེགས་པོ་ཞིག་ཡིན་པར་སེམས། གླིང་རྗེ་གེ་སར་རྒྱལ་པོས་ཚ་བ་རོང་གི་མདའ་རྫོང་ཕབ་པའི་སྐབས་སུ་ཡང་གཙོ་བོ་ལྕུག་མདའ་བཟོ་སྐྲུན་བགྱིས་པའི་ལོ་རྒྱུས་ཁ་གསལ་བཀོད་ཡོད། བོད་ལྗོངས་ཀྱི་ཡུལ་ཁམས་སྐོར་ཞིག་ཏུ་ལྕུག་གཞུ་བཟོ་བའི་སྐབས་སུ་བཟོ་ཚུལ་རིགས་གཉིས་ཡོད་དེ། གཅིག་ནི་ལྕུག་ལེབ་གཅིག་གིས་བཟོ་བ་དང་། གཉིས་ནི་ལྕུག་ལེབ་གཉིས་ཉིས་བརྩེགས་བྱས་ནས་བཟོས་ཡོད། ལྕུག་ལེབ་གཅིག་གིས་བཟོས་པའི་གཞུ་ནི་སྐྱེས་པ་ཆེ་ཆུང་སུས་ཀྱང་འཐེན་སླ་བ་དང་། ལྕུག་ལེབ་ཉིས་བརྩེགས་ཅན་གྱི་གཞུ་ནི་འཐེན་དཀའ་བས་ཕལ་ཆེར་ཕོ་གསར་ཚོས་བཀོལ་བཞིན་མཆིས་པ་ལགས། ལྕུག་མའི་རྒྱུ་ཕྲུས་ལའང་བཟང་ངན་ཡོད་དེ། ཉིང་ཁྲི་དང་ཀོ་མོ་རྫོང་འགྲམ་བཅས་ས་ཁུལ་གྱི་ལྕུག་མའི་རྒྱུ་ཕྲུས་ལྷོ་ཁའི་ཙ་རི་གནས་ཡུལ་གྱི་ལྕུག་མར་མི་དོ། ཙ་རིའི་ལྕུག་མའི་ཁྱད་ཆོས་ནི། སྐྱེ་གཟུགས་དྲང་ཞིང་སྲབ་ལ། སྲ་ཚད་

ཀྱང་གཞན་གྱི་ས་ཁུལ་སྨྱུག་མ་ལས་སྲ་མཁྲེགས་ཡིན། དེ་བས་མི་ཚང་མས་དམངས་གླུ་ལེན་པའི་སྐབས་སུའང་གླུ་ཚིག་ལས། ཙ་རིའི་སྨྱུག་མ་ཤིན་ཏུ་ལེགས། སྨྱུག་མདའ་བཟོས་ན་དེ་ལས་ལེགས་ཞེས་བཤད་སྲོལ་མཆིས།

དེ་ནས་གསོམ་མདའ་དང་རྭ་གཞུ་དར། བོད་པའི་གནའ་རབས་ཀྱི་སྐབས་སུ། རྭ་གཞུ་བཟོ་ཐུབ་པ་ནི་ཐོན་སྐྱེད་ངལ་རྩོལ་ཆུ་ཚད་ངེས་ཅན་ཞིག་ལ་སླེབས་དགོས་པ་གདོན་མི་ཟ། དེའི་རྒྱུ་མཚན་ཡང་ལག་རྩལ་ངེས་ཅན་ཞིག་མེད་ན་རྭ་ཅོ་བཀུག་ནས་གཞུ་བཟོ་རྒྱུ་ནི་ལས་སླ་མོ་ཞིག་མིན། རྭ་གཞུའི་ཡར་མཚོག་གི་ནང་དང་མར་མཚོག་གི་ནང་དུ་རྭ་ཅོ་བཞག་ཡོད་ལ། གཞུའི་འཆང་བ་ནི་ཡར་མཚོག་མར་མཚོག་མཐུད་མཚམས་ཡིན། གཞུའི་ཡར་མཚོག་ནི་རྭ་ཅོ་ཅུང་སྲབ་མོ་དང་མར་མཚོག་ཅུང་མཐུག་པོ་ཡིན་དགོས་པར་བརྟེན། གཞུ་ཡར་མཚོག་སྐྱི་ལ་མར་མཚོག་སྲ་ཞེས་བཤད་སྲོལ་མཆིས། བོད་པའི་དམངས་གླུའི་ནང་དུའང་། ནང་ཨ་ཁུ་བཟང་པོའི་བཀའ་དྲིན་ལ། འབྲོང་རྭ་སྨྱུག་པོ་གཞུ་ལ་བཀུག ནང་བུ་ཆུང་ཡོང་ན་འཐེན་རྒྱང་རེད་ཅེས་ཟེར་བ་དང་། ཤ་རྭ་དགོ་རྭ་འབྲོང་རྭ་གསུམ། གཞུ་མཚོག་དཀར་སྟེང་ནས་ཕྱུན་ཞིག་ཁྲིག་ལྷ་བུ་ལས་འབྲོང་རྭ་དང་བཅས་པའི་རྭ་རིགས་ཀྱིས་གཞུ་བཟོ་བའི་ལག་རྩལ་གནའ་ནས་ཡོད་པ་ཤེས་ཐུབ། གཞུའི་གྲུབ་ཚུལ་ཡང་གཞུའི་ཡར་མཚོག་མར་མཚོག་འཆང་བ་གཞུ་རྒྱུད་དམ་གཞུ་ཐིག་བཅས་པས་གྲུབ་ཡོད། གཞུ་རྒྱུད་ཀྱང་ཐོག་མ་རྩིད་པ་དང་དེ་ནས་སྲོ་མ། དེ་ནས་རྒྱུས་རྐས་གྲུབ་པ་ཡིན། ད་ལྟ་དེང་རབས་ཀྱི་རྒྱུ་ཆས་བཟོས་པའི་གཞུ་རྒྱུད་ལྕགས་གཞུའི་སྟེང་ལ་སྦྱོད་བཞིན་མཆིས། གསོམ་མདའ་བཟོ་ནའང་ལག་རྩལ་ངེས་ཅན་ཞིག་དགོས། སྐྱེར་མདའ་སྐྱེར་གཞུ་དང་སྨྱུག་མདའ་སྨྱུག་གཞུ་དང་གཏན་ནས་མི་འདྲ། སྐྱེར་བ་དང་སྨྱུག་མ་ནི་རང་བྱུང་གི་རྒྱུ་ཆ་ཡིན་ལ། གསོམ་མདའ་ནི་མིའི་ལག་རྩལ་གྱིས་བཟོས་པ་ཞིག་ཡིན། ད་དུང་མདའི་སྒྲོ་དང་མདེའུ་ལྟོང་བཅས་ཀྱང་བཟོ་ལེགས་པོ་ཤེས་དགོས། མདའི་སྟོད་ཡང་ལ་མདའི་སྨད་ལྗིད་དགོས་པ་རེད། དེ་མིན་ཚེ་མདའ་གཡུག་ནས་རྒྱང་རིང་དུ་འགྲོ་མི་ཐུབ། འབྲོང་རྭའི་གཞུའི་ཁྲུད་ཚོས་གཙོ་བོ་ནི། འཐེན་པའི་སྐབས་སུ་གཞུ་ཁ་སྲ་ཞིང་གཞུ་ཁོག་སྐྱི། ད་དུང་རྒྱང་རིང་ཚོད་པ་མ་ཟད་ཤུགས་ཤིན་ཏུ་ཆེ། ད་ལྟའི་རོང་འབྲོག་ས་ཆ་ལ་ལར་ད་དུང་བཀོལ་བཞིན་མཆིས། ལྕགས་མདའ་ལྕགས་གཞུའི་དུས་སྐབས་ནི་ཤིན་ཏུ་འཕྱི་བར་འདོད། དེའི་རྒྱུ་མཚན་ཡང་བོད་པའི་ཟངས་ལྕགས་གསེར་གསུམ་གྱི་ཐོན་ལས་ནི་བོད་བཙན་པོའི་སྐབས་སུ་དར་ཆེ་ཡང་མདའ་གཞུ་བཟོ་བའི་ལག་རྩལ་ལ་སླེབས་མེད་པར་འདོད། སྟོན་གྱི་ས་གཏེར་ལས་བཏོན་པའི་རིག་རྫས་ལས་ཀྱང་ལྕགས་མདའ་མཐོང་ཡང་ལྕགས་གཞུ་མཐོང་ཤིན་ཏུ་དཀོན། ཡིན་ནའང་ལྕགས་ཟངས་ཀྱི་མདེའུ་བཀོལ་སྤྱོད་ཀྱི་དུས་རབས་ཏ་ཅང་སྔ། དེ་ཡང་རྗེ་ཆས་གསར་མའི་དུས་མཇུག་ཏུ་ཟངས་ལྕགས་ཀྱི་མདེའུ་བཀོལ་བ་གནའ་བོའི་ཡིག་ཆ་ལས་མཐོང་ཐུབ། ཡིན་ནའང་ལྕགས་མདའ་དང་ལྕགས་གཞུ་དངོས་སུ་བཀོལ་བ་ནི་སྤྱི་ཚོགས་གསར་པའི་དུས་འདི་

ཡིན་པར་འདོད། ལྟུགས་མདའ་དང་ལྟུགས་གཞུ་ཡང་བོད་མི་རང་གིས་བཟོས་པ་མིན་པར། རྒྱ་ཡུལ་དང་ཕྱི་རྒྱལ་ནས་ནང་འདྲེན་བྱས་པ་རེད། ད་ལྟ་མདོ་སྨད་ས་ཆ་མང་ཤོས་སུ་བཀོལ་སྤྱོད་བྱེད་བཞིན་པ་ནི་ལྟུགས་མདའ་དང་ལྟུགས་གཞུ་ཡིན། ལྟུགས་མདའ་དང་ལྟུགས་གཞུ་ནི་འཐེན་སླ་ཞིང་ཤུགས་ཆེ་བ། འགྲོ་ཚད་མྱུར་བ་དང་འབེན་ལ་ཕོག་ཚད་མཐོ་བས་མདའ་པ་ཚོས་དགའ་བསུ་བྱེད་བཞིན་མཆིས། གཞན་ཡང་བོད་ལྗོངས་ཀྱི་བི་ཤུ་ཞེས་པའི་མདར་ཁྱད་ཆོས་མི་མཚུངས་པ་ཞིག་ཡོད་དེ། མདའ་མདེའུ་སྣེ་ཆེ་བ་དང་གནམ་ལ་འཕངས་ན་སྒྲ་གྲགས་པས་གནའ་བོའི་ཡིག་ཆ་ལས་བི་ཤུ་ལ་གྲགས་མདའ་ཡང་ཟེར། གྲགས་མདའི་ནུས་པ་གཙོ་བོ་སྟེ། གནའ་བོའི་གཡུལ་འགྱེད་སྐབས་སུ་དམག་བརྫ་སྤྲོད་པའི་སླད་དུ་བཟོས་ཟེར། གྲགས་མདར་ཕས་རྐོལ་འདུལ་ཐུབ་པའི་ནུས་པའང་ཡོད་སྐད། ད་ལྟ་བོད་ལྗོངས་སུ་དར་ཁྱབ་ཤིན་ཏུ་ཆེ་བ་ལགས།

གོང་དུ་ཞུས་ཟིན་པའི་མདའི་རིགས་སྐྱེར་མདའ་དང་སྨྱུག་མདའ། གསོམ་མདའ། ལྟུགས་མདའ་བཅས་ཡོད་པ་ཐམས་ཅད་ལ་སྒྲོ་བསྐྱོད་དགོས། དེ་ཡང་ཁྲ་སྒྲོ་བསྐྱད་པའི་མདའ་ལ་ཁྲ་སྒྲོ་མ་ཞེས་འབོད་པ་དང་། གླག་སྒྲོ་བསྐྱད་པའི་མདར་གླག་སྒྲོ་མ་ཞེས་འབོད་པ། རྐོད་སྒྲོ་བསྐྱད་པའི་མདར་རྐོད་སྒྲོ་མ་ཞེས་འབོད། ཨུག་སྒྲོ་བསྐྱད་པའི་མདའ་མོར་ཨུག་སྒྲོ་མ་ཞེས་འབོད་སྲོལ་ཆགས་འདུག གང་ལྟར་ཡང་མདའ་སྒྲོ་མི་མཚུངས་པའི་ཞག་ཕྲན་མདའ་མོ་འདི་རིགས་ལ་རང་རང་གི་ནུས་པ་དང་ཁྱད་ཆོས་ཀྱང་སོ་སོར་ཡོད། དཔེར་ན། ཁྲ་སྒྲོ་མ་དང་གླག་སྒྲོ་མའི་མདའི་རྒྱང་ཚད་པ་དང་། སྐྱིན་མྱུར་ལྡན་པ་དང་། རྐོད་སྒྲོ་མའི་མདའ་ནི་མྱུར་ཚུལ་ཁྲ་སྒྲོ་མ་དང་གླག་སྒྲོ་མར་མི་དོ་ཡང་འབེན་གྱི་གནད་ལ་ཕོག་ཆེ་བ་རེད། ཨུག་སྒྲོ་མའི་ཁྱད་ཆོས་ནི་ས་ཏུབ་དུས་འཕངས་ན་གནད་ལ་ཕོག་ཐུབ་པར་བརྗོད། དཔེར་ན། གླིང་རྗེ་གེ་སར་རྒྱལ་པོ་བྱང་ཕྱོགས་བདུད་ལ་ཕེབས་ཏེ་བདུད་ཀླུ་བཙན་རྒྱལ་པོ་འདུལ་པའི་དགོང་མོ་དེར། གླག་སྒྲོ་མ་དང་རྐོད་སྒྲོ་མའི་མདའ་འཕངས་ཀྱང་བདུད་རྐན་ལ་ཕོག་མ་ཐུབ། དེ་ནས་ཨུག་སྒྲོ་མའི་མདའ་འཕངས་པ་ན་བདུད་རྐན་གྱི་དཔྲལ་པར་ཕོག་པའི་ལོ་རྒྱུས་ཡོད། མདའ་སྒྲོ་ཡང་བཞི་བསྐྱོད་མ་གཙོ་བོ་ཡིན། བྱིས་པ་ཚོས་མདའ་རྩེད་ཀྱི་མདའ་ནི་སུམ་བསྐྱོད་ལས་བཞི་བསྐྱོད་མེད། ད་ལྟའི་ལྟུགས་མདའི་སྒྲོ་ནི་མིས་བཟོས་སྒྲོ་ཡིན་ལ་སྒྲོ་སུམ་བསྐྱོད་ཡིན་པ་ཤེས་དགོས་

མདའ་ལྟོང་ལའང་གསེར་ལྟོང་མ་དང་དངུལ་ལྟོང་མ་ཟངས་ལྟོང་མ་བཅས་དབྱེ་ཚུལ་ཡོད། དེ་གཙོ་བོ་མདའི་རྒྱན་ཆ་ཡིན་ཡང་མདའི་ལྟོང་ལ་སྲུང་སྐྱོབ་ཀྱི་ནུས་པ་ཐོན་ཐུབ། གསེར་དངུལ་ཟངས་གསུམ་གྱིས་བརྒྱན་པའི་མདའ་ལས་མདའ་པ་ཚོའི་འཕྱོར་པའི་བཟང་ངན་ཡང་མཚོན་ཐུབ། ཡིན་ནའང་ད་ལྟ་ས་ཕྱོགས་གང་དུ་ཡང་གསེར་ལྟོང་མ་དང་དངུལ་ལྟོང་མ་ཟངས་ལྟོང་མའི་མདའ་སོགས་མཐོང་མི་ཐུབ། འདིར་བརྟག་ན་གསེར་དངུལ་ལྟུགས་གསུམ་གྱིས་མདའ་ལྟོང་བརྒྱན་པ་འདིས་མདའ་འཕེན་

པ་སོགས་ལ་ཕན་ཐོགས་ཆེན་པོ་མེད་པའང་ཤེས་ཐུབ། གང་ལྟར་ཡང་མདའ་མོའི་ཁྱད་ཆོས་ཏེ《འདན་མའི་ནས་རྫོང》ལས་འདི་ལྟར་བཀོད་འདུག "ལྷ་མདའ་ཁྱུང་གཤོག་འབར་བ་འདི། །མདའ་ལྷོང་སེར་པོ་གསེར་ལས་གྲུབ། །དཀོན་མཆོག་གསུམ་གྱི་རྟེན་དུ་འབུལ། །མགུལ་དཀྲིས་ཁམས་པ་དངུལ་ལས་གྲུབ། །རྩ་གསུམ་རྒྱ་མཚོའི་རྟེན་དུ་འབུལ། །གཤོག་བཞི་བྱ་ཏ་མཚལ་གྱིས་བརྒྱན། །དམ་ཅན་སྲུང་མའི་རྟེན་དུ་འབུལ། །"ཞེས་པ་ལས་གནའ་བོའི་མདའི་གྲུབ་སྟངས་གསལ་པོ་ཤེས་ཐུབ།

མདའ་རྩལ་སྐབས་ཀྱི་འབེན་གྱི་བཟོ་སྟངས་ནི་དབུས་གཙང་དང་ཨ་མདོ་ཡུལ་ཕྱོགས་སོ་སོར་བཟོ་སྟངས་མི་འདྲ། དཔེར་ན། དབུས་གཙང་ཡུལ་གྱི་བི་ཤུ་མདའི་འབེན་ནི་གནམ་ནས་ཐུར་དུ་འཕྱངས་པ་དང་། འབེན་དཀྱིལ་གྱི་མདོག་དམར་པོ་ཡིན་ཞིང་། དེའི་མཐར་དཀར་པོ་དང་ནག་པོའི་ཁ་དོག་གིས་རིམ་པར་བསྐོར་ནས་བརྒྱན་པ་དང་། འབེན་གྱི་དཀྱིལ་དབུས་ཀྱི་དམར་མདོག་བརྗེ་སོར་བྱེད་ཆོག མདའ་རྩེད་ཀྱི་འགྲན་ར་ནི་ཕལ་ཆེར་རྟ་ཐང་བྱེད་པའི་སྲོལ་ཡོད། ཨ་མདོ་ཡུལ་གྱི་མདའ་རྩེད་ཀྱི་འབེན་ནི་འདམ་དང་ས་སྐྱ་སྦྲགས་མས་བཟོས་པའི་ཟུར་གསུམ་ཅན་གྱི་འབེན་ཡིན། ཟུར་གཅིག་གནམ་ལ་འཕོར་བ་དང་ཟུར་གཉིས་སར་འབབ་པ། འབེན་གྱི་མགོ་ན་ཐོ་ལི་ཞེས་ཏོག་ལྟ་བུ་ཞིག་ཡོད། འབེན་གྱི་སྟོད་དབུས་སྙིང་ཁ་ཏུ་ཤིང་གི་འཇལ་ལྡེ་འཇུགས་པ་དང་འབེན་གྱི་མཐའ་སྐོར་ཏུ་ཏུས་པ་ཆུང་བ་དང་དཀར་ཡོལ་ཆག་རོ་འཛོག་པའི་སྲོལ་ཡོད། འཇལ་ལྡེ་ནི་འབེན་ལ་ཕོག་པའི་མདའི་མཐོ་དམའ་འཇལ་བྱེད་ཀྱི་ལྡེ་བ་ཡིན་པ་དང་། ཏུས་པ་དང་དཀར་ཆག་ནི་མདའ་བའི་མིག་འབེན་གསལ་པོར་གཏོང་བའི་ཆེད་ཡིན། འབེན་གྱི་མཐའ་སྐོར་ཏུ་རྩི་ཏོས་བསྐོར་ཡོད་ལ། དེའི་རྒྱུ་མཚན་ནི་འཕངས་པའི་མདའ་རྩི་ཏོའི་ཕྱི་ཏུ་ཕོག་ན་མདའ་གྲངས་ལ་མི་བརྩི་བ་དང་རྩི་ཏོའི་ནང་དུ་ཕོག་ན་འབེན་ལ་ཕོག་པར་བརྩི་བ་ཡིན། འོན་ཀྱང་མདའི་མཐོ་དམའ་འཇལ་ལྡེ་ལ་མ་ཚད་ན་མི་ཤེས། ད་དུང་ཁམས་ཕྱོགས་དང་དབུས་གཙང་གི་ས་ཁུལ་སྐོར་ཞིག་ཏུའང་མདའ་རྩེད་ཀྱི་འབེན་བཟོ་ཚུལ་མི་མཚུངས་པ་ཡོད་པར་བཤད་ཀྱང་འདིར་སོ་སོར་ཕྱེ་ནས་མཚམས་སྦྱོར་མི་བྱའོ། །

གསུམ་པ། མདའ་གཞུའི་ནུས་རྩལ།

ད་ལྟ་ངེད་ཅག་གིས་མཐོང་ཐུབ་པའི་ཕྱི་གླིང་པའི་ལོ་རྒྱུས་བརྗོད་པའི་སྙན་རྩོམ་རིང་མོ《ཡི་ལི་ཡ་ཐེ》དང་། གནའ་བོའི་རྒྱ་གར་གྱི་དོན་བརྗོད་སྙན་རྩོམ་རིང་མོ《རྒྱལ་པོ་རཱ་མ་ཎའི་རྟོགས་བརྗོད》དང《མ་ཏ་བྷ་ར་ཏ》བཅས་པ་དང་། རང་རྒྱལ་གྱི་གནའ་བོའི་སྒྲུང་རིང《རྒྱལ་ཁབ་གསུམ་གྱི་གཏམ་རྒྱུད》དང《ཚུ་རོགས་གཏམ་རྒྱུད》《གླིང་གེ་སར་རྒྱལ་པོའི་སྒྲུང》བཅས་པ་ལས། ཕན་ཚུན་དགྲ་ཐོགས་གཡུལ་འགྱེད་པའི་སྐབས་ཀྱི་མཚོན་ཆ་གཙོ་བོ་ནི་མདའ་མདུང་གྱི་གསུམ་ཡིན་པ་བསྙོན་དུ་མེད། གླིང་གེ་སར་རྒྱལ་པོས

དགྲ་ལྷའི་གོ་མཚོན་སྣ་དགུ་ལས་ཀྱང་དགྲ་འདུལ་གྱི་ནུས་ཤུགས་ཤིན་ཏུ་ལྡན་པ་ནི་མདའ་མདུང་གྱི་གསུམ་ཡིན། གླིང་གི་མཚོན་ཆའི་གྲས་ཀྱི་ཞགས་པ་དང་ཝུར་ཆར་མཚོན་ནའང་ཕན་ནུས་ཡོད་ཀྱང་མདའ་མདུང་གྱི་གསུམ་དང་བསྡུར་ན་ཁྱད་པར་ཆེན་པོ་ཡོད། དཔེར་ན། 《ཧོར་གླིང་གཡུལ་འགྱེད》ལས། "འདན་མ་ཐབས་ཀྱིས་འཐེང་པོར་བརྫུས། །ཧོར་གྱི་ཧ་ཁྲ་མང་པོ་དེད། །དཔའ་ཆེན་འདན་མས་མདའ་གཅིག་གིས། །ཚེ་ཙུ་རྩེ་ཡི་སྙད་ཕོར་བཀོག །"ཅེས་བཀོད་པ་ལས་འདན་མའི་མདའི་ནུས་རྩལ་ཤིན་ཏུ་ཆེ་བ་དང་། ཧོར་གྱི་ཤན་པའི་སྙད་ཕོར་བཀོག་རྗེས་ཚ་ཞང་འདན་མས་ལྕུག་ཡུ་ཡིས་དཀྲུག་བསམས་ཀྱང་ཧ་མཆོག་དངོས་གྲུབ་ལྡན་པས་བཀག་ནས་དཀྲུག་ཏུ་མ་བཙུག་པའི་ལོ་རྒྱུས་བཀོད་འདུག་པ་ལས་མདའི་ནུས་ཤུགས་ཁྱད་དུ་འཕགས་པ་ཤེས་ཐུབ་པ་དང་། ད་དུང་ཉི་འབུམ་དཔའ་བོས་མདའ་གཅིག་གིས། གུར་སེར་སློག་དམར་ཆམ་ལ་ཕབ་ཅེས་བཀོད་པ་དང་། དཔའ་རྟུལ་དྲུག་གིས་གུར་དཀར་སོགས། མཁར་དུ་བཙུག་ནས་མདའ་ཤན་བརྒྱབ་ལྟ་བུ། ཧོར་གྱི་ཨ་ཇ་ཐེབ་དྲུག་གིས་འཕེན་ཐེངས་གཅིག་ལ་མདའ་དྲུག་འཕེན་ནུས་པའི་རྩལ་ཀྱང་ཡོད་པ་བཀོད་འདུག

མདའ་གཞུ་ལ་དགྲ་འདུལ་གྱི་ནུས་པ་ཡོད་པ་ལས་གཞན་ད་དུང་མོ་མདའ་དང་འཕྲིན་མདའ། མེ་མདའ། དུག་མདའ། རྒྱལ་འཇོག་པ། སྲ་མཁྲེགས་ཀྱི་བླ་ལྟུགས་གཏོར་ནུས་པ་ལ་སོགས་ཀྱི་ཁྱད་ཆོས་གཞན་གྱིས་ཚབ་མི་ཐུབ་པ་མཆིས། 《ཧོར་གླིང་གཡུལ་འགྱེད》ལས། "ཞལ་ལུ་དཀར་པོ་ཉིད་ཀྱིས་ཁོ་ཐག་བཅད་ནས་མདའ་མོ་འཕུར་ཤེས་འདིས་ལྟུགས་ནག་གི་མཆིན་པ་མི་གཏོར་རེ། ཁམས་གསུམ་གྲོང་འཇོམས་མ་བཏུལ་ན། ང་རྒྱ་ཚ་གསོན་ཀྱང་ཅི་ལ་ཕན་གསུངས་ནས་ཕྱག་མདའ་དེ་སྤྲིངས་བྱུང་བ་དང་ལྷན་དུ། མེ་ལྕེ་སེར་རྐོད་སློག་གསུམ་གྱིས་གནམ་ས་ཁེངས། ལྟུགས་ནག་ཁམས་གསུམ་གྲོང་འཇོམས་དེ་བྱ་སྒྲོ་མེ་ཡིས་གཞོབ་པ་ལྟར་ཐལ་བ་ཙམ་དུ་བཟློས"ལྟ་བུ་ལས། སྐབས་དེའི་མདའ་མོ་ལ་ལྟུགས་རིགས་ཀྱང་གཏོར་ཐུབ་པའི་ནུས་པ་ལྡན་པ་ཤེས་ཐུབ། མེ་མདའ་ནི་མདའི་སྡེ་ལ་མེ་བཏགས་ནས་ཕ་རོལ་གྱི་མི་དང་སྐར་དང་ཅ་ལག་སོགས་བསྲེགས་པ་ལ་ཟེར། 《བྲེ་རིའི་བྱུར་རྫོང》ལས། "ངས་སྟག་དོང་ནང་ནས་མདའ་གཅིག་ལེན། ཐབས་ཤེས་གཉིས་ཀྱིས་མེ་ཞིག་སྦར།"ལྟ་བུ་ལས་ཀྱང་གནའ་བོའི་དམག་འཁྲུག་ནང་དུ་མེ་མདའ་བཀོལ་སྤྱོད་ཀྱི་སྲོལ་ཡོད་པ་ཤེས་ཐུབ། དུག་མདའ་ཡང་དེ་བཞིན་མདེའུ་སྡེ་ལ་དུག་སྣ་ཚོགས་བྱུགས་ཏེ། ཕ་རོལ་ལ་དུག་མདའ་ཕོག་པས་ན། སྒོ་བུར་དུ་མི་འཆི་ཙང་། ཡུན་གྱིས་དུག་བཙུད་ལུས་ལ་ཁྱབ་ནས་སྐྱོབ་ཐབས་མེད་པར་འཆི་འགྲོ་བ་རེད། ཡིན་ནའང་བོད་ཀྱི་ལོ་རྒྱུས་ཡིག་ཆ་དང་རྒྱའི་ཡིག་ཆ་ལས་དུག་ཕོག་ཀྱང་དུས་ཐོག་ཏུ་གསོ་ཐུབ་ན་སློག་གསོ་ཐུབ་ཅེས་གསུངས་འདུག དེར་ཡང་སྒྲུང་དཔེ་རྙིང་པ་ལས། "སྟག་དོང་ནང་ནས་མདའ་གཅིག་ལེན། །སྦྲུལ་མདའ་སླག་སྒྲོ་ཁྲག་འཕྱུང་ལེན། །དུག་མདའ་ངར་མའི་མདེའུ་རྩེ་འཇུགས། །ལྟུགས་ནག་ཕ་བོང་ལྷུར་ཀྱིས་བཤིག །"ཅེས་བཀོད་པ་ལས། དུག་མདར་མཚོན་

ན་མདེའུ་ལ་དུག་བྱུགས་པ་ལས་གཞན་དུག་མདེའུ་འཛུགས་རྒྱུ་ཡོད་པ་ཤེས་ཐུབ། འཕྲེན་མདར་མཚོན་ན་དུས་སྔ་མོར་ཕན་ཚུན་འཁྲིལ་ཐུག་དཀའ་བའི་སྐབས་སུ། མདའ་མོའི་སྙེད་ལ་འཕྲེན་ཡིག་བཏགས་ནས་བསྐུར་བའི་སྲོལ་ཡོད། ཕོ་བོའི་བསམས་པར། ཉེ་སར་མདའ་འཕངས་ནས་བསྐུར་བ་དང་། རིང་བར་མངགས་པའི་ཕོ་ཉར་མདའ་ཡིག་སྤྲད་ནས་བསྐུར་བ་ཡིན་པར་འདོད། 《བོད་ཀྱི་ཚིག་མཛོད་ཆེན་མོ》ལས། "མདའ་ཡིག་ནི་སྔར་བོད་ས་གནས་སྲིད་གཞུང་གི་དཔོན་རིགས་ཆེ་གྲས་ཕྱོགས་འགྲོའི་སྐབས་རྟ་ཁལ་མི་གསུམ་གྱི་ཁྲལ་འུལ་བསྐུལ་ཕྱིར་སྔོན་ཚུད་ནས་རས་དམར་བྲིས་པའི་ཡི་གེ་ཡིན"ཞེས་བཀོད་འདུག གླིང་སྒྲུང་ལས་ཀྱང་འབྲུག་མོས་གེ་སར་ལ་བཏང་བའི་མདའ་ཡིག་དང་ཁྲོ་ཐུང་གིས་ཕྲོག་ནས་ཧོར་ལ་བཏང་བའི་མདའ་ཡིག་བཅས་པ་མང་པོ་བཀོད་པར་བསམས་ན། སྔོན་ཆད་མདའ་ཡིག་གི་བཀོལ་རྒྱ་ཆེ་བ་གསལ་པོ་ཤེས་ནུས། ཡིན་ཡང་མདའ་ཡིག་གི་བཀོལ་སྤྱོད་ཆ་ནས་དུས་རབས་མི་གཅིག་པར་བཀོལ་སྟངས་ཀྱང་མི་མཚུངས། ད་དུང་མདའ་མོ་ནི་དཔའ་བོ་དང་དཔའ་བོའི་བར་རྒྱལ་ཕམ་རྒྱལ་སྐྱུག་བྱེད་ཅིག་ཡིན་པའི་སྲོལ་ཡང་ཆགས་འདུག གནའ་རབས་ཀྱི་མདའ་འཕེན་རྒྱལ་འཛོག་དང་རྟ་རྒྱུག་རྒྱལ་འཛོག་གི་སྲོལ་དེ་ལྟ་བུ་བོད་ཡོངས་སུ་སོར་བཞག་བྱས་ཡོད་ལ། རྒྱལ་ཁབ་ཀྱི་ལས་དོན་དང་དམག་དོན་ལ་སོགས་པར་རྒྱལ་འཛོག་པའི་དཔེ་ད་ལྟ་མཐོང་རྒྱུ་མེད་ནའང་། མདའ་འཕེན་གྱིས་འབེན་ལ་མདའ་འཕངས་ནས་སྐོར་བཅུ་ཐྲག་དང་བརྒྱ་ཐྲག་རྒྱལ་བཞག་ནས་རྩེད་པའི་སྲོལ་ད་དུང་རྒྱུན་འཛིན་བྱས་འདུག མདའ་མོ་ཞེས་པ་འདི་བོད་ཀྱི་ཆོས་ལུགས་ཀྱི་ཆོ་ག་ལ་ལའི་ཁྲོད་གྲུབ་ཆ་མེད་དུ་མི་རུང་བ་ཞིག་ཡིན་པར་འདོད། ད་ལྟའི་གླིང་སྒྲུང་ལས་རྟོགས་པ་ལྟར་ན། མདའ་མོ་ལ་གཉིས་ཡོད་དེ། གཅིག་ནི། ཐོག་མ་ལྷ་ཀླུ་གཉན་གསུམ་ལ་མཆོད་བཀུར་དང་གསོལ་འདེབས་སྐྱབས་འཇུག་ཞུས་རྗེས། མདའ་མོ་ལ་བརྟག་ཤེས་པའི་དཔའ་རྒོད་ཅིག་གིས་མདའ་གནམ་ལ་འཕངས་ཏེ་ཁ་ཕྱོགས་དང་འགྲོ་ཚུལ་སོགས་ལ་བརྟག་པ་དང་། གཉིས་ནི། མདའ་དར་གྱི་བརྟག་པ་བཞག་ནས་མདའ་མོ་འདེབས་པའི་སྲོལ་དེ་ཡིན། དཔེར་ན《ཧོར་གླིང་གཡུལ་འགྱེད》ལས། "དེར་མདའ་དཀར་ནག་ཁྲ་གསུམ་བཙུགས། ཕྱི་མར་ཟས་ཕུད་བཤམས་ནས་ཡུད་ཅིག་བཟར་བ་དང་བཅས་ཉལ་བསྡད་དེ། གཉིད་དེ་ཐོག་སད་བྱས་ནས་ཏར་ལངས་པ་དང་མཉམ་དུ། མདའ་དར་ཁྲ་བོ་དང་ནག་པོ་གཉིས་འགྲིལ། དཀར་པོ་དེ་ལངས་ནས་བསྡད་འདུག་པ"ཞེས་པ་ལས་མཇུག་མཐར་སེར་པོ་ཧོར་ལ་ཆགས་འཛིག་ཕམ་ཁ་ཡོད་རྒྱུ་མདའ་མོ་ལས་བསྟན་བྱུང་། མདའ་མོ་འདི་ད་ལྟ་ས་ཁུལ་ལ་ལར་རྒྱུན་འཛིན་བགྱིས་ཡོད་ཀྱང་མང་ཆེ་ཤོས་ན་མཐོང་རྒྱུ་ཤིན་ཏུ་དཀོན། འདི་ནི་ཆོས་ལུགས་རིག་གནས་ཀྱི་གྲུབ་ཆ་ཞིག་ཡིན་པས་ཉམས་པ་སོར་ཆུད་དང་མ་ཉམས་པ་རྒྱུན་འཁྱོངས་བྱས་ན་ལེགས་པར་བསམས།

བཞི་པ། གཡང་མདའ་དང་གཉེན་མདའ།

ཞག་ཕྲན་མདའ་མོ་ལ་བཀྲ་ཤིས་བདེ་ལེགས་ཕྱིར་ཡོང་བའི་ནུས་པའང་ལྡན་པས་ན། གནའ་བོའི་མི་རྣམས་ཀྱིས་ལྷ་མདའ་འམ་གཡང་མདར་བརྩི་བཞིན་མཆིས། མདོ་དབུས་ཁམས་གསུམ་གྱི་ཡུལ་ཕྱོགས་གང་ཡིན་ཡང་ནམ་རྒྱུན་མདའ་མོར་གོང་བཀུར་དང་མཆོད་པ་ལེགས་པོ་བགྱིད་པའི་སྲོལ་ཡོད། ནམ་རྒྱུན་མདའ་རྩེད་བྱེད་པའི་སྐབས་སུ་མདའ་གཞུ་དེ་ཁྱིམ་ཚང་རེ་རེའི་མཆོད་ཁང་ངམ་ལྷ་མདུན། ཡང་ན་ཁང་པའི་དཀྱིལ་ཀྲིའི་མགོར་འདོགས་པ་དང༌། གཙང་ས་དང་མཐོ་སར་བཞག་ནས་མནོལ་བ་དང་འགོམ་གཡུག་བྱེད་མི་རུང༌། དུས་རྒྱུན་གདུག་དང་སྤོས་དུ་སྦྲོན་ཏེ་གཙང་སྦྲ་བྱེད་པ་ལས། མི་གཙང་ས་དང་བུད་མེད་ཀྱིས་གང་འདོད་ལྟར་གཡུག་མི་ཆོག གལ་སྲིད་གཙང་སྦྲ་དང་མཆོད་བཀུར་བྱེད་པ་མི་ལེགས་ན། མདའ་ལྷ་དང་མདའ་གཡང་མི་འཕོར་བ་མ་ཟད། ཁྱིམ་དེ་ལ་ཆག་སྒོ་འབྱུང་བའི་བཤད་ཚུལ་ཡང་ཡོད། དེ་ཡང་མདའ་གཞུ་དེ་བཀོལ་བའི་ཉིན་ལ་སླེབས་ཚེ། སྔར་ལས་མཆོད་བཀུར་ལེགས་པོ་བགྱིས་ཏེ། བསང་མཆོད་དང་མདའ་ལྷ་འབོད་པ། མདའ་གཡང་བསྐོར་བ་བཅས་བྱེད་པའི་སྲོལ་ཆགས་ཡོད། གཡང་མདའ་འམ་ལྷ་མདའ་འདི་བོད་པའི་ཁྱིམ་ཚང་ཕལ་ཆེར་ཡོད་པ་མ་ཟད། བོད་བརྒྱུད་ནང་བསྟན་ཆོས་ལུགས་ཀྱི་དགོན་པ་གྲགས་ཅན་ཏེ། ལྷ་སའི་གཙུག་ལག་ཁང་དང་སེ་འབྲས་དགེ་གསུམ། གཙང་བཀྲ་ཤིས་ལྷུན་པོ་དགོན། སྐུ་འབུམ་དགོན་པ། བླ་བྲང་དགོན་པ། སྐྱི་དགུ་དགོན་པ་བཅས་ས་དགེ་སྙིང་གསུམ་གྱི་དགོན་པའི་མགོན་ཁང་ངམ་བཙན་ཁང་དུ་ཡང་མཆོད་བཀུར་བགྱིས་ཏེ། དགྲ་ལྷའི་མཚོན་ཆའི་ཚུལ་དུ་བཞག་ཡོད། གཞན་ཡང་དབུས་གཙང་དང་མདོ་སྟོད་ཁམས་ཕྱོགས་མདོ་སྨད་ཨ་མདོ་ས་ཆར་ལྷ་མདའ་དང་གཡང་མདས་ལབ་ཙེ་བསྟོད་པའི་སྲོལ་གནའ་སྔ་མོ་ནས་ཆགས་ཡོད། འདིར་ངེད་ཅག་གིས་ཤེས་དགོས་པ་སྟེ། ཡུལ་ཕྱོགས་ལ་ལར་གཡག་རྭའི་ལབ་ཙེ་དང་ལུག་རྭའི་ལབ་ཙེའང་ཡོད། ཨ་མདོ་ས་ཁུལ་ལ་མཚོན་ན། ཕལ་ཆེར་ཧོར་ཟླ་བཞི་པའི་ལྷ་ཟླའི་ནང་དུ་ལབ་ཙེ་བསྟོད་པའི་སྲོལ་མཆིས། ལབ་ཙེ་བསྟོད་བྱེད་ཀྱི་མདའ་ཤིང་ནི་རྒྱུན་ལྡན་གྱི་མདའ་མོ་དང་མི་མཚུངས་ཤིང༌། རིང་ཚད་ལ་ཕལ་ཆེར་སྨི་བཞི་ལྔའི་ཡན་དང་སྦོམ་ཚད་ལ་དཀར་ཡོལ་གྱི་ཁ་ལྟ་བུ་ཡིན་དགོས་པར་བཤད་མོད། ཡིན་ནའང་སྐྱེས་པ་རེ་རེས་དངོས་སུ་འཕུར་ཡོང་བའི་གཡང་མདའི་རིང་ཚད་ལ་ངེས་པ་མེད། ཕྱིར་ཡོང་བའི་གཡང་མདའ་ཅི་འདྲ་ལེགས་ན་གནས་བདག་གམ་གཞི་བདག་ཀྱང་དེ་བཞིན་སྤྲོ་བས་ཕྱིད་ལ་རོགས་རམ་དང་མགོན་སྐྱབ་ཀྱང་དེ་བཞིན་བགྱིད་པའི་བཤད་སྲོལ་མཆིས། མདས་བསྟོད་པའི་ལབ་ཙེ་ལའང་བཤད་སྲོལ་གཉིས་མཆིས་ཏེ། གཅིག་ནི་མདའ་མོ་ནི་མཚོན་ཆའི་རིགས་ཡིན་པས་གཞི་བདག་གམ་གནས་བདག་གིས་དགྲ་བགེགས་སེལ་ཏེ་ཡུལ་ཁམས་སྲུང་བར་ཕན་འབྲས་ཆེན་པོ་ཡོད། གཉིས་ནི་གཞི་བདག་

གནས་པའི་ཁྲིམ་ཡང་ལབ་ཅེ་ཡིན་པས་ཁྲིམ་གཞི་འཛུགས་སྐྱུན་བྱས་པ་ཇི་ལྟར་བཟང་ན་དེ་བཞིན་མགོན་སྐྱོབ་བྱེད་ངེས་ཡིན་ཟེར། ད་ལྟ་ཨ་མདོ་ཡུལ་དུ་གྲགས་ཆེ་བའི་མདངས་བསྟོད་ཀྱི་ལབ་ཅེ་ནི་རྗེ་སྲིས་ཡུལ་གྱི་མདའ་བསྟོད་ཡིན། དེ་ཡང་ལོ་རེའི་ཧོར་ཟླ་དྲུག་པའི་ཚེས་བཅོ་ལྔ་ཉིན་ལ་རྗེ་སྲིས་ལྷ་ཆེན་མཐུ་བོ་ཆེ་གསུམ་གྱི་སྤྱི་མདའ་བསྟོད་པའི་སྲོལ་ཆགས་ཡོད། ཉིན་དེར་མདའ་བསྟོད་ཀྱི་མི་གྲངས་ཤིན་ཏུ་མང་བ་མ་ཟད། ལབ་ཅེ་ཡང་ཤིན་ཏུ་བརྗིད་པོ་འདུག དེ་དང་མཉམ་དུ་དགའ་དགའ་སྤྲོ་སྤྲོས་སླུ་དང་གར་ལ་རོལ་བའི་སྲོལ་ཆགས། སྐབས་དེའི་གཡང་མདའ་ཡང་གཞན་དང་མི་མཚུངས་པ་སྟེ། མདའི་མགུལ་ལ་དར་ཚོན་ལྔ་དང་། གཡང་དཀར་ལུག་གི་བལ་དཀར་འདོགས་དགོས། གླིང་སྒྲུང《ཧོར་སེར་འཁྱིད་པའི་མིག་ཆུ》ལས། “གླིང་ལྷ་མདའ་བྱ་རུའི་དམར་མདངས་ཅན། །སྒྲོ་ཡག་པ་རྨ་བྱའི་ཐིག་ལེ་ཅན། །སྙིད་དར་ཚོན་སྣ་ལྔའི་ཚོན་ཤེས་ཅན། །རྒྱལ་སྣ་དགུ་ཚང་བའི་ལྷ་མདའ་ལགས། །”ཞེས་བཀོད་པ་ལས་ལྷ་མདའི་མདོག་དམར་པོ་དང་མདའ་སྒྲོ་རྨ་བྱའི་སྒྲོ། སྙིད་ལ་དར་ཚོན་སྣ་ལྔས་བརྒྱན་པ་བཅས་གསལ་པོ་ཤེས་ཐུབ། ངེད་ཅག་གིས་ད་དུང་ཤེས་དགོས་པ་སྟེ། གཡང་མདར་མཆོན་ན་གཡང་སྒྲུབ་དང་གཡང་འགུགས་ཀྱི་ཆོ་ག་སྒྲིལ་བའི་སྐབས་སུ། གཡང་འགུགས་ཀྱི་ཆོ་ག་སྒྲུབ་བྱེད་ཀྱི་ཡོ་བྱད་གཙོ་བོ་ཞིག་སྟེ། གཡང་མདའ་ཕྱག་གཡས་པའི་ནང་དུ་བཟུང་ནས་ཁ་ནས་གཡང་ཚིག་དབྱངས་སུ་གྱེར་པ་དང་ཕྱག་གིས་དལ་བུར་གཡོན་སྐོར་བྱེད་པའི་སྲོལ་མཆིས། ལྷ་མདའ་དང་གཡང་མདའི་ཁྱད་པར་གཙོ་བོ་སྟེ། ལྷ་མདའ་ནི་ལྷ་སྲུ་གཉན་གསུམ་གྱིས་སྔོངས་གྲོགས་མཛད་པའི་མདའ་མོ་ལ་ཟེར་བ་མང་། གཡང་མདའ་ནི་ཕྱྭ་གཡང་སྣ་ཚོགས་འགུག་བྱེད་ཀྱི་ཡོ་བྱད་ལ་བཀོལ་བ་མང་།

གཉེན་མདའ་བཀོལ་སྤྱོད་བྱེད་པའི་དུས་ནི་ཤིན་ཏུ་སྔ་བར་བསམས། ད་ལྟ་ངེད་ཅག་གིས་ངག་རྒྱུན་དང་གནའ་དཔེ་ལས་མཐོང་བ་དང་ཐོས་པ་མ་གཏོགས་མིག་གི་སྤྱོད་ལམ་དུ་དངོས་སུ་མཐོང་བའི་གོ་སྐབས་ཏ་ཅང་ཉུང་། གནའ་བོའི་བོད་པའི་གླུས་གར་བརྒྱད་ཀྱི་ཡ་གྱལ་ཏེ།《སྣང་ས་འོད་འབུམ་གྱི་རྣམ་ཐར》ལས། བུ་མོ་སྣང་སའི་སྤྱི་གཙུག་ལ་གཙུག་གཡུ་དང་མདའ་དར་གྱིས་བརྒྱན་ཏེ་བཏང་ངོ་། །ཞེས་བུ་མོ་སྣང་སར་གཡུ་དང་མདའ་དར་གྱིས་བརྒྱན་ནས་གཉེན་རྟགས་བརྒྱབ་པའི་ལོ་རྒྱུས་སོགས་བརྗོད་ཡོད་ལ། ད་དུང《ཏ་རྒྱུག་རྒྱལ་འཛོམ》ལས་ཀྱང་། སེང་ལྕམ་འབྲུག་མོས་གནམ་ལ་འཕངས་པའི་གཉེན་མདའ་དེ་ཇོ་རུའི་སྟེང་དུ་ཁྲ་ཐུངས་སེ་བབས་པས། སྟག་རོང་དཔོན་པོ་ཁྲོ་ཐུང་ཐུགས་ཤིན་ཏུ་མ་དགྱེས་པར་གཏམ་ངན་མང་པོ་འཆད་པའི་བརྒྱུད་རིམ་ཡང་བཀོད་འདུག འདི་དག་ལ་བརྟགས་ན་གཉེན་མདའ་ལ་བཀོལ་སྟངས་གཉིས་མཆིས་ཏེ། གཅིག་ནི་གནམ་ལ་འཕངས་ཏེ་མག་པ་བདམ་པ། གལ་སྲིད་གནམ་ལ་འཕངས་པའི་མདའ་དེ་སྐྱེས་པ་སུའི་སྟེང་དུ་བབས་ན་མག་པ་དེ་བྱས་ཆོག་པ་དང་། གཉིས་ནི་གཉེན་མདའ་དེ་བག་མའི་རྒྱབ་ལ་བཏགས་ནས་གནས་སུ་འགྲོ་བའི་སྲོལ་དེ་ཡིན། ད་ལྟའི་བོད་ལྗོངས་ཀྱི་ཡུལ་

ཕྱོགས་སྐོར་ཞིག་ཏུ་ན་གཞོན་ཕོ་མོ་གཉེན་སྒྲིག་པའི་སྐབས་སུ་གཉེན་མདའ་བཀོལ་བའི་སྲོལ་རྒྱུན་འཛིན་བྱས་ཡོད། དཔེར་ན། བར་བ་བག་མ་སློང་དུ་འགྲོ་བའི་སྐབས་སུ་བར་བས་གཉེན་མདའ་ཆ་གཅིག་བཟུང་སྟེ། སྙེད་ལ་ཁ་བཏགས་དང་བལ་དཀར་བཏགས་ནས་གཉེན་ཚང་ལ་སྤྲོད་པའི་སྲོལ་ཡོད། དེའི་རྒྱུ་མཚན་ཡང་གཉེན་ལ་གཡང་དང་རྟེན་འབྲེལ་བསྒྲིགས་པའི་སྲོལ་ཡོད་པས། མདའ་མོ་ཁྱིར་ནས་བུ་དང་བུ་མོ་གཉིས་གཉེན་སྒྲིག་ན་བཀྲ་ཤིས་ཚེ་རིང་དང་། བདེ་སྐྱིད་ཕུན་སུམ་ཚོགས་པའི་རྟེན་འབྲེལ་ཡོང་བའི་སྣང་ཡིན། མནའ་མ་བསུ་བའི་སྐབས་སུ་ཡང་མནའ་མའི་སྟོད་རྒྱབ་ལ་གཉེན་མདའ་ཆ་གཅིག་བཙུགས་ནས་འགྲོ་བའི་སྲོལ་ཡོད། དེ་ཡང་འགྲོ་ལམ་དཀར་བ་དང་གདོན་བགེགས་སེལ་བ། བདེ་འཇགས་ཡོང་བའི་སྣང་ཡིན་པར་བརྗོད། ད་ལྟ་མདོ་སྨད་ཨ་མདོའི་རོང་འབྲོག་ཕྱོགས་སུ་གོང་གསལ་གྱི་གཉེན་མདའི་ཚོ་ག་མང་པོ་མེད་ཀྱང་། མནའ་མ་གནས་ལ་འགྲོ་བའི་ཉིན་བཟང་སྐར་བཟང་ལ་མནའ་མས་ཀྱོན་ཆས་སྟེང་རྒྱན་ཆ་བཏགས་ཤིང་རྒྱབ་ལ་ཁ་བཏགས་དཀར་པོ་ཞིག་བཏགས་རྗེས། མནའ་མའི་མགོར་གཡང་མདའ་སྐོར་ནས་གཡང་འབོད་བྱེད་པའི་སྲོལ་ད་དུང་དོར་མེད། བུ་མོ་གནས་ལ་འགྲོ་ཁར་གཡང་མདའ་སྐོར་ནས་གཡང་འབོད་བྱེད་པའི་རྒྱུ་མཚན་ཡང་། བུ་མོ་འདི་གནས་ལ་སོང་ན་ཁ་ལས་ཀླུང་ཧ་དར་བ་དང་། མི་ནོར་དབང་གསུམ་གྱི་གཡང་འཁོར་བ། རིག་བཟང་བུ་ཕྲུག་གི་འདབ་ལག་རྒྱས་པ། ནད་མེད་ཚེ་རིང་གི་གཡང་བསྐྱོལ་བ་བཅས་ཀྱི་ཕྱིར་རོ། །

ལྔ་པ། མཇུག་བསྡུ་བའི་གཏམ།

དེ་ཡང་ཏང་གི་ཚོགས་ཆེན་བཅུ་དྲུག་གི་སྟེང་དུ་རང་རྒྱལ་གྱི་ཤུལ་བཞག་རིག་གནས་རྩ་ཆེན་དང་ཕུལ་བྱུང་གི་དམངས་ཁྲོད་རིག་གནས་སྒྱུ་རྩལ་སྐོར་སྲུང་སྐྱོབ་དང་། སྲུང་སྐྱོང་བྱ་རྒྱུ་དེ་ལས་འགན་གཙོ་བོའི་གྲས་སུ་བཞག་ནས་འཆར་གཞི་ཡང་བཟོས་བྱུང་། རྒྱལ་སྲིད་སྤྱི་ཁྱབ་ཁང་གིས་ཀྱང《རང་རྒྱལ་གྱི་དངོས་པོ་མ་ཡིན་པའི་རིག་གནས་ཤུལ་བཞག་སྲུང་སྐྱོབ་བྱེད་པའི་བྱ་བར་ཤུགས་སྣོན་གཏོང་བའི་བསམ་འཆར》ཞེས་པ་ཁྱབ་སྤེལ་བྱས་ཤིང་། མཉམ་འབྲེལ་རྒྱལ་ཚོགས་རིག་སློབ་ཚན་རྩལ་རྩ་འཛུགས་ཀྱིས་ཀྱང《དངོས་པོ་མ་ཡིན་པའི་ཤུལ་བཞག་རིག་གནས་སྲུང་སྐྱོབ་བྱེད་པའི་འཆང་ཡིག》སྤེལ་བ་བཅས་ཀྱིས་འཛམ་གླིང་ཡོངས་ཀྱི་རྒྱལ་ཁབ་སོ་སོའི་མི་རིགས་རིག་གནས་སྲུང་སྐྱོབ་བྱེད་པར་སྐུལ་འདེད་ཆེན་པོ་བཏང་བ་མ་ཟད། རྒྱང་རིང་གི་ལས་དོན་ལ་མཇུབ་སྟོན་རང་བཞིན་གྱི་དོན་སྙིང་ཡང་བསམ་གྱིས་མི་ཁྱབ་པ་མཆིས།

དངོས་པོ་མ་ཡིན་པའི་ཤུལ་བཞག་རིག་གནས་ནི་མི་རིགས་ཤིག་གི་སྙིང་རུས་དང་བརྩེ་དུང་མཚོན་བྱེད་གཙོ་བོ་ཞིག་རེད། དེ་ནི་རྒྱལ་ཁབ་གཅིག་གྱུར་དང་མི་རིགས་མཐུན་སྒྲིལ་གྱི་རྨང་གཞི་ཡིན་པ་མ་

ཟད། འགྲོ་བ་མིའི་རིགས་ཀྱི་བློ་གྲོས་ཀྱི་ཉིང་བཅུད་ཀྱང་ཡིན། ཡིན་ནའང་། ད་ལྟ་དེང་རབས་ཅན་གྱི་འཇུགས་སྐྲུན་དང་རིག་གནས་གསར་པའི་སྟོབས་ཤུགས་ཀྱིས་དངོས་པོ་མ་ཡིན་པའི་རིག་གནས་ཤུལ་བཞག་རྟེན་སའི་གཞི་དང་ཁོར་ཡུག་སོགས་ལ་འགྱུར་ལྡོག་ཆེན་པོ་བྱུང་བར་བཙུག་པ་དང་། མི་དམངས་མང་ཚོགས་ཀྱི་འཚོ་བའི་རོལ་སྟངས་དང་འཛིག་རྟེན་ལྟ་ཚུལ། མི་ཚེའི་ལྟ་ཚུལ་ཡང་འགྱུར་ལྡོག་ཆེན་པོ་བྱུང་བའི་རྐྱེན་གྱིས་བགྲང་བྱ་སྟོང་ཕྲག་སྟོན་ལ་བྱུང་བའི་སྲོལ་རྒྱུན་རིག་གནས་ཀྱི་ཚེ་སྲོག་ལ་ཉེན་ཁ་བྱོལ་ཐབས་མེད་པ་གནས་འདུག དེའི་རྐྱེན་གྱིས་ངེད་ཙག་གིས་ཇི་ལྟར་བླང་དོར་དང་གདམ་ང་བྱེད་རྒྱུ་ནི་སྲོལ་རྒྱུན་རིག་གནས་སྐྱོབ་མིན་ནམ་གནས་མིན་གྱི་གནད་འགག་ལ་ཐུག་ཡོད། སྲོལ་རྒྱུན་མདའ་གཞུའི་རིག་གནས་ལ་མཚོན་ན་དངོས་པོ་མ་ཡིན་པའི་ཤུལ་བཞག་རིག་གནས་གལ་ཆེན་ཞིག་ཡིན་པ་ལས་གཞན། བོད་པའི་རིག་གནས་འཁོར་ཆེན་ལས་གལ་ཆེན་གྱི་སྲོལ་རྒྱུན་རིག་གནས་ཤིག་ཡིན་པའང་ཁས་ལེན་དགོས།

བོད་པའི་མདའ་སྲོལ་རིག་གནས་ཀྱང་ད་ལྟ་བལྟས་ན་ས་ཆ་ཁག་ཅིག་ནས་ཟིང་ཟིང་ཡོང་ཡོང་གིས་བཀོལ་སྤྱོད་བགྱིས་ནས་དར་རྒྱས་གཏོང་བཞིན་ཡོད་ནའང་། རང་གི་ཕ་མེས་ཡང་མེས་ལས་དར་ཡོང་བའི་སྲོལ་རྒྱུན་གྱི་མདའ་སྲོལ་མང་པོ་ཞིག་ཉམས་ཟིན་པ་དང་ཉམས་བཞིན་མཆིས། དེ་བས་ཁོ་བོས་བསམ་པར་སྲོལ་རྒྱུན་མདའ་རྩེད་ཀྱི་སྲོལ་ལུགས་པོ་རྣམས་རྒྱུན་འཛིན་དང་སྲུང་སྐྱོབ་བྱེད་དགོས་ན་མ་མཐའ་ཡང་གཤམ་གྱི་དོན་ཚན་འགའ་འཛིན་དགོས་པར་འདོད།

གཅིག མདོ་དབུས་ཁམས་གསུམ་གྱི་བོད་རིག་པར་ཞིབ་འཇུག་གནང་མཁན་གྱི་མཁས་པ་བགྲེས་གཞོན་སུ་ཡིན་རུང་སྲོལ་རྒྱུན་མདའ་གཞུའི་རིག་གནས་འདི་ཞིབ་འཇུག་བྱ་ཡུལ་དུ་བཞག་ནས་ནན་བཅག་ཞིབ་འཇུག་བྱེད་པ་མ་ཟད། ཞིབ་འཇུག་གི་དཔྱད་རྩོམ་ཡང་རྒྱ་བོད་ཡིག་གཉིས་ཀྱིས་སྤེལ་བ་ཤིན་ཏུ་གལ་འགངས་ཆེ། ད་དུང་དཔྱད་རྩོམ་ལེགས་པོ་དག་འཚོལ་སྡུད་བྱས་ཏེ་སྲོལ་རྒྱུན་མདའ་གཞུའི་རིག་གནས་སྐོར་གྱི་དཔེ་ཆ་གཅིག་རྗེས་གཉིས་མཐུད་དུ་པར་སྐྲུན་བྱས་ཏེ། རང་རེའི་བོད་ལ་སྲོལ་རྒྱུན་མདའ་གཞུའི་རིག་གནས་སྐོར་གྱི་གླེགས་བམ་མེད་པའི་སྟོང་ཆ་ཁ་བསྐང་དགོས། ད་ལྟ་ངེད་ཙག་མཚོ་སྔོན་ཞིང་ཆེན་མི་དམངས་སྲིད་གཞུང་གི་ཧྲིན་ཀྲང་གཞོན་པ་སྟག་འབུམ་ཐར་ལགས་ཀྱི་དབུ་ཁྲིད་འོག་བདག་གིས་རྩ་འཛུགས་བྱས་ནས་སྲོལ་རྒྱུན་མདའ་གཞུའི་རིག་གནས་ཀྱི་དཔེ་ཆ་ཞིག་རྩོམ་སྒྲིག་བྱེད་བཞིན་པའི་སྐབས་ཡིན། རིག་གནས་གང་དང་གང་ཡིན་རུང་འཛིན་སྐྱོང་སྤེལ་གསུམ་བྱེད་པར་དཔེ་དེབ་བསྒྲིགས་ནས་རྗེས་སུ་འཇོག་མ་ཐུབ་ན་ཉམས་དམས་སུ་འགྲོ་བའི་ཉེན་ཁ་ཤིན་ཏུ་ཆེ། དེ་བས་ལས་དོན་འདི་བསམ་གྱིས་མི་ཁྱབ་པ་ཞིག་ཡིན་པ་ཤེས་པར་གྱིས།

གཉིས། རྒྱལ་ཁབ་རིམ་པ་དང་ཞིང་ཆེན་རིམ་པ། ཁུལ་དང་རྫོང་རིམ་པ་བཅས་སུ་སྲོལ་རྒྱུན་མདའ་

གཞུའི་རིག་གནས་ལ་ཞིབ་འཇུག་བྱེད་པའི་བགྲོ་གླེང་ཚོགས་འདུ་བསྡུ་རྒྱུ་ཡང་ཏ་ཙང་གལ་འགངས་ཆེ། རང་རེའི་བོད་ཁུལ་མང་ཤོས་ན་མདའ་བ་མང་པོ་ཡོད་ཀྱང་མདའ་གཞུའི་འབྱུང་ཁུངས་དང་དར་ཚུལ། སྲོལ་རྒྱུན་རིག་གནས་དང་ཇི་ལྟར་འབྲེལ་ཡོད་པ་ལ་སོགས་ཀྱི་རྒྱུ་མཚན་བརྗོད་མི་ཤེས། མདའི་རིག་གནས་སྐོར་གྱི་ཤེས་བྱ་ཅུང་ཟད་ཡོད་ན་མདའ་གཞུ་དང་མདའ་རྩེད་ལ་སྤྲོ་བ་དང་མཐོང་ཆེན་སྣང་ལས་ཆེ་བར་འགྱུར་ཐུབ་པ་མ་ཟད། ད་དུང་རྒྱུན་འཛིན་གྱི་སྤྲོ་བ་ཡང་བསྐྱེད་ཡོང་།

གསུམ། ས་ཆ་སོ་སོ་རུ་མདའ་རྩེད་མདའ་མཆོད་བཅས་བགྱིད་པའི་སྐབས་སུ། མདའ་བས་བསང་ཁ་བསང་མཆོད་དང་། གྱོན་ཆས་རྒྱན་ཆ། འབེན་དགྲའི་བཟོ་ཚུལ། སྐུགས་ཡ་བསྡུ་ཚུལ། གླུ་ལེན་གར་རྩེད་སོགས་ཅི་ནུས་ཀྱིས་སྲོལ་རྒྱུན་ལྟར་དུ་བསྒྲུབས་ན་ལེགས་བསམས། ས་ཆ་ལ་ལར་མཚོན་ན་ད་ལྟ་ཅི་ནུས་ཀྱིས་དེང་རབས་ཀྱི་སྲོལ་གསར་འཛུགས་པ་དང་འབྲེན་པ་མང་བས། གལ་སྲིད་དེད་ཅག་གིས་སྲོལ་རྒྱུན་མདའ་སྲོལ་དག་དོར་བའི་དབང་དུ་བཏང་ན་ཕྱིས་སུ་ལོ་འཁོར་ཙུང་ཤས་ནང་དུ་ཉམས་པ་དང་། མི་རབས་རྗེས་མ་རྣམས་ལ་སྲོལ་རྒྱུན་ལེགས་པོ་རྣམས་སྤྱོད་རྒྱུ་མེད་པར་འགྲོ་ངེས་ཡིན་པས་བློ་ཕངས་པ་ཞིག་རེད། འོན་ཏེ་མདའ་མཆོད་ཀྱི་ཆོ་ག་བསྒྲུབ་པའི་སྐབས་སུ་དོ་སྣང་བྱེད་དགོས་པ་སྟེ། གནའ་བོའི་བོན་ཆོས་ལས་དར་ཡོང་བའི་ར་ལུག་དག་དམར་མཆོད་བྱེད་པའི་སྲོལ་སྙིང་རྣམས་ངེས་པར་དུ་འདོར་དགོས་སྙམ། དེ་ནི་མི་གཤིས་དང་འགལ་བའི་སྤྱོད་པ་གདུག་རྩུབ་ཅན་ཞིག་རེད།

སྤྱིར་འཛམ་གླིང་སྟེང་གི་རིག་གནས་ཆེ་ཆུང་གང་ཡིན་རུང་ཐོག་མ་བསྐྲུན་པའི་སྐབས་སུ་ཤིན་ཏུ་ཁག་པོ་ཡིན་ཡང་། ཉམས་པའི་སྐབས་སུ་ཤིན་ཏུ་སླ། དཔེར་ན། དགོན་པ་ཞིག་ལ་མཚོན་ན་འཛུགས་སྐྲུན་བྱེད་ན་ལོ་མང་པོ་དགོས་སོད། འོན་ཏེ་ཉམས་པར་གཏོང་ན་ཉིན་གཅིག་དང་ཉིན་གཉིས་ཀྱིས་འཐུས་པས། སྲིད་འཛིན་ལས་ཁུངས་དང་འབྲེལ་ཡོད་འགོ་ཁྲིད་རྣམ་པས་ཐུགས་ཁུར་གཙིགས་འཛིན་དང་། རྒྱ་ཆེ་བའི་མི་དམངས་མང་ཚོགས་ཡོངས་ལ་མ་སྐྱུལ་དང་བླངས་ཀྱིས་སྲོལ་རྒྱུན་རིག་གནས་སྲུང་སྐྱོབ་བྱེད་པའི་འདུ་ཤེས་ཡོད་དགོས་པར་མ་ཟད། རང་གི་རིག་གནས་ཀྱི་རིན་ཐང་རང་གིས་ངོ་ཤེས་ནས་གཙོ་བོ་ལག་ལེན་ཁྲིད་དོན་དངོས་ཀྱིས་སྲུང་སྐྱོབ་ཐུབ་ན། ད་གཟོད་དངོས་པོ་མ་ཡིན་པའི་ཤུལ་བཞག་རིག་གནས་རྣམས་ཉམས་པ་སོར་ཆུད་དང་མ་ཉམས་པ་རྒྱུན་འཕྱོངས་བྱེད་ཐུབ་པ་སུས་ཀྱང་བསྙོན་དུ་མེད་དོ། །

《ཀྲུང་གོའི་བོད་རིག་པ།》 ༢༠༠༨ལོའི་དེབ་གསུམ་པ་ལས་བཏུས།

གཞན་དག་གི་སྐོར།

༄། །དམངས་སྲོལ་རིག་པ་དང་བོད་ཀྱི་དམངས་སྲོལ་ཐོག་མར་གླེང་བ།

སྐང་རྒྱལ་མཚན་ཚེ་རིང་།

དང་པོ། དམངས་སྲོལ་དང་དམངས་སྲོལ་རིག་པ།

དམངས་སྲོལ་རིག་པ་ནི་མིའི་གནས་ལུགས་ཀྱི་ཚན་རིག་ནང་གི་གྲས་གལ་ཆེན་ཞིག་ཡིན། འཛམ་གླིང་ཡོངས་ལ་ཆ་བཞག་ནས་བལྟས་ན། དེ་ནི་གསར་སྐྱེས་དང་རང་ཚུགས་ཅན་གྱི་ཚན་རིག་ཞིག་ཏུ་གཞི་གྲུབ་ཡོད། ཚན་རིག་དེ་ཡང་དུས་རབས་བཅུ་དགུ་པའི་དཀྱིལ་དུ་འགོ་ཚུགས་པ་ཡིན་པས་མིའི་རིགས་ཀྱི་རིག་པ་དང་། མི་རིགས་རིག་པ་ལས་ཅུང་འཕྱིས་པ་རེད།

དམངས་སྲོལ་རིག་པ་ནི་དེ་སྔ་མིའི་རིགས་ཀྱི་རིག་པ་དང་མི་རིགས་རིག་པའི་གྲས་སུ་བརྩིས་ནས་ཞིབ་འཇུག་བྱ་བཞིན་མཆིས། ༡༨༤༦ལོར་དབྱིན་ཇིའི་རྒྱལ་ཁབ་ཀྱི་གནའ་རྫས་རྟོག་ཞིབ་མཁན་ཐང་མོའུ་སིས(WJ · Thoms)ཐོག་མར"དམངས་སྲོལ་རིག་པ"(Folklore)ཞེས་རིག་གཞུང་གི་ཐ་སྙད་དེ་བཀོལ་བ་ནས་བཟུང་ད་བར་དུ་ལོ་བརྒྱ་དང་བཞི་བཅུ་ལྷག་གི་ལོ་རྒྱུས་མ་གཏོགས་མེད་མོད། ཡིན་ཡང་། རིག་གཞུང་འདིར་རྒྱལ་ཁབ་གང་དང་མི་རིགས་གང་ཡིན་ཡང་གདེངས་འཛོག་མཐོན་པོ་གནང་གྱིན་ཡོད། ཐ་ནFolkloreཞེས་པའི་ཐ་སྙད་འདི་ཁོ་ནའང་དར་སྤེལ་གྱི་བརྒྱུད་རིམ་ཁྲོད་རྒྱལ་ཁབ་མང་པོས་ཀྱི་དམངས་སྲོལ་རིག་པའི་མཁས་ཅན་དག་གིས་གོ་དོན་དང་འགྲེལ་པ་རྣམ་པ་སྣ་ཚོགས་བཀོད་ཡོད། དམངས་སྲོལ་ནི་མིའི་རིགས་ཀྱི་སྤྱི་ཚོགས་རིག་གནས་སུ་གྲུབ་པས་མིའི་རིགས་ཀྱི་རྒྱུན་ལྡན་འཚོ་བར་འབྲེལ་བ་དམ་པོ་ཡོད་པ་དང་། རང་གི་ཁྱད་ཆོས་དང་འཕེལ་རྒྱས་ཀྱི་གོ་རིམ་ལྡན་པས་སྤྱི་ཚོགས་ཚན་རིག་གི་ཞིབ་འཇུག་ཁྲོད་དུ་རང་ཚུགས་ཐུབ་པའི་ནུས་པ་ལྡན་པ། མིའི་རིགས་རིག་པ་དང་། སྤྱི་ཚོགས་རིག་པ། ལོ་རྒྱུས་རིག་པ། ཆོས་ལུགས་རིག་པ། སེམས་ཁམས་རིག་པ། སློབ་གསོ་རིག་པ། སྒྱུ་རྩལ་རིག་པ། སྐད་ཆ་རིག་པ་སོགས་ཀྱི་ཞིབ་འཇུག་གི་བྱ་བར་རམ་འདེགས་དང་བསྐུལ་སློང་ཆེན་པོ་བྱེད་ནུས་པ། ལྷག་པར་དུ་རྒྱལ་ཁབ་གང་ཞིག་དང་མི་རིགས་གང་ཞིག་གི་རང་ཉིད་ཀྱི་འདས་ཟིན་པའི་གོམ་རྗེས་དེ་ག་འདྲ་ཡིན་པ་ཇེ་གསལ་དང་ཇེ་ཟབ། རྒྱལ་ཁབ་གཞན་དག་དང་མི་རིགས་གཞན་དག་ལས་རང་ཉིད་ཐུན་མོང་མ་ཡིན་པའི་ཡུལ་སྲོལ་གོམས་གཤིས་ཇི་བཞིན་དུ་འབུར་དུ་ཐོན་པ་སོགས་ཀྱི་དགེ་མཚན་ཟད་དུ་བྱུང་བ་ཞིག་

མཆིས་པས་རྒྱལ་ཁབ་ཀུན་གྱི་མི་རིགས་ཡོངས་ལ་དར་དང་དར་བཞིན་མཆིས་པས། རང་རེའི་ཁ་བ་རི་པའི་རིག་གཞུང་གི་པད་ཚལ་དུའང་འཛོན་སྤེལ་བགྱིས་ན་དགེ་མཚན་མི་དམན་པས་རྣམ་དཔྱོད་ཡངས་པ་དག་གིས་གདེངས་འཇོག་དང་དམིགས་འཛིན་བྱ་རིན་ཡོད་པའི་གནས་ཤིག་ལགས།

གཅིག དམངས་སྒྲོལ།

ཅི་ཞིག་ལ་དམངས་སྒྲོལ་ཟེར། དམངས་སྒྲོལ་གྱི་ཁྱད་ཆོས་གང་ཡིན་ཞེ་ན། ཕྱི་ངོས་ནས་བལྟས་ན་འགྲེལ་དཀའ་བའི་གནད་དོན་ཁག་པོ་ཞིག་ཏུ་མི་མཐོང་མོད། འོན་ཀྱང་། ཐ་སྙད་འདི་རིག་གཞུང་གི་ལམ་ཚད་གཞིར་བཞག་ནས་དཔྱད་ན་རྟོགས་སླ་མོ་ཞིག་མིན་ལ། དེའི་དབྱེ་བ་བརྡར་ཤ་བཅད་ནས་དཔྱད་ན་དེ་བས་ཟབ་ཅིང་རྟོགས་དཀའ་བ་ཞིག་རེད། དེར་རྒྱུ་མཚན་ཡོད་དེ། དམངས་སྒྲོལ་ནི་དུས་རྒྱུན་གྱི་འཚོ་བའི་ཁྲོད་མི་ཀུན་གྱི་བློ་ན་གསལ་བ་དང་མིག་ལམ་དུ་འཆར་བ་མ་ཟད། མ་སྐྱེལ་རང་བཞིན་དུ་ཀུན་སྤྱོད་ཀྱི་གོམས་ཆགས་སུ་ཡོངས་ཁྱབ་ཏུ་དར་ཡོད་པའི་ཕྱིར། སྤྱིར་གཞུང་ལུགས་ཀྱི་སྟེང་ནས་འདི་དང་དེའོ་ཞེས་གསལ་པོ་གྲུབ་མེད་ཀྱང་ཀུན་སྤྱོད་འདུ་ཤེས་སུ་སྤྲ་མོ་ནས་མར་དྲི་རྩམ་དྲི་བྲོ་བའི་གནས་ལུགས་ཟབ་མོ་ཆགས་ཡོད། དེ་ཡང་སྔོན་བྱོན་མཁས་དབང་དག་གི་བསྟན་བཅོས་ལས་ང་ཚོས་རྒྱུན་དུ་ཡུལ་སྲོལ། གོམས་གཤིས། འགྲོ་ལུགས། གོམས་སྲོལ་ལ་སོགས་ཐ་སྙད་མང་པོ་བཀོད་ཡོད་པ་དང་། དམངས་ཁྲོད་ཀྱི་རྩོམ་རིག་ཏུ་སྤྱོད་པ་དེ་ལས་མོད་པས་ཡོངས་ཁྱབ་རང་བཞིན་ཡིན་པ་གསལ་པོ་མཚོན་ཐུབ། དམངས་སྒྲོལ་ནི་ཉིན་གཅིག་དང་གཉིས་ལ་གྲུབ་པ་མིན་ལ། མི་གཅིག་དང་གཉིས་ཀྱིས་བཏོད་པའང་མིན་པར་འགྲོ་བ་མིའི་རིགས་སྣོད་བཅུད་ཀྱི་འཇིག་རྟེན་འདིར་གནས་པ་ནས་བཟུང་རིམ་བཞིན་དུ་དར་བ་དང་དར་བཞིན་པའི་བྱ་དངོས་ཤིག་སྟེ། མདོར་བསྡུས་ནས་བརྗོད་ན། དམངས་ཁྲོད་ཀྱི་གོམས་སྲོལ་དེར་ཟེར། དེ་ལ་བསམ་བློ་དང་ཀུན་སྤྱོད་གཉིས་ཀ་འདུས་པ་ལས། གང་འདོད་དུ་སྤྱད་པ་མིན་པར་མི་ཀུན་གྱི་སྤྱོད་པ་དང་འདུ་ཤེས་དེ་ཆོས་ཉིད་རང་བཞིན་གྱིས་དམ་པོར་བཅིངས་ཡོད།

དམངས་སྒྲོལ་ག་འདྲ་ཞིག་ཡིན་རུང་དེ་ལ་རང་གི་ཡུལ་ཁམས་དང་མཐུན་པའི་འཆིང་རྒྱ་རེ་ལྡན་ལ། འཆིང་རྒྱ་དེ་ནི་ཁྲིམས་ལུགས། ལོ་རྒྱུས་ཡིག་ཚང་། ཚན་རིག་རིག་གནས་གང་ལའང་བརྟེན་མི་དགོས་པར་རང་ངོས་ནས་དོ་སྣང་དང་ལག་ལེན་བྱས་པ་ཡིན། ཐང་མོའུ་སིས་རིག་གཞུང་འདིའི་ཐ་སྙད་འདོན་དུས་བརྗོད་རྒྱུར། དམངས་སྒྲོལ་ནི་ཡོངས་ཁྱབ་ཏུ་མི་ཀུན་གྱི་ཁྲོད་ན་རྒྱུན་སྤེལ་བྱེད་པའི་སྲོལ་རྒྱུན་གྱི་དད་མོས། ངག་རྒྱུན་དང་གོམས་སྒྲོལ། དཔེར་ན། གནའ་སྔ་མོའི་དུས་ཀྱི་སྤྱོད་ཚུལ། གོམས་སྲོལ། གནས་སྟངས། རྩོངས་དད། དམངས་གླུ། གཏམ་དཔེ་ལ་སོགས་ཡིན་ཟེར། དེ་བས་ང་ཚོས་ལྟ་ཚུལ་དེ་ལས་དམངས་སྒྲོལ་ནི་བསམ་པའི་འཚོ་བའི་ཁོངས་སུ་གཏོགས་པ་མངོན་སུམ་དུ་མཐོང་ཐུབ་པ་རེད།

ཐང་མོའུ་སིས་རིག་གཞུང་འདི་བཏོན་རྗེས། རྒྱལ་ཁབ་གང་མང་གི་ཤེས་ཡོན་ཅན་གྱིས་དམངས་

སྲོལ་ལ་མཚན་ཉིད་དང་གོ་དོན་འདྲ་མིན་སྣ་ཚོགས་སྤེལ་ཡོད་དེ། ཁ་ཅིག་གིས་དམངས་སྲོལ་ནི་དུས་རབས་རྙིང་པའི“ཤུལ་ལུས་གོམས་གཤིས”སམ་ཡང་ན་དེང་རབས་གྲོང་ཁྱེར་འཁོར་ཡུག་ཁྲོད་ཀྱི“ལྷག་འཕྲོ་ཤུལ་ལུས་གོམས་གཤིས”ཡིན་པར་སྨྲས། ཁ་ཅིག་གིས་དམངས་སྲོལ་ནི་རིག་གནས་ཀྱི་སྐོར་དེ་ཡིན་པར་འདོད། ཁ་ཅིག་གིས་དམངས་སྲོལ་ནི་ཞན་འགྱུར་དུ་སོང་བའི་ཚོགས་ལུགས་ཡིན་པར་བཞེད། ཡང་ཁ་ཅིག་གིས་དམངས་སྲོལ་ནི་མི་ཕལ་པའི་རིག་གནས། ཡང་ན་དཔལ་ཡོན(གྲོང་ཁྱེར)རིག་གནས་ནང་གི་མི་ཕལ་པའི་རིག་གནས་ཀྱི་སྣང་ཚུལ་དེ་ཡིན་པར་བསམ་ཀྱིན་ཡོད། གོང་གསལ་གྱི་དེ་དང་དེ་ལྟ་བུ་བཞེད་པ་མི་མཐུན་པ་གང་མང་མཆིས་མོད། དམངས་སྲོལ་རིག་པར་དཔྱད་མཁན་དེ་དག་གི་དགོངས་པ་ལས། ང་ཚོར་ཤེས་རྟོགས་མཐུན་སྣང་དུ་གྲུབ་པ་ནི། དམངས་སྲོལ་གྱི་ནང་དོན་གཙོ་བོ་སྲོལ་རྒྱུན་གྱི་བསམ་མནོའི་འཚོ་བའི་ཕྱོགས་ཤེད་ཆེ་ལ། ལྷག་པར་དུ་དམངས་ཁྲོད་ཀྱི་ངག་རྒྱུན་རྩོམ་རིག དཔེར་ན། ལྷ་སྲུང་། ངག་རྒྱུན། གཏམ་རྒྱུད། གབ་ཚིག གླུ་གཞས། གཏམ་དཔེ། ཟློས་གར་ལ་སོགས་ལྟ་བུ་རེད། དེ་བས་ང་ཚོ་བོད་ཀྱི་ཡུལ་ཁམས་ལ་མཚོན་ནས་བརྗོད་ན། དམངས་ཁྲོད་རྩོམ་རིག་ཤིན་ཏུ་དར་ཁྱབ་ཆེ་མོད། དེར་གོ་བ་གཏིང་ཚུགས་ཆགས་པ་དང་རང་བཞིན་གསལ་པོར་ར་སྤྲོད་བྱེད་ནུས་པའི་གཞུང་ལུགས་ངེས་ཅན་ཞིག་གྲུབ་མེད་པས། རིག་གཞུང་འདི་ལ་སྣང་ཆུང་མི་བྱེད་པར་གལ་ཆེན་དུ་བཞག་ནས་རྒྱུན་དུ་མཐོང་ཐོས་སུ་ཡོད་པའི་ཤེས་བྱ་སྟེ། བོད་མིའི་གནས་སྟངས། བསམ་བློ། ཆས་ལུགས། གོམས་གཤིས་ལ་སོགས་ཤེས་རིག་མེད་དུ་མི་རུང་བ་ཞིག་ཏུ་དགོངས་ནས་ཇི་བཞིན་དུ་འགོད་པ་ལས་ཞྭ་དཔེ་ལྷམ་འགེབས་དང་ར་མགོ་ལུག་སྐྱར་གྱི་ཚུལ་དུ་འགྲོ་བར་མི་རིགས་སོ། །

གཉིས། དམངས་སྲོལ་རིག་པ།

དམངས་སྲོལ་རིག་པ་ནི་མིའི་གནས་ལུགས་ཀྱི་ཚན་རིག་ནང་གི་གྲས་གལ་ཆེན་ཞིག་ཡིན། དེ་ནི་མི་རྣམས་དུས་རྒྱུན་གྱི་དངོས་པོའི་འཚོ་བ་དང་བསམ་པའི་འཚོ་བའི་ཁྲོད་སྐད་ཆ་དང་སྤྱོད་ཚུལ་རྒྱུན་སྤེལ་བྱས་པའི་དམངས་སྲོལ་སྣ་ཚོགས་སྣང་ཚུལ་གྱི་རིག་གཞུང་ཞིག་ཡིན་ཞིང་། འཛམ་གླིང་གི་ས་གནས་ཀུན་དུའང་དམངས་སྲོལ་རིག་པ་རང་ཚུགས་ཐུབ་པའི་རིག་གཞུང་ཞིག་ཏུ་གྲུབ་ཡོད་པ་མ་ཟད། རྒྱལ་ཁབ་མང་ཤོས་ཀྱི་མཁས་པ་དག་གིས་གདེངས་འཛོག་མཐོན་པོ་གནང་གིན་ཡོད།

དམངས་སྲོལ་རིག་པ་ནི་མིའི་རིགས་རིག་པ། མི་རིགས་རིག་པ། སྤྱི་ཚོགས་རིག་པ། ལོ་རྒྱུས་རིག་པ་བཅས་ལ་འབྲེལ་བ་དམ་པོ་ཡོད་པ་ལ། དེ་བས་ནུབ་ཕྱོགས་རྒྱལ་ཁབ་ཀྱི་མཁས་པ་ཁ་ཅིག་གིས་དམངས་སྲོལ་རིག་པ་ནི་མིའི་རིགས་རིག་པ། མི་རིགས་རིག་པ། སྤྱི་ཚོགས་རིག་པ། ལོ་རྒྱུས་རིག་པ་བཅས་ཀྱི་བྱེ་བྲག་གམ་ནང་གསེས་སུ་བཞག་ནས་དཔྱད་པ་གཏོང་བཞིན་ཡོད་པའང་དེར་རག་ལས་ཡོད། དམངས་སྲོལ་རིག་པ་ནི་དེ་དག་དང་འབྲེལ་བ་དམ་པོ་མཆིས་པ་ལས་ཁོངས་སུ་གཏོགས་པ་མ་ཡིན་ཏེ། མིའི་

རིགས་རིག་པ་ནི་མིའི་རིགས་ཀྱི་བྱུང་འཕེལ་གྱི་ལོ་རྒྱུས་ཏེ། མིའི་རིགས་ཀྱི་བསྐལ་པ་ཡ་ཐོག་གི་རིག་གནས། དཔེར་ན། གཙུག་མའི་དུས་ཀྱི་སྡོད་གནས། གྱོན་ཆས། བཟའ་བཏུང་། ཕྱུགས་ཟོག ཇོན་པ། སོན་ལྡན་རྩི་ཤིང་། སྔོག་འཐུ་སོགས་དངོས་པོའི་རིག་གནས། ཁྱིམ་རྒྱུད། རུས་རྒྱུད། རུ་སྡེ། ཚོ་པ་སོགས་སྤྱི་ཚོགས་སྒྲིག་གཞི། ཆོས་ལུགས། སྒྱུ་རྩལ། སྐད་ཆ་སོགས་བསམ་པའི་རིག་གནས་བཅས་དམིགས་བསལ་དུ་བཟུང་ནས་བརྟག་དཔྱད་བྱ་དགོས་ཤིང་། དམངས་སྲོལ་རིག་པས་བསྐལ་པ་ཡ་ཐོག་རིང་མོའི་རིག་གནས་ལ་ཞིབ་དཔྱོད་བྱེད་པ་མ་ཟད། རྒྱལ་ཁབ་དང་མི་རིགས་གང་ཉུང་གི་དེང་རབས་ལོ་རྒྱུས་སུ་རྒྱུན་སྲོལ་བྱེད་པའི་རིག་གནས་སྣང་ཚུལ་དེ་ལའང་ཞིབ་འཇུག་བྱེད་པ་རེད།

མི་རིགས་རིག་པ་དང་དམངས་སྲོལ་རིག་པ་ལ་འབྲེལ་བ་དམ་པོ་ཡོད་དེ། མི་རིགས་རིག་པ་ནི་མི་རིགས་ལ་ཞིབ་འཇུག་བྱེད་པའི་རིག་གཞུང་ཞིག་ཡིན་ཞིང་། མར་ཁེ་སི་རིང་ལུགས་ཀྱི་བལྟ་ཚུལ་ལྟར་ན། མི་རིགས་རིག་པ་ནི་ངེས་པར་དུ་དེང་དུས་ཀྱི་བྱེ་བྲག་མི་རིགས་ཀྱི་འཕེལ་རྒྱས་ཆོས་ཉིད་ལ་དཔྱོད་པའི་རིག་གཞུང་ཞིག་ཡིན་དགོས་པ་རེད། དེར་མི་རིགས་གང་ཞིག་གི་འབྱུང་ཁུངས། འཕེལ་རིམ། གནས་སྡོ། ས་ཁམས་དབྱེ་ཚུལ། སྤྱི་ཚོགས་དཔལ་འབྱོར་དང་མི་རིགས་རིག་གནས་ཀྱི་ཁྱད་ཆོས་སོགས་འདུས་པས། དམངས་སྲོལ་རིག་པ་ནི་དེ་དང་བསྡུར་ན་ཁྱབ་ཆུང་སྟེ། ཐོག་མར་འགོ་ཚུགས་པའི་དུས་སུ། མི་དམངས་ཀྱི་བློ་གྲོས། སྐད་ཆ། དད་པ་དང་སྒྱུ་རྩལ་ལ་དཔྱད་པ་ལས་རིམ་བཞིན་མི་རིགས་ཧྲིལ་པོའི་དམངས་ཁྲོད་འཚོ་བ་དང་། རིག་གནས་གྲས་སུ་རྒྱུན་སྲོལ་རང་བཞིན་ལྡན་པའི་བསམ་མནོའི་འདུ་ཤེས། སྲོལ་ལུགས་གོམས་གཤིས་ཀུན་ཞིབ་འཇུག་བྱ་ཡུལ་དུ་གྱུར། དམངས་སྲོལ་རིག་པའི་ལུས་གཙོ་བོ་ནི་མི་རིགས་ཀུན་གྱི་མི་དམངས་ཀྱི་ཡུལ་སྲོལ་གོམས་གཤིས་དེ་གཞུང་ཐིགས་སུ་བཟུང་ནས་རྒྱུན་སྲོལ་རིག་གནས་སྣང་ཚུལ་གྱི་ཆོས་ཉིད་དང་། རྣམ་པ། ཁྱད་ཆོས་བཅས་ལ་ཞིབ་རྟོགས་བྱ་རྒྱུ་དེ་ཡིན།

གཞན་སྤྱི་ཚོགས་རིག་པ་དང་དམངས་སྲོལ་རིག་པ་གཉིས་ཀའང་ཕར་སློལ་ཚུར་སློལ་གྱི་འབྲེལ་བ་ཟབ་མོ་ཡོད་དེ། སྤྱི་ཚོགས་རིག་པ་ནི་སྤྱི་ཚོགས་ཀྱི་སྒྲིག་གཞི་དང་། ནུས་པ། བྱུང་བ། འཕེལ་བའི་ཆོས་ཉིད་ལ་བརྟག་དཔྱད་བྱེད་པའི་རིག་གཞུང་ཞིག་ཡིན་པས། དམངས་སྲོལ་རིག་པ་དང་བསྡུར་ན་ཁྱབ་ཡངས་ཤིང་། ལྷག་པར་དུ་སྤྱི་ཚོགས་ཀྱི་ཆགས་ཚུལ། ཁྱིམ་རྒྱུད། ཆོས་ལུགས། གཉེན་སྒྲིག ཡུལ་སྲོལ་གོམས་གཤིས། གྲོང་ཁྱེར། རུ་སྡེ། འབྲོག་ལས། ཞིང་ལས། ཚོང་ལས། ལག་བཟོ་སོགས་དམངས་སྲོལ་རིག་པའི་ཞིབ་འཇུག་ལ་ཕན་དང་འབྲེལ་བ་ཆེན་པོ་ཡོད། དེ་ཡང་ང་ཚོས་བཀོད་ཟིན་པའི་ཡིག་ཚོགས་ལས་དམངས་སྲོལ་རིག་པའི་རིག་གཞུང་འདི་མིའི་རིགས་རིག་པ། མི་རིགས་རིག་པ། སྤྱི་ཚོགས་རིག་པ་བཅས་ལ་འབྲེལ་བ་དབྱེར་མེད་ཡོད་ནའང་དེ་དག་གང་ཉུང་གི་མཐའ་ཁོངས་སུ་མི་འདུ་བར་རང་གི་ཁྱད་ཆོས་དང་རང་ཚུགས་ཐུབ་པ། ཡང་ན། རང་གི་རྟོག་དཔྱོད་བྱ་ཡུལ་ཡོད་པ་ཞིག་སྟེ། ཞིབ་དཔྱོད་ཀྱི་ལས་སྣ་

ནི་རྒྱལ་ཁབ་དང་མི་རིགས་གང་ཉུང་ཞིག་གི་ལོ་རྒྱུས་སྟེང་བྱུང་བ་དང་དར་བའི་དངོས་པོའི་རིག་གནས་དང་བསམ་པའི་རིག་གནས་ནང་རྒྱུན་སྲོལ་རང་བཞིན་ལྡན་པའི་སྤྱོད་པ། བསམ་མནོ་དང་སྐད་ཆའི་རྣམ་པ། མི་རིགས་ཀྱི་འཚོ་བའི་ཁྱད་མི་ཀུན་གྱི་ཡུལ་སྲོལ་གོམས་གཤིས་སྤྱི་བཞག་བྱས་ནས་དམངས་ཁྱད་ཀྱི་ཡུལ་སྲོལ་སྣ་ཚོགས་ཀྱི་སེམས་ཁམས་དང་གོམས་གཤིས། བྱེ་བྲག་ཏུ་ངོས་འཛིན་རྒྱུ་ཡོད་པའི་སྲོལ་རྒྱུན་རིག་གནས་དེའི་སྐོར་ཡིན་པས་རང་ཚུགས་ཐུབ་པའི་རིག་གཞུང་ཞིག་རེད་ཅེས་མགྲིན་པ་གཟེངས་སུ་བཏེགས་ནས་བསྒྲགས་ཐུབ་པོ། །

གཉིས་པ། དམངས་སྲོལ་གྱི་དར་ཚུལ་དང་ཁྱད་ཆོས།

གཅིག དམངས་སྲོལ་གྱི་དར་ཚུལ།

དམངས་སྲོལ་ནི་འཛིག་རྟེན་སྟེང་གི་ཤེས་རིག་ཀུན་གྱི་སྤྱི་འགྲོས་ཇི་བཞིན་སྐྱེས་འཕེལ་བྱུང་བ་ལས། འབྱུང་ཁུངས་མེད་པའི་ཆུ་དང་རྩ་བ་མེད་པའི་ཤིང་ལྟར་མི་སྲིད་པར། མིའི་རིགས་ཀྱི་སྤྱི་ཚོགས་འདིའི་བྱུང་འཕེལ་དང་མཉམ་དུ་འཁྲུངས་པ་དང་དར་བ་ཡིན་ཞིང་། འགོ་ཚུགས་པ་ནས་བཟུང་སྤྱི་ཚོགས་ཀྱི་ངོ་བོར་འབྲེལ་བ་དབྱེར་མེད་དུ་ཆགས་ཡོད། ལོ་སྟོང་ཕྲག་མང་པོ་འདས་པའི་ནང་དུ་དམངས་སྲོལ་ནི་དུས་ཤིག་དང་ཡུལ་ཞིག་ལ་ཡོད་པ་མ་ཡིན་ལ། ཡང་ན། ཤེས་རིག་ག་འདྲ་བའི་སྟེང་ཤེས་རིག་ཁ་འདྲ་བ་བསྟན་པ་ལས་བྱུང་བའང་མིན་པར། དེ་ནི་རྒྱུན་རིང་གི་ལོ་རྒྱུས་ཆུ་ཀླུང་གི་ཉམས་སྟབས་ལ་གྲོགས་བསྒྲིགས་ནས་བྱུང་བ་ཞིག་རེད། དེ་ཡང་གཏུག་མའི་དུས་ཀྱི་དམངས་སྲོལ་ནི་ཤིན་ཏུ་རིང་བའི་བསྐལ་པ་ཡ་ཐོག་གི་དུས་སུ། ཕ་མེས་ཡང་མེས་ལ་ཐོན་སྐྱེད་ནུས་ཤུགས་དང་ཤེས་རིག་ཆེས་ཆེར་དམན་པས་ཉི་ཟླ་སྐར་གསུམ་གྱི་འཆར་ནུབ། ས་ཆུ་མེ་རླུང་གི་གནོད་འཚེ། སྐྱེ་ཀ་ན་འཆིའི་འཇིགས་སྐྲག་ཡོད་ཚད་ཀྱི་ཡོད་ཚད་ལ་ཤེས་རྟོགས་དང་གོ་བ་ཞན་པས་དངོས་པོ་ཡོད་དགུར་རྣམ་ཤེས་ལྡན་པའི་ལྟ་ཚུལ་ཆགས། རྒྱུ་དེ་ལས་རང་གི་ལུས་ཁམས་དང་འཚོ་བར་གནོད་སྐྱོན་མི་འབྱུང་ཕྱིར། ལྷ་ཀླུ་གཉན་བཙན་ཞེས་རང་གི་གྲོགས་དང་སྐྱབས་གནས་བཙལ་ནས་མཆོད་བཀུར་བྱེད་པའི་ཆོ་ག་སྣ་ཚོགས་དར་བ་ལ། ཕྱི་ངོས་ཀྱི་རྣམ་པའི་སྟེང་ཆོ་ག་བྱེད་ཚུལ་དེ་དག་ཤིན་ཏུ་རྨོངས་མོད་ངེས་དོན་དུ་རང་བྱུང་ཁམས་ལ་འཐབ་རྩོད་བྱེད་པའི་སྙིང་སྟོབས་ལྡན་པ་རེད། དངོས་གནས་སུ་དེ་ནི་གཏུག་མའི་དུས་ཀྱི་འདུ་ཤེས་དང་སེམས་ཁམས་གཙོ་བོ་ཡིན་པ་མ་ཟད། རྣམ་པ་དེ་དང་དྲན་པ་དེ་དག་སྦྱད་ནས་མི་ཀུན་གྱིས་རང་བྱུང་གི་འགྱུར་ལྡོག་ལ་འཐབ་འཛིང་བྱེད་ཕོད་པའི་སྐྱབས་གྲོགས་གདོང་མའི་སྒྱུ་རྩལ་དང་ལྷ་ཆོས་རང་བཞིན་གྱི་བཀོད་སྟངས་དེ་དག་དར་བ་རེད། སྤྱིར་བཀོད་སྟངས་དེ་དག་ལ་ཤེས་པ་དང་དྲན་པ་ཤིན་ཏུ་དམན་མོད། ཡིན་ཡང་། དེ་ནི་འགྲོ་བ་མིའི་རིགས་ངེས་པར་དུ་བརྒྱུད་དགོས་པའི་ཆོས་ཉིད་ཡིན་ཞིང་། མི་རིགས་གང་དང

གང་ཡིན་ཡང་ཀུན་ཞུགས་ཀྱི་ལམ་དེར་མ་བརྒྱུད་པ་ཕལ་ཆེར་ཡོད་མི་སྲིད།

གདོད་མའི་ཆོས་ལུགས་དང་གཙུག་མའི་དམངས་སྲོལ་གཉིས་ཀའང་ཁུངས་དེ་ལས་འཕྲོས་པ་ཡིན་ལ། དེ་གཉིས་ཀ་མཉམ་དུ་སྐྱེས་པ་དང་འཕེལ་བ་རེད་ཅེས་བརྗོད་ནའང་གནས་ལུགས་དང་མི་མཐུན་པའི་ལོག་གཏམ་དུ་མི་འགྲོ། མི་རིགས་གང་དང་གང་ལའང་རང་ཉིད་ཀྱི་དངོས་པོའི་ཆ་རྐྱེན་དང་ཐོན་སྐྱེད་ནུས་ཤུགས་ཀྱི་ཆུ་ཚད་དང་མཐུན་པའི་ལྷ་སྲུང་། ཆོས་ལུགས་ཚོ་ག་ཞིག་མཆིས་ཤིང་། དེ་ཐམས་ཅད་ཐོག་མར་རང་བྱུང་ཁམས་ཀྱི་འགྱུར་བ་སྣ་ཚོགས་མཆོད་བསྟོད་བྱེད་པ་ལས་རིམ་བཞིན་ཉ་སྡེ་དང་ཉུས་རྒྱུད་ལ་མཆོད་བཀུར། ལྷ་ཆོས་དམོད་ སྔགས་སོགས་བཀོལ་སྤྱོད་བྱས་རྗེས་མི་རེ་རེའི་སྙིང་ལ་གཞོལ་ནས། ལས་འདི་བྱ་ཉུང་བ་དང་ལས་དེ་བྱ་མི་ཉུང་བ། གནས་འདི་ལ་མཆོད་བཀུར་དང་གནས་དེ་ལ་ངན་དམོད་བྱེད་པའི་དབྱེ་ཚུལ་བྱུང་བ་དང་མཉམ་དུ་དམངས་སྲོལ་གྱི་རྣམ་པའང་རིམ་བཞིན་རྗེ་རྒྱས་སུ་ཕྱིན་ནས་མོ་དང་རྩིས་བྱེད་ཚུལ་དར་བ་དང་། ཁྱིམ་རྒྱུད་དང་ཁྱིམ་ཚང་གི་གཉེན་སྒྲིག་སྐྱེ་འཆི་རང་བཞིན་བཅས་ཀྱང་རྒྱུན་རིང་གི་འཚོ་བའི་ཉམས་མྱོང་ཁྲོད་མ་སླུལ་རང་ཤུགས་སུ་ཐུབ་མོང་གིས་སྤྱོད་པའི་སྤྱི་ཚོགས་རང་བཞིན་ལྡན་པའི་ཡུལ་སྲོལ་གོམས་ལུགས་ཤིག་དར་བ་རེད།

སྤྱི་ཚོགས་འཚོ་བ་ནི་ཕུན་སུམ་ཚོགས་པ་ཞིག་ཡིན། གཙུག་མའི་དུས་ནས་ད་བར་དུ་མི་ཀུན་གྱི་གནས་སྟངས། ཀུན་སྤྱོད། གྲོན་པ། བཟའ་བཏུང་གི་འཚོ་བའི་སྣང་ཚུལ་དང་རྒྱུན་སྲོལ་བྱ་བ་དེའང་དམངས་སྲོལ་གྱི་ལས་སྣའི་ཕྱོགས་སུ་དོན་གལ་ཆེན་པོ་ཞིག་ཏུ་གྱུར་ཡོད། ནམ་རྒྱུན་གྱི་འཚོ་བའི་ཁྲིད་གདེང་འཛོག་བྱ་བའི་གོམས་གཤིས་མང་པོ་མི་ཀུན་ནས་མ་སྤེལ་རང་ཤུགས་སུ་འཕེལ་རྒྱས་འགྲོ་བཞིན་གདའ། གྲོན་ཆས། བཟའ་བཏུང་། སྡོད་ཡུལ། གནས་སྤོ་སོགས་ཀྱི་འཚོ་བའི་སྣང་ཚུལ་ཡང་ཉིན་སྙིང་ཉིན་བརྩེགས་ནས་ཡུན་རིང་དུ་གོམས་འདྲིས་སུ་སོང་བའི་ལུགས་ལྟར་བཀོད་བཞིན་འདུག་ལ། གོམས་འདྲིས་སུ་སོང་བའི་ལུགས་དེ་ནི་རྒྱུ་ངེས་ཅན་ཞིག་གི་འོག་མ་གཏོགས་འགྱུར་མི་སྲིད་པའི་གོམས་སྲོལ་དང་སྤྱོད་ལུགས་ཤིག་ཡིན། དེ་ཡང་ལོ་ཁམས་རྩི་བ། དུས་སྟོར། གཉེན་སྒྲིག འདས་མཆོད་ཀྱི་ལུགས་སྲོལ་ཡང་མི་རབས་རྗེས་མ་དག་གི་དམངས་སྲོལ་དུ་གྱུར་པ་དང་། དེ་མིན་ལག་བཟོ། ཞིང་ལས། ཚོང་ལས། འབྲོག་ལས། རྩེད་མོ་ཡང་སྤྱི་ཚོགས་ཀྱི་ཐོན་སྐྱེད་འཕེལ་རྒྱས་དང་འཚོ་བའི་འགྱུར་ལྡོག་དང་མཉམ་དུ་རང་རང་གི་ཁྱད་ཆོས་ཡོད་པའི་དམངས་སྲོལ་དུ་གྱུར་པ་རེད།

དམངས་སྲོལ་རིག་གནས་ཀྱི་གྲུབ་རྐྱེན་ནི་མི་ཀུན་གྱི་སྤྱི་ཚོགས་དངོས་པོ་ཐོན་སྐྱེད་ཀྱི་ཆུ་ཚད་དང་། འཚོ་བའི་རྨང་གཞི། འཚོ་བའི་འགྲོ་ལུགས་ཀྱི་འགྱུར་ལྡོག ཡང་ན་རང་བྱུང་ཁམས་ཀྱི་མཐུན་རྐྱེན་དང་འཚམ་པ། ཕྱིར་མི་རིགས་གང་ཉུང་གི་དམངས་སྲོལ་བྱུང་བ་དང་འཕེལ་རྒྱས་ཀྱི་གོ་རིམ་ནི་སྤྱི་ཚོགས་ཐོན་སྐྱེད་ནུས་ཤུགས་དང་དངོས་པོའི་རིག་གནས་ཆུ་ཚད་ཀྱིས་ཚོད་འཛིན་དང་བཀག་འགོག་བྱས་

ཡོད། དེར་མི་རིགས་དེའི་དངོས་པོའི་རིག་གནས་དང་ཚུལ་དང་བསམ་བློའི་ཤེས་རྟོགས་རྟེན་མཐའ་རྒྱང་གཞི་བྱས་པ་ཡིན་ཞིང་། དངོས་པོའི་རིག་གནས་ཀྱི་དཔལ་ཡོན། སྨོས་སུ་བསམ་མནོ་ཤེས་རྟོགས་དང་ཚན་རིག་ལག་རྩལ་གྱི་གནས་ཚུལ་ཡང་ཇི་མ་ཇི་བཞིན་དུ་སྟོན་ནུས། དེ་བས་དུས་རབས་གང་དུ་བྱུང་བའམ་དམངས་སྲོལ་སྣང་ཚུལ་གང་ཡིན་ཡང་བྱུང་བ་དང་གནས་པ་ཐམས་ཅད་ལ་དངོས་པོའི་མཐུན་རྐྱེན་ངེས་ཅན་ཞིག་ལ་བསྟེན་དགོས་པ་རེད། འོན་ཀྱང་། དངོས་པོའི་མཐུན་རྐྱེན་ཁོ་ནའི་དམངས་སྲོལ་དེ་འགྲུབ་མི་སྲིད།

མི་ཀུན་གྱིས་འཇིག་རྟེན་འདིར་འཐབ་རྩོད་བྱེད་པ་ལས་འབྱུངས་པའི་ཤེས་རྟོགས་ཏེ་བསམ་པའི་འཆར་སྒོ་དེ་ཡང་གྲུབ་རྐྱེན་འགངས་ཆེན་ཞིག་ཡིན། རྒྱུན་རིང་འཚོ་བའི་ཁྲོད་དུ། དཔེར་ན། དུས་བཞིའི་འགྱུར་ལྡོག་ལ་བསྟུན་ནས་དཔྱིད་ས་བོན་གྲུང་པོ་ལས་སྟོན་གྱི་འབྲས་བཟང་ཕུན་ཚོགས་བྱུང་བ་ལྟ་བུ་ཆེས་མ་མཐའི་ཤེས་རྟོགས་རྙེད་པ་དེ་དང་དེ་ལྟ་བུ་འཇིག་རྟེན་འདིའི་རང་བཞིན་མི་ཀུན་གྱི་བློ་ངོར་འཆར་ནུས་པ་དང་མི་ནུས་པའི་ངང་ཚུལ་དེ་དག་ལས། ལ་ལ་འགྲོ་བ་སྤྱིའི་ཆོས་ཉིད་རང་བཞིན་དང་མཐུན། ལ་ལ་དྲན་པ་ཞན་པ། ཤེས་པ་ཆུང་བ། འཆར་སྒོ་དོག་པའི་རྫོངས་དད་རང་བཞིན་ལྡན་པ་རེད། རྒྱུ་མཚན་དེའི་ཕྱིར་ང་ཚོས་བསམ་གཞིགས་ཟབ་མོར་བརྟེན་ནས་བོད་མིའི་བསམ་སྤྱོད་མི་བོར་བར་མི་ཀུན་གྱི་འཚོ་བ། བདེ་སྐྱིད། ཁམས་དྭངས། ཡར་འཕེལ། བཀྲ་ཤིས་བདེ་ལེགས། ཕུན་སུམ་ཚོགས་པའི་དཀར་ཕྱོགས་དམངས་སྲོལ་གྱི་རིགས་རྒྱུན་འཕྱོངས་དང་ཁྱབ་སྤེལ་བྱ་རྒྱུ་དེ་རྩ་འགངས་ཆེན་ཞིག་ཏུ་བརྩི་དགོས་ཏེ། དེར་མི་ཀུན་གྱིས་རང་བྱུང་ཁམས་ལ་འཐབ་རྩོད་དང་སྤྱི་ཚོགས་འཕེལ་རྒྱས་ལ་སྐུལ་འདེད་བྱེད་པར་ནུས་པ་མི་དམན་པ་ཞིག་མཆིས་པས་སོ། །

གཉིས། དམངས་སྲོལ་གྱི་ཁྱད་ཆོས།

༡. མི་རིགས་ཀྱི་རང་བཞིན་ལྡན་པ། དམངས་སྲོལ་ནི་ཐོག་མར་མི་རིགས་ཀྱི་རང་བཞིན་ལྡན་པ་ཞིག་རེད། མི་རིགས་སོ་སོའི་འཚོ་བའི་གཤིན་ས། ལོ་རྒྱུས་རིག་གནས། ཡུལ་སྲོལ་གོམས་གཤིས་སོགས་མི་འདྲ་བས་མི་རིགས་རེ་རེར་རང་རིགས་ཀྱི་ཉམས་འགྱུར་ཐུན་མོང་མ་ཡིན་པ་མཚོན་པའི་ཁྱད་ཆོས་རེ་ཡོད། དམངས་སྲོལ་ལ་ཡང་མི་རིགས་གང་འདྲ་བ་ཞིག་གི་རང་བཞིན་གང་འདྲ་བ་ཞིག་ལྡན་པ་ལས་མི་རིགས་གང་འདྲ་བ་དེ་ལས་བརྒལ་བའི་དམངས་སྲོལ་གཞན་ཞིག་ཡོད་མི་སྲིད་ལ། དེ་མིན་གྱོན་ཆས། བཟའ་བཏུང་། སྡོད་གནས་དག་ནི་དམངས་སྲོལ་འབུར་དུ་ཐོན་པའི་གནས་སུ་ལགས་ཏེ། མི་རིགས་ག་འདྲ་ཞིག་ཡིན་ཡང་རང་རིགས་གནས་ཡུལ་གྱི་སའི་འཁོར་ཡུག་དང་གནམ་གཤིས་འཁྱག་གྲང་ལ་བསྟུན་ནས་གོན་ཆས་སྒྲིག་པ་དང་ཟས་སྤྱོད་པ་རེད། དཔེར་ན། རྒྱ་གར་གྱི་ཡུལ་ཚ་བ་ཆེ་བས་རས་སྲབ་མདོག་དཀར་གྱོན་པ་དང་། རྒྱ་ཡུལ་ཅུང་དྲོ་བས་བལ་འཇོག་རས་ལྷ་མདོག་ནག་གྱོན་པ། ཅུ་ཅག

གངས་ཅན་པའི་ཡུལ་ལྗོངས་ཀྱི་གནམ་གཤིས་རྩུབ་ཅིང་འཁྱག་པས་དྲོད་འཛམ་གྱི་ལུག་ཚར་རམ་སློག་པ་རྒྱབ་གོས་དང་རྐང་མགོར་གོ་ལྷམ་གྱོན་ནས་གྲང་དར་ཆེན་མོ་ཟློག་འཐབ་བྱེད་པ། བཟའ་བཏུང་གི་རིགས་ལ་མཚོན་ནས་བརྗོད་ན་འང་རྒྱ་མཚོ་དང་འབབ་ཆུར་ཉེ་བའི་མིས་ཉ་ཤ། ཆུ་བྱ། ཆུ་སྲིན་དག་འཚོ་བའི་རྩང་གཞི་བྱ་བ་དང་། མཐོ་སྒང་གི་མིས་ལུག་ཤ། སྐམ་ཤ། འོ་མ་མར་དག་འཚོ་བའི་རྟེན་བྱེད་དགོས་པ་རེད།

དེ་ཡང་མི་རིགས་གང་ཡིན་ཡང་དངོས་ཡོད་ཀྱི་ཟས་རིགས་ལའང་ཐུན་མོང་མ་ཡིན་པའི་བདག་གཉེར་བྱེད་ཚུལ་དང་། ཐུན་མོང་མ་ཡིན་པའི་གསོལ་ཐབས་ཀྱི་ཤེས་རིག་ལྡན་ཞིང་། ཟས་རིགས་དེའི་དྲི་མ་དང་བཅུད་ཀྱང་མི་རིགས་དེར་ཞིམ་མངར་འབྱེད་པའི་ལྐྵགས་ཡོད་པ་ལས་མི་རིགས་གཞན་ལ་ཡོད་མི་སྲིད། དཔེར་ན། བོད་མིའི་རྩམ་པ་དང་མར་གྱི་དྲི་མ་རྒྱ་མིར་མི་གོམས་པ་དང་། རྒྱ་མིས་ཆུ་སྲིན་ཅོ་གུ་གསོལ་བ་བོད་མིར་མི་གོམས་པ། ཡང་ན། བོད་མིས་བཙོས་པའི་ལུག་ཤ་རྒྱ་མིས་ཟ་མི་བཟོད་པ་དང་། རྒྱ་མིས་བཙོས་པའི་ལུག་ཤ་བོད་མིས་ཟོས་ན་ཕྲོ་བ་མེད་པ་ལྟ་བུ་ཡིན། དེ་བཞིན་དུ་སྡོད་གནས་ཐད་ལ་ཞིང་པས་གཏན་འདུག་གི་ཤིང་ཁང་། རྫ་ཁང་དང་ས་ཁང་བཟོ་སྐྲུན་བྱེད་པ། འབྲོག་པས་རྒྱུན་དུ་གནས་སྤོར་བར་སྟབས་བདེ་བར་དམིགས་ནས་སྦྲ་དང་གུར་བཟོ་བཀོལ་བྱེད་ཀྱིན་ཡོད་པ་སོགས་མི་རིགས་རང་རང་གི་འཚོ་བའི་མཐུན་རྐྱེན་དང་བསྟུན་ནས་མི་རིགས་རང་ཉིད་ལ་ཡོད་པའི་ཁྱད་ཆོས་གྲུབ་ཅིང་། ཁྱད་ཆོས་དེ་དག་ལས་མི་རིགས་དེར་སྤྱི་དབང་གི་སའི་མཛེས་པ། ཐུན་མོང་གི་སེམས་ཁམས། སྤྱི་མཐུན་གྱི་སྐད་བརྡ་དང་རིག་གནས་མཚོན་ལ། དེ་ནི་མི་རིགས་དེར་སྤྱི་དབང་གི་རིག་གནས་ཡིན་པ་མ་ཟད་སྤྱི་མཐུན་གྱི་དམངས་སྲོལ་སྣང་ཚུལ་ཡང་ཡིན་ནོ། །

༢. གདོད་མའི་རང་བཞིན་ལྡན་པ། དམངས་སྲོལ་ལ་གདོད་མའི་རང་བཞིན་ལྡན་པའང་ཁྱད་ཆོས་གཙོ་བོ་ཞིག་རེད། དམངས་ཁྲོད་ཀྱི་ཡུལ་སྲོལ་འགོ་ཚུགས་པ་ཤིན་ཏུ་སྔ་ཞིང་རྒྱུན་རིང་གི་ཉམས་ལེན་ཁྲོད་གསར་བཏོད་ཅི་འདྲ་བཙས་ཙང་གདོད་མའི་ཤུལ་ལུས་གོམས་སྲོལ་མི་ཉུང་བ་ཞིག་དེང་སྐབས་ད་ཙང་མཆིས་ཤིང་། དེ་དག་ལས་འགྲོ་བ་མིའི་རིགས་ཀྱི་ཐོག་མའི་དུས་ཀྱི་འཚོ་བ་མང་པོ་རྟོགས་ནུས། སྔོས་སུ་ཆོས་ལུགས་དད་པའི་ཕྱོགས་ནས་བསྒྱུར་བཀོད་དང་གསར་སྟོན་ཅི་འདྲ་བཙོས་ནའང་དང་ཐོག་གི་རྣམ་པ་མི་དམན་པ་ཞིག་རང་ཤུགས་ཀྱིས་རྒྱུན་འཛགས་སུ་གནས་ཡོད། ཆོས་རྒྱལ་རྣམ་གསུམ་གྱི་དབང་སྒྱུར་སྐབས་སུ་སངས་རྒྱས་ཆོས་ལུགས་ཀྱི་བསྟན་པ་གངས་རིའི་ཡུལ་གྲུར་དར་སྤེལ་བྱུང་བ་ནས་རྗེས་སུ་ས་ཁྲབ་རྗེ་ཁྲབ་ཏུ་སོང་ནའང་གདོད་མའི་དུས་སུ་བྱུང་བའི་དངོས་པོ་ཀུན་ལ་རྣམ་ཤེས་ལྡན་པའི་ལྟ་ཚུལ། ལྷ་ཀླུ་གཉན་བཙན་ལ་མཆོད་བསྟོད་བྱེད་པའི་ཆོ་ག རྒྱུན་ལྡན་གྱི་འཚོ་བའི་ཁྲོད་དུ་བསང་མཆོད། ལབ་ཙེ་གཏོད་པ། རླུང་རྟ་གཏོང་བ། ཡང་ན། ས་དེའི་གཞི་བདག་དང་རི་འདིའི་སྒོ་ཕྱུགས། ཆུ་དེ་ནི་ཀླུ་ཆུ

དང་ཤིང་འདི་ནི་བཙན་ཤིང་ཞེས་པ་ལྟ་བུའི་གདོད་མའི་ཆོས་ལུགས་དེང་བར་དུ་ཉུང་དམངས་ཁྲོད་དུ་མ་ཉམས་པར་ཡོད་པ་མི་ཀུན་གྱི་མཐོང་བྱའི་ཡུལ་དུ་གནས་པ་ལྟར་རེད། གོམས་གཤིས་སུ་སོང་བའི་ཆ་ལུགས་དེ་དག་ལ་ཁ་སྣོན་དང་བསྒྱུར་བཀོད་བྱས་ཡོད་ནའང་མ་གཞིར་འགྱུར་ལྡོག་ཆེན་པོ་བྱུང་མེད་པས། དེའི་ནང་དུ་དམངས་སྲོལ་གྱི་བསམ་བློ་འདུ་ཤེས་དང་ཀུན་སྤྱོད་སོགས་མ་སྐྱུལ་རང་བཞིན་དུ་རྒྱུན་འཁྱོངས་བྱས་ཡོད་པས་དམངས་སྲོལ་ལ་གདོད་མའི་རང་བཞིན་ལྡན་པའི་ཁྱད་ཆོས་གྲུབ་ཡོད།

༣.རྟོགས་དཀའ་བའི་རང་བཞིན་ལྡན་པ། དམངས་སྲོལ་གྱི་སྣང་ཚུལ་ལས་མང་ཤོས་ཤིག་མི་རྣམས་ཀྱི་སྣང་ངོར་འཆར་མི་ཐུབ་པ་དང་། བློ་ཡིས་ཚོད་དཔག་བྱེད་དཀའ་བ་ཞིག་རེད། སྔོས་སུ་བསམ་སྤྱོད་ཀྱི་ཕྱོགས་ནས་གོམས་སྲོལ་ལ་ལ་མི་ཀུན་ནས་ལྐོག་གྱུར་གྱི་སེམས་ཁམས་འདུ་ཤེས་དང་རྒྱུན་སྲོལ་བྱེད་བཞིན་ཡོད། དཔེར་ན། ལྷ་ཐབ་མོ་འདེབས་ལ་དད་མོས། རི་རྒྱུར་མཆོད་བསྟོད། ཕ་མེས་ཡང་མེས་ལ་ཡིད་རྟོན་བཅས་ལ་ཚོད་དཔག་བྱེད་ཐབས་མེད་པ་དང་། འགྲོ་བ་མིའི་ལུས་ཁམས་ལ་ནད་ཡམས་དྲག་པོས་བསྡམས་ན་དེ་གྲོལ་བར་བྱ་བ་ལ་སྨན་གསོ་ལས་རིམ་གྲོ་གལ་འགངས་སུ་འཛོག་པའི་སྲོལ་ཡོད་པ། རྒྱུན་དུ་ང་ཚོས་མཐོང་ཐོས་སུ་ཡོད་པའི་མི་ཞིག་ལ་ན་ཚ་བྱུང་ཚེ། ཐོག་མར་རང་གི་མཆོད་གནས་གདན་འདྲེན་བཀྲིས་ནས་གཏོ་བཅོས་དང་སྨན་བཅོས་གང་ལ་རྒྱལ་ཁ་མཆིས་པ་ཕྱག་མོ་ཞུ་དགོས་ཤིང་། གལ་ཏེ་གཏོ་བཅོས་བྱ་དགོས་ན་གཏོ་སླུད་གང་འོས་གང་འཚམས་དེ་བསྒྲུབ་པ། དཔེར་ན། བཙོ་སྐོལ་བ་དང་འདྲེ་འདུལ་བའི་ཆོ་ག་ལྟ་བུ། རྒྱུན་དུ་མི་ཀུན་ལ་མཐོང་ཐོས་དང་ལས་དེར་ཞུགས་ཀྱིན་ཡོད་ནའང་དེའི་དགོས་པ་དང་ནུས་པ་མི་རེ་གཉིས་ཀྱིས་མ་གཏོགས་འགྲེལ་མི་ཕོད་ལ། འགྲེལ་མཁན་རེ་གཉིས་དེ་ལའང་ཐེ་ཚོམ་གྱི་དྲ་བ་རབ་ཏུ་སྐྱེ་བཞིན་ཡོད། དེ་དང་དེ་ལྟ་བུ་ཤིན་ཏུ་མང་མོད་འདིར་ཚིག་ཚོགས་སུ་འགྲོ་བར་དོགས་ནས་མ་བརྗོད། འོན་ཀྱང་། གོང་གསལ་གྱི་རྒྱུ་མཚན་དེ་དག་ལས་ཀྱང་དམངས་སྲོལ་ལ་རྟོགས་དཀའ་ཞིང་ཤིན་ཏུ་ལྐོག་གྱུར་གྱི་རང་བཞིན་ལྡན་པ་ར་སྤྲོད་བྱེད་ནུས་སོ། །

༤.སྤྱོད་སྒོ་ཡངས་པའི་རང་བཞིན་ལྡན་པ། གོང་གསལ་གྱི་ཁྱད་ཆོས་དེ་དག་མ་གཏོགས་ད་དུང་ཆེས་གལ་ཆེན་ཞིག་ཡོད་པ་ནི་སྤྱོད་སྒོ་ཆེ་བའི་རང་བཞིན་ལྡན་པ་དེ་རེད། དམངས་སྲོལ་ལ་རིགས་འདྲ་མིན་དང་སྣང་ཚུལ་སྣ་ཚོགས་ཡོད། འགྲོ་བ་མིའི་འཛིག་རྟེན་འདིར་འཚོ་བའི་མཐུན་རྐྱེན་ནི་མེད་དུ་མི་ཉུང་། དེ་བཞིན་ཐོན་སྐྱེད་དང་འཚོ་བའི་བར་འབྲེལ་བ་དམ་པོ་ཡོད་པ་དེ་མི་དམངས་ལ་མཚོན་ན་དངོས་ཕན་གྱི་ཁོངས་སུ་གཏོགས་པའི་རིག་གནས་སྣང་ཚུལ་ཞིག་ཏུ་གྱུར་ཡོད། སྤྱིར་དམངས་སྲོལ་རིག་གནས་ལ་ཕྱོགས་གཉིས་ཡོད་དེ། ཚན་རིག་དང་མཐུན་པའི་དམངས་སྲོལ་དང་། རྨོངས་དད་རང་བཞིན་ལྡན་པའི་དམངས་སྲོལ་གཉིས་ཡིན། འོན་ཀྱང་། དམངས་ཁྲོད་དུ་དེ་ལྟར་མི་སླམ་པར་ཡོད་ཚད་དངོས་ཕན་ཆེ་བའི་གྲས་སུ་བརྩི་ཀྱིན་ཡོད། རྒྱུ་མཚན་ནི་དམངས་སྲོལ་གྱི་བྱེད་སྒོ་དེ་དག་མི་ཀུན་གྱི

བསམ་སྤྱོད་དུ་མ་སྐྱུལ་རང་བཞིན་དང་ཆགས་པ་དང་། ཐོན་སྐྱེད་དང་འཚོ་བའི་བར་སྐྱུལ་འདེད་བསྐྱེད་པར་ནུས་ཤུགས་ཆེན་པོ་ཡོད་ལ། སྐོར་སུ་དམངས་སྲོལ་རང་ངོས་སུའང་མི་དམངས་ཀྱི་འཚོ་བར་སྐྱུལ་འདེད་བསྐྱེད་པར་ནུས་ཤུགས་ཆེན་པོ་ཡོད་ལ། སྐོར་སུ་དམངས་སྲོལ་རང་ངོས་སུའང་མི་དམངས་ཀྱི་འཚོ་བར་དགེ་མཚན་ལྡན་པའི་ནུས་པ་འདོན་ཐུབ་པས་རིན་ཐང་ཆེན་པོ་མཆིས་ལ། བྱེད་སྒོ་དེ་དག་གིས་ཏུ་གྲོང་ཚོ་སྡེ་བར། ཏུས་བརྒྱུད་ཁྱིམ་བརྒྱུད་བར། ཉེ་མི་གཉེན་མི་བར་འབྲེལ་བ་ཇི་དམ། སྒྲིག་གཞི་ཇི་བརྟན། མཛའ་འབྲེལ་ཇི་ཞིན་དུ་གཏོང་ཐུབ། དཔེར་ན། གཉེན་སྒྲིག་གི་ལུགས་སྲོལ་ལྟ་བུར་མཚོན་ན། ཨ་ཅག་གི་བོད་དུ་གཉེན་སྒྲིག་བྱེད་པའི་ཁྲོ་ཤུག་གཉིས་མི་རབས་དྲུག་བརྒྱུད་ཀྱི་ཉེ་ཚན་མ་ཡིན་པ་ཞིག་ཡིན་དགོས་ལ་དེ་ལས་ལྡོག་ན་ཧ་ཅང་ངོ་ཚ་ཆེ་བར་བརྩི་ཞིང་། མི་ཀུན་གྱི་ལྷན་སྐྱེས་ཀྱི་བསམ་པར་སྨང་བྱའི་གནས་སུ་གྱུར་ཡོད་པའི་སྲོལ་བཞིན། ཁོ་ཚོའི་སྣང་ངོར་དེ་ལྟར་བགྱིས་ན་ཡུལ་ཁམས་དེར་བཀྲ་མི་ཤིས་པར་ནད་ཡམས་དང་གོད་ཁ་འབྱུང་བར་ངོས་འཛིན་བྱེད་ཀྱིན་ཡོད།

ང་ཚོས་རྒྱུན་ཏུ་མཐོང་ཐོས་སུ་གྱུར་པའི་འཚོ་བའི་ནང་དུ་ཚན་རིག་དང་མཐུན་པའི་སྲོལ་བཟང་ཤིན་ཏུ་མང་ལ། སྲོལ་བཟང་དེ་དག་དམངས་ཁྱིངས་ནས་ཁས་ལེན་བྱེད་པས་རྒྱུན་འཁྱོངས་བྱ་སླ་བ་རེད། གཞན་ཡུལ་གྲུ་དང་ས་གནས་སོ་སོར་གླུ་ལེན་གར་རྩེད། རྟ་རྒྱུགས། མདའ་འཕེན། དྲུག་པའི་རྩུ་རྩེད། བདུན་པའི་ཤིང་སྡོང་། གནམ་ལོ་གསར་པ་ལྟ་བུའི་རྩེད་མོ་རྩེ་བའི་དུས་བཟང་། ཡང་ན། བྱིས་པ་བཙས་པའི་བཙས་སྟོན། ལོ་གསུམ་ལ་ལོན་པའི་བྱིས་པར་“བང་སྐྲ”ཞེས་པའི་སྟོན་ཆུང་སྒྲིག་པ། ལོ་བཅོ་ལྔར་སོན་པའི་བུ་མོར་སྐྲ་སྟོན་བྱས་ནས་ནར་སོན་པའི་རྟགས་སྟོན་པ་ལྟ་བུའང་དམངས་ཁྱིངས་ཀྱི་འབྲེལ་བ་ཇེ་ཟབ་ཇེ་བཟང་གི་ཞོར་དུ་འཚོ་བའི་དཔལ་ཡོན་ཡང་ཕུན་སུམ་ཚོགས་པར་འགྲོ་ངེས་པ་དང་། དེ་མིན་ཁྱིམ་ཚང་གཅིག་ལ་སྐྱིད་སྡུག་གང་ཏུང་མཆིས་ཀྱང་ཁ་དཔེ་ལ། སྐྱིད་ཀྱི་གཟེབ་དང་། སྡུག་གི་རྫིང་། ཞེས་པ་ལྟར། དུད་ཚང་གཅིག་ལ་དགའ་ངལ་ཡོད་ན་སྡེ་བ་ཁྱིངས་ཀྱིས་རོགས་རམ་བྱེད་པ་དང་། ཁྱིམ་གཞི་གཅིག་ལ་སྐྱིད་ཡོད་ན་ཚོ་པ་ཡོངས་དགའ་བ། ཉེ་མི་དང་གྲོགས་པོ་བར་འཚམ་རྟགས་འབུལ་བ། ཚོ་པ་དང་ཏུ་གྲོང་བར་རོགས་སྐྱོབ་བྱེད་པ། དེ་བཞིན་མི་རིགས་ཤིག་དང་རྒྱལ་ཁབ་ཁྱིངས་ཀྱི་སྤྱི་སེམས་རང་བཞིན་ལའང་དམངས་སྲོལ་གྱིས་རིན་ཐང་མེད་པའི་ནུས་པ་ཆེན་པོ་འདོན་ནུས། །

༥.ས་ཁུལ་རང་བཞིན་ལྡན་པ། ཁྱབ་སྤེལ་རང་བཞིན་དང་སྒྱུར་བཅོས་རང་བཞིན་ལྡན་པ་ཞིག་ཀྱང་ཡིན། དམངས་སྲོལ་ལ་ས་ཁུལ་རང་བཞིན་གྱི་མདངས་ཤིན་ཏུ་གསལ། རྒྱུན་དུ་ཁ་དཔེ་རུ། ལུང་པ་རེ་ལ་ཆུ་རེ། ས་ཆ་རེ་ལ་དཔེ་རེ། ཞེས་པ་ལྟར། ས་ཁུལ་དང་ས་ཁུལ་བར་གོམས་ལུགས་མི་འདྲ་བར་མ་ཟད་རོང་པ་དང་འབྲོག་པའི་གོམས་གཤིས་ཀྱང་མི་འདྲ་ལ། དེ་བཞིན་དུ་འབྲོག་པ་དང་རོང་པའི་ནང་དུའང་ཏུ་གོང་མ་དང་ཏུ་ཞོལ་མའི་བར། སྡེ་བ་གོང་མ་དང་སྡེ་བ་ཞོལ་མའི་བར་གྱི་ཡུལ་སྲོལ་འགྲོ་ལུགས་ཀྱང་མི་

འདྲ་བ་སོགས་ནི་དམངས་སྲོལ་ལ་ས་ཁུལ་རང་བཞིན་ལྡན་པའི་རྟགས་ཡིན།

ཁྱབ་སྤེལ་རང་བཞིན་ཅེས་པ་ནི་དམངས་སྲོལ་གང་ཞིག་གཏན་ཕབ་ཤུགས་འཁྲིག་ཏུ་སོང་རྗེས། མི་རྒྱུད་ནས་མི་རྒྱུད་དང་དུས་རབས་ནས་དུས་རབས་ལ་སྤྲ་སྲོལ་དེང་གནས། ཡང་ན། ད་སྲོལ་སྤྲ་རྒྱུན་ཏེ་རྒྱུན་སྤེལ་རང་བཞིན་གྱི་ངོ་བོ་ལྡན་པ་དང་ཕྱི་ངོས་སུ་གཏན་འཇགས་རང་བཞིན་ཅན་ཞིག་ཡིན་པ་དེ་ཟེར་ཞིང་། དེ་ཡི་ནང་དུ་ལོ་རྒྱུས་ཀྱི་རྣམ་པ་ཟླ་བའི་དཀྱིལ་འཁོར་གྱི་གཟུགས་བརྙན་ཇི་བཞིན་དུས་སྐབས་རེ་རེའི་འཚོ་བའི་ཆུ་ཚད་རབས་དང་རིམ་པ་བྱས་ནས་ངོས་འཛིན་བྱེད་ནུས་ཤིང་། དེ་དག་ལས་ལ་ལ་ལུགས་སྲོལ་གསར་པས་བརྗེ་ལེན་བགྱིས་ཏེ། མཉམ་དུ་གནས་པ། ལ་ལ་ཆ་ལུགས་གསར་པའི་ནང་སྙིང་པ་ཡོད་པ་དང་སྙིང་པའི་ནང་ཡང་གསར་པ་ཡོད་པའི་རྣམ་པ་སྣ་ཚོགས་ཡོད། ཁྱབ་སྤེལ་རང་བཞིན་གྱི་ནང་དུ་སྣེ་ཉག་གཅིག་ཙམ་མིན་པར་འཕྲེད་གཞུང་གཉིས་ནས་རྒྱུན་སྤེལ་བཅོས་པར་བརྟེན་ཕན་ཚུན་བར་ཤུགས་རྐྱེན་དང་འགྱུར་ལྡོག་བྱུང་བ་རེད། མི་རིགས་མི་འདྲ་བ་མང་པོ་མཉམ་གནས་ཀྱི་ས་ཁུལ་དང་མི་འབོར་འགྲོ་འོང་ཆེ་བའི་ས་ཁུལ་དུ་དམངས་སྲོལ་འདྲ་མིན་མཉམ་འདྲེས་སུ་འགྱུར་སླ་བ་ཐེ་ཚོམ་ཙང་ཟད་ཀྱང་མེད། ཡུན་རིང་དུ་མཉམ་འདུག་མཉམ་འཚོར་གནས་པས་ཆ་ལུགས་ཀུན་འདྲེས་ནས་དབྱེ་འབྱེད་མི་ནུས་པའི་མི་རིགས་ཀྱང་ཤིན་ཏུ་མང་སྟེ། དཔེར་ན། མན་ཇུ་རིགས་དང་རྒྱ་རིགས་ལྟ་བུ། མན་ཇུ་རིགས་ཀྱིས་ཀྲུང་གོའི་ཡུལ་གྲུར་དབང་སྒྱུར་རྗེས་རྒྱ་རིགས་དང་མཉམ་དུ་ལོ་མང་པོར་འགོར་བས་དེང་སྐབས་མན་ཇུ་རིགས་ཀྱི་གོམས་ལུགས་གང་ཡིན་པ་དང་རྒྱ་རིགས་ཀྱི་འགྲོ་ལུགས་གང་ཡིན་པ་དབྱེ་བ་འབྱེད་མི་ནུས་པའི་ཚུལ་དུ་གྱུར་ཡོད་པ་བཞིན། དམངས་སྲོལ་ནི་ལོ་རྒྱུས་ཀྱི་འགྲོས་ལ་བསྟུན་ཏེ་རང་ངོས་ནས་འགྱུར་ལྡོག་འབྱུང་བ་མ་ཟད་མི་རིགས་དང་མི་རིགས་བར་ཕན་ཚུན་འབྲེལ་འདྲིས་དང་ཕན་ཚུན་བརྗེ་རེས། ཡང་ན། མི་རིགས་གཞན་གྱི་དམངས་སྲོལ་བཟང་ཆའི་ཕྱོགས་རང་མི་རིགས་ཀྱི་དམངས་སྲོལ་སྙིང་པའི་སྟེང་འཕྲོས་པ་ལས་བྱུང་བ་ཡིན། དེང་སྐབས་དར་ཁྱབ་པ་དང་དར་བཞིན་པའི་དམངས་སྲོལ་གསར་པའང་དེ་བཞིན་ཡིན་ཏེ། གཏུག་མའི་རང་བཞིན་དང་རྩོངས་དད་རང་བཞིན་གྱི་གྲས་དོར་ནས་བསམ་བློ་འདུ་ཤེས་གསར་པ་དང་ཤེས་རྟོགས་གསར་པའི་རྨང་གཞིའི་སྟེང་དུས་རབས་རང་བཞིན་ལྡན་པ། སྤྱི་ཚོགས་ཀྱི་ཉམས་འགྱུར་མཚོན་པའི་རྣམ་པ་ལྡན་པའི་དུས་སྟོན་གསར་པ་ནི་གསུམ་བརྒྱད་བུད་མེད་དུས་ཆེན། རྒྱལ་སྤྱིའི་ངལ་རྩོལ་དུས་ཆེན། ལྔ་བཞིའི་ན་གཞོན་དུས་ཆེན། དྲུག་གཅིག་བྱིས་པའི་དུས་ཆེན། རྒྱལ་སྟོན་དུས་ཆེན་ལྟ་བུ། སྤྱི་ཚོགས་ཀྱི་རྩ་འཛུགས་དང་ཚོགས་པ་ནི་ཞིང་ཚོགས། བཟོ་ཚོགས། བཟོ་པའི་མཉམ་སྤྱོད་ཁང་ལྟ་བུ། གཉེན་སྒྲིག་འདས་མཆོད་ཕྱོགས་ནས་ཐུན་མོང་གཉེན་སྒྲིག འགྲུལ་སྐྱོད་གཉེན་སྒྲིག མྱ་ངན་གྱི་ཚོགས་འདུ་འཚོགས་པ། མེ་ཏོག་ཕྲེང་བ་འབུལ་བ་ལྟ་བུ། རིག་རྩལ་གསར་པའི་ཕྱོགས་ལུས་རྩལ་འགྲན་ཚོགས། འཛུ་བ། ཏ་རྒྱུག ཆུ་རྐྱལ། ལྷང་ལི་རྒྱུགས་པ། གླུ་གཞས་

འགྲན་པ། ཞབས་བྲོ་ལྟ་བུ་མང་པོ་ཡོད། དེ་དག་ལ་བལྟས་ན་དམངས་སྲོལ་གྱི་ཁྱད་ཆོས་ལ་ཁྱབ་སྤེལ་རང་བཞིན་མ་གཏོགས་སྒྱུར་བཅོས་ཀྱི་རང་བཞིན་ཡང་ལྡན་ནོ། །

གསུམ་པ། དམངས་སྲོལ་རིག་པའི་ནུས་པ་དང་དགོས་པ།

དམངས་སྲོལ་བྱུང་རིམ་མིའི་རིགས་ཀྱི་སྤྱི་ཚོགས་འཚོ་བར་འབྲལ་མི་ནུས། ཕུན་སུམ་ཚོགས་པའི་སྤྱི་ཚོགས་འཚོ་བ་དེས་ཕུན་སུམ་ཚོགས་པའི་དམངས་སྲོལ་དེ་བསྐྲུན་པ་ཡིན། གོང་དུ་བཀོད་ཟིན་པ་ལྟར། དམངས་སྲོལ་རིག་པ་ནི་མི་ཀུན་གྱི་དུས་རྒྱུན་གྱི་དངོས་པོའི་འཚོ་བ་དང་བསམ་པའི་འཚོ་བའི་ཁྲོད་དུ། སྐད་ཆ་དང་བསམ་སྤྱོད་སྟེང་རྒྱུན་སྤེལ་བྱ་བའི་དམངས་སྲོལ་སྣ་ཚོགས་ཀྱི་སྣང་ཚུལ་དེར་ཞིབ་དཔྱོད་བྱེད་པའི་རིག་གཞུང་ཞིག་ཡིན། སྔོས་སུ་དམངས་སྲོལ་ནི་རྒྱུན་རིང་ལོ་རྒྱུས་སུ་དར་འཕེལ་བྱུང་བས་ལོ་རྒྱུས་ཀྱི་དཀྱིལ་མཚམས་སུ་བྱུང་བའི་རྣམ་པ་རབས་དང་རིམ་པ་ཞིག་དེང་སྐབས་ད་དུང་དམངས་སྲོལ་དུ་ཇི་བཞིན་དངོས་འཛིན་བྱེད་ནུས་པས། དམངས་སྲོལ་རིག་པ་ནི་ལོ་རྒྱུས་ཀྱི་རིག་གཞུང་དང་རིག་གནས་ཀྱི་རིག་གཞུང་། ཡང་ན། རིག་གནས་ཀུན་འདུས་ཀྱི་རིག་གཞུང་ཞེས་བརྗོད་ཀྱིན་ཡོད་པ་ངེས་པ་དོན་མཐུན་དུ་འདུག

དམངས་སྲོལ་ནི་ལོ་རྒྱུས་ཀྱིས་གསར་བཏོད་དང་གསོག་འཛོག་བྱས་པའི་རིག་གནས་ཤིག་ཡིན་ལ། ཕྱི་ངོས་སུ་བལྟས་ན་དམངས་སྲོལ་ནི་ཁེར་རྐྱང་དུ་གནས་པ་དང་ཁོར་ཡུག་གི་རྣམ་པར་འབྲེལ་མེད་པར་སྣམ་སོད། ང་ཚོས་དམངས་སྲོལ་མང་པོ་ཞིག་མཉམ་དུ་བསྡུར་ནས་འཕྲེད་གཞུང་གི་འབྲེལ་བ་ནན་ཞིབ་བྱས་ན་ཁོར་ཡུག་གི་དམངས་སྲོལ་ལ་འབྲེལ་ཆེ་བ་མ་ཟད། ལོ་རྒྱུས་བྱུང་རིམ་གྱི་ཤུལ་ལམ་ཡང་གསལ་པོ་མཐོང་། རྒྱུན་རིང་གི་ལོ་རྒྱུས་ཁྲོད་སྤྱི་ཚོགས་འཕེལ་རྒྱས་བྱུང་བ་དང་མཉམ་དུ་དམངས་སྲོལ་ཁ་ཤས་འཕེལ་རྒྱས་ཁྲོད་མེད་པར་གྱུར། ཁ་ཤས་འགྱུར་ལྡོག་སྒྱུར་བཅོས་ལས་མུ་མཐུད་དུ་འཕེལ་བ་རེད། རྒྱལ་ཁབ་གང་དང་གང་ལྟ་བུ། མི་རིགས་ཆེ་ཆུང་གང་དང་མི་འབོར་མང་ཉུང་གང་། ཡང་ན། རིག་གནས་འཕེལ་རྒྱས་ཀྱི་ཚད་མཐོ་དམན་གང་ལྟ་བུ་ཡིན་ཡང་ཕྱི་ཡི་ཆ་ལུགས་དང་ནང་གི་འཁྱེར་སོ་དམངས་བྱིངས་ཀྱི་འཚོ་བའི་ནང་གཏིང་ཚུགས་ཡོད་པས་མི་རིགས་གང་ཉུང་ལ་རྒྱུས་ལོན་བྱེད་ན་ངེས་པར་དུ་དམངས་སྲོལ་འཚོ་བར་བྱུང་ཆ་ཡོད་དགོས། དེ་ཡང་མི་རིགས་བར་ཕན་ཚུན་མཐོང་ཆེན། ཕན་ཚུན་བརྩི་འཇོག ཕན་ཚུན་འབྲེལ་མཐུད་ཡོང་བར་ཡང་དམངས་སྲོལ་ལ་འབྲེལ་དམ་པོ་ཡོད་པས། ཀྲུང་ཧྭ་མི་དམངས་སྤྱི་མཐུན་རྒྱལ་ཁབ་ཀྱི་རྩ་ཁྲིམས་ལས། མི་རིགས་ཀུན་གྱི་ཡུལ་སྲོལ་གོམས་གཤིས་ལ་བརྩི་འཇོག་བྱེད་དགོས། ཞེས་བཀོད་ཡོད། སྔོས་སུ་རང་རེའི་མེས་རྒྱལ་ནི་མི་རིགས་མང་པོ་འདུས་པའི་ཁྲིམས་གཞི་ཆེན་པོ་ཞིག་ཡིན་པས་མི་རིགས་སོ་སོའི་དམངས་སྲོལ་ལ་རྒྱུས་ལོན་དང་ཞིབ་འཇུག་ལེགས་པོ་བྱས་

ན་མི་རིགས་བར་མཐུན་སྒྲིལ་ཡོང་བར་དགེ་མཚན་ཆེན་པོ་ཡོད།

དམངས་སྲོལ་ནི་སྲི་ཚོགས་དང་ཐུན་མོང་གིས་གསར་བཏོད་བྱས་པས། མི་དམངས་ཀྱི་འཚོ་བའི་གཤིན་ས་ཊུ་རྩང་གཞི་བརྟན་བརླིང་ཅན་ཞིག་ལྡན། དམངས་སྲོལ་གང་ཡིན་ཡང་འབྱུང་ཚུལ་དེར་དམིགས་གཏོད་ས་ཞིག་ངེས་པར་ལྡན་པ་ལས། མི་གང་ཞིག་གི་རང་ངོས་ཀྱི་བསམ་སྤྱོད་ལ་དབང་བ་ཞིག་མིན། སྤྱི་ཚོགས་དང་ཐུན་མོང་ལ་དབང་བའི་དམངས་སྲོལ་དེས། ཕྱིར་སྤྱི་ཚོགས་དང་ཐུན་མོང་ལ་ཕན་ནུས་ཤིག་ངེས་པར་མཆིས་པས་དམངས་སྲོལ་ལ་རང་གི་དགོས་པ་ལྟར་སློབ་གསོའི་ནུས་ཤུགས་ལྡན་ཞིང་། སློབ་གསོའི་བྱེད་ནུས་དེས་མི་རང་ངོས་ཀྱི་བསམ་སྤྱོད་དེ་སྤྱི་ཚོགས་དང་ཐུན་མོང་གི་གོམས་གཤིས་སུ་འདྲིས་པར་སྐུལ་བ་ན་ད་གཟོད་གསོན་ཉམས་དང་ལྡན་པ་རེད།

གཤིས་ཀ་དྲང་ཞིང་དང་རྒྱུད་འཇམ་པའི་བོད་མིར་བག་ཆགས་སུ་གནས་པའི་མི་རིགས་སྤྱིའི་ཐུན་མོང་གི་འདུ་ཤེས་ཟབ་པ། སྐྱེ་བ་དང་ཚེ་པའི་བར་ཁ་སེམས་གཅིག་མཐུན་བྱེད་པ། ཁྲིམ་རྒྱུད་ཀྱི་ཕྱོགས་ནས་ཕ་མའི་དྲིན་ཤེས་ཏེ་དྲིན་ལན་གཟོ་བ། རྒན་པ་བཀུར་བ་གཞོན་པ་རྣམས་ལ་གཅེས་པ། ཕན་ཚུན་བར་ངོ་ཚ་དང་ཁྲེལ་ཡོད་པ། བློ་མཐུན་བར་རང་དོན་ཡལ་བར་དོར་ཡང་གཞན་དོན་དང་དུ་ལེན་པ། ཕན་ཚུན་བརྩེ་འཇོག་དང་དངོས་ཐོག་བདེན་འཚོལ་ལས་ངན་དསོད་དང་ཀླག་གཡོ་བསླུ་བྲིད་མི་བྱེད། རིག་གནས་ཀྱི་ཕྱོགས་ནས་མི་རིགས་གཞན་ལས་ཐུན་མོང་མ་ཡིན་པའི་བཤེས་གཉེན་བསྟེན་ཚུལ་གྱི་ཁྱད་འཕགས་རང་བཞིན་མཆིས་པ། ཐ་ན་བོད་ཡིག་བཀོད་པའི་ཤོག་ལྷེབ་ཀྱི་སྣེ་མོ་ཞིག་ས་ན་ཡོད་ནའང་ས་མཐོ་ས་དང་གཙང་ས་ཞིག་ཏུ་འཇོག་པ་སོགས་ཀྱི་སྲོལ་བཟང་དེ་ག་དངོས་ཡོད་ཀྱི་སྤྱི་ཚོགས་འཚོ་བའི་ནང་དུ་མེད་མི་ཐུང་བ་ཞིག་ཡིན་པས་དམངས་བྱིངས་ནས་དམངས་སྲོལ་གྱི་བྱེད་ནུས་ལ་བསྟུན་ཏེ་སློབ་བསླུལ་གནང་གིན་འདུག

འཛིག་རྟེན་སྟེང་གི་མི་ཞིག་ལ་མཚོན་ན་དངོས་པོའི་འཚོ་བ་དང་བསམ་པའི་འཚོ་བ་གཉིས་ཀ་ལྡན་ན་ད་གཟོད་མི་ཚེ་དེ་ཕུན་སུམ་ཚོགས་པ་ཞིག་ཡིན། དམངས་བྱིངས་ལ་ཆེས་མེད་དུ་མི་ཐུང་བའི་བཟའ་བཏུང་། གྱོན་ཆས། སྡོད་ཡུལ་སོགས་གྲུབ་ཞོར་གླུ་གར་རོལ་རྩེད་སོགས་དབེན་ནའང་ཇ་ལ་ཚྭ་མེད་པ་ཇི་བཞིན་མི་རིགས་ཀྱི་ཁྱད་ཆོས་དང་ཆ་ལུགས་ཡོད་ང་མ་རེད། དེ་ཡང་འཛམ་གླིང་སྟེང་རང་མི་རིགས་འདི་ལ་གླུ་གར་གྱི་རྒྱ་མཚོ་ཞེས་པའི་སྙན་གྲགས་གཡོ་བ་ལྟར་གླུ་ལེན་གར་མཁན་མང་བ། དེ་མིན་དམངས་ཁྲོད་དུ་རང་ཤུགས་སུ་དར་འཕེལ་བྱུང་ཡོད་པའི་ལོ་སྟོན་དང་ལོ་གསར་པའི་དགའ་སྟོན། མདའ་འཕེན། རྟ་རྒྱུགས་འགྲན་པ། ཁྲིམ་རྒྱུད་ཀྱི་ཚེ་གའི་ཕྱོགས་ནས་འདས་མཆོད། བཙས་སྟོན། བག་སྟོན། གཉེན་སྟོན། ཆོས་ལུགས་ཀྱི་ཐད་ནས་བཞི་པའི་ལྔ་མཆོད། དགུ་པའི་ཉེར་གཉིས་ཀྱི་སྟུང་གནས། རྒྱ་ལོའི་སྨོན་ལམ་ཆེན་མོ། མེ་ཏོག་མཆོད་མཇལ། ལབ་ཙེ་གཏོད་པ། སྤྱི་བསང་འབུལ་བ། ད་དུང་ཁ་

རྒྱུན་དུ་དར་ཆེ་བའི་ལྷ་སྐྱུང་། གཏམ་རྒྱུད། དགོད་གཏམ། གཏམ་དཔེ། དམངས་གླུ། གླུ་གཤགས། གླུ་གཞས། གབ་ཚིག ཁེད། ཁ་མཚར་ལ་སོགས་ཕུན་སུམ་ཚོགས་པའི་དམངས་སྲོལ་དེ་དག་གིས་དམངས་ཁྲིདས་ཀྱི་འཚོ་བ་རོལ་རྩེད་གསོན་ཉམས་ལྡན་པར་བྱེད་པའི་ནུས་པ་བཏོན་ཡོད།

དེ་ནས་ང་ཚོས་དམངས་སྲོལ་རིག་གཞུང་འདིའི་བྱེད་ནུས་ཡང་མདོར་བསྡུས་ཤིག་བརྗོད་ན། དམངས་སྲོལ་རིག་པས་དམངས་སྲོལ་གྱི་ཤེས་བྱ་ཁྱབ་གདལ་དུ་གཏོང་བ་དང་གཅིག མིས་རྒྱལ་གྱི་ཁྱིམ་གཞི་ཆེན་མོ་ལས་མི་རིགས་སྲིད་ཇུས་ལག་བསྟར་བྱ་རྒྱུར་མི་རིགས་ཀྱི་རིག་གནས་དང་མི་རིགས་ཀྱི་བསམ་བློ་འདུ་ཤེས་སོགས་ཀྱི་དཔྱད་གཞི་ཡིག་ཆ་དང་བསམ་འཆར་འདོན་སྤེལ་བྱེད་པ་དང་གཉིས། སྤྱི་ཚོགས་རིང་ལུགས་ཀྱི་དངོས་པོའི་དཔལ་ཡོན་དང་བསམ་པའི་དཔལ་ཡོན་འཛུགས་སྐྲུན་བྱ་བར་ཞབས་འདེགས་ཞུ་བ་དང་གསུམ། དམངས་སྲོལ་དེས་ཅན་ཞིག་གི་ཞིབ་དཔྱོད་དང་སྔོན་ཐོན་ཞིབ་དཔྱོད་བྱ་བར་ཐབས་བཀོད་གསར་པ་སྐྲུན་པ་དང་བཞི་བཅས་མཆིས་ཤིང་། ནན་ཞིབ་བྱས་ན་ཤིན་ཏུ་མང་བས་ཕྱོགས་ཙམ་དང་བྱུར་ཙམ་གྱིས་མི་བལྡ་བར་ཡོངས་ཁྱབ་དང་སྙིང་སྙོ་ཡངས་པའི་ཚད་དུ་བཞག་ནས་དཔྱད་ན་ལེགས་སོ། །

《ཀྲུང་གོའི་བོད་ཀྱི་ཤེས་རིག》 ༡༩༩༣ལོའི་དེབ་དང་པོ་ལས་བཏུས།

༄། །གླིང་སྒྲུང་ལས་བྱུང་བའི་ཡུལ་སྲོལ་གོམས་འདྲིས་ཀྱི་སྐོར་གླེང་བ།

རེབ་གོང་རྡོ་རྗེ་མཁར།

སྔོན་འགྲོའི་གཏམ།

བོད་གངས་ཅན་གྱི་མི་རྣམས་ནི་རྒྱུ་འབྲས་བརྩི་ཞིང་། གཞུང་རྒྱུད་དྲང་བ། བྱམས་བརྩེ་ཆེ་བ། ཞི་བདེར་དགའ་བ། ང་རྒྱལ་དང་ཁོང་ཁྲོ་ཆུང་བ། གུས་སྲོལ་ཤེས་པ། བླང་དོར་ལ་མཁས་པ་ལ་སོགས་པའི་བརྟུལ་ཞུགས་ཡོངས་སུ་རྫོགས་པ་ཞིག་ཡིན་པ་མ་ཟད། ད་དུང་རིག་གནས་གཙུག་ལག་རྒྱ་མཚོ་ལྟ་བུར་དོན་གཉེར་ཆེ་བ་ཞིག་ཀྱང་ཡིན་པ་དེ་ཡང་སྙན་གྲགས་ཀྱི་བ་དན་དཀར་པོ་སྲིད་པ་གསུམ་གྱི་བླ་ན་ཆེས་ཆེར་གཡོ་བའི་འཛམ་གླིང་གེ་སར་རྒྱལ་པོའི་སྒྲུང་སོགས་རྩོམ་རིག་རིན་ཐང་གཞལ་དུ་མེད་པ་འབྱམས་ཀླས་ཤིང་བསྟགས་པར་འོས་པ་འཛམ་གླིང་འདིའི་རྩོམ་རིག་གི་བང་མཛོད་དུ་སྐྱེས་སུ་ཕུལ་བས་ཀྱང་མཚོན་ཐུབ་པའི་ཕྱིར། སྤྱིར་བོད་མིའི་རྣམ་དཔྱོད་ཀྱི་རྩལ་ལས་ལེགས་པར་འཁྲུངས་པའི་གླིང་གེ་སར་རྒྱལ་པོའི་སྒྲུང་ཞེས་བྱ་བ་ནི་གཏིང་དཔག་དཀའ་བའི་ཞི་བདེ་རྒྱ་མཚོ་དང་མཚུངས་པར་སྤྱད་ན་འཛད་མཐའ་དང་བླངས་ན་རྫོགས་རྒྱུ་མེད་པ་ཞིག་ཡིན། ཡོངས་གྲགས་སུ་གླིང་སྒྲུང་ལ་དབྱེ་ན་སྤེལ་མའི་ངག་གི་རྒྱུན་གྱིས་བཅིངས་པའི་གླིང་སྒྲུང་དང་ལྷུག་པ་ཁོ་ནའི་ངག་གི་རྒྱུན་གྱིས་བཅིངས་པའི་གླིང་སྒྲུང་སྟེ་རྣམ་པ་གཉིས་ཡོད་པར་བཤད་ཅིང་། ཉེ་བའི་ལོ་ཤས་རིང་ལ་ཏང་དང་རྒྱལ་ཁབ་ཀྱིས་གླིང་སྒྲུང་གི་འཚོལ་སྡུད་དང་། ཞིབ་འཇུག་པར་སྐྲུན་བཅས་ལ་ཐུགས་ཁུར་ཟབ་བཞེས་ནན་ཆེར་གནང་བའི་བཀའ་དྲིན་གྱི་ངོས་ནས་སྤེལ་མའི་ལུས་ལ་ངེས་ཅན་བྱས་པའི་གླིང་སྒྲུང་བགྲང་བྱའི་ཡུལ་ལས་འདས་པ་ཞིག་པར་དུ་བསྐྲུན་ནས་ལུས་ཅན་ཡོད་དོ་ཅོག་གི་འདྲེན་བྱེད་ཀྱི་དགའ་སྟོན་དུ་འགྱུར་ཐུབ་པ་བྱུང་། ད་དུང་དེང་སང་པར་དུ་བསྐྲུན་མེད་པར་རང་སོར་ལུས་པའི་དཔེ་རྒྱུན་ཡང་མང་པོ་ཞིག་བཞུགས་ཤིང་། ཁྱད་པར་དུ་ལྷུག་པ་རྐྱང་པའི་ལུས་ལ་ངེས་ཅན་བྱས་པའི་གླིང་སྒྲུང་གཅིག་ཙམ་ཡང་པར་དུ་བསྐྲུན་པ་མིག་གི་དགའ་སྟོན་དུ་མ་གྱུར། ད་ལྟ་གླིང་སྒྲུང་གི་གནད་ཐམས་ཅད་རྟོག་དཔྱོད་གནང་བར་ཐུགས་གཅིགས་ཆེ་བར་མཛད་པའི་ཞིབ་འཇུག་པ་རྣམས་ཀྱིས་གླིང་སྒྲུང་ལ་སྒྲུང་རིགས་མི་གཅིག་པ་བརྒྱ་ཕྲག་གཅིག་ལྷག་ཡོད་པར་

གསུངས་ཤིང་། ཕལ་མོ་ཆེ་ཞིག་གིས་གླིང་སྒྲུང་གྲངས་སུ་འདྲེན་པའི་ཚེ་གཞན་གྱི་ཚིག་རྗེས་འབྲངས་ཏེ་བརྒྱ་ཕྲག་གཅིག་ལྷག་ཡོད་ཅེས་ངོམ་བཤད་བྱེད་པ་ལན་གཅིག་མིན་པར་མཐོང་ཐོས་བྱུང་ཡང་། ཁོ་བོའི་བསམ་པར་ངེས་པ་དོན་གྱི་ཚིག་གི་ཟེར་ལུགས་དེ་འདྲ་ཚད་མར་བཟུང་ནས་རྒྱུ་མཚན་དུ་འདྲེན་མི་འོས་སྙམ་པའི་སྣང་བ་ཞིག་རྒྱུན་དུ་འཆར་གྱིན་འདུག དེའི་རྒྱུ་མཚན་ཅི་ཡིན་ཞེ་ན། གཞན་གྱི་ཚིག་ལ་དག་མ་དག་གཉིས་ཀྱི་ཆ་འདྲེས་ཤིང་། དེ་ལ་རིགས་པ་ཡང་དག་གིས་བླང་དོར་འབྱེད་དགོས་ཀྱི། བླང་དོར་ཅི་ཡང་མེད་པར་གཞན་གྱི་ཟེར་བ་ཐམས་ཅད་རང་ལུགས་འཐད་ལྡན་དུ་བཟུང་ན། རང་ཡང་འཁོར་བའི་འདམ་དུ་བྱིང་བས་ན། །འཇིག་རྟེན་ལྷ་ཡིས་སུ་ཞིག་སྐྱོབ་པར་ནུས། །ཞེས་པ་ལྟར་རང་ཡང་མ་རྟོགས་ལོག་རྟོག་གི་གཡང་སར་མིག་ཡོད་བཞིན་དུ་ལྟེབས་དགོས་པར་འགྱུར། གྱིར་གླིང་སྒྲུང་ལ་སྒྲུང་རིགས་བརྒྱ་ལྷག་ཡོད་ཅེས་ཁ་ཚོན་གཅོད་མི་ནུས་ཏེ། སྒྲུང་རིགས་མི་གཅིག་སུམ་བརྒྱ་དྲུག་ཅུ་ཡོད་པའི་ཕྱིར། དེར་ཐལ། གནའ་མི་བོད་ཀྱི་གཏམ་དཔེ་ལ་ནང་པའི་ཆོས་ལ་བརྒྱད་ཁྲི་བཞི་སྟོང་ཡོད། གེ་སར་སྒྲུང་ལ་སུམ་བརྒྱ་དྲུག་ཅུ་ཡོད་ཅེས་གྲགས་པའི་ཕྱིར། གླིང་སྒྲུང་རིགས་བརྒྱ་ལྷག་ཡོད་ཅེས་པའི་འདོད་ཚུལ་དེ་ཡང་ཕུགས་དོན་ལ་ཞིབ་ཏུ་མ་དཔྱད་པའི་མཚན་མ་མངོན་སུམ་དུ་རྫོགས་པ་ཞིག་ཡིན་པ་རང་བཞིན་གྱིས་རྟོགས་ཐུབ། དེ་ཡང་སྒྲུང་རིགས་སུམ་བརྒྱ་དྲུག་ཅུ་གང་དུ་ཡོད་དམ་ཞེ་ན། ངོ་མཚར་བཀོད་པ་སྟོང་གིས་བརྗིད་པའི་དཔེ་མཛོད་ཁང་དུ་མི་བཞུགས་ཏེ། སྟོད་མངའ་རིས་སྐོར་གསུམ་དང་། བར་དབུས་གཙང་རུ་བཞི། སྨད་མདོ་ཁམས་སྒང་དྲུག་ལ་སོགས་པའི་ཡུལ་དུ་གནས་པའི་བོད་མིའི་དྲན་ཡུལ་དུ་ཡོད་པའི་ཕྱིར། ད་དུང་སྨྲ་འཛིན་དབང་པོའི་དཔྱིད་དུ་མ་གྱུར་པའི་གླིང་སྒྲུང་ནི་ནམ་མཁའི་སྐར་ཚོགས་ལྟར་བགྲང་བྱའི་ཡུལ་ལས་འདས་པ་ཞིག་མཆིས་ཤིང་། གླིང་སྒྲུང་ལ་སྒྲུང་རིགས་ཅི་ཙམ་ཞིག་ཡོད་པའི་གནས་ཚུལ་མ་ལུས་འདོམས་པར་མཛད་པའི་ཞིབ་འཇུག་པ་ཞིག་ད་ལྟའི་བར་དུ་མ་བྱུང་། གཞན་ཡང་འཛམ་གླིང་གེ་སར་རྒྱལ་པོའི་སྒྲུང་ནི་བོད་ས་གནས་སྲིད་གཞུང་གི་གནའ་བོའི་སྲི་ཚོགས་དང་། ཆབ་སྲིད། དཔལ་འབྱོར། རིག་གནས། དམག་དོན། ཆོས་ལུགས། ཡུལ་སྲོལ་གོམས་འདྲིས། འཇིག་རྟེན་ལྟ་ཚུལ། བསམ་པའི་འཁྲིར་སོ། ལོ་རྒྱུས་དང་ཀུན་སྤྱོད། ཕུགས་འདུན་དང་དོན་དུ་གཉེར་བྱ་རྣམས་ཟོལ་མེད་བདེན་པར་མཚོན་པའི་གནས་ཚུལ་གྱི་བང་མཛོད་མཆོག་ཏུ་གྱུར་པ་ཞིག་ཡིན་པས། ངེས་པ་དོན་གྱི་བོད་གདངས་ཅན་གྱི་འདས་པའི་ལོ་རྒྱུས་ལ་བལྟ་བར་བྱེད་པའི་རྒྱང་ཤེལ་ལྟ་བུ་ཞིག་ཡིན། འདིར་ཁོ་བོས་བོད་ཀྱི་ཡུལ་སྲོལ་གོམས་འདྲིས་ལས་འཕྲོས་ཏེ་གླིང་གེ་སར་རྒྱལ་པོའི་སྒྲུང་གི་སྐོར་རང་བློས་དཔག་ཚོད་ཙམ་ཞིག་གླེང་བར་འདོད་དོ། །

དེ་ཡང་བོད་ཀྱི་ཡུལ་སྲོལ་གོམས་འདྲིས་ཞེས་པ་ནི་བོད་ཀྱི་གོས་རྒྱན་དང་། སྡོད་ཁང་། བཟའ་བཏུང་། གཉེན་སྒྲིག དུར་འཇུག དུས་ཆེན། གུས་ལུགས། ཆོས་ལུགས། ཐོན་སྐྱེད་བྱེད་སྟངས་ལ་སོགས་པའི་སྲོལ་

མ་ལུས་ཡོངས་སུ་རྫོགས་པ་ཞིག་ལ་གོ་དགོས་ཤིང་། འོག་ཏུ་དེ་དག་རིམ་པ་མ་འཆོལ་བར་རེ་རེ་བཞིན་མདོར་བསྡུས་ཙམ་ཞིག་ཤེས་ལྡན་དག་གི་སྒྲ་འཛིན་དབང་པོའི་དགའ་སྟོན་དུ་སྤེལ་བར་བྱའོ། །

དང་པོ། གླིང་པའི་གོས་རྒྱན་གྱི་སྐོར།

དེ་ཡང་བོད་དུ་མིའི་འགྲོ་བ་བྱུང་ནས་དུས་ཡུན་རིང་པོ་ཞིག་ལ་རྒྱན་ལྷ་འོག ཐ་ན་སྒྲིན་མོར་རྒྱུ་ཞིང་། དུས་ཕྱིས་སུ་རང་བྱུང་ཁམས་ལ་འགྱུར་བ་རྣམ་པ་སྣ་ཚོགས་བྱུང་བ་སྤྱི་དང་ཁྱད་པར་དུ་བོད་ཁམས་ཀྱི་གནམ་གཤིས་རིམ་གྱིས་ཧེ་འབྲུག་ཏུ་སོང་བ་དང་བསྟུན་ནས་མི་རྣམས་ཀྱིས་གྲང་བའི་རེག་བྱ་མ་བཟོད་པར་གྲང་བ་འགོག་པའི་སླད་དུ་གོས་སུ་ཤིང་ལོ་སོགས་གྱོན་ཏེ། 《ཆོས་འབྱུང་མཁས་པའི་དགའ་སྟོན》ལས། མ་རྨོས་འབྲུ་ཟ་གོས་སུ་ཤིང་ལོ་གྱོན། །ཞེས་གསུངས་པའི་ཕྱིར། གོས་སུ་ཤིང་ལོ་གྱོན་ནས་རི་དྭགས་རྔོན་པ་ལ་སོགས་པའི་ཐབས་ཀྱིས་སྲོག་འཚོ་བའི་ཚེ། མི་རྣམས་ཀྱིས་རི་དྭགས་ཀྱི་པགས་པ་གོས་སུ་བཀླུབས་ཤིང་། རི་དྭགས་ཀྱི་པགས་པ་ནི་ཤིང་ལོ་དང་བསྡུར་ན་དྲོད་ཆེ་ཞིང་སྲ་མཁྲེགས་ཡིན་པ་ལ་སོགས་པའི་ཡོན་ཏན་དུ་མས་ལྷག་པ་རྫོགས་པར་གྱུར། ཕྱིས་རི་དྭགས་ཀྱི་པགས་པ་དེ་གྱོང་ཞིང་མཁྲེགས་པས་ལུས་ལ་བཙིར་ནས་རྨར་སོང་ཞིང་། རྨར་སོང་བ་རྣག་འབྱམས་སུ་གྱུར་ཏེ་ཚེ་ལས་འདས་པའང་ཤིན་ཏུ་མང་། མི་རྣམས་ཀྱིས་གནོད་པ་དེ་སེལ་བའི་སླད་དུ་རི་དྭགས་ཀྱི་པགས་གྱོང་མཉེས་ནས་གོས་སུ་བཀླུབས་པས་ཕན་མེད་པའི་བདེ་ཉམས་དཔག་ཏུ་མེད་པ་བྱུང་ཞིང་། ཕྱིས་རི་དྭགས་ཀྱི་པགས་པ་མཉེད་མས་ཕུ་ཐུང་སོགས་ཡོད་པའི་ལྭ་བ་བཟོ་བའི་སྲོལ་བྱུང་བ་དང་། པགས་པ་མཉེད་མའི་ལྭ་བ་དེར་ཡོངས་གྲགས་སུ་སློག་པ་ཟེར་བ་དང་། དེ་ནི་བོད་ཀྱི་གོས་ཀྱི་ཐོག་མ་ཡིན་པར་གྲགས། དེའི་རྗེས་སུ་ཚ་རྟུའི་གོས་དང་སྣམ་བུའི་གོས་སོགས་ཚུགས་ཀ་ཡག་ཅིང་ལུས་ལ་བདེ་བའི་གྱོན་གོས་རྣམས་བྱུང་བའི་ཁར། ད་དུང་ཕ་ཞྭ་སོགས་ཞྭ་རིགས་ཀྱང་མང་པོ་ཞིག་བྱུང་བ་ཡིན།

དེ་ནས་ཡུན་རིང་པོ་ཞིག་འདས་པ་ན་བོད་མི་རྣམས་སྟོད་མངའ་རིས་སྐོར་གསུམ་དང་། བར་དབུས་གཙང་རུ་བཞི། སྨད་མདོ་ཁམས་སྒང་དྲུག་ལ་སོགས་པའི་ཡུལ་དུ་ཁྱབ་སྟེ་འཚོ་ཞིང་གནས་ཤིང་། རང་རང་གི་ཡུལ་དུ་ཡུན་རིང་གནས་པ་དང་། སྤྱི་ཚོགས་ལ་འགྱུར་ལྡོག་བྱུང་བ། དུས་རབས་འཕེལ་རྒྱས་སུ་ཕྱིན་པ་ལ་སོགས་པར་བརྟེན་ནས་བོད་ཀྱི་གོས་རྒྱན་ལ་བྱེ་བྲག་གི་དབྱེ་བ་མང་དུ་བྱུང་སྟེ། དུས་ཀྱི་དབང་དུ་བྱས་ན་ཡ་ཐོག་སྤྱི་ཚོགས་ཀྱི་གོས་རྒྱན། བྲན་གཡོག་སྤྱི་ཚོགས་ཀྱི་གོས་རྒྱན། བཀས་བཀོད་རྒྱུད་འཛིན་སྤྱི་ཚོགས་ཀྱི་གོས་རྒྱན་ཏེ་གནའ་བོའི་གོས་རྒྱན་དང་དེང་རབས་ཀྱི་གོས་རྒྱན་སོགས་ཀྱི་དབྱེ་བ་ཡོད། ཡུལ་ཁམས་ཀྱི་དབང་དུ་བྱས་ན་མངའ་རིས་ཀྱི་གོས་རྒྱན། དབུས་པའི་གོས་རྒྱན། གཙང་པའི་གོས་རྒྱན། ཁམས་པའི་གོས་རྒྱན། ཨ་མདོ་བའི་གོས་རྒྱན་སོགས་ཀྱི་དབྱེ་བ་ཡོད། མིའི་དབང་དུ

བྱས་ན་སྐྱེས་པའི་གོས་རྒྱན། བུད་མེད་ཀྱི་གོས་རྒྱན། བྱིས་པའི་གོས་རྒྱན། ཕོ་ཕོན་གྱི་གོས་རྒྱན། དར་མའི་གོས་རྒྱན། ན་གཞོན་གྱི་གོས་རྒྱན། ཆོས་ལུགས་པའི་གོས་རྒྱན། དམག་གི་གོས་རྒྱན་སོགས་ཀྱི་དབྱེ་བ་ཡོད། དུས་ཚིགས་ཀྱི་དབང་དུ་བྱས་ན་དབྱར་ལྭ་དང་དགུན་ལྭའི་དབྱེ་བ་ཡོད། སྤྱོད་ལུགས་ཀྱི་དབང་དུ་བྱས་ན་དུས་ཆེན་གྱི་གོས་རྒྱན་དང་རྒྱུན་སྤྱོད་ཀྱི་གོས་རྒྱན་གྱི་དབྱེ་བ་ཡོད། ལས་རིགས་ཀྱི་དབང་དུ་བྱས་ན་འབྲོག་པའི་གོས་རྒྱན་དང་རོང་པའི་གོས་རྒྱན་གྱི་དབྱེ་བ་ཡོད། སྟོབས་འབྱོར་གྱི་དབང་དུ་བྱས་ན་ཕྱུག་པོའི་གོས་རྒྱན་དང་དབུལ་པོའི་གོས་རྒྱན་གྱི་དབྱེ་བ་ཡོད། ཐོབ་གོ་གནས་ཀྱི་དབང་དུ་བྱས་ན་རྒྱལ་པོའི་གོས་རྒྱན་དང་། བཙུན་མོའི་གོས་རྒྱན། བློན་པོའི་གོས་རྒྱན། དམག་དཔོན་གྱི་གོས་རྒྱན། ཁྲིམས་དཔོན་གྱི་གོས་རྒྱན། སྐུ་དྲག་གི་གོས་རྒྱན། སྡེ་དཔོན་གྱི་གོས་རྒྱན། དཔའ་བོའི་གོས་རྒྱན་སོགས་ཀྱི་དབྱེ་བ་ཡོད། གླིང་པའི་གོས་རྒྱན་ལ་དབྱེ་བ་དེ་དག་ཡོད་ན་ཡང་འདིར་སྤྱིར་བཏང་གི་དབྱེ་བ་དམིགས་སུ་བཀར་ནས་ཉུང་ངུ་རྣམ་གསལ་ཞིག་བརྗོད་པར་བྱའོ། །

༧.གླིང་གི་སྐྱེས་པའི་གོས་རྒྱན།

གླིང་ཞེས་པ་ནི་ཐོག་མའི་དུས་ན་བར་ཁམས་སྡེ་དགེའི་ཕྱོགས་སུ་ཡོད་ཅིང་། ཕྱིས་གླིང་གེ་སར་རྒྱལ་པོའི་འཕྲིན་ལས་དར་ཞིང་རྒྱས་པ་ལ་བརྟེན་ནས་སྟོད་མངའ་རིས་དང་། རྨ་ཆུ་སྔོན་མོའི་ཉིན་སྲིབ་བརྒྱུད་ནས་དབུ་བའི་རྫ་མཚོ་ཚུན་ཆད། ཁྲི་ཤོར་རྒྱལ་མོའི་ཡན་ཆད་ཀྱི་ས་དང་། འབྲི་ཆུའི་ཕུ་མདའ་བརྒྱུད་ནས་གཙོ་བོ་ཁམས་ཀྱི་ཕྱོགས་ཏེ། ཚ་རོང་རྒྱལ་ཁག་ཚུན་ཆད། ཤར་དུང་རི་དཀར་པོ་ཡན་ཆད་ཀྱི་ས་རྣམས་བདག་གིར་བཟུང་ནས་དབང་མཛད་པ་དང་། མདོར་ན་གླིང་པས་རྨ་ཆུའི་སྟོད་སྨད་བར་གསུམ་གྱི་ས་ཆ་རྣམས་བདག་གིར་བཟུང་བ་ཡིན། དེ་ཡང་མཛོད་དགེ་སྟོད་ཡན་ཆད་རྨ་སྟོད་དུ་བརྩི་ཞིང་། ར་རྒྱ་དགོན་ཡར་མར་རྨ་སྐེད་དུ་བརྩི་བ་དང་། ད་ལྟའི་མར་ནང་ཚོ་ལྔ(ཞུང་ཏ་ཞན་ཟེར་བ་དེ་ཡིན)ཡར་མར་རྨ་སྨད་དུ་བརྩི་བ་ཡིན། ཡུལ་དེ་རྣམས་སུ་གནས་པའི་གླིང་གི་སྐྱེས་པ་རྣམས་ཀྱིས་ལུས་སྟོད་དུ་དར་ཆུ་ཟེ་དམར་པོའི་ནང་འཛམ། པད་མ་སྟོང་ལྡན་ནང་གོས། རྒྱ་སེར་ཁྲ་བོའི་གོང་བསྐོར་སྦྲུས་པའི་དར་མན་ཧྲི་དམར་པོའི་ནང་འཛམ་བརླབས་ཤིང་། ཕྱི་གོས་ལ་སྦྲིན་ནག་དམར་པོའི་ལྭ་བ་དང་། རྒྱ་ཨོ་རོང་གསེར་གྱི་ཐོག་རྒྱག ཀླུང་གོས་དཀར་མོ། ཆུ་བྲག་སྔོན་པོའི་གོས། གོས་གསེར་འབྲུག་སེར་པོའི་ཚར་སྣག་སོགས་གོན་པ་དང་། མགོ་ལ་མན་ཧྲི་དམར་པོའི་ལ་ཐོད་དང་། རིན་ཆེན་གསེར་གྱི་པྲོག་ཞུ། སྟོང་ཉིད་སྒོམ་ཞུ་ཁྲ་ཆུང་། ཞྭ་ཙ་ལ་དམར་པོ་ཅན་སོགས་གོན། སྨད་ལ་ཀ་ཤི་དཀར་པོའི་རྐང་སྣམ་སོགས་གོན། སྐ་རགས་ལ་ལིང་ཕོ་བ་རིས་སོགས་བཅིངས། རྐང་ལ་དར་ལྷམ་འཛའ་རིས་དགུ་བརྩེགས་དང་ཆུ་ཟེ་ནག་པོའི་རྒྱ་ལྷམ་སོགས་གོན་པར་ལྷམ་སྒྲོག་ཐིལ་ཆེ་དགུ་འགྱུར་དང་སྟོང་སྐུད་ཐིག་ལེའི་ལྷམ་སྒྲོག་སོགས་བཅིངས་པ་ཡིན་ཏེ། གླིང་སྒྲུང《རྨ་ཤེལ་བྲག》ལས"གླིང་རྗེ་མི་ཡི་ནོར་བུ་དེ་ཉིད་སྐུ་ཟེལ་ཆེ་ལ་ཉི་མ་འབུམ་གྱི་འོད་ཟེར་

དང་ལྡན་པ། སྐུ་སྟོད་སེང་གེ་འཁྱིལ་འདྲ། སེང་དཀར་མོར་གཡུ་རལ་རྒྱས་འདྲ། སྐུ་སྨེད་རྡོ་རྗེ་བཤམས་འདྲ། རྡོ་རྗེར་དར་གྱིས་བརྒྱན་འདྲ། སྐུ་སྨད་ཙ་བྱ་ལྡེམ་འདྲ། ཙ་བྱས་སྦྲོ་མདོངས་ངོམ་འདྲ། ཞལ་ངོ་བཅོ་ལྔའི་དུང་ཟླ། སྤྱན་མིག་ལ་ཁའི་སྐར་ཆེན། ཟེར་མ་འཛུམ་པའི་ཆ་ག དབུ་སྐྲ་ལྗོ་སྤྲིན་ཕྱུག་མོ། ལྷུང་ཡོས་སྐུ་སྟོད་ཁེབས་འདྲ།”ཞེས་དང་། “ཐུགས་འཁྲུལ་མེད་ཆོས་སྐུའི་དགོངས་པ་དང་ལྡན་པ་དེ་ཉིད་ཀྱིས། དར་ཚ་ཟེ་དམར་པོའི་ནང་འཛམ། ཀ་ཤི་དཀར་པོའི་རྐང་སྟམ་ལ། དོར་མ་ཆ་ག་དགུ་བསྒྲིགས་སྟེང་། སྤྲིན་འཐག་དམར་ཁྲའི་ལྭ་བ་གསོལ། རྒྱ་རོང་གསེར་མའི་ཐོག་རྒྱག་ལ། ཚ་འབྲུག་པགས་པའི་མཐའ་རྒྱན་སྤྲས། ལིང་ཕོ་བ་རིས་ཀྱི་སྐ་རགས་ལ། གསེར་ཆབ་སེར་པོས་སྟེང་ནས་མནན། སྤྱི་ཟུར་བཀྲ་ཤིས་རྟགས་བརྒྱད་ལ། གྲི་ཆུང་ཤེལ་གྱི་ཡུ་དཀར་བཏགས། དངུལ་ཐག་སླས་མ་དགུ་བསྒྲིགས་ལ། རིན་ཆེན་སྣ་ལྔའི་ཕོན་ཚར་སྤྲས། སྐེད་ཀྱི་འཛིག་རྟེན་ཚུ་ཅུལ་དེ། སེར་པོ་གསེར་གྱི་པ་ཊས་བརྒྱན། དར་ལྷམ་འཛའ་རིས་དགུ་བརྩེགས་ལ། ལྷམ་སྒྲོག་ཐེལ་ཚེ་དགུ་འགྱུར་བསྟམས། དབུ་མན་ཧི་དམར་པོའི་ལ་ཐོད་ལ། རིན་ཆེན་གསེར་གྱི་པྲོག་ཞུ་བཅིངས། ཛམ་བུ་གསེར་གྱི་སྙན་རྒྱན་ལ། ཨིནྡྲ་ནི་ལའི་ཕྲ་ཡིས་བརྒྱན། པད་མ་རཱ་གའི་ཕྲེང་བ་དང་། རྡོ་རྗེ་ཕ་ལམ་གྱི་མཛུབ་དཀྲིས་སོགས་རྒྱན་ཆ་མི་ཧྲོག་བཀྲག་འདྲ།”ཞེས་འབྱུང་བའི་ཕྱིར། མདོར་ན་ཙ་ཚུའི་སྟོད་སྨད་བར་གསུམ་དུ་ཁྱབ་པའི་གླིང་གི་སྐྱེས་པ་རྣམས་ཀྱིས་དགུན་དུས་ཚ་ཏུའི་ནང་མ་ཅན་གྱི་ནང་འཛམ་དང་། སྲམ་གྱིས་མཐའ་རྒྱན་སྤྲས་པའི་ཚར་སླག་དང་གཟིག་པགས་ཀྱི་གོང་བ་སྤྲས་པའི་སླག་པ་སོགས་ཕྱི་གོས་སུ་གྱོན་པར་སྐ་རགས་དམར་སེར་ལྗང་སྔོན་སོགས་བཅིངས། མགོ་ལ་ཞྭ་ཞྭ་དང་ར་བཞི་དང་ཕྱིང་ལྭ་སོགས་གོན་ཞིང་། ལུས་སྨད་དུ་པགས་པ་དང་། སྣམ་བུ། རས་སོགས་ཀྱི་རྐང་སྣམ་མམ་དོར་མ་གྱོན་པ་དང་། རྐང་ལ་ཀོ་ལྷམ་དང་ཕྱིང་ལྷམ་དང་རྒྱ་ལྷམ་སོགས་གྱོན་པའི་ཁར། གསེར་དངུལ་གྱི་ན་རྒྱན། གསེར་དངུལ་གྱི་མཛུབ་དཀྲིས། གསེར་དང་བྱུ་རུའི་སྐེ་རྒྱན། གསེར་དངུལ་བ་སོའི་གཏུ་བུ། སྤྱི་ཟུར་དང་། གྲི་ཆུང་། ཕྲེང་བ་སོགས་ཀྱི་རྒྱན་ཆས་ལེགས་པར་སྤྲས་པ་ཡིན། དབྱར་དུས་སུ་མགོ་ལ་ལག་རིས་དཀྲི་ཞིང་། སྐབས་རེར་རྒྱ་ཞྭ་ལེབ་མོ་གོན་པ་དང་། མགོའི་སྐྲ་ལོ་མི་བཞར་བར་ཕྲག་སྟེང་ཁེབས་པའི་བར་དུ་འཇོག ལུས་ལ་ཐེར་མ་དང་། སྣམ་ཕྲུག གོས་ཆེན། རས་སོགས་ཀྱི་ལྭ་བ་གོན། ཚུ་གོས་དང་ཀླུང་གོས་ཀྱི་ནང་འཛམ་དང་རྐང་སྣམ་གོན། རྒྱུན་དུ་སྐྱི་པགས་ཀྱི་རྐང་སྣམ་དང་། སྣམ་བུའི་ལྭ་བ། སླག་སྐྱ་དང་རྒྱ་ལྷམ་སོགས་གོན་པས། གླིང་པའི་ཁ་དཔེ་ལ་དུས་ཆེན་སླེབས་པའི་ཉིན་མོར་གླིང་གི་སྐྱེས་པ་རྣམས་ལྷ་ནས་ཆད་པ་འདྲ། ངལ་རྩོལ་བྱེད་པའི་ཉིན་མོར་གླིང་གི་སྐྱེས་པ་རྣམས་བདུད་ནས་ཆད་པ་འདྲ་ཞེས་ཟེར་སྲོལ་ཡོད།

༢.གླིང་གི་བུད་མེད་ཀྱི་གོས་རྒྱན།

གླིང་གི་བུད་མེད་རྣམས་ནི་རིན་པོ་ཆེའི་གོས་རྒྱན་གྱིས་ལུས་སྤུད་པ་ལ་རབ་ཏུ་དགའ་ཞིང་། གླིང་

གི་བུད་མེད་ཀུན་གྱིས་གོས་སུ་ནང་འཇམ། ཕྲུ་གོས། ཚར་སླག སྐྱ་སླག ཐེར་མ། གོས་ཆེན། སྣམ་ཕྲུག་སོགས་བསྐྲུབས་པ་དང་། ཞང་ལ་འཇའ་ལྷམ། ཕྱིང་ལྷམ། ཀོ་ལྷམ། རྒྱ་ལྷམ་སོགས་གོན་པ་ཡིན། རྒྱན་ལ་གཡུ་བྱུར་ནོར་བུའི་མགོ་རྒྱན། གསེར་དངུལ་ཟངས་གསུམ་གྱི་མཛུབ་དཀྲིས། གསེར་དངུལ་བ་སོའི་གདུ་བུ། དངུལ་གྱི་སློ་ཟུར་དང་། བཞོ་བཟུང་། ཆབ་མ། སྒྲོག་ཀོར་དང་། དཀོར་རིལ། སྐྲ་ཤིང་། ཅ་ལ་སོགས་སྐྲ་རྒྱན་གྱིས་མཛེས་པར་སྤུད་པ་ཡིན་ཏེ། གླིང་སྒྲུང《རྟ་ཤེལ་བྲག》ལས“གླིང་མདོ་ཁམས་བོད་ཀྱི་དཔོན་མོ་དེ་མགོ་རྒྱན་རབ་ལ་ནོར་བུ་སྣ་ཚོགས། ལུས་གོས་རབ་ལ་ཟ་འོག་དགུ་བརྩེགས། སྙིད་ཆིངས་འཇའ་ཚོན་རང་ཤར། སེར་པོ་སྤོས་ཤེལ་དགུ་བསྒྲིགས། ཁྲ་བོ་གཟི་བྱུར་དགུ་བསྒྲིགས། གསེར་མགུལ་འགུ་ཡ་གྲ་འགྲིགས། གསེར་ཆབ་ནོར་བུའི་ཕྲ་ཚོམ། གསེར་རྣ་མུ་ཏིག་བཏགས་ལུང་། གསེར་གཙུ་རིན་ཆེན་དགུ་བསྒྲིགས། སློ་ཟུར་ནོར་འཛིན་དགུ་བསྒྲིགས། མུ་ཏིག་ཟར་ལོ་རང་འགྲིགས། དར་ལྷམ་འཇའ་རིས་སུམ་བརྩེགས། ལྷམ་སྒྲོག་ཚུ་མིག་དགུ་བསྒྲིགས་སོགས་རྒྱན་རབ་ཕུན་སུམ་ཚོགས་པས་སྤྲས་ཏེ་མཛེས་དགུ་ལུས་ལ་ཚང་བས་ཕོ་སེམས་མོ་ལ་འཆོར་བ་ཞིག་ཡིན”ཞེས་འབྱུང་བས་གླིང་པའི་བུད་མེད་རྣམས་ཀྱི་གོས་ཅི་ཞིག་གོན་པ་དང་རྒྱན་ཅི་ཞིག་འདོགས་པ་རྣམས་མཚོན་འདུག་པ་དང་། དེང་སང་གི་མི་རྣམས་གོས་རྒྱན་དེ་དག་ལ་རྒྱུས་མེད་པའི་གནས་སུ་ལྷུང་འདུག་ཅིང་། བོད་ཀྱི་ཡུལ་སྲོལ་གོམས་འདྲིས་ལ་ཞིབ་ཏུ་བརྟག་ཅིང་དཔྱོད་པ་དོན་དུ་གཉེར་མཁན་ལ་མཚོན་ན་གླིང་སྒྲུང་ནི་དཔྱད་གཞིའི་ཡིག་ཆ་རྩད་དུ་བྱུང་བ་ཞིག་ཡིན་པར་སྣང་ངོ་། །

༣.གླིང་གི་ཆོས་ལུགས་པའི་གྱོན་གོས་དང་ཡོ་བྱད།

གླིང་གི་མི་རྣམས་གསང་སྔགས་ཀྱི་ཆོས་ལ་དད་པ་བཟློག་ཏུ་མེད་པ་ཞིག་ཡོད་ཅིང་། ཐ་ན་འཛམ་གླིང་གེ་སར་རྒྱལ་པོ་ཡང་དགུང་ལོ་བརྒྱད་ཀྱི་ཐོག་ཨོ་རྒྱན་གྱི་ཡུལ་ནས་ཟངས་མདོག་དཔལ་གྱི་རི་བོར་ཕེབས་ཏེ་གུ་རུ་པད་མ་འབྱུང་གནས་དང་། རི་བོ་རྩེ་ལྔར་ཕེབས་ནས་པཎ་ཆེན་བི་མ་ལ་མི་ཏྲ་སོགས་ལས་རྫོགས་པ་ཆེན་པོའི་ཆོས་སྙེ་ཕྱི་ནང་གསང་སྐོར་ཡོངས་སུ་རྫོགས་པར་གསན་ཞིང་། རྟོགས་གྲོལ་དུས་མཉམ་གྱི་དགོངས་པའི་རྩལ་ཆེན་རྫོགས་ནས་སྐུ་བཞི་ཡེ་ཤེས་ལྔའི་འབྲས་བུ་མངོན་དུ་གྱུར་པར་གྲགས་ཏེ། 《རྟ་ཤེལ་བྲག》ལས། “དེ་ཡང་དགུང་ལོ་བརྒྱད་ཀྱི་སྟེང་། རྟ་མགྱོགས་པའི་གོང་བ་རྩལ་ཆེན་ཀླུང་གི་འཕྲུལ་འཁོར་གྱིས་བླངས་ཏེ་གསེར་ཁྲི་སེར་པོའི་མངའ་བདག་ཏུ་བཞུགས་པའི་མཚམས་དེར། ནུབ་ཕྱོགས་ཨོ་རྒྱན་གྱི་ཡུལ་དུ་ཕེབས་ཏེ། མཁའ་འགྲོ་མ་ལས་ཀྱི་དབང་མོ་དང་། ཟངས་མདོག་དཔལ་གྱི་རི་བོར་ཕེབས་ཏེ་གུ་རུ་པད་མ་འབྱུང་གནས་དང་། ཤར་ཕྱོགས་རི་བོ་རྩེ་ལྔར་ཕེབས་ཏེ་པཎ་ཆེན་བི་མ་ལ་མི་ཏྲ་སོགས་ལས་རྫོགས་པ་ཆེན་པོའི་ཆོས་སྙེ་ཕྱི་ནང་གསང་སྐོར་ཡོངས་སུ་རྫོགས་པར་གསན”ཞེས་འབྱུང་བས་གླིང་རྗེ་གེ་སར་ཉིད་མའི་ཆོས་ལུགས་ལ་དད་པ་མངོན་པར་མཚོན་འདུག

གླིང་ལ་དབུ་བླ་སུམ་ཅུ་ཡོད་ཅིང་། དེ་ལས་གཞན་སྔགས་པ་ཡང་གྲངས་ཀྱིས་མི་ཟིན་པ་ཞིག་ཡོད། སྔགས་པ་དེ་དག་གིས་མགོ་ལ་སྔགས་རལ་ཞེས་པའི་རལ་པ་ཆེན་པོ་རེ་འཛོག་ཅིང་། ལུས་ལ་ཞིའུ་གཡུང་དྲུང་ཐིག་ལེ་ཅན་གྱི་ཆོས་གོས་དང་། དབུ་ལ་སྒོམ་ཞྭ། ཚེ་གོས་ཕོད་ཆེན་མཐིང་ནག སྟོད་གོས་རྗེ་རྗེའི་གོ་ཆ། སྐུ་ཤམ་མཐིང་གོས་དམར་པོ། སྐུ་ཆིངས་ལི་ཏན་ལྷུང་ཁྲུ། ཆོས་གོས་གསེར་གྱི་ཏ་རིས། ཞབས་ཆགས(ལྷམ)པད་མ་ཡར་འཁྱིལ། བེར་ཆེན་འདབ་མ་སྟོང་ལྡན་སོགས་བསྒྲུབས་པ་ཡིན། རྙིང་མའི་ཆོས་སྐོར་ཞུགས་པ་རྣམས་ཀྱིས་བདུད་རྩིའི་སྨན་སྣོད། མར་གད་ལྷུང་ཁྲུའི་མཎྜལ། ཨིནྡྲ་ནཱི་ལའི་བུམ་པ། མུ་ཏིག་དང་པད་མ་ར་གའི་ནང་མཆོད། བཻཌཱུརྻ་ཡི་བདུན་ཚར། ཤེལ་གྱི་གོང་བུ། སྤོས་ཤེལ་དང་བྱུ་རུའི་ཆུ་སྐྱེས། ཕྲ་མེན་གྱི་ཕུད་སྣོད་སོགས་མཆོད་ཆས་ལེགས་པར་སྤྱོད་པ་ཡིན་ཏེ། གླིང་སྒྲུང《ཇ་ཤེལ་བྲག》ལས། "ཕོ་བྲང་གི་ཡང་ཐོག་ནས་གླིང་གི་དབུ་བླ་སུམ་ཅུ་ལ། གྲྭ་ཚོགས་དགུ་སྟོང་དགུ་བརྒྱས་བསྐོར། སྐུ་ལ་ཆོས་གོས་གྲྭ་འགྲིགས། ཞིའུ་གཡུང་དྲུང་ཐིག་ལེ། དབུ་ལ་སྒོམ་ཞྭ་གྲྭ་འགྲིགས། ཆོས་གྲུབ་མཐའི་རྣམ་དཔྱོད་མཐོ་བ་ཞིག་མཛད།"ཅེས་དང་། "ཚེ་གོས་ཕོད་ཆེན་མཐིང་ནག སྟོད་གོས་རྗེ་རྗེའི་གོ་ཆ། སྐུ་ཤམ་མཐིང་གོས་དམར་པོ། སྐུ་ཆིངས་ལི་ཏན་ལྷུང་ཁྲུ། ཆོས་གོས་གསེར་གྱི་ཏ་རིས། ཞབས་ཆགས་པད་མ་ཡར་འཁྱིལ། བེར་ཆེན་འདབ་མ་སྟོང་ལྡན། བདུད་རྩིའི་སྨན་སྣོད། མར་གད་ལྷུང་ཁྲུའི་མཎྜལ། ཨིནྡྲ་ནཱི་ལའི་བུམ་པ། མུ་ཏིག་དང་པད་མ་རཱ་གའི་ནང་མཆོད། བཻཌཱུརྻ་ཡི་བདུན་ཚར། ཤེལ་གྱི་གོང་བུ་བརྒྱ་རྩ། སྤོས་ཤེལ་དང་བྱུ་རུའི་ཆུ་སྐྱེས། ཕྲ་མན་གྱི་ཕུད་སྣོད་སོགས་མཆོད་ཆས་རིགས"ཞེས་འབྱུང་བས་གླིང་གི་སྔགས་པའི་གྱོན་གོས་ཇི་ལྟ་བུ་ཞིག་ཡིན་པ་དང་མཆོད་ཆས་ཅི་ཞིག་སྤྱོད་པ་གསལ་ཞིང་ཡང་དག་པར་མཚོན་འདུག དེང་སང་ཡང་གསང་སྔགས་ཀྱི་ཆོས་སྐོར་ཞུགས་པ་ཉུང་ཤས་ཀྱིས་སྔར་གྱི་ཆོས་གོས་དེ་ཉིད་སྐུ་ལ་གསོལ་ན་ཡང་། ཕལ་མོ་ཆེ་ཞིག་གིས་དུར་ཁྲིག་གི་ཆོས་གོས་གསོལ་བའི་སྲོལ་དར་ཡོད། དེ་ཡང་དགེ་ལུགས་པའི་སྟོབས་ཤུགས་ཆེ་བ་ལ་གཞན་དྲིང་འཛོག་གམ་ཡང་ན་གསང་སྔགས་ཀྱི་ཆོས་སྐོར་ཞུགས་པ་དག་གིས་དུར་ཁྲིག་གི་ཆོས་གོས་གསོལ་ཆོག་པ་གང་ཡིན་གྱི་དབྱེ་བ་གསལ་ཆ་མ་རེས་སོ། །

༤. གླིང་གི་དམག་མིའི་གོས་རྒྱན།

གླིང་གི་དམག་མི་རྣམས་ཀྱིས་མགོ་ལ་དུང་རྨོག་དང་། ལྕགས་རྨོག་ཟངས་རྨོག་སོགས་གོན་ཞིང་། དེའི་སྟེང་ཁ་དོག་སྣ་ལྔའི་འཕྲུལ་དར་འཛུགས། བྲང་ལ་མེ་ལོང་འདོགས། ལུས་ལ་ཤེལ་ཁྲབ། གཡུ་ཁྲབ། མཐིང་ཁྲབ། ལྕགས་ཁྲབ། གསེར་ཁྲབ། དངུལ་ཁྲབ། བྱིར་ཁྲབ། མཆོང་ཁྲབ་སོགས་གྱོན། རྒྱབ་ཏུ་དར་ཚོན་སྣ་ལྔའི་རྒྱབ་དར་འཛུགས། རྐང་ལ་རྒྱ་ལྷམ་དང་ཀོ་ལྷམ་པད་མ་ཡར་འཁྱིལ་གོན། མཚོན་ཆར་མདའ་མདུང་གྲི་གསུམ་འཛིན་ཞིང་། གཡས་ཀྱི་སྟག་རལ་ནང་དུ་གཞུ་མོ་འཛུག་པ་དང་། གཡོན་གྱི་གཟིག་ཤུབས་ནང་དུ་མདའ་མོ་བླུག ལག་ཏུ་མདུང་མོ་འཛིན་པ་ཡིན་ཏེ། གླིང་སྒྲུང《ཁྲུང་ཚ་ཕུན་ལྔ》

ལས། "དེ་ནས་ཆོས་བཅུའི་ཉིན་ལ་གོང་གི་དཔོན་སློབ་ལྔ་པོ་རང་རང་རྟ་དམག་ལྔ་བརྒྱ་རེ་དང་བཅས། སེང་ཆེན་ནོར་བུ་དགྲ་འདུལ་དེས། ངེས་བཟུང་ཁྲ་དཀར་མེ་ལོང་བཏགས། སྟག་རལ་གཡས་ལ་མཆོག་དཀར་གཞུ་ཡིས་བཀང་། གཟིག་ཤུབས་གཡོན་ལ་ཉག་ཕྲན་མདའ་ཡིས་བརྒྱན། དུག་རལ་པགས་པ་སྔོན་པོ་གསོལ། མདུང་མོ་ཁམས་གསུམ་དགྲ་འདུལ་ལ། སྟོང་གསུམ་འཕྲུལ་གྱི་བ་དན་སྦྲེད། དགྲ་ལྷའི་འཕྲུལ་ཞགས་གྲུ་ལ་བཀལ། དབུ་རྨོག་རྒྱལ་བའི་ཐོད་དཀར་ལ། ལྷ་ཚངས་པའི་འཕྲུ་དར་བཙུགས"ཞེས་དང་། 《རྨ་ཤེལ་བྲག》ལས། "ཕུབ་ཆེན་སྲུ་དམར་གླིང་དགུ་ལ། །རྒྱུད་སྡེ་དགུ་ཡི་དཀྱིལ་འཁོར་ཚང་། །སྟག་རལ་ལྷ་ཡི་གྲོ་ར་ནང་། །མདའ་རབ་དགུ་བཅུ་གོ་དགུ་དེ། །ཁྲག་འཐུང་སྟོང་གི་སྤྲུལ་པ་རེད། །གཞུ་ཤུབས་མཁའ་འགྲོའི་གྲོ་ར་ནང་། །གནམ་ཏུ་རྣ་རྐོད་འཁྱིལ་བ་དེ། །རྣ་རྒྱ་ལ་ཡི་རྟེན་མཁར་རེད། །མདུང་མོ་ཁམས་གསུམ་དགྲ་འདུལ་དེ། །ལྷ་ཆེན་སྡེ་བཞིའི་བླ་རྟེན་རེད། །རལ་གྲི་བཏབ་པ་ལན་མེད་དེ། །སོ་ཁ་ནག་ལ་ཕྲེར་མ་འབུམ། །ཞགས་པ་ཁམས་གསུམ་རང་འགུགས་དེ། །གཟའ་རྐོད་དུག་གི་རལ་པ་རེད། །འཁོར་ལོ་གནམ་ལྕགས་ཐོག་འབེབས་དེ། །ཁྲག་འཐུང་ཁྲོ་བོའི་མཆོན་ཆ་རེད། །སྟར་ཆེན་བྲག་རི་ཏབ་གཤགས་དེ། །ལས་ཀྱི་གཤིན་རྗེའི་ཕྱག་མཚན་རེད། །དེ་ནས་ལྷ་ཁྲབ་བརྒྱ་རྩ་བརྒྱད། །དཔའ་སློན་བརྒྱད་ཅུའི་སྲོག་མཁར་རེད། །"ཅེས་འབྱུང་བ་དེས་གླིང་གི་དམག་མིའི་གོ་མཚོན་དང་གོས་རྒྱན་རྣམས་གསལ་བར་བྱས་འདུག དེ་ཡང་ཕུབ་ཆེན་དང་། སྟག་རལ། མདའ། གཞུ། མདུང་། རལ་གྲི། ཞགས་པ། འཁོར་ལོ། སྟར་ཆེན་སོགས་ལ་དཔའ་དགྲ་ལྷའི་གོ་མཚོན་སྣ་དགུ་ཟེར་ཞིང་། གླིང་དམག་རྣམས་ཀྱིས་དཔའ་དགྲ་ལྷའི་གོ་མཚོན་སྣ་དགུ་བཟུང་སྟེ་ཕྱོགས་བཞིའི་དགྲ་བཞི་བཏུལ་ནས་འབངས་ཞམ་ཐག་བདེ་ལ་བཀོད་པ་དང་། གཞན་ཡང་གླིང་གི་དམག་དཔོན་གྱི་དབུ་ལ་དར་འཕྱུ་འཛུགས་ཤིང་དམག་མི་རྣམས་ཀྱི་མགོ་ལ་རྨོག་གྱོན་པ་ལས་དར་འཕྱུ་མི་འཛུགས་པའི་ཁར། དར་འཕྱུའི་ཁ་དོག་ལ་བལྟས་ནས་དམག་དཔོན་ཆེ་ཆུང་གི་དབྱེ་བ་འབྱེད་པར་གྲགས་སོ། །

གོས་རྒྱན་གྱི་ཐོག་ནས་མི་རིགས་དེའི་ཤེས་རིག་གི་ཆུ་ཚད་ཇི་ལྟ་བུ་ཞིག་ཏུ་སླེབས་པ་མཚོན་ཞིང་། ཤེས་རིག་དར་མེད་པའི་མི་རིགས་ཀྱིས་གོས་རྒྱན་ལ་དང་དོད་མི་བྱེད་པ་དང་། ཤེས་རིག་དར་ཞིང་རྒྱས་པའི་མི་རིགས་ཀྱིས་གོས་རྒྱན་ལ་དང་དོད་བྱེད་པ་གཙིགས་ཆེར་འཛིན་པ་ཡིན། གླིང་སྒྲུང་དུ་འཁོད་པའི་གླིང་གི་སྐྱེས་པ་དང་། བུད་མེད། ཆོས་ལུགས་པ། དམག་བཅས་ཀྱི་གོས་རྒྱན་ནི་རིན་ཐང་གཞལ་དུ་མེད་པ་ཤ་སྟག་ཡིན་པ་ལ་རེ་ཞིག་གཞིགས་ཤོ། སྐབས་དེའི་གླིང་པའི་ཤེས་རིག་དང་སྟོབས་འབྱོར་མངའ་ཐང་ཕུན་ཚོགས་དར་རྒྱས་སུ་ཕྱིན་པ་རྟོགས་ཐུབ་ཅིང་། ཤེས་རིག་དར་ཞིང་སྟོབས་འབྱོར་ཆེ་བ་ཞིག་མིན་ན་མཐའ་བཞིའི་དགྲ་རྣམས་བཏུལ་ནས་འབངས་རྣལ་མར་འགུགས་མི་ཐུབ་པ་དང་། ཕྱོགས་བཞིའི་དགྲ་རྣམས་ལྷག་མ་མེད་པར་བཏུལ་ནས་ཞམ་ཐག་འབངས་རྣམས་དགའ་བདེའི་དཔལ་ལ་བཀོད་པ་ནི་ཤེས་

རིག་དང་རྒྱུས་ཆེ་ཞིང་སྟོབས་འབྱོར་ནམ་མཁའི་ལྟ་ལ་འགྲན་པ་ཞིག་ཡིན་པའི་སྐྱབ་བྱེད་དུ་འགྱུར་རོ། །

གཉིས་པ། གླིང་གི་སྟོད་ཁང་གི་སྐོར།

འགྲོ་བ་མིའི་རིགས་ལ་མཚོན་ན་སྟོད་ཁང་ནི་དྲོ་སྐྱིད་ལྡན་ཞིང་ངལ་གསོའི་དགའ་སྟོན་ལ་རོལ་བའི་གནས་ཁྱད་པར་ཅན་ཞིག་ཡིན་ཞིང་། དགུན་གྲང་བའི་དུས་ཀྱི་ཁ་བ་དང་གྲང་ལྷགས། དབྱར་ཚ་བའི་དུས་ཀྱི་ཚ་བ་དང་ཆར་པ། དཔྱིད་བསིལ་བའི་དུས་ཀྱི་དྲག་རླུང་དང་ས་རྡུལ་སོགས་མི་ལ་གནོད་པའི་གནོད་པ་ཐམས་ཅད་འགོག་པའི་ཡོལ་བ་ཞིག་ཀྱང་ཡིན། འགྲོ་བ་མིའི་རིགས་ཐོག་མར་བྱུང་བའི་དུས་སུ་ལུས་ལ་གྱོན་པའི་གོས་དང་ཁྱིམ་དུ་འཆའ་བའི་གནས་མེད་པར་ཚ་གྲང་གི་གདུང་བ་བཟོད་པར་དཀའ་བ་ཉམས་སུ་མྱངས་ཤིང་། ཕྱིས་བྲག་ཕུག་ཏུ་གནས་འཆའ་ཤེས་པ་དང་། དེ་ནས་འཇག་སྤྱིལ་དང་རྫོ་ར་བརྩིགས་ཏེ་གནས་ཁང་འཆའ་བའི་སྲོལ་བྱུང་། དེའི་རྗེས་སུ་མི་རྣམས་ཀྱི་བློ་གྲོས་གསལ་ཞིང་རྩེ་བར་གྱུར་པ་དང་བསྟུན་ནས་ཁང་པ་གསར་དུ་རྒྱག་པའི་ཐབས་ལོང་དུ་ཆུད་ཅིང་། རིམ་གྱིས་ཁང་པའི་བཀོད་པ་གསར་དུ་བསྐྲུན་ཐབས་ཇི་ལེགས་སུ་གྱུར་ཏེ་བཟོ་བཀོད་ལེགས་པའི་ཁང་པ་མང་པོ་ཞིག་བྱུང་། གཞན་དུ་ན་རི་དྭགས་སྐྱ་ཕྱུགས་སུ་གཉེར་བའི་མི་རྣམས་ཀྱིས་རྩྭ་ཆུའི་བབ་ལ་བལྟས་ཏེ་ཁྱིམ་སྤོ་དགོས་པས། ཁང་པ་བསྐྲུན་པ་ཡལ་བར་དོར་ནས་ཁྱེར་ན་བདེ་ཞིང་གོ་ཆོད་པའི་སྦྲ་གུར་བསྐྲུན་པ་རེད། དུས་དེ་ནས་བཟུང་རོང་འབྲོག་གི་དབྱེ་བ་བྱུང་ཞིང་། རོང་པས་ཞིང་རྗོ་འདེབས་ཀྱིས་རང་ཁ་གསོ་བ་དང་། འབྲོག་པས་འབྲོག་དགོན་པའི་གནས་སུ་ཕྱུགས་འཚོ་སྐྱོང་གིས་རང་ཁ་གསོ་བཞིན་ཡོད། གནའ་ནས་ད་ལྟའི་བར་དུ་བགྲང་བྱ་གྲངས་ཀྱིས་མི་ཟིན་པ་ཞིག་འདས་ཀྱང་བོད་དུ་ད་དུང་རོང་འབྲོག་གི་དབྱེ་བ་གདོད་མ་བཞིན་དུ་གནས་ཤིང་། རོང་པའི་སྟོད་ཁང་དང་འབྲོག་པའི་སྟོད་ཁང་ལ་ཆ་མཚོན་ན་རོང་པའི་སྟོད་ཁང་ལ་འགྱུར་བ་ཆེན་པོ་བྱུང་ན་ཡང་འབྲོག་པའི་སྟོད་ཁང་ལ་འགྱུར་བ་ཅི་ཡང་བྱུང་མེད།

དེ་ཡང་སྟོད་ཁང་ལ་ལས་རིགས་ཀྱི་དབང་དུ་བྱས་ན་འབྲོག་པའི་སྟོད་ཁང་དང་རོང་པའི་སྟོད་ཁང་གི་དབྱེ་བ་ཡོད། རྒྱུ་ཆའི་དབང་དུ་བྱས་ན་རྡོ་ཁང་དང་། ཤིང་ཁང་། རྩྭ་ཁང་། འཇག་སྤྱིལ། ས་ཁང་། སྦྲ་གུར་སོགས་ཀྱི་དབྱེ་བ་ཡོད། རིམ་པའི་དབང་དུ་བྱས་ན་ཕོ་བྲང་དང་། དགོན་པ། ལྷ་ཁང་། ཁྱིམ་ཚང་སོགས་ཀྱི་དབྱེ་བ་ཡོད་ཀྱང་། འདིར་གླིང་བའི་སྟོད་ཁང་རྣམས་ཕོ་བྲང་དང་། ཁང་པ། སྦྲ་གུར་གསུམ་དུ་ཕྱེ་ནས་མདོར་བསྡུས་ཙམ་ཞིག་གླེང་བར་བྱའོ། །

༡.གླིང་གི་ཕོ་བྲང་།

གླིང་ཞེས་བྱ་བར་ཕོ་བྲང་མང་པོ་ཞིག་མཆིས་ཤིང་། དཔེར་ན་ཕོ་བྲང་སེང་འབྲུག་སྟག་རྩེ་ལྟ་བུ་ཡིན་ཏེ། 《རྨ་ཤེལ་བྲག》ལས། "རྨ་ཐང་པད་མ་ཡར་འཁྱིལ། སྔོ་ཀྱུང་ཀྱུང་རྨ་ཆུའི་ཁུགས་སོ། ལྡང་ལྡེམ

ལྡེམ་པད་མའི་མཚོ་ཁ། འབྲུག་ལྔང་ལྔང་ནོར་བུའི་གདན་སྟེང་། སྔོན་ལྔང་ལྔང་ཁུ་བྱུག་གྲགས་ས། ཞི་ལྔང་ལྔང་ཅོ་ག་འགྱུར་ས། གྲུ་བཞི་ས་ཡི་གོང་བ། གཡང་ས་ནོར་བུའི་གཏེར་ལུང་དེ་ན། སྔར་རྒྱ་གར་གྱི་ཚོང་དཔོན་གསུམ་དང་ལྷ་སྲུ་གཉན་གསུམ་གྱི་འཕྲུལ་བཟོ་མང་པོས་དཔའ་རྟུལ་སུམ་ཅུ་ལ་སྐུ་མཁར་སུམ་ཅུ་སོགས་མཁར་རྫོང་མང་པོ་བཞེངས་པའི་གཙོ་བོ་སྟེ་དབུས་སུ་ཕོ་བྲང་སེང་འབྲུག་སྟག་རྫོང་། ཤར་ལ་ཛ་མཁར་རིང་མོ། ལྷོ་ལ་འབྲུ་རྫོང་ཕྱུག་མོ། ནུབ་ལ་ནོར་བུའི་ཁྲི་རྫོང་། བྱང་ལ་གོ་རྫོང་འབུམ་ཐུབ་སོགས་སྐུ་མཁར་ལྔ་པོ་བཞེངས།”ཞེས་འབྱུང་བའི་ཕྱིར། སྐུ་མཁར་དེ་དག་ད་ལྟའི་མཚོ་སྔོན་ཞིང་ཆེན་གྱི་མགོ་ལོག་ཅེས་བྱ་བའི་ཁོངས་སུ་ཡོད་དེ། དེང་སང་ཡང་སྐུ་མཁར་དེ་དག་གི་མཁར་རོ་དངོས་སུ་མཇལ་རྒྱུ་ཡོད། དེ་ཡང་ཕོ་བྲང་སེང་འབྲུག་སྟག་རྩེ་ནི་རི་རབ་ཀྱི་ཚུལ་དུ་དབུས་སུ་གནས་ཤིང་། དེའི་མཁར་སྟོད་དཀར་པོ་དུང་ལས་དཀར་བ། གསེར་ཁྲིའི་འོད་ཀྱིས་ཉི་ཟླ་སྒྲིབ་ལོ། མཁར་སྨེད་སེར་པོ་གསེར་ལས་གྲུབ་པ། སྤྲིན་པད་རྒྱལ་མཚན་གྱིས་ལྷོ་སྤྲིན་འགོག་ལོ། མཁར་སྨད་སྔོན་པོ་གཡུ་ལས་གྲུབ་པ། རྒྱ་ཕྲིན་གྱིས་ས་གཞིར་ཁེབས་པ་ཞིག་ཡིན། ཕྱོགས་བཞིའི་རྫོང་བཞི་ནི་གླིང་བཞིའི་དཔེ་ལྟར་བཞེངས། དེ་དག་ལ་ཕྱི་ནང་བར་གསུམ་གྱི་ལྕགས་རི་རིམ་པ་གསུམ་གྱིས་ཡོངས་སུ་བསྐོར། ལྕགས་རིའི་ཕྱི་ལོགས་སུ་ནགས་ཚལ་དང་མེ་ཏོག་གི་གླིང་ཁ། དྭངས་ཤིང་གཙང་བའི་ཆུ་མིག་དང་རྫིང་བུ་སོགས་གསེར་རི་རོལ་མཚོས་བསྐོར་བ་ལྟར་ཡོད་དེ། གླིང་སྒྲུང《རྟ་ཤེལ་བྲག》ལས། “མཁར་སྟོད་དཀར་པོ་དུང་ལས་གྲུབ། མཁར་སྨེད་སེར་པོ་གསེར་ལས་གྲུབ། མཁར་སྨད་སྔོན་པོ་གཡུ་ཡིས་གྲུབ། རྒྱ་ཕྲིན་ས་གཞིར་ཁེབས་པ་ཙམ་གྱི་སྐུ་མཁར་སེང་འབྲུག་སྟག་རྫོང་དེ་རི་རབ་ཀྱི་ཚུལ། ཕྱོགས་བཞིའི་རྫོང་བཞི་དེ་གླིང་བཞིའི་དཔེ། ཕྱི་ནང་བར་གསུམ་གྱི་ལྕགས་རི་རིམ་པ་གསུམ། ནགས་ཚལ་གྱི་དྲ་བ། མེ་ཏོག་གི་གླིང་ཁ། ཆུ་མིག་དང་རྫིང་བུ་སོགས་གསེར་རི་རོལ་མཚོས་བསྐོར་བ་ལྟ་བུ། སྟེང་ཕྱོགས་རྣམ་པར་རྒྱལ་བའི་ཁང་བཟང་ས་ལ་འཕོས་པ་ལྟར་མཐོ་ཞིང་བརྗིད་ཆགས་པ། མཛེས་ཤིང་རྒྱན་བཀྲ་བ”ཞེས་གསུངས་པས་བདེན་པར་མཚོན་པའི་ཕྱིར་རོ། །ཕོ་བྲང་གི་ནང་དུ་གཟིམ་ཤག ཚོམས་ཆེན་ཁང་། གཡོས་ཁང་། ཞབས་ཞུ་བའི་སྡོད་ཁང་། འབྲུ་ཁང་། མགྲོན་ཁང་། མཆོད་ཁང་སོགས་ཡོད་ཅིང་། ལྷས་དཀྱིལ་དུ་བསང་ཁྲི་དང་མེ་ཏོག་གི་ལྡུམ་ར་སོགས་ཡོད། ཚོམས་ཆེན་ཁང་གི་གྲལ་མགོར་གླིང་སེང་ཆེན་རྒྱལ་པོའི་བཞུགས་ཁྲི་དང་། དེའི་གཡས་གཡོན་དུ་དཔོན་རྒྱུད་ཐོབ་ཐང་ཅན་བཞུགས་སའི་ཁྲི་དང་འབོལ་ལྕོགས་ཁྲིགས་སེ་འདུག གཞན་ཡང་གཡས་གྲལ་དང་། གཡོན་གྲལ། དཀྱིལ་གྲལ་སོགས་སུ་གུང་གདན། སྟག་གདན། གཟིག་གདན། དོམ་གདན། སྲུང་གདན། གྲུམ་གདན་སོགས་བཏིངས་ཡོད་པར་གྲགས། དེ་ལས་ཤེས་ཐུབ་པ་ཞིག་ནི་གླིང་རྗེ་གེ་སར་རྒྱལ་པོས་ཡུལ་གླིང་དཀར་སྟོད་ལ་བསོད་ནམས་ཀྱི་དཔུང་བ་མངོན་པར་མཐོ་བའི་མཐུ་ཡིས་དབང་དུ་བསྒྱུར་བའི་ཚེ། བོད་ཀྱི་རྩིག་བཟོའི་ལག་རྩལ་དང་དེའི་སྒྱུ་རྩལ་དཔྱར་གྱི་མཚོ་མོ་རྒྱས་པ

ཇི་བཞིན་གོང་ནས་གོང་དུ་འཕེལ་ཡོད་པ་རྟོགས་ཐུབ་པ་མ་ཟད། ད་དུང་གླིང་གི་ཆབ་སྲིད་དང་། དཔལ་འབྱོར། དམག་དོན་སོགས་ཀྱང་དར་རྒྱས་ཤིན་ཏུ་ཆེ་བ་ཤུགས་ནས་རྟོགས་ཐུབ་སོ། །

༢.གླིང་གི་ཁང་པ།

གླིང་གི་དབང་འོག་ཏུ་གཏོགས་པའི་རྒྱ་སྐད་དང་རྒྱ་སྐེད་ཀྱི་གླིང་པ་རྣམས་ཁང་པའི་ནང་དུ་བསྡད་ནས་ལས་སུ་ས་ཞིང་རྨོ་འདེབས་བྱེད་བཞིན་རང་ཁ་གསོ་ཞིང་། དེ་དག་གནས་པའི་ཁང་པ་ཇི་ལྟ་བུ་ཞིག་ཡིན་སྙམ་ན་ནི། ཁང་པའི་མཐའ་རྣམས་མཁར་མཐོན་པོས་སྐོར། གཡས་གཡོན་མདུན་རྒྱབ་རྣམས་ཤིང་ཏོག་གི་ར་བ་ཡིན། ཁང་པ་ལ་མ་ཁང་དང་། ཕྱུགས་ཁང་། གསོ་ཁང་། ཟ་ཁང་། དབྱར་ཐབ། རྩྭ་ཁང་སོགས་ཡོད། མ་ཁང་ལ་ཁང་མིག་བཞིའི་རྒྱ་ཁྱོན་མཆིས་ཤིང་། དེའི་ནང་དུ་ཐབ་ཀ་དང་། ཆ་སྡེགས། ཕྱི་སྣོན། ཆུ་སྣོད། ཟས་རིགས་འཛོག་ཁང་། ཚ་ཐབ་སོགས་ཡོད་པ་དང་། ཐབ་ཀའི་ཐད་དྲང་གི་སྟེང་དོས་སུ་སྐར་ཁུང་ཡོད། མ་ཁང་དང་ཉེ་བར་ཕྱུགས་ཁང་ཡོད། མ་ཁང་ལ་ཕྱི་སྒོ་དང་ནང་སྒོ་གཉིས་མཆིས་ཤིང་། མ་ཁང་གི་མདུན་ངོས་ཀྱི་གཡས་གཡོན་དུ་དབྱར་ཐབ་དང་། འགྲུལ་ཁང་། འབྲུ་ཁང་། གསོ་ཁང་སོགས་ཡོད། ལྐས་དཀྱིལ་དུ་བསང་ཁྲི་ཡོད། ཡང་ཁང་པ་ལ་ལ་ཞིག་ནི་ཐོག་ཁང་ཡིན་ཞིང་། ཐོག་ཁང་དུ་ལོ་ལོན་རྐན་རྐོན་སོགས་འདུག ད་ལྟའང་གླིང་པའི་ཁང་པ་དེ་ལྟ་བུ་རྒྱ་སྐེད་དང་རྒྱ་སྐད་དུ་མང་པོ་ཞིག་བདོག་ཅིང་། དེང་སང་ཁང་པ་དེའི་བཀོད་པ་ལ་རྗེས་ལུས་ཀྱི་མདངས་ཤིག་མངོན་པར་ཤར་འདུག་གོ།

༣.གླིང་གི་སྒྲ་གུར་གྱི་སྐོར།

སྒྲ་གུར་ཞེས་པ་ནི་འབྲི་གཡག་གི་རྩིད་པ་ནག་པོས་བཏགས་པའི་གུར་ཡིན་ཞིང་། གླིང་སྟོད་སྨད་བར་གསུམ་རྣམས་ནི་ལས་སུ་ཕྱུགས་འཚོ་བ་དང་། སྒྲ་ནག་གནས་ཁང་དུ་འཆའ་བའི་འབྲོག་པ་ཡིན། གླིང་པ་རྣམས་གནས་ཤིང་འཚོ་བའི་ས་ཆ་ནི་གླིང་དཀར་སྟོད་དུ་གྲགས་པ། དགེ་བ་བཅུ་ཚང་བ། འབྱོར་ཞིང་རྒྱས་པ། བདེ་བ་ཕུན་སུམ་ཚོགས་པ་ཞིག་ཡིན་ཏེ། དཔེར་ན་རྒྱ་དེལ་ཡག་སྟག་ཐང་ཁྲ་མོ་ལྟ་བུ་ཡིན་ཞིང་། དེ་ནི་ཐང་སྟོད་སྤང་ཐང་གྲུ་བཞི། སྤང་ལ་རྩི་ཏོག་རྒྱས་པ། ཐང་སྐྱེད་ན་བ་ཁྲ་ལེབ། ན་བ་མེ་ཏོག་གིས་བརྒྱན་པ། ཐང་སྨད་ལྡོན་ཤིང་གི་ར་བ། ལྡོན་ཤིང་ལོ་འབྲས་ལྡེམ་མེར་ཡོད་པའི་ཁར། དེ་གར་ཆུ་མགོ་བརྒྱ་དང་རྩ་བརྒྱད་ཡོད་པ་རྣམས་ཡར་འཁྱིལ་ཨ་ལོང་རྦུག་གེར་དང་མར་འབབ་ སྲིས་མ་ཁྲུག་གེ་བ་ཞིག་ཡིན། དབྱར་གྱི་དུས་ན་ཐང་དེའི་གཡུ་མདོག་ནགས་ཚལ་གྱི་ལྡིང་ཁང་དང་རྩྭ་ལྡང་མེ་ཏོག་གི་དགའ་ཚལ་རྣམས་སུ་བྱ་ཁུ་བྱུག་གིས་གསུང་སྙན་སྒྲོག བུང་བས་འགྱུར་གླུ་ལེན། ཆུ་མིག་དང་རྫིང་བུ་དང་གཙང་པོའི་འགྲམ་ངོགས་ནས་ཁྲུང་ཁྲུང་གིས་སྐྱི་ཟྭ་ངོམ། ངང་མོས་གཡས་བསྐོར་བྱེད། ངང་ཕྲུག་གཉོག་རྩེ་ཉིལ་ལེར་ཡོད། དེ་འདྲའི་སྐྱིད་ཅིང་བདེ་བའི་གནས་སུ་གླིང་པའི་སྒྲ་ནག་རྣམས་སྐོར་དང་སྐོར་བྱས་ཏེ་འཕུབ་ཅིང་། སྒྲ་ནག་ལ་ཆེན་ཐག་དང་། ཀ་བ། གདུང་མ་བཅས་ཡོད་པ་དང་། ཀ་བས་གདུང་མ་

འདིགས་ལ་གདུང་མས་སྦྲ་ནག་ཡར་འདིགས། ཚོན་ཐག་གིས་སྦྲ་ནག་བརྐྱངས་ཤིང་ཡོ་གཟུར་མེད་པར་བྱེད། སྦྲ་ནག་གི་དཀྱིལ་དུ་ཐབ་ཀ་ཡོད། ཐབ་ཀའི་གཡས་གཡོན་གཉིས་ལ་ཡར་སྐྱིད་དང་མར་སྐྱིད་ཟེར། ཡར་སྐྱིད་ན་མཆོད་ཁང་ཡོད་ཅིང་སྐྱེས་པ་རྣམས་སྡོད་ས་ཡིན། མར་སྐྱིད་ན་ཟངས་ང་སོགས་སྣོད་དང་ཅ་ལག་ཡོད་ཅིང་བུད་མེད་རྣམས་སྡོད་ས་ཡིན། མཐའ་བསྐོར་རྣམས་སུ་དངོས་པོས་ལེགས་པར་གཏམས་པའི་སྒྲིའུ་མང་པོ་གྲལ་འགྲིག་པོ་ཞིག་བརྩིགས། ཁྱིམ་གྱི་བཀོད་པ་དེ་དང་དེ་ལྟ་བུ་ལྡན་པ་ནི་གླིང་གི་འབྲོག་པའི་གནས་ཁང་ཡིན་ཞིང་། གླིང་པ་རྣམས་ཀྱིས་དབྱར་ས་དང་དགུན་སར་ཁྱིམ་སྤོར་བའི་ཚེ། སྦྲ་ནག་དང་ཁྱིམ་གྱི་ཅ་ལག་ཡོ་བྱད་རྣམས་ཁལ་མ་ལ་བཀལ་ནས་འགྲོ་བ་ཡིན། དེ་ཡང་འབྲོག་འབབས་དཀྱུས་མ་སྡོད་པའི་སྦྲ་ནག་གི་ཚོགས་ལ་ཏུ་སྐོར་ཟེར་ཞིང་། ཏུ་ནི་དམག་གི་དོན་ཡིན་པ་དང་། གནའ་དུས་སྦྲ་ནག་ནི་དམག་གིས་གནས་ཁང་དུ་སྤྱོད་པའི་ཆ་ནས་དེ་སྐད་དུ་བརྗོད་དེ། 《བཀའ་ཐང་སྡེ་ལྔ》ལས། བོད་ཀྱི་དམག་དཔུང་སྦྲ་ནག་ཅན་ཞེས་ལན་མང་གསུངས་པའི་ཕྱིར་རོ། །གླིང་པ་རྣམས་ཀྱིས་ཆོས་ལུགས་པ་བཞུགས་པའི་སྦྲ་གུར་གྱི་ཚོགས་ལ་ཆོས་སྒར་ཟེར་ཞིང་། ཆོས་སྒར་ནི་ཏུ་དང་མི་མཚུངས་ཏེ། དེ་ནི་རས་ཀྱིས་ལེགས་པར་གྲུབ་ཅིང་དེའི་ཐོག་ཏུ་རྒྱལ་སྲིད་སྣ་བདུན་དང་བཀྲ་ཤིས་རྟགས་བརྒྱད་ལ་སོགས་པའི་རི་མོ་ཡོད། དེ་ལ་ནང་གསེས་སུ་ཆོས་པ་རྣམས་ལྷན་ཅིག་ཏུ་འཚོགས་སའི་ཚོགས་གུར་དང་། ཆོས་པ་རྣམས་ཉལ་སའི་གཟིམ་གུར། བཟའ་བཏུང་གཡོས་སྦྱོར་བྱེད་སའི་ཇ་གུར་སོགས་མང་དུ་མཆིས། དམག་མི་སྡོད་སའི་སྦྲ་གུར་གྱི་ཚོགས་ལ་དམག་སྒར་ཟེར་ཞིང་། དམག་སྒར་ལ་ནང་གསེས་སུ་དཔོན་གུར་དང་། ཇ་གུར། དམག་གུར། མཆོན་གུར་སོགས་ཡོད་ལ། དེའི་གཡས་གཡོན་མདུན་རྒྱབ་ཏུ་མདུང་དང་། དར་ཆ། བ་དན་སོགས་འཛུགས། དཔོན་གུར་གྱི་སྟེང་དུ་སྟག་སེང་ཁྱུང་འབྲུག་གི་རི་མོ་རྣམ་པར་བཀྲ་བས་བལྟ་ན་ཉམས་དགའ་བ་ཞིག་ཡིན་ཞིང་། དམག་མི་ཕལ་པ་རྣམས་སྡོད་པའི་དམག་གུར་གྱི་ཐོག་ཏུ་རི་མོ་ཅི་ཡང་མེད་པ་དང་། ཇ་གུར་དང་ཉལ་གུར་གྱི་ཐོག་ཏུ་པ་ཏྲའི་རི་མོ་ཡོད། དེ་ནི་གླིང་པའི་འབྲོག་པ་རྣམས་ཀྱི་གནས་ཁྱིམ་ཡིན་ཞིང་། གླིང་པའི་ཁྱིམ་དེ་ལྟ་བུ་ཞིག་ཡིན་པ་ལ་སྒྲུབ་བྱེད་ཅི་ཡོད་ཅེ་ན། 《རྒྱ་ཤེལ་བྲག》ལས། “སྒར་མི་གཅིག་སྒར་སྣ་བཅོ་བརྒྱད། སྒར་སྟོད་བླ་མའི་ཆོས་སྒར། ཆོས་བཤད་སྒྲུབ་ཀྱི་བསྟན་པ་དར་ལོ། སྒར་སྙིང་དཔོན་པོའི་ཁྲིམས་སྒར། ལས་བདེན་རྫུན་གྱི་དྲང་ཤན་འབྱེད་ལོ། སྒར་སྨད་ལ་ཚོང་དཔོན་གྱི་ཐིས་ར། རྒྱུ་ཟབ་རྒྱུས་ཕོངས་པ་སེལ་ལོ། གུར་ཆེན་གདངས་རིར་ནོར་ལོ། གུར་ཆུང་རྩེ་རྩེ་གྲངས་མེད། སྦྲ་གུར་སེར་ལུད་སྤུངས་སྤུངས།”ཞེས་འབྱུང་བའི་ཕྱིར། གླིང་གི་སྐད་གྲགས་ཆེ་བའི་སྦྲ་གུར་ནི་ལྷ་སྦྲ་མཐིང་ཤོག་གུང་དགུ་བྱ་བ་ཡིན་པར་གྲགས་སོ། །

གསུམ་པ། གླིང་གི་བཟའ་བཏུང་གི་གོམས་སྲོལ་སྐོར།

བོད་དུ་མིའི་འགྲོ་བ་ཐོག་མར་བྱུང་བའི་དུས་སུ་མི་རྣམས་ཀྱིས་གཡུ་མདོག་ལོ་མས་རབ་ཏུ་ཕྱུག་པའི་ནགས་ཚལ་དུ་ཤིང་ཏོག་རྣམ་པ་སྣ་ཚོགས་ཀྱི་གཏེར་ལ་ལོངས་སུ་སྤྱོད་ཅིང་། དེ་ནས་རང་བྱུང་ཁམས་ལ་འགྱུར་ལྡོག་བྱུང་ནས་ནགས་ཚལ་གྱི་ཤིང་ཏོག་སྔར་ལྟར་ལེགས་པར་སྨིན་པ་ཞིག་མིན་པར་གྱུར་པའི་སྐབས་དེར། མི་རྣམས་ལ་ཤིང་ཏོག་གིས་མི་ཚིམ་པའི་སྣང་ཚུལ་བྱུང་བས། མི་རྣམས་ཤིང་ཏོག་གི་ཆེད་དུ་ཕན་ཚུན་འཐབ་ཅིང་རྩོད་པ་ལ་སོགས་པའི་གཡུལ་ངོར་ཆས། དུས་དེ་ཤེད་དུ་མི་རྣམས་སྐོར་ཁག་ཏུ་ཆད་དེ་རང་རང་གི་གནས་སུ་སྡོད་པའི་ཚེ། ནགས་ཚལ་གྱི་ཤིང་ཏོག་དང་རི་དྭགས་རྔོན་པ་ལ་བརྟེན་ནས་སྲོག་འཚོ་བ་དང་། ཕྱིས་ཤིང་ཏོག་ཟད་ཅིང་རི་དྭགས་རྔོན་མི་ཐུབ་པས་ཐབས་ཟད་ནས་མ་རྨོས་པའི་ལོ་ཏོག་ལོངས་སུ་སྤྱོད་བཞིན་སྲོག་འཚོ་བ་ལས་རྒྱ་འདེབས་ཀྱི་སྲོལ་བྱུང་། རྒྱ་འདེབས་ཀྱི་སྲོལ་བྱུང་བ་ལ་བརྟེན་ནས་ཞིང་ལས་དང་འབྲོག་ལས་ཀྱི་དབྱེ་བ་བྱུང་ཞིང་། ཞིང་པ་རྣམས་ཀྱིས་འབྲུ་རིགས་སྣ་ལྔ་དང་། ཤིང་ཏོག་སྣ་ཚོགས། སྔོ་ཚོད་སྣ་ཚོགས་འདེབས་འཛུགས་བྱེད་བཞིན་བཟའ་ཆས་བསྒྲུབ་པ་དང་། འབྲོག་པ་རྣམས་ཀྱིས་ཤ་དང་། མར་དང་། འོ་མ་དང་། ཞོ་དང་། ཐུད་སོགས་ལོངས་སུ་སྤྱོད་པ་ཡིན། དེ་ནས་བཟུང་བོད་ཀྱི་རོང་འབྲོག་ཀུན་ལ་བཟའ་བ་དང་བཏུང་བའི་རིགས་འབྱམས་ཀླས་པ་ཞིག་བྱུང་།

གླིང་གི་མི་རྣམས་ཀྱིས་བཟའ་བཏུང་ཅི་ཞིག་ལོངས་སུ་སྤྱོད་པ་ཡིན་ཞེ་ན། གླིང་གི་འབྲོག་པ་རྣམས་ཀྱིས་ཤ་དང་། མར། ཐུད། ཕྱུག་པ། རྩམ་པ། ཕྱེ་མར། ཤ་སོག་སོག་སྐེ་ཤ་འཚོས། གོ་རེ་ཚྭངས་བཙོས། གོ་དམར། འབྲས། གྲོ་མ། ཤ་སོ། འོ་ཐ། ཐ་ནག་ཁུ། ནས་ཆང་། ཞོ། འོ་མ་སོགས་ཅི་དགར་ལོངས་སུ་སྤྱོད་དེ། 《རྒྱ་ཤེལ་བྲག》ལས། "དེར་བོད་ཕྱུག་མི་ཆུང་ཁ་བདེ་གཙོས་བྲན་གཡོག་རྣམས་དང་ལག་བདེ་བ་བཅས་ཀྱིས་འབྲས་དཀར་སིལ་མ་གུར་གུམ་དང་སྦྱོད་ཀྱིས་བྲན་པའི་སྣ་དྲངས། འབྲུ་རིགས་སྣ་ཚོགས་ཀྱི་ཕྱེ་མར། སྲེབ་སྦྱོར་མི་གཅིག་པའི་ཐུད་སྣ། ཤ་རིགས་མི་གཅིག་པའི་གཟུགས་འདྲེན། ཇ་རིགས་མི་གཅིག་པའི་གར་ཁུ། ཆང་རིགས་མི་གཅིག་པའི་ཉིང་ཁུ། བཟོ་རིགས་མི་གཅིག་པའི་ཟས་སྣ། སྦྲང་གི་རིགས་སོགས་རྩི་ལས་བྱུང་བ། ཀ་ར་བུ་རམ་སོགས་བཅུད་ལས་བྱུང་བ། ཨ་སྲ་དང་རྒུན་འབྲུམ་སོགས་ཤིང་ལས་སྐྱེས་པའི་འབྲས་བུ་རོ་བཅུད་ནུས་པ་མི་གཅིག་པའི་ཁ་ཟས་སྣ་ཚོགས"ཞེས་འབྱུང་བའི་ཕྱིར། གླིང་གི་འབྲོག་པས་བཟའ་བཏུང་ཅི་ཞིག་ལོངས་སུ་སྤྱོད་པ་རགས་རིམ་ཙམ་ཞིག་ཤེས་ཐུབ།

གླིང་གི་རོང་པའི་བཟའ་བཏུང་ཇི་ལྟ་བུ་ཞིག་ཡིན་ཞེ་ན། ཡོངས་གྲགས་སུ་གླིང་གི་རོང་པ་རྣམས་ཀྱིས་ཐུག་པ། རྒྱ་ཐུག གོ་རེ། བག་ལེབ། ཚྭངས་བཙོས། གོ་དམར། ཤ་འཚོས། ཀ་ར་འཚོས་མ། ར་སྔོག་གི་འཚོས་མ། དཀར་ཉོག སྲན་ཉོག གཡིས། ཅོང་། གཡེར་མ། ལ་ཅི། སྔོག་སྒྲ། ཚོད་དཀར། ལ་ཕུག ཡུངས་

རིལ། རྩམ་པ། ཛ་ནག་ཁུ། ཋ་ཛ། ནས་ཆང་། ཆང་སེར། སྨན་ཆང་། འབྲས་ཐུག་གྲོ་འབྲས། ཤ ཕྱེ་མར། ཞིང་ཏོག་སོགས་ཡོངས་སུ་སྤྱོད་པར་གྲགས་སོ། །

བཞི་པ། གླིང་གི་གཉེན་སྒྲིག་གི་སྐོར།

གླིང་གི་བུ་རྣམས་ཕོ་ལོ་བཅོ་བརྒྱད་ལ་སོན་ན་ཕྱོ་ཕ་ལ་མི་འདྲི་བར་རྩུས་ཐག་རང་གིས་གཅོད་ཅིང་། བུ་མོ་རྣམས་མོ་ལོ་བཅོ་ལྔར་སོན་ན་ཟས་མ་ལ་མི་སློང་བར་བཟའ་བཏུང་གཡོས་སྦྱོར་ལ་གོམས་དགོས་པ་དང་། ན་ཚོད་དེ་འདྲར་སོན་ན་ཕོ་རྣམས་ཀྱིས་ཆུང་མ་ལེན་ཞིང་མོ་རྣམས་བག་མར་འགྲོ་བ་ཡིན། བག་མ་སྐྱེལ་བ་དང་བསུ་བ་ལ་ཡང་བྱེ་བྲག་གི་དབྱེ་བ་མང་དུ་མཆིས་ཀྱང་། སྤྱིར་གླིང་པ་རྣམས་ཀྱིས་ཐོག་མར་གཉེན་དར་འཐེན། བར་དུ་གཉེན་རྟགས་རྒྱག མཐར་སློང་ཆང་ལྷུད་པ་ཡིན། གཉེན་དར་འཐེན་ཞེས་པ་ནི་ཁྱིམ་ཚང་འདིའི་བུ་ལ་ཁྱིམ་ཚང་དེའི་བུ་མོ་བག་མར་སློང་བར་འདོད་པའི་ཚེ། ཕ་ཡིས་བུ་ཁྲིད་ནས་བུ་མོའི་ཁྱིམ་དུ་སོང་སྟེ་བུས་བུ་མོའི་ཕ་མ་གཉིས་ལ་གུས་ཉམས་དང་བཅས་ཏེ་རབ་དཀར་དྲི་མ་མེད་པའི་ཁ་བཏགས་འབུལ་ཞིང་། བུ་མོའི་ཕ་མ་གཉིས་བུ་མོ་བག་མར་སྟེར་རྒྱུར་འཐད་པ་ཡིན་ན་ཁ་བཏགས་ལེན་པ་དང་། འཐད་པ་མིན་ན་གཏམ་སྙན་པོ་བཤད་ནས་ཁ་བཏགས་མི་ལེན་པ་ཡིན། གཉེན་རྟགས་རྒྱག་པ་ཞེས་པ་ནི་གཉེན་དར་འཐེན་རྗེས་བུའི་ཁྱིམ་གྱིས་མཇུབ་དཀྲིས་དང་། གདུ་བུ། རྣ་རྒྱན་སོགས་གང་རུང་ཞིག་ཁྱིམ་དེའི་བུ་མོ་ལ་བྱིན་ནས་མ་འོངས་པ་ན་ཁྱོད་རེད་ཅག་གི་བུའི་བག་མ་ཡིན་པས། ཕ་མ་གཉིས་ཀྱིས་རང་གི་བུ་མོ་གཞན་ལ་སྟེར་མི་རུང་ཞེས་ཚིག་རྗེང་དངོས་པོས་དོན་པ་ཞིག་ཡིན། སློང་ཆང་ལྷུད་པ་ཞེས་པ་ནི་བུ་མོ་བག་མར་སྐྱེལ་བའི་དུས་སུ་ཉེ་བའི་ཚེ། བུའི་ཁྱིམ་གྱིས་བག་མར་སློང་བར་ཆང་མང་པོ་ཁྱེར་ནས་བུ་མོའི་ཁྱིམ་དུ་སོང་སྟེ། བུ་མོའི་ཕ་མ་གཉིས་གཙོས་མ་ཞང་དང་ཁྱིམ་མཚེས་རྣམས་ལ་བུ་མོ་འདི་ངའི་ཁྱིམ་དུ་བག་མར་སྟེར་དགོས་ཞེས་བུ་མོ་བག་མར་སློང་བའི་ཆང་ལྷུད་ཅིང་། བུ་མོ་བག་མར་སྟེར་བར་འཐད་ན་སློང་ཆང་འཐུངས་པ་དང་མི་འཐད་ན་རྒྱུ་མཚན་མང་པོ་བཤད་ནས་སློང་ཆང་མི་འཐུང་བ་ཡིན། སློང་ཆང་འཐུངས་པའི་རྗེས་སུ་བུ་མོ་བག་མར་སྐྱེལ་ཞིང་། ཁྱིམ་གཉིས་གྲོས་གཅིག་ཏུ་མོལ་ནས་དུས་དང་གཟའ་སྐར་ལེགས་པའི་ཉི་མར་བུ་མོ་བག་མར་བསྐྱལ་རྒྱུ་གཏན་ལ་འབེབས་པ་དང་། བུ་མོའི་ཁྱིམ་ལ་ཨ་ཞང་ཚང་ཟེར་ཞིང་བུའི་ཁྱིམ་ལ་གཉེན་ཁྱིམ་ཚང་ཟེར་བ་ཡིན། དེ་ཡང་ཐོག་མར་ཨ་ཞང་ཚང་གིས་རྟ་པ་བདུན་ཙམ་ལྷག་བཀོད་སྒྲིག་བྱས་ཏེ་བུ་མོ་བག་མར་སྐྱེལ་ཞིང་། གཉེན་ཁྱིམ་ཚང་གིས་དེ་དག་ལ་སྣེ་ལེན་གཟབ་རྒྱས་ཀྱི་སྟོན་མོ་བཤམས་པ་དང་། སྟོན་ཐོག་ཏུ་ཨ་ཞང་ཚང་ལ་ཆང་གླུགས་ནས་བཟི་རུ་འཇུག་ཐུབ་ན་གཉེན་ཁྱིམ་ཚང་མཛངས་པར་བསྟི། ཨ་ཞང་ཚང་ཁྱིམ་དུ་ལོག་ཁར་བུ་མོ་གཉེན་ཁྱིམ་ཚང་དུ་བསྐྱུར་ནས་འགྲོ། ཉིན་གཉིས་ཀྱི་རྗེས་སུ་གཉེན་

ཁྲིམ་ཚང་གིས་ཀྱང་རྟ་པ་བདུན་ཙུ་ལྷག་གྲ་སྒྲིག་བྱས་ཏེ་མག་པ་ཁྲིད་ནས་མནའ་མ་ཨ་ཞང་ཚང་ལ་སྐྱེལ་ཞིང་། ཨ་ཞང་ཚང་གི་བུད་མེད་རྣམས་ཀྱིས་མག་པའི་ཐོག་ཏུ་ཆུ་དར་གཏོར་བ་དང་། གཉེན་ཁྲིམ་ཚང་གིས་ཨ་ཞང་ཚང་གི་བུད་མེད་རྣམས་ལ་ཆུ་དར་མང་པོ་མི་གཏོར་བར་རེ་བ་ཞུ་བཞིན་ལུག་ཤ་བུབས་གཅིག་དང་། ཆང་། ཁ་བཏགས་བཅས་སྤྲེར། དེ་ནས་ཨ་ཞང་ཚང་གིས་གཉེན་ཁྲིམ་ཚང་བསུ་བའི་སྟོན་མོ་བཤམས་ཤིང་། སྟོན་མོ་དེའི་འགྲོ་སྒོ་མཐའ་དག་གཉེན་ཁྲིམ་ཚང་གིས་གཏོང་དགོས། སྟོན་མོ་ཚར་རྗེས་གཉེན་ཁྲིམ་ཚང་གིས་མནའ་མ་ཨ་ཞང་ཚང་དུ་བཞག་ཅིང་མག་པ་ཁྲིད་ནས་ཕྱིར་ལོག་པ་ཡིན། མནའ་མ་ཕ་མའི་དྲུང་དུ་ཉི་མ་འགར་བསྡད་རྗེས། གཟའ་སྐར་འཕྲོད་སྦྱོར་ལེགས་པའི་ཉིན་མོ་ཞིག་ལ་ཨ་ཞང་ཚང་གིས་བུ་མོ་ཁྲིད་ཅིང་བུ་མོའི་ཁ་རྒྱབ་གོན་པ་རྣམས་ཁྱེར་ནས་གཉེན་ཁྲིམ་ཚང་ལ་འོངས་ཤིང་། གཉེན་ཁྲིམ་ཚང་གིས་སྟོན་བསྒྲུས་ནས་བུ་མོའི་ཁ་རྒྱབ་གོན་པ་ལ་འོས་ཤིང་འཚམ་པའི་རྒྱུ་རིན་སྤྲེར་བ་དང་། ཨ་ཞང་ཚང་གིས་རྒྱུ་རིན་ཁྱེར་ཞིང་བུ་མོ་བསྐྱུར་ནས་རང་ཁྲིམ་དུ་ལོག་པ་ཡིན། དུས་དེ་ནས་བཟུང་སྟེ་མནའ་མ་མག་པའི་ཁྲིམ་དུ་བསྡད་ནས་ཁྲིམ་ཕྱི་ནང་གི་ལས་ཀ་བྱེད་ཅིང་། དུས་ཆེན་གྱི་སྐབས་སུ་མ་གཏོགས་མནའ་མ་རང་དགར་ཕ་མའི་དྲུང་དུ་འགྲོ་མི་ཆོག བཟའ་ཚང་མི་འགྲིག་ན་མནའ་མས་རང་གི་ཁ་རྒྱབ་གོན་པ་རྣམས་ཁྱེར་ནས་གསང་སྟབས་ཀྱིས་ཕ་མའི་དྲུང་དུ་བྲོས་ཆོག འདི་ནི་གླིང་པའི་བག་མ་སྐྱེལ་བསུའི་གནས་ཚུལ་མདོར་བསྡུས་ཙམ་ཞིག་ཡིན་ཞིང་། ཞིབ་ཏུ་གླེང་ན་བྱེ་བྲག་གི་འགྲོ་ལུགས་འགྲོ་སྟངས་མང་པོ་ཞིག་ཡོད་པར་གྲགས། གླིང་པའི་སྐྱེས་པ་རྣམས་ཀྱིས་ཁྲིམ་ཐབ་གསུམ་བཞི་ཙམ་བསྐྱུ་ཆོག་ཅིང་། བུད་མེད་ཀྱིས་ཀྱང་ཁྱོ་བོ་གསུམ་བཞི་ཙམ་འཚོལ་ཆོག་པ་དང་། ཁྲིམ་གཅིག་ཏུ་སྤུན་བཞི་ལྔ་ཙམ་ཡོད་ན་ཡང་དེ་རྣམས་ལ་ཁྲིམ་ཐབ་གཅིག་མ་གཏོགས་མི་བསྐྱུ་བའང་ཡོད། དེ་ནི་རང་གི་གདུང་རྒྱུད་མི་ཉམས་རྒྱུན་མཐུད་ཡོང་བ་དང་། རང་གི་གདུང་རྒྱུད་གཞན་དང་མི་བསྲེས་པའི་ཆེད་དུ་ཡིན་པར་གྲགས། དེ་བདེན་པ་ཡིན་མིན་ལ་དོགས་པ་ཡོད་ན་གླིང་སྒྲུང་ལ་གཟིགས་དང་། དེ་འདྲའི་གནས་ཚུལ་མདོར་བསྡུས་རེ་འཁོད་དེ། གླིང་གི་ཆོས་འཕེལ་ནག་པོས་གསེར་བཟའ་དང་། ལམ་བཟའ་དང་། སྒྲུང་བཟའ་སོགས་ཁབ་ཏུ་བཞེས་པ་དང་། གླིང་སེང་ཆེན་རྒྱལ་པོས་འབྲུག་མོ་དང་རྒྱ་བཟའ་སོགས་ཁབ་ཏུ་བཞེས་པ་དག་གིས་ཀྱང་གོང་དུ་སྨྲས་པ་རྣམས་བདེན་པ་དོན་ལ་གནས་པ་ཞིག་ཡིན་པ་མཚོན་པའི་ཕྱིར་རོ། །

ལྔ་པ། གླིང་གི་དུར་འདུག་སྐོར།

དེ་ཡང་འགྲོ་བ་མིའི་རིགས་ཐོག་མར་བྱུང་བའི་ཚེ། མི་ཤི་ན་དུར་དུ་གདབ་པའི་སྲོལ་མེད་ཅིང་། ཕྱིས་རྒྱུ་རྐྱེན་རྣམ་པ་སྣ་ཚོགས་ལ་བརྟེན་ནས་གནམ་དུར། ཆུ་དུར། ས་དུར། མེ་དུར་ལ་སོགས་པའི་སྲོལ་བཟང་ལེགས་པར་བྱུང་བ་དང་། དེའི་གནས་ཚུལ་བོད་ཀྱི་ལོ་རྒྱུས་དེབ་ཐེར་དང་ཆོས་འབྱུང་རྣམས་

སྲུའང་གསལ་ཞིང་ཡང་དག་པར་གསུངས་ཡོད། དུར་གདབ་པའི་སྲོལ་ཡོད་པར་བརྟེན་ནས་གླིང་སྟོད་སྨད་བར་གསུམ་ལ་དུར་འཇུག་གི་སྲོལ་ལེགས་པར་བྱུང་ཞིང་། གླིང་སྒྲུང་རྣམས་ལ་ཞིབ་ཏུ་མཇལ་ཞིང་ནན་གྱིས་བལྟགས་པའི་ཚེ། གླིང་གི་དུར་གདབ་པའི་སྲོལ་ཡང་རགས་ཙམ་རྟོགས་ཐུབ། དེ་ཡང་གླིང་པ་རྣམས་ཀྱིས་མི་ཚེ་ལས་འདས་པ་ན་ཐུས་མགོར་བླ་མ་གདན་དྲངས་ཏེ་འཕོ་བ་འདེབས་ཤིང་། དེ་ནས་གཞིན་པོའི་ཁྱིམ་མི་དང་། ཚོ་སྐོར་གྱི་མི། ཁྱིམ་མཚེས་ཀྱི་སྐྱེས་པ་རྣམས་ཀྱིས་བམ་པོ་གནམ་དུར་ཐང་དུ་སྐྱེལ་བ་དང་། གཤིན་པོའི་ཁྱིམ་གྱི་བུད་མེད་རྣམས་དུ་ཞིང་ཚོ་སྐོར་གྱི་མི་ཚོས་ཁ་ཏ་དང་སེམས་གསོ་བྱེད་པ་ཡིན། གོ་ཐོས་ལྟར་ན་གནམ་དུར་ཞེས་པ་འདི་ནི་ཐོག་མའི་དུས་ནས་ཡོད་པ་ཞིག་མིན་ཞིང་། བོད་སིལ་བུར་ཐོར་རྗེས་རྒྱལ་པོ་རྣམས་ཀྱི་བང་སོ་བྲུས་ནས་མེས་པོའི་ལ་རྒྱ་ཉུང་ལ་བསྐྱུར་བ་མཐོང་སྟེ་གླིང་པ་རྣམས་ཀྱིས་ས་དུར་མིག་མཐའི་མཆི་མ་བཞིན་ཡལ་བར་དོར་བ་དང་། གཡུལ་བསྒྲིས་པའི་ཚེ་ཤི་བའི་དམག་མིའི་བམ་པོ་བྱ་ཐང་དཀར་རྒོད་པོས་ཡོངས་སུ་སྤྱད་དེ་ཤུལ་མེད་དག་གཙང་བྱས་པ་མཐོང་ནས་གནམ་དུར་གྱི་སྲོལ་དུ་ཞུགས་པར་གྲགས། བམ་པོ་གནམ་དུར་ཐང་དུ་བསྐྱལ་ཚེ་བྱ་རྒོད་མང་པོ་ཉུབ་སྟེ་འོངས་ནས་ཡོངས་སུ་སྤྱད་ན་གཤིན་པོ་དེ་བསོད་ནམས་ཆེ་ཞིང་ཤིན་ཏུ་ལེགས་པར་བརྩི། བམ་པོ་གནམ་དུར་ཐང་ལ་བསྐྱལ་ནས་ཡུན་རིང་འགོར་ཡང་བྱ་རྒོད་ཀྱིས་ཡོངས་སུ་མ་སྤྱད་ན་བམ་པོ་རྣམས་རལ་གྲིས་གཏུབས་ཏེ་སིལ་བུར་བྱས་པ་དང་། དེ་ལྟར་བྱས་ཀྱང་བྱ་རྒོད་ཀྱིས་ཡོངས་སུ་མ་སྤྱད་ན་བམ་པོ་ས་འོག་ཏུ་འཇུག་ཅིང་། གཤིན་པོ་དེ་ནི་ལས་ངན་ཞིང་བསོད་ནམས་དམན་པར་བརྩི། ཡང་ལ་ལ་ཞིག་གིས་བྱ་རྒོད་ཀྱིས་ཡོངས་སུ་མི་སྤྱོད་པའི་བམ་པོ་ཆ་ཆུའི་ནང་དུ་བསྐྱུར་བ་ལས་ཆུ་དུར་གྱི་སྲོལ་བྱུང་བར་གྲགས། གཤིན་པོའི་ཁྱིམ་མི་གཉེན་ཚན་རྣམས་ཀྱིས་ལོ་གཅིག་ལ་སྐྲ་མི་ལེན་ཞིང་། དགའ་སྟོན་ལ་མི་ཞུགས་པ་དང་། གོས་རྒྱན་རིན་པོ་ཆེ་མི་གསོལ་བའི་ཁར། མགོའི་སྐྲ་ལོ་མི་བཞར་ཞིང་བུད་མེད་ཚོས་སྐྲ་མི་ཤད་པ་ཡིན། མྱ་ངན་གྱི་རྟགས་སུ་བུད་མེད་རྣམས་ཀྱིས་སྐྲའི་ལན་ལྷོག་ཏུ་ཐ་གུ་དཀར་པོ་འདོགས། སྐྲ་རགས་ཀྱི་སྟེ་མོ་རྒྱབ་ཏུ་མི་འཇོག་པར་ལུས་མདུན་དུ་བསྟུམས་ཏེ་འཇོག གཤིན་པོའི་རྗེས་སུ་མྱ་ངན་བྱེད་མཁན་ལ་ཁྲིལ་ཡོད་ཟེར་ནས་བསྟུགས་བརྗོད་ཀྱི་མེ་ཏོག་འཐོར་བར་བྱེད། གཤིན་པོའི་རྗེས་སུ་མྱ་ངན་མི་བྱེད་མཁན་ལ་མི་རྣམས་ཀྱིས་ཁྲིལ་མེད་ཟེར་ནས་དམོད་པ་ཡིན། དེ་ནི་གླིང་པ་སྤྱིའི་དུར་འཇུག་གི་སྲོལ་ཡིན་པར་གྲགས། གླིང་གི་རྗེ་དཔོན་དང་། དམག་དཔོན། བླ་མ་སོགས་དགུང་དུ་གཤེགས་པའི་ཚེ་མེ་དུར་དུ་གདབ་པ་ཡིན་ཞིང་། མེ་དུར་དུ་གདབ་པའི་སྲོལ་ནི་འདི་ལྟ་སྟེ། ཐོག་མར་ཐང་ཆེན་ཞིག་ཏུ་ལྷ་ཤིང་ཤུག་པའི་བུད་ཤིང་གི་ཁྲི་ཤིན་ཏུ་མཐོ་ཞིང་ཧ་ཅང་ཆེ་བ་ཞིག་རྒྱག དེའི་ཐོག་ཏུ་གཤིན་པོའི་བམ་པོ་འཇོག སྐྱེས་ཕོ་མོ་རྣམས་ཀྱིས་མ་ཎི་ཡིག་དྲུག་ཟློ་བའི་དབྱངས་སྙན་གྱི་ཁྲོད་དུ་ཤུག་པའི་ཁྲི་ལ་མེ་སྦར། གཤིན་པོའི་བམ་པོ་བསྲེགས་རྗེས་རུས་པ་རྣམས་བསྡུ་གསོག་རྒྱག དཔོན་པོའི་རུས་པ་ཡིན་ན་

ས་འོག་ཏུ་བཙུག་སྟེ་དེའི་ཐོག་ཏུ་རྫེའུ་འབུམ་བརྩིགས། དཔའ་བོའི་ཉུས་པ་ཡིན་ན་རི་མཐོ་སའི་ས་འོག་ཏུ་བཙུག་ནས་དེའི་ཤིང་སྣ་དང་། འབྲུ་སྣ། བལ་སྣ། མཆོན་སྣ་སོགས་འཛོམས་པའི་བླ་ཚེ་བསྟོད་པར་གྲགས། དེ་ཡང་བོད་ཀྱི་མཁས་པ་ཕལ་མོ་ཆེ་ཞིག་གིས་བླ་ཚེ་ལ་ལབ་རྩེ་དང་ལ་ཙེ་སོགས་བྲིས་པ་ནི་འཁྲུལ་བ་ཤ་སྟག་ཡིན་ཏེ། དེ་ལྟར་བྲིས་ན་དོན་ཅི་ཡང་མི་སྟོན་པའི་ཕྱིར་དང་། དོན་མེད་ཚིག་སྟོང་ལས་མ་འདས་པའི་ཕྱིར། བླ་ཚེ་ཞེས་བྲི་དགོས་ཏེ། དེའི་དོན་ནི་དཔའ་བོའི་བླ་སྲོག་གནས་པའི་རྩེ་རི་ཞེས་པ་དེ་ཡིན་པའི་ཕྱིར། ལབ་ཙེ་དང་ལ་ཙེ་ཞེས་པའང་མ་དག་རྒྱུན་འབྱམས་སུ་གྱུར་པ་ཞིག་ཡིན་པ་ཤེས་ཐུབ། བླ་མའི་ཉུས་པ་ཡིན་ན་ཆོས་སྐར་དུ་ཁྱེར་ནས་ས་འོག་ཏུ་བཙུག་སྟེ་མཆོད་རྟེན་བཞེངས་པའམ་ཡང་ན་ཉུས་པ་བརྟུངས་ཏེ་ལྷ་སྐུ་བཞེངས་པར་གྲགས། གླིང་པ་རྣམས་ཀྱིས་ཁྱིམ་དུ་ནད་ཤི་ཐེབས་པ་རྣམས་དམན་པ་ཐ་ཤལ་དང་གཡུལ་དུ་འཐབ་ཤི་བྱུང་བ་ཀུན་དཔའ་བོ་མཆོག་ཏུ་བརྩི་སྟེ། གླིང་སྒྲུང་ལས་ཕར་མ་ཁྱིམ་དུ་ན་ནས་ཤི། དཔའ་བོ་གཡུལ་དུ་འཐབ་ནས་ཤི་ཞེས་གསུངས་པའི་ཕྱིར་རོ། །

དྲུག་པ། གླིང་གི་དུས་ཆེན་གྱི་སྐོར།

གླིང་པ་རྣམས་ལ་དུས་ཆེན་གང་དང་གང་ཞིག་ཡོད་ཅེ་ན། ཡོངས་གྲགས་སུ་གླིང་པ་རྣམས་ཀྱིས་རྒྱ་ལུགས་ཀྱི་ལོ་གསར་དང་། ཟླ་པའི་ཚེས་ལྔ། བཞི་པའི་བཅོ་ལྔ། དྲུག་པའི་ལྷ་རྩེ་དང་དམག་རྩེ་སོགས་རོལ་བ་ཡིན་ཟེར། རྒྱ་ལུགས་ཀྱི་ལོ་གསར་རོལ་བའི་ཚེ། ཟླ་བཅུ་གཉིས་པའི་ཚེས་བཅུ་བདུན་དང་། བཅོ་བརྒྱད། བཅུ་དགུ་གསུམ་ལ་སྒྲ་ཁྱིམ་དང་ཁང་ཁྱིམ་གྱི་དུད་པ་ཕྱགས་ཏེ་ཁྱིམ་མིའི་ནད་གདོན་བགེགས་གསུམ་ཕྱགས་པའི་འདུ་ཤེས་འཛིན། ཚེས་ཉི་ཤུ་དགུའི་དགོང་མོར་དགུ་ཐུག་འཐུངས་ཤིང་། གནམ་གང་གི་དགོང་མོར་ཁྱིམ་མི་ལྷན་འཛོམས་ཀྱིས་ཤ་དང་། ཐུད། ཤིང་ཏོག ཐུག་པ་སོགས་རྒྱགས་ཚད་ཡོངས་སུ་སྤྱོད་པ་དང་། དགོང་མོ་དེར་མི་རྣམས་གཤིན་རྗེ་ཆོས་ཀྱི་རྒྱལ་པོས་རྒྱ་མར་འཛུལ་བས་རྒྱགས་ཚད་མ་ཟོས་ན་རྒྱ་མའི་གྲངས་ཀ་མི་ལོངས་ཟེར། ཚེས་གཅིག་གི་ནངས་མོར་སྔ་བར་ལངས་ཏེ་ཤ་དང་། ཀ་ར། ཤིང་ཏོག ཆང་། ཤ་འཚོས། ཀ་ར་འཚོས་མ་སོགས་ཀྱི་ཟེར་སྐལ་བཤམས་ཤིང་། ནམ་མ་གསལ་གོང་ལ་རང་གི་ཚོ་པའི་ཁྱིམ་རྣམས་ལ་ལོ་གསར་ཁྱེར་བ་དང་། ཁྱིམ་ཚང་གི་རྒན་པ་རྣམས་ལ་ཕྱག་འཚལ་བ་ཡིན། ཁྱིམ་དེས་ལོ་གསར་ཁྱེར་ཡོང་མཁན་ལ་འོ་ཟ་དང་ཤ་འཚོས་སོགས་འདྲེན་ཞིང་། ལོ་གསར་གྱི་སྐྱེས་སུ་གྱུར་པའི་འཚོས་མ་གཅིག་རེ་རྟེན་འབྲེལ་གྱིས་བརྗེ་བ་ཡིན། འགྲོག་པ་ཡིན་ན་སྐྱེས་པ་རྣམས་ཀྱིས་དཀར་རྒྱན་འཐེན་པའི་ཆང་སྟོད་བཟུང་ནས་སྒྲ་ཁྱིམ་གཞན་དུ་ལོ་གསར་བཟང་ཟེར་བཞིན་འགྲོ། ཁྱིམ་དེར་ཤ་ཆང་ལ་རོལ་རྗེས་ཁྱིམ་དེའི་སྐྱེས་པ་ཁྲིད་ནས་ཁྱིམ་ཚང་གཞན་ལ་འགྲོ། མཐར་སྐྱེས་པ་མང་དུ་འཛོམས་པ་རྣམས་ཁྱིམ་ཚང་ཞིག་ཏུ་སོང་ནས་ཤ་ཆང་ལ་རོལ་བཞིན་སྒྱུ་ལེན་གར་རྩེ་བྱེད།

ཆོས་པ་གཉིས་ལ་རང་གི་གཉེན་ཚན་རྣམས་ལ་ལོ་གསར་ཕྱིར། ཆོས་པ་གསུམ་གྱི་ཉིན་མོར་མནའ་མ་རྣམས་ཕ་ཁྱིམ་དུ་འགྲོ་ཞིང་། ཁྱིམ་མཚེས་གྲོགས་པོ་གཉེན་ཚན་དག་གིས་ཕན་ཚུན་བཟའ་བཏུང་ལོངས་སུ་སྤྱོད་པར་གདན་འདྲེན་ཞུ་རེས་བྱེད། གཞན་ཡང་ལོ་གསར་གྱི་སྐབས་སུ་སྐྱེ་སྟོན་དང་ཏྭ་སྟོན་གཟབ་རྒྱས་བཤམས་ཏེ་དགའ་བའི་སླུ་ལེན། སྐྱིད་པའི་བྲོ་འཁྲབ། དམག་རྩལ་ངོམ་པ། རྟ་རྒྱུག་པ། མདའ་རྩལ་འགྲན་པ། ཤེད་ཚད་པ། རྒྱུག་རྩལ་རྩེ་བ། ཁ་ཤགས་འགྱེད་པ་སོགས་ཡ་མཚན་གྱི་གོང་བ་རེ་ལེན་པ་ཡིན། བཞི་པའི་བཅོ་ལྔའི་དུས་ཆེན་ལ་གླིང་མི་རྣམས་ཀྱིས་ཆོས་སྤྱོད་ཕོ་ན་ལ་འབད་ཅིང་། དད་ལྡན་རྣམས་ཀྱིས་བསྙུང་གནས་བསྲུང་བ་དང་། ལ་ལ་ཞིག་གིས་སྨོམ་པ་བཟུང་ནས་སློབ་དཔོན་པད་མ་འབྱུང་གནས་སོགས་གུ་རུ་མཚན་བརྒྱད་དང་མཉམ་མེད་སྟོན་པ་ཤཱཀྱ་ཐུབ་པ་བཅས་ལ་གསོལ་འདེབས་མཆོད་བསྟོད་བྱེད། དེ་ཡང་བསྙུང་གནས་ནི་ཟས་ཉུང་དུར་བསྟེན་པའི་སྨོམ་པ་ཞིག་ཡིན་ཞིང་། བསྙུང་གནས་བསྲུང་མཁན་གྱིས་ཇ་རྒྱང་མ་གཏོགས་ཟ་མ་ཟ་བ་སྤོང་བ་དང་། བསྙུང་གནས་གྲོལ་བའི་ཚེ་ཐོ་རེངས་ཀྱི་དུས་སུ་ཐོར་ཐུག་འཐུངས་པ་ཡིན། དེའི་སྨོམ་པ་ནི་ཞོགས་པ་དང་དགོང་མོའི་ཁ་ཟས་ཟ་བ་སྨོམ་པའི་ཚོ་ག་ཞིག་ཡིན་ཞིང་། སྨོམ་པ་བསྲུང་མཁན་གྱིས་ཉིན་གུང་གི་དུས་སུ་བཟའ་བཏུང་ལོངས་སུ་སྤྱོད་པ་དང་། ཞོགས་ཇ་དང་དགོང་ཇ་མི་འཐུང་བར་ཡིག་དྲུག་སོགས་བཟླས་བརྗོད་ལ་བརྩོན་པ་ཡིན། ལྔ་པའི་ཆོས་ལྔའི་དུས་ཆེན་གྱི་སྐབས་སུ་གླིང་པ་རྣམས་ཀྱིས་མེ་ཏོག་དང་ཤིང་ལོ་སོགས་བཏུས་ཏེ་ཁྱིམ་གྱི་སྒོ་ལ་འཛུགས་ཤིང་། དེའི་ཚོགས་པར་ཉི་རྩེ་མ་ཤར་གོང་ལ་བུད་མེད་རྣམས་ཆུ་ལེན་པར་འགྲོ་བ་དང་། ཚོགས་པ་དེའི་ཆུ་ལ་སངས་རྒྱས་སྨན་བླས་ནད་རིགས་བཞི་བརྒྱ་རྩ་བཞི་བཟློག་པའི་སྨན་བཏབ་ཡོད་ཟེར་ནས་རྒན་གཞོན་ཀུན་གྱིས་འཐུངས་ཤིང་ཁ་ལག་བཀྲུ། བྱིས་པ་རྣམས་ཆུ་ཁར་སོང་ནས་ཆུ་རྐྱལ་བྱེད་པ་ཡིན། ཉིན་དེའི་ཚོགས་པར་སྤོ་ཚོད་ཀྱི་འཚོས་མ་ལོངས་སུ་སྤྱོད། བྱིས་པ་རྣམས་ལ་གོས་གསར་པ་བསྒོན་ཞིང་སྙིད་དུ་ཤིང་ལོ་དང་མེ་ཏོག་འཛུགས། རྒན་པ་རྣམས་ཀྱིས་སྙིད་པར་མེ་ཏོག་དང་ཤིང་ལོ་རེ་བཙུགས་ཏེ་སྣད་ཀྱི་ན་བ་བཟློག་པར་སྨོན་ལམ་འདེབས། ཟླ་དྲུག་པའི་ཆོས་ཉི་ཤུ་གསུམ་ནི་དྲུག་པའི་ལྷ་རྩེ་ཞེས་བྱ་བའི་དུས་ཆེན་ཡིན་ཞིང་། གླིང་མི་རྣམས་ཀྱིས་ཉིན་དེར་གོས་རྒྱན་ཕུན་སུམ་ཚོགས་པ་བསྐྲུབས་ཏེ་ལྷ་རྩེ་དང་། ཀླུ་རྩེ། དམག་རྩེ་སོགས་བྱེད་པ་ཡིན་ཞིང་། ལྷ་རྩེ་ནི་གླིང་གི་སར་རྒྱལ་པོ་གོང་མ་ལྷ་ནས་མི་ཡུལ་དུ་ཆེ་འཕོས་པའི་ལོ་རྒྱུས་གར་དུ་རྩེན་པ་ཡིན་ཞིང་། ཀླུ་རྩེ་ནི་མ་འགོག་བཟའ་ཀླུ་ཡུལ་ནས་སློབ་དཔོན་པད་མ་འབྱུང་གནས་ཀྱིས་སྤྱན་དྲངས་པའི་ལོ་རྒྱུས་གར་དུ་རྩེན་པ་ཞིག་ཡིན། དམག་རྩེ་ནི་གླིང་སེང་ཆེན་ནོར་བུ་དགྲ་འདུལ་གྱིས་ཕྱོགས་བཞིའི་དགྲ་བཞི་འདུལ་བར་དྲག་པོའི་དམག་གི་ལས་བྱས་ཚུལ་གར་དུ་རྩེན་པ་ཞིག་ཡིན། དེ་རྣམས་ནི་གླིང་གི་དུས་ཆེན་གཏོང་ལུགས་ཡིན་ཞེས་རྒན་པོ་རྣམས་ཀྱིས་གསུངས་ཤིང་། དེའི་རྒྱུན་སྲོལ་མ་ཆད་པར་ད་ལྟའི་བར་དུ་གནས་ན་ཡང་། ནང་དོན་དང་འཁྲབ་སྟོན་བྱེད་ལུགས་

ལ་འགྱུར་བ་བྱུང་ཡོད།

བདུན་པ། གླིང་གི་གུས་ལུགས་ཀྱི་སྐོར།

འཛམ་བུ་གླིང་གི་མི་རིགས་གང་དང་གང་ཞིག་ཡིན་ཀྱང་ཐམས་ཅད་ལ་རང་རང་གི་གུས་ལུགས་མཚོན་སྟངས་ཐུན་མོང་མ་ཡིན་པ་རེ་མཆིས་ཤིང་། དེ་བཞིན་དུ་གླིང་པ་རྣམས་ལའང་རང་ཉིད་ཀྱི་གུས་ལུགས་མཚོན་སྟངས་ཁྱད་པར་བ་ཞིག་ཡོད་པར་གྲགས་པ་དང་། འོག་ཏུ་དེའི་གནས་ཚུལ་ཉུང་ཞིང་སྙིང་བཅུད་ལྡན་པ་ཞིག་གླེང་བར་བྱའོ། །

གླིང་མི་རྣམས་ཀྱིས་མི་གཞན་པ་ཞིག་ཁྱིམ་དུ་འབྱོར་བའི་ཚེ། མགྲོན་པོ་ཁྱིམ་གྱི་རྒྱན་དང་རྨ་བྱ་ནགས་ཀྱི་རྒྱན་ཡིན་ཟེར་བཞིན་སྒོ་ལེན་གཟབ་རྒྱས་བྱེད་ཅིང་། འགྲུལ་པ་འགྲོ་བའི་ཚེ་ཁྱིམ་མི་ཆེ་ཆུང་ཀུན་གྱིས་སྐྱེལ་མ་བྱེད་པ་དང་། ཁ་གཡང་པོས་ནས་འགྲུལ་པ་དགའ་ཏུ་འཛུག རང་ཉིད་ཁྱིམ་གཞན་དུ་འགྲོ་བའི་ཚེ་ཁ་བཏགས་ཁྱེར་ཞིང་། ཁྱིམ་དེའི་ཁྱིམ་བདག་ལ་ཁ་བཏགས་ཕུལ་ནས་རང་ཉིད་ཡོང་བའི་རྒྱུ་མཚན་དང་གནས་ལུགས་བརྗོད། གླིང་མི་རྣམས་བླ་མ་དང་དཔོན་པོ་མཇལ་བའི་ཚེ། ཐོག་མར་མཇལ་དར་འབུལ་ཞིང་། དེ་ནས་སྒོ་གསུམ་གུས་པའི་ཉམས་ཀྱིས་ཕྱག་འཚལ་བ་ཡིན་ཏེ། 《རྒྱ་ཤེལ་བྲག》ལས། "འདན་མ་དཔོན་པོ་ཆིབས་ལས་གཞོལ་ཏེ། ཁྲབ་འབུམ་སེ་སིང་སྒྲ་ཉིལ་ལེ། ཁྲབ་ཤམ་འཛུམ་དྲུག་ཁྱུགས་སེ། དར་འཕྱུ་རྐོད་འཕྱུ་ཚུབས་སེ། མི་ཆེན་འཁྲིང་འགྲོས་ལམ་མེར། གླིང་རྗེ་སེ་ཡི་ཉེ་མའི་མདུན་དྲུང་དུ་སླེབས་པ་དང་། གསེར་ཅོག་གཡུ་འབྲུག་འཁྲུག་ཤེས་ཀྱི་སྟེང་། གསེར་ཁྲི་པད་མ་སྤུངས་པའི་ནང་། བཀྲ་ཤིས་པའི་རབ་གནས་འབྲས་དཀར་གྱི་ཕུང་པོ་མཎྜལ་གྱི་ཚུལ་དུ་བཀོད་ཡོད་པ་དེའི་དབུས་དེར། ལྷ་མདའ་དར་སྣས་བརྒྱན་པ་དེ་དྲང་ཤ་ལེར་བཙུགས་ཏེ། ཁྲབ་རྫོག་ཕུད་ནས་ཕྱག་དགུ་ཕྱུགས་སུ་འཚལ་"ཞེས་འབྱུང་བས་བདེན་པར་མཚོན་འདུག བླ་མ་དང་དཔོན་པོ་རྣམས་བསུ་བའི་ཚེ་གླིང་པ་རྣམས་ཀྱིས་ལམ་བར་དུ་ཇ་ཐབ་བཙུགས་ཤིང་བསང་ཁྲི་བརྒྱབ་ནས་བསུ་ཞིང་། བསུ་བ་བྱེད་པའི་དུས་སུ་སྐྱེས་ཕོ་མོ་རྣམས་ཀྱིས་འཐབ་རྔ། རྫ་རྔ། ཕེག་རྡེབ། རྔ་བོ་ཆེ། རྐང་གླིང་། སྦུ་རག འཕྲེད་གླིང་། རྒྱ་གླིང་། ཏིང་ཏིང་དྲ་བ་མིག་སོགས་འབུད་རྡུང་དཀྲོལ་གསུམ་བྱེད་པ་དང་བསྡེབས་ཏེ་ངག་འགྱུར་ཁུག་གི་བཞད་སྒྲ། རོལ་མོ་འབུད་དཀྲོལ་གྱི་སྡེབ་སྦྱོར། ལུས་ཀྱི་གར་སྟབས། རྐང་བའི་བྲོ་བརྡུང་སོགས་སྣ་མཛེས་ཡིད་དུ་འོང་བས་བསུ་བ་རྒྱ་ཆེར་བྱེད། གཞན་ཡང་བསུ་བ་བྱེད་པའི་ཚེ་དར་སྣ་དང་། གདུགས། རྒྱལ་མཚན། བ་དན་སོགས་བསྒྲེངས་པ་ཡིན་ཏེ། 《རྒྱ་ཤེལ་བྲག》ལས། "གླིང་སེང་ཆེན་ནོར་བུ་དགྲ་འདུལ་བསྟན་དགྲ་འདུལ་དུ་ཕེབས་ནས་ཕྱིར་ལོག་པའི་ཚེ་འབྲུག་མོ་དང་། གླིང་གི་དབུ་བླ་སུམ་ཅུ། གླིང་གི་སྐྱེས་ཕོ་མོ་རྣམས་ཀྱིས་བསུ་བ་བྱེད་དུས། ཆོས་སྲིད་བསྟན་པ་དར་བའི་ཕྱིར། དར་སྣ་བརྒྱ་དང་ཙ་བརྒྱད། དབུ་

འཕང་དཀྱུང་ལས་མཐོ་བའི་ཕྱིར། དར་གདུགས་དཀར་པོ་བརྒྱ་དང་རྩ་བརྒྱད། མདའ་ཐང་ཡོངས་སྐྱོད་རྒྱས་པའི་ཕྱིར། བ་དན་བརྒྱ་དང་རྩ་བརྒྱད། ཕྱོགས་ལས་རྣམ་པར་རྒྱལ་བའི་ཕྱིར། རྒྱལ་མཚན་བརྒྱ་དང་རྩ་བརྒྱད་སོགས་ཕྱུར་བས་ནམ་མཁའ་ཡང་འགེངས་པ་ཙམ་དང་། དུང་དཀར་མང་པོའི་ཞུར་སྒྲ། གསེར་ཟ་མང་པོའི་དིང་སྒྲ། ཆ་ལང་མང་པོའི་སིལ་སྒྲ། རྒྱ་གླིང་མང་པོའི་སྙན་འགྱུར་སོགས་ཟིང་དིར་གཡུ་འབྲུག་སྟོང་གི་སྐད་ལྟར་ལྡིར། དེ་དག་གི་བར་བར་དུ་བསང་ཁང་བརྒྱ་དང་རྩ་བརྒྱད་ཕུབ་པའི་བསང་དུད་ཀྱིས་ལྷ་སྤྲིན་ཕྱུག་མོའི་འགྲོ་ལམ་བཀག བསང་དར་བརྒྱ་དང་རྩ་བརྒྱད། མེ་ཏོག་བདུག་སྤོས་སོགས་རེ་རེ་ལ་བརྒྱ་དང་རྩ་བརྒྱད་ཀྱིས་མཆོན་མཆོད་རྫས་སྣ་ཚོགས་བཏིགས"ཞེས་འབྱུང་བས་བདེན་པར་མཚོན་པའི་ཕྱིར་རོ། །

གླིང་གི་མི་རྣམས་ཀྱིས་རྒན་ལ་གུས་བཀུར་བྱ་སྟེ། གཞོན་པ་རྣམས་ཀྱིས་རྒན་ལ་མི་སྙན་པའི་ཚིག་མི་བཤད། རྒན་པའི་གོང་དུ་མི་སྡོད། རྒན་པའི་མདུན་ནས་མི་འགྲོ། རྒན་པ་ཕེབས་པ་མཐོང་ན་གཞོན་པ་ཐམས་ཅད་ཡར་ལངས་ཏེ་གུས་ཞམས་སྟོན། བུ་ཕྲུག་རྣམས་ཀྱིས་ཕ་མ་ལ་ཁ་འཛིང་མི་བྱེད། ཕ་མས་བུ་ཕྲུག་ལ་བརྡུངས་ན་བུ་ཕྲུག་གིས་སྐྱབས་ཞུ་བྱེད། མིང་སྲིང་གཉིས་ལོ་བཅོ་ལྔར་སོན་ན་གདན་ཐོག་གཅིག་ཏུ་མི་སྡོད། ཕ་མ་བུ་ཕྲུག་དང་མིང་སྲིང་དག་གིས་ཕན་ཚུན་གྱི་རྨུན་ནས་ཕོ་མོའི་འདོད་འདུན་གྱི་སྐོར་མི་གླེང་བ་དང་མཇའ་གླུ་སོགས་ལེན་པ་མིན། མི་སུ་ཞིག་ཡིན་ཀྱང་རང་ཉིད་ལས་རྒན་པ་རྣམས་ཀྱི་མིང་ནས་མི་འབོད་པར་ཨ་ཁུ་དང་། ཨ་ཕ། ཨ་བོ་ཞེས་དང་། བུད་མེད་རྒན་པའམ་རང་ཉིད་ལས་ཆེ་བ་རྣམས་ལ་ཨ་མ་དང་ཨ་ཅེ་ཞེས་འབོད་པར་གྲགས། གླིང་མི་རྣམས་ཡ་རབས་གུས་ལུགས་བརྩི་མཐོང་ཆེ་སྟབས། མི་ཆུང་བས་རྒན་ལ་བཀུར་ཞིང་མི་ཆེ་བ་ཆུང་བར་བྱམས། བུ་རྣམས་ཀྱིས་ཕ་མ་རྣམས་ལ་གཅེས་ཤིང་བཀུར། ཆུང་མས་ཁྱོ་བོ་ལ་བཀུར། བུད་མེད་རྣམས་ཀྱིས་སྐྱེས་པ་ལ་བཀུར། ཁྱིམ་གྱི་དབང་ཆ་སྐྱེས་པས་འཛིན་ཞིང་བཟའ་བཏུང་གི་དབང་ཆ་བུད་མེད་ཀྱིས་འཛིན། གླིང་པ་སྤྱིས་གླིང་གི་དབུ་བླ་དང་། གེ་སར་རྒྱལ་པོ། དཔའ་རྩལ་སུམ་ཅུ་སོགས་ལ་བསྙེན་བཀུར་བྱེད། ཕོ་ཡུགས་དང་མོ་ཡུགས་ཤིན་ཏུ་འཛེམ། བུད་མེད་ལ་བུ་བཙས་ན་ཟླ་ངོ་གཅིག་གམ་ཉིན་ཞག་བདུན་གྱི་རིང་ལ་ཕྱི་མི་གཅིག་ཀྱང་ཁྱིམ་དེར་མི་འགྲོ། མིའི་རུས་རྒྱུད་ལ་ལྷ་དང་། ཐེའུ་རང་། ནད་སོགས་སུ་དབྱེ་ཞིང་། ལྷ་རུས་ཀྱིས་ཐེའུ་རང་དང་ནད་ཅན་གྱི་རྒྱུད་ལ་འཛེམ་ནས་འགྲོ་འོང་མི་བྱེད་ལ་གཉེན་ཡང་མི་སྡེབ། གླིང་མི་རྣམས་ཀྱིས་སྡེར་མོ་ཅན་དང་། ཐིག་སྐོར། ཆུ་སྲིན་ལ་སོགས་པའི་སེམས་ཅན་གྱི་ཤ་ཡོངས་སུ་མི་སྤྱོད། སྐྱེས་པ་རྣམས་ཀྱིས་ཕན་ཚུན་ལ་གྲོགས་དང་མནའ་ཤག་བསྒྲིགས། གཉེན་ཚན་ནང་ཁུལ་དུ་གཉེན་སྒྲིག་མི་བྱེད། མི་ལ་ནད་བྱུང་ན་རིམ་གྲོ་སྣ་ཚོགས་བསྒྲུབ། བུད་མེད་རྣམས་ཀྱིས་རྒྱབ་ལག་མི་བྱེད། སྐྱེས་པ་རྣམས་ཀྱིས་བུད་མེད་ཀྱི་ཁ་ལ་མི་ཉན། ཆོས་ལུགས་པ་དང་མོ་པ་རྣམས་ལ་ཤིན་ཏུ་བཀུར་བ་སོགས་གུས་ལུགས་ཀྱི་སྲོལ་མཐའ་

ཡས་པ་ཞིག་ཡོད་པ་རྣམས་བརྗོད་ན་འཇིག་རྟེན་མེས་པོའང་ངལ་ཞིང་དུབ་པར་འགྱུར་བས་བདག་ལྟ་བུས་ཇི་བཞིན་བརྗོད་པའི་རྗེ་མི་ཐོགས་སོ། །

བརྒྱད་པ། གླིང་གི་ཆོས་ལུགས་སྐོར།

གླིང་པ་རྣམས་ཀྱིས་སློབ་དཔོན་པད་མ་འབྱུང་གནས་ལ་སོགས་པས་བོད་དུ་རྒྱ་ཆེར་སྤེལ་བའི་གསང་སྔགས་ཀྱི་ཆོས་ལ་བཟློག་ཏུ་མེད་པའི་དད་པ་བྱེད་ཀྱི་ཡོད། དེ་ཡང་སློབ་དཔོན་པད་མ་འབྱུང་གནས་ནི་ཨོ་རྒྱན་ཡུལ་གྱི་སྐྱེས་བུ་དམ་པ་ཞིག་ཡིན། རྒྱལ་པོ་ཨིན་དྲ་བོ་དྷིས་སྤྱན་དྲངས་ཏེ་པད་མ་འབྱུང་གནས་དང་མཚོ་སྐྱེས་རྡོ་རྗེ་ཞེས་མཚན་གསོལ། ཟ་ཧོར(孟加拉)ཡུལ་དུ་བྱོན་ནས་མཚན་ཤཱཀྱ་སེང་གེར་གྲགས། རིག་འཛིན་ཆེན་པོ་བརྒྱད་ལས་སྒྲུབ་པ་སྡེ་བརྒྱད། སངས་རྒྱས་གསང་བ་ལས་སྒྱུ་འཕྲུལ། ཤྲཱི་སིངྷ་ལས་རྫོགས་ཆེན་གཙོ་བོར་གྱུར་པའི་མདོ་རྒྱུད་རྒྱ་མཚོའི་གནས་ལ་གསན་བསམ་གྱི་ཕ་རོལ་ཏུ་ཕྱིན། ཟ་ཧོར་དང་ཨོ་རྒྱན་གྱི་ཡུལ་རྣམས་སུ་གདུལ་བྱ་སྐལ་བཟང་རྣམས་ཆོས་ལ་བཀོད་ཅིང་མཚན་པད་མ་རྒྱལ་པོར་གྲགས། དུས་རབས་བརྒྱད་པའི་དཀྱིལ་ཙམ་ལ་བོད་རྒྱལ་ཁྲི་སྲོང་ལྡེ་བཙན་གྱིས་སྤྱན་དྲངས་ཏེ་བོད་དུ་ཕེབས། དཔལ་བསམ་ཡས་མི་འགྱུར་ལྷུན་གྱིས་གྲུབ་པའི་གཙུག་ལག་ཁང་བཞེངས། བོད་ཕྲུག་ཤེས་རབ་ཅན་རྣམས་ལ་ལོ་ཙཱ་བསླབས། འཕགས་ཡུལ་ནས་བི་མ་ལ་མི་ཏྲ་སོགས་མཁས་གྲུབ་ཀྱི་སྐྱེས་བུ་མང་པོ་གདན་དྲངས། མདོ་སྔགས་ཀྱི་བཀའ་དང་བསྟན་བཅོས་གཙོ་ཆེ་བ་རྣམས་བོད་སྐད་དུ་བསྒྱུར། མངའ་བདག་རྒྱལ་པོ་དང་ཡེ་ཤེས་མཚོ་རྒྱལ་སོགས་ལས་ཅན་གྱི་སྐྱེས་བུ་རྣམས་ལ་བཀའ་བརྒྱད་དང་རྡོ་རྗེ་ཕུར་པ་མན་ངག་ལྟ་ཕྲེང་སོགས་གསང་སྔགས་ཀྱི་ཆོས་ཀྱིས་སྨིན་ཅིང་གྲོལ་བར་མཛད། རྒྱུ་མཚན་ཉིད་ཀྱི་ཐེག་པའི་བཤད་སྒྲུབ་དང་། གོས་དཀར་ལྕང་ལོའི་སྡེ་ཞེས་དགེ་འདུན་གྱི་སྡེ་གཉིས་དར་རྒྱས་སུ་བཏང་བ་སོགས་ཕྲུག་རྗེས་འགྲན་ཟླ་དང་བྲལ་བར་མཛད། མཐར་ལྷོ་ནུབ་ཟ་ཡབ་གླིང་དུ་བྱོན་ནས་སྲིན་པོའི་རྒྱལ་པོ་རཀྵ་ཐོད་ཕྲེང་རྩལ་ཞེས་སུ་གྲགས། གླིང་པ་རྣམས་ཀྱིས་སློབ་དཔོན་པད་མ་འབྱུང་གནས་ནི་སངས་རྒྱས་སུ་བརྩིས་ཏེ་དད་པ་བྱེད་ཅིང་། གླིང་གེ་སར་རྒྱལ་པོ་གླིང་ཡུལ་དུ་འཁྲུངས་པ་དང་། གླིང་སེང་ཆེན་ནོར་བུ་དགྲ་འདུལ་གྱི་འཕྲིན་ལས་ཕྱོགས་མཐར་རྒྱས་པ་སོགས་ནི་སློབ་དཔོན་པད་མ་འབྱུང་གནས་ཀྱི་བཀའ་དྲིན་ཡིན་ཟེར་སྲོལ་ཡོད།

གླིང་པ་རྣམས་ཀྱི་ཆོས་ལུགས་ནི་ནང་པའི་བསྟན་པ་སྤྱི་དང་ཁྱད་པར་དུ་གསང་སྔགས་ཀྱི་ཆོས་ལུགས་འདི་ཡིན་ཏེ། 《ཚ་ཤེལ་བྲག》ལས། “དེ་ཡང་ཁ་བ་ཅན་གྱི་ལྷ་སྐལ། འགྲོ་དྲུག་འདྲེན་པའི་བླ་མ། ནག་པོ་བདུད་ཀྱི་ཁ་གནོན། སེར་པོ་ཧོར་གྱི་གཉའ་ཤེད། སྨུག་པོ་འཇང་གི་དཔུང་ཡ། ལྗོ་བདུད་ཤེད་ཁྲིའི་འཕྲུལ་ཡ། སྟག་གཟིག་གཡང་གི་སྒོ་འབྱེད། འདོ་བ་ཧ་ཡི་ནོར་བདག རིན་ཆེན་དར་ཟབ་ཀྱི་

བང་མཛོད། སངས་རྒྱས་བསྟན་པའི་སྲོག་ཤིང་བསམ་འགྲུབ་ཛོ་ཏྲ་རྒྱལ་པོ་དེ། བསྐོས་པ་གོང་མ་ལྷ་ནས་བསྐོས། དབང་བ་སྐང་པ་བོད་ལ་དབང་། འབྲིངས་ས་མ་སྨད་ལུང་དུ་འབྲིངས། ཆགས་ས་གླིང་དཀར་སྟོད་ལ་དགོས་པའི་རྒྱུ་མཚན་དེ་ལྟར་ན། སྐུ་དང་པོ་འབྲིངས་པའི་དུས་སུ། གཟུགས་བྱད་ལྷ་བས་ཆོག་མི་ཤེས་པ་ཞིག་བཞུགས་ཀྱང་། རེ་ཞིག་སྦས་པའི་ཚུལ་གྱིས་སྐྱེས་ངན་གཟུགས་ངན་ཚུལ་གྱིས་བཞུགས་ནས་ཐབས་དང་སྤྲུལ་པ་སྣ་ཚོགས་ཀྱིས་མིང་ཅན་མིང་མེད་ཀྱི་བདུད་ཚོགས་རྣམས་འགའ་ཞིག་བཏུལ། སྐྱེ་འགྲོའི་དབུལ་བ་སེལ་ཕྱིར། མིའི་གཏེར་གཡང་སྣ་ཚོགས་བཀུག སྐབས་འགར་ཆོས་བྱེད་ཀྱི་སྐྱེས་བུ་དུ་མར་སྤྲུལ་ཞིང་རྒྱ་གར་ཡུལ་གྱི་ཕྱོགས་མཚམས་མཐའ་དབུས་ཀུན་ཏུ་རྫུ་འཕྲུལ་གྱིས་ཕྱིན་ཏེ། པཎྜི་ཏ་དང་གྲུབ་ཐོབ་མང་པོའི་ཞབས་ལ་བཏུད་ནས། མདོ་རྒྱུད་སྡེ་སྣོད་ཀྱི་གཞུང་ཆེན་རྣམས་དང་གདམས་ཟབ་ཀྱི་མན་ངག་ཐུན་མོང་གི་རིག་གནས་སོགས་གསན་སྦྱངས་མཐའ་ཡས་པ་མཛད། དག་པའི་སྣང་བར་རིག་འཛིན་བརྒྱད་དང་གྲུབ་ཆེན་བརྒྱད་ཅུ་སོགས་མཇལ་ནས་གསང་སྔགས་ཕྱི་ནང་གི་དབང་དང་གདམས་པ་སྣ་ཚོགས་གསན། དེ་དག་གཡའ་རི་གངས་ཁྲོད་སྒྲུབ་ཕུག་རྣམས་སུ་དཀའ་བ་དུ་མས་ཉམས་སུ་བླངས་ཏེ། ཐོས་བསམ་སྒོམ་གསུམ་མཐར་ཕྱིན་པས་གྲུབ་པ་བརྙེས་པའི་ཚུལ་སོགས་ཞིབ་པར་འཆད་ན། གྲུབ་ཐོབ་གོང་མ་དག་ཇི་ལྟ་བ་བཞིན་དཀའ་སྤྱད་ཉམས་ལེན་མཐར་ཕྱིན་པར་མཛད་པ་སོགས་ཀྱི་རྣམ་ཐར་མཐའ་ཡས་པ་ལས། འདིར་རྨ་ཤེལ་བྲག་གི་གཏེར་སྒོ་འབྱེད་པའི་སྐོར་ཆ་ཤས་ཙམ་ཞིག་སྤེལ་བར་བྱ་སྟེ། དེ་ཡང་དགུང་ལོ་བརྒྱད་ཀྱི་སྟེང་། རྟ་མགྱོགས་པའི་གོང་པ་རྩལ་ཆེན་རླུང་གི་འཕྲུལ་འཁོར་གྱིས་བླངས་ཏེ་གསེར་ཁྲི་སེར་པོའི་མངའ་བདག་ཏུ་བཞུགས་པའི་སྐབས་དེར། ནུབ་ཕྱོགས་ཨོ་རྒྱན་གྱི་ཡུལ་དུ་ཕེབས་ཏེ། མཁའ་འགྲོ་མ་ལས་ཀྱི་དབང་མོ་དང་། ཟངས་མདོག་དཔལ་གྱི་རི་བོར་ཕེབས་ཏེ་གུ་རུ་པད་མ་འབྱུང་གནས་དང་། ཤར་ཕྱོགས་རི་བོ་རྩེ་ལྔར་ཕེབས་ཏེ། པཎ་ཆེན་བི་མ་ལ་མི་ཏྲ་སོགས་ལས་རྫོགས་པ་ཆེན་པོའི་ཆོས་སྡེ་ཕྱི་ནང་གསང་སྐོར་ཡོངས་སུ་རྫོགས་པར་གསན་ཞིང་། རྟོགས་གྲོལ་དུས་མཉམ་གྱི་དགོངས་པའི་རྩལ་ཆེན་རྫོགས་ནས་སྐུ་བཞི་ཡེ་ཤེས་ལྔ་ཡི་འབྲས་བུ་མངོན་དུ་གྱུར"ཞེས་འབྱུང་བས་གླིང་མི་རྣམས་གསང་སྔགས་ཀྱི་ཆོས་ལ་དད་ཅིང་གཅེས་སུ་འཛིན་པ་ཞིག་ཡིན་པ་མངོན་པར་མཚོན་འདུག

དེ་ཡང་གསང་སྔགས་ཞེས་པ་ནི་ཤེས་རབ་སྟོང་པ་ཉིད་དང་ཐབས་སྙིང་རྗེ་ཆེན་པོ་ཟུང་དུ་འཇུག་པའི་སྒོ་ནས་ཡིད་མཚན་རྟོག་ལས་སྐྱོབ་པར་བྱེད་པའི་བདེ་བ་ཆེན་པོའི་ཡེ་ཤེས་ཏེ། གསང་ཞིང་སྦས་པས་འགྲུབ་ལ། སྣོད་མིན་རྣམས་ཀྱི་སྤྱོད་ཡུལ་མ་ཡིན་པས་གསང་སྔགས་ཞེས་བྱའོ། །དེ་ལ་གསང་སྔགས་རྙིང་མ་དང་གསང་སྔགས་གསར་མ་ཞེས་པའི་དབྱེ་བ་ཡོད། གསང་སྔགས་རྙིང་མ་ནི་སྤྱི་ལོའི་དུས་རབས་བདུན་པའི་འགོར། རྒྱལ་པོ་སྲོང་བཙན་སྒམ་པོའི་སྐབས་རྒྱ་གར་གྱི་སློབ་དཔོན་ཀུ་སུ་ར་སོགས་གདན་

དྲངས་ཏེ་གསང་སྔགས་ཀྱི་ཆོས་མང་པོ་བསྒྱུར། དེའི་རྗེས་ཏེ་དུས་རབས་བརྒྱད་པའི་ནང་རྒྱལ་པོ་ཁྲི་སྲོང་ལྡེ་བཙན་གྱི་སྐུ་རིང་ལ་རྒྱ་གར་ནས་སློབ་དཔོན་པད་མ་འབྱུང་གནས་དང་མཁན་ཆེན་ཞི་བ་འཚོ་སོགས་རྒྱ་གར་གྱི་སློབ་དཔོན་མང་པོ་སྤྱན་དྲངས་ཏེ་གསང་སྔགས་ཀྱི་ཆོས་མང་པོ་བསྒྱུར། དེ་ནས་དུས་རབས་བཅུ་པའི་མཇུག་ཏུ་པཎྜི་ཏ་སྨྲྀ་ཏི་བོད་དུ་ཕེབས་པའི་བར་བསྒྱུར་བའི་གསང་སྔགས་ཀྱི་ཆོས་རྣམས་ཡིན། གསང་སྔགས་གསར་མ་ནི་དུས་རབས་བཅུ་གཅིག་པར་ལོ་ཙྪ་བ་རིན་ཆེན་བཟང་པོ་ཕྱིན་ཆད་དུ་བསྒྱུར་བའི་རྒྱུད་རྣམས་ཡིན་ཞེས་ཧྲུང་ལྟར་གྲགས་སོ། །གཞན་ཡང་གླིང་པ་རྣམས་ཀྱིས་ཡུལ་ལྷ་གཞི་བདག་དང་། ཆོས་སྐྱོང་སྲུང་མ། དགྲ་ལྷ་ཕེར་མ་རྣམས་བསང་གིས་མཆོད་ཅིང་གསེར་སྐྱེམས་འབུལ། མ་ཎི་ཡིག་དྲུག་ཟློ་ཞིང་སྐྱབས་འགྲོ་འདོན། དཀོན་མཆོག་གསུམ་ལ་མཆོད་ཅིང་ཕྱག་འཚལ། སྡིག་པའི་ལས་ལ་འཛེམ་ཞིང་དགེ་བ་སྒྲུབ་པར་བརྩོན། ཡར་དཀོན་མཆོག་ལ་མཆོད་པ་དང་དམན་ངན་སློང་ལ་སྦྱིན་པ་གཏོང་། རྒྱུ་འབྲས་བརྩི་ཞིང་གཞན་ཕན་གྱི་བློ་དང་ལྡན་པ་ལ་སོགས་པའི་ཆོས་སྤྱོད་འབབ་ཞིག་བརྩོན་པས་ལྷུར་ལེན་པ་ཡིན་ནོ། །

དགུ་པ། གླིང་གི་ཐོན་སྐྱེད་བྱེད་སྟངས་སྐོར།

གླིང་ལ་རོང་འབྲོག་གཉིས་ཡོད་པ་ལས་འབྲོག་པ་རྣམས་ཀྱིས་རྟ་དང་། རྐོད་མ། དྲེལ། ལུག ར་མ། འབྲི། གཡག མཛོ། མཛོ་མོ། གླང་སོགས་འཚོ་སྐྱོང་བྱེད་བཞིན་འབྲོག་ལས་ཐོན་སྐྱེད་གཉེར། མར། ཕྱུར་བ། ཤ། འོ་མ། ཞོ། བལ། པགས་པ། རྩིད་པ། ཀོ་བ་སོགས་ཐོན་སྐྱེད་བྱས་ནས་ཞིང་པའི་འབྲུ་རིགས་དང་བརྗེ་རེས་བྱེད། འབྲོག་པའི་སྐྱེས་པ་རྣམས་ཀྱིས་ཕྱུགས་འཚོ། བུད་མེད་རྣམས་ཀྱིས་འོ་མ་དཀྲུག་པ་སོགས་ཁྱིམ་ལས་བྱེད། བྱིས་པ་རྣམས་ཀྱིས་བེའུ་དང་ལུ་གུ་སོགས་འཚོ་བས། གླིང་གི་འབྲོག་ཐང་རྟ་ཡིས་གང་སྟེ་རྟ་ཕོའི་སྣ་སྒྲ་དིར་རེ། རྐོད་མ་འཚེར་ལྷང་སྐྱིགས་སེ། རྟེའུ་ཆུང་སྐྱང་བསོ་ཉིལ་ལེ། དྲེལ་སྨུག་ཆུང་ངར་སྐད་ཨུར་རེ། མཛོ་ཁྱུང་དཀར་སྣ་ཤུ་ཨུར་རེ། འབྲི་ཨ་ཟི་ནུ་མ་རྡུག་གེ། བེའུ་ཆུང་ངུར་སྒྲ་དིར་རེ། སྒོ་ཁྱི་ཟིལ་དོམ་ཁྱུགས་སེ། ངར་སྐད་འབྲུག་སྒྲ་ཨུར་རེ་ཡོད་དོ། །རོང་པ་རྣམས་ཀྱིས་དཔྱིད་དུས་གཡག་དང་། མཛོ། གླང་། དྲེལ་སོགས་དོར་བསྡེབས་ཕྱོ་དང་། ནས་དང་། སྲན་མ་དང་། གྲ་བོ། སོ་བ་སོགས་ས་ཞིང་དུ་འདེབས་ཤིང་། དེའི་རྗེས་སུ་ཞིང་ལ་ཆུ་འདྲེན་པ་དང་། ཞིང་ལ་སྐྱེ་མ་སྐྱེས་པ་ན་ཁེར་ཡུར་ཞེས་བྱ་བའི་ཡུར་མ་ཡུར། དེའི་རྗེས་སུ་ཉིས་ཡུར་ཞེས་བྱ་བའི་ཡུར་མ་ཡུར། དེའི་རྗེས་སུ་ཡུག་ཞིང་ཞེས་བྱ་བའི་ཡུར་མ་ཡུར། དེ་ནས་སྟོན་གྱི་ཐོག་མ་ལ་ལོ་ཏོག་འབྲེག་ཅིང་འབྲུ་རིགས་ལེན། ལོ་ཏོག་བྲེགས་རྗེས་ཞིང་ས་སློག་ཅིང་། ཞིང་ཐོག་ཏུ་ལུད་བསྐྱལ་ནས་ལོ་ཕྱི་མའི་རྫོ་འདེབས་ལ་གྲ་སྒྲིག་བྱེད་པ་ཡིན། བུད་མེད་རྣམས་ཀྱིས་ཁྱིམ་ལས་དང་སྐྱེས་པ་རྣམས་ཀྱིས་ཤེད་ཤུགས་སྤྱོད་དགོས་པའི་ཕྱིའི་ལས་ཀ་བྱེད། སྟོན་མཇུག

ལ་བུད་མེད་རྣམས་བུད་ཤིང་འཐུ་བར་འགྲོ། སྐྱེས་པ་རྣམས་ཚོང་ལ་འགྲོ། དགུན་འཁོར་སྐྱེས་པ་རྣམས་ཀྱིས་དགུན་ཤ་དང་དགུན་ལྷ་གྲ་སྒྲིག་བྱེད། བུད་མེད་རྣམས་ཀྱིས་སྦང་སླུམ་ནས་ཆང་འཚག་པ་ཡིན། འདི་ནི་གླིང་གི་ཐོན་སྐྱེད་བྱེད་སྟངས་མདོར་བསྡུས་ཙམ་ཞིག་ཡིན་ཞིང་། དེའི་སྐོར་གླིང་སྒྲུང་དུ་མང་པོ་ཞིག་འཁོད་ན་ཡང་འདིར་རེ་རེ་བཞིན་ལུང་དྲངས་ཏེ་བརྗོད་པ་འོས་སུ་ཆེ་ཡང་། ཡིག་ཚོགས་ཤིན་ཏུ་མང་བར་དོགས་ཏེ་མ་བྲིས་ཤིང་། ཕྱིས་སུ་དུས་ཁོམ་རེ་ཡོད་ན་འདིའི་སྐོར་བསྒྲུབ་བྱ་དང་སྒྲུབ་བྱེད་ཡོད་པའི་སྒོ་ནས་གནད་འདུས་གོ་སླ་དང་རྒྱས་བསྡུས་རན་པ་ཞིག་འབྲི་བར་འདོད་དོ། །གཞན་དུ་ན་ཁོ་བོ་ནི་གླིང་སྒྲུང་ལ་ཐོག་མར་དཔྱོད་པའི་ལས་དང་པོ་བ་ཞིག་ཡིན་ན་ཡང་གླིང་གི་སྐོར་གྱི་རྣ་ཐོས་ཤིན་ཏུ་མང་བ་ལ་བརྟེན་ནས་གླིང་གི་ཡུལ་སྲོལ་གོམས་འདྲིས་ཀྱི་སྐོར་ཆེ་ལོང་ཙམ་ཞིག་བརྗོད་པ་དང་། འདིའི་ཐོག་ནས་གླིང་སྒྲུང་ནི་མདོ་ཁམས་ཀྱི་དངོས་དོན་འབའ་ཞིག་གཞིར་བཞག་གི་སྟེང་ནས་བྲིས་པ་ཚོགས་མེད་བདེ་བླག་ཏུ་རྟོགས་ཐུབ་བོ། །

《བོད་ལྗོངས་ཞིབ་འཇུག》༡༩༨༥ལོའི་དེབ་དང་པོ་ལས་བཏུས།

༄། །ཕ་ཡུལ་གྱི་ཆང་ཁྲལ་སྐོར་གླེང་བ།

ཚེ་དབང་ཕུན་ཚོགས།

ཆང་ལ་དགའ་བའི་སེམས་པ་དེ་ནི་རང་ཅག་གདོང་དམར་བའི་ཁྲག་རྒྱུན་འཁོར་རྒྱུག་བྱེད་བཞིན་པའི་གང་ཟག་ཕལ་མོ་ཆེའི་ཀ་ལམ་ཐུན་མོང་གི་ལྟ་བ་ཞིག་ཏུ་གྲུབ་ཡོད། སྤྱི་ཚོགས་ཐོན་སྐྱེད་ནུས་ཤུགས་ཡར་ཐོན་ཡོང་བ་དང་སྤྲུགས་མི་རྣམས་ཀྱི་འཚོ་བའི་ཚུ་ཚད་ཀྱང་གོང་མཐོར་འགྲོ་བཞིན་ཡོད་པའི་སྐབས་འདིར་ཆང་རག་ཅམ་མ་ཟད་སྤྲི་རག་དང་ཨ་རག་སོགས་ལྷ་མིན་ཉིང་ཁུའི་རིགས་ལ་དགའ་བའི་མི་འབོར་དེ་བས་ཇེ་མང་དུ་འགྲོ་བཞིན་ཡོད་ལ་ལྷག་པར་དུ་གཙང་ཁུལ་དུ་ཆང་རག་ལ་དགའ་པོ་བྱེད་པའི་སྐྱེ་བོ་དེ་བས་མང་བར་སྣང་། སྐྱེས་སྐར་དང་། ཞིང་ལས། ཁྱིམ་ལས། དགའ་འཛོམས། མི་ཤི་སོགས་དགའ་སྐྱོ་ཅི་འདྲའི་ལས་ཤིག་བྱུང་རུང་ཆང་རག་ནི་མེད་དུ་མི་རུང་བའི་འཚོ་བའི་གྲུབ་ཆ་གཙོ་བོའི་གྲས་སུ་གྱུར་ཟིན་ཡོད། ཆང་རག་ལ་དགའ་པོ་བྱེད་པའི་རྒྱུན་གཏན་གྱི་འཚོ་བའི་ཁྲོད། མི་ཤི་བྱུང་བའི་སྐབས་ཀྱི་སྡུག་ཆང་འདྲེན་པ་ཕུད་དེ་མིན་གྱི་འདུ་འཛོམས་བྱེད་སའི་ཁོར་ཡུག་ཀུན་ཏུ་ཆང་གི་ཉེས་པ་དང་། ཆང་གི་ཁྲལ་འགེལ་བའི་བྱ་བ་དེ་རིམ་བཞིན་དར་ཁྱབ་ཏུ་སོང་བ་ཞིག་ཡིན། དམངས་ཁྲོད་ངག་རྒྱུན་ལྟར་ན། ལུང་པ་རེ་ལ་ལུགས་སྲོལ་རེ། བླ་མ་རེ་ལ་ཆོས་ལུགས་རེ། ཞེས་འབོད་སྲོལ་ཡོད་རུང་རང་གི་ཕ་ཡུལ་གྱི་ལུགས་སྲོལ་གཙོ་བོར་གཟུང་ནས་སྤྱིར་ཐུན་མོང་དུ་སོང་ངའི་ཞིང་ཁུལ་གྱི་ཆང་ཁྲལ་སྐོར་རགས་བསྡུས་ཤིག་གླེང་ན།

དང་པོ། ཕེབས་སྐྱུག

དེ་ནི་ཐུགས་སྒྲོར་ཕེབས་མཁན་གྱི་སྐུ་མགྲོན་རྣམས་དུས་ཐོག་ཏུ་ཕེབས་མ་ཐུབ་པར་བརྟེན་སྐུ་མགྲོན་རྣམས་ལ་ཉེས་པའི་ཚུལ་དུ་ཆང་དྲང་བའི་ཡུལ་ཞིག་དང་། དེ་ཡང་དགའ་འཛོམས་ཀྱི་ཉིན་ཐོག་མ་དེར་ཉེས་པ་དེ་འགེལ་སྲོལ་མེད། གང་ལགས་ཤེ་ན། དེ་ནི་སྦྱིན་བདག་གིས་ཉིན་དང་པོར་མི་རྣམས་དུས་ཚོད་གང་ལ་འཛོམ་དགོས་པའི་གྲོས་ཐག་བཅད་མེད་པས་རེད། ཉིན་དང་པོར་མི་རྣམས་ཀྱིས་བཀྲ་ཤིས་རྟེན་འབྲེལ་མཚོན་བྱེད་ཉིན་དགུང་གི་སྟོན་ལ་འདུ་འཛོམས་བྱེད་པ་དང་། རྟེན་འབྲེལ་གྱི་མཛད་སྒོ་ཚོགས་པ་སོགས་བྱེད་ཀྱི་ཡོད། གལ་ཏེ་ཉིན་དང་པོར་རྟེན་འབྲེལ་གྱི་མཛད་སྒོ་མ་ཚར་ཚེ་སུ་མཐུད་ཉིན་གཉིས་པར་རྟེན་འབྲེལ་བྱེད་ཀྱི་ཡོད་སྐབས་རྟེན་འབྲེལ་བྱེད་མི་རྣམས་ཀྱང་ཉིན་གཉིས་པའི་ཚོགས་པ་

ནས་རྟེན་འབྲེལ་ལ་ཕེབས་སྲོལ་ཡོད་པས་ཉིན་དེར་ཡང་ཕེབས་སྐུག་གི་ཉེས་པ་འདྲེན་དགོས་མེད། འོ་ན་ཕེབས་སྐུག་གི་ཉེས་པ་དེ་གནས་ཚུལ་ཅི་འདྲའི་འོག་ཏུ་འདྲེན་བཞིན་ཡོད་དམ་ཞེ་ན། དེ་ནི་རྟེན་འབྲེལ་གྱི་མཛད་སྒོ་གྲུབ་པའམ། ཡང་ན་རྟེན་འབྲེལ་བྱེད་མི་དགོས་པའི་དུས་ཆེན་སོགས་ཀྱི་དགའ་འཇོམས་སྐབས་སུ་ཉིན་དང་པོའི་དགོང་མོ་སྨྲིན་བདག་གིས་སང་ཉིན་འཇོམས་རྒྱུའི་དུས་ཚོད་དེ་གཏན་འཁེལ་བྱེད་ཀྱི་ཡོད་པ་དཔེར་ན། སང་ཉིན་སྔ་དྲོའི་ཆུ་ཚོད་བཅུ་གཅིག་གོང་ལ་ལྷན་རྒྱས་ཚང་མ་ཕེབས་རོགས། གལ་ཏེ་དེ་ལས་འགོར་ཚེ་ཕེབས་སྐུག་ཡོད། ཅེས་པ་ལྟ་བུའི་སྐུལ་སློང་བྱེད་བཞིན་ཡོད།

གལ་སྲིད་ཉིན་གཉིས་པའི་ཞོགས་པ་ཁྱིམ་ཚང་གི་ལས་བྲེལ་ཡིན་ནའང་འདྲ། རང་ཉིད་ཀྱིས་འཚོར་སྣང་བྱུས་ཏེ་སྔ་པོ་ནས་ཐུགས་སྒྲོ་ལ་མ་ཕྱིན་ཚེ། གཏན་འཁེལ་བྱས་པའི་དུས་ཚོད་ལ་མ་འབྱོར་ན་ཁྱིམ་ཚང་གི་སྒོ་རྒྱབ་བམ་རྒྱ་སྒོར་མི་ཞིག་ཁང་བཙུགས་ནས་བསྡད་དེ་རྗེས་སུ་ལུས་པའི་སྐྱེ་བོ་ཚང་མར་ཆང་ཧུའུ་གང་ངམ་ཡང་ན་སྐྱོགས་གང་རང་སར་འཐུང་དུ་འཇུག་གི་ཡོད། དེས་ན། ཕེབས་སྐུག་གིས་མི་རྣམས་དུས་ཐོག་ཏུ་འཛོམས་ཐུབ་པའི་ནུས་པ་ཞིག་རིམ་བཞིན་ཐོན་ཐུབ་ཀྱི་ཡོད།

གཉིས་པ། གསོལ་གོང་མ།

དེ་ནི་གསོལ་ཆས་མ་བཀུགས་གོང་དུ་ཆེད་མངགས་གྲལ་མགོ་ནས་གྲལ་མཇུག་གམ་ཡང་ན་བཞུགས་གྲལ་གྱི་མགོ་མཇུག་གཉིས་ནས་དུས་གཅིག་ཏུ་བཀུག་པའི་ཁྲུང་སྐྱོགས་ལྷ་བྱ་གོང་མོའི་མཉེས་དག་བསུ་བའི་བྱེད་སྒོ་ཞིག་ཡིན། གསོ་རིག་མཁས་ཅན་གྱི་ཞལ་ལས། ཟ་མའི་གོང་དུ་སྤྲན་ཙམ་བཏུང་གྱུར་ན། ཕོ་བའི་འཇུ་བྱེད་ནུས་པར་ཕན་པ་ཡོད། ཅེས་གསུངས་པ་བཞིན་གསོལ་གོང་མ་ནི་གོང་གི་ཕེབས་སྐུག་ལྟར་ཀྱི་མང་པོ་མེད་པས་དེས་ལྟོའི་དྭངས་པ་འགོག་མི་ཐུབ་ལ་དེ་བས་གསོལ་གོང་མས་ཟས་རིགས་སྣམ་པོ་ཐད་ཀར་ཕོ་བའི་ནང་སླེབས་ནས་ཕོ་བའི་འཇུ་བྱེད་ནུས་པ་ཉམས་པར་སྔོན་འགོག་གི་ནུས་པ་ཐོན་ཐུབ་ཀྱི་ཡོད། གསོལ་གོང་མ་བཀུགས་རྗེས་མ་བྱན་གྱིས་ཞལ་ལག་གྲ་སྒྲིག་བྱེད་པ་དང་དེའི་སྐབས་སུ་མི་རྣམས་གཅིན་པ་གཏོང་བར་འགྲོ་སྲོལ་ཡོད། རྒྱུ་མཚན་ནི་གསོལ་ཤུལ་མ་ཚར་བར་དུ་གཅིན་པ་གཏོང་བར་འགྲོ་མི་ཚོག་པ་དང་། དམངས་ཁྲོད་ཀྱི་གཏམ་དཔེར། ཁ་ལག་ཟ་ཁར་གཅིན་པ་གཏོང་བར་ཕེབས། སྐྱིགས་དོར་བཅུད་ལེན་བྱེད་པར་ཕན་པ་ཡོད། ཅེས་པས་སོ། །

གསུམ་པ། གསོལ་ཤུལ།

དེ་ནི་ཏ་ལམ་ཆེད་མངགས་ཆང་ཁྲལ་འགེལ་བ་ཙམ་ལས་དེས་གཟུགས་པོར་ཕན་པ་ལྟ་ཅི་དེ་བས་གནོད་པ་ཆེ་བར་སྨན་དཔྱད་རིག་པའི་ཞལ་ལས་ལྷུང་། གསོལ་ཤུལ་ཞེས་བརྗོད་དགོས་དོན་ནི། བཞུགས་གྲལ་སྐྱེ་བོ་ཀུན་གྱིས་ཞལ་ལག་མཆོད་ཚར་རྗེས་གསོལ་ཆས་དེའི་ཤུལ་དུ་འམ་རྗེས་སུ་དྲངས་པའི་ཆང་

ལ་ཟེར་བ་ཡིན། དེ་ནི་ཁྲིམ་ཚང་གི་འཁོར་འཁོས་ལ་གཞིགས་ནས་མི་རེར་ཚང་རྒྱན་རེ་རེ་སྒྲིག་ཐོག་ཚང་མར་ཆང་གཞན་ལས་ཞིམ་པའི་ཆང་མང་ཉུང་གཅིག་པ་རེ་དྲངས་པ་དང་། ཁྲིམ་ཚང་འགའ་རེས་ཆེད་མངགས་གསོལ་ཤུལ་གཏོང་ཆེད་དུ་ཟླ་བ་ཁ་ཤས་བསྐྱལ་ནས་བཞག་པའི་ཆང་རྙིང་པ་འདྲེན་གྱི་ཡོད་པས་དེ་ནི་ཧ་ཅང་གི་བཏུང་དཀའ་བ་ཞིག་ཡོད། འོན་ཀྱང་མ་བྱན་གྱི་ལག་ཏུ་ཆང་རྒྱུག་ཅེས་སྒྱུག་མིའི་དབྱུག་པ་ཞིག་བཟུང་ཐོག་ཆང་དུས་ཐོག་ཏུ་བཏུང་མི་ཐུབ་པའི་མི་ཚོའི་མགོ་ལ་དབྱུག་པ་དེ་འགའ་རེ་གཞུས་ཏེ་ཆང་འཐུང་དུ་འཇུག་གི་ཡོད་པ་དང་། མགོ་ལ་དབྱུག་པས་གཞུས་པ་དེ་མཐོང་ཆུང་བྱས་པར་མི་འགྲོ་བའི་ཆེད་དུ་དབྱུག་པ་དེར་ཁ་བཏགས་ཤིག་དགྲི་སྲོལ་ཡོད། གལ་ཏེ་གཟུགས་པོ་སྐྱོ་པོ་ཡོད་པའི་མི་ཚོས་ཆང་དེ་རིགས་བཏུང་དགོས་བྱུང་ཚེ་གཟའ་འཁོར་ཁ་ཤས་ཕོ་བར་ན་ཟུག་གཏོང་རྒྱུ་སྨོས་མེད་རེད། དེས་མཟད་གསོལ་ཤུལ་གཏོང་སྐབས་གསུམ་ཡར་བསྡེབས་དང་། བཞི་ཡར་བསྡེབས་ཞེས་མཇུག་ནས་བསྡེབས་པའི་མི་གསུམ་མམ་བཞི་སོགས་ལ་ཆང་དུས་ཐོག་ཏུ་འཐུང་མ་ཚར་བའི་ཉེས་པར་སླར་ཡང་ཁྲུང་སྐྱོགས་གང་དོ་བཀྱག་སྲོལ་ཡོད།

གཞན་ཡང་གསོལ་ཤུལ་འཐུང་མ་ཚར་བར་དུ་མ་བྱན་དང་སྦྱིན་བདག་ཕུད་པའི་མི་སུ་འདྲ་ཞིག་ཀྱང་རང་ཉིད་ཁ་ལག་ཟ་དུས་ཀྱི་གདན་ནས་ཁ་མ་བྲལ་བར་རང་གར་སྡོད་དགོས་ཀྱི་ཡོད་པས་གལ་ཏེ་རང་ཉིད་གདན་གྱི་སྟེང་ནས་རྐུབ་བཀྱག་ཙམ་བྱས་ཚེ་ལམ་སང་ཆང་གི་ཉེས་པ་གཏོང་བས་གསོལ་ཤུལ་འཐུང་མ་ཚར་བར་དུ་གཅིན་པ་བྲོ་བ་སྒོམ་རྒྱུ་དང་ཡང་ན་ཉེས་པ་དང་དུ་ལེན་རྒྱུ་ལས་བྱ་ཐབས་ཟད། གལ་སྲིད་ཁ་ལག་ཟ་བ་དང་ཐུག་པ་བཏུང་བའི་སྐབས་སུ་དོ་སྣང་མ་བྱུང་བར་ཞྭ་མོ་གྱོན་ཡོད་ཚེ་གསོལ་ཤུལ་འཐུང་ཚར་རྗེས་ཡང་བསྐྱར་ཐུག་ཞྭ་ཞེས་ནང་གི་ཉེས་པ་གཏོང་སྲོལ་ཡོད། འོ་ན་ཆང་རག་རྩ་བ་ནས་མི་བཏུང་བའི་མི་ལ་ཉེས་པ་གང་ཡོད་ཅེ་ན། མ་བྱན་གྱིས་ཇ་ཐང་ཚ་པོ་ཕོར་ཆེན་གང་བླུགས་ཐོག་ཕོར་པའི་ཟུར་དུ་མར་གྱི་ཡར་སྒྲོན་ཞིག་སྒྲོན་ཏེ་གཏོང་བ་དང་། གལ་ཏེ་ཇ་ཐང་དུས་ཐོག་ཏུ་བཏུང་བར་ཡར་སྒྲོན་བཞུར་ཚེ། ཡར་སྒྲོན་ཕོར་པའི་ཕྱི་ལ་ཐགས་ན་གཡང་ཕྱི་ལ་ཤོར་སོང་ཞེས་སླར་ཡང་ཇ་ཐང་ཕོར་པ་གང་གང་མགྱོགས་བཏུང་དགོས་པ་དང་། ཡར་སྒྲོན་ཕོར་པའི་ནང་ལ་ཟགས་ན། གཡང་ཁུག་སོང་ཞེས་སྨྲགས་ཟ་ཏུ་འཇུག་གི་ཡོད། ཡང་བཞུགས་གྲལ་འགའ་རེར་གསོལ་ཤུལ་གྱི་ཚབ་ཏུ་ཇ་སྤུབ་མ་ཇ་དམ་གང་ཆང་བཏུང་མཁན་རྣམས་དང་དུས་གཅིག་ཏུ་འཐུང་ཚར་བ་བྱེད་དགོས་ཀྱི་ཡོད། དེས་ན། བཞུགས་གྲལ་ཅི་འདྲ་ཞིག་ཏུའང་གསོལ་ཤུལ་ནི་མི་རྣམས་ཀྱིས་ཁྲིམས་ནན་ཤོས་ཤིག་དང་དཀའ་ལས་ཁག་ཤོས་ཤིག་ཏུ་བརྩི་གི་ཡོད། གསོལ་ཤུལ་འཐུང་ཚར་རྗེས་མི་སོ་སོས་རང་གི་གསོལ་ཤུལ་འཐུང་ཚར་བ་དེ་བཞུགས་གྲལ་སྐྱི་བོ་ཀུན་གྱིས་ཤེས་པའི་ཆེད་དུ་རང་གི་ཆང་རྒྱན་ལག་ཏུ་བཟུང་སྟེ། བཞུགས་གྲལ་རྣམ་པ་ལྷན་རྒྱས། གུས་པས་གསོལ་ཤུལ་ཞུས་ཚར་བས་རྟགས་མ་གནང་རོགས་ཞེས་ཞུ་བ་དང་མ་བྱན་གྱིས་

གཞི་ནས་མི་དེ་དག་གཅིན་པ་གཏོང་བར་འགྲོ་ཆོག་རྟགས་སུ་མི་སོ་སོའི་དཔྱུང་པ་གཡས་པའི་སྟེང་དུ་རྩམ་པའི་ཡར་སྙོན་རེ་སྙོན་པ་དང་གཞི་ནས་ཡར་སྙོན་ཐོབ་པའི་མི་རྣམས་བཞུགས་ཁྲལ་ནས་ཡར་ལངས་ཏེ་གཅིན་པ་གཏོང་བར་འགྲོ་བ་ཡིན།

བཞི་པ། གསོལ་རྒྱབ།

དེ་ནི་གསོལ་ཤུལ་ཞུས་ཚར་བའི་རྗེས་སུ་ཡང་བསྐྱར་ཆང་ཁྲལ་ལན་གཅིག་གཏོང་བ་དེ་ལ་ཟེར། གསོལ་རྒྱབ་ནི་གསོལ་ཤུལ་ལྟར་དུས་ཐོག་ཏུ་འཕྲུང་མ་ཚར་ན་ཉེས་པ་འགེལ་སྲོལ་དེ་འདྲ་མེད་ལ་གསོལ་རྒྱབ་མ་ཐོན་གོང་ལ་རང་ཉིད་གཅིན་པ་གཏོང་བར་འགྲོ་དགོས་ཀྱང་ཉེས་པ་གཏོང་སྲོལ་མེད། འོན་ཏེ་གསོལ་རྒྱབ་དེ་ཡང་ཅུང་མགྱོགས་ཙམ་བཏུང་དགོས་ཏེ། གལ་ཏེ་དུས་ཡུན་རིང་ན་མ་བྱུན་གྱིས་མགོ་ལ་ཆང་རྒྱུག་གཞུ་ངེས་ཡིན། དེས་མ་ཟད། གསོལ་རྒྱབ་བཏུང་མ་ཚར་བར་དུ་སྐུ་མགྲོན་རང་ཁྱིམ་ལ་ལོག་མི་ཆོག་པ་སོགས་ཆང་ཁྲལ་ཧ་ཅང་མང་ངོ་། །

མདོར་ན། དེང་སྐབས་འཚོ་བ་ཡར་ངོའི་ཟླ་ལྟར་འཕེལ་རྒྱས་འགྲོ་བའི་སྐབས་འདིར་མི་རྣམས་ཀྱི་འདུ་འཛོམས་དེ་ཡང་དེ་བས་མང་དུ་འགྲོ་གི་ཡོད། སྐབས་དེ་ན་ཆང་ས་དར་བའི་གཙང་ཕྱོགས་ཞིང་གྲོང་ཁུལ་དུ་འང་འདུ་འཛོམས་ཁྲོད་དུ་ཆང་ཁྲལ་སྣ་ཚོགས་ཤིག་དར་ཁྱབ་ཏུ་སོང་ཡོད། གོང་གསལ་ཆང་ཁྲལ་ཁག་ལས་ང་ཚོས་མཐོང་ཐུབ་པར། ཕེབས་སྐྱུག་དང་གསོལ་གོང་མ་གཉིས་པོ་ནི་ཅུང་ཟད་ལུགས་དང་མཐུན་པ་ཞིག་རེད། གང་ལགས་ཤེ་ན། ཕེབས་སྐྱུག་དེས་མི་རྣམས་དུས་ཐོག་ཏུ་ཐུགས་སྤྱོར་འཛོམས་ཐུབ་པར་སྐུལ་འདེད་ཀྱི་ནུས་པ་ཐོན་ཐུབ་པ་སྟེ། ཁྱིམ་ཚང་སོ་སོའི་སྒོ་འགྲམ་དུ་ཐུགས་སྤྲོ་བ་རྣམས་གདན་འདྲེན་ཞུ་བར་འགྲོ་དགོས་པའི་ལས་ཀར་རྒྱབ་སྐྱོར་ཤུགས་ཆེན་ཐོན་པ་དང་། གསོལ་གོང་མ་དེས་ཐོ་བའི་འཇུ་སྟོབས་ནུས་པར་ཕན་ནུས་ཅུང་ཟད་ཐོན་པ་ལས་གནོད་འཚེ་དེ་ཙམ་གྱིས་ཆེ་བར་མི་མངོན་པས་སོ། །འོན་ཀྱང་། གསོལ་ཤུལ་དང་གསོལ་རྒྱབ་གཉིས་པོ་ནི་དོན་མེད་མི་ལ་སྡུག་པོ་སྟེར་བ་ཞིག་དང་། བག་མེད་ལོངས་སྤྱོད་བྱ་བའི་སྟང་ཚུལ་ཙམ་མ་ཟད་ལྷག་པར་དུ་ཆང་རྙིང་པ་འདྲེན་པའི་ལུགས་སྲོལ་དེས་མི་མང་པོའི་གཟུགས་པོའི་བདེ་ཐང་ལ་གནོད་སྐྱོན་ཆེན་པོ་ཐོག་པ་ལས་ཕན་འབྲས་གང་ཡང་ཐོན་མི་ཐུབ་ལ་ཐ་སྙད་དུ་ཐུགས་སྤྲོ་ཞེས་འབོད་ཀྱང་དོན་དམ་དུ་མི་རྣམས་ཀྱི་རང་མོས་ཀྱི་ཟ་བཏུང་དང་རྐང་བྲོ་གླུ་གཞས་སོགས་ཐུགས་སྤྲོ་བའི་བསམ་པར་འགལ་རྐྱེན་བཟོ་བར་དོགས་སོ། །

ཆང་ནི་ཉེས་པ་ཀུན་གྱི་རྩ་བ་ཡིན། །
ཐུན་བུ་བཏུང་བས་སྐྱོམ་པ་སེལ་ཐུར་ཀྱང་། །

མང་ན་ར་བཟི་རང་གཞན་ཀུན་ལ་གནོད། །
ཆང་རག་མི་འཕྲུང་སྐྱེ་བོ་བསྟུགས་པའི་ཡུལ། །

《སྤྲར་རྒྱན་མེ་ཏོག》 ༢༠༠༧ལོའི་དེབ་གཉིས་པ་ལས་བཏུས།

༄། །མཚོ་བོད་ས་མཐོའི་སྙིང་གི་དགོན་སྡེ་སོགས་ཨར་སྐྲུན་གྱི་ཚོན་མདོག་དཀར་པོ་དང་དམར་པོ་ཡིན་པའི་རྒྱུ་མཚན་ངོ་སྤྲོད།

མི་ཉག་ཆོས་ཀྱི་རྒྱལ་མཚན།

བོད་ལུགས་ཨར་སྐྲུན་དཀར་དམར་ཚོས་མདོག་གཉིས། །
བོད་པའི་འཚོ་བ་དཀར་དམར་གཉིས་ལ་བརྟེན། །
ཞི་རྒྱས་དབང་དྲག་དཀར་དམར་གཉིས་སུ་འདུས། །
འཛིག་རྟེན་དགེ་སྡིག་དཀར་དམར་གཉིས་ཀྱིས་དབྱེ། །

བོད་ལུགས་ཨར་སྐྲུན་གྱི་ཚོས་མདོག་དེ་ལ་བོད་ཀྱི་དམངས་ཁྲོད་འཚོ་བའི་གོམས་སྲོལ་གྱི་ཁྱད་ཆོས་ཡོད་ལ་ཆོས་ལུགས་དང་རིག་གནས་ཐད་ཀྱི་དོན་སྙིང་ཆེན་པོ་ཡང་ལྡན་པ་མ་ཟད་ཨར་སྐྲུན་སྒྱུ་རྩལ་ཐད་འགངས་ཆེའི་དོན་སྙིང་ཡང་ལྡན། མི་ཚོས་ཨར་སྐྲུན་དངོས་པོ་ཞིག་ལ་ལྟ་སྐབས་ཐོག་མར་ཕྱིའི་དབྱིབས་གཟུགས་ལེགས་མིན་དང་ཚོས་མདོག་མཛེས་མིན་ལྟ་རྒྱུ་དེ་རེད། མི་རིགས་མི་འདྲ་བ་སོ་སོར་ཚོས་མདོག་འདྲ་མིན་ལ་དགའ་ཞེན་དང་། བེད་སྤྱོད་གཏོང་རྒྱུར་གོམས་སྲོལ་མི་འདྲ་བ་ཡོད།

བོད་ལུགས་ཨར་སྐྲུན་ལ་དམིགས་བསལ་གྱི་སྲོལ་རྒྱུན་ཡོད་པ་མ་ཟད། ཚོས་མདོག་བེད་སྤྱོད་བྱེད་སྟངས་ཐད་ཁྱད་ཆོས་མངོན་གསལ་དོད་པོ་ལྡན། བོད་ལུགས་ཨར་སྐྲུན་གྱི་ཕྱི་རྩིག་གི་ཚོས་མདོག་གཞི་རྩའི་ཐོག་ནས་ཁག་གཉིས་སུ་དབྱེ་ཆོག་པ་སྟེ། དཀར་པོ་དང་། དམར་པོ་གཉིས་ཡིན། ཚོས་མདོག་དཀར་པོ་བེད་སྤྱོད་རྒྱ་ཁྱབ་ཆེ་ཞིང་། ཕོ་བྲང་དང་དགོན་པ། ཡང་ན་དམངས་ཁྲོད་ཀྱི་སྡོད་ཁང་སོགས་གང་སར་བེད་སྤྱོད་གཏོང་གི་ཡོད། ཚོས་མདོག་དམར་པོ་བེད་སྤྱོད་སྐབས་གཟབ་ནན་ཆེ་ཙམ་བྱེད་དགོས་པ་དང་སྤྱིར་བཏང་དགོན་པ་ཁག་གི་སྲུང་མའི་མགོན་ཁང་དང་། སྐུ་གདུང་ཁང(ཆོས་ལུགས་ཀྱི་བླ་མ་དང་མཁན་སློབ་སོགས་ཀྱི་སྐུ་གདུང་བཞུགས་ཡུལ)དང་། ཡང་ན་ལྷ་བཙན་གྱི་རྟེན་མཁར་སོགས་ཀྱི་ཕྱི་རྩིག་དམར་པོ་བཟོ་སྲོལ་ཡོད། དེ་ལྟར་ཚོས་མདོག་བེད་སྤྱོད་ཚུལ་ཐད་མི་རིགས་རང་གི་ཡུལ་གོམས་གཤིས་ལུགས་དང་། ཆོས་ལུགས་ཀྱི་སྙིང་དོན་སོགས་གང་ཅིར་འགངས་ཆེའི་དོན་སྙིང་ལྡན་པ་མ་ཟད། ཨར་སྐྲུན་སྒྱུ་རྩལ་ཐད་གསལ་ཞིང་དྭངས་པའི་ཉམས་འགྱུར་རམ། བརྗིད་ཇམས་ཟིལ་གནོན་ལྡན་པའི་ནུས་པ་ཐོན་

གྱི་ཡོད། དཔེར་ན། ཕོ་བྲང་པོ་ཏ་ལར་ཕོ་བྲང་དཀར་པོ་དང་། དམར་པོའི་དབྱེ་བ་ཡོད། ཕོ་བྲང་དཀར་པོ་ནི་ཨར་སྐྱུན་ཡོངས་ཀྱི་འགངས་ཆེའི་གྲུབ་ཆ་སྟེ། རྒྱལ་བ་རིམ་བྱོན་གྱི་བཞུགས་གནས་དང་། ཆོས་སྲིད་ཀྱི་བྱ་བ་ཐག་གཅོད་གནང་སའི་ཡུལ་ཡིན། ཕོ་བྲང་དེའི་ཕྱི་རྩིག་ལ་ས་དཀར་གསོལ་བས་མི་ཚོས་ཕོ་བྲང་དཀར་པོ་ཞེས་འབོད་ཅིང་། ཕོ་བྲང་དམར་པོ་ནི་རྒྱལ་བ་སྐུ་ཕྲེང་རིམ་བྱོན་གྱི་སྐུ་གདུང་བཞུགས་ཡུལ་གདུང་རྟེན་ཁང་ཡིན་ལ། ཕོ་བྲང་པོ་ཏ་ལ་ཡོངས་རྫོགས་ཀྱི་ལྟེ་གནས་དང་། ཨར་སྐྱུན་རྟིལ་པོའི་ཡང་རྩེ་ལྟ་བུ་ཡིན་པ་སྟེ། རྒྱ་རིགས་ཀྱི་ཁྱུང་ཅོ་ལྷ་ཁང་ནང་གི་ཁྱུང་ཅོའི་མཚན་བྱང་དམ་སྐུ་བརྙན་གྱི་ལྷ་ཁང་དང་འདྲ་བར། དྲན་རྟེན་དང་། མཆོད་འབུལ་བྱེད་ཡུལ་སོགས་ཀྱི་གནད་ཆེའི་དོན་སྙིང་ལྡན། དེ་ལྟ་བུའི་ཆོས་མདོག་ཐད་བེད་སྤྱོད་ལུགས་མི་འདྲ་བ་དང་། སྲིག་སྟངས་ཡི་འདྲ་བ་དེས་བོད་ལུགས་ཨར་སྐྱུན་གྱི་ཐུན་མོང་མ་ཡིན་པའི་གོམས་སྲོལ་དང་ཁྱད་ཆོས་མངོན་པར་བྱས་ཡོད།

དང་པོ། དཀར་དམར་གཉིས་ཀྱི་ཚོས་མདོག་གི་བྱུང་ཚུལ།

དཀར་དམར་ཚོས་གཞི་གཉིས་ནི་བོད་རིགས་ཀྱི་མི་ལོ་སྟོང་ཕྲག་མང་པོའི་འཚོ་བའི་གོམས་གཤིས་དང་ཆོས་ལུགས་ཀྱི་རྒྱུན་སྲོལ་བཅས་ལ་འབྲེལ་བ་དམ་ཟབ་ཡོད་པས་ཐོག་མར་བོད་རིགས་ཀྱི་གནའ་བོའི་ཆོས་ལུགས་དང་རིག་གནས། འཚོ་བའི་གོམས་གཤིས་བཅས་ཀྱི་ཐད་ནས་བཤད་དགོས་པ་ཞིག་རེད།

མཁས་དབང་དགེ་འདུན་ཆོས་འཕེལ་མཆོག་ནས《དེབ་ཐེར་དཀར་པོའི》ནང“ཕྱུར་རྒྱལ་ནི་གཞི་རྩའི་ཆ་ནས་འབྲོག་པའི་སྡེ་ཡིན”ཞེས་གསལ་བར་གསུངས་ཡོད། འབྲོག་པ་ཚོར་དུས་ཡུན་རིང་པོའི་དངོས་དོན་གྱི་འཚོ་བའི་ནང་དཀར་དམར་ཚོས་མདོག་གཉིས་ལ་ངོས་འཛིན་ཚུལ་རེ་ཡོད་པ་སྟེ། “དཀར”ཞེས་པ་ནི་འབྲོག་པའི་ཐོན་སྐྱེད་ཀྱི་ཞོ་དང་། འོ་མ། མར་བཅས་ལ་ཟེར་ཞིང་། དཀར་ཆུ་ཞེས་ཀྱང་འབོད་ཀྱི་ཡོད། “དམར”ཞེས་པ་ནི་ཤ་ལ་ངོས་འཛིན་གྱི་ཡོད་ལ། ཤ་ཁྲག་གི་རིགས་ལ་དམར་ཟེར་གྱི་ཡོད། ད་ལྟ་བོད་རིགས་ཡིན་ཕྱིན་གྱི་འབྲོག་སྡེ་ཐམས་ཅད་ལ་འབོད་ཚུལ་དེ་རང་ཡིན།

བོད་ལུགས་ཀྱི་གསོལ་སྟོན་འབུལ་སྐབས་ཀྱང་དཀར་སྟོན་དང་། དམར་སྟོན་གྱི་དབྱེ་བ་ཡོད་པ་སྟེ། “དཀར་སྟོན”ནི་མར་འོ་མའི་རིགས་ཏེ་ཤ་ཁྲག་མ་འདྲེས་པའི་གསོལ་སྟོན་ལ་ཟེར་ཞིང་། དཀར་སྒྲོ་ཡང་ཟེར། “དམར་སྟོན”ནི་ཤ་ཁྲག་གི་གསོལ་སྟོན་ལ་ཟེར་ཞིང་། དམར་སྒྲོ་ཡང་ཟེར་སྲོལ་ཡོད། སྐབས་འགར་དཀར་དམར་གྱི་བཞེས་སྒྲོ་ཡང་ཟེར། ཆོས་ལུགས་ཀྱི་ལྷ་དང་སྲུང་མར་མཆོད་པ་འབུལ་རྒྱུ་ལ་ཡང“དཀར་མཆོད”དང་། “དམར་མཆོད”ཀྱི་དབྱེ་བ་ཡོད་ཅིང་། གཏོར་མ་འབུལ་རྒྱུར་ཡང་དཀར་དམར་གཉིས་ཀྱི་དབྱེ་བ་ཡོད་པ་སྟེ། ཞི་བའི་ལྷ་ལ་འབུལ་རྒྱུའི་གཏོར་མ་ནི་དབྱིབས་ཟླུམ་པོ་དང་། མར་ཁུ་བྱུགས་ནས་དཀར་པོ་བཟོས་ཤིང་། སྲུང་མ་དྲག་པོར་འབུལ་རྒྱུའི་གཏོར་མ་ནི་དབྱིབས་གྲུ་གསུམ་ཡིན་པ

དང་། དམར་ རྩི་བྱུགས་ནས་དམར་སེང་ངེ་ཞིག་བཟོ་ཡི་ཡོད་ཅིང་། གནའ་དུས་སེམས་ཅན་བསད་པའི་ཁྲག་བྱུགས་སྲོལ་ཡོད་པ་ཡིན།

༧. དཀར་པོ། དཀར་སྟོན་ནི་དཀར་པོ་དང་གཅིག་ཏུ་འབྲེལ་བ་ཞིག་སྟེ། 《ཐང་ཡིག་གསར་མའི》 གླེགས་བམ216པའི་སྟོད་ཆར། "ཤིང་གི་སྟོད་མཐིལ་དུ་ཀོ་བས་གཡོགས་པ་ཞིག་ཏུ་ཟས་ཟ་ལ། སྟེར་མའི་དོད་དུ་འཕྱིང་བ་བརྟིངས་ནས་བྱེད། ཡང་ན་བག་ཕྱེ་ལས་སྐྱུར་རྡ་ཞིག་བྱས་ཏེ་འོ་མ་སོགས་བཏུང་ཞིང་རྗིང་སོར་དེ་ཡང་ཟ། ཆང་ཁྱོར་བར་བླུགས་ནས་བཏུང་།"ཞེས་སོགས་འཁོད་ཡོད་ཅིང་། སྔ་མོ་བོད་ས་གནས་སྲིད་གཞུང་གི་མཛད་སྒོ་ཆེན་པོ་ཚུགས་སྐབས་ཚོམས་ཆེན་དབུས་སུ་གོས་ཆེན་གྱི་གདན་ཆེན་པོ་བཏིང་ཞིང་། ཁ་ཟས་དང་། ཤིང་འབྲས། བུ་རམ་སོགས་དེའི་སྟེང་དུ་སྤུངས་ནས་སྟོན་མོ་བྱེད་པ་འདི་སྟེར་མའི་དོད་དུ་འཕྱིང་བ་བརྟིངས་ནས་བྱེད་ཟེར་བ་དེ་རང་ཡིན་པ་དང་། བོད་ས་གནས་སྲིད་གཞུང་གི་དཔོན་རིགས་རྣམས་དབྱར་ཁའི་བཞུགས་གླིང་གཏང་སྐབས་ཤིང་ཕོར་འདྲ་བའི་བག་ཕྱེ་བཟོ་སྲོལ་ཡོད་པ་འདི་བག་ཕྱེ་ལས་སྐྱུར་བ་བྱེད་ཟེར་བ་དེ་དངོས་ཡིན། ལོ་ལྟར་ཟླ་བ་བདུན་པའི་ཚེས་གཅིག་གི་ཞོ་སྟོན་ནི"དཀར་སྟོན"ཟེར་མ་དེ་ཡིན། གནའ་ནས་བཟུང་བོད་པའི་གྲོན་ཆས་ཐོག་ཏུའང་དཀར་པོ་དང་དམར་པོའི་ཚོས་མདོག་གཉིས་ཀྱི་དབྱེ་བ་ཡོད། སྤུར་རྒྱལ་སྐབས་སུ་མི་ཆོས་རྒྱུན་པར་འཕྱིང་བ་དང་སྣམ་བུ་གྱོན་པ་དང་། དགུན་དུས་པགས་ཚག་གྱོན་པ་སོགས་ནི་དཀར་པོ་ཡིན། དཔེར་ན《ཐང་ཡིག་གསར་མའི》གླེགས་བམ216པའི་སྟོད་ཆར། "གྱོན་པ་འཕྱིང་བར་བྱེད་ཅིང"ཞེས་འཁོད་ཡོད། བོད་རིགས་ཀྱི་འཚོ་བའི་ནང་གཉེན་སྒྲིག་སྟོན་མོའི་སྐབས་གནའ་མ་དང་མག་པར་འཕྱིང་བའི་གདན་དཀར་གཙང་འདིང་བ་དང་། ཁ་དར་དཀར་གཙང་བཀོན་པ་སོགས་དཀར་པོ་ཤ་སྟག་ཡིན་ཅིང་། བོད་རིགས་ས་ཁུལ་གང་སར་ལྷ་མཆོད་པ་དང་། བསངས་གཏོང་བ། ཚེ་འགུག གླ་འགུག གཡང་སྒྲུབ་སོགས་ཆོས་ལུགས་མཛད་སྒོ། གཉེན་སྒྲིག་སྟོན་མོ་སོགས་ཀྱི་སྐབས་སུ་མི་ཚང་མས་རྩམ་པ་ཕྱར་མོ་གང་གནམ་ལ་འཕྱུར་བཞིན་དུ་ལྷ་རྒྱལ་ལོ་ཞེས་པའི་སྐད་སྒྲ་དང་བཅས་བར་སྣང་དུ་གཏོར་ནས་མི་ཚོའི་མགོ་ལུས་དང་། ཁོར་ཡུག་སོགས་དཀར་ཐིང་ངེ་བཟོས་ནས་རྟེན་འབྲེལ་བཟང་པོ་མཚོན་པར་བྱེད་ཀྱི་ཡོད།

གནའ་བོ་བོན་པོའི་ཆོས་ལུགས་ཀྱི་ལྷ་སྲུང་མཆོད་སྐབས་ཀྱང"དཀར" "དམར"གཉིས་ཀྱི་དབྱེ་བ་ཡོད་པ་སྟེ། བོན་པོས་གནམ་དང་ས། རི་དང་ཆུ། ཉི་ཟླ་སྐར་གསུམ། ཆུ་ནང་གི་ཀླུ། རི་དྭགས་གཉན་སོགས་ཞི་བའི་ལྷར་བརྩིས་ནས་མཆོད་ཀྱི་ཡོད་པ་སྟེ། 《ཐང་ཡིག་རྙིང་མ》གླེགས་བམ296པའི་སྟོད་ཆའི་ནང"གནམ་དང་རི་ལུང་། ཉི་ཟླ་གཟའ་སྐར་ལ་སོགས་པ་དཔང་དུ་གསོལ"ཞེས་དང་། "རི་དྭགས་གཉན་ནི་ལྷ་རུ་བཀུར"ཞེས་འཁོད་པ་ལྟར། ལྷ་དེ་དག་གསོལ་བར་དཀར་མཆོད་སྲུལ་གྱི་ཡོད། དཀར་མཆོད་དེ་དཀར་གསུམ་གྱིས་འབུལ་དགོས་པ་སྟེ། ཞོ། འོ་མ། མར་གསུམ་གྱིས་འབུལ་དགོས། བསངས་

གཏོང་བ་ལ་ཡང་དཀར་བསངས་ཕུལ་ཟེར་ཞིང་། བསངས་རྫས་རྩམ་པ་དང་མར་སོགས་ཀྱིས་བྱེད་པ་ལས"དམར"གཏན་ནས་འདྲེས་མི་ཉན་པ་ཡིན། གོང་གསལ་དེ་དག་ནི་འཚོ་བ་དང་ཆོས་ལུགས་ཐོག་གི་དཀར་པོའི་བེད་སྤྱོད་ལུགས་ཡིན། གནའ་བོའི་སྐྱ་སྲོ་བའི་འབྲོག་པའི་འཚོ་བ་རིམ་བཞིན་གཏན་སྡོད་ཕྱོགས་སུ་འཕོ་འགྱུར་བྱུང་བས་དཀར་དམར་ཚོས་མདོག་གཉིས་པོའང་རིམ་བཞིན་ཨར་སྐྲུན་ཐོག་བེད་སྤྱོད་བྱེད་ཀྱི་ཡོད། བོད་རིགས་ས་ཁུལ་གྱི་རི་མགོ་དང་། འགྲོ་ལམ་གྱི་སྟེང་ཐོག་ཏུ་རྡོའི་ལྷ་བཙུགས་དང་རྟེན་མཁར་སོགས་བཞེངས་ཡོད་ཅིང་། རེ་འགའ་ཡིས་ཕུང་གསོག་བརྒྱབ་པའི་རྡོ་སྤུངས་དང་། རེ་འགས་རྡོས་རྟེན་མཁར་གྲུ་བཞིའམ་ཟླུམ་པོ་སོགས་སུ་བརྩིགས་ཡོད་ལ་དེའི་ཐོག་ཏུ་དར་ལྕོག་དང་ཁ་དར་དཀར་པོ་བཀལ་བའི་དར་ཤིང་བཙུགས་ཀྱི་ཡོད། རྟེན་མཁར་གསོལ་བའི་སྐབས་སུ་བསང་གཏོང་བ་མ་ཟད། རྩམ་པ་དང་། ཞོ། འོ་མ་སོགས་རྟེན་མཁར་དང་ལྷ་བཙུགས་ཐོག་བཤོས་ནས་དཀར་སིང་ངེ་བཟོ་ལ། མར་གྱིས་བྱུག་པ་ཡང་རྒྱུག་གི་ཡོད། བྱེད་སྒོལ་དེ་དག་ད་ལྟ་བོད་རིགས་ས་ཁུལ་གང་སར་ཡོད་མུས་ཡིན། དཔེར་ན་ཁམས་ཕྱོགས་དང་། འབྲོག་ཁུལ་གྱི་གནས་མཛལ་བ་མང་པོ་ཆོས་མཛལ་དུ་བསྐྱོད་སྐབས་ཇོ་ཁང་དང་། པོ་ཏ་ལ་སོགས་ཀྱི་ལྷ་ཁང་གི་སྒོ་དང་ལྷའི་བཞུགས་ཁྲི་སོགས་ལ་མར་ཐྲན་བུ་རེ་བྱུགས་མཁན་བྱུང་བ་ནི་གནའ་བོའི་གོམས་སྲོལ་གྱི་རྒྱུན་མཐུད་པ་ཞིག་རང་རེད།

ཨར་སྐྲུན་འཕེལ་རྒྱས་ཀྱི་གོ་རིམ་དང་སྟྲགས། རྒྱ་ཆེའི་གྲོང་བརྡལ་དང་། དགོན་པ་སོགས་ལ་གནའ་བོར"དཀར་གསུམ"གྱིས་རྟེན་མཁར་སོགས་དཀར་པོ་བཟོ་བའི་བྱེད་སྒོལ་དེ་རིམ་བཞིན་ཁང་པའི་ཐོག་བེད་སྤྱད་ནས་ས་དཀར་གྱིས་དཀར་གསུམ་གྱི་ཚབ་བྱས་ནས་ས་དཀར་གསོལ་བའི་ཨར་སྐྲུན་གྱི་ལུགས་མང་པོས་ཁྱབ་བསྟད་པ་བྱུང་བ་སྟེ། ནམ་མཁའི་སྐར་ཚོགས་ས་ལ་འཕོས་པ་འདྲ་བ་རྣམ་པ་ཀུན་ཏུ་མཛེས་པར་བྱས་པ་བྱུང་ངོ་། །

༢. དམར་པོ། བོད་ཀྱི་གནའ་བོའི་བོན་ཆོས་ནང་སེམས་ཅན་བསད་པའི་དམར་མཆོད་འབུལ་རྒྱུའི་དར་སྲོལ་ཆེ་ཞིང་། ཙུང་གཞི་ཁྲོན་ཆེ་བའི་དམར་མཆོད་འབུལ་ཐེངས་གཅིག་ལ་སེམས་ཅན་བརྒྱ་ཕྲག་གསོད་ཀྱི་ཡོད་པ་སྟེ། 《ཐང་ཡིག་གསར་མའི》གླེགས་བམ216གི་སྟོད་ཆར། "རྗེ་བློན་རྣམས་ཀྱིས་ལོ་རེར་འདུན་མ་ཆུང་ངུ་རེ་བསྡུ། དེ་དུས་ལུག་ཁྱི་སྤྲེལ་གསུམ་དམར་མཆོད་བྱེད། ལོ་གསུམ་ན་འདུན་མ་ཆེ་བ་རེ་བསྡུ། མཚན་དགུང་ལ་མཆོད་དངོས་རྣམས་སྙིགས་སུ་གཤམ་སྟེ། མི་རྟ་གཡག་གསུམ་དང་བོང་བུ་སོགས་དམར་མཆོད་དུ་འབུལ། སྲོག་ཆགས་དེ་དག་གི་རྐང་ལག་འབྲེག ངོན་སྔོད་མདུན་དུ་སྤུངས"ཞེས་དང་། བོད་ཡིག་ལོ་རྒྱུས་དེབ་ཐེར་གཞན་དུའང་མདའ་བོར་དམར་མཆོད་འབུལ་ཚུལ་འཁོད་ཡོད་ཅིང་། ཉེ་བའི་མི་ལོ་སུམ་བརྒྱ་ཙམ་གྱི་གོང་དུ་རྒྱལ་བ་བསོད་ནམས་རྒྱ་མཚོས་སོག་ཡུལ་དུ་སེམས་ཅན་བརྒྱ་སྟོང་གསོད་པའི་དམར་མཆོད་གཏན་འགོག་གནང་ཚུལ་མཁྱེན་གསལ་རེད། དམར་མཆོད་འབུལ་

སྐབས་སེམས་ཅན་མང་པོ་བསད་ནས་ཁྲག་ཟྡད་མོ་རྟེན་མཁར་ཐོག་མཆོད་ནས་རྟེན་མཁར་དམར་སེང་ངེ་བཟོས་པ་སོགས་ནི་དེང་སྐབས་སུའང་མདོ་སྨད་ས་ཁུལ་གྱི་རྒྱལ་རོང་དང་མི་ཉག་སོགས་ས་ཁུལ་འགའ་རེར་ར་མཆོད་ལྷ་བཙུགས་ཞེས་ཕྱར་ར་བསད་ནས་དམར་མཆོད་འབུལ་ཡུལ་གྱི་རྟེན་མཁར་དལྟར་ཡོད་པ་ནི་དཔེ་མཚོན་ངོ་མ་ཡིན། དམར་མཆོད་འབུལ་བ་དང་སྲུགས་མེའི་ནང་དུ་ཤ་དང་ཚིལ་སོགས་བསྲེགས་ནས་ཤ་བསུར་གཏོང་སྲོལ་ཡང་ཡོད་པར་རེ་འགས་དམར་བསུར་ཡང་ཟེར་ཞིང་། དབྱར་ཁ་སོགས་སུ་གང་བྱུང་དུ་ཤ་བསུར་བཏང་ན་དཀར་སྐྱོང་བྱེད་པའི་ཡུལ་ལྷ་གཞི་བདག་རྣམས་ཁྲོས་ཏེ་ཐོག་དང་སེར་བ་སོགས་རྒྱག་གི་རེད་ཟེར་སྲོལ་ཡོད་པས་ཤ་བསུར་དེ་བཙན་དང་འདྲེ་མོ་སོགས་ལ་མ་གཏོགས་གཏོང་བར་མི་བྱེད་པ་ཡིན། དེ་ལྟ་བུའི་ཤ་ཁྲག་གིས་དམར་མཆོད་འབུལ་ཡུལ་ནི། བཙན་དང་། རྒྱལ་པོ་སོགས་དྲག་པོའི་ལྷ་སྲུང་ཡིན་ཞིང་། རྟེན་མཁར་དེ་ཚོར་བཙན་མཁར་ཡང་ཟེར། 《བོད་རྒྱ་ཚིག་མཛོད་ཆེན་མོར》"བཙན་མཁར་ནི་རྫོས་རྡིག་པའི་རྟེན་མཁར་གྲུ་བཞི་པ། མདོག་དམར་པོ་སྟེ་བཙན་དང་རྒྱལ་པོ་སོགས་དྲག་པོའི་ལྷ་སྲུང་གནས་ཡུལ་ཡིན"(བར་ཆ་ཤོག་ལྷེ1073)ཞེས་འཕོད་ཡོད། བོན་པོའི་ཤུགས་རྐྱེན་འོག མི་དྲག་དང་། དམག་གི་བྱས་རྗེས་འཛོག་མཁན་སོགས་ལ་ཕོང་ཚོའི་བང་སོའི་ཐོག་ཏུའང་ཚོས་དམར་པོ་བྱུགས་སྲོལ་ཡོད་པ་སྟེ། 《ཐང་ཡིག་གསར་མའི》གླེགས་བམ216པའི་སྟོད་ཆར། "མི་ཤི་ཚེ་རོ་དུར་དུ་སྦ། བང་སོར་ཚོས་སྣ་བྱུག"ཅེས་དང་། ཡང་དེའི་སྨད་ཆར"བང་སོའི་ཕོགས་སུ་ཁང་བ་བརྩིགས་པ་ཚོས་དམར་པོར་བསྒྱུར་ཡོད་ལ། གྱང་ངོས་ན་སྟག་དཀར་པོ་ཞིག་བྲིས། དེ་གར་སྲས་པ་རྣམས་ནི་མི་ཆེན་དང་། གཡུལ་དུ་དཔའ་བ་རྣམས་ཀྱི་གདུང་རེད། འདས་པའི་རྗེས་སུ་སྟག་གི་གཟུགས་བརྙན་བྲིས་ཏེ་དཔའ་བོའི་རྟགས་སུ་ངོམས་པར་བྱེད།"ཅེས་འཁོད་པ་ལྟར་རེད། གོང་དུ་ཞུས་པ་ལྟར། སྤུར་རྒྱལ་སྐབས་ཀྱི་འགངས་ཆེའི་གསོལ་སྟོན་ལ་ཡང་དཀར་སྟོན་དང་། དམར་སྟོན། གཉིས་ཀྱི་དབྱེ་བ་ཡོད། དམར་སྟོན་ནི་གཡུལ་ལས་རྒྱལ་བའི་རྟེན་འབྲེལ་དང་། དྲག་དཔོན་ལ་དཔོན་སྟོན། འཛམ་འདུམ་ཆིངས་ཡིག་འཛོག་པའི་མཛད་སྒོ་སོགས་ལ་དམར་སྟོན་གཙོ་བོ་ཡིན། དཔེར་ན། 《ཐང་ཡིག་རྙིང་མའི》གླེགས་བམ196པའི་སྟོད་ཆའི་ནང་། "རྒྱལ་ཁབ་གཞན་གྱི་མགྲོན་པོ་སླེབས་ཆེ། གཡག་གཅིག་ཁྲིད་འོངས་ལ། མགྲོན་པོས་མདས་བཀུམ་ཏེ་ཤ་འགྱེད་གཏོང"ཞེས་དང་། 《ཐང་ཡིག་གསར་མའི》གླེགས་བམ216པའི་སྨད་ཆར། "འཛམ་འདུམ་གྱི་སྡེགས་བུ་དེའི་ཞིང་ལ་གོམ་པ་བཅུ། དཔངས་ལ་ཁྲུ་དོ་ཙམ་འདུག འཛམ་འདུམ་གྱི་སྐབས་སུ་རྗེན་དེ་ཆེན་པོ་མ་གཏོགས་གཞན་རྣམས་ཀྱིས་ཁྲག་གི་བཏུང་བ་བྱེད།" ཅེས་འཁོད་པ་ལྟར་དང་། སྤུ་མོ་བོད་ས་གནས་སྲིད་གཞུང་ནས་སྐུ་ཚབ་མངགས་གཏོང་གིས་གློ་པ་དང་གྲོས་འདུམ་བྱེད་སྐབས། གློ་པས་ས་གནས་སྲིད་གཞུང་སྐུ་ཚབ་ཀྱིས་ཁྲིད་ཡོང་བའི་གཡག་དེ་ས་དེ་རང་དུ་མདས་བསད་རྗེས་ལྤགས་པ་བཤུས་ནས་ས་ཐོག་ཏུ་འདིང་ཞིང་། ཕྱོགས་གཉིས་པོའི་མི་སྣས་ཀོ་བ

དམར་པོའི་ཐོག་མཉམ་དུ་བསྐྱོད་ནས་མནའ་བོར་བ་སོགས་བྱེད་སྲོལ་ཡོད་པ་དང་། སྨོ་ཁ་བསམ་ཡས་དགོན་པའི་སྲུང་མ་ཙིའུ་དམར་ར་ལྷ་ཕེབས་པའི་སྐབས་ར་ཞིག་ཆེད་དུ་བསད་ནས་རའི་སྙིང་དང་ཁྲག་དྲོན་མདུན་དུ་བཤམ་དགོས་པ་དང་། ལྷ་ཕེབས་སྐབས་ར་སྙིང་ཟ་བ་དང་ཁྲག་འཐུང་བ་མ་ཟད་ཁྲག་ཇོ་གདོང་ལ་བྱུགས་པ་སོགས་བྱེད་སྲོལ་ཡོད་པ་དེ་དག་གནའ་བོའི་དམར་མཆོད་བྱེད་སྟངས་ཀྱི་མཚོན་རྟགས་གསལ་པོ་ཡིན།

ཀྱིན་ཆས་ཐད་གོང་དུ་ཞུས་པའི་གོས་དཀར་པོའི་རིགས་ཕུད། གནའ་དུས་གཡུལ་འགྱེད་སྐབས་ཀྱི་དམག་དཔོན་གྱི་གྱོན་པ་དང་། ཕུར་རྒྱལ་བཙན་པོའི་མཛད་སྒོའི་སྐབས་ཀྱི་ན་བཟའ་གྱོན་ཆས་ཚང་མ་དམར་པོ་ཤུགས་ཆེ་བ་ཡིན། 《ཐང་ཡིག་གསར་མའི》གླེགས་བམ216པའི་སྨད་ཆར། "དེ་གར་སྤྲས་པ་རྣམས་ནི་མི་ཆེན་དང་གཡུལ་དུ་དཔའ་བ་རྣམས་ཀྱི་གདུང་རེད། ཁོང་ཚ་རྣམས་འཚོ་བའི་སྐབས་སུ་སྟག་ལྤགས་གྱོན་ཞིང་།"ཞེས་སོགས་དང་། ཡང"བཙན་པོ་ཕོ་བྲང་དུ་བཞུགས། འབྲུག་དང་སྟག་གཟིགས་སོགས་གསེར་གྱི་ཤན་པ་ཡོད་ལ། བཙན་པོའི་སྐུ་ལ་སྟག་ལྤགས་དཀར་པོ་གསོལ།"ཞེས་སོགས་འཁོད་ཡོད་པ་དང་། མཁས་དབང་པཎྜི་ཏ་དགེ་འདུན་ཆོས་འཕེལ་གྱིས《དེབ་ཐེར་དཀར་པོའི》ནང"གང་ལྟར་བཙན་དང་། བཙན་པོའི་ན་བཟའ། སྐུ་མཁར། དབུ་ཡི་དར་ཐོད་དང་། དམག་དར་སོགས་ཚང་མ་དམར་ཤིང་ངེ་བ་ཞིག་ཡོད་པ་འདྲ"ཞེས་གསུངས་ཡོད། གཞན་ཡང་བཙན་པོའི་སྐུ་འཁོར་བཀའ་བློན་དང་བཅས་པའི་གདོང་ལ་དམར་པོ་བྱུགས་པར་བརྗིད་ཇམས་སུ་བརྩི་ཡི་ཡོད་པ་སྟེ། 《ཐང་ཡིག་གསར་མའི》གླེགས་བམ216པའི་སྟོད་ཆར། "གདོང་ལ་ཚོས་བྱུགས་པ་དགའ་མོར་སེམས"ཞེས་དང་། 《ཐང་ཡིག་རྙིང་མའི》གླེགས་བམ196པའི་སྟོད་ཆའི་ནང་། "ཀོང་ཇོས་མི་རྣམས་ཀྱི་གདོང་ལ་ཚོས་དམར་པོ་བྱུགས་པར་མ་དགའ་བས། སྲོང་བཙན་གྱིས་སྲོལ་དེ་ཕྱིན་ཆད་བྱེད་མི་ཆོག་པའི་བཀའ་ཕབ"ཅེས་འཁོད་ཡོད། 《རྒྱལ་རབས་གསལ་མེ》སོགས་ལོ་རྒྱུས་དེབ་ཐེར་དུ་ཡང་། རྒྱལ་པོ་སྲོང་བཙན་སྒམ་པོའི་དུས་དམར་པོ་རིར་སྐུ་མཁར་དམར་པོ་དགུ་བརྒྱ་བཞེངས་ཞེས་གསལ་བར་འཁོད་ཡོད་པ་སོགས་རྒྱུ་མཚན་མང་པོའི་ཐོག་ནས་བོད་རིགས་ཀྱི་ཨར་སྐྱུན་ལ་ཚོས་དམར་པོ་འབྱུག་པའི་བྱེད་སྲོལ་དེ་གནའ་བོའི་སེམས་ཅན་བསད་ནས་ཁྲག་དམར་པོ་ནི་བཙན་མཁར་ལ་བཞོས་པའི་དམར་མཆོད་བྱེད་སྟངས་དེ་ནས་རིམ་བཞིན་དར་བའི་ར་འཕྲོད་གསལ་པོ་བྱུང་ཡོད། དེ་ཡང་སྤྱིར་བཏང་བོད་རིགས་ཡོངས་ལ་དམར་པོ་བཙན་གྱི་ཚོས་མདོག་ཡིན་པའི་སྣང་བ་ཞིག་རང་ཤུགས་སུ་འཆར་གྱི་ཡོད།

སློབ་དཔོན་ཆེན་པོ་པད་མ་འབྱུང་གནས་ཀྱིས་བོན་ཆོས་ནང་གི་རྒྱུན་སྲོལ་གྱི་བྱེད་ཚུལ་མང་པོ་ཞིག་སངས་རྒྱས་ཆོས་ལུགས་ཀྱི་སྔགས་ཆོས་སོགས་ཀྱི་ཁོངས་སུ་བསྒྱུར་ནས་གནའ་བོའི་རི་སྟེང་གི་སྟབས་བདེའི་བཙན་མཁར་དེ་རིམ་བཞིན་ཆོས་སྐྱོང་སྲུང་མའི་མགོན་ཁང་དུ་བསྒྱུར་གནང་མཛད་ཅིང་། ད་ཡོད་བོད་

རིགས་ས་ཁུལ་གྱི་སྤུང་མའི་མགོན་ཁང་ཡོངས་རྫོགས་དམར་པོ་བཟོས་ཡོད་པ་དཔེར་ན། འབྲས་སྤུངས་གནས་ཆུང་ལྷོག་དང་། བསམ་ཡས་ཀྱི་པེ་ཧར་ལྷོག་སོགས་ཆོས་མདོག་དམར་པོ་བཟོས་པའི་ཨར་སྐྲུན་ཤ་སྟག་ཡིན།

རྩིག་དམར་བྱུགས་པའི་ཨར་སྐྲུན་གཞན་ཞིག་ནི་གདུང་རྟེན་ལྷ་ཁང་ཡིན། དཔེར་ན། རྩེ་པོ་ཏཱ་ལའི་ཕོ་བྲང་དམར་པོ་དང་། དགའ་ལྡན་དགོན་གྱི་ཡངས་པ་ཅན་སོགས་ཆོས་མདོག་དམར་པོ་ཡིན། པོ་ཏཱ་ལའི་ཕོ་བྲང་དམར་པོའི་ནང་རྒྱལ་བ་སྐུ་ཕྲེང་རིམ་བྱོན་གྱི་གདུང་རྟེན་བཞུགས་ཡོད་ཅིང་། གདུང་རྟེན་དེ་དག་གསེར་སྤྲངས་བཙོ་མ་ལས་གྲུབ་པ་ཤ་སྟག་ཡིན་ཐོག དེའི་ནང་ནས་རྒྱལ་བ་ལྔ་པ་ཆེན་པོའི་གདུང་རྟེན་ནི་མཐོ་ཤོས་དང་རིན་ཐང་ཆེ་ཤོས་ཡིན། དཀར་ཆག་ནང་མཆོད་སྡོང་འཛམ་གླིང་རྒྱན་གཅིག་རྟེན་དང་བརྟེན་པར་བཅས་པ་ལེགས་པར་གྲུབ་ཅེས་གསལ་བར་འཁོད། དགའ་ལྡན་ཡངས་པ་ཅན་ནི་དགེ་ལྡན་པའི་སྲོལ་འབྱེད་པོ་རྗེ་ཙོང་ཁ་པ་ཆེན་པོའི་གདུང་རྟེན་ལྷ་ཁང་ཡིན། གདུང་རྟེན་ཞེས་པ་དོན་དངོས་ཐོག་བང་སོ་ཡིན་ཅིང་། གདུང་རྟེན་བཞུགས་པའི་ཁང་པར་ཆོས་དམར་པོ་བྱུགས་པ་ནི་གནའ་དུས་མི་ཆེན་དང་། དཔའ་བོའི་བང་སོར་ཆོས་དམར་པོ་བྱུགས་པའི་སྲོལ་རྒྱུན་ཡིན་པ་སྨོས་མི་དགོས་པ་རེད། ལྷོ་ཁ་འཕྱོངས་རྒྱས་རྫོང་གི་རིའི་སྟེང་དུ་ཨ་ལྩེ་རྒྱ་བཟའི་བང་སོར་གྲགས་པའི་གྲུང་བསྟུངས་པའི་བང་སོ་ཞིག་ཡོད་པ་དེར་ས་དམར་བྱུགས་པའི་རྗེས་ཤུལ་ཐྲན་བུ་ད་ལྟའང་མཐོང་རྒྱུ་ཡོད།

གཉིས་པ། དཀར་དམར་ཆོས་མདོག་གཉིས་ཨར་སྐྲུན་ཐོག་གི་བེད་སྤྱོད་བྱེད་སྟངས།

གོང་དུ་དཀར་དམར་ཆོས་མདོག་གཉིས་པོའི་བོད་རིགས་ཀྱི་ལོ་རྒྱུས་ཐོག་དང་། ཆོས་ལུགས་ཐད། འཚོ་བ་བཅས་ཀྱི་ནང་གི་འབྲེལ་བ་རྣམས་ངོ་སྤྲོད་ཞུས་ཟིན་ནས། ད་ནི་རིམ་པ་བཞིན་འཕོ་འགྱུར་ཇི་ལྟར་བྱུང་བ་དང་། གོ་རིམ་ཅི་འདྲ་ཞིག་ཡིན་པ། ཉེ་རབས་དང་ད་ལྟའི་བྱེད་སྲོལ་སོགས་ཅི་འདྲ་ཡིན་ཚུལ་ཞུ་བ་ལ།

༡.ཕྱི་རྩིག་དཀར་པོ་བཟོ་སྟངས།

ཐོག་མ་འོ་མ་སོགས་དཀར་གསུམ་གྱིས་ལྷ་མཆོད་པའི་བྱེད་སྲོལ་ནས་རིམ་པ་བཞིན་ཨར་སྐྲུན་ཐོག་བེད་སྤྱོད་པ་ཞིག་ཡིན་ཅིང་། བོད་རིགས་ས་ཁུལ་གང་སར་ལོ་གསར་གཏོང་སྐབས་ཐབ་ཚང་ནང་གི་ཀ་གདུང་དང་། གྲང་ལྷེབས་སུ་ཕྱོ་ཞིབ་ཀྱིས་གཡུང་དྲུང་སོགས་བཀྲ་ཤིས་མཚོན་པའི་རི་མོ་འབྲི་བ་དང་། མདོ་སྨད་ཁུལ་དུ་མར་གྱི་རི་མོ་བཀོད་པ་སོགས་ཀྱང་བྱེད་ལ། གཉེན་སྒྲིག་སྟོན་མོ་སོགས་རྟེན་འབྲེལ་དང་མཛད་སྒོའི་སྐབས་ཁང་པའི་སྒོ་འགྲམ་དང་། རྒྱ་ལམ་ཐོག་ས་དཀར་གྱིས་བཀྲ་ཤིས་རི་མོ་བཀོད་ནས་རྟེན་འབྲེལ་བསྒྲི་བར་བྱེད། ད་ལྟ་མདོ་སྟོད་ལི་ཐང་། དཀར་མཛེས། མི་ཉག་སོགས་ས་ཁུལ་

མང་པོར་སྟོད་ཁང་གསར་རྒྱག་ལེགས་གྲུབ་བྱུང་རྗེས་འོ་མར་ཆུ་བསྲེས་ནས་གྱང་ལྡེབས་སུ་གཏོར་བའི་སྲོལ་ཡོད། ཞིང་གྲོང་ཁུལ་དུ་ཁང་པར་ས་དཀར་མ་གསོལ་གོང་ཉེ་འདབས་ཀྱི་རི་གཡས་གཡོན་སྟེང་གི་རྡོ་ཕ་བོང་རྣམས་ལ་ས་དཀར་གསོལ་བའི་སྲོལ་ཡོད་པ་འདི་སྔ་མོའི་དཀར་མཆོད་འབུལ་ཚུལ་རིམ་བཞིན་འགྱུར་ལྡོག་བྱུང་བའི་མངོན་ཚུལ་གསལ་པོ་ཡིན། ཐོག་གཅིག་ཡིན་པའི་ཁང་པར་ས་དཀར་གྱང་ལྡེབས་སུ་གཏོར་ནས་དཀར་པོ་བཟོ་བ་དང་། ཐོག་རྩིག་ཅན་ཡན་ལ་ས་དཀར་ཁུ་བ་ཉ་རྒྱབ་སྟེང་ནས་གྱང་ལྡེབས་སུ་བླུགས་ནས་དཀར་པོ་བཟོ་ཡི་ཡོད། ས་དཀར་འདིའི་རིགས་ས་ཁུལ་གང་སར་ཡོད་ཅིང་། ལྷ་སར་མཚོན་ན་འདམ་གཞུང་བརྒྱུད་ནས་ཐོན་པའི་ས་དཀར་ཡག་ཤོས་སུ་བརྩི་བ་རེད། འགགས་ཆེའི་ཨར་སྐྱུན་དཔེར་ན་ཕོ་བྲང་པོ་ཏ་ལ་སོགས་ལ་སྐུ་དཀར་གསོལ་སྐབས། ས་དཀར་ནང་གྲོ་ཞིབ་དང་། འོ་མ། ཤེལ་ཀ་ར་སོགས་ཕོན་ཆེན་བསྲེས་ནས་སྦྱར་རྩི་ཆེ་བ་ཡོང་ཐབས་དང་། དཀར་གསུམ་གྱི་མཆོད་པའི་མཚོན་དོན་ཡང་མངོན་པར་བྱེད།

༢.ཕྱི་རྩིག"དམར་པོ"བཟོ་སྟངས།

གནའ་དུས་ཀྱི་དམར་སྟོན་བཤམ་པ་ནས་ཪ་གདོང་ལ་ཚོས་དམར་པོ་བྱུགས་སྲོལ་དང་། དམག་ཆས་སོགས་རྒྱན་པ་དང་ལ་ཐོད་དམར་པོ་བཟོ་བ། གནའ་བོའི་ཆོས་ལུགས་ཀྱིས་དམར་མཆོད་འབུལ་བ་ནས་ཁྲག་གིས་བཙན་ཁང་དམར་པོ་བཟོ་བ། གནའ་བོའི་བང་སོར་ཚོས་དམར་པོ་འབྱུག་པའི་ལུགས་སྲོལ་བཅས་རིམ་བཞིན་གདུང་རྟེན་ཁང་དང་། སྲུང་མའི་མགོན་ཁང་སོགས་ལ་བེད་སྤྱོད་པའི་སྲོལ་བྱུང་ཞིང་། དུད་འགྲོའི་ཁྲག་གི་ཚབ་རྩག་དམར་ཟེར་བའི་ས་ཞིག་གིས་བྱས་ནས་ཨར་སྐྱུན་ཐོག་བེད་སྤྱོད་བྱེད་པ་ཡིན། རྩག་དམར་ཞིབ་མོར་བརྡུངས་ནས་ཆུས་སྦྲངས་ཏེ་བྱུག་ཚོག་ལ། འགགས་ཆེའི་ཨར་སྐྱུན་པོ་ཏ་ལའི་ཕོ་བྲང་དམར་པོ་སོགས་ལ་རྩག་དམར་གསོལ་སྐབས་རྩག་དམར་ནང་གྲོ་ཞིབ་དང་། ཤེལ་ཀ་ར། བུ་རམ་དམར་པོ། འོ་མ། ཤིང་ཡ་འབོག་གི་ལྷུགས་པའི་ཁུ་བ་དང་། སྤྲིང་ཆུ་སོགས་བསྲེས་ནས་འབྱར་རྩི་ཆེ་རུ་འགྲོ་ཐབས་བྱེད་ཀྱི་ཡོད།

གསུམ་པ། དཀར་དམར་ཚོས་མདོག་གཉིས་ཀྱི་ཚུར་སྣང་གི་ནུས་པ།

བོད་རིགས་ཀྱི་འཚོ་བའི་གོམས་གཤིས་དང་། ཆོས་ལུགས་ཀྱི་ལྟ་བའི་ཐོག་དཀར་པོ་ནི་བཀྲ་ཤིས་པའི་ཚོས་མདོག་ཡིན་པ་དང་། ཞི་འཇམ་གྱི་མཚོན་བྱེད། བཟང་པོའི་ཚབ་བྱེད་པ་ལྟ་བུ་ཡིན་ཅིང་། དཀར་པོ་ནི་དུས་རྒྱུན་དུ་བཀྲ་ཤིས་པ་དང་། ལས་བཟང་བ། ཕུན་སུམ་ཚོགས་པ་བཅས་དང་ཁ་བྲལ་ཐབས་མེད་པ་ཞིག་ཡིན། སངས་རྒྱས་ཆོས་པས་དགེ་བ་དང་། བྱ་བ་བཟང་པོ། ཕན་བདེ་བསྒྲུབས་པ་སོགས་ལ་རྣམ་དཀར་དགེ་བ་དང་། དཀར་པོའི་ལས་ཞེས་ཟེར་ཞིང་། རི་གླིང་འཛིན་མའི་ཁྱོན་ཡོངས་སུ་ནམ་མཁའི་

སྐར་ཚོགས་ལྷར་བཀྲ་བའི་ཚོས་མདོག་དཀར་པོའི་ཨར་སྐྲུན་གྱི་གྲོང་ཚོ་མཐོང་བའི་ཚེ་མི་ཚོར་དགའ་སྣང་དང་། ཞི་བདེ། ཁུ་སིམ་པོ། དྭངས་ཤིང་གཙང་བ་དང་། མཛེས་སྡུག་ལྡན་པའི་སྣང་བ་དབང་མེད་དུ་འཆར་ཡོང་གི་ཡོད། ལྷག་པར་བོད་ས་མཐོའི་དྭངས་ཤིང་གསལ་བའི་ཉི་འོད་ཀྱི་འོག་ཏུ་སྔོ་བསང་ངེར་བསྟོད་པའི་ནམ་མཁའ་དང་། སྐར་ཚོགས་ས་ལ་འཕོས་པ་འདྲ་བའི་ཨར་སྐྲུན་གྱི་ཚོས་མདོག་དཀར་དམར་གཉིས་མངོན་པར་རབ་ཏུ་བཀྲ་ལ་ཕན་ཚུན་གཞོགས་འདེགས་མཐུན་པོ་བྱུང་བའི་ཚོར་སྣང་གཏིང་ཟབ་མོ་ཡོང་གི་ཡོད།

དམར་པོ་ནི་སྔར་ནས་བཙུན་དབང་ཤུགས་ཀྱི་མཚོན་བྱེད་ཡིན་པ་དང་། དཔའ་ངར་དང་སྟོབས་ཤུགས། བློ་སྤོབས་ཆེར་བསྐྱེད་བྱེད་པའི་ངར་ཤུགས་ཀྱི་ཚོས་མདོག་ཡིན། ཚོས་མདངས་འདི་ཡིས་རང་ཕྱོགས་དཔའ་ངར་བསྐྱེད་པ་དང་། དགྲ་ཕྱོགས་སླ་འདར་ཞིང་དཔའ་འཕྲུམས་པར་བྱེད། མི་ཚོས་དམར་པོ་ནི་གོང་དུ་བཀུར་ཏེ། ཚོས་ལུགས་ཀྱི་སློབ་དཔོན་དང་། དཔའ་བོའི་མི་སྣར་དྲན་གསོ་བྱེད་ཀྱི་ཡོད། དམར་པོ་གང་བྱུང་དུ་བེད་སྤྱོད་མི་རུང་ཞིང་། མདོག་དཀར་པོའི་དགོན་པའི་ཨར་སྐྲུན་གཞི་ཁྲོན་ཆེན་པོའི་ནང་དུ་ཚོས་དམར་སྨུག་ཅན་གྱི་གལ་འགངས་ལྷག་པར་ཆེ་བས་གདུང་རྟེན་ཁང་དང་མགོན་ཁང་སོགས་དམིགས་བསལ་དུ་མངོན་པར་བྱེད་དེ། གནས་མཇལ་ཞུ་མི་མང་ཚོགས་ཚོར་སེམས་པའི་ནང་ཆེད་དུ་དོ་སྣང་མ་བྱེད་ཐབས་མེད་ཅིག་ཡོང་གི་ཡོད་པ་དང་། ཕྱོགས་མཚུངས་གོང་བཀུར་དང་། དད་པའི་བསམ་པ་དབང་མེད་དུ་འཕོར་བར་བྱེད་པའི་ནུས་པ་ཐོན་གྱི་ཡོད། དཔེར་ན། པོ་ཏ་ལའི་ཁྲོན་ཡོངས་ཀྱི་ཕོ་བྲང་དཀར་ཐིང་ངེར་གནས་པའི་དབུས་སུ་ཕོ་བྲང་དམར་པོ་བརྗིད་ཇམས་དང་ལྡན་ལ་མངོན་པར་མཐོ་བ་སྟེ་ཨར་སྐྲུན་ཡོངས་ཀྱི་ལྟེ་བ་དང་ཕོར་ཡུག་གི་ཨར་སྐྲུན་གཞན་ལས་ཁྱད་དུ་འཕགས་པའི་ཡང་རྩེ་ལྟ་བུའི་ནུས་པ་ཐོན་ཞིང་། ཁྲོན་ཡོངས་དཀར་པོ་ཡིན་པའི་ཨར་སྐྲུན་གྱི་ཁྱུ་ཚོགས་ནང་དུ་འབུར་དུ་ཐོན་པའི་ཚོས་མདོག་དམར་སྨུག་ཅན་གྱི་ཁང་པ་དེས། མི་ཚོར་དེ་བས་དོ་སྣང་ཆེ་བ་ཡོང་གི་ཡོད་ལ་བག་ཆགས་ཀྱང་གཏིང་ཟབ་པོ་འཇོག་ཐུབ་པའི་ནུས་པའང་ཐོན་གྱི་ཡོད།

དེ་མིན་ད་དུང་ཞུ་དགོས་པ་ཞིག་སྟེ། བོད་རིགས་ཀྱི་ཨར་སྐྲུན་ཁྱིད་དུ་གྲངས་ངེས་ཅན་གྱི་ས་སེར་འབྱུག་པའི་ཁང་པའང་ཡོད། གཙོ་བོ་ནི་དགོན་པ་ཁ་ཤས་ཀྱི་ལྷ་ཁང་དང་། མཆམས་ཁང་། བཙུན་མའི་དགོན་པའི་ལྷ་ཁང་སོགས་ཀྱི་ཕྱི་རྩིག་སེར་པོ་བཟོ་སྲོལ་ཡོད། མི་རེ་འགས་ཁང་སེར་བཟོ་སྲོལ་དེ་དགེ་ལུགས་པ་ནས་བྱུང་བ་ཡིན་ཟེར་རུང་། གནའ་བོ་པུར་རྒྱལ་དུས་ཁྲི་སྲོང་ལྡེ་བཙན་གྱི་བཙུན་མོས་བཞེངས་པའི་བུ་ཚ་གསེར་གྱི་ལྷ་ཁང་དང་། དུས་རབས་བཅུ་གཅིག་པའི་ནང་ཇོ་བོ་རྗེ་མངའ་རིས་གུ་གེར་ཕེབས་རྗེས་བཞེངས་པའི་མཐོ་ལྡིང་གསེར་གྱི་ལྷ་ཁང་སོགས་ནི་ཚོས་མདོག་སེར་པོའི་ཁང་པ་ཡིན་ཀྱང་སྐབས་དེར་དགེ་ལུགས་པ་གཏན་ནས་བྱུང་མེད། ཏུན་ཧོང་གི་བོད་ཡིག་གི་གནའ་བོའི་ཡིག་ཆ་དང་། རྒྱ་ཡིག་

གི་ཐང་ཡིག་གསར་རྙིང་། དེ་མིན་ལོ་རྒྱུས་དེབ་ཐེར་སོགས་སུ་ཆོས་རྒྱལ་སྲོང་བཙན་སྒང་རོལ་དུ་ཁང་པ་སེར་པོ་ཡོད་པའི་ལོ་རྒྱུས་འཁོད་པ་ད་བར་མཐོང་རྒྱུ་མི་འདུག་ལ། སྐབས་དེའི་བོད་རིགས་ཀྱི་འཚོ་བ་དང་། བོན་ཆོས་ཀྱི་བྱེད་སྒོ་སོགས་གང་ཅིར་ཁང་པ་སེར་པོ་བཟོ་ལུགས་གང་ཡང་མཐོང་རྒྱུ་མེད། དེར་བརྟེན་ངེད་ཀྱི་བསམ་པར། ས་སེར་བྱུགས་པའི་ཁང་པ་ཡོང་རྐྱེན་དང་སངས་རྒྱས་ཆོས་ལུགས་དབར་འབྲེལ་བ་དམ་པོ་ཡོད་པར་སེམས། སྟོན་པ་ཤཱཀྱ་ཐུབ་པས་རབ་ཏུ་བྱུང་བའི་ཆ་ལུགས་ཀྱི་ཆོས་མདོག་ངུར་སྨིག་ལ་གཏན་འབེབས་གནང་ཞིང(སྐབས་དེར་སྟོན་པ་ཐུགས་རྗེ་ཅན་གྱིས་ཉིན་མོར་ཟས་ལྟོ་དུས་གཅིག་དེ་སྔོན་ནས་ཟ་རྒྱུ་དང་། མཚན་མོར་ཤིང་སྡོང་འོག་ཏུ་གནས་སྡོད་བྱ་རྒྱུ། གོས་པ་ཡང་དུར་ཁྲོད་ནང་ཕུང་པོ་བསྐྱིལ་བའི་རས་དེ་ཚོ་ཆར་པ་དང་ཉི་མའི་འོག་ལོ་མང་ལྷག་པས་ཚོན་མདོག་ས་མདོག་ལྟ་བུའམ་སེར་སྐྱ་ལྟ་བུ་ཆགས་པ་དེ་ཚོ་སྦྱག་ནས་ཆུའི་ནང་ལ་གཙང་མ་བཀྲུས་རྗེས་རབ་བྱུང་བ་སོ་སོས་ལུས་ལ་དཀྲིས་ཀྱི་ཡོད་པས་རས་དེ་རང་རོ་བསྐྱིལ་བྱེད་ཡིན་པས་ཆགས་ཞེན་གང་ཡང་མེད་ཐོག་ཆོས་མདོག་སེར་སྐྱ་ལྟ་བུ་ཡང་རང་བཞིན་དུ་བྱུང་བ་ལས་མཛེས་པའི་ཁྱད་མ་ཡིན་པ་མཁྱེན་དགོས)བོད་སྐད་ནང་དུ“སེར”ཞེས་པ་རབ་བྱུང་གྲྭ་པའི་མིང་ཚབ་ཡིན་ཏེ། སེར་སྐྱ་མི་མང་ཞེས་པ་དེ་རབ་བྱུང་དང་ཁྱིམ་པའམ་གྲྭ་པ་དང་མི་སེར་ཞེས་པའི་དོན་ཡིན་ཅིང་། གྲྭ་ཆས་ལ་སེར་གོས་ཀྱང་ཟེར་སྲོལ་ཡོད། ས་སེར་བྱུག་པའི་ཁང་པ་དག་ནི་གལ་འགངས་ཆེ་བ་ཡིན་པ་སྟེ། ས་ར་ཆོས་སྡིངས་སྣང་གི་རྗེ་རིན་པོ་ཆེའི་སྒྲུབ་ཁང་དང་། ཕོ་བྲང་པོ་ཏ་ལར་སྐུ་ཚེ་ཚེ་སྒྲུབ་པ་སྡོད་སའི་ཁང་པ་སོགས་སེར་པོ་ཡིན་ཅིང་། ལྷག་པར་དགོན་པ་སོ་སོའི་རྟེན་གཙོ་བཞུགས་སའི་ལྷ་ཁང་སེར་པོ་བཟོ་སྲོལ་ཡོད་པ་སྟེ། འབྲས་སྤུངས་དགོན་གྱི་རྟེན་གཙོ་བྱམས་པ་མཐོང་གྲོལ་མ་བཞུགས་པའི་ལྷ་ཁང་དང་། བཀྲ་ཤིས་ལྷུན་པོའི་ཐུབ་དབང་བདུད་འདུལ་མ་སྐུ་རྟེན་གཙོ་འདི་བཞུགས་ཡུལ་ཚོགས་ཆེན་འདུ་ཁང་ཡང་སེར་པོ་བཟོས་ཡོད་པ་ཡིན། རྙིང་མ་པའི་སྒྲུབ་སྡེ་ཁྱད་དུ་འཕགས་པ་ལྷོ་ཁ་སྨིན་གྲོལ་གླིང་གི་འདུ་ཁང་ཡང་སེར་པོ་བཟོས་ཡོད་པ་བཅས་རེད།

ནང་པ་སངས་རྒྱས་པའི་ཆོས་ཀྱི་བཞེད་ཚུལ་ལྟར་ན། འཛིག་རྟེན་ཁམས་ཀྱི་འཕྲིན་ལས་ཏེ་བྱ་བ་ཐམས་ཅད། ཞི། རྒྱས། དབང་། དྲག་བཞིའི་ཁོངས་སུ་མ་འདུས་པ་མེད་ཅིང་། ཞི་བ་ནི་ཞི་འཇམ་པོའི་ལས་ཏེ་མཚོན་བྱེད་དཀར་པོ་ཡིན་པ་དང་། རྒྱས་པ་ནི་དར་ཞིང་རྒྱས་པའི་ལས་ཏེ་མཚོན་བྱེད་སེར་པོ། དབང་ནི་དབང་ཐང་དང་སྟོབས་ཤུགས་ཀྱི་ལས་ཏེ་ཆོས་མདོག་དམར་པོ། དྲག་པོ་ནི་དྲག་པོའི་སྟོབས་ཤུགས་ཀྱི་ལས་ཏེ་ཆོས་གཞི་ནག་པོས་མཚོན་པ་ཡིན་ཅིང་། ཡང་མདོར་བསྡུས་ན་དཀར་པོས་ཞི་བ་དང་རྒྱས་པ་མཚོན་པར་བྱེད་ལ། དམར་པོས་དབང་དང་དྲག་པོའི་ལས་མཚོན་པར་བྱེད་ཀྱི་ཡོད། དགོན་པ་དང་གྲོང་ཚོ་སོགས་ཐལ་ཆེ་ཤོས་ཀྱི་ཁང་པ་དཀར་པོ་བཟོས་པ་དེ་ཡང་སྤྱིར་ན་རྣམ་དཀར་དགེ་བའི་བྱ་བ་འཕེལ་བ་དང་། ཡུལ་ལུང་ཀུན་ཏུ་དུས་བདེ་ཞི་འཇམ་ཡོང་བ་མཚོན་པ། ལྷ་ཁང་། སྒྲུབ་ཁང་དང་འདུ་ཁང་སོགས་སེར་པོ་བཟོས་པ་ཡང་། སྤྱིར་ནང་བསྟན་དར་ཞིང་རྒྱས་པའམ་མི་རྣམས་ཚེ་ནོར་ལོངས་སྤྱོད་

རྒྱས་པ། ཡུལ་ལུང་གྲ་རྒྱས་ཕུན་སུམ་ཚོགས་པ་ཡོད་པའི་བསམ་འདུན་དང་རྟེན་འབྲེལ་མཚོན་པ། གདུང་རྟེན་ཁང་དང་སྲུང་མའི་མགོན་ཁང་སོགས་དམར་པོ་བཟོས་པ་དེས། ལྷ་སྲུང་རྣམས་མཐུ་རྩལ་དབང་ཕྱུག་བརྒྱད་དང་ལྡན་པ་སོགས་ཀྱི་ཆོས་ལུགས་ཀྱི་མཚོན་དོན་ལྡན། གཞན་ཡང་ཞྭ་ལུའི་མགོན་ཁང་དང་། ས་སྐྱའི་མགོན་ཁང་སོགས་ཉུང་ཤས་སར་ས་སྔོ་ནག་ཐད་དེ་འབྲུག་པའམ་སྔོ་ནག་གི་རི་མོ་འཐེན་སྲོལ་ཡོད་པ་ནི་སྲུང་མའི་དྲག་རྩལ་མངོན་པའི་མཚོན་བྱེད་ཡིན་པ་གཙོ་བོ་ས་སྐྱ་བའི་ཡི་དམ་གྱི་ཚོན་མདོག་ཡིན།

མདོར་ན་བོད་ཀྱི་ཨར་སྐྲུན་དེར་ཆོས་མདོག་བེད་སྤྱོད་ཚུལ་ཐད་ནས་རང་ཉིད་ཀྱི་དམིགས་བསལ་ཀྱི་གཤིས་སྲོལ་ལྡན་ལ། བོད་རིགས་ཀྱི་མི་ལོ་སྟོང་ཕྲག་ཏུ་མའི་འཚོ་བའི་གོམས་སྲོལ་ནང་དཀར་པོ་དང་དམར་པོ་གཉིས་ལ་དམིགས་བསལ་གྱི་ལྟ་སྟངས་རེ་ཡོད་པ་བཅས་རྗེས་སུ་ང་ཚོར་འཆར་འགོད་ཀྱི་གོ་རིམ་ནང་ཞིབ་འཇུག་གོ་བསྡུར་གནང་དགོས་ངེས་དང་། ཨར་སྐྲུན་གྱི་སྒྱུ་རྩལ་ཐད་ལའང་མངོན་པར་གསལ་བའི་ཁྱད་ཆོས་ཡོད་པར་བརྟེན་གཏིང་ཟབ་ཀྱི་སྒོ་ནས་ཞིབ་འཇུག་གནང་རྒྱུའི་ནང་དོན་ཞིག་རེད་བསམ་གྱི་འདུག མདོར་ན་བོད་ལུགས་ཨར་སྐྲུན་གྱི་ཕྱིའི་ཚོན་མདོག་དཀར་པོ་དང་དམར་པོ་ཡིན་པ་འདི་མི་ཆོས་གང་བྱུང་དུ་བྱུགས་བཞག་པ་ཞིག་མ་ཡིན་པར་ལོ་ངོ་ཁྲི་འབུམ་ནང་མི་རིགས་རང་གི་འཚོ་བ་དང་གཤིས་ལུགས། གོམས་སྲོལ་གཏིང་ཟབ་མོ་བཅས་ལས་བྱུང་བ་མ་ཟད། གནའ་བོའི་བོན་པོ་དང་ནང་པའི་ཆོས་ཀྱི་དོན་སྙིང་ཡང་ཆེན་པོ་ལྡན་ཡོད་པ་མཁྱེན་དགོས་སོ། །

《བོད་ལྗོངས་ནང་བསྟན།》༢༠༡༡ལོའི་དེབ་དང་པོ་ལས་བཏུས།

༄༅། །དམངས་སྲོལ་ལས་འཕྲོས་ཏེ་གཙན་ཚའི་གོར་སྐྱའི་དབྱིབས་གཟུགས་ཀྱི་མཚོན་དོན་ལ་དཔྱད་པ།

བཀྲ་གོ།

སྔོན་གཞི།

སྤྱིར་བཏང་དུ་རིག་གནས་ཞེས་པ་ནི་འགྲོ་བ་མིའི་རིགས་བྱུང་རྗེས་དུས་ཀྱི་འཕོ་འགྱུར་དང་སྤྱི་ཚོགས་ཀྱི་འཕེལ་རིམ་ཁྲིད་འཕེལ་རྒྱས་སུ་སོང་བའི་ཤེས་རིག་མཐའ་དག་ལ་འཇུག་སྟེ། དེ་ནི་རིམ་བཞིན་འཕེལ་འགྱུར་ཅན་དང་བརྒྱུད་བསྒྲགས་ཅན། བྱེད་ནུས་ཅན་དང་མི་གཤིས་ཅན། གོ་རིམ་ཅན་དང་མཚོན་བྱ་ཅན་དུ་གྱུར་ཏེ་མི་རིགས་གང་དེའི་བསམ་བློ་དང་མཛེས་དཔྱད་ལྟ་བ། ཆོས་ལུགས་དང་ཡུལ་སྲོལ་གོམས་གཤིས། ཀུན་སྤྱོད་སོགས་ཕྱོགས་ཐམས་ཅད་ལ་ཁྱབ་པ་ཞིག་ཡིན།

གོར་སྐྱ་ཞེས་པ་ནི་གོ་རེ་སྐྱ་བོའི་བསྡུས་མིང་སྟེ། གཙན་ཚའི་ཡུལ་གྱི་ཁ་སྐད་ཅིག་ཡིན་ཞིང་། དེ་ལས་གོར་ནི་གཅིག་ནས་གོ་རེ་ཞེས་པའི་བསྡུས་ཚིག་དང་། གཉིས་ནས་དབྱིབས་གོར་གོར་ཅན་ལ་གོ། སྐྱ་ནི་མདོག་སྐྱ་པོ་ལ་ཟེར། དེ་ཡང་གོ་རེ་སྨུམ་གྱི་ནང་དུ་བཙོས་ནས་ཐོན་པ་ལ་སྨུམ་འཁུར་རམ་གོ་དམར་དང་། ས་སྐྱ་བོའི་ནང་དུ་བསྲེགས་ནས་ཐོན་པའི་གོ་རེ་ལ་ཁ་དོག་གི་ཆ་ནས་གོར་སྐྱ་ཞེས་ཐོགས་པ་ཡིན། གོར་སྐྱ་ནི་ཐོག་མར་ཕྱེ་སྐྱུར་བསྐྱངས་ནས་ལངས་ཚེ་བུད་མེད་ལག་འབྲས་གཙང་བ་དག་གིས་སྐྱ་ཕྱེ་དང་མཉམ་དུ་བརྫིས་ནས་ལེབ་ལེབ་སྒོར་དབྱིབས་སུ་བཟོས་རྗེས། སྔོན་ནས་མེ་ལ་བསྲེགས་ཡོད་པའི་ས་འཚིག་སྐམ་པོར་བརྟུངས་པའི་སྟེང་དུ་བཞག་ཐོག དེ་ནས་དེའི་སྟེང་ལ་ཞིབ་མོར་བརྟུངས་པའི་ས་སྲེག་བླུགས་པ་དང་། དུས་ཚོད་ངེས་ཅན་ཞིག་སོང་ནས་ཚོས་པ་ན་གོ་རེ་དེའི་སྟེང་གི་མི་གཙང་བའི་ས་དང་འཚིག་ཤུན་རྣམས་བྲད་པ་ལས་བྱུང་བ་ཞིག་ཡིན། དེའི་བཟོ་རྩལ་ཕུན་སུམ་ཚོགས་ཤིང་བྲོ་བ་ཞིམ་དུ་ལེགས་པ་དང་། བཟའ་རིགས་གཞན་ལས་བཅུད་ལྡན་ཕྱིར། ས་འདིའི་མི་རྣམས་དེ་བཟའ་རྒྱུར་ཧ་ཅང་དགའ་པོ་ཡོད། གོ་རེ་སྲེག་པའི་ལག་རྩལ་ནི་གཙན་ཚའི་ཡུལ་དུ་གནའ་སྔ་མོ་ནས་དར་ཡོད་པ་དང་། དམངས་ཁྲོད་ཀྱི་ཟས་རིགས་ལས་གོར་སྐྱ་ནི་མེད་དུ་མི་རུང་བ་ཞིག་ཡིན་པ་མ་ཟད། ད་དུང་དམ་པའི་ལྷ་ཆོས་དང་འཇིག་རྟེན་མི་ཆོས་ཀྱི་མཛད་སྒོ་གལ་ཆེན་དག་གི་འབུལ་དངོས་མཆོག་ཏུ་གྱུར་པ་ཞིག

ཀྱང་ཡིན། གོར་སྐྱའི་དབྱིབས་གཟུགས་རེ་རེའི་ནང་དུ་གནའ་མིའི་བོད་ཀྱི་ངལ་རྩོལ་མི་དམངས་ཀྱི་བློ་གྲོས་ཉིང་བཅུད་དང་། མཛེས་དཔྱད་ཀྱི་ལྟ་བ། དད་མོས་ཀྱི་རང་མདངས་འདྲེས་ཡོད་ཕྱིར། མེད་ཐབས་མེད་པའི་འཚོ་བའི་གྲུབ་ཆ་དང་ཡུལ་སྲོལ་གོམས་གཤིས་ཤིག་ཏུ་གྱུར་ནས་ད་ལྟའི་བར་དུ་མ་ཉམས་པར་གནས་ཡོད་པ་རེད།

གོར་སྐྱ་སྲེག་པའི་ལས་ཀའི་བརྒྱུད་རིམ་ཁྲོད་གོར་སྐྱ་ལ་དབྱིབས་གཟུགས་འདྲ་མིན་མང་པོ་ཞིག་བཟོ་སྲོལ་ཡོད་ཅིང་། དེ་དག་ལ་དངོས་ཡོད་འཚོ་བའི་ཁྲོད་དུ་བཀོལ་སྤྱོད་ཀྱི་ཁོར་ཡུག་གམ་མཚོན་དོན་མི་འདྲ་བ་ཡོད་པ་གཤམ་གསལ་ལྟར།

དང་པོ། ཟ་དབྱིབས་མ།

ས་འཚིག་ཏུ་གོ་རེ་སྲེག་པ་ཐམས་ཅད་ལ་གོར་སྐྱ་ཟེར་ཞིང་། དབྱིབས་གཟུགས་འདྲ་མིན་སྣ་ཚོགས་བྱུང་བ་དེ་དག་ལས་འཚོ་བའི་ཁྲོད་དུ་ཏ་ཅང་བཀོལ་སྤྱོད་ཆེ་བ་ནི་གོར་སྐྱ་ཟ་བྱིབས་མ་ཡིན། དེ་ནི་སྔོར་མོ་ཟའི་དབྱིབས་སུ་མངོན་པས་ཟ་དབྱིབས་མ་ཞེས་ཐོགས། སྔོན་གྱི་དུས་སུ། འགྲོ་བ་མི་རྣམས་ཀྱིས་རང་བྱུང་ཁམས་ལ་ངོས་འཛིན་བྱེད་པའི་བརྒྱུད་རིམ་ཁྲོད། ཉི་

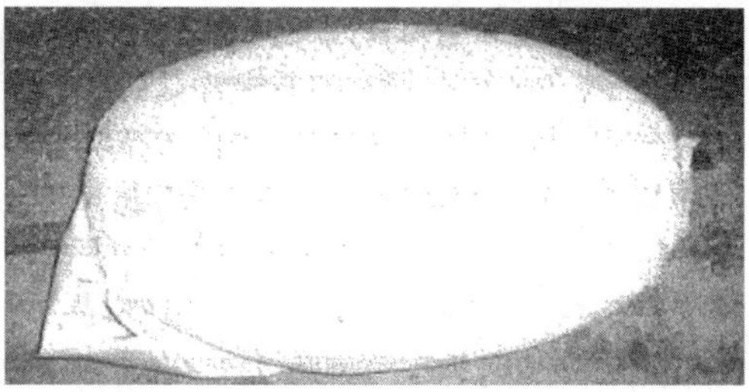

མས་གྲང་བའི་སྡུག་བསྔལ་སེལ་ཏེ་དྲོད་སྦྱིན་པས་མི་རྣམས་ཉི་མ་ལ་དགའ་ཞིང་། ཉི་མ་ལ་འདད་པའི་བརྩེ་གདུང་ཇེ་ཆེར་གྱུར་ཏེ་འཚོ་བའི་ཉེར་སྤྱོད་དུ་གྱུར་པའི་ཅ་ལག་མང་པོ་ཞིག་གི་དབྱིབས་གཟུགས་ཀྱང་ཉི་མ་ལྟར་གོར་གོར་དུ་བཟོས་ནས་ཐོག་མར་དགའ་བ་ནས་དད་པ་བྱས་པ་དང་། བར་དུ་དད་པ་ནས་དྲན་རྟེན་དུ་ཤར་བ། མཐའ་མར་དྲན་རྟེན་ནས་གོམས་སྲོལ་དུ་གྱུར་ཅིང་། རིམ་བཞིན་ཆོས་ལུགས་ཀྱི་ལྟ་བའི་ཤན་ཞུགས་ཀྱིས་ཡང་བསྐྱར་གོར་གོར་རམ་འཁོར་ལོའི་དབྱིབས་གཟུགས་ཀྱི་མཚོན་དོན་བརྒྱུད་བསྒྲགས་ཤུགས་ཆེར་བྱས་པས། མཐར་མིའི་མཛེས་དཔྱད་དང་རིན་ཐང་མངོན་པའི་དངོས་པོར་གྱུར་ཡོད་པ་ནི། 《ཀུན་མཁྱེན་ཤར་རྫ་བ་བཀྲ་ཤིས་རྒྱལ་མཚན་གྱི་གསུང་འབུམ》པོད་ཕྲེང་བཅོ་ལྔ་པ་ལས། "སྲིར་འཁོར་ལོ་ལ་འཁོར་བའི་འཁོར་ལོ། བཀའ་ཡི་འཁོར་ལོ། སྒོམ་པའི་འཁོར་ལོ། བསྐོར་བའི་འཁོར་ལོ། འདོགས་པའི་འཁོར་ལོ་དང་ལྔ་ཡོད"[1]ཅེས་དང་། འཁོར་ལོ་དེ་དག་བསྐོར་བའི་ཕན་ཡོན་སྐོར་ལ། "སྟོང་གསུམ་རིན་པོ་ཆེ་སྣ་ལྔས་བཀང་ནས་སངས་རྒྱས་མཆོད་པ་དང་། སེམས་ཅན་ལ་སྦྱིན་པ་བཏང་བ་བས་འཁོར་ལོ་ལན་གཅིག་བསྐོར་བའི་བསོད་ནམས་ཆེ་ཞིང་། སེམས་བསྐྱེད་དང་ལྡན་པའི་ངོས་ནས་འཁོར་ལོ་བསྐོར་བ་ན་མཚམས་མེད་ལྔ་ལ་སོགས་སྡིག་ཆེན་ཐམས་ཅད་དག་ཅིང་། གསང་སྔགས་ཀྱི་དམ་

ཚིག་སོ་ཐར་གྱི་སྡོམ་པ་ཉམས་པ་དང་ལྷུང་བ་བྱུང་ཡང་འཁོར་ལོ་བསྐོར་བས་ཡོངས་སུ་བྱང་བ……འགྲོ་དོན་མཐའ་ཏུ་རྒྱས་པར་འགྱུར། །བཙུན་པ་ཞིག་གིས་བསྐོར་གྱུར་ན། །དད་དཀོར་གཤིན་ཟས་གང་ཟོས་བྱང་། །རྒྱལ་པོ་ཞིག་གིས་བསྐོར་གྱུར་ན། །ཁྲིམས་ཁང་འགྲིམས་ཚད་ཐར་པ་ཐོབ། །ཚོང་དཔོན་ཞིག་གིས་བསྐོར་གྱུར་ན། །ཚོང་རར་ཚོགས་ཚད་ཐར་པ་ཐོབ། །སྐྱེ་བོ་ཞིག་གིས་བསྐོར་གྱུར་ན། །སྡིག་པ་གང་བྱས་ཡོངས་སུ་བྱང་། །བུད་མེད་ཅིག་གིས་བསྐོར་གྱུར་ན། །ཚེ་རབས་བསགས་པའི་སྡིག་སྒྲིབ་དག །”[2]ཅེས་གསུངས་པ་ལྟར་ཡིན། དེ་བཞིན་བོན་ཆོས་ཀྱི་ནང་དུའང་འཁོར་ལོ་མང་དུ་བསྐོར་ན་འདོད་དོན་ལྷུན་གྱིས་འགྲུབ་པའི་ཕན་ཡོན་ཡོད་ཚུལ་མང་དུ་བསྟན་ཡོད་པ་དང་། འཁོར་ལོ་དེ་དག་གི་དབྱིབས་གཟུགས་ཀྱང་རྣམ་པ་གཞན་དུ་མ་ཡིན་པར་གོར་གོར་རམ་ཟླུམ་དབྱིབས་ཁོ་ནར་ངེས། གཞན་ཡང《བཻཌཱུརྱ་དཀར་པོའི་དོ་ཤལ》ལས་བྱུང་བའི་ས་དཔྱད་སྐོར་ལས། “གཟུགས་ལ་སྒྲོག་མེད་སྒྲོག་ཅན་གཉིས། །དང་པོ་རྫོར་དྲིལ་ཛ་བོ་ཆེ། །བུམ་པ་དཀྱིལ་འཁོར་མཉྫལ་དང་། །དུང་དཀར་གཡས་འཁྱིལ་འཁོར་ལོ་འདྲ། །ནོར་བུ་རྟགས་བརྒྱད་འཕན་ཕུར་བུ། །ཀླ་ཁྲིས་མེ་ལོང་རྔ་བྱའི་མདོངས། །”[3]ཞེས་དང་། 《ས་དཔྱད་ཉུང་བསྡུས་ཤེལ་དཀར་མེ་ལོང》ལས། “གནམ་ས་ཟླུམ་ལ་ས་དཔལ་བཟང་། །མི་རྟ་སྟོང་ཁ་འབུལ་བའི་ས། །གནམ་ས་གྲུ་བཞི་བསྲུང་བའི་ཚང་། །མི་འབུམ་རྟ་འབུམ་ལོངས་པའི་ས། །གནམ་དཔྱད་འཁོར་ལོ་རྩིབས་བརྒྱད་ལ། །ས་ཡང་པད་མ་འདབ་བརྒྱད་རེར། །བསྲུང་བ་ཚང་བ་བཟང་བས་ན། །མི་ཁྲི་རྟ་ཁྲི་འོང་བའི་ས། །”[4]ཞེས་སའི་དབྱིབས་ཛ་བོ་ཆེ་དང་དཀྱིལ་འཁོར་མཉྫལ་དང་། འཁོར་ལོ་རྩིབས་བརྒྱད། དུང་དཀར་གཡས་འཁྱིལ། འཁོར་ལོ་སོགས་གོར་གོར་རམ་དེ་དང་ཆ་མཚུངས་པའི་རྣམ་པར་གནས་ན་བཟང་པོར་བརྩི་བ་སོགས་དེ་དག་ལ་གཞིགས་ན། ཆོས་ལུགས་ཀྱི་བསམ་བློའི་འདུ་ཤེས་དེ་ཕྱི་རང་བྱུང་ཁམས་ཀྱི་དངོས་པོ་དང་སྦྱར་ཏེ་སྒྱུ་རྩལ་གྱི་ལམ་ནས་དམངས་ཁྲོད་དུ་བརྒྱུད་བསྒྲགས་དང་བརྒྱུད་སྤེལ་བྱས་པ་མངོན་ཐུབ། དེ་ཡང་མི་རྣམས་ཀྱི་སེམས་ཀྱི་གཏིང་ཙམ་དུ་ཟུག་སྟེ་ད་ལྟའི་བར་དུ་ཤུགས་རྐྱེན་ཐེབས་ཡོད། དེ་བས་གཅན་ཚའི་གོར་སྐྲ་ལའང་ཁྱད་ཆོས་དེ་འདྲ་མངའ་བ་སྨོས་ཅི། སྤྱིར་བཏང་གི་གོར་སྐྲའི་དབྱིབས་སྒོར་མོ་ཅན་ནི་ལོ་གསར་དང་དུས་ཆེན། རྟགས་དང་རྟེན་འབྲེལ། སྐྱིད་སྡུག་གང་གི་སྐབས་སུའང་བཀོལ་སྤྱོད་བྱེད་པ་ཏ་ཅང་ཁྱབ་ཆེ་ལ། དེའི་གཟུགས་ཀྱི་ཆེ་ཆུང་ཡང་སྣ་ཚོགས་སུ་སྣང་།

བསོད་ནམས་ཚེ་རིང་གིས་བརྩམས་པའི《གཅན་ཚའི་རིག་གནས》ལས། “སྤྱིར་བཏང་གི་གོར་སྐྲའི་ཚངས་ཐིག་ལ་ལིས་སྨི33ཡས་མས་དང་། མཐུག་ཚད་ལ་ལིས་སྨི10ཡས་མས་ཡོད་ལ། གྲོ་ཕྱེ་རྒྱ་མ10ཡས་མས་བཅས་བཀོལ་བ་ཡིན”[5]ཞེས་བརྗོད། ཚད་གཞི་འདི་ནི་ཕལ་ཆེར་མི་ཀུན་གྱིས་ཚད་ལྡན་དུ་རྩི་བཞིན་ཡོད། མདོ་སྨད་གཅན་ཚའི་ཡུལ་ལ་མཆོན་ན། ལོ་གསར་ནི་ལོ་གཅིག་དུས་གཅིག་ནང་གི་དུས་ཆེན་གསོགས་གལ་ཆེན་ཞིག་ཡིན་ལ། ལོ་གསར་གཏོང་བའི་སྐབས་སུ་ནང་མི་གཉེན་ཉེ་ཕན་ཚུན་འཚམ་འདྲི་བྱེད་པར་

འགྲོ་སྐབས་སྐྱེས་སུ་གོར་སྒྲ་འཁྱེར་བའི་སྲོལ་ནི་ཚང་མ་གཅིག་མཐུན་ཡིན། དེའི་རྒྱུ་མཚན་གཙོ་བོ་ནི་ལོ་གསར་པའི་ནང་ཐམས་ཅད་ཅི་བསམ་ལྷུན་གྱིས་འགྲུབ་པའི་རྟེན་འབྲེལ་གྱི་ཕྱིར་དུ་ཡིན། གཞན་ཡང་བོད་མིའི་ཁ་དཔེར། "སྐྱིད་ལ་འབོད་དགོས། སྡུག་ལ་འགྲོ་དགོས"ཞེས་པ་ལྟར། འདས་པོའི་ཁྱིམ་ལ་མྱ་ངན་འཚམ་འདྲིར་འགྲོ་སྐབས་མི་རེ་ནས་གོར་སྒྲ་རྫིལ་པོ་གཅིག་དང་ཇ་བག་གཅིག་རེ་མ་མཐར་ཡང་འཁྱེར་སྲོལ་ཡོད་པ་དང་། འདས་པོའི་ཁྱིམ་དུ་བླ་མ་དང་གྲྭ་པ་གདན་འདྲེན་ཞུས་ནས་བདུན་ཚིག་སྒྲུབ་སྐབས་སུའང་གོ་རེ་ངེས་པར་འབུལ་དགོས་པ་དང་། སྒྲུང་གནས་བསྡུངས་ནས་གྲོལ་ཁར་གོ་རེ་ཡི་འགྱེད་རྒྱག་པ་དང་། མནའ་མ་དང་མག་པ་བསུས་ནས་སྟོན་མོའི་གཉེན་སྟོན་གྱི་སྡེར་ཁའི་སྟེང་དུའང་གོར་སྒྲ་ཇ་དབྱིབས་མའམ་སྒོར་དབྱིབས་མ་བཀོལ་བཞིན་ཡོད་པ་སོགས། དེས་ན་གོར་སྒྲ་སྒོར་དབྱིབས་མ་ནི་མི་ལ་ན་ཚ་མེད་པ་དང་། ཕྱུགས་ལ་གོད་ཁ་མེད་པ། བགེགས་བར་ཆད་མི་འབྱུང་བ། བསམ་དོན་ཐམས་ཅད་ཡིད་བཞིན་དུ་འགྲུབ་པའི་རྟེན་འབྲེལ་མཚོན་བྱེད་ཅིག་སྟེ། བཀྲ་ཤིས་པའི་མཚོན་རྟགས་ཤིག་ཡིན་པ་གང་ལེགས་མཚོན་ཐུབ།

གཉིས་པ། ཐུ་གཉིས་མ།

《མདོ་རྒྱུད་རིན་པོ་ཆེའི་མཛོད་ཀྱི་རྒྱས་འགྲེལ》གྱི་ས་ཆུ་ཤིང་གི་དཔྱད་པ་ལས། "རིན་ཆེན་འདྲ་ན་ནོར་ཆེ་བར་འགྱུར། །སྣ་ང་ཁ་སྦུབ་འདྲ་ན་ཁ་གཤེམ། །གྲུ་བཞི་བྱུང་ན་དར་ཞིང་རྒྱས། །རུས་སྦལ་འདྲ་ན་མི་རྣམས་ཚེ་རིང་། །ཟླུམ་པོ་བྱུང་ན་མི་སྐབ་འཕེལ། །ཟླ་གམ་དུ་བྱུང་ན་བུད་མེད་བཟང་། །"[6]ཞེས་པ་ལས་གོ་རེ་ཐུ་གཉིས་མ་དང་ཟླ་གམ་གཉིས་ཀྱི་དབྱིབས་མཚུངས་པས། གོ་རེ་

ཐུ་གཉིས་མ་བུད་མེད་ལ་དབྱིན་ན་མི་རྒྱུད་འཕེལ་བའི་ཞིང་ས་གཤིན་པོ་ལྟ་བུ་ཡིན་པའི་རྟེན་འབྲེལ་ཡོད་ཚུལ་ཤུགས་ནས་གོ་ཐུབ། གཞན་ཡང་ཡུལ་འདིའི་དམངས་ཁྲོད་ཀྱི་བཤད་རྒྱུན་དུ་གོ་རེ་ཐུ་གཉིས་མ་ནི་ཟླ་བའི་མཚོན་བྱེད་ཅིག་ཡིན་པར་བརྗོད་པ་སོགས། གང་ལྟར་ཡང་གོར་སྒྲ་ཐུ་གཉིས་མའམ་སྦྲུམ་མ་ཅན་ལ་གཅན་ཚའི་རྒྱུན་གཏན་གྱི་འཚོ་བའི་ཁྲོད་དུ"ཁ་རྟེའུ"ཞེས་འབོད་ལ། གནས་སྐོ་འགྲིམས་ནས་ལོ་གཅིག་སོང་བའི་བུ་མོས་ལོ་གསར་གྱི་སྐབས་སུ་རང་ཡུལ་དུ་ལོག་པ་དང་ཕྱིར་གནས་ཚང་ལ་འགྲོ་བའི་སྐབས། གོར་སྒྲ་ཐུ་གཉིས་མ་གསུམ་མམ་ལྔ་སྣེ་པོའི་ནང་དུ་འཕུར་སྲོལ་ཡོད། དེ་ཡང་སྦྱིར་བཏང་བོད་ཀྱི་གཟའ་སྐར་འཕྲོད་སྦྱོར་དུ་གྲངས་ཀ་ཆ་དང་ཡ་གཉིས་ལས་ཡ་གྲངས་བཟང་བར་བརྩི་བ་དང་། ལྷག་པར་

དུ་བོད་རིགས་མི་དམངས་རྣམས་ཀྱིས་གྲངས་ཀ་གསུམ་ནི་གཅིག་ནས་བཅུའི་ནང་ནས་མཆོག་ཏུ་གྱུར་པ་ཞིག་ལ་བརྩི་སྟེ། རིགས་གསུམ་མགོན་པོ་ཞེས་དང་། དཀོན་མཆོག་གསུམ། རྩ་གསུམ་བླ་མ་ཞེས་སོགས་བརྗོད་སྲོལ་ཡོད་པ་ལྟ་བུ་དང་། གྲངས་ཀ་ལྔ་ཡང་རྒྱལ་བ་རིགས་ལྔའི་མཚོན་བྱེད་ཡིན་པར་བརྗོད་པ་སོགས། མདོར་ན། གོར་སྐྱ་ཡ་གྲངས་འཁྱེར་བ་ནི་བུ་དང་བུ་མོས་ཕོ་ཁ་གང་བའི་རྟེན་འབྲེལ་དང་བཀྲ་ཤིས་པའི་མཚོན་བྱེད་ཅིག་ཡིན་པར་འདོད། དེའི་ཆེ་ཆུང་ལ་གཏན་འཁེལ་གྱི་ཚད་གཞི་ཞིག་མེད་ནའང་། སྤྱིར་བཏང་རྒྱུན་གཏན་གྱི་གོར་སྐྱ་ཛ་དབྱིབས་མ་ལས་ཅུང་ཆུང་བ་ཡོད། གོར་སྐྱ་ནུ་གཉིས་མའི་སྣེ་གཉིས་སུ་ནུ་མའི་དབྱིབས་འདྲ་བ་རེ་ཡོད་པ་ནི་བུད་མེད་ཀྱི་མཚོན་རྟགས་ཡིན་ཟེར། ཡང་འགའ་ཞིག་གིས་བྱིས་པ་ཞིག་གི་ལུས་ཀྱི་ཚུགས་ཀ་མཚོན་བྱེད་ཡིན་ཡང་ཟེར། དེའི་རྒྱུ་མཚན་ནི"ཁ་རྟེའུ"དེའི་སྣེ་གཉིས་སུ་དབྱིབས་ནུ་མ་འདྲ་བ་རེ་ཡོད་པའི་གཅིག་ནི་བྱིས་པའི་མགོ་ཡི་མཚོན་བྱེད་དང་། གཅིག་ནི་བྱིས་པའི་རྐང་པའི་མཚོན་བྱེད། བར་གྱི་གོར་གོར་ནི་བྱིས་པའི་གསུས་པའི་མཚོན་བྱེད་ཡིན་ཟེར། དེ་ལྟའི"ཁ་རྟེའུ"ལ་བྱིས་པ་བདེ་ཐག་དང་བཅའ་བའི་རྟེན་འབྲེལ་ཡོད་པར་དོས་འཛིན་གྱིས"སྦྲུམ་མ་ཅན"ཟེར་མཁན་ཡང་ཡོད། གཞན་ཡང་ནུ་མའི་དབྱིབས་འདྲ་བ་གཉིས་ནི་བུ་མོའི་ཕ་ཡུལ་དང་གནས་ཀྱི་ཡུལ་གཉིས་ཀྱི་མཚོན་བྱེད་ཡིན་པར་འདོད་དེ། དེར་བུ་མོར་མངལ་སྦྲུམ་པ་ཡང་སྐྱིད་དང་གཡང་གི་གསུས་པ་རྒྱས་ཏེ་ཁྱིམ་གཉིས་ཀྱི་བསམ་དོན་གྲུབ་པ་དང་འབྲེལ་ལམ་གཉེན་གྱིས་སྤྲེལ་བའི་ནང་དོན་ལྡན་པར་བཤད། ཞིབ་ཏུ་བརྟགས་ན་བཤད་ཚུལ་ཐམས་ཅད་འགལ་བ་མེད་དོ། །

གསུམ་པ། ནུ་གཅིག་མ།

འགྲོ་བ་མིའི་རིགས་འཛིག་རྟེན་འདིར་འཚོ་སྡོད་བྱེད་དགོས་ན་བཟའ་ཆས་ཐོན་སྐྱེད་དང་མི་རྒྱུད་སྤེལ་རྒྱུ་གཉིས་ནི་ཧ་ཅང་གལ་ཆེན་ཞིག་ཡིན་པའི་སྐོར་ལ་མིའི་རིགས་རིག་པའི་མཁས་དབང་ཧ་ལི་སིས། (哈里斯) "སྤྱི་ཚོགས་ལ་དབྱེ་ན་རྨང་གཞིའི་སྒྲིག་གཞི་དང་སྒྲིག་གཞི། སྟེང་གི་བཀོད་པ་བཅས་གསུམ་ཡོད"[7]ཅེས་རྨང་གཞིའི་སྒྲིག་གཞི་དེ་དངོས་པོའི་ཐོན་སྐྱེད་བྱེད་ལུགས་དང་མི་འབོར་ཡང་བསྐྱར་སྐྱེ་འཕེལ་བྱེད་ལུགས་གཉིས་ལ་འགྲེལ་བརྗོད་བྱས་ཡོད་པས། ཁ་ཟས་དང་མི་རྒྱུད་སྤེལ་རྒྱུ་གཉིས་ནི་མིའི་འཚོ་བའི་ནང་དུ་མེད་དུ་མི་རུང་བ་ཞིག་ཡིན་པ་རྟོགས་ཐུབ། མི་རྒྱུད་སྤེལ་བའི་བརྒྱུད་རིམ་ཁྲོད་དུ་

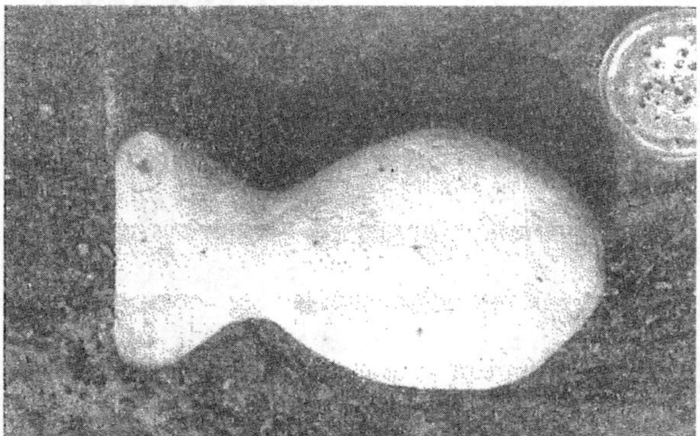

མི་རིགས་མང་པོར་ཕོ་མོའི་མཚན་མ་ལ་དད་གུས་བྱེད་པའི་རིག་གནས་ཀྱང་བྱུང་ཡོད། བོད་ལ་མཚོན་ན་འང་ཕོ་མོའི་མཚན་མ་ལ་དད་བཀུར་བྱེད་པ་དེ་འཚོ་བའི་ཁྲོད་དུ་ཙུང་ཙམ་གབ་པའམ་སྦས་པ། ཡང་ན་གོ་གནས་དེ་འདྲ་མཐོན་པོ་ཞིག་ལ་མི་བསྟི་བ་མ་གཏོགས་གཏན་ནས་མེད་པ་ཞིག་ནི་མིན། དེ་ཡང་འཇིག་རྟེན་གྱི་འཁོར་བ་ནི་སྡུག་བསྔལ་གྱི་རྒྱ་མཚོ་ཡིན་ཞེས་པ་སོགས་ཆོས་ལུགས་ཀྱི་ལྟ་བའི་ཤུགས་རྐྱེན་གྱིས་ཕོ་མོའི་བརྩེ་བ་དེར་དེ་འདྲའི་མངོན་སུམ་གྱིས་དྲང་བ་ཆེར་མི་བྱེད་པ་མ་གཏོགས། ཕོ་མོའི་མཚན་མ་ལ་དོ་སྣང་གཏན་ནས་མི་བྱེད་པ་ཞིག་མ་ཡིན་ཏེ། འཇིག་རྟེན་འཁོར་བ་སྐྱོང་མཁན་ཞིག་ཡིན་ཚོ། ཕོ་མོ་གཉིས་མེད་ན་མི་རྒྱུད་སྤེལ་མི་ཐུབ་པས། ཕོ་མོའི་མཚན་མའི་ཁྱད་པར་དང་བྱ་བྱེད། སྐད་གདངས་སོགས་རང་བྱུང་ཁམས་ཀྱི་དངོས་པོར་དཔེ་བླངས་ནས་བརྗོད་པའི་སྣང་ཚུལ་ཤིན་ཏུ་མང་བ་མཐོང་རྒྱུ་ཡོད་པ་ལྟ་བུས་མཚོན། ཕོ་མོའི་མཚན་མ་ནི་ཏ་ཙང་གལ་ཆེ་བ་ཞིག་ཡིན་ཚུལ་དངོས་ཤུགས་གང་ཐད་ནས་རྟོགས་ཐུབ་པ་ཡིན། ཐ་ན་དགོན་པ་རེ་ཟུང་གི་ལྷ་ཁང་གི་མདུན་རྒྱབ་དང་གཡས་གཡོན་གང་རུང་དུ་ཕོ་མོའི་མཚན་མ་མཚོན་པའི་དངོས་པོ་བཞག་ཡོད་དེ། དེ་ནི་ས་དགྲ་གནོན་བྱེད་དུ་ཡིན་པར་བཤད་སོད། མི་རྒྱུད་མང་དུ་འཕེལ་ནས་གྲྭ་རྒྱུན་མི་ཆད་པའི་རྟེན་འབྲེལ་ཡང་ཡིན་ཤས་ཆེ། 《བཻཌཱུརྱ་དཀར་པོའི་དོ་ཤལ》ལས་བྱུང་བའི་ས་དཔྱད་སྐོར་ལས། "ཕོ་མཚན་བསྒྲེང་བ་འདྲ་ན་ཕོ། །དེར་བཏབ་བུ་མང་འཁོར་རྩིབས་བརྒྱད། །ཕོ་ཡིན་དབང་ཆེ་མདའ་མདུང་དང་། །རལ་གྲི་ཕོ་དེ་དེར་བཏབ་ན། །དཔའ་རྩལ་ཆེ་བ་འཛམ་པ་ལ། །"[8]ཞེས་དང་། 《ས་དཔྱད་ཚིག་དོན་ཀུན་གསལ་འདོད་དགུ་འབྱུང་བའི་རིན་ཆེན་བུམ་བཟང》ལས། "དམངས་ཀྱི་ཕོ་རི་རྩེ་མོ་ཟླུམ། །སྐྱིད་པ་སྡོམ་ལ་རྩུབ་ན་བཟང་། །"[9]ཞེས་དང་། ཡང་དེ་ཉིད་ལས། "བྲག་གི་ཕོ་མོ་ཟུར་ཡོད་མེད། །ས་ཡི་ཕོ་མོ་འབུར་གཤོང་དང་། །ཆུ་ཡི་ཕོ་མོ་སྐད་ཀྱིས་ཤེས། །ཤིང་གི་ཕོ་མོ་འབྲས་བུས་དཔྱད། །"[10]ཅེས་རང་བྱུང་ཁམས་ཀྱི་ས་དབྱིབས་ལ་དཔེ་བལྟས་ནས་ཕོ་མཚན་དང་འདྲ་བའི་ས་དབྱིབས་དེའི་ཐོག་ཏུ་ཁྱིམ་གཞིས་སོགས་བཙུགས་ན་བུ་མང་དུ་སྐྱེ་བ་དང་། ཡང་ན་གནས་དེར་མདའ་མདུང་གྲི་གསུམ་སོགས་སྐྱེས་བུའི་མཚོན་ཆ་བཏབ་ན་སྟག་ཤར་བའི་དབང་ཐང་རྒྱས་པ། གཞན་ཡང་སྐྱེས་པ་ཕོའི་ལུས་ཕུང་སོགས་ནི་སྐྱེས་མ་མོ་ལས་སྟོམ་པའམ་རྩུབ་པ་ཡོད་ཚུལ། ཕོ་རྟགས་ནི་འབུར་ཁ་ལས་གཤོང་བ་མིན་ཚུལ་སོགས་ཀྱི་ཁྱད་ཆོས་བརྗོད་ཡོད་པས། དེ་དག་གི་ཐོག་ནས་དོན་ལ་མཚན་མར་དད་པ་བྱེད་ཀྱིན་ཡོད་པ་ཤེས་ཐུབ། དེས་ན་ལོ་གསར་གྱི་སྐབས་སུ་གནས་སྒོ་འགྲིམས་པའི་བུ་མོ་རང་ཡུལ་ལ་ལོག་སྐབས། ཡུལ་མིས་ཆེད་དུ་བུ་མོར་བཙས་པའི་ཕྲུ་གུ་བུ་ལ། གོར་སྐྱ་ཏུ་གཅིག་མ་བསྒྲིགས་ནས་སྐེར་སྟོལ་ཡོད་པ་ཡང་གནའ་སྔ་མོར་སྐྱེས་པ་རྣམས་ཀྱིས་སྤྱི་ཚོགས་ཐོག་ཏུ་འཐབ་འཁྲུག་སོགས་རྒྱག་པར་གནས་བབས་གལ་ཆེན་ཟིན་ཡོད་ཅིང་། གལ་ཏེ་སྐྱེས་པ་ཕོ་མེད་ན། ཁྱིམ་རྒྱུད་གཞན་གྱི་ལག་ཏུ་ཤོར་ཉེན་ཆེ་བས། ཕོ་ཞིག་སྐྱེ་རྒྱུ་ནི་ནམ་ཡང་སེམས་གཏིང་གི་རེ་འདོད་ཅིག་ཡིན་པས། ཕོ་ཞིག་

སྐྱེ་བའི་རྟེན་འབྲེལ་མཚོན་བྱེད་དུའམ་ཡང་ན་རང་ཉིད་ནི་བྱིས་པ་ཕོ་ཞིག་ཡིན་པ་མཚོན་ཆེད་དུ་གོར་སྐྱུ་ཡང་ཕོ་ཡི་རྟགས་མཚན་གྱི་ཚུགས་ཀ་ལྟར་བཟོས་པར་སྙམ། དེའི་ཆེ་ཆུང་ལ་གནའ་འཕེལ་མེད་ན་ཡང་བྱིས་པ་བུ་མོར་བསྒྲིགས་པའི་གོ་རེ་སྣ་གཙུ་མ་ལས་ཁྲོ་ཕྱེ་སོགས་བཀོལ་བ་མང་བས། དེའི་ཐོག་ནས་ཀྱང་ཕོ་ཞིག་བཙའ་རྒྱུའི་རེ་འདོད་ནི་མོ་ཞིག་སྐྱེ་རྒྱུ་ལས་རེ་བ་ཤིན་ཏུ་ཆེ་བ་བཅངས་ཡོད་པ་ཤེས་ཐུབ། གཞན་གོར་སྐྱུ་ནུ་གཅིག་མའི་ཚུགས་ཀ་ནི་ཁྱུག་མའི་དབྱིབས་ལྟར་དུ་ཡོད་པ་དེ་ཡང་གནའ་རབས་སྔོན་པོ་མོའི་ལས་བགོས་ཀྱི་དབང་གིས་སྐྱེས་མ་རྣམས་ནི་ཁྲིམ་དུ་བསྡད་ནས་ཁྲིམ་གྱི་ལས་ཀ་གཉེར་མཁན་དང་། སྐྱེས་པ་རྣམས་ནི་སྒོ་ཕྱི་རུ་སོང་ནས་རྒྱུ་ནོར་བཙལ་ཏེ་ཁྲིམ་གྱི་འཚོ་བ་བཀོད་སྒྲིག་བྱེད་མཁན་ཡིན་པས་ཁྱུག་མའི་ནང་དུ་རྒྱུ་འགྱུར་འཕེལ་བའི་མཚོན་རྟགས་སུ་འདོད་པ་སོགས། མདོར་ན་གནའ་མི་བོད་ཀྱི་གཏམ་དཔེར། "སྟག་ཤར་བ་ཟག་ལ་འགྲོ་ནི་ཨོ། །ཟག་ཕར་འགྲོ་སླ་ཡང་ཚུར་ཡོང་དཀའ། །ཟག་ཚུར་ཡོང་སྟུན་ལ་ནོམ་ཞིག་དགོས། །"ཞེས་པ་ལས་ཀྱང་སྐྱེས་པ་རྣམས་ནི་ཕྱར་རྒྱུ་ནོར་འཚོལ་མཁན་ཞིག་ཡིན་པ་རྟོགས་ཐུབ་པ་མ་ཟད། གོར་སྐྱུ་ནུ་གཅིག་མ་དེར་འགྱུར་པ་འཕེལ་བའི་རྟེན་འབྲེལ་ཡོད་ཚུལ་ཤེས་ཐུབ་པ་སོགས། གོར་སྐྱུ་ནུ་གཅིག་མ་ནི་ཕོ་ཡི་མཚོན་རྟགས་འབྲུལ་མེད་ཅིག་ཡིན་པར་འདོད་དོ། །

བཞི་པ། སྣ་གཙུ་མ།

གོ་རེ་སྣ་གཙུ་མ་ནི་ཨ་ལོང་གི་དབྱིབས་ལྟར་དཀྱིལ་ན་བུ་ག་བརྟོད་པ་ཞིག་ཡིན། 《བཻཌཱུར་དཀར་པོའི་དོ་ཤལ》ལས་བྱུང་བའི་ས་དཔྱད་སྐོར་ལས། "རྒྱུད་རིང་གཡིམ་པ་མོ་ཡིན་ཏེ། །དེ་ཡི་ལྟོ་བ་དག་ལ་གདབ། །ལྟེ་ཁུང་འདྲ་མོ་དར་བཏབ་ན། །མོ་མང་མཚོ་གཡིང་འདྲ་ཡང་མོ། །"[11]ཞེས་དང་། 《ས་དཔྱད་ཚིག་དོན་ཀུན་གསལ་འདོད་དགུ་འབྱུང་བའི་རིན་ཆེན་བུམ་བཟང》ལས། "མོ་རི་རྩེ་མོ་ཕྲ་ལ་གུས། །འཇམ་ཞིང་ཆུ་རྒྱུན་འབབ་པ་དགོས། །"[12]ཞེས་དང་། ཡང་དེ་ཉིད་ལས། "བྲག་གི་ཕོ་མོ་ཟུར་ཡོད་མེད། །ས་ཡི་ཕོ་མོ་འབུར་གཤོང་དང་། །ཆུ་ཡི་ཕོ་མོ་སྐད་ཀྱིས་ཤེས། །ཤིང་གི་ཕོ་མོ་འབྲས་བུས་དཔྱད། །"[13]ཅེས་བུད་མེད་ནི་དང་རྒྱུད་རིང་ཞིང་འཁྲིག་སྦྱོར་བྱེད་སའི་ཡུལ་ཡིན་པས་ས་དབྱིབས་མིའི་ལྟོ་བ་དང་ལྟེ་ཁུང་འདྲ་བའི་ས་ཆར་ཁྲིམ་གཞིས་བཏབ་ན་བུ་མོ་མང་དུ་སྐྱེ་བ་དང་། གཞན་ཡང་བུད་མེད་ནི་ཕོ་ལས་ལུས་པོངས་ཕྲ་ཞིང་འཇམ་པ་

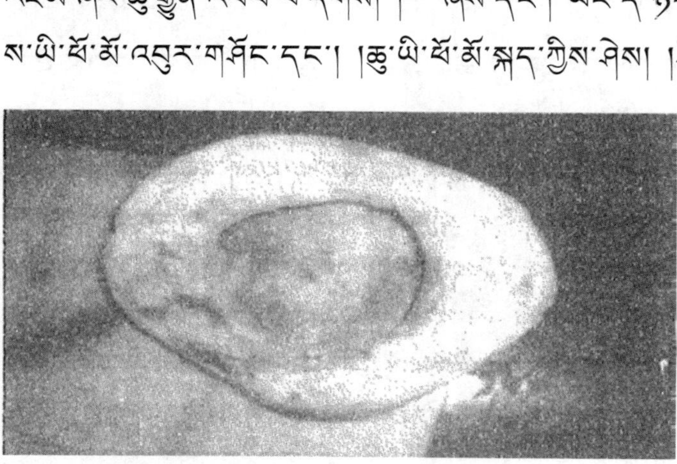

ཡོད་ཚུལ། ཕོ་རིར་བྲུར་ཡོད་ལ་མོ་རིར་བྲུར་མེད་པ། ཕོ་རི་འབུར་ལ་མོ་རི་གཤོང་བ་ཡོད་ཚུལ་སོགས་རང་བྱུང་ཁམས་ཀྱི་ས་དབྱིབས་དེ་མིའི་མཚན་མ་དང་མཚུངས་པའི་ཁྱད་ཆོས་བརྗོད་པས། དེའི་ཐོག་ནས་མོ་ཡི་མཚན་མ་ལ་དད་པ་བྱེད་ཀྱིན་ཡོད་པ་ཤུགས་ནས་རྟོགས་ཐུབ། གོར་སྐྱ་སྣ་གཅུ་མ་ཞེས་པ་ནི་གཡག་དང་མཛོ་ལ་སོགས་པའི་སྣ་ཁྲུག་ཤིང་མཉེན་མོས་ཕུག་ནས་ཁ་ལོ་བསྒྱུར་བར་སྟབས་བདེ་བཟོ་བྱེད་ཀྱི་སྣ་གཅུ་ཡི་དབྱིབས་ལྟར་བཟོས་ཡོད་པས། མིང་ཡང་དེ་ལྟར་ཐོགས་པའོ། །དེས་ན་མཛོ་གཡག་སྣ་གཅུ་ལ་དྲངས་ན་ཁ་ལོ་བསྒྱུར་བདེ་བ་བཞིན་བྱིས་པ་བུ་མོ་ཞིག་ལ་སྣ་གཅུའི་དབྱིབས་ཀྱི་གོ་རེ་བྱིན་པ་ཡང་དོན་དུ་མ་འོངས་པ་ན་བྱིས་པ་བུ་མོ་དེས་རང་གི་ཁྱོ་ག་དང་བཅས་པའི་ཁྱིམ་མིའི་སེམས་པ་ཡོངས་སུ་བཀུགས་ནས་ཁྱིམ་གཞིས་འཕེལ་བའི་རྟགས་དང་རྟེན་འབྲེལ་དུ་བསྒྲིགས་པར་བཤད། གཞན་ཡང་བུ་མོ་རྣམས་ཆུང་དུས་ནས་རྣ་རྒྱན་གོར་གོར་བཏགས་ནས་སྙིག་ཉམས་གཏོད་རྒྱུར་དགའ་བས། དེའི་མཚོན་དོན་དུ་གོ་རེ་རྣ་གཅུ་མ་བཟོས་པར་ཡང་བརྗོད་པ་སོགས། མདོར་ན། གོར་སྐྱ་སྣ་གཅུ་མ་ནི་བུད་མེད་ཀྱི་མཚོན་རྟགས་ཤིག་ཡིན་པར་འདོད་དོ། །

དེ་ལྟར་གོར་སྐྱ་ནུ་གཉིས་མ་དང་། གོར་སྐྱ་ནུ་གཅིག་མ། གོར་སྐྱ་སྣ་གཅུ་མ་བཅས་ནི་བུ་མོ་གནས་འགྲོ་མ་དང་དེར་བཅས་པའི་བྱིས་པ་ལ་དམིགས་ཏེ་བསྒྲིགས་པ་ལས་གང་འདོད་དུ་མི་བསྒྲིག་པ་ཡང་ངེས་པར་རྟོགས་དགོས་པའི་གནད་དོ། །

ལྔ་པ། གོར་སྐྱ་དགའ་འཁྱིལ་མ།

འཆམ་རྒྱུག་པ་སོགས་ཆོས་ལུགས་ཚོ་ག་སྒྲིལ་བའི་སྐབས་སུ་གྲྭ་པའམ་སྔགས་པ་དང་། མང་ཚོགས་རྣམས་ཀྱིས་ནོར་བུ་དགའ་འཁྱིལ་ལྟར་གཡས་སུ་འཁྱིལ་ནས་ལྷ་ཁང་དང་གཙུག་ལག་ཁང་སོགས་ལ་སྐོར་བ་བྱེད་པ་དེ་ལ་ལད་མོ་བྱས་ཏེ་གོར་སྐྱའི་དབྱིབས་ཀྱང་ནོར་བུ་དགའ་འཁྱིལ་ལྟར་བཟོས་པར་འདོད། གོར་སྐྱ་དགའ་འཁྱིལ་མ་ནི་སྔོན་ནས་གྲ་སྒྲིག་ཟིན་པའི་ཕྱེ་སྐྱུར་དེ་ཐོག་མར་སྡེ་མོ་གཉིས་ནས་བཟུང་སྟེ་ཡར་མར་ཅུང་རིང་པོར་འཐེན་པ་དང་། དེ་ནས་རིམ་བཞིན་སྒྱུལ་འཁྱིལ་པའི་དབྱིབས་ལྟར་གོར་གོར་དུ་བཅོས་ཏེ་སྙིང་ནས་མར་མནན་ནས་ཅུང་ཙམ་སྨོམས་པོར་བྱས་རྗེས་བསྲེག་དགོས་པ་ཞིག་རེད།

དྲུག་པ། གོར་སྐྱ་ནོར་སྤུངས་མ།

གོར་སྐྱའི་དབྱིབས་ནོར་བུ་སྤུངས་པ་ཅན་ནི་ཐོག་མར་ཕྱེ་སྐྱུར་གོར་གོར་དུ་བཅོས་པའི་ཐོག་ཏུ་སླར་ཡང་ཕྱེ་སྐྱུར་དུམ་བུ་མང་པོ་འབྱར་དགོས་ཤིང་། དེ་ཡང་སྣོད་ཀྱི་ནང་དུ་ནོར་བུ་མང་པོ་སྤུངས་པའི་རྟེན་འབྲེལ་གྱི་ཚུལ་དུ་གོ་རེའི་ཐོག་ཏུའང་ཕྱེ་སྐྱུར་མང་དུ་བཞག་ནས་བསྲེག་པ་ཞིག་ཡིན། 《ནོར་འཛིན་དཔྱད་པ་ལེགས་ཉེས་འབྱེད་པའི་ལྡེ་མིག》ལས། "མདུན་རི་བཟང་དཔྱད་འདི་ལྟར་སྟེ། །རིན་ཆེན་སྤུངས་པ་འདྲ

བ་དང་། །གྲོད་ཕྱུ་མར་གྱིས་བཀང་བ་དང་། །ཤ་སྒྲོ་ནས་ཀྱིས་བཀང་འདྲ་དང་། །བྱུམ་ལྟོ་ལུས་ཕྲའི་རྣུ་འབུར་འདྲ། །སྒྲུམ་མའི་ལྟོ་དང་གདུགས་དབྱིབས་འདྲ། །རྡི་ཤིང་ནགས་ཚལ་མང་བ་དང་། །ལུག་ཁྱུ་ཉལ་འདྲ་མང་ཡོད་ན། །ཕྱུག་པོའི་བླ་རི་ཡིན་པས་བཟང་། །"[14]ཞེས་བྱུང་བ་སོགས་ལས། ནོར་བུ་སྤུངས་པ་ཅན་གྱི་གོ་རེས་ཁྱིམ་ཚང་དེར་རྒྱུ་དང་འབྱོར་པ་ཕུན་སུམ་ཚོགས་པོ་འཕེལ་བའི་རེ་འདོད་དང་སྨོན་འདུན་མཚོན་པར་བྱས་ཡོད་པ་གང་ལེགས་རྟོགས་ཐུབ།

བདུན་པ། གོར་སྐྱ་མེ་ཏོག་བཞད་མ།

མེ་ཏོག་ནི་ལྷ་ཡི་མདུན་དུ་བཤམས་ནས་མཆོད་པ་འབུལ་བའི་མཆོད་རྫས་གལ་ཆེན་ཞིག་ཡིན་ཞིང་། དེ་ནི་དྲི་མ་ཞིམ་ཞིང་མིག་ལ་མཛེས་པས་ལྷ་མི་སོགས་སེམས་ཅན་མང་པོའི་སེམས་ཁམས་ཧ་ཅང་དྭངས་པར་བྱེད། སྤྱིར་ན་ཁོར་ཡུག་གི་དབང་གིས་ཚ་བ་ཧ་ཅང་ཆེ་བའི་རྒྱ་གར་དུ་མེ་ཏོག་གི་མཆོད་པ་འབུལ་སྲོལ་ཡོད་པ་དང་། ས་བབ་མཐོ་ལ་ཆུ་ཁུངས་འཛོམས་པའི་རང་རེའི་བོད་དུ་ནི་ཤིན་ཏུ་གཙང་བའི་ཆུ་ཡི་མཆོད་པ་འབུལ་བ་མ་ཟད། མེ་ཏོག་གི་མཆོད་ང་འང་འབུལ་སྲོལ་ཡོད། དེས་ན་གོར་སྐྱ་མེ་ཏོག་བཞད་མ་བསྒྲིགས་ནས་མཆོད་པར་འབུལ་བ་དེ་ཡང་དོན་དུ་མེ་ཏོག་གི་ཚབ་ཏུ་ཡིན་པར་གོ་བ་ལེན་བདེ། གོར་སྐྱ་མེ་ཏོག་བཞད་མ་ནི་ཕྱེ་སྐྱུར་སྤྲབ་མོ་གསུམ་ཆེ་ཆུང་བགོས་ནས་གོར་གོར་དུ་བཙོས་ཏེ་རིམ་བཞིན་གཅིག་ཐོག་གཅིག་བརྩེགས་ཀྱིས་ཞབས་ཆེ་བ་དང་སྙིང་ཆུང་བར་བསྒྲིགས་ཤིང་། མཐའ་རེ་རེར་མེ་ཏོག་གི་འདབ་མའི་རི་མོ་གཏོད་པ་ཞིག་ཡིན་པས། དེའི་དབྱིབས་ནི་མེ་ཏོག་བཞད་པའི་ཚུལ་དུ་ཡོད། དེས་ན་གོར་སྐྱ་དགའ་འཁྲིལ་མ་དང་། ནོར་སྤུངས་མ། མེ་ཏོག་བཞད་མ་དེ་དག་ནི་གཙོ་བོར་དཀོན་པ་སོགས་ཀྱི་མཆོད་རྫས་དང་བསང་རྫས་སུ་བྱེད་པ་ཡིན། ལྷ་ཁང་དུ་འཇོག་པ་དེ་རྒྱུན་ལྡན་གྱི་གོར་སྐྱ་དང་བསྡུར་ན་ཅུང་ཆུང་བ་དང་། བསང་ཐོག་ཏུ་འཇོག་པ་དེ་དེ་ལས་ཀྱང་ཆུང་བ་ཡོད། གང་ལྟར་ཡང་གོར་སྐྱ་དགའ་འཁྲིལ་མ་དང་། ནོར་སྤུངས་མ། མེ་ཏོག་བཞད་མ་བཅས་ནི་མཆོད་རྫས་དང་བསང་རྫས་ལས་ཁ་ཟས་སུ་མི་བྱེད་པས་དུས་རྒྱུན་དུ་མི་བསྲེག་པ་ཡིན་ནོ། །

མཇུག་བསྡུའི་གཏམ།

《མི་རིགས་རིག་པའི་རྣམ་བཤད》དུ། "རིག་གནས་ནི་མིའི་རིགས་ཀྱིས་གསར་གཏོད་བྱས་པ་ཡིན་ལ། ཕྱོགས་མཚུངས་རིག་གནས་ཀྱིས་མི་གཤིས་བཙོ་སྦྱོང་དང་གསར་བཟོ་ཡང་བྱེད་ཐུབ"[15]ཅེས་གསལ་བ་ལྟར། མི་རྣམས་ཀྱིས་རིག་གནས་གསར་གཏོད་བྱེད་པའི་བརྒྱུད་རིམ་ཁྲོད་དུ་ཁོར་ཡུག་གི་ཆ་རྐྱེན་དང་། འཚོ་བའི་རོལ་སྟངས། ཐབས་ཤེས་སོགས་མི་འདྲ་བའི་དབང་གིས་རིག་གནས་ཀྱང་མི་འདྲ

བ་འབྱུང་ངེས་པ་དཔེར་ན། ཕྱི་དངོས་པོའི་ཁྱད་པར་དང་ནང་བསམ་པའི་ཁྱད་པར་གཉིས་ལ་བརྟེན་ནས་ཐུན་མོང་མ་ཡིན་པའི་དངོས་པོ་ཐོན་སྐྱེད་བྱེད་སྟངས་དང་། བྱ་སྤྱོད་ཀྱི་ཚད་གཞི། སྤྱི་ཚོགས་ཀྱི་རྩ་འཛུགས། འཚོ་བའི་གོམས་སྲོལ། སྐད་ཆ་དང་བསམ་བློ་གཏོང་སྟངས། རིན་ཐང་ལྟ་ཚུལ་སོགས་མི་འདྲ་བ་གྲུབ་དང་འགྲུབ་བཞིན་ཡོད་པ་ལྟ་བུ་ཡིན། དེས་ན་ནང་ཆོས་ལ་དད་པ་བྱེད་པ་དེ་ཡང་ཕྱིའི་དངོས་པོ་སྟེ། རི་ར་བ་ཁང་ཁྱིམ་སོགས་ཀྱི་བར་གསེང་གང་དུའང་སྒྱུ་རྩལ་གྱི་ལམ་ནས་མངོན་པར་བྱེད་པ་ཡིན་པས། བྱ་དངོས་མང་པོར་ནང་ཆོས་ཀྱི་བསམ་བློའི་མཛེས་དཔྱད་ལྟ་ཚུལ་དང་རིན་ཐང་ལྟ་ཚུལ་བརྗོད་ཀྱིས་མི་ལང་བ་འདུས་ཡོད་པ་ནི་ས་གནས་ཀྱི་ཁྱད་ལྡན་ཟས་རིགས་གོར་སྒྱིའི་བཟོ་སྟངས་གཅིག་པུའི་སྟེང་ནས་ཀྱང་གསལ་པོར་མཐོང་ཐུབ་པ་ཡིན། ཐ་ན་དུས་རྒྱུན་འཚོ་བའི་ཁྲིད་དངོས་ཟོག་གང་ཟུང་ཞིག་ཐོན་སྐྱེད་བྱེད་སྐབས་ཆོས་སྤྱོད་ཡོ་བྱད་ཀྱི་གཟུགས་དབྱིབས་དང་ཀུན་ནས་མཚུངས་པར་བཅོས་ཏེ་སེམས་ཅན་ཐམས་ཅད་སྡུག་བསྔལ་དང་མི་དགེ་བའི་ལས་རྣམས་ལས་བྲལ་ནས་ཅི་བསམ་ལྷུན་གྱིས་འགྲུབ་པ་དང་བཀྲ་ཤིས་པའི་མཚོན་བྱེད་དུ་རྩི་བའི་རྟེན་འབྲེལ་རང་བཞིན་གྱི་མཛེས་དཔྱད་བསམ་བློ་ཞིག་ཀྱང་དང་གིས་ཆགས་ཡོད། མདོར་ན་གཙན་ཚའི་ཁོར་ཡུག་དང་འཁྲོད་པའི་གོར་སྒྱིའི་སྲེག་སྟངས་ཀྱི་ལག་རྩལ་འདི་ཆོས་ལུགས་ཆོ་ག་དང་ས་གནས་རང་བཞིན་གྱི་གོམས་སྲོལ་དུ་གྲུབ་སྟེ་མང་ཚོགས་ཀྱི་ཤ་དང་རུས་པའི་གསེང་དུ་འཐིམ་ཡོད།

ཞར་བྱུང་གོར་བཤད་རགས་བསྡུས།

ཨཱ། མཆོད་ཨོཾ་ཨཱ་ཧཱུྃ། མཆོད་བླ་མ་ཡི་དམ་མཆོད། སངས་རྒྱས་བྱང་སེམས་མཆོད། དཔའ་བོ་མཁའ་འགྲོ་མཆོད། ཆོས་སྐྱོང་སྲུང་མ་མཆོད། ཡུལ་ལྷ་གཞི་བདག་མཆོད། སྟག་ཤར་བ་རྣམས་ཀྱི་དགྲ་ལྷ་མཆོད། མ་སྲུ་མོ་རྣམས་ཀྱི་ཟས་ལྷ་མཆོད། མི་རང་ལ་འཁོར་བའི་དགྲ་ལྷ་མཆོད་ཟེར་རྒྱུ།

ཨཱ། ངའི་ལག་པ་གཡས་པའི་ནང་ན་ཤིང་ཙན་དན་དམར་པོའི་སྟེར་མ་ཡོད་གི། ཙན་དན་དམར་པོའི་སྟེར་མའི་ཐོག་ན་གོ་རེ་བྱ་རྒྱལ་ཁྱུང་ཆེན་ཡོད་གི། འདིར་ཁ་མིག་མེད་ཙང་དགོད་ལ་ཁད། གཤོག་པ་མེད་ཙང་འཕུར་ལ་ཁད། སྟེར་མོ་མེད་ཙང་འཛིན་ལ་ཁད། ལྗེ་མེད་ཙང་བཤད་ལ་ཁད་ཀྱི་གོ་རེ་འདི། ས་གཙན་ཚ་སྣང་ར་ཡུལ་གྱི་གོར་མོ་ཆེ་སྟེ། ངེད་སྐུ་རྒྱལ་བོད་ཀྱི་གསོལ་གོར་ཡིན་ཟེར་རྒྱུ།

ཨཱ། ད་གོ་རེ་འདིའི་བྱུང་བ་རྣམ་གསུམ་བཤད་ན། ས་དོག་མོའི་ས་ཆུ་དྲོད་ཀྱིས་དྲོས་དུས། ཆུ་གཙང་པོའི་ཆབ་རོམ་ཉེ་མས་བཞུ་དུས། ཞིང་ལུད་ཇས་སྨན་ཆུ་གཏོར་གཏོར་བྱས། གྲོའི་ས་བོན་ཆར་པ་འབབ་འབབ་བྱེད་གི། མཛོ་ཁྱུང་དཀར་གཉའ་ལ་སྐྲི་ཤིང་བཞག་ནས། ཤིང་སྟག་པའི་གཤོལ་ཞིག་བར་ལ་བཞག་ནས། སྟག་ཤར་བ་ཞིག་གིས་གཞུག་ནས་བསྐྱོར་ཏེ། ཐང་རྟེན་པོ་ས་གཞིའི་སྟེང་ལ་འཛུགས་གི། ཆུ་གཙང་

ཕོ་གསོལ་ཇ་འདྲེན་འདྲེན་བྱས་ཟེར་རྒྱུ།

ཡཱ། ད་ཞིང་བཏབ་ཐལ་བཏབ་ཐལ་ཟེར་དུས་ན། ……ཁིམ་དང་སྟུད་མ་བཟུང་ནས་འབྲུ་རིགས་སྟུད་ཀི་ཟེར་རྒྱུ།

ཡཱ། ད་འབྲུ་བསྟུས་ཐལ་བསྟུས་ཐལ་ཟེར་དུས་ན། ཞིང་ཆུ་མ་གསུམ་གྱི་ཆུ་ཕུད་བླངས་ནས། ཞིང་རི་མ་གསུམ་གྱི་རི་ཕུད་བླངས་ནས། ད་འབྲུ་རིགས་གཞུང་སྒོ་གཅིག་ལ་སྟུད་ཀི། སྟོད་བར་སྨད་ཁམས་སུ་རླུང་ལ་འཕྱུར་ནས། སྐྱི་བསེར་རླུང་གིས་དབྱེ་བ་འབྱེད་ཀི། བདེན་པ་ཐམས་ཅད་སྙིང་ལ་འདེད་ཀི། རྫུན་མ་ཐམས་ཅད་རླུང་ལ་བསྐུར་གི། མ་བུ་མོས་འཁྲབ་མའི་ནང་ན་འཁྲབ་སྟོལ་ཡག་གི། རིན་ཆེན་གསེར་གྱི་ས་གཞིའི་སྟེང་ལ། འཛམ་གླིང་ཉི་མ་སེར་པོས་སྐམ་ཚུལ་ཡག་གི། གསོམ་དཀར་ཤིང་གི་སྐམ་གྱི་ནང་ལ། འབྲུ་རིགས་རི་ལྟར་སྤུངས་སྤུངས་བྱེད་ཀི་ཟེར་རྒྱུ།

ཡཱ། ཕྱུག་པོ་རྗེ་རང་ཁ་ལ་འགྲོ་དུས། ཕྱེ་འཐག་ཐལ་འཐག་ཐལ་ཟེར་དུས་ན། ཕྱེ་སྐྱ་གངས་སྐྱ་འབབ་འབབ་བྱེད་ཀི། དང་པོ་གཡས་ལ་འཁོར་ན་གསེར་ཕྱེ་འབབ་ཀི། གཡོན་ལ་འཁོར་ན་དངུལ་ཕྱེ་འབབ་ཀི། མདུན་ལ་འཁོར་ན་དུང་ཕྱེ་འབབ་ཀི། ཕྱེ་བཞིས་ཐལ་བཞིས་ཐལ་ཟེར་དུས་ན། སྤྲིན་དཀར་པོ་ཁ་ལོ་གཙུ་གཙུ་བྱེད་ཀི། ཕྱེ་བསླལ་ཐལ་བསླལ་ཐལ་ཟེར་དུས་ན། ཕ་མས་བུ་ཕྲུག་བསླལ་བསླལ་བྱེད་ཀི། ཕྱེ་ལངས་ཐལ་ལངས་ཐལ་ཟེར་དུས་ན། ལྷུང་མའི་ལུ་གུ་གད་གད་བྱེད་ཀི་ཟེར་རྒྱུ།

ཡཱ། གོ་རེ་སྲེག་ཐལ་སྲེག་ཐལ་ཟེར་དུས་ན། བྱ་རྐོད་པོ་གཤོག་བརྒྱངས་བྱེད་འདྲ་རེད། དང་པོ་གོ་རེ་གྲུ་བཞི་སྲེག་གི། གྲུ་བཞི་བསྲེགས་ན་རྒྱབ་ལ་བདེའོ་ཟེར་གི། གཞན་གྱིས་བལྟས་ན་བརྗིད་ཉམས་ཆེའོ་ཟེར་གི། དེ་ནས་གོ་རེ་གོར་གོར་སྲེག་གི། གོར་གོར་བསྲེགས་ན་ལག་ལ་བདེའོ་ཟེར་གི། གྲལ་དུ་བསྒྲིགས་ན་སྟེར་ཁ་འཁྱོངས་ཀི་ཟེར་རྒྱུ།

ཡཱ། གོ་རེ་འདི་དང་པོ་སྟོད་དབུས་གཙང་ཡུལ་ལ་སོང་ན། སྟོད་དབུས་གཙང་བླ་མར་མཇལ་དར་ཉན་ནི་ཟེར་གི། དེ་ནས་དཔོན་པོའི་མདུན་དུ་སོང་ན། དཔོན་པོའི་ལེགས་སྐྱེས་ཉན་ནི་ཟེར་གི། དེ་ནས་བོད་གངས་ཅན་ཡུལ་ལ་ཡོང་ན། བོད་མི་ཚོ་གཅིག་གི་སྟེར་ཁ་ཉན་ནི་ཟེར་གི།

ཡཱ། ངས་འདི་ཚོགས་ཁྲིམ་པའི་གྲལ་དཀྱིལ་ནས། རྟེན་འབྲེལ་གྱི་ཁ་གཡང་ཞིག་ཕོས་ན། གྲལ་འགོ་ན་བཞུགས་པའི་དཔོན་པོ་སྐུ་ཚེ་རྒྱལ་མཚན་བརྟན་པའི་བཀྲ་ཤིས་ཤོག གྲལ་རྐེད་ན་བཞུགས་པའི་སྤུན་དང་ན་ཟླ་རྣམ་པ་མཐུན་པ་སྤུན་བཞིའི་རྗོགས་བརྗོད་བསྐྱངས་ཤིང་མདུན་ལམ་འོད་སྟོང་འབར་བའི་བཀྲ་ཤིས་ཤོག གྲལ་ཇ་ན་བཞུགས་པའི་མ་དང་སྲུ་མོ་རྣམས་གཡུལ་དང་ལས་ཀ་ལྷུན་ཞིང་ཟས་དང་ཟ་མ་འཛོམས་པའི་བཀྲ་ཤིས་ཤོག གྲལ་མཐའ་ན་བཞུགས་པའི་ན་ཆུང་བུ་དང་བུ་མོ་རྣམས་རིག་པའི་འདབ་ལག་རྒྱས་ཤིང་རྒྱལ་ཁམས་ཕྱོགས་མེད་འགྲིམ་པའི་བཀྲ་ཤིས་ཤོག སྤྱིར་མདོ་དབུས་ཁམས་གསུམ་གྱི་

གངས་ཅན་བོད་པ་རྣམས་རྟ་ས་འཛག་རི་སྲུམ་མདོ་རྟ་ཡིས་གང་བའི་བཀྲ་ཤིས་ཤོག ནོར་ས་རྫ་རི་སྨུག་པོ་ནོར་གྱིས་གང་བའི་བཀྲ་ཤིས་ཤོག ཞིང་ས་གསེར་གཞོང་རིང་མོ་འབྲུ་ཡིས་གང་བའི་བཀྲ་ཤིས་ཤོག མི་ལ་ན་ཚ་མེད་པའི་བཀྲ་ཤིས་ཤོག ཕྱུགས་ལ་གོད་ཁ་མེད་པའི་བཀྲ་ཤིས་ཤོག ལོ་ལེགས་རྒྱུན་ཆད་མེད་པའི་བཀྲ་ཤིས་ཤོག ཆར་ཆུ་དུས་སུ་འབབ་པའི་བཀྲ་ཤིས་ཤོག སྤྱིར་བོད་ཁམས་སྐྱིད་ཅིང་བདེ་བའི་བཀྲ་ཤིས་ཤོག །

མཆན།

[1] [2] གཡུང་དྲུང་བོན་གྱི་བཀའ་བསྟན་དཔེ་རྙིང་ཁང་གིས་ཕྱོགས་སྒྲིག་མཛད་པའི《ཀུན་མཁྱེན་ཤར་རྫ་བ་བཀྲ་ཤིས་རྒྱལ་མཚན་གྱི་གསུང་འབུམ》པོད་ཕྲེང་བཅོ་ལྔ་པ། སི་ཁྲོན་མི་རིགས་དཔེ་སྐྲུན་ཁང་གིས་བསྐྲུན། 2011ལོའི་ཟླ7པར་དཔར། ཤོག་གྲངས174、175-176པ་བཅས་སུ་གསལ།

[3] [4] [6] [8] [9] [10] [11] [12] [13] [14] བསོད་ནམས་དབང་ལྡན་གྱིས་སྒྲིག་འགྲེལ་བྱས་པའི《ས་དཔྱད་ཕྱོགས་བསྒྲིགས།》ཀན་སུའུ་མི་རིགས་དཔེ་སྐྲུན་ཁང་གིས་བསྐྲུན། 2007ལོའི་ཟླ8པར་དཔར། ཤོག་གྲངས157、305、284、144、217、229、144、218、229、311པ་བཅས་སུ་གསལ།

[5] བསོད་ནམས་ཚེ་རིང་གིས་བརྩམས་པའི《གཙན་ཚོའི་རིག་གནས།》 ཀན་སུའུ་མི་རིགས་དཔེ་སྐྲུན་ཁང་གིས་བསྐྲུན། 2008ལོའི་ཟླ12པར་དཔར། ཤོག་གྲངས204པར་གསལ།

[7] ཞ་ཅན་ཀྲུང(夏建中)གིས་བརྩམས་པའི《རིག་གནས་མིའི་རིགས་རིག་པའི་གཞུང་ལུགས་ཀྱི་གྲུབ་མཐའ།》 ཀྲུང་གོ་མི་དམངས་སློབ་ཆེན་དཔེ་སྐྲུན་ཁང་གིས་བསྐྲུན། 1997ལོའི་ཟླ7པར་དཔར། ཤོག་གྲངས252པར་གསལ།

[15] ལིན་ཡོ་ཧྭ(林耀华)ཡིས་བརྩམས་པའི《མི་རིགས་རིག་པ་རྣམ་བཤད།》 ཀྲུང་དབྱང་མི་རིགས་སློབ་ཆེན་དཔེ་སྐྲུན་ཁང་གིས་བསྐྲུན། 1997ལོའི་ཟླ12པར་དཔར། ཤོག་གྲངས399པར་གསལ།

《བོད་ལྗོངས་ཞིབ་འཇུག》 ༢༠༡༨ལོའི་དེབ་བཞི་པ་ལས་བཏུས།

རྩོམ་སྒྲིག་འགན་འཁུར་པ།　ཚེ་རིང་སྐྱིད།
མདུན་ཤོག་རྟུས་འགོད་པ།　ཡི་ཅན་ཞུང་།

ཀྲུང་གོའི་དེང་རབས་བོད་རིག་པའི་དཔྱད་རྩོམ་རིགས་དབྱེ་བདམས་བསྒྲིགས་ལས་
དམངས་སྲོལ་སྐོར་གྱི་བམ་པོ།

༄༅། །མི་ཕམ་དགྱེས་པའི་བཞད་སྒྲ།

མཐའ་བ་བཀྲ་ཤིས་དོན་འགྲུབ་ཀྱིས་གཙོ་སྒྲིག་བྱས།

པར་སྐྲུན་འགྲེམ་སྤེལ།	ཀྲུང་གོའི་བོད་རིག་པ་དཔེ་སྐྲུན་ཁང་།
པར་སྒྲིག	པེ་ཅིན་ཡེ་གྲི་ཀྲོའུ་རིག་གནས་སྨྱུན་སྦྱོར་ཚད་ཡོད་ཀུང་སི།
པར་འདེབས།	ཀྲུང་གོའི་གློག་བརྙན་དཔེ་སྐྲུན་ཁང་གི་པར་ཁང་།
དེབ་ཚད།	787mm×1092mm　1/16
དཔར་ཤོག	44.25
པར་གཞི།	2024ལོའི་ཟླ་7པར་པར་གཞི་དང་པོ་བསྒྲིགས།
	2024ལོའི་ཟླ་7པར་པེ་ཅིན་དུ་པར་ཐེངས་དང་པོ་བཏབ།
དཔེ་རྟགས།	ISBN 978-7-5211-0501-8
རིན་གོང་།	སྒོར་112.00

图书在版编目（CIP）数据

中国当代藏学论文分类精辑. 民俗研究卷：藏文/扎西当知主编. —北京：中国藏学出版社，2024.2

ISBN 978-7-5211-0501-8

Ⅰ.①中…　Ⅱ.①扎…　Ⅲ.①藏学—中国—文集—藏语 ②藏族—少数民族风俗习惯—中国—文集—藏语　Ⅳ.①K281.4-53

中国国家版本馆CIP数据核字(2024)第024394号

中国当代藏学论文分类精辑·民俗研究卷　　扎西当知 主编

责任编辑　才让吉
封面设计　李建雄
出版发行　中国藏学出版社
排　　版　北京叶知舟文化传媒有限公司
印　　刷　中国电影出版社印刷厂
版　　次　2024年7月第1版　2024年7月北京第1次印刷
开　　本　787mm×1092mm　1/16
印　　张　44.25
书　　号　ISBN 978-7-5211-0501-8
定　　价　112.00元

该图书若有质量问题，请与本社联系
E-mail：zangxue615@sina.com 电话：010-64917618